DOMINIQUE VALLAUD

DICTIONNAIRE HISTORIQUE

LE GRAND LIVRE DU MOIS

Avant-Propos

Il y a plus d'un demi-siècle que l'Histoire est sortie du cadre étroit dans lequel l'avait enfermée l'école positiviste, et qu'elle s'est ouverte aux phénomènes sociaux et aux faits de civilisation. En outre, les progrès foudroyants de la communication, conjugués à la décolonisation, l'ont fait sortir de son européocentrisme. L'Histoire, ce n'est plus seulement celle du bassin méditerranéen et de l'Europe occidentale, mais également celle de l'Afrique, de l'Amérique précolombienne, de l'Extrême-Orient... Elle a vocation à embrasser l'ensemble du passé de l'humanité, et d'ailleurs les programmes des lycées ont progressivement fait sa juste place à cette vision nouvelle.

Or s'il existe de nombreux ouvrages ambitionnant de raconter l'Histoire universelle, il n'y avait jusqu'à présent aucun dictionnaire historique généraliste prenant en compte ces préoccupations nouvelles depuis l'aube de l'humanité jusqu'à François Mitterrand et Bill Clinton. C'est au cours de mes années d'enseignement que j'ai pris la mesure de cette lacune. Les élèves des lycées, des classes préparatoires, les étudiants de toutes disciplines et plus généralement les amateurs d'Histoire ne disposaient pas de l'ouvrage de référence propre à donner à la fois les dates de naissance et de mort ainsi que la carrière de Périclès, à indiquer la succession des dynasties chinoises ou des shogunats japonais, à rappeler les faits et gestes d'Élisabeth Ire, reine d'Angleterre, à décrire les étapes de la guerre du Pacifique, à donner les grandes lignes de la vie et de l'œuvre des philosophes, écrivains, peintres ou musiciens qui ont, chacun dans son registre, enrichi et fait avancer les sensibilités, ou enfin à définir un certain nombre de grandes notions utilisées notamment en Histoire.

Ce dictionnaire n'entend évidemment pas cumuler le savoir contenu dans tous les ouvrages spécialisés, auxquels le lecteur pourra recourir en cas de besoin pour obtenir une information détaillée. De même, il a bien fallu procéder à des choix tant du point de vue de l'établissement de la liste des articles que du contenu et de la densité de ceux-ci. Certes, tout critère peut paraître arbitraire en ce domaine, mais il m'a semblé que devaient au moins figurer dans ce dictionnaire les personnages, les institutions, les événements et les notions que les programmes supposent connus des élèves au moment de leur entrée dans l'enseignement supérieur.

A

ABBAS, Ferhat (Taher, Algérie, 1899-Alger, 1985). Homme politique algérien. Nationaliste, il défendit l'indépendance de l'Algérie. D'éducation française, pharmacien à Sétif, il créa en 1938 l'Union populaire algérienne qui préconisait l'égalité des droits entre Algériens et Français, et rédigea en février 1943 le « Manifeste du peuple algérien », dans lequel il revendiquait l'application du principe d'autodétermination et la constitution d'un État algérien autonome fédéré avec la France. Cependant, la France ayant décidé de poursuivre sa politique d'assimilation, il décida, après le déclenchement de la guerre d'Algérie* (1954), de rejoindre le FLN (Front* de libération nationale), ralliant ainsi les élites bourgeoises algériennes traditionnellement liées à la France. Après avoir été nommé en 1958 premier président du Gouvernement provisoire de la République algérienne au Caire, il fut démis en 1961 puis exclu en 1963 du FLN, jugé trop modéré par le président de la République, Ben* Bella.

ABBASSIDES. Nom donné à la dynastie des califes* (750-1258) qui succédèrent aux Omeyyades* de Damas*. Descendants d'Abbas (d'où leur nom), oncle de Mahomet*, ils firent de Bagdad* leur capitale et le centre d'une brillante civilisation. À partir du Xe siècle, leur puissance déclina au profit des vizirs* et l'empire, trop vaste, se disloqua. Les Mongols* mirent fin à la dynastie en s'emparant de Bagdad en 1258 et le dernier calife fut mis à mort. Les survivants furent accueillis en Égypte* par les sultans mamelouks*. 21 califes au rôle purement honorifique s'y succédèrent jusqu'à la conquête de l'Égypte par les Ottomans* en 1517. Voir Harun al-Rachid.

ABBEVILLIEN. Désigne l'industrie du paléolithique* inférieur qui tire son nom du site préhistorique d'Abbeville, dans la Somme (France). Elle se caractérise par la fabrication de bifaces* assez grossiers.

ABD AL-RAHMAN Ier (731-Cordoue, 788). Émir* omeyyade de Cordoue* (756-788). Seul des Omeyyades* à avoir échappé au massacre de sa famille organisé par les Abbassides* (750), il fonda en Espagne l'émirat omeyyade de Cordoue (756-929) et se sépara du reste du monde musulman qui se trouvait sous l'autorité des califes abbassides de Bagdad*.

ABD AL-RAHMAN III (v. 890-Cordoue, 961). Émir* omeyyade* de Cordoue (912-961), il porta à son apogée la puissance omeyyade d'Espagne. En adoptant le titre de calife et de « prince des croyants » (929), il s'affranchit définitivement de l'autorité religieuse et politique des Abbassides* de Bagdad*. Son règne vit l'apogée de Cordoue, cour fastueuse et rendez-vous des savants et des artistes. Ses relations amicales avec l'Empire byzantin* permirent la diffusion en Espagne de manuscrits grecs anciens. Voir Abd al-Rahman Ier.

ABD AL-AZIZ III IBN SÉOUD (Riyad, 1880-*id.*, 1953). Roi d'Arabie Saoudite (1932-1953), il conquit à partir de 1902 les territoires de la péninsule arabique qui formèrent en 1932 l'Arabie Saoudite. Élevé à la cour du Koweït où son père s'était réfugié, chassé de sa capitale Riyad par l'émir ibn Rachid allié aux Turcs, Abd al-Aziz commença en 1902 la conquête de la péninsule arabique, grande épopée guerrière du XXᵉ siècle qui durera plus de vingt ans (1909-1932). Il fit preuve dans cette guerre du désert, avec l'aide du colonel Lawrence, d'exceptionnels dons militaires mais aussi d'une grande habileté face à ses adversaires. Il reprit la capitale, Riyad, et se proclama émir du Nadjd (centre de l'Arabie) et imam* des Wahhabites*, mouvement musulman puritain. S'appuyant sur des guerriers recrutés dans la confrérie des Ikhwan (« Frères »), il s'assura un accès à la mer en s'emparant d'El-Houfouf et du port d'El-Katif (1913). Allié de la Grande-Bretagne durant la Première Guerre* mondiale, il profita d'un important soutien financier britannique pour anéantir la puissance des ibn Rachid (1921), puis, après avoir soumis les villes saintes de Médine* et La Mecque*, en chassant son rival, Hussein (1926), il devint roi du Hedjaz (1926) et fonda en 1932 le royaume d'Arabie Saoudite dont il sera le premier roi (1932-1953). Monarque absolutiste et autoritaire, il devint, grâce à l'exploitation des gisements pétroliers par des sociétés américaines, l'un des hommes les plus riches du monde et entreprit la modernisation de son pays.

ABD EL-KADER ou **ABD-AL-QADIR, Muhyi al-Din al-Hasani** (près de Mascara, 1808-Damas, 1883). Émir* arabe. Il organisa durant 15 ans (1832-1847) la résistance contre la conquête de l'Algérie. Issu d'une famille d'origine chérifienne, musulman* convaincu mais aussi théologien, il fut proclamé sultan des Arabes en 1832 et mena la guerre sainte (*djihad*) contre les Français, qui reconnurent par le traité de la Tafna (1837) son autorité sur les deux tiers de l'Algérie dans l'espoir d'y établir un protectorat. Abd el-Kader en profita pour étendre son autorité jusque dans le Constantinois et mit en place un État arabe islamique. Cependant, en 1839, il décida de reprendre la lutte et s'empara de la Mitidja. Vaincu après trois années de combat, Bugeaud* lui portant le coup décisif, Abd el-Kader dut se réfugier au Maroc après la prise de sa smala par le duc d'Aumale* (1843). Les défaites de son allié, le sultan du Maroc (bataille de l'Isly*, 1844) obligèrent Abd el-Kader à se résigner à la paix ; indésirable au Maroc, il dut se livrer aux Français (1847). Interné en France, il fut libéré par Napoléon III*. Retiré en Turquie à Brousse (1853) puis à Damas (1855), il consacra le reste de sa vie à l'étude et à la méditation religieuses. Considéré comme le fondateur de la nation algérienne, ses restes furent transférés en Algérie en 1966.

ABD EL-KRIM (Ajdir, 1882-Le Caire, 1963). Nationaliste marocain. Il remporta contre les Espagnols la bataille d'Anoual (1921), souleva le Rif (nord du Maroc) contre les Espagnols (1925-1926). Vaincu, emprisonné à la Réunion, il s'évada et se réfugia au Caire (1947) où il poursuivit sa lutte pour l'indépendance de l'Afrique du Nord.

ABÉLARD, Pierre (Le Pallet, près de Nantes, 1079-prieuré de Saint-Marcel, près de Chalon-sur-Saône, 1142). Philosophe et théologien français. Sa méthode critique dans le commentaire des textes bibliques et patristiques annonce saint Thomas* d'Aquin. Il fut plusieurs fois condamné par l'Église. Il enseigna à Paris la théologie scolastique et la logique, et se prit de passion pour Héloïse, nièce du chanoine Fulbert, qui le fit émasculer. Abélard se retira à l'abbaye de Saint-Denis* et Héloïse prit le voile à Argenteuil. Les doctrines d'Abélard furent condamnées par les onciles de Soissons (1121) et de Sens 1140) à l'instigation de Bernard* de Clairvaux. Réfléchissant en logicien au problème du langage (*Dialectique, Glose sur Porphyre*), Abélard écrivit aussi des traités théologiques et un ouvrage autobiographique (*Histoires de mes malheurs*, vers 1136). Voir Arnaud de Brescia.

ABETZ, Otto (Schwetzingen, près de Mannheim, 1903-Langenfeld, 1958). Homme politique allemand. Favorable au nazisme*, il noua d'abord à Paris des relations avec les intellectuels germanophiles français. Expulsé de France en 1939, il devint comme ambassadeur à Paris 1940-1944) et organisa une politique de collaboration* franco-allemande. Condamné par les Alliés à vingt ans de travaux forcés, il fut libéré en 1954. Voir Guerre mondiale (Seconde), Rethondes (Armistice de).

ABOMEY ou **DAN-HOMÉ** (Royaume d'). Ancien royaume africain situé à l'ouest du delta du Niger et dont la capitale, Dan-Homé, ville située aujourd'hui au centre du Bénin, aurait été fondée vers 1625. Royaume militaire remarquablement organisé, il s'étendait au cours du XVIIe siècle du Nigeria au Togo actuels. Le roi Agadja (1708-1732) s'empara des ports négriers d'Allada et d'Ourdah, s'assurant ainsi le contrôle du trafic des armes et des esclaves, mais ravagea aussi les comptoirs établis sur la côte des Esclaves par les Portugais, les Hollandais, les Français et les Anglais. Tombé en décadence à la fin du XVIIIe siècle, le royaume connut un renouveau sous Ghézo (1818-1858) qui créa le célèbre corps des Amazones, formé en partie de troupes féminines. Hostile à la pénétration européenne, le roi Glé-Glé* (1858-1889) puis son fils Béhanzin* (1889-1894) luttèrent contre les expéditions françaises, mais le royaume fut conquis par les Français en 1894. Le Dahomey devint en 1895 une colonie comprise dans l'Afrique* occidentale française, acquérant sa totale indépendance en 1960. Il prit le nom de Bénin en 1975.

ABOUKIR (Première bataille d', 1er-2 août 1798). Victoire navale de l'amiral anglais Nelson* sur la flotte française de l'amiral Brueys lors de la campagne d'Égypte*. La défaite française coupa à Bonaparte* toute voie de retour vers la France. Voir Aboukir (Deuxième bataille d', Troisième bataille d'), Murat (Joachim).

ABOUKIR (Deuxième bataille d', 25 juillet 1799). Victoire remportée par Bonaparte*, lors de la campagne d'Égypte*, sur une armée turque débarquée par la flotte anglaise. Voir Aboukir (Première bataille d', Troisième bataille d').

ABOUKIR (Troisième bataille d', 8 mars 1801). Victoire remportée, lors de la campagne d'Égypte*, par l'armée anglaise débarquée à Aboukir, sur l'armée française du général Menou. Voir Aboukir (Première bataille d', Deuxième bataille d'), Napoléon Ier.

ABOU-SIMBEL (Temples d'). Situés près du village d'Abou-Simbel en Haute-Égypte*, ces deux temples, creusés dans la falaise de la rive gauche du Nil*, sont dédiés l'un à Amon-Rê*, l'autre à Hathor*. Ils furent construits sur l'ordre de Ramsès II* ; leur façade s'orne de statues colossales. Les plus célèbres représentent Ramsès II assis : elles sont aussi hautes qu'une maison de 6 étages. Ces temples, menacés d'inondation par la construction du barrage d'Assouan, ont été déplacés et reconstruits en haut de la falaise. Ce travail gigantesque s'est achevé en 1972. Voir Temple égyptien.

ABRAHAM (v. 2000 av. J.-C.). Patriarche* hébreu, ancêtre des israélites*, il fut, selon l'Ancien Testament*, le premier Hébreu à croire en l'existence d'un seul Dieu. C'est sous sa conduite que les Hébreux* s'installèrent dans le pays de Canaan*, terre que Yahvé* promit à ses descendants. Durant sa vie, Abraham eut à subir de dures épreuves. La plus pénible fut la demande que lui fit Yahvé, pour éprouver sa foi, de sacrifier son fils Isaac*. Dieu, satisfait par la foi d'Abraham, remplaça la victime par un bélier. Selon la Bible*, Abraham mourut à 175 ans. Ses successeurs furent son fils Isaac* et son petit-fils Jacob*.

ABSIDE. 1) Dans l'Antiquité chrétienne et au haut Moyen Âge, extrémité de la nef* centrale de la basilique*, de forme semicirculaire, au fond de laquelle se trouvait le siège de l'évêque*. 2) Plus tard, terminaison arrondie ou polygonale de la nef principale contenant le chœur* et le déambulatoire*. Autour de l'abside, peuvent se trouver greffées des absides secondaires ou absidioles. Voir Chevet, Roman (Art).

ABSTRAIT (Art). Art né en Occident au début du xxᵉ siècle qui s'affranchit de tout rapport avec la réalité du monde. L'artiste ne faisait plus, selon Matisse*, « une femme ou une boîte aux lettres mais un tableau ». L'art abstrait qui s'affirma dans les années 1910-1914 fut l'aboutissement de tous les mouvements picturaux qui s'étaient rendus autonomes à l'égard de la perception de la réalité. Il se développa selon deux grandes tendances. L'une fut la projection du monde intérieur et de l'imaginaire de l'artiste (Kandinsky*, Hartung, Pollock). L'autre aborda une abstraction rigoureusement géométrique (Mondrian, Malévitch, Vasarely).

ABWEHR. Nom du service de renseignement de l'état-major allemand reconstitué après 1919. Placé sous les ordres de l'amiral Canaris (1935-1944), l'Abwehr engagea la lutte contre les organisations de résistance de l'Europe occupée. En février 1944, le service passa sous le contrôle de la SS* (Sections de sécurité). Voir Gestapo, OKW.

ABYDOS (Temple d'). Situé en Haute-Égypte*, sur la rive gauche du Nil*, en face de Karnak*. Ce temple fut consacré par Séti Iᵉʳ, pharaon du Nouvel* Empire, au dieu Osiris*.

ACADÉMIE. À l'origine sanctuaire boisé où le héros* Académos avait son tombeau, c'est à l'époque classique un gymnase à l'ouest d'Athènes* qui donna son nom à l'école philosophique fondée vers 387 av. J.-C. par le philosophe athénien Platon*.

ACADÉMIE FRANÇAISE. Elle constitue la plus ancienne des cinq académies qui composent l'Institut de France. Fondée par Richelieu* (1634), elle était chargée de conserver et de perfectionner la langue française. Composée à l'origine de lettrés auxquels se joignirent des hommes d'État, des avocats, des médecins, son effectif de 40 membres, inchangé aujourd'hui, fut atteint dès 1639. L'Académie tint ses séances à la chancellerie, au Louvre*, jusqu'à la Révolution* française, puis fut installée par Bonaparte* dans l'actuel Institut de France en 1796. Elle publia en 1694 son premier *Dictionnaire de la langue française* (8 éditions de 1694 à 1932, 9ᵉ édition en cours de publication depuis 1986) et une *Grammaire* en 1933. L'Académie s'est récemment ouverte aux étrangers francophones (Julien Green, 1971 ; Léopold Sédar Senghor*, 1983) et aux femmes (Marguerite Yourcenar, 1980). Son secrétaire perpétuel, élu à vie, est en 1995 Maurice Druon.

ACHAÏE. Petite région montagneuse de la Grèce* ancienne située au nord du Péloponnèse*. Elle fut, après l'invasion des Doriens*, l'un des refuges des Achéens* qui lui laissèrent leur nom. Rassemblant une fédération de plusieurs cités, la ligue achéenne domina à partir du milieu du iiiᵉ siècle av. J.-C. une grande partie du Péloponnèse. L'Achaïe fut occupée par les Romains à partir de 146 av. J.-C.

ACHÉENS. Désigne chez Homère* tous les Grecs venus faire le siège de Troie*. Peuple indo-européen venu d'Europe centrale qui envahit la Grèce * au début du IIᵉ millénaire av. J.-C. On les considère comme les premiers Grecs car ils apportèrent avec eux une langue nouvelle (transcrite par l'écriture appelée linéaire* B) qui est l'ancêtre du grec. Leur histoire nous est connue grâce aux fouilles archéologiques, au déchiffrement des tablettes inscrites en linéaire B et aux récits d'Homère. Peuple de guerriers, connaissant l'usage du cuivre et les armes de bronze*, ils s'installèrent en Thessalie, puis dans la Grèce centrale et le Péloponnèse*, en soumettant les populations établies avant eux. Les Achéens fondèrent, principalement en Argolide (au nord du Péloponnèse), de petits royaumes autour de puissantes forteresses comme Mycènes*, Tirynthe*, Argos* et Pylos* où une brillante civilisation, appelée civilisation mycénienne* (qui emprunta beaucoup à celle des Crétois*), s'épanouit entre le XVIᵉ et le XIIIᵉ siècle av. J.-C. Cantonnés longtemps en Grèce continentale, les Achéens soumirent ensuite la Crète et les Cyclades* du Sud. Devenus de grands commerçants, on les trouva dans tout le bassin de la mer Égée, dans les îles de Rhodes et de Chypre, sur la côte syrienne et en Égypte*. Vers l'ouest, ils se risquèrent même jusqu'aux rives de l'Italie du Sud et de la Sicile. Leur plus grande expédition semble avoir été, vers le XIIᵉ siècle av. J.-C., le célèbre siège de la ville de Troie, engagé peut-être pour s'ouvrir la route maritime de la mer Noire, à moins qu'il ne faille le rattacher à l'invasion des Doriens* qui, les chassant de Grèce continentale, les forcèrent à rechercher une nouvelle terre d'accueil en Asie. Ils furent désormais cantonnés dans la partie septentrionale du Péloponnèse, qui prit le nom d'Achaïe*, et en Thessalie. Au VIIIᵉ siècle av. J.-C., l'Achaïe s'engagea dans le processus de colonisation en Grande-Grèce*. Voir Crotone, Sybaris.

ACHÉMÉNIDES. Dynastie royale de Perse (v. 556-330 av. J.-C.) dont le nom vient d'un ancêtre mythique, Achéménès. Les Achéménides avec Cyrus II* et son fils Cambyse II* fondèrent, à partir du milieu du VIᵉ siècle av. J.-C., un immense em-

pire dominant l'Orient, l'Asie* Mineure, la Babylonie*, la Syrie* et l'Égypte*. La dynastie achéménide disparut en 330 av. J.-C. après la conquête d'Alexandre III* le Grand. Voir Babyloniens, Darius Iᵉʳ, Perses, Xerxès Iᵉʳ.

ACHEULÉEN. Désigne l'industrie du paléolithique* inférieur qui fait suite à l'abbevillien*. Elle se caractérise par la fabrication de bifaces* plus évolués et tire son nom du site préhistorique de Saint-Acheul (faubourg d'Amiens). Le biface acheuléen, fabriqué à partir d'un noyau de silex*, avait la forme d'une amande, longue de 12 à 15 cm et large de 5 à 7 cm. Il était frappé en alternance des deux côtés à l'aide d'une pierre dure, la coupe étant ensuite régularisée avec un percuteur de bois. Outil à usages multiples, il servait à couper le bois ou l'os, à équarrir les carcasses d'animaux et à gratter les peaux. Voir *Homo erectus*.

ACIER (Pacte d', 22 mai 1939). Pacte d'assistance militaire signé entre l'Allemagne et l'Italie par Ribbentrop* et le gendre de Mussolini*, Ciano*. Voir Axe Rome-Berlin, Hitler (Adolf), Mussolini (Benito).

AÇOKA ou ASOKA (né v. 273 av. J.-C.). Souverain indien de la dynastie des Maurya*. Petit-fils de Chandragupta*, il aurait régné de 269 à 232 av. J.-C. Açoka fut le premier à réaliser l'unité de l'Inde* ancienne et devint un grand propagateur du bouddhisme*. Son empire domina une partie de l'Afghanistan et la totalité de l'Inde actuelle (sauf le sud du Deccan). Converti vers 250 au bouddhisme, Açoka s'employa à favoriser son expansion (jusqu'à Ceylan). Il fit construire de nombreux sanctuaires et il veilla à la pureté de la doctrine bouddhiste, mais fut aussi tolérant à l'égard des autres religions, particulièrement le brahmanisme* (ancêtre de l'hindouisme*). Après sa mort, son empire se morcela rapidement.

ACROPOLE. Nom donné dans la Grèce* ancienne aux citadelles situées au sommet d'un rocher ou d'une colline dominant la ville. L'acropole d'Athènes* fut, au Vᵉ siècle av. J.-C., le centre religieux de la cité. Les monuments édifiés au temps de Périclès* sous la direction du sculpteur Phidias* sont restés célèbres : le Parthénon*, le temple d'Athéna* Nikê, les Propylées* et l'Érechthéion*.

ACTION FRANÇAISE. Mouvement politique d'extrême droite, nationaliste et royaliste, né en France en 1899 et dominé par Charles Maurras* de 1900 à 1944. Lors de l'affaire Dreyfus*, se forma un Comité d'action française, antidreyfusard et nationaliste. Un quotidien du même nom et de même opinion fut fondé en 1908 et animé par la personnalité de Charles Maurras, Jacques Bainville et Léon Daudet*. Partisan d'un coup de force contre le régime républicain, l'Action française forma des groupes d'action, les Camelots* du roi, et se fit le champion d'un « nationalisme intégral » et d'une monarchie héréditaire et antiparlementaire. Bien que défenseur de l'Église catholique comme garante de l'ordre, l'Action française fut condamnée en 1926 par Rome inquiète de la priorité donnée par le mouvement à l'engagement politique mais l'excommunication fut levée en 1939 par Pie XII*. Pour son soutien apporté au régime de Vichy*, l'Action française fut interdite après la libération*. Ses partisans se regroupèrent autour du mouvement de Restauration nationale et de l'hebdomadaire *Aspects de la France*. Des divisions s'opérèrent après la guerre d'Algérie* et l'avènement du gaullisme. La Nouvelle Action royaliste, favorable au comte de Paris, s'est prononcée en faveur de François Mitterrand* aux élections présidentielles de 1981. *Aspects de la France*, redevenue *Action française* en 1992, est, quant à lui, résolument antisocialiste. Voir Pie XI.

ACTIUM (Bataille d', 31 av. J.-C.). Victoire navale remportée à l'entrée du golfe d'Ambracie (auj. Arta) en Grèce* par Octave (Auguste*) et Agrippa sur Antoine* et Cléopâtre*.

ADAMS, John (Braintree, auj. Quincy, Massachusetts, 1735-*id.*, 1826). Homme d'État américain, deuxième président des États-Unis après George Washington*. Délégué du Massachusetts* au Congrès continental (1774), il proposa, lors de la guerre d'Indépendance*, la nomination de Washington au poste de commandant en chef de l'armée et fut l'un des rédacteurs de la Déclaration* d'indépendance (1776). Premier ambassadeur américain à Londres (1785-1788), vice-président des États-Unis sous Washington, il lui succéda comme deuxième président (1797-1801). Les discussions entre fédéralistes*, auxquels il appartenait, et républicains firent échouer sa réélection. Battu en 1800 par le républicain Thomas Jefferson*, il se retira de la vie politique. Voir Hamilton (Alexander).

ADENAUER, Konrad (Cologne, 1876-Rhöndorf, 1967). Homme politique allemand. Opposé au nazisme*, fondateur du parti chrétien-démocrate (CDU), il présida, comme chancelier*, au redressement économique allemand, milita pour la réconciliation franco-allemande et soutint activement la création de la CEE*. Fils d'un magistrat rhénan, devenu avocat, Adenauer devint en 1917 maire de Cologne, fonction qu'il occupa jusqu'en 1933. Son administration fut marquée par un important essor économique et démographique de la ville, la création d'une université (1919) et d'une foire de renommée européenne. Membre influent du *Zentrum* (le parti du centre catholique), il présida le Conseil d'État de Prusse* et tenta de faire obstacle à la montée des nazis. Expulsé de la mairie quelques semaines après l'arrivée au pouvoir de Hitler*, il fut interdit de séjour dans la région de Cologne. Il se retira alors dans sa propriété de Rhöndorf, près du Rhin, et vécut à l'écart de la vie politique durant la période 1933-1945 tout en tant inquiété à plusieurs reprises et deux fois interné en 1934 et 1945. Après la guerre, Adenauer fonda la CDU (*Christlich Demokratische Union*), dont il devint président en 1949. Président du Conseil parlementaire de Bonn (1948), il fut élu, après la proclamation de la République* fédérale (1949), chancelier*, poste qu'il conserva jusqu'en 1963. Son gouvernement créa un climat favorable au redressement spectaculaire de l'économie allemande, Ludwig Erhard*, son ministre de l'Économie et successeur, ayant été l'artisan du « miracle allemand ». Partisan résolu de l'intégration de l'Allemagne dans l'Europe, meilleur moyen de faire rentrer son pays dans le concert des nations, Adenauer accueillit avec enthousiasme le plan Schuman*, et la RFA devint l'un des membres fondateurs de la Communauté* européenne du charbon et de l'acier (CECA). En 1952, il signa les traités de Bonn et de Paris qui prévoyaient la fin du statut d'occupation, l'égalité des droits pour l'Allemagne et l'intégration de contingents allemands dans une Communauté* européenne de défense (CED). Le projet de la CED ayant été refusé par le Parlement français, le chancelier obtint, par les accords de Londres (1954), la création d'une armée allemande indépendante (la Bundeswehr*) mais intégrée à l'OTAN*, dont l'Allemagne devint membre en 1955. En 1958, il fit adhérer l'Allemagne à la CEE* puis signa en 1963 avec de Gaulle*, dont il resta l'ami fidèle, le traité de réconciliation avec la France. Adenauer, qui avait connu d'importantes victoires pour son parti (1953, 1957), démissionna en octobre 1963 pour laisser la place à Ludwig Erhard. Voir CDU-CSU.

ADONIS. 1) Dieu phénicien de la végétation. 2) Dieu grec d'origine phénicienne. Selon la mythologie* grecque, Adonis, aimé d'Aphrodite*, fut tué au cours d'une chasse par un sanglier. Ressuscité par Zeus* qui lui permit de passer une partie de l'année sur terre, l'autre dans les Enfers auprès de Perséphone*, Adonis devint le symbole de la vie et de la nature. Voir Phéniciens, Religion grecque.

ADOUA. Ville d'Éthiopie, ancienne capitale du Tigré (province du nord de l'Éthiopie). En 1896, les Italiens, commandés par Baratieri, y furent battus par l'empereur d'Éthiopie Ménélik II. Cette défaite provoqua en Italie une forte agitation anticoloniale et amena la démission de Crispi*. En 1935, les Italiens reprirent Adoua, mais, en 1941, en furent chassés par les Britanniques. Voir Éthiopie (Guerre d'), Guerre mondiale (Seconde).

ADOUBEMENT. Cérémonie solennelle qui marquait l'entrée d'un écuyer*, âgé de 15 ans, dans la chevalerie*. Le parrain, toujours un chevalier*, remettait au jeune homme ses armes (le heaume*, le haubert*, les éperons et le baudrier) puis donnait au nouveau chevalier un grand coup sur la nuque ou la joue, du plat de l'épée ou de la main, la colée. Au cours du XIIᵉ siècle, cette cérémonie prit un caractère nettement religieux : jeûne, bain, veillée d'armes dans l'église, bénédiction de l'épée et messe solennelle. La pratique de l'adoubement diminua à la fin du XIIIᵉ siècle.

ADRESSE. Nom donné en France sous la Restauration* et le Second Empire* à la réponse que la Chambre des députés adressait au « discours de la Couronne ». Elle exprimait leur approbation ou leurs critiques à l'égard du pouvoir exécutif. La plus célèbre fut l'Adresse des deux* cent vingt et un, en 1830, véritable manifeste de l'opposition libérale à Charles X*. Sous le Second Empire, le Corps* législatif obtint le droit d'adresse en 1860, rendu plus tard inutile par l'octroi du droit d'interpellation donné à tous les députés en 1867. Voir Royer-Collard (Pierre).

AÈDE. Poète qui, au début de la Grèce* ancienne, allait de cité en cité et auprès des rois chanter des poèmes épiques racontant les exploits des dieux et des héros*. Il s'accompagnait de la lyre ou de la cithare. Homère* fut peut-être le plus grand et le dernier des aèdes.

AÉF. Voir Afrique équatoriale française.

AÉGATES (Îles). Nom ancien donné aux îles situées à l'ouest de la Sicile. Les Romains y remportèrent en 241 av. J.-C. une victoire navale contre les Carthaginois qui mit fin à la première guerre Punique*. Voir Carthage.

AFGHANISTAN (Guerre d', 1979-1989). Guerre civile qui opposa le régime communiste de Kaboul, soutenu par l'ex-URSS, aux *moudjahidin* (combattants de la foi) musulmans. Le renversement du roi Zaher Chah et l'établissement de la République (1973) n'empêchèrent pas l'aggravation des tensions politiques qui aboutirent au coup d'État communiste de 1978 portant au pouvoir le PPDA (Parti démocratique et populaire d'Afghanistan). La mise en place de réformes radicales provoqua le développement d'une guérilla antigouvernementale. L'URSS, engagée depuis 1955 dans une politique de coopération avec l'Afghanistan – rempart contre l'influence américaine dans la région, face au Pakistan, mais aussi passage obligé permettant l'accès aux mers chaudes –, décida l'intervention militaire en décembre 1979. Si elle parvint à installer au pouvoir un communiste passant pour plus modéré (Babrak Karmal puis Mohammed Najibullah), elle ne réussit pas à vaincre la guérilla islamique des *moudjahidin*. Ces derniers, favorisés par les conditions géographiques du pays et soutenus notamment par le Pakistan et les États-Unis (mais aussi par la Chine et l'Iran), réussirent, par la stratégie du harcèlement, à se rendre pratiquement maîtres du terrain. Après neuf ans de guerre, Mikhaïl Gorbatchev* décida en 1988 le retrait des troupes soviétiques. Depuis 1992, les *moudjahidin* ont vaincu le régime pro-soviétique de Mohammed Na-

jibullah et mis en place un pouvoir islamiste. Voir Brejnev (Leonid).

AFRICAN NATIONAL CONGRESS. Parti politique d'Afrique du Sud, fondé en 1912, dont le leader fut Nelson Mandela*. Principale organisation de la lutte contre l'apartheid, elle fut interdite de 1960 à 1990. Voir De Klerk (Frederik).

AFRIKAKORPS. Nom donné aux forces allemandes envoyées en Libye puis dans l'ensemble de l'Afrique du Nord et commandées par un spécialiste des blindés, Erwin Rommel*. Venu, en février 1941, aider les Italiens mis en difficulté par une offensive britannique, l'Afrikakorps dut capituler en mai 1943 après la défaite d'El-Alamein* et le débarquement* allié en Afrique du Nord. Voir Guerre mondiale (Seconde).

AFRIQUE ÉQUATORIALE FRAN-ÇAISE (AÉF). Fédération qui regroupa de 1910 à 1958 les colonies du Gabon, du Moyen-Congo, de l'Oubangui-Chari et du Tchad, la capitale étant Brazzaville. En 1958, les territoires de l'AÉF devinrent des États membres de la Communauté* française, puis en 1960 des États indépendants (République Centrafricaine, Congo, Gabon, Tchad). Voir Afrique occidentale française, Brazza (Pierre Savorgnan de).

AFRIQUE OCCIDENTALE FRAN-ÇAISE (AOF). Fédération qui regroupa de 1895 à 1958 les colonies du Sénégal, de la Mauritanie, du Soudan, de la Haute-Volta, de la Guinée française, du Niger, de la Côte-d'Ivoire et du Dahomey, la capitale étant Dakar. Les territoires devinrent en 1958 des pays membres de la Communauté* française (sauf la Guinée), puis accédèrent à l'indépendance (Côte-d'Ivoire, Dahomey, Guinée, Haute-Volta, Mauritanie, Niger, Sénégal, Soudan) en 1960. Voir Afrique équatoriale française, Touré (Sékou).

AFRIQUE ORIENTALE ALLE-MANDE ou EST AFRICAIN ALLE-MAND (en all. *Deutsche Ostafrika*). Ancienne colonie allemande de l'Afrique orientale qui correspond à l'actuelle Tanzanie. Acquise à l'Allemagne en 1891, elle fut placée, après la Première Guerre* mondiale sous mandats britannique (Tanganyika) et belge (territoires du Ruanda Urundi).

AFRIQUE ORIENTALE ANGLAISE ou EST AFRICAIN BRITANNIQUE (en angl. *British East Africa*). Nom donné aux anciennes colonies anglaises de l'Afrique orientale (Kenya, Ouganda, Tanganyika et Zanzibar). Elles correspondent aujourd'hui aux États du Kenya de l'Ouganda et de la Tanzanie.

AFRIQUE ORIENTALE ITALIENNE. Nom donné aux anciennes possessions italiennes entre 1936 et 1941. Elles réunissaient l'Éthiopie, l'Érythrée* et la Somalie. Voir Éthiopie (Guerre d').

AGADIR (Incident d', 1911). Il marqua, après le discours de Tanger* de l'empereur Guillaume II*, le début de la rivalité franco-allemande au Maroc. Afin de protester contre l'opération française de maintien de l'ordre à Fès et à Meknès, le gouvernement allemand envoya, le 1er juillet 1911, la canonnière *Panther* dans le port sud-marocain d'Agadir. Afin d'éviter la guerre, une négociation s'engagea et Joseph Caillaux*, président du Conseil français, obtint de l'Allemagne que la France instaure son protectorat au Maroc en échange d'une partie du Congo français. L'incident d'Agadir contribua à aggraver les rivalités européennes, mais, contrairement aux espoirs allemands, ne menaça pas l'Entente* cordiale franco-anglaise. Voir Guerre mondiale (Première).

AGA KHAN. Titre religieux et temporel du chef des musulmans* de la secte des ismaéliens* de l'Inde et du Pakistan. Ce titre fut créé en 1880 par Hasan Ali-Shah, un descendant du Prophète. Voir Mahomet.

AGER PUBLICUS. Voir Domaine public.

AGNADEL (Bataille d', 1509). Lors des guerres d'Italie*, victoire remportée par le roi de France Louis XII* et Bayard* sur les Vénitiens, à Agnadel, au nord-est de Lodi (Lombardie).

AGORA (d'Athènes). Place publique. À Athènes*, elle était grossièrement quadrangulaire limitée au sud par les collines de l'Acropole*, de l'Aréopage* et de la Pnyx, au nord par le quartier du Céramique. On y trouve à l'époque classique (Ve-IVe siècle av. J.-C.) principalement le Bouleutêrion (salle où se réunit la Boulê*), la Tholos (édifice circulaire où se réunit la commission permanente des prytanes*), le tribunal de l'Héliée*, des temples, des portiques* et l'enceinte des héros* éponymes (qui ont donné leur nom aux tribus clisthéniennes) où l'on affichait les documents publics. Voir Clisthène, Forum romain.

AGRICOLA (Fréjus, 40-93 ap. J.-C.). Général romain. Il acheva la conquête de la (Grande) Bretagne sous l'empereur Domitien* (84). Son gendre, l'historien Tacite*, écrivit son éloge funèbre (*Vie d'Agricola*).

AGRIGENTE. Ville d'Italie située sur la côte sud de la Sicile. Fondée vers 582 av. J.-C. par les Doriens, cette cité grecque connut son apogée au début du Ve siècle av. J.-C. Elle déclina ensuite au profit de Syracuse* et fut dominée par Rome à partir du IIIe siècle av. J.-C. Il y reste aujourd'hui les vestiges de nombreux temples. Voir Grande-Grèce.

AGRIPPA (63-12 av. J.-C.). Général et homme politique romain. Ami fidèle et conseiller de l'empereur Auguste*, il remporta à ses côtés plusieurs victoires, en particulier celle d'Actium* (31 av. J.-C.) qui donna tout l'Empire à Octave* (Auguste). Homme de culture dévoué à l'État, il fut l'artisan de grands travaux : théâtres, thermes*, routes et aqueducs.

AHURA MAZDA. Dieu du Bien de l'ancienne religion des Perses*. La réforme de Zoroastre* (ou Zarathoustra) fit d'Ahura Mazda (le Seigneur sage) le souverain unique de la Création, qui guide les hommes vers le Bien. Voir Mazdéisme.

AIDES. En contrepartie du fief* qui lui était concédé, le vassal* devait au seigneur service et aide. La première forme de l'aide était militaire : ost* et chevauchée. L'aide financière était exigible pour quatre cas : adoubement* du fils aîné, mariage de la fille aînée, rançon du seigneur prisonnier, départ pour la croisade* (à partir du XIIᵉ siècle). Le mot aides qualifia, surtout à partir du XIVᵉ siècle, les subsides consentis au roi pour la défense du royaume. Opposées à la taille* et au fouage (impôts directs), les aides furent, après 1350, des impositions indirectes frappant le transport, la vente et l'exportation des denrées. Voir Féodalité.

AIGLE (Vol de l'). Voir Cent-Jours.

AIGLON (L'). Surnom donné au fils de Napoléon Iᵉʳ* et de Marie-Louise*, duc de Reichstadt. Ce surnom, sans doute donné par Victor Hugo en 1835, fut popularisé par la pièce *L'Aiglon* écrite par Edmond Rostand (1900). Voir Napoléon II.

AIGOS-POTAMOS. Signifie « fleuve de la Chèvre ». Petite rivière de la Chersonèse de Thrace (nom donné dans l'Antiquité à la presqu'île située sur la côte ouest de la mer Noire). C'est à son embouchure que le Spartiate Lysandre* remporta en 405 av. J.-C. sur les Athéniens une bataille navale qui mit fin à la guerre du Péloponnèse*.

AIGUILLON, Emmanuel Armand de Vignerot du Plessis de Richelieu, duc d' (Paris, 1720-*id.*, 1788). Homme d'État et ministre français sous le règne de Louis XV*. Son conflit avec le parlement de Bretagne provoqua une révolte de l'ensemble des parlements. Gouverneur de Bretagne (1753), il entra en conflit avec le parlement de Rennes lorsqu'il voulut mettre en œuvre les nouvelles mesures fiscales décidées par le gouvernement central. Accusé d'actes arbitraires par le Parlement* de Paris, il fut finalement destitué de sa charge (1768). Secrétaire d'État aux Af-

faires étrangères (1771-1774) et à la Guerre (1774) après la disgrâce de Choiseul*, il ne put faire échec au premier partage de la Pologne* (1772) et fut relevé de ses fonctions à l'avènement de Louis XVI* (1774). Voir Maupeou (René Nicolas de), Terray (Joseph).

AÎNESSE (Droit d'). Droit pour le fils aîné de prendre, dans la succession de ses parents, une part plus importante de l'héritage que celle des cadets et des filles. Cette préférence se développa surtout au XIᵉ siècle, afin de préserver le patrimoine d'un lignage*, provoquant souvent la rébellion des cadets. Elle s'atténua dès le XIIIᵉ siècle. Le droit d'aînesse fut définitivement supprimé à la Révolution*. Un projet pour en rétablir certaines dispositions échoua sous la Restauration*.

AIX-LA-CHAPELLE. Ville d'Allemagne. Charlemagne* en fit sa résidence favorite et la capitale de son Empire. Il y fit édifier un vaste palais, dont le plan a été reconstitué grâce à des fouilles archéologiques. Seule subsiste la célèbre chapelle palatine, construite vers 795 par Eudes de Metz, édifice octogonal à coupole inspiré des modèles byzantins d'Italie, en particulier de Ravenne. Charlemagne fut enterré sous l'une de ses arcades. À partir de la fondation du Saint* Empire par Otton Iᵉʳ* le Grand (962) et jusqu'au XVIᵉ siècle, les souverains germaniques, après leur élection par les princes, furent également couronnés et sacrés roi des Romains à Aix-la-Chapelle. Pour porter le titre impérial, ils devaient être ensuite sacrés à Rome par le pape.

AIX-LA-CHAPELLE (Traité d', 1668). Voir Dévolution (Guerre de).

AIX-LA-CHAPELLE (Traité d', 1748). Voir Succession d'Autriche (Guerre de).

AIX-LA-CHAPELLE (Congrès d', septembre-novembre 1818). Congrès qui réunit en Allemagne les quatre puissances de la Sainte-Alliance* (Angleterre, Autriche, Prusse*, Russie) victorieuses de Napoléon

Ier*, auquel fut également conviée la France, représentée par le duc de Richelieu*. Le congrès décida la fin de l'occupation de la France par les armées alliées et accepta l'entrée de cette dernière dans la Sainte-Alliance, ce qui rompit l'isolement dans lequel elle se trouvait depuis 1814. Voir Chaumont (Traité de).

AKBAR (Umarkot, Sindh, 1542-Agra, 1605) Empereur moghol* de l'Inde* (1556-1605). Par sa politique de conquêtes et d'annexions, il réussit à rétablir le plus grand empire que l'Inde ait connu depuis Açoka*. Tolérant à l'égard des hindous, grand administrateur, protecteur des arts et des lettres, il eut un règne considéré comme l'un des plus prestigieux de l'histoire de l'Inde. Petit-fils de Baber*, héritier d'un petit royaume dans le Penjab, il régna d'abord sous la tutelle du régent Bahram khan, et inaugura son règne personnel à l'âge de 19 ans. C'est à partir de 1561 qu'il se lança à la reconquête de l'Inde, soumettant d'abord les royaumes rajpoutes (1561-1568), champions de l'hindouisme*, et épousant une de leurs princesses, puis le Malva, le Goudjerat, le Bengale, le Cachemire, l'Orissa et le Sindh. Il dominait, à la fin du XVIe siècle, toute l'Inde du Nord, d'une mer à l'autre. Si, pour assurer sa victoire, Akbar ne recula devant aucune violence, il s'attacha, la paix rétablie, à gagner l'adhésion des hindous. Choisissant parmi eux ses ministres et ses chefs de guerre et abolissant la taxe très impopulaire imposée aux non-convertis à l'islam*, il favorisa aussi la prospérité économique en confiant aux Portugais l'exclusivité du commerce avec l'Europe. En 1581, Akbar fonda une nouvelle religion, la « Divine Foi » – qui ne lui survécut pas –, syncrétisme de bouddhisme*, d'hindouisme, d'islam et de christianisme*. Akbar eut pour successeur son fils Salim, qui prit le nom de Jahangir. Mais son désir d'établir dans son empire une au-

thentique unité échoua après sa mort et les désordres reparurent.

AKHÉNATON. Voir Aménophis IV.

AKKAD ou **AGADÉ**. Ville de Basse-Mésopotamie située au nord de Sumer*. Vers 2370 av. J.-C., elle devint la capitale du royaume de Sargon* l'Ancien. Voir Akkadiens, Mésopotamie.

AKKADIENS. Peuple sémite qui envahit la Mésopotamie* vers 2400 av. J.-C. Guidé par son chef, Sargon* dit l'Ancien, il renversa les Sumériens* et fonda un empire qui s'étendit du golfe Persique* à la Méditerranée. Agité par de nombreuses révoltes, cet empire dura à peine un siècle, envahi par des montagnards, les Goutis*. Mais la langue akkadienne (la plus ancienne des langues sémitiques) restera utilisée dans tout le Proche-Orient* jusque vers 500 av. J.-C. Voir Araméens, Assyrie, Babyloniens, Sémites.

AKSOUM ou **AXOUM**. Ville d'Éthiopie, dans le Tigré, au sud d'Asmara. Elle fut la capitale du royaume d'Aksoum (Ier-IXe siècle ap. J.-C.).

ALAMANS ou **ALÉMANS**. Nom donné à un groupement de tribus germaniques (dont les Suèves). Installés sur le Main au IIIe siècle ap. J.-C., ils menacèrent à plusieurs reprises le *limes** du Rhin (frontière de l'Empire romain*), finirent par s'installer à la fin du IIIe siècle entre le Rhin et le Danube (les Champs Décumates) puis en Alsace et dans la Suisse orientale. Battus par Clovis* en 496 (ou 506), les Alamans acceptèrent la suzeraineté des Francs* et formèrent le duché d'Alémanie ou de Souabe. Celui-ci fut supprimé au VIIIe siècle par Charles* Martel et les Alamans dépendirent de Louis* le Germanique après le traité de Verdun* (843). Les Français appliquèrent à toute la Germanie* le nom de leurs voisins et l'appelèrent « Allemagne ». Voir Germains, Invasions (Grandes).

ALAMEIN (Bataille d'El-, 23 octobre 1942). Victoire des armées britanniques de

Montgomery* sur les armées germano-italiennes à El-Alamein, localité d'Égypte à moins de 100 km à l'ouest d'Alexandrie, qui avait été le point le plus avancé de l'offensive de Rommel*. Cette victoire permit de sauver l'Égypte et le canal de Suez*. Voir Guerre mondiale (Seconde).

ALARIC Iᵉʳ (v. 370-Cosanza, 410 ap. J.-C.). Roi des Wisigoths* (396-410), converti à l'arianisme* (hérésie chrétienne*). Il ravagea à la tête de ses troupes la Thrace, la Grèce*, et par deux fois l'Italie, prenant et saccageant Rome en 410. Voir Goths, Invasions (Grandes).

ALARIC II. Roi des Wisigoths* (484-507), il régna sur la plus grande partie de l'Espagne et sur la Gaule*, au sud de la Loire. Grand administrateur, il fit rédiger pour ses sujets gallo-romains* un recueil de lois appelé le *Bréviaire d'Alaric*, mélange de droit romain et de coutumes germaniques (506). Il fut vaincu et tué par Clovis*, roi des Francs*, à la bataille de Vouillé* en 507 ap. J.-C. Cette victoire étendit la puissance franque jusqu'aux Pyrénées. Voir Alaric Iᵉʳ, Droit.

ALAWITES ou **ALAOUITES**. Secte de l'islam* chi'ite fondée au IVᵉ siècle, particulièrement nombreuse en Syrie* (environ 600 000 membres). Lors du mandat français sur la Syrie (1920-1941), fut organisé le « territoire des Alawites ». Voir Chi'isme.

ALBE LA LONGUE. Dans la Rome* antique, ancienne ville du Latium* située au sud-est de Rome. Fondée selon la tradition par le fils d'Énée*, Iule ou Ascagne, elle lutta longtemps contre la puissance de Rome. Elle fut détruite au VIIᵉ siècle av. J.-C. par le roi Tullus* Hostilius et ses habitants déportés à Rome. Voir Horaces (Les trois).

ALBE, Fernando Álvarez de Tolède, 3ᵉ duc d', en esp. Alba (Piedrahíta, 1508-Lisbonne, 1582). Général et homme politique espagnol, il fut un grand chef militaire, servant dans les armées de Charles* Quint, puis de Philippe II*. Après s'être illustré contre la France et les protestants* allemands, en écrasant la ligue de Smalkalde*, Philippe II le nomma gouverneur des Pays-Bas avec le titre de vice-roi, muni des pleins pouvoirs afin d'éliminer des Flandres* le protestantisme*. Arrivé à Bruxelles en 1567, il installa un régime de terreur, instituant un « Conseil des troubles », que la population surnomma « Conseil du sang », et qui fit exécuter environ 8 000 personnes dont les comtes d'Egmont et de Hoorn (1568). Cette politique conduisit au soulèvement de la Hollande et de la Zélande, dirigé par Guillaume* d'Orange-Nassau. Manquant d'une flotte puissante pour lutter contre les « Gueux* », il demanda lui-même son rappel en Espagne. Après une disgrâce, Philippe II l'envoya combattre le Portugal, qu'il traita avec autant de rigueur. Voir Armada (l'Invincible).

ALBERONI, Giulio (Fiorenzuola d'Arda, 1664-Plaisance, 1752). Cardinal et homme politique espagnol d'origine italienne. Ministre de Philippe V* d'Espagne, il mena en Europe une politique belliqueuse qui fut un échec et qui entraîna sa disgrâce. Protégé du duc de Vendôme* qu'il avait accompagné en Italie et en Espagne lors de la guerre de Succession* d'Espagne, il fut le négociateur du mariage de Philippe V avec la fille du duc de Parme, Élisabeth Farnèse. Devenu premier ministre (1716) puis cardinal (1717), il forma l'ambitieux projet de rendre à l'Espagne son hégémonie en Europe en reconquérant les domaines perdus aux traités d'Utrecht*. L'agression de la Sardaigne provoqua la coalition contre l'Espagne de la Quadruple-Alliance (1718) formée de la France, de l'Angleterre, de l'Autriche et de la Hollande. Malgré la destruction de la flotte espagnole en Méditerranée, Alberoni poursuivit son activité diplomatique en Europe, en particulier en France où il travailla à la chute du régent Philippe d'Or-

ans*, afin de placer sur le trône Phi-
ppe V d'Espagne. Son échec provoqua
on renvoi (1719). Il se réfugia en Italie,
ù le pape Innocent XIII devint son pro-
cteur. Voir Dubois (Guillaume).

LBERT Ier (Bruxelles, 1875-Marche-
es-Dames, 1934). Roi des Belges
909-1934), successeur de son oncle Léo-
old II* et marié à Élisabeth de Bavière.
a participation aux côtés des armées al-
ées lors de la Première Guerre* mondiale
ui valut le surnom de « roi-chevalier ».

LBERT DE BRANDEBOURG (Ans-
ach, 1490-Tapiau, 1568). Premier duc de
russe* de la famille des Hohenzollern*.
rand maître de l'ordre Teutonique*,
assé à la Réforme* sous l'influence de
uther*, il sécularisa le domaine de l'or-
re et prit le titre de duc de Prusse dont il
t un État protestant. Il fonda l'université
e Königsberg en 1544.

LBERT, Alexandre MARTIN, dit
'Ouvrier (Bury, Oise, 1815-Mello, Oise,
895). Homme politique. Socialiste, il par-
icipa aux journées insurrectionnelles de
évrier et de mai* 1848 et devint membre
u gouvernement* provisoire. Il participa
vec Blanqui* à la création des Ateliers*
ationaux destinés aux chômeurs mais fut
ondamné à la déportation après l'échec de
'insurrection socialiste du 15 mai 1848,
uis amnistié en 1859. Voir Barbès (Ar-
nand), Révolution française de 1848.

LBERTI, Leon Battista (Gênes,
404-Rome, 1472). Humaniste et archiecte italien. Grand érudit, il fut l'un des
remiers théoriciens de la Renaissance*
rtistique. Issu d'une grande famille flo-
entine exilée, il reçut à Venise et à Padoue
ne éducation humaniste puis étudia le
roit à Bologne, obtenant à Rome, à partir
e 1431, une charge à la Curie*. Dans son
ivre *De la Famille*, écrit en italien sous
orme de dialogues, il exposa l'idée fon-
amentale que l'homme, par la raison et la
modération, devait forger son bonheur. Il
rédigea la première grammaire italienne

afin de défendre la langue vulgaire, mais
les sciences et la littérature furent aussi au
centre de ses préoccupations, puis la sculpture, la peinture et surtout l'architecture
l'absorbèrent entièrement. *Della pittura*,
dédié à Brunelleschi* (1436) et *De statua*
constituent les premiers traités des temps
modernes sur la peinture et la sculpture.
Après avoir étudié Vitruve*, il entreprit
son traité d'architecture *De re aedificato-
ria* dédié à Laurent* de Médicis (1485) et
d'inspiration platonicienne. Alberti, en
fournissant plans et maquettes, inspira la
rénovation de Santa Maria Novella à Florence, l'édification du palais Rucellai et
des églises S. Sebastiano (1460) et S. Andrea (1470) à Mantoue.

ALBIGEOIS. Le catharisme ou « hérésie
albigeoise » ne fut pas une hérésie chrétienne, mais une religion dualiste, issue du
manichéisme (IIIe siècle ap. J.-C), et directement apparentée à des mouvements ana-
logues en Orient, dans les Balkans* (les
Bogomiles) et en Italie du Nord. Elle se
diffusa au XIIe siècle – lors des croisades* –, et des « missionnaires » en provenance des Balkans* (Nicétas de Constantinople) sont attestés. En France, elle se
répandit aux XIIe et XIIIe siècles dans le
Midi, particulièrement en Languedoc. Ses
principaux centres furent Albi (d'où son
nom), Béziers, Carcassonne et surtout
Toulouse. L'hérésie albigeoise (ou cathare) se fondait sur un système dualiste (le
bien et le mal). Elle rejetait les enseignements et le clergé de l'Église catholique,
les sacrements* et la messe. Une sorte de
baptême* par l'imposition des mains, le
consolamentum, était administré aux
« parfaits », séparés des autres croyants et
tenus d'observer une pureté absolue. La
morale particulièrement sévère des Albigeois (contrastant avec la richesse et le relâchement des mœurs du clergé catholique* dans le Midi) mais aussi la faveur que
lui témoignèrent le comte de Toulouse,
Raimond VI*, et ses vassaux*, expliquè-

rent le grand succès de l'hérésie. En 1208, le pape Innocent III* prêcha la croisade contre les Albigeois. Dirigée par Simon de Montfort* et composée surtout de barons du nord avides de terres, elle mit le pays à feu et à sang. Les croisés du nord défirent le comte de Toulouse Raimond VI à Muret (1213). Après la mort de Simon, tué en 1218, le roi de France poursuivit la conquête, soumit le Languedoc dont une partie fut rattachée au domaine* royal, une autre promise à son fils Alphonse (traité de Meaux, 1229). Le roi de France continua la répression et conquit tout le Languedoc qui fut ainsi rattaché à la couronne de France. Traqués par l'Inquisition*, les Albigeois furent définitivement vaincus après la prise du château de Montségur* en 1244. Voir Louis IX (Saint Louis).

ALBUQUERQUE, Afonso de (Alhandra, 1453-Goa, 1515). Navigateur et conquistador* portugais. Défenseur des intérêts commerciaux portugais aux Indes, il réussit par ses conquêtes, à mettre en échec le monopole musulman du commerce des marchandises en provenance de l'Inde et de l'actuelle Asie du Sud-Est. Nommé vice-roi des Indes, il assura au royaume de Lisbonne* la route des épices* et le monopole du poivre. Après s'être emparé en 1510 de Goa* (face à la côte occidentale des Indes), qui devint, aux dépens de Calicut, le principal centre commercial et militaire de la présence portugaise dans la région, Albuquerque s'empara de Malacca* (1511), centre des échanges avec la Chine (soie), des îles Moluques, productrices d'épices et des côtes de Ceylan et d'Ormuz, qui contrôlaient l'entrée du golfe Persique*.

ALCIBIADE (v. 450-en Phrygie, 404 av. J.-C.). Général et homme politique athénien. Aristocrate de naissance, il fut éduqué par son tuteur Périclès* et devint l'ami de Socrate*. Alcibiade, brillant et ambitieux, joua un rôle politique important à Athènes* à la fin du ve siècle av. J.-C. Élu

stratège* en 420 av. J.-C. et chef du parti démocratique, il rompit la trêve conclue par Nicias* en 421 av. J.-C. avec les Spartiates et entraîna, au cours de la guerre du Péloponnèse*, les Athéniens dans la désastreuse expédition contre Syracuse* (415 av. J.-C.). Accusé de sacrilège (il aurait mutilé les statues d'Hermès* à Athènes et profané les mystères d'Éleusis*), il déserta, fut condamné à mort par contumace et, dès lors, intrigua contre sa patrie. Il se réfugia à Sparte* puis auprès du satrape* perse Tissapherne, en Asie* Mineure, qu'il convainquit d'abandonner son alliance avec Sparte au profit d'Athènes. Le succès de ces négociations eut pour résultat son rappel d'exil : en 411 av. J.-C. la flotte athénienne de Samos* le fit général et il conduisit avec succès les opérations militaires en mer Égée jusqu'en 408 av. J.-C. Son prestige retrouvé (407 av. J.-C.) fut pourtant de courte durée : la défaite de la flotte grecque à Notion (406 av. J.-C.), conduite en son absence par son lieutenant Antiochos, mit fin à ses espoirs de renouveau politique. Il dut s'exiler et mourut assassiné en Phrygie.

ALCUIN (York, v. 735-Tours, 804). Religieux et savant anglo-saxon, il joua un rôle important dans la renaissance* carolingienne. Collaborateur de Charlemagne* à partir de 782, il enseigna à l'école du palais d'Aix-la-Chapelle* et exerça un magistère intellectuel sur l'Empire, encourageant la reprise de l'enseignement des arts libéraux et la multiplication des ateliers de copie.

ALEMBERT, Jean Le Rond d' (Paris, 1717-id., 1783). Mathématicien et philosophe français. Son nom est resté attaché avec celui de Denis Diderot*, à la publication de l'*Encyclopédie**. Fils naturel de Mme de Tencin* et du chevalier Destouches, d'Alembert vécut dans l'intimité de Julie de Lespinasse dont le salon était fréquenté par les encyclopédistes. Auteur d'ouvrages scientifiques, il publia notam-

nt son *Traité de dynamique* (1743) dans
quel fut énoncé pour la première fois l'un
s principes essentiels de la mécanique
ssique connu sous le nom de principe de
Alembert. Il fut reçu en 1754 à l'Aca-
mie* française dont il devint, en 1772,
secrétaire perpétuel.
ENA (Accord de libre-échange nord-
éricain). Accord (en angl. NAFTA,
rth American Free Trade Agreement)
né le 17 décembre 1992 entre les États-
is, le Canada et le Mexique, instaurant
e zone de libre-échange entre ces trois
ys. Il est entré en vigueur en 1994.
ÈS (Édit de grâce ou paix d', 1629).
it signé par Louis XIII* à Alès après la
se de La Rochelle (1628). Il réduisait la
issance politique et militaire des protes-
ts*, mais maintenait les dispositions re-
ieuses de l'édit de Nantes* accordé par
nri IV*. Les protestants gardaient la li-
rté du culte et l'égalité civile, mais leurs
ivilèges politiques (assemblées) et mili-
res (places de sûreté) étaient supprimés.
oir La Rochelle (Siège de, 1627-
28).
LÉSIA. Ancienne place forte de la
aule* identifiée aujourd'hui au site
Alise-Sainte-Reine, située sur une col-
e de Bourgogne, le mont Auxois. Après
défaite de sa cavalerie à Dijon, le chef
ulois Vercingétorix* vint s'y enfermer.
ais la ville fut assiégée par Jules César*
52 av. J.-C., amenant la conquête défi-
tive de la Gaule par les Romains. Pour
endre la ville, César fit entreprendre
immenses travaux de siège qui mobili-
rent 10 légions* et furent achevés en
elques semaines. Alésia fut entourée
une double ligne de fortifications, l'une
ongue de 15 km) contre les assiégés,
autre contre l'armée gauloise de secours
tendue du dehors. Celle-ci, mal organi-
e et insuffisamment nombreuse, fut ra-
dement mise en déroute par les Romains.
a ville capitula au bout de deux mois de
ège. Les soldats de Vercingétorix furent

vendus comme esclaves* et lui-même
amené à Rome où il dut paraître au triomphe* de son vainqueur. La chute d'Alésia
entraîna la soumission des Arvernes* et
des Éduens*. En 51 av. J.-C., les dernières
résistances gauloises furent brisées : la
« guerre des Gaules* » était finie. On y a
retrouvé au xxe siècle de grandes quantités
d'ossements d'hommes et de chevaux, témoins des durs combats qui opposèrent
Gaulois et Romains, ainsi que les vestiges
d'une ville gallo-romaine édifiée par la
suite.
ALEXANDRA Fedorovna (Darmstadt,
1872-Iekaterinbourg, 1918). Impératrice
de Russie (1894-1917). Fille du duc de
Hesse, Louis IV, et petite-fille de la reine
Victoria*, elle épousa le tsar Nicolas II* en
1894. L'ascendant que prit sur elle Raspoutine*, à partir de 1905, discrédita la
monarchie. Elle fut assassinée par les bolcheviks* ainsi que son mari et ses enfants.
Voir Révolutions russes de 1917.
ALEXANDRE VI, Rodrigo Borgia (Já-
tiva, Espagne, 1431-Rome, 1503). Pape
(1492-1503). Souverain temporel avant
tout, il est resté célèbre pour ses intrigues,
son népotisme et le scandale de sa vie privée. Cardinal à 25 ans, il fut élu – peut-être
à prix d'argent – souverain pontife et s'attacha dès lors à affermir son autorité dans
les États pontificaux*. Adversaire du roi
de France Charles VIII*, il passa ensuite
dans le camp français et devint l'allié de
Louis XII*. Pape de la Renaissance* et généreux mécène, sa vie fut aussi marquée
par la division des zones d'influence coloniale de l'Espagne et du Portugal (traité
de Tordesillas*) et l'agitation de Savonarole*. Il eut de Rosa Vannoza Cattanei
quatre enfants – dont César et Lucrèce
Borgia* – et deux enfants de Giulia Farnèse.
ALEXANDRE III LE GRAND (Pella,
356-Babylone, 323 av. J.-C.). Célèbre roi
de Macédoine* (336-323 av. J.-C.). Grand
militaire, il conquit l'immense Empire

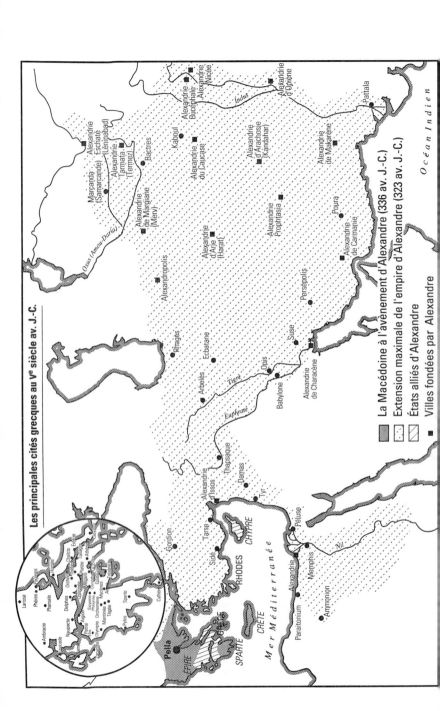

Les principales cités grecques au Ve siècle av. J.-C.

Océan Indien

Pattala

Alexandrie d'Opiène
Alexandrie Nicée
Alexandrie Bucéphale–Alexandrie
Indus

Alexandrie Eschaté (Leninabad)
Marcanda (Samarcande)
Alexandrie Tarmata (Termez)
Bactres
Kaboul
Oxus (Amou-Daria)

Alexandrie du Caucase
Alexandrie d'Arachosie (Kandahar)
Alexandrie de Makarène

Alexandrie de Margiane (Merv)
Alexandrie d'Arie (Harat)
Alexandrie Prophtasia
Poura
Alexandrie de Carmanie

Alexandropolis
Persépolis

Rhagès
Ecbatane
Suse

Arbèles
Opis
Babylone
Alexandrie de Characène

Tigre
Euphrate

Thapsaque
Alexandrie d'Issos
Damas
Tyr

Gordion
Tarse
CHYPRE
Péluse
Nil

Side
Alexandrie
Memphis

RHODES

Mer Méditerranée

Parattonium
Ammonion

CRÈTE

Larissa
Phères
Pharsale
Ambracie
Naupacte
Delphes

SPARTE
GRÈCE
ÉPIRE
Pella

■ La Macédoine à l'avènement d'Alexandre (336 av. J.-C.)
▨ Extension maximale de l'empire d'Alexandre (323 av. J.-C.)
▨ États alliés d'Alexandre
■ Villes fondées par Alexandre

erse et fut à l'origine de la civilisation hellénistique*. Fils de Philippe II* de Macédoine, il fut l'élève du philosophe grec Aristote*. Admirateur d'Homère*, il rêvait d'égaler les exploits d'Achille. Très tôt associé à son père dans l'exercice du pouvoir, il s'illustra à 18 ans à la bataille de Chéronée*. Roi à 20 ans à la mort de son père assassiné, il réprima une révolte des cités grecques en détruisant Thèbes* et en soumettant Athènes*. Désormais maître de la Grèce*, il se prépara à la conquête de l'Empire perse. En 334 av. J.-C., à la tête d'une armée de quelque 30 000 fantassins et de 5 000 cavaliers, il franchit l'Hellespont* (détroit des Dardanelles, à l'entrée de la mer Noire) et battit au Granique* le roi perse Darius III*. Il occupa alors toutes les villes grecques de la côte d'Asie* Mineure, coupant ainsi aux Perses* tout accès à la Méditerranée. Après une halte à Gordion* (où il trancha le fameux nœud gordien* qui lui promettait la conquête de l'Asie), il battit les Perses à Issos (en 333 av. J.-C.), occupa la Syrie*, la Phénicie* (en s'emparant de Tyr*), et entreprit la conquête de l'Égypte* où il fonda la ville d'Alexandrie*. Puis, se dirigeant vers la Mésopotamie*, il dispersa l'armée de Darius III, en 331 av. J.-C., près d'Arbèles*. Maître de l'Empire perse, il atteignit l'Indus*, mais ses soldats épuisés le forcèrent à rentrer à Babylone* qu'il avait choisie pour capitale. Un an plus tard, en 323 av. J.-C., il y mourut âgé de 33 ans. Militaire de génie, Alexandre tenta aussi de réaliser la fusion entre Grecs et Orientaux, dont il respecta les coutumes et les religions, créant ainsi la civilisation hellénistique. Il se maria lui-même avec la fille de Darius III, Roxane, et 10 000 de ses soldats épousèrent des Asiatiques. Après sa mort, son immense empire fut partagé entre ses généraux. Le personnage d'Alexandre a inspiré jusqu'à l'époque moderne de nombreuses œuvres historiques, littéraires et artistiques. Respectueux des traditions des peuples conquis, il se proclama toutefois sa vie durant fils de Zeus* et fut honoré comme un dieu. Voir Hellénistiques (Royaumes).

ALEXANDRE Ier Pavlovitch (Saint-Pétersbourg, 1777-Taganrog, 1825). Empereur de Russie (1801-1825), petit-fils de Catherine II*. Après avoir combattu Napoléon Ier* lors de l'invasion de la Russie par les armées françaises, Alexandre Ier fut l'inspirateur de la Sainte-Alliance* issue du congrès de Vienne* (1815) puis abandonna à l'influence du chancelier autrichien Metternich* la direction de la politique européenne. Influencé par les idées libérales de son précepteur La Harpe, il promulgua au début de son règne d'importantes réformes (abolition de la torture, de la censure, droit pour les roturiers d'acquérir des terres, réforme de l'instruction) qui, pour beaucoup, restèrent sans résultat en raison de l'opposition de la noblesse. À l'extérieur, Alexandre Ier prit part à la troisième coalition* contre Napoléon (1805), puis se rapprocha de ce dernier après la paix de Tilsit* et déclara la guerre à l'Angleterre et à la Suède. Mais gêné par les contraintes du Blocus* continental, il s'allia à nouveau avec l'Angleterre. Après l'invasion française de 1812, il devint l'âme de la coalition contre Napoléon jusqu'à la victoire de Waterloo*. Après s'être opposé au démembrement de la France lors du congrès de Vienne (1815), il inspira la Sainte-Alliance. Cependant, l'agitation révolutionnaire dans les rangs de l'armée l'incita à une politique très réactionnaire qui valut à son successeur, Nicolas Ier*, la révolte des décabristes*. Sa mort est encore entourée de mystère. Sa tombe, ouverte en 1926, fut trouvée vide, ce qui pourrait accréditer l'idée qu'il abandonna le trône pour partir en Terre sainte. Voir Austerlitz (Bataille d'), Eylau (Bataille d'), Friedland (Bataille d'), Russie (Campagne de).

ALEXANDRE II Nicolaïévitch (Moscou, 1818-Saint-Pétersbourg, 1881). Empereur de Russie (1855-1881). Il mit en place d'importantes réformes qui transformèrent profondément les institutions de l'empire. Élève du poète et humaniste Joukovski, il succéda à son père, Nicolas Ier*, lors de la guerre de Crimée* et dut accepter le traité de Paris* (1856). Conscient de l'archaïsme des structures politiques et sociales de la Russie et de son retard économique par rapport à l'Occident, l'empereur décida d'importantes réformes. L'abolition du servage (1861) eut une importante portée morale, même si elle ne résolut pas le problème de la terre dont les nobles restaient en grande partie propriétaires. L'appareil judiciaire, vétuste et vénal, fut remplacé par de nouvelles institutions et l'administration locale, réorganisée par la création des zemstvos* (1864). L'enseignement fut démocratisé (1864) et le service militaire rendu obligatoire pour tous. Alexandre II développa enfin le réseau ferroviaire, donnant ainsi un nouvel essor à la vie économique. À l'extérieur, Alexandre II se rapprocha de l'Autriche et de l'Allemagne (alliance des Trois-Empereurs*, 1872) mais perdit le soutien de Bismarck*, inquiet des visées russes dans les Balkans* après la guerre contre les Ottomans* (congrès de Berlin*, 1878). Il poursuivit cependant avec succès sa politique expansionniste dans le Caucase (conquis en 1859), l'Asie centrale et l'Extrême-Orient. L'insurrection polonaise de 1863, violemment réprimée, amena le tsar à revenir à une politique autocratique limitant notamment l'application des réformes qui provoqua les progrès du mouvement révolutionnaire populiste. Après avoir échappé à plusieurs attentats, Alexandre II périt victime de l'explosion d'une bombe. Voir Crimée (Guerre de), Mir, Populistes, San Stefano (Traité de).

ALEXANDRE III (Saint-Pétersbourg, 1845-Livadia, 1894). Empereur de Russie (1881-1894). Il pratiqua une politique conservatrice sans toutefois parvenir à enrayer l'opposition libérale et révolutionnaire et scella à l'extérieur l'alliance franco-russe. Second fils d'Alexandre II* il accentua le régime de réaction inauguré par son père à la fin de son règne. Les universités furent étroitement surveillées, la presse bâillonnée et les pays dépendants (Pologne, Finlande, Pays baltes), soumis à une brutale russification. La Russie poursuivit sous son règne l'occupation de l'Asie centrale et connut un grand essor industriel. À l'extérieur, Alexandre III rompit l'alliance des Trois-Empereurs* (Allemagne, Autriche-Hongrie, Russie) et signa avec la France une convention militaire (1892), ce qui permit, grâce aux emprunts d'accélérer le financement de l'industrialisation.

ALEXANDRE Ier Karadjordjevic (Cetinje, 1888-Marseille, 1934). Fils de Pierre Ier, roi des Serbes, Croates* et Slovènes* (1921-1929), puis de Yougoslavie* (1929-1934). Après avoir participé aux côtés des Alliés à la Première Guerre* mondiale (1914-1918), il établit, à partir de 1929, un régime autoritaire et centralisateur. Il s'allia dans la « Petite Entente* » avec les Tchèques et les Roumains. Au cours d'une visite officielle à Marseille, il fut assassiné, ainsi que le ministre des Affaires étrangères français, Louis Barthou* par des terroristes croates membres de l'Oustacha. Voir Pavelic (Ante), Serbie.

ALEXANDRE Iaraslavitch NEVSKI (v. 1220-Gorodets, sur la Volga, 1263) Prince de Novgorod (1236-1252) et grand prince de Vladimir (1252-1263). Il est resté une grande figure populaire de l'histoire russe. Gouvernant sous la suzeraineté des Mongols* auxquels son père avait dû se soumettre en 1238, il battit en 1240 les Suédois sur les bords de la Néva (d'où son nom de Nevski) et triompha des chevaliers Porte-Glaive lors de la « bataille de la glace », en Livonie (1242), stoppant ainsi pour longtemps l'offensive germanique

ers l'est. Canonisé par l'Église orthodoxe*, il inspira, en 1938, le célèbre film
de Serge Eisenstein* *Alexandre Nevski*
dont la musique fut écrite par Prokofiev*.
Voir Horde d'Or.

**ALEXANDRE FARNÈSE, duc de
Parme** (Rome, 1545-Arras, 1592). Il fut
l'un des plus jeunes hommes de guerre du
VIe siècle. Élevé en Espagne, nommé
gouverneur général des Pays-Bas par Philippe II*, il soumit à nouveau les provinces méridionales à la couronne espagnole
(1579), puis combattit les protestants* de
l'Union d'Utrecht*, menant avec succès le
siège d'Anvers*. Mais Philippe II le détourna des Pays-Bas et lui commanda d'intervenir en France, afin de soutenir la Ligue* catholique. Alexandre Farnèse
contraignit Henri IV* à lever le siège de
Paris (1590), puis de Rouen. Voir Armada
(l'Invincible).

ALEXANDRIE. Ville de Basse-Égypte*,
fondée en 332 av. J.-C. par Alexandre* le
Grand. Capitale de la dynastie grecque des
Lagides*, elle fut pendant trois siècles (du
IVe au Ier siècle av. J.-C.) le plus grand centre commercial et intellectuel du monde
hellénistique*. Admirablement située,
Alexandrie a été le principal centre
d'échanges entre l'Orient et l'Occident.
Elle redistribuait les marchandises venues
d'Afrique, d'Arabie, d'Inde*, tandis que
ses ateliers travaillaient le lin, le papyrus*,
le métal et les parfums. Ses deux ports
étaient dotés d'un phare, tour de marbre de
120 m de haut au sommet de laquelle brû-
lait un feu visible à 50 km (l'une des Sept
Merveilles* du monde, aujourd'hui disparue). Ville cosmopolite, construite selon
un plan en damier, sa population aurait atteint près de 600 000 habitants. Alexandrie
fut aussi, après le déclin d'Athènes*, le
grand centre de la culture grecque. Son
Musée* rassemblait des collections d'œuvres d'art, un jardin botanique et zoologi-
que, des salles de cours et des appartements pour les professeurs. Sa

bibliothèque de quelque 700 000 volumes
peut-être (en grande partie incendiée en
48-47 av. J.-C.) réunissait toute la production littéraire et scientifique de l'époque.
Déchirée par des luttes de succession,
Alexandrie fut prise par les Romains en 30
av. J.-C., mais resta un grand foyer culturel. Touchée par le christianisme*, l'Église
d'Alexandrie devint le rempart de l'orthodoxie contre les hérésies. Occupée tour à
tour par les Perses* (616), les Arabes*
(642), les Turcs (1517), la ville était l'une
des Échelles du Levant* lorsque Bonaparte* s'en empara en 1798. Elle est aujourd'hui le principal port et la deuxième
ville d'Égypte après Le Caire. Voir Antoine, Auguste, César, Cléopâtre, Égypte
(Campagne d'), Paul (saint), Philon.

ALEXIS Ier COMNÈNE (Constantinople, 1058-*id.*, 1118) Empereur byzantin
(1081-1118). Il restaura la puissance de
Byzance en combattant notamment les
Normands* de Bohémond Ier* et les Petchénègues*. Voir Byzantin (Empire), Venise.

ALEXIS Ier Mikhaïlovitch (Moscou,
1629-*id.*, 1676). Empereur de Russie
(1645-1676). Fils et successeur de Michel III, il marqua par ses réformes une
étape importante dans la puissance de
l'État russe. Il établit définitivement, par le
code de 1649, le servage – alors qu'il avait
presque disparu en Occident –, favorisant
ainsi les intérêts des nobles mais aussi de
l'État, assuré d'avoir à sa disposition
contribuables et soldats. Cette réforme
provoqua une importante révolte paysanne
(1667-1671), dirigée par le chef cosaque
Razine, dont le souvenir est resté très populaire. Alexis Ier supprima aussi, afin de
développer le commerce, les privilèges
étrangers et les barrières douanières intérieures. À l'extérieur, après deux guerres
contre la Pologne (1657-1667), il annexa
Smolensk et toute l'Ukraine orientale avec
Kiev. Les limites de l'Empire atteignirent,

sous son règne, le Pacifique et la colonisation de la Sibérie débuta. Voir Romanov.

ALFONSÍN, Raúl (Chascomus, 1926-). Homme politique argentin, leader de l'Union civique radicale. Son élection à la présidence de la République (1983-1989) marqua le retour de la démocratie en Argentine.

ALFRED LE GRAND (Wantage, Berkshire, v. 849-899). Roi saxon du Wessex, dans le sud de l'Angleterre (871-899). Il étendit son pouvoir sur la majeure partie de l'Angleterre et mena une lutte victorieuse, mais longtemps indécise, contre les envahisseurs danois qu'il soumit et contint. Il occupa et fortifia Londres en 886. Homme cultivé, il traduisit divers ouvrages latins en langue vulgaire et favorisa l'instruction, la littérature et la réforme de l'Église. Voir Normands.

ALGER (Expédition d', 1830). Expédition menée après plusieurs différends diplomatiques entre la France et l'Algérie et qui conduisit aux débuts de la conquête de cette dernière. Sous le règne de Charles X*, en août 1829, un bateau français qui tentait d'amener à Alger un négociateur fut attaqué. Le ministre Polignac* décida la prise d'Alger qui se rendit à Bourmont en juillet 1830, après le bombardement du Fort-l'Empereur. Le bey Hussein dut s'exiler et, au début, Louis-Philippe Ier*, devenu roi des Français, se décida, soucieux de garder de bonnes relations avec l'Angleterre, à une occupation restreinte (Oran, Bougie, Bône et Mostaganem). Voir Abd el-Kader, Bugeaud (Thomas).

ALGER (Bataille d', janvier-septembre 1957). Nom donné, lors de la guerre d'Algérie*, aux opérations militaires conduites par le général Massu* à Alger et particulièrement dans la casbah, afin de démanteler le FLN (Front* de libération nationale). Le succès militaire de cette opération (armes saisies, renseignements obtenus par la torture) provoqua en revanche un trouble profond en métropole et à l'étranger.

ALGÉRIE (Statut organique de l', 20 septembre 1947). Nouveau statut accordé à l'Algérie, instituant une Assemblée algérienne qui donnait une représentation égale aux Algériens et aux Français d'Algérie alors que ces derniers étaient huit fois moins nombreux (922 000 Européens et 7 860 000 Algériens). Le statut indigna les Français d'Algérie et déçut la population musulmane, particulièrement les nationalistes algériens qui, pour la plupart, virent dans l'insurrection armée la seule voie vers l'indépendance. Voir Algérie (Guerre d').

ALGÉRIE (Guerre d', 1954-1962). Guerre de décolonisation violente et tragique qui opposa la France et les Algériens musulmans* et qui provoqua la chute de la IVe République*. Préparée par le traumatisme de la répression des manifestations de Sétif* (1945) et de la déception du statut organique accordé à l'Algérie en 1947, la guerre d'Algérie débuta par l'insurrection de la Grande Kabylie et des Aurès (1er novembre 1954) décidée par le Comité révolutionnaire d'unité et d'action (CRUA), créé en mars 1954, et qui regroupait des nationalistes convaincus (Ben Bella, Boudiaf, Aït Ahmed, Krim Belkacem et Khider). Le « massacre de la Toussaint » déclencha le « mécanisme fatal terrorisme-répression », tandis que l'armée française chargée de la « pacification » assurait le quadrillage de l'Algérie, ce qui nécessita, dès 1956, l'intervention du contingent. Le FLN (Front* de libération nationale) réussit progressivement à conquérir une audience nationale (ralliement des leaders de l'Union démocratique du manifeste algérien de Ferhat Abbas* et d'une grande partie de la population, particulièrement à Alger) et internationale (aide des pays arabes, particulièrement de l'Égypte, de la Tunisie et du Maroc, soutien de l'ONU* qui condamna la politique française dès 1955). Les succès militaires français en Algérie (capture, en 1955, d'un avion marocain transportant les principaux chefs du FLN, « bataille d'Alger* » conduite par le général Massu* en 1957) n'empêchèrent pas les divisions croissantes de l'opinion française (controverses sur l'emploi de la torture, mécontentement croissant des chefs militaires à l'égard des politiques après l'humiliation de l'expédition de Suez* en 1956). L'évolution de la politique algérienne de De Gaulle* revenu au pouvoir à la faveur de la crise du 13 mai* 1958 (promesse du maintien d'une Algérie française puis reconnaissance d'une souveraineté algérienne) provoqua la cassure entre l'armée, soutenue par une grande partie des colons, et la métropole (semaine des barricades*, putsch des généraux*, actions terroristes de l'OAS*). L'imbroglio tragique du problème algérien conduisit de Gaulle à liquider la question, en acceptant les principales revendications du GPRA (Gouvernement provisoire de la République algérienne créé au Caire en 1958). Les accords d'Évian* (18 mars 1962) entérinèrent l'indépendance de l'Algérie officialisée par référendum en France et en Algérie. Malgré le cessez-le-feu du 19 mars 1962, la poursuite des attentats (OAS*) provoqua le départ vers la France, dans des conditions dramatiques, de plus d'un million de Français d'Algérie. Le bilan de cette guerre fut particulièrement lourd : plus de 25 000 soldats français tués et sans doute 400 000 ou 500 000 morts dans la population musulmane, y compris les victimes civiles exécutées par l'armée française et l'OAS, mais aussi par le FLN (notables algériens fidèles à la France et harkis, forces auxiliaires de l'armée française).

ALGÉSIRAS (Conférence d', 16 janvier-7 février 1906). Conférence internationale réunie à Tanger, possession espagnole au Maroc, qui reconnut à la France des droits spéciaux au Maroc. Elle fut chargée, avec l'Espagne, de la police des ports marocains. Un Français présidait en outre la banque d'État du Maroc dans laquelle la France était la principale créancière. Cette conférence marqua l'isolement diplomatique de l'Allemagne, mais aussi la situation privilégiée de la France et de l'Espagne au Maroc. Voir Guillaume II, Tanger (Discours de).

ALHAMBRA. Vient de l'arabe *al-hamra* qui signifie « la rouge ». Célèbre palais et forteresse des derniers souverains arabes* de Grenade, en Espagne (XIIIe-XIVe siècle). Charles* Quint fit construire au XVIe siècle, près des édifices arabes, un palais à l'italienne. Voir Grenade (Royaume de).

ALI. Quatrième calife* musulman (656-661), cousin et gendre du prophète Mahomet* dont il avait épousé la fille, Fatima*. Très tôt converti à l'islam*, il fut élu, en 656, calife par les musulmans de Médine*. Son accession au pouvoir fut contestée, particulièrement par le gouverneur de Syrie*, Mu'awiya*. Déposé par ce dernier en 659, il fut assassiné deux ans plus tard. Les chi'ites*, branche de l'islam, ne reconnaissent qu'Ali et les descendants de ses fils Hassan et Hussein pour successeurs légitimes de Mahomet. Voir Sunnites.

ALIÉNOR ou **ÉLÉONORE D'AQUITAINE** (1122-Fontevrault, 1204). Fille et héritière de Guillaume X, dernier duc d'Aquitaine*, elle épousa à 15 ans le futur roi de France Louis VII* auquel elle apporta en dot le duché (Marche, Auvergne, Gascogne, Poitou, Limousin, Angoumois, Saintonge et Périgord), qui demeurait cependant distinct du domaine* royal. Elle accompagna le roi à la deuxième croisade* et fit scandale par une liaison avec son oncle Raimond de Poitiers, prince d'Antioche*. Au retour, Louis VII, en raison de l'infidélité de sa femme, demanda le divorce, accordé par un synode d'évêques*. Aliénor se remaria avec Henri Plantagenêt, alors comte d'Anjou* et duc de Normandie*, qui devint roi d'Angleterre en 1154 sous le nom d'Henri II*, ce qui fit passer les riches provinces de l'Aquitaine sous la domination des Plantagenêts*. Peu attachée à son second mari, Aliénor préféra continuer à gouverner le duché d'Aquitaine où elle anima à Poitiers une cour brillante, entourée de poètes et d'artistes. Elle protégea des troubadours (Bernard de Ventadour) et joua un rôle important dans l'essor de la littérature courtoise*. Elle soutint contre le roi l'un ou l'autre de leurs deux fils (Richard Ier* Cœur de Lion et Jean* sans Terre) ; aussi Henri II la fit-il emprisonner dans un couvent dont elle ne sortit qu'à l'avènement de Richard Cœur de Lion (1189), lequel lui confia le gouvernement lorsqu'il partit pour la troisième croisade*. Elle finit ses jours à l'abbaye de Fontevrault – où se trouve son tombeau –, non sans avoir auparavant joué un rôle décisif dans l'avènement de Jean sans Terre (1199).

ALLENBY, Edmund (Brackenhurst, Nottinghamshire, 1861-Londres, 1936). Maréchal* britannique. À la tête de la IIIᵉ armée engagée en France lors de la Première Guerre* mondiale, il fut ensuite désigné comme commandant des forces anglaises en Palestine* (1917-1918). Après la victoire de Megiddo (1917), il contraignit l'Empire ottoman* à capituler. Il fut haut commissaire en Égypte (1919-1925), et contribua à élaborer le traité d'indépendance de ce pays.

ALLENDE, Salvador (Valparaiso, 1908-Santiago, 1973). Homme politique chilien. Président de la République (1970-1973), socialiste, il fut renversé par un putsch militaire dirigé par le général Pinochet* durant lequel il trouva la mort. Issu de la riche bourgeoisie, médecin, il fut en 1933 l'un des fondateurs du Parti socialiste chilien. Député en 1937, il siégea comme ministre de la Santé dans le gouvernement du Front populaire de Aguirre Cerda (1939-1941 et en 1941-1942). Trois fois candidat malheureux de la gauche aux élections présidentielles (1952, 1958, 1964), il fut élu de justesse, dans un contexte de crise économique et de méfiance de la part des États-Unis, en septembre 1970, comme candidat de l'Unité populaire qui regroupait socialistes, communistes, dissidents démocrates-chrétiens de gauche et radicaux. Marxiste, ami personnel de Fidel Castro*, Allende entreprit de conduire le Chili au socialisme* dans le respect de la légalité. Dès la nationalisation des mines de cuivre, des banques et des principales entreprises, il dut affronter l'hostilité de la bourgeoisie, d'une partie de la classe moyenne et des États-Unis qui imposèrent au Chili un blocus. De multiples actions de harcèlement se développèrent (violentes campagnes de presse, grève des commerçants et des camionneurs). Malgré les sévères mesures prises pour résoudre les difficultés économiques, Allende bénéficia aux élections législatives de 1973 d'un net soutien populaire (43 %). La démocratie chrétienne accepta alors une « opposition constructive » et il fit entrer dans son cabinet des ministres modérés, ce qui provoqua la rupture avec le MIR (Mouvement de la gauche révolutionnaire, trotskiste). Allende fut renversé par un putsch militaire (11 septembre 1973) au cours duquel il trouva la mort. Le général Pinochet, président de la junte, dirigea une très dure répression.

ALLEU. Au Moyen Âge, nom donné à une terre libre, c'est-à-dire sans seigneur et sur laquelle n'existent que les droits du possesseur direct, en opposition à la tenure*. En France, les alleux étaient surtout répandus dans le Midi imprégné de droit romain, et presque inexistants dans le Nord. Les alleux pouvaient appartenir à des nobles ou à des paysans. Voir Seigneur.

ALLIANCE (L'). Nom donné au « contrat » conclu au XIIᵉ siècle av. J.-C. entre es Hébreux* et Yahvé*, par l'intermédiaire de Moïse*. Aux termes de cette Alliance, les Hébreux s'engageaient à ne croire qu'en un seul Dieu, Yahvé, et Yahvé à faire des Hébreux son peuple élu (c'est-à-dire choisi) et à le protéger. Si le peuple lui désobéissait, Yahvé devait, pour être juste, le châtier. Voir Arche d'Alliance.

ALLIANCE (TRIPLE-), ou Alliance de La Haye, 1717. Alliance conclue pour le maintien des traités d'Utrecht* (1713-1715) contre l'Espagne de Philippe V* entre les Provinces-Unies, George I er* d'Angleterre et le régent de France, Philippe d'Orléans*. Les ambitieux projets du ministre de Philippe V, Alberoni*, élargirent la Triple-Alliance en une Quadruple-Alliance (1718), à laquelle participa l'Autriche. L'empereur reconnaissait Philippe V à condition qu'on lui remît la Sicile et que la Sardaigne allât au duc de Savoie. Don Carlos, fils du roi d'Espagne, héritait des duchés de Parme et de Plaisance et du grand-duché de Toscane.Voir Dubois (Guillaume), Régence (La), Succession d'Espagne (Guerre de), Succession de Pologne (Guerre de).

ALLIANCE (TRIPLE-) ou **TRIPLICE** (20 mai 1882). Alliance conclue à Vienne entre l'Allemagne, l'Autriche-Hongrie* et l'Italie, sur l'initiative du chancelier allemand Bismarck* ; régulièrement renouvelée jusqu'en 1914, elle complétait l'alliance des Trois-Empereurs* de 1872. Elle était destinée à isoler la France désireuse de reconquérir l'Alsace-Lorraine*, et à empêcher tout risque d'affrontement dans les Balkans* entre l'Autriche-Hongrie et la Russie, puissances antagonistes dans cette région. Cependant, en 1914, l'Italie – qui avait adhéré à la Triple-Alliance pour manifester son hostilité à l'établissement du protectorat français en Tunisie – décida de rester neutre. Elle rompit la Triplice en entrant en guerre, en 1915, aux côtés des Alliés. À la Triple-Alliance s'opposait la Triple-Entente* (1907), alliance non formelle

entre la France, la Grande-Bretagne et la Russie. Voir Duplice.

ALLIANCE (SAINTE-), 26 septembre 1815. Nom donné au traité conçu par Alexandre I er* et qui unissait le tsar, l'empereur d'Autriche* François I er* et le roi de Prusse*, Frédéric-Guillaume III* (respectivement orthodoxe, catholique* et protestant*). Les souverains s'engageaient « au nom de la Sainte-Trinité » à respecter entre eux les règles de la charité chrétienne et à se porter aide et assistance. Les termes vagues du texte faisaient de ce traité un « néant diplomatique », qualifié par le chancelier autrichien Metternich* de « rien sonore ». Ce fut pourquoi la solidité de l'union entre les alliés fut en réalité la Quadruple-Alliance (20 novembre 1815), signée entre la Russie, l'Autriche, la Prusse* et l'Angleterre, et dirigée contre la France. Les puissances victorieuses de Napoléon I er*, craignant la fragilité de la monarchie restaurée des Bourbons* et la reprise d'une politique de conquêtes, décidèrent de se réunir périodiquement afin de se concerter et se prêter éventuellement assistance. Cette « politique des congrès » (de 1818 à 1822) destinée à maintenir l'ordre européen issu du congrès de Vienne* (1814-1815), permit aussi à la Sainte-Alliance d'intervenir, à l'intérieur même des États d'Europe, contre les mouvements libéraux et nationaux. Devenu un pacte de soutien mutuel des monarques contre les révolutions, la Sainte-Alliance intervint en Allemagne (1819-1820) contre les universités, la presse et les sociétés secrètes en Italie, à Naples, dans le Piémont, contre les mouvements libéraux (Carbonari) en 1820-1821, mais aussi en Espagne (1823) où une armée française aida Ferdinand VII* à rétablir l'absolutisme. La Sainte-Alliance, qui n'avait pas réussi à étouffer les aspirations libérales de l'Europe, maintint néanmoins la paix durant près d'un demi-siècle entre les grandes puissances européennes, jusqu'à la guerre de Crimée* (1854-1856). Voir Aix-la-Chapelle (Traité d'), Carbonarisme, Chaumont (Pacte de).

ALMA (Bataille de l', 20 septembre 1854). Bataille de la guerre de Crimée*, proche de l'Alma, fleuve côtier de Crimée. Les armées franco-britanniques commandées par Saint-Arnaud*, lord Raglan* et Bosquet* battirent sur ses rives l'armée russe commandée par Menchikov*.

ALMEIDA, Francisco de (Lisbonne, v. 1450-cap de Bonne-Espérance, 1510). Conquistador* et amiral portugais. Il organisa le nouvel empire* colonial portugais en consolidant le commerce des épices*, des pierres précieuses et des parfums, désormais aux mains de Lisbonne*. Nommé par Manuel Ier premier vice-roi des Indes orientales (1505), il agrandit les possessions du Portugal en établissant des forteresses à Cananor, Cochin, Ceylan et Sumatra, et signa un traité de commerce avec le roi de Malacca*, établissant ainsi sa suprématie dans l'océan Indien. Il fut tué en rentrant au Portugal par des indigènes de la région du Cap.

ALMOHADES. Nom donné à une dynastie musulmane berbère*. Les Almohades détrônèrent les Almoravides* et régnèrent sur l'Afrique du Nord et l'Espagne du Sud (1147-1269). Ils perdirent leurs possessions espagnoles après la défaite de Las Navas* de Tolosa (1212) lors de la Reconquête chrétienne ou *Reconquista*.

ALMORAVIDES. Nom donné à une dynastie musulmane berbère* qui régna sur l'ouest de l'Afrique (le Maroc et une partie de l'Algérie) et une grande partie de l'Espagne musulmane (1061-1147). Ils conquirent et convertirent aussi à l'islam* l'empire africain du Ghana. Appelés par les princes arabes* d'Espagne, les Almoravides battirent les chrétiens (parmi lesquels se trouvait le Cid*) commandés par Alphonse VI* de Castille lors de la *Reconquista* et dominèrent une partie de l'Es-

pagne. Ils furent renversés par une autre dynastie berbère, les Almohades*, qui régnèrent sur leurs territoires aux XIIe et XIIIe siècles.

ALPHABET. Ensemble des lettres, classées dans un ordre déterminé, qui servent à représenter par écrit les sons d'une langue. Ce sont les Phéniciens* qui l'ont inventé au XIIIe siècle av. J.-C.

ALPHABET CYRILLIQUE. Alphabet dérivé du grec utilisé aujourd'hui pour écrire certaines langues slaves comme le russe ou le bulgare. Il aurait été inventé au IXe siècle ap. J.-C. par un prêtre grec, saint Cyrille*, qui devait traduire la Bible* (écrite en grec) en langue slave pour favoriser l'évangélisation.

ALPHONSE VI (v. 1042-1109). Roi de León (1065-1109), roi de Castille* (1072-1109) et de Galice (1073-1109). Artisan de la *Reconquista**, il combattit les musulmans* auxquels il enleva Tolède (1085), mais il dut faire face à la contre-offensive des Almoravides*. Le Cid*, célèbre héros espagnol, vécut sous son règne. Voir Maures.

ALPHONSE X LE SAGE (Tolède 1221-Séville, 1284). Roi de Castille* et de León (1252-1284), il fut élu roi des Romains et disputa en vain le titre impérial (1257-1272) à d'autres concurrents durant le Grand* Interrègne. Il fut surtout connu pour avoir personnellement contribué au renouveau culturel espagnol, en favorisant le castillan comme langue nationale. Écrivain et poète, il inspira la *Crónica general* (premier essai d'une histoire de l'Espagne). Il fit aussi dresser les tables astronomiques qui portent son nom (*tables Alphonsines*) et a laissé un code de lois, *Las Siete partidas*.

ALPHONSE XIII (Madrid, 1886-Rome 1941). Roi d'Espagne (1886-1931). Fils posthume d'Alphonse XII, il accéda au trône en 1902 après la régence de sa mère Marie-Christine, marquée par la perte de Cuba, de Porto-Rico et des Philippines guerre hispano-américaine*, 1898). Il accepta, face à l'anarchie et au développement de mouvements nationalistes (basques, catalans), la dictature du général Primo* de Rivera (1923-1930). La grande victoire électorale des républicains contraignit le roi à l'exil (1931). Il abdiqua plus tard en faveur de son fils, Don Juan, comte de Barcelone. Voir Juan Carlos Ier.

ALSACE-LORRAINE. Nom donné en France de 1871 à 1918 aux régions de l'Est annexées à l'Empire allemand en 1871. Elles comprenaient les départements de la Moselle (sauf région de Briey), du Bas-Rhin et du Haut-Rhin (sauf Belfort). Environ 150 000 personnes (un dixième de la population) optèrent pour la nationalité française avant le 1er novembre 1872 et partirent pour la France de l'intérieur ou l'Algérie. Gouvernée par un *Staathalter*, l'Alsace-Lorraine refusa l'intégration à l'Empire allemand jusqu'à son retour à la France en 1918. Réoccupées par l'Allemagne en 1940, l'Alsace et la Lorraine furent soumises à l'enrôlement forcé dans la Wehrmacht ; résistants ou réfractaires furent déportés dans les camps de concentration*. L'Alsace-Lorraine fut libérée par les Alliés durant l'hiver 1944-1945. La loi de séparation* des Églises et de l'État, votée en France en 1905, ne fut pas appliquée dans les trois départements occupés entre 1871 et 1918. Ces derniers bénéficient toujours de la législation religieuse et scolaire qui était la leur en 1918. Voir Concordat de 1801, Guerre mondiale (Première, Seconde), Hohenlohe (Chlodwig)

ALTAMIRA (Grotte d'). Site préhistorique découvert en 1879 et situé dans le nord de l'Espagne (près de Santander), célèbre pour ses peintures rupestres exécutées vers 13 000 av. J.-C. L'ensemble le plus remarquable occupe la voûte de la salle principale sur une longueur d'environ 14 m : les peintures, de 1,40 à 2 m, représentent un cheval rouge, des sangliers, des bisons, des faons et des biches. Voir Art pariétal, Paléolithique supérieur.

AMADO, Jorge (Pirangi, Brésil, 1912-). Écrivain brésilien, romancier engagé d'origine mulâtre, en révolte contre l'exploitation des populations noires par les descendants des colonisateurs blancs. Sa critique sociale se mêle à un humour et un lyrisme inspirés par le folklore de la région de Bahia. Le plus célèbre de ses livres est *Bahia de tous les saints* (1935).

AMALFI. Ville d'Italie du Sud sur le golfe de Salerne. Elle devint aux Xe et XIe siècles l'un des ports les plus actifs de l'Occident, établissant des comptoirs à Constantinople* et au Caire, important soieries et épices* et vendant aux musulmans* bois et esclaves. Soumise par les Normands* d'Italie en 1131, elle déclina au XIIe siècle, face à l'essor de Pise*, Gênes* et Venise*. Voir Sicile (Royaume de).

AMAZONES. Selon les anciens Grecs, peuple semi-légendaire d'Asie* Mineure formé de femmes guerrières. Elles vivaient de chasse et se coupaient le sein droit pour mieux se servir de leurs armes (lance ou arc). Ne supportant pas la présence des hommes, elles tuaient leurs enfants mâles à la naissance (ou les gardaient comme esclaves). Dans l'*Iliade* d'Homère*, elles furent les alliées des Troyens et leur reine, Penthésilée, fut tuée par Achille.

AMBOISE (Conjuration d', 1560). Complot huguenot* (protestant*) inspiré par le prince de Condé* et visant à s'emparer de François II* pour le soustraire à l'influence des Guise catholiques*, mais aussi pour obtenir la liberté du culte réformé. La conspiration découverte entraîna une très sévère répression et les remparts d'Amboise furent « couverts de pendus ». Voir Religion (Guerres de).

AMÉNOPHIS IV. Pharaon* (v. 1372-1354 av. J.-C.) du Nouvel* Empire, époux de Néfertiti*. Il décida d'imposer à l'Égypte* l'adoration d'un dieu unique,

Aton*, maître de l'univers symbolisé par le disque solaire. Aménophis prit le nom d'Akhénaton, ce qui veut dire « celui qui plaît au Globe [solaire] » et quitta Thèbes*, la capitale, pour fonder une nouvelle ville, Tell el-Amarna. Mais les Égyptiens, encouragés par les puissants prêtres d'Amon*, dieu principal d'Égypte, restèrent fidèles aux dieux traditionnels. La réforme religieuse d'Aménophis IV disparut avec lui. Voir Karnak (Temples de), Ménès, Ramsès II, Toutankhamon.

AMERICAN FEDERATION OF LABOR (AFL). Fédération de syndicats ouvriers américains fondée en 1886 par Samuel Gompers. Elle groupa à l'origine les syndicats des usines de cigarettes, de l'imprimerie, des industries du fer et de l'acier et réunissait vers 1955 environ 10 millions d'adhérents. L'AFL connut en 1935 une scission provoquée par John Lewis, chef du syndicat des mineurs, qui souhaitait donner une base démocratique plus large au syndicalisme américain (l'AFL représentait les ouvriers qualifiés), en créant le CIO (Congress of Industrial Organizations) en 1938. En 1955, l'AFL et le CIO fusionnèrent. L'AFL apporte généralement son soutien au Parti démocrate* et représente la plus grande majorité des syndiqués américains.

AMI DU PEUPLE (L'). Elle fut l'une des feuilles les plus virulentes de la Révolution* française, dont elle dénonçait les ennemis. Rédigée par Marat*, elle parut du 12 septembre 1789 au 14 juillet 1793.

AMIENS (Cathédrale d'). Cathédrale la plus vaste de France construite par Robert de Luzarches et les deux Cormont de 1221 à 1288. Elle apparaît comme un exemple majeur de l'apogée de l'art gothique*. Ses sculptures sont particulièrement célèbres : le « Beau Dieu », la « Vierge dorée » et l'« Ange pleureur ».

AMIENS (Charte d', octobre 1906). Charte de la CGT (Confédération* générale du travail) élaborée lors du congrès d'Amiens de 1906, qui fit triompher les idées du syndicalisme révolutionnaire. Elle affirmait l'indépendance du syndicat par rapport aux partis politiques mais gardait la révolution pour objectif du syndicalisme, notamment par la grève générale. Pour la CGT, très antimilitariste, la Première Guerre* mondiale représenta un profond traumatisme chez ses adhérents. Après le congrès de Tours* de 1920 et la création de la CGTU (Confédération générale du travail unitaire) attachée au Parti communiste*, la CGT évolua vers le réformisme. Voir Sorel (Georges).

AMIENS (Traité d', 25 mars 1802). Traité signé entre la France et l'Angleterre. L'Angleterre restituait à la France et à ses alliés (Espagne et Hollande) toutes leurs colonies, sauf l'île hollandaise de Ceylan et l'île espagnole de la Trinité. L'Égypte était évacuée et rendue à la suzeraineté de la Turquie. La France gardait ses conquêtes de la Révolution*, sauf Rome, Naples et le Portugal. Pour la première fois depuis dix ans, l'Europe se trouvait en paix, ce qui ne mérita en réalité que le nom de trêve car les hostilités reprirent dès le mois de mai 1803. Voir Bonaparte, Consulat, Égypte (Campagne d').

AMIN DADA, Idi (Koboko, 1925-). Homme politique ougandais. Commandant en chef de l'armée, il renversa le président Milton Obote (1971), devint président de la République et chef du gouvernement (1971-1979). Il instaura en Ouganda un régime de terreur. Sur le plan extérieur, il rompit en 1972 avec Israël et se fit le soutien de la cause arabe. Amin Dada fut renversé le 11 avril 1979.

AMON-RÊ. Dieu de Thèbes*, capitale de l'Égypte* après l'Ancien* Empire. Il est le premier des dieux de l'Égypte uni au dieu-soleil Rê*. Le clergé d'Amon-Rê à Thèbes était très puissant. Amon était représenté sous l'aspect d'un homme tantôt la tête coiffée d'un disque solaire, tantôt à tête de bélier ou d'oie, tantôt avec un visage huain portant des cornes de bélier. Il devint : dieu de Thèbes au début du Moyen* mpire, s'enrichit d'attributs empruntés à 'autres dieux, en particulier Rê, dieu 'Héliopolis*, et fut identifié sous le nom 'Amon-Rê. Dieu dominant sous le Nou-el* Empire, avec Karnak* pour temple, le lus grand du monde, son importance dé-rut après la destruction de Thèbes par les ssyriens (vers 664 av. J.-C.). Le culte 'Osiris* prit la première place. Les Grecs lentifièrent Amon à Zeus*. Voir Améno-his IV, Assyrie, Karnak (Temples de), riade thébaine.

MPÈRE, André Marie (Lyon, 775-Marseille, 1836). Physicien et ma-hématicien français. Membre de l'Institut, rofesseur au Collège* de France, il devint élèbre par ses travaux sur l'électricité et osa les bases de l'électromagnétisme. Il magina le premier galvanomètre, inventa e premier télégraphe électrique et, avec Arago*, l'électroaimant. Il fit également onstruire la première machine électroma-gnétique.

MPHIPOLIS. Ancienne cité de Macé-loine*. Colonie d'Athènes* fondée en 436 v. J.-C., elle fut prise par Sparte* quel-ques années plus tard, en 424, lors de la guerre du Péloponnèse*. Thucydide*, qui 'avait pas su la défendre, fut banni l'Athènes. Philippe II* de Macédoine la onquit en 357 av. J.-C.

ANABAPTISTES. Nom donné aux mem-bres d'une secte protestante*. Selon les principes de l'Évangile*, les anabaptistes onsidéraient sans valeur le baptême* donné aux enfants (pas d'acte personnel de foi) et exigeaient que les adultes, qui en-traient dans la secte, fussent rebaptisés (par immersion). Radicalisant sur le plan social (communauté des biens) les aspects de la Réforme* luthérienne, les anabaptistes se regroupèrent en Allemagne autour de Tho-mas Müntzer* et provoquèrent la guerre des Paysans* (1524-1526) écrasée par les princes allemands. L'anabaptisme fut

aussi représenté par Jean de Leyde, qui tenta de constituer à Münster (1533-1535) un « royaume théocratique communau-taire », sorte de dictature théocratique et polygamique. Aujourd'hui, le mot anabap-tiste est appliqué surtout aux mennonites, disciples de Menno Simons (1496-1561). On les trouve surtout en Amérique du Nord.

ANAGNI (Attentat d', 1303). Envoyé par le roi de France Philippe IV* le Bel à la suite d'une menace d'excommunication du pape Boniface VIII* contre le roi, Guil-laume de Nogaret* pénétra le 7 septembre 1303 dans le palais pontifical d'Anagni, près de Rome, grâce à une troupe armée de la faction romaine des Colonna, opposée au pape, afin de lui signifier une convoca-tion devant un concile œcuménique. Le pape, insulté et frappé, fut délivré par ses partisans mais mourut le mois suivant, brisé par l'épreuve.

ANARCHISME. Mouvement libertaire qui condamne toute forme d'autorité et qui prône notamment la suppression de l'État et de toute contrainte sociale sur l'indi-vidu. Les anarchistes jouèrent un rôle im-portant dans le mouvement nihiliste russe des années 1870 et inspirèrent des grèves violentes aux États-Unis dans les années 1880 et en Europe au début du XXe siècle. Apparu en tant que doctrine au XIXe siècle et condamné par Karl Marx*, l'anarchisme fut représenté en France (Proudhon*, Éli-sée Reclus), en Russie (Bakounine*, Kro-potkine), en Italie (Cafiero, Malatesta), en Allemagne (Stirner) et en Espagne où il joua un rôle important dans la lutte contre Franco* en 1936 (F. Ferrer Guardia et B. Durruti). Voir Nihilisme.

ANATOLIE. Voir Asie Mineure.

ANAXAGORE (Clazomènes, 500-Lamp-saque, 428 av. J.-C.). Philosophe et savant grec d'Ionie* (côte d'Asie* Mineure). Pé-riclès* fut l'un de ses disciples. Surnommé l'« Esprit pur », il pensait que l'intelligence était le principe ordonnateur de toutes choses.

ANAXIMANDRE (Milet, v. 610-547 av. J.-C.). Philosophe et savant d'Ionie* (côte d'Asie* Mineure). Il fut l'un des premiers savants grecs à dresser des cartes de géographie et le premier philosophe qui ait essayé d'expliquer l'origine du monde. *De la Nature* est le titre de son œuvre principale, aujourd'hui perdue.

ANCIEN EMPIRE (2700-2160 av. J.-C.). Nom donné à la première période de l'histoire de l'Égypte* ancienne qui forma, avec le Moyen* et le Nouvel* Empire, des époques d'unité, de grandeur et de prospérité pour le pays. La capitale de l'Égypte unifiée par le premier pharaon* Ménès* fut Memphis*, ville de Basse-Égypte* dont il ne reste rien aujourd'hui. Seules subsistent les célèbres pyramides* de Gizeh*, aux environs du Caire, édifiées par trois pharaons : Chéops*, Chéphren* et Mykérinos*. L'Ancien Empire se termina par des troubles entraînant près de deux siècles de décadence pour l'Égypte.

ANCIEN RÉGIME. Organisation sociale (société d'ordres) et politique (monarchie de droit divin) qui a prévalu en France depuis la fin de l'époque féodale (xve-xvie siècle) jusqu'à 1789.

ANCIENS (Conseil des). Nom donné en France sous le Directoire*, à l'assemblée qui partageait, avec le Conseil des Cinq-Cents*, le pouvoir législatif. Il fut institué, sous la Convention* thermidorienne, par la Constitution* de l'an III (23 septembre 1795). Ce Conseil était composé de 250 membres renouvelables par tiers chaque année et âgés d'au moins 40 ans. Il approuvait ou rejetait les lois proposées par le Conseil des Cinq-Cents. Sous prétexte de sécurité, les deux Conseils furent transférés à Saint-Cloud, ce qui facilita le coup d'État de Bonaparte* du 18 Brumaire* 1799. Le Conseil des Anciens fut supprimé par ce dernier.

ANCUS MARTIUS. Quatrième roi lé-

gendaire de Rome*, d'origine sabine (après Romulus*, Numa Pompilius* et Tullus Hostilius*). Il aurait régné de 640 à 616 av. J.-C., déporté en grand nombre les Latins* sur l'Aventin*, agrandi Rome en y incorporant l'Aventin* et développé l'influence maritime de la cité en créant le port d'Ostie.

ANDERSEN, Hans Christian (Odense, 1805-Copenhague, 1875). Écrivain danois, célèbre pour ses *Contes* pour enfants (1835-1872) d'inspiration romantique où se mêlent l'ironie et l'amour du merveilleux et dont les thèmes sont puisés dans le folklore et les légendes populaires mais aussi dans ses souvenirs personnels. Parmi eux *Le Vilain Petit Canard*, *La Petite Sirène* et *La Petite Fille aux allumettes*.

ANDRÁSSY, Gyula, dit l'« Aîné » (Kassa, 1823-Volosca, 1890). Homme politique hongrois. Émigré pour avoir participé à la révolution* de 1848 puis amnistié en 1858, il revint en Hongrie et fut l'un des artisans du compromis* de 1867 (création de l'Autriche-Hongrie*). Président du Conseil en Hongrie (1867), puis ministre des Affaires étrangères de l'Autriche-Hongrie (1871-1879), il réalisa l'alliance avec l'Allemagne (1879). Voir Duplice, Révolutions de 1848.

ANDREOTTI, Giulio (Rome, 1919-). Homme politique italien. Député à partir de 1945, membre important de la démocratie* chrétienne, il fut plusieurs fois ministre et président du Conseil entre 1972 et 1992. L'enquête « mains propres » lancée en Italie à partir de février 1992 et qui révéla les liens entre la Mafia et la classe politique italienne (notamment la démocratie chrétienne, au pouvoir depuis 1945, et les socialistes), provoqua le départ de G. Andreotti en juin 1992.

ANDRINOPLE (Traité d', 14 septembre 1829). Traité signé à Andrinople (Turquie d'Europe) entre la Russie et la Turquie. Ce traité accordait aux Russes les bouches du Danube, la libre navigation dans la mer

loire et dans les détroits et reconnaissait
l'autonomie de la Grèce. Voir Indépendance grecque (Guerre de l'), Orient (Question d'), Unkiar-Skelessi (Traité d').

ANDROPOV, Iouri Vladimirovitch (Nagoutskaïa, région de Stavropol, 1914-Moscou, 1984). Homme politique soviétique. Permanent du parti (1951), spécialisé dans les relations entre l'URSS et les pays de l'Est (1957-1967), il devint le chef du KGB* (1967-1982). Membre du Politburo (1973), puis du Comité central (1982), il succéda à Leonid Brejnev* au secrétariat général du parti (1982). Il devint chef de l'État en juin 1983 et mourut peu après, remplacé par un homme encore plus âgé, Konstantin Tchernenko*. Il symbolisa, avec Brejnev et Tchernenko, le vieillissement des cadres du parti soviétique et son incapacité à se renouveler.

ANGELICO, Guido di Pietro, en religion **Fra Giovanni da Fiesole,** dit **Fra** (v. 1400-Rome, 1455). Peintre italien. Dominicain*, il peignit ou fit exécuter par son atelier des fresques et des retables destinés à diverses villes d'Italie. Il était déjà célèbre lorsque Cosme* de Médicis lui commanda la décoration du couvent florentin de San Marco restauré et agrandi par Michelozzo. Les fresques qu'il peignit pour les cellules des moines, dépouillées et empreintes de sérénité, manifestent son attachement au symbolisme religieux, donnant selon lui davantage accès aux mystères de la foi que la représentation naturaliste de l'histoire sacrée.

ANGKOR. Immense site archéologique du Cambodge et ancienne capitale des rois khmers du IXᵉ au XVᵉ siècle. Fondée au IXᵉ siècle par Jayavarman II, la ville devint le centre religieux du culte de Cyva*, le dieu-roi, puis fut à plusieurs reprises abandonnée et reconstruite. La cité actuelle d'Angkor Thom (« la grande ville »), construite à la fin du XIIᵉ siècle, englobe un grand nombre de monuments en grès et en latérite et comprend plusieurs temples-

montagnes, centres des capitales antérieures. Le temple central est celui du Bayon, d'inspiration bouddhique et construit à la fin du XIIᵉ siècle. Il se caractérise par de nombreuses tours à visages et par des murs ornés de bas-reliefs illustrant les conquêtes du roi Jayavarman VII. Le temple funéraire d'Angkor* Vat, situé au sud d'Angkor Thom et édifié par Suryavarman II, représente le sommet de l'art khmer. Prise par les Siamois en 1431, Angkor fut abandonnée par les roi khmers. Redécouverte au XIXᵉ siècle, la cité fut explorée à partir de 1898 par l'École française d'Extrême-Orient. Voir Bouddhisme, Hindouisme, Khmers.

ANGKOR VAT. Grand temple funéraire dédié à Vishnu*. Considéré comme le sommet de l'art khmer, il est le plus grand monument religieux d'Asie. Construit sous le règne de Suryavarman II (1113-v. 1150), s'étendant sur près de 200 ha et entouré de douves larges de 190 m, le sanctuaire, situé en haut de la pyramide, n'est accessible qu'après avoir traversé plusieurs enceintes concentriques. Sculptures et bas-reliefs sont omniprésents. Vers le XVᵉ siècle, Angkor Vat devint un sanctuaire bouddhique. Voir Bouddhisme, Khmers.

ANGLES. Peuple germanique qui envahit vers la fin du Vᵉ siècle ap. J.-C. l'île de Bretagne (Grande-Bretagne aujourd'hui), à la suite d'autres Germains* (les Jutes et les Saxons*) et donna son nom à l'Angleterre. Voir Invasions (Grandes).

ANGLETERRE (Bataille d', août-octobre 1940). Bataille aérienne qui opposa la Luftwaffe* allemande et la RAF (Royal Air Force) britannique et destinée à démoraliser l'adversaire britannique après la défaite française de 1940. Après les aérodromes, les voies de communication et les ports du sud, Londres et d'autres villes subirent jour et nuit les attaques incessantes de la Luftwaffe. Celle-ci perdit en quelques mois plus de 1 500 avions, grâce à l'efficacité de la défense antiaérienne (invention récente du radar) et de l'aviation de chasse britannique (Spitfire). Dès la fin du mois d'octobre 1940, Goering* décida la suspension des bombardements à outrance et les projets d'invasion des îles Britanniques furent abandonnés. Voir Churchill (Winston), Mers el-Kébir, Rethondes (Armistice de).

ANGLICANISME. Nom donné à l'ensemble des doctrines et des institutions de l'Église anglicane qui est encore aujourd'hui l'Église d'État de l'Angleterre. La Réforme* ne prit jamais dans ce pays une tournure révolutionnaire ou dogmatique. Tout au long du Moyen Âge, les souverains avaient tenté de limiter la dépendance de l'Angleterre à l'égard de la papauté – tendance renforcée avec John Wyclif* et l'hérésie des lollards* – et le schisme, à l'occasion du divorce d'Henri VIII* et de Catherine d'Aragon, fut un acte de la politique royale qui rencontra dans le clergé et la population britannique très peu de résistance. Par l'Acte de Suprématie* (1534), Henri VIII se fit reconnaître comme « chef unique et suprême de l'Église d'Angleterre », défendant l'orthodoxie catholique* mais confisquant les biens des monastères, ce qui lui assura l'appui de la classe possédante et son adhésion à la Réforme. Ce fut sous le règne d'Élisabeth Iʳᵉ* que l'anglicanisme se fixa comme voie moyenne entre protestantisme* et catholicisme* d'où furent désormais exclus les catholiques romains et les puritains*. L'Acte d'Uniformité (1559) imposa le *Prayer* *Book* ou Livre des Offices et les Trente-Neuf* Articles de religion, profession de foi anglicane, furent promulgués (1563). La théologie anglicane est de tendance calviniste, mais garde du catholicisme les cérémonies du culte et la hiérarchie des prêtres. Il existe aujourd'hui, au sein de l'anglicanisme, trois tendances dominantes. Les anglo-catholiques (*High Church* ou haut clergé) ; leur mouvement connut, grâce au mouvement d'Oxford*, un important renouveau au xixᵉ siècle. Les puritains (*Low Church*). Et les « libéraux » (*Broad Church*). L'anglicanisme compte environ 40 millions de fidèles, la confession anglicane étant surtout répandue dans les îles Britanniques, aux États-Unis (Église protestante épiscopalienne) et dans les pays du Commonwealth*. Voir Calvinisme, Presbytéranisme, Quakers.

ANGOLA. État de l'Afrique australe, sur l'Atlantique. Ancienne colonie portugaise indépendante en 1975, elle connut à partir de cette date un grave conflit entre les mouvements nationaux qui avaient lutté pour l'indépendance. Le FNLA (Front national de libération de l'Angola), libéral qui contrôlait le nord du pays dominé par la tribu des Bakongos, fut rapidement éliminé, à l'issue de batailles fratricides, par le MPLA (Mouvement populaire de libération de l'Angola) de la tribu des Mbundas, marxistes, soutenu sur le terrain par l'URSS et un contingent cubain. Si le MPLA réussit à monopoliser le pouvoir, il ne parvint pas à réduire l'UNITA (Union nationale pour l'indépendance totale de l'Angola), pro-occidental, implanté dans le sud et soutenu par l'Afrique du Sud. En 1988, un accord a cependant été signé à Brazzaville entre Cubains, Sud-Africains et Angolais, prévoyant le retrait des troupes cubaines et sud-africaines d'Angola, retrait achevé en 1991. Voir Mozambique.

ANJOU. Région de l'ouest de la France. Peuplé par les Celtes*, conquis par les Romains puis par les Francs*, l'Anjou forma, à partir du xᵉ siècle, un comté, possession de la dynastie issue de Foulque le Roux. Ses successeurs (Foulque III Nerra, Geoffroy Martel) étendirent le territoire de la principauté. Le comte d'Anjou, Geoffroy Plantagenêt, épousa en 1128 Mathilde, fille du roi d'Angleterre Henri Iᵉʳ* Beauclerc et petite-fille de Guillaume Iᵉʳ* le Conquérant. Le fils de Geoffroy et Malilde, Henri II* Plantagenêt, domina un ⸱aste État (Angleterre, Anjou, Norman-⸱ie*), étendu à l'Aquitaine* grâce à son ⸱ariage avec Aliénor* d'Aquitaine. Au ⸱ébut du XIII᷎ siècle, l'Anjou fut conquis ⸱ar le roi de France Philippe II* Auguste ⸱ui le confisqua à Jean* sans Terre et le ⸱laça sous son autorité (1203). L'Anjou ⸱orma ensuite l'apanage* de Charles I᷎ʳ* ⸱'Anjou, frère de saint Louis (Louis IX*), ⸱uis, au XIV᷎ siècle, celui de Louis d'An-⸱ou, fils de Jean II* le Bon. L'Anjou fut ⸱rigé en duché en 1360 puis fut, par tes-⸱ament, définitivement rattaché à la cou-⸱onne de France après la mort de René I᷎ʳ* ⸱ Bon, en 1481.

ANNALES D'HISTOIRE ÉCONOMI-QUE ET SOCIALE (depuis 1946 *Annales Économie Sociétés Civilisations,* et depuis 992). Revue fondée en 1929 par Lucien ⸱ebvre* et Marc Bloch*. Elle privilégie ⸱'étude des faits socio-économiques et des ⸱hénomènes collectifs et non plus celle des ⸱vénements. Elle est à l'origine du renou-⸱eau de l'histoire.

ANNAM. Région centrale du Viêt-nam ⸱ntre le Tonkin* au nord et la Cochin-⸱hine* au sud. Protectorat français en 884, intégré à l'Union indochinoise en 887, l'Annam conserva son empereur ⸱usqu'à l'abdication de Bao Daï* et la pro-⸱lamation de la République indépendante ⸱u Viêt-nam en 1945 par Hô Chi Minh*. ⸱a ligne du 17ᵉ parallèle, lors de la sépa-⸱ation des deux Viêt-nam (1954-1976), ⸱artageait l'Annam en deux régions. Voir ⸱ndochine française, Tíen-Tsin (Traité de).

ANNE BOLEYN (v. 1507-Londres, ⸱536). Reine d'Angleterre. Dame d'hon-⸱eur de Catherine d'Aragon, elle devint ⸱ientôt la maîtresse d'Henri VIII* qui ⸱'épousa après son divorce officiel. Malgré ⸱a naissance d'un enfant, la future Élisa-⸱eth I᷎ʳᵉ*, la passion d'Henri VIII disparut ⸱apidement. Accusée, sans preuves, ⸱'avoir eu des relations adultères avec plu-⸱ieurs personnages de la cour dont son pro-pre frère, elle fut condamnée à mort et exé-cutée.

ANNE D'AUTRICHE (Valladolid, 1601-Paris, 1666). Reine de France. Après avoir favorisé les complots contre Riche-lieu*, elle contribua avec Mazarin*, durant les troubles de la Fronde*, au salut de la monarchie. Fille de Philippe III*, roi d'Es-pagne et de Marguerite* d'Autriche, elle épousa Louis XIII* (1615) dont elle eut deux fils, le futur Louis XIV* (1638) et Philippe* d'Orléans (1640). Compromise par l'amour du duc de Buckingham, mêlée aux intrigues contre Richelieu qui l'avait écartée du pouvoir, et même accusée de trahison pour avoir correspondu secrète-ment avec son frère Philippe IV* d'Espa-gne, elle fit partie de l'opposition jusqu'en 1643. Elle devint, après la mort de Louis XIII, régente du royaume (1643-1661) et, ayant comme seul souci de léguer à son fils un royaume intact, elle soutint inconditionnellement Mazarin lors de la Fronde*. Elle se retira ensuite, à par-tir de 1661, au Val-de-Grâce qu'elle avait fait construire et où elle mourut. Anne d'Autriche, peinte par Rubens* et Mi-gnard, fut aussi une héroïne d'Alexandre Dumas*.

ANNE STUART (Londres, 1665-*id.*, 1714). Reine de Grande-Bretagne et d'Ir-lande (1702-1714). Fille de Jacques II* chassé d'Angleterre après la révolution de 1688, elle succéda à sa sœur Marie et à son beau-frère Guillaume III* d'Orange. Anne Stuart poursuivit victorieusement la guerre de succession* d'Espagne, réalisa l'union de l'Écosse et de l'Angleterre qui connu-rent sous son règne, une grande prospérité. Mariée à Georges de Danemark (mort en 1708) dont elle eut 17 enfants, tous morts en bas âge, elle poursuivit, sous la conduite du grand chef militaire Marlbo-rough*, la guerre contre la France, s'ap-puyant sur les whigs* très hostiles à ce pays. Les traités d'Utrecht* (1713-1715), très avantageux pour l'Angleterre, firent d'elle l'arbitre de la politique européenne. Protestante*, elle choisit pour successeur l'électeur de Hanovre, qui régna sous le nom de George Ier*. Voir Révolution d'Angleterre (Seconde), Stuarts, Union (Actes d').

ANOU. Dieu du ciel chez les Sumériens*. Voir Inanna, Ourouk.

ANSCHLUSS. Mot allemand signifiant « réunion », « rattachement ». Rattachement de l'Autriche à l'Allemagne nazie imposé par Hitler* en 1938, malgré l'interdiction proclamée dans le traité de Versailles*. La réalisation de l'*Anschluss* fut le premier recul des démocraties européennes face aux ambitions territoriales de Hitler, l'encourageant à reprendre la même initiative en Tchécoslovaquie puis en Pologne. Depuis longtemps revendiqué par les nazis autrichiens dirigés par Seyss-Inquart*, l'*Anschluss* avait déjà été tenté une première fois après l'assassinat du chancelier autrichien Dollfuss*, la mobilisation italienne à la frontière du Brenner ayant provoqué son échec (1934). Encouragé par la remilitarisation de la Rhénanie* qui ne suscita pas de réaction internationale, Hitler imposa au chancelier Schuschnigg* la nomination de Seyss-Inquart au ministère de l'Intérieur (1938), puis exigea sa démission. Le ministère Seyss-Inquart à peine formé (10 mars 1938), les blindés allemands pénétraient en Autriche. Le 10 avril 1938, les Autrichiens se prononcèrent à 97 % pour leur rattachement à l'Allemagne.

ANTALCIDAS (Paix d'). Paix signée vers 386 av. J.-C. par un général spartiate, Antalcidas, avec la Perse. Appelée aussi « paix du Roi », elle abandonna aux Perses* les cités grecques d'Asie* Mineure et certaines îles Ioniennes, empêchant ainsi le rétablissement de la domination d'Athènes* sur la mer Égée.

ANTHROPOMORPHISME. Vient de deux mots grecs : homme et forme. Il désigne la tendance à concevoir la divinité à l'image de l'homme avec ses passions, se qualités et ses défauts. Les dieux grecs fu rent anthropomorphes. La religion* grec que était anthropomorphique.

ANTIGONIDES. Dynastie hellénistique fondée par Antigone Ier Gonatas de Macé doine*. Le plus éminent représentant de Antigonides fut son petit-fils, Philippe V qui entraîna Rome* dans les guerres ma cédoniennes. Elle régna sur le royaume d Macédoine de 276 à 168 av. J.-C. À parti de cette date, celui-ci fut définitivemen dominé par les Romains après leur victoir de Pydna*. Voir Hellénistiques (Royau mes).

ANTIKOMINTERN (Pacte, 25 novem bre 1936). Pacte conclu entre l'Allemagn de Hitler* et le Japon contre le Komintern ou Internationale communiste (Troisièm Internationale*). Avec la création d l'Axe* avec Mussolini* (Axe Rome-Ber lin, novembre 1936), l'Allemagne rompai son isolement diplomatique réalisé pen dant quelques mois après la conférence d Stresa* (avril 1935).

ANTIOCHE. Ville de Turquie d'Asie su le fleuve Oronte. Fondée vers 300 av. J.-C par Séleucos Nicator, elle devint après Sé leucie* la capitale de l'Empire séleucide Située en Syrie*, au croisement des route caravanières venant de Mésopotamie* e d'Asie* Mineure, elle fut l'un des grand centres commerciaux de l'Orient hellénis tique et aurait compté jusqu'à 500 000 ha bitants. Conquise par les Romains en 64 av. J.-C., elle fut la troisième ville de l'Em pire, après Rome* et Alexandrie*. Évan gélisée, Antioche joua un grand rôle au dé but du christianisme*. Prise par les Perses* (540), puis par les Arabes* (636), recon quise par les Byzantins (966), Antioche tomba aux mains des Seldjoukides* er 1084. Après les croisades* siège d'une principauté franque, elle fut prise par les Mamelouks* (1268), puis par les Ottomans* (1517). Placée sous mandat français en 1920, Antioche redevint turque er

939. Voir Hellénistique (Civilisation), Hellénistiques (Royaumes), Séleucides.

ANTIOCHE (Principauté d'). Nom donné à la principauté latine, indépendante du royaume de Jérusalem*, fondée par le Normand Bohémond Ier* lors de la première croisade*. Située dans l'actuelle Turquie d'Asie, elle fut définitivement reprise aux croisés* par les Mamelouks* en 1268.

ANTIOCHOS. Voir Séleucides.

ANTOINE, Marcus Antonius (v. 82-30 av. J.-C.). Homme politique romain, célèbre par sa passion pour la reine d'Égypte, Cléopâtre*. Il tenta de constituer un empire en Orient, mais fut vaincu par son rival, Octave*. Consul* à Rome* en 44 av. J.-C., après l'assassinat de Jules César* dont il avait été le fidèle soutien, Antoine dut faire face à Octave désigné comme héritier, mais finit par s'entendre avec lui. Ils formèrent, en 43 av. J.-C., avec Lépide*, le second triumvirat*, éliminèrent le parti républicain (partisan des meurtriers de César) par de sanglantes persécutions, dont Cicéron* fut la plus illustre victime, puis se partagèrent le monde romain. Antoine reçut l'Orient. Abandonnant sa femme Octavie (sœur d'Octave), il s'installa avec Cléopâtre à Alexandrie*, se comporta en roi oriental plus qu'en général romain et livra à l'Égypte toutes les provinces romaines d'Asie. Exploitant l'indignation des Romains, Octave engagea la lutte. Antoine, vaincu sur mer à Actium* (31 av. J.-C.), puis assiégé dans Alexandrie, n'opposa aucune résistance à l'avancée triomphale d'Octave en Asie. Il se donna la mort en se transperçant de son épée sur la fausse annonce du suicide de Cléopâtre. Voir Auguste.

ANTOINE DE BOURBON (1518-Les Andelys, 1562). Roi de Navarre (1555-1562) et père d'Henri IV*, roi de France. Duc de Vendôme, il épousa la reine de Navarre, Jeanne* d'Albret (1548). Lieutenant général du royaume à la mort de François II* (1560), il revint au catholicisme* et participa aux guerres de Religion*. À la tête de l'armée royale, il combattit les armées protestantes dirigées par son frère Louis Ier de Condé*. Il fut mortellement blessé lors du siège de Rouen.

ANTONELLO DA MESSINA ou DE MESSINE, Antonio di Salvatore, dit (Messine, v. 1430-id., v. 1479). Peintre italien. En contact durant ses séjours en Sicile et à Naples avec les peintures européennes, il étudia notamment l'art flamand (Van* Eyck) – contribuant à la diffusion en Italie de la technique à l'huile – et reprit dans son *Annonciation* les formes et les éclairages particuliers à cet art. Parmi les nombreux portraits d'homme, le *Condottiere* (Paris, musée du Louvre) qu'il peignit lors de son séjour à Venise (1474-1476) est le plus célèbre.

ANTONESCU, Ion (Pitesti, 1882-prison de Jilava, auj. dans Bucarest, 1946). Maréchal* et homme d'État roumain. Dictateur de la Roumanie à partir de 1940, il s'engagea lors de la Seconde Guerre* mondiale aux côtés de Hitler* contre l'URSS. Chef d'état-major de l'armée roumaine en 1937, ministre de la Guerre en 1938, il s'opposa au roi Carol II et démissionna en 1940. Sa protestation contre la cession à l'URSS de la Bessarabie et de la Bucovine au début de la Seconde Guerre mondiale lui valut cependant une grande popularité. Après l'abdication de Carol II et l'avènement du jeune Michel Ier (1940-1947), il se proclama « Conducator » (l'équivalent de « Duce* » ou de « Führer* »). Il s'appuya d'abord pour gouverner sur la Garde de fer fasciste, mais ses violences l'amenèrent à éliminer le mouvement avec l'appui des Allemands (janvier 1941). Il engagea son pays contre l'URSS dès juin 1941 et obtint la restitution des provinces perdues en 1940. Après l'entrée en Roumanie de l'armée Rouge (août 1944), Antonescu fut arrêté sur ordre du roi Michel. Jugé par un tribunal militaire, il fut exécuté.

ANTONIN LE PIEUX (Lanuvium, 86-161 ap. J.-C.). Empereur romain de la dynastie des Antonins*, il régna de 138 à 161. Adopté par son prédécesseur Hadrien*, il pratiqua avec ferveur les cultes anciens de Rome* (d'où son surnom) ; sous son règne, l'Empire atteignit son apogée. Antonin n'entreprit aucune conquête, pacifia les frontières, et éleva en (Grande) Bretagne le « mur d'Antonin ». Il gouverna avec sagesse et modération, puis adopta Marc* Aurèle pour lui succéder.

ANTONINS. Nom donné aux empereurs romains qui succédèrent aux Flaviens* de 96 à 192 ap. J.-C., avec Nerva* (96-98), Trajan* (98-117), Hadrien* (117-138), Antonin* le Pieux (138-161), Lucius Verus (161-169), Marc* Aurèle (161-180) et Commode* (180-192). Ces empereurs ont su assurer la continuité du pouvoir par l'adoption ou l'association à l'Empire. Le siècle des Antonins est considéré comme l'âge d'or de l'Empire. Malgré des guerres aux frontières, Rome* connut une période de prospérité et de paix, la *pax* *romana* ou paix romaine. Voir Flaviens, Julio-Claudiens, Sévères.

ANUBIS. Dieu de la mort et de l'embaumement dans l'Égypte* ancienne. Figuré par un corps d'homme et une tête de chacal, il mène l'âme du défunt jusqu'au tribunal d'Osiris* (pesée des âmes).

ANVERS. Ville du nord de la Belgique. Elle fut, du XIIᵉ au XVIᵉ siècle, l'un des principaux centres commerciaux de l'Europe (draps anglais, métaux de Haute Allemagne, alun d'Italie) et connut surtout son essor après le déclin de Bruges* au XVᵉ siècle, mais aussi grâce aux faveurs des ducs de Bourgogne et des Habsbourg*. Elle était au XVIᵉ siècle l'une des grandes villes d'Europe et posséda à partir de 1460 la première bourse internationale de commerce européenne. Mais les traités de Westphalie* (1648), qui fermèrent à la navigation les bouches de l'Escaut, provoquèrent la décadence du port. La ville fut occupée à plusieurs reprises par la France de 1794 à 1814 et Napoléon Iᵉʳ* y installa un arsenal de marine (« pistolet braqué au cœur de l'Angleterre »). Disputée entre la Belgique et les Pays-Bas, la ville revint finalement à la Belgique. Elle est aujourd'hui un grand port européen. Voir Bourgogne (Duché de).

ANZUS (Australia, New Zealand, United States). Voir Pacifique (Conseil du).

AOF. Voir Afrique occidentale française.

AOÛT 1789 (**Nuit du 4**). Lors de la Révolution* française, nuit durant laquelle l'Assemblée* nationale constituante abolit les privilèges féodaux, et qui fut précédée par le soulèvement de Paris (prise de la Bastille*, 14 juillet 1789) et des troubles dans tout le royaume (la Grande Peur*). À l'initiative de deux députés libéraux, le vicomte de Noailles et le duc d'Aiguillon*, et dans un immense enthousiasme, furent votées l'abolition des droits* féodaux ayant le caractère d'une servitude personnelle (corvées* seigneuriales, mainmortes*) et ceux pesant sur les terres étant déclarés rachetables, la suppression des justices seigneuriales, de la vénalité* des offices, des privilèges des provinces et des villes. L'égalité des peines et l'admission de tous, sans distinction de naissance, aux fonctions publiques, civiles ou militaires, furent aussi proclamées, ainsi que l'égalité devant l'impôt. À l'issue de la séance, Louis XVI* fut salué comme le « restaurateur de la liberté française ».

AOÛT 1792 (**Journée du 10**). Journée révolutionnaire qui provoqua en France l'effondrement final de la monarchie. Elle eut pour origines l'invasion du pays par les Prussiens décidant l'Assemblée* législative à proclamer la patrie en danger (11 juillet), l'hostilité des patriotes* à l'égard de Louis XVI* accusé de collusion avec l'ennemi et le manifeste de Brunswick* qui porta à son comble l'exaspération du sentiment national. Dans la nuit du 9 au 10 août, une Commune* insurrectionnelle, dirigée par Pétion*, Manuel et Danton*, remplaça à l'Hôtel de Ville la Commune légale. Le 10, les sections* parisiennes et les fédérés, Marseillais et Bretons en tête, envahirent le palais des Tuileries, obligeant la famille royale à se placer sous la protection de l'Assemblée. Celle-ci, une fois l'insurrection victorieuse, décida sous la pression populaire la suspension de Louis XVI et son emprisonnement jusqu'à l'élection au suffrage universel d'une Convention* nationale destinée à créer de nouvelles institutions. Voir Septembre (Massacres de).

APANAGE. L'apanage était un ensemble de fiefs*, de terres et de droits prélevé sur le domaine* royal et donné par le roi de France à l'un de ses fils puînés, pour sa subsistance et en compensation de l'attribution de la couronne à l'aîné. L'apanagiste devait hommage* et fidélité au roi. Ses terres revenaient à la Couronne à sa mort ou à l'extinction de sa descendance masculine (à partir du XIVᵉ siècle). Créés par les premiers Capétiens* afin d'éviter par les partages le morcellement du domaine royal, les apanages contribuèrent, selon les périodes, à renforcer la Couronne en évitant les révoltes des fils puînés des monarques ou, au contraire, à l'affaiblir, dans certaines circonstances particulièrement favorables aux XIVᵉ et XVᵉ siècles (minorités, régences, crise de la guerre de Cent* Ans et essor de l'État bourguignon). Peu importants sous Louis IX* (saint Louis), Philippe III* le Hardi et Philippe IV* le Bel, les apanages représentèrent des fractions considérables du domaine royal à partir de Philippe VI* de Valois et surtout de Jean II* le Bon. La puissance des apanagistes fut peu à peu limitée par les progrès de la centralisation monarchique et administrative, le développement de l'économie monétaire (apanages transformés en revenus) ou bien les ha-

sards généalogiques intégrant dans le domaine royal certains apanages (accession au trône de princes apanagistes, extinction de descendance mâle directe). À partir du XVIIᵉ siècle, les princes de la maison de France ne reçurent plus que des seigneuries* dispersées avec des pouvoirs sans cesse réduits. L'Assemblée* constituante et l'Assemblée* législative (1790-1792) réduisirent les apanages à des rentes ou des pensions. La Convention* les supprima avec la royauté (1792). Napoléon Iᵉʳ* les rétablit en faveur de ses frères. La Restauration* rendit à la famille d'Orléans son apanage, réuni à la couronne à l'avènement de Louis-Philippe Iᵉʳ* (1830).

APELLA. Dans l'Antiquité, désigne à Sparte*, l'assemblée formée par tous les citoyens âgés de plus de 30 ans. Elle pouvait élire les éphores* et les gérontes*. Se prononçant par acclamation sur des projets mis en forme par la Gérousia*, elle était privée de tout pouvoir d'initiative et de discussion et en réalité ne pouvait s'opposer à la volonté de ces magistrats*.

APHRODITE. Dans la mythologie* grecque, fille de Zeus* (Homère*) ou née de l'écume (Hésiode*), elle est la déesse de la beauté et de l'amour. Son attribut est la colombe. Voir Vénus.

APIS. Dieu taureau adoré à Memphis*, capitale de l'Égypte* sous l'Ancien* Empire. Il est l'incarnation de Ptah*, « son âme magnifique ». En 1850, l'égyptologue Mariette découvrit le Sérapeum de Memphis, nécropole souterraine des taureaux Apis.

APOLLINAIRE, Wilhelm Apollinaris de Kostrowitzky, dit **Guillaume** (Rome, 1880-Paris, 1918). Poète français. Affranchi de toute influence d'école, il est considéré comme un précurseur du surréalisme*. Fils naturel d'un officier italien et d'une aristocrate polonaise, Apollinaire fit des études au lycée de Nice puis de Cannes et s'installa à Paris (1899) où il exerça divers métiers avant de partir en 1901 pour l'Allemagne où il fut précepteur. De retour à Paris, il publia ses premières œuvres dans des revues littéraires et devint l'ami de Picasso*, Derain, Vlaminck et du Douanier Rousseau*, fréquentant le Bateau-Lavoir de Montmartre où il assista aux débuts du cubisme*. En 1907, sa rencontre avec Marie Laurencin, peintre, exerça une influence profonde sur sa sensibilité. À partir de 1908, paraissent plusieurs de ses œuvres qui lui apportent une certaine célébrité. Engagé dans la Première Guerre* mondiale, blessé à la tête en 1916, il reprit ses activités littéraires puis mourut emporté par l'épidémie de grippe espagnole. Apollinaire fut l'auteur de poésies (*Alcools*, 1913 ; *Calligrammes*, 1918), d'un « drame surréaliste » (*Les Mamelles de Tirésias*, 1917), de chroniques et de récits. Il fut aussi le défenseur des avant-gardes artistiques (*Les Peintres cubistes*, 1913).

APOLLON. Dans la mythologie* grecque et romaine, fils de Zeus* et frère jumeau d'Artémis*. Incarnation de la beauté, dieu de la lumière, il est aussi celui de la guérison, des arts et de la musique. Ses attributs sont le soleil, l'arc et la lyre. Voir Délos, Delphes.

APOTHÉOSE. Dans l'Antiquité, divinisation (mise au rang des dieux) des empereurs romains ou des héros* après leur mort. Voir Culte impérial.

APÔTRES. Vient d'un mot grec : « envoyé ». Ce sont les 12 disciples que Jésus* a choisis pour prêcher sa doctrine : André et son frère Pierre, Barthélemy, Jacques le Majeur et son frère Jean, Jacques le Mineur, Judas (remplacé par Matthias) après sa trahison, Jude, Matthieu, Philippe, Thomas et Simon. Voir Pierre (saint).

APPOMATTOX. Village situé aux États-Unis, en Virginie. Le 9 avril 1865, le général sudiste Lee* se rendit au général Grant*, chef des armées nordistes, mettant ainsi fin à la guerre de Sécession*.

AQUINO, Corazón, dite **Cory** (Manille, 1933-). Femme politique philippine. Leader de l'opposition au régime dictatorial de Ferdinand Marcos* après l'assassinat de son mari Benito (1983), elle fut élue président de la République en 1986. Confrontée à de graves difficultés économiques et politiques (guérillas communiste et du mouvement séparatiste des Moros musulmans, tentatives de putsch militaire), elle dut imposer, en décembre 1989, l'état d'urgence. En juin 1992, le général Fidel Ramos lui succéda à la présidence.

AQUITAINE. Importante province romaine, le « pays des eaux » passa aux Wisigoths* (418) puis fut rattaché au royaume des Francs* après la victoire de Clovis* à Vouillé* (507). Royaume vassal de l'Empire carolingien*, il fut ensuite érigé en duché et revint à la maison de Poitiers au Xe siècle. Agrandie de la Gascogne (1070), l'Aquitaine passa aux rois d'Angleterre lorsque Aliénor* d'Aquitaine épousa en secondes noces Henri Plantagenêt, futur Henri II* d'Angleterre (1154). Elle fut âprement disputée entre la France et l'Angleterre et fut définitivement reconquise par Charles VII* après la victoire de Castillon* en 1453. Voir Brétigny (Traité de), Cent Ans (Guerre de), Guyenne, Louis IX.

ARABES. Nom donné aux peuples sémites* originaires de la péninsule d'Arabie et, généralement aujourd'hui, à l'ensemble des peuples du Proche-Orient parlant la langue arabe. Avant l'islam*, l'Arabie était parcourue par des nomades pasteurs organisés en tribus rivales. Leur religion se caractérisait par l'adoration de pierres sacrées (demeure des dieux), la Pierre noire de La Mecque* étant l'objet d'un culte particulier. Mais le judaïsme* et le christianisme* étaient aussi connus et exerçaient une certaine influence. Prêché par Mahomet* au début du VIIe siècle, l'islam déclencha d'immenses conquêtes favorisées par la faiblesse de l'Empire byzantin* et de l'Empire perse sassanide*. Unis par

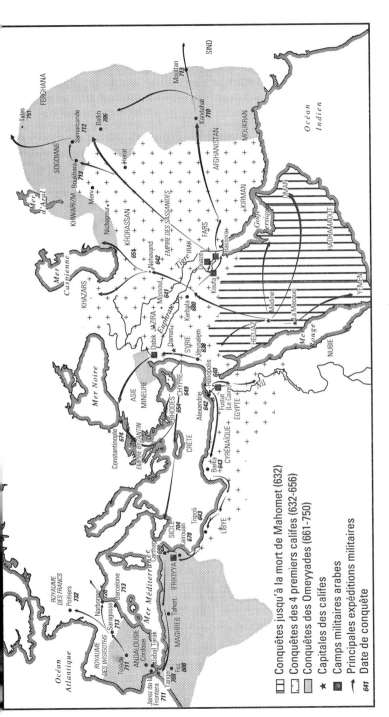

La conquête arabe : l'expansion de l'islam

☐ Conquêtes jusqu'à la mort de Mahomet (632)

☐ Conquêtes des 4 premiers califes (632-656)

▨ Conquêtes des Omeyyades (661-750)

★ Capitales des califes

■ Camps militaires arabes

→ Principales expéditions militaires

641 Date de conquête

une même religion et menant la guerre sainte (la *djihad**), les Arabes conquirent la Syrie*, la Mésopotamie*, la Perse, l'Égypte* et la Libye (632-656). Sous le califat des Omeyyades* (661-750), ils atteignirent l'Inde du Nord, l'Asie* Mineure, l'Afrique du Nord et l'Espagne. Mais ils furent arrêtés en 717, en Orient, devant Constantinople*, et en 732 en Occident, devant Poitiers*. Aux Omeyyades succédèrent les Abbassides* qui transférèrent le siège du califat de Damas* à Bagdad*. Mais peu à peu, l'empire arabe se divisa. À Cordoue* se constitua le califat d'Espagne et en Égypte, le califat fatimide* du Caire*. À l'époque des Abbassides, le rôle des Arabes déclina au profit des Samanides d'Iran puis des Turcs. Le califat de Bagdad perdit son importance politique et passa au XIᵉ siècle sous la tutelle des Turcs Seldjoukides*. Voir Calife, Perses.

ARABE (Ligue). Association créée en 1945 sur l'initiative de l'Égypte et regroupant les États arabes indépendants. Elle exprimait la concrétisation des doctrines nationalistes arabes apparues à la fin du XIXᵉ siècle visant à l'unité de la « nation arabe ». Ses buts sont de favoriser la coopération interarabe et de coordonner la politique et les activités des membres adhérents. Vingt et un États en font partie : Arabie Saoudite, Égypte, Irak, Jordanie, Liban, Syrie, Yémen, Libye, Soudan, Maroc, Tunisie, Koweit, Algérie, Bahrein, Émirats arabes unis, Oman, Qatar, Mauritanie, Somalie, Djibouti. En 1976, l'OLP* (Organisation de libération de la Palestine) y a été admise comme membre à part entière. L'Égypte, exclue de l'association en 1979 à la suite des accords de Camp* David avec Israël, y est réintégrée depuis 1989.

ARABI PACHA ou **URABI PACHA** (près de Zagazig, 1839-Le Caire, 1911). Officier égyptien. Il fut le chef de la résistance nationaliste à la domination euro-

péenne en Égypte à la fin du XIXᵉ siècle. Fils de paysans, il devint colonel (1879) et, appuyé par l'armée et les « théologiens » (les *ulama*), il obtint le ministère de la Guerre (1881). Il tenta d'interdire aux flottes anglaise et française d'aborder à Alexandrie* (1882). Battu par les Britanniques qui occupèrent le port, Arabi Pacha fut condamné à mort, gracié et déporté à Ceylan. Il ne revint en Égypte qu'en 1901. Voir Ismaïl Pacha.

ARABIE. Vaste péninsule de l'Asie du Sud-Ouest située entre la mer Rouge et le golfe Persique*. Plateau en partie désertique, sauf au sud et au sud-ouest, l'Arabie fut le centre d'une nouvelle religion, l'islam*, prêchée par Mahomet* au début du VIIᵉ siècle. On y trouve les deux grandes villes saintes de La Mecque* et Médine*. Voir Arabes.

ARAFAT, Yasir ou **Yasser** (Jérusalem, 1929-). Homme politique palestinien. Il a combattu depuis l'instauration de l'État d'Israël en 1948 pour la constitution d'un État palestinien. Ingénieur de formation, il fonda en 1959 l'organisation militaire d'Al-Fath et devint en 1969 président du comité exécutif de l'Organisation de libération de la Palestine (OLP*) dont il incarnait la tendance modérée et qui prôna la lutte armée contre Israël. Expulsé de Beyrouth en 1982 par l'armée israélienne, Arafat s'établit, avec l'OLP, à Tunis et accepta en1986 la résolution 242 de l'ONU*, reconnaissant notamment l'existence de l'État d'Israël. En 1989, Arafat fut nommé par l'OLP (reconnue depuis 1976 par la Ligue arabe* comme représentante légitime du peuple palestinien) président de « l'État palestinien » proclamé en 1988. En septembre 1993, des négociations aboutirent à l'accord « Gaza, Jéricho d'abord » de Washington signé entre les israéliens Ytzhak Rabin, Premier ministre travailliste et Shimon Peres*, ministre des Affaires étrangères et Yasser Arafat, sous le mandat du président démocrate américain, Bill linton*. Cet accord prévoyait l'établissement de l'autorité nationale palestinienne ans les territoires occupés de Gaza et Jéicho pendant une période transitoire. Prix Nobel* de la Paix en 1994 en compagnie 'Y. Rabin et de S. Peres. Voir Washington (Accord de).

ARAGO, Dominique François, dit (Esagel, 1786-Paris, 1853). Savant et homme politique français. Astronome et physicien, il fut député républicain sous la monarchie* de Juillet, et ministre dans le gouvernement* provisoire après la révolution* de 1848. Membre de l'Académie des sciences (1809), professeur à l'École olytechnique, directeur de l'Observatoire puis du Bureau des longitudes à Paris, il publia de nombreux travaux de physique (polarisation, interférences lumineuses, lectromagnétisme) notamment avec Ampère*. Élu député des Pyrénées-Orientales (1832-1848) puis membre du conseil municipal de Paris (1830-1851), il contribua, comme ministre de la Guerre et de la Marine dans le gouvernement provisoire 1848), à l'abolition de l'esclavage dans es colonies. Il quitta la vie politique après e coup d'État du 2 décembre* 1851 et reusa de prêter serment à Napoléon III*. Voir Schœlcher (Victor).

ARAGON. L'un des royaumes chrétiens de l'Espagne médiévale qui, du versant ud des Pyrénées, s'est étendu par la Reconquista* sur le bassin de l'Èbre et la façade méditerranéenne. Le comté d'Aragon, apparu au XIe siècle, fut rattaché à la Navarre par mariage (v. 920), devint un royaume indépendant sous la dynastie narraise (1035-1137) et s'étendit considérablement, notamment après la prise de Saragosse. En 1137, l'Aragon fut uni avec le comté de Catalogne ; il poursuivit son expansion territoriale, acquérant le Roussillon (1172), les Baléares (1229-1235), le royaume de Valence (1238), la Sicile 1282) et la Sardaigne (1322-1325). L'Aragon avait contribué à la victoire dé-

cisive de Las Navas* de Tolosa sur les Maures* (1212). La dynastie catalane étant restée sans descendant, le prince Ferdinand de Castille fut élu, inaugurant la dynastie castillane qui s'illustra au XVe siècle par la conquête du royaume de Naples* et le mariage de Ferdinand II* d'Aragon avec Isabelle* de Castille (1469). À la mort de Ferdinand, son petit-fils fut proclamé roi d'Espagne sous le nom de Charles Ier (empereur Charles* Quint).

ARAGON, Louis (Paris, 1897-id., 1982). Écrivain et poète français. Il fut l'un des fondateurs du surréalisme* puis, marqué par son adhésion au Parti communiste* français (1927) et son engagement dans la Résistance*, il s'orienta vers une écriture plus traditionnelle. Cofondateur de la revue *Libération* (1919) avec André Breton* et Philippe Soupault puis de la *Revue surréaliste*, (1923), Aragon publia durant cette période des poèmes (*Le Mouvement perpétuel*, 1926) et l'un des meilleurs romans surréalistes, *Le Paysan de Paris* (1926). Bientôt détaché du mouvement surréaliste dans lequel il ne semblait pas avoir trouvé sa voie, Aragon adhéra à la révolution soviétique et engagea son œuvre dans l'illustration des thèmes du réalisme socialiste (*Les Cloches de Bâle*, 1933 ; *Les Beaux Quartiers*, 1936 ; *Les Voyageurs de l'impériale*,1943). Lié à la Résistance durant toute l'occupation, Aragon participa après la guerre aux activités du Parti communiste français et dirigea l'hebdomadaire *Les Lettres françaises* de 1953 à 1972. Son œuvre poétique fut marquée par son amour pour sa compagne, Elsa Triolet, belle-sœur de Vladimir Maïakovski* (*Les Yeux d'Elsa*, 1942 ; *Le Fou d'Elsa*, 1963 ; *La Diane française*, 1945).

ARAIRE. Instrument de labour connu dès l'Antiquité égyptienne. Généralement en bois et dépourvu de versoir, il égratignait la terre plus qu'il ne la retournait et était surtout adapté aux sols légers et pierreux des zones méditerranéennes. Il resta utilisé durant tout le Moyen Âge, même après la généralisation de la charrue* au cours du XIe siècle dans l'Europe du Nord-Ouest.

ARAMÉENS. Dans l'Antiquité, peuple sémitique nomade de Mésopotamie*. Ils constituèrent aux XIe et XIIe siècles av. J.-C. plusieurs petits royaumes indépendants sur les bords de l'Euphrate et en Syrie*. Ils furent soumis aux IXe-VIIIe siècles av. J.-C. par les Assyriens*, mais leur langue (écrite et parlée), utilisée pour les échanges commerciaux, s'imposa peu à peu dans tout le Proche-Orient. L'araméen était la langue de la Palestine* au temps de Jésus*. Voir Mer Morte (manuscrits de la).

ARBÈLES. Ancienne ville de l'Assyrie* située près de Ninive*. Alexandre III* le Grand y remporta une victoire contre le roi des Perses* Darius III en 331 av. J.-C. (bataille de Gaugamèles). Elle lui permit de devenir maître de l'Empire perse.

ARBENZ GUZMÁN, Jacobo (Quezaltenango, 1913-Mexico, 1971). Homme politique du Guatemala. Officier de carrière, élu comme candidat de gauche à la présidence de la République (1951-1954), il entreprit une vaste réforme agraire mais s'attira l'hostilité des États-Unis lorsqu'il tenta d'exproprier les grands domaines du groupe américain United Fruit. Accusé de complicité avec le communisme*, il fut contraint de s'exiler lorsque des armées « rebelles », appuyées et financées par les États-Unis, renversèrent le régime.

ARC BRISÉ. Arc formé de deux segments d'arc de foyers distincts.

ARC DOUBLEAU. Arc perpendiculaire à l'axe de la nef* qui double à intervalles réguliers la voûte et renforce sa solidité.

ARC EN PLEIN CINTRE. Arc en demi-cercle. Voir Voûte en berceau.

ARC-BOUTANT. Arc de pierre en quart de cercle lancé perpendiculairement à un mur et à l'extérieur de l'édifice pour contre-buter la poussée d'une voûte, notamment d'une voûte* d'ogives. Les arcs-boutants permettaient de canaliser vers l'extérieur et le bas la poussée des voûtes. Leur utilisation a généralement entraîné la disparition des tribunes. L'arc-boutant est caractéristique des églises gothiques. Voir Gothique (Art).

ARC DE TRIOMPHE. Édifice inventé par les Romains, il était érigé par les généraux vainqueurs (*imperator*) et plus tard par les empereurs pour célébrer leur triomphe*. Porte monumentale, à une ou trois arches, il était orné de statues et d'inscriptions dédicatoires. Les plus célèbres sont, à Rome*, l'arc de Titus* (construit par Domitien* pour la victoire de son frère en Palestine*), l'arc de Septime* Sévère (204 ap. J.-C.), l'arc de Constantin*.

ARC DE TRIOMPHE DE L'ÉTOILE. Monument de Paris au centre de la place Charles-de-Gaulle. Commencé sous Napoléon Ier*, en 1806, et inauguré en 1836, ce monument colossal (50 m de haut ; 45 m de large) fut entrepris sur les plans de Chalgrin afin d'immortaliser, après la campagne de Prusse*, la gloire des armées françaises depuis 1792. Décoré par Rude*, Pradier, Cortot et Étex, il porte inscrits les noms de 386 généraux et officiers ayant participé aux guerres de la Révolution* et de l'Empire. Depuis 1920, se trouve sous la grande arche la tombe du Soldat inconnu où une flamme brûle en permanence. Voir Empire (Premier).

ARC DE TRIOMPHE DU CARROUSEL. Monument de Paris érigé sur l'ordre de Napoléon Ier* de 1806 à 1808 et s'inspirant de l'arc de Constantin à Rome*. Il fut l'œuvre de Percier et de Fontaine. Napoléon avait fait placer au sommet de l'Arc un quadrige de Lémot, attelé des quatre célèbres chevaux de Saint-Marc, pris aux Vénitiens lors de la campagne d'Italie*. Ces chevaux furent restitués à Venise en 1815, un nouveau quadrige représentant *La Restauration guidée par la paix* fut installée en 1828.

ARCHE D'ALLIANCE. 1) Petit coffret en bois d'acacia recouvert d'or pur où

ient placées les Tables* de la Loi. Sym-
le de la présence de Yahvé* au milieu
son peuple, les Hébreux*, elle était abri-
e dans le Temple de Jérusalem* construit
r Salomon*. 2) Nom donné aujourd'hui
r les juifs* à l'armoire qui renferme les
nq premiers livres de la Bible* en sou-
nir de l'ancienne Arche d'Alliance. Voir
rah.

RCHEVÊQUE. Prélat placé à la tête
un territoire qui comprend plusieurs dio-
ses, la province ecclésiastique.

RCHIMÈDE (Syracuse, 287-id., 212
. J.-C.). Célèbre savant grec de l'Anti-
ité. Il calcula la valeur de π (3,1416), in-
nta entre autres choses le levier, la roue
ntée, la vis sans fin, des machines de
erre. C'est dans son bain qu'il aurait dé-
rminé scientifiquement les conditions
ns lesquelles un objet flotte ou ne flotte
s dans un liquide (théorème d'Archi-
ède). Criant de joie, il se serait élancé
ns la rue en criant Eurêka, c'est-à-dire
J'ai trouvé ! ». Il mourut lors de la prise
Syracuse* par les Romains.

RCHIVOLTES. Voussures concentri-
es encadrant un portail gothique. Voir
othique (Art).

RCHONTE. Nom donné à Athènes* à
s magistrats* détenteurs d'importantes
arges politiques et judiciaires. À l'orine héritiers des anciens pouvoirs royaux,
étaient élus pour dix ans puis, dès 683
. J.-C., annuellement, au sein des Eupa-
des*. Solon* permit aux plus riches
accéder à ces fonctions, qu'ils fussent ou
n de naissance noble. Mais, au début du
siècle av. J.-C., les archontes formaient
collège de neuf membres tirés chaque
née au sort dans les dix tribus (une étant
clue à tour de rôle) et n'avaient plus
ère que des fonctions religieuses et de
stice. L'« archonte éponyme », le prési-
nt du collège, donnait son nom à l'année
vile, réglait le calendrier, présidait les
randes Dionysies*, s'occupait des suc-
ssions, des veuves et des orphelins. Le

« roi » dirigeait la vie religieuse, tandis
que le « polémarque » présidait les funérailles des citoyens morts à la guerre. Les
six « thesmothètes » présidaient les tribunaux. Voir Aréopage, Eupatrides.

ARCOLE (Bataille d', 15-17 novembre
1796). Victoire difficile remportée, lors de
la campagne d'Italie*, par Bonaparte* sur
l'armée autrichienne. Aidé d'Augereau* et
de Brune*, Bonaparte s'empara du pont
d'Arcole balayé par la mitraille autrichienne.

ARÉOPAGE. Conseil d'Athènes* siégeant sur la colline du dieu Arès* (d'où
son nom), composé des archontes* sortis
de charge et présidé par l'archonte-roi. À
l'origine très puissant et dominé par l'aristocratie (Eupatrides*), il ne jugeait, après
les réformes de Périclès* (461 av. J.-C.),
que certaines affaires criminelles.

ARÈS. Dans la mythologie* grecque, fils
de Zeus* et dieu de la guerre. Ses attributs
sont le casque et les armes. Voir Mars.

ARGENLIEU, Georges THIERRY D',
en religion R.P. Louis de la Trinité
(Brest, 1889-carmel de Relecq-Kerhuon,
1964). Officier de marine devenu carme
(1920), il rejoignit de Gaulle* à Londres
en 1940, et fut haut commissaire en Indochine (1945-1947) et grand chancelier de
l'ordre de la Libération (1940-1958). Voir
Carmes (Ordre des), Indochine (Guerre
d').

ARGINUSES (Îles). Petites îles de la mer
Égée situées entre Lesbos et les côtes de
l'Asie* Mineure. Lors de la guerre du Péloponnèse*, les Athéniens y remportèrent,
en 406 av. J.-C., une victoire navale sur les
Spartiates.

ARGOLIDE. Ancienne région de la
Grèce* située au nord-est du Péloponnèse*. Elle fut au IIe millénaire av. J.-C. le
foyer de la civilisation mycénienne* avec
pour principaux centres Mycènes*, Argos* et Tirynthe*. C'est pourquoi, chez
Homère*, le terme peut désigner l'ensemble du Péloponnèse, par opposition à

l'Hellade, la Grèce au nord de l'isthme de Corinthe*. Conquise par les Doriens* au XIIᵉ siècle av. J.-C., l'Argolide se rangea aux côtés d'Athènes* lors de la guerre du Péloponnèse*. Elle devint province romaine à partir de 146 av. J.-C. Voir Épidaure.

ARGONAUTES. Héros* achéens* dirigés par Jason* qui, selon la légende, s'embarquèrent sur la nef *Argo* pour aller conquérir en Colchide (région riche en mines d'or et de fer située à l'est du Pont-Euxin*) la toison d'or d'un bélier fabuleux. Après diverses aventures, les Argonautes arrivèrent en Colchide où Jason s'empara de la Toison d'or aidé de la fille du roi, Médée. Voir Toison d'or (Ordre de la).

ARGOS. Ville de Grèce située dans le nord-est du Péloponnèse* près du golfe de Nauplie. Fondée au IIᵉ millénaire av. J.-C., elle fut d'abord soumise à Mycènes*. Conquise par les Doriens*, elle domina au VIIᵉ siècle av. J.-C. tout le Péloponnèse. Par la suite, Argos dut lutter sans cesse contre Sparte* qui devint sa grande rivale et elle fut naturellement l'alliée d'Athènes* au cours des luttes du Vᵉ et du IVᵉ siècle av. J.-C. La cité fut soumise aux Romains en 146 av. J.-C. La grande divinité protectrice d'Argos était Héra*, dont le célèbre temple était le sanctuaire national de toute l'Argolide*. Voir Achéens, Temple grec.

ARIANE. Selon la mythologie* grecque, fille de Minos*, roi de Crète, et de Pasiphaé. Aimant Thésée*, elle lui donna un fil à dérouler dans le Labyrinthe* pour lui permettre de retrouver la sortie après avoir vaincu le Minotaure*. Aujourd'hui, l'expression « fil d'Ariane » est une image empruntée à la légende ; elle désigne le fil conducteur que l'on doit suivre pour se diriger afin de résoudre, par exemple, les difficultés d'un problème. Voir Cnossos, Crétois.

ARIANISME. Nom donné à l'hérésie chrétienne issue de la doctrine d'Arius,

prêtre d'Alexandrie* (256-336 ap. J.-C.) e de ses disciples. Elle défendait l'idée que Jésus* n'avait pas la même nature divine que son père. Elle fut condamnée par le concile de Nicée* (325 ap. J.-C.). Tous les peuples germaniques (sauf les Francs*) reçurent le christianisme* sous la forme de l'hérésie arienne. C'est pourquoi les roi barbares entrèrent souvent en conflit avec les papes et persécutèrent les évêques* e le clergé. En revanche, les Francs, convertis à foi catholique, reçurent l'appui de l'Église. Voir Germains.

ARIEN, ARIENNE. Adepte de l'arianisme*.

ARISTARQUE (Samos, 310-230 av J.-C.). Astronome grec originaire de Samos*. 1 800 ans avant Copernic*, il affirma l'idée de la rotation de la terre sur elle-même et autour du soleil. Il aurai aussi calculé les distances terre-lune e terre-soleil. Il ne fut pas cru et on l'accusa d'impiété.

ARISTIDE (vers 550-v. 468 av. J.-C.) Général et homme politique athénien issu de l'aristocratie et surnommé le Juste. I fut l'un des stratèges* de la bataille de Marathon* (490 av. J.-C.) mais, hostile à Thémistocle*, il fut frappé d'ostracisme* (483 av. J.-C.). Rappelé, il combattit à Salamine* (480 av. J.-C.) et à Platées* (479 av J.-C.). Il participa avec Cimon* à la création de la ligue de Délos*, base de l'empire maritime d'Athènes*, et fixa la répartition du tribut entre ses différents membres. Voir Médiques (Guerres).

ARISTOCRATES. Nom donné sous la Révolution* française à ceux qui défendaient l'Ancien* Régime et ses principes Cazalès*, l'abbé Maury et Montesquiou* en furent les porte-parole à l'Assemblée* nationale constituante.

ARISTOPHANE (Athènes, v. 445-v. 386 av. J.-C.). Grand auteur comique grec. Fidèles à la tradition de la comédie grecque les pièces d'Aristophane comportent des allusions à l'actualité, des attaques personelles, mais aussi des moqueries à l'égard es dieux et font figure de satire des nouveaux courants intellectuels, philosophies et politiques de son temps. Ses tableaux vivants, ses plaisanteries souvent rossières ont déchaîné des rires irrésistibles. Des 44 comédies qu'on lui a attribuées, 11 seulement nous sont parvenues. Les plus célèbres sont *La Paix* (contre la uerre du Péloponnèse*), *Les Nuées* (contre les sophistes*), et *Les Guêpes* (contre s juges de l'Héliée*). Elles lui valurent ouvent d'être primé lors des concours néâtraux organisés dans le cadre des Dioysies et des Lénéennes.

ARISTOTE (Stagire, 384-Chalcis, 322 v. J.-C.). Philosophe et encyclopédiste rec. Disciple de Platon*, précepteur et mi d'Alexandre III* le Grand, il fonda le ycée* à Athènes*, où il enseigna pendant 2 ans. D'une grande culture, ses analyses u discours en font le fondateur de la loique. Naturaliste, il étudia aussi une rande variété d'espèces animales. Les rincipaux titres de ses œuvres sont : l'*Oranon* (livres de logique), la *Physique*, la *Métaphysique*, l'*Éthique à Nicomaque*, la *Politique* et la *Constitution d'Athènes*. Ses crits eurent une influence considérable ur la pensée occidentale grâce aux philoophes arabes Avicenne* et Averroès*, uis à Thomas* d'Aquin.

ARIUS. Voir Arianisme.

ARMADA (l'Invincible). Nom donné à la lotte de guerre espagnole envoyée par Philippe II* contre l'Angleterre en 1588. Le roi d'Espagne espérait, à travers cette xpédition, rétablir le catholicisme* en Angleterre, éliminer le danger anglais qui menaçait ses communications avec l'Amérique, mais aussi restaurer son autorité sur es Hollandais protestants*, révoltés contre l'Espagne depuis 1572 et soutenus par l'Angleterre. L'Armada, forte de 130 vaiseaux, devait atteindre les côtes de Flandre fin d'embarquer un corps expéditionnaire de 20 000 hommes sous le commande-

ment d'Alexandre* Farnèse. Cependant, les tempêtes, l'inexpérience du jeune commandant espagnol, le duc de Médina Sidonia, le harcèlement des corsaires britanniques, meilleurs tacticiens (Hawkins*, Drake*) et le retard de Farnèse aboutirent à l'échec de l'expédition. Ce désastre devait marquer la fin de la suprématie des Portugais et des Espagnols dans l'Atlantique, permettant désormais aux Anglais, puis aux Français et aux Hollandais de s'installer en Amérique.

ARMAGNACS. Nom donné en France à la faction qui s'opposa à celle des Bourguignons* de 1411 à 1435 lors de la guerre de Cent* Ans. Le parti des Armagnacs fut l'un des plus fidèles soutiens de Jeanne* d'Arc et du dauphin, le futur Charles VII*, qu'ils aidèrent puissamment dans la reconquête du royaume de France face aux Anglais et à leurs alliés bourguignons. Le nom de la faction venait de Bernard VII d'Armagnac, qui avait marié sa fille au fils aîné du duc Louis d'Orléans et qui prit la tête des Armagnacs après l'assassinat de Louis d'Orléans (1407) par le duc de Bourgogne, Jean* sans Peur. Cette rivalité entre deux princes de sang, favorisée par la folie de Charles VI*, dégénéra en guerre civile et eut pour résultat la victoire anglaise d'Azincourt* (1415) sur les Armagnacs et le traité de Troyes* (1420). Bernard VII et Jean sans Peur furent successivement assassinés, l'un par la population parisienne (1418), l'autre par un des chefs des Armagnacs (1419). Le traité d'Arras* (1435), signé entre Charles VII et Philippe III* le Bon, fils et héritier de Jean sans Peur, mit fin à cette lutte. Voir Cabochiens.

ARMOIRE DE FER. Coffre dissimulé dans le mur d'un couloir aux Tuileries et découvert après l'insurrection du 10 août* 1792, ouvert sur les ordres du ministre Roland*. On y découvrit la correspondance de Louis XVI* avec les contre-révolutionnaires de l'intérieur et les puissances étrangères en guerre contre la France révolutionnaire. Les preuves de la trahison de Mirabeau* furent aussi trouvées. Les pièces contenues dans l'armoire de fer furent produites comme charges contre le roi au cours de son procès.

ARMOIRIES. Dessins et emblèmes particuliers à une famille ou à une collectivité. Apparues dans l'Europe féodale au cours de la seconde moitié du XIIᵉ siècle, elles avaient à l'origine pour fonction de distinguer les combattants dans les tournois ou à la guerre. Les armoiries, qui ne furent jamais le privilège de la noblesse – villes, bourgeois, universités en possédaient –, portèrent des symboles évoquant le nom ou le titre du possesseur ou un événement important dans l'histoire de la famille, de la ville ou du pays.

ARMSTRONG, Louis, dit **Satchmo** (La Nouvelle-Orléans, 1900-New York, 1971). Trompettiste, chanteur et chef d'orchestre noir américain. Il porta à la perfection le style « Nouvelle-Orléans » et fut le véritable créateur du jazz classique (*Saint Louis Blues*, *West End Blues*, *Tight Like This*).

ARNAUD DE BRESCIA (Brescia, fin XIᵉ siècle-Rome, 1155). Réformateur religieux et politique italien. Disciple d'Abélard*, prêchant la pauvreté évangélique, il prit la tête de l'insurrection des Romains contre le pape Eugène III (1145). Excommunié, il garda le pouvoir pendant dix ans, instaurant à Rome une République inspirée de la cité antique. Arrêté par Frédéric Iᵉʳ* Barberousse, il fut livré au pape et exécuté comme hérétique.

ARNAULD, Antoine, dit **le Grand Arnauld** (Paris, 1612 - Bruxelles, 1694). Théologien français. Chef du parti janséniste, il joua un rôle éminent dans l'histoire de la pensée catholique*. Antoine Arnauld, converti à l'augustinisme par Saint-Cyran, reçut la prêtrise et passa son doctorat à la Sorbonne* (1641). Son livre *De la fréquente communion* (1643), très hostile aux jésuites*, fit de lui le chef du parti janséniste. Exclu de la Sorbonne en 1656, il inspira à Pascal*, défenseur des jansénistes, la rédaction des *Provinciales* (1656-1657) et fit retraite, durant 12 ans, à Port-Royal* où il collabora aux célèbres manuels de l'abbaye (*Grammaire générale et raisonnée*, 1660 ; *Logique de Port-Royal*, 1662). Antoine Arnauld écrivit aussi de nombreux ouvrages contre le calvinisme. Voir Jansénisme.

ARNAULD D'ANDILLY, Angélique en religion **Mère Angélique de Sainte-Madeleine** (Paris, 1591-*id.*, 1661) Religieuse française. Abbesse de Port-Royal* (1602-1661), et sœur du théologien janséniste Antoine Arnauld*. Elle manifesta au cours des persécutions contre les jansénistes une énergie et un courage remarquables. Voir Jansénisme.

ARON, Raymond (Paris, 1905-*id.*, 1983). Écrivain politique français. Philosophe et sociologue, il est considéré comme l'un des théoriciens de l'idéologie libérale, très critique à l'égard du marxisme*. Résistant lors de la Seconde Guerre* mondiale, fondateur avec Jean-Paul Sartre* des *Temps modernes*, éditorialiste au *Figaro* puis à *L'Express*, il fut notamment l'auteur de *La Sociologie allemande contemporaine* (1949-1950), *La Philosophie critique de l'histoire* (1938 et 1950), *L'Opium des intellectuels* (1957), *Les Étapes de la pensée sociologique* (1967), etc.

ARQUEBUSE. Ancienne arme à feu, elle apparut à la fin du XVᵉ siècle et contribua fortement à la victoire des impériaux à Pavie* (1525). Très lourde, elle se portait sur l'épaule. La charge de poudre était enflammée au moyen d'une mèche ou d'un rouet (roue dentée qui, en se frottant contre le silex, produit des étincelles). À la fin du XVIᵉ siècle, elle fut remplacée par le mousquet.

ARRAS (Traités d'). Trois traités y furent signés. Celui de 1414, qui resta sans effet entre Charles VI* et Jean* sans Peur pour mettre fin à la guerre entre Armagnacs* et

ourguignons* ; celui de 1435, tournant
écisif de la guerre de Cent* Ans, entre
harles VII* et le duc de Bourgogne Phi-
pe III* le Bon. Ce dernier abandonnait
alliance anglaise contre d'importantes
ncessions. Il acquérait l'Artois et les vil-
s de la Somme, et était dispensé de
hommage* au roi ; celui de 1482 entre
ouis XI* et Maximilien* d'Autriche dont
 fille devait épouser le dauphin* auquel
le apportait ses droits sur l'Artois et la
ourgogne. Ce mariage n'eut pas lieu.

RRÉPHORES. Voir Panathénées.

RSACIDES. Dynastie de souverains
arthes* fondée par Arsace. Elle régna sur
 s régions de l'actuel Iran de 250 av. J.-C.
 224 ap. J.-C. Elle fut renversée par les
assanides*.

RT PARIÉTAL. Nom donné aux pein-
res, gravures et dessins couvrant les pa-
is des grottes à l'époque de la préhis-
ire*. L'art pariétal, apparu il y a 30 000
 s, se rencontre surtout en Europe du Sud
rance, Espagne mais aussi Sicile et Ita-
e). Les hommes travaillaient sur des
hafaudages de bois (on a retrouvé des
stes de corde et des trous dans les pa-
is), à la lumière de lampes à graisse
ierres creusées avec une mèche de bois
 genévrier). Ils se servaient, pour dessi-
r et peindre, de leurs mains, de pinceaux
 plumes d'oiseaux ou en poils, de tam-
ns et de tubes creux (roseaux ou os) pour
uffler les couleurs. Celles-ci, le plus sou-
nt rouge, noir ou jaune, étaient obtenues
partir de poudres de roches colorées dis-
utes dans la graisse animale. Les vé-
tables chefs-d'œuvre réalisés par ces
ns entre 15 000 et 10 000 av. J.-C. nous
stent toujours mystérieux : la fréquence
s animaux blessés les aidait-elle magi-
uement à s'emparer de ces bêtes ? Pour-
 oi sont-ils disposés de manière très par-
culière ? Pourquoi le cheval est-il
uvent associé au bison, au bœuf et à la
 che ? Pourquoi disposaient-ils des sines étranges ? Les plus célèbres manifes-

tations de l'art pariétal se trouvent dans les
grottes de Lascaux*, des Eyzies-de-
Tayac*, d'Altamira*, de Niaux, de Rouf-
fignac et du Tassili* des Ajjer.

ARTÉMIS. Dans la mythologie* grecque,
fille de Zeus* et sœur jumelle d'Apollon*,
elle est la déesse de la chasse, de la nuit et
de la féminité. Ses attributs sont l'arc et la
lune, ce qui la fit parfois confondre avec
Hécate et Séléné aux fonctions analogues.
Voir Délos, Diane, Éphèse.

ARTHUR ou **ARTUS** (v. 500). Roi breton qui, au début du VIᵉ siècle, aurait réuni
plusieurs tribus celtes* de (Grande-) Bretagne pour lutter contre les envahisseurs
anglo-saxons. Ses exploits furent célébrés
par les poètes et la France les découvrit au
XIIᵉ siècle – embellis par la légende et par
un merveilleux où le païen se mêle au
chrétien – dans la chronique de Geoffroy
de Monmouth et surtout l'adaptation de
Wace (*Roman de Brut*, 1155) ; ils inspirèrent le cycle de la Table* ronde et de la
quête du Graal, dont Chrétien* de Troyes
a donné la version la plus célèbre.

ARVALES (Frères). Collège de 12 prêtres
dans la Rome* antique. D'origine archaïque, il fut restauré par Auguste*. Les rites
des Arvales sont connus par le *carmen Ar-
vale* ; leur culte était principalement
agraire, consacré à la déesse Dea Dia.

ARVERNES. Peuple de la Gaule* établi
en Auvergne actuelle dont la capitale était
Gergovie*. Vers le début du IIᵉ siècle av.
J.-C., ils dominaient presque toute la Gaule
du centre et du Sud-Ouest mais furent refoulés dans le Massif central, lorsque les
Romains occupèrent la Narbonnaise*.
C'est un chef arverne, Vercingétorix*, qui
dirigea en 52 av. J.-C. le soulèvement de
la Gaule contre César*.

ASAD, Hafiz al- (près de Lattaquié,
1928-). Général et homme d'État syrien.
Commandant en chef de l'aviation (1965),
ministre de la Défense après le renversement du président Amin al-Hafiz (1966),
Asad prit le pouvoir par le coup d'État de

novembre 1970. Élu président de la République syrienne en 1971, réélu en 1978, 1985 et 1992, il exerce à l'intérieur un pouvoir autoritaire qui s'appuie sur le seul parti autorisé, le parti Baath, dont il est secrétaire général. À l'extérieur, Asad a engagé la Syrie* dans la guerre contre Israël (guerre du Kippour*, 1973). Il a soutenu l'Iran dans sa guerre contre l'Irak afin de neutraliser l'opposition au régime du parti des Frères musulmans syriens. Après s'être engagé dans la guerre du Liban*, il exerce sur ce pays une véritable tutelle, consacrée en 1991 par un traité de fraternité syro-libanais. Le contentieux israélo-syrien à propos du Golan, annexé par Israël depuis 1981, n'était pas réglé en 1995. Voir Golfe (Guerre du), Iran-Irak (Conflit).

ASCENSION. Fête célébrée par les chrétiens* pour commémorer l'ascension de Jésus-Christ* ressuscité, quittant la terre et montant au ciel. Elle a lieu 40 jours après Pâques*. Voir Fêtes chrétiennes.

ASCLÉPIOS ou **ASKLÉPIOS.** Dans la mythologie* grecque, fils d'Apollon*, dieu guérisseur, et d'une mortelle, il est le dieu de la médecine. Son plus célèbre sanctuaire était celui d'Épidaure* auquel était associé un serpent sacré. Voir Esculape.

ASHIKAGA. Maison féodale japonaise, descendant du clan des Minamoto*, qui exerça le shogunat* de 1338 à 1573. Cette période de l'histoire du Japon fut marquée par d'incessantes guerres féodales mais aussi par un remarquable essor du commerce avec la Chine des Ming* qui donna naissance à une classe marchande de plus en plus influente. Après avoir déposé l'empereur Daijo II (1338), le chef des Ashikaga fut intronisé à Kyoto* par un autre empereur de la famille impériale. La branche de Daijo II, installée à Yoshino, continuant à prétendre au titre d'empereur, il y eut pendant près d'un demi-siècle deux lignées impériales (1336-1392), celle du Nord à Kyoto et celle du Sud. Les Ashikaga finirent par triompher et s'attribuèrent le shogunat qui atteignit son apogée sous Yoshimitsu (1367-1395) avec la construction en 1378 du palais des Fleurs, résidence des shoguns, à Muromachi quartier de Kyoto (qui donna son nom à la période) et le Pavillon d'Or. Les luttes incessantes contre les grands féodaux (daimyo*) épuisèrent l'autorité des Ashikaga et le Japon se trouva bientôt morcelé en fiefs héréditaires. Malgré l'instabilité politique, l'époque Ashikaga vit l'éclosion de nombreuses formes d'art comme l'arrangement des fleurs, les arts martiaux l'art de la cérémonie du thé et le « nô » théâtre poétique.

ASHKÉNAZE. Juif originaire des pays germaniques et slaves, par opposition au Séfarade*, originaire des pays méditerranéens.

ASHTART ou **ISHTAR.** Nom d'une divinité sémitique. Déesse de la fécondité son culte était très répandu dans le Proche-Orient*, particulièrement chez les Assyriens* et les Phéniciens*. Elle est devenue Aphrodite* pour les Grecs. Voir Phénicie, Sémites.

ASIE MINEURE. Ancien nom donné à l'extrémité occidentale de l'Asie. Elle recouvrait l'Anatolie, région située à l'est d'Istanbul (autrefois Constantinople*, Byzance*). Elle fait partie aujourd'hui de la Turquie d'Asie.

ASQUITH, Herbert Henry, 1er comte d'Oxford et Asquith (Morley, Yorkshire 1852-Londres, 1928). Homme politique britannique. Brillant avocat, il devint député libéral aux Communes* (1886) puis ministre de l'Intérieur (1892-1895) dans les cabinets Gladstone* et Primrose. Chancelier de l'Échiquier* (1905-1908), puis Premier ministre entre 1908 et 1916, ce fut sous son ministère que la Chambre des Lords* perdit beaucoup de ses pouvoirs au profit des Communes (*Parliament* Act* 1911), et que l'Irlande accéda à l'autonomie (*Home Rule**, 1912-1914). Asquith fit entrer la Grande-Bretagne dans la Première Guerre* mondiale, puis dut démissionner sous la pression de Lloyd* George et des conservateurs. Anobli en 1925, il publia ses Mémoires en 1926 *(My Forty Years of Parliament)*. Voir Dardanelles (Expédition des).

ASSASSINS (Secte des). Nom donné par les Francs à une secte d'ismaéliens* (musulmans* chi'ites*). Leur nom vient du mot arabe *hashashin* qui signifie fumeurs de haschisch. Ils dominèrent, de la fin du XIᵉ au XIIIᵉ siècle, l'ouest de la Perse, le nord de l'Irak et les montagnes de Syrie* et du Liban. Ils combattirent les Seldjoukides* sunnites et les croisés* à partir de la forteresse d'Alamut, sous la direction du célèbre « Vieux de la Montagne ». Plusieurs personnages importants furent les victimes des Assassins, comme le grand ministre seldjoukide* Nizam-al-Mulk (1092) et les croisés Raimond de Tripoli (1152) et Conrad de Montferrat (1192). Leur domination s'effondra sous les coups des Mongols* et des Mamelouks*, mais la secte subsista. Les successeurs du maître fondateur Hassan sont encore aujourd'hui vénérés sous le titre d'Aga* Khan par des millions d'ismaéliens qui vivent en Inde, au Pakistan, en Iran, en Syrie et en Afrique. Voir Sunnisme.

ASSEMBLÉE (NATIONALE) CONSTITUANTE (septembre 1789-septembre 1791). Nom que prirent les États* généraux le 9 juillet 1789. L'Assemblée comptait près de 1 200 députés et siégea du 9 juillet 1789 au 30 septembre 1791 d'abord à Versailles*, puis, après les journées d'octobre* 1789, dans le manège des Tuileries à Paris. Son œuvre essentielle fut d'établir durablement en France les principes de la liberté individuelle et de l'égalité devant la loi, préoccupations fondamentales de la bourgeoisie libérale, majoritaire à l'Assemblée. Mais aucun progrès sensible ne fut accompli en matière d'égalité sociale. Parmi les députés réunis quotidiennement, trois grandes tendances, assez mouvantes, finirent par se dessiner : les monarchiens*, les constitutionnels* (les plus nombreux) et les patriotes* radicaux, encore très minoritaires. Les débats de l'Assemblée étaient publiés par *Le Moniteur universel*. Après l'abolition de la féodalité* dans la nuit du 4 août* et l'adoption de la Déclaration des droits* de l'homme et du citoyen (26 août 1789), l'Assemblée vota dès la fin de l'année les grands principes de la Constitution* de 1791 qui, sur la base de la souveraineté nationale et de la séparation des pouvoirs, organisait la limitation du pouvoir royal et l'exclusion du peuple des décisions politiques. En dehors de son œuvre constitutionnelle, l'Assemblée procéda à des réformes fondamentales touchant l'administration (uniformité et décentralisation par la création de 83 départements), la justice (égalité devant la loi, suppression des parlements, élection des juges, abolition de la torture), les finances (égalité devant l'impôt, suppression des impôts indirects, création de trois contributions directes, nationalisation des biens du clergé gagés par les assignats*), l'économie (suppression des douanes intérieures, des péages, des corporations*, décisions favorisant le libéralisme* économique) et l'Église qui fut régie par la Constitution* civile du clergé (12 juillet 1790). La Constituante abolit encore les lois restrictives à l'égard des protestants*, accorda la citoyenneté aux juifs, sécularisa l'état civil confié à des officiers municipaux, institua le mariage civil, admit le divorce et supprima le droit d'aînesse*. Lorsque l'Assemblée constituante se sépara pour laisser la place à l'Assemblée* législative, le régime établi en 1791 ne dura qu'un an. Les difficultés, depuis la grande fraternité manifestée lors de la fête de la Fédération*, s'étaient en effet accumulées : la Constitution de 1791 avait déjà été remise en question par la fuite de la famille royale à Varennes* (juin 1791), la fusillade du Champ* de Mars (juillet 1791) avait définitivement séparé les modérés (les Feuillants*) des Jacobins*, et les puissances d'Europe s'inquiétaient du « droit des peuples à disposer d'eux-mêmes » proclamé par la France révolutionnaire. Voir Aristocrates, Patriotes.

ASSEMBLÉE CONSTITUANTE DE 1848. Assemblée française élue au suffrage universel (23 et 24 avril 1848) après la révolution* de Février 1848. Composée d'environ 900 membres, elle fut en majorité formée de républicains modérés et d'une forte minorité de monarchistes (légitimistes et orléanistes*), les républicains démocrates et les socialistes n'obtenant que 90 sièges. l'Assemblée siégea du 4 mai 1848 au 27 mai 1849. Elle proclama la République, décida d'accorder à Cavaignac* des pouvoirs importants afin de réprimer les journées insurrectionnelles en juin et élabora enfin la Constitution* de la Deuxième République*. Le 10 décembre 1848, le prince Louis-Napoléon Bonaparte* fut élu au suffrage universel à une écrasante majorité par le parti de l'Ordre* constitué par crainte de l'essor du mouvement socialiste. L'Assemblée se sépara en mai 1849. Voir Assemblée législative de 1849-1851, Gouvernement provisoire, Révolutions de 1848.

ASSEMBLÉE CONSTITUANTE DE 1945. Voir Constitution de 1946, République (Quatrième).

ASSEMBLÉE LÉGISLATIVE (1er octobre 1791-21 septembre 1792). Assemblée créée par la Constitution* de 1791, elle succéda à l'Assemblée* nationale constituante. Formée d'hommes nouveaux, la Constituante ayant décidé qu'aucun de ses membres ne pourrait y être éligible, elle représentait en majorité la bourgeoisie aisée, le suffrage étant censitaire. L'Assemblée se divisait en trois grandes tendances. Les plus modérés formèrent la droite, environ 260 monarchistes constitutionnels inscrits

au Club des feuillants*, défenseurs de la royauté contre l'agitation populaire. Ils ne comptaient aucune personnalité éminente leurs véritables chefs, La Fayette* et Barnave*, se trouvant en dehors de l'Assemblée. La gauche, moins nombreuse (136 députés), était constituée de députés, membres du Club des jacobins* ou de celui des cordeliers*. Pour la plupart issus de la bourgeoisie cultivée, adeptes des idées des Lumières, ils avaient pour chef Brissot* (d'où leur nom de brissotins*, puis de girondins*) entouré du philosophe Condorcet* et de plusieurs avocats bordelais, en particulier le brillant orateur Vergniaud*. Méfiants à l'égard du roi, ils étaient partisans d'une guerre contre les souverains européens afin de mettre Louis XVI* à l'épreuve mais aussi favorables à l'expansion de l'idée de liberté en Europe. Le reste, 345 députés, formait le centre. Résolus à défendre l'œuvre de la Révolution*, ils votèrent le plus souvent à gauche. L'Assemblée législative eut à faire face aux difficultés économiques et financières, à l'agitation religieuse et contre-révolutionnaire animée par le clergé réfractaire*. Voulue aussi par la cour – Louis XVI comptait sur les échecs militaires pour reprendre en main le pays –, la déclaration de guerre (20 avril 1792) à l'Autriche, votée à l'unanimité moins sept voix (dont celle de Robespierre*) inaugura sous la Législative un conflit qui devait durer, avec de courts répits, 23 ans, jusqu'à la bataille de Waterloo*. Après les journées révolutionnaires du 20 juin* et surtout du 10 août* 1792 l'Assemblée vota la suspension du roi. La mise en place d'une nouvelle Assemblée, élue au suffrage universel, la Convention* fut décidée. Voir Commune de Paris, Valmy (Bataille de).

ASSEMBLÉE LÉGISLATIVE (1849-1851). Assemblée élue en France au suffrage universel le 13 mai 1849. Elle succéda à l'Assemblée* constituante le

28 mai. Largement dominée par le parti de l'Ordre*, née de l'inquiétude suscitée par l'insurrection ouvrière de Juin* 1848, l'Assemblée eut une politique résolument conservatrice. Elle décida l'expédition de Rome pour défendre le pouvoir temporel du pape, vota la loi Falloux* (mars 1850) sur la liberté de l'enseignement, limita le suffrage universel et la liberté de la presse. La politique impopulaire de l'Assemblée permit au chef de l'État, Louis-Napoléon Bonaparte*, de procéder au coup d'État du 2 décembre* 1851. Voir Napoléon III.

ASSEMBLÉE NATIONALE (1871-1875). Assemblée élue en France le 8 février 1871, après l'armistice du 28 janvier, et qui siégea jusqu'au 30 décembre 1875. Cette assemblée réprima violemment la Commune* insurrectionnelle de Paris, ratifia le traité de Francfort* et contraignit Thiers* à démissionner. Après une vaine tentative de restauration monarchique, elle se prononça pour le régime républicain et se déclara dissoute le 30 décembre 1875. L'Assemblée nationale fut élue dans un pays à moitié occupé par la Prusse* et représenta une majorité de pacifistes, conservateurs et monarchistes. Réunie à Bordeaux (12 février), elle désigna Thiers comme chef de l'exécutif qui décida, bien que la République eût été proclamée, le 4 septembre 1870, après le désastre de Sedan*, de laisser en suspens le problème des institutions (pacte de Bordeaux). Installée à Versailles (20 mars), l'Assemblée fit réprimer par l'armée des Versaillais* la Commune, décapitant pour de nombreuses années le mouvement ouvrier français. Cependant, la répression sauvage donna confiance aux possédants et Thiers, en accélérant par l'emprunt le paiement du tribut imposé par les Allemands, obtint la libération anticipée du territoire. Les importantes élections partielles de juillet 1871 amenèrent, grâce à Gambetta*, une centaine de républicains à l'Assemblée. Entre Thiers, favorable à une « République

conservatrice » et l'Assemblée encore en majorité monarchiste, le conflit était inévitable. Thiers donna sa démission (24 mai 1873) et fut remplacé par le maréchal de Mac-Mahon*, connu pour ses positions royalistes, en attendant une restauration monarchique qui semblait imminente mais qui n'eut pas lieu. L'intransigeance du comte de Chambord*, derrière lequel s'étaient ralliés orléanistes* et légitimistes*, et qui se prononça pour le drapeau blanc, inacceptable pour la majorité des Français, amena la majorité de l'Assemblée à prolonger les pouvoirs de Mac-Mahon pour une durée de sept ans. Finalement, l'Assemblée adopta à une voix de majorité l'amendement Wallon* attribuant au chef de l'État le titre de président de la République (janvier 1875). L'Assemblée nationale, décidée à l'origine à restaurer la monarchie, finit par établir la République. Elle vota la Constitution* de 1875 qui fut la loi fondamentale de la Troisième République*. Ayant donné à la France un régime et une constitution, l'Assemblée se sépara en décembre 1875.

ASSIGNATS. Nom donné au papier-monnaie émis pendant la Révolution* française et dont la valeur était assignée (gagée) sur les biens nationaux. Le 2 novembre 1789, l'Assemblée* nationale constituante avait en effet décidé que les biens du clergé seraient mis à la disposition de la Nation afin de permettre le remboursement de la dette de l'État. En attendant leur vente et pour se procurer immédiatement l'argent dont elle avait besoin, l'Assemblée mit en vente les assignats, c'est-à-dire des bons du Trésor remboursables en biens nationaux vendus aux enchères. À l'origine, ce système fonctionna. Les assignats étaient garantis par une valeur réelle, connue du public (les biens du clergé auxquels on adjoignit plus tard les domaines de la Couronne puis ceux des émigrés), devaient être brûlés à mesure qu'ils rentraient au Trésor. L'émission d'assignats n'eut pourtant pas les conséquences financières escomptées. La dette publique ne fut pas éteinte, et pour faire face aux énormes dépenses de l'État dues à la guerre, non seulement les émissions se multiplièrent, mais l'État s'abstint de détruire les assignats remis en paiement des biens nationaux. Plus on émit d'assignats, plus ils se déprécièrent et plus les prix montèrent. Les ayant supprimés en 1796, le Directoire* tenta, pour vendre ce qui restait des biens nationaux, d'émettre un nouveau papier, les « mandats territoriaux », mais sans succès. La dépréciation continue des assignats permit aux bourgeois et aux paysans aisés d'acquérir, bien au-dessous de leur valeur réelle, d'importants biens fonciers.

ASSOLEMENT. Nom donné à l'alternance des cultures sur un terroir divisé en soles. Cette rotation des cultures, apparue en France de façon régulière vers le XIIIᵉ siècle, permettait de ne pas épuiser les terres. Dans l'assolement triennal, la même culture revenait tous les trois ans. Une sole portait des blés de printemps (orge, avoine), une autre des blés d'hiver (froment, seigle), la troisième étant laissée en jachère. À la fin du Moyen Âge, l'assolement biennal dominait au sud et l'assolement triennal au nord.

ASSOUR ou ASSUR. 1) Ancienne ville de Mésopotamie*, située sur la rive droite du Tigre (aujourd'hui au nord de l'Irak). Fondée probablement vers 2000 av. J.-C., elle fut la première capitale du royaume assyrien (avant Ninive*) et tenait son nom du grand dieu national, Assour. Elle resta au temps de l'Empire assyrien la capitale religieuse du pays, mais disparut en 614 av. J.-C., prise et pillée par les Mèdes*. Ses ruines furent découvertes au début du XXᵉ siècle. 2) Grand dieu des Assyriens, il donna son nom au pays tout entier. Voir Assyrie.

ASSOURBANIPAL ou ASSURBANIPAL. Roi d'Assyrie* (668-v. 626 av. J.-C.). Grand conquérant, mais aussi redoutable homme de guerre, son règne marqua l'apogée de la puissance assyrienne : il s'établit en Basse-Égypte* et étendit les conquêtes au nord de la Mésopotamie* et dans l'ouest de l'Asie* Mineure. Dans son palais de Ninive*, Assourbanipal fit sculpter de nombreuses scènes de l'histoire assyrienne et d'admirables bas-reliefs (certains sont au musée du Louvre). On a aussi retrouvé, dans la capitale royale de Ninive, une immense bibliothèque dont on a conservé environ 20 000 tablettes gravées d'inscriptions cunéiformes*, copies de tous les textes importants de l'ancienne littérature babylonienne (cette bibliothèque se trouve aujourd'hui au British Museum). À la fin de son règne, Assourbanipal rencontra de graves difficultés. Moins de 20 ans après sa mort, l'Empire assyrien disparut.

ASSYRIE. Ancien royaume de l'Antiquité situé au nord de la Mésopotamie* (région de l'actuel Irak). Entre le XIᵉ et le VIᵉ siècle av. J.-C., les Assyriens (peuple sémite*) conquirent un immense empire s'étendant sur une grande partie du Proche-Orient*. Ce fut son armée, la plus redoutable de tout l'Orient, qui permit ces grandes conquêtes : fantassins bien protégés, cavaliers armés d'arcs et de lances, chars de guerre, matériel de siège (béliers, machines de jet, tours roulantes). Mais cet empire resta fragile, car il s'était formé par la conquête brutale, et il ne s'imposa aux vaincus que par la terreur. Le pillage fut systématique, les villes furent détruites, les populations massacrées ou déportées à d'énormes distances. On leur imposa aussi de lourds tributs. Le caractère cruel et belliqueux des Assyriens s'exprime dans leurs œuvres d'art mais aussi dans le droit pénal et la condition de la femme, les plus sévères de tout l'Orient. Après le grand règne d'Assourbanipal*, l'Empire assyrien, haï, s'effondra sous les coups des Babylo-

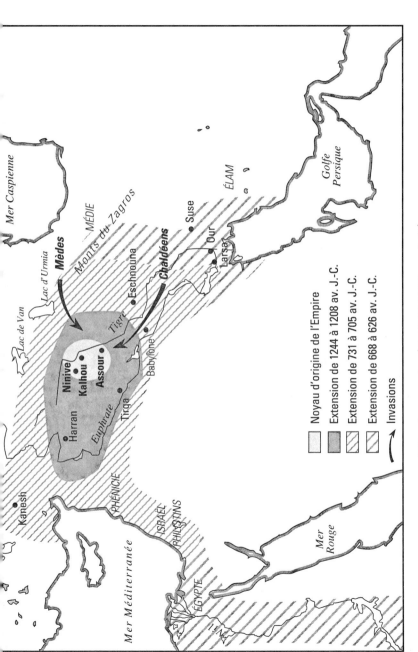

L'Empire assyrien (de 1800 à 600 av. J.-C.)

niens* et des Mèdes*. Sa capitale, Ninive*, fut détruite en 612 av. J.-C.

ASTARTÉ. Voir Ashtart.

ASTROLABE. Instrument astronomique servant à déterminer la hauteur des astres. Inventé par Hipparque, décrit par Philoppon au VIᵉ siècle, il fut utilisé par les Arabes* puis connu en Europe à partir du Xᵉ siècle.

ASTURIAS, Miguel Ángel (Guatemala Ciudad, 1899-Madrid, 1974). Écrivain guatémaltèque, auteur d'un des chefs-d'œuvre de la littérature hispano-américaine, *Monsieur le Président* (1946), roman social où étaient dénoncées pour la première fois les exactions sanglantes d'une dictature d'Amérique latine. Prix Nobel* de littérature en 1967.

ATELIERS PUBLICS NATIONAUX. Chantiers créés à Paris et dans plusieurs villes de province sur l'initiative du socialiste Louis Blanc*, par le gouvernement* provisoire après la révolution* de Février 1848. Destinés à résorber le chômage mais aussi à calmer l'agitation socialiste, les Ateliers* nationaux furent, dans la réalité, peu efficaces et coûteux. Cependant, en ordonnant la fermeture de ces ateliers, l'Assemblée* constituante provoqua les journées insurrectionnelles de Juin* 1848.

ATHÉNA. Dans la mythologie* grecque, fille de Zeus*, déesse de l'intelligence, des artisans, et de la guerre. Elle fut la déesse tutélaire ou poliade d'Athènes*. Elle est le plus souvent représentée en armes. Ses attributs sont la chouette (posée sur l'épaule) et l'olivier, grâce auquel elle sortit victorieuse de sa lutte pour la possession de l'Attique*, contre Poséidon*. Voir Minerve.

ATHÉNA NIKÊ (Temple d'). Petit temple situé au sud-ouest de l'acropole* d'Athènes* dédié à Athéna* victorieuse. Construit vers 425 av. J.-C., c'est un édifice d'ordre ionique* orné de deux portiques* (aux façades postérieure et anté-

rieure) soutenus par quatre colonnes et bordés d'une frise.

ATHÈNES. Grande cité de la Grèce antique, célèbre pour sa démocratie. Elle atteignit son apogée au Vᵉ siècle av. J.-C. au temps de Périclès*. Elle est située en Attique*, au centre d'une petite plaine arrosée par le Céphise et entourée de montagnes, l'Hymette et le Pentélique, à 7 km de son port, Le Pirée*. Elle profita d'une topographie de défense naturelle avec l'Acropole*, colline haute de 156 m, qui ne cessa jamais d'être habitée depuis le néolithique* (VIᵉ millénaire av. J.-C.). À l'époque mycénienne*, un palais y fut édifié, cerné d'un mur cyclopéen daté de la seconde moitié du XIIIᵉ siècle av. J.-C. Athènes ne subit pas l'invasion des Doriens* (XIIᵉ siècle av. J.-C.) et fut occupée à la fin du IIᵉ millénaire par les Ioniens*. Athènes fut à l'origine dominée, comme la plupart des autres cités, par une puissante aristocratie de grands propriétaires terriens, les Eupatrides*, qui supprimèrent progressivement la royauté et établirent, dès le VIIIᵉ siècle av. J.-C., un gouvernement aristocratique. Mais l'essor de la colonisation au VIIᵉ siècle av. J.-C. provoqua une grave crise sociale rendant intolérable le monopole du pouvoir par les nobles. Les artisans et les marchands enrichis par le commerce, les paysans appauvris par la concurrence des produits coloniaux, enfin tous les citoyens contribuant comme fantassins (hoplites*) à la défense de la cité aspirèrent à participer au gouvernement. Les grandes réformes entreprises aux VIIᵉ et VIᵉ siècles av. J.-C. par Dracon*, Solon*, le tyran Pisistrate*, et surtout Clisthène* conduisirent Athènes à la démocratie. Après s'être opposée victorieusement aux Perses*, lors des guerres Médiques*, la cité atteignit au Vᵉ siècle av. J.-C., sous la direction de Périclès, le sommet de sa puissance. Dominant un grand empire maritime en mer Égée grâce à la ligue de Délos*, Athènes devint « l'école de la

Grèce », le centre de la civilisation hellénique rayonnant dans tout le monde antique. Elle se couvrit de monuments grandioses ; ses artistes, philosophes, écrivains furent très féconds. Mais son impérialisme lui créa de nombreux ennemis qui se liguèrent autour de Sparte*, sa rivale de toujours. La défaite d'Athènes à la fin de la guerre du Péloponnèse* (404 av. J.-C.) amorça son déclin au profit de Sparte puis de Thèbes*. Vaincue par Philippe II* de Macédoine* (338 av. J.-C.), puis dominée par les Romains (IIᵉ siècle av. J.-C.), la cité ne joua plus de rôle politique mais resta encore longtemps un centre artistique et intellectuel important. Un temps victime des invasions barbares, Athènes s'ouvrit au christianisme* sous la domination byzantine mais perdit son rayonnement au profit de Constantinople* (Vᵉ siècle ap. J.-C.). Prise par les Latins* au cours des croisades* puis conquise par les Turcs (1456), la ville devint en 1832 la capitale de la Grèce indépendante. Voir Démocratie athénienne.

ATHOS (Mont). Montagne de la Grèce du Nord où se trouve le plus grand centre religieux de l'Église orthodoxe*. En 963, saint Athanase fonda le monastère de Lavra. Du Xᵉ au XVᵉ siècle s'établirent sur le mont Athos une trentaine de monastères peuplés de moines (jusqu'à 30 000) venus de tout le monde orthodoxe. Aujourd'hui, le mont Athos est une République monastique sous le protectorat de la Grèce, toujours régie par la *chrysobulle* (bulle d'or) de l'empereur byzantin Constantin Monomaque (1045), qui interdit notamment l'accès de la montagne aux femmes.

ATIMIE. L'atimie était en Grèce une privation des droits civils et politiques pour fait de meurtre, désertion, etc. particulièrement rigoureuse à Sparte* et fréquente à Athènes*.

ATLANTHROPE. Nom donné à un fossile* d'homme préhistorique découvert en 1954 en Algérie (dans le massif de l'Atlas,

d'où son nom). Appartenant à l'espèce *Homo* *erectus* (« homme qui se tient debout »), l'atlanthrope était très proche du pithécanthrope* et du sinanthrope*. Il aurait vécu vers 400 000-300 000 ans av. J.-C., à l'époque du paléolithique* inférieur. Voir Australopithèque, Homme de Mauer.

ATLANTIQUE (Bataille de l', 1941-1944). Bataille engagée dans l'Atlantique, lors de la Seconde Guerre* mondiale, par les sous-marins allemands et destinée à couper toute relation maritime entre le Royaume-Uni et le reste du monde. Acheminés vers des bases pratiquement invulnérables de Norvège, et de France (Brest, Lorient), les sous-marins allemands partaient en meute attaquer les convois dans l'Atlantique. Les pertes alliées furent énormes, mais l'aide américaine, le perfectionnement des moyens de défense et de détection permirent à la Grande-Bretagne d'éviter l'asphyxie totale.

ATLANTIQUE (Charte de l'). Charte signée le 14 août 1941 dans l'Atlantique à bord du *Prince of Wales* entre Roosevelt* et Churchill* afin de définir les principes de base de la paix future. Cette charte devait inspirer les rédacteurs de la Charte de l'Organisation* des Nations unies.

ATLANTIQUE (Mur de l'). Fortifications construites par les Allemands de 1941 à 1944 le long de l'Atlantique et de la Manche, de la mer du Nord au golfe de Gascogne, afin d'empêcher un débarquement allié. Cet effort défensif fut rendu vain par l'installation de ports artificiels par les Alliés après le débarquement* en Normandie du 6 juin 1944. Voir Guerre mondiale (Seconde).

ATON. Dieu solaire égyptien, il fut rendu célèbre par Akhénaton ou Aménophis IV* (v. 1372-1354 av. J.-C.) qui tenta d'instaurer un culte monothéiste à son profit, entrant ainsi en conflit avec le clergé d'Amon-Rê*.

ATTELAGE EN FILE. Attelage où les

animaux qui tirent le véhicule sont attachés sur deux rangées ou plus, les uns derrière les autres. Répandu à partir du XIe siècle, ce système permettait de tirer des charges plus lourdes, contrairement au même nombre d'animaux disposés côte à côte. Voir Collier d'épaule.

ATTILA (v. 395-453 ap. J.-C.). Roi des Huns* (vers 434-453). Réunifiant sous son autorité toutes les tribus des Huns, envahisseurs venus d'Asie, Attila ravagea au Ve siècle l'Europe centrale et l'Empire romain d'Orient. Surnommé par ses adversaires « le fléau de Dieu », il pilla en outre la Gaule* et l'Italie avant de se retirer dans la Hongrie actuelle, centre de son empire qui s'étendait de la mer Caspienne aux Alpes. Après sa mort, les Huns cessèrent de jouer un rôle important dans l'Histoire.

ATTIQUE. Péninsule située à l'extrême sud-est de la Grèce* continentale entre le golfe d'Égine et la mer Égée, cadre territorial de la cité d'Athènes*.

ATTLEE, Clement, 1er comte (Londres, 1883-id., 1967). Homme politique britannique. Issu d'une famille aisée, il participa brillamment à la Première Guerre* mondiale, devint député travailliste à la Chambre des communes* en 1922 et participa au gouvernement McDonald* (1929-1931). Chef du Parti travailliste* (1935), il entra dans le cabinet de coalition de Winston Churchill* (1940) comme vice-Premier ministre. Premier ministre après la victoire de son parti en 1945, il engagea une véritable « révolution silencieuse » en donnant à l'État le contrôle des secteurs clés de l'économie (nationalisation de la Banque d'Angleterre, du charbon, de l'électricité, du gaz, des transports et de la sidérurgie), et en mettant en place une politique de protection sociale (*Welfare State*). Il mena à l'extérieur une politique de décolonisation (Inde, Ceylan, Pakistan). Après le retour des conservateurs au pouvoir (1951), Attlee continua de diriger le Parti travailliste

jusqu'en 1955. Voir Beveridge (William Henry).

AUBIGNÉ, Agrippa d' (Saintonge, 1552-Genève, 1630). Écrivain français. Humaniste érudit et fervent protestant, il fut un des grands représentants du baroque* littéraire en France. Ancien compagnon du roi de Navarre (futur Henri IV*), combattant huguenot*, il resta attaché à sa foi, marqué par le souvenir de la Saint-Barthélemy* (1572), massacre auquel il échappa. Dans *Les Tragiques* (1616), il manifesta avec passion sa fidélité au protestantisme*. Retiré après l'abjuration d'Henri IV, il écrivit une *Histoire universelle depuis 1550 jusqu'en 1601*, consacrée aux protestants français, ce qui le conduisit en exil à Genève.

AUERSTEDT (Bataille d', 14 octobre 1806). Victoire remportée par le général français Davout*, à Auerstedt (au nord-est de Weimar), sur l'armée prussienne, commandée par le duc de Brunswick qui fut mortellement blessé. Le même jour, Napoléon Ier* battait les Prussiens à Iéna*. Les victoires d'Auerstedt et d'Iéna* ouvrirent à Napoléon la route de Berlin qui fut atteint en octobre et provoquèrent l'effondrement de la Prusse*. Voir Coalition (Quatrième), Tilsit (Traité de).

AUGEREAU, Pierre François Charles (Paris, 1757-La Houssaye, 1816). Général français. Rallié à la Révolution* en 1792, il fut nommé général de division en 1793. Sous Bonaparte*, lors de la campagne d'Italie*, il remporta sur les Piémontais la victoire de Millesimo (1796), puis s'illustra à Lodi, Castiglione et décida de la victoire d'Arcole* (novembre 1796). De retour à Paris, il participa, sous le Directoire*, au coup d'État du 18 Fructidor* (septembre 1797) qui donna le pouvoir à Barras*, devint membre du Conseil des Cinq-Cents*, puis se rallia à Bonaparte. Nommé maréchal* (1804) et duc de Castiglione (1806), il participa à toutes les campagnes de l'Empire (Iéna*, Eylau*, _eipzig*), puis se détacha de Napoléon Ier* et fut l'un des premiers à se rallier à Louis XVIII*, qui le fit pair de France. Sous la seconde Restauration*, choisi pour être l'un des juges au procès du maréchal Ney*, il refusa de siéger.

AUGSBOURG. Ville du sud de l'Allemagne, en Bavière. Ville épiscopale puis impériale (libre), Augsbourg fut aux XVe et XVIe siècles un grand centre industriel, commercial (relations avec l'Italie du Nord), financier et artistique de l'Europe. De puissantes dynasties de commerçants et de banquiers – les Welser mais surtout les Fugger* – furent les créancières d'empereurs et de rois comme Maximilien Ier*, Charles* Quint et Philippe II*. La Réforme* s'y implanta tôt, mais la ville devint dans la seconde moitié du XVIe siècle un centre de la Contre-Réforme* catholique*. La prospérité de la ville fut détruite par la guerre de Trente* Ans. Voir Augsbourg (Confession d'), Augsbourg (Paix d'), Luther (Martin).

AUGSBOURG (Confession d', 1530). Confession de foi luthérienne présentée par l'ami et le disciple de Luther*, Melanchthon*, à la diète de Worms*, réunie par Charles* Quint, l'empereur souhaitant l'appui des princes allemands contre l'offensive des Ottomans*, mais aussi faire taire les oppositions religieuses provoquées par la Réforme*. Bien que modérée, la confession d'Augbourg fut rejetée par les théologiens catholiques et provoqua la formation de la ligue protestante* de Smalkalde*.

AUGSBOURG (Intérim d', 1548). Compromis doctrinal entre les catholiques* et les protestants*, avant que le concile de Trente* ne mène à bien la réforme de l'Église. Promulgué par Charles* Quint, ce texte autorisait le mariage des pasteurs protestants et la communion sous les deux espèces. Voir Contre-Réforme.

AUGSBOURG (Paix d', 1555). Paix religieuse entre catholiques* et protestants*

signée par Ferdinand Ier* d'Autriche, frère de Charles* Quint, et les électeurs du Saint Empire*. Elle admettait la coexistence de deux confessions en Allemagne, selon le principe *cujus regio, ejus religio* – à chaque royaume, sa religion –, les sujets de chaque État devant adopter la religion de leur prince. La paix d'Augsbourg consacra la division religieuse de l'Empire.

AUGSBOURG (Guerre de la ligue d', 1688-1697). Conflit qui opposa la France de Louis XIV* à une coalition des puissances européennes, la ligue d'Augsbourg, inquiète de la politique d'annexions menée par le roi de France (occupation du Palatinat). La révocation de l'édit de Nantes* (1685) décidée par Louis XIV entraîna le ralliement des protestants* conduits par le nouveau roi d'Angleterre, Guillaume III* d'Orange, si bien que la Ligue comprit un bloc catholique formé par l'empereur, l'Espagne et la Savoie, auquel s'ajouta un bloc protestant (certaines principautés de l'Empire, la Hollande et la Suède). Malgré l'occupation et la dévastation du Palatinat (région rhénane) en 1689 et de nombreuses victoires françaises sur le continent, la guerre de la ligue d'Augsbourg (1688-1697) n'apporta aucun résultat décisif et les adversaires signèrent les traités de Ryswick* (1697). Le conflit avait mis un terme aux tentatives d'hégémonie française en Europe. Voir Bar (Confédération de).

AUGURES. Dans la Rome* antique, prêtres organisés en collèges chargés de prendre les auspices, c'est-à-dire de tirer des présages du vol des oiseaux, de l'appétit des poulets sacrés et même de la foudre, des éclairs et de l'état du ciel. Leur rôle était essentiel, puisque toute décision politique était subordonnée à la consultation préalable des augures.

AUGUSTE (Rome, 63 av. J.-C.-Nola, 14 apr. J.-C.) Premier empereur romain. Tout en conservant les institutions de la République* romaine, Auguste disposa en fait de tous les pouvoirs et fonda un nouveau régime appelé le Principat* ou l'Empire. Petit-neveu et fils adoptif de Jules César*, connu d'abord sous le nom d'Octave* puis d'Octavien, il forma en 43 av. J.-C. le second triumvirat* avec Lépide et Antoine*. Ensemble, ils éliminèrent l'opposition républicaine par de sanglantes proscriptions* (Cicéron*), battirent les assassins de César, Brutus* et Cassius* en Grèce (batailles de Philippes, 42 av. J.-C.), puis se partagèrent le monde romain, Octave recevant l'Occident. Après avoir écarté Lépide puis battu Antoine, Octave devint à partir de 31 av. J.-C. (bataille d'Actium*) le seul maître du monde romain. Tirant la leçon de l'échec de César qui avait accumulé trop de pouvoirs exceptionnels, Octave s'appliqua à maintenir les apparences du régime républicain. Mais dans la réalité il disposa de nombreux pouvoirs et construisit progressivement un régime personnel dont le nom « principat » dérive du mot *princeps*, le premier des citoyens. Grâce au titre d'*imperator* et à l'*imperium** proconsulaire, il eut l'autorité suprême dans les provinces* avec le commandement des armées. Fort aussi de la puissance tribunicienne, il pouvait légiférer, convoquer le Sénat* et les comices*. Avec la puissance censoriale (censeur*), il établit la liste des sénateurs et conduisit le recensement des citoyens. Enfin, grand pontife*, il fut le chef de la religion* romaine, son surnom d'Auguste*, reçu du Sénat en 27 av. J.-C., lui conférant en outre un caractère sacré. Il autorisa bientôt les peuples de l'Empire à associer au culte de Rome celui d'Auguste, inaugurant ainsi le futur culte* impérial. Dans ce gouvernement, la réalité du pouvoir appartenait à de nouveaux fonctionnaires nommés par l'empereur : légats*, gouverneurs des provinces impériales, préfet* de la ville, préfet* du prétoire, préfet* des vigiles et préfet* de l'annone. L'œuvre d'Auguste fut immense. À l'extérieur, il s'attacha à assurer la défense et la sécurité de l'Empire. L'armée fut permanente et cantonnée aux frontières et des conquêtes furent entreprises en Orient (Judée*) et en Occident où les limites de la puissance romaine furent portées au Rhin et au Danube. À l'intérieur, la paix ramena la prospérité. Des routes, des ponts, des phares furent construits et de grands travaux transformèrent Rome*. Enfin, aidé de Mécène*, Auguste encouragea les écrivains, les invitant à célébrer la grandeur romaine (Virgile*, Horace*, Ovide* et Tite-Live*). À sa mort, le Sénat lui accorda l'apothéose*, le plaçant ainsi au rang des dieux. Son beau-fils, Tibère*, lui succéda.

AUGUSTE, dérivé du latin *augustus* qui signifie « consacré par les augures* ». Ce qualificatif, d'abord réservé aux objets et lieux divins, fut décerné pour la première fois à Octave (Auguste*) par le Sénat* en 27 av. J.-C. Il faisait de l'empereur un personnage sacré. Après lui, tous les empereurs romains portèrent ce titre.

AUGUSTE II ou **FRÉDÉRIC-AUGUSTE I**er (Dresde, 1670-Varsovie, 1733). Électeur de Saxe et roi de Pologne (1694-1733). Candidat au trône de Pologne, il se convertit au catholicisme* – alors qu'il était, dans l'Empire, protecteur des luthériens – et se fit élire roi de Pologne (1697), la noblesse polonaise renonçant pour un siècle à la monarchie nationale. Allié au tsar Pierre* le Grand et à Frédéric IV de Danemark contre Charles XII* de Suède, il fut déposé par ce dernier (1704) mais recouvra son trône après la défaite du roi de Suède contre les Russes (Poltava, 1709). Prince baroque, aux goûts fastueux, il transforma Dresde en une magnifique capitale. Auguste II fut le père du célèbre général Maurice de Saxe*. Voir Stanislas Ier Leszcsynski.

AUGUSTE III ou **FRÉDÉRIC-AUGUSTE II** (Dresde, 1696-*id.*, 1763). Électeur de Saxe et fils d'Auguste II*, roi de Pologne. Il réussit à succéder à son père ontre Stanislas* Leszczynski, grâce au outien de la Russie en 1733. Mais il ne fut éfinitivement reconnu qu'après la guerre le Succession* de Pologne (1733-1738). La Russie, confirmant sa tutelle sur la Pologne, imposa après sa mort Stanislas II* Auguste Poniatowski. La fille d'Auguste III, Marie-Josèphe de Saxe, mariée au fils de Louis XV*, fut la mère de Louis XVI*, Louis XVIII* et Charles X*, ois de France.

AUGUSTIN, saint (Tagaste, 354-Hippone, 430 ap. J.-C.). Évêque de Bône (auj. Anaba) le plus célèbre des Pères* de 'Église latine. Son influence a été considérable, en particulier au Moyen Âge, à 'époque de la Réforme*, aux XVIᵉ et XVIIᵉ siècles. Fils d'un païen et d'une chrétienne, il enseigna la rhétorique à Carthage*, Rome et Milan et sous l'influence le saint Ambroise se convertit au christianisme* (387). Devenu en 396 évêque* d'Hippone, il lutta en Afrique [du Nord] contre les hérétiques. Ses deux ouvrages essentiels sont *Les Confessions* (397) et *La Cité de Dieu* (413-427). Toute la pensée de saint Augustin est centrée sur deux problèmes fondamentaux : Dieu et le destin de 'homme perdu par le péché mais sauvé par la grâce. Son influence a dominé le christianisme* en Occident jusqu'à saint Thomas* d'Aquin (XIIIᵉ siècle) puis renaquit à l'époque de la Réforme (Luther*, jansénisme*).

AUGUSTIN de Canterbury, saint (?-Canterbury, 604). Moine évangélisateur de l'Angleterre. Envoyé en 596 par le pape Grégoire* le Grand et accompagné d'une quarantaine de moines, il convertit au catholicisme les Anglo-Saxons encore païens. Il fonda un évêché à Canterbury* (capitale du royaume de Kent) dont il fut le premier évêque*, puis d'autres à Londres et Rochester. Voir Bède le Vénérable.

AUGUSTINS. Congrégations religieuses organisées en fonction des directives de saint Augustin* et qui portent son nom.

L'ordre des augustins comprend plusieurs familles religieuses : ermites de Saint-Augustin, dits Grands Augustins, organisés canoniquement en 1256, les ermites récollets (1588) et les augustins déchaussés (XVIᵉ siècle) dont la branche française porte le nom de Petits Pères. De nombreux ordres et congrégations, comme les assomptionnistes, les chevaliers de Malte*, les chevaliers Teutoniques* et les rédemptoristes s'inspirent de la règle dite de saint Augustin. À partir des XIᵉ-XIIᵉ siècles, la règle de saint Augustin est mise en pratique par les chanoines, et des congrégations de chanoines réguliers se développent.

AUMALE, Henri Eugène Philippe Louis d'Orléans, duc d' (Paris, 1822-Zucco, Sicile, 1897). Quatrième fils de Louis-Philippe Iᵉʳ* et de Marie-Amélie. Il se distingua très jeune dans la campagne d'Algérie en enlevant la smala d'Abd* el-Kader, c'est-à-dire son camp avec sa famille, ses serviteurs et ses troupeaux. Gouverneur de l'Algérie après Bugeaud* (1847), il s'exila ensuite en Angleterre lors de la révolution* de 1848, puis, sous Napoléon III*, se consacra à des travaux historiques. Élu à l'Assemblée* nationale (1871) puis à nouveau exilé (1886), il fut autorisé à rentrer en France en 1889. Il légua à l'Institut son domaine de Chantilly avec les magnifiques collections qu'il avait constituées. Voir Alger (Expédition d').

AURANGZEB (1618-Aurangabad, 1707). Empereur moghol* de l'Inde* (1658-1707). Grand homme d'État, il agrandit l'empire et le porta à son apogée. Cependant, son intransigeance religieuse et l'hostilité de ses sujets à l'alourdissement de la fiscalité provoquèrent après sa mort le déclin de l'Empire. L'Inde devint alors sous ses successeurs une proie facile pour la colonisation britannique. Fils de Chah Jahan, il gouverna d'abord la région correspondant à l'actuel Afghanistan puis fut nommé, sous le régime de son père, vice-roi du Dekkan où il créa une armée d'élite. Il s'assura le pouvoir en luttant contre ses frères et son père, et se fit proclamer empereur en 1658. Il défendit avec vigueur l'islam* contre les hindouistes et s'aliéna ainsi de nombreux princes hindous jusque-là fidèles aux Moghols*. Voir Hindouisme.

AURÉLIEN (v. 214-275 ap. J.-C.). Empereur romain, il régna de 270 à 275. Originaire d'Illyrie (au nord-ouest des Balkans*), il fut porté au pouvoir par les légionnaires* de l'armée du Rhin et se donna pour but de rétablir l'ordre et l'unité de l'Empire disloqué depuis la mort de Sévère* Alexandre. Il refoula les Vandales* et les Alamans*, triompha en Syrie* de la reine de Palmyre*, Zénobie* (273) et de Tétricus, maître de l'« empire des Gaules » mais fut forcé d'abandonner définitivement la Dacie en 275 (actuelle Roumanie), région riche en or conquise par Trajan*. Il fit ceinturer Rome* de murailles. Afin de renforcer le prestige du pouvoir impérial, Aurélien l'associa au culte du soleil. Il imposa cet astre comme dieu suprême de l'Empire et se fit adorer comme son représentant. Il fut ainsi le premier empereur à être salué de son vivant du nom de *Deus* (dieu) et *Dominus* (Seigneur). Le redressement qu'il accomplit sous son règne lui valut le titre de « restaurateur ». Son œuvre fut poursuivie par Dioclétien*.

AURIOL, Vincent (Revel, 1884-Paris, 1966). Homme politique français, ministre des Finances du Front* populaire (1936-1937) puis ministre de la Justice dans le cabinet Chautemps* (1937-1938), il refusa en juillet 1940 les pleins pouvoirs au maréchal Pétain*, entra dans la Résistance* et rejoignit Londres en 1943. Premier président (1947-1954) de la Quatrième République*, il joua un rôle personnel important, tentant de favoriser une « troisième force » entre les tendances communistes et gaullistes. Ses notes de journal (publiées partiellement en 197(sous le titre *Mon Septennat ; 1947-1954* sont un témoignage important sur le fonc tionnement de la Quatrième République Voir Coty (René).

AUSTERLITZ (Bataille d', 2 décembre 1805). Éclatante victoire remportée au nord-est de Vienne près du petit village d'Austerlitz, le 2 décembre 1805, par Na poléon Ier* sur l'armée austro-russe commandée par les empereurs François Ier* et Alexandre Ier*, ce qui fit appe ler cette bataille la « bataille des trois em pereurs ». Cette victoire, qui démontra le génie tacticien de Napoléon, entraîna la fin de la troisième coalition* et obligea l'Au triche à signer le traité de Presbourg* (26 décembre 1805). Après sa victoire d'Ulm* (20 octobre 1805), Napoléon comptait remporter une victoire décisive Installé à Brünn, il prépara sa campagne afin de combattre les 90 000 hommes de François Ier et du tsar qui avaient fait leur jonction. Son but était d'attirer les coali sés, à l'ouest d'Austerlitz, sur le plateau de Pratzen. Anticipant sur leur résolution de lui couper la route de Vienne, Napoléon souhaitait les contraindre à quitter ces hau teurs stratégiques en divisant leur armée Le 1er décembre, il laissa en effet les coa lisés occuper le plateau et, placé en contre bas, dégarnit son aile droite afin de donner à l'ennemi la tentation de l'attaquer de front. Le 2 décembre, les alliés tombèrent dans le piège et lancèrent à l'aube 40 000 hommes contre les 9 000 soldats de Davout*, affaiblissant ainsi leur centre installé sur le plateau. C'est là que Napoléon concentra son attaque décisive Soult* avec le gros de l'armée caché par un épais brouillard, escalada le plateau surprenant les troupes ennemies qu'il tronçonna en deux parties. L'une, au nord, fut taillée en pièces par la cavalerie de Murat*, l'autre, pourchassée par Soult, fut précipitée dans les étangs glacés. Lorsque dans l'après-midi le soleil (devenu légendaire) perça enfin la brume, il éclaira la victoire éclatante de l'Empereur qui déclara alors à ses soldats : « Je suis content de vous. Mon peuple vous reverra avec joie et il vous suffira de dire : "J'étais à la bataille d'Austerlitz" pour qu'on vous réponde : "Voilà un brave." » Les alliés perdirent 37 000 hommes contre 8 000 soldats du côté français. L'artillerie ennemie, prise presque en totalité, servit, avec le bronze, à édifier la colonne Vendôme* à Paris.

AUSTRALOPITHÈQUE. Le plus ancien des ancêtres de l'homme. Il vivait à l'époque du paléolithique* inférieur (entre 6 millions et 1 million d'années av. J.-C.). Les premiers ossements d'australopithèques furent découverts à partir de 1924 en Afrique du Sud. Ceux-ci se tenaient debout sans s'appuyer, étaient de petite taille (1,25 à environ 1,50 m), possédaient une face longue et une forte visière sur un front à peine marqué. Leur capacité crânienne était encore très faible (400 à 600 cm^3) comparée à celle de l'homme (environ 1 200 à 1 500 cm^3). Les australopithèques disparurent il y a environ un million d'années. Leurs plus célèbres représentants sont l'enfant de Taungs* et Lucy*. Voir Olduvai, Zinjanthrope.

AUSTRASIE. Nom donné au royaume des Francs* de l'Est à l'époque des Mérovingiens*. Il était opposé à la Neustrie* qui formait la partie occidentale des possessions franques. Née du partage du royaume de Clovis* (511), l'Austrasie avait son centre en Lorraine avec Metz pour capitale. Elle comprenait une petite partie de la Champagne, l'Alsace, les pays situés entre le Rhin, la Meuse et l'Escaut et la Thuringe (sud de l'Allemagne). Rattachée à la Neustrie sous Clotaire II* et Dagobert*, l'Austrasie fut ensuite dominée par des maires* du palais (Pépin* l'Ancien, Pépin* de Herstal, Charles* Martel) qui luttèrent contre ceux de Neustrie. Ils l'emportèrent finalement avec Pé-

pin* le Bref. Les guerres entre la Neustrie et l'Austrasie sont restées célèbres, particulièrement au moment de la lutte acharnée entre Frédégonde*, reine de Neustrie, et Brunehaut*, reine d'Austrasie. Voir Ébroïn.

AUSTRO-PRUSSIENNE (Guerre, juin-août 1866) Conflit qui opposa la Prusse*, soutenue par l'Italie, à l'Autriche appuyée par la plupart des États de la Confédération germanique. La victoire décisive de la Prusse à Sadowa* brisa la puissance de l'Autriche en Allemagne et marqua l'avant-dernière étape de l'unité allemande avant la proclamation de l'Empire en 1871. Après s'être assuré de la neutralité de la France et de la Russie et de l'alliance de l'Italie, Bismarck* poussa l'Autriche à la guerre. Si l'Autriche réussit à battre les Italiens (à Custozza et, sur mer, à Lissa), la Prusse remporta sur les Autrichiens la victoire de Sadowa qui lui ouvrait la route de Vienne. Par le traité de Prague (août 1866), l'Autriche abandonnait la Vénétie à l'Italie. La Confédération* germanique fut dissoute et les vingt et un États au nord du Main constituèrent une Confédération* de l'Allemagne du Nord. La Prusse annexa le Schleswig et le Holstein, le royaume de Hanovre, le duché de Nassau, la Hesse et la ville libre de Francfort. Pour la première fois, la Prusse formait un État d'un seul tenant qui allait de la frontière russe à la frontière française. Voir Cavour (Camille), Moltke (Helmuth von), Napoléon III, Schleswig-Holstein.

AUTRICHE-HONGRIE. Nom porté par l'Empire des Habsbourg* de 1867 à sa dislocation en novembre 1918. Voir Compromis de 1867, Guerre mondiale (Première).

AVARS. Peuple d'Asie centrale d'origine turco-mongole. Les Avars s'installèrent à la fin du VIe siècle dans la plaine pannonienne (l'actuelle Hongrie), d'où ils menèrent des raids pillards vers Constantinople*, l'Illyrie (nord-ouest des Balkans*), l'Italie et la Bavière. Vaincus par Charlemagne* (791-796), ils disparurent de l'histoire vers le début du IXe siècle.

AVENTIN. L'une des sept collines de Rome* au sud de la ville. Quartier de la plèbe* au début de la République* (une partie de celle-ci, révoltée contre les patriciens*, s'y retira à plusieurs reprises au Ve siècle av. J.-C.).

AVERROÈS (Cordoue, 1126-Marrakech, 1198). Nom donné en Occident à Ibn Ruchd, célèbre philosophe arabe de Cordoue, commentateur d'Aristote*. Ses œuvres exercèrent une grande influence sur la philosophie européenne au Moyen Âge. Sa doctrine fut critiquée par saint Thomas* d'Aquin et condamnée par l'Église au XIIIe lors du IVe concile* du Latran* et au XVIe siècle.

AVICENNE (Afchana, près de Boukhara, v. 980-Hamadhan, 1037). Nom donné en Occident à Ibn Sina, célèbre médecin et philosophe d'origine iranienne. Son *Canon de la médecine* (qui montre par exemple que les Arabes* savaient ligaturer les artères et anesthésier au haschisch) fut longtemps à la base des études médicales aussi bien en Orient qu'en Occident. Ses œuvres philosophiques permirent aux Occidentaux de connaître Aristote* et la pensée grecque. Voir Averroès.

AVIGNON. Ville de France sur le Rhône, elle connut son apogée au Moyen Âge. Comptoir des Phocéens de Marseille*, ville gauloise puis colonie romaine, elle passa sous la domination franque en 536. Saccagée (736-737) par Charles* Martel pour avoir fait alliance avec les Arabes*, puis assiégée par Louis VIII* lors de la croisade contre les Albigeois*, la ville capitula en 1226. Les troubles d'Italie et la pression de Philippe IV* le Bel amenèrent la papauté à s'y installer pendant 68 ans (1309-1376), acte dénoncé par les Italiens comme une « captivité de Babylone* ». Durant cette période, la ville connut un développement économique et architectural remarquable (notamment avec la construc-

tion du palais des Papes à partir de 1335), les lettres et les arts y furent également favorisés. À la suite du Grand Schisme* d'Occident (1378-1417), les antipapes Clément VII et Benoît XIII s'y installèrent (1378-1417), alors que Rome était redevenue le siège de la papauté. La ville, soumise à l'autorité pontificale, fut ensuite gouvernée par des légats pontificaux jusqu'à la Révolution* française. Par décret de l'Assemblée* constituante (14 septembre 1791), elle fut réunie à la France avec le Comtat Venaissin.

AVRIL 1834 (Journées d'). Insurrection républicaine sous la monarchie* de Juillet organisée par les sociétés mutualistes d'ouvriers et la Société des droits de l'homme. Elle eut pour origine la loi du 10 avril, portant atteinte au droit d'association et destinée à limiter l'opposition républicaine. Pour protester contre cette mesure qui portait atteinte aux sociétés de secours mutuels, les ouvriers lyonnais se soulevèrent (9 au 12 avril). L'insurrection ayant gagné Paris (13-14 avril), Thiers*, ministre de l'Intérieur, chargea le général Bugeaud* de la réprimer. Le massacre de la rue Transnonain, où des habitants furent tués dans leur sommeil, valut à Bugeaud la haine populaire. Voir Juin 1832 (Journées des 5 et 6).

AXE ROME-BERLIN. Nom donné à l'alliance formée en novembre 1936 par l'Allemagne et l'Italie et signée par Hitler* et le comte Ciano*, gendre de Mussolini* et ministre des Affaires étrangères. Quelques jours plus tard, l'Allemagne et le Japon signaient le pacte Antikomintern* (novembre 1936) dirigé contre l'Internationale communiste (Troisième Internationale*). En moins de deux ans, l'Allemagne avait rompu son isolement diplomatique réalisé quelque temps après la conférence de Stresa* (avril 1935). Pendant la Seconde* Guerre mondiale, on donna le nom de « puissances de l'Axe » à l'ensemble constitué par l'Allemagne, l'Italie et leurs alliés. Voir Acier (Pacte d').

AYACUCHO (Bataille d', 1824). Victoire décisive remportée à Ayacucho (ville du Pérou) par le général vénézuélien Sucre* sur les Espagnols et qui consacra l'indépendance de l'Amérique du Sud.

AYYUBIDES ou **AYYOUBIDES**. Dynastie musulmane fondée par Saladin* en 1171. Elle domina l'Égypte*, la Syrie*, la Haute Mésopotamie et le Yémen. Les Ayyubides furent de remarquables administrateurs et de grands bâtisseurs. Ils nouèrent d'actives relations commerciales avec les cités marchandes italiennes. La dynastie fut renversée en Égypte par les Mamelouks* (1250) et en Syrie par les Mongols* (1260).

AZAÑA Y DÍAZ, Manuel (Alcalá de Henares, 1880-Montauban, 1940). Homme politique espagnol. Président du Conseil (1931-1933) après la proclamation de la République en Espagne (1931), il se rallia en 1936 à la politique du *Frente popular* et devint président de la République de 1936 à 1939 puis s'exila en France après la victoire de Franco*. Voir Espagne (Guerre civile d').

AZINCOURT (Bataille d', 25 octobre 1415). Victoire du roi d'Angleterre, Henri V* de Lancastre, sur l'armée française. Cette bataille fut pour la France un des grands désastres de la guerre de Cent* Ans. Après avoir débarqué en Normandie en août 1415 et s'être emparé d'Harfleur, Henri V affronta l'adversaire avec une armée de 12 000 hommes. L'armée féodale française, plus nombreuse mais dans laquelle les chevaliers* étaient lourdement armés, engagea la bataille sans plan stratégique ni discipline. Les archers d'Angleterre, légèrement équipés, battirent les Français dont les pertes furent énormes. Henri V, profitant de sa victoire et de la guerre entre Armagnacs* et Bourguignons*, s'empara de la Normandie* et fit signer à Charles VI*, qui n'avait pas sa raison, le traité de Troyes* (1420) le reconnaissant comme héritier présomptif du trône de France au détriment du dauphin*, le futur Charles VII*. Voir Crécy (Bataille de), Poitiers (Bataille de).

AZTÈQUES. Peuple amérindien de l'Amérique moyenne qui fonda au XVe siècle un empire prospère au Mexique. Les Aztèques (ou Mexicas) formaient à l'origine une tribu de la branche des Chichimèques qui, venus du nord du Mexique, s'installèrent au XIIIe siècle dans l'actuelle vallée de Mexico et y fondèrent (1325 ou 1345) la ville de Tenochtitlan (Mexico). En 1428, le souverain mexicain dominait une fédération de cités-États indépendantes (Texcoco, Tlacopan, Tenochtitlan) qui conquirent les régions voisines et au XVIe siècle, l'Empire aztèque s'étendait sur le Mexique central de la côte du golfe du Mexique à celle du Pacifique. Cependant, l'hétérogénéité de cet empire ne put résister à la conquête espagnole et expliqua la victoire rapide de Cortés* sur Moctezuma II, puis la chute de Mexico. Après une ultime résistance, le dernier empereur aztèque, Cuauhtémoc, fut vaincu et pendu par les Espagnols (1525). La société aztèque, très hiérarchisée, était dirigée par un souverain puissant, entouré d'un cérémonial complexe. L'économie reposait principalement sur la culture du maïs et de légumes et sur un commerce très développé. Leur religion, polythéiste, dont l'une des pratiques rituelles était les sacrifices humains, imprégnait la vie sociale. Leur civilisation, en partie héritée des Toltèques*, compte aujourd'hui quelques rares vestiges dans des domaines comme la littérature (les codex consignés par écrit aux XVIe et XVIIe siècles fournissent de précieux renseignements sur les civilisations précolombiennes), la sculpture (statue géante de Coatlicue, musée d'Anthropologie, Mexico) et l'architecture (temples de Tlaloc et Huitzilopochtli sur une même pyramide à Mexico et temple rupestre de Malinalco au sud-est de la capitale, etc.). Voir Conquistadors, Cortés (Hernan).

AZYME (Pain). Pain sans levain consommé par les Hébreux* avant leur sortie d'Égypte* et que mangent les juifs à l'époque de la Pâque*. C'est aussi le pain dont les chrétiens font les hosties*. Voir Exode.

B

BAADER-MEINHOF (Bande à). Groupe terroriste d'extrême gauche devant son nom à ses deux chefs Andreas Baader et Ulrike Meinhof qui fondèrent, en RFA*, la Fraction Armée rouge (*Rote Armee Fraktion*) en 1970. Après plusieurs attentats meurtriers, les chefs du groupe furent arrêtés (1972). Lors du procès de Stuttgart, Ulrike Meinhof se suicida en se pendant dans sa cellule (1976). Andreas Baader fut condamné, ainsi que ses complices, à la détention à perpétuité. La Fraction Armée rouge, divisée en divers groupuscules, poursuivit ses actions terroristes qui culminèrent en 1977, lors du meurtre du président du patronat, H. M. Schleyer. Voir Brigades rouges, Schmidt (Helmut).

BAAL. 1) Chez les Sémites* du Proche-Orient*, dieu de la Vie et de la Fertilité. Ce mot signifie « Seigneur ». Cette divinité fut adorée dans de nombreuses communautés du Proche-Orient antique et particulièrement par les Cananéens. 2) Dans la Bible*, ce mot désigne tous les faux dieux. Voir Canaan (Pays de).

BABEL (Tour de). Selon la Bible*, grande tour que les descendants de Noé* essayèrent d'élever pour escalader le ciel. La tour de Babel (qui signifie Babylone* en hébreu) correspond probablement à une ziggourat* babylonienne qui représentait, aux yeux des israélites*, un péché d'idolâtrie.

BABER ou **BABUR** (Andijan, 1483-Agra, 1530). Souverain turc, descendant de Tamerlan* et de Gengis* Khan par sa mère, il fut le fondateur de l'Empire moghol* de l'Inde*. Succédant à son père à la tête d'une petite principauté du Turkestan, il devint roi de Kaboul (1503) puis, appelé en Inde par le gouverneur du Pendjab révolté contre le sultan de Delhi, il se rendit rapidement maître de la région et infligea au sultan la grande défaite de Panipat (1526). Décidé à s'établir en Inde où il occupa toute la vallée du Gange*, il fonda l'Empire moghol après avoir abattu la puissance des chefs afghans du Bihar (région de l'est de l'Inde, limitrophe du Népal). Son fils Humayun lui succéda et devint le premier souverain de la dynastie fondée par son père. Voir Akbar, Delhi (Sultanat de).

BABEUF, François Noël, dit **GRACCHUS** (Saint-Quentin, 1760-Vendôme, 1797). Révolutionnaire français. Partisan d'une révolution sociale, il tenta sans succès de renverser le Directoire*. Admirateur de Robespierre*, Babeuf, venu à Paris en 1793, fonda après le 9 Thermidor* (27 juillet 1794) *Le Tribun du peuple* dans lequel il prônait non seulement l'égalité politique et l'application de la Constitution* de l'an I, mais aussi l'égalité sociale (*Manifeste des Égaux*, 1795). Avec quelques adeptes, dans un contexte d'exaspération sociale due à la vie chère, Babeuf tenta de renverser le Directoire (conspiration des Égaux). Dénoncé à Carnot*, membre du Directoire, la tentative échoua. Babeuf, arrêté, fut condamné à mort. Le babouvisme eut plus tard de nombreux adeptes.

BABYLONE. Grande cité de Mésopotamie* située sur l'Euphrate à environ 160 km au sud-est de l'actuelle Bagdad*, capitale de l'Irak. Ville très ancienne (elle existait déjà au XXIIIe siècle av. J.-C. au temps de la splendeur d'Akkad*), elle passa sous la domination des Amorrites, peuple de Sémites* occidentaux (XIXe siècle av. J.-C.) qui fondèrent la première dynastie de Babylone. Celle-ci atteignit son apogée sous le règne d'Hammourabi* (v. 1792-1750 av. J.-C.). Après bien des vicissitudes – razziée par les Hittites* au XVIe siècle av. J.-C., dominée par les Kassites* jusqu'au XIIe siècle av. J.-C., puis par les Élamites avant de devenir assyrienne (VIIIe-VIIe siècle av. J.-C.) –, la ville recouvra son prestige avec Nabopolassar et le nouvel empire babylonien fut au sommet de sa puissance sous le règne de Nabuchodonosor II*, au VIe siècle av. J.-C. (605-562). Entourée d'une double enceinte percée de 100 portes, elle abritait de nombreux palais dont le plus somptueux était celui de Nabuchodonosor. Non loin de là, se dressaient les célèbres « jardins suspendus de Babylone » (terrasses superposées plantées d'arbres) considérés comme l'une des Sept Merveilles* du monde antique. Il y avait aussi de nombreux temples (surtout celui dédié à Mardouk*), et une immense ziggourat*, la fameuse tour de Babel*, qui s'élevait à une hauteur de 90 m sur une base carrée de 90 m de côté. Prise par le Perse Cyrus* en 539 av. J.-C., elle fut annexée par Alexandre* le Grand en 331 av. J.-C. et abandonnée par ses habitants vers 307 av. J.-C. après la fondation de Séleucie*. Les ruines de Babylone ont été mises au jour à la fin du XIXe siècle. Voir Élam.

BABYLONE (Captivité de). Voir Exil.

BABYLONIE. Nom donné à une ancienne contrée située en Basse-Mésopotamie, au Proche-Orient*. Voir Babylone.

BABYLONIENS. Voir Babylone.

BACCHUS. Dieu romain du vin assimilé au Dionysos* grec. Voir Dieux romains, Religion romaine.

BACH, Jean-Sébastien (Eisenach, 1685-Leipzig, 1750). Compositeur allemand. Extraordinaire organiste, il a aussi laissé une œuvre musicale immense, à la fois synthèse et aboutissement de trois siècles d'histoire musicale en Occident, mais aussi point de départ des évolutions futures de la musique occidentale. Fils du musicien Johann Ambrosius Bach (1645-1695), Jean-Sébastien, orphelin à 10 ans, fut élevé par son frère aîné, élève de Pachelbel, avec lequel il apprit le clavecin et l'orgue. Surtout il lut et copia beaucoup de musique, habitude qu'il conserva jusqu'à la fin de sa vie. Après des études brillantes au gymnasium d'Eisenach, il fut nommé organiste à Arnstadt où il se fit vite une réputation de virtuose et d'improvisateur. D'un caractère intransigeant, Bach eut une vie professionnelle mouvementée, rompant tôt ou tard avec ses patrons successifs. Il dirigea notamment l'orchestre du prince Leopold d'Anhalt à Köthen (1717) et fut *cantor* à la Thomasschule de Leipzig (1723-1750), entretenant des relations difficiles avec le conseil de la ville et les autorités de l'école. L'omniprésence du choral luthérien et la polyphonie furent les dimensions privilégiées de l'œuvre de Bach. Parmi ses œuvres de musique religieuse, vocale et instrumentale, on peut citer : *Le Clavier bien tempéré* (1722), les *Concertos brandebourgeois* (1721) et les quatre *Suites* (1720-1730), un grand *Magnificat* (1723), la *Passion selon saint Jean* (1723) et la *Passion selon saint Matthieu* (1729) et enfin la *Messe en si mineur* (1738), extraordinaire synthèse de tout ce qui fut écrit en musique religieuse, sans oublier *L'Offrande musicale* (1747) et *L'Art de la fugue* (1749). Son œuvre fut redécouverte au début du XIXe siècle par Félix Mendelssohn*. Voir Haendel (Georg Friedrich),

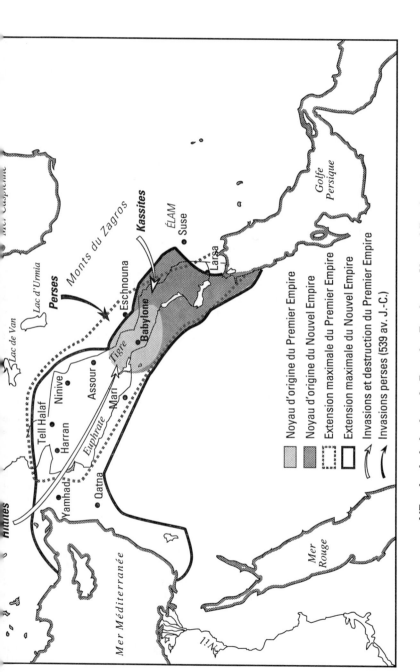

L'Empire babylonien, du Premier Empire au Nouvel Empire

Légende :

- Noyau d'origine du Premier Empire
- Noyau d'origine du Nouvel Empire
- Extension maximale du Premier Empire
- Extension maximale du Nouvel Empire
- Invasions et destruction du Premier Empire
- Invasions perses (539 av. J.-C.)

Lieux et régions indiqués :

Lac de Van, Lac d'Urmia, Mer Caspienne, Perses, Monts du Zagros, Kassites, Golfe Persique, ÉLAM, Suse, Larsa, Eschnouna, Babylone, Tigre, Euphrate, Ninive, Assour, Mari, Tell Halaf, Harran, Yamhad, Qatna, Mer Méditerranée, Nil, Mer Rouge, Hittites

Rameau (Jean-Philippe), Scarlatti (Domenico).

BACH, Alexander, baron von (Loosdorf, 1813-château de Schöngrabern, 1893). Homme politique autrichien. Il dirigea pendant dix ans (1849-1859) la politique de l'Autriche, imposant, après la répression des révolutions* de 1848, une centralisation absolutiste qui garda son nom (le système Bach). Avocat, ministre de l'Intérieur (1849) dans le cabinet Schwarzenberg, il devint l'homme fort du gouvernement après la mort de ce dernier. Il imposa un système politique plus sévère encore que celui de Metternich*, s'appuyant sur l'armée, la police, la bureaucratie et l'Église catholique qui reconquit alors d'importants avantages par le concordat de 1855. Les minorités nationales de l'empire furent soumises à une germanisation forcée et les mesures policières d'exception systématiquement appliquées. Ce nouvel absolutisme, au service de François-Joseph Ier*, provoqua un vif mécontentement qui se révéla lors de la guerre d'Italie* (1859). François-Joseph, afin d'éviter les troubles, renvoya Bach qui fut remplacé par un ministre libéral.

BACON, Francis, baron Verulam (Londres, 1561-id., 1626). Homme d'État et philosophe anglais. Il fut l'initiateur d'une théorie empiriste de la connaissance et défendit, sur le plan politique, l'absolutisme royal. Juriste de formation, membre des Communes* (1584-1593), il ne joua aucun rôle politique sous le règne d'Élisabeth Ire*, puis occupa celui de Jacques Ier* les plus hauts postes dont celui de chancelier*. Fidèle au parti des aristocrates, il soutint les visées absolutistes du roi contre les prérogatives parlementaires puis perdit ses fonctions à la suite d'une accusation (1621). Sa carrière politique ne l'empêcha pas de se consacrer à son vaste projet de réorganisation des connaissances, qu'il développa dans un ouvrage *La Grande Reconstitution* (1623), complété par la publication du *Novum Organum* (1620).

BACON, Roger (dans le Gloucester, 1212/1220-Oxford, 1292). Théologien, scientifique et philosophe anglais. Surnommé le « Docteur admirable », il contribua à l'avènement de la méthode expérimentale. Sur les conseils de son maître Robert Grosseteste, il s'orienta, à l'université d'Oxford*, vers les mathématiques et les sciences naturelles. Entré vers 1250 dans l'ordre des Franciscains*, ce fut sous le pontificat de Clément IV (1265-1268), son ami et protecteur, qu'il rédigea ses principaux traités (l'*Opus majus*, l'*Opus minus*, l'*Opus tertium*). Les thèses philosophiques et les conceptions astrologiques qu'il y défendait lui valurent d'être emprisonné (1277-1292). Il étudia l'arc-en-ciel, le calendrier* julien, dont il s'aperçut le premier qu'il était erroné, et la détermination exacte du foyer des miroirs sphériques. Il décrivit plusieurs inventions mécaniques : bateaux, voitures et machines volantes. Sa philosophie du langage est l'un des aspects les plus originaux de sa pensée.

BADOGLIO, Pietro (Grazzano Monferrato, 1871-id., 1956). Maréchal et homme politique italien. Gouverneur de Libye (1929-1933), il commanda l'armée italienne lors de la guerre d'Éthiopie* (1935-1936) et reçut le titre de vice-roi de ce pays. Après la chute de Mussolini*, il devint président du Conseil, négocia l'armistice avec les Alliés (1943), et déclara la guerre à l'Allemagne. Il se retira de la vie politique en 1944.

BAGDAD. Capitale de l'Irak située sur la rive gauche du Tigre en Mésopotamie*. Construite au VIIIe siècle près de l'antique Séleucie*, Bagdad devint la capitale des califes* abbassides (750-1258) et connut son apogée au IXe siècle sous Haroun* al-Rachid. Elle resta jusqu'au XIIIe siècle le foyer le plus brillant de la civilisation musulmane et un grand centre commercial.

lise à sac par les Mongols* (1258), puis ravagée par Tamerlan*, elle fut prise par les Ottomans* en 1534. Bagdad devint en 1921 la capitale de l'Irak. De l'époque des Abbassides*, il ne reste plus que les fondations du palais des califes et le grand collège de droit construit au XIIIᵉ siècle. Voir Bagdad (Chemin de fer, Pacte de).

BAGDAD (Chemin de fer de) ou Bagdad-bahn. Voie ferrée destinée à prolonger jusqu'au golfe Persique*, par l'Asie* Mineure et la Mésopotamie*, le chemin de fer de Berlin à Bassora. Commencée en 1903, avec des capitaux principalement allemands, la construction fut interrompue de 1918 à 1933 et achevée en 1940.

BAGDAD (Pacte de, février 1955). Traité signé entre la Turquie et l'Irak auquel adhérèrent la Grande-Bretagne, le Pakistan et l'Iran. Ce traité, destiné à prolonger l'Organisation* du traité de l'Atlantique Nord (OTAN) au Moyen-Orient, était essentiellement dirigé contre toute pénétration soviétique dans la région. L'établissement de la République en Irak (1958) amena ce pays à quitter le pacte et l'organisation prit le nom de CENTO* (1959), son siège étant transféré de Bagdad à Ankara. Voir Guerre froide, OTASE.

BAILÉN ou **BAYLEN** (Capitulation de, juillet 1808). Capitulation du général français Dupont, chargé, après le soulèvement de l'Espagne contre Napoléon Iᵉʳ*, de soumettre l'Andalousie. Cerné dans les montagnes à Bailén, Dupont obtint une capitulation honorable. Cependant, la junte insurrectionnelle de Séville fit interner les français dans l'île de Cabrera où la plupart moururent. Cette capitulation, première défaite des armées napoléoniennes, eut dans toute l'Europe une importante répercussion psychologique. Voir Charles IV, Espagne (guerre d'Indépendance), Goya (Francisco de), Murat (Joachim).

BAILLI. À l'origine agent d'administration seigneurial, c'est à partir du XIIIᵉ siècle un officier chargé de faire respecter l'autorité du roi de France dans une circonscription du royaume appelée bailliage*. Dans le sud et l'ouest du pays, il portait le nom de sénéchal. Le bailli avait des responsabilités importantes dans les domaines de l'administration, de la justice et des impôts. L'office du bailli devint honorifique à l'époque moderne et se maintint jusqu'à la Révolution*. Voir Intendant, Sénéchaussée.

BAILLIAGE. Nom donné au Moyen Âge et sous l'Ancien* Régime à l'étendue du territoire sur lequel s'exerce l'autorité d'un bailli*. Voir Sénéchaussée.

BAILLY, Jean-Sylvain (Paris, 1736-*id.* 1793). Astronome et homme politique français, il joua un rôle important au début de la Révolution* française. Membre de l'Académie des Sciences (1763) et de l'Académie* française, il fut élu député du Tiers* État pour Paris aux États* généraux (1789). Élu président de l'Assemblée nationale (17 juin 1789), puis nommé maire de Paris (15 juillet 1789), il perdit l'estime des Patriotes* en décidant de proclamer la loi martiale et en faisant tirer sur les manifestants réunis au Champ de Mars pour demander la déchéance de Louis XVI* (17 juillet 1791). Bailly, qui avait déposé favorablement au procès de Marie-Antoinette*, fut arrêté en 1793, condamné à mort par le Tribunal* révolutionnaire et exécuté sur le Champ de Mars. Voir Champ de Mars (Fusillade du).

BAKOUNINE, Mikhaïl Alesandrovitch (Priamoukhino, 1814-Berne, 1876). Révolutionnaire russe. Il fut un des grands théoriciens de l'anarchisme*. Exilé en 1842, il participa aux révolutions* de 1848 à Paris, à Prague et à Dresde. Arrêté, déporté en Sibérie d'où il s'évada (1861), il s'installa d'abord en Angleterre puis en Suisse. Partisan de la destruction immédiate de l'État par une révolution socialiste, et de l'instauration d'une société fondée sur le coopératisme et la décentralisation, Bakounine devint le principal rival de Karl

Marx* dans la Première Internationale* d'où il fut exclu en 1872. Voir Kropotkine (Piotr).

BALBO, Cesare, comte de Vinadio (Turin, 1789-*id.*, 1853). Patriote et homme politique italien, il fut l'un des grands écrivains du Risorgimento*, mouvement littéraire et politique favorable à l'unité italienne. Partisan et ami du roi de Piémont-Sardaigne, Charles-Albert*, il donna un élan décisif au mouvement patriotique, à travers des ouvrages historiques et politiques, particulièrement avec *Speranze d'Italia* (1844).

BALBO, Italo (Ferrare, 1896-près de Tobrouk, 1940). Maréchal et homme politique italien. Promoteur du fascisme*, il fut l'un des principaux artisans de la marche* sur Rome (1922) qui permit l'arrivée au pouvoir de Mussolini*. Ministre de l'Air (1926-1935), il s'attacha à créer une puissante aviation et dirigea de nombreux raids aériens mais, devenu trop populaire, il fut écarté du pouvoir par Mussolini qui le nomma gouverneur de Libye (1939). Il fut tué par erreur, au cours d'un raid, par la DCA italienne.

BALBOA, Vasco NÚÑEZ de (Jerez, 1475-Acla, Panamá, 1517). Conquistador* et explorateur espagnol, il découvrit l'océan Pacifique. Chef des Espagnols de la colonie espagnole du golfe de Darien (dans la mer des Caraïbes), Balboa fut le premier à franchir le détroit de Darien, découvrant ainsi le plus court chemin entre l'Atlantique et le Pacifique. Bien qu'une voie terrestre entre les deux océans fût sans grande importance pour les navigateurs, ceux-ci n'en continuèrent pas moins à chercher une voie maritime, persuadés que la région comprise entre Panamá et le Mexique était des îles. Balboa fut décapité, pour trahison, sur l'ordre de son successeur le gouverneur du Darien, Pedro Arias Davila. Voir Cortés (Hernán), Pizarro (Francisco).

BALDWIN, Stanley, 1ᵉʳ comte (Bewdley, 1867-Stourport, 1947). Homme po litique anglais. Conservateur, il fut à plu sieurs reprises Premier ministre (1923 1924-1929, 1935-1937). Il lutta contre le grèves de 1926 qu'il brisa avec énergie. En 1936, il s'opposa avec force au mariage d'Édouard VIII* avec une Américaine di vorcée, Mrs Simpson, et prit une part im portante dans le dénouement de la question royale, imposant en réalité l'abdication d'Édouard VIII au profit de George VI*. Après sa démission (1937), Baldwin se re tira définitivement du pouvoir. Voir Conservateur (Parti).

BÂLE, Concile de (1431-1449). Convo qué par le pape Martin V, il tenta de mettre un terme à l'hérésie hussite (Jan Hus*) e de réunir les Églises latine et grecque. L'assemblée siégea à Bâle, à Ferrare, Florence et à Rome. Un antipape, Félix V le dernier antipape de l'histoire de l'Église fut élu par une fraction du concile* resté à Bâle (1439) et une union éphémère fu réalisée avec les Églises d'Orient. Voi Constance (Concile de).

BÂLE (Traités de, 1795). Lors de la Ré volution* française, traités conclus par la France avec la Prusse* et l'Espagne. Par le premier traité (5 avril 1795), la Prusse de Frédéric-Guillaume II* reconnaissait la République française et l'occupation de la rive gauche du Rhin, contre promesse d'indemnités plus tard. Le second traité (22 juillet 1795) fut signé entre la France et l'Espagne, laquelle abandonnait à la France la partie espagnole de Saint-Do mingue, en échange des régions espagno les conquises au-delà des Pyrénées.

BALFOUR, Arthur James, 1ᵉʳ comte (Whittingeham, East Lothian, 1848-Wo king, Surrey, 1930). Homme politique bri tannique. Il proposa, en tant que secrétaire d'État aux Affaires étrangère (1916-1922), la création d'un foyer natio nal pour le peuple juif en Palestine* (dé claration Balfour*, 2 novembre 1917). Chef du Parti conservateur* aux Commu

es* en 1891, il succéda à son oncle Sa-
isbury* comme Premier ministre
1902-1906). Il mena à ce poste une poliique active, réalisant à l'intérieur une im-
ortante réforme de l'enseignement et à
'extérieur l'Entente* cordiale avec la
rance. N'ayant pu empêcher le vote du
arliament Act (1911) restreignant les
ouvoirs de la Chambre des lords*, Bal-
our abandonna la direction du Parti
onservateur.

BALFOUR (Déclaration). Nom donné à
a déclaration publiée par le gouvernement
ritannique le 2 novembre 1917, sous la
orme d'une lettre adressée par le secré-
aire aux Affaires étrangères, lord Bal-
our*, à lord Rothschild*. Il y était affirmé
ue « le gouvernement de Sa Majesté en-
isage favorablement l'établissement en
*alestine d'un foyer national pour le peu-
le juif et emploiera tous ses efforts pour
aciliter la réalisation de cet objectif, étant
lairement entendu que rien ne sera fait qui
uisse porter préjudice aux droits civils et
eligieux des communautés non juives en
*alestine et au statut politique dont les
uifs pourraient jouir dans tout autre
ays ». Voir Palestine, Sionisme.

BALILLA. Surnom de Giovanni Batista
*erasso, jeune patriote génois de 17 ans
ué au siège de Gênes* occupé par l'Au-
iche (1746). Le régime fasciste italien
onna, en souvenir de lui, le nom d'*Opera
Nazionale Ballilas* à une institution para-
nilitaire d'assistance et d'éducation de la
eunesse (1926) qui regroupait les *Ballilas*
roprement dits (de 8 à 14 ans), les *Avan-
uardisti* (de 14 à 18 ans) et les Jeunesses
aliennes. Voir Mussolini (Benito).

BALKANIQUES (Guerres, 1912-1913).
lles manifestèrent l'antagonisme des na-
ionalités dans les Balkans* et les rivalités
ntre grandes puissances dans une région
ù l'Empire ottoman* avait perdu progres-
ivement toute autorité. Ces guerres furent
ortement encouragées par la Russie, pro-
ectrice des Slaves*, qui espérait réaliser

son vieux rêve de contrôle des détroits
turcs, débouchés naturels de la mer Noire.
En 1912, les pays de l'Entente balkanique
(Bulgarie, Serbie*, Grèce et Monténégro*)
engagèrent la guerre contre la Turquie, rapidement battue. Le traité de Londres
(1913) enleva à cette dernière la majeure
partie de ses territoires européens et ratifia
l'indépendance de l'Albanie, isolant ainsi
la Serbie de la mer, à la grande satisfaction
de l'Autriche-Hongrie*. La seconde
guerre balkanique opposa la Bulgarie à la
Serbie et à la Grèce pour le partage des
conquêtes acquises. Après l'intervention
de la Roumanie et de la Turquie, la Bulgarie fut vaincue, la Serbie et la Grèce se
partageant la majeure partie de la Macédoine*. Voir Orient (Question d').

BALKANS (Péninsule des) ou **Péninsule
balkanique.** Région la plus orientale des
trois péninsules méridionales de l'Europe
qui s'étend aujourd'hui sur la Bulgarie,
l'ex-Yougoslavie, l'Albanie, la Grèce et la
Turquie d'Europe. Dominée par la Grèce,
Rome* puis Byzance*, le nord de la péninsule devint, après l'expansion slave
(VIIe siècle), une mosaïque de nationalités.
Conquise par les Turcs aux XIVe et XVe siècles, elle fut progressivement reconquise,
à partir du XVIIIe siècle, par l'Europe chrétienne, en particulier par les Habsbourg*
d'Autriche et la Russie. Le vide créé par
la décadence de l'Empire ottoman* au
cours du XIXe siècle, fit de cette région, à
l'aube du XXe siècle, la poudrière de l'Europe. La lutte des peuples balkaniques
contre la domination turque mais aussi
leurs dissensions et les rivalités entre grandes puissances (Russie, Autriche-Hongrie*, Grande-Bretagne) pour le contrôle
de cette région – enjeu stratégique important en Méditerranée orientale – provoquèrent de nombreux conflits : guerres russo-
turque* (1877-1878), gréco-turque (1897),
et guerres balkaniques* (1912-1913). Les
Balkans furent l'un des théâtres des deux
guerres mondiales. Voir Bosnie-Herzégo-

Les Balkans à la veille de 1914

Légende :

- Empire ottoman en 1912
- Empire ottoman au traité de Londres (30 mai 1913)
- Empire ottoman au traité de Bucarest (10 août 1913)
- Acquisitions de la Bulgarie
- Acquisitions de la Roumanie
- Acquisitions de la Serbie
- Acquisitions de la Grèce
- Acquisitions du Monténégro

PRUSSE

AUTRICHE-HONGRIE

RUSSIE

BOSNIE-HERZÉGOVINE

ROYAUME DE SERBIE

ROYAUME DE ROUMANIE

ROYAUME DE BULGARIE

Mer Noire

ROYAUME DU MONTÉNÉGRO

ALBANIE

ITALIE

ROYAUME DE GRÈCE

EMPIRE OTTOMAN

Dodécanèse
(Italie)

ine, Bucarest (Traité de), Croatie, Monténégro, Orient (Question d'), Serbie, Slovénie.

ALLADUR, Edouard (Izmir, 1929-). omme politique français. Membre du PR*, ministre de l'Économie, des Finances et de la Privatisation (1986-1988) dans e gouvernement de Jacques Chirac*, il fut ommé Premier ministre (mars 1993-mai 995). Au premier tour de l'élection présidentielle de 1995, il arriva troisième et se llia à Jacques Chirac. Voir Mitterrand François).

ALZAC, Honoré de (Tours, 1799-Paris, 850). Écrivain français. Considéré omme le père du roman dit réaliste, il est auteur d'une vaste fresque qui dépeint la ociété française de la Révolution* à la fin e la monarchie* de Juillet. Issu de la pete bourgeoisie provinciale, Balzac étudia omme interne au collège de Vendôme uis entreprit son droit à Paris. Avoué chez n notaire, il abandonna définitivement n métier pour se consacrer à la littérare. D'abord auteur de romans historiques populaires publiés sous divers pseudoymes, il se fit ainsi « la main » en s'enaînant à la technique romanesque. Après usieurs tentatives malheureuses dans édition et l'imprimerie (1825-1829), Balc revint à l'écriture de romans, sous son opre nom, afin de payer ses dettes. Sa éritable carrière littéraire commença en 329 avec la publication des *Chouans* et e *Physiologie du mariage*, livres qui austôt le rendirent célèbre. Il entama alors ne gigantesque entreprise littéraire durant quelle il composa 85 romans en vingt s, menant dans le même temps une vie ondaine très active, voyageant, entretent de nombreuses relations amoureuses tentant, sans succès, une carrière politie comme monarchiste. Dès 1834, il sonea à regrouper ses romans dans un vaste semble et décida son titre, *La Comédie maine*, en 1841. Quelque 90 romans mposent cette œuvre où plus de 2 000

personnages illustrent une société hantée par le pouvoir de l'argent et livrée à des passions dévorantes. Balzac découpa sa *Comédie* en Scènes de la vie privée (*Le Colonel Chabert*, 1832), de la vie politique (*Une ténébreuse affaire*), de la vie de province (*Eugénie Grandet*, 1833 ; *Le Lys dans la vallée*, 1835, *Les Illusions perdues*, 1837-1843), de la vie parisienne (*Le Père Goriot*, 1834-1835, *César Birotteau*, 1837, *Splendeurs et misères des courtisanes*, 1838-1847, *La Cousine Bette*, 1846, *Le Cousin Pons*, 1847), de la vie de campagne (*Le Médecin de campagne*, 1833) ; en études philosophiques (*La Peau de chagrin*, 1831) et en études analytiques (*Physiologie du mariage*, 1829). Balzac entretint aussi une vaste correspondance avec la comtesse Eveline Hanska, celle qu'il devait appeler « l'Étrangère » et qui, quelques mois avant sa mort, devint sa femme.

BAN. Le terme désigne dans la France médiévale l'autorité publique et le droit de commandement du roi. Durant l'époque féodale, à la faveur du déclin de l'autorité royale, ce droit était exercé par les seigneurs sur l'ensemble de leurs terres et de leurs gens : droit de justice et de police, péages, impôts (tailles*), banalités*, taxes sur les marchés et les foires. Le ban était aussi l'appel aux armes fait par le chef féodal à ses vassaux. En tant que suzerain*, le roi agissait de même avec ses vassaux et arrière-vassaux (lever le ban et l'arrière-ban). Voir Droits seigneuriaux, Vassal.

BANALITÉS. À l'époque féodale, obligations de nature économique liées au droit de ban* exercé par le seigneur sur ses sujets. Contre le paiement d'une redevance, ceux-ci devaient utiliser le moulin, le pressoir et le four du seigneur. Les banalités comptaient parmi les droits* seigneuriaux les plus lourds. Elles tombèrent presque complètement en désuétude au XVIᵉ siècle.

BANDE DES QUATRE. Surnom péjoratif donné en Chine à un groupe représentant la fraction la plus extrémiste du PCC* (Parti communiste chinois) et qui dirigea la Chine après la mort de Mao* Zedong (septembre 1976). Il comprenait Jiang Qing (veuve de Mao), Wang Hongwen, Yao Wenyuan et Zhang Chunqiao. Soupçonné de préparer un complot, le groupe (surnommé aussi « groupe de Shanghai » pour le rôle important qu'il joua lors de la Révolution* culturelle) fut écarté du pouvoir et ses membres arrêtés. La présidence du parti fut confiée à Hua* Guofeng, leader des maoïstes modérés.

BANDUNG ou **BANDOENG** (Conférence de, 18-24 avril 1955). Conférence afro-asiatique tenue à Bandung (Indonésie) à l'initiative des cinq pays décolonisés d'Asie orientale : Inde, Pakistan, Ceylan, Birmanie et Indonésie. Elle rassembla les représentants de 29 États d'Afrique et d'Asie, les personnalités les plus marquantes ayant été le pandit Nehru* (Inde), Zhou* Enlai (Chine), Sukarno* (Indonésie) et Nasser* (Égypte). Cette conférence marqua une étape importante vers la coopération des peuples afro-asiatiques dans la lutte contre le colonialisme : elle apporta son appui dans la lutte pour l'indépendance du Maroc, de la Tunisie et de l'Algérie, condamna la ségrégation raciale, notamment en Afrique du Sud et, sous l'influence des États arabes, le sionisme*. Elle prôna aussi le règlement pacifique de tous les conflits et l'interdiction des armes nucléaires ainsi que la mise en place d'une coopération économique mondiale, pour lutter contre la pauvreté et le sous-développement. Cette première conférence du tiers monde eut un retentissement considérable. Elle donna un élan nouveau au processus de décolonisation en particulier en Afrique, et affirma une « troisième voie neutraliste ». Elle manifesta aussi, du fait de la diversité du tiers monde, d'importantes discordances entre les pays liés au camp occidental (Ceylan, Pakistan, Turquie, Irak), les non-alignés qui condamnè-

rent la politique des blocs militaires (Inde et Égypte) et les deux pays communistes (Chine et Viêt-nam* du Nord), la Chine ayant acquis à cette occasion une audience considérable auprès des pays du tiers monde. Voir Belgrade (Conférence de).

BANGLADESH. État d'Asie qui correspond à l'ancien Pakistan oriental. La naissance du Bangladesh comme État résulta d'une guerre qui opposa, en décembre 1971, l'Inde et le Pakistan. En mars 1971, le leader de la ligue Awami, Mujibur Rahman, proclama l'indépendance du Pakistan oriental, exprimant ainsi le vœu d'une majorité de Bengalis qui avaient le sentiment d'être exploités économiquement par le Pakistan occidental. Après une brève campagne des troupes indiennes contre le gouvernement de Karachi qui avait arrêté Rahman, l'Inde reconnut l'indépendance du Bangladesh en décembre 1971. Aujourd'hui, les fléaux naturels (inondations) qui frappent cette République musulmane mettent en péril un équilibre économique et politique déjà fragile.

BANNIÈRE. Au Moyen Âge, drapeau sous lequel se rangeaient les vassaux d'un seigneur pour aller à la guerre. Au combat la perte de la bannière indiquait la défaite. Voir Vassal.

BANQUE INTERNATIONALE POUR LA RECONSTRUCTION ET LE DÉVELOPPEMENT. Voir BIRD.

BANQUETS (Campagne des). Nom donné en France à l'ensemble des banquets organisés, à la fin de la monarchie de Juillet*, par tous les opposants au régime. La tenue de banquets – les réunions étant interdites – était l'occasion, en portant des toasts, d'exprimer des opinions politiques. Cette campagne, qui se fit sur le thème de la réforme électorale (abaissement du cens) et parlementaire, groupa toutes les tendances de l'opposition, à l'exception des légitimistes* et eut un énorme retentissement. L'interdiction par Guizot* de la réunion d'un banquet prévu pour le 22 fé-

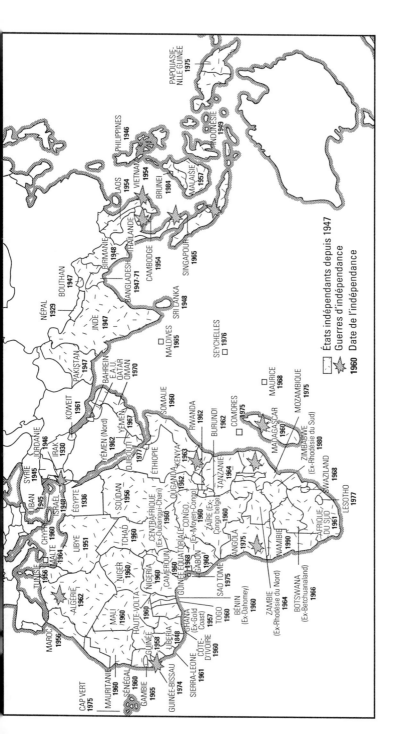

La décolonisation en Afrique et en Asie

États indépendants depuis 1947

Guerres d'indépendance

1960 Date de l'indépendance

CAP VERT 1975
MAURITANIE 1960
SÉNÉGAL 1960
GAMBIE 1965
GUINÉE-BISSAU 1974
GUINÉE 1958
SIERRA-LEONE 1961
LIBERIA 1848
CÔTE-D'IVOIRE 1960
GHANA (Ex-Gold Coast) 1957
TOGO 1960
BÉNIN (Ex-Dahomey) 1960
MALI 1960
HAUTE-VOLTA 1960
NIGÉRIA 1960
NIGER 1960
CAMEROUN 1960
GUINÉE ÉQUATORIALE 1968
GABON 1960
SAO TOME 1975
CONGO (Ex-Moyen-Congo) 1960
ZAÏRE (Ex-Congo belge) 1960
ANGOLA 1975
ZAMBIE (Ex-Rhodésie du Nord) 1964
BOTSWANA (Ex-Betchuanaland) 1966
NAMIBIE 1990
AFRIQUE DU SUD 1961
LESOTHO 1977
SWAZILAND 1968
ZIMBABWE (Ex-Rhodésie du Sud) 1980
MOZAMBIQUE 1975
MADAGASCAR 1960
COMORES 1975
MAURICE 1968
SEYCHELLES 1976
MAROC 1956
ALGÉRIE 1962
TUNISIE 1956
LIBYE 1951
TCHAD 1960
CENTRAFRIQUE (Ex-Oubangui-Chari) 1960
SOUDAN 1956
ÉGYPTE 1936
OUGANDA 1962
KENYA 1963
RWANDA 1962
BURUNDI 1962
TANZANIE 1964
CONGO 1960
ÉTHIOPIE
SOMALIE 1960
DJIBOUTI 1977
YÉMEN (Nord) 1962
YÉMEN 1967
OMAN 1970
QATAR
E.A.U.
BAHREIN
KOWEIT 1961
IRAK 1930
JORDANIE 1946
SYRIE 1945
LIBAN 1945
ISRAËL 1948
CHYPRE 1960
MALTE 1964
MALDIVES 1965
SRI LANKA 1948
INDE 1947
PAKISTAN 1947
NÉPAL 1929
BOUTHAN 1947
BANGLADESH 1947-71
BIRMANIE 1948
THAÏLANDE
LAOS 1954
CAMBODGE 1954
VIETNAM 1954
BRUNEI 1984
MALAISIE 1957
SINGAPOUR 1965
PHILIPPINES 1946
INDONÉSIE 1949
PAPOUASIE-NLLE GUINÉE 1975

vrier 1848, déclencha la crise qui aboutit à la révolution de Février* 1848 et à la chute de Louis-Philippe Ier*. Voir République (Deuxième).

BANTOUS. Ensemble des populations africaines vivant au sud de l'Équateur, et parlant des langues de la même famille. Les « foyers bantous » de l'Afrique du Sud sont appelés « bantoustans », aujourd'hui indépendants, le principal étant le Transkei.

BANTOUSTAN. Nom donné en République d'Afrique du Sud aux « foyers bantous » réservés, selon le système de l'apartheid (aboli en 1991), aux peuples noirs. Le Transkei fut le premier bantoustan dont l'indépendance (« contrôlée ») fut accordée par l'Afrique du Sud en 1976.

BAO DAI (Huê, 1913-). Empereur du Viêt-nam (1932-1945). Il fut contraint d'abdiquer lors de la proclamation de la République du Viêt-nam par Hô* Chi Minh (1945), et se retira à Hong Kong. En 1949, à la demande de la France, il devint à Saigon chef de l'État vietnamien puis fut déposé par le référendum de 1955 après avoir désigné en 1954 Ngo Dinh Diêm* comme chef de gouvernement. Il s'exila en France. Voir Indochine (Guerre d'), Viêt-nam (Guerre du).

BAPTÊME. Ce mot vient d'un terme grec qui signifie immerger, car le baptême primitif comprenait une immersion totale dans un bassin spécial. Dans la religion chrétienne, c'est un sacrement* destiné à laver du péché originel. Par cette cérémonie on devient chrétien. Voir Christianisme.

BAR (Confédération de, 1768-1772). Nom donné à une confédération de patriotes polonais catholiques*, formée à Bar, dans une ville appartenant aujourd'hui à l'Ukraine. Ces Polonais s'opposèrent aux interventions russes en Pologne, après l'élection de Stanislas II* Auguste dont ils proclamèrent la déchéance. Ils ne purent cependant empêcher le premier partage de la Pologne* (1772).

BARABUDUR ou **BOROBUDUR.** Célèbre monument bouddhique, composé d'un ensemble de stupa*, élevé au VIIIe siècle ap. J.-C. dans l'île de Java (Indonésie). De dimensions gigantesques (140 m de côté 52 m de hauteur), il comporte des galeries ornées de bas-reliefs magnifiques représentant les vies antérieures de Bouddha* Voir Bouddhisme.

BARANGÉ (Loi). Loi votée en France sous la Quatrième République*, le 10 septembre 1951, qui attribuait une allocation annuelle à tous les enfants allant à l'école primaire, publique mais aussi privée. Cette loi, qui vit resurgir la vieille querelle de la laïcité défendue par la gauche, empêcha jusqu'en 1957 toute collaboration gouvernementale entre la SFIO* et le MRP*. Elle fut remplacée en 1959 par la loi Debré Voir Debré (Michel).

BARBACANE. Construction fortifiée placée à l'extérieur d'un château fort, devant la porte d'entrée qu'elle protège.

BARBARES. Nom sous lequel les Grecs désignaient tous les non-Grecs et particulièrement les peuples orientaux dont ils ne comprenaient pas la langue. Pour les Romains, ce mot fut appliqué aux peuples étrangers à l'Empire romain*, surtout aux Germains*. Les grandes invasions* barbares ou germaniques submergèrent le monde romain du IVe au VIe siècle ap. J.-C Voir Germanie.

BARBAROSSA, en fr. Barberousse (Opération). Nom donné par Hitler* au plan d'attaque de l'URSS mis à exécution le 22 juin 1941. Voir Guerre mondiale (Seconde).

BARBÈS, Armand (Pointe-à-Pitre 1809-La Haye, 1870). Homme politique français, il fut, sous la monarchie* de Juillet, l'un des chefs de l'opposition républicaine. Originaire de la Guadeloupe, arrivé en France en 1830, Barbès, emprisonné après les journées républicaines d'avril*

1834, puis après l'attentat de Fieschi* contre Louis-Philippe Ier* (1835), prit la tête, avec Auguste Blanqui* et Martin Bernard, de l'insurrection du 12 mai 1839. Condamné à mort, il bénéficia de diverses interventions – notamment celle de Victor Hugo* – et sa peine fut commuée en détention à perpétuité. Il écrivit en prison *Deux jours de condamnation à mort* publié en 1847. Libéré par la révolution* de 1848, il siégea comme député d'extrême gauche. Mais, ayant tenté d'instaurer un gouvernement insurrectionnel (journée du 15 mai* 1848), il fut à nouveau condamné à la détention perpétuelle. En 1854, il refusa la grâce accordée par Napoléon III*, fut libéré de force de sa prison et s'exila volontairement, refusant toutes les amnisties. Voir Montagnards.

BARBIZON (École de). Nom donné à un mouvement artistique français qui regroupa des peintres paysagistes installés à Barbizon de 1835 à 1875, village à la lisière de la forêt de Fontainebleau. Lieu de communion avec la nature, Barbizon fut une retraite à l'écart de la condition inhumaine des premières villes industrielles. Les peintres de cette localité (Théodore Rousseau*, Jean-François Millet*, Jules Dupré, Charles-François Daubigny), en vouant une dévotion presque exclusive à l'art du paysage, inspirèrent le réalisme et l'impressionnisme*.

BARBUSSE, Henri (Asnières, 1873-Moscou, 1935). Écrivain français. Engagé volontaire en 1914, il fit paraître en 1916 *Le Feu*, journal d'une escouade, tableau sans concession de la vie dans les tranchées des soldats de la Première Guerre* mondiale. Malgré les protestations, son roman fut récompensé par le prix Goncourt en 1917. Pacifiste, sympathisant de Lénine*, il fit de fréquents séjours en URSS.

BARDO (Traité du, 12 mai 1881). Traité signé au palais de Qasr Sa'id, près de Bardo (banlieue de Tunis) entre le bey Muhammad* al-Saduq (Mohammed el-Sadok) et la France. Le traité imposa à la Tunisie le protectorat français. Celui-ci fut confirmé par la convention de la Marsa* en 1883.

BARÈRE DE VIEUZAC, Bertrand (Tarbes, 1755-*id.*, 1841). Homme politique français. Il fut, lors de la Révolution* française, l'un des organisateurs de la Terreur*, surnommé « l'Anacréon de la guillotine ». Député aux États* généraux (1789) et à la Convention* (1792), il dirigea le procès de Louis XVI* et vota pour sa mort. Membre du Comité* de Salut public, il dirigea la Terreur* mais s'opposa bientôt à Robespierre* et l'abandonna le 9 Thermidor* (27 juillet 1794). Proscrit comme régicide en 1816, il vécut à l'étranger et ne revint en France qu'après 1830.

BARNAVE, Antoine (Grenoble, 1761-Paris, 1793). Homme politique français, il fut, lors de la Révolution* française, l'un des porte-parole les plus brillants de la bourgeoisie libérale. Avocat au parlement de Grenoble, membre des États du Dauphiné réunis à Vizille*·(1788), député du Tiers* État aux États* généraux, il fut avec Mirabeau* l'un des grands orateurs de l'Assemblée* nationale constituante. Membre fondateur du futur Club des jacobins*, il forma avec Duport* et Lameth*, le groupe qui progressivement prit la tête des Patriotes*, s'opposant à maintes reprises à La Fayette* et Mirabeau, favorables au maintien d'un pouvoir royal fort. Partisan de l'égalité des droits politiques et d'une économie libérale dans le cadre d'une monarchie constitutionnelle, mais effrayé de la tournure populaire prise par la Révolution, Barnave défendit l'irresponsabilité royale dans la fuite de Varennes* et entretint une correspondance régulière avec Marie-Antoinette*, découverte après l'ouverture de l'armoire* de fer (1792). Barnave fut condamné à mort et guillotiné sous la Terreur*. Il est l'auteur d'une *Introduction à la Révolution fran-*

çaise (écrite en prison en 1792 et publiée en 1843) qui devait beaucoup frapper les historiens de gauche (Jean Jaurès*, Albert Mathiez et Albert Soboul) et dans laquelle il montre que la Révolution est l'aboutissement d'une longue évolution économique et sociale de l'Europe depuis le Moyen Âge, mais aussi justifie les revendications de la bourgeoisie.

BAROQUE (Art). Nom donné à un style artistique né en Italie au début du XVIIe siècle à la faveur de la Contre-Réforme*, et qui s'imposa en Europe et en Amérique latine aux XVIIe et XVIIIe siècles. L'épithète de « baroque » (du mot portugais *barroco*) qui désignait à l'origine une perle de forme irrégulière, servit à qualifier à la fin du XVIIIe siècle, mais dans un sens péjoratif, le style, considéré comme bizarre et extravagant, qui succéda à celui de la Renaissance* classique, modèle de l'équilibre et de l'harmonie. L'art baroque fut avant tout l'expression artistique de la Réforme* catholique et chercha à éblouir et à frapper la sensibilité des croyants par des effets de mise en scène, de mouvement et de contraste lumineux. L'art baroque qui trouva sa première expression à Rome s'amenuisa au cours du XVIIIe siècle, disparaissant au profit du néo-classicisme*. Il trouva ses dernières expressions dans les arts décoratifs de style rocaille (en France) et rococo. Les plus célèbres représentants de l'art baroque furent le Bernin*, Borromini*, le Caravage*, Rubens*, Vermeer*, Poussin*, Rembrandt* et Vélasquez*.

BARRAS, Paul, vicomte de (Fox-Amphoux, Var, 1755-Paris, 1829). Homme politique français. Favorable aux idées de la Révolution* française, il joua un rôle important sous la Convention* montagnarde et le Directoire*. Fils de la noblesse provinciale mais partisan des réformes, il fut élu député à la Convention* où il siégea avec les Montagnards*. Envoyé comme représentant* en mission, il participa au siège de Toulon puis instaura la

Terreur* dans le Sud-Est (1794). Rappelé à Paris, il fut, avec Tallien* et Fouché* l'un des principaux instigateurs de la chute de Robespierre* le 9 Thermidor* (27 juillet 1794). Sous la Convention* thermidorienne, il confia à Bonaparte* le soin de réprimer l'insurrection royaliste du 13 vendémiaire* an IV (5 octobre 1795) Élu directeur sous le Directoire (1795), il fut l'un des responsables du coup d'État du 18 Fructidor* an V (4 septembre 1797) destiné à éliminer l'opposition royaliste Après le coup d'État de Bonaparte du 18 Brumaire* an VIII (9 novembre 1799) il fut contraint de démissionner. Il ne joua plus aucun rôle politique.

BARRE, Raymond (Saint-Denis-de-la-Réunion, 1924-). Économiste et homme politique français, ministre de l'Économie et des Finances (1976-1978), puis Premier ministre (1976-1981). Après la démission de Jacques Chirac*, il établit un plan d'austérité qui prévoyait le rétablissement de la stabilité monétaire et de la balance commerciale. Sa politique fut combattue à la fois par le RPR* de Jacques Chirac et par la gauche. Il démissionna après la victoire de François Mitterrand* aux élections présidentielles (1981). Il a été élu maire de Lyon en 1995. Voir UDF.

BARRÈS, Maurice (Charmes, Vosges 1862-Neuilly-sur-Seine, 1923). Écrivain et homme politique français. Idole d'une génération, il symbolisa le nationalisme français des débuts du XXe siècle. Il connut très tôt un grand succès littéraire avec la trilogie du *Culte du moi* (1888-1891) et les trois tomes du *Roman de l'énergie nationale* (*Les Déracinés, L'Appel au soldat Leurs Figures,* 1897-1902). Élu député boulangiste à Nancy, il devint le maître à penser du courant antidreyfusard nationaliste et conservateur. Ne cessant d'exalter l'esprit de revanche jusqu'à la Première Guerre* mondiale, il milita pour l'Union sacrée. Député de Paris depuis 1906, il entra la même année à l'Académie* française. Voir Boulangisme, Déroulède (Paul), Dreyfus (Affaire).

BARRICADES (Journée des, 1588). Journée organisée le 12 mai 1588 par la Ligue* catholique obligeant le roi de France, Henri III*, à abandonner la capitale. Le duc Henri de Guise, chef de la Ligue et très populaire auprès des Parisiens, vint à Paris malgré l'interdiction du roi qui donna l'ordre d'occuper la capitale. À l'appel du comité des Seize* – formé des délégués des seize quartiers de Paris – , qui accusait le roi de préparer une Saint-Barthélemy* des catholiques, le peuple de Paris barra les rues par des barricades, mettant en échec les troupes royales. Voir Religion (Guerres de).

BARRICADES (Semaine des, Alger, 24 janvier-1er février 1960). Nom donné aux journées de protestation organisées à Alger contre la politique d'autodétermination, décidée par le général de Gaulle* en septembre 1959. Voir Algérie (Guerre d'), Massu (Jacques).

BARROT, Camille Hyacinthe, Odilon (Villefort, Lozère, 1791-Bougival, 1873). Homme politique français, il fut sous la monarchie* de Juillet l'un des chefs du parti du Mouvement* (monarchistes constitutionnels de gauche). Avocat en 1811, il fut un opposant libéral sous la Restauration*, puis devint, à partir de 1830, le chef de la gauche dynastique. Ayant participé à la campagne des Banquets* pour la réforme électorale, il ne put contrôler les forces républicaines lors de la révolution* de 1848, et fut ainsi l'un des artisans de la chute de la royauté. Rallié quelque temps à Louis-Napoléon Bonaparte (le futur Napoléon III*) dont il fut le premier ministre, il revint à l'opposition orléaniste. Éloigné de la politique sous le Second Empire*, Thiers le nomma en 1872, président du Conseil d'État. Il laissa des *Mémoires* publiés en 1875-1876.

BART, Jean (Dunkerque, 1650-*id.*, 1702). Marin et corsaire français. D'abord au service de la Hollande, il passa ensuite à celui de Louis XIV*, s'illustrant lors de la guerre de Hollande* (1672-1678), en prenant de nombreux bâtiments à l'ennemi. Capturé par les Anglais, il réussit à s'enfuir et atteignit Saint-Malo (1689). Fait chevalier de Saint-Louis, il réussit, lors de la guerre de la ligue d'Augsbourg*, à briser le blocus anglais devant Dunkerque, faisant pénétrer dans le port des bateaux chargés de grains. Après une grande victoire navale contre les Hollandais, Louis XIV le nomma chef d'escadre (1697).

BARTHOU, Louis (Oloron-Sainte-Marie, 1862- Marseille, 1934). Homme politique français. Député de centre-droit (1884), plusieurs fois ministre à partir de 1894, il fut président du Conseil (mars-décembre 1913) et fit voter la loi militaire de trois ans. Ministre des Affaires étrangères dans le cabinet Doumergue* (1934), il trouva la mort lors de l'attentat contre le roi Alexandre Ier* de Yougoslavie qu'il était allé accueillir à Marseille.

BARTÓK, Béla (Nagyszentmiklós, auj. en Roumanie, 1881-New York, 1945). Compositeur hongrois. Il fut un remarquable pianiste, professeur au conservatoire de Budapest (1904-1934) ; sa musique s'inspira des œuvres de Bach*, Beethoven*, Liszt* et Debussy*, mais aussi de mélodies populaires d'Europe centrale. Il s'exila aux États-Unis lorsque son pays pactisa avec Hitler*. Ses concerts ne reçurent pas le succès escompté et il mourut dans une situation financière et morale terrible. Ses réussites les plus connues sont la *Musique pour cordes, percussion et célesta* (1936), ses pièces pédagogiques pour piano, *Mikrokosmos* (1826-1837), son opéra *Le Château de Barbe-Bleue* (1918), le ballet *Le Mandarin merveilleux* (1919).

BAS-EMPIRE ROMAIN. Désigne la dernière période de l'histoire de Rome* (192-476 ap. J.-C.). Au IIIe siècle ap. J.-C., l'Empire fut gravement menacé par les

Barbares* et déchiré par les guerres civiles. Malgré les réformes de grands empereurs comme Aurélien*, Dioclétien* et Constantin*, l'unité de l'Empire fut définitivement brisée en 395 ap. J.-C. par l'acte de partage de Théodose* (Empire* romain d'Occident et Empire* romain d'Orient) qui imposa aussi le christianisme* comme religion d'État. Les Grandes Invasions* (IVe-Ve siècles ap. J.-C.) provoquèrent la fin de l'Empire romain d'Occident (476 ap. J.-C.), seul survécut jusqu'au XVe siècle l'Empire romain d'Orient ou Empire byzantin*. Au IIIe siècle ap. J.-C., l'Empire sembla à la veille de se désintégrer. Ses frontières furent menacées et souvent forcées : à l'est par les Sassanides*, à l'ouest par les Germains*. L'État connut une profonde anarchie politique. Après la mort de Septime* Sévère, les armées se disputèrent le droit de nommer l'empereur. Elles firent et défirent les empereurs à leur guise (25 en moins d'un siècle), provoquant d'incessantes guerres civiles (235-285 ap. J.-C.) et aggravant le déclin de la vie économique. Le sauvetage de l'Empire s'opéra à la fin du IIIe siècle ap. J.-C. par deux empereurs énergiques originaires d'Illyrie (Aurélien et Dioclétien). Sous le règne de Constantin la capitale, Rome, fut transférée à Byzance* qui devint Constantinople* et l'Empire acheva de se transformer en monarchie absolue de type oriental. Le pouvoir de l'empereur, entouré d'une cour fastueuse, devint d'origine divine. La société du Bas-Empire subit aussi d'importantes transformations. La menace des Barbares fit de l'Empire une sorte de camp assiégé où chacun devait, de père en fils, demeurer à son poste. La société se composa de castes* héréditaires. Chaque homme devint, par sa naissance, rivé à une condition sociale dont il ne pouvait sortir. Les nobles (les clarissimes) se partageaient la richesse et les honneurs et imposaient leur autorité aux colons des campagnes à qui il était interdit

de quitter la terre. Les fonctions publiques et les métiers devinrent héréditaires. À la fin du IVe siècle ap. J.-C., Théodose fonda l'Empire chrétien et partagea à sa mort (395 ap. J.-C.) l'Empire entre ses deux fils. Au début du Ve siècle ap. J.-C., les Germains, poussés par les Huns*, déferlèrent dans l'Empire. Le dernier empereur d'Occident, Romulus Augustule, fut déposé par le Germain Odoacre* et disparut (476 ap. J.-C.). Voir Haut-Empire romain, Romain (Empire).

BASILE Ier LE MACÉDONIEN (Andrinople, v. 812-886). Empereur byzantin (867-886). Originaire d'une famille arménienne établie en Macédoine*, il fonda la dynastie macédonienne (867-1057) durant laquelle l'Empire byzantin* atteignit son apogée. Basile Ier repoussa les Arabes* d'Asie* Mineure et rétablit l'autorité de l'Empire en Italie du Sud.

BASILE II (v. 957-1025). Empereur byzantin (963-1025). Il fut le plus grand souverain de la dynastie byzantine macédonienne. Son règne marqua l'apogée de l'Empire byzantin*. Gravement menacé par les Bulgares*, maîtres des deux tiers des Balkans*, Basile II engagea contre eux une lutte féroce, ce qui lui valut le surnom de « Bulgaroctone » (tueur de Bulgares). Après la victoire décisive sur le Strymon (1014), toute la Bulgarie fut soumise. L'empereur étendit encore les frontières de l'Empire en annexant l'Arménie, le Caucase et la Géorgie et en reprenant aux Arabes* l'est de l'Asie* Mineure et le nord de la Syrie*. Il rétablit enfin la prospérité dans l'Empire et, mariant sa sœur Anne au prince Vladimir de Kiev* qui se convertit au christianisme* en 988, il fut à l'origine de la christianisation de la Russie.

BASILEUS. Terme grec qui veut dire roi. Dans l'Antiquité, titre donné au roi de Perse jusqu'à la conquête arabe. Il fut porté ensuite par les empereurs byzantins. Voir Byzantin (Empire).

BASILIQUE. 1) Dans l'Antiquité romaine, grande salle de réunion ouverte qui servait de tribunal, de bourse de commerce et de lieu de promenade. La basilique apparut sur le Forum* romain au début du 1ᵉ siècle av. J.-C. On comptait dans la Rome* impériale une douzaine de basiliques dont les plus célèbres étaient la basilique Aemilia, la basilique Ulpia (sur le forum de Trajan*) et la basilique de Maxence. 2) Église construite par les premiers chrétiens* sur le plan des basiliques romaines. 3) Nom donné par le pape à certaines églises* privilégiées comme la basilique de Lourdes.

BASQUE (Pays). Communauté autonome d'Espagne formée par les anciennes provinces de Biscaye, Guipúzcoa et Álava qui constituent avec la Navarre le Pays basque espagnol. Annexées par la Castille* aux XIIIᵉ et XIVᵉ siècles, ces régions gardèrent néanmoins leurs privilèges (*fueros*), en particulier certaines exemptions d'impôts jusqu'au XIXᵉ siècle. À partir de cette époque, les *fueros* leur furent retirés car les Basques, hostiles à la politique centralisatrice des Bourbons*, étaient devenus partisans du carlisme (don Carlos* de Bourbon). De cette période datent l'émigration des Basques vers l'Amérique latine et la force de leur nationalisme dont l'apôtre au XIXᵉ siècle fut Sabino Arama Goiri. Après l'avènement de la République (1931), les Basques se divisèrent au moment de la guerre civile (1936-1939), les uns (carlistes*) se ralliant à Franco*, les autres combattant aux côtés des républicains. Depuis sa création en 1959, l'ETA* s'oppose, par des actes terroristes, au gouvernement de Madrid en dépit de l'autonomie accordée au Pays basque en 1980. Voir Espagne (Guerre civile d').

BASSE-ÉGYPTE. Nom donné au delta évasé du Nil* formé à l'époque antique de marécages couverts de papyrus*. Située au bord de la Méditerranée, cette région fut souvent envahie. Voir Hyksos.

BASTILLE (La). Forteresse élevée de 1370 à 1382 à la porte Saint-Antoine pour défendre Paris du côté est. Véritable citadelle, elle comprenait 8 tours rondes reliées entre elles par des murailles hautes de 24 m et épaisses de 3 m et était entourée de fossés larges de 26 m sur 8 m de profondeur. Devenue prison d'État sous Louis XIII*, elle pouvait accueillir jusqu'à une quarantaine de prisonniers logés séparément et généralement bien traités. Elle y enfermait souvent des prisonniers de marque internés sur lettre* de cachet, comme, au XVIIIᵉ siècle, des jansénistes, des courtisans coupables d'intrigues, des écrivains accusés de délits d'opinion (Voltaire*) ou des fils de famille à la demande de leurs proches (Sade*). La procédure d'emprisonnement fit de la Bastille le symbole de l'arbitraire royal. Lors de la prise de la Bastille (14 juillet 1789), sept prisonniers seulement s'y trouvaient. La Bastille fut rasée en 1790.

BASTILLE (Prise de la, 14 juillet 1789). Symbole de l'arbitraire royal au début de la Révolution* française, la prise de la Bastille, prison d'État, marqua les débuts de l'effondrement de l'Ancien* Régime. Depuis plusieurs mois déjà, la population parisienne était en effervescence : le peuple souffrait de la disette dans cette période de soudure, et la bourgeoisie, qui voyait le cours des rentes baisser, craignait une banqueroute. La concentration, dès le 26 juin, de régiments suisses et allemands autour de Versailles* et de Paris, et le renvoi de Necker*, exacerbèrent l'indignation de la population. Dans les jardins du Palais-Royal, des orateurs improvisés, comme Camille Desmoulins*, lancèrent au peuple des appels aux armes. Les scènes de pillage d'armureries ou de boulangeries se multiplièrent, provoquant l'inquiétude des députés. Afin de maintenir l'ordre, une milice parisienne fut constituée, qui prit le nom de Garde* nationale, tandis que se formait, à l'Hôtel de Ville, une « municipalité insurrectionnelle ». Armées de piques et de fusils, la milice et la foule prirent l'hôtel des Invalides*, emportant des milliers de fusils, puis se dirigèrent vers la Bastille. Le gouverneur de la prison, Launay, ayant refusé de donner des armes, et ayant fait tirer le canon sur les émeutiers, la foule assiégea la Bastille qui fut prise et détruite. Launay et sa garnison furent massacrés. Après cette journée révolutionnaire, Louis XVI* renvoya les troupes de Paris, Bailly* fut nommé maire de la nouvelle municipalité, La Fayette*, commandant de la Garde nationale, et Necker fut rappelé. Après le 14 juillet, les grandes villes, à l'exemple de Paris, créèrent une municipalité et une garde nationale. Voir Commune de Paris.

BATISTA ZALVIDAR, Fulgencio (Banes, 1901-Guadalmina, 1973). Officier et homme politique cubain. Président de la République (1940-1944 ; 1952-1959), il renforça les liens de dépendance économique avec les États-Unis et exerça une véritable dictature. Il fut renversé par le mouvement révolutionnaire conduit par Fidel Castro*.

BAUDELAIRE, Charles (Paris, 1821-*id.* 1867). Écrivain français. Héritier du romantisme*, parnassien par son goût pour la forme, il fut l'un des grands poètes français des temps modernes, annonçant en outre le symbolisme et le surréalisme*. Interne au collège royal de Lyon après le remariage de sa mère, veuve, avec le commandant Aupick – beau-père qu'il n'accepta jamais –, Baudelaire poursuivit ses études au lycée Louis-le-Grand et mena à Paris, entre 1839 et 1841, une vie de bohème. En 1841, Aupick obtint du conseil de famille l'argent nécessaire pour le faire embarquer sur un navire à destination des Indes ; ce voyage, qui dura dix mois, marqua profondément l'univers poétique de Baudelaire, en particulier son goût pour l'exotisme. Ce fut peu après son retour qu'il rencontra Jeanne Duval, la « Vénus noire » avec laquelle, malgré les

brouilles, il resta lié toute sa vie et qui laissa dans son œuvre une empreinte décisive. Après sa majorité, la part d'héritage de son père une fois dépensée, un conseil judiciaire lui fut imposé, qui lui versa une rente insuffisante. Baudelaire dut alors mener le reste de sa vie une lutte incessante contre la misère et les dettes. Miné par la maladie, abusant de drogues et d'excitants, Baudelaire mourut à 46 ans après une agonie d'un an. Il est l'auteur des *Fleurs du Mal* (1857), recueil de vers écrits à partir de 1840 et qui fut condamné pour « outrages à la morale publique et aux bonnes mœurs » par la justice impériale lors d'un célèbre procès. À la même époque, paraissent les *Paradis artificiels* (1860) et les *Petits Poèmes en prose* (1864). Après sa mort furent publiés ses chroniques littéraires et artistiques (*Curiosités esthétiques*, *L'Art romantique*, 1868 et ses Journaux intimes (*Fusées* et *Mon cœur mis à nu*, 1909). Baudelaire fut enfin le traducteur admirable d'Edgar Poe*. Voir Parnasse (Le).

BAUHAUS. Institut d'art et de métiers fondé en 1919 à Weimar par l'architecte allemand Walter Gropius puis transféré à Dessau (1925-1932). L'institut, supprimé en 1933 par les nazis, joua un rôle fondamental dans l'évolution des idées et des techniques modernes, notamment en architecture et en ameublement.

BAYARD, Pierre TERRAIL, seigneur de (Pontcharra, v. 1475-Romagnano Sesia, 1524). Gentilhomme français et grand homme de guerre, le « Chevalier sans peur et sans reproche », bien qu'il ne fût qu'un chef militaire secondaire lors des guerres d'Italie*, symbolisa pendant longtemps le modèle du parfait chevalier*. Issu de la noblesse dauphinoise, il s'engagea au service de Charles VIII* et s'illustra dès 20 ans à Fornoue, en Italie (1495). Il participa, sous Louis XII*, à la conquête du Milanais (1499-1500), s'illustra en 1504 en défendant seul le pont du Garigliano* contre

200 Espagnols et en battant les Vénitiens à Agnadel* (1509). Blessé à Brescia 1512), prisonnier des Anglais à la défaite de Guinegatte pour avoir refusé de fuir, il contribua de manière décisive à la victoire de Marignan* (1515) où il adouba, sur sa demande, le roi François Ier*. Couvrant la retraite des armées à Romagnano, il fut mortellement blessé en traversant la Sesia et mourut de façon exemplaire. Voir Adoubement, La Palice, La Trémoïlle Louis II de).

BAYEUX (Tapisserie de). Nom donné à une grande broderie conservée au musée de la reine Mathilde, à Bayeux dans le Calvados. Exécutée en laines de couleur sur une bande de toile longue de 70 m, elle représente en une série de 72 scènes la conquête de l'Angleterre par les Normands* de Guillaume Ier* le Conquérant (XIe siècle). Cette tapisserie constitue un précieux témoignage sur les costumes, les armes et les navires de l'époque.

BEAUHARNAIS, Joséphine de. Voir Joséphine.

BEAUMARCHAIS, Pierre Augustin CARON de (Paris, 1732-id., 1799). Écrivain français. Fils d'horloger et horloger lui-même, il enseigna la harpe aux filles de Louis XV* puis travailla dans le monde de la finance et des affaires où ses spéculations et ses procès sont demeurés célèbres. Marchand d'armes au bénéfice des insurgés d'Amérique, Beaumarchais accueillit favorablement la Révolution* en 1789, puis s'exila durant la Terreur* et ne rentra en France qu'en 1796. Il est l'auteur de deux chefs-d'œuvre, Le Barbier de Séville (1775) et Le Mariage de Figaro (1778). Cette seconde comédie fut interdite par la censure durant six ans et jouée en privé. Finalement, Louis XVI* leva l'interdit ; la première représentation, donnée en 1784, remporta un succès considérable car, pour la première fois sur une scène parisienne, les revendications du Tiers* État, à travers les propos satiriques du roturier Figaro,

étaient exprimées avec force et humour. Beaumarchais, grand admirateur de Voltaire*, avait entrepris une édition complète de ses œuvres, éditées en Allemagne entre 1783 et 1790 pour fuir la censure.

BEAUVAIS (Cathédrale de). La cathédrale Saint-Pierre de Beauvais, commencée vers 1225 et jamais terminée, est l'un des chefs-d'œuvre de l'art gothique* français. Elle fut commencée par le chœur*, dont les voûtes trop élevées s'écroulèrent en 1284. La reconstruction immédiatement entreprise atteignit une hauteur de 48 m, la plus haute de France. Le transept ne fut achevé qu'au XVIe siècle, la nef* jamais réalisée.

BECHET, Sidney (La Nouvelle-Orléans, v. 1891 ou 1897-Garches, 1959). Clarinettiste, saxophoniste, compositeur et chef d'orchestre de jazz noir américain. Il fut la grande figure du style « Nouvelle-Orléans », inspiré de la tradition du blues. Voir Armstrong (Louis), Coltrane (John), Ellington (Duke), Mingus (Charlie), Parker (Charlie), Reinhardt (Django).

BÈDE LE VÉNÉRABLE, saint (près de Wearmouth, auj. Sunderland, 672 ou 673-Jarrow, Durham, 735). Moine bénédictin* et historien anglo-saxon, il fut l'un des plus grands érudits du VIIIe siècle et passa sa vie à écrire et à enseigner. Son plus grand ouvrage est une Histoire ecclésiastique de la nation anglaise qui va de la conquête de Jules César* à 731.

BEECHER-STOWE, Harriet Beecher, Mrs. Stowe, dite **Mrs.** (Litchfield, Connecticut, 1811-Hartford, Connecticut, 1896). Écrivain américain. Fille et femme de pasteur, auteur de La Case de l'oncle Tom (1852), premier best-seller tiré à plus de 1 million d'exemplaires, qui favorisa la cause du mouvement anti-esclavagiste.

BEETHOVEN, Ludwig van (Bonn, 1770-Vienne, 1827). Compositeur allemand. Premier grand musicien à avoir été touché par l'esprit libéral et démocratique de son temps, il laissa une œuvre qui représente l'art classique du XVIIIᵉ siècle, tout en annonçant l'ère du romantisme*. Fils de Johann, ténor à la chapelle de l'électeur de Cologne, il fit des études générales sommaires mais manifesta très jeune des dons exceptionnels pour la musique, son père lui enseignant le piano, le violon et l'orgue. À 9 ans, il fut confié à l'organiste et compositeur Christian Neefe qui lui fit connaître les grands maîtres allemands du XVIIIᵉ siècle et lui enseigna la composition. Deuxième organiste puis altiste à l'orchestre de l'électeur de Cologne, il travailla avec Mozart* à Vienne (1787), s'inscrivit à l'université de Bonn (1789) largement ouverte aux idées libérales. Devenu chef de famille après la mort de ses parents (1792), mais protégé par des amis influents, Beethoven s'installa définitivement à Vienne, bénéficiant de l'enseignement de Haydn* puis de Johann Georg Albrechtsberger pour le contrepoint et d'Antonio Salieri pour l'écriture vocale. Protégé par le comte de Waldstein, adopté par la grande aristocratie mélomane auprès de laquelle il trouva un appui matériel substantiel, Beethoven se fit rapidement une réputation de pianiste virtuose et de compositeur célèbre. Mis à part ses déboires sentimentaux et ses difficultés financières, bien souvent légendaires, le vrai grand drame de sa vie fut la surdité dont les premiers symptômes apparurent vers 1798-1799, auquel s'ajoutèrent à partir de 1815 les graves ennuis que lui causa la tutelle de son neveu Karl. Cependant, cette époque fut celle de la composition de ses plus grandes œuvres, accueillies avec enthousiasme à travers toute l'Europe. Très malade depuis deux ans, Beethoven mourut à Vienne qui lui réserva de grandioses funérailles. L'essentiel de sa production, immense, fut instrumentale. On peut notamment citer l'opéra *Fidelio* (1805), neuf Symphonies (*Eroica*, 1804 ; *Pastorale*, 1808 ; IXᵉ avec le chœur final sur l'*Ode à la joie* de Friedrich von Schiller*, 1824),

cinq Concertos pour piano (Vᵉ, en mi bémol majeur, dit *L'Empereur*, 1809), un *Concerto pour violon et orchestre* (1806) 17 quatuors à cordes (1800-1825) et 32 *Sonates pour piano*. Voir Schubert (Franz).

BEFFROI. 1) Au Moyen Âge, tour mobile en bois à plusieurs étages utilisée pour l'attaque des murs pendant le siège d'une ville. 2) Dans les communes libres du nord, tour de guet de la ville. À son sommet, un homme d'armes surveillait les alentours, prêt à donner l'alarme et à rassembler les défenseurs au son d'une cloche. Les plus beaux beffrois se trouvent dans le nord de la France et en Belgique.

BEGIN, Menahem (Brest-Litovsk, 1913-Tel-Aviv 1992). Homme politique israélien. Chef de l'Irgoun* en 1942, organisation militaire extrémiste juive, puis leader du Likoud*, coalition de la droite israélienne. Premier ministre (1977-1983), il négocia la paix avec l'Égypte de Sadate* (1979) après avoir obtenu avec ce dernier le prix Nobel* de la paix (1978). Voir Camp David (Accords de), Carter (Jimmy), Kippour (Guerre du), Shamir (Yitzakh).

BÉHANZIN (1844-Alger, 1906). Fils de Glé-Glé* et dernier roi du Dahomey (1889-1894). Il opposa une résistance farouche à la pénétration française. Son royaume fut annexé en 1894 et il mourut exilé à Alger. Voir Abomey, AOF.

BELGRADE (Conférence de, 1ᵉʳ-6 septembre 1961). Conférence réunie à Belgrade (Yougoslavie) à l'initiative de Tito*, Nasser* et Nehru* afin de fonder le mouvement des non-alignés. Rassemblant les représentants de 25 pays appartenant pour la plupart au tiers monde, elle affirma son refus de la politique des blocs, son adhésion à la coexistence* pacifique et au droit des peuples à l'autodétermination. Voir Bandung (Conférence de).

BÉLIER. Machine de guerre utilisée dans l'Antiquité et jusqu'à l'apparition de l'artillerie (première moitié du XIVᵉ siècle)

pour enfoncer les murs d'une ville assiégée. Elle était constituée d'une grosse pou-
tre de bois armée à l'une des extrémités
d'une masse métallique, figurant souvent
a tête d'un bélier.

BÉLISAIRE (en Thrace, v. 500-Constan-
inople, 565). Brillant général byzantin. Il
sauva l'empereur Justinien Ier* en lui res-
ant fidèle lors de la sédition Nika* (532).
Il aida aussi celui-ci dans ses grands pro-
ets de restauration de l'Empire romain*.
Bélisaire chassa les Vandales* d'Afrique
du Nord (533-534) et combattit les Ostrogoths* d'Italie. Voir Byzantin (Empire),
Narsès, Procope.

BELLEVILLE (Programme de). Nom
donné au programme que le républicain
Léon Gambetta*, alors candidat à Belleville (quartier ouvrier et petit-bourgeois du
nord-est de Paris) présenta en mai 1869,
aux élections du Corps* législatif sous le
Second Empire*. Ce programme peut être
considéré comme la première charte républicaine. Il réclamait notamment « l'application la plus radicale du suffrage universel », le respect des libertés essentielles, la
séparation de l'Église et de l'État et l'instruction primaire gratuite et obligatoire.

BEN ALI, Zine el-Abidine (Hammam-
Sousse, 1936-). Homme politique tunisien.
En 1987 il destitua pour « incapacité » le
président Bourguiba*, qu'il remplaça à la
ête de l'État puis autorisa le multipar-
isme. Président du Rassemblement consti-
utionnel démocratique (RCD) qui a remplacé en 1988 le PSD (Parti socialiste
destourien), il fut élu président de la République en 1989, puis plébiscité en 1994.

BEN BARKA, Mehdi (Rabat, 1920- ?,
1965). Homme politique marocain. Après
avoir lutté pour l'indépendance du Maroc,
il dirigea l'aile gauche de l'Istiqlal*, parti
nationaliste marocain puis l'Union nationale des forces populaires (UNFP), porte-
parole du peuple des médinas et des campagnes. Obligé de s'exiler et condamné à
mort par contumace sous le règne d'Has-

san II*, il devint le principal chef de la
gauche marocaine, et s'employa, en exil, à
former les cadres de l'UNFP, mais aussi à
coordonner les mouvements révolutionnaires en exil. Le 29 octobre 1965, il fut
enlevé en plein Paris, place Saint-Ger-
main-des-Prés, par des policiers français et
un agent du contre-espionnage français,
puis assassiné peu après. Le général Oufkir, alors ministre marocain de l'Intérieur,
fut accusé d'être l'instigateur de cette
conjuration et condamné par contumace à
la réclusion criminelle à perpétuité par la
justice française. L'« affaire Ben Barka »
affecta momentanément les relations entre
la France et le Maroc.

BEN BELLA, Ahmed (Maghnia, dép. de
Tlemcen, 1916-). Homme politique algérien. Chef historique de l'indépendance algérienne, premier président de la République algérienne, il fut renversé par le coup
d'État du colonel Boumediene*. Fils de
paysans, Ben Bella s'engagea dans l'armée française durant la Seconde Guerre*
mondiale et participa à la campagne d'Italie au sein des Forces* françaises libres.
Démobilisé, il milita dans les rangs du
mouvement nationaliste de Messali* Hadj.
Élu conseiller municipal à Maghnia (Oranie), il fonda clandestinement avec Aït Ahmed, Boudiaf et Boussouf l'Organisation
spéciale destinée à lutter contre la présence
française en Algérie. Exilé au Caire, il fut
l'un des neuf chefs historiques du CRUA
(Comité révolutionnaire d'unité et d'action) qui décida le soulèvement du 1er novembre 1954. Responsable du FLN*
(Front de libération nationale) au Caire
– chargé des relations extérieures – son
avion fut intercepté le 22 octobre 1956 par
les Français alors qu'il se rendait en Tunisie. Fait prisonnier, Ben Bella resta interné en France mais garda une influence
et un prestige importants jusqu'aux accords d'Évian* (mars 1962). Rentré en Algérie en juillet 1962, il remit en question
la légitimité du GPRA (Gouvernement

provisoire de la République algérienne). Il obtint l'appui des militaires tels que le colonel Boumediene et réussit à éliminer du pouvoir Ben Khedda – président du GPRA, successeur de Ferhat Abbas* – et Krim Belkacem, négociateur des accords d'Évian. Élu membre du bureau politique du FLN, il devint chef du gouvernement en septembre 1962. En politique intérieure, il orienta l'Algérie vers un socialisme* spécifiquement algérien et entama une réforme agraire. À l'extérieur, il opta pour le neutralisme, renforça les relations économiques de l'Algérie avec la Chine et l'URSS, et prit contact avec de nombreux pays du tiers monde comme Cuba. Il œuvra aussi pour la réconciliation avec la France dont la coopération lui paraissait indispensable. Cependant, les luttes intestines et l'opposition de nombreux dirigeants de la révolution algérienne s'aggravèrent. De plus en plus autoritaire, le régime s'appuya à la fois sur le FLN, parti unique aux pouvoirs accrus, et sur l'armée, en particulier sur le colonel Boumediene désigné comme dauphin. Moins de deux ans après son élection à la présidence de la République (septembre 1963), Ben Bella fut renversé par un coup d'État auquel Boumediene participa (18 juin 1965). Emprisonné sans jugement puis assigné à résidence et tenu au secret en compagnie de sa femme et de ses deux filles, Ben Bella fut libéré en 1980, s'exila en Suisse et revint en Algérie en 1990.

BEN GOURION, David (Plonsk, Pologne, 1886-Tel-Aviv, 1973). Homme politique israélien, il fut l'un des fondateurs de l'État d'Israël. Issu d'une famille juive aisée de Russie, tôt converti au sionisme*, il s'installa en Palestine* en 1906 et travailla à l'union des diverses tendances socialistes qu'il réalisa par la création du Mapaï* (Parti travailliste) en 1930 dont il devint secrétaire général. Après la décision anglaise de freiner l'immigration juive en Palestine (1939), Ben Gourion favorisa l'émigration juive clandestine. Aprè l'échec du plan de partage de la Palestin (1947), il devint le chef de la Haganah (organisation pour la défense des colonie juives de Palestine contre la population arabe) et, à la fin du mandat britannique proclama la création de l'État d'Israël (ma 1948). Premier ministre de 1948 à 1953 e de 1955 à 1963, il imposa une politique d représailles contre les actions arabes, par ticipa à l'expédition de Suez* (1956), re chercha l'appui des États-Unis dans la dé fense d'Israël, mais, à partir de 1967, s rangea dans le camp des « colombes » pa réalisme politique. Il abandonna le pouvoi en 1963 et quitta le Mapaï pour fonde avec des amis politiques (dont Mosh Dayan*) le Rafi.

BÉNARÈS. Voir Varanasi.

BENEDETTI, Vincent, comte (Bastia 1817-Paris, 1900). Diplomate français ambassadeur de Napoléon III* à Berli lors de la dépêche d'Ems* qui fut à l'ori gine de la guerre franco-allemande* d 1870-1871. Après avoir mené les négocia tions avec Cavour* pour la cession de Nic et de la Savoie à la France, Benedetti fu nommé ambassadeur en Italie (1861 1862), puis à Berlin (1864-1870). Ce fut à ce poste qu'il se fit l'instrument de la « po litique des pourboires » décidée par Napo léon III. En échange de la neutralité fran çaise dans la guerre austro-prussienne* d 1866, il tenta sans succès d'obtenir de l Prusse* le Luxembourg et la Belgique Lors de la candidature d'un Hohenzollern* au trône d'Espagne, il reçut l'ordre, alor que cette candidature était retirée, d'exige de la Prusse des garanties pour l'avenir Son entrevue à Ems avec le roi de Prusse Guillaume Ier*, fournit le prétexte de la dé pêche d'Ems qui provoqua la guerre franco-allemande.

BÉNÉDICTINS. Nom donné aux moines qui suivent la règle de saint Benoît* de Nursie. L'ordre bénédictin est le plus ancien ordre monastique d'Occident et joua au Moyen Âge un rôle missionnaire considérable, particulièrement entre le VIIIe et le XIIe siècle. Souvent très riches, les abbayes bénédictines furent à la fois des centres de vie religieuse et culturelle (écoles, bibliothèques, ateliers de copie de manuscrits anciens, grecs et latins) mais aussi de grandes puissances économiques et politiques (Cluny*, Cîteaux*). Déclinant à partir du XIIe siècle au profit des Ordres mendiants* (dominicains*, franciscains*), les monastères bénédictins connurent une grave décadence jusqu'à être supprimés lors de la Révolution*. Leur renouveau date du XIXe siècle (fondation de l'abbaye de Solesmes, de la Pierre-qui-Vire...). Voir Vézelay.

BÉNÉFICE. Le bénéfice désigne, à l'époque carolingienne, un ensemble de terres et de biens concédé par le roi à son agent local, le comte*, afin de lui permettre d'exercer sa fonction et de le rémunérer. À partir de la fin du IXe siècle, l'affaiblissement du pouvoir royal permit au comte de s'assurer la possession héréditaire de sa fonction (ban*) et de ses bénéfices. Devenu un seigneur, le comte concéda des bénéfices, qui prirent le nom de fiefs*, à des vassaux dont il obtint ainsi l'hommage* et la fidélité. Le bénéfice fut ainsi à l'origine du fief. À l'époque médiévale et sous l'Ancien* Régime, le bénéfice (ecclésiastique) désigne aussi un revenu et des biens attachés à une charge ou une dignité ecclésiastique ; ce peut être un fief, parfois très important, d'où l'intérêt des puissances laïques à contrôler l'investiture* des charges ecclésiastiques. Voir Féodalité, Investitures (Querelle des), Vassal, Worms (Concordat de).

BENÈS, Edvard (Kozlany, Bohême, 1884-Sezimovo-Usti, 1948). Homme politique tchécoslovaque. Attaché à la démocratie libérale, il fut écarté du pouvoir par les communistes en 1948 après le « coup de Prague* ». Fils de paysans, Benès fit des études de droit et de science politique

aux universités de Prague, Paris et Dijon. Enseignant d'économie politique à l'université de Prague (1909-1915), il se rallia aux Alliés en 1915 et rejoignit Masaryk* aux côtés duquel il lutta pour l'indépendance de la Tchécoslovaquie. Secrétaire général du Conseil national tchécoslovaque, il le transforma bientôt en gouvernement provisoire (juin 1918). Ministre des Affaires étrangères (1918-1935), il représenta la Tchécoslovaquie à la conférence de la paix (1919), puis à la SDN* dont il assura la présidence en 1935. Benès fonda la sécurité du nouvel État sur une alliance avec la France (Petite-Entente*). Élu président de la République (1935) après la retraite de Masaryk, il se démit de ses fonctions en 1938 à la suite des accords de Munich* considérés comme une trahison des démocraties occidentales et s'exila à Chicago, Paris puis Londres. Président du gouvernement tchécoslovaque en exil (1940), il signa à Moscou un traité d'alliance (1943). Rentré à Prague après la libération du pays par l'armée Rouge (mai 1945), il élabora avec Gottwald*, dirigeant du Parti communiste tchécoslovaque, le programme d'une « révolution nationale démocratique ». Président de la République (1945-1948), il constitua un gouvernement de coalition présidé par Gottwald dont le parti avait obtenu aux élections législatives 38 % des suffrages. Cependant, la pression de Moscou dans le nouveau contexte de la guerre* froide jointe aux manifestations de rue soutenues par Gottwald imposèrent à Benès la formation d'un nouveau gouvernement exclusivement communiste. Après le « coup de Prague », Benès se retira de la vie politique.

BENOÎT DE NURSIE, saint (Nursie, v. 480-Mont-Cassin, v. 547). Fondateur de l'ordre bénédictin, saint Benoît fut le législateur et l'organisateur des ordres monastiques en Occident. La règle de saint Benoît fut progressivement adoptée par la plupart des monastères européens. Sa vie n'est connue qu'à travers le récit qu'en a donné le pape Grégoire* le Grand. Issu de la noblesse provinciale italienne, il fonda vers 529 l'abbaye du Mont-Cassin (entre Rome et Naples) où il rédigea une règle qui devint la base de tout le monachisme d'Occident. Saint Benoît donnait aux moines plusieurs tâches : la prière et la louange de Dieu (l'*Opus Dei*), le travail manuel et la méditation des textes de la Bible* et des commentaires patristiques (des Pères* de l'Église). Le monastère, dirigé par un abbé élu à vie, était organisé à l'image de la villa. Éloigné de la ville, il avait ses champs, son moulin, sa boulangerie, ses ateliers et vivait en autarcie. Après les grandes invasions* barbares du Ve siècle qui firent presque disparaître le commerce, le monastère bénédictin devint jusqu'au XIIe siècle le centre d'une économie essentiellement rurale ainsi qu'un foyer de vie religieuse et culturelle. Les reliques de saint Benoît furent transportées au VIIe siècle en France, à l'abbaye de Fleury-sur-Loire (auj., Saint-Benoît-sur-Loire) dans l'Orléanais. Voir Bénédictins, Cîteaux, Cluny.

BENOÎT XV, Giacomo Della Chiesa (Gênes, 1854-Rome, 1922). Pape (1914-1922). Lors de la Première Guerre* mondiale, il refusa de prendre position pour l'un ou l'autre des adversaires, tenta, sans succès, des propositions de paix en 1917, et obtint que le Saint-Siège ne participe pas à la conférence de la Paix (1919-1920). Après la guerre, il encouragea les missions, et travailla au rapprochement des Églises séparées d'Orient. Voir Paris (Conférence de).

BENTHAM, Jeremy (Londres, 1748-*id.*, 1832). Philosophe et jurisconsulte anglais. Sa morale utilitariste (recherche du bonheur individuel ou « arithmétique des plaisirs ») peut être considérée comme l'un des fondements de l'idéologie bourgeoise du XIXe siècle. Parmi ses livres, on peut citer *Introduction aux principes de la morale et de la législation* (1789) et *Traité des peines et des récompenses* (1811). Bentham fut aussi l'auteur d'un important projet modifiant l'architecture des prisons.

BÉOTIE. Région de Grèce centrale située au nord-ouest de l'Attique*. Montagneuse au nord, la Béotie formait au sud une grande plaine fertile. Après avoir été un des foyers de la civilisation mycénienne*, le pays fut occupé aux XIIIe-XIIe siècles av. J.-C. par les Béotiens, Grecs apparentés aux Éoliens*, et qui lui donnèrent son nom. Vers le VIe av. J.-C. se constitua la ligue béotienne, réunion des cités dirigées par Thèbes*. Alliée des Perses* durant la seconde guerre Médique* (sauf Platées*), de Sparte* pendant la guerre du Péloponnèse*, la Béotie domina brièvement la Grèce (entre 371 et 361 av. J.-C.) après la victoire d'Épaminondas* contre Sparte à Leuctres* en 371 av. J.-C. Elle lutta aux côtés des Athéniens contre la Macédoine* mais fut vaincue par Philippe II* à la bataille de Chéronée* (338 av. J.-C.). Thèbes, révoltée contre Alexandre III* le Grand en 336 av. J.-C., fut détruite. Malgré la réputation de lourdeur d'esprit faite aux Béotiens (par les Athéniens), la Béotie fut la patrie de grands écrivains : Hésiode*, Pindare* et Plutarque*.

BÉRANGER, Pierre Jean de (Paris, 1780-*id.*, 1857). Poète et chansonnier français. Ses chansons libérales et patriotiques (*Le Roi d'Yvetot, Le Vieux Drapeau, Le Vieux Sergent*), qui restèrent sa grande innovation, touchèrent un immense public sous la Restauration*.

BERBÈRES. Nom donné à des groupes de peuples d'Afrique du Nord (Maroc, Algérie, Tunisie). Installés très anciennement dans cette région, les Berbères se convertirent massivement à l'islam* au cours du VIIIe siècle. Avec les Almoravides* puis les Almohades* (XIe-XIIIe siècle), ils dominèrent l'Afrique du Nord (réalisant ainsi l'unité du Maghreb) et une partie de l'Espagne. Les Berbères sont aujourd'hui surtout localisés dans les régions montagneuses (Kabylie et Aurès en Algérie, Rif et Atlas au Maroc). Leur langue et leur culture sont différentes de celles des Arabes*.

BÉRÉGOVOY, Pierre (Déville-lès-Rouen, 1925-Nevers, 1993). Ouvrier puis cheminot, il fut l'un des fondateurs du PSU*. Ministre des Affaires sociales et de la Solidarité nationale (1982-1984), puis ministre de l'Économie, des Finances et du Budget (1984-1986, et 1988-1992), il fut Premier ministre de 1992 jusqu'en avril 1993. Il se suicida le 1er mai suivant. Voir Mitterrand (François).

BÉRÉZINA. Rivière de Russie, affluent du Dniepr, restée célèbre par le passage dramatique de la Grande* Armée de Napoléon Ier* (novembre 1812), battant en retraite lors de la campagne de Russie*. Malgré l'héroïsme des hommes qui construisirent, en hâte, deux ponts, environ 57 000 hommes seulement sur 65 000 réussirent à franchir la rivière glacée.

BERGMAN, Ingmar (Uppsala, 1918-). Réalisateur suédois, dont l'œuvre, nourrie de ses démons intérieurs, met en avant les thèmes de l'angoisse, de la solitude, du vieillissement, de la mort. De nombreux chefs-d'œuvre scandent sa filmographie : *Sourires d'une nuit d'été* (1957), *Le Septième Sceau* (1957), *Les Fraises sauvages* (1957), *Le Silence* (1963), *Persona* (1966), *Cris et Chuchotements* (1972), *Fanny et Alexandre* (1982).

BERIA, Lavrenti Pavlovitch (Merkheouli, Géorgie, 1899-Moscou, 1953). Homme politique soviétique. Bras droit de Staline*, il fut pendant plus de quinze ans le tout-puissant chef de la police soviétique. Membre du parti bolchevique en 1917, chef de la Tchéka* puis de la Guépéou* en Transcaucasie (1921-1931), il devint membre du comité central du Parti communiste en 1934 puis chef suprême de la police politique (1938-1946). Promu maréchal de l'Union soviétique (1945), il

devint vice-président du Conseil des ministres (1946-1953). Il fut, après la mort de Staline, l'un des trois dirigeants de l'URSS puis fut éliminé par ses collègues. Arrêté et jugé, il fut exécuté. Son procès à huis clos, la manière dont il fut arrêté et exécuté donnèrent lieu à de nombreuses controverses. Voir NKVD.

BÉRING ou BEHRING, Vitus (Horsens, 1681-île Béring, 1741). Navigateur et explorateur danois, il découvrit et donna son nom au détroit de Béring, bras de mer qui relie l'océan Arctique et l'océan Pacifique. Au service de la Russie sous Pierre Ier* le Grand, puis Catherine II*, Béring entreprit une première expédition (1725-1728) et découvrit le passage entre la Sibérie et l'Alaska reliant Arctique et Pacifique. Il se lança en 1741 dans une nouvelle expédition afin d'atteindre le pôle Nord. Après avoir longé les côtes méridionales de l'Alaska, il parvint à l'archipel des îles du Commandeur, en particulier l'île d'Avatcha, mais il mourut du scorbut. Les résultats immédiats de ses découvertes furent le développement du commerce des fourrures. Voir Bougainville (Louis Antoine de), Cook (James), La Pérouse (Jean-François de), Roggeveen (Jacob).

BERLIN (Congrès de, 13 juin-13 juillet 1878). Congrès réuni à Berlin afin de modifier le traité de San Stefano* (mars 1878). Il réunit les représentants des grandes puissances (Allemagne, Autriche-Hongrie*, Angleterre, Russie, France) sous la présidence de Bismarck*. Les décisions du congrès rétablirent l'équilibre européen aux dépens de la Russie. L'indépendance de la Serbie*, du Monténégro* et de la Roumanie fut confirmée mais la Grande Bulgarie, créée par le traité de San Stefano*, fut réduite et divisée en deux provinces. L'Autriche-Hongrie recevait le droit d'administrer les provinces turques de Bosnie-Herzégovine*, s'assurant ainsi une position prépondérante dans l'ouest des Balkans*. Mais elle s'aliénait le petit royaume de Serbie qui lui coupait la route vers Salonique, mais aussi la Russie, sa rivale dans les Balkans. L'Angleterre obtenait de la Turquie une base navale, l'île de Chypre, destinée à mieux surveiller la route méditerranéenne de l'Inde. Voir Andrássy (Gyula), Balkaniques (Guerre), Disraeli (Benjamin), Waddington (William).

BERLIN (Crise de, 1958-1961). Crise provoquée par les dirigeants de la RDA* (Walter Ulbricht*) soutenus par l'URSS (Nikita Khrouchtchev*) afin de mettre un terme à l'hémorragie de cadres est-allemands à l'Ouest, dangereuse pour son économie. Berlin-Ouest demeurait, selon l'expression de Khrouchtchev, une « tumeur cancéreuse » pour la RDA, l'opulence de la « vitrine de l'Occident » semblant défier la pénurie de Berlin-Est. Moscou souhaitait aussi poser le problème global des relations interallemandes, menaçant de signer une paix séparée avec la RDA, ce qui signifierait la division officielle (la RFA* n'avait pas reconnu la RDA) et définitive de l'Allemagne, mais aussi le contrôle par des agents de la RDA de l'accès à Berlin-Ouest. Après trois ans de tensions, les Soviétiques décidèrent la construction du mur de Berlin en août 1961, « mur de la honte », devenu tragique pour ceux qui tentèrent de le franchir. Les bouleversements politiques dans les démocraties populaires et plus particulièrement en RDA ont permis, le 9 novembre 1989, la destruction du mur de Berlin, symbole de la réunification de la ville et de celle de l'Allemagne. Berlin est devenue capitale de l'Allemagne réunifiée le 20 juin 1991. Voir Berlin-Ouest (Blocus de), Brandt (Willy).

BERLIN (Mur de). Voir Berlin (Crise de, 1958-1961).

BERLIN (Pacte de). Voir Tripartite (Pacte).

BERLIN-OUEST (Blocus de, juin 1948-mai 1949). Le blocus de Berlin constitua, dans le contexte de la guerre* froide, la réponse de l'URSS au processus d'unification de l'Allemagne occidentale alors divisée en zones d'occupation. La décision prise par les Occidentaux (Américains, Britanniques, Français) de créer une nouvelle monnaie, le Deutsche Mark, et de l'introduire à Berlin-Ouest décida les Soviétiques à bloquer les voies d'accès terrestres vers la ville, espérant ainsi précipiter le départ des Occidentaux. Les Américains organisèrent alors un pont aérien qui achemina environ 2,5 millions de tonnes de marchandises en l'espace de onze mois. Le blocus de Berlin accéléra la scission entre les deux Allemagnes en 1949. Berlin-Ouest devint un *Land* de la RFA (République* fédérale d'Allemagne) divisé en trois secteurs (américain, anglais et français), tandis que Berlin-Est fut englobé dans la RDA (République* démocratique allemande). Voir Berlin (Mur de), Guerre froide.

BERLINGUER, Enrico (Sassari, 1922-Padoue, 1984). Homme politique italien. Il fut secrétaire général du Parti communiste* italien à partir de 1972. Sa volonté de prendre ses distances par rapport à l'URSS et de rechercher « une voie italienne vers le socialisme* » assura à son parti d'importants succès électoraux. Il préconisa ainsi un « compromis historique » avec les autres partis italiens, particulièrement la Démocratie* chrétienne, en associant le Parti communiste italien, en 1978, à la majorité parlementaire qui soutenait le gouvernement Andreotti*. Sur le plan européen, il fut, avec l'Espagnol Santiago Carrillo, le pionnier de l'« eurocommunisme », dénonçant la répression intérieure en URSS et l'occupation de l'Afghanistan* par l'armée Rouge en 1979.

BERLIOZ, Hector (La Côte-Saint-André, 1803-Paris, 1869). Compositeur et critique musical français. Il fut la plus parfaite et exubérante expression du romantisme*. Issu d'un milieu aisé et cultivé, il commença à Paris des études de médecine qu'il abandonna vite pour entrer au conservatoire (1826). Excellent critique musical, profession qu'il exerça parallèlement à celle de bibliothécaire du Conservatoire afin d'assurer ses revenus, Berlioz connut une carrière professionnelle souvent brillante et bénéficia des soutiens enthousiastes de Mendelssohn*, Wagner* et Liszt*. Personnalité de vaste culture et de grand caractère, créateur d'un univers sonore nouveau, il fut longtemps considéré comme un excentrique de la musique. Il fut notamment l'auteur d'opéras célèbres (*Benvenuto Cellini*, 1838 ; *La Damnation de Faust*, 1846 ; *Les Troyens*, 1858), de musique religieuse (*Messe des morts*, requiem créé en 1837 aux Invalides* par un orchestre gigantesque) et de musique symphonique (*Symphonie fantastique*, 1829 ; *Symphonie funèbre et triomphale*, 1840, composée pour le dixième anniversaire de la révolution de Juillet*). Hugo*, Delacroix* et Berlioz formaient, selon Théophile Gautier*, la trinité du romantisme français.

BERNADOTTE. Voir Charles XIV, roi de Suède.

BERNARD, Claude (Saint-Julien, Rhône, 1813-Paris, 1868). Physiologiste français. Il fut un novateur exceptionnel tant dans le domaine de sa discipline que dans celle de la méthode scientifique. Ses travaux fondamentaux portèrent sur la digestion.

BERNARD DE CLAIRVAUX, saint (château de Fontaine, près de Dijon, 1090-Clairvaux, 1153). Moine à Cîteaux* et fondateur de l'abbaye de Clairvaux*, conseiller des princes et des papes, il fut l'une des grandes personnalités de l'Occident chrétien au Moyen Âge. En réaction contre la richesse des monastères clunisiens, il imposa à ceux qu'il créa une discipline de vie consacrée à la prière, à la pauvreté et au travail manuel. Bernard de

Clairvaux fit également reconnaître l'ordre des Templiers*, favorisa l'accession au trône du pape Innocent II et prêcha la deuxième croisade*. Il fit aussi condamner les doctrines d'Abélard* (1140) et intervint en Languedoc contre le manichéisme cathare*. Docteur de l'Église, il est l'auteur de nombreux ouvrages. Voir Bénédictins, Cluny.

BERNARD DE SAXE-WEIMAR (Weimar, 1604-Neuenburg, 1639). Homme de guerre allemand, il fut durant la guerre de Trente* Ans l'un des principaux chefs militaires du parti protestant* avant d'entrer au service de la France. Après s'être distingué sous Gustave II* Adolphe de Suède, il commanda l'armée suédoise contre les impériaux mais fut battu à Nördlingen, en Bavière (1634). Passé au service de la France, toujours contre les impériaux, il remporta la victoire de Rheinfelden (1638) et prit Fribourg et Brisach (1638).

BERNIN, Gian Lorenzo Bernini dit, en France, **le Cavalier** (Naples, 1598-Rome, 1680). Sculpteur et architecte italien. Considéré comme le grand créateur du décor baroque*, il fut le plus célèbre sculpteur et architecte de la Rome catholique, protégé par les papes et les grandes familles romaines. Le Bernin réalisa dans la Ville éternelle de nombreux travaux pour les églises comme le colossal baldaquin de Saint-Pierre (1624-1633) commandé par Urbain VIII, la statue de l'*Extase de sainte Thérèse* dans la chapelle Cornaro de Sainte-Marie-de-la-Victoire (1644-1652), et celle de Ludovica Albertoni (1671) dans l'église Saint-François à Ripa, lesquelles traduisent avec génie une spiritualité à la fois mystique, sensuelle et spectaculaire, triomphe du catholicisme* baroque de la Contre-Réforme*. Le Bernin édifia aussi la double colonnade en forme d'ellipse devant la basilique Saint-Pierre faisant ainsi du parvis l'une des places les plus grandioses du monde. On doit enfin à l'artiste des fontaines et des bustes. Il fut appelé par Louis XIV* en 1665, et ses projets pour la façade du Louvre* furent vivement critiqués par les défenseurs du classicisme* français et refusés.

BERNIS, François Joachim de Pierre, cardinal de (Saint-Marcel-en-Vivarais, 1715-Rome, 1794). Prélat, homme politique et écrivain français. Protégé de Mme de Pompadour*, il gagna un temps les faveurs de Louis XV*. Ambassadeur à Venise*, il réussit, à l'instigation de Louis XV, à conclure une alliance avec l'Autriche contre la Prusse*, prélude à la guerre de Sept* Ans (1756-1763). Nommé lors du conflit secrétaire d'État aux Affaires étrangères, il fut disgracié par le roi pour avoir revendiqué la paix après les victoires de Frédéric II*. Il devint archevêque d'Albi (1764) puis ambassadeur à Rome (1768), où il resta pendant la Révolution*. Bernis laissa une Correspondance avec Voltaire* et des *Mémoires*.

BERNSTEIN, Eduard (Berlin, 1850-*id.*, 1932). Théoricien socialiste allemand. D'abord marxiste orthodoxe, militant dès 1870 dans le Parti social-démocrate* allemand dirigé par Kautsky*, Bernstein introduisit rapidement un courant réformiste qui bientôt s'imposa au sein du parti. Voir Marxisme.

BERRY, Jean de France, duc de (Vincennes, 1340-Paris, 1416). Prince capétien*, troisième fils de Jean II* le Bon. Fastueux mécène, sa bibliothèque contenait une collection de manuscrits enluminés destinés aux offices religieux de chaque temps du jour : les *Très Belles Heures*, les *Grandes Heures* peintes par Jacquemart de Hesdin et les *Très Riches Heures du duc de Berry* peintes par les frères de Limbourg exposées au musée Condé, à Chantilly, sommet de la miniature gothique. Voir Gothique (Art).

BERRY, Charles Ferdinand de Bourbon, duc de (Versailles, 1778-Paris, 1820). Deuxième fils du comte d'Artois, le futur Charles X*. Ultra* sous la Restauration*, il fut assassiné à la sortie de l'Opéra par un ouvrier, Louvel, qui espérait anéantir la maison de Bourbon. Mais son calcul fut déjoué par la naissance d'un fils posthume, né d'un second mariage avec Marie-Caroline de Bourbon-Sicile, le duc de Bordeaux (futur comte de Chambord*), qui fut le dernier représentant de la branche aînée des Bourbons*. L'assassinat du duc de Berry eut pour conséquence le renvoi de Decazes*, ministre de Louis XVIII*. Voir Berry (Duchesse de).

BERRY, Marie-Caroline de Bourbon-Sicile, duchesse de (Palerme, 1798-Brünnsee, 1870). Femme du duc de Berry*, elle tenta sans succès de soulever la Provence puis la Vendée* contre Louis-Philippe Ier* après la chute des Bourbons* (juillet 1830). Fille de François Ier, roi des Deux-Siciles*, elle épousa en 1816 le second fils du futur Charles X*, le duc de Berry, assassiné en 1820, dont elle eut un fils, le futur comte de Chambord*. Après la révolution* de 1830 et le départ des Bourbons, elle suivit Charles X en exil puis revint en France en 1832. Débarquée à Toulon, elle tenta un soulèvement légitimiste. Arrêtée à Nantes, elle fut enfermée à la citadelle de Blaye où elle accoucha d'une fille (1833) qu'elle prétendit être l'enfant d'un mariage secret avec le comte Ettore Carlo Lucchesi-Palli. Ce scandale, largement exploité par le gouvernement de Louis-Philippe Ier*, jeta le discrédit sur la branche légitimiste. Voir Légitimistes.

BERTHA ou **GROSSE BERTHA.** Surnom donné, pendant la Première Guerre* mondiale, à un obusier géant allemand de 432 mm destiné à détruire les fortifications. Ce nom faisait allusion à Bertha Krupp*, la fille de l'industriel allemand d'Essen. Voir Max le Long.

BERTHE ou **BERTRADE**, dite **au Grand Pied** (?-Choisy-au-Bac, 783). Fille du comte de Laon, elle épousa en 749 Pépin* le Bref. Mère de Charlemagne*, elle

rrangea le mariage de son fils avec la fille
e Didier, roi des Lombards*. Elle inspira
n roman en vers d'un trouvère du XIII⁰ siè-
le.

**BERTHIER, Louis-Alexandre, prince
le Wagram** (Versailles, 1753-Bamberg,
815). Maréchal* français, il se distingua
ors des guerres napoléoniennes puis se
allia à Louis XVIII* en 1814. Chef d'état-
najor de l'armée d'Italie et de Bonaparte
n 1796, ministre de la Guerre
1800-1807), Berthier fut promu maréchal
ar Napoléon Ier* (1804) puis nommé
najor général de la Grande* Armée (1805-
814), prince de Neuchâtel, puis prince de
Wagram* (1809). Rallié à Louis XVIII qui
e fit pair de France, il se réfugia lors des
Cent-Jours* en Bavière où il mourut acci-
entellement.

**BETHMANN HOLLWEG, Theobald
on** (Hohenfinow, Brandebourg, 1856-id.,
921). Homme politique allemand. Chanelier* de l'Empire allemand (1909-1917),
l s'opposa par sa relative modération à
Guillaume II* et à l'état-major allemand.
l tenta, en vain, avant la guerre, d'amé-
iorer les relations entre l'Allemagne et
Angleterre. Accusé d'hésitation dans la
onduite de la guerre, il dut démissionner
ous la pression des chefs militaires Hin-
enburg* et Ludendorff*. Voir Guerre
nondiale (Première).

BEVAN, Aneurin (Tredegar, Mon-
nouthshire, 1897-Asheridge Farm, Buc-
inghamshire, 1960). Homme politique
ritannique. Il fut le leader de l'aile gau-
he du Parti travailliste*. Ministre de la
anté et de la Reconstruction dans le gou-
ernement Attlee* (1945-1951), il fut à
'origine de la création d'un système de
oins gratuits. Voir Beveridge (William).

BEVERIDGE, lord William Henry
Rangpur, Bengale, 1879-Oxford, 1963).
conomiste et administrateur britannique.
l est surtout connu pour son plan (« plan
Beveridge ») de réforme des assurances
ociales britanniques (1942), qui inspira la

politique de *Welfare State* mise en place
par le Premier ministre travailliste Clement Attlee*, en 1945.

BEVIN, Ernest (Winsford, Somerset,
1881-Londres, 1951). Homme politique
britannique. Syndicaliste et travailliste, il
fut ministre du Travail dans le cabinet de
coalition de Winston Churchill*
(1940-1945), puis secrétaire d'État aux
Affaires étrangères dans le gouvernement
travailliste de Clement Attlee*
(1945-1951). Devenu hostile à la politique
extérieure de Staline*, il fut l'un des artisans du traité de l'Atlantique Nord (1949).
Voir OTAN, Travailliste (Parti).

BHUTTO, Benazir (Karachi, 1953-).
Fille de Zulfikar Ali Bhutto*, ancien Premier ministre du Pakistan. Elle est la première femme chef de gouvernement dans
un pays musulman*. Premier ministre en
1988, elle fut accusée de corruption et de
népotisme, et destituée en 1990 par le président de la République. Député, elle dirigea le groupe d'opposition PDA. De nouveau Premier ministre depuis 1993. Voir
Alliance démocratique du peuple.

BHUTTO, Zulfikar Ali (Larkana,
1928-Rawalpindi, 1979). Homme politique pakistanais. Président de la République pakistanaise (1971-1973) puis Premier
ministre, il fut renversé puis exécuté par le
général Zia ul Haq. Ali Bhutto était issu
d'une famille de grands propriétaires fonciers, l'une des plus riches et des plus in-
fluentes du sud de l'Inde. Après des études
de droit aux États-Unis et en Angleterre, il
s'installa comme avocat à Karachi
(1954-1958), entretenant des relations
amicales avec le personnel dirigeant, tout
particulièrement avec Ayyub Khan,
commandant en chef de l'armée pakistanaise. Après le coup d'État réussi de ce
dernier, il devint, à 30 ans, le plus jeune
ministre du Pakistan avec le portefeuille
du Commerce. Il occupa ensuite différents
postes ministériels, en particulier celui des
Affaires étrangères (1963-1966) et régla à

ce titre le contentieux frontalier entre le Pakistan et la Chine populaire. Au cours de la guerre indo-pakistanaise (1965), les États-Unis suspendirent leur aide militaire au Pakistan, incitant Ayyub Khan à mettre fin au conflit militaire. L'accord de Tachkent (1966) fut dénoncé par Bhutto comme une « capitulation » et une inféodation du Pakistan aux États-Unis. Il démissionna en 1966 et créa l'année suivante le Parti populaire pakistanais, aux orientations nationalistes et populistes, qui gagna les élections de 1970 au Pakistan occidental. La guerre indo-pakistanaise de 1971 et la sécession du Pakistan oriental (Bangladesh*) lui donnèrent l'occasion de revenir au pouvoir. Il apparut alors comme l'homme capable de redresser un pays démoralisé par la défaite dont il rendit responsables les dirigeants militaires. Ali Bhutto succéda alors à Ayyub Khan et devint président de la République (décembre 1971). « Islam, démocratie, socialisme » furent les thèmes de la propagande du nouveau régime. À l'intérieur, il réprima avec violence les révoltes nationalistes à l'est du pays et s'attacha à redresser l'économie gravement touchée par la perte du Pakistan oriental (réformes agraires, nationalisations). À l'extérieur, il conserva son alliance avec la Chine sans rompre ses liens avec les États-Unis. Cependant, les opposants à sa politique se liguèrent contre lui. L'armée le déposa et le général Zia ul Haq, se réclamant de l'islamisme, devint président de la République (septembre 1978). Ali Bhutto, accusé d'avoir organisé un attentat politique contre Kasuri, l'un de ses plus violents opposants, fut condamné à mort après un procès entaché de plusieurs irrégularités. Il fut pendu le 4 avril 1979 malgré les protestations internationales.

BIAFRA (Guerre du, 1967-1970). Après l'indépendance du Nigeria (1960) et la proclamation d'une République fédérale (1963), la région orientale du pays, peuplée principalement d'Ibos (peuple en ma-jorité de religion chrétienne) fit sécession, créant la République du Biafra (1967). La terrible guerre qui s'ensuivit (plus de 1,5 million de morts) aboutit en 1970 à la défaite des séparatistes biafrais.

BIBLE. Dérivé d'un mot grec qui signifie « livre ». C'est le livre saint des religions juive et chrétienne. La Bible se divise en deux parties : les cinq livres de l'Ancien Testament* qui racontent l'histoire des Hébreux* (c'est la Bible hébraïque) et le Nouveau Testament* qui relate la vie de Jésus-Christ* et de ses disciples (évangiles et épîtres). Au IVe siècle ap. J.-C., saint Jérôme traduisit l'ensemble de la Bible en latin, appelée la Vulgate. Elle constitue la version officielle de la Bible catholique.

BICOQUE (Bataille de La, 1522). Lors des guerres d'Italie*, défaite infligée près de Milan à François Ier* par les Impériaux, contraignant les Français à abandonner définitivement le Milanais.

BIDAULT, Georges (Moulins, 1899-Cambo-les-Bains, 1983). Homme politique français. Plusieurs fois président du Conseil et ministre, il joua un rôle important sous la Quatrième République*. Résistant, il succéda en 1943 à Jean Moulin* comme président du Conseil* national de la Résistance. Après la guerre, il fut l'un des fondateurs du MRP* (Mouvement républicain populaire), parti démocrate-chrétien et pro-européen. Président du Gouvernement* provisoire (1946) puis président du Conseil (1949-1950), et plusieurs fois ministre des Affaires étrangères entre 1944 et 1954, il fut l'un des promoteurs de la politique fondée sur l'Alliance atlantique et l'unification de l'Europe. Opposant irréductible de la politique algérienne du général de Gaulle*, il dut s'exiler en 1962 et ne revint en France qu'en 1968, amnistié par de Gaulle. Voir Combat.

BIEN PUBLIC (Ligue du). Coalition féodale formée en mars 1465 contre Louis XI* accusé d'accroître le pouvoir

»yal au détriment des droits de la no-
esse. Elle regroupait des princes et des
·ands féodaux comme le duc d'Alençon
le duc de Bourbon. Après la bataille in-
:cise de Montlhéry (1465), le roi dut faire
:s concessions, notamment en accordant
. Normandie* à son frère, Charles de
:ance, reprise l'année suivante. Voir
harles le Téméraire.

IERUT, Boleslaw (près de Lublin,
392-Moscou, 1956). Homme politique
)lonais. Président de la République à par-
· de 1945 et premier secrétaire du Parti
▪vrier unifié polonais (1948-1956), il im-
)sa à son pays un régime stalinien mar-
.ié par la répression à l'égard de tout op-
)sant. Militant communiste, il fut
)ndamné pour propagande à plusieurs an-
:es de prison (1933-1940) puis se réfugia
▪ URSS après sa libération. Chef du dé-
▪rtement polonais du Komintern*, il rent clandestinement en Pologne en 1943
constitua un comité polonais de libéra-
on nationale (Comité de Lublin*) en
)44 avant d'être élu président de la Ré-
▪blique en 1945. Cette fonction ayant été
)olie en 1952 et remplacée par un Conseil
État, il devint président du Conseil des
inistres (1952-1954). Secrétaire général
▪ Parti ouvrier unifié polonais (POUP), il
▪posa à la Pologne le modèle soviétique
)mme Klement Gottwald* en Tchécoslo-
▪quie, Mátyás Rákosi* en Hongrie ou
'alter Ulbricht* en RDA*. Voir Gomulka
Vladyslaw).

IFACE. À l'époque de la préhistoire*,
▪til de pierre (souvent de silex*) taillé sur
s deux faces. Il avait la forme d'une
▪nande, de 10 à 15 cm de haut et fut sur-
▪ut fabriqué au paléolithique* inférieur et
oyen. Les hommes préhistoriques s'en
▪rvaient pour tuer et dépecer les animaux.
▪oir Abbevillien, Acheuléen, Moustérien.

ILLAUD-VARENNE, Jean Nicolas
.a Rochelle, 1756-Port-au-Prince, 1819).
▪omme politique français. Républicain
▪nvaincu, surnommé « le Rectiligne »

pour sa rigidité, il défendit la Terreur*
puis contribua à la chute de Robespierre*.
Avocat au Parlement* de Paris, il se rallia
aux idées révolutionnaires, publiant de
nombreuses brochures affirmant ses
convictions républicaines. Membre de la
Commune* insurrectionnelle de Paris lors
de l'insurrection populaire du 10 août*
1792, il resta impassible face aux massacres de Septembre* (1792). Élu député de
Paris à la Convention* avec les principaux chefs de la Montagne, Robespierre,
Danton*, Marat*, il devint le porte-parole
des revendications populaires au sein du
Comité* de Salut public (septembre
1793). Organisateur de la Terreur et du
gouvernement révolutionnaire, il prit part
avec Robespierre à la lutte contre les hébertistes* et les Indulgents*. Inquiet cependant de l'ascendant pris par Robespierre au sein du Comité de Salut public,
il fut l'un des artisans du 9 Thermidor*
(27 juillet 1794). Déporté en Guyane avec
Collot* d'Herbois (1795), il y resta pendant vingt ans, refusant l'amnistie accordée par Bonaparte*. Après avoir appris le
retour des Bourbons*, il s'enfuit et s'installa à Haïti. Ses *Mémoires* furent publiés
en 1893.

BIRD (Banque internationale pour la reconstruction et le développement). Organisme bancaire, institution spéciale de
l'Organisation* des Nations Unies (ONU)
créée en 1946 après les accords de Bretton* Woods. Son but est de financer l'aide
économique aux pays du tiers monde. Voir
FMI, GATT.

BIR HAKEIM. Point d'eau du désert de
Libye à 60 km de Tobrouk. En mai-juin
1942, la résistance des unités des FFL
(Forces* françaises libres) du général Koenig* contre les assauts de l'Afrikakorps*
de Rommel* permit la retraite des Britanniques jusqu'à El-Alamein* d'où repartit,
à partir d'octobre 1942, la reconquête alliée de la Libye. Voir Guerre mondiale
(Seconde).

BIRUNI, AL- (Kath, capitale du Kharezm, 973-Rhazni ?, v. 1050). Célèbre savant d'origine iranienne, il écrivit dans les domaines les plus variés : histoire, mathématiques, astronomie et médecine. Voir Averroès, Avicenne, Ibn Battuta, Ibn Khaldun.

BISMARCK, Otto Eduard Leopold, prince von Bismarck-Schönhausen (Schönhausen, 1815-Friedrichsruh, 1898). Homme d'État allemand. Artisan de la grandeur de la Prusse* et de l'unification de l'Allemagne devenue un grand empire industriel, Bismarck fut durant vingt ans le véritable arbitre de la politique européenne. D'un réalisme redoutable, il marqua profondément l'histoire de l'Europe au XIXe siècle. Issu de la noblesse terrienne de Prusse, d'une famille luthérienne, il fit des études de droit et commença sa carrière dans l'administration puis démissionna en 1839, afin de se consacrer à son domaine en Poméranie. Élu en 1847 au Landtag de Prusse puis délégué de la Prusse à la diète de Francfort (1851-1859), il s'opposa à l'Autriche, convaincu qu'il n'y avait pas de place en Allemagne pour deux grandes puissances. Ambassadeur à Saint-Pétersbourg (1859-1862), puis à Paris (1862), il fut appelé par Guillaume Ier* à la présidence du Conseil (1862). Il imposa avec la confiance du roi une politique très autoritaire afin de régler la crise intérieure que traversait l'État prussien, son objectif prioritaire restant néanmoins de faire de la Prusse la première puissance allemande et d'écarter l'Autriche. Sûr de son armée, devenue la première d'Europe, Bismarck poussa l'Autriche à la guerre. Après avoir collaboré avec elle dans la guerre des Duchés* (1864), il provoqua le conflit armé en s'étant auparavant assuré de la neutralité de l'Europe, en particulier de Napoléon III*. L'écrasante victoire prussienne à Sadowa* (juillet 1866), sanctionnée par le traité de Prague, aboutit à la création de la Confédération* de l'Allemagne du Nord d'où fut exclue l'Autriche. Cette première étape vers l'unification fut renforcée par des conventions militaires et douanières (*Zollverein**) avec les États du sud de l'Allemagne. Afin de réaliser leur intégration politique dans la Confédération, Bismarck les entraîna dans une guerre contre la France (dépêche d'Ems*). La guerre franco-allemande* de 1870-1871 aboutit à la défaite française. La victoire de Sedan* rallia à Bismarck les États du sud de l'Allemagne et, le 18 janvier 1871 l'Empire allemand, dont la couronne fut offerte à Guillaume Ier, fut proclamé à Versailles*. Devenu chancelier* du Reich* et président du Conseil de Prusse, Bismarck se consacra à consolider l'empire. Sur le plan intérieur, il intensifia la germanisation forcée des minorités – Danois du Schleswig, Polonais et Alsaciens-Lorrains – sans parvenir à étouffer leur opposition. Au Reichstag*, il s'appuya sur différentes coalitions afin d'imposer sa politique anti-catholique du *Kulturkampf**. Il lutta contre les socialistes, en mettant sur pied la première législation sociale d'Europe afin de freiner la progression de leur électorat (assurances sociales couvrant les risques de maladie et les accidents du travail, création de caisses de retraite pour les vieillards et les infirmes). À l'extérieur, Bismarck tissa un réseau d'alliances afin d'assurer l'isolement diplomatique de la France. Le premier système bismarckien fut l'entente des trois-empereurs* (Allemagne, Autriche Hongrie*, Russie, en 1873) renouvelée en 1881 et 1887. Ce système s'étant révélé décevant, Bismarck adopta un second système dont le pivot fut l'Autriche-Hongrie à laquelle l'Italie vint se joindre en 1882 (Triple-Alliance*). Le congrès de Berlin (1878) et la conférence coloniale de 1884-1885 (conférence de Berlin) confirmèrent le rôle d'arbitre de l'Allemagne dans les rivalités européennes. Entré en conflit avec Guillaume II* hostile à sa politique diplomatique et notamment à sa po

tique de bascule entre l'Autriche-Hongrie
t la Russie, le chancelier donna avec re-
ret sa démission (1890). Il vécut jusqu'à
a mort sur ses terres de Poméranie.

BIT. Voir Organisation internationale du
~avail.

BIZET, Georges (Paris, 1838-Bougival,
875). Compositeur français. Premier
rand prix de Rome (1857) mais diversement apprécié à son époque, il reste le
ompositeur de *Carmen* (1875), opéra-co-
mique d'après l'œuvre de Prosper Méri-
née* et du célèbre mélodrame *L'Arlé-
ienne* (1872).

BLAKE, William (Londres, 1757-*id.*,
827). Poète, peintre et graveur britanni-
ue, il fut l'un des plus éminents représen-
ants de la première période du roman-
sme* anglais. Enrichissant la plupart de
es ouvrages d'illustrations hallucinées et
isionnaires, il écrivit l'essentiel de son
œuvre poétique durant la période
784-1803 : *Chants d'innocence* (1789),
hants d'expérience (1789-1804) et *Li-
res prophétiques.*

BLANC, Louis (Madrid, 1811-Cannes,
882). Historien et homme politique franais. Journaliste à Paris (1834), et gagné
ux idées socialistes, il s'opposa à la mo-
archie* de Juillet qu'il critiqua avec vio-
ence dans un pamphlet *Histoire de dix ans*
1841). Membre du gouvernement* provioire après la révolution* de 1848, il pro-
osa la création d'ateliers sociaux ou coo-
ératives de production à direction
uvrière, largement financés par l'État.
Mais son projet fut déformé par le gouverement et l'échec des Ateliers* nationaux
rovoqua les journées révolutionnaires de
uin* 1848. Exilé en Angleterre
1850-1870), il s'opposa ensuite à la
Commune* et siégea comme député d'exrême gauche à l'Assemblée* nationale
1871-1875). Voir Blanqui (Louis Au-
uste), Fourier (Charles), Proudhon
Pierre Joseph), Saint-Simon (Claude de).

BLANCHE DE CASTILLE (Palencia,

1188-Paris, 1252). Reine de France. Fille
d'Alphonse VIII, roi de Castille* et
d'Aliénor d'Angleterre, elle fut mariée en
1200 au futur Louis VIII* de France dont
elle eut plus de 10 enfants auxquels elle
donna une sévère éducation morale et religieuse. À la mort de Louis VIII, son fils
Louis IX* (saint Louis) n'ayant que 12
ans, elle assura la régence du royaume
(1226-1234) et réussit, en les divisant, à
briser la révolte des barons, hostiles au
gouvernement d'une femme, étrangère de
surcroît. Elle conclut aussi la guerre contre
les Albigeois* (traité de Paris, 1229) en se
faisant céder la moitié du comté de Toulouse et en mariant son fils Alphonse de
Poitiers à l'héritière du comte de Toulouse
Raimond VII*. Lorsque Louis IX partit
pour la septième croisade*, elle assura de
nouveau la régence (1248-1252). Voir
Louis XI.

BLANQUI, Louis Auguste (Puget-Thé-
niers, 1805-Paris, 1881). Théoricien socialiste et homme politique français. Influencé par les théories communistes de
Babeuf*, il organisa plusieurs conspirations contre la monarchie* de Juillet, fut
l'un des chefs des manifestations ouvrières
de 1848 et participa activement à la
Commune*. Ses activités révolutionnaires
lui valurent d'être maintes fois condamné
et il passa plus de trente-six années en prison, d'où son surnom d'« Enfermé ». Amnistié en 1879, il reprit ses activités de militant socialiste et publia le journal *Ni Dieu
ni Maître*. Sa doctrine (blanquisme) influença les partis socialistes successifs et
le syndicalisme révolutionnaire. Voir
Saint-Simon (Claude de).

BLEUS ET VERTS. Nom donné aux
deux principales factions qui partageaient
à Constantinople* le peuple à l'hippodrome, lieu où pouvait s'exprimer l'opinion publique dans l'Empire byzantin*.
Les Bleus et les Verts (d'après la couleur
des casaques des cochers) constituaient
des partis correspondant à des quartiers et

des groupes sociaux. Les premiers représentaient le parti de l'aristocratie favorable à l'orthodoxie. Les seconds, le parti populaire, étaient davantage portés vers les hérésies. L'épisode le plus grave de leur rivalité fut la révolte Nika* (532) dirigée contre l'empereur Justinien Ier*. L'importance de ces factions déclina après le VIIe siècle. Voir Orthodoxe (Église), Théodora.

BLOC DES GAUCHES ou **BLOC RÉPUBLICAIN.** Nom donné en France à un groupement politique qui avait uni (de 1899 à 1904) la gauche (radicaux et socialistes) sous la direction de Waldeck-Rousseau* après l'affaire Dreyfus*. Il remporta les élections législatives de 1902, avec l'appui des républicains modérés de l'Alliance démocratique et mena dans différents cabinets jusqu'en 1904 une politique hostile aux nationalistes et anticléricale. Voir Combes (Émile).

BLOC NATIONAL. Nom donné en France au groupement des partis de droite qui constitua la majorité des députés à l'Assemblée nationale entre 1919 et 1924. Pour la première fois en France depuis 1875, une majorité de droite, nationaliste et catholique*, s'installa au Palais-Bourbon. Comprenant un grand nombre d'anciens combattants, l'Assemblée fut qualifiée de Chambre « bleu horizon ». En guerre contre les partisans bolcheviks*, le Bloc national défendit à l'extérieur l'application stricte du traité de Versailles*. Il fut battu en 1924 par le Cartel* des gauches. Voir Briand (Aristide), Millerand (Alexandre), Poincaré (Raymond).

BLOCH, Marc (Lyon, 1886-près de Trévoux, 1944). Historien français. Fondateur avec Lucien Febvre* des *Annales* d'histoire économique et sociale (1929), son œuvre a exercé une influence considérable sur le renouvellement de la science historique, ouvrant cette dernière aux méthodes des autres sciences sociales. Professeur à la Sorbonne* (1936), il entra dans la Ré-

sistance* en 1942 et mourut fusillé par les Allemands. Il fut notamment l'auteur de *Les Rois thaumaturges* (1920), *La Société féodale* (1939-1940) et *Apologie pour l'histoire* (posthume, 1952).

BLOCUS CONTINENTAL. Ensemble des mesures prises par Napoléon Ier* à partir de 1806, afin de fermer tous les accès du continent à l'Angleterre, l'Empereur espérant acculer les Anglais à demander la paix mais aussi donner à la France la suprématie économique en Europe. Principal instrument de la lutte conduite par l'Empereur contre l'Angleterre, le Blocus continental, s'il provoqua d'importantes perturbations dans l'économie britannique, contribua aussi à l'effondrement militaire de la France, Napoléon pour le rendre effectif, ayant été contraint à de nouvelles conquêtes. En réponse au blocus maritime déjà pratiqué par l'Angleterre depuis mai 1806, Napoléon répliqua par le décret de Berlin (21 novembre 1806) interdisant à tout navire venant d'Angleterre ou de ses colonies d'entrer dans un port européen. Le Blocus continental eut des conséquences politiques et économiques considérables. Son extension à l'ensemble des pays d'Europe étant la condition de son efficacité, Napoléon fut entraîné à de nouvelles conquêtes. Il annexa successivement à l'Empire français la Hollande (1810), le grand-duché d'Oldenburg, les ports de Lübeck, Hambourg et Brême (1810-1811), le royaume d'Étrurie et les États* pontificaux (1809). Le Portugal fut aussi occupé (1807) ainsi que l'Espagne (1808), ce qui provoqua un soulèvement général du pays. Le blocus, qui sacrifiait économiquement les pays vassaux ou alliés de la France, rencontra une hostilité générale en Europe, particulièrement en Russie, qui s'en dégagea en 1811, provoquant la campagne de Russie*. Les conséquences économiques du blocus n'eurent pas non plus les effets escomptés. L'Angleterre fut gênée par la guerre économi-

ue et connut des troubles sociaux mais
le réussit à compenser la perte des mar-
hés européens en intensifiant ses échan-
es avec l'Amérique latine. Si l'industrie
ançaise tira de la suppression de la
oncurrence quelques bénéfices, elle fut
éanmoins de plus en plus gênée pour se
vitailler en matières premières, exporter
ertains produits agricoles (blés, vins) et
uelques grands ports furent passagère-
ent en difficulté (Bordeaux, Nantes,
larseille). La baisse du revenu des doua-
es, les revendications des industriels franais et le mécontentement de l'opinion de-
ant la cherté des denrées coloniales
ucre, café) amenèrent Napoléon à atté-
uer, dès 1809, les rigueurs du blocus qui
sparut en 1810.

LÜCHER, Gebhard Leberecht, prince
lücher von Wahlstatt (1742-1819). Gé-
éral prussien. Il participa aux campagnes
ontre Napoléon Ier*, s'illustrant particu-
èrement aux batailles de Leipzig* (1813)
de Waterloo* (1815). Entré au service
e Frédéric II*, il ne commença à jouer un
le important que très tard, à 71 ans, lors
e la campagne d'Allemagne (1813), par-
cipant à la victoire de Leipzig. Après
/oir été vaincu par Napoléon à plusieurs
prises (Ligny, 1815) pendant la campa-
e de France*, son soutien à Wellington*
ar le champ de bataille de Waterloo as-
ıra la victoire aux alliés. Voir Coalition
ixième).

LUM, Léon (Paris, 1872-Jouy-en-Josas,
950). Homme politique français. Minis-
e à la tête du gouvernement de Front* po-
ılaire, toujours l'objet de controverses, il
t l'un des plus éminents représentants de
histoire du socialisme* dans la première
oitié du XXe siècle. Issu d'une famille de
ourgeois israélites aisés originaires d'Al-
ıce, élève à l'École normale supérieure, il
ıtra en 1895 au Conseil d'État. Il se fit
ınnaître à travers ses articles de critique
ttéraire et théâtrale, et l'affaire Dreyfus*
ıscita son premier engagement politique.

Grand admirateur de Jaurès* avec lequel il
collabora à *L'Humanité*, devenu socialiste
convaincu, il débuta sa carrière politique
en 1914. Chef de cabinet du ministre socialiste Marcel Sembat en 1914, il fut élu
en 1919 député de la Seine. Au congrès de
Tours* (1920), hostile à l'adhésion à la
Troisième Internationale*, il fut un des
leaders de la minorité SFIO*, défenseur de
la « vieille maison » contre la majorité
communiste. Éditorialiste au journal *Le
Populaire*, député de Narbonne à partir de
1929, chef de la SFIO dans laquelle il
exerça une autorité intellectuelle et morale
incontestée, Léon Blum – qui n'avait pas
ménagé les communistes depuis 1920
– décida, après les événements de février*
34, l'unité d'action avec le PCF* contre la
« menace fasciste ». Il fut l'un des artisans
du Front populaire dont il devint, après la
victoire aux élections législatives de 1936,
le président du Conseil (4 juin
1936-21 juin 1937). Son premier ministère
fut marqué par des réformes économiques
et sociales d'une ampleur sans précédent
depuis le début de la Troisième République* : accords Matignon, 7 juin 1936
(congés payés et semaine de 40 heures),
nationalisation des grandes usines de
guerre, contrôle de l'État sur la Banque de
France*, création de l'office du blé. La
marge de manœuvre de Blum fut cependant très étroite en raison de la coalition
très hétéroclite et de l'hostilité déclarée
des milieux d'affaires soutenus par une
presse puissante (campagne lancée par
Gringoire contre Roger Salengro*). En
raison de l'aggravation financière provoquée notamment par la fuite des capitaux,
Blum dut procéder à une dévaluation et à
une « pause sociale » (février 1937). La
crise provoquée au sein de la coalition par
la décision de non-intervention dans la
guerre civile d'Espagne* et le refus du Sénat d'accorder à Blum les pleins pouvoirs
financiers précipitèrent sa chute. Il démissionna le 21 juin 1937, laissant déçu un

immense espoir populaire. De nouveau à la tête du gouvernement de mars à avril 1938, il démissionna à nouveau devant l'hostilité du Sénat à son projet d'impôt sur le capital. Accusé d'être l'un des principaux responsables de la défaite de 40, Blum fut arrêté par le gouvernement de Vichy*. Emprisonné au fort du Portalet, il y rédigea *À l'échelle humaine* où il définissait sa conception du socialisme dans ses différences humanistes avec le communisme* et où il incitait son parti à participer à la résistance. Traduit devant la Cour suprême de Riom*, il fit une vigoureuse défense de sa politique. Déporté en Allemagne, à Buchenwald, en 1943, il fut libéré en 1945 par les troupes alliées. De retour en France, il reprit son rôle d'éditorialiste au *Populaire*. Président du Gouvernement* provisoire de la République française (16 décembre 1946-16 janvier 1947), il contribua à mettre en place les institutions de la Quatrième République*.

BOCCACE (Florence ou Certaldo, 1313-Certaldo, 1375). Célèbre écrivain italien du Moyen Âge. Son chef-d'œuvre est le *Décaméron*, recueil de 100 nouvelles en prose groupées en 10 journées de récit. Il constitue une vaste satire de la société de Florence* au XIVᵉ siècle. Boccace fut aussi lié à Pétrarque* avec lequel il entretint une correspondance ininterrompue.

BOCK, Fedor von (Küstrin, 1880-Lehnsahn, Holstein, 1945). Maréchal allemand. Commandant d'un groupe d'armées en Pologne (1939), il fut fait maréchal* à la suite de la campagne de France* (1940), puis prit le commandement d'une des armées qui envahit l'URSS en juin 1941. En désaccord avec Hitler* à propos de Stalingrad*, il fut disgracié (novembre 1942). Voir Brauchitsch (Walter von), Paulus (Friedrich).

BODIN, Jean (Anvers, 1530-Laon, 1596). Magistrat, économiste et philosophe français, théoricien de la monarchie

absolue lors des guerres de Religion* Jurisconsulte à Angers, il défendit dans *La République* (1576) la légitimité du pouvoir royal, et fit l'apologie de la monarchie de droit divin. Il tenta aussi d'expliquer en relation avec l'afflux de métaux précieux d'Amérique, la montée des prix au XVIᵉ siècle (*Réponse aux paradoxes de Malestroit*, 1568).

BOÈCE (Rome, v. 476-près de Pavie, 524 ap. J.-C.). Philosophe et homme politique romain, il fut l'un des derniers grands représentants de la culture latine. D'abord conseiller du roi ostrogoth* Théodoric* le Grand, il fut ensuite accusé de complot e de magie et mourut dans les tortures, victime des persécutions menées par les ariens contre les catholiques*. Il fut canonisé sous le nom de saint Séverin. Héritier de la culture grecque, son œuvre principale est *La Consolation de la philosophie* écrite en prison.

BOERS. Nom donné aux descendants de calvinistes hollandais, qui s'établirent au Cap au XVIIᵉ siècle, puis dans toute l'Afrique australe et, par extension, aux émigrés allemands, néerlandais et français (huguenots* exilés après la révocation de l'édit de Nantes*), qui s'installèrent en Afrique du Sud. Sous la pression des Anglais qui occupaient Le Cap depuis 1814 et qui avaien décidé la suppression de l'esclavage dans l'ensemble de leurs colonies, les Boers émigrèrent vers l'intérieur des terres lor du « Grand Trek » (1834-1839). Ils fondèrent deux États, l'Orange* et le Transvaal*, que les Anglais décidèrent d'annexer lors de la guerre des Boers* (1899-1902). Aujourd'hui, les descendants des Boers, les Afrikaanders ou Afrikaners forment la majorité de la population blanche d'Afrique du Sud. Au même titre que l'anglais, l'afrikaans, forme dialectale de néerlandais, est considéré comme langue officielle.

BOERS (Guerre des, 1899-1902). Appelée *Boer War* ou *South African War*, la guerre fut menée par l'Angleterre en Afrique australe contre les deux États boers du Transvaal* et de l'Orange*. La découverte de très riches gisements d'or dans la région de Johannesburg (1866) qui attira des milliers d'immigrants britanniques, mais aussi la volonté de barrer la route à tous les concurrents possibles, décidèrent les Anglais à intervenir. Les Boers* furent d'abord isolés par les annexions successives du pays des Zoulous* (1887) – ce qui coupait l'accès du Transvaal à l'océan Indien – du Bechuanaland (aujourd'hui le Botswana) et de la Rhodésie*. Cecil Rhodes*, qui rêvait de fédérer le Transvaal et l'Orange avec les colonies britanniques du Cap et du Natal*, se heurta à la résistance du nationalisme boer animé par Kruger*, président du Transvaal. La guerre éclata en 1899. Après plusieurs échecs, les Britanniques, sous la conduite de Kitchener*, obligèrent les Boers à capituler en 1902. L'Orange obtint cependant son autonomie en 1907 et le Transvaal en 1906. En 1910 fut constitué le dominion* de l'Union sud-africaine qui groupa les anciens États boers et les anciennes colonies britanniques.

BOHÉMOND Ier (v. 1050-Canosa di Puglia, 1111). Prince d'Antioche* (1098-1111). Fils du Normand Robert* Guiscard, fondateur de la principauté normande de Sicile, il fut l'un des chefs de la première croisade*. En 1098, il s'empara d'Antioche, en Syrie*, et en fit sa principauté. Prisonnier des Turcs pendant trois ans, il partit ensuite en Occident chercher du renfort, laissant le gouvernement de la principauté d'Antioche à son neveu Tancrède* de Hauteville. Il épousa la fille de Philippe Ier* de France. Après l'échec d'une expédition menée contre les Byzantins, il devint vassal* de l'empereur byzantin, Alexis Ier* Comnène, pour la principauté d'Antioche. Voir Byzantin (Empire).

BOILEAU, Nicolas, dit **BOILEAU-DESPRÉAUX** (Paris, 1636-*id.*, 1711).

Écrivain français. Ardent défenseur de l'Antiquité, il contribua à fixer l'idéal littéraire du classicisme* qui connut son heure de gloire à l'apogée du règne de Louis XIV* (1660-1680). Auteur des *Satires* (1666-1668), des *Épîtres* (1669-1695) et de l'*Art poétique* (1674), il fut le chef de file des Anciens contre les Modernes, dirigés par Charles Perrault, polémique qui annonçait le débat entre classiques et romantiques. Boileau fut aussi historiographe du roi (1677). Son engagement contre les jésuites* dans la bataille janséniste lui valut cependant la défaveur de Louis XIV. Voir Bossuet (Jacques), Jansénisme, La Fontaine (Jean de), Molière, Racine (Jean).

BOKASSA, Jean Bedel (Bobangui, 1921-). Homme politique centrafricain. Il s'empara du pouvoir par un coup d'État (1966), se proclama président à vie (1972), maréchal (1974) et enfin empereur (1976). Il instaura dans le pays un régime de terreur, massacrant et torturant ses opposants. Ce régime de l'arbitraire, aggravé par d'importantes difficultés économiques, prit fin lorsque Bokassa fut renversé en septembre 1979 par l'ancien président Dacko. Exilé en France, il revint en Centrafrique en 1986 où il fut arrêté, jugé et condamné à mort. Sa peine fut commuée en détention à perpétuité en 1988.

BOLCHEVIK. Nom choisi par les partisans de Lénine* pour désigner l'aile gauche du Parti ouvrier social-démocrate* de Russie majoritaire (*bolchimsko* : majorité), contre les mencheviks* lors du IIe congrès de ce parti en 1903. Les bolcheviks, partisans d'un parti d'élite, centralisé, discipliné, souhaitaient la prise du pouvoir par l'insurrection prolétarienne immédiate. Après la révolution d'Octobre 1917, Lénine assura la présidence du Conseil des commissaires du peuple, et la guerre civile (1917-1921) se solda par la victoire définitive des bolcheviks. Jusqu'en 1952, l'épithète de bolchevik resta attaché au

Parti communiste* de l'URSS. Voir Révolutions russes de 1917.

BOLÍVAR, Simón (Caracas, 1783-Santa Marta, Colombie, 1830). Général et homme d'État sud-américain. Il combattit pour l'émancipation des colonies espagnoles en Amérique du Sud. Issu de l'aristocratie créole, acquis aux idées libérales de la Révolution* française, il rallia le mouvement de libération du Venezuela engagé par Miranda* et proclama avec ce dernier l'indépendance du pays (1811). Après les victoires espagnoles dans la guerre civile qui opposait patriotes et loyalistes vénézuéliens, Bolívar dut s'exiler en Nouvelle-Grenade (1813). Revenu au Venezuela à la tête d'un corps expéditionnaire, il battit les Espagnols à Taguanes (1813), reprit Caracas où il reçut le titre de *Libertador*, puis, vaincu, dut à nouveau s'exiler. Installé sur l'Orénoque, il établit dans la ville d'Angostura le siège de son gouvernement et convoqua en 1819 un congrès réunissant les députés des provinces vénézuéliennes qui l'élut président de la République. En juillet 1819, il remporta sur les Espagnols la victoire décisive de Boyaca*, qui libéra la Nouvelle-Grenade, rattachée au Venezuela, pour en faire la République de Grande-Colombie. En 1821, les loyalistes furent battus à Carabobo* : l'indépendance du Venezuela était dès lors acquise. Les régions correspondant à l'actuel Équateur furent à leur tour libérées (victoire de son lieutenant Sucre*) puis l'ensemble du Pérou après les victoires de Bolívar à Junín (août 1824) et de Sucre à Ayacucho* (décembre 1824). En 1825, Bolívar était président des trois Républiques de Grande-Colombie, du Pérou et de Bolivie (nom adopté en son honneur par le haut Pérou). Cependant, son rêve de confédérer les trois États fut un échec. En 1827-1828, il dut renoncer à exercer son autorité sur le Pérou et la Bolivie et ne put empêcher la division de la Grande-Colombie en trois Républiques souveraines (Venezuela, Équateur, Colombie). En 1832, Bolívar abandonna le pouvoir et mourut quelques mois plus tard. Voir Panama (Congrès de), San Martín (José de).

BÖLL, Heinrich (Cologne, 1917-Bornheim, 1985). Romancier allemand. Catholique et socialiste, il représente la génération d'après-guerre, victime du nazisme* dont il dénonça l'horreur. Prix Nobel* de littérature en 1972, il a écrit notamment *Le Train était à l'heure* (1949), *À neuf heures et demie, billard* (1959) et *L'Honneur perdu de Katharina Blum* (1974).

BOLLAND, Jean (Julémont, 1596-Anvers, 1665). Jésuite* belge. Il publia à la suite du père H. Rosweyde, les premiers volumes des *Acta sanctorum* (les *Actes des saints*), vies des saints classées selon le jour de leur fête. L'œuvre de Bolland est poursuivie depuis lors par la congrégation des bollandistes, en majorité des érudits jésuites.

BOLOGNE (Concordat de, 1516) Concordat signé entre François Ier* et le pape Léon X*, il remplaça la Pragmatique* Sanction de Bourges (1438). Il devait régir jusqu'à la Révolution* française les rapports entre la France et le Saint-Siège. La suprématie du pape sur l'Église de France était reconnue mais les évêques* et les abbés, auparavant élus, furent nommés par le roi, le pape leur donnant l'investiture* spirituelle.

BONALD, vicomte Louis de (château du Monna, près de Millau, 1754-*id.*, 1840). Écrivain politique français, très hostile à la Révolution*. Son principal ouvrage, *La Théorie du pouvoir politique et religieux dans la société civile démontrée par le raisonnement et par l'histoire*, paru lors de son exil en Allemagne en 1796, s'attacha à combattre la philosophie du XVIIIe siècle et l'idéal de la Révolution. Contre le matérialisme, l'athéisme et la démocratie, il se posa en défenseur de la monarchie et du catholicisme*. Il inspira, avec Joseph de Maistre*, les idées des ultras* royalistes en France, sous la Restauration*.

BONAPARTE ou **BUONAPARTE**. Famille française d'origine italienne (Lombardie) établie en Corse au XVIe siècle, dont furent issus Napoléon Ier* et Napoléon III*.

BONAPARTE, Charles Marie (Ajaccio, 1746-Montpellier, 1785). Avocat corse, père de Napoléon Ier*. Il s'engagea aux côtés de Paoli* pour l'indépendance de la Corse puis se rallia en 1764 au gouvernement royal.

BONAPARTE, Jérôme (Ajaccio, 1784-Massy, Essonne, 1860). Il fut le plus jeune frère de Napoléon Ier*. Marié en secondes noces, sous la pression de son frère, à la princesse Catherine de Wurtemberg (1807), il fut placé par Napoléon sur le trône de Westphalie, créé pour lui (1807), poste dans lequel il manifesta peu de compétence. Après la défaite française de Waterloo* (1815), il se réfugia auprès de son beau-frère qui le fit, en 1816, prince de Montfort. Rentré à Paris en 1848, il participa à l'ascension de son neveu, le futur Napoléon III*, qui le réintégra dans son titre de prince impérial (1852). Jérôme Bonaparte fut le père de Mathilde Letizia Wilhelmine, dite « la princesse Mathilde* » qui tint à Paris, sous le Second Empire* et la Troisième République*, un salon très brillant. Voir Westphalie (Royaume de).

BONAPARTE, Joseph (Corte, 1768-Florence, 1844). Frère aîné de Napoléon Ier*. Député de la Corse au Conseil des Cinq-Cents* (1796), il participa activement au coup d'État du 18 Brumaire* (1799) qui mit fin au Directoire*. Chargé de différentes missions diplomatiques, il signa le traité de Lunéville* (1801) avec l'Autriche, la paix d'Amiens* (1802) avec l'Angleterre et le Concordat* de 1801. Napoléon le fit roi de Naples* (1806) puis roi d'Espagne (1808-1813). Après la défaite française de Waterloo* (1815), il émigra aux États-Unis.

BONAPARTE, Louis (Ajaccio, 1778-Livourne, 1846). Troisième frère de Napoléon Ier*. Aide de camp de son frère lors des campagnes d'Italie* et d'Égypte*, il épousa, contre son gré, la fille de Joséphine*, Hortense de Beauharnais, dont il finit par se séparer. Napoléon le fit roi de Hollande (1806) mais il abdiqua en 1810, hostile à la politique du Blocus* continental qui lésait ses sujets. Louis Bonaparte eut trois enfants, dont Louis Napoléon, le futur Napoléon III*.

BONAPARTE, Louis Napoléon. Voir Napoléon III.

BONAPARTE, Lucien (Ajaccio, 1775-Viterbe, 1840). Deuxième frère de Napoléon Ier*. Il refusa l'autoritarisme de son frère avec lequel il se brouilla. Membre puis président du Conseil des Cinq-Cents*, il prépara le coup d'État du 18 Brumaire* (1799) qui mit fin au Directoire*. Il fut nommé ministre de l'Intérieur (1799) par son frère puis premier consul et ambassadeur en Espagne (1800). Opposé au pouvoir autoritaire de Napoléon Ier, il se retira à Rome (1804), puis à Canino (près de Viterbe) que le pape Pie VII* avait érigé pour lui en principauté. Réconcilié avec Napoléon au moment des Cent-Jours*, il retourna ensuite en Italie. Lucien Bonaparte avait eu de son second mariage Pierre Napoléon Bonaparte, ardent libéral qui tua, à la suite d'une polémique, le journaliste Victor Noir* (1870).

BONAPARTE, Napoléon. Voir Napoléon Ier.

BONAPARTISME. Phénomène spécifiquement français, le bonapartisme désigne à la fois l'attachement à la dynastie de Napoléon Ier* Bonaparte mais aussi à la forme de gouvernement, autoritaire et plébiscitaire, ratifiée par le suffrage universel et mise en place sous les règnes de Napoléon Ier et surtout de Napoléon III*. « Janus politique » selon R. Rémond (*La Droite en France*, 1968), le bonapartisme s'opposa aux droites légitimiste et orléaniste par son acceptation de l'héritage de la Révolution* française et d'un État centralisateur, mais se distingua aussi des gauches républicaines ou socialistes par l'exercice d'un pouvoir personnel et autoritaire, le refus des partis et d'un régime parlementaire – le contact entre le souverain et le peuple s'opérant par le plébiscite et le suffrage universel – et la confiscation des libertés publiques. Au début de la Troisième République*, les bonapartistes, qui ne constituaient pas un parti bien défini, représentèrent un groupe politique important qui compta, en 1877, 104 représentants à la Chambre des députés. Cependant, la mort du fils unique de Napoléon III en 1879, le prince impérial Eugène Louis-Napoléon restreignit considérablement leur audience. À la fin du XIXᵉ siècle, le bonapartisme devint l'une des familles constitutives de la droite à laquelle il avait donné ses principaux thèmes comme l'antiparlementarisme, l'appel au peuple, l'arbitrage du chef et le souci de la grandeur nationale. Voir Légitimistes, Orléanistes.

BONIFACE VIII (Anagni, v. 1235-Rome, 1303). Pape (1294-1303). Reprenant les idées de théocratie pontificale d'Innocent III*, il réaffirma la supériorité du pape sur tous les souverains et entra en conflit avec Philippe IV* le Bel à propos des impôts sur le clergé. Il lança plusieurs bulles affirmant la prééminence pontificale (1301-1302) et menaça Philippe le Bel d'excommunication. Arrêté et peut-être brutalisé par le légiste français Guillaume de Nogaret* à Anagni* (1303), Boniface VIII mourut un mois plus tard. Cette affaire fit triompher le principe de l'indépendance politique des rois à l'égard de la papauté. Elle conduisit aussi à l'installation des papes en Avignon* (1309-1376).

BONNARD, Pierre (Fontenay-aux-Roses, 1867-Le Cannet, 1947). Peintre, graveur et affichiste français. Appartenant au groupe des Nabis* et influencé par l'estampe japonaise, il fut un peintre postimpressionniste. Subtil coloriste, il créa un univers lyrique et sensuel (*Le Mouvement de la rue*, 1905, Washington, coll. privée ; *Nu au miroir*, 1933, Venise ; *Coin de table*, 1925, Minneapolis).

BONZE. Prêtre ou moine bouddhiste. Pour marquer leur renoncement, les bonzes sont vêtus de robes couleur de safran (jaune) et se rasent complètement les cheveux. Voir Bouddhisme.

BORGES, Jorge Luis (Buenos Aires 1899-Genève, 1986). Écrivain argentin. Grand érudit, hors de tout système littéraire ou politique ; ses ouvrages relèvent autant de la littérature fantastique (*Fictions*, 1944 ; *Aleph*, 1949) que de l'essai littéraire et philosophique (*Histoire universelle de l'infamie*, 1935, *Histoire de l'éternité*, 1936).

BORGIA. Grande famille romaine, originaire de Borgia en Espagne (province de Valence). Elle compta deux papes, Calixte III et Alexandre VI*, saint François Borgia et de grands personnages de la Renaissance* italienne comme César Borgia* et Lucrèce Borgia*, sa sœur.

BORGIA, Alexandre. Voir Alexandre VI.

BORGIA, César (Rome, v. 1475-Pampelune, 1507). Administrateur et chef de guerre, homme sans scrupule, il inspira *Le Prince* de Machiavel*. Fils du pape Alexandre VI*, il fut archevêque de Valence vers l'âge de 17 ans (1492), cardinal l'année suivante puis succéda à son frère le duc de Gandia, comme capitaine général de l'Église, troquant la pourpre pour l'épée. Nommé duc de Valentinois par Louis XII* (1498) en remerciement de son alliance, il n'hésita pas à se débarrasser de ses ennemis en les invitant au château de Senigallia pour les faire assassiner (1502). Successivement emprisonné par le pape Jules II* puis par le roi de Castille*, il mourut en combattant auprès du roi de Navarre, son beau-frère.

BORGIA, Lucrèce (Rome, 1480-Ferrare, 1519). Fille du pape Alexandre VI* et sœur de César Borgia*, elle connut un destin tourmenté et inspira le drame de Victor Hugo* *Lucrèce Borgia*. Instrument aux mains de son père et de son frère, elle épousa en troisièmes noces (1501) Alphonse d'Este, duc de Ferrare. Belle et intelligente, protectrice des arts et des lettres, elle fit de la cour de Ferrare un centre d'intense activité artistique.

BORIS GODOUNOV (v. 1551-Moscou, 1605) Tsar de Russie (1598-1605). Sa mort inaugura le temps des Troubles (1605-1613) jusqu'à l'avènement des Romanov*. Issu d'une famille noble d'origine tatare, beau-frère de Fédor Ier – fils d'Ivan IV* le Terrible –, il exerça d'abord la régence (1588-1598). Il entreprit de limiter l'influence de l'aristocratie en pratiquant une politique favorable à la noblesse de fonction et s'appuya sur l'Église, instituant le patriarcat de Moscou qui émancipait l'Église russe de la tutelle de Constantinople*. Probablement à l'origine de l'assassinat de Dimitri, demi-frère de Fédor, héritier légitime du trône, Boris Godounov se fit élire par les États généraux, à l'unanimité, tsar de Russie (1598) à la mort de Fédor. Il organisa la colonisation de la Sibérie, fonda des écoles pour les pauvres, et s'efforça d'attacher les paysans à la terre, leur interdisant de changer de maître durant plusieurs années. La fin de son règne fut catastrophique. Mauvaise récoltes, famines et révoltes paysannes précipitèrent la Russie dans une période de troubles aggravée par l'apparition du « faux Dimitri », prétendant au trône de Russie. L'usurpateur fut soutenu par la Pologne qui envahit la Russie. Il fit massacrer Fédor II, fils et successeur de Godounov, et s'empara du trône après la mort subite de Boris. Le personnage de Boris Godounov inspira Moussorgski, qui écrivit en 1874 un drame musical inspiré de la tragédie de Pouchkine*.

BORMANN, Martin (Halberstadt, 1900- ?). Homme politique allemand. Général des SS* en 1933, chef d'état-major de Rudolf Hess*, il devint secrétaire particulier de Hitler* en 1943 qu'il encouragea à l'extermination des juifs* et des Polonais. Il disparut en mai 1945 lors des combats de Berlin et fut condamné à mort par contumace au procès de Nuremberg*.

BORROMINI, Francesco Castelli, dit (Bissone, canton du Tessin, 1599-Rome, 1667). Architecte italien. Contemporain du Bernin*, il fut l'un des maîtres du baroque* italien. On lui confia à Rome la construction de nombreux édifices comme les églises de Saint-Charles-aux-Quatre-Fontaines (1634) et l'église Saint-Yves-de-la-Sapience (1642-1662). Dans les années 1650, Borromini accomplit des œuvres prestigieuses : restauration et transformation de la basilique Saint-Jean-de-Latran (1646-1649), premiers travaux pour l'église et les couvents de Sainte-Marie-des-Sept-Douleurs (autour de 1646) et de Sainte-Agnès, place Navone (1652-1655).

BOSCH, Jérôme (Bois-le-Duc, v. 1450-*id.* 1516). Peintre et dessinateur flamand, très renommé dans l'Europe de son temps et dont l'œuvre fut redécouverte vers la fin du XIXe siècle. Considéré aujourd'hui comme le « maître du fantastique », ses peintures, empreintes de nombreux symboles ésotériques, sont dominées par les thèmes de la folie, du péché et de la mort, expressions de la crise spirituelle de son époque. On lui attribue une trentaine de peintures dont *La Nef des fous* (Paris, musée du Louvre), *Le Jardin des délices* (Madrid, musée du Prado) et *La Tentation de saint Antoine* (musée national de Lisbonne). Voir Bruegel (Pieter).

BOSNIE-HERZÉGOVINE. République fédérée de l'ancienne Yougoslavie. Occupée par des populations serbes et croates, elle fut conquise par les Ottomans* et islamisée. Administrée par l'Autriche-Hon-

grie* (1878), elle fut annexée par cette dernière en 1908. Intégrée au royaume des Serbes, Croates* et Slovènes* en 1918, la Bosnie-Herzégovine devint en 1945-1946, l'une des six Républiques fédérées de Yougoslavie. Voir Sarajevo (Attentat de).
BOSNIE-HERZÉGOVINE (République de). Ancienne République fédérée de la Yougoslavie (capitale : Sarajevo), peuplée essentiellement de musulmans* (environ 44 %), de Serbes (environ 31 %) et de Croates (environ 17 %). Depuis son indépendance (référendum de mars 1992) et sa reconnaissance internationale, elle est déchirée par une guerre meurtrière qui oppose notamment les Serbes aux musulmans. Depuis 1992, des Casques bleus de la FORPRONU (Forces de protection des Nations Unies) ont été déployés en Bosnie. En août 1993, le conseil de sécurité de l'ONU* a condamné le « nettoyage ethnique » pratiqué par les Serbes et l'OTAN* est intervenue en 1994 sur mandat de l'ONU.
BOSQUET, Pierre Jean François (Mont-de-Marsan, 1810-Paris, 1861). Maréchal* de France. Il se distingua lors de la guerre de Crimée* (1854-1856), contribuant aux victoires de l'Alma* et d'Inkerman* (1854) puis au siège de Sébastopol*. Voir Malakoff (Tour).
BOSSUET, Jacques Bénigne (Dijon, 1627-Paris, 1704). Prélat, prédicateur et écrivain français. Défenseur de l'orthodoxie catholique*, il fut aussi un grand écrivain classique. Archidiacre de Metz jusqu'en 1658, il devint célèbre dès cette époque pour ses *Sermons* et ses *Oraisons funèbres* prononcés à l'occasion de la mort de grands personnages (oraison du Grand Condé*, 1687). Évêque de Condom (Gers) puis de Meaux, il fut le précepteur du dauphin, fils de Louis XIV*, défendit la politique religieuse du roi contre les protestants* et fit condamner par Rome le quiétisme de Fénelon*.
BOSTON TEA PARTY (16 décembre 1773). Nom donné à la destruction, par des

habitants de Boston déguisés en Indiens, de la cargaison de trois navires de la Compagnie anglaise des Indes. Cet acte avait pour objectif de forcer le Parlement de Londres à renoncer aux taxes frappant le commerce du thé. À cette *Boston Tea Party*, le gouvernement britannique répliqua par les cinq *Intolerable Acts* (1774) qui ruinaient le commerce de la ville et supprimaient pratiquement les libertés du Massachusetts*. Ce fut le signal de la guerre d'Indépendance* américaine (1775-1782).
BOTHA, Pieter Willem (Paul Roux, État d'Orange, 1916-). Homme politique sud-africain. Premier ministre (1978-1984) puis président de la République (1984-1989), il maintint fermement l'apartheid (supprimé en 1991) et réprima violemment les émeutes noires, s'attirant l'hostilité de plusieurs pays occidentaux qui décidèrent des sanctions économiques contre l'Afrique du Sud. Voir De Klerk (Frederik), Mandela (Nelson).
BOTTICELLI, Sandro di Mariano Filipepi, dit (Florence, 1445-*id.*, 1510). Peintre, dessinateur et graveur florentin, il fut l'un des maîtres de la Renaissance* italienne. Après avoir étudié l'art des orfèvres, Botticelli fut l'élève de Filippo Lippi* puis de Verrochio*. Très en faveur auprès des Médicis*, ce fut dans la philosophie néo-platonicienne défendue par Marsile Ficin*, la poésie gréco-latine, en vogue chez les Médicis, et l'idéal de la Renaissance humaniste qu'il puisa son inspiration. Un *Saint Augustin* (1480), des Madones, des allégories comme le *Printemps* (1478, gal. des Offices, Florence) et surtout la *Naissance de Vénus* (1480, gal. des Offices, Florence), où s'affirme la primauté du dessin, manifestèrent avec éclat ses dons de dessinateur et de coloriste. Voir Humanisme, Sixtine (Chapelle).
BOUCHER, François (Paris, 1703-*id.*, 1770). Peintre, graveur et décorateur français. Protégé de Mme de Pompadour*, il

ut le maître de la peinture galante et ro-
oco. Boucher débuta sa carrière dans
'atelier du graveur Jean-François Cars
·our lequel il réalisa notamment des eaux-
ortes à partir d'œuvres de Watteau*. Il séourna ensuite en Italie (1727-1731) où il
tudia Corrège* et les grands décorateurs
·aliens comme Tiepolo*. De retour à Pa-
·is, admis à l'Académie en 1734, il obtint
·n succès considérable par l'univers sen-
·uel et séduisant qu'il créa dans ses scènes
·alantes, mythologiques ou allégoriques et
·btint d'importantes commandes d'ama-
·eurs et de collectionneurs : *Le Repos de
·iane* (Paris, musée du Louvre), *Le
·riomphe de Vénus*, *La Toilette* (Stock-
·olm, Musée national), *Louise O'Murphy*
·Cologne, Wallraf Museum). Protégé de
·Mme de Pompadour dont il fit un célèbre
·ortrait, premier peintre du roi Louis XV*
1765), directeur de la manufacture des
·Gobelins*, Boucher décora des châteaux
·Crécy et Bellevue), dessina des cartons de
·apisserie pour Beauvais et les Gobelins et
·ournit des « modèles » à la manufacture
·e Sèvres. L'œuvre de Boucher influença
·oute la fin du XVIIIᵉ siècle, de Fragonard*
· David*, mais il s'attira les foudres de Di-
·erot*, hostile à son art licencieux.

**BOUCHER DE CRÈVECŒUR DE
PERTHES, Jacques** (Rethel, 1788-Abbe-
·ille, 1868). Préhistorien français, il fut
·un des fondateurs de la science préhisto-
·ique. Passionné d'archéologie, il décou-
·rit en 1844 dans les alluvions de la
·Somme des outils de silex* taillés au
·nême niveau que les ossements de grands
·nammifères disparus et en conclut à l'ori-
·ine très ancienne de l'homme. Voir Pré-
·iistoire.

BOUDDHA (v. 560-480 av. J.-C.). Sur-
·nom signifiant l'« Éveillé » ou l'« Illu-
·niné » donné au fondateur d'une religion,
·e bouddhisme*. Son vrai nom est Sid-
·lharta Gautama ou encore Çakyamuni.
·Fils d'un roi du nord de l'Inde*, de la
·caste* des guerriers (les Kshatriya*), il re-

çut l'éducation de tous les jeunes princes
indiens, mena une vie fastueuse et se maria. Mais à 29 ans, marqué par la misère
l'environnant, il quitta sa famille, revêtit la
robe jaune des renonçants et se fit moine
errant. Après des années d'une vie très
dure, il découvrit enfin la Vérité et reçut
l'Illumination. La souffrance des hommes
s'explique par le fait que les âmes errent
sans fin, toujours obligées de revenir sur
terre pour s'incarner dans un nouveau
corps. Le Bouddha enseigne qu'il est possible d'échapper à la chaîne des renaissan-
ces par la méditation, la sagesse et le renoncement à tous les désirs humains. Il
rejette les dieux de l'hindouisme* et déclare que l'état de bonheur, le nirvana*
(délivrance absolue de la douleur), est accessible à tous quelle que soit sa caste
d'origine. Les idées du Bouddha firent en
Inde de nombreux adeptes. Il fonda une
communauté de moines et prêcha pendant
quarante ans. Il mourut vers 80 ans et ses
reliques furent disputées, selon la légende,
par huit souverains. Son enseignement devint après sa mort le fondement d'une nouvelle religion.

BOUDDHISME. Religion née en Inde*
de l'enseignement du Bouddha*. Disparu
presque entièrement de ce pays après le
XIIᵉ siècle ap. J.-C., le bouddhisme est aujourd'hui répandu dans toute l'Asie du Sud
et du Sud-Est, particulièrement au Tibet,
en Chine et au Japon. Il compte actuellement environ 600 millions d'adeptes. Voir
Hindouisme.

**BOUGAINVILLE, Louis Antoine,
comte de** (Paris, 1729-*id.*, 1811). Navigateur français, explorateur des mers du Sud.
Après des études de mathématiques et de
droit, Bougainville s'engagea dans la carrière militaire, accompagnant Montcalm*
au Canada lors de la guerre de Sept* Ans
(1756-1763). Officier de marine en 1763,
il fut chargé de créer une colonie aux Malouines, sans succès, puis décida d'entreprendre une expédition scientifique autour

du monde (1766-1769), avec l'idée de vérifier une question qui passionnait à cette époque les milieux parisiens : y avait-il un continent austral dans les mers du Sud ? Après avoir franchi le détroit de Magellan*, il traversa l'océan Pacifique, atteignit Tahiti, puis les Samoa et les Nouvelles-Hébrides, découvrit un groupe d'îles au sud-est de la Nouvelle-Guinée puis revint par le cap de Bonne-Espérance. Nommé capitaine de vaisseau, membre de l'Académie de marine, il fit publier en 1771 la relation de son expédition dans son *Voyage autour du monde*. Voir Béring (Vitus), Cook (James), La Pérouse, Roggeveen (Jacob).

BOUILLÉ, François Claude, marquis de (1739-1800). Général français, il prit part, lors de la Révolution* française, à l'organisation de la fuite du roi à Varennes*. Gouverneur des îles du Vent, il participa à la guerre d'Indépendance* américaine. Général en chef de l'armée de Meuse et de Moselle (1790), il réprima à plusieurs reprises des rébellions de soldats puis fut choisi par Louis XVI* afin d'organiser le départ secret de la famille royale. La fuite de Varennes ayant échoué, il émigra en Angleterre où il publia des *Mémoires sur la Révolution française* (1797) et où il mourut.

BOUKHARINE, Nikolaï Ivanovitch (Moscou, 1888-*id*., 1938). Homme politique soviétique. Leader de l'aile droite du parti communiste, il fut exclu du parti par Staline* (1937) et condamné à mort puis exécuté comme opposant au régime. Théoricien, Boukharine avait écrit plusieurs ouvrages. Il fut réhabilité en 1988 sous Gorbatchev*. Voir Moscou (Procès de).

BOULANGER, Georges (Rennes, 1837-Ixelles, Belgique, 1891). Général et homme politique français. Il cristallisa autour de lui un mouvement hétéroclite de mécontents (le boulangisme*), mettant en péril la République parlementaire. Sorti de Saint-Cyr, il fit une carrière militaire rapide et brillante, combattant en Kabylie, en Italie, en Cochinchine* et participant à la guerre franco-allemande* de 1870-1871. Bientôt général de division en Tunisie (1884) il entra, soutenu par Clemenceau* comme ministre de la Guerre (1886-1887) dans le cabinet de Freycinet* (1886). Très vite, il se rendit populaire par sa réforme militaire (réduction de cinq à trois ans du service militaire, suppression du tirage au sort) par des mesures ponctuelles comme l'amélioration du sort des soldats ou la révocation de l'armée de son ancien protecteur, le duc d'Aumale*, frappé par la loi d'exil des princes, et plus encore par son attitude belliqueuse à l'égard de l'Allemagne lors de l'affaire Schnaebelé, arrêté par les Allemands pour espionnage (1887). Devenu aux yeux de l'opinion le « général Revanche », il inquiéta et fut écarté du ministère et nommé commandant du 13ᵉ corps d'armée à Clermont-Ferrand. L'extraordinaire rassemblement populaire à la gare de Lyon, lors de son départ, témoigna du soutien d'un vaste mouvement où se retrouvaient nationalistes, républicains, bonapartistes et monarchistes. Sa carrière militaire étant brisée, Boulanger n'hésita pas à se lancer dans la lutte politique et fut élu triomphalement, sur un programme très vague – « Dissolution, Révision, Constituante » – à Paris en janvier 1889. Cependant, malgré les pressions, Boulanger recula devant le coup de force. Accusé de complot contre l'État, menacé d'arrestation, il s'enfuit à l'étranger et fut condamné par contumace à la détention perpétuelle. Déçue par son attitude, l'opinion se détourna de lui, et il se suicida sur la tombe de sa maîtresse morte peu avant. Clemenceau dira de lui : « Il est mort comme il a vécu : en sous-lieutenant. » Voir Bonapartisme.

BOULANGISME. Nom donné au mouvement politique qui réunit de 1886 à 1889 autour du général Boulanger* une coalition hétéroclite de mécontents, hostiles à la

République. Ce mouvement s'inscrivit dans un contexte de malaise politique et social provoqué par le scandale des « décorations » – trafic de Légions d'honneur organisé par le gendre du président de la République, Jules Grévy* –, l'instabilité ministérielle et la crise économique qui sévissait en France depuis 1881. Le général Boulanger, ministre républicain de la Guerre (1886-1887), écarté du pouvoir, groupa autour de lui des républicains radicaux déçus de l'insuffisance des réformes sociales, des ultra-nationalistes groupés derrière Déroulède*, des bonapartistes et des monarchistes. Si Boulanger refusa finalement le coup d'État, le boulangisme fut une sérieuse menace pour la République parlementaire et manifesta, pour la première fois, l'émergence d'un courant républicain autoritaire, héritier du bonapartisme*.

BOULÊ. Nom donné dans la Grèce* antique au conseil d'une cité démocratique. À Athènes*, après la réforme de Clisthène*, la Boulê compta 500 membres, âgés de plus de 30 ans, tirés au sort parmi des candidats volontaires pour un an, à raison de 50 par tribu. Elle siégeait tous les jours et était principalement chargée d'étudier les projets de lois présentés ensuite au vote de l'assemblée du peuple, l'ecclésia*, et devait en outre superviser l'activité des magistrats. Leurs membres, ou bouleutes, percevaient une indemnité depuis Périclès*. Voir Agora, Démocratie athénienne, Prytanes.

BOULGANINE, Nikolaï Aleksandrovitch (Nijni-Novgorod, 1895-Moscou, 1975). Homme politique et maréchal soviétique. Bolchevik* dès 1917, président de la Banque d'État (1938-1941), puis commissaire politique de l'armée de Joukov*, il devint, après la mort de Staline* (1953), vice-président du Conseil chargé de la Défense nationale. Président du Conseil des ministres (1955-1958), il fut dénoncé par son successeur Khrouch-

tchev* comme membre d'un groupe « antiparti » et écarté du pouvoir. Voir Malenkov (Georgui).

BOUMEDIENE, Houari (Heliopolis, 1932-Alger, 1978). Homme politique algérien. Après avoir participé à l'indépendance de l'Algérie, il écarta en 1965 Ben* Bella du pouvoir et domina la politique algérienne jusqu'en 1978. Issu d'une famille de paysans pauvres, Boumediene devint instituteur et, nationaliste convaincu, milita d'abord dans le Parti du peuple algérien de Messali* Hadj avant de rejoindre Ben Bella et la délégation du FLN* au Caire. Chargé de convoyer du matériel militaire d'Égypte vers les frontières algéro-tunisiennes, il débarqua clandestinement en Algérie et changea de patronyme (Mohammed Boukharouba) pour adopter celui de Boumediene. Chef de la wilaya V (Oranie) en 1957, puis dirigeant de l'état-major de l'ANL (Armée nationale de libération) à Tunis (1960), il entra après l'indépendance (1962) dans le GPRA (Gouvernement provisoire de la République algérienne) puis apporta son soutien à Ben Bella qui, devenu chef de gouvernement, le nomma ministre de la Défense (septembre 1962). Mais bientôt opposé à sa politique autogestionnaire, il participa à son renversement après le coup d'État du 18 juin 1965. Austère et solitaire, le colonel Boumediene, devenu président du Conseil de la révolution, chef du gouvernement et ministre de la Défense, souhaita pour l'Algérie, toujours engagée sur la voie du socialisme*, une totale indépendance. Il engagea le pays dans un programme intensif d'industrialisation, nationalisa des compagnies pétrolières (Esso et Mobil) ainsi que d'autres secteurs d'activités, procéda à l'évacuation des bases militaires françaises et mit en œuvre une politique d'arabisation. Cependant, la démographie galopante de l'Algérie entraîna un chômage persistant et une émigration massive. Soucieux de la sécurité et du prestige de l'Algérie, ambitionnant le rôle de leader du monde arabe et du non-alignement, Boumediene signa d'importants accords de coopération avec la Tunisie (1970), le Maroc (1972), défendit les droits du peuple palestinien, accueillit à Alger Kossyguine* (1971), Sadate* et Kadhafi* (1972). La réunion, tenue à Alger, de la quatrième conférence au sommet des pays non-alignés (septembre 1973) témoigna du succès de son action diplomatique. La politique de Boumediene rencontra cependant de fortes oppositions qui culminèrent en 1967 avec une tentative de putsch et plusieurs attentats : oppositions extérieures de la part d'anciens adversaires comme Ben Bella et Belkacem mais aussi intérieures, venues d'hommes politiques et d'officiers supérieurs hostiles à l'accaparement du pouvoir. En 1976, il fit accepter par référendum une nouvelle Constitution – qui confirma le rôle dirigeant du FLN* et l'islam comme religion d'État – et fut élu président de la République. Il mourut deux ans plus tard.

BOURBON, Charles III, duc de, dit **le Connétable de Bourbon** (1490-1527). Comte de Montpensier, dauphin* d'Auvergne (1503), il épousa sa cousine Suzanne, fille de Pierre II, duc de Bourbon, et acquit ainsi un vaste État bourbonnais. Il participa, lors des guerres d'Italie*, aux batailles d'Agnadel* et de Marignan* (1515), où il reçut l'épée de connétable* des mains de François Ier*. Après la mort de sa femme qui lui avait légué tous ses biens, il refusa d'épouser la mère de François Ier, Louise de Savoie, celle-ci lui réclamant l'héritage des Bourbons*. Il passa alors au service de Charles* Quint et contribua largement à la défaite de la France à Pavie* (1525). Après sa mort à Rome, François Ier confisqua ses domaines qui furent rattachés à la couronne.

BOURBONS. Famille française dont les membres ont régné en France, en Espagne, à Naples*, en Sicile, à Parme et qui tire son nom des descendants d'une famille féodale, installée en Auvergne, la seigneurie de Bourbon-l'Archambault. Les Bourbons se divisent en quatre branches. La première branche, issue de Louis, duc de Bourbon en 1327, s'éteignit en 1527. Les deux branches suivantes régnèrent sur la France de 1589 à 1792, puis de 1815 à 1830. La deuxième branche, issue du même Louis, accéda au trône de Navarre, Antoine de Bourbon ayant épousé Jeanne* d'Albret. Leur fils parvint au trône de France sous le nom d'Henri IV* (1589), sa lignée directe allant jusqu'à Charles X*. Le dernier représentant en fut le comte de Chambord*, petit-fils de Charles X*, mort sans descendant en 1883. La troisième branche (celle des Bourbons-Orléans) est issue de Philippe, frère de Louis XIV* et second fils de Louis XIII*. Elle donna Louis-Philippe Ier*, roi des Français de 1830 à 1848. Le chef en est aujourd'hui Henri, comte de Paris. La quatrième branche des Bourbons est issue de Philippe V*, roi d'Espagne, petit-fils de Louis XIV* Elle régna sur l'Espagne de 1700 à 1931 et règne depuis 1975 avec Juan* Carlos Ier. La quatrième branche de la famille occupa le trône des Deux-Siciles* jusqu'en 1860, celui du duché de Parme et Plaisance jusqu'en 1859.

BOURG. Dans l'Europe du Moyen Âge, village fortifié ou non, ayant généralement obtenu une charte* communale. Au nord de la France, le terme est synonyme de villeneuve, lieu habité, née au moment des grands défrichements.

BOURGES (Cathédrale de). Commencée vers 1190 et construite pour l'essentiel au XIIIe siècle, la cathédrale Saint-Étienne de Bourges est l'un des plus grands édifices gothiques* de France. Elle a pour particularité de posséder cinq nefs* sans transept

BOURGOGNE (Duché de). Duché constitué à l'ouest de la Saône au IXe siècle et dont le premier titulaire fut Richard le Justicier (mort en 921). Annexé par le roi

le France Robert II* le Pieux, le duché fut
édé à son troisième fils Robert, qui fut
insi la souche d'une première maison capétienne de Bourgogne, laquelle s'éteignit
n 1361 par la mort de son dernier repré-
entant mâle, Philippe de Rouvres. Le duché de Bourgogne revint par héritage au
oi de France Jean II* le Bon, fils de
eanne de Bourgogne, qui le donna en apanage* (1363) à son quatrième fils Philippe
I* le Hardi, premier des quatre ducs de la
maison de Valois* (Philippe II le Hardi,
ean* sans Peur, Philippe III* le Bon,
Charles* le Téméraire). Cette dynastie, qui
jouta au duché primitif de nombreux ter-
itoires (Flandre*, Hainaut, Brabant et
Luxembourg notamment), fonda un puisant État rival du Saint Empire*, de la
France et de l'Angleterre. En 1477, le duché de Bourgogne (mais non la Franche-
Comté) fut conquis par Louis XI* et rat-
aché au royaume de France. Voir
Armagnacs, Bourguignons, Burgondes.

BOURGS POURRIS (en angl. *rotten bo-
oughs*). Nom donné en Angleterre
au XVIIIe et au début du XIXe siècle à des
bourgs disparus ou presque déserts qui, en
vertu d'anciens privilèges, avaient pour-
ant le droit d'élire des représentants au
Parlement* alors que de nouvelles villes
industrielles n'avaient aucun député. Les
bourgs pourris furent supprimés par la ré-
orme électorale de 1832 qui réorganisa
complètement la base électorale du sys-
ème parlementaire. Après 1832, le nombre des électeurs passa à environ 1 million,
a petite bourgeoisie, les artisans et les ou-
riers restant exclus du pays légal. Voir
Grey (Charles).

BOURGUIBA, Habib (Monastir, 1903-).
Homme politique tunisien. Combattant de
l'indépendance tunisienne, dirigeant du
Néo*-Destour, il fut président de la République tunisienne (1957-1987). Issu de la
petite bourgeoisie rurale, ruinée par la
concurrence des colons, Bourguiba réussit,
grâce à l'aide de son frère aîné, à poursui-

vre des études à la faculté de droit de Paris
et à l'École libre des sciences politiques
(1924-1927). Revenu en Tunisie en 1927,
il devint un militant du Destour* (Parti libéral constitutionnel) dont il critiqua vite
l'inspiration religieuse et le traditionalisme. En 1934, il décida la scission et
fonda le Néo-Destour, parti nationaliste favorable à une Tunisie indépendante, laïque
et modernisée. Arrêté plusieurs fois par les
Français (1934-1936 ; 1938-1942), il
s'exila en Italie durant la Seconde Guerre*
mondiale sans se laisser séduire par l'Axe*
puis, rentré clandestinement en Tunisie, il
fut condamné par les autorités gaullistes et
mis en résidence surveillée jusqu'en 1946.
Libéré, secrétaire général puis président du
Néo-Destour, il fit des tournées internationales pour défendre la cause de l'indépendance tunisienne mais, arrêté de nouveau
en 1952, il fut placé en résidence surveillée jusqu'en 1954. Enfin reconnu par le
gouvernement Mendès* France, il participa aux discussions qui aboutirent en
1956 à l'indépendance tunisienne. Premier
ministre en 1956, Bourguiba, devenu le
« combattant suprême », fit déposer le bey
et devint président de la République. Ses
relations avec la France restèrent longtemps difficiles du fait de l'existence de
camps d'entraînements du FLN* algérien
sur le territoire tunisien – qui entraîna le
bombardement de Sakiet par l'aviation
française (1958) –, de la volonté de Bourguiba de supprimer toutes les bases militaires françaises en Tunisie – violents
combats de Bizerte en 1962 – et enfin de
la nationalisation des terres appartenant
aux étrangers (1964). Malgré ses longs différends avec la France, Bourguiba joua, au
sein de la Ligue arabe*, un rôle modérateur dans les relations entre l'Occident et
le monde musulman, préconisant une solution négociée avec Israël, ce qui dressa
contre lui l'Égypte de Nasser*. Il accueillit
cependant en 1982 Arafat* et les dirigeants de l'OLP* expulsés de Beyrouth.

Devenu président à vie, il imposa à la Tunisie des réformes fondamentales – abolition de la polygamie, droit de vote aux femmes, laïcisation de l'État – et orienta l'économie vers un « socialisme destourien » vaguement inspiré du système de coopératives yougoslave. Cependant, la fragilité de l'économie tunisienne et la progressive personnalisation du pouvoir obligeant le gouvernement à n'être qu'un état-major docile, provoquèrent grèves et émeutes (1976, 1977 et 1978) mais aussi le renouveau de l'intégrisme (révolte de Gafsa en 1981). Bourguiba, depuis 1987, a abandonné ses pouvoirs dorénavant exercés par Ben* Ali.

BOURGUIGNONS. Nom donné en France à une faction qui s'opposa à celle des Armagnacs* de 1411 à 1435 pendant la guerre de Cent* Ans. Les Bourguignons soutinrent les ducs de Bourgogne, Jean* sans Peur puis Philippe III* le Bon, adversaires du duc d'Orléans et des Armagnacs, puis du futur Charles VII*. Profitant de la démence du roi de France, Charles VI*, son cousin Jean sans Peur fit assassiner le duc d'Orléans, frère du roi (1407), ce qui provoqua durant plusieurs années une grave guerre dont l'Angleterre tira parti (Azincourt*, 1415). Après le meurtre de Jean sans Peur (1419), son fils, Philippe III le Bon, signa avec Henri V* de Lancastre le traité de Troyes* (1420), déshéritant Charles VII au profit de l'Angleterre. Les Bourguignons et les Anglais luttèrent contre les Armagnacs jusqu'au traité d'Arras* (1435) qui mit un terme à la guerre civile. Voir Cabochiens.

BOURMONT, Louis-Auguste-Victor de Ghaisnes, comte de (Freigné, Maine-et-Loire, 1773-*id.*, 1846). Maréchal* de France. Ancien chef des chouans au service du comte d'Artois (futur Charles X*) lors de la Révolution*, passé à l'ennemi à la veille de Waterloo*, Bourmont s'illustra sous la Restauration* comme commandant de l'expédition d'Alger* (1830) qui lui va-

lut le bâton de maréchal. Après avoir re fusé de prêter serment à Louis-Phi lippe Ier* après la révolution* de 1830, i se mit au service des armées monarchiste du Portugal puis de l'Espagne, et revint e France après l'amnistie de 1840. Il avai été le principal accusateur au procès d Ney*. Voir Chouannerie.

BOUSSOLE. Instrument d'orientatio dont la tradition accorde aux Chinois la dé couverte. La boussole était connue des ma rins méditerranéens aux XIe et XIIe siècles Par perfectionnements successifs, elle de vint un excellent instrument pour s'orien ter en mer par tous les temps. Elle favoris ainsi le développement de la navigation e haute mer, bien qu'elle ne permît que l navigation à l'estime. Voir Astrolabe.

BOUVINES (Bataille de, 27 juillet 1214) Victoire rapide et décisive remportée pa Philippe II* Auguste, soutenu par des che valiers* de provinces royales et des mili ces communales, sur les troupes coalisée de Jean* sans Terre, roi d'Angleterre, Ot ton de Brunswick, empereur, le comte d Flandre et le comte de Boulogne. Bouvi nes fut l'une des batailles décisives et sym boliques de l'histoire de France et peut êtr considérée comme la première expressio du sentiment national chez les Français Elle provoqua la chute de l'empereur, rem placé par Frédéric II* de Hohenstaufen* et une révolte des barons en Angleterre qu imposèrent à Jean sans Terre la Grand Charte* de 1215.

BOXERS ou **BOXEURS.** Nom donné e Europe aux membres d'une Société secrèt chinoise qui anima, à partir de 1895, u mouvement hostile à l'influence grandis sante des Occidentaux dans leur pays. Fer vents nationalistes et xénophobes, le Boxers, soutenus par l'impératrice Ts'eu hi*, massacrèrent en 1900 plusieurs mem bres des missions étrangères à Pékin et as siégèrent les légations européennes. U corps expéditionnaire international pri T'ien-tsin et entra à Pékin. Une très fort

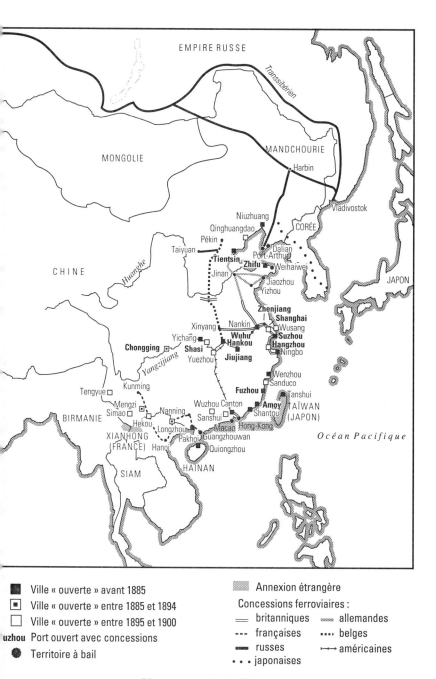

■ Ville « ouverte » avant 1885	▨ Annexion étrangère
▣ Ville « ouverte » entre 1885 et 1894	Concessions ferroviaires :
□ Ville « ouverte » entre 1895 et 1900	═══ britanniques ▨▨▨ allemandes
uzhou Port ouvert avec concessions	--- françaises •••• belges
● Territoire à bail	▬▬ russes ⊢⊢⊢ américaines
	••• japonaises

L' ouverture de la Chine

indemnité dut être payée par le gouvernement chinois aux puissance européennes. La révolte des Boxers, bien que conservatrice et traditionaliste, fut considérée dans la Chine communiste comme une étape de la lutte anti-impérialiste. Voir Pavillons noirs, Taiping.

BOYACÁ (Bataille de, 1819). Victoire de Bolivar* à Boyacá, village de Colombie, sur les Espagnols qui entraîna la libération de la Nouvelle-Grenade, l'une des quatre vice-royautés de l'Amérique espagnole (Colombie, Venezuela, Équateur).

BRAHMA. Dieu de l'Inde*, créateur du monde. Il est associé avec Vishnu* (conservateur du monde) et Cyva* (destructeur permanent du monde) – cette trifonctionnalité est caractéristique de toutes les civilisations indo-européennes. Mais à cause d'une malédiction, Brahma ne reçoit pas de culte ; c'est pourquoi les temples qui lui sont consacrés sont très rares. On le représente avec quatre têtes et quatre bras et sa monture est une oie sacrée. Voir Hindouisme.

BRAHMANES. Nom donné dans l'ancienne société indienne à ceux qui appartiennent à la caste* des prêtres, la première des anciennes castes héréditaires de l'Inde*. Les brahmanes se divisèrent par la suite en un grand nombre de sous-castes et perdirent leur domination au profit des Kshatriya*, caste des nobles guerriers. Ils ne représentent aujourd'hui qu'environ 6 % de la population hindoue de l'Inde. Voir Brahmanisme, Hindouisme.

BRAHMANISME. Nom donné à l'ancienne religion de l'Inde* appelée aujourd'hui hindouisme*. Le brahmanisme (du nom du dieu Brahma*) se caractérise notamment par la division de la société en groupes appelés castes*, dominées par les prêtres ou brahmanes*. Voir Ellorā.

BRAHMS, Johannes (Hambourg, 1833-Vienne, 1897). Compositeur allemand. Héritier de Haydn*, Beethoven* et Schubert*, il appartient à la génération romantique, tempérée, chez cet Allemand du Nord, par le goût de l'ordre et du classicisme*. Issu d'une famille modeste, précocement doué pour la musique, il fit son apprentissage de pianiste et de compositeur chez Marxsen, alors un maître célèbre. Après des années sombres où il gagna sa vie en jouant dans les tavernes, il bénéficia de l'amitié de Schumann* qui l'aida dans sa carrière. Fixé à Vienne à partir de 1862, il se consacra à la composition et devint célèbre à travers l'Europe. Brahms est connu à travers ses *Lieder*, sa musique de chambre, ses sonates, ses symphonies et son *Requiem allemand* (1868) souvent considéré comme l'un des sommets de la musique religieuse du XIXe siècle.

BRAIES. Sorte de pantalon ample porté par les Gaulois* et les peuples germaniques. Voir Gaule en braies.

BRAIN-TRUST (« Trust des cerveaux »). Nom donné au groupe d'intellectuels (Raymond Moley, Rexford Tugwell, Adolf Berl...) composés de professeurs, d'économistes et de financiers dont s'entoura Franklin D. Roosevelt* pour élaborer et appliquer sa politique du *New* *Deal*.

BRAMANTE, Donato di Angelo, dit (1444-Rome, 1514). Architecte et peintre italien, il influença profondément l'architecture de la Renaissance*. Originaire d'Urbino, il s'installa à Milan (v. 1475-1499) où il réalisa les fresques de la Casa Panigarola (*Hommes en armes*, 1480-1490), puis se consacra exclusivement à l'architecture. Ce fut à Rome où il travailla de 1499 jusqu'à sa mort qu'il réalisa ses plus beaux chefs-d'œuvre. Il édifia sur le Janicule, emplacement supposé du martyre de saint Pierre*, le *tempietto* de San Pietro in Montorio (1502), exemple le plus représentatif de l'architecture italienne de la Renaissance, son extrême rigueur rappelant les monuments classiques de la Rome* antique. Son grand projet resta cependant la reconstruction de la basilique Saint-Pierre – assurée par une cam-

pagne d'indulgences* – dont le pape Jules II* lui confia la réalisation. Ses plans
furent modifiés par ses successeurs après
sa mort, Michel-Ange* mais surtout Ma-
derno.

BRANDT, Karl Herbert Frahm, dit
Willy (Lübeck, 1913-près de Bonn, 1992).
Homme politique allemand. Président du
Parti social-démocrate* (1964-1987), il fut
chancelier* de la République fédérale
(1969-1974). Il voulut rendre à l'Allemagne une politique indépendante de celle de
l'allié américain et engagea une politique
d'ouverture à l'Est, l'*Ostpolitik*. Issu d'une
famille populaire d'Allemagne du Nord,
Willy Brandt, de son vrai nom Herbert
Frahm, milita très tôt à l'aile gauche du
Parti social-démocrate (SPD*) puis émigra
en 1933, après l'arrivée au pouvoir de Hitler*, en Norvège où il devint citoyen de ce
pays sous le nom de Willy Brandt. De retour en Allemagne en 1945, il fut correspondant de journaux norvégiens au procès
de Nuremberg* puis collaborateur de la représentation diplomatique de Norvège à
Berlin. De nouveau citoyen allemand en
1947, il milita activement au sein du SPD
et devint, en 1955, président du Parlement
de Berlin-Ouest. Élu maire de la ville
(1957-1966), il symbolisa à partir de 1961
– date de la construction du mur – l'opposition au régime communiste. Aux élections générales de septembre 1961, Brandt
fut candidat du SPD à la chancellerie face
au chancelier Adenauer*, mais ce fut un
échec, renouvelé lors des élections de 1963
– l'opinion allemande lui préférant Ludwig Erhard*. En décembre 1966, Brandt,
président du SPD depuis 1964, accepta de
constituer avec les chrétiens-démocrates et
les libéraux un cabinet de grande coalition
dans lequel il fut vice-chancelier et ministre des Affaires étrangères. Au lendemain
des élections de 1969, les libéraux chan-
gèrent d'alliés et appuyèrent le SPD rejetant, fait sans précédent, les chrétiens-démocrates dans l'opposition. Devenu

chancelier fédéral (octobre 1969-mai
1974), Brandt, comme Adenauer, se
consacra surtout à la politique étrangère.
Sans abandonner ses liens d'amitié avec
les États-Unis, le chancelier inaugura une
politique d'ouverture vers l'Est (*Ostpolitik*) normalisant les rapports de la RFA*
avec l'URSS et les démocraties populaires, particulièrement la RDA*. Il signa à
Moscou, en août 1970, le traité reconnaissant comme polonais les anciens territoires
allemands à l'est de la ligne Oder-Neisse*
et reconnut la RDA avec laquelle furent
noués des liens politiques, économiques et
culturels. L'*Ostpolitik* permit aussi le règlement de la question allemande qui em-
poisonnait les relations Est-Ouest depuis
1945 et permit l'entrée à l'ONU* des deux
Allemagnes en 1973. La politique de
Brandt lui valut une grande popularité internationale mais provoqua un certain
malaise dans une partie de l'opinion allemande, accentué par des gestes spectaculaires comme l'agenouillement du chancelier devant le monument célébrant le
martyre du ghetto de Varsovie*. Cependant, son prestige fut sanctionné par l'attribution du prix Nobel* de la paix (octobre 1971) et confirmé par sa brillante
réélection de novembre 1972. Contesté sur
sa gauche pour sa politique économique
jugée trop libérale (attentats de la bande à
Baader*) et atteint personnellement par
l'affaire de l'espion Guillaume – proche
collaborateur de Brandt, agent des services
secrets est-allemands – il démissionna en
mai 1974.

BRANDT ou **BRANT, Sébastien** (Strasbourg, 1458-*id.*, 1521). Jurisconsulte et
poète alsacien, rendu célèbre par son livre
La Nef des fous (1494), illustré par des gravures de l'auteur et de Dürer* et traduit en
de nombreuses langues européennes.
Composée de 112 chapitres chacun consacré à un vice humain représenté par un personnage, cette satire des mœurs du temps
inspira Jérôme Bosch* (*La Nef des fous*,

Paris, musée du Louvre) et Érasme* dans son *Éloge de la folie* (1511).

BRAQUE, Georges (Argenteuil, 1882-Paris, 1963). Peintre français. Il fut, avec Picasso*, le créateur du cubisme*. Après avoir étudié à l'École des beaux-arts à Paris, il s'orienta d'abord vers le fauvisme* (*Le Port de l'Estaque*, 1906, Paris ; *Paysage à La Ciotat*, 1907, coll. privée) puis découvrit Cézanne* et Picasso qui le conduisirent sur la voie du cubisme : *Nature morte avec instruments musicaux*, 1908, Paris, coll. privée ; *Violon et Cruche*, 1910, Bâle, Kunstmuseum ; *Verre et violon*, 1913-1914, Bâle, Kunstmuseum. À partir de 1911, Braque élargit et diversifia ses recherches, composant notamment ses célèbres « papiers collés » (1912-1914).

BRASSIER. Au Moyen Âge, nom donné en France au paysan pauvre ne possédant que ses bras comme force de travail.

BRAUCHITSCH, Walter von (Berlin, 1881-Hambourg, 1948). Maréchal* allemand. Il fut commandant en chef de l'armée de terre (1938-1941), puis relevé de ses fonctions par Hitler* après l'échec des armées allemandes devant Moscou (1941). Il mourut prisonnier des Alliés. Voir Guerre mondiale (Seconde).

BRAUDEL, Fernand (Luméville-en-Ornois, 1902-Cluzes, 1985). Historien français. Dans *La Méditerrannée et le monde méditerranéen à l'époque de Philippe II* (1949), il a ouvert l'histoire à l'étude des mouvements de longue durée et aux sciences voisines, en particulier la géographie. *Civilisation matérielle, économie et capitalisme XVᵉ-XVIIIᵉ siècle* (1967-1979) est une analyse de l'Europe dans son infrastructure économique.

BRAUN, Werner von (Wirsitz, auj. Wynrysk, Pologne, 1912-Alexandria, Virginie, 1977). Ingénieur allemand naturalisé américain. Il mit au point au centre d'essais de fusées de Peenemünde les V2 allemands. Après s'être rendu aux Américains en 1945, il émigra et poursuivit ses recherches aux États-Unis. Entré à la NASA* en 1960 après avoir pris une part décisive au lancement du premier satellite américain, il devint l'un des responsables du programme spatial américain.

BRAZZA, Pierre SAVORGNAN de (Castelgandolfo, près de Rome, 1852-Dakar, 1905). Explorateur français d'origine italienne. Ses expéditions en Afrique (1875-1897) furent à l'origine du Congo français. Il explora le cours de l'Ogoué et atteignit le Congo qu'il fit placer, avec l'accord du roi Makoko, sous souveraineté française (1880). Entre 1886 et 1898, Brazza fut commissaire général du gouvernement français au Congo. Il avait fondé en 1890 un poste (futur Brazzaville) qui devint en 1910 la capitale de l'Afrique* équatoriale française.

BRAZZAVILLE (Conférence de, 30 janvier-8 février 1944). Conférence organisée à Brazzaville (capitale du Congo) par de Gaulle* et le comité d'Alger, et qui réunit les représentants de tous les territoires de l'Empire français. Une nouvelle organisation des colonies françaises d'Afrique noire fut projetée, envisageant notamment le droit à la « gestion de leurs propres affaires » des indigènes intégrés à la communauté française. Si la tendance générale alla à l'assimilation, la conférence rejeta catégoriquement l'idée d'indépendance des colonies. Voir Communauté, Union française.

BRECHT, Bertolt (Augsbourg, 1898-Berlin-Est, 1956). Auteur dramatique allemand. Il fonda à Berlin-Est en 1949 la célèbre troupe du « Berliner Ensemble » qu'il dirigea jusqu'à sa mort avec sa femme, l'actrice Hélène Weigel. Fils d'un petit industriel, il commença des études de médecine interrompues par la Première Guerre* mondiale qu'il fit, en 1918, en qualité d'infirmier. Installé à Munich, il accueillit favorablement la République de Weimar* mais fut marqué par la répression sanglante du mouvement spartakiste qui consomma l'échec du socialisme* en Allemagne. Assistant metteur en scène au Deutsches Theater de Berlin à partir de 1923, il fit l'expérience du « théâtre politique » et connut la célébrité avec *L'Opéra de quat' sous* (1928) bientôt joué dans le monde entier. Adversaire du régime nazi, Brecht quitta l'Allemagne en 1933 et passa une grande partie de son exil aux États-Unis. Installé à Berlin-Est en 1948, il inaugura au Berliner Ensemble une nouvelle approche, « distanciée », du théâtre, qui le rendit célèbre. Influencé par le marxisme, Brecht dénonça aussi dans son théâtre les ruses et les contradictions de la morale bourgeoise. Il faut citer *Mère Courage et ses enfants* (1941), *Maître Puntila et son valet Matti* (1948), *Le Cercle de craie caucasien* (1948) et des pièces antinazies comme *La Résistible Ascension d'Arturo Ui* (1959). Voir Spartakus (Ligue).

BREDA (Déclaration de, 1660). Texte signé lors de la révolution* d'Angleterre par Charles II* exilé à Breda aux Povinces-Unies et qui donnait satisfaction aux revendications des parlementaires exprimées en 1641. Ce texte permit la restauration des Stuarts* en Angleterre.

BREJNEV, Leonid Ilitch (Dnieprodzerjinsk, 1906-Moscou, 1982). Homme politique soviétique. Premier secrétaire du comité central du Parti communiste* (1964) et président du praesidium du Soviet* suprême (1977). Son gouvernement fut caractérisé sur le plan intérieur par l'immobilisme social et la stagnation économique. Il fit accéder l'URSS au rang de grande puissance militaire et s'employa à une politique de détente avec l'Occident compromise par l'invasion de l'Afghanistan* en 1979. Issu d'une famille ouvrière d'Ukraine, Brejnev entra au Komsomol* en 1913, suivit un enseignement technique agricole et devint membre du Parti communiste de l'Union soviétique en 1931. Ingénieur métallurgiste (1935), il gravit rapidement les échelons de l'appa-

reil du parti : responsable de l'industrie de défense en Ukraine, commissaire politique de l'armée durant la Seconde Guerre* mondiale, premier secrétaire du comité central du PC de Moldavie (1950-1952) puis du PC du Kazakhstan (1954-1956). Il remplaça Potgorny* à la tête du praesidium du Soviet suprême (1977) et succéda à Khrouchtchev* au poste de premier secrétaire du parti en 1964. Durant dix-huit ans, Brejnev devint le numéro un de l'URSS, cumulant pour la première fois à partir de 1977 les fonctions de chef du parti et de chef de l'État. Malgré le culte dont il fut entouré – ses compagnons l'appelaient le « guide » – et tous les honneurs civils et militaires possibles qu'il reçut (maréchal, héros de la guerre, héros de l'URSS, héros du travail socialiste), Brejnev n'exerça pas un pouvoir personnel mais mit en place un pouvoir collégial au sein du Politburo, prenant en compte les revendications du parti tout entier. Il assura aux cadres du parti des carrières stables, ce qui entraîna à la longue un vieillissement du personnel politique et un grand immobilisme dans la vie politique malgré les manifestations de la « dissidence » sévèrement réprimées. Sous son gouvernement, Brejnev renforça le développement de l'industrie lourde et donna à l'URSS une puissance militaire incomparable, prévoyant ainsi l'installation de SS 20 (fusées à moyenne portée) menaçant l'Europe occidentale. Il entretint néanmoins une politique de détente et de coopération économique et technologique avec l'Ouest, comme en témoignent la réconciliation avec l'Allemagne (accords avec le chancelier Brandt* en 1970), les accords SALT conclus avec les États-Unis et la signature de l'Acte final d'Helsinki* (1975) consolidant le *statu quo* de 1945 en Europe. Cependant, l'intervention militaire en Tchécoslovaquie (1968) – qui devait fixer les limites à ne pas dépasser dans le camp socialiste – et en Afghanistan*

(1979) provoquèrent la dégradation des relations avec l'Occident, particulièrement après l'arrivée de Ronald Reagan* au pouvoir (1981). Sa politique dans le tiers monde connut un bilan mitigé avec des acquis incontestables (extension de l'aide communiste dans la péninsule indochinoise et dans certains pays d'Afrique) et d'importants échecs comme au Moyen-Orient où l'URSS perdit sa zone d'influence au profit des Américains. Décédé après une longue maladie, Brejnev fut remplacé par Iouri Andropov*, ancien chef du KGB*. Voir Coexistence pacifique, Kossyguine (Aleksei), Podgornyï (Nikolaï).

BREST-LITOVSK (Traité de, 3 mars 1918). Traité de paix signé entre la Russie des soviets* et les puissances centrales (Allemagne, Autriche-Hongrie*, Empire ottoman*, Bulgarie) lors de la Première Guerre* mondiale. La Russie soviétique pour qui la paix était nécessaire après les révolutions* de 1917, négocia pendant près de trois mois avec la délégation allemande. L'ultimatum lancé par l'Allemagne divisa profondément la direction soviétique, partagée entre l'acceptation (Lénine*), la guerre révolutionnaire (Boukharine*) et le retrait du conflit sans traité (Trotski*). Lénine fit admettre, afin de sauver la révolution, le « honteux traité » (Lénine) de Brest-Litovsk, par lequel la Russie perdait la Pologne et les Pays baltes. Le traité de Versailles* (28 juin 1919) annula le traité de Brest-Litovsk.

BRÉTIGNY (Traité de, 1360). Traité signé pendant la guerre de Cent* Ans par le roi de France, Jean II* le Bon, prisonnier des Anglais après la bataille de Poitiers* (1356), par lequel le roi de France, outre une énorme rançon, abandonnait au roi d'Angleterre Édouard III* Plantagenêt une Aquitaine* réduite aux limites de l'ancien duché d'Aliénor*. Le successeur de Jean II, Charles V*, reconquit la plupart de ces territoires.

BRETON, André (Tinchebray, 1896-Paris, 1966). Écrivain français. Il fut l'un des fondateurs et le principal animateur du mouvement surréaliste. Mobilisé en 1914, Breton, étudiant en médecine, fut affecté en 1915 aux services neuropsychiatriques et s'initia aux travaux de Sigmund Freud*. En 1919, il créa avec ses amis Louis Aragon* et Philippe Soupault la revue *Littérature*. Entré au parti communiste* en 1927, il en démissionna peu après mais cet engagement politique laissa une empreinte sur toute sa vie. Exilé aux États-Unis à partir de 1941, rentré en France en 1946, Breton demeura dans son œuvre fidèle aux convictions de sa jeunesse. Il avait établi les fondements du surréalisme* dans deux *Manifeste* (1924, 1930). Prônant l'exploration poétique de l'inconscient, il réhabilita l'imaginaire et le rêve notamment dans *Nadja* (1928), *L'Immaculée Conception* (1930, en collaboration avec Paul Éluard*), *Les Vases communicants* (1932), *L'Amour fou* (1937) et *Arcane 17* (1947).

BRETTON WOODS (Accords de, juillet 1944) Conférence financière internationale tenue à Bretton Woods (New Hampshire, États-Unis) et réunissant 44 États en lutte contre les puissances de l'Axe*. L'objet de cette conférence était de poser les fondements d'un nouveau système monétaire international afin d'éviter le retour aux pratiques de l'entre-deux-guerres comme les dévaluations en chaîne, le contrôle des changes, ou le repli protectionniste. Le nouveau système monétaire international (SMI) reposait sur l'or et le dollar américain, les États-Unis disposant à cette époque des deux tiers du stock d'or mondial. Chaque monnaie avait ainsi une valeur officielle, c'est-à-dire une parité calculée par rapport à l'or ou au dollar. Chaque État, sauf en cas de crise économique majeure, devait défendre la parité de sa monnaie afin d'éviter d'importantes luctuations. Les accords de Bretton Woods fondés sur des changes fixes et la suprématie du dollar, devenu un nouvel talon, et qui joua en réalité le rôle de l'or, urent une espèce de « code de bonne onduite monétaire ». Cependant, énorme déficit de la balance commerciale américaine et le prix fixe de l'or 35 dollars l'once) sans correspondance vec sa valeur réelle, contribuèrent à la fin u système de Bretton Woods. Le 15 août 971, le gouvernement du président lixon* décida unilatéralement la suppression de la convertibilité du dollar en or, le ollar devenant ainsi le seul moyen de aiement. Les accords de Bretton Woods urent remplacés par les accords de la Jamaïque (janvier 1976). Voir BIRD, FMI, GATT.

BREUIL, abbé Henri (Mortain, 1877-l'Isle-Adam, 1961). Paléontologue et préhistorien français. Professeur au Collège* e France, il a participé à toutes les fouilles préhistoriques importantes. On lui doit es études et des relevés (gravures, objets es cavernes) de la plupart des œuvres l'art rupestre dont celles de Lascaux* et es Eyzies-de-Tayac*.

BRIAND, Aristide (Nantes, 1862-Paris, 932). Homme politique français. Favorale à une réconciliation franco-allemande, l symbolisa l'espérance de paix dans l'enre-deux-guerres. Issu d'une famille moeste, avocat et journaliste à *L'Humanité*, l fut membre puis secrétaire général de la SFIO*. Élu député de la Loire-Inférieure 1902), il conserva ce mandat jusqu'à sa nort. Au Palais-Bourbon, Briand, rapporeur de la loi de séparation* des Églises et le l'État (1905), se révéla vite brillant orateur et habile diplomate. Devenu socialiste ndépendant après avoir refusé de se plier ux décisions du congrès d'Amsterdam 1904), il devint ministre de l'Instruction 1906) et connut ensuite une carrière exeptionnelle : 23 fois ministre (17 fois ministre des Affaires étrangères) et 11 fois

président du Conseil. Chef de gouvernement (octobre 1915-mars 1917), il fut l'initiateur des expéditions malheureuses de Salonique et des Balkans* lors de la Première Guerre* mondiale puis joua à partir de 1925 un rôle dominant dans la politique extérieure de la France, acquérant une audience internationale à la tribune de la Société* des Nations. Défenseur d'une politique de paix et de collaboration internationale, partisan de l'organisation d'une sécurité collective, il signa en 1925 le pacte de Locarno* (reconnaissance des frontières occidentales de l'Allemagne issues du traité de Versailles* et arbitrage en cas de conflit) et appuya l'entrée de l'Allemagne à la SDN (1926). Il fut aussi l'artisan du pacte Briand-Kellogg* (1928), signé par 57 nations et mettant la guerre hors la loi. Il défendit enfin à Genève l'idée d'une union fédérale européenne (mémorandum Briand, 1930). Apôtre de l'« esprit de Genève » et du désarmement général sans pour autant perdre de vue les intérêts de la France, prix Nobel* de la paix en 1926 (avec l'Allemand Stresemann*), Briand, accusé par les nationalistes d'être le fossoyeur de la victoire, reçut néanmoins un large soutien de l'opinion publique française avide de paix. Malade, il fut « démissionné » de sa charge par le président du Conseil Pierre Laval*, en 1932, et mourut quelques mois plus tard.

BRIAND-KELLOGG (Pacte, 27 août 1928). Pacte de renonciation à la guerre comme moyen de résoudre des différends, élaboré par Aristide Briand* et Frank B. Kellogg*. Ce pacte, qui illustrait la détente des relations internationales, fut signé par 57 pays. Aucune sanction n'étant prévue, il se révéla illusoire dans les années 30 avec la remilitarisation de la Rhénanie*, l'*Anschluss**, l'intervention japonaise en Mandchourie* et la crise de Munich*.

BRIGADES INTERNATIONALES. Formation de volontaires étrangers qui combattirent aux côtés des républicains lors de la guerre civile d'Espagne* (1936-1939). Socialistes et communistes en formèrent une grande partie, parmi eux André Marty, Josip Broz dit Tito*, Walter Ulbricht*. Voir Malraux (André).

BRIGADES ROUGES. Nom d'un groupe de terroristes italiens qui se manifesta dans les années 70 par des attentats, des hold-up et l'assassinat de personnalités représentatives de l'« État bourgeois », comme Aldo Moro* en 1978, figure historique de la démocratie* chrétienne. Voir Baader-Meinhof (Bande à).

BRINON, Fernand de (Libourne, 1885-fort de Montrouge, 1947). Homme politique français. Partisan dès 1935 d'un rapprochement avec l'Allemagne, il représenta à Paris le gouvernement de Vichy* auprès des autorités allemandes (1940-1942). Réfugié en Allemagne après la libération*, il fut ramené en France, condamné à mort et exécuté. Voir Collaboration.

BRISSOT, Jacques Pierre Brissot de Warville, dit (Chartres, 1754-Paris, 1793). Journaliste et homme politique français. Républicain, il fut lors de la Révolution* française un farouche partisan de la guerre puis, chef des girondins*, s'opposa aux montagnards* et périt sur l'échafaud. Partisan des idées nouvelles avant la Révolution, il voyagea en Angleterre et aux États-Unis où il s'intéressa au sort réservé aux Noirs. Il fonda en France, en 1786, la Société des amis des Noirs, favorable à l'abolition de l'esclavage dans les colonies. Fondateur du journal *Le Patriote français* (avril 1789), Brissot devint membre du Club des jacobins* et revendiqua l'instauration de la République après la fuite du roi à Varennes* (juin 1791), participant à la rédaction de la pétition portée au Champ de Mars et demandant la déchéance du roi (17 juillet 1791). Élu à l'Assemblée* législative, il devint, par ses talents oratoires, le chef des brissotins*, appelés plus tard girondins. Il réclama avec acharnement la guerre contre l'Autriche (1792), pensant, comme les banquiers et les hommes d'affaires dont il était l'un des porte-parole, que la victoire, décourageant les espoirs de la contre-révolution, rétablirait la confiance et le cours de l'assignat*. Réélu à la Convention*, il s'opposa pour leurs excès aux montagnards et plus particulièrement à Robespierre*. Accusé de fédéralisme, et proscrit avec les autres girondins (juin 1793), il fut arrêté, jugé par le Tribunal* révolutionnaire et guillotiné. Ses *Mémoires* furent publiés par son fils en 1830. Voir Champs de Mars (Fusillade du), Fédéralistes (Insurrections).

BRISSOTINS. Nom péjoratif donné parfois aux partisans de Brissot* sous l'Assemblée* législative et la Convention*. Les brissotins furent plus connus sous le nom de girondins*.

BRITANNICUS (v. 41-55 ap. J.-C.). Fils de l'empereur romain Claude* et de Messaline, il reçut son surnom après la conquête de la Bretagne (Angleterre) par son père. Héritier du trône, sa belle-mère Agrippine (seconde femme de Claude* et mère de Néron*) l'en écarta et il fut probablement empoisonné par l'empereur Néron. Il est le héros d'une tragédie de Racine*, *Britannicus* (1669).

BRITANNIQUE (EMPIRE). Nom donné jusqu'en 1931 à l'ensemble des territoires qui reconnaissaient la souveraineté de la Couronne britannique. Voir Indes orientales (Compagnie des), Pèlerins (Pères), Utrecht (Traités d', 1713-1715).

BROGLIE, Albert, duc de (Paris, 1821-*id.*, 1901). Homme politique français. De tendance orléaniste*, il œuvra sans succès pour une restauration monarchique au début de la Troisième République*. Diplomate, il démissionna en 1848 et se tint à l'écart de la vie politique sous la Deuxième République*, et le Second Empire*. Député orléaniste à l'Assemblée* nationale (1871), il contribua à la démission de Thiers* favorable à une Répuique conservatrice (1873) et poussa ac-Mahon* à accepter la présidence de République. Président du Conseil 873-1874 ; 1877), allié monarchiste de ac-Mahon, il mit en place une politique Ordre* moral, mais fut contraint de déissionner après une nouvelle victoire des publicains aux élections de 1877. Le duc : Broglie a laissé de nombreux ouvrages storiques.Voir Constitution de 1875.

RONTË, Charlotte (Thornton, Yorkire, 1816-Haworth, 1855). Romancière aglaise, sœur d'Emily et d'Ann, elles-mêes auteurs de romans. Son enfance et sa unesse difficiles lui inspirèrent des roans autobiographiques, notamment *Jane vre* (1847).

RONTË, Emily Jane (Thornton, Yorkire, 1818-Haworth, 1848). Romancière poétesse anglaise. Sœur d'Emily et Ann. Elle fut la plus célèbre des sœurs rontë bien qu'elle écrivît le moins. Elle t notamment l'auteur d'un roman lyrie, *Les Hauts de Hurlevent* (1847).

RONZE. Métal brun jaune très dur onstitué d'un alliage de cuivre et d'étain. 'est l'un des plus anciens métaux découerts et utilisés par l'homme. Le bronze ait déjà connu en Égypte au IVe milléire av. J.-C. Voir Bronze (Âge du).

RONZE (Âge du). Nom donné à la période au cours de laquelle l'homme ommence à utiliser le métal (cuivre et onze). Elle se situe après le néolithique* avant l'âge du fer*. L'âge du bronze ommence à des époques très différentes lon les régions. Il débuta au Procherient* et dans les régions de la mer gée : en Haute-Égypte* (fin du IVe milnaire), en Mésopotamie* (début du IIIe illénaire), en Crète et en Grèce* 000-2500 av. J.-C.) et dans la vallée de Indus* (vers 2500-2000 av. J.-C.). Il apparut en Chine et en Europe que vers milieu du IIe millénaire (1800-1500 av. -C.) et seulement vers le début de notre e au Japon. L'apparition de la métallur-

gie amena un grand développement des relations entre les peuples (commerce) et la supériorité des peuples possédant des armes de métal. Voir Crétois.

BROSSOLETTE, Pierre (Paris, 1903-*id.*, 1944). Professeur et journaliste français. Socialiste, résistant dès 1940, il fut en 1942 le conseiller politique de De Gaulle* et organisa la création du Conseil* national de la Résistance. Arrêté par la Gestapo*, torturé, il se suicida en se jetant par une fenêtre afin de ne pas parler. Voir Résistance.

BROUSSE, Paul (Montpellier, 1844-Paris, 1912). Homme politique français. Médecin, anarchiste, il se rendit célèbre pendant la Commune* de Paris, puis évolua vers un socialisme* réformiste, écartant tout recours à la violence. Voir Anarchisme.

BROUSSEL ou de BROUSSEL, Pierre (v. 1576-Paris, 1654). Conseiller au Parlement* de Paris. Opposé à la politique de Mazarin*, il fut arrêté sur l'ordre de la régente Anne* d'Autriche (26 août 1648), ce qui déclencha le soulèvement de Paris (journée des Barricades*), qui entraîna sa libération et le début de la Fronde*.

BROUSSILOV, Alekseï Alekseïévitch (Saint-Pétersbourg, 1853-Moscou, 1926). Général russe. Commandant de la VIIIe armée lors de la Première Guerre* mondiale, il se rendit célèbre par sa puissante offensive en Galicie contre l'armée austro-hongroise (1916-1917). Général en 1917, il se rallia au régime des Soviets*.

BRUEGEL, Pieter, dit l'Ancien (v. 1525/1530-1569). Peintre et dessinateur flamand, il fut une figure dominante de la peinture flamande au XVIe siècle. Sa vie est mal connue. Grand maître de la guilde d'Anvers* (1551), il fit comme nombre d'artistes de son époque un voyage en Italie, mais ne fut pas influencé par les thèmes de la Renaissance*. Il exécuta d'abord de nombreux dessins destinés à la gravure puis se consacra tardivement à la peinture.

Ses œuvres, à l'origine fortement inspirées par Jérôme Bosch*, furent consacrées ensuite à la description des scènes de mœurs de la vie paysanne, comme en témoignent les cinq tableaux des « Saisons », les *Chasseurs dans la neige* (Vienne), *La Fenaison* (Prague) ou les *Moissons* (New York). Compatriote d'Érasme*, Bruegel ne fut pas seulement « Pierre le Drôle » ou « Bruegel le Paysan ». S'il fréquenta probablement les fêtes villageoises, il rencontra aussi des humanistes, des savants et des philosophes, et son œuvre fut aussi celle d'un homme cultivé, nourri de littérature antique. Voir Humanisme.

BRUGES. Ville du nord-ouest de la Belgique. Elle fut du XIIIe au XVe siècle, une très riche cité flamande, fabriquant des draps mais aussi un grand marché d'échanges (laine anglaise, bois scandinave, ambre russe, vins espagnols, soieries vénitiennes). Elle conserve de cette époque de magnifiques monuments gothiques (église Notre-Dame avec le tombeau du duc de Bourgogne Charles* le Téméraire, la chapelle du Précieux-Sang, le palais épiscopal, le palais de Philippe III* le Bon, la halle avec sa tour qui possède le plus beau carillon d'Europe). Mais l'ensablement du Zwin et le déclin de l'industrie drapière marquèrent à partir du XVIe siècle sa décadence. Gand*, Ypres* puis Anvers* la remplacèrent dans le commerce du Nord. Voir Gothique (Art).

BRUMAIRE an VIII (Coup d'État du 18 ; 9 novembre 1799). Journée au cours de laquelle le général Napoléon Bonaparte*, à l'instigation de Sieyès*, renversa, peu après son retour d'Égypte, le Directoire*. C'est à la date du 19 Brumaire qu'on a coutume de fixer la fin de la Révolution* française. Le 18 Brumaire, les Conseils (Conseil des Cinq-Cents* et Conseil des Anciens*) furent transférés provisoirement à Saint-Cloud. Bonaparte, nommé commandant des troupes de Paris, expulsa les députés par la force. La sup-

pression du Directoire fut votée par le Conseil des Anciens et la minorité du Conseil des Cinq-Cents qui donnèrent les pleins pouvoirs à trois Consuls provisoires (Sieyès, Ducos et Bonaparte). Deux commissions remplacèrent les Conseils e furent chargées de réviser la Constitution Voir Constitution de l'an VIII.

BRUNE, Guillaume (Brive-la-Gaillarde 1763-Avignon, 1815). Maréchal* de France, il s'illustra lors des grandes batail les de la Révolution* française. Brune commença sa carrière militaire en 1793 dans la guerre de Vendée* puis, général de brigade, il s'illustra, pendant la campagne d'Italie*, à Arcole* (1796). Commandan en chef de l'armée de Hollande, il mit er échec l'armée anglo-russe à Bergen (1799). Maréchal en 1804 à l'avènement de Napoléon Ier*, il fut chargé pendant les Cent-Jours* (1815) d'un commandemen dans le midi de la France, mais fut mas sacré par les royalistes à Avignon, victime de la Terreur* blanche.

BRUNEHAUT (v. 534-Renèvre, 613) Reine des Francs* d'Austrasie* et fille du roi des Wisigoths*, elle fut une grande fi gure de l'époque des Mérovingiens* Femme intelligente et autoritaire, de culture romaine, elle s'opposa violemmen à Frédégonde*, reine de Neustrie*, provo quant un grave conflit. Brunehaut fut ma riée à Sigebert Ier, roi d'Austrasie, tandi que sa sœur épousait Chilpéric Ier, roi de Neustrie. Poussé par sa maîtresse Frédé gonde, ce dernier fit assassiner sa femme puis Sigebert (575). Devenue reine d'Aus trasie, Brunehaut engagea contre la Neus trie et Frédégonde une lutte sans merci. À la mort de Frédégonde (597), elle cherch à affirmer son autorité sur l'ensemble du monde franc mais se heurta à l'aristocratie qui se rallia au fils de Frédégonde, Clo taire II*, roi de Neustrie. Celui-ci s'em para de Brunehaut, alors âgée d'environ 79 ans, et la fit périr en la faisant attache à la queue d'un cheval fougueux.

RUNELLESCHI, Filippo (Florence, 377-*id.*, 1446). Sculpteur et architecte orentin, grand théoricien de la perspective du Quattrocento et initiateur de l'architecture de la Renaissance*. La grande oupole de la cathédrale de Florence* 420-1436), fruit de ses recherches, est à a fois une prouesse technique et une rande œuvre esthétique. Voir Donatello, Iasaccio.

RÜNING, Heinrich (Münster, 1885-orwich, États-Unis, 1970). Homme polique allemand. Chef du Centre catholique *Zentrum*), il devint chancelier (1930-932) de la République de Weimar* lors e la grande crise* économique mondiale e 1929 et de la montée du nazisme*. Il outint, contre Hitler*, la candidature de lindenburg* à la présidence de la République et, après le succès de ce dernier, déida d'interdire les SA* (Sections d'assaut) et les SS* (Sections de sécurité). Iindenburg cependant le congédia, faisant ppel à l'homme des grands propriétaires t des grands industriels : Franz von Paen*. Il émigra aux États-Unis.

RUNO, saint (Cologne, v. 1030-San tefano de Bosco, 1101). Mystique alleand, il fut le fondateur de l'ordre des hartreux* et établit son premier monasre dans la Grande-Chartreuse, près de renoble (1084).

RUNO, Giordano (Nola, 1548-Rome, 600). Philosophe italien. Dominicain* isqu'en 1576, il fut l'un des premiers à ritiquer la philosophie d'Aristote* qui imrégna toute la pensée chrétienne médiéale. Partisan de la thèse de Copernic* sur héliocentrisme, il en vint à développer un anthéisme humaniste, ce qui lui valut, près plusieurs années de procès, d'être rûlé vif sur ordre de l'Inquisition*. Parmi es œuvres, une satire des croyances relieuses, *L'Expulsion de la Bête triom-hante* (trad. en 1919).

RUNSWICK (Manifeste de). Lors de la évolution* française, manifeste rédigé par un émigré, sous la pression de la reine Marie-Antoinette*, et signé à Coblence le 25 juillet 1792 par le duc de Brunswick, général en chef des armées prussiennes et autrichiennes coalisées contre la France révolutionnaire. Ce manifeste menaçait le peuple de Paris, déclarant que « s'il était fait le moindre outrage à la famille royale et s'il n'était pas pourvu immédiatement à sa sûreté, Leurs Majestés Impériales et Royales livreraient Paris à une exécution militaire et à une subversion totale ». Cette proclamation – connue à Paris le 1er août –, qui avait pour but d'effrayer les révolutionnaires patriotes*, eut un résultat inverse de celui escompté. Le peuple de Paris, exaspéré, déclencha l'insurrection du 10 août* 1792 qui provoqua la chute de la monarchie.

BRUTUS, Marcus Junius (Rome, v. 85-42 av. J.-C.). Homme politique romain. Malgré les faveurs que lui accorda César* (qui en fit son fils adoptif et le nomma préteur* en 45 av. J.-C.), il organisa avec Cassius* un complot contre celui-ci et fut l'un de ses assassins. Enfui en Macédoine*, il fut battu par Antoine* et Octave* à Philippes (42 av. J.-C.) et se tua après la défaite.

BUCARD, Marcel (Saint-Clair-sur-Epte, 1895-fort de Châtillon, 1946). Homme politique français. D'extrême droite, il fut un des chefs de la Collaboration* sous l'occupation allemande. Après s'être illustré pendant la Première Guerre* mondiale, il milita pour la défense des anciens combattants, et fonda en 1933 le Francisme*, ligue d'inspiration fasciste. Rallié en 1941 à la politique de collaboration avec l'Allemagne, il fut un des animateurs de la Légion* des volontaires français (LVF). Il fut exécuté après la Libération*. Voir Déat (Marcel), Doriot (Jacques).

BUCAREST (Traité de, 7 mai 1918). Traité signé pendant la Première Guerre* mondiale entre la Roumanie, isolée après la paix de Brest-Litovsk*, et les puissances centrales (Allemagne, Autriche-Hongrie*, Bulgarie, Empire ottoman*). La Roumanie restituait la Dobroudja à la Bulgarie et cédait une zone des Carpates à l'Autriche-Hongrie. Son économie passait sous le contrôle de l'Allemagne. Le traité fut annulé par l'armistice de Rethondes* (11 novembre 1918) sanctionnant la victoire des Alliés.

BUCER ou **BUTZER** (Martin Kuhhorn, « corne de vache »), hellénisé en (Sélestat, 1491-Cambridge, 1551). Théologien allemand. Il fut à Strasbourg l'un des principaux artisans de la Réforme*. Dominicain* rallié à Luther*, excommunié en 1523, il enseigna pendant plus de vingt ans à Strasbourg après avoir tenté de restaurer l'unité entre les protestants*, notamment entre luthériens et partisans de Zwingli*. Sous la pression de Charles* Quint, il émigra en Angleterre (1549), appelé par Cranmer*, archevêque de Canterbury*. Il devint professeur à Cambridge*. Strasbourg demeura pendant longtemps une citadelle luthérienne. Voir Zwingli (Ulrich).

BUCHEZ, Philippe Joseph Benjamin (Matagne-la-Petite, 1796-Rodez, 1865). Philosophe et homme politique français. D'abord adepte des idées de Saint-Simon*, il fut ensuite l'un des inspirateurs du socialisme* chrétien.

BUCKINGHAM, Georges Villiers, 1er duc de (Brooksby, 1592-Portsmouth, 1628). Homme politique anglais. Favori des rois d'Angleterre Jacques Ier* et Charles Ier*, il fut très impopulaire auprès d'une grande partie de l'opinion anglaise. Il s'enrichit scandaleusement (vente de privilèges, taxes), et pratiqua une politique dangereuse, poussant Charles Ier à entrer en conflit avec la France. Il fut assassiné par un officier puritain*.

BUDAPEST (Crise de, 1956). Crise née des mécontentements engendrés par le régime stalinien de Rakosi* (1945-1956) caractérisé par une politique d'industrialisation à outrance, la lutte contre l'Église et l'épuration des communistes favorables à Tito* (exécution de Rajk*, 1949). Les mesures de déstalinisation, à partir de 1953, furent jugées incomplètes et l'agitation, en particulier chez les intellectuels et les étudiants, s'aggrava et aboutit au mouvement insurrectionnel d'octobre 1956 (insurrection de Budapest, 22-30 octobre). Imre Nagy*, député libéral, appelé à la présidence du Conseil, parut débordé par la puissance du mouvement populaire. Il abolit le système du parti unique, décida le retrait de la Hongrie du pacte de Varsovie* et demanda à l'ONU* de reconnaître solennellement sa neutralité. Moscou, ne pouvant accepter ces mesures, décida l'intervention militaire et les troupes soviétiques écrasèrent l'insurrection de Budapest (1er-4 novembre 1956). Arrêtés, Imre Nagy et le chef militaire de l'insurrection furent exécutés (1958). Les événements de Budapest eurent d'importantes conséquences. En Occident, le martyre des Hongrois traumatisa l'opinion et jeta un grave trouble parmi les militants communistes. Il fut en revanche, approuvé par les dirigeants du bloc communiste. Voir Kádár (János).

BUDÉ, Guillaume (Paris, 1467-id. 1540). Humaniste français. D'une érudition encyclopédique, en quête d'un savoir englobant toutes les disciplines (langues anciennes, mathématiques, sciences naturelles, histoire, théologie), il fut en correspondance avec les hommes les plus illustres de son temps, tel Érasme*. Bien qu'il eût une carrière politique sous Charles VII* Louis XII* et François Ier*, son nom resta attaché à la fondation du Collège des trois langues (futur Collège* de France) et de la bibliothèque de Fontainebleau (base de l'actuelle Bibliothèque nationale de France). Auteur de nombreux ouvrages, il fut d'abord le propagateur de l'étude du grec en France. Ses *Commentaires sur la langue grecque* restent encore aujourd'hui une mine de renseignements. Voir Humanisme.

UGEAUD, Thomas Robert, marquis e la Piconnerie, duc d'Isly (Limoges, 784-Paris, 1849). Maréchal* de France. Il rganisa la conquête de l'Algérie. Issu une famille noble du Périgord, il s'illusa, particulièrement en Pologne et en Esigne, comme officier lors des guerres imériales. Rallié à Napoléon Ier* pendant les ent-Jours*, puis licencié de l'armée sous . Restauration*, il fut rappelé par Louishilippe Ier*. Chargé de la garde de la duesse de Berry* – ce qui lui valut la haine s légitimistes* –, il se rendit aussi très npopulaire à Paris lors de la répression i'il commanda contre l'insurrection réiblicaine d'avril 1834. Envoyé une preière fois en Algérie en 1836, il battit bd* el-Kader à la Sikkah (6 juillet 1836), iis conclut avec ce dernier le traité de la afna (1837). Nommé gouverneur général : l'Algérie (1840-1847), il entreprit la inquête du pays. Nommé maréchal de ance (1843), il remporta sur les Marotins, alliés d'Abd el-Kader, la victoire de Isly* (août 1844) grâce à l'augmentation s effectifs militaires et à la création de iolonnes mobiles. L'amélioration du sort s soldats lui valut aussi une grande poilarité qu'illustra la célèbre chanson *La asquette du père Bugeaud*. S'attachant à ganiser la conquête de l'Algérie, il praqua un système de gouvernement indirect ir la nomination de chefs indigènes. Bu-aud donna sa démission (1847) et fut mplacé par le duc d'Aumale*.

UISSON, Ferdinand (Paris, 1841- iieuloy-Saint-Antoine, 1932). Homme ilitique français. Inspecteur général de Instruction publique, il lutta avec Jules rry* pour l'établissement de la laïcité et : la gratuité dans l'enseignement priaire. Il fut l'un des fondateurs de la Line* des droits de l'homme, et obtint le ix Nobel* de la paix en 1927. Voir Sée :amille).

ULGARES. Peuple slave des Balkans*. s Proto-Bulgares, ensemble de tribus d'origine turco-mongole ou finnoise, s'installèrent en Thrace et au sud du Danube au VIIe siècle. Ils y soumirent des tribus slaves* auxquelles ils s'assimilèrent et formèrent un puissant royaume christianisé sous Boris Ier (852-889) et ses successeurs Syméon et Pierre. Très étendu (de l'Adriatique à la mer Noire), l'Empire bulgare représenta une grave menace pour l'Empire byzantin* qui finit par l'annexer au XIe siècle. Un second royaume bulgare se reconstitua aux XIIe-XIIIe siècles. Mais affaibli par les invasions mongoles, il fut conquis par les Turcs et soumis à l'Empire ottoman* de 1370 à 1878. Voir Balkaniques (Guerres), Basile II, Neuilly (Traité de), San Stefano (Traité de).

BULLE D'OR. Nom donné au Moyen Âge à divers actes et ordonnances* rendus par les souverains du Saint* Empire et scellés d'or. La plus célèbre est la constitution latine due à Charles IV et promulguée aux diètes* de Nuremberg et de Metz en 1356. Elle régla jusqu'en 1806 les modalités de l'élection impériale. Les électeurs, au nombre de sept (nombre qui évolua par la suite), étaient composés de trois ecclésiastiques (les archevêques de Trèves, Mayence et Cologne), et quatre laïcs (le roi de Bohême, le comte palatin du Rhin, le duc de Saxe et le margrave de Brandebourg). Le pape n'avait plus aucun droit à intervenir dans l'élection. Le nouvel élu, qui prenait le titre de « roi des Romains, futur empereur », n'avait en réalité que peu de pouvoir. La constitution maintenait le Saint Empire comme une fédération de principautés alors que les monarchies anglaise et française allaient, au contraire, vers l'unité. Voir Saint Empire (Électeurs du).

BÜLOW, Bernhard, prince von (Klein-Flottbeck, Schleswig-Holstein, 1849-Rome, 1929). Homme politique et diplomate allemand sous le règne de Guillaume II*. Ambassadeur à Rome (1893), puis secrétaire d'État aux Affaires étran-

gères (1897), il succéda à Hohenlohe*
comme chancelier* d'Empire (1900-
1909). Par son attitude intransigeante à
l'égard de la Russie et de la France (intervention allemande au Maroc), il isola
l'Allemagne sur le plan diplomatique,
contribuant à la formation progressive de
l'alliance entre la France, la Grande-
Bretagne et la Russie. Désavoué par Guillaume II, il démissionna en 1909 et ne put
empêcher les Italiens d'entrer en guerre
aux côtés de l'Entente lors de la Première
Guerre* mondiale. Voir Entente cordiale,
Entente (Triple-).

BÜLOW, Karl von (Berlin, 1846-*id.*,
1921). Feld-Maréchal allemand. Commandant de la IIe armée, il fut vaincu lors de la
bataille de la Marne* (septembre 1914) par
les armées franco-britanniques. Voir
Guerre mondiale (Première), Joffre (Joseph), Kluck (Alexander von).

BUND ou **Union générale juive des travailleurs de Lituanie, Pologne et Russie.**
Parti socialiste juif fondé en Russie en
1897, il prit très tôt position contre les thèses du sionisme* favorable à l'installation
d'un Foyer national juif en Palestine* et
lutta contre l'antisémitisme en Russie. Éliminé après la révolution d'Octobre 1917,
il fut actif en Pologne jusqu'en 1948. Voir
Révolutions russes de 1917.

BUNDESRAT. Nom donné à l'une des
assemblées législatives de la Confédération* de l'Allemagne du Nord (1866-
1871), puis de l'Empire allemand
(1871-1918), et depuis 1949 de la République* fédérale d'Allemagne. Elle est
composée des représentants désignés par
les différents États ou *Länder*. Depuis la
réunification de l'Allemagne (1990), la
République compte 16 *Länder* (10 de l'ancienne RFA, 5 de l'ex-RDA* auquel
s'ajoute le Land de Berlin). Le Budesrat
est désigné par le gouvernement des Länder. Voir Bundestag, Reichstag.

BUNDESTAG. Nom donné à l'une des
assemblées législatives de la République*

fédérale d'Allemagne. Les députés du
Bundestag sont élus au suffrage universe
pour quatre ans et élisent, sur proposition
du chef de l'État, le chancelier*. Voir Bun
desrat, Reichstag.

BUNDESWEHR. Nom donné aux force:
armées de la République* fédérale d'Al
lemagne en 1956. Voir Adenauer (Kon
rad), Reichswehr.

BUÑUEL, Luis (Calanda, Aragon
1900-Mexico, 1983). Cinéaste espagno
naturalisé mexicain. Il fut le plus impor
tant représentant du surréalisme* au ci
néma. Ses thèmes de prédilection furent l
critique, traitée avec un humour féroce, d
conformisme de la bourgeoisie et de l'em
prise de la religion. Il réalisa notammen
Un chien andalou (1928), *L'Âge d'o*
(1930), *Los Olvidados* (1950), *Viridian*
(1961), *Le Journal d'une femme de cham
bre* (1964), *Le Charme discret de la bour
geoisie* (1972), *Cet obscur objet du dési*
(1977).

BUNYAN, John (Elstow, Bedfordshire
1628-Londres, 1688). Prédicateur baptist
anglais. Emprisonné par Charles II* à Bed
ford (1660-1672), il écrivit *Le Voyage d*
pèlerin (1678), allégorie sur les chemin
menant à la perfection chrétienne. Ce livr
exerça une profonde influence sur le pu
blic populaire et fut le plus lu en Angle
terre après la Bible. Voir Anabaptistes.

**BUREAU CENTRAL DE RENSEI
GNEMENTS ET D'ACTION** (BCRA
Nom du service de renseignements de l
France libre à Londres puis à Alger lors d
la Seconde Guerre* mondiale dirigé par l
colonel Passy (capitaine Dewavrin).

BURGONDES. Ancien peuple qui donn
son nom à la Bourgogne*. Originaires de
rives de la Baltique, les Burgondes ém
grèrent vers le sud au début du IIIe siècle
s'établirent au début du Ve siècle ap. J.-C
comme alliés des Romains, en haute Ge
manie* avec Worms pour capitale (413
Mais ce premier royaume fut détruit e
436 par les Huns* et le roi burgonde Gon

diaire périt avec beaucoup de ses guerriers (cet événement est à l'origine de la célèbre légende des Nibelungen). Un autre royaume fut constitué en Savoie, et s'étendit dans le bassin de la Saône et du Rhône (443 ap. J.-C.). Clovis* se maria avec Clotilde, fille du roi burgonde Chilpéric, puis les Francs* annexèrent le royaume en 534 ap. J.-C. Les Francs soumirent les Burgondes en 532 et leur royaume fut réuni à la Neustrie*. Voir Clotaire Ier, Germains, Invasions (Grandes).

BURSCHENSCHAFT. Nom donné à une association d'étudiants allemands fondée en 1815 et destinée à défendre le patriotisme et l'idéal d'unité nationale qui s'exprima notamment lors des guerres de libération contre la domination napoléonienne. Sa devise était « Liberté, Honneur, Patrie ». Après la manifestation libérale de la Wartburg – célèbre château d'Allemagne orientale où Luther* s'était réfugié en 1521 – où furent représentées toutes les universités allemandes, Metternich* soupçonna la *Burschenschaft* d'activités révolutionnaires et décida son interdiction après l'assassinat de Kotzebue (1819), écrivain hostile à la jeunesse libérale. L'association prit alors un caractère clandestin et des centaines de ses membres furent emprisonnés. Voir Karlsbad (Congrès de).

BUSH, George Herbert Walker (Milton, Massachusetts, 1924-). Homme politique américain. Républicain, vice-président de Ronald Reagan* à partir de 1981, il fut élu président des États-Unis en 1988. Son mandat fut notamment marqué par la guerre du Golfe* (janvier-février 1991), la signature du traité créant l'ALENA* (Association de libre-échange nord-américain) signé avec le Canada et le Mexique et ratifié par le Congrès en 1993 et du traité START I (1991) sur la réduction des armement nucléaires stratégiques signé avec la Russie de Boris Ieltsine*. Aux élections présidentielles de novembre 1992, George

Bush fut battu par le démocrate Bill Clinton*. Voir Coexistence pacifique.

BUZOT, François (Évreux, 1760-Saint-Magne, 1794). Homme politique français, il fut lors de la Révolution* française, l'un des porte-parole des girondins*. Député du Tiers* État aux États* généraux de 1789, il fut élu à la Convention* (1792) et siégea avec les girondins. Proscrit avec ces derniers (2 juin 1793), il tenta en vain de soulever la Normandie* puis se suicida afin d'échapper à la guillotine. Voir Insurrections fédéralistes, Pétion (Jérôme).

BUZZATI, Dino (Belluno, 1906-Milan, 1972). Journaliste et écrivain italien. À la fois réaliste et fantastique, Buzzati est notamment l'auteur de *Barnabo des montagnes* (1933), *Le Désert des Tartares* (1940), *Un Amour* (1963) et *Le K* (1966).

BYBLOS. Ancienne ville de Phénicie*, son site se trouve à 35 km au nord de Beyrouth, au Liban. Occupée dès le Ve millénaire av. J.-C., elle fut une grande cité commerçante. Ses relations furent surtout très étroites avec l'Égypte*. Elle exportait des bois de cèdre et construisait des bateaux. Voir Ougarit, Sidon, Tyr.

BYRON, George GORDON, lord (Londres, 1788-Missolonghi, Grèce, 1824). Poète romantique anglais dont l'influence fut très profonde sur le romantisme* français (Eugène Delacroix*, Hector Berlioz*). Les deux premiers chants du *Pèlerinage de Childe Harold* (1812) dénonçant le mal du siècle, *Manfred* (1817) et son chef-d'œuvre *Don Juan* (1824) exaltant les héros révoltés le rendirent célèbre. Byron défendit en 1823 la cause des insurgés grecs luttant contre les Turcs pour leur indépendance et mourut de la malaria dans Missolonghi* assiégé. Voir Indépendance (Guerre de l').

BYZANCE. Ville de l'ancienne Thrace située à l'ouest du Bosphore sur la rive européenne de la Propontide*. Fondée par une cité grecque, Mégare, au VIIe siècle av. J.-C., puis gouvernée par la Perse de 512

L'Empire byzantin du VIe au XIIe siècle

Légende :

- Limites de l'Empire à la fin du VIe siècle
- L'Empire à la mort de Basile II (1025)
- L'Empire de Manuel Comnène vers 1176

Lieux et régions indiqués sur la carte :

Tigre, Euphrate, Damas, Jérusalem, Trébizonde, Mélitène, Édesse, Antioche, Tyr, Konium, Chypre, Mer Noire, Constantinople, Smyrne, Éphèse, Nil, Andrinople, Danube, Alexandrie, Thessalonique, Dyrrachium, Athènes, Crète, Bari, Rome, Sicile, Malte, Nice, Palerme, Sardaigne, Corse, Carthage, Mer Méditerranée, Baléares, Carthagène, Cordoue

à 478 av. J.-C. puis alternativement alliée
d'Athènes* et de Sparte* aux Vᵉ et IVᵉ siècles av. J.-C., elle devint après son indépendance (358 av. J.-C.) une grande ville
commerçante. Byzance fut intégrée à
l'Empire romain* et choisie comme capitale par l'empereur Constantin* (330
ap. J.-C.), baptisée en son honneur,
Constantinople*. La ville devint la capitale
de l'Empire* romain d'Orient (ou Empire
byzantin*) après le partage de l'Empire romain (395 ap. J.-C.). Elle fut en 1453 la capitale de l'Empire ottoman* sous le nom
d'Istanbul*. Voir Empire romain d'Occident.

BYZANTIN (Empire). Nom donné à
l'Empire* latin d'Orient à la fin du IVᵉ siècle qui survécut à l'effondrement de l'Empire* romain d'Occident (476). Empire
chrétien gréco-oriental, il dura de 395 ap.
J.-C. à 1453, date de la prise de la capitale,
Constantinople*, par les Turcs. Après
avoir résisté aux invasions barbares qui
provoquèrent la chute de Rome (476),
l'Empire connut un premier âge d'or sous
Justinien Iᵉʳ* (527-565) qui tenta de reconstituer l'Empire romain dans ses anciennes frontières. Cependant, les visées
unitaires de Byzance* furent de courte durée. Les successeurs de Justinien perdirent
une grande partie de l'Italie occupée par
les Lombards* et durent affronter les menaces des Slaves* (Balkans*), des Perses*
Sassanides* (Syrie*) et surtout des Arabes* qui conquirent la Syrie et l'Égypte*
(636-642). Réduit à la Grèce* et à l'Asie*

Mineure, l'Empire, sous la dynastie des
Héraclides* (641-711), cessa alors d'être
romain pour devenir gréco-oriental. Après
avoir été affaibli par les menaces extérieures et la crise de l'iconoclasme*, l'Empire
connut avec la dynastie macédonienne
(867-1057) un nouvel âge d'or qui permit
une reconquête des territoires (Nicé-
phore II, Basile II*). Cependant, le
XIᵉ siècle inaugura une nouvelle période de
troubles. Le schisme* d'Orient de 1054
consacra la rupture entre Rome et Byzance
et l'intégrité de l'Empire ne put être
conservée devant les invasions des Normands* (Italie), des Petchénègues* (Balkans) et des Turcs Seldjoukides* (Asie
Mineure). Les dynasties des Comnène*
(1057-1059 ; 1081-1185) et des Anges
(1185-1204) durent affronter le problème
des croisades* qui provoquèrent une division de l'Empire. Les croisés établirent
l'Empire* latin de Constantinople, et les
Byzantins n'exercèrent plus leur autorité
que sur quelques parties du territoire
(despotat d'Épire*, empire de Trébizonde*, empire de Nicée*). Dans la
première moitié du XIIIᵉ siècle, la dynastie
des Lascaris de Nicée (1204-1261) reprit
la Thrace et la Macédoine* et la dynastie
des Paléologues* (1258-1453) assura,
après la reconquête de Constantinople
(1261), la survie de l'Empire singulièrement réduit. La prise de Constantinople
par les Turcs de Mehmet II* (1453) signa
la fin de l'Empire byzantin. Voir Invasions
(les Grandes).

C

CABET, Étienne (Dijon, 1788-Saint-Louis, États-Unis, 1856). Socialiste utopiste français, il tenta, sans succès, de fonder des colonies communautaires aux États-Unis. Républicain, il participa aux mouvements insurrectionnels sous la Restauration* puis la monarchie* de Juillet. Arrêté et condamné à deux ans de prison (1832), il se réfugia en Angleterre jusqu'en 1839 où les théories d'Owen* l'influencèrent. Cabet publia notamment *Voyage en Icarie* (1842), roman philosophique dans lequel il défendait un communisme* utopiste.

CABINET NOIR. Nom donné sous l'Ancien* Régime en France au service chargé, pour des raisons de sécurité, d'examiner les correspondances privées. Cette censure fut particulièrement exploitée sous les règnes de Louis XIV* et Louis XV*, puis Louis XVI* l'interdit par un arrêt de 1775. L'ouverture des correspondances privées se poursuivit néanmoins sous la Révolution* et l'Empire* puis apparut régulièrement lors des époques troublées.

CABOCHIENS. Nom donné sous le règne de Charles VI*, à une faction populaire du parti bourguignon pendant la guerre de Cent* Ans. Dirigés par Simon Caboche, ancien écorcheur de la Boucherie de Paris, les cabochiens soutinrent Jean* sans Peur qui les laissa semer la terreur dans Paris. Ils furent finalement écrasés par les Armagnacs* (1413) appelés par la bourgeoisie parisienne, lasse des violences. Mais les Armagnacs imposèrent à leur tour la terreur à Paris et furent massacrés par les Bourguignons* en 1418.

CABOT, Jean, en ital. **Giovanni Caboto** (Gênes ?, v. 1450-en Angleterre, v. 1500). Navigateur italien. Au service de l'Angleterre, il proposa à Henri VII* d'explorer une route par le nord, afin d'atteindre la Chine et les pays des épices*. Il découvrit Terre-Neuve, les côtes du Labrador et de la Nouvelle-Angleterre (1497) avec son fils Sébastien (v. 1476-1557). Celui-ci, passé au service de Charles* Quint, atteignit la côte occidentale de l'Amérique du Sud et explora le Rio de la Plata et le Paraná (1526). Voir Cartier (Jacques).

CABRAL, Pedro Álvares (v. 1460-Santarem, 1526). Navigateur portugais, il découvrit le Brésil dont il prit possession au nom du Portugal. Quittant Lisbonne* à la tête d'une expédition (11 navires, 1 200 hommes) destinée à faire route vers les Indes, Cabral fut entraîné loin vers le sud-ouest, atteignant la côte du Brésil (1500) qu'il nomma « Terra de Santa Cruz ». Après y avoir séjourné quelque temps, il atteignit Calicut, aux Indes, et rentra à Lisbonne en 1502.

CACHIN, Marcel (Paimpol, 1869-Choisy-le-Roi, 1958). Homme politique français. Il fut membre du bureau politique du Parti communiste* français et directeur de *L'Humanité*. Militant au Parti ouvrier français de Jules Guesde*, il prit part au congrès international d'Amsterdam qui décida l'unification des partis socialistes (1904) et fut en 1905 l'un des fondateurs de la Section* française de l'Internationale ouvrière (SFIO). Élu député de Paris (1914-1932), il se rallia avec son parti à l'Union sacrée et fut envoyé en mission diplomatique en Russie en 1917. Lors du congrès de Tours* (décembre 1920), il se prononça, comme la majorité des socialistes, pour l'acceptation des « 21 conditions » imposées par Lénine* à l'adhésion à la Troisième Internationale*. Directeur de *L'Humanité* (1918-1958), il fut membre du comité central et du bureau politique et le premier sénateur communiste élu (1936). Il fut déchu de ses fonctions après la signature du pacte germano-soviétique* (23 août 1939) et mena une existence clandestine jusqu'en 1944. Il redevint député en 1946.

CADETS. Voir Constitutionnel-démocrate (Parti).

CADORNA, Luigi, comte (Pallanza, 1850-Bordighera, 1928). Maréchal italien. Chef d'état-major général de l'armée italienne (1914). Après avoir lancé une dizaine d'offensives vaines et particulièrement meurtrières contre les lignes autrichiennes, il fut rendu responsable lors de la Première Guerre* mondiale de la grave défaite italienne de Caporetto* (1917), démis de ses fonctions et remplacé par Armando Diaz. Écarté de l'armée, il fut réhabilité par Mussolini* en 1923.

CADOUDAL, Georges (Kerléano, 1771-Paris, 1804). Conspirateur français. Royaliste sous la Révolution* française, il tenta sans succès de restaurer la monarchie. Fils d'un meunier, il participa en 1793 à la guerre de Vendée* et fut un des chefs de la chouannerie* bretonne. Réfugié à Londres en 1800, il organisa (1803) avec la complicité de Pichegru* et de Moreau* un complot contre Bonaparte* mais qui fut déjoué. Cadoudal fut arrêté et guillotiné le 25 juin 1804. Sous la Restauration*, sa famille fut anoblie par

Louis XVIII*. Voir Enghien (Duc d'), Machine infernale, Polignac (Jules de).

CAELIUS. Nom donné à l'une des sept collines de Rome, au sud-est de la ville. Lieu de résidences élégantes le quartier fut entièrement détruit en 27 ap. J.-C. par un incendie, et de nouveau lors du grand incendie néronien de 64 ap. J.-C. Voir Néron.

CAEM. Voir Comecon.

CAETANO, Marcelo (Lisbonne, 1906-Rio de Janeiro, 1980). Homme politique portugais. Conseiller de Salazar*, il lui succéda en 1968, maintenant les bases autoritaires du régime. Il combattit les rébellions de la Guinée, du Mozambique* et de l'Angola*. Il fut renversé le 25 avril 1974 (révolution des œillets) par une junte militaire anticolonialiste, dirigée par le général Antonio Spinola*. Arrêté, déporté à Madère, il fut autorisé à s'exiler au Brésil (mai 1974).

CAGOULE (La). En France, nom donné par la presse au Comité secret d'action révolutionnaire (CSAR), organisation clandestine d'extrême droite dont les actions violentes se développèrent entre 1935 et 1940. Dirigée par un polytechnicien et ingénieur naval, Eugène Deloncle*, elle avait pour objectif le renversement par la force du régime républicain, et fut responsable, entre autres attentats, de l'assassinat des frères Rosselli, antifascistes italiens (1935). Plusieurs membres de la Cagoule se rallièrent au régime de Vichy*, tandis que d'autres militèrent dans la Résistance*. Voir Camelots du roi.

CAHIERS DE DOLÉANCES. Nom donné sous l'Ancien* Régime aux cahiers rédigés lors de la convocation des États* généraux en 1789. Les députés de chaque ordre* présentaient leur cahier où étaient exposés leurs doléances et leurs vœux au roi, en assemblée générale des États*. L'usage de ces cahiers remontait au XIVe siècle, mais ceux de 1789 présentent un intérêt particulier. Ils constituent en efet une précieuse source sur l'état de l'opinion à la veille de la Révolution*, même si beaucoup d'entre eux furent rédigés à partir de brochures politiques comme celle de Sieyès*, ou de « modèles » diffusés par les services de propagande du duc d'Orléans*. D'après le résumé exposé devant l'Assemblée* constituante par le comte de Clermont-Tonnerre* (juillet 1789), tous les cahiers manifestèrent un grand loyalisme monarchique, mais aussi un désir de réformes limitant le pouvoir royal. Le principal désaccord entre les ordres porta sur l'égalité devant la loi et surtout devant l'impôt, le clergé et la noblesse souhaitant au moins maintenir les droits féodaux. Voir Droits seigneuriaux.

CAILLAUX, Joseph (Le Mans, 1863-Mamers, 1944). Homme politique français. Professeur à l'École libre des sciences politiques, inspecteur des Finances, il fut élu député radical de la Sarthe (1898), département qu'il représenta à la Chambre jusqu'en 1919, et fut sénateur de 1925 à 1940. Ministre des Finances en 1906, il fit voter par la Chambre, malgré une violente opposition de la droite, son projet d'impôt sur le revenu, mais celui-ci échoua au Sénat. Président du Conseil en 1911, il eut à affronter la crise d'Agadir*. Cependant, sa politique financière et son opposition à la guerre lui valurent, au début de 1914, de très violentes attaques dans Le Figaro. L'assassinat du directeur du journal, Gaston Calmette, par Mme Caillaux, suscita contre lui une campagne de haine et il dut démissionner des Finances (mars 1914). Suspecté lors de la Première Guerre* mondiale d'intelligence avec l'ennemi, il fut arrêté en 1917 sous le gouvernement de Clemenceau*. Amnistié en 1924, sénateur en 1925, il présida la commission des Finances du Sénat jusqu'en 1940. Il vota en juillet* 1940 les pleins pouvoirs au maréchal Pétain*.

CAIRE (LE). Capitale de l'Égypte* située sur la rive gauche du Nil* à environ 20 km du delta. C'est aujourd'hui la plus grande ville d'Afrique et du monde arabe. Elle fut fondée en 969 par les Fatimides* qui en firent leur capitale et reçut le nom de Al Qahira (la Dominatrice). Ils y fondèrent la mosquée-université d'Al-Azhar (970) et la mosquée* Al-Hakim (fin X^e-début XIe siècle). Le Caire connut son apogée au XIVe siècle sous les Mamelouks*. Elle fut ensuite dominée par les Ottomans* et occupée par les Anglais de 1882 à 1947. Le musée du Caire, fondé en 1902, offre le plus riche ensemble d'art égyptien du monde.

CALAIS (Siège de, 1347). Siège imposé, lors de la guerre de Cent* Ans, pendant douze mois par les Anglais à la cité de Calais qui, vaincue, devait rester pendant plus de deux siècles sous la domination anglaise. Désespérant de recevoir de l'aide du roi de France, Philippe VI* de Valois, six bourgeois, conduits par Eustache de Saint-Pierre, se livrèrent en otages, apportant les clés de leur cité au roi anglais, Édouard III* Plantagenêt, afin d'éviter le massacre des habitants. La ville fut reprise, après un siège de six jours, sous le règne d'Henri II*, par François de Guise* (1558).

CALAME. Tige de roseau taillée en biseau utilisée dans l'Antiquité pour écrire sur le papyrus* ou le parchemin. Voir Scribe.

CALAS (Affaire, 1762-1765). Affaire judiciaire qui devint le symbole de l'intolérance religieuse et dans laquelle s'illustra Voltaire*. Calas, négociant calviniste de Toulouse, fut accusé à tort d'avoir tué son fils désireux de se convertir au catholicisme*. Il fut condamné au supplice de la roue et exécuté. Voltaire s'employa à le réhabiliter (1765) en publiant son *Traité sur la tolérance* (1763). Voir Calvinisme.

CALCUTTA. Ville et port de l'Inde orientale fondée en 1690 par des commerçants britanniques. Calcutta devint le siège de la Compagnie des Indes* orientales et la capitale de l'Inde anglaise de 1772 à 1912.

CALDERÓN DE LA BARCA, Pedro (Madrid, 1600-*id.*, 1681). Poète dramatique espagnol, l'un des plus grands dramaturges de son pays, mais aussi le dernier grand représentant du Siècle d'Or du théâtre espagnol. Élevé chez les jésuites*, il poursuivit ses études dans les universités d'Alcalá et de Salamanque, puis les abandonna pour se consacrer à la carrière des lettres. Ordonné prêtre en 1651, il fut nommé châtelain de Charles II* (1666). Calderón fut essentiellement un poète catholique au style baroque*. Son théâtre comprend des pièces religieuses (*La Dévotion à la Croix*, 1634), philosophiques (*La Vie est un songe*, v. 1635) ou historiques (*L'Alcade de Zalamea*, 1642) et de nombreuses *autos sacramentales* (pièces brèves en un acte) comme *Le Grand Théâtre du monde* (v. 1645).

CALENDRIER GRÉGORIEN. Calendrier établi par Grégoire XIII en 1582 afin de réduire l'année du calendrier* julien, trop longue. Il fut décidé que le 4 octobre 1582 serait le 15 octobre. Il est toujours en vigueur aujourd'hui.

CALENDRIER JULIEN. Calendrier imposé par Jules César* en 46 av. J.-C. sur l'avis de l'astronome Sosigène. Il comportait initialement trois années de 365 jours, suivies d'une année de 366 jours appelée année bissextile. En 8 av. J.-C., l'année bissextile revint, comme aujourd'hui, tous les quatre ans. Ce calendrier a été remplacé en 1582 par le calendrier* grégorien. Toutefois, les Russes ont continué à utiliser le calendrier julien jusqu'en 1918 et les Grecs jusqu'en 1923. Ce calendrier est encore en usage aujourd'hui dans l'Église orthodoxe*, ce qui explique qu'il soit de 13 jours en retard sur le calendrier de l'Église catholique.

CALENDRIER MUSULMAN. Les musulmans* comptent les années depuis l'Hégire*, date du départ de Mahomet*

pour Médine* (en 622 de l'ère chrétienne). Le calendrier musulman est un calendrier lunaire. Il compte 354 jours répartis en 12 mois de 30 et 29 jours.

CALENDRIER RÉPUBLICAIN. Calendrier institué par la Convention* le 24 octobre 1793. Son point de départ (an I) datait de la fondation de la République, le 22 septembre 1792. L'année était divisée en 12 mois égaux de 30 jours et comprenait à la fin 5 jours « complémentaires » destinés à la célébration de fêtes patriotiques. Fabre* d'Églantine attribua aux mois des noms poétiques évoquant le rythme des saisons. Ce calendrier dura un peu plus de treize ans, puis le calendrier* grégorien fut rétabli le 1er janvier 1806.

CALIFE. Chefs religieux et politiques, ils furent les successeurs de Mahomet*. Les califes élus (632-661) furent Abou Bakr (632-634) ; Omar (634-644), qui conquit la Syrie*, la Palestine*, la Perse et l'Égypte* ; l'Omeyyade Othman (644-656), qui poursuivit la politique de conquête mais fut assassiné ; Ali* (656-661), finalement destitué par le gouverneur de Syrie Mu'awiyya*.

Les Omeyyades* (661-750) : Mu'awiyya fonde la dynastie et installe la capitale à Damas. L'Afrique du Nord, l'Espagne, la région de l'Indus sont conquises. C'est l'apogée, malgré l'échec devant Constantinople* en 717.

Les Abbassides (750-1258) : les Omeyyades sont éliminés, la capitale transférée à Bagdad. Apogée sous Haroun* al-Rachid (766-809). Puis le déclin politique s'amorce ; des dynasties locales s'installent et, au Xe siècle, des califats « dissidents » apparaissent : en Espagne avec Abd* al-Rahamn III (929), au Maghreb et en Égypte* avec les Fatimides* (969). Le calife de Bagdad n'a plus qu'un rôle honorifique et passe au XIe siècle sous la tutelle des sultans seldjoukides*. Les Mongols* détruisent Bagdad et le califat en 1258. Les survivants sont installés en

Égypte par les Mamelouks*, et y jouent un rôle honorifique jusqu'en 1517.

CALIGULA (Antium, 12 - Rome, 41 ap. J.-C.). Troisième empereur romain de la dynastie des Julio-Claudiens*, il régna de 37 à 41 ap. J.-C. Son nom, qui signifie « petit brodequin », lui fut attribué par les soldats alors que, enfant, il se trouvait en garnison avec son père Germanicus* sur le limes* rhénan. Atteint d'une maladie mentale, Caligula se rendit célèbre par ses cruautés. Il succéda en 37 à son grand-oncle Tibère*. Après d'heureux débuts, il changea brutalement de personnalité, voulut se faire adorer comme un dieu et procéda à de multiples exécutions. D'après l'historien Suétone*, sa folie sanguinaire lui fit souhaiter que le peuple romain n'eût qu'une tête afin de la trancher d'un seul coup. Après avoir échappé à plusieurs complots, Caligula mourut assassiné par les officiers de la garde prétorienne* et Claude* lui succéda. Voir Isis.

CALLAGHAN, James (Portsmouth, 1912-). Homme politique britannique. Député travailliste en 1945, il succéda à Harold Wilson*, démissionnaire, comme Premier ministre (1976-1979) et devint le leader du Parti travailliste* (1976-1980). Face aux effets de la crise économique, il mit sur pied une politique de rigueur, les ressources financières du pétrole de la mer du Nord, dont l'exploitation avait commencé en 1975, lui permettant de rééquilibrer la balance des paiements. Harcelé par la pression syndicale, il réussit néanmoins à signer un « contrat social » limitant la hausse des salaires. Renversé en 1979, il fut remplacé par le chef du Parti conservateur* Margaret Thatcher*.

CALLOT, Jacques (Nancy, 1592-*id.*, 1635). Graveur et peintre français. Grand maître de l'eau-forte, il influença considérablement les graveurs du XVIIᵉ siècle. Auteur de près de 1 400 pièces, parmi lesquelles les séries des *Caprices* (1617), des *Gueux* (1622) et des *Grandes Misères de la guerre* (1633), violentes critiques contre les exactions commises par les armées de Louis XIII* lors de l'invasion de la Lorraine.

CALONNE, Charles Alexandre de (Douai, 1734-Paris, 1802). Homme politique français, il échoua après Turgot* et Necker* à rétablir les finances publiques. Issu d'une famille de robe, d'abord procureur général au parlement de Douai, il devint intendant* à Metz (1766) puis à Lille (1778), où il se révéla excellent administrateur. Appelé au contrôle général des Finances en 1783, il s'attela à combler l'énorme déficit financier aggravé par la guerre d'Amérique. Après une politique d'expédients (emprunts, grands travaux) Calonne proposa au roi son *Précis d'un plan d'amélioration des finances* fondé sur d'importantes réformes fiscales, notamment le remplacement des vingtièmes* par un impôt foncier (la « subvention territoriale »), la suppression des douanes intérieures et la liberté du commerce des grains. Pressentant l'opposition irréductible des parlements, Calonne demanda la convocation de l'assemblée des notables (février 1787) qui refusa ses réformes. Il dut démissionner et fut remplacé par Loménie* de Brienne. Voir Contrôleur général des Finances. .

CALVIN, Jean CAUVIN, dit (Noyon, 1509-Genève, 1564). Réformateur religieux et écrivain français. Après des études au collège de Montaigu à Paris où il acquit une grande connaissance de la philosophie et des Pères* de l'Église, il étudia le droit à Orléans et à Bourges. Plus intéressé à cette époque par l'humanisme d'Érasme* que par la pensée luthérienne, il publia en 1532 son premier livre, un commentaire du *De clementia* de Sénèque*. Mais une conversion profonde l'amena bientôt à adhérer à la Réforme*. En 1533, profitant de la rentrée de l'université de Paris, il rédigea un discours, adaptant des textes d'Érasme et de Luther*, qui fit scandale et l'obligea à quitter la France pour Bâle où il publia la première édition en latin de l'*Institution de la religion chrétienne* (1536), traduit plus tard par lui-même en français (1541). Premier livre à exposer des thèmes théologiques en français, cet ouvrage est encore aujourd'hui considéré comme l'un des premiers monuments de la langue française, mais aussi le livre de base de la pensée réformée. Installé à Genève (1536) où la Réforme venait d'être adoptée, Calvin tenta d'appliquer dans cette ville le principe de ses pensées mais en imposant aux Genevois une sévère discipline morale, il en fut chassé. Ce fut à Strasbourg, ville libre où s'était réfugiée la communauté de Français fuyant les persécutions après l'affaire des placards*, qu'il s'établit. Avec Bucer*, il y organisa l'Église des réformés de France tout en enseignant la théologie. Rappelé à Genève par le Conseil de la ville (1541), il y joua dès lors un rôle tout-puissant, à la fois religieux et politique. Par la rédaction de ses *Ordonnances ecclésiastiques* dans lesquelles il établit les quatre ministères qui sont à la base de l'Église réformée (pasteurs, docteurs, anciens et diacres), il fixa le statut de l'Église de Genève. Il réorganisa l'Académie de la ville (1559), établissement d'enseignement supérieur pour la formation des pasteurs, qui devint bientôt un centre universitaire renommé et s'attacha à l'éducation religieuse des Genevois (rédaction d'un *Catéchisme*), combattant tous ceux qui s'opposaient à sa doctrine (affaire Michel Servet*, 1553). À la mort de Calvin, Théodore de Bèze, son disciple, le remplaça à la tête de l'Église réformée. La diffusion du calvinisme* fut, ensuite, extrêmement rapide.

CALVINISME. Nom donné à la doctrine religieuse de Calvin*. Les fondements de la foi calviniste furent exposés dans un ouvrage rédigé par Calvin, *Institution de la religion chrétienne*. Les principes théologiques du calvinisme reposent notamment sur la doctrine de la prédestination et de la grâce. Les calvinistes considèrent aussi les Saintes Écritures comme unique source de la foi et ne reconnaissent comme seuls sacrements* que le baptême* et la communion*. L'Église calviniste est dirigée, à plusieurs échelons, par des conseils de pasteurs et de laïcs, chaque conseil élisant ses délégués à l'échelon supérieur. L'éthique calviniste, selon le sociologue Max Weber* (*L'Éthique du protestantisme et l'esprit du capitalisme*), aurait joué un rôle important sur le plan économique et politique (théorie nuancée plus tard). Il aurait, en autorisant le prêt à intérêt et en favorisant l'austérité, le goût de l'épargne et l'esprit d'initiative, encouragé le capitalisme*. Par l'organisation de son Église, il aurait enfin contribué à développer les principes de la démocratie politique. Le calvinisme se répandit en Europe : en France où il fut persécuté jusqu'au XVIIIe siècle, en Hongrie, dans l'Empire, aux Pays-Bas, en Angleterre et en Écosse (John Knox*), puis, à partir du XVIIe siècle en Amérique du Nord. On compte aujourd'hui environ 40 millions d'adeptes. Voir Anglicanisme, Huguenots, Luthéranisme, Réforme, Religion (Guerres de).

CALVINISTES. Voir Calvinisme.

CALVO SOTELO, José (Tuy, 1893-Madrid, 1936). Homme politique espagnol. Ministre des Finances durant la dictature de Primo* de Rivera, il devint, après la proclamation de la République (1931), l'un des chefs du parti monarchiste. Son assassinat (13 juillet 1936) déclencha la guerre civile d'Espagne* (1936-1939). Voir Alphonse XIII, Franco (Francisco).

CAMARA, Helder Pessoa. Voir Pessoa Camara (Helder).

CAMBACÉRÈS, Jean-Jacques Régis de, duc de Parme (Montpellier, 1753-Paris, 1824). Juriste et homme politique français, il fut l'un des rédacteurs du Code* civil. D'abord conseiller à la cour des aides de Montpellier, puis député de l'Hérault à a Convention*, il vota la mort de Louis XVI* (1793) et l'arrestation des chefs girondins* après la trahison du général Dumouriez*. Membre très écouté du Comité de législation, il présenta un premier projet de Code civil (1793) qui fut reçté. Membre du Conseil des Cinq-Cents* sous le Directoire*, ministre de la Justice 1799), il fut nommé deuxième consul sur proposition de Napoléon Ier* Bonaparte*, puis président du Sénat* et du Conseil* d'État, et contribua à l'élaboration du Code civil. Archichancelier de l'Empire 1804) et duc de Parme (1808), il fut d'abord fidèle au régime impérial puis se allia en 1814 aux Bourbons*. Partisan de Napoléon Ier lors des Cent-Jours* (1815), l fut proscrit comme régicide durant trois ans (1815-1818). Voir Consulat.

CAMBON, Joseph (Montpellier, 1756-Saint-Josse-ten-Noode, 1820). Homme politique français. Lors de la Révolution* française, il tenta en vain d'enrayer l'inflation due à l'accroissement du nombre des assignats*, entraînant leur dépréciation. Député à l'Assemblée* législative, il rallia les montagnards* sous la Convention* et devint, jusqu'en 1795, président du Comité des finances. Il ne put empêcher l'aggravation de l'inflation et créa le Grand Livre de la dette publique 24 août 1793), par lequel la Convention honorait les dettes de l'Ancien* Régime avec celles que la Révolution avait contractées. Hostile à Robespierre*, il contribua à sa chute le 9 Thermidor* 27 juillet 1794), mais fut néanmoins poursuivi sous la Convention* thermidorienne. Amnistié, il fut proscrit comme régicide en 1815 et finit ses jours en exil en Belgique.

CAMBRAI (Ligue de, 1508). Lors des guerres d'Italie*, ligue formée par l'empereur Maximilien Ier*, Louis XII*, Ferdinand II* le Catholique et le pape Jules II*, afin de conquérir les possessions italiennes de Venise*. Louis XII remporta, avec Bayard*, la victoire d'Agnadel* (1509).

Mais Venise, par une habile politique diplomatique, réussit dès 1510 à dissocier la coalition.

CAMBRAI (Paix de, 1529). Paix signée, lors des guerres d'Italie*, entre Louise de Savoie, représentant son fils François Ier*, et Marguerite* d'Autriche, représentant son neveu Charles* Quint (d'où le surnom de « paix des Dames »). Selon ses clauses, François Ier renonçait à tous ses droits sur l'Italie et à sa suzeraineté sur la Flandre* et l'Artois, et payait 2 millions d'écus d'or pour la rançon de ses fils gardés en otage par Charles Quint depuis 1526. En échange, Charles Quint renonçait à ses prétentions sur la Bourgogne*. Cette paix fut rompue par François Ier en 1539.

CAMBRIDGE (Université de). Elle est, avec l'université d'Oxford*, la plus prestigieuse d'Angleterre. Fondée au XIIIe siècle, elle s'imposa à partir du XVe siècle comme un grand centre intellectuel. Foyer de l'humanisme* grâce à Érasme*, nommé professeur en 1511, elle s'orienta, sous l'impulsion de Thomas Cromwell, chancelier en 1534, vers le protestantisme*. Réorganisée par la reine Élisabeth Ire* en 1570, elle s'opposa vigoureusement au puritanisme au XVIIe siècle. La réputation scientifique de Cambridge commença avec l'enseignement de Newton* (1669-1701) et se confirma en 1871 par la création d'une chaire de physique expérimentale. L'enseignement fut illustré au XXe siècle par le physicien Rutherford*, l'économiste Keynes* et l'historien Trevelyan. Comme Oxford, Cambridge est organisé en collèges dont les plus célèbres sont Peter House (1284), Clare (1326), Pembroke (1347), Gonville et Caïus (1348), Corpus Christi (1352), King's (1441) dont la chapelle gothique* possède d'admirables vitraux, St. Catherine's (1473), Jesus (1496), Christ's (1505), St. John's (1511), Magdalene (1542), Trinity (1546), Emmanuel (1584) et Sidney Sussex (1596). L'université possède depuis le XVIᵉ siècle un département d'imprimerie et d'édition, la Cambridge University Press. Voir Puritains, Sorbonne.

CAMBRONNE, Pierre Jacques Étienne, vicomte (Nantes, 1770-*id.*, 1842). Général français, compagnon fidèle de Napoléon Iᵉʳ*. Commandant de la Vieille Garde, il fut grièvement blessé à Waterloo (1815). Il aurait répondu aux Anglais qui le sommaient de se rendre : « Merde, la Garde se meurt mais ne se rend pas », anecdote reprise par Victor Hugo* dans *Les Misérables*. Bien que cette apostrophe le rendît célèbre, il en nia toujours la paternité. Voir Garde impériale.

CAMBYSE II (?-522 av. J.-C.). Roi des Perses*, il succéda en 530 av. J.-C. à Cyrus II* le Grand, son père. Cambyse acheva son œuvre de conquête en soumettant l'Égypte* à l'Empire perse (525 av. J.-C.). Réputé pour sa cruauté, il mourut en Syrie* peut-être accidentellement. Son successeur fut Darius Iᵉʳ* le Grand. Voir Perses.

CAMELOTS DU ROI. Organisation de combat royaliste fondée en France en 1908. Elle regroupait les militants, souvent armés de cannes, de l'Action* française de Charles Maurras*. Les Camelots du roi vendaient aussi à la criée le journal *L'Action française*. Ils prirent une part importante aux émeutes antiparlementaires du 6 février* 1934. Voir Cagoule (La).

CAMERONE (Combat de, 30 avril 1863). Lors de la guerre du Mexique* (1862-1867) décidée par Napoléon III*, 64 hommes de la Légion étrangère résistèrent pendant 9 heures à 2 000 Mexicains. L'anniversaire de cette opération militaire est la fête de la Légion étrangère française.

CAMISARDS. Nom donné en France sous le règne de Louis XIV* aux calvinistes des Cévennes révoltés contre les persécutions religieuses qui suivirent la révocation de l'édit de Nantes* (1685). Ce nom leur fut donné parce qu'ils portaient une chemise blanche par-dessus leurs vêtements pour se reconnaître entre eux lor des attaques de nuit. Encadrés par de petit artisans ou des bergers, les Camisard réussirent durant trois ans (1702-1705) tenir en échec les armées royales. Voi Calvinisme.

CAMÕES ou **CAMOENS, Luís de,** (Lis bonne, 1524-*id.*, 1580). Poète portugais dont l'œuvre, *Les Lusiades* (*Os Lusiadas*) publiée en 1572, est devenue l'épopée na tionale du Portugal. Après de brillante études à Coimbra, Camões vécut une exis tence aventureuse et difficile, qui le men en Afrique, en Extrême-Orient et aux In des, puis il mourut dans la misère. *Les Lu siades,* qui exaltent la valeur et le courag des Portugais, racontent la vie des héro nationaux et les Grandes Découvertes*.

CAMPBELL-BANNERMAN, Henry sir (Glasgow, 1836-Londres, 1908) Homme politique britannique. Leader d Parti libéral* à la Chambre des commu nes* (1899), puis Premier ministr (1905-1908), il amorça d'importantes ré formes sociales garantissant en particulie la liberté d'action des syndicats (1906) Ses autres projets, comme l'autonomi sud-africaine et le vote du *Parliament Act* en 1911, limitant les pouvoirs de la Cham bre des lords*, ne furent votés qu'après s mort. Voir *People's Budget*.

CAMP DAVID (Accords de, 17 septem bre 1978). Accords conclus à la résidenc d'été du président américain entre Jimmy Carter*, Menahem Begin* et Anouar el Sadate*, prévoyant la signature d'une pai entre Israël et l'Égypte, conclue en 1979 Voir Israélo-arabe (Quatrième guerre).

CAMPOFORMIO (Traité de, 18 octobr 1797). Traité signé en Vénétie, à côté d Campoformio, entre la France et l'Autri che, qui interrompit la campagne d'Italie* désormais victorieuse, menée par le géné ral Bonaparte*. L'Autriche cédait à l France la Belgique, les pays de la rive gau che du Rhin et reconnaissait la Républiqu Cisalpine*. Elle recevait en compensatio

a partie orientale de la République de Ve-
ise* (l'Istrie et la Dalmatie). Ce traité, qui
avait été signé par Bonaparte sans aucun
mandat du Directoire*, lui fut remis solennellement en décembre 1797. Le traité de
Campoformio fut confirmé en 1801 par le
traité de Lunéville*.

CAMP ROMAIN. Camp militaire
construit chaque soir par les armées romaines en campagne et destiné à les mettre à
l'abri de toute attaque surprise. Il eut toujours le même plan et obéit aux mêmes rites de fondation que ceux d'une ville romaine. Entouré d'une palissade précédée
d'un fossé pour les camps provisoires,
d'une enceinte de pierre pour les camps
permanents, il était traversé par deux
voies : l'une, orientée est-ouest, le *Decu-
manus Maximus*, était la voie prétorienne,
l'autre le *Cardo Maximus*, orienté nord-
sud, était appelée voie principale. À leur
point de rencontre, s'étendait une petite
place. Là, s'élevaient le prétoire, c'est-
à-dire la tente du général, l'autel pour les
sacrifices, le tribunal et le *quaestorium* ou
service d'intendance. Voir Légion.

CAMUS, Albert (Mondovi, auj. Deraan,
Algérie, 1913-Villeblevin, 1960). Écrivain
français. Il fut à travers ses écrits et son engagement dans la Résistance* l'un des
maîtres à penser de la génération issue de
la Seconde Guerre* mondiale. Boursier au
lycée d'Alger (1923-1930), il poursuivit
les études de philosophie, mais la tuberculose l'empêcha de faire une carrière
dans l'enseignement. Deux expériences
marquèrent aussi sa formation, celle du
théâtre avec la création d'une compagnie
d'amateurs à Alger et celle du journalisme
avec ses reportages sur le dénuement des
Algériens musulmans* au journal *Alger
républicain*. Engagé dans la Résistance,
Camus devint rédacteur en chef de *Combat*
1944-1946) et reçut le prix Nobel* de lit-
érature en 1957. Dans ses essais (*Le My-
he de Sisyphe*, 1942 ; *L'Homme révolté*,
1951), ses romans (*L'Étranger*, 1942 ; *La*

Peste, 1947 ; *La Chute*, 1956) et son théâtre (*Caligula*, 1945, *Les Justes*, 1949), il a
tenté d'analyser le sentiment de l'absurdité
du destin humain, cherchant à le dépasser
en fondant un nouvel humanisme et suscitant ainsi l'enthousiasme d'une jeunesse
meurtrie par la Seconde Guerre mondiale.

CANAAN (Terre ou Pays de). Nom ancien de la Palestine*. Région limitée au
nord par la Phénicie*, à l'ouest par la Méditerranée, à l'est par le fleuve Jourdain et
la mer Morte et au sud par d'immenses déserts. Ses habitants, les Cananéens, étaient
des Sémites* arrivés vers 3000 av. J.-C.
D'après la Bible*, Dieu promit à Abraham* et à Moïse* la possession de ce pays
fertile (d'où le nom de « Terre promise »).

CANDRAGUPTA ou **CHANDRA-
GUPTA.** Roi indien du Magadha (Bihar,
région de l'est de l'Inde*) et premier empereur de l'Inde (v. 320-v. 296). Fondateur
de la dynastie Maurya*, il unifia tout le
nord du pays. Après avoir vaincu la dynastie Nanda qui régnait sur le Magadha
(fin IVᵉ siècle), il assura sa domination en
Inde centrale et septentrionale. Candragupta épousa une fille de Séleucos Nika-
tor, fondateur de la dynastie des Séleucides*, et reçut dans sa capitale, Pātalipu-
tra (actuelle Patnā), son ambassadeur grec
Mégasthènes qui laissa une description de
l'Inde antique. Converti au jaïnisme, Candragupta abdiqua en faveur de son fils. Selon la coutume de sa secte, il se serait
laissé mourir de faim. Son fils mena des
campagnes victorieuses dans le Deccan.
Son petit-fils, Açoka*, conduira l'Empire
à son apogée territorial et culturel.

CANNES (en lat. Cannae). Ancienne ville
d'Apulie en Italie du Sud. En 216 av. J.-C.,
lors de la deuxième guerre Punique*, Hannibal* y remporta une célèbre victoire
contre l'armée romaine* conduite par les
consuls Paul Émile* et Varron. Cannes est
resté un exemple classique de la bataille
d'encerclement. Pris comme dans une te-
naille, les Romains, pourtant supérieurs en

nombre aux Carthaginois (86 000 hommes contre 50 000 selon Polybe*), subirent d'énormes pertes, env. 10 000 soldats furent faits prisonniers, env. 14 000 réussirent à s'échapper, tous les autres furent tués. Manquant d'effectifs et de matériel, Hannibal ne put profiter de cette victoire pour assiéger Rome. Voir Carthage.

CANNING, George (Londres, 1770-Chiswick, 1827). Homme politique britannique. Successeur de Castlereagh* aux Affaires étrangères, il s'opposa au despotisme des souverains européens et contribua ainsi à isoler la Grande-Bretagne de la Sainte-Alliance*. Conservateur modéré, ministre des Affaires étrangères de George IV* (1822), il reconnut l'indépendance des colonies espagnoles en Amérique du Sud – fructueux marché pour les commerçants anglais – et aida les Grecs dans leur lutte d'indépendance contre les Turcs. Voir Indépendance grecque (Guerre de l'), Metternich (Klemens).

CANOSSA. Village d'Italie. En 1077, l'empereur Henri IV*, excommunié, vint à Canossa en tenue de pénitent, tête et pieds nus, implorer le pardon du pape Grégoire VII*. Voir Investitures (Querelle des).

CANOVA, Antonio (Possagno, province de Trévise, 1757-Venise, 1822). Sculpteur italien, il fut l'un des maîtres du néo-classicisme* et le sculpteur officiel de la papauté et du Premier Empire*. Il exécuta notamment les monuments funéraires de Clément XIII, une grande statue de Bonaparte* (*Mars Pacifique*, 1803-1806, Londres) et de Pauline Borghèse (*Vénus victorieuse*, 1804-1808, Rome), mais aussi des sujets mythologiques (*Amour et Psyché*, 1787-1793, Paris, musée du Louvre).

CANTERBURY. Ville d'Angleterre, chef-lieu du comté du Kent et siège de l'archevêque*, primat d'Angleterre. Fondée par les Romains et appelée Durovernum – on y a retrouvé les vestiges d'un grand théâtre –, elle prit ensuite le nom de Cant-

warabyrig (la ville des hommes du Kent) et devint au Ve siècle la capitale du royaume de Kent. Après la conversion du roi Ethelbert par les missionnaires bénédictins* – dont saint Augustin* – envoyés par Grégoire* le Grand, Canterbury devint le siège de l'archevêque, primat d'Angleterre, occupé notamment par saint Dunstan, saint Anselme, Thomas* Becket, Étienne Langton, Edmond Rich, Thomas Cranmer*, Reginald Pole et William Laud*. La Réforme*, avec la suppression des ordres monastiques et la fin des pèlerinages, fit perdre à Canterbury beaucoup de son importance. L'archevêque anglican cependant porte toujours le titre de primat d'Angleterre et prend rang immédiatement après la famille royale. Voir Anglicanisme.

CANTERBURY (Cathédrale de). Christ Church Cathedral est l'un des plus célèbres édifices religieux d'Angleterre. Elle marque le début de la révolution gothique* dans ce pays. La cathédrale fut construite entre 1070 et 1503, alliant ainsi des styles très différents. La crypte et le transept nord-est romans furent érigés vers 1070 par l'évêque de Caen, Lanfranc ; le chœur* gothique (1175) fut l'œuvre de Guillaume de Sens et Guillaume l'Anglais est l'architecte de la Trinity Chapel. Les vitraux, qui sont les plus anciens d'Angleterre, datent du XIIe siècle. Voir Roman (Art).

CANUT LE GRAND ou **KNUT LE GRAND.** Voir Knut le Grand.

CANUTS (Révolte des). Nom donné à l'insurrection des ouvriers de la soie à Lyon* en 1831. Elle fut le premier mouvement ouvrier de masse en France et eut pour origine la baisse constante des salaires due à la concurrence étrangère, notamment anglaise. Afin de trouver une solution et sur la médiation du préfet*, un tarif minimum des salaires fut négocié entre patrons et ouvriers. Ce fut le refus de certains fabricants de soie d'appliquer cette déciion qui provoqua l'insurrection. Les canuts soulevèrent tous les quartiers ouvriers de Lyon, obligeant les troupes de la ville à se retirer dans la nuit du 22 au 23 novembre. Le gouvernement de Casimir Perier* déclara les canuts rebelles et confia à Soult* et au duc d'Orléans le rétablissement de l'ordre. Le mouvement fut écrasé en décembre 1831.

CAPET. Surnom donné à Hugues Ier*, fondateur de la dynastie capétienne. Ce surnom dériverait du mot « chape » désignant le long manteau des abbés au Moyen Âge. En effet, Hugues Capet et son père Hugues le Grand étaient abbés laïques de nombreux monastères, notamment de celui de Saint-Martin de Tours, où est conservée la moitié de la chape de saint Martin. Voir Capétiens.

CAPÉTIENS. Troisième dynastie des rois de France qui succéda en 987 aux Carolingiens* avec Hugues* Capet et régna en ligne directe jusqu'à Charles IV* le Bel (1328). Les Capétiens directs furent : Hugues Capet (987-996), Robert II* le Pieux (996-1031), Henri Ier* (1031-1060), Phiippe Ier* (1060-1108), Louis VI* (1108-1137), Louis VII* (1137-1180), Philippe II* Auguste (1180-1223), Louis VIII* (1223-1226), Louis IX* ou Saint Louis (1226-1270), Philippe III* le Hardi (1270-1285), Philippe IV* le Bel (1285-1314), Louis X* le Hutin (1314-1316), Jean Ier (1316), Philippe V* le Long (1316-1322) et Charles IV* le Bel (1322-1328). Bien qu'issu d'une famille qui avait joué un grand rôle politique (Robert le Fort et les Robertiens), Hugues Capet, duc des Francs*, n'avait à son avènement que peu de puissance, étant à la tête d'un minuscule domaine dans l'Île-de-France, entouré de puissants vassaux, notamment les ducs d'Aquitaine*, de Normandie* et de Bourgogne*. La longévité et la puissance de sa famille, peu prévisibles, s'expliquent par plusieurs raisons. La continuité dynastique fut d'abord due à la

chance qui assura à tous les Capétiens des héritiers mâles (jusqu'en 1314) mais aussi à une politique persévérante qui choisit la primogéniture et imposa la succession héréditaire. L'élection par les grands mit longtemps à disparaître mais jusqu'en 1179, chaque souverain fit de son vivant élire et couronner son fils aîné. À partir de Philippe II Auguste, la coutume disparut, ce qui prouve que le principe de l'hérédité monarchique n'était plus contesté. Les Capétiens s'attachèrent aussi avec patience à consolider et à agrandir le domaine* royal. Ils imposèrent au cours du XIIe siècle la suzeraineté royale à tous les seigneurs du royaume, tirant une force particulière du sacre* et du soutien de l'Église. En 1328, seuls la Flandre*, la Bretagne, la Guyenne*, la Bourgogne et quelques fiefs* de moindre importance se trouvaient en dehors du domaine royal. Une fois leur domaine agrandi et leur royaume affermi, les grands Capétiens, Philippe II Auguste, Louis IX et Philippe IV le Bel s'attachèrent à développer une administration centralisée. Sous Philippe II Auguste apparurent les enquêteurs royaux (bailli* et sénéchal*) contrôlés sous saint Louis par des enquêteurs royaux. L'appel à la justice royale se développa et une juridiction spéciale, le Parlement*, s'instaura progressivement. Philippe IV le Bel réorganisa le trésor. Charles IV le Bel mourut sans postérité mâle, ce qui amena sur le trône la branche collatérale des Capétiens de Valois*. L'élection de Philippe VI*, petit-fils de Philippe III le Hardi, au détriment d'Édouard III* d'Angleterre, petit-fils par sa mère de Philippe IV le Bel, fut l'une des causes de la guerre de Cent* Ans. Voir Bourbons, Carolingiens, Mérovingiens.

CAPITALISME. Système économique et social fondé sur la propriété privée des moyens de production et d'échange. Le capitalisme est caractérisé par la recherche du profit, l'initiative individuelle et la concurrence. Dans la terminologie du mar xisme*, le capitalisme est défini comme un système économique, social et politique dont la finalité, pour les propriétaires des moyens de production, est la recherche de la plus-value réalisée par l'exploitation des « travailleurs » (le salaire de l'ouvrier étant inférieur au prix de sa production). Une partie importante de cette plus-value est transformée en capital, source de nouvelle plus-value et origine de « l'accumulation du capital ». Voir Crise économique de 1929, Fugger, Libéralisme, Rothschild.

CAPITATION. Nom donné en France à l'impôt direct créé par Louis XIV* en 1695, afin de résoudre les difficultés financières dues à la guerre de la ligue d'Augsbourg*. Supprimé puis rétabli définitivement, il devait en théorie peser sur tous les Français, mais la noblesse et le clergé, par des exemptions diverses, réussirent à s'y soustraire et l'impôt fut payé par les roturiers. La capitation, la taille* et le vingtième* disparurent sous la Révolution* française. Voir Contribution foncière, Contribution personnelle et mobilière, Contribution des patentes, Portes et fenêtres (Contribution des).

CAPITOLE (Le). Nom donné à l'une des sept collines de Rome* composée de deux sommets : le Capitole au sud-ouest et l'Arx ou Citadelle au nord. Cette colline devint le centre religieux de la Rome antique. On y trouvait le temple de la triade* capitoline (Jupiter*, Junon* et Minerve*) construit à l'origine par Tarquin* le Superbe mais plusieurs fois incendié et reconstruit et le temple de Junon Conseillère (Moneta) dans lequel on entretenait les oies du Capitole, consacrées à Junon et qui, selon la tradition, sauvèrent Rome par leurs cris lors du raid gaulois de 390 av. J.-C. À la fin de la République, on construisit aussi le Tabularium (dépôt des archives) et Auguste* y édifia les temples de Jupiter et de Mars* vengeur.

CAPITULAIRE. Nom donné aux lois ou règlements édictés par les souverains ca-

rolingiens* et rédigés par chapitres (*capitularia*). Les capitulaires constituent la principale source pour l'étude des institutions carolingiennes aux VIIIe et IXe siècles. Voir Carolingiens.

CAPITULATIONS. Nom donné aux conventions réglant le statut des étrangers dans l'Empire ottoman*. Elles accordèrent, à partir du règne de Charles IX*, en particulier aux Français, le droit de commercer aux Échelles du Levant.

CAPORETTO (Bataille de, 24 octobre 1917). Victoire remportée, lors de la Première Guerre* mondiale, par les Austro-Allemands sur les Italiens à Caporetto, ancien village d'Italie (auj. en Slovénie*, dans la vallée de l'Isonzo). L'armée italienne, dans sa retraite, laissa près de 300 000 prisonniers et perdit la moitié de son artillerie. Ce fut pour elle la plus grave défaite de la guerre.

CAPRIVI, Georg Leo, comte von (Berlin, 1831-Skyren, 1899). Général et homme politique allemand. Il succéda à Bismarck* en 1890 comme chancelier d'Empire et inaugura la nouvelle orientation donnée par Guillaume II* à la politique étrangère. En renforçant la Triple-Alliance*, il favorisa l'entente franco-russe. Très critiqué par Bismarck et désavoué par l'empereur, il préféra démissionner en 1894 et fut remplacé par Hohenlohe*.

CARABOBO (Batailles de, 1814 et 1821). Victoires remportées à Carabobo (aujourd'hui État du nord du Venezuela) par Bolívar*, conduisant à l'indépendance du Venezuela.

CARACALLA (Lyon, 188-Carrhae, 217 ap. J.-C.). Empereur romain de la dynastie des Sévères*, il régna de 211 à 217 ap. J.-C. Fils de Septime* Sévère, surnommé Caracalla (nom du manteau gaulois* qu'il portait), il fut proclamé empereur en 211 ap. J.-C. Caracalla tenta d'unifier l'Empire en accordant la citoyenneté romaine à tous les habitants libres des provinces* (212 ap. J.-C.). Grand bâtisseur, il laissa à

Rome de nombreux monuments, notamment les thermes* gigantesques qui portent son nom. Enfin, guerrier comme son père, il entreprit des conquêtes en Gaule*, sur le Danube, en Égypte* et en Syrie* où il mourut assassiné par un préfet* du prétoire. Son cousin Élagabal* lui succéda. Voir Lyon.

CARAVAGE, Michelangelo Merisi, en fr. le (Caravaggio, Lombardie, v. 1571-Porto Ercole, province de Grosseto, 1610). Peintre italien. Il bouleversa la rhétorique classique de la Renaissance*. Controversé de son vivant, négligé à l'époque du classicisme* et redécouvert au XIXe siècle, il est considéré comme l'une des sources essentielles de la peinture du XVIIe siècle marquée par le baroque*. Bien qu'il n'ait créé aucune école, il fut à l'origine du « caravagisme » qui inspira de nombreux peintres, en particulier Vélasquez*, Georges de La Tour*, Rubens* et Rembrandt*. Après avoir commencé à 11 ans son apprentissage chez un peintre de Milan, Simone Peterzano, le Caravage s'installa à Rome vers 1591 et se fit apprécier par le cardinal Del Monte qui le prit sous sa protection. Il peignit des tableaux de genre comme le *Bacchus* (Offices) puis la *Madeleine repentie* (Rome, Galerie Doria Pamphili), tableau dont le réalisme inspiré des scènes de la vie quotidienne tranchait avec la production de l'époque. Le tournant capital dans l'œuvre du Caravage fut la décoration vers 1600 de la chapelle Contarelli dans l'église Saint-Louis-des-Français (trois tableaux de la vie de saint Matthieu, 1599 ou 1600-1602) et celle de Sainte-Marie-du-Peuple (la *Conversion de Saül*, la *Crucifixion de saint Pierre*, 1601). Ces peintures exprimèrent pour la première fois une nouvelle conception de la lumière mais elles marquèrent aussi l'introduction du réalisme, au sens moderne du terme, dans les scènes sacrées, son intention étant probablement d'amener à l'émotion religieuse par le choc immédiat de l'image. Peintre

désormais célèbre, le Caravage dut néanmoins quitter Rome en 1606, accusé de meurtre après un duel. Il séjourna successivement à Naples (les *Sept Œuvres de Miséricorde*, église du Pio Monte della Misericordia, 1607), à Malte et en Sicile (*La Résurrection de Lazare*, Messine, 1609). Il mourut peu après de la malaria alors qu'il tentait de regagner Naples afin de demander la grâce pontificale.

CARAVANSÉRAIL. Nom donné en Orient à un bâtiment comprenant une cour, des entrepôts et des chambres. Le caravansérail est une hôtellerie qui sert à abriter les caravanes de marchandises et à héberger les voyageurs.

CARAVELLE. Navire à voile utilisé du XVe au XVIIe siècle principalement par les Portugais et les Espagnols au cours de leurs grands voyages de découvertes. Longue d'environ 30 m, munie de trois ou quatre mâts et de deux plateformes à l'avant et à l'arrière, ce navire, léger et rapide, pouvait avancer par vent contraire et embarquer 60 à 80 hommes d'équipage. Deux des trois navires de Christophe Colomb* furent des caravelles. Voir Découvertes (Grandes), Drakkar, Galère, Nef.

CARBONARISME. Nom donné à un courant politique issu d'une société politique secrète (dite des carbonari, c'est-à-dire des charbonniers). D'inspiration libérale et organisé à la manière des loges maçonniques, le carbonarisme fut particulièrement important en Italie dans le premier tiers du XIXe siècle. Il se développa d'abord dans le royaume de Naples* entre 1806 et 1815, et fut essentiellement dirigé contre l'occupation française. Après 1815, les revendications du carbonarisme furent l'indépendance nationale italienne contre la domination autrichienne et l'établissement d'une monarchie constitutionnelle inspirée des principes de la Révolution* de 1789. Les carbonari entretinrent jusqu'en 1831 une agitation permanente en Italie, provoquant la révolution de Naples en 1820, puis celle du Piémont en 1821. Ces insurrections furent partout sévèrement réprimées. Aux carbonari qui survécurent succéda jusqu'en 1848 la société secrète Jeune-Italie de Mazzini*. Le carbonarisme se développa aussi en France pour lutter contre le régime politique de la Restauration* et gagna les milieux libéraux ou bonapartistes. Il tenta plusieurs soulèvements dans les garnisons, qui échouèrent (Belfort en 1821, Saumur et les Sergents de La Rochelle en 1822). Affaibli par ses divisions internes, il n'eut plus de raison d'être après la révolution* de Juillet 1830 qui réalisa ses objectifs, libéral et constitutionnel. Voir Bonapartisme, Sergents de La Rochelle (Les quatre).

CARBONE 14. Substance chimique très répandue dans la nature et que l'on trouve dans tous les organismes vivants. La mesure de la radioactivité du carbone contenu dans les restes organiques (charbon de bois, os, coquillages, etc) permet aux préhistoriens d'en établir l'âge avec une précision approchée de quelques siècles. Cette technique repose sur le fait que les animaux et les plantes contiennent du carbone 14 radioactif en proportion constante. Après la mort, cette proportion diminue très régulièrement. En 5 730 années, un os ou un morceau de bois perdent 50 % de leur carbone 14, en 11 460 années, ils en perdent 25 % et ainsi de suite. En mesurant la proportion de carbone 14 contenu dans un fossile, on peut donc le dater mais cette méthode ne permet guère d'aller au-delà de 45 000 ans av. J.-C. car il reste alors trop peu de carbone 14.

CARLISTES. Nom donné en Espagne à partir de 1830 aux partisans de don Carlos*, comte de Molina, prétendant au trône d'Espagne après la mort de son frère Ferdinand VII* (1833). Le carlisme eut pour origine la crise dynastique ouverte chez les Bourbons* d'Espagne après la décision prise par Ferdinand VII d'abolir la loi salique afin d'assurer le trône à sa fille unique, la future Isabelle II*. Révoltés au nom de la légitimité dynastique, les carlistes trouvèrent appui auprès du clergé et des populations rurales mais aussi dans des régions comme la Navarre, la Catalogne et l'Aragon, attachées à leurs privilèges locaux (*fueros*) et menacées par la politique centralisatrice des libéraux de Madrid. L'agitation carliste troubla l'histoire de l'Espagne au XIXᵉ siècle par les guerres civiles qu'elle provoqua (1833-1839, 1846-1849, 1872-1876). Malgré les répressions dont il fut l'objet, le carlisme ne disparut pas et s'apparenta de plus en plus à l'extrême droite et à l'intégrisme religieux (Dieu, la Patrie et le Roi). Ralliés dès 1936 au soulèvement nationaliste de Franco*, les carlistes, sous le nom de *Requetes*, prirent une part active aux combats de la guerre civile espagnole. L'avènement de Juan* Carlos de Bourbon, petit-fils d'Alphonse XIII*, désigné par Franco comme roi d'Espagne, fit renaître l'opposition carliste.

CARLOMAN (v. 715-Vienne, 754). Fils aîné de Charles* Martel et frère de Pépin* le Bref. À la tête de l'Austrasie*, de la Souabe et de la Thuringe, il aida son frère à combattre les Alamans*, les Bavarois et les Saxons*. Il soutint l'œuvre réformatrice de saint Boniface. Il se fit moine en 747, Pépin le Bref hérita de ses territoires.

CARLOMAN (v. 751-Samoussy, près de Laon, 771). Fils de Pépin* le Bref et frère de Charlemagne*, il reçut en héritage une partie du royaume de son père, l'Austrasie* notamment. À sa mort, Charlemagne se saisit de ses territoires et enferma ses héritiers dans un monastère après avoir battu Didier, roi des Lombards*, beau-père de Carloman, auprès duquel ils s'étaient réfugiés.

CARLOMAN (?-vers 884). Roi de France (879-884). Deuxième fils de Louis II* le Bègue et petit-fils de Charles II* le Chauve, il partagea d'abord le royaume avec son frère Louis III*, puis devint seul oi après la mort de ce dernier (882). Voir Charles III le Gros, Charles III le Simple.

CARLOS, Maria José Isidoro de Bourbon, don, ou **CHARLES DE BOURBON** (Madrid, 1788-Trieste, 1855). Infant d'Espagne, comte de Molina. Deuxième fils de Charles IV*, il fut écarté du trône par son frère, Ferdinand VII*, qui abolit en 1833 la loi salique en vigueur chez les Bourbons*, afin de permettre à sa fille unique, Isabelle, de régner. Carlos refusa de prêter serment de fidélité à la reine Isabelle II* et revendiqua le trône sous le nom de Charles V. Exilé d'Espagne, il déclencha la première guerre carliste (1833-1839). Ses descendants maintinrent les mêmes prétentions. Voir Carlistes.

CARMES (Ordre des). Ordre religieux fondé au XIIe siècle sur le mont Carmel, en Palestine*. Il fut répandu en Europe dès le début du XIIIe siècle et établi par Grégoire IX parmi les ordres mendiants*. Vers 1250, les ermites adoucirent leur règle et rapprochèrent leur constitution de celle des dominicains*. En raison du grave relâchement de l'ordre, Jean* de la Croix et Thérèse* d'Avila ramenèrent les Carmes et les Carmélites à l'austérité. L'ordre comprend aujourd'hui les carmes mitigés, les carmes déchaux ou déchaussés (réformés) et les carmélites (cloîtrées).

CARNAC. Commune du Morbihan (France) où se trouve le plus important ensemble de mégalithes* (grands monuments de pierre) du sud de la Bretagne. Trois groupes d'alignements de 2 800 menhirs* s'étirent sur plus de 4 km de longueur. Celui de Ménec comprend 11 files sur plus de 1 100 m ; celui de Kermario, 10 files sur environ 1 200 m ; celui de Kerlescan, 13 files sur 800 m. Parmi les tumulus* qui s'élèvent sur ce site le plus important est celui de Saint-Michel. Il mesure 11 m de haut, 217 m de long sur 59 m de large. Fouillé en 1862 par René Galles, il a notamment livré des haches plates en pierre polie et des fragments de colliers en

os (aujourd'hui exposés au musée de Vannes). L'ensemble de Carnac date de la fin du néolithique* et du début de l'âge du bronze* (vers 2000-1400 av. J.-C.).

CARNARVON, lord George (Highclere, 1866-Le Caire, 1923). Égyptologue britannique, qui découvrit en 1922 la tombe du pharaon* Toutankhamon*.

CARNÉ, Marcel (Paris, 1909-). Cinéaste français. Il fut, avec son scénariste Jacques Prévert, l'un des chefs de file du réalisme poétique. Il réalisa notamment *Quai des Brumes* (1938), *Hôtel du Nord* (1938), *Drôle de drame* (1937), *Les Visiteurs du soir* (1942) et *Les Enfants du paradis* (1945), son chef-d'œuvre.

CARNEGIE, Andrew (Dunfermline, Écosse, 1835-Lenox, Massachusetts, 1919). Industriel et philanthrope américain. Il créa en 1900 la Carnegie Steel Company qui domina le marché du fer et de l'acier de Pittsburgh (Pennsylvanie*). Devenu l'US Steel Corporation, la compagnie fut reprise en 1901 par John Pierpont Morgan, financier américain, et Carnegie se consacra aux fondations charitables et aux instituts scientifiques et culturels qu'il avait créés.

CARNOT, Lazare Nicolas Marguerite (Nolay, 1753-Magdebourg, 1823). Général, homme politique et savant français, il fut surnommé en 1795, lors des guerres de la France révolutionnaire, « l'organisateur de la victoire » ou « le Grand Carnot ». Bien que roturier, Carnot choisit le métier des armes, entrant en 1770 dans l'une des rares écoles militaires ouvertes aux non-nobles et devint capitaine du génie (1783), spécialiste des fortifications. Rallié à la Révolution* française, il fut élu à l'Assemblée* législative puis à la Convention*, siégeant aux côtés des montagnards*. Membre du Comité* de Salut public (juillet 1793), s'occupant des questions militaires, il obtint la décision de la levée* en masse (août 1793). Il assura aussi la cohésion de l'armée française en réalisant l'amalgame (1794), un bataillon d'anciens et deux bataillons de bleus formant une demi-brigade (nom qui remplaça celui de régiment). Rétablissant énergiquement la discipline, Carnot contribua à la victoire de Wattignies (octobre 1793). Hostile à Robespierre*, Couthon* et Saint-Just*, il contribua à leur chute le 9 Thermidor* (27 juillet 1794). Membre du Directoire* (novembre 1795) hostile à Barras*, il fut éliminé après le coup d'État du 18 Fructidor* an V (4 septembre 1797). Rentré en France après le 18 Brumaire* an VIII (9 novembre 1799), il fut nommé par Bonaparte* ministre de la Guerre, puis membre du Tribunat*. Opposé au Consulat* à vie et à l'Empire*, il se tint à l'écart de la vie politique, se consacrant à ses recherches scientifiques (*Essai sur les machines en général ; Géométrie de position*). En 1814, la France étant à nouveau menacée d'invasion, Napoléon Ier* le rappela, lui confiant la défense d'Anvers*. Ministre de l'Intérieur durant les Cent-Jours*, il fut banni comme régicide (1816) sous Louis XVIII* et mourut en Prusse. Voir Jourdan (Jean-Baptiste).

CARNOT, Marie François Sadi (Limoges, 1837-Lyon, 1894). Homme politique français. Président de la République (1887), son mandat fut marqué par la crise boulangiste et le début de l'affaire de Panama*. Carnot fut assassiné à Lyon par un anarchiste italien, Caserio. Voir Anarchisme, Boulangisme, Carnot (Lazare), Ravachol.

CARNUTES. Peuple de la Gaule* établi dans la future province de l'Orléanais autour de Chartres (Autricum) et d'Orléans (Cenabum). C'était dans la forêt des Carnutes (près de Sully-sur-Loire), que se réunissait l'assemblée générale des druides*.

CAROLINGIENS. Deuxième dynastie des rois francs*, son nom lui vient de son plus illustre représentant, Charlemagne*. Elle succéda à la dynastie des Mérovingiens* en 751 lorsque Pépin* le Bref s'empara de la royauté. Les Carolingiens régnèrent en Germanie* (Louis l'Enfant) jusqu'en 911 et en France jusqu'en 987, disputant durant tout un siècle le trône aux Robertiens (ancêtres des Capétiens*). La dynastie des Carolingiens était issue de l'union de deux puissantes familles d'Austrasie* dont l'origine remonte à Pépin* l'Ancien, maire* du palais, et saint Arnould, évêque de Metz. Pépin* le Jeune, maire du palais d'Austrasie, de Neustrie* et de Bourgogne*, fonda la fortune des Carolingiens. Leur règne, brillamment amorcé par Pépin le Bref (751-768), fils de Charles* Martel, connut son apogée sous Charles Ier le Grand ou Charlemagne* (768-814) qui unit sous son autorité la plus grande partie de l'Occident chrétien. À la mort de son fils et successeur Louis Ier* le Pieux (814-840), l'Empire, soumis aux raids normands* depuis 840 mais aussi à la coutume franque des partages, fut démembré au traité de Verdun* (843) entre les trois petits-fils de Charlemagne. Lothaire Ier* (840-855) reçut la Francie médiane, Louis Ier* le Germanique (843-876) la Germanie et Charles II* le Chauve (843-877) régna sur la Francie occidentale qui allait devenir le royaume de France. Le partage de l'Empire se poursuivit sous Louis II* le Bègue (877-879), Louis III* (879-882) et Carloman* (879-884). Charles III* le Gros tenta de reconstituer l'unité de l'Empire mais après sa mort les forces centrifuges l'emportèrent. Charles III* le Simple, Louis IV* d'Outre-Mer, Lothaire* et Louis V* furent les souverains carolingiens de la France au Xe siècle, puis les Carolingiens furent définitivement écartés du pouvoir par les Capétiens*. Sous les Carolingiens, l'Europe occidentale avait constitué un ensemble régi par des institutions uniformes. Cette dynastie apporta aussi, par le recours au sacre* des rois, une innovation capitale. Les Mérovingiens avaient été rois par la volonté des Francs, les Carolingiens le furent par la vonté de Dieu, bien que l'hérédité restât agile et que tous les Carolingiens fussent ns la réalité élus par les grands. Cependant, le sacre de Pépin le Bref marqua le but de la monarchie de droit divin qui vait rester jusqu'à la Révolution* franise. Alliés du Saint-Siège menacé par les mbards*, les Carolingiens furent aussi s défenseurs de la Chrétienté*. Cependant, les derniers princes carolingiens, ocpés par leurs querelles de succession, se ontrèrent incapables de défendre la ance contre les envahisseurs, normands* particulier. Ainsi se constituèrent les ns de protection et le régime de la féolité* fonda la nouvelle organisation de la ciété au cours des IXe et Xe siècles.

ARPETBAGGERS. Sobriquet (de *cartbag* : sac de voyage) donné par la polation du sud des États-Unis aux avenriers blancs, la plupart venus du nord, i s'établirent dans le sud après la guerre Sécession*. Ils se livrèrent, avec l'apobation des autorités fédérales (notament sous la présidence de Grant*), à de mbreuses malversations.

ARRACHE, Annibale (Bologne, 60-Rome, 1609). Peintre italien. Cousin Ludovic et frère d'Augustin avec lesels il travailla en commun, Annibale sta la figure la plus brillante de la famille s Carrache. Il s'opposa à travers ses œues au maniérisme raffiné de l'époque et ôna un retour à l'étude directe de la nare tout en renouant avec le « beau idéal » s plus grands maîtres de la Renaisnce*. Après avoir travaillé avec Ludovic Augustin à la réalisation des fresques ilstrant l'*Histoire de la Nymphe Europe,* *Jason, d'Énée* au palais Fava de Boloe, Annibale réalisa des portraits naturates (*Le Mangeur de fèves,* Rome) et des ysages dont il renouvela le genre. Mais fut à partir de 1595 qu'appelé à Rome r le cardinal Farnèse, il donna la pleine esure de son talent. Il exécuta d'abord les esques du Camerino au palais Farnèse,

inspirées de l'histoire d'Ulysse et de celle d'Hercule* (1595-1597) puis travailla à la galerie du palais qu'il illustra d'exemples mythologiques (1595-1602). L'œuvre de Carrache, reconnue jusqu'au début du XIXe, fut redécouverte au milieu du XXe siècle.

CARRIER, Jean-Baptiste (Yolet, 1756-Paris, 1794). Homme politique français, rendu célèbre, lors de la Révolution* française, pour les noyades collectives qu'il organisa à Nantes (1793-1794) lors de la guerre de Vendée*. Député montagnard de la Convention*, il fut envoyé dans l'Ouest insurgé comme représentant* en mission. La répression qu'il mit en place fut impitoyable. Rappelé à Paris par Robespierre*, il fut condamné à mort pour ses crimes par le Tribunal* révolutionnaire et exécuté. Voir Terreur.

CARROL, Charles Dodgson, dit **Lewis** (Daresbury, 1832-Guildford, 1898). Écrivain et mathématicien anglais. Professeur de mathématiques à Oxford*, sa vie fut partagée entre l'étude de cette discipline – dans laquelle il se distingua en publiant d'importants ouvrages (*La Logique symbolique,* 1893) – et l'écriture. Fasciné par l'imagination enfantine, il est notamment l'auteur d'*Alice au pays des merveilles* (1865), devenu un chef-d'œuvre classique traduit dans le monde entier, suivi de *De l'autre côté du miroir* (1872). Son poème humoristique, *La Chasse au Snark* (1876), fut traduit en français par Louis Aragon*.

CARTEL DES GAUCHES. Nom donné en France à la coalition des partis de gauche (radicaux de gauche, radicaux-socialistes, républicains socialistes et socialistes de la SFIO*) formée en 1924 pour faire face à la majorité de droite du Bloc* national. La victoire aux élections législatives du Cartel des gauches (mai 1924) entraîna la démission du président Millerand* auquel succéda Gaston Doumergue*. Le gouvernement radical-socialiste d'Édouard Herriot* fit évacuer la

Ruhr*, reconnut l'URSS et fit transférer les cendres de Jaurès* au Panthéon*. L'hostilité des milieux d'affaires (le « mur d'argent ») à la politique du Cartel – pression sur le gouvernement en jouant contre le franc – provoqua la démission d'Édouard Herriot. Voir Front populaire, Poincarré (Raymond).

CARTER, Howard (Swaffham, 1873-Londres, 1939). Égyptologue britannique, il découvrit avec George Carnarvon* la tombe du pharaon Toutankhamon*. Inspecteur des antiquités de Haute-Égypte* (1899), il avait mis au jour dans la Vallée* des Rois les tombes de la reine Hatshepsout et de Thoutmosis IV.

CARTER, James Earl, dit **Jimmy** (Plains, Georgie, 1924-). Homme politique américain. Président démocrate des États-Unis (1977-1981), il fut l'initiateur des accords de Camp* David entre l'Égypte et Israël. Fervent baptiste, sénateur démocrate de Géorgie (1962). Son succès électoral de novembre 1976 exprima l'aspiration américaine, après l'affaire du Watergate*, à une moralisation de la vie publique et plus particulièrement de la fonction présidentielle. Bien que Carter ait opéré un rapprochement avec la Chine communiste (établissement des premières relations diplomatiques en 1979) et favorisé le traité de paix séparé entre l'Égypte et Israël, sa présidence fut marquée par d'importants échecs intérieurs (hausse du taux d'inflation, baisse spectaculaire du dollar, blocage par le Congrès de son plan pour les économies d'énergie) et extérieurs (prise d'otages du personnel américain de l'ambassade des États-Unis à Téhéran en novembre 1979 et fiasco d'une opération de commando montée pour délivrer les diplomates en avril 1980). Son impopularité à un moment de graves tensions internationales (invasion soviétique de l'Afghanistan*, décembre 1979) favorisa l'élection en novembre 1980 du candidat républicain, Ronald Reagan*, à la présidence des États-Unis.

CARTHAGE. Ancienne ville d'Afrique du Nord. Située sur le golfe de Tunis, elle domina pendant plusieurs siècles le commerce en Méditerranée. Fondée au IX siècle av. J.-C. par des colons phénicien de Tyr*, Carthage, la « Nouvelle Ville » d'abord simple comptoir sur la route de l'Espagne, devint à partir du VI siècle av J.-C. une grande ville commerçante. Tan dis que ses marins reconnaissaient les côtes d'Afrique (Hannon*) et de l'Atlantique Nord (Himilcon*), elle établit des comptoirs en Espagne, aux Baléares, en Sicile et en Sardaigne. Les Carthaginois, intermédiaires et producteurs, achetaient et redistribuaient dans toute la Méditerranée le matières premières de l'Occident (fer plomb, étain), les produits africain (ivoire, or) et les esclaves, mais vendaien aussi les denrées récoltées sur leur terri toire (céréales, vin, huile d'olive) et leur objets manufacturés (tissus, poteries, ar mes). À partir du V siècle av. J.-C., Car thage s'opposa aux Grecs pour la posses sion de la Sicile, mais surtout aux Romain lors des trois guerres Puniques* (III-II siè cle av. J.-C.) qui s'achevèrent par sa des truction en 146 av. J.-C. Mais reconstruit sur un autre site par Jules César* en 44 av J.-C., la Nouvelle Carthage (appelée Co lonia Junovia), connut une grande prospé rité (clé du commerce avec l'intérieur de l'Afrique) et devint la ville la plus impor tante de l'Afrique romaine. Grand foyer de christianisme* dès le II siècle ap. J.-C (saint Cyprien, saint Augustin*, Tertul lien*), elle accueillit de nombreux conci les*. Prise au V siècle ap. J.-C. par le Vandales*, reconquise par les Byzantins au VI siècle, elle perdit progressivemer toute importance avant d'être pillée pui détruite par les Arabes* au VII siècle. Le ruines de Carthage se trouvent à 16 km d Tunis. Il ne reste presque rien de l'époqu punique, seulement quelques vestiges da

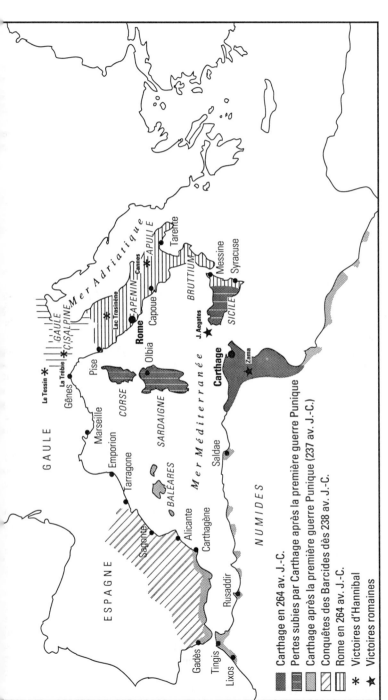

Les Carthaginois

Carthage en 264 av. J.-C.

Pertes subies par Carthage après la première guerre Punique

Carthage après la première guerre Punique (237 av. J.-C.)

Conquêtes des Barcides dès 238 av. J.-C.

Rome en 264 av. J.-C.

* Victoires d'Hannibal

★ Victoires romaines

GAULE

GAULE CISALPINE

Mer Adriatique

APENIN

APULIE

BRUTTIUM

SICILE

Mer Méditerranée

ESPAGNE

CORSE

SARDAIGNE

BALÉARES

NUMIDES

Le Tessin

La Trébie

Gênes

Pise

Marseille

Emporion

Tarragone

Sagonte

Alicante

Carthagène

Gadès

Tingis

Lixos

Rusaddir

Saldae

Carthage

Zama

J. Aegates

Messine

Syracuse

Tarente

Capoue

Olbia

Cannes

Lac Trasimène

Rome

tant de la période romaine, Carthage ayant servi d'immense carrière pour la construction de Tunis. Voir Byzantin (Empire), Phénicie.

CARTIER, Jacques (Saint-Malo, 1491-*id.*, v. 1557). Navigateur français, il fut surnommé le « découvreur du Canada ». Chargé par François Ier* de trouver une route vers l'Asie par le nord-ouest, mais aussi de découvrir des métaux précieux, Jacques Cartier atteignit Terre-Neuve (1534) et la côte du Labrador puis, parvenu à Gaspé (aujourd'hui port du Québec), il prit possession, au nom du roi, du Canada. Reparti en 1535 et arrivé à l'embouchure du Saint-Laurent, il remonta le cours du fleuve et parvint à un village indien près duquel fut bâti plus tard Mont-Royal (Montréal). François Ier décida d'y envoyer des colons qui furent bientôt décimés par le scorbut. Voir Cabot (Jean), Champlain (Samuel de).

CARTULAIRE. Nom donné en France aux recueils manuscrits dans lesquels étaient inscrites les chartes* contenant les titres de propriété et les privilèges d'une seigneurie*, d'une ville, d'une corporation* mais surtout des abbayes et des évêchés. La plupart des cartulaires datent des XIIe et XIIIe siècles et constituent de précieux documents pour l'étude de la France médiévale.

CASA DE CONTRATACIÓN (chambre de commerce). Organisme fondé en 1503 à Séville* par les Rois Catholiques et dépendant du Conseil des Indes espagnol. Il devait contrôler toutes les relations commerciales et financières avec l'Amérique espagnole. Ses magasins entreposaient toutes les marchandises faisant l'objet d'un commerce avec les colonies. Après la création d'un ministère des Indes (1714), la Casa de contratación perdit de son importance et fut transférée à Cadix (1717) puis supprimée. Voir Isabelle Ière.

CASABLANCA (Conférence de, janvier 1943). Conférence tenue par Roosevelt* et Churchill* au cours de laquelle d'importantes décisions concernant la politique de guerre des Alliés furent prises, notamment le débarquement en Europe et en Italie et les conditions de capitulation de l'Allemagne, de l'Italie et du Japon. Au cours de cette conférence se rencontrèrent de Gaulle* et Giraud* que Churchill et Roosevelt tentèrent de rapprocher.

CASH AND CARRY. Nom donné à la clause (novembre 1939) qui modifia la loi de neutralité américaine. Toute vente d'armes devait être payée comptant (*cash*) et transportée (*carry*) par des navires non américains. Voir Isolationnisme, *Neutrality Act*, Prêt-bail (Loi), Roosevelt (Franklin D.)

CASHER ou **CAWCHER.** Dans la religion juive, se dit de la chair des animaux abattus selon des règles strictes. Voir Hébreux, Judaïsme.

CASSIN, René (Bayonne, 1887-Paris 1976). Juriste français. Il rejoint de Gaulle* à Londres après l'armistice de juin 1940, et fut membre de l'Assemblée consultative d'Alger en 1944. La guerre terminée, il fit adopter par l'ONU* la Déclaration universelle des droits* de l'homme et présida en 1965 la Cour européenne des droits de l'homme. Prix Nobel* de la paix en 1968, ses cendres furent transférées au Panthéon en 1987. Voir Rethondes (Armistice de).

CASSINO. Ville d'Italie, dans le Latium*, dominée à l'ouest par le mont Cassin. Entre janvier et mai 1944, de violents combats y opposèrent les Allemands et le armées anglo-américaines. Voir Guerre mondiale (Seconde).

CASSIUS (?-près de Philippes, 42 av. J.-C.). Général romain, préteur* en 44 av. J.-C., il participa avec Brutus* à l'assassinat de Jules César*. Poursuivi puis battu par les armées des triumvirs à Philippes en Macédoine* (42 av. J.-C.), il se fit donner la mort après la défaite par l'un de ses esclaves.

CASTE. En Inde*, la division de la société en castes a été, jusqu'à l'époque moderne, le fondement de l'organisation sociale et religieuse (hindouisme*). Ce
système, « d'origine divine », a probablement été introduit par les Aryens qui, en
minorité, ont voulu conserver leur pureté
religieuse et raciale au milieu des populations conquises. La société hindoue était
partie en quatre castes principales ou
varna (qui signifie « couleur »). On distinguait les brahmanes* (prêtres), les Ksha-
ya* (la noblesse guerrière), les Vaiçya*
(paysans, commerçants, éleveurs de bétail)
les Sūdra* (les serviteurs, non aryens).
Peu à peu, ces catégories se sont elles-mêmes divisées en une multitude de castes
(2 000 à 3 000) se distinguant par un degré
plus ou moins élevé de pureté. On appartenait à une caste par sa naissance (et non
par sa richesse ou sa fonction), elle-même
conditionnée par les mérites acquis dans
ses vies antérieures. Chaque caste était absolument fermée. Le mariage entre membres de castes différentes était interdit. On
ne pouvait partager son repas ou manger
des aliments préparés par une personne de
caste inférieure. On choisissait son métier
en fonction du degré de pureté de sa caste.
Seul l'accomplissement du *Dharma* (devoir) pouvait permettre d'améliorer son
sort dans une prochaine vie. Le boud-
dhisme* et l'islam* ont combattu en Inde
système des castes. Celui-ci fut officiellement aboli en 1949 mais il persiste encore
aujourd'hui dans la pratique, surtout dans
l'Inde rurale. Voir Nehru (Jawaharlal).

CASTELNAU, **Édouard de Curières de**
(Sainte-Affrique, 1851-Montastruc-la-
Conseillère, 1944). Général français.
Membre du Conseil supérieur de la guerre
(1911), il commanda, lors de la Première
Guerre* mondiale, la IIᵉ armée en Lorraine
(1914), et fut l'adjoint de Joffre*
(1915-1916), au moment de la bataille de
Verdun*. Il participa en 1918 aux offen-
sives alliées contre l'armée allemande. Élu

député de l'Aveyron (1919-1924), représentant de l'extrême droite catholique*, il
fonda la Fédération nationale catholique.
CASTIGLIONE, Baldassarre ou **Balde-
sar** (Casatico, 1478-Tolède, 1529). Écrivain et diplomate italien, rendu célèbre par
son livre *Le Courtisan*, guide du parfait
homme de cour sous la Renaissance* italienne. Humaniste accompli, il vécut à la
cour des marquis de Mantoue et entra ensuite au service du seigneur d'Urbino, Gui-
dobaldo da Montefeltro. Il découvrit à
Rome la cour raffinée des papes Médicis*
et se lia d'amitié avec Raphaël* et de nombreux humanistes. C'est probablement
après 1513, au terme de son séjour à la
cour d'Urbino, qu'il composa, à la lumière
de sa propre expérience, les dialogues de
son traité *Le Courtisan (Il Cortegiano)*,
ouvrage édité en 1528. Traduite en plusieurs langues (six traductions françaises
ont paru entre 1537 et 1690), cette œuvre
eut une influence considérable. Elle
constitua pour l'Europe occidentale le modèle d'un art de cour, contribuant à créer
en France la notion d'« honnête homme »
glorifiée au XVIIᵉ siècle. Voir Guichardin
(François), Humanisme, Machiavel (Nicolas).
CASTILLE. Région du centre de l'Espagne. D'abord comté au IXᵉ siècle rattaché
au royaume de León, la Vieille-Castille devint ensuite indépendante. La région, fortement protégée contre les Maures* (son
nom vient du système fortifié, *Castillos*),
fut réunie au Xᵉ siècle à la Navarre, prenant
alors le nom de royaume de Castille, puis
en 1230, au León. En repoussant les Maures, les rois de Castille annexèrent de nouveaux territoires qui formèrent la Nou-
velle-Castille (Tolède en 1085, Séville*,
Cordoue* après Las Navas* de Tolosa). Le
mariage d'Isabelle* de Castille avec Fer-
dinand* d'Aragon (1469) aboutit à l'union
de ces royaumes (1479) désormais soumis
à une seule autorité. Voir Alphonse X le

Sage, Charles Quint, Cid (Le), *Reconquista*.

CASTILLON (Bataille de, 17 juin 1453). Ville de Gironde, en France. En 1453, Charles VII* y vainquit les Anglais qu'il chassa définitivement de Guyenne*, mettant ainsi fin à la guerre de Cent* Ans.

CASTLEREAGH, Henri Robert Stewart, vicomte Castlereagh et 2ᵉ marquis de Londonderry (Mount Stewart Down, 1769-North Cray Kent, 1822). Homme politique britannique. Conservateur issu de la haute aristocratie, il fut l'âme de la coalition contre Napoléon Iᵉʳ* et joua un rôle éminent au congrès de Vienne* (1815). Originaire de l'Irlande du Nord, Castlereagh fit d'abord carrière dans l'administration irlandaise. Élu député aux Communes* (1794), partisan de l'union étroite avec l'Angleterre, il fut l'un des artisans de l'Acte d'Union* en 1800. Secrétaire à la Guerre sous Pitt* et Portland (1805-1809), il fit intervenir Wellington* en Espagne occupée par la France mais l'échec de l'expédition de Walcheren (1809) et une querelle personnelle avec son collègue des Affaires étrangères, Canning*, l'obligèrent à quitter le gouvernement. Secrétaire aux Affaires étrangères (mars 1812), et chef du parti tory* à la Chambre des communes, il joua un rôle décisif au congrès de Vienne. Partisan avec le chancelier autrichien Metternich* d'un équilibre européen, il s'opposa aux prétentions russes et prussiennes. Hostile au traité de la Sainte-Alliance* proposé par le tsar Alexandre Iᵉʳ*, le qualifiant de « monument de mysticisme sublime et de non-sens », il œuvra plutôt pour la formation de la Quadruple Alliance (novembre 1815) hostile à l'égard de la France et signée par l'Angleterre, la Prusse*, la Russie et l'Autriche. Il s'opposa toutefois avec énergie à la politique d'intervention en Europe de Metternich. Très conservateur dans les affaires intérieures, il s'attira la haine des libéraux et des Irlandais contre lesquels il avait soutenu une politique de répression. Castlereagh, dépressif, se suicida en 1822.

CASTOR ET POLLUX. Dans la mythologie* grecque, fils jumeaux de Léda et du roi de Sparte* Tyndare (ou, selon une variante, de Zeus* métamorphosé en cygne) frères d'Hélène de Troie, appelés les Dioscures*. Inséparables, les deux frères participèrent à la lutte de Sparte contre Athènes*, à l'expédition des Argonautes* et d'autres aventures. Castor tué dans un combat, Pollux partagea avec lui son immortalité. Un temple leur était consacré sur le Forum* romain dédié après la bataille du lac Régille (496 av. J.-C.) où les Dioscures auraient combattu à la tête de l'armée romaine contre les Latins*. Les deux frères ont été placés parmi les constellations sous le nom de Gémeaux.

CASTRO, Fidel (Mayari, prov. d'Oriente, 1927-). Homme politique cubain, Premier ministre (1959) puis chef de l'État depuis 1976. Marxiste, l'un des porte-parole du tiers monde, allié inconditionnel de l'URSS, Fidel Castro se trouve aujourd'hui isolé dans un contexte intérieur et international hostile. Fils d'un planteur aisé, élevé dans des collèges de jésuites*, il s'inscrivit en 1943 à la faculté de droit de La Havane, devint président de la fédération universitaire des étudiants puis s'engagea dans l'action révolutionnaire. Il prit une part active dans la tentative de renversement du dictateur dominicain Rafael Trujillo et en Colombie participa au soulèvement populaire provoqué par l'assassinat d'un leader libéral. Avocat à La Havane, il défendit les déshérités et décida, après le coup d'État qui porta Batista* au pouvoir (1952), de passer à l'action directe afin de rétablir la démocratie. Le 26 juillet 1953, il prit d'assaut, avec 150 jeunes militants, la caserne de Moncada à Santiago de Cuba, échoua et fut condamné, ainsi que son jeune frère Raul, à quinze ans de prison. Après avoir bénéficié de l'amnistie générale de 1956

Castro s'exila au Mexique où il rencontra Ernesto « Che » Guevara* et lança le Mouvement du 26 juillet. Il débarqua le 2 décembre 1956 sur la côte méridionale de Cuba et avec 12 compagnons rescapés, prit le maquis. À partir de 1958, les *barbudos* déclarèrent la « guerre totale » au régime Batista. La résistance s'étendit à tout le pays et obligea le dictateur à s'enfuir (janvier 1959). Castro devint Premier ministre et engagea le pays dans une profonde transformation économique – nationalisation des banques, de l'industrie, expropriation des entreprises sucrières étrangères, collectivisation des terres – tandis que les États-Unis qui donnaient asile à un grand nombre d'opposants politiques, s'opposèrent de plus en plus à son régime. Toutes les tentatives des exilés pour renverser le pouvoir de Castro furent des échecs, en particulier le débarquement, soutenu par les États-Unis, de la baie des Cochons* (avril 1961). Castro s'engagea alors dans une alliance plus étroite avec l'Union soviétique qui installa dans l'île environ 40 rampes de lancement de missiles (octobre 1962), retirés sous la pression américaine (crise de Cuba*). Tandis que les États-Unis s'employaient, sans grand succès, à isoler le régime castriste devenu le symbole de la lutte pour l'indépendance, l'URSS soutint le premier régime socialiste d'Amérique latine. Cuba reçut une aide financière en vendant son sucre à Moscou largement au-dessus du cours mondial et en achetant le pétrole soviétique bien au-dessous du cours de l'OPEP*. Castro accepta en contrepartie d'intervenir militairement en Angola, et de devenir le porte-parole de l'URSS en Amérique latine et en Afrique. L'intervention militaire américaine à la Grenade (1983) décidée par le président Ronald Reagan* pour éviter la création d'un « relais de la subversion soviéto-cubaine » et les problèmes économiques et financiers créèrent d'importantes difficultés à Fidel Castro,

sans parler des atteintes aux droits de l'homme dénoncés par Amnesty International, malgré la libération, sur intervention de la France, de l'écrivain cubain Armando Valladares, emprisonné pendant 22 ans.

CATACOMBES. 1) Cimetières souterrains où les premiers chrétiens se réunissaient. Ils étaient composées de galeries étroites et les tombes, en forme de niches aménagées dans les murs, se superposaient le long des parois. Leur décoration témoigne du premier art chrétien. On y trouve des signes symboliques comme le poisson (les lettres du mot grec signifiant poisson sont les initiales de Jésus-Christ*, Fils de Dieu, Sauveur) ou l'ancre, symbole de l'espérance. 2) Les catacombes de Paris sont des carrières où furent transportés principalement les ossements de l'ancien cimetière des Innocents, supprimé en 1781. Voir Christianisme.

CATALAUNIQUES (Champs). Plaine située près de Châlons-sur-Marne ou de Troyes. Le général romain Aetius, à la tête d'une coalition de Francs*, de Burgondes* et des Wisigoths*, y remporta une célèbre victoire, en 451 ap. J.-C., contre le roi des Huns*, Attila*. Voir Mérovée.

ÇATAL HÜYÜK. Site préhistorique sur le plateau d'Anatolie (Turquie). Des fouilles archéologiques menées depuis 1957 ont mis au jour les restes remarquablement conservés d'une petite ville d'agriculteurs du néolithique* (vers 6500-5600 av. J.-C.) d'environ 7 000 habitants, peut-être la plus ancienne connue au monde. Les maisons, construites en briques crues et percées d'étroites fenêtres, se composaient d'une pièce rectangulaire et d'appentis servant de magasins. De petites cours à ciel ouvert séparaient les constructions, mais la circulation se faisait aussi de terrasse à terrasse. Une quarantaine de bâtiments dont les parois étaient recouvertes de grandes peintures murales, représentant des scènes de chasse, servaient de lieux de culte. Les outils en pierre polie retrouvés dans les habitations étaient composés de grattoirs, lames retouchées, pointes de flèches, javelots et poignards. On y a aussi découvert de la céramique. Les anciens habitants de Çatal Hüyük cultivaient l'orge, le blé et des pois. Les animaux domestiques semblent avoir été la chèvre, le mouton et le chien mais la chasse tenait encore une grande place. Voir Hacilar.

CATAPULTE. Machine de guerre de l'Antiquité et du Moyen Âge. Les catapultes de campagne lançaient des projectiles de pierre d'environ 10 kg. Celles des sièges pouvaient projeter à plus d'1 km des pierres pesant près de 100 kg.

CATEAU-CAMBRÉSIS (Traité du, 1559). Traité signé au Cateau-Cambrésis (sud-est de Cambrai), entre Henri II*, roi de France, et Philippe II*, roi d'Espagne, et qui mettait fin aux guerres d'Italie*. Henri II restituait ses États au duc de Savoie (Piémont, Savoie, Bresse et Bugey) et renonçait à toute prétention sur Naples* et Milan. La France gardait cependant Calais*, seule possession qu'avaient conservée les Anglais en France depuis la guerre de Cent* Ans et les Trois-Évêchés (Metz, Toul et Verdun), renforçant ainsi sa frontière à l'est. Le traité engageait aussi des mariages princiers, Élisabeth, fille d'Henri II, épousant Philippe II, veuf de Marie* Tudor, et Marguerite, fille de François Ier*, le duc de Savoie Emmanuel-Philibert. Ce traité, jugé défavorable à la France, entraîna de vifs mécontentements.

CATHARES. Voir Albigeois.

CATHELINEAU, Jacques (Le Pin-en-Mauges, 1759-Saint-Florent-le-Vieil, 1793). Chef vendéen lors de la Révolution* française, il fut surnommé, pour sa piété, le « saint de l'Anjou ». Issu d'un milieu très modeste, sacristain à la paroisse de sa commune, il fut l'un des chefs de l'insurrection vendéenne avec Bonchamp, d'Elbée et La Rochejaquelein*. Il fut tué lors de l'attaque de Nantes après avoir été

nommé par les Vendéens général de l'« armée catholique et royale ». Voir Vendée (Guerre de).

CATHERINE DE MÉDICIS (Florence 1519-Blois, 1589). Reine de France. Régente au début du règne de Charles IX*, elle s'efforça durant 30 ans de pacifier l royaume déchiré par les guerres de Religion*. Fille de Laurent II de Médicis, du d'Urbino, elle épousa à l'âge de 14 an (1533) le futur Henri II* dont elle aur 10 enfants. Durant le règne de son mari elle fut éclipsée par la favorite Diane* d Poitiers, mais entreprit son apprentissag politique. Veuve à 40 ans, et nommée régente à l'avènement de Charles IX, ell exerça rapidement ses talents politiques montant les Guise catholiques contre le Bourbons* protestants*, afin de préserve l'autorité monarchique. Fidèle à sa foi ca tholique*, confrontée au problème reli gieux qui divisait la France, elle nomm dès 1560 chancelier* Michel de L'Hospi tal* et s'efforça d'appliquer une politiqu de conciliation à l'égard des huguenots (protestants français). Malgré l'oppositio de la majorité de ses sujets catholiques e l'hostilité des Guise, elle accorda aux pro testants l'édit de Tolérance, la paix d'Am boise (1563), puis celle de Saint-Germai (1570) et, pour sceller la réconciliation, fa vorisa le mariage de sa fille Marguerite de Valois avec Henri de Navarre (futu Henri IV*). Inquiète cependant de l'ascen dant sur son fils Charles IX pris par le che du parti protestant, l'amiral de Coligny* et pressée par les princes catholiques, ell laissa faire le massacre de la Saint-Barthé lemy* (1572). Son influence s'amenuis sous Henri III*. Protectrice des arts, Ca therine de Médicis décida la constructio du nouveau Louvre* et fit bâtir le palai des Tuileries. Elle est inhumée à Saint-De nis auprès d'Henri II.

CATHERINE II LA GRANDE (Stettin 1729-Tsarskoïe Selo, 1796). Impératric de Russie (1762-1796). Son règne fut l'un

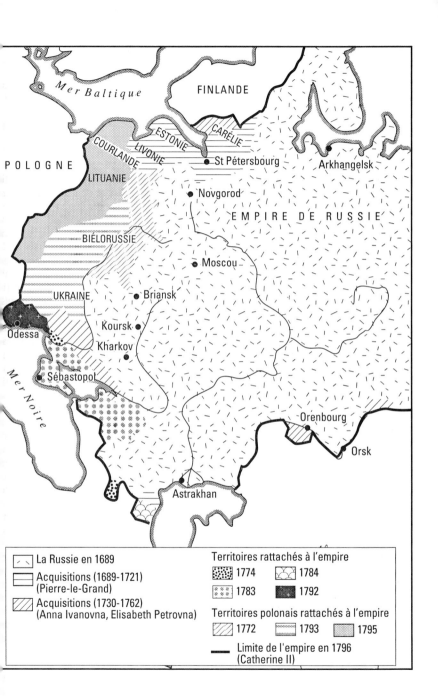

Mer Baltique

FINLANDE

ESTONIE
CARÉLIE
COURLANDE
LIVONIE
St Pétersbourg
Arkhangelsk

POLOGNE

LITUANIE

Novgorod

EMPIRE DE RUSSIE

BIÉLORUSSIE

Moscou

UKRAINE
Briansk

Koursk
Odessa
Kharkov

Sébastopol

Mer Noire

Orenbourg

Orsk

Astrakhan

La Russie en 1689

Acquisitions (1689-1721)
(Pierre-le-Grand)

Acquisitions (1730-1762)
(Anna Ivanovna, Elisabeth Petrovna)

Territoires rattachés à l'empire
1774   1784
1783   1792

Territoires polonais rattachés à l'empire
1772   1793   1795

Limite de l'empire en 1796
(Catherine II)

La Russie (XVIIe-XVIIIe siècle)

des grandes périodes de l'histoire russe, marquée par les conquêtes extérieures et l'éclat des lettres et des arts. Petite princesse allemande, elle fut choisie par l'impératrice Élisabeth* Petrovna pour épouser son neveu et héritier, le grand-duc Pierre (futur Pierre III*). Convertie à la religion orthodoxe, mariée en 1745, elle acquit rapidement, par son zèle religieux et son patriotisme russe une popularité refusée à son mari, allemand et luthérien. Appuyée par la garde impériale, Catherine II s'empara du pouvoir (1762), entraînant l'abdication de l'empereur, assassiné quelques jours après. Amie de Diderot* et de Voltaire*, gagnée aux idées du « despotisme* éclairé », elle s'attacha d'abord à l'unification législative et administrative de l'Empire. Si son *Instruction*, inspirée de Montesquieu* et du légiste italien Beccaria et qui devait préparer la codification des lois, fut finalement ajournée, l'impératrice favorisa l'instruction et procéda à une importante réforme administrative (1775) qui consolida son pouvoir autocratique servi par une noblesse dont les privilèges furent codifiés. La grande révolte paysanne conduite par Pougatchev* (1773-1774) fut impitoyablement réprimée. À l'extérieur, Catherine II agrandit considérablement son empire. Elle annexa la Crimée conquise sur les Turcs (1783) et participa aux trois partages de la Pologne* (1772, 1793, 1795) qui apportèrent à l'empire la Biélorussie, la Lituanie et l'ouest de l'Ukraine. Grand mécène, Catherine II embellit Saint-Pétersbourg, notamment par la construction de l'Ermitage (devenu aujourd'hui un musée).

CATHOLIC RELIEF BILL (avril 1829). En Angleterre, nom donné à la loi permettant aux catholiques* d'accéder à la plupart des fonctions publiques, interdites depuis le Test* Act de 1673. Tous les catholiques du royaume devenaient des citoyens à part entière, électeurs et éligibles à condition de prêter serment de fidélité au roi. Aujourd'hui cependant, le roi ou la reine d'Angleterre, le lord Chancelier et le gardien du Sceau ne peuvent être catholiques. Voir Canning (George), Peel (Robert).

CATHOLIQUES. Voir Catholicisme.

CATHOLICISME. Nom donné à la religion des chrétiens qui respectent l'autorité du pape en matière de dogme et de morale. Voir Christianisme, Protestantisme.

CATILINA (v. 108-Pistoia, 62 av. J.-C.) Homme politique romain, célèbre par la conspiration qu'il dirigea en 63 av. J.-C. contre la République* et qui fut dénoncée par Cicéron* alors consul*. Patricien ruiné se réclamant du parti populaire (il proposa l'abolition des dettes), il fomenta un complot rassemblant de jeunes nobles ruinés avec pour but de détruire les institutions républicaines et peut-être d'incendier Rome*. Après avoir tenté d'obtenir sans succès le consulat en 63 av. J.-C., il fut démasqué par Cicéron en plein Sénat et dut quitter Rome. Les chefs de la conspiration restés à Rome furent immédiatement exécutés. Catilina rejoignit les rebelles armés et fut vaincu et tué en 62 av J.-C. par les troupes consulaires à la bataille de Pistoia. Connu seulement à travers ses adversaires, Cicéron et Salluste*, Catilina aurait été le symbole d'une jeunesse démoralisée par les guerres civiles de la fin de la République* romaine, avide de satisfaire ses ambitions par tous les moyens. Voir Caton d'Utique, Guerre sociale.

CATON dit **L'ANCIEN** (Tusculum 234-149 av. J.-C.). Homme politique romain dit l'Ancien ou le Censeur, célèbre par la sévérité des mesures qu'il prit comme censeur* en 184 av. J.-C. Il lutta contre le luxe et combattit la culture et les mœurs helléniques, incarnées notamment par le « cercle des Scipions », qui lui paraissaient porter atteinte aux vertus traditionnelles qui avaient fait la force de Rome*. Il fut aussi connu pour son hostilité implacable à l'égard de Carthage* dont il redoutait la prospérité renaissante et, afin d'alerter les Romains sur la possible revanche de cette cité, il ne prononça plus un discours au Sénat* sans le terminer par la formule « Il faut détruire Carthage » (« *Delenda est Carthago* »). Caton l'Ancien est aussi une source importante concernant l'agriculture antique : son *De Re rustica* est un témoignage empirique sur l'économie d'un domaine agricole de son temps.

CATON D'UTIQUE (95-Utique, 46 av. J.-C.). Homme politique romain. Arrière-petit-fils de Caton* l'Ancien, il fut un farouche défenseur de la République* et l'une des grandes figures du stoïcisme*. Tribun puis sénateur, il s'opposa aux revendications populaires, prit la défense de Cicéron* contre Catilina*, et s'opposa à Pompée* qu'il soutint finalement contre César*. Quand l'armée pompéienne fut définitivement vaincue en 46 av. J.-C. à Thapsus, il se suicida.

CATROUX, Georges (Limoges, 1877-Paris, 1969). Général français. Rallié au général de Gaulle* en 1940, gouverneur général de l'Algérie (1943-1944), ambassadeur en URSS (1945-1948), et grand chancelier de la Légion* d'honneur (1954-1969), il fut chargé en 1955 de négocier le retour au Maroc du sultan Mohammed V*. Nommé par Guy Mollet* ministre de l'Algérie (1956), il ne put prendre ses fonctions face à l'hostilité des colons (manifestation du 6 février), et fut remplacé par Robert Lacoste. Voir Algérie (Guerre d').

CATULLE (Vérone, v. 84/87-Rome, 54 av. J.C.). Poète latin*, grand représentant de la poésie lyrique, au temps de la République*. Issu d'une famille aisée (son père était l'ami personnel de César*), sa courte vie fut occupée par sa passion pour une femme, Lesbie, probablement Clodia, sœur de Clodius, l'ennemi de Cicéron*. Parmi les 116 pièces qui nous sont parvenues, on distingue ses poèmes, imitations des poètes grecs de l'époque alexandrine (comme *Les Noces de Thétis et de Pélée*) et les œuvres inspirées par son amour.

CAUDILLO. Titre porté par Franco* à partir de 1931. *Caudillo*, en espagnol, désigne le chef militaire. Voir *Duce*, *Führer*.

CAUDINES (Fourches). Voir Caudium.

CAUDIUM. Ancienne ville d'Italie située à la frontière de la Campanie (région de l'Italie du Sud, le long de la mer Tyrrhénienne). C'est dans un défilé proche de cette ville que les Romains subirent une grave et humiliante défaite au cours de la seconde guerre samnite (321 av. J.-C.). Ils furent contraints de passer sous un joug dressé par les vainqueurs (d'où le nom de Fourches caudines donné à ce défilé). Voir Samnites.

CAVAIGNAC, Louis Eugène (Paris, 1802-Ourne, 1857). Général et homme politique français. Il dirigea la répression contre l'insurrection ouvrière de Juin* 1848. Polytechnicien, envoyé en Algérie en 1832 pour ses convictions républicaines, il fut nommé, sous la Deuxième République*, ministre de la Guerre. Investi par l'Assemblée* constituante de pouvoirs quasi dictatoriaux, il écrasa les journées insurrectionnelles de Juin 1848 et prit de vigoureuses mesures afin de maintenir l'ordre (état de siège, déportation massive des insurgés). Battu aux élections présidentielles de décembre 1848 par Louis Napoléon Bonaparte*, il passa à l'opposition. Élu membre du Corps* législatif en 1852, il refusa de prêter serment à l'empereur Napoléon III. Voir Décembre 1851 (Coup d'État du 2).

CAVALIERS. Nom donné au cours de la Révolution anglaise aux partisans du roi Charles Ier*, opposés aux Têtes* rondes, défenseurs du Parlement*. Voir Parlement, Convention, Révolution d'Angleterre (Première), Whigs et Tories.

CAVOUR, Camillo Benso, comte de (Turin, 1810-*id.*, 1861). Homme d'État italien, il fut le principal artisan de l'unité italienne. Issu de la vieille noblesse piémontaise, Cavour fut d'abord sous-lieutenant du génie mais dut quitter l'armée pour ses idées libérales. Il se consacra alors, durant une quinzaine d'années, à la gestion du domaine familial dont il fit une exploitation moderne et voyagea souvent à l'étranger, notamment en France et en Angleterre. La révolution de 1848 en Italie lui fournit l'occasion d'un engagement politique actif. En 1847, il fonda le journal libéral *Il Risorgimento* où il défendait l'idée d'une monarchie constitutionnelle dirigée par le roi de Piémont-Sardaigne, Charles-Albert*. Député au Parlement de Turin (1848), puis ministre de l'Agriculture (1850) et des Finances (1851), Cavour fut nommé par Victor-Emmanuel II* président du Conseil de Piémont (novembre 1852), et domina durant sept ans la politique piémontaise puis italienne, se fixant pour but l'indépendance de l'Italie sous la direction de Victor-Emmanuel II. Cavour s'attacha, pour l'atteindre, à faire du royaume de Piémont-Sardaigne un État modèle capable de diriger une Italie unifiée. Après avoir favorisé l'accession au pouvoir de la bourgeoisie par une alliance entre le centre droit et le centre gauche (*connubio*), Cavour s'employa à moderniser l'infrastructure économique du pays (chemins de fer, douanes, finances) et à renforcer l'armée (augmentation des effectifs, création d'un arsenal militaire à La Spezzia). Conscient que le royaume ne pouvait triompher de l'Autriche sans l'aide militaire de la France, il déploya toute son habileté afin de l'obtenir. La participation du Piémont à la guerre de Crimée*, aux côtés de la France et de l'Angleterre, lui permit de poser au traité de Paris* (1856) la question italienne. Napoléon III* lui promit enfin, lors de l'entrevue de Plombières* (juillet 1858), son aide dans la création d'un royaume d'Italie du Nord, mais en échange de Nice et de la Savoie. Les armées franco-piémontaises vainqui-

rent les Autrichiens à Magenta* puis à Solférino* (juin 1859), mais Napoléon III, inquiet des risques d'une guerre européenne, signa avec les Autrichiens la paix de Villafranca* (juillet 1859). La Lombardie* fut annexée au Piémont mais la Vénétie restait autrichienne. Cavour donna alors sa démission (novembre 1859). Rappelé au pouvoir en janvier 1860, avec les titres de président du Conseil, ministre des Affaires étrangères et de l'Intérieur, Cavour négocia avec Napoléon III l'annexion au Piémont de l'Émilie, de Parme, de Modène et de la Toscane (révoltés puis rattachés après plébiscite à la Sardaigne), moyennant la cession de Nice et de la Savoie (1860). Il donna enfin son soutien à l'expédition des *Mille** de Garibaldi* en Sicile contre les Bourbons*, qui amena la chute de Naples* (septembre 1860). Mais Cavour, craignant que la vague républicaine conduite par Garibaldi et la volonté de ce dernier de marcher sur Rome ne justifient une intervention française, décida de marcher sur Naples. Le Piémont garda dès lors l'initiative de l'unité de la péninsule. Le 14 mai 1861, Victor-Emmanuel II fut proclamé roi d'Italie, mais Cavour n'avait pas achevé son œuvre. Sa mort laissait en suspens le problème de la Vénétie autrichienne (annexée en 1866) et celui de Rome, devenue capitale du royaume en 1870. Voir États pontificaux.

CAZALÈS, Jacques de (Grenade, Gers 1758-Engalin, Gers, 1805). Homme politique français, il fut l'un des plus brillants orateurs du parti royaliste au début de la Révolution* française. Député de la noblesse aux États* généraux (1789), il défendit à l'Assemblée* nationale constituante les prérogatives royales et s'affronta notamment à Barnave*, défenseur des Patriotes*. Émigré à Coblence en 1792, il ne revint en France qu'en 1803. Voir Aristocrates.

CDU-CSU. Parti politique de la République* fédérale d'Allemagne, il est le parti llemand qui a été le plus souvent au pouoir. La CDU (*Christlichdemokratische Union*, en fr. Union chrétienne-démocrate) ut créée en 1945 et la CSU (*Christlichoziale Union*, en fr. Union sociale chréenne) en constitue l'aile bavaroise. Hérier du *Zentrum* (centre catholique), la DU-CSU se définit comme un parti « iner-classes », ses bastions demeurant les ilieux catholiques de l'Ouest et du Sud. rand parti conservateur, d'abord dirigé ar Konrad Adenauer*, il fut au pouvoir de 949 à 1969, date à laquelle les libéraux hoisirent l'alliance avec le SPD*. À noueau majoritaire en 1983 avec l'élection de lelmut Kohl*, ce parti a connu en 1990 et n 1994 de nouveaux succès électoraux ans l'Allemagne réunifiée grâce à la réusite économique et l'habileté de son chanelier* à gérer la réunification de l'Allenagne.

EAUSESCU, Nicolae (Scornicesti, 918-Tirgoviste, 1989). Homme politique oumain. Secrétaire général du parti ommuniste (1965), président du Conseil 'État (1967) et président de la Républiue (1974), il imposa au pays une violente ictature, fut renversé par une insurrection opulaire et exécuté. Ouvrier dès l'âge de 1 ans, militant à 15 ans dans l'organisaion clandestine des jeunesses communises, il devint en 1965 premier secrétaire du Parti des travailleurs roumains, cumulant ette fonction avec celle de chef de l'État n 1967. Il s'efforça à l'extérieur d'impoer une politique indépendante à l'égard de Moscou (établissement de relations diplomatiques avec la RFA* en 1967, refus de ompre avec Israël lors de la guerre des ix* Jours, condamnation de l'intervenion soviétique à Prague en 1968), mais naintint à l'intérieur un régime de dictaure. Ceausescu, dit le « conducator », xerça un pouvoir sans partage, procéda à es purges massives au sein du parti et de 'armée, pratiqua le culte de la personnaité (le « génie des Carpates ») et le népo-

tisme, sa femme Héléna devenant le second personnage de l'État (vice-Premier ministre en 1980). Ses excès (destruction du vieux Bucarest et de milliers de villages), sa dictature policière, les difficultés économiques aggravées par la réforme du système salarial qui aboutit à une baisse des rémunérations et la chute des autres démocraties populaires entraînèrent son renversement puis son exécution. Voir Prague (Printemps de).

CECA. Voir Communauté européenne du charbon et de l'acier.

CED. Voir Communauté européenne de défense.

CEE. Voir Communauté économique européenne.

CEI. Voir Communauté d'États indépendants.

CÉLINE, Louis-Ferdinand Destouches, dit Louis-Ferdinand (Courbevoie, 1894-Meudon, 1961). Écrivain français dont l'œuvre, marquée par un refus des valeurs reçues et un engagement ambigu dans la collaboration* sous le régime de Vichy*, bouleversa le langage littéraire par ses inventions verbales, sa ponctuation et l'usage agressif du langage parlé et argotique. Combattant à 20 ans lors de la Première Guerre* mondiale, grièvement blessé, Céline resta marqué toute sa vie par cette « vacherie universelle » qu'il évoqua dans *Voyage au bout de la nuit* (1932). Médecin à partir de 1924, il poursuivit néanmoins ses activités littéraires (*Mort à crédit*, 1936), ses écrits politiques anticommunistes (*Mea Culpa*, 1936) et ses pamphlets violemment antisémites (*Bagatelles pour un massacre*, 1937). Ses prises de position favorables à l'Allemagne nazie, suscitèrent de violentes controverses, et Céline dut s'enfuir en Allemagne après la Libération*. Arrêté et emprisonné au Danemark, il rentra en France en 1951, s'installa à Meudon où il ouvrit un cabinet médical et reprit son œuvre littéraire (*D'un château l'autre*, 1957 ; *Nord*, 1960).

CELLINI, Benvenuto (Florence, 1500-*id.*, 1571). Orfèvre et sculpteur italien, il fut l'un des grands artistes de la Renaissance*. Cellini se forma dans divers ateliers d'Italie (Florence*, Sienne, Pise*, Rome) puis, à la suite d'une rixe, s'installa à Rome (1519-1527) et se mit au service de différents maîtres. Grand orfèvre, il réalisa pour le pape Clément VII de nombreux médailles, monnaies et sceaux, s'inspirant des dessins de Léonard* de Vinci, de Michel-Ange* et de Raphaël*. Quittant l'Italie à la suite d'un scandale, il se mit au service de François Ier* et passa à la sculpture dont l'œuvre la plus marquante fut la *Nymphe de Fontainebleau* (1543, Paris, musée du Louvre). De retour en Italie (1545), il travailla à Florence pour Cosme* de Médicis, dont il fit le buste mais aussi un *Persée* (1553, musée du Bargello) dont le socle rappelle le raffinement de l'orfèvrerie. Il rédigea à la fin de sa vie ses *Mémoires*, document intéressant concernant la Rome de Clément VII, la France de François Ier et la Florence de Cosme de Médicis. Voir Donatello.

CELTES. Nom donné à un groupe de peuples indo-européens. Originaires d'Europe centrale (entre le Rhin et le Danube), ils dominèrent à la fin du Ier millénaire av. J.-C. presque toute l'Europe de l'Ouest et une partie de l'Asie* Mineure. Ce fut entre le VIe et le Ier siècle av. J.-C. que les Celtes connurent leur plus grande expansion : ils dominèrent la (Grande) Bretagne, la Gaule*, l'Espagne, l'Italie du Nord (ils s'emparèrent brièvement de Rome* en 390 av. J.-C.), les Balkans* et l'Asie Mineure. C'est aussi à la même époque que se situa l'apogée de leur civilisation assez mal connue car ils ignoraient l'écriture. Agriculteurs, les Celtes furent surtout réputés pour leur travail du métal : fer (qu'ils savaient fabriquer dès le IXe siècle av. J.-C.), bronze* et or. Leurs produits (chaudronnerie, poterie) circulaient à travers tout l'Occident grâce à un réseau de routes que

Rome n'eut qu'à améliorer en l'empierrant. Unis seulement par la langue et la religion, les Celtes ne formèrent jamais d'États. Ils restèrent divisés en une multitude de tribus ou de petits royaumes indépendants souvent rivaux. Leur société était divisée en trois catégories : le peuple (formé pour l'essentiel de paysans), la noblesse guerrière et les druides*. Ils rendaient un culte aux forces de la nature et à de nombreux dieux régionaux. Les Celtes furent soumis aux Romains aux IIe et Ier siècles av. J.-C. et leur civilisation ne subsista qu'en Armorique (Bretagne) et à l'ouest des îles Britanniques (Cornouailles, Pays de Galles et Irlande). Mais elle survécut au Moyen Âge à travers les récits légendaires des bardes (poètes celtiques) et subsiste encore aujourd'hui dans certaines coutumes bretonnes et irlandaises. Voir Capitole, Celtique (Gaule), Fer (Âge du), Gaule, Marseille, Voies romaines.

CELTIBÈRES. Peuple né de la fusion entre les Celtes*, établis en Espagne, et les Ibères autochtones. La mention des Celtibères apparaît pour la première fois au début du IIIe siècle av. J.-C.

CÈNE (La). Repas que Jésus-Christ* prit avec ses apôtres* la veille de la Passion (souffrances et supplice du Christ) et au cours duquel il créa le sacrement* de l'Eucharistie*.

CENS. 1) Le *census* fut à Rome le pouvoir détenu par les censeurs* de classer les individus et d'estimer leurs biens afin d'attribuer à chaque citoyen sa part des charges militaires, sa contribution fiscale (*tributum*) et l'étendue de ses droits politiques, au sein des comices* centuriates et des comices* tributes. 2) Au Moyen Âge et sous l'Ancien* Régime, redevance fixe payée en argent ou en nature par le paysan au seigneur en échange de la concession d'une terre (la tenure* ou censive). Voir Champart, Seigneurie.

CENSEUR. Dans la Rome* antique, magistrat* romain qui occupa sous la Répu-

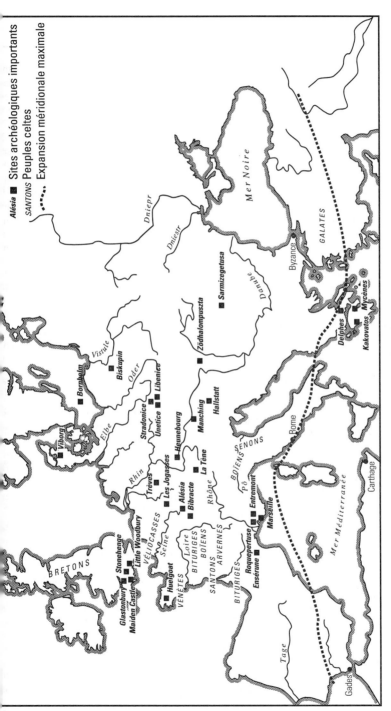

L'Europe celtique

Légende:
- **Alésia** ■ Sites archéologiques importants
- *SANTONS* Peuples celtes
- ▪▪▪▪ Expansion méridionale maximale

Labels sur la carte:

Mer Noire

GALATES

Byzance

Delphes
Kakovatos • Mycènes •

Sarmizegetusa ■

Danube

Dniepr

Dniestr

Zödhalompuszta ■

Vistule

Bornholm ■

Biskupin ■

Oder

Stradonice ■
Liběnice ■
Únětice ■

Elbe

Viborg ■

Rhin

Manching ■

Heuneburg ■

Hallstatt ■

Trèves ■
Les Jogasses ■
Alésia ■
Bibracte ■

La Tène ■

Rhône

BOÏENS
SÉNONS

Pô

Rome ■

VÉLIOCASSES

Seine

Loire

BITURIGES
BOÏENS
ARVERNES

SANTONS
BITURIGES

Entremont ■

Marseille ■

Roquepertuse ■
Ensérune ■

BRETONS

Stonehenge ■
Little Woodbury ■
Glastonbury ■
Maiden Castle ■

Huelgoat ■

VÉNÈTES

Mer Méditerranée

Carthage

Tage

Gades ■

blique* le sommet du *cursus* * *honorum*. Au nombre de deux, élus tous les cinq ans par les comices* centuriates et par les anciens consuls* mais n'exerçant leurs fonctions que pendant 18 mois, les censeurs étaient chargés de dresser le cens* (recensement des citoyens et classification d'après leur fortune), d'établir la liste des membres du Sénat* et de surveiller les mœurs des citoyens. Les censeurs étaient également chargés de la construction et de l'entretien des monuments publics. À la fin de l'époque républicaine, les élections des collèges censoriaux se firent irrégulières et la magistrature perdit de son prestige. Les empereurs, Auguste* compris, s'arrogèrent souvent les pouvoirs censoriaux (voire revêtirent la censure comme Claude* ou Vespasien*) pour réviser la composition du Sénat. Voir Curule (Siège).

CENT ANS (Guerre de). Conflit, entrecoupé de longues périodes de trêve, qui opposa de 1337 à 1453 la France et l'Angleterre, alors pays le plus puissant de l'Europe occidentale. Il se solda par les victoires de Charles VII*, l'Angleterre ne possédant plus en France que Calais*. La rivalité entre les deux États remontait au mariage d'Henri II* Plantagenêt avec Aliénor* d'Aquitaine (1152) qui fit des rois Plantagenêts* les vassaux des rois de France pour l'Aquitaine*, alors qu'ils l'étaient déjà pour la Normandie* et l'Anjou*. La situation, après des combats fréquents en particulier sous Philippe II* Auguste qui s'empara de la Normandie et de l'Anjou, s'aggrava lorsque Charles IV* mourut sans héritier, Édouard III* d'Angleterre, son plus proche parent, réclamant en vain la couronne accordée par les barons français à Philippe VI* de Valois (1328). La guerre, alors inévitable, débuta mal pour les Français. Deux conceptions de la guerre s'affrontaient. L'armée française avait gardé sa structure féodale classique (cavalerie lourde) alors que les Anglais étaient mieux organisés et mieux

armés (armée plus mobile coordonnant l'action des cavaliers, des archers et de fantassins). Les Anglais écrasèrent les Français à L'Écluse* (1340), à Crécy* (1346) et Édouard III prit Calais en 1347. Le roi Jean II* le Bon fut fait prisonnier à Poitiers* (1356). Son fils, le dauphin Charles, fut contraint de signer le traité de Brétigny* (1360). Le redressement français (1369-1380) s'opéra sous Charles V* grâce à Du* Guesclin, l'Angleterre perdant la plupart de ses possessions sauf Bayonne, Bordeaux et Calais. L'affaiblissement des monarchies française et anglaise (minorité de Richard II* et de Charles VI*) contribua à la prolongation de trêves jusqu'en 1414, date à laquelle Henri V* d'Angleterre – profitant de la démence de Charles VI* et de la guerre civile entre Armagnacs* et Bourguignons* – manifesta de nouveau toutes ses prétentions au trône de France. La défaite d'Azincourt* (1415) et la signature du traité de Troyes* (1420) marquèrent l'effondrement français. Il fallut attendre l'intervention de Jeanne* d'Arc et les victoires de Charles VII* pour que l'armée française entreprenne la reconquête du territoire. En 1453, seul Calais restait à l'Angleterre, en proie à cette époque à la guerre des Deux-Roses*. Le traité qui conclut la guerre de Cent Ans ne fut signé qu'en 1475 entre Louis XI* et Édouard IV*. Voir Castillon (Bataille de), Formigny (Bataille de).

CENT FLEURS (Campagne des). Nom donné en Chine populaire à la campagne lancée par le PCC* à partir de 1956, donnant l'autorisation à la population de critiquer le parti afin d'éviter une trop grande coupure entre l'appareil dirigeant et les masses chinoises. Assurée surtout par les intellectuels et les étudiants, cette campagne s'orienta rapidement vers une remise en cause du régime lui-même. Arrêtée en juin 1957, et accompagnée d'une chasse ux « droitiers », elle préluda au Grand* ond en avant de 1958. Voir Mao Zedong.

'ENT-JOURS (LES). Nom donné à la ernière période du règne de Napoléon Ier* 20 mars 1815-22 juin 1815) durant la-uelle il tenta de restaurer l'Empire, la mo-archie ayant été rétablie en 1814 au profit e Louis XVIII*, frère de Louis XVI*. 'étant échappé de l'île d'Elbe*, Napoléon ébarqua en Provence*, près de Fréjus le ^{er} mars 1815, accompagné de 700 soldats. après avoir rallié les troupes envoyées our l'arrêter, et soulevé l'enthousiasme es populations lors de sa chevauchée à ravers la France (le vol de l'Aigle), il ar-va aux Tuileries le 20 mars, Louis XVIII 'étant enfui en Belgique. Afin de s'assu-er le soutien de la bourgeoisie, il lui ac-orda une constitution analogue à la harte royale, connue sous le nom d'Acte dditionnel aux Constitutions de l'Empire. Cependant, Napoléon vit se dresser contre ui une ultime coalition qui lui infligea la éfaite de Waterloo* (juin 1815). Napo-éon abdiqua pour la seconde fois (22 juin 815), et fut exilé à Sainte-Hélène* Atlantique Sud). Entouré de quelques fi-èles, il fit à Las Cases*, écrivain français, n récit idéalisé de ses intentions et de ses ctes, recueilli dans le *Mémorial de Sainte-lélène* qui devint une des sources de la lé-ende napoléonienne. L'épisode des Cent-ours, dont les puissances européennes endirent responsable le gouvernement de ouis XVIII, fragilisa considérablement es débuts de la Restauration*, aussi bien l'intérieur avec le développement du nouvement royaliste extrémiste (Terreur* lanche), qu'à l'extérieur avec le second raité de Paris* (novembre 1815). Voir Ney (Michel).

CENTO (*Central Treaty Organization*). Organisation d'assistance mutuelle re-groupant la Grande-Bretagne, l'Iran, le Pa-istan et la Turquie créée en août 1959, près la dénonciation par l'Irak du pacte de Bagdad* dont il était membre. Le CENTO fut dissous en 1979.

CENTRAL INTELLIGENCE AGEN-CY (CIA). Service d'espionnage et de contre-espionnage des États-Unis, créé en 1946 au début de la guerre* froide par Tru-man* et placé sous l'autorité du président des États-Unis. Dirigée par Allan Dulles jusqu'en 1961, et disposant d'unités mili-taires spéciales, les « bérets verts », la principale activité de l'Agence fut de met-tre en échec toutes les activités inspirées par le communisme* dans le monde entier. La CIA est intervenue à plusieurs reprises dans la politique intérieure d'États indé-pendants : au Guatemala en 1954 pour ren-verser le régime de tendance communiste d'Arbenz*, à Cuba en 1961 en organisant le débarquement manqué de la baie des Cochons*, en République dominicaine pour renverser le gouvernement de gauche de Juan Bosch, au Chili en finançant de 1971 à 1973 les mouvements opposés au président Allende*. Depuis l'affaire du Watergate*, l'Agence a été complètement réorganisée. Voir FBI.

CENTURIE. Dans la Rome* antique, di-vision de l'armée romaine*. Théorique-ment composée de 100 hommes comman-dés par un centurion*, la centurie formait le sixième de la cohorte* (environ 600 hommes) et le soixantième de la légion* (environ 6 000 hommes). Cette division militaire serait issue, selon la tradition, de la réforme de Servius Tullius* (VIe siècle av. J.-C.). Le peuple fut ainsi réparti selon sa fortune en cinq classes censitaires, el-les-mêmes divisées en centuries. Dans les assemblées du peuple (comices* centuria-tes) quand on votait par centurie, l'accord des membres de la première classe (c'est-à-dire les plus riches) constituait la majo-rité.

CENTURION. Dans la Rome* antique, officier subalterne de l'armée romaine* placé à la tête d'une centurie* et nommé, en fonction de son ancienneté et de son mérite, par les tribuns* militaires (commandants des légions*). Le centurion qui avait le grade le plus élevé, ou centurion primipile, était le premier centurion de la première centurie du premier manipule*. L'insigne des centurions était un cep de vigne qu'ils utilisaient comme bâton de commandement.

CÉRÈS. Déesse romaine assimilée à la déesse grecque Déméter*. Elle est la divinité des moissons et de la fertilité. Voir Dieux romains, Religion romaine.

CÉRULAIRE, Michel. Voir Keroularios (Michel).

CERVANTÈS, en esp. CERVANTES SAAVEDRA, Miguel de (Alcalá de Henares, 1547-Madrid, 1616). Écrivain espagnol, auteur du célèbre roman picaresque, *Don Quichotte de la Manche* (1605-1615) qui fit sa gloire à la fin de sa vie. D'abord soldat, il perdit l'usage d'un bras à la bataille de Lépante* puis, prisonnier des pirates barbaresques à Alger durant cinq ans, il revint en Espagne où il fut commissaire aux approvisionnements de l'Invincible Armada*. Mêlé à des affaires douteuses, excommunié et emprisonné, il devint familier de la cour de Philippe III* qui lui inspira l'humour et la satire de ses romans dont le plus célèbre reste *Don Quichotte*, parodie des romans de chevalerie. Ce roman est, à travers son héros Don Quichotte, chevalier enflammé par les idéaux chevaleresques, et le bon sens commun de son écuyer Sancho Pança, une satire de la noblesse castillane et des ambitions déçues d'une Espagne décadente. *Don Quichotte* eut de nombreuses adaptations musicales et cinématographiques, et inspira des illustrateurs comme Fragonard*, Daumier* ou Dalí*. Cervantès fut aussi l'auteur d'autres romans (*Les Travaux de Persilès et Sigismonde*, 1616, *Nouvelles Exemplaires*, 1613), mais aussi de pièces de théâtre dont les meilleures furent réunies dans *Huit comédies et huit intermèdes* (1615).

CERVOISE. Bière fabriquée avec d l'orge ou du blé que buvaient les Anciens et qui fut en usage jusqu'au Moyen Âge Voir Gaule.

CÉSAR (CAESAR). Gentilice adopté pa Octave*, fils adoptif de Jules César* dans sa titulature officielle. Il devint par la suit le gentilice porté par tous les empereurs ro mains et donc synonyme de la fonction Voir Auguste.

CÉSAR, Jules (Rome, 100-*id.*, 44 av J.-C.) Général et homme politique romain illustre vainqueur de la Gaule*. Grâce l'appui de la plèbe* et d'une armée de 3 légions* qui lui fut toute dévouée, il établi à Rome* une dictature en utilisant à so profit les institutions républicaines. Iss d'une grande famille patricienne* (l *gens** Iulia) et neveu de Marius*, il fu propréteur* en Espagne, forma avec Cras sus* et Pompée* le premier triumvirat (60 av. J.-C.) puis fut élu consul* en 59 av J.-C. Pour trouver de l'argent et égaler l gloire militaire de Pompée, il obtint pou cinq ans le proconsulat de la Gaule cisal pine* de la Narbonnaise (58 av. J.-C.) e entreprit la conquête de la Gaule* (58-5 av. J.-C.). Mais la mort de Crassus (e Orient en 53 av. J.-C.) l'opposa à Pompée devenu en 52 av. J.-C. consul unique Lorsque celui-ci, appuyé par le Sénat*, lu ordonna de licencier son armée, César re fusa. Sûr de ses soldats, il franchit le fleuve Rubicon* (frontière de l'Italie romaine e de la Gaule cisalpine) et marcha sur Rome provoquant une guerre civile qui dura qua tre ans (49-45 av. J.-C.). Vainqueur de troupes de Pompée à Pharsale en Grèce (4 av. J.-C.) puis de ses derniers partisans e Afrique et en Espagne, César devint en 4. av. J.-C. le seul maître de Rome et dispos bientôt d'immenses pouvoirs. Chef de l religion romaine* (Grand Pontife*), *impe rator*, consul pour dix ans en 45 av. J.-C. puis cumulant consulat et dictature – de venue perpétuelle en 44 av. J.-C. –, quas divinisé de son vivant, César entreprit de éformes d'une ampleur extraordinaire. Il s'efforça d'améliorer le sort de la plèbe* en lui faisant distribuer du blé et des terres, en multipliant les grands travaux et en fondant des colonies. Il tenta de limiter le luxe, réforma le calendrier (le calendrier julien*) et l'administration des provinces* afin de mieux les protéger des abus des gouverneurs, surveilla les publicains* et accorda la citoyenneté aux citadins de la Gaule narbonnaise et à certaines cités romanisées d'Espagne. Il mit sous tutelle les institutions républicaines, multipliant les magistratures, recomposant le Sénat à sa convenance et l'affaiblissant politiquement, contrôlant étroitement les comices* dans leur rôle électoral. César mourut assassiné par Brutus* (44 av. J.-C.) pour avoir paru aspirer à la royauté, par le cumul des magistratures et le culte autour de sa personne. Loin de sauver la République*, sa mort entraîna de nouvelles guerres civiles qui conduiront à l'établissement du régime impérial. Excellent orateur et grand écrivain, César a laissé les célèbres *Commentaires de la guerre des Gaules* (51 av. J.-C.) et *De la guerre civile* (45 av. J.-C.). Voir Dictateur.

CÉZANNE, Paul (Aix-en-Provence, 1839-id., 1906). Peintre français. D'abord influencé par l'impressionnisme*, Cézanne élabora bientôt un langage pictural très personnel. Son œuvre, qui connut une gloire posthume, est considérée dans l'histoire de la peinture comme la grande rupture depuis la Renaissance*, annonçant les tendances de l'art du XXe siècle, notamment le fauvisme* et le cubisme*. Fils de banquier, Cézanne choisit, malgré les réticences de sa famille, de se consacrer à la peinture. En 1861, il rejoignit à Paris son ami d'enfance, Émile Zola* et étudia au Louvre Vélásquez* et le Caravage* mais aussi les peintres vénitiens et hollandais (le Tintoret*, Rubens*). En 1862, Cézanne découvrit la peinture d'Eugène Delacroix* et de Gustave Courbet* et rencontra Ca-

mille Pissarro* qui influencera profondément ses orientations artistiques. Ses premiers tableaux furent marqués par ces diverses influences et cette période baroque (que Cézanne qualifia de « couillarde ») s'illustra notamment par *L'Orgie* (1864-1868), *La Madeleine* (1867, Paris, musée d'Orsay) et *Le Nègre Scipion* (1865, musée de São Paulo). Sous l'influence de son ami Camille Pissarro avec lequel il peignit en Île-de-France, Cézanne adopta les méthodes impressionnistes et présenta ses peintures aux expositions de ses amis (*La Maison du pendu*, 1873, Paris, musée d'Orsay). Cependant, il se détacha rapidement de ces influences puis, partageant désormais sa vie entre Paris et la province, il travailla en solitaire à échafauder lentement son œuvre. Durant cette période de maturité féconde, Cézanne affirma vouloir « solidifier » l'impressionnisme qui diluait les formes dans la lumière, en structurant la surface picturale. Ses natures mortes (*Tables de cuisine*), ses portraits (*Portrait de Gustave Geffroy*, *Les Joueurs de cartes*) et ses paysages (*La Montagne Sainte-Victoire*) présentèrent désormais un aspect géométrique, la nature devant être traitée selon lui « par le cylindre, la sphère et le cône ». L'emploi de la perspective linéaire ou aérienne fut écarté et Cézanne chercha à créer la profondeur du tableau en faisant contraster couleurs chaudes et froides. La fin de la vie de Cézanne fut consacrée à la réalisation de nombreuses compositions de baigneuses (*Grandes Baigneuses*).

CFDT. Voir Confédération française démocratique du travail.

CFTC. Voir Confédération française des travailleurs chrétiens.

CGT. Voir Confédération générale du travail.

CGT-FO. Voir FO.

CHABAN-DELMAS, Jacques (Paris, 1915-). Homme politique français. Inspecteur des Finances, gaulliste et résistant (général de brigade à 29 ans, en 1944), il a été maire de Bordeaux de 1947 à 1995. Rallié à la majorité UDR* en 1968, il fut Premier ministre (1969-1972) sous la présidence de Georges Pompidou* et plusieurs fois président de l'Assemblée nationale (1958-1969, 1978-1981 et 1986-1988).

CHADLI, Chadli Ben Djedid, dit (Bouteldja, près d'Annaba, 1929-). Officier et homme politique algérien. Secrétaire général du FLN*, il succéda à Boumediene* à la tête de la République algérienne en 1979. Méfiant à l'égard des idéologues et des théoriciens socialistes du parti, il tenta de remédier aux difficultés économiques en réhabilitant le secteur privé (1985). Cependant l'important essor démographique (60 % des Algériens ont moins de 20 ans), l'inflation, les pénuries chroniques ont provoqué un grave malaise social favorable à l'essor de l'intégrisme musulman. En octobre 1988, les émeutes de la faim – durement réprimées par l'armée – qui ont ensanglanté Alger et les grandes villes révélèrent l'ampleur de l'échec économique. Réélu en décembre 1988, Chadli, abandonnant toute référence au socialisme*, établit le multipartisme et réduisit le pouvoir de l'armée (Constitution du 23 février 1989). Les spectaculaires progrès électoraux du FIS (Front islamique de salut dissous en mars 1992) et leurs actions terroristes menacent gravement la République algérienne. Le président Chadli a démissionné en 1992. Mohamed Boudiaf lui succéda (assassiné en juin 1992) puis Ali Kafi et Liamine Zéroual (depuis janvier 1994).

CHADOUF. Appareil à bascule utilisé en Égypte* ancienne pour tirer l'eau des puits, des canaux ou du fleuve. Il servait à irriguer les plaines du Nil*.

CHALIER, Joseph (Beaulard, 1747-Lyon, 1793). Homme politique français. Lors de la Révolution* française, il fut placé au rang de « martyr » de la Révolution. D'abord négociant à Lyon, il fut un des principaux représentants des montagnards* dans cette ville. Après l'insurrection fédéraliste et royaliste (juillet 1793), il fut condamné à mort et guillotiné. Voir Fédéralistes (Insurrections).

CHALLE, Maurice (Le Pontet, 1905-Paris, 1979). Général d'aviation français. Nommé commandant en chef en Algérie (1959-1960), il commanda le putsch du 22 avril 1961 à Alger. Condamné à quinze ans de prison, il fut gracié par de Gaulle* en 1966. Voir Algérie (Guerre d'), Généraux (Putsch des).

CHAMBELLAN. Nom donné sous les Mérovingiens* et les Carolingiens* au valet qui gardait, sous l'autorité du chambrier*, la chambre à coucher du roi. La charge prit par la suite une importance accrue et fut recherchée par les plus illustres familles. À partir du XIVe siècle, le premier chambellan porta le titre de grand chambellan. Il détenait deux clés d'or comme insigne de sa dignité, présentait la chemise au roi à son réveil et inspectait sa chambre et sa garde-robe. Supprimée sous la Révolution* française, la charge fut rétablie sous Napoléon Ier* qui l'attribua à Talleyrand*. Elle disparut en 1870.

CHAMBERLAIN, Arthur Neville (Edgbaston, près de Birmingham, 1869-Heckfield, 1940). Homme politique britannique. Il engagea une politique d'apaisement face aux agressions des dictatures et dut s'effacer en mai 1940 au profit de Churchill*. Membre du Parti conservateur*, il devint chancelier de l'Échiquier* (1931-1937) et dut faire face aux conséquences de la grande crise* économique de 1929 (dévaluation de la livre, retour au protectionnisme). En 1937, il succéda à Stanley Baldwin* comme Premier ministre et se fit le champion de la politique de l'« apaisement » afin d'éviter la guerre. Partisan de la non-intervention dans la guerre civile d'Espagne* (1936-1939), il se résigna à l'Anschluss* autrichien et abandonna la Tchécoslovaquie à Hitler* lors de la conférence de Munich*. Profonlément déçu par le démembrement tchécoslovaque, il opéra à partir de mars 1939 un revirement de sa politique extérieure, invitant son pays à déclarer la guerre à l'Allemagne après l'invasion de la Pologne. Cependant, ses hésitations l'avaient discrédité aux yeux de l'opinion publique et il dut démissionner en faveur de Churchill après l'échec de l'expédition de Narvik* (avril-mai 1940). Voir Guerre mondiale (Seconde).

CHAMBERLAIN, Houston Stewart (Portsmouth, 1855-Bayreuth, 1927). Écrivain allemand d'origine britannique. Auteur d'un ouvrage sur Richard Wagner* dont il épousa la fille, il développa dans *Les Fondements du XIXe siècle* (1899) une théorie raciste et pangermaniste qui fit de lui le précurseur de la doctrine de Hitler*. Voir Gobineau (Arthur de), Pangermanisme, Rosenberg (Alfred).

CHAMBERLAIN, Joseph (Londres, 1836-Birmingham, 1914). Homme politique britannique, il fut à la fin de l'ère victorienne l'un des grands promoteurs de l'expansion coloniale et impérialiste britannique. Enrichi dans l'industrie, il devint maire de Birmingham (1873-1876) puis député libéral aux Communes* (1876). Ministre du Commerce (1880-1885), il prit la tête du Parti libéral* unioniste (partisan du maintien de l'union entre l'Irlande et l'Angleterre) qui se rapprocha des conservateurs et provoqua ainsi la scission du Parti libéral. Ministre des Colonies (1895-1903), il mena à bien la guerre des Boers* qui aboutit à l'annexion de l'Orange* et du Transvaal* (Afrique australe). Mais Chamberlain ne parvint ni à imposer le protectionnisme ni à maintenir le « splendide isolement » remis en question par la signature de l'Entente* cordiale (1904) avec la France. Voir Chamberlain (Arthur Neville), Chamberlain (Joseph Austen), *Home Rule*, Unionistes, Victoria Ire.

CHAMBERLAIN, sir Joseph Austen (Birmingham, 1863-Londres, 1937).

Homme politique britannique, fils de Joseph Chamberlain*. Chef du Parti unioniste* – partisan du maintien de l'union de l'Irlande à la Grande-Bretagne –, puis dirigeant du Parti conservateur*, il fut successivement chancelier de l'Échiquier* (1903-1906 ; 1919-1921) et ministre des Affaires étrangères dans le cabinet Baldwin* (1924-1929). Partisan d'une politique de détente, il participa à l'élaboration du pacte de Locarno* qui garantissait les frontières de la France et de la Belgique (1925), et obtint le prix Nobel* de la paix (1925). Voir Chamberlain (Arthur Neville).

CHAMBORD (Château de). Œuvre d'un architecte demeuré inconnu, il est l'un des chefs-d'œuvre du début de la Renaissance* française. Les débuts de sa construction furent réalisés sous François Ier*, le château étant achevé sous Henri III*. Si le plan général de l'ensemble garde l'empreinte de la forteresse féodale (donjons colossaux, enceinte extérieure), la conception architecturale et la décoration sont fortement influencées par l'Italie, comme en témoigne le célèbre grand escalier à double révolution. Le château de Chambord fut acquis par l'État en 1932.

CHAMBORD, Henri de Bourbon, duc de Bordeaux, comte de (Paris, 1820-Frohsdorf, 1883). Dernier représentant de la branche aînée des Bourbons*. Fils posthume du duc de Berry* (« l'enfant du miracle ») et de la princesse Marie-Caroline de Bourbon-Sicile, duchesse de Berry*, il vécut en exil après la révolution* de 1830. Dernier prétendant légitimiste au trône (sous le nom d'Henri V) après l'abdication de Charles X*, il refusa d'accepter en 1873 le drapeau tricolore préférant rester fidèle au drapeau blanc, ce qui fit échouer la restauration monarchique. Mort sans héritier, le comte de Chambord laissait la maison d'Orléans seule héritière du trône de France. Voir Assemblée nationale, Broglie (Albert de), Légitimistes, Orléanistes.

CHAMBRE BLEU HORIZON. Voir Bloc national.

CHAMBRE DES COMPTES. Une des cours souveraines chargées dans la monarchie française d'examiner tout ce qui concernait les finances du royaume, essentiellement celles du domaine. Organe issu de la *Curia* regis*, elle devint une institution autonome par l'ordonnance de Viviers-en-Brie (1320). Son rôle était de contrôler les comptes de la maison du roi, ceux des enquêteurs et commissaires royaux, ceux des bailliages* et sénéchaussées*, en réalité tout ce qui concernait le domaine* royal. Elle jouait aussi, auprès du roi, le rôle de conseil financier et enregistra, à partir de la fin du XVe siècle, comme le Parlement, les ordonnances financières. Sa responsabilité du contentieux des monnaies et du domaine passa dès le XIVe siècle, l'un à la Chambre des monnaies, l'autre à la Chambre du trésor. Les impôts (finances dites extraordinaires) relevaient quant à eux de la Cour des aides. Au XVIIe siècle, la Chambre des comptes ne garda que la direction du domaine royal et le contrôle des comptes des agents royaux, la direction des finances passant au contrôleur général et au Conseil royal des finances. Supprimée en 1790-1791, la Chambre des comptes fut remplacée par une commission de comptabilité nationale puis, à partir de 1807, par l'actuelle Cour des comptes.

CHAMBRE INTROUVABLE. Nom ironique donné en France à la Chambre des députés élue en août 1815, composée en majorité d'ultras* royalistes, chance inespérée pour la restauration monarchique. Louis XVIII* fut cependant contraint de la dissoudre le 5 octobre 1816. Voir Restauration.

CHAMBRIER. Nom donné au grand officier du roi de France. Assisté des chambellans*, il était chargé de la garde de la chambre du roi, des ses archives et du trésor royal. Sa charge devint honorifique à partir du XIIIe siècle puis disparut au XVIe siècle.

CHAMPAGNE. Province française de l'est du Bassin parisien. Donné à la maison de Vermandois au Xe siècle, le comté* de Champagne fut l'un des fiefs* les plus importants du royaume de France. Grâce aux foires* de Champagne, la région connut aux XIIe et XIIIe siècles une grande prospérité. Le comté, incorporé à la France dès 1284 par le mariage de Jeanne de Champagne avec Philippe IV* le Bel, fut définitivement réuni à la Couronne en 1316.

CHAMPART. Au Moyen Âge et sous l'Ancien* Régime, part de la récolte payée par le paysan au seigneur pour le loyer de la terre qui lui est concédée, la tenure*. Il variait selon les pays entre le douzième et le quart de la récolte. Voir Cens, Seigneurie.

CHAMP DE MARS. Vaste plaine de Rome* s'étendant au nord de la colline du Capitole* dans la boucle du Tibre. Sous la République* romaine, il servit aux exercices militaires et aux réunions des comices* centuriates. Il perdit sous l'Empire son importance politique et l'édification de monuments entreprise sous la République (Circus Flaminius, théâtre de Pompée*) fut parachevée (théâtres de Marcellus et de Balbus, mausolée d'Auguste*, autel de la Paix, thermes* d'Agrippa, de Néron*, Odéon, etc.). Voir Cirque.

CHAMP DE MARS (Fusillade du, 17 juillet 1791). Fusillade qui eut lieu, lors de la Révolution* française, sur le Champ de Mars à Paris, où une foule était venue déposer des pétitions demandant la déchéance du roi après sa fuite à Varennes* (21 juin 1791). Sous l'impulsion de Brissot* et du Club des cordeliers*, deux pétitions furent rédigées. L'une, destinée à l'Assemblée, demandait la déchéance du roi, l'autre fut déposée le 17 juillet 1791 sur l'autel de la Patrie, au Champ de Mars, afin d'y recevoir des signatures. Cependant, à la suite d'un incident, le maire de Paris, Bailly*, proclama la loi martiale et demanda à la garde* nationale dirigée par La Fayette* de disperser les pétitionnaires. La Fayette ordonna de tirer sur la foule, faisant une cinquantaine de victimes. Cet événement provoqua une rupture définitive entre les patriotes* révolutionnaires et l'Assemblée. La majorité des députés, sous prétexte de fidélité à la Constitution, défendit le maintien de la monarchie, tandis que les autres, républicains ou non, souhaitaient la déchéance du roi et l'établissement d'un régime plus démocratique. La scission fut aussi consommée au Club des jacobins*, les éléments modérés, avec La Fayette et Barnave*, fondant un club nouveau, le Club des feuillants*.

CHAMPLAIN, Samuel de (Brouage, v. 1567-Québec, 1635). Explorateur et colonisateur français. Suivant la voie tracée par Jacques Cartier*, Champlain explora le Canada. Après avoir étudié la cartographie, il partit en reconnaissance en Nouvelle-France (Canada), explora l'Acadie et les côtes de la Nouvelle-Angleterre et, cherchant un site favorable à l'installation de colons, il fonda Québec (1608). Lors de ses nombreux autres voyages, il explora le pays jusqu'aux lacs Ontario et Huron, tentant de convertir aussi les indigènes hostiles. Nommé lieutenant gouverneur de la Nouvelle-France (1619), il se heurta aux Anglais qui s'emparèrent de Québec (1629) mais la restituèrent trois ans plus tard. Voir Paris (Traité de, 1763).

CHAMPOLLION, Jean-François (Figeac, 1790-Paris, 1832). Égyptologue français. Il parvint le premier à déchiffrer les hiéroglyphes*, l'ancienne écriture des Égyptiens. Il disposa pour y parvenir de textes déjà nombreux copiés par des voyageurs en Égypte, mais aussi de ceux découverts au cours de la campagne d'Égypte* menée par Bonaparte*. L'un

d'eux lui fut particulièrement précieux. Il s'agissait d'un texte écrit avec des hiéroglyphes mais accompagné d'une traduction en langue grecque, la pierre de Rosette, une dalle gravée trouvée vers 1800 près de la ville de Rosette dans le delta du Nil*. Dix ans de travail acharné, de 1822 à 1832, permirent à Champollion de percer les mystères de cette écriture étrange composée de signes dont les uns représentent une image, d'autres un son, d'autres encore une idée. Il fut aussi professeur de paléographie à l'École des chartes. Voir Idéogramme, Pictogramme.

CHANCELIER. 1) Dans la monarchie franque et l'Empire carolingien, clerc responsable de la rédaction et de l'expédition des actes royaux. Il apposait le sceau royal. 2) Sous l'Ancien* Régime en France, le chancelier, inamovible, était le chef suprême de la justice. Il avait la garde des sceaux qui authentifiaient les décisions et les édits* royaux. 3) Dans le Saint* Empire, la fonction honorifique d'archichancelier appartint, à partir du Xe siècle, à l'archevêque de Mayence. La charge disparut avec la fin du Saint Empire en 1806. 4) En Prusse*, le titre de chancelier fut dévolu au ministre de la Justice de 1747 à 1807. En Allemagne, sous le IIe Reich (1871-1918), le chancelier d'Empire jouait le rôle de Premier ministre. Sous la République de Weimar*, le chancelier fut le chef de gouvernement, responsable devant le Reichstag*. Hitler* porta le titre de Führer* et chancelier du Reich. Aujourd'hui, en Allemagne, le chancelier assume la direction des affaires fédérales. 5) En Grande-Bretagne, aujourd'hui, le chancelier est membre du cabinet, comme ministre de la Justice et préside la Chambre des lords*.

CHANDELIER À SEPT BRANCHES ou MENORAH. Symbole religieux dans la religion juive. D'après l'Ancien Testament*, il fut placé par Moïse* dans le tabernacle*, tente dans laquelle étaient enfermés l'Arche d'Alliance* et les objets sacrés avant la construction du Temple de Salomon*. Voir Jérusalem.

CHANDERNAGOR. Ville indienne, à l'ouest du Bengale. Ancien comptoir français en 1686 et rattaché à l'Inde* en 1951.

CHANDRAGUPTA. Voir Candragrupta.

CHANG ou **YIN** (Dynastie des). Nom donné à la deuxième dynastie chinoise, après celle des Hia. Elle dura environ 741 ans (v. 1766-1025 av. J.-C.) et donna naissance en Chine à la première civilisation, celle du bronze*. Elle nous est connue grâce aux inscriptions portées sur des dizaines de milliers d'os et d'écailles de tortues qui représentent le premier système d'écriture pictographique, ancêtre de l'écriture chinoise actuelle. Les peuples de cette époque vivaient de la chasse, de la pêche et de l'agriculture. Les souverains Chang dominèrent un État féodal s'étendant dans les plaines fertiles du nord, entre le fleuve Jaune (Huanghe) et le fleuve Bleu (Yanzi). Il était organisé autour de vastes cités-palais dirigées par des nobles guerriers. La capitale, Amyang, s'étendait sur plusieurs km et renfermait un palais royal ainsi que de nombreux ateliers spécialisés dans le travail du bronze et la poterie. La religion semble avoir été centrée sur le culte des ancêtres. Les rois et les nobles étaient inhumés dans de grandes tombes. On a retrouvé dans des fosses pouvant atteindre 14 m de profondeur, le corps de défunts entourés de magnifiques objets (vases de bronze, jades, poteries) mais aussi de serviteurs sacrifiés au moment du décès. La dynastie des Chang fut renversée par des vassaux, les Tchéou*, qui régnèrent sur la Chine pendant près de huit cents ans. Voir Pictogramme.

CHANGEUR. Au Moyen Âge, personne dont le métier est d'effectuer des opérations de change de monnaies et du négoce des métaux précieux.

CHANT GRÉGORIEN. Musique liturgique de l'Église romaine attribuée par la tradition et à tort à Grégoire* le Grand.

Utilisant une échelle tonale à six degrés, le chant grégorien est à une seule voix et se caractérise par un rythme lent et grave qui permet de chanter au lieu de lire les textes sacrés. Généralisé aux XIᵉ-XIIᵉ siècles, il a formé la base du chant ecclésiastique catholique.

CHANZY, Antoine Alfred Eugène (Nouart, 1823-Châlons-sur-Marne,1883). Général français qui s'illustra notamment lors de la guerre franco-allemande* de 1870-1871. Général en 1868, Chanzy fut placé en 1870 par Gambetta* à la tête de la IIᵉ armée de la Loire. Il livra contre les Prussiens une bataille à Vendôme et la retraite qu'il fit vers Le Mans fut qualifiée par les Allemands de « retraite infernale ». Député à l'Assemblée* nationale de 1871, il s'opposa au traité de Francfort* (mai 1871) qui amputait la France de l'Alsace et d'une grande partie de la Lorraine. Voir Alsace-Lorraine, Thiers (Adolphe).

CHAPLIN, Charles Spencer, dit **Charlie** (Londres, 1889-Corsier-sur-Vevey, Suisse, 1977). Acteur et cinéaste britannique. Mondialement célèbres, ses personnages furent souvent le symbole de la lutte incessante pour la dignité et la liberté individuelles. Installé aux États-Unis en 1913, il dut quitter le pays en pleine crise du maccarthysme* (1952) et se fixa définitivement en Suisse en 1953. On peut citer parmi ses films *La Ruée vers l'or* (1925), *Les Lumières de la ville* (1931), *Les Temps modernes* (1936) et *Le Dictateur* (1940).

CHARDIN, Jean-Baptiste Siméon (Paris, 1699-*id.*, 1779). Peintre français. Maître dans la peinture de natures mortes et de scènes de genre, l'œuvre de Chardin rappelle, par son caractère intimiste, la peinture hollandaise du XVIIᵉ siècle. Fils d'un maître menuisier, il fut reçu en 1728 à l'Académie comme « peintre d'animaux et de fruits » en présentant des natures mortes : *La Raie* et *Le Buffet* (Paris, Louvre). Peintre d'un genre considéré comme mieur, il connut, en élargissant son inspira-on à des scènes de genre, la faveur de ouis XV*, l'admiration de critiques omme Diderot* et conquit une vaste lientèle en Europe. Parmi ses œuvres : *ame cachetant une lettre* (1733, Berlin, harlottenburg), *La Pourvoyeuse* (1739, aris, Louvre), *Le Bénédicité* (Paris, Lou-re) et *Nature morte à la pipe* (Paris, Lou-re). Logé au Louvre* à partir de 1757, il at un peu oublié à la fin de sa vie et se onsacra au pastel (*Autoportrait*, 1775, Pa-s, Louvre).

'HARETTE DE LA CONTRIE, Fran-ois Athanase de (Couffé, 1763-Nantes, 796). Chef vendéen lors de la Révolu-on* française. Lieutenant de vaisseau vant 1789, il conduisit l'insurrection ven-éenne, participant au siège de Nantes. Ialgré le traité de pacification signé avec a Convention* (traité de La Jaunaye, 795), il poursuivit la lutte avec La Roche-aquelein* et Stofflet*, aidant des émigrés ui tentaient de débarquer à Quiberon* (uin 1795). Arrêté par Hoche* après échec de la tentative, il fut condamné et xécuté à Nantes. Voir Vendée (Guerre e).

'HARLEMAGNE ou CHARLES Ier LE :RAND (747-Aix-la-Chapelle, 814). Roi es Francs* (768-814) et des Lombards* 774-814) et empereur d'Occident 300-814). Charles Ier, plus connu sous le om de Charlemagne (du latin *Carolus* *iagnus*, c'est-à-dire Charles le Grand) est un des souverains les plus célèbres du 1oyen Âge. Grand conquérant, défenseur u christianisme* et protecteur de l'Église, domina une grande partie de l'Occident. estaurateur des études, il encouragea le iouvement de la renaissance* carolin-ienne. Fils aîné de Pépin* le Bref et de erthe* (dite au Grand Pied), il succéda à on père, conjointement avec son frère arloman* (768). Après la mort de Carlo-ian (771), Charles, devenu seul roi des rancs, mena durant tout son règne un grand nombre d'expéditions militaires. Il annexa le royaume des Lombards en Italie du Nord et se fit le protecteur des papes à Rome. Sa lutte contre l'Espagne musul-mane (à l'origine de la légende de Ro-land*) aboutit au contrôle de la Catalogne et de la Navarre. Mais les guerres les plus rudes eurent lieu en Germanie*. La Ba-vière annexée (788), Charlemagne mena une lutte acharnée contre les Saxons*, païens menaçant son royaume à l'est. La Saxe fut finalement conquise et ses habi-tants convertis de force au christianisme. Afin de consolider ses frontières, il annexa la Frise (Pays-Bas actuels) et mena des campagnes contre les Avars* installés en Hongrie. Aux limites de ses conquêtes fu-rent établies les marches*, zones de pro-tection solidement gardées par l'armée. Devenu souverain chrétien de presque toute l'Europe, Charlemagne fut, le 25 dé-cembre 800, couronné par le pape empe-reur d'Occident, dignité disparue depuis 476. Désormais protecteur de la Chré-tienté* en Occident dont la capitale n'était plus Rome mais Aix-la-Chapelle*, Char-lemagne donna à son empire une solide or-ganisation. Il fut divisé en 300 comtés* di-rigés par des comtes* réunis chaque année avec les évêques* en assemblée (le plaid* général). Les *missi* *dominici* (envoyés du maître) circulaient dans les provinces afin de veiller aux décisions de l'empereur consignées dans les capitulaires*. Pour re-médier au trop petit nombre de fonction-naires, Charlemagne développa les liens d'homme à homme à tous les échelons de la société (vassalité*). L'empereur encou-ragea enfin le renouveau des études en créant des écoles et en attirant à sa cour les meilleurs savants de son temps. Voir Al-cuin, Eginhard, Louis Ier le Pieux, Théo-dulf, Verdun (traité de), et carte p. 178.

CHARLES QUINT, Charles V, dit (Gand, 1500-Yuste, Estremadure, 1558). Roi d'Espagne sous le nom de Charles Ier (1516-1556), empereur germanique sous

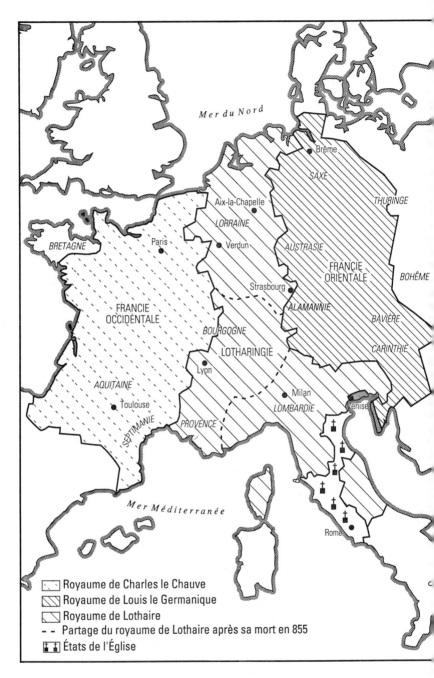

Le partage de l'empire de Charlemagne en 843

nom de Charles Quint (1519-1556), ...nce des Pays Bas (1506-1555) et roi de ...cile sous le nom de Charles IV ...516-1556). Maître de la Méditerranée ...r ses possessions italiennes, du ...mmerce flamand par ses territoires bour-...ignons et des métaux précieux grâce aux ...lonies espagnoles, il fut le souverain le ...us puissant d'Europe dans la première ...oitié du XVIe siècle. Son règne, plus heu-...ux en Flandre* où s'épanouissait une ...illante civilisation, fut ailleurs un échec. ...ne put mettre fin à l'hostilité de la France ...enacée par sa puissance et, champion du ...tholicisme*, ne put contenir ni la Ré-...rme* ni la menace des Infidèles*. Fils de ...ilippe le Beau, archiduc d'Autriche et de ...anne la Folle, reine de Castille*, petit-...s de Maximilien Ier* de Habsbourg et des ...ois Catholiques, Charles fut élevé aux ...ys-Bas et resta toute sa vie avant tout un ...ince bourguignon. Après avoir assis son ...torité en Espagne après la révolte des *...muneros* dirigée contre son entourage ...mand (1520), il s'engagea à l'extérieur ...reconquérir l'intégralité de l'héritage ...urguignon et à assurer le triomphe du ...tholicisme. Contre le roi de France, ...ançois Ier*, Charles Quint mena trois ...uerres (1521-1529 ; 1536-1538 ; ...39-1544) marquées par sa victoire de ...vie* (1525) et le sac de Rome (1527), et ...l réussit à maintenir le nord de l'Italie ...ns l'Empire, il dut laisser à la France la ...ssession définitive du duché de Bourgo-...ie*. Concurrent heureux de François Ier à ...tête du Saint* Empire romain germani-...e, grâce aux subsides des Fugger*, il dut ...fronter en Allemagne les partisans de ...ither*, soutenus par François Ier. Mais il ...e réussit pas, malgré d'importantes vic-...ires militaires (Mühlberg*, 1547) à arrê-...r la Réforme*, la paix d'Augsbourg* ...555) consacrant son échec. Attaché à ...ne des traditions fondamentales de l'Es-...gne – la *Reconquista** –, Charles Quint ...tta contre l'expansion musulmane en Eu-

rope centrale sous Soliman* le Magnifique (Mohács*, 1526) et contre l'État barbares-que d'Alger, dangereux pour l'Espagne par ses activités de piraterie (victoire du siège de Tunis en 1535 mais échec devant Alger, 1541). Déçu dans son rêve de créer un empire chrétien universel, Charles Quint abdiqua en faveur de Philippe II*, d'abord aux Pays-Bas (1555) puis en Es-pagne (1556) et transmit le titre impérial à son frère Ferdinand Ier*. Retiré au monas-tère de Yuste, il y mourut en 1558. Voir Anvers, Henri II, Isabelle Ire, Italie (Guer-res d'), et carte p. 180.

CHARLES VI (Vienne, 1685-*id.*, 1740). Empereur germanique (1711-1740), roi de Hongrie et de Sicile (1714-1734). Second fils de Léopold Ier*, succédant à son frère Joseph Ier, il tenta en vain, lors de la guerre de Succession* d'Espagne, de détrôner Philippe V*, petit-fils de Louis XIV*. Sans héritier mâle, le grand souci de son règne fut d'assurer la succession de ses États autrichiens à sa fille Marie-Thérèse*. Il édicta dans ce sens la Pragmatique* Sanction (1713). Engagé dans la guerre de Succession* de Pologne, il y perdit la Lor-raine, Naples* et la Sicile.

CHARLES Ier (Dumfermline, Écosse, 1600-Londres, 1649). Roi d'Angleterre, d'Écosse et d'Irlande (1625-1649). Son absolutisme politique et religieux condui-sit à l'abolition de la monarchie et à l'avè-nement de la République de Cromwell*. Fils et successeur de Jacques Ier* Stuart, son mariage avec la princesse catholique Henriette de France – sœur de Louis XIII* – et la faveur qu'il continua d'accorder à Buckingham* commencèrent par lui alié-ner une partie de l'opinion anglaise. Après avoir renvoyé deux Parlements qui lui re-fusaient des subsides (1625, 1626), il fut contraint, après l'échec de l'intervention anglaise pour secourir les protestants* de La Rochelle, de convoquer un troisième Parlement qui lui imposa la « Pétition* des droits » (1628), rappelant énergiquement

L'empire de Charles Quint

Saint Empire romain germanique

États héréditaires

ROYAUME DE POLOGNE

SILÉSIE
MORAVIE
BOHÊME
AUTRICHE
CROATIE

Mohacs
EMPIRE OTTOMAN

Hambourg
Wittenberg
Muhlberg
Smalkalde
Worms
Metz
Toul

Vienne
Augsbourg
Innsbruck
Trente
RÉP. DE VENISE
Venise
Bologne

Mer Adriatique

ROYAUME DE NAPLES
Naples

ROYAUME DE SICILE

Pavie
MILANAIS
Nice
Gênes
Sienne
ÉTATS DE L'ÉGLISE
Rome

CORSE

SARDAIGNE

PAYS-BAS
Gand
Besançon
FRANCHE-COMTÉ
Verdun

Mer du Nord

ROYAUME D'ANGLETERRE
Londres

Paris
Avignon
CHAROLAIS

ROYAUME DE FRANCE

Bordeaux

Mer Méditerranée

BALÉARES

NAVARRE
ROYAUME D'ARAGON
Valence

ROYAUME DE PORTUGAL
Lisbonne

Madrid
ROYAUME DE CASTILLE
Séville

FLORIDE
INDES OCC.^{ALES}
HISPANIOLA
PÉROU
Lima

Mexico
NOUVELLE-ESPAGNE

s privilèges parlementaires. Entre 1629
: 1640, Charles Ier exerça un gouverne-
ient personnel (appelé par les Anglais la
tyrannie des onze ans »), assisté de mi-
istres énergiques : Strafford* gagné aux
iées absolutistes et l'archevêque Laud*,
écidé à imposer l'uniformité religieuse
ous la forme de l'anglicanisme*.
'Écosse presbytérienne à qui fut imposé
: *Prayer* *Book* anglican se révolta et le
oi, sans argent et presque sans troupes, fut
ontraint de convoquer un Parlement vite
envoyé (Court Parlement*, avril-mai
640). À celui-ci succéda le Long Parle-
ient* (1640), prolongé jusqu'en 1660. La
Grande Remontrance* » provoqua la
action du roi qui ordonna l'arrestation de
inq chefs de l'opposition parlementaire,
ont John Pym* et Hampden. Ceux-ci se
éfugièrent dans la Cité de Londres qui reusa de les livrer au roi, provoquant ainsi
ne guerre civile (1642-1649), opposant
s cavaliers* royalistes et les Têtes* ron-
es, troupes parlementaires qui trouvèrent
ite un chef, Oliver Cromwell. Maîtres de
ondres et des ports, les parlementaires
otinrent le financement que le roi n'avait
as. Vaincu à Marston Moor (1644), puis
Naseby* (1645), Charles Ier fut livré par
s Écossais au Parlement (1647). Celui-ci,
ouré par les soins de Cromwell (Parle-
ient* croupion), chargea une Haute Cour
e justice d'instruire le procès du roi. Ac-
isé de haute trahison, il fut, après avoir
éfendu ses positions, condamné à mort et
xécuté à Whitehall (1649). Van* Dyck fit
e Charles Ier, qui avait été son mécène, un
ortrait célèbre.

'HARLES II (Londres, 1630-*id.*, 1685).
oi d'Angleterre, d'Écosse et d'Irlande
1660-1685). Absolutiste comme son père
harles Ier* et secrètement favorable au
atholicisme*, il mena à l'intérieur une potique prudente et une politique extérieure
ans grandeur, à la remorque de la France
e Louis XIV*. Réfugié en France au dé-
ut de la guerre civile, puis proclamé roi

d'Écosse après l'exécution de son père, il
fut battu par Cromwell* et s'exila sur le
continent. Restauré sur le trône en 1660, il
ménagea le peuple et évita une rupture définitive avec le Parlement*. À l'édit de Tolérance (1672) favorisant en réalité les catholiques, le Parlement riposta par le Bill
du Test* (1673), imposant à tout fonctionnaire un serment rejetant les dogmes du catholicisme. Deux groupes politiques se
constituèrent sous son règne : les whigs*
défendant les droits du Parlement et les tories* favorables aux prérogatives royales.
Les premiers firent voter le Bill de l'*Habeas* *Corpus* (1679) contre les arrestations arbitraires et le Bill d'Exclusion qui
visait à écarter du trône tout prince catholique. Charles II donna à sa cour un éclat
qui rivalisa avec celle de Versailles*. Son
règne fut néanmoins endeuillé par la peste
et le grand incendie de Londres (1666).
Voir Dévolution (Guerre de), Établissement (Acte d'), Hollande (Guerre de), Jacques II, Parlement Convention.

CHARLES Ier (Persenbeug, 1887-Fun-
chal, Madère, 1922). Empereur d'Autriche
et roi de Hongrie (Charles IV) de 1916 à
1918. Neveu de François-Ferdinand* (assassiné à Sarajevo), il succéda à son grand-
oncle François-Joseph Ier*. Il négocia secrètement avec les Alliés en 1917 qui
refusèrent ses offres de paix. Après la proclamation de la République autrichienne, il
tenta de reprendre le pouvoir en Hongrie
(1921) mais échoua.

CHARLES LE TÉMÉRAIRE (Dijon,
1433-devant Nancy, 1477). Duc de Bourgogne* (1467-1477). Tout son règne fut
marqué par ses guerres contre le roi de
France Louis XI* et par son grand dessein
qui visait à reconstituer l'ancien royaume
de Lothaire II, la Lotharingie*, de la mer
du Nord au Jura, territoire dont il serait roi.
Mais il échoua dans ses projets. Fils et successeur de Philippe III* le Bon, il soutint
la ligue du Bien* public, coalition féodale
formée contre Louis XI dont il obtint la

cession des villes de la Somme au traité de Conflans (1465). Sa grande ambition qui tendait à réunir les deux États bourguignons (Flandres* et Bourgogne) constituait une grave menace pour la monarchie française mais aussi pour ses voisins, la Lorraine et la Suisse. Duc de Bourgogne en 1467, il obligea le roi Louis XI, qui avait soutenu la révolte des Liégeois contre leur évêque (allié et parent du duc), à l'aider dans la répression de la ville. Il conquit finalement la Picardie mais échoua devant Beauvais (1472). Après avoir conquis la Lorraine, battu par les Suisses soutenus par Louis XI, il mourut au siège de Nancy en affrontant René II de Lorraine. Avec lui s'effondrait l'État bourguignon*. Louis XI annexait le duché de Bourgogne tandis que les Flandres, l'Artois et la Franche-Comté, par le mariage de Marie de Bourgogne, fille du Téméraire, avec Maximilien* de Habsbourg, passaient sous la domination des Habsbourg*.

CHARLES II (Madrid, 1661-*id.*, 1700). Roi d'Espagne (1665-1700) et de Sicile sous le nom de Charles V. Fils de Philippe IV*, il engagea contre Louis XIV* des guerres (guerre de Hollande*, guerre de la ligue d'Augsbourg*) qui conduisirent à des échecs retentissants. L'Espagne dut céder à la France la Flandre*, l'Artois et la Franche-Comté. Le testament qu'il fit en faveur du petit-fils de Louis XIV, Philippe V* d'Espagne, provoqua la guerre de Succession* d'Espagne (1701-1714).

CHARLES III (Madrid, 1716-*id.*, 1788). Roi d'Espagne (1759-1788). Ami des Lumières et despote éclairé, il imposa à l'Espagne qui semblait décadente des réformes importantes, mais qui ne lui survécurent pas. Fils de Philippe V* et d'Élisabeth Farnèse, il succéda à son demi-frère Ferdinand VI en 1759. Secondé par des hommes de valeur, comme le comte d'Aranda, ami de Voltaire*, l'économiste Campomanès et son premier ministre Floridablanca, Charles III engagea une politique nova-

trice. Il renforça la centralisation en créan des intendants, encouragea la recherche scientifique et l'enseignement qu'il libéra de la tutelle de l'Église en expulsant les jésuites* (1767) et promulga d'importante réformes économiques. L'Espagne participa sous son règne à la guerre de Sept Ans, après la signature du pacte de Famille* (1761), puis à la guerre d'Indépendance* américaine qui lui rapporta Minor que et la Floride mais lui retira Gibraltar Voir Despotisme éclairé, Versailles (Traité de).

CHARLES IV (Portici, 1748-Rome 1819). Roi d'Espagne (1788-1808). Il fur contraint d'abdiquer et Napoléon Ier* le remplaça sur le trône par son frère, Joseph Bonaparte*. Fils et successeur de Charles III*, il prit pour premier ministre Godoy (1792) qui exerça la réalité du pouvoir. Charles IV entra en guerre contre la France révolutionnaire, et dut signer le traité de Bâle* (1795). Entraîné par la France dans sa lutte contre l'Angleterre, il dut subir la destruction de sa flotte à Trafalgar* (1805) et abdiquer en faveur de son fils Ferdinand VII*. Restauré sur le trône par Napoléon Ier, ce dernier finit par donner la couronne à son frère Joseph Bonaparte. Voir Espagne (guerre d'Indépendance d'), Révolution française.

CHARLES MARTEL (v. 688-Quierzy sur-Oise, 741). Maire* du palais d'Aus trasie* et de Neustrie*, il imposa son au torité aux rois mérovingiens* et devint le véritable maître du royaume des Francs* Il fut rendu célèbre par sa victoire de Poitiers* (732) contre les Arabes* d'Espa gne. Fils illégitime de Pépin* le Jeune, il s'imposa à la mort de son père et batti définitivement les Francs de Neustrie unifiant ainsi l'État mérovingien. Il vain quit les Saxons*, les Frisons et soumit l Thuringe ainsi que la Bavière. Surtout i arrêta les musulmans* à Poitiers et, profi tant de sa victoire, soumit fermemen l'Aquitaine* et la Provence*. Charle

artel laïcisa les biens du clergé mais
outint le pape dans sa politique d'évan-
lisation en Bavière, Frise et Saxe, pro-
geant notamment saint Boniface. Cette
liance avec la papauté sera poursuivie
ar ses successeurs Pépin le Bref, son fils,
Charlemagne*, son petit-fils. Son sur-
om de « Martel » (marteau) lui fut donné
cause de l'énergie qu'il déploya pour
poser sa politique.

CHARLES Iᵉʳ. Voir Charlemagne.

CHARLES II LE CHAUVE (Francfort-
r-le-Main, 823-Avrieux, dans les Alpes,
'7). Roi de France (843-877) et empereur
Occident (875-877). Dernier fils de
ouis Iᵉʳ* le Pieux, il s'allia à son frère
ouis [Iᵉʳ]* le Germanique et ils battirent
semble leur frère aîné, Lothaire Iᵉʳ*.
harles signa le traité de Verdun* (843)
i partageait en trois l'Empire de Char-
magne* et obtint la partie occidentale qui
ait devenir le royaume de France. Son
gne fut aussi marqué par l'invasion des
ormands* et le développement de la féolité*. En 877, le roi signa le capitulaire*
Quierzy (dans l'Aisne) qui consacra
érédité des bénéfices*. Il parvint à por-
r le titre impérial en 875 sans réussir à
créer l'unité de l'Empire. Charles II le
nauve est le père de Louis II* le Bègue.
oir Bénéfice.

CHARLES III LE GROS (Neidingen,
ès de Donaueschingen, 839-*id.*, 888).
npereur d'Occident (881-887). Arrière-
tit-fils de Charlemagne* et fils de
ouis [Iᵉʳ]* le Germanique, il fut roi d'Ita-
e (879-887) et de Germanie* (882-887).
pape le couronna empereur en 881 et il
sura la régence de la France (884-887)
ndant la minorité de Charles III* le Sim-
e. Mais sa faiblesse devant les invasions
s Normands* et son incompétence en
ermanie le firent abdiquer en 887. Il fut
dernier à unir sous une seule direction
territoires de l'Empire carolingien, di-
sés depuis 843 (traité de Verdun*). Il fut
mplacé en France par Eudes*.

CHARLES III LE SIMPLE (879-Pé-
ronne, 929). Roi de France (898-922). Petit-fils de Charles II* le Chauve et fils de
Louis II* le Bègue, il lutta contre le Ro-
bertien Eudes*, comte* de Paris, qui avait
été élu roi par les grands vassaux, puis fut
couronné en 898 à la mort d'Eudes. Charles le Simple (qui signifie honnête et sincère) donna en fief* héréditaire la basse
vallée de la Seine, origine du futur duché
de Normandie, à Rollon*, chef des Normands*. Mais il fut détrôné en 922 par les
grands, qui désignèrent successivement
Robert, frère d'Eudes (922), et Raoul de
Bourgogne (923). Charles III mourut prisonnier. Sa chute marqua le déclin définitif des Carolingiens* en France. Voir
Louis d'Outre-mer, Vassal.

CHARLES IV LE BEL (v. 1295-Vincen-
nes, 1328). Roi de France (1322-1328).
Mort sans héritier mâle, il fut le dernier des
Capétiens* directs, la couronne passant
ensuite aux Capétiens Valois*. Troisième
fils de Philippe IV* le Bel et frère de Philippe V* le Long, il s'efforça de réorganiser les finances et la justice. Après sa mort,
la couronne passa à Philippe VI* de Valois, choix contesté par Édouard III* d'Angleterre. Les relations redevinrent alors
tendues avec les Plantagenêts*, annonçant
la guerre de Cent* Ans.

CHARLES V LE SAGE (Vincennes,
1338-Nogent-sur-Marne, 1380). Roi de
France (1364-1380), il restaura l'autorité
royale et s'empara lors de la guerre de
Cent* Ans d'une grande partie des possessions cédées aux Anglais après la défaite de
Poitiers*. Très cultivé (c'est le sens de son
surnom « le Sage »), il fut aussi protecteur
des arts et des lettres. Fils aîné de Jean II*
le Bon et de Bonne de Luxembourg, il assura la régence durant les captivités de son
père à Londres, réprima la tentative de révolution d'Étienne Marcel* et signa avec
l'Angleterre le traité de Brétigny* (1360).
Devenu roi, il mit fin, grâce à Du* Guesclin, à la lutte contre Charles II* le Mau-

vais, roi de Navarre, et débarrassa le royaume des Grandes Compagnies*. Il reprit la guerre contre les Anglais, s'empara de la plupart de leurs possessions, ne leur laissant à sa mort que quelques places maritimes (Calais*, Cherbourg, Brest) et une étroite bande côtière entre Bordeaux et Bayonne. Il mit fin à la guerre de succession de Bretagne qui opposait Charles de Blois à Jean de Montfort. Entouré d'excellents conseillers, tel Nicolas Oresme, il rétablit une monnaie saine et organisa l'impôt de la gabelle*. Il fonda la Bibliothèque royale, entreprit la reconstruction du Louvre*, éleva l'hôtel Saint-Pol et la Bastille* à Paris. Il contribua enfin à l'ouverture du Grand Schisme* d'Occident en reconnaissant contre Urbain VI, l'antipape Clément VII. Marié à Jeanne de Bourbon en 1350, sa vie nous est connue notamment par les écrits de Christine de Pisan. Charles VI* lui succéda.

CHARLES VI LE BIEN-AIMÉ ou LE FOU (Paris, 1368-*id.*, 1422). Roi de France (1380-1422). Il fut atteint de folie dès 1392, et son règne fut marqué par une grave guerre civile opposant Armagnacs* et Bourguignons* mais aussi par les plus terribles années de la guerre de Cent* Ans. Âgé de 12 ans à la mort de son père Charles V*, sa minorité fut troublée par les rivalités de pouvoir entre ses oncles, les ducs d'Anjou*, de Bourgogne* et de Berry, par des troubles sociaux à Paris, à Rouen et en Languedoc* et par l'insurrection des villes des Flandres*. Gouvernant personnellement à partir de 1388, il appela auprès de lui d'anciens conseillers de son père, les « marmousets », mais, bientôt frappé de démence (1392), il laissa la France livrée aux luttes de partis (Armagnacs et Bourguignons). Profitant des circonstances, le roi d'Angleterre, Henri V* de Lancastre, s'allia avec les Bourguignons et remporta la victoire d'Azincourt* (1415). Avec la complicité de la reine Isabeau de Bavière, épouse de Charles VI, fut

signé le traité de Troyes* (1420) qui dés héritait le dauphin (le futur Charles VII* et reconnaissait Henri V comme héritier de la couronne de France, lui confiant la ré gence du pays.

CHARLES VII LE VICTORIEUX (Pa ris, 1403-Mehun-sur-Yèvre, 1461). Roi de France (1422-1461). Il entreprit avec Jeanne* d'Arc la reconquête du royaume en partie occupé par les Anglais et leurs al liés bourguignons et mit fin à la guerre de Cent* Ans. La fin de son règne fut mar quée par un renouveau commercial et le raffermissement de l'autorité royale. Fils de Charles VI* le Fou et d'Isabeau de Ba vière, dauphin en 1417 après la mort de ses frères aînés, il fut, à l'occasion de la lutte entre les Armagnacs* et les Bourgui gnons*, chassé de Paris et se réfugia à Bourges. Sa mère, qui l'avait déclaré bâ tard, signa avec Charles VI le traité de Troyes* (1420) qui le déshéritait au profit du roi d'Angleterre, Henri V*. « Roi de Bourges », Charles VII n'était reconnu que dans le Sud-Ouest et le Midi. Il ne re trouva sa légitimité qu'après sa reconnais sance par Jeanne* d'Arc qui le délivra Or léans (1429) et le fit sacrer à Reims (1429) La reconquête d'une partie des régions au nord de la Loire fut entreprise et, afin de détacher les Bourguignons de l'Angle terre, Charles VII accorda d'importantes concessions au duc de Bourgogne Phi lippe III* le Bon au traité d'Arras* (1435) Paris reconquis, la Normandie* puis l Guyenne* (1450-1453) furent réoccupée grâce à des hommes de guerre remarqua bles et les Anglais ne gardèrent plus e France que Calais*. La guerre de Cent An terminée (bien qu'aucun traité n'ait été conclu), Charles VII se consacra à la réor ganisation de son royaume. Il créa (1445-1448) une armée nouvelle avec une cavalerie de compagnies* d'ordonnance recrutées dans la noblesse et une infanterie de francs archers composée de roturier exemptés de la taille* (d'où leur nom). L monnaie fut stabilisée, des impôts réguliers furent levés rendant inutile la convocation des États* généraux et la France connut un renouveau commercial grâce à Jacques Cœur*, argentier du roi. Un seul danger subsistait, la puissance du duché de Bourgogne*. Charles VII avait épousé Marie d'Anjou qui fut la mère de Louis XI*. Voir Castillon (Bataille de), Charles le Téméraire, Formigny (Bataille de), La Trémoille (Louis II de).

CHARLES VIII (Amboise, 1470-*id.*, 1498). Roi de France (1483-1498), fils et successeur de Louis XI*. En faisant valoir ses droits sur le royaume de Naples*, il déclencha les guerres d'Italie* (1494-1559), guerres entre la France et les Habsbourg* pour la domination de l'Europe). Charles VIII régna d'abord sous la régence de sa sœur Anne de Beaujeu qui lutta contre les nobles révoltés (1485-1488) et arrangea son mariage avec Anne de Bretagne (1491), préparant ainsi la réunion du duché à la Couronne. Revendiquant les droits que les derniers princes de la maison d'Anjou* avaient légués à sa famille, il entreprit, à partir de 1494, les guerres d'Italie. Après avoir conquis rapidement le royaume de Naples*, il dut abandonner ses conquêtes face à la ligue constituée par Venise*, Milan, Maximilien* d'Autriche, Ferdinand II* d'Aragon et le pape Alexandre VI*. Charles VIII eut pour successeur son cousin, le duc d'Orléans (futur Louis XII*). Voir Marguerite d'Autriche.

CHARLES IX (Saint-Germain-en-Laye, 1550-Vincennes, 1574). Roi de France (1560-1574). Son règne fut marqué par les guerres de Religion* et le massacre de la Saint-Barthélemy*. Troisième fils d'Henri II* et de Catherine* de Médicis, il succéda à son frère François II*, mais sa mère, après avoir exercé la régence, garda une profonde influence sur lui. Après une tentative de conciliation avec les protestants* (paix de Saint-Germain, 1570), Charles IX ordonna le massacre de la Saint-Barthélemy (août 1572). Son frère Henri III* lui succéda. Voir Coligny (Gaspard de).

CHARLES X (Versailles, 1757-Görz, auj. Gorizia, Slovénie, 1836). Roi de France (1824-1830). Frère de Louis XVI* et de Louis XVIII* auquel il succéda en 1824, Charles X, par sa politique réactionnaire et autoritaire, s'aliéna rapidement l'opinion libérale et fut détrôné au profit du duc d'Orléans (Louis-Philippe Ier*) par la révolution* de 1830. Portant d'abord le titre de comte d'Artois, il vécut à Versailles*, puis, la crise de 1789 déclenchée, il prit la tête de la réaction et fut l'un des premiers à émigrer (juillet 1789). Chef de file des contre-révolutionnaires, participant activement à la lutte contre la France, il fut nommé, après la chute de Napoléon Ier*, lieutenant général du royaume (avril 1814). Monsieur, frère du roi, étant l'héritier au trône, il devint bientôt l'un des dirigeants du parti des ultras* royalistes qui combattait la politique jugée modérée de Louis XVIII. À la mort de ce dernier, manifestant son attachement aux traditions de l'Ancien* Régime, Charles X se fit sacrer à Reims (1825). Il mena à l'extérieur une politique active, intervenant en Grèce et organisant surtout l'expédition d'Alger* (juillet 1830). Il imposa à l'intérieur les tendances ultras royalistes en soutenant la loi sur le sacrilège*, en organisant l'indemnisation des émigrés et en tentant d'interdire la presse politique. Face à l'hostilité croissante de l'opinion, Charles X, inquiet des progrès des libéraux, confia le pouvoir au prince de Polignac* (1829), l'un des dirigeants ultras. Au discours du trône menaçant, les députés répondirent par l'« Adresse des Deux* cent vingt et un », entraînant la dissolution de la Chambre puis sa réélection, marquée par un renforcement de l'opposition libérale. Charles X refusa de se soumettre à la volonté du pays. Afin de renforcer l'autorité du régime, il décida un véritable coup de force par la promulgation des ordonnances de Saint-Cloud (25 juillet 1830), suspendant la liberté de la presse et modifiant la loi électorale. La mesure provoqua l'insurrection. Les 27, 28 et 29 juillet 1830, le peuple de Paris se souleva, contraignant Charles X à abdiquer. Le chef de la branche cadette des Bourbons*, Louis-Philippe, duc d'Orléans, lui succéda. Après avoir désigné son petit-fils, le comte de Chambord*, comme héritier du trône, Charles X s'exila. Voir Martignac (Jean-Baptiste), Milliard des émigrés (loi du), Villèle (Jean-Baptiste).

CHARLES II LE MAUVAIS (Évreux, 1332-1387). Roi de Navarre (1349-1387). Fils de Jeanne de Navarre et petit-fils de Louis X* le Hutin, il prétendit à plusieurs reprises à la couronne de France. Il soutint Étienne Marcel* et s'allia aux Anglais durant la guerre de Cent* Ans. Il fut définitivement battu par Du* Guesclin.

CHARLES-ALBERT (Turin, 1798-Porto, Portugal, 1849). Roi de Sardaigne (1831-1849). Réputé libéral, il fut l'espoir des patriotes italiens du Risorgimento*. Il succéda sur le trône du Piémont à son cousin Victor-Emmanuel Iᵉʳ. Entraîné par le mouvement libéral de la révolution* de 1848, il établit une monarchie constitutionnelle et prit la tête du mouvement anti-autrichien en Italie. Mais, vaincu, il abdiqua en faveur de son fils Victor-Emmanuel II*. Voir Révolutions de 1848.

CHARLES Iᵉʳ D'ANJOU (1226-Foggia, 1285). Comte d'Anjou*, du Maine et de Provence* (1246-1285), roi de Sicile puis de Naples* (1266-1285). Dernier fils de Louis VIII* et de Blanche* de Castille, il accompagna son frère Louis IX* (saint Louis) aux septième et huitième croisades*. Le pape, souhaitant mettre fin à la domination des Hohenstaufen* sur le royaume de Sicile*, le chargea de le conquérir. Charles d'Anjou, à la tête de la ligue guelfe*, fut vainqueur de Manfred de Bénévent, fils de Frédéric II* et investi du

royaume de Sicile. Il reprit contre Byzance* la politique traditionnelle des souverains siciliens, rêvant de reconstituer l'Empire* latin de Constantinople* mais ne réussit qu'à acheter le titre de roi de Jérusalem* (1277). Le régime oppressif imposé par les Français en Italie provoqua la révolte des Siciliens (Vêpres siciliennes* 1282) et l'intervention d'une armée aragonaise, l'île passant en quelques mois sous la domination de Pierre III d'Aragon, gendre de Manfred. Charles d'Anjou ne conserva que le royaume de Naples et ouvrit pour deux siècles une longue rivalité en Italie entre la maison d'Anjou et celle d'Aragon* qui se solda par l'expulsion définitive des Angevins d'Italie (1442). Voir René Iᵉʳ le Bon, Robert d'Anjou.

CHARLES XII (Stockholm, 1682-Fredrikshald, Norvège, 1718). Roi de Suède (1697-1718). Ses ambitions extérieures provoquèrent, par ses défaites militaires, l'effacement de la Suède comme grande puissance européenne. Fils et successeur de Charles XI, il dut très vite affronter l'encerclement de son empire en Baltique par la Russie, la Pologne et le Danemark (seconde guerre du Nord*). Il vainquit le Danemark (Copenhague, 1701), la Russie (Narva, 1700) et la Pologne mais fut écrasée par Pierre* le Grand à Poltava (1709). Réfugié en Turquie, il tenta en vain d'obtenir du sultan une guerre contre la Russie. De retour en Suède, il fut tué alors qu'il tentait d'enlever la Norvège aux Danois. Il laissa un pays épuisé qui avait perdu, au profit de la Russie, son hégémonie en Baltique. Par sa bravoure et ses qualités militaires, il resta un personnage légendaire qui inspira à Voltaire* l'*Histoire de Charles XII* (1731).

CHARLES XIV ou CHARLES-JEAN Charles Jean-Baptiste BERNADOTTE (Pau, 1763-Stockholm, 1844). Maréchal de France et roi de Suède (1818-1844), il fut le fondateur de la dynastie qui règne encore aujourd'hui en Suède. Officier sous a Révolution*, il se distingua lors des campagnes napoléoniennes, l'empereur le nommant maréchal d'Empire en 1804. Mais une brouille les sépara après Wagram*. Lorsque le roi de Suède Gustave IV fut renversé, les Suédois lui offrient le trône en 1810 pour avoir cessé les hostilités contre leur pays. Adopté par Charles XIII, il s'allia à la Russie et joua un rôle décisif contre la France à la bataille de Leipzig* (1813). Il succéda à Charles XIII en 1818 et mena en Suède durant son règne une politique libérale.

CHARONNE (Manifestation du 8 février 1962 au métro). Manifestation organisée à Paris, lors de la guerre d'Algérie*, à l'appel de plusieurs syndicats, du PCF* et du PSU*, contre les violences de l'OAS* favorable à l'Algérie française. Elle fut violemment réprimée par les forces de l'ordre.

CHARRUE. Instrument de labour. Au Moyen Âge, elle remplaça l'araire* à partir du XIᵉ siècle dans les régions du nord, convenant mieux aux lourdes terres argileuses de ces régions de l'Europe. Munie de roues et généralement tirée par des bœufs ou des chevaux ; son soc de fer s'enfonçait profondément dans le sol, un versoir rejetant la terre sur le côté. La charrue, contrairement à l'araire, réalisait un véritable labour en découpant, soulevant et retournant le sol. Voir Collier d'épaule, Herse.

CHARTE. Au Moyen Âge, actes écrits. Ils constituent une des principales sources de connaissance de l'histoire de cette époque. Il existait plusieurs catégories de chartes : les actes destinés à régler des intérêts privés (dons, ventes de propriétés, testaments) et des actes solennels de droit public, comme par exemple les chartes de franchises. Ces chartes, liées aux grands défrichements* et au renouveau urbain, apparurent en France vers le XIIᵉ siècle. Ce sont des actes solennels par lesquels le roi ou un seigneur accordait à une ville un certain nombre de privilèges pouvant aller

jusqu'au droit de s'administrer elles-mêmes. Ces chartes furent le plus souvent accordées au terme d'une négociation pacifique mais aussi à la suite du soulèvement de la population (Cambrai en 1076 ; Laon en 1111). Voir Commune.

CHARTE (LA GRANDE). Charte imposée au roi d'Angleterre Jean* sans Terre – affaibli par les revers de sa politique extérieure, notamment son conflit avec Innocent III* et Philippe II* Auguste – par les barons révoltés en juin 1215. Elle fut considérée par la suite comme le fondement des libertés anglaises. La Charte devait effacer des abus dont le roi s'était rendu coupable et garantissait les droits féodaux, les libertés de l'Église et des villes. Elle institua aussi le contrôle de l'impôt par le Conseil du royaume dominé par les grands féodaux, ainsi que des garanties judiciaires (chaque individu libre ne pourra plus être poursuivi arbitrairement, il ne pourra être jugé que par ses pairs et selon le droit coutumier), que certains considèrent comme les prémisses de la Pétition* des Droits de 1628 et de l'*Habeas Corpus** de 1679. Annulée par Jean* sans Terre, elle fut, dans son état définitif, confirmée par Henri III* (1265). Voir Parlement (en Angleterre).

CHARTE CONSTITUTIONNELLE. Octroyée aux Français par Louis XVIII* le 4 juin 1814, et datée de la « dix-neuvième année de son règne », la Charte, malgré quelques concessions à l'Ancien* Régime, reconnut les acquis de la Révolution* et de l'Empire*. Elle institua en France un régime de monarchie constitutionnelle qui devait durer jusqu'à la révolution* de 1848. Bien que la Charte affirmât le fondement divin de l'autorité royale et le maintien du catholicisme* comme religion d'État, elle consacrait les principales conquêtes politiques et sociales de la Révolution comme l'égalité devant la loi, l'admissibilité de tous à tous les emplois, la propriété des biens nationaux et le

Code* civil. Le pouvoir exécutif appartenait au roi seul, qui conservait aussi une partie du pouvoir législatif. Il choisissait ses ministres et pouvait les renvoyer à sa guise, ces derniers n'étant pas responsables devant le Parlement. La représentation nationale fut en partie assurée par les deux Chambres : une Chambre des pairs*, dont les membres étaient nommés à vie où à titre héréditaire par le roi, et une Chambre des députés élue pour cinq ans au suffrage censitaire. Ces deux Chambres partageaient le pouvoir législatif avec le roi. Après la révolution* de Juillet 1830, la Charte, à laquelle Louis-Philippe Ier* prêta serment (août 1830), fut modifiée. Le préambule de 1814 fut supprimé : la Charte ne fut plus octroyée par le roi, mais devenait un acte bilatéral accepté par ce dernier. Le drapeau tricolore fut reconnu drapeau national, le roi prit le titre de « roi des Français » et la religion catholique n'était plus « religion d'État » mais religion « de la majorité des Français ». Cette Charte fut supprimée par la révolution* de Février 1848. Voir Chambre introuvable, Monarchie de Juillet.

CHARTE MUNICIPALE. Nom donné au Moyen Âge à un acte solennel par lequel le roi ou un seigneur accordait à une ville un statut privilégié. Apparues en France au XIIe siècle, les chartes, renouvelées à chaque changement de seigneur, énonçaient les privilèges accordés aux bourgeois de la ville et précisaient ses conditions d'administration. Voir Charte, Commune.

CHARTISME (en angl. *Chartism*). Né de la misère consécutive aux transformations industrielles du début du XIXe siècle, le mouvement tira son nom de la « Charte du Peuple » (1838) qui revendiquait notamment le suffrage universel et une indemnité parlementaire. Marqué par des grèves et des émeutes durement réprimées, le mouvement se décomposa, faute de cohésion, après avoir connu une dernière flambée en 1848. Certains de ses membres re joignirent les rangs des libéraux, d'autre se cantonnèrent dans l'action strictemen syndicale, revenant à l'action politiqu lors de la naissance du Parti travailliste* Les défenseurs les plus acharnés du cha tisme furent O'Connor* et O'Brien.

CHARTRES (Cathédrale de). La cathé drale Notre-Dame de Chartres, chef-d'œu vre de l'art gothique*, constitue, par s collection de vitraux exceptionnellemen conservés des XIIe et XIIIe siècles, le plu bel ensemble du Moyen Âge français. L cathédrale actuelle a succédé à un édific roman* du XIIe siècle détruit par un incen die en 1194 et dont il ne subsiste que l crypte, les tours et la base de la façade oc cidentale, avec le portail royal à statues colonnes (v. 1150), l'une des merveilles d la statuaire romane. Reconstruite aussitô avec le concours de toute la France, le gro œuvre (nouvelle nef*, parties basses d transept et du chœur*) était terminé dè 1220 et la consécration, à laquelle assist Louis IX*, fut célébrée le 24 octobre 126 Les innovations de l'édifice marquèren une étape importante dans l'évolution d l'architecture gothique : abandon de l voûte sexpartite pour la voûte quadripar tite et suppression des tribunes remplacée par un triforium (galerie de circulation), e contre-butant la poussée des voûtes par de arcs-boutants*. La nef, large de 14 m, lon gue de 130 m et haute de 36 m, a des bas côtés qui se prolongent dans le chœur pa un double déambulatoire*. Le transep flanqué de collatéraux et dont les façade sont encadrées de deux tours inachevée s'ouvre sur des portails (XIIIe) consacré l'un à l'Ancien Testament* et l'autre au Évangiles*. Une statue de la Vierge est au jourd'hui l'objet d'un pèlerinage annuel.

CHARTREUX. Ordre de moines contem platifs fondé par saint Bruno* en 108 dans la montagne de la Grande-Char treuse, près de Grenoble. Cloîtrés et voué au silence perpétuel, les moines viven lans des cellules individuelles donnant sur un cloître commun et ne se rencontrent qu'au moment de l'office liturgique.

CHASSELOUP-LAUBAT, Justin, marquis de (Alexandrie, Italie, 1805-Versailles, 1873). Homme politique français. Ministre de la Marine (1860-1867) et des Colonies sous le Second Empire* (1858-1860), il contribua à réorganiser la flotte de guerre française et fit instaurer l'annexion de la Cochinchine* et l'établissement du protectorat français sur le Cambodge (1862-1863).

CHÂTEAU FORT. Forteresse et centre du pouvoir seigneurial au Moyen Âge. Le château fort se composa jusqu'au Xe siècle d'une tour de bois entourée d'une palissade protectrice et élevée sur une butte de terre, la motte. Progressivement, ces châteaux trop faciles à incendier firent place à d'imposantes constructions en pierre presque imprenables, sauf après un long siège. Entouré d'un large fossé qu'on traversait au moyen d'un pont-levis, le château fort comprenait une enceinte de murs épais flanqués de tours. Au sommet du mur courait le chemin de ronde, équipé d'abord d'une galerie de bois (les hourds), bientôt remplacée par des mâchicoulis de pierre, galerie en saillie percée dans sa partie inférieure d'ouvertures par lesquelles on pouvait laisser tomber des projectiles. L'intérieur du château pouvait comprendre plusieurs enceintes et des cours dans lesquelles se réfugiaient les gens de la seigneurie* en cas de péril. Dans la cour principale se dressait une énorme tour, ultime réduit défensif, le donjon. Au XVe siècle, les progrès du pouvoir royal et de l'artillerie enlevèrent au château fort son rôle politique et militaire. Voir Château-Gaillard, Krak des Chevaliers.

CHATEAUBRIAND, François René, vicomte de (Saint-Malo, 1768-Paris, 1848). Écrivain et homme politique français. Principal initiateur du romantisme* en France, écrivain engagé dans son épo-que, Chateaubriand fut légitimiste* modéré et contribua au renouveau du christianisme* après la Révolution*. Installé avec sa famille au château de Combourg en Bretagne, Chateaubriand entra d'abord comme sous-lieutenant dans le régiment de Navarre, puis sa carrière militaire ayant été interrompue par la Révolution, il partit pour l'Amérique (1791). Partisan des Lumières mais hostile aux excès de la Révolution, il s'engagea, de retour en France, dans l'armée des émigrés (1792). Blessé à Thionville, il émigra en Angleterre en 1793, où il vécut dans la misère et où il publia son *Essai sur les révolutions* (1797). De retour à Paris en 1800, il devint vite célèbre après la publication d'*Atala* (1801), de *René* (1802) et surtout du *Génie du christianisme* (1802). Nommé par Bonaparte* secrétaire d'ambassade à Rome, il démissionna après l'assassinat du duc d'Enghien* (1804) et ne cessa de dénoncer le régime jusqu'à la Restauration*, contribuant par son pamphlet *De Buonaparte et des Bourbons* au retour des Bourbons*. Ministre de Louis XVIII*, exilé lors des Cent-Jours*, ambassadeur du roi à Londres (1822), puis ministre des Affaires étrangères dans le cabinet Villèle* (1822-1824), il défendit dans *Le Conservateur* les idées des ultras*. Cependant, déçu par la Restauration puis hostile aux orléanistes*, il s'opposa, comme légitimiste modéré, à la monarchie* de Juillet. Écarté de la vie politique après avoir été accusé de complot contre l'État (1832), Chateaubriand se consacra à la rédaction de son chef-d'œuvre, les *Mémoires d'outre-tombe*, publiés après sa mort dans *La Presse* (1848-1850).

CHÂTEAUBRIANT. Ville de France, en Loire-Atlantique. Le 22 octobre 1941, 27 prisonniers d'un camp de prisonniers politiques créé par l'occupant nazi, furent exécutés en représailles du meurtre, à Nantes, d'un officier allemand. Voir Collaboration, Guerre mondiale (Seconde) Oradour-sur-Glane.

CHÂTEAU-GAILLARD. Château (aux Andelys, Eure) dont il ne reste que les ruines, construit au XIIᵉ siècle par Richard Iᵉʳ* Cœur de Lion, roi d'Angleterre et duc de Normandie*, pour protéger Rouen. Philippe II* Auguste, roi de France, mit huit mois pour s'en emparer lors de sa conquête de la Normandie*. Son donjon, dont le mur avait 4,50 m à la base, fut démoli sur ordre d'Henri IV*.

CHAUCER, Geoffrey (Londres, v. 1340-*id.*, v. 1400). Poète anglais célèbre pour ses *Contes de Cantorbéry*. D'une famille aisée, il fut d'abord attaché comme page au service d'une belle-fille d'Édouard III*, puis chargé de diverses missions en France, en Flandres* et en Italie, faisant figure à cette époque d'homme d'affaires et de courtisan. Surintendant des bâtiments royaux et des travaux publics de la capitale, il mourut vers 1400 et fut enterré à Westminster Abbey. Son œuvre maîtresse reste les *Contes de Cantorbéry*, contes en prose et en vers écrits vers 1390, véritable chronique sociale de l'Angleterre du XIVᵉ siècle et premier chef-d'œuvre de la littérature anglaise.

CHAUMONT (Traité de, 9 mars 1814). Alliance dirigée contre Napoléon Iᵉʳ* pour une durée de vingt ans et signée entre la Russie, la Prusse*, l'Angleterre et l'Autriche, les alliés souhaitant ramener la France à ses frontières de 1792. Voir Alliance (Sainte-).

CHAUTEMPS, Camille (Paris, 1885-Washington, 1963). Homme politique français. Député radical-socialiste, membre de la franc-maçonnerie*, plusieurs fois ministre (de 1924 à 1926), il fut président du Conseil en 1930 et de novembre 1933 à janvier 1934 (il dut démissionner après l'affaire Stavisky*) puis succéda à Léon Blum* (1937-1938) afin de ramener la confiance et poursuivre la pause économique, les menaces extérieures dominant sa présidence. Il fit partie du cabinet de guerre de Paul Reynaud* (mars-juin 1940) et se déclara favorable à l'armistice. Il quitta le cabinet Pétain* dont il était membre puis, chargé de mission aux États-Unis, il y resta durant la Seconde Guerre* mondiale. Voir Front populaire, Radical (Parti), Rethondes (Armistice de).

CHE HOUANG-TI, ou SHI HUANGDI (v. 259-210 av. J.-C.). Mots chinois signifiant « Premier Auguste Seigneur » donné au fondateur de l'empire chinois. À la tête du puissant royaume de Ts'in* (situé à l'ouest de la Chine), il mit fin à trois siècles d'anarchie (Vᵉ-IIIᵉ siècle av. J.-C.) en détruisant les autres Royaumes* combattants. Che Houang-ti fonda en 221 av. J.-C. la dynastie des Ts'in et exerça sur la Chine unifiée une autorité de fer. Il brisa la puissance de la noblesse en l'obligeant à résider dans sa capitale de Hien-yang (actuel Hsi-an) et en faisant administrer le pays par des fonctionnaires. Il unifia les caractères d'écriture, les poids et mesures, la dimension des essieux des chars et la largeur des routes pour faciliter les communications. Pour étouffer l'opposition des Lettrés* confucéens défendant la tradition, il ordonna la destruction des livres du confucianisme*. Enfin, pour protéger la Chine des invasions, il entreprit au nord la construction de la Grande* Muraille (214 av. J.-C.) avec le concours de milliers de travailleurs forcés. La dynastie Ts'in s'effondra trois ans après la mort de Che Houang-ti, renversée par une révolte de grands seigneurs. Mais la nouvelle dynastie des Han* poursuivit son œuvre. Voir Confucius.

CHEMIN DES DAMES (Le). En France, route de 30 km de long courant sur les crêtes entre l'Aisne et l'Ailette qui fut, pendant la Première Guerre* mondiale, le théâtre de violents affrontements. Le général français Nivelle* y connut un sévère échec en avril 1917 tandis que le général Pétain* remporta une victoire en octobre.

l'offensive des divisions allemandes en mai 1918 y fut quant à elle victorieuse et permit l'offensive sur Château-Thierry.

CHEMISES NOIRES. Nom donné aux fascistes italiens en raison de la chemise noire qu'ils portaient, comme les *arditi*. Voir D'Annunzio, Faisceaux italiens de combat.

CHEMISES ROUGES. Nom donné, à cause de leur uniforme, aux volontaires engagés aux côtés de Garibaldi* et qui prirent part aux combats pour l'unité italienne. La chemise rouge fut portée pour la première fois par Garibaldi et ses compagnons en Uruguay en guerre contre Argentine. Les Chemises rouges participèrent à la conquête du royaume des Deux-Siciles (expédition des *Mille**) en 1860 puis à l'expédition contre les États* pontificaux en 1867. Voir Cavour.

CHÉNIER, André de (Constantinople, 1762-Paris, 1794). Poète français. D'abord favorable à la Révolution*, il condamna ensuite les excès de la Terreur* dans de violents articles, fut condamné à mort et exécuté. Ses œuvres sont pour la plupart posthumes. On peut notamment citer *La Jeune Captive* et une violente satire lyrique et politique, *Les Iambes*.

CHÉOPS ou **KHÉOPS** (Pyramide de). Tombeau d'un pharaon* de l'Ancien* Empire, Chéphren*, successeur de Chéops, situé près du village de Gizeh* au nord de l'Égypte*. C'est le plus colossal monument qui existe au monde et l'une des Sept Merveilles* du monde. Il mesure 145 m de hauteur et 227 m de côté. Sa base couvre 5 ha. On lui a donné le nom de Grande Pyramide. Voir Pyramide.

CHÉPHREN (Pyramide de). Tombeau d'un pharaon* de l'Ancien* Empire, Chéphren, situé près du village de Gizeh au nord de l'Égypte*. Proche de la vallée du Nil*, se dresse le Grand Sphinx gardien du tombeau du pharaon. Chéphren fut totalement dégagé des sables par Maspéro et

Brugsch en 1886. Voir Gizeh (Sphinx de), Pyramide.

CHÉRONÉE. Ancienne cité de Grèce* centrale en Béotie*, non loin de Thèbes*. Deux grandes batailles de l'histoire grecque y furent menées. En 338 av. J.-C., Philippe II* de Macédoine* vainquit Athènes*, Thèbes et leurs alliés. Cette bataille fit passer la Grèce sous la domination macédonienne. En 86 av. J.-C., Sylla* battit l'armée de Mithridate* commandée par le général Archéalos.

CHEVAGE. Au Moyen Âge, redevance particulière payée par les serfs* au seigneur. D'un montant peu élevé, il était considéré comme la preuve principale du servage, et donc tenu pour très humiliant.

CHEVALERIE. Institution militaire à laquelle appartenaient les chevaliers*, guerriers professionnels du temps de la féodalité*. La chevalerie était née entre le VIIIᵉ et le XIᵉ siècle, de la révolution militaire qui remplaça les fantassins par les cavaliers devenus la force principale des armées. L'apogée de la chevalerie se situa aux XIIᵉ et XIIIᵉ siècles. Les rites chevaleresques (adoubement*) et les valeurs qu'ils impliquaient avaient une tonalité très religieuse (lutter pour l'Église, respecter la paix* de Dieu et la trêve* de Dieu). Voir Féodalité, Vassalité.

CHEVALIER. Nom donné au Moyen Âge au guerrier combattant à cheval, devenu, à partir du VIIIᵉ siècle, la force principale dans les batailles. Propriétaire de plusieurs chevaux et d'une armure complète de cavalerie lourde (heaume*, cotte* de mailles) d'un coût considérable, le chevalier, généralement possesseur d'un fief*, était vassal* d'un seigneur auquel il devait le service d'ost*. À partir du XIIᵉ siècle, les chevaliers se recrutèrent exclusivement dans la noblesse avec laquelle ils se confondirent plus ou moins. On devenait chevalier vers 18 ans après une cérémonie appelée l'adoubement*. Un chevalier devait être brave, fidèle à son suzerain* et loyal dans les combats. Il devait aussi protéger les faibles, l'Église et son clergé, défendre la Chrétienté* et combattre les Infidèles*. Quand il ne guerroyait pas, il consacrait ses loisirs à la chasse et aux tournois. La littérature médiévale contribua largement à diffuser cet idéal à travers les chansons de geste* et les romans de chevalerie que Chrétien* de Troyes porta à leur apogée. Voir Écuyer.

CHEVALIER, Michel (Limoges, 1806-Lodève, 1879). Économiste français. Saint-simonien et partisan du libéralisme économique, il fut l'un des artisans du traité de commerce libre-échangiste signé avec l'Angleterre (1860). Voir Cobden (Richard), Fould (Achille), Saint-Simon (Claude de).

CHEVALIERS. Voir Équestre (Ordre).

CHEVET. 1) Nom donné à la partie d'une église* qui se trouve à la tête de la nef*, derrière le chœur*. 2) Extérieur du chœur. Voir Abside.

CHIAPPE, Jean (Ajaccio, 1878-en Méditerrannée, 1940). Administrateur et homme politique français. Préfet de police de la capitale (1927-1934), connu pour ses sympathies à l'égard des ligues d'extrême droite, il fut muté par Édouard Daladier* au Maroc, ce qui fut le prétexte à l'émeute sanglante du 6 février* 1934.

CHI'ISME. Nom donné au plus grand schisme* de l'islam*. Les chi'ites* s'opposèrent dès la fin du VIIe siècle à la majorité des musulmans* orthodoxes appelés les sunnites*.

CHI'ITES ou SHI'ITES. Nom donné à une secte musulmane apparue au VIIe siècle. Les chi'ites ne reconnaissent qu'Ali*, cousin et gendre de Mahomet*, et ses descendants pour successeurs légitimes du prophète*. Ils s'opposent aux musulmans sunnites* qui leur donnèrent autrefois ce nom péjoratif (chi'ite signifie « partisan »). Les chi'ites pensaient que le titre de calife* devait être héréditaire dans la famille de Mahomet. Ils refusèrent ainsi de reconnaître les califes* omeyyades* et abbassides*, ce qui leur valut d'être persécutés pendant des siècles. Dans le chi'isme, les imams, chefs religieux des musulmans, possèdent une dignité supérieure à celle du calife des sunnites. Émanation divine, ils sont considérés comme infaillibles. Les chi'ites sont majoritaires en Iran et nombreux en Irak, au Liban, en Afghanistan et au Pakistan. Voir Assassins, Druzes, Imam, Islam, Ismaéliens, Mu'awiyya.

CHIRAC, Jacques (Paris, 1932-) Homme politique français. Président du RPR* (Rassemblement pour la République) de 1976 à 1994, maire de Paris de 1977 à 1995, il fut Premier ministre de Valéry Giscard* d'Estaing (1974-1976), puis de François Mitterrand* (1986-1988) durant la période dite de cohabitation. Il a été élu président de la République le 7 mai 1995, battant le candidat socialiste, Lionel Jospin.

CHIRAZ. Ville de l'Iran dans le Zagros non loin des ruines de Persépolis*. Fondée au XIIe siècle par les Arabes*, Chiraz abrite de nombreux monuments anciens dont le mausolée, au dôme bleu, de Chah Chirarh (XIIIe siècle), restaurée au XIVe siècle, et la mosquée* du Régent (XVIIIe siècle).

CHŒUR. Dans une église*, partie de la nef* où se trouve l'autel et où se tiennent les chantres et le clergé pendant l'office. Dans la cathédrale y est aussi placé le siège (en latin *cathedra*) de l'évêque*.

CHOISEUL, Étienne François, comte de Stainville, puis **duc de** (Nancy 1719-Paris, 1785). Homme politique français. Il mena durant huit ans la politique extérieure de la France, consacrant toute son énergie à lutter contre l'Angleterre. Ami des encyclopédistes, il soutint les parlementaires dans leur opposition au pouvoir royal, ce qui entraîna sa disgrâce. Fils d'un grand chambellan* du duc François de Lorraine, il commença une brillante carrière militaire et épousa la fille d'un ri-

he financier. Devenu le protégé de Mme
e Pompadour* à partir de 1752, il fut
ommé ambassadeur à Rome (1754-
757), puis à Vienne (1757-1758), où il
onfirma le renversement des alliances de
756, la Prusse* devenant l'ennemi
ommun de la France et de l'Autriche. Fait
uc (1758), Choiseul atteignit le sommet
e sa carrière en occupant le poste de se-
rétaire d'État aux Affaires étrangères
1758-1761), puis de secrétaire d'État à la
juerre et à la Marine (1761-1766). Au
ours de la guerre de Sept* Ans, il s'ef-
orça de renforcer la position française en
oncluant le pacte de Famille* entre les
tourbons* (1761). Après le traité de Pa-
is* (1763), décidé à préparer la revanche
ontre l'Angleterre, Choiseul renforça et
nodernisa l'armée et la marine et négocia
'achat de la Corse (1768), afin de rétablir
es positions stratégiques françaises en
Méditerranée. Gallican convaincu, sou-
enu par les encyclopédistes, Choiseul
hercha à se concilier l'opposition parle-
nentaire et janséniste, en faisant expulser
es jésuites* (1762), considérés comme
les agents de l'étranger. Mais cette poliique ne fit qu'accentuer l'opposition par-
ementaire. L'hostilité de Mme Du* Barry,
'avantage que prit sur lui Maupeou ame-
ièrent sa disgrâce (1770). Exilé dans son
lomaine de Chanteloup, il fut considéré
ar Paris comme la victime de l'arbitraire
oyal. Voir Gallicanisme, Jansénisme,
Louis XV.

CHOLTITZ, Dietrich von (Schloss
Wiese, 1894-Baden-Baden, 1966). Géné-
al allemand. Gouverneur militaire de Pa-
is le 9 août 1944, il se rendit à Leclerc*
ors de la libération de Paris (25 août),
près avoir refusé d'exécuter l'ordre de
litler* de faire exploser les ponts et les
édifices de la capitale.

CHOPIN, Frédéric (Zelazowa-Wola,
près de Varsovie, 1810-Paris, 1849).
Compositeur polonais. Pianiste, il fut aussi
'auteur, en pleine période romantique,
d'une œuvre qui, malgré l'originalité de
son invention harmonique, resta, à bien
des égards, classique. Né d'une mère polonaise et d'un père professeur de français
d'ascendance vosgienne, Chopin se révéla
très jeune un pianiste virtuose. Après d'excellentes études générales, il s'inscrivit au
conservatoire de Varsovie (1826-1829).
Très apprécié dans les salons de la capitale
polonaise, il donna deux concerts triomphaux à Berlin et à Vienne, puis quitta la
Pologne (1830), où il ne reviendra jamais,
l'insurrection nationale ayant conduit à
l'occupation russe. Installé à Paris, il fréquenta les cercles musicaux et littéraires
du romantisme*, se lia d'amitié avec
Heine*, Berlioz* et Liszt*, et devint la co-
queluche de la haute aristocratie parisienne. Cependant à partir de 1835, sa
santé fragile se dégrada et il commença à
ressentir les premières souffrances de la
phtisie. Après une déception amoureuse, il
rencontra la romancière George Sand*,
avec laquelle il eut, pendant près de dix
ans (1837-1847), une relation passionnée
et orageuse. Ce fut chez la romancière, à
Nohant, où étaient reçus d'illustres artistes
et écrivains (Liszt, Delacroix*, Balzac*,
Quinet) qu'il composa la plus grande partie de son œuvre. Après une tournée triomphale en Angleterre et en Écosse, Chopin
mourut à Paris. Inhumé au Père-Lachaise,
son cœur fut transféré, suivant ses désirs,
à l'église Sainte-Croix de Varsovie. Chopin composa presque exclusivement pour
le piano : 14 *Polonaises*, 51 *Mazurkas*,
26 *Préludes*, 19 *Valses*, 20 *Nocturnes* et
27 *Études*. Voir Schumann (Robert).

CHOUAN, Jean Cottereau, dit Jean
(Saint-Berthevin, 1757-près de Laval,
1794). Chef royaliste français lors de la
Révolution* française. Ancien contreban-
dier du sel (faux saunier), il reçut le surnom de Chouan car il imitait la nuit le cri
du chat-huant afin d'avertir ses hommes de
l'approche des agents de la gabelle*. Fidèle à la monarchie, il fut avec ses frères,

à partir de 1793, l'un des premiers chefs du soulèvement populaire qui prit le nom de chouannerie*. Jean Chouan fut tué au combat après avoir fait la jonction avec l'armée vendéenne. Voir Vendée (Guerre de).

CHOUANNERIE. Lors de la Révolution* française, nom donné aux insurgés royalistes de l'ouest de la France. Elle se développa, parallèlement à la guerre de Vendée*, à partir de 1793 en Bretagne et dans le Maine. Du nom de l'un de ses chefs, Jean Chouan*, la chouannerie s'expliqua par la fidélité à la monarchie, la persécution des prêtres réfractaires* et surtout la levée des 300 000 hommes imposée par la Convention* en février 1793. On trouva aussi parmi les chouans beaucoup d'anciens contrebandiers du sel (les faux sauniers), chômeurs depuis la suppression de la gabelle*. Les insurgés, appuyés par des aristocrates, difficiles à arrêter à cause des complicités de la population locale, se livrèrent, en ordre dispersé, à une guérilla attaquant en priorité les autorités civiles. La chouannerie ne fut définitivement étouffée qu'en 1800 malgré les campagnes de pacification de l'Ouest organisées par Hoche* en 1795. Voir Cadoudal (Georges).

CHOU EN-LAI. Voir Zhou Enlai.

CHRÉTIEN. Adepte de la religion fondée par Jésus-Christ*. Roi Très Chrétien était un titre porté par les rois de France. Voir Catholique, Orthodoxe, Protestant.

CHRÉTIEN DE TROYES (v. 1135-v. 1183). Poète français du Moyen Âge, auteur de romans courtois. Originaire de Champagne*, il vécut à la cour de cette province puis à celle de Flandres*. Ses œuvres principales sont *Lancelot ou le Chevalier à la charrette*, *Yvain ou le Chevalier au lion* et *Perceval ou le conte du Graal*. Il emprunta ses thèmes et ses personnages à la légende, et donna la version la plus célèbre du cycle de la Table* ronde. Il ajouta à ces thèmes ceux de la poésie courtoise

des trouvères et des troubadours du XIIe siècle.

CHRÉTIENTÉ. Au Moyen Âge et aux temps modernes, ensemble des peuples chrétiens et des pays où le christianisme domine.

CHRIST. Nom donné à Jésus*, le mot « Christ » vient du grec *Khristos* (oint c'est-à-dire consacré avec de l'huile bénite), traduction de l'hébreu *Maschiah* ou Messie.

CHRISTIANISME. Nom donné à la religion fondée par Jésus-Christ*. Ce sont les disciples de Jésus*, les apôtres*, qui propagèrent le christianisme qui devint religion d'État de l'Empire romain* au IVe siècle ap. J.-C. sous l'empereur Constantin*. La doctrine chrétienne* se répandit d'abord parmi les juifs* de Palestine* et les grandes villes de l'Orient gréco-romain (Antioche*, Alexandrie*) et saint Paul*, en s'attachant à la conversion des non-juifs, détacha progressivement le christianisme de l'influence du judaïsme*. Mais, contrairement aux autres religions étrangères, le christianisme ne put se répandre librement dans l'Empire et les chrétiens* furent persécutés. On leur reprocha surtout de rejeter les dieux de Rome* et le culte impérial et de tenir des réunions nocturnes et secrètes réservées à des initiés. Aux deux premiers siècles, les persécutions ne furent pas systématiques. Elles dépendirent soit de quelques empereurs (Néron*, Marc Aurèle*), soit des gouverneurs des provinces* (condamnations sur dénonciation). Mais à partir du IIe siècle ap. J.-C., la menace des Barbares* se précisant, il fallut impérativement maintenir l'unité de l'Empire et les persécutions s'aggravèrent (Dioclétien*). Mais cette politique de répression n'eut aucun effet. Les chrétiens martyrs suscitèrent l'admiration par leur courage et leur foi et le christianisme s'implanta fortement dans l'Empire au IIIe siècle ap. J.-C., touchant toutes les classes de la société. Peu à peu, les Églises chrétienes s'organisèrent. Chaque communauté it dirigée par un évêque*, assisté de prê-es et de diacres, tous élus par l'assemblée es fidèles. Au-dessus des évêques (un par ité) qui commencèrent à se réunir en onciles* au IIIᵉ siècle ap. J.-C., apparurent s métropolitains (dans les capitales des rovinces*) et les patriarches* (Alexan-rie*, Antioche*, Jérusalem*, Constanti-ople*). Le culte, célébré chez un particu-er, comprenait la communion* ou ucharistie* (consécration du pain et du in en mémoire du dernier repas du Christ t des apôtres*) et des prières. L'entrée ans l'Église fut marquée par le baptême* t on enterra les morts dans des cimetières outerrains, les catacombes*, où le culte tait célébré lors des persécutions. L'em-ereur Constantin*, par l'édit de Milan 313 ap. J.-C.), autorisa pour la première ois les chrétiens à exercer librement leur eligion. Le triomphe du christianisme de-int définitif lorsque l'empereur Théo-ose* (380 ap. J.-C.) en fit la religion de 'État et interdit tous les cultes païens. Le ape, évêque de Rome, devint progressi-ement le chef des différentes communau-s réparties autour du bassin méditerra-éen. L'Église chrétienne eut par la suite ne immense influence et la civilisation occidentale deviendra une civilisation hrétienne. Voir Arianisme.

CHRISTIE, Miller dite **Agatha** (Tor-quay, 1891-Wallingford, 1976). Roman-ière britannique, auteur célèbre de nom-reux romans policiers mettant le plus ouvent en scène Miss Marple et Hercule Poirot (*Le Meurtre de Roger Ackroyd, Le Crime de l'Orient Express*, 1934 ; *Dix pe-its nègres*, 1939). Elle fut l'un des plus grands succès littéraires du XXᵉ siècle.

CHURCHILL, sir Winston Leonard SPENCER (Blenheim Palace, Oxford-shire, 1874-Hyde Park Gate, Londres, 1965). Homme politique britannique. Dé-puté conservateur, Premier lord de l'Ami-rauté (1911-1915) puis Premier ministre

(1940-1945 ; 1951-1955), il symbolisa la résistance anglaise aux forces de l'Axe* durant la Seconde Guerre* mondiale. Fils de lord Randolph Churchill, descendant de Marlborough*, Churchill fit des études peu brillantes au collège de Harrow, puis à l'école militaire de Sandhurst de laquelle il sortit, en 1894, officier de cavalerie. Dès sa jeunesse, imprégné des traditions victo-riennes par son milieu aristocratique et son éducation, il se singularisa par une person-nalité vigoureuse, extravagante et portée d'abord vers l'action. Sa brève carrière mi-litaire le porta là où se jouait la destinée de l'Empire britannique. Il fut correspondant de guerre à Cuba durant l'insurrection contre les Espagnols (1895), puis aux In-des lors des opérations de Malakland (1897) où il écrivit pour le *Daily Tele-graph*, au Soudan avec Kitchener*, enfin en Afrique australe (1899-1900) lors de la guerre de Boers* comme correspondant pour le *Morning Post*. Son évasion des pri-sons boers lui valut une certaine notoriété et, de retour en Angleterre, il fut élu dé-puté conservateur (1900). À la Chambre des communes*, il se fit rapidement re-marquer par ses opinions non conformis-tes. Ainsi, farouchement attaché au libre-échange, il s'opposa aux thèses protectionnistes de Joseph Chamberlain*, rompit avec les conservateurs et rallia les libéraux (1904). Député de Manchester, il fut sous-secrétaire aux Colonies (1906-1908) dans le ministère Campbell-Bannerman où il se fit l'avocat de l'auto-nomie pour les Républiques boers* en Afrique australe. Ministre du Commerce (1908-1910) dans le gouvernement As-quith*, puis secrétaire à l'Intérieur (1910-1911), il appuya de nombreuses ré-formes sociales et soutint le « budget du peuple » de Lloyd* George (1909). Il dé-fendit à Belfast le *Home* Rule* irlandais, mais perdit l'appui des radicaux lors de son action répressive face aux grèves de 1910. D'abord pacifiste en politique étrangère, il estima ensuite la guerre inévitable après l'incident d'Agadir* (1911) et s'inquiéta en particulier de la puissance navale croissante de l'Allemagne. Nommé Premier lord de l'Amirauté (1911), il forma son état-major naval et prépara la flotte britannique à la guerre. Sentant venir le danger, il mobilisa en juillet 1914 la flotte à la faveur de manœuvres, ce qui permit un peu plus tard de sauver les ports de la Manche. Estimant nécessaire une liaison avec l'Empire russe affaibli, Churchill encouragea, malgré l'avis de l'amiral Fisher et des autres chefs militaires, l'expédition des Dardanelles*. L'entreprise s'étant soldée par un échec, Churchill fut forcé de démissionner (novembre 1915). Réhabilité après une enquête sur l'expédition, il entra dans le cabinet de coalition présidé par Lloyd George comme ministre des Munitions (1917) puis comme secrétaire à la Guerre et à l'Air (1919-1921). Violemment hostile aux bolcheviks* russes, il apporta un soutien militaire à l'armée blanche de Koltchak* et aux Polonais lorsqu'ils envahirent l'Ukraine (1920). Son opposition déterminée au communisme* inquiéta cependant le Parti libéral* avec lequel il rompit en 1922. Il ne revint pas au Parlement durant quelques années, mettant à profit cette période pour se consacrer à la littérature (*The World Crisis 1911-1918, La Crise mondiale*) et à la peinture. En 1924, après avoir rejoint le Parti conservateur* – où il fut d'ailleurs accueilli froidement – Churchill devint chancelier de l'Échiquier* dans le cabinet Baldwin* (1924-1929) et décida de rattacher, mais en la surévaluant, la livre sterling à l'étalon or (1925). Vivement critiquée par l'économiste Keynes* cette mesure provoqua la déflation, une limitation des exportations, du chômage et les grandes grèves de 1926. De l'échec conservateur en 1929 jusqu'à la Seconde Guerre mondiale, Churchill ne joua plus aucun rôle politique. Durant cette nouvelle

retraite, il se consacra à ses œuvres littéraires (*My Early Life,* 1930 ; *Marlborough, his Life and Times,* 1933-1938). Mais, toujours violemment hostile a communisme, il ne cessa d'inciter les gouvernements à une politique de concession à l'égard des régimes autoritaires, déclarant que le régime de Mussolini* « rendai service au monde entier ». Cependant, à partir de 1932, prenant la mesure du danger nazi, il s'éleva contre toute concession à l'égard de l'Allemagne, plaida pour une entente entre l'Angleterre, la France e l'URSS et condamna, face à l'incrédulité générale, les accords de Munich* de septembre 1938 comme une « défaite totale » pour les démocraties. En septembre 1939 lorsque la guerre éclata, les événements lu ayant donné raison, Neville Chamberlain* le nomma Premier lord de l'Amirauté (3 septembre). Malgré l'échec de la flotte anglaise en Norvège (1940), son énergie l'imposa comme l'homme capable de faire face à une situation tragique et il devint Premier ministre (10 mai 1940) du gouvernement de coalition où se retrouvèrent conservateurs, libéraux et travaillistes. Ces cinq années de leadership (1940-1945) pendant lesquelles il se révéla un éminent chef de guerre mais aussi un animateur exceptionnel de la résistance anglaise feront plus pour sa légende que sa carrière politique, la plus longue de l'histoire britannique. Sa détermination à mener son pays à la victoire commença par son premier discours demeuré célèbre, dans lequel il ne put promettre « que du sang, de la peine, de la sueur et des larmes ». Après le désastre français de juin 40 et son projet d'« unité franco-britannique » devenu caduque après la signature de l'armistice obtenu par Pétain*, il décida le bombardement de la flotte française de Mers el-Kébir*. Comptant essentiellement sur une association avec les États-Unis, il rencontra Roosevelt* dès avril 1941 et signa avec lui la Charte de l'Atlantique*. Il pro-

osa à Staline*, après l'attaque allemande
contre l'URSS (juin 1941), une coopération militaire et n'hésita pas, en 1943, à apporter son soutien aux partisans de Tito*.
Tout en facilitant les réunions internationales (Téhéran*, Québec, Yalta*, Potsdam*), il conserva sa méfiance à l'égard
des communistes et mit en garde Roosevelt contre les ambitions de Staline. Après
l'effondrement italien en 1943, il aurait
souhaité l'avance des troupes anglo-amé-
icaines à partir des Balkans* vers l'Eu-
ope de l'Est mais dut se ranger à l'avis des
chefs d'état-major alliés, collabora au débarquement* de Normandie, puis aux opé-
ations en France et en Allemagne jusqu'à
la victoire de 1945. Très découragé par le
triomphe des travaillistes aux élections de
1945, Churchill garda néanmoins un prestige et une influence considérables et
continua de défendre ses options de tou-
ours. Fidèle au maintien de la grandeur
impériale, il s'insurgea en 1947 contre
l'abandon des Indes. Apôtre de l'anticommunisme, il dénonça dans son discours de
Fulton (1946) le « rideau* de fer » sovié-
ique, engagea son pays aux côtés des
Américains dans la guerre* froide et lança
l'idée d'une Europe unie (1947) avant de
patronner la fondation du Conseil* de
l'Europe (1948). Redevenu Premier minis-
re en 1951 après la victoire des conservateurs, il resta au pouvoir jusqu'en 1955
malgré un gouvernement peu efficace.
« Homme du passé », il se retira de la vie
publique sur les conseils de ses amis et se
consacra à ses passe-temps favoris : la lit-
érature (prix Nobel* en 1953) et la pein-
ure. Voir Travailliste (Parti).

CHYPRE. État insulaire de la Méditerranée orientale, il fut à l'époque contempo-
aine le théâtre de violents affrontements
entre Grecs et Turcs, qui aboutirent à la
partition de l'île en 1975. D'abord sous
domination ottomane, l'île – placée dans
la mouvance de la Grande-Bretagne depuis 1878 – devint une colonie britanni-

que en 1925, malgré les protestations de la
Grèce. Dès les années 1930, un mouvement nationaliste se développa dans la population grecque de l'île en faveur de
l'*Enosis* (rattachement de l'île à la Grèce),
mouvement sévèrement réprimé par les
Britanniques. Favorisés par l'occupant anglais et utilisés comme auxiliaires de police contre les partisans de l'*Enosis*, les
Chypriotes turcs, minoritaires, réclamaient de leur côté un partage de l'île entre la Grèce et la Turquie. Après l'élection
en 1950 de Makarios III*, et l'organisation d'un plébiscite clandestin pour l'*Enosis*, la guérilla contre les Britanniques
aboutit aux accords de Zurich et de Londres (1959). Garanti par la Grande-Bretagne, la Grèce et la Turquie, le règlement
prévoyait la constitution d'une République de Chypre, dirigée par un président
grec (Mgr Makarios) et un vice-président
turc (Fazil Füçük). La proclamation officielle de l'indépendance de Chypre
(1960), admise à l'ONU*, n'empêcha pas
dès 1963 l'antagonisme persistant entre
les deux communautés, nécessitant, en
1964, l'intervention des Casques bleus. En
juillet 1974, Mgr Makarios fut renversé
par un coup d'État organisé par des colonels grecs favorables à l'*Enosis*, avec la
complicité du régime dit « des colonels »
au pouvoir à Athènes depuis 1967. Invo-
quant les accords de 1959, la Turquie intervint et envahit le nord de l'île, région la
plus riche, qu'elle proclama unilatéralement État autonome, entraînant d'importants déplacements de populations. Cette
guerre provoqua la chute du « régime des
colonels » en Grèce. En 1983, un État
chypriote turc indépendant fut proclamé
avec pour président Rauf Denktas. Après
la mort de Makarios (1977), la République
de Chypre fut dirigée par Spyros Kypria-
nou (1977-1988), Giorgos Vassiliou
(1988-1993) et en 1994 par Glafkos Clé-
ridès. Voir Papadhópoulos (Gheórghios).
CIA. Voir *Central Intelligence Agency*.

CIANO, Galeazzo, comte de Cortellazzo
(Livourne, 1903-Vérone, 1944). Homme
politique italien. Gendre de Mussolini*, il
fut l'un des chefs du fascisme*, puis s'opposa à partir de 1943 à son beau-père qui
le fit fusiller. Fasciste de la première heure,
il fit des études de droit, épousa Edda
(1930), la fille de Mussolini, et entama une
carrière politique rapide. Nommé ministre
des Affaires étrangères à 33 ans (1936), il
s'appliqua au rapprochement de l'Italie
avec l'Allemagne de Hitler* et fut l'initiateur de l'axe* Rome-Berlin qui devint en
1939 le pacte d'acier*. Cependant, inquiet
des ambitions allemandes, il s'opposa en
vain à l'entrée en guerre de l'Italie aux côtés de Hitler. Souhaitant la paix avec les
Alliés, il vota, lors de la réunion du Grand
Conseil du fascisme (25 juillet 1943) l'ordre du jour de défiance à l'égard de Mussolini. Enfui en Allemagne, il fut livré par
Ribbentrop* aux fascistes d'Italie du
Nord. Jugé et condamné à mort, il fut fusillé le 11 janvier 1944. Le Journal manus-
crit tenu par Ciano du 1er janvier 1939 au
8 février 1943 et sauvé par sa femme fut
pour la première fois publié en 1945.

CICÉRON (Arpinum, 106-Formies, 43
av. J.-C.). Homme politique et orateur romain. Issu d'une famille aisée de rang
équestre, grand avocat, il voulut sauver la
République* romaine menacée par les ambitieux en tentant de rapprocher la *nobilitas** (noblesse) et l'ordre équestre* en une
grande coalition des possédants : ce fut la
concordia ordinum (ou réconciliation des
ordres). Questeur* en Sicile (76), il défendit les habitants contre leur ancien gouverneur Verrès* qu'il fit condamner et,
consul* en 63 av. J.-C., il déjoua la conjuration de Catilina*. Exilé en Grèce* (58 av.
J.-C.) au temps du premier triumvirat*
(César*, Crassus*, Pompée*), puis rappelé
à Rome (57 av. J.-C.), il suivit Pompée puis
se rallia à César après sa victoire de Pharsale (48 av. J.-C.). Après l'assassinat du
dictateur* (44 av. J.-C.), il attaqua violem-

ment Antoine*, en l'opposant au jeune Octave*. Mais lorsque ces deux hommes formèrent avec Lépide le second triumvirat,
Cicéron fut proscrit et assassiné sur l'ordre
d'Antoine. Grand écrivain, il a porté à son
apogée l'art oratoire latin dans ses plai-
doyers et dans ses harangues politiques. La
composition de ses discours servira de modèle à toute la rhétorique latine. Dans ses
traités philosophiques et politiques (*De Re
publica, De legibus*), il s'est efforcé de dégager l'idéal d'un gouvernement modéré et
sa vaste correspondance (dont une grande
partie est perdue) nous donne de précieux
renseignements sur la vie politique et sur
la société romaine à la fin de la République. Ses plaidoiries (*Pro Caecina, Pro Ses-
tio, Pro Milone*) sont aussi révélatrices de
son art oratoire et des grandes « affaires »
de son temps. Voir Rostres.

**CID CAMPEADOR, Rodrigo Diaz de
Vivar,** dit **el** (Vivar, près de Burgos,
1043-Valence, 1099). Célèbre héros espagnol, il fut une des grandes figures de la
*Reconquista**. Époux de Jimena (Chi-
mène) Diaz, parente du roi de Castille* Alphonse VI*, le Cid remporta d'éclatantes
victoires (d'où son surnom le Cid « mon
seigneur », donné par les musulmans* et
Campeador « guerrier ») en s'emparant
notamment du royaume musulman de Valence (1095). Après sa mort, le Cid devint
un personnage légendaire. Il inspira un célèbre poème épique espagnol (*Cantar del
mio cid*) puis des auteurs dramatiques
comme Corneille*. Voir Maures.

CIEL (Temple du). Nom donné à l'un des
principaux monuments de la Cité interdite
de Pékin, construit à l'époque des Ming*
(XIVe-XVIIe siècle). L'empereur s'y rendait
trois fois par an pour rendre compte de son
administration au ciel. Le temple occupait
une surface de 270 ha, entouré d'un mur
d'enceinte de plus de 6 km. Ses trois
constructions principales sont alignées selon un axe nord-sud : l'autel du Ciel, la

voûte céleste impériale et le temple de la prière pour obtenir de bonnes moissons.

CIMON (v. 510-v. 450 av. J.-C.). Homme politique et général athénien, fils de Miliade*. Il contribua à la formation de la ligue de Délos* (empire maritime athénien) dont il fut nommé le stratège* entre 476 et 473 av. J.-C.. Combattant les Perses*, il leur enleva la plus grande partie de la côte orientale de l'Asie* Mineure, libérant ainsi les cités grecques, et remporta la grande victoire de l'Eurymédon (468 av. J.-C.) mettant fin aux guerres Médiques*. Chef du parti aristocratique et partisan d'un rapprochement avec Sparte*, il fut ostracisé par Périclès* (461 av. J.-C.). Revenu après 10 ans d'exil, il mourut en combattant les Perses à Chypre. Voir Ostracisme.

CINNA (Ier siècle av. J.-C.). Arrière-petit-fils de Pompée*. Favori d'Auguste*, il conspira pourtant contre l'empereur qui lui accorda son pardon. Cet événement inspira l'une des grandes tragédies de Pierre Corneille* *Cinna ou la clémence d'Auguste* 1640-1641).

CINQ-CENTS (Conseil des). Nom donné en France, sous le Directoire*, à l'Assemblée qui partageait le pouvoir législatif avec le Conseil des Anciens*. Le Conseil des Cinq-Cents fut créé, sous la Convention* thermidorienne, par la Constitution* de l'an III (23 septembre 1795), favorable à la bourgeoisie aisée, libérale et modérée. Composée de 500 membres, âgés d'au moins 30 ans, cette assemblée, élue au suffrage censitaire et renouvelée par tiers chaque année, proposait les lois soumises ensuite à l'examen du Conseil des Anciens. Après le coup d'État du 18 Brumaire* qui mit fin au Directoire, le Conseil des Cinq-Cents fut dissous par Napoléon Bonaparte*.

CIPAYES. Nom donné aux soldats indiens recrutés dans les armées européennes aux XVIIIe et XIXe siècles. Dans l'armée anglaise des Indes, leur nombre s'élevait à près de 200 000 au milieu du XIXe siècle.

Les Cipayes se révoltèrent en 1857, prirent Delhi (mai 1857) puis Allahabad (mai 1857). Les Britanniques ne réussirent qu'en 1858 à vaincre l'insurrection. Voir Sikhs.

CIRCONCISION. Excision du prépuce. Elle a lieu dans la religion juive, le huitième jour après la naissance et marque l'alliance du peuple de Dieu avec Yahvé*. Dans l'Antiquité, cette coutume fut très répandue au Proche-Orient* et en Afrique. La circoncision est aussi pratiquée chez les musulmans. Voir Fêtes juives, Islam, Judaïsme.

CIRQUE. Dans l'Antiquité romaine, monument en forme de quadrilatère allongé, dont les extrémités présentent des courbes dissymétriques, destiné aux courses de chevaux et de chars. Les « jeux du cirque » constituaient la distraction favorite de la foule admise à y participer gratuitement. De nombreux cirques furent construits dans la capitale et dans les grandes villes des provinces, mais le plus célèbre et le plus ancien fut le Circus Maximus de Rome. De forme allongée, il mesurait au IVe siècle ap. J.-C. 600 m sur 200 m et pouvait peut-être accueillir jusqu'à 385 000 personnes. À l'extrémité occidentale s'ouvraient les remises d'où les chevaux et les chars attelés s'élançaient pour les courses. L'autre extrémité en forme de demi-cercle fut dotée au Ier siècle ap. J.-C. d'un arc de triomphe* construit par Titus*. L'arène était divisée en deux parties, dans le sens de la longueur par une arête (la *spina*) couverte de monuments (obélisques, temples...) autour de laquelle les chars devaient effectuer un certain nombre de tours. Sur les côtés se trouvaient les gradins. Le public suivait ces jeux avec passion et les vainqueurs qui pouvaient faire fortune devenaient des idoles.

CISALPINE (République). Nom donné à la République formée par Bonaparte* en 1797 lors de la campagne d'Italie*. Elle comprenait lors de sa fondation la Lombardie*, et avait pour capitale Milan. La République cisalpine devint en janvier 1802 République italienne après avoir été reconnue par l'Autriche au traité de Campoformio* (1797). République vassale de la France, Bonaparte en était le président. Elle portait en 1805 le nom de Royaume d'Italie : Napoléon Ier* en était le roi et Eugène de Beauharnais le vice-roi. Cet État, auquel avaient été rattachés les territoires de la Cispadane et ceux de la partie occidentale de la République de Venise*, subsista jusqu'en 1814. Voir Républiques sœurs.

CISJORDANIE. Région de Jordanie, située à l'ouest du Jourdain, et annexée par Israël après la guerre des Six* Jours (1967). Voir Arafat (Yasser), Palestine (Problème de la).

CISLEITHANIE. Nom sous lequel, dans l'empire d'Autriche-Hongrie*, on désigna entre 1867 et 1918 l'Autriche proprement dite par opposition à la Hongrie (appelée Transleithanie). La rivière Leitha marquait la limite entre les deux pays.

CÎTEAUX. Célèbre abbaye fondée en 1098 près de Dijon par Robert, abbé bénédictin de Molesmes. L'ordre de Cîteaux fut créé pour restaurer la règle de saint Benoît* dans sa simplicité primitive en réaction contre le monachisme de Cluny* accusé de laxisme. Il connut son apogée aux XIIe et XIIIe siècles puis déclina à partir du XIVe siècle. Les cisterciens, qui devaient renoncer à toute richesse, s'établirent à l'écart des villes, vivant uniquement du travail manuel et cultivant eux-mêmes leurs terres (cultures et élevage de troupeaux). Ils contribuèrent ainsi au grand effort de défrichement* qui anima l'Europe aux XIIe-XIIIe siècles. Sous l'impulsion de saint Bernard* de Clairvaux, l'ordre s'étendit rapidement à toute l'Europe (700 abbayes « filles » et « petites-filles » à la fin du XIIIe siècle) où il fit édifier églises* et abbayes aux lignes sobres et dépouillées. Cependant, l'idéal de pauvreté de Cîteaux ne résista pas à ses succès économiques et les attaques contre l'ordre devinrent vives dès la mort de saint Bernard. Voir Clairvaux.

CITOYEN. Selon la Constitution* de 1791, était déclarée citoyen toute personne née en France ou à l'étranger, d'un père français ou tout étranger fixé en France. Elle marqua aussi la distinction pour l'exercice du droit de vote entre citoyens actifs (qui votent) qui devaient payer une contribution au moins égale à 3 jours de travail, et les citoyens passifs (qui ne votaient pas) ne remplissant pas cette condition. Les termes de « citoyen », « citoyenne » remplacèrent, après l'insurrection populaire du 10 août* 1792 ceux de « monsieur », « madame », « mademoiselle », jugés trop aristocratiques par les sans-culottes*.

CIXI ou **TS'EU-HI** (Pékin, 1835-*id.*, 1908). Impératrice régente de Chine (1861-1908), elle domina la vie politique de la Chine entre 1875 et 1908. Très habile, elle sut jouer des clans et des personnes afin de faire reconnaître son autorité. Exerçant la régence au nom de son fils, puis de son neveu, elle mena une politique conservatrice et nationaliste dans un État faible et corrompu, favorisant notamment la révolte antiétrangère des Boxers*. Après l'envoi d'une expédition internationale en Chine suivi du traité de Pékin (1901), Cixi tenta, mais trop tard, de timides réformes. Avant sa disparition, elle nomma pour lui succéder P'ou-yi – le dernier empereur –, enfant de 3 ans et fils du frère cadet de son neveu. Son règne très autoritaire marqua la décadence de l'empire chinois et la dynastie des Qing* disparut en 1911. Voir Sino-japonaise (Guerre), Sun Yat-sen.

CLAIR, René Chomette, dit René (Paris, 1898-*id.*, 1981). Cinéaste français. Auteur de films de fantaisie et d'humour, il a marqué le cinéma français dans les années 20 et 30. Il mena sa carrière en France et ux États-Unis et réalisa notamment *Entr'acte* (1924), *Un chapeau de paille d'Italie* (1927), *Sous les toits de Paris* 1930), *À nous la liberté* (1931), *Le Silence est d'or* (1947), *Les Grandes Manœuvres* (1955). René Clair entra à l'Académie* française en 1960.

CLAIRVAUX. Célèbre abbaye cistercienne fondée dans l'Aube en 1115 par saint Bernard*. Elle devint la maison mère de nombreux couvents en Europe. Clairvaux servit de prison après la Révolution*. Elle fait partie des « quatre premières filles » de Cîteaux* avec La Ferté, Pontigny et Morimond.

CLARK, Mark Wayne (Madison Barracks, Jefferson County, 1896-Charleston, 1984). Général américain. D'abord adjoint d'Eisenhower*, il s'illustra ensuite dans la campagne de Tunisie (1943) et en Italie, où il reçut à Caserte la capitulation des forces allemandes d'Italie et d'Autriche (avril 1945). Après la guerre, il commanda en Corée les forces des Nations Unies. Voir Corée (Guerre de), Guerre mondiale (Seconde).

CLASSICISME. Nom donné au caractère des chefs-d'œuvre artistiques et littéraires de l'Antiquité gréco-latine et du XVIIe siècle français. Condamnant la préciosité tout comme le grotesque, le classicisme peut se définir par la recherche de l'équilibre, de la clarté et du naturel. Dans l'histoire littéraire de la France, le classicisme, dans son sens le plus étroit, fut représenté par la génération des écrivains de 1660 à 1680 (La Fontaine*, Molière*, Racine*, Boileau*, Bossuet*), unis par un idéal de goût et de raison puisé dans les œuvres des Anciens. Le classicisme littéraire fut préparé dès le début du XVIIe siècle par des écrivains tels Malherbe* ou Descartes* ; l'Académie* française, créée par Richelieu* en 1634, commença elle aussi à codifier grammaticalement le « bon langage », soumettant ainsi la langue à l'idéal de mesure et de rigueur. Dans l'histoire de

l'art, les premiers maîtres classiques furent les grands artistes italiens de la seconde Renaissance* (Bramante* et Palladio pour l'architecture, Raphaël* et Titien*, puis les Carrache* et leurs élèves, créateurs de l'« académisme » pictural, pour la peinture). Alors que le baroque* gagnait l'Italie, le classicisme s'imposa à l'Europe du Nord au XVIIe siècle et en France sous le règne de Louis XIV*. Celui-ci encouragea le mouvement en suscitant la création d'institutions chargées de veiller aux « canons » du classicisme (Académie royale de peinture et de sculpture, 1648 ; Académie de France à Rome, 1666 ; Académie royale d'architecture, 1671). L'architecture classique triompha au château de Versailles* (Le Vau*, Le Brun*, Hardouin-Mansart*), mais aussi à Maisons-Laffitte et Vaux-le-Vicomte comme dans la colonnade du Louvre*, attribuée à Claude Perrault (1667). Dans le domaine de la sculpture, les œuvres les plus représentatives furent celles de François Girardon*. En peinture, la tradition classique fut introduite par Le Lorrain* et Poussin* ; Le Brun l'érigea en doctrine officielle. Les autres grands représentants du classicisme étaient Georges de La Tour*, et Louis Le Nain*. L'Europe au XVIIIe siècle s'ouvrit au goût français et l'harmonie classique influença l'Allemagne, l'Angleterre, l'Italie et la Russie.

CLAUDE (Lyon, 10 av. J.-C.-Rome, 54 ap. J.-C.). Quatrième empereur romain de la dynastie des Julio-Claudiens*. Il régna de 41 à 54 ap. J.-C., proclamé empereur par la garde prétorienne* après l'assassinat de son neveu Caligula* (41 ap. J.-C.). Claude, épileptique et bègue, fut un grand érudit et expert en civilisation étrusque ; il se laissa gouverner par sa troisième femme Messaline qu'il fit exécuter. Il confia à ses affranchis Polybe, Pallas, Callixte et Narcisse la direction des bureaux palatins, sortes de ministères correspondant à la mise en place d'une administration centralisée (discours de Lyon*), il œuvra pour l'ouverture du Sénat aux provinciaux et annexa la Thrace, la (Grande) Bretagne et la Mauritanie. Il épousa sa nièce Agrippine, fille de Germanicus* qui, après lui avoir fait adopter et choisir Néron* (son fils issu d'un premier mariage) comme successeur, l'empoisonna. Voir Étrusques.

CLAUDEL, Paul (Villeneuve-sur-Fère, 1868-Paris, 1955). Dramaturge et poète français. Diplomate en poste aux États-Unis, en Chine puis au Japon, il a été l'auteur d'une œuvre poétique et théâtrale marquée par une foi profonde. Il consacra la fin de sa vie à l'étude de la Bible*. Parmi ses pièces de théâtre, on peut citer *Tête d'or* (1889), *Le Partage de midi* (1905), *L'Annonce faite à Marie* (1912) et *Le Soulier de satin* (1943). Ses séjours à l'étranger lui inspirèrent *Connaissance de l'Est* (1895-1905). Paul Claudel était le frère de Camille Claudel, sculpteur et amie de Rodin*.

CLAUSEWITZ, Karl von (Burg, Magdebourg, 1780-Breslau, 1831). Général et théoricien militaire prussien. Après avoir combattu les armées napoléoniennes dans les rangs de l'armée russe et s'être distingué à Waterloo*, Clausewitz devint en 1818 directeur de l'École générale de guerre de Berlin. Son traité *De la guerre*, qu'il écrivit entre 1816 et 1830 et qui fut publié à titre posthume, influença fortement la pensée militaire du XXe siècle.

CLEMENCEAU, Georges (Mouilleron-en-Pareds, 1841-Paris, 1929). Homme politique français. Issu du Parti radical*, il donna toute la mesure de sa personnalité énergique lors de la Première Guerre* mondiale, ce qui lui valut le surnom de « Père la Victoire ». Issu d'une famille bourgeoise de tradition républicaine, Clemenceau, devenu médecin, entra dans la carrière politique au lendemain de la journée du 4 septembre* 1870 qui provoqua la chute du Second Empire* et devint maire du XVIIIe arrondissement de Paris sous la Commune*. Député radical de la Seine (1871), il siégea à partir de 1876 à la gauche du Parti radical*. Par son éloquence cinglante et les finesses de son intelligence, il contribua à la chute de nombreux ministères (d'où son surnom de « tombeur de ministères », puis plus tard de « Tigre ») notamment celui de Gambetta* (1882) et de Ferry* (1885) dont il dénonça la politique coloniale. Député du Var à partir de 1885, il soutint d'abord le général Boulanger* puis dénonça ses idées. Mais, impliqué dans le scandale de Panama*, il fut battu aux élections de 1893 et écarté du pouvoir pendant neuf ans. La publication retentissante du célèbre « J'accuse » d'Émile Zola* lors de l'affaire Dreyfus*, dans *L'Aurore* où il était éditorialiste (1898), remit Clemenceau à nouveau au premier plan de la scène politique. Sénateur du Var (1902), il fut président du Conseil (octobre 1906-juillet 1909) et se heurta bientôt à d'importants mouvements sociaux. Ministre de l'Intérieur, se proclamant lui-même « premier flic de France », il organisa la répression de la grève des mineurs du Pas-de-Calais, ce qui provoqua sa rupture avec les socialistes. Renversé en juillet 1909, il entra dans l'opposition et fonda un journal *L'Homme libre* qui devint *L'Homme enchaîné* (du fait de la censure) dans lequel il dénonça tous les gouvernements jusqu'en 1917. Patriote intransigeant, Clemenceau fut appelé en novembre 1917 par Raymond Poincaré* pour former le gouvernement et résuma ainsi son programme : « Je fais la guerre. » S'opposant à tout défaitisme, galvanisant les énergies patriotiques, il obtint des Alliés la nomination de Foch* comme généralissime des armées alliées. Devenu le « Père la Victoire », président de la conférence de la paix, il se heurta à Wilson* et Lloyd* George par son attitude intraitable à l'égard de l'Allemagne et négocia le traité de Versailles* (1919). En 1920, battu aux élections présidentielles par Descha-

l*, il se retira en Vendée, consacrant ses
rnières années à voyager et à écrire.

**LÉMENT XIV, Giovanni Vicenzo
anganelli** (San Arcangelo di Romagna,
705-Rome, 1774). Pape de 1769 à 1774.
lément XIV, franciscain*, ordonna la
ppression de la Compagnie de Jésus*,
jà interdite dans plusieurs pays, sous la
ession des puissances européennes, en
rticulier de la France et de l'Espagne.
oir Loyola (Ignace de).

LÉOPÂTRE (Alexandrie, 69-id., 30 av.
-C.). Reine d'Égypte*, habile et ambi-
euse, rendue célèbre par la passion que
i porta le général romain Antoine*. Ma-
ée comme le voulait la coutume du pays
son frère Ptolémée XIII, elle devint reine
partir de 51 av. J.-C. Chassée du trône
eu après, elle y fut rétablie par Jules Cé-
r* (dont elle eut un fils) et tenta avec les
omains de rétablir la domination de
Égypte des Lagides* en Méditerranée. À
mort de César, elle s'éprit d'Antoine
vec lequel elle eut des jumeaux, Alexan-
e Helios et Cléopâtre Séléné) et l'en-
aîna vers le rêve d'un grand empire
iental. Mais leur politique, menaçant
hégémonie de Rome* en Méditerranée,
ovoqua l'intervention d'Octave* (Au-
ste) qui vainquit leur flotte à Actium*
1 av. J.-C.). Après le suicide d'Antoine,
léopâtre tenta d'obtenir la clémence
Octave mais devant son refus, elle se
nna la mort en se faisant mordre par un
rpent venimeux. L'Égypte passa après sa
sparition sous l'autorité de Rome. Cléo-
âtre, devenue personnage de légende, ins-
ra de nombreux écrivains dont Shakes-
are*.

**LERMONT-TONNERRE, Stanislas
Iarie Adélaïde, comte de** (Hamonville,
757-Paris, 1792). Homme politique fran-
is issu d'une illustre famille du Dau-
niné. Député libéral de la noblesse aux
tats* généraux (1789), il se prononça
ur l'abolition des privilèges. Mais, dent les progrès du mouvement populaire,

il se rallia aux monarchiens*, partisans
d'une Constitution du type de celle de
l'Angleterre. Clermont-Tonnerre fut assassiné par des émeutiers lors de l'insurrection populaire du 10 août* 1792. Voir
Patriotes.

CLEVELAND, Stephen Grover (Cald-
well, New Jersey, 1837-Princeton, 1908).
Homme politique américain. Avocat, gouverneur de l'État de New York* (1882), il
fut président démocrate des États-Unis de
1885 à 1889 et de 1893 à 1897. Il tenta
sans succès une politique de libre-échange
à laquelle s'opposèrent les industriels et
s'aliéna les démocrates en faisant réprimer
la grève des cheminots de Chicago (1894).
Le républicain Mckinley* lui succéda.
Voir Démocrate (Parti).

CLIENT. Dans la Rome* antique, homme
ou famille qui se trouvait sous la protection d'une gens puissante, qu'elle soit patricienne ou plébéienne, ou plus tard d'un
personnage de haut rang. À l'origine, le
client était lié à la gens par un contrat qui
impliquait des obligations réciproques : le
patron devait aide et protection au client,
lequel lui apportait obéissance, respect et
assistance militaire. À l'époque de la République* romaine, le nombre accru de riches familles et d'individus puissants et
ambitieux à la recherche d'appuis entraîna
l'essor considérable d'une clientèle nouvelle constituée soit de plébéiens pauvres,
soit d'affranchis, soit encore d'étrangers
(seul moyen pour eux de résider à Rome).
Le patron protégeait ses clients (surtout en
face des pouvoirs publics, dans les procès
par exemple) et les aidait à vivre (sportule*). Ceux-ci assuraient en échange leur
sécurité, exécutaient leurs ordres mais
surtout se chargeaient de leurs intérêts politiques et électoraux. Une véritable hiérarchie de clients se forma alors progressivement : un homme pouvant être à la fois
patron d'une clientèle inférieure et client
d'un personnage plus haut placé. Au sommet de cette pyramide de liens personnels

se trouvait l'empereur. Voir Patriciat, Plèbe, Prolétaire.

CLINTON, William Jefferson, dit **Bill** (Hope, Arkansas, 1946-). Homme politique américain. Démocrate, gouverneur de l'Arkansas (1979-1981, 1983-1992), Clinton a été élu, contre George Bush* et Ross Perot, président des États-Unis, en novembre 1992. Élu par les Américains pour que l'État favorise le développement économique et le progrès social, Bill Clinton a décidé de donner la priorité à la politique intérieure (mise en place d'une politique industrielle publique, réforme du système de santé, développement de l'éducation et de la formation continue, lutte contre la criminalité). En 1993-1994, il a signé d'importants accords commerciaux : accord de libre-échange nord-américain (ALENA*, ratifié par le Congrès en 1993 et entré en vigueur en 1994), coopération économique de la zone Asie-Pacifique (APEC, premier sommet à Seattle en novembre 1993) et le GATT* (accord général sur les tarifs douaniers et le commerce, signé en avril 1994). Voir Arafat (Yasser), Ieltsine (Boris).

CLISTHÈNE (2ᵉ moitié du vɪᵉ siècle av. J.-C.). Célèbre législateur athénien, issu du genos des Alcméonides et grand-oncle de Périclès*. Ses réformes permirent entre 507 et 501 av. J.-C. l'établissement de la démocratie. Il remodela le territoire de l'Attique* afin de supprimer l'influence régionale des grandes familles de l'aristocratie en créant dix nouvelles tribus. Il attribua à chacune d'elles un groupe de communes, les dèmes*, pris dans trois parties différentes du territoire : la ville, la côte et l'intérieur. Les dèmes étaient regroupés en trittyes* à raison de trois ou quatre dèmes contigus par trittye. Les nouvelles tribus étaient donc des circonscriptions purement territoriales, mais non homogènes puisque chacune d'entre elles était formée de trois trittyes prises aux trois ensembles territoriaux sus-définis.

Chaque tribu réunissait ainsi des Athéniens différents d'origine, de fortune et de résidence et prenait un réel caractère national. Le rôle des tribus fut très important. Toutes les institutions de la cité étaient adaptées à leur système décimal. La répartition des charges publiques, politiques, judiciaires, militaires et fiscales se faisait dans le cadre de chacune d'elles. Voir Démocratie athénienne, Dracon, Eupatrides, Pisistrate, Solon.

CLIVE, Robert, baron Clive de Plassey (Styche, 1725-Londres, 1774). Général anglais, il établit la puissance britannique en Inde. Entré en 1743 au service de la Compagnie des Indes* orientales, il s'empara de Calcutta* (1755), chassa les Français des ports du Gange* et se rendit maître du Bengale après la victoire de Plassey* (1757) contre les Indiens. Après avoir établi au Bihar, dans l'Orissa et au Bengale la souveraineté anglaise, il rentra en Angleterre. Accusé à tort de concussion, il se suicida malgré son acquittement décidé par la Chambre des communes*. Voir Hastings (Warren).

CLOACA MAXIMA. Dans la Rome antique, nom donné au plus grand égout aménagé à travers le Forum* (entre le Palatin*, le Capitole* et le Tibre) au vɪᵉ siècle av. J.-C. par le roi étrusque Tarquin l'Ancien. À l'origine à ciel ouvert, il fut pavé et recouvert d'une voûte au ɪɪɪᵉ siècle av. J.-C. Surveillé par des fonctionnaires (et placé sous la protection d'une divinité) ce qui reste aujourd'hui de l'égout date de restaurations de l'époque impériale. Voir Étrusques.

CLOTAIRE Iᵉʳ (v. 497-561). Roi des Francs* à Soissons (511-561). Fils de Clovis*, il réunifia momentanément (558-561) le royaume franc qui, à sa mort, fut à nouveau partagé entre ses fils. Clotaire Iᵉʳ fit assassiner ses deux neveux, héritiers du royaume d'Orléans, et conquit la Thuringe (région du sud de l'Allemagne) et le royaume des Burgondes* (la Bourgo-

e). À la mort de ses frères, il réunit leurs
rts à la sienne et devint ainsi pendant
is ans seul roi des Francs.

LOTAIRE II (584-629). Roi des
ancs* de Neustrie* (584-629) puis de
nsemble du royaume franc (613-629).
tit-fils de Clotaire I er* et fils de Chilpé-
: I er et de Frédégonde* qui exerça la ré-
nce jusqu'en 597, Clotaire II conquit
Austrasie* et devint ainsi roi de tous les
ancs. C'est lui qui fit périr en la suppli-
ant Brunehaut*, reine d'Austrasie. Il fut
père de Dagobert I er*.

LOTILDE, sainte (v. 475-Tours, 545).
ine des Francs*, fille de Chilpéric, roi
s Burgondes*. Épouse de Clovis*, elle
ntribua beaucoup à la conversion de son
ari au catholicisme*.

LOVIS (v. 466-Paris, 511) Roi des
ancs* (481-511), Clovis fut le plus grand
s rois mérovingiens* et est considéré
mme le premier roi de France. Il fonda
royaume des Francs (du Rhin aux Py-
nées) en soumettant une grande partie de
Gaule*. Converti au catholicisme*, il
vint le premier roi barbare catholique et
assura ainsi l'appui de l'Église contre les
tres Germains* ralliés à l'hérésie
ienne. Petit-fils de Mérovée* et fils de
hildéric (roi d'une tribu de Francs établie
Tournai), Clovis unifia toutes les tribus
anques et se rendit maître de la quasi-to-
lité des royaumes barbares* qui consti-
aient la Gaule. En 486, il détruisit le
yaume romain du général Syagrius à
oissons dont il fit sa capitale, étendant
nsi son autorité jusqu'à la Loire. Il défit
nsuite les Alamans* (496 ou 506) puis
ainquit et tua le roi wisigoth Alaric II* à
ouillé* (507) ce qui lui assura la domi-
ation de l'Aquitaine*. Païen, époux de la
rincesse burgonde catholique Clotilde*,
lovis (496 ?) se convertit au catholicisme
t se fit baptiser par l'évêque* de Reims,
aint Remi, ainsi que plusieurs milliers de
s soldats. Sa conversion lui assura le
outien de l'Église et des Gallo-Romains

catholiques. Devenu protecteur de cette religion, il fonda l'abbaye de Sainte-Geneviève à Paris (sur l'emplacement du lycée
Henri-IV) dans laquelle il fut enterré ainsi
que sa femme. À sa mort, ses États furent
partagés, selon la coutume germanique,
entre ses quatre fils, Thierry, Childebert,
Clodomir et Clotaire. Voir Arianisme,
Soissons (Vase de).

CLUNY. Célèbre abbaye bénédictine fondée en 910 près de Mâcon, en Bourgogne*,
par le duc d'Aquitaine* Guillaume I er. Elle
joua un rôle majeur dans le redressement
du monachisme et la réforme de l'Église
menée au xi e siècle par Grégoire VII* et
ses successeurs. Cluny créa en Europe occidentale et orientale de nombreuses filiales qui constituèrent l'ordre de Cluny, véritable empire monastique au rayonnement
culturel, économique et politique considérable. Ne dépendant que du pape, les clunisiens se consacraient tout particulièrement à la célébration des offices religieux.
L'ordre, devenu très riche, provoqua en
réaction la réforme de Cîteaux*. Après une
décadence continue depuis le xiv e siècle, il
disparut au début de la Révolution* française. L'abbatiale de Cluny, chef-d'œuvre
de l'art roman*, fut, jusqu'à la construction au xvi e siècle de la nouvelle basilique
de Saint-Pierre de Rome, la plus grande
église d'Occident. Elle fut presque totalement détruite au xix e siècle. Voir Bénédictins, Benoît (saint), Urbain II.

CNOSSOS. Ancienne et célèbre cité de
Crète située à environ 5 km de la côte nord
de l'île. Son site fut exploré au début du
xx e siècle par sir Arthur Evans*. Importante à partir de 2000 av. J.-C., elle connut
son apogée et domina toute la Crète* entre
1700 et 1400 av. J.-C. Son palais, deux fois
détruit mais à chaque fois reconstruit, fut
alors le plus grand et le plus riche de toute
l'île et il groupa autour de lui entre 80 000
et 100 000 habitants. Résidence des rois
connus sous le nom de Minos*, il comprenait 1 300 pièces disposées selon un plan

très compliqué autour d'une cour centrale et distribuées à certains endroits sur quatre à cinq étages. Cette répartition étrange devait inspirer plus tard aux Grecs la légende du Minotaure* dans le Labyrinthe*. On trouvait dans ce palais des salles de réception, des chambres à coucher, des bureaux, des cours, des terrasses, des entrepôts, des ateliers et des endroits réservés à certaines cérémonies religieuses. Les pièces éclairées par des « puits de lumière » avaient des murs ornés de fresques (comme la célèbre *Parisienne*) aux couleurs vives et variées représentant des scènes de la nature ou de la vie quotidienne. Le confort de ces lieux a frappé les archéologues : murs épais, citernes habilement disposées recueillant les eaux de pluie, et même salles de bains équipées de baignoires et bénéficiant de l'eau courante et du tout-à-l'égout. Ce magnifique palais fut abandonné vers 1100 av. J.-C. après l'invasion des Doriens*. Voir Crétois, Mallia, Phaistos.

COALITION (Première, 1793-1797). Coalition formée en 1793 par les puissances européennes contre la France révolutionnaire. Elle groupait l'Angleterre, la Russie*, la Sardaigne, l'Espagne, Naples*, la Prusse et l'Autriche. Cette première coalition fut disloquée par les traités de Paris, de Bâle*, de La Haye (1795) et de Campoformio* (1797). Seule l'Angleterre restait en guerre contre la France. Voir Carnot (Lazare), Dumouriez (Charles), Jemappes (Bataille de), Jourdan (Jean-Baptiste), Valmy (Bataille de).

COALITION (Deuxième, 1798-1799). Nom donné à l'une des sept coalitions formées par les puissances européennes contre la France pendant la Révolution* et l'Empire*. La deuxième coalition, formée à l'instigation de l'Angleterre, de septembre 1798 à mars 1799, comprenait la Russie, l'Autriche, la Turquie, les Deux-Siciles, quelques princes allemands et la Suède. Elle prit fin après la signature des

paix de Lunéville* (1801) et d'Amiens (1802). Voir Égypte (Campagne d').

COALITION (Troisième, 1805). Alliance conclue contre Napoléon Ier* entre la Russie et l'Autriche afin de lutter contre les progrès de la domination française en Italie (annexion de la République de Gênes* et du duché de Parme) et en Allemagne. Renonçant à envahir l'Angleterre après sa défaite de Trafalgar*, Napoléon Ier marcha vers l'Allemagne du Sud et battit les Autrichiens à Ulm* (octobre 1805). Il marcha ensuite sur Vienne qui fut occupée sans résistance (15 novembre) et remporta sur les armées austro-russes la victoire d'Austerlitz* (2 décembre 1805). L'Empereur imposa à l'Autriche le traité de Presbourg* (26 décembre 1805). L'Angleterre et la Russie poursuivaient la guerre.

COALITION (Quatrième, 1806-1807). Coalition formée en octobre 1806 contre la France napoléonienne par l'Angleterre, la Russie et la Prusse*, cette dernière refusant la nouvelle organisation de l'Allemagne imposée par Napoléon Ier* (Confédération* du Rhin). Cette guerre fut marquée par la campagne de Saxe qui, après les victoires françaises d'Iéna* et d'Auerstedt* aboutit à la défaite prussienne et par la campagne de Pologne contre les Russes qui, vaincus à Eylau* (1807), subirent une écrasante défaite à Friedland* (1807). Les traités de Tilsit* (juillet 1807), qui démembraient la Prusse, mirent fin à la quatrième coalition, des accords secrets préparant les bases d'une alliance entre Napoléon Ier et le tsar Alexandre Ier*.

COALITION (Cinquième, 1809). Coalition formée contre la France napoléonienne entre l'Autriche et l'Angleterre, cette dernière profitant des premiers échecs militaires français lors de la guerre d'Espagne* pour rouvrir le conflit en Europe. Cette coalition fut rapidement disloquée par les victoires françaises d'Eckmühl (22 avril 1809) et surtout de

/agram* (5-6 juillet 1809). La paix de
ienne (octobre 1809) amputa considéra-
lement le territoire autrichien puis
onduisit au mariage de Napoléon Ier* et
e l'archiduchesse Marie-Louise*. Voir
ailén (Capitulation de), Coalition (Pre-
ière, Deuxième, Troisième, Quatrième),
oya (Francisco de).

OALITION (Sixième, 1813). Nom
onné à la sixième alliance des puissances
uropéennes contre Napoléon Ier*. Formée
n 1813 entre l'Angleterre, la Russie,
Autriche*, la Prusse* et la Suède, elle
outit à la première abdication de Napo-
on, et au traité de Paris* (1814). Après
es défaites en Allemagne (Leipzig*,
813), Napoléon signa son abdication à
ontainebleau puis partit pour l'île
'Elbe*. Le traité de Paris ramena les fron-
ères de la France à celles de 1792. Voir
lücher, Charles XIV (Bernadotte), Coa-
tion (Première, Deuxième, Troisième,
uatrième, Cinquième, Septième), Met-
rnich (Klemens), Wellington (Arthur
Vellesley, duc de).

OBDEN, Richard (Dunford Farm,
804-Londres, 1865). Industriel, éconoiste et homme politique britannique, il
éfendit le libre-échange consacré par
abolition des lois protectionnistes en An-
leterre (1846-1851) et le traité de
ommerce franco-britannique de 1860.
su d'une famille modeste, il créa en
828, grâce à la confiance de plusieurs in-
estisseurs, une manufacture de toiles
eintes et s'enrichit. Très hostile au pro-
ctionnisme imposé par les grands pro-
iétaires afin de maintenir à un niveau
evé le prix des céréales, Cobden, après
ne vigoureuse campagne en faveur du li-
re-échange, fut élu député aux Commu-
es*. En 1846, le ministre Peel* supprima
s Corn* Laws, la mesure étant complétée
1 1849 par l'abolition des Actes de Na-
igation*. Cobden négocia par la suite
vec Napoléon III* le traité de commerce

franco-britannique, première victoire du libre-échangisme en France (1860).

COCARDE TRICOLORE. Insigne
qu'attribua La Fayette* à la Garde* nationale après la prise de la Bastille* (14 juillet 1789) : bleu et rouge (couleurs de Paris), blanc (couleur royale). Jusqu'en 1814,
le bleu fut au centre, l'ordre actuel – bleu,
blanc, rouge – datant de 1830. La cocarde
tricolore fut à l'origine du drapeau national français.

COCHINCHINE. Nom donné par les
Français à la partie la plus méridionale du
Viêt-nam, celle qui s'étend sur le cours inférieur et le delta du Mékong, avec pour
capitale Saigon*. Autrefois possession de
l'empire des Khmers*, puis soumise à la
Chine après avoir été reprise par les Vietnamiens, la Cochinchine fut conquise par
les Français de 1859 à 1867. Entrée dans
l'Union indochinoise en 1887, elle fut intégrée en 1949, avec l'Annam* et le Tonkin*, dans l'État vietnamien de Bao* Dai.
En 1954, la Cochinchine appartint à la République du Viêt-nam et depuis 1975, à la
République populaire du Viêt-Nam. Voir
Indochine française, Indochine (Guerre
d'), Tu Duc (Hoang Nahm), Viêt-nam
(Guerre du).

COCHONS (Baie des). Baie située sur la
côte méridionale de l'île de Cuba. Le
17 avril 1961, plusieurs centaines d'exilés
cubains hostiles au régime de Fidel Castro* et entraînés militairement aux États-
Unis et au Guatemala, tentèrent un débarquement dans la baie des Cochons. Cette
opération, qui avait été menée avec l'accord du président américain Kennedy* et
sous la protection de la marine des États-
Unis, échoua. Elle contribua à détériorer
les relations entre les Américains et Cuba
qui renforça ses liens avec l'URSS. Voir
Comecon, Cuba (Crise de).

COCTEAU, Jean (Maisons-Laffitte,
1889-Milly-la-Forêt, 1963). Écrivain français. Talent très précoce, Cocteau fut toujours lié au « moderne », séduit par toutes

les modes successives à travers lesquelles la littérature et l'art modernes ont trouvé leur voie. Il fut poète, romancier (*Thomas l'imposteur*, 1923 ; *Les Enfants terribles*, 1929), auteur dramatique (*Les Parents terribles*, 1938) et scénariste pour le cinéma (*Le Sang d'un poète*, 1930 ; *La Belle et la Bête*, 1945 ; *Orphée*, 1951). Il s'adonna aussi à la peinture (chapelle Saint-Pierre à Villefranche-sur-Mer, 1957) et illustra par ses dessins de nombreux ouvrages.

CODE CIVIL. Code de loi régissant de façon uniforme le droit civil en France. Le Code civil, qui avait été l'un des vœux de la nation en 1789, constitua l'un des éléments les plus importants du règne de Napoléon Iᵉʳ*. Précédé par les travaux de la Constituante et de la Convention* et élaboré sur l'ordre de Napoléon Bonaparte, le Code fut promulgué le 21 mars 1804 sous le nom de Code civil des Français, appelé plus tard Code Napoléon. Composé de 2 281 articles, il touchait tous les domaines de la vie publique et sociale. Il affirmait la liberté individuelle, l'égalité des citoyens devant la loi et déclarait inviolable le droit de propriété. Il fixait l'âge de la majorité, les règles du mariage et instituait le divorce par consentement mutuel. Le Code réaffirmait l'autorité du père sur ses enfants, du mari sur sa femme, la famille étant considérée comme la cellule de base de la société. Il proclamait enfin la liberté du travail mais refusait aux ouvriers le droit de grève ou de coalition. Le Code Napoléon devint l'un des meilleurs véhicules des principes de 1789 en Europe, mais influença aussi la législation de plusieurs pays d'Amérique latine. Il a subi depuis, en France et ailleurs, d'importantes modifications. Voir Assemblée nationale constituante, Cambacérès (Jean-Jacques Régis de).

CŒUR, Jacques (Bourges, v. 1395-Chio, 1456). Grand homme d'affaires, argentier, conseiller, diplomate et créancier de Charles VII*, il contribua, après les dévasta-

tions de la guerre de Cent* Ans, à donner un puissant essor au commerce français. Fils d'un riche marchand pelletier de Bourges, il mena de front différentes entreprises, entretenant des relations commerciales avec les pays du Levant, l'Espagne, l'Italie et établissant des comptoirs à Avignon*, Lyon*, Limoges, Rouen, Paris et Bourges. Banquier et créancier de Charles VII auquel il avait rendu de nombreux services lorsque celui-ci était établi à Bourges, il fut nommé maître des monnaies (1436), puis argentier du roi (1439) et entra au Conseil, effectuant différentes missions diplomatiques et contribuant à l'assainissement monétaire. Jalousé par la cour dans laquelle il avait de nombreux débiteurs, une cabale se monta contre lui et il fut accusé de malversations. Ses biens confisqués, il fut emprisonné, réussit à s'enfuir puis mourut dans l'île de Chio. Réhabilitée par Louis XI*, sa famille recouvra ses biens. Jacques Cœur possédait d'immenses domaines et de somptueux hôtels à Bourges où subsiste encore son palais, de style gothique, construit entre 1443 et 1451. Voir Gothique (Art).

COEXISTENCE PACIFIQUE. Nom donné à la période de « détente », qui succéda à celle de la guerre* froide, entre les États-Unis et l'URSS, à partir de 1962. Amorcée dans les années 50 (mort de Staline* et arrivée au pouvoir de Khrouchtchev*, 1953), la détente devint impérative après le renforcement de l'arsenal nucléaire de l'URSS et l'équilibre des forces atomiques avec les États-Unis (« équilibre de la terreur ») mais surtout après la crise des fusées de Cuba* (octobre 1962) qui faillit mettre la planète au bord de l'holocauste nucléaire. La détente, qui n'empêcha pas les crises, se manifesta d'abord par l'installation d'un « télétype rouge » entre Washington et Moscou, des rencontres au sommet entre les deux pays et surtout par la négociation d'accords concernant la limitation des armements nucléaires : SALT

Strategic Arms Limitation Talk, 1972), ALT II (1979), START I (*Strategic Arms ·duction Talks*, 1991), START II (1993). ·ir Bush (George), Clinton (Bill), Gor- tchev (Mikhaïl), Ieltsine (Boris).

OHORTE. Dans la Rome* antique, ·rps d'infanterie de l'armée romaine* in- ·duit par Marius* composé de 600 fan- ·ssins, formant la dixième partie d'une lé- ·on* (qui comprend ainsi 10 cohortes). À ·rtir d'Auguste* (Iᵉʳ siècle av. J.-C.), les ·hortes prétoriennes formèrent la garde étorienne*, garde personnelle de l'em- reur.

OLBERT, Jean-Baptiste (Reims, ·19-Paris, 1683). Homme politique fran- ·is. Grand serviteur de la monarchie fran- ·ise sous Louis XIV*, son nom reste at- ché à sa politique économique – le ·lbertisme – destinée à asseoir la puis- ·nce et la grandeur de l'État. Fils d'un ·archand drapier, il devint conseiller ·État (1649) puis fut le secrétaire parti- ·lier de Mazarin* (1651) et contribua à la ·sgrâce du surintendant des Finances ·uquet* (1661). Recommandé par le car- ·nal à Louis XIV, intendant des Finances · 1661, Colbert cumula à partir de cette ·te d'importantes fonctions et durant plus · vingt ans s'employa au renforcement du ·uvoir royal et à l'enrichissement du ·ys. Surintendant des Bâtiments du roi, ·rts et Manufactures (1664), contrôleur* ·néral des Finances (1665), secrétaire ·État à la Maison du roi et à la Marine ·669), il exerça son action dans tous les ·maines. Il tenta d'assainir les finances, ·tamment par la création d'une Ferme* ·nérale chargée de lever les contribu- ·ons, étendit les compétences des inten- ·nts* et uniformisa la législation. Ce fut ·pendant dans le domaine de l'économie ·e Colbert appliqua les principes du mer- ·ntilisme* (colbertisme), convaincu que · richesse d'un État réside essentiellement ·ns l'accumulation de métaux précieux. ·fin de développer les exportations, il fa-

vorisa la création de manufactures proté- gées par des tarifs douaniers élevés et sé- vèrement réglementées, encouragea la marine marchande et la création de compa- gnies de commerce à monopole (Compa- gnie des Indes* orientales, des Indes* oc- cidentales). Grand dispensateur du mécénat royal, Colbert fonda aussi la fu- ture Académie des Inscriptions (1663), l'Académie des Sciences (1666), l'Obser- vatoire (1667) et protégea Le Brun*. Contraint d'abandonner sa politique éco- nomique à partir de 1672 et de recourir à nouveau à des expédients pour financer les guerres de Louis XIV, Colbert fut bientôt disgracié au bénéfice de Louvois*. Voir Laffemas (Barthélemy de), Le Tellier (Mi- chel), Louvois (François), Montchrestien (Antoine de), Physiocratie.

COLBERTISME. Voir Colbert (Jean- Baptiste).

COLÉE (La). Coup du plat de l'épée ou de la main sur la nuque ou la joue, donné à celui qui était adoubé chevalier*. Voir Adoubement.

COLETTE, Sidonie Gabrielle (Saint- Sauveur-en-Puisaye, 1873-Paris, 1954). Romancière française. Peintre raffinée de l'âme féminine et de la nature (souvenirs d'une adolescence passée en Bourgogne), Colette fut l'auteur de la série des *Clau- dine* (1900-1903) qu'elle signa du nom de son premier mari et qui eut un succès « scandaleux », puis de nombreux autres ouvrages publiés sous son nom, notam- ment *La Vagabonde* (1910), *Le Blé en herbe* (1923) et *Gigi* (1944).

COLIGNY, Gaspard de Châtillon, sire de (Châtillon-sur-Loing, 1519-Paris, 1572). Amiral et homme politique fran- çais, il fut avec Condé*, le principal chef militaire des protestants* (huguenots*) lors des guerres de Religion*. Nommé amiral de France par Henri II* (1552) puis gouverneur de Picardie, il fut fait prison- nier à la bataille de Saint-Quentin (1557) par les Espagnols de Charles* Quint. Gagné au calvinisme* (vers 1558), il ravagea, après les batailles de Jarnac* et de Moncontour*, la Guyenne* et le Languedoc, puis obtint la paix avantageuse de Saint-Germain (1570). Cependant l'ascendant qu'il prit sur le roi Charles IX* provoqua la haine de Catherine* de Médicis et des catholiques*. Le mariage de Marguerite* de Valois, sœur de Charles IX*, avec Henri de Navarre (futur Henri IV*), porta à son comble le mécontentement de l'opinion et déclencha le massacre de la Saint-Barthélemy* dont Coligny fut une des premières victimes.

COLISÉE (Le). Appelé aussi amphithéâtre Flavien*, c'est le plus imposant édifice de l'époque romaine dans lequel se déroulaient des combats de gladiateurs* et des naumachies*. Commencé sous Vespasien*, cet amphithéâtre fut inauguré par Titus* en 80 ap. J.-C. Il doit son nom (Colosseum) à la grande statue de Néron* qui se trouvait à proximité. Le Colisée, en forme d'ellipse (188 x 156 m), haut de 48,50 m, comportait 80 rangs de gradins et pouvait contenir près de 45 000 spectateurs. Il en reste aujourd'hui des ruines grandioses.

COLLABORATION. Nom donné lors de la Seconde Guerre* mondiale à la politique d'entente et de rapprochement avec l'Allemagne nazie, poursuivie entre 1940 et 1945 par le gouvernement français et divers mouvements politiques. La Collaboration s'exprima sous différentes formes. Elle fut idéologique et regroupa ceux qui par antiparlementarisme, par anticommunisme ou antisémitisme, approuvaient l'ordre nouveau dans une « Europe nouvelle » dominée par l'Allemagne nazie (Robert Brasillach, Lucien Rebatet, Marcel Déat*, Jacques Doriot*, en Norvège Vidkun Quisling* et en Belgique Léon Degrelle*). Le caractère de cette collaboration détermina ses modes d'action. De nombreux journaux, favorisés par l'occupant, se firent les porte-parole de la Collaboration. Des mouvements politiques donnèrent leur appui à l'occupant ou se créèrent en Franc(e) (le Rassemblement national populaire d(e) Marcel Déat, le Parti populaire français d(e) Jacques Doriot ou le Mouvement social ré(-) volutionnaire d'Eugène Deloncle*), e(t en) Belgique (le mouvement rexiste de Léo(n) Degrelle) ou, en Norvège (le Rassemble(-) ment national de Vidkun Quisling). Cer(-) tains partisans de la Collaboration s'enga(-) gèrent aussi dans des organisation(s) militaires qui luttèrent aux côtés de l'A(l-) lemagne contre les armées soviétiques o(u) contre la Résistance* (Légion* des volon(-) taires français, Waffen-SS, Milice*). L(a) Collaboration politique ou Collaboratio(n) d'État fut exercée par différents pay(s) (Croatie, Hongrie), en particulier par l(a) France. Si la Collaboration en France, of(-) ficialisée par l'entrevue de Montoire* en(-) tre Pétain* et Hitler* (24 octobre 1940) fu(t) considérée par certains comme une tacti(-) que politique imposée par la défaite, ell(e) devint un véritable engagement dès le(s) « protocoles de Paris » signés par Darlan(?) en mai 1941 et après le retour au pouvoi(r) de Laval* (avril 1942). Elle s'exerça à tra(-) vers l'aide économique à l'effort de guer(re) allemand grâce à la mise à disposition d(e) bases en Syrie, en particulier par l'institu(-) tion du Service* du travail obligatoir(e) (STO) le 16 février 1943, mais aussi la co(l-) laboration policière dans le maintien d(e) l'ordre et la chasse aux juifs et aux résis(-) tants. Après la victoire des forces alliée(s) (1944), la plupart des responsables polit(i-) ques et des journalistes de la collaboratio(n) se réfugièrent en Allemagne et tentèrent d(e) former une Commission gouvernemental(e) française à Sigmaringen. Après la Libéra(-) tion, de nombreux collaborateurs furen(t) traduits devant la Haute Cour de justic(e) condamnés à mort et exécutés. En E(x-) trême-Orient, les Japonais s'appuyère(nt) sur des collaborateurs locaux qu'ils const(i-) tuèrent en gouvernements fantoches (em(-) pire du Mandchoukouo, gouvernement d(e) Nankin), mais aussi sur des leaders natio(-)

alistes (Soekarno* en Indonésie) hostiles à la domination coloniale de l'Europe. Voir Épuration.

COLLÈGE DE FRANCE. Établissement d'enseignement fondé à Paris en 1530 par François Ier* sur les conseils d'un humaniste français, Guillaume Budé*. D'abord « Collège des trois langues » (hébreu, latin, grec), il s'enrichit à partir de 1548 de nouvelles chaires consacrées aux sciences humaines (« Collège royal »). Son emplacement actuel, près de la Sorbonne*, date du règne de Louis XIII* et son nom de « Collège de France », de la Restauration*. Le collège dispose d'une cinquantaine de chaires touchant toutes les disciplines. On peut citer, parmi les maîtres célèbres qui enseignèrent au Collège, Daubenton, Cuvier*, Champollion*, Corvisart, Michelet*, Renan*, Bergson, Valéry, Merleau-Ponty, Claude Bernard* etc.

COLLIER D'ÉPAULE. Mode d'attelage d'un cheval dont l'usage se développa à partir du XIe siècle, remplaçant les anciens attelages (collier de cou) qui étranglaient l'animal. Fait de cuir rigide, le collier entourait le cou de l'animal mais reposait aussi sur son poitrail et ses épaules. L'animal pouvait ainsi tirer une charge plus lourde, une charrue* notamment. Sa puissance fut encore multipliée par l'attelage* en file.

COLLIER DE LA REINE (Affaire du). Escroquerie qui donna lieu en France à un procès retentissant (1785-1786), et qui contribua fortement à déconsidérer la royauté, à la veille de la Révolution* française et en particulier Marie-Antoinette*, innocente dans cette affaire. La comtesse de La Motte fit croire au cardinal de Rohan, désireux de gagner les faveurs de la reine, que celle-ci désirait acheter un collier particulièrement onéreux. Le cardinal l'acheta mais ne put achever de le payer. Un scandale éclata, d'autant plus important que le joyau avait été démonté et vendu pièce par pièce par un escroc, complice de la comtesse. Louis XVI*, au lieu d'étouffer l'affaire, la porta devant le Parlement* de Paris. Après un procès qui captiva l'opinion publique, Rohan fut acquitté et la comtesse de La Motte condamnée à être flagellée, marquée et enfermée à la Salpêtrière. Cette escroquerie avait déconsidéré Marie-Antoinette. Accusée de dépenses excessives, elle devint encore plus impopulaire.

COLLINES DE ROME (Les sept). Célèbres collines situées sur la rive gauche du Tibre, sur lesquelles s'est développée la Rome* antique : le Capitole*, le Quirinal*, le Viminal*, l'Esquilin*, le Caelius*, le Palatin* et l'Aventin*. Sur la rive droite du fleuve s'élève une huitième colline, le Janicule.

COLLOT D'HERBOIS, Jean-Marie (Paris, 1750-Sinnamary, Guyane, 1796). Homme politique français. Porte-parole des revendications populaires, il fut, lors de la Révolution* française, l'un des principaux artisans de la Terreur*. Comédien ambulant, auteur d'une quinzaine de pièces de théâtre aujourd'hui oubliées, Collot d'Herbois adhéra à la Révolution et publia en 1791 l'*Almanach du père Gérard*, couronné par le Club des jacobins* comme le meilleur almanach patriotique. Orateur et propagandiste populaire, membre de la Commune* insurrectionnelle de Paris après l'insurrection du 10 août* 1792, Collot d'Herbois participa aux massacres de Septembre* et devint député montagnard à la Convention*. Entré au Comité de Salut public (septembre 1793), en même temps que Billaud-Varenne*, il exerça avec Fouché* de sanglantes représailles contre l'insurrection fédéraliste* et royaliste de Lyon (novembre 1793). Hostile à Robespierre* auquel il reprochait d'aspirer à la dictature, il fut l'un des artisans de sa chute le 9 Thermidor* (27 juillet 1794). Accusé à son tour, il fut déporté après l'insurrection du 12 Germinal* (avril 1795) avec plusieurs députés montagnards en Guyane où il mourut. Voir Couthon (Georges).

COLOGNE (Cathédrale de). Cathédrale gothique érigée à partir de 1248 sur le modèle de celles d'Amiens* et de Beauvais*, elle ne fut achevée qu'en 1880, date de sa consécration à laquelle assista Guillaume Iᵉʳ*. Le gros œuvre de la cathédrale fut épargné malgré les intenses bombardements de la Seconde Guerre* mondiale. Voir Gothique (Art).

COLOMB, Christophe (Gênes, v. 1451-Valladolid, 1506). Célèbre navigateur génois. En cherchant la route des Indes par l'ouest, il découvrit sans le savoir le Nouveau Monde. Fils d'un tisserand génois, il devint navigateur dès l'âge de 14 ans, participant à des expéditions dans le bassin méditerranéen et en Angleterre pour le compte de grandes firmes génoises. Après le naufrage de bateaux génois attaqués par des corsaires au large du cap Saint-Vincent, il s'installa au Portugal (1476), s'y maria et navigua sans cesse, soit vers le nord, soit vers le sud, le long des côtes africaines. Dès cette époque, ayant déjà appris la cartographie très en honneur dans sa patrie, il fut convaincu qu'il était possible d'atteindre les Indes par l'Atlantique, renforcé dans cette idée par la lecture de plusieurs ouvrages, en particulier une *Géographie* de Ptolémée*, l'*Imago mundi* du cardinal Pierre d'Ailly (1350-1420) et les théories du Florentin Toscanelli. Jean II du Portugal ayant refusé ses projets, Colomb se rendit en Espagne où il reçut, après plusieurs années d'attente, l'accord de la reine Isabelle* de Castille qui le nomma amiral et gouverneur général des îles et continents à découvrir. Avec une flottille de trois caravelles* (*Santa Maria*, *Pinta* et *Niña*), parti de Palos (Canaries), le 3 août 1492, il aborda après seulement trente-cinq jours de navigation, l'île de Guanahira, qu'il crut être le Japon et qu'il baptisa « San Salvador », puis Cuba (Hispañola) et Haïti, et rentra en Espagne où il reçut un accueil triomphal. Au cours de sa seconde expédition

(1493-1494), il découvrit Marie-Galante, la Guadeloupe, Porto-Rico, la Jamaïque e la côte sud-ouest de Cuba, ce voyage ayan été marqué par de violents combats entr Espagnols et indigènes (Colomb ramen en Espagne 500 prisonniers indiens). E 1498, une nouvelle mission lui fut confié au cours de laquelle il embarqua 200 co lons et réalisa une découverte capitale celle du continent sud-américain, à l'em bouchure de l'Orénoque. Cependant la ré volte des colons à Haïti, déçus dans leur espoirs d'enrichissement, discrédita l'ami ral qui fut arrêté par l'enquêteur royal Bo badilla (1500), et ramené enchaîné en Es pagne. Bien qu'ayant perdu sa fonction d vice-roi, Colomb entreprit une dernière ex pédition (1502-1504) le long des côte d'Amérique centrale, depuis le cap Hon duras jusqu'à Panamá. Rentré épuisé e Espagne, négligé après la mort d'Isabell par Ferdinand II* d'Aragon, Colomb mou rut sans jamais s'être douté qu'il avait dé couvert un nouveau continent.

COLOMBAN, saint (v. 540-Bobbio 615). Missionnaire irlandais, il fonda d nombreuses abbayes dans le nord de l Gaule*. Moine énergique et austère, il re présenta l'extraordinaire dynamisme d monachisme de l'Irlande aux viᵉ et viiᵉ siè cles. Sa règle, très sévère, fut progressive ment supplantée par celle de saint Benoît de Nursie. Il fonda Luxeuil en Bourgo gne*, puis Bobbio en Italie où il finit se jours. Son compagnon Gall fonda le futu monastère de Saint-Gall. Voir Bénédic tins.

COLONISATION GRECQUE. Du xiɪ au vᵉ siècle av J.-C., les Grecs ont créé de colonies, cités indépendantes, tout autou de la Méditerranée. Ce vaste mouvemen de colonisation, puissant entre le viiiᵉ et l viᵉ siècle av. J.-C., s'expliqua par le man que de terres (réparties très inégalement) les luttes politiques soit à l'intérieur des ci tés, soit entre elles, enfin par le désir de dé velopper de fructueux échanges commer

iaux. Les conséquences de cette coloni-
ation furent importantes. Le commerce
acilité par l'usage de la monnaie se déve-
oppa et les Grecs devinrent, à la place des
'héniciens*, les principaux commerçants
le la Méditerranée. La civilisation grecque
'étendit ainsi considérablement. Voir
Grande-Grèce.

COLTRANE, John (Hamlet, Caroline du
Nord, 1926-Huntington, 1967). Saxopho-
iste, ténor et soprano de jazz noir améri-
ain. Improvisateur visionnaire, il fut l'un
les quatre ou cinq génies de la musique de
azz, « successeur » de Charlie Parker* et
nspirateur de l'esthétique *free-jazz
Naima, My Favorite Things, A Love Su-
reme, Ascension*). Sa grandeur tient à
'énorme énergie spirituelle qu'il montra,
mais aussi au travail sur le saxophone au-
lelà de tout ce qui était pensable à l'époque.

COMBAT. Nom donné à l'un des plus
mportants réseaux de résistance française
ondé en 1941 dans la zone sud. On
ompta parmi ses membres Henri Frenay,
Georges Bidault*, Claude Bourdet, Fran-
ois de Menthon et Pierre-Henri Teitgen.
Rallié à de Gaulle* en 1942, il se groupa
n 1943 avec les mouvements Franc-Ti-
eur et Libération pour former les MUR
Mouvements unis de la Résistance). Le
nouvement fonda et diffusa clandestine-
nent le journal Combat. Voir Résistance.

COMBES, Émile (Roquecourbe,
1835-Pons, 1921). Homme politique franais. Radical, il mena une politique anti-
léricale. D'abord destiné à la prêtrise,
locteur en théologie (1860), Combes rom-
it avec le catholicisme* et devint méde-
in. Il s'engagea dans la politique et devint
'un des dirigeants du radicalisme. Prési-
lent du Conseil et ministre de l'Intérieur
t des Cultes (1902-1905), il s'engagea
lans un combat pour établir la laïcité : ex-
ulsion des congrégations religieuses, rup-
ure avec le Saint-Siège et préparation de
a séparation entre l'Église et l'État. Son

ministère fut renversé en janvier 1905.
Voir Radical (Parti), Séparation des Églises et de l'État.

COMECON (en russe, SEV). Sigle anglo-saxon du Conseil d'assistance économique mutuelle (Council for Mutual Eco-
nomic Assistance), en français Conseil
d'assistance (ou d'aide) économique mutuelle (CEM). Organisme créé en 1949 entre les pays socialistes d'Europe orientale
(RDA*, Bulgarie, Hongrie, Pologne, Roumanie, Tchécoslovaquie), l'URSS, ainsi
que la Mongolie, Cuba (1972) et le Viêt-
nam (1978). L'Albanie en fit partie
jusqu'en 1961. Le Comecon était chargé
de favoriser les échanges économiques
multilatéraux et la coopération technique
et scientifique entre les États membres.
Créé par Staline* pour contrebalancer le
plan Marshall*, le Comecon fut réorganisé
en 1958 par Khrouchtchev*, afin d'assurer
à l'URSS un meilleur contrôle économi-
que_de l'Europe de l'Est. Depuis 1988, il
s'était progressivement ouvert à la CEE*
(accords avec la Hongrie, la Pologne, la
Tchécoslovaquie). Le Comecon a été dissous en 1991.

COMICES. Dans la Rome* antique, nom
donné aux assemblées du peuple romain
réunies pour élire les magistrats* et voter
des lois. Tous les citoyens pouvaient y participer mais elles étaient dominées par les
riches. Les comices perdirent toute importance sous l'Empire. Voir Comices centuriates, Comices tributes.

COMICES CENTURIATES. Dans la
Rome* antique, assemblée du peuple
convoquée par centuries*, donc dans ses
cadres militaires. Dominée par les riches
citoyens, elles joua un rôle politique important sous la République*. Les comices
centuriates apparurent après la nouvelle répartition du peuple romain en cinq classes
subdivisées en centuries censitaires (selon
la fortune), attribuée selon la tradition à
Servius Tullius*. Ils ne furent jamais, malgré certaines réformes, une véritable as-

semblée démocratique. Sur les 193 centuries, les riches, groupés dans les 98 premières, votaient les premiers et les votes étaient arrêtés dès que la majorité était atteinte. Réunis au Champ* de Mars, les comices centuriates élisaient les magistrats supérieurs (censeurs*, consuls*, préteurs*), votaient certaines lois et donnaient leur accord sur les déclarations de guerre. Voir Centurie.

COMICES CURIATES. Dans la Rome* antique, la plus ancienne assemblée apparue dès l'époque royale et réunissant les patriciens*. Les comices curiates donnaient leur accord sur des actes proposés par le roi, décidaient de la guerre ou de la paix, jugeaient les crimes d'État. À l'époque de la République*, ils n'existaient plus qu'à l'état de vestige, regroupant 30 licteurs* représentatifs des citoyens des 30 curies archaïques, mais n'avaient plus grande importance. Ils conféraient l'*imperium** (« puissance publique ») aux magistrats* élus par les comices* centuriates. Voir Comices, Comices tributes, Patriciat.

COMICES TRIBUTES. Dans la Rome* antique, assemblées des citoyens romains répartis en tribus, elles représentaient sous la République* le véritable organe de la souveraineté du peuple. Réunis au Forum*, les comices tributes avaient des fonctions judiciaires, votaient la plupart des lois, élisaient les questeurs*, les tribuns* de la plèbe, les édiles* plébéiens, et curules c'est-à-dire les magistrats inférieurs. Mais comme les comices* centuriates, ces assemblées n'étaient pas démocratiques. Il y avait seulement 4 tribus urbaines et 31 tribus rurales dans lesquelles les propriétaires de grands domaines avaient la majorité. Voir Curule (Siège).

COMITÉ DE SALUT PUBLIC. Lors de la Révolution* française, nom donné au principal organe du gouvernement révolutionnaire créé sous la Convention* nationale le 6 avril 1793. Le Comité, dominé

d'abord par Danton*, puis Robespierre* exerça avec le Comité* de Sûreté générale un régime de dictature et de terreur destin à sauver la Révolution gravement menacé à l'intérieur – insurrections fédéralistes* guerre de Vendée* – et à l'extérieur. Bie que la Convention détînt toujours l'auto rité suprême, elle entérina le plus souven les décisions du Comité de Salut public qu devait néanmoins rendre compte de ses dé cisions à l'Assemblée. Ses 12 membres tous députés, étaient élus pour un mois la Convention. De juillet 1793 – après l départ de Danton – jusqu'en juillet 1794 les mêmes montagnards, à l'exceptio d'un seul, furent constamment réélus, no tamment Robespierre, Couthon*, Saint Just*, Billaud-Varenne*, Collot* d'Her bois et Carnot*. Les dissensions à l'intérieur du Comité provoquèrent so échec, la majorité du Comité conduite pa Billaud-Varenne, Collot d'Herbois et Car not s'opposant à Robespierre et à ses amis accusés aussi par le Comité de Sûreté gé nérale. Après la chute de Robespierr (9 Thermidor*, 27 juillet 1794), les pou voirs du Comité de Salut public furent ré duits à la diplomatie et aux affaires mili taires. Il fut supprimé en 1795. Voi Terreur (La).

COMITÉ DE SÛRETÉ GÉNÉRALE Lors de la Révolution* française, orga nisme révolutionnaire créé le 2 octobr 1792 par la Convention* nationale. Form de 12 membres élus chaque mois par l Convention et rééligibles, il dirigeait l justice et la police révolutionnaires. Véri table « ministère de la Terreur* » aprè l'élimination des girondins* (juin 1793) constitué de membres pour la plupart mon tagnards* (Vadier, Amar, Le Bas et l peintre David*), le Comité recherchait le suspects et envoyait les inculpés devant l Tribunal* révolutionnaire. Cependant, a printemps 1794, la majorité de ses mem bres s'opposa à Robespierre* et contribu à sa chute (9 Thermidor*, 27 juillet 1794) l fut supprimé en octobre 1795. Voir Suspects (Loi des).

COMITÉS DE SURVEILLANCE ou **COMITÉS RÉVOLUTIONNAIRES.** Nom donné lors de la Révolution* française aux organismes créés par la Convention* en 1793. Ils furent en province l'un les instruments de la Terreur*. Ils étaient chargés de surveiller les étrangers et de dresser la liste des suspects* et furent supprimés après le 9 Thermidor* (27 juillet 1794). Voir Suspects (Loi des).

COMITÉ FRANÇAIS DE LIBÉRATION NATIONALE (CFLN). Organisme créé le 3 juin 1943 qui devait réaliser la fusion entre le gouvernement d'Alger (Giraud*) et celui de Londres (de Gaulle*). D'abord coprésidé par les deux généraux, Giraud fut dès octobre 1943 supplanté par de Gaulle qui en assuma seul la direction. Assisté à partir de septembre 1943 par une Assemblée consultative provisoire, le Comité s'efforça, par l'intermédiaire du Conseil* national de la Résistance, de s'imposer à l'ensemble de la Résistance intérieure en France. Le CFLN prit, en juin 1944, le nom de Gouvernement* provisoire de la République française. Voir Pucheu (Pierre).

COMMISSION EXÉCUTIVE. Organisme politique créé le 10 mai 1848 par l'Assemblée* constituante, afin de remplacer le gouvernement* provisoire établi après la révolution* de Février 1848. Composée de quatre républicains modérés (Arago*, Garnier-Pagès*, Lamartine* et Marie) et d'un républicain radical (Ledru-Rollin*), la commission se démit de ses fonctions lors des journées insurrectionnelles de Juin* 1848, provoquées par la fermeture des Ateliers* nationaux. Le général Cavaignac*, ministre de la Guerre, fut en effet investi par l'Assemblée constituante de pouvoirs dictatoriaux (24-28 juin 1848).

COMMODE (Lanuvium, 161-Rome, 192 ap. J.-C.). Empereur romain de la dynastie des Antonins*, il régna de 180 à 192. Fils de Marc Aurèle*, il se serait laissé gouverner par ses favoris. Il fit rebaptiser Rome* Colonia Commodiana (colonie de Commode), s'initia au culte de Mithra*, et imposa au Sénat* d'être adoré comme un dieu, l'Hercule* vivant. Il s'opposa vivement à cette assemblée qui fomenta contre lui de nombreux complots auxquels il répondit par des exécutions. Un dernier complot mit fin à ce règne tyrannique : Commode fut étranglé sur l'ordre de sa maîtresse. Commença après sa mort la dynastie des Sévères*.

COMMONWEALTH. Terme utilisé par les théoriciens politiques anglais du XVIIᵉ siècle, comme Hobbes* ou Locke*, pour désigner l'organisation politique d'un État dans un sens analogue à celui des Romains : la *res publica* (la République).

COMMONWEALTH D'ANGLETERRE. Nom donné au gouvernement républicain dominé par Cromwell*, qui caractérisa le régime depuis l'exécution de Charles Iᵉʳ* d'Angleterre (1649) jusqu'à la Restauration des Stuarts* (1660). Voir Commonwealth of Nations, Révolution d'Angleterre (Première).

COMMONWEALTH OF NATIONS. Nom donné à l'ensemble des nations unies par une commune allégeance à la couronne britannique ou par la reconnaissance du souverain de Grande-Bretagne comme chef du Commonwealth. Défini en 1931 par le statut de Westminster*, le premier Commonwealth créa une « communauté de nations » (*British Commonwealth of Nations*) réunissant le Royaume-Uni, ses dominions* (anciennes colonies devenues pratiquement indépendantes), ses colonies et ses protectorats. L'adhésion était volontaire, les membres étant uniquement liés par un commun serment d'allégeance à la couronne britannique, condition qui disparut dès 1950. La plupart des colonies britanniques qui accédèrent à l'indépendance restèrent dans le Commonwealth (comme l'Inde et le Pakistan, en 1947) tandis que certains États usèrent de leur droit de retrait (l'Irlande en 1948, l'Afrique du Sud en 1961 et la Rhodésie* en 1964). Le Commonwealth conserva jusque dans les années 60 une réalité économique fondée sur d'importantes relations commerciales, les liens s'étant considérablement relâchés depuis l'entrée de la Grande-Bretagne dans la Communauté* économique européenne (1973). Plus qu'une communauté juridique – conférences des chefs de gouvernement tous les deux ans –, le Commonwealth est fondé sur le respect commun de certaines valeurs comme les droits de l'homme et la préservation de la paix. En 1991, le nombre des États membres était de 49, répartis en Afrique, en Amérique et en Asie.

COMMUNAUTÉ. Nom donné à l'association remplaçant l'Union* française créée à l'initiative de De Gaulle* et inscrite dans la Constitution* de la Cinquième République*. Elle assurait l'autonomie aux anciennes colonies françaises. Seule la Guinée refusa d'en faire partie et accéda immédiatement à l'indépendance (septembre 1958). L'association eut une existence éphémère. Entre avril et juillet 1960, tous les territoires d'Afrique devinrent indépendants, gardant néanmoins des liens avec la France par des accords de coopération. De l'ancien Empire ne subsistent que les DOM (départements d'outre-mer : Guadeloupe, Guyane, Martinique, Réunion) et quatre TOM (territoires d'outre-mer parmi lesquels la Nouvelle-Calédonie, la Polynésie française et Saint-Pierre-et-Miquelon).

COMMUNAUTÉ D'ÉTATS INDÉPENDANTS. Nom donné à l'organisation créée en décembre 1991 et regroupant, en 1994, 12 des 15 ex-Républiques soviétiques, les Pays baltes refusant d'entrer dans une structure rappelant l'ex-empire soviétique. La CEI regroupe notamment l'Ar-

ménie, l'Azerbaïdjan, la Russie, le Tadjikistan, le Turkménistan et l'Ukraine. L'organisation, sous la pression de la Russie, souhaite, à terme l'intégration économique et militaire au sein d'un espace commun.

COMMUNAUTÉ EUROPÉENNE DE DÉFENSE (CED). Projet élaboré par René Pleven*, qui prévoyait la création d'une armée européenne, sous l'autorité politique d'un Conseil européen, et sous un commandement militaire relevant, en dernier ressort, de l'OTAN*. Élaboré dans le contexte de la guerre* froide, ce projet avait l'avantage de permettre le réarmement allemand en évitant la résurrection d'une armée allemande autonome. Le 27 mai 1952, le traité de Paris institua la CED, et fut signé par les pays du Benelux la RFA*, l'Italie et la France. Ratifié par les partenaires de la France, le traité divisa profondément l'opinion française. Considéré par le RPF* (gaulliste) comme une atteinte à la souveraineté nationale, par les communistes comme une menace contre l'Union soviétique, il fut aussi combattu par les pacifistes. Après deux ans de querelle qui paralysèrent la vie politique française, le traité fut finalement rejeté par l'Assemblée nationale en août 1954. Finalement une armée allemande, la Bundeswehr*, fut autorisée à se reconstituer dans le cadre de l'OTAN, les armes atomiques bactériologiques et chimiques lui étant interdites.

COMMUNAUTÉ ÉCONOMIQUE EUROPÉENNE (CEE). La Communauté économique européenne fut créée par le traité de Rome (25 mars 1957) et mise en application le 1er janvier 1958. La CEE, en 1988, comptait 12 membres : RFA*, Belgique, France, Italie, Luxembourg, Pays-Bas (1958), Grande-Bretagne, Danemark, Irlande (1973), Grèce (1981), Espagne et Portugal (1986). L'Acte unique européen ratifié en 1986-1987, est entré en vigueur en 1993. Il vise à intensifier les processus

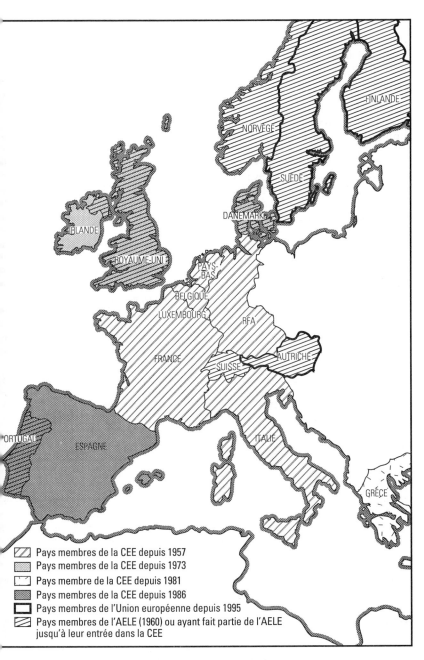

La légende indique :
- Pays membres de la CEE depuis 1957
- Pays membres de la CEE depuis 1973
- Pays membre de la CEE depuis 1981
- Pays membres de la CEE depuis 1986
- Pays membres de l'Union européenne depuis 1995
- Pays membres de l'AELE (1960) ou ayant fait partie de l'AELE jusqu'à leur entrée dans la CEE

La construction européenne

d'unification. Le siège de la CEE est à Bruxelles. Ses organes principaux sont le Parlement européen (députés élus au suffrage universel depuis 1979, Strasbourg), le Conseil des ministres (12 ministres, Bruxelles), la Commission (17 membres, Bruxelles), la Cour de justice (Luxembourg) et la Cour des comptes. Le Conseil européen réunit régulièrement les 12 chefs d'État ou de gouvernement depuis 1974. La CEE s'appelle aujourd'hui l'Union européenne. De nombreux pays ont fait acte de candidature afin d'entrer dans l'Union européenne. Trois pays, en 1995, sont entrés dans l'Union : l'Autriche, la Finlande et la Suède. Voir CED, Gaulle (Charles de), Monnet (Jean), SME, Maastricht (Traité de).

COMMUNAUTÉ EUROPÉENNE DU CHARBON ET DE L'ACIER (CECA). Institution créée le 18 avril 1951 par le traité de Paris à l'initiative de Jean Monnet* et Robert Schuman*. Elle visait à l'établissement d'un marché commun du charbon et de l'acier en Europe. Ses membres fondateurs furent la République* fédérale d'Allemagne, la Belgique, la France, l'Italie, le Luxembourg et les Pays-Bas. Voir Communauté européenne de défense, Rome (Traités de).

COMMUNAUX. Nom donné sous l'Ancien* Régime aux biens (forêts, landes, marais) dont l'usage était réservé à l'ensemble des villageois.

COMMUNE. Au début du mouvement communal en France (XIIᵉ siècle), nom donné à l'association d'habitants d'une même ville unis, souvent par un serment, pour se libérer de la domination d'un seigneur qui pouvait lui reconnaître des franchises importantes. Celles-ci ont aussi pu être accordées avec le soutien des rois capétiens* (Philippe II* Auguste, en particulier) qui voyaient dans cette alliance un soutien contre leurs vassaux. Toutes les villes d'Europe n'ont pas connu le même degré de franchise ou d'autonomie. Les

plus libres ont été les communes italiennes (institution du consulat), les plus dépendantes, les villes anglaises. Pour la plupart elles ont été le lieu de rivalités sociales, politiques ou familiales. Voir Guelfes et Gibelins, Marcel (Étienne).

COMMUNE DE PARIS (1789-1795). Nom donné lors de la Révolution* française au gouvernement révolutionnaire de Paris établi après la prise de la Bastille* (14 juillet 1789). Son premier maire fut Bailly* et il tint ses séances à l'Hôtel de Ville. Devenu Commune insurrectionnelle après le 10 août* 1792, porte-parole des éléments révolutionnaires du mouvement parisien, elle s'illustra dans les moments les plus dramatiques de la Révolution. Par la loi du 21 mai 1790, le gouvernement révolutionnaire devint un organisme régulier, le Comité général de la Commune dont les membres étaient élus par les citoyens actifs des 48 sections* de la ville de Paris. Après le remplacement de Bailly par Pétion* (novembre 1791), la Commune eut pour maires successifs Chambon, Pache et Fleuriot-Lescot qui garda sa fonction jusqu'au 9 Thermidor*. Dans la nuit du 9 au 10 août* 1792, sous la menace du danger extérieur jointe à la crainte d'une trahison du roi, une Commune insurrectionnelle dirigée par Pétion*, Manuel et son substitut Danton*, prit la place de la Commune légale. Formée par 52 commissaires désignés avec la participation des citoyens passifs, elle défendit les idées des sans-culottes* parisiens et devint un des organes principaux du gouvernement imposant son pouvoir en province. La Commune insurrectionnelle contribua à la création d'un Tribunal* révolutionnaire (août 1792), destiné à juger les suspects, resta passive face aux massacres de Septembre* (1792), imposa la proscription des girondins* (juin 1793), la loi du maximum* général (septembre 1793), l'institution de la Terreur* et participa au mouvement de déchristianisation. Dominée par la

n de 1793 par le Comité* de Salut public
irigé par Robespierre*, Couthon* et
aint-Just*, la Commune perdit son in-
luence après l'élimination des hébertis-
es*. Après la chute de Robespierre, la
Convention* supprima la Commune et déida de guillotiner 93 de ses membres.
ous la Convention* thermidorienne, la
Commune insurrectionnelle fut remplacée
ar deux commissions. La Constitution*
e l'an III (1795) remplaça la commune
ar 12 municipalités distinctes, coordon-
ées par un bureau central afin d'empêcher
ne nouvelle dictature populaire.

COMMUNE DE PARIS. Nom donné au
ouvernement insurrectionnel parisien qui
ontrôla la capitale du 18 mars au 27 mai
871. Soulèvement spontané né pour l'es-
entiel de la misère et de l'humiliation de
a défaite contre la Prusse* (guerre franco-
llemande*, 1870-1871), la Commune de
'aris fut aussi la première tentative d'ap-
lication des théories du mouvement so-
ialiste et anarchiste. Son échec et sa ré-
ression brutale permirent à terme le
alliement d'une partie hésitante de l'opi-
ion publique à une République conserva-
rice qui avait montré sa capacité à impoer l'ordre. Hostile à l'armistice
28 janvier 1871) décidé après un long
iège subi par la capitale depuis septembre
870 et signé par le gouvernement provioire, l'insurrection éclata à Paris après la
écision prise par Adolphe Thiers*, chef
u pouvoir exécutif, de retirer les canons
e Belleville et de Montmartre financés
ar la population et d'occuper militaire-
nent Paris. Cette décision succédait à des
nesures maladroites comme l'abaissement
e la solde des gardes nationaux et la fin
u moratoire sur les loyers, suspendus du-
ant le siège. Le comité central instauré par
a garde* nationale (mars 1871) décida
'élection du conseil général de la
Commune, composition hétéroclite d'ou-
riers souvent proches de la Première In-
ernationale* et de représentants de la

moyenne et petite bourgeoisie (Gustave
Courbet*, Jules Vallès, Édouard Vaillant*). Souhaitant établir une république
sociale, la Commune adopta le drapeau
rouge pour emblème, rétablit le calendrier
révolutionnaire, décida le maximum des
salaires, proclama la séparation* de
l'Église et de l'État, se prononça pour un
enseignement laïque, gratuit et obligatoire
et encouragea la formation de coopératives
ouvrières. La Commune, qui n'avait décidé aucune réforme de structure comme la
nationalisation des grandes entreprises ou
de la Banque de France*, souffrit de nombreuses divisions. Décidé à réduire la révolte parisienne, Thiers confia au maréchal de Mac-Mahon*, la direction de
l'armée des Versaillais* qui entra dans Paris le 21 mai 1871, provoquant du côté des
communards l'exécution d'une centaine
d'otages et l'incendie de nombreux édifices publics (Hôtel de Ville, Tuileries, Cour
des comptes). La reconquête militaire de la
capitale s'accompagna d'un véritable carnage (Semaine sanglante, 22-28 mai 1871)
et les communards furent finalement écrasés au mur des Fédérés*. On estime à environ 25 000 le nombre des victimes de la
répression, outre les milliers de fédérés
emprisonnés ou déportés en Algérie, en
Guyane ou en Nouvelle-Calédonie. Le
mouvement des communes avait aussi touché les villes de province mais, à l'exception de Lyon et de Marseille, les communes de province, dominées par les
républicains radicaux, acceptèrent de négocier avec Thiers. Les républicains modérés comme Jules Ferry* ou Léon Gambetta* s'étaient prononcés contre la
Commune.

**COMMUNE INSURRECTION-
NELLE.** Voir Commune de Paris.

COMMUNES (Chambre des). Chambre
basse du Parlement* anglais. Elle se
constitua au début du XIIIe siècle lorsque le
roi convoqua, à côté des barons, des représentants de bourgs. La Chambre prit de

l'importance au cours de la guerre de Cent* Ans, le roi ayant besoin d'argent pour financer le conflit. Au XIVᵉ siècle, se réunissant séparément de la Chambre des lords* pour délibérer, elle enleva à celle-ci l'initiative financière. Les Tudors* la favorisèrent afin de faire aboutir leur politique mais ce fut aux XVIIᵉ et XVIIIᵉ siècles, après la révolution de 1688, qu'elle supplanta définitivement la Chambre haute. Aux deux grandes tendances du XVIIᵉ siècle, les Cavaliers* et les Têtes* rondes, se succédèrent des partis politiques, les whigs* et les tories*, puis les conservateurs et les libéraux et, plus récemment, les conservateurs et les travaillistes. Elle est aujourd'hui composée des représentants du Royaume-Uni, élus au suffrage universel à un tour et exerce un contrôle constant sur l'action gouvernementale. Voir Conservateur (Parti), Libéral (Parti), Révolution d'Angleterre (Seconde), Travailliste (Parti).

COMMUNES POPULAIRES. Nom donné en Chine populaire à partir de 1958, dans le cadre du Grand* Bond en avant, à l'unité de base à la fois économique, administrative, scolaire et militaire, regroupant en général 5 000 familles. Dernière expérience de collectivisme, les communes populaires devaient mobiliser, faute de capitaux, l'énorme masse de la population chinoise encadrée en permanence par les responsables locaux du parti. Les paysans partagèrent leurs tâches entre l'agriculture, l'artisanat et l'industrie (2 millions de hauts fourneaux miniatures devaient fournir la fonte pour fabriquer les outils agricoles). Afin de transformer la mentalité paysanne jugée traditionnelle, toute forme de propriété individuelle fut supprimée et les notions de salaires et d'intéressement matériel disparurent au profit d'une rémunération selon les besoins. Parallèlement, s'instaura un mode de vie communautaire (crèches, repas communs et gratuits, maisons de retraite) destiné à stimuler la pro-

ductivité. Les communes populaires furent un grave échec (désorganisation de l'économie par l'ampleur des changements imposés) entraînant la famine et la mort de millions de Chinois. Un « réajustement » s'imposa et priorité fut rendue à l'agriculture (1968). Voir Mao Zedong.

COMMUNION. Désigne chez les chrétiens* le fait de recevoir le sacrement* de l'Eucharistie*. Le prêtre dépose sur la langue du communiant ou lui remet dans la main une hostie*, signe de la présence réelle du Christ*.

COMMUNISME. Nom donné à l'organisation sociale fondée sur la suppression de la propriété des moyens de production et d'échange au profit de la propriété collective. Le communisme désigne aussi le système social, politique et économique proposé par Marx* et enrichi par Lénine*. La doctrine marxiste-léniniste proposait après la « révolution prolétarienne », la distinction de deux étapes : celle du socialisme* (« À chacun selon son travail ») qui correspondait à la collectivisation des moyens de production et d'échange et à la dictature du prolétariat, et celle du communisme (« À chacun selon ses besoins » fondé sur la disparition des classes sociales et le dépérissement de l'État.

COMMUNISME DE GUERRE. Nom donné à la période de guerre civile (1918-1921) en Russie qui suivit la révolution d'Octobre 1917 et la prise du pouvoir par les bolcheviks*. La terreur politique et économique qui caractérisa le communisme de guerre permit de vaincre la contre-révolution intérieure soutenue par l'intervention militaire des Anglais des Français, des Américains et des Japonais. Cette situation catastrophique comparable à celle de la France en 1793 contraignit le gouvernement bolchevique à prendre des mesures d'exception afin d'assurer l'équipement et le ravitaillement des soldats, indispensable à la victoire militaire et au ravitaillement des villes. Le ren-

rcement du pouvoir de l'État dans lequel
e parti communiste occupait une place es-
entielle, aboutit à l'élimination des partis
t de la presse d'opposition. Le parti
ommuniste, instrument de la « dictature
u prolétariat », devint ainsi parti unique,
andis que déclinaient les soviets* qui
vaient symbolisé la participation du peu-
le à la Révolution. Une police politique,
a Tchéka*, fut chargée de dépister et de
ombattre toute opposition. Le commu-
isme de guerre, en mettant à l'ordre du
our le problème du ravitaillement, orga-
isa la nationalisation de l'industrie (no-
embre 1920) et surtout la réquisition des
écoltes, poursuivant énergiquement les
péculateurs qui stockaient le blé pour le
endre plus cher. Si la terreur politique et
conomique permit aux bolcheviks de
aincre la contre-révolution, l'opposition
es masses populaires, victimes de la di-
ette, amena Lénine à promouvoir une
nouvelle politique économique », la
JEP*. Voir Révolutions russes de 1917.

COMMUNISTE CHINOIS (Parti, PCC).
arti unique de la République populaire de
Chine, fondé en 1921 à Shanghai. À l'ori-
ine, le PCC s'ouvrit, conformément à
orthodoxie soviétique, prioritairement à
a classe ouvrière, contribuant au dévelop-
ement du syndicalisme chinois. Entre
923 et 1927, il constitua un front uni avec
e Guomindang* de Sun* Yat-sen, puis
ompit son alliance lorsque le parti natio-
aliste, dirigé par Tchang* Kaï-chek
Jiang* Jieshi) devint anticommuniste,
crasant la grève ouvrière de Canton
1927). Mao* Zedong, membre du comité
entral depuis 1923, qui voyait dans les
nasses paysannes la force principale de la
évolution chinoise, parvint en 1931 à éta-
lir dans le Jiangxi (Chine du Sud-Ouest)
ane République soviétique chinoise. Après
a Longue* Marche (1934-1935) provo-
uée par l'encerclement des armées du
Guomindang, le PCC*, dirigé par Mao, déida après l'agression japonaise, de re-

nouer avec Tchang Kaï-chek pour organiser la résistance nationale (1936-1945).
Après une guerre civile qui opposa nationalistes et communistes, la République populaire de Chine fut proclamée en octobre
1949. Dès lors, l'histoire du PCC, ponc-
tuée par de nombreuses crises internes, se
confond avec celle de la Chine. Voir Chen
Du Xiu, Li Dazhao, Liu Shaoqi.

**COMMUNISTE DE L'UNION SOVIÉ-
TIQUE** (Parti, PCUS). Parti unique de
l'URSS fondé en mars 1918 et issu du
Parti social-démocrate* créé en 1898 et
qui se scinda en deux tendances, bolchevik* et menchevik*, en 1903. Le parti
communiste (bolchevik), dirigé par Lénine*, fut l'organisateur de la révolution
d'Octobre 1917. Détenteur du pouvoir en
URSS jusqu'en 1990, son histoire se
confondit avec celle de ce pays. Élite de
révolutionnaires professionnels sous Lénine, organe épuré et soumis à son secrétaire général sous Staline*, le PCUS (nom
datant de 1952) connut ensuite une augmentation de ses effectifs et de sa repré-
sentativité. Mais il resta, jusqu'aux réformes de Gorbatchev* (1988-1990), le lieu
où se recrutaient l'élite sociale, la pépi-
nière de cadres et de bureaucrates. En
théorie, l'organe suprême du PCUS était le
Congrès qui, tous les cinq ans, élisait le
comité central. Mais dans la réalité, les véritables organisations dirigeantes furent le
Politburo et le secrétariat. Parti soumis au
centralisme démocratique, dans lequel les
tendances sont interdites (soumission de la
minorité), il se confondit toujours avec
l'État : approbation du plan et du budget
avant qu'ils ne soient soumis au Soviet*
suprême, nomination de ses membres aux
emplois politiques, administratifs et sociaux (la nomenklatura*). En novembre
1991, le PCUS a vu ses activités « suspendues » par décret de Boris Ieltsine*.

COMMUNISTE FRANCAIS (Parti,
PCF). Parti politique né de la scission du
parti socialiste* (SFIO*) au congrès de

La guerre civile en Chine

Légende :
- Territoire occupé par les communistes en avril 1947
- Territoire occupé par les communistes en juillet 1948
- Territoire occupé par les communistes à la fin de 1949
- Centre du gouvernement nationaliste
- Avancées des troupes communistes

Océan Pacifique

JAPON
Vladivostok
CORÉE
MANDCHOURIE
Harbin
Heilong Jiang
Lushun
Beijing (Pékin)
Tianjin
Nanjing (Nankin)
Shanghaï
Wenzhou
TAIWAN
Fuzhou
Shantou
Xiamen
HONG KONG
Guangzhou (Canton)
MACAO
Wuhan
Chang Jiang
Zhanjiang
HAINAN
Hanoi
Nanning
Kunming
Chengdu
Huanghe
Lanzhou
Lhassa
Wulumuqi
MONGOLIE
Oulan Bator
CHINE

ours* en décembre 1920, la majorité de
es représentants se prononçant pour l'ad-
ésion à la Troisième Internationale*
communiste). Parti fortement structuré
allié à l'idéologie marxiste-léniniste de la
évolution prolétarienne, avec pour organe
le presse *L'Humanité*, il adopta jusque
lans les années 30 la tactique dite « classe
ontre classe », rompant ainsi avec la
ieille tradition républicaine française
l'union des gauches au second tour. Face
l'essor des ligues d'extrême droite et à la
nontée du fascisme* en Europe, le PCF
ortit de son isolement en décidant de don-
ıer la priorité à la défense de la démocratie
ous l'impulsion de son secrétaire général,
Maurice Thorez*. Il se rallia au Front* po-
ıulaire et, devenu le « parti de la classe ou-
rière », connut alors d'importants progrès
n adhérents, en voix et en élus. La signa-
ure du pacte germano-soviétique* à la
eille de la Seconde Guerre* mondiale
août 1939) provoqua un profond malaise
lans le parti qui fut bientôt interdit (sep-
embre 1939). Isolé et désorganisé par les
léfections et la répression, le PCF ne se
prononça qu'à la fin de 1940 pour la ré-
istance contre l'Allemagne, engageant
outes ses forces après l'invasion de
'URSS (1941). Représenté au Conseil*
ıational de la Résistance et au gouverne-
nent provisoire d'Alger, le PC était de-
enu à la Libération* l'une des premières
ormations politiques françaises. Parti de
gouvernement de 1945 à 1947 (tripar-
isme*), ses ministres participèrent à la na-
ionalisation des grandes entreprises, la
réation de la Sécurité sociale et l'élabo-
ation du statut général de la fonction pu-
lique. Exclu du gouvernement en 1947 en
aison de la guerre* froide, le PC, devenu
parti d'opposition, se montra hostile à la
politique proaméricaine de la France, au
éarmement allemand et aux guerres colo-
iales. Fidèle allié de Moscou, très lent à
e déstaliniser même après le XXᵉ congrès
lu PCUS*, le PCF, avec Waldeck-Rochet

puis Georges Marchais, adopta une politique d'ouverture à l'égard des socialistes en
signant avec ces derniers un programme
commun de gouvernement en 1972
(rompu en 1977 lors de sa réactualisation).
Il opéra aussi une révision doctrinale en
abandonnant le concept de « dictature du
prolétariat » (1976). Encore premier parti
de la gauche en 1973, le PCF accuse depuis cette date un recul électoral important.
Après l'élection présidentielle de François
Mitterrand, quatre ministres communistes
participèrent au gouvernement Mauroy*
(1981-1984). L'opposition du PCF au ministère de Laurent Fabius* marqua la fin
de l'union de la gauche. Depuis 1994, le
PCF est dirigé par Robert Hue.

COMMUNISTE ITALIEN (Parti, PCI).
Parti constitué en 1922 et issu d'une scission au sein du parti socialiste au congrès
de Livourne, les « maximalistes » adhérant
à la Troisième Internationale* (Komintern*, 1919). Très tôt divisé en plusieurs
tendances, le PCI, interdit sous Mussolini*, participa à la Résistance* lors de la
Seconde Guerre* mondiale. Auparavant
très marginal, il devint, par sa distance précoce prise à l'égard de l'URSS, le parti
communiste le plus important d'Europe
occidentale, remportant d'importants succès électoraux. Le parti a décidé, en 1990,
d'abandonner toute référence au communisme* et a changé de nom en 1991 (Parti
démocrate de la gauche). Voir Berlinguer
(Enrico).

COMMYNES ou **COMINES, Philippe
de, sire d'Argenton** (v. 1447-Argenton,
1511). Diplomate et historien français, ses
Mémoires (publiés en 1524) constituent un
important témoignage sur les règnes de
Louis XI* et de Charles VIII*. Filleul du
duc de Bourgogne*, Philippe III* le Bon,
il servit d'abord Charles* le Téméraire
puis, après Péronne où il sauva le roi de la
colère de son maître, il devint le conseiller
politique de Louis XI qui le combla d'honneurs et de richesses. Après la mort du roi,

opposé (avec le duc d'Orléans) à la régente Anne de Beaujeu, il fut disgracié et emprisonné (1488). Rentré en faveur, il servit Charles VIII puis Louis XII*.

COMNÈNE. Célèbre famille byzantine issue de riches propriétaires terriens. Elle régna sur l'Empire byzantin* de 1057 à 1059 puis de 1081 à 1185. Cette seconde période correspondit à de nouvelles difficultés pour l'Empire : progrès des Turcs en Asie* Mineure, privilèges accordés à Venise* et croisades*. Voir Alexis Ier, Jean II, Manuel Ier.

COMPAGNIES (Grandes). Nom donné aux mercenaires recrutés pendant la guerre de Cent* Ans sous les règnes de Jean II* le Bon et Charles V*. Licenciées après le traité de Brétigny* (1360), elles mirent la France au pillage. Afin de s'en débarrasser, Charles V chargea Du* Guesclin de les conduire en Castille* pour soutenir Henri le Magnifique en lutte contre son frère Pierre le Cruel, mais en garda une partie pour former une armée régulière.

COMPAGNIES D'ORDONNANCE. Corps de cavaliers français, recrutés dans la noblesse et créé par l'ordonnance de 1445 sous le règne de Charles VII*. Payées par le roi, ces compagnies étaient destinées, avec les francs archers recrutés parmi les roturiers, à remplacer les bandes de mercenaires et à constituer l'embryon d'une armée permanente.

COMPAGNON. Dans une corporation au Moyen Âge et sous l'Ancien* Régime, nom donné à l'ouvrier qui avait terminé son apprentissage. Il pouvait théoriquement devenir maître mais n'avait généralement pas les moyens économiques de payer le droit d'entrée à la corporation ou les matières premières indispensables à la réalisation d'un chef-d'œuvre, condition d'accès à la maîtrise. Voir Compagnonnage.

COMPAGNONNAGE. Au Moyen Âge et sous l'Ancien* Régime, association d'ouvriers dont les patrons étaient exclus.

Le système des corporations* étant, à la fin du Moyen Âge, fortement sclérosé, et l'accession à la maîtrise généralement réservée aux fils de maîtres, les ouvriers, de plus en plus nombreux, s'associèrent et effectuèrent à partir de la fin du XVe siècle un tour de France pour trouver du travail là où il se présentait. Ils apprenaient ainsi leur métier, se perfectionnant de ville en ville. Le compagnonnage n'étant pas reconnu, il fut réprimé par les pouvoirs publics et dut s'organiser plus ou moins secrètement.

COMPROMIS DE 1867. Nom donné à l'accord conclu en février 1867 entre l'Autriche et la Hongrie, donnant à cette dernière l'autonomie. À partir de cette date, la monarchie s'appela Autriche-Hongrie*. La Double Monarchie (Empire d'Autriche et royaume de Hongrie) fonctionna jusqu'en octobre 1918. L'accord de 1867, accéléré par la défaite autrichienne de Sadowa* (1866) contre la Prusse*, devait mettre fin à l'opposition hongroise qui troublait l'Empire des Habsbourg* depuis la révolution de 1848-1849. Le compromis établit une formule originale d'association entre l'Autriche et la Hongrie. François-Joseph Ier* reconnaissait l'autonomie du royaume de Hongrie. À Budapest (la capitale), siégèrent un Parlement et un gouvernement qui avaient autorité sur tous les territoires de l'ancienne couronne de Saint-Étienne (Hongrie, Slovaquie, Transylvanie, Croatie*, Slavonie). Les Hongrois acceptèrent cependant l'union personnelle des deux États, François-Joseph devenant empereur d'Autriche mais aussi roi de Hongrie. Un ministre commun fut nommé pour diriger les Affaires étrangères, la Guerre et les Finances, les titulaires étant désignés par l'empereur. Il n'y eut pas de Parlement commun mais des « délégations » des deux Parlements de Vienne et de Budapest qui siégeaient deux fois par an pour voter le budget des affaires communes. Le compromis n'apaisa pas les conflits de nationalités (Tchèques, Serbes,

lovènes*, Polonais) qui n'obtinrent rien :
Gardez vos hordes, nous garderons les
ôtres », aurait dit Beust à Deak, représen-
ants respectifs de l'Autriche et de la Hon-
rie. Les Polonais et les Tchèques restèrent
ous l'autorité de Vienne, les Croates*, les
lovènes et les Roumains subissant la do-
ination hongroise. Voir Cisleithanie,
'ransleithanie.

COMTE. 1) Nom donné au Moyen Âge
u seigneur d'un comté*. Créé sous le Bas-
Empire* romain, le titre de comte était at-
ribué à de hauts personnages et aux prin-
ipaux fonctionnaires de l'Empire. À
'époque des Carolingiens*, le comte de-
int le représentant de l'empereur ou du roi
lans les provinces. Nommé par lui, il était
e chef militaire du district, exerçait la jus-
ice et percevait les impôts. Non rétribués,
es comtes recevaient une terre en béné-
ice*. D'abord nommés pour une période
imitée, ils obtinrent ensuite d'administrer
a même région toute leur vie, puis de
ransmettre cette fonction à leurs enfants.
À partir du IX\ᵉ siècle, le titre devint ainsi
éréditaire et les comtes formèrent de
uissantes dynasties. Les comtes se trans-
ormèrent en une aristocratie terrienne, mi-
itaire et héréditaire, au centre de l'évolu-
ion féodale. Ils usurpèrent les droits
égaliens (ban*) et entrèrent dans une py-
amide de liens personnels (hommage* et
ief*). 2) Sous l'Ancien* Régime, titre de
oblesse qui se situe au-dessus de celui de
vicomte et au-dessous de celui de marquis.
Voir Duc, Féodalité.

COMTÉ. 1) Territoire donnant à son propriétaire le titre de comte*. Le comté était
un domaine de dimensions très variables
possédé par un comte. 2) Aujourd'hui,
nom donné à une circonscription administrative dans le Royaume-Uni, l'Irlande et
les États-Unis.

COMTE, Auguste (Montpellier,
1798-Paris, 1857). Philosophe français.
Fondateur de l'école positiviste, il est
considéré comme l'un des grands précur-

seurs de la sociologie. Élève de Polytechnique, secrétaire de Saint-Simon*, il ouvrit
un cours de philosophie positive
(1826-1829) qui eut un grand succès. À la
fin de sa vie, il épousa Clothilde de Vaux
qu'il transforma en Grande Prêtresse de la
religion positiviste. Il mourut après avoir
fondé de nombreuses églises prônant une
« religion de l'humanité » avec pour devise « Ordre et Progrès ». Le positivisme
de Comte se présente comme une philosophie de l'histoire qu'il exposa principalement dans ses *Cours de philosophie positive* (1830-1842). Comte considère que
l'humanité a traversé trois âges : l'âge
théologique, l'âge métaphysique et l'âge
positif. Ce dernier inaugure la méthode
scientifique : les *a priori* métaphysiques
sont récusés, l'unique fondement de la
connaissance étant l'observation des faits
positifs vérifiés par l'expérience. La pensée d'Auguste Comte a préparé le règne de
l'esprit positiviste qui domina en France
durant tout le Second Empire* et au début
de la Troisième République*.

**CONCENTRATION ET D'EXTERMI-
NATION** (Camps de). Camps d'internement et de travail forcé établis par certains
États pour y emprisonner des civils considérés comme politiquement indésirables.
Des camps de concentration furent organisés par les Espagnols lors du soulèvement de Cuba (1896), par les Anglais lors
de la guerre des Boers* (1899-1902) et par
les États-Unis lors des guerres contre les
Indiens d'Amérique. Le premier État qui
institua un système concentrationnaire durable (le Goulag*) fut l'URSS, les camps
de concentration nazis restant, depuis la
Seconde Guerre* mondiale, le comble de
l'horreur et de la barbarie. Dans l'Allemagne hitlérienne, s'ouvrirent à partir de
mars 1933 plusieurs camps de concentration (Dachau, Oranienburg, Sachsenhau-
sen, Buchenwald) où furent enfermés
d'abord les opposants allemands au régime. Placé dès 1936 sous le contrôle des

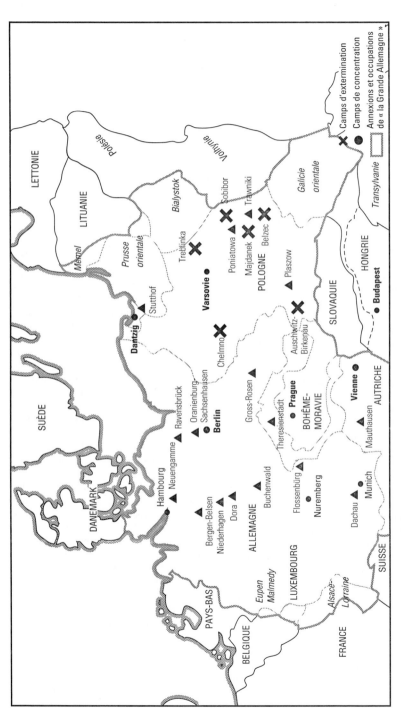

Les camps de concentration et d'extermination

sections* spéciales (SS) et de Heinrich Himmler*, le système des camps fut étendu dès 1939 à tous les pays occupés par les Allemands (Auschwitz et Treblinka en Pologne, Mauthausen en Autriche mais aussi en Bohême, en Alsace et dans les Pays baltes) et étendu à toute l'Allemagne Bergen-Belsen, Dora-Mittelbau, Ravensbrück). Parmi la population des camps de concentration se trouvaient en grande majorité des juifs* et des membres de mouvements de résistance contre le nazisme*, mais aussi des tsiganes, des homosexuels, les handicapés mentaux et physiques. Les conditions d'existence des détenus furent dramatiques (sous-alimentation, froid, insalubrité, brutalités quotidiennes des « kapos ») ainsi que leurs conditions de travail. Cette main-d'œuvre gratuite fut exploitée sans limites pour divers travaux dans les camps et dans les usines produisant pour l'effort de guerre et appartenant aux grands groupes industriels comme Krupp*, I. G. Farben ou Siemens. Des expériences médicales furent de plus menées sur des cobayes humains. À partir de 1942, afin de régler la « solution finale » du problème juif, fut lancé un programme d'extermination systématique par asphyxie dans les chambres à gaz (gaz Zyklon B), en particulier à Auschwitz (il prenait la suite des *Einsatzgruppen* qui exterminaient les juifs là où ils se trouvaient). On estime à près de 6 millions les juifs victimes des camps d'extermination, auxquels il faut ajouter environ 2 millions de morts causées par les mauvais traitements, la malnutrition et les épidémies. Après la guerre, les responsables du système furent jugés par les tribunaux alliés puis, plus tard, par les tribunaux allemands. Voir Eichmann (Adolf), Nuremberg (Tribunal de).

CONCILE. Assemblée d'évêques*, aidés de théologiens, de l'Église* catholique réunie pour régler des questions concernant le dogme, la liturgie et la discipline ecclésiastique (qui concerne l'Église et son clergé). L'Église catholique a réuni jusqu'à aujourd'hui 21 conciles œcuméniques (qui réunirent tous les évêques du monde chrétien). Voir Nestorius, Nicée (Concile de).

CONCINI, Concino, dit **le maréchal d'Ancre** (Florence, v. 1575-Paris, 1617). Aventurier et homme politique italien au service de la France. Il fit, sous la régence de Marie* de Médicis, une carrière rapide, exerçant le pouvoir avec tyrannie. D'origine florentine, ancien secrétaire du grand-duc de Toscane, il vint en France avec Marie de Médicis, épouse d'Henri IV*, dont il devint le protégé grâce à sa femme, Leonora Galigaï, femme de chambre puis favorite de la reine. Ambitieux et intrigant, il acheta, après la mort d'Henri IV, le marquisat d'Ancre, fut nommé conseiller d'État par la régente (1610) puis devint, en 1613, maréchal* de France. À la tête des affaires politiques, il exerça un pouvoir tyrannique. C'est à l'instigation de son favori, Charles de Luynes, que Louis XIII* fit assassiner Concini. Sa femme, accusée de sorcellerie, fut condamnée à mort, décapitée puis brûlée.

CONCORDAT DE 1801. Concordat signé entre Bonaparte*, Premier Consul, et le pape Pie VII*, le 16 juillet 1801. Il rétablissait la paix religieuse en France, divisée sous la Révolution* entre prêtres constitutionnels* et prêtres réfractaires*, mais aussi l'autorité du Saint-Siège sur l'ensemble des catholiques français. Le pape acceptait le catholicisme* qui était reconnu comme la religion « de la grande majorité des Français ». L'Église s'engageait à ne pas revendiquer les biens du clergé nationalisés pendant la Révolution et le gouvernement, en compensation, assurait aux évêques* et aux curés un traitement convenable. Afin de mettre fin au conflit passé, on fit démissionner tous les évêques, constitutionnels ou réfractaires. Conformément au concordat de Bologne* (1516), le gouvernement français nomma les nouveaux évêques, le pape leur donnant l'investiture* spirituelle. Inquiet de l'opposition républicaine surtout présente dans l'armée, Bonaparte décida cependant de publier, sans consulter le pape, un règlement de la police des cultes, d'inspiration gallicane : les Articles organiques (1802). Ce fut en vain que le pape protesta et le Concordat de 1801 resta en vigueur jusqu'à la séparation* des Églises et de l'État en 1905. Il reste encore appliqué aujourd'hui dans les départements de la Moselle, du Bas-Rhin et du Haut-Rhin car en 1905, ces départements, qui constituaient l'Alsace-Lorraine*, appartenaient à l'Empire allemand. Voir Gallicanisme.

CONDÉ, Louis Ier de Bourbon, prince de (Vendôme, 1530-Jarnac, 1569). Chef de la maison de Bourbon et oncle d'Henri IV*, Louis Ier fut, à partir de 1559, le principal chef des calvinistes et s'opposa aux Guise, défenseurs du catholicisme*. Il organisa contre ces derniers la conjuration d'Amboise* (1560) et, après le massacre de protestants* à Wassy* (1562), déclencha les guerres de Religion*. Il fut vaincu à Dreux (1562) puis à Jarnac* (1569) et assassiné après la bataille. Voir Calvinisme, Coligny (Gaspard de), François Ier de Lorraine, Guise (Duc de).

CONDÉ, Louis II de Bourbon, 4e prince de Condé, dit **le Grand Condé** (Paris, 1621-Fontainebleau, 1686). Fils d'Henri II de Bourbon. Grand homme de guerre, il s'illustra lors de la guerre de Trente* Ans puis s'opposa à Mazarin* lors de la Fronde*. Duc d'Enghien jusqu'à la mort de son père (1646), gouverneur de Bourgogne (1638), il épousa en 1641 une nièce de Richelieu*. Remarqué pour ses brillantes qualités militaires, il fut chargé du commandement des armées de Picardie et remporta sur les Espagnols l'éclatante victoire de Rocroi* (1643). Ayant rejoint Turenne* en Bavière, il remporta avec lui les batailles de Fribourg (1644) et de Nördlingen* (1645). Si Condé échoua devant Le-

rida en Espagne (1647), il battit l'année suivante l'archiduc Léopold à Lens, ce qui entraîna la capitulation de l'Empire et la signature des traités de Westphalie* qui mettaient fin à la guerre de Trente Ans. Lors de la Fronde, Condé oscilla entre les deux partis, aussi peu attiré par Mazarin que par les chefs de la Fronde nobiliaire. D'abord du côté de la Cour, il vint mettre le siège devant Paris (1649), forçant la Fronde parlementaire à capituler (paix de Rueil, 1649). Il s'opposa ensuite à Mazarin et fut enfermé sur ordre d'Anne* d'Autriche, à Vincennes (1650). Libéré l'année suivante, Condé prit la tête de la Fronde des princes, mais fut finalement battu par Turenne au faubourg Saint-Antoine (1652), la Grande Mademoiselle le sauvant en lui ouvrant les portes de Paris. Passé dans l'armée espagnole, il échoua devant Arras (1654) et perdit contre Turenne la bataille des Dunes* (1658). À la paix des Pyrénées* (1659), l'Espagne obtint de Louis XIV* son pardon et Condé fut rétabli dans ses titres et ses biens. Après plusieurs années de retraite, il fut rappelé à un commandement (1668), conquit la Franche-Comté lors de la guerre de Dévolution*, participa à la guerre de Hollande* et défendit l'Alsace contre les Impériaux. Malade, il se retira au château de Chantilly où, mécène éclairé, il protégea Boileau*, Racine*, Molière* et Bossuet* qui prononça son oraison funèbre.

CONDORCET, Marie Jean Antoine Nicolas de CARITAT, marquis de (Ribemont, 1743-Bourg-la-Reine, 1794). Philosophe, mathématicien et homme politique français. Secrétaire de l'Académie des Sciences (1769), inspecteur général des Monnaies (1774), Condorcet, soutien des philosophes et des physiocrates*, rédigea pour l'*Encyclopédie** des articles d'économie politique. Il accueillit avec enthousiasme la Révolution*. Monarchiste constitutionnel puis républicain, il fut député de Paris à l'Assemblée* législative,

...is député de l'Aisne à la Convention*. ...avorable aux girondins*, emprisonné ...us la Terreur*, il écrivit en prison son ...uvre principale, *Esquisse d'un tableau ...s progrès de l'esprit humain*. Condamné ...mort, il s'empoisonna dans sa cellule ...ur échapper à l'échafaud.

...ONDOTTIERE. Nom donné aux chefs ...ercenaires qui louaient, du XIIIe au ...ve siècle, leurs services aux États italiens. ...upplantant les milices municipales inef...caces, les *condottieri* (« mercenaires » en ...al.) sont apparus à l'époque des guerres ...ntre Guelfes* et Gibelins. Les plus célè...res d'entre eux furent Carmagnola, For...bracco, John Hawkwood, Pergola, Picci...ono et Francesco* Sforza qui fit la ...arrière la plus brillante et fonda à Milan ...ne dynastie ducale. Avec l'apparition des ...rmées permanentes – armées monar...niques de Charles VIII et de Charles* ...uint –, les condottieri disparurent. Voir ...udovic Sforza le More, Maximilien ...forza.

...ONFÉDÉRATION DE L'ALLEMA-...NE DU NORD. Nom donné à la Confé...ération (1866-1870) qui groupa, après la ...ctoire prussienne de Sadowa* sur l'Au...iche et la dissolution de la Confédéra...on* germanique, les 22 États au nord du ...lain autour de la Prusse*. Cette Confé...ération servit de modèle pour la construc...on de l'Empire allemand en 1871. Voir ...ismarck (Otto von).

...ONFÉDÉRATION DU RHIN. Confé...ération constituée en Allemagne ...806-1813) après les victoires napoléo...iennes d'Ulm* et d'Austerlitz* (1805). ...lle fut instituée après un traité signé à Pa...s en juillet 1806 par les représentants de ...6 princes-électeurs, notamment les rois ...e Bavière, de Wurtemberg, les grands-...ucs de Berg et de Clèves, l'archevêque de ...layence et 10 princes d'Allemagne cen...ale et du Sud. Napoléon Ier* se déclara ... Protecteur » de la Confédération et reçut ...ce titre la direction de la politique exté-

rieure, et le commandement de l'armée confédérée. Comprenant 36 États en 1811, la Confédération se disloqua après la bataille de Leipzig* (octobre 1813). Elle avait cependant marqué la fin du Saint* Empire romain germanique (créé par Otton Ier* le Grand en 962), François II* renonçant à son titre d'empereur et devenant François Ier, empereur d'Autriche. Elle fut aussi une étape capitale vers l'unité de l'Allemagne dont elle avait profondément simplifié la carte politique. Voir Confédération germanique.

CONFÉDÉRATION FRANÇAISE DÉMOCRATIQUE DU TRAVAIL (CFDT). Organisation syndicale française, fondée en 1964 sous l'impulsion d'Eugènes Descamps par la majorité de la CFTC (Confédération française des travailleurs chrétiens), qui rejetait le caractère confessionnel du syndicat. Edmond Maire a été de 1971 à 1988 le secrétaire général du syndicat. Jean Kaspar lui a succédé, puis Nicole Notat.

CONFÉDÉRATION FRANÇAISE DES TRAVAILLEURS CHRÉTIENS (CFTC). Organisation syndicale française, d'inspiration chrétienne, fondée en 1919. En 1964, la majorité des adhérents renoncèrent à la référence religieuse de leur syndicat et fondèrent la CFDT* (Confédération française démocratique du travail). La minorité décida de garder le caractère confessionnel de leur syndicat. Voir CFDT.

CONFÉDÉRATION GÉNÉRALE DU TRAVAIL (CGT). Principale organisation syndicale française créée en 1895. Ses principes d'action furent exprimés dans la charte d'Amiens* de 1905 (autonomie syndicale par rapport aux partis politiques, conception révolutionnaire du syndicalisme). D'abord dominée par les révolutionnaires et les anarcho-syndicalistes, la CGT connut une première scission en 1922 avec la création de la CGTU (Confédération générale du travail unitaire), soutien du parti communiste*. Elle ne retrouva son unité qu'en 1936 lorsque la CGT et la CGTU adhérèrent au programme du Front* populaire et signèrent les accords Matignon* (juin 1936). Le syndicat connut une seconde scission en 1948 avec la création de la CGT-Force* ouvrière. Les secrétaires généraux de la CGT furent Benoît Frachon (1936-1967), Georges Séguy (1967-1982), Henri Krasucki (1982-1992), Louis Viannet (depuis 1992).

CONFÉDÉRATION GERMANIQUE (*DEUTSCHER BUND*). Nom donné à la Confédération issue du congrès de Vienne* (1815), et groupant 39 États allemands. Elle fut l'œuvre du chancelier autrichien Metternich* qui souhaitait en Allemagne une association de souverains indépendants afin d'éviter la formation d'une unité allemande contre l'Autriche. La Confédération déçut les espoirs des libéraux comme ceux des nationalistes. Présidée par l'empereur d'Autriche dont le pouvoir n'était qu'honorifique, la Confédération possédait un seul organe fédéral, la Diète, qui, sans pouvoir réel, ne pouvait imposer une politique commune. Dominée à partir de 1850 par la rivalité austro-prussienne, la Confédération germanique fut dissoute en 1866, lorsque la Prusse* l'emporta définitivement sur l'Autriche. Voir Bismarck (Otto von), Confédération du Rhin, Sadowa.

CONFIRMATION. Dans la religion catholique*, sacrement* destiné à confirmer le chrétien* dans la grâce du baptême*.

CONFRÉRIE. Dans l'Europe du Moyen Âge, association pieuse et de secours mutuel regroupant les membres d'une profession et placée sous la protection d'un saint ou de la Vierge. Elles demeurent distinctes des associations de métiers, les corporations*. Dans les grandes villes marchandes et artisanales, les confréries jouèrent un rôle culturel considérable.

CONFUCIANISME. Nom donné aux idées issues de l'enseignement du grand philosophe chinois Confucius*. Le confucianisme enseigne le respect de l'autorit et des hiérarchies : soumission du fils à so père, du sujet à son souverain, du cadet l'aîné, de la femme à son mari et loyauté de l'ami envers l'ami. Cette doctrine res pectueuse des traditions et très conserva trice influença la civilisation chinois jusqu'au XXᵉ siècle.

CONFUCIUS (v. 551-v. 479 av. J.-C.) Nom latinisé donné à un philosophe chi nois (Kongfuzi). Ses enseignements et se idées, recueillis par ses disciples, ont in fluencé toute la civilisation chinois jusqu'au XXᵉ siècle. Fonctionnaire pui professeur de sagesse morale et politique Confucius vécut dans une Chine déchiré par les guerres incessantes (Royaumes combattants) et rechercha les moyens d développer la sagesse des hommes. So enseignement fut essentiellement conser vateur. Respectueux des traditions, l confucianisme* n'est pas une religion mais une discipline morale. Il command aux Chinois le respect de l'autorité et de hiérarchies et le culte des ancêtres. Cett doctrine, favorable aux élites, devint l pensée officielle des empereurs chinois e des Lettrés*. Elle a été, dans la Chin communiste, fortement combattue.

CONGRÈS (Parti du). Principal parti po litique de l'Inde. Fondé en 1885 et rassem blant à l'origine des hindous et des musul mans unis dans la lutte pour l'indé pendance, le parti du Congrès s'affirm dès le début du XXᵉ siècle comme un mou vement nationaliste hindou, les adhérent de l'islam* se regroupant séparément dan une ligue* musulmane. Dominé pa Gandhi* puis Nehru*, il réussit, en négo ciant son appui à l'Angleterre pendant l Seconde Guerre* mondiale, à conquéri l'indépendance de l'Inde (1947). Le part fut au pouvoir de 1947 à 1977 et de 198 à 1989 et depuis 1991 (parti du Congrè pour Indira Gandhi* ou Congrès I).

CONNÉTABLE. Nom donné en France

grand officier de la Couronne. À l'épo-
e carolingienne, c'était un officier do-
stique chargé de l'entretien des che-
ux. Son importance s'accrut au
e siècle ; de simple conseiller militaire
roi, il devint, à la fin du Moyen Âge, le
mmandant en chef de l'armée royale en
nps de guerre. Cette charge, dont l'emme était une épée remise par le roi, fut
uvent confiée à un membre de la famille
Montmorency*, mais elle fut également
ustrée par d'autres hommes comme
* Guesclin. La fonction de connétable
supprimée en 1626 par Richelieu* qui
ça les armées sous l'autorité directe du
. Voir Montmorency (Anne, duc de).

)NQUISTADORES. Nom donné aux
enturiers espagnols qui firent la
nquête du Nouveau Monde. Voir Cortés
ernán), Pizarro (Francisco) et carte
232.

)NSCRIPTION. Nom donné en France
us le Directoire* au système de recrute-
nt pour le service militaire. La loi Jour-
n* (5 septembre 1798) institua la
nscription : tous les Français âgés de 20
5 ans étaient « conscrits », c'est-à-dire
crits sur les listes de recrutement, et pou-
ient être astreints au service, les conscrits
uvant payer très cher leur remplaçant. La
nscription ne cessa de s'alourdir durant
guerres napoléoniennes, et finit par dé-
her de Napoléon Ier* beaucoup de Fran-
s. Certains appelés préféraient ainsi se
per l'index – qui sert à appuyer sur la
tente du fusil – plutôt que de partir au
rvice. La conscription fut supprimée sous
Restauration* en 1814. Elle devint uni-
rselle sous la Troisième République*.
ir Gouvion-Saint-Cyr.

)NSEIL D'EN HAUT ou **CONSEIL
ÉTAT.** Sous l'Ancien* Régime, conseil
i traitait des affaires les plus importantes
r le plan intérieur comme dans les rela-
ns internationales. Sous Louis XIV*, le
nseil groupait quelques ministres ou mi-
tres d'État et se réunissait au moins cinq

fois par quinzaine. Les délibérations
étaient tenues secrètes et on ne rédigeait
pas de procès-verbal.

CONSEIL D'ÉTAT. Nom donné en
France à l'organe consultatif et juridictionnel créé par la Constitution* de l'an VIII
(1799) et inspirée par le Premier Consul,
Bonaparte*. Il est aujourd'hui le premier
corps de l'État après s'être maintenu sous
les différents régimes français. Siégeant
depuis 1874 au Palais-Royal à Paris, le
Conseil d'État joue le rôle de conseiller du
pouvoir exécutif (il donne obligatoirement
un avis préalable sur les projets de loi du
gouvernement) et de tribunal administratif
suprême, étant le garant des droits et des
libertés fondamentales. Sous le Consulat*
et l'Empire*, les membres du Conseil
d'État furent nommés par le Premier
Consul (Bonaparte) puis le chef du pouvoir exécutif (Napoléon Ier). En 1848, il fut
décidé que ses membres seraient nommés
pour six ans par l'Assemblée* nationale
puis Napoléon III* revint au système du
Premier Empire*. Depuis 1875, les membres de ce Conseil sont choisis par le chef
de l'État en Conseil des ministres, et révocables. Il est régi par un vice-président,
son président nominal étant le Premier ministre. Voir *Curia regis.*

CONSEIL DE L'EUROPE. Organisation de coopération européenne créée en
1949 et réunissant 22 États d'Europe occidentale. Un statut d'invité spécial permet
cependant, depuis 1989, d'accueillir certains pays de l'Europe orientale. Le respect
de la Convention européenne de sauvegarde des droits de l'homme et des libertés
fondamentales établie par le Conseil de
l'Europe en 1950 est assuré par la
Commission européenne des droits de
l'homme et la Cour européenne des droits
de l'homme. Le siège du Conseil de l'Europe est à Strasbourg.

CONSEIL DES DÉPÊCHES. Institué
par Richelieu* en 1630, il était chargé des
liaisons entre les diverses administrations

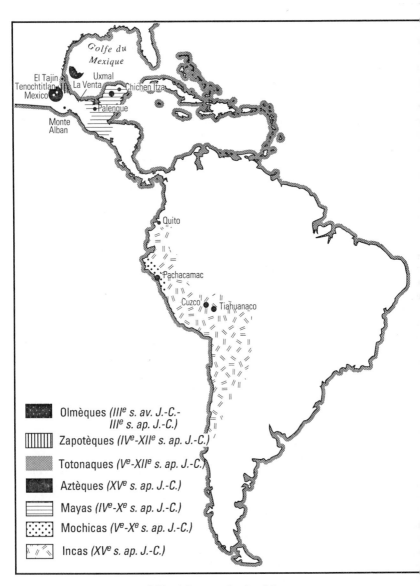

L'Amérique précolombienne

envoyait des « dépêches » aux autorités cales ou régionales. Présidé par le roi ou chancelier*, il réunissait les secrétaires État, le contrôleur et les intendants des nances, les ministres et quelques conseil-rs.

ONSEIL DES FINANCES. Créé sous règne de Louis XIV* (1681), il avait our tâche essentielle de répartir la taille* ntre les généralités*, de négocier les baux es impôts affermés avec les financiers qui e chargeaient de les percevoir. Le Conseil es Finances comprenait le contrôleur* gé-éral des Finances, les intendants des fi-ances et quelques conseillers.

ONSEIL DES PARTIES. Définitive-ment organisé par Louis XIV*, le Conseil es parties ou Conseil d'État privé était organe judiciaire suprême de la monar-nie avec compétence en matière adminis-ative. Il mettait aussi en forme les édits* t ordonnances* du roi. Présidé par le nancelier*, il rassemblait les ministres et s conseillers d'État.

ONSEIL DU PRINCE. Nom donné ans l'Empire romain* au conseil de l'Em-ereur. Créé à l'époque d'Auguste*, il se omposait de sénateurs, de chevaliers* et, partir d'Hadrien*, de jurisconsultes*. éuni régulièrement et présidé par l'em-ereur, il était principalement chargé de réparer les lois et prit une importance randissante jusqu'à supplanter le Sénat*.

ONSEIL NATIONAL DE LA RÉSIS-ANCE (CNR). Organisme fondé en 943 par Jean Moulin* afin de regrouper s divers mouvements de la Résistance*. résidé par Jean Moulin puis Georges Bi-ault*, le CNR mit en place des comités épartementaux de libération et élabora es projets qui furent à l'origine des gran-es réformes de l'après-guerre. Voir aulle (Charles de).

ONSERVATEUR (Parti, en angl. *Bri-sh Conservative Party*). Nom de l'un des rands partis politiques britanniques, le rme de « conservateur » ayant remplacé celui de « tory* » après la réforme électo-rale de 1832. Depuis cette date, le Parti conservateur a alterné au pouvoir soit avec le Parti libéral* jusqu'en 1923, soit avec le Parti travailliste*. Traditionnellement aris-tocratique, son recrutement a progressive-ment atteint une fraction de la grande bour-geoisie industrielle, les classes moyennes et aujourd'hui près d'un tiers de l'électorat ouvrier. Si les conservateurs se rallient à quelques références idéologiques (respect de l'ordre établi, libéralisme*, défense de la grandeur britannique), un certain nom-bre de questions les ont divisés (protec-tionnisme, intégration européenne). Ses principaux leaders ont été : R. Peel*, B. Disraeli*, W. Churchill*, A. Eden*, H. Macmillan*, E. Heath* et M. Thatcher*, qui, en novembre 1990, dut céder la direc-tion du parti et du gouvernement à John Major.

CONSIDÉRANT, Victor (Salins, 1808-Paris, 1893). Philosophe et écono-miste français. Grand admirateur de Ch. Fourier*, il contribua dans ses différents ouvrages à préciser la notion du droit au travail, l'un des thèmes privilégiés des so-cialistes français en 1848 (*Théorie du droit de propriété et du droit au travail*, 1845). Exilé sous le Second Empire*, il adhéra à la Première Internationale* et participa à la Commune* de Paris (1870). Voir Socia-lisme.

CONSPIRATION DES POUDRES. Nom donné au complot formé en 1605 à Londres par les papistes (catholiques*) afin de faire exploser le Parlement* lors de la séance inaugurale à laquelle assistait le roi Jacques Ier*. Le complot échoua par l'arres-tation d'un des complices, Guy Fawkes.

CONSTABLE, John (Eastbergholt, 1776-Londres, 1837). Peintre britannique. Peintre de la campagne anglaise, il in-fluença les romantiques et les peintres de l'école de Barbizon*. Élève de la Royal Academy à partir de 1799, Constable étu-dia les paysagistes hollandais du XVIIe siècle et les peintres français, Poussin* et surtout Le Lorrain*. Ses paysages du Suffolk et du Sussex marquèrent, par l'étude des variations de la lumière et des phénomènes atmosphériques, une rupture importante avec les conceptions académiques du paysage (*Le Moulin de Dedham*, Londres, Victoria and Albert mus., 1820). *La Charrette de foin* (1821, Londres, Nat. Gall.) exposée à Paris en 1824, le révéla aux artistes français et sa notoriété en France fut dès lors plus importante que dans son pays natal. On peut encore citer parmi ses œuvres *La Cathédrale de Salisbury* (1823, Londres, Victoria and Albert mus.) et *Le Cénotaphe* (1836, Londres, Nat. Gall.).

CONSTANCE, Concile de (1414-1418). Concile convoqué par Jean XXIII (considéré depuis comme un antipape) à la demande du roi des Romains Sigismond. Il mit fin au Grand Schisme* d'Occident – qui durait depuis 1378 – par l'élection du pape Martin V et condamna l'hérétique Jan Hus*. Voir Bâle (Concile de).

CONSTANT, Benjamin CONSTANT DE REBECQUE, dit **Benjamin** (Lausanne, 1767-Paris, 1830). Homme politique et écrivain français d'origine suisse. Descendant de huguenots* émigrés en Suisse, Benjamin Constant entama sa carrière politique sous le Directoire* comme représentant du libéralisme bourgeois. Hostile à Napoléon*, il s'exila sous l'Empire* et entretint avec son amie Mme de Staël* une relation tumultueuse qui lui inspira la trame de son célèbre roman *Adolphe* (1816). Il soutint Napoléon lors des Cents-Jours*, rédigeant pour l'Empereur l'Acte additionnel (1815), puis se rallia à la monarchie restaurée. Il fut sous la Restauration* l'un des chefs du Parti libéral (1815-1830), jouissant par ses talents de pamphlétaire d'une grande popularité, et contribua ainsi à la révolution* de 1830.

CONSTANTIN Iᵉʳ LE GRAND (Naissus, entre 270 et 288-Nicomédie, 337 ap. J.-C.). Empereur romain, il régna de 306 à 337. Premier empereur chrétien*, il rétablit l'unité de l'Empire* romain, créa un État très centralisé et fonda une nouvelle capitale, rivale de Rome*, Constantinople*. Proclamé empereur par son armée à la mort de son père (306), Constantin se rendit maître de l'Occident par sa victoire sur Maxence (312) qui s'était fait proclamer empereur à Rome, puis de tout l'Empire, en combattant victorieusement Licinius qui régnait sur l'Orient et qu'il fit assassiner. Par l'édit de Milan (313), il accorda la liberté de culte aux chrétiens et condamna au concile de Nicée* (325) les partisans d'Arius (qui niait le caractère divin du Christ). Il imposa aussi une monarchie absolue, décidant seul des lois et enlevant tout rôle au Sénat* et à l'armée. En 330, Constantin transféra la capitale impériale à Byzance* qui prit le nom de Constantinople. Il édifia enfin les premiers monuments chrétiens : l'église du Saint-Sépulcre à Jérusalem*, les basiliques* de Latran et du Vatican à Rome, les églises des Saints-Apôtres et de Sainte-Sophie à Constantinople. À sa mort, il se fit baptiser et l'Empire fut partagé entre ses trois fils, l'aîné Crispus ayant été exécuté en 326. Voir Arc de triomphe, Arianisme, Julien l'Apostat.

CONSTANTIN Iᵉʳ (Athènes, 1868-Palerme, 1923). Roi des Hellènes (1913-1917 ; 1920-1922). Fils de Georges Iᵉʳ, il tenta, par germanophilie, de maintenir la neutralité de son pays pendant la Première Guerre* mondiale. Sous la pression de la France et de Venizélos*, il dut abdiquer (1917) en faveur de son fils cadet Alexandre, et la Grèce entra en guerre aux côtés des Alliés. Revenu au pouvoir après un plébiscite, il dut à nouveau abdiquer (1922) après la défaite de la Grèce contre la Turquie. Son fils Georges II lui succéda. Voir Mustafa Kemal, Sarrail (Maurice).

CONSTANTIN II (Psykhikon, 1940-Roi des Hellènes (1964-1973), successeur son père Paul Ier. Son opposition à Pa-ndhréou*, chef du parti libéral, provo-a une grave crise politique qui s'acheva r le coup d'État militaire du colonel Pa-dhopoulos*. Il s'exila à Rome.

ONSTANTINOPLE. Ancienne capitale l'Empire* romain d'Orient ou Empire zantin* (395-1453) située sur le Bos-ore. Elle connut plusieurs siècles de issance et de prospérité. Fondée en 330 r Constantin Ier* le Grand (d'où son m) sur le site de l'ancienne cité grecque Byzance*, elle devint la « Nouvelle ome ». Protégée par ses murailles terres-es et côtières, Constantinople joua un le capital dans l'histoire de l'Europe. le arrêta en particulier l'offensive arabe 717 – victoire bien plus importante que lle remportée par Charles* Martel à Poi-rs* en 732. Centre politique, on y trou-it une vingtaine de palais impériaux et s services centraux de l'administration. ntre religieux, siège du patriarcat Orient, l'on y dénombrait des centaines couvents et d'églises* dont la plus cé-ore est Sainte-Sophie*. Centre économi-e important, la ville se situait au carre-ur des grandes routes commerciales tre l'Europe et l'Asie. Son port très actif ses entrepôts de marchandises attirèrent nombreux marchands, en particulier ita-ns. Ces derniers obtinrent, au XIe siècle, droit d'y installer des comptoirs. nstantinople fut enfin le plus grand yer culturel de la Chrétienté* au Moyen ge. Elle a transmis à l'Occident une par-de l'héritage de l'Antiquité. Plusieurs ntaines de milliers de manuscrits grecs latins conservés dans les bibliothèques urent lus, recopiés et commentés par des ntaines de savants et d'étudiants. Prise et llée par les croisés* lors de la quatrième oisade* (1204), Constantinople devint la pitale de l'Empire* latin de Constanti-ple (1204-1261), fut reprise par les By-ntins de Nicée puis déclina. En 1453, e fut conquise par les Turcs qui en firent

la capitale de l'Empire ottoman* et la nommèrent Istanbul*. Voir Comnènes, Croisade (Quatrième), Gênes, Hippo-drome de Constantinople, Justinien, Meh-med II, Paléologues, Pise, Schisme d'Orient, Venise.

CONSTITUTION DE 1791. Constitution votée par l'Assemblée* nationale consti-tuante du 3 au 14 septembre 1791. Fondée sur le principe de la souveraineté du peu-ple et la séparation des pouvoirs, elle ins-titua en France une monarchie constitu-tionnelle. Le pouvoir exécutif était exercé par le roi des Français. Louis XVI* choi-sissait ses ministres qui n'étaient pas res-ponsables devant l'Assemblée, dirigeait la politique extérieure et pouvait, malgré le principe de la séparation des pouvoirs, donner ou refuser sa sanction aux lois (veto* suspensif). Le pouvoir législatif était exercé par une Assemblée unique, élue pour deux ans au suffrage censitaire. Celle-ci avait l'initiative et le vote des lois, établissait et contrôlait l'impôt, décidait de la guerre ou de la paix et se réunissait d'elle-même, sans convocation. L'indé-pendance du pouvoir judiciaire était assu-rée par l'élection des magistrats. Rédigée au profit des citoyens les plus aisés, et pré-vue pour dix ans, cette Constitution ne sur-vécut pas à l'insurrection du 10 août* 1792.

CONSTITUTION DE l'AN I (1793). Lors de la Révolution* française, Constitu-tion élaborée par la Convention* monta-gnarde et promulguée solennellement le 10 août 1793. Approuvée par référendum dans des circonstances assez particulières (il y eut 5 millions d'abstentionnistes sur 7 millions d'électeurs en raison de la publi-cité du vote), cette Constitution très démo-cratique – suffrage universel masculin – et décentralisatrice ne fut jamais appliquée en raison de l'état de guerre intérieur et exté-rieure. Le 10 octobre 1793, la Convention consacrait l'établissement d'un régime de Terreur*, déclarant : « Le gouvernement provisoire de la France sera révolutionnaire jusqu'à la paix. » Malgré sa non-application, la Constitution de l'an I garda un grand prestige auprès des forces politiques de gauche et constitua le cheval de bataille de la gauche démocratique sous le Directoire*, l'Empire* et la Restauration*.

CONSTITUTION DE L'AN III (1795). Rédigée par la Convention* thermidorienne, elle fut approuvée par plébiscite en septembre 1795 et posa les bases du régime politique connu en France sous le nom de Directoire*. Le gouvernement révolutionnaire supprimé après la chute de Robespierre* (27 juillet 1794), les thermidoriens, refusèrent d'appliquer la Constitution* de l'an I, trop démocratique, et élaborèrent celle de 1795 favorable à la bourgeoisie aisée, libérale et modérée. Ils conservèrent la République mais rétablirent le suffrage censitaire à deux degrés. Afin d'éviter toute possibilité de retour à une dictature révolutionnaire, la Constitution accentua la séparation des pouvoirs. Le pouvoir législatif fut partagé entre deux Assemblées : une Chambre des députés (le Conseil des Cinq-Cents*) proposait les lois et un Sénat de 250 membres (le Conseil des Anciens*) les adoptait ou les rejetait. Ces deux Conseils se renouvelaient par tiers chaque année. Le pouvoir exécutif fut confié non pas à un seul magistrat mais à cinq directeurs et tous les ans était tiré au sort le nom de celui d'entre eux qui devait être remplacé. Une stricte séparation des pouvoirs était encore renforcée, le Directoire n'ayant aucune autorité sur les Conseils ni les Conseils sur le Directoire. Cependant aucune solution légale ne fut prévue en cas de conflit soit entre les deux assemblées, soit entre les assemblées et les directeurs. La tentation d'un coup d'État était offerte : ce fut celui de Bonaparte* le 18 Brumaire*.

CONSTITUTION DE L'AN VIII (1799). Inspirée par Bonaparte* après le coup d'État du 18 Brumaire* (9 novembre 1799) qui mit fin au Directoire*, ell donna à la France le régime du Consulat et se caractérisa par un pouvoir exécuti fort et un pouvoir législatif morcelé et fai ble. La Constitution fut promulguée dès l 15 décembre 1799 et ratifiée ensuite, pa plébiscite, en février 1800. Le suffrag universel masculin était rétabli mais tout élection était supprimée : les citoyens s bornaient à présenter des listes de candi dats (appelées « listes de notabilités ») parmi lesquels étaient choisis les membre des Assemblées, les consuls et les fonc tionnaires. Le pouvoir législatif était ré parti entre quatre Assemblées : le Sénat* le Tribunat*, le Corps* législatif et l Conseil* d'État. Le pouvoir exécutif ap partenait à trois consuls nommés pour di ans et indéfiniment rééligibles par le Sé nat. Le deuxième et le troisième consul n pouvant que faire connaître leur avis, l réalité du pouvoir appartenait au Premie Consul qui avait aussi une grande part d pouvoir législatif. Il proposait et promul guait les lois, nommait et révoquait les mi nistres et les fonctionnaires et n'était res ponsable devant personne. Les troi premiers consuls désignés par la Constitu tion furent Bonaparte, Cambacérès* et Le brun*.

CONSTITUTION DE L'AN X (4 aoû 1802). Votée en France par le Sénat* aprè le plébiscite de 1802, la Constitution d l'an X accroissait considérablement le pouvoirs du Premier Consul Bonaparte* qui était nommé à vie. Voir Constitutio de l'an VIII, Constitution de l'an XII Consulat.

CONSTITUTION DE L'AN XII (Séna tus-consulte du 14 mai 1804). Approuvé par plébiscite le 6 novembre 1804, l Constitution de l'an XII établissait l'em pire héréditaire au profit de Napoléon Ier*

CONSTITUTION DU 21 NOVEMBRE 1848. Constitution votée en France pa l'Assemblée* constituante. Elle fonda le institutions de la Deuxième République*

e coup d'État du 2 décembre* 1851 décidé par le prince-président Louis Napoléon Bonaparte* mit fin à cette Constitution. Le pouvoir législatif était confié à une
Assemblée législative unique, élue pour
trois ans, au suffrage universel masculin
direct. Elle ne pouvait être dissoute que par
elle-même. Le pouvoir exécutif fut détenu
par un président de la République, élu au
suffrage universel masculin pour quatre
ans. Il pouvait nommer et révoquer les ministres et les fonctionnaires, dirigeait la diplomatie et détenait le commandement des
armées. Il n'était pas responsable politiquement devant l'Assemblée mais pouvait
être accusé du crime de haute trahison.
Voir Napoléon III.

**CONSTITUTION DU 14 JANVIER
1852.** Constitution établie en France après
le coup d'État du 2 décembre* 1851 de
Louis Napoléon Bonaparte, futur Napoléon III*. Promulguée en janvier 1852 et
inspirée de la Constitution* de l'an VIII, la
Constitution de 1852 créa un régime fort
et personnel, mais fondé sur le suffrage
universel masculin. Le gouvernement
réussit néanmoins, en remaniant les circonscriptions électorales et en pratiquant
la candidature officielle, à obtenir la majorité. Le président de la République, élu
pour dix ans au suffrage universel, avait
l'essentiel des pouvoirs. Il détenait le pouvoir exécutif, nommait les ministres qui ne
dépendaient que de lui, possédait seul
l'initiative des lois et recevait un serment
de fidélité des membres des Assemblées,
des officiers, des magistrats et des fonctionnaires. Le pouvoir législatif était partagé entre le Conseil* d'État, le Corps* législatif, élu pour six ans au suffrage
universel direct et le Sénat nommé par le
président. Si le Sénat incarna sous le Second Empire* la préservation du régime,
le Corps législatif reçut du régime, dans
son évolution libérale, des droits importants : droit d'adresse* (1860), droit de publier le compte rendu intégral de ses dé-

bats dans *Le Moniteur* (1861) et droit
d'interpellation (1867). Voir Sénatus-consulte de novembre 1852.

CONSTITUTION DE 1875. En France,
ensemble de trois lois constitutionnelles
votées par l'Assemblée* nationale en
1875, qui devinrent pour l'essentiel, la
base de l'organisation des pouvoirs publics
de la Troisième République* jusqu'en
1940. Ces lois établissaient la République
(votée à une voix de majorité par l'Assemblée nationale, majoritairement royaliste,
sur un amendement proposé par Wallon*)
et un régime parlementaire. Le Parlement
était composé de deux chambres détenant
le pouvoir législatif : la Chambre des députés, élue pour quatre ans au suffrage universel, et le Sénat, composé d'hommes,
âgés au moins de 40 ans et élus au suffrage
restreint et indirect. Le président de la République, élu pour sept ans par les deux
Chambres réunies, disposait théoriquement de pouvoirs étendus, mais son autorité fut considérablement limitée par son
« irresponsabilité », les ministres, qu'il
choisissait, étant solidairement responsables devant les deux Chambres. Après la
crise du 16 mai* 1877, le président n'intervint plus, comme l'avait souhaité Mac-
Mahon*, dans les grandes orientations de
la politique et il n'usa pas de son droit de
dissolution. Ce fut le président du Conseil,
dirigeant de l'équipe ministérielle, qui devint le véritable chef de l'exécutif.

CONSTITUTION DE 1946. Constitution
française votée par la deuxième Assemblée constituante élue en 1946 après le rejet d'un premier projet constitutionnel défendu par le parti communiste et le parti
socialiste (SFIO*). La Constitution fut approuvée par référendum le 13 octobre
1946. Inspirée par le MRP*, elle donna ses
institutions à la Quatrième République et
institua en France un régime parlementaire. L'essentiel du pouvoir était confié à
une Assemblée nationale – qui seule votait
les lois et pouvait renverser le gouverne-

ment –, le Conseil de la République ne donnant que des avis. Le président de la République, élu par les deux chambres pour sept ans, avait des pouvoirs restreints (droit limité de dissolution), le véritable chef de l'exécutif étant le président du Conseil, chef du gouvernement, investi par l'Assemblée et responsable devant elle. La Constitution avait en réalité créé un régime d'Assemblée, ce que de Gaulle* devait dénoncer sous le nom de « régime des partis » (discours de Bayeux, 1946). Voir République (Quatrième), Union française.

CONSTITUTION DE 1958. Issue des événements d'Algérie (mai* 1958), elle fut approuvée par référendum en septembre (83 % des suffrages exprimés) et établit les institutions de la Cinquième République*. Elle fut un compromis entre le régime parlementaire et le renforcement de l'exécutif, souhaité par de Gaulle* dès 1946. Au centre des nouvelles institutions, se trouve le président de la République, élu pour sept ans par un collège restreint, puis, après la réforme constitutionnelle d'octobre 1962, au suffrage universel. Le président nomme le Premier ministre, chef du gouvernement, ainsi que les autres ministres (sur proposition du Premier ministre), peut dissoudre l'Assemblée nationale, soumettre au pays certains projets de loi par voie de référendum et disposer des « pleins pouvoirs » en vertu de l'article 16. L'Assemblée nationale conserve le pouvoir de contrôler le gouvernement en prenant par exemple l'initiative d'une motion de censure, la seconde Assemblée, le Sénat, ne disposant que de pouvoirs limités. Afin de renforcer la séparation entre l'exécutif et le législatif, l'incompatibilité entre la fonction de ministre et celle de parlementaire fut décidée. Cette Constitution qui avait pour but la stabilité gouvernementale, devait s'appuyer sur une majorité stable : la représentation proportionnelle fut remplacée par le scrutin majoritaire uninominal à deux tours. Voir Constitution de 1946.

CONSTITUTION CIVILE D[U] CLERGÉ. Constitution votée lors de [la] Révolution* française par l'Assemblée nationale constituante en juillet 1790 ; el[le] devait remplacer le Concordat de 151[6] D'inspiration gallicane, elle souhaitait éta[blir] l'indépendance totale (sauf en matiè[re] doctrinale) de l'Église de France à l'éga[rd] de la papauté. Son organisation refléta[it] l'administration civile locale. Le nomb[re] des évêchés fut fixé à 83, un par départe[ment]. Les ecclésiastiques – évêques* [et] curés – étaient élus et recevaient un traite[ment] de l'État. Louis XVI*, malgré se[s] scrupules, signa la Constitution. Le pap[e] Pie VI* hésitant à donner son accord, l'A[s]semblée constituante imposa aux prélats [et] aux curés le serment de fidélité à la Const[i]tution. La majorité des évêques et la mo[i]tié des curés de paroisse le refusèrent. L[a] France fut ainsi divisée en deux clergé[s] les constitutionnels* et les réfractaires[.] La condamnation tardive de la Constit[u]tion civile du clergé par Pie VI (ma[rs] 1791) consacra le schisme au sein d[e] l'Église française, mais aussi la rupture e[n]tre la Révolution et l'Église catholique. L[a] plupart des prêtres réfractaires prirent [le] parti de la contre-révolution et les patriote[s] suspectèrent les ecclésiastiques, enge[n]drant des haines passionnées. De très no[m]breux catholiques*, paysans, artisans o[u] bourgeois qui avaient soutenu le Tiers État rejoignirent ainsi l'opposition. L[a] contre-révolution trouva l'assise populai[re] qui lui manquait, surtout dans l'ouest de [la] France.

CONSTITUTIONNEL-DÉMOCRAT[E] (Parti), dit KD, ou **CADETS.** Nom donn[é] dans la Russie tsariste, sous le règne de N[i]colas II*, aux membres du parti libér[al] (1905-1917), qui souhaitaient l'établisse[ment] d'une monarchie parlementaire. Le[ur] principal dirigeant fut Milioukov*. I[ls] jouèrent un rôle important après la révo[lu]lution de Février 1917 puis furent mis ho[rs] la loi après la révolution d'Octobre. Vo[ir]

Révolutions russes de 1917, Social-démorate de Russie (Parti ouvrier), Social-révolutionnaire (Parti).

CONSTITUTIONNELS. Lors de la Révolution* française, nom donné aux députés majoritaires de l'Assemblée* nationale constituante, favorables à une véritable monarchie parlementaire et principaux auteurs de la Constitution* de 1791. Ils exprimaient les revendications fondamentales de la bourgeoisie libérale. Leurs principaux représentants furent La Fayette*, Talleyrand*, Sieyès*, Bailly*, Le Chapelier* et, plus à gauche, le triumvirat Duport*, A. de Lameth* et Barnave*. Voir Monarchiens.

CONSTITUTIONNELS (Prêtres). Nom donné, lors de la Révolution* française, aux prêtres qui prêtèrent serment de fidélité à la Constitution* civile du clergé (1790). Ils furent aussi appelés « assermentés » ou « jureurs ». Talleyrand* fut l'un des premiers à appartenir au clergé constitutionnel. Voir Réfractaires (Prêtres).

CONSUL. 1) Nom donné au Moyen Âge des magistrats* municipaux élus par la bourgeoisie des villes italiennes ou du Midi de la France et chargés d'administrer la ville. Voir Charte municipale, Commune, Échevin, Prévôt. 2) Nom donné aux deux magistrats qui exerçaient l'autorité suprême sous la République romaine*, du moins s'agissant de ceux qui détenaient un *imperium**. Élus pour un an par les comices* centuriates (et rééligibles seulement 10 ans après leur sortie de charge), âgés au moins de 37 ans, les consuls étaient les héritiers des anciens rois et disposaient de pouvoirs très étendus. Ils convoquaient et présidaient le Sénat*, les comices* curiates et centuriates. Ils levaient et commandaient les armées et donnaient leur nom à l'année de leur mandat. Leurs insignes étaient une chaise curule*, une baguette d'ivoire et 12 licteurs* (magistrats éponymes).

Le consulat, bien qu'envié, devint sous l'Empire une fonction purement honorifique donnée par l'empereur. Il fut pratiquement supprimé par Justinien* dès 541 ap. J.-C. et légalement aboli par Léon VI à la fin du IXᵉ siècle. Voir *Nobilitas*.

CONSULAT. Nom donné au régime politique de la France issu du coup d'État du 18 Brumaire* an VIII (9 novembre 1799) qui mit fin au Directoire*. Le régime politique du Consulat qui se maintint du 10 novembre 1799 au 18 mai 1804 fut défini par la Constitution* de l'an VIII (1799) : trois consuls nommés pour dix ans assuraient le gouvernement mais le pouvoir réel appartenait au Premier Consul, Bonaparte*, devenu consul à vie en 1802. Durant cette période, Bonaparte, servi par les succès de sa politique extérieure (paix de Lunéville*, 1801 et paix d'Amiens*, 1802), réorganisa le pays, tentant la réconciliation des Français et jetant les bases d'un État fort et centralisé. Un nouveau Concordat* (1801) fut conclu avec Pie VII*, la Légion* d'honneur créée en 1802 et le Code* civil fut promulgué en 1804. Il réorganisa l'administration financière et donna à la Banque de France* le monopole de l'émission des billets. La centralisation administrative fut renforcée par la création des préfets*. Afin de donner de nouvelles élites, attachées à l'État, il créa les lycées et l'université impériale, laquelle bénéficia du monopole de l'enseignement. La paix relative favorisa enfin le développement du commerce et de l'industrie. En 1804, le Premier Empire* succéda au Consulat.

CONTRE-ALLIANCE (Traité de, 1887). Voir Réassurance (Traité de).

CONTREFORT. Bloc de maçonnerie élevé à l'extérieur d'un mur pour l'épauler ou le renforcer. Dans les églises romanes, le contrefort est appliqué directement sur le mur alors que dans les édifices gothiques, il l'est par l'intermédiaire d'arcs-boutants. Voir Gothique (Art), Roman (Art).

CONTRE-RÉFORME. Expression utilisée à l'origine par les historiens allemands mais qui n'exprime qu'un aspect de la Réforme* catholique, mouvement religieux qui se développa à partir du milieu du XVIᵉ siècle en réaction au progrès du protestantisme*. Dès le XVᵉ siècle cependant, la réforme de l'Église fut à l'ordre du jour mais la papauté princière de la Renaissance* se montra incapable, en particulier lors du concile du Latran (1512), d'imposer des réformes importantes. Face à la négligence des autorités, de multiples réformes partielles s'étaient pourtant opérées, principalement dans les ordres religieux, chez les dominicains* puis les capucins. L'instrument de la réforme catholique resta néanmoins l'ordre des Jésuites*, autorisé par Paul III en 1540. Parallèlement à l'action des congrégations religieuses mais surtout face aux succès du protestantisme, la papauté, en particulier sous les pontificats de Paul IV, Pie V et Sixte Quint, opéra un réveil important. L'Inquisition* et le Saint-Office* furent créés, l'Index* publié puis le grand concile réformateur tant attendu, le concile de Trente* (1545-1563), fut réuni, redéfinissant les points essentiels du dogme et les pratiques du culte. Si la réforme catholique fut souvent brutale dans les pays où les rois se faisaient les champions du catholicisme, elle fut aussi servie par de grands évêques (François de Sales en France), par des congrégations religieuses (Jean* de la Croix et Thérèse* d'Avila) et des souverains (Maximilien II, Philippe II*), mais aussi par une grande activité missionnaire dans le Nouveau Monde, aux Indes et au Japon. La coupure religieuse de l'Europe ne put cependant être effacée. L'Église romaine avait arrêté la propagation de la Réforme en Italie et en Espagne. Elle l'avait freinée en France, dans les Pays-Bas espagnols et en Pologne, mais la quasi-totalité de l'Allemagne du Nord, la Suisse et l'Angleterre restèrent majoritairement protestantes. Voir Jules II, Léon X.

CONTRIBUTION DES PATENTES Nom donné en France à l'un des impôts directs – avec la contribution* foncière et la contribution* personnelle et mobilière créée par l'Assemblée* nationale constituante (1790-1791). Elle devait être payé par les commerçants et les industriels. Voir Capitation, Portes et fenêtres (Contribution des), Taille, Vingtième.

CONTRIBUTION FONCIÈRE. En France, nom donné à l'un des impôts directs – avec la contribution* personnelle et mobilière et la contribution* des patentes – créé par l'Assemblée* nationale constituante (1790-1791). Cette contribution pesa sur le revenu net des terres et des maisons. Voir Capitation, Portes et fenêtres (Contribution des), Taille, Vingtième.

CONTRIBUTION PERSONNELLE ET MOBILIÈRE. En France, nom donné à l'un des impôts directs – avec la contribution* foncière et la contribution* des patentes – créé par l'Assemblée* nationale constituante (1790-1791). Elle pesait sur la fortune personnelle estimée notamment d'après le montant du loyer d'habitation, la valeur du mobilier, le nombre de domestiques et de chevaux. Voir Capitation, Portes et fenêtres (Contribution des), Taille, Vingtième.

CONTRÔLEUR GÉNÉRAL DES FINANCES. Titre porté en France par le ministre des Finances aux XVIIᵉ et XVIIIᵉ siècles. Après la suppression de la charge de surintendant des Finances (1661), avec la disgrâce de Fouquet*, le contrôleur général des finances devint, avec Colbert*, un personnage essentiel du régime. Il fut non seulement à la tête de l'administration financière, mais aussi de toute l'économie du pays, les travaux publics, l'agriculture, le commerce et l'industrie étant rattachés à sa charge. Les contrôleurs généraux les plus connus furent Colbert (1661-1683

Pontchartrain (1689-1699), Chamillart (1699-1708), Desmarets (1708-1715), Law* (1720), Orry (1730-1745), Machault d'Arnouville (1745-1754), Terray* (1769-1774), Turgot* (1774-1776), Calonne* (1783-1787) et Necker*, parce que protestant*, directeur général des finances 1777, 1788 et 1789).

CONVENTION GIRONDINE (21 septembre 1792-2 juin 1793). Nom donné lors de la Révolution* française à la première période de l'histoire de la Convention* nationale dominée par les modérés ou girondins*. Elle fut marquée par la violente rivalité entre girondins et montagnards*, exacerbée après la proclamation de la République (21 septembre 1792) par le procès de Louis XVI*, la transformation de la guerre de défense en guerre d'annexions et les échecs militaires infligés par la première coalition* de l'Europe monarchiste, les difficultés économiques et sociales, et les premières mesures de Salut public. Les montagnards, s'appuyant sur les sans-culottes* parisiens et la Commune* insurrectionnelle, proscrivirent les girondins après les insurrections des 31 mai* et 2 juin* 1793. Voir Comité de Salut public, Comité de surveillance, Enragés, Fédéralistes (Insurrections), Hébertistes, Jemappes (Bataille de), Représentants en mission, République (Première), Tribunal révolutionnaire, Valmy (Bataille de), Vendée (Guerre de).

CONVENTION MONTAGNARDE (2 juin 1793-27 juillet 1794). Nom donné lors de la Révolution* française à la deuxième période de l'histoire de la Convention* nationale dominée par les montagnards* après l'éviction des girondins*. Malgré la proclamation d'une Constitution très démocratique (Constitution* de l'an I, 1793), les députés montagnards, sous la pression de circonstances dramatiques – insurrections fédéralistes*, guerre de Vendée*, échecs militaires, aggravation de la situation économique – dé-

cidèrent d'instaurer une véritable dictature révolutionnaire exercée, dans la réalité, par le Comité* de Salut public et le Comité* de sûreté générale. La Terreur* fut renforcée, des mesures économiques et dirigistes furent décidées afin d'enrayer la crise (loi sur l'accaparement, loi du maximum* général). La levée* en masse, instauration d'un véritable service militaire obligatoire, assura des victoires décisives aux républicains mais des dissensions entre les Montagnards ne tardèrent pas à apparaître. Après avoir tenté une politique d'équilibre entre les factions, le Comité de Salut public, dominé par Robespierre*, Saint-Just* et Couthon*, décida l'élimination des hébertistes* (ultra-révolutionnaires), puis des Indulgents* (modérés dirigés par Danton*). Cependant, la lassitude des membres de la Convention gagnés par la « nausée de l'échafaud » (terreur qui ne se justifiait plus, la patrie n'étant plus en danger) et le conflit entre les Comités de sûreté générale et de Salut public amenèrent la chute de Robespierre et de ses amis le 9 Thermidor* an II (27 juillet 1794).

CONVENTION NATIONALE. Nom donné lors de la Révolution* française à l'Assemblée constituante qui gouverna la France du 21 septembre 1792 au 26 octobre 1795. Elle succéda à l'Assemblée* législative et fonda la Première République*. Elle fut élue, pour la première fois en France, au suffrage universel masculin (mais une minorité de Français votèrent) afin de donner une nouvelle Constitution à la France, rendue nécessaire par la déchéance de Louis XVI* (journée du 10 août* 1792). Composée de 749 députés, presque tous issus de la bourgeoisie et des professions libérales, la Convention se partagea entre trois grandes tendances. La droite d'abord majoritaire, composée des girondins*, le centre ou la Plaine* (ou marais) et la gauche formée des montagnards*. Le 21 septembre 1792, elle succéda officiellement à l'Assemblée législative. On distingue habituellement dans l'histoire de la Convention trois périodes : la Convention* girondine (septembre 1792-juin 1793), la Convention* montagnarde (jusqu'au 9 Thermidor* an II ou 27 juillet 1794) et la Convention* thermidorienne (jusqu'au 26 octobre 1795). Malgré son histoire mouvementée et parfois dramatique, la Convention trouva le temps de discuter de tous les grands problèmes concernant l'organisation de la France et accomplit une tâche immense. Outre son œuvre constitutionnelle (Constitution* de l'an I, Constitution* de l'an III), elle unifia, sous Cambon*, les dettes de l'État (dettes de l'Ancien* Régime et dettes contractées par la Révolution) par l'institution du Grand Livre de la dette publique (août 1793), sans pouvoir néanmoins juguler l'inflation (assignats*) qui provoqua, après Thermidor (1794), la banqueroute. Elle travailla à la rédaction d'un code unique pour toute la France (Code* civil), organisa un état civil laïque, autorisa le mariage civil et le divorce et abolit l'esclavage aux colonies. Si elle ne prit à l'égard des classes populaires que des mesures de circonstances, elle abolit en totalité les droits* féodaux sans indemnités (1793). Après l'institution d'un calendrier* révolutionnaire, et l'organisation d'une religion révolutionnaire (culte de la Raison*, culte de l'Être* suprême), elle proclama, en 1795, la séparation* de l'Église et de l'État qui dura jusqu'au Concordat* de 1801. La Convention créa aussi une Instruction publique (octobre 1795), fonda des écoles primaires et des institutions d'enseignement supérieur, les Grandes Écoles (École polytechnique, École des ponts et chaussées, Conservatoire des arts et métiers, École des mines), le Muséum d'Histoire naturelle, le Conservatoire de musique, les Archives nationales, et l'Institut de France qui remplaça les Académies.

CONVENTION THERMIDORIENNE (27 juillet 1794-26 octobre 1795). Lors de la Révolution* française, nom donné à la troisième période de l'histoire de la Convention* nationale. Après la chute de Robespierre* et des montagnards*, la Convention fut dominée par les députés de la Plaine*, dont les principaux représentants furent Sieyès*, Cambacérès*, Daunou et Boissy* d'Anglas. Inspirée par les députés de la Plaine, elle mit fin au gouvernement révolutionnaire et marqua le retour à une République bourgeoise, libérale et modérée. Une réaction s'engagea contre les jacobins* et les sans-culottes*, mais aussi les royalistes. Période de relative stabilité politique malgré une grave crise économique et financière, la Convention thermidorienne jeta les bases du Directoire* par la rédaction de la Constitution* de l'an III rétablissant le suffrage censitaire. Voir Lakanal (Joseph), Germinal an III (Journée du 12), Prairial an III (Journées de), Quiberon, Terreur blanche, Vendémiaire an IV (Journée du 13).

COOK, James (Marton-in-Cleveland, 1728-îles Hawaï, 1779). Navigateur anglais, il fut le premier des navigateurs scientifiques modernes. Fils de paysans du Yorkshire, il s'engagea comme mousse sur des navires de pêcheurs, puis acquit seul les notions fondamentales de mathématiques et d'astrologie. Entré dans la marine royale en 1755, il participa à la prise de Québec (1759) et réalisa le levé hydrographique du Saint-Laurent, puis des côtes de l'île de Terre-Neuve, complétant ainsi sa formation scientifique. Cook exécuta ensuite, sur ordre du gouvernement anglais, trois voyages d'exploration autour du monde. Au cours de sa première expédition (1768-1771), il découvrit les îles de la Société, la Nouvelle-Zélande qu'il contourna et les côtes orientales de l'Australie. Il rentra en Angleterre par l'océan Indien et le cap de Bonne-Espérance. Au cours de son deuxième voyage (1772-

75), il poursuivit l'exploration des mers australes jusqu'au voisinage de l'Antarctique, franchit le premier le cercle polaire avant de découvrir les îles Sandwich et la Nouvelle-Calédonie, qu'il visita. Sa dernière entreprise (1776-1779) l'entraîna cette fois-ci dans le Pacifique Nord. Après avoir découvert les îles Hawaï (1778), il longea le continent américain et parvint à l'océan Arctique à travers les glaces du détroit de Béring*. Il voulait savoir s'il existait un passage entre le Pacifique et l'Atlantique, le passage du nord-ouest que les explorateurs recherchaient depuis plus de trois siècles. En redescendant vers le sud, il fit relâche à Hawaï, où il fut tué par les indigènes. Cook laissa des journaux de ses trois voyages autour du monde, publiés en 1773 et 1784. Voir Bougainville (Louis), La Pérouse (Jean-François).

COOLIDGE, Calvin (Plymouth, Vermont, 1872-Northampton, Massachusetts, 1933). Homme politique américain, il fut président républicain des États-Unis de 1923 à 1929. Gouverneur du Massachusetts* (1919-1920), il réprima très énergiquement la grève des policiers de 1919 puis fut choisi comme vice-président de Harding* auquel il succéda après sa mort en 1923. Cependant, son libéralisme* économique dans une Amérique « prospère » conduisit à la grande crise* économique de 1929. Voir Dawes (Plan), Hoover (Herbert), Kellogg (Frank).

COPERNIC Nicolas (Torun, 1473-Frauenburg, 1543). Astronome polonais, considéré comme l'un des plus grands génies de son temps, grâce à sa théorie du mouvement de la terre et des planètes, condamnée durant deux siècles car non conforme aux Écritures. Copernic commença ses études à Cracovie, puis compléta ses connaissances astronomiques dans les plus célèbres universités d'Italie (Bologne, Rome, Palerme) puis revint en Pologne en 1506. Au terme de longues années d'études et de réflexion (lecture de Ptolémée* et de ses prédécesseurs grecs, notamment Aristarque* de Samos), il remit en question la conception géocentrique du monde en vigueur jusque-là. Sa théorie – système héliocentrique connu depuis sous le nom de « Système de Copernic » – fut exposée peu avant sa mort dans son œuvre *De revolutionibus orbium coelestium libri sex* (1543) et fut à l'origine de la révolution scientifique du XVIIᵉ siècle. Pour Copernic, ce n'était pas la terre mais le soleil qui était au centre du mouvement des planètes : toutes les planètes tournaient autour du soleil et parmi elles, la terre dont la rotation sur elle-même expliquait l'alternance du jour et de la nuit. Cette découverte devait bouleverser la vision chrétienne médiévale du monde, érigée en dogme par l'Église, qui plaçait l'homme au centre de l'univers. La terre devenait une planète comme les autres et perdait ainsi sa position privilégiée au centre du monde. Le pape Paul V condamna en 1616 les idées de Copernic comme contraires aux Écritures. Les preuves qui faisaient défaut au « Système de Copernic » furent apportées par Kepler* et Galilée*.

COPTES. Nom donné aux chrétiens* d'Égypte* et d'Éthiopie. Adeptes d'une hérésie chrétienne, le monophysisme*, ils forment depuis le milieu du Vᵉ siècle une Église autonome et leur patriarche* réside au Caire, en Égypte. Nombreux dans ce pays (plus de 10 millions), les coptes, dirigés par un pape, forment aujourd'hui la plus grande communauté chrétienne à l'intérieur du monde musulman.

CORAIL (Bataille de la mer de, 4-8 mai 1942). Victoire aéronavale américaine remportée sur les Japonais lors de la guerre du Pacifique*. Elle marqua le coup d'arrêt des forces nippones vers la Nouvelle-Guinée. Voir Guadalcanal, Midway.

CORAN. Mot qui signifie en arabe « récitation ». Le Coran est le Livre sacré des musulmans. Les textes qui s'y trouvent sont les paroles de Dieu (Allah) transmises par l'ange Gabriel au prophète Mahomet*. Rédigé en arabe, il se compose de 114 sourates (ou chapitres) divisées en versets. Le Coran expose les dogmes de la religion musulmane, l'islam*. Il est complété par la Sunna*, ensemble d'obligations traditionnelles tirées des actes et des paroles de Mahomet.

CORDELIERS (Club des). Club révolutionnaire – appelé aussi Société des Amis des droits de l'homme et du citoyen – fondé à Paris en 1790. Installé dans un ancien couvent des Cordeliers (aujourd'hui rue de l'École-de-Médecine), rival du Club des jacobins*, mais aussi partisan de la République, il fut dominé par Danton*, Marat*, Desmoulins*, Hébert* et Chaumette. Passé à partir de 1792 sous le contrôle des ultra-révolutionnaires favorables à la dictature de la Commune* de Paris, le club fusionna avec celui des jacobins après l'élimination des hébertistes* et disparut en 1794. Voir Robespierre (Maximilien).

CORDOUE. Ville d'Espagne du Sud située en Andalousie sur la rive droite du Guadalquivir. Importante cité de l'Empire romain au IIᵉ siècle, elle fut prise par les Wisigoths* (572) puis par les Arabes* (711) et devint la capitale des Omeyyades* d'Espagne. Le califat de Cordoue (929-1031) marqua l'un des sommets de la civilisation arabe dont témoigne sa célèbre mosquée* (devenue une cathédrale). Construite du VIIIᵉ au Xᵉ siècle, elle représente l'un des plus beaux chefs-d'œuvre de l'architecture musulmane. Longue de 179 m et large de 128 m, l'édifice est divisé en allées par 850 colonnes de marbre. Elle est richement décorée, particulièrement de mosaïques bleu et or sans doute réalisées par des artistes byzantins. Cordoue déclina à partir du XIᵉ siècle et fut reconquise sur les musulmans par Ferdinand III en 1236. Voir Abd al-Rahman Iᵉʳ, Abd al-Rahman III, Averroès, Cordoue (Califat de), Maïmonide, *Reconquista*.

CORDOUE (Califat de). Nom donné au califes* omeyyades* qui se succédèrent à Cordoue*, en Espagne, de 929 à 1031. L califat de Cordoue connut son apogée à l fin du Xᵉ siècle rivalisant avec Bagdad* siège du califat des Abbassides*. Centre artistique et culturel très important, le ca lifat connut une brillante civilisation sou le règne d'Abd al-Rahman III*. Grand mé cène, il attira dans la capitale lettrés et sa vants du monde musulman, fonda des éco les et une importante bibliothèque Cordoue joua ainsi un rôle capital dans l transmission à l'Occident de la culture antique. À partir du XIᵉ siècle, le califat dé clina et se divisa en petits royaumes indé pendants. Cordoue fut reconquise par Fer dinand III, roi de Castille* et de León, e 1236. Voir Abd al-Rahman Iᵉʳ, *Recon quista*.

CORÉ. Voir Perséphone.

CORÉE (Guerre de, juin 1950-juille 1953). Conflit qui opposa la Corée d Nord, communiste, dominée par Kim* Sung et la Corée du Sud dirigée par Syng man Rhee*, les deux Corées étant séparée depuis 1948, la limite étant le 38ᵉ parallèle Quelques mois après la victoire de Mao* Zedong en Chine, l'armée nord-coréenne le 25 juin 1950, envahit la Corée du Sud confirmant ainsi la poussée du commu nisme* en Asie orientale. Condamnan l'agression, l'ONU* décida de venir er aide au pays agressé, l'URSS ne pouvan faire jouer son droit de veto, ayant refusé de siéger au Conseil de sécurité en signe de protestation contre le maintien de Tai wan* au lieu de Pékin dans l'Organisation En septembre 1950, les forces de l'ONU composées principalement de troupes américaines renforcées plus tard par les contingents de 15 autres nations (France Angleterre, Belgique, Luxembourg, Hollande, Turquie...) parvinrent, sous le commandement de MacArthur*, à sauver la Corée du Sud de la débâcle et même à occuper la Corée du Nord. La Chine, inuiète de l'avance ennemie aux confins de a Mandchourie, décida d'envoyer 00 000 « volontaires » en Corée, donnant insi une nouvelle dimension au conflit. ,es troupes américaines, d'abord submer-ées, parvinrent à reprendre position, le ront se stabilisant sur le 38ᵉ parallèle 1951-1953). Mais MacArthur, souhaitant btenir un succès décisif, menaça de por-er la guerre (sans exclure l'emploi de 'arme atomique) sur le territoire de la hine. Le président Truman*, redoutant ne intervention des Soviétiques (qui dé-enaient la bombe A depuis 1949), décida e limoger MacArthur qui fut remplacé ar Ridgway. Deux ans de négociations, u cours desquelles la guerre de position ontinua, aboutirent à l'armistice de Pan-nunjom (27 juillet 1953). Le 38ᵉ parallèle st resté *de facto* la frontière des deux Co-ées, aucun traité de paix n'ayant été signé. ette guerre sanglante (probablement près 'un million de morts) donna une dimen-ion mondiale à la guerre* froide, les tats-Unis et l'URSS ayant néanmoins vité qu'elle ne dégénère en conflit géné-alisé et nucléaire. Les États-Unis n'en ontinuèrent pas moins à poursuivre leur olitique d'endiguement du communisme Containment) en intégrant le Japon dans e camp occidental (signature, en 1951, l'un traité de paix et de sécurité) et en sou-enant l'effort de guerre français en Indo-hine. Voir Indochine (Guerre d').

ORINTHE. Ville et port de Grèce* si-ués sur l'isthme de Corinthe qui relie le éloponnèse* à la Grèce centrale. Domi-ée d'abord par les rois de Mycènes* puis ccupée par les Doriens*, la cité devint au IIIᵉ siècle av. J.-C. un centre important de a civilisation grecque. Grande ville ommerçante, elle participa à la colonisa-ion vers l'ouest et fonda Syracuse* et Cor-yre (Corfou). Elle atteignit son apogée ers 600 av. J.-C. puis déclina au profit l'Athènes* à partir du Vᵉ siècle av. J.-C. Alliée de Sparte* pendant la guerre du Pé-loponnèse*, puis hostile à l'hégémonie de cette cité (guerre de Corinthe, 395-391 av. J.-C., au cours de laquelle elle se rap-procha d'Athènes), Corinthe fut soumise ensuite à la Macédoine* puis détruite par les Romains en 146 av. J.-C. Reconstruite puis ravagée par les invasions barbares* à la fin du IIIᵉ siècle ap. J.-C., la ville fut suc-cessivement dominée par les Français, les Vénitiens et les Turcs. Le canal de Corin-the percé à travers l'isthme fut construit de 1881 à 1893. Voir Grande-Grèce.

CORINTHIEN (Ordre). Style d'architec-ture antique apparu à la fin du Vᵉ siècle av. J.-C. et très répandu à l'époque romaine. Dans l'ordre corinthien, les chapiteaux sont décorés de feuilles d'acanthe, plante qui pousse dans la rocaille. Voir Dorique (Ordre), Ionique (Ordre).

CORN LAWS (en fr. : lois sur le blé). En Angleterre, lois qui protégeaient la pro-duction céréalière britannique par la fixa-tion de taxes d'importation élevées. Cette législation protectionniste, établie à la fin du XVIIᵉ siècle, s'aggrava par la loi de 1815 imposée par l'aristocratie terrienne. Sous la pression des classes populaires victimes du pain cher et des industriels, la lutte pour la suppression des *Corn Laws* s'organisa, Cobden* prenant la tête de l'Anti-Corn Law League (1838). L'ampleur du mou-vement contraignit le conservateur Peel* à se rallier aux thèses libérales et les lois sur le blé furent abolies (1846). Cependant en 1875, le cours du blé s'effondra, incitant les agriculteurs à réclamer le retour au pro-tectionnisme, rétabli seulement en 1931, après la grande crise de 1929.

CORNEILLE, Pierre (Rouen, 1606-Pa-ris, 1684). Poète dramatique, il est géné-ralement considéré, avec Racine*, comme le plus grand dramaturge classique fran-çais. Fils d'avocat, avocat lui-même, il dé-buta dans la carrière théâtrale avec des comédies (*Mélite*, 1629 ; *La Galerie du palais*, 1631-1632 ; *La Place royale*, 1633-1634 ; *L'Illusion comique*, 1635-

1636). Distingué par Richelieu*, il reçut une pension (1635-1638) et connut la célébrité avec une tragi-comédie, *Le Cid* (1637), qui suscita la fameuse « querelle du Cid » concernant les trois unités de la règle classique (une seule intrigue, se déroulant en une seule journée, en un seul lieu), dans laquelle intervint l'Académie* française récemment constituée. Sensible aux critiques, Corneille se consacra à la tragédie classique et composa ses premiers chefs-d'œuvre (*Horace*, 1640 ; *Cinna*, 1640-1641 ; *Polyeucte*, 1641-1642) sans abandonner la comédie à la mode espagnole (*Le Menteur*, 1643). Il connut cependant un échec en 1643 avec une autre comédie *Pertharite* qui l'éloigna du théâtre pendant huit ans. Revenu à la scène (*Œdipe*, 1659 ; *Sertorius*, 1662 ; *Attila*, 1667), Corneille tenta vainement de retrouver la faveur du public ravie par son jeune rival Racine. Il mourut presque dans l'oubli.

CORNWALLIS, Charles Mann, lord Brone, 1ᵉʳ marquis de (Londres, 1738-Ghazipur, Uttar Pradesh, près de Bénarès, 1805). Général anglais. Il participa à la guerre de Sept* Ans (1756-1763) puis à la guerre d'Indépendance* américaine (1775-1782), mais dut capituler à Yorktown* (1781). Gouverneur au Bengale, puis en Irlande, il fut l'un des signataires du traité d'Amiens* (1802) avec la France du Consulat, rompu dès 1803.

COROT, Jean-Baptiste Camille (Paris, 1796-*id.*, 1875). Peintre français. Considéré comme le plus grand paysagiste français du XIXᵉ siècle, il poursuivit la tradition classique mais annonça aussi, par sa conception du paysage, l'impressionnisme*. Après avoir reçu aux Beaux-Arts une solide formation académique auprès de paysagistes néo-classiques, Corot pratiqua le paysage de plein air en voyageant en Italie et en France (*La Trinité des Monts*, 1826-1828, Paris, Louvre ; *Le Pont de Narni*, 1826-1827 ; *Le*

Port de La Rochelle, 1852 ; *Le Beffroi de Douai*, 1871). La notoriété de Corot s'imposa cependant par les peintures qu'il exposa aux Salons à partir de 1835, compositions plus conventionnelles montrant de vastes paysages animés de figures bibliques ou mythologiques et de *Souvenirs* de Ville-d'Avray ou d'Italie. Corot fut aussi l'auteur de nombreux portraits féminins (*Claire Sennegon*, 1837 ; *La Femme à la perle*, 1868-1870, Paris, Louvre).

CORPORATION. Au Moyen Âge et sous l'Ancien* Régime, association organisée par des statuts regroupant les membres d'une même profession, maîtres, compagnons* et apprentis. En France, les premières corporations apparurent au XIIᵉ siècle (à Paris : drapiers, pelletiers, bouchers, épiciers, merciers, orfèvres). Elles sont bien connues au XIIIᵉ siècle par le *Livre des métiers* d'Étienne Boileau. Chacune d'elles réglementait de façon très stricte les horaires, les conditions d'accès à la profession, les procédés de fabrication ainsi que les salaires et les prix. Cette réglementation minutieuse visait à gêner la concurrence entre les métiers ou à l'intérieur de chacun d'eux. Elle protégeait l'acheteur contre les fraudes mais assurait aussi le monopole du marché aux maîtres des corporations. Cette organisation des métiers entrava l'initiative des artisans et ralentit les progrès techniques. Les corporations furent définitivement abolies en France en 1791. Plusieurs modèles d'association corporative existèrent en Europe. Dans le nord de la France et le Bassin parisien, le « métier juré » ou « jurande » (appelé ainsi en raison du respect des statuts et du devoir d'assistance mutuelle qui liaient ses membres) bénéficiait d'une véritable autonomie. Dans les Flandres* dans la France du Sud et en Italie, le « métier réglé » était moins indépendant car la réglementation était imposée par les autorités urbaines.

CORPS FRANCS. Nom donné après la première Guerre* mondiale en Allemagne des unités de volontaires pour la plupart financées par la grande industrie qui se donnaient pour objectif la lutte contre le bolchevisme. On y trouvait, parmi des militaires de carrière et des anciens combattants, des aventuriers, des déclassés et des chômeurs attirés par la solde. Les corps francs furent utilisés par le ministre de la guerre Noske, afin de rétablir l'ordre menacé par la révolution spartakiste (1919). On trouva en Allemagne jusqu'en 1933 beaucoup d'anciens membres des corps francs dans les formations paramilitaires, en particulier les SA*, entretenant dans le pays une atmosphère de terreur. Voir Salomon (Ernst von), Spartakus (Ligue).

CORPS LÉGISLATIF. En France, nom donné à l'une des quatre assemblées législatives instituées par la Constitution* de l'an VIII (1799). Composé de 300 membres choisis par le Sénat*, le Corps législatif n'eut, sous le Consulat* et l'Empire*, que le pouvoir de rejeter ou d'approuver sans discussion les projets de loi. Le Corps législatif, qui avait été supprimé en 1814, fut rétabli par Louis Napoléon Bonaparte (Napoléon III*) dans la Constitution de 1852. Outre le rôle qu'il avait tenu sous les régimes précédents, il pouvait voter le budget et ses pouvoirs furent ensuite élargis avec la libéralisation du régime (initiative des lois en 1869). Cette Assemblée fut supprimée en 1870, après la chute du Second Empire*. Voir Conseil d'État, Tribunat.

CORRÈGE, Antonio ALLEGRI, dit **il Correggio,** en fr. le (Correggio, près de Parme, v. 1489-id., 1534). Peintre italien, il fut un des derniers grands représentants de la Renaissance* italienne mais sa vie reste peu connue. Élève de Mantegna, il séjourna à Rome (vers 1517-1519) où il étudia Raphaël* et Michel-Ange*. Les leçons de ce séjour s'exprimèrent avec génie dans les fresques qu'il réalisa pour le réfectoire du couvent des bénédictines de San Paulo à Parme (la Camera, 1519-1520). Cette œuvre lui permit ensuite de réaliser les grandes commandes de Parme parmi lesquelles, *L'Assomption de la Vierge* du dôme de Parme (1524-1530), où Corrège excella dans l'art du clair-obscur.

CORTES. Nom donné au Parlement en Espagne. Convoquées pour la première fois à la fin du XIIe siècle par Alphonse IX, roi de León, elles étaient composées des représentants de la noblesse, du clergé et des communes et connurent leur apogée au XIVe siècle. Les Cortes perdirent tout pouvoir sous les Rois Catholiques et la dynastie des Habsbourg* pour devenir ensuite étroitement dépendantes du pouvoir dans l'Espagne de Franco*. Ses membres, qui avaient été élus pour la première fois au suffrage universel sous le *Frente popular* (1936), retrouvèrent leurs pleins pouvoirs dans la Constitution de 1978. Les Cortes désignent aujourd'hui l'ensemble du Sénat et du congrès des députés, élus au suffrage universel. Voir Isabelle Ire.

CORTÉS, Hernán (Medellín, 1485-Castilleja de la Cuesta, 1547). Célèbre conquistador* espagnol, et habile politique, il fut le conquérant du Mexique. Bien connu grâce à ses propres écrits et à la vogue font il fut l'objet chez les historiens et chroniqueurs de la conquête du Mexique, Cortés reste aujourd'hui la figure nationale la plus discutée du Mexique depuis son indépendance. Issu d'une famille noble mais sans fortune, il abandonna ses études de droit et participa à la conquête de Cuba (1511-1514) avec Diego Velásquez qui lui confia, en 1518, la direction d'une expédition au Mexique afin de prendre possession de nouvelles terres et de se procurer de l'or. En 1519, malgré les ordres de Velasquez qui s'était ravisé, Cortés quitta Cuba. Après avoir imposé par la force la souveraineté espagnole à l'empire aztèque* et détruit sa capitale, Cortés fut nommé gouverneur général de la Nouvelle

Espagne par Charles* Quint (1522). Il administra autoritairement le pays et distribua des *encomiendas* à ses compagnons, s'appropriant lui-même d'importants domaines. Accusé de rébellion contre le viceroi, et rappelé en Espagne, il parvint à se justifier et retourna au Mexique jusqu'en 1540. Rentré dans son pays où il vécut en grand seigneur, il participa à la malheureuse expédition contre Alger ordonnée par Charles Quint (1541). Il mourut près de Séville* alors qu'il se préparait à regagner la Nouvelle-Espagne. Voir Pizarro (Francisco).

CORVÉE. Travail obligatoire et gratuit dû au seigneur par ses tenanciers ou dépendants. Dans l'Europe médiévale du XIᵉ au XIIIᵉ siècle, le nombre et la durée des corvées étaient fixés par la coutume de la seigneurie* ou par la charte* du village. Il pouvait s'agir d'un travail précis à effectuer dans la réserve* ou d'un certain nombre de jours de travail par semaine ou par an. Tous les hommes de la seigneurie cependant devaient contribuer à l'entretien des routes, des ponts et des fortifications. Les corvées, plus ou moins lourdes selon les pays, furent en France souvent rachetées. Elles ne furent néanmoins définitivement supprimées que dans la nuit du 4 août* 1789.

CORYPHÉE. Chef du chœur (acteurs déclamant en chantant des vers destinés à présenter ou commenter l'action) dans les pièces du théâtre antique.

COSAQUES. Nom donné aux populations guerrières, en majorité slaves*, de l'ancienne Russie. À l'origine formés par des paysans fuyant l'Asie centrale dominée par les Turcs et la Moscovie, les Cosaques peuplèrent au cours du XVᵉ siècle les steppes du sud de la Russie. Aux XVIᵉ et XVIIᵉ siècles, les communautés cosaques les plus importantes, pour la plupart organisées en démocraties militaires dont les chefs étaient élus, furent les « Cosaques du Don », les « Cosaques du Dniepr » et les

« Zaporogues ». Après avoir perdu leur dernières libertés sous Catherine II*, le Cosaques furent intégrés dans l'armé russe. Au XIXᵉ siècle, ils participèrent l'expansion de l'Empire russe.

COSME DE MÉDICIS, dit l'Ancie (Florence, 1389-Careggi, 1464). Fonda teur de la branche aînée des Médicis* Grâce à son immense fortune, il pratiqu un généreux mécénat qui fit de Florence le centre de la Renaissance*. D'abor chassé de Florence par les Albizzi, famil du parti aristocratique, il y revint trion phalement en 1434, exerçant jusqu'à s mort une influence dominante dans l ville. Maître de Pise*, il hérita d commerce de celle-ci avec le Levant*. augmenta considérablement la fortune fa miliale et fut le créancier du Saint-Siège des rois de France et d'Angleterre. Il f aussi un grand mécène, protégeant notam ment les architectes Brunelleschi* et M chelozzo, Donatello* le sculpteur et le peintres (Fra) Filippo Lippi* et Fra Ang lico*. Grand admirateur de Platon*, fonda l'Académie* platonicienne de Flo rence dirigée par l'humaniste et philoso phe Marsile Ficin*. Pour ses largesses en vers ses concitoyens, il reçut à sa mort l titre de « Père de la patrie ». Voir Huma nisme, Laurent le Magnifique.

COTTE DE MAILLES. Voir Haubert.

COTY, René (Le Havre, 1882-*id.*, 1962 Homme politique français. Successeur d Vincent Auriol* et dernier président de l Quatrième République* (1954-1958), él après 13 tours de scrutin, il se prononç pour le retour au pouvoir du général d Gaulle* après la crise du 13 mai* 1958 Alger. Ce dernier lui succéda en décembr 1958. Voir Algérie (Guerre d').

COUPERIN, François, dit Couperin l Grand (Paris, 1668-*id.*, 1733). Organist et claveciniste français. Grand maître d clavecin, il a su, avec génie, réconcilier le styles italien et français. Membre d'un dynastie de compositeurs et organiste ançais, il fut organiste de la chapelle de ouis XIV* et connut à cette époque une loire nationale. Malade à partir de 1723, mourut dans l'oubli. Couperin composa ois *Leçons de ténèbres*, quatre *Livres de ièces de clavecin* ainsi que des sonates et 4 *Concerts royaux*.

OURBET, Gustave (Ornans, 1819-La our-de-Peilz, Suisse, 1877). Peintre fran ais. Ami de Baudelaire* et de Proudhon*, fut le chef de file du réalisme. Fils de aysans aisés, il s'installa à Paris en 1839 fin de se consacrer à la peinture. Élève de Académie suisse, il copia aussi au Lou re* les chefs-d'œuvre de la peinture hol andaise, flamande et italienne des XVIe et VIIe siècles, Théodore Géricault* et Eu ène Delacroix*. Après la révolution* de 848, influencé par les idées socialistes, il 'orienta vers une conception de l'art plus opulaire. Les œuvres qu'il présenta dé ormais aux Salons furent l'objet de vio entes polémiques car elles évoquaient une éalité quotidienne sans pittoresque ni sen iment, ce qui bouleversait les conceptions e la peinture de genre (*L'Après-dîner à Irnans*, 1849, Lille ; *Les Casseurs de ierres*, 1849 ; *L'Enterrement à Ornans*, 850, Paris, Orsay). Refusé à l'Exposition niverselle de 1855, considéré comme le hef de file de l'« école du laid », Courbet onstruisit son propre pavillon pour y ex oser ses toiles, affirmant dans son cata ogue sa volonté de « faire de l'art vi ant ». Le public et la critique reçurent ussi mal les autres toiles qu'il envoya aux ialons (*Les Demoiselles du village*, 1851 ; es *Cribleuses de blé*, 1854 ; *Les Baigneu es*, 1853) dénonçant la vulgarité de ses su ets et l'indécence de ses nus. Courbet par icipa activement à la Commune* de Paris t dut s'exiler en Suisse.

OURSE À LA MER. Nom donné lors e la Première Guerre* mondiale à l'en emble des opérations (septembre-novem re 1914) menées en Picardie et dans les landres après la bataille de la Marne* (septembre 1914), chacune des deux ar mées adversaires tentant d'envelopper l'autre par le nord. Les batailles de l'Yser* et d'Ypres* furent acharnées mais aucune ne put percer le front. Durant quatre ans, de la mer du Nord à la Suisse, les deux ar mées se firent face, inaugurant la guerre des tranchées. Voir Foch (Ferdinand).

COURTOIS. Qualifie un genre littéraire du Moyen Âge. Dans la littérature cour toise, le chevalier*, par ses exploits et sa bravoure, cherchait à gagner le cœur de la dame de ses pensées. Le genre fut illustré au XIIIe siècle par les troubadours du Midi (Bernard de Ventadour), puis introduit au nord, peut-être sous l'influence d'Aliénor* d'Aquitaine, par les romans de Chrétien* de Troyes notamment, et diffusé ensuite dans toute l'Europe.

COURTRAI (Bataille de, juillet 1302). Bataille où la chevalerie* française de Phi lippe IV* le Bel fut battue par les milices des villes de Flandre* révoltées contre leur gouverneur français, Jacques de Châtillon. Le roi de France, inquiet de la puissance de la Flandre – devenue l'un des princi paux centres du commerce européen grâce à la richesse de ses draperies et nouant des liens privilégiés avec l'Angleterre –, avait envahi la région en 1297 et imposé sa tu telle. La défaite de Courtrai ou des « Épe rons d'or » provoqua le retour du comte Gui de Dampierre à la tête du comté de Flandre (1303) et l'instauration de régimes démocratiques dans les villes flamandes. Elle marqua aussi, sur le plan militaire, le début du déclin de la lourde cavalerie fran çaise.

COUTHON, Georges (Orcet, Puy-de-Dôme, 1755-Paris, 1794). Homme politi que français. Républicain, ami de Robes pierre* et de Saint-Just*, il joua un rôle important au sein du Comité* de Salut pu blic, accentuant en particulier la Terreur* en réorganisant le Tribunal* révolution naire. Avocat à Clermont-Ferrand, puis président du tribunal de cette ville (1789), paralysé depuis 1788, Couthon siégea à l'extrême gauche de l'Assemblée* législative en 1791. Proche de Robespierre dont il partageait entièrement les opinions, il fut réélu comme montagnard* à la Convention* nationale (1792), contribuant à la chute des girondins*, puis entra au Comité de Salut public (juillet 1793). Représentant en mission chargé, avec Fouché* et Collot* d'Herbois, de réprimer l'insurrection fédéraliste* et royaliste de Lyon (fin août-début septembre 1793), il refusa, contrairement aux vœux de la Convention, de détruire la ville et fut accusé d'être un modéré. Élu président de l'Assemblée (décembre 1793), il lutta cependant avec une sévérité extrême contre les ultra-révolutionnaires (hébertistes*) et les Indulgents* (dantonistes). Il fit surtout voter la plus sévère des lois terroristes (10 juin 1794) qui réorganisait le Tribunal révolutionnaire, supprimant défenseurs et témoins. Décrété d'arrestation avec Robespierre le 9 Thermidor* (27 juillet 1794), il fut exécuté.

COUVE DE MURVILLE, Maurice (Reims, 1907-). Diplomate et homme politique français. Rallié au général de Gaulle* en 1943, ambassadeur au Caire, à Washington et à Bonn, il fut ministre des Affaires étrangères (1958-1968), poste dans lequel il appliqua les options gaullistes d'indépendance à l'égard des États-Unis et de rapprochement avec les pays de l'Est. Ministre de l'Économie et des Finances (mai-juillet 1968), il fut choisi comme Premier ministre après les événements de mai* 1968 (1968-1969), jusqu'au départ du président de Gaulle.

CRANACH, Lucas dit **l'Ancien** ou **l'Aîné** (Kronach, Franconie, 1472-Weimar, 1553). Peintre, graveur et dessinateur allemand. Peintre de la cour de l'électeur de Saxe pour laquelle il réalisa des tableaux sacrés, il fut aussi l'un des créateurs de l'iconographie protestante. Il dirigea à Wittenberg, où il fut membre du conseil puis bourgmestre, un grand atelier particu-

lièrement actif. Proche des idées de la Réforme*, il exécuta plusieurs portraits de Luther*. Influencé par les thèmes de la Renaissance* italienne, il peignit aussi des scènes mythologiques et des figures isolées où il manifesta sa prédilection pour le nu féminin (*Vénus et l'amour, Lucrèce, Diane*).

CRANMER, Thomas (Aslacton, 1489-Oxford, 1556). Prélat anglais. Professeur de théologie à Cambridge*, il fut le premier archevêque anglican de Canterbury* (1533), et prononça la nullité du mariage d'Henri VIII* et Catherine d'Aragon (1533). Calviniste et adversaire virulent du papisme, il fut à l'origine du premier *Prayer* Book* (1549) et d'une confession de foi en quarante-deux articles (1553). Lors de la restauration du catholicisme* sous Marie Tudor*, il fut arrêté comme hérétique et brûlé vif. Voir Anglicanisme, Calvinisme.

CRASSUS (Rome, 114/115-Carres, 53 av J.-C.). Homme politique et général romain. Il s'illustra dans la répression de la révolte de Spartacus*, partagea le consulat avec Pompée* en 70 av. J.-C. et fut membre avec César* et Pompée du premier triumvirat* (60 av. J.-C.). Il bénéficia des proscriptions de Sylla* et devint richissime. Il fut vaincu et tué au cours d'une expédition contre les Parthes* (bataille de Carrhae, 53 av. J.-C.).

CRÉCY (Bataille de, août 1346). Première grande bataille de la guerre de Cent* Ans, livrée entre les armées d'Édouard III* d'Angleterre et de Philippe VI* de Valois. La défaite française fut totale : plus de 1 500 cavaliers et écuyers y trouvèrent la mort. Après Courtrai* (1302), Crécy marquait le déclin de la lourde cavalerie féodale face aux fantassins et aux archers anglais. Voir Calais, Écluse (Bataille de L').

CRÉMIEUX, Isaac, Moïse, dit **Adolphe** (Nîmes, 1796-Paris, 1880). Homme politique français. Avocat et républicain, il fut 'auteur du décret (dit décret Crémieux) ui conféra la qualité de citoyen français ux juifs d'Algérie (1870). Il fut aussi ministre de la Justice dans le gouvernement* rovisoire après la révolution* de Février 848, puis en 1870, dans le gouvernement e Défense* nationale après la chute de Napoléon III*.

CRÉOLES. Nom donné depuis le XVIᵉ siècle aux personnes dont les ascendants sont riginaires d'Europe et qui sont nées dans es colonies européennes d'Amérique. Dans les possessions espagnoles, les Créoes, souvent exclus du pouvoir politique déenu par les Espagnols venus de la péninule mais détenteurs du pouvoir conomique, furent souvent à l'origine des mouvements d'indépendance qui renversèent l'autorité coloniale au début du IXᵉ siècle. Voir Bolívar (Simon), Iturbide Agustín de), San Martín (José de).

CRÉPY-EN-LAONNOIS (Traité de, 544). Durant les guerres d'Italie*, traité igné à Crépy (Aisne), entre François Iᵉʳ* t Charles* Quint. La France renonçait à a Flandre*, à l'Artois, au Milanais, à Naples* et à l'Aragon*, tandis que Charles Quint abandonnait ses prétentions au duhé de Bourgogne*. Le traité maintenait in équilibre fragile en Europe, l'Espagne estant encore très menaçante pour la France.

CRÉSUS (VIᵉ siècle av. J.-C.). Dernier roi de Lydie* (561-546 av. J.-C.), c'est sous on règne que le royaume connut son apoée. Crésus soumit les cités grecques d'Ioie* et étendit ses conquêtes en Asie* Mieure jusqu'au fleuve Halys. Très dmiratif de la Grèce, il manifesta sa géérosité en envoyant des trésors aux temles*, en particulier à celui de Delphes*. Célébré pour ses richesses, son nom est encore employé aujourd'hui pour désigner in homme ayant une grande fortune. Créus fut battu par Cyrus*, roi de Perse, en 46 av. J.-C. Le royaume s'effondra alors rutalement pour tomber sous la domina-

tion perse. La fin de Crésus n'est connue qu'à travers des légendes. Il aurait été soit brûlé vif, soit plus probablement gardé comme conseiller à la cour de Cyrus. Voir Pactole, Perses.

CRÉTOIS. Peuple venu probablement d'Asie* Mineure, installé dès le VIᵉ millénaire av. J.-C. dans une île montagneuse, la Crète. Grands commerçants, ils dominèrent la Méditerranée orientale (XVIIIᵉ-XVᵉ siècles av. J.-C.) et influencèrent la civilisation grecque. Au IIIᵉ millénaire av. J.-C., les Crétois, présents surtout dans l'est de l'île, savaient travailler le cuivre et le bronze*. À partir de 2000 av. J.-C., la pratique du commerce enrichit le pays. Des centres comme Phaistos*, Cnossos* et Mallia* connurent une brillante civilisation marquée par la construction d'importants palais, demeures seigneuriales dominant des villages alentour. Mais vers 1750 av. J.-C. une catastrophe, sans doute naturelle (éruption volcanique ou tremblement de terre), détruisit ces premiers palais. Rapidement relevé, le pays connut son apogée entre 1700 et 1400 av. J.-C. On reconstruisit aux mêmes emplacements des palais encore plus vastes mais ce fut celui de Cnossos, résidence du légendaire Minos*, qui désormais domina l'île. Les Crétois furent à la tête d'un vaste empire maritime couvrant toute la Méditerranée orientale. Ils importaient du cuivre, de l'étain, des métaux précieux et exportaient les produits de leur agriculture (vin et huile) et de leur artisanat (armes, bijoux, poterie). Les Crétois adoraient plusieurs dieux dont les plus vénérés étaient un dieu taureau et surtout la déesse aux serpents, symbole de la fécondité. Le culte comportait des processions et des manifestations athlétiques (comme les courses de taureaux) qui se déroulaient en plein air, dans les grottes ou dans les cours des palais. Mais vers 1450-1400 av. J.-C., la Crète connut une nouvelle catastrophe : tous les palais et les villes disparurent. Certains historiens l'expliquent par un tremblement de terre, d'autres par l'invasion brutale des Achéens*. Le déclin de la Crète fut alors définitif, et la domination commerciale des Crétois fut désormais assurée par les Achéens. Après l'invasion des Doriens*, vers 1100 av. J.-C., la Crète ne joua plus qu'un rôle effacé dans l'histoire grecque mais elle aura profondément influencé sa première civilisation. Voir Bronze (Âge du), Evans (sir Arthur).

CRIMÉE (Guerre de). Conflit qui opposa de 1854 à 1856 la Russie à une coalition formée par l'Empire ottoman*, la Grande-Bretagne, la France et le Piémont. La guerre se termina par la défaite des Russes. Les ambitions rivales anglo-russes en Orient – l'Angleterre souhaitait maintenir l'intégrité de l'État turc menacé par la Russie afin qu'aucune puissance européenne ne puisse contrôler les détroits et entraver la route des Indes – et la querelle entre Napoléon III* et le tsar Nicolas Ier* à propos des Lieux saints où les progrès catholiques menaçaient les moines orthodoxes, furent à l'origine du conflit. Les hostilités russo-turques commencèrent en octobre 1853, le sultan ayant refusé le protectorat russe sur les chrétiens* orthodoxes de l'Empire ottoman*. Après l'occupation russe des principautés de la Moldavie et de la Valachie et la destruction d'une flotte turque en mer Noire, l'Angleterre et la France déclarèrent la guerre à la Russie (mars 1854). Le conflit dura deux ans et se résuma dans le long siège de Sébastopol* en Crimée, évacuée après la prise de la tour Malakoff* par Mac-Mahon* (septembre 1855). Le traité de Paris* (1856) sanctionna l'indépendance et l'intégrité de l'Empire ottoman et la neutralisation de la mer Noire.Voir Alma, Bosquet (Pierre), Inkerman (Bataille d'), Menchikov (Aleksandr), Orient (Question d'), Raglan (lord James), Saint-Arnaud (Arnaud), Totleben.

CRISE ÉCONOMIQUE DE 1929. Crise économique qui se déclencha aux États-Unis le 24 octobre 1929 (le Jeudi* noir ou *Black Thursday*) après le krach boursier de Wall Street, avant de s'étendre à la presque totalité du monde. Par son ampleur et sa durée, ses conséquences sociales et politiques, la crise des années 30 fut un des événements majeurs de l'histoire de la première moitié du XXe siècle. Révélateur des dysfonctionnements profonds de l'économie capitaliste américaine, le krach boursier de New York fut aussi le déclencheur de la crise. Il ruina en quelques jours les détenteurs d'actions et propagea la crise au secteur bancaire qui avait imprudemment engagé des fonds dans la spéculation. En outre, victimes des retraits de fonds provoqués par la panique, les banques furent privées de liquidités, et ne purent plus soutenir leurs prêts ni pour la consommation, ni pour l'investissement. Cette crise bancaire, amenant une raréfaction du crédit, précipita les entreprises dans la faillite, entraînant une grave crise sociale. La crise, d'origine américaine, finit par atteindre l'Amérique latine et de nombreux pays européens. Les États-Unis, en interrompant leurs prêts ou en rapatriant ceux arrivant à échéance, provoquèrent une grave contraction des liquidités internationales et la faillite de nombreuses banques. Les pays atteints furent ceux dont l'économie dépendait le plus des capitaux étrangers et du commerce international (Autriche et Allemagne, Angleterre), les pays d'Amérique latine subissant les effets de l'effondrement des prix des matières premières. Aucune politique anti-crise des années 30 n'apportera de succès durables, malgré l'intervention de l'État et les politiques d'armement. Les relations internationales subirent enfin inévitablement le contre-coup de la crise, certains pays (Allemagne, Japon) trouvant dans la conquête la solution aux difficultés intérieures. Voir Front populaire, Hitler (Adolf), Roosevelt (Franklin D.).

CRISPI, Francesco (Ribera, Sicile, 1818-Naples, 1901). Homme politique italien. Président du Conseil, il domina la vie politique italienne de 1887 à 1896. Il imposa, à l'intérieur, un régime conservateur et autoritaire et tenta, à l'extérieur, de faire de l'Italie une grande puissance coloniale. Avocat à Naples*, il participa à la révolution de 1848 contre les Bourbons* de Sicile et dut s'exiler pendant dix ans. Devenu collaborateur de Mazzini*, favorable à l'instauration d'une République italienne, il revint en Sicile en 1859 et organisa l'expédition des *Mille** de Garibaldi* (1860). Ministre de l'Intérieur dans le gouvernement de la Sicile libérée, il s'opposa à l'annexion de Naples et de la Sicile par le Piémont puis, député d'extrême gauche au Parlement italien (1861), il se rallia officiellement au roi Victor-Emmanuel II* (1865). Président de la Chambre (1876) puis ministre de l'Intérieur (1877-1878), il devint, après avoir été éloigné un temps de la vie politique pour scandale familial, président du Conseil (1887-1891 ; 1893-1896). Admirateur de Bismarck*, il n'entendait tolérer aucun désordre à l'intérieur. Gouvernant de façon personnelle et fort de l'appui du roi Humbert Ier, il lutta énergiquement contre la propagande socialiste, l'agitation ouvrière et les attentats anarchistes. D'un nationalisme exalté, Crispi se lança dans la constitution d'un empire colonial italien, son grand dessein étant d'imposer un protectorat à l'Éthiopie à partir des possessions déjà acquises en Érythrée* et en Somalie. Ses ambitions furent cependant anéanties par la défaite d'Adoua* (1896) qui provoqua sa démission et mit fin à sa carrière politique. Crispi avait resserré en Europe les liens de la Triple-Alliance* et pratiqué une politique agressive à l'égard de la France, à qui l reprochait l'annexion de la Tunisie (1881), lui déclarant une véritable guerre douanière. Malgré sa dictature, Crispi resta aux yeux d'une majorité d'Italiens le sym-

bole de l'ordre et de la grandeur impériale. Voir Depretis (Agostino), Éthiopie (Guerre d'), Révolutions de 1848.

CRISTAL (Nuit de, 9-10 novembre 1938). Nom donné à la nuit durant laquelle des militants nazis, avec la complicité des autorités du Troisième Reich*, se livrèrent à un vaste pogrom en riposte à l'assassinat, par un jeune juif, d'un conseiller à l'ambassade de France à Paris. Voir Nuremberg (Lois de).

CROATES. Peuple slave ayant donné son nom à la Croatie*, région des Balkans* qui formait l'une des six Républiques fédératives de Yougoslavie. La Croatie forma aux Xe et XIe siècles un royaume, puis elle fut rattachée au royaume de Hongrie (1102-1918). Elle s'associa au mouvement nationaliste serbe au début du XXe siècle, revendiquant l'union des Slaves* du Sud. Englobés dans la Yougoslavie à partir de 1919, les Croates s'opposèrent violemment au centralisme serbe, recourant au terrorisme dont l'une des victimes fut Alexandre Ier*, assassiné en 1934 à Marseille. En 1941, la Croatie forma un État indépendant, contrôlé par les Allemands et les Italiens et gouverné par Ante Pavelic* qui y établit un régime de terreur. Depuis 1991, la Croatie forme une République indépendante. Voir Autriche-Hongrie, Croatie (République de).

CROATIE (République de). Ancienne république fédérée de la Yougoslavie (capitale : Zagreb), peuplée essentiellement de Croates* (environ 78 %) et de Serbes (environ 12 %). Après avoir proclamé son indépendance en 1991, la Croatie a dû affronter les Serbes, soutenus par l'armée fédérale. En 1992, ont été envoyés dans la République – autoproclamée – de Krajina, occupée par les Serbes, des Casques bleus dans le cadre de la FORPRONU (Forces de protection des Nations Unies).

CROISADE (PREMIÈRE) (1096-1099). Nom donné à l'expédition militaire organisée par l'Église afin de délivrer les Lieux

Les premières croisades

Légende :

- Aire grecque orthodoxe
- Aire catholique romaine
- Terres d'Islam
- *Reconquista* au XIIe siècle
- 1ère croisade (1096-1099)
- 2ème croisade (1147-1149)
- 3ème croisade (1189-1192)

Villes et lieux : Londres, Paris, Bruges, Vézelay, Clermont, Lyon, Toulouse, Worms, Ratisbonne, Vienne, Milan, Gênes, Venise, Bari, Rome, Marseille, Palerme, Messine, Tunis, Belgrade, Durazzo, Constantinople, Athènes, Candie, Smyrne, Iconium, Attalia, Famagouste, Limassol, Édesse, Antioche, Tripoli, Damas, St-Jean-d'Acre, Jérusalem, Alexandrie, Cadix, Lisbonne, Tolède, Valence

Mers : Océan Atlantique, Mer Méditerranée, Mer Noire

Personnages :
- Richard Cœur de Lion (roi d'Angleterre)
- Philippe Auguste (roi de France)
- Robert de Flandre
- Hugues de Vermandois (France)
- Raimond de Toulouse (France)
- Godefroi de Bouillon (France)
- Louis VII (roi de France)
- Frédéric Barberousse (empereur du Saint Empire romain germanique)
- Conrad III (empereur du Saint Empire romain germanique)

ints de Palestine* occupés par les mulmans*. Elle fut décidée au concile* de lermont par le pape Urbain II* en 1095. a première croisade comporta la croisade te populaire dirigée par Pierre* l'Ermite Gautier Sans Avoir et la croisade des bans commandée principalement par Gofroi* de Bouillon, Raimond IV*, comte e Toulouse, et le Normand Bohémond*. a croisade populaire, mal commandée, t massacrée par les Turcs en Asie* Mieure (1096). Celle des barons s'empara 'Édesse, d'Antioche* et de Jérusalem* 5 juillet 1099). Elle aboutit à la création u royaume latin de Jérusalem*, de la principauté d'Antioche*, du comté d'Édesse* du comté de Tripoli*. Pour défendre ces onquêtes, des ordres de moines-soldats rent créés : les Templiers* et les Hospiliers*. Voir Croisades.

ROISADE (DEUXIÈME) (1147-49). Nom donné à l'expédition militaire ganisée par l'Église et prêchée par saint ernard* à Vézelay. Elle eut pour origine reconquête du comté d'Édesse* par les usulmans*. La deuxième croisade fut ommandée par le roi de France ouis VII* et l'empereur germanique onrad III. Elle échoua devant Damas*. oir Croisades, Nur al-Din.

ROISADE (TROISIÈME) (1189-192). Nom donné à l'expédition militaire cidée par le pape Grégoire VIII après la rise de Jérusalem* par Saladin* (1187). lle fut commandée par le roi de France hilippe II* Auguste, le roi d'Angleterre ichard Ier* Cœur de Lion et l'empereur rédéric Ier* Barberousse. Jérusalem ne t être reconquise mais un accord fut onclu avec Saladin autorisant les chréens* à se rendre en pèlerinage à Jérusam. La côte, de Tyr* à Jaffa, fut aussi laisée aux Francs*. Voir Jérusalem Royaume de).

ROISADE (QUATRIÈME) (1202-204). Nom donné à l'expédition militaire ganisée par le pape Innocent III* et commandée par Boniface de Montferrat, Baudouin de Flandre, le doge* de Venise, Dandolo et Geoffroy de Villehardouin*. Destinée à attaquer l'Égypte*, cœur de la puissance musulmane, elle fut détournée de son but par Venise qui assurait le transport des croisés*. L'Empire byzantin* en fut la victime. Constantinople* fut prise et pillée (1204). Elle devint la capitale de l'Empire* latin d'Orient. Les Byzantins se replièrent en Asie* Mineure où ils fondèrent l'Empire de Nicée*. La quatrième croisade provoqua la rupture définitive entre la papauté et l'Église orthodoxe* (Schisme d'Orient*). Voir Croisades, Épire (Despotat d'), Trébizonde (Empire de).

CROISADE (CINQUIÈME) (1217-1219). Nom donné à l'expédition militaire prêchée en 1215 par le pape Innocent III*. La cinquième croisade fut commandée par le roi de Jérusalem, Jean de Brienne, le roi de Chypre et le roi de Hongrie. Elle aboutit à la prise de Damiette, en Égypte*. Mais la ville dut être restituée pour permettre aux croisés*, vaincus, de réembarquer.

CROISADE (SIXIÈME) (1228-1229). Nom donné à la croisade commandée par l'empereur Frédéric II*. Celui-ci négocia avec le sultan d'Égypte* qui redonna aux croisés* Jérusalem*, Bethléem et Nazareth.

CROISADE (SEPTIÈME) (1248-1250). Nom donné à l'expédition militaire commandée par Louis IX* (saint Louis). Elle fut provoquée par la reconquête définitive de Jérusalem* par les musulmans* en 1244. Les croisés* échouèrent dans une tentative de conquête de l'Égypte. Louis IX fut capturé et libéré contre rançon.

CROISADE (HUITIÈME) (1270). Nom donné à la deuxième expédition militaire dirigée contre le sultan mamelouk d'Égypte* qui s'était emparé d'Antioche* (1268) et commandée par Louis IX* (saint Louis), qui mourut de la peste devant Tunis (1270). Voir Croisade (Septième), Croisades.

CROISADE DES ALBIGEOIS. Croisade prêchée par le pape Innocent III* et conduite par Simon de Montfort* et les seigneurs du nord de la France entre 1209 et 1218 contre les populations hérétiques du Midi de la France et le comte de Toulouse. Voir Albigeois.

CROISADE DES ENFANTS. Mouvement populaire déclenché en France, dans l'Empire et en Italie du Nord au début du XIIIᵉ siècle, après l'émotion suscitée par des processions destinées à soutenir la victoire sur les Sarrasins* d'Espagne (Las Navas* de Tolosa, 1212). Le terme « enfant » vient d'une mauvaise interprétation des témoignages de l'époque. Parvenus dans les ports méditerranéens, la plupart des croisés furent refoulés ; les autres moururent dans des naufrages ou furent vendus comme esclaves* en Égypte*. Un mouvement analogue eut lieu lors de la défaite de Louis IX* en Égypte, celui des Pastoureaux. Voir *Reconquista*.

CROISADES. Nom donné par les historiens à une série d'expéditions militaires (XIᵉ-XIIIᵉ siècle) organisées par l'Église pour délivrer la Terre sainte occupée par les Turcs seldjoukides* musulmans*. Après la prise de Jérusalem* en 1099, les croisés s'installèrent en Palestine* où ils fondèrent des États féodaux soumis sans cesse aux assauts des musulmans. Malgré les renforts et les expéditions de secours (huit croisades en 170 ans), les derniers établissements francs succombèrent en 1291. Au point de vue militaire, les croisades en Orient furent un échec car les Lieux saints restèrent aux mains des musulmans. Elles permirent cependant de fructueux échanges commerciaux dont profitèrent surtout les cités marchandes de Venise*, Gênes* et Pise*. Mais les croisades contribuèrent à l'affaiblissement de l'Empire byzantin* face aux Turcs. Voir Croisade (Première, Deuxième, Troi-

sième, Quatrième, Cinquième, Sixième, Septième, Huitième, États latins d'Orient

CROISÉ. Nom donné à celui qui partai pour la croisade combattre les Infidèles* c'est-à-dire ceux qui n'avaient pas la fo catholique* (musulmans*, païens ou héré tiques). Les croisés partaient à la croisade afin de racheter leurs péchés et assurer le salut de leur âme. Ils portaient une croix d'étoffe cousue sur leur vêtement. Voir Albigeois, Croisades, Indulgences.

CROISSANT FERTILE. Dans l'Antiquité, ensemble des terres cultivées au Proche-Orient*. En forme de croissant, elles s'étendaient de la Mésopotamie* (traversée par le Tigre et l'Euphrate) à l'Égypte* fertilisée par le Nil*.

CROIX-DE-FEU. Organisation française d'anciens combattants fondée en 1927 par Maurice Hanot. Elle réunissait les combattants de l'avant et les blessés de guerre cités pour action d'éclat. Organisation aux buts très vagues de solidarité et de maintien de l'esprit des tranchées, elle devint sous la présidence du colonel de La Rocque*, une ligue d'extrême droite (1931). Nationaliste et anticommuniste, elle fut dissoute, comme les autres ligues, par le gouvernement du Front* populaire (juin 1936), et se transforma en parti politique le Parti social français. Voir Février 1934 (Émeutes du 6), Vichy (Gouvernement de).

CRO-MAGNON (Homme de). Nom donné à un type d'homme préhistorique défini à partir des vestiges de cinq squelettes (un homme âgé, deux adultes, une femme et un fœtus) découverts en 1868 dans un abri-sous-roche à Cro-Magnon (Dordogne). Apparus en Europe occidentale vers 35 000-30 000 av. J.-C., ces hommes appartiennent au groupe de l'*Homo* * *sapiens* et sont très proches de l'homme moderne. Ils étaient généralement de grande taille (1,71 à 1,81 m), de forte musculature, avec une capacité crânienne (en moyenne 1 400 cm³) supérieure à la nôtre.

ec les hommes de Cro-Magnon appa-
ent les premières manifestations de
rt : décoration des objets usuels, armes
outils, magnifiques dessins, gravures ou
ntures sur les parois des cavernes (art
riétal*). Voir Eyzies-de-Tayac (Les),
imaldi, Paléolithique supérieur.

ROMLECH. Mot gallois et breton si-
ifiant « pierre en courbe ». À l'époque
la préhistoire*, il désigne un groupe de
nhirs* (pierres dressées) disposés en
cle. Le plus important cromlech d'Eu-
e est celui de Stonehenge*, en Angle-
re.

ROMWELL, Oliver (Huntingdon,
99-Londres, 1658). Homme politique
glais. Défenseur des libertés anglaises
ntre l'absolutisme de Charles Ier* et ar-
nt puritain*, il imposa à l'Angleterre,
rant près de dix ans, un régime plus au-
itaire que la monarchie abolie, mais
na à l'extérieur une politique brillante.
s de gentilhomme campagnard, il fit ses
des à Cambridge*, alors haut lieu du
ritanisme. Député au Parlement* de
28, puis au Court et au Long Parle-
nt*, il se signala d'abord par sa défense
la « vraie religion protestante » mena-
e par l'autoritarisme des évêques* en-
uragé par l'archevêque Laud*. Dès le
but de la guerre civile (1642-44), Crom-
ll, qui prit le parti du Parlement, se ré-
a un remarquable chef de guerre à la
e de ses « Côtes de fer » (*Ironside*),
upes très disciplinées et animées par son
natisme religieux. Chargé de réorganiser
te l'armée (*New Model Army*), Crom-
ll écrasa les Cavaliers* à Naseby*
645). Après la défaite définitive des for-
s royales à Preston, Cromwell, redoutant
s négociations entre le roi captif et le
ng Parlement, « épura » ce dernier. Ré-
it à ses seuls membres puritains, ce Par-
ment* croupion imposa la mise en juge-
ent du roi Charles Ier condamné puis
écuté (1649). La royauté et la Chambre
s lords* furent abolies et la République

(Commonwealth*) instaurée, le Conseil
d'État exerçant le pouvoir exécutif. Vainqueur du roi, Cromwell se retourna contre
l'Irlande qui avait soutenu Charles Ier, la
soumettant à une répression implacable
(Drogheda*, 1649), puis écrasa les Écossais qui venaient de se rallier à Charles II*,
fils du roi exécuté. Souhaitant en finir avec
le Parlement hostile à l'armée, Cromwell
dispersa le Parlement* Barebone (1653)
et, par la Constitution intitulée *Instrument
of Government*, instaura jusqu'à sa mort
une dictature en prenant le titre de Lord-
Protecteur du Commonwealth (1653).
Cinq années de despotisme intérieur avec
un moralisme imposant furent néanmoins
compensées par une politique extérieure
brillante. L'Acte de Navigation* (1651)
qui provoqua une guerre contre la Hollande, battue, donna une impulsion nouvelle au commerce et à la puissance navale
de l'Angleterre. Reprenant la tradition glorieuse d'Élisabeth Ière*, Cromwell se fit le
champion des protestants* persécutés sur
le continent : il s'allia à Mazarin*, ministre français de Louis XIII*, contre l'Espagne et obtint Dunkerque, tête de pont sur
le continent autrefois perdu avec Calais*,
et la Jamaïque. Cromwell mourut en 1658,
redouté et impopulaire, et désespéré de
n'avoir pu fonder un régime durable. Son
fils, Richard, lui succéda mais dut abandonner presque immédiatement le pouvoir.
Le chef de l'armée d'Écosse, Monk*, favorisa le retour de Charles II et la restauration monarchique.

CRONOS. Dans la mythologie* grecque,
nom donné à l'un des six Titans*, fils
d'Ouranos* (le ciel) et de Gaïa* (la terre).
De son union avec sa sœur Rhéa* naîtront
les six premiers dieux de l'Olympe : Hestia*, Déméter*, Héra*, Hadès*, Poséidon*
et Zeus*.

CROQUANTS (Révolte des). Nom donné
aux paysans révoltés en France (Quercy,
Limousin, Périgord), à la fin du XVIe et
dans la première moitié du XVIIe siècle. Le

poids des impôts et les abus des militaires logés chez l'habitant expliquèrent ces insurrections qui diminuèrent dans la seconde moitié du XVIIe siècle avec le renforcement de l'appareil d'État. Voir Va-nu-pieds (Révolte des).

CROTONE. Ancienne ville d'Italie du Sud située sur la côte ouest du golfe de Tarente*. Colonie grecque fondée par des Achéens* et des Spartiates en 710 av. J.-C., elle fut l'une des plus grandes cités commerçantes de Grande-Grèce*. Elle fut célèbre pour ses athlètes et Pythagore* y établit son école de sagesse. Crotone devint une colonie romaine en 194 av. J.-C.

CRYPTIE. Désignait à Sparte* le service de police assuré pour quelques mois par les jeunes citoyens âgés de 18 ans. Contrôlée par les éphores*, la cryptie était principalement chargée de la surveillance des hilotes*. Selon Plutarque*, elle aurait été une sorte d'épreuve imposée aux jeunes Spartiates avant leur majorité. Ils devaient survivre démunis de tout et seuls, et, la nuit, attirer les hilotes dans des embuscades pour les massacrer. Voir Éducation spartiate.

CUBA (Crise de, octobre 1962). Grave crise dans les relations américano-soviétiques qui fit craindre le déclenchement d'une troisième guerre mondiale. En octobre 1962, un avion de reconnaissance américain découvrit l'installation dans l'île de Cuba de rampes de lancement de fusées offensives, dirigées contre les États-Unis. Le président Kennedy* décida le blocus de Cuba et ordonna des préparatifs pour un débarquement dans l'île, tout en lançant un ultimatum menaçant l'URSS. Khrouchtchev*, après deux semaines de graves tensions, accepta de retirer ses fusées, sous le contrôle de l'ONU*, contre l'engagement américain de ne pas envahir l'île. Cette crise entraîna d'importantes modifications dans les relations internationales. Le risque de déclenchement d'une guerre nucléaire normalisa les relations entre les deux grands : un « téléphone rouge » fu[t] installé entre Moscou et Washington et de[s] premières négociations sur la limitatio[n] des armements furent entreprises. Vo[ir] Coexistence pacifique.

CUBISME. Mouvement artistique des a[n]nées 1908-1920 qui rompit radicaleme[nt] avec les principes picturaux hérités de l[a] Renaissance*. Le tableau ou la sculptu[re] furent considérés comme des faits plast[i]ques indépendants de la réalité des forme[s] du monde. Le cubisme prit naissance ave[c] le tableau de Picasso* *Les Demoiselle[s] d'Avignon* (1907) qui brisait les formes [e]t les assemblait selon une nouvelle organi[i]sation. Le peintre Georges Braque*, aut[re] créateur du cubisme, ouvrit aussi les voie[s] de cette nouvelle recherche picturale.

CULTE IMPÉRIAL. Nom donné a[u] culte rendu aux empereurs romains divin[i]sés par le Sénat* après leur mort. Le cul[te] impérial commença sous l'empereur A[u]guste*. De son vivant, les provinciaux [e]t les Italiens, imitant les peuples d'Orie[nt] qui avaient l'habitude d'adorer leurs sou[ve]rains, élevèrent des autels à la déess[e] Rome et à Auguste. À Rome* même, o[n] célébra le génie* (*genius*) et le *numen* d[u] *Princeps* (le premier). Après sa mort, l[e] Sénat lui accorda l'apothéose*, le rangea[nt] ainsi au nombre des dieux. Par la suite, les empereurs défunts reçurent du Sénat, condition d'en avoir été dignes, le titre d[e] *divus* (divin) et partout furent élevés e[n] leur honneur temples et autels. Seuls quel[ques] empereurs tels Caligula*, Néron*[,] Domitien* ou Commode* cherchèren[t à] établir une théocratie. Le culte impéria[l,] plus développé dans les provinces qu'e[n] Italie, constitua un lien puissant entr[e] l'empereur et ses sujets. Voir Religion r[o]maine, Temple romain.

CUMES. Ancienne ville d'Italie du Su[d] située en Campanie à l'ouest de Naple[s,] elle fut l'une des plus puissantes cités d[e] la Grande-Grèce*. Fondée vers 725 a[v.] J.-C. par des Grecs venus de Chalcis [et]

Érétrie (île d'Eubée), Cumes fut à l'orine de la fondation de Néapolis (Naples)
de Messine en Sicile. Elle joua un rôle
pital dans la transmission de la civilisa-
on grecque aux Étrusques* et par eux,
x Romains. Vers 350 av. J.-C., elle re-
nnut la prépondérance de Rome* puis
clina. Elle ne disparut cependant qu'au
but du XIIIe siècle ap. J.-C., détruite par
s Napolitains. Il reste aujourd'hui les rui-
s de quelques temples et la grotte de la
bylle, devineresse la plus célèbre après
lle de Delphes*.

UNÉIFORME (Écriture). Écriture in-
ntée au IIIe millénaire av. J.-C. par un
uple d'Orient, les Sumériens*. L'écrire cunéiforme est faite de signes en
rme de coins (d'où son nom), tracés à
ide d'une pointe sur une tablette d'argile
olle. Ces signes désignent des sons (pho-
grammes), des choses et des idées (idéo-
ammes*) mais non des lettres (pas d'al-
abet*). Ce type d'écriture fut adopté par
s peuples de l'Orient (Babyloniens*,
ssyriens*, Perses*).

URIA REGIS. Cour féodale de la mo-
rchie capétienne, héritière du plaid* ca-
lingien. Composée des grands vassaux
clésiastiques et laïques, elle avait des at-
butions politiques, le roi la consultait
ant de prendre des décisions graves ou
justice. La complexité croissante des af-
res, les problèmes financiers et le rôle
andissant de la justice royale nécessitè-
nt, dès la fin du XIIIe siècle, l'appel à des
écialistes et une différenciation des ser-
ces en Conseil, Chambre* des comptes
Parlement qui constituèrent bientôt l'ad-
inistration publique. Voir Capétiens, Ca-
lingiens, Vassal.

URIACES (Les trois). Voir Horaces
es trois).

URIE. 1) Lieu de réunion du Sénat* ro-
ain. 2) Au pluriel, division des trois tri-
s primitives de la Rome* royale (Ram-
s, Tities, Luceros), à raison de dix curies
r tribu. 3) Organe de gouvernement de

l'Église catholique. Voir Comices curiates.

CURIE, Marie (Varsovie, 1867-Sallan-
ches, 1934). Physicienne française d'origine polonaise, épouse de Pierre Curie (Paris, 1859-*id.*, 1906). Première femme à être
nommée professeur à la Sorbonne*, elle
découvrit avec son mari la radioactivité du
thorium et isola pour la première fois du
radium pur. Elle reçut avec P. Curie le prix
Nobel* de physique (1903) et le prix Nobel de chimie (1911).

CURSUS ÉQUESTRE. Sous l'Empire*
romain, ensemble des fonctions administratives confiées à des chevaliers, organisées selon une hiérarchie de salaires : fonctions sexagénaires (60 000 sesterces par
an), centenaires (130 000 sesterces), ducé-
naires (200 000) puis trécénaires (300 000
sesterces annuels à partir de Marc Aurèle)
et de responsabilités.

CURSUS HONORUM. Dans la Rome*
antique, nom donné à la « carrière des honneurs » (en latin *cursus honorum*), c'est-
à-dire à l'ordre suivant lequel devaient
s'exercer les magistratures. On devenait
successivement questeur*, édile*, préteur*
ou tribun* de la plèbe, consul* ou censeur*. Tout magistrat* qui se destinait au
service de l'État devait ainsi faire la preuve
de sa compétence en passant par ces différentes étapes de la carrière des honneurs.

CURULE (Siège). Dans la Rome* antique, siège d'ivoire réservé aux premiers
magistrats*. Les édiles* patriciens*, les
préteurs*, les consuls*, les censeurs* et les
dictateurs* avaient droit à la chaise curule,
ainsi que le flamine* de Jupiter*. Voir
Cursus honorum.

CURZON (Ligne). Ligne proposée par les
Alliés, sur l'initiative de lord Curzon,
comme frontière orientale de la Pologne.
Les Polonais refusèrent le tracé, revendiquant la partie de l'Ukraine qui était intégrée au royaume de Pologne avant son premier partage. La guerre russo-polonaise
(1920-1921) fut conclue par le traité de

Riga qui accorda à la Pologne un territoire, 200 km au-delà de la ligne Curzon. En 1945, l'URSS rétablit la frontière orientale polonaise à la ligne Curzon. Voir Pilsudski (Josef).

CUVIER, baron Georges (Montbéliard, 1769-Paris, 1832). Zoologue et paléontologue français. Il mit au point les méthodes de la paléontologie moderne et fut le fondateur de l'anatomie comparée des vertébrés, établissant notamment la première classification raisonnée des animaux.

CYBÈLE. Divinité importée de Phrygie* (Pessinonte) dans le monde gréco-romain. Déesse de la fécondité, vénérée sous le nom de Grande Mère, Grande Déesse ou Mère des dieux, adorée sous la forme d'une pierre noire tombée du ciel, elle fut assimilée chez les Grecs à Rhéa*. Son culte fut officiellement introduit à Rome* en 204 av. J.-C., au cours de la seconde guerre Punique* pour obéir à une prophétie des livres sibyllins. Voir Palatin (Le).

CYCLADES. Îles situées au sud de la mer Égée et formant une sorte de cercle (d'où le nom de Cyclades) autour de l'île de Syros. Les Cyclades furent, dès le milieu du IIe millénaire, un des centres de la civilisation égéenne*. Riches en pierre et en métaux, elles occupaient aussi une position géographique privilégiée (entre la Grèce* continentale, l'Asie* Mineure et la Crète), ce qui leur donna la suprématie maritime avant les Crétois*. Les îles les plus célèbres furent Délos*, Paros* et Théra-Santorin*.

CYCLOPE. Nom donné dans la mythologie* grecque à un géant monstrueux avec un œil au milieu du front. Certains cyclopes étaient considérés comme les bâtisseurs des murs gigantesques des palais mycéniens* dits « cyclopéens » faits de l'assemblage de gros blocs de pierre empilés. D'autres représentaient les phénomènes atmosphériques comme l'éclair, le tonnerre ou l'orage. Les cyclopes étaient souvent peints sur les vases antiques. Voir Mycénienne (Civilisation).

CYNOSCÉPHALES. Signifie « têtes de chien ». Nom donné à deux sommets de Thessalie (Grèce centrale) où eurent lieu deux batailles importantes de l'Antiquité grecque. En 364 av. J.-C., le général thébain Pélopidas y vainquit le tyran de Phères, ville de Thessalie. En 197 av. J.-C., le général romain Flaminius battit l'armée de Philippe V de Macédoine* (son alliance avec le général carthaginois Hannibal avait fourni le prétexte de l'intervention romaine en Grèce*). Rome proclama la liberté des cités grecques. L'État de Philippe V fut réduit à la Macédoine et désarmé.

CYRILLE, saint, dit **le Philosophe** (Thessalonique, 827-Rome, 869). Apôtre des Slaves*. Évêque* byzantin, il convertit au christianisme* avec son frère Méthode et l'accord du pape, les Slaves de l'Europe de l'Est, en particulier de Moravie (Bohême, Hongrie, Pologne). Il traduisit la Bible* en langue slave en utilisant un alphabet dérivé du grec qui est à l'origine de l'alphabet cyrillique, lequel est utilisé pour écrire différentes langues slaves, notamment le russe et le bulgare.

CYRUS II LE GRAND (VIe siècle av. J.-C.). Roi des Mèdes* et des Perses* (vers 557-530 av. J.-C.). Grand conquérant, il fut le fondateur de l'Empire perse des Achéménides*. Après avoir vaincu les Mèdes en 550 av. J.-C., il entreprit d'immenses conquêtes achevées 20 ans plus tard. Attaqué par Crésus*, Cyrus soumit la Lydie* grâce à la supériorité de ses chameaux contre la cavalerie lydienne. Fort d'immenses ressources en argent et en hommes, il conquit ensuite toute l'Asie Mineure (dont les villes grecques d'Ionie*), l'empire néo-babylonien (puis de Babylone* en 539) et les régions de l'Orient jusqu'au fleuve Indus*. Cyrus fut très tolérant à l'égard des vaincus. Il respecta les traditions religieuses des Babyloniens*, autorisa les Juifs* déportés à Ba lone* à rentrer en Palestine* et permit la construction du temple de Jérusalem* 38) aux frais de l'État perse et à titre de parations des dommages commis par buchodonosor*. Tué au cours d'une mpagne militaire, il eut pour successeur mbyse II*. Voir Exil, Ninive.

YVA ou SIVA ou SHIVA. Dieu de nde*. Il est la troisième grande divinité la triade brahmanique (avec Brahma* et shnu*). Cyva assure la destruction per- manente du monde mais c'est pour trans- former qu'il détruit. Tout est mouvement dans le monde et sa fonction est de pro- voquer le changement. Bien que Bénarès* reste la ville sainte de Cyva, son culte a pratiquement disparu du nord de l'Inde. Les adeptes de Cyva ont donné à ce pays de grands philosophes et poètes. Beaucoup recherchent la délivrance par les méthodes du yoga*. Voir Hindouisme, *Mahaba- hrata*.

D

DAGOBERT Ier (v. 600-Saint-Denis, 638). Roi d'Austrasie* puis roi des Francs* (629-638). Il reconstitua l'unité du royaume franc avec Paris pour capitale et fut le dernier grand roi mérovingien*. À la mort de son père Clotaire II* qui l'avait fait roi d'Austrasie, Dagobert fut reconnu roi de Neustrie*, mais sans l'Aquitaine* qu'il annexa à la mort de son frère Caribert. Devenu ainsi roi des Francs, il s'entoura d'habiles conseillers, les futurs saint Éloi* et saint Ouen*, acquit la réputation de grand justicier et défendit les frontières menacées. Mais en 634, il reconnut l'indépendance de l'Austrasie gouvernée par son fils Sigisbert*. Son deuxième fils devint, à sa mort, roi de Neustrie et de Bourgogne*. Dagobert fut enterré dans l'abbaye de Saint-Denis*. Après sa mort, la dynastie mérovingienne ne cessa de décliner avec ses successeurs, les rois* « fainéants » qui laissèrent le pouvoir aux maires* du palais. La chanson *Le Bon Roi Dagobert* n'est probablement pas très ancienne mais est antérieure à 1789. Remise à la mode en 1814 au retour de la royauté, on y intercala des couplets satiriques d'actualité.

DAHOMEY. Voir Abomey.

DAIMYO ou **DAÏMIO.** Nom donné aux grands seigneurs de la société féodale japonaise qui, du IXe siècle à la révolution de 1868, dominèrent le Japon. Les daimyo se livrèrent pendant longtemps à des guerres privées qui cessèrent avec l'établissement du shogunat* des Tokugawa* (1603). Gouverneurs de vastes circonscriptions confiées par le shogun, ils y exerçaient un pouvoir civil et militaire quasi absolu. La réforme de Meiji a aboli ce régime féodal. Voir Ashikaga, Kamakura, Meiji (Ère), Minamoto, Samouraï.

DALADIER, Édouard (Carpentras, 1884-Paris, 1970). Homme politique français. Radical-socialiste, président du Conseil en 1938, il reste, aux yeux de la postérité, le signataire des accords de Munich*, symbole de la capitulation des démocraties face à Hitler* mais aussi des aspirations pacifistes largement répandues dans l'opinion française. Agrégé d'histoire, député radical-socialiste du Vaucluse, il occupa à partir de 1927 de nombreux postes ministériels. Tribun énergique, surnommé le « taureau du Vaucluse » dans les milieux parlementaires, il devint président du Parti radical* (1927), forma en 1933 son premier gouvernement (janvier-octobre 1933) et tenta en vain de régler le problème du déficit budgétaire. Rappelé au pouvoir en janvier 1934 afin de lutter contre l'agitation des ligues d'extrême droite, renforcée par la scandale Stavisky*, Daladier ordonna le déplacement du préfet de police Chiappe* – suspect de sympathie pour les ligues – et déclencha ainsi l'émeute du 6 février* 1934. Son gouvernement tomba sous la pression de la rue. Il fut l'un des instigateurs de l'idée du Front* populaire et concourut activement à sa victoire (mai 1936) puis occupa le poste de ministre de la Défense (cabinet Léon Blum*, cabinet Chautemps*, puis second ministère Blum). Après l'effondrement de la coalition du Front populaire, dans un contexte de graves tensions internationales (*Anschluss**, mars 1938), Daladier fut appelé à former un nouveau gouvernement (avril 1938-mars 1940). Face aux impératifs de la stabilité monétaire et aux besoins de la défense nationale, il remit en question les récents acquis sociaux et demanda de « remettre la France au travail » (avril 1938). Surtout, il signa en septembre 1938 les accords de Munich. Acclamé à son retour d'Allemagne, il resta, personnellement, sans illusion quant aux intentions bellicistes de Hitler. Il décida la dissolution du parti communiste* après la signature du pacte germano-soviétique* (août 1939) et déclara, après l'invasion de la Pologne, la guerre à l'Allemagne (3 septembre 1939). Ministre de la Guerre, puis ministre des Affaires étrangères dans le cabinet Paul Reynaud*, il fut arrêté par le gouvernement de Vichy* (1940), accusé d'être le principal responsable du manque de préparation militaire de la France et comparut au procès de Riom* (1942). Déporté en Allemagne (1943-1945), il fut réélu député radical (1945-1958) sous la Quatrième République*.

DALÍ, Salvador (Figueras, prov. de Gerone, 1904-*id.*,1989). Peintre, graveur et écrivain espagnol. Peintre surréaliste et créateur d'une iconographie originale qui se voulait la « transcription de ses phantasmes », il a su s'imposer, par son extraordinaire habileté artistique, l'excentricité de son comportement et son génie publicitaire, comme l'un des peintres les plus populaires du XXe siècle après Pablo Picasso*. Parmi ses œuvres, on peut notamment citer *Persistance de la mémoire* (1931, New York), *Construction molle avec haricots bouillis dite « prémonition de la guerre civile »* (1936, Philadelphie),

Métamorphose de Narcisse (1937, Londres, Tate Gallery), *Le Christ de saint Jean de la Croix* (1951, Glasgow). Salvador Dalí avait collaboré à des films de Luis Buñuel* (*Un chien andalou*, 1928 ; *L'Âge d'or*, 1930). Voir Surréalisme.

DALILA. Voir Samson.

DAMAS. Capitale de la Syrie*, c'est l'une des plus anciennes villes du monde. Damas fut la capitale d'un puissant État araméen (Xe siècle av. J.-C.) puis elle appartint successivement aux Perses*, aux Grecs et aux Romains. Elle fut aussi célèbre au début du christianisme* par la conversion et les prédications de saint Paul*. Dominée par les Byzantins, la ville fut prise par les Arabes* en 635 et devint la capitale des califes* omeyyades (661-750). Sa célèbre Grande Mosquée construite au début du VIIIe siècle fut le premier chef-d'œuvre de l'architecture musulmane. Très prospère et réputée pour ses soieries, ses brocarts (exportés dans tout l'Occident) et ses fabriques d'armes, Damas fut l'enjeu de violents combats pendant les croisades*. Mise à sac par Tamerlan* (1401), elle appartint ensuite à l'Empire ottoman* (1516-1918). Passée sous mandat français en 1920, elle est depuis 1946 la capitale de la Syrie indépendante.Voir Araméens, Byzantin (Empire), Nur al-Din, Saladin.

DAMES (PAIX DES). Voir Cambrai (Paix de, 1529).

DAMIENS, Robert François (La Thieuloye, 1715-Paris, 1757). Soldat puis domestique, il frappa Louis XV* d'un coup de canif en janvier 1757, alors que celui-ci sortait du château de Versailles*. Aussitôt arrêté, il fut condamné à mort et supplicié comme régicide place de Grève à Paris (aujourd'hui place de l'Hôtel-de-Ville).

DAMOCLÈS (IVe siècle av. J.-C.). Courtisan de Denys* l'Ancien, le tyran de Syracuse*. Selon l'écrivain romain Cicéron, celui-ci l'invita à un festin et le reçut comme un prince. Mais pour lui montrer

a fragilité du bonheur, il suspendit au-des-
us de sa tête une lourde épée retenue par
un seul crin de cheval.

DANIEL. Voir Prophète.

D'ANNUNZIO, Gabriele (Pescara,
1863-Gardone Riviera, 1938). Écrivain
italien. Il poursuivit, dans sa vie comme
dans son œuvre, un rêve d'héroïsme et de
beauté (« Le paradis est à l'ombre des
épées »). Il soutint avec passion l'intervention de l'Italie dans la Première Guerre*
mondiale à laquelle il participa comme volontaire, puis condamna violemment la politique des Alliés hostile aux ambitions italiennes en Adriatique. Avec un millier de
« légionnaires nationalistes », les « arditi », il occupa Fiume en septembre 1919
et y proclama une régence italienne. Cependant, par le traité de Rapallo* (novembre 1920) négocié entre Italiens et Yougoslaves, Fiume devint un État libre
annexé par Mussolini* en 1924 et D'Annunzio dut évacuer la ville. Il fut l'auteur
de poésies, de pièces de théâtre et de romans (L'Enfant de volupté, 1889 ; Le Feu,
1900). Voir Irrédentisme.

DANTE ALIGHIERI (Florence, 1265-
Ravenne, 1321). Grand poète italien du
Moyen Âge. Partisan des Guelfes*, favorables au pouvoir du pape en Italie, Dante
participa à l'administration de Florence*.
Finalement écarté du pouvoir, il finit ses
jours en exil à Vérone, à Lucques puis à
Ravenne. Sa Divine Comédie, écrite à
partir de 1306 – grande épopée mystique
inspirée par son amour pour Béatrice
– constitue l'un des chefs-d'œuvre de l'humanisme* chrétien du XIIIe siècle et l'une
des œuvres majeures de la littérature mondiale.

DANTON, Georges Jacques (Arcis-sur-
Aube, 1759-Paris, 1794). Homme politique français, il marqua profondément, par
son conflit avec Robespierre*, l'histoire de
la Révolution* française. Longtemps objet
des controverses de l'historiographie,
Danton fut un homme politique très dis-

cuté, personnage où se mêlèrent à la fois
patriotisme sincère, opportunisme et vénalité. Avocat à Paris (1787), il manifesta dès
1789 son enthousiasme pour la Révolution. Animateur du Club des cordeliers*,
membre de l'administration départemen-
tale de la Seine (janvier 1791), il ne joua
aucun rôle dominant avant l'insurrection
populaire du 10 août* 1792, se faisant surtout remarquer par sa fougueuse éloquence
qui le fit surnommer « le Mirabeau* de la
populace ». Réfugié quelque temps en Angleterre après avoir rompu avec La
Fayette* après la fusillade du Champ* de
Mars (17 juillet 1791), Danton devint, à
son retour, second substitut du procureur
de la Commune* de Paris (décembre
1791) sous l'Assemblée* législative. Ce
fut aux lendemains de l'insurrection populaire du 10 août 1792, qui provoqua la des-
titution de Louis XVI*, que Danton, durant les quarante jours qui feront la
République, donna toute sa mesure.
Nommé ministre de la Justice (août 1792),
isolé dans un Conseil des ministres dominé
par les girondins*, il donna une vigoureuse
impulsion à la défense nationale (« De
l'audace, encore de l'audace, toujours de
l'audace et la France est sauvée »), fermant les yeux sur les massacres de Septembre*, envoyant dans les départements
des commissaires pour impulser partout
les mesures civiques et les préparatifs militaires. Élu député de Paris à la Convention* (septembre 1792), il se démit de ses
fonctions de ministre et aurait souhaité une
collaboration entre montagnards* et girondins, mais, haï de ces derniers pour sa
concussion, il siégea à l'Assemblée avec
les députés de la Montagne. Son rôle fut
néanmoins considérable jusqu'en juillet
1793. C'est lui qui fut à l'origine de la
création du Tribunal* révolutionnaire
(mars 1793) et du Comité* de Salut public
qu'il présida jusqu'en juillet 1793. Violent
en paroles, mais souvent modéré et prudent dans ses actes, Danton ne révéla à la

Convention les manœuvres de Dumouriez* qu'au moment où celui-ci trahissait (27 mars 1793) et laissa, presque à contrecœur, éliminer les girondins de la scène politique. Devenu suspect aux yeux de certains députés montagnards, Danton qui, en outre, avait montré peu d'efficacité dans la lutte contre l'invasion et les menées contre-révolutionnaires, fut éliminé du Comité de Salut public (juillet 1793) et remplacé par Robespierre. Favorable à l'application de la Constitution de 1793 (Constitution* de l'an I) et à la fin du gouvernement révolutionnaire, appuyé par une large couche de la bourgeoisie lasse des mesures d'exception, Danton, qui avait été l'un des instigateurs de la Terreur*, milita en faveur de la clémence, dénonçant la déchristianisation et les ultra-révolutionnaires (Enragés* et surtout hébertistes*). À la tête de ceux qu'on appela les Indulgents*, Danton et ses amis (Desmoulins*, et Fabre* d'Églantine – ce dernier compromis avec lui dans le scandale de la liquidation de la Compagnie française des Indes*) furent décrétés d'arrestation par les robespierristes. Arrêté le 10 germinal (30 mars 1794), et traduit devant le Tribunal révolutionnaire, Danton se défendit avec une telle éloquence qu'il fallut extorquer à la Convention un décret pour clore les débats hors de sa présence. Sans avoir pu se faire entendre, Danton fut condamné à mort le 16 germinal (5 avril). Son dernier mot sera de dire au bourreau : « Tu montreras ma tête au peuple, elle en vaut la peine. »

DANTZIG ou **DANZIG**. Voir Gdansk.

DARDANELLES (Expédition des, 1915). Lors de la Première Guerre* mondiale, expédition navale franco-anglaise organisée par Churchill* alors Premier lord de l'Amirauté, en février 1915, afin de conquérir le détroit des Dardanelles pour contraindre la Turquie à la paix et établir une liaison avec la Russie. Cette expédition fut un échec. Elle entraîna en Angleterre la démission de Churchill et la chute du cabinet Asquith* (décembre 1916).

DARIQUE. Monnaie d'or royale frappée à partir du règne de Darius Ier* dans l'Empire perse achéménide. Voir Achéménides, Perses.

DARIUS Ier LE GRAND (?-486 av J.-C.). Roi des Perses* (522-486 av. J.-C. Successeur de Cambyse II*, c'est sous so règne que l'Empire connut sa plus grand étendue. À l'est, Darius atteignit les ré gions du nord-ouest de l'Inde* (expéditio dans le Pendjab). À l'ouest, il mena de campagnes militaires et soumit la Thrac et la Macédoine* (régions au nord-est d la Grèce). En 499 av. J.-C., les cités grec ques d'Ionie*, aidées par Athènes*, se ré voltèrent. Ce soulèvement fut brisé et M let* fut prise et pillée par les Perses en 49 av. J.-C. Mais Darius décida de porter l guerre en Grèce même. Ce fut le début de guerres Médiques*. Le Grand Roi, en dis tribuant généreusement son or, réussit gagner la neutralité de la plupart des cité grecques sauf Sparte* et Athènes qui l opposèrent une farouche résistance. Le armées perses furent battues en 490 av J.-C. dans la plaine de Marathon*. Simpl échec local pour les vaincus, cette victoir athénienne eut au contraire un grand re tentissement dans l'histoire de cette cité Darius Ier fut le véritable organisateur d l'Empire perse : il divisa ses États en sa trapies* gouvernées par des fonctionnaire surveillés par des inspecteurs royaux. Mal gré son pouvoir absolu, Darius Ier sut s montrer tolérant à l'égard des peuples sou mis. Un temple dédié à Amon* fut élevé Thèbes* en Égypte* et les sanctuaire grecs d'Asie* Mineure furent protégés Darius Ier mourut en Égypte et fut enterr dans la montagne perse, près de Persépo lis*, cité qu'il créa. Il eut pour successeu Xerxès Ier*.

DARLAN, François (Nérac, 1881-Alge 1942). Amiral et homme politique fran çais. Commandant de la flotte (1939

940), collaborateur et dauphin de Pétain*, prit le pouvoir en Afrique du Nord après e débarquement anglo-américain de 1942.)'abord chef d'état-major de la marine 1936) dont il fit un outil de guerre remaruable, amiral de la flotte en 1939, il oronna, au moment de l'armistice français e 1940, la cessation des combats de la lotte alors qu'elle ne s'était pas battue et u'elle était restée intacte. Après le renvoi e Laval* du gouvernement de Vichy* décembre 1940), Darlan, qui conserva le ommandement de la marine, fut nommé ice-président du Conseil avec les porteeuilles de l'Intérieur et des Affaires étranères, et successeur désigné du maréchal 'étain dont il s'affirma le fidèle serviteur. l prôna à l'intérieur son adhésion à la Ré-'olution nationale et une politique de colaboration avec l'Allemagne à l'extérieur droits d'escale technique en Syrie* pour es avions allemands, facilités d'intenlance pour les navires à Bizerte et à Da-ar). Cependant, les Allemands ayant xigé le rappel de Laval, Darlan démisionna (avril 1942) tout en gardant son ioste de commandant en chef des armées. _orsque les Américains et les Anglais dé-larquèrent au Maroc et en Algérie, Darlan, qui se trouvait à Alger, prit, au nom du ma-échal Pétain et en accord avec les États-Jnis avec lesquels il conclut un armistice, a direction d'un conseil impérial pour le egroupement des forces françaises. Il fut ssassiné peu de temps après par un jeune oyaliste. Voir Collaboration, Débarquenent allié en Afrique du Nord, Gaulle Charles de), Giraud (Henri), Guerre mondiale (Seconde), Rethondes (Armistice le).

DARNAND, Joseph (Coligny, 1897-fort le Châtillon, 1945). Homme politique rançais. Après s'être illustré au cours de a Première Guerre* mondiale, il se lia à iartir de 1928 avec les mouvements d'exrême droite (Action* française, Cagoule*). Après l'armistice de juin 1940, il se montra partisan de la collaboration* avec l'Allemagne nazie et fonda le Service d'ordre légionnaire, groupement paramilitaire de la Légion. Il fut l'instigateur de la création de la Milice* française (janvier 1943), qui combattit les maquis de la Résistance*. Membre du comité directeur de la LVF (Légion* des volontaires français) et officier de la Waffen SS*, il fut nommé en décembre 1943 secrétaire général au Maintien de l'ordre dans le gouvernement de Vichy, puis secrétaire d'État à l'Intérieur (février 1944). Réfugié en Allemagne en 1944, il fut arrêté en Italie et transféré en France. Jugé par la Haute Cour de justice (3 octobre 1945), il fut condamné à mort et fusillé. Voir Déat (Marcel), Doriot (Jacques), Henriot (Philippe).

DARWIN, Charles (Schreswbury, 1809-Down, Kent, 1882). Naturaliste et biologiste britannique. Père de la théorie de l'évolution des espèces, il bouleversa les conceptions les plus tenaces sur l'origine de l'homme. Fils de médecin, il abandonna ses études médicales à Cambridge* pour se consacrer à sa passion, l'histoire naturelle. De 1831 à 1836, il participa en tant que naturaliste à une expédition de 57 mois sur le *Beagle* autour de l'Amérique latine, jusqu'aux îles Galapagos, observant faune et flore de ces régions. Ses observations sur la variabilité des espèces, ses différentes lectures (Malthus*) le conduisirent à élaborer la théorie évolutionniste selon laquelle les divers êtres vivants actuels résulteraient de la sélection naturelle au sein du milieu de vie. Ainsi la « lutte pour la vie », la sélection naturelle devait maintenir, selon lui, l'équilibre entre l'espèce et son milieu. Parmi ses nombreux écrits, son ouvrage majeur reste *De l'origine des espèces au moyen de la sélection naturelle* (1859). La théorie de Darwin (le darwinisme) reçut rapidement l'appui de la majorité des biologistes, du moins en ce qui concerne l'explication de la descendance, des espèces ancestrales pouvant engendrer de nouvelles espèces. L'idée de sélection naturelle ne sera vraiment admise que dans les années 1940.

DAUDET, Alphonse (Nîmes, 1840-Paris, 1897). Écrivain naturaliste. Il est l'auteur de romans (*Le Petit Chose*, 1868 ; *Tartarin de Tarascon*, 1872), de contes et de nouvelles (*Lettres de mon moulin*, 1866 ; *Contes du Lundi*, 1873).

DAUDET, Léon (Paris, 1867-Saint-Rémy-de-Provence, 1942). Journaliste et écrivain français. Fils d'Alphonse Daudet*, il fonda l'hebdomadaire d'extrême droite, *L'Action française*, avec Charles Maurras*.

DAUMIER, Honoré (Marseille, 1808-Valmondois, 1879). Peintre, lithographe et sculpteur français. Il fut le maître de la caricature politique et sociale. D'origine modeste, installé à Paris en 1816 avec sa famille, Daumier s'initia à la lithographie, étudia les œuvres du Louvre* et travailla chez un huissier puis un libraire. Engagé à *La Caricature*, il se rendit bientôt célèbre notamment par la publication d'un dessin, *Gargantua* (1831), raillant Louis-Philippe Ier*, ce qui lui valut plusieurs mois de prison. La suppression des libertés de la presse en 1835 le conduisit à la caricature de mœurs où il excella dans *Le Charivari*, prenant pour cibles les gens de finance, de justice ou de théâtre. À partir de 1860, il se consacra à la peinture, abordant des thèmes tirés des milieux populaires et des scènes de rue. Daumier, devenu presque aveugle, termina ses jours dans une quasi-misère malgré l'aide fraternelle de son ami Jean-Baptiste Camille Corot*.

DAUPHIN. Dans la monarchie française, titre donné à l'héritier présomptif de la couronne à partir de la cession du Dauphiné au futur Charles V* de France (1349). Cet usage se maintint jusqu'à la fin de la monarchie.

DAVID (v. 1015/1010-971 av. J.-C.). Deuxième roi d'Israël* rendu célèbre par sa victoire sur le géant philistin Goliath* Il fut choisi par le prophète* Samuel* pou succéder à Saül*. David acheva la conquête du pays de Canaan*, organisa une armée permanente et fit de Jérusalem* la capitale du royaume d'Israël*. Musicier et poète, il composa de nombreux psaumes*. David fut le fondateur de la famille d'où fut issu Jésus*. Voir Hébreux.

DAVID, Jacques Louis (Paris 1748-Bruxelles, 1825). Peintre français Chef de file du néo-classicisme* en France, David, grand admirateur de la Révolution* française, fut aussi un peintre « engagé » dans l'histoire. Issu d'une famille d'artisans et de boutiquiers, il obtint le prix de Rome en 1774 et séjourna en Italie (1775-1780), fortement impressionné par les œuvres de la Rome* antique (*Bélisaire*, 1781, Lille). Entré en 1784 à l'Académie royale de peinture, il entreprit après un second voyage à Rome (1784-1785) une série de tableaux d'inspiration antique, notamment *Le Serment des Horaces* (1784, Paris, Louvre), véritable manifeste du nouveau classicisme* Enthousiasmé par la Révolution, David mit son art au service des idées nouvelles consacrant aux événements et aux personnages de l'époque de nombreuses œuvres (*Serment du Jeu de Paume*, 1790-1791 inachevé, Paris, Louvre ; *La Mort de Marat*, 1794, inachevé, Avignon ; *Marat assassiné*, 1793, Bruxelles, musées royaux des Beaux-Arts). Député de Paris à la Convention*, il siégea avec les montagnards* et fut l'ordonnateur de la fête de l'Être* suprême. Emprisonné après la chute de Robespierre* (1794), puis libéré il devint le peintre officiel de Napoléon Ier* dans lequel il voyait le continuateur de l'idéal révolutionnaire (*Le Passage du mont Saint-Bernard*, 1800, Paris, Malmaison ; *Le Sacre de Napoléon* 1806-1807, Paris, Louvre ; *La Distribution des Aigles*, 1810, Versailles). La chute de Napoléon entraîna son exil à Bruxelles, où mourut en 1825. David fut aussi un grand portraitiste (*Lavoisier et sa femme*, 1788, New York, Metropolitan Museum ; *Le portrait de Mme David*, 1813, Washington, Nat. Gall. of Art ; *Madame Morel de Tangry et ses filles*, 1818, Paris, Louvre). Ingres* et Gros* furent ses élèves.

DAVOUT, Louis Nicolas, duc d'Auerstedt, prince d'Eckmühl (Annoux, 1770-Paris, 1823). Maréchal* de France, il s'illustra lors des guerres de la Révolution* et de l'Empire* et fut avec Masséna* et Soult* un stratège de talent. Il participa brillamment aux batailles d'Auerstedt* (1806) et d'Eckmühl (1809), puis à la campagne de Russie*. Ministre de la Guerre lors des Cent-Jours*, il fut contraint de signer la capitulation de juillet 1815. Il entra à la Chambre des pairs* en 1819, sous le règne de Louis XVIII*. Voir Waterloo (Bataille de).

DAWES, Charles Gates (Marietta, Ohio, 1865-Evanston, Illinois, 1951). Financier et homme politique américain. Il fut désigné comme expert de la commission des réparations réunie en 1923, et préconisa le plan qui porta son nom (plan Dawes*). Vice-président des États-Unis (1925-1929), il reçut le prix Nobel* de la paix en 1925.

DAWES (Plan). Plan établi en 1923 par une commission d'experts financiers présidée par l'Américain Charles Dawes* afin de résoudre le problème des Réparations* dues par l'Allemagne, alors en proie à une inflation galopante. Ce plan, adopté par la Conférence de Londres (juillet-août 1924) limita les paiements allemands à des annuités s'élevant progressivement en fonction de « l'indice de prospérité » de l'économie allemande. Le plan fut accepté par la France qui évacua la Ruhr* prise en gages pour le paiement des Réparations. Le plan fonctionna pendant cinq ans, puis fut remplacé par le plan Young* qui réduisait le montant des Réparations et prévoyait son échelonnement jusqu'en 1988. Le naufrage financier allemand dû à la crise économique de 1929 et le moratoire Hoover* suspendirent à partir de 1931 le paiement des Réparations.

DAYAN, Moshé (Deganya, 1915-Ramat-Gan, 1981). Général et homme politique israélien. Membre de l'organisation militaire Haganah*, il lutta lors de la Seconde Guerre* mondiale aux côtés des Anglais en Syrie* contre les forces françaises de Vichy* (il y perdit un œil). Général et chef d'état-major de l'armée (1953-1958), il commanda la campagne du Sinaï contre l'Égypte (1956). Ministre de la Défense (1967-1969-1974), puis ministre des Affaires étrangères (1977-1979), il fut l'artisan de la victoire israélienne dans la guerre des Six* Jours (1967) et se montra partisan de l'annexion par Israël* des territoires occupés militairement. Voir Begin (Menahem), Ben Gourion (David), Israélo-arabe (Deuxième Guerre, Troisième Guerre), Meir (Golda).

DÉAMBULATOIRE. Galerie qui tourne autour du chœur* des églises* et sur laquelle s'ouvrent des petites chapelles appelées absidioles ou rayonnantes lorsqu'elles sont situées sur des axes correspondant aux rayons du demi-cercle absidial. Reliant les bas-côtés, le déambulatoire facilite la circulation des fidèles. Voir Abside.

DEAN, James Byron, dit **James** (Fairmond, 1931-Paso Robles, Californie, 1955). Acteur américain. Sa mort précoce et brutale fit de lui un mythe populaire comme le cinéma n'en avait plus connu depuis Rudolph Valentino. Il joua dans trois films, *À l'est d'Eden* (1954), *La Fureur de vivre* (1955) et *Géant* (1956).

DÉAT, Marcel (Guérigny, 1894-San Vito, près de Turin, 1955). Homme politique français. Il prôna la collaboration* avec l'Allemagne sous le régime de Vichy*. Polytechnicien, d'abord député socialiste (1932), il fut l'un des dirigeants de la tendance dite « néo-socialiste » puis, après son exclusion de la SFIO*, il fonda en 1933 le Parti socialiste de France (PSF) de tendance autoritaire et nationaliste. Partisan d'une politique d'apaisement avec l'Allemagne en 1939, il fonda en 1941 un parti favorable à la collaboration, le Rassemblement nationaliste populaire (RNP) et fut en 1944 secrétaire d'État dans le gouvernement de Vichy. Réfugié en Italie, il fut condamné à mort par contumace après la Libération*. Voir Doriot (Jacques).

DÉBARQUEMENT ALLIÉ EN AFRIQUE DU NORD (8 novembre 1942). Débarquement anglo-américain en Afrique du Nord française lors de la Seconde Guerre* mondiale, qui devint la base d'attaque de l'Italie. Ses conséquences furent en France l'invasion de la zone sud par les Allemands et les Italiens, provoquant le sabordage de la flotte française à Toulon (27 novembre). Voir Darlan (François).

DÉBARQUEMENT ALLIÉ EN SICILE (10 juillet 1943). Débarquement des armées anglo-américaines commandées par le général Alexander destiné à envahir l'Italie. Après la prise de Palerme (22 juillet) puis de Catane (5 août), les armées germano-italiennes furent battues et l'île totalement occupée. Le débarquement allié de Sicile provoqua la chute de Mussolini*. Voir Débarquement allié en Normandie, Débarquement allié en Provence, Guerrre mondiale (Seconde).

DÉBARQUEMENT ALLIÉ EN NORMANDIE (6 juin 1944). Gigantesque opération militaire qui mobilisa des moyens amphibies considérables et qui permit la libération de la France et la défaite de l'Allemagne. Envisagé dès avril 1942, le débarquement – surnommé opération *Overlord* – fut décidé seulement à la fin de 1943, après de longues tractations entre les Alliés et malgré les réserves de Churchill*, partisan d'une offensive dans les Balkans*. Supervisée par Eisenhower* nommé commandant suprême des forces

expéditionnaires alliées (décembre 1943) étroitement cordonnée avec la Résistance intérieure française, l'opération fut préparée dès janvier 1944 par la concentration e l'entraînement de 3 500 000 hommes e Angleterre, la construction du matériel d débarquement, et des bombardement massifs en France et en Allemagne, sur le objectifs militaires et les voies de commu nication. Le débarquement commença 6 h 30, le 6 juin 1944, sur les côtes d Basse-Normandie – choix *a priori* aventu reux –, cinq divisions d'assaut étant débar quées sur cinq plages allant de Varrevill à Ouistreham et surnommées : Utah Omaha, Gold, Juno et Sword. La surpris des Allemands qui attendaient le débar quement dans le Pas-de-Calais, mais auss l'action des troupes aéroportées lâchée dans la région de Sainte-Mère-Église (Co tentin) permirent aux Alliés d'établir un importante tête de pont entre Caen et l Cotentin. En l'espace d'un mois, près d'u million d'hommes, plus de 180 000 véhi cules et 650 000 tonnes de matériels furen acheminés en France par les voies mari time (ports artificiels comme celui d'Ar romanches) et aérienne. Voir Guerre mon diale (Seconde), Libération (Campagne de la), Normandie (Bataille de).

DÉBARQUEMENT ALLIÉ EN PROVENCE (15 août 1944). Débarquement franco-américain en Provence auquel participèrent 1 200 navires et 1 500 bombardiers. Ces armées firent leur jonction avec celles du nord, débarquées en Normandie le 6 juin 1944 et, avec la participation des maquisards, permirent la libération du territoire français. Voir Débarquement allié en Normandie, Guerre mondiale (Seconde), Lattre de Tassigny (Général de), Libération (Campagne de la), Résistance, Vercors.

DEBRÉ, Michel (Paris, 1912-). Homme politique français, fils de Robert Debré, pédiatre renommé. Résistant, il fut commissaire de la République après la Liération* (1944-1945). Fidèle gaulliste, membre du Conseil de la République (1948-1958), il contribua à l'appel au général de Gaulle* lors des événements algériens (13 mai* 1958) et fut l'inspirateur de la Constitution* de 1958 qui fonda la Cinquième République*. Premier ministre (1959-1962), il fit adopter la loi, dite loi Debré, sur les contrats d'association liant les établissements privés et l'Éducation nationale, et approuva la politique algérienne de De Gaulle malgré ses positions personnelles. Remplacé en avril 1962 par Georges Pompidou*, il fut ministre de l'Économie et des Finances (1966-1968) puis ministre des Affaires étrangères (1968-1969) et ministre de la Défense nationale (1969-1973). Michel Debré a créé l'ENA (École nationale d'administration) et est membre de l'Académie* française. Voir Algérie (Guerre d'), UDR.

DEBUSSY, Achille Claude (Saint-Germain-en-Laye, 1862-Paris, 1918). Compositeur français. Si l'on peut qualifier d'« impressionniste » la première période de ses compositions, Debussy apporta dans toute son œuvre une esthétique musicale nouvelle, ouvrant ainsi la voie à la musique de notre temps. Issu d'un milieu modeste, précocement doué pour la musique, il entra à 11 ans au Conservatoire de Paris (1873-1884). Premier grand prix de Rome (1884), il accompagna, comme pianiste, la baronne von Meck, amie et protectrice de Tchaïkovsky*, puis s'installa à Paris où il resta jusqu'à la fin de sa vie, se consacrant à la composition de ses œuvres. Il fréquenta un moment les milieux littéraires et artistiques d'avant-garde, tous fervents de Wagner*, puis découvrit la musique balinaise à l'exposition de 1889 et Boris* Godounov de Moussorgski qu'il déchiffra avec passion. Debussy mourut d'un cancer et la disparition du grand musicien passa inaperçue. De sa première période « impressionniste », l'on peut citer l'opéra Pelléas et Mélisande, chef-d'œu-

vre qui s'imposa à l'issue de représentations tumultueuses (1902) et Prélude à l'après-midi d'un faune d'après Mallarmé* (1894) ; les 24 Préludes, les 12 Études pour piano et ses sonates expriment un style absolument original. Debussy fut aussi un critique redoutable – et redouté – comme en témoignent ses comptes rendus réunis sous le titre Monsieur Croche, anti-dilettante (1921).

DÉCABRISTES ou **DÉCEMBRISTES**. Nom donné à un groupe de nobles et d'officiers russes qui tentèrent de renverser le régime autocratique de Russie lors de l'accession au trône de Nicolas Ier*. Membres de différentes sociétés secrètes, ils souhaitaient l'instauration d'un régime constitutionnel en portant sur le trône Constantin, frère de Nicolas Pavlovitch (le futur Nicolas Ier). Profitant de l'interrègne provoqué par la mort d'Alexandre Ier* (1er décembre 1825), les conjurés soulevèrent une partie des troupes de Saint-Pétersbourg aux cris de « Constantin et une Constitution ! » (26 décembre 1826) et refusèrent de prêter serment à Nicolas Ier connu pour son attachement à l'absolutisme. Sans soutien populaire, la révolte fut rapidement écrasée. Cinq de ses chefs furent pendus et une centaine d'insurgés, déportés en Sibérie.

DÉCALOGUE. D'après l'Ancien Testament*, les dix commandements du Dieu des Hébreux, Yahvé*, donnés à Moïse* sur le mont Sinaï. Ils indiquent les devoirs du croyant à l'égard de Dieu et des hommes. Appelés Tables* de la Loi, ils furent placés dans l'Arche* d'Alliance. Voir Judaïsme.

DECAZES ET DE GLÜCKSBERG, Élie, duc (Saint-Martin-de-Laye, 1780-Decazeville, 1860). Homme politique français. Royaliste modéré, il fut le ministre favori de Louis XVIII*. Avocat, ancien fonctionnaire impérial, Decazes se rallia aux Bourbons* en 1814 et succéda à Fouché* comme ministre de la Police. Favorable à l'application de la Charte* constitutionnelle de 1814, il devint rapidement le conseiller du roi Louis XVIII qui le nomma chef de cabinet après la chute de Richelieu*. Véritable chef du gouvernement (1818-1820) et grand admirateur de la monarchie anglaise, il tenta d'appliquer un programme libéral. Cherchant le soutien de la gauche, il brisa l'opposition de la Chambre des pairs* en faisant nommer 60 pairs nouveaux, destitua les préfets* ultra* royalistes et décida différentes mesures libérales, comme la loi de mars 1819 favorable à la liberté de la presse. Cependant, attaqué par les ultras, Decazes fut aussi jugé trop modéré par les libéraux qui gagnaient des sièges à la Chambre des députés, partiellement renouvelée chaque année. Soutenu par la seule confiance de Louis XVIII, Decazes dut finalement démissionner après l'assassinat du duc de Berry* (février 1820), les ultras attribuant à sa faiblesse la responsabilité du crime. Fait duc et pair de France, il se rallia à Louis-Philippe Ier* en 1830, puis se retira de la vie politique. Il se consacra au puissant ensemble industriel – les forges de Decazeville dans l'Aveyron – qu'il avait créé en 1825 avec sa fortune personnelle. Voir Doctrinaires.

DÉCEMBRE 1851 (coup d'État du 2). Coup d'État exécuté en France par Louis Napoléon Bonaparte*, alors président de la Deuxième République*, et qui prépara l'établissement du Second Empire*. Né du conflit entre le président et l'Assemblée* législative qui lui refusait la révision de la Constitution nécessaire à une éventuelle réélection, le coup d'État fut décidé le jour de l'anniversaire de la victoire d'Austerlitz* et du couronnement de Napoléon Ier*. Se présentant en « défenseur de la démocratie » contre une Assemblée discréditée par sa politique conservatrice, Louis Napoléon fit envahir le Palais-Bourbon et afficher un décret prononçant la dissolution de l'Assemblée, le rétablissement du suffrage universel et la convocation des Français à un plébiscite. L'opposition au coup

d'État, à Paris et en province, fut sévèrement réprimée. Les ouvriers, qui ne pardonnaient pas à la République la sanglante répression des journées de Juin* 1848, restèrent sans réaction. Le plébiscite des 21-22 décembre 1851 approuva à une large majorité le coup d'État et l'Empire put être officiellement établi le 2 décembre 1852. Voir Ordre (Parti de l').

DÉCEMBRISTES. Voir Décabristes.

DÉCIME. Dans l'ancienne France, contribution exceptionnelle levée sur le clergé et correspondant en théorie au dixième de ses revenus, en réalité bien inférieure. Levé par le pape pour le financement des croisades*, le décime fut aussi versé, à partir du XIIIe siècle, aux rois pour la défense du royaume ou des églises, mais avec l'autorisation du pape. Au XVIe siècle, les décimes furent levés d'une manière permanente par les rois sans autorisation pontificale mais avec le consentement de l'Église de France.

DÉCLARATION DU CLERGÉ DE FRANCE, dite **DÉCLARATION DES QUATRE ARTICLES** (1682). Déclaration gallicane – favorable à l'indépendance de l'Église de France – rédigée sous le règne de Louis XIV* par l'évêque de Meaux, Bossuet*. Cette déclaration rappelait les principes affirmés au XVe siècle par le concile de Constance*. Érigée en loi d'État par Louis XIV, elle dut être enseignée dans les séminaires et les facultés de théologie. Innocent XI s'y opposa vigoureusement. En 1693, Louis XIV, engagé dans la guerre de la ligue d'Augsbourg*, renonça à son application. Voir Organiques (Lois), Régale (Affaire de la).

DÉCLARATION D'INDÉPENDANCE (1776). Acte d'indépendance adopté le 4 juillet 1776 par le Congrès continental réunissant les délégués des 13 colonies anglaises d'Amérique. Document historique, rédigé par Thomas Jefferson*, on y trouve, appliqués à l'émancipation des colonies, les principes qui, de Locke* à Montes-

lieu*, ont inspiré les gouvernements mo-
ernes. Pour la première fois dans l'his-
oire du monde, treize ans avant la Décla-
ation des droits* de l'homme et du
toyen, ce texte affirmait la théorie des
roits naturels, notamment l'égalité, la li-
erté et le droit à l'insurrection contre la
rannie. La Déclaration d'Indépendance
st commémorée chaque année aux Étatsnis par la fête de l'*Independance Day*
4 juillet). Voir Indépendance américaine
Guerre de l').

ÉCOUVERTES (GRANDES). Nom
ous lequel on désigne généralement les
rands voyages de découvertes des XVe et
VIe siècles, auxquels participèrent Portu-
ais, Espagnols, Français, Anglais et Hol-
andais, bien qu'ils aient été précédés et
uivis de l'existence de grands voyageurs
ès l'Antiquité, et de grands explorateurs
ux XVIIe, XVIIIe et XIXe siècles. Il est vrai
ependant qu'à partir de la fin du XVe siè-
le et en une trentaine d'années, le monde
onnu par les Européens s'était considéra-
lement élargi par les découvertes succes-
ives de l'Amérique, de la route des Indes
t de l'océan Pacifique. Plusieurs facteurs
euvent expliquer cette rapide accélération
ans la découverte du monde. Sur le plan
conomique, après la crise du XIVe siècle,
ans un contexte européen de reprise éco-
omique accompagnée d'une croissance
émographique, la bourgeoisie riche, déjà
ompue au commerce international (Ve-
ise*, Gênes*, Lyon*, Augsbourg*, Mu-
ich, Bruges*), chercha à élargir ses dé-
ouchés pour ses capitaux et ses
archandises, ayant à vaincre le manque
e numéraire et la baisse des prix. Elle
hercha aussi à vendre des produits rares,
récieux et de gros rapport (épices*, soies,
ierres précieuses), dont le commerce était
onopolisé par Venise et Gênes, mais
ont la route par le Moyen-Orient n'était
as coupée, contrairement à une idée lar-
ement répandue, par la prise de Constan-
inople* par les Turcs (1453). Sur le plan

religieux, l'idée d'une croisade défensive
contre les musulmans* menaçants (légende du Prêtre Jean*) était encore vive,
comme le désir missionnaire de l'Église
qui ne désespérait pas d'évangéliser des
populations lointaines, connues ou soupçonnées. La fin de la guerre de Cent* Ans
pour la France, l'achèvement de la *Reconquista** pour l'Espagne et le Portugal, la
prise de conscience de son destin maritime
pour l'Angleterre après son éviction du
continent, comme la menace réelle que faisaient peser les Turcs et les Arabes* en
Méditerranée et en Europe centrale et
orientale constituèrent autant de facteurs
favorables aux aventures maritimes. La révolution technique et scientifique du XVe
siècle, avec la redécouverte de la rotondité
de la terre (Galilée*), l'usage de la bous-
sole*, de l'astrolabe*, des tables de décli-
naison et le progrès des constructions navales (caravelle*, puis galion) préparèrent
aussi les Grandes Découvertes. Outre la
formation des empires coloniaux du Portugal et de l'Espagne, les découvertes maritimes eurent de multiples conséquences.
Elles bouleversèrent les routes commerciales au profit des ports de l'Atlantique
(Séville*, Lisbonne*) et au détriment des
ports de la Méditerranée comme Gênes et
Venise. L'afflux d'or et d'argent, avec la
hausse des prix européens (sensible
jusqu'en 1620) qui en découla, bouleversa
les structures sociales (développement de
la classe des grands négociants et arma-
teurs, moindre importance de la richesse
foncière) et économiques (création de nouvelles formes de paiement, naissance de
nouvelles industries et du capitalisme*
commercial). Les Grandes Découvertes
enfin élargirent non seulement l'horizon,
mais tout le savoir humain, ce qui stimula
la curiosité scientifique mais relativisa certaines théories et croyances. Voir Hérodote, Indes occidentales (Compagnie française des), Indes orientales (Compagnie
anglaise des), Indes orientales (Compagnie

hollandaise des), Marco Polo, *Reconquista*, Strabon.

DÉCURIONS. 1) Dans la Rome* antique, chef d'un groupe de dix soldats ou de dix citoyens. 2) Sous l'Empire romain*, membres (souvent héréditaires) d'une assemblée municipale dans les provinces* romaines. Ils formaient une riche bourgeoisie. Auxiliaires du gouverneur pour la police, la justice, la perception des impôts, les décurions assuraient aussi le financement des travaux de construction et d'embellissement de leur ville ainsi que l'entretien et le divertissement de leurs concitoyens. Ces charges devinrent tellement lourdes à la fin de l'Empire que beaucoup préférèrent renoncer aux honneurs, quitter la ville et s'installer à la campagne dans leurs domaines.

DÉDALE. Dans l'Antiquité nom donné à un architecte légendaire de Crète qui construisit le Labyrinthe* dans lequel était enfermé le Minotaure*. Voir Ariane, Cnossos, Minos.

DÉFENESTRATION DE PRAGUE. Acte de violence au cours duquel des protestants* de Bohême, insurgés contre Mathias II, roi de Bohême et de Hongrie, précipitèrent par la fenêtre de la salle du Conseil à Prague deux gouverneurs impériaux. Cet incident (23 mai 1618) sans conséquence mortelle, entraîna le déclenchement de la guerre de Trente* Ans.

DÉFENSE NATIONALE (Gouvernement de la). Nom donné au gouvernement provisoire qui succéda au Second Empire* et proclama la République le 4 septembre* 1870. Il remit ses pouvoirs à l'Assemblée* nationale le 12 février 1871. La nouvelle de la capitulation de Sedan* lors de la guerre franco-allemande* de 1870-1871 avait provoqué à Paris la déchéance de Napoléon III* et la formation d'un gouvernement de la Défense nationale. Présidé par le gouverneur de Paris et composé de républicains modérés (Jules Favre*, Léon Gambetta*, Jules Ferry*) et de radicaux, le

gouvernement décida la poursuite de guerre. Resté dans Paris assiégé par le Prussiens (septembre 1870), le gouverne ment envoya à Tours une délégation go vernementale – bientôt rejointe en ballo par Gambetta – chargée d'assurer la dire tion du pays et d'organiser la résistance l'ennemi. Mais Paris, bombardé et mena de famine, capitula le 28 janvier 187 Après la signature de l'armistice, le go vernement de la Défense nationale céda place à l'Assemblée nationale qui siége pour la première fois à Bordeaux, puis Versailles, Thiers* devenant le chef c l'exécutif. Voir Commune de Paris.

DEFFERRE, Gaston (Marsillargues, H rault, 1910-Marseille, 1986). Homme p litique français. Avocat, militant de l SFIO* dès 1933, résistant lors de la S conde Guerre* mondiale, il fut maire c Marseille (1944-1945 ; 1953-1986), d puté (1946-1958) puis sénateu (1959-1962) socialiste des Bouches-du Rhône. Ministre de la France d'Outre-Me dans le gouvernement de Guy Mollet (1956-1957), il élabora la loi-cadre, di loi Defferre (juillet 1956), qui prépara l'émancipation politique des pays d l'Afrique noire (suppression du systèm du double collège et instauration du su frage universel pour les élections aux a semblées territoriales). Ferme soutien d François Mitterrand*, il fut successive ment ministre de l'Intérieur et de la Dé centralisation, dans le cabinet de Pierr Mauroy* (1981-1984) puis du Plan et d l'Aménagement du territoire (cabinet Lau rent Fabius*, 1984-1986).

DE FOE ou DEFOE, Daniel (Londres v. 1660-*id.*, 1731). Romancier, poète e journaliste anglais. Il fut l'un des plu grands prosateurs du XVIIIe siècle et se ren dit notamment célèbre par le roma d'aventures *Robinson Crusoé* (1719), ins piré par l'histoire réelle d'un marin écos sais échoué durant cinq ans dans l'une de îles Juan Fernández, au large du Chili.

ÉFRICHEMENT. Opération qui onsiste à supprimer la végétation natu-elle d'un espace afin de le mettre en ulture. Du Xᵉ au XIIIᵉ siècle, l'Europe cen-ale et occidentale connut un vaste mou-ement de défrichement lié à une augmen-ation de la population mais aussi à utilisation d'un nouvel outillage (haches, ies et charrues* se généralisent) et à de ouveaux modes de culture. Les défriche-ents débutèrent à l'initiative des paysans ésireux d'agrandir leurs tenures* puis fu-nt systématiquement organisés sous la irection des seigneurs laïques et ecclé-astiques. Selon certains historiens, les éfrichements provoquèrent le triplement e la population européenne entre l'an 000 et 1300 et le doublement des terres bourables. Ils permirent aussi la coloni-ation urbaine et rurale de nouvelles ré-ions et, avec le surplus agricole, le déve-oppement des activités artisanales.

EGAS, Edgar (Paris, 1834-*id.*, 1917). eintre, pastelliste et dessinateur français. mi des impressionnistes dont il parta-eait la remarquable perspicacité de l'im-ression fugitive, Degas s'en différencia ar sa technique picturale et ses cadrages riginaux qui renouvelèrent la perspective aditionnelle. Fils de banquier, Degas initia à la peinture dans l'atelier d'un ève d'Ingres*, à l'École des beaux-arts et ar un voyage en Italie où il étudia les œu-res de Signorelli, Botticelli* et Raphaël*. débuta par des compositions historiques t des portraits (*La Famille Bellelli*, 1862, aris, musée d'Orsay) encore marqués par gres puis s'intéressa à la photographie et tudia les estampes japonaises introduites Paris vers le milieu du siècle, y décou-rant de nouvelles possibilités dans le ca-rage de ses compositions. Vers 1868, il ommença à fréquenter les impressionnis-s, intéressé par l'attention qu'ils por-ient au rendu de la lumière mais sans par-ger leur esthétique, et participa en 1874 la première exposition du groupe. Degas

se consacra presque exclusivement aux scènes d'intérieur, s'attachant à l'étude du mouvement et à la traduction de l'instan-tané dans des cadrages de plus en plus no-vateurs. Ses peintures comportent les thè-mes des courses (*Chevaux de course devant les tribunes*, 1869-1872, Paris, mu-sée d'Orsay), de la danse (*L'École de danse*, 1874, Paris, musée d'Orsay), des repasseuses (*Deux Repasseuses*, 1884, Pa-ris, musée du Louvre), des modistes et du nu féminin qu'il n'aborde jamais avec complaisance. À la fin de sa vie, Degas qui souffrait de la vue travailla de préférence le pastel. Voir Impressionisme.

DE GASPERI, Alcide (Pieve Tesino, Trentin, 1881-Sella di Valsugana, 1954). Homme politique italien. Chef de file des démocrates-chrétiens, président du Conseil (1945-1953), il fut l'un des « pè-res de l'Europe » avec le Français Robert Schuman* et l'Allemand Konrad Ade-nauer*. Originaire du Trentin, alors pro-vince autrichienne, De Gasperi défendit très tôt le mouvement irrédentiste et devint en 1905 directeur du journal *Il Nuovo Trentino* qu'il dirigea pendant plus de vingt ans. Député au Parlement autrichien, il défendit l'italianité de sa province. Ci-toyen italien après la victoire de 1918, De Gasperi devint président du Parti po-pulaire italien d'inspiration démocrate-chrétienne (1919) puis, élu député au Par-lement italien, il prit très tôt des positions hostiles au fascisme*. Après l'arrivée au pouvoir de Mussolini* (1922) et la disso-lution des partis politiques, il fut arrêté et condamné à quatre ans de prison (1926). Libéré en 1928, il occupa jusqu'à la chute du *Duce** un poste à la bibliothèque du Va-tican. La fin du régime fasciste le ramena bientôt au premier plan de la vie politique. Il représenta la démocratie chrétienne au sein du Comité de libération nationale. Mi-nistre dans les deux gouvernements Bo-nomi (juin 1944-novembre 1945), il de-vint, après la proclamation de la

République, président du Conseil (décembre 1945) et demeura à ce poste dans huit cabinets successifs (décembre 1945-juillet 1953), dominant désormais la scène politique nationale. Il signa avec les Alliés le traité de paix et entérina les accords du Latran* conclus avec Mussolini en 1929. Dans le nouveau contexte de la guerre* froide, il élimina les ministres communistes de son cabinet et, après un voyage officiel aux États-Unis (janvier 1947), obtint la renonciation aux réparations de guerre puis l'aide du plan Marshall* grâce auquel il entreprit le redressement économique du pays. De Gasperi s'aligna résolument sur le Pacte atlantique et fut, avec Robert Schuman et Konrad Adenauer – comme lui démocrates et chrétiens –, le principal artisan de la mise en place des premières institutions européennes : Conseil* de l'Europe (1949), Communauté* européenne de défense (1952). Il amorça enfin l'intégration économique de l'Europe en faisant adhérer l'Italie à la CECA (Communauté* européenne du charbon et de l'acier) en 1951. Il est considéré en Italie comme le « président de la reconstruction ».

DEGRELLE, Léon (Bouillon, 1906-Malaga, 1994). Homme politique belge. D'abord militant de l'Action catholique belge, il fonda en 1932 la revue *Rex*, à l'origine du rexisme, mouvement politique d'abord antiparlementaire et nationaliste, puis de tendance fasciste. Degrelle prôna la collaboration* wallonne avec l'Allemagne après la défaite belge de 1940. Il créa la division SS** « Wallonie » qui combattit avec les Allemands sur le front russe. Condamné à mort après la guerre, il se réfugia en Espagne.

DEIR EL-BAHARI (Temples de). Temples* funéraires souterrains ou hypogées* situés à Deir el-Bahari en Haute-Égypte*, sur la rive gauche du Nil* en face du site de l'ancienne capitale, Thèbes*. Ils servaient à célébrer le culte de défunts divi-nisés. Le plus célèbre est celui à terrasse construit vers 1500 av. J.-C. et dédié à la reine Hatshepsout. Voir Temple égyptien.

DE KLERK, Frederik Willem (Johannesburg, 1936-). Homme politique sud-africain. Président de la République de 1989 à 1994, il fut avec Nelson Mandela* l'un des artisans de la suppression de l'apartheid (1991) et a reçu avec lui le prix Nobel* de la paix en 1993.

DELACROIX, Eugène (Saint-Maurice Val-de-Marne, 1798-Paris, 1863) Peintre et lithographe français, considéré comme le chef de file du romantisme*. Issu d'un milieu aisé, Delacroix fut, ainsi que Théodore Géricault*, élève de Jacques-Louis David* puis fréquenta l'École des beaux-arts (1816) et étudia au Louvre* les peintures de Rubens* et de Véronèse*. Il exposa pour la première fois au Salon de 1822 (*Dante et Virgile aux Enfers*, Paris musée du Louvre) et y présenta régulièrement ses œuvres à partir de 1824. Son tableau, *Les Massacres de Scio* (Paris, musée du Louvre), exposé en 1824 et inspiré par la lutte des Grecs contre les Turcs, fut considéré comme le manifeste de l'école romantique opposé aux tenants du néoclassicisme* dont Ingres* était le champion. Parti pour l'Angleterre en 1825, Delacroix, ami d'Anthony Fielding, se passionna pour les pièces de Shakespeare* dont les sujets inspireront une partie de son œuvre ; il découvrit le théâtre de Goethe* pour lequel il illustra le *Faust*. *La Mort de Sardanapale* (Paris, Louvre) présentée au Salon en 1828 déclencha les foudres de la critique comme d'ailleurs la plupart de ses allégories inspirées par des événements contemporains, telle *La Liberté guidant le peuple* (1831, Paris, Louvre), écho des journées révolutionnaires de 1830. Son voyage en Afrique du Nord en 1832 lui inspira de nombreux tableaux « orientalistes » (*Femmes d'Alger*, 1834 ; *Noce juive dans le Maroc*, 1841, Louvre). À son re-our, Delacroix reçut de nombreuses ommandes publiques de grandes décorations murales qui l'occupèrent, en partie, usqu'à la fin de sa vie (Palais-Bourbon, 833-1847 ; Luxembourg, 1840-1846 ; ouvre, Galerie d'Apollon, 1850 ; Saint-ulpice, 1861). Son *Journal*, parsemé l'effusions et d'analyses, ses *Études es-tétiques* et sa Correspondance laissent un émoignage majeur sur son époque.

)ELAUNAY, Robert (Paris, 1885-Montellier, 1941). Peintre français. D'abord nfluencé par le cubisme*, Delaunay fut en 'rance l'initiateur de l'art abstrait*. Apolinaire* donna le nom d'« orphisme » à la endance picturale qu'il élabora. On peut totamment citer parmi son œuvre la série les *Fenêtres* (musée de Grenoble) et *Ryth-nes, Joie de vivre, Rythmes sans fin* (1930, 'aris, mus. nat. d'Art moderne).

)ELAUNAY, Sonia (Odessa, 1885-Paris, 979). Peintre français d'origine russe. 'emme de Robert Delaunay*, elle poursui-'it les mêmes recherches sur les rythmes olorés (*Prismes électriques*, 1914, Paris, nusée national d'Art moderne) qu'elle mit ussi en œuvre dans les arts appliqués.

)ELCASSÉ, Théophile (Pamiers, 852-Nice, 1923). Homme politique fran-ais. Ministre des Affaires étrangères 1898-1905), il resserra l'alliance franco-usse (1900) et fut surtout l'artisan de l'En-ente* cordiale avec la Grande-Bretagne 1904) brisant ainsi l'isolement diplomati-jue de la France. Député radical (1889), ninistre des Colonies (1894-1895), puis ninistre des Affaires étrangères dans di-'ers cabinets, il réussit, avec l'aide de 'ambassadeur à Londres Paul Cambon, à iquider le contentieux colonial avec l'An-jleterre. Après avoir dénoué la crise de Fa-:hoda*, il signa avec les Britanniques, in-juiets des ambitions allemandes, le traité lu 8 avril 1904, établissant l'Entente cor-liale. L'Angleterre reconnaissait les droits le la France au Maroc, la France renon-ant aux siens en Égypte. Delcassé affai-

blit par ailleurs la Triplice* en signant un accord secret avec l'Italie (1900). Sa politique d'hostilité à l'égard de l'Allemagne provoqua une vive réaction de l'empereur Guillaume II* (discours de Tanger*, 1905), et Delcassé dut démissionner, désavoué par Rouvier*, président du Conseil, qui accepta la conférence d'Algésiras* sur le Maroc (1906). À nouveau ministre des Affaires étrangères (1914-1915), Delcassé favorisa l'entrée en guerre de l'Italie aux côtés des Alliés. Voir Guerre mondiale (Première), Triple-Entente.

DELHI (Sultanat de). Principal et premier empire musulman de l'Inde* du Nord-Ouest (1206-1525), le sultanat de Delhi réussit, pendant plus de trois siècles, à unifier l'Inde du Nord, étendant même sa domination pendant 30 ans sur l'ensemble du sous-continent et préparant ainsi l'unité ultérieure réalisée par les Moghols*. Le sultanat eut pour origine la défaite infligée aux princes hindous à Tarain (1192) par des conquérants turcs et afghans conduits par le sultan Muhammad de Ghor, qui aboutit à la prise de Delhi. La première dynastie des sultans de Delhi (1206-1290) unifia la plaine indo-gangétique, puis celle des Khalji (1290-1320) étendit la domination musulmane jusqu'à l'extrême sud de la péninsule. Après le règne d'un sultan de la dynastie des Turhluk (1320-1414), l'empire se morcela en plusieurs sultanats régionaux et le raid que Tamerlan* lança contre Delhi en 1398 ne fit qu'en accélérer la décadence. Le sultanat, désormais réduit à la vallée de la Jumma (région de Delhi), passa à la dynastie des Sayyid (1414-1451) puis à la dynastie des Lodi (1451-1525) dont l'effort de redressement fut anéanti par l'invasion des Moghols de Baber*, vainqueurs à Panipat (1526), mettant ainsi fin au sultanat de Delhi.

DELONCLE, Eugène (Brest, 1890-Paris, 1944). Voir Cagoule (La).

DELORME ou **DE L'ORME, Philibert** (Lyon, v. 1514 ou 1515-Paris, v. 1570).

Architecte, dessinateur et théoricien français. Il fut l'un des grands architectes de la Renaissance* en France. Fils d'un maître maçon lyonnais, il se forma en Italie, particulièrement à Rome (1533-1536) où il se sensibilisa à l'esthétique antique. Chargé par Henri II* de l'inspection des bâtiments royaux (1548), il édifia pour Diane de Poitiers* le château d'Anet (1547-1555) et fut chargé par Catherine* de Médicis de la construction du château des Tuileries (1564-1569), dont seul le corps central fut élevé. Delorme fut aussi l'auteur de traités d'architecture comme les *Nouvelles Inventions pour bien bâtir et à petits frais* (1561).

DÉLOS. Île grecque de la mer Égée, la plus petite des Cyclades*. Elle devint un grand centre religieux après sa colonisation par les Ioniens* qui introduisirent le culte d'Apollon*, d'Artémis* et de leur mère Léto. Des fêtes en leur honneur avaient lieu tous les quatre ans. Après les guerres Médiques*, au début du Ve siècle av. J.-C., Athènes* y installa le siège de sa confédération maritime et l'île resta sous sa domination jusqu'en 315 av. J.-C. Délos joua, à l'époque hellénistique* un grand rôle commercial. Située au carrefour des routes maritimes entre la Grèce*, l'Asie et l'Égypte*, son port franc (sans droit de douanes) créé en 166 av. J.-C pour porter atteinte aux activités commerciales de Rhodes, attirait beaucoup de marchands. Conquise et pillée en 88 av. J.-C. par Mithridate*, puis par les pirates, Délos déclina définitivement. Les fouilles entreprises dès 1873 et menées par l'École française d'Athènes ont mis au jour l'un des ensembles archéologiques les plus importants de la Grèce.

DÉLOS (Ligue de). Nom donné à la première confédération athénienne (477 av. J.-C.) organisée après la défaite des Perses* en Grèce* au cours des guerres Médiques*. Elle avait pour but de libérer les Grecs encore soumis à la domination

perse et groupait Athènes*, l'Eubée, les cités ioniennes d'Asie* Mineure, la Chalcidique (en Macédoine*) et les Cyclades*. Libres, les cités acceptaient cependant le commandement militaire d'Athènes et versaient chaque année un tribut. Ce trésor, d'abord déposé dans le sanctuaire d'Apollon* de l'île de Délos*, fut transféré en 454 av. J.-C. sur l'Acropole* et les Athéniens y puisèrent largement pour embellir leur ville. Athènes fit de ses alliés des cités sujettes (certaines se révoltèrent) et transforma cette alliance en un vaste empire maritime dominant la mer Égée. Le danger perse fut écarté mais l'impérialisme d'Athènes devait conduire à la guerre du Péloponnèse* (431 av. J.-C.). La défaite d'Athènes (en 404 av. J.-C.) amènera la disparition de la ligue de Délos. Voir Démocratie athénienne, Naxos.

DELPHES. Ville de la Grèce* ancienne, au nord du golfe de Corinthe*, construite dans un site montagneux sur les pentes sud-ouest du mont Parnasse. Elle était célèbre pour l'oracle* rendu par Apollon* et pour ses jeux pythiques*. Le sanctuaire du dieu attirait des pèlerins de toute la Grèce, recevait de très riches présents et gardait en dépôt les trésors offerts par les cités en signe de gratitude. L'oracle de Delphes était consulté pour des affaires privées ou politiques mais aussi par des chefs d'État avant d'entreprendre des guerres ou des expéditions de colonisation. Les prêtres interprétaient les paroles toujours confuses de la Pythie*. Entre le VIe et le IVe siècle av. J.-C., Delphes joua un grand rôle dans les affaires de la Grèce. La Pythie et les prêtres encouragèrent le mouvement de colonisation, mais favorisèrent l'invasion des Perses*, les Lacédémoniens lors des guerres du Péloponnèse* et la domination de la Macédoine*. Soumise aux Romains, Delphes ne jouera plus aucun rôle. Fouillé par l'École française d'Athènes à partir de 1892, le site archéologique de Delphes est l'un des plus impressionnants de la Grèce :

emples d'Apollon et d'Athéna*, stade, trésors de quelques cités et nécropoles.

DÉLUGE (Le). Selon l'Ancien Testament*, envahissement de la terre par des flots de pluie envoyés par Dieu pour punir les crimes de l'humanité. Celle-ci périt entièrement sauf le patriarche* Noé et sa famille qui s'étaient réfugiés dans l'arche avec les représentants de toutes les espèces animales. Ce récit (compilation de récits assyro-babyloniens) fut probablement inspiré par les nombreuses inondations du Tigre et de l'Euphrate en Mésopotamie*.

DÈMES. Circonscriptions territoriales créées à Athènes par Clisthène*. Le dème peut être défini comme une véritable commune, regroupant tous les individus qui y résident, entre 300 000 et un millier de personnes. Au nombre d'une centaine, les dèmes étaient répartis dans trois ensembles géographiques : la ville, la côte et l'intérieur.

DÉMÉTER. Dans la mythologie* grecque, sœur de Zeus* et déesse de la Fécondité et de l'Agriculture. Ses attributs sont le pavot ou l'épi de blé. Les mystères d'Éleusis* lui sont consacrés. Son nom est associé à celui de sa fille Perséphone* (Proserpine chez les Romains) enlevée par Hadès*, dieu des Enfers. Selon le mythe le plus courant, Déméter parcourut la terre, éplorée, à la recherche de sa fille et, faute de soins, la terre devint stérile. Perséphone lui fut alors rendue mais, en vertu de l'accord conclu, dut rester un tiers de l'année auprès d'Hadès. Sans doute faut-il voir là une allégorie du cycle végétatif. Voir Cérès.

DÉMOCRATE (Parti, en angl. *Democratic Party*). Nom de l'un des deux grands partis politiques des États-Unis avec le Parti républicain*. Créé en 1830 après l'élection du président Jackson, le Parti démocrate* était issu du mouvement « républicain-démocrate » de Jefferson*, opposé au Parti fédéraliste et favorable à un gouvernement décentralisé, à une plus grande liberté individuelle et au libre-échangisme. Le Parti démocrate gouverna presque constamment jusqu'à la guerre de Sécession* puis se divisa sur la question de l'esclavage. Affaibli par l'hétérogénéité de son électorat (fermiers du Sud et de l'Ouest, population ouvrière des grandes villes industrielles) mais aussi concurrencé par le dynamisme du jeune Parti républicain (créé en 1856), le Parti démocrate ne deviendra le véritable mouvement réformateur des États-Unis qu'à partir de Woodrow Wilson*. Partisan d'une plus grande intervention de l'État, le parti élargit les bases de la démocratie américaine (vote des femmes accordé en 1920), engagea le *New* * *Deal* (F.D. Roosevelt*) pour combattre la crise* de 1929, rompit avec l'isolationnisme* en engageant le pays dans le second conflit mondial et engagea, sous Kennedy* et Johnson*, la déségrégation raciale. Les désillusions provoquées par la guerre du Viêt-nam* entraînèrent la victoire du républicain Nixon*. Après la présidence de Jimmy Carter* (1976-1981), les républicains ont été au pouvoir (Ronald Reagan, 1981-1989 ; George Bush, 1989-1993) jusqu'à l'élection de Bill Clinton*, démocrate, en novembre 1992. Voir Fédéraliste (Parti), Guerre mondiale (Seconde).

DÉMOCRATIE ATHÉNIENNE. Dans l'Antiquité, Athènes* fut le modèle de la cité démocratique (de *dêmokratia*, gouvernement du peuple). Progressivement mise en place à partir du VIIᵉ siècle av. J.-C. par les réformes de Dracon*, Solon* et Clisthène*, la démocratie athénienne connut son plus bel épanouissement au Vᵉ siècle av. J.-C., à l'époque de Périclès*, et devait durer jusqu'à la conquête macédonienne. Les citoyens*, tous égaux devant la loi, formaient l'ecclésia* ou assemblée du peuple et exerçaient eux-mêmes le pouvoir sans l'intermédiaire de représentants : ce fut une démocratie directe. Ils pouvaient, sans distinction de naissance ou de richesse, par tirage au sort ou élection, devenir membres du conseil (la Boulê*), du tribunal (l'Héliée*) ou magistrats*. L'exil pour dix ans ou ostracisme* protégea enfin tout retour à la tyrannie. Juridiquement, la cité athénienne se définissait comme regroupant les Athéniens et non l'ensemble des habitants de l'Attique*. Ainsi, seule une minorité exerça des droits politiques : ce furent les citoyens (vers 440 av. J.-C., 40 à 45 000 sur les 300 000 habitants de l'Attique*), hommes libres âgés de 18 ans, nés de père athénien et, depuis 451 av. J.-C., de père et de mère athéniens. En furent exclus les femmes, les étrangers résidents ou métèques* et les esclaves* qui par leur travail permettaient aux citoyens de se consacrer aux affaires de la cité. Encore le système ne fonctionnait-il que grâce à un fort absentéisme : l'Ecclésia n'attirait ordinairement que 2 000 à 3 000 citoyens, un quorum de 6 000 personnes étant requis pour les décisions graves, comme l'ostracisme*. La démocratie athénienne coûta aussi très cher. L'indemnité de présence (*misthos*) donnée aux membres de la Boulê, de l'Héliée puis plus tard à ceux de l'ecclésia qui permettait la participation de tous au gouvernement fut, au moins au départ, payée grâce au tribut versé par les « alliés » de la ligue de Délos*. Au IVe siècle av. J.-C., lorsque disparut l'empire athénien, les citoyens appauvris s'intéressèrent moins à la vie politique et la démocratie déclina.

DÉMOCRATIE CHRÉTIENNE (Parti de la, PDC). Parti politique italien issu du Parti populaire italien (PPI) créé en 1919, puis interdit par Mussolini* après l'affaire Matteotti*. Reparu en 1944 sous le nom de démocratie chrétienne, ce parti a occupé à partir de 1945 une place essentielle dans la vie politique italienne. Premier parti en voix, au moins jusque dans les années 60, il fut indispensable à toute majorité gouvernementale, tranchant pour des cabinets soit de centre droit, soit de centre gauche.

Depuis la fin de la Seconde Guerre* mondiale, elle avait dirigé tous les gouvernements (sauf de 1981 à 1982 et de 1983 à 1987). L'enquête « mains propres » lancée à Milan en février 1992 a mis au jour la corruption généralisée du système des partis en Italie parmi lesquels, la démocratie chrétienne. Comme les autres grands partis traditionnels, elle a connu, aux élections législatives de 1994, un imposant recul électoral au profit des partis conservateurs, voire d'extrême droite (Forza Italia de Silvio Berlusconi, Ligue du Nord, Mouvement social italien, néo-fasciste). Voir De Gasperi.

DÉMOSTHÈNE (Athènes, 384-Calaurie, 322 av. J.-C.). Orateur et homme politique athénien. Formé par un maître de la rhétorique et chef du parti patriotique, Démosthène devint avocat et s'imposa comme l'un des plus grands orateurs d'Athènes*. Il consacra toute sa vie à défendre l'indépendance de la cité menacée par la Macédoine* de Philippe II*. Après l'échec de la révolte des cités grecques conquises par la Macédoine (322 av. J.-C.), Démosthène dut s'enfuir dans l'île de Calaurie où il s'empoisonna. Il est l'auteur de plus de soixante discours (*Philippiques*, etc.).

DENG XIAOPING, ou TENG SIAO-P'ING (Guangan, 1904-). Homme politique chinois. Compagnon de Mao* Zedong lors de la Longue* Marche (1934-1935), commissaire politique de l'armée Rouge durant la guerre sino-japonaise (1937-1945), il devint en 1954 secrétaire général du comité central et membre du bureau politique. Principale victime de la Révolution* culturelle avec Liu* Shaoqi, il fut limogé en 1966 et tomba dans l'oubli durant neuf ans. Devenu vice-président du PCC* et chef d'état-major de l'armée (1975), il fut à nouveau évincé du pouvoir (comme « déviationniste de droite ») par Mao au profit de Hua* Guofeng (1976). Après la mort de Mao (septembre 1976) et arrestation de la bande* des quatre, Deng iaoping fut réintégré dans toutes ses nctions au sein du parti et de l'État et ésida, à partir de 1978, aux nouvelles ientations de la politique chinoise. Il fut principal artisan de la « démaoïsation » mit en œuvre la politique officielle des quatre modernisations » (décollectivisa-on des campagnes, armée, modernisation ouverture de l'industrie chinoise, déveppement des sciences et des techniques). fficiellement retiré de la vie politique en)87, il est resté néanmoins une person-alité très influente.

ENIKINE, Anton Ivanovitch (près de arsovie 1872-Ann Arbor, 1947) Général sse. Il commanda (1918-1920) contre les olcheviks* une armée de volontaires en kraine. Fils d'un affranchi officier de arrière, il participa à la guerre russo-ja-naise* de 1905 et commanda un corps armée lors de la Première Guerre* mon-ale. Proche des KD (constitutionnels-dé-ocrates*), il fut arrêté après la révolution Octobre 1917, puis libéré par le dernier néralissime de l'armée impériale. Il or-anisa avec Kornilov*, dans la région du on, une armée de volontaires, puis, après mort de ce dernier, devint commandant a chef des armées blanches du sud. Ses oldats, bien équipés par les alliés anglais, ncèrent une grande offensive (septembre)19) vers le nord bientôt stoppée par la sistance de l'armée Rouge. Denikine dé-issionna et passa ses pouvoirs au général Vrangel*. Il émigra aux États-Unis où il nit ses jours. Voir Communisme de uerre, Koltchak (Aleksandr), Trotski .éon).

ENIS ou DENYS, saint. Selon Gré-oire* de Tours, évangélisateur des Gau-s et premier évêque* de Paris. Décapité ès de la capitale au IIIe siècle sur la col-ne Montmartre (mont des Martyrs), il est présenté tenant sa tête dans ses mains, où la légende selon laquelle il l'aurait ra-assée après son supplice et l'aurait por-

tée jusqu'à l'emplacement de l'actuelle ab-baye qui porte son nom. Ses restes y furent transportés vers 626 après la fondation de ce sanctuaire par Dagobert*. La légende le confondit avec Denys l'Aréopagite, disci-ple de saint Paul*.

DENYS L'ANCIEN (Syracuse, v. 431-367 av. J.-C.). Tyran de Syracuse* (405-367 av. J.-C.), il fit de cette cité de Sicile le centre d'un empire maritime contrôlant une grande partie de la Méditerranée occidentale. Appuyé par le peuple à qui il distribua les terres des riches, il lutta vic-torieusement contre Carthage*, domina une grande partie de la Sicile et s'allia avec presque toutes les villes grecques d'Italie du Sud. Denys l'Ancien est resté célèbre pour sa cour brillante où il recevait artistes et écrivains. Voir Damoclès.

DENYS LE JEUNE (IVe siècle av. J.-C.). Tyran de Syracuse* (v. 397-344 av. J.-C.), fils et successeur de Denys* l'Ancien. Grand mécène, il tenta d'appliquer à Sy-racuse les théories politiques du philoso-phe grec Platon* pour organiser un État idéal. Chassé de Syracuse en 356 av. J.-C. par son oncle Dion, il revint au pouvoir en 346 av. J.-C. mais les Syracusains appelè-rent au secours leur métropole Corinthe* où il dut se retirer et où il mourut.

DÉPARTEMENTS. Lors de la Révolu-tion* française, l'Assemblée* constituante décida en 1790 de découper la France en 83 départements. Pour en tracer les limi-tes, aucun point du département ne devait, théoriquement, être éloigné du chef-lieu de plus d'une journée de cheval (environ 40 km). Cette décision répondait à divers impératifs, notamment mettre fin à l'im-broglio administratif de l'Ancien* Ré-gime, effacer le cadre territorial où s'exer-çaient les anciens privilèges et les particularismes locaux. On comptait en 1811, après les conquêtes de l'Empire, 130 départements. Ils sont aujourd'hui 100, dont 5 départements d'outre-mer (Guadeloupe, Guyane, Martinique, Réunion, Saint-Pierre-et-Miquelon). Voir Préfet.

DEPRETIS, Agostino (Mezzana Corti, près de Pavie, 1813-Stradella, 1887). Homme politique italien, il fut l'artisan de la Triple-Alliance* (entre l'Italie, l'Autriche-Hongrie* et l'Allemagne). Avocat issu d'une riche famille, d'abord favorable à la République et à Mazzini*, il se rapprocha bientôt de Victor-Emmanuel II*, unique espoir de l'unité italienne. Chef de la gauche au Parlement de Turin à partir de 1873, il fut à plusieurs reprises président du Conseil (1876-1878 ; 1878-1879 ; 1881-1887) et inaugura la tactique parlementaire de l'Italie de la fin du XIXᵉ siècle, connue sous le nom de « transformisme ». Les ministères devinrent des combinaisons de coteries, d'intérêts et d'ambitions personnelles. D'importantes réformes judiciaires et scolaires mais aussi un élargissement du corps électoral marquèrent sa présidence.

DÉROGEANCE. Dans la France d'Ancien* Régime, perte des privilèges attachés à un noble qui se livrait à des activités roturières comme les professions manuelles, industrielles ou commerciales. Au cours du XVIIᵉ siècle, des édits* royaux ouvrirent des activités lucratives aux nobles comme le travail dans les verreries et les mines, le commerce maritime ou le commerce en gros. Les activités militaires et politiques restèrent néanmoins toujours très valorisées.

DÉROULÈDE, Paul (Paris, 1846-Nice, 1914). Écrivain et homme politique français, nationaliste passionné au début de la Troisième République*. Auteur des *Chants du soldat* (1872-1875) écrits après la guerre franco-allemande* de 1870-1871, il fonda et dirigea la Ligue des patriotes (1882). Partisan du général Boulanger* et élu député (1889), il tenta de soulever l'armée contre l'Élysée lors des funérailles du président de la République Félix Faure*. Il fut banni de France entre 1900 et 1905. Voir Barrès (Maurice).

DESCARTES, René (La Haye, auj. Descartes, Touraine, 1596-Stockholm, 1650) Physicien, mathématicien, le plus célèbre des philosophes français. Il fut le fondateur du rationalisme moderne et celui du matérialisme mécaniste et géométrique. Élève des jésuites*, il fit des études de droit puis s'engagea dans l'armée hollandaise, alliée de la France, et voyagea à travers toute l'Europe (1617-1628). Après un bref séjour à Paris (1625-1628), il s'installa définitivement en Suède, invité par la reine Christine, et consacra le reste de sa vie aux sciences et à la philosophie. Il formula, principalement dans le *Discours de la méthode* (1637), une règle intellectuelle, le « doute méthodique », afin d'accéder à la vérité. Pour y parvenir, il faut, selon lui, douter « de toutes les choses où l'on aperçoit le moindre soupçon d'incertitude ». Il tenta, en même temps, d'assurer les fondements d'une science véritable et, surtout, de son unité qui trouve sa condition suffisante dans l'unité de « l'esprit connaissant ». Descartes a créé la géométrie analytique, simplifié l'écriture mathématique et dégagé les lois de la réfraction en optique géométrique, ce qui lui permit d'établir la théorie de l'arc-en-ciel.

DESCHANEL, Paul (Schaerbeek-lesBruxelles, 1855-Paris, 1922). Homme politique français. Il fut choisi comme président de la République par le Bloc* national, alliance des partis de droite, contre Clemenceau* en janvier 1920, mais dut donner sa démission dès septembre 1920, pour raison de santé. Il fut remplacé par Millerand*.

DE SICA, Vittorio (Sora, 1901-Paris, 1974). Cinéaste et acteur italien. Il fut l'un des chefs de file du néo-réalisme et réalisa notamment *Le Voleur de bicyclette* (1948), *Miracle à Milan* (1951), *Mariage à l'italienne* (1964).

DESMOULINS, Camille (Guise, 1760-Paris, 1794). Journaliste et homme politique français. Il dénonça, lors de la

volution* française, dans de violents
mphlets, la monarchie et l'Ancien* Réme, mais, opposé à la Terreur*, fut guil-
iné avec son ami Danton*. Condisciple
Robespierre* au lycée Louis-le-Grand
Paris puis avocat, il devint malgré son
gaiement l'un des orateurs les plus écou-
des jardins du Palais-Royal, entraînant
peuple à la révolte dans les jours qui pré-
lèrent la prise de la Bastille*. Dans son
irnal *Les Révolutions de France et de
abant*, il ne cessa de dénoncer le
mplot aristocratique. Membre du Club
s cordeliers* où il se lia avec Danton,
puté montagnard à la Convention*, Des-
ulins s'opposa violemment aux giron-
1s*, contribuant à l'élimination de ses
ncipaux chefs. Souhaitant comme Dan-
1 lutter contre l'aggravation de la Ter-
ir, il lança avec courage dans son jour-
I *Le Vieux Cordelier* de vibrants appels
la clémence (1793-1794). Arrêté et
ndamné à mort, il fut guillotiné avec
inton et les Indulgents* (avril 1794).

:SPOTISME ÉCLAIRÉ. Système de
uvernement dans lequel le souverain
ntinue d'exercer un pouvoir personnel
iis qui pratique une politique inspirée
r les idées de la philosophie des Lumiè-
s. Le despotisme éclairé (ou plutôt
: absolutisme éclairé ») fut instauré dans
rtains pays d'Europe dans la deuxième
iitié du XVIIIᵉ siècle (dans les États au-
chiens de Marie-Thérèse* et Joseph II*,
Russie par Catherine II*, en Espagne
r Charles III*, en Suède par Gustave III),
Prusse* de Frédéric II* ayant été
:xemple le plus accompli. Les despotes
lairés améliorèrent dans certains pays le
rt des paysans (suppression du servage
des corvées*), accordèrent ou respectè-
nt la liberté religieuse, décidèrent
idoucissement du droit pénal et la sup-
ession de la torture, favorisèrent le dé-
loppement économique et, « dispensa-
urs des Lumières », encouragèrent
nstruction, les lettres et les sciences.

Adeptes d'un absolutisme non plus de
droit divin mais fondé sur la raison, les
despotes éclairés renforcèrent l'autorité de
l'État au détriment des corps intermédiaires (clergé, noblesse, parlements) et des
particularismes nationaux.

DESTOUR. Parti politique tunisien fondé
en 1920, il revendiquait la fin du protectorat français et l'établissement d'une
constitution. Cependant, des conflits internes aboutirent en 1934 à la scission du
parti entre le Néo-Destour*, constitué de
jeunes intellectuels occidentalisés favorables à la modernisation, la laïcisation et la
démocratisation de la Tunisie, et le Vieux
Destour regroupant des traditionalistes
souhaitant l'indépendance de la Tunisie
mais sur les bases religieuses et politiques
de l'islam*. Plus dynamique, le Néo-Destour, dominé par Bourguiba* et Salah ben
Youssef, mena avec vigueur et dans la
clandestinité la lutte pour l'indépendance
acquise en 1956. Depuis cette date, le parti
est au pouvoir. Le Néo-Destour a pris, en
1964, le nom de Parti socialiste destourien
(PSD), parti unique de la Tunisie jusqu'en
1981. Il est devenu, après la destitution de
Bourguiba (1987) et l'arrivée à la présidence de Ben* Ali, le Rassemblement
constitutionnel démocratique. Voir Bourguiba (Habib).

DESTRIER. Nom donné au Moyen Âge
au cheval de bataille conduit par l'écuyer*
de la main droite (dextre) lorsque le chevalier ne le montait pas.

DÉTENTE. Voir Coexistence pacifique.

DÉTROITS (Les). Détroits, aujourd'hui
turcs, du Bosphore et des Dardanelles, seul
passage maritime entre la mer Noire et la
Méditerranée. Voir Orient (Question d').

DÉTROITS (Traité des). Voir Londres
(Convention de).

DEUX CENT VINGT ET UN (Adresse
des, 15 mars 1830). En France, sous la
Restauration*, nom donné à l'adresse votée par 221 députés libéraux en réponse au
discours du trône prononcé par Char-

les X*, discours menaçant, allant à l'encontre des principes de la Charte* de 1814. Cette adresse provoqua la dissolution de la Chambre, mais constitua aussi un véritable manifeste libéral, précurseur de la révolution* de Juillet 1830. Voir Royer-Collard (Pierre).

DEUX-ROSES (Guerre des). Guerre civile qui déchira l'Angleterre de 1455 à 1485 du fait de la lutte pour le pouvoir entre la maison d'York* (dont l'emblème était la rose blanche) et la maison de Lancastre* (avec pour emblème la rose rouge), toutes deux branches de l'ancienne dynastie des Plantagenêts*. Cette guerre qui décima l'aristocratie et marqua le déclin de la féodalité*, aboutit à l'avènement de la dynastie des Tudors* qui gouverna l'Angleterre durant le XVIᵉ siècle (1485-1603). Les origines de cette guerre furent les défaites de la guerre de Cent* Ans et l'incapacité du roi Henri VI* de Lancastre à gouverner. Le duc Richard d'York détrôna, après ses victoires sur l'armée royale, Henri VI et le remplaça par son fils Édouard IV* (1461). Cependant, appuyé par la France, le comte de Warwick, qui s'était brouillé avec Édouard, restaura Henri VI (1471). Après la victoire de Tewkesbury, Édouard IV retrouva son trône (1471) et son fils Édouard V* lui succéda (1483). Mais il fut assassiné par son oncle, Richard III* ; ce dernier fut à son tour vaincu par un descendant des Lancastre, Henri Tudor (1485), qui prit le nom d'Henri VII* et fonda la dynastie Tudor. Ces événements ont inspiré deux célèbres tragédies de Shakespeare* : *Henri VI* et surtout *Richard III*.

DEUX-SICILES (Royaume des). Nom donné au royaume d'Italie du Sud formé du royaume de Sicile* (Sicile insulaire) et du royaume de Naples* (Sicile continentale) et qui dura de 1442 à 1458 et de 1816 à 1860.

DE VALERA, Eamon (New York, 1882-Dublin, 1975). Homme politique irlandais. Partisan de l'indépendance irlandaise, il domina la vie politique de l'Irlande du Sud presque sans interruption de 1919 à 1973. Fils d'un artiste espagnol et d'une mère irlandaise née aux États-Unis. De Valera se rallia au parti nationaliste Sinn* Féin et participa au soulèvement de Pâques (1916). Président du Sinn* Féin (1917), il devint le chef de file des nationalistes et forma le gouvernement révolutionnaire irlandais en 1918. Il accepta de négociations avec le Premier ministre britannique Lloyd* George (traité de Londres, 1921) puis, déçu, combattit les accords qui créaient un État libre d'Irlande mais avec un statut de dominion* et qui amputaient l'île de l'Ulster*. L'Assemblée (le *Dail Eireaann*) ayant néanmoins ratifié le traité, De Valera démissionna de la présidence du gouvernement, devint le chef de l'opposition républicaine et déclencha une sanglante guerre civile. Libéré après un an de prison, il se sépara des nationalistes extrémistes et fonda en 1926 son propre parti, le Fianna Fail (Soldats de la destinée) qui l'emporta aux élections de 1932. Premier ministre (1932-1937, 1951-1954 et 1957), il marqua l'histoire de l'Irlande par sa lutte pour l'indépendance totale à l'égard de la Grande-Bretagne, par la création d'une citoyenneté spécifique irlandaise, une Constitution définissant l'Eire* (1937) et une stricte politique de neutralité pendant la Seconde Guerre mondiale. Président de la République (proclamée en 1948) de 1959 à 1973, De Valera apparaît comme le symbole du nationalisme irlandais et de son espérance unitaire.

DÉVOLUTION (Guerre de, 1667-1668). Nom donné à la guerre que le roi de France Louis XIV* conduisit contre l'Espagne en 1667-1668 après la mort de Philippe IV (1665). Afin de justifier ses prétentions sur une partie des Pays-Bas espagnols, le roi invoquait une coutume reconnue dans certaines provinces belges, le « droit de dé-

lution », d'après laquelle les enfants
un premier mariage étaient seuls héri-
ers. Or Marie-Thérèse, femme de
uis XIV, était fille du premier lit de Phi-
pe IV, tandis que le successeur de ce-
-ci était né d'un second. La triple al-
ance regroupant la Hollande,
Angleterre et la Suède, inquiète de
vance française, amena Louis XIV à né-
cier rapidement par le traité d'Aix-la-
apelle (1668) : la France évacua la
anche-Comté, mais l'Espagne cédait
places sur la frontière nord dont Lille et
uai. Voir Turenne (Henri de la Tour
Auvergne, vicomte de).

IANE. Divinité romaine assimilée à
Artémis* grecque. Fille de Jupiter* et de
tone, sœur d'Apollon*, Diane est la
esse de la chasse, des bois et de la nature
la protectrice des femmes. Voir Dieux
mains, Religion romaine.

AS, Bartolomeu Dias de Novais, en fr.
arthélemy (v. 1450-au large du cap de
nne-Espérance, v. 1500). Navigateur
rtugais, il fut le premier Européen à dou-
er le cap méridional de l'Afrique. Parti
Lisbonne* en 1487, et chargé par
an II de poursuivre les explorations de
ogo Cão sur les côtes occidentales de
Afrique, il fut poussé par une violente
npête et doubla, sans le comprendre, la
inte extrême de l'Afrique, atteignant
isi la côte orientale. Cependant, le mé-
ntentement de son équipage le poussa à
ire demi-tour et il repassa devant le cap
'il nomma « cap des Tempêtes », rebap-
é par le roi du Portugal « cap de Bonne-
pérance », parce qu'il ouvrait la route
aritime des Indes. Préféré plus tard à
sco de Gama*, Dias participa sous ses
dres à l'expédition de 1497 qui décou-
it les îles du Cap-Vert. Il participa en
00 à l'expédition de Cabral* qui attei-
it le Brésil, mais disparut en retraversant
Atlantique Sud dans une tempête près du
p de Bonne-Espérance. Voir Grandes
couvertes.

DIASPORA. Dispersion du peuple juif* à
travers le monde, commencée au VIIIe siècle av. J.-C., après la disparition du
royaume d'Israël* et intensifiée au VIe siècle avec celle du royaume de Juda*. Tous
les juifs vécurent en communautés dispersées à partir du IIe siècle ap. J.-C. (époque
à laquelle les Romains les chassent de Palestine*) jusqu'à la fin du XIXe siècle, début de la colonisation juive en Palestine.
Voir Massada, Sionisme.

DICKENS, Charles (Landport, auj.
Portsmouth, 1812-Gadshill, Rochester,
1870). Écrivain britannique, l'un des rares
écrivains anglais – avec Shakespeare* et
Emily Brontë* – à être très populaire en
France. Issu d'un milieu modeste, ouvrier
dans une fabrique, Dickens garda toute sa
vie le souvenir de ses humiliations enfan-
tines. De cette jeunesse malheureuse, il tira
la matière de nombreux romans, notamment *M. Pickwick* (1836-1837), *Oliver
Twist* (1837-1839) et *David Copperfield*
(1849-1850).

DICTATEUR. Fonction politique créée
dans la Rome* antique . Elle était exercée
par un magistrat* extraordinaire dans les
cas de péril grave pour la République*, notamment en temps de guerre ou de révolution. Nommé par les consuls* sur proposition du Sénat*, le dictateur disposait
pendant six mois au maximum de tous les
pouvoirs, le maître de cavalerie pour su-
bordonné, avec toutes les autres magistratures, lui devant obéissance. Fréquente aux
Ve-IVe siècles av. J.-C., devenue très rare au
IIIe siècle av. J.-C. sauf pendant les guerres
Puniques*, la dictature fut abolie, au Ier siècle av. J.-C., après l'assassinat de Jules César*. Voir Curule (Siège), Licteur.

DIDEROT, Denis (Langres, 1713-Paris,
1784). Écrivain et philosophe français. Il
dut sa gloire à l'*Encyclopédie** qu'il dirigea avec d'Alembert* de 1747 à 1766 et
pour laquelle il rédigea de nombreux articles. Grande figure de la philosophie des
Lumières, hostile à tous les fanatismes, Di-

derot défendit les principes d'une morale de la nature fondée sur la raison. Issu de la bourgeoisie aisée, il étudia la philosophie, la théologie puis le droit à Paris où il vécut une dizaine d'années en exerçant divers métiers. Il se lia d'amitié avec Jean-Jacques Rousseau* et prit, à partir de 1747, sur la proposition du libraire Le Breton, la direction de l'*Encyclopédie*, tâche gigantesque qui absorba pendant plus de vingt ans l'essentiel de son activité. Seul un voyage de quelques mois auprès de Catherine II* de Russie – qui lui avait acheté sa bibliothèque et décidé de lui verser une rente jusqu'à sa mort – interrompit son travail. Diderot a laissé une œuvre immense dans des domaines variés mais qui témoigne de l'évolution de sa pensée philosophique. D'abord déiste (*Pensées philosophiques*, 1746), il défendit ensuite un matérialisme athée dans sa *Lettre sur les aveugles à l'usage de ceux qui voient* (1749) – ce qui lui valut d'être emprisonné quelques mois à Vincennes – et dans *Le Rêve de d'Alembert* (1769) où il exposa ses idées matérialistes concernant la constitution de l'univers. Diderot prôna sur le plan social, contrairement à Rousseau, une morale où le bonheur individuel et le bien général pouvaient coïncider (*Le Fils naturel*, 1757) et sur le plan politique, outre la liberté de pensée et d'expression, une monarchie fondée sur le principe démocratique d'un contrat politique déterminant la forme de l'État. Diderot exerça ses talents dans beaucoup d'autres domaines. Il fut l'auteur de romans comme *La Religieuse* (1761), *Le Neveu de Rameau* (1762) – que Goethe* traduira en 1805 en allemand avant que ne paraisse l'édition française (1821) – et *Jacques le fataliste et son maître* (1773). Passionné par les problèmes de l'art, il laissa des critiques (les *Salons*) et défendit notamment Jean-Baptiste Greuze*. Lié à partir de 1755 avec Sophie Volland, Diderot laissa enfin une admira-

ble correspondance (*Lettres à Sophie Volland*).

DIDON ou **ÉLISSA**. Princesse légendaire de Tyr* (Phénicie*). Chassée du pouvoir elle serait allée fonder Carthage* en compagnie de ses meilleurs guerriers (IX siècle av. J.-C.). La littérature latine, en particulier Virgile* a évoqué ses amours avec le Troyen Énée* qui serait ensuite parti pour l'Italie faire souche d'un peuple dont Rome* serait issue plus tard.

DIÊM, NGÔ DINH. Voir Ngô Dinh Diêm.

DIÊN BIÊN PHU (Bataille de, 13 mars 7 mai 1954). Bataille décisive, dans le Nord Viêt-nam, entre les armées françaises et les forces du Viêt-minh* (Front de libération du Viêt-nam) conduites par l général Vô* Nguyen Giap. Après une longue résistance, les Français, encerclés dans une petite plaine encaissée et pilonnés par l'artillerie vietnamienne, durent cesser les combats. Cette bataille, suivie des accords de Genève* (1954), marqua la fin de l guerre d'Indochine*. Voir Ho Chi Minh Mendès France (Pierre).

DIÈTE GERMANIQUE. Nom donné l'assemblée (en all. *Reichstag*), du Saint Empire romain germanique. Elle surveillait étroitement l'empereur. À l'origine exclusivement composée de princes et réunie irrégulièrement par l'empereur (à Nuremberg, Augsbourg* ou Ratisbonne), elle s'ouvrit dès 1250 aux représentants des villes et fut composée de trois collège (électeurs, princes et villes). Ce ne fut qu'en 1663 que la diète, siégeant à Ratisbonne, devint permanente. Elle disparut avec la fin du Saint Empire romain germanique (1806) et fut remplacée par le Bundesrat* puis, avec la naissance du nouvel Empire allemand (1871) par le Reichstag* (conservé sous la République de Weimar* et le IIIe Reich*). Le Bundestag* est aujourd'hui la chambre basse de l'Allemagne. Voir Augsbourg (Confession d'), législatives, Worms (Diète de).

DIETRICH, Maria Magdalena von **sch,** dite **Marlene** (Berlin, 1902-Paris, 92). Actrice américaine d'origine allende. Elle fut l'incarnation de la femme ale et mystérieuse. Elle joua notamment ns les films de Josef von Sternberg *'Ange bleu*, 1930 ; *Cœurs brûlés*, 1930 ; *anghai Express*, 1932 ; *L'Impératrice uge*, 1934).

EUX GRECS. Les principaux dieux cs sont : Zeus*, Héra*, Athéna*, Apoli*, Artémis*, Hermès*, Héphaïstos*, stia, Arès*, Aphrodite*, Déméter*, Podon*, Dionysos*, Perséphone*, Asclés*. Voir Cronos, Rhéa, Titans.

EUX ROMAINS. Les principaux ux romains sont : Jupiter*, Junon*, Mirve*, Apollon*, Diane*, Mercure*, Vulin*, Vesta*, Mars*, Vénus*, Cérès*, ptune*, Bacchus*, Saturne* et Janus*. ir Dieux grecs, Esculape, Isis, Mithra.

MANCHE ROUGE. Nom donné à la nifestation du 9 (22) janvier 1905 à nt-Pétersbourg, qui préluda à la révoion* de 1905. Menée par le pope Gapon, e rassembla des milliers d'ouvriers sans nes, portant des icônes et des portraits Nicolas II*, qui se dirigèrent vers le pas d'Hiver afin de présenter au tsar leurs vendications. La troupe tira sur la foule, provoquant des centaines de morts. Cet énement tragique détourna de la monarie une grande partie des masses ouvriè-.

IME. Redevance en principe d'un xième du revenu terrien, due par tout file à sa paroisse. Son taux était en généinférieur au dixième. Théoriquement rsée à l'Église, la dîme fut ensuite fréemment usurpée par le seigneur ou pere au profit du haut clergé et des abbayes, curé n'en percevant qu'une faible part. ès impopulaire, la dîme fut supprimée en 89.

OCLÉTIEN (près de Salone, auj. Split, 5-v. *id.*, 313 ap. J.-C.). Empereur roin, il régna de 284 à 305 et réorganisa l'Empire afin de mieux assurer son administration mais aussi sa défense contre les menaces barbares*. L'immense territoire impérial fut partagé en deux zones. Dioclétien fut maître de l'Orient et résida à Nicomédie (en Asie* Mineure), Maximien, maître de l'Occident, s'installa à Milan. Tous les deux reçurent le titre d'Auguste*, chacun étant assisté d'un César* (lieutenant) à qui était confiée une partie de l'Empire et qui devait succéder automatiquement à l'empereur. Ce système fut appelé la tétrarchie* (ou gouvernement à quatre), Dioclétien conservant la supériorité sur l'ensemble. Cette nouvelle répartition de l'autorité permit de remporter sur toutes les frontières d'importants succès. À l'intérieur, Dioclétien entreprit une importante réforme fiscale, administrative et militaire, en augmentant le nombre des provinces* (plus faciles à gérer parce que plus petites) et en créant une puissante armée de réserve. Par le célèbre édit du Maximum (301), il lutta contre la hausse des prix. Pour renforcer le prestige impérial, il se fit reconnaître et adorer comme le fils de Jupiter*. Enfin, à partir de 303, il déclencha contre les chrétiens* la persécution la plus dure que l'Église eut à supporter et qui devait durer dix ans. En 305, Dioclétien malade abdiqua ainsi que Maximien. Le système de la tétrarchie sombra dans les guerres qui suivirent ces abdications. Voir Constantin Ier.

DIONYSIES. Dans la Grèce* antique, fêtes célébrées en l'honneur de Dionysos*, dieu du vin, de l'extase et de la végétation luxuriante. Fêtes paysannes, elles étaient marquées par des chœurs dansant et chantant des hymnes en l'honneur du dieu (le dithyrambe), déguisés en satyres (compagnons de Dionysos*, divinités à corps humain, à cornes et pieds de bouc) guidés par le coryphée* racontant les aventures du dieu. C'est de ces dithyrambes que devait naître la tragédie grecque. En Attique*, ces fêtes étaient célébrées plusieurs fois dans l'année, mais c'était les Grandes Dionysies d'Athènes* (en mars) qui avaient le plus d'importance. Elles célébraient la naissance du printemps, duraient six jours et étaient l'occasion de grandes représentations théâtrales où concoururent les grands poètes Eschyle*, Sophocle*, Euripide* et Aristophane*.

DIONYSOS. Dans la mythologie* grecque, fils de Zeus* et de Séléné, une mortelle, fille du roi de Thèbes*. Il est le dieu de la vigne, du vin et de la végétation, celui de l'extase et de la possession dionysiaque, sorte de transe décrite par Euripide* dans *Les Bacchantes*. Voir Bacchus, Dionysies, Naxos.

DIOSCURES. Voir Castor et Pollux.

DIRECTOIRE. Nom donné au régime qui, institué par la Constitution* de l'an III (1795), gouverna la France du 26 octobre 1795 (fin de la Convention* thermidorienne) au 9 novembre 1799 (coup d'État du 18 Brumaire*). Les thermidoriens avaient donné le pouvoir exécutif à un directoire (d'où le nom du régime) de cinq membres (les directeurs) choisis par le Conseil des Cinq-Cents* et le Conseil des Anciens*, renouvelables par cinquième chaque année et choisissant les ministres et les généraux en chef. Aux prises avec la guerre de conquête, l'aggravation de la crise économique, financière et sociale, le Directoire, porte-parole d'une bourgeoisie modérée et libérale, en fut réduit à une politique de bascule, luttant sur sa gauche contre les jacobins* et sur sa droite contre les royalistes. La Constitution de l'an III ayant établi en outre une stricte séparation des pouvoirs, aucune mesure légale ne pouvait régler les différends entre le législatif et l'exécutif. Seule la force ou l'illégalité pouvant résoudre les crises, le Directoire fut un gouvernement de coups d'État, l'intrusion des généraux dans les luttes politiques donnant ainsi le pouvoir à l'un d'entre eux, Napoléon Bonaparte*. Le régime prit néanmoins quelques mesures

importantes : la suppression des assignats*, l'établissement de la conscription et l'adoption du système métrique. Voir Babeuf (Gracchus), Barras (Paul), Carno (Lazare), Égypte (Campagne d'), Fructidor an V (coup d'État du 18), Incroyables, Italie (Campagnes d'), Merveilleuses, Sieyès (Emmanuel).

DISNEY, Walter Elias Disney, dit Wal (Chicago, 1901-Burbank, Californie 1966). Dessinateur, cinéaste et producteu américain. Disney fut un pionnier du des sin animé et ses productions sont connue dans le monde entier avec notamment l série des *Mickey, Blanche-Neige et les sep nains* (1937), *Fantasia* (1940) *Bamb* (1942) et *Alice au pays des merveille* (1951). Il avait fondé un véritable empir commercial avec Disneyland en Californi et Disneyworld en Floride, développé pa ses successeurs (EuroDisney en France).

DISRAELI, Benjamin, 1ᵉʳ comte de Bea consfield (Londres, 1804-*id.*, 1881 Homme d'État britannique. Chef du Par conservateur* et plusieurs fois Premier mi nistre, Disraeli, grand rival du libéra Gladstone*, réalisa d'importantes réfor mes tendant à la démocratisation du ré gime. Il fut aussi l'un des pères de l'im périalisme britannique. Fils d'un juif converti à l'anglicanisme*, Disraeli, avc cat, se fit d'abord connaître par ses talen d'écrivain, notamment par un roman poli tique, *Vivian Grey* (1826), où il évoqua la vie des milieux dirigeants britannique puis décida de s'orienter vers la politiqu Conservateur, très attaché aux tradition anglaises (l'Église et l'aristocratie), il re suscita et défendit au sein de son par l'idée de la vieille alliance entre la Co ronne et le peuple contre les intérêts de l bourgeoisie commerçante et industriell Chef de file du mouvement « Jeune Ar gleterre », il devint en 1837 député de Communes*. Son intelligence et sa bri lante éloquence contribuèrent à la rapidi de son ascension politique. Fidèle au Par onservateur déchiré par la « trahison » de ir Robert Peel* – que Disraeli contribua à enverser – et des partisans du libre-change, Disraeli devint chancelier de 'Échiquier* dans le gouvernement de son ami lord Derby (1852, 1858, 1866-1868) avant de devenir Premier ministre lui-même (1868, 1874-1880). Ses années de gouvernement furent marquées par la ré-orme électorale de 1867 qui doubla pres-que le corps électoral anglais donnant, en particulier, le droit de vote aux artisans et ouvriers qualifiés des villes. Disraeli abolit aussi le fameux *Employer and Workman Act* (loi « maître et serviteur ») en 1875, supprimant ainsi les différences entre pa-rons et ouvriers sur le plan du témoignage judiciaire et développa une importante lé-gislation sociale, moins avancée cependant que celle de Bismarck* en Allemagne. Un moment écarté du pouvoir par Gladstone* 1868-1874), il se consacra lors de son re-our à l'expansion de l'Empire britanni-que* (annexion des îles Fidji en 1874, at-ribution à la reine Victoria* du titre d'impératrice des Indes et, afin de mieux assurer le contrôle de la route des Indes, achat des actions du canal de Suez* en 1875, obtention de l'île de Chypre en 1878 et arrêt de l'expansion russe dans les Bal-kans* en empêchant l'application du traité de San Stefano*). Ministre préféré de la reine Victoria qui le fit lord comte de Bea-consfield (1876), Disraeli dut s'effacer après son échec électoral de 1880 dans un contexte de crise économique et de diffi-cultés extérieures en Afrique du Sud et aux ndes. Suivant les vœux du Parlement*, une plaque apposée à Westminster célèbre le souvenir de celui qui peut être considéré comme l'initiateur de l'esprit du conser-vatisme anglais contemporain. Voir Berlin Congrès de), Tory.

DIVINATION. Pratique destinée à devi-ner l'inconnu, en particulier pour prédire 'avenir. Voir Augures, Haruspice, Oracle, Sibylle.

DIX COMMANDEMENTS. Voir Déca-logue.

DJIHAD. Mot arabe qui signifie guerre sainte. Au VIIe siècle, Mahomet* prêcha la *djihad* pour combattre ses ennemis. Cette idée fut reprise par les califes* au moment des conquêtes et elle devint une obligation pour les guerriers arabes* qui propageaient l'islam* hors de l'Arabie*. Tout musul-man qui mourait en combattant les païens ou les infidèles, gagnait le paradis.

DOCTRINAIRES. Nom donné en France, sous la Restauration*, à un groupe d'hommes politiques et de journalistes, royalistes modérés, favorables à une mo-narchie constitutionnelle (« Le trône n'est pas un fauteuil vide »), et au suffrage cen-sitaire. Ses principaux représentants furent Royer-Collard*, Guizot* et Rémusat. Les Doctrinaires soutinrent Decazes* mais s'opposèrent à Villèle*. Ils étaient hostiles aux royalistes extrémistes (les ultras*) et aux libéraux. Voir Louis XVIII.

DODONE. Ancienne ville au nord-ouest de la Grèce* continentale en Épire, elle était célèbre pour son oracle* de Zeus*, l'un des plus anciens du monde hellénique. Les prêtres interprétaient le bruit des feuil-lages des chênes agités par le vent. Voir Delphes.

DOGE. Nom donné autrefois au premier magistrat de plusieurs Républiques italien-nes, particulièrement de Venise* et de Gê-nes*. À Venise, le pouvoir presque absolu des doges fut limité aux XIe-XIIe siècles par la création de conseils dominés par l'aris-tocratie marchande (Grand Conseil, Conseil des Dix). À Gênes, les doges, d'abord élus à vie, le furent ensuite pour deux ans. Venise et Gênes cessèrent d'avoir des doges en 1797. Voir Doges (Palais des).

DOGES (Palais des). Célèbre édifice de Venise*, résidence des doges* et siège du gouvernement de la République. L'édifice actuel fut construit aux XIVe et XVe siècles. Sa partie la plus remarquable est la salle du Grand Conseil (55 m sur 25 m) décorée par le *Paradis* du Tintoret* et par l'*Apothéose de Venise*, œuvre de Véronèse*.

DOLET, Étienne (Orléans, 1509-Paris, 1546). Humaniste et imprimeur français, pendu et brûlé place Maubert à Paris. Il fut condamné pour hérésie et blasphème par la faculté de théologie de Paris, pour avoir édité des livres de réformés ou d'humanistes comme Lefèvre* d'Étaples, Érasme* ou Melanchthon*. Voir Humanisme.

DOLLFUSS, Engelbert (Texing, 1892-Vienne, 1934). Homme politique autrichien, il lutta contre le rattachement de l'Autriche à l'Allemagne. Issu d'un milieu paysan, Dollfuss fit des études de droit et d'économie politique puis resta longtemps fonctionnaire de la Chambre d'agriculture de Basse-Autriche. Fervent catholique, militant du Parti social-chrétien de Mgr Seipel, il fut ministre de l'Agriculture (1931) puis devint chancelier fédéral (1932-1934). Considéré comme l'héritier spirituel de Mgr Seipel, il souhaita faire de l'Autriche un État chrétien et autoritaire. Dès 1933, il suspendit le régime parlementaire et créa le Front patriotique (d'extrême droite), lui donnant pour objectif de remplacer progressivement les partis politiques. S'appuyant à l'extérieur sur Mussolini* (entrevue de Riccione, 1933), et à l'intérieur sur les sympathisants fascistes antimarxistes (les *Heimwehren*), Dollfuss interdit (juin 1933) le Parti national-socialiste qui réclamait l'annexion de l'Autriche par l'Allemagne et écrasa à Vienne les milices ouvrières du Parti social-démocrate (1934). Le 1er mai 1934, il établit une nouvelle Constitution faisant de l'Autriche un État autoritaire, chrétien et corporatiste, forme plutôt modérée des régimes forts qui s'établissaient à cette époque en Europe. Le 25 juillet 1934, des SS* autrichiens tentèrent un coup d'État nazi, pénétrèrent dans la chancellerie et assassinèrent Dollfuss. Schuschnigg* lui succéda. L'indé-

pendance autrichienne était sauvée pou quatre ans. Voir *Anschluss*.

DOLMEN. Grand monument préhistor que composé d'un bloc de pierre horizon tal soutenu par deux ou plusieurs bloc verticaux, ce qui forme une sorte de cham bre. Les dolmens étaient sans doute de tombeaux. On y a retrouvé des ossemen et parfois de très nombreux squelettes. Fré quemment enterrés sous des tumulus*, le dolmens pouvaient atteindre 25 m de lon gueur, le poids moyen des tables s'élevar à 40 tonnes. Ces monuments furen construits entre 2500 et 1500 av. J.-C. O en trouve en Europe occidentale, en Afri que et en Asie. La France en compte en viron 4 500 concentrés surtout en Bretagn (1 000) et dans le sud du Massif centra (1 800). Le plus célèbre dolmen est celu de Locmariaquer* appelé la « Table de marchands » : la pierre supérieure pèse en viron 20 tonnes. Voir Carnac.

DOMAINE PUBLIC. Dans la Rome antique, nom donné aux terres des peuple vaincus (italiens et provinciaux) confis quées après la conquête et devenues pro priétés de l'État romain. La plupart furen accaparées par les nobles (*nobilitas**), dis posant de nombreux esclaves. Ils consti tuèrent ainsi d'immenses propriétés (ou la tifundia) vouées principalement à l'élevage et provoquèrent la ruine des pe tits paysans qui vinrent grossir la plèbe misérable et oisive de Rome. Une réparti tion plus juste du domaine public fut ten tée par les Gracques* au IIe siècle av. J.-C

DOMAINE ROYAL. Ensemble des ter res sur lesquelles le roi exerçait directe ment son autorité sans l'intermédiaire de grands vassaux. En France, l'œuvre de Capétiens* fut d'agrandir considérable ment le domaine royal qui coïncida pres que avec les limites du royaume. Cette en treprise qui s'opéra par achats, mariages confiscations et conquêtes, était indispen sable, la levée des droits seigneuriaux, fon ciers et régaliens constituant les ressource u roi nécessaires aux dépenses de l'État. La création d'impôts exceptionnels puis permanents sera progressivement nécessaire, les revenus du domaine se révélant insuffisants. En 1566, l'ordonnance de Moulins proclama l'inaliénabilité des biens de la Couronne. La Constitution* de 1791 déclara domaine national le domaine royal, assurant à Louis XVI* une liste civile. Voir Apanage.

DOMESDAY BOOK. Signifie *Livre du jugement dernier.* Nom donné en Angleterre au recueil contenant la liste détaillée des terres et des biens, établie à la fin du I^e siècle sur l'ordre de Guillaume $I^{er}*$ le Conquérant. Il servait à calculer les taxes que les Anglo-Saxons devaient payer et témoigne de l'efficacité de l'administration normande à la fin du XIe siècle. Le *Domesday Book* est aujourd'hui conservé au service des Archives publiques à Londres.

DOMINICAINS. Ordre religieux appelé aussi Frères prêcheurs, fondé à Toulouse en 1215 par saint Dominique* pour lutter contre l'hérésie des Albigeois*. Soumis à la règle de saint Augustin*, l'ordre ajouta à sa tâche de prédication celle de l'enseignement et joua un rôle important à l'université de Paris, notamment au XIIIe siècle. Il fut chargé de l'Inquisition* à partir de 1233. Supprimés en France par la Révolution*, les dominicains y furent rétablis en 1839. Voir Thomas d'Aquin (saint).

DOMINION. Mot anglais désignant des États libres et indépendants au sein de l'Empire britannique. Les colonies anglaises à recevoir le statut de dominion furent le Canada (1867), l'Australie (1901), la Nouvelle-Zélande (1907), l'Union sud-africaine (1910) sortie du Commonwealth* en 1961 et l'État libre d'Irlande devenu République d'Irlande et sortie du Commonwealth en 1948. Le terme de dominion fut abandonné en 1947.

DOMINIQUE, saint, DOMINGO DE GUZMAN, (Caleruega, province de Burgos, v. 1170-Bologne, 1221). Prédicateur

espagnol, fondateur de l'ordre des Frères prêcheurs ou Dominicains*. Il fut envoyé par le pape Innocent III* prêcher dans le Languedoc* contre l'hérésie des Albigeois*. Voir Mendiants (Ordres).

DOMITIEN (Rome, 51-*id.*, 96 ap. J.-C.). Empereur romain de la dynastie des Flaviens*, il régna de 81 à 96 ap. J.-C. Fils de Vespasien* et frère de Titus* auquel il succéda en 81 ap. J.-C., Domitien revendiqua pour lui le pouvoir absolu et exerça un régime de terreur. Il réprima avec une dureté implacable les complots que la noblesse sénatoriale organisa contre lui et persécuta les chrétiens*. À l'extérieur, il étendit l'empire en achevant la conquête de la (Grande-) Bretagne et en annexant les Champs Décumates (entre Rhin et Danube) en 89. Domitien mourut assassiné, victime d'un complot auquel participa sa femme. Nerva* lui succéda. Voir Agricola, Antonins.

DONATELLO, Donato di Niccolo Betto Bardi, dit (Florence, v. 1386-*id.*, 1466). Sculpteur italien, il fut l'une des grandes figures de la Renaissance* italienne. Élève du sculpteur Ghiberti*, il reçut d'importantes commandes de Florence*, réalisant ses premières statues de marbre ou de bronze, comme le célèbre *Saint Georges* (1415) de l'église d'Orsammichele – où, pour la première fois, les lois de la perspective furent systématiquement appliquées –, ou les quatre prophètes du Campanile du dôme (1415-1436) et le *David* du palais des Médicis*. En réalisant le tombeau de l'antipape Jean XXIII, il marqua la sculpture funéraire du XVe siècle. Le *Gattamelata*, statue équestre du condottiere et la *Judith*, furent ses œuvres majeures de Padoue (1443-1453). La célèbre *Madeleine* du baptistère de Florence sera sa dernière œuvre achevée.

DÖNITZ, Karl (Berlin, 1891-Aumühle, 1980). Amiral allemand. Il fut au cours de la Seconde Guerre* mondiale l'organisateur de la guerre sous-marine contre les Alliés. Il obtint jusqu'en 1943 des résultats spectaculaires grâce à la technique des « meutes » de sous-marins lancées contre les navires marchands anglais et américains. Vice-amiral en 1940, commandant de la flotte sous-marine en 1943, il fut désigné par Hitler* comme son successeur. Il représenta l'autorité allemande après la mort de ce dernier et négocia la capitulation de l'Allemagne (mai 1945). Traduit devant le tribunal de Nuremberg*, il fut condamné à dix ans de prison qu'il purgea à Spandau avant d'être libéré en 1956.

DONJON. Tour la plus haute et la plus importante d'un château* fort. Ses murs très épais étaient percés de meurtrières. Le donjon, habitation du seigneur, était l'ultime refuge en cas d'assaut. Des caves, creusées sous le donjon, renfermaient des munitions et d'importantes provisions qui permettaient de soutenir un siège prolongé.

DOPOLAVORO. Abréviation de *Opera Nazionale Dopolavoro* (OND) signifiant en italien Organisation nationale du repos des travailleurs. Cette organisation, créée en 1925, prenait en charge, dans l'Italie fasciste, les loisirs des travailleurs (voyages, vacances collectives, spectacles, etc.). Voir Mussolini (Benito).

DORGELÈS, Roland (Amiens, 1885-Paris, 1973). Écrivain français. Engagé volontaire lors de la Première Guerre* mondiale, il est l'auteur des *Croix de bois* (1919), ouvrage qui connut alors un succès considérable.

DORIENS. Envahisseurs grecs venus d'Europe centrale, ils appartiennent à la dernière vague d'Indo-Européens qui envahit la Grèce* vers 1200-1100 av. J.-C. Ils dominèrent surtout le Péloponnèse* avec pour principaux centres Sparte*, Corinthe*, Mégare et introduisirent en Grèce la métallurgie du fer. Peuple de rudes guerriers, les Doriens plongèrent le pays dans des siècles obscurs appelé le « Moyen Âge grec ». Ils détruisirent Mycènes* et Tiryn-

the*, provoquèrent le départ de nombreu■ Achéens*, Ioniens*, Éoliens* vers l'Asie Mineure et les îles de la mer Égée pui■ s'infiltrèrent dans les Cyclades* du Sud, l■ Crète, Rhodes et la côte méridional■ d'Asie Mineure devenue Doride. Leur■ trois métropoles fondèrent plus tard de■ colonies en Italie du Sud et sur les rives d■ la mer Noire. Voir Dorique (Ordre), Fe■ (Âge du), Tarente.

DORIOT, Jacques (Bresles, Oise■ 1898-Menningen, Bade, 1945). Homm■ politique français. Ouvrier métallurgist■ secrétaire général des Jeunesses commu■ nistes, député et maire de Saint-Denis ■ partir de 1924, il protesta contre la politi■ que « classe contre classe » préconisée pa■ Moscou et fut exclu du Parti communiste■ (1934). Il fonda en 1936 le Parti populair■ français (PPF), d'inspiration nationalist■ fasciste et anticommuniste. Pendant l'oc■ cupation allemande de la France, il fut pa■ tisan de la collaboration* avec l'Allema■ gne et dirigea la Légion* des volontaire■ français (LVF) qui combattit avec l'armé■ allemande contre l'URSS. Après avoi■ combattu sur le front de l'Est, il mourut e■ février 1945, dans sa voiture, mitraillé pa■ deux avions vraisemblablement alle■ mands. Voir Bucard (Marcel), Déat (Ma■ cel).

DORIQUE (Ordre). Style d'architectur■ antique. Dans l'ordre dorique, les color■ nes des temples sont épaisses avec d■ larges cannelures peu profondes et repc■ sent directement sur le soubassement. Le■ chapiteaux ne sont pas décorés et la fris■ se compose d'une alternance de métopes■ et de triglyphes*. L'ordre dorique est l■ plus ancien (à partir du VIIe siècle a■ J.-C.) et il est souvent présent en Sicil■ et en Grande-Grèce*. Voir Corinthie■ (Ordre), Ionique (Ordre), Parthéno■ Temple grec.

DOSTOÏEVSKI, Fedor Mikhaïlovitc■ (Moscou, 1821-Saint-Pétersbourg, 1881■ Écrivain russe. Toute son œuvre fut ma■

uée par le destin de l'homme déchiré enre le bien et le mal et la recherche de Dieu.
'ils d'un médecin très autoritaire qui fut
ssassiné par ses propres paysans, Dos-
oïevski fut encouragé dans la voie de la
ittérature par le grand critique russe Bie-
insky après la publication de son roman
.es Pauvres Gens (1846) puis, déçu par
es premiers échecs (Le Double, 1846 ; La
.ogeuse, 1847), se tourna vers l'action po-
itique, fréquentant les groupes libéraux
iostiles au régime autoritaire du tsar Ni-
olas Ier*. En 1849, Dostoïevski,
ondamné à mort et gracié sur le lieu
nême de l'exécution – il rappellera cette
ournée dans L'Idiot (1868) –, fut déporté
n Sibérie (1849-1853). En souvenir de ce
agne d'où il rentrera croyant après la
eule lecture autorisée, la Bible*, Dos-
oïevski écrivit Souvenirs de la maison des
norts (1861), livre le plus célèbre de son
ivant. De retour à Saint-Pétersbourg
1859), il publia Le Village de Stapantchi-
ovo et ses habitants puis Mémoires écrits
lans un souterrain (1864) qui lui valurent
in regain de notoriété. Victime de fréquen-
es crises d'épilepsie, persécuté par ses
:réanciers, il fit néanmoins paraître son
;rand roman Crime et Châtiment (1886)
iuis Le Joueur (1867), favorablement ac-
·ueillis par le public et la critique. Pour
iayer ses dettes de jeu, il écrivit encore Les
?ossédés (1871) et Les Frères Karamazov
1880), livre qu'il considérait comme son
·hef-d'œuvre.

)OUMA D'ÉTAT. Nom de l'assemblée
égislative de l'Empire russe (1905-1917)
nstituée après la révolution* de 1905.
Élue pour cinq ans par tous les contribua-
)les à partir de 25 ans selon le système des
:lasses (propriétaires, paysans, citadins),
:lle perdit progressivement tout pouvoir.
.es deux premières doumas furent dissou-
es par Nicolas II*, la troisième, appelée
« douma des seigneurs » (1907-1912), réu-
iit, grâce à une nouvelle loi électorale fa-
/orisant l'inégalité entre les catégories so-

ciales, une majorité gouvernementale, et la
quatrième, élue en 1912, vit la victoire de
l'opposition libérale dominée par le Parti
constitutionnel-démocrate*. Lors de la révolution de février 1917, elle réclama l'abdication du tsar et désigna un Comité provisoire qui devint le Gouvernement
provisoire. Depuis 1992, la Chambre basse
russe a repris le nom de Douma. Voir Révolutions russes de 1917, Stolypine (Petr).

DOUMER, Paul (Aurillac, 1857-Paris,
1932). Administrateur et homme politique
français. Député radical (1888-1895), il fut
gouverneur général de l'Indochine* française (1897-1902), plusieurs fois ministre
des Finances et président du Sénat (1927).
Élu président de la République en 1931, il
fut assassiné peu après par un Russe blanc
qui l'accusait de favoriser les bolcheviks*.

DOUMERGUE, Gaston (Aigues-Vives,
1863-id., 1937). Homme politique français, il fut président de la République
(1924-1931). D'abord magistrat en Indochine* puis en Algérie, il fut élu député radical-socialiste du Gard (1893) et réélu
jusqu'en 1910. Sénateur (1910-1924), il
devint président du Conseil (1913-1914)
puis du Sénat (1923). Élu président de la
République après la victoire du Cartel* des
gauches et la démission de Millerand*
(1924), il se retira en Haute-Garonne, son
mandat terminé (1931). Rappelé au lendemain du 6 février* 1934, il constitua un
gouvernement d'« Union nationale », mais
dut se retirer dès novembre 1934 face à
l'opposition de la gauche hostile au projet
gouvernemental de renforcement de l'exécutif. Voir Herriot (Édouard).

DOUVRES (Traité de, 1670). Traité signé
entre la France et l'Angleterre. Cette dernière, en contrepartie d'une aide militaire
et financière, s'engageait à suivre
Louis XIV* dans la guerre contre la Hollande (1672-1678), et à soutenir les droits
éventuels de ce dernier au trône d'Espagne. Une clause secrète prévoyait la

conversion de Charles II* d'Angleterre au catholicisme. Voir Hollande (Guerre de).

DRACON (VIIe siècle av. J.-C.). Célèbre législateur athénien, il donna à Athènes* ses premières lois écrites (v. 621 av. J.-C.). Mettant fin aux vengeances privées et aux luttes de clans, il empêcha l'aristocratie de juger selon son seul intérêt, en renforçant l'autorité de l'État par un code d'une grande sévérité (la mort punissait la presque totalité des délits). Aujourd'hui encore, l'adjectif « draconien » est synonyme de très sévère. La plupart des lois de Dracon furent abolies par Solon*. Voir Démocratie athénienne, Eupatrides.

DRAGONNADES. Nom donné en France sous le règne de Louis XIV* aux persécutions exercées contre les protestants* afin de les obliger à se convertir au catholicisme*. Ces dragonnades commencèrent dès 1681 et continuèrent après la révocation de l'édit de Nantes* (1685). Sur l'ordre de Louvois*, des régiments de dragons s'installèrent chez les protestants, les acculant, par leurs violences (maisons saccagées, sévices, vexations) à abjurer leur foi. Des milliers de « conversions » furent ainsi obtenues, les plus cruelles ayant été perpétrées dans le Sud-Ouest et le Sud de la France.

DRAKE, sir Francis (près de Tavistock, Devon, v. 1540-au large de Portobelo, 1596). Navigateur et corsaire anglais. Attiré par les richesses (métaux et produits précieux) des empires ibériques d'Amérique latine, Drake, avec l'accord tacite de la reine Élisabeth Ire*, mena plusieurs expéditions de pillage des ports espagnols en Europe et en Amérique. Après une guerre contre les Espagnols dans la mer des Antilles, il effectua, après Magellan*, le second tour du monde (1577-1581), franchit le Pacifique par le détroit de Magellan, et s'attaqua à un convoi espagnol transportant de l'or et de l'argent du Pérou à Panamá, puis rentra par le Pacifique et l'océan Indien. La reine se rendra elle-même sur son vaisseau, la *Biche d'or*, pour l'armer chevalier. Drake prit aussi une part importante, lors de la reprise des hostilités entre Anglais et Espagnols, à la dispersion de l'Invincible Armada* (1588). Il mourut après avoir échoué dans l'attaque de Panamá.

DRAKKAR. Nom donné au bateau utilisé par les Vikings* ou Normands* lors de leurs raids sur les côtes et les fleuves de l'Europe du VIIIe au XIe siècle. La proue était généralement ornée d'un dragon (d'où leur nom). Navires sans pont à fond plat, très stables, les drakkars mesuraient environ 20 m de long sur 5,20 m de large et marchaient tantôt à la rame tantôt à la voile. Un drakkar à peu près intact a été retrouvé en 1881 en Norvège.

DRANCY. Ville de France, en Seine-Saint-Denis. De 1941 à 1944, les Allemands établirent dans cette ville un camp de concentration* pour des milliers de juifs* en instance de déportation vers le Reich*. De nombreuses personnes y moururent, et parmi elles le poète Max Jacob.

DRANG NACH OSTEN. En français, « Marche vers l'est ». Expression allemande qui désigna la progression continue de l'influence germanique vers l'Europe orientale, en particulier la politique expansionniste de l'ordre Teutonique* à partir du XIe siècle, puis de l'Autriche dans les Balkans* au XIXe siècle.

DRAP D'OR (Camp du, 1520). Camp que le roi François Ier* fit dresser en Flandre*, entre Guînes et Ardres (Pas-de-Calais) afin de recevoir, dans un faste impressionnant, le roi d'Angleterre, Henri VIII*, dont il souhaitait l'alliance contre Charles* Quint. Cette entrevue fut inutile Henri VIII signant plus tard et secrètement un traité avec l'empereur. Voir Italie (Guerres d').

DRAVIDIENS. Nom donné aux peuples d'origine indo-européenne, à peau sombre occupant les régions du centre et du sud de l'Inde*. Ils sont aujourd'hui près de 180 millions. On a longtemps cru qu'ils avaient é chassés du nord de l'Inde par les ryens.

REYER, Carl Theodor (Copenhague, 889-*id.*, 1968). Cinéaste danois. Son œure, au style dépouillé, fut une analyse pétrante de l'intériorité de l'âme humaine. réalisa notamment *La Passion de Jeanne 'Arc* (1928) et *Ordet* (1955).

REYFUS (Affaire). À l'origine simple faire d'espionnage, elle se transforma en rave crise politique et morale sous la roisième République* (1894-1906). Elle visa profondément l'opinion française, enforça le clivage entre la droite et la gauue et entraîna la formation de la « République radicale » qui dura jusqu'en 1940. n octobre 1894, fut découverte une fuite e secrets militaires au profit de l'ambasde d'Allemagne à Paris. Les soupçons se ortèrent, sans aucune preuve, sur le capiine Alfred Dreyfus, officier issu d'une mille juive aisée d'origine alsacienne, atché au 2e bureau de l'état-major de l'arée. Dreyfus fut arrêté (octobre 1894). gé de façon sommaire par le conseil de uerre, il fut inculpé de trahison, ondamné à la dégradation militaire et à la éportation à vie à l'île du Diable Cayenne) en Guyane (décembre 1894). 'opinion était dans l'ensemble satisfaite l'affaire fut presque oubliée. La presse ntisémite, en particulier *La Libre Parole* 'Édouard Drumont*, fit néanmoins camagne. En mars 1896, le nouveau chef du ervice de renseignement, le commandant icquart, découvrit cependant un docuent accablant pour un autre officier, Esrhazy, le dénonça et exigea la révision du rocès de Dreyfus. L'état-major, décidé à e pas remettre en question « la chose juée », qui aurait pu déconsidérer l'armée, sterhazy, traduit devant le conseil de uerre, fut acquitté (janvier 1898) et Picuart muté en Tunisie. Un petit groupe (faille, défenseur et premiers fidèles) avait écidé d'alerter l'opinion publique. Le rohancier Émile Zola*, le 13 janvier 1898,

publia dans *L'Aurore*, le journal où Clemenceau* était éditorialiste, un article retentissant intitulé « J'accuse », prenant à partie le gouvernement, l'état-major et les juges militaires. Poursuivi, Zola fut condamné pour diffamation mais l'affaire devint alors politique et divisa profondément l'opinion française. Les dreyfusards (principalement intellectuels, socialistes, radicaux, républicains modérés, antimilitaristes), regroupés dans la Ligue* des droits de l'homme, affrontèrent les antidreyfusards (en général droite nationaliste, antisémite et cléricale), réunis dans la Ligue de la patrie française. Les premiers prenaient la défense de la justice et des droits de l'individu, les seconds défendaient l'armée et invoquaient la raison d'État face à l'intérêt de l'individu. En août 1898, la découverte d'un faux ajouté au dossier de Dreyfus imposa la révision du procès. En juin 1899, se forma un ministère de Défense républicaine présidé par Waldeck-Rousseau* comprenant des modérés, des radicaux et un socialiste. Dreyfus fut gracié par le président de la République Émile Loubet*, alors que le conseil de guerre de Rennes n'avait pas osé le déclarer innocent et l'avait condamné avec circonstances atténuantes. Il faudra attendre juillet 1906 pour que la Cour de cassation révise à nouveau le procès et réhabilite Dreyfus. Cette affaire opéra pour longtemps en France un regroupement des forces politiques entre une gauche républicaine, anticléricale, méfiante à l'égard de l'armée et du nationalisme et une droite militariste, autoritaire et nationaliste.

DRIEU LA ROCHELLE, Pierre (Paris, 1893-*id.*, 1945). Écrivain français. Pénétré du sentiment de la décadence française, il collabora avec l'occupant nazi et fut directeur, sous l'occupation allemande, de la *Nouvelle Revue française*. Recherché après la Libération*, il se suicida en 1945. Ses romans peuvent être considérés comme un témoignage lucide du malaise moral de sa génération (*Le Feu follet*, 1931 ; *Gilles*, 1939).

DROGHEDA. Ville et port d'Irlande. Foyer important de la résistance royaliste lors de la guerre civile en Angleterre (1642-1649). Drogheda fut pris en 1649 par Cromwell* qui massacra la garnison et la population.

DROIT. Le droit civil prit, au Moyen Âge, deux aspects. 1) Le droit romain : après la fin de l'Empire romain* en Occident, le droit romain se maintint plus ou moins en Gaule*, surtout au sud, dans des compilations qui se mêlaient d'influences germaniques (*Bréviaire d'Alaric**). Il connut un nouvel essor au XIIᵉ siècle, grâce à la redécouverte du Code Justinien* (*Corpus juris civilis*). L'école de Bologne joua un rôle essentiel, puis en France celle de Montpellier. En France, le droit romain exerça surtout son influence dans le Midi, pays de droit écrit. Mais il permit aussi le renforcement de l'autorité monarchique (action des légistes, tel Guillaume de Nogaret*, auprès de Philippe IV* le Bel). 2) Le droit coutumier (coutume) : jusqu'au XIIᵉ siècle, le droit romain est écrit fut presque oublié en Occident. Les règles de fonctionnement juridique de la société résidaient dans les usages que l'on appelait la « coutume ». Les coutumes étaient innombrables, conservées oralement. Après la redécouverte du droit romain, elles continuèrent à prédominer dans le nord de la France. À partir du XIIIᵉ siècle, on les mit par écrit.

DROIT FÉODAL. Droit (coutumier) régissant les relations entre seigneurs et vassaux et la dévolution des fiefs*. Voir Seigneurie, Vassal.

DROITS (Déclaration des, en angl. *Bill of Rights*, 1689). Déclaration à laquelle les nouveaux souverains d'Angleterre durent souscrire après la révolution de 1688 qui avait renversé Jacques II*. Cette Déclaration, en instituant le début de la monarchie parlementaire anglaise, fut l'un des textes

constitutionnels les plus importants de l'histoire de l'Angleterre. Au terme de cinquante ans de lutte contre l'absolutisme des Stuarts*, cette Déclaration, outre une réaffirmation du droit et des libertés des sujets du royaume, reconnaissait au Parlement* le droit de se réunir à son gré, de voter l'impôt, de veiller à l'exécution des lois et, aux citoyens, le droit d'élire leurs représentants et d'être jugés par des jurys. Voir Révolution d'Angleterre (Seconde).

DROITS DE L'HOMME ET DU CITOYEN DE 1789 (Déclaration des). Déclaration votée par l'Assemblée* nationale constituante le 26 août 1789 et qui servit de préface à la Constitution* de 1791. Cette Déclaration consommait la disparition de l'Ancien* Régime et constitua les fondements de la société bourgeoise et libérale, aboutissement du mouvement des Lumières et du combat des philosophes du XVIIIᵉ siècle. Précédée d'un préambule dû à Mirabeau* et à Mounier, la Déclaration comportait 17 articles affirmant les « droits naturels et imprescriptibles de l'homme » (égalité devant la loi, respect de la propriété, liberté) et ceux de la nation (souveraineté nationale, séparation des pouvoirs législatif, exécutif et judiciaire). La Déclaration, par sa volonté d'universalité, dépassa les déclarations anglaise (Déclaration des droits*, 1689) et américaine (déclaration* d'Indépendance, 1776). Elle fut remplacée, sous la Convention*, par la Déclaration des droits* de 1793.

DROITS DE L'HOMME ET DU CITOYEN DE 1793 (Déclaration des). Déclaration qui précéda le texte de la Constitution* de l'an I. Votée par la Convention* montagnarde le 24 juin 1793 et composée de 35 articles, elle fut plus démocratique que la Déclaration des droits* de 1789 en affirmant les droits à l'instruction, à l'assistance, au travail et à l'insurrection. Elle conserva cependant le droit à la propriété et la liberté économique, reflets des intérêts de la bourgeoisie libérale.

**ROITS DE L'HOMME ET DU CI-
OYEN DE 1795** (Déclaration des). Dé-
laration qui précéda la Constitution* de
an III (1795) organisant le Directoire*.
otée par la Convention* thermidorienne
août 1795), cette Déclaration réaffirmait
droit de propriété, restreignait la liberté,
maintenant que l'égalité devant la loi
ais imposa aux citoyens des devoirs, no-
mment le respect des autorités.

ROITS DE L'HOMME (Déclaration
niverselle des). Texte voté le 10 décemre 1948 par l'assemblée générale des Na-
ons Unies, proclamant les droits civils,
olitiques, économiques, sociaux et cultu-
els de tous les hommes. Cette déclaration
ut principalement l'œuvre du juriste franais René Cassin*. Voir ONU.

ROITS SEIGNEURIAUX. Droits que
es seigneurs exerçaient sur les paysans
availlant sur leurs terres pour prix de leur
rotection et en tant que propriétaires fon-
iers. On distingue les droits liés à la sei-
neurie* banale (le seigneur dispose du
an*, pouvoir sur les hommes) et ceux liés
la seigneurie foncière (le cens*, perçu en
change de la concession d'une tenure*).
n France, ils étaient très variables selon
es régions. Les plus répandus étaient le
roit de justice, les corvées*, le droit de
hasse, le droit de percevoir des redevan-
es en nature (champart*) ou en argent
cens) et les banalités*. L'application de
es droits suscita toujours de nombreuses
évoltes. Dans la nuit du 4 août* 1789, les
ustices seigneuriales, les banalités et les
orvées furent abolies. Les autres droits
evaient être rachetés mais la Conven-
ion*, en juillet 1793, les supprima sans ra-
hat. Voir Révolution française, Taille.

RUIDE. Nom donné aux anciens prêtres
les Celtes* de Gaule*, de (Grande-) Bre-
agne et d'Irlande. Ils célébraient le culte,
endaient la justice et éduquaient la jeu-
esse. Conseillers des chefs, ils jouaient un
ôle politique important et contribuèrent
ar la religion à l'unité du monde celtique.

Leur enseignement, purement oral, est
pour l'essentiel perdu. La récolte, chaque
année, du gui sacré sur les chênes avec une
faucille d'or est l'une des coutumes drui-
diques les plus connues. Après la conquête
romaine (Ier siècle av. J.-C.), le druidisme
fut pourchassé et disparut rapidement de
Gaule. Il subsista néanmoins en Irlande où
saint Patrick dut, au Ve siècle ap. J.-C.,
combattre son influence. Voir Carnutes.

DRUMONT, Édouard (Paris, 1844-id.,
1917). Journaliste et homme politique
français. Dans son livre *La France juive,
Essai d'histoire contemporaine* (1886), il
dénonça les puissances financières et particulièrement la finance juive. Il fonda, à
l'occasion de l'affaire Dreyfus*, le journal
La Libre Parole (1892-1910) où il manifesta ses opinions antidreyfusardes, antisémites et nationalistes radicales. Voir
Maurras (Charles).

DRUZES ou **DRUSES**. Secte religieuse
originaire d'Égypte* et formée d'ismaéliens* (musulmans* chi'ites*). Les Druzes
(environ 400 000) sont surtout nombreux
au Liban, en Syrie* et au nord d'Israël. Au
cours de leur histoire, les Druzes, installés
principalement dans les montagnes de
l'Hauran (Liban) appelées le Djebel druze,
durent défendre leur indépendance contre
les croisés*, les Turcs ottomans* (qui n'arrivèrent à les soumettre qu'au XVIIe siècle),
les maronites (conflit avec ces derniers en
1859-1860) et la présence française dans la
région après la Première Guerre* mondiale. L'une des principales personnalités
druzes au Liban fut Kamal Joumblatt. Voir
Sarrail (Maurice).

DU BARRY, Jeanne BÉCU, comtesse
(Vaucouleurs, 1743-Paris, 1793). Favorite
de Louis XV*. Issue d'un milieu très modeste, pensionnaire d'une maison de pros-
titution, elle fut présentée à un Louis XV
presque sexagénaire. Mariée à Guillaume
Du Barry, elle se trouva au centre des intrigues de la cour et contribua à la chute de
Choiseul* et à l'avènement de Maupeou*.

Après la mort du roi, elle quitta la cour et se retira au château de Louveciennes, près de Marly, que Louis XV avait fait construire pour elle. Elle fut arrêtée et guillotinée lors de la Révolution*. Voir Pompadour (marquise de).

DUBCEK, Alexandre (Uhrovec, Slovaquie, 1921-Prague, 1993). Homme politique tchécoslovaque. Il fut à l'origine de la libéralisation du régime communiste en 1968 connue sous le nom de « printemps de Prague », expérience à laquelle mirent fin les troupes du Pacte de Varsovie*. Fils d'un tapissier militant communiste, il émigra avec sa famille en URSS jusqu'en 1938 puis prit une part active contre le régime fasciste de Mgr Tiso*. Après la guerre, il fit des études de droit puis reçut une formation politique à l'école supérieure du parti à Moscou (1955-1958). Premier secrétaire du parti slovaque (1963), il dénonça en 1967 le conservatisme et le sectarisme de Novotny* auquel il succéda en janvier 1968 au poste de premier secrétaire du parti tchécoslovaque. Sans remettre en question le rôle prépondérant du parti, ni l'appartenance de la Tchécoslovaquie au Pacte de Varsovie, Dubcek préconisa un « socialisme à visage humain » et apporta son soutien au mouvement de libéralisation du « printemps de Prague ». Indécis face aux pressions du Pacte de Varsovie, refusant toute défense, même non violente, il capitula, amer, devant l'intervention militaire soviétique (août 1968). Arrêté et emmené en URSS, il fut libéré sur l'intervention du président Svoboda* puis remplacé par Husak* à la tête du parti (avril 1969). Après avoir reçu le titre honorifique de président du Parlement fédéral (avril-août 1969), il fut exclu du praesidium puis du parti communiste (juin 1970) et devint bureaucrate à la direction des parcs de Bratislava. Après la démocratisation du régime en 1989 et l'élection de Vaclav Havel au poste de président de la République (juillet 1990-juillet 1992),

Dubcek fut président de l'Assemblée nationale tchécoslovaque (décembre 1989-juin 1992).

DU BELLAY, Joachim (Liré, 1522-Paris, 1560). Poète français de la Pléiade* Après avoir renoncé à la carrière militaire il décida, sous l'influence de Jacques Pelletier du Mans, passionné des Anciens et de Pétrarque*, de se consacrer à la poésie Après des études au collège de Coqueret (Sainte-Barbe) (1547-1549) où il suivit les cours de l'helléniste et philosophe Jean Dorat, il rédigea le manifeste de la Pléiade *Défense et illustration de la langue française* (1549). C'est à cette époque qu'il écrivit les sonnets de *L'Olive* (1550), sonnets à l'italienne fortement influencés par Pétrarque. Atteint de tuberculose pulmonaire et de surdité, il suivit néanmoins son cousin le cardinal Jean du Bellay chargé de mission à Rome, où il resta quatre ans Déçu, nostalgique de son pays natal, il écrivit *Les Regrets* (1553), *Les Antiquités de Rome* (1558) et *Divers Jeux rustiques*, et autres œuvres poétiques. Malade, du Bellay rentra à Paris où il mourut peu après.

DUBOIS, Eugène (Eysden, 1858-Haelen, 1940). Médecin et paléontologue hollandais. Il découvrit en 1892 le premier fossile d'*Homo* * *erectus* dans l'île de Java (Indonésie). Il l'appela pithécanthrope*.

DUBOIS, Guillaume (Brive-la-Gaillarde, 1656-Versailles, 1723). Cardinal et homme politique français. Diplomate sous la régence de Philippe d'Orléans, il tint en échec les ambitions européennes de l'Espagne de Philippe V*. Précepteur du duc de Chartres – le futur Régent –, il fut appelé au Conseil* d'État par ce dernier et effectua d'importantes missions diplomatiques. Il conclut avec la Hollande et l'Angleterre la Triple puis la Quadruple-Alliance contre l'Espagne (1717 et 1718). Devenu secrétaire d'État aux Affaires étrangères, il fit échouer la conspiration de Cellamare (1718), complot visant à mettre roi d'Espagne sur le trône de France, et btint la disgrâce d'Alberoni*, ministre de hilippe V. Dubois parvint à se faire attriuer l'archevêché de Cambrai (1720) et la >nction de Premier ministre (1722). Voir égence (La).

UC. Nom donné au Moyen Âge et sous Ancien* Régime au souverain d'un duhé. En France se formèrent les quatre rands duchés de Normandie*, de uyenne* ou d'Aquitaine*, de Bourgone* et de Bretagne. Après des siècles de ittes, ils furent peu à peu réunis à la Coumne. Voir Comte.

UCE. Mot italien signifiant « chef ». Iussolini se fit appeler le Duce avant son rrivée au pouvoir en 1922. Il prit plus tard titre de *Duce del fascismo*. Voir *Cauillo, Führer*.

UCHÉS (Guerre des). Conflit qui oposa en 1864 la Prusse* et l'Autriche au >anemark, pour la possession des duchés e Schleswig, de Holstein et de Lauenurg, ces derniers, situés entre l'embouhure de l'Elbe, la mer du Nord et la Balque, ayant une grande importance tratégique et commerciale. Le Danemark, aincu, dut renoncer à ses prétentions et éda, par la convention de Gastein (1865), Schleswig, le port de Kiel et le Lauenurg à la Prusse et le Holstein à l'Autriche. Iais cette convention n'était pour Bisarck* qu'un arrangement provisoire, la uestion des duchés devant servir de préxte pour entrer en conflit avec l'Autriche l'éliminer des affaires allemandes. près s'être assuré de la neutralité de Naoléon III* (1865) et de l'alliance italienne 866), Bismarck fit entrer les troupes russiennes dans le Holstein, déclenchant nsi la guerre austro-prussienne*. Voir chleswig-Holstein.

UCHESNE (LE PÈRE). Voir Hébert.

U GUESCLIN, Bertrand (La Motteroons, près de Dinan, v. 1320-Châteaueuf-de-Randon, 1380). Connétable* de rance, grand homme de guerre, il fut,

avec Jeanne* d'Arc, une grande figure légendaire de la guerre de Cent* Ans et un symbole du sentiment national naissant en France. Issu de la noblesse bretonne, il commença à s'illustrer à partir de 1342 dans la guerre de succession de Bretagne, au service de Charles de Blois contre Jean de Montfort. Passé au service du roi de France, Charles V*, vers 1350, il battit Charles II* le Mauvais, roi de Navarre (1364), puis, parti de nouveau soutenir Charles de Blois en Bretagne, fut fait prisonnier à la bataille d'Auray (1364). Charles V paya sa rançon et le chargea de diriger l'expédition française en Castille, destinée à soutenir la cause d'Henri de Trastamare qui disputait à Pierre le Cruel le trône de Castille mais aussi à éloigner de France les Grandes Compagnies*. Vaincu et fait prisonnier par l'armée anglo-castillane, le roi de France paya à nouveau sa rançon. Du Guesclin parvint néanmoins à prendre sa revanche par la victoire de Monteil (1369) qui rétablit Henri de Trastamare sur son trône. Nommé connétable (1370), il passa les dix années qui suivirent à chasser les Anglais du Poitou, de la Normandie, de la Guyenne et de la Saintonge. Rompant avec la guerre féodale, il avait pratiqué contre eux une tactique de harcèlement qui renversa la situation militaire en faveur de la France. Du Guesclin mourut au cours d'une campagne qu'il dirigeait contre les Grandes Compagnies en Languedoc. Il est enterré à Saint-Denis au côté de Charles V.

DULLES, John Foster (Washington, 1888-*id.*, 1959). Homme politique américain. Secrétaire d'État aux Affaires étrangères (1953-1959), il fut l'un des artisans, lors de la guerre* froide, de la lutte contre le communisme*. Fils de pasteur, avocat d'affaires, il représenta la délégation américaine à la conférence de la paix et à la commission des Réparations* (1919). Membre du Parti républicain* dont il fut le principal spécialiste en politique extérieure, il devint, après l'élection d'Eisenhower* (1952), chef du département d'État (1953-1959). Il mit en pratique la politique dite du *Containment*, le danger communiste menaçant selon lui l'« âme de l'Occident ». Il renforça aussi la solidarité des États-Unis avec ses alliés, notamment l'Europe occidentale, mais obligea les Britanniques, les Français et les Israéliens à mettre fin à l'expédition de Suez* (1956). Sa politique, pourtant très agressive, ne put cependant pas empêcher le Viêt-nam* du Nord puis Cuba d'échapper à la sphère américaine. Voir Castro (Fidel), Viêt-nam (Guerre du).

DUMAS (père), **Alexandre** (Villers-Cotterêts, 1802-Puys, près de Dieppe, 1870). Écrivain français, fils naturel du général Alexandre Davy de La Pailleterie et d'une esclave noire dont il prit le nom. Dumas, assisté de plusieurs collaborateurs, rédigea près de 300 ouvrages : des romans, *Les Trois Mousquetaires* (1844) complétés par *Vingt ans après* (1845) et *Le Vicomte de Bragelonne* (1850), *Le Comte de Monte-Cristo* (1845), *La Reine Margot* suivis par *La Dame de Monsoreau* (1846) et *Les Quarante-cinq* (1848). Il fut aussi l'auteur d'œuvres dramatiques, *Henri III et sa cour* (1829) ; *La Tour de Nesle* (1832) et *Kean* (1836).

DUMÉZIL, Georges (Paris, 1898-*id.*, 1986). Historien français, spécialisé dans l'étude des mythologies indo-européennes. Professeur au Collège* de France (1949-1968), il est notamment l'auteur de *L'Idéologie tripartie des Indo-Européens* (1958), *Mythe et Épopée* (1968-1973). G. Dumézil était membre de l'Académie* française depuis 1978.

DUMONT D'URVILLE, Jules Sébastien César (Condé-sur-Noireau, 1790-Meudon, 1842). Navigateur français, il explora dans des buts scientifiques le Pacifique Sud. Il étudia l'hydrographie de nombreuses îles (Nouvelle-Guinée, Nouvelle-Zélande), explora la Polynésie à la recherche de l'épave de l'expédition L Pérouse*, puis les terres de l'Antarctiqu (1837-1840).

DUMOURIEZ, Charles François d PÉRIER, dit (Cambrai, 1739-Turville Park, 1823). Général français. Gagné au idées de la Révolution* française, il s'il lustra à Valmy* et Jemappes*, puis trah et passa à l'ennemi. D'abord officier lo de la guerre de Sept* Ans puis chargé pa Choiseul* de missions diplomatiques Madrid, Dumouriez commanda ensuite l port militaire de Cherbourg (1775-1789 Rallié à la Révolution, chef de la garde nationale de Cherbourg, Dumouriez entr au Club des jacobins* (1790). Ministre de Relations extérieures dans le gouverne ment girondin (mars 1792), il pouss Louis XVI* à déclarer la guerre à l'Autri che. Commandant en chef des armées d nord, il gagna, avec Kellermann*, la ba taille de Valmy (septembre 1792) contr les Prussiens et de Jemappes (novembr 1792), contre les Autrichiens, occupan toute la Belgique. Mais battu à Neerwin den* (18 mars 1793) puis à Louvain, Du mouriez entra en relation avec le duc d Saxe-Cobourg, et songea à marcher sur Pa ris mais en vain, son armée ayant refusé d le suivre. Accusé de trahison et relevé d son commandement, il livra aux Autri chiens les commissaires envoyés par l Convention* et chargés d'enquêter sur s conduite puis passa à l'ennemi. Fixé aprè quelques années d'errance en Angleterr (1804), il ne joua plus aucun rôle impor tant. Les conséquences de ses défaite contribuèrent à la chute des girondins* Voir Danton (Georges).

DUNES (Bataille des, 1658). Victoire dé cisive remportée par les Français comman dés par Turenne* sur les Espagnols mené par Condé* et Don Juan d'Autriche, fil naturel de Philippe IV*, dans les dunes d Flandre*, entre Dunkerque et Nieuport Elle conduisit au traité des Pyrénées* si né entre la France et l'Espagne (1659). Voir Trente Ans (Guerre de).

DUNKERQUE (Bataille de, mai-juin 1940). Après la percée des Ardennes, les divisions blindées allemandes atteignirent avec une rapidité foudroyante la mer au nord de la Somme, encerclant et bombardant les forces alliées du nord (29 mai). Lord Gort, commandant du corps expéditionnaire britannique, donna l'ordre de se replier sans délai sur Dunkerque et l'armée belge capitula (28 mai). Cependant Hitler*, qui craignait encore une contre-offensive de l'armée française alignée de la Meuse à la Somme, donna l'ordre aux blindés de faire demi-tour et de repartir vers le sud. Cette décision permit d'évacuer vers l'Angleterre près de 350 000 soldats français et britanniques à partir de Dunkerque. Voir Guderian, Guerre mondiale (Seconde).

DUPANLOUP, Félix (Saint-Félix, près de Chambéry, 1802-château de Lacombe, Savoie, 1878). Prélat français, il fut l'un des inspirateurs de la loi Falloux*, favorable à la liberté de l'enseignement. Évêque* d'Orléans en 1849, chef de file du catholicisme libéral, il s'opposa violemment à Renan*, Taine* et Littré, démissionnant de l'Académie* française lorsque ce dernier fut élu. Il défendit les positions de Pie IX*.

DUPES (Journée des, 10 novembre 1630). Nom donné à la journée durant laquelle Richelieu* fut sur le point d'être disgracié par le roi Louis XIII*, influencé par sa mère, Marie* de Médicis. Deux groupes hostiles s'étaient formés à la cour : l'un, le parti dévot, dominé par la reine mère et favorable à une alliance avec les Habsbourg* d'Autriche afin de lutter contre les huguenots* ; l'autre, dirigé par Richelieu, opposé à cette politique. Dans la journée du 10 novembre, Louis XIII, malade, avait promis à sa mère la destitution du ministre, mais quelques heures plus tard, il convoqua Richelieu pour lui renouveler sa confiance et lui livrer ses ennemis. Marie de Médicis dut s'enfuir à l'étranger.

DUPLEIX, Joseph François (Landrecies, 1696-Paris, 1763). Administrateur et colonisateur français. Face à l'hostilité anglaise, son rêve de créer en Inde* un empire français aboutit à un échec. Envoyé en 1720 à Pondichéry* comme membre du conseil supérieur de la Compagnie française des Indes* orientales, il y exerça remarquablement ses fonctions, acquérant une immense fortune. Directeur du comptoir de Chandernagor*, puis directeur général des comptoirs français en Inde, Dupleix voulut faire de la Compagnie, non seulement une puissance commerciale mais aussi territoriale. Il espérait, en se mêlant aux intrigues politique de l'Inde, établir un véritable protectorat sur le sud du Dekkan, mais les Anglais ruinèrent son entreprise lors de la guerre de Sept* Ans. Rappelé en 1754 par Louis XV* désireux de négocier la paix avec l'Angleterre, il passa, sans succès, le reste de sa vie à plaider contre la Compagnie afin de récupérer les sommes avancées pour son compte, puis mourut dans la pauvreté.

DUPLICE (7 octobre 1879). Alliance secrète conclue à Vienne entre l'Autriche-Hongrie* (Andrassy*) et l'Allemagne (Bismarck*). Alliance défensive contre la Russie mais aussi la France, elle fut régulièrement renouvelée jusqu'à la Première Guerre* mondiale. Dès 1882, la Duplice fut élargie à une Triplice* qui intégrait l'Italie.

DUPONT DE NEMOURS, Pierre Samuel (Paris, 1739-Eleutherian Mills, Delaware, 1817). Économiste français. Disciple de Quesnay*, il employa le premier le concept de « physiocratie » (école qui considéra l'agriculture comme principale source de richesses). Collaborateur de Turgot*, il inspira les dernières réformes financières de l'Ancien* Régime. Royaliste, il s'exila aux États-Unis au début de la Révolution* française. Son fils, chimiste et collaborateur de Lavoisier*, fonda aux États-Unis une poudrerie, point de départ de la firme Dupont de Nemours. Voir Physiocrates.

DUPORT ou **DU PORT, Adrien Jean François** (Paris, 1759-Appenzell, Suisse, 1798). Homme politique français, monarchiste constitutionnel sous la Révolution* française. Député de la noblesse aux États* généraux (1789) et favorable aux réformes, il fut l'un des premiers à se rallier au Tiers* État. Après avoir formé au sein de l'Assemblée* nationale constituante, avec Barnave* et Lameth*, un triumvirat opposé à un pouvoir royal fort, Duport se rallia aux Feuillants* après la fuite de la famille royale à Varennes* (1791) et émigra après la journée révolutionnaire du 10 août* 1792.

DURENDAL ou **DURANDAL.** Nom donné à l'épée de Roland* dans la célèbre chanson de geste*, la *Chanson de Roland*. C'était une arme légendaire dont l'acier « ne se brise ni ne s'ébrèche ». « Épée très belle et très sainte », son pommeau renfermait des reliques.

DÜRER, Albrecht (Nuremberg, 1471-*id.*,1528). Peintre et graveur allemand. Unissant style italien et flamand, il fut le plus illustre représentant de la Renaissance* allemande. Fils d'un orfèvre de Nuremberg, ville où il effectua l'essentiel de sa carrière, il fit son apprentissage à Bâle, Colmar et à Strasbourg où il réalisa son autoportrait (1493, Paris, Louvre), premier du genre dans la peinture occidentale. Plusieurs séjours en Italie, à Venise* principalement, l'initièrent à la Renaissance italienne qu'il fit connaître en Allemagne par ses représentations du corps humain et les lois de la perspective. À partir de 1495, Dürer, qui signe ses peintures et gravures, conquit la célébrité à travers des tableaux comme *L'Adoration des mages* (1504, Florence, Offices), *Adam et Ève* (1507, Madrid, Prado), et surtout *Les Quatre Apôtres* (1526, Munich), considéré comme un

chef-d'œuvre. Le graveur surpassa encore le peintre et ses œuvres furent d'emblée célèbres dans toute l'Europe (*L'Apocalypse*, 1498, Berlin ; *Le Chevalier, la Mort et le Diable*, 1513 ; surtout, *Saint Jérôme* et *La Mélancolie*, 1514, Paris, Louvre). Au service de l'empereur Maximilien Ier* pour lequel il dessina les pages de son Livre de prières, Dürer fut aussi un grand érudit, étudia Euclide* et entretint une correspondance avec Kratzer, le mathématicien et astronome d'Henri VIII*. Il se consacra aussi à la rédaction de traités comme le *Traité des proportions du corps humain* (1528), utilisé par les peintres des XVIe et XVIIe siècles. Il fut glorifié au XIXe siècle par les romantiques allemands. Voir Romantisme.

DURKHEIM, Émile (Épinal, 1858-Paris, 1917). Sociologue français. Il est considéré en France comme le véritable fondateur de la sociologie en faisant de cette discipline une science avec son objet et sa méthode propres. Professeur à Bordeaux, puis à la Sorbonne*, fondateur de la revue *L'Année sociologique* (1894), il ramenait les faits moraux aux faits sociaux, les considérant comme indépendants des consciences individuelles. Il fut notamment l'auteur des *Règles de la méthode sociologique* (1894) et d'une analyse sur *Le Suicide* (1897).

DURUY, Victor (Paris, 1811-*id.*, 1894). Historien et homme politique français. Ministre de l'Instruction publique à la fin du Second Empire*, il donna un essor décisif à l'enseignement d'État. Inspecteur général de l'enseignement secondaire (1861-1862), il fut nommé ministre de l'Instruction publique par Napoléon III* (1863-1869). Ses réformes libérales s'opposèrent au progrès de l'enseignement libre favorisé par la loi Falloux*. Duruy rétablit l'enseignement de la philosophie, créa un enseignement secondaire pour les jeunes filles, introduit l'enseignement de l'histoire contemporaine dans les pro-

rammes et fonda l'École pratique des
autes études. Il fut aussi l'auteur de nom-
reux ouvrages historiques parmi lesquels
ne importante *Histoire des Romains*
1879-1885).

DUVALIER, François, dit **Papa Doc**
Port-au-Prince, 1907-*id.*, 1971). Homme
olitique haïtien. Président de la République à partir de 1957, puis président à vie
partir de 1964, il instaura un régime dic-
atorial appuyé par les « tontons macou-
es » et entra en conflit avec l'Église
atholique en raison de l'influence gran-
issante du culte vaudou* sur la popula-
ion haïtienne. À sa mort, son fils Jean-
Claude (surnommé Baby Doc) lui succéda
nais, incapable de transformer le régime,
dut s'exiler en 1986.

DUVEYRIER, Henri (Paris, 1840-Sè-
res, 1892). Explorateur français. Il fut
rendu célèbre par l'exploration qu'il fit du
Sahara algérien jusqu'à la frontière libyenne (1859). À son retour, il publia un
ouvrage sur les *Touaregs du Nord* (1864).

DVORÁK, Antón (Nelahozeves, Bohême, 1841-Prague, 1904). Compositeur
tchèque. Son œuvre abondante, inspirée du
folklore tchèque, traduit l'influence classique de Brahms* et la spontanéité de
l'inspiration mélodique de Schubert*. Issu
d'un milieu pauvre, il manifesta des dons
musicaux précoces. L'admiration et le
soutien de Brahms lui ouvrirent les portes
du succès. Dvorák fut successivement directeur des conservatoires de New York,
puis de Prague. Il fut le compositeur
d'opéras (10, dont *Rusalka*), de musique
de chambre, de concertos et de symphonies dont la plus célèbre reste la *Symphonie du Nouveau Monde* (1893).

E

EANES, Antonio Ramalho (Alcains, district de Castelo Branco, 1935-). Homme politique portugais. Après avoir été l'un des artisans du coup d'État d'avril 1974 qui mit fin au régime de Caetano*, il fut élu président de la République 1976-1986). Assisté du Conseil de la Révolution, majoritairement orienté à gauche, il dut faire face aux crises parlementaires et ministérielles que traversait le Portugal, mais aussi à l'agitation sociale d'un pays partagé entre un prolétariat très revendicatif (particulièrement à Lisbonne) et le conservatisme des populations du nord. Il fut remplacé par Mario Soares*, élu en 1986 et réélu en 1991.

EBERT, Friedrich (Heidelberg, 1871-Berlin, 1925). Homme politique allemand. Chancelier* social-démocrate, il réprima le soulèvement spartakiste de 1919 et fut le premier président de la République de Weimar* (1919-1925). Après avoir appris le métier de sellier, Ebert milita dans sa jeunesse dans les syndicats et le Parti social-démocrate (SPD*). Collaborateur d'un journal socialiste de Brême, secrétaire du SPD en 1905, député au Parlement en 1917, il devint, à la mort de Bebel, président du parti (1913). Opposé à la guerre, il préconisa néanmoins l'entente et vota les crédits militaires. Après l'abdication de Guillaume II* et la proclamation de la République par Scheidemann, le 9 novembre 1918, il fut nommé chancelier et forma un gouvernement afin de lutter contre les communistes. Avec l'aide du grand état-major de l'armée, il réprima dans le sang le soulèvement spartakiste de 1919 et contribua ainsi à sauver l'ordre et l'unité de l'Allemagne. Élu président de la République par l'Assemblée constituante réunie à Weimar (11 février 1919), ses six années de pouvoir furent marquées par la signature du traité de Versailles* (juin 1919), mais aussi par les graves troubles qui agitèrent l'Allemagne vaincue : une inflation galopante qui atteignit son paroxysme en 1923, des insurrections ouvrières et des tentatives de coups d'État comme celui de Kapp* à Berlin en 1920 et de Hitler* à Munich en 1923. Haï par la presse de droite, Ebert mourut en 1925 et Hindenburg* fut son successeur. Il reste pour l'Allemagne l'homme de la semaine sanglante de 1919 mais aussi celui qui a contribué à maintenir, dans des temps difficiles, l'unité du pays. Voir Luxemburg (Rosa), Spartakus (Ligue).

ÉBOUÉ, Félix (Cayenne, 1884-Le Caire, 1944). Administrateur français. Il fut le premier Noir gouverneur des colonies, d'abord à la Guadeloupe (1936) puis au Tchad (1938), premier territoire d'outre-mer à se rallier à la France libre (1940). Nommé gouverneur de l'AÉF* (Afrique équatoriale française), il fut l'un des artisans de la conférence de Brazzaville* (1944).

ÉBROÏN (?-v. 683). Puissant maire* du palais de Neustrie* et de Bourgogne sous les rois mérovingiens* Clotaire III puis

Thierry III. Il lutta contre l'aristocratie et le clergé conduit par le futur saint Léger, évêque d'Autun, et assura l'indépendance de la Neustrie en battant Pépin* de Herstal, maire du palais d'Austrasie* (vers 680). Il fut assassiné peu après, victime d'une vengeance privée. Après sa mort, les Neustriens furent défaits par Pépin et le royaume unifié sous l'autorité des Pippinides.

ECBATANE. Ancienne capitale des Mèdes* située au sud-ouest de la mer Caspienne (aujourd'hui en Iran). Conquise par Cyrus II* vers 555 av. J.-C., elle devint la capitale et la résidence d'été des rois perses* et parthes*. Protégée par sept murailles successives, elle était célèbre pour ses richesses : constructions en bois de cèdre ou de cyprès, magnifiques palais aux toits et aux colonnes parfois recouverts de plaques d'or et d'argent. Ecbatane fut prise par Alexandre III* le Grand en 331 av. J.-C.

ECCLÉSIA. Assemblée du peuple dans les cités grecques de l'Antiquité. À Athènes*, sous Périclès*, elle était convoquée trois à quatre fois par mois sur la colline de la Pnyx et réunissait tous les citoyens*, hommes libres et adultes nés de père et de mère athéniens. L'ecclésia détenait tous les pouvoirs : elle désignait et contrôlait les magistrats*, votait les lois, décidait des finances, de la guerre ou de la paix et prononçait l'ostracisme*. Chacun, en principe, pouvait y prendre la parole, mais celle-ci fut souvent monopolisée par les bons orateurs et les chefs de partis. Pour lutter contre l'absentéisme dû à la fréquence des réunions mais aussi permettre aux plus pauvres de siéger à l'ecclésia, on versa au IVe siècle av. J.-C. des indemnités aux participants (*mysthoï*). L'ecclésia perdit de son importance à l'époque hellénistique*. Voir Boulê, Démocratie athénienne, Prytane.

ÉCHEVIN. À l'époque carolingienne, les échevins assistaient le comte* dans les questions de justice. Ils désignèrent plus tard les magistrats des villes du nord et tenaient le rôle de juge et d'administrateur. Les échevins furent supprimés en 1789. Leurs attributions furent conférées aux maires et aux conseillers municipaux. Voir Carolingiens, Prévôt.

ÉCHIQUIER. 1) En Normandie*, cour de justice des ducs conservée par les Capétiens*. Elle fut érigée en cour permanente par Louis XII* et en « parlement » par François Ier*. 2) En Angleterre, nom donné au XIIe siècle à la section financière de la *Curia* *regis* en raison du tapis divisé en cases sur lesquelles on effectuait les comptes au moyen de jetons. L'Échiquier devint, sous Henri III*, indépendant de la *Curia regis* et devint une cour de justice chargée des questions concernant le trésor public. Son chef prit le nom – conservé jusqu'à nos jours – de chancelier de l'Échiquier ou ministre des Finances.

ECKHART ou **ECKART, Johannes,** dit **Maître** (Hochheim, près de Gotha, v. 1260-Avignon ou Cologne, v. 1327). Dominicain* et théologien mystique allemand. Il enseigna la théologie à Strasbourg et devint, par ses sermons, le maître du mouvement mystique rhénan. Quelques points de sa métaphysique, imprégnée de néoplatonisme, furent condamnés à l'issue de nombreux procès. Maître Eckhart a notamment écrit *Instructions spirituelles* et le *Livre de la consolation divine*.

ÉCLAT. Nom donné à l'époque de la préhistoire* à un fragment de roche, débité intentionnellement d'un noyau de pierre (souvent du silex*), par percussion ou par pression. L'éclat était ensuite façonné pour servir d'outil.

ÉCLUSE (Bataille de L', 1340). Bataille navale franco-anglaise, elle fut la plus sanglante de la guerre de Cent* Ans. Face au rapprochement entre la Flandre* – vassale du roi de France – et l'Angleterre, Philippe VI* de Valois livra bataille à la flotte anglaise d'Édouard III* dans le port de L'Écluse. Cette bataille tourna à l'avantage

s Anglais qui détruisirent la quasi-tota-
é de la flotte française, leur assurant ainsi
ur trente ans la maîtrise de la Manche.
CU. 1) Bouclier porté par les guerriers
i Moyen Âge du xᵉ au xvᵉ siècle. L'écu
ait orné de symboles, d'emblèmes et
armoiries*. 2) Monnaie d'or française fi-
rant un bouclier, créée par saint Louis
ouis IX*) au xiiiᵉ siècle. À partir du
viiᵉ siècle, l'écu d'or fut remplacé par
écu d'argent qui fut frappé pour la der-
ère fois en 1792. Voir Assignat.
CU. Acronyme pour *European currency
it.* Monnaie de compte de l'Union euro-
éenne. Voir Communauté économique
ropéenne, Maastricht (Traité de).
CUYER. Au Moyen Âge, jeune noble
i n'était pas encore chevalier*. Attaché
service d'un chevalier, il portait son bou-
ier ou écu*, son armure, dressait les che-
ux. Le nom d'écuyer prit ensuite le sens
noble non adoubé. Voir Adoubement.
DEN, Anthony, comte d'Avon (Wind-
stone Hall, 1897-Alvediston, 1977).
omme politique britannique. Député
nservateur (1923), ministre des Affaires
rangères (1935), il s'opposa à la « polique d'apaisement » de A. Neville Cham-
rlain* face aux agressions hitlériennes
Europe et préféra démissionner (1938).
e nouveau ministre des Affaires étrangè-
s (1940-1945, 1951-1955), il succéda à
inston Churchill* en 1955 comme Pre-
ier ministre et président du Parti conser-
ateur*. S'opposant à la nationalisation de
compagnie du canal de Suez par Nas-
r*, il participa avec la France à l'expé-
ition militaire contre l'Égypte (1956)
ais dut retirer ses troupes face à l'oppo-
tion des États-Unis et de l'URSS. Il dé-
issionna en 1957. Voir Suez (Crise de,
956).
DESSE (Comté d'). Nom donné à un
mté latin situé dans le sud-est de l'ac-
elle Turquie. Il fut le premier État latin
ndé en Orient par Baudoin Iᵉʳ de Boulo-
ne (1098) lors de la première* croisade.

Le comté d'Édesse fut reconquis par les
musulmans* en 1144. Voir Croisades,
Croisade (Deuxième).
ÉDILE. Magistrat* romain dont la fonction correspondait à la deuxième étape de
la « carrière des honneurs » (ou *cursus*
honorum) après celle de questeur*. Élus
pour un an par les comices* tributes (assemblées du peuple), les quatre édiles
(deux édiles* plébéiens et deux édiles patriciens* ou curules) âgés d'au moins 31
ans, étaient chargés de la police, de la voi-
rie, de l'approvisionnement de la ville, et
de l'organisation des spectacles. Les édiles
subsistèrent jusqu'à l'époque de Constantin Iᵉʳ* le Grand (iiiᵉ siècle ap. J.-C.). Voir
Curule (Siège), Plèbe.
ÉDISON, Thomas (Milan, Ohio,
1847-West Orange, New Jersey, 1931). Inventeur américain. Autodidacte, il fut l'auteur de nombreuses inventions, notamment
le phonographe (1877, qui reproduisait le
son avec des cylindres de cire) et la lampe
à incandescence (1878). Il découvrit aussi
l'effet thermoélectrique (appelé « effet
Édison ») qui permettra plus tard d'inventer le tube à vide, ou diode.
ÉDIT. Nom donné sous la monarchie française à un acte législatif royal portant sur
une seule matière, ce qui le distingue de
l'ordonnance* qui englobait plusieurs domaines. Cette distinction s'établit surtout à
partir du xviᵉ siècle.
EDO ou **YEDO.** Capitale de la dynastie
shogunale des Tokugawa*, famille noble
japonaise qui, en 1868, prit le nom de Tokyo*. Voir Mitsuhito.
ÉDOUARD Iᵉʳ (Westminster, 1239-
Burgh by Sands, près de Carlisle, 1307).
Roi d'Angleterre (1272-1307). Fils
d'Henri III*, il restaura l'autorité monarchique par sa victoire sur Simon de Montfort*, mettant fin à la révolte des barons.
Il soumit le Pays de Galles (1282-1284) et
lutta longtemps contre l'Écosse sans réussir à la réduire malgré son annexion (1296)
et la répression de la révolte de Wallace,

chef écossais capturé puis exécuté. Par besoin d'argent, il composa avec le Parlement*, lui reconnaissant ses prérogatives financières.

ÉDOUARD II (Caernarvon, 1284-Berkeley, Gloucestershire, 1327). Roi d'Angleterre (1307-1327). Par sa faiblesse, son règne contrasta fortement avec celui de son père Édouard Ier*. La défaite de Bannockburn (1314) face à Robert Bruce, reconnu roi d'Écosse, ruina le projet d'union des deux royaumes. Jouet aux mains de ses favoris, la faiblesse du roi permit à la noblesse d'exercer sur le pouvoir une véritable tutelle. Sa femme Isabelle, fille de Philippe IV* le Bel, restée en France, envahit l'Angleterre avec l'aide de son amant Roger Mortimer, fit exécuter les Despenser, famille du favori royal, et força Édouard II à abdiquer. Le roi, emprisonné et déposé par le Parlement*, fut assassiné.

ÉDOUARD III (Windsor, 1312-Sheen, Richmond, 1377). Roi d'Angleterre (1327-1377). Souverain énergique et ambitieux, son long règne fut marqué par les débuts de la guerre de Cent* Ans, la Peste* noire et de graves troubles religieux. Monté sur le trône après le meurtre de son père Édouard II*, il régna d'abord sous la tutelle de sa mère Isabelle de France et de Roger Mortimer dont il se débarrassa par une révolution de palais (exécution de Mortimer, 1330). Petit-fils de Philippe IV* le Bel par sa mère, il revendiqua la couronne de France (1337) et engagea son pays dans la guerre de Cent Ans. Ses victoires de L'Écluse* (1340), de Crécy* (1346) et de Calais* (1347) contre Philippe VI* de Valois, mais aussi le traité de Brétigny* (1360) qui lui reconnaissait la possession de l'Aquitaine* aux limites de l'ancien duché d'Aliénor*, semblaient lui offrir les plus belles espérances. Cependant, le redressement français sous Charles V* et les victoire de Du* Guesclin lui firent perdre toutes ses conquêtes et, à sa mort, les Anglais ne possédaient plus en

France que quelques places maritimes (Calais, Cherbourg, Brest) et une étroite bande côtière de Bordeaux à Bayonne. Édouard III dut faire face à l'intérieur aux terribles conséquences de la Peste noire, aux progrès du Parlement* réuni fréquemment pour voter les aides extraordinaires et à la naissance de l'hérésie de Wyclif*. Il abandonna à la fin de sa vie le pouvoir à son fils Jean de Gand. Richard II*, son petit-fils, lui succéda. Voir Jarretière (Ordre de la), Windsor (Château de).

ÉDOUARD IV (Rouen, 1442-Westminster, 1483). Roi d'Angleterre (1461-1470 e 1471-1483). Fils du duc d'York, chef du parti York lors de la guerre des Deux-Roses*, il triompha de son rival, Henri VI de Lancastre. Il fut le père d'Édouard V*.

ÉDOUARD V (Westminster, 1470-Tour de Londres, 1483). Roi d'Angleterre (1483), fils d'Édouard IV*. Peu après la mort de son père, il fut assassiné, ainsi que son frère Richard d'York, par son oncle Richard III*. Voir Cent Ans (Guerre de).

ÉDOUARD VI (Hampton Court 1537-Greenwich, 1553). Roi d'Angleterre (1547-1553). Fils d'Henri VIII* et de Jeanne Seymour, sa troisième femme. Sous son règne, le pouvoir fut exercé par John Dudley, duc de Northumberland et chef du parti protestant*, qui persuada le jeune roi de laisser la couronne à Jeanne Grey, sa belle-fille et l'arrière-petite-fille d'Henri VII*. Le renforcement du protestantisme* marqua son règne.

ÉDOUARD VII (Londres, 1841-*id.* 1910). Roi de Grande-Bretagne et d'Irlande (1901-1910) et empereur des Indes. Fils aîné de la reine Victoria* qui, durant son long règne, l'écarta du pouvoir. Édouard VII mena à Paris une vie mondaine et fut l'une des figures marquantes de la capitale lors de la Belle Époque. Monté sur le trône à l'âge de 60 ans, sa francophilie mais aussi sa mésentente avec son cousin, l'empereur d'Allemagne Guillaume II*, marquèrent la politique étran-

re de la Grande-Bretagne qui conclut
ec la France l'Entente* cordiale (1904).
ir George V.

OUARD VIII (Richmond, auj. Rich-
nd upon Thames, 1894-Neuilly, 1972).
i de Grande-Bretagne et d'Irlande (jan-
er-décembre 1936). Fils aîné de
orge V*, il s'opposa violemment au
mier ministre conservateur Baldwin*,
squ'il décida d'épouser Mrs. Simpson,
néricaine et divorcée. Après avoir pro-
qué une grave crise gouvernementale, le
i dut abdiquer en faveur de son frère
orge VI*. Devenu duc de Windsor, il
ousa Mrs Simpson en France en 1937.
rmanophile, compromis par ses rela-
ns avec l'Allemagne de Hitler*, il fut
mmé par Churchill* gouverneur des Ba-
mas (1940-1945). Il a laissé des mémoi-
, *Histoire d'un roi* (1951).

UCATION SPARTIATE. Elle fut
ffaire de la cité. Obligatoire et collec-
e, elle consistait en un dressage très sé-
re ayant pour but la formation d'excel-
ts soldats obéissants et dévoués à l'État.
s nouveau-nés mâles, faibles ou mal
nformés, étaient impitoyablement élimi-
s. À partir de 7 ans, l'enfant était enlevé
a famille et placé dans une sorte de ca-
rne dans laquelle il s'entraînait aux exer-
ces physiques où il devait manifester
urage et endurance. On lui apprenait à
éir, se taire, s'exprimer brièvement
laconiquement ») et à respecter les
eillards, sagesse de la cité. Mais c'était
tre 12 et 18 ans que commençait l'ap-
ntissage le plus dur. Vêtu par tous les
nps d'une simple tunique, couchant sans
uverture, les adolescents apprenaient à
battre férocement. Fouettés sans raison,
vés de nourriture suffisante, ils étaient
couragés à voler avec adresse. On leur
seignait à ne jamais se plaindre, ni re-
er au combat, à préférer la mort plutôt
e la défaite ou la captivité. À 20 ans, ils
partenaient à l'armée régulière mais de-
ient encore passer dix ans dans une ca-

serne. C'est seulement à 30 ans qu'ils pouvaient se marier, avoir une maison mais ils
étaient toujours obligés de prendre quotidiennement leur repas en commun (sissy-
ties). Vêtus de rouge pour que les blessures ne se voient pas, alignés au coude à
coude en phalanges* compactes, les hoplites* spartiates ont été longtemps une force
redoutable. Voir Cryptie.

ÉDUENS. Peuple de la Gaule*, le plus
puissant avec les Arvernes*, établis entre
la Loire et la Saône. Leur principal centre
était Bibracte (Autun). D'abord alliés des
Romains (c'est à leur requête que Rome*
intervint en Gaule), ils se rallièrent cependant au soulèvement de Vercingétorix* en
52 av. J.-C., puis Jules César* les soumit
avec le reste de la Gaule. Voir Gaules
(Guerre des).

ÉGAUX. Dans l'Antiquité, nom donné
aux Spartiates, pour la plupart descendants
des conquérants doriens*. Ils étaient citoyens car eux seuls pouvaient participer
au gouvernement de la cité. Sorte de caste
guerrière privilégiée, les Égaux se consacraient entièrement au service militaire. Ils
vivaient des revenus des meilleures terres
de Laconie et de Messénie que les hilotes*
cultivaient pour eux. À l'origine, ces lots
de terres étaient pour chacun d'égale valeur mais peu à peu cette égalité disparut
au profit de quelques-uns. Les guerres
nombreuses que Sparte* mena provoquèrent une baisse inquiétante du nombre des
Égaux. De 9 000 environ au début du ve
siècle av. J.-C., ils ne furent plus que 2 000
un siècle plus tard. Aristote* estimait leur
nombre à moins de 1 000 vers 370
av. J.-C., et Plutarque* à 700 le nombre de
familles spartiates subsistant vers 250 av.
J.-C. Ce manque de citoyens* soldats, base
de la puissance militaire de Sparte, amena
le déclin de la cité. Voir Éducation spartiate, Hoplites, Périèques.

ÉGAUX (Conspiration des). Voir Babeuf
(François dit Gracchus).

ÉGÉENNE (Civilisation). Nom donné

aux civilisations préhelléniques qui rayonnèrent dans les îles et sur les côtes de la mer Égée au cours du IIe millénaire av. J.-C. La plus connue est la civilisation crétoise ou minoenne*. Voir Crétois.

ÉGINHARD (Maingau, Franconie, v. 770-Seligenstadt, 840). Historien franc. Ami de Charlemagne*, il vécut à sa cour et rédigea vers 820 en latin la célèbre *Vie de Charlemagne*. Ce livre constitue une importante source pour connaître la vie de l'empereur. Eginhard aurait également participé à la construction des bâtiments impériaux d'Aix-la-Chapelle*.

ÉGLISE. 1) Vient du mot grec *ecclésia* qui signifie assemblée. Ce mot désigne à l'origine la communauté formée par les premiers chrétiens*. 2) Ensemble des personnes unies par une même foi chrétienne (l'Église catholique). 3) Édifice consacré chez les chrétiens au culte de Dieu. 4) Désigne le clergé en général (un homme d'Église).

ÉGYPTE. Pays situé à l'extrême nord-est de l'Afrique près de la mer Rouge et de l'isthme de Suez qui soude l'Afrique à l'Asie. Il connut dans l'Antiquité l'une des plus brillantes civilisations de l'histoire. L'Égypte est une vallée étroite, irriguée par le Nil* qui s'allonge sur plus de mille kilomètres au milieu des déserts de Lybie et d'Arabie*. Sa superficie, au total, ne dépasse pas celle de la Belgique actuelle, soit 30 000 km². Au Ve millénaire av. J.-C., ses premiers habitants s'installèrent sur les rives du Nil. Ils s'organisèrent d'abord en petits États indépendants appelés nomes. Puis ces minuscules États se regroupèrent en deux royaumes : la Basse-Égypte* au Nord, la Haute-Égypte* au Sud. L'Égypte entra dans l'Histoire vers 3000 av. J.-C. lorsque le pharaon* légendaire, Ménès*, soumit les deux royaumes. Ce fut le début de l'Égypte ancienne ou Égypte pharaonique, gouvernée par vingt-six dynasties de pharaons*. L'histoire de l'Égypte se divise en trois périodes: l'Ancien* Empire, le

Moyen* Empire et le Nouvel* Empire. C[e] furent des époques de grandeur et de pros[pé]rité pendant lesquelles le pays fut unifi[é] c'est-à-dire obéit à une seule autorité, cell[e] d'un pharaon. Elles furent séparées par de[s] périodes intermédiaires pendant lesquelle[s] régnèrent malheurs et désunions. Après l[a] fin du Nouvel Empire, l'Égypte connut u[n] long déclin. Elle fut de nouveau partagé[e] entre deux royaumes au sud et au nord. C[e] dernier qui couvrait les terres du delta ave[c] Saïs pour capitale connut pourtant une pé[-] riode de prospérité aux VIIe et VIe siècle[s] av. J.-C. Mais affaiblie, l'Égypte devin[t] pour longtemps la proie des envahisseurs[.] Après les Assyriens* qui saccagèrent Thè[-] bes* en 663 av. J.-C., ce furent les Perses de Cambyse* en 525 av. J.-C., les Grec[s] d'Alexandre le Grand* en 332 av. J.-C[.] enfin les Romains au temps de César* e[n] 31 av. J.-C. qui s'emparèrent de la rich[e] terre d'Égypte. Restés longtemps fidèles [à] leurs coutumes et à leurs croyances millé[-] naires, les Égyptiens les abandonnèren[t] peu à peu aux premiers siècles de l'èr[e] chrétienne. L'Égypte fut conquise a[u] VIIe siècle ap. J.-C. par les Arabes*, au XV[I^e] par les Turcs. Protectorat britannique e[n] 1914, elle ne retrouva son indépendanc[e] qu'en 1922. Voir Temple égyptien, Reli[-] gion égyptienne.

ÉGYPTE (Campagne d'). Nom donn[é] sous le Directoire* à l'expédition françai[se] en Égypte menée par Napoléon Bona[-] parte* et destinée à ruiner la dominatio[n] anglaise en Méditerranée orientale et au[x] Indes. Malgré quelques victoires éphémè[-] res, la campagne fut un échec sur le pla[n] militaire. Elle eut pour conséquence la for[-] mation d'une seconde coalition* contre l[a] France dans laquelle la Turquie et la Rus[-] sie s'alliaient à l'Angleterre. Elle contri[-] bua néanmoins au prestige de Bonaparte[,] à la naissance de l'égyptologie grâce au[x] savants qui accompagnèrent Bonaparte e[t] au réveil de la conscience de l'identité na[-] tionale égyptienne opprimée par la féoda[-]

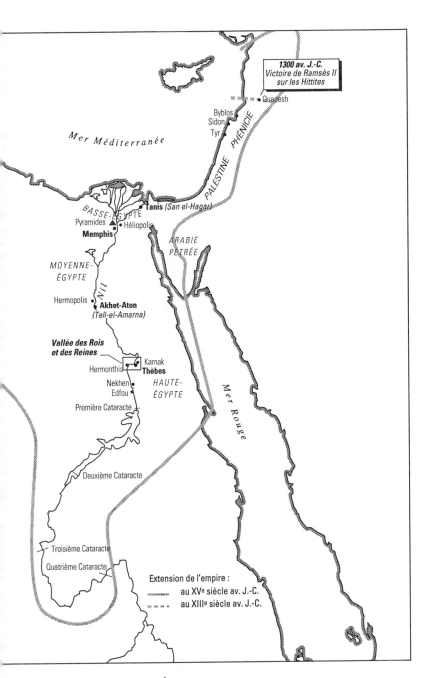

L'Égypte ancienne

lité militaire des Mamelouks*. Partie en mai 1798 de Toulon, la flotte française s'empara de Malte (juin 1798), débarqua à Alexandrie* puis battit les Mamelouks au pied des Pyramides, permettant l'entrée de Bonaparte au Caire (23 juillet 1798). Peu après cependant, l'amiral anglais Nelson* battit la flotte française ancrée à Aboukir*, donnant à l'Angleterre la maîtrise de la Méditerranée orientale. La Turquie, suzeraine de l'Égypte*, ayant déclaré la guerre à la France (février 1799), Bonaparte devança l'offensive des troupes turques rassemblées en Syrie* mais, malgré plusieurs victoires, ne put s'emparer du port de Saint-Jean-d'Acre, ravitaillé par la flotte anglaise. Il ordonna la retraite, rejetant, à la seconde bataille d'Aboukir* (juillet 1799), une armée turque débarquée dans le delta. Bonaparte, ayant appris les difficultés du Directoire et voyant la France mûre pour un coup d'État, partit secrètement d'Égypte, laissant le commandement à Kléber*. Voir Brumaire (Coup d'État du 18), Méhémet-Ali, Pyramides (Bataille des).

EICHMANN, Adolf (Solingen, 1906-Ramla, Israël, 1962). Fonctionnaire allemand. Membre du parti nazi (1932), puis de la SS* (Sections de sécurité), il se spécialisa à partir de 1938 dans la lutte contre les juifs* puis fut chargé par Heydrich*, à partir de 1942, de la Solution finale du problème juif. Arrêté en 1945 par les Alliés, il s'évada et émigra en Argentine. Découvert en 1960 par des agents secrets israéliens, il fut enlevé et amené en Israël. Condamné à mort après un long procès, il fut exécuté par pendaison. Voir Concentration et d'extermination (Camps de).

EIFFEL, Gustave (Dijon, 1832-Paris, 1923). Ingénieur français, il fut l'un des plus grands spécialistes des constructions métalliques. Il réalisa de nombreux ponts (pont Maria-Pia à Puerto Rico, 1876) et -viaducs (viaduc de Garabit sur la Truyère, 1882). Son nom reste surtout attaché à la

construction de la tour qui porte son nom élevée sur le Champ de Mars pour l'Ex position universelle de 1889. Voir Panama (Affaire de)

EINSTEIN, Albert (Ulm, 1879-Princeton, 1955). Physicien allemand naturalisé suisse (1900) puis américain (1940). Il fu l'une des figures majeures de la science du XXe siècle. Élève médiocre au lycée de Munich, il intégra l'École polytechnique de Zurich (1896) puis entra comme ingénieur à l'Office fédéral des brevets de Berne. Professeur à l'université de Berlin (1913), il dut, étant israélite*, quitter l'Allemagne à l'arrivée de Hitler* au pouvoir (1933) et fut nommé professeur à l'université de Princeton, aux États-Unis, où il enseigna et mena de nombreuses recherches En 1905, Einstein avait mis en évidence l'existence de ce qu'on appellera plus tard les photons et fut ainsi à l'origine de la théorie quantique (il avait reçu pour ces travaux en 1921 le prix Nobel* de physique). Il édifia surtout une théorie générale de l'Univers, la relativité (« relativité restreinte », « relativité généralisée »), qui marqua profondément la science moderne mais aussi la pensée philosophique en re visant totalement les notions physiques de temps et d'espace. Sa célèbre équation $E=mc^2$ fut à l'origine de la libération de l'énergie nucléaire. Einstein prit position sur les grands problèmes de son époque Président du Comité de vigilance des sa vants atomistes en 1946, il lutta jusqu'à s mort contre l'utilisation militaire et la pro lifération des armes atomiques.

ÉIRE. Nom gaélique de l'Irlande adopté par l'État libre d'Irlande en 1937. Voi IRA, Irlande (République d'), Ulster.

EISENHOWER, Dwight David (Denison, Texas, 1890-Washington, 1969). Général et président américain (1953-1961) Républicain, il fut l'un des présidents le plus populaires des États-Unis. D'origine modeste, Eisenhower entra à l'Académie militaire de West Point (1911-1915) omu général en 1941 et remarqué par le néral Marshall*, il fut appelé à Washington où il entra à l'état-major comme chef la division des plans de guerre. C'est à titre qu'il joua un rôle capital dans l'organisation des débarquements en Europe rs de la Seconde Guerre* mondiale. près avoir dirigé le débarquement* allié Afrique du Nord (novembre 1942), il t nommé commandant des armées alliées ns le secteur et, après la libération du aghreb, supervisa les débarquements en cile et en Italie (1943). Installé à Londes (novembre 1943), il assura, en tant e commandant en chef des forces alliées Europe, la direction du débarquement* Normandie (juin 1944) et toutes les érations qui conduisirent à la capitulation allemande (mai 1945). Ses souvenirs guerre furent consignés dans *Crusade Europe,* parus en 1948. Chef d'état-major de l'armée américaine succédant à arshall* (1945), puis commandant suême des forces de l'OTAN* (1951), il itta ce dernier poste et se présenta mme candidat républicain aux élections ésidentielles (1952). Son prestige personnel, un programme rassurant dans une mérique marquée par les excès du maccrthysme* lui assurèrent, après 20 ans administration démocrate, un large succs. Devenu président des États-Unis après uman*, il resta au pouvoir jusqu'en 61. Eisenhower confia la politique rangère à Foster Dulles* (jusqu'à sa mort 1959). La guerre* froide et la poursuite la politique d'endiguement du communisme* dans le monde, le réarmement de Allemagne, la condamnation de l'expédition anglo-franco-israélienne à Suez* 956) puis la recherche d'une détente ec l'URSS (visite de Khrouchtchev* en 59) assombrie bientôt par la crise cuine (1960-1961) et le survol du territoire viétique par des avions U-2 américains 960) furent les faits marquants de la période Eisenhower. À l'intérieur, son

conseiller G. M. Humphrey lutta contre l'inflation et la récession économique. Après l'échec du maccarthysme (1954), Eisenhower prit parti contre la ségrégation raciale et gouverna énergiquement malgré la majorité démocrate au Congrès. Malade, le président renonça à un troisième mandat et soutint R. Nixon* battu de justesse par J. F. Kennedy* (1962) puis se retira de la vie politique. Voir Castro (Fidel), McCarthy (Joseph).

EISENSTEIN, Serge Mikhaïlovitch (Riga, 1898-Moscou, 1948). Cinéaste soviétique. Il fut l'un des grands du cinéma aussi bien dans ses écrits théoriques que dans ses films, grandes fresques associant l'inspiration révolutionnaire et les recherches esthétiques. Eisenstein fut notamment le réalisateur de *La Grève* (1924), *Le Cuirassé Potemkine* (1925, l'un des chefs-d'œuvre du cinéma), *Octobre* (1927), *Que viva Mexico* (1931-1932, inachevé), *Alexandre Nevski* (1938) et *Ivan le Terrible* (1942-1946, diffusé en URSS en 1958).

ÉLAGABALE ou **HÉLIOGABALE** (204-Rome, 222 ap. J.-C.). Empereur romain de la dynastie des Sévères*, il régna de 218 à 222 ap. J.-C. Cousin de Caracalla*, présenté comme son fils illégitime, il fut proclamé empereur à l'âge de 14 ans par l'armée de Syrie*. Grand prêtre héréditaire du dieu Soleil à Émèse, en Syrie, il essaya d'imposer à l'Empire le culte de son dieu oriental. Assassiné par la garde prétorienne*, il eut pour successeur son fils adoptif, Sévère* Alexandre.

ÉLAM. Ancien nom donné à une région située au sud-ouest de l'Iran, proche de l'embouchure du Tigre, et qui eut Suse* pour capitale. Occupée dès le Vᵉ millénaire av. J.-C., la région fut successivement dominée entre le XXIIᵉ siècle av. J.-C. et le début du XXIᵉ siècle av. J.-C. par Akkad*, les Goutis* et Our*. Devenu indépendant, le royaume d'Élam connut son apogée au XIIIᵉ siècle av. J.-C. mais fut conquis vers 1115 av. J.-C. par Nabuchodonosor Iᵉʳ. Un nouveau royaume apparut au VIIIᵉ siècle av. J.-C. L'Élam fut dominé par les Perses* et Suse* devint alors l'une des capitales des Achéménides*.

ELBE (Île d'). Île située entre la Corse et la Toscane (Italie), Napoléon* y séjourna du 3 mai 1814 au 26 février 1815, avant de regagner la France. Voir Cent-Jours.

ELDORADO. En espagnol, le « pays de l'or ». Nom donné par les conquérants espagnols à une contrée imaginaire en Amérique du Sud, notamment entre l'Orénoque et l'Amazonie, riche en or et en métaux précieux.

ÉLECTION (Pays d'). Nom donné dans l'ancienne France à une circonscription financière soumise à l'autorité des officiers royaux, les élus (qui n'étaient pas élus mais désignés). Contrairement aux pays d'état*, les pays d'élection n'avaient pas d'assemblée régionale. Ils possédaient une administration fiscale qui relevait directement du roi et des bureaux de finances des généralités* dirigés par l'intendant*. Les pays d'élection correspondaient en général aux régions rattachées depuis longtemps au domaine* royal.

ÉLEUSIS. Ville et port de l'Attique* en Grèce*. Elle fut dans l'Antiquité un centre important de la religion grecque*. Le culte rendu à Éleusis en l'honneur de Déméter* et de sa fille Coré se déroulait tous les ans pendant neuf jours sous la forme de mystères. Seuls les initiés pouvaient y participer et ils devaient garder le secret des cérémonies du culte. Inquiets de leur sort après la mort, on leur promettait le bonheur et la vie éternelle. Les mystères d'Éleusis furent supprimés par l'empereur romain Théodose* au IVᵉ siècle ap. J.-C.

ÉLISABETH Iʳᵉ (Greenwich, 1533-Richmond, 1603). Reine d'Angleterre (1558-1603). Princesse de la Renaissance*, elle rétablit sous son règne l'Église anglicane dans une Angleterre marquée par un vigoureux essor économique et commercial mais aussi une brillante renaissance littéraire. Fille d'Henri VIII* et d'Anne* Boleyn, déclarée illégitime, elle fut élevée loin de la cour, mais reçut une excellente éducation. Humaniste accomplie, férue d'Antiquité et parlant plusieurs langues, elle fut, après la mort de sa mère, rétablie dans ses droits, un statut du Parlement (1544) la plaçant, après le futur Édouard VI* et la future Marie* Tudor, au troisième rang dans l'ordre de succession. Malgré son loyalisme affiché sous le court règne de Marie Tudor, compromise dans le complot de Thomas Wyatt, elle fut quelque temps emprisonnée à la Tour de Londres* puis éloignée de la cour. Son accession au trône (1558) fut accueillie avec soulagement par la majorité des Anglais opposés à la souveraine papiste et Élisabeth, soutenue par son ministre William Cecil, s'attaqua d'abord au problème religieux. Agissant avec prudence, se méfiant à la fois des puritains* qui contestaient l'autorité épiscopale et des catholiques papistes, elle organisa l'Église anglicane en rétablissant (1559) l'Acte de Suprématie qui lui conférait le titre de gouverneur suprême de l'Église et promulgua les Trente-Neuf* Articles de la nouvelle foi (1563) qui étaient un dosage savant entre les formes du catholicisme* et le protestantisme*. Après son excommunication (1570), Élisabeth dut faire face à deux oppositions : celle des catholiques qui portaient leurs espoirs sur Marie* Stuart, et celle des calvinistes presbytériens qui refusaient la hiérarchie épiscopale. Les catholiques furent impitoyablement pourchassés, particulièrement en Irlande, et Marie Stuart, qui constituait une grave menace politique pour la succession au trône (comme arrière-petite-fille d'Henri VIII) fut exécutée. La politique extérieure d'Élisabeth s'inscrivit dans le contexte des luttes religieuses en Europe, son but étant aussi d'affaiblir la puissance de l'Espagne de Philippe II*. L'aide qu'elle apporta aux Pays-Bas protestants provoqua une guerre le dix ans avec Philippe II, au cours de laquelle l'Invincible Armada* fut détruite (1588), inaugurant la maîtrise maritime de l'Angleterre. Dans le même temps, secrètement encouragés par la reine, des corsaires (Drake*) attaquaient les navires marchands espagnols. Un vigoureux essor économique marqua aussi son règne : l'industrie drapière, favorisée par l'exil de milliers de drapiers flamands, fuyant la persécution, l'élevage – avec le mouvement des enclosures* –, le commerce – avec l'ouverture de la Bourse de Londres et la création de la Compagnie des Indes* orientales. Le Parlement, avec l'exercice de plus en plus personnel du pouvoir secondé par des ministres compétents (Cecil, Walsingham) perdit de ses prérogatives, annonçant les futurs conflits qui éclatèrent sous les Stuarts*. Enfin l'ère élisabéthaine vit l'éclosion d'une grande littérature, magistralement représentée par Shakespeare*. Élisabeth, non mariée, reconnut pour successeur Jacques d'Écosse, le futur Jacques Ier*. Avec elle, finissait la dynastie des Tudors*. Voir Presbytérianisme.

ÉLISABETH II (Londres, 1926). Reine du Royaume-Uni de Grande-Bretagne et d'Irlande du Nord, et chef du Commonwealth* (1952). Elle épousa en 1947 Philippe de Grèce et de Danemark (le duc d'Édimbourg) dont elle eut 4 enfants : Charles (prince de Galles), Anne, Andrew et Edward. Elle est la fille de George VI*.

ÉLISABETH PETROVNA (Kolomenskoïe, 1709-Saint-Pétersbourg, 1762). Impératrice de Russie (1741-1762). Fille de Pierre Ier* le Grand et de Catherine Ière, elle fut portée au pouvoir par une révolution de palais qui renversa le jeune tsar Ivan IV. Poursuivant l'œuvre paternelle, elle favorisa le commerce et l'industrie, et fut la fondatrice de la première université russe de Moscou en 1755 et de l'Académie des beaux-arts de Saint-Pétersbourg (1758), son règne étant profondément marqué par l'influence littéraire et artistique de la France. En politique extérieure, elle termina victorieusement la guerre contre la Suède (1743) qui dut lui céder la Finlande. Elle choisit enfin l'alliance autrichienne contre Frédéric II* lors de la guerre de Sept* Ans (1756-1763), mettant gravement en péril la Prusse*. La mort d'Élisabeth disloqua la coalition et sauva le roi de Prusse. Son neveu Pierre III* lui succéda en 1762. Voir Catherine II.

ELLINGTON, Edward Kennedy, dit « Duke » (Washington, 1899-New York, 1974). Pianiste, compositeur et chef d'orchestre de jazz noir américain. Son orchestre, qui fut composé de musiciens éminents (Johnny Hodges, Lootie Williams), devint le plus célèbre de l'histoire du jazz (*Solitude, Caravan*).

ELLORĀ ou **ELURU**. Célèbre site archéologique situé en Inde* occidentale. On y trouve une trentaine de temples bouddhiques et brahmaniques creusés ou taillés dans le roc. L'un des plus connus est un temple dédié à Cyva*, le Kailāsa (VIIIe siècle ap. J.-C.) : ses sculptures comptent parmi les chefs-d'œuvre de l'art indien. Voir Bouddhisme, Brahmanisme.

ÉLOI, saint (près de Limoges, v. 588-660). D'abord orfèvre, il fut maître des monnaies de Clotaire II* puis trésorier de Dagobert Ier*. À la mort de ce dernier, il devint évêque de Noyon (641) et étendit le christianisme* dans le nord de la Gaule. Saint Éloi est le patron des orfèvres et des forgerons.

ELTSINE, Boris. Voir Ieltsine (Boris).

ÉLUARD, Eugène Grindel, dit **Paul** (Saint-Denis, 1895-Charenton-le-Pont, 1952). Poète français, il fut longtemps lié au Parti communiste* français. Il adhéra avec Aragon*, Breton* et Tzara au mouvement surréaliste (*Capitale de la douleur,* 1926) puis s'engagea dans la Résistance* et adhéra définitivement au Parti communiste (*Poème et Vérité,* 1942 ; *Au rendez-vous allemand,* 1944 ; *Poésie ininterrompue,* 1946). C'est néanmoins le poète de l'amour qui fait aujourd'hui l'unanimité et confère une unité à ses diverses sources d'inspiration (*Mourir de ne pas mourir*, 1924 ; *L'Amour, la poésie*, 1929). Voir Surréalisme.

ÉMIGRÉS. Nom donné sous la Révolution* française à ceux qui quittèrent leur pays pour trouver refuge à l'étranger, surtout dans les principautés rhénanes, mais aussi en Angleterre, à Turin, etc. Les émigrés se composèrent surtout de nobles et de prêtres ayant refusé de prêter serment à la Constitution* civile du clergé. Les premiers partirent le 17 juillet 1789 à l'exemple des princes de la famille royale, le comte d'Artois (futur Charles X*) et le prince de Condé. Les émigrés établirent leur quartier général à Coblence d'où ils organisèrent la lutte contre la Révolution, participant, sous les ordres de Condé, à toutes les guerres de coalition jusqu'en 1795. Des mesures rigoureuses contre eux furent prises par la Révolution : confiscation et vente de leurs biens au profit de la nation (septembre 1792), bannissement à perpétuité et peine de mort contre tous ceux qui rentreraient en France (octobre 1792). Amnistiés par Napoléon Bonaparte* attaché à la réconciliation des Français (26 avril 1802), ils ne rentrèrent pour la plupart que sous la Restauration* qui leur restitua leurs biens ou les indemnisa (loi du Milliard* des émigrés votée en 1825).

ÉMIR. 1) Dans le monde musulman*, ce terme désigna des chefs militaires et des gouverneurs de province qui exerçaient localement le pouvoir pour les califes*. 2) Nom donné aujourd'hui à certains chefs, princes ou souverains dans les pays musulmans (l'émir du Koweït).

EMPIRE (PREMIER). Nom donné au régime politique de la France (18 mai 1804-6 avril 1814) établi par Napoléon Ier* et qui succéda au Consulat* (1799-1804). Le sénatus-consulte* du 18 mai 1804 donna le titre d'empereur au Premier consul, Napoléon Bonaparte, qui fut sacré

sous le titre de Napoléon Ier, empereur des Français, à Notre-Dame de Paris par le pape Pie VII* (2 décembre 1804). L'Empire poursuivit l'œuvre du Consulat, mettant en application les institutions durables qui renforcèrent la société bourgeoise. À l'extérieur, l'Empire connut un état de guerre presque permanent. Malgré la paix d'Amiens* (1802), le conflit avec l'Angleterre reprit. Napoléon lui imposa le Blocus* continental qui, devant être appliqué par tout le continent européen, entraîna une série de guerres de conquête. Sur le plan territorial, l'Empire connut son apogée vers 1812. Il comprenait l'Empire français (130 départements) sous l'autorité de Napoléon (France, Belgique, Hollande, région hanséatique, rive gauche du Rhin, Italie du Nord, États* pontificaux, île d'Elbe, Provinces illyriennes), des protectorats (Confédération* du Rhin, grand-duché de Varsovie*, Confédération helvétique) et des États ayant pour souverains des membres de la famille de Napoléon comme le royaume de Naples confié à Murat* et le royaume d'Espagne donné à Joseph Bonaparte*, etc. Le Code* civil, l'abolition du servage et du système féodal, la centralisation furent introduits dans ces pays, préparant ainsi la transformation de l'Europe mais aussi l'éveil des sentiments nationaux. L'ensemble constitua un édifice fragile, prélude à la fin de l'Empire, scellée après l'abdication de Napoléon (1814). L'Empire fut momentanément rétabli durant les Cent-Jours* (mars-juin 1815) puis disparut après la défaite française de Waterloo* (1815).

EMPIRE (SECOND). Nom donné au régime politique de la France du 2 décembre 1852 au 4 septembre 1870. Il fut établi par Napoléon III*, d'abord président de la Deuxième République* (1848-1852), après le coup d'État du 2 décembre 1851. Le Second Empire, accepté par plébiscite, fut d'abord un régime autoritaire (Constitution* de janvier 1852, répression de l'oposition surtout après l'attentat d'Orsini* en 1858), puis se libéralisa à partir de 860, ce qui provoqua le développement le l'opposition républicaine et socialiste. À l'extérieur, le Second Empire poursuivit n Europe une politique de défense des nationalités (campagne d'Italie*, 1859), participa à la guerre de Crimée* (1854-1856) ontre la Russie et s'engagea dans l'expansion coloniale (Afrique du Nord, Afrique noire, Extrême-Orient, Moyen-Orient). Durant cette période, la France onnut un grand essor économique notamment dans l'industrie (Wendel, Schneider), le commerce, la banque (Pereire*, Rothschild*, création du Crédit lyonnais et le la Société générale) et les communications avec le développement des chemins le fer. Les grands centres urbains furent assainis, en particulier à Paris avec les travaux d'Haussmann*. Cependant, l'échec le l'expédition du Mexique* (1862-1867), l'opposition intérieure et surtout l'imprudente déclaration de guerre à la Prusse guerre franco-allemande*, 1870-1871) ébranlèrent puis provoquèrent l'effondrement du Second Empire.

EMPIRE COLONIAL ESPAGNOL. Premier empire colonial, avec celui du Portugal, né des Grandes Découvertes*. L'empire colonial espagnol, mis à part les Philippines isolées dans le monde des épices* et les archipels des Mariannes et des Carolines dans l'océan Pacifique, constitua, avec la découverte des Amériques, de vastes colonies de peuplement. Après la colonisation aux Antilles (Saint-Domingue, Cuba, Porto-Rico, Jamaïque), Hernán Cortés* mena la conquête du Mexique 1518-1522) à partir duquel la domination espagnole s'étendit sur toute l'Amérique centrale (1522-1546), puis sur l'Amérique du Nord jusqu'à la Floride*. Pizarro* détruisit en Amérique l'empire des Incas* et annexa le Pérou. Valdivia acheva la conquête du Chili (1541-1550). Ainsi fut créé l'empire espagnol qui, bien que fondé

sur le monopole commercial, ne fut pas, comme l'empire portugais des Indes, simplement une organisation de comptoirs, mais une véritable occupation des territoires conquis. Leur administration, imposée par le Conseil des Indes, fut calquée sur le modèle de la péninsule représentée sur place par des vice-rois et des capitaines généraux. Tout le commerce, réservé aux Espagnols, fut dirigé, de Séville*, par la Casa* de Contractación. L'exploitation des territoires fut fondée, par manque de main-d'œuvre, d'abord sur le travail forcé des Indiens dans les mines et l'*encomienda*, puis – la population indigène ayant diminué de moitié en un siècle – sur l'importation d'esclaves noirs, inaugurant ainsi la traite* des Noirs qui durera jusqu'au XIXe siècle. L'Église, de son côté, évangélisa les populations autochtones par l'organisation des missions. Par le brassage des races (mulâtres, zambo : sang-mêlé de Noirs et d'Indiens) et l'introduction de la langue espagnole, une nouvelle civilisation ibéro-américaine était née, et avec elle l'Amérique latine.

EMPIRE COLONIAL PORTUGAIS. Premier empire colonial de l'histoire né des Grandes Découvertes*, l'empire portugais, constitué dans le premier tiers du XVIe siècle, était formé d'un réseau d'entrepôts et de comptoirs protégés par des fortins et dispersés autour de l'océan Indien, et sur les rives occidentales de l'Afrique, le Brésil, découvert par Cabral*, ne jouant d'abord qu'un rôle secondaire. Premiers à se lancer dans l'aventure des découvertes afin de dominer les routes maritimes de l'océan Indien, les Portugais furent maîtres dès 1500 des îles de l'Atlantique, puis entre 1500 et 1515, dominèrent l'Asie. Après avoir jalonné de comptoirs la côte orientale de l'Afrique, ils s'emparèrent de Goa* (1510), Malacca* (1511), de l'île de Socotra et d'Ormuz, fermant ainsi aux Arabes* l'accès à la mer Rouge, puis prirent pied à Java, dans les îles de la

Sonde, au Japon et enfin à Macao, près de Canton (1557). Cet empire portugais fut une grande entreprise commerciale monopolisée au bénéfice exclusif du roi du Portugal et des Portugais qui assuraient la collecte et le transport des épices*. L'absence d'une véritable occupation territoriale, mais aussi l'occupation espagnole du Portugal (1580-1640) entraînèrent la ruine de l'empire portugais des Indes dont s'emparèrent, au cours de la première moitié du XVIIᵉ siècle, les Hollandais. Les Portugais consacrèrent alors l'essentiel de leur effort colonial à la mise en valeur du Brésil et plus tard (XIXᵉ siècle) à celle de leurs possessions d'Afrique. Voir Albuquerque (Alfondo de), Empire colonial espagnol.

EMPIRE LATIN DE CONSTANTINOPLE. Nom donné à l'Empire fondé en 1204 par les croisés* lors de la quatrième croisade*. Il ne couvrit jamais la totalité de l'Empire byzantin* auquel succédèrent plusieurs États byzantins : l'Empire de Trébizonde*, l'Empire de Nicée* et le despotat d'Épire*. L'Empire latin de Constantinople disparut en 1261 après la reconquête de Constantinople* par Michel VIII* Paléologue, empereur de Nicée, qui rétablit l'Empire byzantin. Voir Croisades.

EMPIRE ROMAIN D'OCCIDENT. Nom donné à la partie occidentale de l'Empire romain après sa division en deux États distincts à la mort de Théodose* (395 ap. J.-C.). L'Empire d'Occident disparaît au moment des invasions barbares*: le jeune empereur Romulus Augustule est déposé en 476 ap. J.-C. par Odoacre*. Il renaît en 800 ap. J.-C., lorsque Charlemagne* se fait couronner empereur par le pape Léon III. Plus tard, Il devait donner naissance au Saint* Empire romain germanique. Voir Empire romain d'Orient, Invasions (les Grandes).

EMPIRE ROMAIN D'ORIENT. Nom donné à la partie orientale de l'Empire romain après sa division en deux États distincts à la mort de Théodose* (395 ap.

J.-C.). L'Empire romain d'Orient ou Empire byzantin* résista aux invasions barbares* du Vᵉ siècle ap. J.-C. et constitua jusqu'au XIᵉ siècle ap. J.-C. un État puissant et prospère. Il disparaît en 1453 ap. J.-C. après la prise de sa capitale, Constantinople*, par les Turcs. Voir Constantin, Empire romain d'Occident.

EMS (Dépêche d', 1870). Nom donné à la réponse envoyée à Ems (Allemagne occidentale) par le roi de Prusse*, Guillaume Iᵉʳ*, auprès de l'ambassadeur français à Berlin, Benedetti*. Ce dernier exigeait, au nom du gouvernement de Napoléon III*, que la Prusse renonçât définitivement à toute candidature d'un prince Hohenzollern* au trône d'Espagne. Guillaume Iᵉʳ refusa la demande poliment mais fermement. La dépêche qu'il envoya à Bismarck* pour lui apprendre son refus fut volontairement déformée par ce dernier dans un sens humiliant pour la France, qui déclara, quelques jours plus tard, la guerre à l'Allemagne. Voir Franco-allemande de 1870-1871 (Guerre).

ENCLOSURES. Pratique qui se répandit en Europe à l'époque moderne et qui consistait à enclore les champs autrefois ouverts. Par ce processus, l'agriculture individuelle se substitua à l'agriculture communautaire, entraînant le départ des petits tenanciers au profit des gros propriétaires. L'Angleterre fut le premier pays à amorcer cette « révolution agricole » : entamée dès le XVᵉ siècle, l'évolution s'accentuera au XVIIIᵉ siècle. Incités par le développement de l'industrie textile mais aussi par le prix trop élevé des laines importées des Flandres*, les seigneurs anglais, laïques et ecclésiastiques entreprirent de constituer de vastes pâturages puis de les enclore, expulsant le plus souvent les tenanciers, et confisquant les biens communaux morcelés. Malgré le frein apporté par les quelques mesures décidées sous les règnes d'Henri VII*, d'Henri VIII* d'Édouard VI* et d'Élisabeth Iʳᵉ*, le mou-

vement se poursuivit pour atteindre son
erme au XVIIIᵉ siècle. Le mouvement des
enclosures en Angleterre provoqua d'importantes crises sociales. Au début du
XIXᵉ siècle, les petits propriétaires, par l'in-
erdiction de l'usage des prés communaux,
émigrèrent vers les villes pour constituer le
prolétariat urbain de la période industrielle.
En Europe, ce fut grâce à l'anglomanie de
l'aristocratie française mais aussi à la cu-
iosité du siècle des Lumières que le mouvement de rénovation agricole gagna le
continent. Voir Révolution industrielle.

ENCYCLOPÉDIE ou *Dictionnaire raisonné des sciences, des arts et des métiers*
1751-1772). Publication conçue par Denis Diderot* qui en fut le principal maître
d'œuvre, l'*Encyclopédie* eut pour but de
faire connaître les progrès des sciences et
de la pensée, « des efforts de l'esprit humain dans tous les genres ». Elle exprimait
aussi l'état d'esprit des Lumières, attentif
à exercer son esprit critique, en particulier
dans les domaines politiques et religieux.
Elle prépara les esprits à la Révolution* de
1789 et annonça l'avènement de la bourgeoisie. L'*Encyclopédie* comprenait
17 volumes de textes et 11 volumes de
planches. D'Alembert* rédigea le *Discours préliminaire*. Cent trente auteurs
participèrent à sa rédaction, notamment
Voltaire*, Montesquieu* et Rousseau*
mais aussi Turgot* et Quesnay* pour
l'économie politique, Buffon pour l'his-
oire naturelle, Condillac, Helvétius et
d'Holbach pour la philosophie. Le clergé
et la noblesse de cour s'opposèrent à la publication qui fut aussi condamnée par le
pape. Cependant, l'œuvre fut menée à son
erme grâce à l'appui de personnages puissants comme Malesherbes*, directeur de la
librairie, à l'énergie de Diderot mais aussi
au sens des affaires du libraire Le Breton,
25 000 exemplaires environ ayant été dif-
usés au XVIIIᵉ siècle.

ÉNÉE. Prince légendaire de Troie*, son
descendant Romulus* aurait fondé la ville

de Rome*. Fils d'Anchise et de la déesse
Aphrodite*, il épousa la fille de Priam, roi
de Troie dont la ville fut brûlée par les
Grecs après une guerre qui dura dix ans (la
guerre de Troie). Énée, demeuré avec son
père, son fils et quelques guerriers troyens,
prirent la mer en quête d'une nouvelle patrie. Après des tentatives de débarquement
en plusieurs points des côtes méditerranéennes (en Sicile, à Carthage*), le héros*,
sur les conseils du dieu Jupiter*, aborda
aux rivages de l'Italie et gagna le Latium*.
Il triompha du roi des Rutules et épousa
Lavinia, la fille du roi Latinus (descendant
de Saturne*) auquel il succéda. C'est alors
qu'il fonda la ville de Lavinium en l'honneur de sa femme et donna à son peuple le
nom de Latins*. Son fils Iule ou Ascagne
fonda la ville d'Albe* la Longue et son
descendant Romulus celle de Rome. La légende d'Énée fut immortalisée par le poète
latin Virgile* dans l'*Énéide*.

ENGELS, Friedrich (Barmen, auj. intégré à Wuppertal, 1820-Londres, 1895).
Théoricien socialiste allemand. Insépara-
ble de celle de Karl Marx*, son œuvre
contribua à l'élaboration et à la diffusion
du matérialisme historique et dialectique.
De famille luthérienne, fils d'un industriel
du textile, il fut d'abord disciple de Friedrich Hegel*. Étudiant lors d'un séjour à
Manchester (1842-1844) la condition ouvrière, il devint socialiste et partisan de
l'émancipation du prolétariat. Dans *La Situation de la classe laborieuse en Angleterre* (1845), il formula l'une des premières critiques scientifiques de l'économie
capitaliste. En 1844, il se lia d'amitié avec
Marx, amitié qui fut cimentée par leurs luttes et leurs activités politiques et scientifiques. Ils écrivirent ensemble *La Sainte
Famille* (1845), *L'Idéologie allemande*
(1845-1846), où ils jetèrent les bases du
matérialisme historique et *Le Manifeste du
parti communiste* (1848). Après l'échec de
la révolution de 1848 en Allemagne à laquelle il participa, Engels rédigea *Révolu-*

tion et contre-révolution en Allemagne (1851-1852), puis travailla dans la firme de son père (1850-1869), apportant à Marx une précieuse aide financière. Installé définitivement à Londres à partir de 1870, il publia une critique du réformisme de Karl Eugen Dühring (*L'Anti-Dühring*, 1878) et assura la publication du *Capital* après la mort de Marx. Engels fut au centre de la création de la Première Internationale*. Voir Révolutions de 1848 en Europe.

ENGHIEN, Louis Antoine Henri de BOURBON, duc d' (Chantilly, 1772-Vincennes, 1804). Prince français fusillé sur ordre de Napoléon Bonaparte*. Fils unique de Louis Henri Joseph de Bourbon, prince de Condé, il rejoignit en 1789 l'armée des émigrés* puis s'installa dans le grand-duché de Bade. Bonaparte, le soupçonnant, probablement à tort, de comploter contre lui avec Cadoudal* et Pichegru*, le fit enlever dans la nuit du 15 au 16 mars 1804 et traduire en conseil de guerre. Son exécution sommaire dans les fossés du château de Vicennes scandalisa toute l'Europe et détacha de Napoléon des hommes tels que Chateaubriand*. Voir Napoléon Ier.

ENRAGÉS (Les). Lors de la Révolution* française, nom donné aux ultra-révolutionnaires qui eurent notamment pour chef un prêtre constitutionnel*, Jacques Roux*. Ils revendiquèrent l'égalité civique et politique, mais aussi sociale, préconisant la taxation des denrées, la réquisition des grains et des taxes sur les riches. À gauche des montagnards*, combattus par Robespierre*, ils s'exprimèrent par la suite dans le groupe des hébertistes*. Leurs idées furent reprises et développées par Babeuf*. Voir Terreur.

ENREGISTREMENT (Droit d'). Dans l'ancienne France, droit détenu par les parlements et les cours souveraines, d'enregistrer les actes les plus importants de l'autorité royale, comme les ordonnances* et les traités internationaux. Ces actes n'étant exécutoires qu'après enregistrement, les parlements pouvaient faire obstruction à l'autorité royale en lui adressant des remontrances. La royauté française, particulièrement au XVIIIe siècle, eut à affronter le mécontentements des parlements. Voir Lit de justice, Parlement de Paris.

ENTENTE (PETITE). Alliance de défense mutuelle signée en 1920-1921 entre la Yougoslavie, la Roumanie et la Tchécoslovaquie, afin de maintenir les frontières fixées par les traités de Saint-Germain* et de Trianon* et d'empêcher la résurrection de l'Empire austro-hongrois. La Petite Entente fut patronnée par la France qui cherchait à assurer sa sécurité en Europe centrale. Des accords furent signés avec les trois États prévoyant, en particulier pour la Tchécoslovaquie, l'aide française en cas d'agression. Ils furent complétés par une promesse d'assistance à la Pologne en cas d'agression allemande. La Petite Entente, malgré les efforts de Louis Barthou*, ne survécut pas aux crises des années 30, et s'effondra lors de la crise de Munich en 1938. Voir Guerre mondiale (Première), Munich (Accords de).

ENTENTE (TRIPLE-). Nom donné à l'entente non formelle réalisée entre la France, le Royaume-Uni et la Russie à partir de 1907. Elle résulta du rapprochement anglo-russe (1907), de l'alliance franco-russe (1893) et de l'Entente* cordiale (rapprochement franco-britannique). La Triple-Entente devait contrebalancer la Triplice* (alliance entre l'Allemagne, l'Autriche-Hongrie* et l'Italie). Après les révolutions* de 1917, le gouvernement bolchevique rompit la Triple-Entente en signant avec l'Allemange le traité de Brest-Litovsk* (mars 1918). Voir Bolchevik, Grey (Edward), Guerre mondiale (Première).

ENTENTE CORDIALE. Nom d'abord donné pour caractériser l'amélioration des relations entre la France et l'Angleterre sous les règnes de Louis-Philippe Ier* et de

reine Victoria*, puis à nouveau employé
ɔrs du rapprochement de 1904. Napo-
on III* avait tenté de poursuivre cette en-
ɔnte, obtenant l'alliance de l'Angleterre
ɔns la guerre de Crimée* (1854-1856),
ɔais les rivalités coloniales entre les deux
ɔys (Fachoda*) empêchèrent longtemps
ɔut accord durable. Cependant, face à
ɔessor de la puissance allemande mais
ɔussi désireuse de sortir de l'isolement di-
ɔomatique dans lequel le système de Bis-
ɔarck* la tenait, la France décida de se
ɔpprocher de l'Angleterre, rapproche-
ɔent auquel contribuèrent Delcassé*, mi-
istre français des Affaires étrangères, le
ɔouveau roi d'Angleterre Édouard VII* et
ɔaul Cambon, ambassadeur de France à
ɔondres. Des accords signés en avril 1904
ɔéglèrent les différends entre les deux
ɔays. La France, en renonciation à ses
ɔroits sur l'Égypte, obtenait des droits sur
ɔe Maroc. Ces accords se raffermirent en-
ɔore lors de la conférence d'Algésiras*
ɔ1906) où la Grande-Bretagne soutint la
ɔrance contre les prétentions allemandes,
ɔuis lors de l'affaire d'Agadir* (1911).
ɔoir Entente (Triple-), Triplice.

ɔNVER PACHA (Istanbul, 1881-près de
ɔaldjouan, 1922). Général et homme po-
ɔitique ottoman. Il fut l'un des dirigeants
ɔu mouvement réformateur et nationaliste
ɔeunes-Turcs* et engagea l'Empire otto-
ɔan* aux côtés de l'Allemagne lors de la
ɔremière Guerre* mondiale. Militaire
ɔormé dans l'armée prussienne, il s'affilia
ɔu Comité union et progrès des Jeunes-
ɔurcs. Avec d'autres libéraux (Djemal et
ɔalaat), il contraignit en 1908 le sultan Ab-
ɔülhamid II à restaurer la Constitution de
ɔ876 qui avait instauré un Parlement puis
ɔ'obligea à démissionner (1909). Après
ɔvoir participé aux guerres balkaniques*
ɔ1912 et 1913), il fut nommé ministre de
ɔa Guerre en 1914, et sa germanophilie
ɔonduisit à l'alliance de la Turquie avec
ɔ'Allemagne. Après la défaite, ne pouvant
ɔvincre Mustafa* Kemal, il rejoignit en

1921 les insurgés musulmans du Turkestan russe et fut tué dans une bataille contre
les troupes soviétiques.

ÉOLIENS. Envahisseurs qui s'installèrent
en Grèce* au cours du IIᵉ millénaire av.
J.-C., après les Achéens* et les Ioniens*. Ils
occupèrent la Béotie* et la Thessalie. Mais,
après l'invasion des Doriens* (vers
1200-1100 av. J.-C.), beaucoup émigrèrent
vers la côte nord-ouest de l'Asie* Mineure
(qui prit le nom d'Éolide ou Éolie) et dans
l'île de Lesbos. Voir Sapho.

ÉPAMINONDAS (Thèbes, v. 418 av.
J.-C.-Mantinée, 362 av. J.-C.). Général et
homme politique de Thèbes*. Appartenant
au parti démocratique, il chassa les Spartiates de Béotie* et les battit à Leuctres*
en 371 av. J.-C. Puis il envahit la Laconie,
enleva la Messénie à la puissance de
Sparte* et mena dans le Péloponnèse* plusieurs campagnes. En 362 av. J.-C., il battit une nouvelle fois Sparte à Mantinée*
mais fut mortellement blessé dans le
combat. Sa mort mit définitivement fin aux
rêves de domination thébaine en Grèce*.

ÉPHÉBIE. Service militaire auquel
étaient soumis à Athènes*, et dans d'autres cités grecques, les jeunes gens âgés
entre 18 et 20 ans après avoir été inscrits
dans leur dème* comme citoyens. Soumis
à des exercices militaires, mais aussi astreints à une formation civique, les éphè-
bes, à la fin de la première année, étaient
passés en revue par le peuple, recevaient
la lance et le bouclier rond des hoplites* et
prêtaient serment de combattre vaillam-
ment et d'obéir aux lois. Ils étaient la
deuxième année envoyés en garnison dans
les forteresses aux frontières de l'Attique*.
L'éphébie fut officiellement instaurée
après la défaite athénienne de Chéronée*
(338 av. J.-C.) par l'orateur Lycurgue mais
la pratique devait en être plus ancienne.
L'institution déclina dès la fin du IVᵉ siècle
av. J.-C. Au IIᵉ siècle av. J.-C. l'éphébie
devint une école où les jeunes Athéniens

apprenaient la rhétorique, les sciences et la philosophie.

ÉPHÈSE. Ancienne cité ionienne d'Asie* Mineure, elle abritait le grand temple d'Artémis*, l'un des plus beaux du monde grec. Grande ville commerçante, elle tirait sa richesse de ses relations avec Sardes*, capitale de la Lydie*, d'où affluaient les marchandises venues d'Asie. Éphèse était en effet le point de départ de la Route royale conduisant à Suse*, capitale de l'Empire perse, et passant par Sardes. La ville fut aussi un grand foyer de la civilisation grecque. Dominée par les Perses* entre 545 et 466 av. J.-C., devenue membre de la ligue de Délos* après la défaite perse des guerres Médiques*, alliée d'Athènes* puis de Sparte* dans la guerre du Péloponnèse*, Éphèse fut de nouveau soumise aux Perses puis à Alexandre III* le Grand et ses successeurs à partir de 334 av. J.-C. Prospère à l'époque hellénistique* et romaine (elle fut cédée à Rome* par testament de son roi Attale III en 133 av. J.-C.), elle devint sous Auguste* la capitale de la province romaine d'Asie. Éphèse fut touchée par la prédication des apôtres* : saint Paul* et saint Jean y séjournèrent. Détruite par les Goths*, elle se releva et resta une ville active de l'Empire byzantin*. Elle fut définitivement dominée par les Ottomans* au début du XIVe siècle. Il reste aujourd'hui d'importantes ruines d'Éphèse, de l'époque hellénistique et romaine. Voir Éphèse (Temple d'), Milet, Phocée.

ÉPHÈSE (Temple d'). Temple consacré à la déesse Artémis*, il était classé parmi les Sept Merveilles* du monde. Le premier temple fut détruit en 652 av. J.-C. et sa reconstruction à laquelle participa généreusement Crésus* dura 120 ans (VIe-Ve siècle av. J.-C.). Il avait des dimensions exceptionnelles (115 m sur 55 m) et était entouré d'une double rangée de colonnes à l'extérieur d'ordre ionique*, hautes de 12 m. Respecté par le roi perse Xerxès* après la révolte de l'Ionie*, il fut incendié par un déséquilibré (Hérostrate) en 356 av. J.-C et il fallut attendre 220 ans pour qu'il fû restauré sur le même plan. Abandonné, le temple servit de carrières de marbre pour la construction des monuments byzantins à Constantinople*. Il n'en reste que des ruines aujourd'hui.

ÉPHORES. Dans l'Antiquité, nom donné à Sparte* aux cinq magistrats* suprêmes chargés de surveiller toute la vie de la cité. Élus par l'assemblée des citoyens (l'Apella*) pour un an, ils détenaient depuis le VIIe siècle av. J.-C. d'importants pouvoirs et ne rendaient de comptes qu'à leurs successeurs. Ils contrôlaient les rois, convoquaient et proposaient des lois à l'assemblée, disposaient des finances et des impôts et veillaient à l'éducation des jeunes gens. Ils étaient maîtres de la politique extérieure et en temps de guerre ; ils commandaient aux généraux. L'institution des éphores disparut à la fin du IIe siècle av. J.-C. Voir Éducation spartiate.

ÉPICES. Terme générique qui désignait autrefois essentiellement des produits pour assaisonner les aliments mais qui pouvaient aussi avoir un usage pharmaceutique. Les épices, principalement le poivre, le gingembre, la cannelle, les clous de girofle, le safran, très recherchées en Occident depuis l'Antiquité, provinrent jusqu'au XVIIIe siècle presque exclusivement d'Asie. D'abord monopole byzantin au Moyen Âge, ce commerce passa aux mains des Vénitiens après les croisades*, puis aux Portugais après les Grandes Découvertes* et enfin aux Hollandais, maîtres des comptoirs d'Indonésie. Le poivre, le gingembre et la muscade furent peu après cultivés sur le continent américain et aux Antilles.

ÉPICURE (Samos ou Athènes, 341-270 av. J.-C.). Grand philosophe grec, il est le fondateur d'une doctrine philosophique appelée épicurisme*. Il passa sa jeunesse à Samos avant de suivre à Athènes* les le-

ons des disciples de Platon*. Il y fonda
us tard une école philosophique, l'École
u jardin. Épicure fut l'auteur de nom-
reux ouvrages, mais la plupart ont dis-
aru. Nous ne possédons de ses œuvres
ue trois lettres : *Lettres à Hérodote sur la
hysique, Lettre à Pythoclès sur les mé-
ores, Lettres à Ménécée sur la morale.*

PICURISME. Doctrine philosophique
réée par le philosophe grec Épicure*. Elle
ut son centre à Athènes* mais se répandit
ans le bassin méditerranéen (surtout en
talie) jusqu'au début de l'ère chrétienne.
.'épicurisme fut une morale de la sagesse.
l enseignait que l'homme ne pouvait trou-
er le plaisir que dans l'absence de trou-
les (ataraxie). Pour y parvenir, celui-ci
evait se délivrer de la crainte des dieux et
le la mort.

PIDAURE. Ancienne ville de Grèce* si-
uée en Argolide*, au nord-est du Péloponèse* (sur le bord du golfe Saronique).
lle fut fréquentée surtout à partir du IVe
iècle av. J.-C. par une multitude de ma-
ades qui venaient chercher la guérison aurès du sanctuaire d'Asclépios*, dieu gué-
isseur. C'est de cette époque que datent
es plus beaux monuments : le temple do-
ique d'Asclépios (entièrement détruit), la
holos (monument circulaire), le stade et
urtout le théâtre. Celui-ci pouvait accueil-
ir 14 000 personnes : c'est le plus beau et
e mieux conservé de toute la Grèce. Voir
)orique (Ordre).

PIRE (Despotat d'). Nom donné à la
rincipauté byzantine fondée après la qua-
rième croisade* et la prise de Constanti-
ople* par les croisés* (1204). Elle fut
vec les empires de Trébizonde* et de Ni-
ée* l'un des États qui assura la continuité
le l'Empire byzantin*. Cette principauté
ut dirigée par Michel Ier Ange Comnène.
lle domina l'Épire (nord-ouest de la
Grèce) et l'Albanie actuelle. Elle se main-
int après la restauration de l'Empire byzantin par Michel VIII* Paléologue

(1261), qui fut réunie à l'Empire sous son
successeur Andronic II, en 1318.

ÉPURATION. Nom donné en France en
1944 à la répression des actes de collaboration* avec l'Allemagne nazie. Revendiquée par le Conseil* national de la Résistance, l'épuration fut codifiée par plusieurs
ordonnances du gouvernement provisoire
du général de Gaulle. Le 27 juin 1944, fut
créée au chef-lieu de département une cour
de justice devant juger des faits postérieurs
au 16 juin 1940 « susceptibles de révéler
l'intention de favoriser les entreprises de
l'ennemi ». Le 18 novembre 1944, on institua une Haute Cour de justice chargée de
juger les hommes qui avaient assumé les
plus hautes charges sous le gouvernement
de Vichy*. Le 26 décembre 1944 furent
organisées les chambres civiques chargées
de juger les Français « coupables d'une activité antinationale caractérisée ». Au
cours de l'année 1944, année de la Libération*, on estime qu'environ 10 000 ou
11 000 Français perdirent la vie, exécutés
légalement ou victimes de l'épuration
sommaire ; plus de 30 000 fonctionnaires,
magistrats et militaires furent sanctionnés
(peines de prison, dégradation nationale,
etc.). Les écrivains et les journalistes furent généralement beaucoup plus sévèrement frappés que les industriels collabora-
tionnistes. Louis Renault, néanmoins, fut
inculpé, ses usines qui avaient travaillé
pour l'Allemagne sous l'occupation étant
nationalisées en 1945. Voir Maurras
(Charles).

ÈQUES. Petit peuple de l'Italie ancienne
établi dans le Latium*. Ils étaient en guerre
permanente contre Rome* qui finit par les
soumettre en 305 av. J.-C. Voir Latins.

ÉQUESTRE (Ordre). Dans la Rome*
antique, désigne l'ordre des chevaliers*. À
l'origine, ordre militaire composé des citoyens* des 18 centuries* les plus riches
servant dans la cavalerie, les chevaliers
formèrent sous la République* romaine un
ordre honorifique dont la fonction militaire

passa au second plan (même s'il conserva le « cheval public » octroyé par l'État). Les chevaliers étaient choisis par les censeurs* au sein des citoyens les plus riches qui, au début du IIe siècle av. J.-C., devaient justifier d'un cens* de 400 000 sesterces. Les chevaliers accumulèrent d'immenses fortunes en accaparant les activités commerciales, financières (perception des impôts et banque) et artisanales, activités interdites aux sénateurs depuis 218 av. J.-C. (*lex Claudia*). Ils entrèrent bientôt en conflit avec la noblesse qui tentait de les tenir à l'écart du gouvernement en monopolisant les magistratures. Ils se firent les alliés de la plèbe* contre la *nobilitas** et soutinrent les tentatives de réformes des Gracques* puis de Marius*, Pompée*, et Jules César*. Sous l'Empire, les chevaliers acquièrent un poids politique considérable : leurs fonctions s'organisèrent alors en un véritable cursus équestre. C'est dans l'ordre équestre que furent recrutés la plupart des hauts fonctionnaires. Voir Ordre sénatorial, Préfet du prétoire, Publicains.

ÉRASME, Didier, en latin **Desiderius Erasmus** (Rotterdam, v. 1469-Bâle, 1536) « Prince de l'humanisme* chrétien », « citoyen de la république des lettres », Érasme de Rotterdam marqua par son œuvre multiforme toute l'Europe du XVIe siècle. Fils naturel, il fit ses premières études à l'école des Frères de la vie commune à Deventer, l'un des premiers foyers de l'humanisme aux Pays-Bas, puis entra au couvent des Augustins* où il prononça ses vœux. La vie monastique ne l'attirait guère et il consacra son temps à l'étude approfondie des Anciens et des Écritures. Une bourse lui permit de poursuivre ses études à Paris, au collège Montaigu et, devenu précepteur d'un riche Anglais, il partit pour l'Angleterre où il rencontra des personnages influents, comme John Colet, théologien réformiste d'Oxford*, et Thomas More*, dont il deviendra l'ami. De re-

tour sur le continent, il poursuivra jusqu'à sa mort une vie errante à travers l'Europe cultivée, et sa vie se confondit alors avec ses œuvres. Il passa trois ans à Rome – où il obtint enfin d'être relevé de ses vœux – puis à Venise où il rédigea les *Adages* (1500), citations tirées des auteurs classiques, puis le *Manuel du chevalier chrétien* où il proposait une théologie fondée sur la seule Écriture. Professeur de grec à Cambridge*, ce fut vers cette époque qu'il rédigea le livre qui marquera la postérité l'*Éloge de la folie* (1511), pamphlet satirique en latin dans lequel il entreprit à la fois un éloge de Thomas More et une critique des classes sociales et particulièrement du clergé. Conseiller du futur Charles* Quint, Érasme écrivit pour lui l'*Institution du prince chrétien* où il préconisait l'entente entre catholiques et réformés. Il publia en 1516 une traduction nouvelle du Nouveau* Testament, rompant avec la Vulgate (traduction latine de la Bible* par saint Jérôme), puis la première édition des *Colloques* (1518). Établi en 1521 à Bâle, dans la période de conflits religieux entre catholiques* et protestants*, il écrivit son *Essai sur le libre arbitre* (1524), dénonçant la doctrine de la prédestination* qui l'opposa à Luther*, dont il avait approuvé les thèses de Wittenberg. Voir Brandt (Sébastien).

ÉRATOSTHÈNE (Cyrène, v. 285/280-Alexandrie, v. 194/192 av. J.-C.). Astronome, mathématicien et géographe grec, directeur de la grande bibliothèque d'Alexandrie*. Il réalisa la première mesure (à peu près exacte) de la longueur de la circonférence de la terre ainsi que celle du méridien et établit aussi des cartes. En cela, il est le fondateur de la géographie scientifique.

ÉRECHTHÉION. Temple construit entre 421 et 406 av. J.-C. sur l'Acropole* d'Athènes* au nord du Parthénon*. Il était consacré au culte des divinités et des héros* associés à la fondation de la cité

omme Athéna*, Poséidon* et le roi lé-
endaire Érechtée et abritait le « xoanon »
'Athéna dont la légende voulait qu'il fût
ombé du ciel. D'un plan assez compliqué,
e temple est un chef-d'œuvre du style io-
ique. On trouve au sud le célèbre porti-
ue* (galerie à colonnes) des Caryatides,
tatues de femmes soutenant la corniche
ur leur tête. Transformé au VIIe siècle en
glise*, puis en harem par les Turcs à la
in du XVe siècle, le temple fut très endommagé au cours de la guerre d'indépen-
ance* grecque (1821-1827). L'Érech-
iéion fut restauré de 1902 à 1909. Voir
onique (Ordre).

:RFURT (Entrevue d', 27 septembre-
-4 octobre 1808). Nom donné aux entre-
iens qui réunirent à Erfurt (Allemagne
rientale) Napoléon Ier* et le tsar Alexan-
re Ier*. L'Empereur, devant faire face à la
uerre en Espagne, accorda à la Russie
'importantes concessions afin d'empê-
her un conflit avec l'Autriche. Un renfor-
ement de l'alliance franco-russe, déjà
ouée à Tilsit*, fut décidé. Napoléon Ier
onsentit à la Russie l'annexion de la Fin-
ande et l'occupation des provinces tur-
ues de Moldavie et de Valachie (Rouma-
ie). En retour, le tsar laissait à la France
es mains libres en Espagne et promettait
'entrer en guerre contre l'Autriche si
elle-ci attaquait la France. L'entrevue
'Erfurt fut un échec diplomatique pour
Napoléon qui fut trahi par Talleyrand*. Ce
lernier conseilla en effet au tsar de pré-
erver l'Autriche qui lui semblait néces-
aire au maintien d'un équilibre européen.

:RHARD, Ludwig (Fürth, 1887-Bonn,
977). Homme politique allemand. Cham-
ion du libéralisme* économique, il fut
onsidéré comme le principal artisan du
« miracle allemand ». Professeur d'écono-
nie politique, adversaire de l'hitlérisme, il
ut élu député chrétien-démocrate en 1949.
Choisi par Adenauer* comme ministre des
Affaires économiques (1949-1963), il re-
lressa rapidement, avec l'aide américaine

(plan Marshall*), l'économie allemande
puis succéda à Adenauer au poste de chancelier en octobre 1963, et poursuivit sa politique d'intégration européenne. Il démissionna en novembre 1966 après le retrait
des ministres libéraux. Il fut remplacé par
Kiesinger*. Voir CDU-CSU.

ÉRIK le Rouge (Gaeren, v. 940-v. 1010).
Proscrit de Norvège, il découvrit vers 980
le Groenland et en commença la colonisation. Son fils, Leiv Ericsson, atteignit le
continent nord-américain.

ERNST, Max (Brühl, 1891-Paris, 1976).
Peintre et sculpteur français d'origine allemande. Il adhéra au surréalisme* et participa en 1921 à l'exposition organisée par
André Breton* à Paris. Ernst donna au
mouvement surréaliste une interprétation
très personnelle de la poétique et exploita
des techniques particulières dans ses toiles
(procédé de « frottage » et de « grattage »)
et dans ses « romans-collages » (*La
Femme 100 têtes* ; *Une semaine de bonté*,
Londres, Tate Gallery).

ÉRYTHRÉE. Région située à l'est de
l'Afrique en Éthiopie. Colonie italienne
(1890-1940) occupée puis administrée
jusqu'en 1952 par les Britanniques, elle fut
d'abord incorporée à l'Éthiopie comme
État fédéral (1952), puis comme province
éthiopienne (1962). À partir des années 1970, un mouvement d'indépendance
s'y développa, combattu par l'armée éthiopienne, encadrée par des Cubains et des
Soviétiques. En mai 1993, le territoire de
l'Érythrée a acquis son indépendance.

ERZBERGER, Matthias (Buttenhausen,
1875-près de Griesbach, 1921). Homme
politique allemand. Leader du centre catholique au Reichstag* (Parlement allemand), il fut le chef de la délégation allemande lors de la signature de l'armistice
du 11 novembre 1918. Ministre dans le
premier gouvernement de la République
de Weimar*, il fut assassiné par des ultra-
nationalistes qui lui reprochaient d'avoir
accepté le traité de Versailles*. Voir Ra-

thenau (Walther), Rethondes (Armistice de).

ESCHYLE (Éleusis, 525-Gela, Sicile, 456 av. J.-C.). Poète tragique grec de famille noble, combattant contre les Perses* à Marathon* et Salamine*, il fut parmi les fondateurs de la tragédie grecque. Couronné pour ses pièces de nombreuses fois, il fut vaincu par Sophocle* en 468 av. J.-C., puis se retira en Sicile où il mourut. Eschyle écrivit près de 90 pièces dont sept seulement nous sont parvenues. Les plus célèbres sont *Les Perses* (472 av. J-C.), *Les Sept contre Thèbes* (467), *Prométhée enchaîné* et *L'Orestie*, trilogie comprenant *Agamemnon*, *Les Choéphores* et *Les Euménides* (458). Profondément religieux, il enseignait à ses concitoyens que la vertu suprême était la modération, faute de quoi l'on s'exposait à la vengeance des dieux. Voir Euripide, Sophocle.

ESCLAVE. Dans la Grèce* antique, personne non libre (homme, femme ou enfant) sous la domination d'un maître. Certains sont soit nés de parents esclaves, soit prisonniers de guerre ou condamnés.

ESCORIAL (el) ou **ESCURIAL.** Monastère et palais royal espagnol situé au nordouest de Madrid. Il constitue une synthèse du mouvement culturel issu de la Contre-Réforme*. Immense édifice de granit, il fut construit, de 1563 à 1584, sur ordre de Philippe II*, pour commémorer le vœu du roi en l'honneur de saint Laurent après la victoire des Espagnols sur les Français à Saint-Quentin (1557), le jour de la Saint-Laurent. Confié à l'architecte Juan Bautista de Toledo, puis achevé par Juan de Herrera, l'Escurial devait servir de monastère, de résidence à Philippe II et de nécropole royale. Vaste quadrilatère de bâtiments, à l'aspect austère, l'édifice est marqué par la simplicité de son plan, que l'on associe au gril sur lequel le saint fut supplicié. L'intérieur des cours et des salles fut décoré par de grands artistes italiens (Cellini*, Titien*) et espagnols (le Greco*, Vélasquez*). Dans le

« Pantéon de Los Reyes » – église dont l conception fut inspirée de la basilique Saint-Pierre de Rome – se trouvent les tom beaux de la plupart des rois et reines d'Es pagne depuis Philippe II.

ESCULAPE. Dieu de la médecine dans l religion romaine* assimilé à l'Asclépios des Grecs. Son sanctuaire à Rome* étai depuis le début du IIIe siècle av. J.-C., érig sur l'île Tibérine et servait d'hôpital. Voi Dieux romains.

ESPAGNE (Guerre d'indépendance d' 1807-1813) Guerre déclenchée par Napo léon Ier* afin d'imposer sa domination l'Espagne. Les ambitions impériales s heurtèrent cependant à l'hostilité anglais et à une formidable résistance du peuple es pagnol, et dès 1813, les Bourbons* furen restaurés. Après l'occupation du Portuga (novembre 1807), liée aux exigences d Blocus* continental, Napoléon, profitan des faiblesses de la monarchie espagnole fit envahir le pays par l'armée commandé par Murat* puis contraignit le roi Char les IV* à lui céder le trône lors de l'entre vue de Bayonne. Son frère, Joseph Bona parte*, fut aussitôt fait roi tandis que Mura le remplaçait comme souverain de Naples* Les Espagnols répondirent à ce coup d force par un soulèvement général (jui 1808) précédé par l'insurrection de Madri (mai 1808, le *Dos de Mayo*) impitoyable ment réprimée par Murat. Des milliers d paysans et d'artisans, animés d'un patrio tisme farouche, prirent les armes sous la di rection des nobles et des prêtres, menan une guerre de harcèlement contre l'occu pant. Après une intervention de l'Empereu arrivé en renfort en 1808, et la capitulatio de Saragosse (février 1809) après quatr mois de résistance, la guerre se poursuivit guérilla féroce, sans interruption jusqu'e 1813. Pour la première fois, Napoléon s heurta à tout un peuple révolté, mobilisan jusqu'à la fin de l'Empire des forces im portantes (près de 200 000 soldats). L'An gleterre avait trouvé au Portugal et en Es agne un champ de bataille inespéré. Dès 808, les Français furent chassés du Portugal. De là, les armées britanniques, sous e commandement de Wellington*, passèrent en Espagne, rejetant bientôt les Franais au-delà des Pyrénées (défaite de Vitoia, juin 1813). Voir Bailén (Capitulation le), Goya (Francisco de).

ESPAGNE (Guerre civile d', 1936-1939). Longue et sanglante guerre civile qui opposa le gouvernement républicain légal du Frente Popular à une insurrection militaire t nationaliste conduite par Franco*. Ce conflit qui fit plus de 600 000 morts eut un mpact international considérable et marqua le succès des régimes de dictature. Après la chute du dictateur Primo* de Rivera (1930) et l'exil du roi Alphonse XIII* 1931), la République fut proclamée (avril 931). Les grandes réformes démocratiques votées (suffrage universel, réforme agraire, statut d'autonomie des provinces) e heurtèrent aux résistances des forces traditionnelles (clergé, grands propriétaies, armée). Après un retour de la droite au pouvoir (1933) qui avait réprimé avec orce les tentatives de révoltes autonomises ou sociales, les élections de 1936 furent un succès pour la gauche du Frente Popular. Groupant socialistes, communistes, radicaux et anarchistes, elle soutint les revendications des ouvriers et des paysans qui commencèrent à occuper les usines et es terres. L'assassinat (juillet 1936) de Calvo* Sotelo, l'un des leaders de la droite monarchiste, fournit aux militaires le prétexte d'un pronunciamiento préparé au Maroc espagnol par les généraux Sanjurjo* et Franco. Une guerre civile impitoyable, de trois ans, opposant irréductiblement deux idéologies, déchira l'Espagne entre républicains et nationalistes. Après la disparition accidentelle de Sanjurgo, Franco, désigné chef de l'État par la junte, s'appuyait sur l'armée régulière, la Phalange*, et le clergé catholique conservateur tandis que le gouvernement républicain recevait le soutien de la Catalogne et du Pays basque (de tendance autonomiste) et des classes populaires des grandes villes. Les armées franquistes s'emparèrent peu à peu de toute l'Espagne républicaine : Bilbao (juin 1937), Barcelone (janvier 1939) et Madrid (mars 1939). L'impact international de cette guerre fut immense. Elle servit de banc d'essai aux armées fasciste et nazie, l'Italie et l'Allemagne ayant été les seuls États à prendre part aux combats du côté des nationalistes. Les républicains ne bénéficièrent que de l'aide officieuse des Brigades* Internationales – les démocraties européennes, en particulier la France de Léon Blum*, ayant opté pour la non-intervention – et de l'appui de l'URSS. Franco, victorieux, instaura en Espagne un régime réactionnaire, mais évita de s'engager dans la Seconde Guerre* mondiale. Voir Largo Caballero, Malraux (André), Picasso (Pablo).

ESQUILIN. Nom donné à l'une des sept collines de Rome* à l'est de la ville. Longtemps désert, l'Esquilin commença à se peupler au Ier siècle av. J.-C. et devint l'un des quartiers aristocratiques de Rome. Sur ses pentes s'étendirent de magnifiques jardins (tels ceux de Mécène*) et s'élevèrent l'immense et fastueuse Maison* dorée de Néron*, les thermes* de Titus* puis ceux de Trajan*.

ESSLING (Bataille d', 20 mai 1809). Combat sanglant et indécis, qui opposa à Essling (près de Vienne), les Autrichiens commandés par l'archiduc Charles de Habsbourg et les Français. La bataille d'Essling (appelée par les Allemands bataille d'Aspern) coûta aux deux armées près de 45 000 hommes. Lannes* y fut mortellement blessé et Masséna*, qui s'y était distingué, fut fait prince d'Essling. Cet échec français fut compensé un mois plus tard par la victoire de Napoléon Ier* à Wagram* (juillet 1809), qui força les Autrichiens à demander la paix. Voir Coalition (Cinquième).

ESTIENNE, Henri (Paris, 1528-Lyon, 1598). Issu de la célèbre dynastie d'imprimeurs et d'érudits du XVIᵉ siècle, fondée par son grand-père Henri Iᵉʳ Estienne, Henri II poursuivit l'œuvre de sa famille. Il parcourut l'Europe à la recherche de manuscrits grecs et fit paraître la première édition des *Odes* d'Anacréon. Son *Trésor de la langue grecque* (1572), réédité au XIXᵉ siècle, marqua le couronnement d'un vaste travail de philosophe et de grammairien. Passionné par la langue française, il écrivit notamment *De la précellence du langage français* (1579). En 1566, parut son *Apologie pour Hérodote*, satire spirituelle des mœurs catholiques entrecoupée de contes gaulois. La génération suivante des Estienne, moins brillante, s'éteignit au cours du XVIIᵉ siècle. Voir Gutenberg, Manuce (Alde).

ESTIENNE D'ORVES, Honoré d' (Verrières-le-Buisson, 1901-mont Valérien, 1941). Officier de marine français. Polytechnicien, il se rallia dès l'armistice de 1940 au général de Gaulle* et fut un des pionniers de la Résistance* en France occupée. Trahi par l'un de ses collaborateurs, il fut arrêté par la Gestapo* et fusillé. Voir Rethondes (Armistice de).

ESTONIE. Habitée par des peuples d'origine finno-ougrienne, l'Estonie, christianisée au XIIIᵉ siècle, fut d'abord dominée par les Vikings*, les Danois et chevaliers Teutoniques* puis occupée par la Suède. Conquise par Pierre* le Grand (1721) et russifiée jusqu'en 1914, elle devint une République indépendante en 1920 en même temps que la Lettonie* et la Lituanie*. De nouveau annexée par l'URSS en 1940, puis occupée par les Allemands (1941-1944), elle devint après la Seconde Guerre* mondiale une République de l'URSS. Le 20 août 1991, son indépendance a été proclamée. Voir Germano-soviétique (Pacte).

ETA. Sigle du mouvement basque *Euskadi ta Askatasuna* (Le Pays basque et sa liberté) issu en 1959 de l'aile extrémiste du mouvement nationaliste basque. Il revendique l'indépendance du Pays basque. Voir Basque (Pays).

ÉTABLISSEMENT (Acte d', en angl., *Act of Settlement*, 1701). Loi votée par le Parlement* anglais sous Guillaume III* et Marie II, interdisant d'offrir la couronne à un prince non protestant. Elle fut votée dans la crainte de voir le catholique Jacques Stuart monter sur le trône. En vertu de cet Acte, la maison de Hanovre succéda à la dynastie des Stuarts* en la personne de George Iᵉʳ* (1714). L'Acte d'Établissement devait exclure pour toujours un souverain catholique d'Angleterre. Voir Jacques II.

ÉTAMPES, Anne de Pisseleu, duchesse d' (Fontaine-Lavaganne, 1508-Heilly, 1580). Maîtresse de François Iᵉʳ*. Mariée par le roi à Jean de Brosse qui devint duc d'Étampes et gouverneur de Bretagne, Anne exerça une grande influence sur François Iᵉʳ pendant plus de vingt ans. Sa rivalité avec Diane de Poitiers*, maîtresse du dauphin (futur Henri II*), divisa la famille royale ainsi que la cour, qu'elle quitta à la mort du roi. Très cultivée, elle adhéra à la fin de sa vie au protestantisme*.

ÉTAT. Voir Ordre.

ÉTAT (Pays d'). Nom donné dans l'ancienne France aux provinces qui conservèrent jusqu'à la fin de l'Ancien* Régime des assemblées représentatives ou états provinciaux qui restèrent un instrument efficace de domination aux mains des notables. Ces pays d'état décidaient la levée et la répartition des impôts royaux. Ils avaient aussi une compétence administrative et veillaient à maintenir les privilèges de leur province. Les pays d'état, réunis plus tardivement que les pays d'élection* à la couronne, se situaient généralement à la périphérie du royaume.

ÉTATS GÉNÉRAUX. En France, au Moyen Âge et sous l'Ancien* Régime, nom donné à des assemblées politiques onvoquées irrégulièrement par la monarchie pour délibérer de questions d'intérêt ublic. Elles se composaient des députés nvoyés par les trois ordres* de la nolesse, du clergé et du tiers* état. Les États énéraux furent peut-être convoqués pour a première fois par Philippe IV* le Bel 1302) qui s'appuya sur eux dans son onflit avec la papauté. Ils furent notamment réunis en 1314, pour obtenir des subides dans la guerre contre la Flandre* et n 1329 pour décider de l'exclusion des emmes dans la succession dynastique. L'assemblée joua aussi un rôle politique mportant lors de la guerre de Cent* Ans en 1347 après la défaite de Crécy*) et des guerres de Religion*. Encore réunis par Marie* de Médicis en 1614 au nom du eune Louis XIII*, ils tentèrent d'exercer ıne tutelle sur la monarchie, et ni Louis XIV* ni Louis XV* ne décidèrent eur convocation. Convoqués par Louis XVI* en raison des difficultés financières, les derniers États généraux s'asemblèrent à Versailles le 5 mai 1789 et le Tiers État s'y proclama Assemblée nationale le 17 juin.

ÉTATS GÉNÉRAUX DE 1789. Face à la révolte des parlements (1787-1788), dans un contexte de crise financière et politique, la convocation des États généraux fut décidée par Loménie* de Brienne et fixée au 1er mai 1789. Aristocrates* et « patriotes* » s'opposèrent rapidement, les premiers souhaitant un système électoral analogue à celui de la précédente réunion qui remontait à 1614 (délibération et vote par ordre*), les seconds exigeant la suppression des ordres, le vote par tête et le doublement des députés du Tiers. Sur propositions de Necker*, Louis XVI* décida d'accorder au Tiers (décembre 1788) autant de députés que les deux ordres réunis, laissant aux États le soin de décider le vote par tête ou par ordre. En janvier 1789, des lettres royales fixèrent les modalités de l'élection. La circonscription électorale fut le bailliage* (ou la sénéchaussée). Dans chacun d'eux, nobles, évêques* et curés élurent respectivement leurs députés. Le droit de vote fut accordé pour le Tiers à tous ceux qui payaient un impôt mais les élections se firent à plusieurs degrés. Dans les campagnes, les électeurs de chaque paroisse se réunirent en assemblée primaire pour désigner des délégués à l'assemblée du Tiers au chef-lieu de bailliage. Ces délégués se joignirent à ceux des villes, élus dans le cadre des différentes corporations* et élurent les députés du Tiers aux États. Les élections durèrent de février à mai 1789, et désignèrent plus de 1 100 députés : 291 députés du clergé (dont 220 curés, la plupart acquis aux idées de réformes), 270 députés de la noblesse (dont 90 libéraux), et 578 députés du Tiers (207 officiers et hommes de loi, 211 membres de profession libérale parmi lesquels 160 avocats, et 110 commerçants, agriculteurs et industriels). Réunis dans la salle des Menus Plaisirs à Versailles*, le 5 mai 1789, les députés se divisèrent aussitôt sur le problème du vote par tête ou par ordre. Le Tiers État, refusant le vote par ordre, réussit à l'imposer et se déclara le 17 juin Assemblée nationale, étant suivi par la majorité du clergé et la minorité libérale de la noblesse. Le serment du Jeu* de Paume (20 juin) confirma la volonté réformatrice du Tiers et le 27 juin, Louis XVI dut s'incliner, ordonnant à la minorité du clergé et à la majorité de la noblesse de se joindre à l'Assemblée* nationale. Celle-ci devint le 9 juillet Assemblée* nationale constituante. Une révolution bourgeoise et pacifique venait ainsi de s'accomplir, une monarchie constitutionnelle se substituant à l'absolutisme royal d'Ancien* Régime. Voir Cahiers de doléances.

ÉTATS LATINS D'ORIENT. États chrétiens fondés aux XIe-XIIIe siècles par les Occidentaux en Orient après les croisades : royaume de Jérusalem*, principauté d'Antioche*, comté d'Édesse*, comté de Tripoli*, Empire* latin de Constantinople. **ÉTATS PONTIFICAUX ou ÉTATS DE L'ÉGLISE.** Nom donné aux territoires situés en Italie centrale et qui furent gouvernés par les papes de 756 à 1870. Le noyau primitif des États pontificaux dit « patrimoine de saint Pierre », fut concédé par les Lombards* au pape Étienne II sous la pression de Pépin* le Bref. Constitués à l'origine du duché de Rome, ils s'étendirent à la Sabine, à l'exarchat* de Ravenne (plus Ferrare, Bologne, Imola et Faenza) et à la Pentapole (plus Ancône et Pérouse). Au Moyen Âge, l'autorité des papes fut contestée à l'intérieur par la noblesse romaine et à l'extérieur par les convoitises des empereurs germaniques (Frédéric II*) ou des rois de France (Philippe IV* le Bel). Confrontés à l'anarchie romaine, les papes, à l'instigation du souverain de France, émigrèrent en Avignon* de 1309 à 1376. Très affaibli par le Grand Schisme* (1378-1417) qui vit l'Occident déchiré entre deux obédiences (celle des papes d'Avignon et celle des papes de Rome), l'autorité politique des papes se redressa à l'époque de la Renaissance* (Alexandre VI*, Jules II*). Sous la Révolution* française, les États pontificaux perdirent en France Avignon et le Comtat Venaissin (1791) puis disparurent d'Italie lors des brèves périodes d'occupation française sous le Directoire* (création de la République romaine, 1798-1799) et sous le Premier Empire* entre 1809 et 1814. Restauré en 1815, l'État pontifical dut affronter les mouvements libéraux et nationaux (Grégoire XVI, Pie IX*) et faire appel à l'Autriche puis à la France pour garantir l'intégrité de ses territoires. Cependant, en 1860, la Romagne révoltée rejoignit le royaume de Piémont-Sardaigne, suivie par les Marches et l'Ombrie. Seule, Rome résista aux nationalistes grâce à l'occupation des troupes françaises (convention de septembre* 1864). Après la chute du Second

Empire*, Rome fut annexée au royaume d'Italie (1870) et, malgré la loi des garanties* (1871), les papes se considérèrent comme prisonniers de Rome. La question romaine fut réglée par les accords du Latran* (février 1929) signés entre Mussolini* et Pie XI* : l'Italie reconnaissait la Cité du Vatican comme un État souverain. Voir Cavour (Camillo), Garibaldi (Giuseppe), Guelfes et Gibelins, Investitures (Querelle des), Italie (Campagne d', 1796-1797), Mazzini (Giuseppe), Mussolini (Benito), Pie VI, Pie VII.

ÉTHIOPIE (Guerre d', 1935-1936). Guerre menée par l'Italie fasciste de Mussolini* contre l'Éthiopie d'Hailé* Sélassié afin de faire de ce pays une colonie italienne. La victoire italienne marqua l'impuissance de la Société* des Nations (SDN) et l'effondrement du front de Stresa* contre l'Allemagne. Depuis la fin du XIXᵉ siècle, l'Italie, qui avait peu de colonies du fait de son unité tardive, souhaitait une expansion vers la Méditerranée et l'Afrique. Après la conquête de la Somalie et de l'Érythrée*, elle échoua lors d'une première expédition en Éthiopie (désastre d'Adoua*, mars 1896), seul État d'Afrique, avec le Libéria, à avoir échappé à la colonisation européenne. En 1935, des incidents ayant opposé les Éthiopiens aux Italiens de Somalie, Mussolini en prit prétexte pour attaquer l'Éthiopie dans laquelle il vit un triple intérêt : l'établissement d'une colonie de peuplement, l'avantage stratégique du contrôle de l'axe reliant l'océan Indien à la Méditerranée et la gloire personnelle. L'armée italienne, commandée par Badoglio*, battit les armées mal équipées du « roi des rois » qui dut s'exiler, plaidant vainement sa cause à la tribune de la SDN. L'Éthiopie fut réunie à l'Érythrée et à la Somalie pour former l'Afrique orientale italienne* et le roi Victor-Emmanuel III* prit le titre d'empereur d'Éthiopie (1936). La SDN condamna l'agression, décida des sanctions économi-

ues, sans grand effet, et l'Italie se rapprocha de l'Allemagne. Voir Axe Rome-Ber-
in, Badoglio, Mussolini (Benito).

ÊTRE SUPRÊME (Culte de l'). Lors de
a Révolution* française, nom donné au
culte civique institué par un décret de la
Convention* montagnarde (7 mai 1794)
sur un rapport de Robespierre*. Disciple
fidèle de Rousseau*, ce dernier s'était
élevé contre l'athéisme et la déchristianisation, menée par les ultra-révolutionnaires (les hébertistes*). Le décret que Robespierre fit voter à la Convention
affirmait l'existence de l'Être suprême et
l'immortalité de l'âme. Son culte était destiné, à un moment critique de la Révolution, à souder les liens de la nation. La fête
de l'Être suprême fut célébrée le 20 prairial an II (8 juin 1794) au Champ de Mars,
organisée par le peintre David* et présidée
par Robespierre.

ÉTRURIE. Ancienne province de l'Italie,
elle fut le foyer de la civilisation des Étrusques*. L'Étrurie couvrait approximativement l'actuelle Toscane. Située le long de
la mer Tyrrhénienne, elle était limitée au
nord par les montagnes de l'Apennin et à
l'est par le Tibre.

ÉTRUSQUES. Ancien peuple établi en
Italie aux VIIe-VIe siècles av. J.-C. Il y créa
une brillante civilisation, la plus importante
avant celle de Rome* qu'elle influença profondément. Arrivés peut-être par mer
d'Asie* Mineure vers 700 av. J.-C., les
Étrusques s'installèrent d'abord dans l'actuelle Toscane (qui devint l'Étrurie et
l'Ombrie), attirés par d'importants gisements de métaux (cuivre et fer). Ils s'organisèrent en cités gouvernées par des rois et
dominées par une puissante aristocratie
guerrière. À la fin du VIIe siècle av. J.-C., ils
conquirent le Latium* et fondèrent la ville
de Rome où régnèrent trois rois étrusques
entre 616 et 509 av. J.-C. (Tarquin* l'Ancien, Servius* Tullius et Tarquin* le Superbe). C'est au VIe siècle av. J.-C. qu'ils atteignirent leur apogée, étendant leur

suprématie au nord dans la vallée du Pô, au
sud en Campanie. Ils devinrent de grands
commerçants sur mer comme sur terre,
concurrençant les Grecs de Grande-Grèce*
et Carthage*. Mais en moins d'un siècle
leur domination s'effondra. Chassés de
Rome en 509 av. J.-C., vaincus par les
Grecs qui détruisirent leur flotte en 474
av. J.-C., refoulés de Campanie par les
Samnites* et d'Italie du Nord par les Gaulois*, les Étrusques furent définitivement
soumis aux Romains vers 350 av. J.-C. Ils
devaient cependant laisser à leurs vainqueurs un brillant héritage. Ils connais-
saient le drainage et l'irrigation, savaient
travailler le fer, le cuivre, le bronze*, l'argile (leurs vases noirs étaient vendus tout
autour de la Méditerranée) et leur art, bien
qu'influencé par les Grecs, resta très original. Leurs architectes entourèrent les villes
de puissantes murailles et employèrent la
voûte de plein cintre (déjà connue en Mésopotamie* et en Asie Mineure) qui joua un
rôle considérable dans les constructions romaines (ponts, aqueducs). Les Étrusques
ont enfin donné à Rome ses premiers monuments et marqué sa religion (pratique de
la divination). Leur civilisation, essentiellement urbaine, reste néanmoins encore entourée de mystères car leur écriture n'a pas
été déchiffrée. Voir carte p. 332.

EUCHARISTIE. Mot qui signifie en grec
« action de grâces ». Dans la religion chrétienne, sacrement* par lequel se commé-
more et se continue le sacrifice du Christ*.
L'Eucharistie est le partage du pain (hostie*) et du vin entre les fidèles qui rappelle
le dernier repas du Christ avec ses apôtres*
(la Cène*). Chez les catholiques*, le pain
est le corps de Jésus* et le vin, son sang.

EUCLIDE (v. 330 av. J.-C.-Alexandrie,
v. 270 av. J.-C.). Mathématicien grec dont
on ne sait rien sinon qu'il fonda l'école de
mathématique d'Alexandrie* à la demande de Ptolémée Sôter et qu'il enseigna
au Musée* de cette ville. Il établit les
grands principes de la géométrie (*Éléments*

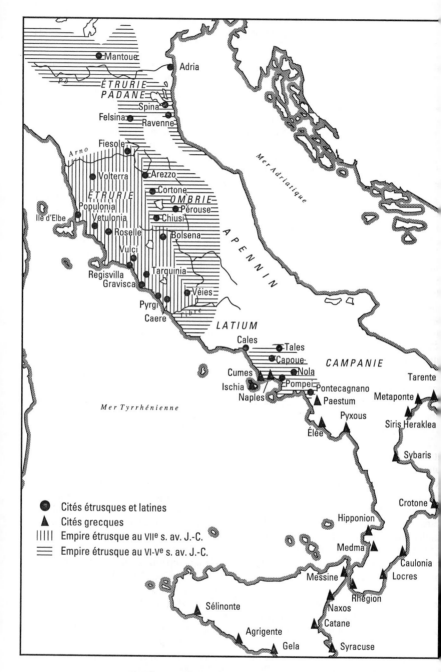

Les Étrusques (VIIe-Ve siècle av. J.-C.)

e géométrie). Le postulat d'Euclide est célèbre : « Par un point du plan, on ne peut mener qu'une parallèle à une droite. »

UDES ou EUDE (v. 860-La Fère, 898) omte* de Paris puis roi de France 88-898). Fils de Robert le Fort*, il s'illustra dans la défense de Paris contre les Normands* (885-886). Après l'abdication e Charles III* le Gros, il fut élu roi de rance par les grands vassaux. Il combattit Charles III* le Simple puis le reconnut pour ccesseur. Voir Robert le Fort, Vassal.

UGÈNE DE SAVOIE-CARIGNAN, it **le PRINCE EUGÈNE** (Paris, 663-Vienne, 1736). Grand homme de uerre au service de l'Autriche mais aussi umaniste et amateur éclairé. Fils du omte de Soissons et de la nièce de Mazarin*, élevé à la cour de Louis XIV*, il se nit au service de la maison des Habsbourg* d'Autriche. Il participa au côté du uc de Lorraine à toutes les guerres contres es Ottomans* (Mohács*, 1687), à la reonquête de la Hongrie et de la Transylanie. Feld-maréchal après la guerre de la igue d'Augsbourg* (1688-1697), il assura près ses grandes victoires lors de la guerre le Succession* d'Espagne (1701-1714) la osition de l'Autriche face à la France de Louis XIV. Amateur d'art, comme en témoigne le château du Belvédère qu'il avait fait construire à Vienne, il fut aussi un humaniste en contact avec Voltaire* et surout Leibniz* dont il fut l'ami. Voir Humanisme.

EUGÉNIE, Eugenia María de MONTIJO de GUZMÁN, comtesse de Teba, impératrice des Français (Grenade, 1826-Madrid, 1920). Épouse de Napoléon III* (1853) à qui elle donna un fils, l'impératrice Eugénie se mêla des affaires politiques. Catholique* rigide, elle poussa Napoléon III dans la guerre contre le Mexique* puis contre la Prusse* (1870). Après la capitulation de Sedan* (4 septembre 1870), elle se retira en Angleterre où

son mari la rejoignit. Voir Francoallemande de 1870-1871 (Guerre).

EUPATRIDES. Nom donné aux membres de l'aristocratie d'Attique* issus d'une soixantaine de famille (ou *genê*) qui prétendaient descendre d'un ancêtre héroïque, fils d'un dieu. Grands propriétaires terriens, ils supprimèrent la royauté et monopolisèrent le pouvoir à Athènes* jusqu'aux réformes de Solon* et de Clisthène*. Leur influence persista toutefois à l'époque classique. Voir Archonte, Aréopage.

EURATOM. Abréviation de Communauté européenne de l'énergie atomique. L'Euratom fut créé par le traité du 25 mars 1957 afin de développer les industries nucléaires. Ses membres fondateurs sont les mêmes que ceux de la CECA* et du Marché commun (République* fédérale d'Allemagne, Belgique, France, Italie, Luxembourg et Pays-Bas). Voir Communauté économique européenne.

EURIPIDE (Salamine, 480-Pella, 406 av. J.-C.). Poète tragique grec. Issu d'une famille modeste, il fut l'élève de célèbres sophistes* et l'ami de Socrate*. Il écrivit 92 pièces marquées par la guerre du Péloponnèse* dont 18 nous sont parvenues. Les plus connues sont *Alceste*, *Électre*, *Hippolyte* et *Iphigénie*, *Les Bacchantes*. Peu apprécié de son vivant, il connut après sa mort une gloire qui s'étendit à tout le monde grec. Voir Eschyle, Sophocle.

EUSÈBE de Césarée (en Palestine, v. 265-*id.*, 340). Historien grec, chrétien. Évêque de Césarée, son importante *Histoire ecclésiastique* et sa *Chronique*, synthèse des chronologies antiques, le font considérer comme le créateur de l'histoire religieuse.

ÉVANGILES. Nom donné aux quatre premiers livres du Nouveau Testament* (seconde partie de la Bible* chrétienne). Signifiant en grec « la bonne nouvelle » (ceux qui croient en Dieu seront sauvés le jour du Jugement dernier), les Évangiles furent rédigés entre 65 et 100 ap. J.-C. par

Matthieu, Marc, Luc et Jean. Ils racontent la vie et l'enseignement de Jésus-Christ*.

EVANS, sir Arthur (Nash Mills, 1851-Youlbury, 1941). Archéologue britannique, il entreprit des fouilles en Sicile, en Grande-Grèce*, mais surtout à Cnossos*. On le considère comme le fondateur de l'archéologie minoenne* qui étudie la civilisation de la Crète antique. Voir Crétois, Mallia, Phaistos.

ÉVÊQUE. 1) Prêtre qui exerce la plus haute fonction chez les prêtres catholiques*. Nommé par le pape, il a la direction spirituelle et est chargé d'administrer un territoire appelé diocèse. Le premier évêque de Rome* fut saint Pierre*. 2) Chef d'un diocèse dans les Églises anglicanes et orthodoxe. Voir Anglicanisme, Orthodoxe (Église).

ÉVIAN (Accords d', 18 mars 1962). Accords signés à Évian-les-Bains (Haute-Savoie) entre les représentants du gouvernement français et le GPRA (Gouvernement provisoire de la République algérienne). La France reconnaissait l'indépendance de l'Algérie dans l'intégralité de son territoire et renonçait au Sahara algérien. Après l'approbation des accords en France par référendum, les Français d'Algérie manifestèrent leur opposition par une grève générale (à Alger et Oran) et une manifestation qui s'acheva par la fusillade de la rue d'Isly (environ 80 morts). Voir Algérie (Guerre d'), OAS.

EVREN, Kenan (Alazehir, 1918-). Général et homme politique turc. Il dirigea le coup d'État militaire de septembre 1980, l'armée instaurant durant quatre ans un régime répressif. Président de la République (1981-1989), il confia en 1983 la direction du gouvernement à un civil, Turgut Özal (élu président en 1989) qui réduisit le poids de l'armée dans la vie politique turque. Depuis la mort de Turgut Özal (1993), la République de Turquie est dirigée par Süleyman Demirel.

EXARCHAT. 1) Nom donné, dans l'Em-

pire byzantin* à des gouvernements constitués en Afrique et en Asie au Moyen Âge. À la fin du VIe siècle, les empereurs byzantins successeurs de Justinien* constituèrent deux commandements ou exarchats, dont les titulaires étaient des sortes de vice-rois : l'exarchat de Carthage* (Afrique du Nord), conquis par les Arabes* en 697, et celui de Ravenne (Italie) comprenant les territoires ayant échappé aux Lombards*. Mais les Lombards prirent Ravenne en 751 et menacèrent Rome*. Le pape fit appel à Pépin* le Bref, qui obligea les Lombards à céder l'ensemble à la papauté : c'est l'origine de l'État pontifical. 2) Nom donné, dans l'Église orthodoxe*, au délégué du patriarche chargé d'une province. Voir États pontificaux ou États de l'Église.

EXCLUSIF (Système de l'). Nom donné au régime commercial, improprement appelé « pacte colonial » imposé par l'Espagne, l'Angleterre et la France aux XVIIe et XVIIIe siècles à leurs colonies. Conformément aux principes du mercantilisme*, ce système reposait sur l'idée que les colonies étaient uniquement destinées à assurer l'enrichissement de la métropole. Celle-ci monopolisa ainsi toutes les relations commerciales avec ses colonies. Les produits et les esclaves – fructueux trafic surtout organisé par les Anglais, les Français et les Hollandais – entrant dans la colonie devaient provenir de la métropole ou être transportés sur des navires nationaux. La colonie ne pouvait entretenir un commerce direct avec les colonies étrangères ni développer son industrie qui pouvait concurrencer celle de la métropole. Ce système contribua pour beaucoup au soulèvement des colonies britanniques de l'Amérique du Nord en 1775 et aux mouvements d'indépendance des colonies espagnoles d'Amérique latine au début du XIXe siècle. Il permit néanmoins l'accumulation des capitaux dont l'abondance fut un des facteurs de la révolution* industrielle. Voir dépendance américaine (Guerre de l'), dépendance de l'Amérique latine uerre de l'), Traité des Noirs.

XIL. Nom donné dans l'histoire des Hé-eux* à la déportation à Babylone* or-•nnée par Nabuchodonosor* après la ute du royaume de Juda*. Il dura de 587 à 538 av. J.-C. Voir Temple de Salomon.

XODE. Sortie des Hébreux* d'Égypte* us la conduite de Moïse* en direction de Palestine*. Persécutés par Ramsès II*, s Hébreux se seraient enfuis vers 1225 . J.-C. D'après l'Ancien Testament*, Exode aurait duré 40 ans. Voir Canaan ays de).

XPOSITIONS UNIVERSELLES. El-s furent les vitrines du progrès scientifi-e et technique à partir du milieu du XIXe :cle. La première de ces expositions eut u à Londres en 1851. Plusieurs se tin-nt ensuite à Paris (1855, 1867, 1878, ,89, 1900, 1937). Elles laissèrent des mo-ments célèbres dans la capitale fran-ise : l'ancien palais du Trocadéro 878), la tour Eiffel* (1889), le pont lexandre-III et le Petit Palais (1900), le lais de Chaillot et le palais de la Décou-rte (1937).

XPRESSIONNISME. Mouvement ar-tique de la fin du XIXe siècle à 1925, dont terre d'élection fut l'Allemagne de Guil-ume II*, et né en réaction contre le scien-me et l'impressionnisme*. Cette ten-nce artistique eut des précurseurs, •tamment Vincent Van* Gogh, Paul auguin*, James Ensor et Edvard unch*. L'expressionnisme marqua par-:ulièrement l'Allemagne wilhelmienne ractérisée par un prodigieux essor indus-el. Il s'exprima dans le groupe « Die ücke » (Le Pont) créé en 1905 et auquel •partinrent en particulier Erich Heckel, arl Schmidt-Rottluff, Ernst-Ludwig irchner, Emil Nolde et Max Pechstein. :urs thèmes furent notamment la société

urbaine dont ils dénoncèrent la corruption et la dureté, et la nature qui devint une « mythologie ». Ils remirent ainsi au goût du jour la gravure sur bois. Leur art fut diffusé par la revue berlinoise *Der Sturm*. D'autres artistes expressionnistes se regroupèrent dans le mouvement « Der Blaue Reiter » (Le Cavalier bleu) à Munich, notamment Wassily Kandinsky*, Franz Marc, August Macke et Alexej von Jawlensky. Leur vision plus intérieure et leurs recherches picturales les conduiront souvent à l'abstraction. Ces groupes d'artistes d'avant-garde se séparèrent lors de la Première Guerre* mondiale, l'expressionnisme allemand connaissant un nouveau et bref sursaut dans les années 20 avec Otto Dix et Georg Grosz. Voir Bauhaus.

EXTERMINATION (Camps d'). Voir Concentration (Camps de).

EYLAU (Bataille d', 7-8 février 1807). Bataille livrée à Eylau (ville de l'ancienne Prusse* orientale, actuellement située dans l'ex-URSS) par l'armée de Napoléon Ier* contre les Russes et les Prussiens. Elle fut l'une des plus sanglantes batailles napoléoniennes (40 000 victimes) et resta indécise. Les Russes furent contraints à la retraite mais Napoléon, qui avait été secondé par Murat*, Davout*, Ney*, Soult*, Augereau* et Lannes*, dut se retirer. L'Empereur ne reprit les opérations qu'au printemps et remporta cette fois-ci la victoire décisive de Friedland* (14 juin 1807). Voir Coalition (Quatrième).

EYZIES-DE-TAYAC (Les). Commune de Dordogne où sont réunis les sites préhistoriques les plus importants de France. Les principaux sont les grottes des Moustier*, de Font-de-Gaume et des Combarelles, l'abri de Cro-Magnon* et les gisements de la Madeleine*. Un musée national de la Préhistoire* y expose les découvertes. Voir Breuil (Abbé).

ÉZÉCHIEL. Voir Prophète.

F

FABIUS, Laurent (Paris, 1946-). Homme politique français. Membre du PS* (Parti socialiste) depuis 1974, ministre du Budget (1981-1983), ministre de l'Industrie et de la Recherche (1983-1984), il fut Premier ministre de 1984 à 1986. Président de l'Assemblée nationale (1988-1992), puis premier secrétaire du PS jusqu'en 1993. Voir Mitterrand (François).

FABRE D'ÉGLANTINE, Philippe Naire François FABRE, dit (Carcassonne, 1750-Paris, 1794). Écrivain et homme politique français. Opportuniste lors de la Révolution* française, Fabre d'Églantine fut auteur de chansons dont certaines connurent un grand succès populaire comme *Il pleut, il pleut bergère.* Fils d'un marchand drapier de Carcassonne, auteur et comédien ambulant, son surnom lui vint d'un prix (une églantine en métal précieux) qu'il remporta lors d'une victoire aux Jeux floraux de Toulouse. Partisan des idées révolutionnaires, il entra au Club des cordeliers* et se lia à Danton*. Membre de la Commune* insurrectionnelle après le 10 août* 1792 et député montagnard* à la Convention* (1792), il donna leurs noms aux mois du calendrier* républicain adopté le 4 frimaire an II (24 octobre 1793). Appartenant aux Indulgents* après la chute des girondins* (juin 1793), compromis dans la liquidation de l'ancienne Compagnie des Indes*, Fabre fut arrêté, condamné pour corruption et exécuté en même temps que Danton et Camille Desmoulins* qui se plaignirent d'être « accolés à un voleur ».

FACHODA (Crise de, 1898). Grave crise diplomatique provoquée en 1898 par la rivalité coloniale de la France et de l'Angleterre, le conflit se cristallisant sur la question du Soudan. Cette région qui incluait le haut cours du Nil* était considérée par les Britanniques comme indispensable à la défense de l'Égypte, protectorat britannique. Le ministre français Théophile Delcassé* décida de devancer l'Angleterre et envoya sur le haut Nil une mission commandée par le capitaine Marchand* qui occupa le poste soudanais de Fachoda (juillet 1898). De son côté, Kitchener*, vainqueur des forces des mahdistes* qui occupaient le Soudan depuis 1884, y parvint à son tour en septembre. Sur la pression de l'Angleterre, la France, pour éviter la guerre, dut ordonner à Marchand d'évacuer Fachoda. Le 21 mars 1899, un accord délimita les frontières entre les colonies des deux pays, laissant à l'Angleterre la totalité de la vallée du Nil. L'opinion publique française, humiliée par « l'affront » de Fachoda, se laissa aller à une vague d'anglophobie mêlée d'ultranationalisme, sentiment tout aussi virulent de l'autre côté de la Manche. L'issue de la crise ouvrit cependant la voie à l'Entente* cordiale.

FAIDHERBE, Louis Léon César (Lille, 1818-Paris, 1889). Général français. Gouverneur du Sénégal, il fit de ce pays la principale colonie française d'Afrique noire. Après avoir commencé sa carrière en Algérie, puis en Guadeloupe, il fut nommé sous le Second Empire* gouverneur du Sénégal (1854-1861 ; 1863-1865). Il annexa le pays des Ouolofs et le Cayor. Faidherbe organisa l'administration, développa la culture de l'arachide et fonda les ports de Dakar et de Rufisque. Après avoir commandé l'armée du Nord lors de la guerre de 1870-1871, il fut chargé de mission en Égypte (1871). Voir AOF.

FAISCEAUX ITALIENS DE COMBAT. Nom donné à l'organisation nationaliste et paramilitaire créée par Mussolini* en 1919. L'appellation rappelait les faisceaux consulaires de la Rome* antique. Voir Chemises noires, *Fascio*, Fascisme, Licteur.

FALKENHAYN, Erich von (Burg Belchau, Graudenz, 1861-château de Lindstedt, près de Potsdam, 1922). Général allemand. Chef du grand état-major général (septembre 1914-août 1916), il remplaça Moltke* après la défaite allemande lors de la bataille de la Marne* (septembre 1914). Après l'échec de la bataille de Verdun*, il démissionna et fut remplacé par Hindenburg*. Il commanda ensuite l'armée austro-allemande en Roumanie (1916) puis en Asie* Mineure (1917-1918). Voir Guerre mondiale (Première).

FALKLAND (Îles) anc. îles Malouines, en esp. Malvinas. Îles de l'Atlantique situées au sud-est de l'Argentine, occupées par l'Angleterre depuis 1832 et revendiquées par l'Argentine depuis cette date. En juin 1982, le général Galtieri tenta la conquête des îles peuplées de quelques centaines de Britanniques. Margaret Thatcher* riposta en envoyant la Royal Navy et quelques commandos les reconquérir.

FALLOUX, Frédéric Albert, comte de (Angers, 1811-*id.*, 1886). Homme politique français. Ministre de l'Instruction publique (1848-1849), dont le nom reste attaché à la loi Falloux (15 mars 1850) sur la liberté de l'enseignement primaire et secondaire. Cette loi, votée sous son successeur, autorisait l'enseignement confessionnel et congréganiste. Elle supprimait aussi le monopole de l'université, les instituteurs étant soumis aux autorités administratives et religieuses. Voir Debré (Michel), Ferry (Jules), Guizot (François).

FAMILLE (Pacte de, 1761). Traité d'alliance, négocié par Choiseul*, entre les branches régnantes de la maison de Bourbon* (France, Espagne, Naples* et Parme) lors de la guerre de Sept* Ans, afin de résister à la puissance navale anglaise. Si le traité freina l'expansion anglaise, il obligea la France à céder la Louisiane* à l'Espagne en compensation de la perte de la Floride* annexée par l'Angleterre.

FAMINE (Pacte de). Nom donné à la fin du XVIIIᵉ siècle par la rumeur publique à un contrat que Louis XV* et son contrôleur général des Finances, l'abbé Terray*, auraient conclu avec des négociants (1765) lors de l'établissement du monopole royal sur les grains. Ce pacte aurait eu pour dessein de faire monter les prix en période de pénurie.

FANFANI, Amintore (Pieve Santo Stefano, Arezzo, 1908-). Homme politique italien. Secrétaire général (1954-1959, 1973-1975), puis président du parti démocrate-chrétien (1976), il fut plusieurs fois président du Conseil (1954, 1958-1963, 1982-1983, 1987) et ministre des Affaires étrangères dans le cabinet d'Aldo Moro* (1965-1968). Voir Démocratie chrétienne (Parti de la).

FANON, Frantz (Fort-de-France, 1925-Bethesda, Maryland, 1961). Psychiatre et sociologue français. Il fut l'un des principaux théoriciens de l'anticolonialisme et prit très tôt position pour l'indépendance de l'Algérie. Il est notamment l'auteur de *Peau noire, masques blancs* (1952) et *Les Damnés de la terre* (1961).

FARADAY, Michael (Newington, Surrey, 1791-Hampton Court, 1867). Physien et chimiste britannique. Directeur de Royal Institution (1825), on lui doit la théorie de l'influence électrostatique (cage de Faraday), l'énoncé des lois quantitatives de l'électrolyse et la découverte de l'induction électromagnétique qui le conduira à l'invention du premier générateur électrique ou dynamo. Faraday réalisa aussi la liquéfaction de nombreux gaz.

FARINES (Guerre des). Nom donné aux troubles populaires provoqués en mai 1775 à Paris, Versailles, Dijon et Pontoise par la promulgation de l'édit* de Turgot* du 13 septembre 1774, établissant la liberté du commerce des grains. Cette agitation, qui coïncida avec une mauvaise récolte, fut sans doute fomentée par des accapareurs et les spéculateurs lésés par la décision du ministre qui ne céda pas, appliquant l'édit avec rigueur.

FARNÈSE (Palais). Palais élevé à Rome pour le cardinal Alessandro Farnèse (futur pape Paul III) et construit de 1514 à 1589. Commencé par Antonio Cordiani da Sangallo, il fut poursuivi par Michel-Ange* et achevé par Vignole et Della Porta, la décoration étant réalisée par les Carrache*. Les Farnèse y rassemblèrent une collection de sculptures antiques. Il est aujourd'hui le siège de l'ambassade de France à Rome et de l'École française de Rome.

FAROUK ou **FARUQ** (Le Caire, 1920-Rome, 1965). Roi d'Égypte (1937-1952) et du Soudan. Fils et successeur de Fouad Ier (Fu'ad), il tenta d'abord de gouverner personnellement en écartant du pouvoir le principal parti politique égyptien, le Wafd*. Il céda cependant à la pression de l'Angleterre qui, craignant que l'Égypte ne prenne position pour l'Axe*, lui imposa Nahhas Pacha comme Premier ministre. Sa faiblesse profita au mouvement nationaliste et il fut contraint d'abdiquer en 1952 après le coup d'État militaire, dirigé par Neguib* et Nasser*, puis s'exila.

FASCIO en fr. Faisceau. Avant le fascisme* et les Faisceaux* italiens de combat de Mussolini*, divers mouvements politiques et syndicaux italiens choisirent ce nom qui évoquait le faisceau de la Rome* antique, symbole de l'union des forces de la cité et attribut des magistrats*.

FASCISME. Régime politique établi par Benito Mussolini* en Italie de 1922 à 1945. Refusant le libéralisme* issu de la philosophie des Lumières du XVIIIe siècle, le fascisme se caractérisa par la mise en place d'un État totalitaire à parti unique, la négation de la lutte des classes par le corporatisme, un nationalisme exalté et l'obéissance absolue à un chef charismatique, le *Duce**. L'usage du mot s'est étendu à l'ensemble des régimes dictatoriaux de droite.

FATIMA (La Mecque, v. 616-Médine, 633). Fille du prophète* Mahomet* et de sa première femme Khadidja. Elle épousa Ali*, cousin du prophète, en 623 et lui donna deux fils. Fatima laissa son nom à la dynastie des califes* fatimides* d'Égypte. Comme les autres membres de sa famille, elle fut divinisée par les ismaéliens* qui l'appelèrent la Vierge. Les musulmans* sunnites* la vénèrent aussi mais refusent (comme pour Mahomet) de lui reconnaître tout caractère divin.

FATIMIDES. Nom donné à une dynastie de califes* chi'ites* qui régna sur l'Afrique du Nord (909-1048) et sur l'Égypte* (969-1171), où s'épanouit une très brillante civilisation. Elle fut fondée par Ubaydulla qui prétendait descendre du calife Ali* et de sa femme Fatima*, fille du prophète* Mahomet* (d'où son nom). Ubaydulla se proclama calife à Kairouan* en Tunisie (910) et se rendit indépendant des Abbassides* de Bagdad*. Ses successeurs imposèrent leur autorité sur la Tunisie, l'Algérie et une partie du Maroc ainsi que sur la Sicile, puis établirent leur capitale au Caire*. Les Fatimides devinrent alors la plus grande puissance du monde méditerranéen. Ils accumulèrent au XIe siècle des richesses considérables grâce à leur situation d'intermédiaires dans le commerce entre l'Orient et l'Occident. Ils favorisèrent la naissance d'une brillante civilisation, fondèrent l'université-mosquée d'Al-Azhar et une vaste bibliothèque. Mais bientôt, leur pouvoir déclina et ils se montrèrent incapables d'arrêter la pénétration des croisés* en Syrie*. En 1171, Saladin* détrôna les Fatimides, imposa la domination des Abbassides* en Égypte et rétablit le sunnisme*.

FAULKNER, William Falkner, dit **William** (New Albany, Mississippi, 1897-Oxford, Mississippi, 1962). Écrivain américain. Son œuvre, marquée par son Sud natal partagé entre la violence et le puritanisme, fait de Faulkner l'un des grands précurseurs du roman contemporain. Issu d'une vieille famille aristocratique ruinée par la guerre de Sécession*, il s'engagea dans l'aviation canadienne durant la Première Guerre* mondiale. De retour aux États-Unis, il s'installa dans sa propriété du Sud. La publication de ses premiers romans (*Le Bruit et la Fureur,* 1929 ; *Tandis que j'agonise,* 1930 ; *Sanctuaire,* 1931) le rendit célèbre mais il se tint toujours à l'écart du monde littéraire. Entre 1930 et 1960, il publia encore une vingtaine de romans, constituant une véritable épopée du Sud à travers les habitants de la ville imaginaire de Jefferson (*Lumière d'août,* 1932 ; *Absalon ! Absalon !,* 1936). Faulkner reçut le prix Nobel* de littérature en 1949.

FAURE, Edgar (Béziers, 1908-Paris, 1988). Homme politique français. Avocat, député radical-socialiste (1946-1958), il fut, sous la Quatrième République*, plusieurs fois ministre et président du Conseil (janvier-février 1952 ; février 1955-janvier 1956). Son second gouvernement fut principalement consacré aux problèmes de l'Afrique du Nord. Il rétablit sur son trône le sultan Mohammed V* (1955) et accorda l'indépendance à la Tunisie (1956). Sénateur (1959-1966), il se rapprocha, sous la

Cinquième République*, du courant gaulliste et fut plusieurs fois ministre, notamment de l'Éducation nationale (1968-1969), puis président de l'Assemblée nationale (1973-1978), poste auquel lui succéda Jacques Chaban-Delmas* Agrégé de droit, d'une culture encyclopédique, Edgar Faure fut élu à l'Académie française en 1978.

FAURE, Félix (Paris, 1841-*id.,* 1899) Homme politique français. Riche négociant en cuir du Havre, républicain modéré, il fut élu président de la République en 1895 après avoir été plusieurs fois ministre. Son mandat fut marqué par le renforcement de l'alliance franco-russe (il reçut Nicolas II* à Paris, 1896), la poursuite de l'expansion coloniale et l'examen de la révision du procès de Dreyfus* auquel il se montra officiellement hostile. Sa mort subite à l'Élysée, dans des circonstances galantes, défraya la chronique et provoqua une vive agitation politique. Voir Déroulède (Paul).

FAURÉ, Gabriel (Pamiers, Ariège 1845-Paris, 1924). Compositeur français Fils d'un instituteur, devenu excellent pianiste, il fit, assez tard, une remarquable carrière de pédagogue au conservatoire de Paris (1905-1920) et excella dans la mélodie, la musique pour piano et la musique de chambre. On peut citer, de ses œuvres vocales, les trois recueils de *Mélodies* et particulièrement les *Cinq Mélodies* inspirées par des poèmes de Paul Verlaine* ; sa musique de chambre (le très célèbre *Quatuor à cordes* – 1924), ses compositions pour piano (*Impromptus, Nocturnes* et *Préludes*) et des musiques de scène.

FAUVISME. Nom donné au mouvement pictural français du début du XXe siècle Le nom de « fauves » fut donné par un critique à un groupe de peintres dont les œuvres firent « scandale » au Salon d'automne de 1905 en raison de la « sauvage » violence expressive de la couleur appliquée dans des tons purs. Le fauvisme peut

,e définir comme un nouveau mode d'expression fondé sur l'autonomie du tableau : la transcription fidèle du monde est écartée au profit des sensations et des émotions qu'il fait naître chez le peintre. On peut citer parmi les « fauves » Derain, Vlaminck, Braque*, Matisse* et Dufy.

FAVRE, Jules (Lyon, 1809-Versailles, 1880). Homme politique français. Il négocia avec Bismarck* l'armistice du 28 janvier 1871 après la guerre franco-allemande* de 1870-1871, et le traité de Francfort*. Député à l'Assemblée* constituante (avril 1848) et à l'Assemblée* législative (mai 1849), il devint avec Léon Gambetta* l'un des chefs de l'opposition républicaine sous le Second Empire* et défendit Orsini* en 1858. Favre prit une part active à la journée révolutionnaire du 4 septembre* 1870 qui mit fin, après la défaite de Sedan*, au Second Empire*. Ministre des Affaires étrangères dans le gouvernement de la Défense Nationale, il refusa tout d'abord les exigences de Bismarck (entrevue de Ferrières, septembre 1870) puis, après le siège de Paris par les Prussiens, fut contraint de signer l'armistice. Resté ministre des Affaires étrangères dans le gouvernement Thiers*, il négocia à ce titre le traité de Francfort* (10 mai 1871) et démissionna peu après. Favre publia ses souvenirs : *Le Gouvernement de la Défense nationale (1871-1875)*. Voir Commune de Paris.

FAYÇAL ibn Abd al-Aziz (Riyad, 1906-*id.*, 1975). Roi d'Arabie Saoudite. Fils du grand Abd* al-Aziz Ibn Sa'ud qui l'associa très tôt au gouvernement, Fayçal, personnage austère et ascétique, fut à plusieurs reprises Premier ministre (1958-1960 ; 1962-1964) sous le règne de son frère aîné Séoud IV*. L'incompétence de ce dernier lui assura à partir de 1958 la réalité du pouvoir : soutenu par la famille royale et les chefs religieux, il déposa Séoud IV et se fit proclamer roi. Souverain autocratique maintenant fermement les ba-

ses religieuses de son État, Fayçal mena néanmoins, grâce aux revenus pétroliers croissants, une politique de modernisation intensive. Au panarabisme prôné par Nasser*, il opposa un panislamisme militant qu'il jugea compatible avec de bonnes relations avec l'Occident, surtout avec les États-Unis. Les relations égypto-saoudiennes s'aggravèrent après l'intervention égyptienne au Yémen (1962) mais la défaite de Nasser dans la guerre des Six* Jours (1967) assura à Fayçal une position dominante au Proche-Orient. Considéré longtemps comme « l'homme des Américains », il finança néanmoins la lutte des pays arabes contre Israël et fut l'initiateur de l'embargo pétrolier après la guerre israélo-arabe* de 1973. Malgré sa grande popularité, il n'abusa pas de « l'arme du pétrole » et joua un rôle modérateur au sein de l'OPEP*, s'efforçant de limiter la hausse inconsidérée des prix pétroliers. Ce fut au faîte de sa puissance qu'il mourut assassiné par un membre de sa famille.

FBI. Voir *Federal* Bureau of Investigation.*

FEBVRE, Lucien (Nancy, 1878-Saint-Amour, Jura, 1956). Historien français. Il fut le fondateur, avec Marc Bloch*, des *Annales* d'histoire économique et sociale.* Professeur d'histoire de la civilisation moderne au Collège* de France (1933), il publia notamment *Le Problème de l'incroyance au XVIe siècle*, *La Religion de Rabelais* (1942) et *Combats pour l'histoire* (1953).

FÉCIAUX. Dans la Rome* antique, ils formaient un collège de prêtres chargés du droit international. Au nombre de 20, c'étaient eux qui exécutaient les rites de déclaration de guerre et de conclusion des traités.

FEDERAL BUREAU OF INVESTIGATION (FBI) (en fr. Bureau fédéral d'enquêtes). Service chargé aux États-Unis de la police fédérale. Créé en 1908 par le président Theodore Roosevelt* et disposant de moyens puissants, le FBI a tout particulièrement lutté contre la prohibition* (1919-1933). Son activité, élargie après 1945 à l'espionnage et à la subversion (en particulier, communiste), a été remise en question par une partie de l'opinion américaine. Voir CIA.

FÉDÉRALISTE (Parti). Premier parti américain, apparu dès 1787 au moment des discussions sur la Constitution des États-Unis lors de la Convention de Philadelphie. Le Parti fédéraliste, qui eut le soutien de George Washington*, fut successivement dirigé par Alexander Hamilton* et John Adams*. Appuyé par les milieux d'affaires aisés et puritains* de la Nouvelle-Angleterre*, admirateurs du régime britannique, le parti demandait un renforcement du pouvoir fédéral (pouvoir central) – ses membres furent appelés pour cette raison « fédéralistes » – et l'avènement d'une République aristocratique d'où la classe populaire serait exclue du gouvernement. Le parti fut affaibli par la rivalité entre Hamilton et Adams. Ses idées cependant inspirèrent plus tard le Parti républicain*. Les adversaires des fédéralistes, conduits par Thomas Jefferson* et appelés alors « républicains-démocrates », furent à l'origine du Parti démocrate*. Contre les fédéralistes, ils réclamaient une interprétation « étroite » de la Constitution de 1787, souhaitant limiter les prérogatives du pouvoir central au profit d'une plus grande indépendance des États. Leur type idéal de gouvernement, inspiré par Rousseau* et la philosophie des Lumières, était une République agrarienne, décentralisée mais non démocratique. À l'époque de la Révolution* française, les républicains furent francophiles alors que les fédéralistes restèrent anglophiles.

FÉDÉRALISTES (Insurrections). Lors de la Révolution* française, nom donné aux soulèvements qui éclatèrent en province après l'élimination des girondins* (juin 1793). Violemment réprimées par la Convention* montagnarde, les insurrections fédéralistes provoquèrent le renforcement de la Terreur* et du pouvoir central. Dès l'installation de la Commune insurrectionnelle à Paris (10 août* 1792) s'exprima le mécontentement des provinces devant la centralisation révolutionnaire et la dictature de Paris. La crise se transforma en insurrection lors de la proscription des chefs girondins qui, pour la plupart, fomentèrent les révoltes. L'insurrection toucha particulièrement l'Ouest, le Sud-Ouest et le Sud-Est. Marseille résista jusqu'en août. Lyon soutint un siège de deux mois et Toulon, secouru par les Anglais, se rendit en décembre 1793, en particulier grâce au jeune Bonaparte*. Les représentants* en mission, munis de pouvoirs dictatoriaux, réussirent à vaincre les soulèvements mais l'œuvre décentralisatrice de la Constitution* de 1791 fut définitivement ruinée. Voir Collot d'Herbois (Jean-Marie), Fouché (Joseph), Fréron (Stanislas).

FÉDÉRATION (Fête de la, 14 juillet 1790). Nom donné, lors de la Révolution française, à la fête célébrée au Champ de Mars à Paris, le 14 juillet 1790, pour le premier anniversaire de la prise de la Bastille*. Cette fête symbolisa la fraternité et l'unité nationale. Elle rassembla 14 000 gardes nationaux de tous les départements qui assistèrent à une messe que l'évêque* Talleyrand*, entouré de 300 prêtres ceints de l'écharpe tricolore, célébra sur l'autel de la patrie. La Fayette prononça le serment « qui unit les Français entre eux et les Français à leur roi pour défendre la liberté, la Constitution et la loi ». Louis XVI*, présent, prêta aussi serment à la Constitution. Cette réconciliation fêtée dans l'enthousiasme entre le roi et la Révolution fut de courte durée. Voir Garde nationale.

FÉDÉRAUX. Lors de la guerre de Sécession*, nom donné aux nordistes qui combattaient contre les sudistes ou « conédérés » pour le maintien de l'Union fédérale.

FÉDÉRÉS. Nom donné aux insurgés parisiens de la Commune* de 1871 et plus particulièrement aux membres de la garde* nationale qui se fédérèrent sous la direction d'un comité central (mars 1871). Pour un certain nombre de chefs de la Commune de Paris, celle-ci devait être le départ d'une grande « fédération » des communes de France. Les derniers fédérés furent fusillés par les Versaillais* devant un mur du cimetière du Père-Lachaise, appelé mur des Fédérés*.

FÉDÉRÉS (Mur des). Nom donné à un mur situé au cimetière du Père-Lachaise à Paris. Le 27 mai 1871 furent fusillés contre ce mur les derniers combattants (environ 147) de la Commune* de Paris. Depuis 1880, cet événement est commémoré annuellement. Voir Fédérés, Versaillais.

FELLINI, Federico (Rimini, 1920-Rome, 1993). Cinéaste italien. Il fut l'un des grands du cinéma italien. Il réalisa notamment *I Vitelloni* (1953), *La Strada* (1954), *La Dolce Vita* (1960), *Huit et demi* (1963), *Satyricon* (1969), *Roma* (1972), *Amarcord* (1973), *La Voce della Luna* (1990).

FÉNELON, François de Salignac de La Mothe (château de Fénelon, Périgord, 1651-Cambrai, 1715). Prélat et écrivain français. Précepteur du duc de Bourgogne, héritier du trône (1685), il écrivit à l'intention de ce dernier des *Fables* en prose, les *Dialogues des morts* et surtout *Les Aventures de Télémaque* (1693), épopée romanesque mais aussi critique du gouvernement de Louis XIV*. Archevêque de Cambrai (1695), il défendit le quiétisme tiré des idées du mystique espagnol Molinos, selon lesquelles les manifestations extérieures de la religion sont secondaires en égard de la contemplation du « pur amour » de Dieu (*Explication des maximes des saints*, 1697). Attaqué par Bossuet*, son livre fut censuré par le pape. Disgracié

par Louis XIV après la publication du *Télémaque*, Fénelon mourut exilé dans son diocèse. Il avait conservé la confiance de son ancien élève qui mourut en 1712.

FENIAN (Mouvement). Société secrète révolutionnaire irlandaise qui, fondée aux États-Unis par des émigrés irlandais (1858), avait pour but l'indépendance de l'Irlande. L'esprit des Fenians (« Fraternité irlandaise ») survécut cependant et anima le mouvement du Sinn* Féin fondé par un ancien Fenian, A. Griffith, en 1902. Voir *Home Rule*, Parnell (Charles).

FÉODALITÉ. Nom donné à l'organisation sociale et politique de l'Europe occidentale entre le IXᵉ et le XIIIᵉ siècle. Les troubles qui accompagnèrent la chute de l'Empire romain* et plus encore les invasions du IXᵉ siècle provoquèrent un immense besoin de protection et furent à l'origine de la féodalité. Des hommes, trop faibles pour se défendre, recherchèrent la protection de plus puissants. Ils devinrent les vassaux de seigneurs qui leur accordaient un fief* héréditaire en échange de leur fidélité (hommage*) et de certaines obligations comme l'aide militaire. Les seigneurs étaient dépendants les uns des autres et chacun d'eux était le vassal* d'un autre seigneur plus puissant. Cette pyramide féodale comportait à son sommet le roi qui n'était plus que le seigneur des seigneurs, chaque vassal étant le maître de son fief. Cependant, le pouvoir grandissant des rois de France fit progressivement reculer le système féodal. Voir Aides, Ban, Bénéfice, Comte, Droit féodal, Ost, Relief, Seigneurie.

FER (Âge du). Nom donné à la période de l'histoire entre 1300 et 1000 av. J.-C.) qui succéda à l'Âge du bronze* et durant laquelle le fer, connu et fabriqué, devint un métal courant. L'Âge du fer commence plus ou moins tardivement selon les régions car les procédés de fusion du fer (qui fond à plus de 1 500 degrés) nécessitaient de savoir construire un four. Cette technique fut connue dès 1500-1300 av. J.-C. en Syrie*, en Palestine*, en Mésopotamie* et en Anatolie* (qui semble avoir été le premier centre de la métallurgie du fer). Les Assyriens* connurent le fer par les Hittites*. L'invasion des Peuples* de la mer répandit le fer dans le Proche-Orient* et en Égypte*. L'Âge du fer ne débuta que vers 900 av. J.-C. en Europe centrale et occidentale. En Asie, la diffusion du fer fut encore plus tardive : elle se situe en Chine et en Inde* dans les derniers siècles av. J.-C., la multiplication des armes de fer au Japon ne commençant qu'à partir du IIe siècle ap. J.-C.

FERDINAND Ier DE HABSBOURG
(Alcalá de Henares, 1503-Vienne, 1564). Empereur germanique (1556-1564). Il reçut de son frère aîné Charles* Quint les provinces autrichiennes des Habsbourg*, devint roi de Bohême et de Hongrie (1526), et fut élu roi des Romains (1531). Il dut faire face en Hongrie à l'offensive des Turcs (siège de Vienne, 1529). Catholique mais influencé par l'humanisme*, Ferdinand fut signataire de la paix d'Augsbourg* (1555) et s'efforça de réconcilier catholiques* et protestants*. Voir Zwingli (Ulrich).

FERDINAND II DE HABSBOURG
(Graz, 1578-Vienne, 1637). Empereur germanique (1619-1637). Successeur de Mathias II, son cousin, roi de Hongrie et de Bohême, Ferdinand II, fermement attaché aux intérêts des Habsbourg* comme à l'unité catholique*, provoqua avec le soulèvement des protestants tchèques (défenestration* de Prague, 1618) la guerre de Trente* Ans. La noblesse tchèque ayant élu roi de Bohême Frédéric V, prince électeur calviniste du Palatinat, Frédéric II écrasa son adversaire à la Montagne* Blanche (près de Prague) et lui confisqua ses États. Le roi Christian IV de Danemark, prince d'Empire et défenseur du protestantisme* en Allemagne, intervint mais fut écrasé à son tour, Ferdinand II lui

imposant la paix de Lübeck (1629). Par tout vainqueur, l'empereur rendit l'édit de Restitution (1629), privant les protestants de tous les droits qui leur avaient été concédés. Gustave II* Adolphe, roi de Suède, poussé par Richelieu*, intervint e remporta d'importantes victoires contre Ferdinand II (Leipzig, 1631 ; Lützen 1632). Cependant, l'empereur, grâce à la mort de son redoutable adversaire, re dressa la situation, son fils remportant contre les Suédois la victoire du Nördlingen (1634). Ferdinand II avait été servi durant ces guerres par d'excellents généraux : Maximilien de Bavière, Tilly* et Wallenstein*.

FERDINAND III DE HABSBOURG
(Graz, 1608-Vienne, 1657). Roi de Hongrie et de Bohême (1625-1657), empereu germanique (1637-1657), fils de Ferdinand II*. Monté sur le trône au plus fort de la guerre de Trente* Ans, il demeura fidèle aux intérêts des Habsbourg* et à la défense du catholicisme*. Il poursuivit la guerre contre la France et la Suède qu'il battit à Nördlingen (1634) mais dut, après d'importants revers militaires, signer les traités de Westphalie* (1648) consacrant l'affaiblissement définitif du pouvoir impérial, la division religieuse de l'Allemagne et son émiettement politique, ce qui la contraigni pour longtemps à une véritable paralysie politique.

FERDINAND II D'ARAGON, dit LE CATHOLIQUE (Sos, Saragosse 1452-Madrigalejo, Caceres, 1516). Roi de Sicile (1468-1516), roi d'Aragon (1479-1516), roi de Castille* sous le nom de Ferdinand V (1474-1504) et roi de Naples (ou de Sicile péninsulaire) sous celui de Ferdinand III (1504-1516). Fils de Jean II d'Aragon, son mariage avec Isabelle* de Castille scella l'union personnelle des deux royaumes, base de la puissance de l'Espagne. Son règne, ainsi que celui d'Isabelle, fut marqué par un renforcement de l'autorité royale et de l'unité re

igieuse. Ferdinand limita l'indépendance
le la noblesse, réprimant avec sévérité les
guerres privées et choisissant ses conseil-
ers et ses fonctionnaires parmi la bourgeoisie. Une importante réforme finan-
ière lui permit de réunir moins
fréquemment les Cortes* souvent indoci-
es. Il étendit aussi l'influence de l'État sur
e clergé, se faisant nommer grand maître
les principaux ordres religieux et obtenant
lu pape de présenter des candidats aux
lautes dignités ecclésiastiques. Il introdui-
it en Espagne le tribunal du Saint-Office*
1478), expulsa les juifs* (1492) et
es Maures* (1502) et acheva la *Recon-
luista** (prise de Grenade*, 1492). Cette
olitique valut au couple royal le titre de
lois Catholiques, décerné par le pape
Alexandre VI*. Ferdinand devint, après la
nort d'Isabelle, régent de la Castille et
onquit la Haute-Navarre, Oran, Bougie et
Tripoli. Remarié à Germaine de Foix mais
l'ayant pas d'héritier, il donna son
oyaume d'Aragon à son petit-fils Charles
le Gand, déjà roi de Castille, le futur Char-
es* Quint. En favorisant les expéditions
naritimes, Isabelle et Ferdinand avaient
osé les bases d'un vaste empire colonial
ur le nouveau continent. Voir Empire co-
onial espagnol, Isabelle de Castille.

ERDINAND VII (Escorial, 1784-Ma-
lrid, 1833). Roi d'Espagne (en 1808, puis
814-1833). Déposé par Napoléon Ier*
uis restauré en 1814, Ferdinand VII tenta
l'étouffer en Espagne les aspirations libé-
ales, engendrant après sa mort l'opposi-
ion entre les absolutistes, partisans de son
rère Don Carlos*, et les libéraux, défen-
eurs de sa fille, la reine Isabelle II*.
carté du pouvoir avec son père Char-
es IV* par Napoléon après l'occupation
le Madrid par Murat* (1808), Ferdinand
ut interné en France jusqu'en 1813. Ren-
ré en Espagne, il restaura l'absolutisme,
upprima la Constitution de 1812, et fit
ourchasser les libéraux. Cependant, le dé-
icit financier, la révolte des colonies es-

pagnoles d'Amérique et le soulèvement du
général Riego (1820) l'obligèrent à remettre en vigueur la Constitution. Les royalistes, encouragés par Ferdinand, firent appel
à la Sainte-Alliance* et, grâce à l'expédition française du duc d'Angoulême, Ferdinand rétablit l'absolutisme monarchique
(1823). Afin d'écarter du pouvoir son frère
Don Carlos*, Ferdinand abolit la loi salique instaurée au XVIIIe siècle par les Bourbons* afin d'assurer le trône à sa fille Isabelle*. Cette décision fut à l'origine des
guerres carlistes* qui ensanglantèrent
l'Espagne au XIXe siècle.

FERDINAND Ier (Vienne, 1793-Prague,
1875). Roi de Bohême et de Hongrie
(1830-1848) et empereur d'Autriche
(1835-1848), fils aîné de l'empereur François Ier*. Faible d'esprit, le pouvoir fut
exercé sous son règne par un conseil de régence dominé par Metternich*. Il s'enfuit
de Vienne lors de la révolution de 1848 et
abdiqua en faveur de son neveu, François-
Joseph Ier*. Voir Révolutions de 1848.

FERME GÉNÉRALE. Nom donné sous
l'Ancien* Régime à l'organisme qui prenait à bail la perception des impôts indirects (aides*, traites, gabelle*). De riches
financiers avançaient à l'État une somme
forfaitaire et se remboursaient en réalisant
au passage un important bénéfice. Ce système permettait à l'État de disposer de rentrées d'argent plus rapides et de réduire les
effectifs de l'administration financière.
Mais il obligeait les contribuables à subir
les pressions intraitables des fermiers,
pressés de recouvrer ces sommes investies.
Créée en France par Colbert* en 1681, la
« ferme générale des droits du roi » fut définitivement établie en 1726, les fermiers
généraux, au nombre de 40, représentant la
haute finance de l'Ancien Régime. Ils
étaient détestés, et l'Assemblée* constituante supprima les fermiers généraux
(1790) qui périrent pour la plupart sur
l'échafaud, entre autres le savant Lavoisier*.

FERRY, Jules François Camille (Saint-Dié, 1832-Paris, 1893). Avocat et homme politique français. Son nom reste surtout attaché à sa législation scolaire instituant l'obligation, la gratuité et la laïcité de l'enseignement primaire. Cette œuvre, la plus fondamentale de la Troisième République*, devait avoir sur la société française et ses mentalités un impact considérable. Opposant républicain au Second Empire*, Jules Ferry se fit connaître par un pamphlet publié par *Le Temps* en 1867, *Les Comptes fantastiques d'Haussmann* où il critiquait la gestion du célèbre préfet*. Élu député au Corps* législatif (1869), il fut nommé préfet de la Seine puis maire de Paris, après la déchéance de Napoléon III* (4 septembre* 1870). Chargé du maintien de l'ordre et du ravitaillement de Paris lors du siège de la capitale par les Prussiens, il se rendit vite impopulaire et dut quitter la capitale (mars 1871). Député républicain à l'Assemblée* nationale (1871), il fonda avec Jules Grévy*, contre Léon Gambetta*, la Gauche républicaine, constituée de modérés dont il devint le président (1879). Il occupa, après la démission du président de la République, le monarchiste Mac-Mahon*, tour à tour les postes de ministre de l'Instruction (février 1879-novembre 1881, janvier-août 1882, février-novembre 1883) et de président du Conseil (septembre 1880-novembre 1881, février 1883-mars 1885). Positiviste et agnostique, ce fut dans ces différentes fonctions qu'il accomplit, en collaboration avec Ferdinand Buisson* et Camille Sée*, la réforme de l'enseignement. Souhaitant détacher de l'Église l'éducation de la jeunesse et former une génération de républicains ouverts à l'esprit scientifique, il réserva aux facultés d'État l'attribution des grades universitaires, interdit aux membres des congrégations non autorisées l'exercice de l'enseignement et décida l'expulsion des jésuites*. Par les lois de 1881-1882, il établit la gratuité, la laïcité, l'obligation de l'enseignement primaire et créa des écoles normales primaires chargées de former les instituteurs. Sous les deux ministères Ferry furent aussi votées les lois établissant les libertés républicaines si longtemps revendiquées : loi sur la liberté de réunion (juin 1881), loi sur la liberté de la presse (juillet 1881), loi sur l'administration locale (élection des maires par les conseillers municipaux) et loi Waldeck-Rousseau* accordant la liberté syndicale (1884). Sa politique coloniale lui vaudra l'hostilité violente de l'extrême gauche et de l'extrême droite. Il imposa à la Tunisie le traité du Bardo* (mai 1881), faisant de ce pays un protectorat français, fit occuper par Brazza* une partie du bassin du Congo, établit la présence française à Madagascar et au Tonkin*. L'incident de Lang Son (mars 1885) qui lui valut le surnom de « Ferry-Tonkin » l'obligea à donner sa démission.

FESCH, Joseph (Ajaccio, 1763-Rome, 1839). Prélat français. Oncle maternel de Napoléon Ier*, archidiacre à Ajaccio (1793), il fut nommé archevêque de Lyon (1802) puis cardinal (1803). Ambassadeur auprès du Saint-Siège, il contribua au sacre de Napoléon en présence de Pie VII* mais fut disgracié (1812) par l'empereur pour s'être opposé à l'arrestation puis à la déportation du pape.

FÊTES CHRÉTIENNES. Les fêtes principales, dites d'obligation, célébrées par les chrétiens* sont : Noël* (25 décembre), les Rameaux* (huit jours avant Pâques), Pâques*, l'Ascension*, la Pentecôte*, l'Assomption de la Vierge et la Toussaint*.

FÊTES JUIVES. Les plus grandes fêtes rappellent les interventions de Dieu dans l'histoire du peuple hébreu. Rosh Hashana est le jour de l'an (en septembre) qui célèbre la création du monde ; il est suivi de 10 jours de pénitence. Yom Kippour (10 jours après) est le jour du Grand Pardon (pour les fautes commises) : on jeûne et on prie. La fête des Tabernacles u des Tentes (au début de l'automne) appelle l'errance des Hébreux* dans le désert. La Pâque* (le 14ᵉ jour du printemps) célèbre la sortie d'Égypte*. Sept semaines après, la Pentecôte* rappelle le don de la loi à Moïse*. Voir Exode, Fêtes chrétiennes, Judaïsme.

FEU. Les premières traces connues d'un feu volontairement allumé par l'homme (sites contenant des cendres, des charbons de bois, des os brûlés) datent de 500 000 ans av. J.-C. La maîtrise du feu permit aux hommes préhistoriques de tenir les bêtes sauvages à distance, de se chauffer, de s'éclairer, d'améliorer la fabrication de certains objets et de cuire des aliments. Les préhistoriens ne disposent d'aucun témoignage sur les techniques de fabrication du feu. Ce fut sans doute en constatant le dégagement de chaleur produit en frottant rapidement deux bois l'un sur l'autre ou les étincelles jaillissant du choc de deux silex* que l'homme comprit comment faire du feu. Des peuplades primitives utilisent encore aujourd'hui le « bâton à feu » : placé dans un trou percé au bord d'une planche, on le fait tourner très vite entre les paumes jusqu'à ce qu'il s'échauffe. On approche ensuite des brins d'herbe sèche qui s'enflamment. Voir *Homo erectus*.

FEU GRÉGEOIS. Substance incendiaire faite d'un mélange de pétrole, de salpêtre et de soufre qui pouvait brûler sur l'eau. On le lançait au moyen de tubes ou dans des pots fermés projetés par des arbalètes ou des balistes. Le feu grégeois (c'est-à-dire grec) doit son nom au fait que les Byzantins s'en servirent les premiers en Europe, en particulier contre la flotte arabe assiégeant Constantinople*. Il joua un rôle non négligeable dans les batailles navales au Moyen Âge et durant les croisades*.

FEUERBACH, Ludwig (Landshut, 1804-Rechenberg, près de Nuremberg, 1872). Philosophe allemand. D'abord disciple de Friedrich Hegel*, il se rallia ensuite au matérialisme. On lui doit, entre autres, *L'Essence du christianisme* (1841), critique de la religion avec laquelle l'homme entretient un rapport d'aliénation. Feuerbach joua un rôle important dans la pensée de Karl Marx* et de Friedrich Engels*, qui apprécieront sa critique de l'idéalisme de Hegel.

FEUILLANTS (Club des). Lors de la Révolution* française, nom donné au club qui s'établit dans l'ancien couvent des Feuillants, près des Tuileries. Nés de la scission du Club des jacobins* consécutive à la fusillade du Champs* de Mars (juillet 1791), les Feuillants regroupaient tous ceux qui furent hostiles à la déchéance de Louis XVI* après sa fuite à Varennes* et qui continuèrent à défendre la monarchie constitutionnelle et la Constitution* de 1791. Plus de 200 députés de la droite à l'Assemblée* législative s'y inscrivirent et ses principaux représentants furent La Fayette*, Duport*, Bailly*, Sieyès* et Barnave*. Après la journée révolutionnaire du 10 août* 1792, l'influence des Feuillants disparut. Les brissotins* ou girondins*, partisans d'une République bourgeoise, remplacèrent les monarchistes constitutionnels.

FÉVRIER 1934 (Journée du 6). Journée d'émeute sanglante en France, interprétée par les partis de gauche comme une menace fasciste et qui fut une des causes de la formation du Front* populaire (1936). Provoquée par le scandale financier Stavisky* qui révéla la complicité d'hommes politiques éminents et l'instabilité ministérielle, déconsidérant le régime, l'émeute du 6 février 1934 eut comme prétexte la mutation du préfet de police Jean Chiappe*, connu pour ses sympathies à l'égard des ligues de droite et d'extrême droite, lesquelles décidèrent de manifester place de la Concorde, les Croix-de-Feu* manifestant dans le secteur Saint-Germain. Lorsque la foule tenta de franchir le pont de la Concorde pour marcher sur la Chambre, les gardes mobiles ouvrirent le feu

(20 morts et 2 000 blessés). Édouard Daladier* dut démissionner et fut remplacé par Gaston Doumergue*. Les partis de gauche (socialiste et communiste) manifestèrent le 9 février afin de dénoncer la « menace fasciste » puis, le 12, organisèrent une grève générale. Première manifestation d'un « Front commun » contre le fascisme*, elle provoqua une violente répression policière (6 morts). Pour les historiens, l'émeute du 6 février posa le problème de l'existence ou non d'un fascisme en France dans l'entre-deux-guerres. Pour la majorité d'entre eux, les ligues apparaissent comme des organisations inspirées par un nationalisme très conservateur et l'émeute du 6 février 1934 comme un violent mouvement de rue destiné à faire pression sur le gouvernement. Voir Action française, Francisme.

FICHTE, Johann Gottlieb (Rammenau, Saxe, 1762-Berlin, 1814). Philosophe allemand. Admirateur de Kant*, il fut un philosophe de la liberté, spirituelle et morale. Professeur à Iéna, il fut accusé d'athéisme et dut quitter la ville, enseigna à Erlangen puis à Berlin où il devint recteur de l'université (1810). À l'occasion de l'invasion de l'Allemagne par les troupes de Napoléon Ier*, il prononça, après la paix de 1807, son fameux *Discours à la nation allemande* (1807), ouvrage classique du nationalisme allemand, dans lequel il affirme que seul le peuple allemand a conservé la pureté et l'intégrité de l'énergie humaine ; il lui revient donc la mission de sauver le monde. En philosophie, Fichte exposa son « idéalisme absolu », en particulier dans *Sur le concept de la doctrine de la science* (1794) : le « moi » est le principe fondamental qui justifie l'existence du monde et son sens. Voir Hegel (Friedrich).

FICIN, Marsile, en ital. Marcilio Ficino (Figline Valdarno, 1433-Careggi, près de Florence, 1499). Philosophe et helléniste, il fut le chef de file de l'Académie* platonicienne de Florence* et fut l'un des plus célèbres représentants de la Renaissance* italienne. Après avoir étudié la grammaire, la médecine et la théologie, Ficin devint prêtre et se consacra à l'étude du grec. Cosme* de Médicis mit à sa disposition, à partir de 1462, la villa de Careggi pour en faire une *Academia platonica* fréquentée par des érudits célèbres dont Pic* de la Mirandole. Considérant le christianisme* comme le développement du platonisme antique, il traduisit les dialogues du philosophe en latin – le XVIe et le XVIIe connaîtront Platon* à travers sa version –, mais aussi les œuvres des néoplatoniciens. Ficin compta en son temps de nombreux disciples et correspondants tels Marguerite* de Navarre et Paracelse*.

FIDA (Fonds international de développement agricole) en angl. IFAD, *International Fund for Agricultural Development*. Organisme créé en 1977 à l'initiative des pays de l'OCDE* et de l'OPEP* et dont le siège est à Rome. Travaillant en étroite collaboration avec la FAO, il a pour but le financement de projets devant bénéficier aux populations rurales les plus pauvres d'Afrique, d'Asie et d'Amérique latine. Voir BIRD.

FIEF. Nom donné au Moyen Âge au bénéfice* accordé par le seigneur à son vassal* pour lui assurer les moyens de vivre. En échange, celui-ci lui prêtait fidélité et lui devait certaines obligations comme l'aide militaire. Les fiefs furent très divers. Ils pouvaient prendre la forme de biens fonciers (seigneuries*, terres ou châteaux) mais aussi constituer des droits (recettes portuaires, péages), des impôts ou des revenus ecclésiastiques usurpés (dîmes*). Ils variaient aussi selon le service dû ou selon leur importance (principautés, duchés, comtés*, vicomtés ou fiefs minuscules résultant de partages ou de sous-inféodation). Ainsi, le fief fut au cours du Moyen Âge progressivement considéré comme le bien du vassal et devint héréditaire et inaténable. Si le vassal cependant n'accomplissait pas ses devoirs, le fief pouvait lui être confisqué. Voir Droit féodal, Féodalité, Hommage, Investiture, Ost, Relief, Seigneurie.

FIESCHI, Giuseppe (Murato, 1790-Paris, 1836). Conspirateur français, d'origine corse. Avec des amis républicains, Fieschi décida d'organiser un attentat contre Louis-Philippe*. Le 28 juillet 1835, il fit éclater sur le passage du roi, qui se rendait avec sa suite à une fête, une machine infernale. La famille royale ne fut pas touchée mais l'attentat provoqua 18 morts - dont le maréchal Mortier – et 22 blessés. Fieschi et ses complices furent condamnés à être décapités. Le gouvernement profita de l'occasion pour adopter en septembre les lois destinées à étouffer l'opposition républicaine. Préparées par le ministre de l'Intérieur Thiers*, elles restreignirent encore la liberté de la presse et instituèrent la censure sur les dessins et les gravures. Voir Daumier (Honoré), Louis-Philippe Ier.

FLAMINE. Dans la Rome* antique, prêtre attaché au service d'une divinité (vient de *flare* : « souffler » sur le feu sacré). Le culte public (rendu à la cité) comportait trois flamines majeurs qui servaient la triade* capitoline pré-étrusque (Jupiter*, Mars*, Quirinus*) et 12 flamines mineurs, tous choisis par le Grand Pontife*, chef de la religion romaine. Le plus prestigieux était le Flamine de Jupiter ou *Flamen dialis* : toute sorte d'interdits lui étaient imposés (pour le préserver des souillures), mais il avait droit à un licteur*, à la chaise curule*, à la robe de pourpre et portait l'*apex*, bonnet de cuir en forme de casque pointu, symbole de sa fonction. Voir Religion romaine.

FLANDIN, Pierre-Étienne (Paris, 1889-Saint-Jean-Cap-Ferrat, 1958). Homme politique français. Député du Bloc* national en 1919 puis chef de file de l'Alliance démocratique, il accéda aux premiers rôles lorsque la droite fut au pouvoir. Président du Conseil (novembre 1934-mai 1935), il fut chargé du portefeuille des Affaires étrangères, concluant avec la Grande-Bretagne et l'Italie le pacte de Stresa*. Champion d'une politique d'apaisement avec l'Allemagne hitlérienne, il approuva les accords de Munich* (septembre 1938). En juillet 1940, il se rallia au maréchal Pétain* et participa au gouvernement de Vichy* (1940-1941), dont il dut se retirer sur la demande des Allemands. Condamné en 1946 pour collaboration*, il fut acquitté pour actes de résistance. Voir Darlan (François), Laval (Pierre).

FLANDRE. Région historique (dont le nom signifierait « terre inondée »), aujourd'hui partagée entre la France, la Belgique et les Pays-Bas. Occupée dès le néolithique*, intégrée à la province de Belgique par les Romains, elle fut occupée à partie du IVe siècle par les Francs* Saliens dont la langue germanique est à l'origine du flamand actuel. Le comté de Flandre constitué par Charles II* le Chauve au IXe siècle, qui s'étendait vers l'est sur les terres impériales, fut à la fois vassal* du roi de France et de l'empereur. Le réveil du commerce maritime, à partir du XIIe siècle, et les importations de laines anglaises et espagnoles permirent l'essor de la grande industrie drapière flamande dont les principaux centres furent Ypres*, Gand*, Bruges*, Arras et Douai. Cette richesse mais aussi la politique stratégique du comté devaient susciter de nombreuses convoitises. Philippe IV* le Bel annexa la Flandre wallonne avec en particulier Lille, Douai et Béthune. Désormais divisée et âprement disputée, la Flandre fut souvent ravagée. Elle fut incluse dans l'État bourguignon au XVe siècle, puis passa aux Habsbourg* et à l'Espagne. Les conquêtes de Louis XIV* la replacèrent en partie sous tutelle française. La Flandre espagnole passa à l'Autriche après les traités d'Utrecht* (1713). Donnée en 1814 au royaume des Pays-Bas, la Flandre resta pour l'essentiel à la Belgique après 1830. Voir Bourgogne (Duché de), Révolution belge, Vienne (Congrès de).

FLAUBERT, Gustave (Rouen, 1821-Croisset, 1880). Écrivain français. Flaubert hésita sans cesse dans son œuvre entre le lyrisme du romantisme* et le désir de restituer « presque matériellement » ce qu'il voyait avec, pour but ultime, la recherche par-dessus tout de la beauté par un travail acharné du style mis à l'épreuve dans son « gueuloir ». Fils du médecin-chef de l'hôtel-Dieu de Rouen, Flaubert se passionna très jeune pour la littérature. Parti sans enthousiasme faire son droit à Paris, il fut atteint de troubles nerveux qui l'obligèrent à se retirer dans sa propriété à Croisset, près de Rouen (1844). Il y vécut presque en permanence pour mener un travail opiniâtre, interrompu par de courts séjours à Paris (liaison avec la femme de lettres Louise Colet), un voyage en Orient avec Maxime Du Camp où il fit provision d'images et de souvenirs, et la rédaction d'une importante correspondance avec Louise Colet mais aussi ses amis Théophile Gautier*, George Sand* et plus tard Daudet*, les Goncourt et Maupassant* dont il était le parrain. À partir de 1851, sa biographie se confondit avec l'histoire de ses livres. Ses romans « réalistes », composés après une scrupuleuse enquête documentaire, furent *Madame Bovary* (1857) – qui le rendit célèbre par le procès d'immoralité qui lui fut intenté –, *L'Éducation sentimentale* (1869) qui devint la bible des naturalistes groupés autour d'Émile Zola* et le roman satirique *Bouvard et Pécuchet* (inachevé, 1881). L'inspiration romantique domina dans *Salammbô* (1862), *La Tentation de saint Antoine* (1874) et dans *Trois Contes* (1877).

FLAVIENS. Nom donné aux empereurs romains de la dynastie fondée en 69 ap.

J.-C. par Vespasien* (69-79) et représentée après lui par ses deux fils, Titus* (79-81) et Domitien* (81-96). Voir Antonins, Julio-Claudiens, Sévères.

FLAVIUS JOSÈPHE (Jérusalem, v 37-ap. 100). Général et historien juif*. Il est l'auteur de la *Guerre des juifs* et des *Antiquités judaïques* (v. 95), histoire du peuple juif quelques siècles avant l'ère chrétienne.

FLEMING, sir Alexander (Darvel, Ayrshire, 1881-Londres, 1955). Médecin britannique. Il découvrit la pénicilline (1928 et reçut le prix Nobel* de médecine en 1945.

FLEURUS (Bataille de, 26 juin 1794). Célèbre victoire de la Révolution* française remportée en Belgique, à Fleurus par Jourdan* sur les Autrichiens. Elle ouvrit le chemin de tous les Pays-Bas aux armées françaises. Commandant de l'armée de Sambre-et-Meuse, avec pour lieutenants Kléber* et Marceau*, Jourdan réussit à prendre Charleroi au bout d'une semaine de siège. Ignorant la chute de Charleroi, Frédéric de Saxe-Cobourg – le vainqueur de Dumouriez* à Neerwinden* en mars 1793 – attaqua. Après une bataille acharnée, un ballon captif servant d'observatoire étant à la disposition de Jourdan, Cobourg décida la retraite. Voir La Haye (Traité de), République batave.

FLEURY, André Hercule, cardinal de (Lodève, 1653-Issy-les-Moulineaux, 1743). Cardinal et homme politique français. Gestionnaire efficace sous le règne de Louis XV*, il tenta sans succès de maintenir la France hors des querelles européennes. Précepteur de Louis XV (1716), il fut nommé par le roi ministre d'État (1726-1743). À l'intérieur, il assainit les finances et apaisa la querelle avec les jansénistes. À l'extérieur, malgré son désir de paix, il fut entraîné dans deux guerres : la guerre de Succession* de Pologne (1733-1738) et surtout celle de la Succeson* d'Autriche (1740-1748). Voir Jansé-isme.

LN. Voir Front de libération nationale.

LORENCE. Ville puissante dès le IIᵉ siècle grâce au commerce et à l'activité bancaire, elle fut dominée par la famille des Médicis* du XVᵉ au XVIIIᵉ siècle. Fondée par Jules César* au Iᵉʳ siècle av. J.-C., elle fut successivement dominée par les Goths*, les Byzantins et les Lombards*. Devenue ville libre à partir du début du XIIᵉ siècle, elle fut dirigée par une bourgeoisie enrichie par le commerce des draps. Au XIIIᵉ siècle, Florence, comme les autres villes d'Italie, connut l'âpre rivalité entre Guelfes* et Gibelins, reflet de la lutte pour le pouvoir entre la papauté et l'empereur germanique. Définitivement dominée par les Guelfes à partir de 1268 – malgré sa division au début du XIVᵉ siècle entre deux factions rivales, les Blancs et les Noirs –, Florence devint une République dominée par de grandes familles rivales de marchands et de banquiers, créancières des rois de France et d'Angleterre et pratiquant le mécénat. Le XIVᵉ siècle vit les débuts d'un extraordinaire développement des lettres et des arts qui atteindra son apogée sous Laurent* le Magnifique. Léonard* de Vinci, Michel-Ange*, Raphaël* et Machiavel* furent les grands de la Florence du XVᵉ et du début du XVIᵉ siècle. À partir de la fin de ce siècle, l'histoire de la ville se confondit avec celle de la Toscane. Voir Dante Alighieri.

LORIDE. État du sud-est des États-Unis. Découverte en 1513, colonie espagnole, la Floride fut vendue en 1819 aux États-Unis et devint en 1845 le 27ᵉ État de l'Union.

FMI (Fonds monétaire international). Organisme spécialisé des Nations unies créé en 1944 par les accords de Bretton* Woods et dont le siège est à Washington. Cette institution avait pour but d'assurer la stabilité des changes et de développer sur le plan monétaire la coopération interna-tionale en mettant temporairement des fonds à la disposition des États membres dont la balance des paiements se trouve en déficit. Font partie du FMI 152 États. Cependant, ce sont les souscripteurs les plus importants qui dominent l'organisme, c'est-à-dire les États-Unis, le Royaume-Uni, l'Allemagne, le Japon et la France. Depuis 1976, date de l'instauration des changes flottants, le FMI n'intervient plus pour maintenir la parité des monnaies. Il a pour fonction principale d'accorder des prêts à court terme aux États membres endettés, ces derniers ayant l'obligation d'assurer leur équilibre budgétaire. En 1969, afin d'accroître ses capacités d'intervention, le FMI a instauré des droits de tirage spéciaux (DTS) qui sont devenus la principale monnaie de réserve internationale. Les DTS représentent un panier de cinq monnaies (le dollar, le deutschmark, le yen, la livre sterling et le franc français). Voir BIRD, GATT.

FO (Force ouvrière) [CGT-FO]. Nom courant donné à l'organisation syndicale française née en 1948 de la scission de la Confédération* générale du travail (CGT), une partie des syndicats s'opposant à l'influence dominante du PCF (Parti communiste* français) sur la CGT. Force ouvrière fut successivement dirigée par Léon Jouhaux (1948-1954), Robert Bothereau (1954-1963), André Bergeron (1963-1989) et Marc Blondel (depuis 1989).

FOCH, Ferdinand (Tarbes, 1851-Paris, 1929). Maréchal* de France, de Grande-Bretagne et de Pologne. Polytechnicien, professeur puis commandant à l'École supérieure de guerre (1907), il s'illustra brillamment lors de la Première Guerre* mondiale. À la tête de la IXᵉ armée, il contribua de façon décisive à la victoire de la Marne* (septembre 1914). Adjoint au général en chef, Joffre* (oct. 1914), il coordonna dans le Nord les opérations des armées françaises et alliées, ce qui permit de stopper l'avance allemande (« Course* à la mer »). Après avoir dirigé la bataille de la Somme* (1916), il fut nommé chef d'État-major (1917) puis, sur proposition de Georges Clemenceau*, généralissime des armées alliées (mars 1918) qu'il conduisit à la victoire. Promu à la dignité de maréchal dès août 1918, Foch signa avec l'Allemagne l'armistice de Rethondes* (11 nov. 1918).

FOIRE. Lieu où se rassemblent à date fixe des marchands. Apparues en Occident vers le XIᵉ siècle pour faciliter l'échange de marchandises entre pays et régions, les foires s'établissaient au carrefour de grandes routes et le long des fleuves. Les foires françaises les plus importantes aux XIIᵉ et XIIIᵉ siècles furent celles de Champagne*, carrefour terrestre entre les pays de la Méditerranée et ceux de l'Europe du Nord. Réparties dans différentes villes (Troyes, Provins, Lagny, Bar-sur-Aube, Lendit...) tout au long de l'année de façon à former une foire permanente, elles furent le plus grand marché commercial de l'Europe, avec pour spécialité le crédit : s'y retrouvaient des marchands venus de Flandre*, d'Angleterre, d'Allemagne, de Provence et surtout d'Italie. Ils réglaient leurs paiements par l'entremise de banquiers et de changeurs. Ils acquittaient aussi des dettes ou recouvraient des créances qu'ils avaient contractées en achetant ou en vendant ailleurs d'autres marchandises. La guerre de Cent* Ans porta un coup fatal à ces foires. Le relais fut pris par celles de Bruges*, d'Anvers* mais surtout de Genève. Voir Lettre de change.

FOIRES DE CHAMPAGNE. Voir Foire.

FONDS MONÉTAIRE INTERNATIONAL. Voir FMI.

FONTAINEBLEAU (Château de). À l'origine rendez-vous de chasse des rois de France, son époque la plus brillante se situa au XVIᵉ siècle. François Iᵉʳ*, après avoir fait raser les constructions antérieures, fit construire, à partir de 1527, un nouveau palais dans le style de la Renaissance* considérablement agrandi ensuite sou Henri IV*. Les meilleurs architectes y travaillèrent (Gilles le Breton, Sebastian Serlio, Philibert Delorme*), et la décoration intérieure fut l'œuvre des deux école de Fontainebleau : la première, influencé par l'Italie (Rosso Fiorentino, le Primatice Niccolo Dell'Abate), la seconde par les artistes flamands. Fontainebleau, agrandi sous Louis XV*, épargné par la Révolution*, et rendu célèbre sous Napoléon Iᵉʳ* devint un musée sous la Troisième République*. En 1986, un musée consacré à l'Empire y fut ouvert dans l'une des ailes

FONTENOY (Bataille de, 1745). Grande victoire remportée par Maurice de Saxe* en Belgique, sur les Anglais et les Hollandais lors de la guerre de Succession* d'Autriche (1740-1748). Elle permit à la France d'occuper les Pays-Bas autrichiens pui d'envahir les Provinces-Unies, territoire restitués lors du traité d'Aix-la-Chapelle (1748). Voir Louis XV, Saxe (Maurice de).

FORCES FRANÇAISES DE L'INTÉRIEUR (FFI). Nom donné en février 194 aux forces militaires françaises issues de l'unification des différents groupement militaires de la Résistance* intérieure. Le FFI groupaient l'Armée secrète (AS) l'Organisation de résistance de l'armée (ORA), les groupes francs et les maquis les Francs-Tireurs* et partisans (FTP) Commandées à Londres par le général Koenig*, elles apportèrent, malgré un armement insuffisant, un soutien précieux aux Alliés après les débarquements* de Normandie (6 juin 1944) et de Provence (15 août 1944). Une partie des FFI fut ensuite intégrée en novembre dans la Iʳᵉ armée française commandée par de Lattre de Tassigny. Voir Forces françaises libres Guerre mondiale (Seconde).

FORCES FRANÇAISES LIBRES (FFL). Nom donné à l'ensemble des unités militaires composées de volontaires qui près l'armistice de juin 1940, poursuivient la guerre aux côtés des Alliés, sous les rdres du général de Gaulle*. Les FFL uxquelles se joignit l'armée d'Afrique en 943, se battirent notamment en Érythrée, n Libye, en Égypte, en Syrie*, en Tunisie t en Italie, commandées notamment par Koenig* et Leclerc*.Voir Forces françaies de l'intérieur, Résistance, Rethondes Armistice de).

FORD, Gerald (Omaha, Nebraska, 913-). Homme politique américain. Président républicain des États-Unis 1974-1977), il succéda à Nixon* après sa démission provoquée par l'affaire du Watergate*. Il fut battu aux élections présidentielles de 1976 par Jimmy Carter*.

FORD, Sean Aloysius O'Feeney ou **O'Fearna**, dit **John** (Cape Elisabeth, Maine, 1895-Palm Desert, Californie, 1973). Cinéaste américain. Il fut l'un des maîtres du western et réalisa notamment *La Chevauchée fantastique* (1939), le plus célèbre western de l'histoire du cinéma, *Les Raisins de la colère* (1940), film tiré du livre de John Steinbeck, *La Poursuite infernale* (1946), *L'Homme tranquille* 1952) et *Les Cheyennes* (1964).

FORMARIAGE. Le formariage était l'interdiction faite à un serf* de se marier en dehors de la seigneurie*. À cette interdiction se substitua aux XIIᵉ-XIIIᵉ siècles, sous l'influence de l'Église qui ne reconnaissait pas le formariage, le versement d'une taxe au seigneur.

FORMIGNY (Bataille de, 1450). Victoire emportée par le connétable* de Richemont à Formigny (Calvados), à la fin de la guerre de Cent* Ans. Elle permit à la France de rentrer en possession de la Normandie*.

FORUM ROMAIN. Centre commercial, politique et religieux, dont le rôle fut particulièrement important à l'époque de la République* romaine. Établi par les Étrusques* au VIᵉ siècle av. J.-C., le Forum de Rome* s'étendait dans une dépression si-

tuée entre les collines du Capitole*, de l'Esquilin* et du Palatin*. De nombreux édifices, civiques et religieux, y furent construits sous la royauté étrusque, la République et l'Empire, entre autres : la *Regia* (ancienne résidence royale, demeure du *rex sacrorum*), la maison et le temple des Vestales*, le temple des Dioscures* et celui de Saturne* (où était conservé le trésor républicain), la Curie* (salle du Sénat*) et le Comitium (où s'assemblaient les comices* tributes), les Rostres*, les basiliques* Aemilia et Iulia, les arcs* de triomphe de Titus* et de Septime* Sévère. À l'époque impériale, d'autres forums furent créés au nord du Forum romain, parmi lesquels le forum* d'Auguste et le forum* de Trajan*. Il ne reste aujourd'hui du Forum romain que des ruines. Voir Agora (d'Athènes), Étrusques, Romain (Empire), Tarquin l'Ancien.

FORUM D'AUGUSTE. Il fut construit par l'empereur Auguste* à la suite d'un vœu prononcé lors de la bataille de Philippes en 42 av. J.-C. et inauguré en l'an 2 av. J.-C. Il comprenait le temple de Mars* Vengeur (*Mars Ultor*) et une place bordée d'un portique* où, sur le côté nord, s'alignaient dans des niches, la statue d'Énée*, ancêtre de la gens* Iulia associée à celles des rois d'Albe* et, sur le côté sud, celles de Romulus* et des grands hommes de la République, y compris les ennemis irréductibles – Auguste apparaissant ainsi comme le grand réconciliateur national, celui vers lequel l'histoire de Rome conduisait inexorablement. Voir Forum romain, République romaine.

FORUM DE TRAJAN. Il fut le dernier, le plus vaste et le plus somptueux des forums dits impériaux (deux fois plus grand que le forum* d'Auguste). Aménagé par Apollodore de Damas entre 111 et 114, il comprenait à son entrée un Arc* de triomphe au centre de la place, la statue équestre de Trajan* sur le côté nord-est et les marchés (150 magasins répartis sur 3 étages).

La basilique* Ulpia fermait la perspective et, au-delà, s'élevaient la colonne Trajane entre les deux bibliothèques (la grecque et la latine) et le temple de Trajan divinisé (*divus Trajanus*) édifié par Hadrien*.

FOSSILE. Reste ou empreinte conservé dans des couches géologiques sédimentaires (argile ou calcaire). On a retrouvé des ossements et des empreintes de végétaux, d'animaux et même des traces de pas.

FOUCAULT, Michel (Poitiers, 1926-Paris, 1984). Philosophe français. Professeur au Collège* de France, il a tenté, notamment à travers l'étude des institutions répressives, d'éclairer les différentes articulations du savoir sous-jacentes à une période donnée, ceci l'amenant à une nouvelle approche de l'histoire. Il fut en particulier l'auteur de *Histoire de la folie à l'âge classique* (1961), *Naissance de la clinique* (1963), *Les Mots et les choses* (1966), *L'Archéologie du savoir* (1969), *Naissance de la prison* (1975) et *Histoire de la sexualité* (3 vol., 1976-1984).

FOUCHÉ, Joseph, duc d'Otrante (Le Pellerin, 1759-Trieste, 1820). Homme politique français, il participa activement à la Terreur* lors de la Révolution* française, puis devint pendant près de dix ans (1799-1809) ministre de la Police. Ancien professeur dans plusieurs collèges religieux, il se rallia à la Révolution et devint en 1792 député montagnard* à la Convention* nationale. Après avoir voté la mort de Louis XVI*, il fut l'un des plus redoutables représentants* en mission. Il contribua activement à la déchristianisation – il aurait fait inscrire à la porte d'un cimetière de la Nièvre : « La mort est un sommeil éternel » – et organisa à Lyon, avec Collot* d'Herbois, la Terreur, afin de réprimer l'insurrection royaliste et fédéraliste*. Désavoué par Robespierre*, Fouché fut l'un des instigateurs du 9 Thermidor* an II (27 juillet 1794). Exclu de la Convention* thermidorienne, emprisonné puis amnistié, il fut nommé, grâce à Barras*, ministre de la Police sous le Directoire* (juillet 1799), poste qu'il conserva jusqu'en 1809, sauf un court intervalle (1802-1804). Il montra dans ses fonctions une habileté remarquable, tissant à travers la France un important réseau d'agents et d'espions qui fut utile à Napoléon Bonaparte* pour la préparation du coup d'État du 18 Brumaire* et après. Cependant, ses intrigues avec la Grande-Bretagne provoquèrent sa disgrâce (1810). Fait duc d'Otrante (1809), il devint gouverneur des Provinces illyriennes (1813). À nouveau ministre de la Police durant les Cent-Jours*, il fut l'un des artisans de la restauration de Louis XVIII* lequel, contre l'avis des royalistes, le conserva à la police. Éloigné sous la pression des ultras*, ambassadeur à Dresde (1815), il fut proscrit comme régicide en 1816. Devenu autrichien, il mourut à Trieste.

FOUCHER DE CHARTRES (Chartres, v. 1058-en Palestine, v. 1127). Religieux et chroniqueur français. Il écrivit une *Histoire de Jérusalem*, récit de la première croisade* à laquelle il participa.

FOULD, Achille (Paris, 1800-Laloubère, 1867). Banquier et homme politique français. Partisan du libéralisme* économique, il fut le grand artisan de l'essor des banques et du crédit sous le Second Empire*. Apôtre du saint-simonisme, il fut ministre des Finances (1849-1852) sous la Deuxième République* et (1861-1867) le Second Empire. Il fonda avec les frères Pereire* le Crédit mobilier (1852) qui fut l'un des moteurs de l'expansion industrielle du Second Empire et contribua par son influence à la signature du traité commercial libre-échangiste avec l'Angleterre en 1860. Voir Chevalier (Michel), Cobden (Richard), Saint-Simon (Claude de).

FOUQUET ou **FOUCQUET, Jean** (Tours, v. 1420-*id.*, entre 1478 et 1481). Peintre et miniaturiste français. Peintre officiel de Louis XI*, il fut le plus important des peintres français du XVe siècle. Il séourna en Italie (v. 1445-1448) où il apprit es lois de la perspective, mais garda dans ses peintures – peu ont été conservées – un style original. Portraitiste talentueux (portraits de Charles VII*, au musée du Louvre*), remarquable paysagiste, son œuvre de miniaturiste s'exprima avec force dans les *Antiquités judaïques* (vers 1470-1476, Paris, Bibliothèque nationale), qui reste son œuvre majeure.

FOUQUET ou **FOUCQUET, Nicolas** (Paris, 1615-Pignerol, 1680). Homme politique français. Surintendant des Finances, il acquit une fortune considérable qui lui valut, sur ordre de Louis XIV*, l'emprisonnement à vie. Issu de la grande bourgeoisie anoblie par les charges et le service du roi, Fouquet, fidèle au cardinal Mazarin* dès le début de la Fronde*, fut nommé surintendant des Finances (1653). Le royaume étant partiellement ruiné par la guerre étrangère (guerre de Trente* Ans) et les troubles de la Fronde, Fouquet, par son crédit personnel, parvint à regagner la confiance des financiers et à faire face aux dépenses de l'État. Il tira cependant de son activité des profits considérables par toutes sortes d'irrégularités, constituant ainsi une immense fortune. Fastueux mécène, il fit construire le château de Vaux (1656-1661), le premier Versailles* du Grand Siècle, pensionnant La Fontaine*, faisant travailler Le Brun*, Le Nôtre* et Molière*. Colbert*, qui convoitait son poste, dénonça ses malversations à Louis XIV et une fête somptueuse à Vaux en l'honneur du roi acheva de le discréditer. Arrêté en 1661, Fouquet, au cours d'un procès qui dura trois ans, fut jugé avec partialité – corruption de juges et fabrication de pièces – et enfermé à Pignerol. Corneille*, La Fontaine, Mme de Sévigné* tentèrent de le sauver en mobilisant l'opinion publique mais sans succès. Il fut condamné à la détention perpétuelle.

FOUQUIER-TINVILLE, Antoine Quentin (Hérouel, 1746-Paris, 1795). Magistrat et homme politique français. Accusateur public, lors de la Révolution* française, au Tribunal* révolutionnaire, il symbolisa la violence de la Terreur*. Fils d'un cultivateur aisé de Picardie, procureur au Châtelet (1774-1783), il adhéra aux idées révolutionnaires. Nommé, avec l'appui de Danton* et de Robespierre*, accusateur public au Tribunal révolutionnaire (mars 1793), il exerça, au service du Comité* de Salut public auquel il rendait compte quotidiennement de ses sentences, une rigueur impitoyable. Il obtint ainsi la peine de mort pour Marie-Antoinette*, Philippe* Égalité, plusieurs députés girondins*, Hébert*, Danton* et Camille Desmoulins*. Hostile à Robespierre lors du 9 Thermidor* (27 juillet 1794), il fut néanmoins arrêté par les thermidoriens. Condamné à mort, il fut guillotiné avec le président et neuf juges ou jurés du Tribunal révolutionnaire.

FOUREAU, Fernand (Saint-Barbant, Haute-Vienne, 1850-Paris, 1914). Explorateur français. Il entreprit plusieurs expéditions scientifiques dans le Sahara (1888-1896). L'achèvement symbolique du contrôle de cette région par la France fut marqué par la mission Foureau-Lamy qui traversa à pied le Sahara jusqu'au lac Tchad.

FOURIER, Charles (Besançon, 1772-Paris, 1837). Philosophe et économiste français, qualifié par Friedrich Engels* de socialiste « utopiste ». Sa pensée joua un rôle important dans les mouvements libertaires. Fils d'un riche commerçant, il perdit sa fortune à la suite d'une spéculation manquée (1793), puis travailla dans le commerce avant de se consacrer à l'élaboration d'un nouvel ordre économique et social. Il préconisa un système très différent de celui de Saint-Simon*, sans recours à l'État, ni à une direction autoritaire, mais à l'association. Fourier proposa une organisation sociale fondée sur de petites unités autonomes, les phalanstères, regroupant environ 1 600 personnes, et qui seraient des unités de production et de consommation. Si ce projet utopique ne put se réaliser, Fourier trouva des adeptes, notamment en Victor Considérant* et Jules Le Chevalier. Il fut notamment l'auteur du *Nouveau Monde industriel et sociétaire* (1829). Voir Owen (Robert).

FOX, Charles James (Londres, 1749-Chiswick, près de Londres, 1806). Homme politique anglais. Il incarna, face au Second Pitt*, le courant réformateur lors de la guerre d'Indépendance* américaine et de la Révolution* française. Il est considéré comme l'un des plus grands orateurs britanniques. Élu député à 19 ans, avant l'âge légal de 20 ans, il s'initia aux affaires comme secrétaire d'État sous George III* puis rompit bientôt avec les tories* pour entrer dans l'opposition regroupée autour de Burke et du prince de Galles*. Devenu le porte-parole des whigs*, il forma avec North* un cabinet de coalition où il se fit le défenseur des colonies américaines dont il reconnut l'indépendance (1783). Longtemps écarté du pouvoir, il se fit, face à Pitt, le défenseur des libertés. Enthousiasmé par la Révolution française, il souhaita la paix avec la France, contre l'avis de ses amis, particulièrement de Burke. Retiré de la vie parlementaire entre 1797 et 1801, il fut à nouveau secrétaire d'État aux Affaires étrangères (1806) dans le cabinet Grenville, dit « ministère de tous les talents ». Il prépara la loi abolissant la traite* des Noirs et rechercha encore la paix avec Napoléon Ier*. Voir Paris (Traité de, 1783).

FRAGONARD, Jean-Honoré (Grasse, 1732-Paris, 1806). Peintre et dessinateur français. Dernier grand représentant du style rococo en déclin, Fragonard, peintre de l'amour et de la joie de vivre, excella dans tous les genres. Tombé dans l'oubli par le succès du néo-classicisme*, il fut réhabilité au milieu du XIXe siècle et est aujourd'hui considéré comme l'un des grands maîtres du XVIIIe siècle européen. Élève de François Boucher* à Paris, prix de Rome en 1752, il séjourna en Italie (1756-1761) et accumula de nombreuses esquisses de la campagne romaine, d'une importance décisive pour ses œuvres suivantes : *Les Jardins de la Villa d'Este* (Londres, collection Wallace), *Fête à Rambouillet* (Lisbonne, Fondation Gulbenkian), *Fête à Saint-Cloud* (Paris, Banque de France). De retour à Paris, patronné par l'abbé Saint-Non, jeune et riche antiquaire, il entra à l'Académie en 1765 et, malgré le succès obtenu par son morceau d'agrément *Corésus et Callirrhoé* (1765, Paris, Louvre), abandonna la « peinture d'histoire » pour se consacrer à la peinture galante très recherchée par les amateurs : *L'Escarpolette* (1767, Londres, collection Wallace), *La Chemise enlevée* (Paris, Louvre). Il réalisa aussi des portraits dits « de fantaisie » : *L'Étude, La Musique, Diderot* (Paris, Louvre), donnant l'un de ses chefs-d'œuvre avec le cycle de tableaux des *Progrès de l'Amour*, commandé par Mme Du* Barry (1770-1773, New York, collection Frick) qui, finalement, les refusa, conquise, comme toute la classe aristocratique, par le style néo-classique. À partir de 1780, Fragonard subit lui-même l'influence du néo-classicisme comme en témoigne *La Fontaine à l'amour* (1785, Londres, collection Wallace).

FRANCE (Banque de). Créée en février 1800, et réorganisée en 1806 par Napoléon Ier*, la Banque de France, établissement privé, fut cependant administrée par un gouverneur choisi par l'État. En vertu de la loi d'avril 1803, elle reçut le privilège d'émission des billets, d'abord limité à Paris, puis à l'ensemble de la France à partir de 1848. Les billets étaient remboursables à vue, ce qui signifiait qu'on pouvait les échanger contre des pièces de métal précieux. La Banque de France fit de Paris, sous l'Empire, la plus importante place financière de l'Europe continentale, sa tâche, outre l'émission de billets, étant d'offrir des facilités de crédit au commerce. Le statut de la Banque de France fut profondément modifié en 1936, sous le Front* populaire. Les 15 régents, qui représentaient les 200 plus gros actionnaires, furent remplacés par 20 conseillers nommés pour la plupart par l'État et le gouverneur reçut tout contrôle sur ses opérations. Nationalisée depuis 1945, la Banque de France garde le monopole exclusif d'émission. Elle est la banque des banques (prêteur en dernier ressort), la banque du Trésor public, veille à la parité du franc avec les monnaies étrangères et se charge des relations financières internationales, notamment avec le Fonds monétaire international (FMI*). Elle a été dénationalisée en 1994 et est régie par un collège de personnalités indépendantes. Voir Empire (Premier), Franc germinal, Law (John).

FRANCE (Campagne de, janvier-mars 1814). Nom donné à l'invasion de la France par les puissances européennes après la défaite française de Leipzig* (1813) et qui aboutit à l'abdication de Napoléon Ier*. Dès la fin décembre, les deux armées alliées, l'une commandée par le général prussien Blücher*, l'autre par le général autrichien Schwarzenberg, avaient franchi le Rhin tandis que le roi de Suède, Charles XIV*, occupait la Belgique et la Hollande. Loin de désespérer, chaussant selon sa propre expression « les bottes du général de l'armée d'Italie », Napoléon, malgré l'infériorité numérique de son armée (70 000 soldats), mena durant trois mois une campagne de harcèlement. Les alliés, ayant appris que la bourgeoisie parisienne était prête à les accueillir, s'élancèrent vers la capitale qui, défendue par les maréchaux Moncey* et Marmont*, dut néanmoins capituler (mars 1814). Sur l'initiative de Talleyrand*, le Sénat et le Corps* législatif votèrent la déchéance de Napoléon et de sa famille puis le Sénat* proclama « roi des Français »

Louis XVIII*, entraînant l'abdication de Napoléon (6 avril). Voir Coalition (Sixième), Empire (Premier).

FRANCE (Campagne de, 1940). Lors de la Seconde Guerre* mondiale, nom donné aux opérations militaires qui, du 10 mai au 28 juin 1940, aboutirent à l'occupation par les Allemands d'une grande partie du territoire français. L'offensive allemande commença par l'invasion des Pays-Bas et de la Belgique, stratégie prévue par les Alliés qui avaient concentré le plus gros de leurs effectifs vers le nord-ouest, lesquels se portèrent au secours des troupes belges, s'avançant jusqu'au sud de la Hollande. En réalité, ce fut ce que les Allemands attendaient, Hitler* ayant adopté le plan du général von Manstein* consistant à porter l'attaque principale à travers les Ardennes, jugées infranchissables donc peu défendues. Les blindés de Guderian*, couverts par une aviation redoutable (Stukas*), parvinrent en deux jours à atteindre Sedan et foncèrent vers la mer pour couper la retraite des forces alliées en Belgique. Weygand*, nommé généralissime à la place de Gamelin*, tenta d'organiser la contre-offensive. Mais les Pays-Bas et la Belgique avaient capitulé. Les armées franco-britanniques du Nord étaient encerclées et l'évacuation par Dunkerque* avait commencé (27 mai-4 juin). Le front mis en place par Weygand sur la Somme et sur l'Aisne fut percé (5-8 juin). À partir du 10 juin, la Wehrmacht progressa dans toutes les directions, provoquant l'exode des populations et du gouvernement français qui trouva refuge à Bordeaux. L'armistice, demandé par le maréchal Pétain*, fut signé le 22 juin à Rethondes* avec l'Allemagne et le 24 juin avec l'Italie entrée en guerre le 10 juin 1940. Voir Guerre (Drôle de).

FRANCESCO Ier SFORZA (San Miniato, 1401-Milan, 1466). Grand condottiere*, dont les princes italiens se disputèrent les services. Il acquit une grande puissance en changeant, sans scrupules, d'alliances. En 1441, le duc de Milan, Filipo Maria Visconti, lui donna sa fille en mariage. À sa mort, Francesco se fit reconnaître duc de Milan malgré l'opposition des habitants (1450). Allié de Cosme* de Médicis et de Louis XI* de France, il s'empara de la Lombardie*.

FRANCFORT (Traité de, 10 mai 1871). Traité qui mit fin à la guerre franco-allemande* de 1870-1871. La France vaincue cédait à l'Allemagne l'Alsace (moins Belfort) et une grande partie de la Lorraine (avec Thionville et Metz). Elle devait en outre verser au vainqueur une indemnité de 5 milliards de francs or à 5 % d'intérêt mais aussi 266 millions de dettes de guerre. Garantie par l'occupation allemande de 21 départements français, l'indemnité fut, grâce à la politique d'emprunts menée par Thiers*, totalement payée dès septembre 1873, ce qui permit la libération du territoire national. Voir Bismarck (Otto von).

FRANC GERMINAL. Nom donné au nouvel étalon monétaire établi sous Napoléon Bonaparte*, le 17 Germinal an XI (7 avril 1803). Le franc germinal était une pièce de monnaie réelle, définie par un poids d'argent de 5 g. La loi de germinal décida en même temps de tailler dans un kilo d'or 155 pièces de 20 francs (le Napoléon) instaurant ainsi un système bimétalliste (jusqu'en 1879). Comme le kilo d'argent valait 200 francs, et le kilo d'or 3 100 francs, le rapport fut de 1 à 15,5. L'or servit aux pièces de 20 et 40 francs (elles restèrent thésaurisées par les particuliers) et l'argent aux pièces de 5, 2, 1 franc, 3/4, 1/2 et 1/4 de franc. Entre 1879 et 1928, après l'abandon de la frappe de l'argent, l'unité monétaire devint le franc-or de 322,5 mg d'or et connut une stabilité remarquable jusqu'en 1914. Voir France (Banque de), Poincaré (Raymond).

FRANCHET D'ESPEREY, Louis Félix Marie François (Mostaganem, 1856-château de Saint-Amencet, 1942). Maréchal* de France. Sorti de Saint-Cyr, il fit d'abord carrière dans différentes colonies françaises. Il se distingua en 1914 lors de la bataille de la Marne* (septembre 1914), puis fut nommé par Joffre* commandant de la Ve armée en remplacement de Lanrezac* en désaccord avec le commandant du corps expéditionnaire britannique French*. Commandant en chef des troupes alliées en Orient (1918), il contraignit la Bulgarie à signer l'armistice (septembre 1918). Voir Guerre mondiale (Première).

FRANCISCAINS. Religieux de l'ordre des Frères mineurs fondé en 1209 par saint François* d'Assise. L'ordre fut approuvé officiellement par le pape Honorius III (1223). Les franciscains étaient voués à la pauvreté mendiante et à la prédication itinérante le plus souvent dans les villes. L'ordre se compose aujourd'hui de trois branches principales : les Frères mineurs (ou Franciscains proprement dits), les frères mineurs Capucins (depuis le XVIIe siècle) et les frères mineurs Conventuels. Voir Mendiants (Ordres).

FRANCISME. Ligue politique française d'inspiration fasciste fondée en 1933 par Marcel Bucard*. Elle fut dissoute, avec les autres ligues, par le gouvernement de Léon Blum* (1936). Reconstituée, elle devint le Parti franciste et milita activement en faveur de la collaboration* sous le régime de Vichy*. Son chef, Marcel Bucard, fut condamné à mort et fusillé en 1946.

FRANC-MAÇONNERIE. Association initiatique non secrète mais fermée, dont les membres (ou « frères ») sont unis par un idéal de fraternité et de solidarité et qui se reconnaissent à des signes gardés secrets. L'institution maçonnique a, selon certains, pour origine une confrérie de maçons constructeurs (bâtisseurs de cathédrales au Moyen Âge) et garde, en souvenir de ce passé, des emblèmes comme le tablier, l'équerre et le compas. La franc-maçonnerie « spéculative » (moderne) est apparue en Grande-Bretagne au XVIIe siècle et

l France au XVIIIe siècle où fut fondé le
rand Orient (1773). Dans la seconde
oitié du XIXe siècle, les idées républicai-
s et la philosophie positiviste gagnèrent
Grand Orient en France qui inspira la
olitique anticléricale de la Troisième Réblique*. Ayant rayé de ses Constitutions
obligation de croire au Grand Architecte
l'Univers, le Grand Orient de France fut
onsidéré comme schismatique par la
rande Loge d'Angleterre et les autres
randes Loges du monde. La Grande Loge
e France, créée en 1913 et qui prit ce nom
n 1948, resta fidèle à la franc-maçonnerie
aditionnelle.

RANCO-ALLEMANDE (Guerre,
870-1871). Guerre qui opposa la totalité
es États allemands, conduits par la
russe*, à la France. Voulue par Bisarck* afin de réaliser la dernière étape de
unité allemande, la guerre fut, malgré
ardeur et même l'héroïsme de son armée,
n échec pour la France qui perdit l'Alsace
une partie de la Lorraine, tandis que le
aité de Francfort* consacrait la victoire
e l'Empire allemand proclamé à Versail-
s en janvier 1871. Depuis la guerre des
uchés* (1864) et la victoire prussienne
e Sadowa* contre l'Autriche (1866), les
elations franco-prussiennes s'étaient pro-
ressivement détériorées, Bismarck refu-
ant à Napoléon III* les compensations
rritoriales promises en échange de la
eutralité française. Le point critique fut
tteint lorsque le roi de Prusse, Guil-
aume Ier*, proposa au début de 1870 la
andidature d'un prince allemand, Char-
s-Antoine de Hohenzollern*, au trône
'Espagne. La publication de la dépêche
'Ems*, dans des termes injurieux pour la
rance, conduisit Napoléon III – malgré
s conseils de modération de son entou-
age et l'opposition de la gauche républi-
aine du Corps* législatif – à déclarer la
uerre à la Prusse (19 juillet 1870) aussitôt
outenue par les princes allemands. Isolée
iplomatiquement, disposant d'une armée

mal organisée et inférieure en nombre, la
France, face à l'armée prussienne bien
équipée et réorganisée par Moltke* et
Roon*, accumula les défaites. Les Allemands occupèrent Strasbourg puis Nancy,
contraignant l'armée de Bazaine à se replier sur Metz qui tomba en octobre 1870.
Le 2 septembre, les troupes françaises ca-
pitulaient à Sedan*, tandis qu'à Paris, la
révolution du 4 septembre* renversait le
Second Empire*. Le gouvernement de la
Défense* nationale, malgré ses efforts, ne
put empêcher la capitulation de Paris
(28 janvier 1871) et signa l'armistice. Le
traité de Francfort* (10 mai 1871) consacra l'unité politique de l'Allemagne avec
Guillaume Ier de Prusse comme empereur.
La perte de l'Alsace et d'une grande partie
de la Lorraine devait provoquer en France
un vif sentiment national aiguisé par l'esprit de revanche. Voir Benedetti (Vincent),
Commune de Paris, Ems (Dépêche d'),
Francfort (Traité de), Frœschwiller (Bataille de), Mac-Mahon (Edme Patrice).

FRANCO BAHAMONDE, Francisco
(El Ferrol, 1892-Madrid, 1975). Général et
homme politique espagnol. Chef suprême
de l'Espagne après la guerre civile, il imposa au pays à partir de 1939 un régime
autoritaire, conservateur et catholique.
Originaire de Galice, fils d'une famille de
marins, Franco fut formé à l'école militaire
de Tolède (1907-1910) où il commanda à
partir de 1920 la Légion étrangère espagnole. Il contribua par ses talents militaires à vaincre Abd* el-Krim et à pacifier
ainsi le Rif espagnol, ce qui lui valut d'être
promu général à 33 ans. Sous la République, instaurée en 1931, il commanda
l'école militaire de Saragosse puis fut envoyé aux Baléares. Rappelé à Madrid par
la victoire électorale de la droite (1933), il
participa l'année suivante à la répression
du soulèvement des mineurs des Asturies.
Nommé chef d'état-major général de l'armée depuis 1933, il fut de nouveau éloigné
d'Espagne après la victoire du *Frente Po-*

pular (1936) et nommé capitaine général aux Canaries. Après le déclenchement du soulèvement nationaliste de juillet 1936, il fit passer du Maroc en Espagne la Légion étrangère et les unités marocaines, fer de lance de l'armée nationaliste. Nommé général de la junte militaire de Burgos (septembre), puis chef du gouvernement, il dirigea personnellement les opérations militaires en s'assurant du concours militaire de l'Allemagne nazie et de l'Italie fasciste. Ayant pris le titre de *Caudillo** (« guide ») et vaincu les républicains (avril 1939), Franco posa les bases d'un État autoritaire, catholique et corporatiste. Après avoir adhéré au pacte antikomintern* (mars 1939), Franco décida la neutralité de l'Espagne au début de la Seconde Guerre* mondiale, puis la « non-belligérance » (juin 1940) et occupa Tanger (novembre 1940). Il résista cependant aux pressions de Hitler* (entrevue d'Hendaye, octobre 1940) et de Mussolini* (Bordighera, février 1941), se contentant de donner quelques gages comme l'envoi sur le front de l'Est d'un contingent espagnol, la Division bleue. Après 1942, prévoyant la victoire des Alliés, Franco amorça un revirement politique. Il inaugura une relative démocratisation du régime (création de Cortes* consultatives), retira de l'URSS la Division bleue et remplaça son beau-frère germanophile, Serrano Suñer, par Jordana aux Affaires étrangères (septembre 1942). En 1945 cependant, les Alliés lui reprochèrent ses compromissions avec l'Axe* et retirèrent leurs ambassadeurs de Madrid, ce qui entraîna une période d'isolement pour l'Espagne. Mais le développement de la guerre* froide entre les États-Unis et l'URSS lui permit de bénéficier du plan Marshall*. L'Espagne signa avec les États-Unis des accords militaires et fut finalement admise à l'ONU* en 1955. Sur le plan intérieur, le *Caudillo* – responsable seulement « devant Dieu et l'histoire » – rétablit en 1947 la monarchie et s'insti-

tua régent à vie. Tandis que l'Espagne connaissait à partir de 1955 une phase d'essor économique, Franco procéda à une réforme constitutionnelle (novembre 1956) libéralisant très modestement le régime ; s'appuyant plus fortement sur l'Église catholique, il écarta du pouvoir la Phalange* fasciste et s'entoura de ministres technocrates proches de l'Opus Dei, puissante institution catholique. Il désigna en 1969 don Juan* Carlos comme son successeur. Les dernières années de son pouvoir furent marquées par une répression accrue contre les manifestations de l'opposition et contre l'autonomisme basque. Voir Espagne (Guerre civile d').

FRANÇOIS D'ASSISE, saint (Assise v. 1182-*id.*, 1226). Religieux italien, fondateur de l'ordre des Frères mineurs ou Franciscains*. Fils d'un riche marchand de la ville d'Assise (en Toscane), il rompit avec sa famille et décida avec quelques compagnons de vivre une existence de pauvreté et de prédication. Il se rendit en Égypte auprès des croisés* de la cinquième croisade* et tenta même de convertir le sultan. Avec l'afflux de disciples, l'ordre dut s'organiser contre l'avis de son fondateur qui en abandonna la direction et vécut jusqu'à sa mort une vie d'ermite. Il aurait reçu sur le mont Alverne les stigmates des plaies du Christ*. Auteur du *Cantique du frère soleil* (ou *Cantique des créatures*), il est considéré comme un grand poète chrétien. Sa vie a inspiré certaines des œuvres du peintre Giotto*. Voir Mendiants (Ordres).

FRANÇOIS XAVIER, saint, Francisco de Jaso, dit (château de Javier, 1506-île de Sancian, en Chine, 1552). Jésuite et missionnaire espagnol, il fut le pionnier de l'évangélisation de l'Extrême-Orient. Étudiant à Paris, il rencontra Ignace* de Loyola avec lequel et cinq autres de ses disciples il prononça le « vœu de Montmartre », d'où naquit la Compagnie de Jésus*. Débarqué à Goa* en 1542, comme

nce apostolique, il évangélisa l'Inde
rtugaise puis le Japon. Il est surnommé
Apôtre des Indes.

RANÇOIS Ier (Nancy, 1708-Inns-
uck, 1765). Empereur germanique
745-1765). Duc de Lorraine (sous le nom
François III) après son mariage avec
mpératrice Marie-Thérèse*, il renonça
duché de Lorraine en faveur de Stanis-
s* Leszczynski, et reçut le grand-duché
Toscane. Il fut élu empereur et couronné
Francfort ; Marie-Thérèse néanmoins ne
laissa que peu d'initiatives. Voir Suc-
ssion d'Autriche (Guerre de).

RANÇOIS Ier (Cognac, 1494-Rambouil-
t, 1547). Roi de France (1515-1547). Son
ng règne marqua profondément le
/I^e siècle français. Grand prince de la Re-
aissance*, protecteur des lettres et des
ts, François Ier échoua face aux Habs-
ourg* dans les guerres d'Italie*, mais
onna une impulsion décisive à l'exercice
la monarchie absolue. Fils de Charles
Orléans, comte d'Angoulême, et de
ouise de Savoie, il succéda en 1515 à son
usin Louis XII* dont il avait épousé la
le, Claude de France (1514). Il poursui-
t l'aventure italienne, léguée par ses pré-
cesseurs Charles VIII* et Louis XII, la
ctoire de Marignan* (1515) le rendant
aître du Milanais et entraînant une al-
nce perpétuelle avec les Suisses. Il sous-
tima cependant, et pendant longtemps, la
issance de son rival Charles* Quint,
nsidérablement enrichi par l'afflux des
étaux précieux d'Amérique. Dès 1519,
s crédits des Fugger* et des banquiers
liens et espagnols, garantis par les ri-
esses du Nouveau Monde, contribuèrent
l'élection de Charles Quint à la tête du
int* Empire romain germanique – ce qui
isait peser une lourde menace d'encer-
ement sur la France –, mais aussi à fi-
ncer les desseins politiques de l'empeur. Face à la menace impériale,
rançois Ier tenta sans succès l'alliance
ec l'Angleterre (camp du Drap* d'or,

1520) et après la défection du connétable*
de Bourbon, puis la défaite de La Bicoque* (1522), le Milanais fut perdu (1523).
L'humiliant échec de Pavie* (1525), où le
roi fut fait prisonnier, suivi du désastreux
traité de Madrid en 1526 (la France perdait
le quart de son territoire) aussitôt violé par
François Ier libéré, relança la guerre. La
pause marquée par la paix de Cambrai*
(ou paix des Dames, 1529) ne fut qu'un
compromis, et François Ier, ayant pris la
mesure de son adversaire, chercha l'alliance des princes protestants allemands, et
celle des Turcs de Soliman* le Magnifique, au grand scandale de la Chrétienté*.
Les hostilités qui suivirent, confuses et
sans gloire, aboutirent au traité de Crépy-
en-Laonnois* (1544), qui mettait en place
un fragile équilibre européen, l'Espagne
restant virtuellement très dangereuse. À
l'intérieur, François Ier rencontra davantage de succès. L'absolutisme connut un
progrès incontestable par le renforcement
de la centralisation administrative, le développement de la vie de cour – c'est François Ier qui forgea la formule « Car tel est
notre plaisir » et l'expression imposée de
« Sa Majesté », ainsi que l'assujettissement de l'épiscopat français (concordat de
Bologne*, 1516). Sous son règne, les lettres et les arts furent fortement encouragés.
François Ier fonda le futur Collège* de
France, protégea humanistes, poètes et
musiciens (Budé*, Ronsard*, Marot*) et
attira en France de grands artistes italiens
(comme Léonard* de Vinci, Cellini*, le
Primatice*) et l'école de Fontainebleau
connut un grand prestige. Seuls les problèmes financiers et religieux ne furent pas ré-
glés. Aucun système fiscal cohérent ne fut
mis en place et, face aux protestants*, le
roi adopta d'abord la tolérance – sous l'influence de sa sœur Marguerite* de Navarre
– puis une répression cruelle après l'affaire des Placards* (1534). Voir Chambord (Château de), Saint-Germain-en-

Laye (Château de), Villers-Cotterêts (Ordonnance de).

FRANÇOIS II (Fontainebleau, 1544-Orléans, 1560). Roi de France (1559-1560). Fils aîné d'Henri II* et de Catherine* de Médicis, son bref règne fut dominé par l'affrontement entre catholiques* et protestants*. Il se laissa influencer par sa mère et les Guise, dont il avait épousé la nièce, Marie* Stuart. Ce fut pour le soustraire à leur influence que les chefs du parti protestant montèrent la conjuration d'Amboise* (1560).

FRANÇOIS-JOSEPH Ier (château de Schönbrunn, Vienne, 1830-*id.*, 1916). Empereur d'Autriche (1848-1916) et roi de Hongrie (1867-1916). Il dut affronter au cours de son long règne de graves échecs extérieurs mais aussi les revendications des nationalités de l'Empire dont il fut le seul élément d'unité. Il mourut lors de la Première Guerre* mondiale, et n'assista pas à l'éclatement de son empire. Petit-fils de François II (empereur germanique puis empereur héréditaire d'Autriche sous le nom de François Ier), il succéda à son oncle Ferdinand Ier* qui abdiqua lors de la révolution libérale de 1848 à Vienne. Influencé par son chancelier* Schwarzenberg qui avait rétabli l'autorité autrichienne dans l'Empire, François-Joseph institua un régime très autoritaire à l'encontre des nationalistes et des libéraux. Adepte de l'absolutisme, s'appuyant sur l'armée, la police et l'Église, il imposa à tout l'empire une bureaucratie centralisée, son ministre Bach* aggravant la germanisation dans les provinces. Cependant, ses échecs extérieurs (fin de l'alliance avec la Russie, perte de la Lombardie* en 1859) l'orientèrent vers une politique plus libérale. En proie aux revendications des nationalités non allemandes de son empire, et après avoir hésité entre une solution fédéraliste (diplôme d'octobre 1860) et centralisatrice (patente de février 1861), François-Joseph accepta, après le désastre de Sadowa*

contre la Prusse* (1866), le compromis austro-hongrois de 1867 divisant l'empire en deux États égaux, l'empereur recevant la couronne de Hongrie. Ce régime dualiste, loin de résoudre le problème des au tres nationalités, l'aggrava encore davan tage et exacerba en particulier le mécontentement des Tchèques et des Sla ves* du Sud. François-Joseph se rapproch en politique extérieure de l'Allemagne et renoua avec la Russie (1873) puis, la lutte dans les Balkans* l'éloignant du tsar, il conclut avec Guillaume Ier* la Duplice (1879) et annexa la Bosnie-Herzégovine (1908). Après l'assassinat de son neve François-Ferdinand* à Sarajevo*, il dé clara la guerre à la Serbie*, déclenchan ainsi, par le jeu des alliances, la Première Guerre mondiale. François-Joseph subi durant son règne de graves drames fami liaux : son frère Maximilien* fut fusillé au Mexique en 1867, son fils l'archiduc Ro dolphe se suicida en 1889 et sa femme l'impératrice Élisabeth (dite Sissi), fut as sassinée en 1898 par un anarchiste. Voi Autriche-Hongrie, Révolutions de 1848 Trois empereurs (Alliance des).

FRANÇOIS Ier DE LORRAINE. Voi Guise (François Ier, 2e duc de).

FRANÇOIS-FERDINAND DE HABS BOURG (Graz, 1863-Sarajevo, 1914) Ar chiduc d'Autriche, neveu de l'empereur d'Autriche François-Joseph Ier*, héritie de la couronne depuis 1889. François-Fer dinand s'opposa au dualisme austro-hon grois, défendu par son oncle, soutenant u « trialisme » dans lequel seraient intégré les Slaves* du Sud (Yougoslavie). Il fu nommé en 1913 inspecteur général des ar mées. Son assassinat à Sarajevo* (28 jui 1914) par un nationaliste bosniaque fu l'événement qui déclencha la Première Guerre* mondiale.

FRANCS. Peuple germanique, les Franc s'installèrent en Gaule* aux IVe et VIe siè cles ap. J.-C. et donnèrent (bien plus tard leur nom à la France. Demeurés païen

même si certains adhérèrent à l'hérésie
ienne*, ils étaient divisés en plusieurs
roupes dont les plus importants étaient les
rancs* saliens et les Francs* du Rhin,
haque tribu étant dirigée par un chef élu
ar les guerriers. Ils étaient établis vers le
ilieu du IIIe siècle sur les rives du Rhin
férieur. Ils lancèrent plusieurs raids dans
Empire romain*, et on les trouve dès le
sbut du IVe siècle engagés comme auxi-
aires dans l'armée romaine* et même fé-
Srés (ou alliés) de Rome, chargés de dé-
endre la frontière gallo-romaine*. Ce fut
partir des Grandes Invasions* que
ommença l'expansion des Francs en
aule (ve siècle). Sous le règne de Clovis*
81-511) devenu catholique vers 496, et
e ses successeurs, la quasi-totalité du
ays passa sous leur domination. Voir Ger-
ains, Mérovée.

RANCS DU RHIN. Nom donné aux
rancs* établis au début du Ve siècle sur la
ve gauche du Rhin. On leur a donné le
om de Francs ripuaires aux IXe et Xe sièes. Voir Francs saliens.

RANCS SALIENS. Nom donné aux
rancs* établis au début du Ve siècle dans
région du Brabant (en Belgique). Méro-
ée*, Franc salien, donna son nom à la dy-
astie des Mérovingiens*. Voir Francs du
hin.

RANC-TIREUR. Mouvement de Résis-
nce français créé en 1940 en zone sud. Il
rma en 1943 avec les réseaux Combat*
Libération-Sud, le Mouvement uni de la
sistance (MUR). Voir Résistance.

**RANCS-TIREURS ET PARTISANS
RANÇAIS (FTPF ou FTP).** Organisa-
on militaire de Résistance créée en 1942
constituée en majorité de communistes.
irigée par M. Prenant puis Ch. Tillon, elle
t intégrée en 1944 aux FFI (Forces* fran-
ises de l'intérieur). Voir FFI, Résistance.

RANKLIN, Benjamin (Boston,
706-Philadelphie, 1790). Savant et
omme politique américain. Rallié au
ouvement d'indépendance des colonies

anglaises, il symbolisa l'Amérique des Lumières. Issu d'une famille nombreuse et
modeste, élevé dans le puritanisme, Franklin fut d'abord imprimeur à Philadelphie
puis journaliste après avoir racheté *La Gazette de Pennsylvanie* et fondé un almanach dans lesquels il diffusa ses idées libérales. Député de l'assemblée de
Pennsylvanie* (1751), il fut choisi pour
défendre les intérêts des colons au gouvernement de Londres (1757). Député du
Congrès américain de Philadelphie (1774),
il fut avec Jefferson* et Adams* le rédacteur de la Déclaration* d'indépendance
(1776). Envoyé en mission en France afin
de négocier une alliance, il obtint, soutenu
par La Fayette*, l'envoi d'une armée en
1778. Passionné aussi d'expériences scientifiques, en particulier sur l'électricité,
Franklin reconnut la nature électrique de la
foudre et inventa le paratonnerre (1752),
ainsi que le calorifère connu sous le nom
de « cheminée de Franklin ».

FRÉDÉGONDE (v. 545-597). Reine des
Francs* de Neustrie*, dont la rivalité avec
Brunehaut*, reine d'Austrasie*, est restée
célèbre. Ambitieuse, elle poussa Chilpéric Ier, roi de Neustrie, à assassiner sa
femme, sœur de Brunehaut, puis l'épousa.
Ce crime déclencha la guerre entre la
Neustrie et l'Austrasie. Frédégonde fit tuer
Sigebert Ier, roi d'Austrasie et époux de
Brunehaut puis, après la mort de son mari,
exerça la régence pour son fils, Clotaire II*. Elle battit les armées de Brunehaut mais sa mort en 597 laissa à sa rivale
une position dominante sur le monde
franc. Voir Brunehaut, Mérovingiens.

FRÉDÉRIC Ier BARBEROUSSE (Wai-
blingen, v. 1122-dans le Cydnos, 1190).
Roi de Germanie*, puis empereur
(1155-1190). Issu de la dynastie des Hohenstaufen*, il s'opposa comme ses prédécesseurs à la papauté et aux villes d'Italie du Nord, riches et puissantes, auxquelles il souhaitait imposer son autorité.
Refusant de reconnaître le nouveau pape

Alexandre III, défenseur résolu des prétentions du Saint-Siège, l'empereur fit élire un antipape. Son attitude provoqua l'alliance du pape légitime avec les villes italiennes regroupées dans la Ligue lombarde*. Malgré la destruction de Milan révoltée (1162), Frédéric fut vaincu à Legnano (1176) et dut reconnaître l'indépendance des villes lombardes. Son échec en Italie du Nord fut compensé par le mariage de son fils, Henri, avec Constance, l'héritière du royaume normand de Sicile*. L'empereur fut aussi l'un des chefs de la troisième croisade* mais mourut noyé dans un fleuve d'Asie* Mineure. Il devint à partir du XVIe siècle un personnage mythique. On racontait qu'il n'était pas mort et qu'il viendrait rendre sa grandeur à l'Empire. Voir Sacerdoce et de l'Empire (Lutte du), Saint Empire romain germanique.

FRÉDÉRIC II de HOHENSTAUFEN (Iesi, 1194-château de Fiorentino, 1250). Roi de Sicile* (1197-1250) et empereur (1220-1250). Par sa lutte acharnée contre la papauté, il porta à son paroxysme la lutte du Sacerdoce* et de l'Empire. Personnage singulier, sa vaste culture et sa curiosité universelle en font le précurseur des princes de la Renaissance*. Petit-fils de Frédéric Ier* Barberousse, fils d'Henri VI de Hohenstaufen* et de Constance de Sicile, orphelin à 4 ans, il fut élevé par le pape Innocent III* qui l'opposa comme candidat au Saint Empire à Otton de Brunswick, définitivement vaincu après Bouvines*. Élu roi de Germanie* par les princes allemands à Mayence (1212), il profita de la faiblesse politique du pape Honorius III pour se faire couronner empereur (1220) et réunit ainsi, à titre personnel, la Sicile et l'Empire germanique. Avant tout roi de Sicile, s'intéressant peu aux affaires allemandes, Frédéric II souhaita étendre son autorité à l'Italie du Nord, rendant inévitable le conflit avec la papauté et les villes lombardes. Excommu-

nié par Grégoire IX (1227), ayant fait vœu de croisade mais différant sans cesse son départ, Frédéric II entreprit cependant la sixième croisade*, négociant à prix d'or avec le sultan d'Égypte la restitution de Jérusalem* dont il se fit proclamer roi. Rentré en Italie, il trouva une partie du pays soulevée contre lui et soutenue par le pape mais réussit à restaurer son autorité, obligeant Grégoire IX, vaincu, à signer la paix de San Germano (1230). Après avoir écrasé dans l'Empire la rébellion de son fils Henri (1235), l'empereur, voulant soumettre les villes de la plaine de Padoue, écrasa à Cortenuova (1237) les milices lombardes alliées au pape, ce qui lui valut une nouvelle excommunication (1239). En 1241, il arrêta les cardinaux chargés de le condamner en concile* et fut déposé par Innocent IV au concile de Lyon (1245). L'empereur mourut cinq ans plus tard sans avoir rien cédé mais laissant l'Empire et l'Italie en proie à l'anarchie. Durant son règne, il avait fait de la Sicile un État moderne et laïque, brisant les libertés citadines et établissant, par les Constitutions de Melfi (1231), une monarchie absolue. Il organisa une administration centralisée (fondation de l'université de Naples* afin de former des agents royaux) et créa des monopoles commerciaux. Très cultivé, parlant plusieurs langues, protecteur des arts et des sciences, il réunissait à sa cour de Palerme, d'un faste tout oriental, savants chrétiens, juifs et arabes. Son indifférence en matière religieuse – ses contemporains le surnommaient l'Antéchrist – ne l'empêcha pas de poursuivre les hérétiques mais l'incita à la tolérance à l'égard des autres religions. Voir Grand Interrègne, Guelfes et Gibelins, Saint Empire romain germanique.

FRÉDÉRIC Ier (Königsberg, 1657-Berlin, 1713). Électeur de Brandebourg, puis premier roi en Prusse* (1701-1713). Fils et successeur de Frédéric-Guillaume de Hohenzollern, dit le Grand Électeur, il soutint

empereur Léopold Ier* contre
Louis XIV* et les Turcs, afin d'obtenir le
titre de roi de Prusse. Cette royauté fut reconnue par les traités d'Utrecht*
(1713-1715). Voir Frédéric-Guillaume Ier.

FRÉDÉRIC II LE GRAND (Berlin,
1712-Potsdam, 1786). Roi de Prusse*
(1740-1786). Despote éclairé, ami de Voltaire*, mais aussi roi conquérant, il fut l'un
des souverains les plus illustres du
XVIIIe siècle. Fils du Roi-Sergent, Frédéric-
Guillaume Ier*, grand admirateur de la
culture française, il accéda au trône en
1740 et tout au long de son règne s'efforça,
par d'importantes réformes, de fortifier
l'État prussien et d'asseoir son autorité
dans l'empire comme en Europe. Soucieux
d'accroître le territoire de la Prusse et de
combattre l'influence autrichienne dans
l'Empire, Frédéric II combattit les Habsbourg* d'Autriche. Profitant de la succession contestée de Charles VI*, empereur
germanique, il envahit la Silésie dont l'annexion lui fut confirmée par le traité de
Dresde en 1745 (guerre de Succession*
d'Autriche, 1740-1748). Engagé dans la
guerre de Sept* Ans (1756-1763) aux côtés de l'Angleterre, Frédéric II, après de
graves échecs militaires infligés par l'Autriche et la Russie, obtint néanmoins l'annexion définitive de la Silésie. Diplomate
habile, il négocia à l'amiable le premier
partage de la Pologne* (1772) avec Catherine II* de Russie et Joseph II*, le conflit
avec l'Autriche se rallumant en 1779 avec
la guerre de Succession* de Bavière. Ces
guerres fréquentes n'avaient pas empêché
Frédéric II de s'attacher, durant dix ans de
paix (1745-1756), à réformer profondément la Prusse selon les principes du despotisme* éclairé, expression dont, ami de
Voltaire, il fut l'initiateur et qui s'appuyait
sur l'idée que le pouvoir devait être fondé
non sur le droit divin mais sur la notion de
contrat entre gouvernant et gouvernés.
Bien que Frédéric II restât d'abord un souverain absolu laissant à la noblesse, son al-

liée naturelle, l'essentiel de ses privilèges,
il défendit la tolérance religieuse, réforma
la justice (codification du droit prussien,
abolition de la torture) et favorisa l'instruction. Confronté à des guerres dévastatrices et ruineuses, il s'attacha aussi à la reconstruction de la Prusse et à son
développement économique. Conservant à
l'économie son caractère mercantiliste, il
améliora la fiscalité en établissant des
monopoles d'État. Il fonda des institutions
de crédit afin d'aider les grands propriétaires fonciers (junkers*) et favorisa la colonisation agricole des territoires récemment conquis. À la fin de son règne, la
puissance de la Prusse paraissait à son apogée : la population avait presque triplé, le
territoire pratiquement doublé, et son armée passait pour la meilleure d'Europe,
comptant en 1786 195 000 hommes pour
moins de 6 millions d'habitants. Cependant, le règne médiocre de son successeur
Frédéric-Guillaume II*, mais aussi les faiblesses internes du royaume (autoritarisme
et centralisation excessifs) devaient expliquer plus tard l'effondrement prussien face
à Napoléon Ier*. Voir Marie-Thérèse, Mercantilisme, Saint Empire romain germanique.

FRÉDÉRIC-GUILLAUME, dit **le
GRAND ÉLECTEUR** (Berlin, 1620-
Potsdam, 1688). Électeur de Brandebourg
(1640-1688) et duc de Prusse*, il fut le
créateur de la future puissance du royaume
de Prusse. Succédant à son père engagé
dans la guerre de Trente* Ans (1618-
1648), il réorganisa l'armée, imposa l'absolutisme et développa l'économie, favorisée par l'émigration des protestants*
français après la révocation de l'édit de
Nantes* (1685). Ses possessions s'agrandirent après les traités de Westphalie*
(1648) et ses guerres contre la Pologne, la
France et la Suède. Voir Frédéric II, Frédéric-Guillaume Ier.

FRÉDÉRIC-GUILLAUME Ier, dit **le
Roi-Sergent** (Berlin, 1688-Potsdam,

1740). Roi de Prusse* (1713-1740). Fils et successeur de Frédéric Ier*, petit-fils de Frédéric-Guillaume* dit le Grand Électeur, il fut le véritable artisan de la puissance militaire prussienne, laissant à son fils Frédéric II* le Grand les moyens de la porter à son apogée. Il reçut, comme les autres princes de son époque, une éducation rudimentaire mais, soldat né (d'où son surnom de Roi-Sergent), il s'attacha à faire de la Prusse une monarchie militaire. Construire une grande armée nécessitait d'importants revenus et des hommes. Il assainit les finances, réduisant les dépenses de la cour et imposant à tous, même à la noblesse, l'impôt foncier. La Prusse n'étant pas en mesure de concurrencer sur le plan commercial les grands États européens, il imposa au pays de vivre en économie fermée, introduisant le mercantilisme* que Colbert* avait imposé à la France. Grâce à cette politique, la Prusse accumula un trésor considérable qui lui permit la création d'une armée de près de 80 000 hommes vers 1740, nombre disproportionné par rapport à une population d'environ 600 000 habitants. Composée de mercenaires et de soldats recrutés dans les cantons, l'armée était encadrée par la noblesse terrienne, caste militaire très fermée (les roturiers n'y étaient pas admis). Frédéric-Guillaume ne fut cependant pas un roi belliqueux, ne prenant les armes qu'à la fin de la guerre du Nord*, ce qui lui permit de gagner la Poméranie occidentale et Stettin (1720). Absolutiste, Frédéric-Guillaume laissait aussi à son successeur un État très centralisé, avec une administration efficace qui lui permit d'assurer la cohésion des possessions prussiennes dispersées dans l'Empire. Voir Saint Empire romain germanique.

FRÉDÉRIC-GUILLAUME II (Berlin, 1744-*id.*, 1797). Roi de Prusse* (1786-1797). Neveu de Frédéric II* auquel il succéda, il combattit la Révolution* française et laissa un pays considérable-

ment affaibli, compromettant gravement l'héritage de son oncle. Il joua un rôle peu glorieux dans la guerre entre la Russie, l'Autriche et la Turquie, puis décida une coalition contre la France révolutionnaire. Il signa avec Léopold II* d'Autriche la déclaration de Pillnitz* (août 1791). Ses armées, commandées par le duc de Brunswick, envahirent la Champagne puis reculèrent après Valmy*. Occupé par le deuxième (1793) puis troisième partage de la Pologne* (1795) qui lui donnèrent Dantzig*, la Posnanie et Varsovie, il signa à Bâle une paix séparée avec la France (1795), reconnaissant à celle-ci la rive gauche du Rhin. Voir Bâle (Traités de, 1795), Coalition (Première).

FRÉDÉRIC-GUILLAUME III (Potsdam, 1770-Berlin, 1840). Roi de Prusse* (1797-1840). En guerre contre la France napoléonienne à partir de 1806, il encouragea le renouveau de la Prusse après le désastreux traités de Tilsit*. Fils et successeur de Frédéric-Guillaume II*, il combattit Napoléon Ier*, inquiété par la création de la Confédération* du Rhin, mais dut après les victoires françaises d'Iéna* et d'Auerstedt*, signer les traités de Tilsit qui réduisaient de moitié la Prusse. Frédéric-Guillaume encouragea alors les réformes libérales proposées par de brillants hommes d'État tels Stein*, Scharnhorst* et Hardenberg*. Après avoir engagé la Prusse dans la guerre de libération (1813-1814), Frédéric-Guillaume obtint du congrès de Vienne* (1815) d'importants avantages territoriaux – en particulier l'Allemagne rhénane –, rétablissant ainsi la Prusse dans son ancienne puissance. Il refusa, à la fin de son règne, l'adoption d'une constitution mais fonda en 1834 le *Zollverein*, première étape vers l'unité politique de l'Allemagne.

FRÉDÉRIC-GUILLAUME IV (Berlin, 1795-château de Sans-Souci, 1861). Roi de Prusse* (1840-1861). Surnommé le « Roi romantique », très irrésolu dans le affaires politiques, il incarna la haine des ibéraux allemands de 1848. Fils de Frédéric-Guillaume III*, d'abord très hostile à toute évolution institutionnelle du régime, Frédéric-Guillaume IV dut, sous la pression de la révolution berlinoise de 1848, accorder une Constitution libérale qu'il s'empressa de modifier, une fois le danger passé. Lorsque le Parlement de Francfort lui proposa la couronne impériale, il refusa de l'accepter des mains d'une Assemblée populaire, mais tenta de reprendre à son compte le mouvement de l'unité en groupant les princes allemands en une « union restreinte » dans le cadre d'une « Petite Allemagne » (Allemagne du Nord). Cependant, l'Autriche, inquiète, fit échouer son projet, infligeant à la Prusse l'humiliation d'Olmütz* (novembre 1850). Atteint d'aliénation mentale, Frédéric-Guillaume IV fut contraint en 1858 de laisser la régence à son frère, le futur Guillaume Ier*. Voir Révolutions de 1848.

FRENCH, John, 1er comte d'Ypres (Ripple, 1852-Deal Castle, 1925). Maréchal anglais. Chef d'état-major impérial (1913), il commanda les troupes britanniques en France en 1914 et 1915. Remplacé par Douglas Haig* (décembre 1915), il fut vice-roi d'Irlande (1918-1921), puis gouverneur du Kent. Voir Guerre mondiale (Première).

FRÉRON, Stanislas (Paris, 1754-Saint-Domingue, 1802). Publiciste et homme politique français. Enthousiasmé par la Révolution* française, il participa à toutes les grandes journées révolutionnaires, réprima avec férocité la contre-révolution dans le sud-est de la France puis passa ouvertement à la réaction, contribuant à la chute de Robespierre*. Membre du Club des cordeliers*, fondateur du journal *L'Orateur du peuple*, il fut l'un des rédacteurs de la pétition du Champ de Mars demandant la déchéance de Louis XVI*, participa à l'insurrection populaire du 10 août* 1792 et aux massacres de Septembre* (1792). Député montagnard* à la Convention*, il fut envoyé comme représentant* en mission à Marseille et Toulon, pour réprimer l'insurrection fédéraliste* et royaliste, exerçant d'impitoyables représailles. Craignant pour son sort car menacé par Robespierre, il contribua à la chute de ce dernier le 9 Thermidor* (27 juillet 1794), et passa à la réaction antijacobine sous la Convention* thermidorienne. Amant de Pauline Bonaparte, il approuva le coup d'État du 18 Brumaire* mais n'obtint de Bonaparte* que des postes secondaires. Nommé sous-préfet à Saint-Domingue, il y mourut deux ans après son arrivée. Voir Barras (Paul), Champ de Mars (Fusillade du), Collot d'Herbois (Jean-Marie), Fouché (Joseph).

FREUD, Sigmund (Freiberg, auj. Pribor, Moravie, 1856-Londres, 1939). Neurologue et psychiatre autrichien, l'un des grands génies de ce siècle car il en bouleversa la pensée, et fondateur de la psychanalyse. Après avoir reçu son diplôme de médecin à Vienne, Freud se spécialisa dans la neurologie qu'il pratiqua jusqu'en 1885. À partir de cette date, il fit deux voyages d'études, l'un à Paris où Charcot l'initia à l'emploi de la méthode hypnotique (1885), l'autre à Nancy (1889) où il étudia la méthode de cure hypno-suggestive de Bernheim. Après avoir ouvert un cabinet médical à Vienne, il publia, en collaboration avec Breuer qui lui avait fait connaître la méthode cathartique (ou cure par la parole), ses *Études sur l'hystérie* (1895), ouvrage dans lequel il créa une méthode originale de l'exploration de l'inconscient par l'analyse des images du rêve et des actes manqués. Après avoir pratiqué sur lui-même une longue analyse, Freud découvrit ce qu'il appela le complexe d'Œdipe* dont l'échec constituait, selon lui, l'origine des troubles névrotiques. À partir de 1902, les études de Freud firent de nombreux adeptes et la psychanalyse fut bientôt connue dans le monde entier. Freud poursuivit ses recherches, étendant le domaine de l'investigation psychanalytique aux grands problèmes de la civilisation. Le régime nazi condamna les théories freudiennes et Freud dut, en raison de ses origines juives, quitter l'Autriche pour Londres (1938). En 1910, il fonda l'Association psychanalytique internationale, institution par rapport à laquelle se situèrent toutes les tendances et institutions nationales. Parmi les nombreux ouvrages publiés par Freud, on peut citer *L'Interprétation des rêves*, 1900 ; *Psychopathologie de la vie quotidienne*, 1904 ; *Trois essais sur la théorie de la sexualité*, 1905 ; *Totem et Tabou*, 1912 ; *Au-delà du principe de plaisir*, 1930 ; *Malaise dans la civilisation*, 1930 ; *Moïse et le monothéisme*, 1939 et *Introduction à la psychanalyse*, 1916, recueil des cours qu'il donna à l'université de Vienne avant la Première Guerre* mondiale.

FREYCINET, Charles Louis de Saulces de (Foix, 1828-Paris, 1923). Homme politique français. Polytechnicien, ingénieur des Mines, il fut ministre des Travaux publics (1877-1879) et quatre fois président du Conseil entre 1879 et 1892. Son nom resta attaché à la réalisation d'un grand programme de travaux publics, le plan Freycinet (ports, canaux et chemins de fer) et à la modernisation de l'armement (fusil Lebel, canon de 75). Il modifia aussi le service militaire, porté à trois ans, avec interdiction des dispenses.

FRIEDLAND (Bataille de, 14 juin 1807). Victoire remportée par Napoléon Ier* à Friedland (ville de Prusse* orientale, aujourd'hui située dans l'ex-URSS) sur les armées russes commandées par Bennigsen. Cette victoire totale, à laquelle Lannes* contribua, effaçait la bataille indécise d'Eylau* (février 1807). Les Russes, isolés sur un plateau, subirent de lourdes pertes (25 000 hommes). La demande d'armistice russe fut suivie de la paix de Tilsit*

signée entre le tsar Alexandre Ier* et Napoléon (juillet 1807). Voir Coalition (Quatrième).

FRIEDMAN, Milton (New York, 1912-). Économiste américain. Partisan d'un libéralisme* tempéré par un certain contrôle de l'État sur la monnaie – d'où le qualificatif de « monétariste » –, il joua un rôle influent sur la politique économique des États-Unis. Il fut Prix Nobel* d'économie en 1976. Voir Galbraith (John K.), Keynes (John M.).

FRITSCH, Werner, baron von (Benrath, 1880-devant Varsovie, 1939). Général allemand. Nommé commandant en chef des forces terrestres après l'arrivée au pouvoir de Hitler*, il joua à ce poste un rôle capital dans le réarmement allemand. Mis à la retraite, le Parti national-socialiste souhaitant contrôler totalement la Wehrmacht, il reprit du service au début de la Seconde Guerre* mondiale et fut tué lors du siège de Varsovie. Voir National-Socialisme, Seeckt (Hans von).

FROISSART, Jean (Valenciennes, v. 1337-Chimay, ap. 1404) Écrivain français, il fut l'un des grands chroniqueurs de l'histoire de France. Il raconta dans ses *Chroniques* les événements qui se déroulèrent en Angleterre, en Écosse, en France, en Italie, en Espagne et au Portugal entre 1325 et 1400.

FRONDE (La). Nom donné aux troubles qui agitèrent la France de 1648 à 1653 sous la régence d'Anne* d'Autriche et le gouvernement de Mazarin*. Nobles et parlementaires, hostiles au renforcement et à la centralisation du pouvoir royal réalisés par Richelieu*, tentèrent de retrouver leurs anciennes prérogatives. Leur échec rendit son prestige à la monarchie que Louis XIV*, tirant les leçons de l'événement, transforma en monarchie absolue. La guerre contre l'empire des Habsbourg* (guerre de Trente* Ans), qui obligea Mazarin, devenu très impopulaire, à des augmentations d'impôts insupportables pour e peuple, mais aussi la minorité de Louis XIV incitant les grands à l'action furent les deux circonstances qui contribuèrent à l'éclatement de la crise. Le Parlement* de Paris, menacé par l'édit de 1648 suspendant pour quatre ans le traitement des membres des cours souveraines refusa, sous l'influence du futur cardinal de Retz* et de Broussel*, d'enregistrer l'édit*. Il se réunit par l'acte d'union (1648) aux autres cours souveraines et présenta un programme de réformes qui, à l'exemple de la révolution anglaise, limitait singulièrement le pouvoir royal : suppression des intendants*, promesse de ne retenir personne prisonnier plus de 24 heures, garantie de ne lever aucun impôt sans l'enregistrement de l'édit par le Parlement. La Fronde parlementaire avait commencé. Mazarin, après hésitation, décréta l'arrêt du Parlement comme attentatoire aux droits du roi, ordonna l'arrestation du conseiller Broussel qui, très populaire, provoqua le soulèvement de la capitale (journée des Barricades, 1648), excitée contre Mazarin par une presse de pamphlets imprimés librement (mazarinades). Anne d'Autriche, forcée de relâcher le prisonnier, s'exila avec la Cour à Saint-Germain-en-Laye (1649), tandis que le prince de Condé* assiégeait Paris. Les parlementaires, inquiets de l'agitation populaire et des pourparlers des chefs de la Fronde avec les Espagnols, choisirent finalement de se réconcilier avec la reine et signèrent la paix de Rueil (1649) qui leur accordait l'amnistie contre l'abandon de leurs prétentions politiques. Mécontent du maintien au pouvoir de Mazarin, Condé rompit avec la Cour et rejoignit les frondeurs. Arrêté par surprise, il fut enfermé à Vincennes. Ses amis, indignés, soulevèrent la province, partagée entre royalistes fidèles et partisans de Condé soutenus par les troupes espagnoles. La Fronde des princes – beaucoup plus grave – succédait à celle des parlementaires. Pour combattre Condé, la régente et le jeune Louis XIV quittèrent de nouveau Paris. Mazarin, contraint de relâcher le prince, se retira en Rhénanie (1651), cependant que des rivalités naissaient entre les chefs (Condé et le futur cardinal de Retz), et entre nobles et parlementaires. La reine en profita pour rétablir son autorité et rappela Mazarin. Condé s'allia alors aux Espagnols, souleva la Guyenne* et le Poitou, tandis que Turenne* se ralliait de nouveau à la Cour. Ce dernier assiégea Paris ; Condé, qui y avait trouvé refuge, fut chassé et s'enfuit aux Pays-Bas espagnols, son départ marquant la fin de la guerre civile. Le roi rentra dans sa capitale où il reçut un accueil triomphal, suivi peu après de Mazarin, ce qui ne provoqua aucun trouble, l'anarchie et l'excès de malheurs ayant provoqué la lassitude d'une grande partie de la population. Voir Importants (Cabale des), La Rochefoucauld (François de), Longueville (Duchesse de).

FRONT DE LIBÉRATION NATIO-NALE (FLN). Mouvement nationaliste algérien fondé lors de l'insurrection de novembre 1954, et formé de la fusion de divers groupements nationalistes. Il fut l'élément moteur de la lutte pour l'indépendance, dirigeant de l'Armée de libération nationale (ALN) et porte-parole politique du GPRA (Gouvernement provisoire de la République algérienne) constitué au Caire en 1958. Devenu parti unique après l'indépendance (1962), il perdit ce statut en 1989 après la promulgation d'une nouvelle Constitution instaurant le multipartisme. Voir Algérie (Guerre d'), Ben Bella (Ahmed), Boumediene (Houari), Chadli (Ben Djedid).

FRONT NATIONAL. Mouvement de Résistance* française à l'occupation allemande. Créé en zone nord en 1941 à l'instigation du parti communiste*, il s'ouvrit à toutes les tendances puis s'étendit rapidement à la zone sud. Il créa sur le plan militaire les Francs-Tireurs* et partisans (FTP) et sur le plan littéraire lança, dans la clandestinité, *Les Lettres françaises*, fondées en 1942 par Jacques Decour et Jean Paulhan. Armé par le général Giraud*, le Front national organisa la libération de la Corse (septembre 1943) et se révéla, à la libération*, le plus important des mouvements de Résistance.Voir Aragon (Louis).

FRONT POPULAIRE (mai 1936-avril 1938). Nom donné en France à la coalition des partis de gauche qui arriva au pouvoir en juin 1936. Si sa politique, notamment économique, reste encore très controversée, les réformes sociales qu'il imposa marquèrent un acquis important pour la cause ouvrière. Née des conséquences de la grande crise* économique de 1929 qui affecta la France au début de 1931, du mécontentement social accentué par l'échec de la politique de déflation de Laval* mais aussi de la montée du fascisme* en Europe et de la menace fascisante en France (émeute du 6 février* 1934), le Front populaire se constitua avec l'élaboration d'un programme commun (janvier 1936). Il regroupa les partis politiques de gauche (parti communiste* avec Maurice Thorez*, la SFIO* avec Léon Blum* et le Parti radical* avec Édouard Daladier*), les syndicats (CGT* socialiste et CGTU communiste réunifiées en 1936) et plusieurs organisations d'intellectuels de gauche. Lors des élections législatives de mai 1936, les désistements réciproques assurèrent aux partis du Front populaire, après un premier tour incertain, une victoire électorale complète. Les progrès communistes furent les plus sensibles, la SFIO devint le premier parti de la majorité, mais les radicaux, bien qu'en perte de vitesse, restèrent néanmoins les maîtres du jeu. Léon Blum, chef de la SFIO, forma le gouvernement composé de socialistes et de radicaux, les communistes apportant leur soutien mais sans participation. Ce fut pendant l'été 1936 que fut accompli l'essentiel des réformes du Front populaire, en partie sous la pression des grèves qui éclatèrent, pour la plupart spontanément, dans l'euphorie de la victoire : signature des accords Matignon* (7 juin 1936) ; augmentation de salaires, semaine de 40 heures, deux semaines de congés payés, réorganisation et nationalisation de la Banque de France*, création de l'Office national interprofessionnel du blé, nationalisation des chemins de fer et des industries de guerre. Cependant, les faits déçurent vite les espoirs suscités par ce que certains appelèrent le *New* Deal* français. Les difficultés financières (freinage des investissements, évasion des capitaux qui affaiblirent le franc, hausse des prix et chômage) obligèrent Léon Blum à déclarer la « pause », c'est-à-dire la fin des réformes, provoquant l'amertume des syndicats et des partis de gauche, en particulier le PCF déjà amer après la décision de non-intervention dans la guerre civile d'Espagne* (1936-1939). Léon Blum dut céder sa place de président du Conseil à Camille Chautemps* (juin 1937-mars 1938), l'échec du deuxième cabinet Blum (mars-avril 1938) et le ministère Daladier qui lui succéda marquant, par la remise en cause des conquêtes sociales et la signature des accords de Munich*, la fin définitive du Front populaire. Confronté aux contradictions internes de sa majorité, aux violentes pressions de la droite (campagnes haineuses de la presse d'extrême droite), mais aussi à une conjoncture difficile, le gouvernement de Léon Blum ne peut être taxé ni de réussite ni d'échec absolu.Voir Auriol (Vincent), Blum (Léon), Ligue des droits de l'homme, Salengro (Roger), Zay (Jean).

FRŒSCHWILLER (Bataille de, 6 août 1870). Défaite de l'armée française commandée par Mac-Mahon* à Frœschwiller (dans le Bas-Rhin), battue par les troupes du prince royal de Prusse* lors de la guerre franco-allemande* de 1870-1871. L'épisode le plus célèbre de cette bataille fut la charge désespérée des cuirassés français, qu'on appelle couram

nent la charge de Reichshoffen (du nom
d'un village voisin). Cette défaite entraîna
a perte de l'Alsace occupée par la Prusse.
Voir Alsace-Lorraine, Sedan (Bataille de),
Wissembourg (Bataille de).

FRUCTIDOR AN V (Coup d'État du 18 ;
4 septembre 1797) Coup d'État exécuté
sous le Directoire* par les trois directeurs
(dont Barras*) soutenus par l'armée,
contre les modérés et les royalistes, majoritaires dans les Conseils (Conseil des
Cinq*-Cents et Conseil des Anciens*). Ce
coup d'État marqua un renforcement de
l'exécutif au détriment du pouvoir législatif. En 1797, lors du renouvellement annuel du tiers des Conseils, les royalistes, se
présentant en défenseurs de l'ordre, réussirent à faire nommer un directeur (Barthélemy) et devinrent majoritaires aux
Conseils, ces derniers supprimant immédiatement les lois contre les émigrés* et
les prêtres réfractaires*. Les trois directeurs républicains, sur l'initiative de Barras, décidèrent d'en appeler à l'armée. Le
18 fructidor an V (4 septembre 1797), le
général Augereau*, envoyé d'Italie par
Bonaparte*, fit occuper Paris. Les deux directeurs favorables aux royalistes furent
destitués, de nombreux députés et prêtres
furent déportés, et les élections de 49 départements* furent annulées.

FUGGER. Célèbre famille de riches marchands et de banquiers d'Augsbourg*, en
Allemagne. Elle établit solidement sa fortune à la fin du XVe siècle par le commerce
des épices*, des soies et des draps mais
aussi en exploitant les mines de cuivre et
d'argent d'Allemagne du Sud et de Hongrie. Les Fugger prêtèrent des sommes
considérables aux Habsbourg* et notamment à Charles* Quint et Philippe II*.
Leur fortune déclina à partir de la seconde
moitié du XVIe siècle.

FÜHRER (en all. chef ou guide). Titre
porté par Hitler* à partir de 1934. Voir
Caudillo, Duce.

FUJIWARA. Grande famille de nobles
japonais, propriétaires de biens fonciers
considérables. Elle contrôla le pouvoir impérial du IXe à la fin du XIIe siècle. Sous son
règne se développèrent une brillante
culture et la pénétration du bouddhisme* – jusque-là réservé à une élite
– au sein du peuple. Les Fujiwara, alliés à
la famille impériale, devinrent tout-puissants avec le titre de régent et favorisèrent
une politique pacifique. Ils furent supplan-
tés au XIIe siècle par le clan des Minamoto*. Voir *Genji monogatari*, Heian
(Époque de).

**FUSTEL DE COULANGES, Numa De-
nis** (Paris, 1830-Massy, 1889). Historien
français. Sa méthode, qu'il avait notamment définie dans les *Questions historiques*, reposait sur la stricte objectivité de
l'historien et l'exploitation rigoureuse des
documents écrits. Il fut notamment l'auteur de *La Cité antique* (1864) et de l'*Histoire des institutions politiques de l'ancienne France* (1875-1892).

FUTURISME. Mouvement littéraire et
artistique né en Italie au début du XXe siècle. Fondé par le poète Marinetti (*Manifeste du futurisme*, 1909) auquel se joignit
un groupe d'artistes (Bocciani, Balla,
C. Carrà, Severini, Russolo), le futurisme
fut une violente critique du traditionalisme
esthétique et culturel et prôna une conception plastique et poétique résolument tournée vers l'avenir. Les futuristes s'inspirèrent dans leurs œuvres de la ville
industrielle et du mythe de la vitesse et se
référèrent à la technique du divisionnisme
et du cubisme*. Grâce à Severini installé
à Paris, les futuristes italiens entrèrent en
contact avec des artistes et des écrivains
d'avant-garde comme Picasso*, Braque*
et Apollinaire*. Le premier futurisme disparut vers 1916 ; un second futurisme prit
naissance après la Première Guerre* mondiale mais il n'eut jamais l'unité créatrice
du premier groupe. Voir Maïakovski (Vladimir).

G

GABELLE. Dans la France d'Ancien* régime, impôt indirect sur le sel institué en 1341 et 1343 par Philippe VI* et perçu jusqu'en 1789. La vente du sel – denrée de première nécessité, seul moyen de conservation des denrées périssables – était monopolisée et effectuée par un corps d'officiers royaux, les grenetiers. L'impôt, qui rapportait beaucoup à l'État, était très impopulaire. La gabelle variait énormément d'une région à une autre. Tout contribuable était tenu d'acheter chaque année une certaine quantité de sel – le sel du devoir – répartie par paroisse. Théoriquement applicable à tous, l'impôt pesait peu sur la noblesse et le clergé qui bénéficiaient d'un tarif inférieur. La gabelle, qui donnait lieu à toutes sortes d'abus et de fraudes – contrebande entre régions où le sel était bon marché et celles où il était cher –, fut l'une des premières revendications inscrites dans les cahiers* de doléances. Elle fut abolie par la Constituante en 1790. Voir Assemblée (nationale) constituante.

GABRIEL, Jacques Ange (Paris, 1698-*id.*, 1782). Architecte et décorateur français. Héritier de Le Vau* et Mansart*, il affirma avec vigueur le classicisme* français. Appartenant à une famille d'architectes français, il acheva avec son père certaines de ses réalisations comme la place Royale à Bordeaux (aujourd'hui place de la Bourse) et lui succéda en 1742 comme premier architecte du roi Louis XV* et directeur de l'Académie d'architecture. Parmi ses œuvres : la résidence du Petit Trianon dans les jardins de Versailles*, destinée à Mme de Pompadour* (1762-1764), l'École militaire de Paris (projet de 1750-1751), le théâtre du château de Versailles (1757-1770) et la place Louis- XV (aujourd'hui place de la Concorde) à Paris (1757-1775).

GAGARINE, Iouri Alekseïévitch (Klouchino, auj. Gagarine, région de Smolensk, 1934-région de Vladimir, 1968). Cosmonaute soviétique. Il fut le premier homme à effectuer un vol spatial autour de la terre en 1 h 40 à bord de Vostok 1, le 12 avril 1961. Il trouva la mort dans un accident d'avion. Voir Spoutnik.

GAIA ou **GÊ.** Dans la mythologie* grecque, divinité personnifiant la terre, à l'origine de la Théogonie d'Hésiode*. Voir Cronos, Ouranos, Titans.

GAILLARD, Félix (Paris, 1919-au large de Jersey, 1970). Homme politique français. Député radical-socialiste, il fut président du Conseil de novembre 1957 à avril 1958 ; son gouvernement eut à affronter le grave problème algérien. Le bombardement par l'aviation française du village tunisien de Sakiet-Sidi-Youssef, destiné à détruire des unités du FLN (Front* de libération nationale) et qui provoqua plusieurs dizaines de morts dans la population civile, souleva une vive émotion dans l'opinion mondiale. Félix Gaillard accepta les « bons offices » anglo-américains, ce qui entraîna la chute de son ministère et ouvrit la crise qui aboutit en Algérie à l'insurrection du 13 mai* 1958, crise dans laquelle devait sombrer la Quatrième République*. C'est sous son gouvernement que fut mis en chantier le programme qui devait aboutir à la mise au point de la première bombe atomique française. Voir Algérie (Guerre d').

GAINSBOROUGH, Thomas (Sudbury, Suffolk, 1727-Londres, 1788). Peintre et dessinateur anglais. Portraitiste renommé de l'aristocratie, mais surtout peintre de la campagne, il fut, à la suite de William Hogarth* et de Joshua Reynolds, le plus important paysagiste anglais du XVIIIᵉ siècle, admiré par les impressionnistes. À Londres, il étudia auprès du graveur français Gravelot (1740-1748) puis, de retour à Sudbury, exécuta de nombreux paysages inspirés de la peinture hollandaise, notamment de Jacob Van Ruysdael et de Rubens*. Installé à Ipswich vers 1750, puis à Bath (1759-1774), localités très à la mode dans l'aristocratie, Gainsborough se plia au goût de ses commanditaires, consacrant l'essentiel de son activité aux portraits marqués par l'art d'Antoine Van* Dyck. Parmi les plus connus figurent ceux de ses filles, d'Ann Ford, de la duchesse de Richmond, de Mrs. Sarah Siddons, de Mr. et Mrs. Hallett et le célèbre *Blue Boy* (1770), défi lancé à son rival, Reynolds, hostile aux tons froids dans la peinture. Interprète inspiré de paysages anglais, Gainsborough peignit de magnifiques paysages comme *L'Abreuvoir* (1777, Londres), *La Charrette pour le marché* (1786-1787) et le célèbre portrait *Les Époux Andrews* (v. 1748). Voir Impressionnisme.

GALBRAITH, John Kenneth (Iona Station, Ontario, 1908-). Économiste américain. Collaborateur de Franklin D. Roosevelt*, il a analysé sans complaisance la société de consommation (*L'Ère de l'opulence*, 1958 ; *Le Nouvel État industriel*, 1967).

GALÈRE. Navire de guerre à rames utilisé surtout en Méditerranée jusqu'au XVIIIᵉ siècle. Longue et étroite, elle était entraînée généralement par plus de 300 rameurs. Le maniement des avirons étant très pénible, la France, comme les autres pays, constitua ses équipages avec des condamnés de droit commun. Sur chaque navire, les galériens étaient enchaînés jour et nuit les uns aux autres, surveillés et fouettés par des gardiens. En 1748, Louis XV* supprima les galères et les condamnés furent désormais envoyés au bagne. Voir Drakkar, Nef, Trière.

GALILÉE. À l'époque de Jésus*, région du nord de la Palestine*. C'est en Galilée que Jésus passa une grande partie de sa vie. Elle fait partie aujourd'hui de l'État d'Israël. Voir Christianisme.

GALILÉE, Galileo Galilei, en fr. (Pise, 1564-Arcetri, 1642). Mathématicien, physicien et astronome italien. Il fut l'un des fondateurs de la mécanique moderne et de la science expérimentale. Il découvrit la loi de la chute des corps dans le vide (contraire à la théorie d'Aristote*), énonça une première formulation du principe de l'inertie et établit les lois du pendule. Inventeur d'un des premiers microscopes, il fabriqua la lunette qui porte son nom (1609) et observa les reliefs de la lune, les principaux satellites de Jupiter*, les anneaux de Saturne* et les phases de Vénus*. Rallié au système du monde proposé par Copernic* affirmant la rotation de la terre autour du soleil – en contradiction avec la conception géocentrique de son époque –, il fut condamné par le tribunal de l'Inquisition* qui le fit abjurer (1633) et aurait prononcé cette affirmation célèbre : « Et pourtant, elle se meut ! »

GALLES (Prince de). Titre créé en 1301 par Édouard Iᵉʳ* d'Angleterre, en faveur de son fils, le futur Édouard II*, afin de se concilier les Gallois. Il est porté depuis par le fils aîné des souverains d'Angleterre.

GALLICANISME. Doctrine par laquelle l'Église catholique de France tenta de liniter l'autorité du souverain pontife. Les remières manifestations du gallicanisme emontent au conflit entre Philippe IV* le 3el et le pape Boniface VIII*, au début du IVᵉ siècle. Le roi de France affirma son ntière autorité sur les affaires ecclésiastiques (nomination des évêques, fiscalité), olonté confirmée par la Pragmatique* Sanction de Bourges (1438) et le concordat de Bologne* (1516). Le gallicanisme, léfendu avec vigueur au Parlement et à la Sorbonne*, fit, au cours du XVIIᵉ siècle, l'importants progrès dans le haut clergé oumis à Louis XIV*. Les édits de 1673 ur la Régale* mais surtout la célèbre Déclaration* du clergé de France, dite Déclaration des Quatre Articles, de 1682, rédigée par l'évêque de Meaux, Bossuet*, constituèrent le manifeste de la doctrine gallicane. Au XVIIIᵉ siècle, ce fut dans les milieux parlementaires, influencés par le jansénisme*, que le gallicanisme resta le plus virulent et la Révolution* le fit triompher par la Constitution* civile du clergé 1790). Il aurait disparu avec le Concordat* de 1801 mais Napoléon Iᵉʳ* y ajouta es Articles organiques (1802) qui mirent e clergé sous la tutelle de l'État. Après la utte, sous la Restauration*, entre les ultramontains – partisans de la soumission au Saint-Siège – et les gallicans, le gallicanisme s'amenuisa, le catholicisme* cessant d'être une religion d'État en 1830. Au premier concile du Vatican (1870), le gallicanisme fut condamné et l'infaillibilité pontificale proclamée. La séparation* de l'Église et de l'État (1905) donna à Rome le contrôle total de l'Église en France. Voir Lamennais (Félicité de), Maistre (Joseph de).

GALLIENI, Joseph Simon (Saint-Béat, 1849-Versailles, 1916). Maréchal de France. Il fit presque toute sa carrière dans les colonies, et fut un des artisans de la bataille victorieuse de la Marne* au début de la Première Guerre* mondiale. Sorti de Saint-Cyr, Gallieni se distingua d'abord au Soudan, au Sénégal et au Tonkin avant d'être envoyé comme gouverneur général à Madagascar (1896-1905). Il y mit fin à une rébellion, déposa la reine Ranavalona III – déportée à la Réunion puis en Algérie – puis organisa la colonisation de l'île, menant de front conquête et administration. Gouverneur de Paris (août 1914), c'est lui qui mobilisa les taxis parisiens (taxis de la Marne) afin d'envoyer des troupes soutenir la VIᵉ armée française contre von Kluck*, et contribua ainsi au début de l'offensive sur la Marne. Ministre de la Guerre (1915-1916), il fut fait maréchal* à titre posthume (1921).

GALLO-ROMAIN, GALLO-ROMAINE. Qui appartient à la fois aux Gaulois* et aux Romains ; relatif aux habitants de la Gaule* depuis la conquête romaine (51 av. J.-C.) jusqu'à l'installation des Francs* (Vᵉ-VIᵉ siècles ap. J.-C.). La civilisation gallo-romaine est constituée des apports réciproques de Rome* et de la Gaule.

GALLO-ROMAINS. Nom donné aux habitants de la Gaule* romaine. La période gallo-romaine* s'étend de la conquête de la Gaule* par César* (58-51 av. J.-C.) à l'avènement de Clovis* (481 ap. J.-C.).

GAMA, Vasco de (Sines, v. 1469-Cochin, 1524). Navigateur portugais, il fut le premier Européen à atteindre l'Inde* par la mer. La découverte de la route des Indes permit ainsi aux commerçants portugais d'enlever le monopole arabe du commerce des épices*. Chargé de mission par le roi Manuel, il doubla le cap de Bonne-Espérance (découvert par Bartolomeu Dias*) en 1497 et atteignit Calicut l'année suivante. Nommé amiral aux Indes, il commanda une seconde expédition (1502) au cours de laquelle il fonda sur les côtes africaines les comptoirs de Sofala et du Mozambique. Nommé vice-roi des Indes portugaises en 1524, il mourut peu après son arrivée. Le récit de ses découvertes inspira *Les Lusiades* au poète portugais Camões* (1572).

GAMBETTA, Léon (Cahors, 1838-Ville-d'Avray, 1882). Homme politique français. Il symbolise aux yeux des Français la fondation de la Troisième République*. Fils d'un émigré italien devenu avocat libéral en 1860, il devint célèbre en 1868 par un réquisitoire contre le Second Empire* qu'il prononça à l'occasion d'un procès. Devenu l'un des chefs les plus populaires de l'opposition républicaine au régime, il fut élu en 1869 député de Belleville sur un programme radical (programme de Belleville*) et siégea au Corps* législatif avec la minorité républicaine qui prit position contre la guerre de 1870. Après Sedan et la déchéance de Napoléon III*, il proclama, au cours de la journée révolutionnaire du 4 septembre* 1870, avec Jules Favre* et Jules Ferry*, la République. Membre du gouvernement de la Défense* nationale, il réussit à quitter en ballon Paris, assiégé par les Prussiens, afin d'organiser à Tours puis à Bordeaux la résistance à l'ennemi. Partisan de la guerre à outrance, membre de l'Assemblée* nationale à majorité conservatrice et pacifiste (1871), il démissionna avec quelques députés (dont Victor Hugo*) après la capitulation de Paris et l'armistice qui s'ensuivit. De nouveau élu à l'Assemblée en juillet 1871, celui que Thiers* avait traité de « fou furieux » se révéla d'un sage réalisme, convaincu que les chances d'instauration de la République résidaient dans la modération. Continuant la lutte, mais sous une nouvelle forme, il parcourut le pays, se faisant le « commis voyageur » de la République. Chef de l'Union républicaine à l'Assemblée, Gambetta fut le champion de l'« opportunisme », s'allia avec le centre et finit par imposer le vote des lois constitutionnelles de 1875 qui établirent la République. Après la crise du 16 mai* 1877, dernière tentative de la droite monarchiste pour ressaisir le pouvoir, et la dé-

mission de Mac-Mahon* (1879), il dut affronter l'hostilité de Jules Grévy*, président de la République. Président de la Chambre des députés (1879-1881), il fut ainsi maintenu à l'écart du pouvoir jusqu'à la victoire de son parti. Le gouvernement qu'il forma alors (« grand ministère d'Union républicaine », novembre 1881) fut rapidement renversé, les députés se méfiant de cette forte personnalité mais aussi de sa politique coloniale jugée dangereuse pour la paix (conquête de la Tunisie). Gambetta mourut peu après, victime d'une blessure accidentelle. Il reçut des funérailles nationales. Voir Constitution de 1875, Franco-allemande de 1870-1871 (Guerre).

GAMELIN, Maurice (Paris, 1872-*id.*, 1958). Général français. Il fut considéré comme l'un des responsables de la défaite française de 1940. Collaborateur de Joffre* lors de la Première Guerre* mondiale, il fut envoyé en Syrie* lors de la guerre menée contre les Druzes* (1925-1927). Généralissime puis chef d'état-major de la Défense nationale (1938), commandant en chef des forces franco-britanniques en septembre 1939, il concentra l'essentiel des armées sur le front nord, persuadé que l'offensive allemande principale porterait dans ce secteur. Surpris par l'irruption des blindés de Guderian* à travers les Ardennes, jugées impénétrables, il dut démissionner et céder sa place à Weygand*. Accusé d'être responsable de la défaite, il fut traduit devant le tribunal de Riom* (1942), interné au Portalet puis emprisonné en Allemagne (1943). Ses Mémoires furent publiés après la guerre sous le titre *Servir* (1946-1947). Voir France (Campagne de).

GANCE, Abel (Paris, 1889-*id.*, 1981). Cinéaste français. Inventeur de techniques nouvelles, il fut le réalisateur de films – pour la plupart muets – grandioses et lyriques. On peut citer *J'accuse* (1919 ; version sonore, 1938) et *Napoléon* (1925-1927, version sonore, 1935).

GAND. Ville et port de la Belgique, sur l'Escaut. Elle fut du XIIᵉ au XIVᵉ siècle une des plus riches cités flamandes grâce à son industrie drapière et à son marché aux grains. De l'époque de son apogée elle conserve de magnifiques monuments : le beffroi* (XIVᵉ siècle) et la cathédrale Saint-Bavon (XIIᵉ-XIVᵉ siècle) qui possède le retable de l'*Agneau mystique* de Van* Eyck. Voir Anvers, Bruges.

GANDHI, Indira (Allāhābād, 1917-Delhi, 1984). Femme politique indienne, fille de Nehru*. Premier ministre 1967-1977 ; 1980-1984), elle dut affronter les revendications ethniques et linguistiques qui menacent l'unité de l'Inde*, et fut assassinée par des extrémistes sikhs*. Son fils Rajiv lui succéda à la tête du Congrès et à la tête du gouvernement 1984-1989). Il fut tué dans un attentat à Madras (1991). Voir Congrès (Parti du).

GANDHI, Mohandas Karamchand Porbandar, 1869-Delhi, 1948). Avocat et homme politique indien. Surnommé le Mahātmā (« Grande Âme »), ascète nourri de spiritualité hindoue, il lutta pour l'indépendance de l'Inde*. Issu d'une famille riche et cultivée appartenant à l'administration locale, il étudia à l'université d'Ahmadābād et à Londres (1888) où il devint avocat. Il exerça sa profession à Bombay puis en Afrique du Sud (1893-1914) où il se consacra à la défense des minorités indiennes. Cette période africaine fut pour Gandhi fondamentale. Il y approfondit ses convictions et ses connaissances religieuses mais aussi les bases doctrinales de son action politique, les deux étant intimement liées. Il fonda son idéal sur la *satyagraha* ou l'« étreinte de la vérité », qui subordonne la politique au spirituel, et préconisa comme mode d'action une non-violence active à l'égard des autorités britanniques, qui devait s'exprimer sous diverses formes, comme la désobéissance civile, le jeûne, le boycott des activités et des fonctions liées à la présence britannique ou le refus de l'impôt. Rentré définitivement en Inde en 1914, Gandhi s'engagea après la Première Guerre* mondiale dans une lutte ouverte contre l'occupant britannique, prônant la désobéissance civile comme le boycott des produits importés d'Angleterre, ce qui lui valut de nombreux emprisonnements tout en le consacrant comme héros national. Il laissa à partir de 1928 la direction du mouvement national à Nehru* et se consacra à la défense des intouchables*. Militant à nouveau pour l'indépendance nationale, il lança en 1942 son fameux « Quit India ». Emprisonné pendant deux ans (1942-1944), libéré en mai 1944 après une longue grève de la faim, Gandhi participa aux négociations qui aboutirent à l'indépendance de l'Inde mais aussi, contre ses rêves les plus chers, à la partition du Pakistan. Gandhi assista alors à des émeutes d'une rare violence entre hindous et musulmans*. Multipliant prières et jeûnes, il tenta de rétablir la paix religieuse mais fut assassiné par un hindouiste fanatique qui ne lui pardonnait pas sa tolérance à l'égard des musulmans. Ses cendres furent jetées dans le Gange* en présence d'une foule immense. Voir Hindouisme.

GANGE. Fleuve principal du nord de l'Inde* (3 090 km). Il prend sa source dans l'Himalaya et se jette dans le golfe du Bengale par un vaste delta. Fleuve sacré dans la religion hindoue, c'est le plus vénéré des fleuves de l'Inde. Voir Bénarès, Hindouisme.

GARANTIES, Loi des (13 mai 1871). Loi votée par le Parlement italien et destinée à assurer les droits du Saint-Siège après l'occupation de Rome par les troupes italiennes. Elle reconnaissait au pape, considéré comme un souverain, la possibilité d'établir des relations diplomatiques avec les pays étrangers, lui garantissait une rente annuelle et la possession des palais du Vatican, du Latran et de Castel Gandolfo, où la police italienne ne devait pas pénétrer. Le gouvernement renonçait aussi

à toute intervention dans le choix des évêques. Pie IX* refusa cette loi et se considéra comme « prisonnier au palais du Vatican ». Les relations entre le Saint-Siège
et l'État italien ne furent réglées que sur
l'initiative de Mussolini*, par les accords
du Latran*, le 11 février 1929.

GARCÍA LORCA, Federico (Fuente Vaqueros, 1898-Viznar, 1936). Poète et auteur dramatique espagnol, dont l'œuvre
emprunte de nombreux thèmes au folklore
andalou. Issu d'un milieu libéral et cultivé,
García Lorca fit ses études à Grenade puis
s'installa à Madrid où il fréquenta notamment Salvador Dalí* et Luis Buñuel*. La
célébrité lui vint en 1927 avec les représentations triomphales d'un drame patriotique, *Mariana Pineda*. Après avoir
composé les poèmes du *Romancero gitan*
(1928), qui constituent son œuvre la plus
populaire, il créa en 1935 *La Baraca*, une
troupe de théâtre universitaire chargée de
faire connaître le théâtre classique espagnol jusque dans les campagnes les plus
reculées. Les dernières années de sa vie furent consacrées à la composition de pièces
dont la fameuse trilogie *Noces de sang*
(1933), *Yerma* (1934) et *La Maison de
Bernarda Alba* (1936). Au cours des premiers jours de la guerre civile d'Espagne*,
García Lorca fut fusillé par les franquistes.

GARCIA MÁRQUEZ, Gabriel (Aracataca, 1928-). Écrivain colombien. Conteur
à la fois réaliste et fantastique (*Les Funérailles de la grande mémé*, 1962), défenseur des droits de l'homme (*L'Automne du
patriarche*, 1977), il s'est rendu mondialement célèbre avec *Cent ans de solitude*
(1967). Garcia Márquez a obtenu le prix
Nobel* de littérature en 1982.

GARD (Pont du). Pont qui enjambe le
Gard, situé au nord-est de Nîmes. Il constitue une partie de l'ancien aqueduc romain,
l'un des plus célèbres vestiges de l'architecture antique et date de la seconde moitié
du Ier siècle ap. J.-C. Comportant trois étages d'arcades, sa hauteur totale est de

49 m, sa longueur de 275 m. Il cessa d'êtr
utilisé comme aqueduc après le IVe sièc
ap. J.-C.

GARDE IMPÉRIALE. Nom donné a
corps d'élite de l'armée sous le Premier e
le Second Empire*. Véritable armée de ré
serve, elle se distingua dans toutes le
grandes batailles du Premier Empire
Créée par Napoléon Ier* en 1804, consti
tuée de l'« élite de l'élite », c'est-à-dire d
soldats qui s'étaient brillamment distin
gués sur les champs de bataille, la Gard
vit ses effectifs augmenter considérable
ment pour atteindre environ 80 000 hom
mes en 1813. Cette « réserve qui valait un
armée » manifesta sa détermination et so
courage lors des grandes batailles napoléo
niennes, particulièrement à Austerlitz*
Eylau*, Friedland*, Wagram* et Water
loo*. En 1809, la Garde impériale avait ét
divisée en « Jeune Garde » (régimen
d'élite) et « Vieille Garde » (réservistes)
Disparue lors de la seconde Restauration*
elle fut reconstituée par Napoléon III* e
1854 et se distingua encore à Magenta* e
Solférino*.

GARDE NATIONALE. Nom donné e
France à une milice de citoyens, créée
Paris en juillet 1789 afin d'assurer le main
tien de l'ordre et la défense des droit
constitutionnels. Dirigée par La Fayette*
recrutée parmi les citoyens actifs (qu
payaient des impôts), la garde national
bascula dans le camp des révolutionnaire
après la déchéance de Louis XVI* (1792)
Mise en veilleuse sous le Consulat*, ell
joua sous l'Empire un rôle militaire épiso
dique puis redevint, avec la Restauration*
monarchique, l'armée de la bourgeoisie
Gagnée cependant aux idées libérales, ell
fut dissoute sous Charles X* et participa
la révolution* de 1830, mais sur les barri
cades. Reconstituée sous Louis-Phi
lippe Ier*, elle fut le soutien de la monar
chie* de Juillet et réprima sévèrement le
insurrections populaires de 1832, 1834
participant, de concert avec l'armée, à

'écrasement des barricades ouvrières de uin* 1848. Contrôlée par les préfets* qui veillèrent à son recrutement, elle devint sous le Second Empire* une milice sédentaire, sans influence politique. En 1871, elle prit la défense de la Commune* de Paris et participa aux combats contre les Versaillais*. Thiers* décida sa dissolution définitive en août 1871.

GARIBALDI, Giuseppe (Nice, 1807-Caprera, 1882). Homme politique italien. Patriote et républicain, devenu personnage de légende, il fut l'un des artisans de l'unité italienne. Entré dans la marine, puis compromis dans un complot de la Jeune Italie de Mazzini*, il fut contraint à l'exil. Après avoir passé douze ans en Amérique latine (1836-1848) où il fit, entre autres activités, le commerce des bœufs, tout en participant à des soulèvements républicains au Brésil et en Uruguay, il rentra en Italie lors de la révolution de 1848, commanda contre Oudinot* l'armée de la République romaine et dut à nouveau s'exiler. Reparti pour l'Amérique, il fut fabricant de chandelles à New York, capitaine marchand au Pérou et en Chine et réapparut en Italie lors de la guerre de 1859 contre l'Autriche. Il organisa un corps de volontaires (les Chemises* rouges) et ne cessa de travailler à l'unité italienne. Avec la complicité de Cavour*, il conquit en 1860 le royaume des Deux-Siciles* (expédition des *Mille*) et accueillit à Naples* Victor-Emmanuel II*, roi d'Italie. Après avoir échoué à deux reprises (1862, 1867) pour la prise de Rome dont il voulait faire la capitale de l'Italie, il fut l'adversaire acharné de la cession de Nice, sa ville natale, à la France de Napoléon III*. Il prit part cependant aux côtés des Français à la guerre franco-allemande* de 1870-1871 pour la cause de « la République universelle ». Élu député en France puis en Italie, il se vit offrir une rente nationale. Voir Italie (Campagne d'), Révolutions de 1848.

GARIGLIANO. Fleuve d'Italie situé entre le Latium* et la Campanie. Bayard* y défendit seul un pont contre l'armée espagnole et le général Juin*, à la tête du corps expéditionnaire français, s'y illustra en mai 1944.

GARNIER, Marie Joseph François, dit **Francis** (Saint-Étienne, 1839-Hanoi, 1873). Officier de marine français. Il participa à l'exploration du Mékong (1866-1868) et prépara l'occupation française du Tonkin*. Il fut tué à Hanoi par les Pavillons* noirs, pirates chinois. Voir Indochine française.

GARNIER-PAGÈS, Louis Antoine (Marseille, 1803-Paris, 1878). Homme politique français. Républicain modéré, il fut membre du gouvernement* provisoire après la révolution* de Février 1848 et maire de Paris. Député de l'opposition au Corps* législatif sous le Second Empire*, il devint, après la chute de Napoléon III* (septembre 1870), membre du gouvernement de la Défense* nationale. Garnier-Pagès est l'auteur d'une *Histoire de la Révolution de 1848* (1861-1872).

GASTON III DE FOIX, dit **GASTON PHÉBUS** (1331-Orthez, 1391). Comte de Foix (1343-1391), grand batailleur, passionné de chasse (surnommé Phébus peut-être à cause de sa chevelure blonde), il symbolisa au XIVe siècle le type du grand seigneur féodal, protecteur des lettres et des arts. Prudent politique, il refusa au roi Jean II* le Bon l'hommage pour le Béarn et se tint à l'écart du conflit franco-anglais dans la guerre de Cent* Ans. Faute d'être parti en croisade*, il déploya ses vertus chevaleresques contre les païens en Prusse*, dans les rangs des chevaliers Teutoniques* et revint en France combattre la jacquerie* (1358). Toujours en rivalité contre la maison d'Armagnac, il combattit, aidé des Grandes Compagnies*, Jean Ier d'Armagnac qu'il fit prisonnier et libéra contre une énorme rançon. Il tint à Orthez une cour fastueuse. Il était réputé pour ses nombreuses maîtresses et ses colères noires dont fut victime, en particulier, son fils unique légitime. Voir Armagnacs.

GATT (*General Agreement on Tariffs and Trade* en fr., Accord général sur les tarifs douaniers et le commerce). Traité signé en 1947 à Genève, dont le but est d'alléger et d'harmoniser les politiques douanières. Sorte de charte commerciale, il témoigne d'un consensus en faveur de la libéralisation des échanges. Modifié en 1993, il fournit aujourd'hui le cadre des grandes négociations commerciales internationales.

GAUDI Y CORNET, Antonio (Reus, Catalogne, 1852-Barcelone, 1926). Architecte, urbaniste, sculpteur et peintre espagnol. D'une sensibilité baroque*, utilisant les formes plastiques de la tradition méditerranéenne, Gaudi fut, à un moment de l'histoire de l'architecture, un artiste inclassable dont le génie ne fut reconnu que tardivement. Il affirma son talent dès ses premières réalisations (la *casa Vicens* et le palais Güell à Barcelone). Son œuvre la plus célèbre est la Sagrada Familia, église de Barcelone à laquelle il commença de travailler en 1883 et qui resta inachevée.

GAUGUIN, Paul (Paris, 1848-Atuona, îles Marquises, 1903). Peintre, sculpteur et graveur français. Torturé et solitaire, Gauguin tenta de donner à sa peinture une dimension spirituelle et créa un langage pictural original. Son œuvre eut une influence directe sur les développements du symbolisme et de l'expressionnisme*. Après avoir passé les premières années de sa vie à Lima (Pérou), Gauguin revint à Paris, s'engagea dans la marine (1865) puis devint employé chez un agent de change (1871). Mais, plus intéressé par la peinture, il travailla avec Pissarro* et exposa avec les impressionnistes entre 1880 et 1886, ses thèmes de prédilection étant alors les paysages et les représentations de la vie paysanne. En 1883, il abandonna son activité professionnelle et quitta sa famille pour se consacrer exclusivement à son art. Installé à Pont-Aven en Bretagne avec d'autres artistes (1885, 1888, 1889-1890), cherchant dans le déracinement de nouvelles sources d'inspiration, il s'éloigna de l'impressionnisme* et peignit des tableaux très classiques dans leur composition, mais qui substituaient à la touche impressionniste de grands aplats de couleurs, souvent cernés par un trait noir à la manière des estampes japonaises (*La Vision après le Sermon*, 1888, Édimbourg ; *Christ jaune*, 1889, Buffalo, États-Unis). Parti pour la Martinique en 1887, il approcha pour la première fois le primitivisme et l'exotisme et exécuta une série de vases inspirés de motifs précolombiens. En 1888, il rejoignit Van* Gogh à Arles, séjour qui se solda par un douloureux échec (Van Gogh, après avoir menacé l'artiste, se coupa l'oreille) puis partit pour Tahiti où il resta, après un bref séjour en France (1893-1895), jusqu'à sa mort. La première période tahitienne fut marquée par la peinture d'un monde voluptueux et imaginaire exécuté dans une gamme colorée et intense (*Pastorales tahitiennes*, Moscou ; *Siesta*, 1894, New York). Après la désastreuse liquidation de son atelier en salle des ventes à Paris, Gauguin repartit à Tahiti, malade, ruiné et atteint d'une profonde dépression. Cette seconde période fut marquée par des peintures, souvent monumentales, où s'exprimèrent principalement des préoccupations philosophiques et religieuses (*D'où venons-nous ? Que sommes-nous ? Où allons-nous ?*, 1897, Boston).

GAULE. Nom donné par les Romains à deux régions occupées par les Celtes*: la Gaule* cisalpine (Italie du Nord) et la Gaule* transalpine ou Gaule proprement dite qui comprenait non seulement la France actuelle mais aussi la Belgique, la Suisse et les régions de la rive gauche du Rhin. Dès le IIe millénaire av. J.-C., la Gaule fut envahie en plusieurs étapes par les Celtes qui imposèrent leur domination et leur civilisation aux peuples installés avant eux comme les Ibères en Aquitaine et les Ligures* sur la côte méditerranéenne. L'état de la Gaule transalpine (ou Gaule* chevelue) nous est connu par les *Commentaires* de Jules César*. Occupée par une population de quelques millions d'habitants, elle était divisée en une centaine de peuples rivaux, souvent en guerre les uns contre les autres. Les plus importants étaient les Éduens* et les Arvernes*, regroupés en tribus. Après la disparition de la royauté, les cités (oppidum*) furent dominées par une aristocratie de grands propriétaires terriens, chefs politiques et militaires. Chaque année, ces grands élisaient un chef (appelé parfois « vergobret ») qui partageait le pouvoir avec les prêtres ou druides*. Bien que la Gaule fût recouverte aux trois quarts par des forêts et des marais, l'agriculture y semblait prospère (invention de la charrue* à roue, d'une moissonneuse, du tonneau). Les Gaulois produisaient des céréales (l'orge servant à la fabrication d'une bière, la cervoise*) et étaient réputés pour la qualité de leurs porcs et de leurs salaisons. Les artisans étaient connus pour le travail du métal mais aussi pour leurs draps et leurs poteries. Le commerce enfin était très actif grâce aux nombreuses voies d'eau mais aussi à un réseau routier bien tracé. Ce pays riche devait attirer la convoitise des Romains. Après avoir occupé le sud du pays au IIe siècle av. J.-C., la Gaule sera entièrement conquise par César (58-51 av. J.-C.). Voir Gaule en braies, Gaulois, Provence.

GAULE CELTIQUE. Nom donné par les Romains jusqu'au règne d'Auguste aux régions de Gaule* situées entre la Seine, la Garonne et le Rhin inférieur. Après la réorganisation provinciale de 27 av. J.-C., la Gaule celtique prit le nom de Gaule lyonnaise, avec pour capitale Lugdunum (Lyon) fondée en 43 av. J.-C. par les Ro-

mains. Voir Gaule chevelue, Gaule cisalpine, Gaule en braies, Gaule transalpine.

GAULE CHEVELUE. Nom donné par les Romains à la Gaule* transalpine (moins la Provence* ou Narbonnaise* dominée par Rome* au IIe siècle av. J.-C.) avant la conquête de César* (58-51 av. J.-C.). Les Romains divisaient la Gaule chevelue (à cause des longs cheveux des guerriers gaulois) ou Gaule libre en trois parties : la Gaule Belgique (au nord, entre le Rhin et la Seine), la Gaule celtique (au centre, entre la Seine, la Garonne et le Rhin inférieur) et l'Aquitaine* (au sud-ouest).

GAULE CISALPINE. Nom donné par les Romains à la région du nord de l'Italie comprise entre les Alpes, le Rubicon* et l'Arno. Envahie vers 400 av. J.-C. par les Celtes*, elle fut conquise par les Romains au IIIe siècle av. J.-C. Organisée en province, elle ne fut réunie à l'Italie qu'en 42 av. J.-C.

GAULE EN BRAIES. Nom donné par les Romains du Ier siècle av. J.-C. à la « Provincia » (plus tard Narbonnaise* puis Provence*) conquise par Rome* au IIe siècle av. J.-C. Ce nom lui fut donné à cause des braies* (sorte de pantalon ample) que portaient les habitants.

GAULE ROMAINE. Nom donné à la Gaule* dominée par les Romains entre le Ier av. J.-C. et le IVe siècle ap. J.-C. Cette domination lui apporta une longue période de paix et de prospérité. Rome* intervint pour la première fois en Gaule en 125 av. J.-C. à l'appel de Marseille* (Massalia) menacée par les Ligures* et les Gaulois*. Elle conquit alors toute la région méditerranéenne, le couloir du Rhône et le Languedoc, créant la Provincia (la future Provence*). Elle se posa ensuite en protectrice des Gaulois. Marius* repoussa une invasion de Cimbres et de Teutons (Germains*) qui avaient envahi la Provincia (109-101 av. J.-C.). Jules César*, à l'appel des Gaulois menacés par les Helvètes*, intervint à son tour. Mais, installant ses lé-

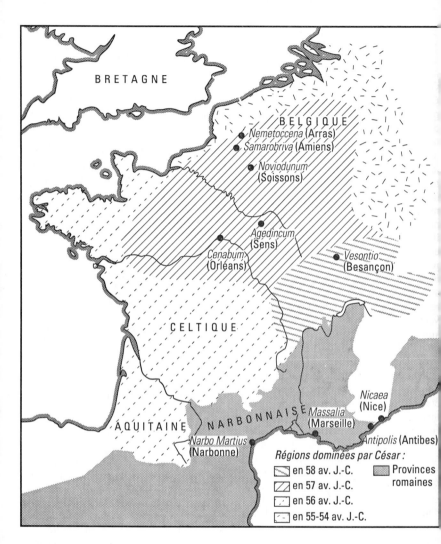

La Gaule romaine

gions* un peu partout en Gaule, il entreprit la guerre des Gaules* qui aboutit, après le soulèvement de Vercingétorix*, à la conquête définitive du pays. En 27 av. J.-C., l'empereur Auguste* organisa la Gaule en quatre provinces : la Narbonnaise* qui devint province sénatoriale dès 22 av. J.-C., l'Aquitaine*, la Lyonnaise et la Belgique, provinces impériales qui furent gouvernées par des légats*. Les Gaulois perdirent bientôt toute nostalgie de leur indépendance et profitèrent largement de la *pax* *romana*, la paix romaine. Les révoltes furent rares et les légions, cantonnées sur le limes* rhénan. L'artisanat, l'agriculture et le commerce prospérèrent et enrichirent le pays. Des apports et des influences réciproques rapprochèrent Rome et la Gaule, donnant naissance à la civilisation gallo-romaine*. De grandes villes furent créées comme Lyon*, Autun, Clermont, Troyes et Trèves. Les Romains imposèrent leur langue (le latin*), construisirent des routes pavées (voies* romaines), des aqueducs (pont du Gard*), des amphithéâtres ou arènes (Nîmes, Arles, Lutèce*), des théâtres (Orange), des temples (Maison carrée de Nîmes) et des thermes* (Lutèce). Les Gaulois les plus puissants entrèrent progressivement au Sénat* de Rome après l'intervention de l'empereur Claude* (discours de Lyon). Enfin, la Gaule, tout en conservant ses particularismes religieux, adopta les dieux romains puis se convertit au christianisme* à partir du IIe siècle ap. J.-C. Au Ve siècle, des royaumes barbares* se formèrent dans le pays après la chute de l'Empire* romain d'Occident. Mais l'empreinte de Rome (ou romanisation*) resta profonde, surtout dans le Sud.

GAULE TRANSALPINE. Nom donné par les Romains à la Gaule* située par rapport à eux au-delà des Alpes. Voir Gaule romaine.

GAULES (Guerre des). Nom donné à la conquête de la Gaule* par les Romains dirigés par Jules César* de 58 à 51 av. J.-C. Nommé proconsul* de la Gaule* cisalpine (Italie du Nord) et de la « Provincia » (la Narbonnaise*), César, voulant acquérir une gloire militaire supérieure à celle de son rival, Pompée*, décida d'entreprendre la conquête de la Gaule. Appelé par les Éduens*, alliés de Rome* et menacés par les Helvètes*, César intervint et obligea les Helvètes à regagner leur pays (58 av. J.-C.). Puis, établissant ses légions* en Gaule, il conquit peu à peu le pays, soumettant les Belges, les Vénètes d'Armorique, l'Aquitaine*, franchissant même le Rhin et la Manche. Attaqué par les Éburons, établis en Gaule Belgique, il invita tous les peuples de la Gaule et les Germains* à mettre au pillage leur pays. Croyant s'être ainsi assuré la complicité des Gaulois et avoir pacifié le pays, César rentra en Italie ; mais pendant son absence, Vercingétorix* organisa en 52 av. J.-C. un soulèvement général de la Gaule. D'abord vainqueur à Gergovie*, il fut assiégé puis vaincu à Alésia*. En 51 av. J.-C., la Gaule était définitivement soumise.

GAULLE, Charles André Joseph Marie de (Lille, 1890-Colombey-les-Deux-Églises, 1970). Général et homme politique français. Symbole de la Résistance* française lors de la Seconde Guerre* mondiale, il marqua profondément la vie politique comme fondateur et président de la Cinquième République*. Issu d'une famille bourgeoise catholique et nationaliste, nourri très tôt de la lecture de Barrès* et Péguy, il sortit de Saint-Cyr en 1912 et fut nommé au 33e régiment d'infanterie commandé par le colonel Pétain*. Durant la Première Guerre* mondiale, il fut fait prisonnier à Douaumont (1916). Plusieurs tentatives d'évasion le conduisirent au fort d'Ingolstadt où il rédigea son premier ouvrage, *La Discorde chez l'ennemi* (publié en 1924). Après l'armistice, de Gaulle participa à la guerre de la Pologne contre la Russie soviétique (1920) puis enseigna l'histoire militaire à Saint-Cyr et fut successivement nommé, à l'état-major de l'armée du Rhin, membre du cabinet Pétain – alors vice-président du Conseil supérieur de la guerre (1925-1927) –, commandant du 19e bataillon de chasseurs à pied à Trèves (1927-1929) et enfin à l'état-major de Beyrouth (1931). Mais plus qu'à travers les divers postes qu'il occupa, de Gaulle se fit connaître par ses écrits d'histoire politique (*Le Fil de l'épée*, 1932) et surtout comme théoricien militaire. Dans *Vers l'armée de métier* (1934), partisan de la guerre de mouvement, il préconisa une armée motorisée et blindée, composée de spécialistes, théorie déjà défendue en France par le général Estienne, en Angleterre par le général Fuller et à la même époque par des théoriciens allemands comme Guderian*. Il se heurta pourtant à l'incompréhension des milieux militaires français qui considéraient toujours les chars comme soutien de l'infanterie et qui plaçaient leur confiance dans la ligne Maginot*, alors en construction. Le seul qui le soutint fut Paul Reynaud* qui tenta vainement d'obtenir la création de divisions cuirassées. Nommé colonel en 1937, de Gaulle fut à la tête de la 4e division cuirassée lors de l'offensive allemande de 1940, remporta quelques contre-offensives (Montcornet, Abbeville, mai 1940) et fut promu général à titre temporaire. Nommé par Paul Reynaud sous-secrétaire d'État à la Défense nationale (16 juin 1940), il proposa, alors que la défaite française était inévitable, que le gouvernement se repliât hors de la métropole pour continuer la lutte mais s'opposa aux partisans de l'armistice (Weygand*, Pétain). Après la constitution du gouvernement Pétain, il rejoignit l'Angleterre où il lança à la radio le fameux appel du 18 juin*, demandant aux Français de poursuivre le combat aux côtés de la Grande-Bretagne. Refusant de rentrer en France, le gouvernement Pétain le fit juger par contumace et condamner à mort

(1940). De Gaulle organisa progressivement les Forces* françaises libres, s'efforça de rallier à sa cause les colonies françaises et constitua le Comité de défense de l'Empire (octobre 1940). Il échoua dans sa tentative de débarquement à Dakar (septembre 1940) mais obtint, grâce au concours du gouverneur du Tchad, Félix Éboué* et du capitaine Leclerc* de Hautecloque, l'adhésion de l'AÉF* et du Cameroun à la France libre. Les FFL, encore très peu nombreuses, se battirent aux côtés des Anglais en Libye et en Éthiopie, et les différentes colonies (Syrie* et Liban en 1941 ; Madagascar, la Réunion et Djibouti en 1942) se rallièrent à de Gaulle. Soutenu épisodiquement par Staline* depuis 1942, de Gaulle se heurta à la méfiance de Roosevelt* qui voyait en lui un général ambitieux, peu attaché à la démocratie. Afin de renforcer sa position auprès des Alliés, de Gaulle s'appuya sur la Résistance française de l'intérieur dont il chercha à diriger et à coordonner l'action. Ses efforts aboutirent grâce aux missions du préfet Jean Moulin* puis à la création du Conseil* national de la Résistance (1943). Cependant, il fut tenu à l'écart du débarquement* allié en Afrique du Nord (1942), les Anglo-Américains préférant s'entendre avec Darlan*, puis, après son assassinat, avec le général Giraud*, accord dénoncé par de Gaulle comme une compromission inadmissible avec un régime originellement favorable à l'Allemagne. Toutefois, après la conférence de Casablanca* (janvier 1943), une rencontre organisée entre Giraud et de Gaulle aboutit à la constitution d'un Comité* français de libération nationale (juin 1943) sous la coprésidence des deux hommes. Après l'effacement de Giraud, de Gaulle provoqua la réunion d'une Assemblée consultative (novembre 1943), appelant auprès de lui d'anciens parlementaires de la Troisième République* et transforma le Comité de libération en Gouvernement* provisoire de la République française (juin

)44) afin de faire respecter les droits de France auprès des Alliés. Ce fut à la même époque qu'il définit l'orientation à onner à la politique coloniale, annonçant émancipation des territoires coloniaux ans le cadre de l'Union* française (con-rence de Brazzaville*, janvier-février)44). Après le débarquement* allié en ormandie (juin 1944), de Gaulle arriva à ayeux puis fit une entrée triomphale dans aris libéré (août 1944). S'imposant omme chef politique incontesté, il entre-rit rapidement le rétablissement de l'au-rité du pouvoir central, fit dissoudre les ilices patriotiques (communistes), re-onstitua en hâte l'armée française qui par-cipa aux derniers combats aux côtés des lliés et organisa l'épuration* des colla-orateurs. Il appliqua enfin partiellement programme économique du CNR mais fusa les sévères mesures monétaires de-andées par Mendès* France qui démis-onna du gouvernement. Élu unanime-ent président du Gouvernement rovisoire de la République française (no-embre 1945) par la première Assemblée* ationale constituante, de Gaulle proposa n projet de Constitution avec un renfor-ement de l'exécutif destiné à éviter le re-ur au parlementarisme de la Troisième épublique. En désaccord avec la plupart es partis, il démissionna (20 janvier 946) puis s'opposa, dans son discours de ayeux (juin 1946), à la Constitution de la uatrième République* adoptée en octo-re. À l'écart de la vie politique officielle, constitua néanmoins le Rassemblement u peuple français (RPF*, 1947) qui dé-onça avec vigueur le « régime des par-s » mais qui fut dissous en 1953 après n échec aux élections législatives de 951. Retiré à Colombey-les-Deux-Égli-es, de Gaulle se consacra à la rédaction de es *Mémoires de guerre* (1954-1959). À la uite des événements d'Algérie (putsch 'Alger, mai 1958), se développa une ampagne, appuyée par les partisans de l'Algérie française, en faveur du retour au pouvoir de De Gaulle qui fut appelé par le président Coty* à prendre la tête du gouvernement. Investi par l'Assemblée nationale (1er juin 1958), de Gaulle prépara d'abord la réforme des institutions. La nouvelle Constitution*, approuvée par référendum, le 28 septembre 1958, instaura en France un régime de type présidentiel avec renforcement du pouvoir exécutif (article 16) et recours fréquents au référendum. Après la victoire de l'UNR* (Union pour la nouvelle République) aux élections législatives de novembre, de Gaulle fut élu président de la Cinquième République (décembre 1958) et choisit Michel Debré* pour Premier ministre (1959-1962). Après l'assainissement financier du plan Pinay-Rueff et les débuts de l'émancipation de l'Afrique noire (autonomie au sein de la Communauté* française, 1958), le difficile règlement de la question algérienne marqua le début du régime gaulliste. Après avoir semblé défendre l'Algérie française (« Je vous ai compris », Alger, 4 janvier 1958 ; « Vive l'Algérie française », Mostaganem, 7 juin 1958), de Gaulle modifia radicalement sa politique algérienne qui aboutit aux accords d'Évian* (mars 1962) et à l'indépendance de l'Algérie*, ce qui lui valut d'échapper de justesse à l'attentat du Petit-Clamart (août 1962). Le problème algérien réglé, de Gaulle s'attacha sous le gouvernement Pompidou* (1962-1968) à réaliser les grands desseins qu'il nourrissait pour la France. Refusant catégoriquement la bipolarisation de l'après-guerre (division du monde en deux blocs centrés autour des États-Unis et de l'URSS), il revendiqua avec force l'indépendance nationale – retrait de la France de l'OTAN* (1966) et création d'une force de frappe atomique – et se posa en champion des pays non engagés : aide aux nations africaines, reconnaissance de la Chine populaire (1964), voyages en Amérique du Sud (1964), discours de Phnom-Penh contre l'intervention américaine au Viêt-nam (1966), voyages en Pologne (1966) et en Roumanie (1968), au Québec, « Vive le Québec libre » (1967) et condamnation d'Israël lors de la guerre des Six-Jours* (1967). Favorable à une Europe unie économiquement et indépendante (réconciliation avec l'Allemagne par un traité de coopération franco-allemand, 1963), de Gaulle s'opposa cependant à l'entrée de la Grande-Bretagne dans la Communauté européenne et refusa tout abandon de la souveraineté nationale. À l'occasion de la première élection présidentielle au suffrage universel (nouveau mode d'élection approuvé par référendum en 1962), de Gaulle fut élu au second tour, mis en ballottage par François Mitterrand* (1965). Les élections législatives de 1967 ne donnèrent que d'extrême justesse la majorité aux gaullistes. Le malaise économique et social éclata en Mai* 68 et malgré le succès des élections de juin 1968 après la dissolution de l'Assemblée, le régime gaulliste fut ébranlé. Après l'échec du référendum (avril 1969) sur le double projet de régionalisation et de réforme du Sénat*, de Gaulle se démit de ses fonctions de président de la République et se retira à Colombey-les-Deux-Églises où il rédigea ses *Mémoires d'espoir*. Voir Algérie (Guerre d'), Constitution de 1946.

GAULOIS. Habitants de la Gaule*. Ce nom fut donné par les Romains aux peuples celtes* qui habitaient l'Italie du Nord, la vallée du Danube et la Gaule.

GAUTIER, Théophile (Tarbes, 1811-Neuilly-sur-Seine, 1872). Écrivain français. Il fut le maître et le précurseur des poètes parnassiens (le Parnasse*), partisan de « l'art pour l'art ». Lié très jeune avec Gérard de Nerval*, il prit passionnément parti pour Victor Hugo* lors de la bataille littéraire d'*Hernani* (1830) puis se démarqua des romantiques en défendant dans la préface de son poème *Albertus* (1833) puis dans celle de son roman *Ma-*

demoiselle de Maupin (1835) son culte de la forme (« Tout ce qui est utile est laid ») magistralement illustré dans son chef d'œuvre poétique *Émaux et Camées* (1852). Gautier fut l'auteur de nombreux autres ouvrages parmi lesquels le *Roman de la momie* (1858) et *Le Capitaine Fracasse* (1863). Charles Baudelaire* lui a dédié *Les Fleurs du mal*.

GAZETTE (LA). Premier journal français fondé par Théophraste Renaudot* en 1631, avec l'appui de Richelieu*. Organe officiel du gouvernement à partir de Louis XV*, *La Gazette* devint *La Gazette de France* à partir de 1762, puis *La Gazette nationale de France* sous la Révolution*. Organe royaliste au XIXe siècle auquel collabora Charles Maurras*, ce journal disparut en 1914.

GDANSK (en all. Danzig, en fr. Dantzig). Ancienne ville d'Allemagne, aujourd'hui en Pologne. Objet de tensions lors de l'entre-deux-guerres, elle servit de détonateur à la Seconde Guerre* mondiale. Port hanséatique au XIVe siècle, sous protection polonaise à partir du XVe siècle, Dantzig revint à la Prusse* en 1815 après avoir reçu le statut de ville libre de 1807 à 1815. Érigée à nouveau en ville libre sous le contrôle de la SDN (Société* des Nations) en 1919 et accrue d'un territoire (le « couloir de Dantzig » qui reliait la Pologne à la mer mais séparait la Prusse orientale de l'Allemagne), Dantzig resta une source de conflit entre l'Allemagne et la Pologne. Hitler* attaqua la Pologne le 1er septembre 1939 et déclencha ainsi la Seconde Guerre mondiale.

GÉLON (Gela, v. 540-Syracuse, 478 av. J.-C.). Tyran de Gela et de Syracuse*, en Sicile. Appelé en 485 av. J.-C. par les grands propriétaires de Syracuse chassés par le peuple, il y établit son pouvoir, laissant son frère Hiéron* commander Gela Devenu maître d'une grande partie de la Sicile, il vainquit Carthage* qui menaçait l'île lors de la seconde guerre Médique*.

us Gélon, Syracuse connut une grande
ospérité, fut embellie et agrandie. Son
re Hiéron lui succéda. Voir Grande-
èce.

ÉNÉRALITÉ. Nom donné sous l'An-
n* Régime à la circonscription territo-
le soumise à l'administration d'un gé-
ral des finances puis, sous Louis XIV*,
un intendant* qui détenait ainsi des pou-
irs considérables en matière de justice,
lice et finance. Voir Élection (Pays d'),
at (Pays d').

ÉNÉRAUX (Putsch des, 22 avril 1961).
om donné, lors de la guerre d'Algérie*,
la tentative de sédition militaire organi-
e contre la politique d'autodétermination
président de Gaulle* par les généraux
alle*, Jouhaud, Salan* et Zeller. Après
ur échec, ils passèrent dans la clandesti-
té et prirent la tête de l'OAS* (Organi-
tion armée secrète).

ÊNES. Ville et port d'Italie du Nord,
i fut du XIIIe au XVe siècle une grande
issance commerciale. Les Génois s'en-
hirent durant les croisades* et se firent
ncéder des établissements dans la
upart des ports latins du Levant*. Ils
ttirent Pise* (1284) qui leur céda la Sar-
igne et la Corse. Rivale de Venise*, elle
fit aussi accorder par l'empereur by-
ntin, Michel VIII* Paléologue, d'impor-
nts privilèges commerciaux et s'im-
anta en mer Noire, commerçant ainsi
ec la Russie et le monde turco-mongol.
ette brillante expansion suscita une
erre avec Venise, qui fut finalement
inqueur. La prise de Constantinople*
r les Turcs (1453) porta un coup mortel
commerce génois en Orient. Occupée
796) puis annexée (1805) par la France,
le fut rattachée au royaume de Piémont-
rdaigne par le congrès de Vienne* en
315. Gênes est aujourd'hui le premier
rt d'Italie.

ÊNES (Conférence de, 10 avril-19 mai
22). Conférence réunie à Gênes afin
examiner le relèvement économique et
financier de l'Europe. Elle réunit pour la
première fois toutes les puissances européennes, y compris l'Allemagne et
l'URSS, mais n'eut aucun résultat. Ce fut
en marge de cette conférence que fut signé
le traité de Rapallo* (avril 1922) entre
l'Allemagne et la Russie soviétique. Voir
Rathenau (Walther).

GENÈVE. Métropole du calvinisme* au
XVIe siècle. Après l'introduction de la Réforme* par Guillaume Farel, réformateur
religieux français, Genève devint une République libre (1533) où la Réforme fut officiellement adoptée en 1536. Calvin*
donna à la ville une constitution autoritaire, les habitants étant soumis à une discipline très sévère. Genève accueillit les
persécutés de tous les pays de l'époque,
comme Clément Marot et John Knox*.
Son Académie, réorganisée par Calvin
(1559), devint rapidement un centre universitaire renommé.

GENÈVE (Conférence de, 26 avril-
20 juillet 1954). Conférence internationale
réunissant 19 États parmi lesquels les délégués de la France (Georges Bidault*), du
Royaume-Uni (Anthony Eden*), de
l'URSS (Molotov*) et de la Chine populaire (Zhou* Enlai) et destinée à régler le
problème de la Corée* et de l'Indochine*.
La conférence échoua sur le premier point.
Les représentants du Viêt-nam*, du Laos*,
du Cambodge* et de la France (sous l'impulsion de Pierre Mendès* France devenu
président du Conseil le 28 juin 1954) parvinrent à conclure un cessez-le-feu. Le
Viêt-nam était divisé en deux, de part et
d'autre du 17e parallèle, entre la République démocratique du Viêt-nam (communiste) et le Viêt-nam* du Sud jusqu'à ce
qu'un référendum, dans un délai de deux
ans, permette la consultation de l'ensemble de la population sur la réunification.
Les accords de Genève reconnaissaient
aussi l'indépendance et l'intégrité du Laos
et du Cambodge. Voir Indochine (Guerre
d'), Viêt-nam (Guerre du).

GENÈVE (Conventions de). Nom donné à plusieurs conventions internationales sur la protection des blessés, des prisonniers de guerre, des victimes civiles de la guerre signées par 63 gouvernements et par le Saint-Siège. La première convention de Genève fut conclue en 1864 à l'initiative de la Croix-Rouge.

GENGIS KHAN (Delün Boldaq, v. 1167-Gingshin, 1227). Khan des Mongols* (1206-1227). Gengis Khan (qui signifie « chef suprême ») fut l'un des plus grands conquérants de l'Histoire et le fondateur de l'Empire mongol. Remarquable organisateur, chef d'une armée de cavaliers et d'archers redoutables, il est aussi resté célèbre pour sa cruauté. Chef d'un clan d'Asie centrale, il l'emporta sur tous ses rivaux, unifia sous son autorité toutes les tribus mongoles puis entreprit la conquête de la Chine du Nord. Après une lutte difficile, Pékin fut enfin pris (1215), livré au pillage et au massacre. Il s'empara ensuite du Turkestan oriental (à côté de la mer Caspienne), de l'Afghanistan et de l'Iran oriental (1216-1223). Mais dans les pays de civilisation musulmane, ses conquêtes s'accompagnèrent d'atrocités et de terribles destructions. Après la mort de Gengis Khan, son empire fut partagé entre ses quatre fils. Voir Song (Dynastie).

GÉNIE. Dans la religion* romaine, principe de vie, sorte de double, de démon protecteur qui présidait à la destinée de chaque homme ou protégeait certains lieux. Voir Culte impérial.

GENJI MONOGATARI. Chef-d'œuvre de la littérature classique japonaise écrit au début du XIᵉ siècle par une dame de la cour impériale, Murasaki Shikibu. Le *Dit du Genji* est une peinture de la société cultivée de la cour impériale de Kyoto* à l'époque des Fujiwara*. L'ouvrage, divisé en 54 livres, relate les amours du prince Genji et celles de son fils Kaoru.

GENS. Dans la Rome* antique, mot latin qui désigne le groupe de familles dont tous les membres prétendent descendre d'u ancêtre commun plus ou moins divinisé Tous les membres de la gens portaient l même nom (*gentilia*) et célébraient l même culte. La gens se divisait en bran ches dont chacune reconnaissait l'autorit d'un paterfamilias (père de famille). L chef de la gens était le paterfamilias de l branche aînée et les chefs des gentes, o *patres*, constituaient, par droit de nais sance, le conseil des Anciens ou Sénat* L'ensemble des gentes formait le patri ciat*, groupe privilégié de grands proprié taires de terres, puissants au temps de l monarchie romaine. Enfin la *gens* compre nait aussi de nombreux clients*, homme placés sous sa protection et dans sa dépen dance. Sous la République*, la dominatio politique des patriciens prit fin. Dès l Vᵉ siècle av. J.-C., ils partagèrent le pou voir avec les plébéiens, se créèrent alor des gentes plébéiennes et une nouvelle no blesse patricio-plébéienne se constitua Voir *Nobilitas*, Patriciens, Plèbe.

GEOFFRIN, Marie-Thérèse RODET Mme (Paris, 1699-*id*., 1777). Femme e mécène française, elle tint dans sa maiso de la rue Saint-Honoré un salon célèbre travers toute l'Europe, qui fut l'un de principaux foyers de la pensée encyclopé diste. Elle y réunissait artistes, écrivains savants et philosophes, notamment Helvé tius et d'Alembert* mais aussi Horac Walpole et le roi de Pologne Stanislas Poniatowski. Voir *Encyclopédie*.

GEORGE Iᵉʳ (Osnabrück, près de Hano vre, 1660-*id*., 1727). Roi de Grande-Bre tagne et d'Irlande (1714-1727) et électeu de Hanovre sous le nom de Georges-Loui (1698-1727). Fils du premier électeur d Hanovre et de la princesse Sophie, petite fille de Jacques Iᵉʳ* d'Angleterre, il fu choisi à la mort de sa tante, Anne* Stuar parce que protestant* (Acte d'établisse ment*, 1701). Le roi s'intéressa peu au affaires d'Angleterre, laissant la directio de la politique au parti whig*. Premier d

dynastie anglaise des Hanovre, marié à
cousine Sophie Dorothée, qu'il fit em-
risonner jusqu'à sa mort pour infidélité,
eorge Ier n'apprit même pas l'anglais, ré-
dant le plus souvent dans ses domaines
ermaniques. À l'extérieur, il s'efforça de
e pas s'engager dans les guerres conti-
entales, prenant seulement part aux al-
ances (Triple-Alliance*, 1717 et Quadru-
e-Alliance) contre l'Espagne. À
intérieur, il laissa le gouvernement de
Angleterre à ses ministres Stanhope*
1714-1721) et surtout Walpole* (1715-
717 et 1721-1742), renforçant l'évolution
u régime vers le parlementarisme et rui-
ant définitivement l'absolutisme en An-
leterre. George Ier eut pour successeur
on fils George II*.

GEORGE II (Herrenhausen, Hanovre,
683-Kensington, près de Londres, 1760).
oi de Grande-Bretagne et d'Irlande et
ecteur de Hanovre sous le nom de Geor-
es II-Auguste (1727-1760). Fils et suc-
esseur de George Ier*, il fut comme lui
lus préoccupé de son électorat germani-
ue que des affaires d'Angleterre qu'il
issa aux mains des whigs*, engageant
ncore davantage le pays vers le parlemen-
risme. Laissant d'abord le pouvoir à
Valpole* jusqu'en 1742, il choisit ensuite
ewcastle sous la pression d'une opinion
ublique belliqueuse, favorable à une potique de grandeur à l'extérieur. L'Angle-
rre s'engagea ainsi dans la guerre de Suc-
ession* d'Autriche (1740-1748), et dans
guerre de Sept* Ans (1756-1763). La
olitique d'expansion coloniale du Pre-
ier Pitt* assura au pays de brillantes
onquêtes aux Indes et en Amérique.
eorge II fut le fondateur de l'université
e Göttingen. Il eut pour successeur
eorge III*.

GEORGE III (Londres, 1738-Windsor,
820). Roi de Grande-Bretagne et d'Ir-
nde (1760-1820). Électeur (1760-1815)
uis roi de Hanovre (1815-1820), il fut le
remier roi vraiment anglais de la dynastie

hanovrienne. Il voulut exercer lui-même le
pouvoir, ce qui était contraire aux traditions parlementaires de l'Angleterre et
s'aliéna ainsi une large partie de l'opinion
publique. Petit-fils de George II*, résolu à
rétablir les prérogatives royales, il mit fin à
la domination des whigs* et s'appuya pour
gouverner sur ses amis tories, lesquels usèrent largement de la corruption électorale
pour gagner des sièges aux Communes*.
Sa politique autoritaire (arrestation du
journaliste Wilkes*, membre des Communes) et son pacifisme auquel s'opposaient
les marchands de Londres et des grandes
villes soulevèrent la colère de l'opinion publique. Le traité de Paris* (1763) qui
concluait la guerre de Sept* Ans fut jugé
trop timoré malgré ses avantages, et les ma-
ladresses du gouvernement à l'égard des
colons d'Amérique entraînèrent la guerre
d'Indépendance* américaine. George III,
atteint de troubles mentaux depuis 1765,
renonça à tout gouvernement personnel, la
suite du règne étant dominée par la personnalité du Second Pitt*. En 1811, lorsque le
roi sombra définitivement dans la démence, une régence fut décidée en faveur
de son fils, le futur George IV*. Voir
North (Frederik), Tory.

GEORGE IV (Londres, 1762-Windsor,
1830). Roi de Grande-Bretagne et d'Irlande, roi de Hanovre (1820-1830). Il accorda l'émancipation aux catholiques*
malgré son conservatisme, mais discrédita
le prestige de la couronne par sa vie privée
et ses démêlés conjugaux. Régent à la fin
du règne de son père George III* (devenu
dément), il ne prit le titre de roi qu'en
1820. Bien que libéral lorsqu'il était prince
de Galles*, George IV s'entoura de ministres tories et encouragea une politique
conservatrice, menée principalement par
Castlereagh* et Wellington*. Il acheva la
lutte contre Napoléon Ier*, lui refusant
l'asile et décidant sa déportation à Sainte-
Hélène*, et édicta de nombreuses lois limitant la liberté d'expression. Cependant,

il prit un ministre modéré, Canning*, et accorda aux catholiques les mêmes droits qu'aux protestants*, leur autorisant notamment l'accès à la fonction publique. Marié une première fois, secrètement et illégalement, à une catholique, il épousa en secondes noces (1795) sa cousine Caroline de Brunswick, dont il divorça après un procès scandaleux. Voir *Catholic Relief Bill, Test (Bill du), Whigs et tories.*

GEORGE V (Londres, 1865-Sandringham, 1936). Roi de Grande-Bretagne et d'Irlande (1910-1936). Second fils d'Édouard VII* auquel il succéda en raison de la mort de son frère aîné, son règne fut marqué par la Première Guerre* mondiale, les conséquences de la grande crise* économique de 1929, la constitution du Commonwealth* et la création de l'État libre d'Irlande (1921) amputé de l'Ulster* (Irlande du Nord). En 1917, George V avait changé le nom de la dynastie de Saxe-Cobourg en celui de dynastie de Windsor. Voir George VI, *People's Budget.*

GEORGE VI (Sandringham 1895-*id.*, 1952). Roi de Grande-Bretagne (1936-1952). L'abdication de son frère aîné Édouard VIII* le fit accéder au trône. Il partagea les épreuves de son pays durant la Seconde Guerre* mondiale. Sa fille Élisabeth II* lui a succédé.

GERGOVIE. Capitale d'un peuple gaulois*, les Arvernes*, située sur un mont du Massif central. Vercingétorix* y soutint victorieusement un siège mené par Jules César* en 52 av. J.-C. Voir Gaules (Guerre des).

GÉRICAULT, Théodore (Rouen, 1791-Paris, 1824). Peintre, dessinateur et lithographe français. Hanté par la mort et la folie, passionné par les chevaux, le culte de l'énergie et du mouvement, Géricault est considéré comme le premier peintre romantique français. Il se fit remarquer au Salon de 1812 en exposant *Officier de chasseurs à cheval chargeant* (Paris, Lou-

vre), témoin de son admiration pour Gros* et Rubens*, mais aussi de la fascination d'une génération pour l'épopée napoléonienne. Mais ce fut sa très grande toile, *Le Radeau de la Méduse*, inspirée par un fait divers, qui provoqua les plus violentes polémiques. Drame contemporain exposé avec un grand réalisme, dans lequel Géricault exprima sa fascination pour la mort, cette toile, exposée à Londres, connut un vif succès et fut considérée comme un manifeste de l'école romantique. Géricault observa aussi les mouvements des chevaux (*Course à Epson*, Paris, Louvre) et réalisa de bouleversantes études d'aliénés. Il mourut prématurément des suites d'une chute de cheval. Voir Delacroix (Eugène), Romantisme.

GERMAINS. Nom donné par les Romains aux peuples parlant des langues indo-européennes installés à l'est du Rhin (en Europe centrale et orientale) qu'ils appelaient aussi Barbares* (Goths*, Alamans*, Francs*, Angles*, Saxons*, Burgondes*, Vandales*, etc.). Au cours du ve siècle ap. J.-C., poussés par les Huns*, ils envahirent l'Empire romain* (Grandes Invasions*) et fondèrent des royaumes germaniques sur les ruines de l'Empire* romain d'Occident qui disparut en 476 ap J.-C. Venus probablement des pays scandinaves au IIIe siècle av. J.-C., les Germains constituèrent dès le IIe siècle av. J.-C. une menace sur le limes* (frontière) romain du Rhin et du Danube (invasion des Cimbres et des Teutons arrêtée par Marius* en 102-101 av. J.-C.). Agriculteurs et éleveurs à la recherche de terres, ils organisèrent encore des raids et des razzias au cours du IIe siècle ap. J.-C. (invasion des Marcomans sous le règne de Marc* Aurèle) et du IIIe siècle ap. J.-C. (en Gaule*, en Espagne, en Italie du Nord et sur les côtes de Bretagne) mais réussirent pour la plupart à s'infiltrer pacifiquement dans l'Empire. Reconnus pour leur courage et excellents cavaliers, les Germains engagèrent comme volontaires dans l'armée romaine* qui, dès le IVe siècle, se trouva presque entièrement germanisée avec de nombreux Barbares à des postes de commandement (Stilicon*). Les empereurs romains reconnurent aussi les petits groupes de Germains qui avaient franchi le *limes* : ils en firent des alliés et leur donnèrent des terres à cultiver. Mais tout changea à la fin du IVe siècle : les Germains, sous la formidable pression des Huns, cavaliers nomades venus d'Asie, franchirent massivement les frontières de l'Empire. Ces grandes invasions aboutirent à la création de royaumes germaniques dans l'Empire romain d'Occident. Voir Germanicus, Germanie.

GERMANICUS (Rome, 15 av. J.-C.-Antioche, 19 ap. J.-C.). Général romain, remarquable collaborateur de l'empereur Auguste*. Consul* en 12 ap. J.-C., il mena victorieusement des campagnes contre les Germains* (ce qui lui valut son surnom de Germanicus, « le Germanique »). L'empereur Tibère*, voyant en lui un rival (Auguste* le lui avait fait adopter pour donner une forme de continuité dynastique), l'envoya en Syrie* où il fut peut-être empoisonné par le gouverneur Pison. Sa mort causa une vive émotion à Rome* où il était très populaire. L'opinion publique se déchaîna contre Tibère qui fut accusé de son meurtre. Époux d'Agrippine* l'Aînée, Germanicus eut d'elle neuf enfants, dont l'empereur Caligula*.

GERMANIE. Nom donné par les Romains aux régions de l'Europe centrale qui s'étendaient à l'est du Rhin et au nord du Danube. Dès le Ier siècle av. J.-C., les Romains menèrent des expéditions vers ces régions mal connues d'eux, mais Jules César* n'en tenta pas la conquête. Il se contenta de protéger la frontière du Rhin, au-delà de laquelle il rejeta quelques tribus de Germains*. Mais sous Auguste*, une offensive fut menée par Drusus et Tibère* en direction de l'Elbe dont on voulut faire

la frontière du monde romain. Le désastre du général Varus* dans lequel périrent trois légions (9 ap. J.-C.) mit fin à ces opérations. Le Rhin resta désormais la limite entre le monde romain et germain. Sur la rive gauche du Rhin, elle s'organisa en 90 ap. J.-C. en deux provinces*, la Germanie supérieure (dans le sud) et la Germanie inférieure (au nord). Un *limes** défensif de 550 km de long hérissé de 1 000 tours et étayé par une centaine de châteaux* forts fut édifié sous l'empereur Hadrien* pour protéger la frontière romaine (depuis le Rhin jusqu'au Danube). Jusqu'au milieu du IIe siècle, Rome* réussit à contenir les Germains*, mais à partir de Marc* Aurèle la menace des invasions n'allait plus cesser de peser sur l'Empire romain. En 406 ap. J.-C. le Rhin fut franchi et au cours du Ve siècle, les Germains (Wisigoths*, Vandales*, Ostrogoths*, Burgondes* et Francs*) fondèrent par la conquête des royaumes barbares* sur les ruines de l'Empire* romain d'Occident. Voir Invasions (Grandes).

GERMANO-SOVIÉTIQUE (Pacte, 23 août 1939). Pacte de non-agression conclu entre l'Allemagne de Hitler* et l'URSS de Staline* et signé à Moscou par Ribbentrop* et Molotov*. Il était accompagné d'un protocole secret prévoyant l'établissement de zones d'influence soviétique (Finlande, Estonie*, Lettonie, Bessarabie, Pologne orientale) et allemande (Pologne occidentale, Lituanie*) en Europe de l'Est, et notamment le partage de la Pologne. Ce pacte stupéfia l'opinion internationale et posa de graves problèmes aux partis communistes européens, particulièrement au parti français. Voir Litvinov (Maksim), Communiste français (Parti), Guerre mondiale (Seconde).

GERMINAL AN III (Journée du 12, 1er avril 1795). Insurrection jacobine et populaire à Paris dirigée contre la Convention* thermidorienne. Les manifestants qui réclamaient du pain et la Constitution* démocratique de l'an I (1793) furent sévèrement dispersés. Les derniers représentants des montagnards* furent déportés. Cet échec populaire, avec celui des journées de prairial* an III (1795), marqua la fin du mouvement révolutionnaire. Voir Billaud-Varenne (Jean Nicolas), Collot d'Herbois (Jean-Marie), Jacobins (Club des), Révolution française.

GÉRONTES (du grec *géron*, vieillard). Désignait à Sparte* les membres du conseil des Anciens appelé la Gérousia*. Voir Apella, Éphores.

GÉROUSIA. Dans l'Antiquité, désignait à Sparte* le conseil des Anciens composé de 30 membres (y compris les deux rois). Ces gérontes*, qui exerçaient leurs fonctions à vie, étaient choisis par acclamation à l'Apella*, parmi les citoyens âgés de plus de 60 ans. Ce conseil de vieillards jouait le rôle le plus important à Sparte, les Éphores* leur étant généralement soumis. La Gérousia contrôlait la politique extérieure de la cité et, ayant l'initiative des lois, avait en fait pouvoir de décision dans toutes les affaires de politique intérieure. Elle jugeait aussi les meurtres, les crimes politiques et même parfois les rois.

GERSHWIN, George (Brooklyn, 1898-Hollywood, 1937). Compositeur américain. Inspiré par le jazz et la musique romantique, il est notamment l'auteur de *Rhapsody in Blue* (1924), *An American in Paris* (1931) et *Porgy and Bess* (1935).

GERSON, Jean Charlier, dit **de** (Gerson, Ardennes, 1363-Lyon, 1429). Théologien, philosophe et prédicateur français. Grand chancelier de l'université de Paris en 1398, il joua un rôle important au concile de Constance* (1414-1418) qui mit fin au Grand Schisme* d'Occident.

GESTAPO. Abréviation en allemand de *Geheime Staats Polizei* ou « police secrète d'État ». Elle fut, dans l'Allemagne hitlérienne et dans les pays occupés par l'Allemagne, l'instrument le plus redoutable du régime policier nazi. Créée par Goe-

ring* en 1933, la Gestapo fut placée sou l'autorité de Himmler* (1934), Reichs führer SS*, et de son redoutable adjoin Heydrich*. Dotée de moyens illimités (tor tures, exécutions sommaires), elle combat tit avec acharnement tous les mouvement de résistance des pays occupés, traquan les juifs et tous les ennemis du nazisme* En France, à partir de 1942, Himmler ob tint du Führer* que les pouvoirs de polic soient retirés à l'armée et confiés à la Ges tapo. Jugée comme organisation crimi nelle, la Gestapo fut condamnée par le tri bunal de Nuremberg*. Voir Abwehr Hitler (Adolf), Concentration et d'extermi nation (Camps de), Résistance.

GESTE (Chansons de). Poèmes épique du Moyen Âge, écrits en langue vulgaire - c'est-à-dire non latine – et consacrés au exploits d'un héros. Leur inspiration étai chrétienne et chevaleresque et s'appuyai particulièrement sur la tradition historiqu des combats contre les Sarrasins* en Es pagne et en Italie, puis en Orient (croisa des*). Elles apparurent en France à la fi du XIᵉ siècle mais aussi dans d'autres pay comme l'Allemagne (la *Chanson des Ni belungen*) ou l'Espagne (avec le poème d Cid*). Généralement écrits en vers déca syllabiques, pour le public des foires et de pèlerinages, les poèmes étaient chantés e mimés par des jongleurs et des ménestrels Voir *Chanson de Roland*.

GETA (189-212 ap. J.-C.). Empereur ro main de la dynastie des Sévères*, il régn deux ans (211-212 ap. J.-C.). Second fil de Septime* Sévère, il partagea le pouvo avec son frère Caracalla* qui le fit assas siner un an plus tard.

GETTYSBURG (Bataille de, 1ᵉʳ-3 juille 1863). Lors de la guerre de Sécession* victoire décisive de l'armée nordiste à Ge tysburg (Pennsylvanie) sur les sudiste commandés par Lee*. En novembre 1863 le champ de bataille de Gettysburg fut dé claré cimetière national. L'« Adresse d Gettysburg » prononcée par Lincoln* dans laquelle il appelait à une réconciliation, est un des textes les plus célèbres de l'histoire américaine. Voir Rhaznévides.

GHAZNÉVIDES. Voir Rhaznévides.

GHIBERTI, Lorenzo (Florence, 1378 ou 1381-*id.*, 1455). Orfèvre, architecte et sculpteur italien. Face à six concurrents dont Brunelleschi*, il remporta le concours pour la sculpture de la deuxième porte du baptistère de Florence*. Son œuvre la plus célèbre demeure cependant la troisième porte de celui-ci : représentant des scènes de l'Ancien Testament* sculptées dans le bronze, la sculpture apparut si belle à Michel-Ange* qu'il l'appela la « Porte du Paradis » (1425-1452).

GIACOMETTI, Alberto (Stampa, Grisons, 1901-Coire, 1966). Sculpteur et peintre suisse. Après s'être rallié au cubisme* (1925-1929) puis au surréalisme* (1930-1935), il produisit des sculptures, longues figures filiformes, dont la matière garde les traces du modelage. On peut citer parmi ses œuvres, *Femme-cuillère* (1926-1927, Zurich), *La Table* (1933, Paris, musée national d'Art moderne) et *Femme debout II* (1959-1960, Paris, musée national d'Art moderne).

GIAP, VÔ NGUYÊN. Voir Vô Nguyên Giap.

GIBBON, Edward (Putney, Londres, 1737-Londres, 1794). Historien britannique. Son *Histoire de la décadence et de la chute de l'Empire romain* (1776-1788), dans laquelle il démontre le lien entre le triomphe de l'Église et la décadence de l'Empire, fut l'une des premières tentatives d'histoire scientifique.

GIBELINS. Voir Guelfes et Gibelins.

GIDE, André (Paris, 1869-*id.*, 1951). Écrivain français. Auteur de récits, essais, pièces de théâtre et surtout de romans, Gide tenta de définir dans son œuvre un humanisme* moderne fondé sur la passion de la liberté et de la sincérité. Tôt orphelin de son père, Gide fut élevé par une mère autoritaire. Élève à l'École alsacienne puis

au lycée de Montpellier, il fréquenta le cercle que réunissait chez lui Stéphane Mallarmé* (1890) et subit dans ses premiers écrits l'influence symboliste (*Les Cahiers d'André Walter*, 1891). Parti en convalescence en Algérie avec un ami peintre, il y découvrit son homosexualité qu'il évoquera dans un roman autobiographique (*Si le grain ne meurt*), mais surtout il traversa une crise spirituelle déterminante exprimée avec force dans *Les Nourritures terrestres* (1897), qui affirmait la légitimité du bonheur humain par la réalisation de tous les désirs et qui eut, après la Première Guerre* mondiale, une influence considérable sur la jeunesse. Il nuança plus tard cet idéal individualiste dans un conte philosophique (*Prométhée mal enchaîné*, 1899) mais surtout dans (*L'Immoraliste*, 1902). Gide publia ultérieurement *La Porte étroite* (1909) dans la *Nouvelle Revue française*, éditée chez Gallimard, qu'il avait créée avec Jacques Copeau et Jean Schlumberger, puis *Les Caves du Vatican* (1914), *La Symphonie pastorale* (1919) et *Les Faux-monnayeurs* (1926). Après un voyage en Afrique noire, Gide dénonça les excès du colonialisme dans plusieurs récits (*Voyage au Congo*, 1927 ; *Le Retour du Tchad*, 1928). Compagnon de route du Parti communiste* français, il manifesta sa déception face au régime soviétique (*Retour de l'URSS*, 1936). Gide reçut le prix Nobel* de littérature en 1947.

GIEREK, Edward (Porabka, 1913-). Homme politique polonais. Successeur de Gomulka* à la tête du Parti ouvrier unifié polonais (1970-1980), ce « technocrate communiste » tenta de moderniser l'économie. Les graves conflits sociaux qu'il dut affronter l'amenèrent à démissionner. Mineur en France puis en Belgique, membre du Parti communiste* français en 1931, il ne rentra définitivement en Pologne qu'en 1948. Secrétaire du Parti communiste dans la région industrielle de Katowice (Silésie), où il fit preuve d'une grande efficacité économique – cette région tranchant par sa prospérité sur les autres régions de Pologne –, il passa en même temps son diplôme d'ingénieur des Mines (1951). Membre du comité central en 1954, puis du bureau politique en 1956, considéré par le parti comme l'un des meilleurs spécialistes pour les questions industrielles, il succéda en 1970 à Gomulka comme chef du parti unifié (POUP). Face aux insuffisances de l'économie (inflation chronique, pénurie), il développa la production des biens de consommation, en empruntant beaucoup de capitaux à l'Occident, ce qui provoqua un endettement croissant de l'État. Cependant, les effets de la crise économique mondiale provoquèrent à nouveau une situation sociale explosive. Grèves et émeutes culminèrent en 1980, en particulier aux chantiers navals de Gdansk*. Le gouvernement, d'accord avec Lech Walesa*, accepta la création de syndicats « autogérés » (août 1980) et Gierek dut démissionner. Voir Jaruzelski (Wojcieh), Solidarnosc, Walesa (Lech).

GILGAMESH. Héros sumérien du IIIe millénaire av. J.-C. Roi d'Ourouk*, il est l'un des principaux personnages de la mythologie* assyro-babylonienne. L'*Épopée de Gilgamesh* (qui aurait inspiré le récit biblique du Déluge*) nous est surtout connue par les tablettes de Ninive*, textes akkadiens* de la bibliothèque d'Assourbanipal*. Voir Sumériens.

GIOBERTI, Vincenzo (Turin, 1801-Paris, 1852). Prêtre, philosophe et homme politique italien. Contrairement à Mazzini*, partisan d'une République unitaire, Gioberti défendit l'idée d'une fédération italienne placée sous l'autorité du pape, notamment dans son principal ouvrage, *De la primauté morale et politique des Italiens* (1843).

GIOLITTI, Giovanni (Mondovi, 1842-Cavour, 1928). Homme politique italien. Président du Conseil presque sans interruption de 1903 à 1914, il pratiqua une importante politique sociale, instaura le suffrage universel, mais se révéla plus tard impuissant face à la montée du socialisme*, puis du fascisme*. Piémontais d'origine paysanne, député en 1882, puis ministre (1889-1890 ; 1901-1903), Giolitti domina jusqu'en 1914 la vie politique italienne comme président du Conseil (1903-1905 ; 1906-1909 ; 1911-1914). Gouvernant indifféremment avec la gauche ou la droite, assuré d'une forte majorité parlementaire souvent acquise par la corruption, Giolitti exerça une véritable « dictature parlementaire ». Il désarma l'agitation ouvrière en développant la législation sociale (réglementation du travail des femmes et des enfants, obligation du repos hebdomadaire) et en instaurant en 1912 le suffrage universel. À l'extérieur, il annexa la Tripolitaine* et renouvela la Triple-Alliance* avec l'Allemagne et l'Autriche-Hongrie*. De nouveau président du Conseil (1920-1921), Giolitti se heurta à la grave agitation politique et sociale de l'Italie d'après-guerre. Après avoir soutenu Mussolini*, dans lequel il voyait un moindre mal, Giolitti s'opposa au régime après l'assassinat du socialiste Matteotti* (1924). Voir Depretis (Agostino).

GIONO, Jean (Manosque, 1895-*id.*, 1970). Écrivain français. D'abord chantre de sa région natale, la Haute-Provence, il évolua après la Seconde Guerre* mondiale vers une philosophie et un art plus classiques. Fils d'un cordonnier italien, autodidacte, Giono, devenu employé de banque se révéla au public par sa trilogie *Colline* (1928), *Un de Baumugnes* (1929) et *Regain* (1930) puis, décidé à se consacrer à sa carrière littéraire, publia de nombreux romans (*Manosque des plateaux*, 1930 ; *Le Chant du monde*, 1934 ; *Que ma joie demeure*, 1935 ; *Les Vraies Richesses*, 1936). Pacifiste depuis la Grande Guerre, poursuivi en justice en 1939 pour son tract *Paix immédiate* (1939), Giono afficha sa sympathie pour le régime de Vichy* et débuta u théâtre durant la guerre (*La Femme du boulanger*, 1944).

GIORGIONE, Giorgio Da Castelfranco, dit (Castelfranco, v. 1477-Venise, 1510). Peintre italien. Sa carrière, brève mais fulgurante, influença l'évolution de la peinture vénitienne. Le Titien* en particulier fut un de ses plus brillants disciples. Élève de Bellini, Giorgione fut le maître du chromatisme lumineux. Sa vie et son œuvre sont mal connues. On peut cependant citer parmi ses douze tableaux les plus célèbres *La Tempête* (Venise) et *Les Trois Philosophes* (Vienne).

GIOTTO DI BONDONE (Colle di Vespignano, dans le Mugello, v. 1266-Florence, 1337). Peintre et architecte italien, Giotto fut l'un des grands peintres de Florence*. Il jouit de son vivant d'une grande célébrité, comme le prouve l'étendue des travaux dont il eut la charge. D'abord au service du pape Boniface VIII* à Rome, Giotto travailla ensuite longtemps pour les grands banquiers de Florence avant d'être appelé à Naples* par Robert* d'Anjou dont il deviendra le familier. L'originalité de Giotto fut de s'être affranchi de la tradition médiévale et byzantine en imposant un système de représentation nouveau, notamment en humanisant les figures sacrées. L'œuvre majeure de Giotto comprend deux grands ensembles de fresques. Il décora à Padoue la chapelle de la famille Scrovegni à l'Arena et les scènes de la *Vie du Christ* et de sa Passion. Il peignit à Florence les fresques de la *Vie de saint François* sur les murs de la chapelle Bardi à Santa Croce. Voir François d'Assise (saint).

GIRARDON, François (Troyes, 1628-Paris, 1715). Sculpteur français. Éminent représentant du classicisme* français, il est considéré comme le plus grand sculpteur du règne de Louis XIV*. Il participa avec Le Vau*, Le Nôtre* et Le Brun* aux travaux du palais de Versailles*, ornant notamment le parc et le château de statues et de bas-reliefs marqués par un style élégant et sobre, influencé par l'art antique de la période hellénistique*. Ses œuvres les plus connues furent le grand ensemble d'*Apollon avec les nymphes* de la grotte de Thétys. Le talent de Girardon s'exprima aussi dans la sculpture funéraire (tombeau de Richelieu* à la chapelle de la Sorbonne*) comme dans la statue équestre de *Louis XIV* dressée au centre de la place Louis-le-Grand (aujourd'hui place Vendôme*), qui fut détruite lors de la Révolution*. Comblé d'honneurs, Girardon avait fait partie de l'Académie royale à partir de 1657.

GIRAUD, Henri (Paris, 1879-Dijon, 1949). Général français. Il fut supplanté à la tête du Comité* français de libération nationale par de Gaulle*, lequel devint, malgré la résistance de Roosevelt* et de Churchill*, le seul chef de la France libre. Après avoir servi au Maroc, appelé par Lyautey*, puis enseigné à l'École de guerre, Giraud prit le commandement de la VIIᵉ armée en mai 1940 et pénétra en Belgique. Fait prisonnier par les Allemands dès le 18 mai, il s'évada en avril 1942 de la forteresse de Königsberg, rejoignit Alger et prit la tête des Forces françaises d'Afrique du Nord après le débarquement* allié de novembre 1942. « Commandant civil et militaire » de l'Afrique du Nord après l'assassinat de Darlan* (décembre 1942), il représenta la souveraineté française à Alger, et fut soutenu par les Américains qui voyaient en lui la « troisième voie » entre Pétain* et de Gaulle. Il joua alors un rôle décisif dans le réarmement de l'Afrique du Nord, préparant son entrée en guerre aux côtés des Alliés. Très conservateur, pratiquant un « vichysme sous protectorat américain », il était très hostile au général de Gaulle arrivé à Alger en mai 1943, mais fut néanmoins amené à partager avec lui la présidence du Comité français de libération nationale (juin-octobre 1943). Progressivement supplanté par de

Gaulle, il abandonna son poste puis, avec une armée française équipée par les Américains, dirigea la libération de la Corse (septembre 1943). Commandant en chef jusqu'en avril 1944, il fut après la guerre vice-président du Conseil supérieur de la guerre. Il a été inhumé aux Invalides*. Voir Front national.

GIRONDINS. Nom donné à un groupe politique qui, pendant la Révolution* française, joua un rôle important sous l'Assemblée* législative et les débuts de la Convention* nationale. Appelés girondins (ou brissotins*) car plusieurs de leurs chefs étaient originaires de la Gironde, les girondins les plus connus furent Brissot*, Buzot, Roland*, mais aussi Vergniaud*, Isnard, Guadet, Gensonné et le savant Condorcet*. Pour la plupart avocats ou journalistes, issus de la bourgeoisie provinciale aisée, les girondins, grands bénéficiaires des réformes de 1789, furent violemment hostiles à tout retour à l'Ancien* Régime mais aussi à toute réforme économique et sociale favorable à la classe populaire. Ils estimèrent dès la fin de 1791, par conviction idéologique mais aussi manœuvre politique, que la Révolution était close à l'intérieur mais exportable à l'extérieur et s'opposèrent dès lors aux montagnards*. Membres du Club des jacobins* jusqu'en septembre 1792, les girondins siégèrent à gauche à l'Assemblée législative. Ils poussèrent à la déclaration de guerre contre l'Autriche (20 avril 1792) afin d'amener Louis XVI* à se démasquer et imposèrent les mesures rigoureuses contre les émigrés* et les prêtres réfractaires*. Cependant, après l'insurrection populaire du 10 août* 1792 et les massacres de Septembre*, les girondins, comprenant les risques d'une dictature populaire parisienne, siégèrent à droite à la Convention* nationale, se dressant contre les députés montagnards. Le procès de Louis XVI – que les girondins tentèrent de retarder –, les échecs militaires et la trahi-

son d'un des leurs, Dumouriez*, les difficultés économiques et sociales et leur opposition aux premières mesures de Salut* public exaspérèrent les tensions entre montagnards et girondins. Sous la pression des sans-culottes*, dirigés par les hébertistes* et les enragés*, les montagnards proscrivirent les girondins (2 juin 1793). Certains chefs girondins tentèrent en vain de soulever plusieurs départements dans une révolte fédéraliste* contre la Montagne, appuyée sur Paris. Vingt et un girondins furent condamnés par le Tribunal* révolutionnaire et guillotinés. Voir Fouquier-Tinville (Antoine), Patriotes.

GISCARD D'ESTAING, Valéry (Coblence, 1926-). Homme politique français. Polytechnicien, inspecteur des Finances, il fut ministre des Finances dans le gouvernement de Georges Pompidou* et président de la République (1974-1981). Président des Républicains indépendants, il manifesta son opposition à l'« exercice solitaire du pouvoir » du général de Gaulle* et contribua à la chute de ce dernier. Ministre de l'Économie et des Finances entre 1962 et 1966 puis sous la présidence de Georges Pompidou (1969-1974), il prit la succession de ce dernier en mai 1974, élu à une faible majorité malgré l'appui de Jacques Chirac*. En dépit d'un septennat difficile marqué par la crise économique mondiale, il engagea un vaste programme de réformes : loi Veil sur l'interruption volontaire de grossesse (1975), majorité à 18 ans, loi Haby établissant un « tronc commun » pour tous les élèves des collèges (1975), réforme du statut de Paris par l'élection de son maire (1975). Il échoua aux élections présidentielles de 1981 (auxquelles se présenta aussi Jacques Chirac) contre François Mitterrand*. Il est depuis 1988 président de l'UDF* (Union pour la démocratie française). Voir Barre (Raymond).

GIZEH (Pyramides de). Village du nord de l'Égypte*, proche du Caire*, où se trou-

ent les célèbres pyramides* des pha-
aons* de l'Ancien* Empire, Chéops*,
Chéphren* et Mykérinos*. Ces monuments grandioses se dressent au bord d'un
plateau sur la rive gauche du Nil* près de
'ancienne capitale, Memphis*.

GIZEH (Sphinx de). Immense statue
sculptée dans le calcaire située à Gizeh*,
en Basse-Égypte*, devant la pyramide* du
pharaon Chéphren*. Le visage représente
probablement le pharaon* coiffé de sa per-
ruque. Le corps et les pattes sont ceux d'un
lion. Les dimensions sont gigantesques :
73 m de longueur, 20 m de hauteur. La tête
a 5 m de haut et les oreilles 1, 40 m. La
bouche mesure 2, 30 m de large. Le sphinx
veille sur le sommeil du souverain.

GLACIATIONS. Nom donné aux périodes pendant lesquelles la terre, refroidie,
était en partie recouverte de glaciers. Les
quatre principales glaciations portent le
nom d'affluents du Danube (son bassin a
été particulièrement étudié). Günz fut la
plus ancienne (650 000-400 000 ans av.
J.-C.), Mindel la deuxième (400 000-
200 000 ans av. J.-C.), Riss la troisième
(200 000-75 000 ans av. J.-C.) et Würm la
quatrième (75 000-10 000 ans av. J.-C.).
Les hommes préhistoriques ont connu ces
glaciations. Voir Quaternaire (Ère).

GLADIATEUR. Dans l'Antiquité romaine, homme qui combattait dans l'arène
d'un amphithéâtre contre d'autres hommes
ou contre des bêtes féroces. Les gladiateurs étaient pour la plupart des esclaves*,
des condamnés ou des spécialistes entraînés. On les répartissait en différentes catégories selon leur force, leur adresse,
leurs capacités physiques : certains étaient
armés d'un casque, d'un sabre ou d'une
épée et d'un bouclier (rétiaire), d'autres
d'un simple filet pour envelopper l'adversaire et d'un trident pour le harponner. Le
combattant vaincu levait le bras gauche
pour demander sa grâce tandis que le vainqueur consultait la foule qui d'un geste
pouvait l'accorder (pouce levé) ou la re-

fuser (pouce baissé). Les combats de gladiateurs eurent un extraordinaire succès et
ne furent supprimés qu'au début du Ve siècle ap. J.-C. Voir Colisée.

GLADSTONE, William Ewart (Liverpool, 1809-Hawarden, Flintshire, 1898).
Homme politique britannique. Chef du
Parti libéral* à partir de 1865, trois fois
Premier ministre, rival du conservateur
Disraeli*, il mena à l'extérieur une politique de paix et fut, à l'intérieur, le promoteur d'importantes réformes politiques et
sociales. Issu d'une riche famille de
commerçants écossais, Gladstone, après
avoir renoncé à sa vocation de pasteur,
choisit la carrière politique. D'abord anglican et tory*, élu député en 1832, il participa (1843-1846) au cabinet Peel* et soutint sa politique de libre-échange puis
évolua vers le libéralisme*. Bientôt considéré comme le chef du Parti libéral, alors
que Disraeli prenait la tête du Parti conservateur*, Gladstone domina, avec son rival,
15 ans de la vie politique de l'Angleterre.
Trois fois Premier ministre (1868-1874,
1880-1885, 1892-1894), il fut le promoteur d'importantes réformes. Il déclara la
séparation de l'État et de l'Église anglicane d'Irlande (1869) jusque-là soutenue
financièrement par la majorité des catholiques. Par l'*Education Act* (1870), il créa
les débuts de l'instruction primaire d'État.
Il abolit la vénalité des grades dans l'armée, imposa le vote secret avec isoloir
(*Ballot Act*, 1872), et par la réforme électorale de 1884-1885, rendit le suffrage
presque universel. Enfin, les syndicats lui
durent leur existence légale. Conscient de
la gravité du problème irlandais, il ne put
imposer le *Home* Rule* (autonomie de l'Irlande), ce qui provoqua sa chute en 1885 et
la scission du Parti libéral, avec la constitution d'un mouvement « unioniste* »
sous la direction de Joseph Chamberlain*.
Sa politique extérieure pacifique fut très
sévèrement critiquée par les impérialistes
conduits par Disraeli, les gladstoniens

étant traités de « partisans d'une petite Angleterre ». Très attaché aux principes
d'équilibre européen et de non-intervention, Gladstone s'effaça face à la défaite
française de 1870 et à la montée en puissance de l'Allemagne, accepta de rendre
leur indépendance aux Boers*, ne chercha
pas à venger Gordon tué au Soudan et
n'accepta qu'avec réticence la mainmise
de l'Angleterre sur l'Égypte.

GLASNOST. Mot russe signifiant « transparence » ; en URSS, politique de transparence de la vie publique, établie par Mikhaïl Gorbatchev*. Journaux et magazines
furent autorisés à ouvrir leurs colonnes aux
débats et aux critiques. Les victimes
communistes des purges staliniennes des
années 30 furent réhabilitées en 1988 :
Boukharine*, Zinoviev*, Kamenev*. De
nombreuses œuvres jusque-là interdites
furent publiées, et des peintres non officiels furent autorisés à organiser des expositions. Voir *Perestroïka*.

GLÉ-GLÉ, auparavant **BADOHOU**
(?-Kinikini, 1889). Dernier roi du Dahomey indépendant (1858-1889). Il s'opposa
farouchement à la domination française
mais dut céder Cotonou (1868), aujourd'hui principale ville et port du Bénin.
Voir Abomey, Béhanzin.

GLORIEUSE RÉVOLUTION. Voir Révolution d'Angleterre (Seconde).

GLORIEUSES (Les Trois). Nom donné
aux journées révolutionnaires des 27, 28 et
29 juillet 1830, qui mirent fin au règne de
Charles X* et à la Restauration*. En souvenir de la révolution* de 1830, une colonne, la colonne de Juillet, fut érigée en
1831, place de la Bastille. Voir Louis-Philippe Iᵉʳ, Monarchie de Juillet.

GOA. Ville de l'Inde au sud de Bombay.
Occupée par Albuquerque* en 1510, elle
fut la capitale des colonies portugaises de
l'Orient et le centre des missions portugaises en Inde. Saint François* Xavier l'évangélisa à partir de 1542. Goa fut annexée
par l'Inde en 1961-1962.

GOBELINS (Manufacture royale des).
Ateliers de tapisseries, établis par
Henri IV* en 1661 puis installés par Colbert* en 1662 dans l'hôtel d'une célèbre
famille de teinturiers, les Gobelins, faubourg Saint-Marcel à Paris où elle est encore aujourd'hui. La même année lui fut
adjointe la manufacture royale des Meubles. La manufacture nationale travaille
aujourd'hui essentiellement pour l'État.

GOBINEAU, Joseph Arthur, comte de
(Ville-d'Avray, 1816-Turin, 1882). Diplomate et écrivain français. Sa thèse exposée
dans l'*Essai sur l'inégalité des races humaines* (1853-1855), où il prétendit fonder
sur des bases scientifiques la supériorité de
la race germanique, fut exploitée par les
pangermanistes (Houston Stewart Chamberlain*) et par le national-socialisme* hitlérien. Voir Pangermanisme.

**GODEFROI DE BOUILLON, Gode-
froi IV de Boulogne,** dit (Baisy, près de
Genappe, v. 1061-Jérusalem, 1100). Duc
de Basse-Lorraine, il fut l'un des chefs de
la première croisade*. Après avoir vendu
une grande partie de ses biens, il partit en
1096 accompagné d'une armée importante
de croisés* des régions de la Meuse et du
Rhin. Après la prise de Jérusalem* en
1099, il fut élu comme souverain mais refusa ce titre et se contenta de celui d'avoué
du Saint-Sépulcre*.

GOEBBELS, Joseph, Paul (Rheyt,
1897-Berlin, 1945). Homme politique allemand. Ministre de la Propagande et de
l'Information sous le IIIᵉ Reich*, il servit,
en utilisant de façon systématique les
moyens de communication modernes, la
politique et l'idéologie nazies. Fils d'un
contremaître dans une filature, Goebbels,
frappé d'une infirmité congénitale qui le
faisait boiter, poursuivit des études de philosophie puis devint journaliste, métier où
il révéla un incontestable talent de polémiste. Gagné dès 1922 aux idées national-
socialistes, il fit d'abord partie de l'aile
gauche du parti dirigé par Gregor Strasser

ont il fut le secrétaire avant de se rallier définitivement à Hitler* en 1925. Nommé en 1926 chef du parti à Berlin, Goebbels ›ussit à convertir la capitale au national-ocialisme* et dirigea le périodique *Der ngriff* – « L'Agression » – (1927-1933). ›lu député au Reichstag* (1928) et ›ommé chef de la propagande du parti ›our toute l'Allemagne, Goebbels mani-›sta des dons exceptionnels de propagan-›ste et d'orateur et devint, après l'arrivée ›e Hitler au pouvoir (1933), ministre de la ›ropagande et de l'Information, poste ›u'il conserva jusqu'à sa mort. Incondi-›onnel du Führer*, il s'employa sans re-›âche à la nazification du pays, établissant ›a mainmise du parti sur tous les organes ›'information – en particulier la radio et le ›inéma – dont il sut habilement utiliser ›'impact sur la population. Artistes et in-›llectuels furent aussi muselés au sein de ›a Chambre culturelle du Reich dirigée par ›oebbels qui organisa des autodafés de li-›res contraires à la doctrine nazie. Il fut ›nfin l'instigateur, en 1938, de la Nuit de ›ristal* (incendie des synagogues et pil-›age des maisons juives). Durant la Se-›onde Guerre* mondiale, il s'attacha à gal-›aniser le moral de la population. En 1944, ›itler lui confia la direction de la guerre ›otale. Alors que l'Allemagne était frappée ›e tous côtés, Goebbels parvint néanmoins ›. donner aux Allemands l'énergie du dé-›espoir, faisant état d'« armes secrètes et ›mparables ». Jusqu'à la fin fidèle à Hitler ›ui l'avait nommé chancelier* dans son ›estament, Goebbels s'empoisonna avec sa ›emme et ses six enfants dans le bunker de ›a chancellerie après la mort du Führer. ›oir Goering (Hermann).

›OERING ou **GÖRING, Hermann** (Ro-›enheim, 1893-Nuremberg, 1946). Maré-›hal et homme politique allemand. Nazi de ›a première heure, fondateur de la Ges-›apo*, il fut désigné en 1939 comme le ›uccesseur de Hitler*. Fils d'un haut fonc-›onnaire prussien ami de Bismarck*, Goe-ring entra dans la carrière militaire et demanda à être affecté dans l'aviation au début de la guerre de 1914. Il se révéla un as de l'aviation et obtint 22 victoires aériennes dans la célèbre escadrille Richthofen. Démobilisé, il partit pour la Suède comme pilote commercial et rencontra sa première femme, la riche comtesse Carin von Kantzow. Rentré en Bavière en 1922, il rencontra Hitler et, enthousiasmé, adhéra aussitôt au Parti national-socialiste. Il participa avec Hitler au putsch manqué de Munich (1923) et, grièvement blessé, se réfugia en Autriche. Amnistié en 1927, il rentra en Allemagne où il fut élu député nazi au Reichstag* en 1928. Très lié à la haute société, ce « nazi de salon », ambitieux, attaché au luxe, aux honneurs et aux uniformes, fut bientôt élu président du Reichstag (1932) et devint ainsi l'un des premiers personnages de l'État. Hitler, devenu chancelier* en 1933, le nomma Premier ministre de Prusse* et ministre de l'Air. Il fut l'instigateur de l'incendie du Reichstag* qui permit de se débarrasser des communistes et des autres opposants, créa la Gestapo, les premiers camps de concentration* et joua un rôle important dans l'élimination du chef des SA*, Röhm* (Nuit des longs* couteaux, juin 1934). Il se consacra, à partir de 1935, au renforcement de la Luftwaffe* (aviation) dont il fit rapidement la première force aérienne mondiale. En 1936, Hitler chargea Goering – devenu l'un des plus riches industriels d'Allemagne – de l'exécution du plan en quatre ans qui devait lui assurer la mainmise sur l'économie du pays. Feldmaréchal en 1938 puis maréchal du Reich et chef de l'économie de guerre (1940), Goering, comblé d'honneurs, chancelier désigné depuis 1939, mena durant la guerre une vie luxueuse, constituant d'inestimables collections d'œuvres d'art volées dans les territoires occupés par les nazis. Cependant, après les échecs successifs de la Luftwaffe – Goering avait arrêté la recherche de nouveaux types d'avions pour développer la fabrication massive de types déjà existants –, son influence auprès de Hitler ne cessa de décroître et, après avoir demandé en avril 1945 à assurer le pouvoir, il fut expulsé du parti. Traduit devant le tribunal de Nuremberg* où il continua à défendre la politique du Führer*, il fut condamné à mort mais s'empoisonna dans sa prison.

GOES, Hugo Van der (Gand ?, v. 1440-près de Bruxelles, 1482). Peintre et miniaturiste flamand, considéré comme l'un des peintres flamands les plus importants de la seconde moitié du XVe siècle. Son chef-d'œuvre est l'énorme triptyque de *L'Adoration des bergers* (v. 1476) commandé par Portinari, mandataire des Médicis* dans les Flandres*, qui eut une influence importante sur la peinture florentine. Sa technique de la peinture à l'huile permit à l'artiste des jeux de lumière complexes et précis.

GOETHE, Johann Wolfgang von (Francfort-sur-le-Main 1749-Weimar, 1832). Écrivain allemand. Génie universel par l'étendue et la variété de ses connaissances et par les dons qu'il manifesta dans sa poésie, ses romans et ses critiques, Goethe domina pendant plus d'un demi-siècle la vie littéraire allemande. Issu d'une famille aisée et cultivée, il étudia le droit à Leipzig (1765) puis à Strasbourg (1770-1771), séjour durant lequel il manifesta son admiration pour les cathédrales, expression selon lui du génie germanique (*De l'architecture allemande*, 1773) et où il écrivit quelques-uns de ses plus beaux poèmes d'amour. De retour en Allemagne, devenu avocat auprès de la Cour impériale de justice à Francfort, Goethe fit paraître ses premiers drames (*Götz von Berlichingen*, 1774) et surtout son roman, *Les Souffrances du jeune Werther* (1774) inspiré en partie par la passion sans espoir qu'il avait conçue pour Charlotte Bluff et qui fit de lui l'un des chefs du mouvement littéraire

préromantique allemand, le *Sturm* und Drang*. Goethe fut appelé en 1775 à Weimar par le grand-duc Charles Auguste qui le nomma à d'importantes fonctions administratives et l'anoblit. Il publia durant cette période deux tragédies : *Iphigénie en Tauride* (1779-1787) et *Egmont* (1787). Après un court séjour en Italie (1786-1788) qu'il évoqua plus tard dans les *Élégies romaines* (1789-1795), Goethe revint à Weimar et accompagna le grand-duc dans la guerre contre la France révolutionnaire, écrivant après la victoire française de Valmy* en 1792 ; « De ce lieu et de ce jour date une ère nouvelle dans l'histoire du monde. » L'amitié qu'il noua avec Schiller* à partir de 1794 lui donna un nouvel élan créateur. Il reprit ses travaux sur l'anatomie, la physique et la botanique, publia la première partie de son grand roman *Les Années d'apprentissage de Wilhelm Meister* (1797, version définitive) et une suite de ballades écrites avec l'encouragement de Schiller dont la mort l'affecta profondément (1805). En 1808, Goethe fit paraître la première partie de son *Faust*, pièce qui le rendit universellement célèbre ; suivirent en 1809, *Les Affinités électives* inspirées par son amour pour Minna Herzlieb, ses poèmes du *Divan occidental*, ceux du *Divan oriental* (1814-1819) et *Poésie et Vérité* (1811-1814, 1831). La rédaction de la suite de son roman éducatif, *Les Années de voyage de Wilhelm Meister*, 1821-1829 et de son second *Faust* (1833) furent ses derniers écrits. Sa volumineuse Correspondance (notamment avec Schiller) fut publiée à titre posthume.

GOGOL, Nicolaï Vassiliévitch (Sorotchintsy, 1809-Moscou, 1852). Écrivain russe, considéré comme le créateur du réalisme russe. Né en Ukraine, il acquit rapidement la notoriété par la publication de trois recueils de nouvelles : *Les Veillées à la ferme de Dikanta* (1831-1832), *Mirgorod* (1835) qui contient le célèbre récit historique de Tarass Boulba racontant la lutte éroïque des Cosaques* ukrainiens contre es Polonais au XVIIᵉ siècle, et *Arabesques* ù l'on trouve *Le Journal d'un fou* (1835) ont l'inspiration relève étroitement du romantisme* allemand. Gogol fit aussi maistralement la satire de la bureaucratie usse dans des comédies (*Le Revizor*, 836). La grande œuvre de Gogol fut néanmoins *Les Âmes mortes* (1842), somre tableau de la vie russe au temps du ser'age. Persuadé d'avoir failli à sa mission n calomniant la sainte mère Russie, Go;ol entreprit la rédaction d'une deuxième artie aux *Âmes mortes* où seraient gloriiées les vertus russes. Il considéra cette ntreprise comme un échec et brûla le maauscrit qu'il avait mis dix ans à rédiger.

GOLD EXCHANGE STANDARD (en fr. talon de change or). Le *Gold Exchange Standard* fut institué lors de la conférence monétaire internationale de Gênes* (1922) afin de revenir au système de l'étalon-or auquel la Première Guerre* mondiale avait porté un coup décisif par le cours forcé des billets de banque. Afin d'économiser l'or n le réservant surtout aux transactions inernationales, les monnaies étaient converibles entre elles à un taux fixe, et les réserves des banques centrales ne reposaient plus uniquement sur l'or mais sur des monnaies fortes, « devises clés » qui furent en réalité le dollar et la livre sterling monnaies des règlements extérieurs). Ce système fut balayé par la crise* économique mondiale de 1929. Voir Bretton Woods (Accords de).

GOLFE (Guerre du, 17 janvier-28 février 1991). Nom donné au conflit qui opposa les États-Unis et leurs alliés (Royaume-Uni et France), sous l'égide de l'ONU*, à l'Irak de Saddam Hussein* après l'annexion du Koweït par ce dernier (août 1990). L'Irak, saigné à blanc par la guerre contre l'Iran* (1980-1988) et qui convoitait depuis longtemps l'émirat du Koweït pourvu d'énormes richesses pétrolières, prit comme prétexte au conflit le refus du

Koweït de respecter les quotas imposés par l'OPEP*, contribuant ainsi à la stagnation du prix du pétrole. Il se heurta à l'intransigeance du président américain George Bush*, soucieux non seulement d'affirmer le principe d'inviolabilité des frontières à moins d'un accord international mais aussi d'empêcher l'Irak de contrôler une importante partie du pétrole du Moyen-Orient et de détruire son potentiel militaire (notamment nucléaire). Après la résolution 678 du conseil de sécurité de l'ONU autorisant le recours à la force contre l'Irak, l'opération « Tempête du désert » fut déclenchée (17 janvier 1991). Sous le commandement militaire américain, avec la participation non seulement de la France et du Royaume-Uni mais aussi d'États de la région comme l'Arabie Saoudite, l'Égypte et la Syrie*, l'opération (aérienne et terrestre), qui mit en œuvre des armes particulièrement sophistiquées, se termina par la défaite de l'armée irakienne.

GOLIATH. Géant philistin*. Selon la Bible*, il demanda à combattre seul à seul avec les plus courageux soldats d'Israël* mais fut tué par David* d'une pierre au front lancée par une fronde. Voir Hébreux.

GOMULKA, Wladyslaw (Krosno, Galicie, 1905-Varsovie, 1982). Homme politique polonais. Secrétaire général du comité central du parti ouvrier polonais (1943-1948), il préconisa une voie polonaise vers le socialisme*, mais fut limogé par les staliniens (1948), ne retrouvant son poste qu'en 1956. Ouvrier, il adhéra en 1927 au Parti communiste clandestin de Pologne et fut à plusieurs reprises incarcéré. Évadé au début de la Seconde Guerre* mondiale, il devint le chef de la Résistance communiste polonaise et participa à la création du Parti ouvrier unifié polonais (POUP), dont il fut le secrétaire général (1943-1948). Co-vice-président du gouvernement d'Union nationale (1945-1947), très populaire en Pologne, Gomulka inquiétait cependant Moscou qui lui reprochait son « communisme* national ». En 1948, le comité central, stalinien, l'exclut du parti pour « déviationnisme de droite et nationalisme » puis du gouvernement. Emprisonné entre 1951 et 1954, il retrouva son poste de secrétaire général du parti dans une Pologne en pleine effervescence après les révélations du XXᵉ congrès du PCUS (Parti communiste* de l'Union soviétique) sur les crimes de Staline*. Acceptant, pour « raison d'État », le soutien soviétique dès 1959, sa popularité s'effrita et il dut démissionner en décembre 1970 après les émeutes ouvrières provoquées par une brutale hausse des prix. Voir Gierek (Edward), Tito, Wyszynski (Stefan).

GONZÁLEZ MÁRQUEZ, Felipe (Séville, 1942-). Homme politique espagnol. Secrétaire général du Parti socialiste ouvrier espagnol (PSOE) qu'il délesta de ses références marxistes, il devint Premier ministre en 1982 après la victoire de son parti, victoire confirmée lors des nouvelles élections législatives, notamment celles de juin 1993 qui donnèrent à Felipe González un nouveau mandat de quatre ans grâce à l'aide des Catalans.

GORBATCHEV, Mikhaïl Sergueïévitch (Privolnoïe, région de Stavropol, Circaucasie, 1931-). Homme politique soviétique. Il fut à l'origine des réformes démocratiques de l'URSS. Fils de paysan, membre du parti communiste* en 1952, il suivit des études de droit à la faculté de Moscou puis devint responsable des Komsomols* (jeunesses communistes) en 1955. Après avoir obtenu un diplôme d'ingénieur agricole en 1958, il débuta sa carrière politique. Secrétaire régional de la région de Stavropol (1970-1978), député au Soviet* suprême en 1970, membre du comité central en 1971, membre du Politburo à partir de 1979, il présida la Commission des Affaires étrangères d'une chambre du Soviet suprême sous Tchernenko* (1984) et fut élu secrétaire général du PCUS à la mort de ce dernier (mars 1985). Dès son arrivée au pouvoir – il avait 54 ans, ce qui contraste avec l'âge avancé de ses prédécesseurs –, Gorbatchev dénonça l'immobilisme brejnévien et se présenta comme un réformateur qui souhaitait non pas la fin du socialisme* mais son renouveau. Après avoir écarté la vieille garde, il se fit élire président du praesidium du Soviet suprême en remplacement de Gromyko*, cumulant ainsi la direction du Parti et celle de l'État (1988). Constatant les difficultés économiques de l'URSS – recul de la productivité, persistance des pénuries – qui remettaient en cause le rang international de l'URSS, il engagea la *Perestroïka** (« restructuration »), définie comme une révolution des structures économiques et administratives et comme une démocratisation destinée à vaincre l'apathie des Soviétiques. En matière économique, Gorbatchev, après avoir lancé, dès 1985, une campagne contre l'alcoolisme, décida une réforme salariale (1987) – élargissement de l'éventail des salaires fondés sur la réalité du travail effectué – et une réforme de l'entreprise (1988) contrainte à la rentabilité et à laquelle on accorda l'autonomie financière. L'agriculture privée fut aussi encouragée. Gorbatchev engagea enfin la *Glasnost** (« transparence ») qui touchait à la liberté d'expression et d'information. D'anciennes victimes communistes du stalinisme furent réhabilitées en 1988 (Boukharine*, Zinoviev*, Kamenev*) et 240 dissidents furent libérés (Sakharov*). *Perestroïka* et *Glasnost* ne pouvaient réussir que si le régime procédait à une démocratisation politique. La Constitution de 1977 fut modifiée (1988) ainsi que la loi électorale : séparation plus nette entre les organes du parti et ceux de l'État, avec démocratisation à tous les niveaux et remplacement du Soviet suprême par un nouveau Parlement fédéral appelé Congrès des députés du peuple, les électeurs ayant le choix entre plusieurs candidats. La politique étrangère de l'URSS prit enfin un utre tournant, Gorbatchev ayant impéra-vement besoin de réduire le budget mili-taire pour réussir ses réformes économi-ues : négociations sur le désarmement en 988 avec Ronald Reagan*, retrait d'Afg-anistan en 1989. Bien accueilli en Occi-ent, le gorbatchévisme rencontrait en JRSS de sérieux obstacles, comme le ré-eil des nationalités encouragé par la *Glas-ost*, le mécontentement des consomma-eurs, la réticence des travailleurs et la ésistance de la nomenklatura et de la bu-eaucratie dont les privilèges étaient sé-ieusement menacés. Élu en 1990 prési-ent de l'URSS pour un mandat de cinq ns par le Congrès des députés du peuple ui décréta la fin du rôle dirigeant du Parti ommuniste, Gorbatchev reçut la même nnée le prix Nobel* de la paix. Victime l'une tentative de coup d'État dirigé par es conservateurs du Parti soutenus un mo-ent par une partie de l'armée Rouge août 1991), Gorbatchev fut rétabli dans es fonctions grâce à la pression populaire, à la résistance du Parlement de Russie et Boris Ieltsine*, président de la Russie mais aussi grâce à l'appui de la commu-auté internationale. Cependant, affaibli ar la volonté d'indépendance des diffé-entes Républiques et la disparition du arti communiste, Gorbatchev fut finale-ent contraint de démissionner le 25 dé-embre 1991, scellant ainsi la disparition de l'Union soviétique. Voir Coexistence acifique.

GORDIEN (Nœud). Voir Gordion.

GORDION. Ancienne capitale de la Phry-ie* en Asie* Mineure, fondée par le lé-endaire roi Gordias. Alexandre III* le Grand, en 334 av. J.-C., y trancha d'un coup d'épée le nœud gordien qui attachait le joug au timon (pièce de bois) du char de Gordias dédié à Zeus*. Un oracle avait promis l'Asie à celui qui parviendrait à dé-nouer ce lien très compliqué.

GORKI, Alekseï Maksimovitch PECH-KOV, dit **Maxime** (Nijni-Novgorod 1868-Moscou, 1936). Écrivain russe. Il fut le créateur de la littérature sociale soviéti-que. Issu d'un milieu pauvre (*Gorki* signi-fie en russe l'« amer »), Gorki connut la célébrité dès 1892 en publiant une pre-mière nouvelle *Makar Tchoudra* puis sa trilogie, peinture réaliste de son enfance difficile : *Enfance* (1913-1914), *Parmi les gens* (1915-1916) et *Mes universités* (1923). Favorable aux idées révolutionnai-res, il publia en 1906 son roman le plus cé-lèbre, *La Mère* (Vsevolod Poudovkine en tira un film en 1926 puis Bertolt Brecht* une pièce de théâtre). Emprisonné lors de la révolution* de 1905, puis libéré grâce à sa notoriété, il partit pour l'étranger, voya-geant aux États-Unis et en Italie où il s'ins-talla. Favorable à la révolution* de 1917, il se fixa définitivement en URSS en 1929 où il mourut couvert de gloire (il fut le pre-mier président de l'Union des écrivains so-viétiques). Son nom fut donné à la ville de Nijni-Novgorod de 1932 à 1990.

GOSPLAN. Abréviation en russe du Comité d'État pour la planification, créé en URSS en 1921 et chargé de l'élabora-tion et du contrôle de l'application des plans quinquennaux.

GOTHIQUE (Art). Nom volontairement péjoratif (art barbare semblable à celui des Goths*) donné par les humanistes italiens de la Renaissance* à l'art qui succède au roman*. Ce style apparaît au cours du XIIᵉ siècle pour atteindre son apogée au XIIIᵉ siècle. On l'appelle aussi art français car il est né en Île-de-France, ou art ogival en raison d'une de ses caractéristiques qui est la voûte sur croisée d'ogives. Bien que parmi les grands édifices gothiques le pre-mier en date ait été une abbatiale construite à Saint-Denis* vers 1140 sous la direction de Suger*, la plupart des cathédrales go-thiques furent des édifices construits par les évêques* des villes, les chantiers étant confiés à des corporations de maçons nou-vellement affranchies. Les plus belles se trouvent en Île-de-France et dans les régions limitrophes – Sens*, Noyon, Senlis*, Laon, Reims*, Beauvais* Amiens*, Bourges* et Paris –, mais aussi au mont Saint-Michel et dans le sud-ouest où l'art gothique pénétra à la suite de la croisade* des Albigeois. L'art gothique fut partout imité en Europe latine : cathédrale de Canterbury*, de Lincoln*, de Salisbury en Angleterre ; Prague, Magdebourg, Trèves, Cologne* dans le Saint Empire ; Avila, Tolède, León et Burgos en Espagne, l'Italie étant toujours restée assez éloignée de l'esprit gothique (sauf à la fin du XIVe siècle). Voir Humanisme, Notre-Dame de Paris.

GOTHS. Nom donné à l'un des principaux peuples germaniques. Venus de Scandinavie, installés au début du Ier siècle av. J.-C. à l'embouchure de la Vistule, les Goths émigrèrent au IIe siècle ap. J.-C. vers les bords de la mer Noire (Ukraine actuelle). Installés aux frontières de l'Empire romain*, ils l'attaquèrent vers 251 ap. J.-C., pillant l'Asie* Mineure et les Balkans*. Sous le règne de l'empereur Aurélien* (270-275), les Romains durent leur abandonner la Dacie (riche en mines d'or). Ils furent parmi les premiers Barbares* à se convertir au christianisme* mais en adoptant l'hérésie arienne (arianisme*). L'offensive des Huns* (vers 370 ap. J.-C.) les sépara définitivement en deux branches :· Wisigoths* et Ostrogoths*. Voir Germains, Invasions (Grandes).

GOTTWALD, Klement (Dedice, Moravie, 1896-Prague, 1953). Homme politique tchèque. Ouvrier, adhérent du Parti communiste tchécoslovaque dès sa fondation (1921), il devint secrétaire du parti en 1929. Réfugié en URSS durant la Seconde Guerre* mondiale, il devint en 1946 président d'un gouvernement d'Union nationale, après la victoire électorale du parti communiste. Il organisa en 1948 le « coup de Prague* » en renvoyant les ministres non communistes et assura le contrôle du pays à son parti. Il succéda comme président de la République (1948-1953) à Be-

nès*. Voir Guerre froide, Slansky (Rudol Salzmann).

GOUJON, Jean (en Normandie, v 1510-Bologne, v. 1566). Sculpteur, dessi nateur et architecte, il fut l'une des grar des figures de la Renaissance* française Grand connaisseur des œuvres italiennes (de l'art antique dont il subit l'influence, sculpta les reliefs du jubé de Saint-Ger main-l'Auxerrois – dont il reste les quatr Évangiles* et la Déposition du Christ (au jourd'hui au Louvre*) – et ceux des Qua tre Saisons de l'hôtel de Ligneris (Paris musée Carnavalet). En collaboration ave Pierre Lescot*, il réalisa à Paris la Fon taine des Nymphes (1547-1549), dont le reliefs sont conservés au Louvre, et certai nes allégories de la façade de la Cour car rée du Louvre.

GOULAG. Nom donné dans l'ex-URSS au système concentrationnaire. Le Goulag abréviation de l'expression russe Directio générale des camps de travail, dépendai de la police politique, la Tchéka, puis l NKVD* (Commissariat du peuple aux Af faires intérieures), remplacé plus tard pa le KGB*. Très nombreux, ces camps d travail avaient été construits loin des zone les plus peuplées et employaient cett main-d'œuvre gratuite – prisonniers poli tiques, condamnés en général pour cinq dix ans – dans l'exploitation des forêts e des mines. On estimait, à la veille de 1939 à près de 6 millions le nombre des détenus La pénibilité des travaux et les faibles ra tions alimentaires expliquaient un taux d mortalité élevé (près de 10 %). Fedor Dos toïevski* avait déjà dénoncé les bagne tsaristes (*Souvenirs de la maison de morts*), l'existence du Goulag fut révélé au monde à travers l'œuvre d'écrivain russes et en particulier Soljenitsyne* (*L'Archipel du Goulag*, 1973-1976).

GOUTIS. Ancien peuple de l'Orient ins tallé dans les montagnes au sud du plateau iranien (montagnes du Zagros). Ils tentè rent d'envahir à plusieurs reprises la Mé opotamie* à partir du XXIIIᵉ siècle av. .-C., puis réussirent à s'y installer durant 25 ans à la place de l'ancien pouvoir central de l'empire d'Akkad*. Très affaiblie, a dynastie fut renversée par le roi d'Ououk* (v. 2120 av. J.-C.).

GOUVERNAIL D'ÉTAMBOT. Pièce ongue, large et plate fixée à l'arrière de la oque d'un navire par des charnières. Ce lispositif permettait, grâce à une barre horizontale que faisait pivoter le gouvernail l'étambot, de diriger et de manœuvrer le pateau. Apparue vers le XIIIᵉ siècle, cette nvention permit non seulement d'accroître le tonnage des navires, mais aussi de laviguer en haute mer avec davantage de écurité. Voir Astrolabe, Boussole.

GOUVERNEMENT PROVISOIRE DE 1848 EN FRANCE. Gouvernement établi e 24 février 1848 à Paris après les jourées insurrectionnelles des 22, 23 et 24 février, qui mirent fin à la monarchie* de uillet. Comprenant des républicains modérés comme Lamartine*, Arago*, ou radicaux comme Ledru-Rollin*, mais aussi des socialistes comme Louis Blanc* et 'Ouvrier Albert*, le gouvernement provioire décida d'importantes mesures au mieu d'un grand enthousiasme populaire : proclamation de la République, convocaion d'une Assemblée constituante élue au uffrage universel masculin, liberté de la presse et de réunion, abolition de l'esclavage sur l'initiative de Victor Schœlcher* et de la peine de mort en matière politique, proclamation du droit au travail et création des Ateliers* nationaux afin de donner du travail aux chômeurs. La victoire des républicains modérés lors des élections à 'Assemblée* constituante (avril 1848) et 'échec de la grande manifestation socialiste de juin* 1848 provoquèrent la suppression d'un grand nombre de ces décisions. Voir Commission exécutive.

GOUVERNEMENT PROVISOIRE DE LA RÉPUBLIQUE FRANÇAISE (juin 1944-janvier 1947). Nom pris à Alger par le Comité* français de libération nationale (CFLN) et qui remplaça à Paris, en août 1944, l'État français du maréchal Pétain*. Il resta en fonction sous la présidence du général de Gaulle* (jusqu'en janvier 1946), de Félix Gouin (janvier-juin 1946), de Georges Bidault* (juin-novembre 1946) et de Léon Blum* (décembre 1946-janvier 1947). Installé à Paris après le débarquement* allié du 6 juin 1944, le gouvernement provisoire, qui succéda à l'État français, fut reconnu officiellement par les gouvernements alliés en octobre 1944. Il poursuivit la guerre et participa à la signature de la capitulation de l'Allemagne (8 mai 1945). Sur le plan intérieur, il procéda à l'épuration*, notamment de l'administration de Vichy*, et réalisa d'importantes nationalisations (gaz, électricité, banques, usines Renault, assurances). À l'extérieur, il s'engagea dans la reconquête de l'Indochine. Après l'adoption, par référendum, de la Constitution* de 1946, le gouvernement provisoire fut dissous et laissa la place à la Quatrième République* (janvier 1947). Voir Auriol (Vincent), Indochine (Guerre d').

GOUVION-SAINT-CYR, Laurent, marquis de (Toul, 1764-Hyères, 1830). Maréchal* de France, auteur de la loi réorganisant l'armée française dans un esprit démocratique, loi dite Gouvion-Saint-Cyr (12 mars 1818). Après avoir participé aux guerres de la Révolution* et de l'Empire*, il se rallia aux Bourbons*, et fut nommé par Louis XVIII* ministre de la Guerre (1815-1817), ministre de la Marine (1817), ministre de la Guerre (1817-1819). C'est à ce poste qu'il fit voter une loi réglant les modalités de la conscription* et de l'avancement. L'armée d'active, dont l'effectif était fixé à 240 000 hommes, se recrutait par engagements volontaires et, dans la mesure des besoins, par tirage au sort avec le droit de s'acheter un remplaçant. Après six ans de service, les soldats libérés constituaient une armée de réserve, ce qui permit de réintégrer beaucoup de vétérans de l'Empire. La loi fixa aussi les conditions de l'avancement des officiers : nul ne pouvait devenir officier sans être sorti d'une école militaire ou avoir servi deux ans comme sous-officier, cette décision visant à rendre impossibles les nominations par la seule faveur. Face à l'opposition des ultras* royalistes, Gouvion-Saint-Cyr dut démissionner (1819).

GOYA Y LUCIENTES, Francisco de (Fuendetodos, Saragosse, 1746-Bordeaux, 1828). Peintre, dessinateur et graveur espagnol. Consacré comme brillant portraitiste de la cour, Goya fut aussi l'illustrateur féroce des travers du genre humain. Par son langage pictural très personnel, il préfigura, selon André Malraux*, tout l'art moderne. Fils d'un artisan décorateur, il tenta sans succès d'obtenir une bourse d'études à l'académie de San Fernando de Madrid, puis reçut ses premières commandes en décorant de fresques religieuses la cathédrale et le palais Sobradiel à Saragosse (1771-1774). Devenu beau-frère d'un peintre du roi, Goya s'installa à Madrid et réalisa de nombreux cartons de tapisserie pour la manufacture royale, scènes de la vie populaire qui connurent les faveurs de la cour et de l'aristocratie madrilènes et qui amorcèrent sa rapide ascension. Élu à l'Académie en 1780, Goya entreprit une brillante carrière officielle comme portraitiste des personnages de la haute société. Influencé par Vélásquez* qu'il considérait comme son maître, il peignit des portraits d'une rare maîtrise, qui témoignaient aussi d'une fine perception psychologique des sujets et surtout d'une impitoyable vérité (*Le Comte de Floridablanca*, 1783 ; *Famille de Don Luis*, 1784). Nommé premier peintre de la Chambre du roi (1799), Goya réalisa encore d'admirables portraits féminins (*La Marquise de la Solana*, 1794 ; *La Duchesse d'Albe*, 1795 ; *La Comtesse de Chinchon*, 1800) mais aussi de grands por-

traits d'apparat : *La Famille de Charles IV* marque le regard féroce de Goya sur l'humanité. Atteint de surdité après une grave maladie en 1792, Goya entreprit une série de *Caprices* (publiés en 1799), gravures à l'aquarelle et à l'eau-forte où il exprimait sa révolte contre toutes sortes de superstitions, de méchancetés ou d'oppressions. L'invasion de l'Espagne par les troupes napoléoniennes (1808) lui inspira des gravures (*Dos de Mayo* ; *Tres de Mayo*), témoignages de la guerre et des souffrances du peuple espagnol. Après la Restauration, Goya se retira dans sa maison de campagne, la Maison du Sourd, et la décora de « peintures noires » (1820-1822), visions de son esprit angoissé, comme en témoigna aussi le recueil *Disparates* (*Proverbios*, 1820). En 1824, Goya qui avait été proche des libéraux espagnols fuit l'absolutisme de Ferdinand VII* et s'installa définitivement à Bordeaux où il mourut.

GRACCHUS, SEMPRONIUS CAÏUS (Rome, 154-*id.*, 121 av. J.-C.). Grand réformateur romain, issu d'une importante *gens** plébéienne, il tenta de résoudre la question agraire en poursuivant les projets de son frère Tiberius Gracchus*. Élu tribun* de la plèbe* en 124 av. J.-C. pour l'année 123, il s'efforça de grouper contre la *nobilitas** (noblesse), les chevaliers* (à qui il octroya la dîme d'Asie et les jurys des tribunaux concessionnaires chargés de juger les magistrats sortis de charge), la plèbe urbaine qui obtint le blé à bas prix et les villes d'Italie à qui il proposa la citoyenneté romaine. Pour donner des terres aux citoyens pauvres, il remit en vigueur les lois de son frère Tiberius sur la répartition des terres et fonda des colonies en Grèce*, en Sicile, à Carthage*. Le Sénat*, effrayé par ses projets, se mobilisa contre lui. Réélu pour l'année 122, il mourut sur la colline de l'Aventin* avec 3 000 partisans au cours d'une bataille contre les troupes du consul* Opimius, après avoir été frappé d'un sénatus-consulte ultime. Les lois des Gracques* furent progressivement supprimées et la République* connut, au cours du siècle suivant, une longue période de guerres civiles.

GRACCHUS, SEMPRONIUS TIBERIUS (Rome, 162-*id.*, 133 av. J.-C.). Grand réformateur romain issu d'une importante famille plébéienne. Élu tribun* de la plèbe en 134 av. J.-C., il tenta de reconstituer en Italie une classe de petits paysans propriétaires dans laquelle se recrutaient autrefois les légionnaires* et qui avait fait la force de l'État romain. Cette classe avait progressivement disparu après les conquêtes, ruinée par la concurrence des blés venus des territoires annexés (Sicile, Tunisie, plus tard Égypte) et l'accaparement d'une grande partie des terres de l'*ager publicus* (domaine* public) par la noblesse romaine (*nobilitas**). Malgré l'opposition violente des grands propriétaires, Tiberius Gracchus fit voter une loi agraire prévoyant de limiter la surface des terres publiques concédées à un individu et la redistribution d'une partie des terres de l'*ager publicus* aux citoyens pauvres sous forme de petits lots. L'un de ses collèges s'étant opposé à la loi, il le fit déposer illégalement par le peuple et la loi fut adoptée. Mais Tiberius Gracchus fut massacré peu après au cours d'une émeute provoquée par la noblesse sénatoriale hostile à ses projets et son cadavre fut jeté dans le Tibre. Son frère, Caïus Gracchus* reprendra ses projets. Voir Gracques (Les).

GRACQUES. Nom français (Gracchus en latin) donné à deux grands réformateurs romains, descendants des Scipions*, Tiberius et Sempronius Caïus Gracchus*. Par d'importantes lois agraires, ils tentèrent au IIe siècle av. J.-C. de résoudre la crise sociale provoquée par l'accaparement des terres de l'*ager publicus* (domaine* public) par la noblesse (*nobilitas**). Elle entraîna la ruine des petits paysans qui vinrent grossir la plèbe* misérable et oisive de Rome*. L'échec de leurs réformes,

combattues par les riches propriétaires, ouvrira sous la République* romaine une longue période de guerres civiles. L'historien grec Plutarque* a écrit une vie de Tiberius et Caïus Gracchus.

GRAMSCI, Antonio (Ales, Sardaigne, 1891-Rome, 1937). Philosophe et homme politique italien. Secrétaire du Parti communiste* italien en 1926 et député au Parlement italien, il tenta, avec les socialistes, de lutter contre le fascisme*. Arrêté par la police de Mussolini* (1926), il mourut de tuberculose dans une infirmerie pénitentiaire. Ses *Cahiers de prison*, rédigés entre 1929 et 1935, constituent un apport essentiel au marxisme*. Au concept de « dictature du prolétariat », il substitua celui d'« hégémonie du prolétariat », ajoutant à la direction économique de la classe prolétarienne une dimension culturelle et morale, jetant les bases d'une conception nouvelle du rôle des intellectuels.

GRAND BOND EN AVANT. Nom donné à une période de l'évolution du communisme chinois inaugurée par le Parti communiste* chinois à partir de 1958 et destinée à développer l'économie chinoise. Marqué principalement par la constitution de communes* populaires, le Grand Bond en avant, qui devait accélérer la phase de transition vers la société communiste, visait à l'essor simultané de l'agriculture et de l'industrie (résumé dans le slogan « Marcher sur ses deux jambes ») par la mobilisation totale de l'ensemble du peuple chinois, galvanisé par une intense propagande. Cette politique économique fut un échec et nécessita dès 1959 un « réajustement ». Mao* Zedong, inspirateur de cette politique, céda sa place de président de la République à Liu* Shaoqi, secondé par Deng* Xiaoping et Zhou* Enlai.

GRAND CONDÉ. Voir Condé, Louis II de Bourbon.

GRANDE ARMÉE. Nom donné à l'armée commandée par Napoléon Ier* de 1805 à 1814. Grâce à son nombre et à son extraordinaire mobilité, entièrement dévouée à son chef, elle fut un admirable instrument de conquête. En vertu de la loi de conscription* de 1798, tous les jeunes gens non mariés âgés de 20 à 25 ans étaient soumis aux obligations du service actif pour une durée de quatre ans, en commençant par les plus jeunes. Cependant, compte tenu de l'extension des campagnes, Napoléon dut, à partir de 1806, appeler des classes par anticipation et plus tard incorporer ceux qui étaient dispensés de service. Le nombre total des mobilisés atteignit en France, de 1800 à 1815, environ 1 600 000 hommes auxquels s'ajouta un grand nombre d'étrangers levés dans les pays annexés ou alliés de la France (Italiens, Suisses, soldats germaniques, Polonais, Hollandais, Espagnols, Portugais, etc.). On estime ainsi à 2 400 000 le nombre total de mobilisés durant l'Empire. Napoléon modifia assez peu l'organisation de l'armée, conservant sa répartition en régiments, brigades et divisions. Les officiers subalternes n'avaient d'autre instruction que celle de simple soldat. À partir de 1808 cependant, l'école de Saint-Cyr forma les officiers destinés aux grades supérieurs. Napoléon donna une grande importance à l'infanterie légère qui, devant la ligne de front, préparait l'attaque. Il augmenta aussi l'effectif de la cavalerie (jusqu'à 98 régiments), et si le matériel de l'artillerie ne se renouvela pas (canons Gribeauval portant à 600 m), il s'accrut de façon considérable. La création la plus originale de Napoléon resta la Garde* impériale, « l'élite de l'élite », forte de plus de 80 000 hommes, qui finit par constituer une véritable armée de réserve. Napoléon s'intéressa peu au service de l'intendance, d'où le vol et le pillage, le service de santé demeurant aussi cruellement déficient : les blessés restaient sans soins sur les champs de bataille et les opérés succombaient souvent à la gangrène. Ces soldats, mal vêtus, mal nourris,

furent loin de constituer une armée modèle. Voir Grognards.

GRANDE-GRÈCE. Dans l'Antiquité, nom donné aux colonies grecques d'Italie du Sud fondées entre le VIIIᵉ et le VIᵉ siècle av. J.-C. Certains auteurs y rattachent la Sicile. Formée de cités commerçantes très actives (Cumes*, Crotone*, Tarente*, Sybaris*), la Grande-Grèce fut un brillant foyer de la civilisation grecque qui rayonna dans tout l'Occident. Aux Italiotes* encore peu civilisés, les Grecs firent connaître leur mythologie*, leur religion, leur art et leur alphabet. Voir Colonisation grecque, Pythagore, Religion grecque, Zénon d'Élée.

GRANDE MÈRE (Temple de la). Temple dédié à la déesse orientale Cybèle*, la Grande Mère des dieux originaires de Pessinonte, adorée sous la forme d'une pierre noire. Son culte fut officiellement introduit à Rome* en 204 av. J.-C. pendant la seconde guerre Punique et son temple, situé sur le Palatin*, devint le plus luxueux des édifices religieux. Voir Religion romaine.

GRANDE MURAILLE. Nom donné à un immense mur défensif destiné à protéger le nord de la Chine des nomades barbares venus d'Asie centrale. Commencée au IIIᵉ siècle av. J.-C. par le premier empereur chinois Che* Houang-ti, la Grande Muraille s'étendait sur près de 3 000 km, avec une hauteur de 6 à 18 m pour une épaisseur de 8 à 10 m. Des tours de garde furent construites de distance en distance et un large chemin de ronde aménagé à son faîte permettait la circulation des chars. Malgré ce gigantesque système de fortifications, la Chine ne fut pas épargnée par les invasions. Dans son état actuel, la Grande Muraille date de la dynastie Ming* (XIVᵉ-XVIIᵉ siècle ap. J.-C.). Partiellement en ruine, elle reste le seul ouvrage humain discernable depuis la lune.

GRAND INTERRÈGNE. Nom donné à une période critique de l'histoire du Saint-Empire (1250-1273) durant laquelle, la monarchie étant élective, de nombreux empereurs rivaux se disputèrent le trône, tandis que le pouvoir se morcelait dans l'Empire. Voir Rodolphe Ier de Habsbourg.

GRANIQUE. Nom ancien d'un petit fleuve d'Asie* Mineure se jetant dans la Propontide* (aujourd'hui appelée mer de Marmara). Alexandre III* le Grand y remporta, en 334 av. J.-C., une grande victoire sur les Perses* qui lui permit de contrôler les Détroits* conduisant à la mer Noire.

GRANT, Ulysses Simpson (Point Pleasant, Ohio, 1822-près de Saratoga, New York, 1885). Général américain et 18e président des États-Unis (1869-1877). Chef des armées nordistes, il s'illustra durant la guerre de Sécession*. Sorti de West Point, il participa d'abord à la guerre du Mexique* (1846-1848) puis, après un retour à la vie civile, s'engagea dans l'armée nordiste. Bientôt promu général, il devint, avec le grade de lieutenant général, chef de l'armée nordiste. Après de nombreuses victoires, il reçut la reddition du général sudiste Lee* à Appomattox* en Virginie (avril 1865). Élu président républicain des États-Unis en 1868 et réélu en 1872, il favorisa l'essor du capitalisme* industriel et laissa le sud livré aux exactions d'aventuriers (les *Carpetbaggers*). Fortement critiqué au sein du Parti républicain*, il ne fut pas réélu une troisième fois. Voir Lincoln (Abraham).

GRÈCE. Pays qui connut dans l'Antiquité l'une des plus brillantes civilisations de l'histoire. Il était constitué de la Grèce propre à laquelle s'ajouta très tôt la Crète, les îles des mers Égée et Ionienne et la côte occidentale de l'Asie* Mineure. La Grèce fut couverte d'une multitude de petits États indépendants (appelés cités ou *polis*) aux régimes politiques différents (monarchie, aristocratie, tyrannie, démocratie) très souvent en guerre les uns contre les autres. Les Grecs eurent néanmoins le sentiment d'appartenir à la même communauté : ils parlaient la même langue et adoraient les

mêmes dieux, célébrés avec éclat dans les grands sanctuaires panhélléniques* (Delphes*) ou lors des Jeux olympiques*. L'histoire de la Grèce antique et de sa civilisation s'étend sur 1 400 ans. On y distingue généralement quatre périodes. La Grèce achéenne et homérique, connue grâce aux poèmes d'Homère* et aux fouilles archéologiques, s'étend du XVe au VIIIe siècle av. J.-C. Le pays, occupé dès le IVe millénaire av. J.-C. par des populations néolithiques, fut envahi par vagues successives (entre 2 000 et 1 200 av. J.-C.) par des populations indo-européennes originaires des régions qui forment aujourd'hui le sud de la Russie. Les premiers arrivés, les Achéens*, développèrent une brillante civilisation appelée mycénienne* détruite vers 1 200 av. J.-C. par une seconde vague d'envahisseurs, les Doriens*. La Grèce entra alors dans des siècles obscurs appelés le « Moyen Âge grec » ou encore l'« époque homérique ». La Grèce* archaïque s'étend du VIIIe au VIe siècle av. J.-C. Elle acheva de s'organiser en cités, deux d'entre elles dominant largement les autres, Sparte* et Athènes*. Les Grecs fondèrent aussi de nombreuses colonies autour de la Méditerranée, des côtes de la mer Noire à celles de l'Espagne. L'art et la littérature donnèrent ses premiers chefs-d'œuvres. La Grèce* classique (V^e-IVe siècles av. J.-C.) représenta l'apogée de la civilisation grecque. Les Grecs affrontèrent victorieusement les Perses* au cours des guerres Médiques* et Athènes, sous l'impulsion de Périclès*, devint pour deux siècles un extraordinaire foyer de civilisation. Mais la Grèce, affaiblie par les luttes entre cités, fut soumise à la Macédoine* à la fin du IVe siècle av. J.-C. : c'est le début de la Grèce* hellénistique (IIe-I^e siècles av. J.-C.). Alexandre III* le Grand conquit le plus gigantesque état de l'époque : l'Empire perse. En quelques dizaines d'années, la civilisation de la Grèce et celle de l'Orient se mêlèrent pour former la civilisation héllénistique* qui se répandit dans tout le bassin de la Méditerranée. La conquête romaine mit fin à la Grèce hellénistique qui survivra dans la civilisation gréco-romaine. Soumise à diverses dominations (en particulier byzantine et turque), la Grèce ne retrouva son indépendance qu'en 1830. Voir Byzance, Colonisation grecque, Religion grecque, République romaine.

GRÈCE ARCHAÏQUE. Nom donné à la période de l'histoire de la Grèce* antique, qui s'étend du VIIIe à la fin du VIe siècle av. J.-C. Voir Grèce classique, Grèce hellénistique.

GRÈCE CLASSIQUE. Nom donné à la période de l'histoire de la Grèce* antique qui s'étend aux Ve et IVe siècles av. J.-C., de la fin des guerres Médiques (479 av. J.-C) à la fin du règne d'Alexandre III* le Grand (323 av. J.-C.). Elle correspond à l'apogée de la civilisation grecque. Voir Grèce archaïque, Grèce hellénistique.

GRÈCE HELLÉNISTIQUE. Nom donné à la période de l'histoire de la Grèce* antique qui s'étend de la fin du IVe siècle av. J.-C. (mort d'Alexandre III* le Grand en 323 av. J.-C.) à la conquête romaine des royaumes hellénistiques* issus de l'empire d'Alexandre le Grand (Ier siècle av. J.-C.). Voir Grèce archaïque, Grèce classique.

GRECO, Domenikos Theotokópoulos, dit **El** (Candie, 1541-Tolède, 1614). Peintre, sculpteur et architecte espagnol d'origine crétoise, longtemps tombé dans l'oubli parce qu'incompris. Le Greco – nom qu'on lui donna en Espagne – fut redécouvert au début du XXe siècle et depuis lors sa gloire est incontestée. Sans doute initié dans un couvent grec à la peinture d'icônes, il se rendit ensuite à Venise* (1566-1568) où il fréquenta l'atelier du Titien* et connut Tintoret*, puis à Rome où il subit l'influence de Michel-Ange* et des maniéristes. Espérant trouver des commandes auprès de Philippe II* – es-

poirs vite déçus – il se rendit en Espagne (1577) et se fixa définitivement à Tolède, ville cosmopolite et capitale intellectuelle rivale de Madrid. Ce fut avec *L'Enterrement du comte d'Orgaz* (1586) qu'il affirma pleinement son originalité et de nombreux couvents lui firent des commandes : *Retable de la charité* (1603), *Saint François d'Assise*, *Saint Sébastien*. Aux antipodes des visions de la Renaissance*, attaché à l'idéal de spiritualité de la Contre-Réforme*, son exploration de l'au-delà et la modernité de sa technique en font pour certains un lointain précurseur de l'expressionnisme*.

GRÉGOIRE DE TOURS, saint (v. 538-Tours, v. 594). Prélat et historien français. Noble d'une grande famille d'Auvergne, évêque de Tours (573), il défendit les droits de l'Église dans les querelles entre Francs* et fut étroitement mêlé aux affaires politiques de son temps. Son plus célèbre ouvrage est une *Histoire des Francs* en 10 livres (*Historia Francorum*) qui en fait le père de l'histoire de France. Ce livre, poursuivi jusqu'en 591, constitue un précieux témoignage sur l'histoire et les mœurs des Mérovingiens*.

GRÉGOIRE Ier, dit LE GRAND, saint (Rome, v. 540-*id.*, 604). Premier grand pape (590-604) depuis la fin de l'Empire romain*, il fit de la papauté la principale puissance de l'Occident et favorisa l'évangélisation des royaumes barbares en Europe. Il apparaît comme l'un des principaux fondateurs de la chrétienté* médiévale. Appartenant par sa famille à l'aristocratie romaine, Grégoire exerça d'abord d'importantes fonctions dans l'administration de la ville de Rome. Puis il abandonna la vie laïque, se fit moine et se retira dans l'une de ses propriétés qu'il transforma en monastère bénédictin* de Saint-André. Élu pape en 590, il réalisa en quelques années une œuvre considérable. Il organisa tout d'abord la défense de Rome contre les Lombards*, donnant ainsi la papauté un prestige important. Il lutta ontre les désordres de l'Église, simplifia la liturgie et affirma la primauté de Rome ur le patriarche de Constantinople* mais ussi sur le clergé catholique d'une partie e l'Occident. S'appuyant sur les moines énédictins, il s'attacha à l'évangélisation es Barbares*, entreprenant la conversion u catholicisme* des Wisigoths*, des ombards, des Angles* et des Saxons*. régoire le Grand est l'auteur de nomreux ouvrages auxquels se référèrent ombre d'ecclésiastiques aux siècles suiants. La tradition lui attribue la création u chant* grégorien qui lui est en réalité ostérieure. Voir Augustin de Canterbury aint).

GRÉGOIRE VII, saint (Soana, Toscane, 1015/1020-Salerne, 1085). Pape 073-1085). Il a donné son nom à la réorme dite grégorienne qui visait à purifier s mœurs du clergé, à soustraire l'Église e l'influence des laïcs et à affirmer la surématie de la papauté (théocratie pontifiale). Il interdit le mariage des prêtres et simonie* mais surtout la pratique de investiture* des évêques* par des laïcs, fusant ainsi aux souverains le droit d'inrvenir dans leur désignation. Ces décions, contenues dans les décrets de 1074 1075, déclenchèrent la querelle des Institures*, lutte entre les empereurs du aint* Empire et la papauté. Voir Saceroce et de l'Empire (Lutte du).

GRÉGOIRE, Henri, dit l'abbé (Vého, 750-Paris, 1831). Ecclésiastique et omme politique français. Favorable aux ées de la Révolution* française, il fut en articulier l'instigateur de l'abolition de esclavage prononcée en 1794. Élu député u clergé aux États* généraux (1789), il t l'un des représentants de la gauche paiote à l'Assemblée* constituante, partian du suffrage universel et prêtant serent à la Constitution* civile du clergé uillet 1790). Évêque constitutionnel de lois (1791), puis élu à la Convention*, il

fit attribuer aux juifs* la plénitude de leurs droits civils et politiques et fit décréter l'abolition de l'esclavage (1794). Il s'efforça sans succès d'organiser l'Église gallicane, s'opposa à l'Empire et resta en disgrâce sous la Restauration* où il siégea dans l'opposition libérale comme député de l'Isère (1819). Voir Empire (Premier).

GRENADE (Royaume de). Nom donné au royaume musulman* d'Espagne (1238-1492). Il fut le dernier bastion de l'Espagne musulmane, conquis par les Rois Catholiques en 1492. Le royaume de Grenade connut une brillante civilisation dont témoigne encore le célèbre monument de l'Alhambra*. Voir *Reconquista.*

GREUZE, Jean-Baptiste (Tournus, 1725-Paris, 1805). Peintre français. Auteur de tableaux de genre à caractère moralisateur, il peignit aussi d'admirables portraits, mieux appréciés de la critique moderne. Formé à Lyon puis à Paris, il se détourna vite des traditionnels thèmes allégoriques et mythologiques pour se consacrer à la peinture des vertus bourgeoises et de la fausse ingénuité, ce qui suscita l'admiration du public, et de Diderot*. Il peignit notamment *L'Accordée de village* (1761, Paris, Louvre), *La Cruche cassée, Le Fils ingrat* (v. 1765, Paris, Louvre), *Le Retour de l'ivrogne* (Portland, Maine, Museum of Art). Greuze échoua cependant à se faire reconnaître comme peintre d'histoire (*L'Empereur Septime Sévère faisant des reproches à Caracalla,* 1769, Paris, Louvre). Il réalisa enfin des portraits qui serviront mieux son talent pictural : *Madame Greuze* (Vienne, Albertina), *Le Graveur Wille, Sophie Arnould*). Lors de la Révolution*, il se rallia à David*, mais fut rapidement éclipsé par ce dernier.

GRÉVY, Jules (Mont-sous-Vaudrey, 1807-*id.*, 1891). Homme politique français. Républicain modéré, il fut président de la Troisième République* (1879-1887) après Mac-Mahon*. Avocat, il siégea dans l'opposition républicaine au Corps* législatif sous le Second Empire* et s'opposa à la déclaration de guerre contre l'Allemagne en 1870. Député à l'Assemblée* nationale (1871) puis à la Chambre des députés en 1876, il fut élu à la présidence de la République en 1879. Réélu en 1885, il démissionna en 1887 à la suite du scandale du trafic des décorations (on pouvait obtenir la légion d'honneur en payant) auquel était mêlé son gendre Wilson. Voir Ferry (Jules), Gambetta (Léon).

GREY, Charles, 2ᵉ comte Grey (Fallodon, 1764-Howick House, 1845). Homme politique anglais. Chef du Parti libéral* (whig*) à la Chambre des lords*, il obtint l'abolition totale de l'esclavage dans les colonies britanniques. Premier ministre (1830-1834), il imposa à ce poste la réforme parlementaire de 1832 qui assurait une meilleure représentation de l'Angleterre industrielle. Voir Bourgs pourris, Traite des noirs.

GREY, Edward, 1ᵉʳ vicomte Grey of Fallodon (Londres, 1862-près d'Embleton, Northumberland, 1933). Homme politique anglais. Ministre des Affaires étrangères (1905-1916), il domina la politique extérieure de la Grande-Bretagne dans la période qui précéda la Première Guerre* mondiale. Il resserra l'Entente* cordiale avec la France et fut l'artisan de l'accord avec la Russie (1907) qui contribua à établir la Triple-Entente*. Au début de la guerre, il réussit à détacher l'Italie de la Triple-Alliance* avec l'Allemagne et l'Autriche-Hongrie* (traité secret de Londres, 1915), la gagnant ainsi à la cause des Alliés. Après s'être retiré de la vie politique, il publia ses Mémoires (*Twenty-five Years*, 1925).

GRIFFITH, David Wark (Floydsfork, Kentucky, 1875-Hollywood, 1948). Cinéaste américain. Il libéra l'art cinématographique de ses conventions théâtrales et élabora la plupart des principes de l'expression cinématographique. Il réalisa notamment *La Naissance d'une nation*

(1915), *Intolérance* (1916), *Le Lys brisé* (1919), *Dream Street* (1921).

GRIMALDI. Localité d'Italie, proche de la frontière française. Des fouilles entreprises depuis 1872 ont mis au jour dans les neuf grottes de Grimaldi des squelettes d'hommes préhistoriques appartenant à une race voisine de celle de Cro-Magnon* : l'« homme de Menton* ». D'autre part, deux squelettes plus anciens (v. 30000-25000 av. J.-C.), trouvés dans la grotte des Enfants, permirent de définir une race d'homme préhistorique, appelée l'« homme de Grimaldi » au prognatisme marqué. Voir *Homo sapiens*, Paléolithique supérieur.

GRIMM, Jakob ou **Jacob** (Hanau, 1785-Berlin, 1863). Écrivain allemand. Fondateur de la philologie allemande, il est aussi connu pour la publication, avec son frère Wilhelm, de nombreux contes et légendes populaires germaniques.

GROGNARDS. Surnom donné aux soldats de la Vieille Garde de Napoléon Iᵉʳ*. Mal vêtus, mal nourris, parcourant chaque jour 40 à 50 km, les conditions furent dures pour les soldats de l'empereur. Cependant, ils « grognent, mais marchent toujours », d'où la légende du grognard. Voir Garde impériale, Grande Armée.

GROMYKO, Andreï Andreïévitch (Starye Gromyki, Biélorussie, 1909-Moscou, 1989). Diplomate et homme politique soviétique. Entré en 1939 au ministère des Affaires étrangères, il fut ambassadeur à Washington (1943-1946), représentant de l'URSS à l'ONU* (1946-1949), puis ambassadeur à Londres (1952-1953). Ministre des Affaires étrangères (1957-1985), il présida le Soviet* suprême de 1985 à 1988. Voir Brejnev (Leonid), Khrouchtchev (Nikita).

GROS, Antoine, baron (Paris, 1771-Meudon, 1835). Peintre et dessinateur français. Peintre officiel de Napoléon Iᵉʳ*, il contribua à forger le mythe de l'épopée napoléonienne. Entré en 1785 dans

atelier de David* dont il devint l'un des
èves favoris, Gros, protégé de José-
ine* de Beauharnais, fut présenté à Bo-
parte et, officier d'état-major lors de la
mpagne d'Italie, devint bientôt le pein-
e des grandes batailles napoléoniennes
onaparte au pont d'Arcole, 1796, Verilles ; *La Bataille d'Aboukir*, 1807, Verilles ; *Le Champ de bataille d'Eylau*,
308, Paris, Louvre) et de la légende na-
iléonienne (*Les Pestiférés de Jaffa*, 1804,
iris, Louvre). Après avoir contribué à ou-
ir la voie au romantisme*, il devint la ci-
e des partisans d'Ingres* (néo-classi-
sme*) comme des partisans de la
iuvelle école et se suicida en se jetant
ins la Seine.

RÜNEWALD, Matthias (Würzburg ?,
1460 ou v. 1475-Halle, 1528). Peintre
iemand. Au service des électeurs de
iayence, il s'exila ensuite à Francfort
ins doute en raison de ses sympathies
iur la Réforme*. Ses tableaux et dessins,
i plein siècle de la Renaissance*, appar-
innent encore à l'âge médiéval. Détaché
is influences italiennes, Grünewald, par
in inspiration exclusivement religieuse,
in attachement au mysticisme de l'art
irmanique, demeura dans la tradition go-
ique*. Son chef-d'œuvre est le monu-
ental *Retable d'Issenheim* (1512-1516,
olmar, musée d'Unterlinden) exécuté
iur la confrérie des Antonins.

UADALCANAL. Île volcanique de
archipel des Salomon, dans le Pacifique.
iccupée par les Japonais en juillet 1942,
le fut reprise par les Américains en fé-
ier 1943 après des combats meurtriers.
ette bataille fut le premier grand succès
lié dans la guerre du Pacifique*. Voir
orail (mer de), Midway.

UDERIAN, Heinz (Culm, auj.
helmno, 1888-Schwangau, Bavière,
354). Général allemand. Il fut à l'origine
e la création des divisions blindés alle-
andes (*Panzerdivisionen*) qui furent la
incipale force offensive de l'armée alle-

mande (Wehrmacht) en 1939-1941. Lors
de la Seconde Guerre* mondiale, il
commanda en Pologne (1939), dans les
Ardennes (1940) et en Russie. En 1944, il
fut nommé chef d'état-major de l'armée de
terre. Fait prisonnier par les Alliés en
1945, puis libéré, il se retira en Bavière.
Voir France (Campagne de), Gaulle (Charles de), Manstein (Erich von), Pologne
(Campagne de).

GUELFES ET GIBELINS. Nom donné
à deux grandes factions rivales de l'Italie
médiévale (XIIIe-XIVe siècle). Elles tiraient
leur nom de celui de deux grandes familles
allemandes rivales, les Welf (Guelfes) et
les Hohenstaufen* (Gibelins). Par extension, le nom de Guelfes désigna les partisans du pouvoir du pape en Italie et celui
de Gibelins, les partisans de l'empereur.
Leurs rivalités ensanglantèrent les villes
italiennes. Voir Frédéric II.

GUÉPÉOU ou **GPU.** Abréviation des
mots russes signifiant « Administration
politique d'État ». Police politique soviétique, elle remplaça la Tchéka* en février
1922 et joua un rôle fondamental, à partir
de 1929, sous la dictature de Staline*. Rattachée en 1934 au NKVD* (Commissariat
du peuple aux Affaires intérieures), elle fut
d'abord dirigée par Dzerjinski, puis, après
sa mort en 1920, par Menjinski
(1926-1934), entièrement dévoué à Staline. Elle disposait de pouvoirs à la fois policiers et judiciaires et jugeait selon une
procédure secrète. Elle exerça en particulier une terrible répression contre les koulaks* lors de la collectivisation des terres
(1928-1932). Voir Goulag.

GUERRE (Drôle de). Période de la Seconde Guerre* mondiale (septembre
1939-mai 1940) durant laquelle les armées
françaises et allemandes restèrent face à
face entre Rhin et Moselle, sans rien tenter. Ce fut pour cette « inactivité » que les
Français qualifièrent cette période de drôle
de guerre et les Allemands de *Komische
Krieg*. Voir France (Campagne de).

GUERRE FOLLE. Nom donné à la révolte des grands féodaux (1485-1488) contre Anne de Beaujeu, régente du royaume lors de la minorité de Charles VIII*. Dirigés par le futur Louis XII*, Louis d'Orléans et François II, duc de Bretagne, les rebelles furent vaincus par La Trémoille* (1488).

GUERRE FROIDE. Nom donné à la période de tensions qui opposèrent les deux grands vainqueurs de la Seconde Guerre* mondiale, les États-Unis et l'URSS, entre 1946 et 1962. Affrontement entre deux idéologies irréductibles (capitalisme* libéral et pluralisme politique contre socialisme* autoritaire), la guerre froide domina les relations internationales mais ne déboucha jamais, compte tenu de la course américaine et soviétique aux armements atomiques, à un conflit armé direct. Elle se manifesta en revanche par des crises (« coup de Prague* », 1948 ; blocus de Berlin-Ouest*, 1948-1949 ; construction du mur de Berlin*, 1961 ; conflit des fusées de Cuba (1962) qui fut près de déclencher une guerre mondiale), des guerres (guerre de Corée*, 1950-1953 ; guerre d'Indochine* 1946-1954 ; guerre du Viêt-nam*, 1954-1975), mais aussi par une compétition économique (plan Marshall*, 1947 ; Comecon*, 1949), politique (Kominform*, 1947 ; doctrine Truman* de *Containment* du communisme), militaire (Organisation* du traité de l'Atlantique Nord, 1949, ANZUS*, 1951, OTASE*, 1954 ; Pacte de Varsovie*, 1955), idéologique et culturelle. La fissuration des blocs (exclusion de la Yougoslavie du Kominform, 1948 ; crise de Budapest*, 1956 ; rupture entre la Chine et l'URSS, 1963 ; retrait de la France de l'OTAN, 1966), l'émergence, depuis la conférence de Bandung* en 1955, du non-alignement des pays du tiers monde mais surtout l'équilibre des forces nucléaires entre les deux grands (« l'équilibre de la terreur ») ont provoqué le déclin de la guerre froide,

amorcé dans les années 1955-1957 et la mise en place progressive d'une coexistence* pacifique, ou « détente », entre les États-Unis et l'URSS.

GUERRE MONDIALE (Première) Conflit qui du 28 juillet 1914 au 11 novembre 1918 opposa les Empires centraux (Allemagne et Autriche-Hongrie*) et leurs alliés (Turquie, Bulgarie) à l'Entente (Grande-Bretagne, France) et ses alliés (Russie, Serbie*, Belgique, Japon, Italie Roumanie, Portugal, Grèce, États-Unis Chine et plusieurs États sud-américains) **1914** : assassinat à Sarajevo* de l'archiduc François-Ferdinand*, héritier d'Autriche-Hongrie (28 juin) ; ultimatum de l'Autriche-Hongrie à la Serbie (23 juillet) ; déclaration de guerre de l'Autriche-Hongrie à la Serbie (28 juillet) ; mobilisation russe (30 juillet) ; l'Allemagne déclare la guerre à la Russie (1er août) puis à la France (3 août) ; la neutralité belge est violée par l'Allemagne, l'Angleterre déclare la guerre à l'Allemagne ; « bataille des frontières » : bataille des Ardennes et de Charleroi (20-23 août) ; défaite russe de Tannenberg* (26-29 août) ; bataille de la Marne* (6-12 septembre) ; victoire allemande aux lacs Mazures (9-14 septembre) ; « course » à la mer » (septembre-novembre) ; entrée en guerre de la Turquie (5 novembre). **1915** : début de l'expédition des Dardanelles* (19 février) ; offensive alliée en Artois (mai) ; offensive austro-allemande en Galicie (2 mai) ; entrée en guerre de l'Italie (24 mai) ; offensive austro-allemande en Pologne (août) ; offensive française en Champagne (septembre) ; offensive austro-bulgare en Serbie (octobre). **1916** : offensive allemande à Verdun* (21 février-24 juin) ; échec de l'offensive russe en Galicie (4 juin-15 août) ; offensive alliée sur la Somme* (juillet-novembre) ; succès français à Verdun (octobre-décembre) ; défaite de la Roumanie et armistice (décembre). **1917** l'Allemagne déclare la guerre sous-marine

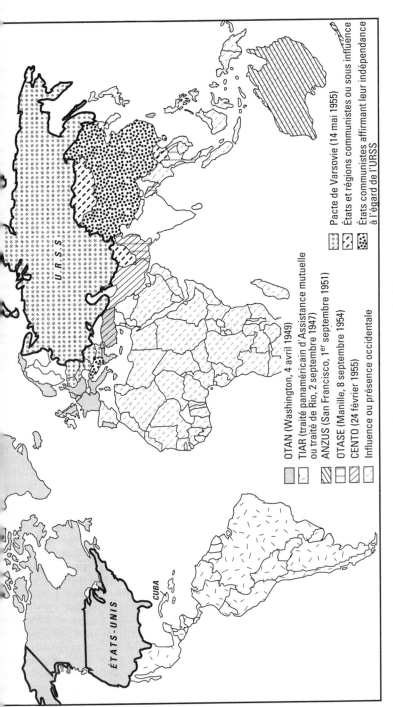

Le monde de la guerre froide

OTAN (Washington, 4 avril 1949)

TIAR (traité panaméricain d'Assistance mutuelle ou traité de Rio, 2 septembre 1947)

ANZUS (San Francisco, 1er septembre 1951)

OTASE (Manille, 8 septembre 1954)

CENTO (24 février 1955)

Influence ou présence occidentale

Pacte de Varsovie (14 mai 1955)

États et régions communistes ou sous influence

États communistes affirmant leur indépendance à l'égard de l'URSS

U.R.S.S.

ÉTATS-UNIS

CUBA

à outrance (1er février) ; révolution russe de Février (8-12 mars) ; entrée en guerre des États-Unis (2 avril) ; échec sanglant de l'offensive de Nivelle* (Chemin* des Dames, 9-19 avril) ; entrée en guerre de la Grèce (9 août) ; offensive anglo-arabe en Palestine* (octobre) ; défaite italienne de Caporetto* (24 octobre) ; révolution russe d'Octobre (6-7 novembre). **1918** : offensive allemande sur la Somme (21 mars) ; paix séparée de Brest-Litovsk* entre Allemands et Russes (3 mars) ; l'armée allemande atteint la Marne (mai) ; contre-offensives alliées (18 juillet-11 novembre) ; offensives alliées en Macédoine* (septembre-novembre) ; armistice bulgare (29 septembre) ; victoire italienne de Vittorio-Veneto* (24 octobre) ; armistice turc (30 octobre) ; armistice autrichien (3 novembre) ; armistice allemand à Rethondes* (11 novembre).

GUERRE MONDIALE (Seconde). Conflit qui, du 1er septembre 1939 au 2 septembre 1945, opposa les pays totalitaires de l'Axe* (Allemagne, Italie, Japon) et leurs satellites (Hongrie, Slovaquie) aux puissances alliées (Pologne, Grande-Bretagne et Commonwealth*, France, Danemark, Norvège, Pays-Bas, Belgique, Yougoslavie, Grèce, Chine puis URSS, États-Unis et la plupart des pays d'Amérique latine). **1939** : pacte de non-agression germano-soviétique* (23 août) ; l'Allemagne envahit la Pologne (1er septembre) ; la Grande-Bretagne et la France déclarent la guerre à l'Allemagne (3 septembre) ; « drôle de guerre* » ; campagne de Pologne* (1er-27 septembre) ; capitulation de la Pologne (27 septembre) ; début de la guerre russo-finlandaise (30 novembre). **1940** : fin de la guerre russo-finlandaise (12 mars) ; l'Allemagne envahit le Danemark et la Norvège (avril-mai) ; l'Allemagne envahit la Belgique, les Pays-Bas et le Luxembourg (10 mai) ; campagne de France* : offensive générale allemande (10 mai-28 juin) ; l'Italie déclare la guerre

à la France et à la Grande-Bretagne (10 juin) ; appel de De Gaulle* à Londres (18 juin*) ; armistice français de Rethondes* (22 juin) ; échec de l'attaque italienne en Libye (13 septembre) ; « bataille d'Angleterre* » (août-octobre) ; échec de l'attaque italienne en Grèce (28 octobre). **1941** : loi « prêt-bail* » aux États-Unis (11 mars) ; invasion allemande de la Yougoslavie et de la Grèce (avril-mai) ; occupation de la Syrie par Britanniques et Forces françaises libres (juin-juillet) ; offensive allemande contre l'URSS (22 juin) ; Charte de l'Atlantique* (14 août) ; échec allemand devant Moscou (octobre-décembre) ; attaque japonaise de Pearl* Harbor (7 décembre) ; l'Angleterre et les États-Unis déclarent la guerre au Japon (8 décembre) ; offensives allemandes (mars) puis britanniques (novembre) en Libye ; début de la guerre du Pacifique* (décembre). **1942** : Rommel* attaque en Libye (janvier-juillet) ; la progression du Japon est arrêtée à Midway* (juin) ; début de la bataille de Stalingrad* (septembre) bataille d'El-Alamein* (23 octobre) ; débarquement* allié au Maroc et en Algérie (8 novembre) ; débarquement allemand à Tunis (9 novembre) ; les Allemands envahissent la zone libre en France (11 novembre) ; sabordage de la flotte à Toulon (27 novembre). **1943** : l'armée de Paulus* capitule à Stalingrad (février) ; capitulation allemande en Tunisie (mai) ; les Alliés débarquent en Sicile (juillet) ; capitulation italienne (septembre) ; conférence de Téhéran* (novembre). **1944** : conférence de Brazzaville* (janvier) ; bataille de Cassino* (janvier-mai) ; débarquement* allié en Normandie (6 juin) ; échec d'un complot contre Hitler*, extermination massive des déportés en Allemagne (juillet) ; débarquement* de Provence (août) ; libération* de Paris (août) ; capitulation du ghetto de Varsovie* (septembre) ; armistices avec la Bulgarie, la Roumanie et la Finlande qui rejoignent le

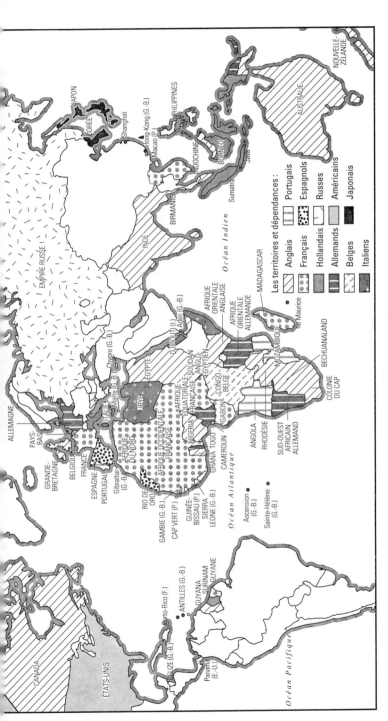

Le partage du monde à la veille de 1914

Les territoires et dépendances :

- Anglais
- Français
- Hollandais
- Allemands
- Belges
- Italiens
- Portugais
- Espagnols
- Russes
- Américains
- Japonais

NOUVELLE-ZÉLANDE

JAPON
CORÉE
Shanghaï
Hong-Kong (G.-B.)
Macao (P.)
PHILIPPINES
BORNÉO
Java
INDOCHINE
Sumatra
BIRMANIE
INDE
EMPIRE RUSSE
Océan Indien
MADAGASCAR
Île Maurice
AFRIQUE ORIENTALE ANGLAISE
AFRIQUE ORIENTALE ALLEMANDE
Aden (G.-B.)
DJIBOUTI (F.)
SOUDAN ANGLO-ÉGYPTIEN
ÉGYPTE
Chypre (G.-B.)
Malte (G.-B.)
ALLEMAGNE
PAYS-BAS
BELGIQUE
GRANDE-BRETAGNE
FRANCE
ESPAGNE
PORTUGAL
Gibraltar (G.-B.)
ITALIE
LIBYE
AFRIQUE OCCIDENTALE FRANÇAISE
AFRIQUE ÉQUATORIALE FRANÇAISE
NIGERIA (G.-B.)
GHANA
TOGO
CAMEROUN
GABON
CONGO BELGE
MOZAMBIQUE
BECHUANALAND
COLONIE DU CAP
RHODÉSIE
ANGOLA
SUD-OUEST AFRICAIN ALLEMAND
RIO DE ORO
GAMBIE (G.-B.)
CAP VERT (P.)
GUINÉE-BISSAU (P.)
SIERRA LEONE (G.-B.)
Ascension (G.-B.)
Sainte-Hélène (G.-B.)
Océan Atlantique
CANADA
ÉTATS-UNIS
BELIZE (G.-B.)
Panama (É.-U.)
Porto-Rico (F.)
ANTILLES (G.-B.)
GUYANA
SURINAM
GUYANE
Océan Pacifique
AUSTRALIE

Rivalité
navale et impériale
anglo-allemande

NORVÈGE

Saint-Pétersbourg

ROYAUME
UNI

DANEMARK

ROYAUME
DE
SUÈDE

EMPIRE
RUSSE

Rivalité
franco-allemande

Londres

PAYS-BAS

Berlin

BELGIQUE

EMPIRE
ALLEMAND

Paris

EMPIRE
AUSTRO-HONGROIS

Rivalité
austro-russe sur
les nationalités

Océan Atlantique

FRANCE

SUISSE

Vienne

Budapest

ITALIE

ROUMANIE

Madrid

SERBIE

BULGARIE

PORTUGAL

Rivalité
austro-italienne sur
les terres irrédentes

Rome

ALBANIE

Constantinople

ESPAGNE

GRÈCE

EMPIRE
OTTOMAN

Mer Méditerranée

MONTENEGRO

Rivalité
russo-turque sur
les détroits

TRIPLE ALLIANCE ET ALLIÉS

Les empires centraux

Les alliés des empires centraux

TRIPLE ENTENTE ET ALLIÉS

France, Royaume-Uni, Empire russe

Les alliés (Serbie, Montenegro)

ÉTATS RESTÉS NEUTRES

États neutres, n'ayant adhéré à aucun pacte en 1914

Italie, neutre en 1914, mais signataire de la Triple Alliance

L'Europe en 1914

camp allié (septembre). **1945** : conférence de Yalta* (février) ; les Alliés franchissent le Rhin (mars) ; capitulation de l'Allemagne (8 mai) ; conférence de Potsdam* (juillet-août) ; bombardement atomique de Hiroshima* et de Nagasaki*, capitulation japonaise (2 septembre) ; début du procès des criminels nazis à Nuremberg* (novembre).

GUERRE SOCIALE. Nom donné dans l'histoire romaine à la guerre (91-89/88 av. J.-C.) qui opposa les Italiens, alliés de Rome*, au Sénat* qui leur refusait le droit de cité alors qu'ils supportaient les mêmes charges que les citoyens romains. Au cours de cette lutte, Rome accorda la citoyenneté romaine d'abord à tous les citoyens qui ne s'étaient pas révoltés, puis aux alliés de la Cisalpine, de l'Étrurie* et de l'Ombrie restés fidèles, enfin aux alliés révoltés à condition qu'ils déposent leurs armes dans les deux mois. Dès 88 av. J.-C. presque tous les peuples d'Italie eurent le droit de cité, Sylla* écrasant les dernières bandes rebelles (82 av. J.-C.). Voir Domaine public.

GUESDE, Jules Basile dit **Jules** (Paris, 1845-Saint-Mandé, 1922). Homme politique français. Partisan du marxisme* qu'il introduisit en France, il fut, avec Paul Lafargue, le fondateur du Parti ouvrier français (1880). Il s'opposa à Jean Jaurès* en rejetant toute alliance avec les partis bourgeois et fit triompher ses idées au congrès d'Amsterdam (1904). Il accepta cependant l'Union sacrée et fut ministre d'État (1914-1916). Voir Millerand (Alexandre), SFIO.

GUEUX. Nom donné aux gentilshommes flamands et néerlandais des Pays-Bas espagnols révoltés contre l'administration catholique de Philippe II*. Les Gueux luttèrent contre l'envoyé du roi d'Espagne, le duc d'Albe* (1567-1573), contre l'Inquisition* et pour le respect des libertés de leurs provinces. Les « Gueux de la mer » furent les plus célèbres. Formés de corsaires et dirigés par Guillaume de La Marck,

un noble protestant*, ils menèrent en 1572 une grande offensive, soutenue par l'Angleterre et Guillaume* d'Orange, qui aboutit à la sécession de la Zélande et de la Hollande.

GUEVARA, Ernesto, dit **« Che »** (Rosario, Argentine, 1928-Bolivie, 1967). Homme politique cubain, d'origine argentine. Compagnon de Fidel Castro*, il tenta d'organiser la guerre révolutionnaire en Amérique latine. Issu d'une famille de la bourgeoisie aisée, il passa son doctorat en médecine (1953) mais s'intéressa parallèlement aux problèmes économiques et sociaux, ce qui l'amena à parcourir le continent latino-américain. C'est à Mexico, en 1955, qu'il fit la connaissance, décisive pour lui, de Fidel Castro. C'est avec lui et ses compagnons qu'il débarqua clandestinement à Cuba (1956) et qu'il participa aux années de lutte contre le régime Batista* renversé en janvier 1959. Naturalisé cubain, Guevara fut d'abord nommé directeur de la Banque nationale puis ministre de l'Industrie (1961-1965). Porte-parole des pays du tiers monde aux Nations unies, il participa aussi à de nombreuses conférences et voyagea en Union soviétique, en Afrique et en Asie. En 1965, il abandonna cependant ses fonctions pour s'engager personnellement dans la guerre révolutionnaire en Amérique latine et trouva la mort en Bolivie. Le mythe du « Che », justicier héroïque, ne doit pas faire oublier le théoricien de la révolution socialiste dont se sont réclamés de nombreux mouvements d'émancipation en Afrique et en Amérique latine. Internationaliste, Guevara insista sur la nécessité de la violence, le but essentiel du socialisme* étant de construire un « homme nouveau » libéré de ses aliénations. Ses idées furent exprimées dans *La Guerre de guérilla* (1960), *Le Socialisme et l'homme à Cuba* (1966) et *Journal de Bolivie* (1968).

GUIBERT DE NOGENT (Clermont, Beauvaisis, 1053-Nogent-sous-Coucy,

1124). Moine et chroniqueur français, il est l'auteur d'une histoire de la première croisade (*Gesta Dei per Francos*) et d'une autobiographie.

GUICHARDIN, François, en ital. **Guicciardini** (Florence, 1483-Arcetri, 1540). Homme politique, diplomate et historien florentin. Après des études juridiques, il accomplit des missions diplomatiques pour la République de Florence*, puis occupa des charges importantes auprès des papes Médicis*, Léon X* et Clément VII. Adversaire acharné des partisans de Charles* Quint, il consacra tous ses efforts à la constitution d'une alliance entre les États italiens et la France, mais le sac de Rome (1527) mit fin à tous ses espoirs. Retiré de la vie politique à partir de 1537, il entreprit la rédaction de la célèbre *Storia d'Italia* (*Histoire de l'Italie*), publiée en 1561, remarquable d'impartialité, source de renseignements sur la vie politique de la Renaissance* italienne (1492-1534). Voir Castiglione (Baldassarre), Machiavel (Nicolas).

GUILDE. Au Moyen Âge, association d'artisans ou de marchands exerçant le même métier qui s'unissaient pour s'entraider ou défendre leurs intérêts. Les guildes les plus florissantes se trouvaient dans les grandes villes marchandes du nord de la France, en Allemagne, aux Pays-Bas et en Angleterre. Voir Corporation, Hanse.

GUILLAUME Iᵉʳ LE CONQUÉRANT (v. 1028-Rouen, 1087). Duc de Normandie* (1035-1087) et premier roi normand d'Angleterre (1066-1087). Souverain autoritaire, il fit de l'État anglo-normand le plus puissant et le mieux organisé de l'Europe occidentale. Fils illégitime du duc de Normandie Robert Iᵉʳ* le Magnifique, il dut d'abord lutter contre les barons pour imposer son autorité en Normandie*. Successeur désigné de son cousin le roi d'Angleterre, Édouard le Confesseur, il conquit le trône en remportant la bataille d'Hastings* sur le roi Harold II* (1066). Guillaume imposa une monarchie forte et développa en Angleterre une hiérarchie féodale très stricte et très contrôlée. Il conserva pour lui une grande partie des terres qu'il avait enlevées à la noblesse anglo-saxonne, le reste étant distribué en fiefs* à ses guerriers auxquels il demanda un serment de fidélité ainsi qu'à tous les hommes libres du royaume. Il ordonna la vaste enquête du *Domesday* Book*, liste détaillée des terres et des biens. Il nomma enfin des officiers, les shériffs*, pour exécuter ses ordres dans chaque comté. Le roi d'Angleterre se trouvait ainsi beaucoup plus puissant que son suzerain*, le roi de France. À sa mort, son fils Guillaume lui succéda. La conquête de l'Angleterre par les Normands* a été représentée sur la célèbre tapisserie de Bayeux*. Voir Robert II Courteheuse.

GUILLAUME IV (Londres, 1765-Windsor, 1837). Roi de Grande-Bretagne et d'Irlande, roi de Hanovre (1830-1837). Frère de George IV* auquel il succéda, il laissa gouverner ses ministres Wellington*, Grey*, Melbourne. Guillaume IV soutint Grey lorsqu'il fit voter la réforme électorale de 1832 qui donnait une plus large représentation de l'Angleterre industrielle. Il eut pour successeur sa nièce Victoria* en Grande-Bretagne et son frère Ernest au Hanovre.

GUILLAUME Iᵉʳ (Berlin, 1797-*id.*, 1888). Roi de Prusse* (1861-1888) et empereur allemand (1871-1888). Ce fut sous son règne que Bismarck* réalisa l'unité de l'Allemagne. Second fils de Frédéric-Guillaume III* et de la reine Louise de Mecklembourg-Strelitz, Guillaume se consacra d'abord à sa formation militaire. Lors des mouvements libéraux de 1848, il défendit les idées absolutistes, participa à la répression de l'insurrection de Berlin (1848) puis assura en 1849 le commandement des troupes de répression prussiennes au Palatinat et dans le pays de Bade. Devenu régent (1858) à la suite de la maladie menale de son frère Frédéric-Guillaume IV*, puis roi de Prusse à la mort de ce dernier 1861), Guillaume, marqué par le souvenir de l'effondrement prussien à Iéna*, décida de renforcer l'armée qui devait, selon lui, ne dépendre que du roi. Mais la majorité libérale de la Diète* refusa les crédits militaires. Après avoir songé à abdiquer, Guillaume Ier décida de confier la direction du gouvernement à Bismarck (1862) et ne cessa plus d'appuyer la politique de son ministre. Président de la Confédération* de l'Allemagne du Nord (1866) dont Bismarck était le chancelier*, Guillaume Ier fut, après les victoires contre la France en 1870-1871, proclamé empereur allemand dans la Galerie des glaces à Versailles* en janvier 1871. Il laissa Bismarck à la direction des affaires mais manifesta son désaccord à propos du *Kulturkampf** anticatholique et de l'alliance autrichienne préjudiciable à l'amitié prusso-russe. Voir Franco-allemande (Guerre), Roon (Albrecht von), Guillaume II.

GUILLAUME II (Potsdam, 1859-Doorn, Pays-Bas, 1941). Roi de Prusse* et empereur d'Allemagne (1888-1918). Il rompit le savant équilibre européen mis en place par Bismarck* et se lança dans une politique mondiale, prélude à la Première Guerre* mondiale. Petit-fils de Guillaume Ier* et de Victoria* d'Angleterre, il reçut une stricte formation militaire malgré un bras atrophié et devint empereur en 1888. Il s'opposa rapidement au vieux chancelier Bismarck* à qui il reprochait ses horizons strictement européens et qui fut démissionner en 1890. Sous Guillaume II, l'Allemagne devint la première puissance industrielle d'Europe. Cependant, la persistance du malaise ouvrier, malgré une législation sociale très avancée, les succès électoraux des sociaux-démocrates – premier parti d'Allemagne en 1914 – et l'opposition des minorités rattachées au Reich* (Alsace-Lorraine* et Pologne notamment) contribuèrent à la fai-

blesse intérieure de l'Empire. En politique extérieure, Guillaume II, passionné de grandeur pour l'Allemagne, lança son pays dans une politique d'expansion coloniale et maritime (*Weltpolitik*), contraire aux orientations bismarckiennes. Il lança des expéditions en Afrique, intervint dans l'Empire ottoman* (construction du chemin de fer de Bagdad*) et mit en application, en 1898, un vaste programme de construction navale (« Notre avenir est sur l'eau »), ce qui ne tarda pas à inquiéter l'Angleterre. Rompant l'alliance traditionnelle avec la Russie (1890), il maintint son alliance avec l'Autriche et l'Italie (la Triplice ou Triple-Alliance*) et tenta vainement, sous l'influence du chancelier von Bülow*, de briser la Triple-Entente* (France, Grande-Bretagne, Russie) en provoquant une politique d'intimidation à l'égard de la France (Tanger*, 1905 ; Agadir*, 1911). En juillet 1914, il déclara la guerre à la Russie et à la France puis laissa la direction de l'Empire à Hindenburg* et Ludendorff*. Peu avant la défaite, de graves troubles révolutionnaires en Allemagne l'obligèrent à abdiquer (9 novembre 1918) et à se réfugier aux Pays-Bas. Voir Algésiras (Conférence d'), Tirpitz (Alfred von).

GUILLAUME D'ORANGE-NASSAU, dit **le Taciturne** (château de Dillenburg, 1533-Delft, 1584). Stathouder de Hollande (1559-1567 et 1572-1584), il lutta contre l'absolutisme espagnol aux Pays-Bas et fut à l'origine de la fondation des Provinces-Unies calvinistes. Prince allemand, élevé dans le catholicisme* à la cour de Charles* Quint à Bruxelles, il devint gouverneur de la Hollande (1559). D'abord défenseur pacifique des libertés aux Pays-Bas, il se souleva ouvertement contre l'Espagne après l'intensification de la répression contre les protestants* organisée par le duc d'Albe*. À la suite des Gueux*, la Hollande et la Zélande se soulevèrent (1572) contre l'Espagne, la lutte restant longtemps incertaine. Le gouverneur des

Pays-Bas, Don Juan d'Autriche, demi-frère de Philippe II*, ne put convaincre le Taciturne, converti au calvinisme*, de se rallier. Guillaume d'Orange fut reconnu, à la Pacification de Gand (1576), stathouder des Dix-Sept Provinces. Cependant, les Unions d'Arras puis d'Utrecht* (1579) consommèrent la division des anciens Pays-Bas espagnols. Les Provinces méridionales, catholiques, se replacèrent sous l'autorité de l'Espagne. Les Provinces-Unies rassemblèrent les provinces protestantes qui se séparèrent formellement de l'Espagne en 1581.

GUILLAUME III (La Haye, 1650-Kensington, 1702). Prince d'Orange, stathouder des Provinces-Unies (1672-1702), roi d'Angleterre, d'Écosse et d'Irlande (1689-1702). Défenseur du protestantisme*, il anima la résistance de l'Europe face aux tentatives d'hégémonie de Louis XIV* puis devint, après la « glorieuse révolution » de 1688, roi d'Angleterre. Fils posthume de Guillaume II d'Orange-Nassau et petit-fils de Charles Ier* d'Angleterre par sa mère, il fut élevé par Jean de Witt*. Un soulèvement populaire provoqué par l'invasion française des Provinces-Unies (guerre de Hollande*) le fit stathouder (1672) et il prit en main la défense du pays, inondant notamment les polders afin d'arrêter l'avance des Français. Marié à Marie, fille de Jacques II*, il fut appelé lors de la seconde révolution* d'Angleterre pour partager la couronne avec sa femme. Après avoir signé la Déclaration des Droits* (1689) instituant en Angleterre une monarchie parlementaire, Guillaume III et Marie II Stuart furent conjointement proclamés roi et reine d'Angleterre. Plus intéressé par les affaires extérieures, Guillaume III participa à la guerre de la Ligue d'Augsbourg* et, malgré ses échecs, força Louis XIV à le reconnaître roi d'Angleterre (paix de Ryswick*, 1697). La mort le surprit alors qu'il

préparait la guerre de Succession* d'Espagne. Voir Établissement (Acte d').

GUILLAUME Ier (La Haye, 1772-Berlin 1843). Roi des Pays-Bas et grand-duc de Luxembourg (1815-1840). Nommé roi de Hollande par le congrès de Vienne* (1815), il régna sur le royaume des Pays-Bas qui comprenait la Belgique. Accusé par les Belges de favoriser en tout ses compatriotes, il provoqua l'insurrection de 1830 à laquelle il s'opposa en vain par les armes et ne reconnut l'indépendance de la Belgique qu'en 1839. Il dut consentir en 1840 à accorder le régime constitutionnel mais, autoritaire et intransigeant, il préféra abdiquer. Voir Révolution belge.

GUILLAUME DE LORRIS (Lorris-en-Gâtinais, début XIIIe-v. 1238). Poète courtois français, auteur de la première partie du *Roman* * *de la rose* (1235), Jean de Meung* étant l'auteur de la seconde.

GUILLAUME D'OCCAM (dans le Surrey, fin XIIIe-Munich, v. 1349). Théologien et philosophe anglais. Il critiqua sévèrement la scolastique déclinante et annonça l'empirisme de grands philosophes anglais comme Locke* et Hume*. Dominicain*, il étudia à Oxford* et à Paris. Pour avoir publié des pamphlets contre le pape Jean XXII, il fut excommunié. Menacé d'arrestation, il s'enfuit à Munich. Ses principales œuvres théologiques et philosophiques sont le *Commentaire sur les sentences de Pierre Lombard* et une *Somme de toute logique*.

GUILLAUME (Wilhelm) **TELL**. Héros légendaire de l'indépendance suisse (fin XIVe siècle), popularisé par une tragédie de Schiller* et un opéra de Rossini. Après avoir conclu le pacte de Rütli* destiné à rendre la liberté à la Suisse soumise à l'autorité des baillis de l'Autriche des Habsbourg*, Guillaume Tell aurait refusé de saluer le chapeau du bailli Gessler et aurait été contraint, pour son insoumission, à percer d'une flèche une pomme posée sur la tête de son fils, ce qu'il parvint à faire. Il ua plus tard Gessler et aurait péri dans une rivière. La légende date du XVe-XVIe siècle.

GUISCARD, Robert. Voir Robert Guiscard.

GUISE, François Ier de Lorraine, 2e duc de (Bar, 1519-Saint-Mesmin, 1563). Grand homme de guerre français et chef du parti catholique*. Il acquit une renommée européenne lors de la prise puis de la défense de Metz (1552), où il infligea une défaite écrasante à Charles* Quint. Il prit, en 1553, la tête de l'expédition française envoyée en Italie au secours du pape Paul III contre les Espagnols, mais fut rappelé après le désastre de Saint-Quentin. Il redressa la situation en enlevant Calais* (1558), ville aux mains des Anglais depuis deux siècles. Sous le règne de François II*, le duc de Guise et son frère Charles, cardinal de Lorraine, prirent la tête du parti catholique. Le duc de Guise s'opposa, sous la régence de Catherine* de Médicis, à sa politique de conciliation à l'égard des protestants*, provoquant, par le massacre de protestants à Wassy* (1562), le début des guerres de Religion*. Le duc de Guise remporta sur Condé* la victoire de Dreux (1562), mais fut assassiné au siège d'Orléans par un gentilhomme protestant, Poltrot de Méré, peut-être à l'instigation de Coligny*.

GUIZOT, François Pierre Guillaume (Nîmes, 1787-Val-Richer, 1874). Homme politique et historien français. Conservateur, très lié aux milieux industriels et bancaires, il fut la personnalité politique la plus marquante de la monarchie* de Juillet. Né d'un père protestant* favorable à la Révolution*, mais guillotiné sous la Terreur* comme fédéraliste*, Guizot émigra avec sa famille à Genève*, où il reçut une éducation calviniste très austère. Venu à Paris en 1805, remarqué pour ses premiers travaux d'érudition, il fut nommé en 1812 professeur d'histoire moderne à la Sorbonne*. Favorable en 1814 au régime monarchique établi selon la Charte*, il se lia d'amitié avec Royer-Collard* avec qui il fonda le parti des Doctrinaires*, hostile à la fois aux ultras* royalistes et aux libéraux. Chargé d'importantes fonctions aux ministères de l'Intérieur et de la Justice, Guizot fut écarté du pouvoir après la chute du cabinet libéral de Decazes*. Interdit d'enseignement (1822-1828) pour son hostilité au cabinet Polignac*, il écrivit durant cette période la plupart de ses grandes œuvres historiques (*Histoire de la Révolution d'Angleterre, Histoire de la civilisation en Europe, Histoire de la civilisation en France, Histoire des origines du gouvernement représentatif*). Collaborateur au journal *Le Globe*, Guizot fut élu député de Lisieux en 1830. Il fut l'un des chefs de l'opposition au gouvernement Polignac, puis s'opposa vigoureusement aux Ordonnances* de Saint-Cloud qui entraînèrent la révolution* de 1830 et la chute de Charles X*. Ministre de l'Intérieur dans le premier gouvernement de Louis-Philippe Ier*, Guizot, rallié aux conservateurs, s'affirma comme le chef de file du parti de la résistance* favorable à une monarchie bourgeoise et hostile à toute évolution démocratique du régime. Ministre de l'Instruction publique dans différents gouvernements de 1832 à 1837, il fonda l'enseignement primaire d'État par la loi de 1833 (loi Guizot*), créa l'Académie des sciences morales et politiques, créa la Société de l'histoire de France et le Service des monuments historiques. Ambassadeur à Londres (1840), Guizot fut rappelé à Paris par Louis-Philippe qui le nomma ministre des Affaires étrangères et chef de gouvernement (1840-1847). Guizot fut, durant cette période, le véritable chef du gouvernement, travaillant en plein accord avec Louis-Philippe. À l'extérieur, sa politique resta résolument pacifique, s'efforçant de réaliser l'entente cordiale avec l'Angleterre, sans grand succès. En politique intérieure, Guizot poursuivit une politique fermement conservatrice. Son

« Enrichissez-vous par le travail et par l'épargne » s'adressait à la bourgeoisie d'affaires à laquelle il réserva avec obstination le pouvoir, s'opposant à toute réforme électorale (abaissement du cens*) revendiquée par l'opposition. Son immobilisme politique et social face à la dégradation de la condition ouvrière et à l'essor du mouvement libéral entraîna la révolution* de Février 1848. Exilé en Belgique puis en Angleterre, Guizot revint en France en 1849, mais sans participer à la vie politique, se consacrant à ses travaux parmi lesquels ses *Mémoires pour servir à l'histoire de mon temps* (1836). Voir Thiers (Adolphe).

GUIZOT (Loi, 28 juin 1833). Loi qui institua en France l'enseignement primaire public. Elle fut suscitée par Guizot*, ministre de l'Instruction publique, convaincu que l'instruction – qui devait comporter un enseignement moral et religieux – détournerait les classes populaires des doctrines révolutionnaires. En fonction de cette loi, chaque commune devait avoir au moins une école publique élémentaire et, si celle-ci dépassait 6 000 habitants, une école primaire supérieure. La formation des maîtres était assurée par l'institution d'une école normale primaire par département. Si la loi n'établissait ni l'obligation ni la gratuité de l'enseignement, elle contribua aux progrès de l'éducation. Voir Ferry (Jules).

GUOMINDANG ou **KOUO-MIN-TANG** (« Parti national du peuple »). Parti politique chinois créé à Canton en 1912 par Sun* Yat-sen, père de la révolution de 1911 et chef du gouvernement républicain établi à Nankin. Il fut dirigé plus tard par Jiang Jieshi (Tchang* Kaï-chek) qui en fit à partir de 1928 l'instrument de sa dictature avant de se rapprocher du parti communiste* de Mao* Zedong pour organiser la lutte commune contre l'envahisseur japonais. Après la victoire communiste de 1949 et l'établissement de la République populaire de Chine, l'influence du Guomindang fut réduite à la seule Taiwan*.

GUPTA. Dynastie indienne qui régna sur le nord de l'Inde* (v. 270-550). Elle atteignit son apogée à la fin du IVe s. Voir Candragupta, Samadragupta.

GUSTAVE II-ADOLPHE (Stockholm, 1594-Lützen, 1632). Roi de Suède (1611-1632). Il modernisa la Suède et poursuivit l'objectif de ses prédécesseurs : faire de la Baltique un « lac suédois ». Soutenu par son chancelier*, Gustave-Adolphe transforma les structures économiques du pays, favorisa l'enseignement et fit de l'armée suédoise l'une des meilleures d'Europe. Calviniste convaincu, il s'engagea, après avoir réglé les conflits avec le Danemark et la Russie, dans la guerre de Trente* Ans, aux côtés des protestants* contre les impériaux. Allié à la France inquiète de la puissance des Habsbourg*, Gustave II écrasa la ligue catholique* commandée par Tilly* à Breitenfeld (1631) et, poursuivant sa progression vers le sud de l'Allemagne, vainquit brillamment Wallenstein*, au service de Ferdinand II* de Habsbourg, à Lützen (1632) mais trouva la mort dans la bataille. Voir Calvinisme, Richelieu (Cardinal de).

GUTENBERG, Johannes GENS-FLEISCH, dit Mayence, av. 1400-*id.*, av. 1468). Imprimeur allemand. Si l'imprimeur de Mayence n'a pas inventé l'imprimerie proprement dite, dont le principe était exploité depuis au moins cinquante ans par les xylographes, il fut à l'origine de l'utilisation systématique des caractères mobiles métalliques et non en bois, inventa la presse à imprimer (1434) et l'encre qui permettait l'impression des deux faces du papier. Il permit ainsi le développement de l'imprimerie en mettant au point l'alliage contenu dans les caractères métalliques (plomb, antimoine et étain) qui resta pendant cinq cents ans le matériau typographique par excellence. Cette reproduction

/pographique des textes, plus rapide et moins coûteuse que la copie à la main, répondait, à l'époque de la Renaissance*, à un nouveau besoin de lecture. Gutenberg ermina en 1455 la fameuse Bible latine à 42 lignes », dite « Bible de Gutenberg », mais dut la même année abandonner son métier, incapable de rembourser es sommes importantes prêtées par son commanditaire. En 1465, il fut anobli par l'archevêque de Mayence qui lui permit, n l'aidant financièrement, de reprendre es travaux. Voir Humanisme, Imprimerie.

GUYENNE. Ancienne province franaise. D'abord confondu avec celui l'Aquitaine*, le terme de Guyenne désigna, à partir du XIIIe siècle, les possessions françaises des Plantagenêts*, rois d'Angleterre, dans le sud-ouest de la France. Elle comprit d'abord le Limousin, le Périgord, le Quercy, l'Agenais, une partie de la Saintonge et la Gascogne puis se réduisit à la région côtière entre Bordeaux et Bayonne, malgré les éphémères conquêtes d'Édouard III* (traité de Brétigny*). Définitivement reconquise par la France (victoire de Castillon*, 1453), elle fut donnée en apanage* par Louis XI* à son frère Charles (1469) puis revint à la Couronne (1472). À la fin de l'Ancien* Régime, elle formait, avec la Gascogne, un grand gouvernement qui avait Bordeaux pour capitale.

H

HABEAS CORPUS ACT (1679). *Bill* (loi) voté par le Parlement* anglais, sous le règne de Charles II*, instituant officiellement les garanties de la liberté individuelle en remédiant aux risques des arrestations et des détentions arbitraires. Déjà formulé dans la Grande Charte* (1215) et la pétition des Droits (1628) l'*Habeas Corpus* fut suspendu de 1794 à 1801 et en 1817.

HABSBOURG (Maison de). Dynastie qui régna sur le Saint* Empire romain germanique (1273-1291 ; 1438-1740 ; 1765-1806), sur l'Autriche (1278-1918), sur l'Espagne (1516-1700) et sur la Hongrie et la Bohême (1526-1918). Les Habsbourg, qui tirent leur nom du château de Habichtsburg en Suisse, étendirent aux XIe et XIIe siècles leur domination en Suisse et en Alsace et durent leur fortune à l'élection de Rodolphe Ier* comme roi des Romains 1273), qui acquit l'Autriche, la Styrie et la Carniole, fondant ainsi la « maison d'Autriche » (nom pris au XVe siècle). Les Habsbourg d'Autriche donnèrent tous les empereurs au Saint Empire à partir de 1440 (sauf en 1741 et 1745) et agrandirent leur puissance par une habile politique de mariages et des héritages, obtenant ainsi, de 1477 à 1526, les Pays-Bas, la Castille*, l'Aragon*, la Bohême et la Hongrie. L'apogée de la maison des Habsbourg se situa sous Charles V (Charles* Quint), mais l'Empire fut partagé à son abdication (1556) entre son fils Philippe II* – ce qui donna naissance à la branche espagnole

qui s'éteignit en 1700 – et son frère Ferdinand Ier* (branche autrichienne). La maison des Habsbourg s'éteignit avec Charles VI* (1711-1740) dont la fille, Marie-Thérèse* d'Autriche, s'était mariée avec le duc de Lorraine (1736). La maison de Habsbourg-Lorraine régna sur l'Autriche, la Bohême et la Hongrie jusqu'en 1918 et s'était retirée au XIXe siècle d'Italie (1859-1866) puis d'Allemagne (1866).

HACHE. À l'époque de la préhistoire*, outil caractéristique du néolithique*. La hache de silex* a déjà pratiquement la forme des haches actuelles.

HACILAR. Site préhistorique sur le plateau d'Anatolie* en Turquie. On y a découvert les restes d'un village d'agriculteurs néolithiques* (7000 av. J.-C.). Les maisons de briques séchées étaient regroupées à l'intérieur d'une enceinte. Les habitants cultivaient l'orge et le blé mais tiraient aussi de la chasse une grande partie de leur nourriture. Voir Çatal Hüyük.

HADÈS. Dans la mythologie* grecque, dieu qui règne sur le royaume des morts ; il est le fils de Chronos, le frère de Zeus* et l'auteur du rapt de Perséphone*. Son attribut est la corne d'abondance. Voir Déméter.

HADRIEN (Italica, 76-Baïes, 138 ap. J.-C.). Empereur romain de la dynastie des Antonins*, qui régna de 117 à 138 ap. J.-C. Fils adoptif et successeur de Trajan*, il organisa durablement l'administration impériale et mena à l'extérieur une politique défensive. Désireux de sauvegarder la paix, Hadrien renonça aux conquêtes faites par Trajan au-delà de l'Euphrate, trop difficiles à défendre et à préserver. Grand voyageur, il inspecta toutes les provinces*, fit fortifier les frontières contre les Barbares*, notamment en Germanie* et en (Grande) Bretagne (mur d'Hadrien en Écosse) et châtia durement l'insurrection des juifs* en Palestine* (132-135 ap. J.-C.). Cependant son œuvre principale fut administrative : il réorganisa la bureaucratie impériale fondée par Claude* en renforçant le rôle des chevaliers* au détriment des affranchis impériaux et en codifiant le cursus équestre*. Il procéda aussi, par l'Édit perpétuel de 131 ap. J.-C., à la codification du droit romain (ensemble de lois applicables à tout l'Empire) si important jusqu'au XXᵉ siècle, notamment pour l'organisation de la famille et de la propriété. Aristocrate cultivé, épris de culture grecque, il reconstitua dans la villa Hadriana (Tivoli) ses sites préférés. Peu avant de mourir, Hadrien désigna lui-même son successeur, Antonin* le Pieux. Le corps de l'empereur défunt fut déposé dans un mausolée colossal, l'actuel château Saint-Ange à Rome. Voir *Limes*.

HAENDEL ou **HÄNDEL, Georg Friedrich** (Halle, 1685-Londres, 1759). Compositeur allemand naturalisé britannique en 1726. Virtuose de l'orgue et du clavecin, il fut l'auteur d'oratorios écrits en langue anglaise, genre nouveau pour l'époque, qui jouèrent en Angleterre le rôle de l'opéra national, presque inexistant dans ce pays. Célèbre en son temps, il reste le grand compositeur national anglais. Contemporain de Jean-Sébastien Bach*, il séjourna d'abord en Italie où il connut un grand succès (1706-1710), puis gagna la faveur du roi d'Angleterre George Iᵉʳ* par des pièces de circonstance – lui dédiant en particulier la célèbre *Water Music* (1716) – et celle du public par ses opéras italiens (*Rinaldo*). Cependant, les intrigues et les

succès d'un théâtre rival obligèrent Haendel à fermer les portes de la Royal Academy of Music dont il était directeur depuis 1720. Las des attaques de ses adversaires, ce fut en se tournant résolument vers l'oratorio qu'il manifesta son génie. La première audition du *Messie*, son chef-d'œuvre, à Dublin (1742), fut l'un des plus grands triomphes de sa carrière. D'autres partitions magnifiques suivirent parmi lesquelles *Salomon* (1748) et *Jephté* (1751), la dernière œuvre de Haendel devenu presque aveugle. Il n'en continua pas moins à composer, préparant la venue des maîtres de la première école de Vienne (Haydn*, Mozart*, Beethoven*).

HAFIZ ou **HAFEZ** (Chiraz, v. 1325-*id.* v. 1389). Considéré comme le plus grand poète lyrique persan avec Omar Khayyam*, il a gardé auprès des Iraniens comme dans tout le monde oriental, une autorité incontestée. Son tombeau, près de Chiraz, est encore un lieu de pèlerinage. Ses poèmes, rassemblés dans le *Diwan* (recueil), ont renouvelé tous les genres classiques.

HAGANAH. Mot hébreu qui signifie « défense ». Milice juive fondée sous la domination turque et tolérée à l'époque du mandat britannique. Elle était chargée de la défense des colonies juives de Palestine* contre la population arabe. La plupart de ses unités s'engagèrent aux côtés des Britanniques pendant la Seconde Guerre* mondiale. Après 1945, l'Angleterre persistant à vouloir limiter l'immigration juive en Palestine, la Haganah, jusque-là hostile à l'action des groupes terroristes extrémistes juifs (Irgoun*, Stern), entreprit une guerre ouverte contre les Britanniques. Après la proclamation de l'État d'Israël* (mai 1948), les volontaires de la Haganah constituèrent le noyau de l'armée du nouvel État israélien. Voir Balfour (Déclaration).

HAIG, Douglas Haig, 1ᵉʳ comte (Édimbourg, 1861-Londres, 1928). Maréchal

ritannique. Il commanda les troupes bri-
nniques (1915-1918) engagées sur le
ont français lors de la Première Guerre*
nondiale et s'illustra notamment lors de
l'offensive sur la Somme* (1916) et à
Cambrai (1917). Voir Foch (Ferdinand),
rench (John).

HAILÉ SÉLASSIÉ Iᵉʳ (Harar, 1892-Ad-
is-Abeba, 1975). Empereur d'Éthiopie
1930-1974). Fils du prince Makonnen et
neveu de l'empereur Ménélik II, Hailé Sé-
assié appartenait à une dynastie chré-
ienne* qui prétendait descendre de la
eine de Saba et du roi Salomon*. Portant
e nom de Taffari (« Celui qui est re-
outé »), il fut l'élève de missionnaires
rançais et devint en 1911 gouverneur du
Harar. Il écarta du pouvoir son cousin,
l'héritier présomptif Lidj Hassou, trop fa-
orable à l'Allemagne (1916) et gouverna
ux côtés de sa tante, l'impératrice Zaou-
itou, avec le titre de « régent » et d'« hé-
itier du trône ». En 1923, il obtint l'admission de l'Éthiopie à la Société* des
Nations (SDN). Proclamé « négus » (roi
les rois) sous le nom d'Hailé Sélassié
« Force de la Sainte-Trinité »), il fut cou-
onné empereur en 1930 à la mort de sa
ante. Hailé Sélassié donna à son pays sa
première Constitution écrite de type occi-
ental et développa, grâce à l'appui tech-
ique et financier de l'étranger, l'agricul-
ure et l'industrie naissante. Sa politique
l'alignement sur les démocraties (adhé-
ion au pacte Briand-Kellogg*, 1928) et
on combat pour l'indépendance économi-
ue de l'Éthiopie contre les ingérences ita-
iennes – refus d'une concession ferro-
iaire, acceptation de capitaux américains
– entraînèrent l'intervention armée de
l'Italie (octobre 1935) à laquelle s'opposa
ainement l'empereur à la tête de son ar-
née. Exilé en Grande-Bretagne, il lança le
8 juin 1936 le célèbre appel à la sécurité
ollective depuis la tribune de la SDN,
nais sans succès. Grâce aux troupes an-
glo-indiennes et françaises (FFL*), il re-

tourna triomphalement dans sa capitale le
5 mai 1941. Après la guerre, Hailé Sélassié devint l'un des chefs de file du tiers
monde et particulièrement de l'Afrique. Il
fut à l'origine de la création de l'Organisation* de l'unité africaine en 1963, dont
le siège est à Addis-Abeba. Cependant il
dut faire face, à l'intérieur, à de nombreuses difficultés : opposition de l'aristocratie
et de l'Église très traditionalistes et unité
éthiopienne menacée depuis 1962 par le
Front de libération de l'Érythrée*. Les
postes ministériels réservés aux grandes
familles, une presse muselée et l'absence
de partis politiques engendrèrent des oppositions qui obligèrent l'empereur à durcir le régime. En septembre 1974, année
d'une grave famine, Hailé Sélassié fut déposé par les militaires, emprisonné, et la
monarchie fut abolie au profit d'un régime
marxiste-léniniste. Voir Éthiopie (Guerre
d').

HALLEBARDE. Arme ancienne à longue hampe dont la pointe portait d'un côté
un fer en forme de hache, de l'autre, un fer
en forme de crochet. Importée de l'Empire
et introduite en France par les Suisses au
xvᵉ siècle, la hallebarde resta en usage
jusqu'au xviiᵉ siècle. Elle fut ensuite
conservée par les Suisses de la garde
royale française jusqu'en 1789.

HALLEY, Edmund. (Haggerston, près
de Londres, 1656-Greenwich, 1742). Astronome britannique, resté célèbre pour ses
études sur les orbites des comètes. Après
avoir remarqué que les comètes qui
avaient été observées en 1531, 1607 et
1682 étaient très semblables, il prédit que
celle de 1682 reviendrait en 1758 soit
76 ans après. Cette comète étant réapparue
effectivement à cette date, elle porta le
nom de « comète de Halley » ; depuis son
passage en 1986, elle est maintenant atten-
due pour le 29 juillet 2061.

HAMBOURG. Ville portuaire de l'Allemagne de l'Ouest située sur l'estuaire de
l'Elbe. Fondée au ixᵉ siècle, elle fut avec

Lübeck* le principal centre de la Hanse* et le plus grand port de l'Europe au XVIIᵉ siècle.

HAMILCAR. Nom qui signifie en phénicien « Grâce du dieu Melkart », porté par plusieurs généraux carthaginois.

HAMILCAR BARCA (v. 290-Elche, 228 ou 229 av. J.-C.). Général carthaginois. Commandant en chef en Sicile (247-241 av. J.-C.), il opposa une vive résistance aux Romains durant la première guerre Punique*. Après l'abandon de la Sicile (défaite des îles Aégates*, 241 av. J.-C.), il écrasa la révolte des mercenaires à Carthage* (237 av. J.-C.) et entreprit la conquête de l'Espagne, point de départ pour de nouvelles offensives contre Rome*. Hamilcar Barca fut le père d'Hannibal* à qui il inculqua la haine des Romains.

HAMILTON, Alexander (Nevis, Antilles, 1755-New York, 1804). Homme politique américain. Collaborateur de George Washington*, il fut l'un des principaux rédacteurs de la Constitution américaine et dirigea le Parti fédéraliste*. Secrétaire au Trésor des États-Unis (1789-1795), il organisa la Banque fédérale. Croyant avant tout à l'avenir industriel de l'Amérique, son parti s'opposa aux idées politiques de Thomas Jefferson*.

HAMMOURABI ou HAMMURABI (v. 1793-1750 av. J.-C. Sixième roi de la dynastie babylonienne, (1793-1750 av. J.-C.). Il fonda le premier empire de Babylone* et fut un grand législateur. Voir Babyloniens, Hammourabi (Code d').

HAMMOURABI (Code d'). Célèbre recueil de lois gravées sur des stèles (l'une d'elles se trouve au musée du Louvre) au temps du roi babylonien Hammourabi*. Composées de 282 articles écrits en cunéiforme*, ces lois nous renseignent sur la société babylonienne, mais surtout sur sa justice. Le droit pénal (qui comporte souvent la peine de mort) repose sur le talion quand la victime est libre, sur des versements d'argent pour les autres (personnes de conditions plus modestes et esclaves). L code ignore la prison ou les travaux forcé et protège particulièrement la famille (per sonnes et biens). Voir Babyloniens.

HAN (Dynastie des). Nom donné à un dynastie impériale chinoise qui régna pen dant plus de quatre siècles, de 206 av. J.-C à 220 ap. J.-C., et succéda à la dynastie de Ts'in*. Les Han accomplirent deux œu vres principales : ils ruinèrent l'autorité d la noblesse féodale en s'appuyant pou gouverner sur les Lettrés* confucéens e menèrent la conquête de l'Asie centrale établissant ainsi des relations culturelles e commerciales avec l'Inde* et le monde ro main (route de la soie*). Leur plus gran souverain fut Wou Ti* (v. 140-8´ av. J.-C.). Après la chute des Han, la Chin sombra pendant quatre siècles dans un période de divisions, de guerres civiles e d'invasions étrangères. Voir Confucius Confucianisme.

HANAU, Marthe (Paris, 1885-Fresnes 1935). Aventurière française. Fondatric de l'hebdomadaire La Gazette du fran (1925), elle se servit de ses relations dan les milieux politiques, obtenant des arti cles de personnalités connues (de Laval* Herriot*), pour entraîner ses lecteurs dan des spéculations désastreuses. Arrêtée e condamnée (1928), elle s'empoisonn dans sa prison. Ce scandale, ajouté à celu d'Oustric* et surtout de Stavisky*, contri bua largement à discréditer le personne politique de la Troisième République*.

HANNIBAL (v. 247-en Bithynie, 183 av J.-C.). Général et homme d'État carthagi nois (son nom signifie « Grâce au dieu Baal* »), fils d'Hamilcar* Barca. Il s'il lustra au cours de la deuxième guerre Pu nique* menée contre les Romains. Élevé dans la haine de Rome* par son père qu'i accompagna enfant en Espagne, Hanniba devint en 221 av. J.-C. commandant er chef de l'armée carthaginoise. En s'empa rant de Sagonte en 219 av. J.-C., ville es pagnole alliée de Rome, il déclencha la deuxième Punique. À la tête de 40 000 hommes et de dizaines d'éléphants de combat, il franchit les Alpes et infligea en Italie une série de graves défaites aux Romains, dont la plus célèbre fut celle de Cannes* (216 av. J.-C.). Mais, épuisé par les combats et manquant de machines de siège pour s'emparer de Rome, Hannibal s'attarda en Campanie où il attendit vainement les renforts que le Sénat de Carthage*, jaloux de sa gloire, lui refusait. Rome profita de ce répit pour reprendre l'offensive. Après une longue période de difficultés, Hannibal dut quitter l'Italie, rappelé par Carthage menacée par Scipion* Émilien. Vaincu à la bataille de Zama* (202 av. J.-C.) qui mit fin à la deuxième guerre Punique, convaincu que sa défaite était due à l'inertie du gouvernement carthaginois, Hannibal se fit élire suffète (haut magistrat). Appuyé par l'armée et le peuple, il tenta d'importantes réformes politiques, économiques et militaires. Dénoncé par ses ennemis aux Romains, il dut cependant s'enfuir et se réfugia en Syrie* à la cour d'Antiochos III vers 196 av. J.-C.) puis en Bithynie (nord-ouest de l'Asie* Mineure) à la cour de Prusias, qu'il essaya lui aussi d'entraîner dans la guerre contre Rome. Lorsque des ambassadeurs romains obtinrent en 183 av. J.-C. qu'Hannibal leur fût livré, celui-ci s'empoisonna pour leur échapper. Il mourut à Libyssa, près de la mer de Marmara, où l'empereur romain Septime* Sévère lui fit plus tard élever un tombeau. Voir Trasimène (Lac).

HANNON (1re moitié du ve siècle av. J.-C.). Navigateur carthaginois. À la tête d'une expédition de 60 vaisseaux, il explora vers 450 av. J.-C. les côtes de l'Afrique occidentale (jusqu'au golfe de Guinée) afin de développer le commerce de Carthage*. Voir Himilcon.

HANOTAUX, Albert Auguste Gabriel (Beaurevoir, 1853-Paris, 1944). Homme politique et historien français. Ministre des Affaires étrangères (1894-1898), il s'attacha à préparer l'alliance franco-russe et fut un partisan convaincu de l'expansion coloniale. Il s'efforça de renforcer la présence française en Extrême-Orient (Madagascar), en Tunisie et au Soudan où il soutint l'expédition Marchand* qui espérait arriver sur le haut Nil avant les Britanniques. Afin d'affirmer la position de la France en Europe, il favorisa la conclusion de l'alliance franco-russe après la convention militaire de 1892 (visites de Nicolas II* à Paris en 1896 et de Félix Faure* en Russie). Délégué de la France à la SDN (Société* des Nations) en 1918, il fut encore ambassadeur extraordinaire à Rome (1920). Historien, Hanotaux a publié de nombreux ouvrages (*Histoire de Richelieu*, 1893-1943 ; *Histoire des colonies françaises*, 1930- 1934).

HANSE. 1) Au Moyen Âge, association d'entraide – comme les guildes* –, composée surtout de marchands. Certaines de ces associations étaient très puissantes, comme la Hanse de Londres qui détenait un véritable monopole sur le commerce de la laine. 2) (avec une majuscule) Association de cités marchandes de la Baltique et de la mer du Nord, qui se développa à partir de la fin du xiie siècle. La Hanse, conduite par Lübeck*, comptait environ 70 villes et connut son apogée du xiiie à la fin du xve siècle. Véritable empire commercial, elle domina le commerce de l'Europe du Nord (échanges avec la Flandre*, l'Angleterre, la Pologne, la Russie et la Scandinavie) et fut maîtresse de la Baltique. Elle joua aussi un rôle politique important, contrôlant la succession au trône de Danemark et intervenant en Scandinavie. La formation de nouveaux États en Europe orientale, la concurrence anglaise et hollandaise et les Grandes Découvertes* qui orientèrent le commerce vers d'autres pays provoquèrent son déclin. Voir Hambourg.

HARDENBERG, Karl August, prince von (Essenrode, 1750-Gênes, 1822).

Homme politique prussien, il inspira à partir de 1804 la politique extérieure de la Prusse* et tenta à l'intérieur des réformes libérales. Ministre des Affaires étrangères de Frédéric-Guillaume III* (1804-1806), puis chancelier* d'État (1810-1822), il poursuivit l'œuvre de Stein*, procédant à l'abolition des corporations*, à l'affranchissement des paysans et à l'émancipation des juifs* (1812). Instigateur du soulèvement antinapoléonien de 1813, il fut le représentant de la Prusse au congrès de Vienne* (1815) où il obtint d'importants avantages territoriaux, en particulier l'Allemagne rhénane. Hardenberg voulut après la paix instaurer un régime constitutionnel mais se heurta au conservatisme du chancelier* autrichien Metternich*, président de la Confédération* germanique.

HARDING, Warren (près de Blooming Grove, Ohio, 1865-San Francisco, 1923). Homme politique américain. Président républicain* des États-Unis (1921-1923) et successeur du démocrate Woodrow Wilson*, il défendit le protectionnisme et l'isolationnisme*. Sénateur de l'Ohio (1915), il engagea l'Amérique dans une voie très conservatrice et fonda sa campagne électorale sur un programme isolationniste (*America First*) et traditionaliste (*Back to normaly*). Élu à la présidence en 1920, il refusa la SDN (Société* des Nations), limita l'émigration et rétablit le protectionnisme qui favorisait les industriels américains. Compromis par une administration particulièrement corrompue, Harding mourut subitement. Son vice-président Coolidge* lui succéda.

HAROLD II (v. 1022-Hastings, 1066). Roi des Anglo-Saxons (1066). Il s'empara du trône mais fut vaincu par le duc de Normandie*, Guillaume Ier* le Conquérant, à la bataille d'Hastings* (1066) où il fut tué. L'Angleterre passa alors sous la domination des Normands*.

HAROUN AL-RACHID (Rey, Perse, 766-Tus, Khorasan, 809). Il est le plus célèbre calife de la dynastie abbasside*. Harun al-Rachid fit de Bagdad*, sa capitale, le centre le plus brillant et le plus riche de la civilisation musulmane*. Il remporta contre les Byzantins de nombreuses victoires et domina des territoires compris entre le nord de l'Inde* et la Méditerranée. Il entretint une cour fastueuse, entouré de savants, poètes et musiciens, qui fit de lui un personnage légendaire. Il est le héros de nombreux contes des *Mille* et une Nuits*.

HARUSPICE ou **ARUSPICE**. Dans l'Antiquité romaine, devin qui interprétait la volonté des dieux par l'observation des entrailles des animaux offerts dans les sacrifices, principalement le foie. L'art des haruspices était d'origine étrusque*.

HARVEY, William (Folkestone, 1578-Londres, 1657), Médecin anglais. Il enseigna l'anatonmie et la chirurgie au collège royal et fut le médecin des rois d'Angleterre Jacques Ier* et Charles Ier*. Il fut le premier à décrire de façon précise la circulation sanguine.

HASDRUBAL BARCA (v. 245-207 av. J.-C.). Général carthaginois, frère d'Hannibal* qui lui confia l'Espagne au début de la seconde guerre Punique*, il y fut vaincu par le général romain Scipion* l'Africain. À la tête d'une armée de renfort, il tenta de rejoindre Hannibal mais fut vaincu et tué par les Romains sur le Métaure, petit fleuve d'Italie centrale. Voir Carthage.

HASSAN II (Rabat, 1929-). Roi du Maroc depuis 1961. Fils et successeur de Mohammed V*, Hassan II accéda au pouvoir en 1961 et établit un système parlementaire dans lequel il garda de larges prérogatives. Il entra cependant rapidement en conflit avec les partis, décapita le mouvement de gauche après l'enlèvement puis l'assassinat de Ben* Barka à Paris (29 novembre 1965), suspendit le Parlement et, par la promulgation d'une nouvelle Constitution (1970), renforça son pouvoir personnel. Les partis politiques affaiblis, il se trouva en conflit avec l'armée dont il avait pourtant favorisé l'importance et échappa à deux tentatives d'attentat (1971, 1972) dans lesquels furent impliqués ses chefs militaires les plus proches (dont le général Oufkir qui se suicida). À partir de 1975, les revendications marocaines sur le Sahara occidental (ancienne colonie espagnole) aboutirent, après la « marche verte » de 350 000 volontaires, à l'occupation des régions du Nord (puis de la totalité des territoires après le retrait en 1979 de la Mauritanie de la partie méridionale). Cette décision, condamnée par l'ONU* et l'OUA (Organisation* de l'unité africaine), entraîna jusqu'en 1985, après un cessez-le-feu unilatéral, un affrontement permanent entre le Maroc et le Polisario* soutenu par l'Algérie et la Libye. Cependant, la « marche verte » avait contribué à forger l'unité nationale autour du roi qui libéralisa quelque peu le régime en organisant en 1977 les premières élections législatives depuis 1963. Disposant d'une autorité renforcée à l'intérieur, Hassan II mena une diplomatie active (aide militaire au président zaïrois Mobutu* dans la province du Shaba* en 1977 puis à Kolwezi en 1978). Les dépenses occasionnées par le conflit avec le Polisario, les difficultés économiques liées à la crise mondiale provoquèrent des émeutes de la faim (1981, 1984) durement réprimées. Promises de longue date, les élections législatives de septembre 1984 provoquèrent une atténuation de la politique autoritaire et en 1988, le Maroc et le Polisario acceptaient le principe d'un référendum sous l'égide de l'ONU. Aux élections législatives de 1993 (les premières depuis 1984), l'opposition (Union socialiste des forces populaires ou USFP et l'Istiqlal*) a marqué un progrès spectaculaire.

HASTATI. Dans la Rome* antique, nom donné aux soldats d'infanterie placés aux premiers rangs des manipules* dans la légion* romaine. Choisis parmi les plus jeunes, les *hastati* combattaient avec le jave-lot (ou pilum). Voir *Principes,* Romaine (Armée), *Triarii.*

HASTINGS. Port de Grande-Bretagne, situé à proximité du Pas-de-Calais. Le 14 octobre 1066, le duc de Normandie*, Guillaume Ier* le Conquérant y battit le dernier roi anglo-saxon, Harold II*. Cette victoire fit passer l'Angleterre sous la domination des Normands*. Voir Bayeux (Tapisserie de), Guillaume Ier le Conquérant.

HASTINGS, Warren (Churchill, près de Daylesford, 1732-Daylesford, 1818). Administrateur colonial anglais. Gouverneur général de l'Inde (1774-1785), il fut l'un des fondateurs de la puissance britannique dans ce pays. Entré en 1750 au service de la Compagnie des Indes*, puis gouverneur général de l'Inde, il s'efforça, à ce poste, d'assainir l'administration des finances, protégea les cultures traditionnelles et encouragea les études sanskrites. Cependant, ses méthodes autoritaires lui valurent en Grande-Bretagne de vives critiques et il démissionna (1785). Rentré en Angleterre, il se vit accusé par les whigs* de malversations dans un procès retentissant, sortant acquitté mais ruiné. Voir Sanskrit.

HATHOR. Déesse de l'amour et de la joie dans l'Égypte* ancienne. Elle est représentée soit comme une femme à tête de vache surmontée du disque solaire, soit incarnée dans la vache. Denderah, en Haute-Égypte*, fut son plus grand sanctuaire, l'un des mieux conservés du pays.

HATTOUSA. Capitale de l'empire hittite entre le XVIe et le XIIIe siècle av. J.-C., le site fut occupé dès le IIIe millénaire av. J.-C. Ses ruines se trouvent aujourd'hui près d'un village, à 200 km à l'est d'Ankara, capitale de la Turquie. Hattousa fut détruite vers 1200 av. J.-C. par l'invasion des Peuples* de la mer qui mit fin à l'empire hittite. Les fouilles archéologiques menées dans la première moitié du XXe siècle ont permis la découverte de 10 000 tablettes rédigées en écriture cunéiforme*. Ces tablettes sont la principale source pour connaître l'histoire des Hittites* et des peuples voisins.

HAUBERT ou COTTE DE MAILLES. Longue tunique de combat faite d'anneaux de fer entrelacés portée, à partir du milieu du XIIe siècle, par les guerriers du Moyen Âge.

HAUSSMANN, Georges Eugène, baron (Paris, 1809-id., 1891). Administrateur et homme politique français. Préfet* de la Seine (1853-1870) sous le Second Empire*, il dirigea les grands travaux qui transformèrent Paris et qui lui doit, en grande partie, sa physionomie d'aujourd'hui. Avocat entré à partir de 1831 dans la carrière préfectorale, Haussmann se montra favorable au coup d'État du 2 décembre* 1851 et au rétablissement de l'Empire. Nommé en 1853 préfet de la Seine par Napoléon III*, il présida pendant près de dix-sept ans aux transformations et à l'agrandissement de la capitale française. Cette œuvre colossale était destinée tout à la fois à accroître le prestige du régime, donner du travail aux ouvriers, assainir la ville mais aussi à assurer l'ordre par la destruction des vieux quartiers révolutionnaires et le percement de grandes avenues rectilignes susceptible de faciliter l'action de la police et de l'artillerie contre d'éventuelles barricades. Les grands édifices du centre de la ville furent dégagés (Louvre*, Hôtel de Ville, Palais de Justice, Notre-Dame*), une « grande croisée » fut percée d'est en ouest et du nord au sud, des jardins et des parcs furent aménagés (jardins du Luxembourg, bois de Boulogne et bois de Vincennes, parcs Monceau, Montsouris et Buttes-Chaumont) et des ponts construits (ponts de l'Alma* et de Solférino*). Paris fut modernisé par l'extension de l'éclairage au gaz, le creusement de plus de 600 km d'égouts et l'adduction d'eau courante dans tous les immeubles. On construisit enfin les Halles centrales, plusieurs églises (Saint-Augustin) et théâtres (Opéra, Châtelet), des hôpitaux, des casernes et des gares. Cette immense entreprise exigea cependant des sommes considérables et les opérations de crédit assez douteuses de Haussmann furent vigoureusement critiquées par le Corps* législatif et l'opinion publique. Le célèbre pamphlet de Jules Ferry*, *Les Comptes fantastiques d'Haussmann* (1868) provoqua son renvoi, décidé par le ministre Émile Ollivier* (1870).

HAUTE-ÉGYPTE, (Ancien Empire, 2700-2200 av. J.-C.). Nom donné à la première période de l'histoire de l'Égypte* ancienne qui forma, avec le Moyen* et le Nouvel Empire*, des époques d'unité, de grandeur et de prospérité pour le pays. La capitale* de l'Égypte unifiée par le premier pharaon* Ménès* fut Memphis*, ville de Basse-Égypte* dont il ne reste rien aujourd'hui. Seules subsistent les célèbres pyramides* de Gizeh*, aux environs du Caire, édifiées par trois pharaons : Chéops*, Chéphren* et Mykérinos*. L'Ancien Empire se termina par des troubles entraînant près de deux siècles de décadence* pour l'Égypte.

HAUT-EMPIRE ROMAIN. Désigne la troisième période de l'histoire de Rome* (27 av. J.-C. - 192 ap. J.-C.) qui succède à la royauté (Rome* royale) et à la République (République* romaine). Elle correspond à l'apogée de la puissance et de la civilisation romaine et englobe les trois premières dynasties impériales (dynastie des Julio-Claudiens*, des Flaviens* et des Antonins*). La monarchie impériale créée par Auguste* se consolida. Les institutions de la République (Sénat*, comices*, magistrats*) subsistèrent mais devinrent impuissantes. Les empereurs qui portaient les titres d'imperator, césar* et auguste*, furent soit désignés par leurs prédécesseurs soit imposés par leurs troupes. Leur pouvoir absolu, renforcé par le culte* impérial, s'exerça par l'intermédiaire de hauts fonctionnaires (préfet* du prétoire, de l'Annone, des Vigiles, de la Ville), du Conseil* du Prince et des bureaux (sorte de ministères). Les provinces* bien gouvernées et étroitement surveillées se romanisèrent rapidement, de nombreux provinciaux entrèrent au Sénat et l'empereur Caracalla* accorda le droit de cité à tous les habitants libres de l'Empire. Durant deux siècles régna une grande prospérité économique favorisée par la « paix romaine » (pax* romana, la sécurité des mers, le système défensif des limes* et l'admirable réseau des voies* romaines. La ville de Rome s'enfla d'une énorme population (peut être 1,2 million et 1,6 million au IIe siècle ap. J.-C.) et se couvrit de magnifiques monuments. Les autres villes de l'Empire, administrées par une riche bourgeoisie (les décurions*) se multiplièrent, particulièrement en Occident (Gaule*, Afrique, Grande-Bretagne). L'agriculture (sauf en Italie), le commerce et l'industrie prospérèrent. Les provinces continuèrent à approvisionner Rome et l'Italie (par les ports de Pouzzoles et surtout d'Ostie*) en denrées alimentaires et en produits de luxe, tout en commerçant entre elles. Cependant, en ces temps de richesses, les différences de fortune et de condition subsistèrent. Les riches (les « honestiores »* ou honorables) dominaient les pauvres (les « humiliores »* ou humbles) auxquels ils offraient des distributions gratuites de vivres et des spectacles (« du pain et des jeux »). Mais, à la fin du IIe siècle ap. J.-C., les crises de succession, la dépopulation, le déficit commercial avec l'Orient, la pression des Barbares* aux frontières et les progrès du christianisme* annoncèrent les graves difficultés du Bas-Empire*. Voir Juvénal, Pline l'Ancien, Pline le Jeune, Romain (Empire), Sénèque, Suétone.

HAWKINS, sir John (Plymouth, 1532-au large de Porto Rico, 1595). Pirate et navigateur anglais, il fut le premier à pratiquer le commerce des esclaves entre l'Afrique et les colonies espagnoles d'Amérique. Il prit aussi, en tant que vice-amiral, une part active dans la défaite de l'Invincible Armada* (1588). Voir Drake (sir Francis), Traite des Noirs.

HAYDN, Joseph (Rohrau, Basse-Autriche, 1732-Vienne, 1809). Compositeur autrichien. Il fut avec Mozart* et Beethoven* le grand maître de la symphonie classique, et imposa avec éclat la formation privilégiée du quatuor à cordes. Issu d'une famille modeste mais passionnée de musique, il manifesta très jeune des dons exceptionnels et entreprit en autodidacte sa formation musicale. Son entrée en 1761 au service de la famille Esterházy à Eisenstadt, riches aristocrates hongrois et fastueux mécènes épris de musique, décida de sa carrière musicale. Il transforma bientôt le petit orchestre de la cour en l'une des meilleures formations de l'époque et composa pour les Esterházy presque toutes ses œuvres de théâtre, la plus grande partie de ses symphonies et de sa musique de chambre. La mort du prince Nicolas (1790) permit à Haydn d'effectuer deux séjours à Londres qui le réclamait depuis longtemps (1791-1792 ; 1794-1795) et où il reçut un accueil triomphal. Lorsqu'il rentra à Vienne, sa renommée était faite en Europe. Il mourut peu après la prise de la ville par Napoléon Ier*. Haydn composa une centaine de symphonies (*Symphonies dite de Londres*, celle dite *des Adieux*, *L'Horloge*), beaucoup de musique de chambre, mais il resta surtout célèbre par ses oratorios, particulièrement *La Création* (1798) et *Les Saisons* (1801) considérées comme ses chefs-d'œuvre.

HEARST, William Randolph (San Francisco, 1863-Beverly Hills, 1951). Journaliste américain. Propriétaire d'un groupe de presse de 40 journaux et magazines, il fut l'un des créateurs de la presse à sensation, à grand tirage et en couleurs. Son personnage inspira le célèbre film d'Orson Welles*, *Citizen Kane* (1941).

HEATH, Edward (Broadstairs, Kent, 1916-). Homme politique britannique. Premier ministre conservateur (1970-1974), il fit accepter en 1972 l'entrée de la Grande-Bretagne dans le Marché commun. Député aux Communes* en 1950, il devint le chef de file des conservateurs et succéda à Harold Wilson* à la tête du gouvernement en 1970. Il relança avec énergie la politique européenne et, profitant du départ du général de Gaulle*, fit entrer la Grande-Bretagne dans la Communauté* économique européenne. Confronté à une sérieuse crise économique et sociale, aggravée par l'augmentation des prix de l'énergie en 1973, il s'efforça de la résoudre avec autorité. Face aux syndicats, il fit voter une loi restreignant le droit de grève (1970) et décida le flottement de la livre, afin de limiter le déficit de la balance commerciale. Après le refus des libéraux de s'allier à un gouvernement conservateur, il fut remplacé en 1974 par le travailliste* Harold Wilson. Il céda, en 1975, la direction du Parti conservateur* à Margaret Thatcher*. Voir Callaghan (James), Ulster.

HEAUME. Grand casque cylindrique porté par les guerriers du Moyen Âge, entre le Xe et le XIVe siècle. Le heaume couvrait la tête et le visage et était muni d'une ouverture pour les yeux.

HÉBERT, Jacques René (Alençon, 1757-Paris, 1794). Journaliste et homme politique français. Il fut pendant la Révolution* française le porte-parole des sans-culottes*, les ultra-révolutionnaires des sections* parisiennes. Après une existence très précaire à Paris, il se rallia aux idées révolutionnaires et fonda en 1790 *Le Père Duchesne*, dont l'audience auprès des sectionnaires les plus radicaux de Paris s'accrut après l'assassinat de Marat* et l'arrêt de *L'Ami* du peuple*. Membre influent du Club des cordeliers*, substitut à la Commune* insurrectionnelle de Paris après l'insurrection populaire du 10 août* 1792, Hébert mena sous la Convention* un combat sans merci contre les girondins* et fut l'un des principaux artisans de leur chute. Réclamant la guerre à outrance tant civile qu'extérieure, il fit pression sur la Convention qui décida certaines mesures politiques (loi des suspects*, septembre 1793) et économiques (loi du maximum* général, septembre 1793). Les hébertistes, ses partisans, furent aussi les ardents propagateurs du culte de la Raison* et soutinrent avec force le mouvement de déchristianisation*. Après avoir dénoncé les Indulgents* dirigés par Danton* qui réclamaient la fin de la Terreur*, Hébert s'opposa à Robespierre* jugé trop modéré. Menacé d'être débordé sur sa gauche, le Comité* de Salut public décida l'arrestation de Hébert. Il fut jugé, ainsi que ses amis, devant le Tribunal* révolutionnaire puis exécuté. La fin des chefs ultra-révolutionnaires désorienta profondément le mouvement populaire de la sans-culotterie. Voir Enragés.

HÉBERTISTES. Voir Hébert (Jacques).

HÉBRAÏQUE (Bible). Connue sous le nom d'Ancien Testament*, elle comprend 24 livres divisés en trois parties : la Torah*, le Livre des Prophètes* et les Écrits. Ces livres, écrits en hébreu ou en araméen*, furent rédigés par les Hébreux* à partir de 1000 av. J.-C. pour conserver et transmettre leur histoire. On y trouve des récits de la création du monde, des récits historiques, des prières, des poèmes et des règlemens pour la vie de tous les jours. Les textes de l'époque n'ont pas été conservés : c'est par l'intermédiaire des Grecs puis des Romains qu'ils nous sont parvenus. Voir Morte (Manuscrits de la mer).

HÉBREUX. Peuple sémite* composé à l'origine de pasteurs nomades installés en Basse-Mésopotamie. Il ne créa dans l'Antiquité qu'un petit royaume éphémère mais son importance dans l'histoire tient à l'originalité de sa religion. Ce sont eux qui les premiers affirmèrent l'existence d'un

Les Hébreux (de 1500 à 1300 av. J.-C.)

Régions fertiles

Premières installations des pasteurs hébreux

Itinéraire d'Abraham

Sortie d'Égypte de Moïse

dieu unique qu'ils appelèrent Yahvé*. Ils sont ainsi à l'origine de trois grandes religions monothéistes aujourd'hui toujours pratiquées : le judaïsme*, le christianisme* et l'islam*. L'histoire des Hébreux nous est connue grâce à la Bible*. Vers 2000 av. J.-C., sous la conduite du patriarche* Abraham*, ce peuple s'installa dans le pays de Canaan* ou Palestine*. Il reçut alors le nom d'Hébreux ce qui signifierait « Gens d'au-delà du fleuve » (l'Euphrate). Mais vers 1700 av. J.-C., pour des raisons qui nous échappent, certaines tribus quittèrent la Palestine et s'installèrent en Basse-Égypte*. Ils y vécurent nombreux et puissants au temps des Hyksos*, avant d'être réduits en esclavage quand commença le Nouvel* Empire (vers 1580 av. J.-C.). Guidés par l'un des leurs, Moïse*, ils quittèrent l'Égypte* pour le désert du Sinaï : ce fut l'Exode*. Après 40 années d'errance, les Hébreux gagnèrent la Palestine mais combattirent pendant près de deux siècles pour s'y installer. Pour vaincre leurs adversaires, Cananéens mais surtout Philistins*, les 12 tribus d'Israël s'unirent provisoirement, v. 1500-1200 av. J.-C., autour de chefs militaires (les juges*), puis définitivement autour d'un roi. Le premier fut Saül* (v. 1030-v. 1010 av. J.-C.). Ses successeurs David* puis Salomon* régnèrent sur un royaume dont la capitale fut Jérusalem* (v. 1010-v. 931 av. J.-C.). Mais à la mort de Salomon, le royaume se sépara en deux États ennemis : au nord, le royaume d'Israël*, au sud, le royaume de Juda*. Divisés, les Hébreux devinrent alors une proie facile pour les puissances voisines. Les Assyriens* s'emparèrent du royaume d'Israël en 721 av. J.-C. ; Nabuchodonosor*, empereur babylonien*, conquit le royaume de Juda en 587 av. J.-C., détruisit Jérusalem et déporta la population à Babylone*. Au cours des siècles suivants, la Palestine resta constamment occupée par des puissances étrangères : Perses*, Grecs puis Romains.

De plus, des communautés juives s'étaient installées dans certaines villes du bassin méditerranéen, entre autres Alexandrie. Cette domination puis la destruction du Second Temple par les Romains entraîna le départ de nombreux juifs : ce fut la diaspora*. Ils ne retrouveront une patrie qu'en 1948 lors de la création de l'État d'Israël. Voir Exil, Massada.

HÉCATOMBE. 1) Dans l'Antiquité gréco-romaine, sacrifice de 100 bœufs. 2) Aujourd'hui, massacre d'un grand nombre d'hommes.

HÉCATONCHIRES. Dans la mythologie* grecque, ils sont les trois fils d'Ouranos* et de Gaïa*, géants munis de 100 bras (d'où leur nom) et de 50 têtes, qui apportèrent leur aide à Zeus* lors de la guerre contre les Titans*.

HEGEL, Friedrich (Stuttgart, 1770-Berlin, 1831). Philosophe allemand. Substituant la raison dialectique à la raison critique de Kant*, la philosophie de Hegel tenta de prendre en compte le mouvement de l'Histoire et de saisir sa finalité. Sa pensée eut une influence considérable sur la philosophie moderne. Hegel étudia la théologie au séminaire protestant de Tübingen, se lia d'amitié avec Hölderlin* et Schelling et se familiarisa avec la pensée de Rousseau*, Kant et Fichte*. Après avoir renoncé à la carrière de pasteur, il enseigna aux universités d'Iéna* (1805-1807), d'Heidelberg (1816-1818) puis de Berlin (1817-1830). Pour Hegel, la philosophie devait faire surgir l'intellectualité de tout ce qui est à la fois présent et passé. L'histoire faisait ainsi son entrée en force dans la démarche du philosophe : rien ne pouvait être compris sans elle car la Raison progresse à travers elle vers une fin qui est l'Absolu. L'histoire devenait histoire de l'esprit, se déroulant selon le célèbre schéma dialectique qu'il proposa (thèse, antithèse, synthèse), pris en compte plus tard par Karl Marx* dans une perspective matérialiste. Hegel fut l'auteur de *iénoménologie de l'esprit* (1807), *-ience de la logique* (1812-1816) et *Prin-nes de la philosophie du droit* (1821).

ÉGIRE. Mot d'origine arabe qui dési-ie le début de l'ère musulmane (622 ap. .C.). Cette date rappelle le départ de Ma-»met* de La Mecque*, où il était persé-ité, vers Yathrib, la future Médine* ville du prophète »).

EIAN (Époque de). Nom donné à la pé-)de historique et artistique du Japon al-nt de la fondation de Kyoto* (794) squ'à l'instauration du shogunat* de Ka-akura* (1185). Cette époque – dominée ur le règne des régents Fujiwara* – vit closion de la période classique de l'art de la civilisation japonais.

EIDEGGER, Martin (Messkirch, ade, 1889-*id.*, 1976). Philosophe alle-and. Son œuvre majeure, *L'Être et le mps* (1927), pose le problème métaphy-ue de l'Être qui, pour lui, est à saisir ns le temps, comme existant (existentia-me). Sa philosophie « existentielle » eut e influence considérable en France, en rticulier chez Maurice Merleau-Ponty et an-Paul Sartre*. Recteur de l'université Fribourg-en-Brisgau en 1933, il écrivit discourut en faveur du régime national-cialiste de Hitler*. Malgré les vives cri-ues dont il fut l'objet après 1945, il re-it son enseignement à Fribourg en 1946.

EIDELBERG (Homme d'). Voir Mauer omme de).

EINE, Heinrich, en fr. **Henri** (Düssel-rf, 1797-Paris, 1856). Écrivain alle-and. Grand poète lyrique d'inspiration mantique, installé en France à partir de 31, il joua le rôle d'intermédiaire cultu-l entre la France et l'Allemagne. Avocat Hambourg, il publia entre 1817 et 1826 *Livre des chants* qui connut un succès nsidérable, sa *Lorelei* inspirant des mu-ciens comme Robert Schumann* et anz Schubert*. Patriote et libéral, Heine itta l'Allemagne pour Paris après la ré-lution* de Juillet (1830). Il fut à Paris

correspondant de plusieurs journaux, pu-blia des études sur l'Allemagne et la France, des poésies « engagées » après sa rencontre avec Karl Marx*, revenant au ly-risme dans *Romanzero* (1851). Considéré comme un Européen libéral par les natio-nalistes allemands, son nom fut rayé des histoires littéraires sous le régime nazi. Voir Romantisme.

HÉLIÉE. Tribunal populaire d'Athènes* créé par Solon* au début du VIe siècle av. J.-C. Au Ve siècle, il se composait de 6 000 juges tirés au sort pour un an, à raison de 600 par tribu*. Les juges de l'Héliée, ou héliastes, recevaient depuis Périclès* une indemnité journalière. Voir Démocratie athénienne.

HÉLIOPOLIS. Cité de l'Égypte* an-cienne, située à l'extrémité sud du delta du Nil*. Elle joua un rôle religieux important grâce à son dieu-soleil Rê* auquel était consacré un temple célèbre, mais aussi à la puissance de son clergé.

HELLADE. Nom désignant dans l'Anti-quité une région de la Grèce* (le centre de la Thessalie chez Homère*) qui s'est en-suite étendue à la Grèce tout entière (an-cienne et moderne).

HELLÈNE. 1) Nom donné à celui qui ha-bite ou qui est originaire de la Grèce* an-cienne ou moderne. 2) Qui vient de la Grèce ancienne ou moderne.

HELLÉNISTIQUE. Se dit de la période historique qui va de la mort d'Alexandre* le Grand (en 323 av. J.-C.) jusqu'à la conquête définitive de l'Orient par Rome (30 av. J.-C.). Voir Hellénistique (Civili-sation).

HELLÉNISTIQUE (Civilisation). Dési-gne la civilisation qui s'est développée, après les conquêtes d'Alexandre* le Grand, sur toutes les rives de la Méditer-ranée orientale et au Proche-Orient*. Elle fut une fusion entre la civilisation grecque et les civilisations orientales. Le grec de-vint une langue internationale. C'est à Alexandrie*, Pergame* et Antioche* qu'elle connut son plus bel épanouissement.

HELLÉNISTIQUES (Royaumes). Nom donné aux royaumes, créés après 40 ans de luttes, dans l'empire d'Alexandre* le Grand. Ils furent au nombre de trois : le royaume de Macédoine* (dont dépendait la Grèce*) dirigé par les Antigonides*, le royaume d'Asie occidentale (qui s'étendait sur la plus grande partie de l'Empire perse des Achéménides*) dominé par les Séleucides* et le royaume d'Égypte* gouverné par les Lagides* ou Ptolémées. Plus tard, au IIIe siècle av. J.-C., apparut une quatrième dynastie, les Attalides qui, avec l'aide de Rome, acquirent une grande partie du territoire des Séleucides* et gouvernèrent depuis Pergame*. Chaque royaume était administré par un souverain au pouvoir absolu auquel on rendait un culte comme à un dieu. Il s'appuyait pour gouverner sur une administration plus ou moins puissante où les fonctions les plus importantes étaient exercées par des Grecs. À partir du IIe siècle av. J.-C., épuisés par des luttes incessantes, ces royaumes ne résistèrent pas à la conquête romaine.

HELLESPONT. Nom ancien donné au détroit des Dardanelles situé à l'entrée de la mer Noire.

HELSINKI (Conférence d', 3 juillet-1er août 1975). Conférence sur la sécurité et la coopération en Europe (CSCE) tenue à Helsinki (Finlande) et réunissant tous les pays européens (sauf l'Albanie), les États-Unis, le Canada et l'URSS. Elle se termina par la signature de l'acte d'Helsinki (1er août 1975) qui consacra la coexistence* pacifique en Europe en posant comme principes le respect de l'égalité et de la souveraineté des États dans les frontières établies, le non-recours à la force et la non-intervention dans les affaires intérieures. L'acte final établit aussi le respect des libertés fondamentales (liberté de pensée, de culte, de conscience et de convic-

tion ; liberté de circulation des personnes, des informations et des idées), jetant aussi les bases d'une large coopération économique. La CSCE, qui ne dispose pas de véritable cadre institutionnel, poursuit son action par des réunions destinées à faire le point sur le respect des accords d'Helsinki. Elle a aussi encouragé les processus de libéralisation en URSS et dans les pays de l'Europe de l'Est (1989). Voir Guerre froide.

HELVÈTES. Peuple celte établi au IIe siècle av. J.-C. dans le sud de l'Allemagne. Ils occupaient au Ier siècle av. J.-C. l'actuelle Suisse occidentale puis décidèrent de s'établir dans la Gaule* occidentale. Appelé par les Éduens*, alliés des Romains, César* les contraignit à regagner leur pays d'origine. L'Helvétie fut, sous Auguste*, rattachée à la Gaule belgique puis à la Gaule lyonnaise. Voir Celtes.

HENRI Ier L'OISELEUR (v. 875-Memleben, 936). Roi de Germanie* (919-936), il fut le fondateur de la dynastie saxonne. Il annexa la Lorraine (925) et combattit les Slaves* et les Hongrois.

HENRI II LE BOITEUX ou **LE SAINT** (Abbach, Bavière, 973-Grone, auj. dans Göttingen, 1024). Roi de Germanie* (1002-1024) et empereur germanique (1014-1024). Duc de Bavière, successeur d'Otton III*, il favorisa l'Église. Canonisé en 1146, il fut le dernier empereur de la dynastie saxonne.

HENRI III LE NOIR (1017-Bodfeld, Harz, 1056). Empereur germanique (1039-1056), il exerça une grande autorité, lutta contre la féodalité* et contrôla la papauté en obtenant l'abdication de Grégoire VI et en faisant élire au Saint-Siège trois évêques allemands. Il imposa aussi sa suzeraineté aux Slaves* de Bohême et de Pologne ainsi qu'aux Hongrois. Il eut pour fils et successeur Henri IV*.

HENRI IV (Goslar ?, 1050-Liège, 1106). Empereur (1056-1106) et empereur germanique (1084-1105). Il eut à faire face au ours de son long règne aux révoltes des princes contre la puissance impériale et au conflit avec la papauté lors de la Querelle des Investitures*. Fils d'Henri III*, il réna d'abord sous la régence de sa mère, gnès de Poitiers, puis des archevêques de ologne et de Brême, les grands féodaux rofitant de sa minorité pour reprendre ur indépendance. À partir de 1066, orsqu'il prit la direction de l'Empire, enri IV, après avoir vaincu la rébellion es Saxons* (1072), s'opposa à Grégoire VII* dans la Querelle des Investitures. Le pape ayant interdit toute intervenon du pouvoir laïque dans les élections piscopales et abbatiales, Henri IV fit proamer sa déposition au concile de Worms 076). Grégoire VII l'excommunia, releant ses sujets du devoir d'obéissance. En utte à une révolte féodale, peu convaincu e la fidélité du clergé allemand, l'empeur se résolut à implorer le pardon de son dversaire à Canossa* (1077). Relevé de excommunication, il triompha des féoaux révoltés. De nouveau excommunié 080), il s'empara de Rome (1084) et se couronner empereur par l'antipape. À la ort de Grégoire VII (1085), le nouveau ape, Urbain II*, appuyé par les Norands* et les villes lombardes hostiles au ouvoir germanique, chassa l'empereur 'Italie. En butte à la révolte de ses fils, ont le second le fit déposer, Henri IV ourut à Liège. Voir Sacerdoce et de Empire (Querelle du).

ENRI Ier BEAUCLERC (Selby, Yorkire, 1069-Lyons-la-Forêt, 1135). Roi 'Angleterre (1100-1135) et duc de Norandie* (1106-1135). Fils de Guilume Ier* le Conquérant et successeur de uillaume II le Roux, il conquit la Norandie* aux dépens de son frère Roert II* Courteheuse.

ENRI II (Le Mans, 1133-Chinon, 189). Roi d'Angleterre (1154-1189), où il ccède à Étienne de Blois, il est le fonateur de la dynastie des Plantagenêts*.

Fils du comte d'Anjou* Geoffroy Plantagenêt et de Mathilde de Normandie (petite-fille de Guillaume* le Conquérant), il étendit encore ses domaines français par son mariage avec Aliénor* d'Aquitaine (1152). Il renforça l'autorité royale en réduisant à l'obéissance l'opposition féodale, nommant des fonctionnaires et organisant une administration centralisée. Henri II restreignit aussi les droits de l'Église malgré son conseiller, Thomas* Becket, archevêque de Canterbury* qu'il encouragea à faire assassiner (1170). Il lutta les dernières années de son règne contre les rébellions de ses fils, encouragés par Philippe II* Auguste et Aliénor d'Aquitaine. Richard Ier* Cœur de Lion lui succéda. Voir Jean sans Terre.

HENRI III (Winchester, 1207-Westminster, 1272). Roi d'Angleterre (1216-1272). Fils et successeur de Jean* sans Terre, il accéda au trône à l'âge de 9 ans et gouverna d'abord sous la régence du duc de Pembroke. Assumant personnellement le pouvoir à partir de 1232, il ne put reprendre à Louis IX* (saint Louis) les fiefs* confisqués à son père et dut signer le traité de Paris* (1259) qui mettait provisoirement fin à un siècle de lutte entre Capétiens* et Plantagenêts*, ne conservant que la Guyenne* pour laquelle il prêta l'hommage* lige au roi de France. Il dut aussi affronter la révolte des barons qui l'obligèrent à signer les Provisions d'Oxford* limitant le pouvoir royal. Refusant de les appliquer, il déclencha la guerre des barons conduite par Simon de Montfort* qui, vainqueur des troupes royales, imposa au roi la confirmation de la Grande Charte* de 1215.

HENRI IV (Bolingbroke, Lincolnshire, 1366-Westminster, 1413). Roi d'Angleterre (1399-1413). Premier roi de la dynastie des Lancastre*. Fils de Jean de Gand et de Blanche de Lancastre, petit-fils d'Édouard III*. Chef de l'opposition féodale après son exil et la confiscation de ses biens, il profita de l'impopularité du roi et de l'appui du Parlement* pour forcer Richard II* à abdiquer. Cette usurpation et le meurtre de Richard II provoquèrent des révoltes mais Henri IV réussit à s'imposer grâce à ses victoires sur les Gallois soutenus par les Écossais et la noblesse. Il fut le père d'Henri V*.

HENRI V (Monmouth, 1387-Vincennes, 1422). Roi d'Angleterre (1413-1422). Souverain énergique et populaire, grand chef de guerre, il remporta la victoire anglaise d'Azincourt* durant la guerre de Cent* Ans. Après avoir réprimé l'agitation des lollards*, partisans du réformateur Wyclif*, il profita des dissensions qui déchiraient la France entre Armagnacs* et Bourguignons* pour reprendre la lutte, battit les Français à Azincourt (1415) et conquit la Normandie*. Appuyé par la reine de France Isabeau de Bavière, et par Philippe II* le Hardi, duc de Bourgogne*, il signa le traité de Troyes* (1420) qui le désignait comme régent et héritier présomptif de la Couronne de France – au détriment du dauphin (futur Charles VII*) par son mariage avec Catherine de Valois, fille de Charles VI*. Mais sa mort prématurée ruina les espérances anglaises.

HENRI VI (Windsor, 1421-Londres, 1471). Roi d'Angleterre de 1421 à 1461 puis en 1470-1471. L'Angleterre perdit sous son règne toutes ses possessions en France, sauf Calais*, lors de la guerre de Cent* Ans, et son incapacité à gouverner déclencha la guerre des Deux-Roses* (1450-1485). Fils d'Henri V*, il régna d'abord sous la tutelle de ses oncles puis dut faire face à de nombreuses révoltes. Les défaites de la guerre de Cent Ans, l'emprise de sa femme, la reine Marguerite d'Anjou*, et les accès de folie du roi déclenchèrent le guerre des Deux-Roses. Détrôné par Édouard IV* d'York (1461), puis replacé sur le trône (1470), Henri VI vit à nouveau sa place usurpée par Édouard IV qui donna l'ordre de l'assas-

siner (1471). Eton et King's College (Cambridge*) furent fondés sous son règne.

HENRI VII (château de Pembroke, 1457-Richmond, Londres, 1509). Roi d'Angleterre (1485-1509). Premier de la dynastie des Tudors*, il mit fin à la guerre des Deux-Roses* et restaura l'ordre et la prospérité. Fils d'Edmond Tudor et de Marguerite Beaufort, il fut contraint à l'exil sous Édouard IV*, chef de la maison d'York*, mais profita de l'impopularité de Richard III* pour faire valoir ses droits. Par la victoire de Boswork (1485) durant laquelle Richard III fut tué, il conclut à son profit la guerre des Deux-Roses. Afin de faciliter la réconciliation nationale, il épousa Élisabeth, héritière de la maison d'York, et fonda la dynastie des Tudors (1485-1603). Gouvernant avec fermeté, il consolida l'autorité anglaise en Irlande et renforça la paix entre l'Écosse et l'Angleterre par le mariage de sa fille, Marguerite avec Jacques VI d'Écosse (Jacques Ier*). Il favorisa enfin la prospérité anglaise en protégeant l'industrie de la laine contre la concurrence étrangère et en développant la marine marchande. Son fils, Henri VIII* lui succéda.

HENRI VIII (Greenwich, 1491-Westminster, 1547). Roi d'Angleterre (1509-1547) et d'Irlande (1541-1547). Intelligent et cultivé, prince de la Renaissance*, Henri VIII marqua profondément la première moitié du XVIe siècle anglais. Il régna sur une Angleterre prospère, assura le renforcement de l'autorité royale tout en s'appuyant sur le Parlement*, fut enfin à l'origine du schisme religieux qui donna naissance à l'anglicanisme*. Soucieux avant tout de maintenir l'équilibre en Europe, entre François Ier* et Charles* Quint il hésita au gré des situations entre l'alliance française et anglaise. D'abord partenaire de la Sainte Ligue, il mena une guerre victorieuse contre la France (1512-1513), puis se réconcilia avec

...uis XII* auquel il donna en mariage sa ...le Marie. Malgré l'entrevue du Drap* ...or (1520) avec François Ier, il s'engagea ...x côtés de Charles Quint, contribuant à ...grave défaite française de Pavie* (1525) ...is, inquiet de la puissance impériale, ...allia à nouveau avec la France ...527-1544), qu'il combattit plus tard. ...tte guerre ne lui apporta aucun avan-...ge. Ce fut en matière de politique inté-...ure que ce règne fut le plus marquant. ...enri VIII, d'abord « défenseur de la ...i », s'opposa bientôt au pape qui lui re-...sait son divorce avec Catherine d'Ara-...n, tante de Charles Quint, dont il n'avait ... qu'une fille, Marie. L'impérative né-...ssité d'un héritier, associée à sa passion ...ur Anne* Boleyn, dame d'honneur de la ...ine, aboutirent à la rupture avec Rome ...algré les négociations menées avec Clé-...ent VII par son ministre Wolsey*, qui fut ...sgracié. Le nouveau ministre, Thomas ...ranmer*, prélat acquis à la Réforme*, de-...nu archevêque de Canterbury*, pro-...nça la nullité du mariage royal et l'Acte ... Suprématie* (1534), établit le roi ...mme unique chef de l'Église anglaise. ...enri VIII poursuivit sévèrement tous ses ...lversaires, les catholiques* (Thomas ...ore* fut décapité), mais aussi les protes-...nts* brûlés comme hérétiques, les Six ...rticles (1539) maintenant l'intégralité du ...gme catholique. Si la politique royale ...néficia de l'appui d'une grande partie de ... population anglaise hostile à la juridic-...on pontificale et très anticléricale, ...enri VIII, après la dissolution des ordres ...ligieux et la confiscation de leurs biens, ...t réprimer sévèrement de graves trou-...es dans le nord du pays. Au lieu de fa-...oriser les voyages de découvertes, mono-...olisés par la puissance espagnole, il fonda ... Royal Navy, prémices de la suprématie ...aritime de l'Angleterre. Après l'exécu-...on d'Anne Boleyn accusée d'adultère ... 536), Henri VIII épousa encore quatre ...mmes, Jane Seymour qui mourut en cou-

ches, Catherine Howard, exécutée, Anne de Clèves, répudiée, et Catherine Parr. Le roi mourut à Windsor* où se trouve le cé-lèbre portrait du roi « Barbe-bleue ». Henri VIII avait eu trois enfants : Marie* Tudor, Élisabeth Ière* et Édouard VI*.

HENRI Ier (1008-Vitry-aux-Loges, près d'Orléans, 1060). Roi de France (1031-1060). Couronné roi du vivant de son père Robert II* le Pieux, il épousa en 1051 Anne de Kiev. Afin de mettre fin à l'opposition des grands vassaux qui préfé-raient pour roi son frère cadet Robert, il céda à ce dernier le duché de Bourgogne* comme apanage*. Il soutint, contre ses vassaux, Guillaume de Normandie (Guil-laume Ier* le Conquérant) puis lutta contre celui-ci mais fut vaincu. Voir Philippe Ier.

HENRI II (Saint-Germain-en-Laye, 1519-Paris, 1559). Roi de France (1547-1559), fils de François Ier* et de Claude de France, marié à Catherine* de Médicis. Il poursuivit la politique de son père, reprenant la lutte contre Charles* Quint et les Anglais, et combattant les pro-testants* français. Il fut cependant durant son règne partagé entre l'entourage italien de sa femme et les intrigues des Guise, des Montmorency et de sa maîtresse Diane de Poitiers*. En s'alliant aux protestants* al-lemands révoltés contre Charles Quint, il réussit à s'emparer des Trois-Évêchés, Metz, Toul et Verdun (1552) mais fut battu à Saint-Quentin (1557) par le roi d'Espa-gne Philippe II*, défaite compensée en partie par la reprise de Calais (1558), aux mains des Anglais depuis deux siècles. Confronté aux difficultés financières et à la lutte contre les protestants, Henri II fut amené à mettre fin aux guerres d'Italie* en signant la paix du Cateau-Cambrésis* (1559). Il fut mortellement blessé dans un des derniers grands tournois. Son tombeau, ainsi que celui de sa femme, se trouve au-jourd'hui à Saint-Denis*. Henri II, comme son père, fut un ardent défenseur des arts et sa cour fut l'une des plus brillantes d'Europe. Voir Charles IX, François II, Henri III.

HENRI III (Fontainebleau, 1551-Saint-Cloud, 1589). Roi de France (1574-1589). Dernier des rois Valois*, il manifesta durant son règne, marqué par les guerres de Religion*, une vive volonté d'unité nationale. Troisième fils d'Henri II* et Catherine* de Médicis, d'abord nommé duc d'Anjou* puis d'Orléans, il s'illustra brillamment aux batailles de Jarnac* et de Moncontour* (1569) contre les protestants*. Élu roi de Pologne (1574) grâce aux intrigues de sa mère, il revint bientôt en France pour succéder à son frère Charles IX*, puis épousa Louise de Vaudémont (1575) dont il n'eut aucun enfant. Intelligent et cultivé, entouré de favoris – les « mignons » – auxquels il accordait un crédit excessif, Henri III ne parvint pas à s'imposer aux partis qui déchiraient alors la France. Après avoir lutté contre les protestants, il suivit le parti des Politiques*, catholiques conciliants, et signa en 1576 la paix de Monsieur* (ou paix de Beaulieu). Celle-ci provoqua la formation de la Ligue*, conduite par Henri de Guise*, mais Henri III qui en avait pris la tête ne parvint pas à rallier les catholiques intransigeants qui l'obligèrent, aux États* généraux de Blois, à reprendre la lutte contre les protestants, laquelle aboutit à la paix de Nérac (1580), moins favorable que celle de Monsieur*. La mort du frère d'Henri III, le duc d'Anjou (1584), rouvrit les hostilités, la maison de Guise qui briguait la couronne ne pouvant accepter qu'Henri de Navarre (Henri IV*), protestant, devienne l'héritier légitime du trône. Ce fut la guerre dite « des trois Henri » : Henri III, à la tête des royalistes, Henri de Guise, chef de la Ligue* catholique, et Henri de Navarre, chef des protestants. Affaibli par la défaite de Joyeuse à Coutras (1587) et la popularité des Guise, soutenus par les Espagnols, Henri III dut après la journée des Barricades* (1588) quitter Paris. Le roi fit alors assassiner à Blois le duc de Guise (1588) et se réconcilia avec Henri de Navarre. Mais alors qu'il tentait avec lui de reprendre Paris aux mains des ligueurs, il fut assassiné par un dominicain fanatique, Jacques Clément. Voir Bourbon (Maison de).

HENRI IV (Pau, 1553-Paris, 1610). Roi de France (1589-1610) et de Navarre (1572-1610). Le règne d'Henri IV, chef de la maison des Bourbons*, constitua une étape importante dans l'instauration de l'absolutisme. Fils d'Antoine de Bourbon et de Jeanne III* d'Albret, reine de Navarre qui l'éleva dans la foi protestante, Henri IV devint très tôt le chef du parti calviniste sous la tutelle de Coligny*, s'illustrant dans les batailles des guerres de Religion*. En signe de réconciliation entre catholiques* et huguenots*, il épousa après la paix de Saint-Germain (1570), la sœur de Charles IX*, Marguerite* de Valois. Ce mariage, célébré une semaine avant le massacre de la Saint-Barthélemy*, permit à Henri IV d'y échapper, au prix d'une première abjuration et d'une captivité à la Cour d'où il réussit à s'échapper au bout de quatre ans (1576) guerroyant plusieurs années à la tête du parti protestant. La mort du duc d'Anjou frère d'Henri III*, fit de lui l'héritier présomptif de la couronne, et la guerre civile rebondit. Servi à la longue par les dissensions et les excès de la Ligue* catholique mais aussi par l'opinion inquiète des ingérences espagnoles, Henri IV, malgré ses victoires contre les ligueurs – ce fut à la bataille d'Ivry, en 1590, qu'il entraîna ses troupes en prononçant ces mots célèbres « Ralliez-vous à mon panache blanc, vous le trouverez toujours au chemin de l'honneur et de la victoire » –, décida en 1593 d'abjurer le protestantisme* (« Paris vaut bien une messe »). Il se fit sacrer à Chartres*, et Paris lui ouvrit enfin ses portes (1594). L'épuisement des deux adversaires aboutit au rétablissement de la paix (traité de Vervins* avec les Espagnols), et Henri

IV signa l'édit de Nantes* (1598) qui faisait du catholicisme* une religion d'État mais accordait aux protestants d'importants avantages. Sa popularité mais aussi sa grande adresse politique permirent à Henri IV d'œuvrer à la restauration de l'autorité royale, usée par trente ans de guerre civile, mais aussi à la réorganisation du royaume. Il imposa l'obéissance à la haute noblesse qui fut écartée du pouvoir, affirma son autorité face au Parlement et par l'édit de la Paulette* attacha les fonctionnaires au régime. Henri IV travailla aussi au redressement financier et économique de la France. Les finances furent restaurées par Sully*, l'agriculture encouragée par Olivier de Serres* et l'industrie rénovée notamment grâce à la création de manufactures. À l'extérieur, Henri IV poursuivit sa politique de méfiance à l'égard des Habsbourg* d'Espagne, allant jusqu'à s'allier aux princes protestants allemands et aux Suisses prêts à entrer en guerre contre l'Espagne. Il contraignit aussi le duc de Savoie à lui céder la Bresse, le Bugey, le Valromey et le pays de Gex (1601). La conscience catholique troublée par l'alliance protestante, l'agitation paysanne, l'opposition des extrémistes catholiques et protestants non désarmés expliquèrent pour beaucoup l'assassinat du roi par Ravaillac*. Époux de Marie* de Médicis après l'annulation de son premier mariage, Henri IV eut quatre enfants, la vie sentimentale du « Vert Galant » restant aussi mouvementée que par le passé. Ses maîtresses les plus célèbres furent Gabrielle d'Estrées, Henriette d'Entragues et Charlotte Des Essarts. Henri IV laissa pour successeur son fils de 9 ans, le futur Louis XIII*.

HENRI LE NAVIGATEUR (Porto, 1394-Sagres, 1460). Prince portugais, passionné de géographie et de navigation, il explora systématiquement les côtes de l'Afrique occidentale. Troisième fils du roi Jean Ier du Portugal, avide de découvertes

et désireux d'évangéliser les populations noires, il fonda à Sagres, au sud-est du cap Saint-Vincent, un arsenal, un observatoire et une école cartographique et nautique (Villa do Infante), où il réunit des savants, des astrologues, des cartographes et des navigateurs, venus de toute l'Europe. Ses expéditions sur les côtes de l'Afrique permirent la découverte du Rio de Gro (1436), du cap Vert (1444) et de la Guinée (1446). Voir Dias (Bartolomeu).

HENRI Ier de LORRAINE, 3e duc de Guise, dit le Balafré (1550-Blois 1588). Fils aîné de François Ier* de Lorraine, 2e duc de Guise et victime illustre des huguenots*. Henri Ier, très hostile au protestantisme*, poursuivit la lutte menée par son père. Après avoir servi l'empereur contre les Turcs, il combattit victorieusement les protestants* à Jarnac* et Moncontour* (1569). Inquiet de la paix de Saint-Germain* et après avoir échoué dans sa tentative d'assassinat de Coligny*, chef des protestants, il prépara le massacre de la Saint-Barthélemy* (1572). Considérant comme une trahison la paix de Monsieur* signée par Henri III*, il prit la tête de la Ligue* catholique, se rapprocha de l'Espagne et de Philippe II*, et combattit Henri de Navarre (futur Henri IV*), héritier du trône après la mort du duc d'Anjou*, frère d'Henri III. Vainqueur des mercenaires protestants à Vimory et Auneau (1587), il entra dans Paris – malgré l'interdiction d'Henri III – où il jouissait d'une immense popularité et souleva la Ligue en sa faveur (journée des Barricades*, 1588). Mais Henri III l'attira à Blois où il le fit assassiner. Voir Religion (Guerres de).

HENRI II DE MONTMORENCY (1595-Toulouse, 1632). Quatrième et dernier duc de Montmorency. Filleul d'Henri IV*, gouverneur du Languedoc comme les autres ducs de sa famille, il lutta énergiquement contre les protestants* dans sa région. Ayant intrigué avec le frère du roi, Gaston d'Orléans, contre Richelieu*, il fut condamné à mort. Malgré les nombreuses interventions, Louis XIII* refusa sa grâce, et il fut décapité. Le duché passa alors aux Condé*.

HENRIOT, Philippe (Reims, 1889-Paris, 1944). Homme politique français. Partisan actif de la collaboration*, secrétaire d'État à l'Information dans le gouvernement Laval*, il fut exécuté par la Résistance* peu avant la Libération*.

HÉPHAÏSTOS. Dans la mythologie* grecque, fils de Zeus*. Dieu du feu et de la métallurgie, il est laid et boiteux. Ses attributs sont le marteau et l'enclume. Voir Vulcain.

HÉRA. Dans la mythologie* grecque, épouse et sœur de Zeus*, le maître des dieux, fille de Cronos* et de Rhéa*. Elle est la déesse du mariage et de la famille, souvent dépeinte comme une femme jalouse, outragée par les infidélités de son époux et qui poursuit de sa haine vengeresse les enfants illégitimes de ce dernier (Dionysos*, Héraklès*). Son attribut en tant que reine des dieux est le sceptre. Voir Junon.

HÉRACLIDES. Nom donné aux empereurs byzantins qui succédèrent à Héraclius Iᵉʳ* de 610 à 711. Le règne des Héraclides fut marqué par l'hellénisation et l'orientalisation de l'Empire. Voir Byzantin (Empire).

HÉRACLIUS Iᵉʳ (en Cappadoce, v. 575-641). Grand empereur byzantin (610-641). Il organisa la défense de l'Empire menacé de toutes parts et affaibli par les querelles religieuses. Héraclius déclencha contre les Perses* Sassanides* qui avaient occupé la Palestine* et la Syrie* une grande expédition victorieuse (622-628) qui fut, plus tard, considérée par les croisés comme une véritable croisade, en particulier parce qu'il avait rapporté la Vraie Croix à Jérusalem* (630), enlevée par les Perses. Mais cet effort avait épuisé l'Empire et il ne put empêcher la conquête définitive de la Syrie, de la Palestine et de

l'Égypte* par les Arabes*. Voir Byzantin (Empire), Héraclides, Monophysisme.

HÉRAKLÈS. Héros* grec, le plus célèbre de la mythologie*. Fils de Zeus* et d'une noble mortelle Alcmène, il réalisa 12 exploits (les travaux d'Hercule). C'est lui qui par exemple étouffa le lion de Némée réputé invulnérable, tua l'hydre de Lerne en trempant ses flèches dans le sang du monstre ou encore qui fit périr le taureau de la Crète qui dévastait le pays. Voir Hercule.

HERCULANUM. Ancienne ville d'Italie du Sud située au sud-est de Naples, enfouie avec Pompéi* sous les laves du Vésuve en août 79 ap. J.-C., découverte par hasard en 1709. Les fouilles, qui se sont poursuivies irrégulièrement, ont mis au jour des maisons, des bâtiments publics et de nombreux objets de la vie quotidienne remarquablement conservés.

HERCULE. Dans l'Antiquité, nom donné par les Romains au demi-dieu, le héros* grec Héraklès*. Son nom est resté pour désigner un homme doué d'une force colossale.

HEREDIA, José Maria de (La Fortuna, Cuba, 1842-Château de Bourdonné, près de Houdan, 1905). Poète français, l'un des représentants de l'école parnassienne (le Parnasse*) dont l'une des caractéristiques fut la recherche du Beau par le travail de la forme. Élève de l'École des chartes à Paris, il publia en 1893 Les Trophées, recueil de sonnets où il évoqua, à la manière de son maître Leconte* de Lisle, les civilisations disparues.

HERMÈS. Dans la mythologie* grecque fils de Zeus* et messager des dieux. Il protège les commerçants, les voyageurs, les voleurs, et conduit les âmes des morts. Il apparaît chaussé de sandales ailées avec un chapeau à larges bords sur la tête (ou un casque ailé). Son attribut est la baguette des hérauts sur laquelle sont enroulés deux serpents. Voir Mercure.

HÉRODE Iᵉʳ LE GRAND (Ascalon 73-Jéricho, 4 av. J.-C.). Roi des juifs* insallé sur le trône par le triumvir Marc Antoine* en 40 av. J.-C. Grand bâtisseur, il reconstruisit le temple de Jérusalem* dans le style hellénistique*. Les Évangiles* lui attribuent le massacre des Innocents, c'est-à-dire le massacre des enfants mâles de Bethléem, destiné à faire disparaître Jésus* nouveau-né. Despote, il était très impopulaire au sein du peuple juif, notamment parce qu'il était étranger. Voir Salomon (Temple de).

HÉRODOTE (Halicarnasse, v. 484-Thourioi, v. 425/420 av. J. C.). Grand historien grec, ami de Périclès* et de Sophocle*. Dans l'intention d'écrire un grand ouvrage d'histoire contemporaine, il voyagea beaucoup. Dans ses *Histoires*, dont le sujet principal est le récit des guerres Médiques*, Hérodote présente un tableau complet de la Grèce* et de l'Orient aux VIe-Ve siècles av. J.-C. et donne beaucoup d'informations non seulement sur les événements mais sur les mœurs, la vie quotidienne, les croyances et les institutions. Malgré une certaine crédulité, Hérodote a été considéré par l'orateur romain Cicéron* comme le père de l'histoire. Voir Thucydide.

HÉROS. Dans la mythologie* grecque, demi-dieu, fils d'un dieu et d'une mortelle (ou l'inverse). Protégé par les dieux, on lui prête un courage et des exploits extraordinaires. Voir Héraklès, Œdipe, Prométhée, Thésée.

HERRIOT, Édouard (Troyes, 1872-Saint-Genis-Laval, 1957). Homme politique français, chef de file du Parti radical*. Normalien, agrégé de lettres, Herriot s'inscrivit au Parti radical au moment de l'affaire Dreyfus*. Élu maire de Lyon* (1905-1957), Herriot, humaniste doué d'une vaste culture et brillant orateur, resta tout au long de sa carrière une grande vedette politique. Sénateur (1912-1919), député du Rhône (1919-1940), il fut ministre des Travaux publics dans un cabinet Briand* (1916-1917) et président du Parti radical (1919-1926 ; 1931-1935 ; 1945-1957). Rassembleur de l'opposition de gauche au Bloc* national, il forma, contre la politique de Raymond Poincaré*, le Cartel* des gauches qui triompha aux élections législatives de 1924. Gaston Doumergue* le chargea de former un gouvernement (1924-1925) dans lequel il fut aussi ministre des Affaires étrangères. Son premier ministère fut marqué à l'extérieur par l'évacuation de la Ruhr* et la reconnaissance de l'URSS (1924). Mais il se heurta à l'intérieur à l'hostilité du « mur d'argent » qui s'opposa à ses projets de réformes financières et il dut démissionner. Après avoir tenté de former un second ministère (juillet 1926), il se vit confier par son successeur Raymond Poincaré l'Instruction publique (1926-1928), poste dans lequel il défendit la gratuité de l'enseignement secondaire. Président du Conseil (juin-décembre 1932), ministre d'État des gouvernements Doumergue, Flandin*, Bouisson et Laval* (1934-1936), il fut élu président de la Chambre des députés (1936-1940). En juillet* 1940, il préconisa le ralliement à Pétain* mais s'abstint personnellement lors du vote accordant les pleins pouvoirs au maréchal. De plus en plus critique à l'égard du régime, il fut placé en résidence surveillée (1942-1944) et déporté en Allemagne après avoir refusé à Laval* la convocation de l'Assemblée nationale. En 1945, il fut de nouveau maire de Lyon puis président de l'Assemblée nationale (1947-1954).

HERTZ, Heinrich (Hambourg, 1857-Bonn, 1894). Physicien allemand. Il fut le premier à produire, avec un oscillateur de sa fabrication, des ondes électromagnétiques et à prouver qu'elles étaient de même nature que la lumière. Il a ainsi ouvert la voie aux télécommunications (télégraphie sans fil par ondes « hertziennes »).

HÉSIODE (en Béotie, milieu du VIIIe siècle av. J.-C.). Poète grec originaire d'Ascra en Béotie*, représentant de la plus ancienne poésie épique grecque. Il mena dans son village la vie d'un petit paysan tout en écrivant ses vers. Ses principales œuvres sont la *Théogonie* (ou généalogie des dieux) et *Les Travaux et les Jours*. Œuvres d'un homme profondément religieux, ils ont servi (comme ceux d'Homère*) de catéchisme au peuple grec.

HESS, Rudolf (Alexandrie, Égypte, 1894-Berlin, 1987). Homme politique allemand, qui fut l'un des principaux collaborateurs de Hitler*. Fils d'un commerçant en gros émigré en Égypte, il s'engagea comme volontaire dans un régiment bavarois en 1914 et, blessé deux fois, s'illustra comme brillant pilote d'aviation. Inscrit au parti nazi en 1920, il devint à Munich l'ami inconditionnel de Hitler dans lequel il voyait le « chef spirituel germanique ». Secrétaire personnel du Führer (1924-1932), choisi par lui comme deuxième successeur (après Goering*), il devint en 1939 membre du Conseil de la défense du Reich*. Peut-être partisan d'une entente anglo-allemande, il s'envola, peu avant l'invasion allemande de l'URSS, le 10 mai 1941, pour l'Écosse mais fut immédiatement arrêté sur ordre de Churchill* et incarcéré. Traduit devant le tribunal de Nuremberg* (1945), il fut jugé partiellement irresponsable en raison de son état mental et condamné à la détention perpétuelle. Incarcéré dans la prison de Spandau en 1946, à Berlin, il s'y suicida en 1987. Voir Goebbels (Joseph), Heydrich (Reinhard), Himmler (Heinrich), Nazisme.

HEYDRICH, Reinhard (Halle, 1904-Prague, 1942). Homme politique allemand. Il fut l'un des hommes les plus redoutables du IIIᵉ Reich* dans la répression des antinazis. Il entra dans la SS* (Sections de sécurité) en 1931 et en gravit rapidement les échelons, devenant à 29 ans *Oberführer* (entre colonel et général). Chargé par Himmler* de constituer un service de renseignement spécifiquement SS,

il fonda la SD (Service de renseignement de sûreté) qui eut pour tâche non seulement de recueillir des informations sur les adversaires du nazisme*, mais aussi de surveiller les chefs du parti national-socialiste. Progressivement, Heydrich devint ainsi, à l'ombre de Himmler, le maître de toutes les polices, de l'espionnage et de la Gestapo*. Nommé en 1941 « protecteur du Reich en Bohême et en Moravie » où il exerça une terreur meurtrière, il fut exécuté par deux patriotes tchèques. Cet attentat servit de prétexte à une répression allemande particulièrement féroce.

HIDEYOSHI. Voir Toyotomi Hideyoshi

HIÉROGLYPHE. Petit dessin qui tenait lieu d'écriture dans l'Égypte* ancienne. Représentant une grande variété d'êtres, d'objets et de signes, les hiéroglyphes peuvent avoir deux fonctions, celle d'idéogramme (la représentation d'objets ou d'actions évoque l'idée signifiée) et celle de phonogramme (le hiéroglyphe évoque un son) ; ils ont été en usage depuis le IVᵉ millénaire av. J.-C. jusqu'à la fin du IVᵉ siècle de l'ère chrétienne. Cette écriture fut appelée hiéroglyphes par les Grecs (ce qui signifie « gravure sacrée ») parce qu'ils ne la comprenaient pas. Gravés par milliers sur les murs des temples et des tombes, les hiéroglyphes restèrent mystérieux pendant très longtemps. C'est un savant français, Champollion*, qui le premier en 1832 réussit à les déchiffrer grâce aux inscriptions gravées sur la pierre de Rosette.

HIÉRON (?-v. 466 av. J.-C.). Tyran de Syracuse* (478-466 av. J.-C.), frère et successeur de Gélon*. Il étendit sa domination sur toute la Sicile et intervint même en Italie du Sud. Grand mécène, il fut célébré par le poète Pindare*. Voir Grande-Grèce

HILOTES. Dans l'Antiquité, nom donné à Sparte* aux descendants des peuples vaincus par les Doriens*. Les Hilotes étaient la propriété de l'État spartiate (qui seul pouvait les affranchir) et cultivaient es lots de terres attribués aux citoyens auxquels les attachait un lien perpétuel. Ils n'avaient en principe aucun droit ni aucune liberté, leur seule obligation étant de payer une redevance annuelle en nature (orge, huile, vin) ce qui leur laissait généralement une quantité suffisante pour vivre. Ils pouvaient exceptionnellement participer à la guerre dans l'infanterie légère ou comme rameurs sur la flotte. Après la guerre du Péloponnèse*, ils servirent même comme hoplites*, ce qui leur valut la liberté. Très largement majoritaires et souvent révoltés, ils inspirèrent aux Spartiates une crainte continuelle. C'est pourquoi, chaque année, les éphores* leur déclaraient solennellement la guerre. Voir Cryptie, Égaux.

HIMILCON (?-v. 450 av. J.-C.). Navigateur carthaginois. À la recherche d'étain, il fut le premier à s'aventurer dans l'océan Atlantique et atteignit la Bretagne et le sud de l'Angleterre. Voir Carthage, Hannon.

HIMMLER, Heinrich (Munich, 1900-Lüneburg, 1945). Homme politique allemand. Chef de la Gestapo*, il organisa la répression des antinazis et les camps de concentration* et d'extermination. Issu d'une famille catholique très pratiquante, fils de professeur, Himmler s'engagea en 1917 dans l'infanterie en Bavière puis fut démobilisé. Après avoir peut-être appartenu à un corps* franc anticommuniste lors des troubles de 1919-1920, il obtint en 1922 son diplôme d'ingénieur agricole. Fortement impressionné par sa rencontre avec le capitaine Röhm*, il adhéra au NSDAP (Parti national-socialiste allemand des travailleurs) de Hitler* et participa au putsch manqué de Munich (novembre 1923). En 1925, Himmler collabora avec Gregor Strasser – en même temps que Goebbels* –, représentant l'aile gauche du parti national-socialiste*, et entra dans les SS*. Remarqué par Hitler pour ses talents d'organisateur, il fut nommé *Reichsführer* (commandant) des SS et s'at-

tacha à en faire un corps d'élite sur la base d'une stricte sélection raciale et une obéissance absolue au Führer*. Après l'accession de Hitler au pouvoir (1933), Himmler devint chef de la police en Bavière puis contrôla bientôt toutes les polices des États allemands avant de devenir le dirigeant de la police secrète politique, la Gestapo (avril 1934). C'est dans cette fonction qu'il joua un rôle décisif dans l'élimination de Röhm (Nuit des longs* couteaux, juin 1934). Chef de toutes les polices allemandes en 1936, il organisa avec le SD, redoutable service de renseignement, la répression systématique des opposants au régime et développa les camps de concentration. Personnalité insaisissable, confident des projets les plus secrets de Hitler qui l'appelait « Henri le Fidèle », sans toutefois appartenir au cercle de ses intimes, Himmler devint ministre de l'Intérieur en novembre 1943. Exécutant sans faille les ordres du Führer, il fut le pourvoyeur inlassable des camps de la mort et fit régner la terreur en Allemagne et dans l'Europe occupée. Après la répression de l'attentat manqué contre Hitler en juillet 1944, il reçut le commandement de toutes les forces armées de l'intérieur. En 1945, Hitler, ayant appris qu'il tentait de négocier la capitulation de l'Allemagne avec le comte Bernadotte à Lübeck*, le démit de ses fonctions. Arrêté par les Anglais dans le Schleswig où il s'était réfugié, il se suicida en avalant une ampoule de cyanure. Voir Heydrich (Reinhard).

HINDENBURG, Paul von Beneckendorff Und von (Posen, 1847-Neudeck, Prusse Orientale, 1934). Maréchal allemand. Chef d'état-major lors de la Première Guerre* mondiale, président de la République de Weimar* à partir de 1925, il nomma Hitler* chancelier* en 1933. Entré à l'école des cadets en 1859, Hindenburg participa aux campagnes de 1866 contre l'Autriche et de 1870-1871 contre la France. Admis à l'Académie de guerre, il servit ensuite sous les ordres de Molkte* et de Schlieffen* puis entra au ministère de la Guerre. Commandant en 1903 du IVᵉ corps d'armées de Magdebourg, il prit sa retraite à Hanovre en 1911. En août 1914, après l'effondrement de l'armée allemande en Prusse* orientale, il fut rappelé, à 67 ans, et arrêta, par ses victoires de Tannenberg* et des lacs Mazures (septembre), l'offensive russe. Il reçut en novembre 1914 le commandement de tout le front oriental et dirigea des campagnes victorieuses en Pologne et en Lituanie*. Plusieurs fois opposé à Falkenhayn*, il remplaça celui-ci, le 29 août 1916, au commandement suprême des forces allemandes et autrichiennes. Il mit hors de combat l'armée roumaine (1916), entama la guerre sous-marine à outrance (1917), apporta son appui à l'Autriche en Italie et parvint en novembre à conclure un armistice avec la Roumanie et la Russie. Déjà l'un des chefs les plus populaires en Allemagne, il exerça aussi, secondé par son célèbre collaborateur Ludendorff*, une grande influence politique. Il imposa ses vues à Guillaume II*, provoquant le renvoi du chancelier Bethmann Hollweg* (juillet 1917), puis celui du secrétaire d'État aux Affaires étrangères, von Külhman (juillet 1918), leur attitude étant jugée trop modérée à l'égard de l'ennemi. Après l'échec des offensives à l'ouest contre les armées alliées commandées par Foch*, il demanda à son gouvernement de solliciter la demande d'armistice auprès des Alliés (octobre 1918). Cependant, il refusa d'assumer la responsabilité de cet acte, se dérobant derrière les civils, ce qui justifiera la thèse (reprise plus tard par Hitler), du « coup de poignard dans le dos » porté à l'armée invaincue. Mis à la retraite en 1919, il se tint à l'écart de la vie publique. Après la mort d'Ebert*, les partis de droite l'incitèrent à présenter sa candidature à la présidence, ce qu'il accepta après beaucoup d'hésitation. À 78 ans il fut élu (avril 1925) contre Marx, candidat du centre (*Zentrum*) et des socialistes. Réélu contre Hitler en avril 1932, il se laissa convaincre par von Papen*, en janvier 1933, de prendre pour chancelier Hitler, ce « caporal bohémien ». Sa popularité rassura les modérés. C'est cependant sans opposition qu'il laissa Hitler installer la dictature nazie. Après sa mort, Hitler fit élever à Tannenberg un immense mausolée, détruit par les Soviétiques en 1945. Voir Brest-Litovsk (Traité de), Rethondes (Armistice de).

HINDOUISME. Nom donné à la religion pratiquée par la plupart des habitants de l'Inde* et une partie des pays de l'Asie du Sud-Est. On compte aujourd'hui environ 732 millions d'hindouistes dans le monde. L'hindouisme est une religion sans fondateur, sans dogmes et sans église organisée. Il est issu de croyances apportées par les envahisseurs aryens mêlées à celles des peuples qu'ils ont dominés. On connaît cette religion à travers des textes sacrés (les *Veda**, les *Upanishad**) et de longs poèmes épiques (le *Mahabharata** et le *Ramayana**). Selon certaines traditions, il y aurait 33 millions de dieux mais la religion en privilégie trois : Brahma*, Civa* et Vishnu*, parfois présentés comme trois apparences d'un dieu unique. Pour les hindous, le monde n'a ni début ni fin et la vie d'un homme s'insère dans une longue chaîne d'existences successives. L'âme après la mort se réincarne dans un nouveau corps humain ou animal, voire dans une plante. La somme des actes de la vie (le *Karma*) détermine la forme de telle ou telle renaissance, c'est pourquoi la façon la plus sûre de se réincarner dans un être supérieur est d'accomplir son devoir. Il faut se préserver de la souillure et donc se purifier constamment par l'eau (depuis les simples ablutions jusqu'au bain dans le Gange* à Bénarès*) et par le feu (incinération des corps après la mort). Pour s'assurer de la protection des divinités vénérées dans de nombreux temples, il faut leur offrir des acrifices, des prières et des offrandes. hez certains hindous, la croyance en la éincarnation, entraînant le respect envers oute forme de vie humaine et animale, eut mener à la non-violence et à des praques alimentaires végétariennes. Le but uprême de l'hindou est de s'affranchir du ycle des réincarnations (le *Samsara*) et la ratique du yoga* constitue un moyen d'y arvenir. Voir Bouddhisme.

IPPOCRATE (île de Cos, v. 460-Lassa, Thessalie, v. 377 av. J.-C.). Célèbre nédecin de l'Antiquité, fondateur de l'observation clinique, dont le système repose ur la notion d'« humeurs » dans l'orgaisme. Son éthique est à l'origine du « serment d'Hippocrate » prêté par les jeunes nédecins admis à exercer.

IPPODAMOS DE MILET (2e moitié u ve siècle av. J.-C.). Urbaniste et archiecte de Milet*. Il prit part à la reconstrucion de sa ville saccagée par les Perses* en 94 av. J.-C. puis vint à Athènes* où il raça les plans du Pirée*. Son nom est resté ttaché aux plans des villes en damier qu'il ontribua à répandre en Grèce*.

IPPODROME DE CONSTANTINO-LE. Célèbre au Moyen Âge, il fut entreris au début du IIIe siècle par Septime* Séère et agrandi par Constantin Ier* au iècle suivant. Il pouvait accueillir environ 0 000 spectateurs. Parmi les ornements le l'hippodrome se trouvaient les magniiques chevaux de bronze qui furent emortés lors de la quatrième croisade* 1204) à Venise* et placés dans l'église aint-Marc. L'hippodrome fut, du ve au /IIe siècle, le théâtre de nombreuses émeues, la foule se partageant entre les Bleus* t les Verts (d'après la couleur de la casaue des cochers). La plus sanglante fut la édition de Nika* en 532 qui faillit renverser l'empereur Justinien Ier*. L'édifice ut pillé par les croisés* en 1204 et lorsque es Turcs s'emparèrent de Constantinople* n 1453, il était déjà en ruine. Voir Arc de

triomphe du Carrousel, Byzantin (Empire).

HIROHITO (Tokyo, 1901-*id.*, 1989). Nom personnel du 124e empereur du Japon (1926-1989) dont le nom posthume (Showa tenno), est lié à l'ère Showa (ère de « brillante harmonie » dont il fut l'initiateur). Après avoir voyagé en Europe, il succéda en 1926 à son père Yoshi Hito. Bien que son pouvoir ait été limité par les militaristes au gouvernement, soutenus par les grands industriels, il engagea le Japon dans la guerre contre la Chine puis les États-Unis. En 1945, il dut renoncer au culte impérial et accepter une monarchie constitutionnelle. En 1989, son fils Akihito lui a succédé, inaugurant l'ère Heisei (ère d'« accomplissement de la paix »). Voir Hiroshima, MacArthur (Douglas), Pacifique (Guerre du).

HIROSHIMA. Ville et port du Japon sur la côte sud de l'île de Hondo. Le 6 août 1945, les Américains y lancèrent la première bombe atomique, faisant environ 130 000 victimes dont 80 000 morts.Voir Nagasaki, Pacifique (Guerre du).

HISPANO-AMÉRICAINE (Guerre, 1898). Guerre qui opposa les États-Unis à l'Espagne en lutte contre ses colonies révoltées de Cuba et des Philippines. Elle consacra la fin de l'empire* colonial espagnol. Les Américains prirent prétexte de l'explosion du cuirassé américain *Maine*, en rade de La Havane (février 1898), pour intervenir. La flotte espagnole fut détruite à Santiago de Cuba et à Cavite, dans les Philippines. Au traité de Paris (10 décembre 1898) Cuba fut déclarée indépendante, mais devint en réalité une sorte de protectorat américain, permettant l'installation de bases sur l'île. Les États-Unis acquirent aussi Porto-Rico, l'île de Guam, et les Philippines. La guerre eut un profond retentissement moral en Espagne.

HITLER, Adolf (Braunau am Inn, Haute Autriche, 1889-Berlin, 1945). Homme politique allemand, dictateur de l'Allemagne de 1933 à 1945. Né en Autriche, dans une ville proche de la frontière allemande, Hitler, orphelin de père (un douanier) à 14 ans, poursuivit des études secondaires médiocres. Rêvant de devenir architecte, il partit en 1905 pour Vienne qui fut selon lui l'école la plus dure mais la plus fructueuse de sa vie. Il échoua à deux reprises à l'Académie viennoise des beaux-arts (1907-1908) et mena pendant cinq ans une vie difficile, peignant des aquarelles pour subsister. Vienne fut cependant le terreau de ses premières réflexions politiques. Le spectacle de la monarchie austro-hongroise décadente et la puissance de la finance juive le convertirent au pangermanisme*, à l'antiparlementarisme et à l'antisémitisme. Il lit aussi beaucoup et enrichit sa culture d'autodidacte en étudiant Darwin*, H.S. Chamberlain*, Schopenhauer et Nietzsche*. Installé en 1912 à Munich, il accueillit avec enthousiasme la guerre de 1914. Engagé volontaire dans l'armée bavaroise, gazé et blessé, il reçut la Croix de fer de 1ʳᵉ classe, distinction rare pour un simple soldat. L'armistice lui apparut comme « un coup de poignard dans le dos » dont étaient responsables les « traîtres » sociaux-démocrates et il décida de s'engager dans l'action politique. L'occasion lui fut donnée par la Reichswehr* (l'armée allemande) qui le chargea à Munich, théâtre d'une « révolution communiste », de la propagande auprès d'un régiment. Il prit contact en 1919 avec un groupuscule nationaliste d'extrême droite, le Parti ouvrier allemand, qu'il prit rapidement en main et fonda en février 1920 le Parti national-socialiste allemand des travailleurs (NSDAP) dont il devint le Führer*, assisté de fidèles (Goering*, Röhm*, Hess* et Rosenberg*) et d'une formation paramilitaire, les SA*, créés en 1921. Profitant de la colère provoquée en Allemagne par l'occupation de la Ruhr* et l'inflation galopante, il organisa avec le général Ludendorff* le putsch manqué de

Munich (1923) qui lui valut une certaine notoriété. Emprisonné pendant neuf mois il écrivit ce qui deviendra la bible nazie, *Mein* Kampf (Mon Combat)* publié en 1925. Rencontrant peu de succès auprès des Allemands durant la prospérité retrouvée, Hitler ne perdit pas espoir, reconstitua son parti (1925), créa en 1925 les SS* et les jeunesses* hitlériennes et décida cette fois-ci la conquête légale du pouvoir. La crise* de 1929, en poussant des millions de chômeurs et de petits-bourgeois ruinés vers les partis extrémistes, fut le tremplin de son ascension politique (230 députés aux élections de juillet 1932). Il s'attira aussi la sympathie d'une partie de l'armée et des milieux économiques, inquiets de la menace communiste. Battu par le maréchal Hindenburg* aux élections présidentielles de 1932 (avec 36,8 % des suffrages), en recul aux élections législatives de novembre 1932 (196 députés), Hitler profita cependant d'intrigues ministérielles et devint chancelier* le 30 janvier 1933. C'est avec une rapidité foudroyante qu'il établit une dictature personnelle et totalitaire : suspension des libertés fondamentales après l'incendie du Reichstag* (février 1933), pleins pouvoirs pour quatre ans (mars 1933), dissolution du parti communiste et des syndicats (mai 1933), parti nazi seul autorisé, premiers camps de concentration* (Dachau, Buchenwald, 1933), création de la Gestapo* (avril 1933), nomination de gouverneurs (*Statthalter*) à sa botte dans chaque Land, élimination de Röhm* et de plusieurs dizaines de ses lieutenants (Nuit des longs* couteaux, juin 1934) afin de rassurer l'armée et premières lois raciales (lois de Nuremberg*, septembre 1935). À la mort d'Hindenburg, en 1934, l'Allemagne était muselée. Hitler fut plébiscité, à 88 % des voix, chancelier* et président du Reich*. Devenu officiellement le Führer, il imposa au pays l'Ordre nouveau. La propagande nazie, organisée par Goebbels*, enserra chaque individu à ravers les organismes de jeunesse, l'enseignement et la culture. La crise économique résorbée en 1938 grâce à l'autarcie, les grands travaux et le réarmement, les talents de démagogue de Hitler alliés à un extraordinaire charisme exercé sur les foules convaincues de participer à une immense révolution et ses séries de coups audacieux en Europe (remilitarisation de la Rhénanie* en mars 1936, *Anschluss** en mars 1938 et annexion des Sudètes*, septembre 1938, puis de la Bohême-Moravie, mars 1939) valurent cependant au Führer un indéniable attachement populaire. Après avoir provoqué la guerre par l'invasion de la Pologne (septembre 1939), Hitler assura jusqu'à la fin la direction des opérations militaires. Au fur et à mesure des conquêtes, il fit de l'Europe dominée un champ ouvert à la domination allemande : pillage économique et culturel, politique raciale et déportation des éléments indésirables dans les camps de concentration. Lorsqu'à partir de 1942 commencèrent les victoires alliées, il multiplia les erreurs stratégiques (Stalingrad*, septembre 1942-février 1943) mais décida néanmoins de lancer toute l'Allemagne dans la guerre. Dès lors s'organisa la résistance des officiers supérieurs, dépositaires de la tradition prussienne. L'attentat manqué du colonel von Stauffenberg* (20 juillet* 1944) déchaîna une répression dont furent victimes le haut commandement, les milieux diplomatiques et les hauts fonctionnaires. Dégradé mentalement, réfugié dans un bunker sous la chancellerie de Berlin du fait de l'avancée de l'armée Rouge, Hitler, entouré de ses derniers amis (Goebbels, Bormann*), se suicida avec Eva Braun, devenue sa femme, le 30 avril 1945. Voir Heydrich (Reinhard), Jeunesses hitlériennes.

HITTITES. Peuple indo-européen, il forma un puissant empire en Asie* Mineure du XIVe au XIIIe siècle av. J.-C. Ce sont les fouilles archéologiques menées au début du XXe siècle qui nous ont fait découvrir leur civilisation. Cavaliers venus des Balkans* ou d'Asie par le Caucase, ils s'installèrent dans la première moitié du IIe millénaire av. J.-C. au centre du plateau d'Anatolie*, dans la région du fleuve Halys. Ils se mêlèrent à des populations autochtones, dites proto-hittites, d'origine asiatique. Après avoir formé de nombreuses principautés s'étendant sur une grande partie de l'Asie Mineure, ils furent dominés par des rois dont la capitale s'établit à Hattousa*. Aidés par une armée puissante possédant des armes de fer et des chars, les rois hittites étendirent leur empire au nord de la Mésopotamie*, en Syrie* et en Palestine* (jusqu'à Jérusalem*). Comme dans la plupart des autres monarchies orientales et bien que les rois hittites aient été menacés dans leur autorité par la noblesse guerrière, la monarchie hittite fut une monarchie absolue. La vie économique du pays était fondée sur l'agriculture, l'élevage, le commerce mais surtout sur l'industrie du cuivre, du bronze* et du fer (les Hittites ont largement fait connaître à l'Orient la métallurgie du fer). Au XIIIe siècle av. J.-C., l'empire hittite s'effondra, envahi par les Peuples* de la mer. Les Phrygiens* occupèrent la région de l'Halys. Des principautés hittites se reformèrent en Syrie du Nord à partir du IXe siècle av. J.-C. Mais 200 ans plus tard, elles furent dominées par les Assyriens*. Voir Bronze (Âge du), Fer (Âge du), Qadesh, Souppilouliouma, et carte p. 454.

HOBBES, Thomas (Wesport, Wiltshire, 1588-Hardwick Hall, 1679). Philosophe anglais. Il fut l'un des plus célèbres théoriciens du despotisme. Après des études à Oxford*, il voyagea à travers l'Europe, rencontra Galilée* en Italie et séjourna à Paris (1640-1651). Dans son œuvre majeure, *Leviathan* (1651), Hobbes décrit l'homme comme un être naturellement mû par le désir et la crainte (« L'homme est un loup pour l'homme », c'est la « guerre de

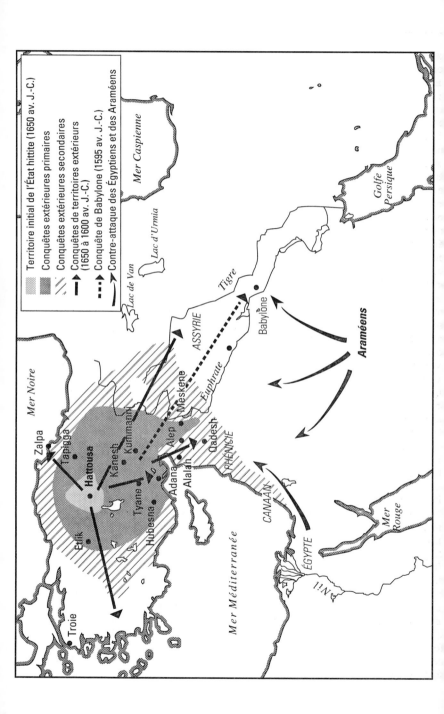

Légende :

- Territoire initial de l'État hittite (1650 av. J.-C.)
- Conquêtes extérieures primaires
- Conquêtes extérieures secondaires
- Conquêtes de territoires extérieurs (1650 à 1600 av. J.-C.)
- Conquête de Babylone (1595 av. J.-C.)
- Contre-attaque des Égyptiens et des Araméens

Mer Caspienne

Golfe Persique

Lac d'Urmia

Lac de Van

Mer Noire

Tigre

ASSYRIE

Babylone

Araméens

Zalpa

Tapigga

Hattousa

Kanesh

Kummanni

Meskéné

Euphrate

Erlik

Tyane

Hubesna

Adana

Alalah

Alep

Qadesh

PHÉNICIE

CANAAN

ÉGYPTE

Mer Méditerranée

Troie

Mer Rouge

Nil

us contre tous »). Ainsi, pour vivre en
ociété, l'homme doit renoncer à ses droits
aturels au profit d'un souverain absolu
ui doit autoritairement assurer la cohé-
ion sociale.

HOCHE, Lazare Louis (Versailles,
768-Wetzlar, Prusse, 1797). Général
rançais, il s'illustra dans les guerres de la
Révolution* française. Simple caporal au
ébut de 1789, il passa rapidement les dif-
érents grades pour devenir à 25 ans
ommandant en chef de l'armée de la Mo-
elle (1793). Après un échec contre les ar-
nées prussiennes du duc de Brunswick, il
éussit à dégager l'Alsace après avoir battu
es Autrichiens. Dénoncé comme suspect
ar Pichegru*, il fut rappelé à Paris et em-
risonné jusqu'au 9 Thermidor* (27 juillet
794). Nommé par la Convention* ther-
nidorienne à la tête de l'armée de Vendée
septembre 1794), il pacifia l'ouest puis
nit en échec le débarquement des émigrés
oyalistes à Quiberon (juin 1795). Après
voir échoué dans une tentative de débar-
uement en Irlande (décembre 1796), il fut
ommé commandant en chef de l'armée de
ambre et Meuse et battit les Autrichiens
Neuwied, près de Cologne (avril 1797).
Nommé ministre de la Guerre, il mourut
eu après de maladie.

HÔ CHI MINH, Nguyên Ai Quôc, dit
Nghê Tinh, 1890-Hanoi, 1969). Homme
olitique vietnamien. Fondateur du Parti
ommuniste indochinois, il mena la guerre
l'indépendance contre la France puis les
États-Unis. Fils d'un lettré de province, il
uivit des études au lycée de Huê mais dut
'expatrier pour vivre et s'embarqua pour
'Europe. Il travailla d'abord à Londres
uis s'installa en 1917 à Paris où il anima
les groupes de travailleurs vietnamiens.
En 1918, il devint membre de la SFIO* et
e rangea, lors du congrès de Tours*
1920), aux côtés des pro-Soviétiques qui
réèrent le Parti communiste* français. En
922, il avait déjà écrit dans plusieurs jour-
aux d'extrême gauche et publié une petite

feuille anticolonialiste *Le Paria*. Il arriva à
Moscou aux lendemains de la mort de Lénine* (1924), participa aux travaux du Komintern* ; en 1925, il partit pour la Chine
comme adjoint de Borodine et sillonna
l'Asie du Sud-Est comme agent du Komintern. Rentré à Moscou en 1927, après
la rupture entre les communistes chinois et
le Guomindang*, il s'installa ensuite au
Siam* (Thaïlande) où il créa le Parti
communiste indochinois (1930). Expulsé
du Siam, il séjourna à Hong Kong
(1930-1931) puis successivement à Shanghai, Berlin, Moscou et revint en Chine où
il reçut l'appui du Guomindang contre la
domination française en Indochine. En
1941, installé à la frontière sino-japonaise,
Hô Chi Minh fonda le Viêt-minh* ou
Front pour l'indépendance du Viêt-nam,
destiné d'abord à lutter contre l'occupation
japonaise. C'est à cette époque qu'il remplaça son premier nom de militant
(« Nguyên le patriote ») par celui d'Hô
Chi Minh (« Celui qui éclaire »). Installé
dans la haute région du Tonkin*, il prépara
le soulèvement contre la France. Profitant
de l'anéantissement de la puissance coloniale française par le Japon (mars 1945) et
de la confusion qui s'ensuivit, Hô Chi
Minh rompit avec Bao* Dai, l'empereur
d'Annam* et les nationalistes modérés. Au
moment de l'effondrement japonais, il se
rendit à Hanoi, proclama l'indépendance
et fonda la République démocratique du
Viêt-nam. Le gouvernement du général de
Gaulle* décida d'envoyer au Viêt-nam un
corps expéditionnaire commandé par le
général Leclerc* sous l'autorité politique
du haut commissaire Thierry D'Argenlieu*. Hô Chi Minh signa les accords du
6 mars 1946 avec Jean Sainteny – représentant de la France à Hanoi – qui reconnaissaient le Viêt-nam comme un « État libre dans l'Union française » où l'armée
française aurait le droit de stationner. Ces
accords furent rendus caducs par la politique de D'Argenlieu qui s'attacha à séparer

la Cochinchine du Viêt-nam. La conférence de Fontainebleau (septembre 1946) à laquelle assista Hô Chi Minh et qui devait transformer les accords en un traité définitif fut un échec. Au Viêt-nam, de graves incidents se multiplièrent, notamment à Haiphong en novembre 1946 (6 000 morts vietnamiens). L'insurrection d'Hanoi contre les forces françaises (décembre 1946) marqua le début de la guerre d'Indochine* au cours de laquelle Hô Chi Minh devint la grande figure de la résistance populaire. L'armée du Front militaire du Viêt-nam, dirigée par le général Giap* et équipée en artillerie par les Chinois et les Soviétiques, écrasa la garnison française de Diên* Biên Phu (7 mai 1954). La conférence internationale de Genève* (avril-juillet 1954) imposa aux vainqueurs la division du Viêt-nam entre un Nord – limité par le 17e parallèle (Tonkin et Annam) abandonné à Hô Chi Minh – et un Sud remis au régime pro-américain de Ngô Dinh Diêm*. Tout en poursuivant l'édification du socialisme*, Hô Chi Minh continua à lutter pour l'unification du Viêt-nam. À partir de 1959, les troupes nord-vietnamiennes intervinrent au sud aux côtés des nationalistes du Sud, provoquant, à partir de 1965, l'intervention de l'aviation américaine au nord. Après la grande offensive du Têt déclenchée par le Viêt-cong* et les Nord-Vietnamiens (janvier 1968), Hô Chi Minh accepta l'engagement de pourparlers avec Washington. Il symbolisa, après sa mort en 1969, la lutte des pays sous-développés contre le colonialisme. Voir Viêtnam du Nord, Viêt-nam du Sud.

HODJA, Enver. Voir Hoxha (Enver).

HOGARTH, William (Londres, 1697-*id.*, 1764). Peintre, graveur et écrivain anglais. Il se rendit célèbre par ses scènes de genre, peintes et gravées, alliant satire et esprit moralisateur. Installé à son compte comme graveur à partir de 1721, il s'initia à la peinture en fréquentant l'atelier du peintre de cour sir James Thornhill dont il épousa la fille, et alterna son activité de graveur avec celle de peintre, composant portrait et scènes de mœurs. Ce fut néanmoin comme graveur satirique qu'il devint célèbre, créant en même temps un nouveau genre à forme narrative en composant de séries de tableaux comme autant de pièce de théâtre. Il fut un observateur pénétran et ironique de son époque : *La Carrière d'une prostituée* (1732), *La Carrière du roué* (1735, Londres, Soane's Museum), *Le Mariage à la mode* (1744, Londres, National Gallery), *La Campagne électorale* (1754, Londres, Soane's Museum) mai aussi un admirable portraitiste : *La Marchande de crevettes* (1759, Londres, National Gallery). Il fut enfin l'auteur d'un traité d'esthétique, *Analyse de la beauté* (1753).

HOHENLINDEN (Bataille d', 3 décembre 1800). Victoire remportée par le général français Moreau* sur les Autrichiens à Hohenlinden, en Bavière. Cette victoire avec celle de Marengo* en Italie (juin 1800), conduisit au traité de Lunéville* avec l'Autriche (1801).

HOHENLOHE, Chlodwig, prince de Hohenlohe-Schillingsfürst (Rotenburg 1819-Ragaz, Suisse, 1901). Homme politique allemand. Gouverneur de l'Alsace Lorraine* (1885-1894), puis chancelier de l'Empire allemand (1894-1900). Il favorisa l'unité allemande sous la direction de la Prusse et devint Premier ministre de Bavière (1866-1870). Ambassadeur à Paris (1874-1885), puis gouverneur de l'Alsace-Lorraine où il manifesta une volonté de conciliation, Hohenlohe succéda à Caprivi* comme chancelier d'Empire en 1894. Il établit un nouveau Code civil (1896), développa les conquêtes coloniales allemandes en Chine – occupation de Jiaozhou (Kiao-tcheou) – et inaugura la puissance militaire navale réclamée par Tirpitz*. Jugé trop libéral par Guillaume II*, il démissionna en 1900 laissant la place à von Bulow*. Voir Bismarck.

HOHENSTAUFEN. Famille impériale allemande originaire de Souabe. Elle régna sur le Saint* Empire romain germanique (1138-1254) et la Sicile (1194-1266). Leur dynastie fut marquée par la lutte du Sacerdoce* et de l'Empire qui partagea l'Italie en deux camps : les Gibelins favorables à l'empereur et les Guelfes* défenseurs du pape. Après avoir longtemps lutté pour la domination de l'Italie, les Hohenstaufen succombèrent sous les coups des papes puis s'éteignirent avec le fils de Conrad IV et petit-fils de l'empereur Frédéric II* mis à mort par Charles Ier d'Anjou. Faute de descendant, la couronne impériale échut à Rodolphe Ier* de Habsbourg après le Grand* Interrègne. Voir Frédéric Ier Barberousse.

HOHENZOLLERN. Grande famille princière allemande qui tire son nom du château de Hohenzollern près de Sigmaringen (Souabe). Elle régna sur la Prusse* (1701-1918) et sur la Roumanie (1866-1947). Issue de Frédéric, comte de Zollern (XIIIe siècle), elle se divisa en deux branches. La branche Souabe, restée catholique, ne joua pas de rôle important en Allemagne mais, elle-même subdivisée, donna à la Roumanie sa maison princière puis royale (Carol Ier). La branche franconienne, convertie au luthéranisme* (XVIe siècle), fut à l'origine de la puissance prussienne. Après avoir acquis au XVe siècle l'électorat de Brandebourg, les Hohenzollern héritèrent de la Prusse (1618) dont ils devinrent rois (1701). Élevée à la dignité impériale avec Guillaume Ier* (1871), la famille domina l'Allemagne puis fut déchue en 1918. Voir Frédéric Ier, Frédéric II le Grand.

HOLBEIN, Hans, dit **le Jeune** (Augsbourg, 1497- Londres, 1543). Peintre, dessinateur et graveur allemand. Célèbre portraitiste, il apparaît comme le dernier grand représentant de la Renaissance* allemande. Fils de Hans Holbein l'Ancien, il travailla d'abord pour la bourgeoisie de Bâle puis, inscrit à la guilde* (1519), participa à la décoration de divers monuments civils. Parmi ses œuvres religieuses, la plus saisissante reste le *Christ mort* (1521, Bâle, Kunstmuseum), traité avec un réalisme morbide. Il se lia, à partir de 1523, avec Érasme* dont il fit un remarquable portrait. En 1532, Bâle étant devenue, depuis la Réforme*, incertaine pour les artistes – tendance à imposer le refus des images saintes –, Holbein quitta la ville pour s'installer en Angleterre. Peintre attitré de l'aristocratie et de la cour, il manifesta ses exceptionnels talents de portraitiste, comme en témoigne son magistral portrait d'apparat dit des *Ambassadeurs* (1533, Londres, National Gallery), représentant les envoyés français à Londres. Holbein mourut de la peste, au sommet de sa gloire.

HÖLDERLIN, Friedrich, poète allemand (Lauffen, Wurtemberg, 1770-Tübingen, 1843). Condisciple de Hegel*, il s'enthousiasma comme lui pour la Révolution* française, dont les grands idéaux humains sont exaltés dans ses poèmes de jeunesse. Sa passion pour Suzanne Gontard, la mère de ses élèves, lui inspira son roman *Hypérion*. À la souffrance de la rupture se mêle celle que provoque en lui la situation culturelle de l'Allemagne, qu'il espère pourtant voir se redresser. Ainsi se lisent dans ses odes, hymnes et élégies, le besoin d'une communion avec la Nature, et cette conviction que « poématiser est l'occupation la plus innocente de toutes » (*Empédocle*, 1799 ; *Remarques sur Œdipe et Antigone*).

HOLLANDE (Guerre de, 1672-1678). Guerre déclenchée par le roi de France Louis XIV* contre les Provinces-Unies qui dégénéra dès 1673-1674 en un conflit européen. Les traités de Nimègue* qui s'ensuivirent renforcèrent l'influence de Louis XIV en Europe. Le conflit eut pour cause la volonté hollandaise de briser la politique protectionniste de Colbert* qui frappait de tarifs prohibitifs ses produits (1667), mais aussi la volonté française de mettre fin à la puissance de cette République calviniste. Après une habile préparation diplomatique menée par Lionne* et Pomponne*, qui isola la Hollande et donna à la France l'alliance de l'Angleterre (traité de Douvres*, 1670) et de la Suède, l'armée française, commandée par Condé* et Turenne* (1672), ouvrit le conflit. Pour sauver leur indépendance, les Hollandais inondèrent le pays, ouvrant les écluses et crevant les digues. L'armée française fut contrainte de s'arrêter à la limite des régions inondées, tandis qu'une révolution éclatait en Hollande, portant au pouvoir Guillaume III* d'Orange-Nassau. Adversaire acharné de la France, ce dernier réussit à unir contre elle l'Empire, l'Espagne, le Danemark, la Lorraine et de nombreux princes allemands, tandis que l'Angleterre abandonnait son appui à la France. Malgré les efforts des coalisés, la France réussit à garder l'avantage. Duquesne triompha des Hollandais en Méditerranée, la Franche-Comté fut occupée et Vauban* conquit Liège. Turenne dégagea la Lorraine, envahie par les impériaux (1674-1675). Seule contre l'Europe coalisée, la France garda l'avantage et imposa à la coalition les traités de Nimègue (1678-1679).

HOLOCAUSTE. 1) Chez les juifs*, sacrifice religieux où la victime est entièrement consumée par le feu. 2) Désigne tout sacrifice sanglant dans un but religieux. 3) Il rappelle aussi le massacre de 6 millions de juifs pendant la Seconde Guerre* mondiale (on emploie plutôt de nos jours le terme Shoah – « catastrophe »).

HOME RULE. Nom anglais (de *Home*, chez soi et *Rule*, gouvernement) donné au mouvement qui se développa en Irlande à partir de 1870 et qui revendiquait un régime d'autonomie vis-à-vis de l'Angleterre. Le mouvement, sous l'impulsion de Parnell*, devint très puissant aux Communes* mais fut aussi renforcé par l'agitation irlandaise. Après deux échecs de projet de *Home Rule* (1886, 1893), celui-ci fut enfin voté en 1912. La loi fut cependant rejetée par les protestants* irlandais de l'Ulster*, appuyés par la Chambre des lords* et le *Home Rule* ne put être appliqué qu'en 1914. La rébellion de 1916 amena la Grande-Bretagne à reconnaître l'État libre d'Irlande en 1921, avec le statut de dominion* pour les 26 comtés de l'Irlande du Sud (Éire*), tandis que les 6 comtés d'Ulster restèrent attachés au Royaume-Uni. Voir Commonwealth, De Valera (Eamon), Sinn Féin.

HOMÈRE. Grand poète épique grec. On ne connaît rien de précis sur sa vie si ce n'est qu'il était originaire d'Ionie* (côte d'Asie Mineure), peut-être aveugle, et qu'il vécut, selon l'historien Hérodote*, vers 850 av. J.-C. Les dates de son existence oscillent selon les auteurs entre le XIIᵉ ou le Xᵉ siècle av. J.-C. et le VIIIᵉ siècle, les savants modernes semblant se rallier à cette dernière hypothèse. Plusieurs villes d'Asie Mineure et des îles voisines se disputaient l'honneur de lui avoir donné le jour mais peut être a-t-il appartenu à une famille d'aèdes* vivant dans l'île de Chios. On lui attribue les deux admirables poèmes (de 27 800 vers), récit des exploits légendaires de héros achéens lors de la guerre de Troie* : l'*Iliade* et l'*Odyssée*. Homère en était-il l'auteur ? A-t-il utilisé de nombreux récits composés avant lui ? Ces poèmes sont-ils l'œuvre d'auteurs différents ? Ces questions sont encore discutées aujourd'hui. Quoi qu'il en soit, la gloire d'Homère fut immense. Ces poèmes ont tenu une place capitale dans l'éducation de tous les Grecs jusqu'à la fin de l'hellénisme. Les enfants apprenaient à lire en récitant des centaines de ses vers et Platon* a dit de lui qu'il fut l'éducateur de la Grèce*. Jusqu'au XIXᵉ siècle, on a cru que les récits d'Homère n'étaient que des légendes mais Heinrich Schliemann*, homme d'affaires passionné d'archéolo gie, découvrit les ruines de Mycènes* et de Troie*.

HOMINIDÉS. Mammifères de la famille des primates* appartenant au genre *Homo* (apparenté à l'espèce humaine). Voir Australopithèque, *Homo erectus, Homo habilis.*

HOMINIENS. Désigne ceux qui appartiennent à la famille des primates* et qui comprend toutes les espèces, des anthropoïdes (singes qui ressemblent à l'homme) à l'homme actuel.

HOMMAGE. Cérémonie adoptée dans la majeure partie de l'Europe à l'époque féodale par laquelle le vassal* devenait l'homme de son seigneur. Le vassal, à genou et sans arme, mettait ses mains jointes dans celles du seigneur et se déclarait son homme. Le seigneur le relevait, puis le vassal, debout, prêtait son serment de fidélité sur les Évangiles* (d'où l'expression hommage et foi). Il recevait en échange un bénéfice* (fief*) et le seigneur procédait à l'investiture* du fief en donnant au vassal un objet symbolisant celui-ci (bâton, motte de terre, rameau). Ce lien indissoluble qui unissait les deux hommes comportait pour chacun des droits et des devoirs. L'hommage était renouvelé à chaque changement de personne, soit du vassal, soit du seigneur. Voir Aide, Ban, Comte, Droit féodal, Féodalité, Hommage lige, Relief, Seigneurie, Suzerain.

HOMMAGE LIGE. Hommage prêté au seigneur auquel on se devait en priorité. Certains chevaliers* étaient vassaux de plusieurs seigneurs. Ils devaient choisir un seigneur prioritaire auquel il prêtait un hommage lige. L'hommage lige apparut vers 1050, et connut une grande diffusion. Mais assez rapidement des vassaux prêtèrent de multiples hommages liges, ce qui atteste du déclin, dès le XIIᵉ siècle, des liens vassaliques.

HOMO ERECTUS. Mots latins qui signifient l'homme érigé (c'est-à-dire debout). L'*Homo erectus* est apparu au paléolithi-

que* inférieur, il y a 2 millions d'années, après l'*Homo* *habilis*. Il inventa (vers 500 000 av. J.-C.) une nouvelle technique du travail de la pierre appelée industrie acheuléenne, nom d'une petite localité de la Somme, Saint-Acheul, où furent trouvés les premiers outils de ce type. Avec l'*Homo erectus* apparaît aussi un progrès décisif pour l'homme, la maîtrise du feu*. En août 1984, furent découverts sur les bords du lac Turkana, au Kenya (Afrique), les vestiges d'un *Homo erectus* qui vécut il y a 1 600 000 ans. Adolescent d'une douzaine d'années (pas de dents de sagesse et cartilages des os non encore soudés), il mesurait 1,60 m et l'on pense qu'il aurait atteint 1,80 m à l'âge adulte. Voir Acheuléen, Leakey (Richard).

HOMO HABILIS. Mots latins qui signifient homme habile : sa main est capable de fabriquer des outils. L'*Homo habilis*, apparu sans doute il y a 3 millions d'années au paléolithique* inférieur, est considéré comme le premier représentant du genre humain. Il habitait les steppes de l'est de l'Afrique jusqu'aux environs d'1,5 million d'années av. J.-C. Il fabriquait des outils simples avec des galets, enlevant un ou deux éclats*, ce qui lui faisait un outil tranchant à usages multiples. Il mangeait de tout (omnivore). On a retrouvé sur un site habité par des *Homo habilis* des restes de poissons, crocodiles, porcs-épics, antilopes et girafes. Voir Australopithèque, *Homo erectus, Homo sapiens.*

HOMO NOVUS. Mots latins qui signifient homme nouveau. À Rome*, se disait d'un homme qui accédait au consulat sans appartenir à la *nobilitas** et fondait ainsi la noblesse de sa famille. Voir Consul.

HOMO SAPIENS. Mots latins qui signifient l'homme qui sait. C'est une espèce à laquelle l'homme actuel appartient ; il apparut il y a environ 30 000 ans. En Europe occidentale, les premiers représentants *Homo sapiens* sont l'homme de Cro-Magnon* et de Grimaldi*. Voir Paléolithique supérieur.

HONECKER, Erich (Neunkirchen, Sarre, 1912-1994). Homme politique allemand de l'ex-RDA*. Militant communiste, emprisonné sous le IIIe Reich* (1935-1945) puis libéré par les Soviétiques, chef du département de la Sécurité au comité central du Parti socialiste unifié (SED), il devint bientôt le bras droit de Walther Ulbricht* et lui succéda en 1971 au poste de secrétaire général. Président du Conseil d'État à partir de 1976, il poursuivit la politique d'ouverture vers la RFA*, les deux États se reconnaissant mutuellement par le traité interallemand de décembre 1972. Cette coupure de l'Allemagne fut officiellement reconnue par la communauté internationale en 1973 par l'admission de la RFA et de la RDA à l'ONU*. Sur le plan intérieur, il fut toujours hostile à la *Perestroïka** de Gorbatchev*. L'exode massif d'Allemands de l'Est vers la RFA et les manifestations en faveur de la démocratisation du régime l'obligèrent à démissionner de ses deux fonctions en 1989. Après la réunification de l'Allemagne en 1990, Honecker, d'abord réfugié en URSS, fut extradé à Berlin en 1992. Son procès fut suspendu pour raisons de santé. il vécut au Chili. Voir Brandt (Willy).

HONEGGER, Arthur (Le Havre, 1892-Paris, 1955). Compositeur suisse. Il excella dans la musique symphonique et l'oratorio, et fut rapidement célèbre. Bien que membre du « Groupe des Six » dont Jean Cocteau* se fit le porte-parole, son œuvre demeure d'une facture très personnelle. Il est notamment l'auteur de « mouvements » symphoniques (*Pacific 231*, 1931), d'oratorios (*La Danse des morts*, 1938 et *Jeanne au bûcher*, 1938, sur des poèmes de Paul Claudel*, *Le Roi David* (1921) et de musiques de film (dont *Napoléon*, d'Abel Gance*).

HONESTIORES. Sous l'Empire romain*, nom donné aux catégories les plus riches de la société (les « honorables »). Ils étaient membres de l'ordre sénatorial, de l'ordre équestre ou appartenaient à la bourgeoisie des villes (les décurions*). Chargés des plus hautes fonctions dans l'État, ils étaient aussi les bienfaiteurs de leur cité (construction de monuments, distribution de vivres, organisation de jeux et de spectacles).

HONNEURS (Carrière des). Voir *Cursus honorum*.

HOOVER, Herbert Clark (West Branch, Iowa, 1874-New York, 1964). Homme politique américain. Président républicain des États-Unis (1929-1933), il ne put faire face à la grande crise* économique de 1929 et dirigea l'opposition de droite à la politique de son successeur, le démocrate Franklin D. Roosevelt*. Ingénieur des mines, il fut chargé de la répartition de l'aide alimentaire américaine à l'Europe, avant et pendant la Première Guerre* mondiale, poste dans lequel il manifesta d'importants talents d'organisateur. Hoover fut élu président des États-Unis en 1928 après avoir été secrétaire au Commerce (1921-1924) sous Harding*. Face à la grande crise économique de 1929, il ne prit, sur le plan intérieur, que de timides mesures encourageant ses concitoyens à prendre patience, le « retour de la prospérité » étant « au coin de la rue ». Lorsque la crise atteignit l'Europe, il décida un moratoire d'un an pour les dettes de guerre et les Réparations* allemandes. Hoover, n'ayant pu faire face à l'ampleur de la crise, fut battu aux élections présidentielles de 1932 par Franklin D. Roosevelt, qui mit ainsi fin à douze ans de pouvoir républicain. Voir Coolidge (Calvin).

HOPLITE. Dans la Grèce* antique, soldat de l'infanterie lourde. Il portait le casque, la cuirasse, les jambières et était armé d'un bouclier, d'une lance et d'une épée, l'ensemble pesant près de 35 kilos. Voir Légionnaire, Phalange.

HORACE (65 av. J.-C.-8 av. J.-C.). Né d'un père affranchi, ami de l'empereur Auguste*, il fut avec Virgile*, son contemporain, le plus grand des poètes latins. Ses premières œuvres (*Satires*, *Épodes*), écrites dans les années 30, lui valurent l'amitié et la protection de Mécène*, mais c'est à ses *Odes* qu'il dut sa gloire de poète lyrique. Adepte d'Épicure*, grand admirateur de l'œuvre d'Auguste (il composa le *carmen saeculare* ou chant séculaire, célébrant les jeux séculaires offerts par l'empereur au peuple romain en 17 av. J.-C.). Il fut aussi le poète de l'amour et de la vie rustique.

HORACES (Les trois). Frères appartenant à une famille de patriciens* romains, ils s'illustrèrent, au VIIe siècle av. J.-C., lors de la guerre entre Rome* et Albe*, sous le règne du roi romain Tullus* Hostilius. Ils furent désignés par le sort comme champions de Rome contre les trois Curiaces, champions d'Albe. Deux Horaces ayant été tués, le troisième fit semblant de fuir et tua séparément les trois frères Curiaces. De retour à Rome, il tua sa sœur Camille qui pleurait son fiancé Curiace. Condamné à mort, il fut cependant acquitté par le peuple. Cette histoire, probablement légendaire, a inspiré la célèbre tragédie de Corneille* *Horace* (1640).

HORDE D'OR. Nom donné au khanat de Kiptchak, le plus occidental de l'Empire mongol, situé au nord de la mer Noire et de la mer Caspienne. Les souverains de la Horde d'Or, descendants de Gengis* Khan, régnèrent du XIIIe au XVIe siècle sur la Sibérie occidentale et la Russie du Sud. Convertis définitivement à l'islam* au XIVe siècle, les souverains de la Horde d'Or imposèrent aux principautés russes, en échange de leur intégrité culturelle et religieuse, une reconnaissance de vassalité ainsi qu'un lourd tribut annuel. Les invasions de Tamerlan* portèrent un coup fatal à l'empire qui se morcela en un grand nombre de khanats. Les principaux – ceux de Kazan, d'Astrakhan et de Crimée –, furent progressivement absorbés par l'empire russe, les deux premiers au XVIe siècle, le dernier vassal des Ottomans* en 1783.

HORTHY DE NAGYBANYA, Miklos (Kenderes, 1868-Estoril, Portugal, 1957). Homme politique hongrois. Il restaura, à partir de 1920, après l'éviction du communiste Béla Kun*, un régime ultra-conservateur et autoritaire avec le titre de régent, qui dura jusqu'en 1944. Issu d'une famille de la noblesse calviniste, il devint en 1909 aide de camp de l'empereur François-Joseph* puis, lors de la Première Guerre* mondiale, commandant en chef de la flotte austro-hongroise. Ministre de la Guerre dans le gouvernement contre-révolutionnaire de Szeged, il lutta contre le régime communiste de Béla Kun (1919), reprit Budapest et organisa la répression. Nommé régent de Hongrie (mars 1920), il pratiqua une politique très conservatrice, maintenant le pouvoir de la noblesse, mais dut signer en 1920 le traité de Trianon* qui laissait hors du pays de nombreuses minorités nationales. Allié à l'Italie fasciste et à l'Allemagne de Hitler*, Horthy en retira de substantiels avantages territoriaux, annexant le sud de la Slovaquie, l'Ukraine subcarpatique et une partie de la Transylvanie (1938-1940). Après avoir tenté de conserver la neutralité de la Hongrie, il fut contraint d'entrer en guerre contre l'URSS et la Hongrie fut occupée par l'armée allemande (mars 1944). Débordé sur sa droite par le parti fasciste des Croix fléchées, Horthy fut arrêté par les SS hongrois et déporté en Allemagne (octobre 1944). À la fin de la guerre, il se réfugia au Portugal (1949) où il mourut.

HORUS. Dieu de l'Égypte* ancienne représenté par un homme à la tête de faucon portant la double couronne (Haute et Basse-Égypte*). Dieu de l'horizon, protecteur des pharaons, il fut aussi le fils posthume d'Osiris* et de sa femme Isis*.

HOSPITALIERS. Nom donné aux ordres religieux qui avaient pour vocation de soigner les malades, d'héberger les pèlerins et les voyageurs et qui se transformèrent parfois en ordres militaires. Les plus importants furent les Hospitaliers* de Saint-Jean-de-Jérusalem, les Templiers* et l'ordre Teutonique*.

HOSPITALIERS de Saint-Jean-de-Jérusalem. Ordre religieux fondé en 1113 en Palestine* pour soigner et protéger les pèlerins qui se rendaient en Terre sainte. Vers 1140, les Hospitaliers se transformèrent en ordre militaire (composé de moines-soldats) afin de défendre les États latins d'Orient créés lors des croisades*. Après la chute de Saint-Jean-d'Acre, ils se réfugièrent à Chypre (1291) puis conquirent Rhodes (1309), où ils restèrent pendant deux siècles. Lorsqu'ils furent chassés de l'île par les Turcs en 1522, Charles* Quint leur donna pour asile l'île de Malte (située au sud de la Sicile). Ils furent dès lors connus sous le nom de chevaliers de Malte. Après la conquête de l'île par Bonaparte* en 1798, l'ordre s'installa à Rome où il siège encore aujourd'hui. Voir Hospitaliers, Malte (Ordre de), Soliman le Magnifique, Templiers, Teutonique (Ordre).

HOSTIE. Petite rondelle blanche faite de pain de froment sans levain (azyme). Dans la religion catholique*, elle représente le sacrement* de l'Eucharistie*. Le prêtre, après avoir consacré l'hostie, la dépose sur la langue du communiant ou la lui remet dans la main. Elle symbolise la présence réelle du Christ*.

HÔTE. Paysan à qui un seigneur a concédé une terre à défricher. Il bénéficiait alors de la liberté personnelle – c'est-à-dire qu'il ne souffrait pas des incapacités juridiques des serfs* –, était dispensé des corvées et payait des impôts moins élevés.

HOUDON, Jean-Antoine (Versailles, 1741-Paris, 1828). Sculpteur français. Il est resté célèbre par ses bustes et statues des célébrités de son temps comme Diderot*, Voltaire*, Rousseau*, Washington* et Franklin*. Par son souci d'un strict réalisme, il rompit définitivement avec la rhétorique baroque. Voir Baroque (Art).

HOUPHOUËT-BOIGNY, Félix (Yamoussoukro, 1905-*id.*, 1993). Homme politique ivoirien. Chef de l'État depuis son indépendance en 1960, surnommé le « vieux sage », il fut le bâtisseur de la Côte-d'Ivoire moderne. Médecin, converti au catholicisme*, il fonda en 1945 le Parti démocratique de la Côte-d'Ivoire (PDCI). Élu à l'Assemblée* constituante française en 1945, puis en 1946, il se heurta à l'administration française pour son hostilité à l'assimilation et surtout pour ses liens avec le Parti communiste* français. Cependant, après les incidents sanglants de 1950, il changea d'orientation à l'égard de la métropole et décida de coopérer avec le gouvernement. Député de Côte-d'Ivoire au Parlement français (1946-1949), plusieurs fois ministre sous la Quatrième République*, ministre d'État du général de Gaulle* sous la Cinquième République*, il fit accéder son pays à l'autonomie au sein de la Communauté* française, s'opposant violemment à Sékou Touré*, partisan de l'indépendance immédiate. Président de l'Assemblée constituante de Côte-d'Ivoire (1958), puis Premier ministre en 1959, il fut élu président (novembre 1960), et après l'indépendance (1960) régulièrement réélu jusqu'au dernier scrutin de 1990. Son « immobilisme social », son opposition à la voie socialiste et l'ouverture de la Côte-d'Ivoire aux capitaux étrangers l'opposèrent à Sékou Touré qui accusa la bourgeoisie ivoirienne d'être le « chien de garde de l'impérialisme ». Entretenant une coopération étroite avec la France et partisan du libéralisme* économique, il s'attacha à mettre en valeur toutes les richesses du pays. Malgré la crise qui toucha la Côte-d'Ivoire à partir de 1970, crise due surtout à la baisse des cours du café et du cacao, le président accentua les dépenses somptuaires symbolisées en particulier par la construction, en pleine savane à amoussoukro, de la basilique Notre-ame, réplique de Saint-Pierre de Rome. ritiqué pour son autoritarisme, malade et équemment absent du pays, sa mort en)93 raviva la lutte pour le pouvoir en ôte-d'Ivoire. Cependant, et conformé-ent à la Constitution, le président de Assemblée nationale Henri Konan Bédié a succéda à la tête de l'État.

OURRITES. Ancien peuple du Proche-rient, installé dès la fin du XXIᵉ siècle au ord-ouest de la Mésopotamie* (région si-ée aujourd'hui entre l'Iran, l'Irak et la urquie). Dominés par une aristocratie do-européenne, les Hourrites fondèrent a cours de la seconde moitié du XVIᵉ siè-e av. J.-C. le royaume du Mittani*, qui it ensuite annexé à l'empire hittite (mi-Vᵉ siècle). Voir Assyrie.

OXHA ou **HODJA, Enver** (Gjirokas-r, 1908-Tirana, 1985). Homme politique banais. Fondateur du Parti communiste banais, il dirigea l'Albanie de 1946 à)85. Issu d'une riche famille musulmane, fut étudiant en Belgique et en France, et lhéra au communisme*. De retour en Al-anie, il organisa, après l'entrée en guerre e l'URSS (1941), la résistance contre les mées d'occupation italienne puis alle-ande et créa la même année le Parti ommuniste du travail d'Albanie. Prési-ent du gouvernement provisoire qui pro-onça la déchéance du roi d'Albanie, il de-int président du Conseil (1945-1954) et ef de la République albanaise. Secrétaire énéral du Parti communiste albanais 948-1985), resté stalinien, il rompit avec URSS de Khrouchtchev* (1961) accusé e « révisionnisme » et aligna les positions e l'Albanie sur le communisme chinois ont il devait se séparer en 1978 après abandon du maoïsme par les dirigeants e Pékin. Voir Staline (Joseph).

UA GUOFENG ou **HOUA KOUO-ONG** (Jiaocheng, Shanxi, 1921 ou)22-). Homme politique chinois. Premier inistre après la mort de Zhou* Enlai

(1976-1980) et président du parti (1976-1981), leader des maoïstes modérés, il lança la lutte contre la tendance dite « de gauche », écartant du pouvoir la bande* des quatre (1976). Il dut assez vite s'effa-cer devant Deng* Xiaoping, représentant du courant novateur. Voir Zhao Ziyang.

HUBERTSBOURG (Traité de, 1763). Traité signé en Saxe par l'Autriche, la Prusse* et la Saxe, mettant fin à la guerre de Sept* Ans (1756-1763). Marie-Thé-rèse* d'Autriche renonçait à ses droits sur la Silésie qui fut cédée à Frédéric II* de Prusse.

HUGENBERG, Alfred (Hanovre, 1865-Kükenbruch, 1951). Industriel et homme politique allemand, il favorisa l'ar-rivée au pouvoir de Hitler*. Membre actif de la Ligue pangermaniste, il fut président des établissements Krupp* (1909-1918). À la tête d'un immense empire de presse après la Première Guerre* mondiale, il de-vint l'un des hommes les plus puissants de la République de Weimar*. Président du parti national allemand depuis 1928, et maître de la formation paramilitaire consti-tuée d'anciens corps* francs (Casques d'acier, en all. *Stahlhelm*), il conclut un pacte d'alliance avec Hitler (1929) et contribua, avec von Papen*, à l'arrivée au pouvoir des nazis en 1933 auxquels il ap-porta le soutien des milieux industriels. Ministre de l'Agriculture et du Commerce dans le premier gouvernement de Hitler, il dut démissionner six mois plus tard, Hitler bénéficiant du soutien direct des indus-triels et son parti fut comme les autres (sauf le parti nazi) interdit.

HUGO, Victor (Besançon, 1802-Paris, 1885). Écrivain français. Représentant illustre du romantisme*, écrivain engagé après 1848 pour son idéal républicain, Victor Hugo est l'auteur d'une œuvre im-mense et complexe dans laquelle il s'exerça à tous les genres. Fils d'un géné-ral de Napoléon Iᵉʳ* et d'une mère roya-liste, il fit ses études à Paris au lycée

Louis-le-Grand et décida très tôt de sa vocation, voulant être « Chateaubriand ou rien ». Tout d'abord poète classique et monarchiste (*Odes et poésies diverses*, 1822), il défendit dans la préface de *Cromwell* (1827) puis dans celle des *Orientales* (1829) le principe de la liberté dans l'art, prélude à la fameuse bataille d'*Hernani*, drame qu'il donna à la Comédie-Française (1830) et qui fut l'occasion d'une bataille célèbre entre romantiques et classiques. Devenu théoricien et chef de file du romantisme, Victor Hugo s'engagea dans une intense activité d'écriture, rêvant d'être pour son siècle l'« écho sonore » des préoccupations de son temps. Il publia successivement *Notre-Dame de Paris* (1831), puis, après avoir évoqué dans les *Feuilles d'automne* (1831) ses joies de père (quatre enfants lui étaient nés après son mariage en 1822 avec Adèle Foucher), il publia des poèmes lyriques *Les Chants du crépuscule* (1835) ; *Les Voix intérieures* (1837) ; *Les Rayons et les Ombres* (1840) et des drames : *Marie Tudor* (1833) ; *Lucrèce Borgia* (1833) ; *Ruy Blas* (1838). Partagé entre sa vie de famille et ses voyages avec Juliette Drouet, sa maîtresse, à laquelle il resta lié durant cinquante ans, Victor Hugo, consacré comme écrivain, fut reçu à l'Académie* française en 1841. Cependant l'échec des *Burgraves* (1843) mais surtout le drame de la mort de sa fille Léopoldine (1843) l'éloignèrent pour un temps de la littérature pour s'engager dans la vie politique. Orléaniste sous la monarchie* de Juillet, député aux lendemains de la révolution* de 1848, Victor Hugo, un moment favorable à Louis Bonaparte*, devint pour défendre son idéal de démocratie libérale et humanitaire son plus féroce opposant après le coup d'État du 2 décembre* 1851. Exilé à Jersey puis à Guernesey sous le Second* Empire, il ne cessa de dénoncer Napoléon le Petit (*Les Châtiments*, 1853), tout en composant le recueil lyrique des *Contemplations* (1856),

l'épopée de *La Légende des siècle* (1859-1883) mais aussi des romans *Le Misérables* (1862) ; *Les Travailleurs de l[a] mer* (1866) et *L'Homme qui rit* (1869). Re[venu] venu d'exil en 1870, frappé par l[a] Commune* de Paris (*L'Année terrible* 1872), il écrivit encore un grand roma[n] *Quatre-vingt treize* (1874) et trouva auprè[s] de ses petits-enfants des joies paisibles qu[i] lui inspirèrent *L'Art d'être grand-père*. I[l] réalisa en outre quelque 3 000 dessins d[e] toutes techniques. En hommage au répu[b]blicain et à l'écrivain, Victor Hugo eu[t] droit après sa mort à des funérailles natio[nales] nales suivies par deux millions de person[nes] nes. Ses cendres furent transférées au Pan[théon]. théon. Voir Napoléon III.

HUGUENOTS. Nom donné au XVIe siècl[e] en France aux protestants* puis plus par[ticulièrement] ticulièrement aux calvinistes*.

HUGUES LE GRAND, ou le Blanc, o[u] l'Abbé (?-Dourdan, 956). Fils de Ro[bert] bert Ier, neveu d'Eudes*. Comte de Paris e[t] duc de France, il est le père d'Hugues* Ca[pet*] pet* et le vrai fondateur de la dynastie de[s] Capétiens*. Surnommé le faiseur de rois[,] il élargit considérablement ses possession[s] en échange de son soutien et fut longtemp[s] le véritable maître du royaume de France[.] Il arrangea l'élection de son beau-frèr[e] Raoul de Bourgogne (923) puis celle d[u] Carolingien* Louis IV* d'Outre-Me[r] (936) et de son fils Lothaire*. Il augment[a] enfin considérablement la puissance de s[a] famille en se faisant accorder les duchés d[e] Bourgogne* et d'Aquitaine*. On l'appel[a] le Blanc à cause de son teint pâle et l'Abb[é] à cause des nombreux monastères dont i[l] était l'abbé laïque*.

HUGUES Ier CAPET (v. 941-996). Ro[i] de France (987-996). Fils aîné d'Hugues* le Grand, il fut le fondateur de la dynasti[e] capétienne. Issu d'une puissante famille d[u] royaume, il se fit élire grâce à l'appui d[u] clergé en 987 par l'assemblée des grand[s] au détriment de Charles de Lorraine, oncl[e] du dernier roi carolingien, Louis V*. Afi[n]

assurer l'avenir de sa dynastie, il fit sa-
er dès 987 son fils Robert qui lui suc-
da. Le principe de l'hérédité royale était
nsi posé. Voir Capétiens, Robert II le
eux.

ULL, Cordell (Olympus, Tennessee,
71-Bethesda, Maryland, 1955). Homme
litique américain. Démocrate, il fut
mmé secrétaire d'État aux Affaires
rangères par Franklin D. Roosevelt*
933-1944) et fut l'un des créateurs de
Organisation* des Nations unies. Il reçut
prix Nobel* de la paix en 1945.

UMANISME. Nom donné au mouve-
ent d'idées né en Europe sous la Renaisnce*, contemporain de la Réforme* pro-
stante et des Grandes Découvertes*.
humanisme élabora une nouvelle
nception de l'homme libéré par la redé-
uverte des valeurs morales et intellec-
elles puisées dans la littérature de l'Anti-
ité. L'humanisme compta d'éminents
présentants dont les chefs-d'œuvre sont
core aujourd'hui une référence. Voir
asme (Didier), Montaigne (Michel de),
belais (François).

UMBERT Iᵉʳ le Bon (Turin,
44-Monza, 1900). Roi d'Italie
878-1900). Il succéda à son père, Vic-
r-Emmanuel II*. De tendance autori-
re, inquiet des progrès du socialisme*
il tenta de limiter, il fut à l'extérieur fa-
rable à l'alliance avec les Empires cen-
ux (Allemagne et Autriche-Hongrie*)
r solidarité dynastique. Il encouragea la
litique germanophile de Crispi*. Il fut
sassiné par un anarchiste, Bresci, qui
ulait ainsi le punir d'avoir fait tirer sur
foule lors des émeutes de Milan de
98. Voir Alliance (Triple-), Anar-
isme.

UME, David (Édimbourg, 1711-id.,
76). Philosophe et historien britannique.
défendit dans son *Traité de la nature hu-
aine* (1739) l'empirisme contre la toute-
issance de la raison, credo des méta-
ysiciens du XVIIᵉ siècle. Pour Hume, la

connaissance provient de l'expérience,
c'est-à-dire des impressions sensibles que
nous ressentons lors de nos contacts avec
les choses et les êtres, le travail de l'esprit
consistant à associer ces impressions.
Hume tenta d'appliquer à l'étude de la nature humaine les principes naissants de la
« science expérimentale » appliqués par
Newton* à l'étude des phénomènes naturels. Hume fut abondamment commenté
par Emmanuel Kant* au XVIIIᵉ siècle.

HUMILIORES. Sous l'Empire romain*,
désigne les « humbles » par opposition aux
riches, les « honestiores* ». Dans les villes, les plus pauvres formaient la plèbe*,
les autres étaient artisans ou petits
commerçants. Dans les campagnes, ils
constituaient la masse des paysans libres
qui, ruinés par la concurrence des grands
domaines, s'employaient comme ouvriers
agricoles ou métayers sur les terres de
l'empereur ou celles des riches propriétaires. Quant aux esclaves*, leur nombre di-
minuant, leur sort s'améliora et les affran-
chissements se multiplièrent.

HUNS. Peuple nomade d'Asie centrale, il
provoqua les grandes invasions* des Germains* qui mirent fin à l'Empire* romain
d'Occident et semèrent la terreur dans
l'Europe du Vᵉ siècle ap. J.-C. Établis au IIᵉ
siècle au nord de la mer Noire après avoir
été chassés d'Asie par les empereurs chinois de la dynastie des Han*, les Huns
franchirent la Volga vers 370 ap. J.-C. et
envahirent l'Europe. Après avoir soumis
divers peuples germaniques (Wisigoths*,
Ostrogoths*), ils s'installèrent vers 405 ap.
J.-C. dans l'actuelle Hongrie et c'est de là
que partit la grande invasion de 406. Certaines tribus détruisirent le royaume des
Burgondes* (vers 436), d'autres pillèrent
l'Empire* romain d'Orient, imposant à
l'empereur Théodose II le versement annuel d'un tribut en or. Unifiés vers 434 par
Attila*, les Huns envahirent les Balkans*,
menacèrent Constantinople* puis se re-
tournèrent vers l'Occident. Ils mirent au

pillage la Gaule*, atteignirent Lutèce* (défendue par sainte Geneviève) mais furent vaincus en 451 à la bataille des Champs Catalauniques* (lieu mal identifié en Champagne). Enfin, après avoir fait un raid en Italie, menacé Rome (sauvée grâce à l'intervention du pape Léon le Grand), ils se retirèrent. Après la mort subite d'Attila (453), les Huns, décimés par la peste, se dispersèrent, regagnant pour la plupart le sud de la Russie. Ce peuple cessa alors de jouer un rôle important dans l'histoire.

HUS, Jan (Husinec, Bohême, v. 1370-Constance, 1415). Réformateur religieux et écrivain tchèque. Attaché à la réforme de l'Église catholique, précurseur des grands réformateurs religieux du XVIᵉ siècle, il est aussi considéré par les Tchèques comme un grand patriote. Prêtre, doyen de la faculté de théologie de Prague (1401) puis recteur de l'université (1409), Jan Hus adhéra très tôt à l'opposition antipontificale de l'Église tchèque, née des scandales de la hiérarchie ecclésiastique, mais aussi des aspirations nationales de la Bohême. Ses prédications, en langue tchèque, le rendirent très populaire. Cependant, son admiration pour le théologien réformateur anglais John Wyclif* le fit accuser d'hérésie et il fut frappé d'excommunication (1411). Hostile aux indulgences* ordonnées par l'antipape de Pise Jean XXIII, il fut une seconde fois excommunié (1412). Cité en 1415 au concile de Constance*, il fut condamné pour hérésie et, refusant de se rétracter, il mourut brûlé vif. Sa mort, dont l'anniversaire sera célébré avec ferveur en Bohême, fit de lui un héros national et provoqua une guerre sanglante : les guerres hussites. Ses œuvres (*De Ecclesia*) furent publiées en 1558 à Nuremberg avec une préface de Luther*. Voir Hussites.

HUSAK, Gustav (Bratislava, 1913-*id.*, 1991). Homme politique tchécoslovaque. Membre du Parti communiste de Tchécoslovaquie en 1933, il prit une part active à la résistance contre l'Allemagne nazie et fut l'un des organisateurs du soulèvement slovaque en 1944. Président du gouvernement autonome slovaque (1945-1950) et membre du comité central du Parti communiste de Tchécoslovaquie (1945 et 1949-1950), il fut victime des épurations staliniennes qui frappèrent son pays, exclu du parti pour « nationalisme bourgeois » et condamné à la prison à vie (1954). Libéré en 1960, puis réhabilité (1963), il se montra un partisan du « Printemps de Prague* », favorisant la démission de Novotny* et l'élection de Dubcek* au poste de secrétaire général du parti. Cependant après l'invasion des troupes du Pacte de Varsovie*, il se rallia à la « normalisation » de la Tchécoslovaquie, ce qui lui valut d'être nommé secrétaire général du parti (1969) à la place de Dubcek, puis président de la République (1975-1989), succédant à Svoboda*.

HUSSEIN ou **HUSAYN Ibn Talal** (Amman, 1935-). Roi de Jordanie depuis 1952. Petit-fils du fondateur de la monarchie hachémite (1946), Hussein fut élevé en Angleterre et monta sur le trône (1953) après la déposition de son père atteint de maladie mentale. Afin de rendre son pays pleinement indépendant et sous la pression de nationalistes pronassériens, il refusa d'adhérer au pacte de Bagdad* (1955), décida le renvoi des conseillers britanniques dont Glubb pacha qui commandait alors l'armée et imposa le retrait des troupes anglaises. Afin de contrecarrer le panarabisme de Nasser*, s'appuyant à l'intérieur sur les Bédouins, Hussein forma avec l'Irak une Union arabe (1958) – disloquée en 1959 par la mort de Fayçal* – face à la création de la République arabe unie (union de l'Égypte et de la Syrie*). Les multiples incidents de frontières entre la Jordanie et Israël* dus aux actions palestiniennes (600 000 réfugiés) et l'opposition du parti Baath aggravèrent les difficultés du régime. Après la guerre des Six Jours contre Israël (1967), désastreuse

ɔur la Jordanie qui perdait la Cisjorda-
ɪe* (région la plus riche) et Jérusalem*,
s Palestiniens, jugeant la politique
Hussein trop modérée, menacèrent le
ône. En septembre 1970, il lança son ar-
ɪée contre les fedayins et en 1971, fit éli-
ɪiner les dernières bases de commandos
ɪlestiniens. Cette lutte affermit son pou-
ɔir mais contribua aussi à isoler la Jor-
ɪnie de la plupart des autres pays arabes
à durcir le caractère autoritaire du ré-
ɪme. Aidé financièrement par les États-
ɪnis et l'Arabie Saoudite, Hussein se
ɔnsacra au développement économique
e son pays, resta à l'écart de la guerre du
ɪppour* (1973) mais condamna les ac-
ɔrds de Camp* David signés en 1978 en-
e l'Égypte et Israël. Il se rapprocha de
OLP* avec laquelle il signa un accord en
ϡ85. Dans le conflit Irak-Iran, il soutint
Irak comme dans la guerre du Golfe*.
ɔir Arafat (Yasser).

ΙUSSEIN ou HUSAYN, Saddam (Ti-
rit, 1937-). Homme d'État irakien. Mem-
ɾe du Baath, parti unique de l'Irak, depuis
ϡ57, il est depuis l'élimination de Bakr
ϡ979) à la fois président de l'État, du
ɔnseil de commandement de la révolu-
ɔn, du parti et commandant de l'armée.
ɪ politique hégémonique l'a conduit à af-
ɔnter l'Iran* (1980-1988), et le Koweït
ɪvasion en 1990), origine de la guerre du
ɪolfe* (janvier-février 1991).

ΙUSSERL, Edmund (Prosznitz, auj.
ɾostejov, Moravie, 1859-Fribourg-en-
risgau, 1938). Philosophe allemand. Fon-
ɪteur de la phénoménologie moderne, son
ɔuvre influença considérablement
histoire philosophique du XXe siècle,
ɔtamment des auteurs aussi différents que
ɪeidegger*, Sartre* ou Merleau-Ponty.
ɪsu d'une vieille famille juive de Mora-
ɪe, il fit d'abord des études scientifiques
ɪuis décida de sa vocation philosophique
ɔrès sa rencontre à Vienne (1884) avec le
ɪhilosophe Clémens Brentano pour lequel
éprouva une vive amitié filiale. Profes-

seur à Halle, à Göttingen puis à Fribourg-
en-Brisgau, il fut radié de ce poste pour
son ascendance juive, alors que Heidegger* devenait recteur. La philosophie de
Husserl, qui trouva ses bases dans une réflexion sur l'arithmétique et la logique, se
proposa d'élaborer une rationalité nouvelle en délimitant le domaine de la logique pure. Il est notamment l'auteur des *Recherches logiques* (1900) et de la *Logique
formelle et logique transcendantale*
(1929).

HUSSITES. Nom donné aux adeptes du
réformateur tchèque, Jan Hus*, dont l'exécution provoqua en Bohême un puissant
mouvement à la fois national et religieux.
L'avènement sur le trône de Bohême de
l'empereur germanique Sigismond fut le
signal de la révolte ouverte des hussites
qui, durant 18 ans (1419-1437), réussirent
à tenir tête aux croisades prêchées contre
eux par le pape. Les *Quatre articles de
Prague* (1420), programme commun des
hussites, exigeaient la liberté de prédication de l'Écriture, la communion* sous les
deux espèces – communion d'ordinaire réservée au clergé (vin et pain) –, la confiscation des biens du clergé et la punition
des péchés mortels par les autorités civiles. Les victoires remportées par les hussites et l'échec de la croisade du cardinal
Cesarini (1431) décidèrent l'Église à
composer avec l'hérésie. Les *Compactata*
de Bâle (1433), conclus avec les modérés,
accordèrent la communion sous les deux
espèces. Les radicaux (ou taborites), défenseurs irréductibles des *Quatre articles*,
furent finalement vaincus (1434), les
Compactata confirmés (1436) et l'empereur Sigismond reconnu comme roi de Bohême. La réforme de Luther* attira au
XVIe siècle une grande partie des Tchèques.
Mais l'Église hussite sera détruite au
XVIIe siècle, après le désastre des Tchèques
à la Montagne* Blanche face aux Habsbourg* (1620) et la reconquête catholique*
de la Contre-Réforme*.

HU YAOBANG ou **HOU YAO-PANG** (dans le Hunan, v. 1915-Pékin, 1989). Homme politique chinois. Secrétaire général du parti communiste* (1981-1987), réformiste, il fut destitué pour ne pas avoir réprimé assez durement les manifestations étudiantes de décembre 1986. Ses funérailles en avril 1989 furent l'occasion des premières manifestations étudiantes, qui aboutirent à la répression du « Printemps de Pékin » (juin 1989). Il fut remplacé par Jiang Zemin. Voir Deng Xiaoping, Li Peng, PCC.

HYKSOS. Peuple qui envahit et occupa la Basse-Égypte* pendant près d'un siècle et demi (1730-1580 av. J.-C.), mettant fin au Moyen* Empire. Ces envahisseurs supérieurement armés firent connaître à l'Égypte* ancienne les chevaux et les chars de guerre.

HYPOGÉE. Tombeau creusé sous terre, souvent au flanc d'une colline calcaire. Ce mode de sépulture, déjà utilisé au Néolithique*, se répandit ensuite dans tout l'Orient ancien. En Égypte*, il devint courant au Nouvel* Empire (Vallée* des Rois). L'hypogée comportait une chambre d'offrandes au-dessus de laquelle était aménagée la chambre sépulcrale, close, où reposait la momie. Ses murs étaient décorés de peintures et de bas-reliefs. Voir Séti Ier.

HYPOSTYLE (Salle). Formé de deux mots grecs qui signifient « sous colonnes ». C'est une grande salle dont le plafond de pierre est soutenu par plusieurs rangées de colonnes. Voir Karnak (Temples de).

I

ROSLAV LE SAGE (v. 978-Kiev,
954). Grand-prince de Kiev (1019-1054).
porta à son apogée l'État de Kiev*. Il
ttit les Petchenègues* et étendit son au-
rité jusqu'à la Baltique. Il fit construire
cathédrale Sainte-Sophie de Kiev.

N BATTUTA (Tanger, 1304-au Maroc,
1377). Célèbre voyageur arabe. Son
urnal de voyage décrit les pays qu'il vi-
a en Europe, en Afrique et en Asie. Cet
vrage constitue un important document
storique.

N KHALDŪN (Tunis, 1332-Le Caire,
06). Célèbre historien et philosophe
abe. Il est l'auteur des *Prolégomènes*
réface où il définit sa méthode) et de la
ronique universelle. Il est considéré,
ns le monde musulman*, comme le fonteur de la sociologie.

N RUSHD. Voir Averroès.

N SINA. Voir Avicenne.

SEN, Henrik (Skien 1828-Christiania,
06). Écrivain et poète norvégien, Ibsen
t considéré comme l'un des plus grands
amaturges non seulement norvégiens,
is aussi européens en raison de sa sen-
ilité à toutes les préoccupations de son
oque. Il est notamment l'auteur d'un cé-
re drame historique dont l'action se dé-
ule dans la Norvège du XIIIᵉ siècle, *Les*
étendants à la couronne (1863), de deux
ames lyriques et satiriques (*Brand*,
66 ; *Peer Gynt*, 1867) et de pièces à
èse comme *Une maison de poupée*

(1879), *Les Revenants* (1881) ou *Le Canard sauvage* (1884).

ICONOCLASME. Destruction des icônes ou images. Nom donné à un mouvement religieux qui condamna la vénération
des images du Christ*, de la Vierge et des
saints, jugée comme une idolâtrie. La crise
iconoclaste ou querelle des images troubla
l'Empire byzantin* aux VIIIᵉ et IXᵉ siècles.
L'opposition entre partisans et adversaires
des images dura jusqu'en 843.

IDÉOGRAMME. Dans une écriture, signe correspondant à une idée ou à un objet
et non à un son comme font les lettres de
l'alphabet*. Les hiéroglyphes* égyptiens
et les caractères chinois sont des idéo-
grammes. Voir Cunéiforme (Écriture),
Pictogramme.

IELTSINE ou **ELTSINE, Boris Nikolaïévitch** (Sverdlovsk, 1931-). Homme politique russe. Leader de l'opposition démocratique dans l'ex-URSS, président, en
1991, du Soviet* suprême issu des élections libres de mars 1989, Boris Ieltsine
devint en juin 1991 président élu au suffrage universel de la République de Russie. Il s'opposa, en août 1991, à la tentative de coup d'État conservateur dirigé
contre Mikhaïl Gorbatchev* puis, après la
dissolution de l'URSS (décembre 1991),
devint chef d'État de la Fédération de Russie. Malgré le soutien financier décidé, à
partir de 1992, par le G 7 (groupe des 7
pays les plus industrialisés), Boris Ieltsine
est confronté, sur le plan économique, à la

difficile transition de la Russie vers l'économie de marché. Sur le plan politique, face à l'opposition du Soviet suprême qui revendiquait la légitimité du pouvoir, Boris Ieltsine a décidé la dissolution (septembre 1993) et l'intervention armée (octobre 1993) contre les députés d'opposition qui, refusant la décision du président de Russie, avaient occupé le siège du Parlement (la Maison Blanche) à Moscou. En décembre 1993, une nouvelle Constitution fut adoptée par référendum et une nouvelle Assemblée fédérale élue, les élections législatives ayant consacré l'avancée de l'extrême droite ultra-nationaliste de Vladimir Jirinovski (près de 25 % des suffrages) arrivée en seconde position derrière la coalition (« Choix de la Russie ») des partisans de Boris Ieltsine. En politique étrangère, Boris Ieltsine tente de donner à la Russie une position de leader au sein de la CEI*. En 1994, il a signé avec les États-Unis et l'Ukraine un accord sur le démantèlement de l'arsenal nucléaire stationné en Ukraine, et imposé la médiation de la Russie dans le conflit bosniaque. En 1995, il a déclenché de violentes opérations militaires pour empêcher la Tchétchénie de sortir de la fédération.

IÉNA (Bataille d', 14 octobre 1806). Victoire remportée par les troupes de Napoléon Ier* à Iéna (Allemagne orientale) sur l'armée prussienne commandée par le prince de Hohenlohe. Le général français Davout* écrasait le même jour les troupes du duc de Brunswick à Auerstedt*. Ces deux victoires devaient ouvrir à Napoléon Ier la route de Berlin qu'il atteignit le 27 octobre, et provoquer l'effondrement de la Prusse*, qui, totalement occupée, fut démembrée par les traités de Tilsit* (juillet 1807). Voir Coalition (Quatrième).

IGNACE DE LOYOLA, saint, en esp. **Inigo Lopez de Loyola** (Château de Logola, près d'Azpeitia, v. 1491-Rome 1556). Fondateur de la Compagnie de Jésus*. Issu d'une vieille famille de la no-

blesse basque, Ignace de Loyola, blessé lors de la défense de Pampelune (1521) assiégé par les Français, fut marqué durant sa convalescence par une « conversion ». Durant un an, il fit retraite à Manresa (1522-1523) où il commença la rédaction des *Exercices spirituels*, base spirituelle de la future Compagnie de Jésus, et entreprit des études de philosophie et de théologie aux universités d'Alcala, de Salamanque et de Paris, où il réunit ses premiers disciples. Après leur ordination à Venise (1537), Ignace et ses compagnons formèrent la Compagnie de Jésus, approuvée par le pape Paul III qui donna à l'association le titre d'ordre religieux avec pour mission la reconquête catholique des pays protestants* (1540). Ignace, élu supérieur général (1541), se consacra alors à l'organisation et au développement de son ordre dont il rédigea les constitutions. Lorsqu'il mourut, la Compagnie de Jésus s'étendait déjà sur 12 « provinces », comptait 72 résidences et 79 maisons et collèges et un millier de membres. Ignace de Loyola fut canonisé en 1622.

ILIADE. Poème épique grec composé de 24 chants attribué à Homère*. Selon la légende, Troie* fut attaquée par les Achéens* qui voulaient venger l'honneur du roi de Sparte* (Ménélas) dont l'épouse (Hélène) avait été enlevée par Pâris, le fils du roi de Troie (Priam). Pendant 10 ans les Grecs, commandés par le puissant roi de Mycènes*, Agamemnon, campent devant la ville sans pouvoir la prendre et l'*Iliade* raconte un épisode de cette guerre qui dure déjà depuis 9 ans. Achille, le plus valeureux des chefs grecs, refuse de combattre parce qu'il a été offensé par Agamemnon. Il se retire sous sa tente et pendant ce temps les Troyens accumulent les victoires. Mais Hector, le fils aîné de Priam, tue Patrocle, le meilleur ami d'Achille. Fou de douleur, Achille se lance dans la bataille et tue Hector au cours d'un terrible duel. Troie sera prise peu après grâce à la ruse d'un autre roi grec, Ulysse : l fit entrer des guerriers grecs à l'intérieur d'un grand cheval de bois que les Troyens raînèrent jusqu'à l'intérieur de la ville car ls croyaient que c'était un cadeau venu des dieux.

ILION. Voir Troie.

IMAM. Nom donné au chef religieux chez es musulmans*. Chez les sunnites*, le titre d'imam est donné à tous les successeurs de Mahomet*. Chez les chi'ites*, il est accordé seulement à 7 ou 12 d'entre eux, héritiers d'Ali*. Les chi'ites pensent pour la plupart que le dernier imam survit encore dans un lieu secret et que son retour instaurera sur la terre le règne de la justice. Voir Calife, Islam, Ismaéliens.

IMPERIUM. Mot latin qui signifie « pouvoir de commander ». Il s'agit d'un emprunt à la monarchie étrusque. Sous la République* romaine, l'*imperium* était donné aux magistrats* supérieurs : dictateurs*, consuls* et préteurs*. Il avait un caractère à la fois civil (*imperium domi* qui s'exerçait à l'intérieur du *pomerium*) et militaire (*imperium militiae*) et impliquait donc non seulement le pouvoir de commander les armées mais aussi celui de faire exécuter les lois, avec droit de coercition. Avec les promagistratures (propréteur, proconsul*) furent créées de nouvelles fonctions à *imperium* (dans sa seule acception militaire) et les empereurs détinrent à partir d'Auguste* un *imperium* supérieur à celui des autres magistrats, peut-être sans limite de temps et de durée (controversé).

IMPORTANTS (Cabale des). Nom donné à la faction politique qui se forma en France après la mort de Louis XIII*. Formée, pour la plupart, des hommes qui avaient été hostiles à l'autorité de Richelieu*, la cabale espérait prendre sa revanche en éliminant Mazarin* et en plaçant au ministère l'évêque de Beauvais, A. Potier de Gesvres. Le complot fut découvert et Anne* d'Autriche exila en province les principaux membres de la cabale, empri-

sonnant à Vincennes le duc de Beaufort (1643), l'un des futurs chefs de la Fronde*.

IMPRESSIONNISME. Nom donné au courant pictural qui se développa en France entre 1874 et 1880. Le mot « impressionnisme » fut utilisé pour la première fois, mais dans un sens péjoratif, par la critique, à propos d'un tableau de Claude Monet* *Impression, soleil levant*, présenté en 1874 lors de la première exposition commune des impressionnistes organisée dans le studio du photographe Félix Nadar et qui marqua la naissance de la nouvelle école. En réalité, cette dernière avait débuté 20 ans plus tôt et réunissait des artistes (Claude Monet, Camille Pissarro*, Armand Guillaumin, Paul Cézanne*, Pierre-Auguste Renoir*, Alfred Sisley*) qui se voulaient tous réalistes mais ne se satisfaisaient plus des valeurs picturales académiques (contour, modelé, clair-obscur, perspective et profondeur). Influencés par le naturalisme de Gustave Courbet* mais aussi les estampes japonaises qui leur ouvraient de nouvelles formes de perspective, les impressionnistes inventèrent une nouvelle technique picturale fondée sur l'impression individuelle face au sujet, qui prend conscience de son caractère temporel, sur l'impression visuelle se modifiant lorsque la lumière varie. Peintres de plein air, témoins d'une nature changeante, les impressionnistes firent de la lumière l'élément essentiel de leur peinture. Ils simplifièrent leur palette, renoncèrent aux couleurs intermédiaires et juxtaposèrent des touches de couleurs pures qui, à distance, devaient se fondre dans l'œil du spectateur. Le tableau devint ainsi une pure surface picturale, une nouvelle réalité, art fondamentalement matérialiste (conforme en cela à une période de scientisme), chaque artiste imposant sa vision subjective et mouvante du monde. L'impressionnisme n'étant fondé sur aucune élaboration théorique, les artistes évoluèrent vers des formes stylistiques très différentes. Les peintres impressionnistes se réunirent à Paris au Café Guerbois puis au Café de la Nouvelle Athènes. De célèbres écrivains comme Émile Zola* ou Charles Baudelaire* furent de fervents défenseurs du mouvement.

IMPRIMERIE. Apparue en Chine dès le XIᵉ siècle (caractères mobiles en terre cuite durcie au feu), et en Occident au début des Temps modernes, l'imprimerie resta jusqu'au perfectionnement de Gutenberg* très rudimentaire ; les imprimeurs composaient le texte à l'aide de caractères mobiles en bois et les enduisaient d'une encre grasse pour les presser ensuite sur une feuille de papier. Le plus ancien livre imprimé connu est un ouvrage bouddhique datant de 868 et conservé au British Museum (Londres). Stimulé par le besoin de lecture qui s'exprimait alors dans l'aristocratie et la riche bourgeoisie commerçante, l'imprimeur de Mayence Gutenberg fit partie des nombreux chercheurs qui s'efforçaient d'améliorer les procédés d'impression jusque-là très lents et très coûteux. Il eut le mérite d'avoir été le premier à rassembler les éléments essentiels : confection de matrices, de caractères mobiles métalliques, fabrication d'encre et impression au moyen d'une presse à bras. L'imprimerie fit dès lors des progrès très rapides en Europe, particulièrement dans les villes commerçantes comme Gênes*, Venise*, Londres, Francfort, Amsterdam et Anvers*. On estime que, jusqu'à la fin du XVIᵉ siècle, furent publiées environ 40 000 éditions de livres, représentant de 15 à 20 millions de volumes. S'il est vrai que les bibles imprimées jouèrent un rôle important lors de la Renaissance* et de la Réforme*, beaucoup de grandes œuvres littéraires du Moyen Âge furent aussi éditées. L'imprimerie fut en France longtemps surveillée. Sous l'Ancien* Régime, le métier d'imprimeur ne s'exerçait qu'avec une autorisation préalable. Si la Révolution* lui rendit sa liberté (1791),

Napoléon Iᵉʳ* fixa le nombre des imprimeurs soumis à un brevet confiscable à tout moment (décret du 5 février 1810). La liberté de l'imprimerie ne fut proclamée que le 29 juillet 1881.

INANNA. Déesse de la fécondité chez les Sumériens*. Un culte lui était rendu à Suse* dans le royaume de l'Élam* depuis le IIIᵉ millénaire av. J.-C. Elle correspond à la déesse babylonienne Ishtar, à la déesse phénicienne Ashtart* et à la déesse grecque Astarté*. Voir Ourouk.

INCAS. Nom donné aux souverains d'un peuple de l'Amérique précolombienne parlant le quechua et qui fondèrent au Pérou un empire dont l'apogée se situa au XVᵉ siècle. L'empire, qui s'étendait du sud de la Colombie jusqu'au fleuve Maule au Chili, était dirigé par l'Inca, fils du soleil, lequel exerçait une autorité absolue, relayé par la caste dirigeante des prêtres et des nobles. L'Empire inca, ravagé par une guerre civile, s'écroula en 1532 sous les coups des Espagnols conduits par Pizzaro*. Les Incas – qui n'avaient pas d'écriture – ont laissé les vestiges d'une architecture remarquable (Cuzco, ancienne capitale, et Machu Pichu, ancienne cité découverte en 1911 par des archéologues américains).

INCROYABLES. Nom donné en France, sous le Directoire*, à des membres de la jeunesse dorée. Leurs costumes riches et excentriques contrastaient avec les vêtements simples des sans-culottes*. Leur parler et leur prononciation étaient très affectés : ils supprimaient le « r » et l'expression la plus à la mode était : « C'est incoyable ! » (d'où leur nom). Les Incroyables étaient généralement d'opinions royalistes. Voir Merveilleuses, Muscadins.

INDE ANCIENNE. Région du sud de l'Asie qui forme depuis 1947 la République* de l'Inde et le Pakistan*. L'Inde entre dans l'histoire vers 2500 av. J.-C. avec la civilisation dite de l'Indus*. Celle-ci fut probablement détruite à partir de 1500 av. J.-C. par l'arrivée d'Indo-Européens, les Aryens, qui s'installèrent dans les bassins de l'Indus* et du Gange* et pénétrèrent jusque dans le Dekkan (sud de l'Inde). Ils imposèrent aux populations vaincues leur organisation sociale (système des castes*), leur religion (le brahmanisme*) et leur langue (le sanskrit*). À partir du VIᵉ siècle av. J.-C., l'Inde entra en contact avec de nouveaux envahisseurs indo-européens : d'abord les Perses* Achéménides* (expédition de Darius Iᵉʳ vers 512 av. J.-C.), puis Alexandre III* le Grand (v. 326 av. J.-C.). Depuis toujours morcelée en royaumes, l'Inde connut une première unification sous la dynastie Maurya* (v. 320-v. 185 av. J. C) qui atteignit son apogée sous le roi bouddhiste Açoka* (269-232 av. J.-C.). Après sa mort, l'Empire se disloqua. Le nord-ouest fut successivement occupé par les Grecs (descendants des soldats d'Alexandre le Grand) puis les Scythes* vers 70 av. J.-C.), tandis qu'au sud se forma le puissant État des Andhra. Ce n'est qu'entre le IVᵉ et le VIᵉ siècle ap. J.-C. que l'Inde retrouva une nouvelle et dernière unité sous la dynastie des Gupta* (v. 270-550 ap. J.-C.), âge d'or de la civilisation indienne. Mais des invasions barbares (Huns*), dès le début du VIᵉ ap. J.-C., provoquèrent l'anarchie et la multiplication des dynasties locales ruinées par les incursions musulmanes* (VIIIᵉ-Xᵉ siècle ap. J.-C.).

INDÉPENDANCE AMÉRICAINE (Guerre de l', avril 1775-novembre 1782). Conflit qui opposa les 13 colonies anglaises d'Amérique du Nord à leur métropole, et qui aboutit à la création et à l'indépendance des États-Unis. Il eut pour origine les exigences financières (*Townshend* *Acts*) imposées par la Grande-Bretagne, mais aussi son refus d'accorder aux colonies des représentants au Parlement* anglais. Après des troubles durement réprimés (massacre de Boston en 1770,

Boston *Tea Party* en 1773), le premier congrès continental se réunit à Philadelphie (1774) à l'initiative de Benjamin Franklin*, tandis que George Washington* devenait commandant en chef des milices de l'armée des 13 colonies insurgées (bataille de Lexington*, 1775, prise de Boston, mars 1776) et que l'Indépendance était proclamée (4 juillet 1776). Le déséquilibre entre les forces des *Insurgents* mal équipés et peu disciplinés et les mercenaires bien entraînés de l'armée anglaise fut pendant un temps lourd de conséquences et imposait la recherche d'alliés. Le voyage de Franklin en France (1777) entraîna le départ de volontaires français dont La Fayette* fut le plus célèbre. Vergennes*, ministre des Affaires étrangères, qui souhaitait une revanche de la guerre de Sept* Ans, déclara la guerre à l'Angleterre – malgré l'opposition de Turgot* – suivi par l'Espagne. Malgré leur échec à Saratoga* (1777), les Anglais prirent partout l'offensive et seule l'intervention européenne permit aux Américains de redresser la situation. L'offensive américaine, soutenue par le corps expéditionnaire français de Rochambeau*, aboutit à la capitulation anglaise à Yorktown* (1781). Ailleurs, l'offensive de la marine française remporta de nombreux succès (Suffren* aux Indes, de Grasse aux Antilles) tandis que l'aide de la Russie et des Provinces-Unies, hostiles à l'Angleterre pour ses entraves à la liberté de navigation, complétait la victoire. L'indépendance des États-Unis fut ratifiée par le traité de Versailles* (1783). L'aggravation du déficit budgétaire, prévue par Turgot*, devait provoquer en France la chute de l'Ancien* Régime. Voir Cornwallis (Charles), Déclaration d'Indépendance, Washington.

INDÉPENDANCE BELGE. Voir Révolution belge.

INDÉPENDANCE DE L'AMÉRIQUE LATINE (Guerres d', 1810-1825). Guerres menées au début du XIXᵉ siècle pour libérer l'Amérique latine de la domination portugaise et surtout espagnole. À la fin du XVIIIᵉ siècle, l'Amérique espagnole, organisée en vice-royautés, comprenait le Mexique, l'Amérique centrale et l'Amérique du Sud, sauf le Brésil, colonie portugaise. Ses territoires comptaient environ 11 millions d'habitants, dont 7 au Mexique. Aux 300 000 Espagnols nés dans la métropole s'opposait l'élite de ces colonies, l'aristocratie créole*, détentrice du pouvoir économique et hostile au pacte colonial interdisant tout commerce avec un autre pays que la métropole, mais aussi exclue de l'administration. Ce mécontentement latent, renforcé par l'exemple des révolutions américaine et française, contribua aux mouvements d'indépendance en Amérique latine. Au Brésil, le régent Dom Pedro, fils du roi du Portugal, prit l'initiative de la sécession, se fit couronner empereur et proclama l'indépendance (1822). Dans les colonies espagnoles, des troubles violents éclatèrent à l'occasion de la chute des Bourbons* d'Espagne (1808) mais, après la restauration de Ferdinand VII* (1814), l'Espagne triompha de tous les soulèvements sauf dans la région du Río de la Plata, où une junte militaire proclama l'indépendance d'une fédération qui devint plus tard la République d'Argentine. À partir de 1816, triomphèrent, grâce à l'appui officieux des États-Unis et de l'Angleterre, les *libertadores*. Grâce à José de San* Martín, le Chili fut libéré (1817) et l'indépendance du Pérou proclamée (1821). Miranda* affranchit le Venezuela (1811) puis Bolivar* établit la Grande-Colombie (1819). Les mouvements de libération aboutirent ainsi, entre 1810 et 1830, à la formation de 15 États indépendants, transformant radicalement la physionomie politique du continent américain. Voir Bolivar (Simon), Iturbide (Agustín de), Panama (Congrès de), Sucre (Antonio José de).

INDÉPENDANCE GRECQUE (Guerre de l', 1821-1827). Conflit qui opposa les Grecs aux Ottomans* et qui aboutit à l'indépendance de la Grèce (1832). Le mouvement nationaliste grec avait trouvé dans l'Empire ottoman*, décadent depuis le milieu du XVIIIᵉ siècle, ses partisans auprès des puissants négociants grecs d'Istanbul et d'une classe bourgeoise, riche et cultivée, gagnée aux idées libérales de la Révolution* française. Réunis en société secrète (l'Hétairie), des notables, dirigés par Ypsilanti, prirent l'initiative du premier soulèvement (1821) et après la prise de Tripolis (1821) l'indépendance grecque fut proclamée au congrès d'Épidaure (1822). Cependant, les Turcs, profitant des divisions des Grecs, décidèrent d'intervenir. Après les massacres de Chio (avril 1822), Missolonghi* (1822-1823 et 1826) puis Athènes (1827) furent reconquis. Mais, soutenus par l'intervention des puissances européennes (Russie, Angleterre, France), les Grecs écrasèrent la flotte turco-égyptienne (Méhémet-Ali*) à Navarin* (1827). Vaincue dans la guerre russo-turque*, la Turquie signa le traité d'Andrinople* (1829) reconnaissant l'autonomie de la Grèce, royaume dont le premier monarque fut Otton Iᵉʳ de Bavière. Par le traité de Constantinople (1832), la Turquie reconnut l'indépendance de l'État grec. Voir Byron (lord), Londres (conférence de), Orient (Question d'), Solomós (Dionysios).

INDÉPENDANTS. Nom donné aux représentants de l'opposition libérale au régime de la Restauration*. Ils regroupaient des tendances diverses : républicains, bonapartistes*, orléanistes*. Ses principaux représentants furent le général Foy, soldat de la Révolution* et de l'Empire*, les libéraux Benjamin Constant*, les banquiers Casimir Perier* et Laffitte*, les républicains comme La Fayette* ou les bonapartistes comme l'avocat Manuel. Le parti des Indépendants ou libéraux se distingua des Constitutionnels*, favorables à l'application de la Charte de 1814, à partir de 1817.

INDES (Compagnie française des) Compagnie financière et commerciale créée en 1719 à l'instigation du financier Law* et qui reçut (1722) le monopole du commerce maritime français (sauf en Amérique). Malgré les réussites de La Bourdonnais (colonisation de la Réunion et de l'île Maurice) et de Dupleix* (établissements français aux Indes), la Compagnie, ruinée par les guerres coloniales et maritimes (guerre de Succession* d'Autriche, guerre de Sept* Ans), perdit son monopole (1769). Reconstituée par Louis XVI* sous le nom de « Nouvelle Compagnie des Indes » (1785), elle fut définitivement supprimée par la Convention* (1794), ce qui donna lieu à un scandale où furent mêlés en particulier Danton* et Fabre* d'Églantine.

INDES OCCIDENTALES (Compagnie française des). Compagnie de commerce à privilège, elle fut fondée en 1664 par Colbert*. Spécialisée dans l'importation de sucre, elle étendit ses activités dans les Antilles, puis se livra à la traite* des Noirs au Sénégal. La Compagnie, en difficultés financières, dut être dissoute en 1674.

INDES ORIENTALES (Compagnie anglaise des). Compagnie de commerce fondée en 1600 à laquelle Élisabeth Iʳᵉ* accorda une charte lui conférant le monopole du commerce avec les pays de l'océan Indien. Elle fut créée à l'origine afin d'enlever aux Hollandais le monopole des épices, naguère détenu par les Portugais. Ayant échoué en Indonésie, les activités de la Compagnie se concentrèrent, à partir du début du XVIIᵉ siècle, sur le continent indien où fut organisé un puissant réseau commercial autour de comptoirs (Madras, Bombay, Calcutta*), la Compagnie commençant à s'immiscer dans les affaires indigènes. Progressivement dépendant du gouvernement – notamment après l'*India*

Act de Pitt* (1784) –, la Compagnie perdit en 1833 ses privilèges et l'Inde britannique, après l'insurrection des cipayes* (1857), passa directement sous le contrôle de la Couronne (1858).

INDES ORIENTALES (Compagnie française des). Compagnie commerciale à privilège fondée par Colbert* en 1664 pour l'exploitation du commerce avec les pays d'Orient (Inde et Chine) et le Sénégal. Installée à Pondichéry* (Inde) à partir de 1686, elle abandonna son commerce avec la Chine à la fin du XVIIᵉ siècle. Elle fut absorbée en 1719 par la Compagnie anglaise des Indes* créée par Law*.

INDES ORIENTALES (Compagnie hollandaise des). Compagnie créée en 1602 afin de commercer avec les pays riverains de l'océan Indien, elle étendit son empire sur les possessions du Portugal annexées par Philippe II*, roi d'Espagne. Elle connut son apogée au XVIIᵉ siècle, puis déclina et disparut après la guerre anglo-hollandaise de 1799.

INDEX ou *Index librorum prohibitorum* (Index des livres interdits). Catalogue des livres dont la lecture était interdite aux catholiques par l'autorité pontificale, promulgué par le concile de Trente* (1564). Les livres prohibés furent principalement des ouvrages portant sur des versions de l'Écriture, des livres prônant l'hérésie ou l'athéisme ou contraires à la morale catholique*. L'Index fut supprimé par Paul VI après Vatican II (1965).

INDIA ACTS (1919, 1935). Nom donné aux différents statuts accordés à l'Inde avant son indépendance (1947). Le *Government of India Act* (décembre 1919) prévoyait une représentation des diverses communautés indiennes dans les assemblées provinciales et dans l'Assemblée centrale, ainsi que l'entrée de ministres indiens dans tous les gouvernements provinciaux. Ce système fut loin de satisfaire les revendications des partis indiens (parti du Congrès*), les Britanniques se réservant les affaires les plus importantes, notamment l'exécutif et les finances. Le second *Government of India Act* (2 août 1935) fut plus libéral, Londres n'ayant pu briser le mouvement de désobéissance civile conduit par Gandhi*. L'Inde devenait une fédération de 11 provinces possédant chacune un gouvernement provincial autonome et des assemblées élues au suffrage censitaire. Cette large autonomie ne suffit pas à satisfaire l'opposition nationaliste. Voir Nehru (Jawaharlal).

INDOCHINE (Guerre d', 1946-1954). Guerre menée par le Viêt-minh* – mouvement nationaliste et communiste – contre la France. D'abord coloniale, la guerre d'Indochine prit une dimension internationale après la victoire des communistes en Chine (1949). Elle devint aussi pour les États-Unis un élément de la politique de *Containment* du communisme* en Asie, tandis que le Viêt-minh recevait le soutien massif de la Chine et de l'URSS. Après la fin de l'occupation japonaise de l'Indochine* (1945) et l'envoi d'un corps expéditionnaire commandé par le général Leclerc*, des négociations s'engagèrent entre le gouvernement français et Hô* Chi Minh, dirigeant du Viêt-minh. La France, par l'accord Sainteny-Hô Chi Minh (6 mars 1946) reconnut la République du Viêt-nam* comme État libre faisant partie de la Fédération indochinoise et de l'Union* française. Cependant, le haut commissaire, Thierry D'Argenlieu* – soutenu par les colons – décida le 1er juin, en violation des accords du 6 mars, la proclamation d'une République séparée en Cochinchine* (sud du Viêt-nam). Malgré les tentatives de négociations de Hô Chi Minh (conférence de Fontainebleau, septembre 1946), la guerre d'Indochine s'engagea après le bombardement de Haiphong par la marine française (novembre 1946), en réponse à des attentats organisés par le Viêt-minh. Ce dernier engagea alors une « guerre populaire » sous la direction du

général Giap* et réussit à contrôler les campagnes du Tonkin* et du sud de la Cochinchine. Pour contrer son influence, la France, cherchant à s'appuyer sur les nationalistes conservateurs, accorda à l'empereur Bao* Dai l'« indépendance du Viêt-nam », dans l'Union française avec le Tonkin*, l'Annam* et la Cochinchine. Après la victoire communiste en Chine (1949), et la guerre de Corée* (1950-1953), la guerre d'Indochine s'intégra dans la guerre* froide, le Viêt-minh recevant l'appui militaire de la Chine et de l'URSS, et la France une aide militaire et financière américaine. Après la capitulation, le 7 mai 1954, des troupes françaises dans la cuvette de Diên* Biên Phu (les Américains avaient refusé de faire intervenir leurs bombardiers), le nouveau gouvernement Mendès* France négocia les accords de Genève* (juillet 1954). Le Cambodge et le Laos accédèrent à l'indépendance. Le Viêt-nam était divisé par une ligne d'armistice fixée au 17e parallèle avec le Nord contrôlé par le Viêt-minh et le Sud dominé par les nationalistes non communistes. Les élections générales prévues pour préparer la réunification n'eurent jamais lieu, et la guerre d'Indochine fut suivie par celle du Viêt-nam. Voir Viêtcong, Viêt-nam (Guerre du).

INDOCHINE FRANÇAISE. Nom donné à l'ensemble des colonies et des protectorats français de la péninsule indochinoise. Elle comprit d'abord la Cochinchine*, l'Annam*, le Tonkin*, territoires conquis sous le Second Empire*, puis le Cambodge et le Laos. Voir Indochine (Guerre d'), Viêt-nam (Guerre du).

INDULGENCES. Nom donné à la rémission, accordée par l'Église, de la peine temporelle (pénitence) encourue en raison du péché. La rémission pouvait être plénière ou partielle. L'indulgence plénière se développa tout particulièrement au moment des croisades*, les croisés* bénéficiant d'une rémission complète des conséuences de leurs péchés, pour prix de leur articipation à la guerre sainte. L'octroi 'indulgences fut cependant, dès le ıvᵉ siècle, détourné de son but, l'Église écidant qu'on pouvait racheter certains échés par l'achat d'indulgences, dont le roduit de la vente comblait le déficit des nances pontificales. Les abus de ces ven-:s furent en partie à l'origine de la Ré-ɔrme* de Luther*.

ΙΝDULGENTS. Nom donné par Robes-ierre* et ses amis aux anciens membres ιu Club des cordeliers*, parmi lesquels)anton* et Camille Desmoulins*, qui ré-lamaient dès la fin de 1793 la suppression e la Terreur*. Les Indulgents furent ondamnés par le Tribunal* révolution-ıaire en avril 1794 et guillotinés.

ΙΝDUS. Fleuve du continent indien (3 080 ım). Il prend naissance au Tibet, traverse : Cachemire et le Pakistan* et se jette ans la mer d'Oman en un vaste delta, près e la ville de Karachi. C'est dans la vallée ıe l'Indus que se développa aux IIIᵉ et ıᵉ millénaireş av. J.-C. la première civili-ation indienne appelée civilisation de 'Indus*.

ΙΝDUS (Civilisation de l'). Nom donné à ı première civilisation indienne. Elle se éveloppa au nord-ouest de l'Inde* entre 500 et 1500 av. J.-C. Découverte par des ouilles archéologiques menées à partir de 921, elle est pour le moment très mal onnue, son écriture n'ayant pas été encore léchiffrée. Ses deux principaux centres taient deux villes fortifiées : Mohenjo-)aro et Harappa. Comptant sans doute -0 000 habitants, elles se caractérisaient ıar un urbanisme avancé : plates-formes, éseaux d'égouts souterrains. Elles entre-enaient des échanges commerciaux avec ı Mésopotamie* et leurs campagnes taient actives (production de céréales, ɔratique de l'irrigation). Déjà déclinante, :ette civilisation disparut brutalement vers ł 500 av. J.-C., détruite peut-être par l'in-ⱱasion des Aryens. Voir carte p. 478.

INFIDÈLE. Nom donné à celui qui ne croit pas à la « vraie religion ». Pour le musulman, l'infidèle est le chrétien et in-versement. Voir Croisades, *Djihad.*

INGRES, Jean Auguste Dominique (Montauban, 1780-Paris, 1867). Peintre français. Élève de David*, dont il se voulut l'héritier, il fut le défenseur du néo-classi-cisme* face au romantisme*, prônant la co-pie des antiques et le culte du dessin. Grand˙ prix de Rome en 1801, Ingres séjourna en Italie durant dix-huit ans (1806-1824), dé-couragé par l'accueil peu favorable du pu-blic parisien fait à ses envois successifs (*Baigneuse de Valpinçon*, 1808, Paris, Lou-vre ; *Jupiter et Thétis*, 1811, Aix-en-Pro-vence ; *La Grande Odalisque*, 1814, Paris, Louvre). Le succès de son *Vœu de Louis XIII* (cathédrale de Montauban), opposé par la critique au *Massacre de Chio* de Dela-croix*, provoqua son retour à Paris. Ac-cueilli avec enthousiasme par les tenants de l'Académie, il ouvrit un atelier qui devint bientôt célèbre et où affluèrent les commandes officielles (*Apothéose d'Ho-mère*, 1827, Paris, Louvre). Devenu dé-laissé, il obtint en 1835 le poste de directeur de la Villa Médicis à Rome, où il resta jusqu'en 1841, puis, à nouveau apprécié, revint à Paris. Comblé d'honneurs, Ingres exécuta de brillants portraits (*Mme Moites-sier*, 1851, New York, Metropolitan Mu-seum), reçut plusieurs commandes de dé-corations monumentales (*L'Âge d'or*, 1842-1843, inachevé, château de Dam-pierre) et exécuta de nombreux nus, notam-ment le *Bain turc* (1863, Paris, Louvre), dernier chef-d'œuvre. Voir Gros (Antoine).

INKERMAN (Bataille d', 5 novembre 1854). Victoire remportée dans les fau-bourgs de Sébastopol*, à Inkerman, lors de la guerre de Crimée* (1854-1856), après une bataille sanglante, par les armées franco-britanniques sur les Russes commandés par Menchikov*. La victoire fut assurée par le maréchal de France Bos-quet*. Voir Raglan (Fitzroy).

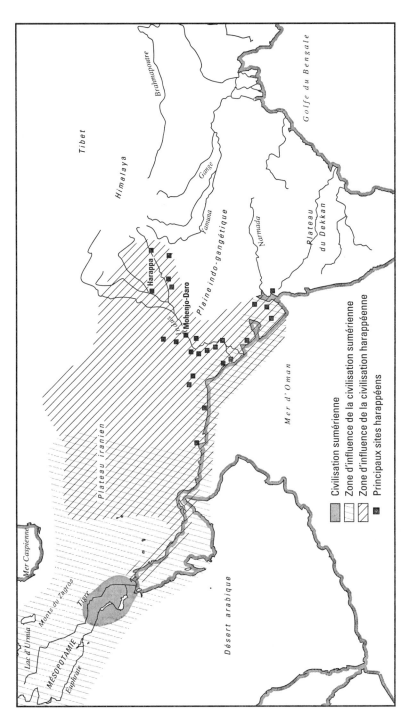

La civilisation de l'Indus (2500-1500 av. J.-C.)

Civilisation sumérienne

Zone d'influence de la civilisation sumérienne

Zone d'influence de la civilisation harappéenne

Principaux sites harappéens

Mer Caspienne

Lac d'Urmia

Monts du Zagros

MÉSOPOTAMIE

Euphrate

Tigre

Désert arabique

Plateau iranien

Mer d'Oman

Harappa

Mohenjo-Daro

Indus

Plaine indo-gangétique

Yamuna

Gange

Brahmapoutre

Tibet

Himalaya

Narmada

Plateau du Dekkan

Golfe du Bengale

INNOCENT III (Anagni, 1160-Rome, 1216). Pape (1198-1216) le plus puissant du Moyen Âge. Il imposa son autorité aux grands souverains d'Europe et encouragea en Espagne la reconquête du pays sur les Arabes*. Il fit prêcher la quatrième croisade*, lutta contre l'hérésie albigeoise en prêchant la croisade dite des Albigeois* (1208) et réunit le quatrième concile du Latran* (1215). Il est considéré comme le théoricien de la théocratie pontificale. Voir Alexandre III, Frédéric II, Grégoire VII, Jean sans Terre, Otton IV, Philippe II Auguste, Raimond VI, Urbain II.

INÖNÜ, Mustafa Ismet, dit **Ismet** (Izmir, 1884-Ankara, 1973). Général et homme politique turc. Collaborateur de Mustafa* Kemal, il fut le principal artisan de la victoire d'Inönü (1921) qui permit aux Turcs de chasser les Grecs d'Anatolie* puis ministre des Affaires étrangères, il représenta la Turquie à la conférence de Lausanne* (1923). Premier ministre de Mustafa Kemal (1923-1937), il devint président de la République (1938-1950) à la mort de ce dernier. Après avoir habilement maintenu la neutralité de la Turquie (1940-1945) lors de la Seconde Guerre* mondiale, ce qui lui permit de bénéficier du plan Marshall* (1947), il prit la tête du Parti républicain du peuple (1938-1972), et passa dans l'opposition sous le gouvernement de Menderes* (1950-1960). Il fut à nouveau Premier ministre entre 1961 et 1965. Voir Evren (Kenan).

INQUISITION. Tribunal ecclésiastique créé par la papauté pour combattre l'hérésie. Il fut organisé en 1231-1233 par le pape Grégoire IX qui en confia la direction aux Dominicains*. Toute personne pouvait être poursuivie sur simple dénonciation. Les juges ou inquisiteurs essayaient d'obtenir, parfois par la torture, l'aveu. Ceux qui refusaient d'abjurer (c'est-à-dire de rejeter l'hérésie) pouvaient être livrés aux juges laïques, les sentences allant de la peine de mort à la confiscation des biens en passant par la prison temporaire ou à vie. L'Inquisition parvint à réduire l'hérésie des Albigeois* à la fin du XIII⁰ siècle et fut aussi utilisée pour combattre la sorcellerie et les non-chrétiens. En France, à partir du XVI⁰ siècle, les progrès de l'autorité royale amenèrent la disparition de l'Inquisition. Son importance déclina aussi dans le reste de l'Europe sauf en Espagne où, sous le contrôle des souverains (Saint-Office*), elle joua un rôle religieux et politique considérable à l'époque moderne.

INSULA. Dans les villes romaines antiques, « îlot » (sens du mot latin *insula* qui signifie île) d'habitations entourées de tous côtés par des rues. Les *insulae*, particulièrement nombreux à Rome*, étaient des immeubles élevés, loués par appartements, dans lesquels s'entassaient le bas peuple romain. Construits en mauvais matériaux, manquant de tout confort, ils s'écroulaient et brûlaient souvent. Voir Plèbe.

INTENDANTS. Nom donné aux commissaires royaux établis dans une généralité. Les intendants ont été, à partir du XVII⁰ siècle, les meilleurs instruments de l'absolutisme centralisateur. Issus des inspecteurs chargés par le roi de missions temporaires, les intendants furent définitivement mis en place sous Louis XIV* entre 1664 et 1689. Portant le titre officiel d'« intendant de police, justice et finances et commissaire départi du roi », l'intendant, souvent issu de la noblesse* de robe ou de la haute bourgeoisie et choisi parmi les maîtres des requêtes du Conseil* des parties, détint des compétences qui s'étendirent au détriment de celles du gouverneur et des cours souveraines. Les intendants jouèrent un rôle considérable dans le royaume français. Ils furent des administrateurs compétents, souvent pénétrés au XVIII⁰ siècle de l'esprit du « despotisme éclairé ». Ils contrôlaient les tribunaux, assuraient l'ordre public et répartissaient les impôts royaux. Ils furent supprimés en 1789.

INTERCESSIO. Dans la Rome* antique, droit de veto détenu par un magistrat à l'encontre d'une motion présentée par un magistrat* de rang égal ou inférieur. Les tribuns* de la plèbe disposaient d'un droit d'*intercessio* sans limite.

INTERNATIONALE. Nom donné aux organisations des partis ouvriers dont l'objectif est l'avènement mondial du socialisme*. Voir Internationale (Première, Deuxième, Troisième, Quatrième).

INTERNATIONALE (PREMIÈRE). Fondée à Londres en 1864, l'Association internationale des Travailleurs ou Première Internationale regroupa des adeptes de Proudhon* et de Blanqui*, favorables à la plupart des idées de Karl Marx*. Après avoir connu de graves conflits internes – en particulier l'exclusion des anarchistes de Bakounine* en 1872 –, la Première Internationale fut dissoute en 1876. Voir Anarchisme, Engels (Friedrich).

INTERNATIONALE (DEUXIÈME). Internationale fondée à Paris en 1889 par les partis socialistes et sociaux-démocrates européens. Tout en restant fidèle à la doctrine marxiste de la lutte des classes, elle prit position pour la République parlementaire et contre la dictature du prolétariat défendue par Lénine*. Après le déclenchement de la Première Guerre* mondiale, une dissension éclata entre les « réformistes nationalistes » qui avaient voté les crédits militaires et les « socialistes internationalistes ». Les révolutions* russes de 1917 consacrèrent la rupture entre socialistes et communistes (1919). Appelée Internationale ouvrière socialiste (1923), la Deuxième Internationale fut dissoute en 1939 et reconstituée en 1951 sous le nom d'Internationale socialiste. Voir Kautsky (Karl).

INTERNATIONALE (TROISIÈME). Nom donné à l'Internationale communiste, ou Komintern*, créée par Lénine* au congrès de Moscou en mars 1919. Elle rassembla, autour de la Russie puis de l'URSS, la plupart des partis communistes du monde. Guide du mouvement révolutionnaire international, elle fut essentiellement dominée par le Parti communiste* de l'Union soviétique. Lors de la Seconde Guerre* mondiale, afin de faciliter les relations entre l'URSS et ses alliés, Staline* décida sa dissolution le 15 mai 1943. Le Komintern fut reconstitué, au moment de la guerre* froide, sous le nom de Kominform*.

INTERNATIONALE (QUATRIÈME). Internationale fondée en France en 1938 par les délégués de mouvements, venus de différents pays, favorables à Trotski*.

INTERNATIONALE (L'). Hymne révolutionnaire international dont les paroles sont d'Eugène Pottier et la musique de Pierre Degeyter (1871). Il fut l'hymne national soviétique jusqu'en 1944 et devint l'hymne international des partis socialistes et communistes. Voir Commune de Paris, Franco-allemande de 1870-1871 (Guerre).

INTOUCHABLES. En Inde*, nom donné aux membres de certaines castes* inférieures. Leur contact est considéré, par les castes supérieures, comme une cause de souillure (d'où leur nom). Bien qu'hindouistes*, ils sont exclus de bon nombre de cérémonies et pratiquent des métiers regardés comme déshonorants. Voir Paria.

INVALIDES (Hôtel des). Monument de Paris construit à l'initiative de Louis XIV* afin d'héberger des militaires invalides. Édifié à partir de 1670 d'après les plans de Libéral Bruant, il fut achevé par J. Hardouin-Mansart*, auteur de la chapelle Saint-Louis surmontée d'un célèbre dôme doré (1680-1706). Les cendres de Napoléon Ier* y sont déposées depuis 1840. On y trouve également le tombeau de son fils (Napoléon II*) mais aussi ceux de grands soldats (Foch*, Lyautey*). L'Hôtel des Invalides abrite aujourd'hui le musée de l'Armée et le musée des Plans-Reliefs.

INVASIONS (Les Grandes). Nom donné aux migrations de peuples barbares*, en

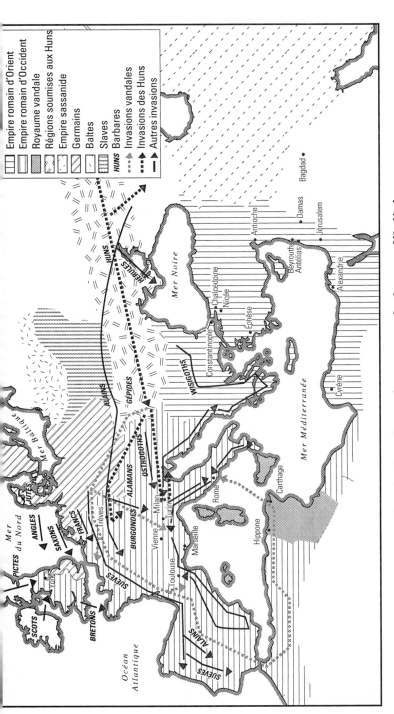

Les Grandes Invasions et les royaumes barbares au Ve siècle

Empire romain d'Orient
Empire romain d'Occident
Royaume vandale
Régions soumises aux Huns
Empire sassanide
Germains
Baltes
Slaves
Barbares
HUNS
Invasions vandales
Invasions des Huns
Autres invasions

Océan Atlantique

Mer du Nord

Mer Baltique

Mer Noire

Mer Méditerranée

SCOTS
PICTES
BRETONS
JUTES
ANGLES
SAXONS
FRANCS
Trèves
SUÈVES
BURGONDES
ALAMANS
Vienne
Milan
Turin
Toulouse
Marseille
ALAINS
SUÈVES
Hippone
Rome
Carthage
OSTROGOTHS
GÉPIDES
ALAINS
HÉRULES
HUNS
WISIGOTHS
Constantinople
Chalcédoine
Nicée
Éphèse
Antioche
Damas
Beyrouth
Antélias
Jérusalem
Alexandrie
Cyrène
Bagdad

majorité des Germains* qui, fuyant devant les Huns* (375 av. J.-C.), pénétrèrent dans l'Empire romain* et provoquèrent son effondrement. Les Wisigoths* submergèrent la frontière du Danube et se répandirent dans les Balkans* et en Grèce* puis s'emparèrent de Rome* (410 ap. J.-C.). En 406 ap. J.-C., la frontière du Rhin fut également emportée par les Slaves*, les Vandales* et les Suèves qui traversèrent la Gaule* et parvinrent en Espagne. Les Burgondes* s'établirent dans la haute vallée du Rhône, entre Lyon et les Alpes. La Bretagne (Angleterre actuelle) fut envahie par les Angles*, les Jutes et les Saxons*, provoquant le départ des Bretons en Armorique (Bretagne). Les Francs*, vers 430 ap. J.-C., avancèrent à leur tour au-delà du Rhin et occupèrent le nord-ouest de la Gaule*. Enfin en Italie, un chef de mercenaires barbares, Odoacre*, déposa le dernier empereur romain en 476 ap. J.-C. (cette date marque pour les historiens la fin de l'Antiquité et le début du Moyen Âge). L'Empire romain d'Occident disparut. À sa place s'établirent aux ve et vi^e siècles des royaumes barbares : Francs en Gaule du nord, Burgondes en Savoie et en Bourgogne, Wisigoths en Gaule du Sud et en Espagne, Alamans en Lorraine et dans le Jura, Angles et Saxons en Bretagne (Angleterre), Vandales en Afrique du Nord, enfin Ostrogoths* en Italie. L'Empire* romain d'Orient subsista sous le nom d'Empire byzantin* (jusqu'en 1453, date de la prise de Constantinople* par les Turcs). Les Grandes Invasions furent un événement capital dans l'histoire de l'Europe. Il en résulta une fusion entre l'élément germain et l'élément romain qui donne aujourd'hui leurs principaux caractères aux nations de l'Europe occidentale. Pour de nombreux historiens, l'établissement des Lombards* en Italie (vi^e siècle) représente la fin des Grandes Invasions barbares en Europe. Voir Bulgares, Magyars, Mongols, Normands.

INVESTITURE. À l'époque féodale, ce terme désigna la mise en possession d'un fief*, qui donnait lieu à une cérémonie : le seigneur qui concédait le fief à un vassal lui remettait un objet symbolisant le fief (bâton, motte de terre). En principe, l'investiture suivait l'hommage* ; dans certaines régions, elle pouvait le précéder (Italie, Catalogne). Dans le cas de fief accordés à des évêques* et à des abbés, le seigneur remettait la crosse (ce qui conduisit à une confusion entre l'investiture, spirituelle, de la charge d'évêque et d'abbé et l'investiture temporelle de fiefs à des abbés et à des évêques, confusion contre laquelle la papauté réagit lors de la Querelle des Investitures*). Voir Bénéfice, Féodalité, Relief.

INVESTITURES (Querelle des). Nom donné au conflit qui opposa les papes à des seigneurs et à des souverains, tout particulièrement l'empereur aux xie et xiie siècles à propos de l'investiture* des évêques* et des abbés. Le premier acte du conflit opposa le pape Grégoire VII* à Henri IV*, l'épisode le plus célèbre ayant été l'humiliation de l'empereur implorant le pardon du pontife à Canossa* (1077). La querelle se poursuivit sous le règne d'Henri V* et ne prit fin qu'en 1122 par le concordat de Worms*. Voir Sacerdoce et de l'Empire (Lutte du).

IONIE Nom donné dans l'Antiquité à la partie centrale de la côte est de l'Asie* Mineure (comprise entre Phocée* au nord et Milet* au sud) et aux îles de Chio et Samos. Fuyant l'invasion des Doriens*, cette région fertile fut colonisée par des Grecs, les Ioniens*, établis dès la fin du IIe millénaire av. J.-C. Douze cités dont les plus importantes furent Phocée, Éphèse*, et Milet*, y furent fondées. L'Ionie, influencée par les civilisations brillantes de l'Orient, fut le premier foyer de la civilisation grecque. Milet et Phocée, grandes villes commerçantes, participèrent au mouvement de colonisation* grecque aux

VIIIᵉ et VIIᵉ siècles av. J.-C. et s'établirent sur les rives de la mer Noire, en Grande-Grèce* et en Sicile. Elles adoptèrent l'usage de la monnaie qu'elles répandirent dans tout le monde grec. L'Ionie fut dominée par les Lydiens* au VIᵉ siècle av. J.-C., puis par les Perses* à partir de 546 av. J.-C. Leur révolte en 499 av. J.-C. fut le point de départ des guerres médiques*. Mais, libérées des Perses et entrées dans la ligue de Délos*, elles furent bientôt soumises à Athènes*. De nouveau dominée par les Perses, puis par Alexandre* le Grand et ses successeurs, l'Ionie appartint plus tard à la province romaine d'Asie. Voir Anaximandre, Héraclite, Hippodamos, Thalès.

IONIENS. Envahisseurs grecs qui s'installèrent en Grèce*, après les Achéens*, au cours du IIᵉ millénaire av. J.-C. Ils occupèrent d'abord le nord du Péloponnèse*, l'Attique* et l'île d'Eubée. Après l'invasion des Doriens* (vers 1200-1100 av. J.-C.), beaucoup d'Ioniens émigrèrent dans les îles de la mer Égée et en Asie* Mineure, région où ils fondèrent une confédération de 12 cités dont les plus célèbres furent Éphèse*, Milet* et Phocée*. C'est en Attique que les Ioniens imposèrent la division en quatre tribus que l'on retrouva plus tard dans les cités ioniennes de l'Asie Mineure. Voir Ionique (Ordre).

IONIQUE (Ordre). Style d'architecture antique. Né en Ionie* à la fin du VIᵉ siècle av. J.-C., il se caractérise par des colonnes hautes et élancées à cannelures fines et profondes qui reposent sur une base. Leurs chapiteaux sont ornés de deux volutes (motif décoratif enroulé en spirale). Une frise continue et richement décorée entoure le temple. Voir Corinthien (Ordre), Dorique (Ordre), Érechthéion, Temple grec.

IRA (*Irish Republican Army*, en fr. Armée républicaine irlandaise). Organisation nationaliste irlandaise qui combat pour l'unité et l'indépendance de la totalité de l'île. Elle est née en 1919 lors de la guérilla qui aboutit à la partition de l'île et à la création de l'État libre d'Irlande (1921) (Irlande du Sud). Déclarée hors la loi par le nouveau gouvernement irlandais (1922), l'IRA reprit ses activités terroristes en Irlande du Nord (Ulster*) dans les années 50, organisant des attentats contre les troupes et les autorités britanniques mais aussi les protestants. En 1969, l'IRA s'est scindée en deux : les *Officials* (ou l'« IRA officielle ») favorables à un règlement pacifique du conflit, et l'IRA dissidente dite « provisoire » (les *Provisionnals* ou « Provos » majoritaires en Irlande du Nord) accordant la priorité à la lutte armée et la réunification immédiate des deux Irlandes. En 1992, la violence en Irlande du Nord avait fait encore 84 morts. En 1994 a été signé un cessez-le-feu entre l'IRA et les groupes paramilitaires protestants. Voir Eire, *Home Rule*, Irlande (République d'), Sinn Féin.

IRAN-IRAK (Conflit, 1980-1988). Guerre provoquée par l'Irak, État laïque autoritaire dirigé par Saddam Hussein* contre l'Iran, République islamique dirigée par Khomeyni*. En provoquant le conflit, l'Irak souhaitait enrayer la contagion de l'intégrisme musulman des chi'ites* iraniens (l'Irak compte environ 60 % de chi'ites), souder l'unité des Arabes contre les Perses*, récupérer le Chatt al-Arab et annexer le Khuzestan (province pétrolière iranienne). Après une série d'offensives et de contre-offensives meurtrières, l'Irak déclencha en 1984 la guerre des villes et étendit ses opérations au Golfe, provoquant le renforcement des flottes de guerre occidentales dans la région. Un cessez-le-feu fut conclu sous l'égide de l'ONU* en juillet 1988. Cette guerre aura fait plus d'un million de victimes. Voir Golfe (Guerre du).

IRANGATE (Affaire de l'). Affaire qui porta atteinte à la popularité du président américain Ronald Reagan*. Un magazine libanais révéla en 1987 que ce dernier, qui pourtant avait manifesté une grande fermeté à l'égard du terrorisme international (raid contre la Libye en avril 1986), avait autorisé des livraisons d'armes américaines à l'Iran afin d'obtenir la libération d'otages détenus par des terroristes proiraniens sur le territoire libanais. Les profits de ces livraisons avaient permis de financer, au Nicaragua, les *contras* en lutte contre le régime sandiniste, détournant ainsi l'interdit du Congrès. Voir Somoza (Anastasio).

IRGOUN. Organisation clandestine militaire extrémiste juive fondée en Palestine* en 1937 par David Rasiel et Abraham Stern. Sioniste et nationaliste d'extrême droite, l'Irgoun se manifesta par des actions terroristes contre les Britanniques, puissance mandataire en Palestine, hostiles à l'augmentation de l'immigration juive dans la région, mais aussi contre la population arabe de Palestine. Après la proclamation de l'État d'Israël* (1948), l'Irgoun fut dissoute après l'assassinat du comte Bernadotte (septembre 1948). Ses membres furent intégrés dans l'armée israélienne tandis que d'autres entraient dans le parti de droite Hérouth. Voir Haganah.

IRLANDE (République d'). Nom donné à l'État libre d'Irlande ou Éire en 1948. Elle constitue la partie sud de l'île, privée, depuis son indépendance (1921), des six comtés de l'Ulster* à majorité protestante. Dès la naissance de l'État libre d'Irlande (1921), membre du Commonwealth*, une véritable guerre civile opposa le gouvernement provisoire à ceux qui refusaient la partition de l'île. Le gouvernement de W. T. Cosgrave (1922-1932) rétablit le calme et favorisa le développement agricole. La complète indépendance de l'Irlande du Sud fut menée à partir de 1932 par Eamon De* Valera. Après l'adoption d'une nouvelle Constitution (1937), l'Irlande prit le nom de Éire et resta neutre durant la Seconde Guerre* mondiale. Depuis lors, la République d'Irlande (1948), qui a rompu avec le Commonwealth tout en gardant l'objectif de la réunification de l'île, s'attache à la modernisation économique du pays dans le cadre de la CEE* dont elle est devenue membre en 1973. En 1993, le gouvernement de coalition irlandais (Fianna Fail et Parti travailliste) dirigé par A. Reynolds, et le gouvernement britannique de John Major ont signé une déclaration commune envisageant, sous certaines conditions, la perspective d'une réunification de l'île. En 1994 a été signé un cessez-le-feu entre l'IRA* et les groupes paramilitaires protestants. La guerre civile aura fait 3 713 victimes. Voir Sinn Féin.

IRRÉDENTISME. Nom donné au mouvement politique italien, né dans les années 1870, qui réclamait l'annexion de l'Italie *irredenta* (non rachetée), c'est-à-dire sous domination austro-hongroise (Trentin, Trieste, Gorizia, l'Istrie, Fiume et la Dalmatie). Après s'être exprimé dans différentes associations, l'irrédentisme connut une nouvelle impulsion avec le poète D'Annunzio*. Après avoir provoqué des troubles à Trieste en 1913, il contribua à la rupture de la Triplice* et à l'entrée en guerre de l'Italie aux côtés des Alliés (1915). Le traité secret de Londres (1915), concernant Fiume et la Dalmatie, n'ayant pas été respecté, l'irrédentisme connut après la Première Guerre* mondiale une nouvelle flambée (occupation de Fiume par D'Annunzio, septembre 1919), et ses objectifs furent repris par les fascistes. Sous Mussolini*, les revendications irrédentistes se portèrent particulièrement contre la France (Nice, la Savoie, la Corse, la Tunisie), mais ces annexions furent refusées par Hitler* lors de l'armistice de juin 1940. Voir Guerre mondiale (Seconde), Rapallo (Traité de), Rethondes (Armistice de), Saint-Germain-en-Laye (Traité de).

ISAAC. Patriarche* hébreu, fils d'Abraham* et de Sara. D'après la Bible*, il faillit être sacrifié par son père dont Dieu voulait tester la foi mais fut miraculeusement sauvé.

ISABELLE Iʳᵉ, dite LA CATHOLIQUE (Madrigal de las Altas Torreo, 1451-Medina del Campo, 1504). Reine de Castille* (1474-1504). Fille de Jean II, roi de Castille*, elle épousa en 1469 Ferdinand* d'Aragon (Ferdinand II), scellant ainsi l'union des deux royaumes, fondement de la puissance espagnole. Devenue reine de Castille en 1474, elle défendit victorieusement sa couronne contre les prétentions d'Alphonse V du Portugal. Avec Ferdinand qui n'avait pourtant officiellement aucune autorité sur les États de sa femme, elle acheva la *Reconquista** (prise de Grenade, 1492) et encouragea le premier voyage de Christophe Colomb*. Isabelle et Ferdinand reçurent du pape le titre de Rois Catholiques. À sa mort, Jeanne la Folle lui succéda mais Ferdinand, en tant que régent de Castille, exerça la réalité du pouvoir.

ISABELLE II, Marie-Louise, dite (Madrid, 1830-Paris, 1904). Reine d'Espagne (1833-1868). Déclarée majeure en 1843, elle fut renversée par une insurrection d'officiers libéraux. Son règne fut marqué par l'agitation carliste, la naissance d'un parti républicain et la résurgence des régionalismes catalan et basque. Fille unique de Ferdinand VII*, elle succéda en 1833 à son père, qui avait aboli en 1830 la loi salique, écartant ainsi du trône son oncle Don Carlos*, provoquant les guerres carlistes qui devaient troubler la vie politique de l'Espagne durant une grande partie du XIXᵉ siècle. Placée sous la régence de sa mère (1833-1840), puis du général progressiste Espartero (1840-1843), Isabelle entama son règne personnel après le soulèvement de 1854 qui chassa sa mère, Marie-Christine. Elle laissa cependant le gouvernement alternativement à O'Donnell et Narvaez. La politique répressive de ce dernier à l'égard des républicains puis des carlistes* provoqua la révolution de 1848, dirigée par le général libéral Prim qui, après la répression sanglante de l'insurrection de 1866, contraignit la reine à se réfugier en France (1868). Le choix, refusé, d'offrir la couronne d'Espagne au prince de Hohenzollern-Sigmaringen fut le prétexte de la guerre franco-allemande* de 1870. Isabelle abdiqua en faveur de son fils Alphonse XII*. Voir Ems (Dépêche d').

ISAÏE. Voir Prophète.

ISIS. Déesse secourable et puissante magicienne, elle fut la déesse la plus populaire de l'Égypte* ancienne. Épouse d'Osiris*, le dieu des morts, et mère d'Horus*, elle fut adorée dans un grand nombre de temples dont le plus célèbre s'élève dans l'île de Philae. Son culte, avec les Grecs et les Romains, s'étendit bien au-delà de l'Égypte non seulement en Italie mais aussi en Gaule*. Isis fut représentée sous la forme d'une femme coiffée d'un siège ou de cornes de vache. Voir Osirienne (Triade).

ISLAM. Mot arabe qui signifie soumission à Dieu. L'islam est le nom de la religion fondée par Mahomet* en Arabie* au début du VIIᵉ siècle. Celui qui y adhère s'appelle musulman* et son Livre saint est le Coran*. Les principaux dogmes de l'islam sont la croyance en un Dieu unique, aux anges, aux prophètes* (Adam, Noé*, Abraham*, Moïse* et Jésus*), au jour du Jugement dernier et en l'immortalité de l'âme. Le musulman doit se plier à cinq obligations fondamentales (les cinq piliers de l'islam) : 1) La profession de foi : « Il n'existe pas d'autre Dieu que Dieu et Mahomet est son prophète. » Il suffit de prononcer cette formule pour être considéré comme musulman. 2) Les cinq prières quotidiennes précédées d'ablutions et récitées le visage tourné vers La Mecque*. 3) Le jeûne absolu durant le mois du ramadan* (interdiction de boire et de manger du lever au coucher du soleil). 4) Le paiement de l'aumône en espèces ou en nature en faveur des pauvres. 5) Le pèlerinage à La Mecque que tout musulman, homme ou femme, doit accomplir (à condition qu'il soit en état de le faire) au moins une fois dans sa vie. Les musulmans respectent enfin diverses prescriptions comme l'interdiction de manger de la viande de porc, de boire du vin ou de se livrer aux jeux de hasard. L'islam n'est pas seulement une religion ; il existe aussi une abondante législation qui règle le comportement du musulman dans toutes les circonstances de sa vie. L'islam est largement répandu au Proche- et au Moyen-Orient*, en Indonésie, en Afrique et dans quelques régions de l'Europe orientale. On compte aujourd'hui environ 950 millions de musulmans dans le monde. Voir Arabes, Calife, Chi'ites, Ismaéliens, Sunnites.

ISLY (Bataille de l', 14 août 1844). Bataille remportée sur l'Isly (oued du Maroc oriental), par le maréchal Bugeaud* sur les Marocains alliés d'Abd* el-Kader. Cette bataille marqua les débuts de la conquête de l'Algérie par la France.

ISMAÉLIENS ou **ISMAÏLIENS**. Nom donné aux membres d'une secte musulmane qui se forma à l'intérieur du chi'isme* vers la fin du VIIIᵉ siècle. Les ismaéliens ne reconnurent pour successeurs de Mahomet* que les héritiers directs d'Ali*. Au lieu d'admettre, comme le font la majorité des chi'ites, une succession de 12 imams*, ils n'en admettent que 7, le dernier étant Ismaïl. L'ismaélisme se répandit au IXᵉ siècle en Irak, au Yémen, en Afrique du Nord, notamment en Égypte*, sous la dynastie des Fatimides*. Aujourd'hui, l'ismaélisme existe en Syrie*, en Iran, au Pakistan, en Inde* et au Liban (Druzes*). Voir Aga Khan, Assassins.

ISMA'IL PACHA (Le Caire, 1830-Constantinople, 1895). Vice-roi (1863-1867) puis khédive (1867-1879) d'Égypte*. il inaugura le canal de Suez* (1869) mais ses difficultés financières le contraignirent à accepter la mainmise franco-anglaise sur le pays. Isma'il accéléra la modernisation de l'Égypte et réalisa de grands travaux d'urbanisme, ce qui augmenta considérablement la dette extérieure. Incapable de rembourser, il vendit à l'Angleterre ses actions de la Société du canal de Suez (1875) puis, ayant suspendu le paiement des intérêts de la dette (1876), il fut contraint d'accepter la nomination de deux contrôleurs, l'un français et l'autre anglais (condominium franco-anglais), ces deux pays étant ses principaux créanciers. Lors de la crise nationaliste provoquée par Arabi* Pacha, il dut abdiquer.

ISOLATIONNISME. Règle de la politique extérieure des États-Unis, à certaines périodes de son histoire, prônant le désintérêt pour les affaires de l'Europe et le refus de toute ingérence européenne sur le continent américain. L'isolationnisme, prôné dès 1796 dans l'« Adresse d'adieux » de George Washington* et la déclaration de Monroe* (1823), marqua l'histoire des États-Unis durant tout le XIXᵉ siècle et la période de l'entre-deux-guerres. Dans les années 30, les isolationnistes se regroupèrent dans l'organisation *America First* (l'Amérique d'abord). L'abandon des lois de neutralité avant l'intervention américaine dans la Seconde Guerre* mondiale marqua la fin de l'isolationnisme américain, les États-Unis, hégémoniques sur le plan économique, acceptant leurs responsabilités mondiales. Voir Marshall (Plan), Neutralitz Act, Prêt-Bail (Loi), Truman (Doctrine).

ISPAHAN. Ville d'Iran située au sud de Téhéran. Ancienne capitale des Turcs Seldjoukides* (XIᵉ-XIIIᵉ siècle) et des Perses* Séfévides* (XVIᵉ-XVIIIᵉ siècle), elle conserve de magnifiques monuments : palais (palais des Quarante Colonnes, palais des Huit Paradis), mosquées* (Grande Mosquée) et bains.

ISRAËL (Royaume d'). Royaume hébreu créé après la mort de Salomon* (931 av.

J.-C.), situé au nord de la Palestine* avec Samarie pour capitale et Jéroboam comme premier roi. Opposé au royaume de Juda*, il fut conquis en 721 av. J.-C. par les Assyriens*. Voir Diaspora, Hébreux, Juda (Royaume de).

ISRAËL. 1) Surnom qui, d'après la Bible*, fut donné au petit-fils d'Abraham*, Jacob*, qui lutta toute une nuit contre l'ange de Dieu. Israël veut dire en effet « que Dieu règne ». Les Hébreux*, descendants d'Israël, sont aussi appelés israélites*. Ils étaient autrefois divisés en 12 tribus qui avaient chacune pour ancêtre un des fils de Jacob. 2) Nom donné à l'État juif créé en Palestine* en 1948.

ISRAÉLITE. 1) Nom donné aux descendants d'Israël*. 2) Personne appartenant à la communauté, à la religion juive. Voir Hébreux, Judaïsme.

ISRAÉLO-ARABE (Première guerre, 1948-1949). La première guerre israélo-arabe fut provoquée par le refus des États arabes (sommet du Caire, décembre 1947) de reconnaître le partage de la Palestine* en deux États (arabe et juif) décidé par l'ONU* et la création, en mai 1948, de l'État d'Israël* par David Ben* Gourion. Attaquée sur tous les fronts par l'Égypte, la Transjordanie, l'Irak, le Liban et la Syrie*, mais aussi à l'intérieur par la Garde nationale arabe, Israël, fournie en armes par l'URSS et la Tchécoslovaquie, tenta de résister. Après deux trêves imposées par l'ONU, Israël reprit l'offensive et ses victoires permirent la signature d'armistices conclus à Rhodes avec l'Égypte, le Liban, la Transjordanie et la Syrie (février-juillet 1949). L'État d'Israël s'agrandit par rapport aux frontières prévues en 1947 mais celles-ci furent refusées par tous les membres de la Ligue* arabe. Aucun État arabe palestinien ne vit le jour et les Palestiniens s'exilèrent dans les pays voisins malgré une résolution de l'ONU prévue dès 1949 (réintégration des Palestiniens dans leurs foyers ou indemnisation). L'Égypte admi-

nistra la bande de Gaza. La Cisjordanie*, avec la ville de Jérusalem*, fut annexée par la Transjordanie (la Jordanie). Ce statu quo établi en 1949 restera en vigueur, même après la seconde guerre israélo-égyptienne de 1956, jusqu'en 1967. Dès 1949, Israël, admise à l'ONU, se rangea dans le camp occidental.

ISRAÉLO-ARABE (Deuxième guerre, 1956). Guerre déclenchée après la décision prise par le colonel Nasser* de nationaliser la Compagnie du canal de Suez* (26 juillet 1956) afin de se procurer des fonds pour réaliser le barrage d'Assouan, fonds que les États-Unis lui avaient refusés en raison de sa politique extérieure « neutraliste » et de son rapprochement avec l'URSS. Face à l'intransigeance de l'Égypte, la France, l'Angleterre et Israël* décidèrent une expédition punitive dont le but était en réalité d'éliminer Nasser. Il était, par son influence auprès des fedayins (combattants de la guérilla palestinienne) et d'autres pays arabes (Syrie*, Jordanie) dangereux pour la sécurité de l'État d'Israël. Pour la France, c'était le protecteur des nationalistes algériens et pour l'Angleterre l'obstacle à son influence au Moyen-Orient. L'expédition contre l'Égypte, secrètement préparée dès l'été 1956, et lancée le 29 octobre 1956 alors que l'opinion mondiale était concentrée sur la révolte de Budapest*, fut un succès rapide. Les troupes israéliennes, conduites par le général Dayan*, infligèrent à l'armée égyptienne une sévère défaite dans le Sinaï (octobre 1956). Le corps expéditionnaire franco-britannique, sous prétexte de protéger le canal contre les belligérants, lança des parachutistes sur Port-Saïd et Port-Fouad facilement occupés. Mais sous la pression de l'ONU*, de l'URSS et des États-Unis, l'action fut arrêtée. Boulganine* et Khrouchtchev*, saisissant l'occasion de faire oublier la sanglante répression de la révolution hongroise, menacèrent les deux États européens d'in-

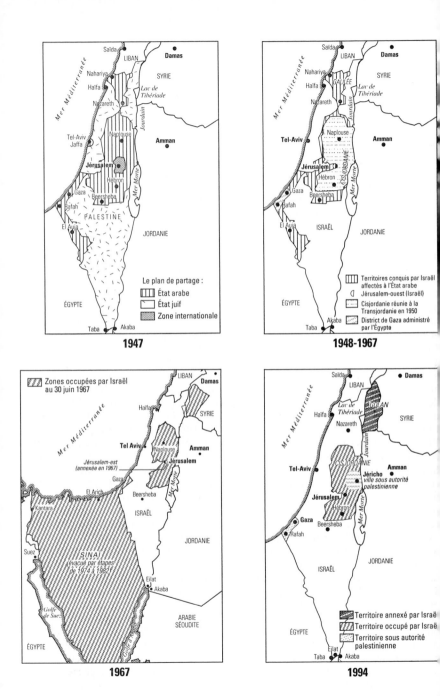

Le Proche-Orient en guerre

rventions militaires et Israël de représail-
s nucléaires. Eisenhower*, soucieux de
uvegarder la position morale de l'Occi-
nt auprès des pays du tiers monde, uti-
sa l'arme monétaire (spéculations contre
livre sterling), pour faire céder les Bri-
nniques, entraînant la France au retrait.
1 novembre 1956, une force internatio-
le de l'ONU fut installée entre les bel-
gérants. Elle apporta aussi une aide tech-
que à l'Égypte afin de déblayer le canal
ui fut rouvert à la navigation en mars
957. La défaite militaire de Nasser fut
ansformée en triomphe diplomatique, cendant que la France et l'Angleterre
aient ravalées au rang de puissances se-
ndaires. Voir Ben Gourion (David), Is-
élo-arabe (Première guerre), Kippour
Guerre du), Six Jours (Guerre des).

**RAÉLO-ARABE ou GUERRE DES
X JOURS** (Troisième guerre, juin
967). Conflit entre Israël* et l'Égypte
ovoqué par la décision prise par Nasser*,
1 mai 1967, de fermer le golfe d'Akaba
la navigation israélienne. Le 5 juin, le
ouvernement israélien déclenchait les
ostilités. En six jours (5-10 juin 1967),
armée d'Israël, après avoir détruit au sol
plus grande partie de l'aviation égyp-
enne, s'assurait la victoire sur tous les
onts (égyptien, jordanien et syrien). Elle
ccupa le Sinaï, la bande de Gaza (partie
e l'ancienne Palestine* administrée par
Égypte), la Cisjordanie*, la vieille ville
e Jérusalem* jusque-là contrôlée par la
ordanie, et le plateau du Golan. En no-
embre 1967, l'ONU* adopta la résolution
42 qui imposait à Israël l'évacuation de
es territoires moyennant la reconnais-
nce de fait de l'État hébreu par les pays
abes. Voir Arafat (Yasser), Asad (Hafi-
l), Kippour (Guerre du).

**RAÉLO-ARABE ou GUERRE DU
IPPOUR** (Quatrième guerre, 1973).
onflit entre Israël* d'une part, la Syrie*
l'Égypte d'autre part. Le 6 octobre
973, jour du Yom Kippour (fête juive du

Grand Pardon), l'Égypte de Sadate* et la
Syrie lancèrent une violente attaque surprise contre Israël, provoquant le recul des
troupes israéliennes dans le Sinaï et le Golan. Après la contre-offensive d'Israël
dans le Sinaï, un arbitrage américano-so-
viétique imposa un cessez-le-feu. Cette
demi-victoire de Sadate ouvrit la voie des
négociations. En novembre 1977, le président égyptien se rendit à Jérusalem et prononça un discours devant la Knesset (Parlement). En septembre 1978, Carter*,
Sadate* et Begin* signèrent les accords de
Camp* David, préfiguration du traité de
paix israélo-égyptien (traité de Washington, mars 1979). L'Égypte reconnaissait
l'État d'Israël et obtenait de celui-ci le retrait du Sinaï (effectivement restitué en
1982).

ISRAÉLO-ARABE (Cinquième guerre,
1982). Conflit entre Israël* et le Liban résultant d'une grave tension entre les deux
pays depuis 1978, marquée par une série
d'attentats et de raids de représailles de la
part des Palestiniens et des Israéliens. En
1982, Israël, après avoir occupé le sud du
Liban en 1978, lança une offensive contre
Beyrouth, chassant l'OLP* de la capitale.
Les massacres perpétrés en septembre
1982 par des phalangistes libanais dans les
camps de réfugiés palestiniens de Sabra et
Chatila (Beyrouth) avec la neutralité bienveillante de l'armée israélienne ont longtemps terni l'image d'Israël. Voir Israélo-
arabe (Première guerre), Kippour (Guerre
du), Six Jours (Guerre des), Arafat (Yasser).

ISTANBUL. Ville de Turquie située sur le
détroit du Bosphore, à l'entrée de la mer
Noire. Elle fut l'ancienne capitale de l'Empire byzantin*, Byzance*, qui prit le nom
de Constantinople* en 330. Conquise par
les Turcs en 1453, ils la nommèrent Istanbul et en firent la capitale de l'Empire ottoman* jusqu'en 1922. La ville fut occupée par les Alliés (Français, Britanniques,
Italiens) durant la Première Guerre* mon-

diale. Istanbul perdit son rôle de capitale. Celle-ci fut transférée à Ankara, encore capitale de la Turquie aujourd'hui. Parmi les grands monuments de la ville, on peut citer : l'église Sainte-Sophie* (VIᵉ siècle), la célèbre mosquée Suleymaniye* ou mosquée de Soliman* le Magnifique (XVIᵉ siècle), le palais du Vieux Sérail (ancienne résidence des sultans), la mosquée Bleue ou mosquée du sultan Ahmed Iᵉʳ (XVIIᵉ siècle) et les vestiges de l'hippodrome* de Constantinople. Voir Mustafa Kemal.

ISTIQLAL. Parti nationaliste marocain fondé en 1944 qui, soutenu par le sultan Mohammed V*, milita pour l'indépendance du Maroc obtenue en 1956. Appelé au gouvernement en 1958, le parti, divisé par des conflits de tendances, se scinda en 1960. L'aile droite conserva le nom du parti, tandis que l'aile gauche, dirigée par Mehdi Ben* Barka, s'organisa en un parti autonome, l'Union nationale des forces populaires (UNFP), qui s'appuya sur les syndicats de l'Union marocaine des travailleurs (UMT). En 1963, l'Istiqlal fut écarté du pouvoir par Hassan II* et rejeté dans l'opposition, puis se rallia, dans les années 80, au régime. Lors des élections législatives de 1993, l'Istiqlal, devenu parti d'opposition, a remporté de nombreux suffrages.

ITALIE (Guerres d'). Elles désignent les expéditions militaires menées en Italie entre 1494 et 1559. Elles opposèrent dans un premier temps les rois de France Charles VIII* et Louis XII*, qui voulaient faire valoir leurs droits sur le royaume de Naples* – celui-ci appartenait au XIIIᵉ siècle à Charles d'Anjou, frère de Louis IX – et celui de Milan, au roi d'Aragon et au pape Jules II*, les villes italiennes prenant parti pour l'un ou l'autre camp. Le conflit s'élargit ensuite, l'Italie devenant le théâtre d'un affrontement entre François Iᵉʳ* et Charles* Quint, lutte à laquelle vint se mêler l'Angleterre. La France, par le traité du Cateau-Cambrésis* (1559), abandonnait l'Italie

qui passait sous la domination des Habsbourg*. Les guerres mirent fin à l'indépendance de l'Italie, mais permirent à la Renaissance* italienne, en plein épanouissement, de se répandre à travers toute l'Europe. Voir Agmadel (Bataille d'), Henri II

ITALIE (Campagne d', de 1796-1797). Nom donné à l'ensemble des opérations militaires menées par le général Bonaparte* en Italie en 1796 et 1797. Ses succès révélèrent son génie militaire mais aussi ses ambitions politiques. À 27 ans Bonaparte reçut de Carnot* le commandement de l'armée d'Italie, l'objectif du Directoire* étant de retenir en Italie une partie de l'armée autrichienne et de contraindre le roi de Sardaigne à la paix pour obtenir son alliance. Après une rapide offensive, l'armée française arriva aux portes de Turin et contraignit le Piémont à signer l'armistice de Cherasco (avril 1796), puis le traité de Paris qui céda Nice et la Savoie à la France. Les Autrichiens furent à leur tour successivement battus à Lodi (janvier 1797), Milan (mai 1796), Arcole* (novembre 1796) puis Rivoli* (janvier 1797) avant de capituler après le siège de Mantoue (février 1797). Après ses victoires, Napoléon Bonaparte signa, sans aucun mandat du Directoire, le traité de Campoformio* (octobre 1797) avec le représentant de l'empereur d'Autriche François II*. Il bouleversa aussi le statut de l'Italie du Nord en constituant un État nouveau, vassal de la France, la République Cisalpine*. Voir Augereau (Pierre), Joubert (Barthélemy), Lannes (Jean), Masséna (André), Murat (Joachim).

ITALIE (Campagne d', de 1800). Nom donné à l'ensemble des opérations militaires conduites en Italie (Piémont et Lombardie) par le Premier consul, Bonaparte* contre les Autrichiens qui durent, après leur défaite de Marengo* (juin 1800) signer le traité de Lunéville* (1801). Voir Campoformio (Traité de), Coalition (Deuxième), Masséna (André), Moreau (Jean).

ALIE (Campagne d', de 1859). Cam-
gne menée par les armées françaises et
émontaises afin de libérer l'Italie du.
rd de la tutelle autrichienne. Après les
ctoires meurtrières de Magenta* et de
lférino*, les armées autrichiennes furent
ncues. Napoléon III*, surpris et impres-
nné par les pertes importantes et crai-
ant, face aux troubles républicains en
lie centrale, de voir l'unité italienne se
aliser aux dépens du pape, mais redou-
it aussi une intervention de la Prusse,
mpressa de signer avec l'Autriche les
éliminaires de Villafranca* (juillet
59) à la grande déception de Cavour* et
s Italiens. Le Piémont avait obtenu la
mbardie mais la Vénétie restait à l'Au-
che. Voir Plombières (Entrevue de),
ctor-Emmanuel II.

ALIOTES. Nom donné aux peuples
do-européens, originaires de l'Europe
ntrale et orientale qui s'installèrent, par
gues successives, en Italie à partir de
00 av. J.-C. Mi-bergers, mi-paysans, ces
uples étaient très variés (Latins*, Sans*, Sammites*, Èques*, Volsques*,
:.). Ceux qui jouèrent le plus grand rôle
ns l'histoire romaine furent les Latins.

URBIDE, Agustín de (Valladolid, auj.
orelia, Mexique, 1783-Padilla, 1824).
mme politique mexicain, il libéra le
exique de la domination espagnole. Gé-
ral dans l'armée espagnole, il fut chargé
négocier avec les insurgés mexicains et
tint du Madrid la reconnaissance de l'in-
pendance du Mexique (1821). Devenu
s populaire, il se fit proclamer empereur
1822. Contraint d'abdiquer après le
ulèvement républicain du général Santa
ma (1823), il s'exila en Europe puis, re-
nu secrètement au Mexique en 1824
ns l'espoir de restaurer son pouvoir, il
t arrêté dès son arrivée et fusillé. Voir
lívar (Simon), San Martín (José de), Su-
e (Antonio José de).

AN Ier KALITA (v. 1304-1340).
and-prince de Moscou (1325-1340) et

de Vladimir (1328-1340), il fut l'un des
fondateurs du second État russe. Fils de
Daniel Nevski, il était le plus riche des
princes russes (d'où son surnom, *kalita* ou
bourse), il régna sous la suzeraineté de la
Horde* d'Or et imposa sa tutelle sur les
principautés rivales de Tver, Riazan et
Novgorod, prenant le titre de prince de
Moscou et de toute la Russie. Voir Kiev
(État de).

IVAN III Vassiliévitch le Grand
(1440-Moscou, 1505). Grand-prince de
Moscou et de toute la Russie (1462-1505),
son règne marqua une étape importante
dans la création d'un État russe unifié. Il
réunit à l'État moscovite les principautés
de Iaroslavl, Rostov, Tver et envahit Novgorod. Il mit fin à la suzeraineté mongole
en cessant de payer le tribut. Par son mariage avec Sophie Paléologue, nièce du
dernier empereur byzantin, il imposa le cérémonial de dévotion à sa personne en vigueur à Byzance* et fit de Moscou, la
« troisième Rome » orthodoxe*, Byzance
ayant été la seconde. Voir Horde d'or.

IVAN IV LE TERRIBLE (Kolomenskoïe, 1530-Moscou, 1584). Tsar de Russie
(1547-1584). Intelligent et fin politique,
mais aussi tyran sanguinaire qui finit son
règne dans la folie, Ivan IV peut néanmoins
être considéré comme le fondateur de la
Russie moderne. Fils de Vassili III, grand-
prince sous le règne de sa mère puis sous
la tutelle des boyards, Ivan prit le titre de
tsar en 1547. Il décida une série de réformes, entreprenant une vaste réorganisation
administrative, législative (Code de 1550),
religieuse et militaire (création du corps
d'infanterie, composé d'arquebusiers). Annexant les khanats de Kazan (1552) et
d'Astrakhan (1556), il assura ainsi l'accès
de la Russie à la Volga, et fit construire, en
souvenir de sa victoire sur les Tatars, la
célèbre cathédrale de Saint-Basile.
Comprenant aussi les nécessités d'un débouché sur la Baltique, il engagea une
guerre contre la Livonie et l'Estonie*

(1558), mais se heurta bientôt à la coalition formée par la Suède, la Pologne et la Lituanie*, et dut abandonner ses conquêtes (1581). Face à l'opposition de l'aristocratie féodale des boyards hostiles à la guerre de Livonie, Ivan IV, s'estimant trahi, décida de leur imposer un régime de terreur. Il créa une sorte de domaine réservé qui couvrait une grande partie de la Russie et d'où furent exclus les grands propriétaires dont plusieurs milliers furent massacrés. Cette « réserve » dépendait directement du tsar et était administrée par sa police personnelle. Ces réformes, qui bénéficiaient à la petite noblesse dévouée au tsar, provoquèrent une grave crise sociale et politique qui dura jusqu'à l'avènement des Romanov* (1613). Ivan IV ayant tué son fils aîné dans un accès de colère (1581), ne laissait que deux fils Fédor – incapable de gouverner – et Dimitri, assassiné en 1591. Boris* Godounov, tsar à la mort de Fédor (1598), devait inaugurer une grande période de troubles. Le personnage d'Ivan IV inspira le film d'Eisenstein* (1942-1946).

J

JACOB. Patriarche* hébreu, fils d'Isaac* et de Rebecca, père de 12 fils, ancêtres des 12 tribus d'Israël*. Son histoire est racontée dans la Bible*.

JACOBINS (Club des). Société politique formée à l'origine par des députés bretons en mai 1789 à Versailles, lors de la réunion des États* généraux. Installé à Paris dans l'un des couvents dominicains* de la capitale, rue Saint-Honoré, le Club des jacobins – son titre officiel étant celui de Société des Amis de la Constitution – regroupait des députés modérés favorables à la monarchie constitutionnelle. Le club cependant se divisa après l'arrestation de Louis XVI* à Varennes* (1791). Les plus modérés fondèrent le Club des feuillants* (juillet 1791), tandis que les autres optaient pour la République. Les jacobins dominèrent la Convention* nationale grâce aux députés montagnards*. Après l'éviction des girondins*, puis des hébertistes*, le pouvoir fut monopolisé par Robespierre* et ses amis, et le club devint le principal auxiliaire du Comité* de Salut public. Après le 9 Thermidor* et la chute de Robespierre, le club fut fermé en novembre 1794, puis tenta de se reconstituer sous le Directoire*. Le mot a servi depuis à désigner en France les républicains partisans d'une démocratie centralisée et d'un pouvoir exécutif fort. Voir Cordeliers (Club des).

JACOBITES. Nom donné en Angleterre, après la révolution* d'Angleterre de 1688, aux partisans de Jacques II* Stuart puis aux prétendants Stuarts*. Le parti jacobite disparut au cours de la seconde moitié du XVIIIᵉ siècle, toute l'Angleterre se ralliant à la dynastie hanovrienne. Voir Établissement (Acte d'), Guillaume III d'Orange-Nassau.

JACQUERIE. Nom donné au soulèvement de paysans (ou jacques) dans le Beauvaisis en 1358 contre les nobles, sous le règne de Jean II* le Bon. Leur chef le plus connu était Guillaume Carle. La révolte s'étendit rapidement dans la plaine de Flandre*, puis en Picardie, Normandie* et Champagne*. Soutenus un temps par Étienne Marcel*, les jacques furent écrasés par une armée de nobles conduite par Charles II* le Mauvais, roi de Navarre. L'origine et l'ampleur de la crise s'expliquaient par les conséquences de la Peste* Noire, la lourdeur des impôts, une conjoncture persistante de baisse des prix agricoles et les défaites de la guerre de Cent* Ans (Poitiers*, en 1356).

JACQUES Iᵉʳ (Édimbourg, 1566-Theobalds Park, 1625). Roi d'Écosse sous le nom de Jacques VI (1567-1625) et roi d'Angleterre et d'Irlande (1603-1625). Son attachement à l'absolutisme et sa volonté d'imposer l'unité de foi à ses sujets lui aliénèrent une grande partie de l'opinion. Fils de Marie* Stuart, il succéda sans difficulté à Élisabeth Iʳᵉ*, et son accession au trône réalisa l'union personnelle de l'Angleterre et de l'Écosse. Intelligent et remarquablement cultivé, il défendit, à travers deux ouvrages, la monarchie de droit divin et s'appuya sur l'anglicanisme* qui faisait du roi le chef de l'Église. Mais sa politique d'uniformité religieuse se heurta à l'opposition des catholiques* qui fomentèrent contre lui la conspiration* des Poudres (1605), et à celle des puritains*. Jacques Ier refusa aussi de convoquer durant sept ans le Parlement qui lui refusait des subsides et laissa en réalité gouverner des favoris incapables, comme George Villiers, duc de Buckingham, ce qui acheva de le rendre très impopulaire.

JACQUES II (Londres, 1633-Saint-Germain-en-Laye, 1701). Roi d'Angleterre et d'Irlande, et roi d'Écosse (sous le nom de Jacques VII, 1685-1688). Catholique intransigeant dans une Angleterre protestante, Jacques II fut détrôné au profit de son gendre Guillaume III* d'Orange. Fils de Charles Ier* et frère de Charles II*, il vécut en France après l'exécution de son père, jusqu'à la restauration monarchique (1660). Duc d'York depuis 1643, il se distingua sous le règne de son frère lors du conflit contre la Hollande et conquit la Nouvelle-Amsterdam (rebaptisée en son honneur New York*). Sa conversion au catholicisme* (1671) et son mariage avec une princesse catholique, Marie de Modène, lui valurent l'hostilité des whigs* et la méfiance d'une majorité de la population. Obligé d'abandonner sa charge d'amiral après le *Bill du Test** (1673), compromis dans un complot « papiste » qui l'obligea à s'exiler, il succéda à son frère en 1685. La cruauté qu'il manifesta à l'occasion de deux complots protestants* tramés contre lui et son rapprochement avec Louis XIV* lui aliénèrent rapidement la population. La naissance d'un héritier du trône (1688) provoqua la révolution et Guillaume d'Orange, stathouder de Hollande, força le roi à s'enfuir en France (1689). Il échoua dans sa tentative de se rétablir en Irlande (1689). Voir Révolution d'Angleterre (Seconde).

JANISSAIRE. Nom donné au corps de mercenaires turcs d'élite utilisé dans l'armée des Ottomans* du XIVe au XIXe siècle. Formant une infanterie redoutable, ils contribuèrent souvent aux victoires ottomanes. Les janissaires étaient, jusqu'à la fin du XVIe siècle, des enfants chrétiens* enlevés à leurs familles dans les pays conquis par les Turcs puis élevés dans la religion musulmane. Ils devaient consacrer toute leur vie au métier des armes. On les reconnaissait à leur bonnet blanc et à leurs armes (arquebuses* et sabres courts). En raison de leurs fréquentes interventions dans les affaires politiques, Mahmud II* les fit presque tous massacrer (1826) et supprima l'institution.

JANSÉNISME. Doctrine chrétienne issue de la pensée de Jansénius* qui influença une partie de l'Église catholique*, particulièrement en France au XVIIe siècle. Très influencé par la pensée de saint Augustin* le jansénisme fut une réaction contre la vision trop optimiste de l'homme née de l'humanisme*, affirmant à l'inverse sa totale dépendance à l'égard du Créateur. Cette doctrine austère, qui imposait un rigorisme moral à toute épreuve, connut en France une extraordinaire diffusion, surtout dans la bourgeoisie. Le jansénisme ne fut pas seulement une doctrine théologique mais aussi une mentalité d'opposition à l'égard des jésuites* accusés de laxisme et de soumission à l'absolutisme royal. La première période janséniste (1638-1668) fut surtout dominée par les controverses doctrinales. Antoine Arnauld*, frère de la mère Angélique (Angélique Arnauld*), la réformatrice de Port-Royal*, fut en France le principal propagateur du jansénisme. En 1653, la bulle *Cum Occasione* frappa d'anathème cinq propositions tirées de l'*Augustinus* de Jansénius et trois ans plus tard, Arnauld fut chassé de la Sorbonne* malgré la défense de Pascal* (*Les Provinciales*, 1656). Un formulaire d'obéissance aux décisions romaines imposé au clergé t refusé par quatre évêques et par les religieuses de Port-Royal. La « paix de l'Église » ou « paix clémentine » (1669) porta une solution de compromis mais ssi dix ans de répit et de rayonnement ur le jansénisme. La seconde période 679-1713), dominée par l'oratorien uesnel, chef de file du second jansésme, fut marquée par la volonté de uis XIV* d'en finir avec la « cabale ». rnauld fut exilé, le couvent des religieus de Port-Royal rasé (1710) et les *Réxions morales* du père Quesnel condam-es par la célèbre bulle *Unigenitus* 713). Au XVIIIe siècle, le jansénisme prit forme d'une opposition à l'absolutisme onarchique, favorisée par la réaction gérale qui suivit la mort de Louis XIV. Le nsénisme parlementaire resta influent squ'à la Révolution* et contribua à l'affaiblissement de la monarchie.

NSÉNISTES. Voir Jansénisme.

NSÉNIUS, Cornelius Jansen, latinisé (Acquoy, 1585-Ypres, 1638). Théolo-en néerlandais. Son ouvrage théologique *Augustinus* fut à l'origine de la doctrine jansénisme*. Recteur de l'université de uvain et évêque d'Ypres (1636), il fut ndu célèbre par l'*Augustinus* (1640) où tendait à rétablir la pensée de saint Austin* sur la grâce et la prédestination*. doctrine fut violemment combattue par s jésuites* qui nuançaient la théologie de prédestination par le libre arbitre et les érites de l'homme. Les idées de Jansé-us furent adoptées en France par les religieuses du monastère de Port-Royal* et s jansénistes trouvèrent un fidèle soutien Pascal*. Voir Arnauld (Antoine), Saint-ran (Jean de).

NUS. Dieu romain, une des plus anennes et des plus importantes divinités panthéon* romain. D'après les anciens légendes, il s'agirait d'un roi du Lam* qui se serait établi sur la colline du nicule à Rome* (d'où son nom) et à qui turne* aurait donné le pouvoir de

connaître le passé et l'avenir. On le représente avec deux visages, tournés en sens contraire. À Rome, il est le gardien des « portes ». Son temple possédait deux entrées, fermées en temps de paix, mais ouvertes en temps de guerre pour que le dieu puisse se porter au secours des Romains. Voir Dieux romains, Religion romaine.

JANVIER 1562 (Édit de). Édit de tolérance à l'égard des protestants* dont on reconnut l'existence légale. Il accordait aux protestants le droit de célébrer publiquement leur culte hors des villes. Cette décision provoqua l'indignation des catholiques et le massacre de Wassy* (mars 1562) marqua le début des guerres de Religion*. Voir L'Hospital (Michel de).

JARNAC (Bataille de, 1569). Importante victoire remportée en Charente par le duc d'Anjou* (futur Henri III*) sur les protestants* du prince de Condé*, tué au cours de la bataille. Voir Moncontour, Religion (Guerres de).

JARRETIÈRE (Très Noble Ordre de la). Ordre de chevalerie anglais fondé par le roi Édouard III* en 1348. Sa devise est : « Honni soit qui mal y pense. » L'ordre a pour grand maître le roi et comprend, outre le prince de Galles*, 24 chevaliers choisis dans la plus haute noblesse.

JARUZELSKI, Wojciech (Kurow, près de Lublin, 1923-). Général et homme politique polonais. Premier ministre (1981-1985) et premier secrétaire du Parti ouvrier unifié polonais (1981-1989), il constitua en décembre 1981 un Conseil militaire de Salut national face à la crise économique et à l'agitation sociale qui secouaient la Pologne à cette époque. L'état de guerre fut proclamé : des milliers de personnes furent arrêtées et emprisonnées dont Lech Walesa*, et le syndicat libre Solidarnosc* fut déclaré hors la loi. L'état désastreux de l'économie dû à la résistance passive de la population et à l'embargo occidental décidèrent Jaruzelski à lever l'état de guerre (décembre 1982) et à proclamer une amnistie (1984). Président du Conseil d'État en 1985, il engagea, après l'avènement de Gorbatchev*, une politique de restructuration et d'ouverture : démocratisation et légalisation de Solidarnosc. En 1989, il fut élu président de la République par le nouveau Parlement. Son mandat s'acheva avec l'élection présidentielle de Lech Walesa en décembre 1990.

JASON. Héros* de la Grèce* ancienne chargé d'aller chercher la fameuse Toison d'or en Colchide (région située à l'est du Pont-Euxin*), condition pour retrouver son trône. Embarqués sur la nef *Argo* dont la construction fut dirigée par Athéna*, les Argonautes* atteignirent la Colchide. Jason, aidé des conseils de Médée, réussit à triompher des taureaux aux pieds d'airain (de bronze), à leur faire labourer le champ d'Arès* et à tuer les géants nés des dents d'un dragon. Muni de la Toison* d'or, le héros accomplit un long voyage de retour en abordant les côtes d'Italie et celles d'Afrique puis finit par se fixer à Corinthe*.

JASPERS, Karl (Oldenburg, 1883-Bâle, 1969). Philosophe et psychiatre allemand. Il fut l'un des principaux représentants de l'existentialisme chrétien. D'abord connu pour ses travaux de psychiatrie et de psychologie, il se consacra ensuite à la philosophie. Professeur à Heidelberg à partir de 1921, il fut interdit d'enseigner par les nazis à partir de 1937 car il était l'époux d'une femme juive. Jaspers publia des ouvrages proprement philosophiques (*Philosophie de l'existence*, 1938), mais aussi de morale et politique (*La Culpabilité allemande*, 1946 ; *La Bombe atomique et l'avenir de l'humanité*, 1958 ; *Liberté et réunification*, 1960).

JAURÈS, Jean (Castres, 1859-Paris, 1914). Homme politique français. Leader du socialisme* réformiste, pacifiste militant, il fut assassiné à la veille de la Première Guerre* mondiale. Issu de la bourgeoisie provinciale, normalien et agrégé de philosophie, il enseigna d'abord à Alb. puis à l'université de Toulouse. Député centre-gauche du Tarn (1885), battu aux élections de 1889, il se consacra durant trois ans à la rédaction de ses thèses (*D. la réalité du monde sensible* ; *Les Origine du socialisme allemand chez Luther, Kant Fichte et Hegel*). Député de Carmaux (1893) jusqu'à sa mort, il adhéra au Parti ouvrier français. Brillant orateur et penseur politique, marxiste mais hostile à la dictature du prolétariat, Jaurès défendit inlassablement dans son action parlementaire un socialisme libéral et démocratique. Soutien passionné de Dreyfus* en 189. (*Les Preuves*) – ce qui lui valut son nouvel échec électoral de 1898 –, il patronna l'entrée du socialiste Millerand* dans le cabinet Waldeck-Rousseau* (1899) et soutint le Bloc* des gauches. Il se plia cependant aux décisions de l'Internationale* au congrès socialiste d'Amsterdam (1904) condamnant, conformément aux thèses de Jules Guesde*, la participation socialiste à des gouvernements bourgeois. Devenu l'un des chefs du parti socialiste français (la SFIO*, créée en 1905), il fonda *L'Humanité* (1904) et défendit à la Chambre des députés les grandes batailles socialistes (défense de l'enseignement laïque et des luttes ouvrières). Ce fut à la tribune de l'Internationale socialiste qu'il dénonça la politique colonialiste et qu'il s'opposa à la guerre, tentant, en vain, d'obtenir le vote de la grève générale à laquelle s'opposait la social-démocratie allemande. Son combat pour la réconciliation franco-allemande et son hostilité au service militaire lui attirèrent la haine farouche des nationalistes (Maurras*, Péguy, Clemenceau*). Jaurès fut assassiné par un patriote déséquilibré, Raoul Villain, le 31 juillet 1914 celui-ci, jugé après la guerre, fut acquitté. La dépouille de Jaurès a été transférée solennellement au Panthéon en 1924.

JDANOV, Andreï Alexandrovitch (Mariopol, Ukraine, 1896-Moscou, 1948).

Homme politique soviétique. Il fut l'un des défenseurs de l'orthodoxie stalinienne, notamment du réalisme soviétique en art et en littérature. Bolchevik* dès 1915, membre du comité central du Parti communiste* de l'URSS (1927) puis du bureau politique (1939), il imposa dès 1934 des normes contraignantes à la vie culturelle soviétique. Toute création littéraire ou artistique fut assujettie à l'idéologie d'État, les artistes considérés comme « non progressistes » étant exclus de l'Union des écrivains ou interdits de publier ou de jouer. La politique de Jdanov (ou jdanovisme) fut condamnée en 1953. Voir Kominform.

JEAN CHRYSOSTOME, saint (Antioche, v. 344-près de Comana de Cappadoce, 407). Père de l'Église d'Orient. Célèbre prédicateur et grand orateur, il fut surnommé « Bouche d'or » (Chrysostome). Nommé patriarche* de Constantinople* en 398, il réforma les abus du clergé, dénonça le luxe de la cour et organisa des œuvres hospitalières.

JEAN DAMASCÈNE ou DE DAMAS, saint (Damas, v. 650-Saint-Sabas, près de Jérusalem, v. 749). Père de l'Église grecque, il fut l'adversaire des iconoclastes. Son principal ouvrage, *Source de la connaissance*, annonce la scolastique du Moyen Âge. Traduit en latin au XIIᵉ siècle, il influença largement saint Thomas* d'Aquin. Voir Iconoclasme.

JEAN DE LA CROIX, saint, Juan de Yepes, dit (Fontiveros, 1542-Ubeda, 1591). Mystique et grand poète lyrique castillan. Il fut, à la suite de sainte Thérèse* d'Avila, l'âme de la réforme des carmes espagnols. Issu de la noblesse castillane, entré au couvent des carmes (1563), sa rencontre avec Thérèse d'Avila (1567) le persuada de l'importance de la création d'une branche masculine du carmel réformé (carmes déchaussés). Fondateur, sous le nom de Jean de la Croix, de plusieurs couvents réformés, nommé confes-

seur du monastère de l'Incarnation à Avila, il entra bientôt en conflit avec les carmes « mitigés » qui l'emprisonnèrent durant neuf mois au couvent de Tolède où il composa son *Cantique spirituel*, grand poème mystique. Évadé (1578), il continua, au milieu des difficultés, à diriger la réforme du carmel, multipliant les monastères. Ce fut entre 1582 et 1588 qu'il composa la plus grande partie de son œuvre : *Commentaire du Cantique, La Vive Flamme d'amour, Commentaires de la Vive Flamme*. Canonisé en 1726, Jean de la Croix fut proclamé docteur de l'Église en 1926. Voir Carmes (Ordre des).

JEAN XXIII, Angelo Giuseppe Roncalli (Sotto il Monte, près de Bergame, 1881-Rome, 1963). Pape de 1958 à 1963. Son nom reste attaché au renouveau de l'Église romaine, c'est-à-dire à son adaptation au monde moderne. Nonce à Paris, puis patriarche et cardinal de Venise, il fut élu pape (1958) et succéda à Pie XII. Il convoqua le second concile œcuménique du Vatican (1962) destiné à rapprocher l'Église du monde actuel et à restaurer l'unité chrétienne. Jean XXIII laissa deux encycliques qui eurent un grand retentissement, *Matter et Magistra* (1961) sur les questions sociales et *Pacem in Terris*, adressée au monde, même non catholique.

JEAN SANS TERRE (Oxford, 1167-château de Newark, Nottinghamshire, 1216). Roi d'Angleterre (1199-1216). Fils d'Henri II* Plantagenêt et d'Aliénor* d'Aquitaine*, il succéda à son frère Richard Iᵉʳ* Cœur de Lion au détriment de son neveu, Arthur Iᵉʳ de Bretagne. Cité par Philippe II* Auguste devant la Cour des pairs de France (1202) pour son remariage avec Isabeau d'Angoulême (1200) qu'il avait enlevée à son fiancé, un Lusignan, il fut condamné à la confiscation de ses fiefs français (Normandie*, Anjou*, Maine, Touraine, Aquitaine* et Poitou), d'où son surnom de sans Terre. L'assassinat d'Arthur Iᵉʳ, son neveu, par Jean (1203) provoqua le soulèvement et la perte de la Bretagne et de l'Anjou, suivie de celle de la Normandie (1204) et de la Touraine (1205). En 1206, Jean sans Terre ne conservait en France que l'Aquitaine et le Poitou. Sa politique ecclésiastique fut aussi un échec. Entré en conflit avec le nouvel archevêque de Canterbury*, Étienne Langton, il vit son royaume frappé d'interdit (1208) et fut lui-même excommunié par Innocent III* (1209) qui autorisa Philippe Auguste à intervenir militairement en Angleterre pour l'exécution des condamnations pontificales. Cependant, devant l'opposition croissante des ses sujets, Jean sans Terre se réconcilia avec le pape, promit de garantir la liberté des élections épiscopales et accepta d'être vassal du Saint-Siège. Après l'échec de la coalition qu'il avait suscitée contre la France (Bouvines*, 1214), il se heurta à la révolte des barons anglais qui lui imposèrent la Grande Charte* (1215). S'étant soustrait à ses promesses, les barons élurent roi le fils de Philippe Auguste (le futur Louis VIII* de France). La dynastie des Plantagenêts* fut sauvée par la mort de Jean sans Terre et l'avènement de son fils, Henri III*.

JEAN SANS PEUR (Dijon, 1371-Montereau, 1419). Duc de Bourgogne* (1404-1419), fils de Philippe II* le Hardi et cousin du roi de France. Profitant de la démence du roi Charles VI*, il disputa le pouvoir à son cousin, Louis d'Orléans*, frère du roi, le fit assassiner (1407) et déclencha ainsi la guerre civile entre Armagnacs* et Bourguignons*. Chef des Bourguignons, il fut chassé de Paris (1413) puis, après avoir tenté une réconciliation avec le dauphin, le futur Charles VII*, mourut assassiné par un Armagnac, partisan de celui-ci. Son fils, Philippe III* le Bon signera, pour le venger, le traité de Troyes* qui reconnaissait Henri V* d'Angleterre héritier présomptif de Charles VI. Voir Cabochiens, Cent Ans (Guerre de).

JEAN Iᵉʳ TZIMISKÈS (Hiérapolis, Arménie, v. 925-Constantiople, 976). Empereur byzantin (969-976). Brillant général il annexa la Bulgarie orientale (970) et reconquit, sur les Arabes*, la Syrie* et presque toute la Palestine* à l'exception de Jérusalem*. Il eut pour successeur Basile II*. Voir Byzantin (Empire).

JEAN II COMNÈNE (1087-Taurus, 1143). Empereur byzantin (1118-1143), il fut surnommé « le plus grand des Comnène ». Successeur d'Alexis Iᵉʳ*, son règne fut consacré à la défense de l'Empire. Il élimina définitivement les Petchenègues* établis sur les rives de la mer Noire, rétablit la domination de Byzance* dans les Balkans* et reprit aux Turcs une partie de l'Asie* Mineure. Voir Byzantin (Empire).

JEAN II LE BON (château du Gué de Maulni, près du Mans, 1319-Londres, 1364). Roi de France (1350-1364). Chevalier courageux, surnommé le Bon, c'est à-dire le Brave, il fut capturé à Poitiers* durant la guerre de Cent* Ans par les Anglais. Fils de Philippe VI* et de Jeanne de Bourgogne*, il entra en conflit avec Charles II* le Mauvais, roi de Navarre, auquel il avait marié sa fille et qui prétendait au trône de France. Profitant de ces troubles les armées du fils d'Édouard III* d'Angleterre, le Prince noir, engagèrent la guerre contre Jean II qui, malgré la supériorité de son armée, fut vaincu et capturé à Poitiers (1356). Son fils, le futur Charles V*, assura la régence durant sa captivité à Londres, réprimant la jacquerie* et la révolte d'Étienne Marcel*, signant le traité de Brétigny* et consentant à payer la rançon de son père. Après sa libération, apprenant qu'un des otages livrés aux Anglais en vertu du traité (il s'agit de son fils Louis d'Anjou*) s'était échappé, fidèle à sa parole, Jean II revint se constituer prisonnier à Londres (1364) où il mourut. Il avait été marié (1332) à Bonne de Luxembourg, fille du roi de Bohême, puis à Jeanne de Boulogne (1350). Charles V* lui succéda.

JEAN-PAUL II, Karol Wojtyla (Wadovice, Pologne, 1920-). Pape depuis 1978. Successeur de Jean-Paul Ier, il est le premier pape polonais de l'histoire de l'Église et le premier pape non italien depuis le XVIe siècle. Archevêque (1964) puis cardinal (1967) de Cracovie, il a effectué, depuis son élection, de nombreux voyages à travers le monde. Il s'est montré, à différentes occasions, très attaché à la doctrine traditionnelle de l'Église. Il a échappé en 1981 à une tentative d'assassinat.

JEANNE D'ARC, sainte, dite **la Pucelle d'Orléans** (Domrémy, v. 1412-Rouen, 1431). Héroïne de la guerre de Cent* Ans. Elle manifesta, avec Du* Guesclin, les prémisses du nationalisme français. Fille de paysans, elle aurait entendu vers l'âge de 13 ans des voix divines lui ordonnant de sauver la France, alors en grande partie occupée par les Anglais soutenus par le duc de Bourgogne*. Elle se fit conduire auprès du roi Charles VII*, réfugié à Chinon, eut avec lui un entretien secret puis obtint quelques troupes. Elle délivra Orléans (mai 1429) assiégé depuis sept mois – ce qui galvanisa les troupes favorables au roi –, puis reprit Auxerre, Troyes, Châlons, ouvrant ainsi la route de Reims : Charles VII y fut alors sacré (juillet 1429), retrouvant sa légitimité. Jeanne d'Arc échoua à délivrer Paris, très anglophile, fut blessée mais réussit à prendre Compiègne, assiégée par les Bourguignons* qui, à l'occasion d'une sortie, la capturèrent et la livrèrent, contre une forte rançon, aux Anglais. Elle fut jugée à Rouen comme hérétique par un tribunal ecclésiastique présidé par Pierre Cauchon, évêque de Beauvais favorable aux Bourguignons. Remise au bras séculier, elle fut condamnée et brûlée vive (30 mai 1431). Charles VII, qui n'avait rien fait pour la sauver, attendit la prise de Rouen en 1450 pour procéder à une enquête qui aboutit à un procès en réhabilitation (1456). L'historiographie du XIXe siècle a fait de Jeanne d'Arc un mythe. Béatifiée en 1909, elle fut canonisée par Benoît XV en 1920. Une fête nationale fixée au deuxième dimanche de mai fut décidée par le Parlement français.

JEANNE III d'ALBRET (Pau, 1528-Paris, 1572). Reine de Navarre (1555-1572). Fille du roi de Navarre Henri II d'Albret et de Marguerite* de Valois, sœur de François Ier*, elle épousa, après l'annulation légale de son premier mariage, Antoine de Bourbon (1548), et fut la mère du futur Henri IV*. Elle veilla avec énergie à l'indépendance de ses États auxquels elle imposa le calvinisme* (1567), et dirigea avec son fils la défense de La Rochelle (1568).

JEFFERSON, Thomas (Shadwell, Virginie, 1743-Monticello, Virginie, 1826). Homme politique américain. Fondateur du mouvement « républicain-démocrate » – précurseur de l'actuel Parti démocrate* –, il fut l'un des rédacteurs de la Déclaration* d'Indépendance. Issu d'un milieu aisé, avocat en 1767, il rédigea en 1774 un *Aperçu sommaire des droits de l'Amérique britannique*, dans lequel il réfutait les droits du Parlement* anglais sur les colonies d'Amérique. Ce livre lui valut la proscription en Angleterre mais, en Amérique, la gloire d'être désigné pour rédiger la Déclaration d'Indépendance (4 juillet 1776). Secrétaire d'État (1790-1793) sous la présidence de George Washington*, il s'opposa au secrétaire au Trésor, Alexander Hamilton*, partisan du renforcement du pouvoir fédéral. Jefferson quitta le cabinet en 1793 pour fonder, contre les fédéralistes, le Parti « républicain-démocrate », partisan du développement de l'agriculture et de l'indépendance des États face au pouvoir central. Vice-président (1797-1801) de John Adams*, puis président des États-Unis (1801-1809), Jefferson pratiqua une politique de compromis avec les idées fédéralistes, notamment concernant le pouvoir fédéral qui se renforça sous son mandat. Il fit acheter en 1803 la Louisiane* à la France et s'attacha à garder une stricte neutralité dans la guerre entre Napoléon Ier* et l'Angleterre, n'hésitant pas à décider l'arrêt du commerce américain avec l'Europe. Madison* lui succéda après qu'il eut refusé un troisième mandat. Retiré dans sa maison de Monticello, il consacra le reste de sa vie à sa passion, l'architecture, au développement de l'université de Virginie qu'il avait contribué à fonder, à la lecture et l'écriture. Il laissa une autobiographie (1784). Voir Fédéraliste (Parti), Franklin (Benjamin).

JEMAPPES (Bataille de, 6 novembre 1792). Lors de la Révolution* française, victoire remportée par la France à Jemappes (Belgique) quelques semaines après Valmy*. Les Français, commandés par Dumouriez* – dont l'aide de camp était le futur Louis-Philippe Ier* – battirent les Autrichiens commandés par le duc de Saxe-Teschen. La victoire de Jemappes aboutit à l'annexion de la Rhénanie* et des Pays-Bas autrichiens (Belgique), lesquels furent perdus après la bataille de Neerwinden* (mars 1793).

JÉRÉMIE. Voir Prophète.

JÉRICHO. Ville de Palestine* sur le versant ouest de la vallée du Jourdain*, au nord de la mer Morte. C'est l'une des plus anciennes villes connues puisqu'il subsiste des vestiges d'une enceinte cyclopéenne datée du VIIe millénaire av. J.-C. Elle est célèbre dans l'histoire de la Bible* pour avoir été miraculeusement détruite par Josué* (aidé de Dieu) qui aurait fait tomber ses murailles au son de la trompette (XIIIe siècle av. J.-C.). Voir Hébreux.

JÉRUSALEM. Ville de Palestine*. Dans l'Antiquité, elle fut successivement dominée par les Hébreux*, les Babyloniens*, les Perses*, les Grecs et les Romains. Elle est aujourd'hui la capitale (contestée au plan international) de l'État d'Israël* et un lieu de pèlerinage pour les juifs*, les chrétiens* et les musulmans. Voir Christianisme, Croisades, David, Islam, Israël

(Royaume d'), Israélo-arabes (Guerres), Jésus-Christ, Juda (Royaume de), Lieux saints, Massada, Salomon (Temple de).

JÉRUSALEM (Royaume latin de). Nom donné à l'État administré par Godefroi* de Bouillon après la première croisade* et la prise de Jérusalem* (1099). Ce royaume avait une organisation féodale et était défendu aux frontières par des ordres militaires composés de moines-soldats (Templiers*, Hospitaliers*, ordre Teutonique*). Jérusalem fut reconquise par Saladin* (1187) puis, après la troisième croisade*, le royaume, en partie reconstitué, disparut détruit par les Mamelouks* (chute de Saint-Jean-d'Acre, 1291).

JÉRUSALEM (Temple de). Voir Salomon (Temple de).

JÉSUITE (Style). Nom donné à un style d'architecture baroque* apparu à l'époque de la Contre-Réforme* (fin XVIe siècle) et que les jésuites* contribuèrent à développer.

JÉSUITES. Voir Ignace de Loyola, Jésus (Compagnie de).

JÉSUS ou **JÉSUS-CHRIST.** Fondateur de la religion chrétienne (ou christianisme*) qui le considère comme le Fils de Dieu et le Messie* annoncé par les prophètes*. Sa vie nous est connue à travers les Évangiles*. Fils de la Vierge Marie, épouse de Joseph, il est né en 5 ou 4 avant notre ère, sous le règne d'Auguste* à Bethléem (Judée*). Pour le protéger du massacre des nouveau-nés ordonné par le roi Hérode*, ses parents l'emmenèrent en Égypte*. Quelques années plus tard, ils s'établirent à Nazareth (Galilée*). Vers 27 ap. J.-C., Jésus reçut de Jean-Baptiste le baptême dans les eaux du Jourdain*, le désignant aux foules comme le Messie attendu des juifs*. Jésus prêcha alors en Galilée et en Judée entouré de ses disciples (les 12 apôtres*). Juif, Jésus ne prétendait pas fonder une religion nouvelle. Il réaffirmait la loi de Moïse* et se présentait comme le Messie, le Fils du Dieu unique

·nvoyé par lui pour sauver l'humanité de ses péchés, à qui toute l'histoire d'Israël* aboutit. Mais l'enseignement qu'il donna s'adressait à tous et pas seulement aux juifs : sa religion était universelle (valable par tous les temps et pour tous les peuples). Il prêchait l'amour de Dieu, le pardon pour les pécheurs, recommandait la charité et promettait la vie éternelle à ceux qui avaient la foi. Trahi par Judas*, Jésus fut condamné par les juifs pour s'être déclaré le fils de Dieu. Ponce Pilate*, gouverneur romain en Judée, se refusa à confirmer cet arrêt mais abandonna Jésus à son sort. Il fut crucifié en 30 ap. J.-C. sur le mont du Golgotha (appelé ensuite la colline du Calvaire). Les Évangiles racontent que Jésus ressuscita trois jours après sa mort (Pâques*) et qu'il monta au ciel (Ascension*) quarante jours après sa résurrection.

JÉSUS (Compagnie de). Nom donné à l'ordre composé de jésuites et fondé en 1540 par Ignace* de Loyola. Ses membres, soumis à une longue et sévère formation, prononcent des vœux de pauvreté, de chasteté et d'obéissance au pape. L'ordre, très hiérarchisé, est dirigé par un « préposé général », élu à vie par la Congrégation générale ; son but principal est l'apostolat et l'enseignement. Principal artisan de la Contre-Réforme* au XVIe siècle, la Compagnie développa une importante activité missionnaire dans les pays protestants d'Europe, au Japon (saint François* Xavier), en Chine, en Amérique du Sud et au Canada. En France, les jésuites, fer de lance de la Réforme* catholique aux XVIe et XVIIe siècles, s'opposèrent aux jansénistes, et luttèrent contre le gallicanisme*. L'ultramontanisme* de la Compagnie (inféodation à Rome) lui attira encore au XVIIIe siècle, époque où s'affirmait l'absolutisme monarchique, de nombreux adversaires, qui provoquèrent son expulsion au Portugal (1759), en France (1764) et en Espagne (1767). Sous la pression des Bourbons*, l'ordre fut dissous (1773), sauf dans les pays qui dépendaient de Frédéric II* de Prusse et de Catherine II* de Russie. La Compagnie fut rétablie dans ses statuts et dans ses droits à la fin de la crise révolutionnaire en 1814 à l'initiative de Pie VII*. Voir Jansénisme.

JEU DE PAUME (Serment du, 20 juin 1789). Serment solennel prononcé, lors de la Révolution* française, dans la salle du Jeu de Paume à Versailles* par les députés du Tiers* État. Ils jugèrent de « ne jamais se séparer et de se rassembler partout où les circonstances l'exigeraient, jusqu'à ce que la Constitution du royaume fût établie et affermie sur des fondements solides ». La scène fut représentée par un tableau du peintre David*. Voir Assemblée nationale constituante, Mirabeau.

JEUDI NOIR DE WALL STREET (24 octobre 1929). Nom donné à la journée qui marqua à la Bourse de Wall Street, à New York, le début de la grande crise économique de 1929. Ce jour-là, près de 13 millions de titres furent vendus sur le marché.

JEUNE-IRLANDE (*Young Ireland*). Mouvement révolutionnaire irlandais dont le nom fut inspiré par la Jeune-Italie du socialiste italien Mazzini*. Organisée dans les années 1840 en réaction contre la politique de non-violence et d'opposition légale de O'Connell*, la Jeune-Irlande fut dirigée par deux protestants* irlandais militant pour l'indépendance de leur pays. Encouragé par la grande famine de 1846 puis les révolutions européennes de 1848, le mouvement tenta plusieurs insurrections qui échouèrent. Ses chefs furent arrêtés et déportés en Australie. Voir Union (Actes d').

JEUNES TURCS. Nom donné dans l'entre-deux-guerres en France aux réformateurs du Parti radical*, partisans d'un pouvoir exécutif fort.

JEUNES-TURCS. Nom donné aux membres du mouvement réformateur, libéral et nationaliste turc fondé par des intellectuels et des officiers ottomans en 1865, et qui domina la vie politique de la Turquie entre 1908 et 1918. Née dans un contexte de crise économique et financière et d'ingérence aggravée des puissances occidentales, la révolution des Jeunes-Turcs éclata en 1908. Des libéraux (Enver, Djemal et Talaat) contraignirent le sultan Abdulhamid II à restaurer la Constitution de 1876 qui garantissait les libertés d'expression et de réunion, puis l'obligèrent à abdiquer (1909). Ils installèrent sur le trône Méhémet V (1909-1918). Tombés dans l'autoritarisme et l'ultra-nationalisme, les Jeunes-Turcs s'allièrent à l'Allemagne en 1914 et perpétrèrent un génocide contre les Arméniens qui fit plus de 1 500 000 victimes. Après la Première Guerre* mondiale, ils laissèrent la place aux partisans de Mustafa* Kemal qui instaura la République. Voir Enver Pasa.

JEUNESSE HITLÉRIENNE (*Hitler Jugend*). Organisation de jeunesse du Parti national-socialiste allemand fondée en 1926. Après l'arrivée au pouvoir de Hitler* (janvier 1933), toutes les autres associations de jeunesse allemandes furent supprimées. La *Hitler Jugend* s'efforça de faire des jeunes Allemands des sujets obéissants, fidèles aux principes du national-socialisme*, entraînés physiquement et militairement.

JIANG JIESHI. Voir Tchang Kaï-chek.

JINNAH, Muhammad Ali (Karachi, 1876-*id.*, 1948). Homme politique pakistanais. Chef de la Ligue* musulmane en 1940, il fut le créateur du Pakistan né lors de l'indépendance et de la partition de l'Inde (1947). Il fut le premier chef d'État du Pakistan formé de deux provinces (Pakistan occidental et Pakistan oriental) distantes de 1 800 km qui éclateront en 1971 avec la sécession du Bangladesh*.

JODL, Alfred (Würzburg, 1890-Nuremberg, 1946). Général allemand. Chef du bureau des opérations de la Wehrmacht (OKW*) de 1938 à 1945, il assura le suc-

cès militaire de l'*Anschluss** (réunion de l'Autriche à l'Allemagne) en 1938 et appliqua scrupuleusement la stratégie allemande pendant la Seconde Guerre* mondiale, puis signa à Reims l'acte de reddition des armées allemandes (7 mai 1945). Il fut condamné à mort comme criminel de guerre par le tribunal de Nuremberg* et pendu. Voir Keitel (Wilhelm).

JOFFRE, Joseph Jacques Césaire (Rivesaltes, 1852-Paris, 1931). Maréchal de France. Sorti de Polytechnique comme officier du génie, il se distingua dans les conquêtes coloniales de la France au Tonkin*, au Soudan et à Madagascar. Il devint en 1911 chef d'état-major général de l'armée et se fit le défenseur, en cas de guerre, de « l'offensive à tout prix ». Commandant en chef des armées du Nord et du Nord-Est au début de la Première Guerre* mondiale, il remporta la première bataille de la Marne* (septembre 1914) et fut nommé commandant en chef des armées françaises (1915). Cependant, après plusieurs échecs militaires et particulièrement la bataille de la Somme* (septembre 1916), Joffre donna sa démission et fut remplacé par Nivelle*. Il reçut la distinction de maréchal* de France.

JOHNSON, Andrew (Raleigh, Caroline du Nord, 1808-Carter's Station, Tennessee, 1875). Homme politique américain, président républicain des États-Unis (1865-1869) après l'assassinat d'Abraham Lincoln*. Son opposition à l'égalité civique des Noirs lui valut d'être traduit devant le Sénat pour trahison et il fut acquitté (1868). L'Alaska fut acheté sous sa présidence à la Russie (1867).

JOHNSON, Lyndon Baines (Stonewall, Texas, 1908-Johnson City, près d'Austin, Texas, 1973). Homme politique américain. Président des États-Unis (1964-1968) après l'assassinat de J. F. Kennedy* (1963), il devint par sa politique d'« escalade » dans la guerre du Viêt-nam*, un président très impopulaire. Sénateur

émocrate du Texas (1949-1961), il de-
int, à partir de 1953, le chef du Parti
émocrate*, majoritaire au Sénat entre
955 et 1961. Élu vice-président des États-
Jnis aux côtés de J. F. Kennedy (novem-
re 1960), il lui succéda le 22 novembre
963 et fut triomphalement réélu en no-
embre 1964 contre le candidat républi-
ain Goldwater. Souhaitant instaurer une
Grande Société » (*Great Society*) en me-
ant une « guerre sans merci » à la pau-
reté, il fit abolir les dernières discrimina-
ons raciales, obtint du Congrès une aide
mportante à l'éducation, une extension de
a Sécurité sociale et l'assistance médicale
ratuite pour les personnes âgées (il créa
n 1963 le ministère HEW : *Health, Edu-
ation and Welfare*). Sa politique dans la
uerre du Viêt-nam qui n'aboutit à aucun
ésultat décisif, mais aussi de graves émeu-
•s raciales, lui attirèrent l'hostilité d'une
rande partie de l'opinion américaine. En
ars 1968, il décida de renoncer à un se-
ond mandat présidentiel et soutint vaine-
ent la candidature de son vice-président,
ubert Humphrey. Il fut remplacé en no-
embre 1968 par Richard Nixon*, et se re-
ra de la vie politique.

OINVILLE, Jean, sire de (v. 1224-
317). Chroniqueur français, conseiller de
ouis IX* (saint Louis). Sénéchal* de
hampagne*, il participa à la septième
roisade* (1248) dirigée par Louis IX* et
édigea, à la demande de Jeanne de Na-
arre, femme de Philippe IV* le Bel, les
Iémoires du sire de Joinville ou Histoire
e Saint Louis. Œuvre parfois hagiogra-
hique, elle est plus un témoignage per-
onnel sur le roi qu'une histoire du règne,
ais garde cependant une grande valeur
istorique. Voir Villehardouin (Geoffroy
le).

OSEPH. D'après la Bible*, patriarche*
ébreu, l'un des 12 fils de Jacob. Vendu
ar ses frères, il serait devenu premier mi-
istre du Pharaon* d'Égypte* et accueillit

ses frères que la famine avait chassés de
leur pays. Voir Hébreux.

JOSEPH II (Vienne, 1741-*id.*, 1790).
Empereur germanique et corégent des
États des Habsbourg* (1765-1790). Il
tenta, en despote éclairé, de bouleverser
l'ordre établi mais la plupart de ses réformes aboutirent à un échec. Fils aîné de
l'empereur François Ier* et de Marie-Thérèse* d'Autriche, frère de Marie-Antoinette*, proclamé roi en 1765, il n'exerça
personnellement le pouvoir qu'en 1780, à
la mort de sa mère. Sensible au rationalisme de l'esprit des Lumières, il transforma en dix ans le vieil empire des Habsbourg. L'administration fut totalement
refondue et réorganisée sur le modèle français. L'allemand fut imposé comme langue administrative commune à tous les
États, ce qui provoqua l'opposition de la
Hongrie mais aussi des Pays-Bas, attachés
au français. Afin de favoriser l'essor économique, les barrières douanières à l'intérieur de l'Empire furent supprimées. Le
servage et les corvées* furent abolis et les
nobles assujettis à l'impôt foncier. Joseph
II enfin pratiqua à l'égard de l'Église une
politique de surveillance et de contrôle
connue sous le nom de joséphisme. La religion catholique*, ciment de la monarchie, fut remise en question par un édit de
Tolérance (1781), le mariage civil fut autorisé (1783), la moitié des couvents sécu-
larisés et transformés en écoles, le clergé
fonctionnarisé et l'autorité du pape rejetée
sauf en matière de dogme. Ces mesures
brutales, dans un empire constitué d'une
mosaïque d'États et de peuples divers, provoquèrent un important mécontentement,
particulièrement grave en Belgique où
éclata la révolution* brabançonne (1789),
et l'empereur se vit contraint de revenir sur
nombre de ses réformes. Sa politique extérieure ne fut guère plus heureuse. Face à
l'hostilité de Frédéric II* de Prusse*, il dut
renoncer à annexer la Bavière et les Hongrois lui refusèrent des troupes lorsqu'il

s'allia à la Russie contre les Turcs (1788). Lorsqu'il mourut, il laissait ses États dans une situation difficile. Son frère, Léopold II*, lui succéda. Voir Kaunitz (Wenzel), Succession de Bavière (Guerre de).

JOSÉPHINE, Marie-Josèphe Rose Tascher de La Pagerie, impératrice des Français (Trois-Îlets, Martinique, 1763-Malmaison, 1814). Impératrice des Français, première épouse de Napoléon Ier*. Mariée très jeune au vicomte Alexandre de Beauharnais (1779) qui fut guillotiné sous la Terreur* (1794), elle eut deux enfants, Eugène et Hortense. Liée à Tallien* et Barras*, elle devint l'une des femmes les plus en vue des salons parisiens et rencontra le général Bonaparte* en 1795, qu'elle épousa civilement (1796). Couronnée impératrice mais n'ayant pu donner d'héritier, elle dut consentir au divorce (1809). Répudiée mais largement dotée, Joséphine se retira à la Malmaison, continuant à entretenir une correspondance régulière avec l'Empereur (*Lettres authentiques*, 1895).

JOSUÉ (XIIIe siècle av. J.-C.). Chef du peuple hébreu, il fut le compagnon de Moïse* puis lui succéda. Il eut pour mission de conquérir le pays de Canaan*.Voir Hébreux, Jéricho.

JOUBERT, Barthélemy Catherine (Pont-de-Vaux, 1769-Novi, 1799). Général français, il s'illustra dans de nombreuses batailles de la Révolution* française. Engagé volontaire en 1791, il devint général de brigade (1795) puis de division (1796) et seconda brillamment Bonaparte* pendant la campagne d'Italie*, notamment à Rivoli*. Commandant en chef en Italie (octobre 1798), il força le roi de Sardaigne à abdiquer puis démissionna, opposé à l'activité des commissaires civils du Directoire* qui menaçaient son indépendance. Après avoir repris son commandement (1799), il fut mortellement blessé en affrontant les troupes russes de Souvorov* à Novi (août 1799).Voir Brumaire (Coup d'État du 18).

JOUKOV, Gueorgui Konstantinovitch (Strelkovka, 1896-Moscou, 1974). Maréchal soviétique. Il fut l'un des plus grands chefs militaires de la Seconde Guerre* mondiale. Fils de paysans, d'abord ouvrier d'usine, il adhéra en 1919 au parti bolchevique et participa à la guerre civile (1917-1921). Diplômé de l'académie militaire Frounzé (1931), observateur soviétique en Espagne (1937-1938) lors de la guerre civile, il participa aux opérations contre les Japonais en Mongolie (1938-1939). Après avoir combattu dans la guerre russo-finlandaise (1939-1940), il fut promu général et devint, en février 1941, chef d'état-major de l'Armée Rouge. Conseiller militaire de Staline* à partir de septembre 1942, après avoir victorieusement défendu Moscou (octobre 1941), il contribua à lever le siège de Stalingrad* et dirigea la grande offensive sur le front ouest qui s'acheva avec la prise de Berlin. Ce fut en tant que représentant du gouvernement soviétique qu'il reçut la capitulation de l'Allemagne (8 mai 1945). Commandant de la zone soviétique d'occupation en Allemagne (1945-1946), il fut bientôt disgracié par Staline, son immense popularité lui portant ombrage. Ministre de la Défense après la mort de Staline (1955-1957), il fut écarté par Khrouchtchev* qui le remplaça par Malinovski. Ses *Mémoires* sont parus intégralement en 1966. Voir Bolchevik, Espagne (Guerre civile d'), Koniev (Ivan).

JOURDAIN. Fleuve de Palestine*. Dans l'Antiquité, il serpentait au milieu de monts désertiques pendant 360 km. Il se jette dans la mer Morte, 392 m en-dessous du niveau de la mer et sépare aujourd'hui Israël* de la Syrie* puis de la Jordanie.

JOURDAN, Jean-Baptiste, comte (Limoges, 1762-Paris, 1833). Maréchal* de France. Républicain, il s'illustra dans les guerres de la Révolution* française. À 16 ans, soldat dans la guerre d'Indépendance* américaine, Jourdan, rallié aux lées de la Révolution, devint capitaine ans la Garde* nationale (1789), se dis-ingua sous Dumouriez* lors de la ba-aille de Jemappes (1792) et devint géné-al en 1793. À la tête de l'armée du Jord, il battit avec Carnot* les Autri-hiens à Wattignies (octobre 1793), ce iui permit de débloquer Maubeuge. Des-tué en 1794 pour avoir refusé la cam-agne d'hiver ordonnée par le Comité* le Salut public, Jourdan fut rappelé en nars 1794 et gagna la célèbre bataille de Fleurus* – qui livra la Belgique à la France – à la tête de l'armée de Sambre-t-Meuse. Vaincu à plusieurs reprises en 795 et 1796, il demanda son rappel et ut remplacé par Hoche*. Membre du Conseil des Cinq-Cents* (1797), il fut à l'origine de la loi Jourdan (septembre 798) instituant la conscription*. Hostile u coup d'État du 18 Brumaire* de Na-oléon Bonaparte, il resta sous l'Empire ans commandement important. Napo-éon Ier* le nomma néanmoins maréchal en 804. Conseiller militaire auprès de oseph Bonaparte* (1806), il fut battu par Vellington* à Vittoria (1813). Aigri par la léfaite, il se rallia aux Bourbons*. À partir le 1830, il fut gouverneur des Invalides* près que Louis XVIII* l'eut nommé omte (1816) puis pair de France (1819).

JOURNAL DES DÉBATS (LE). Quoti-lien français fondé en 1789 et destiné à ublier les débats de l'Assemblée* consti-uante. Ses propriétaires, les frères Bertin, ui donnèrent, par prudence, le titre de *Journal de l'Empire* en 1805, mais le jour-al fut néanmoins confisqué en 1811. *Le Journal des débats* fut l'organe des libé-aux sous la Restauration*, orléaniste* ous la monarchie* de Juillet et principal orte-parole de l'opposition libérale sous e Second Empire*. Organe d'expression les républicains conservateurs sous la Troisième République*, il fut progressive-ment supplanté par *Le Temps* et cessa de araître en août 1944. Voir Orléanistes.

JOYCE, James (Dublin, 1882-Zurich, 1941). Romancier et poète irlandais. Son écriture originale et complexe, qui expéri-menta tous les procédés littéraires, boule-versa la littérature du XXe siècle. Issu d'une vieille famille catholique, pensionnaire dès l'âge de 6 ans chez les jésuites*, Joyce, déçu par la politique nationaliste, quitta l'Irlande en 1904 et mena dès lors une vie errante et cosmopolite. Installé à Paris où il découvrit Gustave Flaubert*, puis à Zu-rich et à Trieste où il composa les poèmes de *Musique de chambre* (1907), Joyce écrivit une série de nouvelles réalistes rassemblées dans *Gens de Dublin* (1903-1906) qui, jugées licencieuses par plusieurs éditeurs anglais, ne parurent qu'en 1914, puis *Dedalus, Portrait de l'ar-tiste en jeune homme* (1916), roman auto-biographique inspiré par son enfance et son adolescence en Irlande. Après un court séjour à Zurich durant la guerre (1915-1919), Joyce revint à Trieste puis s'installa définitivement à Paris, son ul-time patrie d'adoption. Il y publia son grand roman *Ulysse* (1913-1922), version moderne et parodie de l'*Odyssée**, long-temps interdit en Angleterre et aux États-Unis pour « pornographie » mais qui boul-eversa, par la mise en œuvre de moyens linguistiques originaux et par l'abondance des symboles et des allusions, les procédés littéraires. Joyce écrivit enfin un dernier grand roman *Finnegans Wake* (1939) qui devait clore son cycle romanesque.

JUAN CARLOS Ier (Rome, 1938-). Roi d'Espagne, petit-fils d'Alphonse XIII*. Désigné en 1969 par Franco* comme futur roi d'Espagne, il lui succéda à sa mort en novembre 1975 et présida à la démocrati-sation du régime. Il s'opposa, en 1981, à une tentative de putsch militaire. Voir CEE, González (Felipe), Suárez (Adolfo).

JUÁREZ GARCÍA, Benito (San Pablo Gueletao, près d'Oaxaca, 1806-Mexico, 1872). Homme politique mexicain. Leader des libéraux, il lutta contre l'intervention française au Mexique décidée par Napoléon III*. Avocat d'origine indienne, libéral, il devint président de la République à partir de 1858 et triompha de l'opposition des conservateurs. Sa politique anticléricale mais aussi sa décision de suspendre toutes les dettes extérieures du pays provoquèrent l'intervention des puissances étrangères et notamment de Napoléon III*, la France souhaitant établir au Mexique un empire catholique* ouvert aux intérêts commerciaux français. Lorsque Maximilien*, frère de François-Joseph* d'Autriche, devint, avec l'accord des conservateurs mexicains, empereur du Mexique (1864), Juárez, replié dans le nord du pays, mena victorieusement la guérilla. Inquiet de la menace américaine, les Français quittèrent le Mexique. Juárez captura Maximilien et le fit fusiller (1867). Rentré à Mexico, il conserva la présidence jusqu'à sa mort. Voir Mexique (Guerre du), Monroe (Doctrine).

JUDA (Royaume de). Royaume hébreu créé au sud de la Palestine* par les deux tribus de Juda et de Benjamin après la mort de Salomon* en 931 av. J.-C., avec Jérusalem* pour capitale. En lutte avec le royaume d'Israël* au nord, il disparaît en 587 av. J.-C., envahi par les armées de Nabuchodonosor*, empereur babylonien. Voir Babylone (Captivité de), Diaspora, Exil, Hébreux, Salomon (Temple de).

JUDAÏSME. Nom donné à la religion des juifs qui doivent vivre selon les commandements contenus dans la Torah* et le Talmud*. Les juifs croient en l'existence d'un seul dieu, Yahvé*, et espèrent en la venue d'un Messie*. Ils célèbrent leur culte (prières et lecture de la Torah) dans des synagogues* dirigées par des rabbins*. Toute leur vie quotidienne porte l'empreinte de la religion. Ils doivent respecter le sabbat* et célébrer certaines fêtes qui rappellent les interventions de Dieu dans leur histoire. À l'âge de huit jours, c'est la circoncision*. À 13 ans pour les garçons (Bar-mitzvah) et

12 ans pour les filles (Bat-mitzvah), une lecture publique de la Torah marque la majorité religieuse. Le mariage est célébré dans la synagogue* où l'on remet aux époux la Kéthouba (contrat rédigé en araméen*). Dans le cercueil, la tête est posée sur un sachet de la terre de Palestine*, ce qui rappelle l'union à la terre des ancêtres. Les juifs enfin doivent obéir à certains interdits alimentaires (alimentation cachère). Il y a aujourd'hui environ 19,7 millions d'adeptes du judaïsme dans le monde. Les communautés les plus importantes se trouvent aux États-Unis, en Israël, dans l'ex-URSS et en France. Voir Alliance, Casher, Fêtes juives, Hébreux, Tables de la Loi.

JUDAS ISCARIOTE. Apôtre* qui trahit Jésus* en le livrant aux prêtres juifs contre de l'argent. Pris de remords, il se donna la mort.

JUDÉE. Ancienne région du sud de la Palestine* comprise entre la mer Morte et la Méditerranée ; ses limites correspondaient approximativement au royaume de Juda*. À l'époque de Jésus*, la Judée fut le centre de la vie religieuse des juifs*, avec Jérusalem* pour capitale. La région fut occupée par les Romains à partir de 63 av. J.-C. Voir Hérode, Ponce Pilate.

JUGES. Chefs hébreux* élus, ils dirigeaient les tribus d'Israël* peut-être entre 1500 et 1200 av. J.-C. Chefs militaires, ils luttèrent pour la conquête du pays de Canaan* contre les Philistins*, les Cananéens* et les Araméens*. Ils s'efforcèrent aussi de maintenir le monothéisme menacé depuis la mort de Josué*, successeur de Moïse*. Le dernier juge fut Samuel*. La période des Juges s'acheva à l'avènement du premier roi hébreu, Saül*, vers 1030 av. J.-C. Le livre biblique dit « des Juges » rend compte de ces événements dans un ensemble où se mêlent histoire, légende et folklore.

JUGLAR, Clément (Paris, 1819-id., 1905). Médecin et économiste français, surtout connu pour son ouvrage Des crises ommerciales *et de leur retour périodique* n *France, en Angleterre et aux États-Unis* 1862). Il donna son analyse de la périoicité des crises économiques, en particuer les phases de dépressions courte, de ordre de six à dix ans, alternant avec des hases d'expansion. Plus tard, un éconoiste russe, Kondratiev* (1892-1930), détermina des phases longues de hausse de la roduction, des prix, des taux d'intérêt et es phases de baisse de l'ordre de vingtinq ans chacune.

UGURTHA (v. 160-Rome, v. 104 av. .-C.). Petit-fils illégitime de Masinissa*, llié de Rome* et roi de Numidie* (région 'Afrique du Nord située à l'ouest de Carnage*), Jugurtha tenta de réunifier à son rofit le puissant royaume de son grandère qu'il partageait avec ses deux cousins rotégés de Rome. Mais, lors du sac de lirta, des hommes d'affaires romains furent tués et, à Rome, on réclama vengeance. Intretenant des complicités dans l'aristoratie et le haut commandement romain par es distributions d'or, il réussit pendant ept ans (111-105 av. J.-C.) à tenir Rome en chec. Il fut finalement vaincu par Marius* t Sylla* et livré aux Romains avec la omplicité du roi Bocchus de Mauritanie, on beau-père, auprès duquel il s'était réfuié. Il fut amené à Rome pour participer au riomphe de Marius, en 104 av. J.-C., puis xécuté. L'histoire de la *Guerre de Jugurha* a été écrite par Salluste*.

UIF, JUIVE. Voir Israélite.

UILLET 1940 (Vote du 10). En France, près la signature de l'armistice du 22 juin 940, vote par lequel l'Assemblée natioale accorda au maréchal Pétain* les leins pouvoirs afin de promulguer une ouvelle Constitution de l'État français, menant ainsi la disparition de la Troiième République*. Le projet fut adopté à ne large majorité (569 voix contre 80 et 7 abstentions). Les parlementaires ommunistes, déchus de leur mandat après a signature du pacte germano-soviétique*,

n'avaient pu prendre part au vote et 17 députés s'étaient fait excuser. Parmi ceux qui s'opposèrent à ce projet (les 80), figurèrent Léon Blum*, Vincent Auriol*, Joseph Paul-Boncour, Félix Gouin*, Jules Moch*, Marx Dormoy, Paul Ramadier*, André Philip, Louis Noguères. Voir Rethondes (Armistice de).

JUILLET 1944 (Attentat du 20). Nom donné à l'attentat manqué contre Hitler* exécuté par le colonel von Stauffenberg* au QG du Führer* à Rastenburg (Prusse* Orientale). Il fut le point culminant de la résistance de la Wehrmacht à Hitler, résistance animée par le général Beck, ancien chef du grand état-major, opposé à Hitler et qui démissionna en 1938. L'assassinat du Führer devait être suivi d'un coup d'État à Berlin et à Paris. L'échec du projet provoqua une sanglante répression dans l'armée et les milieux d'opposition à Hitler : des maréchaux et généraux furent pendus. Beck, Rommel* et von Kluge se suicidèrent. Voir Rundstedt (Gerd von).

JUIN 1792 (Journée du 20). Lors de la Révolution* française, journée organisée par le peuple de Paris afin de protester contre le veto du roi à deux décrets, l'un demandant la déportation des prêtres réfractaires* (27 mai) et l'autre la création de 20 000 gardes nationaux volontaires afin de protéger Paris (8 juin). Roland* ayant dénoncé l'attitude de Louis XVI*, ce dernier renvoya les ministres brissotins* (girondins*), les remplaçant par des Feuillants*, plus modérés. Le 20 juin 1792, les girondins organisèrent une manifestation afin de célébrer l'anniversaire du serment du Jeu* de Paume. Environ 20 000 Parisiens, rassemblés par les clubs et armés de pics, se dirigèrent vers l'Assemblée* législative puis vers les Tuileries qu'ils envahirent. Louis XVI et la reine furent menacés et insultés. Mais le roi, tout en acceptant de coiffer le bonnet rouge et de boire à la santé de la Nation, ne céda pas, maintenant son veto. Voir Août 1792 (Journée du 10).

JUIN 1793 (Journée du 2). Voir Mai 1793 (Journée du 31).

JUIN 1832 (Journées des 5 et 6). Insurrection républicaine sous la monarchie* de Juillet qui éclata à Paris, à l'occasion des funérailles du général républicain Lamarque*, l'un des orateurs de gauche les plus populaires. Les émeutiers, retranchés rue du Cloître-Saint-Merry, furent en partie massacrés par la garde* nationale. Cet épisode fut immortalisé par Victor Hugo* dans *Les Misérables*. Voir Avril 1834 (Journées d').

JUIN 1848 (Journées du 23 au 26). Journées insurrectionnelles parisiennes consécutives à la fermeture des Ateliers* nationaux décidée le 21 juin par l'Assemblée dominée par des républicains modérés. Ces journées (23-26 juin) réprimées par Cavaignac*, ministre de la Guerre, anéantirent les illusions nées lors de la révolution* de Février 1848. Ces journées sanglantes (4 000 morts) furent suivies de représailles sévères : il y eut plus de 11 000 arrestations et 4 000 inculpés furent déportés en Algérie. Elles provoquèrent aussi la peur des possédants et d'une grande majorité de la paysannerie qui se détournèrent du régime républicain. Voir Ordre (Parti de l'), République (Seconde).

JUIN 1849 (Journée du 13). En France, sous la Seconde République*, manifestation organisée par les députés républicains d'extrême gauche – qui avaient pris le nom de « montagnards* » – contre l'Assemblée* législative (mai 1849) dominée par les conservateurs du parti de l'Ordre*, cette dernière ayant décidé d'envoyer des forces françaises contre la République romaine afin d'y rétablir l'autorité temporelle du pape. Réprimée par les forces de l'ordre, cette insurrection dirigée par Ledru-Rollin*, fut un échec et une trentaine

de députés montagnards furent arrêtés. Voir Révolution de 1848.

JUIN 1940 (Appel du 18). Discours prononcé par le général de Gaulle* le 18 juin à 18 heures sur les ondes de la BBC, appelant les Français à refuser l'armistice de juin 1940 et à continuer le combat aux côtés de la Grande-Bretagne. L'appel fut diffusé en direct et ne fut probablement entendu que par une minorité de Français. Voir Rethondes (Armistice de).

JUIN, Alphonse (Bône, auj. Annaba 1888-Paris, 1967). Maréchal* de France. Grand soldat, il s'illustra lors de la Seconde Guerre* mondiale aux côtés des Alliés en Tunisie puis en Italie, restaurant ainsi le prestige de l'armée française. Fils de gendarme, sorti major de Saint-Cyr en 1911, il servit d'abord au Maroc (1912-1914), puis se battit brillamment sur le front français où il fut grièvement blessé, perdant définitivement l'usage de son bras droit. Aide de camp du général Lyautey*, il fit, après un court passage à l'École de guerre (1921-1922), sa carrière au Maroc où il dirigea le cabinet militaire du résident général à Rabat (1931-1939). Commandant en 1940 de la 15e division d'infanterie motorisée, encerclé et fait prisonnier, il fut interné à la forteresse de Königsberg en Allemagne. Libéré en 1941 sur la demande du gouvernement de Vichy*, il succéda à Weygand* à la tête des Forces françaises d'Afrique du Nord (novembre 1941). Après le débarquement* allié en Afrique du Nord (8 novembre 1942) rallié à Giraud*, il prit le commandement des armées françaises engagées en Tunisie et contribua à l'anéantissement de l'Afrikakorps* de Rommel*. À la tête du corps expéditionnaire français en Italie (1943), il s'illustra à Cassino* en prenant le Belvédère puis au Garigliano* (mai 1944) ce qui ouvrit la route de Rome et de Sienne. Chef d'état-major de la Défense nationale (1944-1947), il fut nommé résident général de France au Maroc

1947-1951), où il s'opposa au aspirations nationales du sultan Mohammed V* ben Youssef. Commandant en chef du secteur Centre-Europe de l'OTAN* (1951-1953), élevé à la dignité de maréchal de France en 1952, il apporta son soutien moral aux partisans de l'Algérie française et fut mis à la retraite par le général de Gaulle* (1962). Membre de l'Académie française, il publia es *Mémoires* (1959-1960). Voir Lattre de Tassigny (Jean-Marie de), Leclerc (Philippe de Hauteclocque, dit).

JULES II, Giuliano Della Rovere (Albisola, 1443-Rome, 1513). Pape (1503-1513). Homme d'État et chef militaire plus que pasteur, mais aussi grand mécène, il fut la cible de la critique sévère des humanistes, comme Ulrich von Hutten et Érasme*. Il dut son ascension à son oncle, le pape Sixte IV, qui le nomma cardinal (1471) tout en lui donnant d'importants bénéfices*. Légat en France (1480-1484), il maintint son influence sous Innocent VIII mais, dénonçant le népotisme d'Alexandre VI* Borgia, il dut vivre exilé et ne rentra en Italie qu'en 1503, année de son élection au pontificat. La grande œuvre de Jules II sera désormais de libérer politiquement le Saint-Siège et d'asseoir sa puissance spirituelle par la force militaire. Politique habile et bon soldat, il élimina d'abord César Borgia* (1504), annexa ses possessions, conduisit avec succès une expédition contre Pérouse et Bologne (1506), puis forma avec la France, l'Espagne et l'empereur la ligue de Cambrai* (1508) contre Venise*, trop souvent opposée à la politique pontificale. Vainqueur, Jules II se retourna contre le roi de France, Louis XII*, afin de s'affranchir de sa puissance. Il coalisa contre celui-ci l'Angleterre, l'Espagne, la Suisse et Venise (Sainte Ligue, 1511) et chassa les Français du Milanais (1512). Peu soucieux de la réforme spirituelle de l'Église, Jules II laissa toute liberté aux humanistes. Son souvenir reste surtout celui du plus grand mécène de la Renaissance*. Il embellit Rome* en employant Raphaël*, Michel-Ange* et Bramante*. Sont dus à son mécénat le *Moïse* de Michel-Ange, les peintures de la Chapelle Sixtine* et les fresques de Raphaël au Vatican*. Voir Humanisme.

JULIEN L'APOSTAT (Constantinople, 331-en Mésopotamie, 363 ap. J.-C.). Empereur romain, il régna de 361 à 363 ap. J.-C. Neveu de Constantin Ier* le grand, il répudia le christianisme* (d'où son surnom d'apostat que lui donnèrent les chrétiens*) et rétablit les cultes polythéistes. Envoyé en Gaule* par Constance II avec le titre de César* pour la défendre contre les Barbares*, il remporta de brillants succès et fut proclamé empereur par ses soldats révoltés refusant de partir pour l'Orient (361 ap. J.-C.). Devenu maître unique de l'Empire à la mort de Constance, Julien rejeta le christianisme. Il restaura la religion païenne, et interdit en général l'enseignement et les hautes fonctions aux chrétiens. Il mourut en 363 ap. J.-C. en combattant les Perses*. Il laissa de nombreux écrits dont le plus célèbre est un traité antichrétien, *Adversus Christianos*. Après sa mort, cette renaissance païenne s'effondra. Voir Théodose Ier le Grand.

JULIO-CLAUDIENS. Nom donné aux membres de la première dynastie impériale romaine fondée par l'empereur Auguste* et issue de deux grandes familles patriciennes*, la *gens* Julia et Claudia. Elle comprit Auguste (27 av. J.-C.-14 ap. J.-C.), Tibère* (14-37), Caligula* (37-41), Claude* (41-54) et Néron* (54-68). Voir Antonins, Flaviens, Sévères.

JULLIAN, Camille (Marseille, 1859-Paris, 1933). Historien français auteur d'une *Histoire de la Gaule* (1907-1928), étude érudite et originale d'une période de l'histoire de France.

***JUNKER*.** Originellement, ce mot désignait en allemand les fils de propriétaires terriens nobles puis les jeunes nobles aspirant-officiers. Ce mot désigna au XIXᵉ siècle les propriétaires fonciers conservateurs de l'est de la Prusse* qui exercèrent, jusqu'en 1918, malgré l'abolition du servage, une autorité féodale sur leurs ouvriers agricoles.

JUNON. Déesse romaine d'origine étrusque assimilée à l'Héra* grecque. Épouse de Jupiter*, elle est la protectrice du mariage et figure dans la triade* capitoline à côté de Jupiter et Minerve*.Voir Dieux romains, Religion romaine.

JUNOT, Jean Andoche, duc d'Abrantès (Bussy-le-Grand, 1771-Montbard, 1813). Général français, il se distingua lors des campagnes napoléoniennes. Compagnon de Bonaparte* au siège de Toulon (1793), il devint son aide de camp puis participa (1796) aux campagnes d'Italie* et d'Égypte* en 1799. Commandant de l'armée du Portugal (1807) où il reçut son titre ducal, il fit ensuite la guerre en Espagne et prit part à la campagne de Russie*. Gouverneur des Provinces illyriennes en 1813, il fut frappé de folie et, rentré dans sa famille, se suicida peu après.

JUPITER. Dieu romain assimilé au Zeus* grec, il est le maître des dieux dans la religion* romaine. Fils de Saturne* et de Rhéa*, époux de sa sœur Junon*, il est dieu du ciel, de la lumière du jour, de la foudre et du tonnerre. Le Capitole* de Rome* lui était consacré et il figure dans la triade capitoline* à côté de Junon* et de Minerve*. Voir Dieux romains.

JUPPÉ, Alain (Mont-de-Marsan, 1945-). Homme politique français. Inspecteur des Finances, adjoint au maire de Paris (1983), député RPR de Paris (1986), ministre délégué chargé du Budget (1986-1988) dans le gouvernement Chirac*, secrétaire général (1989) puis président du RPR (1994), ministre des Affaires étrangères du gouvernement Balladur* (1993-1995), il est nommé Premier ministre le 17 mai 1995 par le nouveau président de la République,

Jacques Chirac. Élu maire de Bordeaux en juin 1995.

JURANDE. Voir Corporation.

JUSTINIEN Iᵉʳ (Tauresium ?, près de Skopje, 482-Constantinople, 565). Empereur byzantin (527-565), le dernier empereur romain d'Orient. Son long règne correspondit à une période de grandeur et de prospérité pour l'Empire. Secondé par sa femme Théodora*, Justinien tenta de rétablir par ses conquêtes l'ancien Empire romain*. Il fut aussi un grand législateur et bâtisseur. Travailleur infatigable (surnommé « l'empereur qui ne dort jamais »), d'une grande culture, il laissa son nom au VIᵉ siècle (siècle de Justinien). Soucieux de restaurer la grandeur romaine, Justinien entreprit la reconquête des territoires perdus en Occident lors des invasions barbares*. Admirablement servi par les généraux Bélisaire* et Narsès*, il reprit aux Vandales* l'Afrique du Nord (534), aux Ostrogoths* l'Italie (535-561) et aux Wisigoths* le sud de l'Espagne (550-554). Seuls les royaumes francs* de Gaule* ne furent pas touchés par ses entreprises. Mais ses conquêtes restèrent fragiles, surtout en Italie, en raison de l'invasion des Lombards*, et sur la frontière du Danube (Huns* et Slaves*). Plus durable fut son œuvre législative. Il constitua des équipes de juristes qui mirent de l'ordre dans la législation romaine et rédigèrent des recueils de lois clairs et précis. Le plus important fut le Code Justinien* qui constitua en Occident l'une des bases du droit* civil pendant des siècles et fut redécouvert au XIVᵉ siècle. La prospérité commerciale de l'Empire permit enfin la naissance d'un premier âge d'or de la civilisation byzantine. Grand bâtisseur, Justinien orna les villes de nombreux monuments. Les plus célèbres sont l'église Sainte-Sophie* de Constantinople* et les églises Saint-Vital et Saint-Apollinaire de Ravenne en Italie, ornées de magnifiques mosaïques. Il ne parvint pas à maintenir l'unité religieuse le l'Empire (essor du monophysisme* en Égypte* et en Syrie*). Voir Byzantin (Empire), Nika (Sédition), Procope.

JUSTINIEN (Code). Nom donné aux recueils de droit romain rédigés par des juristes byzantins sous le règne de Justinien Ier*. L'ensemble porte en réalité le nom de *Corpus juris civilis*. Ce code fut connu en Occident à partir du XIe siècle. Il y exerça un influence considérable et constitua pendant des siècles une des bases du droit* civil dans la chrétienté* médiévale. C'est aussi grâce à lui que l'on connaît de nos jours les textes fondamentaux du droit romain.

JUTLAND (Bataille du, 31 mai-1er juin 1916). Seule grande bataille navale de la Première Guerre* mondiale, la bataille du Jutland, au large du Danemark, opposa la *Grand Fleet* britannique de l'amiral Jellicoe à la flotte allemande de haute mer de l'amiral Scheer. Bien que la flotte allemande ait subi des pertes moins lourdes que son adversaire, les Anglais restèrent maîtres de la mer du Nord, interdisant toute sortie aux navires allemands.

JUVÉNAL (Aquinum, v. 60-130 ? ap. J.-C.) Poète latin, auteur des *Satires* dans lesquelles il brosse un tableau très critique des mœurs de son époque.

K

KA'BA, ou **KAABA** (La). Nom donné à un édifice cubique d'environ 12 m de côté, construit en pierre grise et situé au centre de la Grande Mosquée de La Mecque*. Il est le sanctuaire le plus vénéré de l'islam*. L'intérieur de la Ka'ba est vide et renferme, scellée dans l'angle est, à 1,50 m du sol, la pierre Noire (pierre sacrée tombée du ciel et noircie par les fautes des hommes) que les pèlerins viennet baiser avec respect. Selon le Coran*, les fondations de la Ka'ba furent posées par le prophète Abraham* et son fils Isaac* à qui l'ange Gabriel apporta la pierre Noire. L'édifice est recouvert d'un tissu de brocart noir qu'on renouvelle chaque année après le pèlerinage. Voir Mosquée.

KÁDÁR, János (Fiume, auj. Rijeka, 1912-Budapest, 1989). Homme politique hongrois. Ministre de l'Intérieur (1948-1951), puis premier secrétaire du Parti des travailleurs hongrois (1956-1988), il devint, avec l'appui des Soviétiques, chef du gouvernement (1956-1958) après l'écrasement de l'insurrection hongroise (novembre 1956). Il pratiqua durant deux ans une répression brutale, procédant à des milliers d'arrestations et à un centaine d'exécutions (Imre Nagy* en 1958). Un « calme », au moins apparent, étant revenu, Kádár (à nouveau chef du gouvernement de 1961 à 1965), tout en s'appliquant à rester l'allié exemplaire de l'URSS sur le plan extérieur, inaugura à partir de 1959 une politique intérieure qui fit de la Hongrie le pays le plus « libéral » du camp socialiste : amnistie politique partielle puis totale en 1963, amélioration des relations entre l'Église et l'État, ouverture des frontières et surtout mise en place, à partir de 1966, d'une réforme économique abolissant la planification et réintroduisant la loi du marché. Voir Budapest (Crise de), Rákosi (Mátyás).

KADHAFI, Muammar al- (Syrte en Tripolitaine, 1942-). Homme politique libyen. Il tenta de reprendre, après Nasser*, le flambeau du panarabisme, présentant la « révolution libyenne » comme le moteur de l'unité arabe, mais échoua dans ses entreprises d'unification avec d'autres pays arabes. Bédouin du désert, il devint colonel et chef du groupe des « Officiers libres et unionistes ». Profitant d'un voyage du roi Idris Ier en Turquie, il s'empara avec quelques officiers du pouvoir (1969) et proclama la République arabe libyenne sous le signe de « la liberté, du socialisme* et de l'unité arabe ». Président du Conseil suprême de la révolution (1969-1977) puis du secrétariat général du Congrès général du peuple, il a abandonné en 1979 ses fonctions officielles mais reste le véritable chef de l'État. Dès son arrivée au pouvoir, il entreprit une arabisation systématique du pays. Se posant en champion d'un islam* rénové – troisième voie appelée à se substituer au socialisme et au capitalisme* –, il apporta son appui actif à la résistance palestinienne. Grâce à ses revenus pétroliers,

Kadhafi se lança dans une politique internationale de grande envergure. Il tenta, mais en vain, de développer une politique d'unité arabe entre son pays et l'Égypte, puis avec la Tunisie, le Soudan et la Syrie. Présent sur tous les points chauds du monde arabe, sa stratégie très personnelle contribua à brouiller le jeu diplomatique déjà complexe de l'islam (financement des mouvements de résistants palestiniens extrémistes, soutien aux opposants du régime de Sadate* et de Nimeyri au Soudan, intervention militaire en Ouganda, en Centrafrique). Quelque peu isolé à l'intérieur du monde arabe, il s'attira l'hostilité de bon nombre de puissances occidentales en donnant son soutien à divers mouvements nationalistes recourant au terrorisme (raids américains de représailles contre la Libye, 1986). La Libye, qui a été rebaptisée en 1977 Al Jamahiniya (La populocratie arabe libyenne populaire socialiste), expérimenta à l'intérieur une sorte d'islam révolutionnaire. Son leader a de nouveau étonné l'opinion mondiale en signant en 1984 un traité d'union avec le Maroc (rompu en 1986) et remplacé en 1989 par un traité d'union du Maghreb arabe. La Libye de Kadhafi a aussi revendiqué le nord du Tchad qu'elle occupa à plusieurs reprises mais fut mise en échec par l'intervention militaire de la France en 1984 (opération Manta) favorable à Hissène Habré.

KAFKA, Franz (Prague, 1883-sanatorium de Kierling, près de Vienne, 1924). Écrivain tchèque d'expression allemande. Héritier d'une triple culture judaïque, germanique et slave, Kafka chercha à résoudre dans la littérature, seule justification de son existence, les paradoxes de son statut. Son œuvre exprime le désespoir de l'homme devant l'absurdité de l'existence. Issu d'une famille de commerçants juifs appartenant à la minorité de langue allemande, Kafka fit des études de droit, puis occupa, à partir de 1908, des postes d'employé dans des compagnies d'assurances, menant une existence solitaire et repliée. L'œuvre de Kafka, peu connue de son vivant, fut redécouverte après la Seconde Guerre* mondiale grâce notamment à Gide*, Breton* et Sartre*. Elle comprend des récits et des nouvelles (*Le Verdict*, 1912 ; *La Métamorphose*, 1916 ; *La Colonie pénitentiaire*, 1919) et trois romans inachevés publiés après sa mort et contre sa volonté par son ami Max Brod (*Amérique*, 1927 ; *Le Procès*, 1925 ; *Le Château*, 1926).

KAIROUAN. Ville sainte de l'islam* située au sud de la Tunisie, célèbre pour sa Grande Mosquée. Fondée par les Arabes* en 670, Kairouan fut du IXe au XIe siècle l'un des principaux centres politiques, économiques et religieux du Maghreb*. La mosquée* de Kairouan fut construite au IXe-Xe siècle. La salle de prières est divisée en 17 travées par des rangées de colonnes dont aucune ne ressemble exactement à l'autre.

KALININE, Mikhaïl Ivanovitch (Verkhniaïa Troïtsa, près de Tver, 1875-Moscou, 1946). Homme politique soviétique. Bolchevik* issu de la paysannerie pauvre, il participa aux révolutions de 1905 et de 1917 puis devint maire de Petrograd. En tant que président du Conseil exécutif central des soviets* (1919-1936) puis du praesidium du Soviet* suprême (1938-1946), il fut le chef de l'État soviétique. En réalité, dès 1928, il devint l'instrument docile de la politique de Staline*. Voir Révolutions russes de 1905, Révolutions russes de 1917.

KALMAR (Union de). Traité signé en 1397 qui réunissait la Suède, la Norvège et le Danemark sous l'autorité d'Érik de Poméranie. Cette union fut rompue par le roi de Suède, Gustave Vasa, en 1523.

KAMAKURA (Shogunat des). Nom donné au gouvernement militaire qui, tout en laissant à l'empereur une autorité théorique, dirigea le Japon de 1185-1192 à 1333. Le shogunat* fut fondé par Yori-

mo, chef du puissant clan des Mina-
oto*, qui reçut de l'empereur le titre de
néralissime (shogun) à vie et de façon
asi héréditaire. Yoritomo établit sa ca-
tale à Kamakura dans l'île de Honshu,
ndis que la cour impériale restait à
yoto*. Sa succession échut à la famille
ojo qui gouverna le Japon de 1200 à
33. Les Hojo, qui avaient considérable-
ent agrandi les territoires soumis au gou-
rnement militaire (*bakufu*), accompli-
nt une importante œuvre administrative
ais durent repousser à deux reprises
274 et 1281) les invasions des Mongols*
: Kubilay*, maître de la Chine et de la
orée. Le Japon de l'époque de Kamakura
onnut un vif renouveau philosophique et
ligieux (secte zen*) et l'architecture
inspira du nouveau style chinois des
ong*. Le shogunat des Kamakura fut dé-
uit par l'empereur Daigo II qui restaura
ès brièvement l'autorité impériale. Voir
shikaga.

AMENEV, Lev Borissovitch Rozen-
ld, dit (Moscou, 1883-*id.*, 1936).
omme politique russe. Communiste, il
t victime des purges staliniennes. Mem-
e du Parti ouvrier social-démocrate de-
is 1901, emprisonné sous le régime tsa-
ste (1902-1908), il rejoignit Lénine* à
enève. Rentré en Russie en 1913, il di-
gea à Leningrad (actuel Saint-Péters-
ourg) la *Pravda*, journal du parti bolche-
que. Partisan d'une collaboration entre
enchéviks* et bolchéviks* en 1917, il
opposa aux « thèses d'avril » préconi-
nt l'insurrection prolétarienne. Membre
u bureau politique du parti (1919-1925),
constitua avec Staline* et Zinoviev* la
troïka » contre Trotski* avant de passer
ans le camp de ce dernier à partir de 1926.
xclu du parti en 1932, il fut jugé lors
es procès de Moscou* (1936-1938),
ondamné à mort et exécuté comme oppo-
ant au régime stalinien. Kamenev fut ré-
abilité en 1988. Voir Gorbatchev (Mik-
aïl).

KANARIS, Konstandinos (Psara,
1790-Athènes, 1877). Amiral et homme
politique grec, il joua un rôle déterminant
dans les batailles navales contre la Turquie
et l'Égypte, lors de la guerre d'Indépendance* de la Grèce. Après la libération, il
prit part à la déposition du roi de Grèce,
Othon, dont il était le Premier ministre et
fut l'un des trois régents (1862-1863).
À plusieurs reprises, il fut ensuite Premier
ministre (1864-1865 ; 1877).

KANDINSKY, Wassily (Moscou,
1866-Neuilly-sur-Seine, 1944). Peintre
russe naturalisé allemand puis français. Il
est considéré comme l'un des initiateurs de
l'art abstrait*. Issu d'une famille aisée, il
poursuivit des études de droit puis abandonna la carrière juridique pour se consacrer à la peinture (1896). Étudiant à l'Académie de Munich où il rencontra Paul
Klee*, il s'écarta de l'art figuratif à partir
de 1910 et fonda avec des artistes expressionnistes allemands, le *Blaue Reiter* (« Le
Cavalier bleu »). De retour en Russie en
1914, il obtint après les révolutions* russes de 1917 des responsabilités officielles
mais préféra retourner en Allemagne
(1921). Professeur au Bauhaus*
(1922-1932), il publia *Point, Ligne, Surface* (1926) puis quitta l'Allemagne lors de
l'arrivée au pouvoir de Hitler* (1933) et se
fixa à Paris. Voir Expressionisme.

KANT, Emmanuel (Königsberg,
1724-*id.*, 1804). Philosophe allemand,
considéré comme le fondateur de la philosophie allemande. Après des études de
théologie, de philosophie et de sciences à
Königsberg, il fut professeur de philosophie et mourut dans cette ville. La tradition rapporte qu'il ne modifia son emploi
du temps immuable et la trajectoire de sa
promenade quotidienne que deux fois : la
première en 1762 pour se procurer le
Contrat social de Jean-Jacques Rousseau*, la seconde, en 1789 afin d'acheter
la gazette après l'annonce de la Révolution* française. Influencé par Rousseau,

Hume* et Leibniz*, il se fixa comme projet de répondre aux questions suivantes : « Que puis-je savoir ? Que dois-je faire ? Que m'est-il permis d'espérer ? Qu'est-ce que l'homme ? » À travers une œuvre considérable, en importance et en volume, on peut citer : *Critique de la raison pure* (1781), *Premiers Principes métaphysiques de la science de la nature* (1786), *Critique de la raison pratique* (1788), *Critique de la faculté de juger* (1790), *Métaphysique des mœurs* (1797).

KAPP, Wolfgang (New York, 1858-Leipzig, 1922). Homme politique allemand. Nationaliste, il s'opposa d'abord à toute paix de compromis lors de la Première Guerre* mondiale puis condamna l'établissement de la République de Weimar*. En août 1919, il projeta avec le général Lüttwitz de renverser à Berlin le président de la République Ebert*, avec l'aide de corps* francs. Cette tentative de coup d'État (mars 1920) échoua devant la riposte des ouvriers berlinois qui décidèrent la grève générale. Voir Hitler (Adolf).

KARAGEORGES ou **KARAD-JORDJE, Gjordje Petrovitch** (Visevac, près de Kragujevac, 1752-Radovanje, près de Smederevo, 1817). Homme politique serbe, fondateur de la dynastie serbe des Karadjordjevic qui régna en Serbie* puis en Yougoslavie. Fils de paysans, il dirigea l'insurrection contre les Ottomans* (1804) et fut proclamé prince héréditaire des Serbes (1808). Abandonné par le tsar de Russie qui signa la paix avec le sultan (1813), il dut s'exiler. Revenu en 1817, il fut assassiné par son rival Miloch Obrenovitch, devenu prince de Serbie après son départ. Voir Alexandre Ier, Pierre Ier, Milan Obrenovitch IV.

KARAMANLIS, Kostandinos ou **CARAMANLIS, Constantin** (Proti Serrai, 1907-). Homme politique grec. Leader conservateur, trois fois Premier ministre de 1955 à 1963, il fut à nouveau appelé à la tête du gouvernement en 1974 après la chute du régime dit « des colonels ». Après avoir rétabli la démocratie, il fut élu président de la République (1980-1985), mais son parti, la Nouvelle Démocratie, perdit en 1981 les élections au profit du Mouvement socialiste panhellénique (PASOK) présidé par Andréas Papandhréou* qui devint Premier ministre. Karamanlis eut pour successeur le socialiste Khrístos Sardzetákis, avant d'être élu président de la République en mai 1990. Voir Chypre.

KARLSBAD (Congrès de, août 1819) Congrès réuni à Karlsbad en Tchécoslovaquie et convoqué par le chancelier* autrichien Metternich*, afin de résoudre l'agitation libérale en Allemagne. Composé des représentants de tous les États allemands, il vota des mesures répressives comme l'interdiction de la *Burschenschaft* (association d'étudiants), la surveillance des universités et la censure de la presse.

KARNAK (Temples de). Situés à Karnak, village de Haute-Égypte* sur la rive droite du Nil*, au nord de Louxor*, à l'emplacement de l'ancienne capitale Thèbes*, Karnak constitue le plus vaste ensemble d'édifices religieux d'Égypte* Parmi l'enchevêtrement des temples* dédiés à différents dieux, le plus célèbre est celui d'Amon-Rê*. La salle hypostyle* de l'édifice central, œuvre de Séthi Ier, demeure l'une des constructions les plus prestigieuses de Karnak. Elle est large de 102 m, profonde de 53 m et son plafond est supporté par 134 colonnes de 4 m de diamètre, qui s'élèvent à 23 m de hauteur (soit la hauteur d'un immeuble de sept étages). Dans les temples de Karnak et de Louxor vivaient 80 000 personnes affectées au service du dieu. Une partie d'entre elles étaient notamment employées à la culture d'un immense domaine de 200 000 ha. Le maître d'un ensemble aussi considérable, le grand prêtre d'Amon*, disposait d'une puissance qui inquiéta parfois les pharaons*. Voir Aménophis IV.

ASSITES. Ancien peuple de l'Orient
iginaire des montagnes du sud de l'Iran,
, menacèrent Babylone* dès la mort
Hammourabi* au XVIIIᵉ siècle av. J.-C.
ofitant d'un raid hittite* qui mit fin à la
nastie de Babylone (vers 1595 av. J.-C.),
le dynastie kassite s'installa dans la
ande cité et y régna pendant quatre sièes. Affaiblis par les offensives des As-
riens* – qui disputaient aux Kassites le
ys à l'est du Tigre permettant le contrôle
s caravanes venant d'Iran –, la dynastie
t définitivement renversée par l'Élam*
. 1160 av. J.-C.).

ATANGA. Voir Shaba.

ATYN. Village de Russie, à l'ouest de
nolensk. En avril 1943, les Allemands
couvrirent les cadavres de 4 500 offi-
rs polonais abattus en 1940-1941 par
rmée Rouge. L'URSS rejeta la respon-
bilité du crime qui fut néanmoins établie
1988 par une commission d'enquête
héricaine. Le massacre a été reconnu of-
iellement par l'URSS en 1990. Voir Sta-
le (Joseph).

AUNITZ, Wenzel Anton, comte puis
ince von Kaunitz-Rietberg (Vienne,
11-id., 1794). Homme politique autri-
ien. Ambassadeur à Versailles (1750-
53), puis chancelier* d'État (1753-
92), il exerça une grande influence sur la
olitique extérieure de l'Autriche. Issu de
noblesse de Bohême, il acquit sa réputa-
n de négociateur lors du traité d'Aix-la-
napelle* en 1748 (guerre de Succession*
Autriche) et se fit, en tant qu'ambassa-
ur à Versailles, l'artisan d'une entente
ec la France, afin de reconquérir la Silé-
e sur Frédéric II* de Prusse. Chancelier,
prit la direction des affaires étrangères
ais la guerre de Sept* Ans (1756-1763)
arquée par les victoires prussiennes et la
fection russe n'apporta pas le succès es-
mpté, la Silésie restant perdue. Cet échec
t compensé par le gain de la Galicie lors
premier partage de la Pologne* (1772),
guerre de Succession* de Bavière

(1778-1779) n'ayant donné à l'Autriche
que le district de l'Inn. Gardant son poste
de chancelier sous Joseph II* – dont il soutint la politique de « despotisme* éclairé »
– et de Léopold II*, il fut contraint de démissionner sous François II*.

KAUTSKY, Karl (Prague, 1854-Amster-
dam, 1938). Socialiste allemand. Secrétaire d'Engels*, il fut le théoricien
marxiste du Parti social-démocrate* allemand et s'opposa au réformisme de Bernstein*. Il édita la dernière partie du *Capital*
de Karl Marx*, s'opposa violemment à la
participation des socialistes à la Première
Guerre* mondiale, puis évolua vers le réformisme. Il fut l'objet de critiques sévères de la part de Lénine* et de Rosa
Luxemburg*. Voir Internationale (Seconde).

KEATS, John (Londres, 1795-Rome,
1821). Poète britannique. Il fut, avec lord
Byron* et Percy Bysshe Shelley*, le grand
poète de la seconde génération romantique. Issu d'un milieu modeste, il se consacra, après un apprentissage auprès d'un
chirurgien, à la poésie. Il fut notamment
l'auteur d'un long poème narratif, *Endy-
mion* (1818), vivement critiqué à son époque pour son absence de culture antique et
de *Ode à un rossignol* (1820). Mort de tuberculose en Italie, Shelley célébra sa mémoire dans *Adonaïs* (1821). Voir Romantisme.

KEITEL, Wilhelm (Helmscherode,
1882-Nuremberg, 1946). Maréchal* allemand. Chef du commandement suprême
allemand (OKW*) de 1938 à 1945, il signa la capitulation de l'Allemagne à Berlin (8 mai 1945). Condamné à mort
comme criminel de guerre par le tribunal
de Nuremberg*, il fut pendu. Voir Joukov
(G.K.).

KELLERMANN, François Christophe,
duc de Valmy (Strasbourg, 1735-Paris,
1820). Maréchal* de France, il s'illustra
lors des guerres de la Révolution* française. Officier sous l'Ancien* Régime, il

se rallia à la Révolution. Lieutenant général en 1792, il remporta, sous les ordres de Dumouriez*, la bataille de Valmy* (20 septembre 1792) et réprima l'insurrection de Lyon (août 1793). Emprisonné comme suspect (novembre 1793), libéré après le 9 Thermidor* (27 juillet 1794), il commanda, sous Bonaparte*, l'armée des Alpes (1795-1797). Napoléon Ier* le fit maréchal d'Empire (1804), duc de Valmy (1808). Rallié aux Bourbons* en 1814, il siégea comme libéral à la Chambre des pairs*. Voir Carnot (Lazare).

KELLOGG, Frank Billings (Potsdam, État de New York, 1856-Saint Paul, Minnesota, 1937). Homme politique américain. Secrétaire d'État aux Affaires étrangères du président républicain Coolidge*, il fut le principal artisan, avec Aristide Briand*, du pacte Briand-Kellogg* (1928) de renonciation à la guerre. Il obtint le prix Nobel* de la paix en 1929.

KENNEDY, John Fitzgerald (Brookline, près de Boston, 1917-Dallas, 1963). Homme politique américain, il fut le plus jeune président élu de l'histoire américaine et le premier catholique. Très médiatique, devenu un mythe après son assassinat, il engagea les États-Unis dans la guerre du Viêt-nam* et ses projets de réformes sociales furent mis en place par son successeur, Lyndon Johnson*. Issu d'une très riche famille catholique d'origine irlandaise qui édifia sa fortune au XIXe siècle, fils de Joseph Kennedy, ambassadeur à Londres, John Kennedy sortit en 1940 diplômé de l'université de Harvard. Officier de marine durant la Seconde Guerre* mondiale, il fut blessé au cours de combats dans le Pacifique. Élu député (1946) puis sénateur (1952) démocrate de l'État du Massachusetts*, il reçut en 1957 le prix Pulitzer pour son livre *Profile in courage*, renforçant sa popularité déjà établie par ses idées libérales, son dynamisme et ses relations avec les milieux intellectuels et artistiques. Candidat démocrate aux élections présidentielles de 1960, sa campagne, à laquelle participa activement son frère Robert, se déroula sur le thème d'une « Nouvelle Frontière » à conquérir dans le domaine social, par la lutte contre la misère et la ségrégation raciale et par le renforcement de l'aide économique aux pays sous-développés (Alliance pour le progrès). Kennedy fut élu en novembre 1960 à une très faible majorité contre le candidat républicain Richard Nixon* et s'entoura d'un *brain trust** brillant, composé de jeunes intellectuels et de techniciens. Partisan de la coexistence* pacifique, il s'efforça d'améliorer les relations avec l'URSS (rencontre avec Khrouchtchev* à Vienne en 1961 sur le problème de Berlin, signature d'un traité interdisant les expériences militaires dans l'atmosphère en 1963). Il remporta cependant, par sa fermeté, un succès majeur, en imposant à Khrouchtchev le retrait des fusées offensives qui, depuis l'arrivée au pouvoir de Fidel Castro*, avaient été installées à Cuba (1962) et mit en place le « téléphone rouge » Moscou-Washington. Il fut aussi intransigeant à propos de l'Allemagne et de Berlin, prononçant la fameuse phrase « *Ich bin ein Berliner* » lors d'un voyage à Berlin-Ouest en juin 1963. Il inaugura au Viêt-nam « l'escalade » en apportant une aide militaire au gouvernement sud-vietnamien afin d'empêcher l'extension du communisme* en Asie du Sud-Est. Sur le plan intérieur, Kennedy tenta de dynamiser l'économie américaine par une ouverture sur le Marché commun européen en proposant la création d'une vaste zone de libre-échange atlantique qui se traduisit par une grande négociation commerciale (Kennedy Round) mais se vit retirer par le Congrès républicain la plupart des crédits destinés à réaliser son programme de réformes sociales. Son assassinat à Dallas (22 novembre 1963) par Lee Harvey Oswald provoqua une vive émotion dans le monde. Le rapport de la commission d'enquête (rapport Warren

ui concluait qu'Oswald (assassiné avant
même de comparaître) avait agi sans
complice, ne dissipa pas les conditions
mystérieuses de cet attentat. Voir Cuba
Crise de), Démocrate (Parti).

ENNEDY, Robert Francis (Boston,
925-Los Angeles, 1968). Homme politiue américain, frère du président John
itzgerald Kennedy*. Attorney général
961-1964), candidat démocrate pour les
lections présidentielles, il fut assassiné,
près avoir remporté les primaires de Ca-
fornie par un Palestinien qui lui repro-
hait ses sympathies à l'égard d'Israël*.
oir Johnson (Lyndon B.).

ENNEDY (Centre spatial J. F.). Nom de
base de lancement de missiles intercon-
nentaux et d'engins spatiaux située au
ip Canaveral (côte est de la Floride), qui
orta entre 1964 et 1973 le nom de cap
ennedy.

ENYATTA, Jomo (Ichaweri, v. 1893-
Iombasa, 1978). Homme politique du
enya. Nationaliste, il lutta pour l'indé-
endance de son pays, colonie britannique.
hef du premier gouvernement du Kenya
963), il devint président de la Républiue de 1964 jusqu'à sa mort. Voir Mau-
lau (Révolte des).

EPLER, Johannes (Weil der Stadt,
Jurtemberg, 1571-Ratisbonne, 1630).
astronome et mathématicien allemand.
onvaincu de la véracité du système hé-
ocentrique de Copernic*, il prouva que la
rre et les autres planètes du système so-
ire tournaient autour du soleil selon des
ajectoires elliptiques. Il ouvrit ainsi la
oie, avec Tycho Brahe dont il fut l'assis-
int, à l'astronomie moderne en définis-
int les lois (dites de Kepler) auxquelles
béit le mouvement des planètes.

ERENSKI, Aleksandr Fedorovitch
Simbirsk, 1881-New York, 1970).
Iomme politique russe. Député socialiste
evolutionnaire à la Douma* de 1912, mi-
istre de la Justice puis ministre de la
uerre (mai 1917) dans le gouvernement

provisoire formé après la révolution de Février 1917, Kerenski devint chef du
deuxième gouvernement provisoire après
les émeutes populaires de juillet 1917. Déconsidéré à droite pour avoir révoqué le
commandant en chef Kornilov* après sa
tentative de putsch mais aussi à gauche par
les bolcheviks* qui revendiquaient la fin
de la guerre et le pouvoir aux Soviets*, il
fut chassé du pouvoir par la révolution
d'Octobre 1917, et émigra aux États-Unis.
Voir Kronstadt, Révolutions russes de
1917.

KEROULARIOS, Michel, en fr. **Cérulaire** (Constantinople, v. 1000-*id.*, 1059).
Patriarche* de Constantinople* (1043-
1059). Opposé aux prétentions du pape
Léon IX, Michel Keroularios fut excommunié en juillet 1054 par les envoyés du
pape. Il réunit alors un synode (assemblée
d'évêques*) qui excommunia à son tour
les représentants du pape. Cet épisode,
sans retentissement sur le moment, fut
considéré bien plus tard (XIIIᵉ siècle) et
abusivement comme la rupture définitive
entre Rome et Constantinople. Voir Croisade (Quatrième), Schisme d'Orient.

KEYNES, John Maynard (Cambridge,
1883-Firle, Sussex, 1946). Économiste et
financier britannique. Ses principaux ouvrages, le *Traité sur la monnaie* (1931), et
surtout la *Théorie générale de l'emploi, de
l'intérêt et de la monnaie* (1936), écrits
aux lendemains de la grande crise* économique de 1929 eurent une influence considérable, aussi bien sur le plan de l'analyse
théorique que sur la politique économique
des grandes démocraties. Critiquant les
thèses de l'économie politique classique,
sur l'équilibre économique et ses mécanis-
mes autorégulateurs, il préconisa l'intervention du gouvernement pour assurer le
plein-emploi par une politique de stimula-
tion de la consommation, l'augmentation
des investissements publics, une meilleure
distribution des revenus, une inflation
contrôlée et limitée et une baisse du taux

de l'intérêt. L'État devait, selon lui, jouer le rôle de régulateur de la vie économique sans porter atteinte aux intérêts privés et par des moyens essentiellement financiers. Keynes fut nommé sous-gouverneur de la Banque d'Angleterre. Son projet sur la stabilisation internationale des monnaies (plan Keynes) fut proposé lors de la conférence de Bretton* Woods en 1944 mais refusé au profit du plan américain (plan White). Voir BIRD, FMI, Roosevelt (Franklin D.).

KGB. Sigle russe du Comité de sécurité de l'État. Créé en 1954 et succédant au MGB (ministère de la Sécurité d'État), il était chargé du renseignement et du contre-espionnage à l'intérieur et à l'extérieur de l'URSS.

KHAYYAM, Omar (Nichapur, v. 1047-*id.*, v. 1122). Philosophe, poète et mathématicien persan. Disciple d'Avicenne*, il fut d'abord connu par ses écrits scientifiques. Le poète anglais Edward Fitzgerald, par la traduction adaptée de ses célèbres *Quatrains*, le rendit célèbre en Occident.

KHMERS. Peuple de souche mongole, il est à l'origine de la civilisation cambodgienne. Les Khmers fondèrent des royaumes et des empires en Asie du Sud-Est qui culminèrent avec celui d'Angkor* sous le règne de Jayavarman VII (v. 1181-v. 1218). Déjà en lutte contre les Chams, les Thaïs et les Malais, les Khmers durent faire face, à partir du XVe siècle, à la menace des Siamois qui se rendirent maîtres d'Angkor (1431) puis l'abandonnèrent. Le royaume khmer, dont la capitale fut transférée à Phnom Penh (1432), ne cessa de décliner jusqu'au traité de 1863 établissant le protectorat français sur le Cambodge.

KHMERS ROUGES. Nom donné aux communistes cambodgiens qui, sous la direction de Pol* Pot et de Khieu Samphan, évincèrent du pouvoir le gouvernement pro-américain de Lon* Nol (1975). Le régime des Khmers rouges tenta d'imposer, par des méthodes violentes, un communisme* agraire. Les massacres auxquels ils se livrèrent servirent de justification à l'intervention vietnamienne de 1979 et à l'occupation du pays jusqu'en 1989. Depuis les élections législatives libres (mai 1993), organisées sous le contrôle de l'ONU*, et la mise en place d'une monarchie parlementaire sous la direction du roi Norodom Sihanouk*, les Khmers rouges, regroupés dans le PKD (Parti du Kampuchea démocratique), refusent de se rallier au processus de paix au Cambodge.

KHNOUM. Dieu à tête de bélier de l'Égypte* ancienne, il a modelé les hommes et garde les sources du Nil*.

KHOMEYNI, Ruhollah (Qom, 1902-Téhéran, 1989). Chef religieux et homme politique iranien. Intégriste musulman*, il imposa en 1979 une République islamiste en Iran. Docteur de la loi coranique, Khomeyni enseigna, dans les années 30, la sociologie à Qom, ville sainte du chi'isme* Après la mort de l'ayatollah Kachani, il devint, à partir de 1962, le chef de la communauté chi'ite iranienne (majoritaire en Iran) et s'opposa violemment à la politique de modernisation et d'occidentalisation pratiquée par le chah Reza Pahlavi proaméricain. Accusé en 1963 d'être le responsable d'un attentat manqué contre le souverain, il fut arrêté, exilé en Turquie puis en Irak où il passa quinze ans et enfin en France, à Neauphle-le-Château, dans la région parisienne. À la faveur des émeutes antigouvernementales en Iran réclamant le retour de l'ayatollah considéré par les musulmans intégristes comme une sorte de « messie » politico-religieux, Khomeyni enlevant son autorité au gouvernement civil créé par Chahpur Bakhtiar (6 janvier 1979), annonça la formation d'un Conseil islamique révolutionnaire (13 janvier) qui, après son retour en Iran (1er février) et la chute de la monarchie, donna naissance au premier gouvernement révolutionnaire dirigé par Mehdi Bazargan (12 février 1979). La République islamique fut pro amée en avril à l'issue d'un référendum, Conseil islamique conservant cependant essentiel du pouvoir sous l'autorité mole de Khomeyni installé à Qom. La rélution islamique s'imposa dans la terur. Des tribunaux révolutionnaires firent écuter de nombreuses personnalités de ancien régime (officiers, membres de la vak, ministres) mais aussi d'anciens als comme les communistes du parti Touh défiant ainsi l'URSS de Brejnev* et s moudjahidin du peuple, militants d'exme gauche, exécutés par milliers après déchéance de Bani Sadr (1981), premier ésident de la République. Le régime eut ssi à faire face aux rébellions du Kurstan et du Khuzistan qui se transformènt en une véritable guerre civile. Au nom l'« anti-impérialisme » dirigé avant tout ntre les intérêts américains en Iran, État procéda à de nombreuses nationalitions et réussit à défier les États-Unis rs de l'occupation de l'ambassade améaine à Téhéran (novembre 1979-janvier 81). La guerre contre l'Irak transformée guerre sainte (1980-1988), conduite ns l'exaltation patriotique et le faname religieux, provoqua une hécatombe ns précédent et une mobilisation d'une ande partie des ressources. Voir Irank (Guerre), Islam, Mohamed Reza.

HROUCHTCHEV, Nikita (Kalinovka, 94-Moscou, 1971). Homme politique viétique. Il fut à l'origine de la déstalisation en URSS et inaugura la politique coexistence* pacifique. Fils d'un miur, Khrouchtchev travailla très jeune mme ouvrier métallurgiste dans la réon minière du Donetz. Mobilisé en kraine en 1914, il s'inscrivit au parti mmuniste* en 1918 et combattit avec s « Rouges » durant la guerre civile. La ix revenue, il revint travailler à la mine is suivit des études techniques à la falté ouvrière (1922-1923). Il termina sa rmation d'ingénieur à Moscou et, décidé faire carrière dans l'appareil du parti, de-

vint, à 39 ans, premier secrétaire du PCUS* dans un district de la capitale. Remarqué par Kaganovitch, l'un des hommes de confiance de Staline*, il gravit rapidement, à partir de 1936, les échelons qui mènent au sommet de la hiérarchie. Il fut membre du comité central (1934) et du Soviet* suprême (1937), premier secrétaire du parti communiste d'Ukraine (1938) puis membre du Politburo. Lors de la Seconde Guerre* mondiale, il mena les opérations d'annexion d'une grande partie de la Prusse orientale décidées après le pacte germano-soviétique* d'août 1939, organisa des unités de partisans ukrainiens pour combattre la Wehrrmacht, participa à la bataille de Stalingrad* et fut promu lieutenant général en 1943. De nouveau premier secrétaire du parti communiste d'Ukraine après la libération de Kiev (novembre 1943), Khrouchtchev s'attacha à combattre les Ukrainiens qui, hostiles au pouvoir soviétique et à la russification, avaient pris le maquis. Il consacra aussi ses efforts à la reconstruction économique de l'Ukraine. En 1945, il retourna à Moscou comme premier secrétaire de la région de la capitale, et en 1952 devint membre du praesidium. Lorsque Staline mourut en mars 1953, Khrouchtchev, qui n'avait aucune fonction ministérielle, ne figurait pas sur la liste des candidats à la succession. Cependant, devenu premier secrétaire du Parti communiste de l'URSS (septembre 1953), il réussit progressivement à éliminer ses rivaux : Beria* fut éliminé dès décembre 1953 et il obligea Malenkov*, son rival le plus dangereux, à quitter le gouvernement pour laisser sa place au maréchal Boulganine*. Au XXᵉ congrès du parti communiste (février 1956), Khrouchtchev fit sensation en attaquant, dans un rapport secret, les crimes de Staline. La déstalinisation mais aussi la réconciliation avec Tito* (1955) devaient provoquer une crise profonde dans le camp socialiste : émeutes de Poznan et retour au pouvoir de Gomulka* en Pologne, et insurrection de Budapest* (1956). Au sein de la direction, Khrouchtchev parvint à achever l'élimination de ses rivaux. Déjà premier secrétaire du parti, il succéda en 1958 à Boulganine comme président du Conseil des ministres et devint ainsi le numéro un du régime. Il lança à l'intérieur réforme sur réforme, bouleversant les administrations. À l'extérieur, malgré ses déclarations tonitruantes, il s'attacha à améliorer les relations avec les États-Unis et amorça l'idée d'une « coexistence* pacifique » dénoncée rapidement par la Chine. Khrouchtchev rencontra Kennedy* à Vienne (juin 1961), conclut en 1963 avec les États-Unis et la Grande-Bretagne un accord interdisant les expériences nucléaires mais ranima la crise de Berlin* (construction du mur en 1961) et installa à Cuba des fusées offensives retirées en 1962 sur la mise en demeure de Kennedy. Par sa remise en cause de la direction collégiale mais aussi à cause de l'échec de ses mesures économiques, Khrouchtchev fut brusquement relevé de ses fonctions en octobre 1964 et remplacé, au poste de premier secrétaire, par Leonid Brejnev*. Voir Cuba (Crise de), Kossyguine (Aleksei).

KIERKEGAARD, Sören (Copenhague, 1813-id., 1855). Philosophe et théologien danois. Père de l'existentialisme moderne, il exerça une grande influence sur les philosophes de l'existence (chrétiens ou athées) et sur le renouvellement de la théologie protestante. Kierkegaard opposa au système philosophique objectif (Kant*, Hegel*), la vérité de la subjectivité, mettant en avant le caractère dramatique de l'existence, l'angoisse et le désespoir qui la caractérisent. Après se thèse de théologie sur *Le Concept d'ironie constamment rapporté à Socrate* (1841), il publia notamment *Le Journal d'un séducteur* (1843), *Le Concept d'angoisse* (1844) et *Traité du désespoir* (1849).

KIESINGER, Kurt Georg (Ebingen, 1904-Tübingen, 1988) Homme politique de la RFA*. Député chrétien-démocrat (CDU) en 1949, il succéda à Ludwig Erhard* au poste de chancelier* (1966-1969) et forma un gouvernement de « grande coalition » comprenant des chrétiens-démocrates, des libéraux et des sociaux-démocrates. Il poursuivit la politique d'intégration européenne de Konrad Adenauer et laissa son vice-chancelier et ministre de Affaires étrangères, Willy Brandt*, pose les premiers jalons de sa politique d'« ouverture à l'Est ». Il dut céder la place à ce dernier en 1969. Voir CDU-CSU, SPD.

KIEV (État de). Nom donné du IXe au XIIe siècle au premier État russe dont la capitale fut Kiev (en Ukraine). Il connut son apogée sous les règnes de Vladimir le Grand (v. 980-1015) et de Iaroslav* le Sage (1019-1054). L'État se morcela en principautés indépendantes au début du XIIe siècle. Voir Riourik.

KIM IL-SUNG ou **KIM IL-SÖNG** (Près de Pyongyang, 1912-Pyongyang, 1994) Homme politique coréen. Il organisa la résistance contre l'occupation japonaise (1931-1945) et devint Premier ministre de la République populaire de Corée du Nord en 1948. Il commanda, lors de la guerre de Corée* (1950-1953), les armées nord-coréennes et fut élu chef de l'État en 1972. À sa mort en 1994, son fils Kim Jong-il lui a succédé.

KING, Martin Luther (Atlanta, 1929-Memphis, 1968). Pasteur noir américain, il lutta contre la ségrégation des Noirs aux États-Unis. Né dans une famille de pasteurs baptistes, King étudia à l'université de Boston où il obtint un doctorat en philosophie (1955). Devenu pasteur de l'Église baptiste (1947), il fut nommé dans une paroisse noire à Montgomery en Alabama où il appela les Noirs à boycotter les autobus municipaux. Il remporta sa première victoire après que la Cour Suprême eut déclaré, au terme d'un an de boycottage, illégale la ségrégation raciale dans les moyens de transport de l'Alabama (1956). En 1957, il fonda la Conférence des leaders chrétiens du sud (*Southern Christian Leadership Conference*), recommandant la non-violence et luttant pour la conquête des droits civiques dans le sud. Il organisa, afin d'obtenir la déségrégation dans les écoles et les habitations, des boycotts, des « marches de la liberté » et des « sit-in », ralliant à sa cause la jeunesse universitaire. Sa popularité atteignit son apogée avec la spectaculaire marche de la liberté du 28 août 1963 à Washington où il prononça son célèbre discours « *I have a dream* ». Prix Nobel* de la paix (1964), il s'éleva contre la guerre du Viêt-nam*, donna une orientation plus économique à son action mais se vit bientôt dépassé par des mouvements noirs extrémistes, comme les Black Muslims de Malcolm X (« le vote ou la balle ») et le Black Power de Stokely Carmichael. King fut assassiné à Memphis par un tueur blanc.

KIPLING, Rudyard (Bombay, 1865-Londres, 1936). Écrivain britannique. Poète de l'impérialisme britannique triomphant, il développa aussi dans la littérature occidentale le goût de la nature sauvage et de l'exotisme. Né aux Indes dans un milieu aisé et cultivé, il fit des études en Angleterre puis retourna à Bombay où il collabora à divers journaux et écrivit de nombreux recueils de récits qui le rendirent rapidement célèbre. Il voyagea beaucoup (Australie, États-Unis, Japon) et réunit ses notes dans un volume intitulé *D'une mer à l'autre* (1890). De retour en Angleterre (1896), son admiration passionnée pour l'Empire britannique lui inspira *Chansons de la chambrée* (1892) et *Les Sept Mers* (1896) puis il revint à l'Inde, pays auquel il consacra des recueils de récits *Le Livre de la jungle* (1894-1895) et un roman *Kim* (1901) considéré comme son chef-d'œuvre. Kipling reçut le prix Nobel* de littérature en 1907.

KIPPOUR (Guerre du). Nom donné par les Israéliens à la quatrième guerre israélo-arabe* de 1973, appelée guerre du Ramadan par les Arabes.

KIROV, Sergueï Mironovitch KOSTRIKOV, dit (gouvernement de Viatka 1886-Leningrad, 1934). Homme politique russe. Ami de Staline*, il fut nommé secrétaire du comité central du parti communiste* en 1926. Son assassinat dans des circonstances obscures déclencha la première grande épuration stalinienne, visant les opposants au régime. Voir Kamenev, Moscou (procès de), Trotski (Léon).

KISSINGER, Henry (Fürth, Bavière, 1923-). Homme politique américain. Conseiller de Nixon*, il fut l'artisan de la paix au Viêt-nam. Né en Allemagne dans une famille juive, Kissinger émigra avec sa famille aux États-Unis en 1938 pour fuir les persécutions nazies. Il acquit la nationalité américaine en 1943 puis devint diplômé de Harvard où il enseigna les relations internationales tout en étant appelé comme expert auprès d'Eisenhower* et de Kennedy* (pour la question de Berlin). Grand admirateur de Metternich*, méfiant à l'égard des idéologies, il devint à partir de 1968 le principal collaborateur de Richard Nixon. Conseiller à la présidence en matière de sécurité nationale, il jouera jusqu'en 1976 un rôle essentiel dans la politique étrangère américaine. Travailleur et voyageur infatigable, habile diplomate, il noua des relations directes ou secrètes avec de nombreux chefs d'État, négociant par exemple à Pékin, à Moscou et au Viêt-nam* du Nord. Il participa activement au traité de paix sur le Viêt-nam signé en 1973 après les sanglants bombardements d'Haiphong et d'Hanoi mais ne put sauver le gouvernement de Saigon face à l'offensive communiste. Devenu secrétaire d'État après la réélection de Nixon, Kissinger réussit brillamment à réduire l'influence soviétique au Proche-Orient en amenant Syriens et Égyptiens à signer des accords limités avec Israël*, mettant fin à la guerre du Kippour* (1973) et en redonnant à l'Amérique une position privilégiée en Égypte. En Afrique, il ne put empêcher l'établissement d'un gouvernement communiste soutenu par les militaires cubains en Angola* mais participa au règlement du problème rhodésien (1976). Kissinger quitta le département d'État après la défaite républicaine aux élections présidentielles de 1976. De nouveau professeur de relations internationales à Georgetown University (Washington), Kissinger garda un rôle de premier plan dans la vie politique américaine. Il fit paraître en 1978 ses Mémoires À la Maison Blanche.

KITCHENER, Horatio Herbert, lord, 1er comte Kitchener de Khartoum et d'Aspell (près de Listowell, Irlande, 1850-au large des Orcades, 1916) Maréchal britannique. Il reconquit le Soudan (1898) et mit fin à la guerre des Boers* (1899-1902). Officier affecté en Égypte (1883), il ne put sauver l'expédition soudanaise contre les Mahdistes* menée par Gordon (1885). Treize ans plus tard, il reconquit cependant le Soudan (1898), et occupa Khartoum, ce qui lui valut la pairie et le titre de comte de Khartoum. Son arrivée à Fachoda* (1898) mit fin à la mission Marchand* et aux ambitions françaises sur le Soudan. Devenu très populaire par ses succès, il succéda à lord Roberts comme commandant en chef des armées britanniques lors de la guerre des Boers et se montra particulièrement dur en organisant notamment des camps de concentration* où des familles entières furent entassées dans des conditions inhumaines. Entre 1902 et 1914, il voyagea à travers tout l'Empire britannique, en Inde (où il réforma l'armée des Indes) et en Égypte où il fut résident général. Ministre de la Guerre (1914) dans le cabinet Asquith*, il réorganisa les armées britanniques au début de la Première Guerre* mondiale et suscita de nombreux engagements volontaires, Asquith et une

majorité du pays étant hostiles à la conscription. Kitchener mourut lors d'une mission en Russie, son navire ayant été coulé. Voir Muhammad Ahmad.

KLÉBER, Jean-Baptiste (Strasbourg, 1753-Le Caire, 1800). Général français, il s'illustra dans plusieurs batailles lors de la Révolution* française. Fils d'un ouvrier, d'abord destiné au métier d'architecte, Kléber servit comme officier dans l'armée autrichienne après être entré à l'Académie militaire de Munich (1776-1782). De retour en France, il revint à l'architecture en devenant inspecteur des bâtiments publics à Belfort mais, partisan de la Révolution, s'engagea à la tête d'un bataillon de volontaires alsaciens en 1792. Nommé général après s'être illustré en défendant Mayence (1793), il combattit en Vendée* contre les royalistes tout en condamnant les mesures de Terreur*, puis s'illustra à la bataille de Fleurus* (1794). Parti en 1798 pour l'Égypte avec Bonaparte*, il fut grièvement blessé à Alexandrie*, puis battit victorieusement les Turcs en Syrie* (avril 1799). Après son départ pour la France, Bonaparte laissa à Kléber le commandement en chef de l'armée en Égypte (août 1799). Kléber dut signer avec les Anglais une convention d'évacuation (1800) qui, rompue, l'obligea à reprendre la guerre contre les Turcs vaincus à Héliopolis (mars 1800), ce qui permit la reprise du Caire*. Kléber fut assassiné par un musulman. Voir Égypte (Campagne d').

KLEE, Paul (Münchenbuchsee, près de Berne, 1879-Locarno, 1940). Peintre et théoricien suisse. Il institua un rapport rigoureux entre la théorie et la pratique picturales. Son œuvre participa à la fois de l'abstraction et du surréalisme*. Il exposa en 1912 avec le groupe fondé par Kandinsky*, le Blaue Reiter (« Le Cavalier bleu ») et enseigna au Bauhaus* (1921-1930). Professeur à l'Académie de Düsseldorf (1931), il quitta l'Allemagne à l'arrivée de Hitler* au pouvoir (1933) et se réfugia à Berne. Il a laissé un *Journal* et des écrits théoriques (*La Confession créatrice*). Voir Expressionisme.

KLUCK, Alexander von (Münster, 1846-Berlin, 1934). Général allemand. Commandant de la Ire armée en 1914, il franchit la Marne malgré les ordres de Moltke* puis fut battu lors de la bataille de la Marne* (septembre 1914). Voir Bülow (Karl von), Guerre mondiale (Première).

KNOX, John (près de Haddington, v. 1505-Édimbourg, 1572). Réformateur religieux écossais, il contribua à l'établissement du presbytérianisme* comme religion d'État en Écosse. Après son ralliement à la Réforme*, il fut prédicateur en Angleterre mais, à l'avènement de la reine catholique Marie* Tudor, il dut s'enfuir sur le continent où il rencontra Calvin* à Genève*. Revenu définitivement en Écosse (1559), il obtint du Parlement* anglais, une « Confession de foi écossaise » (1566) qu'il rédigea et la suppression du catholicisme*, remplacé par le protestantisme* comme religion d'État. L'Église d'Écosse est organisée selon les principes calvinistes (*Book of discipline*, 1561).

KNUT II LE GRAND (v. 995-Shaftesbury, 1035). Roi d'Angleterre où on l'appelle Canut (1016-1035), de Danemark (1018-1035) et de Norvège (1028-1035). Il encouragea la fusion entre Danois et Anglo-Saxons.

KOCH, Robert (Clausthal, Hanovre, 1843-Baden-Baden, 1910). Médecin et microbiologiste allemand. Fondateur de la bactériologie, il identifia notamment les bactéries responsables du choléra et de la tuberculose (bacille de Koch). Il reçut le prix Nobel* de médecine en 1905.

KOENIG, Marie-Pierre (Caen, 1898-Neuilly-sur-Seine, 1970). Général français. Après s'être rallié dès 1940 au général de Gaulle*, il s'illustra, à la tête d'une brigade des FFL (Forces* françaises libres) à Bir* Hakeim contre les Allemands (1942). Nommé commandant des

FFI (Forces* françaises de l'Intérieur) en 1944, il fut, après la Libération de Paris (août 1944), commandant militaire de la capitale. Ministre de la Défense nationale (1954-1955), il reçut la dignité de maréchal* à titre posthume (1984). Voir Guerre mondiale (Seconde), Leclerc (Philippe de Hauteclocque), Résistance.

KOHL, Helmut (Ludwigshafen, 1930-). Homme politique allemand. Président des chrétiens-démocrates (CDU*-CSU) depuis octobre 1973, il devint chancelier de la République fédérale en 1982. Successeur du social-démocrate Helmut Schmidt*, il forma un gouvernement de coalition chrétienne libérale. Face à l'afflux des réfugiés de RDA* et au démantèlement du rideau de fer initié par la Hongrie (mai 1989), Helmut Kohl proposa un plan de réunification de l'Allemagne qui devint, après la réalisation de l'union monétaire, effective en octobre 1990. Aux premières élections législatives de l'Allemagne unie (décembre 1990), Helmut Kohl a été réélu chancelier. Il le fut de nouveau en octobre 1994. Voir Maastricht (Traité de), SPD.

KOLTCHAK, Aleksandr Vassiliévitch (Saint-Pétersbourg, 1874-Irkoutsk, 1920). Amiral et homme politique russe. Il combattit en Sibérie les bolcheviks* après la révolution d'Octobre 1917. Commandant de la flotte de la mer Noire en 1916, il démissionna après la révolution de Février 1917. Il devint, en octobre 1918, le chef des forces contre-révolutionnaires (composées en grande partie d'anciens prisonniers tchèques) à Omsk (Sibérie occidentale) où il prit le titre de régent suprême après avoir écrasé les socialistes modérés. Son armée, soutenue par les Alliés, occupa la Sibérie, l'Oural et la région de la Volga (1919). Elle fut vaincue par l'armée Rouge des bolcheviks puis, livré par les Tchèques, Koltchak fut fusillé. Voir Communisme de guerre, Denikine (Anton), Révolutions russes de 1917, Wrangel (Petr).

KOMINFORM. Abréviation de « Bureau d'information des partis communistes et ouvriers ». Organisme créé en 1947 à l'initiative de l'URSS et qui groupa jusqu'en 1956 tous les partis communistes de l'Europe de l'Est entrés dans la zone d'influence soviétique et les partis les plus importants de l'Europe de l'Ouest (France et Italie). Le Kominform fut, sous la direction de Jdanov*, le porte-parole de l'orthodoxie communiste. Consacrant le partage du monde en deux camps, le Bureau d'information réclamait à ses membres le dévouement inconditionnel à l'URSS, seul pays capable de diriger le « camp anti-impérialiste et démocratique ». Il mena tout d'abord contre la stratégie du *Containment* formulée par Harry Truman* une campagne pour le boycottage du plan Marshall*. Plus tard, en lutte contre la voie nationale choisie par Tito*, il imposa aux démocraties populaires, par des pressions économiques, militaires, et psychologiques, le modèle unique soviétique pour accéder au socialisme*. La dissolution du Kominform fut décidée par Khrouchtchev* en 1956. Voir Guerre froide, Komintern.

KOMINTERN. Abréviation russe d'Internationale communiste, Troisième Internationale* fondée en 1919 par Lénine* et dissoute en 1943 par Staline*. Voir Kominform.

KOMSOMOL. Organisation de masse soviétique chargée de former la jeunesse dans l'esprit du communisme*.

KONDRATRIEV, Nikolaï Dmitriévich. Voir Juglar (Clément).

KONIEV ou **KONEV, Ivan Stepaňovitch** (Lodeïno, 1897-Moscou, 1973). Maréchal soviétique. En 1944, il mena l'offensive contre les armées allemandes jusqu'à la Vistule en Pologne, fit sa jonction avec Joukov* (22 avril 1945) puis Patton* (25 avril 1945) et participa à la bataille de Berlin. Il conquit aussi la Bohême et libéra Prague. Ministre adjoint de la Défense (1950-1955), il commanda ensuite les forces du Pacte de Varsovie* (1956-1960). Voir Guerre mondiale (Seconde).

KORNILOV, Lavr Gueorguiévitch (Oust-Kamenogorsk, Sibérie, 1870-Iekaterinodar, auj. Krasnodar, 1918). Général russe. Attaché militaire à Pékin (1907-1911) après avoir participé à la guerre russo-japonaise* de 1905, il fut nommé, après la révolution de Février 1917, commandant en chef par Kerenski* (août 1917). Révoqué peu après (septembre), il tenta un putsch contre le gouvernement et fut arrêté. Libéré avec Denikine* par le dernier généralissime de l'armée impériale, il mourut en luttant contre les bolcheviks*. Voir Koltchak (Aleksandr), Révolutions russes de 1917, Wrangel (Petr).

KOŚCIUSZKO, Tadeusz Andrzcj Bonawentura (Mereczowszczyzna, 1746-Soleure, 1817). Officier, patriote et héros national polonais. Combattant volontaire lors de la guerre d'Indépendance* américaine (1775-1782), il se joignit, lors de son retour en Pologne (1784), aux troupes polonaises révoltées contre les Russes. Commandant en chef de Cracovie insurgé (1794), il remporta d'abord de brillants succès, chassant les Prussiens et les Russes de Varsovie. Mais battu et blessé (1794), il ne put empêcher la disparition de l'État polonais et resta deux ans prisonnier dans une forteresse de Saint-Pétersbourg. Libéré en 1796, il s'installa à Paris (1798) mais se refusa à toute collaboration avec Napoléon Ier*. Il s'efforça, en vain, au congrès de Vienne* (1814-1815), d'obtenir la restauration de la Pologne et mourut exilé en Suisse. Voir Pologne (Troisième partage de la), Praga (Massacre de).

KOSOVO (Bataille de, juin 1389). Les Ottomans* défirent à Kosovo Polje une coalition de Serbes, de Bosniaques et d'Albanais commandée par le prince serbe Lazare. La Serbie* devint un État vassal des Ottomans et fut, plus tard, conquise. Elle

le retrouva son indépendance qu'au
XIXᵉ siècle.

KOSSUTH, Lajos (Monok, 1802-Turin,
1894). Patriote et homme politique hongrois, il joua un rôle capital dans le mouvement révolutionnaire hongrois en
1848-1849, dirigé contre l'occupation autrichienne. Président de la commission de
la défense de la patrie après la rupture avec
l'Autriche, Kossuth, issu de la petite noblesse luthérienne et avocat, proclama l'indépendance de la Hongrie et la déchéance
des Habsbourg*. Cependant, l'hostilité des
minorités nationales et l'aide apportée par
l'armée russe à François-Joseph* obligèrent Kossuth à démissionner (août 1849).
Il mourut en exil. Voir Révolutions de
1848.

KOSSYGUINE, Aleksei Nikolaïévitch
(Saint-Pétersbourg, 1904-Moscou, 1980).
Homme politique soviétique. Il fut président du Conseil des ministres de 1964 à
1980. Membre du parti communiste* en
1929, il se spécialisa dans l'industrie textile, et exerça des fonctions économiques
dans plusieurs ministères (1948-1954).
Membre du Politburo de 1948 à 1952, puis
vice-président du Conseil des ministres de
l'URSS (1960), il succéda en 1964 à
Khrouchtchev* à la direction collégiale de
l'URSS. Poursuivant la politique de
coexistence* pacifique inaugurée par son
prédécesseur, il évita tout affrontement
avec les États-Unis lors de la guerre du
Viêt-nam* et choisit la concertation, malgré le soutien soviétique aux pays arabes,
au cours de la guerre israélo-arabe* de
1967 (entrevue avec Johnson* en 1967 à
Glassboro). Membre de la « troïka » menée par Leonid Brejnev*, il tomba bientôt
en disgrâce et démissionna de ses fonctions en 1980, officiellement pour des raisons de santé. Voir Andropov (Iouri), Podgorny (Nikolaï).

KOULAK. Mot russe signifiant « poing »
(fermé sur l'argent gagné) et désignant en
Russie à la fin du XIXᵉ siècle la minorité de
paysans riches qui pratiquaient l'usure et
dominaient la masse des paysans pauvres.
La classe des koulaks, jusqu'aux Révolutions* de 1917, s'était enrichie, grâce aux
réformes de Stolypine* qui leur avaient
permis de sortir du *mir** (communauté villageoise) et d'acheter les terres des nobles
ou celles des paysans pauvres. Après
l'échec du communisme* de guerre
(1918-1921), la NEP* (Nouvelle Politique
économique) assura aux koulaks, qui ravi-
taillaient les villes, de nouveaux avantages. Mais à partir de 1929, l'adoption du
premier plan quinquennal qui prévoyait la
collectivisation des terres amena Staline*,
malgré l'opposition des « droitiers »
Boukharine* et Kirov*, à décider « la liquidation des koulaks comme classe ».
Sous la pression de milices armées envoyées par le gouvernement, les koulaks
furent expropriés et contraints d'entrer
dans les kolkhozes. Avec les koulaks, des
millions de paysans opposés à la collectivisation furent exécutés ou déportés avec
leur famille. Cette dékoulakisation permit
la collectivisation d'environ 75 % des terres en 1934. Elle pesa cependant longtemps sur les progrès de l'agriculture soviétique qui mit de nombreuses années à
retrouver son niveau de 1929. Voir Goulag.

KRAK DES CHEVALIERS. Nom
donné au château* fort construit au
XIIᵉ siècle dans le comté de Tripoli* (nord
du Liban aujourd'hui). Cette forteresse
n'avait pas de donjon* mais comportait
une double enceinte flanquée de grosses
tours rondes. Le krak des Chevaliers résista aux attaques des musulmans*
jusqu'en 1271. On peut aujourd'hui en
voir encore les vestiges.

KREMLIN. Quartier central et fortifié
des cités médiévales russes. Voir Kremlin
de Moscou.

KREMLIN DE MOSCOU. Quartier central de Moscou situé entre la place Rouge
et la Moskova, le Kremlin fut la résidence

des tsars puis le siège du gouvernement soviétique (1918-1991). Entouré d'une enceinte de brique rouge (1485-1495), il renferme un ensemble de monuments civils et religieux datant dans sa plus grande partie du XVᵉ siècle, en particulier du règne d'Ivan III* (1462-1505). Ces édifices furent l'œuvre d'architectes et d'artisans russes, dirigés par des architectes italiens : cathédrale de l'Assomption (1475-1479) où se déroulaient les cérémonies du couronnement des tsars, cathédrale de l'Annonciation (1484-1489) où ils écoutaient les offices, cathédrale de l'Archange-Michel (1505-1509) où ils furent enterrés jusqu'à Pierre Iᵉʳ* le Grand, palais à Facettes (1487). Aux XVIᵉ et XVIIᵉ siècles, s'ajoutèrent à ces édifices le clocher d'Ivan III le Grand et le palais des Menus-Plaisirs. Catherine II* fit enfin construire le Sénat puis Nicolas Iᵉʳ* le Grand Palais.

KRISHNA ou KRISNA. Grande divinité de l'Inde*, il est avec Rama*, la huitième plus célèbre des incarnations du dieu Vishnu*. Dieu de l'amour, les légendes qui entourent sa vie ont fait l'objet d'innombrables textes épiques et religieux.

KRONSTADT ou KRONCHTADT. Île et base de la Russie dans le golfe de Finlande, à l'ouest de Leningrad (aujourd'hui redevenu Saint-Pétersbourg). Les marins de Kronstadt, principale base navale de la Baltique, participèrent à plusieurs reprises aux troubles révolutionnaires de la Russie. Lors de la révolution* de 1905, l'insurrection des soldats et marins fut réprimée par de Witte*, Premier ministre de Nicolas II*. Lors de la révolution d'Octobre 1917, les marins de Kronstadt, appuyés par le croiseur *Aurora*, attaquèrent le Palais d'Hiver où siégeait le gouvernement de Kerenski*. En mars 1921, l'armée Rouge dirigée par Trotski* réprima durement une nouvelle mutinerie dirigée cette fois contre le pouvoir soviétique. Cette révolte incita Lénine* à abandonner le communisme* de guerre et à adopter une Nouvelle Politique

économique (NEP*). Durant la Seconde Guerre* mondiale, les fortifications de Kronstadt jouèrent un rôle important dans la défense de Leningrad.

KROPOTKINE, Piotr Alexeïévitch, prince (Moscou, 1842-Dmitrov, 1921). Révolutionnaire russe. Il fut l'un des principaux théoriciens de l'anarchisme*. Officier, puis explorateur en Sibérie, il adhéra au mouvement révolutionnaire russe. Exilé en Europe (1876), il ne revint en Russie qu'en 1917. Il fut notamment l'auteur de *Parole d'un révolté* (1885) ; *La Conquête du pain* (1888) ; *L'Anarchie, sa philosophie, son idéal* (1864). L'influence de ce « prince anarchiste » fut considérable, notamment en Espagne et en URSS. Voir Bakounine (Mikhaïl).

KRUGER, Paul (ferme Zoutpansdrift, près de Venterstad, colonie du Cap, 1825-Clarens, Suisse, 1904). Homme politique sud-africain. Il incarna le nationalisme boer contre le colonialisme britannique. Descendant d'une famille allemande, il participa à la fondation du Transvaal* (1852) et organisa la résistance contre les Britanniques, lorsque ces derniers annexèrent le Transvaal au Natal*, alors colonie anglaise (1877). Lorsqu'en 1881 fut proclamée la République du Transvaal, Kruger en fut plusieurs fois président (1883, 1888, 1893, 1898). Il dirigea la guerre des Boers* (1899-1902) contre l'Angleterre, puis se retira en Europe.

KRUPP. Grande famille d'industriels allemands. Gustav, baron von Bohlen und Halbach, qui avait épousé Bertha, petite-fille d'Alfred Krupp, fut, avec d'autres hommes d'affaires allemands, un ferme soutien du nazisme dès 1933. La firme Krupp fournit à l'Allemagne hitlérienne le matériel pour l'armée et la flotte de guerre. Voir Hitler (Adolf), Thyssen (Fritz).

KSHATRIYA ou KSATRIYA. Nom donné dans l'ancienne société indienne à la deuxième des castes* héréditaires de l'Inde*, après celle des brahmanes*. Elle omprenait les rois et les guerriers, c'est--dire la noblesse. Cette caste guerrière isputa longtemps le pouvoir aux brahma-es qu'ils finirent par dominer. Les Ksha-iya composent aujourd'hui environ 6 % e la population hindoue de l'Inde.

KUBILAY, QUBILAÏ ou **HUBILIE** 1214-1294). Grand Khan des Mongols* 1260-1294) et fondateur de la dynastie tongole (dynastie Yuan*) qui régna sur la 'hine de 1279 à 1368. Petit-fils de Gen-is* Khan, héritier de la Chine du Nord, il tena la conquête de la Chine méridionale 1267-1276), mettant fin à la puissance des erniers souverains de la dynastie Song*. l échoua néanmoins dans ses tentatives 'invasion du Japon (1274 et 1281) et du 'onkin*. Proclamé empereur en 1279, il tablit sa capitale à Pékin, rebaptisée :hanbalik (« Ville du Khan »), protégea es lettres et admit à sa cour de nombreux trangers dont le plus célèbre fut Marco* 'olo.

KU KLUX KLAN. Société secrète amé-icaine fondée en 1867 dans le sud des :tats-Unis, après la guerre de Sécession*, lle était dirigée contre l'émancipation des Noirs. Le KKK tenta par l'intimidation de étourner les Noirs d'exercer leur droit de ote (croix enflammées devant les maisons es « ennemis », lynchages et brutalités). es violences racistes provoquèrent son in-erdiction en 1877, mais un nouveau KKK, ui n'était plus seulement l'expression du nalaise du sud, mais aussi celui de la ieille Amérique puritaine, ultra-nationa-iste et xénophobe se reforma en 1915. Contre les « nègres » mais aussi les juifs*, es catholiques*, les immigrants inassimi-ables au modèle WASP (*White Anglo-axon, Protestant*), le KKK connut un im-nense succès, s'étendant à l'ouest et au Middle-West et revendiquant en 1925 plus le 5 millions d'adhérents. Ses méthodes 'action, violentes, lui valurent encore son nterdiction (1928), la crise* économique le 1929 lui portant un coup fatal. Un troi-

sième KKK reparut au temps du sénateur McCarthy*, puis épisodiquement depuis 1960, s'opposant aux mouvements libé-raux, antiracistes, pacifistes et à la libéra-tion des mœurs.

KULTURKAMPF. Terme allemand signi-fiant « combat pour la civilisation ». Afin de maintenir l'unité de l'Empire, mais aussi d'affaiblir le Parti du centre, Bis-marck* décida de 1871 à 1878 une série de mesures destinées à lutter contre l'in-fluence grandissante du parti catholique dans les États du sud et de l'ouest de l'Em-pire. Cette lutte s'exprima notamment par une véritable guerre anticléricale qui se concrétisa par la laïcisation de l'état civil, l'inspection des écoles par des laïcs, la suppression de congrégations, en particu-lier celle des jésuites*, et l'emprisonne-ment de nombreux ecclésiastiques. Cepen-dant après 1880, face à la montée du socialisme* et à la forte résistance de la communauté catholique, Bismarck négo-cia avec le nouveau pape Léon XIII* (1878-1903) et cessa d'appliquer les lois qu'il avait fait voter contre l'Église.

KUN, BÉLA (Szilágycseh, Transylvanie, 1886-Ukraine, 1939). Révolutionnaire hongrois. Il fut le fondateur du Parti communiste hongrois. D'abord militant du Parti social-démocrate en Transylvanie (Autriche-Hongrie*), il fut fait prisonnier par les Russes en 1916 puis rencontra Lé-nine* en décembre 1917 à Petrograd, qui le chargea de la propagande internationale au sein du commissariat aux Affaires étrangères. De retour en Hongrie, il fonda le Parti communiste hongrois et, à la fa-veur d'une insurrection, s'empara du pou-voir en mars 1919, instaurant la Républi-que hongroise des Conseils (mars-août 1919) sur le modèle des Soviets*. En butte à des oppositions internes – difficulté à ré-soudre le problème agraire – mais surtout externes – occupation de Budapest par les Roumains soutenus par l'Entente* –, Béla Kun dut s'exiler, et l'amiral Horthy* fut proclamé régent de Hongrie (1920). Exilé en URSS, il milita activement dans la Troisième Internationale* puis, victime des purges staliniennes, fut exécuté en 1939. Béla Kun fut officiellement réhabilité en 1956 et sa mémoire célébrée en 1964 par les dirigeants du Parti socialiste ouvrier hongrois. Voir Entente (Petite-).

KUTCHUK-KAINARDJI (Traité de, 1774). Traité signé dans une localité de Bulgarie mettant fin à la première guerre russo-turque* (1768-1774). Signé entre le sultan Abdul-Hamid Iᵉʳ et Catherine II*, le traité fut désastreux pour l'Empire ottoman*. La Russie obtenait une partie des côtes septentrionales de la mer Noire, la libre navigation dans cette mer, jusque-là lac ottoman, et le protectorat sur les chrétiens* orthodoxes de l'Empire ottoman*. Le khanat de Crimée, déclaré indépendant, fut annexé en 1783 par les Russes. Voir Orient (Question d').

KYOTO. Ville et ancienne capitale du Japon, au sud de l'île de Honshu. Kyoto, « la Capitale de la paix », fondée en 794 par l'empereur Kammu (731-806) et construite en damier selon le plan de la capitale chinoise des Tang*, fut la résidence de la cour impériale de 794 à 1868, date à laquelle les empereurs s'installèrent à Tokyo*. Détruite durant la guerre civile d'Onin, la ville fut magnifiquement reconstruite à la fin du XVIᵉ siècle. Elle reste aujourd'hui le grand centre de la culture traditionnelle japonaise. Voir Heian (Époque de).

L

LA BOÉTIE, Étienne de (Sarlat, 1530-Germignan, 1563). Écrivain franais. Conseiller au parlement de Bordeaux, mi de Montaigne* auquel il révéla le stoïisme*, il rédigea outre des sonnets, un amphlet contre la tyrannie, le *Discours de a servitude volontaire* (vers 1553). La pulication de son œuvre est entièrement osthume.

LABROUSSE, Ernest (Barbezieux, 895-Paris, 1988). Historien français. Par on *Esquisse du mouvement des prix et des evenus en France au XVIIIᵉ siècle* (1932), l a profondément renouvelé l'historiographie économique en France.

LA BRUYÈRE, Jean de (Paris, 645-Versailles, 1696). Écrivain français. l fut précepteur puis secrétaire du duc de Bourbon, petit-fils du Grand Condé*. Auteur des célèbres *Caractères* (1688-1696) onçus à partir d'une traduction du Grec Théophraste, il dépeignit sans pitié, à travers des maximes, des portraits et des réflexions, la société française de la fin du XVIIᵉ siècle.

LABYRINTHE. Nom donné par les Grecs au palais crétois du roi Minos* à Cnossos*. Selon la mythologie* grecque, e Labyrinthe était aussi le palais du Minotaure*, construit par Dédale*. C'était un enchevêtrement de couloirs, de pièces, d'escaliers au plan si compliqué que celui qui s'y aventurait ne pouvait retrouver son chemin. Voir Ariane, Crétois.

LACÉDÉMONE. Désigne l'ensemble du territoire de Sparte*.

LACLOS, Pierre Choderlos de (Amiens, 1741-Tarente, 1803). Officier et écrivain français. Il doit sa célébrité à son roman épistolaire *Les Liaisons dangereuses* (1782), véritable traité du mal décrit avec la finesse d'un grand clinicien.

LACORDAIRE, Henri (Recey-sur-Ource, 1802-Sorèze, 1861). Prêtre et dominicain français, avocat au barreau de Paris, il devint prêtre en 1834 et, admirateur de Lamennais*, fonda avec lui la revue *L'Avenir*, condamnée par le pape en 1830. Lacordaire se sépara de Lamennais pour rester fidèle à Rome et devint, après son entrée dans l'ordre des Dominicains* (ordre qu'il avait rétabli en France en 1839), l'un des plus grands orateurs de son temps, devenu célèbre par ses « conférences » à Notre-Dame* de Paris.

LA FAYETTE, Marie Joseph Paul Yves Roch Gilbert MOTIER, marquis de (Chavaniac, 1757-Paris, 1834). Général et homme politique français, il fut le héros de trois révolutions, celle de l'Indépendance* américaine, celle de 1789 et celle de 1830. Jeune lieutenant (1773), il s'enthousiasma pour la cause des insurgés américains en révolte contre l'Angleterre, partit combattre en Amérique et contribua à l'engagement français dans la guerre d'Indépendance. De retour en France en 1782, il participa à la vie publique en devenant membre de l'assemblée des notables en

1787. Défenseur des idées de la philosophie des Lumières, franc-maçon, favorable au doublement du Tiers* État, il fut un des premiers à demander la convocation des États* généraux. Député de la noblesse de Riom, en 1789, très populaire, il fut nommé après la prise de la Bastille*, commandant de la milice parisienne – la garde* nationale – et fit adopter la cocarde* tricolore. Monarchiste libéral, partisan d'une réconciliation entre le roi et la Révolution*, il devint après les journées révolutionnaires des 5 et 6 octobre* 1789, le personnage le plus considérable de France, et la fête de la Fédération* (14 juillet 1790) marqua le sommet de sa carrière révolutionnaire. Défenseur de la Révolution, à la fois contre les aristocrates et les sans-culottes* trop radicaux, La Fayette s'aliéna les révolutionnaires, après la fuite du roi à Varennes*, en donnant l'ordre de tirer sur le peuple lors de la manifestation républicaine du Champ* de Mars (17 juillet 1791) venue demander la déchéance du roi. Après s'être séparé des jacobins* et avoir constitué le Club très modéré des feuillants*, il reçut le commandement de l'armée du centre, puis du nord après la déclaration de guerre du 20 avril 1792. Très hostile aux violences de la journée du 20 juin* 1792, il menaça de faire marcher son armée sur Paris, pour défendre Louis XVI*. Accusé de trahison (août 1792) et démis de son commandement, il décida de passer à l'ennemi mais, arrêté par les Autrichiens, il fut interné jusqu'en 1797. Rentré en France après le 18 Brumaire*, il ne joua aucun rôle pendant la période napoléonienne, puis se rallia aux Bourbons* en 1814. Député de la Seine-et-Marne durant les Cent-Jours*, il fit partie avec Fouché* de ceux qui demandèrent l'abdication de Napoléon Ier*. Député de la Sarthe (1818), puis de Meaux (1827), il fut un opposant libéral très actif sous la seconde Restauration* et joua un rôle important lors de la révolution* de 1830,

Commandant de la garde nationale (juillet 1830), il fut, avec Laffitte*, le principal artisan de l'avènement au trône de Louis-Philippe Ier*. Rejeté dans l'opposition, il resta jusqu'à sa mort hostile à l'évolution réactionnaire du régime de Juillet. Voir Barnave (Antoine), Mirabeau (Honoré), Mouvement (Parti du).

LA FAYETTE, Marie-Madeleine Pioche de La Vergne, comtesse de (Paris, 1634-id., 1693). Écrivain français que *La Princesse de Clèves* rendit célèbre. Issue d'une petite noblesse sans fortune, mariée à Jean François de La Fayette, de 20 ans son aîné, Mme de La Fayette vécut jusqu'à sa mort à Paris où elle tint salon dans son hôtel de la rue de Vaugirard. Intelligente et cultivée, familière des milieux précieux, elle fut introduite dans les salons littéraires grâce à l'amitié de Mme de Sévigné* et fut l'amie intime de La Rochefoucauld*. Elle publia en 1662 une nouvelle, *La Princesse de Montpensier* puis *Zayde* (1669-1671), mais *La Princesse de Clèves* fut son véritable chef-d'œuvre (1678). Elle y analyse la passion amoureuse et les ravages qu'elle entraîne. Mme de La Fayette est considérée comme le premier auteur de roman psychologique moderne.

LAFFEMAS, Barthélemy de, sieur de Beausemblant (Beausemblant, 1545-Paris, v. 1612). Économiste français. Représentant de la doctrine mercantiliste en France, il écrivit notamment *Reglement pour dresser les manufactures du Royaume* (1597). Protestant* anobli, il s'attacha sous Henri IV* à développer les manufactures de luxe en France. Voir Mercantilisme.

LAFFITTE, Jacques (Bayonne, 1767-Paris, 1844). Banquier et homme politique, il joua un rôle important lors de la révolution* de 1830 et proposa le duc d'Orléans (futur Louis-Philippe Ier*) à l'accession au trône. Fils d'un charpentier de Bayonne, il entra comme comptable chez le banquier Perregaux (1788), dont il

evint bientôt l'associé (1800) puis le suc-
esseur (1804). Régent en 1809 puis gou-
erneur de la Banque de France* en 1814,
 fut élu député libéral sous la Restaura-
on* (1816-1827), finança le journal d'oposition *Le National* tout en participant
ux grandes opérations financières de
époque. En juillet 1830, Laffitte soutint
ctivement la candidature au trône du cou-
in de Charles X*, Louis-Philippe d'Or-
;ans. Après la révolution de 1830, repré-
entant du parti du Mouvement*, il fut
ommé président du Conseil et ministre
es Finances (novembre 1830) par le roi.
:ontraint de démissionner en 1831, il de-
int chef de l'opposition de gauche. Voir
Jonarchie de Juillet, Perier (Casimir).

A FONTAINE, Jean de (Château-
"hierry, 1621-Paris, 1695). Poète français.
 est resté célèbre pour ses *Fables* dont il
it un genre noble et qui constituent la
orme poétique le plus originale du siècle
lassique mais aussi la plus populaire. Issu
e la riche bourgeoisie, La Fontaine fit des
tudes d'avocat puis reprit la charge de son
ère, maître des Eaux et Forêts. Fonction-
aire négligent et mari indifférent, il fut
uccessivement le protégé du surintendant
"ouquet*, de la duchesse d'Orléans, de
/Ime de La Sablière et de Mme d'Hervart.
\uteur de textes érotiques (*Contes et Nou-
elles*, condamnés pour immoralité), il pu-
•lia surtout les *Fables* (12 livres,
668-1694), créées à partir des *Fables* at-
ribuées au Grec Ésope qui servaient de
hème aux écoliers et de recueil d'anecdo-
es morales aux orateurs.

AGASH. Grande cité sumérienne de
3asse-Mésopotamie proche de la
onfluence entre le Tigre et l'Euphrate.
.agash connut vers 2500 av. J.-C. une'pre-
nière période de grandeur lorsqu'elle
éussit à enlever la domination à Our*, sa
ivale. Cette première dynastie sumérienne
rit fin vers 2370 av. J.-C. Lagash fut sou-
nis à Ourouk*, puis peu après aux Akka-
liens* de Sargon* l'Ancien. Deux siècles

plus tard, à partir de 2150 av. J.-C., la ville
connut une renaissance. Elle était encore
habitée au début de notre ère à l'époque
des Parthes*. Le site de Lagash fut découvert puis exploré à partir de 1877 ; on y a
trouvé en particulier 3 000 tablettes cunéiformes* donnant de précieux renseignements sur l'activité économique de la Mésopotamie* au milieu du IIIe millénaire.
Voir Sumériens, Vautours (Stèle des).

LAGIDES ou **PTOLÉMÉES.** Dynastie
hellénistique* fondée par Ptolémée, général d'Alexandre III* le Grand. Elle régna
sur l'Égypte* de 305 à 30 av. J.-C. Les Lagides, de culture grecque, firent de leur capitale Alexandrie* le plus grand centre
commercial et intellectuel du monde hellénistique. Au IIIe siècle av. J.-C., ils dominaient le bassin oriental de la Méditerranée. Mais au IIe siècle av. J.-C., les
menaces des Séleucides* et les querelles
familiales amenèrent leur décadence.
L'Égypte connut un dernier éclat sous le
règne de Cléopâtre VII*. Mais la défaite de
celle-ci contre les Romains à Actium* (31
av. J.-C.) et son suicide mirent fin à la dynastie et l'Égypte passa sous la domination
de Rome*.

LA HAYE (Traité de, 16 mai 1795). Lors
de la Révolution* française, traité signé
sous la Convention* thermidorienne entre
la République française et la Hollande. La
France annexait les Pays-Bas autrichiens
(Belgique actuelle) et les Pays-Bas hollandais se constituaient en République sous le
nom de République* batave. Les deux
pays s'engageaient à une alliance contre
l'Angleterre. Avec les traités de Bâle*
(1795), celui de La Haye démantelait la
première coalition*. Seules l'Angleterre et
l'Autriche continuaient la guerre. Voir Républiques sœurs.

LAIBACH (Congrès de, janvier-mai
1821). Voir Troppau (Congrès de).

LAKANAL, Joseph (Serres, 1762-Paris,
1845). Homme politique français, il contribua sous la Révolution* française à la réor-

ganisation de l'enseignement. Professeur de philosophie, élu député à la Convention*, il devint, après Thermidor* 1794, président du comité d'Instruction publique. La loi Lakanal de novembre 1794 établit dans chaque département des écoles centrales, première forme des futurs lycées. Membre du Conseil des Cinq-Cents* (1795-1797), puis commissaire du Directoire* (1797), il reprit ses fonctions d'enseignant sous le Consulat* et l'Empire*. Exilé aux États-Unis en 1816 comme régicide, il vécut dans ce pays jusqu'en 1833. Voir Ferry (Jules).

LALLY, Thomas Arthur, baron de Tollendal, comte de Lally, dit **LALLY-TOLLENDAL** (Romans, 1702-Paris, 1766). Général français d'origine irlandaise. Gouverneur des établissements français en Inde* (1755), secondé par un important corps expéditionnaire, il défendit, lors de la guerre de Sept* Ans, les intérêts français en Inde. Il combattit avec acharnement les Anglais, mais fut vaincu à Madras* (1758) et capitula, après une résistance héroïque, à Pondichéry* (1761). Accusé de trahison, il fut décapité. Son fils, soutenu par une campagne de Voltaire*, obtint sous le règne de Louis XVI* sa réhabilitation (1778).

LAMARCK, Jean-Baptiste de Monet, chevalier de (Bazentin, 1744-Paris, 1829). Naturaliste français. Professeur de zoologie des invertébrés au Muséum (1793), il élabora une théorie de l'évolution, combattue par Cuvier*, mais qui influença Darwin*. Selon lui, les êtres vivants se transforment avec le temps ; ainsi l'adaptation au milieu entraîne une modification des besoins chez les animaux et provoque des transformations dans l'organisme, transmises aux générations suivantes (hérédité de l'acquis).

LAMARQUE, Maximilien, comte (Saint-Sever, 1770-Paris, 1832). Général et homme politique français. Il fut l'un des chefs de l'opposition républicaine sous la monarchie* de Juillet. Ses obsèques donnèrent lieu à la première grande insurrection républicaine du régime. Engagé dès 1791, Lamarque se distingua lors des guerres de la Révolution* et de l'Empire*. Ral lié à Napoléon Ier* lors des Cent-Jours*, il fut chargé de réprimer l'insurrection royaliste de Vendée, puis fut condamné à l'exil en 1815. De retour en France dès 1818, él député des Landes en 1828, il devint l'un des principaux défenseurs des idées républicaines. Voir Barbès (Armand), Raspail (François-Vincent), Vendée (Guerre de).

LAMARTINE, Alphonse de (Mâcon 1790-Paris, 1869). Poète et homme politique français. Son premier recueil lyrique *Les Méditations poétiques* (1820), marqua le début du romantisme* dans la poésie française et lui assura une très grande popularité. Député en 1833, hostile au gouvernement de Louis-Philippe Ier*, Lamartine milita pour l'élargissement du corps électoral et écrivit une *Histoire des girondins* (1847) qui lui assura la célébrité politique. Lors de la révolution* de 1848, il proclama la République à l'Hôtel de ville. Membre du gouvernement* provisoire et ministre des Affaires étrangères, il joua un rôle important pendant les premières semaines de la Deuxième République*, s'opposant notamment aux socialistes. Candidat malheureux aux élections présidentielles du 10 décembre 1848, sa carrière politique prit fin après le coup d'État bonapartiste du 2 décembre* 1851. Accablé de dettes, dans l'impossibilité de s'exiler comme Victor Hugo*, Lamartine se condamna aux « travaux forcés littéraires », publiant des récits autobiographiques, des ouvrages historiques et des romans sociaux. Voir Juin 1848 (Journées de)

LAMENNAIS ou **LA MENNAIS, Félicité Robert de** (Saint-Malo, 1782-Paris, 1854). Prêtre et écrivain français. D'abord hostile à l'Église gallicane, il défendit ensuite un catholicisme* socialisant. Devenu prêtre en 1816, il devint célèbre par la publication en 1817 de son *Essai sur l'indifférence en matière de religion*. Royaliste et ultramontain, il y développait les thèses anciennes des monarchies de droit divin et de la supériorité du pouvoir du pape sur celui des rois. Cependant, lorsque fut tentée en 1828 une surveillance de l'État sur l'enseignement donné dans les séminaires, Lamennais fonda, avec Lacordaire* et Montalembert*, la revue *L'Avenir* où furent proclamées la nécessité de la séparation* de l'Église et de l'État, ainsi que la défense des libertés d'enseignement, de presse et d'association. Condamné par le pape (1832), Lamennais quitta l'Église en 1834, justifiant sa rupture dans *Paroles d'un croyant* (1834), et *Les Affaires de Rome* (1836-1837). Lamennais fut représentant du peuple en 1848. Voir Gallicanisme, Ultramontanisme.

LAMENTATIONS (Mur des). Soubassements d'une partie de la terrasse sur laquelle était construit le Temple de Salomon* à Jérusalem*. C'est le lieu le plus sacré pour les juifs du monde entier où ils viennent rendre grâce à Dieu du lieu saint retrouvé. Voir Judaïsme, Lévites.

LAMETH, Alexandre, comte de (Paris, 1760-*id.*, 1829). Général et homme politique français, il forma lors de la Révolution* française avec Barnave* et Duport* le triumvirat de l'Assemblée nationale constituante qui s'opposa à Mirabeau*, défenseur d'un pouvoir royal fort. Après avoir participé comme ses frères, Théodore et Charles, à la guerre d'Indépendance* américaine, Alexandre Lameth fut député de la noblesse de Péronne aux États* généraux (1789) et prit position pour les réformes. Rallié aux Feuillants*, défenseurs d'une monarchie constitutionnelle, il passa à l'ennemi avec La Fayette* (1792) et fut emprisonné par les Autrichiens (1792-1797). Rentré en France après le coup d'État du 18 Brumaire*, il fit une carrière administrative sous le Premier Empire* et devint député libéral sous la Restauration*.

LAMOIGNON, Guillaume de (Paris, 1617-*id.*, 1677). Issu d'une illustre famille de magistrats français, magistrat luimême, premier président du Parlement* de Paris (1658), il fit preuve de courage en refusant de présider la commission extraordinaire chargée de juger le surintendant des finances Fouquet*, jugeant alors son impartialité compromise. Afin d'humaniser la justice, il élabora une réforme de la législation et de la procédure et s'appliqua à l'unification des lois du royaume.

LAMORICIÈRE, Christophe Louis Léon Juchault de (Nantes, 1806-près d'Amiens, 1865). Général et homme politique français. Il s'illustra dans la conquête de l'Algérie, recevant notamment la soumission d'Abd* el-Kader. Il fut banni (1852-1860) sous le Second Empire*, puis se mit au service des troupes pontificales. Voir Alger (Expédition d').

LANCASTRE (Maison de). La maison de Lancastre est issue de Jean de Gand, quatrième fils d'Édouard III*, qui épousa Blanche, héritière du duché de Lancastre. Elle fut la rivale de la maison d'York* dans la guerre des Deux-Roses* et donna trois rois à l'Angleterre : Henri IV*, Henri V* et Henri VI*.

LANG, Fritz (Vienne, 1890-Hollywood, 1976). Cinéaste autrichien naturalisé américain. Il tourna en Allemagne ses chefs-d'œuvre expressionnistes (*Les Trois Lumières*, 1921 ; *Le Docteur Mabuse*, 1922 ; *Les Nibelungen*, 1923-1924 ; *Metropolis*, 1926 ; *M le Maudit*, 1931). Fritz Lang quitta l'Allemagne à l'avènement du nazisme* (1933) et se fixa aux États-Unis où il tourna encore de nombreux films (*Furie*, 1936 ; *Les Contrebandiers de Moonfleet*, 1955). Voir Expressionnisme.

LANNES, Jean, duc de Montebello (Lectoure, 1769-Vienne, 1809). Maréchal* de France. Surnommé pour sa bravoure le « Roland de l'armée », il participa à de nombreuses batailles sous Napoléon Ier*. Issu d'un milieu modeste, il s'engagea volontaire en 1792 dans un bataillon du Gers et s'illustra dans la campagne d'Italie*, particulièrement à Arcole* (novembre 1796). Remarqué par Bonaparte, il le suivit dans sa campagne d'Égypte*, prenant part aux batailles des Pyramides* et d'Aboukir*. De retour en France avec Bonaparte, il participa au coup d'État du 18 Brumaire* (9 novembre 1799) et devint chef de la garde consulaire. Après avoir contribué à la victoire de Marengo* (juin 1800), il fut fait maréchal (1804), puis duc de Montebello (1808). Il participa aux grandes batailles napoléoniennes (Iéna*, Eylau*, Friedland*), et combattit en Espagne, dirigeant notamment le siège de Saragosse (1809). Lannes se distingua encore contre l'Autriche mais fut mortellement blessé à Essling* (mai 1809), et mourut après avoir été amputé des deux jambes. Il fut très estimé de Napoléon, et son corps fut déposé au Panthéon en 1810.

LANREZAC, Charles Louis Marie (Pointe-à-Pitre, Guadeloupe, 1852-Neuilly-sur-Seine, 1925). Général français. Commandant de la Ve armée en 1914, il fut remplacé peu après par Franchet* d'Esperey, en raison de sa mésentente avec le maréchal anglais French*. Voir Guerre mondiale (Première), Joffre (Joseph).

LAO-TSEU ou **LAOZI** (v. 570-v. 490 av. J.-C.). Philosophe chinois fondateur d'une religion, le taoïsme* ; sa biographie est en grande partie légendaire.

LA PALICE, Jacques de CHABANNES, seigneur de (v. 1470-Pavie, 1525). Maréchal* de France. Il fut l'un des plus grands hommes de guerre de son temps, s'illustrant durant les guerres d'Italie* sous Charles VIII*, Louis XII* et François Ier* qui le fit maréchal de France. Il se distingua à Marignan* (1515), à La Bicoque* (1522), leva le siège de Marseille puis fut tué à Pavie*, bataille livrée contre son avis. La chanson d'un seul couplet, composée par ses soldats, se terminait par ces vers : « *Un quart d'heure avant sa mort/Il était encore en vie.* » Elle resta célèbre par sa naïveté, qu'on attribua injustement à La Palice lui-même, d'où le mot français « lapalissade ».

LA PÉROUSE, Jean-François de GALAUP, comte de (Le Guo, 1741-île de Vanikoro, 1788). Navigateur français disparu lors de son expédition autour du monde. Entré dans la marine en 1756, il participa d'abord à la guerre d'Indépendance* américaine puis fut chargé par Louis XVI*, passionné de géographie, de compléter les expéditions de Cook* et de Clark. Parti de Brest avec les navires *La Boussole* et *L'Astrolabe*, commandé et secondé par Fleuriot de Langle, La Pérouse atteignit, par le cap Horn, la côte de l'Amérique du Nord jusqu'à l'Alaska (juin 1786). Parvenu aux îles Hawaii, il découvrit l'île Necker (novembre 1786), gagna Macao, les Philippines, atteignit le Japon et reconnut le détroit séparant les îles de Hokkaïdo et de Sakhaline, qui porte aujourd'hui son nom (août 1787). Il se rendit de là au Kamtchatka, redescendit le Pacifique central vers l'archipel des Samoa – où Langle ainsi que dix hommes furent tués par des indigènes – puis les îles Tonga. Ce fut de Botany Bay (Australie) que le ministre de la Marine reçut un dernier message de La Pérouse (février 1788). Ce fut le capitaine anglais Peter Dillon qui découvrit par hasard en 1826, dans l'île de Vanikoro, des vestiges du naufrage de La Pérouse. Dumont* d'Urville, envoyé sur les lieux, en 1828, acquit alors la certitude que *L'Astrolabe* avait sombré sur les récifs entourant l'île, les naufragés ayant probablement été massacrés ensuite par les indigènes. En 1962, ont été retrouvés dans le même secteur les vestiges de *La Boussole*.

LARAIRE. Dans l'Antiquité romaine, autel, niche ou petit chapelle destinée au culte des Lares* (divinités protectrices de la famille) que les Romains aménageaient dans leur maison.

LARES. Dans la religion* romaine, nom donné notamment aux divinités protectrices de la famille. Les Lares étaient abrités dans un laraire*, niche à fronton triangulaire. Tout événement marquant (naissance, mariage, mort) était l'occasion d'une dévotion devant cet autel. De façon plus générale, les Lares étaient des divinités protectrices des récoltes, des carrefours (Lares Compitales), des cités, etc. Voir Pénates.

LARGO CABALLERO, Francisco (Madrid, 1869-Paris, 1946). Homme politique espagnol. Socialiste, il contribua à l'instauration de la République espagnole en 1931, puis au succès électoral du *Frente Popular* (1936). Chef du gouvernement républicain (septembre 1936-mai 1937) pendant la guerre civile d'Espagne* (1936-1939), il dut s'exiler après la victoire de Franco*.

LA ROCHEFOUCAULD, François, duc de (Paris, 1613-*id.*, 1680). Écrivain et moraliste français. Après avoir participé à la Fronde*, il se rallia au roi et mena une vie mondaine sous la monarchie triomphante de Louis XIV*. Destiné à la carrière des armes par son éducation, il combattit d'abord en Italie (1629), puis, emprisonné (1637) pour avoir conspiré contre Richelieu*, s'exila sur ses terres de Poitou. Rentré en grâce après la mort de Richelieu, il participa à la Fronde des princes, hostile à Mazarin*, entraîné par sa liaison avec la duchesse de Longueville* et fut grièvement blessé (1652). Abandonnant alors ses aventures guerrières, il fit sa soumission et commença une carrière de mondain à la Cour et dans les salons de la marquise de Sablé et de Mme de La Fayette*. Il fit paraître en 1664 la première édition de ses *Réflexions ou Sentences et Maximes morales* qui firent scandale par l'image pessimiste de l'homme qu'elles révélaient.

LA ROCHEJAQUELEIN, Henri du VERGIER, comte de (près de Châtillon-sur-Sèvre, 1772-Nuaillé, 1794). Issu d'une très ancienne famille noble vendéenne, il fut l'un des chefs de l'insurrection de la Vendée. Jusqu'en 1792, membre de la garde constitutionnelle de Louis XVI*, il prit les armes contre la République à la tête des troupes vendéennes. Il tenta de poursuivre la lutte après les défaites vendéennes mais fut tué par un républicain. Voir Cathelineau (Jacques), Charette (François de), Stofflet (Jean Nicolas), Vendée (Guerre de).

LA ROCQUE, François, comte de (Lorient, 1885-Paris, 1946). Officier et homme politique français. Après avoir fait une brillante carrière militaire, il décida de se consacrer à la politique en 1928. Élu président de la ligue des Croix-de-Feu*, il transforma cette organisation d'anciens combattants en ligue d'extrême droite. Ses troupes manifestèrent dans la rue le 6 février* 1934 contre le Parlement, sans se mêler aux émeutiers, ce qui valut au chef des Croix-de-Feu la rancune tenace de Maurras* et de l'Action* française mais aussi des dirigeants des autres ligues ; néanmoins il refusa un coup de force contre le régime. Après la dissolution des ligues par le gouvernement du Front* populaire (1936), il créa le Parti social français (PSF), préconisant la création légale d'un régime fort mais refusant toute alliance avec le parti fasciste de Jacques Doriot* (PPF, Parti populaire français). Après s'être rallié à Pétain* en 1940, il refusa la politique de collaboration, participa à la Résistance*, fut arrêté et déporté en Allemagne. Voir Vichy (Gouvernement de).

LARTET, Édouard (Saint-Guiraud, 1801-Seissan, 1871). Géologue et paléontologue français. Il a donné l'une des premières chronologies paléontologiques de l'homme fossile*. Voir Paléontologie.

LA SALLE, René Robert CAVELIER de (Rouen, 1643-en Louisiane, 1687). Explorateur français. Fils d'un riche marchand de Rouen, il quitta les jésuites* chez lesquels il était entré (1666) et partit chercher fortune au Canada. Après diverses explorations, il réussit à descendre le Mississippi en 1682 et réalisa pour la première fois la liaison entre les Grands Lacs et le golfe du Mexique. Prenant possession de la région proche de l'embouchure du Mississippi, il lui donna le nom de Louisiane* en l'honneur de Louis XIV*. Reparti pour la région avec une centaine de soldats, il y mourut victime d'une mutinerie.

LAS CASAS, Bartholomé de (Séville, 1474-Madrid, 1566). Prêtre et dominicain* espagnol, il défendit avec force les Indiens aux Antilles et dans l'Amérique espagnole. Ordonné prêtre à Cuba (1513), Las Casas dénonça dans des ouvrages adressés aux princes espagnols la condition des Indiens employés dans les *encomiendas*, le plus célèbre restant la *Très Brève Relation de la destruction des Indes* (1542) dans lequel il fit le procès des abus de la colonisation. Cependant, en conseillant de substituer aux Indiens d'Amérique des esclaves africains, il contribua, semble-t-il, au développement de la traite* des Noirs. Entré en 1522 chez les dominicains de Saint-Domingue, il participa à l'évangélisation pacifique du Mexique et du Pérou. De retour en Espagne (1551), il rédigea une *Histoire des Indes*.

LAS CASES, Emmanuel, comte de (Las Cases, près de Revel, 1766-Passy-sur-Seine, 1842). Écrivain français. Secrétaire de Napoléon Ier* en exil, il rédigea *Le Mémorial de Sainte-Hélène*, publié en 1823.

LASCAUX (Grotte de). Découverte par hasard en 1940, la grotte de Lascaux (près de Montignac, en Dordogne) présente le plus grand ensemble de peintures et de gravures préhistoriques actuellement connu. Elle est constituée de plusieurs salles et galeries décorées par des groupes d'artistes à l'époque du magdalénien*, il y a environ 15 000 ans. L'une d'elles est ornée d'un grand nombre d'animaux (taureaux, antilopes, bisons, vaches, chèvres, chevaux, cerfs, félins, etc.). Mais les figures les plus célèbres sont celles de quatre taureaux géants (près de 5 m) situées dans la salle principale et celle d'un bison blessé et éventré fonçant sur un chasseur. À ces figures sont associés de nombreux signes mystérieux. L'immense succès de cette grotte et l'éclairage électrique ont provoqué sa détérioration. C'est pourquoi sa copie (Lascaux II), absolument identique à l'original, a été inaugurée dans son voisinage en 1983. Voir Art pariétal, Breuil (Abbé), Paléolithique supérieur.

LASSUS, Roland de Orlando di Lasso (Mons, v. 1532-Munich, 1594). Compositeur flamand. Son œuvre abondante excella en particulier dans le motet de deux à douze voix, où il réalisa une synthèse heureuse entre l'art flamand et la musique italienne. Génie précoce, il quitta très jeune son pays natal, séjourna en Italie où il rencontra Palestrina*, puis resta jusqu'à sa mort le maître de chapelle du duc de Bavière à Munich. Jouissant d'une grande réputation, Lassus participa, par sa musique, au renouveau de la foi catholique* en Allemagne.

LATICLAVE. Bande pourpre large (*latus clavus*) que les Romains de rang sénatorial portaient sur leur tunique.

LATIN. 1) Qui se rapporte au Latium*, région historique de l'Italie centrale dominée par Rome*. 2) Qui se rapporte à l'histoire de la Rome ancienne ou à la langue qu'on y parlait. 3) Qui se rapporte à un pays dont la langue est issue de la langue latine (France, Italie, Espagne, Portugal, etc.).

LATINS. Nom donné aux habitants du Latium* ; ils appartenaient à la première vague d'envahisseurs indo-européens, les Italiques, qui s'installèrent en Italie au cours du IIe millénaire av. J.-C. Soumis aux Étrusques* au VIe siècle av. J.-C. puis alliés de Rome* au sein de la ligue latine au Ve siècle et enfin dominés par Rome à partir du IVe siècle, ils jouèrent le premier rôle dans l'histoire romaine. Ils jouissaient d'un statut civique particulier, bénéficiant des droits civils du citoyen romain (*conubium* : droit d'intermariage ; *commercium* : droit d'acquérir et de vendre), mais pas des droits politiques sauf à venir s'installer à Rome, auquel cas ils recevaient la citoyenneté complète (*jus migrandi*). Voir Énée.

LATIUM. Région de l'Italie centrale située le long de la mer Tyrrhénienne où se développa la célèbre ville de Rome*. Elle comprenait dans l'Antiquité les monts Albains et une plaine marécageuse traversée par le Tibre. Peuplé au IIe millénaire par les Latins*, le Latium fut au VIe siècle av. J.-C. dominé par les Étrusques* dont le dernier roi à Rome, Tarquin* le Superbe, fut renversé en 509 av. J.-C. Puis, pour lutter contre les Volsques*, les Èques* et les Étrusques, les habitants du Latium formèrent vers 493 av. J.-C. la ligue latine qui comprenait une trentaine de cités (dont Albe*) mais sur lesquelles Rome n'avait pas encore la suprématie. C'est seulement vers 338 av. J.-C. qu'au terme d'une guerre rude, elle réussit à soumettre les Latins qui devinrent alors citoyens romains.

LA TOUR, Georges de (Vic-sur-Seille, 1593-Lunéville,1652). Peintre français. Célèbre en son temps, puis oublié, il fut redécouvert au début du XXe siècle et figure aujourd'hui parmi les grands de la peinture française. Influencé par le peintre italien le Caravage*, La Tour est considéré comme le peintre du réalisme populaire et des nuits mystiques. Issu d'une famille modeste, il reçut, semble-t-il, une éducation assez soignée et profita lors de ses apprentissages de peintre du brillant foyer artistique de Lorraine. Il épousa en 1617 Diane Le Nerf, fille de l'argentier du duc de Lorraine, puis s'installa (1620) à Lunéville où il acquit bientôt une grande renommée. « Peintre ordinaire du roy » Louis XIII* qui avait admiré son *Saint Sébastien*

pleuré par sainte Irène (Paris, Louvre), La Tour mourut d'épidémie au sommet de sa gloire. On distingue dans ses œuvres les scènes diurnes et les scènes nocturnes. Les premières, scènes de genre ou profanes, sont en général présentées sous un éclairage diurne, lumière froide et claire (*Le Joueur de vielle, La Bonne Aventure, Le Tricheur*). Les secondes, inspirées par la mystique lorraine, sont des tableaux à thème religieux qui exploitent avec une rare maîtrise les possibilités expressives de la lumière artificielle, la source lumineuse provenant souvent d'une bougie (série des *Madeleine, Le Nouveau-Né, L'Adoration des bergers, Saint Sébastien, Job*).

LA TOUR, Maurice Quentin de (Saint-Quentin, 1704-*id.*, 1788). Peintre français. Célèbre pastelliste, il connut un immense succès auprès de la haute société sous le règne de Louis XV*. On lui doit notamment les portraits de *Louis XV* et de *Madame de Pompadour* (Paris, Louvre) et ceux de *Voltaire* (musée de Saint-Quentin) et de *Rousseau* (Genève, musée d'Art et d'Histoire).

LATRAN (Accords du, 11 février 1929). Traité signé au palais du Latran entre le Saint-Siège (cardinal Gaspari, secrétaire d'État) et l'Italie (Mussolini*). Ces accords reconnaissaient au pape la souveraineté sur le Vatican, l'Église renonçant à récupérer les territoires pontificaux annexés en 1870 lors de l'unité italienne et lui attribuaient une rente et un capital de l'État. Le catholicisme* était reconnu comme religion d'État en Italie ; ce principe a été annulé par le concordat de 1984. Voir Garanties (Lois des), Pie IX.

LATRAN (Quatrième concile du, 1215). Parmi les cinq conciles œcuméniques qui furent réunis au palais du Latran à Rome* (1123, 1139, 1179, 1215, 1512), le plus important fut celui convoqué par le pape Innocent III* en 1215 car il légiféra dans presque tous les domaines de la vie religieuse. Il condamna les doctrines des hérétiques, Albigeois* et Vaudois*, et promulgua des décrets, notamment sur les devoirs des évêques*, sur l'obligation de la confession et de la communion* une fois par an, sur le secret sacramentel et sur la transsubstantiation.

LATTRE DE TASSIGNY, Jean-Marie de (Mouilleron-en-Pareds, 1889-Paris, 1952). Maréchal* de France. Il participa brillamment à la libération du territoire français occupé par l'Allemagne lors de la Seconde Guerre* mondiale. Élève de Saint-Cyr, il s'illustra lors de la Première Guerre* mondiale, puis au Maroc et fut, en 1939, le plus jeune général de l'armée française. Commandant de la 14e division d'infanterie en mai-juin 1940, il forma, après l'armistice, plusieurs écoles de cadres. Commandant en novembre 1942 la 17e division militaire dans l'armée de l'armistice à Montpellier, il décida, lorsque les Allemands envahirent la zone sud après le débarquement* allié en Afrique du Nord, de prendre le maquis avec quelques-unes de ses troupes. Arrêté, condamné à dix ans de prison, il s'enfuit de la prison de Riom (septembre 1943) et partit pour Alger. À la tête de la 1re armée française, il participa au débarquement* allié en Normandie (1944) puis combattit les Allemands jusqu'au Rhin et au Danube (1944-1945). Le 8 mai 1945, il reçut pour la France la capitulation allemande à Berlin. Haut commissaire et commandant en chef en Indochine* (1950-1952), il parvint à rétablir la situation du corps expéditionnaire français combattant contre le Viet-minh* – son fils unique, engagé, mourut – et à organiser une armée nationale vietnamienne. Il eut droit, à sa mort, à des funérailles grandioses et fut élevé, à titre posthume, à la dignité de maréchal (1952). Voir Indochine (Guerre d'), Juin (Alphonse), Leclerc (Philippe de Hauteclocque).

LA TRÉMOILLE, Louis II de, vicomte de Thouars (Thouars, 1460-Pavie, 1525). Grand chef de guerre, il participa brillam-

ment aux guerres d'Italie*, principalement dans les batailles d'Agnadel* et de Novare. Il fut tué à Pavie*. Voir Bayard, La Palice.

LAUD, William (Reading, 1573-Londres, 1645). Prélat anglais. En voulant faire de l'anglicanisme* le fondement de l'absolutisme de Charles Ier*, il fut l'un des responsables de l'impopularité du régime et des premiers troubles révolutionnaires en Angleterre. Fils d'un maître tailleur, il dut sa carrière à la faveur de Charles Ier qui le nomma archevêque de Canterbury* (1633). Principal conseiller politique du roi avec Strafford*, il voulut imposer une stricte orthodoxie anglicane, proche du catholicisme*, réprima les puritains* et provoqua la révolte des presbytériens d'Écosse. Abandonné par Charles Ier, il fut arrêté en 1640, condamné et exécuté. Voir Presbyterianisme, Révolution d'Angleterre.

LAURENT LE MAGNIFIQUE, en ital. **Lorenzo da Medici** (Florence, 1449-Careggi, 1492). Petit-fils de Cosme* de Médicis. Prince de la Renaissance*, grand protecteur des arts, des lettres et des sciences, il fit de Florence* la capitale intellectuelle de l'Europe. Il exerça d'abord le pouvoir avec son frère, Julien de Médicis, qui fut assassiné lors de la conjuration des Pazzi, famille du patriciat florentin, rivale des Médicis. Le pape Sixte IV, véritable inspirateur du complot, déchaîna une guerre contre Florence (1478-1480), d'où Laurent sortit victorieux. Poète lui-même, il protégea les savants et les artistes, notamment Verrochio* et Botticelli*, et dota richement la bibliothèque qui garde son nom, la Laurentienne. Son désintérêt des affaires et ses prodigalités ruinèrent de nombreuses filiales en Europe.

LAUSANNE (Traité de, 24 juillet 1923). Traité conclu entre les Alliés et le gouvernement d'Ankara qui annulait le traité de Sèvres*, rendu caduc par les victoires de Mustafa* Kemal sur la Grèce. La Turquie cupérait la totalité de l'Anatolie et la Thrace orientale (Turquie d'Europe), entraînant l'échange entre populations turques et grecques. Les détroits* étaient démilitarisés mais la Turquie pouvait, en cas de guerre, en interdire le passage à ses ennemis.

LAVAL, Pierre (Châteldon, 1883-Fresnes, 1945). Homme politique français. Ministre de Pétain* en 1942, il pratiqua une politique de collaboration* avec l'Allemagne nazie. Fils d'un petit cafetier d'Auvergne, Laval travailla pour payer ses études et devint, en 1907, avocat au barreau de Paris. D'abord à l'extrême gauche de la SFIO*, il se fit connaître comme conseiller juridique auprès de nombreux syndicats. Député socialiste d'Aubervilliers (1914-1919) puis maire de cette ville ouvrière, réélu pendant plus de vingt ans (1923-1944) malgré son évolution politique, il fut battu aux élections de 1919, quitta la SFIO, fut réélu socialiste indépendant à la Chambre des députés (1924-1927) puis au Sénat (1924-1940). Plusieurs fois ministre – des Travaux publics (1925), de la Justice (1926), du Travail (1930, 1932), des Colonies puis des Affaires étrangères (1934), il devint président du Conseil (janvier 1931-janvier 1932) à un moment où la crise économique et financière gagnait la France. Sa politique de déflation et d'économie budgétaire lui aliéna une partie de l'opinion, en particulier les partis de gauche. Sa politique extérieure ne fut pas plus heureuse. Afin de faire face à la menace hitlérienne, Laval signa un pacte d'assistance mutuelle avec l'URSS (mai 1935) et surtout se rapprocha de l'Italie mussolinienne (accords de Rome, conférence de Stresa*, 1935). Mais il fut contraint de démissionner sur l'affaire d'Éthiopie* (janvier 1936) et se trouva écarté du pouvoir pendant quatre ans. Il fut presque seul en 1939 à refuser la déclaration de guerre et revint au premier plan de la scène politique après l'ar-

mistice. Nommé ministre d'État par Pétain (23 juin 1940), il milita à Vichy pour l'obtention des pleins pouvoirs au maréchal (10 juillet* 1940) et devint vice-président du Conseil du gouvernement de Vichy*. Convaincu de la victoire allemande, il se prononça pour la collaboration et prépara l'entrevue de Montoire* entre Pétain et Hitler* (octobre 1940). Mais, en butte à l'hostilité des ministres, il fut remplacé par Darlan* (décembre 1940), arrêté, emprisonné mais libéré sur l'intervention de l'ambassadeur allemand à Paris, Otto Abetz*. Rappelé au pouvoir (avril 1942) à la demande allemande, Laval cumula au gouvernement les portefeuilles de l'Intérieur, de l'Information et des Affaires étrangères et devint le véritable chef de l'État, déclarant souhaiter la victoire de l'Allemagne. Persuadé cependant des difficultés de la collaboration (surtout après l'occupation de la zone sud en 1942), il pratiqua une politique de marchandages pour limiter les exigences de l'occupant (Relève* puis Service* du travail obligatoire). Haï des résistants mais aussi des extrémistes de la collaboration, Laval tenta, en août 1944, une ultime manœuvre en demandant à Édouard Herriot* la réunion de l'Assemblée nationale, ce qui lui fut refusé. Après la victoire alliée, il rejoignit le gouvernement de Vichy transféré à Belfort puis à Sigmaringen. Laval gagna ensuite l'Autriche, puis l'Espagne (mai 1945) mais fut remis aux autorités françaises. Il fut condamné à mort puis fusillé après avoir auparavant tenté de s'empoisonner.

LA VALLIÈRE, Louise Françoise de LA BAUME LE BLANC, duchesse de (Tours, 1644-Paris, 1710). Favorite du roi de France Louis XIV*. Fille du gouverneur du château d'Amboise, elle devint à 17 ans dame d'honneur de la duchesse d'Orléans (Henriette d'Angleterre). Favorite de Louis XIV dès 1661, elle eut de lui quatre enfants, dont deux seulement survécurent. Elle entra, à 30 ans, chez les carmélites du faubourg Saint-Jacques. Voir Maintenon (Mme de), Montespan (Mme de).

LAVISSE, Ernest (Le Nouvion-en-Thiérache, 1842-Paris, 1922). Historien français. Professeur à la Sorbonne* (1888), directeur de l'École normale supérieure (1904-1919), il est l'auteur d'une vaste *Histoire de France* (1900-1912, 19 tomes) des origines à la paix de 1919. Écrit dans l'esprit patriotique de la Troisième République*, l'ouvrage contribua à renouveler les études historiques en France.

LAVOISIER, Antoine Laurent de (Paris, 1743-*id.*, 1794). Chimiste français, il fut l'un des créateurs de la chimie moderne. Riche fermier général, il fut nommé en 1775 régisseur des poudres et des salpêtres et installa son laboratoire à l'Arsenal qui devint un centre scientifique réputé à travers l'Europe. Arrêté le 24 novembre 1793 avec les autres fermiers généraux, il fut condamné sommairement par le Tribunal* révolutionnaire, ainsi que ses anciens collègues et guillotiné sur la place de la Révolution* pour « complot contre le peuple français ». Après avoir découvert la composition de l'eau (1783), Lavoisier réalisa avec Meusnier, un autre savant, élève de Monge, une célèbre expérience (1785) devant la classe de chimie de l'Académie des sciences, au cours de laquelle furent réalisées la décomposition et la synthèse de l'eau démontrant définitivement que l'eau n'était pas un corps simple mais composé d'hydrogène et d'oxygène. La multiplication de ses expériences imposa la révision de toute la nomenclature chimique, restée jusqu'ici assez vague. Avec Berthollet et Fourcroy, Lavoisier entreprit la rédaction de la *Méthode de nomenclature chimique* parue en 1787. Il s'intéressa aussi, à travers ses expérimentations, aux fonctions de l'organisme animal et expliqua le fonctionnement de la respiration. Voir Ferme générale.

LAVROV, Petr Lavrovitch (Melekhovo, 1823-Paris, 1900). Révolutionnaire et théoricien socialiste russe. Il fut l'un des représentants du populisme, ses *Lettres historiques* étant considérées comme « l'évangile du socialisme* non marxiste ». Émigré à Paris, il participa à la Commune* puis s'établit en Suisse. Voir Populistes.

LAW, John (Édimbourg, 1671-Venise 1729). Financier écossais. Son projet, mis en place sous la Régence* afin de redresser l'état catastrophique des finances, fut un retentissant échec qui compromit pour longtemps l'avenir financier de la France. Fils d'un orfèvre-changeur, il étudia en voyageant dans différents pays d'Europe, leurs systèmes financiers et bancaires et fut bientôt convaincu que le développement du commerce exigeait une monnaie abondante, estimant que le papier-monnaie était plus utile que les métaux précieux. Ce fut en France, sous la Régence (1715-1723) que Law mit en application ses idées. Il fonda en 1718 la Banque royale banque de dépôt, d'escompte et d'émission qu'il lia à la Compagnie des Indes* (1719) qui détenait le monopole de l'exploitation de la Louisiane* et dont les actions étaient payables en titres de créance sur l'État. La banque de Law connut, dans ses bureaux de la rue Quincampoix, une fièvre inouïe de spéculation. Le public croyant à de gros bénéfices, acheta des quantités considérables d'actions dont le prix monta jusqu'à quarante fois leur valeur initiale. Ce « système », cependant ne pouvait réussir que si le public conservait sa confiance dans la banque. Or, les premiers bénéfices ayant paru insuffisants, certains spéculateurs décidèrent de vendre leurs actions, c'est-à-dire d'échanger leurs billets contre de l'or et de l'argent. La panique s'empara des actionnaires qui voulurent se faire rembourser, ce qui fut impossible, Law ayant émis une quantité énorme de billets sans rapport avec les réserves métalliques de la banque. La banqueroute fut inévitable et Law, devenu

ntrôleur* général des Finances, dut s'en-
ir (1720). Le souvenir de cette faillite
sa lourdement sur l'évolution financière
la France, où il fut impossible, jusqu'au
»nsulat*, d'envisager la création d'une
nque d'État, les Français ayant une vive
évention contre le papier-monnaie. La
ntative de Law eut cependant des avan-
ges : la Compagnie des Indes survécut au
stème ainsi que l'impulsion donnée au
»mmerce maritime, comme en témoigna
développement des colonies d'Améri-
e et de certains ports français, comme
rient.

AZARILLO DE TORMES (VIE DE).
urt roman picaresque espagnol, paru
rs 1554 et attribué à Diégo Hurtado de
endoza. Ce récit autobiographique
nna une image amère et désenchantée de
Espagne au Siècle d'Or.

AZARISTES. Voir Vincent de Paul
aint).

EAHY, William Daniel (Hampton,
wa, 1875-Bethesda, Maryland, 1959).
miral et diplomate américain. Nommé
r Franklin D. Roosevelt* ambassadeur
près du maréchal Pétain* à Vichy (nombre 1940-janvier 1942), il devint en-
ite chef d'état-major particulier de Roo-
velt (1942-1945) puis de Truman*
isqu'en 1949) et joua un rôle important
ns l'élaboration de la stratégie des Al-
s.

EAKEY, Louis Seymour Bazett (Ka-
te, Kenya, 1903-Londres, 1972). Ar-
éologue* et préhistorien britannique, il
treprit d'importantes fouilles en Afrique
enya et Tanzanie). Sur le site d'Oldu-
ï* ou Oldoway (Tanzanie), il découvrit
1959 le premier zinjanthrope* qui au-
it vécu il y a 1 750 000 années. En 1960,
mit au jour un autre type d'australopi-
èque (*Homo* * habilis*) qui aurait vécu il
a 1 850 000 ans. Voir Lucy, Paléolithi-
e inférieur.

EBRUN, Albert (Mercy-le-Haut,
371-Paris, 1950). Homme politique fran-

çais. Plusieurs fois ministre (1911-1920),
puis président du Sénat (1931), il fut élu
président de la Troisième République*
(1932-1940) après l'assassinat de Paul
Doumer*. Après le vote des pouvoirs
constitutionnels donnés à Pétain* par l'Assemblée nationale (10 juillet* 1940), il démissionna de ses fonctions.

LE BRUN ou **LEBRUN, Charles** (Paris,
1619-*id.*, 1690). Peintre et décorateur français. Il fut le grand maître du classicisme*
et de l'« art versaillais ». Fils de sculpteur,
entré dans l'atelier de Simon Vouet (vers
1634) où il apprit rapidement tous les styles à la mode, Le Brun se rendit en 1642
à Rome en compagnie de Nicolas Poussin*
et y étudia les œuvres antiques mais aussi
les peintres de Bologne, comme les Carrache*. Rentré à Paris en 1645, protégé par
le chancelier* Séguier dont il fit un portrait célèbre (Paris, Louvre), il étendit rapidement sa clientèle et manifesta pleinement son talent en décorant le château de
Vaux-le-Vicomte pour Nicolas Fouquet*
(1658-1661). Protégé de Mazarin* puis de
Colbert*, premier peintre de Louis XIV*
(1664) et directeur de la manufacture
royale des Gobelins* et de l'Académie
royale de peinture, il imposa à tous les arts
des règles strictes fondées sur l'imitation
de l'antique. Ce fut à Versailles* avec l'escalier des ambassadeurs (1674-1678), aujourd'hui détruit, la galerie des Glaces
(1679-1684) et le salon de la Guerre et de
la Paix (1685-1686) que Le Brun exprima
avec un éclat particulier la glorification de
l'absolutisme royal. Par la véritable dictature qu'il imposa sur les beaux-arts, Le
Brun contribua à assurer l'unité du « style
Louis XIV » dont l'influence s'étendit à
travers toute l'Europe.

**LEBRUN, Charles François, duc de
Plaisance** (Saint-Sauveur-Lendelin,
1739-Sainte-Mesme, 1824). Homme politique français, il fut nommé Troisième
Consul par Bonaparte*. Avocat, chancelier de Maupéou* lors de sa lutte contre les

parlements, Lebrun fut élu député du Tiers* aux États* généraux puis emprisonné comme suspect sous la Terreur*. Membre du Conseil des Anciens* sous le Directoire*, il ne prit aucune part au coup d'État du 18 Brumaire* (1799) mais fut choisi, bien que royaliste modéré, comme Troisième Consul. Le choix de Bonaparte, après la nomination de Cambacérès* comme Second Consul, marquait sa volonté de réconcilier les deux Frances. Excellent financier, Lebrun organisa la Cour des comptes, fut nommé par Napoléon Ier* administrateur de Hollande (1810-1813) puis grand maître de l'université pendant les Cent-Jours* (1815).

LECANUET, Jean (Rouen, 1920-*id.*, 1994). Homme politique français. Président du MRP* (1963-1965), représentant de l'opposition centriste et défenseur de l'Europe, il se présenta sans succès aux élections présidentielles de 1965 mais contribua, avec François Mitterrand*, à mettre en ballottage le président de Gaulle*. Président de l'UDF* (Union pour la démocratie française) de 1978 à 1988, il fut ministre d'État chargé du Plan et de l'Aménagement du territoire (1976-1977).

LE CHAPELIER, Isaac, René, Guy (Rennes, 1754-Paris, 1794). Homme politique français. Avocat au parlement de Rennes, député du Tiers* État aux États* Généraux, il resta surtout connu comme le promoteur de la loi Le Chapelier votée le 14 juin 1791 par l'Assemblée* nationale constituante, et qui constitua l'une des bases du capitalisme* libéral. La loi, s'inspirant de l'esprit qui avait présidé à la suppression des corporations*, déclarait illégales toute association et toute coalition entre gens de même métier. Cette loi fut supprimée seulement en 1884. Parti en Angleterre en 1792, Le Chapelier, de retour en France en 1794, fut condamné et exécuté comme émigré.

LECLERC, Philippe de HAUTE-CLOCQUE, dit (Belloy-Saint-Léonard,

1902-près de Colomb-Béchar, 1947). Maréchal* de France. Il se rallia, dès juin 1940, au général de Gaulle*, et fut l'un des meilleurs chefs militaires de la Seconde Guerre* mondiale. Ancien élève de Saint-Cyr, il fut fait deux fois prisonnier lors de la campagne de France*, mais parvint à s'échapper en mai-juin 1940. Après avoir été l'un des premiers à rejoindre de Gaulle à Londres, il devint gouverneur du Cameroun, qu'il rallia, avec le Tchad, à la France libre. Commandant militaire de l'AÉF (Afrique* équatoriale française), il partit du Tchad et conquit, avec des soldats des FFL* (Forces françaises libres) Koufra et les postes italiens du Fezzan où il prononça un serment, devenu célèbre de ne déposer les armes qu'après avoir fait flotter le drapeau français sur Metz et sur Strasbourg. Il rejoignit, en février 1943, Montgomery* à Tripoli, participa aux campagnes de Tripolitaine, de Tunisie puis, en juin 1944, au débarquement* allié en Normandie. À la tête de la 2e DB (Division blindée), il entra dans Paris le 24 août 1944 et reçut la reddition du général von Choltitz*. Il participa ensuite à la libération de Strasbourg et atteignit aux côtés des Alliés, Berchtesgaden, en Bavière. Envoyé en Indochine comme commandant supérieur des forces françaises (août 1945), il représenta la France lors de la capitulation du Japon Conscient de la volonté d'indépendance des peuples d'Indochine*, il conseilla l'entente avec le gouvernement d'Hanoï dirigé par Hô* Chi Minh. Nommé inspecteur des troupes d'Afrique du Nord (1946), il mourut dans un accident d'avion. En 1952, la dignité de maréchal lui fut conférée à titre posthume. Voir Juin (Alphonse), Lattre de Tassigny (Jean-Marie de).

LECONTE DE LISLE, Charles Marie Leconte, dit (Saint-Paul, La Réunion, 1818-Louveciennes, 1894). Poète français. Il fut le chef de file de l'école parnassienne préconisa une « poésie objective » sans ffusion lyrique. Conquis d'abord par les lées de Charles Fourier* puis déçu par échec de la révolution* de 1848, Leconte e Lisle se consacra à la poésie (*Poèmes ntiques*, 1852 ; *Poèmes barbares*, 1862) t à la traduction d'Homère*. Il fut reçu à Académie* française en 1886. Voir Parasse (Le).

E CORBUSIER, Charles Édouard eannenet, dit (La Chaux-de-Fonds, 887-Roquebrune-Cap-Martin, 1965). Architecte, urbaniste et peintre français d'orine suisse. Il fut l'un des maîtres de l'architecture moderne et s'imposa comme un des créateurs du style dit international adoption de principes uniquement fonconnels et de formes géométriques simles) qui influença des générations d'architectes notamment au Brésil, au Japon et n Angleterre. On peut citer parmi ses réasations des maisons particulières (« villa tein » à Garches, 1927, « villa Savoye » Poissy, 1931), la Cité radieuse à Marille (1946-1952), le Capitole de Chandiarh, la nouvelle capitale du Pendjab en nde (1951-1956), la chapelle Notrelame-du-Haut à Ronchamps (1950-1954) t le couvent de Sainte-Marie-de-la-Toutte à Évreux (1957-1960). Le Corbusier exprimé ses idées, très controversées, ans la revue d'avant-garde *L'Esprit noueau* (1920-1925) et de nombreux livres *Vers une architecture*, 1923 ; *La Ville raieuse*, 1935 ; *La Charte d'Athènes*, 1942 ; *e Modulor*, 1950).

EDOUX, Claude Nicolas (Dormans, 736-Paris, 1806). Architecte et dessinaeur français. Il est resté célèbre par la onstruction d'une saline royale à Arc-etenans dans le Doubs (1775-1779) qui onctionna jusqu'en 1890 et pour laquelle avait imaginé une cité industrielle au lan radioconcentrique. De ses autres œures, il ne reste que le château de Bénouille, près de Caen et quelques pavillons

des barrières de Paris destinés à la perception de l'octroi.

LEDRU-ROLLIN, Alexandre Auguste LEDRU, dit (Paris, 1807-Fontenay-aux-Roses, 1874). Homme politique français. Député d'extrême gauche, il milita pour la République démocratique et sociale sous la monarchie* de Juillet et la Deuxième République*. Avocat au barreau de Paris (1830), il se fit connaître en défendant les journalistes républicains. Député d'extrême gauche siégeant avec les radicaux (1841), il fonda le journal *La Réforme* (1843) auquel Louis Blanc* collabora, et participa activement à la campagne des banquets*, qui prépara la révolution* de 1848. Ministre de l'Intérieur dans le gouvernement* provisoire (février 1848), membre de la Commission* exécutive (mai), il abandonna ses fonctions après les journées de Juin* 1848. Candidat malheureux à la présidence, mais élu à l'Assemblée* législative (mai 1849), Ledru-Rollin fut le principal artisan de la journée du 13 juin* 1849, organisée par les « montagnards* » pour protester contre l'expédition française en Italie. Après son échec, il réussit à gagner l'Angleterre où il entra en relation avec d'autres révolutionnaires européens. Exclu de toutes les amnisties accordées par Napoléon III*, Ledru-Rollin ne revint en France qu'en 1871.

LEE, Robert Edward (Stratford, Virginie, 1807-Lexington, Virginie, 1870). Général sudiste américain, il fut le meilleur stratège de la guerre de Sécession*. Sorti de West Point, il combattit d'abord brillamment lors de la guerre du Mexique* (1846-1848), puis devint directeur de l'école militaire de West Point (1852-1855). Il décida de rejoindre la Sécession en 1861 et devint conseiller militaire de J. Davis puis chef des armées sudistes. Après plusieurs victoires, il marcha sur Washington mais fut vaincu à Gettysburg* (juillet 1863). Il dut se rendre à Appomattox* (avril 1865).

LEFEBVRE, Georges (Lille, 1874-Boulogne-Billancourt, 1959). Historien français. Spécialiste de la Révolution* française, il est l'auteur d'une célèbre étude sur *Les Paysans du Nord pendant la Révolution* (1924) dans laquelle, à travers une analyse économique et sociale des campagnes du Nord, il étudia la perception des luttes politiques au sein de la communauté rurale.

LEFÈVRE D'ÉTAPLES, Jacques (Étaples, v. 1450-Nérac, 1536).Théologien et humaniste français. Après avoir enseigné la philosophie à Paris, il fut nommé vicaire de l'évêque de Meaux où il forma le « cénacle de Meaux », qui travailla à la réforme du clergé et à la vulgarisation de l'Écriture sainte. Soupçonné de sympathie à l'égard de Luther*, il se réfugia à Strasbourg, puis devint le précepteur des enfants de François Ier*. Lefèvre se retira ensuite auprès de Marguerite* de Navarre, sœur de François Ier, pour se mettre à l'abri des accusations d'hérésie. Il traduisit la Bible* en français, publiée en 1535. Première bible en langue vulgaire, elle servit de base à toutes les traductions françaises. Voir Érasme (Didier).

LÉGAT (en latin *legatus*, envoyé). Dans la Rome* antique, titre porté par divers personnages officiels mandatés soit par le Sénat*, soit par l'empereur. Sous la République*, les ambassadeurs envoyés à l'étranger étaient les légats du Sénat. Portaient aussi ce nom les lieutenants d'un consul*, d'un proconsul*, d'un préteur* en campagne. Sous l'Empire*, les légats étaient des personnages de rang prétorien qui avaient le commandement des légions*, mais aussi le titre de gouverneurs des provinces impériales, qu'ils soient de rang prétorien ou de rang consulaire (*legati Augusti propraetore*). Plus tard, ce titre fut porté dans l'Église catholique par les envoyés personnels du pape.

LÉGION. Dans la Rome* antique, principale division de l'armée romaine* composée de citoyens* romains. Organisées sous la République*, les légions (2 puis 4 puis 20 à la fin du IIIe siècle av. J.-C.) étaient formées par l'infanterie lourde et légère (vélites*) et la cavalerie. Avec Marius*, l'effectif fut porté à 6 000 hommes répartis en 10 cohortes* de trois manipules*, la cohorte devenant l'unité tactique. Du temps de la République, la légion était dirigée par six tribuns* militaires choisis par le général en chef (consul* ou préteur*) parmi les officiers expérimentés. Sous l'Empire romain*, elle fut placée sous le commandement d'un légat* (officier de rang sénatorial) nommé par l'empereur, véritable chef des armées. À partir de la fin du IVe siècle ap. J.-C., les Barbares* prirent une part grandissante dans le commandement de l'armée romaine. Jusqu'à la réforme dite de Marius, l'unité tactique était la manipule (soit 2 centuries* de 120 hommes) avec 30 manipules par légion, disposés sur trois rangs en quinconce : hastati* au premier rang, principes* au second, triarii* au troisième. Au total, la légion comptait environ 4 500 hommes.Voir Légionnaire, Vélite.

LÉGION D'HONNEUR. Ordre créé par Napoléon Bonaparte* en 1802 et destiné à récompenser les services civils et militaires rendus à la nation. Maintenue jusqu'à aujourd'hui, la Légion d'honneur comporte cinq grades : chevalier, officier, commandeur, grand officier et grand croix. Le président de la République en est le grand maître.

LÉGION DES VOLONTAIRES FRANCAIS CONTRE LE BOLCHEVISME (LVF). Organisation militaire française fondée en 1941 groupant des Français volontaires pour aller combattre sur le front de l'Est avec les Allemands contre l'URSS. Intégrée dans la Wehrmacht (armée allemande) et portant son uniforme, la LVF fut intégrée au début de 1945 dans la division SS* française « Charlemagne ».

ÉGIONNAIRE. 1) Dans la Rome* anti-
ie, soldat servant dans la légion*. Ses ar-
es sont la lance (*hasta*), utilisée en troi-
ème ligne, le *pilum* (javelot lourd), l'épée
urte ou *gladius*, le bouclier, le casque et
cuirasse. 2) Aujourd'hui, soldat qui sert
France dans la Légion étrangère. Voir
oplite.

ÉGISTES. Nom donné en France à des
nseillers juridiques qui, s'appuyant sur
droit* romain et la conception romaine
l'État – en opposition aux conceptions
éologiques de la suprématie du pouvoir
ontifical –, contribuèrent à répandre
idée de l'absolutisme royal. Déjà pré-
nts à la cour de Louis IX* (saint Louis),
devinrent, à la faveur de la lutte entre
ilippe IV* le Bel et Boniface VIII*, les
ctrinaires officiels de la monarchie fran-
ise. Voir Nogaret (Guillaume de).

ÉGITIMISTES. Nom donné en France,
rès la révolution* de 1830, aux partisans
la branche aînée des Bourbons*, repré-
ntés par le comte de Chambord*, petit-
s de Charles X*. Attachés à la monarie traditionnelle et à l'Église catholique,
s légitimistes se recrutèrent dans la
ande aristocratie foncière mais aussi
ns la bourgeoisie catholique de certaines
andes villes et les paysans de l'ouest.
urant la monarchie* de Juillet, après
oir tenté quelques conspirations comme
lle de la duchesse de Berry* en 1832, les
gitimistes se cantonnèrent dans une op-
sition passive, leur hostilité à Louis-Phi-
pe Ier* s'accompagnant d'une critique
la bourgeoisie orléaniste et des méfaits
capitalisme*. Leur relative force élec-
rale se manifesta après la révolution* de
48 avec une centaine d'élus à l'Assem-
ée* constituante (avril 1848) et près de
0 à l'Assemblée* législative (mai 1849).
ependant, la peur suscitée par les insur-
ctions républicaines de Juin* 1848 les
nena à s'unir avec les orléanistes* dans
parti de l'Ordre*. Très hostiles au coup
État du 2 décembre* 1851, les légitimis-

tes s'abstinrent de participer à la vie politique sous le Second Empire*. Représentés à l'Assemblée* nationale de 1871 par
environ 200 députés, les légitimistes se rallièrent en 1873 aux orléanistes. Mais l'intransigeance du prétendant au trône, le
comte de Chambord – qui refusa d'abandonner le drapeau blanc – son absence de
descendance, puis sa mort en 1883 provoquèrent l'échec de leur tentative de restauration monarchique. Certains légitimistes
s'orientèrent vers l'action sociale et formèrent, avec La Tour du Pin et Albert de
Mun, un des courants du catholicisme* social. D'autres choisirent le courant ultra-
nationaliste et antirépublicain. Ils représentèrent l'un des courants qui fournit ses
partisans à l'Action* française. Leur tradition se retrouva aussi dans certains aspects du régime de Vichy*.

LEIBNIZ, Gottfried Wilhelm (Leipzig,
1646-Hanovre, 1716). Philosophe et mathématicien allemand, d'une culture universelle, et dont l'œuvre a concerné tous les
domaines de l'activité humaine. Son nom
reste surtout attaché aujourd'hui à la découverte du calcul différentiel et intégral.
Enfant précoce, Leibniz découvrit vers 15
ans les œuvres de Bacon*, Galilée* et Descartes*. Il étudia à Leipzig la philosophie
ancienne, à Iéna les mathématiques, puis le
droit à Altdorf. Après avoir séjourné à Nuremberg où il s'initia à l'alchimie, il obtint
un poste de conseiller à la Cour suprême
de l'électorat de Mayence. Lors d'un séjour à Paris (1672), il rencontra le physicien Huygens, le philosophe Malebranche* et le théologien Antoine Arnauld*. Il
fit, à Londres (1673), la connaissance des
savants de la Royal Society (Boyle, Hol-
denburg) et élabora en même temps que
Newton*, mais indépendamment de lui, le
calcul infinitésimal puis, lors d'un voyage
en Hollande, se lia à Spinoza*. Nommé en
1676 bibliothécaire et conseiller du duc de
Brunswick-Lünebourg, Leibniz s'installa
à Hanovre où il resta, mis à part quelques

voyages, jusqu'à la fin de sa vie, se consacrant à la rédaction de son œuvre. En 1700, il fut nommé premier président de la future Académie des sciences de Berlin. Leibniz est l'auteur de nombreux essais, écrits en français ou en latin, dont beaucoup restèrent inachevés (*Discours de la métaphysique*, 1686 ; *Nouveaux Essais sur l'entendement humain*, 1704 ; *Essais de théodicée*, 1710 ; *La Monadologie*, 1714). En philosophie, il a écrit, avant la philosophie des Lumières, le dernier système métaphysique issu de la critique du *cogito* cartésien.

LEIPZIG (Bataille de, 16-19 octobre 1813). Appelée en Allemagne « la bataille des Nations », elle se déroula autour de Leipzig (Allemagne orientale) et marqua la première grande défaite napoléonienne devant les armées coalisées des Autrichiens, des Prussiens, des Russes et des Suédois. Cette bataille, particulièrement meurtrière, permit aux Alliés d'envahir le territoire français. Voir Coalition (Sixième).

LE NAIN, Antoine (Laon 1588 ?-Paris, 1648), **Louis** (Laon, 1596 ?-Paris, 1648), **Mathieu** (Laon, 1607 ?-Paris, 1677). Peintres français du XVIIᵉ siècle. Oubliés dès la fin du XVIIᵉ siècle puis redécouverts par le romancier et critique d'art Champfleury au milieu du XIXᵉ siècle, ils appartiennent aujourd'hui aux grands noms de la peinture française. Leurs biographies et la reconstitution de leurs œuvres, environ 60 tableaux, posent aux historiens de l'art encore bien des énigmes. Issus d'un milieu relativement aisé de Laon ayant gardé des attaches avec la paysannerie, les trois frères reçurent durant une année les leçons d'un peintre étranger, peut-être flamand, puis vinrent se perfectionner à Paris où ils s'installèrent définitivement. Ils créèrent un atelier à Saint-Germain-en-Laye, exécutant des commandes et acquirent bientôt une certaine renommée. Ils s'imposèrent dans la capitale par des peintures religieu-

ses (*Nativité de la Vierge*, Notre-Dame d Paris), des portraits et surtout des tableau paysans où se manifestèrent leurs plu grandes qualités artistiques (la *Famille d paysans*, 1642, Paris, Louvre ; le *Repas d paysans*, 1642, Paris, Louvre). Leurs œu vres, originales, semblent isolées dans l peinture européenne du XVIIᵉ siècle.

LÉNINE, Vladimir Ilitch OULIANOV dit (Simbirsk, auj. Oulianovsk, 1870 Gorki, 1924). Homme politique russe Théoricien et révolutionnaire marxiste, i fut l'artisan de la révolution* d'Octobr 1917 qui instaura un régime communist en Russie. Issu d'une famille de la bour geoisie, Lénine était le fils d'un inspecteu des écoles du gouvernement de Simbirsk Son frère Alexandre, populiste, fut pend à l'âge de 20 ans (1887) pour avoir parti cipé à un complot contre le tsar Alexan dre III* et il est possible que ce drame fa milial ait contribué à l'engagemen révolutionnaire de Lénine. Expulsé d l'université de Kazan où il faisait ses étu des de droit, il passa ses examens à Sain Pétersbourg (1891) où il se fixa et entra e contact avec les cercles marxistes. Criti quant dans une étude polémique (*Ce qu sont les amis du peuple*) l'idéalisme de populistes qui pensaient réaliser, sans l prolétariat, une société socialiste fondé sur la communauté paysanne (le *mir**), Lé nine approfondit ses connaissances de l doctrine marxiste, s'attachant essentielle ment à lier théorie et action. Il fonda e 1895 à Saint-Pétersbourg l'un des pre miers cercles sociaux-démocrates, l'Unio de lutte pour la libération de la classe ou vrière, en vue du combat révolutionnair Arrêté (décembre 1895), il fut condamné trois ans d'exil en Sibérie (1897-1900). I épousa (1898), en déportation une mili tante révolutionnaire, Nadejda Kroupskaï et rédigea l'un de ses principaux ouvrage *Le Développement du capitalisme en Rus sie* (1899). Exilé volontaire en Suisse aprè sa libération, il s'installa à Genève et cré avec Plekhanov* le premier journal marxiste russe, *Iskra* (*L'Étincelle*, 1900). Persuadé de l'« actualité de la révolution » contrairement aux autres leaders marxistes, Lénine formula dans son ouvrage *Que faire ?* (1902) sa première théorie d'un parti communiste et sa tactique révolutionnaire. Il s'opposa à l'« économisme » des « marxistes légaux » qui limitaient l'action de la classe ouvrière à des revendications économiques et comptaient sur la spontanéité des masses, soulignant au contraire l'importance de l'idéologie révolutionnaire apportée de l'extérieur à l'ouvrier, qui devait permettre sa prise de conscience politique. La lutte politique, condition et non conséquence de la lutte sociale selon Lénine, devait être conduite par un parti restreint, centralisé et discipliné de « révolutionnaires professionnels ». La révolution socialiste pouvait enfin être réalisée, contrairement aux perspectives de Marx*, par l'alliance de la classe ouvrière et des masses paysannes. Lors du IIᵉ congrès du Parti social-démocrate russe (Londres, 1903), Lénine (qui avait adopté ce pseudonyme en 1901) fit triompher de justesse ses thèses sur la nécessité d'une révolution socialiste immédiate et de la dictature du prolétariat. Ses partisans prirent dès lors le nom de bolcheviks* (« majoritaires ») alors que ses adversaires, les mencheviks* (« minoritaires »), conduits par Martov*, Plekhanov et Axelrod, continuaient à affirmer que la révolution socialiste devait être précédée d'une entente entre les classes et d'une phase de démocratie bourgeoise, idée combattue par Lénine dans *Un pas en avant, deux pas en arrière* (1904). Après l'échec de la révolution* russe de 1905 durant laquelle il rentra en Russie, Lénine réaffirma contre les mencheviks la nécessité du contrôle prolétarien de la révolution démocratique bourgeoise. Après la réaction de Stolypine* qui rendit caduc le régime constitutionnel imposé à Nicolas II après la révolution de 1905, Lénine

repartit pour l'exil (1907), séjournant principalement en Suisse. Durant cette période, il lutta à la fois contre les socialistes-révolutionnaires (SR*), héritiers des populistes* et favorables à l'abandon de toute action légale, et contre le réformisme alors prôné par les sociaux-démocrates allemands. En 1912, à la conférence de Prague, il organisa son propre parti, rompant définitivement avec les mencheviks et fit paraître à Saint-Pétersbourg le journal *Pravda* (*La Vérité*). Lors de la Première Guerre* mondiale, Lénine refusa, même par patriotisme, l'Union sacrée et la collaboration des classes, union à laquelle s'était rallié Plekhanov en Russie. Il dénonça dans la guerre la lutte entre impérialismes rivaux pour le partage du monde (*L'Impérialisme, stade suprême du capitalisme*, 1917) et, opposé au pacifisme des socialistes réformistes, donna pour mot d'ordre au parti bolchevique la transformation de la guerre impérialiste en guerre civile. Lénine mais aussi Zinoviev* menèrent une active propagande défaitiste et participèrent, avec Trotski*, aux conférences des socialistes pacifistes, en Suisse, à Zimmerwald (septembre 1915) et à Kienthal (avril 1916). Ce fut à Zurich que Lénine apprit la nouvelle de la révolution russe de Février 1917. Les Alliés ayant refusé de le laisser rentrer en Russie, il traversa l'Allemagne en chemin de fer avec l'accord du gouvernement impérial qui attendait de la révolution l'effondrement de son adversaire. Dès son arrivée à Petrograd (avril 1917), Lénine s'opposa fermement au gouvernement provisoire et publia dans la *Pravda* ses *Thèses d'avril* : paix immédiate, pouvoirs aux soviets*, usines aux ouvriers et terres aux paysans. Kerenski*, devenu Premier ministre à la place du prince Lvov*, ordonna l'arrestation de Lénine qui se réfugia en Finlande où il écrivit *L'État et la révolution*, livre dans lequel il présentait la « dictature du prolétariat » comme une phase nécessaire destinée à éliminer les anciennes classes dirigeantes. Revenu de Finlande en octobre 1917, Lénine fit décider par le comité central, malgré l'opposition de Zinoviev et de Kamenev*, l'insurrection qui mena les bolcheviks à la victoire (7 novembre ou 25 octobre 1917). Il fit adopter quatre décrets par le IIᵉ congrès des soviets : le décret sur la paix (signé à Brest-Litovsk*, mars 1918), la terre aux paysans, le contrôle ouvrier des entreprises industrielles et la reconnaissance des droits des nationalités et se fit élire président du Conseil des commissaires du peuple composé de bolcheviks. Afin d'assurer la dictature du prolétariat, il fit dissoudre l'Assemblée constituante (janvier 1918) dans laquelle les bolcheviks étaient minoritaires, créa une police politique, la Tchéka*, et l'armée Rouge. Après avoir transféré la capitale à Moscou (1918), Lénine inaugura la politique dite du « communisme* de guerre » et fit approuver en juillet 1918 la première Constitution de la République fédérative des soviets de Russie. Le soulèvement des socialistes-révolutionnaires, écartés du pouvoir, fut écrasé et le régime se trouva bientôt doublement menacé, par la contre-révolution intérieure soutenue par l'intervention étrangère (1919-1921). La révolution fut finalement sauvée mais la guerre civile et une socialisation trop poussée avaient ruiné la Russie et provoqué de graves agitations (mutinerie des marins de Kronstadt*, 1921). Lénine décida une Nouvelle Politique économique (NEP*) – retour partiel au capitalisme* – qui permit un redressement de la situation économique. Il créa en mars 1919, la Troisième Internationale* (le Komintern*), régla le problème des nationalités en fondant l'URSS (1922) et enfin ne cessa de dénoncer les dangers de l'opportunisme révisionniste, du gauchisme et de la bureaucratie, pressentant les futurs conflits entre les chefs du comité central, Trotski* et Staline* (*Testament politi-*

que). Frappé d'hémiplégie, Lénine mourut à 53 ans. Son corps embaumé fut exposé dans un mausolée construit sur la place Rouge à Moscou. La pensée et l'œuvre de Lénine, théoricien et stratège de la première révolution socialiste, ont donné lieu à un corpus idéologique, le marxisme-léninisme, qui fut la référence de nombreux mouvements révolutionnaires ultérieurs. Voir Communisme de guerre, Populisme, Révolutions de 1917.

LE NÔTRE, André (Paris, 1613-*id.* 1700). Dessinateur de jardins et architecte français. Il porta à son point de perfection les jardins dits « à la française », incarnation du classicisme* français. Fils d'un « jardinier ordinaire du roi », Le Nôtre fut formé à la peinture et à l'architecture avant de succéder à son père. Il dessina les jardins de Vaux-le-Vicomte (1657-1661) puis reçut la charge du parc de Versailles* à partir de 1662. Il aménagea aussi les parcs de Marly, de Saint-Cloud et de Maintenon.

LÉON X, Giovanni da Medicis (Florence, 1475-Rome, 1521). Pape (1513-1521). Il fit de Rome* la capitale de l'humanisme* et de la Renaissance*, mais ne réussit pas à percevoir la gravité du problème religieux. Second fils de Laurent* le Magnifique, promis dès son plus jeune âge à l'Église, il reçut une culture humaniste et devint cardinal à 13 ans. Lors de l'expulsion de sa famille de Florence, il dut s'exiler durant plusieurs années avant de rétablir l'autorité de sa maison (1512) et d'être élu pape. Il mena à l'extérieur une politique européenne hésitante, s'alliant tantôt à la France (avec laquelle il signa le concordat de Bologne*) par crainte de l'Espagne, tantôt contre François Iᵉʳ*. Il mit fin au concile du Latran sans saisir l'occasion qui lui était offerte d'une véritable réforme ecclésiastique et augmenta la vente des indulgences*, lancée par Jules II* pour financer la reconstruction de la basilique Saint-Pierre de Rome. Contre ces ratiques, Luther* afficha ses « 95 thèses » à Wittenberg (1517). Léon X, qui ne mesura pas l'importance du danger, finit par condamner par la bulle *Exsurge Domine*, les doctrines de Luther (1520), puis l'excommunia (1521). Léon X fut aussi le protecteur des arts (Raphaël* et Michel-Ange*) et des lettres.

LÉON XIII, Gioacchino Pecci (Carpineto Romano, 1810-Rome, 1903). Pape 1878-1903). Il encouragea le catholicisme* social. Sauf en Italie où, n'admettant pas la perte de Rome, il interdit aux catholiques de participer à la vie politique, Léon XIII adopta en Europe une politique conciliante. Il recommanda en France le alliement à la République (1892) et, dans une série d'encycliques sur la société moderne, préconisa le catholicisme social et la pénétration du monde ouvrier. Son encyclique *Rerum* *novarum* lui valut le surnom de « pape des ouvriers ». Voir *Kulturkampf.*

LÉONARD DE VINCI (Vinci, près de Florence, 1452-château de Cloux, auj. Clos-Lucé, près d'Amboise, 1519). Peintre, sculpteur, architecte, ingénieur et savant italien. Il est l'une des grandes figures mythiques de la Renaissance*. Fils naturel d'un notaire, il fut envoyé à l'âge de 16 ans dans l'atelier du peintre Verrochio* à Florence* où il acquit une vaste culture à la fois artistique, scientifique et technique. La plupart des œuvres qu'il réalisa à cette époque sont perdues mais *L'Annonciation* (1472-1475, galerie des Offices, Florence), bien qu'influencée par son maître, témoigne des caractéristiques futures de son art qu'il développa plus tard : la construction à structure pyramidale et la technique très particulière du « sfumato », modelé vaporeux des contours obtenu grâce à un savant dégradé des couleurs né d'une nouvelle utilisation de l'huile en peinture. Se considérant cependant comme « homme universel », il se mit à partir de 1482 au service des princes, lesquels se

l'attachèrent surtout en tant qu'ingénieur militaire et organisateur de fêtes. Il travailla successivement pour les Sforza* de Milan, en particulier Ludovic* le More (1482-1498) puis auprès de César Borgia* à Florence (jusqu'en 1506). De cette époque datent la plupart de ses nombreux manuscrits, illustrés de dessins et d'esquisses représentant notamment les machines les plus diverses (comme la machine volante tirée de l'observation scientifique du vol des oiseaux), souvent très futuristes pour l'époque. Ses séjours à Milan et Florence furent aussi féconds dans ses œuvres picturales : *La Vierge aux rochers* (1483, Paris, Louvre ; réplique de 1506, Londres, National Gallery), *La Vierge, l'Enfant Jésus et sainte Anne* (v. 1510, inachevé, Paris, Louvre), *La Cène* (v. 1495-1497), fresque du couvent des Dominicains* de Santa Maria delle Grazie à Milan et enfin la célèbre *Joconde* (v. 1503-1506, Paris, Louvre), peut-être le portrait de Mona Lisa, épouse d'un riche Florentin, Francesco del Giocondo. Installé à Rome à partir de 1513, Léonard, se heurtant à la toute-puissance de Raphaël*, se décida à répondre à l'appel de François Ier* qui rêvait d'attirer en France les artistes italiens. Installé au château de Cloux, il y mourut deux ans plus tard, laissant, outre ses nombreux dessins, une masse considérable de manuscrits publiés sous le nom de *Carnets*. Esprit universel, d'une insatiable curiosité touchant des domaines aussi divers que l'architecture, l'optique, la mécanique, l'anatomie ou la géologie, Léonard de Vinci, s'il ne fut pas à l'origine d'une multitude d'inventions comme il est courant de le croire, eut l'immense mérite de marquer une nouvelle approche de la connaissance qui ouvrit la voie à la démarche scientifique.

LÉONIDAS. Roi de Sparte* (490-480), il commandait l'armée à la bataille des Thermopyles* en 480 av. J.-C. lors des guerres Médiques*. Apprenant que l'armée grecque avait été trahie, Léonidas renvoya la plus grande partie de ses troupes et ne garda avec lui que 300 Spartiates résolus à mourir pour « obéir aux lois ». Mais, beaucoup moins nombreux que les Perses*, tous périrent égorgés. Leur sacrifice exalta la volonté de lutte des Grecs et fut célébré par le poète Simonide. Le corps de Léonidas fut transporté à Sparte où un tombeau lui fut construit.

LÉOPOLD Ier (Vienne, 1640-*id.*, 1705). Archiduc d'Autriche, roi de Hongrie (1655-1705), roi de Bohême (1656-1705), empereur (1658-1705). Catholique* fervent, il mena des campagnes victorieuses contre les Turcs mais fut moins heureux dans les guerres provoquées par l'ambition de Louis XIV*. Fils et successeur de Ferdinand III*, il dut très vite faire face à la menace ottomane qu'il repoussa grâce à la victoire de Saint-Gotthard, en Hongrie (1664). Cependant, profitant de la révolte hongroise, les Turcs reprirent leur offensive et assiégèrent Vienne (1683) qui ne fut sauvée que grâce à l'intervention de Jean III Sobieski, roi de Pologne. Servi par de grands chefs de guerre comme Charles de Lorraine et le prince Eugène*, Léopold Ier mena dans les régions du Danube une grande contre-offensive contre les Turcs qui aboutit à la prise de Belgrade et au traité de Karlowitz (1699), assurant à l'empereur toute la Hongrie et la Transylvanie. Les guerres contre Louis XIV auxquelles participa Léopold Ier (guerre de Hollande*, guerre de la ligue d'Augsbourg*) aboutirent à des paix peu avantageuses (traités de Nimègue*, 1678-1679 ; traités de Ryswick*, 1697). L'empereur mourut avant la fin de la guerre de Succession* d'Espagne, à laquelle il participait avec l'Angleterre et la Hollande. Léopold Ier avait encouragé la vie intellectuelle, et protégé Leibniz*.

LÉOPOLD II (Vienne, 1747-*id.*, 1792). Grand-duc de Toscane (1765-1790), archiduc d'Autriche, empereur, roi de Bohême

et de Hongrie (1790-1792). Frère de Marie-Antoinette*, reine de France, il hésit[a] à s'engager contre la Révolution* fran[çaise. Deuxième fils de François Ier* e[t] Marie-Thérèse* d'Autriche, il se comport[a] en Toscane en libéral, adepte du despo[tisme* éclairé. Succédant à son frère Jo[seph II*, il trouva l'Empire dans un éta[t] critique, et fut contraint d'abandonner e[n] partie les réformes de son prédécesseur. I[l] soumit les Belges (1790), réprima la révo[lution de Liège (1790) et termina la guerr[e] contre les Turcs (1791). Malgré la décla[ration de Pillnitz* (août 1791) qu'il publi[a] avec le roi de Prusse*, Frédéric-Guil[laume II*, il se montra très prudent à[] l'égard de la Révolution, et mourut avan[t] la déclaration de guerre contre la France[.] L'empereur François II* lui succéda. Voi[r] Kaunitz (Wenzel), Révolution braban[çonne.

LÉOPOLD Ier DE SAXE-COBOUR[G] (Cobourg, 1790-Laeken, 1865). Roi de[s] Belges (1831-1865). Il fut le premier sou[verain d'une Belgique indépendante[.] Après s'être distingué comme officier d[e] l'armée russe pendant les guerres napoléo[niennes, il fut naturalisé anglais et épous[a] en 1816 Charlotte, héritière de la couronn[e] d'Angleterre qui mourut l'année suivante[.] Après la révolution* belge d'août 1830 qu[i] décida de l'indépendance, le congrès belg[e] l'élut roi (4 juin 1831) sur la propositio[n] de Joseph Lebeau, ministre des Affaire[s] étrangères et avocat libéral belge. Aprè[s] avoir épousé la fille aînée de Louis-Phi[lippe Ier*, roi des Français, il s'efforça à[] l'extérieur de maintenir la neutralité de l[a] Belgique. Monarque constitutionnel, il fa[vorisa l'entente entre catholiques* et libé[raux dans les cabinets ministériels, e[t] orienta nettement la monarchie vers le par[lementarisme. Voir Guillaume Ier, Léo[pold II, Londres (Conférence internatio[nale de, 1830-1831).

LÉOPOLD II (Bruxelles, 1835-Laeken[,] 1909). Roi des Belges (1865-1909). So[n] ègne fut marqué par la colonisation du Congo. Fils et successeur de Léopold Ier*, il renforça la puissance de l'armée et s'appuya sur l'Angleterre pour mettre en échec les ambitions de Napoléon III* en Belgique. Ses initiatives coloniales en Afrique furent déterminantes. Léopold II fonda en 1876 l'Association internationale africaine, chargea Stanley* d'explorer le Congo et créa l'État indépendant du Congo dont le congrès de Berlin* lui reconnut la souveraineté à titre personnel (1885). Dans son testament (1889), accepté par la Chambre belge en 1908, le roi légua le Congo à la Belgique, lui donnant ainsi une place importante parmi les pays colonisateurs.

LÉPANTE (Bataille de, 1571). Bataille navale, livrée par la flotte chrétienne, sous le commandement de don Juan d'Autriche, à la flotte turque de l'amiral Ali Pacha. L'enjeu était Chypre*, possession vénitienne envahie par les Ottomans* en 1570 et dont l'acquisition assurait le contrôle de la Méditerranée orientale. Cette victoire sans lendemain, l'île restant aux mains des Turcs, devait néanmoins avoir un retentissement psychologique considérable en Europe, car elle mettait fin à la réputation d'invincibilité des Ottomans*.

LE PELETIER (ou LEPELETIER) de SAINT-FARGEAU, Louis Michel (Paris, 1760-*id.*, 1793). Homme politique français. Lors de la Révolution* française, il fut, comme Marat* et Chalier*, placé au rang de « martyr de la Révolution ». Député de la noblesse aux États* généraux, il fut l'un des premiers à se rallier au Tiers* État (juillet 1789). Député à la Convention* (1792), il vota pour la mort de Louis XVI* mais, à la veille de l'exécution, fut assassiné par Paris, un royaliste, ancien garde du corps. Sa dépouille mortelle fut transportée en grande pompe au Panthéon.

LE PEN, Jean-Marie (La Trinité-sur-Mer, 1928-). Homme politique français. Il préside depuis sa fondation en 1972 le parti politique d'extrême droite, le Front national. D'un racisme et d'un antisémitisme à peine voilés, le Front national combat notamment pour le retour des immigrés dans leur pays d'origine. Jean-Marie Le Pen fut député à l'Assemblée nationale en 1956, de 1958 à 1962 et de 1986 à 1988. Il a obtenu environ 15 % des suffrages au premier tour de l'élection présidentielle de 1995.

LE PLAY, Frédéric (La Rivière-Saint-Sauveur, 1806-Paris, 1882). Économiste et ingénieur français. Principal représentant du catholicisme* social de tendance conservatrice et traditionaliste, il influença profondément la tendance paternaliste du mouvement social patronal de la seconde moitié du XIXe siècle. Il fut notamment l'auteur de *La Réforme sociale* (1864). Voir Lamennais (Félicité de).

LESCOT, Pierre (Paris, 1515-*id.*, 1578). Architecte et peintre français, grande figure de la Renaissance* française. Il fit des études d'architecture et de mathématiques, fréquenta les humanistes. Ami personnel de François Ier*, il fut très tôt introduit à la cour. Il travailla avec Jean Goujon* au jubé de Saint-Germain-l'Auxerrois, mais fut surtout rendu célèbre pour avoir construit, sous Henri II*, la façade de l'aile sud-ouest de l'actuelle cour Carrée du Louvre*. En collaboration avec Jean Goujon, on lui attribue aussi la Fontaine des Innocents, à l'hôtel de Ligneris (aujourd'hui musée Carnavalet). Voir Humanisme.

LESSEPS, Ferdinand Marie, vicomte de (Versailles, 1805-La Chênaie, 1894). Diplomate et administrateur français, il fit percer le canal de Suez*, puis commença celui de Panamá, qui aboutit à un scandale politique et financier (1888-1893). Diplomate au Caire* puis à Alexandrie* (1833-1838), il se lia d'amitié avec le prince héritier Saïd qui, accédant au trône en 1854, l'autorisa, malgré l'opposition des Anglais inquiets pour la route des Indes, à percer le canal de Suez, inauguré en 1869. Devenu membre de l'Académie des sciences (1873), puis de l'Académie* française (1884), il fonda en 1880 une société pour le percement du canal de Panamá. La faillite de la compagnie en 1889 constitua l'un des plus importants scandales financiers de la Troisième République*. Voir Panamá (Affaire de).

LE TELLIER, Michel (Paris, 1603-*id.*, 1685). Homme politique français. Père de Louvois*, attaché au service de Louis XIV*, il fut le vrai créateur de l'armée monarchique. Fils d'un conseiller à la Cour des aides*, il devint le protégé de Mazarin* qui le fit nommer secrétaire d'État à la Guerre puis ministre d'État (1643). Il manifesta, lors des troubles de la Fronde*, un grand loyalisme, mena de délicates négociations avec les princes révoltés, et joua un rôle important dans les pourparlers de la paix de Rueil. Surnommé « le Fidèle », il garda jusqu'à sa mort la confiance de Louis XIV et, en association avec son fils, dès 1662, il accomplit de nombreuses réformes dans l'armée (fixation de la hiérarchie des grades, création des brigadiers). Louvois lui ayant succédé à son poste, Le Tellier, devenu chancelier*, fut notamment l'un des promoteurs de la révocation de l'édit de Nantes* (1685). Bossuet* prononça son oraison funèbre. Voir Colbert (Jean-Baptiste), Lionne (Hugues de).

LETTONIE. Soumise au XIIIᵉ siècle par les chevaliers allemands, chevaliers Porte-Glaive et Teutoniques*, la Lettonie fut ensuite annexée par la Pologne puis la Russie. Après la Première Guerre* mondiale, elle devint indépendante (1918). Envahie en 1940 par les troupes soviétiques, elle fut occupée par l'Allemagne (1941-1944) puis devint une République fédérée de l'URSS. Le 4 mai 1990, le Parlement letton a proclamé la restauration des droits souverains de la Lettonie, puis l'indépendance le 21 août 1991.

LETTRE DE CACHET. Lettre fermée par le cachet royal et destinée, en général, à ordonner l'emprisonnement de quelqu'un. La lettre de cachet fut, sous l'Ancien* Régime, le symbole de l'arbitraire royal. Voir Bastille (La).

LETTRE DE CHANGE. Document écrit par lequel une personne (le créancier ou le « tireur ») ordonnait à une autre (le débiteur ou le « tiré ») de verser à une date donnée une certaine somme à une troisième personne, le « bénéficiaire ». Ce papier permettait le paiement à distance, sans transport d'argent et était un instrument de crédit efficace. D'Italie, la lettre de change ne se répandit en Occident que lentement. Elle contribua dès le XIIᵉ siècle à l'essor d'une véritable fonction bancaire.

LETTRÉS. Nom donné dans la Chine impériale, à de hauts personnages formés à la doctrine du philosophe Confucius*. Puissants et honorés mais aussi gardiens des traditions du passé, les Lettrés vivaient en caste fermée et étaient professeurs de sagesse, hauts fonctionnaires (ou mandarins*) et conseillers de l'empereur. En Chine, le règne des Lettrés dura pendant plus de deux millénaires (jusqu'au début du XXᵉ siècle).

LEUCTRES. Ville de la Béotie antique située au sud-ouest de Thèbes*. Épaminondas* y remporta, en 371 av. J.-C., une grande victoire contre Sparte* qui perdit son hégémonie sur la Grèce*. Thèbes* devint alors la première puissance du monde grec.

LEUTHEN (Bataille de, 1757). Célèbre victoire remportée en Silésie par Frédéric II* de Prusse sur les Autrichiens. Voir Marie-Thérèse.

LEVANT. Nom donné autrefois à l'ensemble des côtes orientales de la Méditerranée. Voir Levant (Échelles du).

LEVANT (Échelles du). Nom donné aux comptoirs établis du XVIᵉ au XIXᵉ siècle par les États chrétiens* dans des ports et des

lles de l'Empire ottoman* ou des terri-
ires dépendant de lui. Les Échelles du
evant en Méditerranée orientale étaient
onstantinople*, Salonique, Smyrne,
lep, Chypre* et plusieurs îles grecques.
oir Levant.

E VAU, Louis (Paris, 1612-*id.*, 1670).
rchitecte français, l'un des initiateurs du
lassicisme* en France. Après avoir
onstruit à Paris des hôtels particuliers
ans l'île Saint-Louis (l'hôtel dit de Lau-
ın et l'hôtel Lambert) qui assurèrent sa
éputation, Le Vau fit édifier pour le
ırintendant Fouquet* le célèbre château
e Vaux-le-Vicomte 1655-1661) dont Le
run* fit la décoration et Le Nôtre*, les
ırdins. Nommé premier architecte par le
ıi Louis XIV*, il redessina au Louvre* la
ıçade sur la Seine, élabora les plans de
Institut de France (collège des Quatre-
ations, 1662-1670) et édifia la façade du
hâteau de Versailles*.

EVÉE EN MASSE. Mesure décrétée
ar la Convention* nationale le 16 août
793 afin de conjurer le péril extérieur. La
evée en masse institua en réalité un ser-
ice militaire obligatoire, lui donnant un
aractère héroïque : « Dès ce moment
ısqu'à celui où les ennemis auront été
hassés du territoire de la République, tous
es Français sont en réquisition perma-
ente pour le service des armées. Les jeu-
es gens iront au combat ; les hommes ma-
iés forgeront les armes et transporteront
es subsistances ; les femmes feront des
entes, des habits et serviront dans les hô-
ıtaux ; les enfan*s mettront du vieux linge
n charpie ; les vieillards se feront porter
ur les places publiques pour exciter le
ourage des guerriers, prêcher la haine des
ois et l'unité de la République. » La levée
n masse permit de porter les effectifs de
'armée française à 630 000 hommes fin
793, à 700 000 hommes en août 1794.
.es célibataires et les veufs sans enfants,
le 18 à 25 ans, partirent les premiers. Voir
Conscription.

LÉVI-STRAUSS, Claude (Bruxelles,
1908-). Anthropologue français. Il a
donné, par le structuralisme, une nouvelle
méthode à l'ethnologie, mais aussi influencé considérablement le renouvellement méthodologique des sciences humaines (*Anthropologie structurale*, 1958).
Après des études de philosophie, il découvrit sa vocation ethnographique lors d'un
séjour dans le Brésil central et occidental
(*Tristes Tropiques*, 1955). Exilé aux États-
Unis pendant la guerre, il est depuis 1959
professeur au Collège* de France. Il est
notamment l'auteur de *Structures élémen-
taires de la parenté* (1949), *La Pensée sauvage* (1962), *Le Cru et le cuit* (1964). Voir
Durkheim (Émile).

LÉVITES. Membres de la tribu de Lévi,
ils célébraient le culte quotidien dans le
Temple de Salomon* et les grandes fêtes
juives. Voir Rabbin, Synagogue.

LEXINGTON (Bataille de, 1775). Ville
des États-Unis (Massachusetts) au nord-
ouest de Boston, où eut lieu en avril 1775
la première bataille de la guerre d'Indépendance* américaine. Voir Yorktown.

**L'HOSPITAL ou L'HOPITAL, Michel
de** (Aigueperse, v. 1504-Belesbat, 1573).
Homme politique français. Chancelier de
Catherine* de Médicis, il échoua, malgré sa
tolérance, dans sa politique d'apaisement
entre catholiques* et protestants*. Après
des études de droit à Padoue, il devint chancelier particulier de Marguerite* de Navarre. Conseiller au Parlement, président
de la Chambre* des comptes puis chancelier* de France (1560), il tenta aussi de
poursuivre une politique d'apaisement en
matière religieuse (colloque de Poissy*,
1561) et, malgré l'opposition du Parlement,
fit promulguer plusieurs édits* accordant
une liberté limitée aux protestants (édit de
tolérance, 1562). Mais le massacre de
Wassy*, puis celui de la Saint-Barthélemy*
ruinèrent ses espérances. Si sa politique de
conciliation avait échoué, Michel de
L'Hospital avait néanmoins réussi une im-

portante réorganisation administrative et judiciaire. Voir Religion (Guerres de).

LIBAN (Guerre du). Guerre civile qui a déchiré le Liban entre 1975 et 1989 et durant laquelle des factions nombreuses et rivales s'affrontèrent. Si elle révéla la fragilité du système politique confessionnel libanais reposant sur le partage des pouvoirs entre les différentes confessions (maronites, sunnites* et chi'ites*), remis en cause par le dynamisme démographique des musulmans*, son origine s'explique d'abord par le problème des Palestiniens, réfugiés au Liban depuis 1948, organisés de façon autonome et armés depuis 1967. À partir de 1969, des heurts violents entre l'armée libanaise et palestinienne – qui opérait à partir du Sud-Liban des attentats contre Israël*, entraînant des représailles de l'État hébreu – s'étaient déjà produits et préludèrent à la guerre civile, déclenchée en avril 1975. Durant des années s'affrontèrent deux coalitions. La « coalition de gauche » propalestinienne (sunnites, druzes* puis chi'ites) s'appuya sur des forces armées constituées par les fedayin palestiniens, les milices druzes de K. Joumblatt puis de son fils Walid et les soldats du mouvement Amal de Nabih Berri. À ces forces s'opposa la « coalition de droite », en majorité maronite (Front libanais dirigé par P. Gemayel puis ses fils Bachir et Amine, et C. Chamoun), dont les forces principales furent l'Armée du Sud-Liban, pro-israélienne, et les Phalanges. À cette guerre civile s'ajoutèrent depuis son origine les interventions étrangères. La Syrie*, qui rêvait de rétablir l'unité de la Grande Syrie démembrée par la France, intervint dès 1976, se posant comme arbitre entre les factions. Israël, afin de mettre fin aux actions palestiniennes, déclencha en juin 1982 l'opération « Paix en Galilée » et occupa le Sud-Liban jusqu'en 1985. Face au problème libanais, les grandes puissances sont restées impuissantes. Ni la FINUL (Force intérimaire des Nations Unies au

Liban) installée dans le pays à partir de 1978, ni la Force multinationale d'interposition (1982-1983) ne réussirent à apaiser le conflit. La durée de cette guerre meurtrière et la montée de haines durables ont interdit longtemps une solution politique entre Libanais, rendue plus complexe encore par les affrontements à l'intérieur de chaque camp, particulièrement chez les musulmans où s'opposent les sunnites, les chi'ites modérés du mouvement Amal et les chi'ites partisans de l'Iran (Hezbollah), ces derniers, à partir de 1985, ayant pris en otages de nombreux Occidentaux. Depuis 1989, Élias Hraoui est à la tête de la République libanaise, sous tutelle syrienne. En 1990, une nouvelle Constitution a entériné les accords de Taef prévoyant la déconfessionnalisation des institutions. En 1992, un nouveau Parlement a été mis en place après les élections législatives (août-octobre). Voir Asad (Hāfiz al-), Palestine.

LIBÉRAL (Parti). Nom du parti politique anglais qui prit la succession du parti whig*, après la réforme électorale de 1832. Opposé au Parti conservateur*, son programme était la défense des libertés puis, à partir de 1846, celle du libre-échangisme. Son plus célèbre représentant au XIXᵉ siècle fut Gladstone*. Ses divisions internes mais surtout la naissance du Parti travailliste* amenèrent son déclin à partir de 1922. Le Parti libéral s'est allié aux travaillistes entre 1977 et 1979. Il a fusionné en 1988 avec le Parti social-démocrate (aile droite du Parti travailliste) pour former le Parti des démocrates-sociaux et libéraux (SLD). Voir Asquith (Herbert), Campbell-Bannerman (Henry), Chamberlain (Joseph), Lloyd George (David).

LIBÉRALISME. Doctrine économique mais aussi politique. Dans le domaine économique, le libéralisme défend la libre entreprise et s'oppose à l'intervention de l'État dans la vie économique car elle nuit à la concurrence. L'école libérale fut représentée aux XVIIIᵉ et XIXᵉ siècles par des conomistes anglais (Adam Smith*, Malhus*, Ricardo*, John Stuart Mill*) et rançais (Jean-Baptiste Say*). Dans le domaine politique, le libéralisme défend les bertés individuelles des citoyens et vise à a limitation des pouvoirs de l'État. La octrine libérale s'est principalement forée au XVIII⁰ siècle afin de s'opposer à absolutisme monarchique.

IBÉRATION DE LA FRANCE (Camagnes de la). Nom donné à l'ensemble es actions menées entre 1943 et 1945 par es forces alliées et la Résistance* afin de bérer les pays d'Europe occupés par l'Alemagne nazie. Voir Guerre mondiale (Seonde).

IBÉRATION (Ordre des Compagnons e la). Ordre français créé en novembre 940 par le général de Gaulle* afin de réompenser les services exceptionnels renus par des personnes ou des collectivités ans l'œuvre de libération de la France. orsque l'ordre cessa d'être décerné en anvier 1946, la liste des « compagnons de a Libération » s'élevait à 1 050 (dont villes et 18 unités combattantes). Voir ésistance.

IBERMANN, Ievseï Grigoriévitch Slavouta, Ukraine, 1897-Moscou, 1983). conomiste soviétique. Afin d'accroître la entabilité industrielle, il préconisa, sous eonid Brejnev*, une nouvelle gestion des ntreprises, partiellement fondée sur la noion de profit. Cette réforme, qui ne devait as remettre en question la propriété colective des moyens de production fut, 'abord, appliquée dans les entreprises de onfection (1964), puis étendue à toutes es entreprises sous le gouvernement de Xossyguine*. Libermann fut notamment 'auteur de *Moyens d'élever la rentabilité les entreprises socialistes* (1956).

IBERUM VETO. Nom donné au droit de eto admis à la Diète polonaise de 1652 à 791. Tous les décrets devaient être pris à 'unanimité, et chaque membre pouvait 'opposer à toute décision de l'Assemblée.

L'exercice de ce droit entraîna l'anarchie politique et les interventions qui aboutirent aux partages de la Pologne*.

LIBYE (Campagnes de, 1940-1943). Campagnes qui opposèrent en Libye les armées britanniques aux forces germano-italiennes. La Libye constitua pendant la Seconde Guerre* mondiale un enjeu important – clé de l'Égypte et de Suez – aussi bien pour les forces de l'Axe* que pour les Britanniques (route des Indes). Elle fut ainsi le théâtre de violents combats où s'affrontèrent particulièrement l'Afrikakorps* de Rommel* et les armées britanniques de Montgomery* (Bir Hakeim*, El-Alamein*). Voir Leclerc (Philippe de Hauteclocque, dit).

LICTEUR. Dans la Rome* antique, sous la République, garde qui marchait devant les magistrats* à *imperium** (dictateur*, consul*, préteur*) puis devant l'empereur pour les garder et leur ouvrir le passage. Leur nombre était fonction de la dignité du personnage qu'ils servaient : 24 pour le dictateur, 12 pour les consuls et l'empereur jusqu'à Domitien*, 2 pour le préteur à Rome et 6 hors de Rome. Les licteurs portaient une hache placée dans un faisceau de petites baguettes, symbole du pouvoir de vie et de mort de leurs maîtres. À l'origine, on les chargeait aussi des exécutions capitales. Voir Faisceaux italiens de combat.

LIEBKNECHT, Karl (Leipzig, 1871-Berlin, 1919). Socialiste allemand. Il fut, avec Rosa Luxemburg*, l'un des fondateurs du Parti communiste allemand. Représentant de l'extrême gauche du Parti social-démocrate allemand (SPD*) au Reichstag*, Karl Liebknecht s'opposa à la Première Guerre* mondiale, ce qui lui valut d'être emprisonné. Il créa avec Rosa Luxemburg la ligue Spartakus* (1914-1916) puis le Parti communiste allemand (décembre 1918). Il dirigea avec elle l'insurrection spartakiste à Berlin en janvier 1919, écrasée par les troupes gouvernementales sous les ordres du social-démocrate Noske. Karl Liebknecht fut assassiné peu après son arrestation. Voir Liebknecht (Wilhelm), Weimar (République de).

LIEBKNECHT, Wilhelm (Giessen, 1826-Charlottenburg, 1900). Homme politique allemand. Il fut le fondateur du Parti ouvrier social-démocrate allemand et député au Reichstag*. Il est le père de Karl Liebknecht*.

LIGNAGE. Le lignage est la communauté de sang qui comprend les parents au sens strict et les parents par alliance. Il eut une importance considérable au Moyen Âge, la solidarité des membres du lignage se manifestant dans les batailles et dans les guerres privées. La solidarité s'exprimait aussi par le souci de préservation du patrimoine, au bénéfice des aînés en particulier (droit d'aînesse*). La réserve lignagère limitait la part du patrimoine dont pouvait librement user son possesseur, au profit du groupe lignagé.

LIGUE (La) ou **Sainte Ligue** ou **Sainte Union**. Nom donné à la confédération de catholiques* français qui joua, après la paix de Monsieur* (1576), jugée trop favorable aux protestants*, un rôle essentiel dans les guerres de Religion* en France. Elle perdit sa raison d'être lorsque Henri IV* abjura et devint catholique. Organisée par le chef des catholiques intransigeants, Henri de Guise, à partir de 1576, la Ligue avait pour but la défense de la foi catholique, mais tendait aussi à détrôner Henri III*. Organisée d'abord en Picardie, elle s'étendit bientôt à toute la France. Soutenue par Philippe II* d'Espagne et devenue toute-puissante à Paris après la journée des Barricades*, elle passa à l'action lorsque la succession revint à Henri de Navarre, protestant (futur Henri IV), après la mort du frère d'Henri III, le duc d'Anjou. L'assassinat d'Henri de Guise et de son frère, le cardinal de Lorraine (1588), décidé par Henri III, provoqua un soulèvement général. Le duc de Mayenne, frère d'Henri de Guise, proclamé chef de

la Ligue, continua après l'assassinat d'Henri III la lutte contre Henri IV, les ligueurs faisant proclamer roi le cardinal de Bourbon sous le nom de Charles X (1589). Mayenne fut battu par les troupes royales à Arques et Ivry (1590), mais Paris, soutenu par les armées espagnoles, força Henri IV à lever le siège (1590). Cependant, les divisions internes de la Ligue et les prétentions de Philippe II au trône de France déconsidérèrent le parti catholique. Après l'abjuration d'Henri IV (1593) et la soumission de Paris, bastion de la Ligue (1594), un accord, signé entre le roi et Mayenne, mit fin aux guerres de Religion qui avaient failli faire sombrer la monarchie française. Voir Henri Ier de Lorraine.

LIGUE (SAINTE). Voir Union évangélique.

LIGUE ARABE. Voir Arabe (Ligue).

LIGUE DES DROITS DE L'HOMME. Ligue fondée à Paris en 1898, sur l'initiative du sénateur républicain Ludovic Trarieux, à l'occasion de l'affaire Dreyfus* et du procès intenté à Émile Zola* après la parution de son article « J'accuse ». La ligue, dominée par les radicaux puis les socialistes, joua un rôle important sous la Troisième République* dans la lutte pour la démocratie politique, la laïcité et pour le pacifisme. Elle a aujourd'hui pour but de défendre les principes (liberté, égalité, fraternité) énoncés dans la Déclaration des Droits* de l'homme et du citoyen de 1789, de 1793 et dans la Déclaration universelle des Droits* de l'homme de 1948.

LIGUE MUSULMANE INDIENNE. Parti politique créé en 1906 afin de protéger les intérêts des musulmans* dans l'Inde* britannique. Dominé à partir de 1928 par Mohammed Ali Jinnah*, la Ligue accepta, avec le parti du Congrès* de Gandhi*, l'idée d'une fédération indienne puis revendiqua, à partir de 1940, la création d'un État musulman indépendant qui devint en 1947 le Pakistan.

LIGURES. Peuple ancien établi au sud-st de la Gaule* et sur la côte méditerra-éenne, entre les villes actuelles de Mar-eille* et de La Spezia. Alliés des Carthaginois lors de la deuxième guerre punique*, ils ne furent définitivement sou-mis à Rome* que sous l'empereur Au-guste*, vers 14 ap. J.-C. On ne connaît presque rien de leur langue et de leur ci-vilisation. Voir Carthage, Ligurie.

LIGURIE. Dans l'Antiquité, nom donné au pays occupé par les Ligures*. Elle forme aujourd'hui une région de l'Italie du Nord qui borde le golfe de Gênes*.

LIKOUD. Coalition politique israélienne nationaliste de droite fondée en 1973, dont l'un des leaders fut Menahem Begin*, sio-niste convaincu. Elle regroupe notamment le Hérout, sioniste nationaliste, le Parti li-béral et le Centre libre. Voir Shamir (Yit-zakh), Sionisme.

LIMES. Nom donné dans l'Antiquité ro-maine à la ligne de défense, parfois forti-fiée, qui protégeait les frontières de l'Em-pire romain* contre les Barbares* ou les nomades du désert. On les trouvait notam-ment en Germanie* le long du Rhin, et en Europe centrale sur le Danube, en (Grande) Bretagne (mur d'Hadrien*, mur d'Antonin*), en Syrie* et en Afrique. Les limes étaient gardés par de nombreuses lé-gions*.

LIN BIAO ou **LIN PIAO** (Huanggang, Hubei, 1908- ?, 1971). Maréchal et homme politique chinois. Membre du Parti communiste* chinois en 1918, militaire de carrière, il fut l'un des chefs militaires de la Longue* Marche (1934-1935), de la lutte contre l'envahisseur japonais (1937), puis de la guerre civile contre les nationa-listes de Tchang* Kaï-chek (1946-1949). Membre du bureau politique du parti (1955), fidèle de Mao* Zedong, il devint ministre de la Défense (1959) et joua un rôle déterminant lors de la Révolution* culturelle. Successeur désigné de Mao en 1969, il s'opposa ensuite à la normalisa-tion et à la restauration du parti. Représen-tant de la gauche maoïste, il aurait tenté un coup d'État et un attentat contre Mao et au-rait trouvé la mort dans un accident d'avion, alors qu'il tentait de s'enfuir vers l'URSS (thèse officielle).

LINCOLN (Cathédrale de). Construite entre 1190 et 1235 sur l'emplacement d'une ancienne église romane, elle est l'un des chefs-d'œuvre de l'architecture gothi-que anglaise. Voir Gothique (Art).

LINCOLN, Abraham (près de Hodgen-ville, Kentucky, 1809-Washington, 1865). Homme politique américain. Président des États-Unis (1860-1865) lors de la guerre de Sécession*, resté célèbre pour ses po-sitions anti-esclavagistes mais aussi son combat pour le maintien de l'Union. Lin-coln est placé au premier rang de ceux qui, avec George Washington*, ont fait la gran-deur des États-Unis. Fils d'un pionnier de l'Ouest, il partagea la vie difficile de ses parents, colons dans l'Indiana, pratiqua di-vers métiers puis, après des études d'auto-didacte, devint avocat. Élu député à l'as-semblée de l'Illinois (1834-1842), il entra au Congrès en 1847. Son opposition à la guerre du Mexique* (1846-1848) lui attira l'hostilité de ses électeurs, très patriotes, et il revint à son métier d'avocat, acquérant rapidement un certain renom. L'organisa-tion du territoire du Kansas-Nebraska (1854) dans le cadre de l'extension des États-Unis vers l'ouest ramena Lincoln à la vie politique. Anti-esclavagiste, il fut scandalisé par la possibilité donnée au nouvel État de décider s'il serait esclava-giste ou non, ce qui annulait le compromis du Missouri*. Lincoln fit une retentissante campagne contre le compromis Kansas-Nebraska, qui le rendit célèbre, et adhéra au Parti républicain*, anti-esclavagiste. Profitant du système électoral américain et de la division des démocrates, Lincoln fut élu Président des États-Unis (1860). Son élection déclencha aussitôt la sécession de la Caroline du Sud esclavagiste, suivie de dix autres États. Très opposé au recours à la force, ce fut l'attaque par les sudistes du fort Sumter qui décida Lincoln à lancer l'armée fédérale dans la guerre, plus résolu à maintenir l'Union qu'à se battre pour l'émancipation des Noirs qu'il ne prononça qu'en 1863. Après avoir confié à Grant* (1864) le commandement des armées qu'il avait assumé jusque-là, Lincoln, à nouveau candidat, fut réélu à la présidence en 1864. Après la reddition du général sudiste, Lee*, il décida l'élaboration d'un programme de « reconstruction », prévoyant de « panser les blessures de la nation sans rancune contre personne ». Mais il fut assassiné alors qu'il assistait à une représentation théâtrale à Washington, par un acteur sudiste. La même année, le 13e amendement de la Constitution supprima l'esclavage. La mort de Lincoln eut des conséquences dramatiques pour le sud, livré à la haine et aux vengeances sous les présidences de Andrew Johnson* et surtout de Ulysses Grant. Voir Gettysburg (Bataille de).

LINÉAIRE B. Nom donné à une écriture gravée sur des tablettes d'argile découvertes en Crète, mais aussi en Grèce* continentale, à Pylos*, Mycènes* et Thèbes*. Non alphabétique mais composée en majorité de syllabes, cette écriture fut celle des Achéens* de la Grèce mycénienne. Elle fut déchiffrée en 1953 par les Anglais M. Ventris et J. Chadwick qui découvrirent qu'elle était l'ancêtre de la langue grecque. Certaines tablettes de Cnossos* pourraient dater du XIVe siècle av. J.-C., celles de Grèce continentale sont de peu antérieures aux destructions de l'an 1200 av. J.-C. On appelle cette écriture « linéaire » car elle est composée de lignes très fines et B parce qu'elle a été précédée par une autre écriture linéaire, dite linéaire A, dont les tablettes étaient enfouies dans des couches plus anciennes. L'écriture linéaire B est très proche du linéaire A, mais celle-ci n'a pu jusqu'alors être déchiffrée

de façon formelle et incontestée. Voir Crétois.

LINNÉ, Carl von (Rashult, 1707-Uppsala, 1778). Naturaliste suédois. Plus que pour sa classification scientifique (abandonnée) des plantes et des animaux, il es resté célèbre pour la description et la nomenclature (un double nom latin à chaque espèce) qu'il donna de plusieurs millier d'espèces végétales et animales.

LIONNE, Hugues de, marquis de Berny (Grenoble, 1611-Paris, 1671). Diplomate français. Il fut considéré en son temp comme un grand ministre des Affaires étrangères au service de Louis XIV*. Issu d'une famille de robe du parlement de Grenoble, il fut employé par Mazarin* à des missions diplomatiques, jouant en particulier un rôle important lors de la paix avec l'Espagne (traité des Pyrénées*, 1659). Ministre d'État (1659), puis secrétaire d'État aux Affaires étrangères, il prépara avec soin la guerre de Hollande* en isolan son adversaire par une alliance avec l'Angleterre (accord de Douvres avec Charles II*, 1670) et en s'assurant de la neutralité de la Suède et de diverses principautés allemandes. Voir Colbert (Jean-Baptiste), Le Tellier (Michel), Pomponne (Simon Arnaud de).

LIONS (Porte des). Célèbre porte, percée dans le mur d'enceinte du palais grec de Mycènes*. Elle doit son nom aux deux lions (sculptés dans la pierre) qui s'affrontent, les pattes de devant appuyées sur un autel de chaque côté d'une colonne qui les sépare. Ils se trouvent au-dessus du linteau de la porte constitué d'un seul bloc de pierre mesurant 4,50 m de long, 1 m de haut et 2 m de large. On pense qu'il doit peser 18 tonnes.

LI PENG ou **LI P'ENG** (Chengdu, 1928-). Homme politique chinois. Premier secrétaire du PCC* depuis 1987, il réprima le « Printemps de Pékin » (juin 1989).

LIPPI, Filippino (Prato, 1457-Florence, 1504). Peintre italien, favori des Médicis*,

Florence*. Formé principalement par Botticelli*, il connut rapidement le succès, travailla au palais de la Seigneurie, et compléta les fresques de la chapelle Brancacci al Carmine, à Florence. *L'Apparition de la Vierge à saint Bernard* (v. 1485-1486, Florence, église de la Badia), peint pour le cloître de la Campora fut son œuvre majeure.

LISBONNE. Capitale du Portugal sur le Tage. Elle connut son apogée aux XVe et XVIe siècles grâce à son empire colonial constitué après les Grandes Découvertes*. Ville d'origine phénicienne, reconquise sur les Maures* en 1147 par Alphonse Ier, elle devint la capitale du Portugal (1245) et succéda à Coimbra comme résidence royale. Surnommée la « reine du Tage » au XVIe siècle, elle remplaça Venise* dans le marché européen des épices*. Lisbonne déclina avec l'occupation espagnole (1580-1640), puis fut totalement détruite après le séisme de 1755, et reconstruite par Pombal. Théâtre de nombreux troubles, la ville connut en avril 1974 le coup d'État qui mit fin au régime de Caetano*.

LI SHIMIN ou TANG TAIZONG V. 600-649). Empereur de Chine 627-649). Il porta à son apogée la dynastie Tang* dont il fut le véritable fondateur. La Chine retrouva l'assise territoriale qui était la sienne sous les Han*, s'implantant dans le nord-est par la soumission de la Mongolie orientale et de la Mandchourie*. Cette expansion permit le développement des relations commerciales et culturelles entre l'Asie orientale et les autres régions du continent. La Chine connut à cette époque un essor remarquable du bouddhisme*, notamment après le voyage du moine Xuan Zang en Inde (629). L'empereur reçut le nom posthume de Tang Taizong. Voir Route de la soie.

LISZT, Franz (Raiding, Hongrie, 1811-Bayreuth, 1886). Compositeur et pianiste hongrois qui fut, selon ses contemporains, un virtuose phénoménal.

Son père, employé au service du prince Esterházy, excellent musicien amateur, l'initia au piano et le produisit très jeune en public. Après une tournée triomphale en Allemagne, il vint à Paris et fut bientôt introduit dans les cénacles parisiens du romantisme* (Berlioz*, Paganini*, Chopin*, Hugo*, George Sand*, Heine*, Lamartine*). Compagnon de la comtesse Marie d'Agout dont il eut trois filles (l'une, Cosima, épousa Richard Wagner*), Liszt donna des concerts triomphaux à travers toute l'Europe, qu'il exploita souvent à des fins généreuses et donna, en tant que chef d'orchestre à la cour de Weimar (1842-1861), les plus grandes œuvres de l'art lyrique de son temps (Beethoven*, Schumann*, Berlioz, Wagner). Son œuvre fut surtout celle d'un pianiste, art qu'il contribua à renouveler après Beethoven et Chopin et pour lequel il inaugura une technique nouvelle. On peut notamment citer les *Rhapsodies hongroises*, des poèmes symphoniques (les *Préludes*, *Faust*) et pour piano des *Grandes Études* et une magnifique *Sonate*. Mais il faut savoir que sur les quelque 700 œuvres répertoriées, plus de la moitié sont des transcriptions ou arrangements (de Beethoven, Schubert*, Schumann, Bach* et surtout son gendre, Wagner).

LIT DE JUSTICE. Nom donné à l'origine au siège – surmonté d'un dais d'où pendait un drap fleurdelisé –, sur lequel se tenait le roi de France en Parlement*. Ainsi furent appelés lits de justice les séances solennelles du roi au Parlement. Certains souverains, face à la résistance du Parlement, furent amenés à tenir un lit de justice pour faire enregistrer d'autorité un édit. Voir Parlement de Paris, Remontrances (Droit de).

LITUANIE. Au début du XIIIe siècle, les Lituaniens constituèrent la grande principauté de Lituanie qui s'étendait jusqu'à Kiev*, englobant la Biélorussie. Fédérée à la Pologne sous Ladislas II (1386-1434), la

Lituanie devint catholique*. Annexée par la Russie à partir de 1795, indépendante après l'effondrement de l'empire russe en 1918, elle fut intégrée à l'URSS en août 1940 puis occupée par les troupes nazies (1941-1944). De nouveau dominée par les Soviétiques en 1944, elle devint une République fédérée de l'URSS. En 1948-1949, la résistance lituanienne à la soviétisation fut durement réprimée. Le 11 mars 1990, la Lituanie s'est déclarée indépendante. Voir Estonie, Lettonie.

LITVINOV, Maksim Maksimovitch Vallakh, dit (Bialystok, 1876-Moscou, 1951). Diplomate soviétique. Commissaire du peuple aux Affaires étrangères, il tenta de se rapprocher des démocraties pour lutter contre le fascisme* et le nazisme* mais Staline* le remplaça par Molotov* en 1939, lequel signa le pacte germano-soviétique* (août 1939). Membre du Parti ouvrier social-démocrate* en 1898, il adhéra à la fraction bolchevique de Lénine* dès 1903 et, installé à Londres, accomplit d'importantes missions pour le parti. Directeur de la section bolchevique à Londres après la révolution d'Octobre 1917, il fut arrêté et échangé contre un espion anglais. Devenu en 1930 commissaire du peuple aux Affaires étrangères, il dirigea la diplomatie soviétique jusqu'en 1939. Représentant de l'Union soviétique à la SDN (Société* des Nations), il joua un rôle important à la conférence de Genève* sur le désarmement (1932). Il signa avec Laval* le pacte franco-soviétique de 1935. Cependant, après les accords de Munich* (septembre 1938) et la réorientation de la politique étrangère soviétique, il fut remplacé par Molotov*. Il fut ambassadeur à Washington de 1941 à 1943. Voir Bolchevik, Révolutions russes de 1917.

LIU SHAOQI ou **LIEOU CHAO-K'I** (Hunan, 1898-Yinshan, 1972). Homme politique chinois. Membre du PCC* dès 1921, compagnon de Mao* Zedong, il devint président de la République populaire

en 1959 et successeur désigné de Mao à la tête du parti. Partisan d'une planification rationnelle sous l'égide du PCC, il fut accusé de « révisionnisme » en 1966 et emprisonné lors de la Révolution* culturelle (1969). Il a été réhabilité en 1979.

LIVINGSTONE, David (Blantyre, Écosse, 1813-Chitambo, Rhodésie du Nord, 1873). Missionnaire protestant* et explorateur britannique. D'abord missionnaire en Afrique du Sud (1841), il entreprit plusieurs explorations en Afrique centrale et australe. Il reconnut le cours du Zambèze, particulièrement les chutes Victoria en 1855. Sa rencontre avec Stanley*, chargé de le retrouver, au bord du lac Tanganyika (1871), est restée célèbre. Ils tentèrent, en vain, de découvrir les sources du Nil*. Livingstone, anti-esclavagiste, lutta contre la traite* des Noirs. Voir Brazza (Pierre Savorgnan de), Duveyrier (Henri), Nachtigal (Gustav).

LIVRE DES MORTS. Dans l'Égypte* ancienne, recueil de conseils écrits sur des rouleaux de papyrus* et placé auprès de la momie à partir du Nouvel* Empire. Il devait aider le défunt à subir l'épreuve de la pesée des âmes devant le tribunal d'Osiris*.

LLOYD GEORGE, David, 1er comte Lloyd-George of Dwyfor (Manchester, 1863-Llanystumdwy, Caernarvonshire, 1945). Homme politique britannique. Premier ministre lors de la Première Guerre* mondiale, il joua un rôle important dans l'élaboration du traité de Versailles*. Fils d'une modeste famille galloise, il fut d'abord clerc de notaire, puis, après des études juridiques, devint un brillant avocat. Chef de la tendance radicale du Parti libéral*, il entra au Parlement* en 1890 et devint bientôt célèbre par la vigueur de ses attaques contre la guerre des Boers*. Ministre du Commerce en 1905, il fut choisi par Asquith* comme chancelier de l'Échiquier* (1908-1915) et proposa en 1909 le « budget du peuple » (taxant les grandes ortunes, notamment les grands domaines) auquel s'opposa vigoureusement la Chambre des lords*. Mais il parvint à contourner l'obstacle par le vote du *Parliament Act* en 1911 et réalisa d'importantes réformes sociales. Ministre des Munitions en 1915-1916, ministre de la Guerre en 1916, puis Premier ministre (1916) en remplacement d'Asquith dans un cabinet de coalition, Lloyd George fut le grand organisateur de la lutte contre l'Allemagne. Il joua en Angleterre le même rôle que Clemenceau* en France et accepta l'unification du commandement des forces alliées sous les ordres de Foch* (1918). Il participa à la conférence de la paix (1919) et à l'élaboration du traité de Versailles où il tenta de modérer les exigences françaises. Après avoir reconnu l'État libre d'Irlande (1921), en butte à l'hostilité des conservateurs, il démissionna (1922). Chef du Parti libéral (1926), il assistera à son déclin progressif au profit du Parti travailliste*. Voir Conservateur (Parti).

LOCARNO (Accords de, 5-6 octobre 1925). Accords signés lors de la conférence de Locarno (Suisse) d'octobre 1925 qui réunissait les représentants de la France (Aristide Briand*), de l'Allemagne (Gustav Stresemann*), de l'Italie (Mussolini*), de la Belgique (Émile Vandervelde), de la Grande-Bretagne (Joseph Austen Chamberlain*), de la Tchécoslovaquie et de la Pologne. Le principal accord fixa la garantie mutuelle des frontières entre l'Allemagne et la France, et entre cette dernière et la Belgique, moyennant la garantie de la Grande-Bretagne et de l'Italie. L'Allemagne renonçait ainsi à l'Alsace-Lorraine*, perdue en 1919 et s'engageait à respecter la démilitarisation, mais Cologne était évacuée. Après l'entrée de l'Allemagne à la SDN (Société* des Nations) en 1926, les accords de Locarno symbolisèrent la croyance en l'avenir de la paix par la pratique de la sécurité collective. Cependant, Hitler*, prenant prétexte de la si-

gnature du pacte franco-soviétique de 1935, mit fin à l'accord en remilitarisant la Rhénanie* en mars 1936. L'Angleterre et la France auraient dû, en fonction de ces accords, intervenir en faveur de la Tchécoslovaquie en 1938. Elles le firent en septembre 1939, en déclarant la guerre à l'Allemagne après l'invasion de la Pologne. Voir Munich (Accords de), Versailles (Traité de).

LOCKE, John (Wrington, Somersetshire, 1632-Oates, Essex, 1704). Philosophe anglais. Il fut, avant Montesquieu*, le précurseur du libéralisme* politique. Ancien élève d'Oxford*, médecin du comte de Shaftesbury, il s'opposa à la politique absolutiste de Charles II* et de Jacques II*, ce qui le contraignit à s'exiler en France (1672-1679). Revenu en Angleterre après la Révolution* de 1688, il devint commissaire royal au Commerce et aux Colonies (1696). Locke, par ses idées politiques notamment exposées dans ses *Lettres sur la tolérance* (1689) et son *Traité sur le gouvernement civil* (1690), exerça une grande influence sur son temps. En philosophie, Locke défendit, contre le rationalisme cartésien, une théorie de la connaissance fondée sur l'empirisme (*Essai sur l'entendement humain*, 1690).

LOCMARIAQUER. Commune du Morbihan, en Bretagne (France) où se trouvent de célèbres mégalithes* (grands monuments de pierre) datant de la fin de la préhistoire* (néolithique*). Le « Mané er Groah » est le plus grand menhir* actuellement connu. Il mesure 20 m de haut mais, brisé à une date inconnue par la foudre ou une secousse sismique, il gît en quatre morceaux sur le sol. Pesant plus de 300 tonnes, on a calculé que pour le soulever, il a fallu plus de 300 hommes manipulant de chaque côté 20 leviers. Placé sur des rouleaux, le menhir a dû être traîné, ce qui demandait les efforts d'environ 2 000 hommes ou 300 bœufs. Se situe aussi à Locmariaquer la « Table des marchands », dolmen* dont la pierre supérieure pèse environ 20 tonnes.

LOI SALIQUE. Nom donné au recueil de coutumes des Francs* Saliens rédigé sous le règne de Clovis* et remanié à diverses reprises. La loi salique précisait avant tout le tarif des amendes (le *Wergeld*) que les coupables d'un crime ou d'un délit devaient payer au roi ou aux familles lésées. Elle avait pour but d'empêcher la famille de la victime de se venger, ce qui était l'usage chez les Francs. La loi salique contenait aussi la règle qui exclut les femmes du droit de succession de la terre des ancêtres. Cette règle ne concernait que les successions privées et était d'application limitée. Tombée en désuétude au IXᵉ siècle, elle fut invoquée surtout au XVᵉ siècle pour exclure les femmes de la succession à la couronne de France.

LOIS « FASCISTISSIMES ». Voir Rocco (Alfredo).

LOIS FONDAMENTALES DU ROYAUME. Nom donné en France sous l'Ancien* Régime à un ensemble de règles coutumières non écrites, que le roi devait respecter et qui limitait en principe son pouvoir absolu. Parmi celles-ci s'était imposé le principe selon lequel la création d'impôts nouveaux ne pouvait être décidée sans le consentement préalable des États* généraux. Voir Parlement de Paris.

LOIS ORGANIQUES. Lois publiées en France en 1831, sous la monarchie* de Juillet. Ces lois confirmaient le régime de la monarchie censitaire, mais dans un sens plus libéral que le régime établi sous la Restauration*. Elles abaissèrent le cens* électoral et le cens d'éligibilité. Les conseils municipaux, puis généraux, furent élus au suffrage censitaire, et la pairie cessa d'être héréditaire et ne fut plus que viagère. Voir Charte constitutionnelle de 1814, Pairs (Chambre des).

LOLLARDS. Hérétiques anglais du XIVᵉ et du début du XVᵉ siècle, les lollards furent d'abord les disciples de John Wyclif*,

révoltés contre les richesses de l'Église et prônant le retour du clergé à la pauvreté. Ils étaient aussi opposés au célibat sacerdotal, à la vie monastique, aux indulgences* et à la transsubstantiation. D'abord théologique, limité à des cercles d'intellectuels, le mouvement devint social vers la fin du XIVᵉ siècle et inspira des révoltes populaires sévèrement réprimées. Il connut un renouveau au début du XVIᵉ siècle et contribua à l'apparition de la Réforme* en Angleterre. Voir Anglicanisme.

LOMBARDO-VÉNITIEN (Royaume). Royaume créé par le congrès de Vienne* (1815) dont la souveraineté fut accordée à l'Autriche. Il était formé de la Lombardie*, de la Vénétie et du Frioul. La Lombardie fut cédée au Piémont après la guerre de 1859 et le reste du royaume fut rattaché à l'Italie après la guerre de 1866. Voir Austro-prussienne (Guerre), Cavour, Italie (Campagne d', 1859).

LOMBARDES (Ligues). Ligues formées aux XIIᵉ et XIIIᵉ siècles par les villes d'Italie du nord pour résister à la domination des empereurs Frédéric Barberousse Iᵉʳ* et Frédéric II*. Voir Sacerdoce et de l'Empire (Lutte du).

LOMBARDIE. Région du nord de l'Italie située au pied des Alpes, elle tire son nom de la conquête par les Lombards* au VIᵉ siècle. Occupée par les Gaulois* (Gaule* cisalpine) puis par les Romains, la Lombardie fut conquise par les Ostrogoths*, reconquise (avec l'Italie) par Justinien* puis occupée, après sa mort, par les Lombards. Charlemagne* s'empara du royaume lombard de Didier (774) qui devint royaume d'Italie. À partir de 950, la Lombardie fut dominée par Otton* le Grand, roi de Germanie*, puis la région fut incluse dans le Saint* Empire. Au XIVᵉ siècle, la Lombardie fut partagée entre Venise* et Milan. Enjeu des luttes entre la France et l'Autriche, le duché de Milan fut annexé par Charles* Quint puis passa aux Habsbourg* d'Espagne (1556) puis à l'Autriche. Dominée par la France après les conquêtes de la Révolution* française, puis par l'Autriche (1815-1859), la Lombardie fut réunie au royaume d'Italie* en 1859. Voir Cisalpine (République), Italie (Campagne d', 1859), Magenta, Napoléon III, Solférino.

LOMBARDS. 1) Peuple germanique, les Lombards s'installèrent au VIᵉ siècle dans la plaine du Pô donnant ainsi leur nom à une partie de l'Italie du Nord, la Lombardie*. Établis au Iᵉʳ siècle sur le cours inférieur de l'Elbe, puis en Pannonie (Hongrie), ils aidèrent Byzance* à vaincre les Ostrogoths* installés en Italie. Se retournant ensuite contre les Byzantins*, ils conquirent la plaine du Pô (568-572) avec Pavie pour capitale. Bien que convertis au catholicisme*, ils furent en conflit quasi permanent avec les papes qui s'allièrent aux Francs* pour se défendre. Pépin* le Bref mena deux expéditions victorieuses contre les Lombards qui avaient conquis l'exarchat* de Ravenne. Charlemagne* força le roi Didier à capituler et s'empara de son royaume, anéantissant définitivement la puissance des Lombards en Italie. 2) Nom donné parfois en France au Moyen Âge aux usuriers ou prêteurs sur gages. De nombreux marchands venus de Lombardie avaient en effet établi, depuis la fin du XIIᵉ siècle, des maisons de prêt à Paris dans une rue appelée pour cette raison rue des Lombards.

LOMÉNIE DE BRIENNE, Étienne Charles de Loménie, comte de BRIENNE (Paris, 1727-Sens, 1794). Prélat et homme politique français. Contrôleur* général des Finances sous Louis XVI*, en butte à l'opposition des notables, il échoua, comme ses prédécesseurs, à résoudre la crise financière. Esprit éclairé et ami des philosophes, il fut d'abord évêque* de Condom (1760) puis archevêque de Toulouse (1763). Nommé président de l'assemblée des notables* (1787), il contribua à l'échec des réformes proposées par

Calonne*, puis devint lui-même, sur la recommandation de Marie-Antoinette*, contrôleur général des Finances (mai 1787-août 1788). Cependant, une grande partie de son programme de réforme fiscale fut rejetée par le Parlement et les notables. Ayant échoué à briser les résistances, il fut, en raison de la banqueroute menaçante, renvoyé par Louis XVI (1788) qui rappela Necker*. Nommé archevêque de Sens et cardinal, Loménie fut déchu par le pape lorsqu'il prêta serment à la Constitution* civile du clergé. Malgré son attitude conciliatrice, il fut arrêté et mourut dans des circonstances mal élucidées.

LONDRES (Tour de). Ancienne forteresse et résidence royale située sur la rive gauche de la Tamise, au sud-est de la City. Sa partie la plus ancienne date des XIIIᵉ et XIVᵉ siècles. La Tour blanche – donjon fortifié permettant le contrôle de la Tamise – fut édifiée à partir de 1078 par Guillaume Iᵉʳ* le Conquérant. Les autres tours les plus célèbres sont la Tour du sang (XIIIᵉ-XIVᵉ siècle), la Tour de Wakefield (XIIIᵉ siècle) où sont conservés les joyaux de la couronne et la Tour de Beauchamp (XIIIᵉ siècle). La Tour, résidence royale mais surtout prison d'État, vit des prisonniers célèbres (le poète français Charles d'Orléans, prisonnier des Anglais après Azincourt*, Arabella Stuart, Rudolf Hess* en 1941) mais aussi des exécutions sanglantes (Henri VI*, les enfants d'Édouard IV*, Anne* Boleyn et Catherine Howard, Thomas More*, Jane Grey).

LONDRES (Conférence internationale de, 1827-1832). Elle réunit la France, la Grande-Bretagne et la Russie qui avaient décidé d'imposer leur médiation dans le conflit entre la Grèce* et l'Empire ottoman*. Au traité d'Andrinople (1829), la Russie, vainqueur de la guerre contre la Turquie (1828-1829), avait obtenu l'autonomie de la Grèce. La conférence de Londres proclamait l'indépendance de la Grèce sous la protection des trois puissances. Voir Indépendance grecque (Guerre de l').

LONDRES (Conférence internationale de, 1830-1831). Elle réunit les représentants de la Grande-Bretagne, de la Prusse*, de l'Autriche, de la France et de la Russie et fut consacrée au règlement de la question belge. Un armistice fut imposé aux Belges et aux Hollandais, la Belgique fut déclarée neutre et indépendante et Léopold* de Saxe-Cobourg fut choisi comme roi des Belges (juin 1831). Voir Guillaume Ier, Révolution belge.

LONDRES (Traité de, 15 juillet 1840). Traité signé par l'Angleterre, l'Autriche, la Prusse* et la Russie afin de maintenir l'intégralité de l'Empire ottoman* menacé par Méhémet-Ali*, sultan d'Égypte*. La France, favorable à l'Égypte, fut tenue à l'écart. Le ministre français des Affaires étrangères, Adolphe Thiers*, faillit conduire la France et l'Europe à la guerre. Louis-Philippe* écarta cependant son ministre belliqueux, remplacé par Guizot*, plus modéré, et laissa la flotte austro-anglaise contraindre Méhémet-Ali à se soumettre.

LONDRES (Convention de, 15 juillet 1841). Convention signée par l'Angleterre, la Russie, l'Autriche, la Prusse*, la France et la Turquie et fixant le statut des Détroits*, resté en vigueur jusqu'à la Première Guerre* mondiale. Cette convention – qui annulait le traité d'Unkiar-Skelessi* favorable à la Russie – interdisait le passage du Bosphore et des Dardanelles à tout navire de guerre étranger. L'Angleterre n'avait ainsi plus à craindre une offensive de la flotte russe en Méditerranée orientale, ce qui garantissait la protection de la route des Indes. Ce statut des Détroits fut confirmé par le traité de Paris* (1856) et par le congrès de Berlin* (1878). Voir Londres (Traité de), Méhémet-Ali, Orient (Question d').

LONGS COUTEAUX (Nuit des, 29-30 juin 1934). Nom donné à la nuit durant la-

quelle Hitler*, avec l'appui des SS* (Sections de sécurité), décida l'élimination de Röhm* et des grands chefs de la SA* (Sections d'assaut). Cette nuit fit près de 200 victimes.

LONGUE MARCHE (La). Nom donné au mouvement de retraite des communistes chinois (1934-1935) dirigés par Mao* Zedong afin d'échapper aux armées nationalistes de Jiang Jieshi (Tchang* Kaïchek) et rejoindre Yenan qui resta jusqu'en 1949 le quartier général des communistes. Mao partit avec environ 100 000 hommes pour traverser la Chine du sud au nord (Shanxi) en faisant un long crochet par le sud-ouest. Sans cesse harcelées par les nationalistes, ses troupes se trouvèrent réduites à 8 000 hommes avant d'arriver à Yenan. La Longue Marche est restée dans les mémoires comme l'épopée fondatrice de la Chine communiste. Elle permit de rallier de nombreux paysans et d'éprouver les techniques de la guerre révolutionnaire.

LONGUEVILLE, Anne Geneviève de Bourbon, duchesse de (Vincennes, 1619-Paris, 1679). Sœur du Grand Condé* et du prince de Conti, elle joua un rôle actif lors de la Fronde*, mais Mazarin* déjoua tous ses complots. Mariée à Henri II, duc de Longueville (1642), qui avait 24 ans de plus qu'elle, elle participa, poussée par son amant François de La Rochefoucauld*, à la Fronde dans laquelle elle entraîna Turenne*. Après l'arrestation de ses deux frères et de son mari, elle tenta de soulever la Normandie* puis, avec Condé libéré, l'Aquitaine*. Après ses échecs, elle finit sa vie chez les carmélites.

LON NOL (Kompong-Leau, 1913-Fullerton, Californie, 1985). Maréchal* et homme politique cambodgien. Commandant en chef des forces armées (1959), connu pour son anticommunisme et ses sympathies à l'égard des États-Unis, il devint Premier ministre en 1966 et 1969, puis renversa le prince Sihanouk* (1970). Devenu président de la République

972-1975), il établit une véritable dicta-
re militaire, luttant, avec l'appui des
méricains alors engagés dans la guerre
 Viêt-nam* contre les Khmers* rouges
 mmunistes, qui s'emparèrent de Phnom
 nh en avril 1975. Voir Pol Pot.

 ORDS (Chambre des). Chambre haute
 Parlement* anglais, elle est issue du
 nseil féodal, la *Curia* regis*. Composée
 s lords spirituels (ecclésiastiques) et
 mporels (laïcs), elle acquit, après la
 rande Charte* de 1215, un rôle prépon-
 rant qu'elle garda jusqu'au XVIIe siècle.
 is son pouvoir diminua au profit de la
 hambre des communes*. Elle est au-
 urd'hui composée d'environ 1 000 lords
 rchevêques et évêques* anglicans, pairs
 vie et pairs héréditaires). Elle ne
 nserve plus qu'un veto* suspensif (li-
 ité depuis 1949 à un an) sur les lois (sauf
 lles concernant le domaine financier) et
 un pouvoir juridictionnel. Voir *Parlia-
 ent Act*.

 ORRAIN, Claude Gellée, dit **Le** (Cha-
 agne, près de Mirecourt, 1600-Rome,
 82). Peintre et dessinateur français. Il fut
 ec Nicolas Poussin* l'un des plus illus-
 s représentants du paysage classique.
 'origine paysanne, pauvre et illettré, le
 rrain partit pour Rome en 1619 où il tra-
 illa dans l'atelier d'Agostino Tassi qui le
 rma à la peinture paysagiste. Après de
 urts séjours à Naples et dans son pays
 tal, il s'installa définitivement à Rome
 627) où il fit toute sa carrière, devenant
 lèbre à partir de 1637. S'inspirant des
 ditions nordiques et méridionales, le
 rrain élabora une nouvelle conception
 paysage privilégiant l'étude réaliste de
 nature mais dont la représentation, bai-
 ée par une lumière diffuse, était idéali-
 e. Parmi ses tableaux, on peut citer
 lysse remet Chryséis à son père (Paris,
 uvre), *Jacob, Laban et ses filles* (châ-
 au de Petworth, Grande-Bretagne) et
 *ysage avec Psyché devant le château de
 mour* (Londres, National Gallery). Les

dessins du Lorrain sont aussi bien connus
grâce au *Liber veritatis* qu'il constitua à
partir de 1644 et qui sont une copie signée
de ses tableaux – avec indication du
commanditaire et du lieu – destinée à éviter les contrefaçons. L'art du Lorrain
exerça une grande influence aux XVIIIe et
XIXe siècles en Italie, en France, en Allemagne et en Angleterre.

LOTHAIRE Ier (795-Prüm, 855). Empereur d'Occident (840-855). Fils aîné de
Louis Ier* le Pieux, il ne put, à la mort de
son père, sauvegarder l'unité de l'Empire.
Il dut le partager avec ses frères Louis II*
le Germanique et Charles II* le Chauve
lors du traité de Verdun* (843). Son territoire qui avait pour capitale Aix-la-Chapelle* s'étendait de la Frise et des bouches
du Rhin à l'Italie. Voir Lotharingie.

LOTHAIRE (Laon, 941-Compiègne,
986). Roi de France (954-986). Fils de
Louis IV* d'Outre-Mer et avant-dernier
des Carolingiens*, il devint roi à l'âge de
13 ans et dut subir la tutelle d'Hugues* le
Grand. Il lutta contre Otton II*, empereur
germanique auquel il tenta d'enlever la
Lotharingie*, mais ces guerres épuisantes
favorisèrent l'ascension d'Hugues* Capet.
Il eut pour successeur son fils, Louis V* le
Fainéant.

LOTHARINGIE. Nom donné au
royaume formé en 855 par Lothaire Ier* et
créé en faveur de son fils, Lothaire II. Il
s'étendait de la mer du Nord au Jura. Partagée en 870 entre Louis II* le Germanique et Charles II* le Chauve, la Lotharingie passa ensuite au royaume de
Germanie* (923) puis fut partagée en deux
duchés en 959.

LOUBET, Émile (Marsanne, 1838-Mon-
télimar, 1929). Homme politique français.
Républicain modéré, il fut sénateur
(1885-1889) puis président du Sénat
(1896-1899). Il fut élu président de la République (1899-1906) à la mort de Félix
Faure*. Ce fut sous son septennat que
Dreyfus* fut gracié et que la France se rap-

procha de la Grande-Bretagne (Entente* cordiale, 1904).

LOUIS II LE BÈGUE ou LE FAINÉANT (846-Compiègne, 879). Roi de France (877-879). Fils de Charles II* le Chauve. Carloman* et Louis III*, puis Charles III* le Simple lui succédèrent.

LOUIS III (v. 863-Saint-Denis, 882). Roi de France (879-882). Fils de Louis II* le Bègue, il partagea le pouvoir avec son frère Carloman*. Sous son règne, la dislocation de l'empire de Charlemagne* s'accentua. Pour éviter une guerre, il céda la Lotharingie* occidentale (880) au roi de Germanie*. À sa mort, Carloman resta seul roi. Voir Charles III le Simple.

LOUIS IV D'OUTRE-MER (920-Reims, 954). Roi de France (936-954). Fils de Charles III* le Simple et d'une princesse anglo-saxonne, il fut élevé en Angleterre (d'où son nom). Élu roi grâce à son vassal* Hugues* le Grand, il régna d'abord sous sa tutelle puis le combattit. Son fils Lothaire* lui succéda.

LOUIS V LE FAINÉANT (v. 967-Compiègne, 987). Roi de France (986-987). Fils et successeur de Lothaire*, il régna sous l'influence de sa mère et fut le dernier des Carolingiens*. Hugues* Capet fut élu pour lui succéder.

LOUIS VI LE GROS (v. 1081-Paris, 1137). Roi de France (1108-1137). Il pacifia le domaine* royal en soumettant les seigneurs pillards de l'Île-de-France et favorisa avec son conseiller, le moine Suger*, l'essor urbain et le mouvement communal. Il tenta d'enlever la Normandie* au roi d'Angleterre, Henri Ier* Beauclerc mais, vaincu, fit la paix. Avec l'aide de ses vassaux, il repoussa en 1124 une offensive de l'empereur Henri V, augmentant ainsi le prestige royal. Voir Capétiens, Louis VII le Jeune.

LOUIS VII LE JEUNE (v. 1120-Paris, 1180). Roi de France (1137-1180). Il poursuivit avec Suger* l'œuvre de son père Louis VI* et participa à la deuxième croisade* (1147-1149). Par son mariage ave Aliénor* d'Aquitaine, il acquit le vaste du ché d'Aquitaine*. Cependant, il commi l'erreur de répudier sa femme qui reprit s dot, se mariant peu après avec le comt d'Anjou*, duc de Normandie* et futur r d'Angleterre Henri II* Plantagenêt, ce qu constitua une grave menace pour la Franc avec la constitution de l'empire Plantage nêt. Voir Cent Ans (Guerre de).

LOUIS VIII LE LION (Paris 1187-Montpensier, 1226). Roi de Franc (1223-1226). Fils de Philippe II* August et marié à Blanche* de Castille, il rem porta sur Jean* sans Terre la victoire de L Roche-aux-Moines (1214), près d'An gers ; il se vit proposer la couronne d'An gleterre par les barons révoltés (1215 mais dut renoncer à ses prétentions. De venu roi en 1223, il enleva aux Plantage nêts* le Poitou, s'empara d'une partie d Languedoc, puis participa à la croisad contre les Albigeois*. Il fut le père d Louis IX* (saint Louis).

LOUIS IX ou SAINT LOUIS (Poissy 1214-Tunis, 1270). Roi de Franc (1226-1270), il fut l'un des grands Capé tiens*. Fils de Louis VIII*, il n'avait qu 12 ans à la mort de son père et la régenc fut exercée par sa mère Blanche* de Cas tille (1226-1234), laquelle mena un guerre victorieuse contre les grands vas saux révoltés et mit fin à la guerre contr les Albigeois*. En 1229 fut signé le trait de Meaux (dit parfois, de Paris) avec Rai mond VII* de Toulouse et le mariage d frère du roi, Alphonse de Poitiers, ave l'héritière de Raimond VII prépara l'an nexion définitive du comté de Toulouse Devenu majeur et marié en 1234 à Mar guerite de Provence, Louis IX gouvern personnellement le royaume à partir d 1242. Après avoir battu le roi d'Angle terre, Henri III*, Louis IX profita de la cir constance pour résoudre, temporairement le long conflit franco-anglais. Bie qu'ayant l'avantage, il préféra la paix et si

a avec l'Angleterre le traité de Paris*
259). Le traité de Corbeil signé avec
Aragon (1258) s'inspirait du même prin-
pe de concessions réciproques. Le roi
cques Ier d'Aragon renonçait à sa suze-
neté sur la Provence* et le Languedoc
échange de l'abandon des droits fran-
is sur la Catalogne et le Roussillon.
rétien* soucieux de faire régner la jus-
e – de laquelle furent néanmoins exclus
s juifs* – mais aussi d'accroître l'auto-
é royale, Louis IX créa les enquêteurs
yaux afin d'éviter les abus des baillis* et
s sénéchaux*, procéda à la spécialisa-
n des membres de la Cour royale (une
ction judiciaire, le Parlement*, et une
ction financière, les « gens de comp-
s ») et étendit à tout le royaume une ju-
liction d'appel en multipliant les cas
yaux. Animé d'une foi ardente et d'une
été profonde, Louis IX, deux fois croisé,
t ses entreprises aboutir à des échecs.
oulant frapper au cœur de la puissance
usulmane, il entreprit la septième croi-
de* en Égypte, prit Damiette (1249)
ais fut vaincu, prisonnier à Mansourah
250), puis libéré contre rançon. Il passa
atre ans en Syrie* franque qu'il fortifia
is, malgré la lassitude des barons, entre-
it la huitième croisade* contre l'Égypte
270) mais mourut de la peste devant Tu-
s. Grande figure de l'histoire de France,
en connue grâce aux écrits de Joinville*
de bien d'autres, son règne vit l'apogée
la civilisation française du Moyen Âge :
nommée de la Sorbonne* où enseignait
int Thomas* d'Aquin, construction de la
inte-Chapelle*, sculptures de la façade
 la cathédrale de Reims*. Louis IX fut
nonisé par le pape Boniface VIII* dès
97.

OUIS X LE HUTIN ou **LE QUEREL-
EUR** (Paris, 1289-Vincennes, 1316). Roi
 France (1314-1316). Roi de Navarre
305-1314) par sa mère, Jeanne de Na-
rre, et fils aîné de Philippe IV* le Bel, il
t faire face à la révolte des nobles à la

quelle il mit fin par des concessions. Manquant d'argent, il dépouilla les juifs* et les
Lombards*, banquiers italiens, et octroya
de nombreuses chartes communales. Veuf
de Marguerite de Bourgogne, il eut un fils
posthume de Clémence de Hongrie, sa
deuxième femme, mais qui ne survécut
pas. Son frère, Philippe V* le Long, lui
succéda.

LOUIS XI (Bourges, 1423-Plessis-lez-
Tours, 1483). Roi de France (1461-1483).
Bien connu grâce aux *Mémoires* de Philippe de Commynes*, Louis XI employa
son énergie à briser la puissance de la noblesse, à agrandir le domaine* royal
– principalement au détriment du puissant
duc de Bourgogne, Charles* le Téméraire
– et à relever l'économie française ruinée
par la guerre de Cent* Ans. Fils de Charles VII*, il se révolta à plusieurs reprises
contre son père avant de lui succéder en
1461. Devenu roi, il engagea la lutte contre
la noblesse qui forma contre lui la ligue du
Bien* public (1465), composée de grands
féodaux, à qui il dut faire des concessions
après la bataille indécise de Montlhéry, notamment l'octroi de la Normandie* à son
frère, le duc de Berry (province récupérée
l'année suivante). En butte à une nouvelle
révolte féodale, Louis XI vainquit le duc
de Bretagne mais dut lutter plus longtemps
contre Charles le Téméraire. Tandis qu'il
encourageait secrètement les révoltes de
Gand et de Liège, Louis XI, démasqué par
le Téméraire et retenu prisonnier, dut assister à l'écrasement des révoltés. Débar-
rassé de son frère, allié du duc de Bourgogne, à qui il avait dû céder en apanage*
la Guyenne*, Louis XI s'employa à isoler
Charles le Téméraire en signant la paix
avec Édouard IV* d'Angleterre (1475) et
en déjouant toutes les coalitions féodales
dirigées contre lui par son adversaire. Le
duc de Bourgogne battu puis tué (1477),
Louis XI tenta de saisir l'immense héritage bourguignon mais ne put conserver
que le duché de Bourgogne* et la Picardie

(traité d'Arras*, 1482). Le reste des territoires passa aux Habsbourg*, la fille du Téméraire ayant épousé l'archiduc Maximilien*. Louis XI augmenta aussi le domaine royal par l'héritage de l'Anjou*, du Maine et de la Provence*, contribuant ainsi à l'unité territoriale de la France, le domaine royal coïncidant presque avec les limites de la France actuelle. Roi autoritaire et redouté, Louis XI s'efforça de renforcer l'autorité royale en centralisant la justice et les finances et en créant de nouveaux parlements à Bordeaux et Dijon. Il favorisa aussi la reprise économique en introduisant en France l'industrie de la soie, en développant les foires* de Lyon et en attirant, par des privilèges, les marchands étrangers en France. Louis XI épousa Marguerite d'Écosse puis Charlotte de Savoie, mère de Charles VIII* et d'Anne de Beaujeu. Voir Parlement de province.

LOUIS XII (Blois, 1462-Paris, 1515). Roi de France (1498-1515). Son règne fut marqué par d'importants revers dans les guerres d'Italie*, mais grâce à une bonne conjoncture économique et à la paix intérieure, il fut l'un des rois de France les plus populaires. Fils de Charles d'Orléans et de Marie de Clèves, il fut contraint par Louis XI*, qui souhaitait éteindre la branche d'Orléans, à épouser sa fille, Jeanne de France. Opposé à la régence d'Anne* de Beaujeu lors de la minorité de Charles VIII*, il participa à l'opposition féodale (la guerre* folle) et, vaincu, fut emprisonné durant trois ans. Réconcilié avec le roi, il participa avec ce dernier aux guerres d'Italie puis monta sans opposition sur le trône (1498), Charles VIII étant mort sans enfant. Il fit annuler son premier mariage et épousa Anne de Bretagne (1499), veuve de Charles VIII, afin de garder attaché au royaume de France le duché de Bretagne. Désireux de prendre sa revanche en Italie et de faire valoir ses droits sur l'héritage des Visconti* – sa grand-mère était Valentine Visconti, fille du duc de Milan, à cette époque aux mains de Sforza* –, il réussit à conquérir le Milanais (1499), emprisonnant en France le duc Ludovic* le More. Cependant, dès 1504 les Français furent chassés du royaume de Naples* (conquis à partir de 1502) par Ferdinand II* d'Aragon, puis du Milanais (1513) par la Sainte Ligue (Venise, Espagne, l'empereur Maximilien* de Habsbourg et Angleterre). En 1513, la défaite de Novare ruina les espoirs français en Italie, et Louis XII, veuf, scella la paix avec l'Angleterre en épousant une sœur d'Henri VIII*, Marie d'Angleterre. Son règne fut plus heureux sur le plan intérieur. Réducteur de la taille* grâce aux richesses tirées d'Italie, roi justicier et codificateur des coutumes (ordonnance de 1499), il fut surnommé « père de son peuple », par les États* généraux de 1506. Louis XII, qui n'avait pas eu de fils, laissa le trône à François d'Angoulême, le futur François I[er*]. Voir Visconti (Gian Galeazzo).

LOUIS XIII (Fontainebleau, 1601-Saint-Germain-en-Laye, 1643). Roi de France (1610-1643). Timide et secret, Louis XIII fut l'une des figures les plus énigmatiques de la royauté française, l'historiographie l'ayant souvent présenté comme un roi fantoche, le pouvoir réel appartenant à son ministre Richelieu*. Louis XIII, roi sans génie, sut néanmoins utiliser avec une grande clairvoyance celui de son ministre qui ne prit aucune décision sans son accord. Fils aîné d'Henri IV* et de Marie* de Médicis, Louis XIII n'avait que 9 ans à la mort de son père, sa mère assurant la régence avec son favori Concini*. Majeur en 1614 et toujours tenu à l'écart du pouvoir, il décida l'assassinat de Concini (1617) sur les conseils de Luynes*, son propre favori qu'il laissa gouverner et poursuivre la politique catholique de la régente. Ce fut seulement à partir de 1624, avec l'entrée de Richelieu au gouvernement, que Louis XIII élabora avec son ministre une nouvelle politique. À l'intérieur, l'autorité

»yale fut restaurée par la création des in-
ndants* et la lutte contre les féodaux et
s protestants* (édit d'Alès*, 1629). À
extérieur, Louis XIII, contre l'avis du
arti dévot favorable à une alliance avec
Espagne, choisit d'imposer la puissance
: la France en Europe en luttant contre les
absbourg* d'Espagne et s'engagea dans
guerre de Trente* Ans. L'alourdisse-
ent des charges fiscales nécessaires au fi-
ancement de la guerre provoqua d'impor-
antes jacqueries*, durement réprimées.
oir Dupes (Journée des), Mazarin (Jules).

OUIS XIV LE GRAND (Saint-Ger-
ain-en-Laye, 1638-Versailles, 1715).
oi de France (1643-1715). Son long rè-
ne, traversé de gloire mais aussi de guer-
s particulièrement ruineuses, porta à son
ogée l'absolutisme royal. La France, à
intérieur de frontières améliorées, accéda
ussi par l'éclat des lettres et des arts à une
lace de premier ordre en Europe. Fils de
ouis XIII* et d'Anne* d'Autriche, il
avait que 5 ans à la mort de son père.
rofondément marqué par les souvenirs de
 Fronde*, il en tira très tôt un vif senti-
ent de ses prérogatives royales. Marié
ar nécessité politique à l'infante d'Espa-
ne, Marie-Thérèse* (traité des Pyrénées*,
659), il commença son règne personnel à
 mort de Mazarin* (1661), son premier
te d'autorité étant l'arrestation du surin-
ndant des Finances, Fouquet*, et la sup-
ression de sa charge. Le roi affirma, en
ême temps, sa volonté de gouverner lui-
ême, refusant de prendre un premier mi-
istre et écartant ceux qui, par leur nais-
ance ou l'attribution de hautes charges,
ouvaient porter ombrage à son autorité. Il
e prit, dans les différents conseils de gou-
ernement (Conseil* d'en haut, Conseil*
es finances, Conseil* des dépêches) que
es hommes pour la plupart issus de la
ourgeoisie (Colbert*, Lionne*, Le Tel-
er*, Louvois*, Pomponne*). La nolesse, en dehors de ses emplois militaires,
t exclue des affaires politiques, attirée à

la cour de Versailles*, amusée et ruinée
par les fêtes, n'attendant du roi que faveurs
et pensions. Les parlements* furent réduits
à l'impuissance et les États* généraux jamais convoqués. Le gouvernement
s'exerça à travers l'administration, officiers et intendants* représentant, avec une
police omniprésente, le pouvoir centralisé.
Parallèlement, une sorte d'exaltation quasi
religieuse du pouvoir monarchique se développa à la cour de Versailles où le Roi-
Soleil s'installa avec les services des ministres à partir de 1672. Le souci du
prestige de la France au-dehors, associé à
un évident désir de gloire personnelle, entraîna Louis XIV dans une politique belliqueuse, à la fois sur le plan économique (le
colbertisme*) et militaire. La première
phase des conflits (1661-1679), celle des
succès, se déroula dans le contexte de la
traditionnelle rivalité entre la France et
l'Espagne, mais elle conduisit aussi au
conflit avec la Hollande et l'Empire. La
guerre de Dévolution* (1667-1668) lui
rapporta Lille et une partie de la Flandre*.
La guerre de Hollande* (1672-1678) dégénéra en conflit européen mais l'Espagne
céda la Franche-Comté, des villes du Hainaut, de la Flandre maritime et de l'Artois.
Durant les dix années qui suivirent, la
France, en pratiquant en pleine paix une
politique d'annexions (Strasbourg en
1681), provoqua l'inquiétude en Europe
où commençaient à se nouer des alliances
défensives. L'accession au trône d'Angleterre de Guillaume III*, son plus redoutable adversaire, et la révocation de l'édit de
Nantes* qui lui aliénèrent ses alliés allemands achevèrent de dresser l'Europe
contre la France. La guerre de la ligue
d'Augsbourg* (1688-1697) se solda par la
restitution de la plupart des annexions passées, Strasbourg étant conservé (paix de
Ryswick*), et la guerre de Succession*
d'Espagne (1701-1714) mit la France au
bord de la ruine malgré une paix honorable
(traités d'Utrecht* et de Rastadt*). À la fin

de son règne, Louis XIV laissait un pays épuisé économiquement mais aussi divisé religieusement. L'affaire de la Régale* (1673-1693), qui manifestait la volonté d'indépendance de la monarchie à l'égard de toute puissance spirituelle, l'opposa au pape. Considérant l'unité de foi comme un garant de l'ordre et de la stabilité du royaume, Louis XIV décida la révocation de l'édit de Nantes (1685) et lutta contre le jansénisme*. Cependant, à l'expression de cette autorité monarchique répondit le rayonnement culturel de la France qui caractérisa le « siècle de Louis XIV », le mécénat royal ayant largement contribué à l'éclat des lettres et des arts. Le classicisme* français triompha au milieu d'une Europe universellement baroque. La protection de Louis XIV consacra la renommée de Molière*, Racine*, Boileau*, Bossuet* et Lully*. La sculpture (Puget, Girardon*) et la peinture (Poussin*, le Lorrain*, Philippe de Champaigne, Le Brun*) mais plus particulièrement l'architecture brillèrent d'un éclat particulier, fondant la réputation de l'art français, imité dans toute l'Europe (Perrault, Mansard*, Le Vau*, Hardouin Mansart*). La mort successive de son fils le Grand Dauphin (1711) puis de son petit-fils, le duc de Bourgogne* (1712), laissa pour seul héritier un arrière-petit-fils, encore enfant, le duc d'Anjou (futur Louis XV*). Voir Bossuet, Maintenon (Mme de), Montespan (Mme de).

LOUIS XV LE BIEN-AIMÉ (Versailles, 1710-*id.*, 1774). Roi de France (1715-1774). Malgré l'affaiblissement du pouvoir monarchique, le règne de Louis XV fut marqué par un remarquable rayonnement de la culture française et un essor économique favorisé par une bonne conjoncture. Arrière-petit-fils de Louis XIV* et fils du duc de Bourgogne*, Louis, âgé de 5 ans lors de son avènement, fut élevé par Mme de Ventadour, le maréchal de Villeroi et le futur cardinal de

Fleury* dont il recevra une excellente instruction, et un intérêt particulier pour les sciences et les techniques qu'il encouragea sous son règne. Après la régence de Philippe d'Orléans*, Louis XV, devenu majeur en 1723, laissa le pouvoir au duc de Bourbon (1723-1726) qui, craignant l'accession au pouvoir des Orléans, maria le roi avec Marie Leszczynska, fille du roi détrôné de Pologne, de sept ans son aînée (1725). Après avoir renvoyé le duc de Bourbon, trop impopulaire (1726), Louis XV nomma au gouvernement le cardinal de Fleury qui conserva la direction des affaires jusqu'à sa mort (1743). Cette période fut la plus prospère du règne : Fleury, après l'échec de Law*, assainit les finances, pratiqua une politique d'économie et de retour au colbertisme*, favorisant ainsi le commerce colonial et la fiscalité. Malgré son pacifisme, le ministre engagea la France dans la guerre de Succession* de Pologne (1733-1738) qui devait assurer la Lorraine à la France. À la mort de Fleury, Louis XV annonça son désir de gouverner personnellement en ne prit plus de premier ministre. À l'extérieur, deux grandes guerres, la guerre de Succession* d'Autriche (1740-1748) et la guerre de Sept* Ans (1756-1763) – très impopulaires – sacrifièrent les intérêts coloniaux de la France sans favoriser ses intérêts européens. À l'intérieur, l'opposition parlementaire fut grave. Rétablis dans leurs pouvoirs sous la Régence*, les parlements ne cessèrent de harceler le gouvernement, faisant figure de défenseurs des libertés publiques contre le despotisme alors qu'ils n'étaient que le rempart des privilèges. La guerre de Sept Ans ayant été très coûteuse, Louis XV soutint la politique fiscale de Machault* d'Arnouville qui créa l'impôt du vingtième* sur tous les revenus (1749), mais dut l'abandonner sous la pression des privilégiés. L'hostilité parlementaire trouva aussi son terrain d'élection dans la question religieuse, défendant le jansé-

sme* et attaquant les jésuites*, que
.oiseul* finit par renvoyer en 1762. Le
umvirat Maupeou*-Terray*-d'Aiguil-
n* tenta, à partir de 1770, de restaurer
.utorité royale. Les parlements furent
nvoyés mais ces mesures autoritaires ve-
.ient trop tard et Louis XV devint, à la fin
sa vie, peu aimé. Mme de Pompadour*
Mme Du* Barry furent ses célèbres fa-
▸rites. Voir Calas (Affaire), Famine
acte de), Orry (Philibert), Servet (Miel).

OUIS XVI (Versailles, 1754-Paris,
'93). Roi de France (1774-1791) puis roi
s Français (1791-1792). Homme d'État
édiocre, il fut l'artisan, souvent mani-
lé, de la chute de la monarchie lors de
Révolution* française. Petit-fils de
)uis XV*, fils du Dauphin* et de la
incesse Marie-Josèphe de Saxe, marié à
arie-Antoinette* d'Autriche (1770), il
vint roi à 20 ans, en 1774. Pieux et honte mais très méfiant à l'égard des idées
juvelles, d'un caractère indécis et ti-
ide, il reçut une formation politique mé-
ocre, s'intéressant davantage à la chasse
aux travaux artisanaux, comme la ser-
rerie. Conseillé par Maurepas* qui avait
rvi son grand-père, il appela au pouvoir
rgot* et Malesherbes*, mais leurs ten-
ives de réformes fiscales et financières
ulevèrent une telle opposition des privi-
ziés et des parlements qu'il dut s'en sé-
rer. Necker* qui leur succéda fut lui
ssi disgracié. L'intervention française
ns la guerre d'Indépendance* améri-
ine, si elle rehaussa le prestige de la
ance en Europe, aggrava encore, avec
s dépenses inconsidérées de la cour, la
ise financière, la moitié des rentrées
dgétaires étant engloutie par la dette. Ni
alonne*, ni Loménie* de Brienne ne
ussirent à rétablir l'équilibre budgétaire.
'état critique du Trésor royal, auquel
ajoutaient l'opposition nobiliaire à l'ab-
▸lutisme, le malaise social et économi-
e décida Louis XVI à rappeler Necker

et à convoquer les États* Généraux (mai
1789), bientôt transformés en Assemblée*
nationale constituante. L'attitude hésitante
et contradictoire qu'il manifesta dès le début de la Révolution, sous l'influence de
sa femme et de ses frères (le comte de
Provence* et le comte d'Artois*), lui aliénèrent bientôt une grande partie de la population. L'appui secret qu'il donna aux
émigrés*, sa tentative de fuite à Varennes* (20 juin 1791), ses veto* suspensifs
sous l'Assemblée* législative destinés à
freiner la Révolution et ses négociations
secrètes avec l'ennemi après la déclaration de guerre contre l'Autriche (avril
1792) achevèrent de le discréditer. Le manifeste de Brunswick* menaçant de raser
Paris si la famille royale n'était pas respectée provoqua l'indignation populaire et
l'insurrection du 10 août* 1792. Prisonnier de la Commune* insurrectionnelle,
suspendu de ses fonctions et enfermé au
Temple, « Louis Capet » fut jugé par la
Convention* et déclaré coupable de
« conspiration contre la liberté de la Nation ». Condamné à mort sans appel au
peuple, ni sursis, malgré l'attitude modérée des girondins*, il fut exécuté le 21
janvier 1793 à 10 heures du matin, sur la
place de la Révolution (place de la
Concorde). Louis XVI avait eu de Marie-
Antoinette quatre enfants dont Madame
Royale (1778) et le second Dauphin
(1785) dit Louis XVII*. Voir Bastille,
Champ de Mars (Fusillade du), Charles X,
Louis XVIII, Notables (Assemblée des).
LOUIS XVII (Versailles, 1785-Paris,
1795). Fils de Louis XVI* et de Marie-Antoinette*. Dauphin* à la mort de son frère
aîné (1789), il fut enfermé au Temple avec
sa famille après la journée du 10 août*
1792. Il y mourut et fut secrètement enterré. Les doutes sur l'identité du défunt
subsistèrent longtemps. Plusieurs imposteurs tentèrent de se faire passer pour
Louis XVII, le plus connu ayant été Naun-
dorff, un aventurier prussien.

LOUIS XVIII (Versailles, 1755-Paris, 1824). Petit-fils de Louis XV*, frère de Louis XVI* et du comte d'Artois* (futur Charles X*), il régna en France d'avril 1814 à mars 1815 (première Restauration*), puis, après les Cent-Jours* et la seconde abdication de Napoléon Iᵉʳ*, de 1815 à 1824 (seconde Restauration*). Son règne, d'abord modéré, se durcit considérablement après l'assassinat du duc de Berry* (1820) sous la pression des ultras* royalistes, partisans d'un retour à l'Ancien* Régime. Comte de Provence*, il émigra à l'étranger lors de la Révolution* en juin 1791, séjournant successivement à Coblence, Vérone, Milan puis en Angleterre, et ne cessant de militer en faveur du rétablissement de la monarchie en France. Avec l'appui de l'Angleterre et du gouvernement provisoire présidé par Talleyrand*, il fut appelé – il avait 60 ans – au pouvoir après l'abdication de Napoléon. La Charte qu'il « octroya » (1814) établit en France une monarchie constitutionnelle. Pendant les Cent-Jours, il se retira en Belgique puis revint après Waterloo* et dut accepter le second traité de Paris* (novembre 1815). Souhaitant n'être pas « roi de deux peuples », il s'efforça au début de son règne de concilier les acquis de la Révolution* et de l'Empire* avec le retour de la monarchie. Cependant, ses préférences pour le gouvernement des libéraux (Richelieu*, Decazes*) résistèrent mal aux pressions des ultras royalistes (Terreur* blanche), en particulier après l'assassinat de l'hériter du trône, le duc de Berry* (1820). Toute opposition fut alors muselée, les journaux censurés et les libertés suspendues. Voir Charte constitutionnelle, Villèle (Jean-Baptiste).

LOUIS Iᵉʳ (ou II) **LE GERMANIQUE** (v. 804/805-Francfort-sur-le-Main, 876). Roi de Germanie* (843-876), son règne marqua la naissance du royaume de Germanie. Fils de Louis Iᵉʳ* le Pieux, il s'allia avec son jeune frère Charles II* le Chauve contre leur frère aîné Lothaire Iᵉʳ*. Loui̶ signa le traité de Verdun* (843) qui consa̶ cra la division de l'Empire et reçut les ré̶ gions situées à l'est du Rhin.

LOUIS Iᵉʳ LE PIEUX ou **LE DÉBON̶ NAIRE** (Chasseneuil, 778-près de Ingel̶ heim, 840). Empereur d'Occiden̶ (814-840). Fils de Charlemagne*, il parta̶ gea de son vivant le gouvernement de se̶ royaumes entre ses trois fils, Lothaire Iᵉʳ*̶ Louis Iᵉʳ* le Germanique et Pépin Iᵉʳ*̶ Mais la naissance d'un quatrième fils qu'i̶ eut de Judith de Bavière (Charles II* ̶ Chauve) remit ce partage en question e̶ provoqua la révolte des aînés contre leu̶ père. À sa mort s'engagea une guerre entr̶ tous les héritiers qui conduisit au partag̶ de l'Empire. Sous son règne, l'Empir̶ connut un essor culturel (renaissance ca̶ rolingienne), mais fut affaibli par les inva̶ sions normandes. Voir Verdun (Traité de̶

LOUIS-PHILIPPE Iᵉʳ (Paris, 1773-Cla̶ remont, 1850). Roi des Françai̶ (1830-1848) sous la monarchie* de Juille̶ Ce fut sous son règne que triompha l̶ grande bourgeoisie libérale à laquelle l̶ système électoral censitaire réserva le droi̶ de vote. Cependant, le refus du roi et de̶ classes possédantes de toute réforme dé̶ mocratique et sociale provoqua la révolu̶ tion* de Février 1848 qui balaya le régim̶ et accula Louis-Philippe à l'émigratio̶ Fils de Louis-Philippe d'Orléans (dit plu̶ tard Philippe* Égalité) et de Louise-Mari̶ de Bourbon-Penthièvre, Louis-Philippe fu̶ élevé par la maîtresse de son père, Mme d̶ Genlis, qui lui donna, ainsi qu'à ses frère̶ et sœurs, le sens de la vie pratique et un̶ culture relativement poussée. Comme so̶ père, il adhéra aux idées révolutionnaire̶ fut membre du Club des jacobins* et par̶ ticipa aux batailles de Valmy* et de Je̶ mappes* sous les ordres de Kellermann̶ puis de Dumouriez*. Lorsque ce derni̶ passa à l'ennemi, Louis-Philippe s'exila̶ l'étranger. Tenu en suspicion par les émi̶ grés* et proscrit par la France révolution̶ naire, il vécut modestement en Suisse et aux États-Unis. En 1800, il revint en Angleterre, se réconcilia avec les Bourbons*, épousa en 1809 Marie-Amélie, fille du roi Ferdinand des Deux-Siciles, et vécut en Sicile (1810-1814) jusqu'à la Restauration*. Rentré en France avec Louis XVIII*, il fut tenu à l'écart de la cour et de la vie politique, et se consacra à l'éducation de ses enfants et à la gestion de ses biens. Il mena aux Tuileries une vie simple, le bourgeois parisien pouvant le rencontrer dans Paris, son « grand parapluie sentimental », comme disait le poète allemand Heine*, sous le bras. Mais, en même temps, il courtisait discrètement l'opposition libérale. Lors de la révolution* de 1830 qui chassa Charles X* du trône, il apparut alors comme la solution idéale aux yeux de la bourgeoisie d'affaires (Casimir Perier*, Jacques Laffitte*) qui craignait l'instauration d'une République menaçante pour la paix. D'abord nommé lieutenant général du royaume (31 juillet 1830), après la révision de la Charte* constitutionnelle, Louis-Philippe devint « roi des Français » sous le régime de la monarchie de Juillet. Après avoir gouverné avec des ministres libéraux (parti du Mouvement*), le roi s'appuya de plus en plus sur les conservateurs du parti de la Résistance*. Ses prises de position au moment de la campagne des banquets* organisée par les républicains provoquèrent la révolution de Février 1848. Après avoir abdiqué en faveur de son petit-fils, le comte de Paris, Louis-Philippe émigra en Angleterre où il mourut deux ans plus tard. Voir Guizot (François).

LOUISIANE. État du sud des États-Unis, sur le golfe du Mexique à l'embouchure du Mississippi. Cavelier de La Salle* qui descendit le fleuve en 1682 en prit possession et l'appela Louisiane en l'honneur de Louis XIV*. La colonie se développa sous l'égide de la Compagnie des Indes* occidentales grâce au commerce et au travail des esclaves, et La Nouvelle-Orléans* fut fondée en 1718. Colonie de la couronne de France depuis 1731, une partie fut cédée à l'Espagne en 1762 (Louisiane occidentale) et une autre aux Anglais en 1763 (territoires à l'est du Mississippi, sauf la Nouvelle-Orléans). La partie espagnole, retournée à la France en 1800, fut vendue par Bonaparte* aux États-Unis en 1803. Territoire immense qui comprenait une grande partie de ce qui allait devenir l'ouest des États-Unis, la Louisiane devint le 18e État de l'Union en 1812. Voir Sept Ans (Guerre de).

LOUVOIS, François Michel Le Tellier, marquis de (Paris, 1639-Versailles, 1691). Homme politique français. Il fut avec son père, Le Tellier*, le réorganisateur de l'armée royale. Associé par son père, dès 1662, à la charge de secrétaire d'État à la Guerre, il en exerça pleinement la charge à partir de 1677. Seul maître de l'armée après la mort de Turenne*, il servit fidèlement les ambitions extérieures de Louis XIV*. Il mit sur pied une armée aux effectifs importants (300 000 hommes environ) et aux ordres du roi. Ses mesures les plus marquantes furent l'établissement de l'« ordre du tableau » qui, tenant compte de l'ancienneté, permit aux roturiers d'accéder aux mêmes grades que les nobles (1675), l'institution des milices provinciales (1688) qui devaient renforcer l'armée permanente, la fondation d'écoles d'artillerie et de l'Hôtel des Invalides* (1670-1774) pour les vieux soldats. Rival de Colbert*, il lui succéda dans la charge de surintendant des Bâtiments, Arts et Manufactures (1683). Autoritaire, son nom resta attaché au bombardement de Gênes* (1684), à la dévastation du Palatinat (1689) et aux dragonnades*.

LOUVRE. Ancienne résidence royale, aujourd'hui musée national, situé sur la rive droite de la Seine, à Paris. Le Louvre fut à l'origine une forteresse bâtie par Philippe II* Auguste (1214) et qui, sous Charles V* (1364-1380), devint l'une des résidences royales. Le Vieux Louvre fut en grande partie détruit sous François Ier* qui chargea Pierre Lescot* d'édifier un nouveau palais (début de la future *cour Carrée*). Les travaux furent poursuivis sous Henri II*, Henri IV* (longue galerie du bord de l'eau prolongée jusqu'au palais des Tuileries et Petite Galerie du bâtiment de P. Lescot à la Seine). Le quadruplement de la cour Carrée fut réalisé sous Louis XIII* et Louis XIV* (*pavillon de l'Horloge* de Lemercier et la « Colonnade » attribuée à Perrault). Délaissées au XVIIIe siècle pour Versailles*, les constructions du Louvre se poursuivirent sous Napoléon Ier* (travaux de Percier et Fontaine) et Napoléon III* (aménagements de Visconti et Lefuel). Détruits lors de l'incendie de 1871, le *pavillon de Flore* au sud et le *pavillon de Marsan* au nord furent reconstruits, comme les galeries, sous la Troisième République*. Devenu musée national en 1791-1793, le Louvre abrite aujourd'hui l'une des plus riches collections du monde. Les œuvres de la deuxième moitié du XIXe siècle ont été transférées en 1986 dans l'actuel musée d'Orsay. En 1989 a été édifiée la « pyramide » de verre de I.-M. Pei. En 1993, le musée du Louvre s'est agrandi en intégrant l'aile occupée auparavant par le ministère des Finances. On trouve aussi au Louvre le musée des Arts décoratifs et celui des Arts de la mode.

LOUXOR (Temple de). Situé en Haute-Égypte* sur la rive droite du Nil*, à Louxor, village qui occupe une partie de l'emplacement de l'ancienne capitale, Thèbes*. Le temple de grès fut bâti par Aménophis III, pharaon* du Nouvel* Empire, à la gloire du dieu Amon-Rê*. Une large avenue bordée de sphinx à tête de bélier reliait le temple à Karnak. La porte d'entrée de l'édifice était flanquée de deux larges tours en forme de pyramides* tronquées (pylône*), aux parois couvertes de bas-reliefs et d'inscriptions en hiéroglyphes*. En avant du pylône, se dressaient deux obélisques* taillés dans un bloc de granit rose

d'une hauteur qui dépassait 20 m. L'un de ces obélisques se trouve à Paris depuis 1836, au centre de la place de la Concorde. Des statues colossales du pharaon fondateur étaient adossées à la façade qui s'ornait encore de quatre grands mâts où flottaient des banderoles. La porte du temple donnait accès à la cour entourée de portiques où se déroulaient les processions. Puis venait une immense salle hypostyle et enfin le sanctuaire construit en granit rose. Là reposait, dans une salle aux reflets métalliques d'électrum, alliage naturel d'or et d'argent, la statue du dieu, réalisée en bois peint. Voir Karnak (Temples de), Thèbes.

LÜBECK. Ville et port d'Allemagne, près de la Baltique. Elle fut avec Hambourg* la fondatrice de la Hanse* et domina le trafic maritime du nord de l'Europe aux XIIIe et XIVe siècles.

LUBLIN (Comité de). Nom donné au Comité polonais (prosoviétique) de libération nationale qui s'installa à Lublin, en Pologne, en juillet 1944 après la libération de la capitale par les troupes soviétiques. Se proclamant gouvernement provisoire de la République polonaise (décembre 1944), il fut reconnu par l'URSS et s'installa à Varsovie en janvier 1945. L'Occident avait soutenu le gouvernement polonais, de tendance conservatrice, en exil à Londres.

LUCRÈCE (v. 98-v. 55 av. J.-C.). Poète latin. Grand représentant de la pensée romaine, inspiré de la philosophie d'Épicure*, il fut un adversaire acharné de la religion. Il proposa d'éliminer la crainte des dieux pour libérer l'esprit humain et donna une explication strictement matérialiste de l'univers physique. Il est l'auteur d'un poème philosophique en six livres, *De la nature* (*De natura rerum*). Voir Catulle.

LUCY ou **LUCIE**. Surnom donné en souvenir d'une chanson des Beatles à un australopithèque* découvert, en 1974, en Éthiopie (est de l'Afrique). Pour la première fois, des paléontologues mirent au jour le squelette presque entier (52 os) l'une jeune australopithèque âgée d'environ 25 ans, ayant vécu il y a 3,5 millions d'années. Elle avait un cerveau de singe (500 cm³), ne mesurait qu'environ 1 m, mais marchait presque dressée sur ses membres postérieurs. Son véritable nom est *Australopithecus afarensis*, ce qui veut dire « Singe du sud venant de l'Afar » (région d'Éthiopie). Voir *Homo erectus*, Paléolithique inférieur.

LUDENDORFF, Erich (Kruszewnia, Posnanie, 1865-Tuntzing, Bavière, 1937). Général allemand. Il dirigea la stratégie allemande en 1917-1918 lors de la Première Guerre* mondiale. Chef de la division « Opérations » (1908-1912), il fut à l'origine du plan Schlieffen* appliqué à la France en 1914. Chef d'état-major de Hindenburg* en Prusse* orientale, il s'illustra dans les victoires allemandes de Tannenberg* et des lacs Mazures en 1914. Il demeura le principal collaborateur de Hindenburg après que ce dernier fut nommé à la tête des armées allemandes (août 1916) et poussa à une guerre à outrance, même après les victoires de Foch*. Après la guerre, il resta l'homme de la revanche, manifestant un nationalisme exacerbé. Il participa avec Hitler* au putsch de Munich (1923), fut député (1924) et candidat à la présidence (1925). Après l'arrivée au pouvoir de Hitler (1933), il se tint à l'écart de la vie politique.

LUDOVIC SFORZA LE MORE (Vigevano, 1452-Loches, 1508). Duc de Milan (1494-1499 et 1500). Il obtint le duché de Milan à la mort de son neveu, grâce au soutien de la France. Mais lorsque Louis XII*, héritier des Visconti*, réclama la succession du duché de Milan, Ludovic le More se retourna contre la France. Deux fois expulsé de Milan, il fut finalement battu à Novare (1500) et emprisonné à Loches où il mourut. Époux de Béatrice d'Este, il avait entretenu à Milan une des cours les plus fastueuses de son temps, protégeant les artistes parmi lesquels Bramante* et Léonard* de Vinci.

LUFTWAFFE. Mot allemand signifiant « arme aérienne ». La Luftwaffe fut le nom de l'armée de l'air du IIIᵉ Reich* allemand de 1935 à 1945. Voir Goering (Hermann), Stuka.

LULLY ou LULLI, Jean-Baptiste (Florence, 1632-Paris, 1687). Compositeur et violoniste italien, naturalisé français. Il s'affirma comme le véritable créateur de l'opéra en France. Appelé en France par Mlle de Montpensier*, il sut se rendre indispensable au roi Louis XIV* qui le nomma surintendant de la Musique, ce qui lui assura le monopole absolu de l'opéra français. Il composa des tragédies lyriques (*Alceste*, 1674 ; *Thésée*, 1675), des comédies-ballets en collaboration avec Molière* (*Le Bourgeois gentilhomme*, 1670) et des ballets. Son style influença Bach* et Haendel*.

LUMIÈRE, Louis (Besançon, 1864-Bandol, 1948). Chimiste et industriel français. Il fut, avec son frère Auguste (Besançon, 1862-Lyon, 1954), l'inventeur du Cinématographe (1895) et le précurseur du septième Art. Il réalisa aussi de nombreux films parmi lesquels *L'Arroseur arrosé* et *Les Courses en sac*.

LUMUMBA, Patrice (Katako-Kombé, 1925-Élisabethville auj. Lumumbashi, 1961). Homme politique congolais. Militant de l'indépendance du Congo belge (devenu le Zaïre) puis Premier ministre, il lutta contre la sécession du Katanga*. Issu d'une famille catholique, employé des postes, Lumumba participa à la délégation qui, le 26 août 1958, remit à l'autorité coloniale une motion réclamant l'indépendance du Congo belge. Devenu le chef du Mouvement national congolais créé en 1958 (MNC), il se prononça pour un Congo uni, laïque et indépendant et découvrit le panafricanisme auprès de Nkrumah*. Grâce à ses talents d'orateur et de tribun populaire, il réussit à galvaniser les populations sur le slogan de l'indépendance et des méfaits du colonialisme. Il participa à la table ronde de janvier 1960 à Bruxelles et son parti sortit grand vainqueur aux élections de mai. Lumumba devint Premier ministre en juin tandis que son rival Kasavubu accédait à la présidence de la République. Aussitôt après la proclamation officielle de l'indépendance (30 janvier 1960), Lumumba ne put empêcher les graves troubles de Léopoldville et la sécession du Katanga (juillet 1960), riche province minière, proclamée par Moïse Tschombé. Il demanda l'intervention de l'ONU* qui envoya une force internationale mais qui, refusant d'intervenir dans les affaires intérieures du pays, ne put régler le problème de la sécession. Comme il faisait appel à l'URSS, il fut révoqué le 5 septembre par Kasavubu. Arrêté alors qu'il tentait de rejoindre des partisans, Lumumba fut assassiné. Voir Shaba.

LUNÉVILLE (Traité de, 9 février 1801). Traité conclu entre la France et l'Autriche après les victoires françaises de Marengo* en Italie et de Hohenlinden* en Bavière. Le traité confirmait celui de Campoformio* (1797), et consacrait l'effondrement de la puissance autrichienne en Italie. L'Autriche acceptait définitivement la cession de la Belgique, reconnaissait à la France la rive gauche du Rhin et la République Cisalpine* à laquelle furent réunis Modène et Parme. La Toscane, jusque-là possédée par un prince autrichien, fut donnée au duc de Parme, de la maison des Bourbons d'Espagne, qui recevait le titre de roi d'Étrurie*. En échange, l'Espagne restituait à la France la Louisiane*. Voir Amiens (Traité d').

LUTÈCE. Nom de Paris dans l'Antiquité, à l'origine petite bourgade de mariniers et de pêcheurs celtes* (les « Parisii ») installés sur l'île la plus vaste de la Seine (aujourd'hui l'île de la Cité). Conquise par les Romains en 52 av. J.-C., elle connut un premier développement sur la rive gauche de la Seine (pentes de l'actuelle montagne Sainte-Geneviève) dont témoignent encore les ruines des thermes* de Cluny et les arènes de Lutèce. En 360 ap. J.-C., Julien y fut proclamé empereur. Menacée par les Huns* d'Attila* (451 ap. J.-C.), Lutèce fut sauvée par sainte Geneviève. Au début du IVe siècle ap. J.-C., elle prit le nom de Paris et commença son essor lorsque Clovis* la choisit pour capitale (486 ap. J.-C.).

LUTHER, Martin (Eisleben, 1483-*id.*, 1546). Théologien et réformateur allemand. Son combat pour une réforme intérieure de l'Église aboutit à une rupture définitive avec Rome et à la création d'une nouvelle religion chrétienne, le protestantisme*, reposant sur deux principes : l'autorité des Écritures en matière de foi et la doctrine de la justification de l'homme par la grâce. Né dans une famille de petits-bourgeois d'origine paysanne, Luther commença par entreprendre des études de droit puis, hanté par l'idée du Salut, décida d'entrer dans le couvent des ermites de Saint-Augustin à Erfurt (1505), où il s'astreignit à de sévères mortifications. Docteur en théologie en 1512, il obtint en 1513 la chaire d'Écriture sainte à l'université de Wittenberg. Ce fut à partir de 1515, en enseignant l'Épître aux Romains de saint Paul*, que Luther perçut en toute clarté l'affirmation du Salut par la seule foi et non par l'accumulation de confessions, pénitences et bonnes œuvres. En référence à la doctrine paulinienne de la justification par la foi, il s'éleva contre la vente des indulgences*, destinées en réalité à la construction de la basilique Saint-Pierre de Rome. En 1517, il afficha sur les portes du château de Wittenberg ses « 95 thèses » où il dénonçait le principe de la vente des indulgences comme une trahison des Évangiles*. Ce texte, rédigé d'abord en latin puis traduit en allemand, eut un énorme retentissement et marqua le début de la Réforme* en Allemagne. Ni les attaques de J. Eck à Leipzig – qui l'accusait de répandre les idées de Jan Hus* – ni l'intervention du légat pontifical Cajetan ne le firent se réracter. En 1520, la bulle *Exsurge Domine* de Léon X* condamna ses positions. Luther publia alors, la même année, trois écrits décisifs que l'on peut considérer comme le manifeste de la Réforme : *À la noblesse chrétienne de la nation allemande* – dirigé avant tout « contre la tyrannie et l'inutilité de la Curie romaine » et constituant une sorte de programme pour un éventuel concile ; *De la captivité de Babylone* – sur les sacrements* –, et enfin *De la liberté du chrétien* où il affirmait l'autorité de la seule Écriture sainte. Excommunié et mis au ban de l'Empire par la Diète de Worms* (1521), Luther fut accueilli au château de la Wartburg par son protecteur, Frédéric de Saxe. Il y séjourna durant 18 mois, se consacrant à une intense production littéraire, et traduisant en particulier la Bible* en allemand, version complète de l'Écriture qui reste encore aujourd'hui la meilleure en langue allemande. De retour à Wittenberg en 1522, marié à Katarina von Bora en 1525 dont il eut six enfants, Luther consacra le reste de sa vie à lutter contre le catholicisme*, contre les révoltes sociales (guerre des Paysans*) en prenant le parti des princes et contre toute déviation de sa doctrine. Durant les dix années qui suivirent sa mort, Charles* Quint dut engager une lutte implacable contre le protestantisme, puis la paix d'Augsbourg* (1555) sanctionna la division confessionnelle de l'Allemagne. Voir Anabaptistes, Augsbourg (Confession d'), Calvin (Jean), Contre-Réforme, Smalkalde (Ligue de), Wyclif (John), Zwingli (Ulrich).

LUTHÉRANISME. Nom donné à la doctrine religieuse fondée par Luther*. Les principes théologiques du luthéranisme furent enseignés dans le livre *Formule de Concorde* (1580), qui reste aujourd'hui la référence de base de tous les luthériens. Cette doctrine se caractérise notamment par l'affirmation du salut par la foi seule, et la reconnaissance de deux sacrements*, le baptême* et l'eucharistie*. On compte aujourd'hui dans le monde plus de 70 millions de luthériens. Historiquement, le luthéranisme se développa au XVIᵉ siècle, en Allemagne du Nord et du centre, dans le nord de l'Alsace mais aussi dans les pays scandinaves. Voir Réforme.

LUXEMBOURG, François Henri de Montmorency-Bouteville, duc de (Paris, 1628-Versailles, 1695). Maréchal* de France. Il s'illustra, sous le règne de Louis XIV*, dans la guerre de Hollande* et la guerre de la Ligue d'Augsbourg* où il remporta les grandes victoires de Fleurus (1690), Steinkerque (1692), Neerwinden* (1693). Ayant pris beaucoup de drapeaux, on le surnomma le « Tapissier de Notre-Dame ».

LUXEMBURG, Rosa (Zamosc, Pologne russe, 1871-Berlin, 1919). Révolutionnaire allemande, membre du parti communiste, elle participa à l'insurrection spartakiste de 1919 durant laquelle elle trouva la mort. Juive* polonaise, Rosa Luxemburg dut quitter Varsovie en raison de son activité au sein du parti révolutionnaire polonais *Proletariat*. Établie à Zurich, elle étudia l'économie politique, devint marxiste et participa en 1893 à la fondation du Parti social-démocrate du royaume de Pologne. Installée en Allemagne en 1898, après avoir contracté un mariage blanc, elle s'inscrivit au Parti social-démocrate allemand (SPD*) et devint la figure de proue de l'aile gauche du parti, critiquant notamment les thèses révisionnistes d'Eduard Bernstein*. Lors de la révolution* russe de 1905, elle gagna clandestinement Varsovie en révolution où elle organisa la propagande. Arrêtée, puis libérée, elle revint en Allemagne où elle fut professeur d'économie politique à l'école des cadres du parti. Après le vote des crédits de guerre par les députés sociaux-démocrates (1914), elle fonda avec Karl Liebknecht* la ligue Spartakus*. Emprisonnée à deux reprises au cours de la guerre, elle fut libérée lors de la révolution de novembre 1918 et dirigea le journal *Le*

Drapeau rouge (*Die rote Fahne*) et colla-bora à la création du Parti communiste al-lemand (décembre 1918). Elle participa à l'insurrection spartakiste (janvier 1919) durant laquelle elle fut arrêtée et assassinée. Martyre de la cause révolutionnaire, Rosa Luxemburg fut aussi l'une des plus impor-tantes théoriciennes de la pensée marxiste. Son principal ouvrage est *L'Accumulation du capital* (1913). Redécouvertes aux dé-buts des années 60, ses idées furent reven-diquées par une partie de l'extrême gauche allemande.

LUYNES, Charles, marquis d'Albert, duc de (Pont-Saint-Esprit, 1578-Longue-ville, 1621). Favori de Louis XIII*, Luynes incita le roi à faire assassiner Concini* (1617). Protégé de Marie* de Médicis, il fut nommé duc et pair. Il combattit la révolte des Grands, et les protestants* dans le Midi. Son échec devant Montauban (1621) sou-leva l'indignation générale. Louis XIII s'apprêtait à le disgracier lorsqu'il mourut d'une épidémie.

LVF. Voir Légion des volontaires français.

LVOV, Gueorgui Ievgueniévitch, prince (Popovka, près de Toula, 1861-Paris, 1925). Homme politique russe. Issu d'une vieille famille aristocratique, membre du Parti constitutionnel-démocrate* (KD), il devint, après la révolution de Février 1917 et l'abdication de Nicolas II*, président du premier gouvernement provisoire (mars 1917) favorable à la poursuite de la guerre contre l'Allemagne, et du premier gouver-nement de coalition avec les socialistes is-sus du soviet* de Petrograd. Après les jour-nées d'émeutes de juillet 1917, il fut remplacé par Kerenski* puis s'exila en France. Voir Révolutions russes de 1917.

LYAUTEY, Louis Hubert (Nancy, 1854-Thorey, 1934). Maréchal* de France (1921). Il établit le protectorat de la France au Maroc. Élève de Saint-Cyr (1873), il fit une grande partie de sa carrière dans les co-lonies. Officier d'état-major auprès de Gal-lieni* au Tonkin (1894) puis à Madagascar

(1897), il exerça son commandement dans le Sud oranais et pacifia les confins algéro-marocains. Nommé résident général au Maroc, il y établit le protectorat de la France (1912) mais demanda, en pleine guerre du Rif conduite par Abd* el-Krim, à être relevé de ses fonctions. Ministre de la Guerre (1916-1917), il organisa à Paris l'exposition coloniale (1927-1931). En-terré selon ses vœux à Rabat, son corps fut ramené aux Invalides* en 1961. Lyautey fut l'auteur de plusieurs ouvrages notam-ment le célèbre *Rôle social de l'officier* (1891).

LYCÉE. Quartier d'Athènes*, situé à l'est de la cité, près de la rivière Ilissod, qui donna son nom à l'école fondée par le phi-losophe Aristote* en 335 av. J.-C.

LYCURGUE. Législateur légendaire de Sparte* dont on ne sait rien de précis, pas même les dates de sa vie. Dans la tradition la plus courante, d'origine royale, il aurait vécu à la fin du IXe siècle av. J.-C. Créateur de la plupart des institutions de Sparte, il aurait fait jurer à ses concitoyens de ne rien changer à ses lois.

LYDIE. Ancienne région située au bord de la mer Égée, au nord-ouest de l'Asie* Mi-neure. Elle fut occupée vers 2000 av. J.-C. par un peuple indo-européen, les Lydiens*, qui en firent un royaume.

LYDIENS. Peuple indo-européen qui s'établit dans l'ouest de l'Asie* Mineure vers 2000 av. J.-C. Le royaume de Lydie connut son apogée au VIe siècle av. J.-C. sous le règne de Crésus*. Pays fertile, au sous-sol riche (or, argent, cuivre), la Lydie fut aussi une puissance commerciale. Elle exportait par sa capitale, Sardes*, les pro-duits de la Mésopotamie* vers le monde grec et les Lydiens frappèrent pour faciliter ses échanges, les premières monnaies. Les Grecs, installés en Ionie*, sur la côte de l'Asie Mineure depuis la fin du IIe millé-naire av. J.-C. connurent, grâce aux Ly-diens, les civilisations de la Mésopotamie* plus anciennes et plus avancées que la leur.

e royaume lydien s'effondra sous les oups de Cyrus* v. 546 av. J.-C. Après la omination perse, la Lydie fut soumise aux recs puis aux Romains. Voir Alexandre III le Grand, Pergame, Perses.

YON. Colonie fondée par les Romains en 3 av. J.-C., et appelée Lugdunum, Lyon evint sous Auguste* la capitale de la Gaule lyonnaise et le centre fédéral du ulte* impérial en Gaule*. Elle fut l'une es principales résidences des empereurs mains et la patrie des empereurs Caraalla* et Claude*. C'est à Lyon que fut fonée la première Église chrétienne*. En 177 p. J.-C., saint Pothin et sainte Blandine y rent martyrisés.

LYSANDRE. Général spartiate. Il commanda en 407 av. J.-C. la flotte spartiate renforcée grâce à l'aide de Cyrus* le jeune et remporta sur Athènes* la victoire décisive d'Aigos-Potamos* (405 av. J.-C.) qui mit fin à la guerre du Péloponnèse*. Profitant de sa victoire, il assiégea et prit Athènes en 404 av. J.-C. mais refusa de la détruire, se contentant de brûler ses vaisseaux et de détruire les Longs Murs. Enorgueilli par ses succès, il fut rappelé par les éphores* et tenu à l'écart du pouvoir puis mourut en 395 av. J.-C. au cours d'une bataille contre les Thébains, lors de la guerre de Corinthe*. Voir Sparte, Thèbes.

M

MAASTRICHT (Traité de, 7 février 1992). Traité signé à Maastricht (Pays-Bas) par les ministres des Affaires étrangères des douze pays de la Communauté économique européenne et créant l'Union européenne. Il prévoyait notamment la mise en place progressive d'une Union économique et monétaire (UEM) avec la création d'une monnaie unique (l'ECU*), d'une politique étrangère, de sécurité et de défense commune, d'un renforcement des pouvoirs du Parlement européen et d'une citoyenneté européenne. Le traité de Maastricht est entré en vigueur le 1ᵉʳ novembre 1993.

MAAT. Déesse de la vérité et de l'harmonie universelle dans l'Égypte* ancienne. Fille de Rê*, elle est représentée la tête surmontée d'une plume d'autruche.

MABILLON, Dom Jean (Saint-Pierremont, 1632-Paris, 1707). Bénédictin* français. Grand érudit, on lui doit en particulier *De re diplomatica* (1681) qui fonda la diplomatique et dans lequel il expose, avec l'étude d'un grand nombre de cas, les règles selon lesquelles peut être établie l'authenticité des documents d'archives.

MACARTHUR, Douglas (Fort Little Rock, Arkansas, 1880-Washington, 1964). Général américain. Commandant en chef allié dans le Pacifique, il fut vainqueur du Japon (1944-1945) puis commanda (1950-1951) les forces de l'ONU* dans la guerre de Corée*. Après avoir été en 1918 le plus jeune général de l'armée américaine, il fut nommé commandant de l'académie militaire de West Point (1919) puis chef d'état-major général de l'armée (1930-1935). Commandant des forces américaines en Extrême-Orient (1941), il parvint par la tactique dite du « saut de puce » à reprendre les conquêtes japonaises et reçut la capitulation du Japon en 1945. Devenu un héros pour ses compatriotes, il fut nommé commandant des troupes d'occupation au Japon où il parvint à modifier les institutions, dans un sens libéral et démocratique. Nommé par Truman* commandant des forces de l'ONU lors de la guerre de Corée, il envisagea une guerre contre la Chine communiste, qui permettrait de rendre à Tchang* Kaï-chek son pouvoir sur le continent. Désavoué par Truman, MacArthur fut relevé de son commandement (avril 1951) et rentra aux États-Unis en triomphateur. Le Parti républicain* lui offrit de poursuivre son combat « anticommuniste » sur le plan politique mais il préféra se tenir à l'écart. Voir Guerre froide, Pacifique (Guerre du).

MACAULAY, Thomas Babington Macauley, baron (Rothley Temple, 1800-Campden Hill, Londres, 1859). Historien et homme politique britannique. Député whig*, il est l'auteur d'une *Histoire de l'Angleterre* (1848-1861), d'inspiration libérale, essentiellement consacrée à la période 1685-1702.

MACDONALD, James Ramsay (Lossiemouth, Écosse, 1866-en mer, 1937).

Homme politique britannique. Travailliste, plusieurs fois Premier ministre, il s'orienta vers un réformisme modéré. Issu d'un milieu modeste, devenu journaliste, il adhéra en 1894 à l'Independent Labour Party et fut l'un des fondateurs du Parti travailliste* (1900). Député aux Communes* (1906) et chef du Parti travailliste à partir de 1911, il présida le premier gouvernement socialiste du Royaume-Uni (1924) et mena une politique pacifiste, ce qui lui apporta l'appui des libéraux. De nouveau Premier ministre (1929-1931), il dut affronter la crise* économique de 1929 et préconisa de sévères économies, défendant à l'extérieur le désarmement et la coopération internationale. Afin de restaurer la confiance, il prit la tête en 1931 d'un gouvernement d'Union nationale avec les conservateurs et les libéraux puis, très critiqué par son parti, démissionna, laissant la place en 1935 au conservateur Baldwin*.

MACÉDOINE. Région historique de la péninsule des Balkans*, la Macédoine est aujourd'hui partagée entre la Bulgarie, la Grèce et l'ex-Yougoslavie. Après avoir été une grande puissance sous les règnes de Philippe II* et de son fils Alexandre III* le Grand (336-323 av. J.-C.), la Macédoine devint une province romaine (148 av. J.-C.). Disputée par les Byzantins*, les Bulgares* et les Serbes* (IXᵉ-XVᵉ siècle), elle fut conquise par les Turcs en 1371, puis intégrée dans l'Empire ottoman* jusqu'en 1912-1913. La convoitise des pays voisins provoqua les deux guerres balkaniques* de 1912 et 1913 à l'issue desquelles la Macédoine fut partagée entre la Serbie*, la Grèce* et la Bulgarie. Lors de la Première Guerre* mondiale, la Macédoine fut le théâtre d'une campagne menée par les Alliés (1915-1918) contre les forces austro-germano-bulgares. En 1945, elle devint la République fédérée de Macédoine. Elle constitue depuis 1991 la République de Macédoine*. Voir Neuilly (Traité de).

MACÉDOINE (République de). Ancienne République fédérée de la Yougoslavie (capitale : Skopje). Après avoir proclamé son indépendance (1991), elle fut reconnue par l'ONU* en 1993 sous le nom provisoire d'ex-République yougoslave de Macédoine. Son nom de « Macédoine » est contesté par la Grèce qui le considère comme son « patrimoine historique ».

MACHAULT D'ARNOUVILLE, Jean-Baptiste de (Paris, 1701-id., 1794). Homme politique français. Contrôleur* général des Finances (1745-1751) sous le règne de Louis XV*, il tenta d'imposer l'égalité devant l'impôt en créant le vingtième*, mais se heurta à l'hostilité des privilégiés, le Parlement* de Paris et surtout l'Assemblée du clergé. Le roi ayant cédé, Machault fut écarté des finances. Disgracié après avoir perdu la faveur de Mme de Pompadour* (1757), il se retira près de Paris. Arrêté en 1794, il mourut en prison.

MACHIAVEL, Nicolas, Niccolo Machiavelli, en fr. (Florence, 1469-id., 1527). Homme politique et philosophe italien, célèbre pour son livre *Le Prince* dont le réalisme politique fut qualifié plus tard de « machiavélique ». Entré au service de Florence*, comme secrétaire de la chancellerie après l'exécution de Savonarole*, il accomplit plusieurs missions diplomatiques en France, en Allemagne et en Suisse, défendant les intérêts de Florence auprès de Louis XII*, César* Borgia et Maximilien Iᵉʳ*. Après l'effondrement de la République et le retour des Médicis*, Machiavel fut écarté du pouvoir (1512) et même emprisonné pour avoir été impliqué dans un complot. Libéré, mais banni de la ville, il s'installa près de Sienne et se consacra à la rédaction d'un court traité, *Le Prince*, où, dans une Italie divisée et livrée aux convoitises, il réfléchit sur la nécessité d'un État-nation unifié sous un Prince. Fondant son analyse, non sur la recherche d'une cité idéale comme l'avaient entrepris jusque-là les philosophes héritiers des grecs, mais sur l'observation des faits, enseignement de l'histoire et son expérience propre, Machiavel tenta de dégager les constantes, de découvrir des lois. Le problème qu'il cherchait à résoudre était le moyen d'acquérir et de conserver le pouvoir. Le Prince idéal devait, selon lui, dévenir deux qualités fondamentales : la ruse du renard » et la « force du lion », l'intérêt de l'État justifiant tous les moyens, avec pour but ultime l'amélioration de l'homme et de la société. Bien que le Prince (publié en 1522) fût dédié à Laurent* de Médicis, Machiavel n'obtint de nouvelles fonctions officielles que sous Jules* de Médicis.

MACHINE INFERNALE (Attentat de la, 3 Nivôse an IX ; 24 décembre 1800). Nom donné à l'attentat commis contre le premier consul Bonaparte*, par des conspirateurs royalistes, alors que ce dernier se rendait en voiture des Tuileries à l'Opéra. La « machine infernale », installée dans une charrette à la hauteur de la rue Saint-Nicaise, était un petit baril de poudre, de balles et de projectiles muni d'un ressort à détente. L'attentat fit 22 morts et de nombreux blessés mais épargna Bonaparte. Ce dernier, qui comptait poursuivre sa politique d'apaisement avec les royalistes, laissa croire qu'il s'agissait d'un attentat commis par les jacobins* et profita de l'occasion pour les réprimer. Quelques-uns d'entre eux furent exécutés et plus d'une centaine déportés. Voir Cadoudal (Georges).

MAC-MAHON, Edme Patrice Maurice, comte de (Sully, 1808-château de La Forêt, 1893). Maréchal* de France et homme politique. Monarchiste, il devint pourtant président de la Troisième République* par le jeu de circonstances politiques et constitutionnelles. D'origine irlandaise, il sortit de Saint-Cyr en 1827 et participa aux débuts de la conquête d'Algérie, puis démissionna lors de la révolution* de 1830. Après s'être distingué lors des guerres de Crimée* (prise

de Malakoff*) et d'Italie* (Magenta*), il fut nommé gouverneur général de l'Algérie (1864-1870). Pendant la guerre franco-allemande* de 1870, il fut battu à Froeschwiller* puis à Sedan*. Placé à la tête de l'armée des Versaillais*, il écrasa la Commune* insurrectionnelle de Paris. Partisan de l'ordre, ennemi du péril social que représentait à ses yeux la République, Mac-Mahon fut choisi, après la chute de Thiers* (1873), comme président de la République jusqu'à la restauration monarchique. Celle-ci n'ayant pas eu lieu à cause de l'intransigeance du comte de Chambord*, la coalition monarchiste de l'Assemblée* nationale lui assura le pouvoir pour sept ans. Avec le duc de Broglie* pour Premier ministre, il soutint la réaction politique et religieuse de l'Ordre* moral. Après 1876, les républicains étant majoritaires à la Chambre des députés, Mac-Mahon décida d'intervenir directement dans les affaires politiques en renvoyant son chef de gouvernement Jules Simon* (crise du 16 mai* 1877), qu'il remplaça par le duc de Broglie et décida la dissolution de la Chambre. Gambetta* prononça à cette occasion la phrase devenue célèbre : une fois que « la France se sera prononcée en faveur des républicains, Mac-Mahon devra se soumettre ou se démettre ». En octobre, les républicains remportèrent les élections, et leur succès définitif aux élections sénatoriales de janvier 1879 détermina Mac-Mahon à se retirer (1879). Voir Grévy (Jules).

MADELEINE (Église de la). Église située à Paris. Commencée en 1764, elle resta inachevée de 1790 à 1806. Napoléon* décida de la terminer mais pour faire de l'édifice un temple à la gloire de la Grande* Armée. Achevée en 1840, la Madeleine avait été rendue au culte catholique sous la Restauration*. Voir Arc de triomphe de l'Étoile, Arc de triomphe du Carrousel, Vendôme (Colonne).

MADELEINE (LA). Site préhistorique de Dordogne sur la commune de Tursac.

Celle-ci a donné son nom à l'une des périodes du paléolithique* supérieur d'Europe : le magdalénien* (13 000-8 000 av. J.-C.)

MADISON, James (Montpelier, Virginie, 1751-*id.*, 1836). Homme politique et 4e président des États-Unis. Il fut, avec Jefferson*, le fondateur du mouvement « républicain-démocrate », à l'origine de l'actuel Parti démocrate*. Fils d'un riche planteur de Virginie, il fut d'abord partisan avec Hamilton* d'un pouvoir fédéral fort, puis s'opposa au centralisme excessif de celui-ci. Il succéda à Thomas Jefferson à la présidence (1809-1817). Voir Fédéraliste (Parti).

MADRAS. Ville de l'Inde du Sud conquise par les Anglais en 1639. La Compagnie anglaise des Indes* orientales y fonda un comptoir. Voir Sept ans (Guerre de).

MADRID (Traité de, 1526). Lors des guerres d'Italie*, traité signé entre François Ier*, prisonnier à Madrid, et Charles* Quint après la défaite française de Pavie*. Le roi de France devait consentir à l'abandon du Milanais et de la Bourgogne, et renoncer à sa suzeraineté sur l'Artois et la Flandre*. Sitôt libéré, François Ier rendit caduc le traité et la guerre contre les Habsbourg* reprit.

MAGDALÉNIEN. Désigne l'industrie de la fin du paléolithique* supérieur (13 000-8 000 av. J.-C.) qui tire son nom du site préhistorique de La Madeleine*, en Dordogne (France). Les objets en os y sont particulièrement nombreux, notamment les aiguilles à coudre qui servaient à confectionner des vêtements. Voir Altamira, Lascaux.

MAGELLAN, Fernand de (Sabrosa, v. 1480-aux Philippines, 1521). Navigateur portugais. Son expédition au service de l'Espagne permit d'entreprendre pour la première fois le tour du monde à la voile et démontra que la terre était ronde mais aussi que l'Amérique était un continent

distinct de l'Asie. Issu de la petite noblesse, Magellan, entré dans la marine portugaise, participa à des expéditions aux Indes et en Afrique puis, déçu dans ses ambitions, décida de se mettre au service de Charles* Quint, roi d'Espagne, à qui il proposa d'atteindre les « riches îles aux épices* » (l'Indonésie) par l'ouest, cette route ayant l'avantage d'éviter les mers réservées aux Portugais depuis le traité de Tordesillas* (1494). Magellan partit de Sanlúcar en septembre 1519 sur le navire *Trinidad*, quatre autres navires et 265 hommes. Après une escale en Terre de Feu et le difficile passage du détroit qui depuis porte son nom (il perdit deux navires), il atteignit les îles Mariannes, puis l'archipel des Philippines (1521), où il trouva la mort dans un combat avec les indigènes. L'expédition désorganisée, ayant subi beaucoup de pertes, parvint néanmoins avec ses deux navires à atteindre les Moluques. Un seul navire, la petite *Victoria*, commandée par Sebastian Elcano, avec 18 hommes à bord, parvint à regagner l'Espagne, trois ans presque jour pour jour après le départ de l'expédition (septembre 1522).

MAGENTA (Bataille de, 4 juin 1859). Bataille remportée en Lombardie* par les forces franco-piémontaises sur les Autrichiens, lors de la campagne d'Italie* de 1859 destinée à libérer la péninsule de la tutelle de l'Autriche. La victoire, longtemps indécise, fut remportée par le corps d'armée du général de Mac-Mahon*. L'attaque de la ville avait provoqué 9 000 morts. Le 7 juin, le roi de Piémont-Sardaigne, Victor-Emmanuel II*, et Napoléon III* entraient triomphalement à Milan. Voir Villafranca (Préliminaires de).

MAGINOT (Ligne). Système fortifié édifié sur la frontière nord-est de la France à l'initiative d'André Maginot (ministre de la Guerre, 1922-1924 et 1929-1932). Cependant, le projet n'ayant pas été poursuivi sur la frontière franco-belge en raison de 'opposition de la Belgique, la ligne Maginot ne joua pas le rôle escompté en 1940.

MAGISTRAT. Dans l'Antiquité gréco-romaine, personne désignée pour appliquer les lois, rendre la justice ou exercer un commandement militaire. Elle est soit élue, soit tirée au sort. On parle de magistrature collégiale quand la même responsabilité est partagée par plusieurs personnes. Voir pour Athènes : Archonte, Stratège ; pour Rome : Censeur, Consul, *Cursus Honorum*, Dictateur, Édile, Préteur, Questeur, Tribun de la plèbe.

MAGYARS. Peuple d'origine finno-ougrienne originaire du sud de l'Oural. Il représente aujourd'hui la grande majorité de la population de la Hongrie. Arrivés au xe siècle dans la vallée du Danube, ils lancèrent au siècle suivant de longs raids dévastateurs en Allemagne, en France et en Italie. Ils furent définitivement vaincus au Lechfeld (en Bavière) par Otton Ier* de Germanie (955). Peu après, ils se fixèrent dans l'actuelle Hongrie et se convertirent au christianisme*.

MAHĀBHĀRATA. Grand récit épique de l'Inde* ancienne (200 000 vers) rédigé entre 1000 av. J.-C. et le IVe siècle ap. J.-C. Le *Mahābhārata* eut une immense influence. Il fut traduit et interprété dans tous les pays touchés par l'hindouisme*, fournissant à la littérature et à l'art une source inépuisable de thèmes. Ce gigantesque poème raconte une partie de l'épopée relative à l'histoire de l'installation des Aryens en Inde et fait aussi état de leurs croyances religieuses et profanes. Il a joué un rôle considérable dans l'hindouisme en rendant populaires de grands dieux comme Vishnu* et Civa*.

MAHDI. Mot arabe signifiant « Celui qui est guidé (par Dieu) ». Le mahdi est le Messie* musulman qui viendra vers la fin des temps restaurer la foi et la justice. Pour les chi'ites*, le mahdi est un membre de la famille d'Ali*, 12e et dernier imam*, Muhammad ibn al-Mahdi, l'imam caché.

Dans l'histoire de l'Islam*, plusieurs prétendants au pouvoir se déclarèrent mahdi, tel Muhammad* Ahmad au Soudan qui se dressa contre les Anglais à la fin du XIXe siècle.

MAHDISTES. Voir Mahdi.

MAHLER, Gustav (Kalischt, Bohême, 1860-Vienne, 1911). Compositeur et l'un des plus grands chefs d'orchestre de tous les temps. Il fut à la fois le dernier grand symphoniste autrichien et le dernier grand romantique allemand. Entré au conservatoire de Vienne à 15 ans, il débuta à partir de 1880 sa fulgurante carrière aux États-Unis et en Europe, éclipsant en partie son œuvre de compositeur. On peut citer parmi ses chefs-d'œuvre les *Kindertotenlieder* (1901-1904), *Le Chant de la terre* (1908) et la *Neuvième Symphonie* (1909).

MAHMUD ou **MAHMUT II** (Istanbul, 1784-*id.*, 1839). Sultan ottoman (1808-1839). Il entreprit en Turquie une politique de réformes en éliminant notamment les janissaires* mais dut faire face à l'extérieur à de nombreuses révoltes locales (Albanie, Serbie*, Grèce et Égypte). Mahmud II réorganisa entièrement l'armée ottomane, suscitant la colère des janissaires, qu'il décida de faire massacrer (1826). Il signa avec la plupart des pays d'Europe et les États-Unis des traités de commerce. Son règne fut troublé par de nombreuses révoltes. Celle d'Ali Pacha en Albanie (1820-1822), celle de la Serbie à qui il dut reconnaître l'autonomie (1830), celle de la Grèce, soutenue par l'Europe, qui accéda à l'indépendance (1829-1832) et celle de Méhémet-Ali* en Égypte. La guerre contre ce dernier fut difficile et la Turquie ne put être sauvée que grâce à l'intervention de la Russie qui, en compensation, exigea du sultan la fermeture des détroits à tout navire étranger (traité d'Unkiar-Skelessi*, 1833). Mahmud II eut pour successeur son fils, Abdul Medji. Voir Indépendance grecque (Guerre de l'),

Londres (Traité de, 1830), Orient (Question d').

MAHOMET (La Mecque, v. 570-Médine, 632). Prophète* et fondateur de la religion musulmane, l'islam*, qui compte aujourd'hui près de 950 millions d'adeptes. Né à La Mecque*, dans l'ouest de l'Arabie* d'une famille aristocratique peu fortunée, il devint orphelin très tôt et fut élevé par son oncle. Vers l'âge de 25 ans, il entra au service d'une riche veuve, Khadidja, qui dirigeait à La Mecque une affaire de caravanes. Devenu marchand, il voyagea beaucoup à travers les pays voisins de l'Arabie puis épousa Khadidja et eut d'elle sept enfants, dont Fatima*, future épouse d'Ali*. Il mena jusqu'à 40 ans une vie prospère et tranquille entrecoupée de retraites dans une grotte des environs de La Mecque. Il y rencontrait des ermites et acquit ainsi une grande connaissance du judaïsme* et du christianisme*. C'est là qu'un jour, Mahomet reçut, par l'intermédiaire de l'ange Gabriel, la mission de faire connaître aux hommes la volonté de Dieu et de prêcher le monothéisme. Mais si le Prophète réussit à convertir son entourage, il rencontra l'hostilité des riches marchands de La Mecque qui craignaient pour les pèlerinages païens dans leur ville, très fructueux pour leurs affaires. Le 16 juillet 622, Mahomet dut s'enfuir, accompagné de ses disciples, à Yathrib : ce fut l'Hégire*, date à laquelle commence le calendrier* musulman. À Yathrib qui prit le nom de Médine* (« ville du Prophète »), Mahomet eut plus de succès. Il devint le chef d'une nouvelle communauté religieuse et politique et entreprit la reconquête de La Mecque. Prise en 630, elle devint la Ville sainte de l'islam et toute l'Arabie fut convertie. Mahomet mourut à Médine où il est enterré. Les enseignements du prophète sont contenus dans le Coran*, Livre saint des musulmans ainsi que dans les *hadith* (ou traditions) qui constituent la Sunna*. Voir Califes, Chi'ites, Sunnites.

MAHRATES ou **MARATHES**. Nom donné aux habitants d'une grande province de l'Inde occidentale, le Maharashtra. Soumis à l'Empire moghol*, les Mahrates se soulevèrent, conduits par un chef remarquable, Sivaji Bhonsle (1627-1680), et édifièrent un immense empire qui s'étendit jusqu'au Bengale. Divisé en cinq dynasties au XVIIIe siècle, l'empire, affaibli, fut annexé par la Grande-Bretagne à celui des Indes après trois guerres successives (1779-1781 ; 1802-1804 ; 1817). Voir Cipayes, Sikhs.

MAI 1793 (Journée du 31). Lors de la Révolution* française, journée révolutionnaire provoquée par le Comité insurrectionnel des sections* parisiennes et qui aboutit à la chute des girondins*. Cernée par 80 000 hommes en armes, la Convention* laissa arrêter 29 députés girondins. Ce coup de force donna le pouvoir aux montagnards*.

MAI 1848 (Journée du 15). Journée insurrectionnelle organisée en France par les républicains de gauche et les socialistes contre l'Assemblée* nationale constituante dont l'élection avait été pour eux une défaite électorale. Les manifestants tentèrent un coup de force contre l'Assemblée qui échoua, et fut suivi d'une grave répression. Voir Barbès (Armand), Blanqui (Louis Auguste), Juin 1848 (Journées des 23 au 26), Raspail (François-Vincent), Révolution française de Février 1848.

MAI 1877 (Crise du 16). Crise politique qui menaça en France les débuts de la Troisième République*. Elle opposa le président de la République Mac-Mahon* qui voulait imposer un ministre conservateur et le gouvernement de Jules Simon*, investi de la confiance de la Chambre des députés à majorité républicaine. Jules Simon fut contraint de démissionner (16 mai 1876) et fut remplacé par le cabinet d'Ordre* moral du duc de Broglie*, puis Mac-Mahon, avec l'accord du Sénat, ordonna la dissolution de la Chambre. Cependant, malgré la pression du gouvernement et du clergé, une majorité républicaine fut réélue (octobre 1877). Voir Assemblée nationale, Constitution de 1875.

MAI 1919 (Mouvement du 4). Nom donné à la révolte des étudiants chinois afin de protester contre le gouvernement de Pékin dont la délégation à la conférence de la paix à Versailles avait accepté les revendications territoriales japonaises, et en particulier la cession de la province de Chantong (Shandong). Cette révolte, soutenue par la bourgeoisie d'affaires chinoise, fut suivie d'une grève générale qui toucha tout le pays. Ce mouvement, qui manifestait l'opposition de l'intelligentsia chinoise à l'égard des gouvernements occidentaux favorables au Japon, marqua un tournant important dans le mouvement d'émancipation national. Voir Mao Zedong, Sun-Yat-sen.

MAI 1958 (Crise du 13). Insurrection provoquée à Alger par les partisans de l'Algérie française et qui entraîna le retour au pouvoir du général de Gaulle* et la fin de la Quatrième République*. La démission de Félix Gaillard*, mis en minorité sur la question algérienne, provoqua une grave crise nationale. La nomination de Pierre Pflimlin* comme président du Conseil (8 mai), alors qu'il était connu pour ses prises de position en faveur de négociations avec le FLN (Front* de libération nationale), provoqua une vive émotion en Algérie. À Alger, le général Massu*, fidèle gaulliste, prit la tête d'un Comité de salut public et le général Salan* annonça qu'il assurait tous les pouvoirs civils et militaires en Algérie. Face à cette situation d'insurrection, le président de la République, René Coty*, fit appel au général de Gaulle qui, dès le 15 mai, était sorti de sa réserve en annonçant qu'il se tenait « prêt à assumer les pouvoirs de la République ». En dépit de l'opposition de gauche, de Gaulle fut investi par l'Assemblée nationale le 1er juin 1958, obtenant pour six mois les pleins pouvoirs et des pouvoirs spéciaux en Algérie. Voir Algérie (Guerre d').

MAI 1968 (Événements de). Vaste mouvement de contestation politique, sociale et culturelle, qui se développa en France et en Europe au printemps 1968. La contestation française prit naissance dans le milieu étudiant dès 1967 avec une violente critique de la guerre du Viêt-nam* et, à travers elle, des États-Unis, symbole d'une « société de consommation » déshumanisée. Ce malaise étudiant se précisa au début de 1968 avec la création du Mouvement du 22 mars, animé par Daniel Cohn-Bendit, qui remit radicalement en question l'université « bourgeoise », fabrique de « chiens de garde » du système capitaliste. L'agitation à l'université de Nanterre, fer de lance de la révolte, gagna bientôt la Sorbonne* et aboutit rapidement à leur fermeture, aussitôt contestée par une occupation. La semaine du 3 au 10 mai fut marquée par de nombreuses manifestations et un impressionnant déploiement des forces de l'ordre. L'agitation culmina dans la nuit du 10 au 11 mai (nuit des barricades) au Quartier latin, marquée par des centaines de blessés et d'arrestations. Le mouvement gagna le milieu ouvrier et la France fut bientôt paralysée par la grève générale (20 mai). Cependant, d'importantes divergences apparurent entre la révolte des étudiants, issus pour la plupart de la bourgeoisie, qui aspiraient à une révolution « radicale » et le mouvement ouvrier, représenté par la CGT* et le parti communiste* qui condamnèrent tout aventurisme « gauchiste » et souhaitaient inscrire la lutte sur le terrain des revendications sociales. Le gouvernement Pompidou* tira habilement profit de ces dissensions, en suscitant la signature des accords de Grenelle (25-27 mai 1968), acceptés par les dirigeants syndicaux mais rejetés par la base ouvrière qui organisa, avec la gauche socialiste, plutôt favorable aux « gauchistes » et prête à assumer le pouvoir, une manifestation au stade Charléty. Le 30 mai 1968, de Gaulle*, après s'être assuré du soutien éventuel de l'armée (entrevue avec le général Massu* en Allemagne), décidé à dénouer la crise, annonça la dissolution de l'Assemblée nationale et des élections anticipées. Une imposante manifestation sur les Champs-Élysées (30 mai 1968) s'organisa pour soutenir le régime. Les élections législatives (23 et 30 juin) apportèrent une écrasante majorité à l'UDR*, soutien du régime, montrant ainsi la lassitude de l'opinion publique. La crise de mai 1968 laissa d'importantes empreintes par la réforme de l'université et surtout par une révolution des mentalités (droits des femmes, etc.).

MAÏAKOVSKI, Vladimir Vladimirovitch (Bagdadi, auj. Maïakowski, Géorgie, 1893-Moscou, 1930). Écrivain soviétique, l'un des plus grands noms de la poésie russe contemporaine. Issu d'un milieu très modeste, installé après la mort de son père à Moscou (1906), Maïakovski adhéra au parti bolchevique à 14 ans. D'abord poète et adepte du mouvement futuriste (*Soufflet au goût du public* ; *Nuage en pantalon*), il participa activement à la révolution d'Octobre 1917 et fit de son art un instrument de propagande politique, publiant affiches et tracts, et célébrant la Révolution (*150 000 000*, 1920) puis Lénine*, *Vladimir Illitch Lénine* (1924). Maïakovski fut aussi un humoriste cynique, notamment dans ses deux pièces *La Punaise* (1929) qui met en scène la vulgarité petite-bourgeoise et *Les Bains publics* (1930) où il fait le procès de la bureaucratie soviétique. Maïakovski se suicida. Voir Bolchevik, Futurisme, Révolutions russes de 1917.

MAILLOL Aristide (Banyuls-sur-Mer, 1861-*id.*, 1944). Sculpteur français. Son style, illustrant presque toujours le thème du corps de la femme, se caractérise par la grâce et le caractère architectonique des formes. Parmi ses œuvres d'importance :

Saisons, 1912, Moscou ; *Harmonie*, 1944, Paris ; *Cézanne*, 1912-1920, Paris, jardin des Tuileries ; *Debussy*, 1930, Saint-Germain-en-Laye.

MAÏMONIDE, Moïse (Cordoue, v. 1135-Fustat, 1204). Médecin juif à la cour de Saladin* en Égypte*, il est surtout célèbre comme théologien et philosophe. Disciple d'Averroès*, ses principaux ouvrages sont un abrégé du Talmud* (*Mishne Tora*) et le *Guide des égarés* écrit en arabe et traduit en hébreu qui tente de concilier les connaissances scientifiques et la Bible*.

MAINMORTE. Au Moyen Âge, situation des serfs* qui se trouvaient dans l'impossibilité légale de transmettre leurs biens par testament. Les héritiers devaient payer une taxe particulière au seigneur, le droit de mainmorte.

MAINTENON, Françoise d'Aubigné, marquise de (Niort, 1635-Saint-Cyr, 1719). Seconde épouse de Louis XIV*. Petite-fille du poète protestant* Agrippa d'Aubigné*, elle perdit tôt ses parents qui l'avaient élevée dans le calvinisme*, religion qu'elle abjura en 1649. Jeune fille noble sans ressources, elle épousa à 16 ans le poète Scarron, infirme et de 25 ans son aîné. Veuve en 1660, elle devint la gouvernante (1669-1673) des enfants illégitimes de Mme de Montespan* et de Louis XIV. Devenue marquise de Maintenon, elle épousa secrètement le roi après la mort de sa femme, Marie-Thérèse* d'Autriche et exerça dès lors une influence importante, notamment religieuse, imposant à la cour une austérité qui contrastait avec le début du règne et encourageant Louis XIV à persécuter les protestants. Sa grande œuvre fut la Maison royale de Saint-Louis qu'elle fonda à Saint-Cyr, où étaient accueillies des jeunes filles nobles sans fortune.

MAIRE DU PALAIS. Nom donné à un dignitaire des rois mérovingiens*. Chef des fidèles qui forment l'entourage du roi (gens de la maison royale), il s'occupait de la fortune privée du souverain et du gouvernement intérieur du palais. Mais à partir du VIIᵉ siècle, au temps des rois* fainéants, le maire du palais étendit considérablement ses pouvoirs et devint le vrai maître du royaume. Il était le chef de la garde et de l'administration assurant la régence pendant la minorité des rois. Les principaux maires du palais furent Ébroïn* en Neustrie*, Pépin* l'Ancien et Pépin* de Herstal en Austrasie*, et Charles* Martel. En 751, son fils Pépin* le Bref, chassa le dernier roi mérovingien et fonda une nouvelle dynastie, les Carolingiens*.

MAISON DORÉE. Palais que l'empereur Néron* se fit construire sur l'Esquilin* après l'incendie de Rome* en 64 ap. J.-C. Occupant un terrain de près de 80 ha, elle était composée d'un ensemble grandiose de palais, de portiques*, d'un parc, véritable microcosme de la nature, dans ses aspects sauvages et domestiqués, organisé autour d'un lac qui fut comblé pour construire le Colisée*. En partie recouverte par les thermes* de Trajan*, il n'en reste aujourd'hui que des salles souterraines ornées de fresques auxquelles les artistes italiens de la Renaissance* empruntèrent de nombreux motifs (modèles des grotesques).

MAISON DU ROI. Appelée au Moyen Âge hôtel du roi et affectée au service domestique du roi de France et de sa famille, la Maison du roi se composa à partir de Louis XIV* de la Maison civile et de la Maison militaire et atteignit ainsi son plein développement à la fin du XVIIᵉ et au XVIIIᵉ siècle. Les officiers de la Maison civile, le plus souvent issus des plus anciennes familles de l'aristocratie, commandaient à la fin de l'Ancien* Régime plus de 4 000 personnes. La Maison militaire, fermée aux roturiers, comprenait environ 12 000 soldats d'élite qui s'illustrèrent dans de nombreuses batailles. Supprimée à la Révolution* française, la Maison du roi

reparut en 1814, puis disparut définitivement lors de la révolution* de 1830.

MAISTRE, Joseph, comte de (Chambéry, 1753-Turin, 1821). Homme politique, écrivain et philosophe français. Favorable à la monarchie et défenseur de l'autorité pontificale, il fut le théoricien catholique* de la Restauration*, influençant particulièrement les ultras* royalistes. Adversaire résolu de la Révolution*, il émigra successivement en Suisse, en Sardaigne puis à Saint-Pétersbourg, où il fut le ministre plénipotentiaire du roi Charles-Emmanuel IV de Sardaigne. Ses principaux livres furent *Considérations sur la France* (1796) où étaient annoncés le retour du roi et la régénération morale de la France et *Du pape* (1819) où l'auteur défendait l'autorité spirituelle du Saint-Siège. Voir Bonald (Louis de).

MAÎTRE. Au Moyen Âge et sous l'Ancien* Régime, membre d'une corporation* qui dirigeait le travail de plusieurs apprentis pour leur enseigner le métier. Pour devenir maître, il fallait faire preuve de ses capacités professionnelle en réalisant un « chef-d'œuvre » et avoir le capital pour payer le droit d'entrée à la corporation. Issus la plupart du temps non de l'artisanat mais du milieu des grands marchands ou de la haute bourgeoisie, les fils de maîtres, dispensés du droit d'entrée et du chef-d'œuvre, succédèrent à partir du XIVᵉ siècle à leur père.

MAKARIOS III, Mikhail Khristodhoulos Mouskos (Anó Panaghiá, 1913-Nicosie, 1977). Prélat et homme politique chypriote. Partisan du rattachement de l'île à la Grèce, il milita ensuite pour son indépendance. Après avoir étudié le droit et la théologie à Athènes (1938-1943), Makarios, ordonné prêtre orthodoxe (1946), poursuivit ses études à Boston (1946-1948). Évêque de Kition (Kiti) en 1948, il se fit d'abord le champion de l'*Enosis*, c'est-à-dire du rattachement de l'île à la Grèce. Élu archevêque de l'île en

1950, il devint chef de la communauté grecque orthodoxe de Chypre et revendiqua l'autodétermination mais il fut déporté aux Seychelles par les Anglais (1956-1957). Après l'indépendance de l'île reconnue en 1960 et garantie conjointement par l'Angleterre, la Grèce et la Turquie, Makarios devint président de la République chypriote (avec une vice-présidence turque) en 1960 (réélu en 1968 et 1973). Cependant, il ne put empêcher la poursuite des affrontements sanglants entre les deux communautés qui nécessitèrent, en 1964, l'intervention des forces de l'ONU*. En juillet 1974, Makarios fut renversé par un coup d'État organisé par des officiers chypriotes favorables à l'*Enosis* et encouragé par la complicité du régime dit « des colonels » en Grèce. La Turquie riposta immédiatement, s'assurant le contrôle de toute la partie nord de l'île et refoulant au sud les Chypriotes grecs. Rauf Denktas fut élu en 1976 président de l'État turc de Chypre et tenta avec Makarios un règlement négocié du conflit qui aboutit à un accord sur le principe d'un État fédéral bicommunautaire (1977). Voir Papandhréou (Gheórghios), Papadhópoulos (Ghéorghios).

MALACCA. Ville et port de Malaisie. Fondée au XIVe siècle, elle devint la plus importante place de commerce entre la Chine, l'Inde* et l'Occident. Prise par Albuquerque* en 1511, elle passa aux Hollandais en 1641 et aux Anglais en 1824. Voir Goa.

MALAKOFF ou **MALAKOV** (Tour). Important ouvrage défensif qui protégeait Sébastopol* lors de la guerre de Crimée* (1854-1856). Le 8 septembre 1855, le général français Mac-Mahon*, apprenant que le terrain y était miné, prononça les mots devenus historiques : « J'y suis, j'y reste. » Les Français battirent finalement les Russes, ce qui entraîna la chute de Sébastopol.

MALCONTENTS. Voir Politiques.

MALEBRANCHE, Nicolas (Paris, 1638-*id.* 1715). Oratorien et philosophe français. Disciple de Descartes* mais aussi de saint Augustin*, Malebranche souhaita réconcilier dans son œuvre la philosophie rationaliste et la religion chrétienne. Celui que Voltaire* nommait avec bonheur l'un des plus profonds méditatifs qui aient jamais écrit fut l'auteur, entre autres, de *De la recherche de la vérité* (1674-1675), *Traité de morale* (1683), *Méditations chrétiennes et métaphysiques* (1683) et *Entretiens sur la métaphysique et la religion* (1688).

MALENKOV, Georgui Maksimilianovitch (Orenbourg, 1902-Moscou, 1988). Homme politique soviétique. Secrétaire personnel de Staline* à partir de 1932, il fut l'un des principaux agents des « purges » du parti communiste* (1936-1938). Membre du bureau politique en 1939, il fut responsable en 1941, au sein du comité d'État pour la défense de l'URSS, de la production aérienne lors de la Seconde Guerre* mondiale. Vice-président du Conseil, il succéda à Staline après sa mort (1953). Favorable au développement des industries de consommation, il s'opposa à Khrouchtchev*, partisan d'un essor de l'agriculture, fréquemment déficitaire. Écarté du pouvoir par ce dernier, en 1955, et remplacé par Boulganine*, il fut accusé d'appartenir au groupe « antiparti » et fut exclu du praesidium et du comité central en 1957. On le nomma directeur d'une centrale hydroélectrique dans le Kazakhstan. Voir Moscou (Procès de).

MALESHERBES, Chrétien Guillaume de Lamoignon de (Paris, 1721-*id.*, 1794). Magistrat et homme d'État français, fils de Guillaume de Lamoignon, président de la Cour des aides* et directeur de la Librairie, il allégea la censure et protégea la publication de l'*Encyclopédie**. Secrétaire de la Maison* du roi (1775), il tenta des réformes puis dut démissionner (1776). Il evint membre du Conseil du roi 787-1788) et contribua à faire accorder ’état civil aux protestants* (1787). Avocat e Louis XVI* lors de son procès, il fut aillotiné sous la Terreur*.

ALHERBE, François de (Caen, 55-Paris, 1628). Poète français. Poète de ur sous Henri IV* puis Louis XIII*, il t le père de toute notre littérature classi-ue. D'abord inspiré par la poésie savante e la Pléiade*, il créa un style de poésie aire et rigoureuse qui influença le VIIe siècle (*Consolation à Dupérier*, 99).

ALLARMÉ, Stéphane (Paris, 42-Valvins, 1898). Poète français. Son avail sur le langage destiné à atteindre déal poétique fit de Mallarmé l'un des incipaux inspirateurs du symbolisme. n œuvre, complexe et hermétique, nçue comme une entreprise métaphysi-e, joua un rôle déterminant sur la litté-ure du XXe siècle. Issu d'une famille de nctionnaires, professeur d'anglais en ovince (1863) puis à Paris (1871), Mal-rmé décida très jeune de sa vocation écrivain après la lecture de Victor ugo*, Baudelaire* et d'Edgar Poe* (dont traduisit plus tard les *Poésies*) et entre-it dès l'âge de 20 ans une œuvre à la-elle il travailla toute sa vie, *Le Livre*, in-ntion par le langage d'un monde absolu. près avoir composé une tragédie, *Héro-ade*, inachevée, et publié *L'Après-midi un faune* (1866), Mallarmé jeta les bases e son *Livre* dans un conte dense, *Igitur ou folie d'Elbehnon* (publié en 1925). De-nu brusquement célèbre grâce au roman e Joris-Karl Huysmans *À Rebours* (1884) à l'essai de Paul Verlaine*, *Les Poètes audits* (1884), Mallarmé devint le mo-le admiré de jeunes écrivains qu'il reçut gulièrement chez lui (André Gide*, Paul aléry, Paul Claudel*). Après l'édition de s *Poésies complètes* (1887), Mallarmé se nsacra à la rédaction du *Livre* et fit pu-ier en 1897 *Un coup de dés jamais*

n'abolira le hasard, long poème en vers li-bres, d'une typologie révolutionnaire, qui rompait avec les formes (vers et sonnets) classiques et qui imposa au lecteur un mode de lecture inédit jusque-là. Gide vit dans ce dernier texte de Mallarmé le point extrême où se soit aventuré l'esprit hu-main.

MALLIA. Petit port de Crète sur la côte nord de l'île, à l'est de Cnossos*. Les fouilles archéologiques menées par la France à partir de 1921 mirent au jour les ruines d'un palais ayant la même disposi-tion que ceux de Cnossos et de Phaistos*. Le site, occupé dès le IIIe millénaire, vit s'élever un premier palais (vers 2000 av. J.-C.), puis, sur ses ruines, un second pa-lais (vers 1700 av. J.-C.) incendié et détruit vers 1400 av. J.-C. (après l'invasion des Doriens*). Voir Crétois.

MALOUINES (Îles). Voir Falkland.

MALRAUX, André (Paris, 1901-Créteil, 1976). Écrivain et homme politique fran-çais. Écrivain engagé et homme d'action, il participa aux luttes et aux grands mo-ments de son époque. Après avoir fait ses études au lycée Condorcet et fréquenté l'École des langues orientales, Malraux publia d'abord des textes d'inspiration sur-réaliste (*Lunes en papier*, 1921, dédié à Max Jacob). En 1923, il partit au Cam-bodge pour une mission archéologique puis se rendit en Chine (1926) où il ren-contra les communistes chinois. De ces ex-périences, il tira plusieurs romans (*Les Conquérants*, 1928 ; *La Voie royale*, 1930, et *La Condition humaine*, prix Goncourt en 1933). Sympathisant de l'extrême gauche, Malraux dénonça le totalitarisme nazi dans *Le Temps du mépris* (1935) puis s'engagea dans les rangs des républicains lors de la guerre civile d'Espagne* (*L'Espoir*, 1937). Blessé et fait prisonnier en 1940, il s'évada, s'engagea dans la Résistance* et, à la tête de la brigade Alsace-Lorraine, participa à la campagne de la Ire armée française (*Les Noyers de l'Altenburg*,

1943). Après la guerre, il délaissa le roman pour l'essai esthétique : *La Psychologie de l'art*, 1947-1949 ; *Le Musée imaginaire de la sculpture mondiale*, 1953-1954 ; *La Métamorphose des dieux*, 1957-1976. Lié d'amitié avec le général de Gaulle*, il fut ministre de l'Information dans son gouvernement provisoire, puis ministre des Affaires culturelles de 1959 à 1969.

MALTE (Ordre de). Voir Hospitaliers de Saint-Jean-de-Jérusalem.

MALTHUS, Thomas Robert (près de Dorking, Surrey, 1766-Claverton, près de Bath, 1834). Économiste britannique. Dans son *Essai sur le principe de population* (1798), qui connut un grand succès, il démontra que la population croît plus vite que les ressources, ce qui conduit, dans cette perspective, l'humanité à la misère. Afin de rétablir l'équilibre, il prônait des moyens préventifs, notamment la restriction volontaire des naissances. Si ses idées influencèrent l'élaboration du concept de sélection naturelle chez Charles Darwin*, elles furent vivement critiquées par des économistes socialistes tels Pierre-Joseph Proudhon*, Charles Fourier* et Karl Marx*.

MALVY, Louis (Figeac, 1875-Paris, 1949). Homme politique français. Député radical-socialiste (1906-1909) puis ministre de l'Intérieur (1914-1917), il fut attaqué par la droite pour n'avoir pas réprimé avec assez d'énergie les grèves de 1917 et pour son « défaitisme ». Traduit devant la Haute Cour de justice, il fut condamné à cinq ans de bannissement (août 1918). Réélu député du Lot après son amnistie (1924-1940), il fut à nouveau ministre de l'Intérieur dans le cabinet Briand* en 1926.

MAMELOUKS ou **MAMELUKS**. Nom donné à des dynasties de sultans d'Égypte*. Ils firent du pays la plus grande puissance économique et militaire de la Méditerranée orientale (XIVe-XVIe siècle). Ils dominèrent à l'est la Syrie* et la Palestine*, à l'ouest la Cyrénaïque (partie de la Libye actuelle). Les Mamelouks étaient à l'origine des soldats d'élite formés, à partir du XIIIe siècle, d'esclaves principalement turcs. Ils furent au Moyen Âge employés par de nombreux États musulmans*. Devenus puissants en Égypte, ils renversèrent le dernier sultan ayyoubide* (1250) et fondèrent ainsi un sultanat mamelouk. Guerriers redoutables et disciplinés, ils arrêtèrent l'invasion des Mongols*, chassèrent les Francs de Syrie et firent de l'Égypte une grande puissance. En 1517, les Ottomans* conquirent le pays et détruisirent le sultanat ; mais les Mamelouks conservèrent néanmoins le gouvernement des provinces sous le titre de beys. En 1811, le vice-roi d'Égypte Méhémet-Ali* les fit massacrer et anéantit définitivement leur puissance. Pendant la campagne d'Égypte* (1798-1799), certains d'entre eux se rallièrent à Bonaparte et le rejoignirent en France où ils formèrent une partie de la Garde impériale. À la chute de Napoléon Ier*, ils furent dispersés.

MAMERTINE (Prison). Voir Tullianum.

MANDARIN. Nom donné à un haut fonctionnaire de la Chine impériale. Personnages puissants et honorés, les mandarins furent recrutés à partir de la dynastie des Han* (206 av. J.-C.-220 ap. J.-C.) par concours portant sur la doctrine de Confucius* et cette mesure resta en vigueur jusqu'à la fin de l'Empire chinois, en 1911. Lettrés* fonctionnaires, les mandarins formèrent une administration très centralisée qui contrôlait et commandait les Chinois.

MANDCHOURIE. Ancien nom donné à une partie de la Chine qui forme aujourd'hui la majeure partie de la Chine du Nord-Est. Les Mandchous conquirent la Chine au début du XVIIe siècle, lui donnant les souverains de la dynastie des Qing* (1644-1911). La région fut occupée entre 1931 et 1945 par le Japon qui y établit un

at vassal, le Mandchoukouo à la tête duel il placèrent le dernier empereur de
1ine. Voir Cixi, Russo-japonaise
1uerre).

ANDELA, Nelson (Umtala, 1918-).
)mme politique sud-africain. Il fut l'un
s artisans, avec F. De* Klerk, de l'abo-
ion de l'apartheid en Afrique du Sud et
;ut, avec lui, le prix Nobel* de la paix
1993. Chef historique de l'ANC (*Afri-
n* National Congress*), il organisa la
tte armée après la suppression de son
rti en 1960. Arrêté en 1962, il fut
ndamné à la détention perpétuelle en
64. Libéré en 1990, il fut élu, après la
ctoire de son parti aux élections multi-
ciales de 1994, président de la Républi-
1e d'Afrique du Sud et s'est entouré de
ux vice-présidents, Thabo Mbéki (pré-
lent national de l'ANC) et Frédérik De
lerk.

ANDRIN, Louis (Saint-Étienne-de-
int-Geoirs, v. 1725-Valence, 1755).
)ntrebandier français, très populaire en
n temps, à partir de 1750. Avec l'appui
s populations et une troupe disciplinée,
s'attaqua sur un immense territoire aux
isses des impôts ou des villes, ne prenant
ur victimes que les collecteurs d'impôts.
fallut l'envoi de plusieurs détachements
Savoie et la trahison de l'un des siens
ur qu'il soit pris et exécuté.

ÂNES. Dans la religion* romaine, dé-
gne les âmes des morts considérées
mme des divinités. Dans la religion fa-
iliale, on rend un culte aux Mânes, âmes
s ancêtres défunts. Voir Lares, Pénates.

ANET, Édouard (Paris, 1832-*id.*,
83). Peintre français. Hostile aux
nventions picturales bien que profondé-
ent marqué par les maîtres anciens, Ma-
t annonce l'art du XXe siècle. Issu d'une
mille de la haute bourgeoisie, il étudia la
inture à travers les œuvres du Louvre*
ais aussi en visitant la Hollande, l'Alle-
agne, l'Italie et l'Espagne où il fut tou-
é par Goya* et surtout Vélásquez*.

Après un premier succès au Salon de 1861
avec le *Guitariste espagnol* (New York,
Metropolitan Museum), sa peinture suscita
au cours des années suivantes de violentes
critiques. En 1863, Manet réalisa deux
grands tableaux, aujourd'hui considérés
comme les débuts de l'art moderne mais
qui provoquèrent alors un scandale retentissant. *Le Déjeuner sur l'herbe* (Paris,
musée d'Orsay) exposé au Salon des Refusés – il empruntait sa composition à un
dessin de Raphaël*, *Le Jugement de Pâris*
– choqua la critique et le public par la présence d'une femme nue aux côtés de deux
hommes vêtus avec élégance. *L'Olympia*
(Paris, musée d'Orsay), inspirée de la *Vénus d'Urbin* de Titien* et présentée au Salon de 1865, porta l'indignation à son
comble, l'opinion étant choquée non seulement par le naturalisme des personnages
mais aussi par la liberté de la touche.
À partir de 1863, Manet fréquenta les impressionnistes (Monet*, Degas*, Cézanne*, Pissarro*) en compagnie de ses
amis Baudelaire* et Zola* et se voulut,
comme eux, le témoin de son temps
(*Nana*, 1877, Hambourg, Kunsthalle ; *La
Serveuse de bocks*, 1879, Paris, Louvre ;
Le Bar des Folies-Bergère, 1881, Londres,
Tate Gallery). Cependant, si l'impressionnisme* l'influença, Manet garda toujours
le souci de la composition (*Le Balcon*,
1868, Paris, musée d'Orsay). Malade,
presque paralysé à partir de 1880, Manet
consacra la fin de sa vie surtout au pastel.
MANIN, Daniele (Venise, 1804-Paris,
1857). Homme politique italien. Patriote et
républicain, il mena la lutte contre les Autrichiens à Venise* lors du soulèvement de
1848. Avocat très populaire, emprisonné
lors de la révolution de mars 1848, il fut
libéré par le peuple et devint président de
la République de Venise après en avoir
chassé les Autrichiens (mars-juillet 1848).
Après la défaite de l'armée sarde à Novare
(1849), Manin poursuivit la lutte contre
l'Autriche, défendit avec ténacité la ville

assiégée et ne capitula qu'en août 1849. Vaincu, il se réfugia en France. Voir Garibaldi (Giuseppe), Révolutions de 1848.

MANIPULE. Dans la Rome* antique, désigne une division de la légion*, unité de base de l'armée romaine. Jusqu'à Marius*, le manipule était composé de 120 fantassins (deux centuries*) et constituait l'unité tactique de la région. Après la réforme de Marius (IIᵉ siècle av. J.-C.), la légion romaine compta 10 cohortes*, soit 30 manipules (6 000 hommes). Voir Hastats, Principes, Triari.

MANN, Heinrich (Lübeck, 1871-Los Angeles, 1950). Écrivain allemand, frère de Thomas. Par ses premiers récits et romans, on l'a considéré comme un précurseur de l'expressionnisme*, notamment dans *Professeur Unrat* (1905) adapté à l'écran par Josef von Sternberg (*L'Ange bleu*, 1930) et qui révéla au public l'actrice Marlene Dietrich*. Violemment hostile au régime de Guilaumme II* et à la bourgeoisie conservatrice et nationale allemande (*Le Sujet*, 1914 ; *Les Pauvres*, 1917 ; *La Tête*, 1925), Heinrich Mann dénonça dès 1932 le danger nazi et s'exila, comme son frère, en 1933 après l'arrivée au pouvoir de Hitler*, en France puis aux États-Unis.

MANN, Thomas (Lübeck, 1875-Zurich, 1955). Écrivain allemand, frère de Heinrich. Son œuvre fut l'une des plus importantes de la littérature allemande du xxᵉ siècle. Issu d'une famille bourgeoise, installé à Munich en 1905, Mann prit position pour l'Allemagne impériale lors de la Première Guerre* mondiale puis, après l'établissement de la République, devint démocrate et quitta l'Allemagne nazie en 1933. Exilé en France, en Suisse puis aux États-Unis, Thomas Mann revint en Allemagne après la Seconde Guerre* mondiale. Parmi son œuvre, importante, on peut notamment citer des romans (*Les Buddenbrook*, 1901, *La Montagne magique*, 1924, *Joseph et ses frères*, tétralogie, 1933-1942, *Le Docteur Faustus*, 1947) et des nouvelles comme *La*

Mort à Venise (1913) portée à l'écran pa[r] Luchino Visconti* (1971), et des essais Prix Nobel* de littérature en 1929.

MANSART, François (Paris, 1598-*id* 1666). Architecte français. Il joua, par so[n] goût des proportions et des ordonnance[s] claires, un rôle important dans l'élabora[-] tion du classicisme* français. Mansart tra[-] vailla à Paris pour les congrégations ma[is] aussi pour les particuliers, notammen[t] Gaston d'Orléans qui le chargea de la re[-] construction du château de Blois où [il] donna toute la mesure de son talen[t] (1635-1638), consacré un peu plus tard pa[r] la construction du château de Maisons (au[-] jourd'hui Maisons-Laffitte, 1642[-] 1648). En 1645, à la demande de la rein[e] Anne* d'Autriche, Mansart fut charg[é] d'ajouter une église et un palais au couver[t] du Val-de-Grâce (1645-1647).

MANSART, Jules Hardouin, dit HAR[-] **DOUIN-MANSART** (Paris, 1646-Marl[y] 1708). Architecte français, petit-neveu d[e] François Mansart* dont il prit le nom e[n] 1668. Au service du roi Louis XIV*, il f[ut] l'un des maîtres d'œuvre des principale[s] entreprises royales, annonçant par la maî[-] trise des principes classiques l'art du xvII[ᵉ] siècle. Grâce à quelques appuis et à ses ta[-] lents de courtisan, Mansart connut une as[-] cension très rapide : premier architecte d[e] Louis XIV (1681), anobli en 1682 avec l[e] titre de comte de Sagonne, puis surinten[-] dant général aux Bâtiments royaux (1699[)]. Il agrandit à partir de 1678 le château d[e] Versailles* en édifiant les ailes en retra[it] du nord et du sud, termina les Invalides en construisant le dôme à deux coupole[s] emboîtées de la chapelle (1676-1707) [et] édifia le Grand Trianon à Versailles*, d[it] aussi Trianon de Mansart et qui servait d[e] cadre à des fêtes champêtres. Dans ses tra[-] vaux d'urbanisme à Paris, il réalisa se[s] deux chefs-d'œuvre, la place des Victoire[s] (1682-1687) et la place des Conquête[s] (place Vendôme, 1677-1698) et participa [à] la construction de divers châteaux.

MANSE. Au haut Moyen Âge, petite exploitation agricole comprenant une maison, un verger et quelques terres labourables. Contre le paiement du cens*, le manse appartenait soit à un paysan libre soit à un serf* et était héréditaire. Les manses disparurent au cours du XIe siècle et furent remplacées par les tenures* à cens ou champart*. Voir Alleu.

MANSTEIN, Erich von Lewinski, dit **Erich von** (Berlin, 1887-Irschenhausen, Bavière, 1973). Maréchal allemand. Il fit adopter par Hitler* le plan de la campagne de France* en 1940 qui consista à éviter la ligne Maginot* en passant par les Ardennes, jugées infranchissables par les Alliés. Chef d'état-major de von Rundstedt* en Pologne (1939), il commanda la XIe armée qui conquit la Crimée (1942) puis fut relevé de ses fonctions (1944) pour avoir préconisé un mouvement de retraite après une longue résistance contre la poussée soviétique. Condamné à dix-huit ans de prison par un tribunal militaire britannique (1949) pour crimes de guerre, il fut libéré en 1952. Lors de la formation de la Bundeswehr*, on l'appela comme conseiller (1958). Voir Guerre mondiale (Seconde).

MANTEGNA, Andrea (Isola di Carturo, Padoue, 1431-Mantoue, 1506). Peintre et graveur italien. Élève à Padoue du peintre et collectionneur d'antiquités Squarcione, il fit partie d'une équipe chargée de décorer la chapelle Ovetari dans l'église des Erémitani à Padoue (1448-1456), et se rendit célèbre lorsqu'il devint le peintre officiel des ducs de Mantoue, les Gonzague. Il acheva au palais ducal la décoration de la chambre des Époux (1467-1474), pièce d'apparat où il créa un espace illusoire, afin d'agrandir les petites dimensions de la pièce. La coupole en trompe-l'œil laissant apparaître un ciel délimité par une balustrade révéla la science mathématique de l'artiste. Voir Donatello.

MANTINÉE. Ancienne ville de Grèce* située en Arcadie, au nord du Pélopon-

nèse*. En 418 av. J.-C., lors de la guerre du Péloponnèse*, les Spartiates y vainquirent l'armée d'Argos* alliée à Athènes*. Après une longue trêve, elle fut prise et rasée par Sparte en 385 av. J.-C. Relevée à partir de 370 av. J.-C., Épaminondas* y trouva la mort (362 av. J.-C.) au cours d'une bataille victorieuse de Thèbes* contre les Spartiates. Voir Béotie.

MANU ou **MANAVA**. Nom donné à 14 personnages légendaires de l'Inde* qui doivent régner à tour de rôle jusqu'au renouvellement complet du monde. Le septième Manu, né du soleil, qui règne sur l'humanité d'aujourd'hui, serait l'auteur d'un code religieux, moral et social. Il aurait été rédigé peu avant le début de notre ère et est connu sous le nom de *Lois de Manu*. Dans l'Inde actuelle, ce code de lois fait encore autorité en matière religieuse bien qu'il soit officiellement aboli. Voir Hindouisme.

MANUCE, Aldo Manuzio ou **Manuzzi,** dit **Alde** (Bassiano, 1449 ou 1450-Venise, 1515). Humaniste et imprimeur à Venise* alors grand centre de l'imprimerie*. Il créa dans cette ville une imprimerie rendue célèbre par l'édition des chefs-d'œuvre de l'Antiquité. Cet humaniste avait reçu une solide formation classique et fut précepteur chez Pic* de la Mirandole. Voir Estienne (Henri), Gutenberg.

MANUEL Ier COMNÈNE (v. 1118-1180). Empereur byzantin (1143-1180). Successeur de Jean II* Commène, il voulut restaurer l'empire universel. Suzerain des États* latins d'Orient (1159), il soumit les Hongrois et les Serbes, annexa la Dalmatie et combattit Venise*. Les Turcs lui infligèrent une grave défaite (1176).

MANUEL, Pierre Louis (Montargis, 1751-Paris, 1793). Homme politique français. Nommé en 1789 à la tête de la police provisoire par le maire de la Commune* de Paris Bailly*, il rédigea, à partir des archives découvertes dans les bureaux, la *Police de Paris dévoilée,* ouvrage qui eut beaucoup de succès. Procureur de la Commune de Paris en 1791 puis à la tête de la Commune insurrectionnelle avec Pétion*, Manuel prit une part active à l'insurrection populaire du 10 août* 1792. Élu à la Convention*, il devint suspect pour avoir voté contre la mort de Louis XVI* et fut guillotiné.

MAO ZEDONG ou MAO TSÉ-TOUNG (Shaoshan, prov. du Hunan, 1893-Pékin, 1976). Homme politique chinois. Il fit triompher la révolution communiste en Chine et proposa au tiers monde un modèle socialiste différent de celui de Moscou. Fils d'un paysan aisé, Mao s'initia d'abord, sous la tutelle d'un père particulièrement sévère, à l'étude de Confucius* et des auteurs classiques chinois. À 14 ans, il s'inscrivit à l'école secondaire de Changsha où il se rallia à la cause républicaine de Sun* Yat-sen et rejoignit quelque temps l'armée révolutionnaire (1911-1912). Démobilisé, il se consacra à la lecture de penseurs occidentaux comme Rousseau*, Montesquieu*, Adam Smith*, Stuart Mill* et Spencer*. Après avoir fréquenté l'École normale du Hunan (1913-1918), il se rendit à Pékin où il obtint un poste de bibliothécaire à l'université et se lia d'amitié avec Li Ta-chao (Li Dazhao) et Tchen Tou-siou (Chen Duxiu), introducteurs de la pensée marxiste en Chine. Dès cette époque, sa vie se confondit avec celle du Parti communiste* chinois créé à Shanghai en 1921. Membre du comité central du PCC (1923), Mao soutint d'abord la ligne du parti qui consistait à s'appuyer sur le prolétariat ouvrier et à s'allier avec la bourgeoisie nationale. Le IIIe congrès du PCC décida ainsi l'unité avec le Guomindang*, « Parti national du peuple » (1923), soutenu par l'URSS et dirigé après la mort de Sun Yat-sen par Tchang* Kaï-chek, Mao siégeant au bureau exécutif du parti nationaliste. Il découvrit cependant, à la faveur d'un séjour dans le Hunan, les révoltes paysannes et

prit dès lors conscience du rôle dominan[t] que pourrait jouer la paysannerie dans l[e] processus révolutionnaire. Ses thèse[s] – qu'il exposa dans l'*Analyse des classe[s] de la société chinoise* (1926) et *Rappor[t] d'enquête sur le mouvement paysan d[u] Hunan* (1927) mettant l'accent sur la né[-] cessité d'adapter le marxisme* aux condi[-] tions sociales propres à la Chine – rencon[-] trèrent une vive opposition de la part de[s] communistes orthodoxes. L'échec san[-] glant de la « révolution ouvrière » à Can[-] ton (1927), écrasée par Tchang Kaï-chek[,] devait confirmer les convictions de Ma[o] qui tenta lui-même d'organiser, avec s[a] première armée paysanne et ouvrière, l[e] « soulèvement de la moisson d'automne »[,] dans le Hunan, mais qui fut aussi un éche[c.] Exclu du comité central et du bureau po[-] litique, il décida néanmoins de poursuivr[e] le combat révolutionnaire. Gagnant l[e] Jiangzi, il fonda en 1931 la République so[-] viétique chinoise et, dans cette « zone li[-] bérée », tenta d'organiser le partage de[s] terres, distribua des armes aux paysans e[t] fonda des Unions paysannes, instrumen[t] privilégié du pouvoir politique et militaire[.] Sans cesse attaqué par les forces gouver[-] nementales de Tchang Kaï-chek, Mao re[-] nonça à la tactique offensive et décid[a] d'opérer une retraite vers le nord-ouest d[e] la Chine (1934). Ce fut l'époque héroïqu[e] de la Longue* Marche (1934-1935) a[u] cours de laquelle Mao prit la direction d[u] parti communiste, et qui permit à ses trou[-] pes d'échapper à l'encerclement des ar[-] mées nationalistes. Cependant, face [à] l'agression japonaise en Chine, Mao dé[-] cida de créer un front commun entre l[e] PCC et le Guomindang de Tchang Kaï[-] chek (1936). Ce fut au cours de cett[e] guerre nationale que Mao élabora les rè[-] gles de la guerre populaire et qu'il écrivi[t] ses ouvrages politiques fondamentau[x] (*Problèmes stratégiques de la guerre ré[-] volutionnaire en Chine*, 1936 ; *De l[a] contradiction, De la pratique*, 1937 ; *De l[a]* *mocratie nouvelle*, 1940). Après la ca-tulation du Japon (1945), le Parti mmuniste chinois comptait 1,2 million adhérents et l'armée Rouge près de •0 000 hommes. La tentative, soutenue •r les Américains, de former un gouver-ment de coalition entre Mao et Tchang aï-chek fut un échec (1946-1947). Les mmunistes reprirent l'offensive qui acheva en 1949 par la victoire de l'Ar-ée populaire de libération tandis que •hang Kaï-chek rejoignait Formose. Le ˙ octobre 1949, la République populaire Chine fut proclamée. Président du ›nseil puis président de la République 954-1959) mais aussi dirigeant du parti, ao donna à la révolution chinoise sa pro-e originalité. Alors que l'URSS accor-it la priorité à l'efficacité économique, ao privilégia l'idéologie, luttant sans sse contre l'embourgeoisement du parti tentant de transformer la mentalité du uple, garantie d'un attachement indéfec-•le à la cause révolutionnaire. Dès 1950, ›mmença le processus de collectivisme raire et industriel, ce qui suscita de nom-euses tensions qui obligèrent Mao à lan-r en 1956 la campagne des Cent-Fleurs* ampagne de discussions politiques). Elle ›voqua des critiques d'une telle ampleur e Mao décida de la stopper et se retourna ntre les « droitiers » (intellectuels, fonc-›nnaires, cadres de l'industrie). Aux ini-tives audacieuses mais malheureuses du rand* Bond en avant de 1958 (création s communes* populaires associant acti-•és agricoles, industrielles et administra-•es), s'ajouta la rupture avec l'URSS 960) accusée de pactiser avec l'impéria-me américain en maintenant la coexis-ace* pacifique. Tout en restant à la tête • parti, Mao abandonna en 1959 la pré-dence de la République à Liu* Shaoqi, ef de file d'une opposition formée de embres de l'appareil du parti mais aussi technocrates soucieux d'efficacité éco-•mique. Mao décida alors de lancer une

gigantesque campagne contre le « révi-sionnisme » des dirigeants de l'URSS mais aussi d'une partie du PCC à travers la grande Révolution* culturelle proléta-rienne (1966-1976) en s'appuyant sur l'ar-mée et son chef, Lin* Biao, et la jeunesse (les Gardes rouges), chacune s'inspirant de la pensée de Mao consignée dans le *Petit Livre rouge*. Cependant, devant les déra-pages du mouvement qui dégénéra parfois en guerre civile, Mao dut accepter la des-titution de son dauphin Lin Biao considéré comme « gauchiste ». L'ordre rétabli, s'amorça ensuite un laborieux effort de re-construction du parti et de développement économique ainsi qu'une normalisation des relations avec les États-Unis (entrée de la Chine populaire à l'ONU*, 1972 ; visite de Nixon* à Pékin, 1972). À partir de 1973, Mao, âgé, laissa le pouvoir effectif à Zhou* Enlai. Il reste en Chine et dans le monde, malgré la longue période de dé-maoïsation qui suivit sa mort, le chef pres-tigieux de la révolution chinoise.

MAPAI. Parti travailliste israélien (social-démocrate), fondé en 1930 en Palestine* par David Ben* Gourion et Golda Meir*. Il domina l'État hébreu jusqu'en 1977, date à laquelle les élections portèrent au pouvoir le Likoud*, coalition de la droite israélienne dirigée par Menahem Begin*. Entre 1984 et 1990, le Mapai a formé avec le Likoud des gouvernements de coalition. Depuis 1992, les travaillistes sont revenus au pouvoir avec Yitzhak Rabin* à la tête du gouvernement. Voir Peres (Shimon).

MARAT, Jean-Paul (Boudry, 1743-Pa-ris, 1793). Médecin, journaliste et homme politique français. Héros populaire de la Révolution* française, il dénonça inlassa-blement dans son journal *L'Ami* du peu-ple les traîtres qui selon lui attaquaient les « droits du peuple ». Issu d'une famille modeste, devenu médecin, il s'établit en Angleterre et se fit d'abord connaître du public cultivé de Londres et de Paris par des écrits philosophiques (*Les Chaînes de* *l'esclavage*, 1774), et des travaux scientifiques. Républicain de la première heure, il fonda son propre journal *L'Ami du peuple* qui lui servit de tribune pour dénoncer avec violence les intrigues ou complots dirigés contre la Révolution. Après avoir songé un moment à une dictature favorable au peuple, il se fit le défenseur d'un pouvoir révolutionnaire fort, proposant des mesures de plus en plus radicales contre les suspects. Élu à la Convention*, siégeant à l'extrême gauche à côté des montagnards*, Marat se fit le porte-parole des sans-culottes*, prônant une politique terroriste contre les ennemis de la République, s'acharnant en particulier contre les girondins*, et contribuant ainsi à leur chute (juin 1793). Les haines qu'il suscita aboutirent à son assassinat par la jeune Charlotte Corday, amie des girondins. Il devint alors l'objet d'un véritable culte de la part du petit peuple parisien, qui éleva à chaque carrefour son buste. Mais, longtemps après sa mort, les passions étaient encore vives. Il fut pour les uns « l'ami du peuple », pour les autres un « révolutionnaire autoritaire et sanguinaire », « précurseur des régimes totalitaires ». Voir Chalier (Joseph), Le Peletier de Saint-Fargeau (Louis).

MARATHON. Ancienne ville de Grèce* et dème* d'Attique*, à 40 km au nord-est d'Athènes*, rendue célèbre par la victoire des Grecs contre les Perses* en 490 av. J.-C. au cours de la première guerre Médique*. Sous le commandement de Miltiade*, l'armée grecque (9 000 hoplites* athéniens et 1 000 soldats de Platées*) vainquit les Perses (20 à 30 000 cavaliers et fantassins) en rabattant rapidement autour d'eux les deux ailes de ses phalanges*. Un coureur envoyé pour annoncer à Athènes la bonne nouvelle serait mort d'épuisement. Cette victoire donna un grand prestige à Athènes (Sparte* arriva après la bataille) et resta le symbole de la lutte des Grecs contre les Perses. Pour célébrer son souvenir, le marathon (course à pied de 42,195 km) est devenu une épreuve sportive aux Jeux olympiques* modernes.

MARC ANTOINE. Voir Antoine.

MARC AURÈLE (Rome, 121-Vindobona, 180 ap. J.-C.). Empereur et philosophe romain de la dynastie des Antonins* il régna de 161 à 180 ap. J.-C. Adopté pa l'empereur Antonin* le Pieux dont i épousa la fille Faustine la Jeune, il régna de concert avec son frère adoptif Lucius Verus de 161 à la mort de celui-ci en 169 et consacra une partie de son règne à lutte contre les Barbares*, Parthes* en Orient e Germains* en Occident. À l'intérieur, i dut faire face en Syrie* à la rébellion du gouverneur Avidius Cassius ; il assainit le finances, rendit la justice plus humaine mais fut particulièrement sévère à l'égard des chrétiens*. Philosophe stoïcien, c'est à la fin de sa vie qu'il rédigea ses *Pensées* écrites en grec, dernier grand témoignage sur le stoïcisme* antique. Il eut pour suc cesseur son fils Commode*.

MARCEAU, François Séverin MAR CEAU-DESGRAVIERS, dit **Françoi** (Chartres, 1769-Altenkirchen, 1796). Gé néral français, il s'illustra dans les guerre de la France révolutionnaire. Membre de la garde* nationale, il combattit en 1793 à la tête de l'armée de l'ouest, les insurgé vendéens. Général de division dans l'ar mée de Sambre-et-Meuse commandée pa Jourdan*, il contribua à assurer la célèbre victoire de Fleurus* (juin 1794). Adminis trateur de Wiesbaden après s'être empare de Coblence, il mourut en protégeant la re traite des troupes françaises commandée par Jourdan (1796). Voir Révolution fran çaise.

MARCEL, Étienne (v. 1316-Paris 1358). Prévôt* des marchands de Paris, i tenta sans succès, lors de la guerre de Cent* Ans, de limiter et de réformer le pouvoir royal, affaibli par les défaites (Poi tiers). Riche drapier et porte-parole de l bourgeoisie aux États* généraux réunis à Paris en 1356 et 1357, il contribua, avec Robert Le Coq, évêque de Laon, à imposer au dauphin*, le futur Charles V*, la grande ordonnance de 1357 qui prévoyait le contrôle des subsides par les États et le renvoi des conseillers de Jean II* le Bon, alors prisonnier en Angleterre. Devant l'opposition du dauphin aux réformes, Étienne Marcel sortit de la légalité et conduisit, en février 1358, les Parisiens, coiffés du chaperon bleu et rouge, couleurs de Paris, à la révolte. Deux conseillers du dauphin furent assassinés sous ses yeux et les insurgés le contraignirent à renouveler l'ordonnance* de 1357. Devenu le maître de Paris, Étienne Marcel tenta de propager le mouvement en province tandis que le dauphin, qui s'était enfui, rassemblait une armée et bloquait Paris. Étienne Marcel, abandonné par la bourgeoisie effrayée par les violences, sa compromission avec Charles II* le Mauvais, roi de Navarre et vassal* du roi à qui il avait décidé de livrer Paris, et son soutien à la jacquerie*, fut assassiné par un partisan du dauphin. Voir Poitiers (Bataille de, 1356).

MARCHAND, Jean-Baptiste (Thoissey, 1863-Paris, 1934). Général français. Après diverses missions en Afrique occidentale, il explora le Haut Nil* et parvint en juillet 1898 à Fachoda*, devançant ainsi la mission britannique de Kitchener* (septembre). Le refus de Marchand de quitter Fachoda provoqua un grave incident diplomatique franco-anglais. Delcassé*, ministre des Affaires étrangères français, céda aux exigences de Londres et Marchand dut évacuer Fachoda (novembre 1898). Lors de la Première Guerre* mondiale, Marchand commanda une division sur la Somme* (1916) et à Verdun* (1917).

MARCHE. Au Moyen Âge, nom donné à partir du VIIIᵉ siècle à des territoires conquis récemment. Ils formaient une province frontière organisée militairement pour repousser d'éventuels envahisseurs. L'empire de Charlemagne* comprit ainsi les marches de Bretagne, d'Espagne, de Bavière et de Saxe.

MARCHE SUR ROME (27-30 octobre 1922). Nom donné à l'épisode décisif de la conquête du pouvoir par Mussolini*. Cette marche spectaculaire de 30 000 Chemises* noires, venues de diverses grandes villes d'Italie – idée lancée par D'Annunzio* – fut dirigée par les « quadrumvirs » Balbo, De Bono, Bianchi et De Vecchi ; Mussolini, hésitant, était resté à Milan. Le roi Victor-Emmanuel III* refusa de faire intervenir la garnison de Rome et de signer le décret d'état de siège, soucieux de préserver sa couronne et d'« éviter l'effusion de sang ». Le 29 octobre, il demanda télégraphiquement à Mussolini de former le gouvernement. Ce dernier arriva à Rome, par wagon-lit, le 30 octobre au matin.

MARCO POLO (Venise, v. 1254-*id.*, 1324). Célèbre voyageur vénitien. Avec son père Niccolo et son oncle Matteo, riches marchands de Venise*, il entreprit en 1271 un long voyage à travers l'Asie qui le mena en Chine du Nord. Accueillis chaleureusement par le grand khan Kubilay*, fondateur en Chine de la dynastie mongole des Yuan*, les voyageurs restèrent à sa cour pendant 16 ans. Chargé d'importantes fonctions administratives – l'élite intellectuelle chinoise ayant été éloignée du pouvoir –, Marco Polo entreprit de nombreuses missions. Revenu à Venise par Sumatra (1295), il émerveilla ses compatriotes par son luxe et par ses récits. Emprisonné en 1296 par les Génois, en guerre contre Venise, Marco Polo dicta en 1298 le *Livre des merveilles du monde* (ou *Livre de Marco Polo*). Le récit de ses voyages et de ses observations fut considéré par ses contemporains comme imaginaire. Mais le livre devint par la suite la première documentation précise sur les pays et les peuples d'Orient, documentation largement utilisée par la cartographie du XVIᵉ siècle. Marco Polo mourut à Venise et fut enterré à l'église San Lorenzo.

MARCOS, Ferdinand (Sarrat, 1917-Honolulu, 1989). Homme politique philippin. Président de la République (1965-1986), il instaura un régime de dictature et de corruption, réprimant avec violence la guérilla menée par les communistes et les Moros, de religion musulmane. Confronté à la montée des oppositions qui culminèrent après l'assassinat de Benigno Aquino, chef des libéraux, il dut s'exiler, après avoir perdu le soutien américain, après sa défaite aux élections présidentielles de 1986 face à Corazón Aquino*.

MARCUSE, Herbert (Berlin, 1898-Starnberg, près de Munich, 1979). Philosophe américain d'origine allemande. Émigré aux États-Unis lors de la montée du nazisme*, il critiqua de manière radicale, à partir du marxisme* et de la psychanalyse, la civilisation industrielle. Sa pensée, souvent mal interprétée, fut revendiquée par les mouvements étudiants de la génération des « Sixties », aussi bien aux États-Unis qu'en Europe. Il est notamment l'auteur d'*Éros et civilisation* (1955) et *L'Homme unidimensionnel* (1964).

MARDOUK ou **MARDUK**. Grand dieu de Babylone* imposé par Hammourabi* à tout son empire. il fut aussi adoré par les Assyriens*.

MARÉCHAL. Dignité (et non grade) créée par Philippe II* Auguste. À partir de Louis XIII*, tous les maréchaux reçurent un bâton, symbole de leur autorité. Supprimé en 1793 par la Convention*, le maréchalat fut rétabli par Napoléon Iᵉʳ* en 1804 (maréchal d'Empire) et en 1815 par la Restauration* (maréchal de France). La Troisième République* ne l'attribua qu'à partir de la Première Guerre* mondiale. Le maréchal désigne aujourd'hui un officier général qui possède la plus haute dignité dans la hiérarchie militaire.

MARENGO (Bataille de, 14 juin 1800). Victoire française remportée par Bonaparte* sur les armées autrichiennes à Marengo (en Italie). Elle fut gagnée de justesse grâce à la charge de cavalerie du fils de Kellermann*. Cette victoire amena la conquête de l'Italie du Nord, la fin de la seconde coalition* et la paix de Lunéville* (9 février 1801). Voir Hohenlinden (Bataille d').

MARGUERITE D'AUTRICHE (Bruxelles, 1480-Malines, 1530). Duchesse de Savoie et gouvernante des Pays Bas. Fille de l'empereur Maximilien Iᵉʳ* et de Marie de Bourgogne – fille du duc de Bourgogne* Charles* le Téméraire –, elle joua un rôle important dans la politique de l'Europe, négociant la ligue de Cambrai* contre Venise (1508) et la paix des Dames*, avantageuse pour les Habsbourg* (1529). Refusée par le roi de France Charles VIII* alors qu'elle lui était promise, elle épousa Juan d'Espagne (1497), fils des Rois Catholiques, puis, après sa mort, Philibert, duc de Savoie (1501) auquel elle fit élever après sa mort le monastère de Brou (dans l'Ain), de style gothique flamboyant. Voir Isabelle Iʳᵉ, Gothique (Art).

MARGUERITE DE NAVARRE ou **D'ANGOULÊME** (Angoulême, 1492-Odos, Bigorre, 1549). Reine de Navarre. Intelligente et cultivée, elle fit de sa cour de Navarre l'un des foyers de l'humanisme*. Fille de Charles d'Orléans (comte d'Angoulême) et de Louise de Savoie, sœur de François Iᵉʳ* auquel elle fut très attachée, elle épousa en 1509 Charles, duc d'Alençon. Veuve en 1525, elle fut remariée au roi de Navarre Henri d'Albret, dont elle eut Jeanne* d'Albret, mère d'Henri IV*. Elle accueillit et protégea dans son château de Nérac (près d'Agen) des peintres, des écrivains (Rabelais* et surtout Marot*) et des humanistes, mais aussi tous ceux qui tentaient de rénover la vie religieuse (Lefèvre* d'Étaples). Elle fut notamment l'auteur de *L'Heptaméron* publié en 1559.

MARGUERITE DE VALOIS, dite la Reine Margot (Saint-Germain-en-Laye, 1553-Paris, 1615). Reine de Navarre, première épouse d'Henri IV*. Fille d'Henri II* et de Catherine* de Médicis, elle fut mariée à Henri de Navarre (futur Henri IV) en 1572, afin de réconcilier protestants* et catholiques*. Cette union n'eut pas les effets escomptés et fut l'une des causes de la Saint-Barthélemy* (1572). Chassée de la cour par Henri III pour ses intrigues avec la Ligue* catholique, elle retourna en Navarre, tint à Nérac une cour brillante mais fut enfermée par Henri IV au château d'Usson (Auvergne) pour ses infidélités durant 18 ans (1587-1605). Henri, devenu roi de France, fit annuler son mariage par le pape. Marguerite de Valois a laissé des poèmes et des *Mémoires*.

MARIAGES ESPAGNOLS (Affaire des, 1846). Nom donné à l'affaire qui envenima les relations franco-anglaises, mettant fin à la « première entente* cordiale » élaborée par Guizot* vers 1843-1844. Elle eut pour objet les mariages d'Isabelle II* d'Espagne et de sa sœur Fernanda. En dépit de négociations antérieures avec l'Angleterre, Louis-Philippe Iᵉʳ* et son ministre Guizot, qui espéraient peut-être une alliance des Bourbons* de France, d'Espagne et de Naples, obligèrent la reine à épouser l'un de ses cousins italiens, Don François d'Assise, duc de Cadix, et l'infante, le duc de Montpensier, le plus jeune fils de Louis-Philippe. La reine Victoria* et son ministre Palmerston* craignirent que, par ces mariages, le trône d'Espagne ne fût livré un jour à un prince français.

MARIANA DE LA REINA, Juan de (Talavera de la Reina, 1536-Tolède, 1624). Jésuite* et historien espagnol. Son *Histoire générale de l'Espagne* (en latin, 1592, en castillan, 1601), histoire de l'Espagne des origines jusqu'à Charles* Quint, écrite dans l'esprit de l'humanisme*, lui valut d'être surnommé le « Tite-Live* de l'Espagne ». Son traité *Du roi et de la royauté* (1599), dans lequel il justifiait le tyrannicide fut condamné par la Sorbonne* après l'assassinat d'Henri IV*.

MARIE, Pierre Thomas Marie de Saint Georges, dit (Auxerre, 1795-Paris, 1870). Homme politique français, il fut l'organisateur des Ateliers* nationaux après la révolution* de 1848. Républicain modéré, membre du parti du Mouvement* sous la monarchie* de Juillet, Marie fut nommé ministre des Travaux publics dans le gouvernement* provisoire*, après la révolution de Février 1848. Afin de résorber le chômage par la réalisation de grands travaux, mais aussi pour contrecarrer les progrès du mouvement socialiste, il organisa les Ateliers nationaux entraînant l'inscription au bureau d'embauche de milliers d'ouvriers. Leur dénaturation, puis leur fermeture provoquèrent les journées insurrectionnelles de Juin* 1848. Hostile à Louis Napoléon Bonaparte*, Marie siégea avec l'opposition le Corps* législatif (1863-1869). Voir Napoléon III.

MARIE-ANTOINETTE (Vienne 1755-Paris, 1793). Archiduchesse d'Autriche et reine de France. Fille de François Iᵉʳ*, empereur germanique et de Marie-Thérèse*, impératrice, reine de Hongrie et de Bohême, elle épousa, pour les besoins de la maison d'Autriche, le futur Louis XVI*, roi de France (1770), dont elle eut quatre enfants. Très impopulaire auprès des Français – qui la surnommaient avec mépris « l'Autrichienne » pour sa conduite légère, ses intrigues et ses dépenses inconsidérées (affaire du collier* de la reine) –, elle exerça sur Louis XVI une influence grandissante. Attachée au maintien des privilèges et de la monarchie absolue, elle poussa à partir de 1789 le roi à résister à toute tentative de réforme, rendant ainsi impossible une monarchie constitutionnelle. Accusée de complot avec l'ennemi, elle fut incarcérée au Temple après la journée du 10 août* 1792, puis transférée à la Conciergerie. Elle fut guillotinée le 16 octobre 1793. Voir Mirabeau (Comte), Révolution française.

MARIE-LOUISE DE HABSBOURG-LORRAINE, (Vienne, 1791-Parme, 1847). Impératrice des Français, archiduchesse d'Autriche. Fille de François Ier, empereur d'Autriche et de Marie-Thérèse de Naples, elle épousa Napoléon Ier* qui, vainqueur des Autrichiens à Wagram*, avait demandé sa main comme condition de paix avec l'Autriche. En 1811, elle donna naissance à un fils qui reçut le titre de « roi de Rome ». Après l'abdication de Napoléon (avril 1814), elle rejoignit son père puis épousa en 1821 le feld-maréchal autrichien von Neipperg, dont elle eut deux enfants. Le traité de Fontainebleau (1814) lui avait assuré, outre le titre de Majesté Impériale, la souveraineté viagère de Parme, de Plaisance et de Guastalla dans lesquels le Code* civil fut en grande partie maintenu. Voir Aiglon (l'), Napoléon II, Joséphine.

MARIE DE MÉDICIS (Florence, 1573-Cologne, 1642). Reine de France. Femme d'Henri IV*, elle complota contre son fils Louis XIII* et son ministre Richelieu*. Descendante des grands banquiers florentins, fille du grand-duc de Toscane, François Ier, et de Jeanne, archiduchesse d'Autriche, elle devint régente (1610) du royaume après la mort d'Henri IV. Sous l'influence de sa favorite, Leonora Galigaï, et de son mari, Concini*, elle éloigna du pouvoir les anciens conseillers d'Henri IV. S'appuyant sur le parti dévot, elle mena une politique catholique* et se rapprocha de l'Espagne, mais dut affronter l'hostilité des grands, écartés du conseil de régence, et des protestants*. Louis XIII, qu'elle avait marié avec Anne* d'Autriche, décida l'assassinat de Concini (1617), provoquant la révolte de sa mère qui entra sans succès en guerre contre son fils. Réconciliée avec le roi grâce à Richelieu, elle fit entrer celui-ci au Conseil, mais son influence grandissante auprès du roi l'inquiéta, et elle

tenta d'obtenir sa disgrâce sans y parvenir (journée des Dupes*, 1630). Définitivement écartée du pouvoir et gardée prisonnière, elle s'évada et gagna l'étranger sans jamais parvenir à retourner en France. Protectrice des arts, elle encouragea Philippe de Champaigne ; elle fit construire le palais du Luxembourg et commanda à Rubens* des tableaux illustrant son règne.

MARIE-THÉRÈSE (Vienne, 1717-id., 1780). Impératrice d'Autriche (1740-1780), reine de Hongrie (1741-1780) et de Bohême (1743-1780). Intelligente, sensible aux idées du despotisme* éclairé, elle entreprit à l'intérieur d'importantes réformes mais ne put, à l'extérieur, empêcher la domination prussienne en Allemagne du Nord. Fille de Charles VI et épouse de François-Étienne, duc de Lorraine, elle dut lutter contre la France et ses alliés afin de conserver son héritage, qu'elle obtint grâce à l'appui de l'Angleterre et des Pays-Bas (guerre de Succession* d'Autriche). Elle ne put néanmoins reprendre, lors de la guerre de Sept* Ans (1756-1763), la Silésie à Frédéric II* de Prusse, cette perte étant en partie compensée par l'acquisition de la Galicie orientale, de la Petite Pologne (moins Cracovie) et du district de l'Inn (guerre de Succession* de Bavière, 1778-1779). Tout au long de ces conflits extérieurs, Marie-Thérèse n'avait cessé de poursuivre, avec une grande souplesse, une vaste œuvre de réforme selon les principes du despotisme éclairé. Elle affirma l'autorité de l'État sur les particularismes locaux. Un Conseil d'État (1760) qui traitait les affaires importantes de l'Empire fut créé. La législation fut unifiée par la rédaction d'un code pénal (1768). Un corps de fonctionnaires civils et militaires, attachés à l'intérêt public, fut formé dans des instituts comme le Theresianum (1776) ou l'académie militaire de la Wiener-Neustadt (1752). Marie-Thérèse inaugura enfin une politique anticléricale, poursuivie par son fils Joseph II*, décidant en partiulier la dissolution de la Compagnie de Jésus* (1773). Elle eut 16 enfants parmi lesquels Léopold II*, Marie-Antoinette*, reine de France et Marie-Caroline, reine de Naples*. Voir Kaunitz (Wenzel), Pologne (Premier partage de la).

MARIE-THÉRÈSE D'AUTRICHE (Madrid, 1638-Versailles, 1683). Reine de France. Fille de Philippe IV* d'Espagne, elle épousa Louis XIV* en 1660 conformément au traité des Pyrénées*. De ses six enfants, seul survécut le Grand Dauphin qui mourut sans avoir régné. Voir Maintenon (Mme de), Montespan (Mme de).

MARIE Ière STUART (Linlithgow, 1542-Fotheringay, 1587). Reine d'Écosse (1542-1567) et reine de France (1559-1560). Catholique*, elle fut exécutée par la reine d'Angleterre Élisabeth Ière*, sa cousine protestante qui, sans enfant, craignait qu'elle ne lui succède. Fille de Jacques V d'Écosse et de Marie de Guise, elle fut fiancée en 1548 au dauphin* de France (le futur François II*) et élevée à la cour d'Henri II*, où elle acquit, par une éducation très soignée, une vaste culture. Mariée en 1558, elle devint veuve 18 mois plus tard et regagna à regret l'Écosse agitée par la Réforme*. Gouvernant d'abord avec modération, elle s'aliéna bientôt les chefs protestants* par son mariage avec son cousin catholique Henri Stuart (lord Darnley) (1565) qui, jaloux, assassina dans les appartements de la reine son favori Rizzio, et fut mis à mort à son tour (1567) par le nouveau favori, le comte de Bothwell. Accusé de meurtre, Bothwell fut acquitté dans des conditions douteuses et son mariage avec Marie Stuart, soupçonnée de complicité dans la mort de son mari, déclencha la révolte de la noblesse protestante. Vaincue et prisonnière (1567), Marie fut obligée d'abdiquer en faveur de son fils Jacques VI d'Écosse. Évadée et de nouveau vaincue, elle se réfugia en Angleterre, sous la protection de sa cousine Élisabeth. Mais cette dernière qui, sans enfant, redoutait

que les minorités catholiques d'Angleterre ne tournent leurs espoirs vers Marie, décida d'en faire sa prisonnière. Internée durant 18 ans, accusée de complots contre Élisabeth, elle fut traduite devant un tribunal, condamnée à mort et exécutée.

MARIE Ière TUDOR, dite **Marie la Catholique** ou **Marie la Sanglante** (Greenwich, 1516-Londres, 1558). Reine d'Angleterre (1553-1558). Elle abrogea toutes les lois religieuses d'Henri VIII* et d'Édouard VI*, rétablit le catholicisme* et persécuta les protestants. Fille d'Henri VIII et de Catherine d'Aragon, sa première femme, elle fut élevée dans le catholicisme puis durement traitée par son père, après la disgrâce de sa mère, qui l'exclut de la succession après la naissance d'Élisabeth. Après la mort de son frère Édouard VI*, elle lui succéda cependant au trône (1553), faisant triompher ses droits contre Jeanne Grey, arrière-petite-fille d'Henri VII*, mariée à un représentant du parti protestant. Aussitôt au pouvoir, elle rétablit le catholicisme et se maria à Philippe II* d'Espagne, fer de lance contre le protestantisme* en Europe, ce qui lui aliéna une grande partie de la population anglaise. Le complot et la révolte de Wyatt, destinés à empêcher la reine d'épouser le roi d'Espagne, provoquèrent le durcissement de la politique religieuse : Jeanne Grey fut exécutée, Élisabeth emprisonnée à la Tour de Londres* et les anciennes lois contre les hérétiques rétablies (d'où son nom de Marie la Sanglante). Sa politique extérieure qui la conduisit, sur les instances de l'Espagne, à combattre la France, échoua par la perte de Calais* (1558), dernière tête de pont anglaise sur le continent, ce qui aggrava encore son impopularité. Elle mourut en désignant Élisabeth pour successeur. Elle inspira au XIXe siècle un drame à Victor Hugo* (1883). Voir Élisabeth Ière.

MARIGNAN (Bataille de, 1515). Victoire de François Ier* sur les Suisses, alliés au duc de Milan. Décidé à reconquérir le

Milanais toujours aux mains des Sforza*, François Ier s'allia à Venise* tandis que le duc de Milan, Maximiliano* Sforza, avait l'appui du pape, des Suisses, de l'empereur Maximilien* et de Ferdinand II* d'Espagne. Après avoir recruté les meilleurs soldats d'Europe, et franchi avec difficulté les Alpes, François Ier engagea à Marignan (Lombardie*, sud-est de Milan) contre les Suisses une bataille qui resta longtemps indécise. Ce fut la supériorité de l'artillerie française, face aux piquiers suisses, qui emporta la décision. La victoire de Marignan eut un grand retentissement en Europe. Elle permit l'annexion du Milanais, amena les Suisses à signer avec la France une « paix perpétuelle » respectée jusqu'en 1789, et le pape Léon X* à signer le Concordat de Bologne* (1516) qui mit sous la tutelle du roi de France l'épiscopat français.

MARIN, Louis (Faulx, 1871-Paris, 1960). Homme politique français. Député de la droite conservatrice, il s'opposa à l'armistice et rejoignit la Résistance* à Londres.

MARIUS (Cercatae, près d'Arpinium, 157-Rome, 86 av. J.-C.). Brillant général romain. Chef du parti populaire contre la noblesse romaine (*nobilitas**), Marius procéda à une importante réforme de l'armée et s'opposa violemment au général patricien* Sylla*. D'abord tribun* de la plèbe, puis préteur*, Marius, appuyé par le parti populaire et l'ordre équestre* dont il était issu, devint consul* en 107 av. J.-C. « Homme nouveau », il symbolisa alors la revanche de tous ceux qui étaient écartés du pouvoir par la *nobilitas*. Ses victoires retentissantes sur Jugurtha* en Afrique (105 av. J.-C.), puis sur les envahisseurs germains*, Cimbres et Teutons (102-101 av. J.-C.), firent de lui l'idole du peuple, ce qui lui valut d'être réélu illégalement consul cinq fois de suite, de 104 à 100 av. J.-C. Marius réforma profondément l'armée romaine* qui ne recruta plus ses soldats selon leur fortune et fut ouverte aux nombreux prolétaires* et chômeurs. L'armée romaine devint une armée de volontaires, puissant instrument qui assurera la conquête de l'Empire* mais aussi constituera une menace pour la République*. Composée de soldats pauvres dévoués à ses chefs, elle pouvait devenir une force toute acquise pour soutenir la carrière politique des *imperatores*, ce dont ne se privèrent pas Marius, Pompée* ou Jules César*. Débordé par ses amis, les chefs du parti populaire, il fut contraint par le Sénat* de laisser massacrer ses alliés et dut s'exiler en Afrique. Mais Sylla devenu consul et ayant reçu le commandement de la guerre en Asie contre Mithridate*, Marius réclama la direction de l'armée et l'obtint par le peuple (88 av. J.-C.) : c'est alors que la guerre civile éclata. Sylla, chassé de Rome par Marius, entra avec ses légions* dans la ville (ce qui était illégal). Marius, frappé d'un sénatus-consulte ultime par le Sénat à la demande de Sylla, revint à Rome dès que Sylla fut parti pour l'Orient et se livra à une répression sanglante. Élu consul pour la septième fois, en 86, il mourut quelques jours plus tard. Marius n'avait pas réussi à garder le pouvoir. Un autre chef militaire, son neveu Jules César, utilisera cette alliance entre l'armée et le parti populaire qui fut fatale à la République* romaine.

MARIVAUX, Pierre Carlet de Chamblain de (Paris, 1688-*id.*, 1763). Écrivain français. Peintre de la passion naissante mais aussi maître de l'analyse psychologique, Marivaux reste en France l'un des auteurs les plus joués du répertoire. Issu d'une famille de l'administration royale, il fréquenta dès son arrivée à Paris (1712) les salons et les cafés littéraires de la capitale. Ruiné après la banqueroute de Law*, il se consacra entièrement à la littérature, écrivit deux romans (*La Vie de Marianne*, 1731-1741 ; *Le Paysan parvenu*, 1735) qui connurent à l'époque un succès considérable, mais surtout des pièces de théâtre, arquées par l'influence du théâtre italien *La Surprise de l'amour*, 1722 ; *La Double Inconstance*, 1723 ; *La Fausse Suivante*, 724 ; *Le Jeu de l'amour et du hasard*, 730 ; *Les Fausses Confidences*, 1737). Le héâtre de Marivaux, peu apprécié de son mps, ne fut réhabilité qu'à la fin du XIXe ècle.

MÁRKOS, Márkos Vafiádhis, dit (Kasmonu, Anatolie, 1906-Athènes, 1992). Homme politique grec. Communiste, déporté en Crète de 1938 à 1941, il rejoignit lors de l'occupation allemande les résistants grecs qui combattirent aux côtés des Britanniques dans les combats de la Libération*. Après le retour au pouvoir du roi Georges II, il déclencha une guerre civile, avec l'« armée démocratique de la Grèce » communiste) et l'appui de la Yougoslavie et de l'URSS. Après trois ans de violents combats (1946-1949), l'armée gouvernementale, soutenue par l'Angleterre et les États-Unis, remporta une victoire décisive contre les forces communistes (septembre 1949), Márkos, qui avait été abandonné par Staline* peu de temps auparavant, se réfugia en Roumanie en 1949. Voir Guerre froide, Guerre mondiale (Seconde).

MARLBOROUGH, John Churchill, 1er duc de (Musbury, 1650-Granbourn Lodge, 1722). Général et homme politique anglais. Il abandonna Jacques II* lors de la révolution anglaise de 1688, puis il s'illustra comme commandant en chef de l'armée anglaise lors de la guerre de Succession* d'Espagne (1701-1714). Son nom fut rendu populaire par une chanson française. Voir Churchill (Winston), Eugène de Savoie-Carignan, Révolution d'Angleterre (Seconde), Vendôme (Louis de).

MARMONT, Auguste Frédéric Louis Viesse de (Châtillon-sur-Seine, 1774-Venise, 1852). Maréchal* de France, il s'illustra dans les guerres napoléoniennes puis se rallia aux Bourbons*. Aide de camp de Bonaparte* en Italie et en Égypte, il commanda l'armée de Dalmatie puis gouverna les Provinces illyriennes. Il combattit au Portugal et en Espagne et participa brillamment à la campagne d'Allemagne, retardant énergiquement l'avance des alliés. Il défendit avec Moncey* Paris en 1814, puis, avec l'accord de Joseph Bonaparte*, négocia la capitulation de la capitale avec le tsar Alexandre Ier*. Rallié aux Bourbons*, il commanda la garnison de Paris lors de la révolution* de 1830, puis s'exila avec Charles X*. Voir Coalition (Sixième), France (Campagne de, 1814).

MARNE (Batailles de la). Batailles livrées pendant la Première Guerre* mondiale (1914-1918) et qui sauvèrent Paris de l'invasion. La première bataille de la Marne (6-12 septembre 1914) fut engagée du côté franco-britannique par Joffre* et du côté allemand par von Kluck* et von Bülow*. Dès août 1914, le plan allemand Schlieffen* d'encerclement de l'armée française avait manifesté son efficacité. L'aile droite allemande, commandée par von Kluck, mais affaiblie par les prélèvements de troupes destinés au front oriental (ce qui fut la grande erreur stratégique de von Moltke*), fonça vers le sud-est à la poursuite de l'armée française en retraite. Elle fut attaquée sur son flanc par les soldats du camp retranché de Paris (5 septembre), l'obligeant à battre en retraite vers le nord. L'offensive générale fut déclenchée le 6 septembre, et la bataille qui dura six jours fut remportée par Joffre, en particulier grâce aux mille taxis parisiens que Gallieni*, gouverneur de Paris, réquisitionna pour transporter des troupes casernées à Paris vers le front. Cette première bataille de la Marne fut le premier tournant de la Première Guerre mondiale, mais le succès franco-britannique ne put être exploité. Après leur recul, les Allemands s'installèrent solidement dans les tranchées ; la guerre de position avait commencé. La seconde bataille de la Marne (18 juillet-6 août 1918), gagnée par l'offensive franco-américaine, fut le prélude de la victoire des Alliés.

MAROT, Clément (Cahors, 1496-Turin, 1544). Poète français. Fils d'un poète de cour, valet de chambre de François Ier* puis de sa sœur Marguerite d'Angoulême (Marguerite* de Navarre), il fut l'auteur de poèmes de cour et de pièces de circonstance. Ses sympathies pour la Réforme* lui valurent d'être incarcéré au Châtelet, puis de connaître l'exil et une mort solitaire. Il conserva toujours dans ses œuvres une grande liberté de langage comme en témoignent ses *Épîtres*, ses *Élégies*. La traduction des Psaumes en français lui valut d'être poursuivi par la Sorbonne*.

MARS. Dieu romain assimilé au dieu grec Arès*. Dieu de la guerre et de la végétation, la tradition romaine le considère comme le fils de Junon* et le père de Romulus* et Rémus*, enfantés par la vestale* Rhéa Silvia. Son culte très ancien (il appartient à la triade italique primitive avec Jupiter* et Quirinus) était célébré par les Saliens*. Il avait un rôle fondamental dans la vie civique (le *census* s'opérait sur le Champ* de Mars) et Auguste* lui consacra sur son forum un temple dédié à Mars Vengeur. Voir Dieux romains, Quirinus, Religion romaine.

MARSA (Convention de La, 8 juin 1883). Traité signé entre la France et la Tunisie, il confirmait, après les révoltes de Kairouan et de Sfax, l'établissement du protectorat français en Tunisie, ainsi que le traité du Bardo* (1881). Le bey gardait théoriquement sa souveraineté mais sous le contrôle d'un résident général français entouré de hauts fonctionnaires. L'administration locale était dirigée par des notabilités tunisiennes mais sous la surveillance de « contrôleurs civils » français.

MARSEILLAISE (*La*). Nom donné à l'hymne national de la France. Les paroles et probablement la musique furent composées, lors de la Révolution* française, par un officier du génie de Strasbourg, Joseph Rouget* de Lisle après la déclaration de guerre contre l'Autriche (1792). À l'origine intitulé *Chant de guerre pour l'armée du Rhin*, cet air fut adopté par le bataillon de volontaires marseillais (d'où son nom) appelé à Paris lors de l'insurrection populaire du 10 août* 1792 qui mit fin à la monarchie. La *Marseillaise* devint hymne national le 14 juillet 1795 jusqu'au Premier Empire*, puis décrété chant national le 14 février 1879.

MARSEILLE. Appelée Massalia dans l'Antiquité, elle fut fondée vers 600 av J.-C. par les Grecs venus de Phocée* (ville d'Asie* Mineure). Port actif, Massalia fut un grand foyer de la civilisation grecque et fut conquise par Jules César* en 49 av. J.-C. Elle influença les Celtes* et les Étrusques*.

MARSHALL, George Catlett (Uniontown, Pennsylvanie, 1880-Washington, 1959). Général et homme politique américain. Nommé chef d'état-major des armées par F. D. Roosevelt* (1939-1945), secrétaire d'État du président Truman* (1947-1949), il donna son nom (« plan Marshall ») au plan américain d'assistance pour la reconstruction et le redressement financier de l'Europe. Il reçut le prix Nobel* de la paix en 1953.

MARSHALL (Plan). Programme de reconstruction européenne (*European Recovery Program*) proposé par le secrétaire d'État américain George Marshall*, en juin 1947. Cette proposition, généreuse mais aussi intéressée, faisait suite à l'exposition de la doctrine Truman* (mars 1947) offrant l'aide militaire et financière américaine aux pays menacés par la « subversion communiste », en particulier la Grèce et la Turquie. Bien que la proposition américaine s'offrît à tous les pays d'Europe, y compris l'URSS, elle fut refusée lors de la conférence de Paris (juin 1947) par Molotov*, lequel y voyait une « manœuvre de l'impérialisme américain ». Le plan Marshall (qui était prévu pour quatre ans) fut accepté en 1948 par

7 pays dont la Grande-Bretagne, la France, l'Italie et les pays scandinaves. Afin d'harmoniser les différents programmes de reconstruction, un nouvel organisme, l'OECE (Organisation européenne de coopération économique qui devint 'OCDE*) fut en même temps créée (avril 948) à la demande expresse des Américains. Entre 1948 et 1951, 12 milliards de dollars furent fournis par les États-Unis cinq sixièmes sous forme de dons, et un sixième sous forme de prêts à long terme). Le plan Marshall eut d'importantes conséquences politiques (rupture entre l'Europe occidentale et orientale à partir de 1947, les partis communistes français et italien cessèrent toute collaboration avec les autres partis). Il permit aussi de réactiver le commerce national américain menacé de surproduction et à l'Europe occidentale de reconstruire son économie. Voir Comecon, Guerre froide, Márkos.

MARTIGNAC, Jean-Baptiste Sylvère GAY, comte de (Bordeaux, 1778-Paris, 832). Homme politique français. Royaliste modéré, dont le cabinet constitua, sous la Restauration*, une dernière tentative pour concilier la monarchie des Bourbons* et la bourgeoisie libérale. Avocat royaliste à Bordeaux, magistrat sous la Restauration à Limoges, il fut élu député en 1821 et remplaça Villèle* comme ministre de l'Intérieur après les élections de 1827 favorables à l'opposition. Véritable chef du gouvernement (1828-1829), Martignac fit voter une loi libérale sur la presse et soumit les écoles ecclésiastiques autorisées – en furent ainsi exclus les jésuites* – à des restrictions. Critiqué à la fois par les ultras* royalistes et les libéraux, Martignac dut se retirer. Charles X* le remplaça par Polignac*, l'un des chefs du parti ultra, d'ailleurs défendu par Martignac lors du procès des ministres déchus sous la monarchie* de Juillet.

MARTOV, Iouli Ossipovitch Tsederbaoum, dit (Constantinople, 1873-Schömberg, Allemagne, 1923). Homme politique russe. Il fut le principal chef de file des mencheviks* opposés aux bolcheviks* conduits par Lénine*. Social-démocrate, il collabora au périodique marxiste, l'*Iskra* (*L'Étincelle*) fondé par Lénine et Plekhanov*, puis se sépara de Lénine en 1903 lors du IIᵉ congrès du Parti social-démocrate* de Russie. Hostile au pouvoir des soviets* après la révolution d'Octobre 1917 et, revendiquant la démocratie, il émigra en Allemagne en 1920. Voir Marxisme, Révolutions russes de 1917.

MARX, Karl (Trèves, 1818-Londres, 1883). Philosophe, économiste et théoricien du socialisme* allemand. Il élabora une conception matérialiste et dialectique de l'histoire qui marqua de manière décisive de nombreux courants de pensée souvent divergents, inspira des mouvements révolutionnaires, mais aussi des régimes politiques qui, au nom d'un socialisme scientifique, couvrirent de nombreuses dérives dont le stalinisme fut la plus monstrueuse expression. Né d'une famille bourgeoise d'origine juive convertie au protestantisme*, Marx étudia le droit, l'histoire et la philosophie, puis soutint sa thèse sur *Démocrite et Épicure* à l'université d'Iéna. À cette époque, il découvrit la dialectique de Friedrich Hegel* tout en critiquant sa philosophie de l'histoire, le matérialisme de Ludwig Feuerbach* et sa critique de la religion, le socialisme français à travers Saint-Simon* et l'économie politique anglaise chez Adam Smith*. Rédacteur puis directeur de la *Gazette rhénane* où il publia ses premiers articles économiques, il s'installa à Paris (1843-1845) avec sa femme, Jenny von Westphalen, publia dans le numéro des *Annales franco-allemandes* son article « Sur la question juive » et rédigea au même moment sa *Contribution à la critique de la philosophie du droit de Hegel* (1844). Lié d'une profonde amitié avec Engels* qu'il rencontra en 1844, il écrivit avec lui *La Sainte Fa-*

mille (1845), *L'Idéologie allemande* (1846) qui expose les bases fondamentales du matérialisme historique affirmant que la conscience des hommes est déterminée par la réalité sociale et *Le Manifeste du parti communiste* (1848) qui contenait la célèbre formule : « Prolétaires de tous les pays, unissez-vous ! » Expulsé d'Allemagne, puis de France, Marx se fixa définitivement à Londres (1849), aidé financièrement par Engels. Il consacra l'essentiel de son temps à la rédaction d'ouvrages économiques (*Le Capital*, la publication du tome I fut assuré en 1867 par Engels) et historiques (*La Lutte des classes en France*, 1849-1850 ; *Le 18 Brumaire de Louis Bonaparte*, 1852). Inspirateur de la Première Internationale*, Marx joua un rôle essentiel dans le mouvement ouvrier luttant successivement contre les tendances anarchistes (Bakounine*) et réformistes (Proudhon*). La philosophie de l'histoire de Marx, estimant que « l'histoire de toute société jusqu'à nos jours n'a été que l'histoire de la lutte des classes », contenait les principes théoriques d'une « praxis » révolutionnaire. Le prolétariat exploité, afin de faire disparaître ses exploiteurs, devait s'organiser à l'échelle internationale, s'emparer du pouvoir pour transformer la société capitaliste en société socialiste par la dictature du prolétariat. Cette phase socialiste, avec la collectivisation des moyens de production, s'organiserait selon la devise : « À chacun selon son travail », la phase ultérieure étant la société communiste (« À chacun selon ses besoins ») où l'État pourrait disparaître avec l'avènement de la société sans classe. Marx élabora, en analysant le mode de production capitaliste, une théorie de la valeur démontrant l'accroissement constant du capital. La doctrine de Marx fut contre son gré baptisée marxisme*. Voir Gramsci (Antonio), Kautsky (Karl), Lénine (Vladimir Ilitch), Luxemburg (Rosa).

MARXISME. Nom donné à la doctrine philosophique, économique et politique de Karl Marx* et de Friedrich Engels* (socialisme* scientifique) et de leurs continuateurs, notamment Lénine*.

MASACCIO, Tommaso di Ser Giovanni, dit (San Giovanni Valdarno, pr. d'Arezzo, 1401-Rome, 1428). Peintre italien, il fut considéré par Vasari* comme le « créateur de la peinture », en rompant avec la conception médiévale de la représentation. Ses grandes œuvres sont les célèbres fresques de la chapelle Brancacci à Florence* (1427-1428), où son univers se fonde sur les lois de la perspective mathématique et où la lumière joue un rôle prépondérant. Voir Lippi (Filippino).

MASARYK, Jan (Prague, 1886-*id.*, 1948). Homme politique tchécoslovaque, fils du premier président de la République tchécoslovaque Tomás Masaryk*. Ministre des Affaires étrangères (1946-1948), il se suicida après le « coup de Prague » » (février 1948), organisé par Klement Gottwald*, qui donna le pouvoir aux communistes.

MASARYK, Tomás Garrigue (Hodonin, 1850-château de Lány, près de Prague, 1948). Homme politique tchécoslovaque. Il fut le premier président de la République tchécoslovaque. Professeur de philosophie à l'université de Prague, il milita dès 1907 pour l'indépendance des Tchèques. Exilé en 1914, il organisa la Légion tchécoslovaque qui combattit aux côtés des Alliés. Il fut élu président de la République de la Tchécoslovaquie (Bohême, Moravie, Slovaquie) en novembre 1918. À l'extérieur, il mena une politique de rapprochement avec la France, la Roumanie et la Yougoslavie et préserva à l'intérieur la démocratie. Réélu en 1927 et en 1934, il donna sa démission en 1935. Edvard Benes* lui succéda.

MASINISSA (vers 240- Cirta, 148 av. J.-C.). Roi berbère* de la partie orientale de la Numidie* (région d'Afrique du Nord), il fut, au cours de la deuxième guerre Punique*, d'abord l'allié de Carthage* contre les Romains en Espagne. Il hoisit ensuite de favoriser Rome* et contribua, grâce à sa cavalerie, à la victoire romaine de Zama* (202 av. J.-C.). Masinissa réalisa l'unification de la Numidie qui devint le plus puissant royaume d'Afrique du Nord.

MASSACHUSETTS. État du nord-est des États-Unis (capitale Boston). Les premiers pèlerins* du *Mayflower** y fondèrent vers 1620 le premier noyau de la colonie de Plymouth, puis de nombreux puritains* anglais les y rejoignirent, établissant un régime théocratique. Boston, important centre commercial au XVIIIᵉ siècle, prit la tête du mouvement d'indépendance des colonies américaines (1773). Bien que particulariste, le Massachusetts ratifia la Constitution fédérale de 1788. Voir *Boston Tea Party*, Indépendance américaine (Guerre de l').

MASSADA. Ancienne place forte de Palestine située sur un piton rocheux dominant la mer Morte. À partir de 66 ap. J.-C., elle servit de lieu de résistance aux juifs* de Palestine* contre l'occupation romaine. Lorsqu'elle fut assiégé à partir de 70, les juifs préférèrent se suicider plutôt que de se rendre aux soldats romains. Cet acte héroïque fait de Massada le symbole du patriotisme juif.

MASSALIA. Voir Marseille.

MASSÉNA, André (Nice, 1758-Paris, 1817). Maréchal* de France, il s'illustra lors de nombreuses batailles napoléoniennes. Engagé sous la Révolution* française dans un bataillon de volontaires du Var, il fut, dès 1793, nommé général et s'illustra pendant la campagne d'Italie*, notamment à Rivoli* (1797), ce qui lui valut d'être surnommé « l'Enfant chéri de la victoire » par Bonaparte*. En remportant, dans des conditions difficiles, la bataille de Zurich sur Souvorov* (septembre 1799), il sauva la France de l'invasion puis, bloquant plusieurs mois l'armée autrichienne devant Gênes* (avril-juin 1800), prépara en Italie la victoire de Marengo* (juin 1800). Ma-

réchal en 1804, il conquit pour Joseph Bonaparte* le royaume de Naples* (1806), et fut fait duc de Rivoli (1808). Il s'illustra encore à Essling* et Wagram*, Napoléon le nommant prince d'Essling en 1810. Commandant de l'armée du Portugal (avril 1810), Masséna échoua devant les Anglais de Wellington* et Napoléon ne lui confia plus aucun commandement. Il se rallia en 1814 aux Bourbons*. Voir Kléber (Jean-Baptiste), Lannes (Jean), Murat (Joachim).

MASSIMILIANO SFORZA (1493-Paris, 1530) Fils de Ludovic* Sforza le More, il fut rétabli à Milan en 1512 mais en fut de nouveau chassé après la bataille de Marignan*. En échange d'une pension, il céda ses États (duché de Milan et Lombardie*) à François Iᵉʳ* et finit sa vie en France.

MASSU, Jacques (Châlons-sur-Marne, 1908-). Général français. Rallié à de Gaulle* dès 1940, il participa après 1945 à la guerre d'Indochine*, puis à l'expédition de Suez* en 1956. Chargé du commandement militaire du département d'Alger, il dirigea en 1957, lors de la guerre d'Algérie*, la bataille d'Alger* afin de démanteler le FLN (Front* de libération nationale), autorisant l'emploi de la torture afin d'obtenir des renseignements : il s'expliqua plus tard (*La Vraie Bataille d'Alger*, 1971) sur ses méthodes qui avaient soulevé de très vives controverses. Après avoir joué un rôle décisif dans la crise du 13 mai* 1958, il s'opposa bientôt à la politique d'autodétermination de De Gaulle et fut rappelé par le gouvernement (semaine des barricades* à Alger, janvier 1960). Gouverneur militaire de Metz (1961), puis commandant en chef des forces françaises en Allemagne (1966-1969), il assura de son soutien le président de Gaulle lors de la crise de mai* 1968.

MASTABA. Tombeau de l'Égypte* ancienne en forme de pyramide* dont on aurait largement coupé le haut. Vu de loin, il ressemble à un banc, *mastaba* en arabe. Il abritait une chapelle qui était dissociée du tombeau souterrain afin de dérouter les voleurs et dont l'accès était un puits soigneusement comblé après les funérailles. Les mastabas datent de l'Ancien* Empire et servaient de tombes aux hauts fonctionnaires. Voir Hypogée.

MATHILDE, princesse (Trieste, 1820-Paris, 1904). Fille de Jérôme Bonaparte*. Mariée à un prince russe dont elle se sépara quatre ans plus tard, elle vint résider à Paris où elle tint, sous le Second Empire* et le début de la Troisième République*, un salon où se retrouvaient les personnalités les plus brillantes du monde littéraire et artistique parmi lesquelles Sainte-Beuve* (Charles Augustin), Renan* (Ernest), Taine* (Hyppolite), Flaubert* (Gustave) et les frères Goncourt.

MATIGNON (Accords de). Accords conclus le 7 juin 1936 à l'hôtel Matignon* sous l'arbitrage de Léon Blum*, président du gouvernement du Front populaire entre les représentants de la CGT (Confédération* générale du travail) et ceux du patronat français (Confédération générale du patronat français). Ces accords portèrent notamment sur l'augmentation des salaires, sur la reconnaissance du droit syndical, l'établissement de contrats collectifs de travail et la mise en place dans les entreprises de délégués du personnel. Ils contribuèrent à mettre fin aux grèves déclenchées en mai 1936 après la victoire du Front populaire. Ces accords furent suivis par plusieurs lois sociales comme la semaine de 40 heures et les 15 jours de congés payés.

MATISSE, Henri (Le Cateau-Cambrésis, 1869-Nice, 1954). Peintre français. D'abord chef de file du fauvisme*, il le dépassa largement pour atteindre ce qu'il s'était fixé, un « art d'équilibre, de pureté et de tranquillité ». Installé à Paris (1892), il suivit les cours de Gustave Moreau* à l'École des beaux-arts puis découvrit l'impressionnisme*, Gauguin* et Cézanne*

dont les influences marquèrent ses premiè res œuvres. Après une période néo-impres sionniste* illustrée en 1905 par *Luxe calme et volupté* (Paris, musée d'Orsay), s'imposa au Salon d'Automne de 190 comme le chef de file du fauvisme. E 1909-1910, avec ses compositions monu mentales réalisées pour un collectionneu russe (*La Danse* et *La Musique*), Matiss évolua vers une plus grande simplificatio des formes. Il assimila ensuite, mais d'un manière très personnelle, les apports d cubisme* dans des compositions synthéti ques comme *La Leçon de piano* (1916 Installé à Nice (1921-1930), Matisse trai des thèmes privilégiés comme les odalis ques et le nu féminin. En 1931, il exécut pour Barnes *La Danse*, tableau presqu abstrait, cette recherche du dépouillemen et de la concision culminant avec la déco ration de la chapelle de Vence (1951 Matisse composa aussi des dessins, de gravures et des collages de papier découpés de couleur (*La Tristesse du ro* 1952, Paris, musée national d'Art mo derne).

MATTEOTTI, Giacomo (Fratta Pole sine, Rogino, 1885-Rome, 1924). Homm politique italien. Secrétaire général d Parti socialiste italien, il fut assassiné pa les fascistes. Issu d'une famille de riche propriétaires fonciers, Matteotti fit des étu des de droit et milita dans sa jeunesse a Parti socialiste italien. Emprisonné pou pacifisme durant la Première Guerre mondiale, il fut élu député en 1919 et rest au Parti socialiste après la scission qu donna naissance au Parti communiste* ita lien (1922). Devenu secrétaire général d parti en 1924, il prit la tête de l'oppositio parlementaire à Mussolini* après son ar rivée au pouvoir (1922). Il dénonça le violences fascistes et leurs malversation lors des élections, réclamant leur annula tion. Il fut enlevé par des miliciens fascis tes le 30 mai 1924 puis assassiné (10 jui 1924), et on retrouva son cadavre deu nois plus tard aux environs de Rome. Sa mort suscita une forte émotion et déclencha une vague d'indignation en Italie mais aussi à l'étranger. L'« affaire Matteotti » faillit briser le pouvoir de Mussolini. Isolé, abandonné de certains de ses amis, il dut exclure du gouvernement plusieurs éléments extrémistes, faire arrêter les coupables en promettant leur jugement. Mussolini, cependant, sut exploiter les erreurs d'une opposition divisée, en particulier celle qui consista à quitter le Parlement, décision prise par 127 députés, ce qui les priva d'une tribune, laissant les mains libres au pouvoir. Les assassins de Matteotti ne furent jugés qu'en 1947, condamnés au bagne à vie.

MAUER (Homme de). Nom donné à un fossile* d'homme préhistorique (une mandibule possédant toutes ses dents) découvert en 1907 à Mauer, village d'Allemagne. Ce vestige constitue le plus ancien fossile humain découvert à ce jour en Europe. Appartenant à l'espèce *Homo* erectus (qui se tient debout), l'homme de Mauer vécut il y a environ 400 000 ans av. J.-C. à l'époque du paléolithique* inférieur et ressemblait à ses contemporains, le pithécanthrope* et le sinanthrope*. Voir Atlanthrope, Australopithèque.

MAU-MAU (Révolte des, 1952-1956). Nom donné à la révolte de la tribu des Kikuyus, connue sous le nom de Mau-Mau. Hostile aux Européens, la tribu tenta de chasser les Blancs du Kenya. Les autorités britanniques décrétèrent l'état d'urgence en 1952 et accusèrent le chef nationaliste Jomo Kenyatta* d'être l'inspirateur de cette révolte, le condamnant à sept ans de prison. La répression des Mau-Mau fut brutale (officiellement 10 000 victimes africaines).

MAUNOURY, Joseph (Maintenon, 1847-près d'Artenay, Loiret, 1923). Maréchal* de France, il s'illustra lors de la Première Guerre* mondiale en prenant une part déterminante dans la première victoire française de la Marne* (septembre 1914).

MAUPASSANT, Guy de (château de Miromesnil, Tourville-sur-Arques, 1850-Paris, 1893). Écrivain français. Formé à l'esthétique réaliste par Gustave Flaubert*, il fut le maître de la nouvelle française. Maupassant passa une enfance heureuse en Normandie et fit ses études au lycée de Rouen. Après avoir assisté à la débâcle de l'armée française lors de la guerre francoallemande* de 1870, il s'installa à Paris et travailla comme fonctionnaire dans un ministère. Flaubert, un ami d'enfance de sa mère, l'initia à la littérature et lui fit rencontrer Alphonse Daudet*, Joris-Karl Huysmans, Émile Zola* et Tourgueniev*, puis l'encouragea à publier sa nouvelle (*Boule de Suif*, 1880), ce qui lui assura très vite la célébrité et le détermina à se consacrer à ce genre. De 1880 à 1890, Maupassant publia chaque année trois à cinq recueils de nouvelles parmi lesquelles *Les Contes de la bécasse* (1883), *Mademoiselle Fifi* (1882) et *Les Sœurs Rondoli* (1884). Il écrivit aussi des romans (*Une vie*, 1883 ; *Bel-Ami*, 1885). Miné par la syphilis, Maupassant commença à souffrir de crises d'hallucinations vers 1884, état décrit de façon poignante dans *Le Horla* (1887) puis, après avoir tenté de se suicider (1892), mourut interné dans une maison de santé.

MAUPEOU, René Nicolas Charles Augustin de (Montpellier, 1714-Le Thuit, 1792). Homme politique français. Conscient du péril que faisait courir à la royauté les prétentions du Parlement, il entreprit une refonte profonde de l'organisation judiciaire mais la mort de Louis XV* entraîna sa chute et l'échec de sa réforme. Premier président du Parlement* de Paris (1763), chancelier* de France en 1768, il contribua à la chute de Choiseul* et, appelé au pouvoir, forma avec d'Aiguillon* et Terray* un triumvirat autoritaire. Refusant de voir la France soumise à « 12 aristocrates » (les 12 parlements), Maupeou poussa Louis XV à faire enregistrer en lit* de justice l'édit de discipline (1770). La plupart des magistrats de Paris ayant donné leur démission, Maupeou fit exiler les parlementaires rebelles et obtint du roi une importante réforme judiciaire, notamment l'abolition de la vénalité des charges judiciaires et la gratuité de la justice, les juges devenant des fonctionnaires rétribués par l'État. Cette tentative de despotisme* éclairé prit fin avec l'avènement de Louis XVI*. Voir Parlement de province.

MAURES ou **MORES**. Nom donné à l'époque romaine aux populations du Sahara occidental composées de Berbères* et de Noirs habitant principalement en Mauritanie (d'où leur nom). Au Moyen Âge, le nom de Maures s'appliquait aux musulmans* qui occupèrent, à partir du VIIIᵉ siècle, une grande partie de l'Espagne. Voir Morisques.

MAURIAC, François (Bordeaux, 1885-Paris, 1970). Écrivain et journaliste français. Chrétien d'éducation et de conviction, Mauriac composa une œuvre marquée par un spiritualisme amer et angoissé. Il fut l'auteur de romans sur la vie provinciale (*Génitrix*, 1923 ; *Thérèse Desqueyroux*, 1927 ; *Le Nœud de vipères*, 1932) et de pièces de théâtre (*Asmodée*, 1938 ; *Les Mal-Aimés*, 1945). Mauriac fut aussi un journaliste et un polémiste de talent. Il se dressa contre le franquisme, l'occupation allemande, les excès de l'épuration* et la guerre d'Algérie* et défendit les idéaux gaullistes. Ses articles et notes ont été consignés dans *Journal* (1934-1951), *Le Cahier noir* écrit durant la Résistance et le *Bloc-Notes* (1958 et 1961). Membre de l'Académie* française en 1933, il reçut le prix Nobel* de littérature en 1952.

MAUROY, Pierre (Cartignies, 1928-). Homme politique français. Socialiste, député du Nord et maire de Lille depuis 1973, il fut Premier ministre (1981-1984) après l'élection à la présidence de la République de François Mitterrand*. Il s'employa lors de la première année à réaliser le programme présidentiel : nationalisations, décentralisation, abolition de la peine de mort, mesures sociales et économiques destinées à relancer l'activité économique et à réduire les inégalités. Après avoir suivi, à partir de 1982, une politique de « rigueur » face aux difficultés économiques, il fut remplacé par Laurent Fabius*. Pierre Mauroy fut secrétaire du PS* (1988-1992).

MAURRAS, Charles (Martigues, 1868-Tours, 1952). Écrivain et homme politique français, il eut, à travers le quotidien *L'Action* *française*, une influence importante sur la partie la plus conservatrice de l'opinion française. Contre toute pensée romantique, jugée irrationnelle et décadente, Maurras défendit dans ses ouvrages une esthétique néo-classique fondée sur les humanités gréco-latines, le culte de l'ordre et de la raison (*L'Avenir de l'intelligence*, 1900 ; *Anthinéa*, 1901 ; *Romantisme et révolution*, 1925). Antidreyfusard farouche, principal animateur de L'Action française (1908-1944), il considérait la démocratie comme responsable de la décadence française et se fit l'apôtre d'un « nationalisme intégral » (*Mes idées politiques*, 1937) et d'un retour à la forme monarchique de l'État comme principe d'ordre. Accusé de se servir de l'Église à des fins politiques, Maurras fut condamné par Rome (1926), cinq de ses livres et son mouvement étant mis à l'index* (jusqu'en 1939) par un décret du Saint-Office*. Violemment opposé à la fois au monde germanique et anglo-saxon, Maurras, par anticommunisme, soutint le régime de Vichy*, dénonçant dans *L'Action française* les juifs*, les francs-maçons, et la Résistance*. Pour avoir soutenu Pétain*, il fut condamné à la réclusion perpétuelle (1945) et gracié en 1952, peu de temps avant sa mort. Voir Barrès (Maurice), Dreyfus (Alfred), Néo-Classicisme.

MAURY, Jean Siffrein (Valréas, 1746-Rome, 1817). Prélat français. Il fut lors de la Révolution* française l'un des chefs de file du parti royaliste, défenseur contre Mirabeau* de la monarchie absolue, rallié ensuite à l'Empire. Célèbre prédicateur, député du clergé aux États* généraux (1789), il défendit violemment à l'Assemblée* nationale constituante l'Ancien* Régime, s'opposant à la Constitution* civile du clergé. Émigré à Rome en 1792, archevêque de Nicée en 1794, il revint en France en 1806 où Napoléon* le fit nommer archevêque de Paris (1810), mais dut abandonner ses fonctions en 1814.

MAURYA. Nom donné à une grande dynastie de l'Inde* ancienne (IVe-IIe siècle av. J.-C.). Elle réalisa l'unité d'une grande partie du pays. La dynastie Maurya fut fondée vers 320 av. J.-C. dans le Maghada (région au sud du Gange*) par Chandragupta*, qui constitua un puissant empire entre l'Indus* et le Gange. Son apogée se situe sous le règne de l'empereur Açoka* (269-232 av. J.-C.).

MAX LE LONG. Nom donné à un canon fabriqué par l'industriel allemand Krupp*, qui bombarda Paris lors de la Première Guerre* mondiale, sur des distances comprises entre 90 et 120 km. Voir Bertha.

MAXIMILIEN de Habsbourg (Vienne, 1832-Querétaro, 1867). Archiduc d'Autriche puis empereur du Mexique (1864-1867). Marié à la princesse Charlotte, fille du roi des Belges Léopold Ier*, Maximilien fut d'abord cantonné dans des postes sans responsabilité par son frère aîné, l'empereur François-Joseph*. En 1863, Napoléon III*, désireux de se rapprocher de l'Autriche, mais aussi de lui accorder une compensation pour sa perte de la Lombardie* (campagne d'Italie*, 1859), offrit à Maximilien la couronne impériale du Mexique. Il ne put cependant triompher de l'opposition nationaliste du président Juárez* et, abandonné des Français, fut capturé et fusillé. Voir Mexique (Guerre du).

MAXIMILIEN DE BADE ou MAX DE BADE, prince (Baden-Baden, 1867-Salem, Constance, 1929). Homme politique allemand. Nommé chancelier* par l'empereur Guillaume II* (octobre 1918), il proposa l'armistice au président américain Woodrow Wilson*, et conseilla l'abdication de l'empereur. Lorsque la République allemande fut proclamée à Weimar, il dut s'effacer devant Ebert*. Voir Weimar (République de).

MAXIMILIEN Ier (Wiener Neustadt, 1459-Wels, 1519). Archiduc d'Autriche, roi des Romains (1486) et empereur (1508-1519). Par ses alliances matrimoniales et politiques, il peut être considéré comme le vrai fondateur de la puissance des Habsbourg*. Il légua à Charles* Quint, son petit-fils et successeur, un empire qui dominait la moitié de l'Europe. Fils de Frédéric III, il épousa Marie de Bourgogne, fille et unique héritière de Charles* le Téméraire mais dut défendre ses possessions contre Louis XI*. Vaincu, celui-ci dut, par la paix d'Arras, lui céder la Franche-Comté et les Pays-Bas. Il lutta aussi contre les révoltes de Gand et de Liège, hostiles après la mort de sa femme à l'intégration des Flandres* au Saint* Empire. Ses entreprises militaires dans l'Empire et en Italie furent moins heureuses. Il dut reconnaître en 1499, par le traité de Bâle, l'indépendance des cantons suisses. Remarié à la fille du duc de Milan, Blanche-Marie Sforza, il s'opposa à François Ier* à qui il dut céder le Milanais. Mais c'est par sa politique d'alliances matrimoniales que Maximilien, plus qu'aucun autre Habsbourg, réussit à fonder la puissance de la maison d'Autriche. Le roi de France Charles VIII*, ayant épousé Anne de Bretagne, restitua à Maximilien l'Artois et la Franche-Comté, dot de Marguerite* d'Autriche qui lui était promise. Maximilien maria son fils, Philippe le Beau, à Jeanne la Folle (1496), héritière des Rois Catholiques d'Espagne, préparant ainsi l'immense héritage de Charles Quint. Il négocia enfin le mariage de son petit-fils, Ferdinand, avec l'héritière de Ladislas II Jagellon, ce qui devait faire passer les couronnes de Bohême et de Hongrie aux Habsbourg (1515). Très importante aussi fut son œuvre de réorganisation administrative. Dans ses États disparates, il jeta les bases d'une centralisation moderne, créant en particulier dans l'Empire divisé en « dix cercles » un tribunal suprême et une chancellerie. Une armée permanente fut instituée et des universités, à Vienne et à Ingolstadt, furent créées. Maximilien, ami de Dürer* et des humanistes, surnommé « le dernier chevalier », vit la fin de son règne marquée par les débuts de la Réforme*. Voir Humanisme, Isabelle Iʳᵉ.

MAXIMUM GÉNÉRAL (Loi du, 29 septembre 1793). Sous la Révolution* française, la hausse vertigineuse des prix provoquée par la dépréciation des assignats* obligea la Convention* à voter la loi du maximum général sur les denrées de première nécessité, mais aussi les salaires. La loi du maximum, mal appliquée, provoqua un mécontentement général et fut abolie par la Convention le 24 décembre 1794.

MAYAS. Peuple d'Amérique centrale, fondateur d'une brillante civilisation qui s'étendit, à son apogée (250-950), sur une partie du Mexique (Yucatan, Chiapas), au Guatemala et à l'ouest du Honduras. Parmi les trois périodes qui jalonnent l'histoire des Mayas (période préclassique : 2000 av. J.-C.-250 ap. J.-C., classique : 250-950 et post-classique : 950-1500), l'apogée de leur civilisation se situa à la deuxième période. Elle fut notamment marquée par la création d'une écriture hiéroglyphique très élaborée, d'un calendrier solaire de 365 jours et par la fabrication de poteries polychromes. On peut citer parmi les principaux sites mayas Tikal au Guatemala (temples, pyramides), Copan au Honduras (stèles colossales), Palenque (temples funéraires dit du Soleil et de la Croix-Feuillue ; pyramide nécropole dite des Inscriptions) et Bonampak (peintures) au Mexique. Voir Aztèques, Incas.

MAYFLOWER. Nom donné au navire qui amena les Pères Pèlerins* en Amérique. Ils débarquèrent à Cape Cod sur les côtes du Massachusetts* et fondèrent la colonie de Plymouth en Nouvelle-Angleterre (1620) qui devint un véritable État puritain, organisé sur des bases théocratiques. Voir Puritains.

MAZARIN, Jules, Giulio Mazarini, en fr. (Pescina, 1602-Vincennes, 1661). Cardinal et homme politique français d'origine italienne. Ministre de la régente Anne* d'Autriche, il fut l'un des plus brillants hommes d'État du XVIIᵉ siècle. Il mit fin à la guerre contre l'Espagne et, vainqueur de la Fronde*, renforça l'autorité royale, menant à son terme l'œuvre inaugurée par Richelieu* et préparant ainsi l'absolutisme de Louis XIV*. Capitaine dans l'armée pontificale, puis diplomate au service du pape, il fut envoyé en mission en France, où il rencontra Richelieu (1630) qui le fit passer au service de Louis XIII*, naturaliser puis nommer cardinal (1641). Entré au Conseil royal après la mort de Richelieu (1642), il resta le principal ministre de la régente Anne d'Autriche, dont il fut selon certains l'amant voire le mari. À peine au pouvoir, Mazarin dut affronter, une première fois, l'hostilité des grands (cabale des Importants*, 1643), dépossédés depuis Henri IV* d'une partie de leurs attributions traditionnelles dans le Conseil du roi. À l'extérieur, les succès militaires et diplomatiques, mettant un terme à la guerre de Trente* Ans (traités de Westphalie*, 1648) aggravèrent cependant les difficultés financières que le ministre tenta de résorber par la multiplication de mesures fiscales de plus en plus impopulaires. Ce fut l'une d'entre elles, visant les membres des cours souveraines, qui déclencha la Fronde parlementaire (1648), dont Mazarin, indifférent au déchaînement des pamphlets (mazarinades), vint à bout (paix de Rueil, 1649) en divisant les adversaires. La Fronde des princes lui succéda immédiatement, amplifiée par l'arrestation de Condé* (1650). Contraint à deux reprises de s'exiler (1651 et 1652), il n'en continua pas moins à gouverner par l'intermédiaire d'Anne d'Autriche et de fidèles collaborateurs (Lionne*, Le Tellier*). Sorti finalement vainqueur de l'épreuve, il rentra à Paris acclamé par le peuple lassé par la guerre et resta plus puissant que jamais jusqu'à sa mort. Il s'attacha à l'intérieur à restaurer l'autorité royale en restreignant les droits du Parlement et en luttant contre les jansénistes. À l'extérieur, il mit fin à la guerre contre l'Espagne (paix des Pyrénées*, 1659) et fut l'arbitre de la guerre du Nord* entre les puissances de la Baltique. Mazarin, grand politique, fut aussi grand mécène, ayant acquis sans scrupule une immense fortune. Il créa l'Académie royale de peinture et de sculpture (1648) et reconstitua après la Fronde une grande bibliothèque (l'actuelle bibliothèque Mazarine). Voir Jansénisme.

MAZDÉISME. Nom donné dans l'Iran antique à la religion de Zoroastre* (ou Zarathoustra). De nos jours, les Parsis (zoroastriens vivant en Inde*), ont repris le nom ancien d'Ahura Mazdā, dieu créateur, pour désigner leur dieu et se déclarent « mazdéens ». Les Parsis (Persans) avaient, vers le xe siècle, émigré vers l'Inde du Nord-Ouest pour échapper à la domination musulmane.

MAZZINI, Giuseppe (Gênes, 1805 ou 1808-Pise, 1872). Patriote italien, il fut l'un des promoteurs de l'unité italienne. Compromis avec les carbonari, il se réfugia en France (1831) où il fonda le mouvement Jeune-Italie, société secrète destinée à libérer l'Italie de la domination autrichienne,

afin d'y établir une République unitaire. Après plusieurs conspirations et insurrections manquées contre l'Autriche (1833-1837), Mazzini s'installa à Londres où il publia *Foi et avenir* (1835) et *Devoirs de l'homme* (1837). Rentré en Italie en 1848, il participa à la fondation de la République à Rome (1849) jusqu'au rétablissement de l'autorité pontificale par les troupes françaises d'Oudinot*. Exilé à l'étranger, Mazzini poursuivit ses activités de conspirateur, puis fut arrêté en Sicile en 1870. Amnistié, il mourut peu après. Voir Carbonarisme, Cavour (Camillo Benso, comte de), Gioberti (Vincenzo), Risorgimento.

McCARTHY, Joseph (près d'Appleton, Wisconstin, 1908-Bethesda, Maryland, 1957). Homme politique américain. Sénateur républicain du Wisconstin en 1947, il se fit remarquer par ses violentes campagnes anticommunistes dans les années 1950. Cette « chasse aux sorcières » visait de nombreuses personnalités politiques et intellectuelles soupçonnées de sympathies communistes. Le maccarthysme* fut désavoué par le Sénat en 1954. Voir Guerre froide.

McKINLEY, William (Niles, Ohio, 1843-Buffalo, État de New York, 1901). Homme politique américain. Président républicain des États-Unis, élu en 1896 et réélu en 1900, il se fit le champion du protectionnisme et développa une politique impérialiste. En 1890, député républicain au Congrès, il fit voter des droits de douane particulièrement élevés. Devenu président des États-Unis, il engagea les États-Unis dans une guerre contre l'Espagne (1898), ce qui permit au pays d'acquérir Porto-Rico, l'île de Guam, et les Philippines. Réélu en 1900, il fut assassiné par un anarchiste et Theodore Roosevelt*, son vice-président, lui succéda. Voir Anarchisme, Hispano-américaine (Guerre).

MÉCÈNE (v. 69-8 av. J.-C.). Poète romain, ami de l'empereur Auguste* et issu de l'ordre équestre*. Il encouragea les lettres et les arts, ouvrant sa maison à des écrivains brillants comme Virgile*, Horace* et Properce*. Son nom est devenu synonyme de protecteur des arts. Il possédait sur l'Esquilin* d'admirables jardins.

MECQUE (La). Ville de l'Arabie Saoudite située à environ 80 km de la mer Rouge. Elle est devenue, depuis Mahomet*, la Ville sainte de l'islam* et le but de pèlerinage de tous les musulmans. Le territoire de La Mecque est interdit à tous les non-musulmans. Au centre de la Grande Mosquée se trouve la Ka°ba*, vers laquelle se tournent pour prier les musulmans du monde entier. La Mecque fut aux VI⁰ et VII⁰ siècles un important centre commercial (au croisement de pistes caravanières) et religieux. Mahomet y fit ses premières prédications mais, en butte à l'hostilité des riches marchands de la ville, il dut partir pour Médine*. Il revint à La Mecque en 630 et rattacha l'islam au culte de la Ka°ba. Le grand pèlerinage rassemble chaque année environ 2 millions de personnes.

MÈDES. Peuple de l'Iran ancien installé dès le II⁰ millénaire av. J.-C. au nord-ouest du plateau iranien. D'abord divisés en royaumes, les Mèdes s'unifièrent sous l'autorité d'un roi au VII⁰ siècle av. J.-C. Alliés au souverain de Babylone*, ils mirent fin à l'Empire assyrien (prise de Ninive* en 612 av. J.-C.) et formèrent un immense empire débordant largement le plateau iranien. Cet empire fut renversé vers 550 av. J.-C. par un chef perse, Cyrus II*. Les Mèdes firent désormais partie du nouvel Empire perse. Voir Assyrie, Ecbatane, Médiques (Guerres), Perses.

MÉDICIS. Puissante famille italienne de marchands et de banquiers qui joua un rôle déterminant dans l'histoire de Florence* et de la Toscane du XV⁰ au XVIII⁰ siècle, mais aussi dans la vie culturelle de l'Europe. Le mécénat des Médicis permit en particulier à Florence d'être l'un des centres de la Renaissance* italienne. Ses plus illustres re-

présentants furent Cosme* de Médicis et son petit-fils Laurent* le Magnifique.

MÉDINE. Ville d'Arabie Saoudite située à 350 km au nord-ouest de La Mecque*. Elle est la deuxième Ville sainte de l'islam* après La Mecque, interdite aux musulmans. La Grande Mosquée, construite au VIII⁰ siècle, abrite le tombeau de Mahomet* et de sa fille Fatima*. Fuyant La Mecque, Mahomet se réfugia à Yathrib (622) qui prit le nom de Médine (« Ville du Prophète »). Il convertit et unifia la population puis fit de la ville le point de départ de la reconquête de La Mecque. Médine fut aussi le lieu de résidence des premiers califes*. Voir Hégire.

MÉDIQUES (Guerres). Nom donné par les Grecs (médiques vient de Mèdes*) aux conflits qui les opposèrent à l'Empire perse dans la première moitié du V⁰ siècle av. J.-C. Ces guerres eurent pour origine la révolte des cités grecques d'Asie* Mineure (499 av. J. C) auxquelles Athènes* apporta son aide. Après avoir réprimé cette rébellion, Darius I⁰ʳ* décida de soumettre la Grèce*. Sa première campagne (appelée première guerre Médique) se termina par sa défaite à Marathon* (490 av. J.-C.). Dix ans plus tard, son successeur Xerxès I⁰ʳ* rouvrit les hostilités (deuxième guerre Médique). À la tête d'une armée gigantesque (300 000 soldats, 800 vaisseaux de guerre), il franchit l'Hellespont (détroit des Dardanelles) sur un pont formé par des bateaux, traversa la Grèce, brisa aux Thermopyles* la résistance de Sparte*, s'empara d'Athènes qu'il incendia après l'avoir vidée de sa population. Mais la flotte perse fut battue à Salamine*, et une partie de l'armée anéantie à Platées*. Après une dernière défaite perse près du cap Mycale* (en Ionie*), les cités grecques d'Asie retrouvèrent leur indépendance. À la tête de la ligue de Délos*, Athènes poursuivit la guerre. La paix signée en 449 av. J.-C. avec le Grand Roi mettra définitivement fin aux guerres Médiques auxquelles aunt surtout participé Athènes et Sparte. oir Perses.

ÉGALITHE. Grand monument de erre (menhir* et dolmen*) probablement destination religieuse, construit au néohique*, à la fin de la préhistoire*. On ouve des mégalithes dans toutes les pares du monde, mais les plus nombreux et s plus anciens se situent en Europe ocdentale (France, Espagne, Portugal, rande-Bretagne). Ils sont ornés de figus animales (serpents, poulpes, bœufs, ièvres, moutons), humaines (assez rares), : dessins schématiques (bateaux, armes) de nombreux symboles. Les techniques : mise en place des mégalithes restent enre mystérieuses mais leur présence est la euve de l'existence d'une société orgasée disposant d'une main-d'œuvre enaînée et disciplinée.

IÉGARON. Salle rectangulaire encadrée : quatre colonnes soutenant le toit. Au ntre de la pièce se trouve un foyer rond ke auquel correspond une ouverture dans toit. Ce type d'habitation semble être apuru en Grèce* dès le IVe millénaire av. -C. Il constituait chez les Achéens* le eur de la maison, à la fois salle de répption, cuisine et salle à manger. À l'épone mycénienne*, le mégaron était la pièce incipale du palais. Il était composé d'un orche d'entrée à deux colonnes, d'une itichambre et de la grande salle à quatre olonnes avec un foyer circulaire au cen. C'était là que le prince avait son trône, ésidait aux réunions et aux banquets. Ce pe de bâtiment annonce le plan futur du mple* grec.

IÉHÉMET-ALI, en ar., MUHAMIAD-'ALI (Kavála, 1769-Alexandrie, 349). Vice-roi d'Égypte* (1805-1848) et indateur de la dynastie qui régna sur Égypte jusqu'en 1952, il fit de ce pays un tat moderne et fut le précurseur du réveil ı monde arabe. Officier de l'armée ottoane, il vint en Égypte combattre Bonaarte*, puis s'empara du pouvoir en 1804.

Reconnu pacha d'Égypte par le sultan, il combattit la puissance des Mamelouks* (1811) et devint le véritable maître du pays. Après s'être doté d'une armée et d'une marine modernes, Méhémet-Ali se lança dans une politique de conquêtes. Il s'empara du Soudan septentrional (1820-1823), fondant Khartoum, puis combattit les insurgés grecs (1824-1827) aux côtés des Ottomans qui lui cédèrent, par reconnaissance, la Crète mais lui refusèrent la Syrie*. Méhémet-Ali conquit alors la Syrie-Palestine (1831-1839), occupant même l'Anatolie* turque (1831). Mais sous la pression de l'Angleterre, il se résigna à abandonner ses conquêtes, le sultan lui accordant en compensation la possession héréditaire de l'Égypte et du Soudan (1840). Remarquable administrateur, Méhémet-Ali s'employa à faire de l'Égypte, avec l'aide de techniciens européens, un État moderne. Il confisqua les terres au profit de l'État ou des fermiers de l'impôt (1814), développa le réseau des routes et des canaux, créa des ateliers industriels, développa l'instruction et envoya des étudiants en Europe. Voir Indépendance grecque (Guerre de l'), Navarin (Bataille de).

MEHMED II LE CONQUÉRANT (Edirne, 1432-Tekfur Cayiri, entre Üskudar et Gebze, 1481). Sultan ottoman (1451-1481). Il agrandit par ses conquêtes l'Empire ottoman* qui devint une grande puissance. Mehmed II s'empara de Constantinople* (29 mai 1453) et en fit sa capitale sous le nom d'Istanbul*. Il occupa ensuite les comptoirs génois de la mer Noire et Lesbos en mer Égée, et acheva la conquête des Balkans* (Serbie*, Bosnie, Herzégovine) et de l'Asie* Mineure (Trébizonde). Mais il ne put chasser les Vénitiens de leurs possessions en Morée (Péloponnèse* en Grèce). Voir Bosnie-Herzégovine, Gênes, Soliman Ier, Venise.

MEIJI (Ère). Nom donné dans l'histoire du Japon à la période allant de 1868 à

1912, *meiji* signifiant « époque éclairée ». Elle correspondit à l'abolition du shogunat* et à la restauration du pouvoir impérial sous le règne de Mutsuhito* (1867-1912). Durant cette période, le Japon devint un État moderne s'ouvrant aux techniques économiques, militaires et administratives de l'Occident. La féodalité fut supprimée et la monarchie constitutionnelle héréditaire établie. L'industrialisation, très rapide, fit du Japon une puissance incontestée en Extrême-Orient, victorieuse de la Chine (1894-1895) puis de la Russie (1904-1905). Voir Russo-japonaise (Guerre), Sino-japonaise (Guerre).

MEIJI TENNŌ (Kyotō, 1852-Tokyo, 1912). Nom posthume – signifiant en japonais « gouvernement éclairé » – donné au 122ᵉ empereur du Japon, Mutsuhito, qui régna de 1867 à 1912. Il mit en place une série de réformes bouleversant définitivement les structures du Japon qui devint un État moderne et une grande puissance incontestée en Extrême-Orient. Après avoir succédé à son père, Mutsuhito transféra sa capitale à Edo* qu'il rebaptisa Tokyo* et rétablit le pouvoir civil en abolissant le shogunat* des Tokugawa*, mettant ainsi fin à sept cents ans de pouvoir militaire. Il manifesta aussi sa volonté de réformes et d'occidentalisation en opérant une réforme profonde de l'État. La Constitution de 1889, tout en continuant à reconnaître l'origine divine de l'empereur et en lui conservant les pouvoirs suprêmes, établit un régime constitutionnel. Parallèlement, il permit l'introduction au Japon des idées et des techniques occidentales : adoption d'un code judiciaire et du calendrier grégorien, réorganisation de l'armée et de la marine et surtout industrialisation poussée qui permit au Japon de gagner deux guerres successives, l'une contre la Chine (1894-1895), l'autre contre la Russie (1904-1905), mais aussi d'annexer la Corée en 1910. L'empereur Meiji eut pour

successeur son fils Yoshihito*. Voir Meiji (Ère).

MEIN KAMPF, en fr. *Mon Combat*. Ouvrage écrit par Adolf Hitler* lors de son séjour en prison en 1924 après le putsch manqué de Munich (novembre 1923) et publié en 1925. Il y expose les principes du national-socialisme* : antisémitisme, supériorité de la race germanique et nécessité de la conquête d'un espace vital (*Lebensraum*) indispensable à son épanouissement, culte de la force. Le premier volume parut en 1925 : 450 000 exemplaires furent vendus entre 1925 et 1932, 1 million pour la seule année 1933.

MEIR, Golda (Kiev, 1898-Jérusalem, 1978). Femme politique israélienne. Elle fut Premier ministre de l'État d'Israël* de 1969 à 1974. D'abord émigrée aux États-Unis (1906), elle milita dans des organisations sionistes avant de s'installer, en 1921, en Palestine, où elle adhéra au Parti social-démocrate (Mapai*). Premier ambassadeur de l'État d'Israël en URSS (1948), elle fut ministre du Travail et des Affaires sociales (1949-1956), puis ministre des Affaires étrangères (1956-1966). Secrétaire général du parti Mapai (1966), elle parvint à constituer en 1968 un Parti travailliste unifié (Mapai et Mapam). Premier ministre en 1969, elle refusa fermement la restitution des territoires occupés par Israël en 1967 (guerre des Six* Jours). Refusant en octobre 1973 de prendre l'initiative d'une attaque préventive contre l'Égypte et la Syrie*, quelques heures avant le déclenchement de l'offensive menée par ces deux pays (guerre du Kippour*), elle fut rendue responsable, ainsi que son ministre de la Défense, le général Dayan*, des premiers revers subis par les Israéliens et dut démissionner en 1974. Voir Ben Gourion (David), Israélo-arab (Quatrième guerre), Peres (Shimon).

MELANCHTHON, Philipp SCHWARZERD, hellénisé en (Bretten, 1497-Wittenberg, 1560). Réformateur religieux al nand, principal disciple de Luther*. près avoir reçu une éducation humaniste, fut professeur de grec à l'université de ittenberg où Luther enseignait la théo- gie. Il devint son disciple et rédigea en 21 ses *Loci communes theologiae*, pre- er exposé de la théologie luthérienne. Il 1a un rôle capital à la Diète d'Augsbourg il présenta sa *Confession* d'Augs- urg*, dans laquelle il exposait avec mo- ration les dogmes du luthéranisme*. À tête du mouvement luthérien à la mort Luther (1546), il tenta de concilier les ergences entre les divers courants de la forme*, mais aussi entre protestants* et tholiques*. Voir Anglicanisme, Calvi- me.

ÉLIÈS, Georges (Paris, 1861-*id.*, 38). Cinéaste français. Il fut le créateur la mise en scène et le père de l'art ciné- tographique. Il édifia aussi le premier telier de pose », ancêtre des studios. In- nteur des trucages, il réalisa des centai- s de petits films (1896-1913).

EMNON (Colosses de). Immenses sta- es qui ornaient le temple funéraire (au- ird'hui disparu) dédié à Aménophis III, araon* du Nouvel* Empire. Situées sur rive gauche du Nil*, en face de Karnak*, sont les Grecs qui leur donnèrent le nom Memnon, héros* de leur mythologie*, s de l'Amour et de Tikhonos, roi des hiopiens qui, lors du siège de Troie*, nt au secours de Priam et périt tué par :hille. Voir Homère.

EMPHIS. Cité de l'Égypte* ancienne, pitale des pharaons* de l'Ancien* Em- e. Elles est située en Basse-Égypte*, à km au sud du Caire. Voir Gizèh (Py- nides de), Ptah.

ENCHEVIK. Nom donné aux modérés Parti ouvrier social-démocrate* de Rus- qui furent mis en minorité (d'où leur m *menchevik* : minorité) lors du II⁰ con- s réuni en 1903. À l'inverse des bol- eviks* conduits par Lénine*, les men- eviks s'opposaient à une révolution

socialiste immédiate et à la dictature du prolétariat. Ils souhaitaient une évolution progressive, le parti devant s'allier, dans une première phase, avec la bourgeoisie progressiste, afin de réaliser la démocratie politique. Le chef de file des mencheviks fut un ancien ami de Lénine, Martov*. Après la révolution de Février 1917 et l'abdication de Nicolas II*, les menche- viks et les socialistes-révolutionnaires (SR*) dominèrent le soviet* de Petrograd, mais ils s'opposèrent aux bolcheviks ré- clamant « tout le pouvoir aux soviets ». Les mencheviks furent éliminés du pou- voir après la révolution d'Octobre 1917. Voir Révolutions russes de 1917, Socia- lisme.

MENCHIKOV ou **MENTCHIKOV, Aleksandr Danilovitch, prince** (Moscou, 1673-Berezovo, 1729). Homme politique russe. D'abord ami de Pierre Iᵉʳ* le Grand, il exerça sous le règne de Catherine Iᵉʳᵉ*, dont il avait été le favori, une véritable dic- tature. Exilé à l'avènement de Pierre II*, ses biens immenses furent confisqués. Menchikov avait dirigé la construction de Saint-Pétersbourg.

MENCHIKOV, Aleksandr Sergueïé- vitch, prince (Saint-Pétersbourg, 1787- *id.*, 1869). Amiral et diplomate russe, il prit part à la guerre de Crimée* (1854-1856) mais fut battu par les armées franco-britanniques. Envoyé comme am- bassadeur extraordinaire par Nicolas Iᵉʳ* à Constantinople* (1853) afin d'y faire re- connaître le protectorat russe sur les chré- tiens* orthodoxes de l'Empire ottoman*, il échoua dans sa mission et provoqua la rup- ture avec la Turquie. Lors de la guerre de Crimée, il fut à plusieurs reprises battu, notamment à Alma* et Inkerman*.

MENDELSSOHN-BARTHOLDY, Fé- lix (Hambourg, 1809-Leipzig, 1847). Compositeur allemand. Bien que sa sensi- bilité poétique fût celle d'un vrai roman- tique, il peut être considéré comme le der- nier grand classique. Issu d'une famille juive, riche, influente et cultivée, convertie au luthéranisme*, il témoigna très jeune de dons exceptionnels pour la musique. Après une mémorable exécution à Berlin de la *Passion selon saint Matthieu* de Jean-Sébastien Bach* (1826), qui permit une véritable résurrection de l'œuvre du maître, il engagea une carrière professionnelle brillante. Renommé en Europe pour ses activités de chef d'orchestre et de compositeur, il fonda le conservatoire de Leipzig qui devint, grâce à lui, la capitale musicale de l'Allemagne. Il composa notamment des musiques de scène (*Le Songe d'une nuit d'été*, 1843), des Oratorios, des Symphonies (*Réformation*, 1832 ; l'*Italienne*, 1833), de la musique de chambre et de clavier, ainsi que son très célèbre *Concerto pour violon n° 2*.

MENDERES, Adnan (Aydin, 1899-île d'Imrali, 1961). Homme politique turc. Fondateur du Parti démocrate (1946), Premier ministre (1950-1960), il fit entrer la Turquie dans l'OTAN* et pratiqua à l'intérieur une politique de libéralisme* économique. Cependant, confronté à un grave malaise social (inflation, difficultés économiques, absence de toute réforme sociale), il fut renversé par un coup d'État militaire (mai 1960), dirigé par le général Gürsel. Arrêté en 1961, il fut condamné à mort et pendu. Voir Inönü (Ismet).

MENDÈS FRANCE, Pierre (Paris, 1907-*id.*, 1982). Homme politique français. Radical-socialiste, président du Conseil durant sept mois (1954-1955), il marqua durablement la vie politique française. Issu d'une famille juive de commerçants aisés, docteur en droit, diplômé de l'École libre des sciences politiques, Mendès France fut le plus jeune avocat de France (19 ans), le plus jeune docteur en droit (21 ans), le plus jeune député (25 ans) et le plus jeune ministre (31 ans). Député radical-socialiste de l'Eure à partir de 1932, technicien des finances, il fut sous-secrétaire d'État au Trésor dans le se-

cond cabinet Blum* (1938). Mobilisé en 1939, il fut arrêté en août 1940 par le gouvernement de Vichy* après avoir tenté de gagner le Maroc à bord du *Massilia*. Condamné à six ans de prison pour désertion, il s'évada et rejoignit en 1942 le général de Gaulle* à Londres où il combattit dans les Forces aériennes françaises libres avec le groupe Lorraine. Commissaire aux Finances dans le Comité* français de libération nationale à Alger, il devint ministre de l'Économie (septembre 1944) dans le gouvernement* provisoire formé par de Gaulle. Partisan d'une politique d'austérité, il s'opposa à René Pleven*, ministre des Finances, et démissionna avec éclat (avril 1945). Député de l'Eure (1946-1958), il représenta la France dans différents organismes financiers internationaux comme le Fonds* monétaire international et la Banque* internationale pour la reconstruction et le développement. Son hostilité aux combinaisons politiques du début de la Quatrième République* et à la politique économique puis, à partir de 1950, à la guerre d'Indochine*, provoqua en sa faveur un mouvement d'opinion favorable appuyé par *L'Express*, journal militant du mendésisme et par de nombreux intellectuels et écrivains (François Mauriac*, Maurice Merleau-Ponty, Alfred Sauvy). Situé à la gauche du Parti radical*, Mendès France devint président du Conseil et ministre des Affaires étrangères en juin 1954 après la défaite française de Diên* Biên Phu et se donna un mois pour conclure la paix en Indochine (conférence de Genève*, 1954). Il donna l'autonomie à la Tunisie (discours de Carthage, août 1954) qui ouvrit la voie à l'indépendance, laissa rejeter par l'Assemblée la Communauté* européenne de défense (CED), ce qui lui aliéna tous les députés européens (le MRP*) et dut faire face au déclenchement de l'insurrection algérienne (novembre 1954). Renversé le 5 février 1955, Mendès France, vice-président du Parti racal, fonda alors le Front républicain 955-1957), rassemblement de la gauche on communiste qui remporta de nombreux sièges aux élections législatives de nvier 1956. Ministre d'État dans le gouvernement Guy Mollet* (janvier 1956), il missionna au bout de trois mois en signe e protestation contre la politique algéenne de ce dernier. Après l'insurrection u 13 mai* 1958 à Alger, il opta pour le non général de Gaulle, dont il ne cessera de itiquer les choix économiques et le réme « ultra-présidentiel ». Membre du rti* socialiste unifié (PSU) après avoir itté le Parti radical, il fut battu en 1962 à vreux, élu en 1967 à Grenoble mais battu année suivante. Il soutint enfin la canditure de Gaston Defferre* aux élections ésidentielles de 1969 mais ce fut un échec isant. Retiré de la vie politique à partir de 173, il apporta néanmoins son soutien à union de la gauche et soutint la candidare de François Mitterrand* aux élections ésidentielles de 1981. Mendès France est sté 232 jours au pouvoir et a connu de ombreuses défaites électorales mais sa rieur intellectuelle et son intégrité morale t fait de lui un maître à penser d'une pare de la gauche française.

ENDIANTS (Ordres). Nom donné aux dres religieux vivant en principe de la enfaisance publique, leur règle leur interdisant toute propriété individuelle ou mmune. Les quatre principaux Ordres endiants furent les dominicains*, les anciscains*, les ermites de Saint-Augusn* et les carmes*. Apparus au XIII⁰ siècle réaction contre l'enrichissement excesf des monastères bénédictins* et cisterens*, les Ordres mendiants furent de ands prédicateurs auprès des populations baines au Moyen Âge. Mais aussi mêlés la vie universitaire, ils jouèrent, au III⁰ siècle, un rôle intellectuel de premier an.

ÉNÈS (début du III⁰ millénaire). Premier pharaon* de l'Égypte* ancienne,

créateur de la ville de Memphis*, qui aurait unifié la Basse et la Haute-Égypte*.

MENGISTU, Hailé Mariam (région de Harar, 1937-). Homme politique éthiopien. Président depuis 1977 du Comité de coordination constitué par des officiers réformistes, qui renversa en 1974 l'empereur Hailé* Sélassié, Mengistu imposa un régime autoritaire, se réclamant du marxisme-léninisme et soutenu par l'URSS. Le gouvernement dut faire face à la rébellion de l'Ogaden* et de l'Érythrée*, mais aussi à une grave famine. En 1987, le Comité militaire (*Derg*) fut dissous et Mengistu fut élu président de la République populaire et démocratique nouvellement proclamée. Il a abandonné le pouvoir en 1991. Méles Zenawi lui a succédé.

MENHIR. Grand monument de pierre allongé et dressé verticalement, construit au néolithique* (fin de la préhistoire*). On en trouve dans une grande partie du monde mais les plus nombreux se situent en Europe occidentale. La France en compte environ 5 000 (contre 4 500 dolmens*), situés principalement en Bretagne. La plupart des menhirs ont de 3 à 6 m de haut, mais certains atteignent une taille impressionnante. Le plus grand (20, 30 m de hauteur) est celui de Locmariaquer* (Bretagne). Ils se présentent généralement en groupes alignés (Carnac*) ou disposés en cercle (Stonehenge*) et sont souvent associés aux dolmens. Mais contrairement à ces derniers, ils n'étaient pas des monuments funéraires. Leur emplacement, leur position et leur orientation pourraient indiquer qu'ils étaient en rapport avec un culte solaire ou un culte de la fécondité. Voir Mégalithe.

MENTON (Homme de). Voir Grimaldi.

MERCANTILISME. Doctrine qui inspira, entre le XVI⁰ et le début du XVIII⁰ siècle, la politique économique des États de l'Europe occidentale. La formation de grands États nationaux (Espagne, France, Angleterre) à tendance absolutiste et l'afflux des métaux précieux en Europe après les Grandes Découvertes* favorisèrent cette politique. L'idée principale du mercantilisme affirmait que la puissance d'une nation résidait dans la quantité de métaux précieux qu'elle détenait. Son objectif était donc d'augmenter le stock monétaire, l'État, pour y parvenir, devant pratiquer une politique dirigiste souvent très contraignante. En Espagne, on appliqua la forme la plus simple du mercantilisme appelée « bullionisme » (du mot anglais *bullion* : lingot d'or ou d'argent) : la sortie d'or et d'argent était interdite, les exportateurs espagnols devaient rapatrier sous forme de numéraire le montant de leurs ventes, et les importateurs étrangers devaient se faire payer en marchandises espagnoles. En France, le mercantilisme prit la forme de l'« industrialisme » et connut son apogée sous Colbert*. En Angleterre il mettait l'accent sur le développement de la navigation (Acte de Navigation*, 1651). Un aspect fondamental du système se retrouvait néanmoins dans les trois pays : le système de l'exclusif* qui assurait à la métropole le monopole du commerce avec ses colonies. Le mercantilisme fut progressivement abandonné car il avait présenté de graves inconvénients. L'agriculture avait été sensiblement sacrifiée, les colonies exploitées et les guerres encouragées par les excès des protectionnismes.

MERCATOR, Gerhard KREMER, dit **Gerardus** (Rupelmonde, 1512-Duisburg, 1594). Mathématicien et géographe flamand, il publia à la demande de Charles* Quint deux globes, céleste et terrestre, et la première grande carte du monde, adoptée par tous les navigateurs européens. Il est à l'origine de la géographie moderne. Il mit au point la construction de la projection cylindrique, tangente à l'équateur, permettant de fixer très précisément les latitudes, les longitudes, méridiens et parallèles (projection Mercator).

MERCURE. Dieu romain assimilé à l'Hermès* des Grecs. Il était le protecteur des commerçants et des voyageurs. Voir Dieux romains, Religion romaine.

MÉRIMÉE, Prosper (Paris, 1803-Cannes, 1870). Écrivain français. D'inspiration romantique dans le choix de ses thèmes, l'œuvre de Mérimée, par la sobriété stendhalienne de son style et de ses descriptions, appartient à l'art classique. Élevé dans un milieu cultivé, il fit des études de droit mais, passionné de littérature fréquenta les salons et se lia avec Stendhal*. Il connut la notoriété en publiant deux supercheries littéraires (*Le Théâtre de Clara Gazul*, 1825 ; *La Guzla*, 1827) puis écrivit un roman historique (la *Chronique du règne de Charles IX*, 1829), une nouvelle (*La Vénus d'Ille*, 1837) qui montre son goût du fantastique, et des romans (*Colomba*, 1840 ; *Carmen*, 1845). Nommé inspecteur général des Monuments historiques, il voyagea à travers la France (assisté de Viollet-le-Duc*), contribuant à sauver son patrimoine architectural. Sénateur sous le Second Empire* (1853), il fut aussi un familier de la cour de Napoléon III*. Il avait été reçu en 1844 à l'Académie* française.

MÉROÉ. Ancienne ville de Nubie* située sur la rive droite du Nil* en amont de la cinquième cataracte, aujourd'hui au nord de la République du Soudan. Elle fut longtemps l'un des principaux centres du royaume de Koush* puis en devint la capitale vers le Ve siècle av. J.-C. Méroé fut le plus ancien et le plus important centre africain de la métallurgie du fer mais aussi une grande place de commerce où s'échangeaient produits d'Afrique, de la Méditerranée et de l'Orient (Inde* et Chine). La ville fut définitivement ruinée par le royaume d'Aksoum* (v. 350 ap. J.-C.) qui détourna à son profit les routes caravanières.

MÉROVÉE. Roi des Francs* (vers 448 v. 457 ap. J.-C.). Il participa à la victoire s champs Catalauniques* contre Attila*, i des Huns* (451 ap. J.-C.) et donna son m à la dynastie mérovingienne*. Pernnage plus ou moins légendaire, il fut le re de Childéric Ier*. Voir Germains, Insions (Grandes).

ÉROVINGIENS. Nom donné à la pre-ière dynastie des rois francs* formée par s descendants de Mérovée, roi mythique où son nom). Les Mérovingiens régnènt du Ve au VIIIe siècle et constituèrent la emière dynastie royale de la France. près le règne de Clovis* qui fut le véri-ble fondateur du royaume franc, ses sucsseurs considérèrent, selon la tradition rmanique, le pays comme un héritage falial. Ils se disputèrent son partage à cha-e succession provoquant sa division et ffaiblissement de l'autorité de ses rois. s quatre fils de Clovis s'attribuèrent une rtie de l'État franc qui fut par la suite di-sé en quatre unités territoriales : l'Aus-sie* (ou Francie de l'Est), la Neustrie* u Francie de l'Ouest), l'Aquitaine* et la ourgogne*, c'est-à-dire l'ancien yaume des Burgondes*. Après les rè-es de Clotaire Ier*, Clotaire II* et Dago-rt* qui rétablirent l'unité du royaume, la nastie déclina. Les rois francs, appelés rois* fainéants (fin VIIe-VIIIe siècle) fu-nt tous des rois faibles et le pouvoir ssa aux maires* du palais. En 751, Pé-n* le Bref déposa le dernier roi méro-ngien et fonda la dynastie des Carolin-ens*. La période mérovingienne fut arquée par la puissance de l'aristocratie mposée de riches propriétaires fonciers. fortune s'accrut sans cesse car le roi ré-unérait les services rendus en biens tirés son trésor ou en terres prises sur son do-aine personnel. Quant à la vie économi-e, elle devint avant tout agricole et s'or-nisa dans le cadre de la villa, grande rme entourée de terres cultivées et de fo-ts de chasse. Les villes déclinèrent ainsi e le commerce et l'industrie. L'histoire s Francs à l'époque mérovingienne est

notamment connue à travers les récits de Grégoire* de Tours.

MERS EL-KÉBIR, auj. El-Marsa El-Kebir. Base navale sur le golfe d'Oran (Algérie). Lors de la Seconde Guerre* mondiale, le 3 juillet 1940, l'opération *Catapult* fut décidée par le gouvernement britannique, l'escadre de l'amiral Gensoul, stationnée à Mers el-Kébir, ayant refusé de désarmer mais aussi de continuer la guerre contre l'Allemagne. La flotte anglaise de l'amiral Somerville ouvrit le feu sur les navires français. La plupart d'entre eux furent gravement touchés, 1 300 marins furent tués, seul le cuirassé *Strasbourg* réussit à s'échapper. Le bombardement de Mers el-Kébir eut d'importantes répercussions sur l'opinion française dans la zone libre comme dans la zone occupée, les Allemands et Vichy jouant avec un relatif succès du réveil de l'anglophobie. Voir Rethondes (Armistice de).

MERVEILLES DU MONDE (Les Sept). Nom donné par les Anciens à sept monuments dont on donne des listes différentes. La plus courante comprend : 1) Les jardins suspendus de Babylone* ; 2) les Pyramides* d'Égypte* ; 3) le phare d'Alexandrie* ; 4) le colosse de Rhodes ; 5) la statue en or et en ivoire de Zeus* olympien sculptée par Phidias* ; 6) le temple d'Artémis* à Éphèse* ; 7) le mausolée d'Halicarnasse.

MERVEILLEUSES. Nom donné en France, sous le Directoire*, aux femmes de la jeunesse dorée. Elles étaient le pendant des Incroyables*, s'habillaient de robes à l'antique et se coiffaient de chapeaux extravagants.

MÉSOLITHIQUE. Nom donné à la période intermédiaire entre le paléolithique* et le néolithique* (vers 10 000-5 000 av. J.-C.). À cette époque de la préhistoire*, les hommes commençaient à devenir sédentaires et à cultiver la terre. Le mésolithique se rencontra dans certaines régions du Proche-Orient* et en Europe occidentale.

MÉSOPOTAMIE. Région située en Asie occidentale entre le Tigre et l'Euphrate. Elle fut entre le VIe et le Ier millénaire av. J.-C. un brillant foyer de civilisation. Voir Akkadiens, Assyriens, Babyloniens, Sumériens.

MESSALI HADJ, Ahmed (Tlemcen, 1898-Paris, 1974). Homme politique algérien. Il fut l'un des grands leaders du mouvement pour l'indépendance de l'Algérie. Combattant de la Première Guerre* mondiale, il resta en France où il fonda un mouvement nationaliste, l'Étoile nord-africaine (1924), favorable à l'indépendance et qui regroupa des ouvriers maghrébins. Ce mouvement ne s'introduisit en Algérie qu'en 1936 où Messali Hadj fonda le Parti du peuple algérien (PPA, 1937). Plusieurs fois emprisonné, il remplaça en 1946 le PPA, qui avait été interdit par les autorités françaises, par le Mouvement pour le triomphe des libertés démocratiques (MTLD) qui exerça une grande influence sur la population urbaine algérienne. Cependant, Messali, hésitant à choisir entre la légalité et la lutte armée, son parti fut bientôt déchiré par des luttes internes. Certains de ses membres formèrent en mars 1954 le Comité révolutionnaire d'unité et d'action (CRUA), prélude à la fondation, en novembre 1954, du FLN (Front* de libération nationale). Mis en résidence surveillée jusqu'en 1962, Messali, dont les partisans s'étaient regroupés dans le MNA (Mouvement national algérien), fut exclu des négociations qui préparèrent les accords d'Évian* (1962). Retiré dans la région parisienne, il y demeura jusqu'à sa mort. Voir Algérie (Guerre d'), Abbas (Ferhat).

MESSIAEN, Olivier (Avignon, 1908-Paris, 1992). Compositeur français. L'originalité de son œuvre, d'inspiration souvent mystique, s'inscrit aussi bien dans la perspective de la révolution musicale inaugu-rée par Schönberg que dans les recherches de métrique propres à Messiaen. Précocement doué, entré à 11 ans au conservatoire de Paris, il étudia aussi la musique orientale, le plain-chant et les chants d'oiseaux. Il enseigna l'harmonie et l'esthétique musicale au conservatoire de Paris où il eut pour élèves, entre autres, Pierre Boulez, Pierre Henry, Karlheinz Stockhausen et Iannis Xenakis. Il est notamment l'auteur de musique vocale (*Petites Liturgies de la présence divine*, 1944), de musique symphonique (*Turangalîla- Symphonie*, 1948), de musique de chambre (*Quatuor pour la fin du temps*, 1941) et de musique pour piano et orgue.

MESSIE. Envoyé de Dieu, sauveur et libérateur du peuple hébreu dans la religion juive. Il doit faire régner la justice et la paix. Contrairement aux juifs qui attendent toujours le Messie, les chrétiens* l'ont reconnu en la personne de Jésus-Christ*. Voir Hébreux, Judaïsme, Prophètes.

MESSMER, Pierre (Vincennes, 1916-). Homme politique français. Il participa à la Résistance* dans les FFL* dès 1940 puis occupa, après la Seconde Guerre* mondiale, d'importantes fonctions dans l'administration de la France d'Outre-Mer. Gaulliste orthodoxe, il fut Premier ministre de 1972 à 1974.

MÉTAUX (Âge des). Nom donné à une période de l'histoire caractérisée par la fabrication des outils de cuivre, de bronze et de fer. Elle se situe après le néolithique* et commence au Proche-Orient* vers 3000 av. J.-C. Voir Bronze (Âge du), Fer (Âge du).

METAXÁS, Ioánnis (Ithaque 1871-Athènes, 1941). Général et homme politique grec. Après la restauration de la monarchie en 1935, il fut le Premier ministre du roi Georges II qui le laissa établir une dictature (1936), qui dura jusqu'à sa mort (1941). Sa politique de rapprochement avec l'Allemagne de Hitler* fut compromise par les visées italiennes en

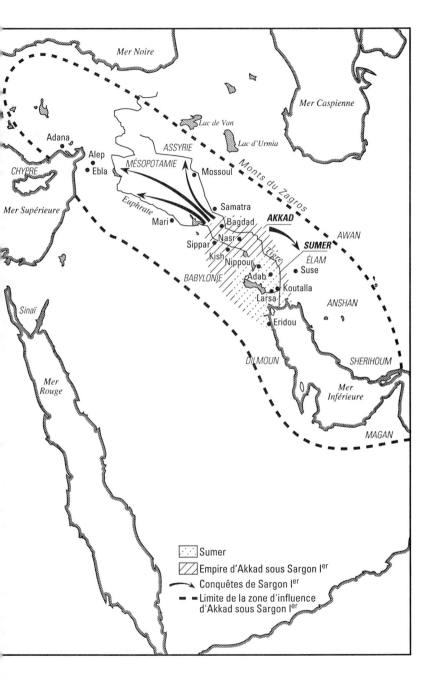

La Mésopotamie : Sumer et Akkad (3500-2000 av. J.-C.)

Grèce (occupation de l'Albanie en 1939) et il dut, sous la pression populaire, se ranger aux côtés de l'Angleterre en 1940.

MÉTÈQUE. Dans la Grèce* antique, étranger libre domicilié en Grèce et n'ayant aucun droit politique. À Athènes*, commerçants plus ou moins aisés ou artisans (car le droit de posséder la terre était l'apanage des seuls citoyens), les métèques participaient aux fêtes religieuses, acquittaient des impôts et servaient dans l'armée, signes de la reconnaissance de leur statut par la communauté.

MÉTHODE, saint (Thessalonique, v. 825-885). Missionnaire byzantin et apôtre des Slaves*. Avec l'accord du pape et avec son frère Cyrille*, il convertit au christianisme* les populations slaves de l'Europe de l'Est. Il traduisit la Bible* et la liturgie en slavon, contribuant à la création de l'alphabet cyrillique.

MÉTHODISME. Mouvement religieux protestant qui se développa à partir de l'anglicanisme* en Angleterre, au XVIIIᵉ siècle, sous l'impulsion du prêtre anglican John Wesley*. Ce mouvement aboutit en 1784 à la constitution d'une nouvelle Église, séparée de l'anglicanisme. Le méthodisme affirme la liberté humaine (contre la prédestination* de Calvin*) et la conviction intérieure ressentie personnellement dans la conversion comme signe suffisant du Salut et l'évangélisation, notamment dans le milieu ouvrier. Les Églises méthodistes regroupent plus de 30 millions de fidèles, en Europe, Asie, Afrique et surtout aux États-Unis. L'Armée du Salut est une des œuvres des méthodistes. Voir Protestantisme.

MÉTOPES. Panneaux carrés encadrés de triglyphes* et souvent ornés de sculptures, caractéristiques des frises de l'ordre dorique*.

METTERNICH-WINNEBURG, Klemens, comte puis **prince von** (1813) (Coblence, 1773-Vienne, 1859). Homme d'État autrichien. Attaché à l'Ancien* Régime et hostile aux idées de la Révolution* française, il s'efforça de maintenir en Europe l'ordre établi par les traités issus du congrès de Vienne* (1815). D'une famille aristocratique de Rhénanie, Metternich fit ses études à Strasbourg puis à Mayence. Entré très jeune dans la carrière diplomatique, il fut ambassadeur à Dresde (1801) à Berlin (1803) puis à Paris (1806) et fut nommé chancelier et ministre des Affaires étrangères de l'Autriche en 1809. Bien qu'hostile à Napoléon Iᵉʳ*, il pratiqua d'abord une politique de rapprochement avec la France afin de permettre à l'Autriche de reconstituer ses forces après la défaite de Wagram* (1809). Il négocia ainsi le mariage de l'archiduchesse Marie-Louise* avec l'empereur (1810), envoya un corps d'armée en Russie (1812) mais engagea, à partir de 1813, l'Autriche dans la coalition russo-prussienne contre la France. Artisan du congrès de Vienne où il joua un rôle déterminant, Metternich défendit l'équilibre européen contre les ambitions russe et prussienne et restaura la puissance autrichienne en Italie et dans la Confédération* germanique. Afin de lutter contre les mouvements libéraux et nationaux d'abord dangereux pour l'empire multinational autrichien, Metternich devint le gendarme de l'Europe. S'appuyant sur la Quadruple-Alliance, il instaura ainsi un système fondé sur la convocation de congrès diplomatiques réunissant l'Autriche, la Prusse*, la Grande-Bretagne, la Russie puis, à partir de 1818, la France, et qui permit d'intervenir contre les mouvements libéraux en Allemagne, en Italie, en Espagne. Cependant, le retrait britannique en 1825, l'appui de la Russie, de l'Angleterre et de la France à la guerre d'indépendance* grecque puis les révolutions* de 1830 en France et en Belgique mirent fin à son système. Le soulèvement viennois de 1848 conduisit Metternich à démissionner et à émigrer à Londres. De retour en Autriche en 1851, il fut tenu à l'écart du pouoir. Voir Alliance (Sainte-), Révolution de 1848.

MEXIQUE (Guerre du, 1846-1848). Guerre qui opposa, à propos du Texas occupé par des colons américains depuis 1836, les États-Unis au Mexique. Vaincu, ce dernier dut céder, outre le Texas, la Californie, le Nouveau-Mexique et l'Arizona (1848).

MEXIQUE (Guerre du, 1862-1867). Intervention militaire française décidée par Napoléon III* afin d'établir au Mexique un empire latin et catholique, au bénéfice de Maximilien* d'Autriche, empire qui contrebalancerait la puissance croissante des États-Unis – alors déchirés par la guerre de Sécession* – et qui serait ouvert aux intérêts économiques français. L'expédition du Mexique, présentée comme « la grande pensée du règne », fut l'un des grands échecs de la politique extérieure du Second Empire*. Le président libéral Juárez*, ayant décidé de ne plus reconnaître les dettes extérieures mexicaines, provoqua, en 1861, l'intervention militaire des Britanniques, des Espagnols et des Français, menacés dans leurs intérêts. Veracruz fut occupée en 1862. L'Angleterre et l'Espagne signèrent rapidement une convention avec Juárez, alors que Napoléon III, poussé par Morny*, décidait de poursuivre la lutte. Après une campagne difficile et coûteuse (combats de Camerone*, Puebla), l'archiduc Maximilien* d'Autriche fut proclamé empereur du Mexique (1864). Mais la guérilla menée par Juárez, soutenu par la majorité de la population, les menaces américaines et la lassitude de l'opinion française contraignirent Napoléon III à abandonner Maximilien qui fut fusillé en juin 1867. Voir Monroe (Doctrine).

MICHEL III FÉDOROVITCH (Moscou, 1596-*id.*, 1645). Tsar de Russie (1613-1645). Élu à 17 ans par les États généraux russes (le *Zemski Sobor*) représentant l'aristocratie foncière, il devint ainsi le premier tsar de la dynastie des Romanov*.

Son règne fut marqué par la pacification intérieure du pays qui traversait, depuis la mort d'Ivan IV* le Terrible, une crise profonde. Il fit, à l'extérieur, la paix avec la Suède (1617) puis avec la Pologne (1634). Voir Boris Godounov.

MICHEL VIII PALÉOLOGUE (v. 1225-1282). Empereur byzantin à Nicée (1258-1261). Il mit fin à l'Empire latin d'Orient, restaura l'Empire byzantin* de Constantinople en 1261 et fonda la dernière dynastie des empereurs byzantins, celle des Paléologues*. Son règne fut principalement consacré à la lutte contre l'Occident. Il accorda des privilèges commerciaux à Gênes* pour contrebalancer la puissance de Venise* et lutta contre les prétentions de Charles Ier* d'Anjou, roi de Sicile, sur l'ancien Empire latin. Voir Empire latin de Constantinople, Vêpres siciliennes.

MICHEL, Clémence Louise, dite **Louise** (Vroncourt-la-Côte, 1830 ou 1833-Marseille, 1905). Révolutionnaire anarchiste française, elle participa activement à la Commune* de Paris et demeure une référence pour un certain nombre de féministes. Institutrice à Paris, militante de l'opposition républicaine, elle adhéra à la Première Internationale*, prit une part active à la Commune insurrectionnelle de Paris (mars-mai 1871) et fut déportée en Nouvelle-Calédonie. Amnistiée en 1880, la « Vierge rouge » de la Commune poursuivit sa lutte politique. Elle a laissé divers écrits parmi lesquels *La Commune, histoire et souvenirs* (1898). Voir Anarchisme, Franco-allemande de 1870-1871 (Guerre).

MICHEL-ANGE, Michelangelo Buonarroti, en fr. (Caprese, près d'Arezzo, 1475-Rome, 1564). Sculpteur, peintre, architecte et poète italien, grande figure de la Renaissance* italienne. Face à Léonard* de Vinci, son aîné de 23 ans qui fut l'apôtre d'un savoir méthodique et objectif, Michel-Ange incarna la recherche inquiète du Salut, centre de ses préoccupations intellectuelles et artistiques. À travers ses œuvres, puissantes et originales, il poursuivit l'ambition néo-platonicienne d'une synthèse entre la culture classique et la foi chrétienne. D'abord élève de Domenico Ghirlandaio (1488) à Florence*, il fut jusqu'à la fin de sa vie au service des grands mécènes italiens de la Renaissance, les Médicis*, les papes, Jules II*, Léon X* et Paul III. Sa première commande importante fut une *Pietà* en marbre (1498-1499) pour le Vatican mais ce fut la réalisation de son *David* (1501-1504), statue colossale de marbre (plus de 4 m de haut, Académie de Florence) – qui symbolisait l'idéal du citoyen-guerrier de la jeune République florentine – qui marqua le début de sa célébrité. En 1505, le pape Jules II lui confia la construction de son mausolée, ce qui donna lieu à d'âpres discussions avec le jeune sculpteur. Des 40 statues prévues, Michel-Ange ne réalisa que les pathétiques *Esclaves* (1513-1515, Paris, Louvre), le *Moïse* (1516, église San Pietro in Vincoli à Rome), et la *Victoire* (Palazzo vecchio de Florence). Ses dernières grandes sculptures furent réalisées à Florence où il fut chargé de l'exécution des grandes figures de la chapelle funéraire des Médicis à l'église San Lorenzo (tombeaux de Julien et de Laurent, v. 1520-1533). Si Michel-Ange situait la sculpture au sommet de la hiérarchie des arts, il marqua aussi la peinture par la réalisation des dernières fresques de la chapelle Sixtine*, travail gigantesque (340 figures réparties sur plus de 500 m^2) qu'il acheva par la fresque du *Jugement dernier* (1535-1541). Architecte de Saint-Pierre de Rome à partir de 1546, il proposa un nouveau projet pour la coupole, acheva le palais Farnèse et dessina la place du Capitole. Écrivain enfin, ses *Rimes* témoignent de sa spiritualité tourmentée. Michel-Ange, mort en pleine gloire, fut consacré par le livre de Vasari* (1550) et la biographie de Condivi (1553).

MICHELET, Jules (Paris, 1798-Hyères 1874). Historien et écrivain français. Démocrate et anticlérical, illustre représentant du romantisme*, son œuvre fut condamnée pour son lyrisme par l'école positiviste et ne fut réhabilitée qu'au XXe siècle, par l'école française des Annales*. Fils d'un petit imprimeur parisien, i fut nommé, après de brillantes études, che de la section historique aux Archives nationales (1831) et professeur au Collège de France (1838), enseignement qui devin une tribune pour ses idées démocratique et anticléricales. Favorable à la République, il fut destitué de ses fonctions officielles après l'instauration du Second Empire*. Narrateur inspiré et engagé s'appuyant sur une documentation rigoureuse englobant l'histoire « du haut e bas », il écrivit une monumentale *Histoire de France* (1833-1867), une *Histoire de l Révolution française* (1847-1853) et divers ouvrages consacrés à la nature (*L'Oiseau*, 1856 ; *La Mer*, 1861) et à l'âme humaine (*Le Peuple*, 1846 ; *La Sorcière* 1862). Voir Vico (Giambattista).

MIDWAY (Bataille de, 3-5 juin 1942) Victoire aéronavale américaine remportée sur les Japonais au large de l'archipel de Midway, au nord-ouest des îles Hawaii désormais hors d'attaque de la menace japonaise. Voir Corail (Mer de), Guadalcanal, Pacifique (Guerre du).

MIHAILOVIĆ, Draža Dragoljub (Ivanjica, 1893-Belgrade, 1946). Général you goslave. Après l'invasion de la Yougoslavie (avril 1941), il organisa le mouvemen de résistance serbe des *Tchetniks* (nom tra ditionnel des hors-la-loi insurgés contre le Turcs), favorable à la monarchie. Ministre de l'armée dans le gouvernement en exil à Londres, il s'opposa aussi à la résistance communiste de Tito*. Accusé de trahison en 1946, il fut fusillé.

MILAN OBRENOVIĆ IV (Mărăşeşti 1854-Vienne, 1901). Prince (1868-1882 puis roi de Serbie* (1882-1889). Il fit re connaître, au congrès de Berlin* (1878), l'indépendance de la Serbie. Il dut abdiquer en faveur de son fils Alexandre Ier Obrenovic.

MILET. Ancienne cité d'Ionie* en Asie* Mineure. D'abord comptoir crétois, Milet fut colonisée au XIe siècle av. J.-C. par des Ioniens* venus d'Attique* et devint aux VIIIe et VIIe siècles av. J.-C. la plus puissante des cités grecques d'Asie Mineure, fondatrice de nombreuses colonies sur la mer Noire. Grande ville commerçante et colonisatrice, elle entretenait d'actifs échanges avec ses comptoirs de la mer Noire et d'Égypte* (Naucratis) tandis qu'elle recevait par la route des marchandises venues d'Asie. Milet fut aussi un grand foyer de culture, patrie notamment de Thalès*, d'Hippodamos* et des géographes Anaximandre et Hécatée. Soumise aux Lydiens* à la fin du VIe siècle av. J.-C., puis aux Perses* en 546 av. J.-C., Milet fut en 499 av. J.-C. à la tête de la révolte des cités grecques d'Asie Mineure qui conduira aux guerres Médiques*. De nouveau dominée par les Perses, puis par Alexandre III* le Grand (en 334 av. J.-C.), Milet connut encore une activité importante à l'époque hellénistique* et romaine puis perdit définitivement de son importance après l'invasion des Goths* au IIIe siècle ap. J.-C. Ses ruines, fouillées par des archéologues allemands au début du XXe siècle, se trouvent aujourd'hui à quelque distance de la mer, dans les alluvions qui ont comblé le golfe. Voir Éphèse, Phocée.

MILICE FRANÇAISE (La). Formation paramilitaire créée par le gouvernement de Vichy* en janvier 1943 à l'instigation de Joseph Darnand*. Elle participa activement à la politique de collaboration* en combattant contre les résistants (Jean Zay*, Georges Mandel et Victor Basch furent sommairement exécutés). À la fin de la guerre, la plupart des miliciens furent intégrés dans la brigade SS* « Charlemagne » qui combattit aux côtés des Allemands. Darnand et de nombreux miliciens furent exécutés après la Libération. Voir Épuration, LVF.

MILIOUKOV, Pavel Nikolaïévitch (Moscou, 1859-Aix-les-Bains, 1943). Historien et homme politique russe, il fut l'un des fondateurs du parti libéral des Cadets (KD) ou Parti constitutionnel-démocrate*. Il devint après la révolution de Février 1917 et l'abdication de Nicolas II*, ministre des Affaires étrangères (février-mai 1917), dans le gouvernement provisoire du prince Lvov*, et décida la fidélité aux Alliés. Mais il démissionna sous la pression du soviet* de Petrograd qui réclamait la paix immédiate. Il s'exila en France après la révolution d'Octobre 1917 où il écrivit notamment une *Histoire de la seconde révolution russe*. Voir Révolutions russes de 1917.

MILL, John Stuart (Londres, 1806-Avignon, 1873). Philosophe et économiste britannique. Empiriste influencé par David Hume* et Jeremy Bentham, il préconisa une morale utilitariste et se rattacha au courant de la pensée libérale. Bien qu'individualiste et partisan du parti libéral, il admit la légitimité d'une intervention de l'État au profit des plus pauvres, proposa la création de coopératives de production et se montra partisan de l'émancipation politique des femmes. On lui doit notamment *Système de logique inductive et déductive* (1843), *Principes d'économie politique* (1848), *La Liberté* (1859), *L'Utilitarisme* (1863) et *De l'assujettissement des femmes* (1869).

MILLE (Expédition des). Nom donné à l'expédition menée en 1860 par Garibaldi* et ses compagnons contre le royaume des Deux-Siciles* qui fut annexé au royaume d'Italie en 1861. L'expédition des *Mille* fut l'épisode le plus célèbre des guerres de l'unité italienne. Garibaldi décida en 1860 une expédition en Sicile afin de la libérer du roi François II de Bourbon. Il quitta Gênes*, secrètement encouragé par Cavour*, avec les *Mille* (un millier de volontaires portant la chemise* rouge) à bord de deux navires d'une compagnie génoise. En quelques mois, la Sicile puis l'Italie du Sud et Naples* (septembre 1860) furent occupées. Inquiet des succès de Garibaldi et craignant que ce dernier n'instaure la République en Italie du Sud et ne marche sur Rome, Cavour décida d'intervenir. Des troupes de Victor-Emmanuel II* arrivèrent à Naples, où le roi se rendit. Garibaldi le reconnut.

MILLE ET UNE NUITS (Les). Célèbre recueil de contes populaires arabes écrits entre le Xe et le XIIe siècle par des auteurs anonymes d'origines diverses (Perse, Égypte*). Ces récits furent contés par la princesse fictive Schéhérazade à un roi perse pendant mille et une nuits. Ils furent traduits et révélés à l'Occident au XVIIIe siècle. Les contes les plus connus sont *Aladin et la lampe merveilleuse*, *Ali Baba et les quarante voleurs* et *Sindbad le marin*. Voir Harun al-Rachid.

MILLERAND, Étienne Alexandre (Paris, 1859-Versailles, 1943). Homme politique français. Socialiste devenu conservateur, président de la République (1920-1924), il dut démissionner après la victoire du Cartel* des gauches. Avocat d'opinion radicale, il évolua rapidement vers le socialisme*. Député en 1885, réélu en 1889 et 1893, il devint ministre du Commerce et de l'Industrie (1899-1902) dans le cabinet de Waldeck-Rousseau*, poste où il fit adopter des lois sociales importantes, notamment la réduction de la durée du travail de 11 à 10 heures. Cependant, désavoué par la SFIO* pour avoir participé à un gouvernement « bourgeois », il rompit progressivement avec celle-ci à partir de 1905. Évoluant vers la droite, il fut ministre des Travaux publics (1909-1910), puis de la Guerre (1912-1913 puis 1914-1915). Président du Conseil du gouvernement conservateur du Bloc* national, puis président de la République après la démission de Deschanel* (1920), Millerand prit une part active dans les affaires du pays, souhaitant notamment une stricte application du traité de Versailles* et soutenant l'occupation de la Ruhr* (1923). La victoire électorale du Cartel des gauches en 1924 l'obligea à démissionner.

MILLET, Jean-François (Gruchy, Manche, 1814-Barbizon, 1875). Peintre, dessinateur et graveur français. Peintre de la vie paysanne, il fut avec Théodore Rousseau* l'un des maîtres de l'école de Barbizon*. Fils d'agriculteurs aisés, il se forma à Paris et admira au Louvre* les maîtres du XVIIe siècle, notamment Poussin* et Rubens*. Après avoir présenté au Salon de 1848 *Le Vanneur* (Paris, Louvre), il s'installa à Barbizon un an plus tard et y resta, mis à part quelques brefs voyages en France, jusqu'à sa mort. À l'inverse des peintres de l'école de Barbizon, paysagistes, Millet se consacra à l'étude du monde paysan (*Le Semeur*, 1850, Philadelphie ; *Les Glaneuses*, 1857, Paris, musée d'Orsay ; *L'Angélus*, Paris, musée d'Orsay).

MILLIARD DES ÉMIGRÉS (Loi du, 28 avril 1825). Nom donné en France à l'indemnité accordée sous le ministère Villèle* aux émigrés* dont les biens avaient été confisqués par la Révolution*. Cette décision, qui sanctionnait en réalité l'acquisition des biens nationaux, scandalisa une partie de l'opinion, conduite par Benjamin Constant*, ce « milliard des émigrés » étant pris sur le Trésor public.

MILTIADE (v. 550/540-489 av. J.-C.). Stratège* athénien. C'est lui qui décida les Athéniens à combattre les Perses*. Il remporta la grande victoire de Marathon* (490 av. J.-C.). Mais l'année suivante, l'échec de la prise de Paros conduisit à sa mise en accusation et à sa condamnation à une amende de 50 talents. Faute d'avoir pu payer, il fut emprisonné et il mourut d'une blessure reçue à Paros. Voir Médiques (Guerres).

MINAMOTO. Clan féodal japonais fondé en 814 par un prince de sang impérial. Il joua un rôle considérable dans l'histoire du Japon, notamment aux XIᵉ et XIIᵉ siècles, en s'opposant militairement au clan rival des Taira. Un des leurs, le guerrier Minamoto no Yoritomo, fonda en 1192 le régime du shogunat* qui devait subsister au Japon jusqu'en 1867. Voir Ashikaga, Fujiwara, Kamakura, Meiji, Tokugawa.

MINDSZENTY, Jozsef (Csehiminds-ent, 1892-Vienne, 1975). Prélat hongrois. Archevêque d'Esztergom et primat de Hongrie (1945), cardinal (1946), il s'opposa au régime communiste, fut arrêté et emprisonné (1949). Libéré par la révolution d'octobre 1956 et réhabilité par le gouvernement Nagy*, il dut, après l'intervention des troupes soviétiques, se réfugier à l'ambassade des États-Unis à Budapest où il resta jusqu'en 1971. Exilé à Vienne, il fut réhabilité en 1990. Voir Budapest (Crise de), Wyszynski (Stefan).

MINERVE. Divinité romaine assimilée à Athéna* des Grecs. Déesse de la sagesse, elle figure dans la triade* capitoline aux côté de Jupiter* et Junon*. Elle est aussi la protectrice des guildes d'artisans et de marchands, et a emprunté le caractère guerrier de l'Athéna combattante. Voir Dieux romains, Religion romaine.

MING (Dynastie). Dynastie impériale chinoise qui supplanta celle des Yuan* mongols et qui régna sur la Chine de 1368 à 1644. Elle compta 20 empereurs et fut remplacée en 1644 par la dynastie mandchoue des Qing* (1644-1911). L'époque des Ming fut caractérisée par un remarquable essor commercial et l'art de la porcelaine polychrome connut son apogée. Le pouvoir impérial, renforcé par le triomphe du néo-confucianisme, prit un caractère despotique et autoritaire. La dynastie eut pour fondateur un bonze d'origine paysanne et connut sa phase la plus brillante sous le règne de Yongle (1403-1424) qui dota Pékin, sa capitale, de la plupart des splendides palais que l'on peut encore voir de nos jours. Après avoir subi au cours du XVIᵉ siècle les assauts dévastateurs des pirates japonais, les Ming furent détrônés par les Mandchous (prise de Pékin, 1644). Voir Ciel (Temple du), Confucius, Mandchourie.

MINGUS, Charles, dit **Charlie** (Nogales, Arizona, 1922-Cuernavaca, Mexique, 1979). Contrebassiste, compositeur et chef d'orchestre de jazz noir américain. Il exprima dans sa musique la ferveur traditionnelle du blues mais aussi ses convictions politiques et raciales (*Tijuana Moods, Fables of Faubus, Passions of a Man*).

MINOEN, MINOENNE. Relatif à la Crète antique. Vient de Minos*, nom du roi légendaire de l'île. On parle de la civilisation crétoise ou minoenne. Voir Cnossos, Crétois, Evans (Arthur), Mallia, Phaistos.

MINOS. Héros* légendaire de Crète. Venu d'Asie, fils de Zeus* et d'Europe, il s'installa en Crète et fonda un grand empire maritime, dominant la mer Égée (qu'il débarrassa des pirates). Les légendes en font souvent un sage législateur. En revanche, les récits qui viennent d'Athènes* lui sont généralement défavorables. Époux de Pasiphaé, père d'Androgée, d'Ariane* et de Phèdre, Minos aurait été puni par les dieux pour avoir refusé de sacrifier un taureau. Du taureau de Poséidon*, sa femme aurait eu le Minotaure* que Minos enferma dans le Labyrinthe*. Aujourd'hui, les historiens pensent que Minos est soit le nom d'une dynastie, soit un titre porté par les rois de Cnossos*. Voir Crétois.

MINOTAURE. Dans la mythologie* grecque, monstre à corps d'homme et à tête de taureau. Il est le fils de Pasiphaé (femme de Minos*) et d'un taureau blanc envoyé par Poséidon*. Enfermé par Minos dans le Labyrinthe* construit par Dédale*, Athènes*, vaincue par le roi, devait lui envoyer en pâture chaque année sept jeunes gens et sept jeunes filles. C'est le héros*

Thésée* qui réussit à tuer le monstre pour délivrer les Athéniens de ce tribut. Voir Cnossos, Crétois, Thésée.

MIR. Nom donné à l'ancienne communauté rurale en Russie avant 1917. Depuis le XVIe siècle, le *mir* répartissait les terres des propriétaires (noblesse, clergé ou État) entre les membres de la communauté rurale en fonction de leurs besoins et de leur capacité de travail. Cette répartition était renouvelée à intervalles réguliers, variables selon les régions et la nature des terres, de 3 à 12 ans. Après l'abolition du servage en 1861, les lots que les paysans ne pouvaient racheter aux propriétaires fonciers furent acquis par le *mir* avec des prêts de l'État. Ainsi, les paysans pauvres, solidairement responsables des remboursements, dépendirent-ils du *mir*, sans pour autant devenir propriétaires de leurs terres. Le *mir* continua à redistribuer périodiquement les terres dont l'étendue devint bientôt insuffisante du fait de l'accroissement démographique. L'aggravation du problème agraire en Russie à la fin du XIXe siècle provoqua l'émigration de paysans vers les villes. Le *mir* disparut lors de la collectivisation des terres (1929-1930). Voir Alexandre II, Staline, Stolypine (Piotr).

MIRABEAU, Honoré Gabriel Riqueti, comte de (Le Bignon, 1749-Paris, 1791). Homme politique français. Après une jeunesse orageuse, il devint, lors de la Révolution* française, l'orateur le plus brillant des États* généraux et de l'Assemblée* nationale constituante. Aristocrate acquis aux idées de la Révolution, d'intelligence brillante mais aussi de grande ambition, il fut accusé de trahison pour ses relations privilégiées avec la cour mais sa mort prématurée ne permit pas de démêler l'écheveau de son double jeu. Fils d'un gentilhomme de Provence, économiste, Mirabeau alliait à une nature passionnée une laideur marquante, aggravée par une petite vérole mal soignée. Son père, irrité de ses débauches et de ses dépenses ex-

cessives, le fit plusieurs fois emprisonner, notamment au château de Vincennes (1777-1780) après l'enlèvement de la jeune épouse du marquis de Monnier. Il y rédigea les célèbres *Lettres à Sophie* (publiées en 1792), son *Essai sur les lettres de cachet et les prisons d'État* (1782) mais aussi un ouvrage licencieux, *Erotika Biblion*. Acquis aux idées nouvelles, Mirabeau fut élu député du Tiers* État d'Aix-en-Provence, la noblesse n'ayant pas voulu de lui. Servi par une éloquence extraordinaire, il s'imposa rapidement et devint l'un des grands porte-parole du Tiers. Il s'imposa notamment le 23 juin 1789 lorsqu'il apostropha le marquis de Dreux-Brézé, grand maître des cérémonies à Versailles, par ces mots devenus célèbres : « Allez dire au roi que nous sommes ici par la volonté du peuple et que nous n'en sortirons que par la force des baïonnettes. » Mirabeau participa à la rédaction de la Déclaration des droits* de l'homme et du citoyen (août 1789) et contribua à la nationalisation des biens du clergé mais, partisan d'une monarchie constitutionnelle avec un pouvoir royal fort, il ne put imposer l'adoption du veto absolu pour le roi. Introduit à la cour par son ami le comte de La Marck, Mirabeau – qui avait aussi besoin d'éponger ses dettes – reçut de Louis XVI* des subventions pour protéger à la tribune de l'Assemblée les intérêts royaux tout en défendant, à l'occasion, les intérêts de la Révolution. Porté par la droite à la présidence de l'Assemblée, Mirabeau mourut brusquement, gardant presque intacte sa popularité. Son corps, d'abord déposé à l'église Sainte-Geneviève, transformée en Panthéon pour la sépulture des grands hommes, fut ensuite enlevé après les preuves, découvertes dans l'armoire* de fer des Tuileries, de ses liaisons avec la famille royale. On a publié ses *Œuvres oratoires* et la *Correspondance entre le comte de Mirabeau et le comte de La Marck*.

MIRANDA, Francisco de (Caracas, 1750-Cadix, 1816). Patriote vénézuélien, il proclama en 1811 l'indépendance de la république du Venezuela, définitivement libéré de la tutelle espagnole par Bolivár* en 1821. D'abord officier espagnol, il participa (1779-1781) à la guerre d'Indépendance* américaine puis s'engagea dans la lutte de libération des colonies espagnoles d'Amérique du Sud. Exilé en Europe, il y soutint la cause de la liberté vénézuélienne. À Paris en 1791, il fut nommé général français et combattit sous Dumouriez* mais dut se réfugier en Angleterre sous la Terreur*, suspecté pour ses relations avec les girondins*. Rentré en Amérique du Sud, il participa aux insurrections vénézuéliennes de 1806 et 1810, proclamant l'année suivante l'indépendance de son pays. Cependant, les créoles* conservateurs, effrayés par le radicalisme de Miranda, soutinrent les Espagnols. Battu en 1812, Miranda mourut en Espagne, dans une prison de Cadix.

MISSI DOMINICI. Signifie « envoyés du maître ». Nom donné à l'époque des Carolingiens* à des inspecteurs envoyés par l'empereur pour surveiller le gouvernement des comtés*. Ils jouèrent un rôle essentiel dans l'organisation de l'Empire. Les *missi dominici* existaient déjà à l'époque des Mérovingiens* mais ils furent organisés en 802 par Charlemagne*. Se déplaçant par deux (un ecclésiastique et un laïc), ils représentaient le roi et devaient s'assurer de la bonne exécution de ses décisions. Sous les successeurs de Charlemagne, l'aristocratie contrôla la nomination des *missi dominici* qui disparurent au début du Xe siècle.

MISSOLONGHI. Ville de Grèce* restée célèbre, lors de la guerre d'indépendance*, pour sa résistance acharnée contre les Turcs (1822, 1823 et 1826) qui, finalement, conquirent la ville. Le poète lord Byron*, venu contribuer à la lutte des Grecs, y mourut en 1824.

MISSOURI (Compromis du, 1820). Compromis résolvant provisoirement la question de l'esclavage aux États-Unis qui opposait le nord et le sud du pays. Afin de garder l'équilibre au Sénat entre États sans esclaves et États avec esclaves, le compromis du Missouri autorisait l'esclavage dans ces derniers seulement s'ils étaient situés au sud du parallèle 360 30'.

MITANNI. Royaume fondé au nord-ouest de la Mésopotamie* par les Hourrites* du XVIe au XIVe siècle av. J.-C. Il devint la principale puissance du Proche-Orient* au milieu du XVe siècle av. J.-C. et étendait son autorité sur la Syrie* du Nord et l'Assyrie*. Menacé par l'Égypte*, puis dominé par les Hittites*, le royaume du Mitanni fut annexé par l'Assyrie* à la fin du XIIIe siècle av. J.-C.

MITHRA. Divinité perse de la lumière, de la justice et de la bonté. Son culte à mystères se répandit largement dans le monde hellénistique* puis romain, tout en conservant un caractère clandestin. Les cérémonies, réservées aux initiés, avaient lieu dans des souterrains. On y égorgeait un taureau au-dessus d'une fosse dans laquelle se trouvait un fidèle, le sang de l'animal devant le purifier (Taurobole). D'autres cérémonies étaient des repas où l'on consommait du pain et du vin. Les croyants pensaient que Mithra reviendrait à la fin des temps pour purifier l'univers. La plus grande fête avait lieu le 25 décembre (origine de celle de Noël*), « jour anniversaire du soleil ». Le mithriacisme (ou culte de Mithra) s'opposa longtemps aux progrès du christianisme* dont il rejoignait certains aspects. Voir Perses.

MITHRIDATE (v. 132-63 av. J.-C.). Roi du Pont* de 111 à 63 av. J.-C. (nom donné dans l'Antiquité à une région située au nord de l'Asie* Mineure bordée par le Pont-Euxin*). Il porta le royaume à son apogée et lutta contre la domination romaine en Asie. Mithridate s'engagea d'abord dans une politique de conquêtes puis souleva l'Asie Mineure et les cités grecques contre Rome*. Vaincu par Sylla* (86 av. J.-C.) puis Pompée* (66 av. J.-C.), il tenta vainement de s'empoisonner (il s'était immunisé contre les poisons) et se fit donner la mort par l'un de ses soldats. Le royaume du Pont devint une province romaine.

MITSUBISHI. Trust japonais, il est, avec le groupe Mitsui*, le grand géant de l'économie nippone. Créé en 1870 (ère Meiji*), il se spécialisa dès le début dans les transports, les mines et les chantiers navals. Dissous par les Américains en 1945 comme les autres zaïbatsu (trust), il se reconstitua rapidement et élargit ses activités.

MITSUI. Important groupe industriel japonais apparu dès le XVIIe siècle (commerce de la soie), il participa activement à l'industrialisation du Japon lors de l'ère Meiji* et étendit sa puissance avec les conquêtes militaires du Japon en Chine et dans l'Asie du Sud-Est. Il constitue aujourd'hui une fédération d'entreprises gigantesque, présente dans de nombreux secteurs. Voir Mitsubishi.

MITTERRAND, François, (Jarnac, 1916-). Homme politique français. Hostile au général de Gaulle*, il s'employa sous la Cinquième République* à rassembler la gauche non communiste. Dirigeant du Parti socialiste*, il fut élu président de la République en 1981 et réélu en 1988. Diplômé de l'École libre des sciences politiques et d'études supérieures de droit public, Mitterrand devint avocat. Prisonnier de guerre, il s'évada trois fois et, bien que décoré de la francisque par le gouvernement de Vichy*, il s'engagea dans la Résistance*. Député de la Nièvre en 1946, il siégea à l'Assemblée sur les bancs de l'Union démocratique et socialiste de la Résistance (UDSR) jusqu'en 1958, n'abandonnant son mandat que pour être sénateur (1959-1962). Il fut successivement ministre des Anciens Combattants

(1947-1948), de l'Information (1948), de la France d'Outre-Mer (1950-1951). Président de l'UDSR, il devint ministre d'État dans le cabinet Laniel (1953) mais démissionna pour protester contre la déposition du sultan du Maroc, et préconisa des solutions libérales concernant les problèmes coloniaux. Ministre de l'Intérieur dans le cabinet Mendès* France (1954-1955), puis de la Justice dans le gouvernement Guy Mollet* (1956-1957), il vota en juin 1958 contre l'investiture du général de Gaulle et devint, dans l'opposition, l'un des principaux leaders de la gauche socialiste. Président de la Fédération de la gauche démocrate et socialiste (FGDS, 1965), il fut candidat à la présidence de la République en 1965 et réussit à mettre de Gaulle en ballottage. Premier secrétaire du Parti socialiste (congrès d'Épinay, juin 1971), il mit au point avec le parti communiste* un programme commun de gouvernement de la gauche. De nouveau candidat en mai 1974 à la présidence de la République, Mitterrand, soutenu par l'ensemble de la gauche et les grandes centrales syndicales, fut devancé de justesse par Valéry Giscard* d'Estaing et obtint 49,19 % des voix au second tour. L'actualisation, en 1977, du programme commun provoqua la rupture de l'union de la gauche. Profitant de la division et de l'affaiblissement de ses adversaires, Mitterrand fut élu, en mai 1981, à la présidence de la République avec 51,75 % des voix contre Giscard d'Estaing. Il incarna désormais les espoirs d'une gauche écartée du pouvoir depuis 1957. Pierre Mauroy* devint Premier ministre d'un gouvernement où siégèrent, pour la première fois depuis 1947, quatre ministres ou secrétaires d'État communistes. S'appuyant sur une écrasante majorité remportée aux élections législatives en juin 1981, Mauroy s'employa à réaliser le programme présidentiel par une relance économique fondée sur l'augmentation du pouvoir d'achat et les nationalisations. Ce-

endant à « l'état de grâce » (1981-1982)
uccédèrent les difficultés (chômage non
naîtrisé, dévaluations, déficit commercial
t endettement extérieur). Une politique de
gueur conduite par Jacques Delors à par-
r de 1983 fut mise en place et permit la
éduction du déficit commercial, l'équili-
re des comptes sociaux et la réduction de
inflation. Cette politique fut cependant
ésapprouvée par les communistes qui re-
usèrent de participer au gouvernement de
.aurent Fabius* (1984-1986). En politique
xtérieure, Mitterrand tenta de donner à la
rance une position d'arbitre international
n intervenant au Liban et approuva l'ins-
allation des euromissiles de l'OTAN* en
.urope. Le recul des socialistes aux élec-
ons européennes (1984) et aux élections
antonales (1985), le réveil de la querelle
colaire et le désenchantement d'une par-
e de l'opinion publique amenèrent la dé-
aite de la majorité présidentielle aux élec-
ons législatives de mars 1986. S'imposa
lors la cohabitation, avec un gouverne-
nent dirigé par Jacques Chirac*, durant la-
uelle Mitterrand conserva un rôle actif
ans les domaines de la défense et de la
olitique extérieure. Aux élections prési-
entielles de mai 1988, il l'emporta sur
acques Chirac. Les élections législatives
e juin ne donnèrent au Parti socialiste
u'une majorité relative. Mitterrand choi-
it successivement pour Premier ministre
lichel Rocard*, leader de l'aile modérée
u PS, Édith Cresson et Pierre Bérégo-
oy*. Le triomphe de la droite aux élec-
ons législatives de 1993 imposa à Mit-
errand une nouvelle cohabitation avec
douard Balladur* nommé Premier minis-
re. Il a quitté la présidence de la Républiue le 17 mai 1995.

MOBUTU, Joseph Désiré, dit Sese Seko
(Lisala, 1930-). Maréchal et homme poliique zaïrois, il est président de la Répulique depuis 1965. D'abord membre de la
orce publique, l'armée coloniale congo-
aise, Mobutu quitta l'armée et milita dans

le Mouvement national congolais de Patrice Lumumba*. En 1960, il participa à la
table ronde de Bruxelles qui préparait l'indépendance. Après la proclamation de
celle-ci en juin 1960, il devint secrétaire
d'État à la présidence dans le gouvernement de Lumumba. Chef d'état-major de
l'armée congolaise, il participa à l'arrestation de Lumumba puis, devant la persistance de la rébellion du Katanga et l'état
désastreux du Congo, il renversa par un
coup d'État militaire le président Kasavubu et se proclama chef de l'État (novembre 1965). Il se consacra alors à la remise en ordre du pays et à la relance de
l'économie. Il mena une lutte sanglante
contre les opposants, suspendit le droit de
grève, institua un régime de parti unique et
expulsa les mercenaires étrangers. Il
renoua des relations amicales avec la Belgique et ouvrit son pays aux capitaux
étrangers. En 1971, la République démocratique du Congo prit officiellement le
nom de Zaïre et dut affronter, après 1975,
une situation économique difficile due à
l'effondrement des cours du cuivre. Mobutu, devenu l'un des dirigeants africains
du camp pro-occidental tout en restant un
farouche défenseur des valeurs africaines,
dut faire face à deux révoltes (1977-1978)
dans le Shaba* (Katanga) réprimées grâce
à l'aide de la France et du Maroc. Réélu
en 1984, son régime est confronté à une
crise économique persistante et à la corruption de l'administration. Lors de l'été
1994, le Zaïre fut impliqué dans le drame
rwandais en accueillant des centaines de
milliers de réfugiés et en acceptant, dans
plusieurs villes frontalières, l'installation
de bases d'intervention françaises pour
l'opération « Turquoise ».

MOGHOLS. Nom donné aux souverains
musulmans* indiens qui régnèrent sur le
nord de l'Inde* à partir du XVIᵉ siècle. Fondée en 1526 par Baber*, la dynastie des
Khans, nommés Grands Moghols par les
Occidentaux, connut son époque de splen-

deur aux XVIᵉ et XVIIᵉ siècles puis déclina. À partir du début du XVIIIᵉ siècle, ses territoires furent contrôlés par les Anglais. La dynastie des Moghols* disparut en 1857.

MOHÁCS (Bataille de, 1526)Victoire remportée par Soliman* le Magnifique, soutenu par une puissante artillerie, contre Louis II Jagellon, roi de Bohême et de Hongrie, tué dans la bataille. Cette défaite ouvrit la Grande Plaine de Hongrie à la domination turque. En 1687, la Chrétienté* y prit sa revanche avec la victoire de Charles V de Lorraine. La Hongrie fut libérée. Joseph Iᵉʳ, fils de l'empereur Léopold, fut couronné roi de Hongrie qui passa sous la domination des Habsbourg*.

MOHAMMAD REZA ou MUHAMMAD RIZA (Téhéran, 1919-Le Caire, 1980). Shah d'Iran (1941-1979), de la dynastie pahlavi. Fils de Reza* Chah, il mena à partir des années 60, soutenu par les États-Unis, une politique de développement économique (grâce aux revenus pétroliers) et social (réforme agraire et administrative, vote accordé aux femmes, lutte contre l'analphabétisme) tout en imposant un régime autoritaire, réprimant les oppositions nationaliste, religieuse ou marxiste. L'opposition à son régime se cristallisa autour des mollahs chi'ites* ; le 16 janvier 1979, le Shah dut quitter l'Iran et le 1ᵉʳ avril 1979, la République islamique de Khomeyni* fut proclamée.

MOHAMMED V ben Youssef (Fès, 1909-Rabat, 1961). Sultan puis roi du Maroc (1957-1961), il obtint de la France l'indépendance de son pays. Troisième fils de Moulay Yousouf, il fut choisi comme sultan par les autorités françaises au détriment de ses deux frères aînés. D'une forte personnalité et très populaire, il refusa d'appliquer durant la Seconde Guerre* mondiale les mesures antisémites dictées par Vichy*. Après la défaite française de 1940 puis le débarquement* allié en Afrique du Nord en 1942, il manifesta ses sympathies nationalistes lorsque l'Istiqlal*

lança le mot d'ordre d'indépendance e₁ 1944. Dans son discours de Tanger (1947) il insista sur la solidarité arabe, provoquan₁ la nomination du général Juin* comme ré₁ sident général au Maroc qui, malgré de sé₁ vères mesures, ne parvint pas à impose₁ ses volontés au sultan. La France tent₁ alors de dresser contre lui les tribus ber₁ bères (féodaux du Sud) et le Glaoui, pach₁ de Marrakech. En août 1953, Mohamme₁ fut déposé, exilé d'abord en Corse puis ₁ Madagascar et remplacé par son cousi₁ ben Arafa. Le mouvement nationaliste ré₁ pondit à cette mesure par l'action armé₁ (terrorisme et guérilla dans le Rif). Cepen₁ dant, après l'échec en Indochine* (1954 et l'insurrection algérienne (novembr₁ 1954), la France rappela le sultan, accueil₁ triomphalement. Les entretiens de L₁ Celle-Saint-Cloud (1955) s'engagèrent ₁ donner l'indépendance, accordée en mar₁ 1956. Après avoir pris le titre de roi d₁ Maroc (1957), il nomma son fils et suc₁ cesseur Hassan* à la vice-présidence.

MOÏSE (XIIIᵉ siècle av. J.-C.). Grande f₁ gure religieuse du peuple hébreu. Son his₁ toire nous est connue à travers la Bible*₁ Inquiet de l'augmentation du nombre de₁ Hébreux* installés en Égypte*, le pha₁ raon* ordonna de faire mourir leurs nou₁ veau-nés mâles. Placé par sa mère sur l₁ Nil* dans une corbeille de papyrus*₁ Moïse fut recueilli puis élevé par la fille d₁ pharaon. Obligé de quitter l'Égypte car ₁ avait tué un Égyptien qui maltraitait u₁ Hébreu, Moïse dut s'enfuir dans le déser₁ du Sinaï. Là il reçut du dieu de ses ancê₁ tres, Yahvé*, la mission de délivrer so₁ peuple et de le conduire au pays de Ca₁ naan*. Après avoir brisé la résistance d₁ pharaon par les dix plaies* d'Égypte, le₁ Hébreux purent partir : ce fut le début d₁ l'Exode*. Sur le sommet du mont Sinaï, a₁ sud de la péninsule, Yahvé dicta à Moïs₁ sa loi dont la partie la plus célèbre est le₁ Dix* Commandements et renouvela ave₁ les Hébreux l'Alliance* conclue autrefoi₁ avec leur ancêtre Abraham*. Le pays de Canaan, la Terre promise par Yahvé, ne fut atteint qu'au bout de 40 ans, mais Moïse, âgé, ne put y parvenir. Il mourut à son entrée. Ce fut Josué* qui lui succéda. Voir Judaïsme, Tables de la Loi.

MOLÉ, Louis Mathieu, comte (Paris, 1781-Champlâtreux, 1855). Homme politique français, il représenta avec Guizot* et Thiers* le parti de la Résistance*, favorable à une « monarchie bourgeoise », sous le régime de la monarchie* de Juillet. Descendant de deux illustres familles parlementaires – sa mère était née Lamoignon* –, Molé servit d'abord Napoléon*, puis se rallia aux Bourbons* lors de la Restauration*. Député opposé aux ultras* royalistes à la Chambre des pairs*, il se rallia à la monarchie de Juillet. Nommé ministre des Affaires étrangères par Louis-Philippe Iᵉʳ* (août-novembre 1830), il décida, afin de maintenir la paix, le principe de non-intervention en faveur des mouvements nationaux en Italie et en Pologne. Président du Conseil (1836-1839), député de la droite après la révolution* de Février 1848, il milita pour la restriction du suffrage universel. Il se rallia à Louis Napoléon Bonaparte*. Voir Mouvement (Parti du).

MOLIÈRE, Jean-Baptiste Poquelin, dit Paris, 1622-*id.*, 1673). Auteur dramatique. À la fois auteur, acteur, metteur en scène et directeur de troupe, Molière, protégé par Louis XIV*, rénova les lois du genre classique. Ses personnages, observés avec une liberté et une hardiesse impitoyables, sont restés des archétypes, vivant désormais hors de leur temps. Fils d'un tapissier ordinaire du roi, il fit des études de droit avant de se consacrer entièrement à sa passion du théâtre. Il créa avec une famille de comédiens, les Béjart, la troupe de l'« Illustre Théâtre » (1643) et prit sur scène le nom de Molière. Durant 15 ans (1643-1658), il parcourut la province à la tête de sa troupe, rejointe par des comédiens ambulants et fit jouer sous la protection de personnages éminents comme le duc d'Épernon et le prince de Conti, ses premières comédies d'inspiration italienne. Rentré à Paris, soutenu par Monsieur, frère du roi, Molière installa sa troupe au Palais-Royal et connut d'emblée la gloire, donnant pour le public de Paris et les divertissements de la cour de nombreuses pièces en vers ou en prose. Malgré la protection de Louis XIV, il dut faire face à de nombreuses attaques (jalousie des comédiens de l'Hôtel de Bourgogne, hostilité du parti des dévots). Molière mourut sur scène après la quatrième représentation du *Malade imaginaire*. On peut citer parmi les 30 comédies qu'il écrivit : *Les Précieuses ridicules* (1659), *L'École des femmes* (1662), *Dom Juan* (1665), *Le Misanthrope*, *Le Médecin malgré lui* (1666), *L'Avare* (1668), *Tartuffe* (1669), *Le Bourgeois gentilhomme* (1670), *Les Fourberies de Scapin* (1671), *Les Femmes savantes* (1672) et *Le Malade imaginaire* (1673). Louis XIV, en hommage posthume à Molière, avait ordonné la fusion de la troupe de Molière avec celle de l'Hôtel de Bourgogne, créant la Comédie-Française, la « Maison de Molière ». Voir Classicisme.

MOLLET, Guy (Flers, 1905-Paris, 1975). Homme politique français. Secrétaire général de la SFIO* de 1946 à 1969, il présida un gouvernement en 1956-1957, qui fut marqué par un net durcissement de la politique algérienne. Militant socialiste, résistant pendant la guerre, il débuta sa carrière après 1945, en devenant maire d'Arras et député du Pas-de-Calais (1945). Devenu secrétaire général de la SFIO en 1946, il joua un rôle d'arbitre dans les crises ministérielles de la Quatrième République* en refusant ou en accordant la participation ou le soutien des socialistes aux divers gouvernements, lui-même étant plusieurs fois ministre. La victoire du Front républicain (socialistes et radicaux de Mendès* France) en janvier 1956 lui permit d'accéder à la présidence du Conseil (31 janvier 1956-21 mai 1957). Son gouvernement fut le plus long de la Quatrième République. Cependant, si sa politique sociale (troisième semaine de congés payés), européenne (signature des traités de Rome* instituant le Marché commun et l'Euratom*) et même coloniale (loi-cadre Defferre* qui favorisa l'évolution de l'Afrique noire vers son indépendance) fut novatrice, il manifesta une grande intransigeance sur la question algérienne. L'échec de l'expédition franco-britannique et israélienne de Suez* (octobre-novembre 1956) créa un important malaise à gauche et au sein de la SFIO et ses adversaires parlèrent de « national molletisme » pour caractériser son action gouvernementale. Mis en minorité, il démissionna en mai 1957 mais fut rappelé dans l'éphémère cabinet Pflimlin* lors de la crise de mai* 1958. Redoutant le coup de force militaire, il rallia la SFIO au général de Gaulle* et fit partie de son gouvernement comme ministre d'État (1958-1959). Après avoir quitté le gouvernement en janvier 1959, il devint un adversaire résolu du gaullisme.

MOLOTOV, Viatcheslav Mikhaïlovitch SKRIABINE, dit (Koukarki, 1890-Moscou, 1986). Homme politique soviétique. Issu d'une famille bourgeoise, il adhéra au bolchevisme dès 1906 et prit le nom de combat de Molotov, signifiant en russe « marteau ». Plusieurs fois arrêté puis libéré, il devint en 1912 secrétaire de rédaction du journal bolchevique la *Pravda*. Membre du comité central du parti communiste (1921) après la révolution d'Octobre 1917, puis membre du Politburo (1926), devenu un homme d'appareil dévoué à Staline*, il remplaça Boukharine* à la tête de l'Internationale communiste (Komintern*) en 1928 et Rykov* à la présidence du Conseil des commissaires du peuple (1930-1941), poste dans lequel il fut étroitement associé aux grandes purges

staliniennes. Commissaire du peuple aux Affaires étrangères (1939-1949 ; 1953-1956), il signa avec Ribbentrop* le pacte germano-soviétique* (23 août 1939) et participa lors de la Seconde Guerre* mondiale aux grandes conférences de Téhéran*, Yalta* et Potsdam*. Nommé premier vice-président du Conseil des ministres en 1946, ce qui était le signe d'une certaine disgrâce, il reprit son poste au ministère des Affaires étrangères (1953) après la mort de Staline mais, attaqué pour son attitude inflexible à l'égard de Tito*, dut démissionner en 1956. Accusé par Khrouchtchev* d'« activités anti-parti » (juin 1957), il fut exclu du comité central et perdit toutes ses fonctions. Nommé ambassadeur en République populaire de Mongolie (1957-1961) puis représentant permanent à l'Agence internationale de l'énergie à Vienne (1960-1961), il fut accusé au XXII⁰ congrès en 1961 de complicité dans les crimes de Staline et exclu du parti (1962) dans lequel il fut réintégré en 1984. Voir Révolutions russes de 1917.

MOLTKE, Helmuth, comte von (Parchim, Mecklembourg, 1800-Berlin, 1891). Maréchal* allemand. Chef du grand étatmajor (1857-1888), il fut, avec Roon*, à l'origine de la puissance militaire allemande. Fils d'un général danois, il passa au service de la Prusse*. Promoteur de l'importante réforme militaire imposée par Bismarck* malgré l'opposition libérale de la Diète, Moltke, disciple de Clausewitz* et créateur de la stratégie prussienne, fut à l'origine des victoires prussiennes contre l'Autriche (Sadowa*, 1866) et contre la France en 1870-1871. Il a écrit de nombreux ouvrages de stratégie et d'histoire militaire. Voir Franco-allemande de 1870-1871 (Guerre).

MOLTKE, Helmuth Johannes, comte von dit **le Jeune** (Gersdorf, Mecklembourg, 1848-Berlin, 1916). Général allemand. Neveu du maréchal von Moltke*, succéda en 1906 à Schlieffen* comme chef l'état-major général de l'armée allemande. En 1914, il reprit le plan Schlieffen, envahit la Belgique neutre et perça les frontières françaises. Mais, croyant la victoire assurée, il renforça les fronts de Lorraine et de Prusse* Orientale, affaiblissant ainsi son aile droite. Cette erreur stratégique valut aux Allemands la défaite de la bataille de la Marne*. Moltke fut dès lors relevé de son commandement et remplacé par Falkenhayn*. Voir Guerre mondiale (Première).

MOMIE. Cadavre que les Égyptiens de l'Antiquité desséchaient et embaumaient pour le conserver. Ils pensaient en effet que l'homme était formé de l'union d'un corps et d'une âme qui ne pouvaient survivre après la mort qu'à condition que le corps ne se décompose pas. Quand le cadavre était devenu une momie, l'âme revenait l'habiter et le mort renaissait à la vie. Le corps du défunt, vidé de ses entrailles et parfumé notamment de myrrhe et de cannelle, placé dans un bain de sel de soude (natron) pendant 70 jours pour le dessécher, était ensuite entouré de bandelettes de toile puis déposé dans un cercueil, lui-même placé dans un sarcophage. Voir Livre des morts, Ramsès II.

MONACHISME. Désigne la vie des moines ou vie monastique. Le monachisme apparut en Orient. Les fondateurs en furent les Pères du désert, moines qui, à partir de la fin du IIIᵉ siècle, peuplèrent les déserts d'Égypte*, de Syrie* et de Palestine. Ces premiers moines furent des solitaires (ermites, anachorètes) et trouvèrent leur modèle dans saint Basile. Ils se regroupèrent plus tard en communautés (les cénobites). Le législateur et l'organisateur du monachisme en Occident fut saint Benoît* de Nursie. La Révolution* supprima toutes les congrégations et la restauration monastique date du XIXᵉ siècle. Voir Carmes, Cîteaux, Cluny, Colomban (saint), Dominicains, Mendiants (Ordres).

MONARCHIE DE JUILLET. Nom donné au régime de la France sous Louis-Philippe Iᵉʳ* (1830-1848), porté au pouvoir par la révolution* de 1830 et détrôné par celle de Février 1848. Engagé dans la voie de la révolution* industrielle, la monarchie de Juillet défendit les intérêts de la grande bourgeoisie, provoquant une aggravation de la condition ouvrière et entretenant une importante agitation politique durement réprimée. Le divorce croissant entre le pays légal (le corps électoral) et le pays réel et la résistance du gouvernement à toute réforme électorale entraînèrent la révolution* de Février 1848 et la chute du régime. Le 9 août 1830, Louis-Philippe devint « roi des Français », adopta le drapeau tricolore et fonda la monarchie sur la Charte révisée, sans supprimer le régime censitaire qui donnait aux propriétaires fonciers et à la bourgeoisie, armée dans la garde* nationale, le monopole du pouvoir politique. Dès mars 1831, le régime, appuyé sur le parti de la Résistance* hostile à toute évolution libérale (Casimir Perier*, Thiers*, Guizot*) évolua rapidement vers le conservatisme, et réprima avec énergie les insurrections républicaines. L'accélération du progrès économique et de la révolution industrielle – particulièrement dans les chemins de fer – profita largement à la grande bourgeoisie tandis que s'affirmaient les revendications ouvrières engendrées par la misère, et orchestrées par les progrès du mouvement socialiste (Proudhon*, Louis Blanc*). À l'extérieur, le régime organisa la conquête de l'Algérie. Il prit ses distances avec la Grande-Bretagne après une période de concessions et se rapprocha de Metternich* afin de combattre l'agitation libérale en Europe. La crise économique de 1846-1847 accompagnée d'une grave crise politique (campagne des banquets* de 1847-1848 menée par les républicains) aboutit à la révolution de Février 1848. Louis-Philippe fut détrôné et se réfugia en Angleterre. La Deuxième République* fut proclamée par le gouvernement* provisoire (24 février 1848). Voir

Avril 1834 (Journées d'), Berry (Duchesse de), Canuts (Révolte des), Fieschi (Attentat de), Juin 1832 (Journées des 5 et 6), Laffitte (Jacques), Lamennais (Félicité de), Mouvement (Parti du).

MONARCHIENS. Au cours de la Révolution* française, nom donné à ceux qui se firent les défenseurs d'une monarchie à l'anglaise à l'Assemblée* nationale constituante. Ils souhaitaient conserver au roi un pouvoir fort en lui accordant un veto* absolu mais contrôlé par deux Chambres, l'une dignitaire (Chambre haute), l'autre, la Chambre basse, législative et élue. Les chefs de file des Monarchiens, inquiets des excès de la Révolution, furent Mounier, Malouet et Clermont-Tonnerre*. Voir Aristocrates, Constitutionnels, Patriotes.

MONCEY, Bon Adrien JEANNOT de (Moncey, 1754-Paris, 1842). Maréchal* de France, il s'illustra dans les guerres de la Révolution* et de l'Empire*. Engagé volontaire à 15 ans, fait maréchal par Napoléon Ier* (1804) puis duc de Conegliano (1808), il combattit en Espagne (1794, 1808, 1823) et défendit Paris en 1814. Emprisonné en 1815 pour avoir refusé de juger Ney*, il devint ensuite gouverneur des Invalides* (1833) où il reçut les cendres de Napoléon (1840). Voir France (Campagne de, 1814), Marmont (Auguste).

MONCONTOUR (Bataille de, 1569). Victoire remportée dans la Vienne par le duc d'Anjou (futur Henri III*) sur l'amiral de Coligny*, chef de l'armée protestante, presque totalement anéantie. Voir Jarnac, Religion (Guerres de).

MONET, Claude (Paris, 1840-Giverny, Eure, 1926) Peintre français. Il fut avec Degas*, Cézanne* et Pissarro*, l'un des grands représentants de l'impressionnisme*. Monet suivit des cours à l'Académie suisse à Paris où il rencontra Pissarro puis travailla dans l'atelier de Gleyre et se lia d'amitié avec Renoir*, Sisley et Bazille. Abandonnant peu à peu les figures, il se consacra aux paysages et élabora une nouvelle technique afin de capter les jeux de lumière et les apparences fugitives de l'instant par des couleurs posées par touches distinctes. Sa toile *Impression, Soleil levant* (Paris, musée Marmottan), exposée en 1874 chez le photographe Nadar, suscita chez les critiques le terme (péjoratif) d'impressionnisme, donnant ainsi un nom à la nouvelle école. Installé à Argenteuil dès 1872, Monet peignit quelques-unes de ses toiles les plus caractéristiques, nombreuses variations autour d'un même thème : les ponts à Argenteuil (*Le Pont de chemin de fer à Argenteuil*, 1874, Paris, musée d'Orsay) ou les chutes de neige (*Chute de neige à Argenteuil*, 1875, Boston, Museum of Fine Arts). Afin de mieux saisir les variations de la forme en fonction des changements de la lumière, Monet réalisa aussi des « séries » qui constituent une véritable peinture « tachiste » : *Les Meules*, *Les Bords de la Tamise* et surtout celles de la *Cathédrale de Rouen*. À partir de 1900 et jusqu'à la fin de sa vie, Monet peignit dans sa propriété de Giverny dans l'Eure (aujourd'hui un musée) une série de *Nymphéas* (motif ornant le bassin de son jardin) qui, par leur vision subjective, annonce la peinture informelle ou abstraite du XXe siècle (Paris, Orangerie).

MONGOLS. Nom donné à un ensemble de peuples nomades originaires d'Asie centrale. Ils formèrent à plusieurs reprises de vastes empires. Au XIIIe siècle, unis sous la direction de Gengis* Khan, ils dominèrent d'immenses territoires. Les Mongols conquirent aussi la Chine méridionale vers le milieu du XIIIe siècle, mettant fin à la dynastie chinoise des Song* du Sud et créant leur propre dynastie, celle des Yuan* (1279-1368). Voir Kubilay Khan, Moghols.

MONITEUR UNIVERSEL (LE). Journal politique fondé en 1789 à Paris par C. J. Panckoucke dans lequel furent publiés les débats de l'Assemblée* nationale consti-

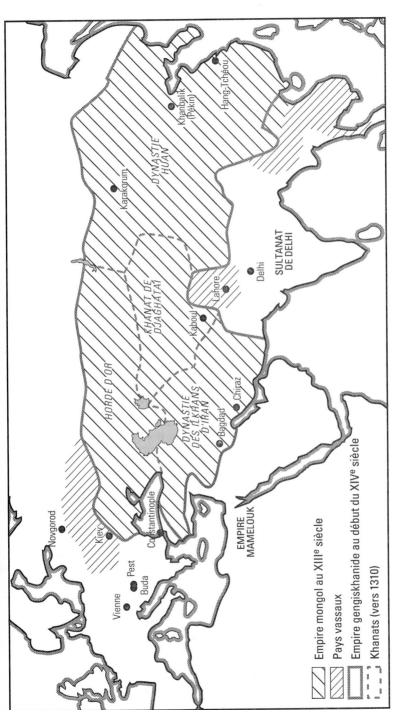

L'Empire mongol au XIIIe siècle

Novgorod

Vienne
Buda
Pest

Kiev

Constantinople

EMPIRE
MAMELOUK

HORDE D'OR

DYNASTIE
DES IL-KHANS
D'IRAN

Bagdad

Chiraz

KHANAT DE
DJAGHATAÏ

Kaboul

Lahore

Delhi

SULTANAT
DE DELHI

Karakorum

DYNASTIE
HUAN

Khanbalik
(Pékin)

Hang-Tchéou

Empire mongol au XIIIe siècle

Pays vassaux

Empire gengiskhanide au début du XIVe siècle

Khanats (vers 1310)

tuante. *Journal officiel de la République française* en 1848, puis *Journal officiel de l'Empire français* en 1852, il fut remplacé par un nouveau *Journal officiel* (1869) après un conflit entre Napoléon III* et la direction du journal. *Le Moniteur* poursuivit sa publication comme organe conservateur jusqu'au 30 juin 1901. Voir *Ami du peuple (L'), Patriote français (Le).*

MONK ou **MONCK, George, 1ᵉʳ** duc d'Albemarle (Potheridge, 1608-White Hall, 1670). Général et homme politique anglais, il fut à l'origine de la restauration monarchique après la mort de Cromwell*. Après avoir servi Charles Iᵉʳ* d'Angleterre, il se rallia à la cause des parlementaires et combattit dans l'armée de Cromwell. Après la mort de ce dernier, fidèle aux aspirations de la majorité de l'opinion anglaise, il restaura la royauté après avoir convaincu Charles II* de signer la déclaration de Breda* (1660).

MONMOUTH, Geoffrey de (v. 1100-1152). Historien anglo-normand. Son *Histoire des Bretons*, écrite en latin avant 1147, contribua largement aux légendes entourant le roi Arthur*, chef légendaire gallois.

MONNET, Jean (Cognac, 1888-Bazoches-sur-Guyonne, 1979). Administrateur français, il est considéré comme l'un des pères de l'Europe. Fils d'un grand producteur de cognac, Monnet fut d'abord chargé par son père de prospecter les marchés étrangers en particulier aux États-Unis. Durant la Première Guerre* mondiale, il représenta la France à la commission maritime interalliée puis devint secrétaire général adjoint à la SDN* de 1919 à 1923. Il revint à cette date aux affaires privées et fonda notamment la Bank of America. Plusieurs pays – comme la Pologne et la Roumanie – firent aussi appel à lui pour ses compétences de conseiller financier. En 1939, président de la commission franco-britannique d'approvisionnement à Londres et convaincu de la nécessité de pour-

suivre la guerre, il participa au projet d'union politique entre la France et l'Angleterre. Envoyé par Churchill* en août 1940 à Washington afin de négocier l'achat de matériel militaire, il contribua à l'organisation de la défense commune, le *Victory Program* de Roosevelt*. Chargé de mission à Alger en 1943, il s'efforça, à la demande de Roosevelt, de réconcilier Giraud* et de Gaulle* mais sans grand succès, puis entra au Comité* français de libération nationale à Alger. Aux lendemains de la Libération*, il fut, de 1947 à 1952, commissaire général au Plan de modernisation et d'équipement de la France. À cette époque, se confirma son idée que seule une unité européenne pouvait permettre une réconciliation franco-allemande mais aussi le développement économique des démocraties occidentales. Il rédigea la déclaration faite par Robert Schuman* le 9 mai 1950 – connue sous le nom de plan Schuman – qui jeta les bases de la Communauté* européenne du charbon et de l'acier. Premier président de la CECA (1952-1955), il engagea toute son énergie afin d'accélérer le processus d'unification, proposant même la mise en place d'un pouvoir supranational. Il fonda en 1956 le Comité d'action des États-Unis d'Europe. Jean Monnet, par son inlassable activité et son autorité morale en Europe comme aux États-Unis, a largement contribué à la formation de l'Europe d'aujourd'hui.

MONOPHYSISME. Nom donné à une hérésie chrétienne* apparue au Vᵉ siècle. Elle ne reconnaît en Jésus-Christ* qu'une seule nature, la nature divine. Condamné en 451 au concile* de Chalcédoine, le monophysisme resta vivant en Orient (Égypte*, Palestine*, Syrie*) et contribua, aux Vᵉ-VIᵉ siècles, à l'affaiblissement de l'Empire byzantin* en Orient. Les monophysites, adeptes de cette doctrine, constituent aujourd'hui trois Églises indépendantes : l'Église jacobite de Syrie, l'Église ménienne et l'Église copte* (en Égypte en Éthiopie).

ONROE (Doctrine de). Nom donné aux incipes de politique étrangère énoncés r le président des États-Unis, Monroe, ns son message annuel au Congrès le décembre 1823. Le message de Monroe, réalité écrit par le secrétaire d'État John uincy Adams, affirmait que le continent néricain devait être fermé à toute colosation européenne et que les États-Unis abstiendraient d'intervenir en Europe solationnisme*). La doctrine de Monroe t appliquée lors de la guerre de Séceson* contre l'Espagne qui venait d'occur à nouveau son ancienne colonie, la Réblique dominicaine, et la France qui ntait de placer Maximilien* d'Autriche à tête du Mexique. Au XXe siècle, la docne devait servir à défendre les intérêts rd-américains sur le continent, les Étatsnis intervenant contre des régimes qu'ils appréciaient pas. Roosevelt* appliqua la politique du gros bâton » (*big stick*), Taft oisit la « diplomatie du dollar » tandis ue Wilson* opta pour les pratiques du bon voisinage ». La doctrine de Monroe t ainsi destinée à protéger le continent squ'à des positions avancées dans Atlantique et le Pacifique, ce qui fut une es justifications de son intervention dans Première et la Seconde Guerre* mondale. Elle fut enfin sérieusement ébranlée rès la révolution cubaine de Castro* et crise des fusées sous la présidence de ennedy*. Voir Cuba (Crise de).

ONROE, James (Monroe's Creek, Virnie, 1758-New York, 1831). Homme poique et président républicain des Étatsnis (1817-1825). Il est resté célèbre pour principe, qu'il développa au Congrès en 323, de la non-intervention de l'Europe ans les affaires du continent américain octrine Monroe). Ami de Jefferson*, dété puis gouverneur de la Louisiane* 799-1802), il fut élu 5e président des ats-Unis (1816) puis réélu en 1820. Sa

présidence fut marquée à l'intérieur par l'apaisement des luttes entres fédéralistes et républicains, période de stabilité qu'on a appelée « l'ère des bons sentiments ». La question de l'esclavage qui commençait à opposer États du nord et du sud fut temporairement résolue par le compromis du Missouri* (1820). À l'extérieur, la Floride* fut rachetée à l'Espagne (1819) et les États-Unis reconnurent les nouvelles Républiques sud-américaines. Voir Fédéraliste (Parti), Indépendance de l'Amérique latine.

MONROE, Norma Jean Baker ou Mortenson, dite **Marilyn** (Los Angeles, 1926-*id.*, 1962). Actrice américaine. Elle incarna le mythe de l'actrice hollywoodienne dans toute sa beauté mais aussi sa solitude. Elle tourna notamment dans *Les Hommes préfèrent les blondes* (Howard Hawks, 1953), *Les Désaxés* (1961, d'après Arthur Miller). Marilyn Monroe se donna la mort en 1962.

MONSIEUR. Titre donné en France, à partir de la fin du XVIe siècle, à l'aîné des frères du roi. Ce titre fut porté par le frère d'Henri III* (le duc d'Alençon), de Louis XIII* (Gaston d'Orléans), de Louis XIV* (Philippe d'Orléans), de Louis XVI* (le comte de Provence) et de Louis XVIII* (le comte d'Artois).

MONSIEUR (Paix de, paix de Beaulieu ou paix de Loches, 1576). Accord signé entre catholiques* et protestants* par l'intermédiaire de Monsieur, duc d'Alençon et frère du roi Henri III*, sous l'influence du parti des Politiques*, catholiques conciliants. Il accordait aux protestants la liberté de culte (sauf à Paris), et leur attribuait de nombreuses places fortes dans le Midi. La paix de Monsieur, jugée inacceptable par les catholiques intransigeants, provoqua la formation de la Ligue*, conduite par Henri de Guise. Voir Henri Ier de Lorraine, Religion (Guerres de).

MONTAGNARDS. Nom donné lors de la Révolution* française aux députés de l'Assemblée* législative de 1791 siégeant sur les bancs les plus hauts de l'Assemblée (la Montagne). Favorables à la République, dominés par Danton*, Marat* et Robespierre*, ils connurent leur apogée au printemps de 1793 avec 300 députés à la Convention*, pour la plupart élus de Paris et des grandes villes. Hostiles à la monarchie, favorables à une démocratie centralisée, les montagnards, proches de la petite bourgeoisie, s'appuyèrent sur les sans-culottes* et combattirent les girondins*, représentants de la bourgeoisie aisée, qu'ils finirent par évincer du pouvoir (juin 1793). Dominant la Convention* et le Comité* de Salut public, ils imposèrent une politique de Terreur* et éliminèrent les Enragés* favorables à Hébert* et les Indulgents* proches de Danton. Après la chute de Robespierre et de ses partisans (9 Thermidor*), les montagnards tentèrent de s'opposer à la Convention* thermidorienne. Sous la Deuxième République*, les députés de l'extrême gauche (Barbès*, Ledru-Rollin*) reprirent le nom de Montagne pour désigner leur groupe politique. Voir Convention montagnarde.

MONTAGNE BLANCHE (Bataille de la, 1620). Première bataille de la guerre de Trente* Ans dont le théâtre fut une colline proche de Prague. Les impériaux sous les ordres de Tilly*, brillant général au service de Ferdinand II* de Habsbourg, écrasèrent l'armée protestante tchèque. Cette bataille mit fin pour trois siècles à l'indépendance de la Bohême.

MONTAIGNE, Michel Eyquem de (château de Montaigne, auj. commune de Saint-Michel-de-Montaigne, 1533-*id.*, 1592). Écrivain français. Auteur des *Essais*, rédigés alors que la France était ravagée par les guerres de Religion*, Montaigne élabora, avec une grande indépendance, une morale faite de sagesse prudente, inspirée par la tolérance et le bon sens. Très controversé au XVIIe siècle notamment par Pascal* et Malebranche*, il

suscita l'admiration de Voltaire* et de Diderot*. Conseiller à la Cour des aides* de Périgueux, puis au parlement de Bordeaux où il se lia d'amitié avec Étienne de La Boétie*, Montaigne vendit sa charge (1570) pour se consacrer à la rédaction des *Essais* dont la première édition parut en 1580 mais qui fut enrichie jusqu'à sa mort. Parallèlement à son activité d'écrivain, Montaigne fut un homme politique. Élu maire de Bordeaux (1581-1585), il parvint à protéger la ville des ravages provoqués par les guerres de Religion en écartant les armées de la Ligue* catholique, tenta en vain de rapprocher le futur Henri IV* du gouverneur de Guyenne* rallié à Henri III* et il accompagna ce dernier, obligé de s'enfuir de Paris après la journée des Barricades* (1588), dans sa retraite de Chartres puis de Rouen.

MONTALEMBERT, Charles Forbes comte de (Londres, 1810-Paris, 1870). Journaliste et homme politique français. Il fut avec Lamennais* et Lacordaire* l'un des principaux représentants du libéralisme* catholique en France. Montalembert adhéra au groupe des catholiques libéraux, et fonda avec Lamennais et Lacordaire la revue *L'Avenir* (1830). Malgré la condamnation du journal par Grégoire XVI, Montalembert refusa de rompre avec Rome et se sépara de Lamennais. Membre de la Chambre des pairs* et chef des catholiques libéraux, il défendit les intérêts catholiques et la liberté d'enseignement. Élu après la révolution de Février 1848 à l'Assemblée* constituante, il fonda, avec les orléanistes*, le parti de l'Ordre*, hostile aux progrès du socialisme*. Toutefois, le caractère trop autoritaire du nouveau régime l'amena à rompre avec Napoléon III* et à se retirer de la vie politique. Il ne cessera, jusqu'à sa mort comme directeur du *Correspondant* (journal du catholicisme libéral), de défendre « l'Église libre dans un État libre ». Montalembert a laissé une *Histoire de saint*

isabeth (1836), une étude sur les *Intérêts
tholiques au XIXᵉ siècle* (1852) et *Les
oines d'Occident depuis saint Benoît
squ'à saint Bernard* (1860-1867). Voir
lloux (Frédéric Albert).

**ONTCALM DE SAINT-VÉRAN,·
ouis Joseph, marquis de** (Candiac,
12-Québec, 1759). Général français. il
illustra, lors de la guerre de Sept* Ans
756-1763), comme commandant des for-
s françaises au Canada (1756). Après
oir pris plusieurs forts aux Anglais, il fut
ortellement blessé en défendant Québec,
stitué avec Montréal, après sa mort.

ONTCHRESTIEN, Antoine de (Fa-
se, v. 1575-Les Tourailles, 1621). Poète
amatique et économiste français. Disci-
e de Malherbe*, il fut notamment l'au-
Jr de *David* et de *L'Écossaise*. Par son
aité de l'économie politique* (1615), il
aucha les idées d'un mercantilisme*
odéré et fut le premier à forger l'expres-
on « économie politique ». Après un sé-
ur en Angleterre (1605-1611), il créa une
anufacture d'ustensiles et d'outils à Châ-
lon-sur-Loire. Voir Colbertisme, Laffe-
as (Barthélemy de).

ONTÉNÉGRO. République fédérée de
ncienne Yougoslavie. Appelée Dioclée
is Zeta, la région fut intégrée dans le
yaume serbe (XIIIᵉ-XIVᵉ siècle). Indépen-
nt en 1360, le Monténégro fit partie de
Empire ottoman* de 1479 à 1878. Il dent, sous les règnes de Pierre Iᵉʳ
782-1830), Pierre II (1830-1851), Da-
lo Iᵉʳ (1851-1860) et Nicolas Iᵉʳ
860-1918), un État moderne. La région
t rattachée à la Serbie* en 1918. En
45, elle devint une des six Républiques
dérées de Yougoslavie et forme depuis
92 un État fédéré avec les Serbes. Voir
onténégro (République du).

ONTÉNÉGRO (République du). An-
enne République fédérée de la Yougos-
vie, peuplée essentiellement de Monté-
grins (environ 60 %) et de musulmans*
nviron 17 %). En avril 1992, la Serbie*

et le Monténégro ont formé une fédération
intitulée République fédérale de Yougoslavie.

**MONTESPAN, Françoise Athénaïs de
Rochechouart de Mortemart, marquise
de** (Lussac-les-Châteaux, 1640-Bourbon-
l'Archambault, 1707). Favorite du roi de
France Louis XIV*. Fille du duc de Mortemart, elle épousa le marquis de Montespan dont elle eut un fils, le duc d'Antin.
Dame d'honneur de la reine, elle devint la
favorite officielle du roi en 1670, dont elle
eut huit enfants (cinq survécurent et furent
légitimés). Appréciée à la cour pour son
esprit brillant mais railleur, elle fut bientôt
délaissée par Louis XIV qui lui préféra la
dévote marquise de Maintenon*. Compromise dans l'affaire des Poisons (1680),
mystérieuse affaire criminelle, elle resta
cependant à Versailles* jusqu'en 1691.

**MONTESQUIEU, Charles de Secondat,
baron de La Brède et de** (château de La
Brède, près de Bordeaux, 1689-Paris,
1755). Écrivain français. Ses idées libérales mais aussi sa nouvelle approche des
faits politique et sociaux influencèrent profondément hommes d'État et historiens,
particulièrement au XIXᵉ siècle. Fils de magistrat, conseiller au parlement de Bordeaux (1716), il voyagea en Europe et partagea sa vie entre Paris et son château de
La Brède. Intéressé par l'histoire et la philosophie politique, il publia en 1734
*Considérations sur les causes de la gran-
deur des Romains et de leur décadence*, essai dans lequel il tenta d'expliquer par des
causes morales et politiques l'évolution de
la puissance romaine. Grand admirateur du
système politique anglais, il rédigea *De
l'esprit des lois* (1748), fruit d'un travail
de vingt ans, dans lequel il manifestait son
attachement aux libertés garanties par les
institutions, en particulier la séparation des
pouvoirs. Si, de son vivant, l'ouvrage fut
l'objet de très violentes attaques, il inspira
plus tard les législateurs attachés aux principes libéraux des régimes constitutionnel

et parlementaire. Montesquieu fut aussi l'auteur d'une satire philosophique, les *Lettres persanes* (1721).

MONTESQUIOU-FEZENSAC, abbé François Xavier Marc Antoine, duc de (Marsan, 1756-Cirey-sur-Blaise, 1832). Homme politique français. Défenseur de l'Ancien* Régime sous la Révolution* française, il émigra puis, revenu en France, devint ministre sous la Restauration*. Député du clergé aux États* généraux (1789), il fut l'un des chefs de file du parti royaliste à l'Assemblée* nationale constituante. Émigré en 1792, puis revenu en France en 1795, il fut ministre de l'Intérieur de Louis XVIII*. Voir Aristocrates, Cazalès (Jacques de), Maury (Abbé Jean Siffrein).

MONTEVERDI, Claudio (Crémone, 1567-Venise, 1643). Compositeur italien. Il peut être considéré comme le véritable créateur de l'opéra. Issu d'une famille aisée, il reçut une culture humaniste. D'abord au service du duc de Mantoue Vincent de Gonzague, il occupa jusqu'à sa mort la fonction de maître de chapelle à Saint-Marc de Venise*. Maître dans l'art de la composition où s'expriment avec force les sentiments humains, il renonça à tout l'appareil mythologique et fantastique dans lequel se complaisaient ses contemporains. On peut citer, outre ses neuf livres de *Madrigaux* et *Cantates, Orfeo* (1607), *Il ritorno d'Ulisse in Patria* (1641) et *L'Incoronazione di Poppea* (1642). Voir Lully (Jean-Baptiste).

MONTFAUCON, Bernard de (Soulage, 1655-Paris, 1741). Bénédictin* français. Il est le fondateur de la paléographie (étude des écritures anciennes). Son ouvrage *Paléographie grecque* (1708) fut le premier traité de paléographie dans le domaine hellénique.

MONTFORT, Simon IV, comte de (v. 1150-Toulouse, 1218). Chef de la croisade contre les Albigeois*. Il mourut en voulant défendre les terres qu'il avait

conquises sur le comte Raimond VI* de Toulouse.

MONTGOMERY OF ALAMEIN, Bernard Law Montgomery, 1er vicomte (Londres, 1887-Isington Mill, Hampshire 1976). Maréchal britannique. Il fut pendant la Seconde Guerre* mondiale l'un des plus grands chefs militaires. Commandant d'une division en France et en Belgique (1939-1940), il parvint à rembarquer ses troupes à Dunkerque* après la déroute des armées alliées. Nommé chef de la VIIIe armée en Égypte (septembre 1942), il réussit à vaincre l'offensive de Rommel* en gagnant la bataille d'El-Alamein* (octobre 1942). Forçant les armées de l'Axe* à la retraite, il atteignit Tripoli (janvier 1943) où il fut rejoint par Leclerc*, puis la Tunisie où il contraignit les Allemands et les Italiens à capituler (cap Bon, 12 mai 1943). Après avoir participé au débarquement* en Sicile, il dirigea en 1944, sous le commandement suprême d'Eisenhower* les forces terrestres du débarquement* en Normandie (6 juin 1944). Chef des forces britanniques, en France et en Belgique, il reçut la capitulation des armées allemandes du Danemark et de Hollande. Après avoir commandé la zone d'occupation britannique en Allemagne, il devint adjoint au commandement suprême des forces atlantiques en Europe (1951-1958). Voir OTAN.

MONTMORENCY, Anne, premier duc de (Chantilly, 1493-Paris, 1567). Connétable* de France, issu d'une illustre famille, il eut une grande influence sous le règne de François Ier*. Ami d'enfance du futur roi, il s'illustra, lors des guerres d'Italie*, à Ravenne, Marignan* (1515) et La Bicoque* (1522), où il reçut le titre de maréchal* puis fut fait prisonnier à Pavie* (1525) avec François Ier. Il pratiqua avec succès la tactique de la terre brûlée contre Charles* Quint, contraint de se replier, et fut nommé connétable en 1537, jouissant d'une influence déterminante jusqu'en

540. Éloigné du pouvoir pendant un
mps, il rentra en grâce sous Henri II*
is, prisonnier des Espagnols, fut l'un des
sponsables de la paix de Cateau-Cam-
ésis*, défavorable à la France. Sous
harles IX*, il s'opposa, avec le duc de
uise et le maréchal de Saint-André, à la
olitique de modération à l'égard des pro-
stants* prônée par Catherine* de Médi-
s. Il trouva la mort en livrant bataille à
ondé*, favorable aux protestants, en
567. Voir Italie (Guerres d').

IONTOIRE (Entrevue de, 24 octobre
940) Entrevue organisée à Montoire
oir-et-Cher) entre Pétain* et Hitler* au
urs de laquelle fut accepté le principe
'une collaboration* entre la France et
Allemagne. Pétain éluda néanmoins le
oblème d'une alliance contre l'Angle-
rre. Voir Laval (Pierre).

**IONTPENSIER, Anne-Marie Louise
'Orléans, duchesse de,** dite **la Grande
Iademoiselle** (Paris, 1627-*id.*, 1693).
ille de Gaston d'Orléans, frère de Louis
III*, et de Marie de Bourbon, duchesse
e Montpensier, elle était l'une des plus ri-
les héritières d'Europe, mais aucun des
ariages qu'elle projeta avec des rois ou
es princes n'aboutit. Elle prit une part ac-
ve dans la Fronde*, faisant tirer le canon
e la Bastille* sur l'armée royale pour sau-
er Condé* (1652). Reparue à la cour en
657, elle épousa finalement Lauzun, ma-
age auquel Louis XIV* s'opposa, mais
en sépara après qu'il l'eut ruinée. Elle
issa des *Mémoires*.

IONTSÉGUR (Château de). Ruines
'une forteresse située sur un piton ro-
neux en Ariège. Montségur fut la dernière
lace forte des Albigeois* qui s'y réfugiè-
ent en 1244. Assaillie et prise par les croi-
és, 200 cathares* y furent brûlés.

IORE, saint THOMAS (Londres,
478-*id.*, 1535). Homme politique et hu-
aniste anglais, ami d'Érasme*. Issu
'une famille noble, il fit ses études à Ox-
ord* et devint un brillant juriste. En rela-

tion avec les cercles humanistes – il devint
l'ami de Colet et d'Érasme –, sa réputation
d'homme de loi et ses talents d'orateur attirèrent l'attention d'Henri VIII*, qui lui
assura bientôt une brillante carrière politique. Après différentes missions diplomatiques, il devint maître des requêtes et
membre du Conseil privé (1518), chancelier du duché de Lancastre (1525) et, à la
disgrâce du cardinal courtisan Wolsey*,
chancelier du royaume (1529-1532). Fidèle au catholicisme*, il désavoua le divorce d'Henri VIII et dut démissionner
(1532). Enfermé à la Tour de Londres*, il
fut décapité après 15 mois d'emprisonnement. Béatifié en 1886, il fut canonisé en
1935. Thomas More est surtout connu
comme l'auteur de *L'Utopie* (1516), véritable manifeste de l'humanisme* chrétien.
Écrite en latin sous forme de dialogue,
L'Utopie est une réflexion « sur le meilleur
statut pour une république » et propose un
projet de Cité idéale. Le livre, qui eut un
énorme succès en Europe, dénonçait en
particulier les méfaits de la propriété, l'in-
humanité des riches et la tyrannie des princes.

MOREAU, Gustave (Paris, 1826-*id.*,
1898). Peintre, graveur et dessinateur français. Peintre du courant symboliste, il fut
professeur à l'École des beaux-arts à partir
de 1892, eut pour élèves quelques-uns des
futurs Fauves comme Henri Matisse*. Fils
d'un architecte, il séjourna en Italie
(1857-1859) et se rendit célèbre au Salon
de 1869 en exposant *Œdipe et le Sphinx*
(1864, New York, Metropolitan Museum)
encore imprégné de classicisme*. Son
style atteignit sa période de maturité vers
1870 et ses compositions, chargées de sujets allégoriques et mythologiques au symbolisme personnel obscur, devinrent toujours plus complexes (*Apparition*, 1876 ;
Jupiter et Sémélé, 1896, Paris, musée Gus-
tave-Moreau). Son esthétisme raffiné sé-
duisit les poètes parnassiens, mais aussi
Huysmans, Mallarmé*, Proust* et consti-

tua pour le surréalisme* une prolifique source d'inspiration. Voir Fauvisme.

MOREAU, Jean Victor (Morlaix, 1763-Laun, auj. Louny, Bohême, 1813). Général français. Il s'illustra lors des guerres de la Révolution* française puis sous Bonaparte* qui l'exila après la conspiration royaliste de Cadoudal*. Engagé comme volontaire dans l'armée révolutionnaire en 1791, nommé général en 1793, Moreau, à la tête de l'armée du Nord, participa à la conquête de la Hollande (1794-1795). Commandant de l'armée de Rhin-et-Moselle (1796), il pénétra jusqu'en Bavière, mais la défaite de Jourdan* l'obligea à faire retraite sur l'Alsace. Franchissant à nouveau le Rhin en 1797, il s'empara de Kehl, mais fut stoppé dans son avance par les préliminaires de paix engagés par Bonaparte avec les Autrichiens. Un moment suspecté par le Directoire* pour son amitié avec Pichegru* passé à l'ennemi, Moreau fut nommé en 1799 à la tête de l'armée d'Italie, mais fut battu par Souvorov*, général de Catherine II* de Russie à Cassano (avril 1799). Nommé commandant en chef de l'armée du Rhin (1800), après avoir soutenu le coup d'État de Bonaparte (18 Brumaire*), il remporta la bataille décisive de Hohenlinden* (décembre 1800) qui ouvrait aux armées françaises la route de Vienne, sauvée par la paix de Lunéville* (1801). Considérant ses services insuffisamment récompensés, Moreau s'opposa violemment à Bonaparte, taisant la conspiration royaliste de Pichegru et de Cadoudal*. Arrêté en 1804, il vécut exilé aux États-Unis puis, appelé comme conseiller militaire par le tsar Alexandre Ier* (1813), il fut mortellement blessé à la bataille de Dresde (août 1813) dans les rangs de l'armée russe.

MORISQUES. Nom donné aux musulmans* espagnols (les Maures*), restés en Espagne après la fin de la *Reconquista**. Leur conversion forcée au catholicisme*, imposée par le cardinal Cisneros, provoqua la révolte d'Alpuxarras, et l'expulsion des Morisques de la Castille* et du León (1502). Persécutés par la monarchie espagnole qui craignait leur alliance avec les musulmans d'Afrique, les Morisques se soulevèrent à Grenade sous Philippe II* (1568-1571) et furent impitoyablement réprimés. La politique de conversion forcée ayant échoué, le gouvernement de Philippe II* ordonna leur expulsion de toute l'Espagne, exécutée dans des conditions dramatiques entre 1609 et 1611. La plupart des Morisques furent déportés vers le Maghreb, en particulier au Maroc. 275 000 personnes furent ainsi chassées sur un total d'environ 8 millions d'Espagnols. Ces départs portèrent un coup très dur à l'économie espagnole, notamment dans l'agriculture, les Morisques étant pour la plupart des paysans.

MORMONS. Voir Smith (Joseph).

MORNY, Charles Joseph, comte puis **duc de** (Paris, 1811-*id.*, 1865). Homme politique français. Il fut l'un des principaux artisans du coup d'État du 2 décembre* 1851, qui poussa au pouvoir le futur Napoléon III*, mais porta la responsabilité de l'expédition du Mexique* qui fut l'un des grands échecs de la politique extérieure du Second Empire*. Fils naturel du général de Flahaut et de la reine Hortense, il fut élu à l'Assemblée* législative de 1849 et participa activement au coup d'État du 2 décembre 1851, devenant aussitôt ministre de l'Intérieur (jusqu'en 1852). Membre du Corps* législatif (1854-1865), il fut nommé ambassadeur à Saint-Pétersbourg où il épousa une princesse russe. Lancé dès 1851 dans les affaires, il participa à toutes les grandes opérations financières et industrielles du Second Empire et incita l'empereur à libéraliser le régime. Ce fut pour réaliser avec le banquier Jecker, une importante affaire financière concernant les dettes du Mexique, qu'il entraîna la France dans l

↑erre du Mexique*. Morny avait lancé la
↑ation balnéaire de Deauville.

ORO, Aldo (Maglie, Lecce, 1916-
ↄme, 1978). Homme politique italien.
↓puté démocrate-chrétien en 1946, il prit
présidence du parti en 1959, fut deux
is président du Conseil (1963-1968 et
↑74-1976), et deux fois ministre des Afires étrangères (1969-1970 et
↑73-1974). Le malaise de la société ita-
↓nne provoqua entre 1969 et 1981 un terrorisme aveugle dont Aldo Moro fut une
↓s victimes. Il fut enlevé et assassiné par
↓ groupe terroriste d'extrême gauche, les
rigades* rouges. Voir Démocratie chré-
↓nne (Parti de la).

ORSE, Samuel (Charlestown, Massa-
usetts, 1791-New York, 1872). Peintre
inventeur américain. Il mit au point un
stème de transmission d'informations
↓r câble (télégraphe électrique) grâce à un
↓de qui porte son nom (le morse).

ORTE (Manuscrits de la mer). Manus-
↓ts dits esséniens découverts entre 1946
1956 dans des grottes proches de la mer
↓orte. Retrouvés dans des jarres, ils ap-
↓rtenaient à une communauté juive ins-
↓lée dans un vaste couvent du IIe siècle
↓. J.-C. au Ier siècle ap. J.-C. Parmi ces très
↓mbreux manuscrits, on trouve notam-
↓nt des copies de nombreux livres de
↓Ancien Testament*. Voir Bible, Hé-
↓eux.

OSCOU (Procès de, 1936-1938). Nom
↓nné à une série de procès au cours des-
↓els furent éliminés les opposants à Sta-
↓ne*, lui assurant ainsi une autorité abso-
↓e. Le prétexte de ces grandes purges fut
↓ssassinat de Kirov*, secrétaire du parti
↓mmuniste de Leningrad (décembre
↓34), l'explication du déclenchement de
↓s épurations résidant en réalité dans
↓chec partiel de la collectivisation et de
↓ndustrialisation. Imputant l'attentat aux
↓tskistes, Staline, aidé par la police po-
↓ique, le NKVD* (commissariat du peu-
↓ aux Affaires intérieures), lança une va-

gue d'épuration sans précédent. Après des
« aveux spontanés » des accusés soumis au
préalable à des techniques psychologiques
policières et des procès fabriqués, seront
successivement poursuivis les « déviation-
nistes de gauche » (dont Kamenev* et Zinoviev*), les hauts responsables de l'Armée rouge (dont le plus illustre fut le
maréchal Toukhatchevski*) et les « droitiers » (Boukharine*, Rykov*). Ces procès
furent suivis d'une vague de répression qui
toucha le parti, les jeunesses communistes,
les syndicats, le gouvernement, aussi bien
à Moscou que dans toutes les grandes villes et toutes les Républiques. Des milliers
de membres du parti – dont les bolcheviks* de la première heure – disparurent
dans les prisons ou les camps, ainsi que
35 000 des 70 000 officiers de l'armée
Rouge. On estime les victimes des purges
à environ un million de fusillés et sept millions de déportés ou emprisonnés. Ces purges eurent pour effet d'affaiblir, à la veille
de la guerre, les cadres administratifs, politiques et militaires du régime. Elles détruisirent aussi, par un climat de terreur et
de suspicion policière, toute possibilité
d'opposition au sein et hors du parti. Voir
Goulag, Malenkov (Georgui).

MOSKOVA (Bataille de la, 7 septembre
1812). Sanglante bataille qui opposa sur
les bords de la rivière Moskova, près du
village de Borodino, la Grande* Armée de
Napoléon Ier* aux armées du tsar Alexandre Ier*, lors de la campagne de Russie*.
Les Russes perdirent 60 000 hommes et les
Français 30 000. L'armée de Napoléon
(Davout*, Murat*, Ney*, Poniatowski*)
ne parvint pas à l'anéantissement de l'armée adverse commandée par Koutouzov,
mais cette bataille permit la prise de Moscou une semaine plus tard (14 septembre
1812). Ney, qui s'était particulièrement
distingué lors du combat, reçut le titre de
prince de la Moskova. Cette bataille est appelée par les Russes « bataille de Borodino ».

MOSQUÉE. Nom donné à l'édifice où se réunissent les musulmans* pour prier. C'est aussi un lieu d'étude et de réunions. Une grande mosquée comprend traditionnellement une vaste cour à ciel ouvert entourée de portiques* avec une fontaine pour les ablutions et une salle de prière couverte, soutenue par des piliers. À l'intérieur de cette dernière, se trouve une niche creusée dans un mur, le *mihrab*, qui indique la direction de La Mecque* vers laquelle les fidèles se tournent pour prier. À droite du *mihrab* se dresse une chaire, le *minbar*, où se place l'imam* pour diriger la prière. L'intérieur d'une mosquée est très dénudé. Les murs sont uniquement ornés d'arabesques et de préceptes du Coran*. Les traditions religieuses interdisent en effet les représentations de Dieu, des hommes et des animaux par crainte d'un retour à l'idolâtrie. Le sol est recouvert de tapis et de nattes et, avant d'entrer dans la mosquée, les musulmans doivent se déchausser. Les femmes y sont admises mais elles sont séparées des hommes. Les mosquées les plus célèbres dans le monde sont El-Aksa à Jérusalem* (VIIIe siècle), la Grande Mosquée de Damas* (VIIIe siècle), Al-Azhar au Caire* (Xe siècle), Kairouan* en Tunisie (IXe siècle) et Ispahan* en Iran (XVIe siècle).

MOSSADEGH, Mohammad HE-DAYAT, dit (Téhéran, 1881-*id.*, 1967). Homme politique iranien. Il se fit, en pleine guerre* froide, le défenseur d'une politique d'indépendance à l'égard des deux blocs mais échoua dans sa politique. Issu d'un milieu aisé, élevé en Occident, docteur en droit, il devint ministre des Finances (1921) puis ministre des Affaires étrangères (1923-1925). Réélu député en 1944, il fonda le Front national, allié au grand parti de gauche Toudeh. Au lendemain de la Seconde Guerre* mondiale, il fit échouer un projet de concessions pétrolières à l'URSS et, nommé Premier ministre du général Zahedi en 1951, il fit voter la nationalisation de la plus grande société pétrolière britannique, l'Anglo-Iranian Oil Company. Cependant, les représailles économiques (boycott du pétrole iranien nationalisé) et les difficultés intérieures provoquèrent le renversement de Mossadegh par le coup d'État militaire, soutenu par les Américains (1953). Mohammad* Reza rétablit peu à peu une monarchie absolue. Mossadegh, après avoir été emprisonné, vécut dans la retraite jusqu'à sa mort.

MOUBARAK ou **MUBARAK, Hosni** (Kafr al-Musilha, 1928-). Homme politique égyptien. Vice-président de la République en 1975, il fut élu à la tête de l'État égyptien après l'assassinat de Sadate* (1981). Bien que le droit islamique (*Charia*) soit la principale source de législation depuis 1980, le président Moubarak doit affronter, comme son prédécesseur, l'opposition des Frères musulmans, partisans de la restauration d'un islam* authentique.

MOUKDEN (Bataille de, 20 février-11 mars 1905). Victoire remportée à Moukden, en Mandchourie, par le Japon sur la Russie pendant la guerre russo-japonaise* de 1904-1905. Voir Togo Heihachiro.

MOULIN, Jean (Béziers, 1899-en déportation, 1943). Administrateur et résistant français. Préfet de Chartres (Eure-et-Loir) en 1940, il refusa de se plier aux exigences allemandes et se rallia au général de Gaulle* à Londres, lequel le chargea d'unifier les mouvements de Résistance*. Président du Conseil* national de la Résistance en 1943, il rentra à Paris et, trahi, fut livré à la Gestapo* à Caluire (Rhône). Après avoir supporté sans parler d'atroces tortures, il mourut au cours de son transfert en Allemagne. Il fut inhumé au Panthéon en 1964. Voir Malraux (André).

MOUNTBATTEN OF BURMA, Louis 1er comte (Windsor, 1900-en mer, 1979). Amiral britannique. Fils du prince Louis de Battenberg, il fut, à Ceylan, commandant en chef des forces alliées du Sud-Est siatique (1943), et reçut la capitulation du Japon (1945). Dernier vice-roi des Indes 1946-1947), il exerça ensuite diverses fonctions de haut commandement, en particulier celle de chef d'état-major de la Défense (1959-1965). Il fut tué, sur son yacht, victime d'un attentat organisé par l'IRA*. Le duc d'Édimbourg, époux de la reine Élisabeth II*, est le neveu de lord Mountbatten.

MOUSTÉRIEN. Désigne l'industrie du paléolithique* moyen (de -90 000 à 40 000/-35 000) associée à l'homme de Neandertal*. Les outils façonnés à partir d'éclats* deviennent de plus en plus perfectionnés.

MOUSTIER (Le). Site préhistorique de Dordogne situé dans la commune de Peyzac-le-Moustier. On a donné le nom de moustérien* à une période du paléolithique* moyen (pointes triangulaires, racloirs, petits bifaces* et coups-de-poing). Voir Neandertal (Homme de).

MOUVEMENT (Parti du). En France, nom donné sous la monarchie* de Juillet à un courant qui, fidèle aux idées de 1789, souhaitait promouvoir progressivement une politique de réformes démocratiques, et mener à l'extérieur un soutien actif aux nationalités opprimées d'Europe. Ce parti de la « gauche dynastique », représenté en particulier par le banquier Laffitte*, Odilon Barrot* et La Fayette*, fut appelé au pouvoir par Louis-Philippe Ier* (1830-1832) puis rapidement évincé par le parti de la Résistance*, opposé à toute concession au libéralisme*, et représenté notamment par Casimir Perier* et François Guizot*.

MOYEN EMPIRE (2160-1786 av. J.-C.). Nom donné à la deuxième période de l'histoire de l'Égypte* ancienne. Après une période de troubles politiques, le pays fut à nouveau unifié sous l'autorité de pharaons* énergiques (XIe et XIIe dynasties) qui établirent leur capitale à Thèbes*, en Haute* Égypte. Sous la XIIe dynastie des Amenemhat et des Sésostris, la basse Nubie* fut annexée et l'Égypte étendit son influence en Palestine* et en Phénicie*. Après près de quatre siècles de prospérité, le Moyen Empire, déchiré par des luttes incessantes au sein de la royauté, disparut sous les coups d'envahisseurs sémites*, les Hyksos* (vers 1767 av. J.-C.). Le Nouvel* Empire ou deuxième empire thébain mit fin à cette période intermédiaire. Voir Deir el-Bahari.

MOZAMBIQUE. État situé sur la côte est de l'Afrique. Ancienne colonie portugaise, elle devint indépendante en 1975. Le FRELIMO (Front de libération du Mozambique), qui avait combattu les Portugais, a détenu le pouvoir jusqu'en 1990, imposant une option « socialiste » de gestion de l'État. À partir de 1979, il dut faire face à une rébellion armée anticommuniste, dirigée par la RENAMO (Résistance nationale du Mozambique), soutenue d'abord par la Rhodésie* puis, à partir de 1980, par l'Afrique du Sud, qui par ailleurs opéra des raids militaires contre des rebelles anti-apartheid installés dans le sud du Mozambique. La sécheresse et de graves difficultés économiques ont conduit le Mozambique à signer un traité de non-agression avec les Sud-Africains (1984). En 1989, le bilan de la guerre civile était de 900 000 tués et 3 millions de personnes déplacées. En 1990, la promulgation d'une nouvelle Constitution a permis d'établir le pluralisme politique et en 1992 le chef de l'État, J. Chissano, a signé un accord de paix avec le chef de la rébellion.

MOZART, Wolfgang Amadeus (Salzbourg, 1756-Vienne, 1791). Compositeur autrichien. Grand maître de l'opéra et de la symphonie, compositeur d'une œuvre immense, il a assimilé tous les styles (italien, allemand, français) et réussi la synthèse de deux siècles de musique européenne. Il peut être considéré comme l'un des plus extraordinaires génies de l'histoire musicale. Fils de Léopold Mozart, compositeur, qui consacra son existence à l'éducation musicale de ses deux enfants, Mozart manifesta dès l'âge de 3 ans d'exceptionnelles dispositions musicales. Virtuose du piano et du violon, il entreprit avec son père et sa sœur une grande tournée de concerts à Vienne d'abord, puis à Paris, à Londres et en Hollande (1762-1766), voyages au cours desquels il bénéficia des leçons du claveciniste Johann Schobert et de Jean-Chrétien Bach. Adulé par les souverains d'Europe (Marie-Thérèse*, Louis XV*, George III*) et les salons, l'enfant prodige revint à Salzbourg. Puis il entreprit avec son père une grande tournée en Italie (1769-1771), où il eut la révélation d'un monde musical nouveau. Devenu premier violon à la cour du prince-archevêque de Salzbourg, cour qu'il détestait, il se consacra à la composition et décida de repartir pour une nouvelle tournée de concerts (1777-1778). Désenchanté par l'accueil glacial des salons parisiens et un amour déçu pour la chanteuse Aloysia Weber – dont il épousa la sœur, Constance, en 1782 –, il rompit bientôt avec l'insupportable prince archevêque de Salzbourg (1781) et s'installa à Vienne où il exerça son art en professionnel indépendant. Cependant, l'incompréhension des Viennois face à l'exécution de quelques-uns de ses chefs-d'œuvre compromit sa carrière malgré le succès inespéré que reçut *La Flûte enchantée* et l'accueil chaleureux que lui réserva Prague. Les trois dernières années de sa vie furent marquées par le dénuement matériel et le délire de persécution dont il commençait à souffrir. Il mourut à Vienne dans la misère et son corps fut enseveli dans la fosse commune. Malgré une vie très brève, Mozart laissa une œuvre extraordinairement riche et variée : la *Messe du couronnement* (1779), la grandiose *Messe en ut mineur* (1782), le *Requiem* inachevé (1791), 55 symphonies (si l'on compte les œuvres de jeunesse),

27 concertos pour piano, de nombreux quatuors et surtout de magnifiques opéras (*L'Enlèvement au sérail*, 1782 ; *Les Noces de Figaro*, 1786 ; *Don Giovanni*, 1787 *Cosi fan tutte*, 1790 ; *La Flûte enchantée* 1791).

MRP (Mouvement républicain populaire) Parti politique français fondé en 1944 par d'anciens résistants et regroupant les démocrates-chrétiens. Devenu le premier parti politique français, grand vainqueur des élections après 1945 avec le parti communiste* (PCF), il forma avec les socialistes une alliance gouvernementale (le Tripartisme*, 1946-1947). Favorable au rapprochement franco-allemand et à l'édification de l'Europe, le MRP compta d'importantes personnalités sous la Quatrième République* (Georges Bidault*, Robert Schuman*, Pierre Pflimlin*). Le MRP se divisa sur le problème algérien : certains se rallièrent en 1958 au général de Gaulle* d'autres, avec Jean Lecanuet*, créèrent le Centre démocrate (1966). Voir Algérie (Guerre d'), RPF.

MU'AWIYYA (La Mecque, v. 603-Damas, 680). Calife* (661-680) fondateur de la dynastie des Omeyyades* de Damas* Secrétaire du prophète Mahomet*, il participa à la conquête de la Syrie* dont il resta le gouverneur pendant 20 ans (641-661). Mu'awiyya refusa de reconnaître Ali*, gendre de Mahomet, comme calife et se fit lui-même élire dans cette fonction. Cette décision est à l'origine de la grande division religieuse au sein de l'islam* (chi'isme*). Sous son règne, il organisa une monarchie autoritaire avec Damas pour capitale. Ses troupes commencèrent à pénétrer en Iran oriental et à progresser dans l'ouest de l'Afrique. De son vivant, il fit désigner son fils comme héritier, établissant ainsi l'hérédité du califat. Voir Sunnisme.

MUHAMMAD. Voir Mahomet.

MUHAMMAD AHMAD (au Soudan 1844-Omdurman, 1885). Mahdi soudaais, il organisa la résistance contre la colonisation européenne en Afrique. Après avoir mené une vie d'ascète dans le désert saharien, il prit le titre de mahdi en 1881 et, accompagné de ses fidèles, conquit le Soudan, battit les Anglo-Égyptiens (1883) et s'empara de Khartoum. Il régna alors sur un État qui correspondait au Soudan actuel, imposant une sanglante dictature religieuse.

MUHAMMAD AL-ṢADŪQ (Tunis, 1812-id., 1882). Bey de Tunis (1859-1882). Il se heurta à de graves difficultés financières qui le contraignirent à accepter une commission franco-italo-anglaise de la dette (1869). Malgré l'intervention énergique de son ministre des Finances, il ne put échapper à l'intervention européenne. Voir Bardo (Traité du).

MÜHLBERG (Bataille de, 1547). Victoire remportée par Charles* Quint sur les protestants* allemands dirigés par Jean-Frédéric de Saxe, qui fut fait prisonnier. Elle mit fin à la ligue de Smalkalde*. Charles Quint semblait avoir retrouvé son autorité en Allemagne.

MUNCH, Edvard (Løten, 1863-près d'Oslo, 1944). Peintre et graveur norvégien. Touché dans sa jeunesse par des deuils douloureux, Munch composa des tableaux marqués par l'angoisse de la mort et la difficulté de vivre. Précurseur de l'expressionnisme*, il exerça une forte influence en Allemagne, notamment sur les artistes du groupe expressionniste *Die Brücke* (*Le Pont*) et sur le peintre autrichien Kokoschka. On peut citer parmi son œuvre *Le Cri* (1893, Oslo) et *Vigne vierge rouge* (1900, Oslo).

MUNICH (Accords de, 29-30 septembre 1938). Accords signés à la conférence tenue à Munich en septembre 1938 et qui réunit les représentants de la France (Daladier*), de la Grande-Bretagne (Chamberlain*), de l'Italie (Mussolini*) et de l'Allemagne (Hitler*). Ils prévoyaient l'évacuation du territoire des Sudètes*

(population tchèque de langue allemande) par la Tchécoslovaquie et son occupation par l'armée allemande. Ces accords, qui marquaient la capitulation des démocraties face aux exigences allemandes, suscitèrent un grand espoir de paix dans une partie de l'opinion française et anglaise, un clivage s'opérant néanmoins, particulièrement en France, entre munichois et antimunichois. Les accords de Munich encouragèrent la politique d'agression allemande et provoquèrent le démembrement de la Tchécoslovaquie. L'URSS, mécontente d'avoir été écartée, craignit, quant à elle, que la France et l'Angleterre n'aient orienté les ambitions de Hitler vers l'est, ce qui peut constituer une des explications de la signature du pacte germano-soviétique* (août 1939). Voir Benes (Edvard).

MÜNTZER, ou MÜNZER, ou MUNCERUS, Thomas (Stolberg, v. 1489-Mülhausen, 1525). Réformateur religieux allemand. D'abord adepte de Luther*, il s'en détacha pour prendre la tête des anabaptistes* dans la guerre des Paysans*. D'abord moine augustin*, il fit la rencontre de Luther en 1519 et, bien qu'attaché à la Réforme*, s'en sépara sur le plan aussi bien politique que religieux. Prédicateur chassé de plusieurs villes allemandes, il fonda avec ses disciples une communauté anabaptiste à Mühlhausen et prit la tête d'une révolte paysanne. Dénoncé par Luther, vaincu par les princes de Saxe, il fut exécuté. Engels*, dans son livre sur *La Guerre des Paysans*, le considéra comme l'un des premiers révolutionnaires modernes.

MURAD Iᵉʳ (v. 1326-Kosovo, 1389). Sultan ottoman (1359-1389). Véritable créateur de la puissance ottomane en Europe orientale, il jeta aussi les bases d'un grand État. Il s'empara d'Andrinople (1360) où il établit sa capitale puis occupa la Macédoine*, la Thrace, la Bulgarie et la majeure partie de l'Asie* mineure. Il mourut lors de sa dernière grande victoire contre les

Serbes à Kosovo* (1389). Voir Ottoman (Empire), Serbie.

MURAD II (Amasya, 1404-Andrinople, 1451). Sultan ottoman* (1421-1451). Fils de Mehmed Ier, il poursuivit l'œuvre de redressement de l'Empire après la grave crise provoquée par les raids des troupes mongoles de Tamerlan*. Grand conquérant, il reprit les offensives turques dans les Balkans*, occupant l'Épire, soumettant la Serbie* et entamant la conquête de l'Albanie. Protecteur des lettres et des arts, sa cour d'Andrinople fut un brillant foyer culturel.

MURAT, Joachim (Labastide-Fortunière, 1767-Pizzo, 1815). Maréchal* de France et roi de Naples* sous le nom de Joachim Napoléon (1808-1815). Chef de la cavalerie de Napoléon Ier*, d'un remarquable courage physique, il participa à toutes les grandes batailles napoléoniennes et fut comblé d'honneurs. Fils d'un aubergiste du Lot, il s'engagea dans l'armée en 1787 puis, officier en 1792, il seconda brillamment Bonaparte dans la répression de l'insurrection royaliste du 13 vendémiaire* (octobre 1795) et devint son aide de camp, lors de la campagne d'Italie* (1796). Il l'accompagna ensuite dans la campagne d'Égypte*, s'illustrant brillamment à la bataille d'Aboukir* (25 juillet 1799), ce qui lui valut le grade de général de division. Rentré en France avec Bonaparte, il prit part au coup d'État du 18 Brumaire* et devint commandant de la garde consulaire. Époux de Caroline Bonaparte (1800), il fut comblé d'honneurs par Napoléon, celui-ci le faisant maréchal en 1804, grand amiral et prince d'Empire (1805), puis grand-duc de Berg et de Clèves (1806-1808). Envoyé en Espagne en 1808, il ordonna une terrible répression de l'insurrection populaire de Madrid (mai 1808). Devenu roi de Naples (juillet 1808), succédant à Joseph Bonaparte*, il réalisa d'importantes réformes. Il s'entoura d'une cour brillante et s'enhardit à mener une po-

litique personnelle. Appelé par Napoléon à prendre le commandement général de la cavalerie dans la campagne de Russie*, il dirigea la Grande* Armée dans sa retraite (décembre 1812) après le départ précipité de Napoléon pour la France. Cependant en janvier 1813, Murat abandonna brusquement son poste au prince Eugène* et regagna son royaume où il conspira avec l'Autriche, accompagnant pourtant Napoléon dans la campagne d'Allemagne de 1813, et s'illustrant encore à Dresde et à Leipzig*. Afin de sauver sa couronne de Naples, il trahit une nouvelle fois Napoléon et signa avec l'Autriche et l'Angleterre un traité (janvier 1814) lui garantissant son royaume mais l'obligeant à fournir 30 000 hommes aux ennemis de l'Empereur. Abandonné de ses alliés, le congrès de Vienne* ayant rendu le royaume de Naples aux Bourbons*, Murat tenta de se rallier à Napoléon lors des Cent-Jours*, et déclara la guerre à l'Autriche. Réfugié en Corse après Waterloo* il essaya de reconquérir son royaume. Débarqué avec quelques partisans en Calabre il fut capturé, jugé, condamné à mort et fusillé. Voir Kléber (Jean-Baptiste), Lannes (Jean), Masséna (André).

MURILLO, Bartolomé Esteban (Séville, 1618-id., 1682). Peintre espagnol d'inspiration religieuse, mais aussi auteur de portraits et de scènes de la vie quotidienne sévillane, Murillo connut un immense succès auprès de ses contemporains, succès qui se prolongea aux XVIIIe et XIXe siècles. D'abord marqué par la peinture religieuse de Francisco de Zurbarán puis par les peintures flamandes et vénitiennes qu'il étudia dans les collections royales de Madrid, Murillo se rendit célèbre avec l'exécution d'un cycle de tableaux pour le cloître du couvent franciscain à Séville* (1645-1646) et fut dès lors sollicité pour de nombreuses commandes, travaillant surtout pour les églises et les couvents de Séville. Ses scènes de genre urent aussi très appréciées (*Enfants jouant aux dés*, Vienne ; *Le Jeune Mendiant*, Paris, Louvre). Critiqué au début du XXᵉ pour sa piété superficielle – ses *Immaculée Conception*, abondamment copiées aux XVIIIᵉ et XIXᵉ siècles, devinrent des archétypes d'images pieuses –, il est, depuis, largement réhabilité.

MURNAU, Friedrich Wilhelm Plumpe, dit **Friedrich Wilhelm** (Bielefeld, 1888-Santa Barbara, Californie, 1931). Cinéaste allemand. Il fut, avec Fritz Lang*, le plus grand réalisateur du cinéma muet. Un moment influencée par l'expressionnisme*, son œuvre fut ensuite hantée par les thèmes de la fatalité et de la mort. Il réalisa notamment *Nosferatu, le vampire* (1922) et *L'Aurore* (1927).

MUSCADINS. Lors de la Révolution* française, nom donné vers 1794, après la chute de Robespierre*, aux jeunes gens appartenant à la « jeunesse dorée », vêtus d'une manière extravagante – redingote et immense col – dont les cheveux non attachés sentaient le parfum au musc. Armés de gourdins, ils firent la chasse aux sans-culottes* et aux jacobins* particulièrement dans le sud-est. Voir Terreur blanche.

MUSÉE. Nom donné par les Grecs au temple des Muses* honorées car l'on s'y occupait de lettres, de sciences et d'art. Le plus célèbre fut le musée d'Alexandrie*.

MUSES. Déesses des arts. Elles sont neuf sœurs, filles de Zeus* selon Hésiode*. La muse de l'histoire était Clio.

MUSSET, Alfred de (Paris, 1810-*id.*, 1857). Écrivain français. Toute son œuvre fut marquée par l'expression pathétique de ses souffrances. Issu d'un milieu cultivé, doué d'une rare précocité, il fut introduit dès 1828 dans le cénacle de Charles Nodier – bibliothécaire de l'Arsenal qui recevait les écrivains romantiques – et publia à 20 ans son premier volume de vers *Contes d'Espagne et d'Italie* qui le fit connaître. Il entreprit alors d'écrire pour le théâtre : *Les Caprices de Marianne*, 1833 ; *Fanta-sio*, 1834 ; *Lorenzaccio*, 1834 ; *Le Chandelier*, 1835 ; *Il ne faut jurer de rien*, 1836. Parti en 1833 pour l'Italie avec George Sand* à laquelle il vouait un amour passionné, il en revint seul, le cœur brisé. Il évoqua cette douloureuse aventure dans une pièce (*On ne badine pas avec l'amour*, 1834) et un roman autobiographique (*La Confession d'un enfant du siècle*, 1836) et des poèmes (*Les Nuits*, 1835-1837). Désormais désenchanté, Musset écrira encore des *Poésies*, des *Contes et nouvelles*, puis des œuvres amères et tourmentées (*L'Espoir en Dieu*, 1838).

MUSSOLINI, Benito Amilcare Andrea (Dovia di Predappio, Romagne, 1883-Giulino di Mezzegra, Côme, 1945). Homme d'État italien. Il exerça une dictature autoritaire puis totalitaire sur l'Italie de 1922 à 1943. Fils d'un forgeron, militant socialiste, et d'une mère institutrice, Mussolini obtint à 18 ans son diplôme d'instituteur et s'inscrivit au parti socialiste. Pour échapper au service militaire, il s'exila en Suisse (1902-1904) où il exerça différents métiers, mena une action syndicale auprès des travailleurs italiens émigrés et fréquenta les milieux socialistes cosmopolites, composés de réfugiés politiques. Ce fut à cette époque qu'il acquit une culture politique d'autodidacte où se mêlèrent les influences de Marx*, Proudhon*, Nietzsche* et Sorel*. Expulsé de Suisse, il rentra en Italie où il accomplit son service militaire (1905-1906), enseigna le français puis exerça le métier de journaliste à Trente, alors autrichienne, d'où il fut bientôt expulsé. Établi en Romagne (1909-1912), il vécut avec Rachele Guidi – dont il aura cinq enfants et qu'il épousa en 1925 – et prit la direction d'un hebdomadaire socialiste. Anticlérical, organisateur de grèves et anticolonialiste – il fit campagne contre la guerre de Libye (1911-1912) – il fut emprisonné. Appelé en 1912 à Milan pour diriger le quotidien socialiste *Avanti !*, il s'affirma jusqu'en

1914 comme un socialiste intransigeant opposé à toute compromission avec un gouvernement bourgeois et prit des positions résolument neutralistes malgré la Triplice*. Cependant, par ambition personnelle mais aussi par besoin d'action, il changea radicalement d'opinion et fit campagne pour l'intervention italienne aux côtés des Alliés. Quittant *Avanti !*, il fut expulsé du parti socialiste accusé d'être à la solde de la France et créa en novembre 1914 *Il Popolo d'Italia* – qui prêchait la guerre contre l'Autriche – avec l'aide financière de ceux qui étaient intéressés par l'entrée en guerre de l'Italie dans le camp allié. Mobilisé comme simple soldat en août 1915, Mussolini fut grièvement blessé sur le front en 1917 et, réformé, reprit la direction de son journal. En 1919, encore peu connu, il fonda à Milan, les Faisceaux* italiens de combat, l'une des nombreuses organisations nationalistes de l'époque qui recrutaient leurs adhérents parmi les anciens combattants victimes des difficultés de l'après-guerre et les déçus d'une « victoire mutilée » par les promesses non tenues des alliés concernant une partie des terres irrédentes. La popularité de Mussolini à cette période était encore très loin derrière celle de Gabriele D'Annunzio*, principal leader nationaliste qui venait d'occuper Fiume (septembre 1919). Les élections de juin 1919 furent un échec sévère pour les fascistes de Mussolini. Dans une Italie chaotique, en proie aux difficultés économiques, à l'agitation révolutionnaire et à l'instabilité ministérielle, Mussolini choisit alors l'action illégale et subversive. Se posant en champion de l'ordre contre les menaces du communisme*, bénéficiant de complicités croissantes dans l'administration et la police et du soutien financier de l'aristocratie terrienne et des milieux industriels, Mussolini lança ses Chemises* noires à l'assaut des syndicats et des organisations de gauche (journées sanglantes de Bologne et de Ferrare,

novembre-décembre 1920). Au congrès de Rome (novembre 1921), il transforma les Faisceaux en un véritable parti politique – le Parti fasciste –, qui passa de 310 000 adhérents fin 1921 à 720 000 au printemps 1922 et créa une organisation syndicale, l'Union ouvrière du travail. Mussolini obtint sa première victoire en brisant par la force la grande grève d'avril 1922 organisée par les socialistes, puis décida la Marche* sur Rome des Chemises noires (27-30 octobre 1922), qu'il fit lui-même de Milan en wagon-lit. Le roi Victor-Emmanuel III* entérina le coup de force et demanda au Duce* de former un gouvernement (30 octobre 1922). Mussolini, manœuvrant avec habileté, respecta dans un premier temps la façade parlementaire du régime, n'accordant aux fascistes que quatre ministères – dont deux pour lui, l'Intérieur et les Affaires étrangères – sur 14. Après s'être fait accorder par la Chambre les pleins pouvoirs (25 novembre 1922), il surmonta la crise née de l'assassinat par la milice (créée en janvier 1924) du député socialiste Matteotti* qui avait dénoncé les méthodes fascistes (30 mai 1924). Après le retrait, en signe de protestation, des parlementaires opposants (27 juin 1924), Mussolini disposa d'une majorité docile élue grâce à une nouvelle loi électorale imposée en avril 1924. Les lois* fascistissimes de 1925 organisèrent la dictature. Le Duce cumula pouvoirs législatif et exécutif, interdit les partis (régime du parti unique), les syndicats non fascistes (remplacés par des corporations) pourchassant leurs chefs et enrégimenta la population afin de supprimer tout esprit critique. Travailleur acharné, menant une vie simple, grand admirateur de César* et arborant volontiers l'uniforme militaire, Mussolini organisa autour de sa personne un culte de la personnalité et rechercha l'ovation des foules qu'il galvanisait par des discours simplistes, imagés et brutaux. Les réalisations intérieures – législation ociale, grands travaux, diminution du chômage et accords de Latran* en 1929 avec le pape – lui apportèrent une immense popularité. Sa politique de collaboration internationale – adhésion à la SDN*, aux pactes de Locarno* et Briand-Kellogg* – et son attitude de méfiance à l'égard de l'Allemagne – envoi de troupes au col de Brenner après l'assassinat du chancelier autrichien Dollfuss* par les nazis en 1934, front de Stresa* avec l'Angleterre et la France en avril 1935 –, lui assurèrent un prestige international renforcé par le soutien d'hommes politiques étrangers comme Churchill*. Ce ne fut qu'à partir de la conquête italienne de l'Éthiopie* (1935-1936) que Mussolini rompit avec les démocraties occidentales opposées à sa politique impérialiste et pratiqua une politique de rapprochement avec le régime hitlérien et les autres dictatures. Il intervint aux côtés de l'Allemagne dans la guerre civile d'Espagne* (1936-1939) et signa l'Axe* Rome-Berlin (novembre 1936). Tout en multipliant les déclarations guerrières, revendiquant la Corse et la Tunisie et occupant l'Albanie (avril 1939), il tenta d'exercer sur le Führer* une influence modératrice (conférence de Munich*, septembre 1938). Cependant, prisonnier de l'alliance allemande, il perdit progressivement toute initiative au profit de Hitler*, et ce fut avec regret qu'il avoua au Führer que l'Italie n'était pas prête à se lancer dans la guerre. Cependant, face aux victoires foudroyantes de l'Allemagne, et craignant que Hitler n'organise sans lui une nouvelle Europe, Mussolini, le 10 juin 1940, s'attaqua à la France déjà vaincue et déclara la guerre à l'Angleterre, négligeant les conseils de son entourage. Avec les défaites militaires en Grèce, dans les Balkans* et en Afrique du Nord, la dictature se durcit, engendrant des oppositions de plus en plus nombreuses. Les hiérarques le désavouèrent dans une séance du Grand Conseil fasciste (25 juillet 1943). Destitué par le roi, il fut arrêté, interné dans les Abbruzzes puis délivré par un commando de SS* allemands (septembre 1943). Il organisa, sous la protection de Hitler, en Italie du Nord, la République sociale italienne, tentant de revenir aux traditions socialisantes des débuts du fascisme*. Il fit fusiller plusieurs des membres du Grand Conseil qui avaient voté contre lui, dont son gendre Ciano*. Après l'effondrement du Reich*, Mussolini tenta de fuir vers la Suisse, déguisé en soldat de la Wehrmacht. Mais arrêté par des partisans le 26 novembre 1945, il fut exécuté sommairement avec sa maîtresse. Voir Irrédentisme.

MUSTAFA II (Andrinople, 1664-Istanbul, 1703). Sultan ottoman* (1695-1703). Son règne fut marqué par d'importantes défaites contre les Habsbourg*. Vaincus par le prince Eugène* à Zenta (1697) en Yougoslavie, les Turcs durent céder deux ans plus tard la Hongrie aux Habsbourg. Mustafa dut aussi céder Azov aux Russes (1700) sous Pierre Ier* le Grand. Voir Mustafa III.

MUSTAFA III (Istanbul, 1717-id., 1774) Sultan ottoman* (1757-1774), il mena la guerre (1768-1774) contre la Russie de Catherine II* mais fut vaincu. La Valachie, la Moldavie et la Crimée furent occupées par les Russes.

MUSTAFA KEMAL, Mustafa Kemal Pacha, dit **KEMAL ATATÜRK** (Thessalonique, 1881-Istanbul, 1938). Homme politique turc. Artisan de l'indépendance turque puis président de la République (1923-1938), il imposa un État moderne, autoritaire et laïque. Entré à 12 ans à l'école militaire de Salonique, il poursuivit ses études à Monastir (1895) puis à l'école de guerre d'Istanbul (1902) et enfin à l'Académie de guerre d'où il sortit avec un grade de capitaine (1905). Nommé en 1907 à l'état-major de l'armée de Salonique, il se consacra à ses tâches militaires et se tint à l'écart lors de la déposition du sultan (1909) et de l'arrivée au pouvoir des Jeunes-Turcs* auxquels il reprochait – surtout à Enver* Pasa – leur germanophilie et leurs idées panislamiques. Pendant la Première Guerre* mondiale, l'Empire ottoman* fut engagé aux côtés des Allemands. Mustafa Kemal fit échouer l'expédition franco-anglaise des Dardannelles* (1915). Commandant d'un corps d'armée, il combattit les Russes dans le Caucase puis fut nommé à la tête de la VIIe armée de Palestine*. Opposé en 1918 aux exigences de l'Entente qui souhaitait placer la Turquie sous la protection des grandes puissances, il fut élu par la Grande Assemblée nationale d'Ankara (avril 1920) président du Conseil des ministres, qui fit office de gouvernement provisoire. Mehmed VI déclara Mustafa Kemal hors la loi. Cependant, le sultan ayant accepté le désastreux traité de Sèvres* (août 1920), Kemal devint le véritable chef de la résistance turque. Après avoir vaincu les Grecs soutenus par les Anglais mais aussi les Arméniens et les Kurdes (1920-1922), il obtint des Alliés le traité de Lausanne* (1923) qui reconnut à la Turquie sa souveraineté sur l'ensemble de l'Anatolie*, les Détroits* et une partie de la Thrace. Devenu un héros national, Mustafa Kemal obtint l'abolition du sultanat (novembre 1922). La République fut proclamée (octobre 1923) et il en devint le président, installant sa capitale à Ankara, (1924). Mustafa Kemal s'attacha à faire de son pays une nation de type occidental. Il procéda à la laïcisation totale de l'État, fit adopter le droit civil qui remplaçait les lois fondées sur le Coran* et l'alphabet latin, émancipa la femme en lui accordant le droit de vote (1934) et interdit la polygamie. Il nationalisa les sociétés étrangères et créa une Banque d'État qui remplaçait la Banque ottomane, symbole de la domination étrangère. À la tête d'un régime autoritaire à parti unique (le Parti républicain progressiste), Mustafa Kemal réprima impitoyablement les révoltes kurdes (1925-1929) et les ré-

voltes religieuses. En politique étrangère il s'efforça d'établir de bonnes relations avec les pays voisins. Imposant l'usage obligatoire d'un patronyme, il prit le nom d'Atatürk (« Père de tous les Turcs »), fondateur de la Turquie moderne.

MUSULMAN, MUSULMANE. Voir Islam.

MUTSUHITO. Voir Meiji Tenno.

MYCALE (Cap). Situé en Asie* Mineure face à l'île de Samos. Athéniens et Spartiates y remportèrent une grande victoire navale contre les Perses* en 479 av. J.-C. au cours de la seconde guerre Médique*.

MYCÈNES. Ancienne ville de Grèce* située au nord-est du Péloponnèse*. Son histoire fut longtemps légendaire. Fondée par le héros* Persée qui l'entoura de murailles avec l'aide des Cyclopes*, elle aurait connu son apogée au moment du règne d'Agamemnon et de la guerre de Troie*. Ce sont les fouilles entreprises par Heinrich Schliemann* à partir de 1871 qui nous révélèrent sa véritable histoire. Mycènes devint à partir de 1600 av. J.-C. le centre d'une brillante civilisation à laquelle elle devait laisser son nom (civilisation mycénienne*). L'acropole* dominait de 300 m de hauteur et permettait de contrôler la principale route vers Corinthe*. Elle fut entourée vers 1350 av. J.-C. d'énormes murs d'enceinte formés de gros blocs de pierre irréguliers, dits murs cyclopéens (encore visibles aujourd'hui) et percés de deux portes dont la principale est la célèbre porte des Lions*. C'est vers la même époque que fut construit un palais dont il ne reste que la partie principale appelée le mégaron*. Mais les grandes découvertes archéologiques furent la mise au jour des tombes royales. Les premières, qui datent du XVIe siècle av. J.-C., sont des fosses surmontées de stèles décorées de sculptures. Elles contenaient de véritables trésors exposés aujourd'hui au musée d'Athènes* : bijoux, coupes et vases d'argent, plaques d'or cousues sur les vêtements, poignards et épées

e bronze* aux poignées incrustées de mo-
fs d'or, masques d'or martelés reprodui-
ant les traits du visage des disparus. Par la
uite, aux XVe et XIVe siècles av. J.-C., les
ois de Mycènes se firent enterrer dans des
hambres rondes souterraines, couvertes
'une coupole, auxquelles on accédait par
ne allée à ciel ouvert (dont la largeur pou-
ait dépasser 6 m). Les plus connues sont
« tombeau de Clytemnestre » (vers 1300
v. J.-C.) mais surtout le « trésor d'Atrée »
u « tombeau d'Agamemnon ». Construit
ers 1330 av. J.-C. au flanc d'une colline
ituée en face de l'acropole, son espace in-
érieur est de dimensions considérables :
lus de 13 m de haut pour un diamètre de
4,5 m. Vers 1200 av. J.-C., Mycènes et
'autres cités de Grèce méridionale furent
rûlées. Mycènes fut ruinée vers 1200 av.
.-C. peut-être par l'invasion des Doriens*.
lle devint une petite cité indépendante au
^e siècle av. J.-C. et participa aux guerres
Médiques*. Prise et dévastée par Argos* en
470 av. J.-C., le site est à peu près inhabité
à l'époque romaine. Voir Argolide, Argos,
Pylos, Tirynthe.

MYCÉNIENNE (Civilisation). Nom
donné à la civilisation dont le centre le plus
brillant fut Mycènes*. Héritière de la civilisation des Crétois*, elle atteignit son
apogée de la fin du XVe siècle à la fin du
XIIe siècle av. J.-C. La civilisation mycénienne fut celle des Achéens*. Elle fut détruite vers 1200 av. J.-C. peut-être par l'invasion des Doriens*. Voir Homère.

MYKÉRINOS (Pyramide de). Tombeau
d'un pharaon* de l'Ancien* Empire (v.
2500 av. J.-C.), situé près du village de Gizèh, dans le nord de l'Égypte*. Devant
elle, se dressent trois petites pyramides* à
degrés, de 20 m de hauteur.

MYTHOLOGIE. Dans l'Antiquité, ensemble des légendes racontant la vie des
dieux et des héros*.

N

NABIS (*Nabi* signifie « prophète » en hébreu). Nom que se donna, fin 1888, un groupe d'artistes français de la génération symboliste. En réaction contre l'impressionnisme*, les nabis se déclarèrent disciples de Paul Gauguin* et trouvèrent chez l'un des théoriciens du groupe, Maurice Denis, la meilleure définition de ce qu'ils considéraient comme leurs principes : « Une peinture avant d'être un cheval de bataille, une femme nue ou une quelconque anecdote, est essentiellement une surface plane recouverte de couleurs en un certain ordre assemblées » (1890). Le groupe des Nabis – qui exposa entre 1891 et 1900 – regroupa notamment Pierre Bonnard*, Félix Vallotton, Édouard Vuillard et Aristide Maillol*. Il collabora aussi avec Proust*, Mallarmé* et Apollinaire* à la *Revue blanche* où il fournit dessins, lithographies et affiches.

NABUCHODONOSOR II (?-562 av. J.-C.). Roi de Babylone* (605-562 av. J.-C.). Grand conquérant dont le règne se passa à lutter contre l'Égypte* pour la possession de la Syrie* et de la Palestine*. C'est lui qui fit raser vers 586 av. J.-C. le premier Temple de la ville de Jérusalem* et ordonna la déportation des juifs*. Grand bâtisseur, il fit de Babylone la cité la plus magnifique de l'Orient. Voir Exil, Salomon (Temple de).

NACHTIGAL, Gustav (Eichstedt, près de Stendal, 1834-golfe de Guinée, 1885). Explorateur allemand. Il explora, entre 1869 et 1875, le Bornou et la région du lac Tchad (Afrique occidentale). Voir Brazza (Pierre Savorgnan de), Duveyrier (Henri), Livingstone (David), Stanley (John).

NADIR SHAH, Nadir Kuli Beg, dit (près de Kalat, 1688-Fathabad, 1747). Roi de Perse (1736-1747). Chef de guerre ambitieux, il tenta de restaurer la grandeur de la Perse par de nombreuses conquêtes. Cependant, son despotisme provoqua des révoltes et il mourut assassiné. Après avoir servi le gouverneur du Khorassan sous la dynastie des Séfévides*, il fut disgracié et devint chef de bande sous la domination afghane. Soutenant l'héritier légitime de la dynastie séfévide, Tahmasp II, Nadir chassa les Afghans, établit le Shah (1736) sur le trône, recevant en récompense le gouvernement de plusieurs provinces. Après s'être illustré dans des campagnes contre les Turcs, le Shah s'étant fait battre par les Ottomans*, Nadir prit ce prétexte pour le déposer, déclarant son propre jeune fils, Abbas III, roi (1732), et montant lui-même sur le trône après la mort de ce dernier (1736). Il entreprit alors d'importantes campagnes militaires, conquit l'Afghanistan (1738) puis, profitant de l'anarchie de l'Inde moghole, ravagea les provinces du nord-ouest, poussant jusqu'à Delhi, d'où il ramena un immense butin dont le fameux trône de Paon, réalisé sous le Grand Moghol Shah Jahan. Despote implacable (il avait fait aveugler son fils), il tenta, par hostilité au chi'isme*, d'imposer un nouveau rite, et établit une dictature militaire. Il mourut assassiné par des conspirateurs, trahi par sa propre famille. Voir Moghols.

NAGASAKI. Ville et port du Japon dans l'île de Kyushu. Le 9 août 1945, les Américains y lancèrent, après celle d'Hiroshima*, une seconde bombe atomique qui fit environ 20 000 morts et 50 000 blessés. Dès le lendemain, le Japon demanda la paix. Voir Pacifique (Guerre du).

NAGY, Imre (Kaposvár, 1896-Budapest, 1958). Homme politique hongrois, il refusa le modèle communiste stalinien. Militant socialiste d'origine paysanne, il adhéra au communisme* lors de sa captivité en Russie pendant la Première Guerre* mondiale. Après avoir fait partie du gouvernement révolutionnaire de Béla Kun*, fondateur du Parti communiste hongrois en 1919, il connut les prisons du dictateur Horthy*, puis s'exila (1929) en URSS. De retour en Hongrie en 1944, il fut ministre de l'Agriculture (1944-1945) – il procéda au partage des terres –, puis de l'Intérieur (1945-1946) et enfin président de l'Assemblée nationale (1947). Après la démission de Rákosi*, il devint Premier ministre (1953-1955) et mena une politique libérale (amnistie, suppression des camps d'internement, tolérance religieuse). Cependant, la tendance stalinienne l'emporta et Nagy fut démis de toutes ses fonctions par Rákosi qui l'exclut du parti (1956). Lors de l'insurrection hongroise d'octobre 1956, il fut rappelé au pouvoir et fit entrer dans son gouvernement des personnalités non communistes, promit des élections libres, le retrait des troupes soviétiques et la sortie de son pays du Pacte de Varsovie*. Cependant, à l'appel de Kadar*, président du parti, les troupes soviétiques intervinrent une seconde fois et écrasèrent dans le sang la révolte hongroise. Nagy lança en vain un appel à l'ONU* et se réfugia à l'ambassade de Yougoslavie. Après un procès secret, il fut condamné à mort et exécuté avec d'autres chefs de la révolution d'octobre. Nagy fut réhabilité en 1989.

NANKIN ou **NANJING.** Ville de Chine centrale, capitale du Jiansu, et po sur le Yangzi Jiang. Fondée avant notr ère, elle fut à plusieurs reprises capitale d la Chine et connut son apogée sous la dy nastie des Ming*. La République chinois y fut proclamée en 1911. Voir Sun Ya sen, Taiping, Tchang Kaï-chek.

NANKIN (Traité de, 29 août 1842). Trait signé à Nankin, en Chine centrale, mettan fin à la guerre de l'Opium* entre l Grande-Bretagne et la Chine (1839-1842 La Chine ouvrait au commerce europée un certain nombre de ports, et cédait l'Angleterre l'île de Hong Kong. En 198 a été signé un accord sino-britannique pré voyant le retour de Hong Kong à la Chin en 1997.

NANTES (Édit de, 1598). Édit signé Nantes le 13 avril 1598 par Henri IV*, afi de pacifier les conflits religieux. En fixan le statut des protestants en France, l'édi donnait, au moins provisoirement, l'exem ple unique en Europe de la tolérance pou tous. Les concessions accordées aux pro testants étaient considérables. Ils obte naient, sur le plan religieux, la liberté d culte dans les lieux où la Réforme* ava été établie avant 1597 dans deux villes o villages par bailliage (mais non dans Pari et ses environs). L'égalité civique avec le catholiques* était reconnue ainsi que le li bre accès à toutes les charges publiques Une amnistie pleine et entière était accor dée à tous ceux qui avaient pris les arme lors des guerres de Religion*. Des cham bres mi-parties, formées par des magistrat appartenant aux deux confessions, étaien créées pour juger les affaires où les pro testants étaient impliqués. Ces derniers s virent enfin accorder des garanties territo riales – plus de cent villes, ou « villes d sûreté » – parmi lesquelles La Rochelle* Saumur, Montauban et Montpellier. Pa ces garanties militaires, l'édit instituait un véritable État dans l'État, ce qui suscita l'opposition des parlements lorsqu'ils durent l'enregistrer, puis celle de Richelieu* qui, par la paix d'Alès* (1629), enleva aux calvinistes leurs places de sûreté. Voir Calvinisme, Nantes (Révocation de l'édit de), Protestantisme.

NANTES (Révocation de l'édit de, 1685). Édit signé par Louis XIV* à Fontainebleau, qui abolissait tous les avantages accordés par Henri IV* aux huguenots* (édit de Nantes*, 1598). L'unité de foi, ciment de l'unité politique constituant une préoccupation majeure pour la royauté, la lutte pour l'élimination progressive du protestantisme* avait commencé dès le début du règne. L'édit de Fontainebleau interdisait le culte protestant, ordonnant la démolition des temples, la fermeture des écoles réformées, l'obligation du baptême* et du mariage catholiques. La révocation, si elle fut bien accueillie par la majorité catholique du pays, provoqua une émigration massive des protestants (plus de 200 000) vers les pays de même religion (Prusse et Hollande) où ils fondèrent des foyers d'hostilité à la France. Les exilés réformés appartenant surtout aux professions libérales et aux métiers du négoce ou de l'artisanat, le royaume perdit ses éléments économiques dynamiques. Voir Camisards, Dragonnades.

NAPLES. Ville d'Italie en Campanie. Son nom vient de deux établissements grecs : Parthénope (600 av. J.-C.), puis, au Vᵉ siècle, des Athéniens et des Chalcidiens fondent une « ville nouvelle » (Néapolis), d'où son nom. Occupée par les Romains, elle résista à Pyrrhus* puis à Hannibal*. Prise par les Ostrogoths* (493), puis occupée par les Byzantins à partir de 553, elle fut ensuite annexée par les Normands* de Sicile en 1137. Elle devint sous les Angevins la capitale du royaume de Naples*. Passée en 1442 à la maison d'Aragon*, occupée par le roi de France Charles VIII* (1495), puis par Louis XII* (1501), la ville

resta sous la domination des Habsbourg* d'Espagne puis d'Autriche (jusqu'en 1714), puis passa, après 1734, à une branche des Bourbons* d'Espagne. Occupée par les armées françaises (1799), elle fut donnée par Napoléon Iᵉʳ* à son frère Joseph Bonaparte* (1806), puis à son beau-frère Murat* (1808), Naples fut réunie au royaume des Deux-Siciles*, par Ferdinand IV, rétabli en 1815. Révoltée en 1848, prise par Garibaldi* (1860), la ville rejoignit le royaume d'Italie en 1861.

NAPLES (Royaume de). Nom donné à un ancien royaume d'Italie. Il prit naissance après la révolte de la Sicile contre Charles Iᵉʳ* d'Anjou (Vêpres* siciliennes) qui fut contraint de renoncer à la Sicile, occupée par le roi d'Aragon, Pierre III. À partir de cette époque, la Sicile insulaire resta à l'Aragon*, la partie continentale, le royaume de Naples allant aux Angevins. En 1442, Alphonse V d'Aragon conquit le royaume de Naples et chassa le dernier Angevin (René Iᵉʳ* le Bon) et le royaume fut réunifié (royaume des Deux-Siciles*, 1442-1458). Après avoir été occupé par les rois de France (Charles VIII*, Louis XII*), le royaume passa à l'Aragon puis aux Habsbourg* d'Autriche jusqu'en 1714. Après différentes occupations (Savoie, Autriche), le royaume fut dominé par les Bourbons d'Espagne (1734) qui, après le congrès de Vienne (1815), restaurèrent le royaume des Deux-Siciles (1816-1860) qui fut, après l'expédition de Garibaldi*, rattaché au royaume d'Italie (1861). Voir Bonaparte (Joseph), Murat (Joachim).

NAPOLÉON Iᵉʳ (Ajaccio, 1769-Sainte-Hélène, 1821). Empereur des Français (1804-1814 et 1815). Adulé ou haï, il est l'une des figures les plus connues de l'histoire universelle. La légende napoléonienne marqua tour à tour écrivains, artistes et hommes d'État. Né dans une famille de petite noblesse corse, deuxième fils de Charles Marie Bonaparte* et de Maria Letizia Ramolino, Napoléon Bonaparte étudia dans les écoles militaires de Brienne (Aude) et de Paris et commença par s'illustrer dans les armées révolutionnaires. Partisan des jacobins*, il se distingua comme capitaine d'artillerie au siège de Toulon qu'il reprit aux Anglais (1793) et fut promu général de brigade. Emprisonné après le 9 Thermidor* en raison de ses amitiés avec les montagnards*, Barras* le rappela afin de réprimer l'insurrection royaliste du 13 Vendémiaire* an IV (5 octobre 1795) et il fut nommé général en chef de l'armée d'Italie. Après ses victoires fulgurantes contre les Piémontais et les Autrichiens (campagne d'Italie*, 1796-1797), il imposa aux vaincus la paix de Campoformio* (1797). Craignant son ambition, le Directoire* l'éloigna en lui confiant l'expédition d'Égypte contre les Anglais (1798-1799). Revenu en France en octobre 1799, il renversa, avec l'appui de Sieyès*, le régime par le coup d'État du 18 Brumaire* (9 novembre 1799) et le Consulat* fut établi. Premier Consul, Napoléon Bonaparte imposa à la France une constitution autoritaire (Constitution* de l'an VIII), réorganisa les finances, la justice, l'administration (préfets*) et créa les lycées, la Légion* d'honneur et la Banque de France*, promulgua le Code* civil (Code Napoléon) et signa avec le pape Pie VII* le Concordat* (1801). Devenu consul à vie en 1802, il se fit proclamer empereur des Français sous le nom de Napoléon Ier et se fit sacrer à Notre-Dame (2 décembre 1804). Napoléon Ier déclara l'Empire héréditaire, créa une noblesse et une cour impériales et imposa un régime très autoritaire. Sur le plan extérieur, il mena une politique de conquêtes qui ligua l'Europe contre la France. Après avoir imposé, à la suite d'une seconde campagne d'Italie, la paix de Lunéville* à l'Autriche (1801) puis la paix d'Amiens* à l'Angleterre (1802), les hostilités reprirent. Défait par l'Angleterre (Trafalgar*, 1805), Napoléon réussit à vaincre les troisième et qua-

trième coalitions* (Austerlitz*, 1805 ; Iéna*, 1806 ; Eylau*, 1807 ; Friedland*, 1807) et s'allia avec la Russie (traités de Tilsit*, 1807). À cette époque, le Grand Empire comptait plus de 130 départements et de nombreux États dépendants. Décidant le Blocus* continental contre l'Angleterre (1806) pour l'asphyxier économiquement, Napoléon fut amené à annexer les États* pontificaux mais aussi à intervenir dans la péninsule Ibérique : la guerre d'Espagne se révéla une terrible épreuve dont les atrocités furent évoquées par Goya*. Vainqueur de l'Autriche – qui avait déclenché la cinquième coalition – à Wagram* (1809), Napoléon, afin de s'assurer un héritier mais aussi de sceller l'alliance avec l'Autriche, décida de divorcer de Joséphine* de Beauharnais pour épouser Marie-Louise* de Habsbourg* (1810) qui lui donna un fils, l'Aiglon*, proclamé roi de Rome (1811). Napoléon ayant rompu avec le tsar Nicolas Ier* entreprit avec la Grande* Armée, la campagne de Russie* qui se solda par un grave échec. Après la formation d'une sixième coalition* à laquelle l'Autriche adhéra et la défaite de Leipzig* (1813), la France fut envahie et vaincue (1814). Napoléon fut exilé à l'île d'Elbe* dont il avait reçu la souveraineté. Revenu en France, Napoléon tenta d'exercer à nouveau le pouvoir (les Cents-Jours*) mais, vaincu à Waterloo* (1815), il fut exilé à l'île de Sainte-Hélène* où il construisit lui-même sa légende, et le Grand Empire fut démantelé par le congrès de Vienne* (1815) (Las* Cases, *Le Mémorial de Sainte-Hélène*, 1823). En 1840, les cendres de Napoléon furent ramenées en France et déposées aux Invalides. Voir Cadoudal (Georges), Égypte (Campagne d'), Empire (Premier), Espagne (Guerre d'indépendance d'), États de l'Église.

NAPOLÉON II, François Charles Joseph Bonaparte (Paris, 1811-Schönbrunn, 1832). Fils de Napoléon Ier* et de

Marie-Louise*. Roi de Rome (1811), duc de Reichstadt (1818), il vécut à la cour de Vienne. Ses cendres ont été transférées aux Invalides*, à Paris, en 1940.

NAPOLÉON III, Charles Louis Napoléon Bonaparte (Paris, 1808-Chislehurst, Kent, 1873). Empereur des Français 1852-1870). Neveu de Napoléon Ier*, il imposa en France un régime autoritaire puis libéral et favorisa le développement industriel. Sa politique extérieure, inspirée par la défense du principe des nationalités, connut plusieurs succès ; cependant l'échec de la guerre contre la Prusse* aboutit à sa chute. Troisième fils de Louis Bonaparte*, roi de Hollande et frère de Napoléon Ier, et de Hortense de Beauharnais, il fut élevé en Suisse après la fin du Premier Empire* et devint, après des études à l'école militaire de Thoune, officier d'artillerie. En 1831, partisan de la défense des nationalités, il participa à l'insurrection des libéraux italiens en Romagne, échappant à la répression autrichienne. Se considérant, après la mort du duc de Reichstadt, fils de Napoléon Ier (1832), comme le chef de la dynastie et des bonapartistes*, il tenta sans succès à Strasbourg 1836) puis à Boulogne (1840) de renverser le régime de la monarchie* de Juillet. Condamné à l'emprisonnement perpétuel octobre 1840), emprisonné au fort de Ham – où il écrivit notamment *L'Extinction du paupérisme*, largement inspiré par les idées de Saint-Simon* –, il s'évada en 1846, revêtu des habits du peintre Badinguet (surnom qui lui restera). De retour en France après la révolution* de Février 1848, Louis Napoléon devint membre de l'Assemblée* constituante (avril 1848) qui vota la Constitution de la Deuxième République*. Le 10 décembre 1848, il fut élu à une large majorité président de la République, tirant à la fois bénéfice de la crainte bourgeoise du « péril socialiste » et du souvenir de la légende napoléonienne encore largement répandu dans les campagnes. Après avoir cherché en vain à faire modifier la Constitution pour permettre sa réélection en 1852, il manœuvra avec habileté, laissant les conservateurs de l'Assemblée législative mener une politique conservatrice (expédition de Rome, loi Falloux*) et, fort de l'appui de l'armée, décida le coup d'État du 2 décembre* 1851, puis restaura l'Empire proclamé le 2 décembre 1852 et accepté par plébiscite. Napoléon III (appelé « Napoléon le petit » par Victor Hugo*), marié en 1853 à une comtesse espagnole, Eugénie* de Montijo, exerça jusqu'en 1860 un pouvoir autoritaire, muselant l'opposition et la presse. Il assura dans le même temps l'essor économique de la France et la renforça sur le plan extérieur en réaffirmant en Europe la politique napoléonienne des nationalités. Il engagea la guerre de Crimée* (1854-1856), aida l'Italie à se libérer de la domination autrichienne (campagne d'Italie*, 1859) gagnant Nice et la Savoie, et renforça l'empire colonial en s'assurant le contrôle de la Cochinchine* et du Cambodge et en achevant la conquête de l'Algérie. Cependant, affaibli par l'échec de l'expédition du Mexique* (1862-1867) et l'hostilité des catholiques* inquiets des menaces que faisait peser l'unification italienne sur les États* pontificaux, Napoléon III décida la libéralisation du régime à partir de 1860 (droit de grève, droit d'interpellation et d'initiative pour les députés, libéralisation de la presse, liberté de réunion). Mais le regain de popularité que connut l'Empire libéral fut anéanti par la décision imprudente prise par Napoléon III de déclarer la guerre à la Prusse de Guillaume Ier* et de Bismarck* (guerre franco-allemande*, 1870-1871). Emprisonné après la défaite de Sedan* (1er septembre 1870), déchu de son titre le 4 septembre à Paris, Napoléon III, après sa captivité en Allemagne, rejoignit l'impératrice en Angleterre (mars 1871).

NARA. Ville du Japon au sud de l'île de Honshu. Capitale impériale de 710 à 784, c'est à Nara que commença à se développer le bouddhisme*. L'époque de Nara (645-794), notamment sous le règne de Shomu Tenno (725-749), est considérée comme l'âge d'or de la civilisation japonaise, l'art étant entièrement consacré à la gloire du bouddhisme. Nara fut abandonnée en 794 par l'empereur Kanmu, qui souhaitait mettre fin à l'influence considérable des moines bouddhistes. Il choisit pour capitale la nouvelle ville de Heiankyo (Kyoto*).

NARBONNAISE. Désigne l'une des quatre provinces de la Gaule* romaine conquise dès la fin du IIe siècle av. J.-C. Organisée en province en 27 av. J.-C., elle s'appela d'abord *Provincia* (d'où la Provence*) avant de devenir Gaule Narbonnaise du nom de la colonie romaine fondée en 118 av. J.-C., Narbo Martius (Narbonne), qui devait devenir sa capitale. Elle s'étendait de la Garonne au Rhône.

NARSÈS (v. 478-Rome, v. 568). Brillant général byzantin. Il aida le général Bélisaire* à réprimer la sédition Nika* (532) dirigée contre l'empereur Justinien Ier*. Il dirigea aussi l'expédition contre les Ostrogoths* en Italie et administra le pays après leur capitulation. Voir Bélisaire

NARVIK. Ville et port du nord-ouest de la Norvège. En avril 1940, les Allemands, souhaitant s'assurer le contrôle de la route du fer suédois, envahirent le Danemark et la Norvège. Les troupes norvégiennes et alliées (France, Grande-Bretagne) débarquèrent et combattirent à Narvik les troupes allemandes qui s'emparèrent finalement de la ville (28 mai). Cet affrontement ne recula que de quelques semaines l'occupation totale de la Norvège. Voir Guerre mondiale (Seconde).

NASA (*National Aeronautics and Space Administration*). Organisme créé aux États-Unis en 1958, chargé de diriger et de coordonner les recherches aéronautiques et spatiales civiles. Elle devait notamment rattraper le retard américain dans la conquête de l'espace après le lancement réussi du Spoutnik 1* soviétique en 1957.

NASEBY ou **NESEBY** (Bataille de, 1645). Victoire décisive remportée par les parlementaires anglais sur l'armée royale lors de la guerre civile (1642-1649). Les Écossais, chez qui Charles Ier* d'Angleterre s'était réfugié, le livrèrent au Parlement. Voir Cromwell (Olivier), Révolution d'Angleterre (Première).

NASSER, Gamal Abdel (Beni Mor, Haute Égypte, 1918-Le Caire, 1970). Homme politique égyptien. Nationaliste, leader du tiers monde et champion de l'unité arabe, il a profondément marqué l'Égypte contemporaine. Issu d'une famille modeste de fellahs, Nasser fut reçu à l'Académie militaire du Caire en 1937. Nationaliste convaincu, hostile à la tutelle de l'Angleterre sur l'Égypte, il forma le premier noyau d'officiers patriotes – parmi lesquels Anouar el-Sadate* – qui jurèrent de libérer l'Égypte. Durant le premier conflit israélo-arabe*, il s'illustra au combat et fut grièvement blessé. Humilié par la défaite, convaincu de la nécessité de renverser le roi Farouk* jugé corrompu et trop faible à l'égard des Anglais, il forma le mouvement clandestin des « officiers libres », pour la plupart issus d'un milieu paysan, souvent modeste. Lieutenant-colonel (1951), il gagna à sa cause le général Néguib* qui jouissait d'un grand prestige. Profitant des émeutes du Caire en juillet 1952, Nasser, soutenu par le groupe des « officiers libres », organisa un coup d'État qui obligea le roi Farouk à abdiquer. Le Conseil de la révolution imposa alors la réforme agraire de 1952 destinée à démanteler les bases de la puissance de l'aristocratie mais aussi à réduire l'influence communiste dans les campagnes. Tous les partis politiques furent supprimés, même le Wafd*, parti nationaliste égyptien, et la République fut proclamée en juin 1953.

Nasser devint Premier ministre adjoint et Néguib, président de la République. Mais ce dernier, jugé modéré et conservateur, fut progressivement écarté du pouvoir et Nasser fut élu président de la République par référendum en juin 1956. Considéré comme trop favorable au bloc occidental, Nasser refusa d'adhérer au pacte américain de Bagdad*. Il fut à la conférence de Bandung* (avril 1955), avec Nehru* et Tito*, le porte-parole du non-alignement et le défenseur de la lutte des pays d'Asie et d'Afrique sous domination coloniale. Considérant l'irrigation et l'électrification comme étant deux des conditions majeures du développement de l'Égypte, Nasser décida la construction du haut barrage d'Assouan. Cependant, devant le refus des crédits anglo-américains, il décida la nationalisation de la Compagnie du canal de Suez* (juillet 1956) dont les revenus devaient permettre la construction du barrage. La France, l'Angleterre – principaux actionnaires de la Compagnie de Suez – et Israël ripostèrent par une intervention militaire réussie mais durent se replier après l'intervention diplomatique des États-Unis et de l'URSS (novembre 1956). Malgré les défaites de l'armée égyptienne, Nasser tira de cette guerre un grand succès politique et décida de nationaliser les biens occidentaux. Après avoir liquidé toute opposition (Frères musulmans et communistes), Nasser joua désormais un rôle prépondérant à la tête de l'État et du parti unique, l'Union socialiste arabe. Il entama la seconde étape des grandes nationalisations (1961-1963), appliqua une seconde réforme agraire qui limitait la propriété foncière aux dépens des grands féodaux et acheva, grâce aux capitaux et à l'aide technique soviétiques, la construction du barrage d'Assouan. Champion du panarabisme et de la lutte anticolonialiste, il accueillit au Caire la conférence afro-asiatique (janvier 1958), donna asile aux chefs du FLN* d'Algérie et soutint les républicains du Yémen. Afin d'accélérer le processus d'unification arabe contre Israël*, il forma avec la Syrie* la République arabe unie (février 1958) qui devait éclater en 1961. Après la défaite de juin 1967 contre Israël, Nasser accepta l'aide massive de l'URSS pour reconstituer son armée. Il tenta enfin de jouer un rôle d'arbitre dans l'affrontement sanglant entre les Bédouins du roi Hussein* et les organisations palestiniennes. La mort du Raïs consterna le monde arabe et ses obsèques furent suivies par plusieurs millions de personnes. Voir Israélo-arabe (Deuxième guerre, 1956, Troisième guerre, 1967).

NATAL. Province de la République sud-africaine située en bordure de l'océan Indien. Découverte par Vasco* de Gama (Noël 1497), elle fut colonisée (1837) par les Boers* lors du Grand Trek*. Après avoir battu les Zoulous* (Blood River, 1838), les Boers fondèrent au Natal une République indépendante, devenue colonie britannique en 1856. En 1897, le Zoulouland y fut rattaché et les Zoulous furent, pour la plupart, parqués dans des réserves. Après 1850, des ouvriers indiens furent engagés pour la culture de la canne à sucre. Leurs descendants forment aujourd'hui une part importante de la population de cette région. En 1910, le Natal a été rattaché à l'Union sud-africaine. Voir Boers (Guerre des).

NATIONAL-LIBÉRAL (Parti). Parti politique allemand représentant la bourgeoisie aisée et cultivée qui se constitua en 1866. Dominant le Reichstag* entre 1871 et 1880, le parti national-libéral soutint Bismarck* lors du Kulturkampf* puis se divisa lorsque le chancelier* orienta le régime vers le protectionnisme. Il se disloqua après la Première Guerre* mondiale.

NATIONAL-SOCIALISME. Idéologie politique exposée par Adolf Hitler* dans Mein* Kampf (Mon Combat, 1925) et qui fut mise en application sous le IIIᵉ Reich* (1933-1945). Reprenant des courants de pensée anciens, comme le racisme antisémite et le pangermanisme*, Hitler y ajouta deux ennemis idéologiques modernes, le libéralisme* et le communisme*, responsables selon lui de la dissolution de la nation. Le slogan « *Ein Volk, ein Reich, ein Führer* » (« Un peuple, un Empire, un chef ») fonda la conception hitlérienne du monde : la supériorité culturelle et raciale du peuple germanique (ce qui impliquait la sauvegarde de toute « contamination » et la mise en place d'une politique raciale), la conquête d'un « espace vital » (notamment à l'Est) et l'autorité absolue d'un chef charismatique (le *Führer**) dans le cadre d'un État totalitaire et centralisateur.

NAUMACHIE. Combat naval fictif offert en spectacle, dans la Rome antique à la plèbe* soit dans l'arène inondable d'un amphithéâtre, soit dans un édifice construit à cet effet et appelé lui aussi naumachie.

NAVARIN (Bataille de, 20 octobre 1827). Bataille navale remportée dans la rade de Navarin (aujourd'hui Pylos* en Grèce) par les escadres de la Triple-Alliance* (Angleterre, France et Russie) contre la flotte turco-égyptienne. Cette victoire aboutit à l'autonomie de la Grèce (traité d'Andrinople*, 1829). Lors de la guerre d'indépendance* grecque, la France, la Russie et l'Angleterre s'étaient engagées à une démonstration navale en mer Ionienne afin d'amener le sultan à accepter leur médiation. Mais un incident transforma cette démonstration en bataille navale, provoquant la destruction de la flotte égyptienne de Méhémet-Ali*, venue au secours du sultan. La diplomatie qualifia cet événement de « malentendu déplorable ». Voir Londres (Traité de, 1830).

NAVAS DE TOLOSA (Bataille de Las, 16 juillet 1212). Victoire remportée, sous le commandement d'Alphonse VIII, par les forces unies de Castille*, d'Aragon* et de Navarre sur les Almohades*. Cette bataille marqua une étape décisive de la re-conquête de la péninsule Ibérique sur l'islam*. Voir *Reconquista.*

NAVIGATION (Acte de, 1651). Loi sur le commerce maritime votée par le Parlement* anglais, afin de briser la suprématie maritime de la Hollande. Elle réservait aux navires anglais le commerce extérieur de l'Angleterre – particulièrement le transport des denrées coloniales – en interdisant aux navires étrangers de transporter dans les ports anglais des denrées autres que celles de leurs pays. Cette mesure protectionniste provoqua entre l'Angleterre et les Provinces-Unies la guerre de 1652 à 1654. Elle contribua à l'essor rapide de la flotte marchande britannique et à l'hégémonie maritime de l'Angleterre. L'Acte de Navigation fut aboli entre 1849 et 1854 après l'adoption du libre-échange. Voir Mercantilisme.

NAXOS. Île grecque de la mer Égée, la plus grande et à l'époque antique la plus fertile des Cyclades*. Célèbre pour son culte de Dyonisos* (selon la mythologie*, Thésée* y abandonna Ariane* qui fut recueillie par le dieu) elle connut son apogée au VIᵉ siècle av. J.-C. Ravagée par les Perses* en 490 av. J.-C., elle participa à la bataille de Salamine*. Entrée dans la ligue de Délos*, elle se révolta contre la domination d'Athènes* qui lui imposa en 470 av. J.-C. une colonie militaire. Soumise aux Vénitiens après les croisades* (1207-1566), elle passa sous la domination des Turcs jusqu'en 1832.

NAZISME. Voir National-socialisme.

NEANDERTAL (Homme de). Nom donné aux restes (fémur et calotte crânienne) appartenant à un homme préhistorique, découverts en 1856, dans une grotte de la vallée de Neandertal en Allemagne. Établis en Asie occidentale, en Afrique du Nord mais surtout en Europe pendant plus de 40 000 ans (à l'époque du paléolithique* moyen), les Neandertaliens disparurent sans laisser de descendants il y a environ 35 000 ans. Ils avaient un corps massif, une petite taille (1,55 m environ),

e tête volumineuse et aplatie, une capa-
é crânienne de 1 600 cm^3 (proche de
lle de l'homme actuel) et surtout d'énor-
es bourrelets au-dessus des orbites.
homme de Neandertal a connu des cli-
ts rigoureux où vivaient des animaux
ptés au froid (rennes, mammouths, rhi-
céros laineux, ours, etc.). Pour chasser
dépecer cet important gibier, il mit au
nt un outillage appelé « industrie mous-
ienne » (du nom de la grotte de Mous-
r*, en Dordogne, où furent trouvés de
mbreux spécimens). Les éclats* et les
intes tirés du silex* leur servaient à fa-
nner des couteaux, des racloirs, des per-
irs destinés à travailler le bois, l'os et la
au. Avec les Neandertaliens apparut
ssi la première manifestation d'un culte
s morts. On a retrouvé au Danemark un
uveau-né enseveli près de sa mère sur
ile d'un cygne, en Russie un jeune gar-
n accroupi entouré de cornes de bouque-
s et en Irak, un homme reposant sur une
uche de fleurs. Voir Cro-Magnon
omme de), Moustérien.

ECKER, Jacques (Genève, 1732-Cop-
t, 1804). Financier et homme politique
nçais. Grand admirateur de Colbert*,
posé à la politique économique libérale
Turgot*, il tenta sans succès de redresser
s finances publiques. D'origine gene-
ise, venu à Paris en 1750, il y amassa une
rtune confortable et fonda une banque en
65. Marié à Suzanne Curchod dont le sa-
n était fréquenté par Grimm*, Buffon,
Alembert*, Diderot*, Necker décida de
lancer dans la vie publique. Dès 1772, il
fit connaître par son *Éloge de Colbert*
uronné par l'Académie, et son *Essai sur
législation et le commerce des grains*
775), où il attaquait le « laisser faire » de
rgot. Bien que genevois et protestant*,
cker fut nommé par Louis XVI* direc-
ur général du Trésor (1776), puis des Fi-
nces (1777). Soutenu par le public ras-
ré par sa réussite personnelle, Necker
engagea à réduire l'énorme déficit ag-

gravé par la guerre d'Amérique. Pratiquant
une politique d'économies et d'emprunts
– avantageuse pour le particulier mais coûteuse pour l'État –, il publia aussi, plus par
désir de plaire que pour rassurer le public,
le fameux *Compte rendu au roi* (1781) où
il faisait apparaître un excédent de recettes,
passant sous silence les dépenses du budget
extraordinaire mais aussi le montant des
pensions payées aux courtisans, ce qui lui
attira beaucoup d'ennemis. L'hostilité
grandit encore lorsqu'il présenta son projet
d'assemblées provinciales des trois ordres*, chargées de la gestion fiscale et économique des provinces. Devant l'opposition des parlements et des intendants*
inquiets de ces nouveaux pouvoirs, Necker
démissionna (1781), remplacé par Calonne*. Rappelé par Louis XVI (25 août
1788) après l'échec de Loménie* de
Brienne, Necker approuva la convocation
des États* généraux et réussit à obtenir le
doublement du Tiers* pour les élections
malgré l'opposition violente de l'assemblée des notables* et du Parlement* de Paris. Renvoyé par le roi le 11 juillet 1789, ce
qui contribua à développer le mouvement
révolutionnaire, Necker fut rappelé le
15 juillet après la prise de la Bastille* et
rentra à Paris sous les acclamations.
Échouant à redresser la situation économique et financière, opposé au mouvement réformateur, il se retira des affaires publiques
en septembre 1790 et s'installa en Suisse
avec sa fille, Mme de Staël*. Voir Révolution française.

NEERWIDEN (Batailles de). Batailles
qui eurent lieu dans le Brabant à Neerwiden (Belgique). En juillet 1693, le maréchal y vainquit Guillaume III* d'Orange.
En mars 1793, Frédéric de Saxe-Cobourg
y vainquit Dumouriez*.

NEF. 1) Galerie centrale de l'église* s'ouvrant sur le chœur*. Les églises peuvent
avoir une ou plusieurs nefs. Les nefs latérales, à côté de la nef centrale, s'appellent
collatéraux ou bas-côtés. 2) Grand navire

à voile du Moyen Âge, avant tout navire de haute mer adapté à l'Atlantique. La nef était équipée d'un ou de deux mâts et de voiles carrées. Sa large coque, arrondie et profonde, pouvait transporter des cargaisons importantes. Elle était complétée par deux plates-formes à l'avant et à l'arrière. Voir Caravelle, Drakkar, Galère, Trière.

NÉFERTITI (XIVᵉ siècle av. J.-C.). Reine d'Égypte*, épouse du pharaon* Aménophis IV*. Elle est restée célèbre par des bustes conservés aux musées de Berlin et du Caire*.

NÉGUIB ou **NAGIB, Muhammad** (Khartoum, 1901-Le Caire, 1984). Général et homme politique égyptien. Après avoir participé à la première guerre israélo-arabe* (1948-1949), il devint dans l'armée un des chefs de l'opposition au régime du roi Farouk*. Choisi pour diriger le coup d'État militaire des « officiers libres » animés par le colonel Nasser*, il proclama la République (juin 1953) puis fut écarté du pouvoir par Nasser (1954).

NEHRU, Jawaharlal (Allahabad, 1889-Delhi, 1964). Homme politique indien. Compagnon de Gandhi*, il négocia l'indépendance de l'Inde* dont il devint le Premier ministre jusqu'à sa mort. D'une riche famille de la caste brahmanique du Cachemire, Nehru était le fils unique d'un célèbre avocat qui fut l'un des premiers partisans de l'indépendance indienne. Élève du collège de Harrow en Angleterre, il étudia ensuite les sciences naturelles à Cambridge* et le droit à Londres. De retour en Inde (1912), il s'inscrivit au barreau d'Allahabad et participa aux activités du Congrès national indien, militant contre la domination britannique en Inde. En 1916, il rencontra Gandhi et soutint ses idées nationalistes sans pour autant adhérer à son mysticisme religieux, se déclarant ouvertement agnostique et partisan d'une société laïque. Il épousa la même année Kamala Kaul, dont il eut un unique enfant, Indira Gandhi*, Premier ministre de l'Inde

en 1967. Membre de la tendance de gau che au Congrès, il en fut élu président e 1929 et il fut, par ses appels à la « déso béissance civile », plusieurs fois empri sonné – près de dix ans de détention entr 1920 et 1945. Adversaire déterminé d fascisme* et du nazisme* – acceptan néanmoins l'invitation de l'Espagne e 1938 –, il se rendit en Chine en 1939 afi de soutenir le peuple chinois en lutt contre l'impérialisme japonais. Empri sonné durant la Seconde Guerre* mondial pour ses activités nationalistes, Nehru de vint vice-président du gouvernement pro visoire chargé de préparer l'indépendanc et participa aux discussions qui contribuè rent à la partition de l'Inde et du Pakista musulman* devenus indépendants e 1947. Premier ministre et ministre des A faires étrangères de l'Union indienn jusqu'à sa mort, Nehru favorisa, dans l cadre d'un socialisme à la fois modéré e moderniste, un important développemen industriel, cette croissance restant néan moins entravée par le retard de l'agricul ture. Sur le plan extérieur, Nehru s'affirm comme le leader du neutralisme, du non alignement et de l'anticolonialisme et jou un rôle important dans les rencontres in ternationales (conférences de Bandung en 1955, de Belgrade* en 1961). Il entr cependant en conflit avec la Chine sur de problèmes de frontières (guerre sino-in dienne, 1962) et à propos du Tibet (exil d Dalaï-Lama en Inde) malgré son princip de non-ingérence. Grande figure du natio nalisme indien avec Gandhi, Nehru fu aussi reconnu en tant qu'écrivain (*Auto biography*, 1936). Voir Congrès (Parti du)

NELSON, Horatio, vicomte, duc d **Bronte** (Burnham Thorpe 1758-au larg du cap Trafalgar, 1805). Amiral anglais, i remporta sur la flotte franco-espagnole, l grande victoire de Trafalgar* en 1805 o il trouva la mort. Entré très jeune dans l marine, il devint capitaine de vaisseau 20 ans, sillonnant les mers lors de tous le

nflits. Sa renommée commença cepen-
nt à partir de 1793, lorsque l'Angleterre
clara la guerre à la France révolution-
ire. Blessé en 1794 – il perdit l'œil droit
lans les batailles qu'il mena contre les
ançais en Méditerranée, il confirma ses
alités de stratège après une victoire rem-
rtée au cap Saint-Vincent, au Portugal
797), et fut nommé contre-amiral. Blessé
e seconde fois en 1797 – il perdit son bras
oit –, il fut chargé, après sa convales-
nce, de la surveillance de la flotte fran-
ise à Toulon, qui se préparait à appareil-
r pour l'expédition d'Égypte*. Mais si la
otte de Bonaparte* lui échappa un mo-
ent, en Méditerranée, il la rejoignit en
de d'Aboukir* et l'écrasa en août 1798. Il
fendit le trône des Bourbons* à Naples*
vahie par les troupes françaises (1799),
ut en Sicile le titre de duc de Bronte puis
inquit (1801), en mer Baltique, la flotte
noise. Commandant de la flotte anglaise
Méditerranée, il déjoua le plan de Napo-
on Ier* consistant à attirer sa flotte aux
ntilles afin d'assurer le débarquement de
Grande* Armée en Angleterre. La flotte
ançaise, conduite par l'amiral Ville-
uve*, revint en Europe, mais suivie par
s navires de Nelson. Villeneuve, obligé,
r ordre de Napoléon, de sortir de Cadix
il s'était réfugié pour protéger sa flotte,
ncontra celle de Nelson au large de Tra-
lgar et fut anéanti. Cette grande victoire
vale assurait à l'Angleterre la maîtrise
solue des mers, mais Nelson mourut au
mbat. Il laissait après sa mort quelques
rits (*Lettres à lady Hamilton*, 1814). Sa
tue fut dressée à Trafalgar Square (Lon-
es) et l'Angleterre reconnaissante l'en-
velit à l'abbaye de Westminster*. Voir
aples (Royaume de).

ÉO-BABYLONIEN (Empire). Nom
nné au second empire babylonien* (VIIe-
e siècle av. J.-C.). Il connut son apogée
us le règne de Nabuchodonosor II* et
étendait sur toute la Mésopotamie*, la
rie* et la Palestine*.

NÉO-CLASSICISME. Nom donné à la
tendance artistique et littéraire qui s'épanouit entre le milieu du XVIIIe et le début
du XIXe siècle. Ce mouvement culturel qui
s'appuyait sur les exemples de l'Antiquité
classique ou du classicisme* du XVIIe siècle prit naissance à Rome au milieu du
XVIIIe siècle et influença la plupart des pays
d'Europe. Bien que les origines du mouvement soient complexes, on peut y voir
une réaction contre le baroque* et le rococo mais aussi une forte admiration pour
la Rome républicaine et impériale, la civilisation grecque restant néanmoins l'ultime référence. L'art antique, encore
mieux connu après les fouilles d'Herculanum* (1720) et de Pompéi* (1748) prit
alors la force d'un symbole. Parmi les architectes néo-classiques, on peut citer,
pour la France, Germain Soufflot* (le Panthéon), Étienne-Louis Bouillée et Charles
de Wailly (l'Odéon), Claude Nicolas Le-
doux*, Alexandre Théodore Brongniart
(Bourse de Paris), Jean-François Chalgrin
(Arc* de Triomphe de l'Étoile) et Barthélemy Vignon (église de la Madeleine*) ;
pour la Grande-Bretagne, Robert Adam
puis John Soane et Schinkel pour l'Allemagne. En Italie, Antonio Canova* fut le
plus important des sculpteurs. Dans la
peinture française, Jean-Baptiste Regnault,
mais surtout Jacques-Louis David* furent
les meilleurs représentants du courant néo-
classique, *Le Serment des Horaces* (David,
1784) apparaissant comme le manifeste de
la nouvelle école.

NÉO-DESTOUR. Voir Destour.

NÉO-IMPRESSIONNISME. Mouve-
ment pictural de la fin du XIXe siècle dont
Georges Seurat* et Paul Signac furent les
initiateurs. Leur intention étant d'appliquer à la peinture les recherches scientifiques sur la perception des couleurs. Aussi
abandonnèrent-ils la touche en virgule des
impressionnistes pour lui substituer des
points, d'où le nom de divisionnisme ou de
pointillisme que l'on donne aussi à leur

technique. Après la France, la Belgique fut le foyer le plus important du néo-impressionnisme (G. Lemmen, Jan Toorop, Henry Van de Velde, Théo Van Rysselberghe).

NÉOLITHIQUE. Mot signifiant en grec nouvelle pierre. Il désigne la période la plus récente de la préhistoire* appelée aussi âge de la pierre polie. Entre le VIIIe et le VIe millénaire av. J.-C., les transformations des conditions de vie des hommes furent telles qu'on a pu parler de révolution néolithique. Elle se caractérisa par l'invention de l'agriculture, de l'élevage, de la céramique et l'apparition de villages. Vers 10 000 ans av. J.-C., sous l'influence d'un climat plus favorable (réchauffement) apparurent une nouvelle flore et une nouvelle faune. Au lieu de pratiquer la cueillette, l'homme apprit à cultiver des plantes comme les céréales (blé et orge) et à domestiquer les animaux (mouton et chèvre, puis bœuf et porc puis, plus tard, cheval) qu'il se contentait autrefois de chasser. La naissance de l'agriculture et de l'élevage eut des conséquences considérables. Capables désormais d'accumuler des réserves de nourriture (grains, troupeaux), les hommes du néolithique devinrent sédentaires, se groupèrent en villages, et la population mondiale augmenta rapidement. La « révolution néolithique » n'apparut pas partout au même moment. Son premier foyer fut, dès 9000 av. J.-C., le Proche-Orient* (zone du Croissant* fertile, de l'Égypte* à la Mésopotamie* en passant par la Syrie* et l'Anatolie*), puis l'Amérique centrale (8000 av. J.-C.), l'Europe (5000 av. J.-C.), l'Inde* (4000 av. J.-C.), la Chine (3000 av. J.-C.) et le nord de l'Amérique du Sud (2000 av. J.-C.). Voir Catal Hüyük, Hache, Hacilar, Mégalithe, Métaux (Âge des).

NEP. Abréviation des mots russes signifiant « Nouvelle Politique économique » décidée par Lénine* en 1921 et adoptée par le Xe congrès du parti afin de relancer les productions industrielle et agricol[e] gravement compromises par la guerre ci[vile] (1917-1921). Décidée après l'insur[rection] rection de Kronstadt*, elle mettait fin a[u] communisme* de guerre. Le commerc[e] intérieur et les petites entreprises indus[trielles] trielles furent dénationalisées et les réqui[si]sitions des produits agricoles remplacée[s] par un impôt mais l'État gardait en mai[n] l'industrie lourde, les transports, les ban[ques] ques et le commerce extérieur. Conçue pa[r] Lénine comme une pause dans la révolu[tion] tion sur le plan économique mais auss[i] souhaitée par la population, la NEP ne res[taura] taura pas pour autant les libertés politi[ques] ques. Durant cette période (1921-1929), l[a] production agricole et industrielle re[trouva] trouva son niveau d'avant-guerre. L[a] NEP, cependant, fit naître de nouvelle[s] tensions sociales car elle favorisa l'appa[rition] rition d'une nouvelle bourgeoisie (les ne[p]men) et l'enrichissement des koulaks*[.] Dénoncée par Trotski*, Kamenev* et Zi[no]noviev*, la NEP fut supprimée par Sta[line] line* en 1929. Elle fut remplacée par l[a] collectivisation des terres et une industria[li]lisation à outrance. Voir Staline (Joseph)[,] Trotski (Léon).

NEPTUNE. Dieu romain de la mer assi[mi]milé au Poséidon* des Grecs. Voir Dieu[x] romains, Religion romaine.

NÉRON (Antium, 37-Rome, 68 ap[.] J.-C.). Cinquième et dernier empereur ro[main] main de la dynastie des Julio-Claudiens*[.] Il régna de 54 à 68. Le règne de ce sou[ve]verain à l'esprit déséquilibré fut marqu[é] par une tyrannie sanglante. Fils de l'am[bitieuse] bitieuse Agrippine qui le fit adopter pa[r] Claude*, Néron fut proclamé empereur pa[r] la garde prétorienne* à l'âge de 17 ans (5[4] ap. J.-C.) à la mort de Claude*. Après de[s] débuts heureux, il sombra dans une cruau[té] sanguinaire mêlée d'extravagances. Il f[it] assassiner Britannicus*, fils de Claude a[u] détriment duquel il avait pris le pouvoir, s[a] mère Agrippine et son épouse Octavi[e.] Vouant un véritable culte aux arts et à l[a]

auté, lui-même poète et acteur, il se li-
ait à des compétitions au cirque* comme
ocher et récitait des vers au théâtre. Ac-
usé sans doute à tort (à la suite de Sué-
ne*) d'avoir provoqué l'immense incen-
e de Rome (64), il rejeta le crime sur les
urétiens* et déclencha contre eux une ter-
ble persécution. Ce désastre lui donna
occasion de se faire construire sur l'Es-
uilin* un palais immense, la Maison* do-
e. S'appuyant sur la plèbe* à laquelle il
ffrait spectacles et jeux, il fit échouer les
omplots de la noblesse dont le plus célè-
e fut celui de Pison qui vit périr son pré-
epteur Sénèque* et, pour couvrir ses dé-
enses considérables, il confisqua les
rtunes des sénateurs. En 68, les légions*
u Lyonnaise et en Espagne se révoltèrent
Néron fut déclaré ennemi public par le
énat*. Après s'être enfui de Rome, il se
t tuer par un affranchi, s'écriant, d'après
historien Suétone, en mourant : « Quel
tiste périt avec moi ! » Voir Flaviens,
ierre (Saint).

ERVA (Narni, v. 30-Rome, 98 ap. J.-C.).
mpereur romain, il fonda la dynastie des
ntonins*. Nerva, qui était juriste, avait
artagé le consulat en 71 avec Vespasien*
avec Domitien* en 90. Il fut acclamé
mpereur après l'assassinat de Domitien et
gna deux ans (96-98 ap. J.-C.) avec sa-
esse, réparant les maux de son prédéces-
ur Domitien. Il s'efforça de gouverner
vec le Sénat* et sut préparer sa succeson en adoptant Trajan*.

ERVAL, Gérard Labrunie, dit **Gérard**
e (Paris, 1808-*id.*, 1855). Écrivain franais. Poète romantique, dont l'œuvre, han-
e par le mythe féminin après l'échec dou-
ureux d'une passion amoureuse, établit
ntre les rêves et la vie de subtiles corres-
ondances qui préfigurent l'œuvre de Bau-
elaire* et l'exploration déjà surréaliste de
inconscient. Fils d'un médecin militaire,
t orphelin de sa mère, Nerval fit ses étu-
es au collège Charlemagne. Il fréquenta
Cénacle réunissant les écrivains roman-

tiques, se lia avec Théophile Gautier* et
mena d'abord une vie de dandy. Vers
1835, il rencontra Jenny Colon, actrice et
chanteuse avec laquelle il vécut une passion malheureuse (1835-1841) dont le
choc sentimental affecta progressivement
sa personnalité. Accentuant son épanche-
ment du songe dans la vie réelle, Jenny devint dès lors l'incarnation de son éternel
féminin et hanta ses œuvres, d'abord marquées par l'exaltation romantique, puis
mystique après un voyage en Orient où il
s'intéressa aux mythologies et s'initia à
l'ésotérisme (*Les Filles du feu*, 1854 ; *Au-
rélia*, 1855 ; *Chimères*, 1855). En proie à
des périodes de délire de plus en plus fréquentes, interné à plusieurs reprises, Nerval fut retrouvé pendu dans une rue près
du Châtelet. Outre des poèmes, il avait
écrit un récit de voyage (*Le Voyage en
Orient*, 1851) et donné une célèbre traduction du premier *Faust* de Goethe* (1827),
l'« Orphée et l'Horace allemands réunis
dans un même homme », selon Lamartine*.

NESTORIUS (Germanica Cesarea, v.
380-Kharguèh, 451 ap. J.-C.). Patriarche*
de Constantinople* (428-431), il fut à
l'origine d'une hérésie chrétienne, le nes-
torianisme, condamné par le concile
d'Éphèse* en 431 ap. J.-C. Nestorius enseignait qu'il existait deux personnes distinctes en Jésus-Christ* (l'une divine, l'autre humaine) et que la Vierge Marie n'était
pas la mère de Dieu, mais seulement celle
de Jésus. Il existe encore aujourd'hui environ 80 000 chrétiens* nestoriens en Iran,
en Irak et aux États-Unis. Voir Arianisme,
Iconoclasme.

NEUILLY-SUR-SEINE (Traité de,
27 novembre 1919). Traité signé à
Neuilly-sur-Seine entre les Alliés et la
Bulgarie après la Première Guerre* mondiale. La Bulgarie devait restituer la Dobroudja à la Roumanie, céder la Thrace occidentale à la Grèce et la partie occidentale
(Macédoine*) de son territoire à la You-

goslavie. Son armée, en outre, était réduite à 20 000 hommes et elle devait verser des réparations. Voir Paris (Conférence de).

NEURATH, Konstantin, baron von (Kleinglattbach, 1873-Leinfelder Hof, 1956). Homme politique allemand. Ministre des Affaires étrangères (1932-1938), d'abord dans le cabinet des barons de von Papen* puis sous le régime de Hitler*, il assuma à ce poste le retrait allemand de la SDN*, la remilitarisation de la Rhénanie* et la préparation de l'*Anschluss**. Protecteur de la Bohême-Moravie (1939-1941), il fut condamné à quinze ans de prison par le tribunal de Nuremberg* mais fut libéré en 1954. Voir Heydrich (Reinhard), Ribbentrop (Joachim von).

NEUSTRIE. Nom donné au royaume des Francs* de l'ouest à l'époque des Mérovingiens*. Il était opposé à l'Austrasie* qui formait la partie orientale des possessions franques. Formé en 561 à la mort de Clotaire Ier*, fils de Clovis*, il s'étendait à la Gaule* du nord-ouest et était limité par la mer du Nord, la Meuse et la Loire avec pour principales villes Paris et Soissons. La Neustrie fut conquise en 687 par Pépin* de Herstal et passa sous la domination des maires* du palais d'Austrasie. Les luttes entre la Neustrie et l'Austrasie sont restées célèbres, particulièrement au cours de la lutte acharnée entre Frédégonde*, reine de Neustrie, et Brunehaut*, reine d'Austrasie. Voir Clotaire II, Ébroïn.

NEUTRALITY ACT. Loi votée sous la présidence de Franklin D. Roosevelt* par le Congrès des États-Unis en 1935 et destinée à tenir les États-Unis à l'écart d'une guerre éventuelle en Europe. Votée lors de la crise internationale provoquée par l'affaire d'Éthiopie (agression de l'Italie de Mussolini*), cette loi décrétait l'embargo sur les armes et les munitions à destination de tout pays en guerre. Cependant, face à la montée des tensions internationales, Roosevelt obtint du Congrès, en 1939, un amendement à la loi de neutralité ; la vente d'armes aux belligérants était autorisée à condition que ces derniers paient comptant et assurent eux-mêmes le transport (*cash and carry*). Cette disposition devait avantager des puissances maritimes comme la Grande-Bretagne et la France. La loi de neutralité fut rendue presque caduque par la loi prêt*-bail de 1941. Voir Isolationnisme.

NEW DEAL (« Nouvelle donne »). Nom donné aux réformes mises en œuvre par Franklin D. Roosevelt* aux États-Unis afin de résoudre la grande crise* économique de 1929. Le *New Deal*, terme de bridge, vint de l'idée, défendue par Roosevelt et son équipe, que la crise était due à une mauvaise répartition des revenus et des richesses. Les résultats du *New Deal* furent très limités, mais il fit admettre dans la majorité de l'opinion, le principe de l'intervention du gouvernement fédéral dans les domaines économique et fédéral

NEW POOR LAW. Nom donné à la loi votée en 1834 en Angleterre, qui révisa dans un sens très restrictif, le système d'assistance établi par les diverses *Poor* * Law des XVIIe et XVIIIe siècles. Fidèle au libéralisme* du XIXe siècle, la *New Poor Law* supprima l'assistance à domicile et contraignit les indigents qui souhaitaient être assistés, à entrer dans les *workhouse* (ou maisons de travail). Les indigents assistés étaient, en outre, privés des droits politiques et ils ne furent admis à voter qu'en 1918. Voir Old Poor Law.

NEWTON, sir Isaac (Woolsthorpe, Lincolnshire, 1642-Londres, 1727). Mathématicien, physicien et astronome anglais. En découvrant les lois de la mécanique et de la gravitation, il réussit à proposer une explication unique des mouvements terrestres et célestes. Son œuvre domina l'ensemble du XVIIIe siècle. Professeur de mathématiques à l'université de Cambridge (1669-1701) puis membre de la Royal Society de Londres, il exposa dans son ouvrage fondamental, *Principes mathémat.*

es de philosophie naturelle (1687), sa
écanique qui restera à la base de tous les
veloppements ultérieurs de cette
ience. Sa théorie de l'attraction univer-
lle, en identifiant pesanteur terrestre aux
tractions entre les corps célestes (anec-
te de la « pomme de Newton* ») unifia
physique céleste et la physique terrestre.
démontra notamment que ses théories
uvaient rendre compte des mouvements
s planètes principales autour du Soleil et
ux de la Lune autour de la Terre. Dans
domaine de l'optique, Newton expliqua
e la lumière blanche était formée de plu-
urs couleurs, et fut probablement le pre-
er à inventer le téléscope à réflexion.
fin, à la même période que Leibniz*, il
blit les fondements du calcul différen-
l et intégral.

EWTON (Pomme de). Expression don-
e à l'anecdote qui aurait mis Newton*
r la voie de la découverte de l'attraction
iverselle. En voyant tomber une pomme
us l'effet de son poids, Newton aurait
aginé que le mouvement de la Lune
uvait s'expliquer par une force de même
ture. Il imagina ainsi d'étendre l'attrac-
n terrestre jusqu'à la Lune, puis au So-
l et aux planètes du système solaire. Ses
lculs lui auraient ensuite permis de re-
uver les lois de Kepler*.

EW YORK (CITY). Ville du nord-est
s États-Unis. Fondée au sud de l'île de
anhattan par les Hollandais sous le nom
Neuwe Amsterdam (1626), la colonie
t conquise en 1664 par les Anglais et ap-
lée New York, en l'honneur du duc
York, futur Jacques II*. Le King's Col-
ge (future université Columbia) fut fondé
1754. Enrichie au début du XVIIIe siècle
r le trafic d'esclaves, New York parti-
pa activement (1775-1776) à la guerre
Indépendance*. Vers le milieu du
xe siècle, New York devint le plus grand
rt des États-Unis, et son principal centre
immigration. Elle abrite le siège de
NU* depuis 1945.

NEY, Michel (Sarrelouis, 1769-Paris,
1815). Maréchal* de France. Intrépide et
énergique, surnommé « Le brave des bra-
ves », il se couvrit de gloire dans les armées napoléoniennes. Fils d'un tonnelier,
engagé dans l'armée à 19 ans, il fit une carrière brillante. Maréchal d'Empire en
1804, il s'illustra d'abord à Elchingen
(1805), contribuant.à la victoire d'Ulm*,
puis de Friedland*. Envoyé en Espagne en
1808, il lutta contre les guérilleros hostiles
à l'occupation française, fit en 1812 la
campagne et la retraite de Russie* durant
lesquelles il manifesta un courage exceptionnel et fut fait prince de la Moskova*.
Blessé à Leipzig lors de la campagne d'Allemagne (1813), il se rallia à Louis XVIII*
après la première Restauration* et fut
chargé de ramener Napoléon* « prisonnier
dans une cage de fer », lorsque ce dernier
débarqua en France après s'être enfui de
l'île d'Elbe. En mars 1815, il se rallia à
l'Empereur puis participa à la bataille de
Waterloo*. Arrêté peu après, il comparut
devant la Chambre des pairs* pour avoir
trahi les Bourbons*. Condamné à mort, le
6 décembre 1815, il fut fusillé le lendemain près de l'Observatoire de Paris et, refusant le bandeau, cria aux soldats :
« Droit au cœur. » Voir Empire (Premier).

NGÔ DINH DIÊM (Quang Binh,
1901-Saigon, 1963). Homme politique
vietnamien. Chef de l'État et Premier ministre du Sud Viêt-nam (1956-1963), il
exerça une véritable dictature et fut soutenu par les États-Unis pendant la guerre
du Viêt-nam*. Chef du parti cathol:que*
du Sud Viêt-nam, il fut nommé en
1954 Premier ministre du Viêt-nam* du
Sud par l'empereur Bao* Dai qu'il destitua en 1955. Chef de l'État, il établit un régime dictatorial dont les postes clés furent
confiés à des membres de sa famille. Sa réputation d'« homme fort » lui valut un
large soutien financier américain, qui se
renforça considérablement avec l'aggravation de la guérilla du Viet-cong*, soutenu

par le Viêt-nam* du Nord. Incapable de faire face à l'agitation communiste et bouddhiste (suicides spectaculaires de bonzes), il fut abandonné par le président Kennedy* et assassiné après un putsch militaire. Voir Indochine (Guerre d'), Nguyên van Thiêu.

NGUYÊN VAN THIÊU (Phan Rang, 1923-). Général et homme politique vietnamien. Président de la République du Viêt-nam* du Sud (1967-1975). Confronté à l'instabilité politique et à la désagrégation économique et sociale du pays, il dut être soutenu par les États-Unis lors de la guerre du Viêt-nam*. Il démissionna en avril 1975, après la victoire du Viêt-nam* du Nord. Voir Nixon (Richard).

NICÉE (Concile de). Premier concile* (assemblée d'évêques*) réuni par l'empereur romain Constantin* à Nicée (ville d'Asie* Mineure) en 325 ap. J.-C. Il condamna l'hérésie d'Arius ou arianisme*.

NICÉE (Empire de). Nom donné à l'État byzantin (1204-1261) fondé par l'empereur byzantin Théodore Ier Lascaris après la prise de Constantinople* par les croisés en 1204. Il fut, avec le despotat d'Épire* et l'empire de Trébizonde*, l'un des États qui assura la continuité de l'Empire byzantin*. L'Empire de Nicée, dominant l'Asie* Mineure occidentale, reconquit rapidement la majeure partie des terres occupées par l'Empire* latin de Constantinople. L'un des ses empereurs, Michel VIII* Paléologue, réussit à reconquérir Constantinople et fonda la dernière dynastie d'empereurs byzantins. Voir Croisade (Quatrième), Paléologue.

NICIAS (v. 470 ?-Syracuse, 413 av. J.-C.). Stratège* et homme politique athénien. Il se distingua durant la guerre du Péloponnèse* et négocia la paix de Nicias (421 av. J.-C.) avec Sparte*. En 415 av. J.-C., il fut avec Alcibiade* l'un des chefs de l'expédition contre Syracuse*, qu'il

avait condamnée, et périt dans le désastre. Voir Péloponnèse (Guerre du).

NICOLAS Ier (Tsarskoïe Selo, 1796 Saint-Pétersbourg, 1855). Empereur de Russie (1825-1855). Il instaura un régime d'absolutisme bureaucratique et se fit, à l'extérieur, le champion de l'ordre européen issu du congrès de Vienne* en 1815. Troisième fils du tsar Paul Ier et époux de la fille aînée du roi de Prusse*, Nicolas Ier monta sur le trône au moment de la révolte des décembristes* qu'il fit réprimer sévèrement, cet épisode renforçant ses convictions absolutistes. La noblesse fut systématiquement écartée de l'administration et une nouvelle bureaucratie étendit son contrôle sur tous les secteurs de la vie publique. Défenseur du pouvoir légitime contre les mouvements révolutionnaires, assumant le rôle de « gendarme de l'Europe », il s'opposa aux révolutions de 1830, tentant de restaurer les Bourbons sur le trône de France, écrasant dans un bain de sang la révolte polonaise de 1830-1831 et transformant le pays en province russe. Il se joignit de même à l'Autriche, en 1849, pour réprimer le mouvement nationaliste en Hongrie. Défenseur enfin des chrétiens* des Balkans* contre les Ottomans*, il provoqua, par son ingérence dans la région, l'hostilité de la France et de la Grande-Bretagne qui s'engagèrent aux côtés des Ottomans dans la guerre de Crimée*. Voir Metternich-Winneburg (Klemens).

NICOLAS II Alexandrovitch (Tsarskoï Selo, auj. Pouchkine, 1868-Iekaterinbourg, auj. Sverdlovsk, 1918). Dernier tsar de Russie (1894-1917) de la dynastie des Romanov*, il dut abdiquer après la révolution de Février 1917. Fils aîné d'Alexandre III*, Nicolas II succéda à son père en 1894 et fut couronné à Moscou l'année suivante. D'un caractère faible et indécis, il reçut une formation politique peu poussée, ce qui le prépara mal à affronter les mouvements politiques et sociaux qui agiaient la Russie depuis cinquante ans. Il épousa en 1894 Alix de Hesse, princesse allemande et petite-fille de la reine Victoria*. Préférant la vie familiale, entouré de ses quatre filles et de son fils, Nicolas II choisit pourtant de poursuivre la politique autocratique de son père, considérant toute réforme comme des « rêves insensés ». Il donna une place importante à l'Okhrana, police politique, soumit les minorités nationales à des mesures de russification et encouragea la persécution des juifs* soumis à de nombreux pogroms. À l'extérieur, il renforça l'alliance franco-russe conclue par son père et s'engagea en Asie dans une politique d'expansion. La guerre russo-japonaise* 1904-1905) fut cependant un désastre. Elle obligea l'empereur à abandonner ses droits en Mandchourie* et dans le sud de Sakhaline mais surtout provoqua la première révolution* de 1905 dont la répression féroce amena grèves, jacqueries* et émeutes dans l'armée et la flotte (mutinerie du cuirassé *Potemkine*). Sur les conseils de De Witte*, l'empereur dut accepter l'établissement d'un régime constitutionnel (élection d'une Douma* ou assemblée) et accorda les libertés de réunion, d'association et de culte. Mais le danger écarté, les pouvoirs de l'assemblée furent progressivement rognés et la répression des révoltes paysannes provoquées par la politique de Stolypine* (1906-1907) favorisant les paysans riches, valut à l'empereur le surnom de « Nicolas le sanglant ». À la veille de 1914, la Russie, engagée dans la voie de l'industrialisation (financée notamment par les emprunts contractés auprès de la France), était encore en proie à de graves agitations sociales et politiques. Après avoir réussi à obtenir l'Union sacrée au début de la Première Guerre* mondiale – refusée seulement par une minorité de révolutionnaires – Nicolas II abandonna les affaires civiles à la tsarine, influencée par Raspoutine*, moine orthodoxe qui prétendait pouvoir guérir le tsarévitch atteint d'hémophilie. Les graves défaites militaires, les pertes humaines considérables et le mécontentement des populations affamées provoquèrent la révolution de Février 1917 à Petrograd. Nicolas II dut démissionner. La famille impériale, transférée en Sibérie, fut exécutée en juillet 1918, lors de la guerre civile, sur ordre du soviet de l'Oural. Voir Faure (Félix), Révolutions russes de 1917.

NICOLAS II (Chevron, Savoie, v. 980-Florence, 1061). Pape (1059-1061). Il fit réserver aux seuls cardinaux le droit d'élire les papes. Leur élection fut ainsi soustraite à l'influence des laïcs, qu'il s'agisse du peuple, des nobles romains, ou de l'empereur. Nicolas II fit aussi alliance avec les Normands* d'Italie, nommant Robert Guiscard* duc de Pouille et de Calabre. Voir Grégoire VII.

NIEL, Adolphe (Muret, 1802-Paris, 1869). Maréchal* de France. Après avoir pris part en 1855 à la guerre de Crimée* et aux batailles de Magenta* et de Solférino*, il fut nommé ministre de la Guerre par Napoléon III* (1867) et tenta, à ce poste, à la réorganisation de l'armée que sa mort laissa inachevée. Il créa notamment la garde nationale mobile, armée de seconde ligne, conscient de la nécessité de constituer des réserves mobilisables en temps de guerre. Voir Italie (campagne d', 1859).

NIETZSCHE, Friedrich (Röcken, Thüringe, 1844-Weimar, 1900). Philosophe allemand. Sa pensée, incomprise (elle fut entre autre « récupérée » par l'idéologie nazie), exerce aujourd'hui une autorité universelle, qui fait de Nietzsche l'un des plus vastes esprits du XIXe siècle. Né d'un père pasteur qu'il perdit très jeune, il fut élevé par sa mère dans un milieu de femmes pieuses et fit des études de philologie et de philosophie. Professeur de philologie à l'université de Bâle, la maladie l'obligea à renoncer à sa chaire et il mourut dans un état proche de la démence après avoir séjourné à Rome, Gênes*, Nice et Sils Maria. Il fut l'ami de Richard Wagner* puis se brouilla avec lui. Contre Socrate*, ami de la sagesse et ennemi des passions, contre les bases kantiennes de la connaissance, le rationalisme scientiste, le christianisme* (« morale d'esclave »), le socialisme*, le nihilisme*, Nietzsche prôna le vouloir-vivre et la « volonté de puissance ». L'homme doit se dépasser, c'est-à-dire exercer la puissance de sa volonté et conquérir sa liberté en s'affranchissant des valeurs établies. Il prophétisa la venue du « surhomme », mais comme un idéal. S'exprimant par des aphorismes cinglants et ravageurs, il fut notamment l'auteur de *La Naissance de la tragédie* (1871), *Le Gai Savoir* (1882), *Ainsi parlait Zarathoustra* (1883), *Par-delà bien et mal* (1886), *Le Crépuscule des idoles* (1889).

NIHILISME. Nom donné au mouvement révolutionnaire qui se développa en Russie sous le règne d'Alexandre II* (1855-1881). Le principal doctrinaire du nihilisme russe fut Nicolaï Gavrilovitch Tchernychevski, dont le roman *Que faire ?* (1863) eut un immense retentissement auprès des jeunes intellectuels, le terme ayant été popularisé par Tourgueniev* dans son roman *Pères et Fils* (1862). Les nihilistes, qui rejetaient l'idéalisme de la génération précédente, revendiquaient notamment la révolution paysanne. Ses principaux chefs, dont Tchernychevski, furent arrêtés. Voir Anarchisme, Populisme.

NIKA (Sédition). Nom donné à la révolte du peuple de Constantinople* (532) aux cris de « nika » (en grec *nikè* : victoire) dirigée contre l'empereur byzantin Justinien Ier*. Les insurgés furent maîtres de la ville pendant plusieurs jours et mirent le feu à la basilique Sainte-Sophie* et aux bâtiments de l'administration. Le général Bélisaire* fit réprimer sévèrement la révolte en faisant massacrer des milliers d'insurgés dans l'hippodrome de la ville. Voir Bleus et Verts, Hippodrome de Constantinople, Théodora.

NIL. C'est l'un des plus longs fleuves du monde (6 600 km). Il prend sa source près de l'équateur et se jette dans la Méditerranée en formant un delta*. Grâce aux pluies de la zone équatoriale et tropicale, il est le seul grand fleuve africain ayant assez d'eau pour traverser le Sahara. Dans l'Antiquité, l'Égypte* était, selon l'expression de l'historien grec Hérodote*, un « don du Nil ». Chaque année, jusqu'à la construction du barrage d'Assouan*, de juin à octobre, la crue du Nil inondait le pays. En décembre, quand l'eau s'était retirée, toute la campagne était recouverte d'une couche de boue limoneuse qui la fertilisait comme un engrais.

NIMÈGUE (Traités de, 1678-1679). Nom donné aux traités, signés à Nimègue aux Pays-Bas, qui mettaient fin à la guerre de Hollande* (1672-1678). Conclus entre la France, les Provinces-Unies, l'Espagne et l'Empire, ces traités consacraient la prééminence française en Europe et l'apogée du règne de Louis XIV*, désormais appelé « le Grand ». L'Espagne cédait à la France la Franche-Comté et le sud de la Flandre* avec Saint-Omer, Ypres et Cambrai.

NINIVE. Très ancienne ville de Mésopotamie* (sa création remonterait au VIe millénaire av. J.-C.), située sur la rive gauche du Tigre (en face de Mossoul, aujourd'hui ville du nord de l'Irak). Elle devint la capitale de l'empire assyrien à partir du VIIe siècle av. J.-C. et domina pendant près d'un siècle tout le Proche-Orient*. Entourée de murs épais sur 5 km de long et 2 km de large, percés de 15 portes monumentales, elle abritait de magnifiques palais. C'est dans l'un d'eux que fut découverte la bibliothèque d'Assourbanipal*. Elle fut prise et détruite par les Mèdes* conduits par Cyaxare en 612 av. J.-C. et ne se releva jamais de cette ruine. Son site fut reconnu et fouillé au milieu du XIXe siècle par l'Anglais Layard. Voir Assour, Assyrie.

NIRVANA. Mot sanscrit* qui signifie extinction. Dans le bouddhisme*, atteindre le

irvana signifie éliminer tout désir pour
tre libéré de la nécessité de renaître et de
mourir sans cesse (c'est-à-dire échapper au
ycle de la réincarnation).

NITTI, Francesco Saverio (Melfi,
868-Rome, 1953). Homme politique ita-
ien. Économiste, député radical et plu-
ieurs fois ministre, il succéda à Orlando*
a la tête du gouvernement (juin 1919-juin
920). Contraint d'accepter les clauses du
raité de Saint-Germain-en-Laye* (1919)
n'accordant pas à l'Italie toutes les terres
rrédentes, Nitti dut affronter une grave oposition nationaliste menée notamment
ar D'Annunzio* (occupation de Fiume).
l démissionna en 1920 et fut remplacé par
Giolitti*. Hostile au fascisme*, il s'exila à
'étranger et, arrêté par les Allemands, fut
léporté en Autriche. Rentré en Italie en
945, il devint sénateur. Voir Irréden-
isme, Sturzo (Luigi), Turati (Filippo).

NIVELEURS (en angl. *Levellers*). Nommés ainsi par leurs adversaires, les nive-
eurs représentèrent, lors de la guerre civile en Angleterre (1642-1649), la fraction
uritaine la plus radicale des parlementai-
es. Dirigés par John Lilburne, les nive-
eurs, hostiles à la monarchie et méfiants à
'égard de l'autoritarisme de Cromwell*,
éclamaient l'extension des droits du Par-
ement*, une plus large représentation
lectorale et une meilleure répartition des
iens. Leurs revendications trouvèrent un
arge écho dans l'armée (mutinerie en
649), mais aussi, dans l'opinion publique
ar les nombreux pamphlets qu'ils diffu-
èrent. Voir Piocheurs, Puritains, Révolu-
ion d'Angleterre (Première).

NIVELLE, Georges Robert (Tulle,
856-Paris, 1924). Général français.
Commandant la IIe armée à la bataille de
Verdun* (1916), il remplaça Joffre*
omme généralissime à la tête des armées
lu nord et du nord-est (décembre 1916).
L'échec de son offensive du Chemin* des
Dames, dans l'Aisne, en avril 1917, lui va-

lut d'être relevé de ses fonctions. Il fut
remplacé par le général Pétain*.

NIXON, Richard Milhous (Yorba Linda,
Californie, 1913-New York, 1994).
Homme politique américain. Président républicain des États-Unis (1968-1974), il
noua des relations avec la Chine populaire,
prépara le désengagement américain au
Viêt-nam mais dut démissionner après le
scandale du Watergate*. Issu d'une famille d'origine modeste, il réussit, grâce à
une bourse, à devenir avocat en 1937, puis
servit comme officier de marine lors du second conflit mondial. Élu représentant républicain de la Californie au Congrès
(1947-1951), il manifesta des idées très
conservatrices et se fit remarquer par son
zèle anticommuniste à l'époque du maccarthysme*, poursuivant les fonctionnaires suspects de sympathie pour l'URSS.
Sénateur de la Californie en 1951, violemment antisoviétique, il devint vice-président du général Eisenhower* (1953-1961),
et dirigea en fait la politique américaine,
apparaissant comme le dauphin d'Eisenhower malade. Il fut cependant battu une
première fois de justesse à l'élection présidentielle de 1960, l'opinion, lassée de
l'immobilisme de l'ère républicaine, lui
préférant son adversaire démocrate
J. F. Kennedy*, puis une deuxième fois au
siège de gouverneur de Californie (1962).
Il se retira alors de la vie politique et devint avocat d'affaires à Wall Street. Servi
par des circonstances plus favorables (division du Parti républicain*, administration démocrate usée par la guerre du Viêt-
nam*), Nixon, candidat républicain aux
élections présidentielles de 1968, devint
l'homme du centre et de la réconciliation,
développa une campagne sur les promesses d'une « nouvelle prospérité, sans inflation et sans guerre » et battit de justesse le
démocrate Humphrey (avec 43,4 % des
voix). Il assura, avec l'aide de Henry Kissinger*, le désengagement américain au
Viêt-nam, poursuivit à l'égard de l'URSS

la politique de détente, activant les négociations sur la limitation des armements nucléaires, mais surtout normalisa les relations entre Pékin et Washington (doctrine Nixon). Les États-Unis se rapprochèrent de la République populaire, rapprochement concrétisé par le voyage de Nixon en Chine et sa rencontre avec Mao* Zedong (1972). Ses succès furent plus contrastés sur le plan intérieur : difficultés à juguler l'inflation et à résoudre le difficile problème de la question raciale. Élu pour réduire les programmes de la « grande société » de Johnson*, Nixon engagea cependant d'importantes dépenses sociales sous la pression d'un Congrès démocrate et mit fin à la convertibilité du dollar. Il fut réélu triomphalement à la présidence en novembre 1972. L'affaire du Watergate* (1972), aboutissement d'une série d'actions illégales cautionnées par Nixon comme l'installation de micros dans le quartier général du Parti démocrate*, l'immeuble Watergate, déclencha une grave crise constitutionnelle et détruisit en quelques mois la popularité du président qui démissionna en août 1974. Voir Carter (Jimmy), Ford (Gerald).

NKRUMAH, Kwame (Nkroful, près d'Axim, 1909-Bucarest, 1972). Homme politique ghanéen. Militant de l'indépendance de la Gold Coast sous domination britannique, il fut président du Ghana de 1960 à 1966. D'abord instituteur, Nkrumah poursuivit ses études aux États-Unis à l'université noire de Lincoln (Pennsylvanie) – où il devint président de l'Association des étudiants africains des États-Unis et du Canada –, puis à Londres à la London School of Economics. Partisan de la lutte pour l'indépendance de la Côte-de-l'Or, Nkrumah, rentré dans son pays en 1947, devint l'un des dirigeants nationalistes de la Convention unie de la Côte-de-l'Or. Son propre parti, la *Convention People's Party* (CPP) créé en 1949, défendit l'idée d'une autonomie interne immédiate.

Emprisonné en 1950, il fut libéré après l'importante victoire électorale de son parti (1951). Nommé Premier ministre de la Côte-de-l'Or, Nkrumah, après une nouvelle victoire aux élections de 1956, obtint l'indépendance de son pays sous le nom de Ghana (mars 1957) en souvenir d'un ancien royaume africain. Initiateur des conférences d'Accra en 1958 et 1960 entre les représentants des États africains indépendants, il défendit la tendance neutraliste et fit adopter en 1963 à Addis Abeba la charte de l'OUA* (Organisation de l'unité africaine). Président de la République de Ghana (1960), il inaugura une politique d'industrialisation, très coûteuse afin d'échapper aux servitudes de la monoculture (cacao). Partisan d'un panafricanisme révolutionnaire, il se rapprocha de la Chine populaire. Renversé par un coup d'État militaire (1966) alors qu'il se trouvait à Pékin, Nkrumah se réfugia en Guinée auprès de son ami Sékou* Touré.

NKVD. Abréviation des mots russes signifiant « Commissariat du peuple aux Affaires intérieures », le NKVD, dans lequel la Guépéou* avait été absorbée en 1934, fut un organisme chargé des affaires de la police secrète. Il joua un rôle considérable lors des purges staliniennes. Dirigé par Iagoda (1934-1936), exécuté en 1938, puis par Iejov (1936-1938), exécuté en 1939, enfin par Beria*, le NKVD était chargé de surveiller les entreprises, les établissements publics et les organisations du parti. Ce fut sous sa direction que furent organisés les procès politiques, les déportations et les exécutions sans jugement, un de ses services – le Goulag* – dirigeant le réseau des camps de concentration. En 1941, l'essentiel des pouvoirs du NKVD passa au NKGB (Commissariat du peuple à la sécurité d'État), précurseur du KGB* (Comité de sécurité d'État). Voir Moscou (Procès de, Staline).

NOBEL, Alfred (Stockholm, 1833-San Remo, 1896). Industriel et chimiste sué-

lois. Inventeur de la dynamite, il fit don
par testament de sa fortune, afin de récompenser par des prix qui portent son nom,
es bienfaiteurs de l'humanité (physique,
himie, physiologie et médecine, littérature et paix). Depuis 1969, a été créé un
prix récompensant les sciences économiques.

NOBILITAS. Mot latin signifiant noblesse. Dans la Rome* antique, la *nobilitas*, composée de grands propriétaires terriens issus de la vieille noblesse des
patriciens* et des plus riches familles de la
plèbe*, domina la vie politique de la République* romaine à partir du IIIe siècle av.
J.-C. Formée par l'ensemble des familles
dont un membre au moins a été élu à une
haute magistrature ou magistrature curule*
(édile*, patricien, préteur*, consul*, censeur*, dictateur*), la *nobilitas* monopolisa
toutes ces charges et se confondit bientôt
avec le Sénat* (ses membres étant recrutés
parmi les anciens magistrats*). À l'intérieur même de cette assemblée très puissante, se constitua une « aristocratie sénatoriale » descendant des familles ayant
exercé la magistrature suprême, le consulat. À partir du Ier siècle av. J.-C., le pouvoir de la *nobilitas* (à qui était interdite
toute activité commerciale, financière ou
artisanale) fut menacé par l'ordre équestre* représentant les puissances d'argent.
Elle dut s'incliner devant les dictatures militaires d'hommes sortis de ses rangs :
Sylla*, Pompée* et César*. Sous l'Empire*, Auguste* reconstitua une noblesse
par la création de l'ordre sénatorial.

NOBLESSE. Issue à l'origine de la chevalerie née lors des Grandes Invasions, la
noblesse française composait l'un des trois
ordres* de l'Ancien* Régime. Elle était
héréditaire et se transmettait par les hommes, de père en fils. À cette noblesse
d'épée s'ajouta à partir du XIIIe siècle une
noblesse* de robe, également héréditaire,
formée de bourgeois anoblis par l'exercice
de certaines fonctions dans le gouvernement, la justice et les finances. Les nobles
jouissaient de nombreux privilèges auxquels ils étaient très attachés : ils étaient
exempts de nombreux impôts (mais
payaient « l'Impôt du sang » en faisant la
guerre), étaient jugés par des tribunaux
spéciaux et un grand nombre d'emplois
leur était réservé. Cependant, s'ils s'adonnaient à certaines activités lucratives, ils
perdaient ces privilèges par dérogeance*.
Jusqu'à la Révolution* française, la noblesse fut, avec l'Église, propriétaire de la
plus grande partie des terres. Elle constituait cependant un groupe très hétérogène
(aristocratie de cour, petite noblesse de
province).

NOBLESSE DE ROBE. Nom donné,
dans la France d'Ancien* Régime, à la noblesse formée par des bourgeois anoblis
par le roi grâce à l'exercice de certaines
fonctions ou charges. Voir Noblesse, Parlement, Vénalité des offices.

NOÉ (Arche de). Voir Déluge (Le).

NOËL. Fête que les chrétiens* célèbrent
le 25 décembre pour commémorer la naissance de Jésus-Christ*. On l'appelle aussi
fête de la Nativité. Voir Fêtes chrétiennes,
Mithra.

NOGARET, Guillaume de (v. 1260-
1313). Homme politique français, il défendit, sous le règne de Philippe IV* le Bel,
l'idée d'absolutisme royal et fut l'un des
grands légistes de la monarchie française.
Professeur de droit civil (romain) à Montpellier, nommé chancelier* et garde des
Sceaux par Philippe le Bel, il défendit le
roi en lutte contre Boniface VIII*. Le
pape, s'apprêtant à excommunier Philippe
le Bel, il l'arrêta à Anagni* afin de le traduire devant le concile* général de Lyon*.
Il fut ensuite l'instigateur des poursuites
contre les Templiers*.

NOGUÈS, Charles (Monléon-Magnoac,
1876-Paris, 1971). Général français. Attaché dès 1912 au cabinet de Lyautey*, il fit
la plus grande partie de sa carrière au Maroc, participant notamment à la guerre du

Rif* contre Abd* el-Krim. Résident général au Maroc (1936), il se rallia à Pétain* en 1940, fit arrêter les parlementaires français embarqués sur le *Massilia* (venus au Maroc) et ordonna aux troupes françaises de résister contre le débarquement* allié en Afrique du Nord de novembre 1942. Après s'être rallié à Darlan* puis à Giraud*, il démissionna en 1943 et s'exila au Portugal.

NOIR, Yvan SALOMON, dit **Victor** (Attigny, 1848-Paris, 1870). Journaliste français, il fut tué d'un coup de pistolet par Pierre Bonaparte – fils de Lucien Bonaparte*, frère de Napoléon Ier* – à la suite d'une polémique de presse. Ses funérailles furent l'occasion d'une grande manifestation républicaine contre le régime de Napoléon III*.

NOMENKLATURA. Mot russe signifiant « liste de noms », il désigna en URSS, au sens strict, la liste des postes de direction politique et économique et des personnes susceptibles de les occuper, liste proposée soit par le Politburo, soit par le secrétariat du parti. Par ses pouvoirs et ses privilèges matériels, elle constitua une véritable classe dans laquelle étaient choisis les dirigeants des grandes entreprises, de la haute administration, de la diplomatie et de l'armée. Rempart du conservatisme par son rôle et ses privilèges, elle provoqua la chute de Khrouchtchev* et lutta contre la politique de Gorbatchev*. Voir PCUS.

NORD (Guerres du). Nom donné aux deux guerres provoquées par la prépondérance suédoise en Europe du Nord au XVIIe siècle. La première guerre du Nord (1655-1660) confirma les conquêtes de la Suède sur le Danemark et la Russie : elle dominait la plupart des régions côtières et des îles de la Baltique devenue un lac suédois. La seconde, ou grande guerre du Nord (1700-1721) s'expliqua par la volonté de Pierre* le Grand, tsar de Russie, de mettre fin à l'hégémonie suédoise. Les défaites du roi de Suède, Charles XII*, inaugurèrent le déclin de la Suède et la domination russe en Baltique.

NORIEGA, Antonio (Panamá, 1940-). Général et homme politique panaméen. Commandant en chef de l'armée depuis 1983, homme fort du régime impliqué dans le trafic de drogue, il fut renversé en 1989 par une intervention militaire des États-Unis où, prisonnier, il a été jugé et condamné.

NORMANDIE. Ancienne province du nord-ouest de la France dont les territoires correspondent aujourd'hui à la Basse et la Haute Normandie. Elle fut l'objet jusqu'au XVe siècle d'une rivalité entre la France et l'Angleterre. Habitée à l'origine par divers peuples gaulois, la Normandie fut conquise en 56 av. J.-C. par les Romains puis soumise aux Francs* (Ve siècle) et rattachée à la Neustrie*. Aux VIe et VIIe siècles se développèrent de nombreux monastères bénédictins*. Envahie au début du IXe siècle par les Normands*, une partie de la région leur fut cédée par Charles III* le Simple en 911 (traité de Saint-Clair-sur-Epte) puis la totalité après 930. Devenue duché de Normandie allié aux Capétiens*, puis fief* anglais après la conquête de l'Angleterre par Guillaume Ier* le Conquérant, la région fut reprise aux Plantagenêts* (1204) par Philippe II* Auguste. La guerre de Cent* Ans en fit l'un des principaux champs de bataille. Les Anglais la possédèrent de 1420 à 1450. Reprise par Charles VII* en 1450, elle fut définitivement rattachée au domaine* royal par Louis XI* en 1468. Voir Rollon.

NORMANDIE (Bataille de, 6 juin-21 août 1944). Bataille livrée, après le débarquement de Normandie* (6 juin 1944) entre les Alliés commandés par Eisenhower* et les Allemands. Elle parvint à rompre le front allemand de l'Ouest. Après avoir établi une solide tête de pont entre Caen et le Cotentin, et s'être emparé de Cherbourg et de Caen, les Alliés prirent le 25 juillet l'offensive dans la région

Avranches, où les blindés américains de Patton* réussirent à percer le front allemand. La jonction à Falaise, le 18 août 1944, des blindés de Patton qui avaient amorcé un vaste mouvement d'enveloppement vers le sud puis vers l'est en remontant la Loire, et des Anglo-Canadiens de Montgomery*, descendus de Caen, permit l'encerclement et l'anéantissement de la VIIe armée allemande. Voir Débarquement de Provence, Guerre mondiale (Seconde).

NORMANDS. Nom qui signifie hommes du Nord. Il fut donné à l'époque des Carolingiens* aux pirates scandinaves (Suédois, Norvégiens et surtout Danois) qui, de la fin du VIIIe au XIe siècle, se livrèrent à de nombreuses incursions sur les côtes de l'Europe et le long des fleuves. L'expansion des Normands, qui s'appelaient eux-mêmes Vikings* (guerriers de la mer), est considérée comme la dernière vague des grandes invasions* germaniques. Elle aboutit à la construction d'États durables en Normandie*, en Angleterre, en Sicile, dans le sud de l'Italie et en Russie. Navigateurs expérimentés embarqués sur des drakkars*, les Normands lancèrent leurs premiers raids sur l'Irlande et l'Angleterre qu'ils dominèrent sous le règne de Canut* le Grand (début XIe siècle). En Europe continentale, leurs attaques s'intensifièrent au début du IXe siècle. Chaque année, au printemps, ils venaient attaquer un estuaire puis de là allaient piller les villes et les monastères. D'une grande mobilité, les Normands empêchaient toute riposte d'ensemble efficace. Au niveau local, les habitants se mirent sous la protection d'un seigneur, favorisant ainsi la féodalité*, et les rois achetaient leur départ. Finalement incapable de les combattre, Charles III* le Simple céda à Rollon* la future Normandie (911). Les conquêtes normandes n'en étaient pas pour autant terminées. En 1066, Guillaume Ier* le Conquérant, duc de Normandie, conquit l'Angleterre. Robert

Guiscard* et Roger Ier, son frère, s'installèrent en Italie du Sud et en Sicile où fut fondé le royaume de Sicile*. Les Varègues* pénétrèrent en Russie. Établis à Kiev* (882), ils furent les créateurs de l'État russe. Les Normands découvrirent l'Islande (v. 860), le Groenland (v. 982) et atteignirent probablement l'Amérique au début du XIe siècle. Voir Alfred le Grand, Eudes, Riourik.

NORODOM SIHANOUK (Phnom Penh, 1922-). Roi (1941-1955), chef d'État du Cambodge (1960-1970) puis de nouveau roi depuis 1993. Après avoir étudié à Saigon et à Paris, le prince Norodom Sihanouk monta sur le trône après la mort de son grand-père Monivong (avril 1941). Peu compromis lors de la Seconde Guerre* mondiale avec l'occupant japonais, le roi promulgua en mai 1947 une Constitution « démocratique et libérale ». Malgré l'autonomie du Cambodge accordée par la France au sein de l'Union* française (janvier 1946), la métropole contrôlait toujours le pays comme un protectorat. Norodom Sihanouk, très populaire et profondément religieux, s'acharna durant trois ans à lutter pour l'indépendance totale qu'il obtint en 1953 tandis que, dans la même optique, il engageait l'armée khmère contre les bases Viêt-minh* installées au Cambodge. Son succès amena un référendum triomphal (février 1955) et consacra son autorité. Cependant, il abdiqua en faveur de son père afin de se consacrer pleinement à l'action politique. Il constitua, après avoir unifié les factions khmères, un mouvement d'unité nationale, la Communauté socialiste populaire, qui obtint la totalité des sièges à l'Assemblée cambodgienne. Premier ministre et ministre des Affaires étrangères (1957), il engagea son pays dans la voie du neutralisme – refus de faire adhérer le Cambodge à l'OTASE* (Organisation du traité de l'Asie du Sud-Est) –, tout en acceptant l'aide américaine pour moderniser son pays. Après la mort de son père (avril

1960), Sihanouk abandonna le trône et devint le chef de l'État cambodgien. Il refusa de devenir le bouclier anticommuniste après l'engagement américain au Viêtnam, demanda la fin de l'aide américaine et devint de plus en plus hostile aux États-Unis, attitude cautionnée par de Gaulle* (discours de Phnom Penh, septembre 1966). Inquiet cependant des infiltrations communistes au Cambodge, Sihanouk fit appel au général Lon* Nol, issu de la droite et proaméricain qui, bientôt, le renversa par un coup d'État (mars 1970). Réfugié à Pékin, il dirigea le FUNSK (Front uni national pour le salut du Kampuchéa) mais laissa la direction effective de la lutte contre Lon Nol aux Khmers* rouges, prochinois, dont il ne put arrêter les massacres. Rentré au Cambodge après le départ de Lon Nol (1975), il fut écarté du pouvoir par les Khmers rouges. Hostile à l'intervention vietnamienne au Cambodge (1979), il constitua en Malaisie, avec d'autres nationalistes, un gouvernement de coalition antivietnamien (1982) et devint le porteparole de l'indépendance cambodgienne. En 1989, un accord entre la Chine et le Viêt-nam fut signé sur le retrait définitif vietnamien sous contrôle international. Après l'accord de Paris (octobre 1991), Norodom Sihanouk présida le Conseil national suprême auquel participèrent les différentes composantes politiques cambodgiennes. Après l'adoption de la Constitution qui rétablit la monarchie parlementaire, il fut de nouveau roi du Cambodge.

NORTH, Frederik, 2ᵉ comte de Guilford et 8ᵉ baron North (Londres, 1732-id., 1792). Homme politique anglais. Chef des tories*, et Premier ministre durant douze ans (1770-1782), il appuya la politique du roi George III*, accordant notamment à la Compagnie des Indes* orientales le monopole du commerce du thé, et porta ainsi la responsabilité des mesures qui déclenchèrent la guerre d'Indépendance* américaine. Allié ensuite à son vieil ennemi whig Fox*, il s'opposa aux Communes* à la politique du Second Pitt*.

NOSTRADAMUS, Michel de Nostre-Dame, dit (Saint-Remy-de-Provence, 1503-Salon, 1566). Médecin de Charles IX* et astrologue français, il fut rendu célèbre par ses prophéties appliquées à l'histoire et regroupées dans un recueil, *Centuries astrologiques* (1555).

NOTABLES (Assemblées des). Nom donné sous la monarchie française aux conseils extraordinaires convoqués par le roi dans des circonstances difficiles. Issu du Moyen Âge, ce conseil était composé de membres choisis par le souverain, à la différence de ceux des États* généraux qui étaient élus. Cette pratique utilisée sous Henri IV* et Louis XIII* disparut sous la monarchie absolue de Louis XIV*. Cependant, face aux difficultés financières aggravées par la participation française à la guerre d'Indépendance* américaine et la menace de banqueroute, Louis XVI*, conseillé par son contrôleur* des Finances, Calonne*, dut réunir cette assemblée afin d'envisager des réformes. Réunie à Versailles en février 1787, et ne comprenant que des privilégiés, elle refusa les projets de réformes fiscales, en particulier la subvention territoriale qui frappait tous les propriétaires. L'assemblée des notables fut à nouveau réunie (5 octobre-12 décembre 1788) lorsque les États généraux eurent été convoqués (août 1788) afin de décider si le vote aux États aurait lieu par ordre ou par tête. Elle choisit la première solution, désavantageant ainsi considérablement le Tiers* État. Voir Loménie de Brienne (Étienne de).

NOTRE-DAME DE PARIS (Cathédrale). Cathédrale située dans l'île de la Cité. Entreprise par l'évêque Maurice de Sully vers 1160, elle fut construite dans son gros œuvre (chœur*, transept, nef* et clochers) vers 1245 mais on travailla encore un siècle à l'édifice, ce qui se traduit ans l'évolution du style (art gothique*), aussi bien dans l'architecture que dans la statuaire. La façade occidentale, parfaitement ordonnée, présente les deux tours reliées par une galerie à jour, au-dessous de laquelle se situent la grande rose puis la galerie des rois qui surmonte les trois portails (celui du Jugement entouré par le portail de la Vierge et celui de Sainte-Anne). L'intérieur, long de 130 m et large de 48 m, s'élève à 35 m sous la voûte* à l'ogive. De 1296 à 1320 furent édifiées les chapelles rayonnantes de l'abside*. À l'extrémité des deux branches du transept, Jean de Chelles, assisté de Pierre de Montreuil, a ouvert deux roses qui conservent en partie leurs vitraux du XIIIᵉ siècle. La cathédrale fut consacrée, durant la Révolution*, au culte de la Raison puis à l'Être* suprême (1793-1794). Elle fut restaurée par Viollet-le-Duc* (1845-1864) qui effaça les déprédations subies pendant la Révolution, rétablissant notamment la flèche de 90 m.

NOUT. Déesse du ciel dans l'Égypte* ancienne. Mère de Rê* qu'elle met au monde chaque matin, elle représente la voûte céleste : les pieds à l'est, les mains à l'ouest. Les astres voyagent le long de son corps. Le sycomore est son arbre sacré. Elle fut associée aux dieux Geb (la Terre) et Chon (l'Atmosphère), ces trois dieux ayant formé la triade primitive.

NOUVEL EMPIRE (v. 1580-1085 av. J.-C.). Nom donné à la troisième période de l'histoire de l'Égypte* ancienne connue aussi sous le nom de deuxième empire thébain. Le pays, à nouveau unifié autour de sa capitale Thèbes*, fut durant cinq siècles (1580-1085 av. J.-C.) le plus puissant et le plus prestigieux des empires d'Orient. L'Égypte, afin de se protéger de nouveaux envahisseurs, étendit son influence au sud jusqu'au Soudan, au nord jusqu'à l'Euphrate supérieur. Les pharaons du Nouvel Empire, comme Thoutmès III*, Ramsès II* ou Aménophis IV*, seront les plus

grands rois de la civilisation égyptienne. De cette époque datent les célèbres temples de Karnak* et de Louqsor* et les tombes royales de la Vallée* des Rois. Mais des guerres incessantes épuisèrent le pays qui fut à nouveau partagé. Voir Hittites.

NOUVELLE-ANGLETERRE, en angl. **New England.** Nom donné à la région du nord-est des États-Unis. Formée par les anciennes colonies anglaises fondées au XVIIᵉ siècle, elle compte six États : Maine, New Hampshire, Vermont, Massachusetts*, Rhode Island, Connecticut.

NOUVELLE-ORLÉANS. Nom français de l'actuelle New Orleans, principale ville de Louisiane*. Fondée par Bienville en 1718 et nommé ainsi en l'honneur du Régent*, le duc d'Orléans*, la ville fut cédée à l'Espagne en 1762, puis restituée à la France (1800) pour passer, avec l'ensemble de l'État, définitivement aux États-Unis (1803).

NOVALIS, Friedrich, baron von Hardenberg, dit (Wiederstedt, 1772-Weissenfels, 1801). Écrivain allemand. Il fut l'une des grandes figures du romantisme* allemand. Marqué par la mort prématurée de sa fiancée Sophie von Kohn, Novalis publia d'abord les *Hymnes à la nuit* (1800), poèmes auxquels se référeront les théoriciens du romantisme allemand. Après les *Hymnes*, Novalis entreprit un essai poético-philosophique, *Les Disciples à Saïs* (1797), pour lui un véritable roman de la nature, dont l'homme doit se faire le révélateur et l'annonciateur, puis un roman éducatif, *Henri d'Ofterdingen* (1802), opposé par son romantisme au *Wilhelm Meister* de Goethe*.

NOVOTNY, Antonin (Letnany, 1904-Prague, 1975). Homme politique tchécoslovaque. Membre du parti communiste dès sa fondation en 1921, déporté au camp de Mauthausen (1941-1945) par les nazis, il contribua, comme secrétaire du comité central (1951), à l'élimination de Slansky* lors des purges staliniennes. Premier secrétaire du parti à la mort de Klement Gottwald* (1953) et président de la République (1957), il s'efforça de freiner toute libéralisation du régime, suscitant une opposition grandissante au sein même du parti. Lors du « Printemps de Prague* » (1968), il dut céder son poste de secrétaire du parti à Alexandre Dubcek* (janvier 1968) puis la présidence de la République à Ludvik Svoboda*.

NUBIE. Région en partie désertique de l'Afrique s'étendant de part et d'autre de la frontière égypto-soudanaise et correspondant au bassin du Nil* de la première à la sixième cataracte. Cette région, connue sous le nom de pays de Koush à l'époque des pharaons* et appelée Éthiopie par les Grecs et les Romains, fut d'abord colonisée par l'Égypte* puis forma un royaume indépendant qui atteignit sa plus grande puissance au VIIIe siècle av. J.-C. Dès la première dynastie de l'Ancien* Empire égyptien, les pharaons établirent leur protectorat sur la basse Nubie (entre la première et la deuxième cataracte) recrutant des mercenaires pour l'armée et important de l'or, du bois et des pierres précieuses. Sous le Moyen* Empire, les pharaons étendirent l'influence de l'Égypte au-delà de la deuxième cataracte puis, après l'invasion des Hyksos* et sous le règne de Thoutmosis III, au-delà de la cinquième cataracte (v. 1500 av. J.-C.). Dans la province de Koush (nord du Soudan actuel), un vice-roi, nommé par le pharaon et chargé de veiller au paiement du tribut, gouverna le pays. Profitant de l'anarchie et de l'affaiblissement du pouvoir en Égypte, le pays de Koush recouvra son indépendance tout en restant profondément égyptianisé et fonda la Ire dynastie de Napata, cité située en amont de la quatrième cataracte. Au VIIIe siècle av. J.-C., Shabaka, roi de Koush, annexa l'Égypte à la Nubie et se proclama unique Pharaon de Koush et de l'Égypte, fondant la XXVe dynastie koushite ou éthiopienne. La dynastie, chassée du delta par les Assyriens*, se replia en Nubie à Napata puis, à partir du VIe siècle, à Méroé*. Ayant perdu tout contact avec l'Égypte et s'étant africanisé le royaume nubien déclina puis disparut conquis par le royaume éthiopien d'Aksoum* (v. 350 av. J.-C.).

NUIT DES LONGS COUTEAUX. Voir Longs couteaux (Nuit des).

NUMA POMPILIUS. Second roi légendaire sabin* de Rome* après Romulus*, il aurait régné de 715 à 672 av. J.-C. Pieux et pacifique, conseillé par la nymphe Égérie, il aurait organisé la vie religieuse romaine : il fonda les collèges religieux des saliens*, des vestales* et des pontifes*, divisa l'année en 12 mois et imposa la distinction des jours fastes et néfastes. Tullus* Hostilius lui succéda.

NUMIDIE. Nom donné par les Romains à une région d'Afrique du Nord couvrant une partie de l'Algérie et du Maroc d'aujourd'hui. Ancêtres des Berbères* actuels les Numides étaient un peuple semi-nomade. Le pays unifié par Masinissa* fut divisé en royaumes dépendants de Rome* puis réunifié par César* qui en fit la province* romaine d'Africa Nova en 44 av J.-C. Christianisée dès le IIe siècle ap. J.-C. la Numidie fut conquise par les Vandales* (429-533 ap. J.-C.), réintégrée pendant environ un siècle dans l'Empire byzantin* puis passa définitivement sous la domination arabe au VIIIe siècle. Voir Byzantin (Empire), Jugurtha.

NUR AL-DIN MAHMUD (1118-Damas 1174). Souverain musulman* d'Alep, en Syrie*, il lutta avec succès contre les croisés* et acheva la conquête du comté d'Édesse*. Il envoya son neveu, Saladin*, conquérir l'Égypte*.

NUREMBERG (Lois de). Lois antisémites décidées à Nuremberg le 15 septembre 1935 lors du congrès du parti nazi. Les juifs* perdaient leurs droits civiques (droit de vote et citoyenneté allemande). Le mariage entre juifs et Allemands était interdit

eux déjà contractés étant dissous. Des mesures vexatoires leur furent aussi infligées comme le port de l'étoile jaune et interdiction d'entrer dans des lieux publics ; elles furent le prélude à la politique d'extermination. Voir Cristal (Nuit de), National-Socialisme.

NUREMBERG (Procès de, 20 novembre 1945-1er octobre 1946). Procès intenté par les Alliés à Nuremberg en Bavière, première citadelle du nazisme*, devant le tribunal militaire international, à 24 dirigeants et 8 organisations de l'Allemagne de Hitler*. Les accusations portaient sur les crimes contre l'humanité, des crimes de guerre et des crimes contre la paix. Sur les 24 accusés, 3 ne comparurent pas (Robert Ley, suicidé dans sa cellule, Gustav Krupp*, cas disjoint pour raison de santé et Martin Bormann*, en fuite), 12 furent condamnés à mort (Goering*, Ribbentrop*, Keitel*, Kaltenbrunner, Rosen-

berg*, Hans Frank, Frick, Streicher, Sauckel, le général Jodl*, Seyss-Inquart* et Bormann* par contumace), 7 accusés furent condamnés à des peines de prison (Hess*, Funk, Raeder, Schirach, Speer*, Neurath*, Dönitz*) tandis que Schacht*, von Papen* et Fritsch furent acquittés. Quatre organisations furent condamnées : le NSDAP (parti nazi), la Gestapo*, les SS* et le SD (service de sécurité).

NYERERE, Julius (Butiama, 1922-). Homme politique tanzanien. Président de la République du Tanganyika en 1962 (ancien État de l'Afrique orientale allemande puis britannique), il négocia en 1964 la formation de l'État fédéral de Tanzanie (Tanganyika et Zanzibar) qu'il présida jusqu'en 1985, orientant le pays vers un socialisme reposant sur la tradition africaine. Son successeur, Ali Hassan Mwinyi, a engagé le pays sur la voie du pluralisme politique et du libéralisme* économique.

O

OAS (Organisation armée secrète). Mouvement clandestin créé après l'échec du putsch des généraux* d'Alger (avril 1961), qui tenta, en particulier par des actes terroristes, de s'opposer à l'indépendance de l'Algérie décidée par le président de Gaulle*. L'OAS fut dirigée par les généraux Salan* et Jouhaud jusqu'à leur arrestation (1962). Voir Algérie (Guerre d'), Évian (Accords d').

OBÉLISQUE. Haute colonne de section carrée se terminant par un bout pointu et taillée dans un seul bloc de pierre. Les anciens Égyptiens plaçaient des obélisques par paire devant les tombeaux mais le plus souvent devant les temples. Sur leurs faces se trouvait gravé en hiéroglyphes* le nom du roi qui les avait commandés. À Karnak*, les deux obélisques de la reine Hatshepsout pèsent environ 320 tonnes et mesurent 29 m de haut. L'obélisque de la place de la Concorde à Paris a été rapporté du temple de Louxor*, ceux de Londres et de New York, d'Héliopolis*.

OC (Langue d'). Ensemble des dialectes parlés en France au sud de la Loire, à l'exception du basque et du catalan, et dans lesquels « oui » se disait « oc ». Ces parlers méridionaux étaient encore utilisés à la fin du XVIII siècle par la quasi-totalité de la population. On les appelle aujourd'hui l'occitan ou le provençal. Voir Oïl (Langue d').

OCCIDENTALISTES. Nom donné aux membres de l'intelligentsia russe du XIX

siècle qui, comme Tchaadaïev et Herzen, souhaitaient imposer à la Russie une évolution comparable à celle de l'Occident. Ils s'opposèrent aux slavophiles*.

OCDE (Organisation de coopération et de développement économique). Organisme créé à Paris en 1961 et succédant à l'OECE (Organisation européenne de coopération économique) fondée en 1948. Elle comprend 19 États européens (Allemagne, Autriche, Belgique, Danemark, Espagne, Finlande, France, Grande-Bretagne, Grèce, Irlande, Islande, Italie, Luxembourg, Norvège, Pays-Bas, Portugal, Suède, Suisse, Turquie), ainsi que le Canada, les États-Unis, le Japon, l'Australie et la Nouvelle-Zélande. Son but est de favoriser l'expansion économique dans les États membres mais aussi d'améliorer le sort des pays en voie de développement. Elle doit jouer aussi un rôle important dans le développement du commerce international.

O'CONNELL, Daniel (près de Cahirciveen, 1775-Gênes, 1847). Homme politique irlandais. Liant la libération irlandaise à la cause du catholicisme*, il acquit dans son pays une immense popularité lui donnant l'impulsion qui le conduira à l'indépendance. Cependant, son refus de la violence et son respect de la légalité lui aliénèrent les extrémistes qui fondèrent le mouvement Jeune-Irlande* vers 1840. Issu d'une vieille famille catholique traditionaliste, O'Connell devint un avocat célèbre

(1798) militant dès 1800 pour l'émancipation irlandaise. En 1823 il fonda l'Association catholique, qui disposa grâce à la « rente catholique » – chaque Irlandais devait verser 1 penny par mois à l'association – de sommes considérables. Dissoute par le gouvernement britannique (1825), l'Association se reforma aussitôt, organisant à travers le pays d'immenses meetings. L'élection triomphale de O'Connell, bien qu'inéligible parce que catholique, obligea le gouvernement de Wellington* à accorder aux catholiques le Bill d'émancipation (1829). O'Connell poursuivit cependant sa lutte pour la liberté de l'Irlande, s'alliant aux whigs* pour la réforme parlementaire (1832) puis inaugurant, à partir de 1840, sa campagne pour obtenir le *Home* *Rule*, c'est-à-dire l'autonomie de l'Irlande. Élu lord-maire de Dublin (1841-1843), il reprit ses campagnes de propagande en organisant d'immenses meetings. Arrêté, traduit en justice puis acquitté (1844), O'Connell vit s'éloigner de lui les nationalistes extrémistes de la Jeune-Irlande. Voir *Catholic Relief Bill*, Union (Actes d').

O'CONNOR, Feargus Edward (Connorville, v. 1794-Londres, 1855). Homme politique irlandais, il fut l'un des chefs du chartisme* né en Angleterre de la misère ouvrière. Avocat, d'abord partisan de O'Connell*, il se détourna de la cause irlandaise pour se consacrer aux questions sociales et devint un orateur très populaire, dirigeant un journal à grand tirage, le *Northern Star* (1837). Élu député de Nottingham, il dirigea la grande pétition chartiste de 1848, mais sombra peu de temps après dans la folie.

OCTAVE. Voir Auguste.

OCTOBRE 1789 (Journées des 5 et 6). Journées d'émeutes sous la Révolution* française, provoquées par le mécontentement du peuple de Paris victime de la disette et par l'annonce d'un rappel des troupes à Versailles*. Le 5 octobre, le bruit ayant couru que la cocarde* tricolore avait été foulée aux pieds lors d'un banquet des gardes du corps royaux en présence de la famille royale, une foule importante de femmes et de chômeurs (de 6 à 10 000) se dirigea vers Versailles. Elle demandait du pain mais aussi la ratification par Louis XVI* des décrets de la nuit du 4 août*. Le roi accepta. Cependant, au matin du 6 octobre, des émeutiers pénétrèrent dans le château, massacrèrent des gardes du corps et cherchèrent à entrer dans les appartements royaux. Sauvée par La Fayette* et la garde* nationale, la famille royale accepta, afin d'apaiser le peuple, de quitter Versailles et s'installa aux Tuileries. L'exemple fut suivi le 19 octobre 1789 par l'Assemblée* constituante qui siégea désormais à Paris. Les députés, dès lors exposés à la pression populaire, votèrent le 21 octobre 1789, la « loi martiale », donnant aux municipalités le droit d'employer la force, s'il était besoin, pour disperser les attroupements.

ODER-NEISSE (Ligne). Ligne formant la frontière occidentale de la Pologne depuis 1945. Partant de la côte de la mer Baltique, à l'ouest de Swinoujście (Swinemünde), elle descend le long du fleuve Oder (Odra en polonais) jusqu'à sa confluence avec la rivière Neisse occidentale (Nysa en polonais) qu'elle longe jusqu'à la frontière tchèque. Approuvée par les accords de Potsdam* (juillet 1945), cette décision enlevait à l'Allemagne environ un cinquième de son territoire. Par les accords signés en 1970 avec l'URSS et la Pologne, l'Allemagne fédérale, dirigée par Willy Brandt*, a reconnu *de facto* la frontière de l'Oder-Neisse. Après la réunification de l'Allemagne, cette frontière a été de nouveau reconnue par un traité germano-polonais (1990), ratifié en 1991. Voir RDA.

ODOACRE (v. 433-Ravenne, 493 ap. J.-C.). Roi des Hérules, une tribu de Germains* (476-493 ap. J.-C.). Devenu l'un les chefs de la garde impériale romaine, il se révolta et détrôna en 476 ap. J.-C. le jeune empereur Romulus Augustule, provoquant la chute de l'Empire romain* d'Occident (les historiens fixent à cette date la fin de l'Antiquité et le début du Moyen Âge). Odoacre devenu maître de l'Italie renvoya à Zénon, empereur romain d'Orient, les insignes impériaux, voulant ainsi montrer le rétablissement de l'unité de l'Empire romain. Mais Zénon, inquiet de la puissance grandissante d'Odoacre, lança contre lui le chef des Ostrogoths*, Théodoric* le Grand, qui l'assiégea dans Ravenne (490-493 ap. J.-C.) et l'assassina. Voir Empire romain d'Orient.

ODYSSÉE. Poème épique grec divisé en 24 chants, attribué, comme l'*Iliade**, à Homère*. L'*Odyssée* raconte les aventures d'Ulysse, roi d'Ithaque, qui, après le siège de Troie, met dix ans à regagner son île où l'attendent sa femme Pénélope et son fils Télémaque. Sa patience et sa ruse lui permettent de triompher de tous les dangers et de rejoindre Ithaque. Là, des nobles ambitieux, le croyant mort, essayent de s'emparer du pouvoir royal en épousant la fidèle Pénélope. Ulysse les massacre et rétablit son autorité.

OEA. Voir Organisation des États américains.

ŒDIPE. Dans la mythologie* grecque, héros* dont l'oracle* de Delphes* prédit qu'il tuerait son père et épouserait sa mère. Œdipe fuyant sa patrie pour échapper à la prédiction se querella sur une route avec un voyageur et le tua : c'était Laïos, son père. Arrivé à Thèbes*, il réussit à faire mourir le Sphinx* en répondant aux énigmes que celui-ci posait aux passants. Reconnaissants, les habitants de la ville proclamèrent Œdipe roi et la reine Jocaste devint son épouse : c'était sa mère. L'oracle fut ainsi accompli.

OFFENBACH, Jacques (Cologne, 1819-Paris, 1880). Compositeur allemand naturalisé français. Il fut le grand maître de l'opérette en France sous le Second Empire*. On peut notamment citer un opéra, *Les Contes d'Hoffmann* (1880), et 95 opérettes dont *Orphée aux enfers* (1858) où apparut le fameux « cancan ».

OFFICES. Nom donné dans la France d'Ancien* Régime aux charges des grands services publics confiées par le roi à des officiers, titulaires de ces charges. Étaient ainsi officiers la plupart des agents du roi dans l'administration générale (baillis* et prévôts*), dans les services judiciaires (présidents, conseillers, maîtres des requêtes des cours souveraines et présidiaux), dans les services financiers (trésoriers généraux) et dans l'armée. Ce monde des officiers était très hétérogène, les nuances de fortune et de dignité étant très nombreuses. À partir de 1467, les offices ne furent plus révocables, puis s'établit l'usage de leur vente (vénalité* des offices). Par l'édit de la Paulette* (1604), le caractère héréditaire de l'office fut définitivement assuré contre le versement d'un droit annuel.

OFFICIALITÉ. Dans l'ancienne France, tribunal ecclésiastique tenu en théorie par l'évêque* dans son diocèse. On lui reconnaissait, au début du XVIe siècle, une vaste compétence. Cependant la politique royale parvint à réduire progressivement son rôle qui fut limité à l'administration des sacrements*.

OGADEN. Plateau steppique situé à l'extrémité orientale de l'Éthiopie aux confins de la Somalie. Depuis 1977, une guerre larvée opposait les deux pays, l'Éthiopie étant soutenue par l'URSS. En 1988, un traité mettant fin au conflit de l'Ogaden fut signé entre la Somalie et l'Éthiopie dont les dernières troupes cubaines se retirèrent en 1989. Voir Érythrée.

OÏL (Langue d'). Dialectes romans parlés en France, au nord de la Loire et dans lesquels « oui » se disait « oïl ». Ces parlers s'affaiblirent au profit de celui de l'Île-de-France, le français, qui s'imposa progres-

sivement comme langue nationale. Voir
Oc (Langue d').

OKW. Initiale de *Oberkommando der
Wehrmacht* (commandement suprême des
forces armées). Cet organisme fut créé par
Hitler* en février 1938 et remplaça le ministère de la Guerre ainsi que le commandement en chef des armées. Dirigé par les
généraux Keitel* et Jodl* – condamnés
par le tribunal de Nuremberg* –, il exécuta
la politique militaire de Hitler jusqu'en
1945.

OLD POOR LAW (1601). Loi sur les pauvres décidée sous le règne d'Élisabeth
Ière*. Elle organisa, après la suppression
des monastères, principaux dispensateurs
de la charité, une première assistance nationale. L'*Old Poor Law* décida le paiement, par tous les habitants de la paroisse,
d'une contribution spéciale pour les pauvres. Voir *New Poor Law*.

OLDUVAI ou **OLDOWAY** (Gorges d').
Site préhistorique situé au nord de la Tanzanie (Afrique orientale) où furent découverts par l'archéologue Louis Leakey* des
ossements d'australopithèques* datant
d'environ 1,7 million d'années ainsi qu'un
squelette plus récent (environ 1 million
d'années) d'*Homo* *erectus*. On y a aussi
trouvé les premiers outils connus faits dans
des galets. L'industrie correspondante a
pris le nom d'Olduvayen*. Voir Paléolithique inférieur, Zinjanthrope.

OLDUVAYEN. Caractérise l'industrie de
la pierre taillée très primitive, composée
d'éclats* et de galets aménagés. Elle tire
son nom du site préhistorique d'Olduvai*,
en Tanzanie (Afrique orientale). Voir Paléolithique inférieur.

OLEG LE SAGE (?-ap. 911). Grand-
prince de Kiev. Successeur du Normand
Riourik* à Novgorod, il conquit Kiev, en
Ukraine, qui devint la capitale de l'État de
Kiev* s'étendant de la Néva à la mer
Noire. Voir Normands, Varègues.

OLLIVIER, Émile (Marseille, 1825-
Saint-Gervais-les-Bains, 1913). Homme
politique français. Chef du gouvernement
en janvier 1870, il poursuivit la libéralisation politique du Second Empire* mais assuma la responsabilité de la défaite de la
guerre franco-allemande* de 1870-1871.
Député de l'opposition républicaine au
sein du Corps* législatif, il se rallia à la politique impériale après l'orientation libérale du régime, et rompit avec les républicains. Après la démission de Rouher*
(1869), bonapartiste autoritaire, il fut
chargé par Napoléon III* de former un
nouveau ministère (2 janvier 1870). Ministre de la Justice et Premier ministre,
resté passif lors de la détérioration des relations avec la Prusse*, il déclara, selon ses
propres termes, « d'un cœur léger » la
guerre à la Prusse et dut, après les premières défaites impériales, démissionner.

OLMÜTZ (Humiliation ou reculade d',
29 novembre 1850). Nom donné à l'entrevue entre le ministre prussien Manteuffel
et le ministre autrichien Schwarzenberg à
Olmütz (Olomouc, en Tchécoslovaquie).
Elle contraignit le roi de Prusse*, Frédéric-Guillaume IV*, à abandonner son projet d'« Union restreinte » de l'Allemagne
du Nord sous la direction de la Prusse et
maintenait l'ancienne Confédération* germanique. Cette « reculade » marqua profondément les milieux militaires et patriotiques prussiens et fut à l'origine d'une
politique hostile à l'Autriche dont Bismarck* fut l'artisan.

OLP (Organisation de libération de la Palestine). Principale organisation de résistance palestinienne fondée en 1964 et regroupant El Fath (démocrate progressiste)
et le FDPLP (Front démocratique et populaire de libération de la Palestine). Sub-
ventionnée dès sa création par la Ligue*
arabe, l'OLP est présidée depuis 1969 par
Yasser Arafat*. Jusqu'en 1982, l'OLP,
conformément à sa charte, a privilégié la
lutte armée, « seule voie permettant la libération de la Palestine* », avec comme
but la fin de l'État d'Israël*. Ses actions,

relevant du terrorisme, se sont exercées aussi bien en Israël (Lod) que dans les pays occidentaux (Munich). Sa cause ayant été considérablement ternie en Occident, Arafat tenta, à partir des années 70, une offensive diplomatique marquée par l'obtention du statut d'observateur à l'ONU* pour l'OLP et l'ouverture de divers bureaux dans plusieurs pays d'Europe. En septembre 1982, pour la première fois, l'OLP a reconnu implicitement l'existence de l'État d'Israël (plan de Fès), et déclaré caduque sa charte (1989). Ces concessions ont permis d'entamer des relations officielles avec les États-Unis, auparavant impossibles. Les nouvelles orientations de l'OLP furent rejetées par un Front du refus, minoritaire, qui s'opposa à la politique d'Arafat et persista à souhaiter la fin de l'État d'Israël (FPLP ou Front populaire de libération de la Palestine de Georges Habache). À partir de 1982, les organes directeurs de l'OLP ont été installés à Tunis. En 1993, Israël et l'OLP se sont reconnus mutuellement. L'accord de Washington*, conclu la même année, prévoit l'autonomie des territoires occupés par Israël, appliquée d'abord à Gaza et à Jéricho. En 1994, cette autonomie a été étendue à l'ensemble de la Cisjordanie. La politique de l'OLP est aujourd'hui condamnée par des groupes palestiniens islamistes (le mouvement Ahmad et le djhad islamique). Voir Liban (Guerre du), Palestine, Septembre noir.

OLYMPIE. Sanctuaire de la Grèce* antique situé au nord-ouest du Péloponnèse*, voué au culte de Zeus*, où se déroulaient tous les quatre ans les Jeux olympiques*. Olympie s'orna de grandes constructions entre le VIIe et le Ve siècle av. J.-C. La plus célèbre était le grand temple de Zeus. Il abritait une statue du dieu haute de 12 m en or et en ivoire, œuvre du sculpteur Phidias* (elle fait partie des Sept Merveilles* du monde). Le triomphe du christianisme*

à la fin du IVe siècle ap. J.-C. provoqua l'abandon du sanctuaire.

OLYMPIQUES (Jeux). Jeux panhelléniques* (réunissant tous les Grecs) ; les premiers eurent lieu en 776 av. J.-C., les plus célèbres de toute la Grèce* durant l'Antiquité. Ils se déroulaient en été, tous les quatre ans, à Olympie* en l'honneur de Zeus*. Une trêve sacrée était proclamée pendant sept jours, avec suspension de toutes les hostilités. Les concurrents choisis par les cités parmi les meilleurs devaient être de naissance libre et grecque. Le premier jour était consacré aux sacrifices et au serment olympique prononcé par chaque athlète. Durant les six autres se déroulaient les épreuves sportives : course à pied, lutte, pugilat (boxe), pancrace (lutte et pugilat) et penthlate (cinq exercices : saut, course, lutte, lancer du javelot et du disque) dans le stade ; courses de chevaux et de chars à l'hippodrome. Les vainqueurs recevaient une simple couronne de branches d'olivier consacrée à Zeus mais leur gloire était immense. On leur élevait des statues, on les recevait en triomphe dans leur ville natale et l'on exécutait en leur honneur des chants de victoires composés par d'illustres poètes. Les Jeux olympiques furent supprimés par l'empereur romain Théodose* en 394 ap. J.-C. Ceux d'aujourd'hui ont été réorganisés à partir de 1894 par Pierre de Coubertin.

OMEYYADES ou **UMAYYADES**. Nom donné à la première dynastie d'émirs* et de califes* arabes qui régna de Damas* sur l'ensemble du monde musulman* de 661 à 750, puis de Cordoue* sur l'Espagne de 756 à 1031. La dynastie omeyyade fut fondée par Mu'awiyya* qui refusa de reconnaître Ali*, gendre de Mahomet*, comme calife. Prenant le titre pour lui, il établit le califat héréditaire dans sa famille et fixa sa capitale à Damas, en Syrie*. Sous les Omeyyades, l'Empire musulman atteignit l'apogée de son expansion. Il s'étendait vers l'est jusqu'à l'Inde* et le Turkestan chinois (ouest de la mer Caspienne), vers l'ouest jusqu'en Afrique du Nord et en Espagne. Mais l'étendue des conquêtes et les oppositions intérieures ruinèrent l'Empire qui sombra dans l'anarchie. En 750, le dernier Omeyyade fut battu en Iran par les Abbassides* et tous les membres de la famille furent massacrés. L'un d'eux cependant, Abd* al-Rahman Ier, réussit à s'échapper et gagna l'Espagne où fut fondé l'émirat de Cordoue*.

OMS (Organisation mondiale de la santé en angl. *WHO, World Health Organization*). Institution spécialisée des Nations unies depuis 1948, dont le siège est à Genève. Elle a pour but d'amener tous les peuples au niveau de santé et de bien-être physique et mental le plus élevé possible. Voir Organisation des Nations unies.

ONCTION. Rite qui consiste à oindre (c'est-à-dire frotter d'huile sainte) une personne ou une chose pour lui donner un caractère sacré. Les rois hébreux et les rois de France recevaient l'onction et devenaient ainsi sacrés. Voir Sacre, Sacrement.

ONU. Voir Organisation des Nations unies.

OPEP (Organisation des pays exportateurs de pétrole). Organisation créée en 1960, dont le siège est à Vienne et qui regroupe aujourd'hui 12 États : Arabie Saoudite, Irak, Iran, Koweït, Venezuela (membres fondateurs), Qatar (1961), Libye (1962), Indonésie (1962), Émirats arabes unis (1967), Algérie (1969), Nigeria (1971) et Gabon (1975). L'OPEP a imposé, en 1973, le quadruplement du prix du pétrole et en 1979 son triplement afin de corriger la tendance à la baisse imposée par les pays industrialisés. Ces « chocs pétroliers » ont considérablement aggravé la crise économique mondiale. En 1992, l'Équateur, adhérent depuis 1973, s'est retiré de l'organisation. Depuis les années 80, la force de l'OPEP est menacée par les intérêts divergents de ses membres,

le prix et la demande du pétrole ayant baissé.

OPIUM (Guerre de l', 1839-1842). Nom donné à la guerre qui opposa l'Angleterre et la Chine qui avait interdit l'importation d'opium. Elle fut provoquée par la saisie à Canton d'une cargaison d'opium indien importée par les Anglais. Ces derniers répliquèrent en bombardant Canton (1840) et en occupant l'îlot de Hongkong. Les Chinois furent contraints de signer le traité de Nankin* (août 1842) qui ouvrait au commerce européen plusieurs de leurs ports. Ils durent en outre rembourser l'opium confisqué.

OPPENHEIMER, Julius Robert (New York, 1904-Princeton, 1967). Physicien américain. Auteur de travaux sur la théorie quantique, il fut nommé en 1943 directeur du centre de recherches nucléaires de Los Alamos aux États-Unis et travailla, aux côtés d'autres physiciens, à l'élaboration de la première bombe atomique (bombe A). Il refusa en 1953 de poursuivre les recherches sur la fabrication de la bombe thermonucléaire à hydrogène (bombe H) et fut démis de ses fonctions.

OPPIDUM. Nom donné par les Romains aux places fortifiées des Gaulois*. À l'origine simple refuge occupé en cas de danger, les *oppida* devinrent ensuite un centre artisanal et commercial. Dans la Gaule* romaine, en particulier dans le sud touché par le commerce méditerranéen, les *oppida* se transformèrent en villes.

OPPORTUNISME. Nom donné en France à la tactique politique prônée par Gambetta* au début de la Troisième République*, afin de rallier une large majorité au régime républicain encore mal assuré. Les opportunistes républicains, opposés aux républicains radicaux, furent représentés en particulier par Jules Ferry*. Ces républicains modérés s'appuyaient sur la bourgeoisie libérale et les classes moyennes, et défendaient l'idée que le programme républicain, défini sous le Second

mpire*, devait s'appliquer par étapes.
'opportunisme inspira les dirigeants de la
roisième République jusqu'à l'affaire
reyfus* qui sépara nettement la France
↓ deux camps et amena le radicalisme au
ɔuvoir. Voir Radical (Parti).

RACLE. Dans l'Antiquité, réponse d'un
eu aux homme qui le consultent. En
rèce*, l'oracle de Delphes* était très
·lèbre.

RADOUR-SUR-GLANE. Commune
: la Haute-Vienne, en France. Le 10 juin
)44, 643 personnes dont 500 femmes et
↓fants périrent brûlés dans l'église, enfer-
és par les Allemands. Le nom d'Oradour
ste l'un des symboles de la barbarie na-
e. Ses ruines ont été conservées et le vil-
ge fut reconstruit à proximité. Voir Châ-
aubriant, Guerre mondiale (Seconde).

RANGE (Province de l'État libre d').
·ovince centrale de l'Afrique du Sud.
)ndé par les Boers* vers 1836 lors de leur
igration vers le nord (Grand Trek*),
État libre d'Orange fut reconnu indépen-
ınt par l'Angleterre en 1854 puis,
↓nvoité pour ses mines de diamants, de-
↓nt colonie de la Couronne britannique
902). L'Orange lutta avec le Transvaal*
⸱ntre les Britanniques (1899-1902), ob-
↓t son autonomie en 1907 et fut intégré
l'Union sud-africaine en 1910. Voir
ɔers (Guerre des).

RATOIRE. Nom de deux congrégations
: prêtres séculiers. La première, l'Ora-
·ire d'Italie ou congrégation de l'Ora-
·ire, fut fondée à Rome* par saint Phi-
ɔpe Neri en 1564. L'ordre se développa
pidement, particulièrement en Espagne
 en Italie, et connut son plus grand épa-
)uissement au XVIIIe siècle. Newman
établit en Angleterre en 1847. La se-
ɔnde, l'Oratoire de Jésus ou Oratoire de
·rance, fut fondée en 1611 sur le modèle
: l'oratoire italien par le cardinal de Bé-
⸱lle. Orientés dès le début vers l'ensei-
↓ement, les oratoriens devinrent les prin-
·paux concurrents des jésuites*. Les plus

célèbres d'entre eux furent saint Jean Eudes, Malebranche*, Massillon et Richard
Simon. Supprimé en 1792, restauré en
1852, dispersé en 1880 et 1903, l'ordre fut
définitivement rétabli en 1920.

ORDALIE. Épreuve judiciaire d'origine
germanique, en usage à l'époque féodale,
dont l'issue, réputée dépendre de Dieu,
établissait l'innocence ou la culpabilité
d'un individu. L'ordalie consistait en une
épreuve : eau bouillante, fer rouge, duel judiciaire entre l'accusateur et l'accusé. La
procédure n'admettait cependant pas cette
seule preuve, qui était précédée d'une tentative d'aveu et des déclarations de témoins. L'ordalie disparut après le XIIIe siècle.

ORDONNANCE. Nom donné en France
et sous la monarchie aux actes législatifs
du roi portant le plus souvent sur la justice,
la police, l'administration générale et la
fiscalité. Voir Édit.

ORDONNANCES DE JUILLET 1830.
En France, lors de la Restauration*, nom
donné aux ordonnances décidées par
Charles X*, visant l'opposition libérale.
Elles déclenchèrent la révolution* de
1830 et l'abdication du roi au profit du
duc d'Orléans (futur Louis-Philippe Ier*),
prince Bourbon de la branche cadette.
Charles X, refusant de se soumettre aux
élections de juillet 1830 favorables aux libéraux, décida à la faveur du succès de
l'expédition d'Alger* (juillet 1830) de
dissoudre l'Assemblée et de modifier le
régime de la presse, soumise à l'autorisation préalable, mais aussi celui des élections en favorisant les plus riches électeurs et en enlevant le droit de vote à une
grande partie de la bourgeoisie. Ces ordonnances provoquèrent les émeutes parisiennes du 27 au 29 juillet 1830 (les
Trois Glorieuses*).

ORDRE (Parti de l'). Nom donné en
France sous la Deuxième République* au
parti conservateur qui se constitua, par
peur du socialisme*, après les journées in-

surrectionnelles de Juin* 1848. Il regroupa les monarchistes (légitimistes* et orléanistes*) et les républicains conservateurs unis par la même peur sociale à l'égard des « rouges ». Cette alliance des forces de droite qui s'appuyait sur l'Église soutint la candidature de Louis Napoléon Bonaparte* à la présidence de la République (décembre 1848), et fut largement majoritaire à l'Assemblée* législative (mai 1849-décembre 1851). Le parti de l'Ordre fit voter la loi Falloux* sur l'enseignement et une loi limitant le suffrage universel. Voir Barrot (Odilon), Thiers (Adolphe).

ORDRE MORAL. Nom donné au début de la Troisième République* à la politique conservatrice et cléricale définie par le duc de Broglie* après la chute de Thiers* (1873) et l'élection de Mac-Mahon*, monarchiste. Cette politique devait préparer une restauration monarchique qui ne put intervenir à cause de l'intransigeance du comte de Chambord*. Elle visa notamment les fonctionnaires (suspension d'un grand nombre de préfets*, de maires, et de conseillers municipaux) et les journaux républicains. Voir Assemblée nationale.

ORDRE SÉNATORIAL. Ordre dont Auguste* officialisa l'existence (déjà patente sous la République) en lui donnant une définition juridique – un critère de cens*, distinct de celui de l'ordre équestre*, fut retenu (le cens sénatorial fut fixé à un million de sesterces) – et en autorisant les fils de sénateurs à porter la laticlave* dès la prise de la toge virile, Auguste reconnaissait l'hérédité de l'ordre. Voir *Nobilitas.*

ORGANISATION DE L'UNITÉ AFRICAINE (OUA) en angl. *OAU (Organization of African Unity).* Organisation intergouvernementale créée en 1963 dont le siège est Addis-Abeba (Éthiopie). Tous les États indépendants d'Afrique (50) en sont membres, sauf l'Afrique du Sud et ses bantoustans*. Ses buts sont de renforcer l'unité, la solidarité et la stabilité des États

africains, et de supprimer toutes les forme de colonialisme en Afrique. Fragile et di visée (crises lors des affaires du Katanga* du Biafra*, de l'Ogaden*, de l'Érythrée* et plus récemment sur le problème du Sa hara* occidental et du conflit tchadien) l'OUA a néanmoins joué un rôle importan en contribuant à faire admettre pa l'ONU* la légitimité de certains mouve ments de libération africains, mais aussi l nécessité, lors de forums internationaux d'un nouvel ordre économique mondial.

ORGANISATION DE VIGILANC ET DE RÉPRESSION DE l'ANTIFAS CISME (OVRA). Nom donné à la polic secrète de l'Italie fasciste créée en 1926 Elle était chargée de traquer les opposan au régime qui étaient emprisonnés, mis e résidence surveillée ou expédiés dans le « bagnes du feu » des îles Lipari, Ustica e Lampedusa. Voir Gestapo, Mussolini (Be nito).

ORGANISATION DES ÉTATS AMÉ RICAINS (OEA, en angl. *Organization o American States).* Organisation créée lor de la conférence internationale des État américains à Bogota (mars-mai 1948) dont le siège est à Washington. Elle re groupe 33 pays (tous les pays du continen américain, le Canada ayant donné son ad hésion en 1989), y compris les États de Caraïbes. Le gouvernement de Cuba en fu exclu en 1962, mais Cuba, en tant qu'État reste membre de l'organisation. Créé dans le contexte de la guerre* froide, l'or ganisation, dans laquelle le rôle des États Unis est prépondérant, avait essentielle ment pour but le maintien de la paix et d la sécurité sur le continent, notammen contre les mouvements communistes. Voi ALENA, Rio de Janeiro (Traité de).

ORGANISATION DES NATION UNIES (ONU, en angl. *UNO, United Na tions Organization).* Organisation interna tionale qui remplaça la Société* des Na tions (créée par le traité de Versailles* e 1919) et dont les buts sont le maintien d

paix et de la sécurité mais aussi une coo-
ération tendant à résoudre les problèmes
ternationaux d'ordres économique, so-
al et culturel et à développer le respect
s droits de l'homme et des libertés fon-
mentales. L'ONU tient son mandat de la
harte des Nations unies signée à San*
ancisco le 26 juin 1945 par les représen-
nts de 51 nations en guerre contre
Axe*. Les principaux organes de l'ONU,
nt le siège est à New York*, sont l'as-
mblée générale composée de tous les dé-
gués des États membres (184 membres
4 1994) qui peut émettre des « recom-
andations », le conseil de sécurité qui dé-
nt le véritable pouvoir et qui est l'organe
écutif sur le plan politique. Il est
mposé de 15 membres dont cinq « per-
anents » (États-Unis, Russie, Grande-
retagne, France et Chine), chacun de ces
nq membres disposant du droit de veto.
 conseil de tutelle, en déclin depuis la
colonisation, était chargé d'administrer
squ'à leur indépendance les anciens ter-
oires sous mandat de la SDN, le conseil
onomique et social dont dépendent les
stitutions spécialisées veille à la coopé-
tion dans des domaines spécialisés. La
ur internationale de justice qui siège à
 Haye est chargé de régler certains liti-
s. Enfin le secrétaire général est élu par
ssemblée générale, sur proposition du
nseil de sécurité, pour cinq ans, et il as-
re l'administration permanente de
ONU. Six secrétaires se sont succédé :
ygve Lie, Norvégien (1946-1952), Dag
ammarskjöld, Suédois (1953-1961),
 Thant, Birman (1961-1972), Kurt Wald-
im, Autrichien (1972-1981), Javier Pe-
z de Cuellar, Péruvien (1981-1992), et
puis 1992 Boutros Boutros-Ghali, Égyp-
n. Bien que l'ONU dispose de pouvoirs
us étendus que la SDN (en particulier
e force d'intervention armée, les cases bleus), l'organisation a été en plu-
urs occasions paralysée par le droit de
to de l'un des membres permanents du

conseil de sécurité. L'ONU peut aussi intervenir par l'intermédiaire de ses organisations spécialisées comme la FAO*
(*Food and Agriculture Organization*),
l'OIT* (Organisation internationale du travail), la Banque* mondiale, le FMI*
(Fonds monétaire international), l'OMS*
(Organisation mondiale de la santé), ou
l'Unesco* (Organisation des Nations unies
pour l'éducation, la science et la culture).
**ORGANISATION DU TRAITÉ DE
L'ATLANTIQUE NORD** (OTAN, en
angl. *NATO, North Atlantic Treaty Organization*). Organisation militaire fondée le
4 avril 1949 par le traité de l'Atlantique
Nord et signé à Washington. Créée dans le
climat de la guerre* froide, elle était destinée à défendre l'Europe occidentale
contre toute velléité d'agression de la part
de l'URSS. La création des alliances militaires de l'OTAN et du Pacte de Varsovie* (1955) consacra un affrontement Est-
Ouest qui dépassait largement le continent
européen. La Belgique, le Canada, le Danemark, les États-Unis, la France, la
Grande-Bretagne, l'Islande, l'Italie, le
Luxembourg, la Norvège, les Pays-Bas et
le Portugal en furent les premiers membres, rejoints en 1952 par la Grèce (qui
s'est retirée de son organisation militaire
de 1974 à 1980) et la Turquie, en 1955 par
l'Allemagne fédérale et en 1982 par l'Espagne. La France, tout en restant dans l'Alliance, a quitté l'organisation militaire de
l'OTAN en 1966. L'organe de direction de
l'OTAN est le Conseil de l'Atlantique
Nord établi à Bruxelles. Depuis 1966, les
problèmes de défense sont traités par le
conseil des plans de défense. Le comité
militaire qui est le haut commandement de
l'Alliance est composé de représentants
des chefs d'état-major des pays alliés. Reposant d'abord sur la puissance américaine
et les armées d'Europe occidentale, il fut
décidé, à partir de 1957, que les États-Unis
entretiendraient en permanence des forces
nucléaires dans les pays européens de

l'OTAN. L'installation, à partir de 1977, de missiles soviétiques SS 20 à trois têtes nucléaires capables d'atteindre toute l'Europe occidentale décida l'OTAN à installer dans la région des fusées Pershing II à longue portée et des missiles de croisière. Depuis la fin des régimes communistes en Europe de l'Est et en URSS, et la dissolution du Pacte de Varsovie (1991), a été créé le Conseil de coopération nord-atlantique (COCONA) chargé d'établir des liens de confiance entre l'OTAN et ces pays, à qui a été proposé ainsi qu'à la Russie un « partenariat pour la paix » (1994). Voir Coexistence pacifique.

ORGANISATION EUROPÉENNE DE COOPÉRATION ÉCONOMIQUE (OECE). Voir Organisation de coopération et de développement économique.

ORGANISATION INTERNATIONALE DU TRAVAIL (OIT). Organisation créée en 1919, rattachée à la SDN*, qui est une institution spécialisée de l'ONU (Organisation* des Nations unies) depuis 1946 et dont le siège est à Genève*. Elle est chargée de promouvoir la justice sociale par l'amélioration des conditions de vie et de travail dans le monde. Elle a reçu en 1969 le prix Nobel* de la paix. Ses États membres sont représentés par des délégués des gouvernements, des employeurs et des travailleurs. Le BIT* (Bureau international du travail) est son secrétariat permanent.

ORIENT (Question d'). Nom donné à l'ensemble des problèmes posés à partir du XVIIIᵉ siècle par la décadence et le démembrement de l'Empire ottoman*. La Question d'Orient provoqua la lutte des grandes puissances européennes pour la domination de l'Europe balkanique et de la Méditerranée orientale. L'Autriche-Hongrie*, la Russie, la Grande-Bretagne et la France ayant des visées contraires, leurs jeux d'alliances et de guerres contribuèrent à maintenir l'existence de l'Empire ottoman jusqu'en 1922. Après l'émancipation de certains peuples chrétiens des Balkans* soumis à l'autorité ottomane (autonomie puis indépendance de la Grèce en 1830-1832 et de la Serbie* en 1878), les grandes puissances, à l'exception de la France, apportèrent leur soutien au sultan en 1833 et 1840 contre le pacha d'Égypte Méhémet-Ali*. Cependant la Russie, dont l'objectif était l'accès aux détroits* de la mer Noire (Bosphore et Dardanelles), se heurta bientôt aux autres puissances (guerre de Crimée*, 1854-1856) puis à la Turquie (guerre russo-turque*, 1877-1878) après le soulèvement bulgare tandis que l'Empire continuait à s'affaiblir dans les Balkans, la Valachie et la Moldavie formant en 1866 la Roumanie. Le congrès de Berlin* (1878) ne réussit pas à mettre fin aux antagonismes entre l'Autriche-Hongrie et la Russie. Après la Première Guerre* mondiale, la Question d'Orient fut dominée par le problème des Détroits* restitués à la Turquie après le traité de Lausanne* (1923). Voir Balkaniques (Guerres, 1912-1913).

ORLANDO, Vittorio Emanuele (Palerme, 1860-Rome, 1952). Homme politique italien. Président du Conseil (1917-1919), il représenta l'Italie à la conférence de la paix à Versailles (1919) mais démissionna, les Alliés n'ayant pas tenu leurs promesses concernant les « terres irrédentes » (Dalmatie, Fiume). Opposé au régime fasciste de Mussolini*, il ne revint à la vie politique qu'après la Seconde Guerre* mondiale. Voir Irrédentisme, Versailles (Traité de, 1919).

ORLÉANISTES. Nom donné en France aux partisans du règne d'un membre de la famille des Bourbons* d'Orléans. Philippe d'Orléans*, cousin de Louis XVI* qui prit le nom de Philippe* Égalité, symbolisa l'orléanisme, c'est-à-dire la défense d'une monarchie constitutionnelle. Durant tout le XIXᵉ siècle, l'orléanisme, par son caractère de « juste milieu » entre la réaction incarnée par les légitimistes* et la tendance ré-

olutionnaire, apparut comme le régime
idéal pour une grande partie de la bourgeoisie qui souhaitait la consolidation définitive des acquis de la Révolution*. La
monarchie* de Juillet incarna, par sa répression des luttes ouvrières et sa politique
favorable à la bourgeoisie d'affaires, le
modèle orléaniste. Hostiles au Second Empire*, les orléanistes se regroupèrent au
début de la Troisième République* autour
de Thiers* puis, lorsque ce dernier fit
connaître en 1872 son ralliement à la République, autour du duc de Broglie*. Cependant, le refus, exprimé par le comte de
Chambord* – candidat à une restauration
monarchique – d'adopter le drapeau tricolore, indigna les orléanistes qui se rallià-
rent finalement à la République conservatrice de Thiers. L'encyclique publiée par
Léon XIII* en 1892 et préconisant le ralliement à la République acheva d'intégrer
les orléanistes au régime, et le monar-
chisme ne fut plus, à la fin du XIXᵉ siècle,
qu'un courant minoritaire. À partir de
1900, les positions de l'Action* française
de Charles Maurras* en faveur d'un mo-
narchisme autoritaire firent disparaître définitivement l'orléanisme.

ORLÉANS, Gaston, duc d' (Fontainebleau, 1608-Blois, 1660). Troisième fils
d'Henri IV* et frère de Louis XIII*. Il ne
cessa d'intriguer contre Richelieu*, et
conspira pendant la Fronde*. Mazarin* le
fit exiler dans son château de Blois (1652)
où il finit ses jours. De son premier mariage avec Marie de Bourbon, duchesse de
Montpensier, était née la Grande Mademoiselle. Voir Montpensier (Anne-Marie-
Louise de).

ORLÉANS, Philippe II, duc d' (Saint-
Cloud, 1674-Versailles, 1723). Régent de
France (1715-1723), fils de Philippe d'Orléans, frère de Louis XIV*. Habile capitaine lors de la guerre de Succession*
d'Espagne, il fut exilé un moment à Versailles* pour avoir comploté afin d'obtenir
le trône d'Espagne. Après la mort de Louis

XIV, il fit casser par le Parlement le testament du roi donnant le pouvoir effectif
au duc du Maine – bâtard légitimé – et se
fit reconnaître régent du royaume. Son
pouvoir fut marqué par une réaction contre
l'absolutisme du règne de Louis XIV. Voir
Régence.

**ORLÉANS, Louis Philippe Joseph, duc
d', dit PHILIPPE ÉGALITÉ** (Saint-
Cloud, 1747-Paris, 1793). Arrière-petit-
fils du duc Philippe II et époux de Louise-
Marie-Adélaïde de Bourbon-Penthièvre.
Cousin de Louis XVI*, partisan de la Révolution*, il fut néanmoins guillotiné sous
la Terreur*. Franc-maçon, adepte des idées
nouvelles et grand admirateur des institutions anglaises, le duc d'Orléans manifesta
en plusieurs occasions avant 1789 son hostilité au régime et à la cour, notamment
lors de l'assemblée des notables* (1787).
Député de la noblesse* aux États* généraux, il fut l'un des premiers à rejoindre le
Tiers* État. Lié à Mirabeau*, espérant
peut-être le trône de Louis XVI, il s'exila
en Angleterre après les journées populaires d'octobre 1789, mais revint en France
en 1790. Député de Paris de la Convention* nationale où il prit le nom de Philippe Égalité, il vota pour la mort de
Louis XVI, mais fut bientôt suspecté par
les montagnards*, son fils (le futur Louis-
Philippe Iᵉʳ*) ayant émigré avec le général
traître Dumouriez*. Arrêté, il fut jugé par
le Tribunal* révolutionnaire et, accusé, fut
guillotiné. Voir Terreur.

ORRY, Philibert (Troyes, 1689-La Chapelle, 1747). Contrôleur* général des Finances (1730-1745) sous le règne de
Louis XV* durant le ministère de Fleury*,
puis directeur des Bâtiments, Arts et Manufactures. Favorable au colbertisme*, il
joua un rôle important dans le redressement de l'économie française, aidé par une
bonne conjoncture. Par de sévères économies, il rétablit les finances, favorisa les
manufactures et le commerce par une politique protectionniste et fit construire rou-

tes et canaux. Son administration rigoureuse lui valut de nombreux ennemis, parmi lesquelles Mme de Pompadour*. Voir Colbert (Jean-Baptiste).

ORSINI, Felice (Meldola, près de Forli, 1819-Paris, 1858). Patriote italien, il commit un attentat contre Napoléon III* auquel il reprochait de trahir la cause de l'unité italienne, et fut condamné puis exécuté. Membre du mouvement Jeune-Italie dirigé par Giuseppe Mazzini*, Orsini fut élu député à l'Assemblée constituante de Rome après l'instauration, en 1849, de la République romaine. Il lutta aux côtés de Garibaldi* contre l'expédition française venue rétablir l'autorité du pape, puis émigra à Londres après la chute de Rome. Son attentat contre Napoléon III (14 janvier 1858), auquel l'empereur échappa mais qui fit de nombreuses victimes (8 tués et 148 blessés), contribua en France au renforcement de la répression contre les républicains. Il amena aussi Napoléon III à soutenir le mouvement pour l'unité italienne. Voir Favre (Jules), Oudinot (Nicolas), Pie IX, Plombières (Entrevue de), Révolutions de 1848.

ORTEGA, Daniel (La Libertad, 1945-). Homme politique nicaraguayen. Membre du Front sandiniste de libération nationale qui lutta contre la dictature de Somoza*, il fut le coordinateur de la junte du gouvernement (1981) puis fut élu à la tête de la République (1984-1990). Le régime sandiniste d'Ortega, proche de Cuba et de l'URSS, dut affronter la guérilla des contre-révolutionnaires (*contras*) soutenus financièrement et militairement par les États-Unis. La candidate de l'opposition, Violeta Chamorro, élue à la présidence de la République, lui a succédé en 1990. Voir Irangate.

ORTHODOXE (Église). Nom donné aux Églises chrétiennes d'Orient qui n'admettent pas l'autorité de Rome* dont elles sont séparées depuis le Schisme* d'Orient. Elle diffère de l'Église catholique égale-

ment sur des points théologiques (rejet du purgatoire), disciplinaires (l'Église orthodoxe admet le mariage des prêtres) et liturgiques.

OSIRIS. Dieu de la végétation et des morts dans l'Égypte* ancienne. Adoré dans l'Égypte entière, il eut son plus grand sanctuaire à Abydos*. Selon la légende, Osiris ancien roi de la Basse-Égypte*, aurait été tué par son frère Seth* qui découpa son cadavre. Mais Isis*, sa sœur et épouse, en reconstituant les fragments de son corps, fi de lui la première momie*. Devenu roi des morts, vengé par son fils Horus*, sa résurrection apportait aux Égyptiens l'espoir d'une seconde vie après la mort.

OSMAN Ier **Gazi** (« le Victorieux » (v. 1258-1326). Fondateur de la dynastie des Ottomans*. Chef d'une tribu turque, il se rendit indépendant des Seldjoukides* s'emparant de leurs territoires dans le nord-ouest de l'Asie* Mineure, et mena la guerre sainte (la *djihad**) contre les Byzantins. Voir Byzantin (Empire).

OST. Nom donné au service militaire féodal dû par le vassal* à son seigneur*. Le service d'ost ne pouvait être exigé que par les rois, les ducs* et les comtes*. Il durait normalement 40 jours par an. Au-delà, le seigneur devait verser une solde à son vassal. L'ost pouvait être aussi complété par la chevauchée, expédition en général plus brève. Voir Seigneurie.

OSTIE. Dans l'Antiquité, grand port de commerce de la ville de Rome* situé à l'embouchure du Tibre. Principal entrepôt de marchandises en Italie, Ostie connut son apogée au Ier siècle ap. J.-C. Le port déclina à partir du Ve siècle en raison des Grandes Invasions* qui ruinèrent le commerce en Méditerranée occidentale Aujourd'hui ensablé, Ostie a été l'objet de fouilles qui ont mis au jour d'importants vestiges de la ville et des ports antiques construits par Claude* et Trajan*.

OSTRACISME. Créé par Clisthène* ver 507 av. J.-C., il désignait le jugement par quel les Athéniens réunis à l'Ecclésia* ilaient pour dix ans un citoyen soup-nné de tyrannie. Son nom était inscrit r un tesson de céramique. La première ndamnation fut prononcée en 488 . J.-C. et les plus célèbres hommes os-cisés furent Miltiade*, Thémistocle*, ristide* et Cimon*. Cette institution fut pprimée en 417 av. J.-C. Voir Démocra-e athénienne.

STROGOTHS. Nom donné à l'une des ux branches du peuple germanique des oths*. À la fin du Vᵉ siècle ap. J.-C., sous conduite de leur roi Théodoric* le rand, ils créèrent en Italie le plus puis-nt des royaumes barbares* qui disparut 555 ap. J.-C., conquis par les troupes de mpereur byzantin Justinien*. D'abord stallés, au IIᵉ siècle ap. J.-C., au nord de mer Noire, ils furent ensuite soumis par s Huns* vers 375 ap. J.-C. et intégrés ns leur empire jusqu'à la mort d'Attila* 53 ap. J.-C.). Ils s'établirent ensuite en nnonie (nord-ouest des Balkans) avec ccord de l'empereur romain d'Orient. ais alors qu'ils avaient attaqué Constan-ople* (487 ap. J.-C.), l'empereur byzan-Zénon, pour se débarrasser d'eux, les tourna vers l'Italie qu'ils conquirent us leur chef Théodoric le Grand 88-493 ap. J.-C.). Inquiet de la puissance royaume italien des Ostrogoths, l'em-reur byzantin Justinien entreprit sa re-nquête sous la direction de ses généraux élisaire* et Narsès* (536-555 ap. J.-C.). oir Byzantin (Empire), Germains, Inva-ons (Grandes).

TAN. Voir Organisation du traité de Atlantique Nord.

TASE (Organisation du traité de l'Asie Sud-Est). Alliance défensive créée à anille le 8 septembre 1954 entre l'Aus-alie, les États-Unis, la France, la Grande-retagne, la Nouvelle-Zélande, le Pakis-n, les Philippines et la Thaïlande et dont siège était à Bangkok. Les activités de OTASE se réduisirent sur le plan mili-taire à la participation de quelques-uns de ses membres à la défense du Sud Viêt-nam (1967-1973). Partisan d'une solution politique au Sud Viêt-nam, la France se retira de l'organisation en 1965. Après la fin de la guerre du Viêt-nam* et le désengagement américain (1973), l'OTASE fut officiellement dissoute en 1977. Voir ANZUS, Bagdad (Pacte de), Eisenhower (Dwight), Guerre froide, Nixon (Richard), Organisation du traité de l'Atlantique Nord.

OTTAWA (Accords d', 1932). Série d'accords commerciaux signés par le Royaume-Uni, les dominions* et l'Inde à la suite de la conférence d'Ottawa. Destinés à relancer les exportations dans le contexte de la grande dépression économique des années 30, ces accords établissaient le principe de la « préférence impériale » aux marchandises importées du Commonwealth*. En échange, ces pays s'engageaient à réduire leurs droits sur les produits britanniques dans des proportions suffisantes pour que ceux-ci puissent concurrencer les produits étrangers. Voir Crise de 1929.

OTTOMAN (Empire). Ensemble des territoires sur lesquels s'exerçait l'autorité du sultan ottoman. Édifié au début du XIVᵉ siècle sur les ruines de l'État seldjoukide* d'Anatolie* puis au XVᵉ siècle sur celles de l'Empire byzantin*, l'Empire ottoman domina l'Europe orientale jusqu'aux frontières austro-hongroises, le Proche-Orient et le nord de l'Afrique (sauf le Maroc). Atteignant son apogée sous le règne de Soliman* le Magnifique (1520-1566), il peut être considéré comme le successeur des Empires romain, byzantin et arabe. Faute d'avoir pu ou voulu s'adapter aux exigences de l'évolution historique, l'Empire connut un lent déclin à partir du XVIIᵉ siècle. Ses revers au XVIIIᵉ siècle face à l'éveil des nationalismes balkanique et arabe, la volonté manifestée par quelques grandes puissances européennes au XIXᵉ siècle de

L'Empire ottoman (XIVe-XVIIe siècle)

Légende :

- Empire ottoman au milieu du XIVe siècle
- Empire ottoman dans la seconde moitié du XIVe siècle
- Empire ottoman au XVe siècle
- Empire ottoman aux XVIe et XVIIe siècles

Noms géographiques sur la carte :

Oxus (Amou-Daria), Mer Caspienne, TARKI, Tigre, Euphrate, GÉORGIE, ARMÉNIE, KURDISTAN, MÉSOPOTAMIE, SYRIE, HEDJAZ, KARAMANIE, PALESTINE, Mer Rouge, CHYPRE, ÉGYPTE, Nil, GERMIYAN, KARASI, RHODES, Mer Noire, CRIMÉE, PODOLIE, BESSARABIE, MOLDAVIE, VALACHIE, BULGARIE, SERBIE, THRACE, MACÉDOINE, MORÉE, CRÈTE, HONGRIE, Danube, BOSNIE, AUTRICHE, ROYAUME DE NAPLES, TUNISIE, Mer Méditerranée

démembrer l'Empire pour se partager ses dépouilles (Question d'Orient*) provoquèrent son agonie. Seul le territoire anatolien fut préservé grâce à Mustafa* Kemal, la création de la Turquie en 1922 marquant la fin de l'Empire.

OTTOMANS. Nom donné à la dynastie turque musulmane* fondée par Osman Ier*. Elle domina un immense territoire qui s'édifia sur les ruines des Empires seldjoukide et byzantin*. L'Empire ottoman* atteignit son apogée aux XVe et XVIe siècles. Combattants musulmans* de la guerre sainte (la *djihad**), les Ottomans enlevèrent l'Asie* Mineure aux Seldjoukides* et aux Byzantins, entreprirent à la fin du XVe siècle la conquête des Balkans* et mirent fin à l'Empire byzantin en s'emparant de Constantinople* (1453). De 1451 à 1566, sous les règnes de Mehmed II* et de Soliman* le Magnifique, l'Empire ottoman atteignit le sommet de sa puissance. Il déclina au début du XVIIe siècle et subsista jusqu'en 1922. Voir Istanbul, Janissaires, Mohács.

OTTON Ier LE GRAND (912-Memleben, 973). Roi de Germanie* (936-973) et empereur (962-973). Il fut le fondateur du Saint* Empire romain germanique qui s'étendait essentiellement sur la Germanie* et l'Italie, à l'exception du sud de la péninsule dominé par Byzance*. Pour assurer son pouvoir en Germanie, Otton donna des duchés importants aux membres de sa famille et nomma des parents ou amis à la tête des abbayes et des évêchés. À l'extérieur, il soumit les Slaves* et les Hongrois (victoire du Lechfeld contre les Magyars* en 955, début de la poussée germanique à l'est) et étendit sa suzeraineté sur la Bourgogne*. Il intervint enfin en Italie du Nord où il se fit reconnaître roi de Pavie (951) puis couronner empereur par le pape (962). Déjà chef de l'Église germanique, Otton entendait se comporter en protecteur de l'Église et imposa sa tutelle à la papauté. Voir Otton II.

OTTON II (955-Rome, 983). Roi de Germanie* (961-973) et empereur germanique (973-983), fils d'Otton Ier* le Grand et époux de la princesse byzantine Théophano. Il tenta de conquérir l'Italie du Sud occupée par Byzance* et les Sarrasins* mais échoua. Cette tentative guerrière permit aux Slaves* de se libérer de l'emprise allemande à l'est de l'Elbe. Voir Otton III.

OTTON III (980-Paterno, près de Viterbe, 1002). Roi de Germanie (983) et empereur germanique (996-1002), Otton III choisit Rome comme capitale du Saint* Empire, rêvant de reconstituer l'Empire romain chrétien. Élève du savant Gerbert d'Aurillac, il fit de ce dernier un pape sous le nom de Sylvestre II (999). Mais il fut chassé de Rome par une révolte et mourut peu après. Le renouveau de l'Empire sous Otton III s'accompagna d'un renouveau des lettres et des arts.

OTTONIENNE (Dynastie). Dynastie germanique d'origine saxonne fondée par Henri Ier* l'Oiseleur. Otton Ier* le Grand fonda le Saint Empire (962) et eut pour successeur Otton II et Henri II* le Boiteux. À la mort de ce dernier, la couronne impériale passa à la dynastie franconienne ou salique. Voir Saint Empire romain germanique.

OUA. Voir Organisation de l'Unité africaine.

OUDINOT, Nicolas Charles, duc de Reggio (Bar-le-Duc, 1767-Paris, 1847). Maréchal* de France. Il participa aux guerres de la Révolution* et de l'Empire, se distinguant en particulier à Austerlitz*, Friedland* et Wagram*. Il se rallia à Louis XVIII* après la chute de Napoléon Ier*. Il fut grand chancelier de la Légion* d'honneur (1839) puis gouverneur des Invalides* (1842). Voir Oudinot (Nicolas Charles Victor).

OUDINOT, Nicolas Charles Victor (Bar-le-Duc, 1791-Paris, 1863). Général français. Fils du maréchal* d'empire Oudinot*, lui-même général, il fut placé à la tête des troupes françaises (1849) chargées de reprendre Rome aux républicains afin de rétablir le pape dans ses pouvoirs. Voir Pie IX, Révolutions de 1848.

OUEN, saint (v. 600-Clichy, 684). Conseiller du roi Dagobert Ier*, il devint évêque* de Rouen en 641. Il favorisa le développement des monastères en Normandie* et remplit, à la demande des princes mérovingiens*, de nombreuses missions diplomatiques. Il est l'auteur d'une *Vie de saint Éloi* dont il était l'ami.

OUGARIT. Grande cité commerçante de la côte phénicienne, aujourd'hui située près de Lattaquié, au nord de la Syrie*. Peuplée dès le VIIIe millénaire av. J.-C., elle atteignit son apogée entre le XVe et le XIIIe siècle av. J.-C. Les fouilles menées à partir de 1929 ont mis au jour les vestiges de palais, de temples et de maisons. Elles ont aussi permis la découverte de milliers de tablettes écrites en quatre langues et sept écritures différentes, ce qui montre l'étendue des relations commerciales de la ville. Soumise aux Hittites* à partir du XIVe siècle av. J.-C., Ougarit fut détruite vers 1200 av. J.-C. par l'invasion des Peuples* de la mer. Voir Byblos, Phénicie, Sidon, Tyr.

OUR ou UR. Ancienne ville de Basse-Mésopotamie située sur les bords de l'Euphrate près du golfe Persique*, elle fut l'une des grandes cités des Sumériens*. Occupée par ce peuple à partir de 2400 av. J.-C., elle connut son apogée entre 2200 et 2000 av. J.-C. et domina alors tout le pays de Sumer*. Elle était dotée d'installations portuaires qui permettaient des relations commerciales régulières avec les hautes cultures de la vallée de l'Indus*. Dépendante d'Élam*, puis des néo-Babyloniens*, Our déclina définitivement à partir de la conquête perse. Des fouilles archéologiques, menées dès le milieu du XIXe siècle, ont mis au jour un cimetière royal, ensemble de 2 000 tombes dont la construction s'échelonne sur plusieurs siè-

cles. Parmi ces tombes, certaines étaien des maisons souterraines renfermant d véritables trésors. Le roi, considéré comm le représentant de la divinité sur terre, était enterré avec ses femmes, ses courti sanes, ses serviteurs sacrifiés lors de so inhumation. Auprès de lui étaient disposé des vases remplis de nourriture et de bois son, des casques et des armes, des statue plaquées d'or et incrustées de pierres pré cieuses, de la vaisselle d'or et d'argent, de instruments de musique. De telles héca tombes sont uniques dans l'histoire baby lonienne et leur signification reste un mys tère, peut-être éclairé par le récit de la mor de Gilgamesh* ou les descriptions des ri tes funéraires assyriens des récits bibli ques. On a également découvert un grande ziggourat*, tour à étages de brique crues, à base rectangulaire mesurant 62 n sur 43 et haute de 20 m. Voir Lagash, Ou rouk, Perses.

OURANOS. Dans la mythologie* grec que, divinité personnifiant le Ciel. De so union avec sa mère Gaïa (la Terre) naîtron les Titans*, les Titanides*, les Cyclopes* et les Hécatonchires*. Voir Cronos.

OUROUK ou URUK. Grande cité sumé rienne de Basse-Mésopotamie située sur la rive gauche de l'Euphrate, à environ 50 kn au nord-ouest d'Our*. Elle fut dès le IV millénaire av. J.-C. un important centre re ligieux. Des fouilles archéologiques on dégagé plusieurs sanctuaires dont les plu importants sont celui du dieu du Ciel Anou*, et de la déesse Inanna*. Ourouk at teignit son apogée au XXIVe siècle av. J.-C. lorsque son roi soumit Lagash* et fonda le premier empire sumérien (renversé par le Akkadiens*). La ville perdit son hégémo nie au profit d'Our* à partir de 2200 av J.-C. Voir Gilgamesh, Sumériens.

OUSTRIC (Affaire). Scandale financie français suscité par la faillite de la banqu Oustric (1929). Elle provoqua une viv émotion dans l'opinion publique française plusieurs personnalités étant impliquée dans l'affaire, notamment le ministre de la justice, Raoul Péret. L'affaire Oustric fut l'un des nombreux scandales financiers de la Troisième République* qui déconsidéra son personnel politique. Voir Hanau (Marthe), Stavisky (Affaire).

OVIDE (Sulmona, 43 av. J.-C.-Tomes, auj. Constanta, 17 ou 18 ap. J.-C.). Poète latin favori de la haute société romaine, mais à l'écart du cercle de Mécène*. Il composa des œuvres d'inspiration érotique comme *L'Art d'aimer*, *Les Héroïdes* ou *Les Amours*, mais son chef-d'œuvre reste *Les Métamorphoses*, poème épique et mythologique où il relate la transformation d'êtres humains en plantes, animaux, rochers. Pour des raisons encore inconnues, il fut exilé par l'empereur Auguste* en 8 ap. J.-C. à Tomes sur le Pont-Euxin* (auj. Constanta en Roumanie) où il mourut sans avoir pu obtenir son retour en grâce. Il envoya à ses amis de Rome, pendant une dizaine d'années, des poèmes épistolaires, *Les Tristes* et *Les Portiques*.

OVRA. Voir Organisation de vigilance et de répression de l'antifascisme.

OWEN, Robert (Newtown, 1771-*id.*, 1858). Réformateur et socialiste anglais. Précurseur probable des systèmes coopératifs, Owen fut l'un des grands représentants du « socialisme* utopique » mais aussi un prodigieux animateur social. Issu d'une famille très modeste, il devint à 28 ans le copropriétaire d'une importante manufacture de coton en Écosse. Philanthrope, paternaliste et autoritaire, il révolutionna son entreprise, améliorant les conditions de travail et les relations sociales, créant un jardin d'enfants et des cours du soir. Convaincu que la question sociale serait résolue si l'on décidait la création de communautés autonomes de travailleurs regroupant 500 à 2 000 travailleurs, il tenta de fonder aux États-Unis une colonie organisée selon un système coopératif d'où le profit était exclu (New Harmony, Indiana) où il acheva d'engloutir sa fortune

mais qui échoua. Rentré en Angleterre, il soutint toute les initiatives coopératives, syndicales et mutualistes, créant en 1834 le *Grand National Consolidated Trades Union* qui, faute de ressources, échoua. Owen exprima ses idées à travers divers ouvrages, notamment le *Livre du nouveau monde moral* (*Book of the New Moral World*, 1834-1835). Ses doctrines contribuèrent au développement du mouvement chartiste (ouvrier) en Angleterre, et influencèrent les utopistes français, tel Cabet*, mais furent critiquées par Fourier*. Voir Chartisme.

OXFORD (Mouvement d'). Nom donné au mouvement de rénovation de l'Église anglicane conduit entre 1833 et 1843 en Angleterre, par un groupe de professeurs et de théologiens de l'université d'Oxford*. Hostiles au libéralisme* théologique et à l'emprise de l'État sur l'Église, ils défendirent les aspects traditionnels, proches du catholicisme*, de la doctrine de l'Église d'Angleterre. Les principaux représentants du mouvement furent John Keble, Edward Pusey et John Henry Newman. Malgré la conversion de Newman et de quelques autres au catholicisme, la majorité du groupe resta fidèle à l'Église anglicane, qui restaura néanmoins quelques usages jugés « papistes », ce qui contribua à limiter le renouveau catholique de l'Angleterre au XIXe siècle. Voir Anglicanisme.

OXFORD (Provisions ou Statuts d', 1258). Programme de réformes imposées en 1258 au roi d'Angleterre Henri III* par les barons révoltés conduits par Simon de Montfort*. Il institua la réunion du Parlement* trois fois par an et la présence d'un conseil permanent auprès du roi. Les hésitations du roi provoquèrent la guerre des barons et le roi, victorieux, put les annuler en 1266.

OXFORD (Université d'). Elle est, avec celle de Cambridge*, l'une des plus prestigieuses universités de Grande-Bretagne. Protégée jusqu'à la fin du Moyen Âge par les papes et les rois d'Angleterre, rivale de l'université de Paris, elle connut dès le XIIIᵉ siècle un grand développement à la fois intellectuel et religieux. On y trouvait les écoles des principaux ordres monastiques, Dominicains*, Carmes* mais surtout Franciscains*. Ses maîtres les plus célèbres au XIIIᵉ siècle furent Robert Grosseteste et Roger Bacon* qui s'y distinguèrent surtout par leur intérêt pour les sciences. Au XIVᵉ siècle, ce furent les franciscains Duns Scot et Guillaume* d'Occam, adversaires de la pensée de saint Thomas* d'Aquin, et John Wyclif* qui fut à l'origine du mouvement des lollards*. Ouverte à l'humanisme* avec Linacre, John Colet, Thomas More* et Érasme*, l'université soutint Henri VIII* et l'anglicanisme*. Elle fut royaliste aux XVIIᵉ et XVIIIᵉ siècles, appuyant les jacobites*, partisans de Jacques II* puis de son fils Jacques III. Elle fut enfin le siège vers 1833-1840 du mouvement d'Oxford*, mouvement de rénovation de l'anglicanisme. Les collèges, fondations privées, continuent aujourd'hui à jouer un grand rôle dans l'organisation de l'enseignement et dans la direction de l'université. Les plus célèbres sont University (1249), Balliol (1263), Merton (1264), Exeter (1314), Oriel (1326), Queen's (1340), New College (1379), Lincoln (1427), All Souls (1437), Magdalen (1458), Brasenose (1509), Corpus Christi (1517), Christ Church (1525), Trinity (1555), St. John's (1555), Jesus (1571), Wadham (1612), Pembroke (1624) et Worcester (1714). L'université d'Oxford possède enfin la célèbre bibliothèque Bodléienne. Depuis 1829, les équipes d'Oxford et de Cambridge s'affrontent régulièrement sur le Tamise dans une course d'avirons. Voir Sorbonne.

P

PACIFIQUE (Conseil du). Organisme créé en septembre 1951 et réunissant les représentants de l'Australie, de la Nouvelle-Zélande et des États-Unis (AN-ZUS*). Fondé dans le climat de la guerre* froide, il était chargé d'étudier l'évolution politique et les moyens de défense dans le Pacifique. Depuis 1985, la participation de la Nouvelle-Zélande est suspendue, ce pays ayant dirigé le mouvement antinucléaire dans le Pacifique Sud, notamment contre les expériences nucléaires de la France.

PACIFIQUE (Guerre du, décembre 1941-août 1945). Ensemble des opérations militaires (aéronavales et amphibies) qui ont opposé, en Extrême-Orient, les États-Unis et le Japon, assistés de leurs alliés. Cette guerre fut provoquée par les ambitions japonaises de domination de l'Asie orientale, qui avaient débuté dès 1931 par l'occupation de la Mandchourie*, puis d'une grande partie de la Chine (1937-1940). Inquiets pour leurs intérêts économiques en Asie du Sud-Est et dans le Pacifique Sud (présence japonaise en Indochine* et au Siam* en 1941), les États-Unis multiplièrent à l'égard du Japon les décisions agressives (embargo sur les exportations vers le Japon, notamment du pétrole), provoquant, avant même une déclaration de guerre, le bombardement nippon sur Pearl* Harbor (décembre 1941). Profitant de la surprise américaine et de l'incapacité des puissance occidentales à défendre leurs colonies, le Japon entreprit en quelques mois la conquête de toute l'Asie du Sud-Est et de la moitié du Pacifique (Birmanie, Malaisie, Singapour, Indonésie, Philippines, îles du Pacifique). La riposte américaine cependant ne tarda pas et, dès mai-juin 1942, les Alliés s'assurèrent de la maîtrise de l'air et des mers par les deux grandes victoires aéronavales de la mer de Corail* et de Midway*. Conformément à la stratégie arrêtée lors de la conférence de Washington, ils pouvaient désormais progresser par « sauts de puce », d'archipel en archipel, jusqu'à atteindre les côtes les plus proches du Japon, objectif atteint au printemps 1945, avec les bombardements de terreur opérés à partir des îles d'Iwojima et d'Okinawa. Cependant, si les Japonais avaient perdu en 1944 une grande partie de leur flotte au large des Philippines, leurs forces terrestres restaient encore importantes et les avions-suicides (kamikazes) constituaient un risque considérable pour la marine américaine. Afin d'éviter un débarquement sur le territoire japonais, difficile et très meurtrier, le président Truman* décida d'employer la bombe atomique, lancée sur Hiroshima* et Nagasaki*, tandis que l'armée Rouge entrait en guerre contre le Japon. Le 10 août 1945, le Japon capitulait sans condition. La guerre du Pacifique profita presque exclusivement aux États-Unis qui occupèrent seuls le Japon avec le proconsulat de MacArthur*. L'oc-

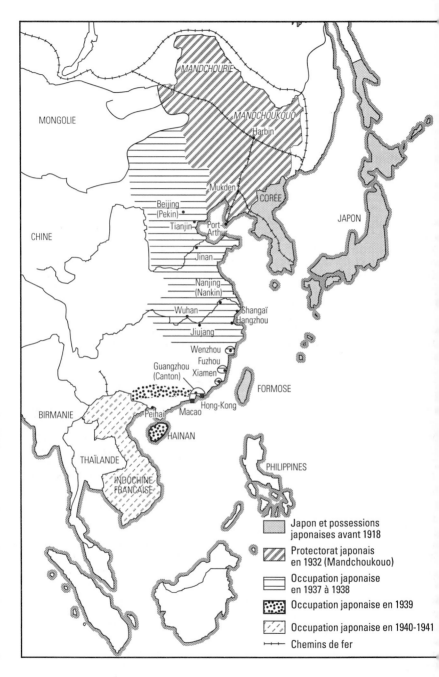

Le Japon conquérant

...pation japonaise provoqua aussi le réveil ...s nationalismes en Asie et accéléra le ...rocessus de décolonisation. Voir Guadal-...anal.

...ACTOLE. Petite rivière de Lydie* pas-...ant par Sardes*, sa capitale. Elle charriait ...s paillettes d'or grâce auxquelles Cré-...us* aurait constitué une immense fortune. ...oir Lydiens.

...AGANINI, Niccolo (Gênes, 1782-Nice, ...840). Compositeur et violoniste italien, le ...lus prestigieux de son temps et qui contri-...ua, par ses innovations techniques, à ...évolution de l'art du violon.

...AGNOL, Marcel (Aubagne, 1895-Paris, ...974). Écrivain et cinéaste français. Après ...voir enseigné l'anglais, il se consacra à la ...ttérature. Une comédie de mœurs, *Topaze* ...1928), lui apporta la notoriété. Mais la ...onsécration populaire lui vint après trois ...euvres, adaptées à l'écran, et qui consti-...uent une savoureuse trilogie marseillaise ...*Marius*, 1929 ; *Fanny*, 1931 ; *César*, ...936). Pagnol, encouragé par le succès, ...éalisa aussi des films comme *Angèle* ...1934), *Regain* (1937) et *La Femme du* ...*oulanger* d'après les œuvres de Jean ...Giono*. Il publia enfin un recueil de sou-...enirs : *La Gloire de mon père*, 1957 ; *Le* ...*Château de ma mère*, 1958 ; *Le Temps des* ...*ecrets*, 1960 ; *Le Temps des amours*, pos-...hume, 1977. Pagnol fut élu membre de ...'Académie* française en 1946.

...AINE ou **PAYNE, Thomas** (Thetford, ...Norfolk, 1737-New York, 1809). Homme ...olitique et pamphlétaire américain, d'ori-...gine anglaise. Il soutint l'indépendance ...méricaine et fut le défenseur enthousiaste ...le la Révolution* française. Directeur du ...*Pennsylvania Magazine*, il défendit dans ...le vigoureux pamphlets les colons améri-...cains (*La Crise américaine*) et écrivit un ...essai *Le Bien public* (1780) qui critiquait ...es monarchies héréditaires et qui, large-...ment diffusé, influença profondément la ...conscience politique américaine, tout ...comme son livre *Le Sens commun* (1776).

Renvoyé de l'armée de Washington* lors de la guerre d'Indépendance* américaine, accusé de haute trahison en Angleterre pour sa défense de la Révolution française, il se réfugia en France. Devenu citoyen français, député girondin* à la Convention*, il fut emprisonné sous la Grande Terreur* par Robespierre* et retourna aux États-Unis en 1802.

PAINLEVÉ, Paul (Paris, 1863-*id.*, 1933). Mathématicien et homme politique français. Spécialiste des équations différentielles et de la mécanique, il fut aussi un pionnier de l'aéronautique – il fut le premier passager de Wilbur Wright et de Henri Farman – et contribua, par son action politique, au développement de l'aviation. Député républicain-socialiste, il fut pendant la Première Guerre* mondiale plusieurs fois ministre. Après avoir participé à la fondation du Cartel* des gauches, il fut président du Conseil en 1925. Ministre de la Guerre (entre 1926 et 1929), il ramena la durée du service militaire à un an (1928) et proposa le projet de la future ligne Maginot*.

PAIRS (Chambre des). Nom donné en France, sous la Restauration* (1814), à l'Assemblée qui remplaça le Sénat napoléonien. Les membres, nommés par le roi à vie ou à titre héréditaire (jusqu'en 1831), siégeaient au palais du Luxembourg. Selon la Charte* de 1814, la Chambre des pairs partageait le pouvoir législatif avec la Chambre des députés. Elle pouvait se constituer aussi en Haute Cour de justice pour les crimes de haute trahison et d'atteinte à la sécurité de l'État. Ce fut elle qui condamna le maréchal Ney*. La Chambre des pairs fut supprimée par la révolution* de 1848. En Angleterre, on appelle pairs ceux qui appartiennent à la Chambre des lords*.

PAIX DE DIEU. Institution établie par l'Église à la fin du Xe siècle afin de limiter les vengeances et guerres privées. Des conciles de paix définissaient des catégories qui devaient échapper aux exactions de guerre (clercs, paysans, marchands) et obtenaient des seigneurs et des chevaliers* des serments solennels. La violation de ces décisions plaçait les contrevenants sous le coup de sanctions ecclésiastiques (excommunication). Au début du XIe siècle se développa le mouvement voisin de la Trêve* de Dieu.

PALACKÝ, František (Hodslavice, Moravie, 1798-Prague, 1876). Historien et homme politique tchèque. Son *Histoire de la Bohême* (1836-1848) contribua beaucoup à la naissance du nationalisme tchèque. Palacky participa au mouvement politique de 1848 et présida le congrès panslave de Prague. Il défendit, au Parlement autrichien, l'attribution d'une large autonomie à la Bohême. Voir Révolutions de 1848.

PALATIN. Au Moyen Âge, nom donné à tous ceux qui vivaient dans l'entourage du roi au palais : nobles, clercs et même roturiers. C'est parmi eux que le roi recrutait ses ambassadeurs, ses enquêteurs et ses juges. Sous les Carolingiens*, les *missi* dominici étaient choisis parmi les riches palatins.

PALATIN. Nom donné à l'une des sept collines de Rome* située près du Tibre et séparée de l'Aventin* par une vallée occupée par le Circus Maximus. Selon la légende de la fondation de Rome, ce fut la partie la plus anciennement habitée de la ville ; elle portait d'anciens sanctuaires (grotte de Lupercal où s'était réfugiée la louve de Romulus*, cabane de Romulus) et de plus récents (temple de la Grande* Mère). Devenu à la fin de la République* romaine le quartier des belles résidences aristocratiques (dont la *domus* de Cicéron*), le Palatin devint à l'époque d'Auguste* la colline impériale par excellence et se couvrit de palais (maison d'Auguste, palais de Tibère*, de Caligula*, de Domitien*, dit palais Flavien). Ses ruines ont été en partie recouvertes au Moyen Âge par

des forteresses et au XVIe siècle par le palais (ou jardins) des Farnèse*. Voir Cirque.

PALÉOLITHIQUE. Nom donné à la période la plus longue et la plus ancienne de la préhistoire*. Le paléolithique (qui signifie « ancien âge de la pierre ») ou « âge de la pierre taillée » aurait commencé, selon certains archéologues, il y a près de 3 millions d'années et se serait achevé aux environs de 10 000 av. J.-C., cette période couvrant la majeure partie de l'ère quaternaire*. L'homme du paléolithique fut essentiellement nomade. Il vivait de la pêche, de la chasse et de la cueillette de plantes sauvages. Il savait aussi utiliser le feu* et fabriquer des armes et des outils de silex* éclaté. Au début de notre siècle, il existait encore quelques populations isolées (en Afrique, Australie, Nouvelle-Guinée, Amérique du Sud) qui vivaient au stade du paléolithique, ignorant le métal et vivant de la chasse et de la pêche. Voir *Homo erectus, Homo habilis, Homo sapiens*, Néolithique, Paléolithique inférieur, Paléolithique moyen, Paléolithique supérieur.

PALÉOLITHIQUE INFÉRIEUR. Nom donné à la période la plus ancienne du paléolithique*. Elle aurait duré jusque vers 100 000 av. J.-C. Le nord de l'Amérique, la Scandinavie et les Alpes étaient recouverts de glaces, mais on trouvait en Europe de nombreux animaux appartenant aux espèces des latitudes chaudes (éléphant, rhinocéros et hippopotame) qui survécurent jusqu'au début de la glaciation* de Riss (200 000 ans av. J.-C.). Les premiers hommes firent leur apparition en Afrique australe (australopithèque*), en Indonésie et en Chine (pithécanthrope* et sinanthrope*), en Afrique du Nord et en Europe (Atlanthrope*, homme de Mauer*). L'homme du paléolithique inférieur (ou ancien) vivait en plein air et n'occupait que très rarement les cavernes. Il n'utilisait plus seulement comme outils les pierres brutes, mais il les façonnait, les frappant

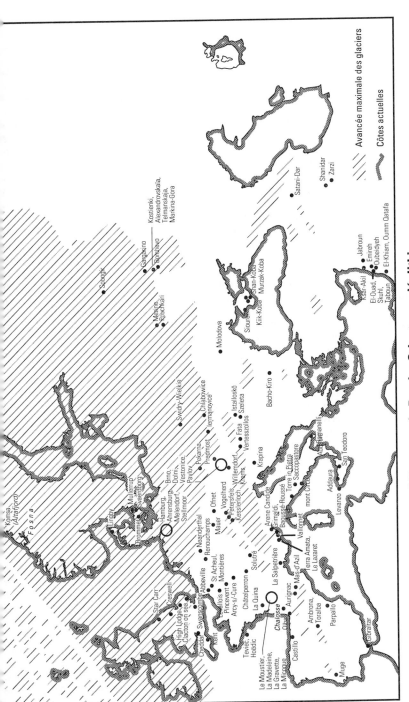

L'Europe et le Proche-Orient au paléolithique

Avancée maximale des glaciers

Côtes actuelles

avec une autre pierre pour en retirer des éclats*. Ces bifaces* devinrent progressivement plus réguliers, plus plats et plus petits (en forme d'amande, longs de 12 à 15 cm et larges de 6 à 7 cm). Ils servaient à couper le bois ou l'os, à décharner les bêtes et à gratter les peaux. Voir Abbevillien, Acheuléen, *Homo habilis*, *Homo erectus*, Néolithique, Paléolithique moyen, Paléolithique supérieur, Terra Amata.

PALÉOLITHIQUE MOYEN. Nom donné à la deuxième période du paléolithique* qui dura environ 60 000 ans (v. 100 000 à v. 40 000 av. J.-C.). Elle correspondit à un climat froid et sec. Les espèces d'animaux des latitudes chaudes disparurent définitivement d'Europe (éléphant, hippopotame, rhinocéros). Elles furent remplacées par une faune froide (mammouth, ours, rhinocéros laineux, renne, bison, cheval, chamois, cerf, etc.). Le refroidissement général du climat obligea l'homme à s'installer dans des abris sous roche et des grottes. Le paléolithique moyen correspond à l'homme de Neandertal*. Pour chasser et dépecer le gibier, les néandertaliens perfectionnèrent leur outillage. Les silex* façonnés avec habileté servirent de couteaux, racloirs, grattoirs et perçoirs, outils destinés à travailler le bois, l'os et la peau. Avec les hommes de Neandertal apparurent aussi les premières manifestations d'un culte des morts. Ceux-ci ne furent plus laissés au hasard des circonstances de leur décès, mais enterrés à proximité des lieux d'habitation. Voir *Homo sapiens*, Moustérien.

PALÉOLITHIQUE SUPÉRIEUR. Nom donné à la dernière période du paléolithique* qui dura environ de 40 000 à 10 000 av. J.-C. C'est l'époque de l'*Homo* *sapiens* après la disparition, encore inexpliquée, de l'homme de Neandertal*. La calotte de glaces qui recouvrait la Scandinavie et les Alpes disparut, entraînant la migration des animaux d'espèce froide vers le nord de la Russie. La faune de l'Europe fut alors dominée par le renne. Les hommes continuèrent à habiter dans des grottes mais lorsqu'ils ne trouvaient pas d'abris naturels, ils construisaient des huttes de peaux de bêtes soutenues par des branchages et des poteaux, quelquefois par des os de mammouths. Leurs outils se perfectionnèrent considérablement. Ils devinrent plus petits, plus divers et plus spécialisés : épieux et massues en bois, pointes de silex* taillés emmanchées sur des lances ou des sagaies (lancées avec des propulseurs, ce qui permettait à la fois de guider et de donner plus de force au jet), enfin aiguilles, poinçons en os, harpons en bois de cerf, etc. Le paléolithique vit aussi la naissance de l'art : magnifiques peintures sur les parois des grottes (art* pariétal), objets de la vie quotidienne (bijoux, colliers ou pendentifs en ivoire, os ou dents perforés), et statuettes de femmes (Vénus* paléolithique). Voir Cro-Magnon (Homme de), Grimaldi, Magdalénien.

PALÉOLOGUE. Dynastie byzantine. Elle parvint au trône de Constantinople* avec Michel VIII* (1258), qui rétablit l'Empire en reprenant Constantinople aux croisés en 1261. Les Paléologues formèrent la dernière dynastie des empereurs byzantins jusqu'en 1453, date de la prise de Constantinople par les Turcs. Voir Byzantin (Empire).

PALÉONTOLOGIE. Science qui étudie les fossiles* d'êtres vivants (restes d'animaux, plantes, primates*) ayant existé à l'époque de la préhistoire*. Elle permet de savoir, en fouillant les terrains géologiques, quelles espèces ont peuplé la terre depuis que la vie y est apparue et d'étudier leur évolution. La paléontologie humaine s'intéresse plus spécialement aux origines et à l'évolution de l'Homme.

PALESTINE. Signifie « pays des Philistins* ». Ce nom s'appliqua d'abord à la région côtière de la Méditerranée occupée par les Philistins (dès le IIᵉ millénaire av. J.-C.). Il désigna par la suite le pays de Caaan*. La Palestine fut la Terre* promise es Hébreux* mais aussi la région d'origine de Jésus* où naîtra le christianisme*.

ALESTINE (Problème de la). La création de l'État d'Israël* (14 mai 1948) en *alestine, puis son extension territoriale près plusieurs guerres israélo-arabes* onstituent le problème central de la Palestine. Après le démantèlement de l'Empire ottoman* et le mandat accordé au Royaume-Uni en Palestine (1922), les Britanniques, à travers la déclaration Balfour* 1917) autorisant la création d'un foyer national juif* en Palestine, autorisèrent 'émigration juive dans cette région alors majoritairement peuplée d'Arabes*. L'acquisition par les juifs de nombreuses terres gricoles provoqua à partir de 1929 des eurts violents entre les Palestiniens arabes et les immigrants juifs. En 1939, devant la gravité de la situation, l'Angleterre publia un Livre blanc promettant pour 949 l'indépendance d'une Palestine judéo-arabe et la limitation de l'immigration juive. Incapable après 1945 d'imposer son arbitrage entre les deux communautés, mais aussi confrontée à la lutte ouverte des juifs contre l'administration britannique actions terroristes de l'Irgoun*), l'Angleterre décida de porter le problème devant 'ONU*. En novembre 1947, un plan de partage de la Palestine fut adopté, prévoyant la création d'un État juif et d'un état arabe, Jérusalem* étant internationalisée sous le contrôle des Nations unies. Le 4 mai 1948, jour où la Grande-Bretagne abandonnait son mandat palestinien, David Ben* Gourion proclama, dans les régions attribuées par l'ONU, la création d'un État d'Israël. Hostiles au plan de partage de la Palestine, les États de la Ligue* arabe déclenchèrent la première guerre israélo-arabe en 1948-1949. L'État palestinien, prévu par l'ONU fut divisé en deux : la Cisjordanie* (intégrée au royaume de Jordanie en 1950) et le territoire de Gaza administré dès 1948 par l'Égypte tandis que l'État d'Israël s'agrandissait au-delà des frontières prévues par le plan de partage. Au cours des guerres israélo-arabes de 1956 et 1967, Israël occupa la Cisjordanie (Jordanie), la bande de Gaza et le Golan (totalement investi en 1973). Les territoires occupés, dont l'évacuation avait été demandée par l'ONU (résolution 242) en contrepartie de la reconnaissance arabe de l'État d'Israël, furent, à partir de 1967, progressivement colonisés par des juifs récemment arrivés en Israël. Face à cette situation, les Palestiniens, dont les organisations usèrent souvent d'un terrorisme aveugle, ne cessèrent de revendiquer la Palestine comme leur patrie. L'OLP* (Organisation de libération de la Palestine), créée par Yasser Arafat* en 1964, reconnue en 1974 par l'ONU, proclama en 1989 la création d'un État indépendant « en Palestine ». En 1987, les territoires occupés furent le théâtre d'un soulèvement populaire palestinien (l'Intifada ou « révolte des pierres ») mené contre l'armée israélienne. La conférence de la paix à laquelle participèrent les Palestiniens, les pays arabes et Israël (1991) aboutit en 1993 à l'accord israélo-arabe de Washington* prévoyant l'autonomie des territoires occupés, appliquée, dans un premier temps, à Gaza et à Jéricho. Cet accord est contesté par deux organisations palestiniennes, le mouvement Amad et le Djihad islamique.

PALESTRE. Désigne le gymnase chez les anciens Grecs.

PALESTRINA, Giovanni Pierluigi da (Palestrina, v. 1525-Rome, 1594). Compositeur italien, surnommé le « prince de la musique ». Appelé à Rome (1551) par le pape Jules III pour y diriger la maîtrise de la chapelle Giulia, Palestrina fut successivement directeur de la musique à Saint-Jean-de-Latran, à Sainte-Marie-Majeure, puis, à partir de 1571, à Saint-Pierre de Rome, poste qu'il occupa jusqu'à sa mort. C'est là qu'il fut chargé de réviser le chant liturgique en fonction des instructions du concile de Trente*, afin de restituer dans toute sa pureté le texte grégorien. Palestrina, qui connut à la fin de sa vie une gloire incontestée, est l'auteur d'une œuvre abondante, entre autres une centaine de messes – où il a le mieux exprimé son sentiment religieux – et plus de 600 motets. Voir Chant grégorien, Lassus (Roland de).

PALISSY, Bernard (Agen, v. 1510-Paris, 1589 ou 1590). Céramiste et savant français. D'abord verrier à Saintes, il s'acharna durant 16 ans – allant jusqu'à brûler ses meubles et le plancher de sa maison pour alimenter son four – à découvrir le secret de la composition des émaux, procédé connu des seuls artisans italiens ou allemands. Bien que huguenot*, il fut protégé par le connétable de Montmorency* et Catherine* de Médicis pour laquelle il réalisa la grotte émaillée des Tuileries (disparue). Il mourut cependant, emprisonné à la Bastille*, pour avoir refusé d'abjurer sa foi protestante. Érudit, Palissy s'intéressa aussi à la chimie, à l'hydrologie et à la paléontologie.

PALMERSTON, Henry Temple, 3e vicomte (Broadlands, près de Romsey, Hampshire, 1784-Brocket Hall, Hertfordshire, 1865). Homme politique britannique. Il fut l'un des plus grands hommes d'État britanniques du XIXe siècle. Véritable inspirateur de la politique étrangère britannique de 1830 à 1865, il soutint les intérêts de son pays par tous les moyens y compris la guerre. Issu d'une famille aristocratique d'Irlande, député tory* aux Communes* à partir de 1807 puis secrétaire à la Guerre (1809-1828), il se rallia à partir de 1830, sous l'influence de Canning*, aux whigs* et domina, soit comme ministre des Affaires étrangères (1830-1841 et 1846-1851), soit comme Premier ministre (1855-1858 et 1859-1865), la politique extérieure de l'Angleterre. Ses principes furent toujours très clairs : refuser toute ambition hégémo-

nique en Europe, respecter les régimes existants, sauvegarder les intérêts britanniques dans le monde. À la conférence de Londres* (1830-1831), il fit ainsi échouer les ambitions françaises en Belgique, soutint les gouvernements constitutionnels en Espagne et au Portugal et défendit l'intégrité de l'Empire ottoman* contre le vice-roi d'Égypte Méhémet-Ali* et surtout contre la Russie, lui imposant en 1841 la convention des Détroits*. Il déclencha une guerre contre la Chine (1839-1842) afin de soutenir les intérêts des trafiquants d'opium et intervint brutalement en Grèce (1850), suscitant au Parlement* une très vive opposition à laquelle Palmerston répondit par un célèbre discours où il compara les droits des citoyens britanniques à ceux des citoyens romains. Il fut aussi l'homme de la répression de la révolte des cipayes* et du passage de l'Inde sous administration britannique directe (1857) et mena à bien la guerre de Crimée* et la seconde guerre contre la Chine (1856-1860). Palmerston ne put cependant empêcher ni la France de tirer profit de l'unité italienne et de la construction du canal de Suez*, ni la Prusse* de s'emparer du Schleswig-Holstein*. Il fut enfin sérieusement compromis par le soutien qu'il apporta aux sudistes lors de la guerre de Sécession*. Malgré les inimitiés qu'il s'était attirées, ses services furent largement reconnus, ce qui lui valut d'être inhumé dans l'abbaye de Westminster* Voir Bismarck (Otto von), Isabelle II Opium (Guerre de l'), Victoria.

PALMYRE. Ancienne ville située dans une oasis du désert de Syrie*, au nord-est de Damas*. Fondée dès le IIe millénaire av. J.-C., Palmyre joua à l'époque romaine, surtout après la chute de Pétra* (106 av. J.-C.), un grand rôle commercial. Elle dominait le commerce caravanier reliant le golfe Persique* et la Mésopotamie* à la Méditerranée. Son apogée se situe entre le Ier et le IIIe siècles ap. J.-C. Elle ut saccagée par Aurélien* en 273 ap. J.-C. Les fouilles entreprises à partir de 1902 ont dégagé des ruines antiques grandioses, dressées en plein désert, datant pour la plupart du IIᵉ siècle ap. J.-C. Voir Zénobie.

PANAMÁ (Affaire de). Grand scandale financier et politique de la Troisième République* (1888-1893). Provoqué par la liquidation judiciaire de la compagnie chargée du percement de l'isthme de Panamá, ce scandale eut de profondes répercussions politiques et idéologiques. Ferdinand de Lesseps*, qui jouissait d'une grande popularité après le percement du canal de Suez*, fut chargé de diriger l'entreprise. Se heurtant à de graves difficultés techniques, Lesseps, afin de financer les travaux, s'adressa aux petits épargnants. Conseillé par des aventuriers de la finance, une immense campagne de presse fut organisée mais les sommes énormes recueillies furent rapidement englouties par les difficultés grandissantes de l'entreprise cachées au public. En 1887, Lesseps, renonçant au percement d'un canal à niveau, décida de faire appel à Gustave Eiffel* pour construire un canal à écluses. Afin de se procurer de nouveaux fonds, Lesseps voulut lancer un emprunt sous forme d'obligations et, le vote d'une loi étant nécessaire, il fit remettre des chèques à un certain nombre de députés. Mais il était déjà trop tard et la compagnie dut être liquidée (février 1889), entraînant des milliers de souscripteurs, petits épargnants pour la plupart, dans la ruine. Malgré les plaintes, le scandale n'éclata qu'en 1891. Une commission d'enquête révéla le nom des parlementaires corrompus (les « chéquards ») mais l'affaire fut étouffée et seul un député, qui avoua avoir reçu un chèque, fut condamné. Des poursuites correctionnelles furent aussi lancées contre les administrateurs et les intermédiaires. Le financier Jacques Reinach fut retrouvé mort, d'autres s'enfuirent, Lesseps et Eiffel furent condamnés mais la sentence fut cassée pour vice de forme. L'affaire de Panamá eut cependant d'énormes répercussions. Les ministères furent fréquemment renouvelés. Une partie de l'opinion perdit confiance dans le régime parlementaire au moment où éclatait l'affaire Dreyfus*. Une campagne d'antisémitisme, orchestrée par Édouard Drumont*, fut lancée contre la finance juive. L'épargne française enfin se détourna durablement des grandes entreprises industrielles.

PANAMÁ (Congrès de, 1826). Congrès réuni à l'initiative de Simon Bolivár* qui espérait rassembler en une vaste fédération les États d'Amérique latine. Les tendances particularistes des nouvelles Républiques, et l'hostilité des Anglo-Saxons contribuèrent à faire échouer le projet. Voir Indépendance de l'Amérique latine (Guerres d').

PANATHÉNÉES. Nom donné dans l'Antiquité aux fêtes d'Athènes* dédiées à la déesse Athéna*. Célébrées annuellement, les plus prestigieuses étaient les Grandes Panathénées fêtées tous les quatre ans et ouvertes à tous les Grecs. Elles duraient sept jours. Les six premiers étaient consacrés aux concours musicaux, poétiques, sportifs, aux courses de chevaux et de chars, de bateaux dans la rade du Pirée*. Le dernier était le plus solennel. Une grande procession, précédée la veille par une course aux flambeaux, s'ébranlait du quartier du Céramique jusqu'à l'Acropole* pour offrir un péplos (tunique sans manches) neuf à la statue d'Athéna. Il avait été tissé neuf mois durant par des fillettes athéniennes retirées dans le Parthénon*. Participaient à cette procession tout le peuple athénien ainsi que les représentants des colonies et de toutes les cités grecques. Voir Dionysies.

PANATHÉNÉES (Frise des). Bas-relief sculpté dans le marbre, représentant la procession des Panathénées*. Exécuté probablement sous la direction du sculpteur Phidias*, il ornait le haut du mur sur les quatre côtés du Parthénon*. On peut encore voir presque entière la frise ouest. Le reste a été en grande partie enlevé par un diplomate anglais, lord Engin, en 1802 (aujourd'hui exposé au British Museum à Londres). Une partie de la frise nord se trouve au musée de l'Acropole d'Athènes. Cette frise est considérée comme l'un des grands chefs-d'œuvre de l'art grec.

PANDORE. Dans la mythologie* grecque, déesse façonnée par Héphaïstos* avec de la terre et de l'eau, envoyée par Zeus* pour punir les hommes à qui Prométhée* avait volé le feu. Curieuse, elle ouvrit la boîte que Zeus lui avait confiée et qui était remplie de tous les maux. C'est ainsi que ceux-ci se répandirent sur terre pour affliger les hommes qui ne purent désormais songer à égaler les dieux.

PANGERMANISME. Mouvement né au XIXᵉ siècle et qui se développa au début du XXᵉ siècle, dans une Allemagne en pleine expansion économique. Il visait à regrouper sous une même autorité politique tous les peuples d'origine germanique. Le pangermanisme devint dans la seconde moitié du XIXᵉ siècle une doctrine politique fondée sur le sentiment de la supériorité raciale des Germains (Joseph Arthur de Gobineau*, Houston Stewart Chamberlain*). Il trouva un adepte convaincu en Guillaume II* qui pratiqua la *Weltpolitik* (politique mondiale) – volonté d'expansion économique et de défense des intérêts allemands dans le monde – qui entraîna l'Allemagne dans la Première Guerre* mondiale. Le national-socialisme* emprunta plusieurs de ses idées au pangermanisme ; cependant il se détourna des conquêtes coloniales jugées stériles pour l'élargissement de son « espace vital » en Europe de l'Est.

PANHELLÉNIQUE. Qui rassemble tous les Grecs. Dans l'Antiquité, les Jeux olympiques* ont été une manifestation panhellénique.

PANSLAVISME. Mouvement né, comme le pangermanisme*, à l'époque romantique, et tendant à réaliser l'unité des divers peuples slaves*.

PANTHÉON. 1) Dans l'Antiquité, temple* consacré à tous les dieux. 2) Ensemble des dieux d'une mythologie* ou d'une religion : le panthéon égyptien, grec. Voir Religion égyptienne, Religion grecque.

PAOLI, Pasquale ou **Pascal** (Morosaglia, 1725-Londres, 1807). Patriote corse qui lutta pour l'indépendance de l'île contre les Génois puis contre les Français. Exilé en Italie, Paoli servit d'abord dans l'armée napolitaine puis, retourné dans son pays, fut nommé général en chef de l'armée corse (1755) et poursuivit la lutte contre Gênes*. Proclamé chef de l'île, il prit la tête d'un gouvernement consulaire établi à Corte. Lorsque les Génois vendirent leurs droits sur la Corse au traité de Versailles (1768), Paoli s'opposa à ses nouveaux adversaires, soutenu par Charles Marie Bonaparte*, qui bientôt se rallia au gouvernement royal. Exilé en Angleterre, Paoli fut rappelé par l'Assemblée* nationale constituante (1790), et nommé gouverneur de Corse. Mais il rompit bientôt avec la Convention* et tenta, avec l'aide des Britanniques, une nouvelle sécession qui fut un échec. Il mourut exilé à Londres (1807).

PAPADHÓPOULOS, Gheórghios (Eleokhorion, 1919-). Général et homme politique grec. Il organisa le coup d'État militaire du 21 avril 1967, et imposa un régime autoritaire, le « régime des colonels », qui fut soutenu par les Américains. Premier ministre (1968), il concentra bientôt entre ses mains tous les pouvoirs et, après avoir destitué Constantin II* (1ᵉʳ juin 1973), il établit la République et fut élu président. Après les sanglantes émeutes étudiantes d'Athènes, il fut remplacé par une autre junte militaire (25 novembre 1973), et mis en état d'arrestation. Après la chute du régime militaire, Papadhópoulos fut jugé (1975), condamné à mort mais la sentence ne fut pas exécutée. Voir Caamanlis (Constantin), Chypre, Papandhéou (Gheórghios).

PAPANDHRÉOU, Gheórghios (Patras, 1888-Athènes, 1968). Homme politique grec. Ancien secrétaire de Venizélos*, leader des libéraux, il fut le fondateur du Parti social-démocrate (1935). Exilé en 1938 sous la dictature de Metaxas* (1936-1941), il devint Premier ministre du gouvernement d'Union nationale formé au Caire en avril 1944. Revenu à Athènes libérée par les Alliés en octobre 1944, il imposa la présence des forces britanniques en Grèce et le désarmement de l'Armée populaire de libération nationale. Il provoqua ainsi une crise politique et l'affrontement armé entre les partisans de la gauche et l'armée anglaise. Relégué au second plan de la vie politique, il fut de nouveau rappelé dix ans après la guerre civile pour faire barrage à la gauche. Chef du Parti libéral (1954), il forma l'Union du centre et l'emporta aux élections de février 1964. Cependant, le roi Constantin II*, poussé par les généraux royalistes, n'accepta pas ses concessions à la gauche pour les besoins de sa politique centriste et lui refusa le portefeuille de la Défense nationale destiné à épurer l'armée de ses extrémistes de droite. Papandhréou fut contraint de démissionner (juillet 1965), provoquant de violentes manifestations antimonarchistes. La crise politique conduisit en avril 1967 au coup d'État militaire mené par Gheórghios Papadhópoulos*. Les funérailles de Papandhréou, en 1968, se transformèrent en une grande manifestation contre le « régime des colonels ».

PAPEN, Franz von (Werl, 1879-Obersasbach, 1969). Homme politique allemand. Ancien officier, député de l'aile droite du parti catholique (*Zentrum*) au Parlement de Prusse*, il fut nommé chancelier* par le maréchal Hindenburg* (1932) et forma le « cabinet des barons ». Confronté à la grande dépression des années 30 et à l'agitation des nazis, il échoua et fut remplacé par le général von Schleicher*. Mais le discrédit politique de son successeur incita von Papen à se rapprocher de Hitler* et il manœuvra pour lui faciliter l'accès au pouvoir. Vice-chancelier de Hitler (1933-1934), von Papen fut persuadé, comme beaucoup d'autres mais à tort, de pouvoir contrôler le Führer* au sein du nouveau gouvernement. Face à l'intransigeance de Hitler, et scandalisé par l'épuration violente des SA* (Sections d'assaut) lors de la Nuit des Longs* Couteaux (1934), il démissionna. Ambassadeur à Vienne (1934-1938) puis à Ankara (1939-1944), il appliqua fidèlement la diplomatie nazie. Il fut jugé puis acquitté par le tribunal de Nuremberg* en 1946. Voir Brüning (Heinrich).

PAPYRUS. Long roseau des bords du Nil*. À l'époque antique, la tige servait à la construction de barques de pêche ou de cabanes, les fibres étaient utilisées pour la fabrication d'objets de vannerie et pour des cordages. Mais surtout, il permettait d'écrire : on découpait sa tige en bandes que l'on collait ensuite ensemble en les croisant. Utilisé dès le IIIe millénaire av. J.-C., cet ancêtre du papier fut peu à peu adopté dans tout le monde antique. Voir Calame, Imprimerie, Scribe.

PÂQUE. Fête juive qui rappelle la dixième plaie d'Égypte qui permit le départ des Hébreux* d'Égypte. D'après la Bible*, l'ange de Dieu épargna tous les Hébreux dont les portes avaient été marquées du sang d'un agneau. Voir Fêtes juives, Pâques, Plaies d'Égypte (Les).

PÂQUES. Fête célébrée par les chrétiens* pour commémorer la résurrection du Christ*. Elle a lieu, depuis le concile de Nicée*, le premier dimanche qui suit la pleine lune de l'équinoxe de printemps. Voir Fêtes chrétiennes.

PARACELSE, Philippus Theophrastus Bombastus von Hohenheim, dit (près de Zurich, v. 1493-Salzbourg, 1541). Médecin et alchimiste suisse. Professeur de médecine à Bâle, il fit scandale en brûlant publiquement des ouvrages de Galien et d'Avicenne*. Il élabora sa théorie médicale sur l'idée alchimiste des correspondances entre les différentes parties de l'organisme humain (microcosme) et celle de l'univers (macrocosme), insistant en particulier sur l'influence des planètes sur la genèse et le traitement des maladies. L'influence de Paracelse fut considérable. Une école de Paracelse s'attacha, 10 ans après sa mort, à la publication de ses manuscrits.

PARÉ, Ambroise (Bourg-Hersent, v. 1509-Paris, 1590). Chirurgien français considéré comme le père de la chirurgie moderne. Chirurgien-barbier à l'Hôtel-Dieu, puis maître chirurgien en 1536, il exerça d'abord ses talents en suivant les grands du royaume lors de leurs batailles, puis devint successivement chirurgien d'Henri II*, François II*, Charles IX* et Henri III*. Il inventa, après l'amputation des membres, la méthode de la ligature des artères, plus fiable et moins douloureuse pour les blessés que la cautérisation à l'huile bouillante ou au fer rouge. Il laissa à ses successeurs de nombreux traités.

PARIA. En Inde*, nom donné à ceux qui n'appartenaient pas aux quatre castes* composant la société indienne (brahmanes*, kshatriya*, vaiçya* et sudra*). Appelés aussi les « Intouchables* », ils se situaient tout au bas de l'échelle sociale. Considérés comme impurs, ils étaient exclus du culte de la religion hindoue (hindouisme*), habitaient en dehors des agglomérations et exerçaient des professions « déshonorantes » (balayeurs de rues, vidangeurs, etc.). La classe des parias a été officiellement abolie en 1947 (indépendance de l'Inde) mais dans les faits, cette discrimination subsiste.

PARIS. Voir Lutèce.

PARIS (Traité de, 1259). Traité signé entre Henri III* Plantagenêt et Louis IX* (saint Louis) mettant provisoirement fin au conflit franco-anglais. Henri III renonçait

à toute prétention sur les anciens fiefs* des Plantagenêts* annexés par Philippe II* Auguste. Louis IX lui laissait, en revanche, une partie de la Saintonge, l'Agenois, le Limousin, le Quercy, le Périgord et la Gascogne.

PARIS (Traité de, 1763). Traité signé entre la France, l'Angleterre, l'Espagne et le Portugal et mettant fin à la guerre de Sept* Ans (1756-1763). La France cédait à l'Angleterre, le Canada et ses territoires à l'est du Mississippi. Elle abandonnait à son allié espagnol la Louisiane* en compensation de la Floride*, cédée par l'Espagne aux Anglais. Mais la France récupérait la Martinique, la Guadeloupe, ses comptoirs en Afrique et en Inde. Voir Hubertsbourg (Traité de), Pitt (William, dit le Premier Pitt).

PARIS (Traité de, 1783). Traité conclu, simultanément à celui de Versailles*, entre les États-Unis et l'Angleterre. Il mettait fin à la guerre d'Indépendance* américaine et l'Angleterre reconnaissait les États-Unis comme un État souverain.

PARIS (Premier traité de, 30 mai 1814). Traité signé à Paris, après l'abdication de Napoléon Ier* et la restauration des Bourbons*, entre la France et les alliés (Angleterre, Autriche, Prusse*, Russie). La France était ramenée à ses frontières du 1er janvier 1792. Une partie de la Savoie, Avignon, le Comtat Venaissin, Montbéliard et Mulhouse lui étaient laissés. Elle conservait sur sa frontière nord les forteresses de Philippeville, Marienbourg, Sarrebourg et Landau. Elle recouvrait également ses colonies, à l'exception de l'Île de France dans l'océan Indien (île Maurice) et des deux Antilles. Voir Paris (Second traité de).

PARIS (Second traité de, 20 novembre 1815). Traité signé entre la France et les alliés (Angleterre, Autriche, Prusse*, Russie) après la tentative de restauration de l'Empire par Napoléon Ier* lors des Cent-Jours*. Beaucoup plus dur que le premier traité de Paris* (30 mai 1814), il rectifiait aux dépens de la France la frontière du nord-est et lui imposait une lourde indemnité de guerre garantie par une occupation militaire. Le traité enlevait à la France la plus grande partie du pays de Gex, rattaché à la Confédération helvétique, tandis que Chambéry et Annecy étaient rendues au roi de Sardaigne. Au nord, les villes de Philippeville et Marienbourg étaient données aux Pays-Bas. La France devait en outre verser une contribution de 700 millions et entretenir une armée d'occupation pendant au moins trois ans répartie dans les départements de l'est et du nord.

PARIS (Traité de, 1856) Traité qui marqua la fin de la guerre de Crimée* (1854-1856) et qui fut signé le 30 mars 1856 à l'issue du congrès de Paris, où Napoléon III* était apparu comme l'arbitre de l'Europe, et qui avait réuni les ministres des Affaires étrangères de la Russie, de la Turquie, de la Grande-Bretagne, de la Sardaigne, de l'Autriche et de la Prusse*, sous la présidence de Walewski*, ministre français des Affaires étrangères. La mer Noire fut neutralisée, et ni le tsar ni le sultan n'eurent le droit d'y entretenir des flottes de guerre. L'intégrité territoriale de l'Empire ottoman* était garantie par les puissances mais le sultan acceptait l'égalité de ses sujets, chrétiens* et musulmans*. Les principautés de Moldavie et Valachie devinrent autonomes et formèrent plus tard la principauté de Roumanie (1866). Le Danube inférieur devenait un fleuve international. Occupée à des réformes intérieures, la Russie n'allait plus jusqu'en 1870 jouer de rôle important en Europe.

PARIS (Conférence de, 18 janvier 1919-10 août 1920). Conférence de la paix réunie à Paris après la Première Guerre* mondiale. Elle regroupa les 27 pays victorieux et exclut les puissances vaincues. Les décisions furent, en réalité, prises par le Conseil des quatre : les États-Unis (Wilson*), le Royaume-Uni (Lloyd* George), la France (Clemenceau*) et l'Italie (Orlando*). Cette conférence élabora les traités de Versailles*, Saint-Germain-en-Laye*, Neuilly*, Trianon*, Sèvres* et le pacte de la Société* des Nations.

PARIS (Traité de, 10 février 1947). Traité signé après la Seconde Guerre* mondiale entre les Alliés d'une part et l'Italie, la Roumanie, la Bulgarie, la Hongrie et la Finlande d'autre part. L'Italie cédait le Dodécanèse à la Grèce, une partie de l'Istrie à la Yougoslavie (Trieste revenant à l'Italie en 1954), le col de Tende et la région de Brigue à la France. Elle abandonnait ses colonies (Libye, Érythrée*, Somalie italienne) et devait payer de lourdes indemnités aux pays avec lesquels elle avait été en guerre. La Roumanie cédait la Bessarabie à l'URSS. La Hongrie restituait la Transylvanie à la Roumanie. La Bulgarie était ramenée à ses frontières du 1er janvier 1941. La Finlande cédait définitivement à l'URSS la Carélie méridionale, les régions de Petsamo et de Salla ainsi que le droit d'installer une base militaire soviétique dans la région de Porkala.

PARKER, Charles Christopher, dit **Charlie** (Kansas City, 1920-New York, 1955). Saxophoniste, alto et ténor américain. Il révolutionna le jazz à partir de 1945 en créant le style « be-bop », en réaction contre le jazz classique. Surnommé « *Bird* » (« L'Oiseau »), il fut l'auteur de thèmes somptueux, comme *Billie's Bounce, Ko-Ko, Parker's Mood, Salt Peanuts, Now's the Time*. Avec Parker et les tenants du bop (Dizzy Gillespie, Thelonious Monk, Miles Davis, Charlie Mingus*, Kenny Clarke), on ne joua plus seulement une musique différente, on joua différemment la même musique : Parker s'affranchit de l'harmonie diatonique, intégra les distances – même distance que celle que Claude Debussy* avait pu mettre entre lui et les romantiques. Il fut l'incarnation du be-bop par sa virtuosité, son imagination, son élégance.

PARLEMENT (en Angleterre). Issu, comme en France, de la *Curia* regis* médiévale, il fut appelé au XIIIe siècle « Commun Conseil du royaume » et pouvait imposer au roi, depuis la Grande Charte* de 1215, d'être convoqué pour les demandes extraordinaires de subsides. Simon de Montfort*, puis Édouard Ier* y convoquèrent, outre les barons, les représentants de la petite noblesse et des bourgs. C'est ainsi que se constituèrent sous Édouard III*, les deux Chambres, la Chambre des lords* (spirituels et temporels, c'est-à-dire ecclésiastiques et laïcs) et la Chambre des communes*. Elles formèrent le Parlement, organe de contrôle de la royauté, rôle comparable aux États* généraux en France. Voir Parliament Act, Révolution anglaise.

PARLEMENT (Loi sur le). Voir *Parliament Act*.

PARLEMENT (Court), en angl. *Short Parliament*. Nom donné au quatrième Parlement (avril-mai 1640) convoqué par Charles Ier* d'Angleterre. Sous la conduite des opposants puritains* Pym* et Hampden qui refusaient au roi les subsides nécessaires à la guerre contre les Écossais révoltés, le parlement fut renvoyé trois semaines seulement après sa convocation.

PARLEMENT (Long), en angl. *Long Parliament*. Nom donné au cinquième Parlement (novembre 1640-mars 1660) convoqué par Charles Ier* d'Angleterre après le renvoi du Court Parlement*. Réuni sous la pression de nécessités financières, le Long Parlement composé aux Communes* en majorité de députés issus de la gentry et de la bourgeoisie, fut résolu à limiter l'autorité royale. Il obligea Charles Ier à condamner ses ministres Laud* et Strafford*, à supprimer le *Ship Money* – nouvel impôt particulièrement impopulaire – et lui soumit les Dix-Neuf propositions (1641), véritable ultimatum contre l'absolutisme, repris dans la Grande Remontrance*. L'arrestation des principaux chefs de l'opposition parlementaire, dont Pym* et Hampden, déclencha la guerre civile qui se solda par l'échec militaire des armées royales. Cependant, inquiète de la puissance grandissante de l'armée mais aussi des milieux radicaux des Niveleurs*, la majorité du Long Parlement souhaita une réconciliation avec le roi. Mais Cromwell* décida son épuration (1648) afin d'obtenir la mise en jugement de Charles Ier, d'où son surnom de Parlement* croupion. Ce dernier fut remplacé, à l'initiative de Cromwell, par le Parlement* Barebone (1653). En février 1660, le général Monk*, chef de l'armée du Sud, décida le rappel des survivants du Parlement croupion, lesquels prononcèrent la restauration monarchique. Voir Charles II.

PARLEMENT BAREBONE (en angl. *Barebone's Parliament*). Nom donné au Parlement anglais substitué par Cromwell* au Parlement* croupion. Il prit le nom d'un de ses membres, Barebone, marchand de la City. Ce Parlement, formé de puritains* et d'anabaptistes*, siégea de juillet à décembre 1653. Cromwell le supprima et se fit nommer protecteur de la République.

PARLEMENT CONVENTION (avril-décembre 1660). Nom donné en Angleterre au Parlement de cavaliers* – partisans du roi – et de presbytériens qui succéda au Long Parlement*. Après avoir rétabli la Chambre des lords*, il rappela Charles II* et pratiqua une politique de réaction à l'égard de la République de Cromwell* (exécution de régicides et licenciement de l'armée républicaine). Voir Presbytérianisme.

PARLEMENT CROUPION (en angl. *Rump Parliament*). Surnom péjoratif donné par les royalistes anglais au Long Parlement* épuré par Cromwell*, afin d'obtenir la mise en jugement de Charles Ier* d'Angleterre. Uniquement composé de puritains*, ses membres votè-

nt notamment la mort du roi (janvier
49).

ARLEMENT DE PARIS. Le Parlement
Paris, cour souveraine de la monarchie
ançaise, fut issu de la section judiciaire
la *Curia* regis* organisée au début du
ve siècle. Il jugeait en dernier ressort les
faires criminelles et civiles et était le gar-
en des lois* fondamentales du royaume
des libertés de l'Église gallicane. Par la
nalité et l'hérédité des charges, les mem-
es du Parlement de Paris, originaires de
haute bourgeoisie, formaient un corps
hérent et prestigieux, attaché à ses pri-
lèges, en particulier les exemptions fis-
les et l'anoblissement à la première ou à
seconde génération. Par son droit d'en-
gistrement et de remontrance*, le Parle-
ent de Paris joua un rôle important du-
nt les guerres de Religion* et la Fronde*.
gent d'exécution sous Louis XIV*, il re-
ouva son rôle politique après 1715 et par
n opposition à l'autorité monarchique, il
ina, au XVIIIe siècle, toutes les tentatives
réformes, notamment fiscales. En 1790,
fut remplacé par les tribunaux créés sous
Constituante. Voir Noblesse de robe,
otables (Assemblées des), Parlement de
ovince, Paulette (Édit de la), Vénalité
s offices.

ARLEMENT DE PROVINCE. Nom
nné en France, sous l'Ancien* Régime,
x cours souveraines issues pour la plu-
rt des anciennes cours de justice. Elles
aient six au début du XVIe siècle (Touuse, Grenoble, Bordeaux, Dijon, Rouen,
ix), puis furent successivement établis
s parlements de Bretagne (1553), de Pau
620), de Metz (1633), de Franche-Comté
676), des Flandres (1686) et de Nancy
775). Les parlementaires étaient très at-
chés à la notion de solidarité, les parle-
ents de Paris et de province ne formant
'un seul corps. Voir Noblesse de robe,
rlement de Paris.

ARLIAMENT ACT ou loi sur le Parle-
ent. Loi, définitivement votée en Angle-

terre en 1911, qui marqua la prépondérance de la Chambre des communes* sur
la Chambre des lords*, refuge de l'aristocratie. Les lords s'étant montrés hostiles à
un projet de taxation des hauts revenus, les
députés des Communes décidèrent que la
Chambre des lords n'exercerait plus son
droit de veto en matière financière et ne
conserverait, pour tout autre projet, qu'un
veto suspensif limité à deux fois. Voir
Lloyd George, *People's Budget*.

PARNASSE (Le). Nom donné à l'école
poétique française du XIXe siècle qui se
constitua en réaction contre le roman-
tisme* et dont les principales finalités furent le culte du Beau mais sans effusion lyrique (« l'art pour l'art »), une inspiration
savante et intellectuelle et des thèmes souvent puisés dans le passé. Le manifeste et
l'illustration de l'école parnassienne fut la
publication de trois anthologies poétiques
(1866, 1871, 1876) sous le titre de *Parnasse contemporain*, présentant les œuvres
des principaux poètes du groupe (Leconte*
de Lisle, José Maria de Heredia*, Sully
Prudhomme, François Coppée mais aussi
Paul Verlaine* et Stéphane Mallarmé*).
Théophile Gautier* avait été, dès 1836, un
précurseur de la future école en défendant
l'objectivité esthétique.

PARNELL, Charles Stewart (Arondale,
Wicklow, 1846-Brighton, 1891). Homme
politique irlandais. Il fit progresser, avec le
Premier ministre Gladstone*, l'idée de
Home* Rule (autonomie de l'Irlande). Issu
d'une famille de grands propriétaires protestants d'origine anglaise, il s'attacha à la
cause irlandaise. Député aux Communes*
en 1875, il prit la tête du Parti autonomiste
irlandais (*Home Rule Party*), et devint vite
populaire à la Chambre en pratiquant avec
efficacité l'obstruction parlementaire – le
Speaker n'avait alors pas le droit d'arrêter
une discussion. Attentif aux revendications paysannes irlandaises après la grande
crise de 1878, il devint le président de la
Ligue agraire. Arrêté en 1881, puis relâché

peu de temps après, Parnell inaugura une politique de collaboration avec Gladstone converti à l'idée de *Home Rule* et condamna avec vigueur l'assassinat par des nationalistes révolutionnaires du secrétaire pour l'Irlande à Phoenix Park· (1886). Sa carrière politique fut brusquement brisée en 1890 par sa liaison, rendue publique, avec la femme d'un de ses plus proches collaborateurs. Le clergé irlandais, une partie de l'opinion puritaine, mais aussi Gladstone et les libéraux se détournèrent de lui. Parnell mourut peu après. Voir Fenian (Mouvement).

PAROS. Île grecque de la mer Égée située dans les Cyclades*, à l'ouest de Naxos*. Patrie du sculpteur Scopas, elle était réputée dans l'Antiquité pour son magnifique marbre blanc. Après les guerres Médiques*, elle entra dans la ligue de Délos* dominée par Athènes*.

PARTHÉNON. Temple d'Athéna*, monument le plus célèbre d'Athènes* et de toute la Grèce*. Édifié entre 447 et 432 av. J.-C., sa construction fut décidée par Périclès* et confiée aux architectes Ictimos et Callicratès sous la direction du sculpteur Phidias*. Le Parthénon est un temple dorique de dimensions modestes (69,51 m sur 30,87 m). Il est entouré à l'extérieur de 46 colonnes doriques et présente un portique* (galerie) à six colonnes sur les deux plus petites façades. L'intérieur (fermé sur les deux longs côtés par un mur) est divisé en deux parties : le sanctuaire qui abritait la statue d'Athéna haute de 12 m (œuvre de Phidias) et la salle des Vierges où étaient conservés le trésor de la déesse et celui de la cité. Les sculptures du Parthénon étaient exceptionnelles. Le fronton est représentait la naissance d'Athéna, celui de l'ouest la dispute d'Athéna et de Poséidon*. On pouvait voir aussi la célèbre frise des Panathénées*. Au VIᵉ siècle ap. J.-C., le Parthénon fut transformé en église*, puis les Turcs en 1460 en firent une mosquée*. Une explosion provoquée par un obus vénitien (le temple abritait un dépô de poudre) détruisit, à la fin du XVIIᵉ siècle toute la partie centrale. Le Parthénon fu privé d'une grande partie de ses sculpture par un diplomate anglais qui les fit expose au British Museum (1802-1803) à Lon dres. Voir Acropole, Dorique (Ordre).

PARTHES. Peuple nomade apparenté au Iraniens, originaires des steppes d'Asi centrale. Les Parthes constituèrent du II siècle av. J.-C. au IIIᵉ siècle ap. J.-C. u puissant empire au sud-est de la mer Cas pienne. Établis en Parthie* au Iᵉʳ millénair av. J.-C., ils furent d'abord dominés par le Perses* Achéménides*, puis par les Séleu cides*. Mais, à partir de 189 av. J.-C., il créèrent un royaume indépendant et re constituèrent, deux siècles après les Per ses, un grand empire s'étendant de l'actue Afghanistan à l'Euphrate. Ce puissant em pire qui contrôlait les voies commerciale de l'Occident vers les Indes et l'Extrême Orient résista aux attaques séleucides pui à l'expansion des Romains stoppés su l'Euphrate (défaite de Crassus* en 53 av J.-C., conquêtes de Trajan* abandonnée par Hadrien*, victoires de Lucius Verus e de Septime* Sévère). Il disparut en 224 ap J.-C., annexé par les Perses Sassanides* Voir Marc Aurèle, Mithridate Iᵉʳ·

PARTHIE. Région de l'Orient ancien si tuée au sud-est de la mer Caspienne. Ell fit partie de l'Empire perse après l conquête de Cyrus* puis fut conquise pa Alexandre III* le Grand. Elle forma, à par tir de 189 av. J.-C. un royaume parthe in dépendant sous la dynastie des Arsacides qui disparut en 224 ap. J.-C. Voir Parthes Perses.

PASCAL, Blaise (Clermont, auj. Cler mont-Ferrand, 1623-Paris, 1662). Mathé maticien, physicien, philosophe et écrivai français. Brillant dans tous les domaines d savoir, Pascal prit aussi une part active à l défense du jansénisme*. Comme il mani festa très jeune des dons exceptionnels, so père, esprit libéral et passionné par le

iences, décida de s'installer à Paris en
31 afin de présenter son fils aux réunions
savants de l'académie Mersenne. Dès
age de 16 ans, Pascal connut la notoriété
ec la publication de son *Essai sur les
niques* et inventa, deux ans plus tard, une
lculatrice automatique (appelée pasca-
ne) qu'il fit reproduire à une cinquantaine
exemplaires. Il entreprit ensuite d'impor-
ntes études sur la pesanteur de l'air et le
de (à la suite de Galilée* et d'Evangelista
orricelli), publiant en 1647 les *Expérien-
s nouvelles touchant le vide*. En relation
ec le mathématicien Pierre de Fermat,
scal jeta les bases du calcul des proba-
lités. Il fut aussi l'auteur de plusieurs trai-
s qui devaient permettre plus tard la dé-
uverte des calculs intégral et différentiel
eibniz*) et résuma sa méthode géomé-
ique dans *De l'esprit géométrique*
655-1657). Parallèlement à cette intense
tivité scientifique, Pascal fréquenta un
mps (1651-1654) les salons libertins puis,
ssé de cette vie mondaine et influencé par
sœur Jacqueline devenue religieuse à
ort-Royal*, décida de se tourner définiti-
ement vers la religion, conforté dans cette
vie par l'extase mystique qu'il vécut dans
nuit du 23 novembre 1654 (le *Mémorial*).
près une retraite à Port-Royal, il s'enga-
ça dans la défense des jansénistes opposés
ux jésuites*, et rédigea contre ces derniers
lettres polémiques dites *Les Provincia-
s* (1656-1657) dans lesquelles il dénon-
ait leur conception de la grâce. Par la suite,
en que malade, Pascal poursuivit sa ré-
exion en composant *Apologie de la reli-
on chrétienne à l'adresse des incrédules*
ais mourut sans l'avoir achevée. Des
agments de cet ouvrage furent regroupés
publiés sous le titre de *Pensées* (1670).
e fut dans cet ouvrage que Pascal évoqua
félicité de l'homme avec Dieu et engagea
lui-là à parier de son existence, l'incitant
la croyance.

ASOLINI, Pier Paolo (Bologne,
922-Ostie, 1975). Écrivain et cinéaste ita-

lien. Il exprima dans ses films une violente
critique de la bourgeoisie en recourant à la
parabole et à l'allégorie. Il réalisa notamment *Accattone* (1961), *Théorème* (1968),
Le Décameron (1971) *Salo ou les cent
vingt journées de Sodome* (1976). Pasolini
mourut assassiné.
PASSION. Désigne chez les chrétiens* la
passion du Christ*, c'est-à-dire les souffrances et le supplice de la crucifixion.
PASTERNAK, Boris Leonidovitch
(Moscou, 1890-Peredelkino, 1960). Écrivain soviétique. Il fit éditer en Italie un roman, *Le Docteur Jivago* (1957), qui le rendit célèbre dans le monde entier mais qui
déclencha contre lui en URSS de très vives
critiques et il fut contraint de refuser le
prix Nobel* de littérature qu'on lui dé-
cerna en 1958. Il fut réhabilité en 1987.
PASTEUR, Louis (Dole, 1822-Ville-
neuve-l'Étang, 1895). Chimiste et biologiste français, créateur de la microbiolo-
gie. Il découvrit que la fermentation était
due à des micro-organismes vivants (mi-
crobes) qu'il reconnut comme étant responsables de certaines maladies dites in-
fectieuses. Il démontra ainsi la nature
microbienne de la maladie du charbon
chez les moutons. Il créa l'aseptie et les
méthodes aseptiques, puis réalisa le vaccin
contre le charbon et, après de nombreuses
difficultés, celui contre la rage (1885). Ce
que l'on appelle aujourd'hui la pasteurisa-
tion provient d'une méthode, réalisée par
Pasteur, de conservation des liquides fer-
mentescibles, comme le vin ou la bière.
PATHET LAO. Parti politique laotien,
nationaliste et progressiste, fondé en 1950
par le prince Souphanouvong*, afin d'obtenir l'indépendance du Laos. Il lutta
contre la France, soutenu par le Viêt-
minh*.
PATRIARCHE. 1) Nom donné dans la
Bible* aux chefs de famille ou de tribu du
peuple hébreu. Les ancêtres d'Israël*
(Abraham*, Isaac* et Jacob*), les 12 fils
de Jacob, sont des patriarches. 2) Chef

d'une Église séparée de l'Église* romaine. L'Église grecque orthodoxe* est dirigée par un patriarche.

PATRICIAT. Dans la Rome* antique, nom donné à l'ensemble des patriciens*, aristocratie héréditaire descendant des *Patres*. Voir Équestre (Ordre), *Nobilitas*, Sénatorial (Ordre).

PATRICIEN. Dans la Rome* antique, personne qui appartenait, par sa naissance, à la classe dominante des citoyens (*nobititas*) et jouissait de nombreux privilèges. Les patriciens, probablement les premiers installés à Rome, étaient membres des *gentes*, c'est-à-dire des clans qui groupaient les descendants d'un ancêtre commun. Ces *gentes* détenaient à l'époque de la royauté romaine la totalité des terres (aristocratie terrienne), étaient maîtres de l'armée, de la justice et du gouvernement. Ils formaient le Sénat* et pouvaient seuls devenir magistrats*. Ils réunissaient autour d'eux des clients* qui ne faisaient pas partie de la *gens** mais bénéficiaient de sa protection. C'est aux ve et ive siècles av. J.-C., sous la République* romaine, que les plébéiens (petits paysans, artisans, et commerçants de la ville, c'est-à-dire en fait le reste de la population qui n'était pas intégrée dans cette structure gentilice) luttèrent pour conquérir des droits politiques égaux à ceux des patriciens. Ils obtinrent après une lutte acharnée la création des tribuns* de la plèbe (493 av. J.-C.), l'égalité civile (des lois communes à tous les citoyens furent publiées dans un premier code romain appelé « Loi des XII tables »), le droit au mariage avec les patriciens, l'accès aux diverses magistratures à partir du compromis licinio-sextien de 357 av. J.-C. (consul*, dictateur*, censeur*, préteur*) et enfin le droit d'être prêtre (même si certains saccedoces restent l'apanage du seul patriciat). Au milieu du iiie siècle av. J.-C., la distinction entre patriciens et plébéiens perdit peu à peu de son sens, les différences entre citoyens se fondant dorénavant

sur la fortune. Riches plébéiens et patriciens ne formaient plus qu'une seule classe dirigeante : la noblesse ou *nobilitas**. Voir Plèbe.

PATRIE EN DANGER (LA). Lors de la Révolution* française, décret proposé dès le 3 juillet 1792 par Vergniaud* à l'Assemblée* législative après l'invasion des Prussiens. Il fut adopté le 11 juillet, et l'Assemblée décida aussi la levée de 50 000 volontaires de la garde* nationale.

PATRIOTES. Nom donné aux partisans des idées nouvelles de la Révolution* française par opposition aux aristocrates*. Les Patriotes s'opposèrent à l'Assemblée* nationale constituante aux aristocrates (Cazalès*, abbé Maury) et aux monarchiens* (Malouet, Clermont-Tonnerre*). Ils formèrent en réalité un groupe politique très hétérogène. Les monarchistes constitutionnels (La Fayette*, Talleyrand* Sieyès*) composaient l'aile droite. Le triumvirat, Barnave*, Alexandre de Lameth*, Duport*, auquel se joignirent en 1791 les monarchistes constitutionnels se situait plus à gauche, l'extrême gauche regroupant les démocrates, partisans du suffrage universel (abbé Grégoire*, Pétion*, Robespierre*).

PATRIOTE FRANÇAIS (LE). Journal fondé en avril 1789 par Brissot*. Paru jusqu'en août 1793, il fut l'un des principaux organes des girondins*.

PATTON, George (San Gabriel, Californie, 1885-Heidelberg, 1945). Général américain. Spécialiste des chars, il commanda, après le débarquement* allié de Normandie (6 juin 1944), la IIIe armée américaine d'Avranches à Metz, contre-attaquant l'offensive de Rundstedt* dans les Ardennes (1944) puis jusqu'en Bohême stoppant sur ordre ses armées à 90 km de Prague afin de laisser la libération de la ville aux Soviétiques. Le 25 avril 1945, il fit sa jonction avec les forces de Koniev sur l'Elbe. Patton mourut dans un accident e voiture. Voir Guerre mondiale (Seonde), Normandie (Bataille de).

AUL, saint (v. 5-15/v. 62-64 ap. J.-C.). aif* originaire de Judée* appelé Saül et itoyen* romain. Après avoir été un adersaire acharné et intransigeant des disples de Jésus-Christ* et avoir d'abord ombattu le catholicisme* naissant, il se onvertit brusquement au christianisme* vision du Christ sur le chemin de Damas) t devint un grand propagateur de cette region, particulièrement en Orient. Son acon nous est connue par les Actes des pôtres et ses Épîtres (Nouveau Testaent*). Il s'attacha à convertir plus partiilièrement les non-juifs (les « Gentils »), 'où le surnom qu'on lui donna plus tard '« apôtre des Gentils ». Parti d'Antione*, il prêcha et fonda plusieurs commuautés chrétiennes au cours de trois oyages en Orient : Asie* Mineure, Maédoine* et Grèce*. Arrêté à Jérusalem*, uis transféré à Rome, il y fut, selon la tration, condamné puis exécuté. Saint Paul ontribua à détacher le christianisme de influence du judaïsme*. Voir Pierre Saint).

AUL-BONCOUR, Joseph (Saint-Ainan, 1873-Paris, 1972). Homme politique ançais. Membre du Parti socialiste franais (SFIO*) de 1916 à 1931, il succéda à riand* comme délégué à la SDN* 936). Président du Conseil (décembre 932-janvier 1933), il fut ministre des Afires étrangères (1933 et 1938). En juilt* 1940, il refusa les pleins pouvoirs au aréchal Pétain*. Il signa pour la France, la conférence de San* Francisco, la harte des Nations unies (1946). Voir Oranisation des Nations unies.

AUL ÉMILE (?-216 av. J.-C.). Homme olitique romain, consul* en 216 av. J.-C. vec Varron*, il fut vaincu et tué à la baille de Cannes* au cours de la deuxième uerre Punique*.

AUL ÉMILE LE MACÉDONIQUE vers 228-160 av. J.-C.). Homme politique romain, fils de Paul Émile*. Nommé consul* en 168 av. J.-C., il vainquit le roi macédonien Persée* à la bataille de Pydna* et s'empara de la Macédoine*. Scipion Émilien* fut l'un de ses fils. Voir Triomphe.

PAULETTE (Édit de la, 1604). Du nom du financier Charles Paulet ; ordonnance* d'Henri IV* instituant en France la vénalité* des offices moyennant le paiement à l'État d'un droit annuel par le titulaire d'un office de justice ou de finances. À l'origine expédient fiscal, le système connut un immense succès, et assura l'hérédité des offices. L'édit resta en vigueur jusqu'en 1789.

PAULUS, Friedrich (Breitehau, Hesse, 1890-Dresde, 1957). Maréchal* allemand. il perdit, lors de la Seconde Guerre* mondiale, la grande bataille de Stalingrad*. Spécialiste des blindés, général en 1939, chef d'état-major en Pologne et en France, il prépara le plan d'invasion de l'URSS. Commandant de la VIᵉ armée en janvier 1942, il conquit une grande partie de Stalingrad, mais fut bientôt encerclé et dut capituler (janvier 1943). Prisonnier en URSS et informé de l'échec du complot militaire contre Hitler* (20 juillet* 1944), il appela, à la radio soviétique, le peuple allemand à résister contre le Führer*. Témoin à charge lors du procès de Nuremberg* (1946), il fut libéré par les Soviétiques en 1953.

PAVELIC, Ante (Bradina, Herzégovine, 1889-Madrid, 1959). Homme politique yougoslave d'origine croate. Il collabora avec l'Allemagne nazie lors de la Seconde Guerre* mondiale. Député de Zagreb en 1927, il prit la tête du mouvement nationaliste croate contre la politique centralisatrice de la Serbie*. Après avoir fondé le mouvement des Oustachis (« révoltés ») en 1929, il dut se réfugier à l'étranger d'où il organisa des actions terroristes, notamment l'assassinat à Marseille du roi de Yougoslavie, Alexandre Iᵉʳ*, le 9 octobre 1934, attentat qui coûta aussi la vie au ministre Louis Barthou*. Après l'invasion de la Yougoslavie par la Wehrmacht, et la proclamation de l'indépendance de la Croatie* (avril 1941), Pavelic et les Oustachis luttèrent aux côtés des Allemands contre les partisans de Tito*, commettant de nombreux crimes. En 1945, Pavelic s'enfuit en Argentine puis s'installa en Espagne. Voir Antonescu (Ion), Collaboration, Horthy (Miklos), Vlassov (Andreï).

PAVIE (Bataille de, 1525). Lors des guerres d'Italie*, défaite infligée à François Ier* qui fut fait prisonnier par les armées de Charles* Quint. Après avoir occupé Milan, le roi de France, avec une armée de 26 000 hommes (dont 14 000 Suisses et 6 000 lansquenets allemands) renforcée par une puissante artillerie, décida de mettre le siège devant Pavie (Lombardie*) et de s'y maintenir malgré l'arrivée d'une armée impériale de secours. Les combattants restèrent en présence pendant des mois. Les impériaux ayant tenté sans succès de pénétrer dans la ville, François Ier, croyant à un repli, lança sa cavalerie, empêchant les tirs d'artillerie de son armée. La bataille tourna au désastre. Les Français perdirent plusieurs dizaines de milliers d'hommes. François Ier fut conduit à Madrid où il dut signer le traité de Madrid (1526). Voir La Trémoille (Louis II de), La Palice.

PAVIE, Auguste Jean-Marie (Dinan, 1847-Thourie, 1925). Diplomate et explorateur français. Vice-consul au Laos (1886-1893), il contribua à établir le protectorat français sur le Laos. Il explora les régions de l'Annam*, du Tonkin* et du Yunnan.

PAVILLONS NOIRS. Nom donné aux pirates vietnamiens et chinois provenant des restes de l'armée chinoise des Taiping* vaincus en 1864. Ils combattirent les troupes françaises au Tonkin* et dans la Chine méridionale en 1883-1885. Les Pavillons noirs sont aussi connus sous le nom de Hô.

PAX ROMANA. Expression latine qui signifie la « paix romaine ». Elle manifestait le sentiment de sécurité, d'ordre et de prospérité éprouvé par tous les peuples de l'Empire romain* aux Ier et IIe siècles ap J.-C., et plus particulièrement sous les Flaviens* (69-96) et les Antonins* (96-192).

PAYSANS (Guerre des). Nom donné au soulèvement général des paysans (1524-1526) de l'Allemagne centrale et méridionale, provoqué par leur condition misérable, mais aussi influencé par Luther* dont ils radicalisèrent la pensée. Les paysans revendiquèrent dans les Douze Articles de Memmigen (1525) la suppression du servage, la limitation des dîmes* et des corvées*, l'établissement des droits communaux, la liberté de chasse et de pêche, ainsi que le droit de choisir et de déposer leurs prêtres. Les paysans, auxquels s'étaient associés quelques nobles mécontents, furent soutenus par plusieurs réformateurs radicaux dont l'anabaptiste* Thomas Müntzer* en Thuringe. Couvents et châteaux furent dévastés, et Luther, effrayé par l'ampleur et la violence du mouvement, condamna sans appel les insurgés La répression fut féroce. Elle fut menée à partir de 1525 par les princes catholiques* et luthériens coalisés, et fit plus de 100 000 morts. La guerre des Paysans devait freiner pendant plusieurs siècles l'émancipation des paysans allemands.

PCC. Voir Communiste chinois (Parti).

PCF. Voir Communiste français (Parti).

PCI. Voir Communiste italien (Parti).

PCUS. Voir Communiste de l'Union soviétique (Parti).

PEARL HARBOR. Base navale des États-Unis aux îles Hawaii, près de Honolulu. Le 7 décembre 1941, l'aviation japonaise y attaqua, sans déclaration de guerre, la flotte américaine du Pacifique, provoquant l'entrée des États-Unis dans la Seconde Guerre* mondiale. Voir Pacifique (Guerre du).

PEEL, sir Robert (Chamber Hall, 1788-Londres, 1850). Homme politique anglais. Conservateur et anglican

nvaincu, il se rallia néanmoins à toutes
s réformes qu'il jugea utiles à son pays,
mme l'émancipation des catholiques* et
doption du libre-échange. Fils d'un ri-
e industriel, député tory* aux Commu-
s* à 21 ans, il fut nommé secrétaire
État pour l'Irlande à 24 ans, puis minis-
 de l'Intérieur sous Liverpool et Wel-
gton*. Ce fut à ce dernier poste qu'il hu-
anisa la législation criminelle, créa la
lice métropolitaine de Londres en 1829
 est de son prénom que les bobbies tirent
ur surnom) et se rallia à l'émancipation
s catholiques face à la recrudescence des
ubles en Irlande (1829). À partir de
34, conscient du caractère irréversible
 la réforme électorale de 1832 qu'il avait
fusée, Peel s'attacha à transformer le
ouvement tory, qu'il rebaptisa « conser-
teur » (1834), en l'ouvrant aux aspira-
ns de la bourgeoisie. Nommé Premier
inistre (1834-1835 ; 1841-1846), il se
éoccupa, à partir de 1841, des problèmes
onomiques et financiers. En 1842, il dé-
da de taxer à nouveau les hauts revenus
 fit voter, en 1844, la réforme de la Ban-
e d'Angleterre, lui confiant le monopole
 l'émission de nouveaux billets. D'abord
posé à l'abolition des lois protectionnis-
s sur le blé qui favorisaient les prix éle-
s et ainsi les grands propriétaires, Peel
rallia en 1846 aux arguments de Cob-
n* et de la Ligue libre-échangiste. Il dé-
da de faire voter, en 1846, l'abolition des
orn-Laws*, provoquant une scission à
ntérieur de son parti. Le groupe Jeune-
ngleterre, conduit par Disraeli*, provo-
a sa chute, tandis que les peelistes
dont Gladstone* – rejoignaient, deux ans
rès sa mort, le camp des libéraux (1852).
el conserva, jusqu'à sa mort acciden-
lle, une grande influence sur la vie polique anglaise. Voir *Catholic Relief Bill*.

ÉKIN (Homme de). Voir Sinanthrope.

ÉLASGES. Nom donné par les écrivains
ciens aux premiers habitants de la
rèce* établis avant l'arrivée des Hellè-

nes* (ou Grecs). Envahisseurs d'origine
inconnue, venus par mer d'Asie* Mineure,
ils s'installèrent en Grèce vers 2600 av.
J.-C. Ils auraient apporté de nouvelles
cultures (vigne et olivier) mais surtout de
nouvelles techniques comme la métallurgie du bronze*, la charrue* et une céramique vernie. Les Cyclades* (îles au sud de
la mer Égée) puis la Crète bénéficièrent de
ces progrès.

PÈLERINS (Pères), en angl. *Pilgrim Fa-
thers*. Nom donné à partir du XVIIIe siècle
aux colons anglais, partis en 1620 en Amérique, où ils fondèrent la colonie de Plymouth dans le Massachusetts*. Parmi les
colons se trouvaient plusieurs membres
puritains* séparés de l'Église anglicane,
jugée trop imprégnée de catholicisme*.
D'abord connus sous le nom de *Forefa-
thers* (ancêtres) et de « Saints », ils ne reçurent le nom de pèlerins qu'en 1798. Voir
Anglicanisme.

PELLICO, Silvio (Saluces, 1789-Turin,
1854). Écrivain italien. Libéral milanais,
emprisonné comme membre du carbonarisme* par les Autrichiens, il écrivit, après
avoir été emprisonné dans la forteresse de
Spielberg, en Moravie, *Mes Prisons*
(1832). Ce livre connut une diffusion
considérable et fit connaître à l'opinion internationale la cause des patriotes italiens. Il avait aussi exprimé ses sentiments
nationaux dans une tragédie, *Francesca da
Rimini* (1815), traduite par Byron* et adhéré aux idées du romantisme* au contact
de Mme de Staël* et du critique littéraire
allemand Schlegel.

PELLOUTIER, Fernand (Paris,
1867-Sèvres, 1901). Syndicaliste français.
D'abord militant du Parti ouvrier français
de Jules Guesde*, il évolua plus tard vers
l'anarchisme* libertaire, préconisant
comme moyen d'action la grève générale.
Secrétaire de la Fédération des bourses du
travail (1895), il contribua au renforcement du syndicalisme français mais libre

de toute attache politique. Voir Amiens (Charte d').

PÉLOPONNÈSE ou PÉLOPONÈSE. Grande presqu'île montagneuse située au sud de la Grèce* et rattachée au continent par l'isthme de Corinthe* (coupé depuis 1893 par un canal), le Péloponnèse fut occupé dans la première moitié du IIe millénaire, par les Ioniens* puis les Achéens* qui y fondèrent la civilisation mycénienne* détruite par les Doriens*. Il fut dominé à partir du VIIIe siècle av. J.-C. par Sparte* dont l'hégémonie fut brisée par Thèbes* après la bataille de Leuctres* en 371 av. J.-C. Soumis aux Macédoniens, puis à l'Achaïe*, le Péloponnèse devint une province romaine à partir de 146 av. J.-C. Voir Macédoine, Péloponnésienne (Ligue).

PÉLOPONNÈSE (Guerre du). Guerre qui opposa pendant près de 30 ans (de 431 à 404 av. J.-C.) Sparte* et Athènes* et à laquelle participèrent presque toutes les cités grecques. Elle nous est connue grâce aux récits de Thucydide* et de Xénophon*. L'origine du conflit fut les menaces que faisait peser l'empire maritime d'Athènes sur l'indépendance de la Grèce*. Il fut déclenché par l'appel lancé à Sparte par Corinthe* et Mégare directement visées par l'ambition athénienne. De 431 à 221 av. J.-C., la lutte fut indécise. Les Spartiates (appuyés par la plupart des cités de Grèce centrale et du Péloponnèse*) dévastèrent l'Attique* tandis que la flotte athénienne (soutenue par les cités de la mer Égée, de Macédoine*, de Thrace et d'Asie* Mineure) ravageaient les côtes du Péloponnèse. Après la mort de Périclès* emporté par l'épidémie de peste qui atteignit sa cité en 429 av. J.-C., Sparte fut battue à Sphactérie* (en 425 av. J.-C.) mais victorieuse à Amphipolis* (en 424 av. J.-C.). À la mort de l'Athénien belliciste Cléon, une paix de lassitude fut conclue en 421 av. J.-C. par l'Athénien Nicias*. Mais deux ans plus tard, la guerre reprenait. Par leur victoire

de Mantinée* (en 418 av. J.-C.), les Spartiates rétablirent leur autorité dans le Péloponnèse. Après le désastre de l'expédition contre Syracuse*, alliée de Sparte (415 av. J.-C.), menée par Alcibiade* Athènes connut une dernière victoire aux îles Arginuses* (en 406 av. J.-C.). Mais la flotte spartiate, reconstituée grâce à l'or perse et commandée par Lysandre* anéantit l'armée et la flotte athéniennes à Aigos-Potamos* (405 av. J.-C.). Athènes assiégée et épuisée par la famine, capitula en 404 av. J.-C. en acceptant les conditions des vainqueurs : livraison de sa flotte, destruction des Longs Murs et dictature de trente tyrans. Cette guerre meurtrière a ruiné la Grèce et provoqué son déclin.

PÉLOPONNÉSIENNE (Ligue). Nom donné aujourd'hui par les historiens à la confédération formée dans l'Antiquité par les cités du Péloponnèse* (sauf Argos* et les bourgades de l'Achaïe*) auxquelles se joignirent Égine et Mégare. Elle fut dominée entre le VIe et le IVe siècle av. J.-C. par Sparte*, à laquelle la ligue devait fournir des contingents militaires. La ligue péloponnésienne disparut en 371 av. J.-C. après la défaite spartiate de Leuctres* contre Thèbes*.

PÉNATES. Dans la religion* romaine, divinités protectrices de la maison. Leur culte était associé à celui des Lares*. Voir Mânes.

PENN, William (Londres, 1644-Jordans, 1718). Quaker anglais. Il obtint de Charles II*, contre une créance de plusieurs milliers de livres, la concession d'un territoire en Amérique du Nord. C'est ainsi qu'il fonda en 1681 la future Pennsylvanie*, dont il fit un État démocratique et libéral. L'organisation de cette colonie modèle inspira, en partie, les institutions américaines. W. Penn fonda aussi Philadelphie.

PENNSYLVANIE. État de l'est des États-Unis (capitale, Harrisburg). Le quaker* Willian Penn* (d'où le nom de Pennsylvanie), reçut le territoire du roi d'Angleterre Charles II* (1681) et en fit un État libéral et tolérant, qui attira de nombreux colons. La Pennsylvanie joua un rôle capital dans la guerre d'Indépendance* américaine (1775-1782), et devint au XIXᵉ siècle, en particulier grâce aux mines de charbon, l'un des États les plus riches des États-Unis. Voir Déclaration d'indépendance, Franklin (Benjamin), Sécession (Guerre de).

PENTAGONE. Édifice en forme de pentagone (d'où son nom) situé à Washington et qui abrite depuis 1942 le secrétariat américain à la Défense (ministère des Armées) et l'état-major général des forces armées.

PENTECÔTE. Fête célébrée par les chrétiens* pour commémorer la descente du Saint-Esprit sur les apôtres*. Elle a lieu le septième dimanche après Pâques*. Voir Fêtes chrétiennes, Fêtes juives.

PEOPLE'S BUDGET. Nom donné par Lloyd* George, chancelier de l'Échiquier* dans le gouvernement libéral d'Asquith*, au projet de budget, taxant plus lourdement les riches, présenté aux Communes* en avril 1909. Ce budget, auquel s'opposa vivement la Chambre des lords*, aboutit au vote du *Parliament* Act (1911) qui affaiblit considérablement les pouvoirs de la Chambre haute. Cette crise marqua l'évolution démocratique mais aussi parlementaire du régime britannique.

PÉPIN DE LANDEN ou **PÉPIN L'ANCIEN, saint** (v. 580-640). Grand propriétaire foncier du royaume d'Austrasie*, il est l'ancêtre des Carolingiens* et fut le maire* du palais sous Clotaire II* et Dagobert Iᵉʳ*.

PÉPIN DE HERSTAL, dit **PÉPIN LE JEUNE** (v. 635-Jupille, 714). Père de Charles* Martel, il reconstitua l'unité du royaume des Francs*. Maire* du palais d'Austrasie* (v. 680), il fut vaincu par Ébroïn*, maire du palais de Neustrie*, mais battit les Neustriens (687) après la mort de ce dernier. Il réunit alors les trois royaumes

francs : Austrasie, Neustrie et Bourgogne*. Laissant régner les rois mérovingiens*, il s'assura en réalité le contrôle du gouvernement, des finances et de l'armée.

PÉPIN, dit **LE BREF** (Jupille, 714-Saint-Denis, 768). Fils de Charles* Martel et père de Charlemagne*, il fut le fondateur de la dynastie des Carolingiens*. Marié à Berthe* au Grand Pied, Pépin le Bref (« le petit ») devint, à la mort de son père (741), maire* du palais et reçut la Neustrie*, la Bourgogne* et la Provence* puis, son frère Carloman* s'étant fait moine, l'Austrasie* et la Thuringe. Soutenu par le pape, il détrôna le dernier roi mérovingien*, Childéric III, et se fit proclamer roi des Francs* (751). Afin de remercier la papauté, il mena deux expéditions militaires contre les Lombards* et les força à céder en 756 au Saint-Siège l'exarchat* byzantin de Ravenne qu'ils venaient de conquérir, origine des États* pontificaux (ils existeront jusqu'en 1870). Devenu roi par la volonté de Dieu après avoir été sacré par le pape à Saint-Denis, Pépin inaugura la monarchie de droit divin et noua pour longtemps une solide alliance entre Rome* et la royauté franque. Il défendit enfin les frontières du royaume. Il battit les Saxons* et les Bavarois, reconquit Narbonne et le sud de la Gaule* sur les Arabes* et soumit les Aquitains révoltés. À sa mort, Pépin le Bref avait solidement établi son autorité et préparé l'œuvre de son fils, Charlemagne. Voir Pippinides.

PÉPIN Iᵉʳ (803-Poitiers, 838). Roi d'Aquitaine* (817-838). Fils de Louis Iᵉʳ* le Pieux, il se révolta contre son père avec ses frères, Lothaire Iᵉʳ* et Louis Iᵉʳ* le Germanique.

PEREIRE, Jacob Émile (Bordeaux, 1800-Paris, 1875). Homme d'affaire français. Il créa avec son frère Isaac le Crédit mobilier qui fut un des moteurs de l'essor industriel du Second Empire*. Venu à Paris en 1822, Pereire se consacra d'abord, avec l'aide des Rothschild*, à la construction des premières lignes de chemin de fer françaises (Paris-Saint-Germain-en-Laye, lignes de Lyon, du Nord, du Midi). Il fonda ensuite, toujours avec son frère, une banque d'affaires d'un type nouveau, spécialisée dans le prêt aux industriels, le Crédit mobilier (1852) – ce qui le brouilla avec les Rothschild –, puis dirigea la Compagnie générale transatlantique. Soutenu par Napoléon III*, député au Corps* législatif (1863-1869), il se retira de la vie politique après la liquidation du Crédit mobilier (1868). Voir Fould (Achille).

PÈRES DE L'ÉGLISE. Nom donné à de grands écrivains ecclésiastiques des IIIᵉ, IVᵉ et Vᵉ siècles ap. J.-C., restés un exemple pour l'orthodoxie chrétienne et la sainteté de leur vie. On distingue les Pères dits « apologistes » (défenseurs du christianisme* face aux païens) comme Clément d'Alexandrie et saint Cyprien, évêque de Carthage*. Les principaux Pères dogmatiques (défenseurs de l'orthodoxie face à l'hérésie) sont saint Jérôme, saint Augustin* et saint Bernard*. Voir Bible.

PERES, Shimon (en Pologne, 1923-). Homme politique israélien. Président du Parti travailliste israélien (Mapai*) depuis 1977, favorable à une paix de compromis, il fut contraint, faute d'une majorité suffisante, de souscrire en 1984 à la formule d'Union nationale avec les conservateurs du Likoud*, dirigé par Yitzhak Shamir*. Il fut ainsi Premier ministre de 1984 à 1986 puis ministre des Affaires étrangères (1986-1988) et des Finances (1988-1990). Après les élections législatives anticipées de juin 1992 et la victoire des travaillistes, Shimon Peres devint ministre des Affaires étrangères dans le cabinet de Yitzhak Rabin*. Il fut l'un des artisans de l'accord israélo-palestinien signé en 1993 à Washington. Il a reçu avec Yitzhak Rabin et Yasser Arafat* le prix Nobel* de la paix en 1994. Voir Washington (Accords de).

PERESTROÏKA. Mot russe signifiant « reconstruction », « restructuration ». En URSS, politique de réformes économiques mise en œuvre par Gorbatchev* à partir de 1985 afin de résoudre la crise et qui s'appuya notamment sur la *glasnost* (« transparence ») et la démocratisation de la vie politique. La loi du 1ᵉʳ janvier 1988 donna aux entreprises, contraintes à la rentabilité, l'autonomie financière. La création de coopératives, dont les promoteurs et les membres pouvaient se partager les profits fut autorisée. L'agriculture privée fut enfin encouragée : le comité central permit aux familles, en mars 1989, de prendre des terres pour un bail de 50 ans ou plus, avec le droit de le céder à leurs enfants.

PERGAME. Ancienne ville d'Asie* Mineure située en Mysie, capitale d'un royaume hellénistique* très puissant aux IIIᵉ et IIᵉ siècles av. J.-C. (celui des Attalides). Allié de Rome*, il s'étendait sur une grande partie de l'Asie Mineure. Ses rois furent de grands défenseurs de la culture grecque. Ornée de monuments magnifiques, possédant une bibliothèque de 200 000 volumes que seule celle d'Alexandrie surpassait, Pergame a perfectionné une invention babylonienne, le parchemin. Léguée à Rome par son dernier roi Attale III en 133 av. J.-C., devenue capitale de la province romaine d'Asie (129 av. J.-C.), la ville déclina à partir du IIIᵉ siècle ap. J.-C. Appelée aujourd'hui Bergama, elle se trouve actuellement en Turquie. Voir Hellénistique (Civilisation).

PÉRICLÈS (v. 492-Athènes, 429 av. J.-C.). Grand homme politique athénien, sous le gouvernement duquel Athènes* atteignit son apogée. Fils du stratège* Xanthippe, vainqueur des Perses* à Mycale*, et apparenté par sa mère à une célèbre famille aristocratique, Périclès eut pour principaux maîtres à penser les philosophes Zénon* d'Élée et Anaxagore*, qui lui transmirent un idéal élevé. Chef du parti démocratique, grand orateur (on le surnommait l'Olympien), réélu stratège presque chaque année, il domina pendant plus

le 30 ans (461-429 av. J.-C.) la politique
d'Athènes. Il acheva la démocratie de la
cité en limitant les pouvoirs de l'Aréopage*, en permettant à presque tous les ci-
oyens de devenir archontes*, en généra-
isant le tirage au sort, en versant une
ndemnité de présence aux membres de la
Boulê*, de l'Héliée*, aux archontes, aux
stratèges, enfin aux citoyens les plus pauvres pour assister aux fêtes civiques. Cependant, les seuls bénéficiaires de ces mesures restaient les citoyens, petite minorité
de 40 000 hommes sur les 400 000 habitants que comptait l'Attique*. Périclès fut
aussi le fondateur de l'impérialisme athénien, portant la cité au sommet de sa puissance économique et militaire. Dominant
la ligue de Délos*, Athènes élimina les
Perses* de la mer Égée, s'assura le
contrôle des régions bordières de la mer
Noire riches en blés, tenta aussi d'imposer
son hégémonie en Grèce continentale
s'opposant particulièrement à Corinthe* et
Sparte*. La trêve de 30 ans qu'elle signa
avec cette dernière (qui ne dura que 15
ans) permit alors à Périclès de faire de sa
cité l'« École de la Grèce ». On y joua les
œuvres d'Eschyle*, de Sophocle*, d'Euripide* et l'on reconstruisit sous la conduite
du sculpteur Phidias* les sanctuaires de
l'Acropole*. Mais la volonté de puissance
d'Athènes rendit inévitables de nouveaux
conflits. En 431 av. J.-C. commença la
guerre du Péloponnèse* contre Sparte. Périclès mourut deux ans plus tard de l'épidémie de peste qui atteignit sa cité. Voir
Démocratie athénienne.

PÉRIÈQUES. Nom donné à Sparte* aux
habitants qui occupaient les régions frontalières de l'État (le mot signifie « ceux qui
habitent autour »). Libres, ils s'adonnaient
à l'artisanat et au commerce, activités interdites aux citoyens*, à l'agriculture
aussi, mais sur les moins bonnes terres. Ils
n'avaient aucun droit politique (ils
n'étaient pas citoyens) et devaient servir
comme hoplites* dans l'armée. Ils se mon-

trèrent généralement loyaux sujets de
Sparte.

PERIER, Casimir (Grenoble, 1777-Paris,
1832). Homme politique français. Hostile
à tout mouvement démocratique et défenseur de la grande bourgeoisie d'affaires,
Casimir Perier fixa en une année de gouvernement la physionomie politique de la
monarchie* de Juillet. Issu d'une riche famille de négociants dauphinois, Casimir
Perier était le fils de Claude Perier, l'un
des fondateurs de la Banque de France*.
Lui-même banquier et industriel, élu député de Paris en 1817, il devint l'un des
chefs de l'opposition libérale sous la Restauration*. Rallié à Louis-Philippe Ier*,
considérant la révolution* de 1830 comme
un simple changement dynastique, il devint président de la Chambre et chef du
Parti de la résistance*. Succédant à Laffitte*, il fut appelé en 1831 comme chef de
gouvernement avec le portefeuille de l'Intérieur. Autoritaire et partisan de l'ordre, il
réprima vigoureusement les émeutes parisiennes et la première grande révolte sociale des canuts* (ouvriers de la soie) de
Lyon. Il refusa, en politique extérieure,
l'intervention française aux côtés des révoltés de Pologne et d'Italie, mais fit intervenir, aux côtés des Anglais, les troupes
françaises en Belgique afin de sauvegarder
l'indépendance du pays. Casimir Perier
mourut du choléra après une visite à l'Hôtel-Dieu auprès des victimes de l'épidémie. Son petit-fils, Jean Casimir-Perier fut
président de la République.

PERÓN, Juan Domingo (Lobos, Buenos
Aires,1895-Buenos Aires, 1974). Homme
politique argentin. Incarnation moderne du
*caudillo** latino-américain, il mit en place
une dictature populiste. Fils d'un important propriétaire d'élevage, Perón, après
des études dans un collège militaire, fut
envoyé par l'état-major de l'armée en mission d'études en Italie (1939-1941) d'où il
revint séduit par les méthodes et les réalisations du fascisme*. Officier, nommé mi-

nistre du Travail en 1943, ce fut à ce poste qu'il gagna une grande popularité dans le monde ouvrier et les syndicats par une série de mesures sociales spectaculaires. Vice-président en 1944, il fut, soutenu par les *descamisados* (les « sans-chemises »), élu président de la République (février 1946) malgré l'opposition de la droite mais aussi des communistes. Perón mit en application sa doctrine du « justicialisme », mélange de nationalisme anti-américain, de populisme et de dirigisme qui lui valut une immense popularité, servie par l'inlassable propagande de sa femme Eva Duarte. Cependant, les difficultés économiques et financières provoquées par la coûteuse politique industrielle, la mauvaise gestion des entreprises nationalisées, la corruption et l'hostilité de l'Église (légalisation du divorce) provoquèrent la démission de Perón après le coup d'État du général Lonardi (1955). Réfugié à Madrid, il garda en Espagne une influence politique importante. Il revint en Argentine après la victoire de ses partisans aux élections de 1973, fut de nouveau élu président à 77 ans en remportant 62 % des suffrages et s'appuya sur la droite péroniste afin de lutter contre la guérilla de l'Armée révolutionnaire du peuple. Après sa mort, sa troisième épouse, Isabel Martínez, qu'il avait placée à la vice-présidence, assura le pouvoir jusqu'à son éviction par l'armée en 1976.

PERRAULT, Charles (Paris, 1628-*id.*, 1703). Écrivain français. Il doit sa célébrité aux contes, écrits pour l'amusement des enfants (*Contes de ma mère l'Oye*, 1697), qui inaugurèrent le genre littéraire des contes de fées. Contrôleur général de la surintendance des Bâtiments, protégé par Colbert*, il s'illustra aussi à l'Académie* française dont il était membre depuis 1671 dans la querelle des Anciens et des Modernes qui agita le monde des lettres à la fin du XVIIᵉ siècle. Hostile aux tenants de l'imitation des Anciens comme Boi-

leau*, Perrault prit parti pour les Modernes (*Le Siècle de Louis le Grand*, 1687 ; *Parallèle des Anciens et des Modernes*, 1688-1698).

PERSÉE (v. 212-Alba Fucens, 166 av J.-C.). Dernier roi de Macédoine* de 179 à 168 av. J.-C. Fils de Philippe V*, il chercha à rétablir la domination macédonienne en Grèce*, perdue après la bataille de Cynoscéphales* (197 av. J.-C.). Rome* engagea une guerre contre lui. Persée fut vaincu en 168 av. J.-C. par le consul romain Paul* Émile à la bataille de Pydna* Emmené à Rome, il y mourut en captivité.

PERSÉPHONE. Dans la mythologie* grecque, fille de Zeus* et de Déméter*. Reine des Enfers, elle monte sur la terre au printemps et retourne dans le monde souterrain à l'automne.

PERSÉPOLIS. Ancienne résidence des empereurs perses* achéménides*, située au sud-est de l'Iran. Son site fut fouillé à partir de 1930. Fondée par Darius Iᵉʳ* à la fin du VIᵉ siècle av. J.-C., elle ne fut jamais comme Suse* ou Ecbatane*, une vraie capitale mais un lieu de repos où le roi et sa cour venaient séjourner au printemps. Une immense terrasse adossée à la montagne soutenait la cité royale entourée d'une enceinte fortifiée de 4 m. On y accédait par deux escaliers d'une centaine de marches encadrés de statues représentant des taureaux ailés à tête d'homme. La grande salle où recevait Darius Iᵉʳ formait un carré de 75 m de côté et pouvait accueillir 10 000 personnes. On y parvenait par un escalier orné de statues représentant à gauche des personnages importants et des soldats, à droite les peuples soumis de l'Empire portant des offrandes au Grand Roi. Dans le palais de Xerxès Iᵉʳ*, la salle du trône était soutenue par 100 colonnes de 20 m de hauteur. Prise par Alexandre III* le Grand en 331 av. J.-C., Persépolis fut pillée et en partie détruite. Après un certain renouveau, elle perdit définitivement de son importance (au profit de Chiraz*) au moment de la conquête musulmane. Le site de Persépolis fut choisi par le Shah* d'Iran en 1971 pour célébrer le 2 500ᵉ anniversaire de l'Empire perse. Il reste aujourd'hui les ruines imposantes des palais de Darius Iᵉʳ et de Xerxès Iᵉʳ.

PERSES. Peuple indo-européen installé vers le VIIIᵉ siècle av. J.-C. en Perse, pays situé sur la rive nord du golfe Persique*. À partir du VIᵉ siècle av. J.-C., les Perses fondèrent pour deux siècles un immense empire, appelé empire des Achéménides*. Vers 550 av. J.-C., Cyrus II* le Grand souleva la Perse contre le roi des Mèdes* et réunit sous son autorité Mèdes et Perses. Après cette victoire, il soumit en moins de 20 ans l'Asie* Mineure (dont la Lydie* et les cités grecques d'Asie), la plaine de Mésopotamie* avec Babylone* et les régions orientales jusqu'à l'Inde*. Son fils Cambyse II* (530-522 av. J.-C.) conquit l'Égypte* mais ce fut Darius Iᵉʳ* qui donna à l'Empire sa plus grande extension : à l'ouest jusqu'à la Thrace et la Macédoine*, à l'est jusqu'au fleuve Indus*. Darius Iᵉʳ échoua à soumettre la Grèce* lors des guerres Médiques* mais la Perse continua à faire peser sur ce pays une grave menace encore pendant un siècle. Les succès militaires de la Perse s'expliquaient par la force de son armée constituée d'excellents cavaliers et de bons fantassins (le corps d'élite était formé par les 10 000 Immortels, gardes du corps du roi) mais aussi par la générosité avec laquelle les Perses vainqueurs traitèrent les vaincus. Dominant des peuples très divers, la Perse respecta les traditions religieuses, les institutions et les coutumes locales. L'Empire perse fut un État bien organisé : dirigé par un monarque absolu (le Grand Roi) se réclamant du dieu suprême des Perses Ahura* Mazda, il exerçait son autorité dans les pays conquis par l'intermédiaire de gouverneurs de provinces, les satrapes*, très étroitement surveillés par des inspecteurs royaux, « les yeux et les oreilles du roi ».

La Perse répandit dans l'Empire l'usage de la monnaie (la darique*), les mêmes poids et mesures et développa un réseau de routes dont la plus importante fut celle qui reliait Suse* à Sardes*. Il permettait le transport et l'échange de marchandises entre l'Asie et le monde grec. La religion perse, réformée par Zoroastre*, connue et admirée par les Grecs, reposait sur une morale très stricte qui demandait aux hommes de faire le bien aux côtés d'Ahura Mazda pour l'aider à triompher. La Perse, affaiblie par des luttes de succession au trône et la désobéissance de plusieurs satrapes, succomba sous les coups d'Alexandre III* le Grand en 331 av. J.-C. D'abord dominée par les Grecs, elle le fut ensuite par les Romains. Voir Arabes, Mongols, Parthes, Sassanides, et carte p. 736.

PERSHING, John Joseph (près de Laclede, Missouri, 1860-Washington, 1948). Général américain. Lors de la Première Guerre* mondiale, il commanda les troupes américaines sur le front français en 1918.

PERSIQUE (Golfe) ou **GOLFE ARABIQUE**. Partie de l'océan Indien située entre l'embouchure du Tigre et de l'Euphrate et le détroit d'Ormuz, bordée par l'Iran, l'Irak, le Koweit, l'Arabie Saoudite et les Émirats arabes unis. Il fut dès le IIIᵉ millénaire av. J.-C. une voie d'échanges commerciaux entre les peuples de la Mésopotamie* et ceux de la vallée de l'Indus*. Fréquenté durant l'Antiquité par les Arabes*, les Phéniciens* puis les Grecs, le golfe Persique fut dominé par les Arabes entre le VIIᵉ et le XVIᵉ siècle ap. J.-C., par les Portugais au XVIᵉ siècle, les Hollandais* au XVIIᵉ siècle enfin les Anglais* au XVIIIᵉ siècle jusqu'au lendemain de la Seconde Guerre* mondiale.

PESSÕA CÂMARA, Helder (Fortaleza, 1909-). Prélat brésilien. Archevêque de Recife (1964-1985), il se rendit célèbre au Brésil et dans le monde entier par ses prises de position en faveur des pauvres et des

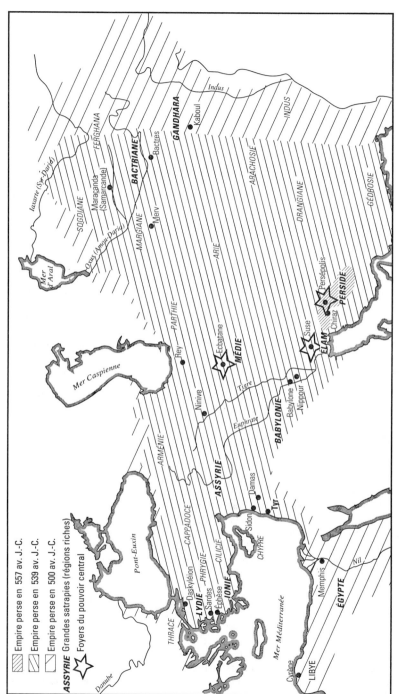

L'Empire perse

Empire perse en 557 av. J.-C.
Empire perse en 539 av. J.-C.
Empire perse en 500 av. J.-C.

ASSYRIE Grandes satrapies (régions riches)

Foyers du pouvoir central

pprimés des pays du tiers monde. Il avait ondé en 1968 le mouvement Action, Paix, ustice.

ESTE. Le nom de peste fut donné dans Antiquité à toutes sortes de maladies épiémiques à forte mortalité comme la céèbre peste d'Athènes* (429 av. J.-C.). La este dite de Justinien fut vraisemblableient une véritable peste qui ravagea les eux rives, européenne et africaine, de la léditerranée aux VIᵉ-VIIᵉ siècles ap. J.-C. lle disparut en Europe au début du VIᵉ siècle jusqu'à la grande Peste* Noire de 348. Transmise à l'homme par la puce du at, la maladie se propage inexorablement ar contagion directe, les signes mortels en tant de gros ganglions, les bubons, au ou, à l'aine et aux aisselles. Mais on parle ussi d'infections intestinales ou pulmoaires accompagnées de crachements de ang. Après la Peste Noire, les autres peses importantes furent celles de Thessalie, e Macédoine*, Thrace et Constantinople* 1466), de Venise* (1478), de Londres 1664-1665) qui décima près du quart de a population, de Marseille (1720-1722) et e Moscou (1783). Quelques petites épilémies apparurent enfin à Paris (1920) et Alger (1930 et 1944), ce qui inspira *La* *este* de Camus*.

PESTE NOIRE. Nom donné à la peste enue d'Asie centrale. Elle se répandit ers la Chine, l'Inde et l'Europe entre 347 et 1351 où elle provoqua des millions e victimes (le tiers de la population en urope occidentale). Arrivée des steppes 'Asie centrale par l'intermédiaire des omptoirs génois de la mer Noire, elle était uasiment inconnue en Europe, la dernière rande épidémie remontant au VIᵉ siècle. a soudaine apparition du fléau interromit et désorganisa pendant un temps toute orme d'activité.

PÉTAIN, Philippe (Cauchy-à-la-Tour, 856-île d'Yeu, 1951). Héros de Verdun* ors de la Première Guerre* mondiale, il levint chef de l'État français à Vichy pen

dant l'occupation allemande (1940-1944). Issu d'une famille modeste de paysans, Pétain, sorti de Saint-Cyr en 1878, enseigna à l'École de guerre (1901-1910). Promu général au début de la Première Guerre mondiale (août 1914) alors qu'il allait prendre sa retraite, il participa aux batailles de la Marne* (septembre 1914) et d'Artois (mai 1915) puis fut chargé de prendre la direction du secteur défensif de Verdun (février 1916) où son action personnelle fut décisive. Commandant des armées du centre (mai 1916), il fut nommé, après l'échec sanglant de l'offensive du Chemin* des Dames, commandant en chef des armées et dut faire face aux mutineries qui éclatèrent dans certains régiments de première ligne. Il réussit à rétablir la situation par des sanctions exemplaires (condamnations à mort de déserteurs) mais aussi en améliorant l'organisation et les conditions de vie des soldats. Foch* fut cependant désigné comme généralissime des armées alliées qu'il conduira à la victoire. Devenu maréchal* de France en novembre 1918, Pétain fut nommé vice-président du Conseil supérieur de la guerre et inspecteur général de l'armée (1922), poste dans lequel de Gaulle* fut l'un de ses proches collaborateurs. Envoyé au Maroc en 1925 afin de réprimer la rébellion d'Abd*-el-Krim dans le Rif, Pétain, nommé inspecteur de la défense aérienne du territoire, fut appelé comme ministre de la Guerre dans le cabinet Doumergue* après l'émeute du 6 février*1934. Nommé ambassadeur de France dans l'Espagne de Franco* en 1939, il fut appelé le 18 mai 1940 comme vice-président du cabinet Paul Reynaud*. Désigné président du Conseil le 16 juin, il refusa de poursuivre le combat en Afrique et demanda aussitôt l'armistice, signé le 22 juin. Le nouveau gouvernement s'installa à Vichy où, le 10 juillet*, l'Assemblée nationale accorda par 569 voix contre 80, les pleins pouvoirs à Pétain qui reçut le titre de « chef de l'État français ». Il exerça aussi la présidence du Conseil (vice-présidents : Pierre Laval*, François Darlan*) avant que l'Allemagne ne lui impose Laval à partir d'avril 1942. Pétain inaugura rapidement la Révolution nationale dans un État hiérarchique, autoritaire et corporatiste fondé sur la devise « Travail, Famille, Patrie ». Il engagea à l'extérieur une politique présentée plus tard comme un double jeu qui s'avérera vite illusoire. Afin de préserver, face à l'Allemagne, les intérêts de la France dans le cadre de la convention d'armistice, il garda des contacts avec les Alliés (mission L. Rougier à Londres en octobre 1940, liaisons avec l'ambassadeur des États-Unis à Vichy), tout en menant une politique de collaboration* avec l'occupant inaugurée en octobre 1940 par l'entrevue de Montoire* avec Hitler*. Le débarquement* allié d'Afrique du Nord (novembre 1942) aurait pu être pour Pétain l'occasion de se rallier aux Alliés mais il s'y refusa. Dans la France, alors entièrement occupée, Pétain couvrit les initiatives de Laval et des collaborateurs de Paris (création de la Milice*, de la Légion* des volontaires français, exécutions d'otages, déportations de juifs* et de résistants). Enlevé par les Allemands le 20 août 1944, et conduit à Sigmaringen, Pétain refusa d'apporter sa caution au gouvernement que s'efforça de constituer Fernand de Brinon*. Après avoir réussi à gagner la Suisse, il se présenta en France pour y être jugé (avril 1945). La Haute Cour le condamna à la peine de mort, à l'indignité nationale et à la confiscation de ses biens mais sa peine fut commuée, du fait de son grand âge, à la détention perpétuelle. Emprisonné à l'île d'Yeu, Pétain y mourut après une captivité de six ans. Voir Résistance, Vichy (Gouvernement de).

PETCHÉNÈGUES. Nomades d'Asie centrale d'origine turque établis au IXᵉ siècle sur les rives de la mer Noire. Les Petchénègues menacèrent longtemps l'Em-

pire byzantin*. Ils furent définitivement anéantis en 1122 par l'empereur Jean II* Comnène.

PÉTION DE VILLENEUVE, Jérôme (Chartres, 1756-Saint-Émilion, 1794). Homme politique français. Républicain convaincu lors de la Révolution* française, il fut proscrit en 1793 avec les girondins*. Avocat à Chartres, élu député du Tiers* État aux États* généraux de 1789, il fut membre de la Société des amis des Noirs et du Club des jacobins* où il fut surnommé « Pétion le Vertueux ». Avec Barnave* et Latour-Maubourg, il fut chargé en juin 1791 de ramener Louis XVI* de Varennes* et, élu maire de la Commune* de Paris (novembre 1791-novembre 1792), il prit parti pour l'insurrection populaire du 10 août* 1792 qui aboutit à la chute de la monarchie et laissa faire les massacres de septembre* 1792. Premier président de la Convention* (septembre 1792), il se rallia aux girondins, avec lesquels il fut proscrit en juin 1793. Il tenta un soulèvement fédéraliste* en Normandie et, ayant échoué, se suicida.

PÉTITION DES DROITS (en angl. *Petition of the Right*). Requête présentée en 1628 au roi d'Angleterre Charles Iᵉʳ* par le Parlement* anglais et destinée à mettre un frein aux mesures absolutistes. Elle déclarait illégaux les emprisonnements arbitraires, les impôts non consentis par le Parlement, le logement des soldats chez les particuliers et réclamait la suppression de la loi martiale en temps de paix. Charles Iᵉʳ, après beaucoup d'hésitations, accepta de signer la requête. Voir Charte (Grande).

PÉTRA. Dans l'Antiquité, nom d'une cité située entre la mer Rouge et la mer Morte. Important centre commercial, elle fut occupée au Vᵉ siècle av. J.-C. par les Nabatéens, ancien peuple de l'Arabie du Nord-Ouest. Pétra est célèbre aujourd'hui par son site au milieu des falaises où sont creusés de nombreux tombeaux et temples.

PÉTRARQUE (Arezzo, 1304-Arqua, Padoue, 1374). Célèbre poète et humaniste du Moyen Âge. Grand admirateur de l'Antiquité, il fut considéré par ses contemporains comme le restaurateur des lettres latines. Pétrarque passa sa jeunesse en Avignon* avec sa famille exilée de Florence* par les Guelfes*, puis fréquenta l'université de Montpellier et poursuivit ses études de droit à l'université de Bologne. Sa passion pour Laure de Noves lui inspira ses poèmes italiens, *le Canzoniere*, qui groupe les *Rimes* et *Les Triomphes*. Cette œuvre inspira de nombreux imitateurs en Italie puis en France. Voir Boccace, Humanisme.

PÉTRONE (?-Cumes, 65 ap. J.-C.). Écrivain latin, auteur du *Satiricon*, œuvre dont il ne reste que quelques fragments et qui inspira le célèbre film du metteur en scène Fellini*. Grand seigneur, intime de Néron*, il fut impliqué dans un complot contre l'empereur et dut se donner la mort.

PEUPLES DE LA MER. Nom donné par les Égyptiens aux peuples appartenant à la seconde vague de grande migration indoeuropéenne qui déferla dans la zone méditerranéenne aux XIIIe et XIIe siècles av. J.-C. Ces peuples ont provoqué de grands bouleversements dans l'ancien Orient. Ils ont menacé à plusieurs reprises l'Égypte*, probablement mis fin à l'empire hittite. Ils se sont aussi répandus en Syrie*, en Crète, dans les îles de la mer Égée et en Phénicie-Palestine où ils ruinèrent Ougarit*. Les Achéens* appartiendraient, selon les Égyptiens, aux Peuples de la mer. Voir Fer (Âge du), Hittites.

PEUR (La Grande). Nom donné à des mouvements confus et désordonnés qui soulevèrent les paysans de la plupart des régions de France en juillet-août 1789. Succédant à la révolution parisienne (prise de la Bastille* le 14 juillet), le bruit se répandit que les aristocrates allaient armer des brigands afin d'exercer des représailles, dévastant les granges et coupant les blés. Les paysans aussitôt s'armèrent, incendièrent et mirent à sac des châteaux et brûlèrent les livres terriers. Ce fut notamment pour mettre un terme à cette révolte que les députés de l'Assemblée* nationale constituante votèrent l'abolition de la féodalité dans la nuit du 4 août* 1789.

PFLIMLIN, Pierre (Roubaix, 1907-). Homme politique français. Député MRP* du Bas-Rhin (1946-1967), plusieurs fois ministres sous la Quatrième République*, il fut appelé à la présidence du Conseil lors de la crise d'Alger du 13 mai* 1958, et dut démissionner, remplacé par le général de Gaulle*. Il fut maire de Strasbourg (1959-1983) puis président du Parlement européen (1984-1987).

PHAÏSTOS. Ancienne ville de Crète près de la côte sud de l'île. Riche à partir de 2 000 av. J.-C. grâce au commerce avec l'Égypte*, elle semble avoir été le principal centre de la Crète avant Cnossos*. On y a retrouvé en 1908 une tablette d'argile circulaire, connue sous le nom de « disque de Phaïstos », datée du début du IIe millénaire et portant sur ses deux faces une écriture pictographique sans rapport apparent avec le linéaire* A ou B et non encore déchiffrée. Son palais, détruit puis rebâti entre le XVIIIe et le XVIe siècle av. J.-C., fut moins grand que celui de Cnossos, mais ordonné selon le même plan. À 3 km de Phaïstos, à Haghia Triada, s'élevait la résidence d'été des seigneurs de Phaïstos. Voir Crétois, Mallia.

PHALANGE. Nom donné à la formation de combat chez les Grecs, masse profonde de plusieurs rangs d'hoplites* armés de la lance et de l'épée destinées à l'attaque de front. La phalange fut perfectionnée par Philippe II* de Macédoine. Il groupa son infanterie en formation massive d'abord sur 16 rangs de profondeur (4 096 hommes), puis plus tard sur 32 (8 192 hommes) et même sur 64 rangs (16 384 hommes). Tous les hommes de la phalange étaient armés de sarisses, longue lance de 5 à 7 m.

On la tenait à deux mains : les cinq premiers rangs pointaient leur lance en avant et à partir du sixième, chaque soldat l'appuyait sur l'épaule de celui qui était devant lui. L'ennemi se trouvait ainsi devant un rempart de boucliers hérissés de pointes, formation destinée à résister aux plus violents chocs de l'adversaire. La phalange macédonienne fut l'instrument des victoires de Philippe II et d'Alexandre III* le Grand. Mais elle n'était vraiment efficace qu'en terrain plat. Elle succombera devant la légion* romaine à Cynoscéphales* (197 av. J.-C.) et à Pydna* (en 168 av. J.-C.) sur un terrain accidenté où elle ne put garder sa cohésion.

PHALANGE ESPAGNOLE (en esp. *Falange Española*). Organisation politique espagnole paramilitaire de type fasciste fondée par José Antonio Primo* de Rivera en 1933. Directement inspiré du fascisme* mussolinien, la Phalange fusionna, après la guerre civile d'Espagne* (1936-1939), avec différents mouvements de droite et devint le parti unique du régime franquiste. Elle connut jusqu'en 1942 un développement considérable, contrôlant l'administration publique et une série de services sociaux, culturels et éducatifs, mais surtout le syndicat unique dont elle adopta le symbole (le joug et les flèches). Le régime de Franco* consolidé, son influence diminua et à partir de 1957, elle se cantonna à des activités sociales.

PHAM VAN DÔNG (Mô Duc, 1906-). Homme politique vietnamien. Compagnon de Hô* Chi Minh, il fut l'un des fondateurs de l'armée du Viêt-minh*. Membre du gouvernement provisoire du Viêt-minh, il participa aux conférences de Fontainebleau (1946) et de Genève (1954). Premier ministre de la République démocratique du Viêt-nam (1955-1976), puis du Viêt-nam réunifié (1976-1987). Son gouvernement fut marqué par la fuite, dans des conditions dramatiques, de milliers d'opposants au nouveau régime (*boat people*), la mise en place de camps de « rééducation », et l'oc-cupation du Cambodge (1978-1989). Voir Khmers rouges, Viêt-nam (Guerre du).

PHARAON. Nom donné au souverain de l'Égypte* ancienne. Personnage sacré, à la fois dieu et roi humain, Pharaon fut considéré comme le fils du dieu-soleil Rê*, sous l'Ancien* Empire, puis, plus tard, du dieu Amon* de Thèbes*. En tant que roi, il est reconnu comme le successeur légitime d'Horus*, premier souverain de l'Égypte. Pharaon-dieu, il est le garant de l'ordre universel, d'origine divine, qui doit empêcher le retour du chaos originel. Cet ordre immuable repose aussi bien sur les mouvements des astres, le retour périodique de la crue du Nil*, indispensable aux travaux agricoles, que sur un ordre social régi par les rapports entre les hommes et leurs devoirs à l'égard des dieux. Indispensable à la survie du monde, Pharaon, seul intermédiaire possible entre les hommes et les dieux, doit assurer journellement le rituel divin, le clergé n'étant que son délégué. À sa mort, Pharaon, enterré dans des sépultures parfois gigantesques, rejoint les dieux et l'on rend un culte funéraire à l'une ou à plusieurs de ses statues. Indépendamment du rôle religieux fondamental de Pharaon, celui-ci assume aussi un rôle temporel essentiel. Détenteur de tous les pouvoirs, il s'appuie pour gouverner sur un grand nombre de fonctionnaires, notamment les vizirs*. Voir Aménophis IV, Hypogée, Ménès, Pyramide, Ramsès II, Scribe, Thoutmès III.

PHARISIENS. Secte religieuse juive vivant en Judée* au début de l'ère chrétienne*. Ses membres, très pieux, s'efforçaient d'observer très fidèlement la loi mosaïque. D'après le Nouveau Testament*, ils sembleraient avoir été les principaux adversaires de Jésus*.

PHÉNICIE. Dans l'Antiquité, ancienne région du Proche-Orient* formée d'une étroite bande de terre située sur la côte est de la Méditerranée, aujourd'hui partagée entre la Syrie*, le Liban et Israël*. Les

Les Phéniciens (de 1200 av. J.-C. à l'époque romaine)

Phéniciens, peuple d'origine sémite*, furent entre le XIe et le VIIIe siècle av. J.-C. les plus actifs commerçants de la Méditerranée et révolutionnèrent l'écriture*, en inventant un alphabet* de 22 consonnes. Entre le IIIe millénaire av. J.-C. et 1200 av. J.-C., la côte phénicienne était jalonnée de petites cités-États (Ougarit*, Tyr*, Byblos*, Sidon*) ayant chacune son roi et ses dieux (Melqart, Adonis*, Ashtart*) et vassales, tantôt de l'Égypte*, tantôt des Hittites*. L'invasion des Peuples* de la mer (vers 1200 av. J.-C.) lui ouvrit une longue période d'indépendance et de prospérité. Profitant du déclin des empires hittite et égyptien mais surtout de la chute des Achéens* (soumis aux Doriens*), principale puissance maritime de l'époque, les Phéniciens devinrent les plus grands commerçants de la Méditerranée. Ils exportèrent du bois de construction (cèdres du Liban), et des objets de leur propre fabrication (verreries et étoffes). Surtout intermédiaires pour l'échange de produits entre les différentes régions du monde antique, ils cherchèrent en Espagne l'argent et l'étain, à Chypre* le cuivre et sur les côtes d'Afrique et dans la mer Égée le murex (coquillage dont on tire la pourpre). Leurs routes maritimes furent jalonnées de nombreux comptoirs, le plus important étant Carthage*. À partir du VIIIe siècle av. J.-C., la Phénicie fut dominée par les Assyriens puis par les Babyloniens* et les Perses*. Colonie grecque après la conquête d'Alexandre III* le Grand (332 av. J.-C.), elle devint à partir du Ier siècle av. J.-C. une province romaine. Voir Assyrie, Colonisation grecque.

PHIDIAS (v. 490-v. 432/430 av. J.-C.) Célèbre sculpteur athénien. Il participa à la splendeur d'Athènes* au temps de Périclès* qui lui confia la direction des travaux d'embellissement de la ville. Il travailla en particulier sur les chantiers de l'Acropole*, supervisa la réalisation de la frise des Panathénées* et réalisa la statue de Zeus* à Olympie* (disparue), l'une des Sept Merveilles* du monde ainsi qu'une statue chryséléphantine d'Athéna Parthénos.

PHILIPPE II LE HARDI (Pontoise 1342-Hal, 1404). Duc de Bourgogne (1364-1404). Fondateur de la deuxième maison de Bourgogne (1363/1364-1477), corégent durant la minorité de Charles VI*, il s'attacha surtout, après la démence du roi, à défendre les intérêts de ses propres États. Son courage à la bataille de Poitiers* (1356), lors de la guerre de Cent Ans, lui valut son surnom et l'apanage* du duché de Bourgogne*, donné par son père Jean II* le Bon, roi de France. Il hérita aussi, par son mariage avec Marguerite de Male, du comté de Flandre*, de l'Artois et de la Franche-Comté. Il fortifia son pouvoir en donnant à ses possessions une solide administration. Il fut le père de Jean sans Peur.

PHILIPPE III LE BON (Dijon 1396-Bruges, 1467). Duc de Bourgogne* (1419-1467). Maître de la Bourgogne, de la Franche-Comté, de la Flandre*, de l'Artois et des Pays-Bas (Hainaut, Brabant, Zélande, Frise, Luxembourg), il fut à cette époque le plus puissant souverain d'Europe. Afin de venger l'assassinat de son père, Jean* sans Peur, il s'allia aux Anglais lors de la guerre de Cent* Ans et prit part au traité de Troyes* (1420) qui déshérita le dauphin de France, futur Charles VII* au profit du roi d'Angleterre Henri V*. Inquiet cependant de la puissance croissante de l'Angleterre, il négocia avec Charles VII* le traité d'Arras* (1435) qui accrut sa puissance déjà considérable. Se détournant des affaires françaises, il se consacra jusqu'à sa mort à la gestion de ses territoires, supprimant les libertés communales mais respectant les particularismes. Grand mécène, Philippe le Bon fut le protecteur des arts (Van* Eyck). Charles* le Téméraire fut son unique fils et héritier.

PHILIPPE II (Valladolid, 1527-Escorial, 1598). Roi d'Espagne (1556-1598).

Champion de la Contre-Réforme*, Philippe II engagea de nombreux conflits en Europe, préparant, en partie, la décadence de l'Espagne. Fils de Charles* Quint et d'Isabelle du Portugal, Philippe II fut élevé en Castille*, se comportant toute sa vie en prince espagnol, et ne quitta plus la péninsule à partir de 1559. Déjà nommé par son père roi de Naples* (1554) et souverain des Pays-Bas (1555), il hérita après l'abdication de Charles Quint (1556) de l'Espagne, la couronne impériale passant à son oncle Ferdinand Ier*. Afin d'assurer le catholicisme* dans ses États et à l'extérieur, il poursuivit de façon systématique la politique de son père, intervenant en France, dans l'Atlantique contre l'Angleterre, en Méditerranée contre les Turcs, le conflit avec les Pays-Bas restant la « plaie inguérissable ». Le conflit avec Henri II*, roi de France, se termina par le traité du Cateau-Cambrésis* (1559), qui assurait l'hégémonie définitive de l'Espagne sur l'Italie, mais reprit au moment des guerres de Religion* lorsque Henri de Navarre (futur Henri IV*) devint l'héritier présomptif. Philippe II soutint la Ligue* catholique mais ne parvint pas à imposer la candidature de sa fille Isabelle au trône de France, et le traité de Vervins* (1598) maintint les dispositions du traité du Cateau-Cambrésis. Sa lutte contre l'Angleterre ne fut pas plus heureuse. Sous le prétexte de venger l'exécution de sa cousine Marie* Stuart (1587), mais en réalité pour mettre fin à la menace navale de l'Angleterre dans l'Atlantique, il engagea l'Invincible Armada* qui, vaincue (1588), mettait définitivement fin à la suprématie maritime de l'Espagne. Philippe II reprit aussi la lutte contre l'islam*, les Turcs ayant à cette époque la maîtrise de la Méditerranée. L'Espagne fournit les principales forces à la croisade suscitée par Pie V, contribuant ainsi largement à la célèbre victoire de Lépante* (1571), contre les Turcs, qui eut un retentissement considérable en Europe.

Mais la Méditerranée occidentale restait menacée par les corsaires barbaresques qui chassèrent les Espagnols de Tunis (1574). Si Philippe II, soutenu par l'Inquisition*, réussit à extirper le protestantisme* en Espagne, et persécuta les morisques* (musulmans convertis de force au catholicisme*), sa politique intransigeante aux Pays-Bas aboutit à la sécession des Provinces du nord calvinistes (Union d'Utrecht*). Solitaire, profondément religieux, et doté d'une grande puissance de travail, Philippe II, en annexant le Portugal et son empire (1581), fut plus puissant que son père. Le bilan politique de son règne fut néanmoins très médiocre, alors que la civilisation de l'Espagne (le Siècle d'Or) était portée à son apogée avec les œuvres mystiques de sainte Thérèse* d'Avila et de saint Jean* de la Croix, les premières œuvres de Cervantès*, la peinture du Greco*, la construction de l'Escorial* avec sa bibliothèque et l'Académie des sciences de Madrid.

PHILIPPE III (Madrid, 1578-*id.*, 1621). Roi d'Espagne (1598-1621). Effacé, laissant le gouvernement à ses favoris, il laissa un royaume confronté à de graves problèmes financiers et économiques et menacé à l'extérieur par les autres puissances européennes : l'Angleterre, la France et la Hollande. Fils de Philippe II* et d'Anne d'Autriche (fille de Maximilien II), il abandonna le pouvoir à des hommes peu capables comme le duc de Lerma. Son règne fut marqué par la paix avec l'Angleterre de Jacques Ier* (1604), la trêve de douze ans avec les Provinces-Unies, et l'alliance avec la France par le mariage de Louis XIII* et de l'infante Anne* d'Autriche. Sous son règne, les morisques* (musulmans convertis de force au catholicisme*) furent expulsés (1609-1611). En 1618 commençait la guerre de Trente* Ans.

PHILIPPE IV (Valladolid, 1605-Madrid, 1665). Roi d'Espagne (1621-1665). Son règne fut marqué par de nombreux conflits extérieurs mais aussi par l'éclat des lettres et des arts. Fils de Philippe III*, dominé par un favori, le comte-duc d'Olivares, Philippe IV dut faire face à l'extérieur à des guerres ouvertes sur des fronts nombreux et dispersés. Le soulèvement du Portugal, provoqué par une fiscalité excessive, aboutit à l'indépendance de ce pays (1640). La lutte contre la France se prolongea au-delà de la guerre de Trente* Ans et se solda par la paix des Pyrénées* (1659) : l'Espagne perdait l'Artois, le Roussillon et une partie de la Cerdagne, tandis que le mariage de Louis XIV* avec l'infante Marie-Thérèse* scellait la réconciliation entre les deux pays. Le traité de Münster (1648) aboutit enfin à l'indépendance et à la souveraineté des Provinces-Unies. Les fêtes somptueuses organisées par Philippe IV mais aussi les dépenses extérieures provoquèrent un immense déficit, poussant l'État à créer de nouvelles charges et provoquant de nombreux soulèvements intérieurs. Son règne correspondit à une période brillante dans la littérature (Lope de Vega, Calderón*) et la peinture (Murillo*, Vélasquez*).

PHILIPPE V (Versailles, 1683-Madrid, 1746). Roi d'Espagne (1700-1746). Duc d'Anjou*, petit-fils de Louis XIV* (second fils du Grand Dauphin et de Marie Anne Christine de Bavière) et arrière-petit-fils de Philippe IV* d'Espagne, Philippe V, par ses réformes intérieures, prépara le grand mouvement du despotisme* éclairé, et redonna à l'Espagne, par sa politique extérieure, une influence en Europe. Louis XIV ayant accepté, après beaucoup d'hésitation, le testament du dernier Habsbourg* d'Espagne, Charles II*, désignant le duc d'Anjou comme héritier au trône, la guerre de Succession* d'Espagne (1701-1714) éclata. Philippe V, deux fois chassé de Madrid, fut définitivement rétabli sur son trône par la victoire de Vendôme* à Villaviciosa (1710), ses droits à la couronne étant confirmés par les traités d'Utrecht* (1713-1715), l'Espagne perdant cependant Gibraltar et Minorque. D'abord sous l'influence de la princesse des Ursins, dame d'honneur de sa première femme Marie-Louise de Savoie, Philippe V tenta de centraliser l'administration. Il se laissa ensuite dominer par sa seconde femme, la fille du duc de Parme, Élisabeth Farnèse, qui fit donner la direction du gouvernement à un Italien, Alberoni*. La politique belliciste de ce dernier faillit entraîner une guerre contre la France et l'Angleterre, mais Philippe V s'inclina devant la Quadruple-Alliance et renvoya son ministre (1719). En 1724, le roi abdiqua en faveur de son fils Louis, mais la mort de ce dernier sept mois plus tard l'obligea à remonter sur le trône. Après la rupture avec la France qui rejeta le projet de mariage de sa fille avec Louis XV* (1725), Philippe V se rapprocha de l'Autriche et obtint pour ses fils, au traité de Séville (1729), les villes de Parme et de Plaisance, échangées lors de la guerre de Succession* de Pologne (1733-1738), contre Naples* et la Sicile (1734), lesquelles firent ainsi retour à l'Espagne. À la fin de son règne, il engagea l'Espagne dans la guerre de Succession* d'Autriche (1740-1748).

PHILIPPE Ier (v. 1053-Melun, 1108). Roi de France (1060-1108). Sacré à Reims du vivant de son père Henri Ier*. Inquiet de la puissance de son vassal, Guillaume Ier* le Conquérant devenu roi d'Angleterre depuis 1066, il entraîna à la révolte le fils de ce dernier, Robert Courteheuse, continuant à le soutenir contre Guillaume II le Roux, nouveau roi d'Angleterre. Son excommunication (1095) due à la répudiation de Berthe de Hollande et à son remariage avec Bertrade de Montfort affaiblit son pouvoir et l'empêcha de participer à la première croisade*. Philippe Ier rattacha cependant au domaine* royal le Gâtinais, le

Vexin et le vicomté de Bourges. Voir Louis VI le Gros, Louis VII le Jeune.

PHILIPPE II AUGUSTE (Paris, 1165-Mantes, 1223). Fils et successeur de Louis VII*, sacré du vivant de son père (1179), Philippe II, que les chroniqueurs surnommèrent Auguste* ou César*, combattit durant son règne les Plantagenêts*, leur enlevant une partie des fiefs* qu'ils possédaient en France. Il affaiblit aussi la féodalité* en renforçant le pouvoir royal. Marié à Isabelle de Hainaut (1180), il acquit l'Artois et, après avoir vaincu une coalition féodale, fit reconnaître ses droits sur le Vermandois et Amiens (1185). Face au danger que constituaient les possessions franco-anglaises des Plantagenêts, il attisa les dissensions entre Henri II* d'Angleterre et ses fils, en particulier Richard Ier* Cœur de Lion avec lequel il participa à la troisième croisade*. Brouillé avec ce dernier, il regagna en hâte la France afin de s'emparer des possessions françaises des Plantagenêts et tenta de prolonger la captivité de Richard emprisonné par l'empereur Henri VI* (1193-1194). Libéré, celui-ci lui infligea une série de défaites. La mort de Richard Cœur de Lion et l'avènement de Jean* sans Terre l'incitèrent à reprendre ses projets. Le roi d'Angleterre ayant été condamné par la Cour de France à la perte de ses domaines français pour félonie (il avait enlevé et épousé la fiancée de son vassal Lusignan), Philippe Auguste conquit la Normandie*, le Maine, l'Anjou*, la Touraine, le nord du Poitou et la Saintonge. Sa victoire remportée à Bouvines* (1214) contre l'empereur Otton IV et le comte de Flandre, alliés à l'Angleterre, fit du Capétien le plus puissant seigneur de son royaume et d'Europe, après qu'il eut annexé au domaine royal l'Auvergne, l'Amiénois, le Vermandois et le Valois. Philippe Auguste compléta ses conquêtes par une politique de centralisation en créant des fonctionnaires royaux, les baillis* (sénéchaux dans le sud), représentants du roi et de ses prérogatives dans les provinces. Il s'appuya aussi sur la bourgeoisie en favorisant le mouvement communal, confia sa trésorerie aux Templiers* et contribua à l'agrandissement et à l'embellissement de Paris (construction du Louvre*, fortifications). Il entra cependant en conflit avec Innocent III* après la répudiation d'Ingeburge de Danemark et son remariage avec Agnès de Méran. Philippe Auguste fut le père de Louis VIII*. Voir Prévôt, Sénéchal.

PHILIPPE III LE HARDI (Poissy, 1245-Perpignan, 1285). Roi de France (1270-1285). Fils de Louis IX* (saint Louis), il hérita de son oncle, Alphonse de France, le Poitou, l'Auvergne et le comté de Toulouse (1271) mais céda au pape Grégoire X le Comtat Venaissin (1274). Il soutint la politique sicilienne de son oncle, Charles Ier* d'Anjou, en s'opposant à Pierre III d'Aragon* considéré comme l'instigateur du massacre des Vêpres* siciliennes et excommunié par le pape. Ce dernier donna le royaume de Naples* au fils de Philippe le Hardi, Charles de Valois, Philippe III engageant alors une croisade contre l'Aragonais (1284-1285), mais échoua et mourut peu après à Perpignan. Marié d'abord à Isabelle d'Aragon dont il eut Philippe IV* le Bel, il épousa ensuite Marie de Brabant.

PHILIPPE IV LE BEL (Fontainebleau, 1268-id., 1314). Roi de France (1285-1314). Fils de Philippe III* le Hardi et d'Isabelle d'Aragon, il acquit la Champagne* et la Navarre par son mariage avec Jeanne de Navarre (1284) et porta, le premier, le titre de roi de France et de Navarre. Son règne est considéré par les historiens comme l'un des plus importants mais aussi des plus déconcertants de l'histoire de France. Personnalité énigmatique, peut-être simple instrument entre les mains de ses conseillers juridiques, les légistes*, Philippe le Bel fut le souverain d'un État fort et centralisé. Sous son règne, le domaine* royal ne connut pas d'importants agrandissements. Le roi tenta d'annexer la Flandre* en emprisonnant le comte Gui de Dampierre et en lui confisquant son fief*, plaçant à la tête de celui-ci un gouverneur français, Gui de Châtillon. Après la révolte de Flandre et la défaite française de Courtrai*, le roi remporta la victoire de Monsen-Pévèle (1304) qui lui permettait d'acquérir, par la paix d'Athis-Mons, Lille, Douai et Béthune. Son acquisition la plus importante fut cependant Lyon*, manifestant l'extension du territoire vers l'est. S'opposant à l'ingérence de la papauté dans les affaires françaises, Philippe le Bel entra en conflit avec Boniface VIII* qui s'opposa à la levée, sans son accord, de décimes* sur le clergé et à l'arrestation et la condamnation de Bernard Saisset, évêque de Pamiers. Les bulles envoyées par le pape, rappelant la théocratie pontificale (notion essentielle au Moyen Âge), aggravèrent les tensions et Philippe le Bel décida la convocation des premiers États* généraux (1302-1303) qui appuyèrent avec force la politique royale. Soutenu par l'opinion publique, il fit arrêter le pape à Anagni* (1303) et élire un pape français qui vint s'installer en Avignon* en 1309. Cette solution qui mettait fin au conflit et qui devait rester provisoire se prolongea durant trois quarts de siècle. Sous l'influence des légistes, en particulier Pierre Flote, Guillaume de Nogaret* et Enguerrand de Marigny, la centralisation monarchique s'accentua par la spécialisation de la Cour royale en sections judiciaires (Chambres des enquêtes et Chambre des requêtes) et en sections financières (Chambre des deniers et surtout Chambre* des comptes, créée de fait après sa mort, en 1320). Le problème le plus difficile à affronter fut cependant celui des finances, le roi ne pouvant plus gouverner avec les seuls revenus du domaine royal. Philippe le Bel s'attacha à le régler en tentant d'imposer des impôts réguliers, en taxant lourdement les juifs* et les Lombards* et en procédant à des mutations monétaires, ce qui lui valut la réputation de faux monnayeur. Il s'attaqua enfin aux Templiers* dont il convoitait les immenses richesses et fit condamner au bûcher leurs chefs – dont Jacques de Molay (1314) – après avoir obtenu du pape la suppression de leur ordre (1312). La crise économique, générale en Europe et la déclin des foires* de Champagne, provoquèrent, à la mort du roi, un profond mécontentement.

PHILIPPE V LE LONG (v. 1293-Longchamp, 1322). Roi de France (1316-1322) et de Navarre. Deuxième fils de Philippe IV* le Bel et de Jeanne de Navarre, il fut déclaré régent du royaume à la mort de son frère Louis X* le Hutin (1316). Le fils posthume de ce dernier, Jean Ier, n'ayant vécu que quelques jours, Philippe se fit sacrer roi (janvier 1317) malgré l'opposition de nombreux barons qui voulaient placer sur le trône la fille de Louis X, Jeanne (II de Navarre). Homme énergique, Philippe poursuivit l'œuvre administrative de son père. Après avoir mis fin à la guerre de Flandre* commencée sous Philippe IV (1320), il développa les milices urbaines, l'administration financière (institution de la Chambre* des comptes, 1320), tenta d'unifier les poids et mesures et déclara inaliénable le domaine* royal. Il mourut sans héritier mâle et son frère, Charles IV* le Bel, lui succéda.

PHILIPPE VI DE VALOIS (1293-Nogent-le-Roi, 1350). Roi de France (1328-1350), premier de la dynastie des Valois*. Par son conflit avec Édouard III* d'Angleterre qui revendiquait le trône de France, il inaugura la guerre de Cent* Ans. Malgré ses revers militaires, il laissa le domaine de la couronne de France agrandi. Fils de Charles de Valois, frère de Philippe IV* le Bel, Philippe de Valois fut reconnu par les barons (1328) qui écartèrent ainsi du trône d'autres prétendants, Jeanne II de Navarre (fille de Louis X* le

Hutin) mais surtout Édouard III*, roi d'Angleterre et petit-fils de Philippe le Bel par sa mère. Cependant Édouard III, qui avait prêté hommage* pour ses possessions de Guyenne* et de Gascogne (1329), décida de revendiquer le trône de France, mécontent des empiétements de Philippe VI en Guyenne et de ses intrigues avec ses ennemis écossais. Ainsi débuta la guerre de Cent Ans. Édouard III, allié de la Flandre* – hostile à Philippe VI après sa victoire de Cassel (1328) – remporta la victoire navale de L'Écluse* (1340) puis débarqua en France (1346) et battit à Crécy* (1346) le roi qui dut conclure une trêve après la prise de Calais* (1347). Le règne de Philippe VI fut aussi marqué par une grave crise économique et surtout la grande Peste* Noire (1348) qui ravagea l'Europe. Il avait cependant agrandi le domaine* royal par l'apport de ses apanages* (comtés de Valois et de Chartres) et par l'achat du Dauphiné et de Montpellier en 1349. Marié à Jeanne de Bourgogne*, puis à Blanche, fille de Philippe d'Évreux, Philippe VI eut pour successeur son fils aîné, Jean II* le Bon. Voir Dauphin, Gabelle.

PHILIPPE II DE MACÉDOINE (382-Aigai, 336 av. J.-C.). Grand roi de Macédoine* (356-336 av. J.-C.), il conquit la Grèce* au IVᵉ siècle av. J.-C. Envoyé pendant trois ans comme otage à Thèbes*, il y acquit sa culture grecque et étudia les réformes militaires d'Épaminondas*. Devenu roi en 356 av. J.-C., il rétablit la monarchie absolue et organisa la phalange* macédonienne, puissant instrument de conquêtes. Puis il étendit sa domination sur les côtes de la Thrace et de la Chalcidique (au nord de la mer Égée) pour s'ouvrir des débouchés sur la mer et s'emparer de territoires riches en minerais. Disposant ainsi de l'or et de l'argent des mines du Pangée, il entreprit la conquête de la Grèce*, vaincue en 338 av. J.-C. après la bataille de Chéronée*. Une ligue panhellénique* (regroupant toutes les cités grec-

ques, sauf Sparte*) fut créée. Philippe II en devint l'arbitre et le chef militaire. Il décida la conquête de la Perse mais mourut assassiné. Ce fut son fils Alexandre III* le Grand qui réalisa son projet.

PHILIPPE ÉGALITÉ. Voir Orléans (Duc d'). Voir Perses.

PHILISTINS. Dans l'Antiquité, ancien peuple non sémite* appartenant à la grande migration des Peuples* de la mer installés en Palestine* qui a donné son nom à ce pays. Installés sur la côte sud de la Palestine, ils combattirent les Hébreux* (épisode héroïque de Samson*) mais furent finalement vaincus par David* (Xᵉ siècle av. J.-C.). Peuple détesté dans les récits de l'Ancien Testament*, les Philistins sont encore très mal connus.

PHILON LE JUIF ou **D'ALEXANDRIE** (Alexandrie, v. 13 av. J.-C.-*id.*, 50 ap. J.-C.). Grand philosophe grec d'origine juive, à peu près contemporain de Jésus* et de saint Paul*. Ses œuvres tentent de concilier sa foi juive monothéiste et la philosophie grecque, en particulier Platon* et les stoïciens. Voir Stoïcisme.

PHOCÉE. Ancienne cité grecque d'Ionie* en Asie* Mineure. Cité prospère, elle entreprit la première des navigations lointaines vers l'Occident. Elle y fonda d'importants comptoirs, en particulier à Massalia (Marseille*) vers 600 av. J.-C. et Alalia (Aléria) en Corse. Phocée fut prise par les Perses* en 546 av. J.-C. et une grande partie des Phocéens émigrèrent vers ces colonies d'Occident. Voir Éphèse, Milet.

PHRYGIENS. Ancien peuple indo-européen*, installé en Asie* Mineure vers 1300-1200 av. J.-C. avec pour capitale Gordion*. Désignés (avec d'autres peuples) par les Égyptiens sous le nom de Peuples* de la mer, ils participèrent à la ruine de l'empire hittite*. Ils formèrent à partir du VIIIᵉ siècle av. J.-C. des principautés s'étendant sur toute l'Anatolie*. Les Phrygiens furent ensuite successivement dominés par les Lydiens*, les Perses*, les Grecs et les Romains. Leur histoire n'est connue qu'à travers des légendes. Voir Alexandre le Grand, Cybèle, Nœud gordien.

PHYSIOCRATES. Doctrine de certains économistes du XVIIIe siècle qui considéraient la terre et l'agriculture comme les sources principales de la richesse et qui prônaient la liberté du commerce et de l'entreprise. Outre Quesnay*, les principaux physiocrates furent notamment Mirabeau*, Dupont* de Nemours et Turgot*.

PIC DE LA MIRANDOLE, Giovanni Pico Della Mirandola, en fr. (Mirandola, 1463-Florence, 1494). Humaniste et philosophe italien, surnommé le « prince des érudits ». Né d'une riche et noble famille de Ferrare, Pic, extraordinaire érudit, apprit le latin, le grec, l'hébreu, l'arabe et le chaldéen à l'université de Padoue. Avide d'acquérir un savoir universel, il voyagea pendant sept ans en France, rencontrant les professeurs de la Sorbonne*, et constitua, de retour en Italie, une riche bibliothèque. À Florence*, il rencontra Marsile Ficin* auprès duquel il s'initia au platonisme. En 1486, il composa ses célèbres 900 thèses (*Conclusiones philosophicae, cabalisticae et theologicae*), portant sur les domaines de la philosophie et de la théologie, démontrant en particulier que les sciences cabalistiques et magiques pouvaient prouver mieux que d'autres la divinité du Christ*. Condamné par Rome comme hérétique, il se réfugia quelque temps en France, revint à Florence sous la protection de Laurent* le Magnifique, et mourut probablement empoisonné, après avoir rédigé, entre autres, une *Apologie* pour défendre ses thèses. Voir Humanisme, Manuce (Aldo).

PICASSO, Pablo Ruiz (Malaga, 1881-Mougins, 1973). Peintre, dessinateur, graveur, sculpteur et céramiste espagnol. Il fut le plus célèbre et le plus discuté des artistes du XXe siècle. Créateur, avec Georges Braque*, du cubisme*, il assimila aussi dans ses œuvres de multiples influences, de l'art nègre au surréalisme*. Sa production, gigantesque, fut selon Malraux* « la plus grande entreprise de destruction et de création de formes de notre époque ». Fils d'un professeur de dessin, Picasso manifesta très jeune des dons exceptionnels. Reçu à 17 ans à l'Académie des beaux-arts de Barcelone puis à l'Académie royale de San Fernando à Madrid – qu'il ne fréquenta pas –, Picasso fit de nombreux voyages à Paris puis se fixa définitivement en France en 1904. Installé à Paris, il travailla dans un atelier à Montmartre, au Bateau-Lavoir, y rencontra des poètes (Guillaume Apollinaire*) et des artistes (Henri Matisse*). De 1901 à 1904 datèrent ses premiers tableaux de l'« époque bleue » suivis par ceux de la « période rose » (jusqu'en 1907). Après un voyage en Hollande (1905) et sa liaison avec Fernande Olivier, Picasso fit la connaissance de Georges Braque et d'André Derain (1936) et découvrit avec eux les arts primitifs (masques nègres et polynésiens). Rompant alors avec la figuration traditionnelle, il peignit *Les Demoiselles d'Avignon* (1907, New York, MOMA), tableau inachevé et composite considéré comme le point de départ du cubisme. Du « cubisme analytique » qui fragmentait la réalité en de multiples facettes (*L'Usine de Horta de Ebro*, 1909, Leningrad ; *Homme à la guitare*, 1911, Paris, musée Picasso), Picasso passa au « cubisme synthétique » qui tendait à reconstruire l'objet dans des plans simplifiés (*Nature morte dans un paysage*, 1915, Paris). Il exécuta à la même période (1912-1914) des peintures et des dessins entremêlés de matériaux divers (morceaux de papier peint, de journaux, de verre) qui donnèrent naissance au « collage » et au « papier collé », autre voie du cubisme synthétique. Lors de la Première Guerre* mondiale, Picasso collabora à la réalisation des décors pour les ballets russes de Diaghilev et rencontra Olga Khoklova qu'il épousa (1918). En 1926, sa rencontre

ec les surréalistes André Breton* et Paul
uard* l'engagea dans l'exploration de
abstraction pure (*Peintre à la palette et
à chevalet*, 1928, Paris, musée Picasso).
n 1936, frappé par la guerre civile d'Es-
agne*, il peignit son célèbre tableau
uernica (Madrid, musée du Prado)
ville détruite par l'aviation allemande au
rvice des franquistes – qui fut présenté
à pavillon espagnol lors de l'exposition
ternationale de 1937. Après la Seconde
uerre* mondiale, installé dans le sud de
France (Antibes, Vallauris puis Mou-
ns), Picasso se consacra en même temps
à la peinture à la sculpture, qu'il avait
atiquée de façon intermittente et à la cé-
mique. Adhérent du parti communiste*
puis 1944, il avait participé à trois
ongrès mondiaux pour la paix pour les-
selles il dessina la célèbre *Colombe pour
paix*. Compagnon de Dora Maar puis de
ançoise Gilot, Picasso avait épousé en
061 Jacqueline Roque.

ICHEGRU, Charles (Arbois, 1761-Pa-
s, 1804). Général français. D'abord fa-
orable à la Révolution* pour laquelle il se
attit brillamment, il passa à l'ennemi puis
houa avec Cadoudal* dans le projet de
omplot royaliste fomenté contre Bonaarte*. Après avoir participé à la guerre
Amérique, Pichegru fut pendant la Ré-
olution commandant en chef de l'armée
a Rhin (1793) puis de l'armée du Nord et
es Ardennes (février 1794) conquérant
s Pays-Bas hollandais (1794-1795).
ais, séduit par les propositions généreu-
s du prince de Condé, il trahit la Révotion et se rallia à la cause royaliste.
près quelque temps d'exil sous le Direc-
ire*, il se fit élire membre du Conseil des
inq-Cents* (avril 1797) où il prit la tête
e l'opposition royaliste. Déporté en
uyane après le 18 Fructidor* (septembre
797), il s'évada, se réfugia en Angleterre
revint secrètement en France avec Ca-
oudal préparer un complot contre Bonaarte (1803). Trahi, il fut arrêté et empri-

sonné. Il fut découvert étranglé dans sa
cellule. La statue que la Restauration* lui
avait fait élever à Besançon fut détruite en
1830.

PICTOGRAMME. Dans une écriture,
dessins simplifiés mais figuratifs d'êtres
vivants ou d'objets. Les premières écritures ont été des écritures pictographiques.
Voir Alphabet, Cunéiforme (Écriture),
Hiéroglyphe, Idéogramme.

PIE VI, Giannangelo Braschi (Cesena,
1717-Valence, 1799). 248e pape (1775-
1799). Son pontificat fut marqué par la Révolution* française et l'hostilité de Bonaparte*. Pie VI condamna en 1791, non
sans hésitation, la Constitution* civile du
clergé rédigée en France en 1790, et dut
abandonner Avignon* et le Comtat Venaissin annexés par la France révolutionnaire. Bien qu'il reconnût officiellement la
République (1796), ses États furent envahis par Bonaparte et il dut céder une
grande partie de ses territoires (traité de
Tolentino, 1797). Après la proclamation
de la République romaine (février 1798)
qui suivit l'entrée de Berthier* à Rome,
Pie VI mourut prisonnier à Valence.

PIE VII, Barnaba Chiaramonti (Cesena,
1742-Rome, 1823). Pape de 1800 à 1823.
Il s'opposa vigoureusement à la politique
de Napoléon Ier*. Après avoir signé le
Concordat* de 1801 et sacré Napoléon
empereur (2 décembre 1804), Pie VII se
heurta rapidement à lui et, ayant refusé
d'appliquer le Blocus* continental à l'encontre de l'Angleterre, vit ses États occupés puis annexés à l'Empire (1809). Après
avoir excommunié Napoléon, il fut arrêté
et emprisonné mais refusa de se plier aux
exigences de l'Empereur. Rentré à Rome
sous la Restauration*, il obtint du congrès
de Vienne* la restitution presque totale de
ses possessions. La politique hostile de
Napoléon à l'égard de la papauté lui avait
aliéné la plupart des catholiques qui se dé-
tachèrent du régime. Voir Jésus (Compagnie de).

PIE IX, Giovanni Maria Mastai Ferretti (Senigallia, 1792-Rome, 1878). Pape de 1846 à 1878. Hostile au mouvement patriote italien après 1848, il fut le défenseur de l'ordre et de la religion face au libéralisme*, au laïcisme et au socialisme*. Rendu d'abord populaire lorsqu'il accorda, en 1848, une Constitution aux États* pontificaux, Pie IX refusa de prendre la direction du mouvement unitaire italien en s'opposant à l'Autriche et fut rapidement dépassé par le mouvement populaire qui établit une République à Rome, l'obligeant à fuir. Rétabli dans son pouvoir temporel par les troupes françaises (1849-1850), Pie IX ne cessa dès lors de s'opposer aux patriotes italiens. Cette lutte aboutissant en 1870 à la prise de Rome et à l'annexion des États pontificaux par le royaume d'Italie, le pape se considéra alors comme prisonnier au Vatican. Sur le plan spirituel, Pie IX proclama le dogme de l'Immaculée Conception (1854) et réunit en 1870 le premier concile du Vatican, proclamant l'infaillibilité pontificale en matière doctrinale. Son attitude intransigeante se manifesta encore dans l'encyclique *Quanta cura* où il condamna le socialisme et le libéralisme, ce qui symbolisa, aux yeux des non-croyants, l'obscurantisme de l'Église de Rome. Voir Latran (Accords du), Cavour (Camillo Benso, comte de), Garibaldi (Giuseppe).

PIE X, Guiseppe Sarto, saint (Riese, Vénétie, 1835-Rome, 1914). Pape de 1903 à 1914. Il condamna la rupture du Concordat* de 1801 par la France qui avait décidé la séparation* des Églises et de l'État (1905). Il se prononça surtout contre le modernisme, tentative faite au début du XXᵉ siècle pour adapter les méthodes de la critiques scientifique au message de l'Évangile. Pie X restaura la musique sacrée, ordonna la refonte du bréviaire et du psautier, et fit opérer une refonte du droit canon. Il fut canonisé en 1954. Voir Briand

(Aristide), Combes (Émile), Sangnie (Marc).

PIE XI, Achille Ratti (Desio, 1857 Rome, 1939). Pape de 1922 à 1939. Il si gna avec l'Italie de Mussolini* les accord du Latran* (1929) qui créèrent l'État d Vatican, rendant ainsi au Saint-Siège so indépendance territoriale. Il établit aus de nombreux concordats, notamment ave les nouveaux pays issus de la Premièr Guerre* mondiale. Il condamna l'Action* française (1926), le fascisme* (1931), l nazisme* (1937) et le communisme* (1938). Il donna enfin un puissant essor a clergé missionnaire (ordination d'évêque indiens, chinois, japonais, vietnamiens) e encouragea l'Action catholique par l'apos tolat des laïcs. Voir Pie XII.

PIE XII, Eugenio Pacelli (Rome 1876-Castel Gandolfo, 1958). Pape d 1939 à 1958. Sa politique et ses position dans le contexte tourmenté de la Second Guerre* mondiale et de la guerre* froide ont été diversement jugées. Prêtre en 1899 il fit toute sa carrière dans les bureaux d la secrétairerie d'État (il fut en particulie nonce apostolique en Allemagne de 191 à 1930). Lors de la Seconde Guerre mon diale, en souhaitant garder une attitud d'impartialité officielle, il garda le silenc sur la politique hitlérienne et les persécu tions contre les juifs*, attitude qui lui fu reprochée par certains après sa mort même s'il donna asile à de nombreux juifs Pie XII eut une importante activité dogma tique il définit en particulier le dogme d l'Assomption de la Vierge (1950).

PIÉMONT. Région du nord-ouest d l'Italie. Appartenant à la maison de Savoi depuis le XIᵉ siècle, le Piémont ne lui fu rattaché définitivement qu'en 1419. Oc cupé par les Français de 1796 à 1814, l royaume de Piémont-Sardaigne joua un rôle déterminant dans l'unité italienne Voir Cavour (Camillo Benso, comte de).

PIERO DELLA FRANCESCA (Borg San Sepolcro, v. 1416-*id.*, 1492). Peintre ilien. En joignant à la géométrie la science des couleurs et celle des paysages, a contribué aux grands chefs-d'œuvre du quattrocento italien. L'œuvre capitale de vie fut la *Légende de la vraie Croix* (1452-1462), cycle de fresques réalisées r les murs de l'église Saint-François Arezzo. Son diptyque de Frédéric de ontefeltro et de Battista Sforza (1465) l'il peignit à Urbino est une contribution importante à l'art du portrait. Voir Renaissance, Sforza.

IERRE NOIRE. Voir Ka^cba.

IERRE POLIE (Âge de la). Voir Néohique.

IERRE TAILLÉE (Âge de la). Voir Paolithique.

IERRE, saint (?-64 ap. J.-C.). Principal ôtre* de Jésus-Christ* dans les Évangis*. Premier évêque* de Rome*, il est onsidéré par les chrétiens* comme le fonteur de la papauté. Pêcheur sur le lac de bériade en Palestine*, Jésus changea son m Simon en celui de Pierre (« Tu es erre, et sur cette pierre je bâtirai mon glise »). Devenu l'un des plus proches de sus, il dirigea après sa mort le groupe des ôtres. Il travailla à la conversion des ifs, visitant les communautés de Galie*, Judée* et Samarie. Selon la tradition, vint à Rome où il fut le premier évêque e premier pape) et fut martyrisé en 64 ap. C. sous l'empereur Néron*. Il serait enveli sur le mont Vatican, lieu où s'élève jourd'hui la basilique* qui porte le ême nom. Voir Paul (Saint).

IERRE Ier ALEXEÏÉVITCH, dit **IERRE LE GRAND** (Moscou, 72-Saint-Pétersbourg, 1725). Tsar 682-1725) et empereur (1721-1725) de ussie. Figure marquante de l'histoire sse, il a, par sa politique de réformes insrée de l'Occident, fait de la Russie l'une s grandes puissances de l'Europe. Fils Alexis Ier*, il fut, après la mort de ce derer, écarté du pouvoir par les Streltsy corps d'infanterie puissant et indisci-

pliné – qui imposèrent comme régente sa demi-sœur Sophie. Relégué hors de la cour, ce géant de plus de 2 m, autoritaire et d'une résistance physique extraordinaire, reçut une éducation en dehors de toute surveillance officielle. Il fréquenta les étrangers résidant à Moscou, s'initiant auprès d'eux aux idées, aux techniques et à l'art militaire de l'Occident qu'il visita. En 1689, il s'empara du pouvoir, résolu à sortir le pays du Moyen Âge. La Russie n'ayant aucun débouché maritime européen, il décida de briser cet isolement en ouvrant une fenêtre sur la Baltique, aux dépens des Suédois, et sur la mer Noire, au détriment des Ottomans*. Allié à la Pologne et au Danemark, il déclencha la seconde guerre du Nord* (1700-1721) contre Charles XII* de Suède, remportant, après quelques défaites, la victoire décisive de Poltava (1709) qui marqua la fin de la suprématie militaire suédoise. Dès 1703, il imposa la construction de Saint-Pétersbourg et de sa citadelle, Kronstadt*, la ville (capitale de la Russie en 1712) devenant, 20 ans plus tard, un centre actif de commerce et de constructions navales. La prise d'Azov (1696) – restitué plus tard – ne fut qu'une demi-victoire mais elle permit d'écarter toute pénétration turque par le sud. Tout en menant la guerre, Pierre Ier entreprit d'importantes réformes. Associé à l'exercice du pouvoir absolu, il édifia un système de gouvernement dont les cadres furent les deux classes privilégiées, clergé et noblesse. Il remplaça le patriarcat de Moscou par un Saint-Synode (1718) présidé par un fonctionnaire aux ordres du tsar. Il contraignit les nobles, organisés hiérarchiquement selon leurs fonctions, à servir l'État, soit à titre civil (fonctionnaires), soit à titre militaire au sein d'une armée renouvelée. Il porta enfin ses efforts sur l'industrie, encourageant particulièrement la métallurgie dans l'Oural et les manufactures textiles. Une telle activité cependant ne devait pas manquer de susciter des résistances parmi le clergé mais aussi dans une partie de l'aristocratie. Appuyé par une police secrète impitoyable, il brisa toutes les oppositions, n'hésitant pas à faire torturer à mort son propre fils Alexis (1718). De profonds déséquilibres entre une puissance militaire et politique incontestable et des structures étatiques encore mal assurées fragilisaient le régime. L'occidentalisation n'avait touché qu'une classe dirigeante limitée et le peuple ne payait l'effort de modernisation que par l'aggravation du servage et de la pression fiscale. Artisan de la grandeur russe, Pierre Ier fut proclamé « père de la patrie », *imperator*, et Grand. Sa personnalité marqua l'Europe du XVIIIe siècle, particulièrement Voltaire*.

PIERRE II ALEXEÏÉVITCH (Saint-Pétersbourg, 1715-Moscou, 1730). Empereur de Russie (1727-1730). Petit-fils de Pierre Ier* le Grand, successeur de Catherine Ire*, il fut le dernier héritier mâle des Romanov* en ligne masculine. Son règne fut marqué par les querelles de cour.

PIERRE III FÉDOROVITCH (Kiel, 1728-près de Saint-Pétersbourg, 1762). Empereur de Russie (1762), il fut détrôné par sa femme, la future Catherine II*. Petit-fils de Pierre Ier* le Grand, il succéda en janvier 1762 à sa tante Élisabeth* Petrovna. Admirateur passionné du roi de Prusse* Frédéric II*, il renversa radicalement la politique extérieure de la Russie, rompant son alliance avec l'Autriche, et rendant au roi de Prusse, sans aucune compensation, ses conquêtes russes réalisées lors de la guerre de Sept* Ans (Poméranie et Prusse* orientale). Protestant* d'origine, il persécuta l'Église orthodoxe* et favorisa considérablement la noblesse. Sa politique provoqua un vif mécontentement, favorisant le complot qui porta sa femme au pouvoir (juillet 1762). Peu après, il fut assassiné dans des circonstances mystérieuses.

PIERRE Ier KARADJORDJEVIC (Bel-grade, 1844-*id.*, 1921). Roi de Serbie* (1903-1918) puis du royaume des Serbes, Croates*, Slovènes* (1918-1921). Il participa en 1875 à la révolte de la Bosnie contre les Turcs et abandonna, à partir de 1914, la régence à son fils Alexandre*, auquel créa la Yougoslavie. Voir Balkanques (Guerres), Bosnie-Herzégovine.

PIERRE L'ERMITE (Amiens, v. 1050 Neufmoustier, près de Huy, 1115). Ascète français, il fut le plus célèbre prédicateur de la première croisade*. Il dirigea la croisade dite populaire rassemblant des troupes disparates qui commirent des atrocités en Europe (pogroms antisémites) et en Asie* Mineure avant d'être anéanties par les Turcs Seldjoukides*. Pierre l'Ermite assista à la prise de Jérusalem* en 1099. De retour en Europe, il fonda en Belgique le monastère de Neufmoustier.

PILATE, Ponce (Ier siècle ap. J.-C.). Procurateur romain de Judée* (26-36 ap. J.-C.), connu dans les Évangiles* par le rôle qu'il joua dans le procès de Jésus*. Il livra Jésus aux juifs* qui réclamaient sa mort. Il aurait déclaré en se lavant symboliquement les mains : « Je suis innocent du sang de ce juste. » Voir Bible, Christianisme.

PILLNITZ (Déclaration de, 27 août 1791). Nom donné lors de la Révolution française à la déclaration, rédigée au château de Pillnitz en Saxe, par Léopold II* empereur, et Frédéric-Guillaume II*, roi de Prusse*. Décidée après la fuite manquée du roi Louis XVI* à Varennes*, elle incitait les souverains d'Europe, au besoin par la force, à soutenir la monarchie française. Cette déclaration conforta les émigrés* qui l'accueillirent favorablement mais redoubla l'ardeur des patriotes*.

PILON, Germain (Paris, v. 1537-*id.*, v. 1590). Sculpteur français. Considéré comme l'un des principaux sculpteurs de la Renaissance* française, très apprécié de Catherine* de Médicis, il devint le sculpteur officiel de Charles IX*. Il sculpta le

roupe des *Trois Grâces* portant le cœur
'Henri II* (1561, Paris, Louvre). Char-
s IX le chargea de la décoration de la
napelle des Valois à Saint-Denis*.

ILSUDSKI, Josef (Zulowo, Lituanie,
867-Varsovie, 1935). Maréchal et chef
'État polonais. Après avoir milité pour
indépendance de son pays, acquise en
918, il s'empara du pouvoir en 1926 à la
uite de la « marche sur Varsovie », exer-
ant jusqu'à sa mort un gouvernement au-
oritaire. Né en Pologne sous domination
usse, d'une famille noble originaire de Li-
uanie, Pilsudski, nationaliste et socialiste,
ut d'abord déporté pendant cinq ans en Si-
érie pour activités subversives
(887-1892). Libéré, il fut l'un des fonda-
urs du Parti socialiste polonais (1892) et
rganisa en 1914 les « légions polonai-
es » qui combattirent aux côtés des Aus-
o-Allemands contre la Russie. Après la
roclamation du premier gouvernement
ndépendant en Pologne (1918), Pilsudski
ut élu par la diète chef de l'État (1919) et
ommandant suprême de l'armée. Hostile
u tracé oriental de la Pologne (ligne
'urzon* fixée par lord Curzon* en 1919),
engagea la guerre contre l'URSS
(920-1921) qui fut conclue par le traité de
iga qui donna à la Pologne une bande de
00 km au-delà de la ligne Curzon (fron-
ère de la Pologne jusqu'en 1939). Cepen-
ant, devant l'instabilité gouvernementale
u régime parlementaire établi par la
'onstitution de 1921, Pilsudski (retiré de-
uis 1922) s'empara du pouvoir par un
oup d'État militaire (1926). Président du
'onseil et ministre de la Guerre, il exerça
usqu'à sa mort un gouvernement autori-
aire. La dictature fut maintenue par le ma-
échal Rydz-Smigly* (1935-1939).

'INAY, Antoine (Saint-Symphorien-sur-
'oise, 1891-Paris, 1994). Industriel et
omme politique français. Il doit son re-
om à la politique financière qu'il mit en
uvre comme président du Conseil et mi-
istre des Finances de mars à décembre

1952. L'expérience Pinay devint un mythe
tenace, les gouvernements recherchant périodiquement sa caution. Petit patron
d'une usine de cuirs et peaux à Saint-Chamond dont il fut maire (1929-1977), député de la Loire en 1936, il fut membre du
Conseil national de Vichy en 1941. Réélu
député en 1946, plusieurs fois ministre à
partir de 1949, il devint président du
Conseil et ministre des Finances en 1952.
Afin de restaurer les finances publiques,
Pinay entreprit la défense de la monnaie,
la réduction des dépenses publiques et la
lutte contre l'inflation. Afin de redonner
confiance aux détenteurs de capitaux, il
lança un emprunt de 3,5 % indexé sur l'or
(emprunt Pinay) et exonéré des droits de
succession. Il parvint aussi à juguler l'inflation, ce qui permit au gouvernement de
mettre en œuvre l'échelle mobile avec in-
dexation des salaires sur les prix. Mis en
minorité par le MRP*, Pinay démissionna
sans avoir été renversé (décembre 1952).
Sa popularité resta néanmoins intacte ; il
participa à différents gouvernements de la
Quatrième et la Cinquième République*
où il fut de nouveau ministre des Finances
(1958-1960). En 1958, le plan Pinay-Rueff
rétablit une situation financière dégradée
et en 1960 le nouveau franc, ou « franc
lourd », fut créé. Pinay fut encore médiateur en 1973-1974. Voir République (Quatrième), Vichy (Gouvernement de).

PINDARE (Cynoscéphales, 518-Argos?,
438 av. J.-C.). Poète lyrique né près de
Thèbes*, en Béotie*. Descendant d'une
grande famille de l'aristocratie dorienne, il
eut toujours une préférence marquée pour
les cités aristocratiques. Profondément religieux, il était particulièrement attaché au
culte d'Apollon* à Delphes*. Il nous reste
quatre livres dédiés aux vainqueurs des
grands jeux panhelléniques (Odes *Olympi-*
ques, *Pythiques*, *Néméennes* et *Isthmi-*
ques). Pindare mourut comblé d'honneurs.
PINOCHET UGARTE, Augusto (Valparaiso, 1915-). Général et homme politi-

que chilien. Commandant en chef des forces armées (1973), il prit la tête de la junte militaire qui renversa le président Allende* en 1973, et imposa un régime de dictature. Président de la République (1974-1989), il fut remplacé en 1990 par Patricio Aylwin Azocar, démocrate-chrétien et candidat unique de l'opposition aux élections présidentielles de 1989. Ces élections avaient été décidées après l'échec du plébiscite organisé par la junte en 1988 sur le maintien du régime militaire et de son candidat pour un nouveau mandat de huit ans (54,71 % de non).

PIOCHEURS ou **BÊCHEURS** (en angl. *Diggers*). Nom donné, lors de la guerre civile anglaise (1642-1649), à la révolte des paysans du Surrey qui dénoncèrent les iniquités de certains grands propriétaires terriens et réclamaient un certain communisme agraire. Il furent, comme les niveleurs*, écrasés par les armées de Cromwell*. Voir Révolution d'Angleterre (Première).

PIPPINIDES. Puissante famille de l'aristocratie des Francs* d'Austrasie* d'où est issue la dynastie des Carolingiens*. Elle possédait d'importants domaines en Lorraine et en Belgique. La décadence des Mérovingiens* lui permit de détenir pendant plusieurs générations la fonction de maire* du palais qui fut ainsi exercée par Pépin* de Herstal, Charles* Martel et Pépin* le Bref.

PIRÉE (Le). Port d'Athènes* situé à une dizaine de km de la ville sur une presqu'île du golfe Saronique. Le site fut choisi au début du Ve siècle av. J.-C. et le port, qui pouvait accueillir 400 vaisseaux, se développa en même temps que la puissance maritime d'Athènes, éclipsant ceux de Corinthe* et d'Égine. La ville fut construite en damier sur les plans d'Hippodamos* de Milet* autour de trois rades naturelles (Kantharos, Zéa et Mounychia). Entourée d'une enceinte, elle fut reliée à Athènes, sous Thémistocle*, Cimon* et Périclès*, par une

double rangée de fortifications appelées les Longs Murs (480-455 av. J.-C.). À la fin de la guerre du Péloponnèse* (404 av. J.-C.), Sparte* fit en partie raser l'enceinte et les Longs Murs, relevés au début du IVe siècle av. J.-C. Mais la destruction du Pirée en 86 av. J.-C. par le Romain Sylla* lui portera un coup fatal. Il ne reprit toute son importance qu'en 1835 avec le transfert de la capitale grecque à Athènes et surtout après l'ouverture du canal de Corinthe (1893). Le Pirée devint une escale importante du trafic entre la Méditerranée occidentale, Constantinople* et la mer Noire. Il est aujourd'hui le principal port de la Grèce et l'un des plus importants de la Méditerranée.

PIRENNE, Henri (Verviers, 1862-Ucclelès-Bruxelles, 1935). Historien belge. Spécialiste de l'histoire du Moyen Âge, il a éclairé cette période par une analyse brillante des faits économiques et sociaux. Il est notamment l'auteur d'une monumentale *Histoire de la Belgique* (1900-1931).

PISE. Ville d'Italie centrale, en Toscane. Elle fut du Xe au XIIIe siècle une grande puissance commerciale, rivale de Venise* et de Gênes*. Sa flotte joua un grand rôle au cours des croisades*. Pise vainquit les Sarrasins*, s'installa en Sardaigne, prit la Corse (1092) et les Baléares (1114). Mais vaincue par les Génois (1284) qui lui reprirent la Corse, sa puissance déclina. Annexée par Florence* en 1406, elle fut occupée par la France de 1807 à 1814, puis rattachée au grand-duché de Toscane enfin, au nouveau royaume d'Italie en 1860.

PISISTRATE (av. 600-527 av. J.-C.). Tyran d'Athènes* issu de l'aristocratie, cousin et ami de Solon* dont il poursuivit les réformes. Soutenu par les petites gens, il prit le pouvoir en 560 av. J.-C. Deux fois renversé et exilé, puis rétabli (546 av J.-C.) Pisitrate fut un tyran très modéré. Il protégea les paysans en conservant les lois de Solon, favorisa le commerce et l'industrie, réalisa de grands travaux publics (aqueducs, fontaines), orna la ville de aux monuments et donna beaucoup éclat aux fêtes civiques (Panathénées*, ionysies*). La tyrannie se maintint avec s fils de Pisistrate (Hippias et Hipparque) squ'en 510 av. J.-C. Voir Clisthène, Déocratie athénienne.

ISSARRO, Jacob, Abraham, dit **Caille** (île de Saint-Thomas, [alors daise], Antilles, 1830-Paris, 1903). Peintre : l'école française, de nationalité danoise, un des représentants de l'impressionisme*. Installé à Paris en 1855, il rencona Jean-Baptiste Camille Corot* et frélenta l'École des beaux-arts puis Académie suisse, plus libérale, où il se d'amitié avec Renoir*, Monet* et Cénne*, fréquentant avec eux les réunions es peintres impressionnistes. Il adopta entôt les orientations picturales du oupe avec toutefois une attention partilière pour l'exécution et la composition, es structurée, à la manière de Cézanne. éfugié à Londres lors de la guerre francolemande* de 1870, il subit l'influence de hn Constable* et de William Turner*, sa inture se faisant plus aérée et plus claire. ssaro fut le seul membre du groupe imessionniste à ne manquer aucune des exositions du groupe (de 1874 à 1886), se isant le promoteur de jeunes artistes mme Paul Gauguin* et surtout Georges urat*. On peut citer parmi ses œuvres : *i Diligence de Louveciennes*, 1870, Pa-, musée d'Orsay ; *Soleil de mars, Ponise*, 1875, Brême, Kunsthalle ; *Enfants à ferme*, 1887 ; *Pruniers en fleurs à Era-y*, 1894, Copenhague ; *Boulevard Montartre la nuit*, 1897, Londres.

THÉCANTHROPE. Nom donné à un ssile* d'homme préhistorique apparte-nt à l'espèce *Homo* *erectus* (homme ii se tient debout). Il vécut vers 500 000 s av. J.-C., à l'époque du paléolithique* férieur. Les restes d'un pithécanthrope rent découverts pour la première fois par a médecin néerlandais, Eugène Dubois*, i 1891 dans l'île de Java (Indonésie). Cet

être, malgré certains traits appartenant au singe, possédait des caractères incontestablement humains. Il avait une taille d'environ 1,70 m, une capacité crânienne de 850 à 950 cm^3, un front très fuyant et une forte visière frontale au niveau des arcades sourcilières. Voir Atlanthrope, Australopithèque, Mauer (Homme de), Sinanthrope.

PITT, William, 1er comte de Chatham, dit **le Premier Pitt** (Londres, 1708-Hayes, Kent, 1778). Homme politique anglais. Il fut, ainsi que son fils, le Second Pitt*, l'un des hommes d'État les plus populaires de l'histoire de l'Angleterre. Il lutta contre les Bourbons* de France et d'Espagne et prépara l'hégémonie maritime et coloniale de l'Angleterre. Petit-fils de Thomas Pitt, gouverneur de Madras* (Inde), il abandonna pour des raisons de santé une carrière militaire et, partisan des whigs*, entra aux Communes* en 1735 où il devint vite l'un des ténors. Attaché au groupe des « patriotes », fraction des whigs qui s'opposait au pacifisme de Walpole*, il pensait que l'avenir de l'Angleterre était la création d'un empire maritime et souhaitait, dans ce but, réduire l'emprise commerciale de l'Espagne en Amérique latine. Nommé vice-trésorier d'Irlande (1746) puis secrétaire d'État (1755), il fut renvoyé par George II* pour avoir violemment critiqué sa politique hanovrienne. Cependant, les graves revers militaires de l'Angleterre au début de la guerre de Sept* Ans (1756-1763), associés à l'immense popularité de Pitt, imposèrent son rappel et il partagea le pouvoir avec Newcastle* et Fox* avec la charge de la guerre. Laissant sur le continent un soutien à la Prusse* de Frédéric II*, ce fut en Inde et au Canada qu'il obtint les résultats décisifs (prise de Québec en 1759, de Fort-Duquesne devenu Pittsburgh, conquête du Bengale). Cependant, lorsque Pitt voulut déclarer la guerre à l'Espagne lors de la signature du pacte de Famille*, il ne fut soutenu ni par le roi George III*, ni par ses collègues et

il démissionna (1761). Le traité de Paris*
(1763) qui assurait pourtant à l'Angleterre
la possession du Canada, de l'Inde et de la
Floride*, provoqua son indignation. Revenu au pouvoir en 1766, il démissionna
deux ans plus tard. Il continua néanmoins
à suivre de près les affaires politiques et
prit notamment position contre les mesures qui allaient déclencher la guerre d'Indépendance* américaine. Le Premier Pitt
fut enterré à l'abbaye de Westminster*.

PITT, Willian, dit **le Second Pitt** (Hayes,
Kent, 1759-Putney, près de Londres,
1806). Homme politique anglais. Fils du
Premier Pitt*, ministre à 23 ans, il s'attacha à redresser l'économie et les finances
anglaises et mena avec ténacité la guerre
contre la France révolutionnaire. Après
des études à Cambridge*, avocat à 21 ans,
il entra aux Communes* (1781) comme
whig* indépendant, où il s'imposa rapidement, ne cessant de s'opposer à la guerre
d'Amérique. Chancelier* de l'Échiquier*
dans le cabinet de lord Shelburne
(1782-1783), Premier ministre en 1783
avec les charges de premier lord de la Trésorerie et chancelier de l'Échiquier, il
garda ce poste jusqu'en 1801 malgré les
espoirs que fit naître chez ses adversaires
la folie du roi George III*. Rénovateur du
parti tory* (alors que son père avait été
whig), Pitt rétablit, après les tentatives de
gouvernement personnel du roi, l'équilibre
entre les droits du Parlement* et la fonction royale. Financier et administrateur expert, Pitt s'attacha tout d'abord à rétablir
la situation économique de l'Angleterre
compromise par les dépenses et la perte
des débouchés dues à la guerre d'Indépendance* américaine. Influencé par les idées
libérales de l'économiste Adam Smith*, il
conclut un traité de commerce avec la
France (1786), favorisant ainsi les intérêts
de la City, et pratiqua une politique financière (lutte contre la corruption, amortis-
sement de la dette publique) qui lui permit
d'assainir la vie politique. Cependant, de

grands projets comme l'abolition de la
traite* des Noirs ou la réforme du système
électoral qui prévoyait une augmentation
des sièges de Londres et des comtés les
plus peuplés par la suppression des
« bourgs* pourris » ne purent aboutir. Son
attitude à l'égard de la Révolution* française passa d'une bienveillante neutralité
– l'Angleterre pouvant tirer profit de l'affaiblissement de sa grande rivale – à une
hostilité déclarée (1793) après la prise
d'Anvers*, « pistolet braqué au cœur de
l'Angleterre ». Craignant aussi la contagion révolutionnaire pour son propre pays,
Pitt décida des mesures draconiennes : surveillance des étrangers, suspension de
l'*Habeas* Corpus*, censure et peines sévères contre les réunions séditieuses (1799).
La guerre fut extrêmement coûteuse pour
l'Angleterre. Aux tentatives d'encerclement de la France succéda le duel acharné
avec Bonaparte*, Pitt devant en même
temps affronter de graves difficultés économiques. Contraint de démissionner
(1801) à propos de la question d'Irlande,
le roi ayant refusé l'entrée des catholiques* irlandais au Parlement après l'Acte
d'Union* (1800), Pitt fut rappelé après la
paix d'Amiens* et la reprise de la guerre.
Son second ministère fut difficile
(1804-1806). La victoire de Trafalgar*
compensa en partie la défaite d'Austerlitz*. Pitt mourut à 47 ans ; l'Angleterre
avait résisté mais la France de Napoléon
Ier* restait toujours maîtresse d'une grande
partie de l'Europe. Voir Fox (Charles James), North (Frederik).

PIZARRO, Francisco (Trujillo, v
1475-Lima, 1541). Conquistador* espagnol, il mit fin à l'Empire inca du Pérou
fixant ainsi le destin de toute l'Amérique du
Sud. Fils naturel d'un hidalgo sans fortune
et complètement illettré, il s'engagea dans
l'armée, partit aux Indes en 1502 et, pendant 20 ans, sans que rien ne le distingue
des autres aventuriers, il prit part à l'exploration de la Colombie, puis accompagna

Balboa* dans sa traversée de l'isthme de Panamá qui permit la découverte de l'océan Pacifique. Cependant, les rêves suscités par la conquête du Mexique (Hernan Cortés*) et les rumeurs sur les immenses richesses des pays vers le sud amenèrent Pizarro, au nom de l'Espagne de Charles* Quint dont il avait reçu l'appui, à s'associer avec ses frères, et deux compagnons (Diego de Almagro et Hernando de Luque). Parti de Panamá (1524) avec seulement trois navires et 114 hommes, il débarqua à Tumbes (nord de l'actuel Pérou) et, profitant de la faiblesse de l'empereur inca qui émergeait à peine d'une guerre civile, renversa le plus prestigieux des empires précolombiens (Cuzco, 1531-1532), s'emparant par trahison de l'empereur Atahualpa et le faisant exécuter après avoir exigé une énorme rançon. La fondation de Lima (1535), mieux située que Cuzco pour les liaisons avec Panamá et l'Espagne, marqua l'achèvement de la conquête du Pérou. Après la mort d'Almagro (1538), son rival, Pizarro fut lui-même assassiné par le fils de celui-ci. Voir Incas.

PLACARDS (Affaire des). Dans la nuit du 17 au 18 octobre 1534, des placards anticatholiques furent affichés à Paris et à Amboise, jusque sur la porte de la chambre royale. Imprimés à Neuchâtel, et rédigés par un pasteur de la ville, Antoine Marcourt, ils attaquaient violemment le mystère catholique* de l'Eucharistie*. François Ier* fit procéder à des arrestations, plusieurs hérétiques furent condamnés au bûcher et de nombreux protestants* s'exilèrent, notamment Calvin*.

PLAID. Nom donné à l'époque des Francs* à une assemblée des grands, composée d'évêques*, de ducs* et de comtes*. Simplement consultés, les plaids prirent sous les derniers Carolingiens* une importance croissante et imposèrent souvent leurs décisions au souverain.

PLAIES D'ÉGYPTE (Les sept). D'après la Bible*, catastrophes envoyées par Dieu sur l'Égypte* pour obliger le Pharaon* à laisser partir les Hébreux*. Ces plaies auraient été l'infection des eaux du Nil*, l'invasion de grenouilles, de moustiques et de moucherons, ulcères, grêle, sauterelles, trois jours de ténèbres et enfin mort du premier-né de chaque famille égyptienne. Voir Moïse, Pâque.

PLAINE (La) ou **LE MARAIS.** Nom donné, lors de la Révolution* française, au groupe le plus modéré mais le plus nombreux (environ 400 députés) de la Convention*. Ses membres, parfois appelés par leurs adversaires les « crapauds du Marais », siégeaient en bas des gradins. Issus pour la plupart de la bourgeoisie libérale et républicaine, ils étaient attachés aux conquêtes politiques de 1789 et à l'œuvre de la Révolution, et souhaitaient l'union de tous les républicains. Ce groupe était cependant très hétérogène. On y trouvait des hommes comme l'abbé Grégoire*, Sieyès*, Cambacérès* ; certains de ses membres se rallièrent, dès le printemps 1793, aux montagnards* comme Barère, Couthon*, Cambon* et Carnot*. La plupart d'entre eux manifestèrent cependant leur hostilité à Robespierre* le 9 Thermidor* (27 juillet 1794).

PLANCK, Max (Kiel, 1858-Göttingen, 1947). Physicien allemand. Il révolutionna la physique moderne en élaborant (1900) la théorie des quanta. Il est le père de la mécanique quantique. Planck reçut le prix Nobel* de physique en 1918.

PLANTAGENÊTS. Dynastie originaire d'Anjou* qui régna sur l'Angleterre de 1154 à 1485. Le premier roi Plantagenêt, Henri II*, ayant épousé Aliénor* d'Aquitaine, étendit considérablement les possessions des Plantagenêts* en France, le duché d'Aquitaine s'ajoutant à la Normandie*, l'Anjou, le Maine et la Touraine. Les Plantagenêts étant, pour leurs possessions continentales, les vassaux des rois de France, il s'ensuivit une âpre lutte entre Capétiens* et Plantagenêts (guerre de Cent* Ans). Les souverains de cette dynastie furent : Henri II* (1154-1189), Richard Ier* Cœur de Lion (1189-1199), Jean* sans Terre (1199-1216), Henri III* (1216-1272), Édouard Ier* (1272-1307), Édouard II* (1307-1327), Édouard III* (1327-1377), Richard II* (1377-1399), Henri IV* (1399-1413), Henri V* (1413-1422), Henri VI* (1422-1461, 1470-1471), Édouard IV* (1461-1470, 1471-1483), Édouard V* (1483) et Richard III* (1483-1485). Au cours de cette dynastie se développa, à la faveur des guerres contre la France, le sentiment national anglais. Le Parlement, qui prit une grande importance, se scinda entre la Chambre des lords* et la Chambre des communes* composée des représentants des villes et de la petite noblesse. Voir Deux-Roses (Guerre des), Tudors.

PLASSEY (Bataille de, 1757). Village de l'Inde à l'ouest du Bengale. Le général Clive* y remporta sur les Indiens une victoire décisive, plaçant le Bengale et le nord-est de l'Inde sous domination britannique.

PLATÉES. Ancienne ville de Grèce*, en Béotie, au sud-ouest de Thèbes*. Les Grecs, commandés par le Spartiate Pausanias et l'Athénien Aristide*, y remportèrent (en 479 av. J.-C.) une célèbre victoire contre les Perses* au cours de la seconde guerre Médique*.

PLATON (Athènes, v. 427-id., 348 av. J.-C.). Grand philosophe athénien. D'origine aristocratique, il reçut une brillante éducation et fut l'élève de Socrate*. Après de nombreux voyages, il séjourna à Athènes*, créant l'Académie* où il enseigna tout en publiant ses *Dialogues* que l'on classe généralement en trois grands groupes. Les dialogues socratiques, œuvres de jeunesse, sont consacrés à la défense de la pensée de Socrate (*Apologie de Socrate, Criton, Ion, Euthyphron, Protagoras, Gorgias*). Les dialogues systématiques dans lesquels Platon développe sa théorie des Idées (*La République, Le Banquet, Phèdre, Phédon*) ; enfin les dialogues critiques et métaphysiques dont les plus connus son Parménide, Timée, Critias et Les Lois Voir Denys le Jeune.

PLAUTE (Sarsina, 254-Rome, 184 av J.-C.). Poète comique latin*, maître de la farce lyrique au temps de la République* romaine. Empruntant presque tous ses su jets au théâtre athénien, il adapta ce réper toire aux goûts de la plèbe*. Les dialogues au service d'une intrigue toujours simple sont vifs et amusants et les personnage: bien typés (soldats fanfarons, esclaves fri pons et inventifs) sont très pittoresques Vingt d'entre ses comédies nous sont par venues dont les plus remarquables son *Amphitryon, L'Aululaire* (ou *La Marmite* qui inspira *L'Avare*), *Les Ménechmes, L Carthaginois* et *Le Soldat fanfaron.* So œuvre a inspiré de nombreux auteurs don Molière*. Voir Térence.

PLÈBE. Dans la Rome* antique, nom donné à tous les citoyens* qui n'étaien pas patriciens* (nobles), c'est-à-dire à l'immense majorité du peuple. La plèbe était composée à l'origine des petits paysans, des artisans et commerçants de la ville. Lorsque les rois étrusques* (qui s'étaient appuyés sur la plèbe pour maintenir leur autorité sur les chefs de familles patriciennes) furent chassés de Rome (VI siècle av. J.-C.), les plébéiens tombèren sous la domination des patriciens qui monopolisèrent tous les pouvoirs. Profitant du rôle indispensable qu'ils jouaien dans les bataillons d'infanterie de l'armée romaine*, ils menacèrent de se séparer de la cité et réussirent ainsi à conquérir (aux Ve et IVe siècles av. J.-C.) les mêmes droits politiques, civils et religieux que les patriciens. Au IIIe siècle av. J.-C., la distinction entre plébéiens et patriciens disparut, les différences entre citoyens romains se fondant dorénavant sur la fortune. Au cours des siècles suivants, Rome s'enfla d'une énorme plèbe urbaine sans emploi ni ressource : paysans ruinés par les conquêtes, artisans concurrencés par le travail des esclaves et anciens esclaves affranchis. Cette plèbe oisive vivait des distributions de blé organisées par l'État depuis Caius Gracchus* d'abord à prix réduit puis gratuites et se plaçait sous la protection des riches dont elle forma la clientèle. Entassés dans les immeubles insalubres à plusieurs étages (*insula**), les classes dirigeantes ont su acheter les votes des plébéiens et calmer leur agitation en leur offrant des jeux de cirque* et des représentations théâtrales. À la fin de l'Empire, Rome était devenue une capitale surpeuplée par une plèbe inactive. Cette plèbe disparaîtra avec l'Empire romain*, mais le mot désignera longtemps le bas peuple d'autres sociétés. Voir Client, Tribun de la plèbe.

PLÉIADE (La). Nom donné au XVIe siècle durant la Renaissance* française à un groupe de poètes, promoteurs du français contre le latin jusque-là langue savante et du grand lyrisme imité de l'Antiquité. Ces poètes – Pierre de Ronsard*, Joachim du Bellay*, Jean Antoine de Baïf, Pontus de Tyard, Étienne Jodelle, Rémy Belleau, Jacques Pelletier du Mans – exposèrent leur programme dans un manifeste littéraire : *Défense et Illustration de la langue française* (1549) et contribuèrent ainsi à la naissance d'une littérature nationale. Appelée d'abord la Brigade, la Pléiade doit son nom à la constellation de sept étoiles, nom déjà donné à une réunion de poètes dans la Grèce* antique.

PLEKHANOV, Gueorgui Valentinovitch (Goudalovka, auj. Griazi Raion, 1856-Terijoki, Finlande, auj. Zelenogorsk, 1918). Socialiste russe, il fut l'un des principaux propagateurs du marxisme* en Russie. Populiste* puis marxiste, il fonda en 1883 à Genève le groupe marxiste Libération du travail et créa, avec Lénine*, le journal marxiste l'*Iskra* (*L'Étincelle*). Après avoir rejoint la fraction menchevique* (modérée) issue du IIe congrès du Parti social-démocrate* de Russie (1903), il rentra en Russie après la révolution de Février 1917, mais s'opposa à la prise du pouvoir par les bolcheviks* lors de la révolution d'Octobre 1917. Théoricien du marxisme, il écrivit notamment *Essai sur la conception moniste de l'histoire*, 1895. Voir Martov (Iouli), Révolutions russes de 1917.

PLEVEN, René (Rennes, 1901-1993). Homme politique français. Résistant dès juillet 1940, il contribua au ralliement de l'AÉF* à la France (1940). Il fit partie des comités de Londres puis d'Alger (Comité* français de libération nationale). Plusieurs fois ministre sous les Quatrième et Cinquième Républiques*, il fut à deux reprises président du Conseil sous la Quatrième République (juillet 1950-février 1951 ; août 1951-janvier 1952). Après avoir soutenu Georges Pompidou* aux élections présidentielles de 1969, il devint garde des Sceaux dans les gouvernements Chaban-Delmas* et Messmer* (1969-1973). Voir CED.

PLINE L'ANCIEN (Côme, 23-Stabies, 79 ap. J.-C.). Naturaliste et écrivain latin. Il nous reste de lui une *Histoire naturelle* en 37 livres, vaste encyclopédie de toutes les connaissances de son temps. Amiral de la flotte de Misène lorsque se produisit l'éruption du Vésuve (qui détruisit Pompéi* et Herculanum* en 79 ap. J.-C.), Pline l'Ancien voulut porter secours mais aussi observer le phénomène de plus près et mourut asphyxié.

PLINE LE JEUNE (Côme, 61/62-114 ap. J.-C.). Écrivain latin, neveu et fils adoptif de Pline* l'Ancien. Avocat célèbre, il accomplit une carrière sénatoriale régulière jusqu'au consulat en 100. Il fut l'ami de l'empereur Trajan* qui le nomma légat* impérial (111-112 ap. J.-C.) en Bithynie (Asie* Mineure) et dont il fit l'éloge dans le *Panégyrique de Trajan* (111 ap. J.-C.). Mais l'essentiel de son œuvre est formé par ses *Lettres* (10 livres publiés de 97 à

109 ap. J.-C.) plutôt destinées à être lues en public. Elles donnent un témoignage intéressant sur la société romaine de l'époque. Voir Pompéi.

PLOMBIÈRES (Entrevue de, 20-21 juillet 1858). Rencontre secrète à Plombières (Vosges), entre l'empereur Napoléon III* et Cavour*, décidée peu après l'attentat d'Orsini* (janvier 1858) et destinée à fixer les conditions d'un soutien français au royaume de Piémont-Sardaigne dans sa lutte pour l'unité italienne contre l'Autriche. La France promit son soutien militaire au Piémont qui devait former un royaume de Haute-Italie, contre la cession de Nice et de la Savoie. Après la campagne d'Italie* de 1859, et les victoires de Magenta* et de Solférino*, Napoléon III s'empressa de signer les préliminaires de Villafranca* (juillet 1859) à la grande déception de Cavour, qui démissionna. Voir Victor-Emmanuel II.

PLUTARQUE (Chéronée, v. 50/46 av. J.-C.-id., 120/125 ap. J.-C.). Biographe et moraliste grec, né en Béotie* d'une famille riche et cultivée. Esprit curieux, fin et attentif, il a traité les sujets les plus divers. De ses nombreuses œuvres, il nous en reste un tiers regroupé sous deux titres : Vies parallèles et Œuvres morales. Les Vies parallèles regroupent une cinquantaine de biographies où sont comparées les vies de personnages de l'Antiquité grecque et celles des Romains dont l'œuvre présente avec ces derniers quelque analogie. De tous les auteurs grecs de l'Antiquité, Plutarque fut l'un des plus admirés à l'époque de la Renaissance*.

PODGORNY, Nikolaï Viktorovitch (Karlovka, Ukraine, 1903-Moscou, 1983). Homme politique soviétique. Secrétaire, avec Leonid Brejnev*, du comité central en 1964, il fut président du Praesidium du Soviet* suprême de 1965 à 1977, date à laquelle il cessa d'appartenir au Politburo. Voir Kossyguine (Aleksei).

POE, Edgar Allan (Boston, 1809-Baltimore, 1849). Écrivain américain. Peu apprécié dans son pays d'origine, Edgar Poe fut rendu célèbre en France par la traduction de ses *Contes* par Charles Baudelaire*. Orphelin, adopté à 3 ans par un riche négociant de Richmond, il se brouilla avec son père adoptif et interrompit ses études à l'université de Virginie. Installé chez une tante à Baltimore dont il épousa la fille, il fut critique littéraire entre 1835 et 1837 mais dut quitter son travail, rongé par un alcoolisme précoce. Il vécut alors une existence difficile, instable, et mourut probablement d'une crise de *delirium tremens*. Auteur de poèmes savants (*Le Corbeau*, traduit par Stéphane Mallarmé*), romancier du réalisme fantastique (*Les Aventures d'Arthur Gordon Pym*, 1837), il acquit une immense notoriété en France pour ses nouvelles et écrits (appelés *Histoires extraordinaires*, 1840-1845, par Baudelaire), expression d'un monde fantastique et morbide dont les constructions dominées par une logique du cauchemar inspirèrent les romans policiers modernes.

POINCARÉ, Raymond (Bar-le-Duc 1860-Paris, 1934). Avocat et homme politique français. Républicain modéré, président de la République (1913-1920), il mena une politique intransigeante à l'égard de l'Allemagne vaincue et stabilisa le franc en 1928. Cousin du mathématicien Henri Poincaré, élu député de la Meuse (1887-1903) puis sénateur (1903-1913) Raymond Poincaré assuma de 1893 à 1906 différents postes ministériels. Ambitieux, il se tint prudemment à l'écart au moment de l'affaire Dreyfus* et durant les luttes anticléricales menées par le pouvoir (1902-1905). Président du Conseil à la tête d'un gouvernement d'Union nationale (1912-1913), il s'attribua aussi le portefeuille des Affaires étrangères et mena une politique de fermeté à l'égard de l'Allemagne, consolidant l'alliance française avec la Grande-Bretagne et la Russie (voyage à Saint-Pétersbourg, 1912). Élu président de la République en 1913, il soutint le vote de la loi militaire des trois ans (août 1913) dont l'impopularité provoqua le succès des radicaux et des socialistes aux élections législatives (1914). Il choisit Viviani*, anticlérical mais non pacifiste, à la présidence du Conseil et effectua un second voyage en Russie après l'attentat de Sarajevo* (juillet 1914) afin d'assurer le tsar de son soutien, ce qui lui valut de la part de ses adversaires le surnom de « Poincaré la guerre ». Dès l'été 1914, il se fit le champion de l'Union sacrée mais se vit ravir le rôle d'animateur de la défense nationale par son vieil ennemi Clemenceau*. Impatient, après la guerre, de retrouver son influence politique, il fut réélu sénateur de la Meuse (1920) à la fin de son septennat et devint président de la commission des Réparations* dont il démissionna lorsque fut rejetée la motion de réparation intégrale. De nouveau président du Conseil et ministre des Affaires étrangères (1922-1924) après avoir provoqué la chute de Briand*, jugé trop conciliant à l'égard de l'Allemagne, Poincaré défendit l'exécution intégrale du traité de Versailles* et décida l'occupation de la Ruhr* (janvier 1923) en raison du retard du paiement des réparations allemandes. Cependant l'hostilité de la Grande-Bretagne et d'importantes difficultés financières l'obligèrent à se rallier au plan Dawes*. En 1924, l'arrivée du Cartel* des gauches l'obligea à démissionner mais la situation financière catastrophique de 1926 lui redonna le pouvoir et il forma alors un cabinet d'Union nationale (juillet 1926-juillet 1929) sans la participation des socialistes. Ayant obtenu les pleins pouvoirs financiers, il pratiqua une politique d'économie et réussit à stabiliser le franc qui fut dévalué en juin 1928. Après le départ des radicaux du gouvernement, il s'appuya sur le centre et la droite. Malade, Poincaré démissionna en juillet 1929 et se consacra à la publication de ses souvenirs

Au service de la France (1926-1933). Voir Entente (Triple-), SFIO, Radical (Parti).

POISSY (Colloque de, 1561). Assemblée réunie à Poissy (Yvelines) par Catherine* de Médicis et Michel de L'Hospital*, pour tenter un compromis entre catholiques et calvinistes. Prélats catholiques* et délégués protestants* – dont Théodore de Bèze, disciple de Calvin* – affirmèrent des divergences si profondes qu'aucun accord ne fut possible. Le colloque prépara cependant l'édit de tolérance de 1562 qui accorda la liberté du culte protestant sauf dans les villes fortifiées où le culte devait être suivi en privé. Voir Calvinisme, Religion (Guerres de).

POITIERS (Bataille de, octobre 732). Victoire remportée par Charles* Martel sur les musulmans* d'Espagne entre Poitiers et Tours. La victoire des Francs* à Poitiers contribua à arrêter l'expansion musulmane en Europe. Cependant, les incursions musulmanes continuèrent encore près de 25 ans dans le sud de la France. Certains historiens mettent aujourd'hui en doute la réalité de cette bataille qui ne fut, semble-t-il, qu'une escarmouche. Ils pensent que les musulmans, enrichis par leurs butins, n'ont pas poussé plus loin leur invasion.

POITIERS (Bataille de, 1356). Victoire remportée, durant la guerre de Cent* Ans, par l'armée anglaise du prince de Galles* – le Prince Noir, d'après la couleur de sa cuirasse – sur le roi de France, Jean II* le Bon. La défaite française, qui suivait celles de Crécy* et de Calais*, fut un véritable désastre. Elle entraîna la captivité du roi de France et le traité de Brétigny* qui accordait à l'Angleterre une part importante du territoire français. Elle fut aussi suivie par les troubles parisiens de 1357-1358, conduits par Étienne Marcel*, qui mirent en péril la monarchie capétienne.

POITIERS, Diane de, duchesse de Valentinois (Étoile-sur-Rhône, 1499-Anet, 1566). Elle exerça sur le roi de France Henri II*, dont elle était la favorite, une grande influence et protégea les arts. Fille de Jean de Poitiers, sénéchal* de Normandie* et veuve à 32 ans de Louis de Brézé, elle devint vers 1536 la maîtresse du futur Henri II, son cadet de 19 ans. Le roi monté sur le trône, elle devint toute-puissante, exilant sa rivale de toujours, la duchesse d'Étampes* (favorite de François Ier*), s'imposant à Catherine* de Médicis, l'épouse du roi, et exigeant de lui une énergique répression contre les protestants*. Elle se retira, après la mort du roi, au château d'Anet, construit pour elle par Philibert Delorme.

POL POT, Saloth Sor ou Sar, dit (prov. de Kompong Thom, 1928-). Homme politique cambodgien. Secrétaire général du Parti communiste khmer (1962), Premier ministre (1976-1979) de Kieu Samphan, chef des Khmers* rouges, il fut le principal responsable des atrocités commises par ces derniers (marches et travaux forcés, privations, massacres organisés). Le bilan en vies humaines est estimé à 2 millions de victimes (selon les estimations soviétiques), 350 000 personnes exécutées et 2 millions de décès dus aux privations et aux sévices (selon des sources britanniques), 3 millions de victimes dont 100 000 Vietnamiens et Khmers métissés selon le FUNSK (organisation des Khmers provietnamiens). Après l'occupation vietnamienne du Cambodge (1979), il continua à diriger jusqu'en 1985 l'armée des Khmers rouges. Voir Sihanouk (Norodom).

POLIGNAC, Jules Auguste Armand Marie, prince de (Versailles, 1780-Paris, 1847). Homme politique français. Partisan d'un retour à l'Ancien* Régime et hostile aux tendances libérales de la Charte* de 1814, il fut l'un des chefs du parti ultra* royaliste sous la Restauration*. Émigré lors de la Révolution*, aide de camp du comte d'Artois (futur Charles X*), Polignac fut impliqué dans la conspiration de Cadoudal* fomentée contre Bonaparte*, condamné puis emprisonné. Évadé avec son frère en 1813, il revint en France en 1814 puis fut nommé pair de France sous la Restauration. Ardent défenseur des droits de l'Église, fait prince romain par Pie VII* (1820), il devint ambassadeur à Londres (1823-1829), et signa le traité préparant l'intervention étrangère dans la guerre d'indépendance* de la Grèce (1827). Après la chute du cabinet Martignac*, jugé trop modéré, il fut nommé par Charles X ministre des Affaires étrangères (août 1829), puis président du Conseil (novembre 1829). Il décida à l'extérieur l'expédition d'Alger* (juillet 1830), mais la rédaction des quatre ordonnances de Saint-Cloud destinées à briser l'opposition libérale entraîna l'insurrection de Paris et le renversement des Bourbons*. Arrêté alors qu'il tentait d'émigrer en Angleterre, Polignac fut traduit devant la Chambre des pairs*, condamné à la détention perpétuelle et à la déchéance de ses titres, mais l'amnistie de 1836 le libéra. Voir Révolution de 1830.

POLISARIO (Front). Abréviation de Front pour la libération de la Saguía El-Hamra et du Río de Oro. Le Polisario, mouvement armé constitué en 1973, revendique la création d'un État sahraoui indépendant dans l'ancien Sahara espagnol (Sahara occidental) aujourd'hui administré par le Maroc. La République arabe sahraouie démocratique, créée en 1976, mais dont le gouvernement est en exil, a été reconnue par 72 pays et admis à l'OUA (Organisation* de l'unité africaine) en 1982.

POLITIQUES ou MALCONTENTS. Lors des guerres de Religion*, nom donné sous le règne d'Henri III* à un groupe de modérés, formés de catholiques* et de protestants*, hostiles à la Ligue* catholique et à la lutte calviniste, et soucieux de conserver l'unité nationale autour de l'autorité royale. Le parti des Politiques regroupait Michel de L'Hospital*, François d'Alençon, frère d'Henri III et le duc Henri Ier de Montmorency ; il favorisa l'avènement

'Henri IV*. Leurs idées inspirèrent *Les ix Livres de la République* de Jean Bo-in*.

'OLOGNE (Campagne de, septembre 939). Première campagne de la Seconde juerre* mondiale, durant laquelle l'offen-ive allemande triompha en trois semaines e la résistance polonaise. Le 1er septem-re, sans déclaration de guerre, l'armée al-emande envahit la Pologne. Dès les pre-nières heures du conflit, l'action de 'armée polonaise fut compromise par le ilonnage ininterrompu des bombardiers llemands (Stukas*). Comptant d'autre art sur les défenses naturelles qui proté-eaient le pays au nord (marais) et au sud crêtes du plateau polonais dans la haute allée de la Vistule), le maréchal Rydz-migly* concentra une partie de l'armée u centre, là où s'ouvrait la grande plaine olonaise. Ce fut précisément dans les sec-eurs les plus difficiles que les Allemands ortèrent tous leurs efforts. L'attaque des ivisions blindées (*panzerdivisionen*) et es troupes aéroportées permit d'encercler n quelques jours le gros de l'armée polo-aise et Varsovie, après une résistance charnée, dut capituler le 28 septembre. Conformément aux clauses secrètes du acte germano-soviétique*, la Pologne fut artagée entre l'Allemagne hitlérienne et 'Union soviétique. Cette campagne de Po-ogne offrit le premier exemple de l'ex-raordinaire efficacité de la « guerre clair » mise au point par l'état-major de a Wehrmacht. Voir France (Campagne le), Guderian (Heinz).

'OLOGNE (Premier partage de la, 1772). Nom donné sous Stanislas II* Poniatowski u partage d'une partie de la Pologne entre a Russie, la Prusse* et l'Autriche. La 'russe s'empara de la Prusse occidentale, auf Dantzig* et Thorn, la Russie de la Li-uanie (Russie blanche) et l'Autriche de la Galicie, sauf Cracovie. Voir *Liberum veto*.

'OLOGNE (Deuxième partage de la, 793). Nom donné au partage de la Polo-

gne qui suivit celui de 1772. Il fut provo-qué par la politique de réformes engagée par Stanislas II*, roi de Pologne. La Confédération de Targowica* (1792) qui regroupait des nobles mécontents et l'in-tervention militaire de la Russie (1793) provoquèrent un deuxième partage de la Pologne. Catherine II* s'empara des pro-vinces orientales avec Minsk, l'Ukraine et la Podolie, et la Prusse* annexa Poznan, Dantzig et Thorn. Voir Pologne (Premier partage), (Troisième partage de la).

POLOGNE (Troisième partage de la, 1795). Partage de la Pologne – après ceux de 1772 et de 1793 – qui aboutit à la dis-parition du royaume de Pologne. Il fut pro-voqué par l'insurrection patriotique diri-gée par Kosciuszko* qui amena l'intervention armée des Russes, puis des Prussiens et des Autrichiens. La défaite de Kozciuszko, conjuguée à la capitulation de Varsovie après le massacre de Praga*, aboutit au troisième partage de la Pologne. La Prusse* obtint Varsovie et les territoi-res à l'ouest du Bug et du Niémen, la Rus-sie, le reste de la Volhynie, de la Lituanie et de la Courlande, et l'Autriche, ce qui restait du territoire. Après la disparition de l'État polonais, de nombreux patriotes exi-lés à travers l'Europe jouèrent un rôle im-portant dans les guerres napoléoniennes. Voir Napoléon Ier.

POLOGNE (Quatrième partage de la, 1815). Partage du grand duché de Varso-vie* créé par Napoléon Ier* en 1807, dé-cidé au congrès de Vienne* en 1815 après l'effondrement de l'Empire. La Russie en fut, encore une fois, la principale bénéfi-ciaire. La Prusse* recevait la Posnanie et la Prusse Occidentale (Dantzig, Thorn). L'Autriche reçut la Galicie et la Lodomé-rie (Cracovie restant une République semi-autonome). Tout le reste de l'ancienne Po-logne passait sous l'autorité du tsar Alexandre Ier*. Le pays ne retrouva son in-dépendance qu'en 1918. Voir Pologne

(Premier, Deuxième, Troisième partage de la).

POLYBE (Megalopolis, v. 202-v. 120 av. J.-C.). Historien grec, il fut un admirateur inconditionnel de Rome*. Déporté comme otage après la bataille de Pydna* pendant 16 ans à Rome, il se lia d'amitié avec Scipion* Émilien qu'il accompagna dans ses campagnes contre Carthage* et Numance (en Espagne). Il nous reste plusieurs de ses ouvrages dont ses *Histoires* (40 livres dont 5 nous sont parvenus) qui couvrent la période de 220 à 146 av. J.-C. Il témoigne d'une grande admiration pour les institutions de Rome, dans la perfection desquelles il veut voir la raison de la domination romaine en Méditerranée.

POMPADOUR, Jeanne Antoinette Poisson, marquise de (Paris, 1721-Versailles, 1764). Favorite de Louis XV*. Mécène, amie des philosophes, elle favorisa l'épanouissement des arts et des lettres (l'*Encyclopédie**). Fille d'un financier, elle reçut une éducation soignée et épousa un financier, le fermier général Le Normant d'Étiolles dont elle se sépara en 1745. Belle, cultivée et spirituelle, elle fréquenta les salons, notamment celui de Mme de Tencin* et de Mme Geoffrin*, se liant à des écrivains de renom, tels Fontenelle et Voltaire*. Introduite à Versailles*, elle devint la maîtresse du roi (1745) et conserva jusqu'à sa mort l'amitié de Louis XV par son art de le distraire. Plus ou moins acceptée par la famille royale mais détestée de la cour, souvent attaquée dans des pamphlets ou des chansons, la Pompadour sut faire profiter artistes et gens de lettres des largesses royales. Elle fit aménager ses nombreuses résidences, celles de Bellevue, La Celle-Saint-Cloud, Crécy et l'hôtel d'Évreux (auj. palais de l'Élysée), contribua à la création de la manufacture de Sèvres et fit nommer son frère directeur des Bâtiments, poste où il manifesta une réelle compétence. Elle reçut dans son salon et protégea les philosophes,

réconciliant Voltaire avec le roi, recevant Montesquieu* et Rousseau*, et favorisant la publication de l'*Encyclopédie*, malgré l'opposition du clergé et du Parlement. Son influence politique fut seulement limitée au soutien qu'elle accorda à des amis personnels comme Bernis, Choiseul* et Soubise*. La marquise mourut à 43 ans d'une congestion pulmonaire. Voir Du Barry (Mme).

POMPÉE (106-Péluse, 48 av. J.-C.). Général et homme politique romain. Soutenu par le Sénat*, il s'opposa à son rival Jules César*, plongeant à nouveau la République* romaine dans une guerre civile. Lieutenant de Sylla*, il battit les partisans de Marius* en Sicile et en Afrique, ce qui lui valut un triomphe* et le titre de Grand qui lui resta. Après avoir pacifié l'Espagne puis écrasé les derniers partisans de Spartacus* (chef d'esclaves révoltés), le général vainqueur, rendu puissant par ses succès militaires, fut élu consul* avec Crassus* (70 av. J.-C.) avant d'avoir atteint l'âge légal et sans avoir accompli une carrière des honneurs régulière. Apparaissant bientôt comme l'homme providentiel dans la crise du régime républicain, il se fit donner par le Sénat des pouvoirs extraordinaires d'abord pour lutter contre les pirates puis lors de la guerre contre Mithridate*, roi du Pont. Il réussit en quelques années (66-61 av. J.-C.) à faire passer la plus grande partie de l'Asie* Mineure et de l'Orient méditerranéen sous l'autorité romaine. Certain par ses mérites exceptionnels de devenir le maître de Rome encore troublée par la conjuration de Catilina*, Pompée n'eut pas recours au coup de force militaire, licencia ses troupes, espérant obtenir du Sénat un pouvoir légal. Mais il avait surestimé son prestige et fut contraint de former avec Crassus* et Jules César* le premier triumvirat* (60 av. J.-C.) qui, renouvelé en 56 av. J.-C., s'accompagna d'un véritable partage du monde romain dans lequel Pompée obtint l'Afrique, l'Es-

agne et Rome*. La mort de Crassus (53
v. J.-C.) laissa Pompée seul en face de Cé-
ar. Doté des pleins pouvoirs par le Sénat,
ordonna à César alors en Gaule* d'aban-
onner son armée mais s'opposa à un reus : ce fut le début d'une nouvelle guerre
ivile. En 49 av. J.-C., César franchit le
leuve Rubicon*, limite de sa province,
rovoquant la fuite de Pompée en Grèce.
Celui-ci fut vaincu à Pharsale (48 av. J.-C.)
t tenta de se réfugier en Égypte où il fut
ssassiné. César, après avoir triomphé des
artisans de Pompée en Afrique et en Es-
agne, devint à partir de 45 av. J.-C. le seul
naître du monde romain.

POMPÉI. Ancienne ville d'Italie du Sud
ituée au sud-est de Naples, elle fut en-
ouie le 24 août 79 ap. J.-C. sous une pluie
le cendres et de pierres provoquée par
'éruption du Vésuve. Oubliée puis fouil-
ée à partir du XVIIIe siècle, ses vestiges, re-
narquablement conservés, constituent un
locument exceptionnel sur la vie romaine
u Ier siècle ap. J.-C. Pompéi, devenue co-
onie romaine vers 89 av. J.-C., servit de
ésidence d'été à de riches Romains. C'est
line* le Jeune qui laissa un récit de
'éruption volcanique. Des 20 000 habi-
ants que comptait alors la cité, 2 000 pé-
irent et la ville fut recouverte d'environ 3
n de dépôts volcaniques. Sur le site tombé
l'abandon, s'étendirent des champs culti-
és et des vignobles. Des fouilles systé-
natiques furent entreprises au XIXe siècle,
légageant une cité magnifique avec son
enceinte, ses rues, ses boutiques, ses monuments publics (basilique*, théâtres, fo-
um*, thermes*) et ses maisons richement
lécorées de stuc, de mosaïques et de fresques. Tout ce qui fut découvert (objets,
peintures, sculptures, mosaïques, etc.) est
aujourd'hui exposé au musée national de
Naples. Mais les deux tiers restent encore
à explorer et à fouiller. Voir Herculanum,
Pline l'Ancien.

POMPIDOU, Georges (Montboudif,
1911-Paris, 1974). Homme politique fran-

çais. Président de la République
(1969-1974), il poursuivit une politique fidèle aux principes gaullistes. Fils d'ensei-
gnants, normalien, agrégé de lettres, il fut
chargé de mission dans le cabinet du général de Gaulle* (1944-1946), maître des
requêtes au Conseil d'État (1946) puis directeur de la banque Rothschild
(1956-1962). Premier ministre de De
Gaulle (1962-1968) en remplacement de
Michel Debré*, il affronta avec succès la
crise de mai-juin* 1968, signa les accords
de Grenelle et fut le principal artisan, en
juin, de l'écrasante victoire électorale de
l'UDR*. De Gaulle pourtant le remplaça
par Couve* de Murville et Pompidou se
trouva placé, selon l'expression du général,
« en réserve de la République ». Député du
Cantal, il fut élu, après le départ de De
Gaulle, président de la République contre
Alain Poher et nomma successivement Jacques Chaban-Delmas* (1969-1972) et
Pierre Messmer* (1972-1974) Premiers
ministres. « Dauphin du général », il tenta
de poursuivre ses grandes orientations. Sur
le plan intérieur, il favorisa une industrialisation accélérée, dévalua le franc (1969),
donna son accord à l'entrée de la Grande-
Bretagne dans le Marché commun et
confirma la prééminence de la fonction présidentielle. Sur le plan extérieur, il affirma
l'indépendance de la France et le refus des
blocs. Sa présidence vit néanmoins une
nette remontée des partis de gauche aux
élections législatives de 1973. Malgré sa
maladie, il assuma ses fonctions jusqu'à sa
mort. Il fut l'initiateur du Centre national
d'art et de culture qui porte aujourd'hui son
nom. Voir Giscard d'Estaing (Valéry).

**POMPONNE, Simon Arnauld, marquis
de** (Paris, 1618-Fontainebleau, 1699).
Homme politique français. Il joua un rôle
important dans les affaires extérieures de
la France sous Louis XIV*. Neveu du
théologien janséniste Antoine Arnauld*
– ce qui nuit un temps à sa carrière –, Pomponne fut ambassadeur en Suède (1665), à

La Haye (1669) puis de nouveau en Suède où il réussit à détacher ce pays de la coalition contre la France. Secrétaire d'État aux Affaires étrangères pendant la guerre de Hollande* (1672-1678), il conclut la paix de Nimègue* (1679).

PONDICHÉRY. Fondé par les Français en 1674, le territoire devint le siège de la Compagnie française des Indes* orientales. Plusieurs fois conquis par l'Angleterre au XVIIIe siècle, Pondichéry fut restitué à la France en 1815. Il a été rattaché à l'Inde en 1954.

PONIATOWSKI, Jósef ou **Joseph, prince** (Vienne, 1763-Leipzig, 1813). Officier et patriote polonais. Général en chef des troupes du midi contre les Russes en 1792, il dut s'exiler après le deuxième partage de la Pologne* (1793) mais rejoignit Kosciuszko* en 1794, défendant avec celui-ci Varsovie contre les Prussiens, puis s'exila à nouveau après la capitulation de la capitale. Nommé par Napoléon Ier* ministre de la Guerre du grand duché de Varsovie* (1807), il organisa une armée polonaise qu'il commanda contre les Autrichiens (1809), puis participa, avec la Grande* Armée, à la campagne de Russie*, et fut un des héros de la Moskova*. Maréchal* d'Empire après d'être illustré à la bataille de Leipzig* (1813), il fut chargé de couvrir la retraite de l'Empereur et se noya en traversant l'Elster (Allemagne orientale).

PONT. Nom donné dans l'Antiquité à une région située au nord de l'Asie* Mineure bordée par le Pont-Euxin*. Ancienne satrapie* perse au VIe siècle av. J.-C., le Pont fut proclamé royaume indépendant au IVe siècle av. J.-C. Son dernier roi, Mithridate*, annexa de nombreux territoires et entra en conflit avec Rome*. Vaincu, son royaume devint une province romaine (Ier siècle av. J.-C.). Voir Sylla.

PONT-EUXIN. Nom donné par les anciens Grecs à la mer Noire sur laquelle le brouillard rendait la navigation particuliè-

rement difficile et dont ils redoutaient les tempêtes.

PONTIFE. 1) Dans la Rome* antique, prêtre et gardien de la religion* romaine, chargé de veiller à l'observation régulière des pratiques de la religion publique ou privée. C'est lui qui déterminait les devoirs du peuple envers ses dieux, dressait le calendrier des jours fastes (pendant lesquels on peut travailler) et néfastes. Le collège des pontifes (à l'origine 4 puis 16 après César*), créé selon la tradition par Numa* Pompilius au VIIIe siècle av. J.-C., fut d'abord choisi par cooptation, puis au IIIe siècle av. J.-C., désigné par le peuple. Après la chute de la royauté, le roi qui avait la présidence du collège fut remplacé par un Grand Pontife* qui exerçait cette fonction à vie. 2) Dans la religion chrétienne, se dit d'un haut dignitaire catholique*, évêque* ou prélat. Le pape est le souverain pontife.

PONTIFE (GRAND). Chef de la religion* romaine. À la tête du collège des pontifes, le Grand Pontife (*Pontifex Maximus*), qui détenait ses fonctions à vie, nommait les flamines*, les vestales* et exerçait lui-même le culte de Jupiter* Capitolin. D'abord élu par ses collègues, puis choisi par le peuple (fin du IIe siècle av. J.-C.), le grand pontificat fut ensuite monopolisé par les empereurs depuis Auguste*, élu au grand pontificat en 12 av. J.-C. En 375 ap. J.-C., Gratien refusa cette charge qu'il ne jugeait pas compatible avec sa foi chrétienne*.

POOR LAWS. Voir *New Poor Law, Old Poor Law.*

POPULISME. En Russie, idéologie et mouvement politique qui se développèrent dans les années 1870. Il préconisait, en s'appuyant sur les communes rurales (*mir**), un socialisme* agraire. Le populisme influença les SR (ou Parti social-révolutionnaire*).

POPULISTES. Nom donné aux adhérents du premier mouvement socialiste révoluonnaire en Russie au XIXe siècle 1850-1880). Composés presque exclusivement d'intellectuels issus des classes moyennes, les populistes organisèrent leur propagande auprès des masses rurales, mécontentes malgré l'abolition du servage (1861) et imprégnées, au sein du *mir**, de traditions communautaires. L'une des premières manifestations du populisme* fut en 1874 la « marche du peuple ». Destinée à convaincre les paysans d'organiser un communisme* agraire, elle fut un échec, les jeunes révolutionnaires étant traqués par la police mais aussi rejetés par les paysans eux-mêmes. En 1879, le mouvement Terre et liberté (devise du mouvement populiste) se scinda en deux groupes : Liberté du peuple, regroupant les partisans du terrorisme – responsables de nombreux attentats dont l'assassinat, en 1881, du tsar Alexandre II* – et Partage noir, regroupant ceux qui privilégiaient l'action politique. Certains thèmes de propagande du populisme russe, tel le rôle attribué à la paysannerie dans le processus révolutionnaire, marquèrent le mouvement social-révolutionnaire* au début du XXe siècle. Lénine*, cependant, critiqua le populisme qui sousestimait le rôle du prolétariat. Voir Lavrov (Petr), Nihilisme, Révolutions russes de 1917.

PORT-ROYAL. Abbaye de femmes dans la vallée de Chevreuse fondée en 1204, cistercienne en 1225 et brillant foyer du jansénisme* au XVIIe siècle, ce qui valut l'expulsion des religieuses et la destruction des bâtiments (1710). Restaurée par les Arnauld à la fin du XVIe siècle, Jacqueline Arnauld* (en religion mère Angélique) en devint l'abbesse en 1602 et procéda à sa réforme caractérisée par une vie de retraite austère. Dédoublée en Port-Royal des Champs et en Port-Royal de Paris (faubourg Saint-Jacques) en 1625, l'abbaye devint, sous l'influence de Saint-Cyran* et d'Antoine Arnauld* un important centre du jansénisme, avec la création de Petites

Écoles, remarquables pour leur pédagogie et dans lesquelles furent formés des hommes brillants comme Racine*. Cependant, les persécutions ordonnées par Louis XIV* et le refus des religieuses de signer le formulaire condamnant cinq propositions attribuées à Jansénius* (1665) conduisirent, après un bref répit, à la dispersion des religieuses (1709) et à la destruction de l'abbaye (1710). L'abbaye de Port-Royal de Paris qui avait fait sa soumission depuis 1669 subsista jusqu'en 1790 et, supprimée, devint une prison. De Port-Royal étaient sortis de nombreux ouvrages parmi lesquels les *Provinciales*, rédigées par Pascal* sur la demande d'Antoine Arnauld.

PORTE, SUBLIME PORTE, ou **PORTE OTTOMANE.** Nom donné, notamment à l'époque moderne, au gouvernement des sultans* d'Istanbul*. Cela vient du fait que le palais du Grand Vizir, à Istanbul, portait le nom de Sublime Porte (en turc, le même mot pouvant désigner palais et porte).

PORTES ET FENÊTRES (Contribution des). Impôt direct institué en France sous le Directoire* afin de pallier les difficultés financières. Cet impôt forma, avec la contribution* foncière, la contribution* personnelle et mobilière et la contribution* de patentes (créées sous la Révolution* française), ce qu'on appela les « quatre vieilles ».

PORTIQUE. Galerie ouverte soutenue par deux rangées de colonnes ou par un mur et une rangée de colonnes.

PORTSMOUTH (Traité de, 5 septembre 1905). Traité signé à Portsmouth, aux États-Unis, entre le Japon et la Russie. Il mettait fin à la guerre russo-japonaise* de 1904-1905, le Japon établissant son protectorat sur la Corée. Voir Roosevelt (Theodore).

POSÉIDON. Dans la mythologie* grecque, frère de Zeus* et dieu de la mer. Son attribut est un trident. Voir Neptune.

POTEMKINE, Grigori Alexandrovitch, prince (Tchijovo, 1739-près de Iasi, 1791). Feld-maréchal et homme politique russe, il fut de tous les favoris de Catherine II* de Russie celui qui contribua le plus à la gloire de son règne. Officier de la garde, il se distingua d'abord lors de la première guerre russo-turque* (1768-1774), et devint le cinquième favori en titre de l'impératrice de 1774 à 1776, mais garda jusqu'en 1791 une grande influence politique. Nommé en 1776 gouverneur général de la « Nouvelle Russie » (Ukraine), terres conquises sur les Turcs, puis feldmaréchal (1784), il entreprit la colonisation de l'Ukraine, fonda des villes et des forteresses (comme Kherson, 1778), les ports de Sébastopol* (1784) où fut basée la flotte de guerre de la mer Noire et de Nikolaïev (1789). Il organisa en 1787 le célèbre voyage triomphal de Catherine II à travers la Crimée, accompagnée de l'empereur Joseph II* et du roi de Pologne Stanislas* Poniatowski. Au cours de ce voyage le long du Dniepr, Potemkine aurait, selon la légende, construit le long de la route des villages factices avec des figurants, afin de faire valoir les succès de son administration. Lors de la seconde guerre russo-turque (1787-1791), Potemkine conçut le projet de restaurer l'Empire byzantin* en plaçant sur le trône le petit-fils de Catherine II. Nommé commandant en chef de l'armée russe pendant la guerre russo-turque, il abandonna à Souvorov* la direction des opérations. Tombé en demi-disgrâce, il tenta en vain de supplanter le nouveau favori, Zoubov. Afin de retrouver la faveur impériale, il entreprit un dernier voyage en « Nouvelle Russie », mais mourut en Bessarabie.

POTEMKINE (Le cuirassé). Cuirassé de la flotte impériale russe de la mer Noire, dont les marins se mutinèrent en juin, lors de la révolution* de 1905. Ces derniers gagnèrent Constanta puis capitulèrent. Cette révolte fut rendue célèbre par le film d'Ei-

senstein*, *Le Cuirassé Potemkine* (1925). Voir Kronstadt.

POTOSÍ. Ville du sud-ouest de la Bolivie à près de 4 000 m d'altitude. Fondée par les Espagnols en 1545, elle devint, en raison de ses mines d'argent, la ville la plus peuplée et la plus riche de l'Amérique espagnole (environ 160 000 habitants vers 1650). Le travail épuisant dans les mines était assuré par la *mita*, corvées obligatoires auxquelles étaient astreints les Indiens. Au milieu du XVIe siècle, ces mines fournissaient annuellement environ 300 tonnes d'argent, contre 60 à peine pour la production européenne. Ce métal permit à l'Espagne de mener une grande politique européenne aux XVIe et XVIIe siècles. Les mines d'argent furent épuisées au XIXe siècle.

POTSDAM (Conférence de, 17 juillet-2 août 1945). Conférence qui réunit Staline*, Truman* et Churchill* (remplacé par Attlee*, nouveau Premier ministre). Elle précisa les dispositions politiques et économiques qui devaient permettre de régler les questions posées par la défaite de l'Allemagne. Les accords de Potsdam comportaient notamment le désarmement, la dénazification et la démocratisation de l'Allemagne vaincue, le jugement des criminels de guerre, le montant des réparations qu'elle devait verser et les préparations des traités. L'URSS s'associa à l'ultimatum anglo-américain à l'égard du Japon qui exigeait une capitulation sans condition. Un traité de paix fixant le sort de l'Allemagne et de ses satellites devait être préparé par un comité des ministres des Affaires étrangères alliés mais il ne fut jamais réalisé. Voir Guerre mondiale (Seconde), San Francisco, Téhéran, Yalta (Conférences de).

POUCHKINE, Aleksandr Sergueïévitch (Moscou, 1799-Saint-Pétersbourg, 1837). Écrivain russe considéré comme le fondateur de la littérature russe moderne. Issu d'une très ancienne noblesse russe,

mais aussi d'un ascendant d'origine afri-
aine), il reçut une éducation française et
devint fonctionnaire impérial. Exilé à plu-
ieurs reprises pour ses idées libérales, re-
enu à Moscou grâce à la protection du
sar Nicolas Ier* (1828), Pouchkine connut
apidement la gloire littéraire et mena une
existence mondaine et mouvementée. Il
mourut en duel, tué par un Français qui fai-
ait la cour à sa femme. Parmi son œuvre,
on peut citer une épopée fantastique
Rouslan et Ludmila), un roman en vers
Eugène Onéguine, 1825-1833), un drame
historique (*Boris Godounov*, 1825) et des
nouvelles (*La Dame de pique*, 1833, *La
Fille du capitaine*, 1836).

POUGATCHEV ou **POUGATCHIOV,
emelian Ivanovitch** (Zimoveïskaïa, v.
1742-Moscou, 1775). Révolutionnaire co-
aque*, chef d'une importante insurrection
paysanne (1773-1774) sous le règne de
Catherine II* la Grande. Emprisonné pour
désertion après avoir participé à la guerre
de Sept* Ans contre la Prusse*, et à la
guerre russo-turque* (1768-1774), Pougatchev, se faisant passer pour le tsar
Pierre III* miraculeusement réchappé de
a mort, déclencha à partir de l'Oural un
puissant mouvement antiféodal, promet-
ant aux paysans l'abolition du servage. La
évolte fit rapidement tache d'huile et em-
prasa tout le bassin de la Volga, ralliant les
Cosaques de l'Oural et du Don, les popu-
ations non russes et les serfs de ces régions. Se livrant à des violences contre les
propriétaires fonciers, les insurgés, après
a prise de Kazan (1774), menacèrent Moscou. Cependant, Pougatchev, talonné de
près par les troupes de Catherine II et
abandonné de ses compagnons, fut cap-
uré, amené à Moscou et décapité. Cette in-
urrection provoqua les réformes adminis-
ratives de Catherine II destinées, entre
autres, à étouffer toute tentative de révolte.
Cette insurrection devait être la dernière
des grandes insurrections paysannes.

POUJADE, Pierre (Saint-Céré, 1920-).

Homme politique français. Libraire-pape-
tier, il fonda en 1953 l'Union de défense
des commerçants et artisans de France
(UDCA) qui symbolisa les « derniers râles
de la France archaïque », victime de la rapidité des mutations économiques (le pou-
jadisme). Excellent tribun populaire, Poujade obtint en 1956 une nette victoire aux
élections législatives et son mouvement
forma à l'Assemblée nationale le groupe
Union et fraternité françaises. Le mouvement, parti de revendications corporatistes
(contre les contrôles économiques et fis-
caux, contre les impôts), glissa bientôt vers
un discours d'extrême droite (antiparlementaire et ultra-nationaliste – Jean-Marie
Le Pen fut député poujadiste) et perdit de
son audience. Pierre Poujade, après avoir
pris position en faveur de l'Algérie française, se rallia ensuite au général de
Gaulle*.

POUSSIN, Nicolas (Villers, près des Andelys, 1594-Rome, 1665). Peintre français.
Il séjourna pendant près de 40 ans à Rome
et fut l'illustre représentant du classicisme* français. Après avoir étudié dans sa
jeunesse les peintres italiens de la collection royale, en particulier les estampes de
Raphaël* et les maniéristes de l'école de
Fontainebleau, Poussin partit pour Rome
en 1624 où bientôt, grâce à la protection
de mécènes comme Cassiano dal Pozzo, il
réussit à s'imposer comme un grand artiste. Appelé en France en 1640 par Richelieu* et Louis XIII* pour des projets
d'aménagement du Louvre*, il repartit
bientôt pour Rome (1642) et ne revint jamais en France, déçu par l'hostilité marquée de ses confrères. Son œuvre romaine
comme *L'Inspiration du poète* (Paris, Louvre), *La Bacchanale avec la joueuse de
luth* (Paris, Louvre) ou *La Diane et Endy-
mion* (Detroit, Art Institute), *L'Enlèvement
des Sabines* (vers 1637, New York), fut
d'abord marquée par l'influence du Titien* puis évolua vers un classicisme érudit de plus en plus dépouillé (*Saint Mat-*

thieu et l'ange, Berlin ; *Paysage avec les funérailles de Phocion*, Plymouth) et surtout les *Quatre saisons* (1660-1664, Paris, Louvre) considérées comme son chef-d'œuvre.

PRAGA (Massacre de, 1794). Extermination de la population de Praga, ancien faubourg de Varsovie, par les Russes de Souvorov* lors de l'insurrection polonaise de 1794. Voir Kosciuszko (Tadeusz), Pologne (Premier, Deuxième, Troisième partage de la).

PRAGMATIQUE SANCTION (1713). Acte par lequel l'empereur Charles VI*, n'ayant pas d'héritier mâle, assurait à sa fille Marie-Thérèse* sa succession et la transmission de ses États. Après la mort de l'empereur, la Pragmatique Sanction fut immédiatement contestée, ce qui provoqua la guerre de Succession* d'Autriche (1740-1748).

PRAGMATIQUE SANCTION DE BOURGES (juillet 1438). Acte promulgué par Charles VII*, elle fut la première manifestion du gallicanisme*. L'élection des évêques* et des abbés étaient rétablie et la supériorité des conciles* sur les papes proclamée. La Pragmatique Sanction fut remplacée en 1516 par le concordat de Bologne*.

PRAGUE (Coup de, 25 février 1948). Nom donné au coup de force par lequel les communistes s'assurèrent le contrôle absolu du pouvoir en Tchécoslovaquie. En 1945, de tous les pays de l'Europe centrale, la Tchécoslovaquie était celui qui présentait les meilleurs chances d'implantation du socialisme* par la voie démocratique. Aux élections libres de 1946, le parti communiste obtint 38 % des voix, et un gouvernement d'Union nationale, présidé par Klement Gottwald*, communiste, se constitua avec des ministres libéraux. Cependant, le marasme économique de l'après-guerre et le refus de la Tchécoslovaquie, sous la pression soviétique, de bénéficier de l'aide du plan Marshall* firent

craindre aux communistes un reflux lors des élections prévues pour juin 1948. Espérant provoquer des élections anticipées, les ministres non communistes donnèrent leur démission (20 février) au président Benes* afin de protester contre la mainmise opérée par les communistes sur l'appareil d'État et la police. Sous la pression d'imposantes manifestations ouvrières minutieusement organisées par le parti, Benes dut consentir à la formation d'un nouveau gouvernement exclusivement communiste. Organisées suivant le système d'une liste unique de « front national », les élections de 1948 donnèrent ainsi le pouvoir aux communistes. Le « coup de Prague » provoqua une émotion considérable en Occident, aggravée par la démission de Benes et le suicide du ministre des Affaires étrangères, Tómas Masaryk*. La double nécessité de neutraliser les partis communistes dans les démocraties (France, Italie), et de demander la protection militaire des États-Unis dans le cadre du Pacte Atlantique* s'imposèrent rapidement. Voir Communisme, Guerre froide, Prague (Printemps de).

PRAGUE (Printemps de, janvier-août 1968). Nom donné à la tentative éphémère de libéralisation du régime communiste tchécoslovaque menée par Alexandre Dubcek* (abolition de la censure, libération des prisonniers politiques). Cette expérience prit brutalement fin avec l'invasion de la Tchécoslovaquie par les troupes du Pacte de Varsovie* (20-21 août 1968). Voir Ceausescu (Nicolae), Novotny (Antonín).

PRAIRIAL AN II (Loi du 22 = 10 juin 1794). Lors de la Révolution* française, loi renforçant le régime de Terreur* proposée par Couthon*, porte-parole du Comité* de Salut public dominé par Robespierre*. Le Tribunal* révolutionnaire ne pouvait prononcer d'autre peine que la mort et les accusés pouvaient être condamnés sans instruction préalable, ni audition de témoins ou d'avocats.

PRAIRIAL AN III (Journée du 1er = 20 mai 1795). Nom donné lors de la Révolution* française, à l'insurrection jacobine et populaire à Paris contre la Convention* thermidorienne alors dirigée par Boissy d'Anglas. Elle fut provoquée par la misère et la disette consécutives à une importante hausse des prix, due à la grave dépréciation des assignats*. Entraînés par les sections jacobines de Paris (faubourgs Saint-Antoine et Saint-Marceau), les émeutiers, aux cris de « du pain et la Constitution* de l'an I » (Constitution de 1793) envahirent, le 20 mai 1795, la Convention, assassinant l'un de ses membres. Quelques montagnards* tentèrent de restaurer le gouvernement révolutionnaire, mais l'insurrection dans les faubourgs fut écrasée par l'armée. Une sévère répression toucha ce qui restait du parti jacobin. Plusieurs dizaines de députés montagnards furent exclus de l'Assemblée. La garde* nationale fut épurée et ne comporta plus que des bourgeois aisés, les sociétés populaires et les clubs furent fermés. Voir Germinal an III (Journée du 12), Jacobins (Club les).

PRAYER BOOK. Nom donné par abréviation (*Book of Common Prayer*) au livre liturgique propre à l'Église d'Angleterre. Voir Anglicanisme, Trente-Neuf Articles.

PRÉDESTINATION. Acte divin grâce auquel les élus parviennent au Salut. La prédestination est un des principes fondamentaux de la religion de Calvin*. Voir Calvinisme.

PRÉFET. Représentants de l'État dans le département et la région, les préfets furent créés en France par Bonaparte* en 1800 et chargés dans chaque département de l'administration et de la police. Le système préfectoral fut le principal instrument de la centralisation française, la fonction essentielle des préfets étant de faire exécuter les décisions prises par Paris, d'informer le gouvernement sur l'état de l'opinion locale et de prévenir toute éventualité de troubles.

Depuis le vote des lois sur la décentralisation en 1982, le préfet, devenu commissaire de la République (appelé à nouveau préfet depuis 1988), est désormais privé du pouvoir exécutif régional au profit du président du conseil général. Cette réforme s'est traduite par une diminution du pouvoir de tutelle de l'État sur les collectivités locales. À Paris, jusqu'en 1977, aucun maire ne fut élu, cette mesure décidée par Bonaparte se justifiant par l'esprit trop révolutionnaire de la capitale. Le rôle de maire fut tenu par le préfet de la Seine nommé par le gouvernement. Il fut en même temps créé un préfet de police.

PRÉFET DE L'ANNONE. Sous l'Empire romain*, haut fonctionnaire nommé par l'empereur et chargé du ravitaillement de Rome*. Il était recruté au sein de l'ordre équestre* et constituait, avec la préfecture du prétoire et la préfecture de l'Égypte* un des sommets du cursus équestre. Voir Auguste, Préfet du prétoire, Préfet de Rome, Préfet des vigiles.

PRÉFET DE LA VILLE. Voir Préfet de Rome.

PRÉFET DE ROME ou **DE LA VILLE.** Sous l'Empire romain*, haut fonctionnaire nommé par l'empereur et choisi parmi les sénateurs de rang consulaire. Il dirigeait la police et l'administration de Rome*. Voir Auguste, Préfet de l'annone, Préfet du prétoire.

PRÉFET DES VIGILES. Nom donné sous l'Empire romain* à un fonctionnaire, recruté au sein de l'ordre équestre*, chargé de commander la milice des sapeurs-pompiers (environ 7 000) de Rome*. Son rôle était important car les incendies étaient une menace permanente dans la capitale. Il existait 7 cohortes de vigiles, stationnées à la frontière entre 2 « régions » (ces dernières, au nombre de 14, avaient été créées par Auguste*) pour pouvoir intervenir avec rapidité et efficacité. Voir Préfet de l'annone, Préfet du prétoire, Préfet de la ville.

PRÉFET DU PRÉTOIRE. Sous l'Empire romain*, haut fonctionnaire, choisi dans l'ordre équestre*, nommé par l'empereur et premier personnage de l'Empire après lui. D'abord au nombre de 2, ils furent d'abord les chefs de la garde prétorienne* (garde personnelle de l'empereur) puis acquirent aux IIe et IIIe siècles ap. J.-C. de grands pouvoirs militaires, civils et judiciaires. Ils jouèrent un grand rôle dans la désignation des empereurs. Voir Auguste, Préfet de l'annone, Préfet de Rome, Préfet des vigiles.

PRÉHISTOIRE. Nom donné à la partie la plus ancienne et la plus longue de notre passé qui s'est écoulée depuis l'apparition de l'Homme (6 millions d'années av. J.-C.) jusqu'à l'invention de l'écriture (vers 3500 av. J.-C.). Privé de tout document écrit, le préhistorien étudie cette période à partir de restes humains et d'outils découverts grâce à l'archéologie mais aussi des témoignages de l'art* pariétal. Les divisions de la préhistoire sont fondées sur l'évolution de l'outillage. On distingue le paléolithique* ou âge de la pierre taillée et le néolithique* ou âge de la pierre polie. Voir Biface, Boucher de Crèvecœur de Perthes (Jacques), Carbone 14, Eyzies-de-Tayac (Les).

PRÉSAGE. Signe par lequel on croit prévoir l'avenir. Dans la religion* grecque et la religion* romaine, un présage était interprété comme la volonté du dieu. Voir Auspices.

PRESBOURG (Traité de, 26 décembre 1805). Traité signé à Presbourg (nom allemand de Bratislava, Slovaquie) entre la France et l'Autriche aux lendemains de la victoire française remportée par Napoléon $I^{er}*$ à Austerlitz* sur l'armée austro-russe (2 décembre 1805) de François II* (devenu François Ier, empereur d'Autriche) et Alexandre $I^{er}*$. La France imposait à l'empereur d'Autriche de céder le Tyrol, le Trentin et le Vorarlberg à la Bavière et de lui céder la Vénétie, une partie de l'Istrie et la Dalmatie, la Bavière et le Wurtemberg devenant des royaumes souverains. Ce traité chassait l'Autriche d'Italie et d'Allemagne et sanctionnait la disparition du Saint* Empire romain germanique. La Prusse*, déconcertée par la victoire d'Austerlitz, accepta de s'allier avec la France pour la brouiller avec l'Angleterre, et Napoléon lui céda le Hanovre. Voir Confédération du Rhin.

PRESBYTÉRIANISME. Nom donné à une forme particulière d'organisation ecclésiastique. Ce système donne l'autorité et le gouvernement de l'Église à des synodes, assemblées élues de laïcs et de pasteurs. La plupart des Églises réformées d'Europe reposent sur le système presbytérien. Les premiers presbytériens ont été appelés puritains* dans l'Angleterre du XVIIe siècle. Voir Protestantisme.

PRÊT-BAIL (Loi) (en angl. *Lend-Lease Act*). Loi votée par le Congrès des États-Unis le 11 mars 1941 et appliquée jusqu'en août 1945. La loi autorisait la vente, la location ou le prêt de tout moyen de défense militaire à tout pays dont la sécurité était jugée indispensable aux intérêts des États-Unis. Elle permit au président Roosevelt*, face à une opinion publique encore très attachée à l'isolationnisme*, d'aider la Grande-Bretagne sans entrer dans le second conflit mondial. Des traités de prêt-bail furent ainsi conclus avec la Grande-Bretagne puis l'URSS, la Chine et le Comité* français de libération nationale. Voir *Neutrality Act*.

PRÉTEUR. Magistrat* romain, sa charge correspondait à la troisième étape de la carrière des honneurs (ou *cursus* honorum) après celles de questeur* et d'édile* (ou celle de tribuns* de la plèbe). Élus pour un an par les comices* centuriates présidées par un consul* et âgés au moins de 35 ans, les deux préteurs étaient chargés de rendre ou de faire rendre la justice. Leurs édits jouèrent un rôle important dans la formation du droit romain. Le préteur urbain s'occupait des procès entre Romains. Le préteur pérégrin se chargeait des procès entre Romains et étrangers (avec l'extension de l'Empire, ils atteignirent le chiffre de 18 sous Auguste* et ses successeurs). En l'absence des consuls, les préteurs pouvaient exercer leurs pouvoirs puisque détenteurs d'un *imperium** : ainsi pouvaient-ils commander une armée, convoquer le Sénat et les comices*. Voir Curule (Siège), Romain (Empire).

PRÉTORIEN, PRÉTORIENNE. Qui a rapport au préteur*, magistrat supérieur de la Rome* antique. Se disait aussi des soldats, gardiens personnels du préteur, puis de l'empereur. Voir Prétorienne (Garde).

PRÉTORIENNE (Garde). Dans la Rome* antique, garde d'honneur d'un général sous la République*, puis sous l'Empire*, garde personnelle de l'empereur. Corps d'élite installé sous Tibère* à Rome sur le Quirinal*, la garde prétorienne était formée de 9 cohortes*, chacune comprenant 600 hommes (480 fantassins et 120 cavaliers). La garde prétorienne joua un rôle considérable dans la proclamation des empereurs et assura notamment le trône à Claude* et à Néron*.

PRÊTRE JEAN. Nom donné à un personnage mythique, souverain chrétien* d'Orient, à la fois roi et prêtre, à qui les chrétiens européens attribuèrent du XIIᵉ au XVᵉ siècle un royaume riche et puissant. Le nom d'Orient englobant au Moyen Âge un vaste secteur allant de l'Afrique méridionale à l'Extrême-Orient, la localisation du royaume de ce Prêtre Jean fut, au gré des circonstances, plusieurs fois modifiée. Cette légende prit naissance dans le contexte des croisades*, l'Europe espérant trouver en Orient des alliés contre les Arabes* et les Turcs musulmans*. Au XIVᵉ siècle, la légende du Prêtre Jean connut une nouvelle vogue. On l'identifia au XVᵉ siècle à un personnage, celui-là réel, l'empereur chrétien d'Éthiopie (le négus), chez lequel les chrétiens espéraient obtenir une aide contre le sultan d'Égypte*. Cette idée encouragea les Portugais à tenter, pour l'atteindre, la navigation par le sud de l'Afrique, ce qui contribua aux Grandes Découvertes* maritimes.

PRÉVÔT. Dans la France médiévale, intendant d'un seigneur ayant pour rôle d'administrer, de juger et de percevoir les taxes. Sous les Capétiens* et les Valois*, ils jouèrent le même rôle dans le domaine* royal. Au cours du XIIIᵉ siècle, les prévôts furent contrôlés par les baillis* et les sénéchaux, et leur importance déclina. Voir Prévôt des marchands, Sénéchal.

PRÉVÔT DES MARCHANDS. Ancien nom donné au chef du groupement des marchands de l'eau (d'où sortit la municipalité de Paris) qui avait le monopole de la navigation entre Paris et Mantes. Entouré de quatre échevins*, il devint, à la fin du XIIIᵉ siècle, le chef d'une véritable municipalité parisienne. S'appuyant souvent sur le peuple, le prévôt des marchands joua souvent un rôle important dans les troubles de la capitale et tint en échec l'autorité royale. Le roi s'employa à limiter ses pouvoirs après la révolte d'Étienne Marcel*.

PRIMAIRE (Ère). Nom donné à la première époque géologique. Elle s'étend de l'origine de notre globe jusqu'aux environs de 250 millions d'années av. J.-C. La vie s'y déroula pendant longtemps dans l'eau. Les premières plantes terrestres apparurent entre 425 et 400 millions d'années et les premiers reptiles à partir de 350 millions d'années. Voir Quaternaire (Ère), Secondaire (Ère), Tertiaire (Ère).

PRIMATES. Animaux les plus évolués, appartenant à l'ordre des mammifères. Apparus il y a 70 millions d'années, ils se caractérisent par une dentition complète et des mains préhensiles (qui peuvent saisir) portant cinq doigts. Les primates ont évolué dans plusieurs directions, l'une d'elles ayant conduit à l'Homme.

PRIMO DE RIVERA Y ORBANEJA, Miguel (Jerez de la Frontera, 1870-Paris,

1930). Général et homme politique espagnol. Il exerça de 1923 à 1930 une dictature militaire. Issu d'une grande famille d'Andalousie, Primo de Rivera fit ses études à l'Académie militaire de Madrid et servit au Maroc, à Cuba et aux Philippines. Il exerça, après son retour en Espagne, des commandements importants à Valence, Madrid et fut nommé en 1921 capitaine général de Catalogne. Dans une Espagne troublée par l'agitation sociale et régionaliste mais aussi marquée par le désastre d'Anoual au Maroc (1921) infligé par Abd* el-Krim, Primo de Rivera s'empara du pouvoir en 1923. Chef d'un directoire militaire accepté par le roi Alphonse XIII*, il supprima toutes les libertés démocratiques et reprit en main le Maroc, soutenu par la France (débarquement d'Alhucemas, 1925). Rendu populaire par sa politique de redressement économique et financier, Primo de Rivera, s'inspirant du fascisme* italien, créa un parti, l'Union patriotique (1926), où il tenta de regrouper les forces nationales et une Assemblée nationale suprême uniquement consultative. Cependant, l'hostilité des milieux d'affaires inquiets de l'intervention de l'État dans l'économie, de l'université et de l'armée affaiblirent son autorité. Après trois tentatives de coups d'État et plusieurs attentats, Primo de Rivera dut se retirer (1930) et s'exila à Paris où il mourut peu après. Voir Phalange espagnole.

PRINCIPAT. Nom donné au régime politique de l'Empire romain* tel qu'il fut instauré par Auguste* et dans lequel la plupart des pouvoirs se trouvent entre les mains d'un homme, le *princeps* (le premier), c'est-à-dire l'empereur.

PRINCIPES. Dans la Rome* antique, soldats d'infanterie de la légion* romaine. Placés d'abord aux premiers rangs (d'où leur nom) des manipules*, ils combattirent ensuite au deuxième rang derrière les *hastati** et devant les *triarii**.

PRISON MAMERTINE. Voir Tullianum.

PROCHE-ORIENT. Régions riveraines de la Méditerranée orientale et celles qui s'étendent vers l'intérieur, au nord jusqu'à la mer Noire et la mer Caspienne, au sud, jusqu'au golfe Persique et à la mer Rouge. Voir Levant.

PROCONSUL. À Rome*, sous la République*, l'*imperium* d'un consul pouvait être prorogé d'un an ou plus, pour des raisons militaires ou les nécessités de gouvernement provincial. On parle alors de proconsul. Sous l'Empire romain*, le proconsul est le gouverneur des provinces* sénatoriales.

PROCOPE (Césarée, Palestine, fin Ve siècle-Constantinople, v. 562). Historien byzantin. Il fut le secrétaire du général byzantin* Bélisaire* et le principal historien de l'empereur Justinien Ier*. Ses ouvrages sont le *Livre des guerres* (v. 545-554), le *Traité des édifices* (v. 560) et l'*Anecdote* ou *Histoire secrète*, mais dont l'authenticité est contestée.

PROHIBITION (1919-1933). Le 18e amendement à la Constitution américaine établit en janvier 1919 la prohibition de l'alcool. Il fut interdit de fabriquer, de vendre et d'acheter sur le territoire fédéral toute boisson contenant plus de 0,5 % d'alcool. La prohibition fut revendiquée dès la première moitié du XIXe siècle par des sociétés de tempérance protestantes et avant 1914, 19 États américains avaient interdit, notamment sous la pression de l'*Anti-Saloon League*, la consommation d'alcool. Les prohibitionnistes de l'après-guerre se recrutèrent surtout dans les milieux conservateurs et fondamentalistes. La prohibition, étendue à partir de 1919 à l'ensemble des États-Unis, suscita une gigantesque contrebande, le développement du gangstérisme (Al Capone) et de la corruption politique. L'échec de la prohibition entraîna le revirement de l'opinion publique et le 21e amendement (février 1933) annula le 18e. Aujourd'hui encore, les prohibitionnistes présentent, à chaque élection

ésidentielle, un candidat qui recueille
core quelques milliers de voix.

ROKOFIEV, Serge (Sontsovka,
391-Moscou, 1953). Compositeur et pia-
ste russe d'inspiration néo-classique. En-
nt prodige, élève du conservatoire de
int-Pétersbourg, il quitta la Russie après
s révolutions de 1917. Installé aux Étatsnis, puis à Paris, il s'imposa comme vir-
ose à travers le monde puis revint s'éta-
ir définitivement en URSS à partir de
933. Son œuvre, très personnelle, princi-
lement caractérisée par la polytonalité,
mprend de nombreuses pièces pour
ano, des concertos, des symphonies, un
nte musical (*Pierre et le loup*, 1936),
it opéras (*Le Joueur*, 1929 ; *L'Amour
s trois oranges*, 1921 ; *L'Ange de feu*,
54 ; *Guerre et Paix*, 1955), des ballets,
s musiques de scène et de film (dont
lexandre Nevski et *Ivan le Terrible* d'Einstein*). Voir Néo-Classicisme.

ROLÉTAIRE. Dans la Rome* antique
signe les citoyens les plus pauvres, re-
nsés pour leur seule personne, *capite
nsi*, capables seulement de procréer, et
rs classes censitaires. Exemptés dans les
its du service militaire, ils servirent dans
armée romaine à partir de Marius*. Ils
rent souvent les clients* d'hommes in-
uents.

ROMÉTHÉE. Dans la mythologie*
ecque, descendant d'un Titan*. Il déroba
x dieux le feu pour l'apporter aux hom-
es. Puni, Prométhée fut enchaîné au
mmet d'une montagne, un aigle lui dé-
rant le foie qui repoussait sans cesse. Il
t délivré par Héraklès*. Très populaire
Attique*, ce héros* était réputé pour
oir apporté la civilisation.

ROPERCE (v. 47 av. J.-C.-v. 15 ap.
-C.). Poète latin*, protégé de Mécène*.
s *Élégies*, inspirées par sa passion pour
ne Romaine, Cynthie, font de lui un
rand poète de l'amour romantique.

ROPHÈTE. 1) Personne qui prétend, au
m de Dieu, révéler des vérités cachées

et prédire l'avenir. 2) Nom donné dans la
Bible* à des personnages considérés
comme inspirés par Dieu. Ils étaient chargés de défendre le monothéisme, de faire
triompher le bien et la justice et certains
annoncèrent la venue d'un Messie*. Isaïe,
Jérémie, Daniel et Ézéchiel ont été de
grands prophètes. 3) Dans l'islam*, les
prophètes sont les envoyés d'Allah. Pour
les musulmans, les six principaux prophètes sont Adam, Noé*, Abraham*, Moïse*,
Jésus* et Mahomet*.

PROPONTIDE. Nom ancien donné à la
mer de Marmara située entre le détroit du
Bosphore et celui des Dardanelles.

PROPRÉTEUR. À Rome, l'*imperium*
d'un préteur pouvait, pour des raisons militaires ou de gouvernement provincial,
être prorogé en principe pour un an, voire
davantage. On parle alors de propréteur.
Voir Proconsul.

PROPYLÉES. Entrée monumentale sur
le côté occidental de l'Acropole* d'Athènes* construite en marbre blanc par l'architecte Mnésiclès entre 437 et 432 av.
J.-C. Elle se composait d'un corps central : vestibule à deux portiques* doriques d'où partait la Voie sacrée (chemin
emprunté par les processions religieuses)
et de deux ailes dont l'une était une galerie de peinture (pinacothèque). Au
Moyen Âge, les Propylées servirent de
château fort. Puis transformé en dépôt de
poudre par les Turcs, le monument fut
gravement endommagé lors d'une explosion provoquée par la foudre vers 1656.
Voir Dorique (Ordre).

PROTESTANT. Le mot vient de la protestation de certains États du Saint* Empire à la diète de Spire (1529) où les princes luthériens s'étaient rebellés, non en
faveur de la liberté de conscience, mais
contre le fait que les questions religieuses
y aient été décidées à la majorité des voix
(catholiques*). Il désigne aujourd'hui celui qui adhère à l'une des confessions chrétiennes qui se rattache à la Réforme*

du XVIᵉ siècle. L'ensemble des protestants, y compris les anglicans, représente de nos jours environ 28 % des chrétiens (au total environ 200 millions de personnes). Voir Anglicanisme, Protestantisme.

PROTESTANTISME. Nom donné aux doctrines et aux communautés chrétiennes issues directement ou non de la Réforme* (anabaptistes*, anglicans, luthériens, méthodistes, presbytériens, puritains, quakers*, et réformés). Voir Anglicanisme, Luthéranisme, Presbytérianisme, Religion (Guerres de).

PROUDHON, Pierre Joseph (Besançon, 1809-Paris, 1865). Socialiste français. Plus moraliste que théoricien politique ou économiste, il défendit avec passion une justice fondée sur le respect intransigeant de l'individu. D'abord ouvrier typographe, il se fit brusquement connaître (1840) par une brochure restée célèbre *Qu'est-ce que la propriété ?* dans laquelle il répondait : « La propriété, c'est le vol. » Très vite cependant, il nuança ses attaques individualiste et libéral. Plus tenté de réformer le système capitaliste que de l'anéantir, il critiqua violemment les théories communistes dans *La Philosophie de la misère* (1846), ce qui provoqua sa rupture avec Marx* qui répondit à son livre par *Misère de la philosophie*. Adversaire de toute institution d'autorité et d'unité, que ce fût l'État ou l'Église, il fut précurseur de l'anarchisme* et du fédéralisme mais aussi du système mutualiste. Proudhon exerça plus un rayonnement qu'une influence doctrinale. Voir Blanqui (Louis Auguste), Fourier (Charles), Saint-Simon (Claude de).

PROUST, Marcel (Paris, 1871-*id.*, 1922). Écrivain français. Proust renouvela radicalement la conception traditionnelle du roman. Son œuvre marqua avec celles de Henry James et de James Joyce* une étape essentielle dans la genèse de la littérature contemporaine. Issu d'une famille de la haute bourgeoisie, élève au lycée Condorcet, Proust manifesta très tôt sa passion pour la littérature. Attiré par la vie mondaine, il fréquenta les salons élégants de Paris comme celui de la princesse Mathilde, et entretint plusieurs amitiés homosexuelles. Il publia dans différentes revues et écrivit un essai romanesque, autobiographique, *Jean Santeuil* (publié en 1952 déjà inspiré par la quête du temps. Marqué par le critique d'art et esthète anglais John Ruskin dont il traduisit plusieurs ouvrages Proust élabora les fondements de son esthétique et esquissa le projet d'une œuvre nouvelle capable de se soustraire à la loi du temps et de retrouver l'essence des réalités enfouies dans l'inconscient. Retiré dans son appartement depuis 1906 éprouvé par la mort de sa mère qu'il adorait (1905) et déjà affaibli par la maladie (asthme grave depuis l'âge de 9 ans) Proust travailla avec acharnement à son célèbre cycle romanesque *À la recherche du temps perdu* (1913-1927). Le premier volume, *Du côté de chez Swann* (1913) fut publié à compte d'auteur et passa presque inaperçu. Le second, *À l'ombre des jeunes filles en fleurs* (1918) reçut le prix Goncourt. Il fut suivi par *Le Côté de Guermantes* (1920-1922), *Sodome et Gomorrhe* (1922) puis *La Prisonnière* (1923), *Albertine disparue ou La Fugitive* (1925) et *Le Temps retrouvé* (1927), ces trois derniers volumes ayant été publiés à titre posthume. Proust fut aussi l'auteur d'un recueil d'essais (*Contre Sainte-Beuve*, publié en 1954), de *Chroniques* (publiées en 1927) et d'une vaste Correspondance.

PROVENCE. Région située au sud de la France. Occupée par les Ligures* dès le Iᵉ millénaire, elle fut colonisée par les Grecs dès le VIIᵉ siècle av. J.-C. (fondation de Massalia, future Marseille*), puis par les Romains entre 125 et 121 av. J.-C. Appelée la *Provincia Romana* (origine de son nom actuel), elle comprenait toute la région méditerranéenne, le couloir du Rhône et le Languedoc. Elle fut par la suite appelée la Narbonnaise* (du nom de sa ca

tale Narbonne) et devint sous l'empereur
ꭒuguste* une province sénatoriale, à la
ꭲférence des autres provinces gauloises,
ꭲpériales. Voir Gaule en braies.

ꭱOVINCES. Dans la Rome* antique,
ꭒm donné par les Romains d'abord à la
ꭲssion du magistrat* chargé d'organiser
ꭲs territoires conquis (*provincia*) puis aux
ꭲys conquis, situés hors d'Italie et soumis
ꭲx lois romaines. Gouvernées pour les
ꭲemières par un préteur* (leur nombre
ꭲssa à cet effet de 2 à 6) puis en général
ꭲr un propréteur*, elles étaient au nombre
ꭲ 15 à la fin de la République*. De nom-
ꭲeuses provinces nouvelles furent créées
ꭲus l'Empire et en 27 av. J.-C., Auguste*
ꭲcida de diviser les provinces entre le Sé-
ꭲt* et lui, se réservant celles où une oc-
ꭲpation militaire était nécessaire. Les
ꭲovinces sénatoriales, définitivement pa-
ꭲfiées, étaient gouvernées par des magis-
ꭲts sortis de charge ayant le titre de pro-
ꭲnsuls* choisis par le Sénat pour un an
ꭲncien consul* pour l'Afrique et l'Asie,
ꭲcien préteur* pour les autres). Les pro-
ꭲnces impériales, occupées par les lé-
ꭲons*, étaient gouvernées par des légats*,
ꭲnctionnaires directement nommés par
ꭲmpereur au sein du Sénat, de rang pré-
ꭲrien ou consulaire, disposant à la fois
ꭲ une autorité militaire et civile.
ꭲÉgypte*, dotée d'un statut particulier,
ꭲait à sa tête un préfet de rang équestre*.

ꭱRUSSE. Ancien État de l'Allemagne du
ꭲord avec Berlin pour capitale. Conquise
ꭲ XIIIᵉ siècle par l'ordre des chevaliers
ꭲutoniques*, qui y installèrent des colons
ꭲlemands, la Prusse passa sous la suzerai-
ꭲté polonaise, le grand maître de l'ordre,
ꭲlbert* de Brandebourg, faisant de son
ꭲrritoire un duché héréditaire de la cou-
ꭲnne de Pologne (1525). Au XVIIᵉ siècle,
ꭲr le jeu des successions, le duché de
ꭲrusse fut uni à l'électorat de Brandebourg
ꭲ618), le Grand Électeur, Frédéric-Guil-
ꭲume* (1640-1688), obtenant de la Polo-
ꭲe qu'elle renonce à sa suzeraineté, tan-

dis que son fils Frédéric III de
Brandebourg obtenait de l'empereur le titre de « roi *en* Prusse » (1701). Frédéric-
Guillaume Iᵉʳ*, le « Roi-Sergent » (1713-
1740), fonda la puissance de la Prusse en
la dotant d'une administration centralisée,
mais surtout de l'armée la plus moderne
d'Europe. Son successeur, Frédéric II* le
Grand (1740-1786), fit de la Prusse une
grande puissance européenne. Sa participation à la guerre de Succession* d'Autriche (1740-1748), à la guerre de Sept* Ans
(1756-1763) et au premier partage de la
Pologne* (1772), lui permit de former, du
Niémen jusqu'au Rhin, un immense territoire doté d'une administration et d'une armée remarquables. La Prusse, victime de
la France révolutionnaire (Valmy*) puis
de Napoléon Iᵉʳ* (Auerstedt*, Iéna*),
opéra un spectaculaire redressement sous
la direction des ministres von Stein* et
Hardenberg*, et des généraux Scharnhorst* et Gneisenau. En 1813, la Prusse intervint victorieusement dans la dernière
étape de la lutte contre Napoléon Iᵉʳ (Leipzig*) et elle obtint au congrès de Vienne*
(1815) le nord de la Saxe, la Westphalie et
les territoires rhénans au-delà de la Moselle. Devenue l'État le plus puissant de la
Confédération* germanique au détriment
de l'Autriche, la Prusse engagea, sous
Guillaume Iᵉʳ* et son chancelier Bismarck*, l'Allemagne vers l'unité politique. Après la victoire prussienne de Sadowa* (1866) contre l'Autriche, et la
création de la Confédération* de l'Allemagne du Nord, Bismarck entraîna la Prusse
dans une guerre contre la France (guerre
franco-allemande* de 1870-1871), afin de
parachever l'unité allemande. La défaite
française conduisit à la formation de l'Empire allemand et l'histoire de la Prusse se
confondit dès lors avec celle de l'Allemagne. Voir Tannenberg, Trente Ans (Guerre
de), Reich, *Zollverein*.

PRYTANES. À Athènes*, commission
permanente de la Boulê* formée par 50

bouleutes (membres de la Boulê) d'une tribu. Elle siégeait en permanence pendant un dixième de l'année dans l'ordre régulier des dix tribus. Elle était chargée de convoquer la Boulê et l'Ecclésia* (assemblée du peuple) et de préparer l'ordre du jour des réunions. Les bouleutes tiraient tous les jours au sort un président : l'épistate. Les prytanes percevaient une indemnité depuis Périclès*. Voir Démocratie athénienne.

PS (Parti socialiste). Parti politique français issu de la SFIO* et de divers clubs et créé entre 1969 et 1971. Présidé par François Mitterrand* à partir de 1971 (congrès d'Épinay), le nouveau Parti socialiste se donna un triple objectif (rupture avec le capitalisme, union de la gauche et rejet de toute entente avec les centristes), qui aboutit en 1972 à la signature d'un programme commun de la gauche avec le PCF* (Parti communiste français) et les radicaux de gauche, rompu en 1977. Le PS élargit notablement son audience, et fut le principal bénéficiaire de l'aspiration au changement, avec l'élection à la présidence de la République de François Mitterrand (1981). Depuis cette date, ce parti, qui connaît depuis 1988 un recul électoral important (élections législatives de 1993 : 17,4 % des suffrages exprimés) fut successivement présidé par Lionel Jospin, Pierre Mauroy*, Laurent Fabius*, Michel Rocard* et depuis 1994 par Henri Emmanuelli.

PSAUME. Poème religieux qui sert de prières et de chants religieux aux juifs* et aux chrétiens*. L'ensemble constitué par les Psaumes forme un des livres de la Bible*.

PSCHENT. Double couronne, l'une rouge, l'autre blanche, portée par les pharaons* de l'Égypte* ancienne. Elle symbolisa l'unité de la Basse-Égypte* et de la Haute-Égypte*.

PSELLOS, Michel (Constantinople, 1018-*id.*, 1078). Écrivain et homme d'État byzantin. Conseiller de plusieurs empereurs, professeur de philosophie, il contribua à la renaissance de la littérature sous les Comnène*. Il tenta de concilier la philosophie de Platon* et la pensée chrétienne. Parmi ses nombreux ouvrages, on peut citer la *Chronographie* (chronique de 976 à 1077), ouvrage historique très important, les *Oraisons funèbres*, l'*Enseignement varié* et sa *Correspondance*.

PSU (Parti socialiste unifié). Parti politique français constitué en 1960 par des dissidents de la SFIO* (hostiles au soutien des socialistes au général de Gaulle* en 1958) et du parti communiste*. Dirigé par Michel Rocard* de 1967 à 1974, le PSU a prononcé sa dissolution en 1989.

PTAH. Dieu de Memphis*, capitale de l'Égypte* ancienne. Créateur du monde et patron des artisans, il est représenté comme une momie* et s'incarne dans le taureau sacré Apis*.

PTOLÉMÉE, Claude (Ptolémaïs de Thébaïde, v. 100-Canope, v. 170). Géographe, astronome et mathématicien grec. Ses théories concernant l'astronomie ont servi de référence au Moyen Âge et à l'époque de la Renaissance*. À travers son œuvre très étendue, on peut notamment retenir l'*Almageste* (ou *grande syntaxe mathématique*) où il expose sa conception géocentrique du monde (contestée pour la première fois par Copernic*), et une *Géographie*.

PTOLÉMÉES. Voir Lagides.

PUBLICAIN. Nom donné dans la Rome* antique à ceux qui prenaient à ferme la perception des impôts, de façon générale les grands marchés d'État. Appartenant pour les plus riches d'entre eux à l'ordre équestre*, cette activité étant interdite aux membres du Sénat*, les publicains accumulèrent d'immenses fortunes. Voir César.

PUCHEU, Pierre (Beaumont-sur-Oise 1899-Hussein-Dey, près d'Alger, 1944). Homme politique français. Ministre dans le gouvernement de Vichy*, il fut la première victime de l'épuration*. D'abord membre du Parti populaire français de Doot*, il fut appelé par Darlan* comme secrétaire d'État à la production industrielle, uis à l'Intérieur dans le gouvernement de 'ichy. Ce fut à ce poste qu'il se rendit responsable de l'exécution de nombreux otaes par la Wehrmacht. Il quitta le gouverement après le retour de Laval* (1942) uis rejoignit Casablanca après le débaruement* allié en Afrique du Nord (1942), ouhaitant servir sous les ordres du général jiraud. Arrêté en 1943 par les autorités aullistes, il fut jugé par le tribunal d'arée à Alger et exécuté.

ULITZER, Joseph (Mako, Hongrie, 847-Charleston, Caroline du Sud, 1911). ournaliste américain. Immigré aux États-Inis en 1864, il fonda un quotidien à Saint ouis, puis acheta le *New York World* (883) qui devint le principal journal déocrate du pays. Pulitzer fonda une école e journalisme à New York (université Columbia). Depuis 1917, les prix Pulitzer ont décernés chaque année par le conseil 'administration de l'université Columbia. es prix récompensent des journalistes, es écrivains et des compositeurs de muque.

UNIQUES (Guerres). Nom donné aux ois guerres qui opposèrent aux IIIe et ^e siècles av. J.-C. Carthage* à Rome*. Elles eurent pour enjeu la domination de la Méditerranée occidentale et se terminèrent ar la victoire de Rome. La première uerre Punique (264-241 av. J.-C.) eut our prétexte l'intervention de Carthage à Messine. Rome, qui venait d'achever la onquête de l'Italie du Sud, inquiète des rogrès carthaginois en Sicile, décida d'aier la ville. D'abord victorieuse (sur terre Agrigente* en 262 av. J.-C., sur mer à Myles en 260 et Ecnome en 256), elle choua devant Carthage en 255 av. J.-C. e consul Regulus fut capturé) et parvint ifficilement à vaincre en Sicile Hamilcar* arca. Cependant, sa victoire navale aux es Aégates* (241 av. J.-C.) décida Carage à demander la paix. Les Carthaginois

abandonnèrent la Sicile (qui devint province romaine) et payèrent une lourde indemnité de guerre. Les 27 années de paix armée qui séparèrent la première et la deuxième guerre Punique furent largement mises à profit par les deux adversaires. Rome, profitant de la révolte des mercenaires de Carthage, s'empara de la Corse et de la Sardaigne. Carthage compensa ses pertes en conquérant une partie de l'Espagne. Mais lorsque Hannibal* attaqua Sagonte, ville espagnole alliée des Romains, la deuxième guerre Punique s'engagea (218-201 av. J.-C.). Le brillant général carthaginois Hannibal, appuyé par les Gaulois* de la plaine du Pô (Gaule* cisalpine) révoltés contre Rome, remporta de grandes victoires en Italie du Nord (sur le Tessin et la Trébie en 218 av. J.-C.) et centrale (au lac Trasimène* en 217 av. J.-C. et à Cannes* en 216 av. J.-C.). Rome reprit alors la guerre d'usure (harcèlement de l'ennemi sans livrer de batailles véritables) inaugurée par Fabius Maximus Cunctator et étendit le conflit hors d'Italie. La prise de Syracuse* en 212 av. J.-C. marqua le début des futurs succès romains. En 206 av. J.-C., Scipion* l'Africain acheva la conquête de l'Espagne et débarqua en Afrique où eut lieu la bataille décisive de Zama* (202 av. J.-C.) qui obligea Carthage à signer la paix. Les conditions imposées furent très dures : Carthage devait abandonner l'Espagne, renoncer à sa flotte, payer une forte indemnité et soumettre sa politique étrangère au contrôle de Rome. Dès lors, la puissance romaine s'étendit sur tout le bassin occidental de la Méditerranée. Le conflit entre Carthage redevenue prospère et le roi numide Masinissa*, allié de Rome, fournira le prétexte à la troisième guerre Punique (149-146 av. J.-C.). Carthage, prise par Scipion* Émilien, fut rasée, ses habitants vendus comme esclaves et ses possessions formèrent la province romaine d'Afrique. Les guerres Puniques (de *Poeni* qui désigne les

Carthaginois en latin) et ses principaux acteurs intéressèrent beaucoup d'historiens anciens comme Polybe*, Tite-Live* ou Caton* l'Ancien. Voir Numidie.

PURCELL, Henry (Londres, 1659-*id.*, 1695). Compositeur anglais. Issu d'une famille de musiciens, compositeur de la cour sous les règnes de Charles II*, Jacques II* et de la reine Mary, il fut l'un des plus vastes musiciens anglais. Il est notamment l'auteur des opéras *Dido and Aeneas* (1689) et *King Arthur* (1691), chefs-d'œuvre de la musique dramatique, de chants sacrés et profanes (*Save me O God*) et de musique instrumentale.

PURITAINS. Nom donné aux membres de la tendance la plus radicale du protestantisme* anglo-saxon aux XVIᵉ et XVIIᵉ siècles. Adeptes d'un culte très dépouillé et attachés à une morale très stricte, les puritains désignent aussi ceux qui émigrèrent en Amérique entre 1620 et 1630 et qui tentèrent d'y réaliser une communauté religieuse et politique conforme à leur idéal. En Angleterre, si l'anglicanisme* avait été fortement imprégné de calvinisme*, l'Église, dès 1534, par l'Acte* de Suprématie et l'Acte d'Uniformité, restait étroitement soumise au pouvoir royal. Les puritains s'opposèrent à l'Église d'État et revendiquèrent le système calviniste du presbytérianisme*. Menaçant l'épiscopat et donc la Couronne elle-même, les puritains furent persécutés sous les règnes d'Élisabeth Iʳᵉ* et de Jacques Iᵉʳ*. De nombreux puritains décidèrent alors d'émigrer dans les Provinces-Unies et en Amérique (*Mayflower**) où ils fondèrent la colonie de la baie du Massachusetts*. En Angleterre, les puritains, alliés aux presbytériens écossais et majoritaires au Parlement*, contribuèrent à la chute de Charles Iᵉʳ* et à l'instauration de la République de Cromwell*, puis furent écartés lors de la restauration de 1660.

PURITANISME. Voir Puritains.

PYDNA. Ancienne ville de Macédoine*.

Elle fut rendue célèbre par la victoire remportée, en 168 av. J.-C., par le Romain Paul* Émile sur Persée* de Macédoine. Cette victoire, qui avait démontré la supériorité de la légion* romaine sur la phalange* macédonienne, provoqua la fin du royaume de Macédoine désormais dominé par Rome*.

PYLONE. Portail monumental placé à l'entrée des temples* égyptiens, encadré de deux larges tours en forme de pyramides* tronquées dont les parois sont couvertes de bas-reliefs, d'inscriptions et de peinture.

PYLOS. Ancienne ville de Grèce* située sur la côte ouest du Péloponnèse*. Pylos fut l'un des plus importants centres de la civilisation mycénienne* où régnait Nestor à l'époque de la guerre de Troie*. Les fouilles archéologiques ont mis au jour les restes du palais de Nestor et de nombreuses tombes à coupoles. On y a découvert aussi des centaines de tablettes d'argile, en linéaire* B. Voir Achéens, Mycènes.

PYM, John (Brymore, 1584-Londres, 1643). Homme politique anglais. Il fut le chef de l'opposition parlementaire à la politique absolutiste de Charles Iᵉʳ*. Puritain* et membre de la Chambre des communes* à partir de 1621, il joua un rôle important dans la Pétition* des Droits (1628), la condamnation et l'exécution du ministre Strafford* et la Grande Remontrance* adressée au roi en 1641. Menacé d'être arrêté, il prit la tête du parti parlementaire tory lors de la guerre civile. Voir Révolution d'Angleterre (Première).

PYRAMIDE. 1) En Égypte* ancienne, grand monument qui servait sous l'Ancien* Empire de tombeau aux pharaons* La pyramide était destinée à protéger la momie* et ses trésors contre les voleurs et les dommages du temps. La chambre funéraire, murée à l'entrée, était accessible par une longue galerie. Le culte des souverains était rendu dans des temples séparés de la pyramide. Au cours des siècles, forme de la pyramide changea. De pyramide à degrés, elle devint un monument beaucoup plus grand à paroi lisse. L'Égypte comptait au moins 60 pyramides, les plus célèbres étant celles de Gizeh*, près de Memphis*, en Basse-Égypte*. 2) Dans le Mexique précolombien, chez les Mayas*, construction qui servait de support à un temple, comme la pyramide du Soleil. Voir Hypogée, Mastaba.

PYRAMIDE À DEGRÉS. Dans l'Égypte* ancienne, superposition de plusieurs mastabas* de taille décroissante qui prend la forme d'une pyramide. La plus célèbre est celle du roi Djoser, pharaon de l'Ancien* Empire (IIIe dynastie). Elle fut construite par son architecte Imhotep à Saqqarah, sur la rive gauche du Nil* près de Memphis*. Voir Hypogée.

PYRAMIDES (Bataille des, 21 juillet 1798). Nom donné pendant la campagne d'Égypte* à la bataille remportée par Bonaparte* sur les Mamelouks*, près des pyramides de Gizeh*. Avant de livrer cette bataille, Bonaparte aurait adressé à ses soldats la célèbre phrase : « Soldats, du haut de ces pyramides, 40 siècles vous contemplent. » Cette victoire permit à Bonaparte d'entrer au Caire* (23 juillet).

PYRÉNÉES (Traité ou Paix des, 1659) Traité mettant fin à la guerre franco-espagnole qui durait depuis 1636. Il fut signé dans l'île des Faisans sur la rivière Bidassoa entre Mazarin* et don Luis de Haro, premier ministre du roi d'Espagne, Philippe IV*. L'Espagne, vaincue à la bataille des Dunes*, abandonnait à la France la Cerdagne, le Roussillon et l'Artois et cédait plusieurs places fortes en Flandre* et aux frontières de la Lorraine. Fut surtout conclu le mariage entre Louis XIV* et l'infante Marie-Thérèse* qui, en échange d'une dot de 500 000 écus – que l'Espagne ne pourrait jamais payer –, renonçait pour elle et ses descendants à ses droits sur la couronne d'Espagne. La paix des Pyrénées achevait ainsi l'œuvre des traités de Westphalie* consacrant la prépondérance de la France en Europe et la fin de la domination espagnole.

PYRRHUS (v. 319-Argos, 272 av. J.-C.). Roi d'Épire (nord-ouest de la Grèce), parent éloigné d'Alexandre III* le Grand, Pyrrhus fut sans doute le meilleur général grec de son temps, mais il hésita toujours entre l'extension de son empire vers l'Orient et les conquêtes italiennes. En 288 av. J.-C., il conquit la Macédoine* qu'il partagea avec Lysimaque, général macédonien, mais celui-ci l'en chassa trois ans plus tard. Il se tourna alors vers l'Italie pour venir en aide à Tarente* (colonie grecque) menacée par Rome*. Il débarqua dans le pays avec 25 000 hommes et 20 éléphants et remporta contre les Romains effrayés les victoires d'Héraclée (280 av. J.-C.) et d'Asculum ou Ausculum (279 av. J.-C.) qui lui coûtèrent d'énormes pertes (d'où l'expression victoire à la Pyrrhus). Puis il conquit la Sicile d'où il chassa les Carthaginois (277 av. J.-C.) qui s'unirent à Rome pour le repousser. Revenu en Italie, il fut battu à Bénévent (ville de Campanie) par les Romains en 275 av. J.-C. et retourna en Épire. Pyrrhus reprit ses ambitions orientales en soumettant la Macédoine et en tentant la conquête du Péloponnèse*. Mais il mourut dans un combat de rues à Argos*, en Grèce. Voir Carthage.

PYTHIE. Dans la Grèce* antique, prêtresse d'Apollon* à Delphes*, elle transmettait les oracles* du dieu. Assise sur un trépied, elle entrait en transe et prononçait des paroles confuses interprétées ensuite par les prêtres. Voir Cumes.

PYTHIQUES (Jeux). Dans la Grèce* antique, jeux panhelléniques* célébrés à Delphes* tous les quatre ans, la troisième année de chaque olympiade. Ils comportaient un programme musical et des concours sportifs.

Q

QADESH (v. 1300 av. J.-C.). Bataille qui opposa le grand pharaon* Ramsès II* et Muwatalli, roi des Hittites*. Cette bataille indécise décida Égyptiens et Hittites à se partager la Syrie*.

QING ou TS'ING. Dynastie chinoise mandchoue (1644-1911). Dernière dynastie impériale en Chine, elle succéda à celle des Ming*. Après avoir connu sa plus grande extension territoriale et un brillant essor culturel, la Chine des Qing fut marquée, à partir du XIXᵉ siècle, par une décadence du pouvoir et fut incapable de résister à la pénétration des Occidentaux. Pou Yi fut le dernier empereur. Voir Boxers, Cixi, Han, Mandchourie, Ming, Opium (Guerre de l'), Russo-japonaise (Guerre), Sino-japonaise (Guerre), Song, Sui, Sun Yat-sen, Taiping, Tang.

QUAKERS. Nom donné (par dérision, *quaker* signifiant « trembleur ») aux membres d'un groupement religieux de tradition protestante*. Ce mouvement religieux prit naissance au XVIIᵉ siècle en Angleterre sous l'impulsion du réformateur religieux George Fox (1624-1691), qui constitua la Société des Amis (*Society of Friends*). Persécutés sous le règne de Charles II*, de nombreux quakers émigrèrent en Amérique où ils fondèrent, en 1681, sous la direction de William Penn*, la colonie de Pennsylvanie*. Sans liturgie ni structure ecclésiastique, les quakers sont attachés à l'inspiration de l'Esprit-saint plutôt qu'à l'autorité des Écritures. Philanthropes et pacifistes, ils ont été les premiers objecteurs de conscience. Les quakers sont surtout nombreux dans les pays anglo-saxons.

QUATERNAIRE (Ère). Nom donné à la quatrième époque géologique qui dure toujours (environ 2 à 4 millions d'années). Elle se caractérise par les grandes glaciations* qui affectèrent l'hémisphère nord et le développement des primates* du genre *Homo* (apparenté à l'espèce humaine), aboutissant à l'homme moderne. Voir Primaire (Ère), Secondaire (Ère), Tertiaire (Ère).

QUATORZE POINTS (Les). Déclaration faite par le président américain Thomas W. Wilson* lors de son message annuel au Congrès prononcé le 8 janvier 1918, dans lequel il présenta une nouvelle initiative de paix. Le plan de paix, qui reposait sur le principe de la libre détermination des peuples, précisait les 14 points sur lesquels les puissances belligérantes devaient se mettre d'accord pour mettre fin à la guerre : 1) Renonciation à la diplomatie secrète, 2) Liberté des mers, 3) Abolition des barrières économiques, 4) Réduction des armements, 5) Rajustement équitable des possessions coloniales, 6) Évacuation du territoire russe par les Allemands, 7) Évacuation de la Belgique par les Allemands, 8) Évacuation de la France occupée par les Allemands et restitution de l'Alsace-Lorraine*, 9) Rectification des frontières italiennes conformément aux limites « clairement reconnaissables des nationalités », 10) Développement autonome des peuples de l'Autriche-Hongrie*, 11) Évacuation de la Roumanie, de la Serbie*, du Monténégro* et accès de la Serbie à la mer, 12) Limitation de l'Empire ottoman* au territoire turc, autonomie des nations non turques et ouverture des Détroits* à la navigation internationale, 13) Création d'un État polonais avec libre accès à la mer, 14) Création de la Société* des Nations garantissant l'indépendance politique et l'intégrité territoriale des États. Les 14 points de Wilson furent acceptés avec réticence par les Alliés, des engagements secrets ayant été conclus sans tenir compte de l'avis des populations. Si le principe des nationalités fut à la base des 14 points de Wilson, il fut, à travers les traités de paix, souvent trahi par des considérations géopolitiques et les intérêts des grands vainqueurs.

QUATRE VIEILLES (LES). Voir Contribution foncière, Contribution personnelle et mobilière, Contribution de patentes, Contribution des Portes et Fenêtres.

QUESNAY, François (Méré, 1694-Versailles, 1774). Médecin et économiste français. Il fut l'inspirateur de l'école des physiocrates*. Dans son *Tableau économique* (1758), il a démontré que la terre est source de la richesse et émis, le premier, l'idée de comparer le circuit économique à la circulation sanguine dans le corps humain.

QUESTEUR. Magistrat* romain dont la charge correspondait à la première étape de la carrière des honneurs ou *cursus* honorum*. Les questeurs étaient élus pour un an par les comices* tributes (assemblées du peuple). Âgés au moins de 28 ans, ces magistrats (2 au ve siècle, puis 8 en 267 av. J.-C., 20 sous Sylla*, 40 sous César* et 20 de nouveau sous Auguste*) étaient essentiellement chargés des finances de l'État : gardiens du Trésor public (questeurs urbains résidant à Rome), payeurs aux armées (questeurs militaires accompagnant les consuls en campagne), et trésoriers des

provinces* (questeurs provinciaux assistant le gouverneur).

QUEUILLE, Henri (Neuvic-d'Ussel, 1884-Paris, 1970). Homme politique français. Député radical-socialiste, plusieurs fois ministre sous la Troisième (notamment de l'Agriculture) et la Quatrième République*, il fut à trois reprises (1948-1949 ; juin-juillet 1950 ; mars 1950) président du Conseil. Lors de sa première présidence, il dut faire face à un important mouvement de grève organisé par le PCF (Parti communiste* français) et les syndicats.

QUIBERON. Lors de la Révolution* française, sous la Convention* thermidorienne, une petite armée de royalistes émigrés* aidée par les Anglais, tenta de débarquer à Quiberon (dans le Morbihan) le 27 juin 1795. Commandée par Puisaye d'Hervilly, et Sombreuil, elle fut vaincue par Hoche*. Environ 750 émigrés furent fusillés. Voir Terreur blanche, Vendémiaire* an IV (Insurrection du 13).

QUINTILIEN (Calagurris Nassica v 35-après 95 ap. J.-C.). Rhéteur latin. Maître de rhétorique sous l'empereur Vespasien*, il était considéré comme le représentant officiel de l'éloquence. Il est l'auteur de l'*Institution oratoire*, traité complet de la formation de l'orateur, inspiré par l'exemple de Cicéron*.

QUIRINAL. Nom donné à l'une des sept collines de Rome*. On y trouve notamment les vestiges antiques du forum de Trajan* qui nécessitèrent d'excaver l'ensellement entre l'Arx et le Quirinal et des thermes de Constantin*. Aujourd'hui, palais siège de la présidence de la République italienne. Voir Quirinus.

QUIRINUS. Très ancienne divinité romaine à laquelle était consacrée la colline du Quirinal* ainsi qu'un temple. Une légende faisait de Quirinus le nom de Romulus* divinisé. Il constituait avec Jupiter* et Mars* le troisième élément de la première triade* capitoline d'origine indo-européenne avant que les Étrusques* n'imposent la leur (Jupiter, Junon*, Minerve*). Voir Dieux romains, Religion romaine.

QUISLING, Vidkun (Fyresdal, 1887-Oslo, 1945). Homme politique norvégien. Fondateur en 1933 du Rassemblement national, parti pro-nazi, il devint chef du gouvernement après l'invasion allemande de la Norvège (février 1942). Condamné à mort et exécuté à la libération, les Alliés avaient fait de son nom le synonyme de traître. Voir Collaboration.

R

RABBIN. Chef religieux de la communauté juive avec laquelle il prie et étudie les livres de la Bible*. Il dirige la synagogue*. Ce mot hébreu signifie maître. Voir Talmud, Torah.

RABIN, Yitzhak (Jérusalem, 1922-). Général et homme politique israélien. Chef d'état-major de l'armée lors de la guerre des Six* Jours (1967), il succéda à Golda Meir* comme Premier ministre à la tête d'un gouvernement travailliste (1974-1977). Ministre de la Défense (1984-1988), président du parti travailliste en 1992, il est depuis cette date Premier ministre. Il a signé avec l'OLP* en 1993 les accords de Washington*. Voir Arafat (Yasser), Peres (Shimon).

RABELAIS, François (La Devinière, v. 1494-Paris, 1553). Écrivain Français, il fut le parfait représentant des humanistes de la Renaissance*. Successivement moine lettré, médecin réputé du cardinal Jean du Bellay*, son protecteur et ami, puis curé à Meudon, il publia *Les Horribles et Épouvantables Faits et Prouesses du très renommé Pantagruel, Vie inestimable du grand Gargantua, père de Pantagruel* (1534) suivis du *Tiers Livre* (1546), du *Quart Livre* (1548) et du *Cinquième Livre* publié en 1564. Entre la tradition médiévale et les idées nouvelles de l'humanisme*, Rabelais, à travers les aventures burlesques et hautes en couleurs de ses personnages, dénonça avec force et subtilité la tyrannie de l'éducation scolastique médiévale, l'ignorance des moines, l'absurdité des guerres et la religion lorsqu'elle se confond avec le pouvoir temporel. Son œuvre, au service du rire et de la liberté, témoigne de son don prodigieux pour l'invention verbale, encore universellement reconnue aujourd'hui. Rabelais mourut dans la misère et l'isolement et ses écrits, considérés comme libertins, furent condamnés au xvie siècle.

RACINE, Jean (La Ferté-Milon, 1639-Paris, 1699). Poète dramatique français. Représentées à la cour de Louis XIV*, les pièces de Racine renouèrent avec l'idéal de la tragédie grecque. Selon la célèbre formule de Boileau*, alors que Corneille* avait peint les hommes tels qu'ils devraient être, Racine les a décrits tels qu'ils sont. Orphelin, Racine étudia d'abord au monastère de Port-Royal*, foyer du jansénisme*, puis au collège d'Harcourt. Soucieux d'assurer sa vie matérielle, il tenta d'obtenir un bénéfice* ecclésiastique à Uzès (1661) mais échoua. Installé à Paris, il se lia avec La Fontaine* et Boileau ; pensionné par le roi pour une *Ode* écrite en son honneur (1664), il décida d'écrire pour le théâtre alors dominé par Pierre Corneille. En 1664, il fit jouer sa première tragédie *La Thébaïde ou les Frères ennemis* par la troupe de Molière* qui dirigeait le théâtre du Palais-Royal puis confia *Alexandre* (1665) aux comédiens de l'Hôtel de Bourgogne, ce qui le brouilla définitivement avec Molière. Les dix années qui suivirent furent fécondes en chefs-d'œuvre : *Andromaque* (1667) fut un triomphe, suivi par *Les Plaideurs* (1668, son unique comédie), *Britannicus* (1669), *Bérénice* (1670), *Bajazet* (1672), *Mithridate* (1673), *Iphigénie* (1674) et *Phèdre* (1677). Malgré sa notoriété auprès du public et de la cour, Racine renonça au théâtre et accepta avec Boileau la charge d'historiographe du roi. Il accompagna Louis XIV pendant la guerre de Hollande* qu'il raconta dans son *Précis historique des campagnes de Louis XIV depuis 1672 jusqu'en 1678* (disparu). Marié à Catherine Romanet dont il eut sept enfants, il revint au théâtre à la demande de Mme de Maintenon* en composant deux pièces à thèmes bibliques pour les jeunes filles de Saint-Cyr, *Esther* (1689) et *Athalie* (1691). Racine renoua à la fin de sa vie avec les solitaires de Port-Royal persécutés, et composa secrètement son *Abrégé de l'histoire de Port-Royal* (publié au milieu du XVIIIe siècle).

RACLOIR. À l'époque de la préhistoire*, éclat de silex* aménagé par retouches continues sur un seul bord. Outil très tranchant, il servait au dépeçage des peaux et au travail du bois.

RADICAL ET RADICAL-SOCIALISTE (Parti). Premier parti politique français fondé en 1901 sous la Troisième République*. Le radicalisme apparut cependant bien avant cette date. Il constitua sous le règne de Louis-Philippe Ier* un mouvement d'opposition à la monarchie* de Juillet, revendiquant notamment l'établissement du suffrage universel (Ledru-Rollin*). Après l'échec de la révolution* de 1848 et de la Deuxième République*, le radicalisme se confondit généralement avec l'opposition républicaine au Second Empire*. La première manifestation du programme démocratique radical s'exprima en 1869 dans le programme de Belleville* formulé par Gambetta* lors des élections de 1869. Après s'être regroupés

à l'occasion de l'affaire Dreyfus*, les divers groupes radicaux accédèrent pour la première fois au pouvoir en 1899 (Bloc* des gauches) puis formèrent en 1901 le Parti républicain radical et radical-socialiste. Bien implanté dans les zones rurales et provinciales (notamment au sud de la Loire), le mouvement puis le Parti radical joua un rôle de premier plan sous la Troisième République. Situé à gauche par son anticléricalisme (séparation* des Églises et de l'État, 1905), il s'opposa au Parti socialiste (SFIO*) par son attachement à la propriété privée. Partenaires indispensables de la vie politique française, les radicaux dominèrent presque tous les gouvernements de 1902 à 1914 et la « République radicale » (dont les ténors furent Combes*, Clemenceau* et Caillaux*) se substitua à la « République modérée ». Au centre de l'échiquier politique aux lendemains de la Première Guerre* mondiale, Herriot* et Daladier* alternant à sa direction, le Parti radical dirigea le Cartel* des gauches (1924-1925 et 1926) puis les radicaux s'allièrent aux modérés (Poincaré*), aux socialistes (gouvernement de Front* populaire, 1936-1938) et reprirent la direction des affaires avec les modérés (1938-1940). Divisé à l'égard du gouvernement de Vichy*, le Parti radical connut un grave échec aux élections de 1945 et 1946 puis joua un rôle important d'arbitre sous la Quatrième République*. Parti vieilli, les tentatives de réformes conduisirent à l'exclusion de plusieurs de ses membres (Edgar Faure*, Pierre Mendès* France). Généralement opposé à la majorité gaulliste sous la Cinquième République*, le parti, qui continuait à perdre son électorat, se scinda. Une partie des radicaux se rallia à l'union de la gauche (1972) et leur parti, le Mouvement des radicaux de gauche (1973), soutint la candidature de François Mitterrand* aux élections présidentielles de 1974, de 1981 et de 1988. L'autre partie, centriste et réformatrice, soutint Valéry iscard* d'Estaing et s'associa avec le 'arti républicain et le Centre des démocraes sociaux pour former en 1978 l'UDF* Union pour la démocratie française).

RADICALISME (en Angleterre). Le raicalisme en Angleterre, apparu au début u XIXe siècle, fut principalement un état 'esprit et ne forma jamais un parti poliique proprement dit. Le mot « radical » ervit à désigner les partisans de réformes rofondes parmi les whigs* et les libéraux. Composé d'intellectuels et d'hommes isus des classes moyennes, le radicalisme nglais lutta pour l'établissement du suffrage universel et l'abolition des privilèges le l'oligarchie dominante, aristocratie et grande bourgeoisie. Ses chefs les plus acifs, entre 1815 et 1832, furent le tailleur ?. Place et le journaliste Cobbett. Puis, la éforme électorale de 1832 ayant été vite ugée insuffisante, le radicalisme trouva les expressions nouvelles dans le charisme*. Les représentants des Trade-Unions aux Communes*, après la réforme lectorale de 1867, se qualifièrent de « radicaux », Joseph Chamberlain* puis Lloyd* George furent les derniers représentants de ce mouvement après l'apparition du Parti travailliste*.

RADIGUET, Raymond (Saint-Maurles-Fossés, 1903-Paris, 1923). Écrivain français. Ami de Max Jacob, Jean Cocteau* et Bernard Grasset, il écrivit à 20 ans un roman, *Le Diable au corps*, qui, par la maîtrise de la prose classique et la finesse de l'observation, lui apporta immédiatement la célébrité. Il donna en 1922 *Le Bal du comte d'Orgel* publié à titre posthume 1924), Radiguet ayant été emporté par une fièvre typhoïde en 1923.

RAGLAN, lord James Henry Somerset, 1er baron (Badminton, Gloucestershire, 1788-devant Sébastopol, 1855). Maréchal* britannique. D'abord aide de camp de Wellington* auprès duquel il s'illustra à Waterloo*, Raglan commanda en 1854 es troupes anglaises pendant la guerre de

Crimée* (1854-1856). Il mourut au siège de Sébastopol* (Crimée) après avoir participé à la bataille d'Inkerman*. Voir Bosquet (Pierre), Totleben (Eduard), Mac Mahon (Edme).

RAIMOND IV, dit RAIMOND DE SAINT-GILLES (Toulouse, 1042-Tripoli, 1105). Comte de Toulouse (1092-1105), il fut l'un des chefs de la première croisade* et participa aux batailles d'Antioche* et de Jérusalem*. Après la mort de Godefroi* de Bouillon, il refusa deux fois la couronne de Jérusalem et mourut au siège de Tripoli. Voir Tripoli (Comté de).

RAIMOND VI (1156-Toulouse, 1222). Comte de Toulouse (1194-1222). Protecteur des Albigeois*, il fut excommunié par le pape Innocent III* qui déclencha la croisade des Albigeois dirigée par Simon de Montfort*. Après la chute de Toulouse (1215), Raimond fut dépossédé de ses États. Il parvint, après la mort de Simon (1218), à les reconquérir en grande partie.

RAIMOND VII (Beaucaire, 1197-Millau, 1249). Comte de Toulouse (1222-1249). Fils de Raimond VI*, il parvint à reconstituer l'État toulousain. Cependant, victime d'une nouvelle croisade pour avoir cessé les persécutions contre les cathares*, il dut céder la majeure partie de ses biens au roi de France, Louis IX* (traité de Lorris, 1243).

RAISON (Culte de la). Nom donné, sous la Révolution* française, au culte organisé sous l'impulsion des ultra-révolutionnaires (les hébertistes*) à la tête du mouvement de déchristianisation (1793-1794). Le calendrier traditionnel fut supprimé et remplacé par le calendrier* révolutionnaire. Le 10 novembre 1793, la Commune* insurrectionnelle fit célébrer dans la cathédrale Notre-Dame* à Paris une « fête de la liberté et de la Raison », décidant peu après la fermeture des « églises ou temples de toutes religions et de tous cultes ». Après la condamnation des hébertistes, Robespierre*, hostile à l'athéisme, supprima le culte de la Raison, remplacé par le culte de l'Être* suprême (mai 1794).

RAJK, László (Székelyudvarhely, auj. Oderhei, Transylvanie, 1909-Budapest, 1949). Homme politique hongrois. Ministre communiste après la Seconde Guerre* mondiale, accusé de sympathie pour Tito*, il fut l'une des victimes des purges staliniennes et exécuté en 1949. Militant communiste, il combattit dans les Brigades* internationales pendant la guerre civile d'Espagne* (1936-1939), puis dans les mouvements de résistance au régime de Horthy*. Incarcéré dans un camp de concentration* en Allemagne (1941-1945), il devint ensuite secrétaire général du Parti communiste des Travailleurs (1945-1949), ministre de l'Intérieur (1946-1948) puis ministre des Affaires étrangères (1948-juin, 1949). Accusé de titisme, il fut condamné après un simulacre de procès et exécuté. Il fut réhabilité après la déstalinisation en 1955. Voir Slansky (Rudolf), Rakosi (Mátyás).

RÁKOSI, Mátyás (Ada, 1892-Gorki, 1971). Homme politique hongrois. Premier secrétaire du Parti des travailleurs hongrois (communiste) de 1948 à 1956, il imposa au pays une politique strictement fidèle à Staline*. Prisonnier de guerre en Russie pendant la Première Guerre* mondiale, il se rallia au bolchevisme puis adhéra en 1918 au Parti communiste hongrois. Vice-commissaire à l'Économie dans le gouvernement de Béla Kun* (1919), il fut, à partir de 1925, emprisonné presque continuellement. Exilé en URSS lors de la Seconde Guerre* mondiale, il revint en Hongrie avec les troupes soviétiques. Premier secrétaire du Parti communiste (1945-1948) puis du Parti des travailleurs hongrois (1948-1956), il proclama en 1949 la République populaire hongroise. Rákosi suivit en Hongrie l'orthodoxie stalinienne. Il fut l'initiateur des procès intentés aux partisans du titisme (Rajk*) et des épurations à l'intérieur du Parti, et contribua aussi aux mesures de collectivisation forcée de l'agriculture. Président du Conseil (1952-1953), il dut abandonner son poste à la mort de Staline, puis celui de secrétaire général sous la pression de Khrouchtchev*. Il lutta contre la politique libérale de Imre Nagy* et se réfugia en URSS après l'insurrection de 1956. Il fut exclu du parti en 1962. Voir Budapest (Crise de), Kadar (Janos).

RALEIGH, ou RALEGH, sir Walter (Hayes, v. 1552-Londres, 1618). Homme politique, navigateur et écrivain anglais, il fut un personnage important sous les règnes d'Élisabeth Ière* et de Jacques Ier*. Fils d'un gentilhomme, il devint, après des études à Oxford* puis une expédition en France contre les huguenots* (protestants*), le favori de la reine qui le combla d'honneurs et lui offrit d'importants domaines en Angleterre et en Irlande. Peu satisfait cependant de son rôle de courtisan, il fit une première expédition maritime, tentant sans grand succès de coloniser la Virginie (1585) – d'où il rapporta en Europe une herbe encore inconnue, le tabac –, puis explora la région des Guyanes (1595). De retour en Angleterre et après avoir participé à la victoire sur l'Armada* espagnole (1588), il fut disgracié par Élisabeth (1592) pour avoir épousé secrètement l'une de ses dame de compagnie, puis condamné pour haute trahison à l'avènement de Jacques Ier (1603). Détenu durant 13 ans à la Tour de Londres*, il rédigea sa grande *Histoire du monde*, jamais achevée puis, libéré, mena une expédition dans l'Orénoque, espérant y découvrir des mines d'or. Entré en conflit avec l'Espagne, il fut arrêté à son retour, et décapité sur l'ordre de Jacques Ier pour avoir commis des actes d'hostilité à l'égard d'une nation amie.

RAMA. Célèbre personnage de légendes et poèmes épiques de l'Inde* ancienne, il est avec Krishna* la plus célèbre des inarnations du dieu Vishnu* (et la sep-tème). Voir *Rāmāyana*.

RAMADAN. Nom donné au neuvième mois de l'année lunaire musulmane. Il rappelle le mois durant lequel le Coran*, Livre saint des musulmans, fut révélé aux hommes. Le Ramadan impose au croyant un jeûne total entre le lever et le coucher du soleil. Les enfants en sont exclus et il y a des aménagements à la règle pour les gens âgés, les malades, les femmes enceintes et les voyageurs. Voir Islam.

RAMADIER, Paul (La Rochelle, 1888-Rodez, 1961). Homme politique français. Député socialiste (à partir de 1928) et maire de Decazeville (1919-1959), il fut président du Conseil au début de la Quatrième République* (janvier-novembre 1947). En mai 1947, dans le contexte de la guerre* froide, il exclut les ministres communistes du gouvernement et fit adhérer la France au plan Marshall*. De 1948 à 1957, il fut encore deux fois ministre.

RĀMĀYANA. Long poème épique de l'Inde* ancienne au début du IVe siècle ap. J.-C. Il raconte les aventures héroïques de Rama*. Le *Rāmāyana* a joué un grand rôle dans l'hindouisme* en popularisant le dieu Vishnu* dont Rama fut l'une des incarnations.

RAMEAU, Jean-Philippe (Dijon, 1683-Paris, 1764). Compositeur français contemporain de Jean-Sébastien Bach*. Éminent théoricien de l'harmonie, il fut aussi le plus grand compositeur français du XVIIIe siècle. Organiste dans différentes villes de France, Rameau composa très peu jusqu'à l'âge de 40 ans, se consacrant presque exclusivement à l'étude scientifique de l'harmonie d'où découle toute l'harmonie moderne (*Traité de l'harmonie*, 1722). À Paris, sa rencontre avec le fermier général Riche de La Pouplinière (vers 1730), mécène clairvoyant, décida de son destin, en lui ouvrant les portes de l'opéra. Son *Hippolyte et Aricie* (1733) et plus encore *Les Indes galantes* (1735), *Castor et Pollux* (1737) et *Dardanus* (1739) reçurent du public un accueil triomphal. Les *Pièces de clavecin en concerts* appartinrent aussi à cette époque créatrice et furent son chef-d'œuvre de musique de chambre. Cependant, l'opposition de ses anciens amis dorénavant partisans de la musique italienne (comme Jean-Jacques Rousseau*) et l'évolution du goût du public porté vers une musique plus facile et sentimentale assombrirent ses dernières années. Sa gloire ne lui survécut pas et quinze ans après sa mort, aucun de ses opéras ne figurait plus au répertoire. Voir Lully (Jean-Baptiste).

RAMEAUX. Fête que les chrétiens* célèbrent huit jours avant Pâques* (dimanche des Rameaux). Elle rappelle l'accueil triomphal (avec des rameaux de palmier) fait par ses disciples à Jésus* entrant à Jérusalem*. Voir Fêtes chrétiennes.

RAMSÈS II, dit RAMSÈS LE GRAND (1301-1235 ? av. J.-C.). Pharaon* du Nouvel* Empire (XIXe dynastie), il lança des expéditions militaires en Syrie* et en Palestine* et s'illustra à l'occasion de la bataille de Qadesh* contre les Hittites*. Grand bâtisseur, il fit construire des monuments gigantesques tels les temples d'Abou Simbel* et la salle hypostyle du temple de Karnak*. En 1976, la momie* de Ramsès II, rongée par un champignon, fut amenée par avion à Paris et restaurée par une équipe de 102 scientifiques. Elle est exposée aujourd'hui au musée du Caire. Voir Temple égyptien.

RANKE, Leopold von (Wiehe, 1795-Berlin, 1886). Historien allemand. De confession luthérienne, il fut l'un des grands initiateurs de la science historique allemande au XIXe siècle. Son œuvre abondante couvre notamment les XVIe et XVIIe siècles européens (*Les Papes romains, leur Église et leur État aux XVIe et XVIIe siècles*, 1834-1836 ; *Histoire d'Allemagne au temps de la Réforme*, 1839-1847).

RAPALLO (Traité de, 12 novembre 1920). Traité signé à Rapallo (province de Gênes), entre l'Italie et la Yougoslavie. Cette dernière acquérait notamment la Dalmatie, tandis que l'Italie conservait Zara et quelques îles dalmates. Fiume, revendiqué par les Italiens, devint un État libre, annexé par Mussolini* en 1924. Voir D'Annunzio (Gabriele), Irrédentisme.

RAPALLO (Traité de, 16 avril 1922). Traité signé à Rapallo (province de Gênes), en marge de la conférence économique mondiale de Gênes* (1922), entre l'Allemagne et la Russie soviétique attachées à sortir de leur isolement diplomatique. Les deux pays renonçaient au paiement réciproque des réparations*, et décidaient de nouer des relations diplomatiques et économiques. Une clause secrète autorisait l'Allemagne à entraîner en Russie des officiers allemands aux armes interdites par le traité de Versailles*. Cet accord suscita de la part des grandes puissances de très vives protestations. Rapallo fit en particulier naître en France le mythe d'une Allemagne prête à la revanche, ce qui justifia l'intransigeance de Poincaré* à propos des mines de la Ruhr, gage pour le paiement des réparations*. Voir Ruhr (Occupation de la), Rathenau (Walther).

RAPHAËL, Raffaelo SANCIO ou SANTI, en fr. (Urbino, 1483-Rome, 1520). Peintre italien. Considéré jusqu'au XIXᵉ siècle comme le plus grand peintre qui ait jamais existé, son art fut longtemps la référence suprême de l'académisme par la fusion harmonieuse entre les couleurs et le dessin. Fils du peintre Giovanni Santi, employé à la cour ducale de Montefeltre, il fit son apprentissage dans les Marches et fut l'élève du Pérugin, l'œuvre la plus importante de cette première période ayant été *Le Couronnement de la Vierge* (1502-1503, pinacothèque du Vatican). Lors de son séjour à Florence* (1504-1508), Raphaël découvrit et assimila tout ce qu'il put apprendre de Léonard* de Vinci et de Michel-Ange*. Ses célèbres madones exprimèrent à la perfection ces emprunts et participèrent, plus que les autres œuvres, à sa longue renommée. Expression parfaite de la beauté féminine, ses trois vierges les plus célèbres furent la *Madone du grand-duc* (palais Pitti, Florence), la *Madone du Belvédère* (1506, Vienne) et *La Belle Jardinière* (1507, Paris, Louvre). Installé à Rome (1508-1520), capitale de l'art italien au XVIᵉ siècle, il y devint le peintre officiel de la papauté sous Jules II* et Léon X*. La décoration des trois « Stanze » du Vatican (Salles de l'appartement de Jules II) resta son œuvre essentielle : *Le Triomphe de l'Eucharistie, L'École d'Athènes* exécutée en 1509-1510, haut lieu de la culture philosophique faisant face à *La Dispute du Saint-Sacrement* consacrée à la vérité révélée, le *Parnasse* et les *Décrétales*. L'exécution de ces fresques et la protection de Léon X valurent au peintre de nombreuses commandes. Demandé par toute l'aristocratie romaine, il réalisa de nombreux portraits, dont celui du banquier Aguolo Doni et de Maddalena Doni (Florence), apparentée à la « Joconde ». Sa mort, survenue un Vendredi saint alors qu'il n'avait que 37 ans, provoqua l'affliction générale.

RASPAIL, François-Vincent (Carpentras, 1794-Arcueil, 1878). Chimiste et homme politique français. Rendu populaire par ses ouvrages de vulgarisation scientifiques (notamment médicale), Raspail fut aussi un ardent républicain. Venu à Paris afin d'y publier plusieurs mémoires sur les tissus végétaux et animaux (1824-1828), il participa aux journées révolutionnaires de 1830 et fonda un journal d'opposition républicaine, *Le Réformateur* (1834-1835). Membre de la Charbonnerie (société secrète révolutionnaire), il fut à plusieurs reprises emprisonné sous la monarchie* de Juillet. Lors de la révolution* de 1848, il fut l'un des premiers à procla-

...er la République et fonda le journal *l'Ami du peuple*. Candidat socialiste à la résidence de la République, il ne fut pas élu. Condamné au bannissement en 1849, ...se retira en Belgique jusqu'en 1859 puis ...evint ensuite député des Bouches-du-...hône (1869 ; 1876-1878). Voir Barbès (Armand), Carbonarisme, Lamarque (Jean ...Maximilien).

RASPOUTINE, Grigori Iefimovitch Novykh, dit (Pokrovskoïe, Sibérie occidentale, 1864/1865-Petrograd, 1916). Aventurier russe. Paysan illettré, moine, ...éputé pour ses dons de guérisseur, il réussit à gagner la confiance de la tsarine Alexandra* Fedorovna, épouse de Nicolas II*, en sauvant, à plusieurs reprises, son ...ils, Alexis, atteint d'hémophilie. Favori ...u couple impérial, il contribua, par ses dé-...auches demeurées légendaires (d'où son ...urnom de Raspoutine qui signifie en russe ... débauché »), à discréditer la monarchie. ...e prince Ioussoupov et le grand-duc Di-...itri Pavlovitch organisèrent son assassi-...at.

RASTADT, ou RASTATT (Traité de, ...714). Traité signé à Rastadt (ouest de ...Allemagne), mettant fin, avec les traités ...'Utrecht*, à la guerre de Succession* ...'Espagne. L'Autriche agrandissait ses ...tats héréditaires au détriment de sa puis-...ance impériale avec le début de l'ascen-...ion du royaume de Prusse*. Voir Frédéric ...I, Frédéric-Guillaume Ier.

RATHENAU, Walther (Berlin, 1867-*id.*, ...922). Industriel et homme politique alle-...nand. Président du trust de l'électricité ...AEG, il devint en 1922 ministre des Af-...aires étrangères et signa le traité de Ra-...pallo* (avril 1922) avec la Russie soviéti-...ue prévoyant des relations diplomatiques ...t économiques entre les deux pays. Israé-...ite*, il fut assassiné peu après par des mi-...itants nationalistes et antisémites. Voir ...Weimar (République de).

RAVACHOL, François Claudius Kœ-nigstein, dit (Saint-Chamond, 1859-Montbrison, 1892). Anarchiste français. Ouvrier teinturier, il commit en 1892 de nombreux attentats à Paris, fut arrêté, condamné à mort et exécuté. Voir Anarchisme.

RAVAILLAC, François (Touvre, 1578-Paris, 1610). Assassin du roi de France Henri IV*. Valet de chambre puis maître d'école, catholique* intransigeant, il assassina le 14 mai 1610 Henri IV dans la rue de la Ferronnerie. Bien qu'il ait toujours affirmé avoir agi seul, il est possible qu'une conspiration, née dans l'entourage de la reine Marie* de Médicis favorable à l'Espagne, l'ait poussé à perpétrer son acte. Il fut écartelé.

RAVEL, Maurice (Ciboure, 1875-Paris, 1937). Compositeur français. Il fut le dernier grand représentant du classicisme* français au XXe siècle. Élève au conservatoire de Paris, il consacra sa vie à donner des concerts à travers l'Europe et à composer ses œuvres. Ni imitateur de Debussy*, ni d'une « exquise sensibilité », Ravel composa dans tous les genres, à l'exception de la musique religieuse. On lui doit des partitions pour piano (*Pavane pour une infante défunte, Gaspard de la nuit, Valses nobles et sentimentales, Ma mère l'oye, Concerto pour la main gauche*), des orchestrations d'œuvres pour piano (*Daphnis et Chloé*, 1909-1912 ; *Boléro*, 1928).

RDA. Voir République démocratique allemande.

RÊ. Dieu égyptien représenté avec un corps d'homme et un visage surmonté d'un disque solaire ou une tête de faucon lorsqu'il était assimilé à Horus*. Dieu du soleil, créateur du monde, sa capitale était Héliopolis*.

RÉACTION NOBILIAIRE. Nom donné sous le règne de Louis XVI* à l'effort tenté par la noblesse* française pour renforcer ses privilèges. Furent exclus systématiquement, des carrières traditionnellement réservées à la noblesse, les roturiers et les bourgeois récemment anoblis. Plusieurs parlements décidèrent aussi de ne plus admettre que les nobles « à quatre quartiers », c'est-à-dire dont les quatre grands-parents étaient nobles. Le règlement militaire de 1781 réserva aux nobles d'extraction les places d'élèves officiers dans l'armée. Dans les campagnes enfin, on remit en vigueur des droits féodaux tombés en désuétude, aggravant ainsi le régime seigneurial. Voir Droits seigneuriaux.

RÉACTION THERMIDORIENNE. Voir Convention thermidorienne.

REAGAN, Ronald Wilson (Tampico, Illinois, 1911-). Homme politique américain. Président des États-Unis (1981-1989), républicain, il prôna le retour aux valeur traditionnelles et, malgré un anticommunisme militant, œuvra en faveur de la détente en signant avec l'URSS d'importants accords de désarmement. Issu d'une famille modeste de Californie, Reagan, d'abord reporter sportif, devint acteur à Hollywood (1937) où il tourna une cinquantaine de films assez médiocres. Après avoir servi dans les services photographiques durant la guerre, il épousa après un premier mariage la fille d'un responsable républicain, Nancy Robbins (1952). Présentateur publicitaire à la télévision au service de la « libre entreprise » (1954), il soutint en 1964 la candidature de Barry Goldwater, républicain battu à la présidence par le candidat démocrate sortant, Lyndon Baines Johnson*. Grâce à sa popularité mais aussi au soutien des milieux d'affaires californiens, il fut élu gouverneur de Californie (1967-1974). Républicain conservateur, proche de Richard Nixon*, il fut devancé aux présidentielles par Gerald Ford* en 1976. Candidat républicain en 1980, il l'emporta contre Jimmy Carter* amenant une majorité républicaine au Sénat pour la première fois depuis 30 ans. Sa politique intérieure se caractérisa par la déréglementation, une politique monétaire sévère pour limiter l'inflation, des restrictions budgétaires sauf en matière de défense et une diminution considérable de la fiscalité destinée à relancer les investissements. Afin de redonner confiance à une Amérique encore traumatisée par sa défaite au Viêt-nam, Reagan revint à l'extérieur au langage de la guerre* froide en dénonçant l'URSS comme « l'Empire du mal ». Prudent en Afrique, il pratiqua en Amérique centrale une politique agressive de barrage au communisme* (Grenade, Guatemala, Nicaragua, Salvador). Inquiet du surarmement soviétique, il procéda, à partir de 1983, à l'installation en Europe de fusées Pershing II et Cruise face aux SS 20 soviétiques. Servi par une nette reprise de l'activité économique mais aussi par ses talents de « grand communicateur », Reagan fut réélu triomphalement en novembre 1984 (59 % de voix). Malgré le scandale de l'Irangate* en 1987 en contradiction avec sa politique antiterroriste (raid contre la Libye en avril 1986) et le krach boursier d'octobre 1987, la popularité de Reagan servit beaucoup au succès de son vice-président George Bush* aux élections présidentielles de 1988. Malgré l'expansion économique favorisée par une inflation maîtrisée et l'inauguration d'une nouvelle ère de détente et de désarmement avec l'URSS de Gorbatchev* (démantèlement des euromissiles par l'accord de Washington en décembre 1987, diminution des armes nucléaires stratégiques, négociation START commencée en juin 1982), les années Reagan furent marquées par le creusement des inégalités sociales et le problème non résolu du double déficit (commerce extérieur et budget). Voir Coexistance pacifique.

RÉASSURANCE (Traité russo-allemand de, 1887). Traité secret signé entre l'Allemagne et la Russie, il devait isoler la France et prévenir une guerre de revanche de cette dernière contre l'Allemagne. Clé de voûte du système élaboré par Bisnarck*, ce traité, qui complétait la Triplice*, était conclu pour trois ans. La Russie promettait sa neutralité en cas de guerre et l'Allemagne lui assurait son appui diplomatique dans la question bulgare et la question des Détroits*. Après la démission de Bismarck (1890), le traité de réassurance, jugé incompatible avec les obligations de l'Allemagne envers l'Autriche, rivale de la Russie dans les Balkans*, ne fut pas renouvelé. La Russie s'engagea alors dans la voie de l'alliance franco-russe. Voir Alexandre III, Alliance (Triple-), Franco-allemande de 1870-1871 (Guerre), Guillaume II.

RÉCAMIER, Julie Bernard, Mme Lyon, 1777-Paris, 1849). Femme de lettres française, elle anima sous la Restauration* un salon très brillant. Mariée à 15 ans à un riche banquier, Mme Récamier ouvrit à l'hôtel Necker, acquis par son mari, un salon qui réunit à la fin du Directoire* et sous le Consulat* les opposants à Bonaparte* et se lia d'amitié avec Mme de Staël*. Exilée par Napoléon* en 1811, elle reçut à partir de 1819, à l'Abbaye-aux-Bois (ancien couvent de femmes, rue de Sèvres à Paris), une société très brillante se déclarant « amoureuse de l'amitié ». Elle se lia notamment à Ampère*, Benjamin Constant* et Chateaubriand*. Mme Récamier fut l'auteur de *Souvenirs* et d'une Correspondance (publiés en 1859).

RECOMMANDATION. En France, à l'époque des Mérovingiens* et des Carolingiens*, acte par lequel un homme se recommandait à plus puissant que lui en s'engageant à le servir en échange de sa protection. À partir du XIe siècle, la recommandation devint l'hommage* vassalique. Voir Féodalité, Vassal.

RECONQUISTA (en fr. Reconquête). Nom donné aux guerres menées en Espagne par les chrétiens* afin de reprendre aux musulmans* les terres qu'ils occupaient depuis le VIIIe siècle. La *Recon-*

quista débuta au XIe siècle et devint la croisade de l'Espagne chrétienne. Elle fut marquée au XIe siècle par des hommes comme le Cid* qui s'illustra à Valence (1095) et Alphonse VI* qui s'empara de Tolède (1085). Elle se poursuivit au XIIe siècle par la reconquête de l'Andalousie où les Espagnols remportèrent la victoire décisive de Las Navas* de Tolosa (1212). La *Reconquista* fut achevée en 1492 par la prise de Grenade. Voir Grenade (Royaume de), Maures.

RÉFORME (La). Nom donné au mouvement de renouveau évangélique apparu dans le christianisme* au XVIe siècle (appelé « réformation » en Allemagne), et qui donna naissance à des Églises séparées : protestantisme* luthérien ou calviniste, et anglicanisme*. Dès le Moyen Âge, un besoin de régénération religieuse provoqué par les abus de l'Église s'était exprimé et avait abouti soit à des réformes (Grégoire VII*, saint Bernard*, saint François*) au sein de l'orthodoxie, soit à des hérésies (vaudois*, cathares*, Wyclif*, Hus*, Savonarole*) que, dans l'ensemble, l'Église avait bien surmontées. La Réforme du XVIe siècle, la plus vaste « révolution religieuse » que le christianisme ait connue, répondit au problème religieux des chrétiens déçus de l'Église institutionnelle. Son succès s'expliqua par la sensibilité religieuse très vive de l'époque, hantée par le problème de la mort et du Salut, l'aggravation des abus dans l'Église largement dénoncés par les humanistes (train de vie scandaleux du haut clergé et des papes de la Renaissance*, abus ecclésiastiques de toutes sortes, conditions misérables du bas clergé), et enfin le développement de l'imprimerie* qui assura à la fois la diffusion de la Bible*, considérée alors comme seule source infaillible de la foi, mais aussi la diffusion en milliers d'exemplaires des écrits réformateurs. Si la Réforme partit d'Allemagne avec Luther*, elle atteignit plus ou moins profondément tous les pays d'Europe, sauf l'Italie et l'Espagne, marquées par la vigueur de la réaction catholique et plus particulièrement de l'Inquisition*. En dépit d'une organisation ecclésiastique différente et de certaines divergences théologiques, toutes les Églises issues de la Réforme s'accordent sur des points fondamentaux (le Salut assuré par la grâce de Dieu à ceux qui ont la foi, la Bible comme seule source de foi, l'assemblée des croyants constituant l'Église) et rejettent l'autorité du pape, le culte de la Vierge et des saints ainsi que la messe considérée comme un sacrifice offert à Dieu. Voir Calvin (Jean), Calvinisme, Contre-Réforme, Érasme (Didier), Humanisme, Lefèvre d'Étaples (Jacques), Luthéranisme, Religion (Guerres de), Zwingli (Ulrich).

RÉFORME GRÉGORIENNE. Voir Grégoire VII.

RÉFORMÉS. Mot désignant principalement les calvinistes. L'Église réformée désigne ainsi une confession protestante de tradition calviniste. Voir Calvinisme.

RÉFRACTAIRES (Prêtres). Nom donné lors de la Révolution* française aux prêtres qui refusèrent de prêter serment à la Constitution* civile du clergé (1790). La grande majorité des évêques* et la moitié des curés furent des prêtre réfractaires. Ils furent l'objet d'une sévère répression, notamment après l'exécution du roi (1793) et sous la Terreur*, confondus à cette période avec les autres, les prêtres assermentés* ou jureurs. Voir Suspects (Loi des).

RÉGALE (Affaire de la). Crise politico-religieuse (1673-1693) qui opposa Louis XIV*, soutenu par le clergé, à la papauté. Depuis le Moyen Âge, les rois de France avaient le droit de jouir des revenus des évêchés vacants (régale temporelle) et de nommer, durant cette vacance, les titulaires des bénéfices* ecclésiastiques (régale spirituelle). Or, en 1673, Louis XIV décida d'étendre ce droit de régale à tous les diocèses de France. Élu en 1676, Innocent XI

se montra intransigeant à l'égard de cette décision royale mais ses interventions restèrent sans effet. Une assemblée extraordinaire du clergé (1681-1682) affirma sa fidélité au roi et signa la célèbre « Déclaration* du clergé de France », rédigée par l'évêque de Meaux, Bossuet*, qui fut aussitôt érigée en loi. Le pape refusa l'investiture canonique aux évêques nommés par le roi si bien qu'en 1688, 35 évêchés restaient vacants. En 1693, Louis XIV, engagé dans la guerre de la ligue d'Augsbourg*, ayant besoin de l'appui diplomatique du pape, suspendit l'application de la Déclaration obtenant néanmoins la généralisation de la régale spirituelle. Voir Gallicanisme.

RÉGENCE (La). Nom donné en France à la minorité de Louis XV* (1715-1723) au cours de laquelle le gouvernement fut exercé par Philippe II, duc d'Orléans* (le Régent), l'héritier au trône, Louis XV, n'ayant que 5 ans. La Régence fut marquée par une violente réaction contre l'esprit du « Grand Siècle » de Louis XIV*. Philippe d'Orléans fit casser par le Parlement* de Paris le testament de Louis XIV qui instituait un Conseil de régence et prit le titre de Régent avec pleine et entière autorité, les parlementaires retrouvant en échange leur droit de remontrance*. Afin de redonner ses droits à la noblesse* bridée par Louis XIV, Philippe d'Orléans supprima les ministres et institua des Conseils recrutés principalement dans la haute noblesse dont Saint-Simon* se fit le porte-parole. Les jansénistes emprisonnés furent remis en liberté et la cour, délaissant Versailles*, s'établit à Paris et donna au Palais-Royal l'exemple de la licence et de l'impiété. Dès 1718 cependant, Philippe d'Orléans dut se résoudre à des mesures d'autorité : les Conseils, incapables, furent supprimés, les secrétaires d'État rétablis, et une déclaration royale accepta (1720), pour mettre fin à l'agitation janséniste, la bulle *Unigenitus**. Afin de restaurer une ituation financière dramatique, le Régent accepta les propositions de l'Écossais Law*. Le système donna une impulsion importante au commerce maritime, mais la vague de spéculation qu'il déclencha aboutit à un échec qui devait laisser, dans l'opinion, un traumatisme durable. La politique étrangère, menée par Dubois*, décida, à partir de 1722, le retour aux anciennes alliances, notamment avec l'Espagne (fiançailles du roi avec l'infante), la France alliée à l'Angleterre et la Hollande obtenant, par une courte guerre contre l'Espagne, la reconnaissance par Philippe V* des traités d'Utrecht*. En 1723, Louis XV, majeur, reçut ses pouvoirs du Régent. Voir Fénelon, Jansénisme.

REICH. Mot allemand signifiant « empire ». Le Iᵉʳ Reich fut le Saint* Empire romain germanique (962-1806), le IIᵉ Reich fut réalisé par Bismarck* (1871-1918). Le IIᵉ Reich correspondit au régime national-socialiste (nazi) de l'Allemagne 1933-1945). Voir Hitler (Adolf).

REICHSRAT. Nom allemand du Conseil d'Empire (1848-1861) puis nom du Parlement (1861-1918) de l'empire d'Autriche. En Allemagne, le Reichsrat désigna l'organe législatif (1919-1934) sous la République de Weimar*. Voir Reich, Reichstag.

REICHSTAG. Nom donné à la Diète du Saint* Empire romain germanique jusqu'en 1806 puis au Parlement de l'Empire allemand (1867-1918) siégeant à Berlin. Les membres du Parlement étaient élus au suffrage universel pour cinq ans, les circonscriptions électorales étant découpées de façon à favoriser la campagne et les partis conservateurs. Les députés votaient les lois, avaient le droit d'interpellation, mais ne pouvaient renverser le chancelier* qui n'était responsable que devant l'empereur. Sous la République de Weimar* (1918-1933), le Reichstag était une chambre élue au suffrage universel et représen-

tait le peuple souverain. Ses députés votaient les lois, décidaient de la guerre ou de la paix, ratifiaient les traités et exerçaient le contrôle du gouvernement, lequel tombait s'il était mis en minorité. Sous le IIIᵉ Reich* (1933-1945), le Reichstag demeura mais n'eut aucun pouvoir. L'incendie du palais du Reichstag en 1933 servit de prétexte aux nazis pour interdire le Parti communiste allemand. Voir Bundesrat, Bundestag, Reichstag (Incendie du).

REICHSTAG (Incendie du, 25 février 1933). Incendie allumé par un pyromane, Van der Lubbe, chômeur et membre du parti communiste, très probablement à l'instigation et avec l'aide des nazis, qui détruisit le palais du Reichstag. Il servit de prétexte à Hitler* pour interdire le Parti communiste allemand. Des milliers d'arrestations de militants suivirent (parmi lesquels des socialistes, des libéraux) et les libertés publiques furent suspendues.

REICHSWEHR. Mot allemand signifiant « défense de l'Empire ». La Reichswehr fut le nom donné, entre 1921 et 1935, à l'armée allemande de 100 000 hommes autorisée par le traité de Versailles* (1919). C'est en rétablissant le service militaire obligatoire que Hitler* jeta les bases d'une nouvelle armée allemande, la Wehrmacht. Voir Bundeswehr.

REIMS (Cathédrale de). La cathédrale Notre-Dame de Reims, commencée en 1211, est l'un des plus beaux exemples de l'art gothique* en France. Elle remplaça un édifice carolingien* totalement détruit par un incendie en 1210. Le chœur* et le transept furent construits par Jean d'Orbais et Jean Le Loup (début du XIIIᵉ siècle), la nef par Bernard de Soissons (fin XIIIᵉ siècle) et les tours datent des XIVᵉ et XVᵉ siècles. Bombardée au cours de la Première Guerre* mondiale, elle fut restaurée grâce à l'aide américaine.

REINHARDT, Jean-Baptiste, dit **Django** (Liberchies, Belgique, 1910-Samois-sur-Seine, 1953). Guitariste, compositeur et chef d'orchestre de jazz français. Il joua dans le Hot-Club de France, créé en 1934, qui contribua à introduire le jazz en France et en Europe. Tsigane qui ne savait pas lire la musique et dont une main était amputée de deux doigts après un incendie, Reinhardt composa notamment *Nuages* et *Djangology*.

RELÈVE. Afin que la France participe à l'effort de guerre allemand, Sauckel, commissaire allemand à la main-d'œuvre, exigea en juin 1942 l'envoi en Allemagne de 250 000 travailleurs français. Pierre Laval*, alors président du Conseil, proposa l'institution de la Relève qui devait, en théorie, assurer, pour trois départs d'ouvriers en Allemagne, le rapatriement d'un prisonnier de guerre français. Le projet s'étant révélé un échec, le gouvernement de Vichy* institua, en février 1943, le Service* du travail obligatoire (STO).

RELIEF. À la mort d'un vassal*, son héritier versait au seigneur une terre, le droit de relief, et était en échange investi du fief* (investiture*). Il s'agissait d'une lourde taxe. Voir Droit féodal, Féodalité, Hommage.

RELIGION (Guerres de). Nom donné en France à la longue guerre civile (1562-1598), entrecoupée de traités, qui opposa catholiques et protestants*. Marquées par la violence des passions religieuses et les ambitions politiques, les guerres de Religion s'apaisèrent avec la signature de l'édit de Nantes* (1598). Les succès de la Réforme* en France créèrent un climat de tension que Catherine* de Médicis, soutenue par Michel de L'Hospital*, tenta d'apaiser par une politique de conciliation. Mais le massacre des huguenots* à Wassy* (1562), en réaction contre l'ordonnance d'Orléans, ouvrit le conflit où se mêlèrent la défense de la vraie foi et la remise en cause du pouvoir royal. Chaque parti fut dominé par de puissantes familles : les Guise* et les Montmorency* pour les catholiques, les Bourbons* et les Co-

ligny* pour les protestants, chacun faisant appel à une puissance étrangère, les uns à l'Espagne, les autres à l'Angleterre. Cette guerre aux opérations militaires confuses, entrecoupée de trêves et de paix précaires, mit la France au pillage et déchaîna assassinats et massacres de populations civiles. L'attentat contre l'amiral de Coligny*, suivi du massacre de la Saint-Barthélemy* (1572), radicalisa le conflit. La Ligue* catholique, jugeant Henri III* trop modéré, finit par le faire assassiner (1589) en réaction contre le meurtre de son chef Henri de Guise. Il reviendra à Henri de Bourbon (Henri IV*) de pacifier le royaume par sa conversion au catholicisme* et la signature de l'édit de Nantes qui, pour la première fois dans l'Occident chrétien, admettait une minorité religieuse dans la communauté nationale. À la faveur des luttes civiles cependant, le pouvoir royal, si fort sous les premiers Valois*, fut fortement ébranlé. Les résistances protestantes au pouvoir royal sous les règnes suivants entraînèrent son glissement vers l'absolutisme et l'abandon de l'idée de tolérance, marquée par la révocation de l'édit de Nantes* (1685), sous Louis XIV*. D'autres pays, comme l'Allemagne, les Pays-Bas et la Bohême, connurent aussi des guerres de Religion. Voir Barricades (Journée des), Henri Ier de Lorraine, Janvier 1562 (édit de).

RELIGION ÉGYPTIENNE. Les Égyptiens adorèrent une foule de dieux. Ils les représentèrent sous une forme humaine mais plus souvent sous des traits mi-humains, mi-animaux et même seulement sous l'aspect animal. Les dieux les plus importants furent Ptah*, Rê*, Amon*, Horus*, Anubis*, Thot, Apis* et Bès. Pour mieux les connaître, on les regroupa par famille. Les plus célèbres furent la triade* osirienne et la triade* thébaine. Le culte rendu aux dieux avait pour but de leur prouver la foi et l'obéissance des hommes mais surtout de leur demander protection

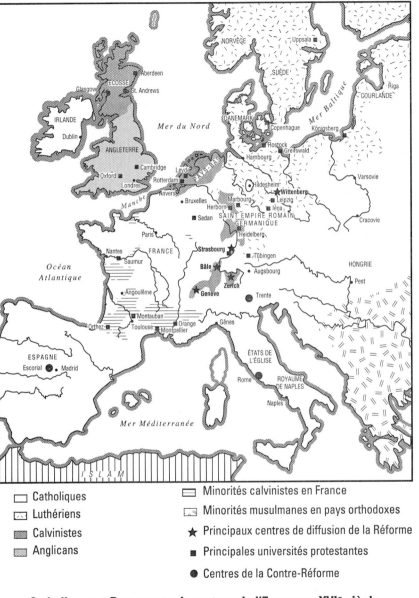

☐ Catholiques	▱ Minorités calvinistes en France
⬒ Luthériens	◲ Minorités musulmanes en pays orthodoxes
▦ Calvinistes	★ Principaux centres de diffusion de la Réforme
▨ Anglicans	■ Principales universités protestantes
	⬤ Centres de la Contre-Réforme

Catholiques et Protestants : le partage de l'Europe au XVIe siècle

contre toutes les catastrophes possibles. Ce culte était rendu dans des temples immenses par les prêtres, seuls capables d'accomplir des cérémonies longues et compliquées. Les Égyptiens pensaient qu'après la mort commençait une nouvelle vie. Pour que le corps, enveloppe de l'âme, ne se décompose pas, on le momifiait. La momie* reposait ensuite dans un sarcophage* placé dans une tombe : mastaba* pour les grands personnages, pyramide* puis hypogée* pour les pharaons*. L'âme, une fois jugée par le tribunal d'Osiris*, devait connaître la vie éternelle. Voir Temple égyptien.

RELIGION GRECQUE. Dans un pays divisé en une multitude de cités, la religion a rapproché les Grecs et fait leur unité. Elle a imprégné la vie quotidienne, les arts et la littérature. Il n'a existé aucun livre sacré contenant des vérités révélées ou un enseignement moral. C'est la mythologie* racontée par les poètes (Homère*, Hésiode* et d'autres) qui a fait connaître aux Grecs la vie de leurs dieux. Très nombreux, ils siègent sur l'Olympe et forment de véritables dynasties sous l'autorité de Zeus*. Les Grecs se les représentent sous forme humaine (anthropomorphisme*) : ils ont les sentiments, défauts et qualités des hommes, mais à la différence des humains, ils sont tout-puissants et immortels. Pour les honorer, les Grecs leur adressent des prières, leur offrent des fruits, des gâteaux, des libations de vin ou de miel, sacrifient des animaux, organisent des concours sportifs ou artistiques et édifient des temples. Ils demandent leur protection soit pour la famille (c'est le culte de la phratrie célébré par le père), soit pour la cité (culte poliade en l'honneur de la divinité protectrice), soit pour tous les Grecs réunis périodiquement dans des sanctuaires (culte panhellénique* rendu à Olympie* ou Delphes*). À partir du Vᵉ siècle av. J.-C. se sont développés les cultes à mystères qui promettaient aux initiés l'immortalité et le bon-

heur après la mort. Voir Dieux grecs, Éleusis, Panthéon, Temple grec.

RELIGION ROMAINE. Comme la plupart des peuples de l'Antiquité, les Romains honorèrent un grand nombre de dieux (30 000 selon l'historien Varron*), la plupart empruntés aux Étrusques* et aux Grecs. Pour s'assurer leur protection, les Romains leur adressaient des prières, des offrandes, des sacrifices, des jeux et leur élevaient des temples. Peuple très religieux mais aussi très superstitieux, les Romains réglaient très minutieusement leur culte, observant scrupuleusement certaines règles, prononçant des formules sans y changer un mot et n'entreprenaient rien sans consulter les haruspices* et les augures*. Leur religion était ainsi très formaliste. Le culte familial assuré par le *paterfamilias* (le père de famille) était pratiqué à la maison devant l'autel domestique : on y honorait les Mânes*, les Lares* et les Pénates*. Le culte civique, sur lequel veillaient les pontifes*, s'adressait quant à lui aux grands dieux de la cité (notamment Jupiter*, Junon* et Minerve*). Sous l'Empire, les Romains rendirent un culte à l'empereur et bâtirent des temples et des autels en son honneur. Mais bientôt, ni la religion traditionnelle, peut-être trop rituelle, ni le culte impérial ne devaient satisfaire les besoins religieux. Les Romains se tournèrent alors vers les religions orientales (cultes à mystères rendus à Cybèle*, Isis* et Mithra*) qui répondaient mieux à leur angoisse du salut puis vers le christianisme*, religion d'État sous Théodose* (380 ap. J.-C.). Voir Culte impérial, Dieux romains, Religion grecque, Temple romain.

REMARQUE, Erich Maria Kramer, dit **Erich Maria** (Osnabrück, 1898-Locarno, 1970). Écrivain allemand, naturalisé américain. Il fut rendu célèbre par la publication d'un roman pacifiste de l'entre-deux-guerres, *À l'ouest, rien de nouveau* (1929) tiré à plus de 3 millions d'exemplaires.

migré aux États-Unis après l'arrivée au
ouvoir de Hitler*, il écrivit notamment
c de Triomphe (1946), roman de l'émi-
ation allemande dans le Paris d'avant
39.

**EMBRANDT, Rembrandt Harmens-
on Van Rijn**, dit (Leyde, 1606-Amster-
m, 1669). Peintre, dessinateur et graveur
ollandais. Considéré comme l'un des
ands maîtres de la peinture, il manifesta
ans son œuvre une grande originalité
arquée par l'utilisation originale du clair-
oscur, une maîtrise exceptionnelle des
chniques picturales et une vaste culture
gurative puisée dans le répertoire des
aîtres hollandais, flamands, allemands et
liens. Fils d'un meunier aisé, Rembrandt
t son apprentissage à Leyde puis à Ams-
rdam dans l'atelier d'un peintre d'his-
ire renommé. Marié à Saskia, fille d'un
che patricien d'Amsterdam (1634), Rem-
andt travailla pour les riches négociants
les corporations de la ville ; il s'imposa
pidement dans le portrait, genre qu'il
ortera à la perfection par sa capacité exeptionnelle à traduire plastiquement l'in-
riorité des sentiments (*Leçon d'anatomie
u docteur Tulp*, 1632, La Haye ; *Saskia
ant*, Dresde). La peinture de portraits al-
rna avec des tableaux d'inspiration reli-
euse ou mythologique qui, par leur
omposition mouvementée et les couleurs
latantes, révélèrent certaines tendances
aroques (*Sacrifices d'Abraham*, 1635, ta-
eaux de la *Passion du Christ* comman-
és par le stathouder des Pays-Bas,
533-1639). Rembrandt atteignit le som-
et de la célébrité avec la *Compagnie du
apitaine Banning Cocq,* œuvre connue
ous le nom de *Ronde de nuit* (Amsterdam,
542), triomphale affirmation du portrait
e groupe. La mort de sa femme en 1642
uis celle de sa maîtresse et de son fils uni-
ue (1662 et 1663) inaugurèrent une pé-
ode de maturité marquée par une intério-
sation croissante. S'éloignant des
xigences esthétiques de la bourgeoisie

hollandaise, Rembrandt perdit de nombreuses commandes. Ses dernières œuvres, dépouillées et chargées d'émotion,
exprimèrent encore une grande puissance
créatrice (*Le Repas à Emmaüs*, Paris, Louvre ; *Aristote contemplant le buste d'Homère*, 1653, New York ; autoportraits).
Rembrandt fut aussi un dessinateur prestigieux et l'un des plus importants graveurs
de son temps.

REMONTRANCE (La Grande, 1641).
Texte énumérant les actes illégaux et des-
potiques présenté à la Chambre des
communes* par Pym* à Charles Ier* d'Angleterre. Le durcissement des positions
qu'elle provoqua déclencha la guerre civile (1642-1649). Voir Révolution d'Angleterre (Première).

REMONTRANCE (Droit de). Voir Enregistrement (Droit d'), Parlement de Paris.

RÉMUS (VIIIe siècle av. J.-C.). D'après la
légende, frère jumeau de Romulus* lequel
fut le fondateur et le premier roi légendaire
de Rome*. Il fut tué par son frère pour
avoir par bravade franchi en armes le sillon qui symbolisait l'enceinte sacrée de la
ville (pomeriun).

REMY, Gilbert RENAULT, dit **le colonel** (Vannes, 1904-Guingamp, 1984). Résistant français. Engagé dans les FFL (Forces* françaises libres), il fut le fondateur
du réseau de renseignement, la Confrérie
Notre-Dame, et publia après la guerre ses
souvenirs (*Mémoires d'un agent secret de
la France libre*). Voir Résistance.

RENAISSANCE. Nom donné à l'effervescence intellectuelle et culturelle,
contemporaine de l'humanisme*, qui naît
en Toscane dès le XIVe siècle et s'épanouit
en Europe occidentale aux XVe et XVIe siècles. Elle s'inspira des valeurs de l'humanisme et se libéra des préjugés dogmatiques du Moyen Âge. Si la Renaissance
toucha tous les domaines de la pensée, elle
s'exprima avec génie dans les arts plasti-

ques. Léonard* de Vinci demeure la figure de proue de la Renaissance.

RENAISSANCE CAROLINGIENNE. Nom donné à la renaissance intellectuelle qui se développa sous la dynastie des Carolingiens* entre 775 et 875 environ. Elle ne laissa aucune œuvre majeure mais eut le mérite de transmettre aux siècles suivants les ouvrages de la culture antique, païenne et chrétienne. Charlemagne* accueillit à l'école du palais d'Aix-la-Chapelle* des savants étrangers célèbres (l'Anglais Alcuin*, le Lombard* Paul Diacre, l'Espagnol Théodulf*). Les moines recopièrent les œuvres des Pères* de l'Église et celles des auteurs latins* classiques qu'ils ornèrent de magnifiques enluminures. L'écriture qu'ils utilisaient, appelée minuscule caroline, plus lisible, facilita la copie et la lecture. Cette renaissance carolingienne s'étendit aussi aux arts. De nombreux monuments furent construits, mais ils ont presque tous disparu sauf en Allemagne, la chapelle Palatine d'Aix-la-Chapelle* et en France, l'église de Germigny-des-Prés (près d'Orléans). Voir Eginhard.

RENAN, Ernest (Tréguier, 1823-Paris, 1892). Écrivain et historien français. Ancien séminariste détourné de sa vocation ecclésiastique, son *Histoire des origines du christianisme*, où il affirmait son refus du surnaturel et sa foi dans la primauté de la raison, marqua profondément son époque. Destiné très jeune à la prêtrise puis convaincu, après des études de séminariste (1838-1845), de la fragilité des bases du christianisme*, il rompit avec l'Église et se consacra à l'étude des langues sémitiques et à l'histoire des religions. Rationaliste convaincu (*L'Avenir de la science*, 1848) et philologue consacré, il fit scandale en 1862 lors de sa leçon inaugurale d'hébreu au Collège* de France en parlant du Christ* comme d'un « homme incomparable » ne participant pas à la divinité. L'année suivante, il publia la *Vie de Jésus*, premier tome d'une monumentale *Histoire*

des origines du christianisme (1863-1881), qui suscita de vives polémiques travers l'Europe et lui fit perdre sa chair d'hébreu. Une *Histoire du peuple d'Israël* (1887-1894) compléta l'ouvrage. Renan évoqua la grave crise religieuse qui lui fit perdre la foi dans ses *Souvenirs d'enfance et de jeunesse* (1883) dont la « Prière sur l'Acropole » est le passage le plus célèbre. Il fut élu à l'Académie* française en 1878.

RENAUDOT, Théophraste (Loudun, 1586-Paris, 1653). Médecin et journaliste français, fondateur du premier journal français, *La Gazette*. Son nom a été donné à un prix littéraire fondé en 1925 en même temps que le prix Goncourt – récompensant un auteur de romans ou de nouvelles.

RENÉ Ier LE BON (Angers, 1409-Aix-en-Provence, 1480). Duc de Bar (1430-1480), duc de Lorraine (1431-1453) par son mariage avec Isabelle de Lorraine, duc d'Anjou* et comte de Provence* (1434-1480), et enfin roi de Naples* (1438-1442). Médiocre politique mais grand mécène, son amour des arts lui valut le surnom de « bon roi René ». Fils de Louis II d'Anjou, il hérita du royaume de Naples* mais en fut chassé par Alphonse V d'Aragon. Il apporta son soutien à Charles VII* lors de la guerre de Cent Ans et accomplit dans ses États des réformes judiciaires et fiscales favorisant le renouveau commercial. Mécène et poète, sa cour d'Aix-en-Provence devint l'une des plus brillantes de ce temps. De la cité d'Avignon*, réputée pour son école de peinture, il fit venir différents artistes dont Nicolas Froment, le peintre du *Buisson ardent* (cathédrale d'Aix-en-Provence).

RENOIR, Jean (Paris, 1894-Beverly Hills, Californie, 1979). Cinéaste français, fils du peintre Auguste Renoir*. Il fut l'un des maîtres du cinéma français. Son œuvre, d'un naturalisme poétique, tout emplie de sincérité, de malice, d'humour et de tendresse, fut influencée par l'impression-

sme* et ouvrit les voies au néo-réalisme.
an Renoir fut contraint de s'exiler aux
ats-Unis, à Hollywood, de 1940 à 1948.
réalisa notamment trois chefs-d'œuvre,
1 Grande Illusion (1937), *La Bête hu-
1ine* (1938) et surtout *La Règle du jeu*
939).

ENOIR, Pierre Auguste (Limoges,
341-Cagnes-sur-Mer, 1919). Peintre
1nçais. Auteur de scènes de la vie pari-
enne, de figures féminines et de paysa-
es transfigurés par le traitement de la lu-
1ère, Renoir fut l'une des plus illustres
gures de l'impressionnisme*. Fils d'arti-
n, Renoir peignit dès l'âge de 13 ans des
rcelaines dans un atelier de décoration
irisien puis décora des tissus et des éven-
ils. Il fréquenta plus tard les Beaux-Arts
rencontra, dans l'atelier de Gleyre
863), Sisley* et Monet* dont il devint
imi. Après quatre refus, il fut autorisé à
poser au Salon de 1868 son tableau *Lise*
867, Essen). Peignant avec Monet à
roissy, près de Bougival, Renoir adopta
technique impressionniste, s'intéressant
tamment aux effets éphémères de la lu-
ière sur l'eau (*Les Canotiers*, 1868 ; *La*
renouillère, 1868). En 1874, il participa
la première exposition impressionniste
ganisée dans le studio du photographe
adar et présenta sa toile célèbre (*La*
ène, Londres). Renoir s'intéressa aussi
1x scènes de la vie quotidienne : *Le Mou-*
1 *de la Galette*, 1876, Paris, Orsay ; *Mme*
eorges Charpentier et ses enfants, 1878,
ew York. Après un voyage en Italie
881), Renoir, fortement marqué par Ra-
1aël* et la valeur de la composition,
éloigna de l'impressionnisme et inau-
ira une période qu'il qualifia lui-même
: « aigre », utilisant alors des couleurs
1s acides (*Les Parapluies*, 1883, Lon-
es). Sans oublier la leçon italienne, il rent à l'impressionnisme vers 1886 et
1opta alors une « manière nacrée » (*Bai-*
1euses, 1884-1887, Philadelphie). Atteint
1r de graves rhumatismes articulaires à la
fin de sa vie, Renoir, presque invalide, séjourna souvent dans le Midi où il continua
à peindre.

RÉPARATIONS. Nom donné aux indemnités financières imposées par le traité
de Versailles* à l'Allemagne, jugée responsable du déclenchement de la Première
Guerre* mondiale et des dégâts subis par
les régions envahies. Dès le départ, les Alliés eurent de grandes difficultés à s'entendre sur le montant et la répartition des
réparations. Afin de rétablir le commerce
international, les Anglais souhaitaient ménager l'Allemagne. La France, au
contraire, par la voix de Poincaré*, comptait sur les paiements pour restaurer son
économie, ce qui expliqua longtemps
l'acharnement de l'opinion française
(« L'Allemagne paiera ! »). Après de délicates négociations entre les vainqueurs, la
conférence de Spa (juillet 1920) fixa le
pourcentage des versements : 52 % du
montant à la France, 22 % au Royaume-
Uni, 10 % à l'Italie et 8 % à la Belgique.
La conférence de Paris* (1919-1920) détermina le montant total des réparations estimé à environ 226 milliards de marks or,
ramené à 132 milliards de marks or par la
Commission des réparations. Cependant,
dès 1921, avec la chute vertigineuse du
mark, l'Allemagne se trouva dans l'incapacité de faire face à ses engagements.
Poincaré, contrairement à Briand*, décida
de contraindre l'Allemagne à payer en occupant la Ruhr* (1923) malgré la désap-
probation anglaise. Son isolement diplomatique mais surtout l'inflation et la baisse
inquiétante du franc obligèrent la France à
assouplir sa position. Le Cartel* des gauches, arrivé au pouvoir en 1924, favorisa
l'évacuation de la Ruhr et l'amélioration
des relations franco-allemandes, à l'initiative de Briand et Stresemann*. Des plans
d'aménagements successifs (le plan Dawes* en 1924 et le plan Young* en 1929),
permirent d'échelonner les paiements et de
réduire sensiblement le montant. La crise*

économique de 1929 qui toucha particulièrement l'Allemagne, imposa la suspension (moratoire Hoover*) puis la fin définitive des paiements (conférence de Lausanne, 1932). Finalement, l'Allemagne ne versa que 22,8 milliards – dont 9,5 à la France – sur les 132 initialement prévus. Voir Weimar (République de).

REPRÉSENTANTS EN MISSION. Nom donné sous la Révolution* française aux députés de la Convention*, envoyés par elle dans les départements* et aux armées, avec des pouvoirs presque illimités, afin de faire appliquer les décisions du pouvoir central. Les plus célèbres représentants en mission furent Saint-Just* et Lebas qui rétablirent la discipline des troupes en Alsace, Couthon*, Fouché* et Collot* d'Herbois qui écrasèrent la révolte fédéraliste et royaliste de Lyon, Barras* et Fréron* qui imposèrent la Terreur* à Marseille et Carrier* à Nantes.

RÉPUBLICAIN (Parti, en angl. *Republican Party*). Nom de l'un des deux grands partis politiques des États-Unis, avec le Parti démocrate*. Fondé en 1856 à Pittsburgh, le Parti républicain se rattacha aux idées du Parti fédéraliste*, favorable en particulier au renforcement du pouvoir fédéral. Principalement recrutés dans les États du Nord-Est, les républicains, défendant les intérêts des industriels, furent protectionnistes et anti-esclavagistes. Vainqueurs du Sud après la guerre de Sécession*, ils détinrent, après l'assassinat de leur chef, Abraham Lincoln*, la présidence des États-Unis presque sans interruption de 1865 à 1913 puis de 1921 à 1933. Les républicains ne purent cependant faire face à la grande crise* de 1929, et abandonnèrent la présidence à Franklin D. Roosevelt*. Le républicain Richard Nixon*, qui fut battu d'extrême justesse par John F. Kennedy*, profita en 1968 de l'impopularité de l'administration Johnson*. Aux élections de 1976, les républicains subirent les conséquences de l'affaire du Watergate*, mais ont été à nouveau au pouvoir de 1980 à 1992. Voir dans l'ordre chronologique, Hamilton (Alexander), Roosevelt (Théodore), Taf (William), Harding (Warren), Coolidge (Calvin), Hoover (Herbert), Eisenhower (Dwight), Reagan (Ronald), Bush (George).

RÉPUBLIQUE (PREMIÈRE). Régime sous lequel vécut la France de septembre 1792 à mai 1804. Après la journée révolutionnaire du 10 août* 1792 et la déchéance de Louis XVI*, la Convention* nationale proclama la République le 21 septembre 1792 (après la victoire de Valmy*), déclarée quelques jours plus tard « une et indivisible ». Son avènement fut marqué par l'octroi du suffrage universel, la rédaction d'une Constitution démocratique (jamais appliquée), d'importantes mesures sociales en faveur du peuple et plusieurs grandes victoires militaires (Je mappes*). Cependant, l'exécution de Louis XVI (21 janvier 1793) malgré l'opposition des girondins*, la première coalition* de l'Europe monarchiste contre la France et le soulèvement royaliste de Ven dée* et de Bretagne provoquèrent, face au danger, l'instauration d'un gouvernement révolutionnaire (juin 1793-juillet 1794) dominé par Robespierre* et les monta gnards* qui mit en place la Terreur* et re poussa la coalition ennemie. La chute de Robespierre et de ses alliés (9 Thermi dor*) permit à la Convention* thermido rienne (juillet 1794-octobre 1795) puis au Directoire* (octobre 1795-novembre 1799) d'imposer à la République un ré gime plus conservateur. Cependant, dé passé à l'intérieur (coups d'État, anarchie misère) comme à l'extérieur, malgré le brillantes campagnes de Bonaparte* en Italie puis en Égypte, le Directoire fut ren versé par ce dernier lors du coup d'État du 18 Brumaire* (1799). Premier Consul pui Consul à vie, Bonaparte instaura l'Empir en 1804. Voir Constitution de l'an I

onstitution de l'an XII, Convention Montagnarde, Girondine), Napoléon Ier, épublique (Deuxième, Troisième, Quaième, Cinquième).

ÉPUBLIQUE (DEUXIÈME). Régime olitique de la France (25 février 1848-décembre 1852), instauré après la révotion* de Février 1848 et qui succéda à la monarchie* de Juillet, entraînant l'abdicaon de Louis-Philippe Ier*. D'abord fraterelle et démocratique, la Deuxième Répulique évolua, après l'insurrection uvrière de Juin* 1848, vers la réaction qui avorisa l'arrivée au pouvoir de Louis Napoléon Bonaparte. Le gouvernement* prosoire (février-mai 1848) mis en place près l'abdication de Louis-Philippe prolama le droit au travail (Ateliers* natioaux), les libertés de presse et de réunion, e rétablissement du suffrage universel, abolition de la peine de mort en matière olitique et de l'esclavage dans les colodes. En avril 1848, une Assemblée* onstituante à majorité modérée fut élue. Mais la jeune République ne parvint pas à ésoudre une grave crise économique et ociale qui aboutit aux journées de Juin 848, sévèrement réprimées. Face au « pé rouge », le parti de l'Ordre* mais aussi division des républicains favorisèrent élection à la présidence de la République e Louis Napoléon Bonaparte (décembre 848), le futur Napoléon III*. Le 2 décemre* 1851, par un coup d'État entériné par n plébiscite, celui-ci institua un régime résidentiel autoritaire, prélude au rétalissement de l'Empire proclamé le 2 décembre 1852. Voir Assemblée législative 849-1851), Mouvement (Parti du).

ÉPUBLIQUE (TROISIÈME). Succéant au Second Empire*, la Troisième République fut le régime sous lequel vécut la rance de septembre 1870 à juillet 1940. istauré dans un contexte troublé (guerre anco-allemande* de 1870-1871, represon violente de la Commune* en 1871), e régime républicain, contesté par une As-

semblée* nationale en majorité monarchiste, finit par s'imposer de droit (Constitution* de 1875) dans une France restée profondément divisée politiquement (bonapartistes*, monarchistes, républicains modérés ou radicaux). Après Thiers* qui s'était attaché au redressement de la France et le légitimiste Mac-Mahon* qui lui succéda à la présidence de la République, une République laïque, démocratique et parlementaire fut définitivement instaurée avec l'arrivée au pouvoir des républicains en 1879 (Jules Grévy*, Léon Gambetta*, Jules Ferry*). L'enseignement fut profondément réformé (lois Ferry de 1882 instituant l'enseignement primaire obligatoire, laïque et gratuit), les libertés publiques furent établies (liberté de la presse, liberté de réunion) tandis que s'imposa à l'extérieur l'expansion coloniale (Extrême-Orient, Afrique du Nord et Afrique noire). Menacée à partir de 1885 par une série de crises et de scandales (boulangisme* 1886-1889 ; Panamá* 1888-1893 ; attentats anarchistes, 1894), la République se trouva davantage encore divisée par la crise politique et idéologique de l'affaire Dreyfus* (1894-1906) qui souda la droite (nationaliste et catholique*) mais aussi la gauche progressivement unifiée (Bloc* des gauches, autour des radicaux). Au pouvoir entre 1899 et 1904, cette dernière imposa une politique résolument anticléricale (séparation* des Églises et de l'État, 1905). À partir de 1906, les difficultés économiques qui entretenaient une grave agitation sociale passèrent bientôt au second plan face à l'aggravation des tensions internationales (crises marocaines, guerres balkaniques*) qui conduisirent à la guerre. De cette Première Guerre* mondiale (1914-1918), la France sortit victorieuse mais très affaiblie. Divisée politiquement (Bloc* national, Cartel* des gauches, fondation du PCF* en 1920), confrontée à de graves problèmes financiers (inflation, dette publique) malgré la stabilisation du franc en 1928 (Poincaré*), la Troisième République, touchée par les répercussions de la crise* américaine de 1929, dut affronter une sévère crise économique aggravée par l'instabilité ministérielle et les scandales (Stavisky*). Face aux menaces que faisait peser l'extrême droite sur le régime parlementaire (émeute du 6 février* 1934), se constitua en 1936 un gouvernement de Front* populaire (Léon Blum*) qui engagea d'importantes réformes sociales. Les gouvernements radicaux qui suivirent (Édouard Daladier*) furent essentiellement préoccupés par la montée de l'hitlérisme en Allemagne et les tensions internationales. Après la « drôle de guerre* » et la défaite de l'armée française, la Troisième République se saborda en confiant les pleins pouvoirs au maréchal Pétain* (10 juillet* 1940). Voir Combes (Émile), Grévy (Jules), Mai (Crise du 16, 1877), Munich (Accords de).

RÉPUBLIQUE (QUATRIÈME). Régime politique de la France du 13 octobre 1946 au 4 octobre 1958. Discréditée par son instabilité ministérielle chronique, confrontée aux problèmes de la guerre* froide et de la décolonisation qui ébranlèrent profondément le consensus national, la Quatrième République a néanmoins accompli une importante œuvre économique et mis en place la construction de l'Europe. Deux présidents furent à sa tête, Vincent Auriol* (1947-1954) et René Coty* (1954-1958). Après la période transitoire du Gouvernement* provisoire de la République française (juin 1944-janvier 1947), la République se dota d'institutions par le vote d'une Constitution* (13 octobre 1946), âprement discutée et approuvée par une faible majorité, qui instaurait un système de type parlementaire. Après l'expérience du Tripartisme* (Parti communiste*, Parti socialiste SFIO* et MRP*) qui accomplit d'importantes réformes économiques mais se disloqua par le renvoi, dans le contexte de la guerre froide, des

ministres communistes (1947), les gouvernements qui suivirent tentèrent, contre l'opposition du PCF et des gaullistes (RPF*) de constituer une « Troisième force » centriste (MRP, SFIO, radicaux). Elle se prononça nettement pour l'Alliance atlantique (OTAN*), favorisa le redressement économique de la France (plan Marshall*) et la construction de l'Europe (Jean Monnet*). Les gouvernements successifs de la « Troisième force » ne parvinrent pas à résoudre la crise financière et les difficultés suscitées par la guerre d'Indochine* qui contribuèrent à aggraver l'instabilité gouvernementale. Hostile à la rigueur budgétaire des modérés et à la loi Barangé* sur l'enseignement privé, les socialistes passèrent dans l'opposition jusqu'en 1956, entraînant le glissement à droite de la Quatrième République. Si le gouvernement d'Antoine Pinay* (1952) réussit à organiser plus efficacement la défense du franc et rétablit la stabilité financière, les dissensions politiques s'aggravèrent progressivement autour des problèmes coloniaux, conduisant bientôt à l'impasse politique. Les gouvernements Mendès* France puis Edgar Faure* réglèrent le conflit indochinois (accords de Genève*, 1954) et donnèrent à la Tunisie et au Maroc leur indépendance. Mais l'aggravation de la question algérienne accéléra la décomposition du régime (grave échec de l'expédition de Suez* sous le gouvernement Guy Mollet*, 1956), qui atteignit son paroxysme lors de l'émeute de mai* 1958 à Alger, précipitant la chute de la Quatrième République. Appelé au pouvoir par le président René Coty afin de « redresser la situation », de Gaulle* fit adopter, dès octobre 1958, la Constitution de la Cinquième République*. Voir Algérie (Guerre d'), CED, Poujade (Pierre), Bourguiba (Habib), Mohammed V.

RÉPUBLIQUE (CINQUIÈME). Régime sous lequel vit la France depuis octobre 1958, date de la promulgation de la

•uvelle Constitution. Appelé au pouvoir·
.r René Coty* après l'émeute de mai*
•58 à Alger, de Gaulle* mit en place la
nquième République dont la Constitu-
•n renforça les pouvoirs de l'exécutif.
•u président, disposant d'une solide ma-
•ité (UNR* puis UDR*), il gouverna
•ccessivement avec Michel Debré*
959-1962), Georges Pompidou*
•962-1968) et Maurice Couve* de Mur-
•le (1968-1969). Après avoir réglé, non
•ns d'âpres déchirements, le problème al-
•rien et fait accéder à l'indépendance
•nsemble des colonies d'Afrique, de
•ulle s'attacha à rendre à la France son
•dépendance diplomatique et militaire en
•dégageant de la tutelle américaine (en
•66, retrait des troupes françaises de
•TAN* et constitution d'une force ato-
•que dite « de dissuasion ») et en instau-
•nt une politique de coopération avec les
•ys du tiers monde. En Europe, sans re-
•ettre en question les traités de Rome*, il
•mbattit l'idée d'une autorité supranatio-
•le, lui préférant une « Europe des
•ats ». Après avoir affronté la crise de
•ai* 1968, de Gaulle se retira après
•chec du référendum sur la régionalisa-
•n et la réforme du Sénat (avril 1969).
•n successeur Georges Pompidou et ses
•uvernements (Jacques Chaban-Del-
•as*, 1969-1972 ; Pierre Messmer*,
•72-1974) pratiquèrent la « continuité
•ns l'ouverture », s'attachant en particu-
•r à l'expansion industrielle et commer-
•ale. La mort prématurée de Georges
•mpidou amena l'élection à la présidence
• Valéry Giscard* d'Estaing, candidat du
•ntre et des modérés. Plus ouvertement
•ropéen que ses prédécesseurs, il entre-
•it des réformes importantes (abaisse-
•ent de l'âge électoral à 18 ans, dépéna-
•sation de l'avortement, généralisation de
•Sécurité sociale). Cependant, la réces-
•on économique (chocs pétroliers de 1973
•1979) et l'opposition grandissante de la
•uche, unie dans un programme commun

depuis 1972, provoquèrent son échec à
l'élection présidentielle de 1981. L'arrivée
au pouvoir de François Mitterrand*, premier président socialiste élu au suffrage
universel, marqua un important tournant
dans l'histoire de la Cinquième République. Après l'« état de grâce », sous le gouvernement de Pierre Mauroy* auquel participèrent des ministres communistes
(abolition de la peine de mort, nationalisations, régionalisation), l'expérience socialiste fut rapidement confrontée aux réalités économiques. Premier ministre
(1984-1986), Laurent Fabius* s'orienta
vers une politique de rigueur et d'austérité.
La victoire de la droite aux élections législatives et régionales (mars 1986) ouvrit
la période dite de cohabitation (président à
gauche et Premier ministre à droite), Jacques Chirac* mettant en place une politique d'inspiration libérale (privatisation de
banques, de grands groupes industriels et
de certains des médias). En 1988, François
Mitterrand fut réélu président de la République ; Michel Rocard* (1988-1991) puis
Édith Cresson (1991-1992) et Pierre Bérégovoy* (1992-1993) furent successivement Premier ministre. Après la victoire
écrasante de l'opposition (RPR* et UDF*)
aux élections législatives de mars 1993,
une deuxième période de cohabitation
s'est mise en place avec Édouard Balladur* pour Premier ministre. En mai 1995,
Jacques Chirac a été élu président de la République et a choisi pour Premier ministre
Alain Juppé*. Voir Constitution de 1958,
Algérie (Guerre d').

RÉPUBLIQUE BATAVE. Nom donné
aux Pays-Bas hollandais conquis, lors de
la Révolution* française (1794-1795), par
Pichegru*. Constituée en République,
adoptant des institution calquées sur celles
de la Constitution française de 1795
(Constitution* de l'an III), la République
devint pour la France une république sœur,
officiellement proclamée indépendante par
le traité de Presbourg* (1805). Elle fut éri-

gée en royaume de Hollande par Napoléon Ier* en faveur de son frère Louis Bonaparte* (1806-1810). Voir Républiques sœurs.

RÉPUBLIQUE DÉMOCRATIQUE ALLEMANDE. État né le 7 octobre 1949 dans la partie orientale de l'Allemagne divisée. Depuis le 3 octobre 1990, la RDA et la RFA (République* fédérale d'Allemagne) ont été réunifiées. De 1949 à 1990, la RDA, organisée sur le modèle soviétique, était dirigée par le Parti socialiste unifié (SED). Voir Berlin (Crise de), Berlin-Ouest (Blocus de), Honecker (Erich), Varsovie (Pacte de), Ulbricht (Walter).

RÉPUBLIQUE FÉDÉRALE D'ALLEMAGNE. État né le 23 mai 1949 de la partition de l'Allemagne. Depuis le 3 octobre 1990, les deux États issus de la Seconde Guerre* mondiale, la RFA et la RDA (République* démocratique allemande), ont été réunifiés politiquement. La RFA a été successivement gouvernée par les chanceliers* Konrad Adenauer* (1949-1963), Ludwig Erhard* (1963-1966), Kurt Kiesinger* (1966-1969), Willy Brandt* (1969-1974), Helmut Schmidt* (1974-1982) et Helmut Kohl* (depuis 1982). Voir Berlin (Crise de), Berlin-Ouest (Blocus de), Bundestag, CDU-CSU, SPD.

RÉPUBLIQUE HELVÉTIQUE. Nom donné à la République proclamée en Suisse le 22 mars 1798 après l'annexion du pays par les armées du Directoire*, lors de la Révolution* française. Dès 1790, les événements de Paris eurent en Suisse des répercussions importantes, particulièrement dans le pays de Vaux, mais les manifestations révolutionnaires furent rapidement réprimées. Envahie en 1799 par les armées russe et autrichienne, la Suisse connut l'anarchie durant cinq ans. Par l'« Acte de médiation » de 1803, Bonaparte* y rétablit le fédéralisme mais ce régime prit fin lorsque les alliés envahirent le pays après la bataille de Leipzig* (1813). Voir Républiques sœurs.

RÉPUBLIQUE ROMAINE. Nom donné à la création d'une République éphémère (1798-1799) dans les États* pontificaux après l'entrée des troupes françaises en Italie. Le pape Pie VI* dut s'exiler. Voir Républiques sœurs.

RÉPUBLIQUE ROMAINE. Désigne la deuxième période de l'histoire de Rome (v[e]-i[er] siècle av. J.-C.) qui succède à la royauté. Rome resta une cité aristocratique dominée par la noblesse (*nobilitas*) et étendit progressivement sa suprématie en Italie puis sur tout le bassin méditerranéen et sur une grande partie de l'Europe. À partir du i[er] siècle av. J.-C., des généraux ambitieux provoquèrent de graves guerres civiles qui entraînèrent la fin de la République. Ses débuts furent marqués par la lutte entre patriciens* et plébéiens. Pendant plus de deux siècles (v[e]-ive siècle), les plébéiens arrachèrent aux patriciens l'égalité politique, civile et religieuse. Le gouvernement républicain reposa alors sur l'équilibre entre les trois pouvoirs : Sénat*, magistrats* et peuple. Mais dans la réalité, les assemblées du peuple (comices* centuriates et comices* tributes) furent contrôlées par la *nobilitas* qui monopolisa les magistratures (consuls* préteurs*, édiles* et questeurs*) et domina le Sénat*. À l'extérieur, Rome entreprit grâce à sa puissante armée, de vastes conquêtes. Elle soumit tout d'abord l'Italie en luttant victorieusement contre les Étrusques*, les Sabins*, les Latins*, les Samnites* et les cités grecques d'Italie du Sud (Grande-Grèce*). Poursuivant sa politique d'expansion, elle domina la Méditerranée occidentale en luttant contre Carthage (guerres Puniques*) puis annexa la Gaule*. Enfin, profitant des rivalités entre les royaumes hellénistiques*, elle soumit la Macédoine*, la Grèce, l'Asie* Mineure, la Syrie* et l'Égypte*. À la fin du i[er] siècle av. J.-C., Rome dominait un immense territoire, mais ces conquêtes bouleversèrent profondément la société. Par le pillage des pays conquis, richesses et esclaves affluèrent en Italie, perturbant l'économie du pays et provoquant une grave crise sociale. Les petits et moyens paysans, ruinés par l'importation des blés provinciaux et la concurrence des grands propriétaires terriens, disparurent malgré les tentatives de réformes des Gracques*. Ils immigrèrent à Rome qui s'enfla d'une plèbe* oisive, clientèle des puissants (*nobilitas* et chevaliers) qui se disputèrent leur vote en leur offrant du « pain et des jeux ». Les *optimares* (grands propriétaires alliés au Sénat) s'opposèrent au parti populaire (les *populares*). Soutenus par une armée dévouée, les généraux ambitieux et auréolés de victoires militaires (Marius*, Sylla*, Pompée*, César*, Antoine*, Octave*) profitèrent des luttes politiques pour obtenir les pleins pouvoirs, entraînant la fin de la République. Octave, devenu Auguste*, fonda un nouveau régime politique : l'Empire ou le Principat*. Les institutions de la République étaient devenues inadaptées à un territoire aussi étendu. Voir Cicéron, Équestre, Lucrèce, Plaute, Romain (Empire), Salluste, Térence.

RÉPUBLIQUE SLOVAQUE. République née de la séparation avec la partie tchèque de la Tchécoslovaquie en 1993. Son président était en 1993 Michal Kovac.

RÉPUBLIQUES-SŒURS. Nom donné aux États alliés créés sous le Directoire* après les victoires contre la première coalition* des pays d'Europe en guerre contre la France révolutionnaire. Cinq Républiques-sœurs furent ainsi créées : la République* batave qui remplaçait les Pays-Bas hollandais, la République cisalpine* (traité de Campoformio*), la République ligurienne, la République parthénopéenne (Naples*) et la République* romaine. Une dernière République, la République* helvétique, fut constituée sous le Consulat*. Ces Républiques-sœurs eurent une exis-

tence éphémère. Entre 1802 et 1804, Bonaparte conquit l'ensemble de la péninsule italienne et constitua le Nord en « République italienne » devenue plus tard Royaume d'Italie. L'ensemble des ces États alliés disparut après la chute du Premier Empire*. Voir Bonaparte (Joseph), Murat (Joachim), Naples (Royaume de).

RÉPUBLIQUE TCHÈQUE. République née de la séparation avec la Slovaquie en 1993. Son président en 1993 était Vaclav Havel.

RERUM NOVARUM. Encyclique sur la condition des ouvriers promulguée par le pape Léon XIII* le 15 mai 1891. Elle fut la première charte du catholicisme* social.

RÉSERVE SEIGNEURIALE. Au Moyen Âge, partie de la seigneurie* exploitée pour le compte du seigneur, de sa famille et de ses gens par les paysans astreints aux corvées* et distincte des tenures* concédées aux paysans. La réserve comprenait le château, les bâtiments d'exploitation (atelier, forge, four, pressoir, moulin), des jardins, des vergers, des terres cultivables et des bois. Lorsque les échanges commerciaux reprirent, la réserve seigneuriale diminua. À partir du XIIIe siècle, le seigneur donna une grande partie de ses terres réservées à des fermiers ou à des métayers et remplaça les corvées par des redevances en nature ou en argent.

RÉSISTANCE. Nom donné à l'ensemble des actions clandestines menées au cours de la Seconde Guerre* mondiale par différents pays d'Europe contre l'occupation allemande (Pays-Bas, Belgique, Norvège, Danemark, France, Tchécoslovaquie, Pologne, Yougoslavie, Grèce, URSS, mais aussi Allemagne et Italie). Ses modes d'action furent variés (tracts et journaux clandestins, travail de renseignement et de liaison, action armée). En France, la Résistance fut à la fois extérieure et intérieure. La Résistance extérieure s'organisa à Londres (qui accueillit durant la guerre sept gouvernements en exil) après l'appel du 18 juin* 1940 lancé par le général de Gaulle* avec la constitution du Bureau central de renseignements et d'action (BCRA), la création des FFL (Forces* françaises libres) et le CFLN (Comité* français de libération nationale). La Résistance intérieure en zone nord et en zone sud débuta dès la fin de 1940, renforcée en 1941 par l'engagement massif des communistes. La création du Conseil* national de la Résistance en 1943 fédéra les divers réseaux (Jean Moulin*) ; quant aux organisations militaires (Francs-tireurs* et partisans, Armée secrète, Organisation de résistance de l'armée), elles furent regroupées dans les FFI (Forces* françaises de l'intérieur) qui combattirent aux côtés des Alliés à la Libération*. En Allemagne, après le démantèlement d'un réseau clandestin de renseignements d'obédience communiste (*Rote Kappelle*), la Résistance prit la forme d'une opposition au sein de l'armée qui culmina avec l'attentat manqué contre Hitler* le 20 juillet* 1944. En Italie, la chute de Mussolini* en 1943 permit aux antifascistes italiens de constituer un Comité de libération nationale. Plus de 60 000 partisans combattirent avec les Alliés pour la libération de l'Italie (1944-1945). Voir Brossolette (Pierre), Passy (Colonel), Tito.

RÉSISTANCE (Parti de la). Nom donné en France sous la monarchie* de Juillet aux orléanistes* de tendance conservatrice soutenus par Louis-Philippe*. Le parti de la résistance était hostile, à l'intérieur, à toute concession démocratique et favorable, à l'extérieur, à une politique de prudence. Ce parti, opposé au parti du Mouvement*, fut dirigé par Guizot*, de Broglie* et Casimir Perier* qui influencèrent le pouvoir à partir de 1832 jusqu'à la révolution* de 1848. Voir Molé (Louis).

RESTAURATION. Nom donné à la période de l'histoire de France qui établit, après la première abdication de Napoléon Ier* (avril 1814), la restauration de la monarchie en faveur de la branche aînée des Bourbons* (Louis XVIII* puis Charles X*). Dans la mesure où la Restauration fut coupée par l'épisode des Cent-Jours* on distingue généralement la première Restauration (avril 1814-mars 1815), et la seconde Restauration (juin 1815-juillet 1830). L'histoire de la Restauration fu marquée par un renforcement progressi du régime autoritaire qui aboutit à la révolution* de 1830. Louis XVIII, qui avait accordé une Charte* (1814) établissant une monarchie constitutionnelle fondée sur le suffrage censitaire, tenta jusque vers 1820 une politique de compromis entre les revendications libérales et les excès des ultras* royalistes. Mais la fin de son règne et celui de son frère Charles X (1824-1830) furent marqués à l'intérieur par des tentatives de rétablissement de l'absolutisme et à l'extérieur par l'engagement dans une politique coloniale (prise d'Alger, 1830). La publication en 1830 d'ordonnances modifiant par voie d'autorité le régime de la presse et celui des élections, provoqua les émeutes parisiennes du 27 au 29 juillet 1830 (les Trois Glorieuses*), qui entraînèrent l'abdication de Charles X. Le duc d'Orléans, Louis-Philippe*, fut alors appelé au pouvoir. Voir Alger (Expédition d'), Constitutionnels Decazes (Élie), Doctrinaires, Martignac (Jean-Baptiste), Polignac (J. A. de), Richelieu (A. E. de), Terreur blanche, Villèle (Jean-Baptiste).

RESTIF ou RÉTIF DE LA BRETONNE, Nicolas Restif, dit (Sacy 1734-Paris, 1806) Écrivain français, auteur de très nombreux romans et nouvelles où il se fit l'observateur attentif des mœurs de la fin du XVIIIe siècle. Parmi son œuvre on peut citer : *Le Paysan perverti ou Les dangers de la ville*, 1775 ; *La Vie de mon père*, 1779 ; *Monsieur Nicolas ou Le cœur humain dévoilé*, 1794-1797. Admirateur de Jean-Jacques Rousseau*, il prôna aussi des réformes sociales (*Les Idées singuliè-res*, 1794).

RETHONDES (Armistice de, 11 novembre 1918). Armistice mettant fin aux hostilités de la Première Guerre* mondiale sur le front occidental et signé dans un wagon-salon, près de la gare de Rethondes (localité à l'est de Compiègne), entre l'Allemagne (Erzberger*) et les Alliés (Foch*). Il imposait notamment à l'Allemagne l'évacuation des territoires envahis sur la rive gauche du Rhin, et la neutralisation d'une zone de 10 km à l'est de ce fleuve. Les Allemands devaient livrer une grande partie de leur matériel de guerre, rendre sans réciprocité les prisonniers alliés et renoncer aux traités de Brest-Litovsk* avec les Russes et de Bucarest* avec la Roumanie. Signé pour 36 jours, l'armistice fut reconduit jusqu'à la signature du traité de Versailles*.

RETHONDES (Armistice de, 22 juin 1940). Armistice signé par la France (Huntziger) avec l'Allemagne (Keitel*), symboliquement au même endroit et dans le même wagon que celui signé par l'Allemagne le 11 novembre 1918. La France était séparée en deux zones : une zone occupée (nord, ouest, sud-ouest) et une zone libre (centre et sud) administrée par le gouvernement du maréchal Pétain*. Son armée était démobilisée et désarmée, sauf une force de 100 000 hommes destinée à maintenir l'ordre dans la zone libre, mais elle conservait sa flotte de guerre désarmée, qui devait rester dans ses ports d'attache, et son empire colonial. Les prisonniers (près de 2 millions) devaient rester en Allemagne jusqu'à la paix. La France devait enfin payer pour « l'entretien des forces d'occupation » la somme, énorme, de 400 millions de francs par jour. Les clauses de l'armistice furent violées en août 1940 lorsque l'Allemagne annexa l'Alsace-Lorraine* et en novembre 1942, lorsque l'armée allemande occupa la zone libre. Voir Débarquement allié en Afrique du Nord, France (Campagne de), Guerre mondiale (Seconde), Mers el-Kébir.

RETZ, Paul de Gondi, cardinal de (Montmirail, 1613-Paris, 1679). Homme politique et écrivain français. Ses *Mémoires* (publiés en 1717) constituent un précieux témoignage des temps troublés de la Fronde*. Ecclésiastique sans vocation, ses parents souhaitant le voir succéder à son oncle, archevêque de Paris, il intrigua d'abord sous Richelieu*, puis son ambition politique l'opposa à Mazarin* et il devint chef de parti lors de la Fronde parisienne. Emprisonné au château de Vincennes puis au château de Nantes, d'où il s'enfuit, il mena pendant huit ans une vie errante. Après la mort de Mazarin, Louis XIV* lui accorda son pardon. Rentré en France en 1661, il démissionna de l'archevêché de Paris qu'il avait obtenu à la mort de son oncle (1654) et reçut en échange de riches bénéfices ecclésiastiques, dont l'abbaye de Saint-Denis* où il se retira. Voir Bénéfice.

REUCHLIN, Johannes (Pforzheim, 1455-Bad Liebenzell, 1522). Humaniste allemand. Il fut le promoteur des études hébraïques en Europe. Johannes Reuchlin étudia le grec et l'hébreu et se consacra à l'étude de la Kabbale. En publiant l'*Augenspiegel* (*Le Miroir des yeux*), il s'acharna à combattre le projet, proposé par un juif* converti et soutenu par les dominicains* de Cologne, de détruire tous les livres hébreux, excepté la Bible*. La querelle déchaîna libelles et pamphlets dont le plus connu fut *Lettres des hommes obscurs* de Ulrich von Hutten.

RÉVOLUTION BELGE (15 août 1830). Provoquée par l'emprise hollandaise sur la Belgique, alors réunie au royaume des Pays-Bas créé en 1815, la révolution belge aboutit à l'indépendance et à la neutralité de la Belgique. Elle bouleversa aussi le statut donné à l'Europe en 1815, le royaume des Pays-Bas ayant été constitué comme barrière à toute entreprise française vers le Rhin, mais aussi comme base d'attaque contre la France. La création d'une Belgique neutre et indépendante protégeait la frontière nord de la France mais la contraignait aussi à renoncer à ses rêves séculaires de conquête, ce qui satisfaisait l'Angleterre. La révolution belge eut pour origine la politique maladroite des Hollandais en Belgique (néerlandais imposé comme langue officielle, antagonisme religieux entre les Hollandais protestants* et les Belges catholiques*) qui provoqua l'insurrection de Bruxelles (15 août 1830) puis la sécession des provinces belges. Malgré l'intervention armée du roi Guillaume Ier* d'Orange, l'indépendance et la neutralité de la Belgique furent proclamées le 4 octobre 1830 et ratifiées par la conférence de Londres* en 1831. Léopold de Saxe-Cobourg (Léopold Ier*) devint le premier roi des Belges.

RÉVOLUTION BRABANÇONNE (1789). Nom donné à la révolte des Belges contre la politique centralisatrice et autoritaire de l'empereur Joseph II*. En despote éclairé, Joseph II avait introduit dans les Pays-Bas autrichiens une série de réformes politiques et religieuses portant atteinte aux libertés traditionnelles. Ces transformations radicales – liberté religieuse pour les protestants*, suppression des ordres, remplacement des trois conseils collatéraux par un conseil de gouvernement général –, provoquèrent un vif sursaut national. Les États de Brabant (d'où le nom de révolution brabançonne) prirent la tête de la révolte. Conduits par un ancien colonel, Van der Meersch, les insurgés battirent les Autrichiens qui évacuèrent le pays. Chaque province proclama son indépendance et une confédération, les États belgiques unis, fut mise en place (1790). Cependant, l'hostilité entre conservateurs et démocrates, minoritaires, et l'abandon d'une partie des réformes par Léopold II*, le successeur de Joseph II,

entraînèrent l'échec de la révolution. Voir Van der Noot (Hendrik).

RÉVOLUTION CULTURELLE PROLÉTARIENNE (1966-1976). Nom donné à la lutte idéologique déclenchée par Mao* Zedong à partir de 1966 contre la « bourgeoisie bureaucratique », c'est-à-dire le cadres du parti, représentés par Liu* Shaoqi, accusé de « révisionnisme ». En difficulté au sein du parti depuis l'échec du Grand* Bond en avant, Mao décida d'engager la lutte en s'appuyant sur l'armée e son chef, Lin* Biao, et la jeunesse. Dénonçant les « révisionnistes contre-révolutionnaires » infiltrés dans la culture, l parti, le gouvernement et l'armée, Mao déclencha une véritable insurrection de l jeunesse organisée en associations de Gardes rouges et se réclamant de la pensé maoïste (le *Petit Livre rouge*). Face à c mouvement, devenu dévastateur, qui s'attaquait violemment aux cadres et aux autorités, Mao encouragea la formation d comités révolutionnaires constitués sur l base de la « Triple Alliance » entre le masses, l'armée et les cadres du parti qu lui étaient restés fidèles. Cependant, dan un pays bientôt plongé dans une grav guerre civile, l'armée apparut bientô comme l'arbitre de la situation. En redonnant à celle-ci les moyens de rétablir l'ordre, Mao signa l'arrêt de mort de la Révolution culturelle. Cette révolution, don le retentissement international fut considérable, marqua durablement la Chine et pri véritablement fin avec la mort de Mao, e l'arrestation de la bande* des quatre er 1976. Son bilan fut lourd : des millions d victimes, l'incarcération ou l'éliminatio d'artistes et d'intellectuels et la destructio d'œuvres d'art. Voir Deng Xiaoping.

RÉVOLUTION D'ANGLETERRE (Première, 1642-1649). Nom donné à l révolution provoquée en Angleterre pa l'absolutisme de Charles Ier* qui amen son exécution (1649). Un nouveau régim s'établit, le Commonwealth*, qui bientô passa sous la dictature militaire de Cromwell*. En Angleterre, on donne à cette première révolution les noms de « guerre civile » (*Civil War*) et de « révolution puritaine » (*Puritan Revolution*). Voir Révolution d'Angleterre (Seconde).

RÉVOLUTION D'ANGLETERRE (Seconde, 1688-1689). Nom donné aux événements qui conduisirent à la chute du catholique* Jacques II* d' Angleterre et à l'avènement sur le trône du protestant Guillaume III* d'Orange. Cette révolution est appelée en Angleterre la « Glorieuse Révolution » (*Glorious Revolution*). Voir George Ier, Révolution d'Angleterre (Première), Stuarts.

RÉVOLUTION FRANÇAISE (1789-1799). Ensemble des événements qui, de la transformation des États* généraux en Assemblée* nationale constituante (1789) au coup d'État du 18 Brumaire* an VIII (1799), mirent fin à l'Ancien* Régime en France et bouleversèrent l'ensemble de ses structures sociales, politiques, juridiques et religieuses. Quatre périodes peuvent structurer l'histoire de la Révolution française. **L'Assemblée* constituante (1789-1791).** 1789 : Réunion des États généraux (5 mai) ; les États généraux deviennent Assemblée nationale (17 juin) ; l'Assemblée nationale se déclare constituante (9 juillet) ; Grande Peur (juillet) ; prise de la Bastille* (14 juillet*) ; abolition des privilèges (nuit du 4 août*) ; Déclaration des droits* de l'homme et du citoyen (26 août) ; retour forcé du roi et de sa famille à Paris (5-6 octobre*) ; les biens du clergé sont mis à la disposition de la nation (2 novembre). 1790 : Constitution* civile du clergé (12 juillet) ; fête de la Fédération* (14 juillet). 1791 : loi Le Chapelier* interdisant les coalitions et les grèves (14 juin) ; fuite et arrestation de Louis XVI* à Varennes* (juin) ; fusillade du Champ* de Mars (17 juillet) ; acceptation par Louis XVI de la Constitution. **L'Assemblée* législative (1791-1792).** Ouverture de l'Assemblée législative (1er octobre) ; veto* du roi au décret contre les prêtres réfractaires* (29 novembre). 1792 : déclaration de guerre à l'Autriche (20 avril) ; la patrie* en danger (11 juillet) ; manifeste de Brunswick* (25 juillet) ; Commune* insurrectionnelle et chute de la royauté (10 août) ; élections pour la Convention* (2 septembre) ; victoire de Valmy* et massacres de Septembre* (20 septembre). **La Convention* nationale (1792-1795).** An I de la Première République* (22 septembre) ; victoire de Jemappes* et occupation de la Belgique (6 novembre). 1793 : exécution de Louis XVI (21 janvier) ; levée de 300 000 hommes ; première coalition* et début de la guerre de Vendée* (février-mars) ; création du Comité* de Salut public (6 avril) ; arrestation des girondins* décidée par les montagnards* (2 juin) et Grande Terreur ; Constitution* de l'an I (août) ; loi des suspects* (septembre) ; culte de la Raison* (novembre). 1794 : élimination des hébertistes* (mars) puis de Danton* et de ses amis (avril) ; fête de l'Être* suprême (juin) ; victoire de Fleurus* (juin) ; exécution de Robespierre* et de ses amis (9 Thermidor* ou 27 juillet). 1795 : traités de Bâle* (avril) et de La* Haye (mai) ; suppression du Tribunal* révolutionnaire (mai) ; Constitution* de l'an III (août) ; révolte royaliste réprimée par Napoléon Bonaparte* (octobre). **Le Directoire* (1795-1799).** Réunion du Directoire* (octobre). 1796 : Bonaparte, chef de l'armée d'Italie* (mars) ; victoire d'Arcole* (novembre). 1797 : exécution de Babeuf* (mai) ; coup d'État de Fructidor* contre les royalistes (septembre) ; traité de Campoformio* (octobre). 1798 : coup d'État de floréal contre les jacobins* (mai) ; départ de Bonaparte pour l'Égypte (mai) ; défaite d'Aboukir* (août) ; deuxième coalition* contre la France (décembre). 1799 : coup d'État de Bonaparte (Brumaire an VIII, novembre) et début du

Consulat* qui marque la fin de la Révolution.

RÉVOLUTION FRANÇAISE DE 1830.
Insurrection des 27, 28, 29 juillet 1830 (appelée aussi les Trois Glorieuses*), qui mit fin au règne de Charles X*. Craignant de voir s'installer une République démocratique, la bourgeoisie libérale offrit le pouvoir au duc d'Orléans qui devint « roi des Français » sous le nom de Louis-Philippe Ier*. La monarchie* de Juillet succéda ainsi à la Restauration*. Des difficultés économiques, apparues dès 1826-1827, alliées à l'aggravation de l'opposition libérale au cabinet ultra* royaliste de Polignac* furent à l'origine de l'insurrection. Après les élections du 3 juillet 1830 qui renforcèrent la majorité libérale à la Chambre des députés, confirmant ainsi l'opposition irréductible au gouvernement malgré le succès de la prise d'Alger* (4 juillet 1830), Charles X et ses ministres rédigèrent les quatre ordonnances de Saint-Cloud (annulation des élections, nouvelle loi électorale et suppression de la liberté de la presse). Le 27 juillet, les journaux interdits parurent mais furent saisis. Le peuple de Paris s'arma et commença à dresser des barricades. Le 28 juillet, après la défection de la garde* nationale qui se rallia au peuple, l'attaque des troupes du maréchal Marmont* fut rapidement vaincue. Le 29 juillet, le peuple reprit l'offensive et s'empara du Palais-Bourbon, puis du Louvre*, forçant Marmont à évacuer Paris. Cependant, par crainte de l'instauration d'une République démocratique, une majorité de députés se rallia, sous l'impulsion d'Adolphe Thiers*, à la candidature du duc d'Orléans, lui offrant la lieutenance générale et la régence du royaume. Charles X abdiqua en faveur de son petit-fils, le comte de Chambord. Voir Orléanistes.

RÉVOLUTION FRANÇAISE DE FÉVRIER 1848.
Journées insurrectionnelles des 22, 23 et 24 février 1848 qui mirent fin à la monarchie* de Juillet et au règne de Louis-Philippe Ier*, remplacés par la Deuxième République*. La révolution de 1848 en France fut suivie, comme celle de 1830, de nombreux mouvements révolutionnaires en Italie, en Hongrie, en Allemagne, en Autriche et en Pologne. Le « printemps des peuples » fut rapidement suivi d'une période de répression et de réaction politique. En France, la Deuxième République disparut avec le coup d'État de Louis Napoléon Bonaparte*. Précédée d'une grave crise économique et financière (1846-1847) et aggravée par le mécontentement grandissant de l'opinion face à la politique autoritaire et conservatrice de Guizot*, la révolution française de 1848 culmina avec la campagne des banquets* (1847-1848) organisée, à travers toute la France, par l'opposition républicaine afin de promouvoir des réformes. L'interdiction d'un banquet prévu pour le 22 février à Paris provoqua l'insurrection que n'arrêta pas le renvoi du ministre (23 février). Le 24 février, Louis-Philippe abdiqua en faveur de son petit-fils, le comte de Paris. Mais les républicains, refusant de voir leur victoire confisquée comme en 1830, nommèrent un gouvernement* provisoire dont les principaux membres furent Lamartine*, Arago*, Ledru-Rollin* et Louis Blanc*. La République, le 25 février, fut proclamée. Voir Kossuth (Lajos), Mazzini (Giuseppe), Révolutions de 1848 en Europe.

RÉVOLUTIONS DE 1848 EN EUROPE.
Ensemble des mouvements libéraux et nationaux qui agitèrent la France, l'Europe centrale et l'Italie en 1848 et 1849. Ce « printemps des peuples », vite étouffé par la réaction, accéléra néanmoins le processus de formation de grands ensembles nationaux, comme l'Italie et l'Allemagne. Les révolutions de 1848 furent précédées par la crise économique de 1846-1847, mais la question sociale ne joua un rôle vraiment important qu'en

rance, déjà engagée dans la révolution* industrielle. Ailleurs, en Autriche, en Italie, en Allemagne, elles exprimèrent avant tout les aspirations libérales et nationales muselées depuis 1815 par l'ordre issu du congrès de Vienne*, et incarné par l'Autriche de Metternich*. L'objectif était double : transformer les régimes absolutistes en monarchies constitutionnelles et faire triompher le principe des nationalités. Italiens et Allemands souhaitaient leur unité. Hongrois, Croates* et Tchèques aspiraient se libérer de la tutelle des Habsbourg*. Plusieurs pays restèrent cependant en dehors de l'agitation comme l'Angleterre et la Russie.

RÉVOLUTION INDUSTRIELLE. À la fin du XVIIIe siècle et tout au long du XIXe, un certain nombre de pays européens ont connu une mutation de très grande ampleur que l'on a appelée « révolution industrielle ». Le Royaume-Uni a été le lieu privilégié de ce phénomène qui, en combinant des facteurs d'ordre social, technique, économique, financier, démographique et culturel, a permis l'établissement du capitalisme*. Le mouvement des enclosures*, les progrès techniques dans l'agriculture ont permis de libérer une main-d'œuvre et abouti à une division technique et sociale du travail accrue. La concentration de la main-d'œuvre et celle des moyens de production ont rendu nécessaire la mobilisation de capitaux de plus en plus nombreux, en même temps qu'étaient développés marchés intérieurs et extérieurs. Ces changements ont été accompagnés et rendus possibles par une révolution technique fondée en grande partie par la maîtrise et l'utilisation de nouvelles sources d'énergie. Les pays industrialisés d'Europe, les États-Unis et le Japon ont connu, à des périodes et selon des rythmes différents, avec des variantes locales, un processus similaire. Des analyses sur les causes et les étapes de la révolution industrielle est né un « modèle », et certains ont cru pouvoir

l'appliquer de nos jours aux pays en développement. Ces recherches ont voulu substituer à l'expression de « révolution industrielle » celle de « décollage » (*take off*) en privilégiant le moment où la croissance s'amorce et s'accélère. Quoi qu'il en soit, l'expression consacrée persiste et tente de rendre compte d'un phénomène plus global qui inclut révolution technique, conditions de tous ordres et bouleversements sociaux.

RÉVOLUTION RUSSE DE 1905. Ensemble de manifestations populaires, de grèves dans les villes, de jacqueries* dans les campagnes, d'attentats et de mutineries qui ébranlèrent la Russie en 1905. La révolution de 1905 fut, selon Trotski*, la « répétition générale » de la révolution d'octobre 1917. Aggravée par les défaites de la guerre russo-japonaise*, la révolution de 1905 s'inscrivit dans un contexte de crise économique et sociale frappant les ouvriers des usines et les paysans. Après le « Dimanche* rouge » de Saint-Pétersbourg (9 janvier 1905) au cours duquel l'armée tira sur les manifestants, les troubles gagnèrent l'ensemble du pays. Révoltes paysannes, grèves, mouvements nationaux de libération et mutineries – dont la plus connue fut celle du cuirassé *Potemkine* – se multiplièrent. Le gouvernement de Nicolas II*, à l'instigation de Witte*, fut contraint d'annoncer, par le manifeste du 17 octobre 1905, la création d'une douma* législative élue au suffrage universel. Cette concession, cependant, qui instituait en Russie une monarchie constitutionnelle, ne désarma pas l'opposition révolutionnaire. L'agitation paysanne, les mutineries (marins de Kronstadt*) mais surtout l'apparition spontanée de soviets* de marins et d'ouvriers à Saint-Pétersbourg (soviet dirigé par Trotski) et à Moscou, qui tentèrent d'organiser un pouvoir politique et d'obtenir la journée de 8 heures, marquèrent la fin de l'année 1905. L'insurrection fut cependant impitoyablement réprimée. La grève générale et la révolte de Moscou furent brisées par l'armée (décembre 1905). Par le système électoral, la pratique des élections et les dissolutions, la douma perdit progressivement ses droits, et les libertés proclamées en 1905 (libertés d'opinion, de réunion et d'association) furent soumises à un contrôle policier. Le régime revenait à l'autocratie. Les révolutionnaires tireront les leçons de cette sanglante répétition générale en attendant que soient plus tard réunies les conditions du succès d'une révolution prolétarienne. Voir Révolutions russes de 1917.

RÉVOLUTIONS RUSSES DE 1917. Nom donné à l'ensemble des mouvements révolutionnaires qui aboutirent en Russie à l'abdication du tsar Nicolas II*, à la prise du pouvoir par les bolcheviks* (communistes) et à l'établissement en 1918 de la République socialiste fédérative de Russie. La révolution de Février 1917 – seconde révolution « démocratique bourgeoise » russe après celle de 1905 – qui se déroula à Petrograd (23-27 février 1917) (aujourd'hui Saint-Pétersbourg) fut issue d'un profond mécontentement populaire provoqué par les défaites militaires de la Russie au cours de la Première Guerre* mondiale et la désorganisation économique qui s'ensuivit (pénurie de vivres, flambée des prix). Les grèves et les mutineries dans l'armée, en particulier la garnison de Petrograd, entraînèrent l'abdication du tsar. Le pouvoir appartint dès lors à un gouvernement provisoire présidé par le prince Lvov*, membre du Parti constitutionnel-démocrate* (KD) favorable à une République libérale et parlementaire, puis par Kerenski*, socialiste-révolutionnaire*, d'abord soutenu par le soviet* de Petrograd majoritairement constitué de socialistes-révolutionnaires et de mencheviks*, les bolcheviks étant alors minoritaires. Le gouvernement provisoire, qui souhaitait la poursuite de la guerre contre l'Allemagne,

se heurta bientôt aux revendications des soviets où grandit l'influence des bolcheviks, majoritaires à Petrograd et à Moscou (août 1917). Après les manifestations de soldats et d'ouvriers en avril, puis en juillet contre la poursuite de la guerre, le comité central du parti bolchevique, dirigé par Lénine* (de retour en Russie depuis avril), décida la prise du pouvoir à Petrograd. L'insurrection, minutieusement préparée, eut lieu dans la nuit du 6 au 7 novembre (24-25 octobre dans le calendrier russe ancien). Les bolcheviks s'emparèrent des points stratégiques de la capitale tandis que le croiseur *Aurora* bombardait le palais d'hiver, siège du gouvernement. Cette seconde révolution – première « révolution socialiste » de l'histoire – renversa le régime « bourgeois » instauré par la révolution de Février et établit en Russie la « dictature du prolétariat ». Le pouvoir appartint à un Conseil des commissaires du peuple, élu par le IIe congrès des soviets et présidé par Lénine. Voir Douma d'État, Kornilov (Lavr), Milioukov (Pavel), Révolution de 1905, SR.

REXISME. Voir Degrelle (Léon).

REYNAUD, Paul (Barcelonnette, 1878-Neuilly, 1966). Homme politique français. Financier réputé, président du Conseil en mars 1940, il s'opposa sans succès à l'armistice signé avec l'Allemagne et dut démissionner. Avocat, député en 1919 comme candidat du Bloc* national, battu en 1924 puis réélu en 1928, Reynaud fut successivement ministre des Finances de Tardieu* en 1930, puis ministre des Colonies sous Laval* en 1931-1932. En 1934, il préconisa vainement la dévaluation du franc à une époque où l'on pensait juguler la crise par la déflation et il défendit à partir de 1935 les idées du colonel de Gaulle* sur la nécessité de développer l'emploi des chars d'assaut. Républicain de droite, il se montra l'adversaire du Front* populaire mais manifesta son hostilité à l'accord de Munich*. Entré dans le abinet Daladier* (avril 1938) comme ¿arde des Sceaux puis ministre des Finan-es, il imposa par des décrets-lois une politique de sacrifices » au pays afin de ¿aire face à l'augmentation des dépenses ⇃ilitaires (dévaluation, réduction des dé-•enses de l'État, augmentation des im-•ôts). Appelé à la présidence du Conseil ⇃mars 1940), Reynaud resserra l'alliance ¿ranco-anglaise et fut, avec Churchill*, le •rincipal artisan de l'expédition de Nor-⇂ège (Narvik*) destinée à couper la route ⌐u fer suédois vers la Ruhr. Le 18 mai, ⌐près l'effondrement du front français, il •rit en charge la Défense nationale, ⌐omma Pétain* vice-président et remplaça ⌐amelin* par Weygand* à la tête de l'ar-⇃née française. Hostile à l'armistice, son-⌐eant à l'Afrique du Nord pour poursuivre ⌐a guerre mais mis en minorité par son en-⌐ourage, il dut démissionner (16 juin 1940) ⌐aissant la place au maréchal Pétain. Arrêté ⌐n septembre 1940, il comparut au tribunal ⌐e Riom* chargé de juger les « responsa-⌐les de la défaite » puis fut déporté en Al-emagne (1942-1945). Il fut, après la ⌐uerre, député du Nord (1946-1962) et ⌐résida la commission des affaires écono-⇃iques au Conseil de l'Europe. Favorable ⌐u retour de De Gaulle en 1958, il siégea ⌐u Comité consultatif constitutionnel (août ⌐958) puis s'opposa à la politique gaul-⌐ienne de désengagement à l'égard de ⌐'Europe et de l'Europe atlantique. Person-⇃age controversé, il justifia ses engage-⇃ents dans différents ouvrages (*Mémoi-⌐es*, 1960-1963). Voir Blum (Léon), ⌐ethondes (Armistice de, 22 juin 1940).

REZA CHAH PAHLAVI (Sevad Kuh, ⌐878-Johannesburg, 1944). Shah d'Iran ⌐1925-1941). Comme Mustafa* Kemal en ⌐urquie, il entreprit la modernisation, l'oc-⌐identalisation et la laïcisation de l'Iran. ⌐ssu d'une famille d'origine persane, et ⌐levé dans la carrière des armes, il devint ⌐olonel du régiment iranien des cosaques*. ⌐onvaincu de la démission du gouverne-ment persan face aux intérêts anglais et russes, Reza Chah, nationaliste convaincu, organisa le coup d'État de 1921 puis dé-posa le dernier chah de la dynastie Qadjar (1796-1925) et se fit couronner en 1925, fondant ainsi la dynastie Pahlavi. Il mo-dernisa l'armée, soumit à son autorité les tribus indociles et s'attacha à restaurer l'indépendance de son pays. Après avoir signé un traité de neutralité avec la Russie, il entreprit d'éliminer les ingérences éco-nomiques anglaises (limitation de la zone concédée à l'Anglo-Persian Oil Company) et s'attacha à faire de la Perse – devenue l'Iran en 1934 – un pays moderne grâce à l'aide de techniciens allemands et améri-cains. Ses sympathies personnelles allant vers l'Allemagne hitlérienne et les régimes autoritaires, il dut abdiquer en faveur de son fils, Mohammad* Reza lorsque les troupes soviétiques et britanniques péné-trèrent en Iran (août 1941), et fut exilé à l'île Maurice puis en Afrique du Sud. Voir Guerre mondiale (Seconde).

RFA. Voir République fédérale d'Allema-gne.

RHAZNÉVIDES ou **GHAZNEVIDES**. Dynastie turque qui régna sur l'Afghanis-tan, le Penjab et une partie de l'Iran du Xᵉ au XIIᵉ siècle. Elle fut fondée par Alp Tigin (962), qui s'empara de la ville de Rhazni, en Afghanistan, et en fit la capitale de la dynastie. Les Rhaznévides atteignirent leur apogée sous le règne de Mahmud de Rhazni (999-1030). Ils furent chassés d'Iran par les Turcs Seldjoukides* (début XIᵉ siècle) puis d'Afghanistan par les Rhu-rides (fin XIIᵉ siècle).

RHÉA. Dans la mythologie* grecque, fille d'Ouranos* et de Gaïa*. De son union avec son frère Cronos* naissent Hestia, Déméter*, Héra*, Hadès*, Poséidon* et Zeus*. Comme Cronos dévorait ses en-fants dès leur naissance, Rhéa dissimula le dernier, Zeus, et donna à avaler à Cronos une pierre entourée de langes. À l'époque romaine, Rhéa fut assimilée à Cybèle*.

RHEE, Lee Sung-man, dit **Syngman** (province de Hwanghae, 1875-Honolulu, 1965). Homme politique coréen. Il fut président de la République de Corée du Sud de 1948 à 1960. Après avoir milité pour l'indépendance de son pays dominé par le Japon, il fut élu président de la Corée du Sud et exerça, avec l'appui des États-Unis, un gouvernement dictatorial et violemment anticommuniste. Après avoir été contraint à la démission, il se réfugia aux États-Unis. Voir Corée (Guerre de).

RHÉNANIE. Région allemande située de part et d'autre du Rhin, la Rhénanie fut, comme la Sarre*, l'objet d'une importante rivalité entre la France et l'Allemagne. Annexée (rive gauche) par la France pendant la Révolution* et le Premier Empire* (1797-1814), la région fut attribuée à la Prusse* en 1815. Elle connut au XIXe siècle, grâce à la richesse de ses matières premières, un remarquable essor industriel qui en fit la région la plus prospère d'Allemagne. Après la Première Guerre* mondiale, le traité de Versailles* décida la démilitarisation de la Rhénanie, et la France, qui considérait la région comme stratégiquement importante, tenta vainement de favoriser un mouvement séparatiste rhénan (1921-1923). Le 7 mars 1936, Hitler*, prenant pour prétexte le pacte franco-soviétique (2 mai 1935) à ses yeux contraire au pacte de Locarno*, fit entrer ses troupes dans la zone démilitarisée. La France, alors en période électorale et la Grande-Bretagne, tenue par une opinion pacifiste, n'opposèrent que des protestations verbales. La démission des démocraties européennes face aux ambitions hitlériennes, à une période où l'armée allemande ne pouvait gagner une guerre, permit à l'Allemagne le démantèlement progressif du traité de Versailles. Après la Seconde Guerre* mondiale, la Rhénanie fut partagée en deux Länder (1946) intégrés à la RFA* en 1949. Voir *Anschluss*, Stresa (Conférence de).

RHODES, Cecil John (Bishop's Startford, dans le Hertfordshire, 1853-Muizenberg, près du Cap, 1902). Homme d'affaires et colonisateur britannique. Devenu en Afrique du Sud le magnat du diamant, il tenta d'étendre l'autorité britannique sur toute l'Afrique australe, du Cap au lac Tanganyika (Afrique orientale). Établi en Afrique australe après des études à Oxford* (1873-1881), il réussit à monopoliser, entre 1881 et 1889, l'exploitation d'or et de diamants dans le Kimberley et étendit ses affaires dans le Transvaal* (alors République boer*), en créant la British South Africa Company, connue sous le nom de Chartered car elle reçut en 1889 une charte royale pour l'exploitation d'une partie du bassin du Zambèze (les futurs Rhodésiens). Songeant à intégrer les deux Républiques boers dans une Afrique du Sud anglaise, Rhodes se lança dans la politique locale, devint député à l'Assemblée du Cap (1881), puis Premier ministre (1890). Il incita le gouvernement britannique à établir son protectorat sur le Bechuanaland (1884), puis entreprit, au moyen de sa compagnie, la Chartered, de coloniser les immenses territoires s'étendant entre le Transvaal et le lac Tanganyika qui recevront, en l'honneur de son colonisateur, le nom de « Rhodésies ». Restait à intégrer l'Orange* et surtout le Transvaal, mais Rhodes échoua dans son duel avec Kruger*, chef des Boers, et son projet d'union sud-africaine fut un échec. Rhodes dut démissionner de son poste de Premier ministre et se consacra au développement économique des Rhodésies. Lors de la guerre des Boers*, il dirigea personnellement la résistance de Kimberley (1899-1900). La défaite des Boers lui permit de voir se réaliser l'un de ses vœux : l'Angleterre dominait l'Afrique australe. Voir Rhodésie.

RHODÉSIE. En angl. Rhodesia, du nom de Cecil Rhodes*. L'ancienne Rhodésie est aujourd'hui partagée entre la Zambie, le Malawi et le Zimbabwe. Région de

Afrique orientale dans le bassin du Zamèze, elle avait constitué deux territoires u Commonwealth* qui s'étaient réunis en 953 en une Fédération de Rhodésie et de Nyassaland (supprimée en 1963). En 1964, a Rhodésie du Nord est devenue indépenante sous le nom de Zambie et le Nyasaland, sous le nom de Malawi. En 1965, a Rhodésie du Sud, dirigée par Ian Smith, roclama unilatéralement son indépenance contre la volonté de la Grande-Breagne qui condamna, avec l'ONU*, la potique raciale du nouvel État. Cependant, partir de 1978, les sanctions économiues des grandes puissances contraignirent Smith à composer avec les nationalistes oirs. En 1980, la Rhodésie du Sud a pris e nom de Zimbabwe.

RIBBENTROP, Joachim von (Wesel, 893-Nuremberg, 1946). Homme politiue allemand. Ministre des Affaires étranères du IIIᵉ Reich* (1938-1945), il onduisit la politique d'expansion de Hiter* et peut ainsi être considéré comme un des responsables du déclenchement de a Seconde Guerre* mondiale. Officier endant la Première Guerre* mondiale, il levint, après la démobilisation, négociant n vins. Marié à la fille du grand fabricant llemand de vins mousseux Henkell, Ribentrop n'adhéra au national-socialisme* u'en 1932 et commença sa carrière de dilomate à Londres où il fut ambassadeur 1936). Devenu en 1938 ministre des Afaires étrangères, il contribua à la politique gressive de Hitler : pacte d'Acier* avec 'Italie (mai 1939), mais surtout pacte germano*-soviétique (23 août 1939). Il fut ondamné par le tribunal de Nuremberg* t exécuté. Voir Neurath (Konstantin. von)

RICARDO, David (Londres, 1772-Gatomb Park, Gloucestershire, 1823). Écoomiste britannique. Il fut l'un des preniers théoriciens du capitalisme* libéral. l établit la loi de la rente foncière et vit lans le travail la source de toute valeur « valeur travail »). Ses *Principes d'éco-*

nomie politique (1817) influencèrent aussi bien les théoriciens du socialisme* scientifique que ceux du néolibéralisme. Voir Marx (Karl), Say (Jean-Baptiste), Smith (Adam).

RICHARD Iᵉʳ CŒUR DE LION (Oxford, 1157-Châlus, 1199). Roi d'Angleterre (1189-1199). Homme de guerre courageux et chevalier accompli, il fut prince aquitain plus que roi d'Angleterre où il séjourna rarement. Troisième fils d'Henri II* et d'Aliénor* d'Aquitaine, il fut élevé dans les domaines Plantagenêts* de France, en Anjou* et en Aquitaine*, se révoltant à plusieurs reprises, encouragé par Philippe II* Auguste, contre son père. Devenu roi (1189), il décida de participer, avec le roi capétien, à la troisième croisade* afin de délivrer Jérusalem* tombée aux mains des Infidèles*, l'empereur Frédéric Iᵉʳ* Barberousse les ayant déjà précédés. Parti de Marseille*, Richard enleva au passage l'île de Chypre* au prince byzantin Isaac Comnène et y épousa Bérengère de Navarre (1191). Débarqué à Saint-Jean-d'Acre, il joua un rôle décisif dans la prise de la ville (1191) et, Philippe Auguste étant retourné en France, devint le véritable chef de la troisième croisade. Il remporta sur Saladin* un certain nombre de victoires mais ne put s'emparer de Jérusalem. Cependant, Philippe Auguste ayant envahi la Normandie* et pactisé avec son frère, Jean* sans Terre, qui s'était emparé de la régence, Richard signa une trêve avec Saladin (1192) et s'embarqua pour l'Occident. Ayant fait naufrage au large des côtes dalmates, il fut fait prisonnier par le duc d'Autriche – qu'il avait humilié en Orient –, lequel le livra à l'empereur Henri VI*. Libéré en 1194 contre une très forte rançon et la reconnaissance de la suzeraineté impériale sur l'Angleterre, il rentra dans son pays, pardonna à son frère puis repartit sur le continent pour lutter contre Philippe Auguste. Il renforça la défense de la Normandie en faisant construire Château-Gaillard*, remporta d'importantes victoires et imposa au roi de France la trêve de Vernon. Mais, trois mois plus tard, Richard trouva la mort en assiégeant le château de Châlus du vicomte de Limoges, son vassal*. Il fut enterré à l'abbaye de Fontevrault. Voir Capétiens, Plantagenêts.

RICHARD II (Bordeaux, 1367-Pontefract, Yorkshire, 1400). Roi d'Angleterre (1377-1399). Son despotisme et son rapprochement avec la France durant la guerre de Cent* Ans provoquèrent son renversement par son cousin Henri de Lancastre. Il a inspiré une célèbre tragédie de Shakespeare*, *Richard II* (v. 1595). Fils du Prince Noir et petit-fils d'Édouard II*, il régna d'abord sous la tutelle de son oncle, Jean de Gand. Sa minorité fut marquée par une fiscalité excessive due à la guerre de Cent Ans qui provoqua de nombreuses révoltes et les progrès des lollards*, adeptes du réformateur religieux Wyclif*. Richard II lutta contre la noblesse et le Parlement* et tenta de régner en monarque absolu. Il fut détrôné par Henri de Lancastre, fils de Jean de Gand, qui lui succéda sous le nom d'Henri IV* et mourut assassiné.

RICHARD III (Fotheringhay, Northamptonshire, 1452-Bosworth, Leicestershire, 1485). Roi d'Angleterre (1483-1485). Fils de Richard d'York, il inspira un drame de Shakespeare*, *Richard III* (1592-1593). Rendu très impopulaire pour avoir fait assassiner les enfants d'Édouard IV*, ses neveux, il fut tué par Henri Tudor (le futur Henri VII*).

RICHELIEU, Armand Jean du Plessis, cardinal de (Paris, 1585-*id.*, 1642). Prélat et homme politique français. Grand homme d'État, il renforça l'autorité royale, marquant ainsi une étape décisive vers l'absolutisme et s'efforça, à l'extérieur, d'imposer contre les Habsbourg* la prépondérance française en Europe. Fils d'un grand prévôt* de France, il fut d'abord destiné à la carrière des armes, mais so[n] frère renonçant à l'évêché de Luçon, Ri[chelieu] chelieu en devint l'évêque* (1606) afin d[e] conserver dans la famille le bénéfice épiscopal. Administrant avec zèle son dio[cèse], cèse, il se distingua aux États* généraux d[e] 1614 comme député de son ordre, devin[t] aumônier de la régente Marie* de Médicis[,] mère de Louis XIII*, puis secrétaire d'Éta[t] (1616). Disgracié avec la reine mère aprè[s] l'assassinat de Concini*, il la suivit en exi[l] à Blois, puis se retira dans le prieuré d[e] Coussay où il écrivit une *Défense des prin[-] cipaux points de la foi catholique* et un[e] *Instruction pour les chrétiens*. Son rôl[e] dans la réconciliation de Louis XIII et d[e] sa mère lui permit d'entrer au Consei[l] (1624) comme principal ministre, post[e] qu'il conserva jusqu'à sa mort. Richelie[u] devait, en accord avec le roi, s'assigner u[n] double but : ruiner le parti huguenot* et ra[-] baisser l'orgueil des grands afin de restau[-] rer l'autorité royale et d'assurer l'indépen[-] dance et le prestige de la France e[n] Europe. À cause de leurs privilèges poli[-] tiques et militaires qui faisaient des pro[-] testants* un « État dans l'État », le cardi[-] nal entreprit avec acharnement le siège d[e] La Rochelle* et la guerre contre les ville[s] du Midi. Le danger écarté, Louis XIII éta[-] blit la paix d'Alès* (1629), laissant au[x] protestants* la liberté de culte mais leu[r] ôtant tous leurs autres privilèges. Parallè[-] lement, Richelieu lutta contre les grand[s] (princes du sang et grands seigneurs) sou[-] tenus par la clientèle des gentilshomme[s] de province et n'hésitant pas, pour fomen[-] ter des conspirations contre le ministre, [à] faire appel à l'étranger, notamment à l'Es[-] pagne. Chalais, Montmorency*, Cinq[-] Mars, complices de Gaston d'Orléans[,] frère du roi, furent exécutés. La journé[e] des Dupes* (10 novembre 1630), qui fail[-] lit donner la victoire aux opposants, pro[-] voqua l'exil de la reine mère, Marie d[e] Médicis, et le renforcement de l'autorité d[e] Richelieu. À l'extérieur, le ministre[,] onscient du danger que constituait pour la France la puissance des Habsbourg d'Espagne – maîtres de l'actuelle Belgique, de la Franche-Comté et du Roussillon –, s'efforça de nouer des alliances avec les puisances protestantes et consacra l'alliance avec l'Angleterre par le mariage (1625) d'Henriette de France (sœur de Louis XIII) avec Charles Ier*. La France envahit la Valteline, coupant toute communication entre les impériaux et le Milanais, puis conquit Pignerol (1630), prenant ainsi pied en Italie. Cependant, la mort de Gustave* Adolphe de Suède 1632) et la défaite des princes protestants obligèrent Richelieu à s'engager directement dans la guerre de Trente* Ans 1635). Conscient de la nécessité d'imposer aux intérêts particuliers la souveraineté de l'État, Richelieu s'attacha à étendre l'autorité monarchique dans tous les domaines. La législation et le Conseil du roi urent réformés, les marines militaire et marchande furent développées afin de favoriser le commerce lointain et la constitution d'un empire colonial (Canada, Sénégal, Madagascar). L'ordre enfin fut maintenu grâce à l'envoi d'intendants* dans les provinces, leurs décisions et leur ustice devant se substituer à celles des officiers et des puissances locales. Malgré l'écrasante fiscalité et la misère du peuple (révoltes des Croquants* et des Va-nupieds* en 1639-1641), Richelieu réussit à maintenir la cohésion de la France. La rigueur des temps n'empêcha pas le ministre d'intervenir dans le domaine des lettres par la création de l'Académie* française (1634), la construction de la chapelle de la Sorbonne* et celle du Palais-Cardinal (futur Palais-Royal) qu'il légua à Louis XIII. Voir Champlain (Samuel de).

RICHELIEU, Louis François Armand de Vignerot du Plessis, duc de (Paris, 1696-*id.*, 1788). Maréchal de France. Petit-neveu du cardinal de Richelieu*, il prit part, après une jeunesse turbulente, aux

guerres de Succession* de Pologne et d'Autriche*, où il se distingua à Fontenoy*. Il dirigea, pendant la guerre de Sept* Ans, l'expédition de Minorque (Baléares), s'empara de Port-Mahon (1756), puis conquit le Hanovre et le Brunswick, mais fut rappelé à cause de ses pillages. Esprit brillant, membre de l'Académie* française, il fut l'ami et le protecteur de Voltaire*.

RICHELIEU, Armand Emmanuel du Plessis, comte de Chinon, duc de Fronsac, puis duc de (Paris, 1766-*id.*, 1822). Homme politique français, petit-fils du duc Louis François Armand de Richelieu. Plusieurs fois ministre de Louis XVIII* sous la Restauration*, il fut l'un des représentants du parti constitutionnel, favorable à l'application de la Charte* de 1814. Émigré en Russie lors de la Révolution*, il rentra en France en 1814. Premier ministre et ministre des Affaires étrangères (1815-1818), il dut signer, après les Cent-Jours*, le second traité de Paris* (novembre 1815), couvrit et obtint, au congrès d'Aix-la-Chapelle*, l'évacuation totale des troupes étrangères stationnées en France. Richelieu revint à la tête du gouvernement après l'assassinat du duc de Berry* (1820), mais ses mesures modérées dressèrent contre lui à la fois les ultras* royalistes et les libéraux et il dut démissionner (1821).

RIDEAU DE FER. Expression employée pour la première fois par Winston Churchill* dans son discours de Fulton en mars 1946, afin de montrer la coupure absolue établie après la Seconde Guerre* mondiale entre la zone d'influence soviétique en Europe orientale et les pays de l'Europe occidentale. Voir Guerre froide.

RIMBAUD, Arthur (Charleville, 1854-Marseille, 1891)0. Poète français. Nourrie de révolte, auréolée de légendes, objet d'innombrables interprétations, l'œuvre de Rimbaud, brève mais éblouissante, fut l'une des sources les plus fécondes de la poésie au XXᵉ siècle. Brillant élève du collège de Charleville, précocement révolté par l'intransigeance d'une mère catholique, Rimbaud fut éveillé à la littérature par l'un de ses professeurs et composa vers 1870 ses premiers poèmes. Bouleversé par la déclaration de guerre en 1870 puis par l'échec de la Commune* de Paris, il tenta plusieurs fugues vers Paris et composa des textes révoltés contre Napoléon III* (*Rages de César*), contre la guerre (*Le Dormeur du val*) et la religion chrétienne (*Les Premières Communions*). Renonçant à passer son baccalauréat, Rimbaud décida de se consacrer à la littérature et formula le projet d'explorer l'univers par un « long et raisonné dérèglement de tous les sens », tentant par l'alchimie du vers d'acquérir des pouvoirs surnaturels. L'aventure de cet « encrapulement » fut évoquée dès la *Lettre* dite *du voyant* (mai 1871) et mieux encore dans *Le Bateau ivre* (septembre 1871) qui valut à l'auteur l'admiration de Paul Verlaine*. Invité par ce dernier à Paris, il se noua entre les deux poètes une relation passionnée et orageuse que Rimbaud évoqua dans *Une saison en enfer* (1873). Installé à Londres en 1874, il acheva son dernier recueil de prose poétique rassemblé dans *Illuminations* (publiées en 1886). À 20 ans, l'œuvre de Rimbaud était achevée sur le constat que la poésie était impuissante à changer la vie. À partir de 1876, il s'engagea dans l'armée coloniale hollandaise, déserta, voyagea en Europe avec un cirque, travailla à Chypre comme conducteur de travaux, se fit explorateur en Éthiopie et en Somalie et enfin trafiquant d'armes au Harar (Éthiopie). Atteint d'une tumeur à la jambe droite, hospitalisé à Marseille (1891), il fut amputé et mourut quelques mois plus tard.

RIO DE JANEIRO (Traité de, 2 septembre 1947). Traité signé dans le contexte de la guerre* froide, par les représentants de tous les États du continent américain (sauf le Canada, le Nicaragua et l'Équateur) et

liant l'Amérique latine aux États-Unis. Ce traité stipulait le recours à l'ONU (Organisation* des Nations unies) en cas de différends entre États et prévoyait une « légitime défense collective » si l'un des membres signataires venait à être attaqué, cette obligation ne s'appliquant que dans la zone de l'hémisphère Nord. Voir Organisation des États américains.

RIOM (Procès de, février-avril 1942). Procès qui se tint à Riom (Puy-de-Dôme) afin de juger les personnalités rendues responsables de la défaite de 1940 (notamment Édouard Daladier*, Léon Blum*, Maurice Gamelin* et Paul Reynaud*). Les débats furent suspendus sur ordre de Hitler*, sans conclusion. Les accusés furent maintenus en prison et livrés aux autorités allemandes. Voir Rethondes (Armistice de, 22 juin 1940).

RIOURIK (?-879). Conquérant normand, il fonda vers 862 la principauté de Novgorod. On le considère traditionnellement comme le fondateur du premier État russe. Il eut pour successeur Oleg* le Sage. Voir Kiev (État de), Normands, Varègues.

RISORGIMENTO. Terme italien signifiant « Résurrection » d'abord appliqué, dès le milieu du XVIIIᵉ siècle, pour désigner le mouvement littéraire et philosophique puis le mouvement politique orienté vers la libération et l'unité nationale de l'Italie mais aussi la lutte contre l'absolutisme. Ce terme est traditionnellement appliqué à l'histoire de l'Italie située entre 1815 et 1860. Après l'échec du mouvement idéaliste des carbonari, le *Risorgimento* entretint après 1848 une agitation permanente dans toute l'Italie, l'objectif étant d'obtenir une constitution libérale et de chasser l'occupant autrichien. Il fut exprimé par trois grands courants. Le républicanisme unitaire de Mazzini* et le courant « néoguelfe* » qui désignait le pape comme le guide moral de l'unité italienne échouèrent. Les Républiques proclamées à Rome puis à Florence* (1849) ne résistèrent ni à l a répression autrichienne, ni à l'intervention à Rome du roi des Français Louis-Philippe Iᵉʳ*. La troisième voie, défendant l'idée d'une fédération dirigée par le roi de Piémont-Sardaigne, tendance défendue par Cavour*, aboutira à la formation de l'État italien (1859-1860). Voir Carbonarisme, Italie (Campagne d', 1859), Pie IX, Victor-Emmanuel II.

RIVOLI (Bataille de, 14 janvier 1797) Lors de la campagne d'Italie*, victoire remportée par le jeune général Bonaparte* sur les Autrichiens à Rivoli (Italie du Nord). Elle entraîna la chute de Mantoue assiégée depuis plusieurs mois (juin 1796-février 1797). Masséna* qui s'y illustra fut fait plus tard duc de Rivoli. Voir Arcole, Campoformio (Traité de).

ROBERT D'ANJOU LE SAGE (1278-Naples, 1343) Duc d'Anjou*, comte de Provence* et roi de Naples* (1309-1343), fils de Charles II d'Anjou. Défenseur de la papauté contre les empereurs, il fut le chef du parti guelfe* en Italie sans réussir cependant à reconquérir la Sicile – occupée par l'Aragon* depuis les Vêpres* siciliennes –, ni à vaincre les Gibelins* d'Italie du Nord. Cultivé, protecteur des lettres, il avait accueilli à sa cour Pétrarque* et Boccace*.

ROBERT Iᵉʳ (v. 866-Soissons, 923). Roi de France (922-923). Fils de Robert le Fort, ancêtre des Capétiens*, il fut élu par les grands, révoltés contre Charles* le Simple, roi à Reims. Mais il fut tué lors d'un combat.

ROBERT II LE PIEUX (Orléans, v. 970-Melun, 1031). Roi de France (996-1031). Fils d'Hugues Iᵉʳ* Capet qui l'associa au trône dès 988. Malgré sa piété, il résista à l'autorité du pape en épousant sa cousine Berthe de Bourgogne après avoir répudié Rosala, fille du roi d'Italie. Il épousa en troisièmes noces Constance de Provence. Son règne fut marqué par une lutte acharnée contre les seigneurs pillards du domaine* royal.

ROBERT Iᵉʳ LE MAGNIFIQUE (v. 1010-Nicée, Asie Mineure, 1035). Duc de Normandie* (1027-1035), père de Guillaume Iᵉʳ* le Conquérant. Il aida le roi de France, Henri Iᵉʳ*, à lutter contre ses vassaux révoltés et fut identifié au XVᵉ siècle au héros légendaire « Robert le Diable ».

ROBERT II COURTEHEUSE (v. 1054-Cardiff, 1134). Duc de Normandie (1087-1106). Fils de Guillaume Iᵉʳ* le Conquérant, il se révolta contre son père pour obtenir le duché de Normandie* dont il hérita à sa mort. Il participa à la première croisade* mais son frère, Henri Iᵉʳ* Beauclerc, lui enleva le trône d'Angleterre et le dépouilla du duché de Normandie. Il fut son prisonnier jusqu'à sa mort.

ROBERT GUISCARD (v. 1015-Céphalonie, 1085). Conquérant normand, comte* (1057-1059) puis duc* de Pouilles, de Calabre et de Sicile (1059-1085). Fils d'un modeste seigneur de Normandie*, Robert Guiscard (c'est-à-dire l'« avisé ») fut à l'origine de l'État normand d'Italie du Sud et de Sicile. Il rejoignit ses frères en Italie et reçut du pape Nicolas II* l'investiture des duchés de Pouilles et de Calabre (1059). Il chassa les Byzantins* d'Italie du Sud et les Sarrasins* de Sicile avec l'aide de son frère, Roger, qu'il plaça à la tête de la Sicile. Voir Grégoire VII, Robert II de Sicile, Sicile (Royaume de).

ROBERTS, Frederick SLEIGH, lord (Cawnpore, Inde, auj. Kanpur, 1832-Saint-Omer, France, 1914). Maréchal* britannique. Il se distingua aux Indes lors de la révolte des cipayes* (1857-1858), puis en Afghanistan, où il s'empara de Kaboul et de Kandahar (1880). Il fut placé à la tête des troupes anglaises contre les Boers* (1899), puis devint ensuite généralissime de l'armée britannique (1901-1904). Voir Kitchener (Herbert).

ROBESPIERRE, Maximilien de (Arras 1758-Paris, 1794). Homme politique français. Chef des montagnards*, il incarna la tendance démocratique de la Révolution* française, mais aussi ses méthodes terroristes. « Incorruptible » pour les uns, « dictateur sanguinaire » pour les autres, il reste encore aujourd'hui une figure très controversée de l'histoire. Issu de la petite bourgeoisie de province, orphelin de sa mère dès 1774, il fit ses études chez les oratoriens d'Arras, puis au collège Louis-le-Grand à Paris où Camille Desmoulins* fut son condisciple. Grand admirateur de la philosophie des Lumières et disciple fervent de Jean-Jacques Rousseau*, devenu avocat, il s'enthousiasma pour la Révolution, la convocation des États* généraux lui fournissant l'occasion d'agir. Élu député du Tiers* en Artois (1789), il fut, à l'Assemblée* constituante, l'un des rares députés démocrates, défenseur du suffrage universel et de l'égalité des droits. Principal animateur du Club des jacobins*, il dénonça l'entrée en guerre de la France contre l'Autriche (1792), décision qu'il jugeait imprudente, faisant le jeu du roi, et soutint l'insurrection des sans-culottes* parisiens qui aboutit à la déchéance de Louis XVI* (10 août* 1792). Devenu membre de la Commune* insurrectionnelle de Paris, il commença à jouer un rôle politique de premier plan. Député montagnard à la Convention* nationale, élue au suffrage universel, il combattit violemment les girondins* hostiles à l'exécution de Louis XVI, puis contribua à leur éviction après la trahison de Dumouriez* (juin 1793). Entré au Comité* de Salut public (juillet 1793), il y joua avec Couthon* et Saint-Just* un rôle grandissant et devint bientôt l'âme de la « dictature jacobine », imposant un régime de Terreur*, mesures d'exception jugées indispensables pour sauver la République gravement menacée. Après l'élimination des ultra-révolutionnaires (hébertistes*) jugés « démagogiques », puis des Indulgents*, groupés autour de Danton*, Robespierre tenta d'instaurer son idéal de République démocratique et vertueuse, constituée de petits

propriétaires libres et égaux en droit, lui donnant son couronnement spirituel avec l'institution du culte de l'Être* suprême. Cependant, l'hostilité grandissante des modérés, mais aussi des principaux chefs du Comité* de Sûreté générale après l'instauration de la Grande Terreur (loi de prairial* an II, 10 juin 1794) jugée inutile après les victoires militaires (Fleurus*), discrédita Robespierre. La crise aboutit le 9 Thermidor* (27 juillet 1794) à son arrestation. Il fut guillotiné avec ses amis Couthon* et Saint-Just le 10 Thermidor. Sa chute mit fin à la Terreur et brisa l'élan démocratique de la République.

ROCARD, Michel (Courbevoie, 1930-). Homme politique français. Secrétaire général du PSU* (Parti socialiste unifié) de 1967 à 1973, il adhéra au PS* (Parti socialiste) en 1974. Député des Yvelines (1969-1973 ; 1978-1981 ; 1986-1993), il fut ministre du Plan et de l'Aménagement du territoire (1981), ministre de l'Agriculture (1983-1985) et Premier ministre (1988-1991), après la réélection de François Mitterrand* à la présidence de la République. Il a été premier secrétaire du PS (1993-1994).

ROCCO, Alfredo (Naples, 1875-Rome, 1935). Homme politique italien. Universitaire fasciste, président de la Chambre des députés (1924-1925) puis ministre de la Justice (1925-1932), il rédigea en 1926 les lois fascistissimes qui établirent définitivement la dictature fasciste : dissolution de tous les anciens partis politiques, déchéance du mandat parlementaire des députés de l'opposition, recensement des citoyens politiquement suspects, création d'une police secrète (l'OVRA*) et d'un tribunal spécial de défense de l'État. Voir Matteotti (Giacomo), Mussolini (Benito).

ROCHAMBEAU, Jean-Baptiste de Vimeur, comte de (Vendôme, 1725-Thoré, 1807). Maréchal* de France. Lieutenant général, il s'illustra à la tête du corps expéditionnaire français lors de la guerre d'Indépendance* américaine (1775-1782). Après avoir débarqué à Newport, il réussit à rejoindre l'armée de Washington* sur l'Hudson et contribua à la victoire de Yorktown* (1781). Gouverneur de la Picardie et de l'Artois*, il commanda l'armée du Nord (1790-1792). Emprisonné sous la Terreur*, il fut libéré après la chute de Robespierre*. Voir Révolution française.

ROCHEFORT, Henri, marquis de Rochefort-Luçay, dit Henri (Paris, 1831-Aix-les-Bains, 1913). Journaliste et homme politique français. Très violent pamphlétaire, il attaqua tout d'abord le Second Empire* dans *La Lanterne* qu'il fonda en 1868 puis, partisan de la Commune* de Paris, il fut condamné à l'exil en Nouvelle-Calédonie (1873). Évadé et rentré en France en 1880, il fonda un journal d'opposition de gauche, *L'Intransigeant*, et soutint ensuite le général Boulanger*.

ROCKEFELLER, John Davison (Richford, New York, 1839-Ormond Beach, Floride, 1937). Industriel et financier américain, il fut le symbole de la réussite capitaliste. Descendant d'une famille allemande installée aux États-Unis depuis 1733, il devint en 1862 propriétaire d'une raffinerie de pétrole et parvint à contrôler puis éliminer ses concurrents, et créa en 1870 la Standard Oil Company, un immense trust contrôlant dès 1882 la plus grande partie de l'industrie pétrolière américaine. Devenu l'un des hommes les plus riches du monde, Rockefeller finança de nombreuses activités philanthropiques. Il fonda en 1892 l'université de Chicago et en 1913 la Fondation Rockefeller. Voir Carnegie (Andrew).

ROCROI (Bataille de, 19 mai 1643). Célèbre victoire française, où s'illustra le duc d'Enghien, remportée sur les Espagnols durant la guerre de Trente* Ans. Jugeant la France affaiblie par la mort de Richelieu*, les Espagnols décidèrent de prendre l'offensive et assiégèrent la place forte de Rocroi dans les Ardennes. Le duc d'Enghien, le futur Grand Condé*, âgé de 23 ans, décida de dégager la ville. Après avoir fait passer son armée par un défilé, il fit irruption dans la plaine, mettant en déroute, par une charge de cavalerie, les deux ailes des adversaires. Cette victoire eut un grand retentissement. L'infanterie espagnole, considérée comme invincible, avait été battue. Sur le plan tactique, Rocroi avait démontré le rôle déterminant de la cavalerie. Un siècle plus tard, du fait des progrès de l'armement, le feu deviendra le facteur prépondérant des combats. Voir Fontenoy (Bataille de), Pyrénées (Traité des).

RODIN, Auguste (Paris, 1840-Meudon, 1917). Sculpteur français. Figure très indépendante, internationalement connue à partir des années 1880, Rodin est considéré comme l'un des grands génies de la sculpture. Après avoir étudié à l'École spéciale de dessin et de mathématiques, il échoua à l'examen d'entrée à l'École des beaux-arts et fut refusé au Salon de 1864 avec *L'Homme au nez cassé*. Assistant d'un sculpteur à Sèvres (1864-1870), il voyagea en Italie (1875) où il eut la révélation de Donatello* et de Michel-Ange*, « ce titan », disait-il, dont il appréciait la « puissance grondante et désespérée ». En 1878, il exposa au Salon *L'Âge d'airain* (1877, Paris, musée d'Orsay), figure traitée avec une telle précision qu'on le soupçonna de l'avoir moulée sur nature. Ce fut avec *Saint Jean-Baptiste* (Londres, Tate Gallery) que Rodin s'imposa définitivement au public français (1879). En 1878, on lui commanda une porte monumentale pour le musée des Arts décoratifs – Rodin choisit un sujet tiré de Dante*, d'où le nom de *Porte de l'Enfer* – et travailla à sa réalisation jusqu'à sa mort. Les quelque 200 figures qu'il traita pour cette œuvre lui servirent d'ébauches pour ses plus célèbres sculptures (*Le Penseur*, 1880 ; *Le Baiser*,

1880, Paris, musée Rodin). Outre d'autres commandes officielles (*Les Bourgeois de Calais*, 1884-1888 ; *Monument à Victor Hugo*, 1889 ; *Monument à Balzac*, 1898), Rodin exécuta le portrait de personnages célèbres (George Bernard Shaw, Charles Baudelaire*, Gustav Mahler*). La sculpture de l'artiste, qui exprimait avec force son amour pour le rendu du mouvement, ne fit pas d'émules, ses brillants élèves cherchant à réagir contre son style (Camille Claudel). L'essentiel de son œuvre est exposé dans son hôtel parisien (hôtel Biron) et dans son atelier de Meudon, transformés en musée Rodin.

RODOLPHE Iᵉʳ de HABSBOURG (Limbourg, Hesse, 1218-Spire, 1291). Puissant prince de l'Allemagne du Sud, devenu empereur (1273-1291), il fut l'initiateur de la puissance des Habsbourg*. Élu roi de Germanie* (1273), il mit fin à l'anarchie politique de l'Empire (Grand* Interrègne). Soucieux de restaurer la puissance impériale, il lutta contre les grands féodaux sans réussir néanmoins à freiner l'émancipation des grandes principautés. Son règne fut surtout marqué par sa lutte contre Otokar II de Bohême qui dut lui céder ses possessions autrichiennes (Autriche, Styrie, Carinthie, Carniole) en 1276. Voir Maximilien Iᵉʳ.

RODOLPHE DE HABSBOURG (Laxenburg, 1858-Mayerling, 1889). Archiduc d'Autriche. Fils unique de l'empereur François-Joseph Iᵉʳ* et de l'impératrice Élisabeth, francophile et libéral, il s'opposa à plusieurs reprises à la politique de son père. Marié en 1880 à Stéphanie de Belgique dont il ne put avoir d'héritier, il se suicida plus tard avec sa jeune maîtresse, Marie Vetsera, dans le pavillon de chasse de Mayerling. Le silence que la cour impériale observa sur les circonstances du drame donna lieu pendant longtemps à de nombreuses interprétations. Sa mort fit de François-Ferdinand* de Habsbourg l'héritier de la couronne impériale.

ROGER II DE SICILE (v. 1095-Palerme, 1154). Roi de Sicile (1130-1154). Duc de Pouilles et de Calabre, neveu de Robert* Guiscard, il fut le fondateur du royaume normand de Sicile*. Roger II ajouta à ses possessions l'Italie du Sud en menant une longue lutte contre le pape Innocent II. Couronné roi de Sicile en 1130 et reconnu par le pape, il fit de son royaume un lieu de rencontre entre savants arabes* et chrétiens*.

ROGGEVEEN, Jacob (Middelburg, 1659-*id.*, 1729). Navigateur hollandais. Parti en 1721 pour le compte de la Compagnie des Indes* occidentales, il découvrit en 1722 une île dans le Pacifique qu'il baptisa île de Pâques. L'île volcanique comprenait des centaines de statues géantes, profondément enterrées dans le sol, témoins d'un culte disparu et encore inexpliqué. Voir Bering (Vitus), Bougainville (L. A. de), Cook (James), La Pérouse (J. F. de).

RÖHM, Ernst (Munich, 1887-*id.*, 1934) Homme politique allemand, il fut chef d'état-major des Sections d'assaut (SA*) du parti nazi et fut assassiné sur ordre de Hitler* lors de la Nuit des Longs* Couteaux. Officier de carrière, plusieurs fois blessé lors de la Première Guerre* mondiale, il refusa la République de Weimar* proclamée après la défaite. Membre du Parti ouvrier allemand, nationaliste et d'extrême droite, dans lequel milita Hitler, il organisa les corps* francs qui devinrent sous son autorité les SA (1921) avec lesquels il participa au putsch manqué de Münich (1923). Condamné avec sursis, il s'exila en Bolivie puis fut rappelé en 1930 par Hitler afin de prendre la tête des SA dont il craignait de perdre le contrôle. Röhm, en deux ans, fit de la SA une puissante milice disciplinée forte de 400 000 hommes, dont les violences et les intimidations pesèrent lourd sur les élections qui se déroulèrent en Allemagne à cette époque. Lorsque Hitler devint chanelier* (janvier 1933), Röhm manifesta sa volonté d'une « seconde révolution » dont la cible ne serait plus la gauche mais la droite capitaliste et conservatrice, la SA devenant alors l'armée révolutionnaire de l'Allemagne dans laquelle l'armée traditionnelle serait intégrée. Hitler, inquiet des projets de Röhm et souhaitant obtenir l'appui de la Reichswehr* pour succéder comme chef de l'État au vieux Hindenburg*, décida son élimination. Il le fit assassiner lors de la Nuit des Longs Couteaux (29-30 juin 1934). Celle-ci fit environ 200 victimes, état-major de la SA : personnalités politiques diverses. Voir Heydrich (Reinhard), Papen (Franz von).

ROIS FAINÉANTS. Nom donné aux derniers rois mérovingiens* (VIIᵉ-VIIIᵉ siècle). Incapables de gouverner, ils laissèrent le pouvoir aux maires* du palais.

ROLAND (VIIIᵉ siècle). Comte de la marche* de Bretagne. À l'arrière-garde de l'armée de Charlemagne* qui revenait d'une expédition en Espagne, il aurait été tué, selon la tradition, par une embuscade des Basques le 15 août 778, dans les Pyrénées, au défilé de Roncevaux. Roland devint par la suite le héros légendaire de la *Chanson de Roland**, la plus ancienne et la plus belle des chansons de geste* françaises, sans doute composée au début du XIᵉ siècle.

ROLAND (Chanson de). Œuvre épique française écrite en vers. Composée par un inconnu (Turoldus) sans doute au début du XIᵉ siècle, elle est la plus ancienne et la plus célèbre chanson de geste* française.

ROLAND DE LA PLATIÈRE, Jean-Marie (Thizy, 1734-Bourg-Beaudouin, 1793) Homme politique français, il fut avec sa femme Mme Roland* l'un des chefs des girondins* lors de la Révolution* française. Après avoir siégé en 1790 à la municipalité de Lyon et fondé dans cette ville un Club des jacobins*, Roland vint à Paris en 1791 et se lia d'amitié avec Brissot*. Il fut nommé, sous l'Assemblée*

législative, ministre de l'Intérieur dans le cabinet girondin (mars 1792), mais devint suspect aux yeux des montagnards* après avoir tenté de sauver Louis XVI* et condamné les massacres de Septembre*. Proscrit avec les girondins (juin 1793), Roland fut décrété d'arrestation mais réussit à se cacher en Normandie. Il se suicida après avoir appris la condamnation et l'exécution de sa femme.

ROLAND DE LA PLATIÈRE, Jeanne-Marie ou **Manon Philipon**, connue sous le nom de **Mme ROLAND** (Paris, 1754-*id.*, 1793). Femme politique française. Épouse de Roland* de La Platière, elle fut, lors de la Révolution* française, le porte-parole brillant des girondins*. Après avoir adhéré avec enthousiasme aux idées de la Révolution, elle devint, après avoir épousé Roland (1780), l'égérie des girondins dont les membres – Brissot*, Condorcet*, Pétion* – se réunissaient dans son salon de la rue Guénégaud. Son influence fut considérable lors du ministère girondin (mars-juin 1792), dirigeant en fait le ministère de l'Intérieur sous le nom de son mari. Emprisonnée après la chute des girondins (juin 1793), elle rédigea ses *Mémoires*. Jugée par le Tribunal* révolutionnaire, elle se défendit elle-même mais fut condamnée à mort et guillotinée.

ROLLON (?-v. 933). Chef normand, il fut le premier duc de Normandie*, vassal* du roi de France. Après avoir ravagé les côtes de l'Angleterre et de la Frise (Pays-Bas actuels), il s'installa vers 890 dans la région de Rouen. Pour mettre fin à ses incursions, le roi de France, Charles III* le Simple, lui céda, au traité de Saint-Clair-sur-Epte (911), un territoire qui deviendra la future Normandie. Rollon se fit baptiser sous le nom de Robert et prêta hommage* au roi dont il épousa la fille. Voir Normands.

ROMAIN (Empire). Nom donné à la troisième période de l'histoire de Rome*, gouvernée par des empereurs. L'Empire, ou Principat*, fut créé par Auguste* en 27

L'Empire romain

- ■ Capitale de l'Empire
- Territoires romains en 59 av. J.-C.
- Territoires conquis sous César (59-44 av. J.-C.)
- Territoires pris par César et conservés par Auguste (27 av. J.-C.-14 ap. J.-C.)
- Territoires conquis sous Tibère (14-37) et Trajan (98-117)
- Territoires conquis provisoirement sous Trajan
- *Lusitanie* Provinces aux alentours du Iᵉʳ siècle av. J.-C.

EMPIRE DES PARTHES

HIBERNIE

BRETAGNE

GERMANIE
Germanie intérieure
Germanie supérieure
Belgique
Augusta Treverorum

GAULE
Lyonnaise
Lugdunum
Aquitaine
Bordeaux
Burdigala
Vienne
Narbonnaise
Narbonne
Marseille
Massalia

ESPAGNE
Tarraconaise
Lusitanie
Bétique
Lisbonne
Cadix
Gadès
Tanger
Tingis

Alpes Graies et Pennines
Rhétie
Alpes Cottiennes
Alpes Maritimes
ROME
Corse
Sardaigne
Sicile
Syracuse
Carthage

Norique
Pannonie
Dalmatie
Dacie
Mésie
Macédoine
Thrace
Achaïe

Mer Méditerranée
Proconsulaire
Numidie
Afrique
Mauritanie

Mer Caspienne

Mer Noire
Olbia
Tyras

Bithynie
Cappadoce
Galatie
Asie
Lycie
Cilicie
Cyrénaïque
Crète

ARMÉNIE
MÉSOPOTAMIE
ASSYRIE
Babylone

Syrie
Damas
Tyr
Judée
Jérusalem
Arabie
Palmyre

Égypte
Thèbes

ARABIE

Golfe Persique
Suse
Charax

v. J.-C. et dura jusqu'en 476 ap. J.-C. Voir Bas-Empire, Empire romain d'Occident, Empire romain d'Orient, Haut-Empire, République romaine, Rome royale.

ROMAINE (Armée). D'abord armée de citoyens* sous la République* romaine puis armée de métier, elle fut pour Rome un puissant instrument de conquêtes. Au temps des rois, l'armée était formée par les membres des grandes familles de la noblesse (patriciens*) et leurs clients*. Puis, à partir du Ve siècle av. J.-C., la plèbe* y entra sauf ceux qui ne possédaient rien (les prolétaires*) car tout soldat devait s'équiper à ses frais. Les plus riches formaient la cavalerie, les autres l'infanterie lourde et légère. L'armée n'était pas permanente mais tous les citoyens, entre 17 et 46 ans, étaient mobilisables. Levés par tirage au sort, ils devaient 16 campagnes dans l'infanterie ou 10 dans la cavalerie, chaque campagne durant de mars à l'automne. Soumise à un entraînement très rude et à une discipline de fer, l'armée était divisée en légions*, elles-mêmes subdivisées en manipules* et centuries* puis en cohortes*. Elle était commandée non par des professionnels mais par de hauts magistrats*, les consuls*, chaque légion étant dirigée par six tribuns militaires assistés de centurions*. Cette armée, complétée par des contingents fournis par les Italiens soumis devenus alliés, était très maniable. Disposée sur trois rangs (Hastati*, Princips*, Triarii*), elle combattait souvent en tortue, les soldats formant une sorte d'abri en joignant leurs boucliers pour se protéger des projectiles, et installait chaque soir un camp fortifié. À partir des réformes du consul Marius* en 107 av. J.-C., l'armée romaine devint une armée de métier. Ouverte aux pauvres attirés par la solde et l'espoir de recevoir une terre, les soldats devaient désormais s'engager pour 16 ans sans cesser de porter les armes. Si cette armée nombreuse permit les conquêtes de l'Empire, ses soldats, plus dévoués à ses chefs qu'à l'État, servirent l'ambition de Marius, Sylla*, Pompée* et César*. Ce sont eux qui provoquèrent les guerres civiles du Ier siècle av. J.-C. et favorisèrent l'établissement du régime impérial. Composée d'environ 350 000 hommes cantonnés surtout aux frontières (limes*), l'armée romaine recruta de plus en plus d'étrangers (Barbares*) et n'eut plus au IVe siècle av. J.-C. de romain que le nom. Voir Camp romain.

ROMAN (Art). Nom sous lequel on désigne l'ensemble de la production artistique en Occident de la fin du Xe siècle au XIIe siècle au cours duquel l'art roman s'impose. L'adjectif roman fut employé au XIXe siècle pour signifier « inspiré des Romains ». Bien que les styles de l'art roman soient très variés selon les pays ou même les provinces, des caractères communs prédominent dans l'architecture religieuse, comme l'emploi de la voûte* en berceau et d'arcs* en plein cintre. La nécessité de soutenir la voûte impliqua la multiplication des piliers, ce qui permettait l'allongement monumental de la nef* et une meilleure circulation des fidèles. Bas-reliefs et statues décoraient les églises. Presque tous les murs et même les voûtes étaient revêtus de mosaïques et plus souvent encore de fresques. L'art roman a laissé de nombreux chefs-d'œuvre : cathédrales impériales de Spire, Mayence et Worms en Allemagne ; Pise* en Italie avec la cathédrale, le campanile, appelé tour penchée, et le baptistère ; les abbayes de Caen et l'église abbatiale de Jumièges, en Normandie* ; la Madeleine de Vézelay*, l'abbaye de Cluny* et Saint-Philibert de Tournus en Bourgogne* et la basilique Saint-Jacques de Compostelle*, aboutissement d'un chemin jalonné d'édifices romans.

ROMAN DE LA ROSE. Poème français du XIIIe siècle en octosyllabes, composé de deux parties écrites par deux auteurs différents et constituant deux œuvres distinctes. La première, écrite par Guillaume* de Lorris vers 1235, s'inspire d'Ovide* et de son *Art d'aimer* et de la littérature courtoise. La seconde partie fut écrite 40 ans plus tard par Jean de Meung. Le *Roman de la rose* connut un immense succès. Il fut admiré par Pétrarque* et traduit par l'Anglais Chaucer* au XIVᵉ siècle, puis réécrit en français moderne par Clément Marot* en 1527.

ROMAN DE RENART. Contes français écrits aux XIᵉ et XIIᵉ siècles. Satires de la société médiévale, ils parodient les chansons de geste* et les romans courtois. Voir *Roman de la rose*.

ROMANISATION. Dans l'Antiquité romaine, action qui consistait à adopter ou à faire adopter la civilisation et la langue romaines. La romanisation de la Gaule* fut importante, particulièrement dans le sud du pays. Voir Latin, Romaniser.

ROMANISER. 1) Faire adopter la civilisation et la langue romaines à des peuples situés hors d'Italie. La romanisation* des provinces* de Rome* fut importante particulièrement dans le sud de la Gaule*. 2) Dans le domaine religieux, signifie être fidèle à la foi de l'Église* catholique romaine. Voir Latins.

ROMANOV. Dynastie russe originaire de Lituanie fondée par Michel III Fiodorovitch en 1613. Elle dut son ascension au mariage d'Ivan IV* le Terrible avec Anastasia Romanovna en 1547. Le dernier représentant de la dynastie fut Nicolas II*, assassiné avec sa famille par les bolcheviks* en 1918.

ROMANTISME. Nom donné à l'ensemble des mouvements littéraires et artistiques qui commencent à la fin du XVIIIᵉ siècle en Angleterre et en Allemagne pour se diffuser en Europe et notamment en France dans la première moitié du XIXᵉ siècle. Le romantisme s'opposa à la tradition classique qui trouvait son inspiration dans l'Antiquité gréco-latine, privilégiait la beauté intemporelle et les sujets nobles et imposait à l'artiste le respect de règles strictes. Le romantisme revendiqua au contraire la liberté de l'inspiration et le « culte du moi » par l'exaltation de la sensibilité et de l'irrationnel. Les artistes romantiques se sont aussi engagés dans les combats de leur époque, en particulier dans l'émancipation des peuples et les mouvements d'indépendance nationale. Le romantisme manifesta ses premières formes d'expression en Angleterre (Robert Southey, William Wordsworth* puis Percy Shelley*, lord Byron*, sir Walter Scott*, Charles Dickens*) et en Allemagne (le *Werther* de Goethe*, Friedrich Novalis*, Friedrich Hölderlin*, Heinrich Heine*, Friedrich von Schiller*, Franz Schubert*, Robert Schumann*). Plus tardif en France, il y trouva néanmoins son plein épanouissement et prolongea un courant remontant à Jean-Jacques Rousseau* (*Julie ou la Nouvelle Héloïse*, 1761), Bernardin de Saint-Pierre (*Paul et Virginie* 1788), Mme de Staël* et François René de Chateaubriand* (*Le Génie du christianisme*, 1802). Le romantisme français fut représenté par Victor Hugo* (la représentation d'*Hernani* en 1830 donna lieu à une célèbre bataille littéraire avec les tenants du classicisme*), Lamartine*, Musset* Vigny*, Nerval*, George Sand*, Michelet,* Géricault* et Delacroix*. Entre 1820 et 1848, le romantisme était devenu un mouvement dominant en Europe. En Italie, il fut étroitement associé au mouvement nationaliste du *Risorgimento* comme en témoignèrent les œuvres de Silvio Pellico, Alessandro Manzoni (*Le Fiancés*, 1825) et Giacomo Leopardi.

ROME. Nom donné à l'un des plus grands États de l'Antiquité. Il se constitua à partir de la ville de Rome, domina ensuite l'ensemble de la péninsule italienne, puis le monde méditerranéen. Située dans le Latium*, sur la rive gauche du Tibre, Rome aurait été fondée selon la tradition en 753 av. J.-C. par Romulus*. Son histoi-

eut être divisée en 4 périodes : la Rome* royale (VIIIᵉ-VIᵉ siècles av. J.-C.) ; la République* romaine (VIᵉ-Iᵉʳ siècles av. J.-C.) ; le Haut* Empire (Iᵉʳ siècle av. J.-C.-IIᵉ siècle ap. J.-C.) – apogée de la puissance et de la civilisation romaines – et le Bas* Empire (IIᵉ-Vᵉ siècles ap. J.-C.). Voir Annins, Byzantin (Empire), Empire romain d'Occident, Empire romain d'Orient, Étrusques, Invasions (Grandes), Flaviens, Julio-Claudiens, Sévères, Tite-Live, Virgile.

ROME, Traités de. Accord signé le 25 mars 1957 entre la France, l'Allemagne fédérale, l'Italie, les Pays-Bas, la Belgique et le Luxembourg et qui institua la Communauté* économique européenne (CEE) et la Communauté européenne de l'énergie atomique (Euratom*).

ROME ROYALE. Elle correspond à la première période de l'histoire de Rome (VIIIᵉ-VIᵉ siècles av. J.-C.), alors gouvernée par des rois. Selon la légende rapportée par l'historien Tite-Live* et le poète Virgile*, elle fut vers 753 av. J.-C. que Romulus*, lointain descendant du troyen Énée*, fonda Rome sur la colline du Palatin*. À Romulus auraient succédé deux rois sabins et un roi latin (Numa* Pompilius, Tullius* Hostilius et Ancus* Martius) puis trois rois étrusques (Tarquin* l'Ancien, Servius* Tullius et Tarquin* le Superbe) ; une révolution mit fin à cette royauté et la république fut proclamée. Cette tradition sur les origines de Rome est en partie confirmée par les fouilles archéologiques. À partir du IIᵉ millénaire av. J.-C., des envahisseurs indo-européens (les Italiotes*) s'installèrent par vagues successives en Italie, se mêlant aux populations déjà établies (les Ligures*). Mais Rome, au IIIᵉ siècle av. J.-C., n'était encore qu'un ensemble de petits villages latins et sabins installés aux flancs de quelques collines (Palatin, Viminal*, Quirinal*). Les Étrusques*, en réunissant ces villages au VIᵉ siècle av. J.-C., furent les véritables fonda-

teurs de Rome, dont ils firent la cité la plus puissante du Latium*.

ROMMEL, Erwin (Heidenheim, Wurtemberg, 1891-Herrlingen, près d'Ulm, 1944). Maréchal* allemand. Il se distingua, lors de la Seconde Guerre* mondiale, en particulier en Libye et en Égypte et fut surnommé pour cette raison le « Renard du désert ». Commandant d'une division blindée lors de la campagne de France* (1940), il fut ensuite nommé à la tête de l'Afrikakorps* en Libye (1941-1943) ; il remporta contre les Britanniques la bataille d'El-Alamein* en Égypte (octobre 1942), mais fut battu plus tard par Montgomery*. Il commanda en 1944 le front de Normandie en France mais ne réussit pas à vaincre le débarquement* allié (6 juin 1944). Sa sympathie pour le complot organisé contre Hitler* le 20 juillet* 1944 entraîna son arrestation, et son suicide sur ordre de Hitler (qu'il accepta pour sauver sa famille) ; celui-ci lui organisa néanmoins des funérailles nationales.

ROMULUS (VIIIᵉ siècle av. J.-C.). Fondateur et premier roi légendaire de Rome*. Descendant d'Enée* et fils du dieu Mars* et de la vestale* Rhéa Silvia, il aurait régné entre 753 et 786 av. J.-C. Selon la tradition, trois siècles séparent le règne d'Enée de la fondation de Rome. À Albe*, principale ville du Latium*, Amulius détrôna son frère Numitor et obligea sa nièce Rhéa Silvia à devenir vestale (prêtresse de la déesse Vesta*) ce qui lui interdisait de se marier et d'avoir des enfants susceptibles de le renverser. Mais la vestale fut visitée par le dieu Mars* qui la rendit mère de deux jumeaux, Rémus* et Romulus. Furieux, Amulius abandonna les deux enfants aux eaux du Tibre alors en crue. Les flots du fleuve les rejetèrent au pied du mond Palatin* et une louve descendue des montagnes les allaita avant qu'ils ne soient recueillis par un couple de bergers. Devenus adultes, les deux frères eurent la révélation de leur naissance, massacrèrent

Amulius, rétablirent leur grand-père sur le trône et décidèrent de fonder une nouvelle ville. Pour savoir qui en serait le roi, les jumeaux s'en remirent aux dieux en consultant le vol des oiseaux et Romulus l'emporta. Il traça aussitôt le sillon de la future enceinte et fonda ainsi Rome (753 av. J.-C.). Mais, furieux de n'être pas roi, Rémus franchit par bravade le sillon et Romulus, insulté dans son œuvre sacrée, tua son frère. Il fit ensuite de Rome un lieu d'asile ouvert aux sans-abris (vagabonds, hors-la-loi) et décida d'enlever les Sabines pour donner des femmes à ses compagnons. Le traité qui suivit la guerre entre Latins* et Sabins* amena la fusion des deux peuples. Romulus disparut mystérieusement lors d'un orage au cours d'une cérémonie religieuse. Il fut promu au rang des dieux et adoré sous le nom de Quirinus*. Voir Sabines (Enlèvement des).

RONSARD, Pierre de (château de La Possonnière, 1524-Saint-Cosme-en-l'Isle, 1585). Poète français, chef de la Pléiade* et dernier représentant de la civilisation humaniste de la Renaissance*. Gentilhomme destiné à une carrière militaire, mais atteint d'une surdité précoce (1542), il se consacra à la poésie, fréquentant les humanistes, particulièrement l'helléniste Jean Dorat dont il fut l'élève au collège de Coqueret (Sainte-Barbe) à Paris. Chef de la Pléiade, il resta dans son œuvre fidèle au manifeste littéraire de la *Défense et Illustration de la langue française* : les *Odes* (1550-1552), *Amours de Cassandre* (1552), *Amours de Marie* (1555), les *Hymnes* (1555-1556) et les *Discours* (1562-1563). Poète favori de Charles IX*, écarté après la mort de ce dernier (1574), Ronsard se retira dans son prieuré où il écrivit les *Amours d'Hélène*. Renommé, célébré comme le « prince des poètes », Ronsard, décrié après sa mort par Malherbe* hostile à la poésie trop savante de la Pléiade, ne retrouva la faveur du public qu'au XIXᵉ siècle grâce aux romantiques et

à Sainte-Beuve*. Flaubert* a dit de lui : « C'est plus grand que Virgile* et ça vaut Goethe*. » Voir Bellay (Joachim du), Humanisme, Romantisme.

ROON, Albrecht, comte von (Pleushagen, auj. Kolobrzeg, 1803-Berlin, 1879). Maréchal et homme politique prussien. Ministre de la Guerre (1859) puis de la Marine (1861) de Guillaume Iᵉʳ*, il fut, avec Moltke*, le réorganisateur de l'armée prussienne. Avec l'appui de Bismarck* et malgré l'opposition de la majorité libérale à la Diète, il réussit à imposer ses projets de réorganisation de l'armée. Ses réformes contribuèrent en grande partie aux victoires prussiennes contre l'Autriche (Sadowa*, 1866) et contre la France lors de la guerre franco-allemande* de 1870-1871.

ROOSEVELT, Franklin Delano (Hyde Park, État de New York, 1882-Warm Springs, 1945). Président des États-Unis (1933-1945). Démocrate, promoteur du *New* *Deal* lors de la crise* de 1929, il fut, lors de la Seconde Guerre* mondiale, l'un des artisans de la victoire des Alliés. Issu d'une famille aisée, cousin du président Theodore Roosevelt* – dont il épousa la nièce en 1905 –, Roosevelt, après avoir fréquenté les meilleures écoles privées, poursuivit des études supérieures à Harvard, puis à Columbia et devint avocat. Sénateur démocrate de l'État de New York* en 1910, il soutint activement la candidature de Thomas W. Wilson* aux élections présidentielles de 1912 et entra dans son cabinet comme secrétaire adjoint à la Marine (1913-1921). Candidat démocrate à la vice-présidence des États-Unis (novembre 1920), il ne put empêcher la victoire des républicains et fut battu. Après avoir interrompu quelque temps sa vie politique après une attaque de poliomyélite (1921), il fut élu gouverneur de l'État de New York (1929-1933), où il s'illustra par une lutte vigoureuse contre le chômage. Le congrès démocrate le désigna alors comme candidat aux élections présidentielles de

932 contre le républicain Hoover*, et oosevelt fut élu triomphalement, emportant plus de 57 % des suffrages. Entouré d'une équipe remarquable de banquiers et d'économistes (le *brain* trust* ou « trust des cerveaux »), Roosevelt prépara un programme économique et social de lutte contre la crise (le *New Deal* ou « Nouvelle donne »), destiné à relancer la consommation et l'investissement mais aussi à réformer le système ultra-libéral du capitalisme* américain par l'intervention du pouvoir fédéral dans l'économie. Les 100 jours (mars-juin 1933) qui suivirent l'accession à la présidence de Roosevelt furent marqués par une série de mesures d'urgence spectaculaires. Roosevelt, après avoir accordé un moratoire aux banques, imposa par le *Banking Act* une spécialisation entre banques de dépôts et banques d'investissements et créa un système de garantie des dépôts bancaires. Afin de relever les prix et favoriser les exportations, il pratiqua une inflation contrôlée, suspendit temporairement la convertibilité du dollar et dévalua la monnaie de 41 %. Il lutta contre l'effondrement des prix agricoles par l'*Agricultural Adjustement Act* (AAA) et proposa des « codes » de concurrence loyale et des conditions d'emploi dans les entreprises (*National Industrial Recovery Act* ou NIRA). Il lutta enfin contre le chômage par des mesures sociales (*Social Security Act*) et la mise en œuvre de grands travaux comme l'aménagement de la vallée du Tennessee. Les résultats du *New Deal* étant très lents, Roosevelt renforça considérablement le déficit budgétaire, l'État se chargeant de « réamorcer la pompe ». Les hostilités à la politique de Roosevelt furent nombreuses et émurent particulièrement des hommes d'affaires et de ses soutiens politiques, telle la Cour Suprême, qui déclara inconstitutionnels le NIRA (1935) et l'AAA (1936). Cependant, la popularité du président, entretenue par une habile propagande

(« causeries au coin du feu » à la radio) mais aussi justifiée par une remontée de l'indice de production, permit à Roosevelt d'être réélu en novembre 1936 avec une majorité renforcée (près de 61 % des suffrages). Si son premier mandat fut absorbé par la crise (résolue définitivement par les commandes militaires et la guerre), sa deuxième présidence fut surtout dominée par les problèmes internationaux. D'abord conscient de l'attachement des Américains à l'isolationnisme*, Roosevelt laissa voter par le Congrès des lois de neutralité (*Neutrality* Act*, 1935). Puis, inquiet des agressions allemandes, italiennes et japonaises, il menaça ces pays de les mettre « en quarantaine » (discours de la quarantaine, Chicago, octobre 1937) puis, les hostilités en Europe ayant commencé, il obtint du Congrès la levée de l'embargo sur les armes à condition que les belligérants les paient comptant et assurent leur transport (loi *cash* and carry*, novembre 1939). Roosevelt, néanmoins, refusa d'apporter son aide à la France défaillante de 1940 malgré les appels lancés par Paul Reynaud*. Réélu en novembre 1940 avec une majorité réduite (54 % des voix), il décida cependant d'aider la Grande-Bretagne, demeurée seule dans la lutte, en faisant voter par le Congrès la loi prêt-bail* (étendue en 1941 à l'URSS) et engagea l'industrie américaine à fabriquer des armes. Il signa avec Churchill* la Charte de l'Atlantique* (août 1941) définissant les buts de guerre des Alliés et achemina ainsi les États-Unis vers une intervention, malgré la résistance des isolationnistes encore majoritaires (la loi sur le service militaire national ne fut votée qu'à une voix de majorité), que précipita l'attaque japonaise de Pearl* Harbor (7 décembre 1941). Roosevelt participa durant la guerre à toutes les grandes conférences entre les Alliés (Casablanca, Québec, Le Caire, Téhéran*). À Yalta* (février 1945), il obtint de Staline* la promesse d'une intervention armée soviétique contre le Japon mais rejeta toute idée d'expansion soviétique ou communiste en Europe. Aux élections de 1944, Roosevelt fut réélu pour la quatrième fois à la présidence mais mourut quelques mois plus tard, à la veille de la victoire. Voir Truman (Harry).

ROOSEVELT, Theodore (New York, 1858-Oyster Bay, État de New York, 1919). Homme d'État et président républicain des États-Unis (1901-1909). Il lutta contre les excès du libéralisme*, rehaussant le prestige de la fonction présidentielle, et pratiqua à l'extérieur une politique impérialiste et interventionniste. Issu d'une famille d'origine hollandaise installée aux États-Unis depuis le XVIIᵉ siècle, fils d'un riche banquier de l'État de New York*, Theodore Roosevelt entra jeune dans la carrière politique. Secrétaire adjoint à la Marine sous l'administration du président McKinley* (1897), il fut un partisan enthousiaste de la guerre contre l'Espagne pour la libération de Cuba. Engagé volontaire, il s'illustra en commandant le fameux régiment des *Rough Riders*, ce qui lui valut une popularité considérable. Gouverneur de l'État de New York (1898-1900), il fut désigné par le Parti républicain* comme vice-président de McKinley auquel il succéda en 1901 lorsque ce dernier fut assassiné, puis il fut réélu en 1904. Attaché au capitalisme* libéral mais opposé à ses excès, il entama une vigoureuse action contre les trusts, joua un rôle d'arbitre dans les conflits du travail (grève des mineurs de Pennsylvanie* en 1902) et créa des réserves naturelles afin de contrecarrer les ambitions des promoteurs immobiliers. À l'extérieur, Roosevelt appliqua la politique dite du « gros bâton », multipliant les interventions en Amérique centrale, particulièrement au Panamá. Roosevelt y favorisa une révolution séparatiste (Panamá fut détaché de la Colombie) qui lui permit d'obtenir du nouvel État une concession pour le perce-

ment du futur canal que les Français avaient dû interrompre. L'activité de Theodore Roosevelt ne se limita pas au continent. Il intervint comme médiateur dans la guerre russo-japonaise* (1904-1905) et fit accepter aux adversaires le traité de Portsmouth*. Il se fit aussi représenter à la conférence d'Algésiras* sur le Maroc (1906) et participa à la conférence de la paix à La Haye (1907). De nouveau candidat à la présidence en 1912, l'appareil du Parti républicain lui préféra William Taft* et Roosevelt fonda alors le Parti progressiste, ce qui permit au candidat démocrate, Thomas Woodrow Wilson*, de l'emporter largement. Au début de la Première Guerre* mondiale, Roosevelt condamna la politique de non-intervention de Wilson. Voir Hispano-américaine (Guerre), Monroe (Doctrine).

ROSENBERG, Alfred (Revel, auj. Tallin, Estonie, 1893-Nuremberg, 1946). Théoricien nazi et homme politique allemand. Membre du parti national-socialiste, il prit, à partir de 1921, la direction du journal du parti, le *Völkischer Beobachter*. Devenu le principal conseiller de Hitler* en matière doctrinale, il tenta de donner des « bases philosophiques et culturelles » à la « vérité du sang aryen et par-dessus tout aryen-nordique », puisant ses références dans les ouvrages de Houston S Chamberlain*, Arthur de Gobineau*, Oswald Spengler*, mais aussi dans les écrits politiques et l'œuvre musicale de Richard Wagner*. Il exprima ses convictions raciales particulièrement dans *Le Mythe du XXᵉ siècle*, 1930 et *Sang et honneur* 1935-1936. Député en 1930, ministre des Territoires occupés à l'Est (1941), il y organisa la germanisation systématique et le transfert en Allemagne de millions de travailleurs forcés. Arrêté en 1945, il fut condamné par le tribunal de Nuremberg* et exécuté. Voir National-Socialisme.

ROSENBERG (Affaire). Affaire judiciaire américaine née dans le contexte de la guerre* froide qui concerna les époux Julius et Ethel Rosenberg accusés d'avoir livré des secrets atomiques aux Soviétiques. Bien que les faits n'aient pas été prouvés à l'époque, les époux, malgré une importante campagne internationale, furent condamnés à mort et exécutés en 1953.

ROSETTE (Pierre de). Voir Champollion.

ROSH HASHANA. Voir Fêtes juives.

ROSSBACH (Bataille de, 1757). Éclatante victoire remportée en Saxe par Frédéric II* de Prusse, sur l'armée française commandée par Soubise*, lors de la guerre de Sept* Ans. Voir Leuthen (Bataille de).

ROSSELINI, Roberto (Rome, 1906-*id.*, 1977). Cinéaste italien, il fut l'époux d'Ingrid Bergman. Il s'imposa comme l'un des maîtres du cinéma néo-réaliste. Il réalisa notamment *Rome, ville ouverte* (1944-1946), *Paisà* (1946), *Allemagne, année zéro* (1947).

ROSTOW, Walt Whitman (New York, 1916-). Économiste et homme politique américain. D'abord conseiller politique de John Kennedy*, il contribua comme conseiller à la Maison Blanche pour les Affaires étrangères (1966) à développer une politique de désarmement et de coexistence* pacifique avec l'URSS. Auteur de *Les Étapes de la croissance économique* (1960), il analyse les différents stades de développement de toute société en voie d'industrialisation.

ROSTRES. Dans la Rome* antique, tribune aux harangues ornées de rostres (éperons de navires) située au milieu du Forum* romain. Pendant les proscriptions ordonnées par Antoine*, la tête et les mains de l'orateur Cicéron* furent accrochées aux rostres.

ROTHSCHILD, Meyer Amschel (Francfort-sur-le-Main, 1743-*id.*, 1812). Banquier allemand de confession israélite. Chargé de la gestion des affaires de l'électeur de Hesse, il fonda la fortune familiale,

devenue une dynastie financière de rayonnement international.

ROUGET DE LISLE, Claude Joseph (Lons-le-Saunier, 1760-Choisy-le-Roi, 1836). Compositeur et officier français, auteur de la *Marseillaise*, hymne national de la France. Capitaine du génie à Strasbourg, il écrivit, après la déclaration de guerre à l'Autriche, le *Chant de guerre pour l'armée du Rhin* (1792). L'enthousiasme fut tel qu'aussitôt, le chant fut orchestré sur ordre du maire de Strasbourg. Adopté par les volontaires marseillais lors de la journée du 10 août* 1792, l'hymne devint la *Marseillaise*. Incarcéré sous la Terreur*, Rouget de Lisle fut sauvé de la guillotine par la chute de Robespierre*.

ROUHER, Eugène (Riom, 1814-Paris, 1884). Homme politique français. Bonapartiste autoritaire, il s'opposa sous le Second Empire* à toute tentative de libéralisation du régime. Avocat, d'abord député républicain (1848-1849), il se rallia au parti de l'Ordre* et servit, sous la Seconde République*, la cause du futur Napoléon III*. Conseiller d'État (1852-1855), puis ministre du Commerce, de l'Agriculture et des Travaux publics (1855-1863), il contribua à faire adopter d'importantes mesures concernant le développement des chemins de fer, de la navigation et de l'agriculture, l'aménagement de la région des Landes, et la signature du traité de commerce libre-échangiste avec l'Angleterre (1860). Devenu ministre d'État, il fut hostile à toute libéralisation du régime. Après les élections de 1869 qui assurèrent la victoire d'une majorité hostile au pouvoir personnel de l'empereur, Rouher fut contraint de démissionner (1869). Il fut le véritable chef du parti bonapartiste entre 1872 et 1881. Voir Bonapartisme.

ROUSSEAU, Henri, dit le DOUANIER (Laval, 1844-Paris, 1910). Peintre français. Autodidacte, initiateur de la peinture dite « naïve », il fut admiré pour sa figuration primitive et exotique par Guillaume

Apollinaire* et des peintres tels que Paul Gauguin*, Robert Delaunay*, Georges Braque* et Pablo Picasso*. Gabelou à l'octroi (d'où son surnom de « douanier ») de Paris à partir de 1870, il obtint une carte de copiste au Louvre* et réussit à s'insérer dans le circuit artistique en exposant au Salon des Indépendants à partir de 1886 après avoir cessé son activité professionnelle. Unique dans la peinture figurative de l'avant-garde française, il peignit des sites de Paris ou de sa banlieue et des scènes de la vie de la petite bourgeoisie qui influencèrent considérablement la peinture naïve (*La Calèche du père Juniet*, 1908, Paris, coll. part. ; *Les Joueurs de volley-ball*, 1908, New York). Ses tableaux représentant un univers exotique et imaginaire, très construits dans la composition et dans lesquels il manifesta de rares dons de coloriste, furent très appréciés des symbolistes (*La Bohémienne endormie*, 1897, New York et les séries de *Jungles* comme *La Charmeuse de serpents*, 1907 ; *La Forêt vierge au coucher du soleil*, 1907).

ROUSSEAU, Jean-Jacques (Genève, 1712-Ermenonville, 1778). Écrivain et philosophe de langue française. Esprit curieux et inquiet, il partagea avec les philosophes des Lumières la recherche de la vérité ; son idéal d'une démocratie de citoyens rencontra un large écho pendant la Révolution* française. Son œuvre littéraire influença par ailleurs la génération romantique qui y retrouvait l'exaltation de la sensibilité individuelle et l'amour de la nature. Né dans une famille de Genevois protestants*, Rousseau, orphelin de mère et abandonné par son père, vécut une adolescence vagabonde, puis émigra en Savoie où il fut accueilli par Mme de Warrens, qui devint sa maîtresse, au domaine des Charmettes près de Chambéry (1732-1740). Rejeté par sa protectrice, il se rendit à Paris, rencontra Voltaire*, Diderot*, et écrivit des articles sur la musique pour l'*Encyclopédie**. En 1750, son *Discours sur les sciences et les arts* lui apporta une première célébrité. Mais ce fut son *Discours sur l'origine et les fondements de l'inégalité parmi les hommes* (1755) qui le confirma dans sa vocation d'écrivain et de penseur. Accueilli chez Mme d'Épinay à L'Hermitage, dans la forêt de Montmorency (1756), Rousseau se brouilla avec Diderot, Voltaire et les encyclopédistes après la publication de sa *Lettre à d'Alembert sur les spectacles* (1758). Accueilli par M. et Mme de Luxembourg à Montlouis, près de Montmorency, il acheva *Julie ou la Nouvelle Héloïse* (1761), roman épistolaire où il exaltait les bienfaits d'un retour à la nature. Après la publication *Du Contrat social* (1762), résumé de son idéal républicain, et de l'*Émile ou de l'éducation* (1762), Rousseau fut poursuivi et dut s'enfuir en Suisse ce qui le conforta dans la hantise d'un complot dirigé contre lui. Voulant se justifier devant la postérité, il rédigea les *Confessions* (1765-1770, publiées en 1782-1789), puis évoqua des souvenirs heureux dans les *Rêveries du promeneur solitaire* (1776-1778, publiées en 1782). Accueilli à Ermenonville par le marquis de Girardin (1778), Rousseau y mourut. Enterré dans l'île des Peupliers, la Convention* fit transférer ses restes au Panthéon en 1794.

ROUSSEAU, Théodore (Paris 1812-Barbizon, 1867). Peintre français. Interprète des ambiances sombres et secrètes des sous-bois de la forêt de Fontainebleau, à la fois réaliste et romantique, il fut une personnalité dominante de l'école de Barbizon* et influença l'impressionnisme*. On peut citer parmi ses œuvres *Sortie de forêt à Fontainebleau au soleil couchant* (1848-1850), *Le Paysage après la pluie* (1852) et *Coucher de soleil sur la forêt* (1866).

ROUVIER, Maurice (Aix-en-Provence 1842-Neuilly, 1911). Homme politique français. Ce fut sous son gouvernement que fut votée en 1905 la loi de séparation* des Églises et de l'État. Journaliste républicain, plusieurs fois ministre des Finances (1889-1892, 1902-1905), il fut mis en cause dans le scandale des décorations qui obligea Combes* à démissionner et dans l'affaire de Panamá*. Il revint à la présidence du Conseil en 1905-1906 et prépara la conférence d'Algésiras* (1906). Voir Delcassé (Théophile).

ROUX, Jacques (Pranzac, Charentes, 1752-Bicêtre, Val-de-Marne, 1794). Révolutionnaire français. Il fut le chef des Enragés*, sans-culottes ultra-révolutionnaires, à la tête de toutes les émeutes parisiennes provoquées par la crise de subsistance. Défenseur des plus démunis, il fut condamné par Robespierre* et Marat* pour ses positions extrémistes. Curé dans le diocèse de Saintes, Jacques Roux adhéra avec enthousiasme à la Révolution*. Venu s'installer à Paris, il adhéra au Club des cordeliers* et signa la Constitution* civile du clergé. Nommé vicaire de Saint-Nicolas-des-Champs, il s'inscrivit à la section des Gravilliers, l'une des plus pauvres de Paris et devint le chef des Enragés. Critiqué par Robespierre, puis Marat, arrêté en septembre 1793, il se suicida dans sa prison à Bicêtre après avoir appris sa condamnation par le Tribunal* révolutionnaire. Ses grandes options qui s'inscrivaient dans la ligne du socialisme* furent reprises et développées plus tard par Babeuf*.

ROYAUMES COMBATTANTS Nom donné à une période de l'histoire de la Chine ancienne s'étendant du Ve au IIIe siècle av. J.-C. Elle se caractérisa par le déclin de la dynastie des Tchéou* (1025-256 av. J.-C.) et l'opposition entre sept grands royaumes se disputant, en des guerres continuelles et sauvages, la domination de la Chine. Au temps des Royaumes combattants, l'apparition de la fonte du fer (1 600 ans avant l'Europe) fit néanmoins progresser l'agriculture et les échanges. Les techniques militaires se développèrent (arbalètes, catapultes*) et les grandes orientations de la pensée chinoise furent définies par Confucius* et Lao-tseu*. Entre 230 et 221 av. J.-C., le puissant royaume de Ts'in*, dans l'ouest du pays, détruisit successivement tous ses rivaux. Son roi Che* Houang-ti, unifia toute la Chine et fonda le premier Empire chinois. Voir Fer (Âge du).

ROYER-COLLARD, Pierre Paul (Sompuis, 1763-Châteauvieux, 1845). Homme politique français. Partisan d'une monarchie constitutionnelle, il joua un rôle politique important sous la Restauration*. Avocat à Paris, secrétaire de la Commune* en 1790-1792, il se détacha de la Révolution* et vécut clandestinement sous la Terreur*. Député à partir de 1815, il devint le chef du parti des Doctrinaires*, favorable à l'application de la Charte* de 1814 et au suffrage censitaire. Président de la Chambre (1828), il rédigea l'adresse des 221*, hostile au pouvoir personnel de Charles X* (1830).

RPF (Rassemblement du peuple français). Mouvement politique français fondé en avril 1947 par le général de Gaulle* afin de lutter contre le régime des partis de la Quatrième République* et d'établir un fort pouvoir exécutif. Animé par des personnalités comme Jacques Soustelle*, René Capitant, Louis Terrenoire et André Malraux*, il regroupa pour l'essentiel d'anciens résistants, mais aussi des hommes de la droite conservatrice. L'essentiel de son programme fut la réforme de l'État, la lutte contre le communisme* et l'association capital-travail. Après d'importants succès aux élections municipales de 1947 et aux législatives de 1951, le mouvement reflua progressivement et des dissensions internes contribuèrent à son éclatement. De Gaulle rendit leur liberté aux élus RPF en 1953. Bien que le RPF ait largement contribué avec le Parti communiste* à l'instabilité ministérielle, il avait échoué à

bloquer de l'intérieur le fonctionnement du régime parlementaire. Les gaullistes se regroupèrent, après 1958, dans l'UNR* (Union pour la nouvelle République).
RPR (Rassemblement pour la République). Nom pris en France par l'UDR* (Union des démocrates pour la République) en 1976, et présidé jusqu'en 1994 par Jacques Chirac*, le RPR se présente comme l'héritier du gaullisme. Le RPR et l'UDF* (Union pour la démocratie française) obtinrent la majorité absolue aux élections législatives de 1986, ouvrant la période dite de cohabitation (1986-1988) entre Jacques Chirac et François Mitterrand*. Aux élections législatives de 1993, le RPR remporta avec l'UDF une écrasante majorité, inaugurant ainsi une seconde période de cohabitation entre le président de la République et Édouard Balladur*, nommé Premier ministre.
RUBENS, Pieter Paul (Siegen, Westphalie, 1577-Anvers, 1640). Peintre flamand. Créateur du baroque* nordique, peintre extraordinairement fécond, il fut l'un des grands maîtres de la peinture décorative et exerça, par sa maîtrise de la composition et sa science de la couleur, une importante influence sur les peintres d'Europe, notamment David* et Delacroix*. Fils d'un bourgeois calviniste exilé à Cologne, il s'installa à Anvers en 1589 puis, après plusieurs années d'apprentissage, devint l'un des maîtres de la corporation de Saint-Luc en 1598. Installé en Italie en 1600, il y resta jusqu'en 1608 au service du duc de Mantoue et réalisa ses premiers chefs-d'œuvre (*L'Adoration des bergers*, 1608, Fermo, San Filippo Neri). De retour à Anvers*, il obtint rapidement la protection du gouverneur espagnol des Pays-Bas, l'archiduc Albert, et fonda sa célèbre maison-atelier où il réalisa un nombre considérable d'œuvres grâce à sa puissance de travail et la rapidité de son exécution mais aussi à la collaboration de nombreux assistants parmi lesquels le peintre Van*

Dyck. Il acquit bientôt une brillante situation sociale et affirma un art en accord avec les objectifs de la Contre-Réforme*, déployant ainsi l'ampleur du baroque dans des compositions grandioses et intensément dramatiques. Rubens réussit à conquérir les cours européennes qui lui commandèrent de vastes séries de cycles apologétiques, notamment Marie* de Médicis pour laquelle il réalisa 21 grands tableaux (1622-1625) pour le palais du Luxembourg (actuellement au Louvre*). Il composa aussi des œuvres à sujets mythologiques et allégoriques, des portraits (comme ceux d'Hélène Fourment épousée en secondes noces) et des paysages.
RUBICON. Nom donné à un fleuve côtier de l'Italie, sur la mer adriatique. Formant la limite entre l'Italie et la Gaule* cisalpine, il était interdit à tout général romain de franchir en armes cette frontière sans ordre du Sénat*. C'est en franchissant ce fleuve en 50 av. J.-C. que Jules César* prononça la célèbre phrase : « *Alea jacta est* » (« Le sort en est jeté »).
RUDE, François (Dijon, 1784-Paris, 1855). Sculpteur français. Il fut l'un des maîtres de l'école romantique. Grand prix de Rome en 1812, exilé volontaire à Bruxelles après la chute de l'Empire*, Rude rentra à Paris en 1827, année où il présenta au Salon un *Mercure rattachant ses talonnières* de style classique. Chargé par Thiers* de la décoration de l'un des pieds de l'Arc* de Triomphe, Rude voulut rappeler la première campagne victorieuse de la France révolutionnaire et réalisa en 1832-1835 *Le Départ des Volontaires de 1792* connu sous le nom de « La Marseillaise », œuvre vivement critiquée par les tenants du néo-classicisme* en raison de la violence expressive de la figure centrale. Rude manifesta encore sa sensibilité romantique dans des créations comme *Jeanne d'Arc écoutant ses voix* (1845-1852) ou *Napoléon s'éveillant à l'immortalité* (1845).

RUHR (Occupation de la, 1923-1925). L'occupation de la Ruhr, l'une des principales régions d'industrie lourde de l'Allemagne, par les troupes franco-belges, marqua une crise majeure dans les relations franco-allemandes. Elle eut pour origine les premiers retards allemands dans le paiement des réparations* de guerre prévues dans le traité de Versailles* et entraîna, à partir de janvier 1923, l'occupation militaire par la France, de concert avec le gouvernement belge, et l'exploitation des principaux centres miniers de la Ruhr. En réponse à l'invasion, le gouvernement allemand riposta en organisant la « résistance passive » durement réprimée par les forces d'occupation. La gauche et l'extrême gauche en France condamnèrent sévèrement l'occupation tandis qu'en Allemagne, elle accentua la propagande nationaliste et la condamnation du traité de Versailles. L'arrivée au pouvoir du chancelier* Stresemann*, conscient du coût financier de l'occupation de la Ruhr dans une Allemagne en proie à une vertigineuse inflation, et du Cartel* des gauches (1924) en France sonnèrent le glas de la politique de force de Poincaré*. Édouard Herriot*, partisan d'une solution négociée, donna son adhésion au plan Dawes* (1924) pour le réaménagement du paiement des réparations, et prit l'engagement de l'évacuation de la Ruhr en une année (octobre 1924-juillet 1925). Le traité de Locarno* (1925), qui régla définitivement la question des frontières occidentales de l'Allemagne, ne justifia plus le recours de la France à des solutions militaires.

RUNDSTEDT, Gerd Von (Aschersleben, 1875-Hanovre, 1953). Maréchal* allemand. Il participa aux grandes opérations militaires de la Wehrmacht lors de la Seconde Guerre* mondiale. Après s'être illustré lors de la Première Guerre* mondiale, il tenta, après l'arrivée au pouvoir de Hitler* (1933) de prendre ses distances à l'égard du régime nazi et prit sa retraite en 1938. Rappelé par Hitler pour commander un groupe d'armées en Pologne (1939), il prit part à la campagne de France* (1940) puis conquit l'Ukraine et la Crimée en 1941. Estimant très vite la capacité de résistance des Russes, il refusa de poursuivre l'offensive ordonnée par Hitler et donna sa démission (novembre 1941). Rappelé sur le front occidental en France (janvier 1942), il ne put résister au débarquement* allié en Normandie (6 juin 1944) et fut remplacé par Kluge, mais commanda la dernière offensive allemande des Ardennes (décembre 1944). Emprisonné par les Anglais, il fut libéré en 1949. Voir Patton (George).

RUSSELL, John, 1ᵉʳ comte RUSSELL (Londres, 1792-Pembroke Lodge, 1878). Homme politique anglais, chef du Parti libéral*, d'une grande intégrité, il avait été surnommé « le Lycurgue* de la Chambre des communes ». Troisième fils du 6ᵉ duc de Bedford, député whig* en 1813, il prit une part active à la réforme parlementaire de 1832 qui assura une meilleure représentation de l'Angleterre industrielle, puis soutint l'émancipation des catholiques*. Secrétaire à l'Intérieur (1835-1839), secrétaire aux Colonies (1839-1841) puis Premier ministre (1846-1852), il poursuivit la politique libre-échangiste de son prédécesseur Peel*, mais dut affronter la grande famine irlandaise (1846-1851) et l'opposition démocrate regroupée dans le mouvement chartiste. Sa rivalité avec Palmerston* provoqua sa chute. Ministre des Affaires étrangères dans le cabinet de coalition d'Aberdeen (1852-1855), il encouragea une politique de fermeté à l'égard de la Russie qui conduisit à la guerre de Crimée*. À nouveau ministre des Affaires étrangères de 1860 à 1865, il favorisa l'unité italienne mais pratiqua ailleurs une politique de non-intervention, en particulier dans la guerre de Sécession* américaine. Voir *Catholic Relief Bill*, Chartisme.

RUSSIE (Campagne de, juin-décembre 1812). Nom donné à la campagne menée contre la Russie par Napoléon Ier*. Elle fut son premier grand désastre militaire entraînant l'anéantissement de la Grande* Armée. L'alliance qui avait été conclue en 1807 entre l'empereur et le tsar Alexandre Ier* à Tilsit* et renouvelée à Erfurt* (1808) ne résista pas au temps. Alexandre Ier redoutait une résurrection de la Pologne à partir du grand-duché de Varsovie* et Napoléon reprochait au tsar de ne pas appliquer fermement le Blocus* continental. Le conflit était inévitable. Alexandre Ier signa une alliance avec les Turcs (traité de Bucarest) et avec la Suède (traité de Saint-Pétersbourg). De son côté, Napoléon força la Prusse* et l'Autriche à lui fournir des contingents, ces deux pays souhaitant en réalité le succès de la Russie. L'armée qu'il réunit fut la plus grande qu'on ait jamais vue en Europe : plus de 600 000 hommes, dont 200 000 Français, le reste étant composé de Polonais, d'Allemands, de Suisses, de Hollandais et d'Italiens (« l'armée des 20 nations »). Le déséquilibre des forces était impressionnant. Les généraux russes, redoutant d'affronter Napoléon, adoptèrent une stratégie de retraite continue, entraînant les Français de plus en plus loin à l'intérieur des terres. L'armée du tsar faisait aussi le vide derrière elle : avec l'appui des masses paysannes, la tactique de la terre brûlée fut systématiquement pratiquée, empêchant l'envahisseur de se ravitailler. Au bout de deux mois de campagne, une première bataille, d'une grande violence, se livra à Borodino, près de la rivière Moskova* (septembre 1812) et, quelques jours plus tard, les Français entraient dans Moscou vidé de ses habitants et incendié. Craignant l'arrivée de l'hiver, Napoléon décida d'arrêter la campagne. La Grande Armée effectua en novembre-décembre 1812 une retraite qui tourna à la catastrophe : le froid, les privations, le harcèlement des Cosaques*, les

épisodes tragiques comme le passage de la rivière Berezina* (novembre 1812) coûtèrent la vie à des milliers de soldats. De la campagne de Russie ne revinrent au total qu'environ 110 000 hommes, les Russes ayant perdu de leur côté près de 70 % de leurs effectifs. Le désastre militaire, immédiatement suivi de la défection de l'Autriche (1813) et du soulèvement de la Prusse (1813), provoqua l'effondrement de la domination napoléonienne en Europe. Voir Charles XIV Bernadotte, Cent-Jours, Coalition (Sixième), Leipzig (Bataille de).

RUSSO-JAPONAISE (Guerre, février 1904-septembre 1905). Guerre entre le Japon et la Russie résultant de leurs rivalités impérialistes en Mandchourie*, riche en ressources minérales, et en Corée. La victoire écrasante du Japon, peuple de race jaune, sur la Russie, eut un immense retentissement. Elle consacra le Japon comme grande puissance, suscita durablement des nationalismes hostiles aux Européens dans les pays colonisés d'Asie et fut enfin à l'origine de la révolution* russe de 1905, prélude à celles de 1917. Depuis 1900, date à laquelle fut réprimée la révolte nationaliste des Boxers*, les grandes puissances avaient achevé de se partager la Chine en zones d'influence. La Russie s'était fait céder la concession du chemin de fer de l'Est chinois et la presqu'île de Liaodang où fut aménagée la base maritime de Port-Arthur sur le Pacifique, ouverte à la navigation toute l'année car hors d'atteinte du gel, contrairement à Vladivostok. Le Japon, vainqueur de la Chine en 1895, ne pardonnait pas aux grandes puissances de l'avoir contraint à céder la Mandchourie à l'influence russe, son extraordinaire essor industriel (ère Meiji*) l'incitant à développer ses conquêtes extérieures. Fort du soutien de l'Angleterre acquis en 1902, le Japon attaqua, sans déclaration de guerre, la flotte russe de Port-Arthur (février 1904), s'assurant ainsi la maîtrise de la mer. Pénétrant en Mandhourie méridionale, les Japonais en chassèrent les Russes après la sanglante bataille de Moukden* (février-mars 1905). La flotte russe de la Baltique, commandée par l'amiral Rojdestvenski, venue en renfort après avoir contourné l'Afrique (huit mois de navigation) fut à son tour anéantie par l'amiral Togo* à la bataille de Tsuhima (mai 1905). En proie à de graves troubles révolutionnaires, la Russie accepta les offres de médiation du président américain Theodore Roosevelt*. Au traité de Portsmouth* (5 septembre 1905), le Japon obtint la concession du chemin de fer sud-mandchourien, la presqu'île de Liaotong avec Port-Arthur et la moitié de l'île de Sakhaline, aux portes de l'Extrême-Orient russe. Il établissait enfin son protectorat en Corée (1905) déjà sous l'influence de Tokyo depuis 1898 et annexée en 1910. Voir Nicolas II, Shimonoseki (Traité de), Sino-japonaise (Guerre).

RUSSO-TURQUES (Guerres). Guerres qui opposèrent aux XVIIIe et XIXe siècles les Empires ottoman et russe. La Russie acquit au XVIIIe siècle le littoral septentrional de la mer Noire. Au XIXe siècle, ces guerres eurent pour objectifs successifs l'hégémonie dans les Balkans*, le problème des Détroits* et l'accès de la flotte russe à la Méditerranée. La guerre russo-turque de 1877-1878 opposa la Russie alliée à la Roumanie, la Serbie* et le Monténégro* à la Turquie qui fut vaincue. Le traité de San* Stefano établit l'influence russe dans les Balkans, remise en question par le Congrès de Berlin*. Voir Catherine II, Crimée (Guerre de), Orient (Question d'), Pierre Ier le Grand.

RUTEBEUF. Poète français du XIIIe siècle, il est notamment l'auteur d'un poème dramatique (*Le Miracle de Théophile*), d'un roman (*Renart le Bestourné*), de poèmes satiriques (*Le Dit de l'Erberie*). Il connut la misère des jongleurs et ménestrels.

RÜTLI ou **GRÜTLI** (Pacte de). Selon la tradition, pacte signé le 1er août 1291, à Rütli (en Suisse), par des patriotes suisses et peut-être Guillaume* Tell, afin de délivrer leur pays de la domination des Habsbourg*. Ce pacte est considéré comme l'acte de fondation de la Confédération helvétique et la date du 1er août a été adoptée comme fête nationale par la Suisse.

RYDZ-ŚMIGŁY, Edward (Brzeżany, auj. Berejany, Ukraine, 1886-Varsovie, 1941) Maréchal* polonais. Il commanda en 1939 les forces armées polonaises lors de la campagne de Pologne*. D'abord partisan de Pilsudski*, il combattit dans les « légions polonaises », alliées des Empires centraux lors de la Première Guerre* mondiale. Maréchal en 1936, il commanda les forces polonaises en 1939 et se réfugia en Roumanie après la victoire allemande. Rentré en Pologne en 1940, il y mourut dans la clandestinité. Voir Guerre mondiale (Seconde).

RYKOV, Alekseï Ivanovitch (Saratov, 1881-Moscou, 1938). Homme politique russe. Il joua un rôle de premier plan en Russie dans la propagande du bolchevisme, mais fut victime plus tard des purges staliniennes. Membre du POSDR (Parti ouvrier social-démocrate* de Russie) depuis 1900, il fut de nombreuses fois emprisonné ou exilé, et participa activement à la révolution d'Octobre 1917. Nommé commissaire du peuple et membre du comité central du parti, il devint président du Conseil des commissaires du peuple après la mort de Lénine* (1924). Représentant de l'aile droite modérée du parti, il s'opposa à la politique d'industrialisation accélérée proposée par la gauche dominée par Staline*. Désavoué par le parti en 1930, il fut condamné à mort lors des procès de Moscou* (1936-1938) et exécuté comme opposant au régime de Staline. Il fut réhabilité par Gorbatchev* en 1988. Voir Bolchevik, Révolutions russes de 1917.

RYSWICK (Traités de, 1697). Traités signés à Ryswick, village au sud de La Haye, mettant fin à la guerre de la Ligue d'Augsbourg* (1688-1697). Signés entre la France d'une part, l'Angleterre, les Provinces-Unies, l'Espagne et l'Empire d'autre part, les traités consacraient l'échec des tentatives d'hégémonie française en Europe. Louis XIV* conservait Strasbourg mais rendait presque tous les territoires qu'il avait annexés depuis la paix de Nimègue* (1678-1679) et reconnaissait, Guillaume III* d'Orange comme roi d'Angleterre.

S

SA (abrév. de *Sturm Abteilung*, Section d'assaut) Formation paramilitaire du Parti national-socialiste allemand. Créée par Hitler* en 1921 et destinée à l'origine à assurer le service d'ordre dans les réunions nazies, elle fut réorganisée par Röhm*, à partir de 1930 et, en deux ans, devint une puissante milice disciplinée de 400 000 hommes. Cette « armée brune » du parti joua, par l'intimidation et la violence, un rôle essentiel dans l'accession au pouvoir de Hitler (janvier 1933). Après l'absorption des Casques d'acier, le nombre des SA atteignit près de 3 millions de membres en 1933. Cette excessive puissance, la volonté non dissimulée de Röhm de soumettre l'armée traditionnelle aux SA et son désir de pousser plus loin la « révolution national-socialiste » finirent par inquiéter Hitler. Lors de la Nuit des Longs* Couteaux (29-30 juin 1934), Röhm et plusieurs dizaines de ses subordonnés furent éliminés. La SA ne joua plus désormais qu'un rôle effacé au profit des SS*. Voir National-Socialisme.

SABBAT. Dans la religion juive, nom donné au septième jour de la semaine, jour de repos consacré au culte de Dieu. Le sabbat débute le vendredi soir et se termine le samedi soir (au coucher du soleil). Voir Fêtes juives, Judaïsme, Synagogue.

SABINES (Enlèvement des). Voir Sabins.

SABINS. Ancien peuple d'Italie centrale installé en Sabine, au nord-est de Rome*. Après la fondation de Rome en 753 av. J.-C., Romulus*, voulant procurer des femmes à ses compagnons, aurait, selon la légende, organisé une fête dans la ville pour attirer ses voisins, les Sabins. Au cours de celle-ci, les Romains enlevèrent leurs épouses et leurs filles et ce rapt provoqua une guerre entre les deux peuples. Elle se termina par un traité d'alliance qui entraîna la fusion entre Romains et Sabins. Après Romulus, deux rois sabins (Numa* Pompilius et Ancus* Martius) gouvernèrent Rome. Cette légende dissimule probablement une hostilité réelle entre Romains et Sabins, ces derniers n'ayant été définitivement soumis à Rome qu'en 290 av. J.-C. Voir Italiotes.

SACCO ET VANZETTI (Affaire). Affaire judiciaire américaine qui provoqua aux États-Unis comme dans le monde une très vive indignation. En 1920, deux immigrés italiens, Nicola Sacco (né en 1891) et Bartolomeo Vanzetti (né en 1888), tous deux militants anarchistes, furent arrêtés comme auteurs présumés du meurtre du trésorier et du gardien d'une usine à Braintree (Massachusetts*). Inculpés sans preuves, ils furent condamnés à mort en 1921. Malgré les gigantesques manifestations en leur faveur aux États-Unis et en Europe, mais aussi les déclarations d'un autre prisonnier affirmant leur innocence, Sacco et Vanzetti furent exécutés en 1927. Cette affaire avait éclaté dans une Amérique xénophobe en proie à une psychose antirévolutionnaire.

SACERDOCE ET DE L'EMPIRE

(Lutte du). Conflit qui opposa aux XIIe et XIIIe siècles le Sacerdoce (la papauté) et l'Empire (l'empereur), chacun prétendant dominer la Chrétienté* et revendiquant l'universalité du pouvoir. Frédéric Ier* Barberousse, désireux d'affirmer la puissance de l'Empire aux dépens de l'autorité du pape, combattit les villes de Lombardie*. Il opposa un antipape à Alexandre III mais fut finalement vaincu par ce dernier. À l'avènement du pape Grégoire IX (1227), la lutte reprit et atteignit son point culminant avec Frédéric II*, maître de la Sicile. Deux fois excommunié, l'empereur mourut en 1250, laissant ses États en pleine révolte. Le Sacerdoce l'avait emporté mais sortit très affaibli de ces luttes. Voir Guelfes et Gibelins.

SACRE. Cérémonie au cours de laquelle un souverain reçoit la couronne et les attributs royaux, précédés de l'onction imitée de l'onction sainte des rois de la Bible*, ce qui confère à la monarchie un caractère religieux. Dans l'Europe chrétienne, le sacre fit son apparition dès le VIIe siècle dans la monarchie des Wisigoths*. En France, où la tradition remontait à Pépin* le Bref (751), le sacre se déroulait habituellement à Reims. En Angleterre, il remonte au Xe siècle et reste en usage encore aujourd'hui. Administré par l'archevêque de Canterbury* dans l'abbaye de Westminster, sa formule a été définitivement fixée après la révolution de 1688, le souverain s'engageant notamment à maintenir la religion protestante. Le sacre remonte dans l'Empire à Otton Ier* le Grand, les empereurs élus se faisant sacrer à Rome. Après Charles* Quint, sacré lui-même à Bologne, les empereurs cessèrent de demander le sacre au pape. Voir Révolution d'Angleterre (Première).

SACRÉE (Voie). Nom donné lors de la bataille de Verdun* (1916) à la seule route de ravitaillement joignant Bar-le-Duc à Verdun. Grâce à cette voie, furent acheminés des milliers de tonnes de matériel et des milliers d'hommes, la quasi-totalité de l'armée française étant passée à Verdun.

SACREMENT. Dans la religion chrétienne*, rite religieux destiné à apporter la grâce de Dieu à celui qui en est l'objet. L'Église catholique* compte sept sacrements : le baptême*, la confirmation*, la communion* (Eucharistie*), la pénitence, le mariage, l'ordre (par lequel on devient prêtre), l'extrême onction ou sacrement des mourants. La majorité des protestants* n'admettent que deux sacrements : le baptême et la communion.

SACRILÈGE (Loi du, 20 avril 1825). Nom donné à la loi, votée sous la Restauration*, et punissant de mort le vol des objets sacrés et la profanation des hosties. Inapplicable en réalité, cette loi déchaîna une violente polémique avec les libéraux. Voir Charles X, Ultras, Villèle (Jean-Baptiste de).

SADATE, Anouar el (Mit Aboul Kom, Ménoufièh, 1918-Le Caire, 1981). Homme politique égyptien, il fut à l'origine du rapprochement de l'Égypte avec l'État d'Israël*. Issu de la petite bourgeoisie, élève à l'académie militaire d'Abassieh, il se rallia au groupe nationaliste des « officiers libres » qui, sous la direction de Nasser*, renversa par un coup d'État la monarchie du roi Farouk* (juillet 1952). Président de l'Assemblée nationale (1960-1969), Sadate succéda à Nasser à la tête de l'État en 1970. Après la quatrième guerre israélo-arabe* ou guerre du Kippour (1973), Sadate rompit définitivement avec l'URSS (1976) et se rapprocha des États-Unis, plaçant ainsi les Américains en position d'arbitre dans le conflit israélo-égyptien. Le voyage spectaculaire de Sadate à Jérusalem* et son discours à la Knesset (novembre 1977) entraînèrent la rupture des relations diplomatiques avec la majorité des pays arabes mais provoquèrent la signature aux États-Unis des accords de Camp David* entre Carter*, Sa-

late et Begin*, accords qui préfigurèrent
e traité de paix israélo-égyptien de 1979
traité de Washington). Sadate reçut avec
Begin, Premier ministre israélien, le prix
Nobel* de la paix en 1978. Il fut assassiné
u cours d'un défilé de la fête nationale par
les musulmans* intégristes.

**SADE, Donatien Alphonse François
marquis de** (Paris, 1740-Charenton,
1814). Écrivain français. Ses écrits scandaleux et son existence de libertin lui valurent 30 années d'emprisonnement entre-
coupées de fuites et de périodes de liberté.
Il mourut interné arbitrairement à Charen-
on et une partie de ses écrits fut détruite
bar la police du Consulat* et de l'Empire.
Parmi son œuvre qu'on ne peut limiter au
seul domaine de la jouissance et de la
sexualité, mais qui recouvre aussi une immense protestation contre l'ordre établi
politique et religieux), on peut citer : *Jus-
ine ou Les malheurs de la vertu* (1791),
La Philosophie dans le boudoir (1795) et
Les Cent vingt journées de Sodome
1782-1785).

SADOWA (Bataille de, 3 juillet 1866).
Victoire remportée à Sadowa, village de
Bohême, par les Prussiens conduits par le
oi Guillaume Ier* et Moltke* sur les Au-
richiens commandés par Benedek. Principale bataille de la guerre austro-prus-
ienne* de 1866, la victoire de Sadowa eut
un grand retentissement en Europe, et par-
iculièrement en France. Elle révéla la
puissance de l'armée prussienne et marqua
e début de la domination de la Prusse* en
Allemagne. Voir Bismark (Otto von).

SAHARA OCCIDENTAL. Voir Polisa-
io (Front), Hassan II.

SAIGON. Ancien nom de Hô* Chi Minh-
Ville, elle fut l'une des capitales de l'In-
dochine* française. Après la guerre d'In-
dochine* et les accords de Genève*
1954), Saigon devint la capitale du Sud-
Viêt-nam. Elle prit le nom de Hô Chi
Minh-Ville, après la fin de la guerre du
Viêt-nam* (1975).

SAINT-ARNAUD, Arnaud Jacques, dit
Jacques Achille Leroy de (Paris, 1798-en
mer Noire, 1854). Maréchal* de France.
Après s'être illustré, comme officier d'ordonnance de Bugeaud*, dans la conquête
de l'Algérie (1831), il fut nommé ministre
de la Guerre par Louis Napoléon Bonaparte* (octobre 1851), et participa activement au coup d'État du 2 décembre* 1851,
ce qui lui valut la dignité de maréchal.
Commandant de l'armée en Crimée
(1854), il remporta la victoire de l'Alma*
(septembre 1854). Voir Crimée (Guerre
de).

SAINT-BARTHÉLEMY (Nuit de la,
1572). Lors des guerres de Religion* en
France, nom donné au massacre de protestants* qui eut lieu à Paris dans la nuit du
23 au 24 août 1572, jour de la Saint-Barthélemy. Cette tuerie, qui fit plus de
3 000 victimes, saluée comme une victoire
par le pape Grégoire XIII et le roi d'Espagne Philippe II*, resta longtemps le symbole de l'intolérance religieuse. L'origine
de ce massacre fut en réalité une affaire
politique. La politique de réconciliation
menée par Charles IX* après la paix de
Saint-Germain (alliance avec les Pays-Bas
révoltés contre l'Espagne, entrée d'Henri
de Navarre, futur Henri IV*, dans la famille royale par son mariage avec Marguerite de Valois, sœur de Charles IX) et l'ascendant que prit sur lui l'amiral de
Coligny*, chef des protestants, provoquèrent l'inquiétude des catholiques, dirigés
par les Guise*. Catherine* de Médicis,
craignant que les Guise ne renversent les
Valois*, persuada Charles IX d'un
complot protestant et obtint l'ordre de mettre à mort tous les chefs protestants. Les
Guise et leurs partisans, auxquels se joignit
le peuple de Paris, déchaîné, exécutèrent la
décision royale. Les tueries, malgré l'ordre
royal d'arrêter l'effusion de sang, se poursuivirent dans de nombreuses villes de
province jusqu'en octobre. La Saint-Barthélemy eut un profond retentissement sur

l'opinion européenne, en particulier protestante.

**SAINT-CYRAN, Jean Duvergier de
Hauranne, abbé de** (Bayonne, 1581-Pa-
ris, 1643). Théologien français. Ami et disciple de Jansénius*, il introduisit le jansénisme* en France. Abbé de Saint-Cyran
(1620), il devint le directeur de conscience
des religieuses de Port-Royal*. Chef du
parti dévot, il s'attira l'hostilité de Richelieu* qui le fit enfermer à Vincennes
(1638-1642). Voir Arnauld (Antoine).

SAINT-DENIS (Abbaye de). Symbole de
la monarchie française, l'abbaye perpétua
depuis les temps mérovingiens* la tradition de résidence puis de nécropole royale.
L'une première églises fut élevée, selon la
légende, par sainte Geneviève, à la fin du
Ve siècle, à l'emplacement où furent ense-
velis saint Denis*, premier évêque de Paris et évangélisateur des Gaules, ainsi que
ses compagnons. L'abbaye de Saint-Denis
fut fondée vers 625 par Dagobert* puis elle
devint la nécropole du roi, comme de la
plupart de ses successeurs. Charlemagne*
consacra la troisième église (775) puis, à
partir de 1112, une importante restauration
architecturale fut entreprise grâce à
Suger*. La construction du chœur*,
commencée après celle de l'avant-nef et
terminée pour la consécration en 1144 – en
présence de Louis VII* et de la reine Aliénor* d'Aquitaine* –, devint le manifeste
de l'art gothique*. De cette église ne subsistent aujourd'hui que la façade occidentale, les deux travées de la nef et le déambulatoire* avec ses chapelles absidiales.
Agrandie de 1231 à 1281 sur les plans de
Pierre et Eudes de Montreuil (nef*, partie
centrale du chœur et transept), puis au
XIVe siècle (chapelles) et XVIe siècle (nécropoles des Valois*), l'abbaye fut endom-
magée pendant la Fronde* puis gravement
mutilée pendant la Révolution*. Sa restauration débuta sous les Bourbons* (caveau
de Louis XVI* et de sa femme) et fut terminée par Viollet-le-Duc* qui rétablit

l'édifice (cathédrale depuis 1967) dans son
état actuel. On y trouve les tombeaux de
Dagobert*, Charles V* et Du* Guesclin
de Louis XII* et d'Anne de Bretagne
d'Henri II* et de Catherine* de Médicis
de François Ier* et Claude de France.

SAINT EMPIRE (Électeurs du). Nom
donné aux princes allemands auxquels appartenait le droit d'élire les empereurs
Leur nombre, fixé à sept par la bulle* d'or
de 1356, fut modifié au cours des siècles.
Ces électeurs disparurent avec le Saint-
Empire romain germanique en 1806.

**SAINT EMPIRE ROMAIN GERMA-
NIQUE.** Nom donné à l'Empire fondé en
962 par Otton Ier* le Grand et dissous en
1806 sous le règne de François II. La dislocation de l'empire de Charlemagne* permit à Otton Ier, roi de Germanie* puis
d'Italie, de se faire couronner empereur
par le pape à Rome. Le Saint Empire fut
au faîte de sa gloire entre le XIe et le
XIIIe siècle et englobait la Germanie, l'Italie du Nord et du Centre, la Lorraine et les
marches* de l'Est et le royaume de Bourgogne* (Provence*, Franche-Comté). Les
meilleurs empereurs, avec les Ottoniens*
(Otton Ier, Otton II*, Otton III* et
Henri II), les Saliens* (Henri III* et
Henri IV*) et les Hohenstaufen* (Frédéric Ier* Barberousse et Frédéric II*, en particulier) ne réussirent cependant jamais à
imposer leur dynastie en Germanie, la couronne n'étant pas héréditaire mais conférée par l'élection des princes, ni d'ailleurs
en Italie où ils s'épuisèrent en combats
contre la papauté (querelle des Investitures*, lutte du Sacerdoce* et de l'Empire)
et contre les villes (Guelfes* et Gibelins)
Avec la mort de Frédéric II* (1250), les rêves de domination de l'Italie disparais-
saient et l'Empire, agrégat de centaines de
territoires avec des droits régaliens, se réduisit à la Germanie. En 1452, avec Frédéric III, l'Empire échut aux Habsbourg*
qui tentèrent de restaurer sa puissance
mais échouèrent face aux contestations in-

ernes et à l'opposition de la France, Charles* Quint ne réussissant guère à établir un royaume universel. En 1648, les traités de Westphalie*, qui démembraient l'Allemagne, marquèrent l'affaiblissement définitif de l'Empire et le trône impérial, titre prestigieux, ne conférait plus aucune autorité. Les Habsbourg qui avaient perdu leur prédominance en Allemagne au profit de la Prusse* et qui n'avaient pu résister aux invasions de la Révolution* et de Napoléon Ier*, renoncèrent à l'Empire en 1806. François II avait pris le titre de François Ier*, empereur d'Autriche, deux ans auparavant. Voir Bulle d'or, Grand Interègne.

SAINT-EXUPÉRY, Antoine de (Lyon, 1900-disparu en mission de guerre, 1944). Écrivain et aviateur français. D'abord pilote de ligne et pilote d'essai, il devint lors de la Seconde Guerre* mondiale pilote de guerre dans l'armée de la Libération* et disparut lors d'une mission en Méditerranée. Il fut, parallèlement à ses activités d'aviateur, écrivain ; on lui doit notamment *Vol de nuit* (1931), *Terre des hommes* (1939), *Pilote de guerre* (1942) et *Le Petit Prince* (1943).

SAINT-GERMAIN-EN-LAYE (Château de). Construit par Louis VI* (1125), brûlé par les Anglais lors de la guerre de Cent* Ans (1346), le château fut restauré sous Charles V* (1367) et reconstruit sous François Ier* par Pierre Chambiges, le donjon* de Charles V et la chapelle de Saint Louis étant conservés. Jusqu'en 1682, Louis XIV* et sa cour y résidèrent. Le roi fit agrandir l'édifice par Mansart*, et Le Nôtre* s'occupa des jardins. Prison sous la Révolution* française, puis pénitencier militaire (1830-1853), restauré par Napoléon III* (1862), le château abrite depuis 1867 le musée des Antiquités nationales gallo-romaines.

SAINT-GERMAIN-EN-LAYE (Traité de, 10 septembre 1919). Traité signé à Saint-Germain-en-Laye entre les Alliés et l'Autriche, après la Première Guerre* mondiale. Il consacrait, avec le traité de Trianon* (4 juin 1920), le démembrement de l'Autriche-Hongrie*. L'Autriche, réduite à 83 000 km^2 et à 6,5 millions d'habitants, s'engageait à renoncer à l'union avec l'Allemagne, à payer des réparations de guerre et à réduire ses forces militaires à 30 000 hommes. Elle cédait des territoires à la Tchécoslovaquie, à la Yougoslavie et à l'Italie (Tyrol du Sud et Trentin). Voir *Anschluss*, Paris (conférence de), Sudètes.

SAINT-GOBAIN. Dans cette commune de l'Aisne (France) fut fondée en 1685 par Colbert* la Manufacture des glaces de France, réunie en 1695 à la Manufacture des glaces du faubourg Saint-Antoine. Elle fut transformée en société anonyme en 1830. Voir Gobelins (Manufacture royale des).

SAINT-JACQUES-DE-COMPOSTELLE, en espagnol Santiago de Compostela. Ville du nord-ouest de l'Espagne, l'un des lieux de pèlerinage les plus célèbres d'Europe à partir du Xe siècle et qui se développa après la *Reconquista**. Sa basilique fut construite sur le lieu où une étoile aurait indiqué l'emplacement des reliques de l'apôtre* saint Jacques le Majeur, martyrisé à Jérusalem* peu après la crucifixion de Jésus-Christ*. Au Moyen Âge, de nombreux chemins de saint Jacques parcouraient la France jusqu'à l'Espagne. L'un des plus fréquentés partait de la tour Saint-Jacques à Paris et rejoignait les Pyrénées par les sanctuaires de Vézelay* et de Sainte-Foy de Conques.

SAINT-JUST, Louis Antoine (Decize, 1767-Paris, 1794). Homme politique français. Figure de la Révolution* française, il fut surnommé l'« Archange de la Terreur ». Élève des oratoriens à Soissons puis à Reims, nourri de la lecture de Rousseau*, il se rallia dès 1789 avec enthousiasme à la Révolution. Élu en septembre 1791 à l'Assemblée* législative, il ne put y siéger en raison de sa jeunesse.

Député de l'Aisne à la Convention* (1792), Saint-Just s'imposa par ses discours cinglants et devint l'un des orateurs les plus écoutés de la Montagne, réclamant la mort de Louis XVI* sans appel ni sursis, et s'opposant violemment aux girondins*. Membre du Comité* de Salut public où il forma avec Robespierre* et Couthon* le triumvirat, il s'illustra comme représentant* en mission aux armées du Nord et du Rhin, galvanisant les troupes, infligeant des sanctions rigoureuses contre les officiers coupables et les déserteurs, contribuant ainsi à la victoire de Fleurus* (juin 1794). Président de la Convention* (février 1794), il défendit avec énergie le gouvernement révolutionnaire fondé sur la Terreur*, réclamant la confiscation des biens des émigrés* qu'il souhaitait donner gratuitement aux indigents afin de les attacher à la Révolution. Il lutta enfin avec Robespierre contre les factions, hébertistes* et Indulgents*. Arrêté sans aucune résistance, il fut guillotiné avec Robespierre au lendemain du 9 Thermidor* (27 juillet 1794).

SAINT-OFFICE (Tribunal du). Nom donné au tribunal de l'Inquisition* en Espagne. Établi en 1478 par Sixte IV à la demande des Rois Catholiques, Isabelle et Ferdinand, il participa à la lutte contre les juifs* (les marranes), les Morisques* et les Maures*. Étroitement contrôlé par l'État, il était dirigé par le grand inquisiteur, sous le contrôle du Saint-Siège, les autre juges étant nommés ou révoqués par le roi. Le premier grand inquisiteur (1483-1498) fut un dominicain*, Tomás de Torquemada. Le tribunal fut étendu à toutes les provinces espagnoles notamment d'Amérique. Supprimé en 1808 par Joseph Bonaparte*, rétabli par Ferdinand VII* contre les libéraux, il fut définitivement supprimé en 1834. Voir Ferdinand II d'Aragon, Isabelle Ire.

SAINT-SÉPULCRE. Nom donné aux constructions élevées à Jérusalem* à l'emplacement (supposé) du tombeau du Christ* et sur la colline du Golgotha.

SAINT-SIMON, Louis de Rouvroy duc de (Paris, 1675-id., 1755). Mémorialiste français. Duc* et pair, il tenta vainement de jouer un rôle politique à la cour de Versailles* notamment auprès du duc de Bourgogne* puis du régent, Philippe d'Orléans*. Retiré dans son château de la Ferté-Vidame (1723), il se consacra à la rédaction de ses *Mémoires*, témoignage acerbe sur la fin du règne de Louis XIV* et sur la Régence*. Son œuvre ne put être intégralement éditée qu'en 1830.

SAINT-SIMON, Claude Henri de Rouvroy, comte de (Paris, 1760-id., 1825). Philosophe et économiste français, arrière-cousin du mémorialiste. Ses travaux influencèrent à la fois les socialistes et les défenseurs du capitalisme* industriel. Il prit part à la guerre d'Indépendance* américaine et renia, dès le début de la Révolution* française, ses attaches nobiliaires. Il se consacra à l'étude des phénomènes socio-économiques et élabora une doctrine qui ouvrit la voie à la philosophie positiviste et à un socialisme* humanitaire. Ses idées, qu'il développa dans la revue *L'Industrie*, puis dans *L'Organisateur*, mais aussi dans le *Catéchisme des industriels* (1823-1824), exprimèrent, mieux que chez tout autre auteur, les aspirations diverses du XIXe siècle. Exaltant l'industrie et se fondant sur une religion de la science, il proclama la nécessité de substituer aux anciennes classes dirigeantes le « gouvernement des capacités », c'est-à-dire celui des producteurs et tout particulièrement des savants, des banquiers et des industriels les plus importants dans le but d'assurer la paix et le bonheur des peuples avec « l'amélioration la plus rapide du sort de la classe la plus pauvre ». Lointain ancêtre des technocrates contemporains, le saint-simonisme a puissamment collaboré à l'essor industriel du XIXe siècle et influencé de grands industriels du Second Empire*, comme les frères Pereire* ou Ferdinand de Lesseps*. Certains disciples de Saint-Simon ont accentué après sa mort l'aspect socialiste de sa pensée, entreprenant une critique assez radicale de la propriété privée et dénonçant l'exploitation de l'homme par l'homme ; ils finirent par constituer une sorte de secte, dont le père spirituel fut le « Père » Enfantin qui prêchait une nouvelle religion de l'amour. Voir Comte (Auguste).

SAINTE-BEUVE, Charles Augustin (Boulogne-sur-mer, 1804-Paris, 1869). Écrivain français. Il fut, malgré ses erreurs de jugement, un grand critique littéraire. Ami de Victor Hugo*, membre du cénacle romantique, il publia d'abord des recueils de poésies (*Vie, poésies et pensées de Joseph Delorme*, 1829 ; *Les Consolations*, 1830) et un roman inspiré par sa liaison tourmentée avec la femme de Victor Hugo, Adèle (*Volupté*, 1834). Il se consacra ensuite à la critique et à l'histoire littéraire, en restituant les auteurs dans tous les aspects de leur milieu (biologique, social, historique), tentant une sorte d'histoire naturelle des esprits (*Port-Royal*, 1840-1859 ; *Portraits littéraires*, 1836-1839 ; *Causeries du lundi*, 1851-1862 et *Nouveaux Lundis*, 1863-1870). Sainte-Beuve fut élu à l'Académie* française en 1843.

SAINTE-CHAPELLE. Église de Paris, chef-d'œuvre de l'art gothique*, située dans l'île de la Cité, dans l'enceinte actuelle du Palais de justice. Construite entre 1241 et 1248 sur l'ordre de saint Louis (Louis IX*) pour abriter les reliques de la Passion* du Christ*, elle est divisée en deux sanctuaires : la chapelle haute, célèbre pour ses vitraux et la chapelle basse. Ses reliques ont été transférées à Notre-Dame* en 1791.

SAINTE-HÉLÈNE (Île de). Île située dans l'Atlantique Sud. Découverte par les Portugais (1502), elle fut occupée par les Hollandais (1645-1651) puis par les Anglais. Après sa défaite de Waterloo*, Napoléon Iᵉʳ* y fut déporté par les Anglais à partir du 15 octobre 1815 et y mourut le 5 mai 1821.

SAINTE-SOPHIE (Église). Ancienne basilique de Constantinople* construite de 532 à 537 sous le règne de l'empereur Justinien Iᵉʳ* par Anthémios de Tralles et Isidore de Milet. Ce monument dédié à la Sagesse (*sophia*) divine (c'est-à-dire au Christ*) est le plus imposant de l'art byzantin. L'église Sainte-Sophie fut transformée en mosquée* par les Turcs (1453) et flanquée de minarets. Elle est devenue un musée depuis 1934.

SAKHAROV, Andreï Dimitriévitch (Moscou, 1921-*id.*, 1989). Physicien soviétique. Il fut l'un des pères de la bombe H soviétique. Défenseur des droits de l'homme en URSS, il créa en 1970 la section soviétique d'Amnesty International et fut assigné à résidence à Gorki (1980-1986). Il reçut en 1975 le prix Nobel* de la paix et fut élu en 1989 au Congrès des députés du peuple.

SALADIN Iᵉʳ (Takrit, Mésopotamie, 1138-Damas, 1193). Premier sultan ayyubide* d'Égypte* (1171-1193) et de Syrie* (1174-1193). Guerrier tolérant, il fut l'adversaire le plus brillant et le plus respecté des croisés*. D'origine kurde, il servit tout d'abord le prince syrien Nur* al-Din, chef de la guerre sainte contre les Francs* de Palestine*. Devenu vizir* d'Égypte, il renversa la dynastie fatimide*, rétablit le sunnisme* et se proclama sultan (1171). Maître de la Syrie à la mort de Nur al-Din, il infligea aux croisés la défaite de Hattin (1187), près du lac de Tibériade, et s'empara de Jérusalem* (1187), ce qui déclencha la troisième croisade*. En 1192, un traité de paix fut signé. Les musulmans* gardaient la Syrie et l'intérieur de la Palestine*, les Francs occupant la quasi-totalité du littoral. Saladin, maître de Jérusalem, autorisa les pèlerins chrétiens à visiter librement le Saint-Sépulcre* et traita avec respect tous les prisonniers. Il fut considéré en Occident comme un modèle des valeurs chevaleresques.Voir Richard Iᵉʳ Cœur de Lion.

SALAMINE. Île de Grèce* séparée de la côte attique* par un détroit étroit, célèbre par la victoire navale des Grecs conduits par Thémistocle* contre les Perses* (480 av. J.-C.) durant la seconde guerre Médique*. Le roi des Perses Xerxès Iᵉʳ*, assis sur un trône, suivit la bataille du haut d'une colline. La flotte perse, bien supérieure à celle des Grecs, fut entraînée dans le passage le plus étroit entre l'île et le continent. Incapable de manœuvrer, elle perdit le combat. Eschyle*, dans sa tragédie *Les Perses*, donna un magnifique récit de cette bataille rendant hommage au patriotisme des Grecs.

SALAN, Raoul (Roquecourbe, 1899-Paris, 1984). Général français. Commandant en chef en Indochine (1952-1953) puis en Algérie (1956-1958), il favorisa en 1958 le retour au pouvoir du général de Gaulle*, puis s'opposa fermement à sa politique d'autodétermination en Algérie. Après avoir participé au putsch des généraux* à Alger (1961), il fonda l'OAS* (Organisation armée secrète). Arrêté en 1962, condamné à la détention perpétuelle, il fut libéré en 1968 et amnistié en 1982. Il a publié ses *Mémoires* (1970-1974). Voir Algérie (Guerre d'), Indochine (Guerre d').

SALAZAR, Antonio de OLIVIERA (Vimiero, près de Santa Comba Dão, 1889-Lisbonne, 1970). Homme politique portugais, il imposa au pays un régime autoritaire (1933-1968). Fils de paysans pauvres, il devint, après des études de droit, professeur d'économie politique à Coïmba. Élu député en 1921, il renonça vite à cette fonction par mépris pour le parlementarisme. En 1928, appelé par le général Carmona à la suite d'un putsch militaire, il devint ministre des Finances et réussit à stabiliser la monaie et à équilibrer le budget. Président du Conseil à partir de 1932, il institua, par une nouvelle Constitution approuvée par plébiscite (1934), l'*Estado novo* (« État nouveau »), régime autoritaire fondé sur le nationalisme, l'anticommunisme, le catholicisme* et le corporatisme. Il mit en œuvre une politique de redressement économique apportant au pays une relative prospérité économique sans toutefois favoriser le développement industriel en raison de sa méfiance à l'égard du capitalisme* moderne, risque générateur de remise en cause de l'ordre établi. Neutre durant la Seconde Guerre* mondiale, le Portugal de Salazar ne cacha pas ses sympathies pour l'Axe* mais, après les premières victoires des Alliés, mit les Açores à leur disposition (1943) puis s'intégra après la guerre dans l'Alliance atlantique (1949). Hostile à toute décolonisation interprétée comme une infiltration du communisme* international, Salazar engagea des forces militaires de plus en plus considérables pour lutter contre les guérillas nationalistes au Mozambique*, en Angola* et en Guinée-Bissau. En butte à une opposition intérieure grandissante, Salazar laissa, pour des raisons de santé, le pouvoir à un proche collaborateur, Marcelo Caetano* (1968). Le régime qu'il avait établi fut renversé par la révolution déclenchée en avril 1974 (« révolution des œillets »).

SALDJUQIDES. Voir Seldjoukides.

SALENGRO, Roger (Dunkerque, 1890-Lille, 1936). Homme politique français. Ministre de l'Intérieur socialiste dans le gouvernement du Front* populaire présidé par Léon Blum*, il fut l'objet d'une violente campagne de presse, organisée par l'hebdomadaire d'extrême droite *Gringoire*, l'accusant de désertion pendant la Première Guerre* mondiale. Bien qu'il ait été officiellement disculpé, Salengro se suicida.

SALIENS (Prêtres). Dans la Rome* antique, collège de 12 prêtres recrutés exclusivement parmi les patriciens* et voués au culte de Mars*, dieu de la guerre. Leur nom signifie « danseurs » car ils se livraient en public, armés d'une lance et d'un bouclier, à des danses guerrières en psalmodiant des chants en latin archaïque pour ouvrir et clôturer la saison de la guerre (de mars à octobre). Ils avaient en outre la garde des *ancilia* ou boucliers sacrés qu'ils mettaient en mouvement à cette occasion. Voir Religion romaine.

SALISBURY, Robert Arthur Talbot GASCOYNE-CECIL, 3ᵉ marquis de (Hartfield, Hertfordshire, 1830-*id.*, 1903). Homme politique Britannique. Successeur de Disraeli* à la tête du Parti conservateur*, plusieurs fois ministre des Affaires étrangères et Premier ministre, il mena à l'extérieur une politique expansionniste. Issu de la grande famille aristocratique des Cecil, député conservateur aux Communes* en 1853, puis lord à la mort de son père (1868), il fut le principal adversaire du libéral Gladstone*. Ministre des Affaires étrangères (1885-1892, 1895-1902) et Premier ministre de 1885 à 1902 (avec une courte interruption en 1892-1895), Salisbury combattit le nationalisme irlandais et poursuivit à l'extérieur la politique coloniale de Disraeli, notamment en Égypte où il se heurta avec la France (incident de Fachoda*) et en Afrique australe (guerre des Boers*). Champion du « splendide isolement » qui caractérisa l'ère victorienne, Salisbury sut néanmoins opérer des rapprochements en Europe, particulièrement avec la Triple-Alliance* en 1887 et en Asie avec la conclusion en 1902 du traité anglo-japonais. Voir Russo-japonaise (Guerre), Victoria Iᵉʳᵉ.

SALLUSTE (Amivernum, Sabine, v. 86-v. 35 av. J.-C.). Historien romain. Protégé de Jules César*, il devint en 46 av. J.-C. gouverneur de Numidie* (province d'Africa Nova) où il s'enrichit scandaleusement. Perdant tout appui après la mort de son bienfaiteur, il se consacra à l'histoire et écrivit la *Conjuration de Catilina*, la

Guerre de Jugurtha et les *Histoires* dont il ne reste que quelques fragments. Voir Catilina, Jugurtha, Suétone, Tacite, Tite-Live.

SALOMON (v. 970-931 av. J.-C.). Roi d'Israël et fils de David*. Son règne marqua une période de paix et d'apogée du royaume d'Israël*. Il maintint la défense du pays en entretenant une armée d'environ 12 000 cavaliers et de 100 chars de guerre. Il encouragea le commerce et s'allia aux Phéniciens*, navigateurs et commerçants. Il construisit avec leur aide une flotte qui, par la mer Rouge, allait chercher au mystérieux pays d'Ophir (peut-être l'Afrique orientale) l'or, l'ivoire, les animaux exotiques. Salomon fut l'un des rois les plus riches de son temps. Il fit construire de nombreux palais et surtout le Temple à Jérusalem*. La fin de son règne fut marqué par des conflits qui annoncent la division prochaine du royaume d'Israël entre royaume de Juda* et royaume d'Israël. Voir Hébreux, Salomon (Temple de).

SALOMON (Temple de). Lieu de culte des Hébreux*, il fut construit vers 950 av. J.-C. par le roi Salomon* à Jérusalem*. Le temple, selon l'Ancien* Testament, mesurait environ 44 m de long sur 22 m de large. Les murs intérieurs, le plafond et le sol étaient garnis de bois de cèdre recouvert de motifs d'or. Dans la partie la plus reculée de l'édifice, se trouvait le Saint des Saints, pièce réservée au Grand Prêtre, dans laquelle se trouvait l'Arche d'Alliance* et la Ménorah (chandelier* à sept branches). Le peuple n'était pas admis dans le temple : il se tenait sur le parvis extérieur. Détruit par Nabuchodonosor* vers 586 av. J.-C., le temple fut reconstruit pendant la domination grecque au IIᵉ siècle av. J.-C., reconstruit par le roi Hérode* et détruit à nouveau par les Romains en 70 ap. J.-C. Il n'en reste aujourd'hui que le Mur des Lamentations*. Voir Fêtes juives, Judaïsme, Lévites, Synagogue, Titus.

SAMNITES. Ancien peuple de l'Italie centrale établi dans le Samnium, région montagneuse pauvre et aride des Apennins. Les Samnites s'installèrent au Vᵉ siècle av. J.-C. dans la riche plaine de Campanie (région de l'Italie du Sud, le long de la mer Tyrrhénienne) et s'opposèrent vivement à partir de 343 av. J.-C. à la conquête romaine. Après trois guerres successives, ils furent définitivement soumis à Rome* en 290 av. J.-C. Voir Caudium, Étrusques.

SAMORY TOURÉ (Manyambaladougou, Guinée, v. 1830-N'Djolé, Gabon, 1900). Chef soudanais d'origine mandingue (Mali). L'empire qu'il se constitua à partir de 1860 dans les régions du Haut Niger fut progressivement conquis par les Français. Il abandonna la région après une dernière offensive française (1891), et conquit une partie de la Côte-d'Ivoire et du Ghana. Capturé par le général Gouraud, il fut exilé au Gabon.

SAMOURAÏ. Nom donné aux guerriers de la société féodale japonaise du XIIᵉ au XIXᵉ siècle. Apparue comme caste militaire organisée à partir du régime du shogunat*, les samouraï abandonnèrent la culture des terres aux serfs et devinrent des soldats héréditaires, au services des *daimyos** – nobles détenteurs de fiefs – auxquels ils vouaient une fidélité inconditionnelle, obéissant à un code d'honneur très rigide. À partir du XVIIᵉ siècle, lorsque le shogunat des Tokugawa* eut fait cesser les guerres privées, les samouraï perdirent leur fonction militaire mais continuèrent à monopoliser le gouvernement, s'organisant en une noblesse très policée. Appartenaient à celle-ci ceux qui portaient deux sabres, l'un court et l'autre long. Ils militèrent pour la restauration impériale et participèrent à la modernisation du Japon à l'ère Meiji*.

SAMSON (XIIᵉ siècle av. J.-C.). Juge* hébreu, il était doué selon la Bible* d'une force prodigieuse. Âme de la résistance contre les Philistins*, il fut trahi par sa maîtresse Dalila. Elle coupa sa longue chevelure (signe qu'il s'était consacré à Dieu), ce qui lui fit perdre toute sa force et le livra aux Philistins. Samson se repentit de sa faute et avec l'aide de Dieu réussit un dernier exploit. Lors d'une fête célébrée en l'honneur d'un dieu païen, il aurait ébranlé les colonnes du temple et serait mort enseveli sous les décombres avec une foule de Philistins.

SAMUDRAGUPTA. Souverain indien (v. 330-v. 375) de la dynastie des Gupta*, il fut un grand conquérant et étendit son empire sur une grande partie de l'Inde, du Bengale à Madras*. Ses hauts faits militaires ont été gravés par un de ses ministres sur un pilier d'Allāhābad. Fervent adepte de Vishnu*, il fut cependant très tolérant à l'égard des autres religions, notamment du bouddhisme*.

SAMUEL (XIᵉ siècle av. J.-C.). Dernier juge* d'Israël*. À la demande des juifs, il donna l'onction* royale à Saül* et fut ainsi le fondateur de la monarchie israélite. Voir David, Salomon.

SAN FRANCISCO (Conférence de, 25 avril-26 juin 1945). Conférence internationale qui établit, après les décisions prises à Yalta*, la Charte des Nations unies. Voir Organisation des Nations unies.

SAN FRANCISCO (Conférence de, 4-8 septembre 1951). Conférence internationale qui établit un traité de paix entre le Japon et les Alliés. Le Japon reconnaissait l'indépendance de la Corée et renonçait à ses droits sur Formose, les Kouriles et le sud de Sakhaline. Les États-Unis exerçaient leur tutelle sur les archipels ex-japonais du Pacifique. Voir Guerre mondiale (Seconde), Potsdam, Téhéran, Yalta (Conférences de).

SAN MARTÍN, José de (Yapeyú, Corrientes, 1778-Boulogne-sur-Mer, 1850). Général et homme politique argentin, il fut avec Bolívar* et Iturbide*, l'un des héros

u mouvement de libération de l'Améri-
ue espagnole. Créole* né en Argentine,
ls d'un colonel espagnol, il servit comme
fficier en Espagne, puis, rentré à Buenos-
ires, fonda en 1812 la loge maçonnique
u Lautaro qui devait jouer un grand rôle
ans l'indépendance de l'Argentine
(816), conquise après une guerre san-
lante contre les Espagnols. Après avoir
rganisé sur le modèle de l'Europe, l'ar-
lée des insurgés, San Martín entreprit la
ampagne de libération du Chili (1818)
uis celle du Pérou dont l'Indépendance
t proclamée en 1821. Nommé « Protec-
ur » du Pérou, il s'opposa à Bolívar et
exila en Europe (aux Pays-Bas puis en
rance). Voir Indépendance de l'Améri-
ue latine (Guerres d').

AN REMO (Conférence de, 19-26 avril
)20). Conférence tenue à San Remo (ville
'Italie, en Ligurie) et réunissant les chefs
s gouvernements français, anglais et ita-
en (Millerand*, Lloyd* George, Nitti*),
qui porta sur l'exécution du traité de
ersailles* (1919). Elle prépara le traité de
èvres* avec la Turquie et confia à la
rance un mandat sur la Syrie* et le Liban,
Grande-Bretagne recevant dans les mê-
es conditions l'Irak et la Palestine*.

AN STEFANO (Traité de, 3 mars 1878).
raité conclu à San Stefano (auj. Yesilköy,
ès d'Istanbul) entre la Russie victorieuse
l'Empire ottoman*, vaincu à l'issue de
guerre russo-turque* (1877-1878). Il dé-
embrait la Turquie, qui devait reconnaî-
e l'indépendance de la Serbie*, du Mon-
négro* et de la Roumanie et reconnaître
création d'une Grande Bulgarie. Ce
aité, purement bilatéral, qui établissait
influence russe sur les Balkans*, fut
ntesté par les puissances occidentales,
particulier par la Grande-Bretagne et
Autriche-Hongrie*. La Russie dut céder
accepta la réunion du congrès de Ber-
n* qui modifia sensiblement les décisions
traité de San Stefano. Voir Russo-tur-
es (Guerres).

**SAND, Aurore Dupin, baronne Dude-
vant,** dite **George** (Paris, 1804-Nohant,
1876). Femme de lettres française. Auteur
d'une œuvre romanesque considérable,
George Sand connut de son vivant un
grand succès. Mariée en 1822 au baron
Dudevant dont elle eut deux enfants, elle
se sépara de lui en 1830, s'installa à Paris
et mena une existence qu'elle souhaita indépendante et libre. Liée à l'écrivain Jules
Sandeau qui lui donna son pseudonyme,
George Sand vécut jusqu'en 1848 une vie
mouvementée, marquée par ses liaisons
avec Musset*, Liszt* et Chopin*. Elle fut
l'auteur de romans plutôt sentimentaux
jusqu'en 1837 (*Indiana*, 1832 ; *Mauprat*,
1837) puis inspirés par un socialisme* humanitaire et les idées de Jean-Jacques
Rousseau* (*Le Compagnon du tour de
France*, 1840 ; *Consuelo*, 1842-1843). Devenue la « bonne dame de Nohant », elle
publia des romans champêtres (*La Mare
au diable*, 1846 ; *François le Champi*,
1847-1848 ; *La Petite Fadette*, 1849).

SANGNIER, Marc (Paris, 1873-*id.*,
1950). Journaliste et homme politique
français. Fondateur en 1894 de la revue *Le
Sillon*, il tenta de développer les idées d'un
catholicisme* social et démocratique, face
à la politique anticléricale de la Troisième
République*. Il fut désavoué par le pape
Pie X* auquel il se soumit, mais de son action sortirent plusieurs mouvements de
jeunesse catholique et le syndicalisme
chrétien. Voir MRP.

SANJURJO SACANELL, José (Pampelune, 1872-Estoril, 1936). Général espagnol. Après la proclamation de la République en Espagne (1931), il tenta sans succès
de soulever la garnison de Séville* (1932)
contre le gouvernement présidé par Azaña*.
En 1936, après la victoire du *Frente Popular*, il prépara, avec Franco*, le soulèvement
militaire mais périt dans un accident
d'avion. Voir Espagne (Guerre civile d').

SANS-CULOTTES. Lors de la Révolution* française, nom donné sous la Conven-

tion* (1792) aux militants révolutionnaires recrutés dans le peuple et, par extension, à tous les révolutionnaires défenseurs des intérêts populaires. Afin de se distinguer de l'aristocratie et d'une manière générale des couches supérieures de l'ancien Tiers-État*, les sans-culottes portaient le pantalon (d'où leur nom), considérant la culotte (à jambes étroites et faisant apparaître les bas) comme la marque de l'Ancien* Régime. Le sans-culotte portait un pantalon rayé jaune et vert, un gilet de couleur chamois (la carmagnole) et un bonnet rouge à cocarde* tricolore, imité de l'ancien bonnet phrygien, symbole de l'affranchissement de l'esclave. Constitués par les sections* parisiennes, les sans-culottes furent d'abord dirigés par les Enragés* (Jacques Roux*) puis les hébertistes*. Ce fut sous leur pression que le gouvernement révolutionnaire, sous la Convention* montagnarde, prit différentes mesures politiques (la Terreur*), économiques et sociales. Voir Hébert (Jacques), Septembre 1793 (Journées révolutionnaires des 4 et 5)

SANSKRIT ou **SANSCRIT**. Se dit d'une langue indo-européenne introduite en Inde* par les Aryens. C'est en sanskrit que furent composés les textes sacrés de l'hindouisme*. Langue savante, elle sert aujourd'hui comme langue de culte et d'enseignement.

SANTORIN. Île grecque de la mer Égée située au sud des Cyclades, appelée Théra dans l'Antiquité et célèbre pour son activité volcanique. Elle forme avec les petites îles voisines un archipel composé des débris d'une île brisée par les éruptions volcaniques.

SAPHO (fin VIIᵉ-début VIᵉ siècle av. J.-C.). Célèbre poétesse lyrique grecque, originaire de l'île de Lesbos, Sapho connut une grande renommée auprès de nombreux auteurs de l'Antiquité. Elle a magnifiquement chanté la beauté féminine ainsi que l'amour. L'*Ode à Aphrodite* est le seul de ses poèmes qui soit conservé entier parmi les 650 vers que nous possédons d'elle. Voir Éoliens.

SARAJEVO (Attentat de, 28 juin 1914). Attentat perpétré contre l'archiduc héritier de la couronne austro-hongroise, François Ferdinand*, à Sarajevo, ville de l'ex-Yougoslavie et capitale de la Bosnie-Herzégovine*, annexée par l'Autriche en 1908. Commis par un Bosniaque, G. Princip, membre d'une association nationaliste serbe, l'attentat de Sarajevo fut l'incident qui déclencha la Première Guerre* mondiale. Voir Serbie, Triple-Alliance, Triple Entente.

SARATOGA SPRINGS ou **SARATOGA**. Ville des États-Unis dans l'État de New York*. Le 17 octobre 1777, les Américains, commandés par Horatio Gates remportèrent sur les Anglais du général Burgoyne la première grande victoire de la guerre d'Indépendance* américaine.

SARCOPHAGE. Dans l'Égypte* ancienne, sorte de grande boîte sculptée en pierre, en bois ou en métal dans laquelle on déposait la momie*. Le sarcophage était placé dans une tombe protectrice mastaba* pour les riches, pyramide* puis hypogée* pour les pharaons*.

SARDES. Ancienne capitale de la Lydie située sur le fleuve Pactole* près de la mer Ionienne. Grande ville commerçante célèbre par sa richesse. Elle fut d'abord un centre d'échanges commerciaux entre la Grèce* et la Mésopotamie*, puis entre le monde hellénistique* et la Perse après sa conquête par Cyrus* en 546 av. J.-C. Saccagée par les Ioniens* révoltés en 499 av. J.-C., elle retrouva une certaine prospérité sous la domination romaine. Détruite par un tremblement de terre en 17 ap. J.-C. elle fut reconstruite par Tibère* et embellie par Hadrien*. Mais Tamerlan* la ruina définitivement en 1402. Voir Alexandre le Grand, Crésus, Ephèse, Médiques (Guerres), Pergame, Perses.

SARGON L'ANCIEN. Fondateur de la dynastie d'Akkad*, il régna entre 2370 et

314 av. J.-C. Grand conquérant, il mit fin la domination des Sumériens* vers 2345 ?. J.-C. et fonda un empire s'étendant du olfe Persique* à la Méditerranée orienle. Mais il dura à peine un siècle. Voir kkadiens.

ARRAIL, Maurice (Carcassonne, 356-Paris, 1929). Général français, il s'illstra lors de la Première Guerre* monale. Commandant de la IIIe armée dans le ecteur de la Marne en 1914, il dirigea en 915 l'armée franco-anglaise d'Orient enoyée à Salonique et reprit Monastir aux ulgares (1916). Devant l'attitude de neualité du roi de Grèce, Constantin Ier*, à égard des puissances centrales, Sarrail nposa le contrôle allié à Athènes puis ontraignit le roi à abdiquer (1917), obtent ainsi l'entrée en guerre de la Grèce x côtés des Alliés. Il fut en 1924 haut mmissaire en Syrie*, où il dut affronter révolte des Druzes* (1925-1926).

ARRASINS. Nom donné par les chréns* du Moyen Âge à tous les musulans*.

ARRAUT, Albert (Bordeaux, 1872-Pa, 1962). Homme politique français, il fut ne des principales figures du monde rlementaire sous la Troisième Républie*. Frère de Maurice Sarraut, directeur journal radical *La Dépêche de Touuse*, il fut élu député, puis sénateur radil-socialiste (1926-1940). Gouverneur néral de l'Indochine* (1911-1914 et 16-1919), il fut plusieurs fois ministre ant d'être porté deux fois à la présidence Conseil (octobre-novembre 1933 et janer-juin 1936). Son second ministère fut arqué par la remilitarisation de la Rhénie* par Hitler* (1936) et la victoire du ont* populaire (Léon Blum*, mai 1936).

ARRE. Depuis 1957, *Land* de la Répuique* fédérale d'Allemagne, la Sarre, à st de Metz, fut longtemps un objet de rilité entre la France et l'Allemagne. Elle t en grande partie française sous ouis XIV*, puis prussienne en

1814-1815, après la chute de Napoléon Ier*, les gisements de houille commençant à être exploités à partir de 1871. En 1919, le traité de Versailles*, en compensation de la destruction des mines du Nord, accorda l'exploitation des mines à la France pour 15 ans (1920-1935), la région étant confiée à l'administration de la Société* des Nations. Le 13 janvier 1935, un plébiscite décida le retour de la Sarre à l'Allemagne qui racheta les mines à la France. Indépendante en 1947 mais rattachée économiquement à la France, la Sarre vota massivement pour son rattachement à l'Allemagne après le référendum de 1955. Voir Rhénanie.

SARTRE, Jean-Paul (Paris, 1905-*id.*, 1980). Philosophe et écrivain français. Écrivain engagé, adulé ou haï, philosophe de l'existentialisme français, Sartre exerça par ses écrits et ses prises de position politique une influence considérable. Orphelin de père, élevé par sa mère et son grandpère, Schweitzer, il entra à l'École normale supérieure où Raymond Aron* et Paul Nizan furent ses amis. Marquée par la phénoménologie de Husserl* et surtout de Heidegger*, la philosophie sartrienne connut une phase existentialiste, magistralement exprimée dans *L'Être et le néant* (1943), où il décrit l'homme, dans la contingence de son existence, déchiré par le combat moral entre la liberté et son refus. Après la guerre, Sartre vit dans le marxisme l'« horizon indépassable de notre temps » et tenta, de façon critique, de penser cette réalité et de préciser sa philosophie politique (*Critique de la raison dialectique*, 1960). Avec Simone de Beauvoir et d'autres intellectuels, il s'engagea sur les problèmes de son temps, lutta pour la paix avec les communistes, puis quitta le parti après l'intervention soviétique en Hongrie (1956), combattit l'antisémitisme, le colonialisme, défendit après 1968 les positions militantes gauchistes et participa à la fondation du journal *Libération*. Sartre développa ses idées dans des romans (*La Nausée*, 1938 ; *Les Chemins de la liberté*, 1945-1949), un recueil de nouvelles (*Le Mur*, 1939) ; des drames (*Huis-clos*, 1944 ; *Les Mains sales*, 1948 ; *Le Diable et le Bon Dieu*, 1951), des essais (*L'Existentialisme est un humanisme*, 1945 ; *Réflexions sur la question juive*, 1946 ; *Situations*, 1947-1976), et écrivit une étude sur Gustave Flaubert* (*L'Idiot de la famille*, 1971).

SASSANIDES. Dynastie perse qui régna entre 224-226 et 651 ap. J.-C. sur un immense empire qui s'étendait de la Mésopotamie* à l'Indus*. L'empire des Sassanides disparut avec la conquête arabe. Voir Arsacides, Mazdéisme, Perses.

SATRAPE. Nom donné aux gouverneurs de provinces dans l'Empire perse divisé, depuis Darius Ier*, en 20 satrapies*. Comme ces gouverneurs possédaient des pouvoirs très étendus (dans l'administration, la justice et l'armée), ils étaient surveillés par des inspecteurs royaux qu'on appelait les « yeux et les oreilles du roi ». Les satrapes étant chargés de lever le tribut, ils réussirent à amasser d'immenses fortunes. Dès le Ve siècle av. J.-C., ils se montrèrent très indépendants et se firent même la guerre entre eux. Dans l'Empire d'Alexandre III* le Grand et sous la monarchie des Séleucides*, les satrapes existèrent toujours mais on leur enleva leurs pouvoirs militaires. Voir Darius Ier, Perses.

SATRAPIE. Division administrative de l'Empire perse, gouvernée par un satrape*. Voir Darius Ier, Perses.

SATURNALES. Voir Saturne.

SATURNE. Dieu romain assimilé au Cronos* des Grecs. Il fut à Rome* la divinité protectrice des semailles et l'on célèbre en son honneur, à la fin du mois de décembre, les Saturnales, fêtes au cours desquelles les esclaves* prenaient la place des maîtres, et qui donnaient lieu à diverses réjouissances. Son temple, sur le Forum*, au pied du Capitole*, abritait le trésor républicain également appelé *aerarium Saturni*.

SAÜL. Premier roi d'Israël* (vers 1030-1010 av. J.-C.). Il fut désigné par Samuel* pour diriger les tribus à un moment où il était nécessaire de lutter avec efficacité pour s'installer en Palestine*. Ses successeurs furent David*, puis Salomon*. Voir Hébreux.

SAVONAROLE, Jérôme (Ferrare, 1452-Florence, 1498). Prédicateur et réformateur italien, il imposa aux Florentins considérés comme « le peuple élu », une dictature théocratique et puritaine. D'abord entré chez les dominicains* à Bologne (1475), il devint, à partir de 1491 prieur du couvent San Marco à Florence*. Ses sermons, dans lesquels il dénonçait les dépravations de l'Église – la Rome corrompue des Borgia* –, la perversion des mœurs et la tyrannie des Médicis*, mais exposait aussi ses visions prophétiques – calamités nécessaires à la régénération de l'Église –, exercèrent un profond ascendant sur le peuple florentin comme chez des intellectuels tels que Pic* de la Mirandole. La fuite des Médicis au moment de l'invasion de l'Italie par Charles VIII* (1494) fit de lui le maître de Florence dans laquelle il instaura, soutenu par le peuple et ses partisans fanatisés, une République égalitaire et puritaine. Fêtes et jeux furent supprimés, les mœurs réformées, la délation systématiquement encouragée. On jeta même, lors de la fête pénitentielle (1497) qui remplaçait le carnaval, toilettes, bijoux, tableaux « impudiques » et livres libertins dans un immense bûcher. Son austérité et son intransigeance divisèrent bientôt les Florentins. Convoqué à Rome pour ses attaques contre Alexandre VI* (Borgia), il refusa de s'y rendre et fut excommunié. Le pape ayant menacé d'interdit la ville de Florence, Savonarole, abandonné par la bourgeoisie, perdit rapidement sa popularité. Jeté en prison, torturé, le « moine noir » fut condamné à

ort, pendu puis brûlé avec deux de ses
artisans.

AVORGNAN DE BRAZZA. Voir
razza (Pierre Savorgnan de).

AXE, Maurice, comte de Saxe, dit **le
naréchal de Saxe** (Goslar, 1696-Cham-
ord, 1750). Maréchal* de France, il fut
un des plus grands hommes de guerre de
on époque, révélant ses talents de stratège
ors de la guerre de Succession* d'Autri-
he (1740-1748). Fils naturel de l'électeur
e Saxe et roi de Pologne Auguste II*, il
ommença très jeune sa carrière militaire.
l servit successivement le prince Eugène*
ontre la France, puis Pierre Ier* le Grand
ontre la Suède, et enfin le roi de France.
lu duc de Courlande (1726), il ne put, en
aison de l'opposition de Catherine Ière* de
ussie, prendre possession de son duché et
evint en France. Maréchal de France
1743), il remporta de brillantes victoires
Fontenoy*, 1745) lors de la guerre de
uccession d'Autriche, ce qui lui valut le
omaine de Chambord. Il fut le dernier
rand représentant des condottiere*.

AXONS. Peuple germanique établi à la
n du IIIe siècle ap. J.-C. dans toute la Ger-
nanie* (Allemagne) du Nord-Ouest ; il
ratiquait la piraterie. Certains entreprirent
u Ve siècle ap. J.-C. la colonisation du sud
t du sud-est de l'île de Bretagne (Grande-
retagne aujourd'hui). D'autres, restés en
Germanie, s'étendirent aux dépens de
eurs voisins, leur territoire touchant les
rontières du monde des Francs*. La
onquête de la Saxe fut entreprise par
Charles* Martel, puis Pépin* le Bref et
chevée par Charlemagne* qui lui imposa
e christianisme* (début du IXe siècle ap.
-C.).

AY, Jean-Baptiste (Lyon, 1767-Paris,
832). Économiste français. Auteur d'un
raité d'économie politique (1803), il fut
un des plus célèbres défenseurs du libre-
change. Vulgarisateur, en France, de
économiste Adam Smith*, il se montra
n libéral optimiste, adversaire des doctri-

nes libérales pessimistes de Thomas Robert Malthus* et de David Ricardo*. Voir
Libéralisme.

SCARLATTI, Domenico (Naples,
1685-Madrid, 1757). Compositeur italien.
Ami de Haendel*, célèbre pour ses compositions pour clavecin, il fut le créateur de
la technique moderne du clavecin, et son
influence s'étendit jusqu'à Franz Liszt*.
Élève de son père Alessandro (Palerme,
1660-Naples, 1725), lui aussi compositeur,
il fut maître de chapelle à la cour de Lisbonne*, puis de Madrid où l'infante Maria
Barbara, épouse du fils de Philippe V*, devint sa protectrice. Outre 12 opéras, des
oratorios et des cantates, Scarlatti écrivit
près de 600 *Essercizi*, sonates pour clavecin qui constituent son message le plus
précieux.

SCHACHT, Hjalmar (Tingleff, Schleswig, 1877-Munich, 1970). Financier et
homme politique allemand. Il fut considéré comme l'auteur du spectaculaire redressement économique de l'Allemagne
hitlérienne. Fils d'un important négociant
allemand émigré aux États-Unis, il passa
son enfance en Amérique, et fit ses études
en Allemagne et à Paris. Administrateur de
la Dresdner Bank (1908-1915), il fut
conseiller à la Monnaie en 1923, ce qui lui
permit de surveiller l'émission de la nouvelle monnaie, le « Rentenmark », qui devait régler la crise et l'inflation galopante.
Devenu président de la Reichsbank
(1924-1929), il apporta à Hitler* l'appui
des milieux industriels et financiers.
Nommé par ce dernier ministre de l'Économie (1934-1937), il rétablit la balance
commerciale de l'Allemagne et stimula les
industries. En désaccord croissant avec
Hitler, il démissionna mais resta, jusqu'en
1943, ministre sans portefeuille. Écarté du
pouvoir, il fut interné à Dachau et libéré
par les Américains. Traduit devant le
tribunal international de Nuremberg* en
tant qu'ancien ministre du Reich*, il fut

acquitté (1946) et reprit ses activités de conseiller financier.

SCHARNHORST, Gerhard von (Bordenau, Hanovre, 1755-Prague, 1813). Général prussien, il fut, avec Gneisenau, le grand réorganisateur de l'armée prussienne après la paix de Tilsit* signée avec Napoléon Ier*. Officier du Hanovre, anobli en 1804 par Frédéric-Guillaume III*, il combattit sous les ordres du duc de Brunswick lors de la campagne de 1806 et fut blessé à la bataille d'Auerstedt*. Président de la commission de réorganisation de l'armée prussienne (1807), puis ministre de la Guerre (1808), il tourna la limitation d'effectifs (42 000 hommes) imposée par Napoléon en convoquant tour à tour un certain nombre de recrues pour une période très courte, formant des réserves par une instruction rapide. Il transforma ainsi profondément les cadres de l'armée, ouvrant à tous – en principe – le corps des officiers, renforçant la discipline et faisant de l'armée prussienne le creuset d'un nouveau patriotisme. Il fut blessé mortellement à Lützen. Scharnhorst fut aussi excellent professeur et eut pour élève Clausewitz*.

SCHILLER, Friedrich von (Marbach, 1759-Weimar, 1805). Écrivain allemand. Schiller fut avec Goethe* la plus grande figure du classicisme* allemand. Étudiant en droit et en médecine à Stuttgart, mais passionné de littérature, Schiller devint en 1780 chirurgien militaire. Enthousiasmé par la lecture de Rousseau*, Shakespeare*, Virgile*, Homère*, et influencé par les poètes allemands du *Sturm* und Drang*, Schiller débuta sa carrière de dramaturge par des drames dénonçant la tyrannie (*Les Brigands*, 1782), les inégalités sociales et l'oppression des consciences (*Don Carlos*, 1787). Menacé d'emprisonnement par le duc de Wurtemberg, il dut s'exiler de Stuttgart et mena durant plusieurs années une vie errante à travers l'Allemagne (1787-1789). Après un passage à Weimar

où il rencontra Goethe, qui resta son ami de toujours, Schiller fut nommé professeur d'histoire à l'université d'Iéna (1789). Durant près de dix ans, il s'intéressa aux grands combats de l'histoire (*Histoire de la guerre de Trente Ans*, 1791-1793), à la philosophie et à l'esthétique (*Lettres sur l'éducation esthétique de l'homme*, 1793-1794). Installé à Weimar, associé avec Goethe à la direction du théâtre de la ville, Schiller reprit son activité de dramaturge et composa ses plus grands chefs-d'œuvre classiques, inspirés à la fois par la tragédie antique et par Shakespeare, se faisant le champion de la liberté dans tous les domaines (*Wallenstein*, 1799 ; *Marie Stuart*, 1800 ; *La Pucelle d'Orléans*, 1801 ; *La Fiancée de Messine* (1803) ; *Guillaume Tell*, 1804). Schiller fut aussi l'auteur de poésies qui demeurent très populaires en Allemagne. On peut citer des *Ballades* et le célèbre *Chant de la cloche* et l'*Ode à la joie* (reprise par Beethoven* dans sa *IXe Symphonie*).

SCHISME D'OCCIDENT (GRAND) Conflit qui divisa l'Église de 1378 à 141? et durant lequel il y eut l'élection de plusieurs papes siégeant simultanément certains à Rome, d'autres en Avignon* et ailleurs. L'origine du conflit fut l'hostilité des cardinaux non italiens à l'élection de Urbain VI, ces derniers désignant un Français, Clément VII, qui retourna en Avignon. La chrétienté* se divisa, aucun parti ne voulant céder. Le schisme s'aggrava lorsque le concile de Pise (1409) élut un troisième pape, Alexandre V, auquel succéda Jean XXIII. Le schisme prit fin lors du concile de Constance* (1414-1418) avec l'élection d'un pape unique, Martin V (1417).

SCHISME D'ORIENT. Schisme qui sépara les Églises orthodoxes* de l'Église catholique* romaine (1054). Cette division fut progressive, des divergences existant dès le ve siècle entre l'Église byzantine et l'Église romaine et latine. Au cours du haut

oyen Âge, des différences d'usage litur-
que et disciplinaire se développèrent et la
pture définitive fut provoquée, à la fin du
e siècle, par la réforme grégorienne (Gré-
ire VII*) et les croisades*. L'Église by-
ntine refusa en effet les prétentions du
pe au gouvernement universel de
Église (théocratie pontificale). La qua-
ème croisade* et la prise de Constantino-
e* en 1204 furent à l'origine directe du
hisme ecclésiastique qui s'approfondit au
e siècle. L'union aujourd'hui n'est tou-
urs pas réalisée, sauf pour quelques Égli-
s orientales. Voir Keroularios (Michel).

HLEICHER, Kurt von (Brandebourg,
82-Neubabelsberg, auj. rattaché à Pots-
m, 1934). Général et homme politique
lemand. Chancelier* de la République de
eimar* en 1932, il s'aliéna les nazis et
t l'une des victimes de la Nuit des
ngs* Couteaux. Chef du département
litique au ministère de la Reichswehr*,
devint l'homme de confiance du maré-
al Hindenburg*, président de la Répu-
que. Se flattant de pouvoir neutraliser le
tional-socialisme*, il succéda à von Pa-
n* en décembre 1932 et tenta de briser
nité du parti nazi, mais sans succès.
bandonné par l'armée et les milieux d'af-
res, il dut démissionner en janvier 1933.
lendemain, Hindenburg nommait
tler* chancelier. En 1934, Hitler, qui
avait pas oublié les intrigues de Schlei-
er, le fit abattre ainsi que sa femme lors
la purge de 1934. Voir Longs Couteaux
uit (Nuit), SA (Section d'assaut).

HLESWIG-HOLSTEIN. Situé entre
mbouchure de l'Elbe, la mer du Nord et
Baltique, le Schleswig-Holstein fut l'ob-
de nombreuses convoitises. Au XVe siè-
e, les duchés de Schleswig et de Holstein
vinrent la propriété personnelle du roi
Danemark, puis passèrent au XVIe siècle
ne branche cadette de la maison royale,
s Holstein-Gottorp dont l'héritier,
erre III, monta sur le trône de Russie
762). En 1815, le congrès de Vienne*

donna les duchés de Holstein et de Lauen-
burg au roi du Danemark, à titre personnel,
en compensation de la perte de la Norvège.
Ces duchés, dont la population était en
quasi-totalité allemande, furent intégrés
dans la Confédération* germanique. Les
tentatives faites à partir de 1843-1845 par
le Danemark pour annexer les duchés
aboutirent à la guerre des Duchés* (1864).
Partagés entre la Prusse* et l'Autriche, les
duchés revinrent entièrement à la Prusse
en 1867 après la guerre austro-prussienne*
et subirent une intense germanisation. En
1920, le nord du Schleswig fut rendu, par
plébiscite, au Danemark et le sud forma
avec le Holstein la province prussienne du
Schleswig-Holstein, devenue un Land en
1946, intégré en 1949 à la République* fédérale d'Allemagne.

SCHLIEFFEN, Alfred, comte von (Berlin, 1833-id., 1913). Maréchal allemand. Il
élabora le fameux plan Schlieffen, plan de
campagne repris par Moltke* en 1914. Officier prussien depuis 1854, il devint chef
du grand état-major (1891-1906). Son plan
de guerre, mis au point en 1905, prévoyait
de contenir à l'est l'armée russe et d'attaquer la France par l'invasion de la Belgique malgré sa neutralité. Les forces françaises devaient être battues dans le nord de
la France puis rejetées vers la Suisse.
Moltke reprit ce plan en 1914 mais échoua,
après quelques succès, lors de la bataille de
la Marne*, gagnée par les Alliés. Voir
Guerre mondiale (Première).

SCHLIEMANN, Heinrich (Neubukow,
1822-Naples, 1890). Archéologue allemand. Homme d'affaires, il fit fortune en
Russie dans le commerce des denrées coloniales et apprit seul la plupart des langues modernes de l'Europe et plusieurs
langues anciennes dont le grec. Délaissant
son activité professionnelle, il s'installa en
Grèce en 1868 et voulut retrouver les sites
dont parlaient les poèmes d'Homère*. De
1871 à 1879, il découvrit sur l'emplacement supposé de Troie* les ruines de qua-

tre villes superposées et, dans l'une d'elles, ce qu'il pensa être le trésor de Priam. Il fouilla ensuite à Mycènes* (1876), à Orchomène (1881-1882), à Tirynthe* (1884-1885) et à l'île d'Ithaque, mettant au jour les ruines de la civilisation mycénienne*. Malgré l'inexactitude de beaucoup de ses hypothèses, Heinrich Schliemann a totalement renouvelé les connaissances de la Grèce* antique et ouvert les voies à l'archéologie grecque.

SCHMIDT, Helmut (Hambourg, 1918-). Homme politique allemand. Représentant de l'aile droite du Parti social-démocrate (SPD*), il fut chancelier de la RFA* de 1974 à 1982. Ministre de la Défense (1969-1972) puis des Finances (1972) dans le cabinet de Willy Brandt*, il succéda à ce dernier en mai 1974. Il réussit, mieux que les autres dirigeants des États industrialisés, à maîtriser, par une politique d'austérité, les effets de la crise économique, mais dut affronter la vague terroriste qui submergea l'Allemagne à partir de 1972. Il renforça à l'extérieur l'entente Paris-Bonn et, tout en poursuivant l'*Ostpolitik*, et en participant à la politique de détente internationale (conférence d'Helsinki*, 1975), il maintint fermement ses liens avec les États-Unis et l'OTAN*. Les libéraux ayant quitté la majorité gouvernementale, Schmidt dut démissionner. Helmut Kohl* lui succéda : après 13 ans d'opposition, la CDU (chrétiens-démocrates) revenait au pouvoir. Voir Baader-Meinhof (Bande à), CDU-CSU, Giscard d'Estaing (Valéry).

SCHŒLCHER, Victor (Paris, 1804-Houilles, 1893). Homme politique français. Républicain convaincu, son nom reste attaché à l'abolition de l'esclavage dans les colonies françaises, décidée après la révolution* de 1848 par le gouvernement* provisoire dont il était membre. Député de la Guadeloupe et de la Martinique (1848-1851), Schœlcher s'exila en Angleterre sous le Second Empire*. Rentré en France en 1870, il fut réélu député de la Martinique puis devint sénateur. Il est inhumé au Panthéon.

SCHUBERT, Franz (Vienne, 1797-*id.* 1828). Compositeur autrichien. Contemporain de Beethoven*, il appartient à la première génération de musiciens romantiques avant Berlioz*, Mendelssohn* Schumann*, Chopin* et Liszt*. Fils d'un maître d'école, profession qu'il exerça lui même quelques années, il manifesta très jeune des dons musicaux exceptionnels apprit le violon avec son père puis perfectionna son éducation musicale avec l'organiste de la paroisse. Installé à Vienne partir de 1818, bohème longtemps insouciant, il y vécut pauvrement, entouré de l'affection d'amis fidèles. Tombée dans l'oubli, son œuvre fut redécouverte grâce à Schumann, Mendelssohn et Liszt. Véritable génie de l'improvisation, il doit sa célébrité à ses 600 *Lieder* (*Le Roi des aulnes*, 1815 ; *La Belle Meunière*, 1823 ; *Le Voyage d'hiver*, 1827). Il fut aussi l'auteur de dix Symphonies (dont la VIIIe, « Inachevée », 1822), de pages pour piano et de musique de chambre, *La Truite*, 1819 ; *La Jeune Fille et la mort*, 1824.

SCHUMAN, Robert (Luxembourg, 1886 Scy-Chazelles, Moselle, 1963) Homme politique français, il fut avec Jean Monnet l'un des pères de l'Europe et l'initiateur de la réconciliation franco-allemande. Fils de parents lorrains, Robert Schuman suivit des études de droit et entama sa carrière politique aux lendemains de la Première Guerre mondiale. Député démocrate-populaire de la Moselle entre 1919 et 1940, sous-secrétaire d'État aux réfugiés dans le gouvernement Reynaud* puis Pétain* (mars à juillet 1940), il fut, sous le régime de Vichy*, emprisonné puis déporté, mais s'évada en 1942. Député MRP* (Mouvement républicain populaire) entre 1945 et 1962, président du Conseil (1947-1948), il devint ministre des Affaires étrangères (1948-1953 et lança en 1950 à l'instigation de Jean Mon et le plan Schuman, qui aboutit en 1951 à la création de la Communauté* européenne du charbon et de l'acier (CECA). En 1952, il signa le traité de la CED* (Communauté européenne de défense), prévoyant la créaion d'une armée européenne intégrée, mais l se heurta à l'hostilité, au sein de l'Assemblée nationale, des communistes et des gaulistes du RPF* et donna sa démission. Ministre de la Justice (1955-1956), il fut ensuite président de l'Assemblée parlementaire européenne à Strasbourg (1958-1960). Il est l'auteur d'un livre, *Pour l'Europe.*

SCHUMANN, Robert (Zwickau, Saxe, 1810-Endenich, près de Bonn, 1856). Compositeur allemand. Il fut sans doute le plus romantique des musiciens romantiques du XIXe siècle. Son amour pour sa femme Clara mais aussi sa fin tragique à l'asile d'Endenich sont restés célèbres. Fils d'un libraire érudit qui lui donna le goût de la littérature, il commença des études de droit puis les abandonna pour se consacrer à la musique. Il perfectionna sa connaissance du piano chez un maître réputé, Friedrick Wieck, plus préoccupé de l'éducation de sa fille, Clara, pianiste prodige. Cependant, un accident stupide – pour assurer l'indépendance de son quatrième doigt, il avait travaillé avec le médius maintenu immobile par une ligature – le priva de l'usage en virtuose de sa main droite (1832), et il dut dès lors renoncer à une carrière de concertiste, pour se consacrer à la composition et à la critique musicale. S'ensuivirent d'inquiétantes crises dépressives qui, plus tard, devaient emporter sa raison. En 1840, après avoir affronté durant plusieurs années l'opposition violente de son futur beau-père, il épousa Clara Wieck (1819-1896) qui fut la grande interprète de ses pièces pour piano, son inspiratrice et son soutien moral. Un sentiment d'indignité qu'il éprouvait à l'égard de Clara, la mort de son ami Félix Mendelssohn* aggravèrent son état moral. Il eut le grand bonheur de découvrir en Johannes Brahms* un fils spirituel, avant d'être interné après une tentative de suicide à Endenich, où il mourut après plus de deux ans d'hospitalisation (1854-1856). Ses œuvres les plus belles et les plus originales sont quelques-unes parmi d'innombrables pièces pour piano (*Kreisleriana,* 1838) et les *Lieder* (sur des poèmes de Heinrich Heine* et Joseph von Eichendorff) de la période 1832-1840.

SCHUSCHNIGG, Kurt von (Riva, lac de Garde, 1897-Muters, près d'Innsbruck, 1977). Homme politique autrichien. Chancelier* d'Autriche en 1934, il tenta vainement de s'opposer à l'*Anschluss** (rattachement de l'Autriche à l'Allemagne) et fut emprisonné par les Allemands de 1938 à 1945. Élu député social-chrétien en 1927, il devint ministre de la Justice (1932-1933) de Dollfuss* et lui succéda lorsque ce dernier fut assassiné par les nazis (juillet 1934). Catholique* convaincu, il poursuivit la politique autoritaire et corporatiste de son prédécesseur, luttant à la fois contre l'extrême droite et la gauche, et s'efforça de restaurer l'économie. Afin de sauvegarder l'indépendance autrichienne, il signa avec Hitler* (1936) un accord par lequel ce dernier promettait la non-intervention en Autriche ; Schuschnigg, en échange, appelait au gouvernement des « nazis modérés ». Convoqué par Hitler à Berchtesgaden (12 février 1938), il dut amnistier les nazis coupables d'un complot contre lui et accepter de donner le poste de ministre de l'Intérieur au pronazi Seyss-Inquart*. Après avoir tenté d'organiser un plébiscite sur le maintien de l'indépendance de l'Autriche (mars 1938) et s'être rapproché des sociaux-démocrates, il dut démissionner sur un ultimatum d'Hitler. Après l'*Anschluss,* il fut incarcéré par la Gestapo* puis transféré dans des camps de concentration* en Allemagne. Il émigra après la guerre aux États-Unis.

SCIPIONS. Célèbre famille de la Rome* antique qui appartenait à la *gens** Cornélia. Elle se composa de nombreux généraux, épris de culture grecque et novateurs, qui s'opposèrent aux conservateurs, ralliés autour des Caton. L'influence de la famille disparut à la fin de la République* romaine. Voir Caton l'Ancien, Scipion Émilien, Scipion l'Africain, Scipion l'Asiatique.

SCIPION L'AFRICAIN (v. 235-Liternum, 183 av. J.-C.). Homme politique et général romain, célèbre par sa victoire de Zama* en Afrique contre les Carthaginois qui mit fin à la deuxième guerre Punique* et assura la domination de Rome* sur le bassin occidental de la Méditerranée. Nommé en 211 av. J.-C. proconsul* en Espagne (en dépit des règles de la carrière des honneurs ou *cursus* *honorum*), Scipion réussit à chasser en quelques années les Carthaginois d'Espagne. Consul* en 205 av. J.-C., il décida de porter la guerre en Afrique. Aidé de l'armée numide du roi Masinissa*, il remporta contre Hannibal* la victoire décisive de Zama (202 av. J.-C.). Rentré à Rome, Scipion reçut les honneurs du triomphe* et le surnom d'Africain. Mais il refusa le consulat à vie car il s'était formé contre lui au Sénat* un puissant parti de conservateurs (groupés autour de Caton* l'Ancien) scandalisés de sa popularité et de sa trop rapide carrière. Légat* en 190 av. J.-C. de son frère Scipion* l'Asiatique, il mena avec succès une campagne contre Antiochos III de Syrie*. Accusé, à l'instigation de Caton l'Ancien, d'avoir détourné une partie de l'indemnité de guerre versée par le roi séleucide vaincu, Scipion, contre lequel aucune peine ne fut prononcée, se retira dans ses terres où il se consacra aux arts et aux lettres et notamment à la culture grecque qu'il avait contribué à introduire à Rome. Voir Carthage, Hasdrubal Barca, Numidie, Séleucides.

SCIPION L'ASIATIQUE (?-après 184 av. J.-C.) Frère de Scipion* l'Africain à qui il dut toute sa carrière. Élu consul* en 190 av. J.-C., il mena, secondé par son frère, une guerre victorieuse contre Antiochos III, roi séleucide* de Syrie*. Il y gagna le triomphe* et le surnom d'Asiatique.

SCIPION ÉMILIEN (v. 185-Rome, 129 av. J.-C.). Général et homme politique romain, dit aussi le Second Africain ou le Numantin. Fils de Paul* Émile et petit-fils adoptif de Scipion* l'Africain, il remporta d'importantes victoires militaires et se fit le défenseur de l'aristocratie romaine contre les Gracques*. Nommé consul* en 147 av. J.-C. (sans avoir été édile*), Scipion Émilien donna l'assaut décisif à Carthage* lors de la troisième guerre Punique* et fit raser la ville (146 av. J.-C.). De nouveau consul en 134 av. J.-C., il s'empara de Numance et pacifia l'Espagne. Ce sont ces deux exploits qui lui valurent les surnoms d'Africain et de Numantin. Adversaire des démocrates, il combattit les Gracques, précipitant ainsi la fin de la République* romaine. Scipion Émilien fut aussi un grand lettré, épris de culture grecque. Autour de lui se forma le Cercle des Scipions, où se rencontraient des philosophes, des historiens (le Grec Polybe*), et des poètes (comme Térence*). Il mourut assassiné sans doute par un partisan des Gracques. Voir Scipions.

SCOTT, sir Walter (Édimbourg 1771-Abbotsford, 1832). Romancier et poète écossais. Maître du roman historique, il exerça une profonde influence aussi bien en Angleterre qu'en France. Associé à la faillite de son éditeur dont il était actionnaire, Scott produisit, d'abord par nécessité, une œuvre considérable dont on peut citer *La Fiancée de Lamermoor* (1819), *Ivanhoé* (1819), *Quentin Durward* (1823), *La Jolie Fille de Perth* (1828), et *La Dame du lac* (1810) qui inspira Gioacchino Rossini (opéra homonyme).

SCRIBE. Dans l'Antiquité, nom donné à celui qui écrit les textes publics et copie les écrits. Dans l'Égypte* ancienne, le scribe était un fonctionnaire très honoré qui travaillait pour le pharaon* ou pour les temples. Il savait compter, lire et écrire les hiéroglyphes*. Voir Calame, Papyrus, Temple égyptien.

SCYTHES. Peuple indo-européen, d'origine iranienne, installé dans les plaines au nord de la mer Noire. Grands cavaliers et archers redoutables, ils ravagèrent au VIIᵉ siècle av. J.-C. l'Empire assyrien et menacèrent l'Égypte*. Repoussés par les Mèdes* et repliés au nord du Caucase pour les uns, entre la mer Caspienne et le lac Balnach pour les autres, ils renoncèrent à l'invasion de l'Asie mais lancèrent des raids jusqu'en Europe centrale vers 500 av. J.-C. puis s'opposèrent aux Perses* et aux Parthes*. Au Iᵉʳ siècle ap. J.-C., une dynastie scythe s'établit au nord de l'Inde*. Leur civilisation, qui ignorait l'écriture, ne fut longtemps connue qu'à travers le témoignage de l'historien grec Hérodote* mais l'archéologie a fourni des armes, ustensiles et pièces d'orfèvrerie en or qui témoignent d'un art raffiné. Ils disparurent de l'histoire après les grandes invasions des Huns* et des Germains*. Voir Assyrie.

SDN. Voir Société des nations.

SÉBASTOPOL (Siège de, septembre 1854-septembre 1855). Le siège de Sébastopol, ville fondée par Potemkine* (1784) sur les rives de la mer Noire, fut le principal épisode de la guerre de Crimée* (1854-1856). La place, commandée par le général russe Totleben*, fut assiégée pendant de long mois par les forces alliées (Français, Anglais, Turcs puis Piémontais). La prise de la tour Malakoff* par le général français Mac-Mahon* entraîna la chute de la ville incendiée puis évacuée par les Russes. Voir Paris (Traité de, 1856).

SÉCESSION (Guerre de, 1861-1865, en angl. *American Civil War.*) Guerre civile qui divisa les États-Unis, en opposant les États du Nord (Union) et les États du Sud (confédérés) qui furent vaincus. Le conflit eut pour cause essentielle le problème de l'esclavage des Noirs. Le nord, industrialisé, protectionniste et démocrate, souhaitait son abolition, alors que le sud le considérait comme une nécessité vitale. Dominé par une riche aristocratie de planteurs, le sud vivait alors de la monoculture du coton, exploitée par une main-d'œuvre servile et défendait, à l'inverse du nord, une économie libre-échangiste. La lutte qui commença vers 1832 et qui connut divers compromis (compromis du Missouri*, 1820), s'aggrava lors de l'élection à la présidence (1860) de l'anti-esclavagiste républicain Abraham Lincoln*. La Caroline du Sud fit sécession, suivie en décembre 1860 de 10 autres États sudistes, qui se groupèrent en une Confédération de 11 États, avec pour capitale Richmond et pour président Jefferson Davis. La guerre de Sécession, la plus longue et la plus meurtrière (plus de 600 000 tués) du XIXᵉ siècle, dura quatre ans. Elle fut considérée comme la première guerre moderne par l'importance des effectifs engagés, le rôle essentiel joué par le matériel (premiers cuirassés, mines, torpilles) et la mobilisation totale, à la fois civile, militaire et économique. Les forces en présence étaient très inégales (22 millions pour le nord, 9 millions pour le sud dont 4 millions d'esclaves). Le nord avait aussi pour lui des ressources financières considérables, les grands centres industriels, les ports les plus actifs, et un réseau ferroviaire déjà très développé. Le sud disposait d'excellentes troupes avec les meilleurs généraux américains, mais fut dès le début coupé de l'étranger par le blocus côtier du sud opéré par la marine restée fidèle au nord. Durant deux ans, les sudistes, commandés par le général Lee*, obtinrent plusieurs victoires, mais ne purent s'emparer de Washington, l'offensive ayant été brisée à Gettysburg*, la bataille la plus importante de la guerre (1863). Au même moment, un autre front fut créé plus à l'ouest par les nordistes, le général Grant* s'emparant de la grande forteresse confédérée de Vicksburg, sur le bas Mississippi. De la vallée du fleuve, son successeur Sherman* poursuivit son offensive vers l'Atlantique, s'empara d'Atlanta, nœud de communication du sud, puis, traversant la Géorgie et la Caroline, prit à revers les troupes sudistes, obligeant Lee à capituler (avril 1865). Cinq jours plus tard, Lincoln* était assassiné par un sudiste fanatique et il fallut dix ans pour reconstruire l'Union et relever les ruines de la guerre. Le Congrès vota en 1865 l'abolition de l'esclavage dans toute l'étendue de l'Union, puis la Cour Suprême affirma, quelques années plus tard, que les États-Unis étaient « une Union indestructible d'États indestructibles ». Voir Appomattox, *Carpetbaggers*, Johnson (Andrew).

SECONDAIRE (Ère). Nom donné à la seconde époque géologique. Elle commença à la fin de l'ère primaire* (230 millions d'années av. J.-C.) et dura environ 160 millions d'années jusqu'à il y a 70 millions d'années. Elle se divise en trois périodes, Trias, Jurassique et Crétacé (qui d'un point de vue géologique se caractérise par une phase de sédimentation active). L'ère secondaire vit le développement de la vie terrestre, en particulier l'apparition des reptiles, des oiseaux et des mammifères. Les dinosaures, apparus au jurassique (180 à 135 millions d'années av. J.-C.), disparurent aux environs de 70 millions d'années av. J.-C. au moment où apparaissaient les premiers primates*. Voir Quaternaire (Ère), Tertiaire (Ère).

SECTION FRANÇAISE DE L'INTERNATIONALE OUVRIÈRE (SFIO). Parti constitué en 1905 et regroupant le Parti socialiste de France (issu d'un premier regroupement en 1901 entre le Parti ouvrier de Jules Guesde* et le Parti socialiste-révolutionnaire d'Édouard Vaillant*) et le Parti socialiste français de Jean Jaurès*. Cette unification fut imposée par l'Internationale socialiste réunie à Amsterdam en 1904. Si l'unité ne supprima pas les courants préexistants divisés sur le plan doctrinal (réforme ou révolution) et politique (participation ou non à des gouvernements « bourgeois »), le Parti socialiste français, devenu un parti parlementaire, se regroupa néanmoins autour de son principal dirigeant, Jean Jaurès*, et milita pour le pacifisme et l'anticolonialisme. La Première Guerre* mondiale et les révolutions* russes de 1917 provoquèrent une grave crise dans le parti qui se scinda au congrès de Tours* (1920), la majorité constituant le parti communiste*. Dirigée par Léon Blum* et Paul Faure, la SFIO fu à l'origine du Cartel* des gauches (1924) et la victoire du Front* populaire (1936 fit de son président le chef du gouvernement. Cependant, l'échec du pouvoir, puis la crise de Munich* provoquèrent de nouvelles scissions avec l'exclusion de la tendance trotskiste (1938) conduite par Marceau Pivert et la rupture entre les « pacifistes » regroupés autour de Paul Faure et les « antifascistes » dirigés par Léon Blum. Lors de la Seconde Guerre* mondiale, les socialistes furent nombreux à militer dans les réseaux de Résistance* et la SFIO joua, après la libération*, un rôle important sous la Quatrième République* Hostiles aux gaullistes et aux communistes, les socialistes, sous la direction de Guy Mollet* (1946-1969), furent représentés à la présidence de la République (Vincent Auriol*) et participèrent à de nombreux gouvernements. La politique coloniale (en particulier algérienne) de Guy Mollet (président du Conseil en 1956) et son soutien au général de Gaulle* en 1958 suscitèrent de nouvelles divisions avec la création du PSA (Parti socialiste autonome) puis du PSU* (Parti socialiste unifié). Dans l'opposition depuis 1958-1959, les socialistes, à l'instigation de François Mitterrand*, se regroupèrent à nouveau pour former en 1965 la Fédération de la gauche démocrate et socialiste (FGDS). La SFIO, après un réalignement à gauche, fut remplacée par le Parti socialiste au congrès d'Issy-les-Moulineaux (11-13 juillet 1969). Voir Internationale (Deuxième), Internationale (Troisième), PS.

SECTIONS. Nom donné sous la Révolution* française aux divisions territoriales et administratives de la Ville de Paris. L'Assemblée* nationale constituante créa, en mai 1790, 48 sections, c'est-à-dire des circonscriptions électorales de quartiers où les citoyens actifs élisaient les membres de la Commune* et les juges de paix. À partir de 1792, les sections s'occupèrent en permanence des questions politiques, les Parisiens décidant, fin juillet 1792, d'abolir la distinction entre citoyens actifs et citoyens passifs. Dès lors, les assemblées de section, qui siégeaient en permanence, devinrent l'organe politique essentiel des sans-culottes*. Elles demandèrent, après le manifeste de Brunswick* (juillet 1792), la déchéance du roi. Leurs commissaires élus formèrent la Commune* insurrectionnelle qui déclencha la journée du 10 août* 1792, mettant fin à la monarchie. Après le 9 Thermidor*, les sections jouèrent encore un rôle important dans les insurrections populaires puis furent supprimées par le Directoire* en 1795. On substitua au nom de sections, celui de divisions puis de quartiers.

SEDAN (Bataille de, 1er septembre 1870). Grave défaite française qui eut lieu à Sedan (dans les Ardennes) face aux armées prussiennes lors de la guerre franco-allemande* de 1870-1871. L'armée de Châlons, commandée par Mac-Mahon*, et auprès de laquelle se trouvait Napoléon III*, fut encerclée par les Prussiens alors qu'elle venait porter secours à l'armée de Bazaine repliée dans Metz. La défaite de Sedan eut de lourdes conséquences. Napoléon III fut fait prisonnier. À Paris, la journée insurrectionnelle du 4 septembre* 1870 entraîna la chute du Second Empire* et la proclamation de la Troisième République*.

SÉE, Camille (Colmar, 1847-Paris, 1919). Homme politique français. Républicain lié à Jules Ferry*, il contribua à la fondation des lycées de jeunes filles et fonda l'École normale supérieure de Sèvres (1881). Voir Buisson (Ferdinand).

SEECKT, Hans von (Schleswig, 1866-Berlin, 1936). Général allemand. Après avoir dirigé la délégation militaire allemande aux négociations de paix (1919), il succéda à Hindenburg* à la tête de l'armée allemande (Reichswehr*) de 1920 à 1926. Il s'efforça à ce poste, en dépit des clauses du traité de Versailles*, de reconstituer une armée allemande offensive. Député (1930 et 1932), il soutint le parti de Hitler*. Voir Fritsch (Werner von).

SÉFARADE. Voir Ashkénaze.

SÉFÉVIDES ou **SAFAWIDES.** Dynastie qui régna sur la Perse de 1501 à 1736. Elle réussit, en imposant la religion chi'ite* aux populations iraniennes, à soustraire aux Ottomans* sunnites* les régions qui constituent aujourd'hui l'Iran. Issus d'une famille iranienne, probablement kurde, mais prétendant faire remonter leur généalogie jusqu'à Ali* (cousin et gendre du prophète Mahomet*), les Séfévides furent d'abord gouverneurs d'Ardabil, en Azerbaïdjan. Montée sur le trône avec Ismaïl Ier, qui prit le titre de shah de Perse, la dynastie fit du chi'isme la religion nationale. Fondateurs d'une véritable théocratie militaire, les Séfévides étendirent leur influence sur la Perse du nord-ouest et en Asie* Mineure, s'opposant aux Ottomans sunnites dans d'âpres luttes à la fois politiques et religieuses. Le règne d'Abbas Ier (1587-1629) porta à son apogée la dynastie. En 1722, après la prise d'Ispahan* par les Afghans sunnites, le pays entra dans un chaos dont devaient profiter Russes et Ottomans.

SÉGUR, Sophie Rostopchine, comtesse de (Saint-Pétersbourg, 1799-Paris, 1874). Femme de lettres française, d'origine russe. Elle acquit une immense célébrité par ses écrits destinés à l'origine à ses petits-enfants. Certains critiques modernes, s'appuyant sur la psychanalyse, ont discerné dans son œuvre des symptômes de fantasmes sadiques. Fille d'un ministre du tsar Paul I⁰ᵉʳ tombé en disgrâce, Sophie Rostopchine suivit son père dans son exil en France (1871). Mariée au comte Eugène de Ségur (1819), elle passa une grande partie de sa vie dans sa propriété de Nouettes (Orne). Parmi ses livres : *Les Petites Filles modèles* (1858), *Mémoires d'un âne* (1860), *Les Malheurs de Sophie* (1864) et *Le Général Dourakine* (1866).

SEIGNEURIE. Au Moyen Âge, terre soumise à l'autorité d'un seigneur, en général un chevalier*, parfois un évêque* ou un abbé. La seigneurie était un grand domaine comprenant des forêts, des landes, des prés, des labours et des vignes. Elle était divisée en deux parties : la réserve* que le seigneur gardait pour son propre usage et les tenures* des paysans. Le seigneur possédait de nombreux droits issus du ban* : droit de justice, droit de battre monnaie, péages, banalités*, taxes sur les ventes dans les foires et les marchés mais aussi sur les ventes et la consommation de certaines denrées. Il percevait des impôts directs dont le plus important était la taille*. Dès le XIIIᵉ siècle, en raison des progrès de l'autorité royale, les seigneurs perdirent un grand nombre de leurs pouvoirs. Beaucoup de droits* seigneuriaux, devenus symboliques pour l'essentiel, furent abolis le 4 août 1789. Voir Féodalité, Révolution française.

SEIGNOBOS, Charles (Lamastre, 1854-Ploubazlanec, 1942). Historien français. Adepte de l'histoire « événementielle » – remise plus tard en question –, il fut notamment l'auteur d'une *Introduction aux études historiques* (1897) où il codifia les règles de l'histoire positiviste.

SEIZE. Comité insurrectionnel formé à Paris lors des guerres de Religion* par la Ligue* et composé de 16 membres délégués des 16 quartiers de la ville. Favorables aux Guise, le comité des Seize, devenu le vrai maître de Paris, organisa en 1588 la journée des Barricades* qui mit en

échec les armées d'Henri III*. Après l'assassinat du duc de Guise, les Seize se rendirent indépendants de la Ligue et instituèrent un régime de terreur (exécution du premier président Brisson, 1591). Le duc de Mayenne, frère du duc de Guise, les soumit par la force (1591), faisant pendre quatre de leurs membres. Voir Henri Iᵉʳ de Lorraine.

SEKHMET. Déesse-lionne de Memphis*, l'une des capitales de l'Égypte* ancienne. Elle se manifeste par la violence et les épidémies. Honorée et apaisée par un culte, ses prêtres sont des médecins.

SELDJOUKIDES ou **SALDJUQIDES.** Nom donné à la dynastie turque musulmane qui domina le Proche-Orient (Perse, Syrie*, Asie* Mineure) du XIᵉ au XIIIᵉ siècle. Ils formèrent un Empire qui atteignit son apogée avec Malik Chah dans la seconde moitié du XIᵉ siècle. Celui-ci fut ensuite divisé entre ses divers héritiers qui créèrent des sultanats en Perse, Syrie et Asie Mineure. Ce dernier fut le plus important pour l'histoire des Turcs : c'est à partir de ce territoire qu'Osman* fonda la dynastie des Ottomans* au XIVᵉ siècle. La dynastie des Seldjoukides, en fondant de nombreuses écoles, assura le renouveau du sunnisme*. Voir Perses.

SÉLEUCIDES. Dynastie hellénistique* qui régna sur la Syrie* et sur une grande partie de l'Asie occidentale de 312 à 64 av. J.-C. Durant le règne de son fondateur, un lieutenant d'Alexandre III* le Grand, Séleucos Iᵉʳ, l'empire séleucide s'étendit sur l'Asie* Mineure, La Syrie*, la Mésopotamie* et la Perse. Mais menacés (en particulier par l'Égypte* des Lagides*), les Séleucides perdirent peu à peu les territoires les plus éloignés à l'ouest comme à l'est. Reconstitué au début du IIᵉ siècle av. J.-C. sous Antiochos III le Grand, l'État séleucide fut ensuite déchiré par des luttes intérieures et dut évacuer l'Asie Mineure au cours des guerres macédoniennes. Vers 140 av. J.-C., il fut réduit à la Syrie, et an-

exé à Rome* en 64 av. J.-C. Les Séleu-
ides ont joué un grand rôle dans la diffu-
ion de la culture grecque en Asie. Voir
Antioche, Hellénistique (Civilisation),
erses (Les), Pompée, Séleucie du Tigre.

SÉLEUCIE DU TIGRE. Ville de Méso-
otamie*, fondée sur le Tigre vers 307 av.
.-C., à 70 km au nord de Babylone*. Elle
été, avant Antioche*, la première capi-
ale de l'empire séleucide*. Grande ville
ommerçante, elle était le point d'arrivée
es routes caravanières venant d'Asie cen-
rale (route de la soie*) et de l'Inde* (par
e golfe Persique*). Elle aurait compté à
on apogée près de 600 000 habitants mais
éclina après le choix d'une nouvelle caitale, Antioche (300 av. J.-C.) et la créaion de Ctésiphon par les Parthes* sur l'au-
re rive du Tigre.

SÉLINONTE. Ancienne ville de Sicile si-
uée sur la côte sud-ouest de l'île. Fondée
u VIIᵉ siècle av. J.-C. par des Grecs de Mé-
are, elle connut son apogée au début du Vᵉ
iècle av. J.-C. Puis, dominée par Car-
hage* (entre 409 et 250 av. J.-C.), elle dé-
lina progressivement. Aujourd'hui, son
ite est occupé par les ruines de sept grands
emples doriques datés du VIᵉ siècle
v. J.-C. Celui dédié à Apollon* est l'un des
lus vastes de l'Antiquité (113 m sur 54 m).
oir Dorique (Ordre), Grande-Grèce.

ÉMITES. Ensemble des peuples origi-
aires du Proche-Orient et parlant des lan-
ues apparentées. Durant l'Antiquité, les
émites s'infiltrèrent progressivement
ans le Croissant* fertile et constituèrent à
artir de 2000 av. J.-C. des États impor-
ants. Ce sont, en Mésopotamie*, les Ba-
yloniens* et les Assyriens ; en Syrie* et
n Palestine*, les Phéniciens* et les Hé-
reux*, enfin les Arabes*. D'après la Bi-
le*, ces peuples auraient un ancêtre
ommun, Sem, fils aîné de Noé. Voir As-
yrie.

SEMPRONIUS. Voir Gracchus Sempro-
ius Caius, Gracchus Sempronius Tibe-
ius.

SÉNAT. En France, Assemblée instituée
par la Constitution* de l'an VIII (1799).
Elle fut sous le Consulat*, le Premier et le
Second Empire*, l'instrument docile du
pouvoir, les sénateurs étant généralement
nommés par le souverain lui-même. Le Sénat fut sous la Troisième République*
constitué de 75 sénateurs inamovibles et
de 225 sénateurs élus et renouvelés par
tiers tous les trois ans et partagea le pouvoir législatif avec la Chambre des députés. Sous la Quatrième République*, le Sénat, remplacé par le Conseil de la
République, n'eut qu'un rôle modeste. Depuis la Constitution* de 1958 (Cinquième
République*), ses membres sont élus tous
les neuf ans, renouvelables par tiers tous
les trois ans, par les représentants des collectivités locales (députés, conseillers généraux, délégués des conseillers municipaux et conseillers des départements
d'outre-mer). Le président du Sénat, second personnage de l'État, assure l'intérim
en cas de vacance de la présidence de la
République. L'Assemblée du Sénat siège à
Paris, au palais du Luxembourg.

SÉNAT ROMAIN. Dans la Rome* antique, assemblée politique dominée au cours
du IIᵉ siècle av. J.-C. par la noblesse (*nobilitas**), elle représentait sous la République* romaine la plus haute autorité de
l'État. Composé au temps de la monarchie
des chefs des grandes familles patriciennes*, puis ouvert aux plébéiens à la fin du
Vᵉ siècle av. J.-C., le Sénat républicain
comprenait jusqu'à Sylla* 300 membres
recrutés par les censeurs* parmi les anciens magistrats* dans l'ordre inverse du
cursus *honorum*. Leur nombre fut doublé
par Sylla. À côté des magistrats renouvelés annuellement, il représentait l'autorité
permanente et possédait de très grands
pouvoirs. Il dirigeait la politique extérieure
de Rome, gérait les finances (vote des dépenses) aidé des questeurs* responsables
devant lui. Il fixait les effectifs de l'armée
et contrôlait l'action des généraux à qui il

pouvait accorder les honneurs du triomphe*. Il s'occupait de l'organisation et de l'administration des provinces*. Il donnait enfin des avis (ou sénatus* consultes) auxquels se conformaient généralement les magistrats et les assemblées et surveillait la religion nationale. Ses membres jouissaient dans la société de toutes sortes de prérogatives et d'honneurs. Ils avaient droit à la tunique à bande de pourpre large (laticlave*), à la toge* prétexte et aux meilleures places dans les lieux publics, les théâtres et au cirque*. Cependant, depuis la *lex Claudia* de 218 av. J.-C., toute activité commerciale, financière ou industrielle leur était interdite, ce qui fit la fortune des chevaliers*. L'Empire marqua la décadence politique du Sénat. Formé de 600 membres choisis par l'empereur dans l'ordre* sénatorial, il ne pourra guère s'opposer à sa politique. À la fin du IIIe siècle ap. J.-C., l'institution perdit toute autorité, réduite au simple rôle de conseil municipal de Rome. Voir Plèbe.

SÉNATUS-CONSULTE du 7 novembre 1852. Il rétablit la dignité impériale en faveur de Louis Napoléon Bonaparte, qui devint Napoléon III*, et fut approuvé par un plébiscite. Voir Adresse (Droit d').

SÉNÉCHAL. 1) À l'origine, domestique de la maison du roi ou d'un grand seigneur. Il devint sous les Carolingiens* et les premiers Capétiens* un officier royal aux pouvoirs très étendus. Jugée dangereuse pour la royauté, cette charge fut supprimée par Philippe II* Auguste. 2) Au Moyen Âge (à partir du XIIIe siècle) et sous l'Ancien* Régime, officier qui représentait le roi de France dans le sud du pays. Il possédait des attributions importantes dans les domaines de l'administration, la justice et les impôts. Comme les baillis* dans le nord, les sénéchaux ont beaucoup contribué au développement de l'autorité royale face aux seigneurs. Cette fonction devint, à l'époque moderne, surtout honorifique. Voir Intendant.

SÉNÉCHAUSSÉE. Nom donné au Moyen Âge et sous l'Ancien* Régime à l'étendue du territoire sur lequel s'exerce l'autorité d'un sénéchal*. C'est l'équivalent de bailliage* dans le sud de la France.

SÉNÈQUE (Cordoue, v. 2 av. J.-C.-65 ap. J.-C.). Homme politique, écrivain et philosophe latin. Personnalité très discutée, Sénèque fut le précepteur puis le conseiller de l'empereur Néron* avant d'être condamné par celui-ci. Après avoir commencé à Rome* une brillante carrière politique favorisée par ses dons d'éloquence, il s'exila en Corse, pendant plusieurs années, victime d'intrigues menées par la femme de l'empereur Claude*, Messaline. Rappelé en 49 ap. J.-C. dans la capitale pour se charger de l'éducation de Néron, il inspira sa politique au cours des années heureuses du *quinquennium Neronis* (54-59 ap. J.-C.) et tenta plus tard, mais en vain, de modifier le comportement du tyran. Celui-ci l'impliqua dans un complot mené contre lui et l'obligea à se suicider. L'œuvre de Sénèque comprend des traités de morale (*De la clémence, Des bienfaits*), des dialogues philosophiques (*Consolation à Helvia, Sur la brièveté de la vie, Sur la Providence*, etc.), un ouvrage scientifique (*Questions naturelles*) et des tragédies (*Médée, Les Troyennes, Phèdre*). Dans cette œuvre, nourrie de la pensée des stoïciens, Sénèque se place en directeur de conscience qui appelle à la maîtrise de soi. Mais ses adversaires lui reprochèrent de prêcher la pauvreté alors qu'il vivait une existence fastueuse. Voir Stoïcisme.

SENGHOR, Léopold Sédar (Joal, Sénégal, 1906-). Homme politique et écrivain sénégalais. Il fut président de la République du Sénégal après l'indépendance (1960-1980). Né dans une famille catholique* de commerçants prospères, Senghor passa à Paris l'agrégation de grammaire. Prisonnier jusqu'en 1942 lors de la Seconde Guerre* mondiale, il fut élu député à l'Assemblée* constituante sur la liste du Bloc fricain soutenu par la SFIO* (1945), puis éélu à l'Assemblée nationale (1946-958). Ministre dans le gouvernement l'Edgar Faure* (1955-1956), il fonda en 956 la Convention africaine, puis l'Union rogressiste sénégalaise (UPS) favorable u maintien des liens avec la France. Son arti obtint en 1959 la quasi-totalité des sièes à l'Assemblée du Sénégal, devenu République autonome au sein de la Communauté* (1958). Élu président de la République après l'indépendance (1960), Senghor domina la vie politique sénégaaise durant près de 20 ans. Après avoir été e plus francophile des chefs d'État afriains, il démissionna le 1er janvier 1981 au rofit de son Premier ministre, Abdou Diouf. Poète tout au long de sa vie, Senghor exprimé sa résistance à l'impérialisme poitique et culturel de l'Occident (*Hosties oires*, 1948) et les richesses de la civilisaion africaine (*Chants d'ombres*, 1945) où l définit la notion de « négritude ». Il est nembre de l'Académie* française.

SENLIS. Ville de France (Oise) dans laquelle se trouve un des premiers chefs-l'œuvre de l'architecture gothique, l'ancienne cathédrale Notre-Dame. Son emarquable portail de la Vierge (XIIe-XIIIe siècle) a inspiré ceux de Chartres*, de Notre-Dame* de Paris, d'Amiens* et de Reims*. Voir Gothique (Art).

SENS. Ville de France (Yonne) où se rouve l'une des plus anciennes cathédra-es gothiques, la cathédrale Saint-Étienne, dans laquelle Louis IX* épousa Margueite de Provence. Commencée vers 1140, elle possède de beaux vitraux datant des XIIe, XIIIe et XIVe siècles et un trésor comporant notamment des ornements sacerdoaux de saint Thomas* Becket. Voir Gohique (Art).

SÉPARATION DES ÉGLISES ET DE L'ÉTAT (Loi de). Séparation adoptée par a Chambre des députés en France, en juilet 1905, et promulguée après le vote favorable du Sénat* en décembre 1905.

Cette décision fut préparée par la détérioration des relations dans les premières années du XXe siècle entre la France (politique anticléricale de Combes*) et Pie X*. En juillet 1904, les relations diplomatiques avec le Saint-Siège furent rompues contre l'avis de Combes. Fidèle à la tradition gallicane, ce dernier souhaitait seulement utiliser le Concordat* de 1801 afin d'accroître l'autorité de l'État sur le clergé français et soustraire celui-ci à l'influence de Rome. Ce fut à Rouvier*, successeur de Combes, qu'il appartint de régler le problème religieux. La loi de séparation des Églises et de l'État, loi dont le rapporteur fut Aristide Briand*, reconnaissait la liberté de conscience et de culte, mais la République ne salariait ni ne subventionnait aucun des cultes. Les biens ecclésiastiques devinrent propriété de l'État et les édifices des cultes furent confiés à des associations cultuelles élues par les fidèles. En 1906, Léon X condamna la loi de séparation. On entreprit cependant l'inventaire des biens de l'Église, ce qui donna lieu à des incidents, creusant le fossé entre les catholiques* et le régime. Les protestants* et les israélites* acceptèrent sans difficulté la séparation. Après la Première Guerre* mondiale, la situation se normalisa et les relations diplomatiques furent rétablies avec le Saint-Siège (1921). La séparation ne s'appliqua pas aux départements d'Alsace et de Lorraine (en 1905 sous domination allemande) où le Concordat de 1801 reste toujours en vigueur. Voir Alsace-Lorraine, Gallicanisme, République (Troisième).

SEPT ANS (Guerre de, 1756-1763). Guerre européenne qui opposa l'Angleterre et la Prusse* à la France, l'Autriche, la Russie, la Suède, l'Espagne et les princes allemands. La guerre de Sept Ans consacra la Prusse comme grande puissance européenne et l'avènement de l'Angleterre comme première puissance navale et coloniale. Le conflit eut pour causes principales la volonté autrichienne de reprendre la Silésie à la Prusse (guerre de Succession* d'Autriche) et la rivalité coloniale franco-anglaise. Sur terre, durant sept ans, la lutte fit rage en Europe centrale et orientale. La France et l'Autriche, soutenues par la Russie, la Suède et quelques princes allemands, remportèrent quelques succès puis essuyèrent de nombreux revers face à Frédéric II* de Prusse (notamment Rossbach* et Leuthen*). Sur mer et dans les colonies, l'Angleterre, après une période d'échecs (occupation de Port-Mahon, aux Baléares, par le duc de Richelieu*, 1756), accula à la défaite Montcalm* au Canada (1759) et Lally-Tollendal* aux Indes. Une alliance tardive avec l'Espagne, le pacte de Famille*, ne permit pas de redresser la situation. Par le traité de Paris* (1763), Louis XV* cédait à l'Angleterre le Canada, l'est de la Louisiane*, quelques îles des Antilles, le Sénégal et presque toutes ses possessions en Inde. Par le traité d'Hubertsbourg* (1763), Marie-Thérèse* d'Autriche cédait définitivement la Silésie à la Prusse.Voir Kaunitz (Wenzel).

SEPTEMBRE 1792 (Massacres de). Lors de la Révolution* française, exécutions sommaires qui eurent lieu dans les prisons à Paris et en province entre le 2 et le 6 septembre 1792. Après la suspension du roi (journée du 10 août* 1792), les nouvelles du passage de La Fayette* à l'ennemi et de l'avance des troupes prussiennes après la reddition de Longwy (25 août) puis de Verdun (2 septembre) provoquèrent une émotion intense dans la capitale. La peur de l'invasion jointe à la crainte d'un complot aristocratique nourrit durant quatre jours autant l'enthousiasme patriotique que la haine. La Commune* insurrectionnelle appela les Parisiens à s'armer. Ce fut dans cette atmosphère de panique qu'explosa la colère populaire que les autorités légales – en particulier Danton*, ministre de la Justice – n'empêchèrent pas, *L'Ami* *du peuple* de Marat* incitant les Parisiens

à exercer leur vengeance. Plus de 1 100 détenus furent massacrés dans les prisons : les victimes ayant été des prêtres réfractaires*, des aristocrates dont la princesse de Lamballe (sa tête fut portée au bout d'une pique) et des prisonniers de droit commun. Ces massacres de Septembre marquèrent les débuts de la Terreur*.

SEPTEMBRE 1793 (Journées des 4 et 5). Lors de la Révolution* française, journées révolutionnaires parisiennes consécutives à la crise des subsistance et à la reddition de Toulon aux Anglais (2 septembre). Animées par les hébertistes* et les Enragés*, ces journées amenèrent la Convention* à mettre la Terreur* à l'ordre du jour. Le 11 septembre, le maximum des grains et des farines était décrété et le 29 septembre, le maximum* général.

SEPTEMBRE 1864 (Convention de). Convention signée entre Napoléon III* et l'Italie. La France promettait d'évacuer Rome à condition que l'Italie transférât sa capitale à Florence et que l'intégralité des États* pontificaux soit respectée. Cette convention régla provisoirement la question romaine. Voir Pie IX.

SEPTEMBRE 1870 (Journée révolutionnaire du 4). Journée révolutionnaire à Paris qui suivit l'annonce de la capitulation de Sedan* (1er septembre), face aux troupes prussiennes lors de la guerre franco-allemande* de 1870-1871. Elle eut pour conséquence la déchéance de Napoléon III*, la proclamation de la République à l'Hôtel de Ville et la constitution d'un gouvernement de la Défense* nationale.Voir Gambetta (Léon), République (Troisième).

SEPTEMBRE NOIR. Organisation de résistance palestinienne dont le nom rappelle l'expulsion des Palestiniens de Jordanie par l'armée du roi Hussein* (septembre 1970). Dirigée par Khalil Wazir (Abou Nidal), elle fut notamment responsable du massacre d'athlètes lors des Jeux olympiques* de Munich en 1972, et du dé-

ournement d'un avion de la Sabena sur
aéroport israélien de Lod (août 1972).
Voir OLP.

SEPTIME SÉVÈRE (Leptis Magna,
146-Eburacum, auj. York, 211 ap. J.-C.).
Empereur romain, fondateur de la dynastie
les Sévères*, il régna entre 193 et 211.
Africain de Tripolitaine* (nord-ouest de la
Libye actuelle), issu d'une famille de chevaliers aisés, il fut proclamé empereur par
ses soldats. Gouvernant avec autorité en
s'appuyant sur l'armée, Septime Sévère
établit l'ordre troublé, après la mort de
Commode*, par quatre ans de guerres civiles. Il enleva tout pouvoir au Sénat* et
fit de l'Empire un État bureaucratique et
centralisé. Excellent général, il fut presque
continuellement en guerre, notamment
contre les Parthes* (197-202), ce qui lui
permit de constituer la province de Mésopotamie*. Favorable aux cultes orientaux,
il s'opposa au christianisme*. Il mourut en
(Grande) Bretagne où il menait depuis
trois ans des campagnes, laissant l'Empire
à ses deux fils, Caracalla* et Géta*. Voir
Arc de triomphe, Équestre (Ordre).

SÉRAPIS. Divinité grecque introduite en
Égypte* sous les Ptolémées* afin d'instaurer un culte commun aux Égyptiens et aux
Grecs. Dieu d'Alexandrie*, protecteur des
marins, il est aussi dieu du monde souterrain et dieu guérisseur. Voir Apis.

SERBIE. Ancien royaume de l'Europe du
Sud, la Serbie constitua l'une des six Républiques fédérées de la Yougoslavie. Rattachée à l'Empire romain*, envahie par les
Serbes (Slaves) au VIIᵉ siècle puis christianisée et dominée par les Byzantins, la Serbie devint indépendante à la fin du XIIᵉ siècle et devint l'État le plus puissant des
Balkans* sous le règne d'Étienne VIII Du-
šan (1321-1331). Défaits par les Turcs à
Kosovo* (1389), les Serbes furent soumis
aux Ottomans* jusqu'au XIXᵉ siècle. Les
progrès du nationalisme serbe aboutirent
en 1830 à l'autonomie de la Serbie puis à
son indépendance complète, reconnue en

1878 au congrès de Berlin*. Devenue chef
de file de la libération des Slaves* du Sud
au début du XXᵉ siècle, la Serbie participa
aux deux guerres balkaniques*, obtenant
la majeure partie de la Macédoine*. L'assassinat, par un Serbe, de l'héritier du
trône d'Autriche-Hongrie*, à Sarajevo*,
François-Ferdinand*, déclencha la Première Guerre* mondiale. L'effondrement
des puissances centrales permit à la Serbie
de réunir les Slaves du Sud dans un nouvel
État, d'abord appelé « Royaume des Serbes, des Croates* et des Slovènes* »
(1918), puis Yougoslavie (1929). Après la
Seconde Guerre* mondiale, la Serbie avait
constitué l'une des République fédérées de
la Yougoslavie. Favorable au maintien
d'une fédération yougoslave, la République de Serbie (liée au Monténégro avec lequel elle s'est fédérée en 1992) s'est violemment opposée depuis 1991 à
l'indépendance de la Slovénie*, de la
Croatie*, de la Macédoine* et de la Bosnie-Herzégovine*. Voir Mahmud II.

SERBIE (République de). Ancienne République fédérée de la Yougoslavie (capitale : Belgrade), peuplée essentiellement
de Serbes (environ 66 %) et d'Albanais
(environ 20 %, concentrés dans le Kosovo). En avril 1992, la Serbie et le Monténégro* ont constitué une fédération intitulée République fédérale de Yougoslavie
que la communauté internationale n'avait
pas reconnue en 1993. En mai 1992,
l'ONU* a décrété un embargo contre la
Serbie et le Monténégro pour leur soutien
militaire apporté aux Serbes, notamment
en Bosnie.

SERF. Au Moyen Âge, paysan non libre
appartenant à un seigneur dont il cultive
une terre. À la différence de l'esclave antique, le serf pouvait posséder des biens et
son maître lui devait protection. Il ne pouvait cependant pas quitter sa terre, devenir
prêtre sans l'accord du seigneur ni témoi-
gner contre un homme libre. Ceux qui
n'avaient pu se racheter ou s'enfuir étaient

soumis à des taxes ou contraintes particulières (chevage*, mainmorte*, formariage*), le serf étant « taillable et corvéable à merci ». Le servage était héréditaire. À partir du XIVᵉ siècle, de plus en plus de serfs furent affranchis par leurs seigneurs. Le servage, très répandu à l'époque féodale (Xᵉ-XIIᵉ siècle), déclina à la fin du Moyen Âge, pour n'être plus, en France, qu'un vestige au XVIIIᵉ siècle. Il fut définitivement aboli en 1789. Voir Féodalité, Seigneurie.

SERGENTS DE LA ROCHELLE (Les quatre). En France, sous la Restauration*, quatre sergents du 45ᵉ régiment d'infanterie alors en garnison à Paris fondèrent dans leur unité une division de la Charbonnerie, société secrète d'opinion libérale. Envoyés à La Rochelle, les quatre sergents furent dénoncés, traduits en justice pour complot, condamnés à mort et guillotinés (21 septembre 1822). Accusés sans preuve et n'ayant participé à aucune rébellion, ils furent considérés par l'opinion publique comme des martyrs et l'opposition libérale exploita cette affaire contre le gouvernement de la Restauration. Voir Carbonarisme, Louis XVIII.

SERRES, Olivier de (Villeneuve-de-Berg, 1539-Le Pradel, 1619). Agronome, il répandit en France la culture du ver à soie. Issu d'une famille protestante*, il fit de son domaine du Pradel une ferme modèle par ses innovations. Il pratiqua l'assolement en remplaçant les jachères par des prairies artificielles et des plantes à racine pour la nourriture du bétail, cultiva des plantes encore peu répandues comme la betterave, le maïs, le houblon, la garance et le riz. Appelé à Paris par Henri IV*, il planta dans le jardin des Tuileries des mûriers blancs, naturalisant la culture du ver à soie. Son ouvrage principal, *Théâtre d'agriculture et mesnage des champs* (1600), est le premier grand traité d'agronomie.

SERVET, Michel (Tudela, v. 1509-Genève, 1553). Théologien et médecin espagnol. Après avoir fait des études à Saragosse et Toulouse, passionné de théologie, il voyagea en Italie et en Allemagne, où il rencontra Melanchthon*. Établi dans le Dauphiné, il travailla à sa *Christianismi restitutio* qui niait la divinité du Christ*, ce qui lui valut d'être emprisonné par l'Inquisition* (1553). Évadé, il se réfugia à Genève* où il espérait convaincre Calvin*. Mais celui-ci, après un procès, le condamna à mort et le fit brûler vif. À Paris où il était venu étudier la médecine, il publia un ouvrage qui annonce la découverte ultérieure de Harvey*, sur la circulation sanguine.

SERVICE DU TRAVAIL OBLIGATOIRE (STO). Service institué en France par le gouvernement de Vichy* présidé par Pierre Laval* le 16 février 1943, sous la pression des Allemands, afin de fournir de la main-d'œuvre aux usines du Reich*. Malgré les nombreux réfractaires au STO qui, pour la plupart, rejoignirent les maquis, ce furent environ 875 000 Français qui furent envoyés en Allemagne et environ 730 000 en France. Voir Collaboration, Relève.

SERVIUS TULLIUS. Sixième roi légendaire de Rome* et deuxième roi étrusque*, il régna de 578 à 535 av. J.-C. La tradition lui attribue de grandes réformes qui lui sont en réalité sans doute postérieures. Il divisa la cité en quatre régions dites d'ailleurs régions serviennes. Il supprima les privilèges politiques liés à la naissance et répartit les citoyens selon leur fortune en créant cinq classes, chacune étant divisée en centuries* pour faciliter l'organisation de l'armée. Servius Tullius aurait aussi agrandi la ville en renfermant dans une nouvelle enceinte les collines de Rome : Quirinal*, Viminal*, Esquilin*, Palatin*, Aventin* et Capitole*. Il mourut victime d'un complot organisé par Tarquin* le Superbe qui lui succéda. Voir Comices centuriates.

SETH. Dieu de la violence et des ténèbres dans l'Égypte* ancienne. Fils de Geb et de

Nout*, il est représenté par un corps d'homme et une tête de lévrier. Encore honoré par les pharaons* guerriers du Nouvel* Empire, il fut ensuite considéré comme un génie du mal, meurtrier d'Osiris*.

SÉTIF, auj. Stif (Manifestations de, 8-10 mai 1945). Émeutes déclenchées à Sétif, ville d'Algérie, dans le Constantinois, par des nationalistes algériens, provoquant plusieurs dizaines de victimes françaises. À ces manifestations, le gouvernement provisoire du général de Gaulle* répondit par une sévère répression. Les massacres du Constantinois par l'armée française ont fait, selon certains rapports, de 15 000 à 45 000 morts musulmans*. Cette répression, restée dans la mémoire algérienne, provoqua l'éveil d'une conscience nationale, prélude à la guerre d'Algérie*.

SEURAT, Georges (Paris, 1859-*id.*, 1891). Peintre et dessinateur français. Créateur du divisionnisme ou pointillisme, il fut, avec Paul Signac, l'un des fondateurs du Salon des Indépendants (artistes refusés au Salon officiel) créé en 1884. Parmi ses œuvres, on peut citer l'atmosphère vibrante et transparente d'*Un dimanche après-midi à l'île de la Grande-Jatte* (1886, Chicago) qui servit de tableau-manifeste pour définir l'esthétique du mouvement, qualifié de néo-impressionniste par un critique, *Les Poseuses* 1888, Pennsylvanie*) et *Le Cirque* 1890-1891, Paris, musée d'Orsay). Voir Néo-Impressionnisme.

SÉVÈRE ALEXANDRE (en Phénicie, v. 208-en Germanie, v. 235 ap. J.-C.). Dernier empereur romain de la dynastie des Sévères*, il régna de 222 à 235. Succédant à 13 ans à son cousin Élagabale*, Sévère Alexandre laissa la responsabilité de l'Empire à sa grand-mère et à deux conseillers qui tentèrent de stabiliser le régime en rendant au Sénat* la direction des affaires. L'empereur fut tolérant envers les chrétiens*. Il combattit en Orient contre les Perses* Sassanides* mais quand l'armée du Rhin le vit incapable de lutter contre les Germains*, elle le massacra avec sa mère. Ce fut le début d'une longue période d'anarchie militaire (235-270 ap. J.-C.) et de périls extérieurs qui devait se prolonger jusqu'à l'avènement d'Aurélien*.

SÉVÈRES. Nom donné aux empereurs romains de la dynastie fondée en 193 ap. J.-C. par Septime* Sévère (193-211 ap. J.-C.) et représentée après lui par Géta* (211-212 ap. J.-C.), Caracalla* (211-217 ap. J.-C.), Élagabale* (218-222 ap. J.-C.) et Sévère* Alexandre (222-235 ap. J.-C.). Ils furent tous sémites* et orientaux à peine romanisés*. Voir Antonins, Flaviens, Julio-Claudiens.

SÉVIGNÉ, Marie de Rabutin-Chantal, marquise de (Paris, 1626-Grignan, 1696). Femme de lettres française, célèbre par la longue correspondance qu'elle entretint avec ses amis mais surtout sa fille (*Lettres*, éd. posthume, 1726). Orpheline très jeune, élevée dans le Marais chez son oncle, Philippe de Coulanges, qui lui donna une éducation très soignée, Marie épousa le marquis de Sévigné (1644), tué en duel en 1651. Veuve à 25 ans, d'une grande gaieté et douée pour la vie mondaine, elle partagea sa vie entre Paris, à l'hôtel Carnavalet – où elle fréquenta la Cour et les salons comme celui de Mme de La Fayette* – et Les Rochers en Bretagne. Elle eut deux enfants, une fille – Françoise-Marguerite, mariée au comte de Grignan, retirée en Provence* et qui sera l'adoration et le tourment de sa vie –, et un fils, Charles. Durant 25 ans, elle aura plusieurs fois l'occasion de revoir la comtesse de Grignan mais à chaque séparation, l'échange de lettres fut presque quotidien. Écrite avec une grande liberté de style, sa correspondance s'attache à restituer avec humour la chronique mondaine et littéraire de son temps.

SÉVILLE. Ville d'Espagne, capitale de l'Andalousie, elle connut une grande prospérité sous les Abbassides* et au Siècle d'Or de l'Espagne (v. 1555-v. 1665). Cité carthaginoise puis romaine, Séville devint sous les Wisigoths* l'un des centres intellectuels de l'Occident chrétien. Occupée par les Arabes* en 712, elle devint la capitale, célèbre pour ses industries de luxe, du royaume maure des Abbassides. Reconquise en 1248 par Ferdinand III de Castille*, elle fut jusqu'à Philippe II* l'une des résidences favorites des souverains espagnols (l'Alcazar). Devenue le premier port du royaume après les Grandes Découvertes*, elle centralisa tout le commerce avec l'Amérique, grâce à la *Casa* *de Contratación* (chambre de commerce) où affluaient draps du nord, épices* d'Orient et métaux précieux de l'Amérique espagnole. Le déclin de la ville s'amorça dès la fin du XVIIe siècle, avec l'ensablement des passes du Guadalquivir, l'essor de Cadix où s'installa la *Casa de Contratación* et la perte des colonies américaines.

SÈVRES (Traité de, 10 août 1920). Traité signé à Sèvres (près de Paris) entre les Alliés et l'Empire ottoman*, après la Première Guerre* mondiale. Il consacrait le démembrement de l'Empire ottoman qui perdait toutes ses possessions européennes (sauf la région de Constantinople*) et toutes ses provinces du Proche-Orient. Elle cédait même des territoires turcs comme la Thrace orientale et la région de Smyrne, données à la Grèce. Ce traité déclencha la révolte de Mustafa* Kemal, fédérateur du nationalisme turc, qui, après une guerre victorieuse contre la Grèce, obtint le remplacement de ce traité par celui de Lausanne* (1923). Le traité de Sèvres avait aussi promis aux Kurdes la constitution d'un État souverain. Répartis principalement entre la Turquie, l'Iran, l'Irak et la Syrie*, ils en sont toujours aujourd'hui dépourvus. Voir Paris (Conférence de), Versailles (Traité de).

SEYSS-INQUART, Arthur (Stannern, 1892-Nuremberg, 1946). Homme politique autrichien. Nazi, favorable au ratta-chement de l'Autriche à l'Allemagne (*Anschluss**), il fut imposé au chancelier autrichien Schuschnigg* comme ministre de l'Intérieur (1938), puis présida le gouvernement de Vienne après l'*Anschluss*. Commissaire du Reich* aux Pays-Bas à partir de 1940, il fut condamné comme criminel de guerre par le tribunal de Nuremberg* et exécuté en 1946.

SFIO. Voir Section française de l'Internationale ouvrière.

SFORZA. Célèbre famille italienne qui régna sur le duché de Milan de 1450 à 1535. Elle eut pour fondateur le condottiere* Muzio ou Giacomo Attendolo. À la mort du dernier Sforza (1535), le Milanais fut annexé par les Habsbourg*. Voir Francesco Ier Sforza, Ludovic Sforza le More, Maximiliano Sforza.

SHABA. Ancien Katanga, région minière très riche (manganèse, plomb, uranium et surtout cuivre). Lors de la proclamation de l'indépendance de l'ancien Congo belge (1960), le Katanga fit sécession (juillet 1960) sous la direction du président de la province, Moïse Tschombé, soutenu par l'Union minière (belge). Après de difficiles négociations entre le gouvernement de Patrice Lumumba* et l'ONU*, les Casques bleus furent envoyés au Katanga (septembre 1961) et, appuyés par les États-Unis, reconquirent la région en 1963.

SHAKESPEARE, William (Stratford-upon-Avon, 1564-*id.*, 1616). Poète dramatique anglais. Il fut le grand représentant du théâtre élisabéthain (Élisabeth Ière*) . La grandeur et la profondeur de l'œuvre de Shakespeare sont universellement reconnues. En raison de l'extrême imprécision de sa biographie, certains lui ont dénié la paternité de son œuvre pour en faire un prête-nom de personnages célèbres comme le philosophe Francis Bacon* ou le comte d'Oxford* – ou quelque 50 autres prétendants. On sait cependant qu'il était le fils d'un commerçant qui, ruiné, le mit en apprentissage. En 1558, on le retrouve à Londres, où il acquit rapidement une excellente réputation comme acteur et dramaturge. Il régna en maître sur le célèbre théâtre du « Globe » et devint l'un des actionnaires de la compagnie des « lord Chamberlain's Men », laquelle bénéficia des larges faveurs du roi Jacques Ier*. L'œuvre de Skakespeare, essentiellement dramatique, s'adressait aussi bien à un public d'aristocrates que d'hommes du peuple. On peut notamment citer parmi ses pièces des fresques historiques (*Richard III*, 1592-1593 ; *Richard II*, 1595), des farces (*La Mégère apprivoisée*, 1593-1594), de grandes comédies parfois empreintes de féerie (*Le Songe d'une nuit d'été*, 1595) et de grandes tragédies (*Roméo et Juliette*, 1594-1595 ; *Hamlet*, 1600 ; *Othello*, 1604 ; *Macbeth*, 1605 ; *Le Roi Lear*, 1606 ; *Antoine et Cléopatre*, v. 1606).

SHAMIR, Yitzhak (en Pologne, 1915-). Homme politique israélien. Membre de la tendance dure du Likoud*, la droite israélienne, il fut ministre des Affaires étrangères de Menahem Begin* à partir de 1980, et se montra un adversaire intransigeant des ennemis d'Israël*, critiqua les accords de Camp David* avec l'Égypte et approuva l'offensive israélienne au Liban en 1982. Premier ministre entre 1983 et 1984, puis de 1986 à 1992, il avait dû, faute d'une majorité suffisante, accepter le partage du pouvoir (1984-1986) avec son adversaire travailliste, Shimon Peres*. Après l'éclatement d'un nouveau gouvernement d'union nationale, Yitzhak Shamir présida entre 1990 et 1992 un gouvernement de droite avec le Likoud, les partis religieux et l'extrême droite, et dut affronter la guerre du Golfe* (1991). Depuis 1992 et la victoire électorale des travaillistes, le gouvernement israélien est présidé par Yitzhak Rabin*. Voir Israélo-arabe (Cinquième guerre).

SHELLEY, Percy Bysshe (Field Place, Sussex, 1792-au large de La Spezia, 1822). Poète anglais. Il fut avec lord Byron* et

John Keats* le grand poète de la seconde génération romantique. Expulsé d'Oxford* après la publication de *Nécessité de l'athéisme* (1811), il s'installa en Italie avec Mary Godwin (auteur du roman noir *Frankenstein* ou *Le Prométhée moderne*, 1818). Après deux poèmes (*La Reine Mab*, 1813 ; *Alastor ou L'esprit de la solitude*, 1816), il publia notamment un drame lyrique en vers, *Prométhée délivré* (1819) et l'*Ode au vent d'ouest* (1820) dont le thème fut repris par Goethe* et Lamartine*. Ami de Keats, Shelley mourut, lors d'un orage, au large des côtes italiennes. Son corps, retrouvé, fut brûlé, à l'antique, sur un bûcher en présence de Byron.

SHÉRIFF. En Grande-Bretagne, magistrat responsable de l'application de la loi dans un comté. Sous Guillaume Ier* le Conquérant (XIe siècle), le shériff était le principal agent du roi dans chaque comté et détenait d'importants pouvoirs touchant l'administration, la justice, les finances, la police et l'armée. Son rôle diminua progressivement et au XVIe siècle il n'exerçait plus que des fonctions honorifiques.

SHERMAN, Willian Tecumseh (Lancaster, Ohio, 1820-New York, 1891). Général américain qui s'illustra lors de la guerre de Sécession* dans les armées nordistes. Commandant en chef de l'armée du sud-ouest (1864), il dirigea la célèbre marche vers la mer (*March to the sea*) à travers la Georgie qui décida de la victoire finale des fédéraux. Il fut nommé commandant en chef des armées de l'Union (1869-1884). Son nom fut donné à un char d'assaut américain de la Seconde Guerre* mondiale et qui opéra en Égypte durant l'été 1942.

SHI'ITES. Voir Chi'ites.

SHIMONOSEKI (Traité de, 17 avril 1895). Traité signé entre la Chine et le Japon mettant fin à la guerre sino-japonaise* de 1894-1895. La Chine cédait au Japon l'île de Taiwan (Formose), la presqu'île de Liaodong, et lui donnait la liberté de commerce dans tous ses ports. La Corée, qui avait été l'enjeu du conflit, devenait indépendante mais passa bientôt sous la tutelle du Japon. Cependant, les grandes puissances européennes, et notamment la Russie qui construisait depuis 1891 le Transsibérien* et convoitait Port-Arthur (port en eau libre toute l'année contrairement à Vladivostok bloqué par les glaces quatre mois par an) contraignirent le Japon à rétrocéder Liaodong avec Port-Arthur (novembre 1895). Cette humiliation fut à l'origine de la guerre russo-japonaise* de 1904-1905.

SHOGUNAT. Nom donné à la forme de gouvernement militaire sous lequel vécut le Japon de 1192 à 1867. Durant sept siècles, les empereurs du Japon ne détinrent plus qu'une souveraineté nominale, la réalité du pouvoir étant exercée par le shogun avec le soutien des grandes familles de guerriers. Trois dynasties shogunales se succédèrent : les Minamoto* et les Hojo à Kamakura* (1192-1333), les Ashikaga* à Kyoto* (1338-1573) et les Tokugawa* à Edo* (1603-1867).

SIAM. Nom donné à la Thaïlande jusqu'en 1939.

SIBYLLE. Dans l'Antiquité, femme inspirée par les dieux qui prédisait l'avenir. Les trois plus célèbres sibylles furent celles de Delphes*, d'Érythée et de Cumes*. Voir Pythie.

SICILE (Royaume de). Nom donné au royaume normand de Sicile, conquise à partir de 1059 par Roger, frère de Robert* Guiscard sur les musulmans*. Roger II* (1130-1154) prit le titre royal et gouverna le royaume qui s'étendait sur la Sicile et le sud de l'Italie (avec Naples*). Le royaume passa, par mariage, aux Hohenstaufen* à partir de 1194 (Henri VI et Frédéric II*) puis à la maison d'Anjou* avec Charles Ier* d'Anjou. Voir Naples (Royaume de), Frédéric Ier Barberousse.

SIDON. Ancienne cité phénicienne, elle fut le plus important port de la Méditerranée orientale du XIIe au Xe siècle avant l'hégémonie de Tyr*. Sidon fut détruite par l'Assyrie* au VIIe siècle av. J.-C. mais regagna une certaine prospérité à l'époque hellénistique* et romaine. Voir Byblos, Ougarit, Phénicie.

SIEGFRIED (Ligne). Nom donné au système fortifié construit par l'Allemagne de Hitler* (1936-1940) sur sa frontière occidentale et allant du Luxembourg à la frontière suisse. Bien que n'ayant pas l'importance de la ligne Maginot* construite antérieurement, les Français renoncèrent à l'attaquer en septembre 1939. La ligne Siegfried fut conquise par les Alliés au cours de l'hiver 1944-1945.

SIEGFRIED, André (Le Havre, 1875-Paris, 1959). Historien, géographe et sociologue français, il fut, en France, le promoteur de la sociologie électorale. Professeur à l'École des sciences politiques (1911) et au Collège* de France (1953), il fit l'étude de nombreux pays, notamment anglo-saxons (*L'Angleterre d'aujourd'hui*, 1924, *Les États-Unis d'aujourd'hui*, 1927, et *Le Canada, puissance internationale*, 1937-1947) et analysa la vie politique (*Tableau des partis politiques en France*, 1930).

SIEYÈS, Emmanuel, Joseph comte de, dit **l'abbé Sieyès** (Fréjus, 1748-Paris, 1836). Homme politique français, il joua un rôle important au début de la Révolution* française. Vicaire général de Chartres, favorable aux idées nouvelles, il se rendit célèbre par sa brochure *Qu'est-ce que le Tiers État ?* (1789). Élu député du Tiers* à Paris, il joua, lors du mois de juin 1789, un rôle de premier plan. Il fut l'un des inspirateurs de la réunion des trois ordres*, proposa aux députés de se constituer en « Assemblée nationale » et rédigea le serment du Jeu* de Paume (20 juin 1789). Malgré sa popularité, il joua un rôle effacé sous l'Assemblée* constituante et la Convention*, où il fut député de la Sarthe. Monarchiste constitutionnel, rallié aux Feuillants*, il vota cependant la mort de

Louis XVI* et s'efforça, durant la Terreur*, de rester dans l'ombre, ce qui justifia l'appellation de Robespierre* à son propos : « La taupe de la Révolution. » Député sous le Directoire* du Conseil des Cinq-Cents, puis Directeur en 1799, il prépara avec Bonaparte* le coup d'État du 18 Brumaire*. Devenu consul provisoire, il participa à rédaction de la Constitution* de l'an VIII, mais Bonaparte la modifia selon ses intérêts. Président du Sénat* (1800), comte d'Empire (1809), Sieyès dut s'exiler entre 1816 et 1830 comme régicide. Il était depuis 1803 membre de l'Académie* française.

SIGISMOND Ier JAGELLON le Vieux ou le Grand (Kozienice, 1467-Cracovie, 1548). Roi de Pologne (1506-1548). Protecteur des arts, son règne marqua l'apogée de la civilisation polonaise, profondément influencée par la Renaissance* italienne. Fils du roi de Pologne Casimir IV Jagellon, il mena plusieurs guerres contre le tsar de Moscovie qu'il réussit à contenir malgré la perte de Smolensk (1514). Il imposa au grand maître de l'ordre Teutonique*, la suzeraineté polonaise sur la Prusse*, et rattacha la Mazovie à la Pologne (1526). Marié à la princesse milanaise Bona Sforza, il fit de Cracovie un grand foyer de la Renaissance polonaise.

SIK, Ota (Plzen, 1919-). Économiste et homme politique tchécoslovaque. Membre du Parti communiste tchécoslovaque en 1940, déporté à Mauthausen, il dirigea l'Institut d'économie de Prague, rattaché à l'Académie des sciences (1963-1968) où il anima la commission économique créée en 1963, chargée de promouvoir les réformes. Membre du comité central depuis 1962, il s'éleva contre le gaspillage économique et l'absence de démocratie dans le parti. Lors du « Printemps de Prague* », il fut nommé vice-président du Conseil (avril 1968), et préconisa la participation accrue des travailleurs à la gestion des entreprises. Après l'invasion soviétique, il dut renoncer à ses fonctions (septembre 1968) fut déchu de sa nationalité et obtint l'asile politique en Suisse en 1970. Voir Dubcek (Alexandre), Husak (Gustav), Novotny (Antonin).

SIKHS. Secte politique et religieuse indienne fondée au XVe siècle qui refuse la division de la société en castes* brahmaniques, rejettent l'idolâtrie et prônent un strict monothéisme. Leur doctrine est fondée sur les enseignements des premiers gourous, contenus dans un livre sacré *Guru Granth.* Persécutés, les sikhs s'organisèrent à la fin du XVIIe siècle en une sorte de théocratie militaire et, remarquables soldats, s'illustrèrent dans des guerres contre l'islam* (1738-1780) et des campagnes contre les Anglais (1845-1849). Vaincus, ils furent intégrés dans l'armée des Indes au sein de laquelle ils formèrent une troupe d'élite. Les sikhs ont joué un rôle important dans le mouvement d'indépendance de l'Inde jusqu'en 1947. Ils sont aujourd'hui environ 17 millions, et forment une communauté très active, rassemblée principalement au Pendjab où se trouve leur capitale religieuse, Amritsar. Ils se reconnaissent à des signes distinctifs : les hommes ne se coupent ni la barbe ni les cheveux qu'ils coiffent en chignon dissimulé sous un turban. En 1984, de violents affrontements ont opposé hindous et sikhs, lesquels sont en guerre ouverte contre le gouvernement de New-Delhi. Indira Gandhi* a été assassinée en 1984 par deux gardes du corps sikhs.

SILEX. Roche très dure qui forme quand on la casse des arêtes tranchantes. Les hommes préhistoriques ont utilisé le silex pour fabriquer des outils et des armes. Voir Biface, Éclat, Racloir.

SIMA QIAN ou SSEU-MA TS'IEN (v. 145-v. 86 av. J.-C.). Historien chinois et grand astrologue à la cour sous la dynastie des Han*. Il est l'auteur du célèbre *Shiji, Mémoires historiques* de la Chine ancienne depuis ses origines jusqu'à l'époque des Qing*. Composé de tableaux chronologiques, d'annales, de monographies et de biographies, l'ouvrage est un modèle des histoires officielles de l'époque.

SIMON, Jules François Simon SUISSE, dit Jules (Lorient, 1814-Paris, 1896). Homme politique français. Professeur de philosophie, républicain modéré, il fut ministre de l'Instruction publique (1870-1873). Chef du gouvernement en 1876, il dut démissionner après avoir été désavoué ouvertement par le président de la République, le monarchiste Mac-Mahon*. Il combattit plus tard la politique scolaire de Jules Ferry* et le boulangisme*. Voir Mai 1877 (Crise du 16).

SIMONIE. Vient de Simon le Magicien, qui voulut acheter à saint Pierre* le pouvoir de faire des miracles. La simonie était la vente ou l'achat des biens spirituels (sacrements*, bénéfices* ecclésiastiques). La simonie, très répandue aux Xe et XIe siècles, fut une des conséquences de la mainmise des laïcs sur les biens de l'Église. Grégoire VII* lutta énergiquement contre la simonie.

SINANTHROPE. Nom donné à un fossile* d'homme préhistorique découvert en 1921 au sud-ouest de Pékin (d'où son autre nom « Homme de Pékin »). Il vécut vers 500 000 ans av. J.-C. à l'époque du paléolithique* inférieur. D'autres fouilles, entreprises plus tard, mirent au jour les restes d'une quarantaine d'individus de cette espèce, mais ils ont tous disparu pendant la Seconde Guerre* mondiale. Le sinanthrope qui appartient à l'espèce *Homo* erectus* (homme qui se tient debout) fut très proche du pithécanthrope*. De petite taille (entre 1,55 et 1,60 m), il avait une capacité crânienne d'environ 1 075 cm^3. Il se servait d'outils en pierre, connaissait l'usage du feu* et utilisait un langage articulé. Voir Atlanthrope, Australopithèque, Paléontologie.

SINN FÉIN. Mouvement nationaliste et républicain irlandais (de « nous nous-mêmes », expression gaélique) fondé par A. Griffith en 1902 et ayant pour but l'indépendance de l'Irlande. Le Sinn Féin préconisa d'abord la résistance passive contre la présence anglaise, puis évolua vers l'action violente, sous l'impulsion de son nouveau dirigeant, James Connolly, après le *Home* Rule* de 1912 qui accordait une large autonomie à l'Irlande, mais non l'indépendance. Après la révolte de Pâques 1916 qui échoua mais donna ses premiers martyrs à l'indépendance irlandaise, le Sinn Féin, sous la direction de Eamon De* Valera, triompha aux élections de 1918 et mena une lutte armée contre le gouvernement britannique (1919-1920). Le Sinn Féin connut en 1922 une scission entre les modérés, conduits par Griffith et Cosgrave, qui acceptèrent la constitution de l'État libre d'Irlande (dominion* indépendant au sein du Commonwealth* britannique), et se regroupèrent dans la Ligue des Gaëls (*Cumann man Gaedheal*) et les partisans de la lutte armée qui fondèrent avec De Valera le Fianna Fail (1926). Le Sinn Féin est devenu aujourd'hui le parti de l'indépendance en Irlande du Nord, et participe depuis 1985 aux institutions locales. Voir IRA (*Irish Republican Army*), Parnell (Charles).

SINO-JAPONAISE (Guerre, 1894-1895). Conflit entre la Chine et le Japon à propos du royaume de Corée, vassal de la Chine. Les Japonais, qui souhaitaient s'implanter sur le continent, envahirent la Corée en 1894, provoquant la déclaration de guerre de la Chine. Le conflit fut marqué par une série de victoires japonaises dont l'armée, organisée et équipée à l'européenne, n'eut aucun mal à vaincre la flotte archaïque chinoise. La Chine dut signer le traité de Shimonoseki* (17 avril 1895) qui établit, de fait, le protectorat du Japon sur la Corée, la Chine cédant, en outre, l'île de Formose et la presqu'île de Liaodong avec Port-Arthur, débouché de la Mandchourie*. Ce traité fut remis en question par la ussie. Voir Russo-japonaise (Guerre, 904-1905).

IONISME. Mouvement national juif* u visait à la restauration d'un État juif en alestine* (thème du retour à Sion), et qui t à l'origine de la création de l'État d'Is-ël* (1948). Le sionisme s'est d'abord ex-imé longtemps sous la forme d'un cou-nt mystique, avant d'être envisagé dans ne perspective politique. Le vrai fonda-ur de la doctrine sioniste fut T. Herzl *'État juif*, 1896), qui organisa à Bâle le emier congrès constitutif de l'Organisa-on sioniste mondiale (1897), rencontrant anmoins de nombreuses oppositions au in même de la diaspora* juive (rabbins* juifs orthodoxes, mouvements socialis-s juifs). L'Organisation sioniste mon-ale tint à partir de 1897 des congrès an-uels et un Fonds national juif fut créé 901) pour le rachat de terres en Pales-ne*. L'immigration juive s'accrut après déclaration Balfour* (1917), le déman-lement de l'Empire ottoman* et le man-t britannique sur la Palestine, puis fut li-itée dans l'entre-deux-guerres par la rande-Bretagne, soucieuse de ménager s susceptibilités arabes. Cependant, le tionalisme sioniste se heurta rapidement nationalisme des Arabes* de Palestine, ovoquant de nombreux conflits (1929-938). Le grave problème de cette région t porté en 1947 devant l'assemblée gé-rale de l'ONU* qui décida le partage de Palestine en deux États (juif et arabe). ependant, à peine achevé le mandat bri-nnique, David Ben* Gourion proclama naissance de l'État d'Israël (mai 1948), traînant l'exode d'une partie importante la population arabe de Palestine et le dé-enchement de la première guerre israélo-abe* (1948-1949). Quelques mouve-ents et partis politiques israéliens, inoritaires, se sont désolidarisés de idéologie sioniste accusée d'être nationa-te, anti-arabe et conquérante. Voir Ha-nah, Irgoun.

SIX-JOURS (Guerre des). Nom donné à la troisième guerre israélo-arabe* de juin 1967.

SIXTINE (Chapelle). Chapelle du palais du Vatican, qui doit son nom à son fonda-teur le pape Sixte IV. Construite par Gio-vanni de Dolci (1473-1481), elle fut déco-rée par les fresques d'illustres peintres florentins, Rosselli, Botticelli*, Girlandaio Signorelli, le Pérugin et le Pinturicchio. Jules II* chargea Michel-Ange* de déco-rer la voûte (1508-1512) avec neuf pan-neaux tirés de la Genèse. Clément VII et Paul III lui commandèrent le *Jugement dernier* sur le mur de l'autel. La chapelle Sixtine sert aux cérémonies de la Semaine sainte et est le siège du conclave lors des élections papales. Elle a été récemment restaurée.

SLANSKY, Rudolf Salzmann, dit (Nez-vestice, Plzen, 1901-Prague, 1952). Homme politique tchécoslovaque. Stali-nien « modèle », fidèle à Moscou dans tou-tes les options et tous les tournants qu'il a choisis, il fut pourtant victime des purges staliniennes qui frappèrent la direction du parti en 1952. Membre du Parti commu-niste tchécoslovaque depuis 1921, secré-taire général du parti communiste, il joua d'abord un rôle important dans le « coup de Prague* » en 1948. La rupture de l'URSS avec Tito* en 1948 donna le si-gnal de purges importantes dans les direc-tions communistes de la Pologne (Go-mulka*), de la Hongrie (Rajk*) et de la Tchécoslovaquie, Slansky participant acti-vement à la recherche d'agents titistes à l'intérieur du parti. La crise économique aidant, Staline* réussit à convaincre Kle-ment Gottwald* de la culpabilité de Slansky. Accusé d'être le chef d'une conspiration contre l'État et le parti, mais aussi d'activités sionistes, il fut amené à « avouer des crimes » après avoir subi des tortures physiques et psychologiques. Exé-cuté en décembre 1952, ainsi que dix au-tres anciens leaders communistes (Clémentis), Slansky fut réhabilité en 1968 au moment du « Printemps de Prague* ».

SLAVES. Nom donné à un ensemble de peuples d'origine indo-européenne parlant les langues slaves. Ils forment le groupe le plus important en Europe centrale et orientale. On y distingue les Slaves orientaux (Russes, Ukrainiens), les Slaves occidentaux (Polonais, Tchèques, Slovaques*) et les Slaves du Sud (Slovènes*, Croates*, Serbes et Bulgares). À partir du XVIᵉ siècle, une partie des Slaves d'Europe (où s'établirent les Hongrois aux Xᵉ et XIᵉ siècles) fut dominée par l'Autriche (Bohême, Slovaquie, Slovénie*, Croatie) et par l'Empire ottoman* (Bulgarie, Macédoine*, Serbie, Bosnie). Ils se libérèrent de cette tutelle au cours des XIXᵉ et XXᵉ siècles.

SLAVOPHILES. Nom donné aux membres de l'intelligentsia russe du XIXᵉ siècle qui s'opposaient aux occidentalistes*. Les slavophiles, hostiles comme les occidentalistes à l'absolutisme, refusaient néanmoins le modèle de développement occidental en défendant les valeurs propres à la civilisation russe. Cette dualité entre occidentalistes et slavophiles gêna l'action des réformateurs. Les slavophiles furent notamment représentés par I. V. Kireïevski, A. S. Khomiakov et les frères Aksakov. Voir Révolution russe de 1905.

SLOVAQUES. Peuple slave* ayant donné son nom à la Slovaquie, autrefois l'une des deux Républiques fédérées de la Tchécoslovaquie dont la capitale est Bratislava. Après avoir constitué au IXᵉ siècle le royaume de Grande-Moravie, les Slovaques furent dominés par les Hongrois puis compris, avec ces derniers, dans l'Empire des Habsbourg* à partir de 1526. Intégrés à l'État tchécoslovaque en 1918, les Slovènes, mécontents de la politique centralisatrice de Prague, constituèrent en 1939 un État slovaque séparé sous protectorat allemand et gouverné par Mgr Tiso*, pronazi. Réintégrée dans la Tchécoslovaquie

en 1945, la Slovaquie fut dotée en 1969 d'un statut de République fédérée. Elle constitue depuis 1993 un État indépendant. Voir Masaryk (Tomas), République (Slovaque), République (Tchèque).

SLOVÈNES. Peuple slave*. Longtemps intégrés à l'Empire des Habsbourg* puis à l'Autriche-Hongrie*, les Slovènes, gagnés par le mécontentement des Slaves* du Sud, demandèrent en 1918 leur rattachement aux royaume de Serbie* et du Monténégro*, avant d'être intégrés dans la future Yougoslavie. Partagée lors de la Seconde Guerre* mondiale entre l'Allemagne, l'Italie et la Hongrie, la Slovénie devint en 1945 l'une des Républiques fédérées de Yougoslavie. Elle est, depuis 1991, une République indépendante.

SLOVÉNIE (RÉPUBLIQUE DE). Ancienne République fédérée de la Yougoslavie, peuplée essentiellement de Slovènes* (plus de 90 %). En juin 1991, elle acquis son indépendance. Tenue à l'écart de la guerre dans l'ancienne Yougoslavie, elle commence lentement son intégration à l'Europe.

SLUTER, Claus (Haarlem, v. 1350-Dijon 1406). Sculpteur néerlandais. Au service du duc de Bourgogne*, Philippe II* le Hardi depuis 1385, il fut chargé de l'exécution des statues du portail de la chartreuse de Champmol à Dijon et des six statues de prophètes*, grandeur nature, du puits de Moïse*. Il commença aussi, à partir de 1404, le tombeau de Philippe le Hardi achevé par son neveu, Claus de Werve. Son art réaliste, témoin du gothique* tardif étendra son influence dans les Flandres* et dans l'Empire au XVᵉ siècle.

SMALKALDE (Ligue de). Ligue politique et religieuse constituée en 1531 par les princes protestants* allemands sous l'autorité de Philippe de Hesse et de l'Électeur de Saxe, à laquelle s'associèrent toutes les villes impériales passées à la Réforme* parmi lesquelles Strasbourg, Constance, Ulm, Magdebourg, Lübeck* et Brême. Four

ée pour défendre la liberté religieuse et
tter contre la puissance impériale, la ligue
ombattit Charles* Quint qui avait ordonné
application rigoureuse de l'édit de Worms
donnant la soumission des protestants, le
tablissement de la juridiction épiscopale
la restitution des biens ecclésiastiques.
aincue à Mühlberg* (1547), la Ligue fut
ssoute mais Charles Quint, par la paix
Augsbourg* (1555), dut reconnaître la di-
sion religieuse de l'Empire. Voir Augs-
ourg (Confession d').

ME. Voir Système monétaire européen.

MITH, Adam (Kirkcaldy, Écosse,
723-Édimbourg, 1790). Philosophe et
onomiste britannique. Il est l'auteur des
*echerches sur la nature et les causes de la
chesse des nations* (1776), premier grand
aité du capitalisme* libéral. Il pense que
réalisation de l'intérêt général vient de la
cherche par les hommes de leur intérêt
ersonnel. Son œuvre influença toute
école libérale. Voir Ricardo (David), Say
ean-Baptiste).

MITH, Joseph (Sharon, Vermont,
305-Carthage, Illinois, 1844). Fondateur
u mouvement religieux des mormons. En
328, Joseph Smith déclara avoir eu la « ré-
élation » d'un livre sacré d'origine hébraï-
ue qu'il publia sous le titre *Le Livre des
ormons* en 1830. S'inspirant de cet ou-
age, mais aussi de la Bible*, les mormons,
ui avaient pour principe essentiel le libre
bitre de tout acte et de toute décision, s'or-
anisèrent sous la présidence de Smith, as-
sté d'un « conseil des douze apôtres ».
stallés dans l'Ohio (1831), puis dans le
lissouri (1838) et l'Illinois, les mormons,
orès le lynchage et la mort de Smith
844), s'installèrent dans la vallée du
rand Lac Salé qu'ils colonisèrent (fonda-
on de Salk Lake City). L'Église de Jésus-
hrist des Saints des derniers jours – qui
atiqua la polygamie jusqu'en 1890
compte dans le monde environ 6,5 mil-
ons de membres dont 3,8 aux États-Unis.

Elle constitue l'une des communautés religieuses les plus riches du pays.

SOARES, Mario (Lisbonne, 1924-).
Homme politique portugais. Socialiste, il
est président de la République du Portugal
depuis 1986. Avocat, il milita contre la dictature de Salazar* dans les organisations démocratiques, fut à plusieurs reprises emprisonné et contraint de s'exiler en France
en 1970. Secrétaire général du Parti socialiste (1973-1986), il revint au Portugal
après le coup d'État d'avril 1974. Ministre
des Affaires étrangères (1974-1975), Premier ministre (1976-1978 et 1983-1985), il
fut élu président de la République en 1986,
date à laquelle le Portugal entra aussi dans
la CEE*, puis réélu en 1991. Voir Eanes
(Ramalho), Spinola (Antonio).

SOCIAL-DÉMOCRATE ALLEMAND
(Parti) en all. *Sozialdemokratische Partei
Deutschland* ou SPD. Il est, avec la CDU-
CSU*, le deuxième grand parti de la RFA
(République* fédérale d'Allemagne) et
joua jusqu'à la Première Guerre* mondiale
un rôle directeur dans le mouvement socialiste mondial. Fondé en 1875, il devint rapidement, quoique d'obédience marxiste,
un parti réformiste dont l'objectif devait
être, selon Bernstein*, l'amélioration immédiate de la condition ouvrière par les
voies du suffrage universel. Puissant grâce
à l'importance de la classe ouvrière allemande, le grand nombre de ses permanents
et ses rapports étroits avec les syndicats, le
SPD réussit à imposer au gouvernement impérial la législation sociale la plus avancée
d'Europe et devint, dès 1912, le premier
parti politique d'Allemagne. Condamné
pour son « révisionnisme » et sa participation à l'Union sacrée lors de la Première
Guerre mondiale par l'aile gauche du parti,
dirigée par Rosa Luxemburg* et Karl Liebknecht* ; celle-ci décida la création en 1917
de l'USPD, Parti social-démocrate indépendant d'Allemagne, avant de rompre violemment après l'écrasement, en 1918, de la
révolution spartakiste*. Attaqué sur sa gau-

che par un parti communiste qui ne lui pardonnait pas d'avoir trahi la révolution et qui capta bientôt une grande partie de sa base ouvrière, le SPD, contraint à des alliances au centre, se révéla impuissant à combattre la montée du nazisme* puis fut dissous par Hitler* (1933). Reconstitué en 1945, le Parti social-démocrate se heurta bientôt au problème de la division de l'Allemagne. À l'Est, le SPD se prononça pour l'unité d'action avec les communistes, les deux partis fusionnant pour former en 1946 le Parti socialiste unifié d'Allemagne ou SED. À l'Ouest, le SPD fut reconstitué sous la direction de Schumacher mais, victime de la guerre* froide qui avantageait les forces conservatrices (CDU), il fut rejeté dans l'opposition durant 17 ans, combattant à l'extérieur la politique d'intégration européenne et atlantique défendue par Konrad Adenauer*. Cependant, en répudiant l'idéologie marxiste et en acceptant le régime capitaliste de la libre entreprise et de la concurrence (programme de Bad-Godesberg, 1959), le SPD, devenu un grand parti travailliste à l'anglaise, progressa sensiblement dans l'électorat allemand, accédant au pouvoir avec Willy Brandt* et Helmut Schmidt*. L'évolution à droite du SPD, qui laissait à gauche un grand vide (inexistence du PC), favorisa les mouvements d'extrême gauche et terroristes (bande à Baader*) puis les mouvements alternatifs et « verts ». Le SPD est depuis 1983 dans l'opposition. En 1990, le SED est-allemand, qui avait été recrée en 1989, a fusionné avec son homologue de la RFA..

SOCIAL-DÉMOCRATE DE RUSSIE (Parti ouvrier) ou POSDR. Parti politique russe créé en 1898 et composé à l'origine de socialistes marxistes. En 1903, au IIe congrès, le parti se scinda sur le problème de la tactique en deux factions : la majorité ou bolchevik*, conduite par Lénine*, et la minorité ou menchevik* dont le chef de file fut Martov*. En mars 1918, les bolcheviks

donnèrent au parti le nom de Parti communiste (bolchevik) de Russie. Voir PCUS.

SOCIAL-RÉVOLUTIONNAIRE (Parti). Voir SR.

SOCIALISME. Nom donné à l'ensemble des doctrines économiques, politiques et sociales ayant en commun la condamnation de la propriété privée des moyens de production et d'échange. Le mot « socialisme » apparut dans son sens moderne dans les années 1830 en Angleterre et en France et constitua d'abord une réaction contre l'aggravation des inégalités sociales, née de la révolution* industrielle, entre une bourgeoisie considérablement enrichie et un prolétariat dépossédé des revenus de son travail. Vers 1848, furent élaborées les premières théories socialistes, qualifiées d'« utopistes » et qui eurent en commun de tenter d'élaborer des « sociétés idéales » fondées sur des bases égalitaires (d'abord un précurseur, Fourier*, puis Owen* Considérant*, Cabet*, Proudhon*). Cependant, la théorie socialiste qui eut le plus d'impact fut celle de Marx* et d'Engels* qualifiée de « socialisme scientifique » car elle se fondait sur une analyse de la réalité économique et sociale pour en tirer des lois et des règles de conduite pour l'action. Karl Marx analysa ainsi les contradictions internes du régime capitaliste et érigea comme moteur de l'histoire la contradiction entre les rapports de production et les forces productives. Le « socialisme » fut alors considéré comme une phase de l'évolution historique conduisant vers le communisme* Le marxisme* constitua au XXe siècle le fondement théorique des partis socialistes. Enrichi par Lénine*, il devint à la fois la base théorique et pratique de plusieurs partis communistes.

SOCIALISTE (Parti). Voir PS.

SOCIÉTÉ DES NATIONS (SDN). Organisation internationale née en 1920 pour le maintien de la paix et le développement de la coopération entre les peuples. Décidée par le traité de Versailles*, à l'initiative de résident Thomas Woodrow Wilson*, la DN était ouverte à tous les États qui acceptaient de ne pas recourir à la guerre et d'observer les prescriptions du droit international. Elle accueillit initialement les vainqueurs (29 États) et les États neutres durant la Première Guerre* mondiale puis favorisa l'entrée de l'Allemagne (1926) et de l'URSS (1934). L'organisation était constituée d'une assemblée siégeant à Genève et d'un conseil composé de cinq membres permanents (Royaume-Uni, France, Italie, Japon, Chine), les États-Unis ayant refusé d'y participer et de plusieurs autres membres temporairement élus. En cas d'agression, des sanctions économiques et financières devaient être décidées. Si la DN fut à l'origine de la création du BIT* et de la Cour de justice internationale (La Haye), elle se montra impuissante à résoudre les problèmes graves de l'entre-deux-guerre comme le réarmement allemand, l'agression italienne en Éthiopie*, la guerre civile espagnole, l'*Anschluss**, le démantèlement de la Tchécoslovaquie et l'agression de la Pologne. La montée des dictatures, les conséquences de la crise* économique mondiale de 1929, et l'absence d'une force armée internationale expliquèrent en partie son échec dans le maintien de la paix. La SDN disparut officiellement en 1946 après la Seconde Guerre* mondiale et fut remplacée par l'Organisation* des Nations unies (ONU). Voir Espagne (Guerre civile d').

SOCRATE (Alôpekê, 470-Athènes, 399 av. J.-C.). Célèbre philosophe athénien, il s'est donné pour devoir de rechercher la vérité et de faire l'éducation morale de ses concitoyens. Dans les rues, les gymnases, les banquets, il discute et par d'habiles interrogations amène son interlocuteur à réfléchir par lui-même, sans préjugé. C'est la maïeutique ou « art d'accoucher les esprits ». Son enseignement lui attira beaucoup d'ennemis. Accusé de corrompre la jeunesse et d'impiété envers les dieux, il fut condamné par le tribunal de l'Héliée*. Refusant par respect des lois de s'évader, il but un poison, la ciguë, tout en conversant, et mourut avec un calme exemplaire. Socrate n'a rien écrit. On le connaît grâce aux œuvres de ses disciples Platon* et Xénophon*.

SOIE (Route de la). Nom donné à la piste caravanière qui traversait l'Asie depuis les rives de la Méditerranée jusqu'au centre de la Chine ancienne. Cette route commerciale, longue de 7 000 km, contribua pendant des siècles à mettre en contact les civilisations de l'Occident, de l'Inde* et de la Chine. Ouverte dès avant l'ère chrétienne, elle devait son nom à la soie qui, venant de Chine, était la principale marchandise transportée, avec l'or, les pierres précieuses, les épices* et les porcelaines. Cette route joua aussi un rôle capital dans la transmission et l'échange des idées et des croyances religieuses. C'est par elle en particulier que le bouddhisme*, venu du nord de l'Inde, pénétra en Chine.

SOISSONS (Vase de). Célèbre objet d'anecdote rapportée par l'historien Grégoire* de Tours. Clovis*, après la bataille de Soissons contre le général romain Syagrius (486), demanda qu'en plus de sa part de butin lui soit donné un vase que les Francs* avaient volé dans une église et qu'il voulait restituer à l'évêque* de Reims. Un soldat franc lui refusa sa demande, contraire à la coutume, et brisa le vase. Quelques mois plus tard au cours d'une revue militaire, Clovis reconnut le guerrier et lui fracassa le crâne en disant : « Souviens-toi du vase de Soissons. »

SOLFÉRINO (Bataille de, 24 juin 1859). Bataille livrée à Solférino (village de Lombardie*) par les armées franco-piémontaises de Napoléon III* contre l'armée autrichienne conduite par l'empereur François-Joseph*. Livrée dans le but de libérer l'Italie de la tutelle autrichienne, la bataille fut un véritable carnage (environ 40 000 morts), et inspira à H. Dunant la fondation de la Croix-Rouge qui prit pour symbole le drapeau suisse aux couleurs inversées. Alarmé par les pertes et inquiet d'une mobilisation prussienne sur le Rhin, Napoléon III préféra signer avec les Autrichiens les préliminaires de Villafranca* (juillet 1859) à la grande déception des Italiens et de Cavour* qui démissionna. Voir Magenta.

SOLIDARNOSC, en fr. SOLIDARITÉ. Syndicat indépendant polonais constitué à Gdansk en 1980, issu de 32 comités inter-entreprises et présidé par Lech Walesa*. Syndicat libre qui proposait des solutions autogestionnaires, Solidarnosc symbolisa en Pologne l'aspiration d'une grande partie de la population à la démocratisation du régime. Interdit entre 1982 et 1989, il suscita durant cette période des grèves qui constituèrent une arme de résistance passive contre le gouvernement. L'épreuve de force entre le syndicat, soutenu par l'Église, et le général Jaruzelski* contraignit ce dernier à partager le pouvoir avec les représentants du mouvement ouvrier, puis à la leur abandonner en 1990. La direction de Solidarnosc fut confiée à l'un de ses membres, Mazowieki.

SOLIMAN Iᵉʳ LE MAGNIFIQUE (Trébizonde, v. 1495-Szigetvar, Baranya, Hongrie, 1566). Sultan ottoman* (1520-1566). Surnommé le Magnifique par les Occidentaux, le Législateur par les Turcs, Soliman Iᵉʳ fut le dernier des grands sultans ottomans*. Entreprenant une politique de grandes conquêtes, il porta l'Empire à l'apogée de sa puissance et de son expansion. À la tête d'une armée considérable, il chassa de l'île de Rhodes les Hospitaliers* de Saint-Jean qui se réfugièrent à Malte. En Asie, il s'empara de vastes régions de la Perse et de l'Irak. En Europe, il prit Belgrade (1521), battit les Hongrois à Mohács* (1526) et, en s'emparant de Buda (Budapest), domina la quasi-totalité de la Hongrie. Rival du plus puissant souverain européen de l'époque, Charles* Quint, il tenta de faire le siège de Vienne mais échoua

(1529). Habile diplomate, le sultan sut utiliser les divisions des rois chrétiens*. C'est ainsi qu'il combattit les armées de Charles Quint à Nice et à Toulon aux côtés de François Iᵉʳ*. Soliman fut aussi un grand organisateur et donna à l'Empire un code de lois. Protecteur des arts, il fit construire à Istanbul* les mosquées* Şehzade et Suleymaniye (de Soliman).

SOLJENITSYNE, Aleksandr Isaïévitch (Kislovodsk, 1918-). Écrivain soviétique. Son œuvre dénonce le régime communiste et l'oppression des consciences qui en découle. Arrêté en 1974, il fut déchu de la citoyenneté soviétique et expulsé. Condamné à huit ans de bagne pour avoir critiqué Staline* (1946-1953), réhabilité en 1957, tous ses livres furent à nouveau interdits à partir de 1964, mais parurent clandestinement à l'étranger. Soljenitsyne est notamment l'auteur de *Une journée d'Ivan Denissovitch*, nouvelle sur un camp stalinien et dont la publication fut autorisée par Nikita Khrouchtchev* en 1962, *Le Premier Cercle* (1955-1958), *Le Pavillon des cancéreux* (1968), *L'Archipel du Goulag* (1973-1976) et, plus récemment, *Le « Problème russe » à la fin du XXᵉ siècle*, etc. Soljenitsyne reçut le prix Nobel* de littérature en 1970, fut réhabilité en 1990. Installé aux État-Unis, il est retourné vivre en Russie en 1994.

SOLOMÓS, Dionysios, comte (Zante 1798-Corfou, 1857). Poète grec. Il est considéré comme le premier grand poète de la Grèce moderne qui imposa la langue populaire à la poésie grecque. Sa première œuvre, l'*Hymne à la liberté* – qui devint l'hymne national de la Grèce (en 1864) – lui fut inspirée par la lutte pour l'indépendance de la Grèce soumise à l'Empire ottoman*. Parmi ses œuvres, on peut citer *Lambros*, les *Assiégés libres* et *Porphyras*. Voir Indépendance grecque (Guerre d').

SOLON (v. 640-v. 558 av. J.-C.). Célèbre législateur athénien. Ses réformes marquèrent une étape importante vers la démocra-e* athénienne. Il fit abolir les dettes des ｐaysans et libéra ceux que leur endettement ｖait réduits en esclavage. Il répartit les ciｔoyens en quatre classes selon leur fortune ｍais donna à tous les citoyens le droit de ｖte à l'Ecclésia* et autorisa leur participａtion au tribunal de l'Héliée*. Ses déciｓons ont affaibli les pouvoirs de l'aristoｒatie mais, en réservant aux deux ｐemières classes les hautes fonctions de la ｔé, il a remplacé le privilège de la naisｓnce par celui de la fortune. La politique ｅ Solon fut suivie et respectée par le tyran ｐisitrate*. Mais ce fut Clisthène* qui établit ｌ démocratie. Voir Dracon, Eupatrides, Péｒclès.

ｓOLUTION FINALE. Voir Camps de ｃoncentration et d'extermination.

ｓOLUTRÉ. Important site du paléolithiｕe* supérieur (v. 18000-14000 av. J.-C.) ｓtué près de la commune de Solutré proche ｄe Mâcon (Saône-et-Loire). Au pied d'un ｅscarpement rocheux furent retrouvés à ｐrtir de 1866 d'innombrables ossements ｄe chevaux. On peut penser qu'il s'agissait ｄun lieu de chasse très particulier : des raｂatteurs cernaient les chevaux sauvages au ｓommet de la falaise, qui, affolés, se préｃipitaient dans le vide. On a aussi retrouvé ｓｕr ce site un important outillage de lames ｄe silex* très minces et très finement reｔuchées.

ｓOMME (Bataille de la, juillet-novembre ｌ916). Lors de la Première Guerre* monｄｉale, offensive franco-anglaise contre l'arｍée allemande. Elle fut une imposante baｔａille de matériel, sans issue véritable, les ｏｐposants s'étant épuisés dans les mêmes ｐroportions. Elle permit de dégager partielｌｅment Verdun*, obligeant les Allemands à ｄégarnir ce front. L'échec de la « Somme » ｃoûta son commandement au général Jofｆre*.

ｓOMOZA, Anastasio, dit **Tachito** (León, ｌ925-Asunción, Paraguay, 1980). Homme ｐolitique et général nicaraguayen. Issu de la ｆamille des Somoza qui imposa au Nicara-

gua la dictature de son clan à partir de 1937, il fut élu président en 1967, poursuivant la politique de ses prédécesseurs. Confronté à l'aggravation de l'opposition du front sandiniste de libération nationale et abandonné des États-Unis, il fut renversé en 1979. Exilé au Paraguay, il y fut assassiné l'année suivante. Voir Ortega (Daniel).

SONG (Dynastie). Dynastie chinoise qui régna sur la Chine de 960 à 1279. Évincée au XIIe siècle de Chine du Nord par les Djurtchets qui fondèrent la dynastie Jin (1115-1234), elle s'établit en Chine du Sud – avec Hangzhou pour capitale – où elle élabora une très brillante civilisation. Zhao Kuangyin, fondateur de la dynastie, avait reconstitué l'unité de l'empire en conquérant l'ensemble des royaumes chinois, à l'exception du royaume Khitan de Pékin (dynastie Liao, 947-1124). Dès le XIe siècle, la dynastie connut un éclat culturel exceptionnel. De nombreuses inventions virent le jour (boussole*, poudre à canon, caractères mobiles d'imprimerie*), l'art de la céramique atteignit une grande perfection tandis que se développait une école d'admirables peintres paysagistes. L'illustre Zhu Xi représenta l'école philosophique néo-confucéenne et Wang* Anshi, la pensée des réformistes de l'époque. En 1215, l'invasion turco-mongole de Gengis* Khan balaya le royaume indépendant de Chine du Nord dominé par la dynastie Yin. L'empire Song de Hangzhou disparut à la fin du siècle après les expéditions victorieuses de Kubilay* Khan. Voir Confucius, Gutenberg.

SOPHISTES. Nom donné dans la Grèce* ancienne à des professeurs itinérants qui se faisaient payer très cher et qui enseignaient toutes les disciplines, en particulier la rhétorique (art de bien parler en public pour convaincre l'adversaire). Ils remirent en question les valeurs traditionnelles et leur apogée se situe au Ve siècle av. J.-C. Ils furent très critiqués par le philosophe Socrate*. Les plus célèbres sophistes furent Protagoras, Gorgias, Critias et Prodicos.

SOPHOCLE (Colone, v. 496-Athènes, v. 406 av. J.-C.). Grand poète tragique grec. De riche famille, ami d'Hérodote*, de Périclès* et de Phidias*, il domina le théâtre athénien et fut de multiples fois couronné. On lui attribue près de 130 tragédies (il ne nous en reste que 7). Les plus célèbres sont *Antigone*, *Œdipe roi* et *Électre*. Dans ses pièces, les rapports entre les dieux et les hommes ont changé depuis Eschyle*. Même si les dieux continuent à veiller, l'homme, par sa raison et sa volonté, est désormais maître de ses actes. Voir Euripide.

SORBON, Robert de (Sorbon, près de Rethel, 1201-Paris, 1274). Théologien français, maître de l'université de Paris, fondateur du collège auquel il donna son nom et qui devint la Sorbonne*. Chanoine à Cambrai en 1250, puis à Paris en 1257, il devint chapelain de Louis IX* (saint Louis) et fonda le collège dont il fut le premier proviseur et pour lequel il rédigea des statuts.

SORBONNE. Établissement public d'enseignement supérieur à Paris. Fondé par Robert de Sorbon* en 1257, le collège accueillait maîtres et étudiants pauvres en théologie. La Sorbonne devint au XVIᵉ siècle la grande faculté de théologie et, en tant que tribunal ecclésiastique, la plus haute autorité religieuse du monde chrétien* après le pape, défendant toujours énergiquement l'indépendance de l'Église de France à l'égard de la papauté. Elle s'opposa aux jésuites* au XIVᵉ siècle, aux jansénistes au XVIIᵉ siècle et à la philosophie des encyclopédistes* au XVIIIᵉ siècle avant d'être supprimée par la Révolution*. Ses bâtiments qui avaient été reconstruits par Richelieu* à partir de 1626 – et dont le tombeau, réalisé par Girardon*, est placé dans la chapelle –, furent donnés par Napoléon Iᵉʳ* à l'université de Paris en 1808. La Sorbonne abrite aujourd'hui plusieurs universités (Paris I, Paris III, Paris IV) et l'École des chartes. Les bâti-

ments, mise à part la chapelle (1635-1653), furent entièrement reconstruits de 1885 à 1900. Voir Cambridge, *Encyclopédie*, Jansénisme, Oxford.

SOREL, Georges (Cherbourg, 1847-Boulogne-sur-Seine, 1922). Sociologue français. Il fut un des théoriciens du syndicalisme révolutionnaire. Polytechnicien ingénieur, il démissionna et se consacra entièrement à l'étude des problèmes sociaux. Influencé à la fois par Marx* et Proudhon* mais aussi par Bergson et Nietzsche*, il élabora une théorie du syndicalisme révolutionnaire, opposée à la fois à l'État et aux partis. Partisan de la violence prolétarienne au sein de la lutte des classes, et notamment de la grève générale, il écrivit plusieurs ouvrages dont le plus connu est *Réflexions sur la violence* (1908). Ses idées, paradoxalement, ont influencé les mouvements les plus réactionnaires, comme par exemple le fascisme* italien que Sorel a toutefois partiellement condamné. Voir Amiens (Charte d').

SOUBISE, Charles de Rohan, prince de (Versailles, 1715-*id.*, 1787). Maréchal* de France. Favori de Louis XV*, il reçut le commandement d'une armée lors de la guerre de Sept* Ans, se fit battre à Rossbach* (1757) par Frédéric II* le Grand mais rattrapa cette défaite par différentes victoires. La paix mit fin à sa carrière militaire. L'hôtel de Soubise, dans le quartier du Marais à Paris, abrite les Archives nationales et le musée de l'Histoire de France.

SOUFFLOT, Germain (Irancy, près d'Auxerre, 1713-Paris, 1780). Architecte français. Il exerça une importante influence sur le mouvement néo-classique en architecture. Formé en Italie (1731-1738), admis à l'Académie de Lyon, il embellit cette ville par la construction de plusieurs édifices, en particulier le grand hôpital de l'Hôtel-Dieu (1740-1752). Nommé par Louis XV* contrôleur des bâtiments du roi, il lui fut confié l'édification de l'église

Sainte-Geneviève de Paris (1764-1780), devenue le Panthéon en 1791.

SOULT, Jean de Dieu Nicolas, duc de Dalmatie, (Saint-Amans-la-Bastide, auj. Saint-Amans-Soult, 1769-*id.*, 1851) Maréchal* de France. Engagé en 1785, il participa aux guerres de la Révolution* et de l'Empire et s'illustra notamment à Austerlitz* (1805). Duc de Dalmatie en 1807, il lutta contre les Anglais en Espagne (1808-1811 et 1814). Ministre de la Guerre sous Louis XVIII* (1814-1815), il se rallia à l'Empereur durant les Cent-Jours*. Banni lors de la seconde Restauration* (1815), il revint en France en 1819 et fut nommé pair de France (1827). Il fut sous Louis-Philippe Ier* ministre de la Guerre (1830-1832) et plusieurs fois président du Conseil (1832, 1839, 1840-1847). En 1847, il reçut le titre de maréchal général de France.

SOUPHANOUVONG, prince (Luang Prabang, 1909-). Homme politique laotien. Fondateur du Pathet* Lao (1950), Il devint président de la République populaire démocratique du Laos après l'abolition de la monarchie (1975-1986). Fils du vice-roi du Laos, diplômé de l'école des ponts et chaussées, il dirigea avec son demi-frère, Souvanna Phouma, le mouvement nationaliste qui s'opposait au rétablissement de la domination française au Laos après la Seconde Guerre* mondiale. Il refusa, en 1949, contrairement à son demi-frère, l'indépendance du Laos comme État associé au sein de l'Union* française et fonda à Bangkok le Pathet Lao (« Patrie Laos ») en août 1950, mouvement pro-communiste qui s'engagea dans la guerre contre la France aux côtés du Viêt-minh*. Après les accords de Genève* sur l'Indochine (1954), le « prince rouge » maintint son contrôle sur les deux provinces septentrionales et participa, en tant que ministre, à deux tentatives d'union nationale en 1958 et 1962. Refusant le neutralisme prôné par Souvanna Phouma, alors Premier ministre,

dans la guerre du Viêt-nam*, Souphanouvong appuya, avec les troupes du Pathet Lao, les Vietcongs* et protégea la piste « Hô Chi Minh » des attaques américano-sud-vietnamiennes. Après les cessez-le-feu au Viêt-nam puis au Laos, Souphanouvong, devenu un leader indochinois presque aussi populaire que Hô* Chi Minh, constitua avec Souvanna Phouma un gouvernement d'Union, contrôlé par le Pathet Lao, après la victoire des communistes dans la péninsule indochinoise. En décembre 1975, la monarchie au Laos fut abolie et remplacée par une République populaire et démocratique avec Souphanouvong comme président. Ce dernier démissionna en 1986.

SOUPPILOULIOUMA, dit le Grand Hittite (v. 1371-1346 av. J.-C.). Roi des Hittites*, c'est sous son règne que l'Empire hittite connut son apogée. Il domina alors l'Anatolie*, le nord de la Mésopotamie*, la Syrie* et la Palestine* (jusqu'à Jérusalem*).

SOUSTELLE, Jacques (Montpellier, 1912-Paris, 1992). Homme politique et ethnologue français. Résistant gaulliste, plusieurs fois ministre après la guerre, il milita avec vigueur pour l'Algérie française. Spécialisé dans l'étude de la civilisation aztèque*, sous-directeur du musée de l'Homme en 1938, il fut l'un des principaux membres du Comité de vigilance des intellectuels antifascistes et rejoignit Londres en 1940. Commissaire de la République à Bordeaux en 1944, ministre de l'Information (1945), puis des Colonies (1945-1946), il fut le principal organisateur du parti gaulliste (le RPF ou Rassemblement* du peuple français) et gouverneur général de l'Algérie (1955-1956). Partisan du maintien de l'Algérie française, il s'opposa à de Gaulle*. Décidé à poursuivre son combat contre l'indépendance de l'Algérie, il dut se réfugier à l'étranger (1961) jusqu'à l'amnistie de

1968. Voir Algérie (Guerre d'), Debré (Michel).

SOUVOROV ou SOUVAROV, Alexandre Vassiliévitch (Moscou, 1729-Saint-Pétersbourg, 1800). Feld-maréchal russe. Général favori de Catherine II*, il fut un grand stratège. Il se distingua durant la guerre de Sept* Ans et celle contre la Pologne (1768) et remporta plusieurs victoires contre les Turcs (1768-1774). Nommé gouverneur de Crimée (1786), il fut ensuite chargé de réprimer la révolte de Pologne (1794). Feld-maréchal, il commanda l'armée russe envoyée combattre les Français en Italie du Nord. Il occupa Milan (1799) et Turin, battit Moreau*, Macdonald et Joubert* et chassa ainsi, en cinq mois, les Français d'Italie. Parti à la conquête de la Suisse, il passa les Alpes au Saint-Gothard mais ne put rallier l'armée de Korsakov battu par Masséna* à Zurich (1799). Rappelé peu après à Moscou, il mourut en disgrâce. Voir Praga (Massacre de).

SOVIET. Mot russe signifiant « conseil ». Des conseils d'ouvriers, de soldats et de paysans se constituèrent en Russie lors des révolutions russes de 1905 et de 1917. Après avoir été les organes de la révolution, les soviets furent la base de l'administration et de toute la vie politique de l'État communiste. Voir Révolution de 1905, Révolutions russes de 1917, Soviet suprême.

SOVIET SUPRÊME. Organe supérieur du pouvoir d'État de l'ex-URSS*, composé de deux Chambres, le Soviet de l'Union et le Soviet des nationalités. Les députés étaient élus tous les cinq ans au suffrage universel, la liste des candidats étant établie par le PCUS* (Parti communiste de l'Union soviétique), et les organisations qu'il contrôlait. Le Soviet suprême votait les lois et le budget. Entre ses deux sessions annuelles, il déléguait ses pouvoirs au praesidium du Soviet suprême, élu par les deux chambres et dont le président était le chef nominal de l'URSS. La démocratisation du régime engagée par Gor-

batchev* modifia, par la loi électorale de 1988, le rôle du Soviet suprême, l'organe suprême du pouvoir d'État, appartenant désormais au Congrès des députés du peuple. Voir Nomenklatura.

SPAAK, Paul Henri (Schaerbeek 1899-Bruxelles, 1972). Homme politique belge. Il fut un fervent partisan de la construction européenne. Avocat à Bruxelles, député socialiste en 1932, ministre des Transports (1935) puis ministre des Affaires étrangères (1936), Spaak devint Premier ministre (1938-1939) mais reprit son poste aux Affaires étrangères dans le cabinet Pierlot au début de la Seconde Guerre* mondiale. Après s'être affronté avec le roi Léopold III qui, en tant que chef des armées, avait signé la capitulation, Spaak émigra avec son gouvernement à Londres. Premier ministre (1946-1949) et ministre des Affaires étrangères (1946-1949), il fut élu premier président de l'assemblée de l'ONU* (1946). Ardent défenseur de l'idée européenne, il fut le premier président de l'Assemblée consultative du Conseil de l'Europe (1949-1951) puis de celle de la CECA* (1952-1954). Partisan de la CED (Communauté* européenne de défense) refusée par la France (1954), il fut l'un des initiateurs de la Communauté* économique européenne et présida le comité, dit comité Spaak (1956-1957), qui prépara les traités de Rome* (1957). Atlantiste convaincu, il fit adhérer son pays à l'OTAN* et devint secrétaire général de cette organisation (1957-1961), tout en détenant le portefeuille des Affaires étrangères. Il constitua avec Théo Lefèvre un cabinet d'Union socialiste et social-chrétien (1961-1965) puis se retira de la vie politique en 1966. Il laissé des Mémoires, *Combats inachevés* (1969).

SPARTACUS (?-en Lucanie, 71 av J.-C.). Chef d'esclaves* révoltés contre Rome*. Cette révolte fut la plus grave mais aussi la dernière des révoltes serviles

Berger thrace, soldat déserteur de l'armée romaine repris et vendu comme esclave, Spartacus s'échappa d'une école de gladiateurs* de Capoue (73 av. J.-C.) avec 70 compagnons et appela aux armes les esclaves. À la tête de plus de 100 000 hommes, il ravagea l'Italie et défit les unes après les autres les troupes romaines avant d'être vaincu par Crassus* et tué dans la bataille. Près de 6 000 esclaves furent crucifiés le long de la via Appia (71 av. J.-C.). Pompée*, qui acheva de soumettre les derniers groupes d'esclaves révoltés, s'attribua tout le mérite de la victoire.

SPARTAKUS, Ligue, en all. *SPARTAKUSBUND*. Nom du groupe de socialistes révolutionnaires allemands qui se sépara, lors de la Première Guerre* mondiale, de la social-démocratie ralliée à l'Union sacrée. Ses animateurs furent Karl Liebknecht*, Rosa Luxemburg*, Franz Mehring et Clara Zetkin. Dès 1915, le *Sparakusbund* mena une active propagande contre la guerre et participa aux mouvements de grève de 1917. Les spartakistes se séparèrent du Parti social-démocrate* en créant le Parti social-démocrate indépendant d'Allemagne en 1917 (USPD). Cependant, la rupture définitive se fit lors de la révolution de 1918 qui aboutit à l'instauration de la République de Weimar*. La Ligue Spartakus, devenue en 1918 le Parti communiste allemand rallié à la Troisième internationale*, tenta à Berlin, en janvier 1919, de donner une orientation soviétique à la révolution allemande. L'insurrection fut écrasée, sur ordre de la social-démocratie majoritaire, par l'armée et les corps* francs durant une « semaine sanglante » où Rosa Luxemburg et Karl Liebknecht furent assassinés. L'échec du spartakisme fut lourd de conséquence en Allemagne, la rupture entre les communistes et le SPD* empêchant toute unité d'action contre l'ascension du nazisme*.

SPARTE. Célèbre cité dorienne de la Grèce* antique située au sud du Péloponnèse* dans la plaine de Laconie traversée par le fleuve Eurotas. Puissante cité oligarchique, elle fut la grande rivale d'Athènes*. Habitée à l'époque mycénienne par les Achéens*, elle est dans Homère* le royaume de Ménélas submergé par les Doriens*. Sparte fut formée vers le milieu du IXe siècle av. J.-C. de la réunion de quatre villages doriens. Elle conquit, au cours de guerres sanglantes, la riche Messénie, réduisant sa population en esclavage. Elle devint alors la plus vaste des cités grecques (environ 4 100 km^2) et contrôla presque tout le Péloponnèse. Mais pour conserver sa puissance, la cité se ferma, indifférente à la vie artistique et intellectuelle, et se transforma en une immense caserne. Un législateur, Lycurgue*, lui aurait donné ses institutions. La population était divisée en trois classes : les Égaux*, petite minorité de citoyens voués à la vie militaire, les Périèques* et les Hilotes*. La cité était oligarchique car le pouvoir était détenu par un petit nombre. Deux rois héréditaires, chefs religieux et chefs de guerre, étaient à la tête de l'État. Mais c'étaient les Éphores* et la Gérousia* qui gouvernaient, l'assemblée du peuple ou Apella* ne jouant presque aucun rôle. Sparte était à la fin du VIe siècle av. J.-C. la cité la plus puissante de Grèce. Après avoir participé aux guerres Médiques*, elle s'éleva contre l'impérialisme d'Athènes qu'elle affronta victorieusement au cours de la guerre du Péloponnèse* (431-404 av. J.-C.). Alliée aux Perses* après la paix d'Antalcidas* vers 386 av. J.-C., elle retrouva son hégémonie en Grèce avant d'être éclipsée par Thèbes* (Leuctres*, 371 av J.-C.). La cité ne participa pas à la résistance grecque contre les Macédoniens de Philippe II*. Soumise à Rome*, puis dévastée par les invasions barbares, ses habitants l'abandonnèrent au Moyen Âge. Il ne reste aujourd'hui rien de Sparte, même pas une ruine. Voir Péloponnésienne (Ligue).

SPARTIATES. Voir Éducation spartiate.

SPD. Sigle de *Sozialdemokratische Partei Deutschland*, en fr. Parti social-démocrate* allemand.

SPEER, Albert (Mannheim, 1905-Londres, 1981). Homme politique allemand. Architecte inscrit au Parti national-socialiste dès 1931, il fut ministre de l'Armement en 1942, puis ministre de l'Économie (mai 1945). Il fut condamné à 20 ans de prison par le tribunal de Nuremberg*.

SPENCER, Herbert (Derby, 1820-Brighton, 1903). Philosophe anglais. Sa philosophie, fortement influencée par le transformisme de Lamarck* et de Darwin*, a reçu le nom d'évolutionnisme. Spencer a tenté une explication globale de l'évolution des êtres à partir des lois ordinaires de la mécanique. Il est notamment l'auteur de *Principes de biologie* (1864), et de *Principes de sociologie* (1877-1897).

SPENGLER, Oswald (Blankenburg, Harz, 1880-Munich, 1936). Philosophe et historien allemand. Défendant une conception cyclique de l'histoire, comparant les civilisations à des êtres vivants soumis aux lois du développement biologique (croissance, maturité, décadence), il s'est particulièrement intéressé au destin de l'Occident, insistant sur le rôle politique éminent de l'Allemagne. Certaines de ses idées furent reprises par le national-socialisme*. Dans son ouvrage *Le Déclin de l'Occident* (1918-1922), il brosse un tableau de la civilisation occidentale parvenue au stade de l'achèvement et comparée à celui de la fin de la période hellénistique. Voir Chamberlain (Houston Stewart), Rosenberg (Alfred).

SPHACTÉRIE. Petite île grecque de la mer Ionienne près de la côte du Péloponnèse*. Elle fut rendue célèbre par la victoire des Athéniens contre les Spartiates en 425 av. J.-C. au cours de la guerre du Péloponnèse*.

SPHINX. 1) Dans l'art égyptien, statue de lion couché, à tête d'homme, de bélier ou d'épervier, représentant une divinité. Le plus connu et le plus ancien de tous les sphinx est celui de Gizèh*, en Égypte. 2) Dans la mythologie* grecque, monstre fabuleux représentant un lion ailé à tête et buste de femme. Il tuait les voyageurs quand ils ne trouvaient pas l'énigme qu'il leur proposait.

SPINOLA, António Sebastião Ribeiro de (Estremoz, 1910-). Général et homme politique portugais. Gouverneur de la Guinée-Bissau en 1968, il prit la tête du coup d'État militaire du 25 avril 1974 (« révolution des œillets ») et prit le titre de président de la République (mai 1974). Il abolit dans ses fondements le régime autoritaire de Caetano*. Débordé par les forces de gauche, il démissionna le 30 septembre 1974, et tenta un putsch contre son successeur, le général Costa Gomes, mais échoua. Exilé au Brésil, il revint au Portugal en 1976 et fut promu maréchal en 1981. Voir Eanes (Ramalho), Salazar (Antonio de Olivera).

SPINOZA, Baruch (Amsterdam 1632-La Haye, 1677). Philosophe hollandais. Combattant pour la liberté, son œuvre détermina le rationalisme matérialiste du XVIIIe siècle. Issu d'une famille de commerçants, d'origine juive* portugaise il reçut une solide éducation hébraïque avant de découvrir la science de Galilée* et celle de Descartes*, version moderne et scientifique de la philosophie. Exclu de la communauté juive pour ses positions rationalistes (1656), objet de méfiance pour les hommes de pouvoir et les milieux intellectuels, Spinoza, afin d'assurer sa subsistance et son indépendance, exerça toute sa vie le métier de tailleur de verres optiques. Adversaire du fanatisme religieux et de l'intolérance politique, il soutint la politique libérale de Jan de Witt*. Son œuvre principale, *L'Éthique* (1661), publiée pour des raisons de prudence après sa mort (1677), conteste l'idée d'un Dieu transcendantal et défend une vision panthéiste du monde. Il fut aussi l'auteur des *Principes* *le la philosophie de Descartes* (1663), du *Tractatus theologico politicus* (1670) qui fit scandale, complété ultérieurement par les analyses politiques du *Tractatus politicus* (inachevé), du *Traité de la réforme de l'entendement* (1662) et du *Traité politique* (1676-1677). Toute sa vie en butte aux persécutions des autorités, Spinoza avait néanmoins reçu de nombreux savants et philosophes, dont Leibniz*.

SPOIL SYSTEM (en fr. système des dépouilles). Nom donné, aux États-Unis, au système inauguré par le démocrate A. Jackson, à son arrivée à la présidence en 1829. Quand un parti triomphait aux élections, les fonctionnaires fédéraux et locaux étaient révoqués et leurs postes attribués aux militants du parti vainqueur. Ce système qui dura plus d'un demi-siècle, fut limité en 1883, le choix des candidats devant être fondé sur leurs capacités.

SPORTULE. Signifie en latin « corbeille ». Désigne dans la Rome* antique, les vivres puis plus tard la somme d'argent que le patron donnait à ses clients* les plus pauvres. Voir Prolétaire.

SPOUTNIK. Nom (qui signifie en russe « compagnon de route ») donné aux trois premiers satellites artificiels soviétiques. Le lancement, le 4 octobre 1957, de Spoutnik 1 qui fut le premier satellite artificiel de la terre, ouvrit l'ère spatiale et créa dans le monde une immense surprise. Le 3 novembre 1957, les Soviétiques placèrent sur orbite Spoutnik 2. Sa masse, beaucoup plus importante (508 kg au lieu de 83,6 kg) emportait à son bord la petite chienne Laïka avec un appareillage destiné à étudier ses réactions en apesanteur. Cette expérience prépara le voyage de l'homme dans l'espace. Spoutnik 3 fut lancé le 15 mai 1958 (1 340 kg). Depuis cette date, environ 4 000 satellites ont été emportés dans l'espace. Voir Gagarine (Iouri).

SR ou **SOCIAL-RÉVOLUTIONNAIRE** (Parti). Parti politique russe (1901-1922), héritier des populistes* nihilistes du XIXe siècle. Hostiles à l'industrialisation, les socialistes-révolutionnaires s'appuyaient essentiellement sur la paysannerie à qui ils promettaient la confiscation des grands domaines et l'exploitation collective du sol. Après la révolution d'Octobre 1917, ils se scindèrent en SR de droite, hostiles aux bolcheviks* et SR de gauche qui leur étaient favorables. Cependant, opposés à la paix de Brest-Litovsk* signée avec l'Allemagne (1918), les SR de gauche combattirent les bolcheviks qui bientôt les éliminèrent durant la période du communisme* de guerre (1918-1921). Voir Constitutionnel démocrate (Parti), Lénine, Nihilisme, Social-démocrate de Russie (Parti ouvrier).

SS (abrév. de *Schutzstaffel*, échelon de protection). Police militarisée du parti nazi. Garde spéciale destinée à protéger le Führer* créée en 1925, la SS ne fut à l'origine qu'un groupe particulier de la SA* jusqu'en 1934. Ce ne fut qu'après l'élimination de Röhm*, chef des SA (Nuit des Longs* Couteaux) que la SS, sous la direction de Himmler* depuis 1929, devint la principale force d'intervention et de police de l'État hitlérien, mais aussi l'élite du mouvement nazi, une sévère sélection raciale présidant à son recrutement. Dans le domaine des services de sécurité, la SS contrôla bientôt la police criminelle, la police régulière en uniforme et un important réseau d'espionnage (le *Sicherheitsdienst*, service de renseignement, SD) à l'intérieur et à l'extérieur du IIIe Reich*, y compris au sein du parti nazi. Elle fut, à partir de 1939, chargée du contrôle des territoires occupés avec la Gestapo*. Elle eut aussi la surveillance et la gestion des camps de concentration* (unités à tête de mort) puis, à partir de 1942 fut chargée de l'exécution de la « solution finale du problème juif », c'est-à-dire de leur extermination systématique. Son dernier visage fut enfin celui des unités combattantes d'élite : la Waffen SS, qui encadra de nombreux volontaires étrangers (Scandinaves, Néerlandais, Flamands, Wallons et Français), et qui compta en 1945 830 000 soldats. Les unités des Waffen SS (« SS en armes ») furent engagées dans toutes les opérations difficiles de la Seconde Guerre* mondiale. Les volontaires français de la « division Charlemagne » furent parmi les ultimes combattants défendant le bunker de Hitler* à Berlin. Jugée en tant qu'organisation criminelle, la SS fut condamnée par le tribunal de Nuremberg* en 1946. Voir Heydrich (Reinhard), Abwehr.

STAËL, Germaine Necker, baronne de Staël-Holstein, dite Mme de (Paris, 1766-id., 1817). Femme de lettres française, elle tint un salon très brillant à Paris puis en Suisse, et son œuvre influença le romantisme*. Fille du financier Necker*, banquier et ministre de Louis XVI*, et mariée à l'ambassadeur de Suède à Paris, le baron de Staël-Holstein, Mme de Staël, grande admiratrice de Rousseau*, s'enthousiasma d'abord pour la Révolution* puis s'exila après la chute de la monarchie (1792). De retour à Paris en 1794, son salon de la rue du Bac fut fréquenté par les plus grands esprits de l'époque et accueillit tous les mécontents, hostiles au Directoire*. Exilée par Napoléon* Bonaparte en 1803, elle entretint autour d'elle à Coppet, en Suisse, un salon très renommé dont les principaux habitués étaient Benjamin Constant* – avec lequel elle avait noué une relation passionnelle –, Mme Récamier* et le prince Auguste de Prusse*. Elle écrivit quelques-uns des premiers textes français romantiques (*Delphine*, 1802, *Corinne ou l'Italie*, 1807) et suscita en France un regain d'intérêt pour la culture allemande en publiant *De l'Allemagne* (1813). Indésirable sous le Consulat* et l'Empire, Mme de Staël ne revint en France qu'à la Restauration*. Voir Empire (Premier).

STAKHANOVISME. Nom donné en URSS au mouvement destiné à augmenter la productivité. Le mouvement stakhanoviste dut son nom à un jeune mineur du Donbass qui aurait accompli, selon la propagande, le 31 août 1935, quatorze fois la norme dans l'extraction du charbon. Cet « exploit » (dû à d'importantes innovations techniques) auquel une énorme publicité fut donnée, déclencha une campagne de propagande soutenue par le parti communiste afin de relever, dans le cadre du deuxième plan quinquennal (1933-1937), le niveau particulièrement bas de la productivité. Le mouvement stakhanoviste eut un énorme retentissement auprès des travailleurs soviétiques, les ouvriers « de choc » recevant de meilleurs salaires et d'éminentes distinctions. Il s'étendit aussi à l'agriculture et aux transports. Voir PCUS, Staline, Taylor (Frederick).

STALINE, Iossif Vissarionovitch Djougachvili, dit Joseph (Gori, gouvernement de Tiflis, Géorgie, 1879-Moscou, 1953). Homme politique soviétique. Il s'imposa par une dictature sanglante comme le maître incontesté de l'URSS puis engagea après la Seconde Guerre* mondiale la guerre* froide contre l'Occident. Fils d'un cordonnier géorgien, Staline entra au séminaire orthodoxe de Tiflis (1894) d'où il fut exclu pour ses idées marxistes. Membre du comité clandestin du Parti social-démocrate de Tiflis, il mena dès lors une intense activité révolutionnaire, ce qui lui valut d'être déporté à plusieurs reprises en Sibérie Après s'être rallié en 1904 à la fraction bolchevique du parti, il fut nommé par Lénine* membre du comité central (1912) du POSDR (Parti ouvrier social-démocrate* de Russie). Directeur de la *Pravda* (1912), Staline (surnom qui signifie en russe « acier ») se rallia aux « thèses d'Avril » de Lénine (1917) et devint, après la révolution d'Octobre, commissaire du peuple aux Nationalités (1917-1922), organisant une politique de centralisation à l'égard des autres Républiques soviétiques. Commissaire à l'Inspection ouvrière t paysanne (1919-1922) chargé de contrôler et d'épurer les administrations publiques, et membre du Conseil de la défense ors de la guerre civile, il organisa la défense de Tsaritsyne (Stalingrad de 1925 à 961) menacé par les Blancs de Denikine* t participa à la défense de Petrograd ontre le général Ioudénitch. Élu secrétaire énéral du parti (1922), il parvint à succéder à Lénine (1924) malgré les jugements éfavorables portés par ce dernier contre ui dans son testament politique. Partisan le la « construction du socialisme dans un eul pays », d'un fort développement industriel et d'une politique de centralisaion, Staline s'opposa violemment aux thèes de Trotski*. Pour le combattre, il 'appuya d'abord sur Kamenev* et Zinoiev* puis les évinça avec Trotski (1927) t finit par éliminer la « droite » du parti, 3oukharine* et Rykov*, en 1929. Devenu insi le chef incontesté du parti, Staline, oucieux d'assurer l'indépendance et la séurité de l'URSS, entreprit à partir de 1929 a collectivisation forcée de l'agriculture t, dans le cadre du premier plan quinquenial, le développement accéléré de l'indusrie lourde. Confronté aux résistances payannes et aux critiques dans le parti, 3taline déclencha, après l'assassinat de Kiov* (1934), de vastes purges au sein du iarti (1936-1938), éliminant les « déviaionnistes de gauche » (Zinoviev, Kameiev, Smirnov) puis les « droitiers » (Bouharine, Rykov, Radek). Ainsi à Moscou e succédèrent des procès publics avec :onfession « spontanée » des accusés, acompagnés d'une vague d'exécutions, l'arrestations et de déportations qui toucha ilusieurs millions de personnes dont les adres du parti, la vieille garde bolchevi-que, et des officiers de l'armée Rouge iarmi lesquels le maréchal Toukhachevski* qui fut fusillé. Sur le plan extéieur, Staline louvoya entre les démocraies libérales et le nazisme* puis, déçu par es accords de Munich* (1938) auxquels il

n'avait pas été convié, conclut avec Hitler* un pacte de non-agression (pacte germano-soviétique*, août 1939) assorti d'un accord secret sur le partage de zones d'influence en Europe orientale. Après l'invasion allemande de juin 1941, Staline, président du Conseil des commissaires du peuples (mai 1941), devint généralissime et président du Comité d'État à la défense et entreprit avec énergie la défense du pays. Il accepta l'aide matérielle considérable des démocraties anglo-saxonnes, supprima le Komintern* pour désarmer leur défiance (1943) et participa aux conférences de Téhéran* (1943) et de Potsdam (1945) et de Yalta* (1945). Après la guerre, il plaça sous l'influence soviétique les pays européens libérés par l'armée Rouge, reconstitua l'Internationale communiste (Kominform*) et engagea contre l'Occident la guerre* froide. Dans les dernières années de sa vie, Staline devint l'objet d'un culte excessif aussi bien en URSS que dans les démocraties populaires et les partis communistes d'Europe et organisa de nouvelles purges (« procès de Prague », complot des « blouses blanches »). Après sa mort, en mars 1953, Khrouchtchev* condamna en 1956 (XXᵉ congrès du parti communiste) le culte de la personnalité et les crimes de Staline. Son corps embaumé fut retiré en 1961 du mausolée de Lénine et muré dans le rempart du Kremlin*. Voir Goulag, Moscou (Procès de).

STALINGRAD, auj. VOLGOGRAD (Bataille de, septembre 1942-février 1943). Sanglante bataille qui marqua un tournant de la Seconde Guerre* mondiale. La défaite allemande contre les Russes eut dans le camp allié un retentissement psychologique considérable, l'espoir d'une victoire finale étant enfin acquis. Commandée par Friedrich Paulus*, la VIᵉ armée allemande atteignit en septembre 1942 les faubourgs de la ville. Défendue, quartier par quartier et rue par rue, par le général Tchouikov soutenu par la population, la plus grande partie de Stalingrad se trouva néanmoins, fin octobre, aux mains des Allemands. L'armée Rouge, dirigée par Joukov*, contre-attaqua au nord (avec Rokossovski) et au sud (avec Ieremenko), provoquant l'encerclement de l'armée de Paulus dans Stalingrad. Hitler* ayant refusé toute retraite, les Allemands encerclés résistèrent encore pendant deux mois avant de capituler (2 février 1943). La bataille de Stalingrad, en partie détruite par les bombardements et le feu de l'artillerie, coûta à la Wehrmacht près de 300 000 hommes, tués ou prisonniers, mais fut aussi sanglante pour l'armée soviétique.

STAMBOULOV, Stefan (Tārnovo, 1854-Sofia, 1895). Homme politique bulgare. Après l'autonomie de la Bulgarie (1878), il devint président du Conseil (1887) sous Ferdinand Ier de Saxe-Cobourg dont il avait favorisé l'avènement. Tout en exerçant jusqu'en 1894 un pouvoir dictatorial, il donna à la Bulgarie une grande prospérité. Renvoyé après un scandale privé, il mourut assassiné.

STANHOPE, James, 1er comte (Paris, 1673-Londres, 1721). Homme politique et général anglais. Après avoir participé à la guerre de Succession* d'Espagne (1701-1714) contre la France, il dirigea la politique étrangère (1714-1721) sous le règne de George Ier*, s'alliant en 1717 à la France et aux Provinces Unies contre l'Espagne dans la Triple-Alliance*, puis à l'Autriche dans la Quadruple-Alliance (1718). Voir Walpole (Robert).

STANISLAS Ier LESZCSYNSKI (Lwów, 1677-Lunéville, 1766). Roi de Pologne (1704-1709 et 1733-1736). Imposé sur le trône de Pologne par Charles XII* de Suède après la chute d'Auguste II* (1704), il fut contraint de s'exiler après la victoire de Pierre Ier* le Grand, tsar de Russie, sur les Suédois à Poltava (1709). Réélu roi de Pologne par la Diète de Var-

sovie (1733), avec l'appui de son gendre Louis XV*, roi de France, il fut à nouveau chassé par les Russes, lors de la guerre de Succession* de Pologne (1733-1738), qui imposèrent Auguste III*. Au traité de Vienne (1738), il renonça à la couronne polonaise mais reçut les duchés de Bar et de Lorraine à titre viager, lesquels devaient revenir à la France après sa mort. Il s'attacha dès lors à embellir ses capitales, Lunéville mais surtout Nancy, qui lui doit ses plus beaux monuments.

STANISLAS II AUGUSTE PONIATOWSKI (Wolczyn, 1732-Saint-Pétersbourg, 1798). Dernier roi de Pologne (1764-1795). Ancien favori de Catherine II* de Russie (1755) qui le fit nommer ambassadeur de Pologne à Saint-Pétersbourg (1757), il fut, avec l'appui de la Russie, élu au trône de Pologne en 1764. Influencé par la philosophie des Lumières, il tenta un redressement de l'État, mais la Russie, opposée à toute réforme, intervint dans les affaires intérieures polonaises, ce qui provoqua en 1768 la formation de la Confédération de Bar*, qui proclama la déchéance du roi. Après le premier partage de la Pologne (1772), en dépit d'un pouvoir précaire, Stanislas reprit sa politique de réformes. Le *Liberum* *veto* fut aboli et la Grande Diète qui siégea quatre ans (1788-1792) déclara la monarchie héréditaire. Stanislas II réorganisa l'enseignement, fit entrer la bourgeoisie dans la représentation nationale et embellit Varsovie qui devint un foyer intellectuel, artistique et scientifique important. Après le regroupement de nobles mécontents dans la Confédération de Targowica*, le roi assista, impuissant, au deuxième (1793), puis au troisième partage de la Pologne (1795) et signa son abdication (1795). Voir Pologne (Premier, Deuxième, Troisième partages de la).

STANLEY, John Rowlands, sir Henry Morton (Denbigh, pays de Galles, 1841-Londres, 1904). Journaliste et exploateur britannique. Il explora l'Afrique quatoriale puis, au service du roi des Belges, fut à l'origine de la création de l'État ndépendant du Congo (1885). Orphelin, il partit aux États-Unis et fut adopté par un ommerçant de La Nouvelle-Orléans* ont il porta le nom. En 1869, il fut chargé ar le *New York Herald* de rechercher l'explorateur Livingstone* qu'il retrouva dans a région du lac Tanganyika (1871). Au ours d'un deuxième voyage (1874-1877), l explora le lac Victoria et l'Ouganda, et emonta le cours du Congo. Entré au service de l'Association internationale africaine fondée par le roi des Belges Léopold II*, il explora le Congo jusqu'au Stanley Pool, découvrit le lac Léopold II et prit possession, au nom du roi, du futur Congo belge. Il est notamment l'auteur de *Comment j'ai retrouvé Livingstone*, (1872) et *À travers le continent mystérieux* 1879). Voir Kitchener (Herbert), Marchand (Jean-Baptiste).

STAUFFENBERG, Claus Schenk, comte von (Jettingen, Augsbourg, 1907-Berlin, 1944). Officier allemand. Il fut l'auteur de l'attentat manqué contre Hitler* en 1944. Grièvement blessé en Tunisie en 1943, il fut nommé en 1944 commandant de l'armée de réserve, ce qui l'autorisait à assister aux conférences du QG de Hitler à Rastenburg. Le 20 juillet* 1944, il y déposa une bombe à retardement et, persuadé que l'attentat avait réussi, regagna Berlin afin de préparer, avec les autres conjurés, l'exécution du coup d'État. Le complot échoua (Hitler n'avait été que légèrement blessé) et Stauffenberg fut fusillé. Voir Rommel (Erwin), Rundstedt (Gerd von).

STAVISKY (Affaire). Scandale financier français dévoilé en décembre 1933 qui contribua à la chute du cabinet Chautemps*, au réveil des mouvements d'extrême droite et à l'émeute du 6 février* 1934. Stavisky, homme d'affaire français d'origine russe, fonda et dirigea le crédit municipal de Bayonne (1931) et émit des bons gagés sur des bijoux faux ou volés, détournant ainsi plusieurs dizaines de millions de francs. Déjà inculpé d'escroqueries variées, ayant eu son procès mystérieusement remis 19 fois, Stavisky, recherché par la police, fut retrouvé tué d'une balle de revolver à Chamonix. Ce scandale discrédita gravement le régime, plusieurs personnalités y ayant été, plus ou moins directement, impliquées. Voir Hanau (Marthe), Oustric (Affaire).

STEIN, Karl, baron vom und zum (Nassau, 1757-Kappenberg, 1831). Homme politique prussien. Adepte du despotisme* éclairé, excellent administrateur, il proposa au roi de Prusse*, Frédéric-Guillaume III*, une série de réformes fondamentales. Issu d'une vieille famille de Hesse, il entra, après de solides études de droit, au service de la Prusse en 1780. Ministre du Commerce, de l'Industrie et des Douanes (1804), il s'affirma bientôt comme le chef du parti réformateur et national, très hostile à l'expansion napoléonienne. Renvoyé en 1807 pour avoir tenté de supprimer les barrières douanières entre les provinces prussiennes, Stein fut rappelé après le traité de Tilsit* (juillet 1807) qui démembrait la Prusse. En 14 mois, il entreprit une série de réformes d'où allait naître la Prusse moderne : abolition du régime des castes héréditaires et du servage, droit accordé aux roturiers d'acheter des terres, et aux nobles d'exercer des activités commerciales ou industrielles sans dérogeance*, restructuration de l'administration centrale et mise en place de municipalités élues au suffrage censitaire. Napoléon Ier*, inquiet, vit en Stein l'un de ses plus dangereux adversaires et exigea du roi sa démission (novembre 1808). Réfugié en Autriche, il fut appelé par le tsar Alexandre Ier* et décida, en février 1813, Frédéric-Guillaume III à signer un traité d'alliance avec la Russie contre la France. Déçu par le congrès de Vienne* (1815) et l'échec de l'unité allemande, il abandonna la politique pour se consacrer à l'histoire, fondant la collection des *Monumenta Germaniae historica*, contribuant ainsi au développement des sciences historiques en Allemagne. Voir Hardenberg (Karl August von).

STENDHAL, Henri Beyle, dit (Grenoble, 1783-Paris, 1842). Écrivain français. Méconnu de ses contemporains, Stendhal cultiva, indirectement dans ses romans et ses essais, librement dans ses ouvrages autobiographiques, la recherche et l'exaltation de son moi intérieur. Fils d'un magistrat grenoblois qu'il détestait ainsi que son précepteur, athée et antimonarchiste, Stendhal prit part aux campagnes militaires de la Révolution* et de l'Empire comme sous-lieutenant de cavalerie (1800-1801), puis comme intendant aux armées (1806-1808) ; la découverte de l'Italie lui laissa un émerveillement ineffaçable. La Restauration* des Bourbons* ayant mis fin à sa carrière, il séjourna à Milan (1814-1821), fréquenta les salons et publia ses premiers essais (*Rome, Naples et Florence*, 1817, signé pour la première fois du nom de Stendhal). Suspect de sympathie pour les nationalistes italiens, il rentra à Paris, se lia avec Prosper Mérimée* et Eugène Delacroix*, publia un premier roman (*De l'amour*, 1822), défendit le romantisme* (*Racine et Shakespeare*, 1823-1825) et écrivit deux romans, *Armance* (1827) et *Le Rouge et le Noir* (1830) qui eurent peu de succès. Nommé consul de France en Italie (1830-1842), il entreprit en 1834 *Lucien Leuwen* (inachevé, 1855). De retour à Paris pour un congé (1836-1839), il publia les *Mémoires d'un touriste* (1838), des récits où s'expriment le culte de la passion et de l'énergie, *Chroniques italiennes* (1839) et *La Chartreuse de Parme* (1839) qui obtint un succès d'estime, notamment auprès de Balzac*. Lorsque Stendhal mourut, il laissa de nombreux manuscrits inachevés, dont un roman (*Lamiel*) et une *Vie de Napoléon* Les héros stendhaliens, caractérisés par le culte du moi et de l'énergie, la lucidité et la haine du conformisme, ont donné naissance au « beylisme », mot forgé par ses admirateurs.

STEPHENSON, George (Wylam, près de Newcastle, 1781-Tapton House, Chesterfield, 1848). Ingénieur britannique. Il fut le véritable inventeur de la locomotive à vapeur et établit notamment la liaison en chemin de fer de Liverpool à Manchester (1826-1830).

STILICON (v. 359-Ravenne, 408). Général et homme politique romain. Germain* d'origine vandale, il défendit avec force l'Empire romain en combattant l'invasion des Barbares*. Ambassadeur puis maître de la milice de l'empereur Théodose Ier* le Grand, il fut le tuteur de son jeune fils, Honorius, devenu empereur de l'Empire* romain d'Occident à la mort de son père. Stilicon s'illustra en contenant la poussée des Wisigoths* et des Ostrogoths* en Italie mais ne put défendre la Gaule* envahie par les Vandales*. Il mourut assassiné sur l'ordre d'Honorius. Voir Invasions (Grandes).

STO. Voir Service du travail obligatoire.

STOFFLET, Jean Nicolas (Lunéville, v. 1751, 1753-Angers, 1796). Chef vendéen, lors de la Révolution* française, il combattit sous les ordres de d'Elbée puis de La Rochejaquelein* auquel il succéda (1794). Il se soumit au traité de pacification imposé par la Convention* thermidorienne (1795) puis reprit les armes, poussé par les agents du comte d'Artois. Arrêté, il fut exécuté à Angers. Voir Cathelineau (Jacques), Vendée (Guerre de).

STOÏCISME. Doctrine philosophique créée par un philosophe grec, Zénon*, vers 300 av. J.-C. Le stoïcisme enseignait qu'on ne pouvait atteindre le bonheur que dans la vertu et que celle-ci ne s'obtenait qu'en dominant les passions qui font de l'homme un esclave. La vertu consistait donc à accepter l'ordre des choses. Aujourd'hui,

'on dit d'une personne qu'elle est stoïque
orsqu'elle manifeste une grande fermeté
l'âme devant la souffrance ou les mal-
eurs. Voir Épicurisme, Marc-Aurèle, Sé-
èque.

STOLYPINE, Petr Arkadiévitch
(Dresde, 1862-Kiev, 1911). Homme polique russe. Il fut le dernier grand serviteur
le l'autocratie russe. Noble propriétaire
errien, il devint en 1906 Premier ministre
le Nicolas II* et tenta d'affermir le régime
en réprimant sévèrement l'opposition révolutionnaire et en décidant la dissolution
le la seconde douma (1907). Afin de
onstituer à la campagne une bourgeoisie
illageoise favorable au régime, il entre-
rit le démantèlement de la communauté
villageoise (le *mir**) en autorisant par les
ukases de 1906 les paysans à la quitter
out en gardant la propriété de leur exploi-
ation. En réalité, cette réforme agraire favorisa les koulaks*, paysans riches, qui
chetèrent à bas prix les terres des petits
propriétaires. Elle permit aussi aux pay-
ans sortis du *mir* de coloniser la Sibérie.
Stolypine, après avoir modifié la loi élec-
orale, gouverna avec une douma de droite
la « douma des Seigneurs »). Considéré
omme trop progressiste par la noblesse et
rop réactionnaire par l'opposition libérale,
l fut assassiné à Kiev par un révolution-
aire qui était en même temps agent de la
olice politique impériale, l'Okhrana. Voir
Douma d'État, Révolution russe de 1905.

STONEHENGE. Situé dans le Kent, en
Angleterre, c'est le plus grand ensemble de
mégalithes* (grands monuments de pierre)
le ce pays. Il se compose de 40 menhirs*
à l'origine, plus d'une centaine), disposés
en cercles concentriques. Le cercle extéieur, de 32 m de diamètre, était formé par
les pierres, hautes d'environ 4,15 m et réu-
ies à leur sommet par des linteaux (pier-
es posées horizontalement). À l'intérieur
lu deuxième cercle, formé par des pierres
lus petites, se trouvaient deux ensembles
le trilithes (tables de pierre posées sur des

menhirs hauts d'environ 7 m) disposés en
fer à cheval et une longue pierre rectangulaire, appelée pierre de l'autel. On a
constaté que le soleil se levait exactement
dans l'alignement de la porte gigantesque
formée par les trois menhirs au jour du
solstice d'été (21 juin). Il semblerait ainsi
qu'il s'agissait d'un sanctuaire voué au
culte du soleil. Ce monument aurait été
construit en plusieurs phases, à la fin du
néolithique* puis au bronze ancien (entre
2400 et 1600 av. J.-C.).

STRABON (Amasya, v. 58 av. J.-C.-21
ou 25 ap. J.-C.). Géographe grec. Sa *Géographie*, en grande partie conservée, décrit
tous les pays alors connus et fut écrite à
l'intention de tous les hommes instruits du
monde gréco-romain. Ce livre tente de dégager les relations entre l'homme et son
milieu.

**STRAFFORD, Thomas WENT-
WORTH, 1er comte de** (Londres,
1593-*id.*, 1641). Homme politique anglais.
D'abord défenseur des libertés parlementaires contre l'absolutisme royal, il devint
ensuite le principal conseiller du roi Charles Ier*. Issu d'une famille de la gentry du
Yorkshire, il fut élu député de ce comté
aux Communes* (1613-1628), se faisant le
champion des libertés anglaises face aux
prétentions absolutistes de Jacques Ier*,
puis de Charles Ier. Il fit adopter en particulier la célèbre Pétition* des Droits de
1628 puis se sépara de ceux qui remettaient en question le pouvoir royal lui-
même. Considéré comme un traître par
l'opposition, il fut nommé par Charles Ier
président de la cour de Nord (1628), lord-
député d'Irlande (1633-1639) et devint,
après le soulèvement de l'Écosse, le principal conseiller politique du roi – avec l'archevêque Laud* – qui le fit comte de
Strafford et lord-lieutenant d'Irlande
(1640). En novembre 1640, alors que la révolte contre Charles Ier gagnait l'Angleterre, Strafford fut accusé de trahison lors
d'une séance du Long Parlement* par l'un

des chefs de l'opposition puritaine, Pym*. Malgré l'absence de toute preuve lors du procès, Strafford fut condamné à mort et exécuté sans que le roi intervienne pour le sauver. Voir Révolution d'Angleterre (Première).

STRASBOURG (Cathédrale de). Commencée à la fin du XIIᵉ siècle, ses travaux se sont poursuivis jusqu'au XVᵉ siècle. Elle est la plus haute de toutes les églises gothiques de France avec sa célèbre tour qui culmine à 142 m. Elle contient des sculptures renommées, synthèse entre l'art gothique* allemand et français. Comme beaucoup d'églises* gothiques, celle de Strasbourg reste inachevée.

STRATÈGE. Dans la Grèce* antique, magistrat* le plus important d'Athènes*. Chef des armées et dirigeant politique de la cité, il est élu par l'Ecclésia*, l'assemblée du peuple. Voir Périclès.

STRAUSS. Famille de musiciens viennois célèbres pour leur composition de valses et de musique légère, Johann Strauss père (Vienne, 1804-1849), directeur des bals de la cour d'Autriche à Schönbrunn composa notamment la fameuse *Marche de Radetzky*. Son fils, Johann (Vienne, 1825-1899), surnommé le « prince de la valse », en composa environ 169, dont *Le Beau Danube bleu* (1867) et *La Valse de l'empereur* (1889).

STRAUSS, Richard (Munich, 1864-Garmisch-Partenkirchen, 1949). Compositeur allemand. Il peut être considéré comme le dernier des grands musiciens romantiques et fut à son époque un illustre chef d'orchestre, réputé en Allemagne et en Europe. À partir de 1910, il se consacra presque exclusivement à la composition puis, sous Hitler*, dut renoncer à toute fonction publique. On peut citer parmi ses œuvres, des poèmes symphoniques (*Don Juan*, 1889 ; *Till Eulenspiegel*, 1895), des opéras (*Salomé*, d'après Oscar Wilde*, 1905 ; *Elektra*, 1909 ; *Le Chevalier à la rose*, 1911 ;

Ariane à Naxos, 1912), des *Lieder* et des poèmes symphoniques.

STRAVINSKY, Igor (Orianenbaum, près de Saint-Pétersbourg, 1882-New York 1971). Compositeur russe, naturalisé français puis américain. L'originalité de sa musique inaugure une nouvelle étape de l'histoire musicale au XXᵉ siècle. Fils d'un célèbre chanteur de l'opéra de Saint-Pétersbourg, il étudia le piano et devint célèbre dans le monde entier après la création du ballet *L'Oiseau de feu* (1910) commandé par Diaghilev, le créateur des Ballets russes. Ami de Picasso*, Satie, Cocteau*, il atteignit l'apogée de sa créativité avec *Petrouchka* (1911) et *Le Sacre du printemps* (1913).

STRESA (Conférence de, 11-14 avril 1935). Conférence tenue à Stresa (Italie du Nord, Piémont) et réunissant les représentants de l'Italie (Mussolini*), de la Grande-Bretagne (MacDonald*, John Simon), et de la France (Laval*, Flandin*), après la décision prise par l'Allemagne de rétablir la conscription (1935), ce qui constituait une violation du traité de Versailles*. Cette conférence fut l'une des rares à tenter, dans les années 30, d'arrêter les ambitions allemandes. Cette réunion avait été précédée, en janvier 1935, d'une rencontre entre Laval et Mussolini, lequel avait contribué à l'échec de la première tentative d'*Anschluss** (rattachement de l'Autriche à l'Allemagne) en juillet 1934, grâce à une concentration de ses troupes sur le Brenner. Le front anti-allemand issu de cette conférence se brisa rapidement après la crise provoquée par l'expédition italienne en Éthiopie et la signature du pacte naval anglo-allemand (juin 1935). La Grande-Bretagne, dont l'opinion souhaitait la réinsertion de l'Allemagne dans un système de sécurité collective, admettait de fait le réarmement allemand. Voir Éthiopie (Guerre d').

STRESEMANN, Gustav (Berlin, 1878-id., 1929). Homme politique allemand.

Ministre des Affaires étrangères (1923-1929), il mena avec Briand* une politique de réconciliation franco-allemande en espérant gagner ainsi la confiance des Alliés et obtenir une révision pacifique du traité de Versailles*. Chef du parti national-libéral au Reichstag* (1907-1912), il fonda sous la République de Weimar* le Parti du peuple, préconisant le ralliement des monarchistes à la République. Chancelier* en 1923, il forma un gouvernement de conciliation qui mit fin à la résistance passive dans la Ruhr après l'occupation française. Resté ministre des Affaires étrangères jusqu'à sa mort, il s'attacha à restaurer en Europe la situation diplomatique de l'Allemagne. Il négocia avec Poincaré* la mise en place du plan Dawes* (1924) sur le paiement des réparations*. Il engagea avec Aristide Briand une politique de rapprochement franco-allemand qui conduisit aux accords de Locarno* (1925) par lesquels l'Allemagne acceptait ses frontières du traité de Versailles, et fit entrer son pays à la SDN* (1926). Il signa enfin, en 1928, le pacte Briand-Kellogg*, traité de renonciation à la guerre. En 1926, il avait partagé avec Briand le prix Nobel* de la paix. Voir Ruhr (Occupation de la), Thyssen (Fritz).

STUARTS ou **STEWART**. Famille royale qui régna d'abord sur l'Écosse (1371-1714) puis sur toute la Grande-Bretagne (1603-1714). Les Stuarts qui régnèrent sur l'Écosse seule furent Robert II (1371-1390), Robert III (1390-1406), Jacques Iᵉʳ (1406, 1424-1437), Jacques II (1437-1460), Jacques III (1460-1488), Jacques IV (1488-1513), Jacques V (1513-1542), Marie Iᵉʳᵉ* Stuart (1542-1567). Jacques VI (en Écosse), fils de Marie Iᵉʳᵉ Stuart, fut reconnu roi d'Angleterre à la mort d'Élisabeth Iᵉʳᵉ*, sous le nom de Jacques Iᵉʳ* (1603). Les Stuarts qui régnèrent sur la Grande-Bretagne furent Jacques Iᵉʳ* (1603-1625), Charles Iᵉʳ* (1625-1649), Charles II* (1660-1685),

Jacques II* (1685-1688), Marie II (1689-1694), Anne (1702-1704). Après la révolution de 1688 et la déposition de Jacques II, la couronne passa à la fille de ce dernier, Marie, qui épousa Guillaume d'Orange (Guillaume III*). Voir Révolution d'Angleterre (Seconde).

STUKA. Mot allemand, abréviation de Sturz-Kampfflugzeng, c'est-à-dire « avion de combat en piqué ». Le Stuka fut un bombardier allemand d'attaque, utilisé pendant la Seconde Guerre* mondiale et destiné en particulier à couvrir les opérations de chars de combat. Pas très rapide (390 km/h) mais très maniable et très précis, il joua un rôle décisif dans les campagnes de Pologne* (1939) et de France* (1940) avec ses trois bombes de 250 kg.

STUPA ou **STOUPA**. Monument typique de l'architecture religieuse bouddhique. Construction en pierre, il a la forme d'une demi-sphère. À l'origine, les premiers stupa furent construits pour abriter les cendres du Bouddha*. Plus tard, ils servirent à préserver les reliques ou les cendres des saints du bouddhisme*. En Inde*, le plus célèbre stupa est celui de Sanchi (aujourd'hui dans le Madhya Pradesh) situé dans le centre du pays. On en trouve aussi dans tous les pays de l'Asie du Sud-Est touchés par le bouddhisme. Voir Barabudur.

STURM UND DRANG (*Tempête et Élan*, titre d'une tragédie de F. M. von Klinger). Nom donné au mouvement préromantique allemand (1770-1790) qui se constitua par réaction contre le rationalisme du siècle des Lumières (*Aufklärung*) et les règles du classicisme*. Hostiles à toute contrainte sociale, patriotes voire nationalistes, les poètes du mouvement comptèrent parmi eux le jeune Goethe* et Schiller*. Voir Romantisme.

STURZO, Luigi (Caltagirone, Sicile, 1871-Rome, 1959). Homme politique et sociologue italien. Prêtre sicilien, maire de Caltagirone, il fonda en 1919 le Parti populaire italien après que Benoît XV* eut autorisé les catholiques* italiens à participer à la vie politique. Adversaire du fascisme*, il s'exila à l'étranger à partir de 1924 et revint en Italie en 1946 où il contribua à la création du parti de la Démocratie* chrétienne. Voir Nitti (Francesco), Turati (Filippo).

SUÁREZ, Adolfo (Cebreros, province d'Avila, 1932-). Homme politique espagnol. Il fut Premier ministre de la coalition centriste de 1976 à 1981. Son gouvernement accéléra la mise en place des institutions démocratiques par la promulgation en 1978 de la Constitution, mais se heurta aux attentats terroristes des extrémistes basques et à la récession économique. Il démissionna en 1981. Voir González (Felipe), Juan Carlos.

SUCCESSION D'ESPAGNE (Guerre de, 1701-1714). Guerre européenne qui eut pour cause principale l'accession au trône d'Espagne de Philippe d'Anjou (Philippe V*), petit-fils de Louis XIV*, que Charles II de Habsbourg, sans descendance, avait choisi par testament pour lui succéder. Le roi de France accepta le testament qui englobait toutes les possessions espagnoles mais refusa de retirer à Philippe ses droits de succession à la couronne de France (1701). L'ouverture de l'empire colonial espagnol au commerce français souleva l'opposition de Guillaume III* d'Orange, roi d'Angleterre, qui forma une vaste coalition réunissant l'Angleterre, l'Empire, la Hollande, la plupart des princes allemands et plus tard le Portugal et la Savoie. Après une brève période de succès (1701-1703), la France et l'Espagne essuyèrent de graves défaites. L'archiduc Charles, fils de l'empereur Léopold Ier*, détrôna Philippe V (1706) et se fit proclamer roi d'Espagne tandis que l'actuelle Belgique et le nord de la France étaient envahis. Après l'échec des pourparlers de paix engagés par Louis XIV, la France fit un ultime effort, se sauvant de l'invasion par les batailles de Malplaquet (1709) et de Denain (1712). La mort du jeune empereur Joseph Ier et l'arrivée de l'archiduc Charles sur le trône impérial (1711) précipitèrent la fin du conflit, les puissances européennes craignant la reconstitution de l'empire de Charles* Quint par l'union des couronnes d'Espagne et d'Autriche, Philippe V retrouvant son trône après la victoire de Villaviciosa (1710). La guerre se conclut par les traités d'Utrecht* (1713-1715) et de Rastadt* (1714). L'Espagne, qui passait aux Bourbons*, ne joua plus de rôle international important et les tentatives d'hégémonie européenne de Louis XIV furent définitivement brisées. Voir Eugène de Savoie-Carignan, Marlborough (Ier duc de), Vendôme (Louis de), Villars (Maréchal de).

SUCCESSION DE POLOGNE (Guerre de, 1733-1738). Elle eut pour origine la vacance du trône de Pologne à la mort d'Auguste II*. L'Autriche et la Russie soutinrent la candidature de son fils Auguste III* de Saxe, la France et ses alliés celle de Stanislas* Leszczinski (beau-père de Louis XV*) élu par la diète de Varsovie. Cette guerre opposa la France, alliée de l'Espagne, de la Sardaigne et de la Bavière, à la Russie, l'Autriche et à la Saxe. Stanislas fut chassé du trône dès 1734 – consécration de la tutelle de la Russie sur la Pologne – mais la guerre continua encore sur le Rhin et en Italie où les Sardes et les Espagnols espéraient acquérir des territoires. Les négociations entreprises dès 1735 par le ministre français Fleury* qui ne souhaitait pas inquiéter l'Angleterre aboutirent au traité de Vienne (1738) qui procéda à un vaste échange de trônes. Stanislas renonçait à la couronne polonaise au profit d'Auguste III, mais recevait à titre viager les duchés de Lorraine et de Bar qui devaient, à sa mort, revenir à la France. Don Carlos, fils de Philippe V* d'Espagne, obtenait Naples* et la Sicile, et François de Lorraine, mari de Marie-Thérèse* d'Autriche, la Toscane.

SUCCESSION D'AUTRICHE (Guerre de, 1740-1748). Conflit européen qui éclata à la mort de l'empereur Charles VI* qui, en vertu de la Pragmatique* Sanction de 1713, laissait son trône à Marie-Thérèse*, sa fille aînée. Les droits de cette dernière furent contestés par de nombreux princes, parmi lesquels l'électeur de Bavière, le roi Philippe V* d'Espagne et surtout Frédéric II* de Prusse. En France, la pression d'une opinion traditionnellement anti-autrichienne, menée par le maréchal de Belle-Isle, poussa le ministre Fleury* à entrer dans la coalition, tandis que Marie-Thérèse s'alliait avec l'Angleterre et les Pays-Bas. Frédéric II ouvrit les hostilités en envahissant la Silésie (1740-1741), tandis que Charles-Albert de Bavière, soutenu par la France, se faisait élire empereur sous le nom de Charles VII (1742). Marie-Thérèse fit énergiquement face à ses nombreux adversaires. Elle accorda la Silésie à la Prusse* (1742), écartant momentanément sa menace, reconquit la Bohême et occupa la Bavière (1743), obligeant Charles-Albert à négocier et faisant élire son mari, François de Lorraine* empereur (François Ier) à Francfort. La France se retrouva seule face à l'Angleterre. Grâce à la victoire du maréchal de Saxe* à Fontenoy* (1745), la France occupa les Pays-Bas autrichiens puis envahit les Provinces-Unies (1747-1748). À la paix d'Aix-la-Chapelle* (1748), la Pragmatique Sanction était reconnue, Marie-Thérèse conservait l'intégralité de ses territoires, sauf la Silésie, conservée par la Prusse. La France, malgré son avantage, avait restitué toutes ses conquêtes. Cette paix n'avait réglé ni l'antagonisme austro-prussien, ni l'antagonisme anglo-français, ce qui devait conduite à la guerre de Sept Ans 1756-1763). Voir Versailles (Traité de).

SUCCESSION DE BAVIÈRE (Guerre de, 1778-1779). Guerre qui opposa la Prusse* à l'Autriche après la crise de succession ouverte lors de la mort, sans héritier, de l'électeur de Bavière Maximilien III. Candidat à l'héritage, l'électeur palatin avait dû laisser à l'Autriche la Basse Bavière et une partie du Haut Palatinat. Soucieux de combattre l'hégémonie autrichienne en Allemagne, Frédéric II* de Prusse intervint. Marie-Thérèse* dut signer la paix de Teschen : l'Autriche reçut le district de l'Inn et un petit territoire bavarois, mais dut renoncer à la succession de Bavière.

SUCRE, Antonio José (Cumanā, 1795-Berruecos, Colombie, 1830). Général vénézuélien, il fut l'une des grandes figures des mouvements de libération de l'Amérique espagnole. Il servit sous les ordres de Miranda* puis de Bolívar* dans la lutte pour l'indépendance du Venezuela. Commandant des troupes colombiennes envoyées en Équateur, il libéra ce pays (1821) puis remporta la bataille décisive d'Ayacucho* (1824), triomphant des dernières forces espagnoles organisées en Amérique du Sud. Élu président à vie de la Bolivie (Haut-Pérou), il démissionna deux ans plus tard (1828). Il défendit la Colombie contre le Pérou, puis fut assassiné alors qu'il se rendait à Quito, en Équateur. Voir Indépendance de l'Amérique latine (Guerre d').

SUDÈTES. Nom donné entre les deux guerres mondiales à la population allemande de Tchécoslovaquie (environ 3,2 millions d'habitants, 20 % de la population tchèque) installée sur le pourtour de la Bohême, région industrielle en plein essor. Les Sudètes qui revendiquaient leur rattachement à l'Allemagne depuis 1919 servirent de prétexte à l'intervention de Hitler*. En 1938, le parti pro-nazi, le Parti allemand des Sudètes, créé en 1933 et dirigé par Konrad Henlein, réclama tout d'abord une autonomie complète de la région, refusée par Prague puis, soutenu par Hitler, le rattachement à l'Allemagne. Le président Benes*, confronté aux exigences allemandes et poussé par la France et la Grande-Bretagne, se déclara prêt à négocier mais décida une mobilisation partielle (mai 1938), conforté par le pacte défensif qu'il avait signé avec la France (Petite-Entente*). Afin d'éviter la guerre qui semblait imminente après l'ultimatum lancé par Hitler (26 septembre 1938), se tint la conférence de Munich* (29-30 septembre 1938). La France et l'Angleterre, qui souhaitaient préserver la paix, abandonnèrent le gouvernement de Prague et acceptèrent l'annexion des Sudètes par l'Allemagne, suivie de l'occupation de la Bohême et de la Moravie (15 mars 1939). Après les accords de Potsdam* (1945), cette région fut restituée à la Tchécoslovaquie qui transféra vers l'Allemagne la population d'origine allemande.

SŪDRA ou **CUDRA**. Nom donné dans l'ancienne société indienne à la dernière des castes* héréditaires de l'Inde*, après celles des brahmanes*, des Kshatriya* et des Vaiçya*. Caste des serviteurs (la plus nombreuse), elle groupait les populations vaincues par les Aryens. Les Sudra, considérés comme impurs, ne pouvaient participer au culte de l'ancienne religion de l'Inde : le brahmanisme*. Voir Intouchables.

SUÉTONE (v. 70-v. 128 ap. J.-C.) Historien latin, issu de l'ordre équestre*, secrétaire *ab epistolis* (chargé de la correspondance impériale) d'Hadrien* puis disgracié en 121-122 ap. J.-C. Utilisant les archives du Palatin*, il écrivit divers ouvrages, le plus célèbre étant ses *Vies des douze Césars* (de César* à Hadrien*). Biographies remplies d'anecdotes sans analyse critique, ce livre donne néanmoins de précieux renseignements sur l'exercice du pouvoir dans la Rome* impériale.

SUEZ (Canal de). Canal maritime situé en Égypte et reliant, de Suez à Port-Saïd, la Méditerranée orientale à la mer Rouge. Réalisé entre 1859 et 1869 sous la direction de Ferdinand de Lesseps*, avec l'accord du pacha d'Égypte*, il fut inauguré par l'impératrice Eugénie*, épouse de Napoléon III*. Après avoir, en 1875, acheté les titres du pacha Isma'il*, la Grande-Bretagne devint le principal actionnaire de la compagnie et occupa militairement l'Égypte (1882), afin de préserver la route des Indes (de là vint la mainmise de Londres sur l'Égypte). Dotée d'un statut international en 1888, la compagnie du canal fut nationalisée en 1956 par Nasser*, ce qui provoqua l'intervention militaire de la France, de la Grande-Bretange et d'Israël que firent cesser les États-Unis et l'URSS. Après la guerre des Six-Jours* (juin 1967), la navigation sur le canal fut interdite jusqu'en 1975. Voir Israélo-arabe (Deuxième guerre).

SUEZ (Crise de, 1956). Voir Israélo-arabe (Deuxième guerre).

SUFFRAGETTES. Nom donné aux Anglaises qui militèrent pour obtenir le suffrage universel. Combattues par Gladstone* et la reine Victoria*, mais brillamment défendues par l'économiste Stuart Mill*, les suffragettes obtinrent satisfaction : en 1918, le droit de vote fut donné aux femmes à partir de 30 ans puis à partir de 21 ans en 1928. Un même mouvement de suffragettes se développa aux États-Unis, qui accordèrent le droit de vote aux femmes en 1920. Le droit ne fut accordé en France qu'en 1944.

SUFFREN DE SAINT-TROPEZ, Pierre André de, dit **le bailli de SUFFREN** (château de Saint-Cannat, près d'Aix-en-Provence, 1729-Paris, 1788). Amiral français, il s'illustra lors de la guerre d'Indépendance* américaine (1775-1782). Chevalier, commandeur puis bailli dans l'ordre de Malte*, il devint capitaine de vaisseau dans la marine royale en 1754 et se distingua dans la guerre d'Indépendance, faisant subir de graves dommages à la flotte anglaise à Porto Praya (île du Cap-Vert), puis guerroya dans les mers de l'Inde (golfe du Bengale). Rentré en France après le traité de Versailles* (1783), il fut nommé vice-amiral, puis trouva la mort dans un duel.

SUGER (Saint-Denis ou Argenteuil, v. 1081-Saint-Denis, 1151). Moine français. Conseiller des rois de France Louis VI* et Louis VII* et abbé de Saint-Denis, il fut un grand défenseur de l'autorité monarchique. Élevé par les moines de l'abbaye de Saint-Denis* en compagnie du futur Louis VI, il assura la régence lors du départ de Louis VII pour la deuxième croisade* (1147-1149). Il fit reconstruire l'abbaye de Saint-Denis (1144), premier grand monument de l'art gothique* et écrivit en latin plusieurs ouvrages, notamment une *Histoire de Louis le Gros*.

SUI ou **SOUEI** (Dynastie). Dynastie impériale qui régna sur la Chine de 581 à 618. Elle restaura, après trois siècles de morcellement, l'unité de la Chine et son hégémonie en Asie centrale contre les royaumes turcs. Le règne des Sui fut marqué par une œuvre administrative et économique importante. Voir Tang (Dynastie).

SUKARNO ou **SOEKARNO** (Surabaya, Java, 1901-Jakarta, 1970). Homme politique indonésien. Il fut, après l'indépendance, le premier président de la République indonésienne (1945-1966). Fils d'instituteurs, il fit des études d'ingénieur à Bandung* où il milita dans le mouvement nationaliste contre les Hollandais. En 1927, il fonda le Parti national indonésien et fut, à plusieurs reprises, emprisonné puis exilé à Sumatra pendant neuf ans. Libéré par les Japonais qui occupaient l'Indonésie lors la Seconde Guerre* mondiale, Sukarno proclama en 1945 l'indépendance de son pays, reconnue en 1949 par les Pays-Bas. Devenu président de la République, Sukarno institua à partir de 1959 un régime de « démocratie dirigée », donnant au président des pouvoirs quasi illimités. À l'extérieur, il participa à la conférence de Bandung* (1955) et tenta de s'imposer

comme le chef de file de l'Asie du Sud-Est révolutionnaire. Après un putsch manqué des communistes, il fut renversé par l'armée du général Suharto en 1966 et placé, jusqu'à sa mort, en résidence surveillée.

SULEYMAN Ier. Voir Soliman Ier.

SULLY, Maximilien de Béthune, baron puis marquis de Rosny, duc de (Rosny-sur-Seine, 1559-Villebon, 1641). Homme politique français. Fidèle conseiller d'Henri IV*, il fut chargé de restaurer les finances et l'économie de la France ruinée par les guerres de Religion*. Né dans une famille protestante, engagé à 17 ans dans l'armée d'Henri de Navarre (Henri IV), il exerça d'abord ses talents d'ingénieur militaire et fut grièvement blessé à la bataille d'Ivry (1590). Surintendant des finances (1598), il pratiqua une politique d'économies rigoureuse qui permit le rétablissement de l'équilibre financier. Afin de relancer l'économie, il s'attacha à développer en priorité l'agriculture (« labourage et pastourage sont les deux mamelles dont la France est alimentée »), en améliorant les voies de communication (construction du canal de Briare), en réduisant les tailles* et les abus seigneuriaux et en soutenant les efforts de l'agronome Olivier de Serres* pour l'élevage des vers à soie. Écarté du pouvoir à la mort d'Henri IV, il encouragea les protestants* à l'obéissance, ce qui lui valut d'être fait maréchal* de France (1634). Sully a laissé des Mémoires sous le titre *Économies royales* (1638). Voir Marie de Médicis, Paulette (Édit de la).

SUMER. Ancienne région située en Basse-Mésopotamie. C'est là que les Sumériens* fondèrent la première grande civilisation du Proche-Orient.

SUMÉRIENS. Peuple installé aux IVe et IIIe millénaires av. J.-C. en Basse-Mésopotamie, il a créé la première grande civilisation du Proche-Orient*. Agriculteurs et commerçants, les Sumériens se sont organisés en cités dominant chacune un petit territoire. Ces cités, à la tête desquelles se succédaient des dynasties royales, ont été souvent en guerre les unes contre les autres. Les plus importantes étaient Our*, Ourouk* et Lagash*. Soumis aux Akkadiens*, puis aux Goutis* pendant deux siècles, les Sumériens dominèrent à nouveau la région à partir de 2150 av. J.-C. Mais vers 2000 av. J.-C., ils furent définitivement soumis aux envahisseurs sémites*. La civilisation sumérienne influença toute la Mésopotamie*. Les Sumériens ont répandu les techniques de l'agriculture irriguée. Observant le phénomène des marées de l'océan Indien, ils ont découvert l'astrologie mais aussi la géométrie pour délimiter les propriétés et le calcul pour mesurer les récoltes. Ils ont donné à la Mésopotamie des dieux adorés par leurs successeurs (Anou* et Inanna*) et inventé l'architecture de la ziggourat*. Enfin et surtout, ils ont été les inventeurs de l'écriture cunéiforme*. Voir Assyriens, Babyloniens, Bronze (Âge du).

SUN YAT-SEN (Xiangshan, Guangdong, 1866-Pékin, 1925). Homme politique chinois. Il fonda le parti nationaliste, le Guomindang*. Après des études de médecine à Hong Kong où il se convertit au christianisme*, il se lança à partir de 1894 dans l'action révolutionnaire et fonda la Société pour la régénération de la Chine, devenue en 1905 la Ligue jurée avant de se transformer en un véritable parti politique, le Guomindang (1912) dont le programme se résumait dans les « Trois principes du peuple » : nationalisme, démocratie, socialisme*. Après plusieurs échecs suivis d'exils, il fit proclamer, à la faveur de la révolution de 1911, la République à Nankin dont il devint le président (1912) mais, sans forces militaires, dut s'effacer devant Yuan* Shikai qui obtint l'abdication du dernier empereur mandchou. Exilé au Japon (1921), Sun Yat-sen se tourna vers la Russie soviétique, l'Occident lui ayant refusé toute aide financière et réalisa l'al-

liance entre le Guomindang et le Parti communiste* chinois (1923-1924). Mort avant d'avoir pu assister au succès de l'expédition révolutionnaire vers le nord (1926-1927), Sun Yat-sen fut considéré en Chine comme le « Père de la République » et le « pionnier de la révolution ». Voir Mao Zedong.

SUNNA. Ensemble des obligations traditionnelles imposées aux musulmans et tirées des actes et paroles de Mahomet*. Certaines obligations sont purement religieuses mais d'autres concernent la justice, la famille, le calendrier ou l'alimentation. La Sunna est contenue dans les *Hadith*, récits relatifs à la vie du Prophète*. Elle est considérée par les croyants comme le complément du Coran*. Les sunnites*, musulmans orthodoxes, se conforment à la Sunna (d'où leur nom) et affirment ainsi suivre l'exemple du Prophète. Voir Islam.

SUNNISME. Nom donné à l'une des principales branches de l'islam*. Le sunnisme s'oppose au chi'isme* sur la question de la succession de Mahomet*. Il représente le courant majoritaire de l'islam. Voir Chi'ites, Sunnites.

SUNNITES. Nom donné dans l'islam* aux musulmans orthodoxes opposés aux chi'ites* sur la question de la succession de Mahomet*. Dès l'origine, les sunnites acceptèrent comme héritiers de Mahomet les quatre premiers califes* puis les Omeyyades* et les Abbassides*. Les chi'ites, au contraire, ne reconnaissent qu'Ali* et ses descendants pour successeurs légitimes du Prophète. Les sunnites représentent la majorité religieuse dans la plupart des pays musulmans. Leur nom vient de Sunna*, ensemble des obligations traditionnelles tirées des actes et paroles de Mahomet. Voir Sunnisme.

SUPRÉMATIE (Acte de, 1534). Acte par lequel le roi d'Angleterre Henri VIII* devenait « chef unique et suprême de l'Église d'Angleterre ». Cet acte consacra le chisme entre l'Angleterre et la papauté. Abrogé par Marie Iᵉʳᵉ* Tudor, il fut rétabli par Élisabeth Iᵉʳᵉ* en 1559. Tous les ecclésiastiques, les membres du Parlement*, les fonctionnaires devaient prêter un « serment de suprématie », ce qui excluait des responsabilités politiques et de la fonction publique les catholiques* et les protestants* radicaux. Ce serment de suprématie fut supprimé en 1867. Voir Anglicanisme.

SURRÉALISME. Nom donné au mouvement littéraire et artistique qui se constitua en France aux lendemains de la Première Guerre* mondiale. Le surréalisme se fondait sur un rejet systématique de toutes les constructions logiques de l'esprit, leur opposant les valeurs de l'irrationnel, de l'absurde, du rêve, du désir et de la révolte. Le mouvement, annoncé par Guillaume Apolnaire* et qui succéda au dadaïsme, fut défini par André Breton* (*Manifeste du surréalisme*, 1924). Parmi les écrivains et artistes surréalistes, on peut notamment citer des poètes (Paul Éluard*, Philippe Souault, Robert Desnos), des peintres (Max Ernst*, Salvador Dalí*, René Magritte, Juan Miró), des photographes (Man Ray) et des cinéastes (Luis Buñuel*).

SUSE. Ancienne ville située au sud-ouest de l'Iran. Occupée dès le IVᵉ millénaire av. J.-C., elle fut d'abord la capitale du royaume de l'Élam*. Prise et ravagée par Assourbanipal* vers 640 av. J.-C., elle devint ensuite la capitale et la résidence des empereurs achéménides* à partir de Darius Iᵉʳ*. Une route royale longue d'environ 2 000 km la reliait à Babylone* et à Sardes*. Incendié au Vᵉ siècle av. J.-C., le palais de Suse fut reconstruit, puis abandonné après la conquête d'Alexandre III* le Grand. La ville restaurée restera encore puissante bien après la conquête arabe. Des fouilles archéologiques ont été entreprises depuis la fin du XIXᵉ siècle. Les principaux objets découverts, qui proviennent en partie des ruines du palais de Darius Iᵉʳ frises, dont celle des archers en brique émaillée, stèles dont celle du Code d'Hammourabi*, vases), sont aujourd'hui exposés au musée du Louvre*. Voir Ecbatane, Persépolis.

SUSPECTS (Loi des, 17 septembre 1793). Lors de la Révolution* française, loi votée par la Convention* nationale, sur proposition de Merlin de Douai et de Cambacérès*. Cette loi ordonnait l'arrestation de tous les ennemis de la Révolution (nobles, parents d'émigrés*, fonctionnaires destitués, officiers suspects de trahison, et accapareurs) avoués ou présumés. L'exécution de cette loi, dont le contenu fut encore durci en 1794, et les arrestations furent confiées aux comités de surveillance et non aux autorités légales. Instrument de la Terreur*, cette loi provoqua l'emprisonnement d'environ 300 000 personnes. Elle fut supprimée en octobre 1795.

SUZERAIN. Dans la hiérarchie féodovassalique, le suzerain est le seigneur d'un seigneur, un seigneur au second degré ou plus : il a concédé un fief* à un vassal*, qui lui-même – comme seigneur – a concédé un fief à un arrière-vassal. Il est donc le suzerain de cet arrière-vassal et le seigneur du vassal. À partir du XIIᵉ siècle, notamment sous l'influence de Suger*, le terme tendit à désigner par excellence la personne au sommet de la pyramide féodale, le roi : on considère que ce dernier est le seigneur des grands princes territoriaux (ducs*, comtes*) et le suzerain de tous leurs vassaux et arrière-vassaux. Voir Droit féodal, Féodalité, Hommage, Seigneurie.

SVOBODA, Ludvik (Hroznatin, Moravie, 1895-Prague, 1979). Général et homme politique tchécoslovaque. Réfugié en URSS en 1940, il organisa les brigades tchécoslovaques qui contribuèrent à la libération du pays en 1945. Ministre de la Défense après la guerre, il soutint la prise du pouvoir par les communistes en 1948 (« coup de Prague* »). Victime des épurations en 1951 puis réhabilité, il devint président de la République (1968-1975). En 1968, il soutint d'abord Dubcek* lors de l'intervention des troupes du Pacte de Varsovie* en Tchécoslovaquie puis accepta la « normalisation ». Gustav Husak* lui succéda. Voir Prague (Printemps de).

SWIFT, Jonathan (Dublin, 1667-*id.*, 1745). Écrivain irlandais. L'œuvre de Swift, par sa lucidité, a donné à la satire la force du génie. Secrétaire d'un diplomate anglais puis membre du clergé anglican (1694), il prit une part active dans les luttes littéraires – prenant notamment parti pour les Modernes contre les Anciens (*La Bataille des livres*, 1704), les luttes religieuses (*Le Conte du tonneau*, 1704) et défendit les droits du peuple irlandais (*Lettres de M. B., drapier*, 1724). Il fut surtout rendu célèbre par *Les Voyages de Gulliver* (1726), violente satire de la société anglaise et de la civilisation de son époque, écrite sous la forme de récits d'aventures imaginaires où se mêlent le fantastique et l'insolite. Cette œuvre devint paradoxalement l'un des titres les plus célèbres de la littérature enfantine.

SYBARIS. Ancienne ville de l'Italie du Sud située sur le golfe de Tarente*. Fondée au VIIIᵉ siècle av. J.-C. par les Achéens*, elle était dans l'Antiquité l'une des plus grandes cités de Grande-Grèce* et connut son apogée au VIᵉ siècle av. J.-C. Grande ville commerçante, elle fut célèbre pour son luxe et ses mœurs très libres. La ville fut prise et dévastée par Crotone* en 510 av. J.-C. Non loin d'elle, les Athéniens fondèrent Thourioi en 444 av. J.-C.

SYLLA (138-Cumes, 78 av. J.-C.). Général et homme politique romain. Il s'opposa farouchement au parti populaire soutenu par les partisans de Marius* et s'attacha à rétablir l'autorité du Sénat* mise à mal pendant la période gracchienne. Patricien* sans grande fortune, épris d'hellénisme*, de littérature et d'art, Sylla vint tardivement à la politique. Légat* de Marius en Afrique, il réussit à se faire livrer le re-

doutable Jugurtha* (105 av. J.-C.), ce qui attira l'attention sur lui mais lui valut la jalousie de Marius. Consul en 88 av. J.-C., il mit fin à la guerre* sociale et reçut du Sénat un *imperium** proconsulaire pour combattre Mithridate*, roi du Pont*. Mais, dépossédé de son commandement par Marius, Sylla marcha sur Rome* à la tête de son armée, provoquant la fuite de Marius. Après avoir vaincu Mithridate en Grèce* et en Asie* Mineure, il écrasa les partisans de Marius (mort en 86 av. J.-C.) et se rendit maître de Rome (82 av. J.-C.) où il dressa la liste de proscriptions (citoyens mis hors la loi ; n'importe qui avait le droit de les tuer, leur tête était exposée sur le Forum*, leur cadavre privé de sépulture et leurs biens étaient confisqués ou vendus). Élu dictateur* sans limite de durée, innovation dans la République*, il se fit donner le titre de *Felix* (« Heureux »), soulignant ainsi les faveurs particulières que lui accordaient les dieux (notamment Vénus*) et modifia les institutions au profit de la noblesse en enlevant le monopole de certains tribunaux à l'ordre équestre*, en limitant les pouvoirs des tribuns* de la plèbe, des consuls* et des préteurs* et en augmentant à 600 le nombre des sénateurs. Mais en 79 av. J.-C., d'une manière tout à fait inattendue, il abdiqua, laissant ses pouvoirs au Sénat et se retira à Cumes* où il mourut l'année suivante.

SYNAGOGUE. 1) Lieu de réunion et de prières pour les juifs* dirigé par un rabbin*. 2) Dans l'Antiquité, après la destruction du Temple de Salomon* (en 70 ap. J.-C.) et la dispersion des juifs, édifice qui servait à une communauté juive de lieu de prière et de réunion mais aussi de centre d'enseignement religieux. Voir Diaspora, Talmud, Torah.

SYRACUSE. Ville et port de la côte est de la Sicile. Fondée au VIIIᵉ siècle av. J.-C. par Corinthe*, elle devint la plus puissante cité de l'île au Vᵉ siècle av. J.-C. Alliée de Rome* pendant la première guerre Puni-

ue* (264-241 av. J.-C.), elle contribua à
à victoire finale, et c'est sous le roi Hié-
on II (265-215) qu'elle connut son dernier
ge d'or. Après sa mort, Syracuse s'allia à
'arthage* et fut assiégée puis mise à sac
ar Rome (213-211 av. J.-C.). Elle devint
ar la suite la capitale de la province ro-
naine de Sicile. La ville a conservé
usqu'à nos jours des vestiges de l'Anti-
uité, en particulier un théâtre datant du Ve
iècle av. J.-C., et remanié au IIIe siècle av.
.-C., l'un des plus grands et des mieux
onservés du monde antique (134 m de
iamètre). Voir Denys l'Ancien, Denys le
eune, Gélon, Grande-Grèce, Hiéron, Pé-
oponnèse (Guerre du).

YRIE. Nom donné dans l'Antiquité à
ne région de l'Asie occidentale qui
'étendait de la côte orientale de la Médi-
rranée jusqu'à l'Euphrate à l'époque de
a plus grande extension. Seule voie de
assage entre l'Égypte* et la Mésopota-
ie*, la Syrie fut une région très convoi-
:e. Occupée par une population en majo-
té sémite*, elle fut successivement
ominée par les Égyptiens, les Hittites*,
les Hébreux*, les Philistins*, et les Perses*
jusqu'à la conquête d'Alexandre III* le
Grand (332 av. J.-C.). Royaume hellénistique* gouverné par les Séleucides* avec
Antioche* pour capitale, la Syrie fit ensuite partie de l'Empire romain* puis byzantin*. Conquise par les Arabes* en 636
ap. J.-C., elle fut soumise à partir de 1260
aux Mamelouks* d'Égypte puis aux Ottomans* (1516). Après la dislocation de leur
empire en 1918, la Syrie fut placée sous
l'administration de la France et ne retrouva
réellement son indépendance qu'en 1946.
Elle est aujourd'hui située entre le Liban
et Israël, la Turquie, la Jordanie et l'Irak.

**SYSTÈME MONÉTAIRE EURO-
PÉEN.** Créé en 1978, entré en vigueur officiellement en 1979, le SME est destiné à
créer dans l'Union européenne une zone
de monnaies stables. L'ECU (*European
Currency Unit*), unité de compte européenne fondée sur un « panier » des monnaies des pays de l'Union, est l'élément
central du système. Voir Maastricht
(Traité de).

T

T'IEN-TSIN ou **TIANJIN** (Traités de, 1858). Traités imposés à la Chine, qui renforcèrent considérablement la puissance occidentale dans ce pays. Signés à T'iensin, aujourd'hui principal port de la Chine du Nord, ils accordaient aux Anglais, Français, Russes et Américains l'ouverture de onze nouveaux ports chinois au commerce étranger. Le gouvernement chinois n'ayant pas respecté ces traités, un corps expéditionnaire franco-britannique occupa T'ien-tsin et entra à Pekin (1860) où le palais d'été fut incendié. Voir Opium (Guerre de l').

T'IEN-TSIN ou **TIANJIN** (Traité de, 1885). Traité franco-chinois par lequel la Chine reconnaissait le protectorat français sur l'Annam* et le Tonkin*. Voir Indochine.

TABARI, Muhammad Ibn Djarir al- Amol, Māzandarān, v. 839-Bagdad, 923). Historien et théologien arabe. Il passa une grande partie de sa vie à Bagdad*. Il est l'auteur des *Chroniques des prophètes et des rois*, une histoire universelle, en arabe, de la Création jusqu'en 915, ouvrage célèbre notamment par ses précisions historiques, couvrant la période du VIe au Xe siècle.

TABERNACLE. 1) Tente qui servit de temple au culte des Hébreux* durant l'Exode*. On y déposait l'Arche* d'Alliance et les objets sacrés comme le chandelier* d'or à sept branches. 2) Dans la religion catholique*, petite armoire fermée à clef placée au milieu de l'autel et qui contient le Saint-Sacrement (c'est-à-dire les hosties* consacrées) dans un ciboire. Voir Fêtes chrétiennes, Fêtes juives, Judaïsme.

TABERNACLES ou **TENTES** (Fêtes des). Voir Fêtes juives.

TABLE RONDE (Chevaliers de la). Compagnons du légendaire roi de (Grande-) Bretagne Arthur* qui, pour éviter toute querelle de préséance, se réunissaient autour d'une table ronde où chacun avait sa place marquée. S'inspirant des légendes celtiques du roi Arthur et de la quête du Graal, les romans de la Table ronde se développèrent en France au XIIe siècle. Voir Chrétien de Troyes.

TABLES DE LA LOI. Nom donné aux Dix* Commandements gravés sur deux tables de pierre et imposés, selon la Bible*, par Yahvé*, le Dieu des Hébreux*, à Moïse*. Voir Arche d'Alliance.

TACITE (v. 55-v. 120 ap. J.-C.). Historien latin originaire de Gaule Narbonnaise. Il fit d'abord une carrière politique jusqu'au proconsulat en Asie (vers 110-113 ap. J.-C.) avant de se consacrer à l'histoire. Il écrivit le *Dialogue des orateurs*, la *Vie d'Agricola* (panégyrique de son beau-père, gouverneur de la province* de Bretagne), *La Germanie*, mais ses deux grands ouvrages historiques furent les *Histoires* et les *Annales*. Le premier (dont il ne reste que quatre livres), décrivait l'Empire* de 68 à 96 ap. J.-C. (de la mort de

Néron* jusqu'à la chute de Domitien*) et le second (dont on ne possède également qu'une partie) fut consacré à la période qui suivit la mort d'Auguste*. Historien et moraliste, Tacite porta sur son époque un jugement sévère. Voir Proconsul.

TADJ MAHALL. Mausolée érigé (1631-1641) à Āgrā, dans l'Inde* gangétique par l'empereur moghol Chah Djahan pour son épouse favorite. Élevé dans un jardin, le monument, en marbre blanc, est abondamment enrichi d'incrustations de pierres semi-précieuses multicolores. Entouré d'une enceinte, il abrite aussi une mosquée*. Sa construction, à laquelle travaillèrent plus de 20 000 ouvriers, témoigne de l'influence de l'architecture persane. Ce monument est considéré comme l'un des chefs-d'œuvre de l'art moghol.

TAILLE. En France, à partir du XIVᵉ siècle et sous l'Ancien* Régime, impôt direct payé par les roturiers (et notamment les paysans), la noblesse* et le clergé en étant dispensés. La taille fut d'abord exigée du seigneur pour prix de sa protection (taille seigneuriale, XIᵉ-XIIIᵉ siècle). À partir de 1439, elle devint un impôt royal permanent et annuel destiné à entretenir l'armée. La taille était calculée en fonction des biens et des revenus présumés d'une personne (taille personnelle) ou en fonction des terres que cette personne possédait (taille réelle). Impôt injuste, différent selon les provinces et de plus en plus lourd, la taille était mal supportée et ses collecteurs haïs. Sa suppression fut demandée en priorité dans les cahiers* de doléances en 1789. Voir Aides, Ferme générale, Révolution française, Seigneurie.

TAINE, Hippolyte (Vouziers, 1828-Paris, 1893). Philosophe, historien et critique littéraire français. Il tenta, à travers une œuvre abondante, d'expliquer les faits historiques et la production artistique par l'influence de la race, du milieu (géographique et social) et du temps (évolution historique). On lui doit notamment : *Essai sur les fables de La Fontaine* (1853), *Essai de critique et d'histoire* (1858), *Histoire de la littérature anglaise* (1864), *Origines de la France contemporaine* (1875-1894).

TAIPING ou **T'AI-P'ING.** Mouvement politique et religieux chinois qui agita la Chine de 1851 à 1864. Les Taiping (ou « Grande Paix ») souhaitaient restaurer la grandeur de la Chine alors en pleine décadence. Le mouvement, où se mêlaient des éléments de traditions populaires anciennes et de nombreux emprunts chrétiens, fut fondé par Hong Xiuquan (1814-1864). Se considérant comme le frère cadet du Christ* et le fils de Dieu, il prit le titre d'empereur céleste de la Grande Paix (1851). Très hostile aux étrangers et à la dynastie mandchoue des Qing*, il provoqua, appuyé par les sociétés secrètes, une grande révolte des populations du sud de la Chine, enthousiasmées par son message mystique et collectiviste. Après quelques succès, les insurgés établirent leur capitale à Nankin (1853). Cependant, leurs violences et leurs actes de pillage, menaces pour le commerce étranger, décidèrent les Occidentaux à intervenir en faveur des Mandchous et la rébellion des Taiping fut bientôt anéantie. Leur révolte avait encore davantage affaibli la dynastie chinoise qui devint ainsi une proie facile pour les Occidentaux. Voir Boxers, Pavillons noirs.

TAISHO TENNO, Yoshihito dit (Tokyo, 1879-Hayama, 1926). Empereur du Japon (1912-1926). Troisième fils et successeur de l'empereur Meiji*, son règne fut marqué par le renforcement industriel et militaire du Japon et sa participation, aux côtés des Alliés, à la Première Guerre* mondiale.

TAIWAN ou **T'AI-WAN** (ancienne Formose). État insulaire de l'Asie orientale situé à 150 km au sud-est de la Chine continentale. Colonisée par les Portugais (qui l'appelèrent « Formosa » ou « La Belle »), puis par les Hollandais, l'île fut ensuite annexée à l'Empire de Chine

1683). Conquise par les Japonais 1895-1945), puis rendue à la Chine, elle ervit après la création de la République opulaire de Chine (1949) de refuge au ouvernement du Guomindang* présidé ar Tchang Kaï-chek* (Jiang Jieshi). Entre 950 et 1971, ce gouvernement représenta a Chine au conseil de sécurité de l'ONU*, es États-Unis ne rompant leurs relations iplomatiques avec Taiwan et ne reconaissant la République populaire de Chine u'en 1979. Pendant longtemps, Taiwan a efusé « l'intégration pacifique » proposée ar la Chine populaire. Depuis une dizaine ' années, Taiwan est devenu l'un des quae « nouveaux pays industrialisés » de Asie du Sud-Est, son économie rivalisant vec celle du Japon. Aujourd'hui, l'état de uerre entre les deux pays a cessé, Pékin yant accepté en 1993 des pourparlers vec Taiwan, d'État à État. Voir Carter Jimmy), Mao Zedong, Shimonoseki Traité de).

TALLEYRAND, Charles Maurice de TALLEYRAND-PÉRIGORD (Paris, 754-*id.*, 1838). Homme politique franais. Personnalité ambiguë, admirée par es uns et décriée par les autres (« le vice ppuyé sur le crime [Fouché*] », dira de i Chateaubriand*), Talleyrand joua un le politique et surtout diplomatique exeptionnel sous différents régimes, de la évolution* au Premier Empire*. Issu 'une illustre famille de la noblesse, fils iné d'un officier supérieur, il devint boiux à la suite d'un accident d'enfance et, e pouvant entrer dans l'armée, se destina, ns vocation, à l'Église. Évêque d'Autun n 1788, Talleyrand fut élu député du lergé aux États* généraux (1789). Acquis ès le début aux idées nouvelles, il joua un le important à l'Assemblée* nationale nstituante où il fit voter la nationalisaon des biens du clergé et célébra la messe u Champ de Mars lors de la fête de la Féération* (14 juillet 1790). Chef du clergé nstitutionnel*, il fut excommunié par le

pape et rompit avec l'Église. Il commença sa longue carrière diplomatique sous l'Assemblée* législative lorsqu'il fut envoyé en mission à Londres pour tenter d'obtenir la neutralité de l'Angleterre. Mais, compromis par la découverte des papiers secrets de Louis XVI* et décrété d'arrestation à la Convention*, il séjourna en Angleterre puis aux États-Unis et ne revint en France qu'en 1796. Ministre des Relations extérieures sous le Directoire*, il conserva son poste après le coup d'État de Napoléon Bonaparte* (18 Brumaire*) qu'il avait soutenu. Talleyrand négocia les traités de Lunéville*, d'Amiens*, de Presbourg et de Tilsitt* et fut élevé aux plus hautes dignités (grand chambellan*, 1804, puis prince de Bénévent, 1806). Cependant, il s'opposa bientôt à la politique d'hégémonie en Europe décidée par Napoléon et perdit son ministère (1807). En 1809, il fut disgracié par l'Empereur pour avoir mené double jeu lors de l'entrevue d'Erfurt* (1808), poussant le tsar à s'opposer à la politique impériale. Chef du gouvernement provisoire (1814), il fit voter par le Sénat et le corps* législatif la déchéance de Napoléon et la proclamation de Louis XVIII*. Ministre des Affaires étrangères sous la première Restauration*, il joua un rôle capital lors du congrès de Vienne* (1815), en réussissant, par d'habiles intrigues, à diviser les alliés, évitant ainsi le démembrement de la France vaincue, même si l'épisode des Cent-Jours* ruina en partie ses succès diplomatiques. Premier ministre de Louis XVIII au début de la seconde Restauration (juillet 1815), il fut vite écarté du pouvoir par l'opposition des ultras* de la Chambre* introuvable et joua dans l'opposition un rôle effacé. Comme il s'était prononcé en faveur des Orléans lors de la révolution* de 1830, Louis-Philippe Ier* le nomma aussitôt ambassadeur à Londres (1830-1835), où il déploya encore, malgré son grand âge, une habileté extrême. Talleyrand mourut réconcilié avec l'Église catholique*. Ses *Mémoires* furent publiés par le duc de Broglie en 1891-1892. Voir Fouché (Joseph), France (Campagne de).

TALLIEN, Jean Lambert (Paris, 1767-*id.*, 1820). Homme politique français. D'abord montagnard* convaincu lors de la Révolution* française, puis influencé par la future Mme Tallien, il fut l'un des artisans de la chute de Robespierre*. Membre du Club des jacobins*, il participa à l'insurrection populaire du 10 août* 1792 et devint député de la Convention*. Montagnard intransigeant, il vota la mort de Louis XVI* et s'opposa à la politique des girondins*. Entré au Comité* de sûreté générale (janvier 1793), il fut envoyé à Bordeaux comme représentant* en mission pour y organiser la Terreur*. C'est là, en multipliant les exactions, qu'il s'enrichit aux dépens des suspects et rencontra, parmi les prisonniers, Thérésa Cabarrus, épouse divorcée du marquis de Fontenay dont il tomba amoureux, modérant alors la répression sous son influence. Rappelé à Paris en 1794, afin de sauver Thérésa et se sauver lui-même, il mit toute son énergie à combattre Robespierre*, contribuant de façon décisive à sa chute (27 juillet 1794). Tallien prit une part active à la réaction thermidorienne, notamment dans la répression de la tentative d'insurrection des sans-culottes* (mai 1795). Membre des Cinq-Cents*, il accompagna Bonaparte* en Égypte. Voir Convention thermidorienne, Prairial an III (Journée de), Tallien (Thérésa), Thermidor An II (Journées des 9 et 10).

TALLIEN, Thérésa CABARRUS, marquise de Fontenay, dite **Mme** (Carabanchel, Alto, près de Madrid, 1773-Chimay, 1835). Reine des Merveilleuses*, elle fut l'une des femmes les plus célèbres du Directoire*. Fille d'un banquier espagnol, elle épousa très jeune un conseiller au parlement de Bordeaux, Davis de Fontenay, dont elle divorça en 1793. Craignant le développement de la Terreur*, elle tenta d'émigrer en Espagne mais fut arrêtée et emprisonnée. Le représentant* en mission, le montagnard* Tallien*, tomba amoureux d'elle, la libéra puis, après avoir contribué à la chute de Robespierre*, l'épousa. Surnommée « Notre-Dame de Thermidor », elle devint sous le Directoire une femme célèbre, inspiratrice du retour à la mode antique. Maîtresse du riche banquier Ouvrard, divorcée de Tallien en 1802, elle se remaria en 1805 avec le comte de Caraman, futur prince de Chimay.

TALMUD. Recueil des enseignements des grands rabbins* rédigé entre le IIe siècle av J.-C. et le VIe siècle ap. J.-C. Le Talmud est l'un des ouvrages les plus importants du judaïsme*. Il est considéré comme l'interprétation authentique de la Torah*. Il aide à mettre en pratique les nombreux commandements ordonnés par Yahvé* Voir Tables de la Loi.

TAMERLAN. Voir Timur Lang

TANCRÈDE DE HAUTEVILLE (?-Antioche, 1112). Prince normand* de Sicile et petit-fils de Robert* Guiscard. Il s'illustra lors de la première croisade* en participant à la prise d'Antioche* et de Jérusalem*. Tancrède hérita, à la mort de son oncle Bohémond Ier*, de la principauté d'Antioche*. Le Tasse*, célèbre poète italien, en a fait le modèle des chevaliers dans *La Jérusalem délivrée*.

TANG ou **T'ANG** (Dynastie). Dynastie qui régna sur la Chine de 618 à 907 avec pour capitale Changan (dans le Shaanxi) et Luoyang (dans le Henan). Elle succéda à celle des Sui* et eut 22 empereurs. Sous leur règne, la Chine connut sa plus grande extension (Asie centrale, Viêt-nam, Mandchourie* méridionale et Mongolie). Le VIIe et VIIIe siècles furent aussi l'âge d'or de la poésie classique. Le plus célèbre représentant de la dynastie fut Tang* Taizong (627-649). Menacée à ses frontières par les Arabes* du Turkestan et les Tibétains, la Chine retomba dans l'anarchie après la déposition du dernier empereur.

TANG TAIZONG. Voir Li Shimin.

TANGER (Discours de, 31 mars 1905). Discours prononcé à Tanger, ville et port du Maroc, par l'empereur allemand Guillaume II*, dans lequel il affirmait la souveraineté et l'indépendance du Maroc contre les projets de pénétration française. Ce discours, qui eut un profond retentissement en France, provoqua la réunion de la conférence internationale d'Algésiras* (1906). Voir Delcassé (Théophile).

TANNENBERG en pol. Stebark, (Bataille de, 26-29 août 1914). Victoire décisive remportée au début de la Première Guerre* mondiale par l'armée allemande de Hindenburg* sur la IIe armée russe de Samsonov à Tannenberg, ancienne localité de Prusse* Orientale, aujourd'hui en Pologne.

TAOÏSME. Doctrine philosophique et religieuse attribuée à Lao-tseu* (VIe-Ve siècle av. J.-C.). Le taoïsme a exercé dans l'histoire et la civilisation chinoises une influence presque aussi grande que le confucianisme*, auquel il s'oppose par son mépris du monde matériel et des règles sociales. Par la méditation, la contemplation, l'extase et des pratiques magiques, les taoïstes cherchent à atteindre l'union au tao (grand principe de l'Univers) et enseignent la solidarité entre l'homme et la nature. Le taoïsme est une religion populaire avec ses dieux, ses génies, ses saints, son code moral, ses enfers, son clergé et ses monastères.

TARDIEU, André (Paris, 1876-Menton, 1945). Homme politique français. Après avoir accédé à de hauts postes diplomatiques et ministériels, il se retira de la vie politique afin d'entreprendre une réflexion sur la réforme des institutions, jugeant le parlementarisme inadapté au monde contemporain. Homme de droite, ancien collaborateur de Clemenceau*, il fut plusieurs fois ministre. Président du Conseil (1929-1930 et 1932) à l'époque des répercussions en France de la crise* économique de 1929, il entreprit une politique économique et sociale novatrice, jugeant nécessaire une relance de l'économie par l'État grâce à un vaste plan d'équipement national. Ministre dans le cabinet Doumergue* (1934), chargé de réformer la Constitution pour remédier à l'instabilité ministérielle, il abandonna la vie politique en 1935.

TARENTE. Ville d'Italie du Sud. Fondée au VIIIe siècle av. J.-C. par des exilés spartiates, elle fut l'une des plus actives cités commerçantes de Grande-Grèce*. Alliée de Rome* à partir de 272 av. J.-C. (elle avait en vain en 282 appelé à son secours Pyrrhus*, roi d'Épire, et dut finalement se rendre à l'hégémonie romaine), elle garda la nostalgie de son indépendance et ouvrit ses portes à Hannibal* lors de la deuxième guerre Punique* (212 av. J.-C.). Reprise en 209 av. J.-C. par les Romains et sévèrement punie (environ 30 000 de ses habitants furent vendus comme esclaves*), elle devint une colonie romaine en 125 av. J.-C.

TARGOWICA ou **TARGOVITSA** (Confédération de, 1792). Nom donné à la Confédération formée à Targowica, en Ukraine, par une partie de la noblesse polonaise conservatrice et russophile opposée à la Constitution monarchique votée sous le règne du roi de Pologne, Stanislas II* Poniatowski et qui établissait une monarchie héréditaire et non plus élective. La formation de cette Confédération à laquelle le roi fut contraint d'adhérer, conjuguée à l'intervention militaire de la Russie, aboutit au second partage de la Pologne* (1793). Voir Catherine II, Frédéric II.

TARQUIN L'ANCIEN. Cinquième roi légendaire de Rome* et premier roi étrusque*, il aurait régné entre 616 et 578 av. J.-C. Il introduisit dans la cité la civilisation étrusque et l'usage du triomphe*. Il entreprit la construction du Forum*, du Grand Cirque*, du temple de Jupiter* Capitolin et des égouts (Cloaca* Maxima). Servius* Tullius lui succéda.

TARQUIN LE SUPERBE. Troisième roi étrusque*, septième et dernier roi de Rome*, il aurait régné de 534 à 509 av. J.-C. Arrivé au pouvoir après avoir assassiné son beau-père Servius* Tullius, il est représenté par les historiens romains comme un tyran. Il abolit les réformes de Servius mais acheva les grands travaux de ses prédécesseurs et remporta des victoires contre les Latins*. Selon la célèbre légende, son fils serait tombé amoureux fou de Lucrèce (femme d'un de ses parents) qu'il violenta et qui se suicida de honte. Le mari aurait alors soulevé le peuple qui chassa Tarquin et proclama la République* (509 av. J.-C.). Cette histoire symbolise probablement la révolte des Romains contre leurs maîtres étrusques et révèle une forte réaction aristocratique.

TASSE, Torquato Tasso, en fr. **le** (Sorrente, 1544-Rome, 1595). Grand poète épique. Gentilhomme à la cour de Ferrare, il fut l'auteur du célèbre récit légendaire *La Jérusalem délivrée* qu'il désavoua à peine écrit et qu'il remania jusqu'à la fin de sa vie (*La Jérusalem conquise*). Le Tasse, atteint de crises de folie, fut interné à l'hôpital Sainte-Anne de Ferrare (1579-1586).

TASSILI. Plateau situé à l'est du Sahara algérien ; on y a découvert un important site préhistorique datant du paléolithique* supérieur. Au nord sont gravées des centaines de figures d'animaux appartenant à la faune sauvage, aujourd'hui disparue de ces régions (girafes, autruches, éléphants, rhinocéros, etc.). Au sommet du plateau, l'érosion a sculpté des milliers d'abris-sous-roche dont les parois sont décorées de fresques magnifiques découvertes en 1956 par Henri Lhôte. Dans une première époque, elles représentent l'homme et la faune sauvage. Plus tard apparaissent chasseurs, pasteurs, agriculteurs et troupeaux. En 1962, le gouvernement algérien a décidé de faire du Tassili un parc national. Voir Art pariétal.

TAUNGS (Enfant de). Nom donné aux restes d'un enfant préhistorique, un australopithèque*, découvert en 1924 près de Taungs, localité située en Afrique du Sud. Il fut longtemps confondu avec un jeune singe. Il est âgé d'environ 6 ans, et on a retrouvé, parfaitement conservés, les os de la face, ce qui a permis de reconstituer l'ensemble du visage. Ses dents d'adulte commençaient à percer sous ses dents de lait. Il vivait dans la savane, se nourrissait de végétaux et de petits animaux. Adulte, il aurait mesuré environ 1,24 m pour 25 à 30 kg. Voir Lucy.

TAYLOR, Frederick Winslow (Philadelphie, 1856-*id.* 1915). Ingénieur et économiste américain. Il fut, sinon l'initiateur du travail à la chaîne, du moins le promoteur de l'organisation scientifique du travail (le taylorisme) qui devait favoriser l'augmentation de la production. Il fut aussi l'inventeur des aciers à coupe rapide (1898-1900).

TCHANG KAÏ-CHEK ou JIANG JIESHI (dans le Zhejiang, 1887-Taibei, 1975). Généralissime et homme politique chinois. Après avoir participé avec les communistes à la lutte contre le Japon durant la Seconde Guerre* mondiale, il établit, après l'instauration de la République populaire de Chine en 1949, un gouvernement nationaliste à Taiwan*. Après des études militaires au Japon, Tchang Kaï-chek prit part, par nationalisme antimandchou, à la révolution de 1911 aux côtés de Sun* Yat-sen. Directeur de l'Académie militaire de Huangou près de Canton, il devint, après la mort de Sun Yat-sen, le chef de la fraction modérée du Guomindang* Après avoir réprimé le soulèvement communiste de Canton (1927), il établit à Nankin un gouvernement nationaliste et lutta contre le Parti communiste* chinois qu'il contraignit à la Longue* Marche (1934-1935). Cependant, face à l'invasion japonaise de la Chine, il décida de s'allier aux communistes pour former un front uni contre le Japon (1936). En 1945, malgré l'entremise des États-Unis, la rupture entre Tchang Kaï-chek, déjà déconsidéré par la corruption de son entourage, et les communistes de Mao* fut inévitable. Battu à plusieurs reprises par les communistes, il dut se replier à Taiwan en 1949 où il présida la République de Chine (nationaliste), reconnue jusqu'en 1971 comme seul gouvernement légitime de la Chine. À Taiwan, où il exerça un pouvoir autoritaire, Tchang, malade et très âgé, abandonna à partir de 1970 le pouvoir à son fils.

TCHEKA. Abréviation des mots russes signifiant « Commission extraordinaire ». Cette police politique fut créée en décembre 1917, sur l'ordre de Lénine*, lors de la guerre civile qui suivit la révolution d'Octobre 1917. Destinée au début à livrer à la justice les contre-révolutionnaires, la Tcheka, dirigée par Félix Dzerjinski, déclencha dès septembre 1918 la « terreur rouge » en instituant ses propres tribunaux. À la fin de la guerre civile (1921), le IX⁰ congrès du parti communiste décida de limiter les prérogatives de la Tcheka, la charge de juger et de punir étant transférée aux organes judiciaires. Le 7 février 1922, la Tcheka fut remplacée par la Guépéou* (Administration politique d'État). Voir Communisme de guerre, Goulag, KGB, NKVD, Révolutions russes de 1917.

TCHEKHOV, Anton Pavlovitch (Taganrog, 1860-Badenweiler, Allemagne, 1904). Écrivain russe. Figure majeure de la littérature russe, il renouvela l'art de la nouvelle et bouleversa dans ses pièces la construction dramatique traditionnelle en supprimant intrigues ou péripéties, le drame résidant dans l'incapacité d'agir des personnages, analysés avec une grande profondeur psychologique. Fils d'un épicier dont le père était serf, Tchekhov devint médecin après des études à Moscou et exerça sa profession jusqu'à la fin de sa vie. La publication de ses premiers contes, sous le titre *Récits divers* (1886) puis la représentation de sa première pièce *Ivanov* lui assurèrent très vite la célébrité. Après un voyage au bagne de Sakhaline d'où il rapporta un douloureux témoignage (*L'Île de Sakhaline*, 1893), puis en Occident, il s'installa dans une propriété qu'il avait acquise près de Moscou. Il composa durant cette période (1891-1897) des nouvelles (*La Cigale, La Chambre n° 6*), puis une deuxième pièce *La Mouette* (1896) représentée au Théâtre d'Art de Moscou en 1898 et qui connut un immense succès. Atteint de tuberculose depuis 1884, Tchekhov se fixa à Yalta, en Crimée, composant ses trois derniers grands drames (*Oncle Vania*, 1897 ; *Les Trois Sœurs*, 1901 ; *La Cerisaie*, 1904). Sa santé s'altérant gravement, il partit pour la Forêt-Noire où il mourut auréolé de gloire. Tchekhov s'était marié en 1901 avec l'actrice Olga Knipper qui fut l'interprète féminin de ses drames.

TCHÉOU (Dynastie). Nom donné à la troisième dynastie chinoise après celle des Hia et des Chang*. Elle régna sur la Chine pendant près de 800 ans (de 1025 environ à 256 av. J.-C.). Après avoir vaincu les Chang, les Tchéou fondèrent un État féodal divisant le pays en une multitude de fiefs*. La dynastie s'affaiblit à l'époque des Royaumes* combattants puis disparut lorsque le roi de Ts'in, Che* Houang-ti prit le pouvoir (221 av. J.-C.) et fonda le premier Empire chinois.

TCHERNENKO, Konstantine Oustinovitch (Bolchaïa Tes, gouvern. de l'Ienisseï, 1911-Moscou, 1985). Homme politique soviétique. Secrétaire du comité central (1974), membre du Politburo (1977), il succéda à Andropov* en 1984 au secrétariat du parti, et à la présidence du Praesidium du Soviet* suprême. Il symbolisa par son âge, avec Brejnev* et Andropov*, l'incapacité des cadres du PCUS* (Parti communiste de l'Union soviétique) à se renouveler.

TCHERNOBYL. Ville d'Ukraine. L'explosion d'un réacteur de la centrale nucléaire en 1986 a provoqué la mort de plusieurs dizaines de personnes et irradié plusieurs millions d'autres. Plus de 130 000 personnes ont dû être évacuées de la région.

TÉHÉRAN (Conférence de, 28 novembre-2 décembre 1943). Première conférence des trois grands Alliés de la Seconde Guerre* mondiale, Roosevelt*, Churchill* et Staline*, réunie à Téhéran (Iran). Elle fut principalement consacrée à l'ouverture d'un second front en Europe occidentale par des débarquements en Normandie* et en Provence*. Voir Potsdam, San Francisco, Yalta (Conférences de).

TEMPLE ÉGYPTIEN. Le temple dans l'Égypte* ancienne était avant tout la demeure du dieu. Il était toujours construit en pierres, contrairement aux habitations et aux palais royaux édifiés en briques. On y accédait par une grande allée bordée de sphinx*. De chaque côté de l'entrée, encadrée par d'énormes pylônes*, se dressaient vers le dieu-soleil Rê* deux obélisques*. L'intérieur du temple se composait d'abord d'une vaste cour intérieure entourée de portiques*. C'était le seul endroit où le peuple était admis lors des grandes cérémonies durant lesquelles la statue du dieu était promenée sur une barque sacrée. Puis venait la salle hypostyle*. Enfin, tout au fond, plongé dans l'obscurité et le mystère, se découvrait le sanctuaire. C'était là que se trouvait la statue du dieu auquel on rendait nuit et jour un culte quotidien : seuls les prêtres de rang élevé ou le pharaon* pouvaient l'approcher. Les temples les plus connus qui subsistent aujourd'hui sont ceux d'Abydos*, Karnak*, Louxor* et Abou-Simbel*. Voir Temple funéraire.

TEMPLE FUNÉRAIRE. Temple où était célébré le culte d'un défunt divinisé, c'est-à-dire considéré comme un dieu après sa mort. De nombreux temples funéraires de l'Égypte* ancienne se trouvent près de la Vallée* des Rois, en Haute-Égypte* : temple de la reine Hatshepsout à Deir* el-Bahari, le Ramesseum bâti par Ramsès II* et le temple de Ramsès III à Médinet Habou. Voir Temple égyptien.

TEMPLE GREC. Demeure de la divinité dans laquelle les fidèles ne pénètrent pas, le temple a été le principal monument public de la Grèce* antique. Son plan rectangulaire rappelle celui des palais mycéniens*. Trois parties se succèdent : le pronaos (vestibule), le naos (salle abritant la statue du dieu) et l'opisthodome où était déposé le trésor contenant de précieuses offrandes. Il est entouré d'un péristyle (galerie couverte à colonnes) et son toit à double pente conduit à un fronton triangulaire sur chaque petit côté. Les cérémonies se déroulent à l'extérieur, autour de l'autel élevé devant le temple. Voir Acropole, Éphèse (Temple d'), Mégaron, Mycènes.

TEMPLE ROMAIN. Le mot *templum* désigne à l'origine l'espace du ciel consacré par les augures ou sa projection orientée nord-sud sur le sol. Ainsi, un monument public comme une curie était-il un *templum* ; un édifice religieux consacré par les augures* et dédié à un dieu était donc un cas particulier de *templum*. Il eut la même fonction et une architecture généralement semblable au temple* grec. Il était le plus souvent de forme rectangulaire (certains étant ronds comme le temple de Vesta* à Rome*) et constitué d'une salle (*cella*) où se trouvait la statue de la divinité. En avant se situaient un portique* et un escalier, puisque le temple reposait sur un podium généralement élevé. Le temple pouvait être « périptère » ou « pseudo-périptère ».

TEMPLIERS. Nom donné à un ordre religieux et militaire, les chevaliers du Temple, créé vers 1118 par des moines-soldats pour protéger les pèlerins en Terre sainte. L'ordre s'enrichit rapidement grâce à de nombreux dons et possédait domaines et forteresses. Chassés de Palestine* par la reconquête musulmane, les templiers se replièrent en Europe occidentale dans leurs nombreuses commanderies. À la tête d'immenses domaines, ils devinrent une puissance financière considérable, prêtant de l'argent aux souverains et aux papes. En 1307, le roi de France, Philippe IV* le Bel, désireux de s'approprier leurs richesses, ordonna l'arrestation des templiers. Soumis à la torture, ils avouèrent des crimes peu vraisemblables (sodomie) et plusieurs d'entre eux moururent sur le bûcher (1310). Le roi obtint du pape la dissolution de l'ordre (1312) puis fit exécuter le grand maître de l'ordre, Jacques de Molay (1314). Leurs biens furent confisqués et confiés aux Hospitaliers* de Saint-Jean-de-Jérusalem. Les templiers portaient un vaste manteau blanc marqué d'une grande croix rouge. Voir Seigneurie, Teutonique (Ordre).

TEMUDJIN. Voir Gengis Khan.

TENCIN, Claudine, Alexandrine GUÉRIN, marquise de (Grenoble, 1682-Paris, 1749). Femme de lettres française, rendue célèbre par le salon littéraire qu'elle tint à Paris. Après avoir mené une vie de libertinage au temps de la Régence* – elle eut plusieurs enfants naturels dont le philosophe d'Alembert* –, elle ouvrit un salon fréquenté par Fontenelle, Montesquieu*, Marivaux* et Helvétius où l'on discutait philosophie.

TENURE. La tenure est, au Moyen-Âge, une exploitation agricole concédée, à charge de redevances et de services, à un paysan libre ou un serf* par un seigneur. Les propriétés libres ou alleux* étaient très rares. L'ensemble, tenures roturières et réserve*, formait la seigneurie*. On distinguait deux formes de tenure : la tenure à cens* et la tenure à champart*.

TÉRENCE (Carthage, 193 ou 183-159 av. J.-C.). Poète comique latin*, ses pièces ne furent appréciées que du public romain lettré épris de culture grecque mais inspirèrent plus tard le drame bourgeois. An-

cien esclave* venu de Carthage*, affranchi par un sénateur, Térence devint le protégé attitré des Scipions*. Il a laissé six comédies : *L'Andrienne*, *L'Hécyre*, *Le Bourreau de soi-même*, *L'Eunuque*, *Le Phormion* et *Les Adelphes*. Voir Plaute.

TERRA AMATA. Nom donné à un site préhistorique fouillé depuis 1950 et situé à Nice, au bord de la mer dont les eaux, à cette époque, étaient à 25 m au-dessus de leur niveau actuel. C'est l'un des sites d'habitat les plus anciens connus en Europe (paléolithique* inférieur). Terra Amata fut le campement provisoire de chasseurs d'éléphants (de l'espèce *Homo* *erectus*) qui vivaient il y a environ 400 000 ans. Chaque année au printemps, ils construisaient des huttes ovales (de 15 m de long et 6 m de large) formées de branches entrelacées. Le tour des cabanes était marqué par de grosses pierres et le sol recouvert par endroits de pierres ou de peaux. À l'intérieur de l'habitat, un foyer était creusé dans une petite fosse entourée de pierre. Autour de ce feu, on fabriquait des outils, on mangeait et l'on dormait. On a retrouvé à Terra Amata 35 000 objets sur 21 sols superposés et l'empreinte d'un pied. Un musée archéologique est aujourd'hui sur le site, à Nice.

TERRAY, Joseph Marie, dit **l'abbé** (Boën, 1715-Paris, 1778). Homme politique français. Protégé de Mme de Pompadour*, il devint contrôleur* général des Finances (1769) et forma, après la disgrâce de Choiseul*, un triumvirat avec Maupeou* et d'Aiguillon*. Afin de réduire l'important déficit budgétaire, il décida des mesures très impopulaires qui le firent surnommer « Vide Gousset ». Il fut notamment accusé, avec Louis XV*, d'avoir conclu un pacte de Famine* lorsque fut décidé le monopole royal sur les grains. Louis XVI*, dès son avènement, le remplaça par Turgot*.

TERRE PROMISE (La). Voir Canaan (Pays de).

TERRES IRRÉDENTES. Voir Irrédentisme.

TERREUR (La). Nom donné à la période la plus spectaculaire et la plus dramatique de l'histoire de la Révolution* française. Mesures exceptionnelles destinées à sauver la Révolution des péril intérieurs et extérieurs, la Terreur, codifiée par la Convention*, devint pendant plusieurs mois (septembre 1793 à juillet 1794) une méthode de gouvernement et ternit pour longtemps l'image de la France des droits de l'homme. Elle fut inaugurée aux lendemains de l'insurrection populaire du 10 août* 1792, dans la crainte d'un complot aristocratique et de l'invasion étrangère par la création d'un Tribunal criminel extraordinaire destiné à juger les suspects puis par les massacres de Septembre* 1792. Cette première Terreur fut encore aggravée, après l'élimination des girondins* de la Convention (juin 1793) puis l'exécution d'un grand nombre d'entre eux, par la pression du mouvement révolutionnaire populaire des sans-culottes*, premières victimes des difficultés financières et économiques. Le renforcement de la répression se justifiait, pour les montagnards*, par le développement de la Contre-Révolution (insurrection fédéraliste* et royaliste, guerre de Vendée*) et la menace extérieure. La Convention légalisa la Terreur par la loi des suspects* (17 septembre 1793), ses principaux organes étant le Comité* de Salut public, le Comité* de sûreté générale, les Comités* de surveillance et les représentants* en mission. On estime à environ 17 000 les personnes exécutées après procès, 25 000 sur simple constat d'identité. Après la condamnation et l'exécution des hébertistes* (ultra-révolutionnaires) et des Indulgents* (conduits par Danton* et Camille Desmoulins*), la Terreur s'intensifia encore, aggravée par la loi du 22 prairial* an II (10 juin 1794) qui enlevait aux accusés l'interrogatoire préalable, les défenseurs et les témoins. Cette « Grande Terreur » que ne justifiaient plus les revers militaires (Fleurus*, juin 1794), contribua à la chute de Robespierre* et de ses partisans, et à la fin du gouvernement révolutionnaire. La Terreur fut abolie sous la Convention* thermidorienne, la plupart des acteurs de cette période étant soit exécutés soit déportés. Voir Marie-Antoinette, Philippe Égalité, Terreur blanche, Tribunal révolutionnaire.

TERREUR BLANCHE. Nom donné en France aux réactions sanglantes des royalistes contre les révolutionnaires. Une première Terreur blanche se développa en 1795. Particulièrement violente dans le sud-est, elle toucha les jacobins*, les républicains, les prêtres constitutionnels*, les protestants* et les détenus politiques dans les prisons. Partiellement réprimée après le débarquement manqué des émigrés* à Quiberon* (juin 1795). Plus violente encore fut la seconde Terreur blanche à laquelle se livrèrent, après l'abdication de Napoléon Ier*, les ultras* royalistes. Bonapartistes et anciens révolutionnaires en furent les principales victimes, les vengeances personnelles, les haines religieuses se mêlant aux actes de pillage. Dans l'ouest et le sud-est de la France, les « verdets », portant la cocarde verte du comte d'Artois – le futur Charles X* – furent particulièrement cruels. En Avignon, le maréchal Brune* fut assassiné. Ces troubles prirent fin à l'automne 1815 mais le gouvernement poursuivit la répression, décidant l'exécution de généraux et maréchaux d'Empire – la plus célèbre victime fut le maréchal Ney* – et le bannissement des régicides, anciens conventionnels ayant voté la mort de Louis XVI*. Voir Carnot (Lazare), David (Jacques Louis), Fouché (Joseph).

TERTIAIRE (Ère). Nom donné à la troisième époque géologique. Elle s'étend de 70 millions d'années av. J.-C. à 2 millions d'années av. J.-C. Elle se caractérise par l'évolution des plantes et des animaux tels que nous les connaissons aujourd'hui, en particulier les primates*. Voir Primaire (Ère), Quaternaire (Ère), Secondaire (Ère).

TERTULLIEN (Carthage, 150-160-*id.*, 222 ap. J.-C.). Premier écrivain latin de religion chrétienne. Né dans une famille païenne, il se convertit à 30 ans au christianisme* et consacra sa vie à défendre avec ardeur sa nouvelle foi. Son œuvre est un combat contre les païens et les hérétiques. Ses principaux livres sont *Contre Marcion*, *Apologétique* (197), *Sur les spectacles*, *Sur la mise des femmes* et *Sur le jeûne*.

TEST (Bill du, 1673). Loi votée en 1673 par le Parlement* anglais sous le règne de Charles II*. Toute charge dans l'administration ou l'armée était interdite aux catholiques. Le *Test Act*, qui visait en réalité le duc d'York (futur Jacques II*), fut aboli en 1829. Voir *Catholic Relief Bill.*

TEST ACT. Voir Test (Bill du).

TESTAMENT (Ancien). Nom donné à l'ensemble des livres de la Bible* datant d'avant Jésus-Christ*. L'Ancien Testament se rapporte à l'histoire de l'Alliance de Dieu avec le peuple juif*.

TESTAMENT (Nouveau). Nom donné à l'ensemble des livres saints pour les chrétiens*, rédigés après la mort de Jésus-Christ*. Ce sont les quatre Évangiles* (Matthieu, Marc, Luc et Jean), les Actes des Apôtres* (attribués à saint Luc), les 21 Épîtres (lettres attribuées à différents apôtres, en particulier saint Paul*), et l'Apocalypse attribuée à saint Jean). Les livres du Nouveau Testament furent écrits (en grec) entre 50 et 150 environ ap. J.-C. Ils constituent, avec l'Ancien Testament*, la Bible* chrétienne, livres sacrés pour les chrétiens*.

TÊTES RONDES. Surnom donné par les royalistes, partisans de Charles Ier* d'Angleterre, durant la guerre civile (1642-1649), aux parlementaires qui, puritains*, portaient les cheveux courts.

TÉTRARCHIE. Forme de gouvernement dans laquelle le pouvoir est partagé par quatre personnes. Dans l'Empire romain*, la tétrarchie fut instaurée par l'empereur Dioclétien* à partir de 286 ap. J.-C. Deux empereurs se partageaient le titre d'Auguste* pour gouverner les parties orientale et occidentale de l'Empire, chacun avec un dirigeant de rang inférieur, désigné par le titre de César* et qui pouvait espérer accéder au rang d'Auguste*. Elle devait permettre une meilleure défense de l'Empire menacé par les Barbares* et préserver la succession régulière des empereurs. La tétrarchie sombra dans les guerres qui suivirent l'abdication de Dioclétien (305 ap. J.-C.). Mais à partir de la mort de Constantin Ier* (337 ap. J.-C.), l'Empire fut toujours partagé entre deux ou trois titulaires. À la mort de Théodose Ier* (395 ap. J.-C.), la division entre un Empire* d'Orient et un Empire* d'Occident devint définitive.

TEUTONIQUE (Ordre). Ordre religieux et militaire recruté dans la noblesse germanique. Il fut fondé à la fin du XIIe siècle en Palestine* pour soigner les croisés* germains et jouèrent un rôle important au XIIIe siècle dans la défense du royaume latin de Jérusalem*. Les chevaliers portaient un manteau blanc marqué d'une grande croix noire. L'ordre s'établit aussi en Europe du Nord et acquit de vastes possessions, surtout en Germanie*. En 1230, à la demande d'un duc polonais, il commença la conquête de la Prusse* païenne qu'il convertit au christianisme*. Établis à Marienbourg, les chevaliers Teutoniques devinrent au XIVe siècle une grande puissance commerciale (avec le port de Dantzig*) et financière de l'Europe du Nord. Mais bientôt affaiblis, ils ne dominèrent plus que la Prusse orientale au XVe siècle. En 1525, le grand maître, Albert* de Brandebourg, sécularisa les biens de l'ordre et la majorité des chevaliers se convertirent au protestantisme*. L'ordre fut définitivement supprimé en Allemagne par Napoléon Ier* en 1809. Voir Hospitaliers, Templier.

THALÈS DE MILET (Milet, v. 625-v. 547 av. J.-C.). Mathématicien et philosophe grec originaire de Milet*. Aristote* le considérait comme le premier des philosophes ioniens. À la fois mathématicien, astronome et physicien, il aurait en particulier rapporté d'Égypte* et de Babylone* les fondements de la géométrie.

THATCHER, Margaret (Grantham, Lincolnshire, 1925-). Femme politique britannique. Premier ministre conservateur, élue en 1979, réélue en 1983 et 1987, elle fut depuis 1945 le premier chef du gouvernement britannique à obtenir un troisième mandat. Avocate d'origine modeste, Margaret Thatcher fut élue député conservateur à Finchley dans l'agglomération londonienne (1959). Ministre de l'Éducation dans le gouvernement Heath* (1970-1974), elle devint, en 1975, président du Parti conservateur* et chef de l'opposition sous les gouvernements travaillistes de Harold Wilson* et James Callaghan*. Première femme d'Europe à diriger un gouvernement après le triomphe électoral des conservateurs (mai 1979), Margaret Thatcher mit en place une politique de rigueur et d'austérité. Au sein de la CEE*, appelée désormais la « Dame de fer », elle lutta pour obtenir une réduction de la part de la contribution britannique au budget européen. Profitant de l'énorme popularité acquise par sa fermeté face à l'Argentine dans le conflit des Malouines* (1982), elle provoqua des élections anticipées et les conservateurs obtinrent, en juin 1983, leurs meilleurs résultats électoraux depuis 1945. Réélue en 1987, Margaret Thatcher démissionna en 1990, laissant son poste de Premier ministre à John Major.

THÈBES. Cité de l'Égypte* ancienne, capitale des pharaons* du Moyen* et du Nouvel* Empire située en Haute-Égypte*, à 714 km au sud du Caire*. Détruite en 663 av. J.-C. par les Assyriens*, elle fut aussi une grande métropole religieuse grâce au puissant clergé du dieu Amon*. Voir Karnak, Louxor.

THÈBES. Cité de Grèce* centrale en Béotie*. De nombreuses légendes expliquent son origine qui reste obscure. Ville la plus anciennement fortifiée de Grèce (sa citadelle s'appelle la Cadmée et Thèbes était l'un des centres palatiaux les plus importants de la période mycénienne), Thèbes devint dès le VIᵉ siècle av. J.-C. la principale ville de Béotie, gouvernée par une oligarchie de grands propriétaires terriens. À la tête de la ligue béotienne, elle s'allia (par hostilité à Athènes*) avec les Perses* lors de la deuxième guerre Médique*, puis à Sparte* au cours de la guerre du Péloponnèse*. Mais, inquiète de l'hégémonie de cette cité, elle se rapprocha d'Athènes. Vaincue puis occupée par une garnison spartiate (382 av. J.-C.), Thèbes s'en délivra et devint, grâce à Épaminondas*, une grande puissance militaire. Sa victoire contre les Spartiates à Leuctres* (371 av. J.-C.) amena la Béotie à dominer la Grèce pendant 10 ans (371-361 av. J.-C.). Mais Thèbes fut écrasée à la bataille de Chéronée* (338 av. J.-C.) par Philippe II* de Macédoine. Révoltée en 336 av. J.-C. contre son successeur Alexandre* le Grand, la ville fut prise, dépeuplée et détruite. Rebâtie, elle ne jouera plus aucun rôle important.

THÉMISTOCLE (Athènes, v. 525-Magnésie, v. 460 av. J.-C.). Homme politique athénien. Peu cultivé et issu d'une famille sans fortune, il fut néanmoins un grand chef d'État et comprit rapidement que l'avenir d'Athènes* était sur la mer. Archonte* en 493, il fit aménager et fortifier le port du Pirée* et accéléra la construction de deux cents trières*, financée par l'exploitation des mines d'argent du Laurion. Lors de l'invasion des Perses* de Xerxès Iᵉʳ* (480 av. J.-C.), il convainquit ses concitoyens d'évacuer Athènes et de livrer le combat sur mer : ce fut la grande victoire athénienne de Salamine*. Thémisto-

:le restaura ensuite les fortifications du Pi-
·ée et relia Athènes à son port par les
Longs Murs. Rendu plus tard impopulaire
»ar son orgueil et son luxe, il fut frappé
l'ostracisme* et se réfugia chez le roi des
Perses. Malgré cette trahison, Thémistocle
ı été le fondateur de la puissance maritime
d'Athènes. Voir Médiques (Guerres).

THÉOCRITE (Syracuse, v. 300-250 av.
I.-C.). Il fut le plus célèbre poète
l'Alexandrie* à l'époque hellénistique*. Il
ı su exprimer dans ses *Idylles* un très vif
sentiment de la nature.

THÉODORA (Constantinople, v. 500-*id.*,
548). Impératrice byzantine, épouse de
Iustinien Iᵉʳ*. Intelligente et ambitieuse,
elle fut la conseillère de l'empereur et in-
luença fortement sa politique. Elle l'empêcha notamment d'abdiquer lors de la sé-
lition Nika* et inspira ses lois concernant
a femme, le mariage et le divorce. Théo-
lora est représentée, entourée des femmes
le sa cour, sur une mosaïque de l'église
Saint-Vital de Ravenne en Italie. Voir Byzantin (Empire).

THÉODORIC LE GRAND (v. 455-Ra-
venne, 526 ap. J-C.). Roi des Ostrogoths*,
l fut le plus grand des chefs germaniques.
Il créa en Italie un bref mais puissant
royaume (488-493 ap. J.-C.) et se posa en
héritier de l'Empire* romain d'Occident.
Retenu comme otage à Constantinople*
(461-471 ap. J.-C.), le jeune Théodoric y
apprit le grec, le latin et s'initia à la civilisation gréco-latine. Devenu chef des Ostrogoths, il entreprit avec l'accord de Zénon (empereur d'Orient) la conquête de
l'Italie (dominée depuis 476 ap. J.-C. par
un chef germain, Odoacre*) et y fonda un
royaume qu'il agrandit ensuite de la Pannonie, de la Dalmatie puis de la Provence.
Devenu roi, il s'efforça de réconcilier Ostrogoths et Romains et de conserver les
institutions et la civilisation romaines. Réservant aux Goths* les charges militaires,
il rétablit le Sénat*, s'entoura de conseillers romains (Boèce* et Cassiodore), fa-

vorisa l'économie, imposa le droit romain
et enfin encouragea les lettres et les arts,
notamment dans sa capitale, Ravenne, qui
devint la plus belle ville de l'Occident. Négociateur habile, Théodoric tenta d'imposer son hégémonie sur les autres royaumes
barbares*. Il s'allia ainsi, par mariage des
membres de sa famille, avec les rois des
principaux royaumes de l'époque
(Francs*, Wisigoths*, Vandales* et Burgondes*) et joua souvent un rôle d'arbitre
et de protecteur dans les conflits qui les opposèrent. Mais toute cette œuvre fut
compromise par la question religieuse.
Adepte de l'arianisme*, Théodoric s'opposa aux catholiques* qu'il persécuta à la
fin de son règne, empêchant ainsi la fusion
entre Ostrogoths et Romains. Après sa
mort, son royaume fut reconquis de 536 à
555 par les généraux de Justinien*, empereur byzantin de Constantinople*. Voir
Bélisaire, Germains, Invasions (Grandes),
Narsès.

THÉODOSE Iᵉʳ LE GRAND (Cauca,
346-Milan, 395 ap. J.-C.). Empereur romain, il régna de 379 à 395. Dernier souverain à avoir régné sur l'ensemble de
l'Empire, il fit du christianisme* une religion d'État. D'abord gouverneur de
l'Orient, Théodose reconstitua l'unité de
l'Empire après avoir éliminé ses rivaux.
Devenu le seul maître, baptisé en 380, il
combattit avec force le paganisme, ordonna la fermeture des temples et interdit
les sacrifices. Mais il fut excommunié par
le pape saint Ambroise pour avoir ordonné
le massacre des habitants révoltés de Thessalonique (390). Pour la première fois,
l'État romain se soumettait à la puissance
de l'Église mais la religion traditionnelle
restait encore vivace au sein des grandes
familles de Rome. À sa mort, Théodose
partagea son empire entre ses deux fils : à
Honorius, l'Occident, à Arcadius, l'Orient.
L'Empire* d'Occident disparaîtra en 476
alors que l'Empire* d'Orient (ou Empire

byzantin*) survivra jusqu'au xve siècle. Voir Christianisme.

THÉODULF (en Catalogne, v. 750-Angers ?, 821). Évêque d'Orléans, d'origine espagnole, et abbé de Fleury (Saint-Benoît-sur-Loire), il fut l'un des principaux représentants de la renaissance* carolingienne. Il fut chargé par Charlemagne* d'écrire des ouvrages de théologie. Voir Alcuin.

THÉRA. Voir Santorin.

THÉRÈSE de Jésus, dite **d'Ávila, sainte** (Ávila, 1515-Alba de Tormes, 1582). Religieuse et mystique espagnole, elle réforma l'ordre des Carmélites. Entrée en 1536 au couvent de l'Incarnation à Ávila, sa ville natale, où les carmélites suivaient une règle très adoucie, elle décida de revenir à la règle primitive du Carmel, plus rigide, et fonda le couvent Saint-Joseph d'Ávila (1562) puis, à partir de 1567, d'autres couvents réformés à travers la Castille*, Jean* de la Croix se voyant confier la même mission pour les couvents masculins. Thérèse d'Ávila retraça son itinéraire spirituel dans le *Livre de la vie*, *Le Chemin de la perfection*, *Le Livre des fondations* et *Le Château intérieur*, considérés comme des chefs-d'œuvre de la langue castillane. Canonisée en 1622, Thérèse d'Ávila fut la première femme à être proclamée docteur* de l'Église (1970). Voir Carmes (Ordre des).

THERMES. Nom donné aux bains publics des Romains où l'on se retrouvait tous les jours vers 13 ou 14 heures, avant le grand repas de l'après-midi. L'entrée était généralement gratuite, l'État ou un riche personnage payant les frais de l'établissement. À l'époque impériale, on comptait à Rome* plusieurs centaines de thermes dont les plus célèbres furent ceux de Caracalla*, Dioclétien* (les plus vastes) et Constantin*. À Paris, les thermes de Cluny ont été construits à l'époque gallo-romaine* (fin du IIe siècle ap. J.-C.)

THERMIDOR AN II (Journées des 9 et 10 = 27-28 juillet 1794). Journées révolutionnaires, capitales dans l'histoire de la Révolution* française. Elles amenèrent la chute de Robespierre* et de ses partisans, la fin de la Terreur* et le début d'une période de réaction dite « thermidorienne ». Le 9 Thermidor fut le résultat d'une conjuration de tous les ennemis de Robespierre : opposition de la classe politique et d'une majorité de l'opinion publique saisies par la « nausée de l'échafaud », terreur qui ne se justifiait plus, les ennemis de l'intérieur et de l'extérieur ayant été tous repoussés, conjuration des acteurs de la Terreur qui craignaient pour leur tête, conjuration enfin de la peur et des inimitiés personnelles. Dès le mois de juin 1794, alors que la situation militaire s'améliorait (victoire de Fleurus*, juin 1794), la crise politique s'aggrava, Robespierre focalisant sur lui de multiples oppositions. Le Comité* de sûreté générale l'accusait de vouloir lui enlever la direction de la police politique. Le Comité* de Salut public était aussi divisé : de violentes altercations opposèrent Billaud-Varenne*, Collot* d'Herbois et Carnot*. Cet organisme se heurta aussi à l'opposition d'une grande partie de la Convention*, hostile à la poursuite de la Terreur*, certains de ses députés, comme les représentants* en mission Barras*, Tallien*, Fouché*, Carrier* et Fréron*, rappelés à Paris par Robespierre, vivant dans la hantise d'être déférés devant le Tribunal* révolutionnaire. Les sections de sans-culottes*, désorganisées après la chute des hébertistes*, reprochaient enfin à Robespierre de mettre en sommeil les lois sur l'accaparement et le maximum de denrées, alors que le maximum des salaires était maintenu. Irrité et aigri, Robespierre, qui n'était paru ni à la Convention*, ni au Comité de Salut public durant près d'un mois (25 juin-25 juillet 1794), prit l'offensive le 26 juillet (8 Thermidor) à l'Assemblée, rejetant les excès de la Terreur sur ses adversaires mais sans les nommer, ce qui devait contribuer à sa perte. La lutte suprême se livra à la Convention le 27 juillet (9 Thermidor). Les députés aspirant au retour des libertés mais craignant aussi pour leur propre vie et les membres du Comité de sûreté générale, organisateurs de la Terreur* (Barras, Tallien, Billaud-Varenne, Fouché) s'allièrent aux députés de la Plaine* (conventionnels modérés) et empêchèrent Saint-Just* et Robespierre de prendre la parole. La Convention vota l'arrestation de Robespierre, et de ses amis, Lebas, Couthon* et Saint-Just. La Commune* de Paris fit alors sonner le tocsin, se déclara insurrectionnelle, délivra et conduisit les prisonniers à l'Hôtel de Ville. Les sansculottes qui avaient répondu sans entrain à l'appel de la Commune se dispersèrent après que la Convention eut déclaré les rebelles hors la loi. Barras s'empara de l'Hôtel de Ville. Le lendemain, 10 Thermidor, Robespierre, et 21 de ses compagnons, dont Couthon et Saint-Just, furent guillotinés sans jugement. Durant les deux jours qui suivirent, 82 robespierristes furent exécutés.

THERMOPYLES. Défilé (passage étroit entre deux montagnes) situé en Grèce* centrale, rendu célèbre par la résistance opposée en vain par le roi spartiate, Léonidas*, aux armées perses* pendant la seconde guerre Médique* (480 av. J.-C.).

THÉSÉE. Dans l'Antiquité, roi légendaire d'Athènes*, fils de Poséidon* et d'une mortelle. Adopté par Égée, roi d'Athènes, il accomplit des exploits extraordinaires. Il réussit à tuer le Minotaure*, monstre à corps d'homme et à tête de taureau auquel Athènes devait donner en pâture chaque année sept jeunes filles et sept jeunes gens. Aidé d'Ariane*, il réussit à sortir du Labyrinthe*. Thésée, devenu roi, réunit les bourgades de l'Attique* pour en faire une seule cité.

THIERS, Louis Adolphe (Marseille, 1797-Saint-Germain-en-Laye, 1877). Homme politique, journaliste et historien

français. Il incarna durant sa longue carrière politique les intérêts de la bourgeoisie libérale. Thiers devint avocat en 1818 et vint à Paris en 1821. Il publia en 1827 une *Histoire de la Révolution française* (1823-1827), ce qui lui assura sa notoriété dans les milieux de l'opposition libérale sous la Restauration*. Cofondateur du journal d'opposition *Le National* (1830), où il défendit la thèse d'une monarchie parlementaire à l'anglaise, il prit la tête du mouvement de protestation des journalistes contre les ordonnances de Charles X* qui déclenchèrent la révolution* de 1830. Orléaniste* sous la monarchie* de Juillet de Louis-Philippe Ier*, sous-secrétaire aux Finances, puis ministre de l'Intérieur (octobre 1832-novembre 1834), Thiers réprima avec une égale énergie les légitimistes* (affaire de la duchesse de Berry*, 1832) et les émeutes républicaines d'avril* 1834. Président du Conseil en 1836 et 1840, il s'opposa à la Grande-Bretagne en soutenant le pacha d'Égypte contre la Turquie, mais dut se retirer devant Guizot*, chef du parti de la paix (1840). Il commença alors à écrire une *Histoire du Consulat et de l'Empire* qui parut de 1845 à 1862. Après la révolution* de 1848, il devint, sous la Deuxième République*, député et chef du parti de l'Ordre* et favorisa l'élection de Louis Napoléon Bonaparte* à la présidence de la République. Il combattit cependant les ambitions de gouvernement personnel du Prince Président et, lors du coup d'État du 2 décembre* 1851, il fut arrêté et exilé. Rentré en France en 1852, il se tint à l'écart de la vie politique jusqu'en 1863. Député de Paris, devenu le chef de l'opposition libérale à Napoléon III*, Thiers critiqua vivement la politique extérieure du Second Empire*. Opposé en 1870 à la guerre contre la Prusse*, il fut désigné chef du pouvoir exécutif de la République française en février 1871 et dirigea depuis Versailles la sanglante répression de la Commune* insurrectionnelle de Paris (mai 1871). Devenu président de la République (août 1871), laissant à plus tard le problème des institutions, Thiers se consacra à la réorganisation de la France vaincue. Il accéléra tout d'abord la libération du territoire grâce à deux emprunts qui permirent le paiement rapide du tribut imposé par l'Allemagne. Il réorganisa les finances et l'armée, imposant le service militaire obligatoire de cinq ans, mais avec de nombreuses exemptions. Mais Thiers, ayant préconisé ouvertement une République conservatrice, fut renversé par la majorité monarchiste de l'Assemblée nationale (1873) et remplacé par le maréchal de Mac-Mahon*. À la veille de sa mort, il appuyait Léon Gambetta* et les républicains pendant la campagne électorale de 1877. Voir Franco-allemande de 1870-1871 (Guerre).

THOMAS BECKET ou **BECKETT, saint** (Londres, 1118-Canterbury, 1170). Prélat anglais. Ami d'Henri II* Plantagenêt qui le nomma chancelier* du royaume (1155), il fut élu archevêque* de Canterbury* (1162). Mais, décidé à défendre les droits de l'Église, Thomas Becket s'opposa à la promulgation royale des Constitutions de Clarendon qui réformaient la législation en imposant que les clercs fussent soumis aux tribunaux royaux. Becket fit excommunier le roi qui le persécuta et l'exila. Rentré en Angleterre, il fut assassiné dans sa cathédrale sur ordre d'Henri II. Le pape Alexandre III exigea une pénitence publique et le tombeau de Thomas Becket, canonisé en 1173, devint un centre de pèlerinage.

THOMAS D'AQUIN, saint (château de Roccasecca, Aquino, province de Frosinone, 1225-abbaye de Fossanova, 1274). Célèbre théologien et philosophe italien. Entré dans l'ordre des Dominicains*, il enseigna à Rome, Naples* et Paris. Sa pensée est une tentative de synthèse entre la philosophie d'Aristote* et le dogme chrétien*. Les principales œuvres de saint Thomas d'Aquin sont : la *Somme contre les Gentils* (1258-1264), la *Somme théologique* (v. 1266-v. 1273), des *Commentaires* sur Aristote, sur le *Livre des Sentences* (de Pierre Lombard) et *De l'Être et de l'Essence*. Thomas d'Aquin fut canonisé en 1323 et proclamé docteur* de l'Église en 1567.

THOREZ, Maurice (Noyelles-Godault, 1900-en mer Noire, 1964). Homme politique français. Secrétaire général du parti communiste* en 1930, il en restera la figure marquante jusqu'à sa mort. Fils et petit-fils de mineurs, Maurice Thorez travailla lui-même à la mine dans le Pas-de-Calais dès l'âge de 12 ans. Marqué par la révolution bolchevique de 1917, il adhéra au parti communiste en 1920, devint secrétaire de la fédération du Pas-de-Calais (1923) puis de la région Nord (1925). Membre du comité central en 1924, du bureau politique en 1925, il fut élu secrétaire général du parti en 1930 puis député d'Ivry (1932-1939). Après le 6 février* 1934, il rompit avec la politique « classe contre classe » préconisée par le Komintern* et signa le pacte d'unité d'action avec les socialistes et les radicaux, participant ainsi à la victoire du Front* populaire mais adoptant, à l'égard du gouvernement Blum*, un soutien sans participation. Après la signature du pacte germano-soviétique* (août 1939), Thorez s'exila en URSS (1939-1944). Amnistié par de Gaulle* en octobre 1944, il continua à diriger à son retour le PC, devenu l'un des premiers partis de France, et fut ministre d'État (1945-1946) puis vice-président du Conseil (1946-1947), charges dans lesquelles il incita le pays à rassembler ses forces pour la reconstruction. Dans le contexte de la guerre* froide, Thorez fut exclu, ainsi que les autres ministres communistes, du gouvernement Ramadier*. Malgré quelques brèves distances, Thorez, à nouveau secrétaire général du PCF (1953-1964), manifesta à l'égard de

Staline* une fidélité presque inconditionnelle. Il fut député de la Seine après 1958. Après sa mort, Waldeck-Rochet lui succéda à la tête du PCF.

THOUTMÈS III ou **THOUTMOSIS** (1504 ?-1450 av. J.-C.). Pharaon* du Nouvel* Empire, il porta l'Empire à son apogée. Sous son règne, l'Égypte* domina la Nubie* au sud, la Palestine*, la Phénicie* et la Syrie* au nord, et connut une extraordinaire prospérité. Sa tombe se trouve dans la Vallée* des Rois, à Thèbes*. Voir Aménophis IV, Ménès, Ramsès II.

THUCYDIDE (Athènes, v. 460/455-ap. 395 av. J.-C.). Grand historien grec, Athénien de naissance, issu d'une riche famille aristocratique. Stratège* en 424, il est l'auteur de l'*Histoire de la guerre du Péloponnèse* (opposant Athènes* à Sparte*). Son récit chronologique rigoureux, la précision de sa documentation, sa volonté de comprendre avec impartialité les événements ont fait de lui un historien, le plus illustre du monde antique. Voir Hérodote, Péloponnèse (Guerre du).

THYSSEN, August (Eschweiler, 1842-château de Landsberg, auj. dans Essen, 1926). Industriel allemand, il fut le fondateur en 1871 à Mühlheim d'une société métallurgique qui devint un important *Konzern* sidérurgique. Il fut après la Première Guerre* mondiale l'un des représentants de l'opposition des industriels (contre Rathenau*) au traité de Versailles*.

THYSSEN, Fritz (Mühlheim, 1873-Buenos Aires, 1951). Industriel allemand, fils d'August Thyssen*. Après avoir largement financé le Parti national-socialiste (nazi), il se sépara de Hitler* après la signature du pacte germano-soviétique* (août 1939) et se réfugia en France. Arrêté par le gouvernement de Vichy* qui le livra à la Gestapo*, il fut envoyé à Dachau et libéré par les Alliés. Après la Libération (1945), il s'établit en Amérique latine après avoir été déchu de sa nationalité et

de ses biens. Après la guerre, l'héritage Thyssen fut rétabli et devint la première entreprise sidérurgique d'Europe (auj. Thyssen AG). Voir Krupp.

TIBÈRE (Rome, 42 av. J.-C.-Misène, 37 apr. J.-C.). Empereur romain de la dynastie des Julio-Claudiens*, il régna de 14 à 37 ap. J.-C. Cultivé, intelligent mais très impopulaire, Tibère poursuivit la politique d'Auguste* et fut un grand administrateur. Beau-fils d'Auguste que sa mère épousa, il accomplit d'abord des missions diplomatiques et militaires où il démontra de brillantes qualités. Consul* en 13 av. J.-C., Auguste l'obligea à répudier sa femme et à épouser sa fille Julie. Mais, ne désirant pas le pouvoir, il se retira dans l'île de Rhodes pendant plusieurs années. Lorsqu'il rentra à Rome* en 2 ap. J.-C., Auguste l'adopta et il lui succéda à sa mort en 14 ap. J.-C. : il avait alors 56 ans. Fidèle héritier de son beau-père, il poursuivit sa politique de paix, s'occupant tout particulièrement d'équilibrer les finances, de surveiller l'administration des provinces* et de veiller à une justice plus équitable. Haï par la noblesse qui multiplia les complots et excédé par les intrigues de son entourage, Tibère se retira à Capri en 27 ap. J.-C. mais continua à gouverner par l'intermédiaire de son ministre Séjan. Celui-ci, songeant à prendre le pouvoir, multiplia exécutions et empoisonnements dont l'une des victimes fut le fils de l'empereur. Condamné à mort par Tibère, son exécution fut suivie d'une violente répression dirigée contre les partisans et la famille de Séjan. Tibère, tyran détesté, laissa néanmoins une Rome plus puissante encore qu'il ne l'avait trouvée. Caligula* lui succéda. Voir Germanicus.

TIEPOLO Giambattista (Venise, 1696-Madrid, 1770). Peintre et graveur italien. Compositeur de fresques remarquables, il fut le dernier des grands décorateurs baroques italiens. Au service des grands princes européens, il travailla pour les cours de l'Italie du Nord (Udine, Venise, Milan), exécuta pour le prince-évêque de Würzburg le plafond en trompe-l'œil de l'escalier monumental de la résidence épiscopale et décora à Madrid le palais royal. Voir Baroque (Art).

TIERS ÉTAT. Nom donné en France avant la Révolution* de 1789 au troisième ordre de la nation. Il comprenait tous ceux qui n'appartenaient ni au clergé ni à la noblesse*, c'est-à-dire les roturiers laïques.

TILLY, Johann T'serclaes, comte de (château de Tilly, 1559-Ingolstadt, 1632). Général wallon au service du Saint* Empire, il fut avec Wallenstein* l'un des plus grands chefs militaires durant la guerre de Trente* Ans. Tilly commanda les armées de la Ligue catholique puis se mit au service de l'empereur Ferdinand II* de Habsbourg. Il remporta de brillantes victoires mais fut battu par le roi de Suède Gustave II* Adolphe à Breitenfeld (1631), puis sur le Lech (1632), en Bavière, où il fut mortellement blessé.

TILSIT (Traités de, juillet 1807). Traités signés à Tilsit (ville de l'ancienne Prusse* Orientale, auj. Sovietsk) entre la France et la Russie, après la victoire française de Friedland* (juin 1807). Un premier traité fut signé le 7 juillet 1807 : Napoléon* laissait au tsar les mains libres en Suède et lui proposait le démembrement et le partage des possessions turques en Europe. En contrepartie, la Russie adhérait au Blocus* continental contre l'Angleterre et s'engageait à lui déclarer la guerre si cette dernière n'avait pas fait la paix avant le 1er novembre. Ce traité secret fut suivi d'un second, signé le 9 juillet, qui provoquait le démembrement de la Prusse. Deux nouveaux États furent créés : à l'ouest, le royaume de Westphalie*, et à l'est, le grand-duché de Varsovie*. Afin de vaincre l'Angleterre, Napoléon avait fait au tsar de larges concessions. Mais ce dernier abandonna le Blocus en 1810, trop ruineux pour l'économie russe. Voir Alexandre Ier,

Coalition (Quatrième), Erfurt (Entrevue d'), Napoléon Ier.

TIMUR LANG (« le Seigneur de fer boiteux »), en fr. **TAMERLAN** (Kech, près de Samarkand, Ouzbékistan, 1336-Otrar, sur le Syr-Daria, 1405). Grand conquérant musulman* d'Asie centrale. Rêvant de reconstituer l'Empire mongol de Gengis* Khan, il se tailla avec une cruauté légendaire un immense empire dominant l'Asie centrale, l'Iran, l'Irak, la Turquie et le Penjab. Ses conquêtes furent dévastatrices ; il réprima avec férocité les révoltes et saccagea de nombreuses villes comme Delhi, Alep, Damas* et Bagdad*. Il mourut alors qu'il s'apprêtait à attaquer la Chine des Ming*. Son empire, divisé entre ses héritiers, ne lui survécut pas. Voir Moghols, Mongols.

TINTORET, di ROBUSTI, dit il Tintoretto, en fr. **le** (Venise, 1518-id., 1594). Peintre vénitien dont le surnom vient du métier de son père, teinturier à Venise*. Ses œuvres ont largement inspiré Rubens*, puis Delacroix*. Après avoir ouvert un atelier à Venise*, Tintoret reçut à partir de 1550 de très nombreuses commandes officielles. Il réalisa entre 1548 et 1566, pour la confrérie de San Marco, trois grands tableaux : les *Miracles de saint Marc* (gallerie dell'Accademia, Venise ; Brera, Milan), puis entreprit à partir de 1564 un cycle à sujets religieux pour la Scuola Grande de San Marco qu'il acheva presque 30 ans plus tard (*Christ devant Pilate*, *Crucifixion*). Tintoret fut chargé à la fin de sa vie de la décoration du palais des Doges* (immense *Paradis*), qu'il réalisa avec des aides.

TIRPITZ, Alfred von (Küstrin, 1849-Ebenhausen, 1930). Amiral allemand. Il créa la flotte de haute mer allemande, faisant ainsi de l'Allemagne la seconde puissance navale après la Grande-Bretagne. Chef d'état-major de la marine (1892-1896), ministre de la Marine (1898-1916), devenu grand amiral en

1911, il se vit refuser lors de la Première Guerre* mondiale, par Guillaume II*, d'engager la flotte contre la Home Fleet britannique (mise à part l'offensive du Jutland). Tirpitz engagea alors toute son énergie vers la guerre sous-marine. Là encore favorable à une offensive à outrance, il se heurta à l'hostilité des civils et démissionna en 1916. Après avoir formé le Parti allemand de la patrie, nationaliste et pangermaniste, il siégea comme député national-allemand au Reichtsag* (1924-1928) et décida Hindenburg* à se présenter à la présidence de la République de Weimar*. Voir Course à la mer, Hohenlohe (Chlodwig von), Pangermanisme.

TIRYNTHE. Ancienne ville de Grèce*, à 15 km au sud de Mycènes*, dans le Péloponnèse*. Occupée vers 2000 av. J.-C. par les Achéens*, Tirynthe fut un des principaux centres de la civilisation mycénienne*. Selon les récits de la mythologie* grecque, elle aurait eu, parmi ses premiers rois, Amphitryon dont la femme, séduite par le dieu Zeus*, donna naissance au héros Héraklès*. Tirynthe était entourée d'une énorme enceinte (épaisse d'environ 6 m, certains blocs dépassant 3 m de long) doublée d'un mur intérieur protégeant le palais royal. La ville fut détruite par sa rivale Argos* en 468 av. J.-C. Voir Argolide, Pylos.

TISO, Jozef (Velká Bytča, 1887-Bratislava, 1947). Homme politique slovaque. Prêtre en 1910, chef du Parti populiste slovaque en 1938, il proclama l'indépendance de la Slovaquie en 1939 dont il devint le chef de l'État (1939-1945). Alliée de l'Allemagne nazie lors de la Seconde Guerre* mondiale, la Slovaquie s'effondra à l'arrivée des troupes soviétiques (avril 1945). Mgr Tiso fut condamné à mort et exécuté. Voir Antonescu (Ion), Collaboration, Horthy (Miklos), Pavelic (Ante), Slovaques, Vlassov (Andreï).

TITANIDES. Dans la mythologie* grecque, elles sont les six filles d'Ouranos* et de Gaïa* mais aussi les sœurs et les épouses des Titans*.

TITANS. Dans la mythologie* grecque, nom donné aux six fils d'Ouranos* et de Gaïa* : les plus célèbres sont Océan, Japet et Cronos*. Les Titans s'unirent à leurs sœurs, les six Titanides* dont la plus connue est Rhéa*.

TITE-LIVE (Padoue, 59 av. J.-C.-Rome, 17 ap. J.-C.). Historien romain. Contemporain d'Auguste*, il consacra toute sa vie à la rédaction d'une *Histoire de Rome*, inachevée, qui allait des origines à l'an 9 ap. J.-C. Sur les 142 livres, 35 seulement nous sont parvenus. Patriote ardent, animé du sentiment profond de la grandeur de Rome*, il exalta dans son œuvre l'histoire nationale. Dans l'Antiquité, des résumés à usage scolaire (ou *periochae*) en furent tirés. Source indispensable de l'histoire de Rome, l'œuvre de Tite-Live n'est toutefois pas exempte d'imperfections : anachronismes nombreux, surtout pour la période archaïque, manque d'esprit critique à l'égard de sa documentation, rarement de première main.

TITIEN, Tiziano Vecellio, en fr. (Pieve di Cadore, Vénétie, 1488 ou 1489-Venise, 1576). Peintre italien, il fut l'un des portraitistes les plus célèbres d'Europe. Très jeune, il fut envoyé à Venise* où il travailla dans différents ateliers, notamment celui de Giorgione* qui fut son premier maître (*L'Amour sacré et l'Amour profane*, v. 1515-1516, galerie Borghèse, Rome). Après le retable de *L'Assomption* (v. 1518, église des Frari, Venise), la renommée du Titien commença à dépasser les limites de la Vénétie et les grands d'Italie lui passèrent d'importantes commandes. Il peignit pour Alphonse Ier d'Este, duc de Ferrare, des sujets mythologiques (*Bacchanale*, 1518-1519, Madrid, Prado), et réalisa à Mantoue le portrait de Frédéric de Gonzague (1523). Présenté en 1530 à l'empereur Charles* Quint, il devint son portraitiste officiel (*L'Empereur assis*,

1548, pinacothèque de Munich ; *Charles Quint à cheval vainqueur à Mühlberg*, 1548, Madrid, Prado), puis celui de son fils Philippe II*, tout en travaillant aussi pour les papes et François Ier*. Les allégories mythologiques, les scènes religieuses ou profanes ont fait aussi sa célébrité (*La Mise au tombeau*, 1523-1525, Paris, Louvre ; *La Vénus d'Urbino*, 1538, Florence, galerie des Offices ; *Danaé*, Naples et Prado ; *La Nymphe et le berger*, v. 1570, Vienne). Riche et comblé d'honneurs, il mourut à Venise, victime d'une épidémie de peste. Grand artiste international, il influença notamment Vélasquez*, Rembrandt* et Rubens*. Voir Tintoret, Véronèse.

TITO, Josip BROZ, dit (Kumrovec, Croatie, 1892-Ljubljana, 1980). Maréchal et homme politique yougoslave. Chef de la Résistance* à l'occupation nazie lors de la Seconde Guerre* mondiale, il tenta d'instaurer en Yougoslavie un socialisme* autogestionnaire, rompit avec le stalinisme et mena, à l'extérieur, une politique de non-alignement. Issu d'une famille de paysans croates modestes, Tito, ouvrier agricole puis ouvrier métallurgiste, fut mobilisé au cours de la Première Guerre* mondiale dans l'armée austro-hongroise. Blessé, puis prisonnier des Russes (1915), il fut interné dans un camp de l'Oural, s'échappa et rejoignit Petrograd en juin 1917. Bientôt gagné au bolchevisme, il combattit dans les rangs de l'armée Rouge. Rentré en Croatie en 1923, il s'installa à Zagreb, adhéra au Parti communiste yougoslave et participa à l'activité illégale du parti, interdit après un attentat manqué contre le régent Alexandre. Arrêté en 1928, il fut condamné à cinq ans de réclusion puis, libéré, il prit le nom de Tito et se rendit à Moscou où il devint un agent du Komintern*. Envoyé en mission à travers l'Europe, il séjourna notamment à Paris (1936) où il organisa le passage en Espagne des volontaires yougoslaves engagés dans les

Brigades* internationales. Secrétaire général du Parti communiste yougoslave (1937), il dirigea après l'invasion allemande de l'URSS (juin 1941) la guérilla contre l'occupation allemande de la Yougoslavie. L'attitude ambiguë de son rival, le général nationaliste Mihailovic* alors chef des résistants nationalistes, provoqua, autour de Tito, le ralliement de nombreux résistants non communistes. Chef de l'état-major des partisans, Tito constitua le Comité antifasciste de libération nationale (novembre 1942) et, proclamé maréchal en 1943, présida le gouvernement provisoire révolutionnaire opposé au gouvernement émigré du roi Pierre. En août 1944, il parvint à rejoindre l'Italie occupée par les Alliés, et rencontra Churchill* qu'il gagna à sa cause. Le roi Pierre le nomma alors chef de la Résistance. À la tête d'une armée populaire de 800 000 hommes, Tito, après des combats acharnés contre l'armée allemande, sans intervention directe de l'URSS ni de l'Occident, libéra la presque totalité de la Yougoslavie. Après la victoire de son parti, le Front du peuple, aux élections de l'Assemblée constituante en novembre 1945, Tito, président du Conseil et ministre de la Défense, abolit la monarchie et proclama la République populaire fédérale de Yougoslavie (novembre 1945) qu'il dirigera pendant 35 ans comme chef de gouvernement (1945-1953) puis comme président (élu à vie en 1974). Il édifia, dans les premières années de l'après-guerre, une Yougoslavie socialiste, étatisant les banques, l'industrie et le commerce et collectivisant l'agriculture. D'abord fidèle allié de l'URSS, Tito amorça à partir de 1948 une politique antisoviétique en refusant de s'incliner devant les directives du Kominform* dont la Yougoslavie fut exclue. Sa rupture avec Staline* constitua la première grande scission au sein du mouvement communiste international. À partir de 1950, Tito accepta une assistance militaire et économique des

Occidentaux, en particulier des États-Unis. Ce fut la déstalinisation en URSS et la visite de Khrouchtchev* à Belgrade* (1955) qui permirent une normalisation des relations entre les deux pays. Ayant refusé l'alignement sur le modèle soviétique, Tito donna sa propre voie au socialisme yougoslave qui se traduisit à l'intérieur par l'autogestion et à l'extérieur par le non-alignement (première conférence des non-alignés à Belgrade* avec Nasser* et Nehru*, en 1961). Afin de mettre un terme aux querelles nationalistes mais aussi d'assurer sa succession, il donna à l'État une direction collégiale et durcit le régime en imposant l'autorité de la Ligue des communistes de Yougoslavie (nom pris par le Parti communiste en 1952).

TITULESCU, Nicolae (Craiova, 1883-Cannes, 1941). Homme politique roumain. Ministre des Affaires étrangères (1927-1928 et 1932-1936), puis président de la Société* des Nations (1930-1931), il fonda la défense de son pays sur la Petite-Entente*, avec la Yougoslavie et la Tchécoslovaquie.

TITUS (Rome, 40-Aquae Cutiliae, 81 ap. J.-C.). Empereur romain de la dynastie des Flaviens*. Fils de Vespasien*, il régna de 79 à 81. Victorieux dans la guerre de Judée*, son règne ne dura que deux ans et fut marqué en Italie par une série de catastrophes. Titus acheva le siège de Jérusalem* (70), détruisit définitivement le Temple*, les terres des juifs* étant réunies aux biens impériaux. Rentré à Rome*, il célébra son triomphe* conjointement avec Vespasien (que rappelle l'arc de Titus) et fut associé par son père à l'Empire. Collègue de son père au consulat en 70 et sept fois consul* entre 70 et 79, il fut aussi censeur* associé à la puissance tribunicienne et préfet* du prétoire de 71 à 79. Objet de scandale par sa liaison avec la reine juive Bérénice, Titus, empereur en 79, ne voulut plus être que le bienfaiteur de l'Empire et manifesta en effet tolérance et générosité. Son règne

vit une série de calamités : un nouvel incendie de Rome (80), Pompéi* et Herculanum* ensevelies sous les laves du Vésuve (79) et des épidémies meurtrières. Titus mourut à 40 ans, laissant son trône à son frère Domitien*. Voir Salomon (Temple de).

TOCQUEVILLE, Charles Alexis Clérel, comte de (Paris, 1805-Cannes, 1859). Écrivain et homme politique français. Magistrat sous la Restauration*, il fut chargé d'une mission d'information sur le système pénitentiaire aux États-Unis et publia, à son retour, *Du système pénitentiaire aux États-Unis et de son application en France* (1832) qui servit de référence à la réforme de la législation pénale. Surtout, il élargit son sujet en écrivant un ouvrage politique capital, salué encore aujourd'hui, *De la démocratie en Amérique* (1835-1840) qui devint aussitôt la bible des partisans du libéralisme* politique. Ces deux ouvrages annoncèrent sa grande œuvre historique, *L'Ancien Régime et la Révolution* (1856). Remarquable reconstitution des événements politiques et sociaux de la France dans les différentes phases de sa Révolution*, l'ouvrage démontre que cette période a accompli les tendances profondes de la monarchie française, la centralisation administrative et la désagrégation des corps constitués. Tocqueville, député puis ministre des Affaires étrangères (1849) sous la Deuxième République*, renonça à la vie politique après le coup d'État de Louis Napoléon Bonaparte (2 décembre 1851). Voir Empire (Second), Napoléon III.

TOGE. Dans l'Antiquité, grande pièce d'étoffe formant un vêtement ample que les Romains portaient par-dessus une tunique. La toge prétexte était une toge blanche bordée de pourpre portée par les jeunes gens de naissance libre jusqu'à ce qu'ils reçoivent la toge virile à 16 ans. Les Romains de rang sénatorial portaient sur leur tunique le laticlave* ou large bande pourpre, ceux de rang équestre, l'augusticlave, bande pourpre étroite. Voir Sénat romain.

TŌGŌ HEIHACHIRO (Kagoshima, 1847-Tokyo, 1934). Amiral japonais. Il vainquit les Russes aux batailles de Moukden* et de Tsushima lors de la guerre russo-japonaise* de 1904-1905.

TOISON D'OR. Voir Argonautes, Jason.

TOISON D'OR (Ordre de la). Ordre chevaleresque et nobiliaire créé en 1429 à Bruges* par le duc de Bourgogne Philippe III* le Bon à l'occasion de son mariage avec Isabelle de Portugal, en souvenir de la Toison d'Or de Jason*. Les insignes sont un bélier d'or suspendu à une chaîne d'or, le collier lui-même étant composé de pierres à feu d'où jaillissent des étincelles. Créé à l'origine pour unifier la noblesse autour de lui mais aussi pour propager la foi catholique*, la maîtrise passa à l'archiduc Maximilien Ier* – époux de Marie de Bourgogne*, fille de Charles* le Téméraire – puis à la maison de Habsbourg*. Charles* Quint transmit la maîtrise aux rois d'Espagne qui revint ensuite aux Bourbons*. Les Habsbourg* ne souhaitant pas renoncer à leurs droits, l'ordre fut conféré à la fois par les rois d'Espagne et les souverains du Saint* Empire. Depuis le XVIIIe siècle, le trésor de l'ordre se trouve à Vienne.

TOJO HIDEKI (Tokyo, 1884-*id.*, 1948). Général et homme politique japonais. Chef du gouvernement de 1941 à 1944, il engagea le Japon dans la Seconde Guerre* mondiale, menant une guerre à outrance contre les États-Unis. Reconnu comme criminel de guerre par les Américains, il fut, après avoir tenté de se suicider, exécuté en décembre 1948.

TOKUGAWA. Famille aristocratique japonaise issue des Minamoto*. Elle donna la troisième et la plus importante dynastie shogunale au Japon (1603-1867). La capitale était à Edo* (aujourd'hui Tokyo*). Ce fut sous cette dynastie qu'au XIXe siècle, sous la pression des Occidentaux, le Japon

dut s'ouvrir au commerce international. En 1867, le 15e shogun Tokugawa mais aussi dernier shogun du Japon dut céder ses pouvoirs à l'empereur Mutsuhito*. Voir Ashikaga, Kamakura, Meiji, Shogunat, Samourai.

TOKYO. Capitale du Japon dont l'ancien nom fut Edo* ou Yedo. Tokyo ne prit son essor qu'au début du XVIIe siècle, lorsque les Tokugawa*, abandonnant Kyoto*, décidèrent d'y établir le gouvernement shogunal (1603). Ils aménagèrent, au prix de travaux considérables, un site difficile (marécages et zone de séismes) où de nombreux villages et agglomérations furent créés. Lorsque le shogunat* – gouvernement militaire – fut aboli (1867), l'empereur Mutsuhito* fit d'Edo, rebaptisée Tokyo, la capitale de son pays. En partie détruite par le séisme de 1923, puis reconstruite, Tokyo fut très éprouvée par les bombardements américains de 1945 (« Typhon de feu » du 9-10 mars). Voir Meiji (Ère).

TOLSTOÏ, Léon Nikolaïévitch, comte (Iasnaïa-Poliana, gouvern. de Toula, 1828-Astapovo, gouvern. de Riazan, 1910). Écrivain russe. Aristocrate et grand propriétaire terrien, déchiré intérieurement par la contradiction entre son existence de privilégié et son idéal d'ascèse, Tolstoï a donné dans ses récits et ses grands romans une peinture saisissante de la société et de l'âme russe. Couvert de gloire, il devint à la fin de sa vie le représentant des aspirations de la jeunesse intellectuelle russe. Après de médiocres études à Kazan, Tolstoï s'engagea dans l'armée en 1851, participa aux campagnes du Caucase et à la défense de Sébastopol*. Encouragé par le succès de ses premiers ouvrages (*Enfance*, 1852 ; *Adolescence*, 1854 ; *Jeunesse*, 1855 ; *Récits de Sébastopol*, 1868), il quitta l'armée en 1856 et décida de se consacrer à la littérature. Après un voyage en Europe, il s'installa dans son domaine héréditaire de Iasnaïa-Poliana et fonda une école pour les paysans illettrés. Marié à ne jeune voisine, Sophie Bers (1862) dont il eut 13 enfants, Tolstoï fit paraître sa nouelle *Les Cosaques* (1863) et se mit à traailler à sa première grande œuvre, *Guerre t Paix* (1865-1869), vaste fresque de 'aristocratie russe à l'époque des guerres apoléoniennes, puis publia son second rand roman *Anna Karénine* (1875-1877), es deux ouvrages lui apportant la gloire et a célébrité mondiale. Saisi d'une crise norale et religieuse au moment de la réaction d'*Anna Karénine*, Tolstoï devint royant, (*Confessions*, 1882), se consacra à l'action philanthropique et composa une œuvre moraliste (*La Puissance des ténères*, 1886 ; *La Mort d'Ivan Ilitch*, 1886 ; *La Sonate à Kreutzer*, 1890 ; *Maîtres et erviteurs*, 1895 ; *Résurrection*, 1899). avide de pauvreté et d'ascèse, souhaitant enoncer, sans le faire, à sa fortune – déendue par sa femme pour sauvegarder héritage de ses enfants –, Tolstoï finit par uitter sa famille et mourut un mois plus ard d'une pneumonie dans une petite gare e province.

'OLTÈQUES. Peuple indien du Mexique entral qui installa au Xe siècle sa capitale Tula où il développa une brillante civisation. Les Toltèques, qui dominèrent le Mexique central jusque vers 1160, émigrèent vers le sud, furent vaincus par les Chihimèques qui détruisirent Tula en 1168. s pénétrèrent alors en pays maya, dans le 'ucatan, où ils établirent une nouvelle caitale, Chichén Itzà. Guerre et mort inspièrent en grande partie leur art. Voir Azques, Incas, Mayas.

'ONKIN. Région du nord du Viêt-nam. 'onquis par la France (1882-1884), le 'onkin fut intégré à l'Union indochinoise 887) puis rattaché au Viêt-nam devenu dépendant après l'occupation japonaise 945). Le Tonkin, reconquis par le généal Leclerc* fut, à partir de 1946, le centre e la résistance contre la France puis les tats-Unis. Voir Doumer (Paul), Indo-

chine (Guerre d'), T'ien-tsin (Traité de), Viêt-nam (Guerre du).

TORAH, THORA ou **TORA**. 1) Loi sacrée révélée à Moïse* par Yahvé*. Yahvé y donne ses commandements au peuple hébreu*. La Torah contient l'essentiel de la législation israélite réunie dans les cinq premiers livres de la Bible* (appelés par les traducteurs grecs le Pentateuque). On y trouve notamment l'organisation de certaines fêtes et des règles pour la vie privée des israélites. 2) Rouleau de parchemin enroulé autour de deux baguettes sur lequel a été copié le texte des cinq premiers livres de la Bible. On s'en sert dans les synagogues*, surtout le jour du sabbat*. Voir Arche d'Alliance, Judaïsme, Tables de la Loi, Talmud, Testament (Ancien).

TORDESILLAS (Traité de, 1494). Traité arbitré par le pape Alexandre VI* Borgia et signé entre les Rois Catholiques, Isabelle* de Castille et Ferdinand* d'Aragon, et Jean II du Portugal. Il fixait une « ligne de partage » des futures possessions de chacun de ces deux pays. Ce traité fut confirmé en 1506 par le pape Jules II*.

TORY. Voir Whig et Tories.

TOTLEBEN ou **TODLEBEN, Eduard Ivanovitch** (Mitau, auj. Ielgava, 1818-Bad Soden, 1884). Ingénieur et général russe. Il fut un des héros du siège de Sébastopol* (1854-1855) lors de la guerre de Crimée*, puis dirigea durant la guerre russo-turque* le siège de Plevna (1877) dont il obtint la capitulation au bout de trois mois.

TOUKHATCHEVSKI, Mikhaïl Nikolaïévitch (Aleksandrovskoïe, gouv. de Smolensk, 1893-Moscou, 1937). Maréchal* soviétique. Grand militaire, il fut la première victime des purges ordonnées par Staline* dans l'armée Rouge. Issu d'une famille de propriétaires terriens, officier du tsar, il se rallia en 1918 au parti bolchevique et participa à la fondation de l'armée Rouge. Il dirigea, pendant la guerre civile (1917-1921), la Ve armée Rouge contre les armées blanches (contre-révolutionnaires) de Koltchak* et Denikine*, commanda le front ouest contre les Polonais (1920), et réprima, sur l'ordre de Lénine*, la révolte des marins de Kronstadt* (1921). Chef d'état-major de l'armée (1925-1928), adjoint au commissaire du peuple à la Défense (1931), il fut fait maréchal en 1935 et devint le véritable organisateur de l'armée Rouge. Chef militaire respecté et très populaire, il fut bientôt écarté par Staline et accusé de trahison dans des circonstances encore restées obscures. Jugé à huis clos avec sept de ses collègues, Toukhatchevski fut condamné à mort et exécuté. Il fut réhabilité en 1961 par Khrouchtchev*, réhabilitation confirmée par Mihail Gorbatchev*. Il avait laissé plusieurs ouvrages parmi lesquels *Les Problèmes de la stratégie contemporaine.* Voir Moscou (Procès de).

TOULOUSE-LAUTREC, Henri de (Albi, 1864-château de Malromé, Gironde, 1901). Peintre, dessinateur et affichiste français. Ami des impressionnistes et de Van* Gogh, Toulouse-Lautrec resta un artiste indépendant, portraitiste et peintre des lieux de plaisir de Montmartre. Issu d'une vieille famille aristocratique, devenu nain et estropié après deux accidents de cheval, il se consacra à la peinture, s'exerçant dans différents ateliers d'artistes à Paris. Les impressionnistes et l'étude des estampes japonaises furent ses sources d'inspiration fondamentales mais il élabora très vite un style original. Installé à Montmartre, il fréquenta assidûment les cafés-concerts, les maisons closes, les salles de bals et les théâtres, lieux dont il restitua dans sa peinture, en observateur aigu et caustique, toute la tristesse (*Jeanne Avril sortant du Moulin Rouge*, 1892, Paris, musée d'Orsay ; *Au salon de la rue des Moulins*, 1894, musée d'Albi ; *La Clownesse Cha-U-Kao*, 1895, Paris, musée d'Orsay). Toulouse-Lautrec fut aussi l'auteur de portraits et surtout d'une trentaine d'affiches célèbres. Rendu très malade par l'abus d'alcool, le

peintre finit ses jours paralysé. L'essentiel de son œuvre est exposé au musée Toulouse-Lautrec d'Albi.

TOURÉ, Sékou (Faranah, 1922-Cleveland, Ohio, 1984) Homme politique guinéen. Après avoir fait accéder son pays à l'indépendance en 1958, il exerça un pouvoir dictatorial jusqu'à sa mort. Né dans une famille musulmane* modeste, ancien secrétaire du syndicat des travailleurs des PTT (1945), Touré participa, en 1946 avec Houphouët-Boigny* à la création du Rassemblement démocratique africain (RDA) et fonda en 1952 le Parti démocratique de Guinée (PDG), section locale du RDA. Maire de Conakry en 1955, président de la Confédération générale des travailleurs d'Afrique noire (1956), député à l'Assemblée nationale française (1956), il refusa l'entrée de son pays dans la Communauté*, la Guinée devenant ainsi le premier État francophone indépendant d'Afrique noire, et rompit tous ses liens avec la France. Élu en 1958 président de la République, chef du gouvernement et des armées, Touré, devant la menace de faillite économique, accepta l'aide de l'URSS et de la Chine et orienta la Guinée dans la voie du socialisme* tout en maintenant une politique neutraliste. Il apporta son soutien à Nkrumah* auquel il donna asile en 1966, créa avec les pays islamiques le Bloc de Casablanca (1961) et renoua en 1975 les relations diplomatiques avec la France. Sur le plan intérieur, après deux tentatives de soulèvement (1969, 1970), il instaura en Guinée un régime autoritaire et policier. Héros de l'indépendance nationale, il laissa, après sa mort, un pays ruiné mais libéré de sa dictature. Voir AOF.

TOURGUENIEV, Ivan Sergueïévitch (Orel, 1818-Bougival, 1883). Écrivain russe. Ami de Flaubert*, d'Alphonse Daudet*, de Zola*, il fut l'écrivain russe le plus influencé par la pensée occidentale. Marqué dans son enfance par le despotisme de sa mère, il compléta des études hilosophiques en Allemagne où il subit influence de Friedrich Hegel*. Décidé à e consacrer à l'écriture, Tourgueniev uitta la Russie en 1856 et vécut en Allemagne et en France. Il fut l'auteur de romans (*Pères et fils*, 1862 ; *Terres vierges*, 877), de nouvelles, notamment *Récits 'un chasseur* (1852) – célèbre témoignage sur le servage en Russie – et *Premier Amour* (1860), ainsi que de pièces de méâtre (*Un mois à la campagne*, 1879).

'OURS (Congrès de, 25-30 décembre 920). Congrès du Parti socialiste français SFIO, Section* française de l'Internatioale ouvrière) réuni à Tours, qui marqua la mission entre les socialistes (minoritaires) dèles à la Seconde Internationale* et les ommunistes partisans de la Troisième Internationale* (ou Komintern*) et des « 21 onditions » très strictes posées par Léine* : dictature du prolétariat, exclusion es réformistes, agitation, propagande illégale et surtout « soutien sans réserve à utes les Républiques soviétiques dans ur lutte contre la contre-révolution ». La najorité des socialistes favorables à la révolution russe d'Octobre 1917 et au bolnevisme quittèrent la SFIO dont le journal fut désormais *Le Populaire* et forma FIC (Section française de l'Internationale ommuniste*), qui prit le nom de Parti ommuniste* en 1922). Cette scission poique se doubla d'une scission syndicale u sein de la CGT (Confédération* généale du travail) avec la création de la GTU (Confédération générale du travail nitaire). Léon Blum* resta le président de SFIO, gardien de la « vieille maison ». oir Cachin (Marcel).

OUSSAINT. Fête célébrée par les chréens* en l'honneur de tous les saints. Elle lieu le 1er novembre et est dans la pratiue confondue avec la fête des morts du ndemain. Voir Fêtes chrétiennes.

OUSSAINT LOUVERTURE (Saintomingue, 1743-fort de Joux, près de ontarlier, 1803). Homme politique haï-

tien. Esclave noir affranchi, il tenta, sans succès, d'établir une République. Après avoir été l'un des chefs de la révolte des Noirs en 1791, il se rallia au gouvernement révolutionnaire qui venait d'abolir l'esclavage (1794), proclama l'autonomie de l'île après avoir combattu les occupants anglais et portugais et prit le titre de gouverneur général (1801). Il dut cependant capituler face à l'expédition du général Leclerc envoyée par Bonaparte* et mourut interné en France. Voir Grégoire (Henri, dit l'Abbé), Traite des Noirs.

TOUTANKHAMON ou TOUT ANKH AMON (v. 1354-v. 1346 av. J.-C.). Pharaon* du Nouvel* Empire qui succéda à son beau-père Aménophis IV*-Akhénaton. Il abolit le culte monothéiste d'Aton* pour rétablir celui du dieu Amon* et mourut très jeune. Son nom a été rendu célèbre par un Anglais, lord Carnarvon*, qui découvrit en 1922 sa tombe jusque-là inviolée. La tombe de Toutankhamon, la plus petite de la Vallée* des Rois, était remplie d'innombrables objets. Le sarcophage de la momie* du jeune roi, dont la tête était recouverte d'un masque d'or, était enfermé dans d'autres sarcophages emboîtés les uns dans les autres. Les deux premiers étaient de bois doré orné d'incrustations. Le dernier, en or massif, pesait près de 1 100 kilos. Toutes ces richesses se trouvent aujourd'hui au musée du Caire*. Voir Carter (Howard).

TOWNSHEND ACTS (1767). Nom donné aux lourdes taxes imposées au commerce des colonies américaines qui furent à l'origine des émeutes de Boston* et de l'insurrection des colonies. Le nom de ces lois est attaché à celui de Charles Townshend, chancelier* de l'Échiquier* dans le cabinet Pitt* (1766-1768). Voir *Boston Tea Party*, Indépendance américaine (Guerre d').

TOYNBEE, Arnold (Londres, 1889-York, 1975). Historien anglais. Dans son œuvre principale, *Étude de l'histoire*

(12 vol., 1934-1961), il analyse les civilisations du monde, leurs phases de croissance et de déclin.

TOYOTOMI HIDEYOSHI (Nakamura, 1536-Fushimi, 1598). Général et homme d'État japonais. Grande figure de l'histoire japonaise, il réussit à pacifier et à unifier le Japon. Issu de la paysannerie pauvre, il servit Oda Nabumaga, shogun depuis 1573 à la place du dernier Ashikaga*, devint l'un de ses meilleurs généraux et lui succéda après sa mort (1582). Après avoir conquis les provinces occidentales, il devint Premier ministre (1585-1598) et soumit les grands seigneurs encore indépendants. Installant son gouvernement à Osaka, il y fit édifier un magnifique château. Il tenta sans succès de conquérir la Corée et la Chine. Voir Tokugawa.

TRAFALGAR (Bataille de, 21 octobre 1805). Éclatante victoire remportée par la flotte anglaise commandée par Nelson* – qui y trouva la mort – sur la flotte franco-espagnole commandée par l'amiral de Villeneuve*. Cette victoire donnait à l'Angleterre la maîtrise absolue des mers et la délivrait de toute crainte de débarquement français. Cependant, en anéantissant la flotte française, elle allait décider Napoléon Ier* à imposer le Blocus* continental.

TRAITE DES NOIRS. Traite des esclaves* noirs sur les côtes de l'Afrique occidentale pratiquée par les Européens du XVIe au XIXe siècle. Après la découverte du Nouveau Monde, tous les pays européens qui possédaient une flotte pratiquèrent le « commerce triangulaire » reliant les ports européens, la côte de l'Afrique et l'Amérique. L'apogée de ce trafic se situa dans le dernier quart du XVIIIe siècle en raison de l'essor des plantations en Amérique du Nord et aux Antilles mais aussi de l'exploitation des mines d'or au Brésil. L'Amérique était devenue à cette époque la plus grande zone esclavagiste du monde (100 000 Africains environ transportés par an). En 1807, le Parlement* anglais abolit la traite des Noirs dans l'Empire britannique. La même année, les États-Unis promulguèrent une loi interdisant le commerce océanique d'esclaves et bientôt des lois nationales et des traités internationaux rendirent le commerce des esclaves illégal. Cependant, la traite clandestine notamment basée dans les colonies ibériques d'Amérique (Brésil et Cuba), se poursuivit jusqu'à la fin du XIXe siècle. On estime qu'environ 12 millions d'esclaves avaient quitté l'Afrique, 20 millions si l'on tient compte de la traite orientale (Moyen-Orient).

TRAJAN (Italica, 53-Sélinonte, 117 ap. J.-C.). Empereur romain de la dynastie des Antonins*, il régna de 98 à 117. Fils d'une famille italienne installée en Espagne, il fut le premier empereur romain à n'être pas originaire de Rome*. Excellent général et remarquable administrateur, il passa auprès des Romains de son temps et des temps qui suivirent pour le « meilleur des empereurs » (*Optimus princeps*). Adopté par Nerva* auquel il succéda en 98 ap. J.-C., Trajan lança l'Empire dans une politique de conquêtes : il conquit la Dacie (actuelle Roumanie), région riche en mines d'or, puis l'Arménie, l'Assyrie* et la Mésopotamie* contre les Parthes*, portant ainsi l'Empire à son extension extrême. À Rome, il gouverna toujours en collaborant avec le Sénat* dans lequel il fit entrer de nombreux provinciaux, et entreprit d'importants travaux. Il fit construire le forum* de Trajan, la colonne Trajane, agrandir le port d'Ostie*, assécher les Marais Pontins (situés au sud de la ville). À l'égard des chrétiens*, il se refusa à toute violence et interdit qu'on les recherchât. Son règne fut enfin marqué par une exceptionnelle floraison de grands écrivains (Tacite*, Juvénal*, Pline* le Jeune, Plutarque*). Trajan mourut subitement à Sélinonte, en Cilicie, au retour d'une campagne en Orient, laissant le trône à Hadrien*.

TRANSJORDANIE. Ancien État du Proche-Orient. Émirat créé en 1921 sur les ruines de l'Empire ottoman* et placé par la SDN (Société* des Nations) sous mandat britannique (1922), devenu royaume indépendant en 1946. La Transjordanie forma avec la Cisjordanie*, annexée en 1949, le royaume de Jordanie. Voir Isaélo-arabes (Guerres), Husayn.

TRANSSIBÉRIEN. Grand chemin de fer de Russie reliant à travers la Sibérie Moscou à Vladivostok (9 297 km). Construit entre 1891 et 1916, il répondait à des nécessités civiles (la colonisation de la Sibérie), mais aussi militaires. Un second transsibérien (B-A-M : Baïkal-Amour Magistral), long de 4 275 km, a été construit entre 1959 et 1984. Voir Witte (Sergueï).

TRANSVAAL. Région septentrionale de la République d'Afrique du Sud. La région fut colonisée par les Boers* lors du Grand Trek* (1834-1839). En 1852 fut fondée la république sécessionniste du Transvaal, dont l'indépendance fut reconnue par la Grande-Bretagne. Cependant, confronté à d'importantes difficultés, le Transvaal fut annexé par le Natal* britannique (1877). Libéré par Kruger*, il bénéficia de l'autonomie sous suzeraineté anglaise. La découverte de mines d'or (1884), l'arrivée massive de nouveaux immigrants dont les revendications étaient soutenues par la Grande-Bretagne provoquèrent une nouvelle guerre (1899-1902). Les Boers furent vaincus. Le Transvaal devint une colonie britannique (1902) puis fut intégré à l'Union sud-africaine (1910). Voir Orange, Boers (Guerre des), Rhodes (Cecil).

TRASIMÈNE (Lac). Lac situé en Italie centrale ; ses environs furent le théâtre d'une grande victoire remportée par le général carthaginois Hannibal* contre les Romains lors de la deuxième guerre Punique* (217 av. J.-C.). L'armée romaine* perdit lors de cette bataille 15 000 hommes, 10 000 autres furent faits prisonniers. Le consul* Flaminius fut tué.

TRAVAILLISTE (Parti, en angl. *Labour Party*). Parti socialiste britannique fondé en 1900. Réformiste, étranger à tout dogmatisme, le parti noua, dès son origine, des liens très étroits avec les syndicats dont il garde l'empreinte aussi bien dans sa structure (adhésions massives de syndicalistes dont les contributions sont essentielles au financement du parti), que dans ses méthodes d'action. D'abord arbitre entre les deux grands partis traditionnels, le Parti conservateur* et le Parti libéral*, le Parti travailliste (qui prit ce nom en 1906) gagna bientôt en influence. Dirigé par J. Ramsay MacDonald*, il fut au pouvoir en 1924 puis de 1929 à 1931, et soutint la politique de Winston Churchill* lors de la Seconde Guerre* mondiale. À nouveau à la tête du gouvernement de 1945 à 1951 (C. Attlee*), il fit voter d'importantes réformes économiques et sociales. Le parti revint au pouvoir entre 1964 et 1970 et à partir de 1974 (Harold Wilson*) puis de 1976 à 1980 (James Callaghan*). Depuis 1980, il est dans l'opposition. Voir Thatcher (Margaret).

TRÉBIZONDE (Empire grec de). Nom donné à l'État (1204-1461) fondé par deux princes byzantins de la famille des Comnènes après la prise de Constantinople* par les croisés* en 1204. Il fut, avec le despotat d'Épire* et l'empire de Nicée*, l'un des États qui assurèrent la continuité de l'Empire byzantin*. Sa capitale, Trébizonde, était un port très actif de la mer Noire, ayant le quasi-monopole du commerce avec les Indes. Très prospère, cet État devint l'un des refuges des Grecs après la chute de Constantinople (1453) et un grand foyer de civilisation. Trébizonde fut conquise par les Ottomans* en 1461 puis déclina progressivement.

TREK (GRAND). Mot néerlandais signifiant « migration ». Exode des fermiers boers* (1834-1839) qui quittèrent la colonie du Cap dans laquelle les Anglais avaient aboli l'esclavage. Ils s'installèrent dans les « terres vierges » – terres non habitées par les Blancs –, les futurs États de Natal*, d'Orange* et du Transvaal*.

TRENTE (Concile de). XIXe concile œcuménique réuni à Trente (Italie du Nord) et convoqué par le pape Paul III à la demande de Charles* Quint pour faire face aux progrès de la Réforme* protestante. Cette assemblée se réunit en trois périodes (1545-1549, 1551-1552, 1562-1563), examina tous les points fondamentaux de la doctrine catholique et révisa la plupart des institutions ecclésiastiques. Expression de la Réforme catholique et véritable machine de guerre contre la Réforme, rendant impossible une réconciliation entre catholiques et protestants*, le concile de Trente fixa les grands traits de l'Église romaine, laissant une empreinte profonde jusqu'au XXe siècle. La plupart des points du dogme furent examinés et redéfinis, notamment la présence réelle de Jésus-Christ* dans l'Eucharistie* qui fut réaffirmée avec force. Les pratiques du culte furent confirmées : les sept sacrements* furent conservés et devaient être administrés suivant l'usage de Rome, les formes traditionnelles de la piété furent maintenues, en particulier le culte de la Vierge et des saints mais aussi celui des images. Le concile insista aussi sur la valeur des œuvres et la notion de mérite. Des décrets disciplinaires furent réaffirmés comme le célibat des prêtres, la résidence des évêques* dans leur diocèse et l'interdiction du cumul des évêchés. On fixa enfin le canon des Écritures. La même valeur fut donnée à la tradition et à la Bible*, cette dernière étant considérée par les protestants comme seule source de foi. La Vulgate, traduction latine de la Bible par saint Jérôme, fut imposée, et Rome interdit, après le concile, sa traduction en langues vulgaires, affirmant que seul le clergé était habilité à l'interpréter. Le concile

réorganisa enfin l'enseignement religieux par la création de séminaires et réaffirma l'autorité du Saint-Siège sur le monde catholique. Malgré les lenteurs dans l'application des décisions prises lors du concile de Trente, le catholicisme* sortit fortifié de la crise de la Renaissance*. Voir Contre-Réforme.

TRENTE ANS (Guerre de). Nom donné au conflit religieux et politique européen qui dévasta le Saint-Empire*, principal théâtre d'opérations, entre 1618 et 1648. Né de l'opposition entre les princes protestants* allemands et l'autorité impériale catholique*, il dégénéra en guerre européenne par l'intervention des grandes puissances étrangères, particulièrement de la France et de la Suède, inquiètes de la puissance des Habsbourg*. La défenestration* de Prague (1618), provoquée par l'aristocratie protestante tchèque, fut l'étincelle qui déclencha le conflit, aggravé par l'avènement de l'empereur Ferdinand II* de Habsbourg, réputé pour son intransigeance religieuse. Ce dernier fut déposé par la Bohême révoltée qui nomma à sa place l'électeur palatin, le protestant Frédéric V. Ferdinand II, soutenu par la Ligue catholique de Maximilien de Bavière, le vainquit à la Montagne* Blanche (1620). Christian IV du Danemark, prince protestant convoitant des évêchés d'Empire, prit la relève, mais fut à son tour battu et contraint à la paix de Lübeck (1629) qui sauvegardait ses États personnels. L'empereur, profitant de ses victoires, contraignit les protestants par l'édit de Restitution, à rendre aux catholiques les biens d'Église confisqués depuis la paix d'Augsbourg*. Le roi de Suède, Gustave II* Adolphe, intervint à l'appel des protestants et, soutenu financièrement par la France de Richelieu* – au scandale des catholiques français – remporta sur les impériaux de foudroyante victoires (Breitenfeld, 1631 ; le Lech, 1632), arrêtées par sa mort à Lützen près de Leipzig (1632). Le redressement impéal, grâce à la victoire de Nördlingen (1634), obligea Richelieu à intervenir directement dans le conflit en déclarant la guerre à l'Espagne (1635). Après une série de revers, la France rétablit la situation en gagnant les batailles de Rocroi* (1643) et de Lens (1648), lui ouvrant la route des Pays-Bas espagnols tandis que la Suède envahissait la Bavière et s'emparait de Prague. L'empereur Ferdinand III* se résigna à la paix et signa les traités de Westphalie* (1648). Le conflit franco-espagnol se prolongea encore 11 ans (Traité des Pyrénées*, 1659). Effondrée sur le plan démographique – elle perdit environ 40 % de sa population – et économique, le Saint Empire fut condamné à la paralysie politique jusqu'au XIXe siècle, malgré l'ascension de la Prusse*. La France – qui jouera désormais un rôle prépondérant en Europe –, la Suède, les Provinces-Unies et la Suisse – ces deux dernières accédant définitivement à l'indépendance –, furent les grands vainqueurs de ce conflit. Voir Bernard de Saxe-Weimar, Condé (Grand), Mazarin, Tilly (Johann, Tserclaes, comte de), Turenne (vicomte de), Wallenstein (Albrecht von).

TRENTE-NEUF ARTICLES (1563). Confession de foi de l'Église anglicane touchant les principaux points du dogme et adoptée par le Parlement* anglais sous le règne d'Élisabeth Ière*. Ces 39 articles restètent la voie moyenne décidée par la reine entre le catholicisme* romain et le calvinisme* radical genevois. Ils n'admettent que deux sacrements*, le baptême* et la Cène*, nient le Purgatoire, la transsubstantiation*, et le culte des saints, et refutent la primauté de Rome, l'infaillibilité des conciles* et le célibat des prêtres. Voir Anglicanisme.

TRÊVE DE DIEU. Limite apportée par l'Église au XIe siècle au droit de guerre privée. Elle interdisait la guerre pendant certaines périodes : du mercredi soir au lundi matin puis pendant l'Avent et le Carême,

et frappait d'excommunication tous ceux qui ne s'y conformaient pas. Voir Paix de Dieu.

TRIADE CAPITOLINE. Nom donné aux trois grands dieux romains, Jupiter*, Junon* et Minerve* adorés sur la colline du Capitole* à Rome*. Cette triade étrusque* succéda à la triade italique (Jupiter, Mars*, Quirinus*), dont le culte était assuré par les trois Flamines* majeurs.

TRIADE OSIRIENNE. Nom donné aux trois dieux Osiris*, Isis*, Horus*, divinités de l'Égypte* ancienne. Ils ont été l'objet du culte le plus répandu en Égypte. Voir Triade thébaine.

TRIADE THÉBAINE. Nom donné dans l'Égypte* ancienne au groupe formé par les trois dieux Amon*, Mout* et Khansou*. Ils ont joui d'un grand prestige, Thèbes* ayant été la capitale de l'Empire. Voir Triade osirienne.

TRIANON (Traité de, 4 juin 1920). Traité signé au Grand Trianon à Versailles* par les puissances victorieuses de la Première Guerre* mondiale. Ce traité réglait le sort de la Hongrie, qui cédait des territoires à la Yougoslavie (Croatie*, Slavonie) et à la Tchécoslovaquie (Ruthénie, Slovaquie). Son armée devait en outre être réduite à 35 000 hommes. Voir Paris (Conférence de), Slovaques.

TRIARII. Dans la Rome* antique, nom donné aux soldats de la troisième ligne des manipules* dans la légion* romaine. Choisis parmi les soldats les plus âgés, ils formèrent l'élite et la réserve de la légion, munis de la lance d'arrêt ou hastat. Voir *Hastati*, Principes, Romaine (Armée).

TRIBU. 1) À Athènes*, la tribu fut l'un des éléments essentiels de la réforme clisthénienne. Clisthène* substitua aux 4 tribus ioniennes, agrégats de solidarités familiales, 10 tribus formées chacune de 3 trittyes* prises aux 3 ensembles territoriaux de la cité : Ville, Paralia (côte) et Mésogée (intérieur). La tribu fut donc un cadre territorial, mais sans continuité géographique. 2) À Rome*, la tribu fut, à l'origine de la République*, une circonscription territoriale. Le nombre des tribus s'est accru au fur et à mesure de la conquête de l'Italie : des 4 tribus urbaines primitives, on passa, en 241 av. J.-C., au chiffre maximum de 35 tribus (4 urbaines et 31 rurales). L'inscription des citoyens se fit ultérieurement, au sein des 35 tribus déjà existantes. C'est dire que leur assise territoriale perdit de sa réalité et devint une fiction. Les tribus furent la base de l'organisation des opérations électorales, législatives et judiciaires* des comices* tributes.

TRIBUN. Se dit d'un orateur éloquent, défenseur du peuple, par analogie avec le tribun* de la plèbe sous la Rome* antique.

TRIBUN DE LA PLÈBE. Magistrat* plébéien de Rome*, très puissant sous la République*. Créés en 493 av. J.-C. pour défendre les intérêts du peuple contre la domination des patriciens*, les tribuns*, obligatoirement plébéiens, étaient élus pour un an le 10 décembre par les comices* tributes. Ils avaient pour principal privilège leur inviolabilité (*sacro-sanctitas*) qui leur conférait une force considérable : tout individu qui portait la main sur eux était considéré comme sacrilège et pouvait être tué. Au nombre de 10 dès le Ve siècle av. J.-C., les tribuns avaient le droit de veto (*intercessio*) sur les actes de tous les autres magistrats (y compris les consuls*), pouvaient seuls convoquer les conciles plébéiens et faisaient rendre des lois (appelées plébiscites). À plusieurs reprises, ils provoquèrent de graves crises sociales, notamment en proposant des lois agraires (les Gracques*). La puissance des tribuns diminua à la fin de la République. À partir d'Auguste* (Ier siècle av. J.-C.), les empereurs confisquèrent à leur profit leurs pouvoirs en détenant la puissance tribunicienne. Les tribuns de la plèbe subsistèrent jusqu'au IIIe siècle ap. J.-C. mais ils n'avaient plus aucune autorité.

TRIBUNAL RÉVOLUTIONNAIRE (de Paris). Lors de la Révolution* française, nom donné au Tribunal d'exception institué de nouveau (un premier tribunal avait fonctionné d'août à novembre 1792) par la Convention* le 10 mars 1793, malgré l'opposition de la plupart des députés girondins*. Créé sous la pression des sections* parisiennes inquiètes des échecs des armées révolutionnaires et avides de traquer les ennemis de l'intérieur, le Tribunal se composait de 12 jurés, de 5 juges, d'un accusateur public (Fouquier-Tinville*) et de ses deux substituts (nommés par la Convention). Il devait juger les actions contre la Révolution et contre la sûreté de l'État. Ses jugements étaient exécutoires dans les 24 heures et ne pouvaient faire l'objet ni d'appel, ni de cassation. En automne 1793, au début de la Terreur*, le personnel du Tribunal fut considérablement augmenté et son ressort fut étendu à la province (avril 1794). À partir de juin 1794, son fonctionnement devint encore plus draconien : l'instruction préliminaire, les témoins et les défenseurs furent supprimés. Après le 9 Thermidor* (27 juillet 1794), le Tribunal révolutionnaire fut réorganisé avant d'être supprimé le 12 prairial an III (31 mai 1795). Voir Commune de Paris, Prairial (Loi du 22).

TRIBUNAT. Nom donné en France à l'Assemblée établie par la Constitution de l'an VIII (1799) inspirée par Bonaparte*. Le Tribunat se prononçait pour ou contre les projets de lois dont l'initiative revenait au Premier Consul (Bonaparte). Il était composé de 100 membres âgés au moins de 25 ans, nommés pour cinq ans par le Sénat* sur une liste de notabilités et renouvelables par cinquième chaque année. Le Tribunat fut supprimé en 1807.

TRIÈRE ou **TRIRÈME.** Navire de guerre à trois rangs de rameurs superposés. Longue d'environ 35 m et large de 5 m, la trière fut utilisée dans la marine grecque et romaine.

TRIGLYPHES. Dans les frises doriques, surfaces divisées par des rainures verticales, qui alternent avec des métopes*. Voir Dorique (Ordre).

TRIOMPHE. Dans la Rome* antique, récompense suprême accordée par le Sénat* à un général victorieux. Pour l'obtenir, le général devait avoir exercé une magistrature à *imperium** (dictateur*, consul*, ou préteur*) ou détenir un *imperium*, avoir remporté une victoire décisive concluant une guerre étrangère et non civile, tué au moins 5 000 ennemis. Si ces conditions étaient remplies, le vainqueur, vêtu d'une toge* de pourpre, couronné de lauriers d'or et monté sur un char attelé de quatre chevaux blancs, faisait son entrée solennelle dans Rome. Précédé du butin et des captifs et suivi de son armée, il montait au Capitole* où il sacrifiait aux dieux après avoir accompli un parcours immuable qui partait du Champ* de Mars, traversait le Circus Maximus, faisait le tour du Palatin* et empruntait enfin la Voie sacrée jusqu'au temple de Jupiter Capitolin. L'un des plus magnifiques triomphes (sur les 350 connus) fut celui de Paul* Émile après sa victoire sur la Macédoine* (168 av. J.-C.). À partir d'Auguste*, les triomphes furent réservés à l'empereur. Voir Cirque.

TRIPARTISME. Nom donné en France à la collaboration gouvernementale entre les trois grands partis qui se réclamaient de la Résistance* : le PCF*, le parti socialiste SFIO* et le MRP* (Mouvement républicain populaire). Établi en janvier 1946 après le départ du général de Gaulle*, le tripartisme parvint, malgré ses divergences idéologiques, à assurer l'application de la Constitution de la Quatrième République* et les grandes réformes de structures élaborées au lendemain de la Libération* (nationalisations, Sécurité sociale, statut de la fonction publique). Cette alliance fut rompue le 4 mai 1947 lorsque le président du Conseil socialiste, Ramadier*, renvoya les ministres communistes. Voir Bidault

(Georges), Constitution de 1946, Gouin (Félix), Guerre froide.

TRIPARTITE (Pacte, 27 septembre 1940). Pacte signé par l'Allemagne, l'Italie et le Japon prévoyant la création d'un « ordre nouveau » en Europe et en Asie. Ce pacte fut ensuite signé successivement par la Hongrie, la Roumanie et la Slovaquie (1940) puis par la Bulgarie (1941).

TRIPLE-ALLIANCE. Voir Alliance (Triple-)

TRIPLE-ENTENTE. Voir Entente (Triple-)

TRIPLICE. Voir Alliance (Triple-)

TRIPOLI (Comté de). Nom donné à une principauté chrétienne* dont la capitale était Tripoli, port au nord de l'actuel Liban. Il fut fondé en 1109, quatre ans après la mort de Raimond IV* qui avait tenté de s'en emparer lors de la première croisade*. Le comté joua un rôle commercial important pendant les croisades* mais fut reconquis par les musulmans* d'Égypte en 1289.

TRIPOLITAINE. Ancienne province du nord-ouest de la Libye. Dominée par Carthage* (ve siècle av. J.-C.), puis Rome* (106 av. J.-C.) et Byzance, la Tripolitaine fut conquise par les Arabes* à partir de 643. Prise par l'Espagne (1510) et cédée aux chevaliers de Malte (1530), elle fut conquise par les Ottomans* (1551) et Tripoli devint le grand débouché maritime du Soudan et le principal centre d'échanges entre l'Afrique intérieure et l'Europe. Quasi indépendante entre 1734 et 1835, la Tripolitaine fut gouvernée par les pachas de Tripoli, qui imposèrent des tributs aux navires étrangers, ce qui conduisit à plusieurs démonstrations d'intimidation de la part des puissances européennes. La régence turque de Tripoli fut cédée par les Ottomans à l'Italie au traité d'Ouchy-Lausanne (1912) puis la Tripolitaine fut réunie à la Cyrénaïque pour constituer la Libye italienne (1934). Théâtre de violents combats durant la Seconde Guerre* mondiale, la Tripolitaine, sous contrôle britannique à partir de 1943, fut intégrée au royaume de Libye qui devint indépendant en 1951. Voir Idriss, Montgomery (Maréchal), Rommel (Erwin).

TRITTYES. Circonscription territoriale créée par Clisthène* et regroupant à Athènes* 3 ou 4 dèmes*. Voir Tribus.

TRIUMVIRAT. Nom donné sous la République* romaine à l'association de trois hommes politiques exerçant le pouvoir. Le premier triumvirat fut constitué en 60 av. J.-C. par Pompée*, César*, et Crassus* et prit fin avec la mort de Crassus en 53 av. J.-C. Le second triumvirat fut formé en 43 av. J.-C. entre Octave (Auguste*), Antoine* et Lépide*. Celui-ci fut éliminé en 36 av. J.-C. et Antoine fut battu à Actium* (31 av. J.-C.), faisant d'Octave le seul maître du monde romain.

TROCADÉRO (Bataille de, 31 août 1823). Position fortifiée en Espagne, près de Cadix, reprise aux insurgés espagnols par un corps expéditionnaire français commandé par le duc d'Angoulême, neveu de Louis XVIII*. Cette victoire permit la reddition de Cadix. La répression ordonnée par le roi d'Espagne, Ferdinand VII*, contre les libéraux espagnols fut très sévère. Pour commémorer ce fait d'armes, on donna le nom de Trocadéro à une place de Paris et à un palais construit lors de l'Exposition universelle de 1878, remplacé en 1937 par le palais de Chaillot.

TROIE. Ancienne cité d'Asie* Mineure (appelée Ilion par les Grecs) située sur une colline proche de la côte sud de la mer Noire. Elle bénéficiait d'une position géographique exceptionnelle car elle contrôlait le détroit des Dardanelles conduisait à cette mer. Ville assiégée par les Achéens* dans les récits d'Homère*, son site fut découvert et exploré par Schliemann* à partir de 1871. Les fouilles archéologiques poursuivies jusqu'en 1938 ont mis au jour neuf cités successives superposées, dont les plus anciennes (niveau I à IV) remon-

tent au IIIe millénaire av. J.-C. C'est l'une d'elles (Troie VII) qui fut le théâtre de la guerre de Troie à la fin du XIIIe siècle ou au début du XIIe siècle av. J.-C. Certains historiens pensent que l'expédition des Achéens s'explique par leur désir de conquérir le contrôle des détroits (détroit des Dardanelles et détroit du Bosphore aujourd'hui) pour développer leur commerce en mer Noire. Voir *Iliade*.

TROIE (Guerre de). Guerre qui opposa les Achéens* et les habitants de la ville de Troie* au XIIIe siècle av. J.-C. Elle a été racontée dans l'*Iliade**, poème légendaire attribué à Homère*.

TROIS-EMPEREURS (Alliance des) Nom donné à l'alliance organisée en 1873 par Bismarck* entre l'Allemagne, l'Autriche-Hongrie et la Russie, afin d'isoler la France désireuse de revanche après la guerre de 1870-1871, mais aussi de contrôler les rapports entre l'Autriche et la Russie, rivales dans les Balkans*. Les bases de l'accord furent définies au cours d'une rencontre à Berlin (1872) entre Guillaume Ier*, François-Joseph* et Alexandre II*. La concrétisation de l'alliance fut la signature des conventions germano-russe et austro-russe en 1873. Malgré sa fragilité, éprouvée en particulier lors de la crise balkanique de 1877-1878, Bismarck obtint un renouvellement de l'Alliance des Trois-Empereurs en 1881, complétée en 1882 par la conclusion de la Triplice* (Allemagne, Autriche-Hongrie, Italie) et en 1887 par le traité de réassurance* germano-russe. Ce système fut abandonné par Guillaume II* après le départ de Bismarck (1890), l'entente austro-russe se révélant incompatible, compte tenu de leur hostilité dans les Balkans*. L'Allemagne conserva l'alliance autrichienne aux dépens de l'alliance russe, ce qui décida la Russie à se rapprocher de la France. Voir Entente cordiale, Entente (Triple-).

TROPHÉE. Dans l'Antiquité, monument de pierre ou de bronze*, élevé par les

Grecs et les Romains pour commémorer la défaite et la fuite d'un ennemi. Il était à l'origine constitué simplement par les armes, cuirasses, casques abandonnés par les vaincus et accrochés à des arbres ou à des pieux.

TROPPAU (Congrès de, octobre-décembre 1820). Congrès tenu à Troppau (auj. Opava en Tchécoslovaquie) par les puissances de la Sainte-Alliance* (Autriche, France, Grande-Bretagne, Prusse* et Russie) à la suite des troubles révolutionnaires, d'inspiration libérale en Europe. Malgré l'opposition de la Grande-Bretagne et de la France, Metternich* y fit adopter le principe d'une intervention de la Sainte-Alliance contre les révolutionnaires. Le congrès ayant été ajourné, les travaux se poursuivirent à Laibach* (janvier-mai 1821), ancien nom de Ljubljana en Slovénie, où fut décidée l'intervention autrichienne dans le royaume des Deux-Siciles*, doté d'un régime constitutionnel après l'insurrection de 1820. Voir Carbonarisme, Naples (Royaume de).

TROTSKI, Lev Davidovitch BRONSTEIN, dit **Léon** (Ianovka, Ukraine, 1879-Coyoacán, Mexique, 1940). Homme politique soviétique. Principale figure, avec Lénine*, de la révolution d'Octobre et des débuts de l'URSS, il fut écarté du pouvoir par Staline*. Inspirateur de la Quatrième Internationale*, il lutta dans son exil contre le régime stalinien. Issu d'une famille juive de paysans aisés, Trotski fit des études de mathématiques puis de droit à Odessa et milita avec les révolutionnaires d'obédience marxiste. Arrêté (1898) et déporté en Sibérie orientale, il s'évada et gagna l'Angleterre sous le faux nom de Trotski, qu'il conserva. Il se lia à Londres avec Martov* et Lénine qui l'imposa à la rédaction de l'*Iskra* (*L'Étincelle*). Aux deux congrès de la social-démocratie à Bruxelles (1902) et à Londres (1903), il se rangea aux côtés des mencheviks* contre les bolcheviks* dirigés par Lénine à qui il reprochait son « jacobinisme centralisateur ». Il participa à la révolution* de 1905 en Russie, anima le soviet* de Saint-Pétersbourg et formula dès cette époque sa théorie de la révolution permanente où il affirmait que la révolution russe devait donner le pouvoir au prolétariat ouvrier et conduire à la révolution du prolétariat européen. Déporté de nouveau en Sibérie, Trotski s'échappa et vécut en exil jusqu'en 1917, principalement à Vienne où il lança la *Pravda*. Militant de l'unité de la social-démocratie russe, pacifiste en 1914, il revint en Russie en mai 1917, rallia les bolcheviks et devint membre du comité central des soviets de Pétrograd. Après avoir été l'un des principaux organisateurs de la révolution d'Octobre, il devint commissaire du peuple aux Affaires étrangères. C'est à ce titre qu'il accepta le désastreux traité de Brest-Litovsk* (mars 1918) mais démissionna. Trotski fut durant la guerre civile (1917-1921) commissaire du peuple à la Guerre et dirigea l'armée Rouge dont il fut le créateur et qui joua un rôle décisif dans la victoire bolchevique. Toujours fidèle à l'idée d'une révolution mondiale malgré l'échec des mouvements communistes en Allemagne, en Autriche et en Hongrie (1919-1921), Trotski s'opposa à la NEP* de Lénine en préconisant la poursuite du communisme* de guerre. Après la mort de Lénine (janvier 1924), il s'opposa violemment à la « construction du socialisme* dans un seul pays » prônée par Staline*. Rejoint par ses anciens adversaires, Zinoviev* et Kamenev* avec lesquels il forma la « Nouvelle Opposition », il fut écarté du bureau politique (1926), exclu du parti (1927), déporté au Kazakhstan puis expulsé d'URSS (1928). Il mena alors une existence d'homme traqué en Turquie, en France, en Norvège puis au Mexique où il fut assassiné par un agent stalinien, Ramón Mercader (1940). Brillant intellectuel, d'une vaste culture aussi bien politique que littéraire, Trotski a publié de nombreux ouvrages comme *Défense du marxisme* (1920), *Les Questions essentielles de la Révolution* (1922), *Ma vie* (1930), *Histoire de la Révolution russe* (1931-1932), *La Révolution permanente* (1930), *la Révolution trahie* (1937)... Sa pensée continue d'influencer certaines organisations d'extrême gauche. Voir Révolutions russes de 1917.

TROYES (Traité de). Traité signé, lors de la guerre de Cent* Ans, entre Charles VI*, roi de France, et Henri V* d'Angleterre le 21 mai 1420. Ce traité déshéritait le dauphin* (le futur Charles VII*) au profit d'Henri V, régent et héritier de la couronne de France, à condition d'épouser Catherine de Valois, fille de Charles VI. Le traité de Troyes fut annulé par les victoires de Jeanne* d'Arc et le sacre de Charles VII mais les rois d'Angleterre portèrent le titre de « roi de France » jusqu'à la paix d'Amiens* (1802).

TRUMAN, Harry (Lamar, Missouri, 1884-Kansas City, 1972). Président démocrate des États-Unis (1945-1953). Il renonça à la politique isolationniste américaine, défendant le « monde libre » et pratiquant une politique énergique d'endiguement du communisme*. Fils d'un agriculteur du Missouri, sans aucun diplôme universitaire, il fut engagé volontaire en 1917 puis démobilisé, ouvrit un commerce qui fit bientôt faillite. Il entreprit alors d'étudier le droit et se fit engager au Parti démocrate du Missouri, occupant diverses fonctions locales. En 1935, à 49 ans, il fut élu sénateur de l'État. Homme simple et honnête, symbolisant l'Américain moyen et provincial, il soutint activement la réélection de Franklin D. Roosevelt* puis, devenu connu, accéda au poste de président du Comité de recherche pour la défense nationale lors de la Seconde Guerre* mondiale. Choisi par le Parti démocrate* pour être élu vice-président (1944), il accéda à la présidence des États-Unis après la mort de Franklin D. Roosevelt (avril 1945). C'est lui qui prit la décision capitale d'utiliser l'arme atomique contre Hiroshima* et Nagasaki* afin d'amener le Japon à capituler (août 1945). La guerre terminée, Truman poursuivit sur le plan intérieur la politique sociale de Roosevelt (*Fair Deal*, ou répartition équitable) mais se heurta aux conservateurs républicains du Congrès qui lui imposèrent une limitation du droit de grève (loi Taft-Hartley, 1947) puis le contrôle de l'immigration (loi McCarran-Walter, 1952). À l'extérieur, face à l'installation par Staline* de régimes communistes en Europe orientale, il décida de lutter contre l'extension du communisme* en engageant une politique de limitation de l'aire d'influence soviétique (politique du *containment*). La « doctrine Truman » (mars 1947) prévoyait un soutien aux pays menacés par le communisme (la Grèce et la Turquie en furent les premiers bénéficiaires, pont aérien contre le blocus de Berlin*, 1948-1949), tandis que le plan Marshall* (juin 1947) proposait une aide économique aux pays d'Europe. En 1949, après une réélection difficile, Truman, face à l'aggravation de la guerre* froide, organisa l'Alliance atlantique de l'OTAN* (avril 1949) et décida l'intervention des forces américaines du Japon (juin 1950) lors de la guerre de Corée*. Il limogea cependant le général MacArthur* décidé à attaquer directement la Chine. Devenu impopulaire par son opposition au maccarthysme* (dénonciation d'éléments communistes dans l'administration) et par le procès retentissant des époux Rosenberg*, Truman renonça à se représenter pour un troisième mandat. Eisenhower* républicain, lui succéda. Voir OEA (Organisation des États américains), San Francisco (Conférence de).

TS'EU-HI. Voir Cixi.

TS'IN ou **QIN** (Dynastie des). Nom donné à la dynastie impériale chinoise qui régna sur la Chine de 221 à 206 av. J.-C. Elle fut créée par Che* Houang-ti qui mit fin à la période des Royaumes* combattants et fonda l'Empire chinois. Son règne dura à peine dix ans (221-210 av. J.-C.) mais son œuvre d'unification et de centralisation de la Chine mit fin à la féodalité. Il ordonna en 213 av. J.-C. la destruction des livres du confucianisme* pour affaiblir l'influence des Lettrés* et entreprit la construction de la Grande* Muraille. La dynastie des Han* lui succéda.

TU DUC, Hoang Nham, dit (1830-1883). Empereur d'Annam* (centre du Viêt-nam) de 1848 à 1883, il provoqua l'intervention de la France par ses persécutions contre les chrétiens. Il dut céder la Cochinchine* (1859-1867) puis l'Annam* et le Tonkin* (1884). Voir Indochine.

TUDORS. Dynastie qui régna sur l'Angleterre de 1485 à 1603. Originaire du Pays de Galles, elle dut sa fortune à Owen Tudor qui devint l'amant et peut-être l'époux de la veuve d'Henri V*, la reine Catherine de Valois. Son petit-fils, Henri Tudor, devenu Henri VII*, fut le fondateur de la dynastie. Après lui régnèrent sur l'Angleterre, Henri VIII* (1509-1547), Édouard VI* (1547-1553), Marie Ire* Tudor (1553-1558) et Élisabeth Ire* (1558-1603). Les Stuarts* succédèrent aux Tudors à la suite du mariage de Marguerite Tudor, fille d'Henri VII, avec Jacques VI* d'Écosse (Jacques Ier).

TUILES (Journée des, 7 juin 1788). Nom donné à une émeute populaire de Grenoble après l'exil du Parlement ordonné par Louis XVI*. Solidaires des magistrats renvoyés, les émeutiers menacèrent l'intendant*, le duc de Clermont-Tonnerre, jetant du haut des toits des tuiles sur les troupes royales. Des événements semblables mais de moindre ampleur s'étaient déroulés en Bretagne et en Béarn. Voir Vizille (Assemblée de).

TULLIANUM ou **PRISON MAMERTINE.** Prison de la Rome* antique creusée au VIIe siècle av. J.-C. au flanc du Ca-

pitole* par le roi Ancus* Martius. Elle était composée de deux étages dont un cachot souterrain et voûté. On y enfermait les condamnés à mort dont certains furent célèbres : les partisans de Catilina*, Jugurtha*, Vercingétorix* et, selon la tradition, saint Pierre* et saint Paul*.

TULLUS HOSTILIUS. Troisième roi légendaire de Rome* après Romulus* et Numa* Pompilius. Son règne (v. 672-640 av. J.-C.) fut marqué par la lutte de Rome contre Albe* (épisode des Horaces* et des Curiaces*). Tullus Hostilius vainquit Albe, la détruisit et déporta ses habitants à Rome. Il édifia la Curie (*Curia Hostilia*).

TUMULUS. Amas de terre ou de pierres cachant une sépulture. Les dolmens* étaient parfois enfouis sous un tumulus. Certains d'entre eux peuvent atteindre d'énormes proportions et abriter des tombes collectives. Ce type d'ensevelissement est répandu dès le néolithique* (3000 av. J.-C.) mais est surtout fréquent à l'âge du Bronze*. Voir Mégalithes.

TURATI, Filippo (Canzo, 1857-Paris, 1932). Homme politique italien, il fut l'un des leaders du Parti socialiste italien (1892). Député, il se rallia à l'Union sacrée lors de la Première Guerre* mondiale après la défaite de Caporetto* (1917). Face à la montée du fascisme*, il se sépara de la majorité des socialistes, « maximalistes », favorables à l'action directe et à la conquête du pouvoir par la force et s'opposa à l'adhésion du parti à la Troisième Internationale* (1919-1921). Réformiste, disposé à jouer le jeu parlementaire, Turati fonda en 1922 le Parti socialiste unitaire prêt à participer à un gouvernement afin de barrer la route à Mussolini*. Ce dernier parvenu au pouvoir, Turati s'exila en France (1924). Voir Nitti (Francesco), Sturzo (Luigi), Tours (Congrès de).

TURENNE, Henri de La Tour d'Auvergne, vicomte de (Sedan, 1611-Sasbach, 1675). Maréchal* de France. Grand homme de guerre, il servit successivement la régente Anne* d'Autriche, puis Louis XIV*. Deuxième fils du duc de Bouillon, petit-fils de Guillaume le Taciturne, Turenne fut élevé dans un calvinisme* austère, puis formé dans la carrière des armes auprès de ses oncles Nassau en Hollande (1625-1629). Entré au service de la France, il s'illustra dans la guerre de Trente* Ans sur le Rhin, en Flandre* et en Italie et permit, par ses victoires, la conclusion des traités de Westphalie* (1648). Il participa un moment à la Fronde*, entraîné par sa passion pour la duchesse de Longueville*, puis rallia la cause royale. Adversaire déterminé des frondeurs, Turenne termina la guerre contre Condé* et les Espagnols, remportant les batailles d'Arras (1654) et des Dunes* (1658) près de Dunkerque, ce qui entraîna la paix des Pyrénées* (1659). Maréchal général (1660), il prépara les plans de la guerre de Dévolution* et conquit la Flandre (1667) sur l'Espagne. Son rôle dans la guerre de Hollande* fut particulièrement brillant, notamment lors de l'invasion de l'Alsace. À la tête de 20 000 hommes contre un ennemi qui en comptait trois fois plus, il entreprit cette campagne (1674-1675) qui fut la plus admirée des théoriciens militaires (Turckheim, près de Colmar, 1675). Converti au catholicisme* par conviction grâce à Bossuet*, Turenne mourut sur un champ de bataille. Il fut d'abord enseveli à Saint-Denis*, Napoléon* ordonna que ses restes fussent transportés dans l'église des Invalides*.

TURGOT, Anne Robert Jacques, baron de l'Eaune (Paris, 1727-*id.*, 1781). Homme politique et économiste français. Afin d'éviter la banqueroute de l'État, il tenta dans sa charge de contrôleur* général des Finances d'appliquer un vaste programme de réformes financières, économiques et sociales. Mais, disgracié par Louis XVI*, ses réformes ne lui survécurent pas. Fils du prévôt* des marchands de Paris, il fut d'abord destiné à l'état ecclésiastique, et élu prieur de la Sorbonne* en 1749. Ayant renoncé au sacerdoce, il s'orienta vers la magistrature, et devint conseiller puis maître des requêtes au Parlement* de Paris. Il participa à la rédaction de l'*Encyclopédie*, fréquenta les salons littéraires et les philosophes, prit part aux discussions religieuses, combattant le fanatisme dans ses *Lettres sur la tolérance* (1754). Nommé intendant* de la généralité* de Limoges (1761-1774), il tenta d'y appliquer les idées des physiocrates* auxquelles il adhérait partiellement. Son administration dans l'une des régions les plus pauvres de France – répartition plus juste de la taille*, suppression de la corvée*, libre circulation des grains, amélioration des routes – le rendit célèbre tout autant que ses idées, très nouvelles, *Rélexions sur la formation et la distribution des richesses* (1766), qui devança le célèbre traité d'Adam Smith*. Nommé, à l'avènement de Louis XVI, secrétaire d'État à la Marine puis contrôleur général des Finances, il décida d'éviter la banqueroute en renonçant à toute augmentation d'impôts et à tout emprunt. Outre de strictes économies inspirées par l'esprit du « despotisme* éclairé », Turgot entreprit d'établir la liberté de circulation des grains et de leur importation, la liberté du travail par la suppression des corporations* et l'établissement d'une contribution unique sur les biens nobles et roturiers. Ses innovations libérales se heurtèrent à une violente opposition des privilégiés exprimée au sein du Parlement et à l'incompréhension populaire (guerre des Farines*). La cabale conduite par la reine et Necker* amena sa disgrâce (1776). Voir Marie-Antoinette, Vergennes (Charles Gravier, comte de).

TURNER, William (Londres 1775-*id.*, 1851). Peintre et aquarelliste britannique. Essentiellement paysagiste, Turner élabora un style original en faisant presque disparaître les formes et les contours de ses sujets par des effets atmosphériques (frémissements du vent et de l'eau, infimes variations de la lumière à l'aube ou au crépuscule). Ses recherches le firent considérer comme un précurseur de l'impressionnisme* mais aussi de l'art abstrait*. Issu d'un milieu très modeste, il étudia à partir de 1789 à la Royal Academy puis commença d'exposer des peintures à l'huile où s'exprimait avec force sa vision romantique de la nature. Influencé par Poussin* et plus encore par Le Lorrain*, Turner évolua progressivement vers un style plus personnel, cherchant à rendre, par des couleurs intenses, les effets de l'atmosphère (*Matin de givre*, 1813, Londres, Tate Gallery). Un voyage en Italie (1819) détermina l'élaboration de son style, les formes perdant de leur consistance et disparaissant au profit d'une lumière aux couleurs pures (*Musique de Petworth*, 1830, Londres, Tate Gallery ; *L'Incendie du Parlement*, 1835, Cleveland, Museum of Art ; *Pluie, vapeur et vitesse*, 1844, Londres, National Gallery). Turner avait acquis en Angleterre une grande notoriété et il avait ouvert à partir de 1804 sa propre galerie.

TYR. Cité et port de l'antique Phénicie* (aujourd'hui, Sour, ville libanaise au sud de Beyrouth). Fondée au IIIe millénaire sur une île très proche de la côte, elle devint, avec la ville établie sur la terre ferme, la grande cité commerçante de Phénicie* entre le XIe et le VIIIe siècle av. J.-C., fondatrice de Carthage*. Tyr tomba sous la dépendance des Assyriens puis sous celle de Babylone* (572 av. J.-C.) avant d'être prise par Alexandre III* le Grand en 332 av. J.-C. Avec les matériaux de la Tyr continentale détruite, une longue digue fut construite, permettant l'accès à la Tyr insulaire : c'est depuis cette époque que l'île disparut, les sables rejetés par la mer sur la digue ayant formé peu à peu une presqu'île. La ville connut une grande prospérité jusqu'à la fin de l'Empire byzantin*. Occupée par les Arabes* à partir du VIIe siècle ap. J.-C., aux mains des croisés* de 1124 à 1291, elle ne devait connaître un nouvel essor qu'à l'époque contemporaine. Voir Assyrie, Byblos, Ougarit, Sidon.

U

UCCELLO, Paoli di Dono, dit **Paolo** (Pratovecchio, Toscane ou Florence, 1397-Florence, 1475). Peintre et mosaïste italien. Passionné de géométrie, il ouvrit la voie à Léonard* de Vinci. Il travailla d'abord comme orfèvre dans l'atelier du sculpteur Ghiberti* (1407-1414), puis à Venise* comme mosaïste à la basilique Saint-Marc (1425-1430) et dessina les vitraux destinés à la cathédrale de Florence*. Il peignit aussi, pour les Médicis*, les trois panneaux de la *Bataille de San Romano* (v. 1456, Offices ; Louvre ; National Gallery à Londres).

UDF (Union pour la démocratie française). Formation politique créée en 1978 et regroupant notamment le Parti républicain, le Parti radical* et le Centre des démocrates sociaux. L'UDF et le RPR* (Rassemblement pour la République) ont obtenu la majorité absolue aux élections législatives de 1986 et de 1993. La présidence du mouvement est assuré depuis 1988 par Valéry Giscard d'Estaing*. Voir Lecanuet (Jean).

UDR (Union des démocrates pour la République). Formation politique issue de l'UNR (Union pour la nouvelle République), mouvement politique créé après les événements d'Algérie (13 mai* 1958) et destiné à soutenir la politique du général de Gaulle*. L'Union pour la défense de la République (UDR), qui remplaça l'UNR, fut créée après les événement de mai-juin 1968. En 1971, son groupe parlementaire prit le nom d'Union des démocrates pour la République (UDR), remplacé en 1976 par le RPR* (Rassemblement pour la République). Voir Barre (Raymond), Chaban-Delmas (Jacques), Chirac (Jacques), Debré (Michel), Mai 1968 (Événements de), Soustelle (Jacques).

ULBRICHT, Walter (Leipzig, 1893-Berlin Est, 1973). Homme politique allemand. Gardien de l'orthodoxie communiste et défenseur de l'intérêt national est-allemand, il domina la RDA* entre 1950 et 1971. Ouvrier, membre du SPD* (Parti social-démocrate) en 1912, il fut l'un des fondateurs du Parti communiste allemand. Député au Reichstag* (1928-1933), il s'exila à Paris après l'arrivée au pouvoir de Hitler* (1933). Commissaire politique lors de la guerre civile d'Espagne*, il se fixa à Moscou pendant la Seconde Guerre* mondiale et participa à la direction du parti constitué d'exilés communistes en URSS. Rentré à Berlin avec l'armée Rouge (1945), il devint en 1950 premier secrétaire du Parti socialiste unifié (SED), poste qu'il conserva jusqu'en 1971. Défenseur du centralisme démocratique, dur et intransigeant, il poursuivit toute forme de « révisionnisme » et réprima une émeute ouvrière à Berlin en 1953. Président du Conseil d'État, organe qui remplaça la présidence de la République (1960-1973), il fut l'instigateur de la construction du mur de Berlin* (août 1961), ce qui expliqua, selon lui, l'essor économique de la RDA et défendit vigoureusement l'intervention soviétique en Tchécoslovaquie (1968). Resté stalinien, bien qu'ayant reconnu quelques erreurs, il laissa la direction du parti à Erich Honecker*. Voir Berlin (Crise de), Luxemburg (Rosa), Prague (Printemps de).

ULM (Bataille d', 20 octobre 1805). Victoire remportée à Ulm, ville d'Allemagne occidentale sur le Danube, par les troupes de Napoléon Ier* qui encerclèrent l'armée du général autrichien Mack, entraînant sa capitulation. Deux mois plus tard, l'empereur remportait sur l'armée austro-russe la victoire d'Austerlitz*. Voir Coalition (Troisième), Confédération germanique.

ULSTER. Province de l'ancienne Irlande. La partie nord-est de l'Ulster constitue, depuis la partition de l'île en 1921, l'Irlande du Nord, où la majorité protestante s'oppose aux catholiques*. Bien que partie intégrante du Royaume-Uni, l'Ulster bénéficia dès 1921 d'un statut d'autonomie interne. Les protestants*, majoritaires et détenteurs du pouvoir économique, monopolisèrent à partir de 1921 la totalité du pouvoir local. Les catholiques, regroupés dans le parti nationaliste (Sinn Féin*) et soutenus par l'IRA* (*Irish Republican Army*), se sentant exclus sur le plan politique et social, affrontèrent en 1968 les protestants à propos des droits civiques. Les émeutes sanglantes de Londonderry (*Bloody Sunday*), le 30 janvier 1972, provoquèrent l'intervention de l'armée britannique. Face à la montée de la violence, Londres prit en main l'administration de la province (1972) et imposa l'égalité des droits, instituant un gouvernement provincial constitué de protestants et de catholiques. Cependant la « grève » organisée par les protestants en 1974 ruina cette tentative, provoquant un regain des activités terroristes de l'IRA et une répression accrue du gouvernement de Londres. Depuis 1985, le Sinn Féin participe aux institutions locales. En 1994 est intervenu un accord entre l'IRA et les groupes paramilitaires protestants. Voir *Home Rule*, Lloyd George, O'Connell, Parnell (C.), Union (Actes d').

ULTRAMONTANISME. Nom donné à l'ensemble des doctrines favorables à l'autorité du pape. L'ultramontanisme s'oppose au gallicanisme*.

ULTRAS. Nom donné en France, sous la Restauration*, aux ultra-royalistes hostiles à la Charte* constitutionnelle de 1814. Favorables à la monarchie absolue et à l'union du gouvernement et de l'Église catholique, les ultras soutinrent le comte d'Artois (futur Charles X*) et le duc de Berry*. Vainqueurs aux élections de 1815 (la Chambre* introuvable), les ultras légalisèrent la Terreur* blanche par des mesures d'exception contre les maréchaux et généraux d'Empire et par la déportation des anciens régicides (ceux qui avaient voté la mort de Louis XVI*). Battus aux élections de 1816, ils revinrent au pouvoir avec le cabinet Villèle* (1822-1828), puis celui de Polignac* (1829), la politique de ce dernier provoquant la révolution* de 1830 et la chute des Bourbons*. Voir Bonald (Louis de), Carnot (Lazare), David (Louis), Doctrinaires, Fouché (Joseph), Ney (Michel).

UMAYYADES. Voir Omeyyades.

UNESCO (*United Nations Educational, Scientific and Cultural Organization*, en fr. Organisation des Nations unies pour l'éducation, la science et la culture). Institution spécialisée de l'ONU (Organisation* des Nations unies) créée en 1946 et dont le siège est à Paris. Elle a notamment pour but de contribuer au maintien de la paix et de la sécurité dans le monde, en resserrant par l'éducation, la science, la culture et la communication, la collaboration entre les nations, afin d'assurer les droits de l'homme et le respect des libertés fondamentales. Malgré ses nombreuses réalisations (lutte contre l'analphabétisme, sauvegarde du patrimoine culturel de l'humanité), on a reproché à l'institution une trop grande politisation, un personnel pléthorique et un manque général d'efficacité. Ce sont pour ces raisons que les États-Unis (1984), puis la Grande-Bretagne et Singapour (1985) se sont retirés de l'organisation.

UNIGENITUS DEI FILIUS. Bulle promulguée par Clément XI (1713) et condamnant les propositions tirées du livre *Réflexions morales sur le Nouveau Testament* du janséniste Pasquier Quesnel. La bulle, devenue loi d'État en France, divisa le clergé français et le conflit dura tout le XVIIIᵉ siècle. Voir Jansénisme, Louis XV, Régence.

UNION (Actes d'). Nom donné à deux lois votées par le Parlement* anglais. La première, l'union de l'Angleterre avec l'Écosse (1707), donna naissance au royaume de Grande-Bretagne. La seconde, l'union de la Grande-Bretagne et de l'Irlande (1800), forma le Royaume Uni de Grande-Bretagne et d'Irlande. En 1707, l'Écosse perdit son Parlement particulier, ses députés siégeant désormais à Westminster mais elle garda son Église presbytérienne et son organisation judiciaire. En 1800, le parlement de Dublin fut supprimé. Voir Presbytérianisme.

UNION ÉVANGÉLIQUE. Entente formée en 1608 et groupant les villes et les princes allemands, luthériens et calvinistes, sous la direction de l'électeur de Brandebourg. Les catholiques ripostèrent à cette union en constituant une Sainte Ligue allemande, formée par les princes catholiques et conduite par le duc de Bavière, Maximilien. Ces formations préludèrent à la guerre de Trente* Ans, conflit politique et religieux qui déchira l'Allemagne de 1618 à 1648. Voir Calvinisme, Catholicisme, Luthéranisme.

UNION FRANÇAISE. Nom donné en France par la Constitution* de 1946 à l'ensemble formé d'une part par la République française, c'est-à-dire la France métropolitaine, les Départements et Territoires d'Outre-Mer (Martinique, Guadeloupe, Guyane et Réunion), l'Algérie ayant un statut particulier, et d'autre part par les territoires (anciens pays sous mandat : Togo et Cameroun) et les États associés (anciens protectorats : Viêt-nam, Laos, Cambodge, Tunisie et Maroc). L'Union française, qui remplaçait l'« Empire français », devint la « Communauté* française » en 1958.

UNION JACK. Nom donné au drapeau du Royaume-Uni de Grande-Bretagne, créé en 1606 par Jacques Iᵉʳ*.

UNIONISTE. Nom donné en Grande-Bretagne à une partie du Parti libéral* favorable au maintien de l'union entre l'Irlande et la Grande-Bretagne et qui rompit avec Gladstone* rallié au *Home* Rule*. En 1895, les libéraux unionistes, dirigés par Joseph Chamberlain*, s'allièrent au Parti conservateur* qui devint le Parti conservateur et unioniste jusqu'au règlement de la question irlandaise (1921).

UNKIAR-SKELESSI (Traité d', 8 juillet 1833). Traité d'alliance signé à Unkiar-Skelessi ou Hünkar Iskelesi (village situé sur la rive orientale du Bosphore en Turquie), entre la Turquie et la Russie. Dirigée contre l'Égypte de Méhémet* Ali qui avait envahi l'Anatolie*, il était destiné à sauvegarder l'intégrité des territoires ottomans. La clause obtenue par la Russie fermant les détroits à tout navire de guerre étranger, fut abolie par la convention de Londres* en 1841. Voir Orient (Question d').

UNR (Union pour la nouvelle République). Voir UDR.

UPANISHAD ou **UPANISAD.** Nom donné aux livres sacrés de l'hindouisme*. Les *Upanishad* (ou traités des équivalences) constituent les plus anciens écrits philosophiques de l'Inde*. Leur datation est incertaine, peut-être, pour les plus anciens, entre 700 et 300 av. J.-C.

URBAIN II (Châtillon-sur-Marne, v. 1042-Rome, 1099). Moine à Cluny*, pape (1088-1099), il présida des conciles* importants comme celui de Clermont (1095) qui décida la première croisade*. Il poursuivit aussi la politique du pape Grégoire VII*, défendant en particulier la liberté de l'Église à l'égard des laïcs.

USURE. Selon la doctrine de l'Église, était considéré comme usuraire toute espèce d'intérêt, quel qu'en soit le taux, qui produisait de l'argent. L'usurier était frappé d'excommunication, passible de peines temporelles ou obligé de restituer l'usure. Dans la pratique, avec le développement du commerce à partir des XIIᵉ et XIIIᵉ siècles, les prêts à intérêt devinrent fréquents et pratiqués non seulement par les juifs mais aussi par les Lombards*, les Cahorsins – hommes d'affaires originaires de Cahors. La condamnation de l'usure, maintenue au concile du Latran* (1215) et au concile de Vienne (1311), connut quelques aménagements à partir du XVᵉ siècle, l'Église prenant en compte ses propres intérêts. Malgré la condamnation du prêt à intérêt, le crédit et la banque se développèrent au Moyen Âge dès le XIIIᵉ siècle, en particulier en Italie, grâce à la lettre* de change.

UTRECHT (Traités d', 1713-1715). Traités conclus entre la France et l'Espagne d'une part, l'Angleterre, la Hollande, le Portugal, la Savoie et la Prusse* d'autre part, qui mirent fin à la guerre de Succession* d'Espagne (1701-1714). Si la France conservait ses frontières, l'Espagne, grande perdante, cédait tous ses territoires européens. La vraie triomphatrice fut l'Angleterre. Philippe V* conservait la couronne d'Espagne, mais renonçait à ses possessions d'Europe données à l'empereur Charles VI* (Pays-Bas espagnols ou actuelle Belgique, Milanais, Sardaigne et Naples*) et au duc de Savoie qui reçut la Sicile (rendue à l'empereur dès 1718). Le royaume de France restait intact mais devait renoncer à ses tentatives d'hégémonie en Europe. L'Angleterre recevait quant à elle de précieux avantages outre-mer et devenait une puissance maritime et commerciale de premier plan. Elle obtint de l'Espagne Minorque et Gibraltar (clés de la Méditerranée occidentale) et d'importants privilèges commerciaux dans les colonies espagnoles, notamment le monopole de la traite* des Noirs. Elle obtint de la France la cession en Amérique de l'Acadie et de Terre-Neuve, porte d'entrée du Canada. Elle éclipsait enfin ses rivaux hollandais épuisés par la guerre continentale. Les traités d'Utrecht furent complétés par le traité de Rastadt*.

UTRECHT (Union d', 1579). Union conclue contre l'Espagne entre les provinces protestantes* du nord des Pays-Bas (Utrecht, Hollande, Zélande, Gueldre, Overijssel, Frise, Groningue) qui constitua le début de la formation des Provinces-Unies. Auparavant, avait été formée l'Union d'Arras (1579) regroupant les provinces catholiques* (Artois, Hainaut, France wallonne), fidèle à l'Espagne de Philippe II*. Voir Alexandre Farnèse.

V

VA-NU-PIEDS (Révolte des, 1639-1641). Nom donné à la révolte des paysans de Normandie* accablés d'impôts, et particulièrement dirigée contre la gabelle*, introduite récemment dans la région. Sur ordre de Richelieu*, l'insurrection fut impitoyablement réprimée par les troupes royales.

VAIÇYA. Nom donné dans l'ancienne société indienne à la troisième des castes* héréditaires de l'Inde*, après celles des brahmanes* et des Kshatriya*. Elle regroupait principalement les agriculteurs, les commerçants et les éleveurs de bétail. Les Vaiçya composent environ 6 % de la population de l'Inde actuelle.

VAILLANT, Édouard Marie (Vierzon, 1840-Saint-Mandé, 1915). Homme politique français. Socialiste de tendance blanquiste, il fut membre de la Première Internationale* et participa activement à la Commune* de Paris. Réfugié en Angleterre où il rencontra Karl Marx*, il rentra en France en 1880 et fut l'un des dirigeants de la Deuxième Internationale*. Ami de Jaurès*, d'abord très hostile à la guerre, il se rallia ensuite à l'Union sacrée. Voir Blanqui (Auguste), SFIO.

VAINE PÂTURE. Sous l'Ancien* Régime, droit pour les habitants d'un village de faire paître leur bétail sur l'ensemble des terrains non cultivés (jachère) et des champs après les récoltes.

VALÉRIEN (Mont). Colline de la banlieue ouest de Paris dominant Suresnes. Entre 1941 et 1945, plusieurs milliers de Français furent fusillés au fort par les Allemands. Depuis 1960, un mémorial national de la Résistance rappelle leur souvenir. Voir Résistance.

VALLÉE DES ROIS. Petite vallée de Haute-Égypte*, située sur la rive gauche du Nil* en face de Thèbes*, capitale de l'Égypte* ancienne. C'est là que se faisaient enterrer les pharaons* du Nouvel* Empire dans d'immenses hypogées*. On trouve à proximité les tombes de reines et de hauts fonctionnaires ainsi que des temples* funéraires. Les souverains installèrent aussi dans un village des centaines d'artisans travaillant sur la nécropole, notamment pour préparer la tombe du souverain régnant. Voir Deir el-Bahari, Temple égyptien, Toutankhamon.

VALMY (Bataille de, 20 septembre 1792). Lors de la Révolution* française, bataille remportée par l'armée française, commandée par Dumouriez* et Kellermann*, sur l'armée prussienne commandée par le duc de Brunswick. Elle fut la première victoire de la France républicaine et eut un immense retentissement moral. Pour arrêter l'invasion qui menaçait Paris, Dumouriez, rejoint par Kellermann, rassembla ses troupes près de Sainte-Menehould, au moulin de Valmy (Marne). La bataille qui se résuma à une violente canonnade, permit de repousser l'invasion étrangère. Goethe*, qui assistait à la bataille dans le camp allemand, eut cette phrase : « D'aujourd'hui et de ce lieu date une ère nouvelle dans l'histoire du monde. » Un mois plus tard cependant, les Prussiens repassèrent la frontière.

VALOIS. Branche des Capétiens* qui régna en France de 1328 à 1589. Charles, qui avait reçu de son père, Philippe III* le Hardi, le Valois en apanage*, en fut le fondateur. Son fils Philippe VI* monta sur le trône après la mort sans héritiers mâles des trois fils de Philippe IV* le Bel. Trois branches de Valois se succédèrent. Les Valois directs régnèrent de 1328 à 1498 (Philippe VI, Jean II* le Bon, Charles V*, Charles VI*, Charles VII*, Louis XI* et Charles VIII*). Les Valois-Orléans furent représentés par Louis XII*, arrière-petit-fils de Charles V*. Les Valois-Angoulême, descendants aussi de Charles V, leur succédèrent de 1515 à 1589 (François Ier*, Henri II*, François II*, Charles IX* et Henri III*). Le trône de France passa ensuite à la maison de Bourbon* (Henri IV).

VAN DER NOOT, Hendrik (Bruxelles, 1731-Stroombeck, 1827). Homme politique belge. Il fut l'un des chefs de la résistance aux mesures centralisatrices du despote éclairé Joseph II*, qui portaient atteinte aux libertés traditionnelles des Pays-Bas autrichiens. L'hostilité entre Van der Noot, conservateur, et Vonck, libéral, permit à l'Autriche d'écraser la révolution* brabançonne dès 1790.

VAN DYCK ou **VAN DIJK, Antoon,** (Anvers, 1599-Londres, 1641). Peintre et graveur flamand. Célèbre par ses portraits, il exerça une grande influence sur les portraitistes anglais du XVIIIe siècle, notamment Thomas Gainsborough*. Élève puis collaborateur de Paul Rubens* (de 1618 à 1621), il séjourna à Gênes* (1623-1627) où il étudia les grands maîtres de la Renaissance* puis, de retour à Anvers*, peignit des œuvres religieuses et des portraits. En 1632, il s'établit en Angleterre où il fut bientôt nommé peintre officiel de Charles Ier* et y resta jusqu'à sa mort, excepté

quelques brefs séjours aux Pays-Bas et en France. À Londres, Van Dyck peignit plus de 400 tableaux composés principalement de portraits de l'aristocratie. Les plus célèbres sont les portraits de *Charles Ier à la chasse*, (vers 1635, Paris, Louvre), de *Sir Thomas Wharton* (vers 1635-1640, Saint-Pétersbourg, musée de l'Ermitage), de *Thomas Killigrew* et *Lord William Crofts* (Royal Coll., Windsor, 1638). Van Dyck fut aussi le graveur d'admirables eaux-fortes.

VAN EYCK, Jan (Maaseik, v. 1390-Bruges, 1441). Peintre flamand, il est considéré à la fois comme un précurseur et un maître de l'art flamand. S'il n'a probablement pas été l'inventeur de la peinture à l'huile, son apport dans l'évolution de ce procédé a été considérable. Au service de Jean de Bavière, comte de Hollande (1422-1424), il s'installa à Bruges* puis entra au service de Philippe III* le Bon, duc de Bourgogne*. Il entreprit, aidé peut-être de son frère Hubert Van Eyck, le grand retable de l'*Agneau mystique* (cathédrale Saint-Bavon, Gand) qui, par l'équilibre de sa composition, la précision des détails et l'éclat des couleurs, en font l'un des chefs-d'œuvre de la peinture européenne. Ses autres œuvres sont surtout consacrées au thème de la Vierge : la *Vierge au chancelier Rolin* ou *Vierge d'Autun* (v. 1435, Paris, Louvre) ; la *Vierge au chanoine Van der Paele* (1436, Bruges). Les *Époux Arnolfini* (1434, National Gallery) et *Marguerite Van Eyck* (Bruges, 1439) annoncent le portrait moderne.

VAN GOGH, Vincent (Groot-Zundert, Brabant, 1853-Auvers-sur-Oise, 1890). Peintre néerlandais. Sa vie, marquée par de profondes inquiétudes spirituelles, fut brève et tourmentée. Van Gogh est considéré comme le précurseur des fauves et des expressionnistes. Fils aîné d'un pasteur protestant, il travailla d'abord dans la galerie d'art Goupil à La Haye, puis à Londres et à Paris. De retour aux Pays-Bas, il étudia la théologie mais une mission évangélique auprès des mineurs du Borinage se solda par un douloureux échec et il décida de se consacrer à la peinture. Après avoir travaillé avec acharnement chez son père (1883-1885), il séjourna à Anvers puis rejoignit à Paris son frère Théo qui toute sa vie l'aida matériellement et l'encouragea dans son art (*Lettres à Théo*). Il découvrit dans la capitale française la peinture impressionniste et l'art japonais et rencontra Toulouse-Lautrec*. Sa période « parisienne » (1886-1887) marqua une rupture totale avec ses premières huiles « sombres » et empâtées (*Les Mangeurs de pommes de terre*, 1885, musée Van Gogh, Amsterdam) et il peignit notamment *Portrait du père Tanguy* (Paris, musée Rodin). Installé à partir de 1888 à Arles, émerveillé par la lumière provençale, il réalisa des paysages (*Vue des Saintes-Maries*, Otterlo ; *Jardin fleuri*, La Haye, *Le Champs de blé aux cyprès* ; *Les Tounesols*) et des portraits (*L'Arlésienne*, 1888, Paris, musée d'Orsay). Gauguin vint le rejoindre (octobre 1888-janvier 1889) et après une période de relations amicales et d'encouragements réciproques, leurs relations s'assombrirent et Gauguin partit. Désespéré, Van Gogh se tailla le lobe de l'oreille (*Autoportrait à l'oreille coupée*, Paris, musée d'Orsay). Sujet à des hallucinations, il fut interné à Arles, Saint-Rémy-de-Provence (1889-1890) puis à Auvers-sur-Oise où, malgré l'amitié de son frère et de son médecin Gachet, il se suicida après avoir peint, dans des moments de répit, des portraits et des paysages (*Champs de blé avec corbeaux*, musée national Van Gogh, Amsterdam, 1890).

VANDALES. Groupement de peuples germaniques établis en Europe centrale au IIIe siècle ap. J.-C. ; ils fondèrent, après les Grandes Invasions*, un royaume éphémère en Afrique du Nord (429-533). Fuyant devant les Huns*, les Vandales franchirent le Rhin en 406, pillèrent la Gaule* puis pénétrèrent en Espagne. Mais, chassés par les Wisigoths*, ils passèrent en Afrique du Nord où leur chef, Genséric (ou Griséric), fonda en Numidie* (est de l'Algérie) et dans une partie de l'actuelle Tunisie le royaume de Carthage*. Devenus maîtres de la Méditerranée occidentale par la conquête de la Corse, de la Sardaigne, des Baléares et de la Sicile, ils pillèrent les côtes de la Méditerranée. Leur royaume fut conquis par les Byzantins* en 533-534. Un grand nombre de Vandales furent déportés à Constantinople* et le peuple disparut peu après. Le mot « vandale » est aujourd'hui synonyme de destructeur brutal et ignorant (vandalisme). Voir Bélisaire, Germains.

VARANASI. Nom de l'ancienne ville de Bénarès, située dans le nord-est de l'Inde* sur la rive gauche du Gange*. Elle est l'une des villes saintes de la religion hindoue (hindouisme*) et un grand lieu de pèlerinage. Selon la croyance populaire, quiconque meurt à Bénarès accède à la délivrance. Les eaux du Gange purifient les croyants. Les escaliers aménagés sur ses berges (les *ghats*) où l'on brûle les corps des hindous défunts sont célèbres ainsi que ses nombreux temples.

VARÈGUES. Nom donné aux Normands* qui fondèrent au IXe siècle les premiers États russes de Novgorod et de Kiev*. Les Varègues faisaient le commerce entre la Scandinavie et la mer Noire. Voir Oleg le Sage, Riourik.

VARENNES-EN-ARGONNE. Ville de France (Meuse) au nord de Verdun où, le 21 juin 1791, Louis XVI* et sa famille, fuyant Paris, furent arrêtés. Partis des Tuileries dans la nuit du 20 juin afin de rejoindre à Metz l'armée du marquis de Bouillé*, Louis XVI et sa famille – en costumes de bourgeois dans une grosse berline – furent reconnus à Sainte-Menehould par le fils du maître de poste, J.-B. Drouet. Ce dernier, devançant le cortège royal, donna l'alerte à Varennes où le roi fut arrêté par le procureur de la commune. Ramené à Paris avec sa famille le 25 juin, escorté de trois députés et au milieu d'une foule silencieuse mais hostile, Louis XVI fut, dès le 21 juin, suspendu de ses pouvoirs par l'Assemblée. Cependant, devant la montée de l'opposition républicaine réclamant la suppression de la monarchie, l'assemblée tenta de l'innocenter, défendant la thèse de l'enlèvement. La « fuite de Varennes », qui ébranla fortement le loyalisme à l'égard du roi, eut pour conséquences immédiates la fusillade du Champ* de Mars (17 juillet 1791) et la déclaration de Pillnitz* (27 août 1791). Voir Assemblée nationale constituante.

VARGAS, Getúlio (São Borja, Rio Grande do Sul, 1883-Rio de Janeiro, 1954). Homme politique brésilien. Président de la République (1934-1945 et 1950-1954), il imposa un régime autoritaire mais réalisa d'importantes réformes sociales. Avocat, député libéral en 1923, gouverneur du Rio Grande do Sul (1928), Vargas présida entre 1930 et 1934 un gouvernement provisoire après avoir renversé le président Prestes. Élu président en 1934, il imposa avec le soutien des forces armées un régime autoritaire, mais engagea d'importantes réformes sociales, ce qui lui valut le surnom de « Père des pauvres ». Durant la Seconde Guerre* mondiale, allié des États-Unis, Vargas déclara en 1942 la guerre aux puissances de l'Axe* et envoya un corps expéditionnaire lors de la campagne d'Italie (1944). Renversé en 1945, il fut réélu triomphalement à la présidence en 1950. Cependant, la corruption de l'administration et l'assassinat de plusieurs membres de l'opposition déconsidérèrent son pouvoir. Sommé de démissionner, Vargas se suicida.

VARRON (Reate, auj. Rieti, 116-27 av. J.-C.). Grand érudit romain, il a été l'un des premiers encyclopédistes, source inépuisable de renseignements pour beaucoup d'écrivains, comme Virgile* ou saint Augustin*. César* le chargea de constituer les premières bibliothèques publiques de Rome*. Nous avons conservé, de son œuvre monumentale, 25 livres du *De lingua latina* (*Traité de grammaire latine*) et son traité agronomique (*De re rustica*).

VARSOVIE (Ghetto de). Ghetto constitué en 1940 à Varsovie par les autorités allemandes après l'occupation de la Pologne (1939). Environ 500 000 juifs* y furent parqués et les nazis en déportèrent (de juillet à octobre 1942) près de 300 000 pour la plupart vers le camp d'extermination de Treblinka. Après l'insurrection du ghetto en 1943, les Allemands détruisirent systématiquement le quartier et les rares survivants furent déportés. Voir Concentration et d'extermination (Camps de).

VARSOVIE (Grand-duché de). État créé en 1807 par Napoléon Iᵉʳ* après l'effondrement de la Prusse* et les traités de Tilsit* signés avec la Russie. Cet État marqua une résurrection très éphémère de la Pologne après les partages de 1772, 1793 et 1795. Napoléon attribua le duché à l'Électeur de Saxe, Frédéric-Auguste Iᵉʳ, petit-fils d'Auguste III* de Pologne. Constitué des provinces enlevées à la Prusse aux traités de Tilsit, il fut agrandi en 1809 d'une grande partie de la Galicie reprise à l'Autriche. L'introduction du Code* civil français et la création d'une administration et d'une armée modernes (Joseph Poniatowski*) marquèrent durablement le pays. Le grand-duché participa avec la Grande* Armée, à la campagne de Russie*. À la chute de l'Empire, sa plus grande partie constitua le royaume de Pologne sous domination russe. Voir Empire (Premier), Pologne (Premier, Deuxième, Troisième, Quatrième partage de la), Vienne (Congrès de).

VARSOVIE (Pacte de, 14 mai 1955). Accords militaires conclus entre l'URSS, l'Albanie (jusqu'en 1968), la Bulgarie, la Hongrie, la Pologne, la République* démocratique allemande (RDA), la Roumanie et la Tchécoslovaquie. « Traité d'amitié, de coopération et d'assistance » mutuelle, le Pacte de Varsovie se définissait comme une réplique à l'intégration en 1955 de la RFA (République* fédérale d'Allemagne) dans l'OTAN*. Il a aussi servi la doctrine de la « souveraineté limitée des États socialistes » définie par Brejnev* en 1968 afin de légitimer l'intervention militaire soviétique à Prague. Seuls les Soviétiques détenaient les armes nucléaires et le commandement suprême des forces du Pacte. En 1985, le Pacte de Varsovie fut reconduit pour 20 ans. Mais les bouleversements politiques dans les pays de l'Est (1989) remirent en question l'existence même du Pacte de Varsovie, qui fut finalement dissous en 1991, après la disparition de l'URSS.

VARUS (v. 46 av. J.-C.-9 ap. J.-C. dans le Teutoburger Wald). Général romain. Chargé en 7 ap. J.-C. par l'empereur Auguste* d'organiser une partie de la Germanie* (régions de la rive droite du Rhin) conquise par les Romains, il se fit détester des populations. Ses trois légions* furent massacrées par le chef germain Arminius et lui-même se donna la mort. Ce désastre décida Auguste à abandonner la frontière de l'Elbe, et le Rhin resta désormais la frontière entre les mondes romain et germanique.

VASARI, Giorgio (Arezzo, 1511-Florence, 1574). Peintre, architecte et écrivain italien, rendu célèbre par son livre sur la Renaissance* italienne. Ami et protégé de la famille Médicis*, Vasari, décorateur maniériste, fut le principal maître d'œuvre des peintures du Palazzo Vecchio et réalisa, en tant qu'architecte, l'aménagement du palais des Offices à Florence* (1560). Sa renommée tient cependant à son livre majeur d'histoire de l'art, *Vie des plus excellents peintres, sculpteurs et architectes italiens* (1550 ; rééd. 1558) dédié à Cosme* de Médicis, qui demeure un ouvrage capital pour la connaissance de l'art italien des XVᵉ et XVIᵉ siècles. Vasari considère le Moyen Âge comme l'art des siècles obscurs situé entre le classicisme* antique et la Renaissance. Sa doctrine esthétique met au premier plan la peinture toscane et affirme le primat du dessin. Michel-Ange* – seul artiste vivant nommé dans la première édition – est considéré comme le grand héritier de l'art antique et de la tradition inaugurés par Giotto* et Brunelleschi*.

VASSAL. Nom employé à l'époque féodale pour désigner celui qui avait prêté hommage* à un seigneur lequel lui accordait sa protection et une terre, le fief*. En échange, le vassal lui jurait fidélité. Ses devoirs étaient nombreux : aide militaire ou service d'ost*, conseil dans l'exercice de la justice féodale et aides*, principalement pécuniaires. Ces relations d'homme à homme apparurent dans un contexte spécifique, au temps de la dissolution de l'autorité publique et des invasions normandes (IXᵉ-Xᵉ siècle). Elles trouvent leur apogée aux XIᵉ-XIIᵉ siècles. Voir Ban, Bénéfice, Chevalier, Comte, Féodalité, Seigneurie, Suzerain.

VASSALITÉ. Nom donné à la condition de vassal* qui se caractérise par des liens de dépendance d'homme à homme. Voir Bénéfice, Comte, Féodalité, Fief, Hommage.

VAUBAN, Sébastien LE PRESTRE, seigneur de (Saint-Léger-de-Foucheret, auj. Saint-Léger-Vauban, 1633-Paris, 1707). Maréchal* de France, célèbre pour la création de nombreux ouvrages d'art. Entré dans l'armée dès 1651, il fut nommé par Louis XIV* commissaire général des fortifications (1678), poste où il déploya une prodigieuse activité. Il entoura le royaume d'une ceinture complète de fortifications (près de 300 places fortes), en particulier le long de l'Escaut, de la Meuse et du Rhin. Il fut aussi le créateur de plusieurs grands ports français, travailla au canal des Deux-Mers et à l'aqueduc de

Maintenon. Ingénieur, il s'intéressa aussi aux perfectionnements des techniques d'attaque, équipa l'infanterie des fusils à baïonnette et remporta, particulièrement lors de la guerre de la ligue d'Augsbourg* (1688-1697), de nombreux sièges (Mons en 1691 ; Namur en 1692 et Steinkerque en 1692). La fin de sa vie fut cependant assombrie par une semi-disgrâce pour son projet de *Dîme royale* (1707), aussitôt interdit, et qui préconisait le remplacement de tous les impôts par un impôt unique, dont les privilégiés ne pourraient être exemptés. Vauban laissa aussi de nombreux ouvrages militaires.

VAUDÈS ou **VALDÈS** ou **VALDO, Pierre** (Lyon, v. 1140-en Bohême, v. 1207). Fondateur de l'hérésie chrétienne des Vaudois* appelée aussi « pauvres de Lyon ».

VAUDOIS. Nom donné aux membres d'une secte chrétienne opposée à l'Église catholique*. Appelée aussi les « pauvres de Lyon », elle fut fondée à la fin du XIIᵉ siècle par un riche marchand de Lyon, Pierre Vaudès* (d'où son nom). Les Vaudois prêchaient sur les routes la pauvreté absolue et les Évangiles* qu'ils traduisirent en provençal. Ils condamnaient l'Église pour ses richesses et sa corruption, rejetaient les doctrines des indulgences* et du purgatoire, ainsi que la vénération de Marie et des saints. L'hérésie vaudoise s'étendit dans le sud-est de la France (Provence*, Dauphiné), en Italie, en Espagne et en Allemagne. Excommuniés* en 1184, les Vaudois furent impitoyablement réprimés jusqu'au XVIᵉ siècle, époque à laquelle ils adhérèrent à la Réforme*.

VAUDOU. En Haïti, religion populaire vécue parallèlement au christianisme*, et qui est un syncrétisme entre les rites animistes africains et le rituel catholique*. Venu du Dahomey (aujourd'hui le Bénin), il représente une forme de refus de la domination des Blancs. Voir Abomey.

VAUTOURS (Stèle des). Stèle sumérienne aujourd'hui exposée au musée du Louvre*. Elle célèbre la victoire du roi de Lagash*, Eannatoum, sur la cité rivale d'Oumma (v. 2600 av. J.-C.) et montre des vautours déchiquetant les cadavres des vaincus. Document particulièrement précieux sur la période, le récit de ces guerres victorieuses confirme que Lagash tentait d'occuper tout le pays de Sumer*.

VÉDA. Nom donné en Inde* aux plus anciens livres sacrés de la religion hindoue (hindouisme*). Rédigés tardivement en sanskrit*, les *Véda* (mot qui signifie « le savoir ») ont été « révélés » par Brahma* aux sages qui les ont écrits. Composés essentiellement d'instructions sur les rites (gestes, formules), ils sont censés contenir toute la sagesse divine. Voir Upanishad.

VEIL, Simone (Nice, 1927-). Femme politique française. Ministre de la Santé (1974-1979) sous la présidence de Valéry Giscard* d'Estaing, elle élabora la loi autorisant l'interruption volontaire de grossesse votée en 1975. Elle a été présidente de l'Assemblée européenne (1979-1982) et ministre de nouveau de 1993 à 1995.

VELÁZQUEZ, Diego, en fr. **VÉLASQUEZ** (Séville, 1599-Madrid, 1660). Peintre espagnol. Devenu l'un des peintres officiels de Philippe IV*, Vélasquez s'imposa comme l'un des plus grands peintres du Siècle d'Or espagnol (1555-1665). Pour la liberté de sa technique et ses dons de coloriste, certains impressionnistes comme Édouard Manet* l'ont considéré comme l'un de leurs lointains prédécesseurs. Après avoir appris son métier auprès d'un peintre réputé (Francisco Pacheco) dont il épousa la fille, Vélasquez fut inscrit à la corporation des peintres de Séville en 1617 et peignit des scènes de la vie populaire (*Le Marchand d'eau de Séville*, 1620, Londres, Wellington Museum) mais aussi des tableaux religieux marqués par l'influence du Caravage* (*L'Adoration des Mages*, 1619, Prado, Madrid). Soutenu par le très puissant comte-duc d'Olivares, Vé-

squez obtint en 1623 la charge de peintre
u roi et, installé à Madrid, débuta une car-
ère exceptionnellement brillante. Il exé-
uta plusieurs portraits du roi, des mem-
res de sa famille et des grands de la cour,
nouvela l'art du portrait en substituant le
aturel et la simplicité aux conventions de
olennité qui présidaient auparavant. Parti
our un voyage d'études en Italie
1629-1631), Vélasquez approfondit son
ngage pictural, ce qui préluda à l'extraor-
inaire liberté chromatique des peintures
u Prado exécutées entre 1630 et 1640
omme la *Reddition de Breda ou Les lan-
es* (1635, Madrid, musée du Prado) les
ortraits royaux exécutés pour les salons
u palais du Buen Retiro et les peintures
e nains et de bouffons de la cour. Chargé
'acquérir des œuvres d'art italiennes pour
es collections royales, Vélasquez séjourna
ne seconde fois en Italie (1649-1651) où
peignit quelques-unes de ses plus gran-
es œuvres. Ce fut à propos de deux vues
es jardins de la Villa Médicis à Rome
L'Entrée de la grotte et *Le Pavillon
'Ariane*, 1650, Prado, Madrid) que fut
voquée sa filiation avec les impression-
istes. Vélasquez peignit aussi l'énigmati-
ue *Vénus au miroir* (1650, Londres, Na-
onal Gallery) – l'un des rares nus de la
einture espagnole. De retour à Madrid,
élasquez réalisa, les dernières années de
a vie, de très beaux portraits des jeunes
rinces, de princesses et surtout les deux
randes toiles du Prado, considérées
omme le sommet de son art : *Les Méni-
es* (1656) et *Les Fileuses de la tapisserie
e Sainte Isabelle* (1657). Voir Impressio-
isme.

ÉLITE. Dans la Rome* antique, nom
onné à l'infanterie légère de la légion* ro-
aine. Armés d'une épée, d'un javelot et
'un petit bouclier, les vélites étaient char-
és de harceler l'ennemi. Après la réforme
e Marius*, les vélites (comme d'ailleurs
a cavalerie) furent constitués entièrement

d'*auxilia*, c'est-à-dire de soldats non citoyens.

VÉNALITÉ DES OFFICES. Nom donné
dans la France d'Ancien* Régime, à la
mise en vente des fonctions publiques par
l'État qui, bientôt, en abusa pour se procurer des ressources. L'édit de la paulette*
(1604) institua l'hérédité des offices contre
le versement d'un droit annuel. Les plus
hautes charges pouvant conférer la noblesse* (noblesse de robe), l'achat des offices par les bourgeois enrichis fut un
moyen non négligeable d'ascension sociale. Cependant, la création abusive de
charges inutiles à partir du début du XVIIe
siècle créa en France de vives réactions,
dont la Fronde* parlementaire constitua
l'apogée. La vénalité des offices fut supprimée en 1789.

VENDÉE (Guerre de, 1793-1796). Lors de
la Révolution* française, nom donné à l'insurrection contre-révolutionnaire qui se développa dans l'ouest de la France (Vendée,
Maine-et-Loire, confins du Poitou et de la
Charente). Provoquée par le décret de la
Convention* (février 1793) sur la levée de
300 000 hommes, mais plus profondément
par l'hostilité à la Constitution* civile du
clergé et les difficultés économiques, la révolte des Vendéens prit d'abord naissance
dans les populations paysannes, très catholiques*, soutenues par la noblesse et de
nombreux prêtres réfractaires*. La
« grande armée vendéenne » fut commandée par des roturiers (Cathelineau*, Stofflet*) et des nobles (Bonchamp, d'Elbée,
Lescure, La Rochejaquelein*). Après plusieurs victoires favorisées par le soutien des
émigrés et de la première coalition*, le
Comité* de Salut public décida la formation de l'armée de l'ouest (Kléber*) qui
remporta bientôt la victoire décisive de
Cholet (octobre 1793). La lutte contre la
République, menée en particulier par Charette*, La Rochejaquelein et Stofflet, se
poursuivit néanmoins jusqu'en 1795-1796,
une armée d'émigrés* débarquant même à

Quiberon* en juin 1795. La Vendée resta calme durant tout le Premier Empire* puis se souleva lors des Cent-Jours*, vite réprimée par le général Lamarque* (mai-juin 1815). On estime à environ 550 000 le nombre des victimes de la guerre de Vendée qui fut marquée, de part et d'autre, par de nombreuses atrocités. Avec la Contre-Révolution s'enracina dans certaines régions, l'ouest en particulier, une droite traditionnelle et catholique qui mit la défense de la religion et des intérêts de l'Église au premier rang de ses préoccupations. Voir Chouannerie.

VENDÉMIAIRE AN IV (Journée du 13 ; 5 octobre 1795). Lors de la Révolution* française, insurrection royaliste à Paris provoquée par la décision, prise par la Convention* thermidorienne, de conserver les deux tiers de ses membres, favorables à la République, dans la nouvelle Assemblée. Furieux de voir leurs espoirs déçus, les royalistes tentèrent à Paris d'assiéger la Convention. Mais Barras*, avec l'aide de Bonaparte* et de Murat*, rétablit l'ordre en faisant tirer sur les royalistes près de l'église Saint-Roch. Voir Constitution de l'an III, Quiberon, Terreur blanche.

VENDÔME, Louis Joseph, duc de (Paris, 1654-Vinaroz, 1712). Petit-fils de César de Bourbon, duc de Vendôme (fils naturel d'Henri IV*). L'un des grands généraux de la guerre de Succession* d'Espagne (1701-1714), il restaura, après la victoire de Villaviciosa (1710), Philippe V* d'Espagne sur son trône. Voir Eugène de Savoie-Carignan, Marlborough (1er duc de), Vendôme (Colonne).

VENDÔME (Colonne). Colonne érigée en 1810 place Vendôme* sur ordre de Napoléon Ier*. Inspirée de la colonne Trajane à Rome* et surmontée d'une statue de Napoléon Ier en César, la colonne fut coulée dans le bronze des canons pris à Austerlitz* aux Russes et aux Autrichiens et dédiée à la gloire de la Grande* Armée. Brisée par les insurgés de la Commune* de Paris (mai 1871), elle fut rétablie en 1874 et surmontée à nouveau d'une statue de l'Empereur. Voir Trajan.

VENDÔME (Place). Place de Paris située non loin du Palais-Royal. Aménagée à partir de 1699, sur les plans de Hardouin-Mansart*, elle fut d'abord appelée place Louis-le-Grand ; on y plaça une statue équestre monumentale de Louis XIV* due à Girardon* (1699), détruite lors de la Révolution, en 1793.

VENISE. Ville du nord est de l'Italie, établie sur une lagune de la mer Adriatique. Elle fut du XIIIe au XVe siècle la principale puissance maritime de la Méditerranée, dominant les relations avec l'Orient. Elle s'illustra aussi sur le plan culturel et artistique au temps de la Renaissance*. Au VIe siècle, pour échapper aux invasions des Lombards*, les habitants des cités de l'intérieur se réfugièrent sur les îles de la lagune puis formèrent une République dirigée par un doge* élu (IXe siècle). L'État vénitien, dépourvu de terres, construisit une puissante flotte commerciale qui domina bientôt la Méditerranée. En 1082, Alexis Ier* Comnène fit appel à Venise contre les Normands* en échange d'importants privilèges commerciaux. Grâce aux croisades*, la ville s'enrichit considérablement et s'assura des comptoirs dans les principaux ports du Levant* mais commerça aussi à l'ouest jusqu'en Angleterre. Au XIIIe siècle, lors de la quatrième croisade* et de la conquête d'une partie de l'Empire byzantin*, la République s'empara d'une série d'îles et de ports d'escale sur l'Adriatique et en Méditerranée orientale. Cette ascension (malgré la rivalité de Pise* et de Gênes*) s'accompagna du triomphe de l'aristocratie marchande qui détenait le pouvoir au sein du Grand Conseil. Au début du XVe siècle, Venise entreprit, pour assurer sa sécurité, la conquête d'un État de Terre Ferme qui forme aujourd'hui la Vénétie. La prise de Constantinople* (1453), les guerres d'Ita-

e* mais surtout la découverte de l'Amé-
que qui détourna le trafic commercial
ers l'Atlantique* amorcèrent son déclin.
n 1797, Venise tomba sous la domination
utrichienne (traité de Campoformio*)
isqu'à son rattachement au royaume
'Italie en 1866. Voir Doges (Palais des),
Marco Polo, Tintoret, Titien, Véronèse.

ENIZÉLOS, Elefthérios (La Canée,
Crète, 1864-Paris, 1936). Homme politiue grec. Il émancipa la Crète de la tutelle
es Turcs et engagea la Grèce aux côtés
es Alliés lors de la Première Guerre*
nondiale. Après avoir participé aux insur-
ctions de la Crète contre la domination
irque et travaillé à l'union de la Crète et
e la Grèce – devenue effective en 1913 –,
devint en 1910 Premier ministre. Il ac-
orda au pays une Constitution libérale, et
btint, à l'issue des guerres balkaniques*
e 1912-1913, d'importants avantages ter-
toriaux (sud de la Macédoine* et de
Épire, presque toutes les îles de la mer
gée). Partisan d'une entente avec les Al-
és, il s'opposa au roi germanophile
onstantin Ier*. Contraint de démissionner
915), il forma, appuyé par la France, un
ouvernement dissident à Thessalonique
1916), puis déclara la guerre aux Empires
entraux. Président du Conseil (1928-
932) après la proclamation de la Répuique (1924), il dut s'exiler après un coup
État avorté de ses partisans en Crète.

ÉNUS. Déesse romaine assimilée à
Aphrodite* grecque. Elle est la déesse de
beauté et de l'amour. Voir Dieux ro-
ains, Religion romaine.

ÉNUS PALÉOLITHIQUES. Nom
onné aux statuettes de femmes élaborées
ar des artistes de la préhistoire* à partir
e 20 000 av. J.-C. L'exagération des at-
ibuts féminins (seins, hanches) témoigne
eut-être d'un culte dédié à la fécondité.
n les retrouve plus fréquemment en Eu-
pe orientale et surtout en Russie. Voir
aléolithique supérieur.

ÊPRES SICILIENNES (1282). Émeute
qui éclata au cours des vêpres pascales, durant laquelle furent massacrés les Français
de Sicile du 30 mars à la fin avril 1282. Dirigée contre Charles Ier* d'Anjou, roi de
Sicile, elle servit les intérêts de Pierre III
d'Aragon qui se fit couronner roi de Sicile
insulaire.

VERCINGÉTORIX (v. 72-Rome, 46 av.
J.-C.). Grand chef gaulois issu d'une importante famille arverne*, il dirigea en 52
av. J.-C. le soulèvement de la Gaule*
contre les Romains. À la tête d'une coalition groupant une grande partie des peuples gaulois, il entreprit de vaincre les légions* romaines dispersées (elles
prenaient leurs quartiers d'hiver) avant que
Jules César* ne revienne d'Italie. Mais celui-ci réagit avec une rapidité remarquable
et réussit à reprendre partout l'initiative.
Ayant subi une série de défaites, Vercingétorix fut réduit à adopter la tactique de
la terre brûlée. Afin de priver les Romains
de fourrage et de ravitaillement, il fit incendier les villes et les fermes mais épargna, supplié par ses habitants, Avaricum
(Bourges). César prit peu après la ville,
mais Vercingétorix lui infligea un grave
échec devant Gergovie* (juin 52). Cependant, en août 52, César écrasa la cavalerie
gauloise près de Dijon, contraignant Vercingétorix à se réfugier dans la citadelle
d'Alésia*. Réduit à la famine, il dut capituler après deux mois de siège. Amené à
Rome* pour paraître au triomphe* de son
vainqueur, il resta prisonnier six ans en Italie puis mourut étranglé dans sa prison. Sa
défaite provoqua la soumission rapide de
toute la Gaule. Voir Carnutes.

VERCORS. Massif calcaire des Préalpes
françaises du Nord. Lors de l'été 1944,
3 500 maquisards français menèrent un
combat acharné contre les troupes allemandes, afin de les empêcher de rejoindre
le front de Normandie, où avait eu lieu le
débarquement allié (6 juin 1944). Fin juillet 1944, les Allemands se livrèrent à de
sanglantes représailles, frappant les civils

comme les militaires. Voir Débarquement allié en Normandie.

VERDI, Giuseppe (Le Roncole, province de Parme, 1813-Milan, 1901). Compositeur italien, contemporain de Wagner*. Grand maître de l'opéra qu'il imposa comme un art authentiquement populaire, Verdi incarna l'idéal romantique et national italien. Issu d'un milieu modeste, il s'orienta vers le théâtre lyrique et l'énorme succès de son opéra *Nabuccodonosor* (dit *Nabucco*) à la Scala de Milan (1842) où se manifestait l'esprit patriotique italien en lutte contre la domination autrichienne lui assura une popularité durable. Militant de l'unité italienne, figure de proue du libéralisme* italien, Verdi parcourut les scènes de théâtres d'Europe. Parmi ses nombreuses œuvres, on peut citer 26 opéras (*Macbeth*, 1847 ; *La Traviata*, 1853 ; *Aïda*, 1871 ; *Otello*, 1887 ; *Falstaff*, 1893) et un grand *Requiem* (1874) composé pour la mort de l'écrivain romantique Alessandro Manzoni.

VERDUN (Bataille de, février-décembre 1916). Surnommée « l'enfer de Verdun », cette bataille de la Première Guerre* mondiale, gigantesque affrontement d'artillerie lourde et de sacrifices individuels, fut la plus meurtrière de la guerre. de 1914-1918. Sans résultat décisif, elle inaugura l'ère de la guerre de matériel avec la destruction systématique de l'ennemi. Incapable de rompre le front adverse, le chef d'état-major allemand Falkenhayn* décida, en 1916, une grande offensive sur Verdun, point avancé du front français. Son but était de forcer l'adversaire à une défense à tout prix dans laquelle il espérait que l'armée française serait « saignée à blanc ». Sous le commandement du Kronprinz, fils de Guillaume II*, l'attaque débuta le 21 février et pendant des mois se succédèrent les assauts d'infanterie pour le contrôle des forts (Vaux et Douaumont). Les succès initiaux allemands ne débouchèrent pourtant pas sur une victoire. Pé-

tain* organisa avec une exceptionnelle efficacité la défense et le ravitaillement de Verdun (Voie sacrée*) et le général Joffre*, qui avait refusé d'engager toutes ses réserves dans la bataille, dut déclencher la bataille de la Somme* (juillet 1916) et reprendre les différents forts. Verdun coûta 360 000 hommes aux Français et 335 000 aux Allemands. Voir Nivelle (Robert).

VERDUN (Traité de, août 843). Traité conclu entre les trois fils de Louis Iᵉʳ* le Pieux. Il provoqua la dislocation de l'Empire carolingien créé par Charlemagne*. Louis Iᵉʳ* le Germanique reçut la Germanie* à l'est du Rhin, Charles II* le Chauve, les pays situés à l'ouest de l'Escaut, de la Meuse, de la Saône et du Rhin tandis que Lothaire Iᵉʳ* (qui gardait le titre d'empereur) détenait les territoires intermédiaires (de la mer du Nord au golfe de Tarente) avec les deux capitales, Rome et Aix-la-Chapelle*. Le royaume de Charles le Chauve (*Francia occidentalis*) est l'origine du royaume de France. Voir Carolingiens.

VERGENNES, Charles Gravier, comte de (Dijon, 1719-Versailles, 1787). Homme d'État et diplomate français. Secrétaire d'États aux Affaires étrangères de Louis XVI*, il adopta une politique d'hostilité à l'égard de l'Angleterre et engagea la France dans la guerre d'Indépendance* américaine. Ambassadeur à Constantinople (1754-1768) puis en Suède (1771-1774), Vergennes, ministre en 1774, reprit la politique d'opposition à l'Angleterre inaugurée par Choiseul*. Principal artisan de la chute de Turgot*, il signa une alliance avec les colonies insurgées d'Amérique (1778), tout en s'efforçant de maintenir la paix en Europe. Après le traité de Versailles* (1783), mettant fin à la guerre d'Amérique, l'état des finances étant dramatique, Vergennes choisit de se rapprocher de l'Angleterre et lui accorda en 1786 un traité de commerce particulièrement avantageux.

VERGNIAUD, Pierre Victurnien (Limoges, 1753-Paris, 1793) Homme politique français, brillant orateur du parti des girondins* pendant la Révolution* française, surnommé « le Cicéron de la Gironde ». Avocat au parlement de Bordeaux, député à l'Assemblée* législative, il prit vivement position contre les émigrés*, les prêtres réfractaires*, et incita à la déclaration de guerre contre l'Autriche 1792). Président de la Convention* (janvier 1793), il vota la mort de Louis XVI* ans sursis mais, modéré, s'inquiéta bientôt de l'agitation populaire. Vergniaud tenta en vain de s'opposer aux premières mesures de Salut public, s'élevant avec véhémence contre la création du Tribunal* révolutionnaire (mars 1793). Arrêté en juin 1793, il fut condamné à mort avec les principaux chefs girondins et guillotiné avec eux. Voir Patrie en danger.

VERLAINE, Paul (Metz, 1844-Paris, 896). Poète français. Consacré à la fin de a vie comme le « prince des poètes », figure emblématique des décadents et des symbolistes, Verlaine, qui ne voulut appartenir à aucune école, souhaita dans ses poésies « de la musique avant toute chose » pour que puisse s'établir un change « d'âme à âme ». Alcoolique et homosexuel, ami d'Arthur Rimbaud*, Verlaine laissa aussi l'image du poète maudit, voué au mal sous toutes ses formes. Après une adolescence choyée auprès de sa mère et de sa cousine, Verlaine, devenu employé peu assidu à l'Hôtel de Ville, commença à se livrer à sa passion, la poésie. Influencé d'abord par l'école parnassienne, il publia *Poèmes saturniens* 1866) puis *Fêtes galantes* (1869) inspirés par les paysages d'Antoine Watteau*. En 870, il épousa une jeune fille de 16 ans, Mathilde Mauté, en espérant trouver un vaste et tendre apaisement », espoir 'une vie heureuse chanté dans *La Bonne Chanson* (1870). Cependant, la rencontre avec Rimbaud (septembre 1871) ruina ses

projets. Une liaison passionnée et orageuse se noua entre les deux hommes qui menèrent durant plusieurs mois une existence errante en Belgique puis à Londres. Pour avoir tiré deux coups de revolver sur son ami (1873) Verlaine, arrêté, fut condamné à deux ans de prison où il composa *Romances sans paroles* (1874). Il chercha ensuite dans la foi une solution à son désespoir (*Sagesse*, 1881 ; *Amour* 1888). Après un moment de bonheur en Angleterre auprès de son ami Lucien Létinois (1878), Verlaine, rentré en France, fit publier *Les Poètes maudits* (1884) où il révéla au public de nouveaux poètes comme Rimbaud, Stéphane Mallarmé* et Auguste Villiers de l'Isle-Adam et *Jadis et Naguère* (1884, qui inclut *L'Art poétique*, 1874), ouvrages salués par les jeunes symbolistes et décadents. Repris par son vieux démon, l'alcool, Verlaine vécut ses dernières années en faisant de fréquents séjours à l'hôpital, sans profiter de sa célébrité nouvelle.

VERMEER Jan dit **VERMEER DE DELFT** (Delft, 1632-*id.*, 1675). Peintre hollandais. Renommé à son époque, Vermeer tomba longtemps dans l'oubli. Redécouvert au XIXᵉ siècle par le Français Étienne Thoré, il suscita bientôt l'admiration des critiques et des écrivains comme Théophile Gautier*, les frères Goncourt, Marcel Proust* et Paul Claudel* et est considéré aujourd'hui comme l'un des plus grands peintres du XVIIᵉ siècle. Inscrit à la corporation des artistes de Delft en 1653, il en devint président dix ans plus tard. Marié à la fille d'une riche famille catholique (1653), dont il eut 11 enfants, il connut à partir de 1672 d'importantes difficultés financières dues à la crise économique provoquée par l'invasion des Pays-Bas par Louis XIV*. Les spécialistes lui accordent une quarantaine de toiles dont 16 seulement sont signées et deux datées. Elles comprennent des scènes d'intérieur, des portraits et deux paysages urbains. Ses premières toiles furent influencées par les caravagistes d'Utrecht et la peinture italienne, notamment vénitienne, puis Vermeer évolua rapidement vers un style très personnel caractérisé par la rigueur de la technique et de la composition, la pureté de la matière et des couleurs et un réalisme apparemment impassible, reflet de la « vie silencieuse des choses ». *La Ruelle* (v. 1658-1660, Rijksmuseum, Amsterdam) et surtout la célèbre *Vue de Delf* (La Haye) reflétée dans les eaux d'un canal sont les deux seules vues d'extérieur qu'on lui connaisse. Ce fut avec la *Jeune fille endormie* (1657, New York, Metropolitan Museum) que Vermeer inaugura une longue série de portraits de jeunes filles dans des intérieurs baignés par la lumière de fenêtres entrouvertes. (*Jeune femme lisant une lettre*, 1657, Dresde ; *Jeune Femme à l'aiguière*, vers 1664-1665, New York, Metropolitan Museum ; *La Laitière*, vers 1658-1660, Rijksmuseum, Amsterdam ; *La Dentellière*, vers 1669-1670, Paris, Louvre). Vermeer peignit aussi quelques sujets allégoriques comme *L'Atelier ou Allégorie de la peinture* (vers 1666-1667, Kunsthistorisches Museum, Vienne).

VERNE, Jules (Nantes, 1828-Amiens, 1905). Écrivain français. Précurseur génial du roman d'anticipation scientifique mais aussi étonnant visionnaire, Jules Verne est de tous les auteurs français le plus traduit. Il exerce encore aujourd'hui une indéniable fascination, comme en témoignent le nom du premier sous-marin atomique français (le *Nautilus*) et celui d'un des cratères de la face cachée de la Lune (Jules-Verne). Après s'être minutieusement documenté, notamment dans les domaines de la géographie, de la physique et des mathématiques, Jules Verne rédigea durant plus de 40 ans une œuvre immense destinée à éveiller la curiosité du public pour les sciences et les découvertes des savants. Parmi la centaine d'ouvrages qu'il publia, on peut citer *Voyage au centre de la Terre* (1864), *De la terre à la lune* (1865), *Vingt mille lieues sous les mers* (1870), *Le Tour du monde en quatre-vingts jours* (1873), *L'Île mystérieuse* (1874) et *Michel Strogoff* (1876).

VÉRONE (Congrès de, octobre-décembre 1822). Congrès qui réunit à Vérone (en Vénétie) les puissances de la Sainte-Alliance* (Autriche, Prusse*, Russie) ainsi que les représentants de la France (Chateaubriand*), de la Grande-Bretagne (Wellington*) et des souverains italiens. Différentes questions y furent débattues, notamment les progrès du libéralisme* et les dangers d'une révolution en Espagne. Il fut décidé de l'envoi d'une expédition française contre les libéraux espagnols afin de soutenir Ferdinand VII*. Voir Trocadéro (Bataille du).

VÉRONÈSE, Paolo CALIARI, dit Paolo VERONESE, en fr. (Vérone, 1528-Venise, 1588). Peintre italien, il fut avec le Titien* et Tintoret* l'un des maîtres de l'école vénitienne. Fils d'un tailleur de pierre de Vérone où il resta jusqu'à 25 ans, Véronèse réalisa la plupart de ses peintures à Venise. Il exécuta sa première œuvre importante pour la famille Giustiniani, mais c'est en entreprenant seul la décoration d'une petite église consacrée à saint Sébastien qu'il réalisa son premier chef-d'œuvre, *Le Couronnement d'Esther*. Il se fit ensuite une spécialité des grandes compositions d'apparat pour les réfectoires des communautés religieuses, dont les thèmes furent les festins bibliques : les plus célèbres sont *Les Noces de Cana* (1573, 1563, Paris, Louvre) et *Le Repas chez Lévi* (Venise), ce dernier tableau lui valant des démêlés avec l'Inquisition* Voir Renaissance.

VERRAZANO, Giovanni da (près de Florence, 1485-au Brésil, 1528). Navigateur italien au service de la France, il fut le premier Européen à reconnaître et découvrir les côtes de l'Amérique du Nord. Avec l'accord de François Ier*, soutenu financièrement par des banquiers italiens et yonnais, mais surtout par l'armateur diepois Jean Ango, il partit en 1524 à la recherche de la route de la Chine par le nord-ouest. Sa découverte des côtes de l'Amérique du Nord, et de l'île de Terre-Neuve qu'il contourna, n'intéressa pas ses commanditaires qui refusèrent de poursuivre le projet. Il mourut au cours d'un autre voyage, probablement tué par des indigènes de la région de Panamá.

VERRÈS (Rome, 119-43 av. J.-C.). Homme politique romain, il se constitua une immense fortune personnelle en mettant au pillage la province* romaine de Sicile dont il était gouverneur. Rendu célèbre par le réquisitoire que prononça contre lui l'avocat Cicéron*, Verrès reste l'exemple du pillage des provinces sous la République romaine*. Nommé par le Sénat* propréteur* de Sicile (73-71 av. J.-C.), il écrasa les villes de contributions illégales, vendit les charges publiques, confisqua les propriétés et dépouilla de leurs objets d'art les monuments publics et les temples. Quand il quitta sa charge, les Siciliens portèrent plainte contre lui et demandèrent à Cicéron de soutenir l'accusation. Verrès, accablé par les témoins, prit la fuite et vécut longtemps exilé à Marseille*. Il fut tué en 43 av. J.-C. sur ordre d'Antoine*, désireux de s'approprier quelques-unes de ses œuvres d'art.

VERROCHIO, Andrea di Cione, dit del (Florence, 1435-Venise, 1488). Orfèvre, sculpteur et peintre italien, il fut, après Donatello*, le plus grand sculpteur de la Renaissance* florentine. Il fut le protégé des Médicis* pour lesquels il organisa des fêtes et réalisa le célèbre sarcophage de Piero et Giovanni da Medici (1472, Florence, San Lorenzo). Successeur de Donatello dont il reprit les thèmes du nu adolescent et de la statue équestre, ses œuvres majeures furent son *David* (Florence, musée du Bargello) et la célèbre statue équestre du condottiere de Bergame, B. Colleoni, à Venise, qui fut fondue après sa mort.

VERSAILLAIS. Nom donné par les insurgés de la Commune* de Paris (1871) aux soldats de l'armée régulière qui furent chargés, par le gouvernement de Thiers* installé à Versailles*, de réprimer l'insurrection de la capitale. Voir Fédérés.

VERSAILLES (Château de). Château situé à Versailles, au sud-ouest de Paris. Il est le modèle de l'art classique français et symbolise la grandeur du règne de Louis XIV*. Ce fut à partir du pavillon de chasse de Louis XIII* (1624-1632) que Louis XIV décida, à partir de 1667, la transformation puis l'agrandissement de l'édifice primitif, centre du château actuel. Les travaux durèrent plus de 30 ans, et le roi, quittant le Louvre* et la capitale (il gardait des souvenirs douloureux de la Fronde*), s'y installa à partir de 1682, faisant de Versailles le siège de la cour et du gouvernement. La construction fut successivement dirigée par les architectes Le Vau* (1661-1670), F. d'Orbay (1670-1677), et Jean Hardouin-Mansart* (à partir de 1670), les jardins et le parc ayant été réalisés par Le Nôtre* et la décoration intérieure par Le Brun*. Les bâtiments entourent, du côté de la ville, trois cours successives : la cour des Ministres, la cour Royale et la cour de Marbre, ornée de 84 bustes, les façades occidentales du château se déployant sur 580 m de longueur. Avec la chapelle et le grand appartement du roi, la partie intérieure la plus célèbre est la Galerie des glaces qui doit à Le Brun autant qu'à Mansart. Sur la voûte du plafond (73 m de long et 10 m de large), Le Brun a représenté l'histoire des conquêtes de Louis XIV. La galerie proprement dite se déroule entre deux salons, le salon de la Guerre et celui de la Paix, et est éclairée par 17 grandes fenêtres auxquelles correspondent 17 panneaux de glace (coulés à la manufacture de Saint-Gobain) ; sur le mur opposé, Hardouin-Mansart acheva son œuvre à Versailles avec la nouvelle Orangerie (1684-1686), la construction du Trianon de marbre (1687 ; réaménagé sous Napoléon Ier*) et la chapelle. Sous le règne de Louis XV*, J.A. Gabriel éleva la salle de l'Opéra (1753-1770), le pavillon français (1750) et le Petit Trianon (1762-1768). Ce dernier pavillon fut la résidence favorite de la reine Marie-Antoinette*, qui fit construire à quelque distance le Hameau. Jusqu'à la fin de la monarchie, Versailles fut associé à tous les événements de la vie politique.

VERSAILLES (Traités de, 1756, 1757, 1759). Série de traités conclus entre la France et l'Autriche contre la Prusse*, alliée à l'Angleterre. Ils confirmaient le renversement des alliances qui suivit la guerre de Succession* d'Autriche. Ces traités mettaient fin à la lutte séculaire entre la France et la maison d'Autriche. Voir Sept Ans (Guerre de), Louis XV.

VERSAILLES (Traité de, 1783). Traité conclu entre l'Angleterre, les États-Unis, la France, l'Espagne et les Provinces-Unies. Il mettait fin, avec celui de Paris*, à la guerre d'Indépendance* américaine. L'Angleterre reconnaissait l'indépendance des États-Unis, auxquels elle cédait tous les territoires situés au sud du Canada. Elle faisait, d'autre part, des concessions coloniales à la France (confirmation de la possession de ses comptoirs en Inde, au Sénégal et aux Antilles) et à l'Espagne (restitution de Minorque et de la Floride*).

VERSAILLES (Traité de, 28 juin 1919). Traité signé dans la Galerie des glaces du château de Versailles* – là où l'Empire allemand avait été proclamé en 1871 – entre la France (Clemenceau*), ses alliés (États-Unis avec Wilson*, Royaume-Uni avec Lloyd* George et Italie avec Orlando*) et l'Allemagne. Ce traité, particulièrement sévère, fut imposé à l'Allemagne qui n'avait pas été admise aux délibérations. La dénonciation du « diktat » de Versailles fut l'un des thèmes majeurs de la politique de Hitler*. Le traité de Versailles comportait des clauses territoriales, économiques, financières et militaires. Il restituait à la France l'Alsace-Lorraine*. La Sarre* était administrée pour une période de 15 ans en attendant un plébiscite permettant de définir son statut définitif. La Belgique recevait les cantons d'Eupen et de Malmédy À l'est, la Haute-Silésie, grande région industrielle fut, après plébiscite, partagée au profit de la Pologne tandis que la Prusse* orientale restait allemande. La Posnanie et une partie de la Prusse orientale furent cédées par l'Allemagne à la Pologne, lui procurant ainsi un accès à la mer jusqu'à la ville libre de Dantzig* placée sous contrôle de la SDN*. Au nord, la partie septentrionale du Schleswig devint, après plébiscite, danoise. Hors d'Europe, l'Allemagne devait aussi renoncer à ses colonies africaines (Sud-Ouest africain, Est-Afrique, Togo et Cameroun) et asiatique (Shandong). Les clauses économiques et financières du traité furent aussi sévères. L'Allemagne accordait aux alliés le traitement de la nation la plus favorisée et ses voies fluviales étaient internationalisées. Elle s'engageait à verser des réparations* qui furent ensuite fixées à 132 milliards de marks-or. Des clauses militaires imposaient enfin le désarmement à l'Allemagne : les effectifs de l'armée ne devaient pas dépasser 100 000 hommes et le service militaire obligatoire était aboli. L'armement était limité, l'aviation de guerre et l'artillerie lourde interdites. Afin de garantir ces clauses, la rive gauche du Rhin était occupée pendant 15 ans par les alliés, la Rhénanie* devant être ensuite démilitarisée jusqu'à 50 kilomètres à l'est du fleuve. Le traité de Versailles, précédé du pacte de la SDN*, ne fut pas ratifié par le Sénat américain. Voir Paris (Conférence de).

VERVINS (Traité de, 1598). Traité qui rétablit entre la France et l'Espagne les clauses du traité du Cateau-Cambrésis (1559). Signé entre Henri IV* et Philippe II*, il mettait fin aux ingérences espagnoles en France manifestées lors des guerres de Religion*. L'Espagne rendait

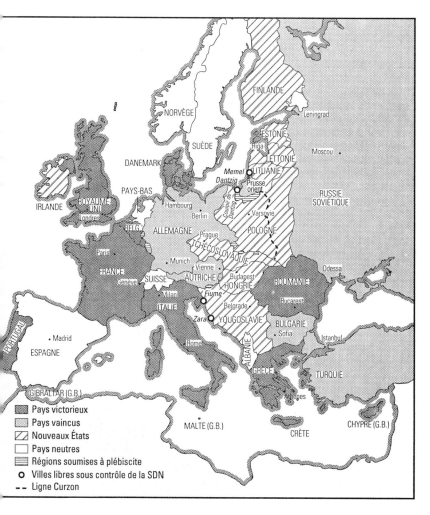

Pays victorieux
Pays vaincus
Nouveaux États
Pays neutres
Régions soumises à plébiscite
o Villes libres sous contrôle de la SDN
- - Ligne Curzon

L'Europe en 1920

toutes les places prises en Picardie mais gardait Cambrai et le Charolais.

VÉSALE, André (Bruxelles, 1514-île de Zante, 1564). Anatomiste flamand, considéré comme le précurseur de l'anatomie moderne fondée sur la dissection et l'observation scientifique. Vésale commença ses études de médecine à Louvain et les poursuivit à Paris où il eut pour condisciple Michel Servet*. Passionné d'anatomie, il déterrait les cadavres au cimetière des Innocents et volait des pendus au gibet de Montfaucon. Docteur de l'université de Padoue, nommé professeur d'anatomie et de chirurgie, il quitta l'Italie puis devint, à Madrid, médecin de Charles* Quint en 1544. Ce fut à Padoue qu'il rédigea, fit illustrer et imprimer le célèbre et magnifique traité d'anatomie *De humani corporis fabrica libri septem* (1543). Le livre provoqua un énorme scandale chez les traditionalistes adeptes de Galien, médecin de l'Antiquité grecque, dont la théorie des « humeurs » faisait autorité. Son irrévérence à l'égard des Anciens le contraignit à abandonner ses travaux.

VESPASIEN (près de Reate, auj. Rieti, 9 ap. J.-C.-Aquae Cutiliae, 79). Empereur romain, fondateur de la dynastie des Flaviens*, il régna de 69 à 79. Apparu comme l'homme providentiel après les troubles qui suivirent la chute de Néron* (68 ap. J.-C., Vespasien restaura l'ordre et la paix dans l'Empire. Issu d'une famille modeste, il fit d'abord une carrière militaire puis fut proclamé empereur en 69 par les légions* d'Orient alors qu'il faisait la guerre en Judée*. Revenu en Italie, Vespasien rétablit l'ordre dans l'armée, entreprit de grands travaux à Rome* (reconstruction du temple du Capitole*, construction du temple de la Paix, début d'édification du Colisée*), restaura les finances et fit entrer au Sénat* des provinciaux pour affaiblir l'opposition de la noblesse. À l'extérieur, la conquête de la (Grande) Bretagne fut consolidée et son fils Titus* acheva le

siège de Jérusalem* (70). Vespasien tenta d'imposer le principe de la succession héréditaire à l'Empire en choisissant l'aîné de ses fils, Titus*, pour successeur.

VESPUCCI, Amerigo (Florence, 1454-Séville, 1512). Navigateur italien successivement au service de l'Espagne et du Portugal. Ce fut l'humaniste et cartographe allemand Martin Waldseemüller, en réalisant une carte du monde intitulée *Universalis Cosmographia*, qui lui attribua le mérite d'avoir découvert l'Amérique. Le Nouveau Monde y porte en effet pour la première fois le nom d'Amérique d'après le prénom latinisé d'Amerigo. Au cours de ses expéditions (1499 et 1501-1502), Vespucci explora les côtes d'Amérique du Sud et centrale. Il donna son nom au Vénézuela (Petite Venise). Il occupa à partir de 1508 jusqu'à sa mort en Espagne le poste de chef des services de navigation de la *Casa* de Contratación de Las Indias*. Voir Colomb (Christophe).

VESTA. Déesse romaine assimilée à l'Hestia des Grecs. Initialement gardienne du feu et du foyer domestique, son culte, devenu national, était assuré par les vestales*. Un petit temple circulaire où était entretenu le feu sacré de la cité, lui était consacré sur le Forum*. Voir Dieux romains, Religion romaine.

VESTALES. 1) Dans la Rome* antique prêtresses chargées d'entretenir le feu sacré de la cité personnifiée par la déesse Vesta*. Au nombre de six, placées sous les ordres de la Grande Vestale, logées dans la maison des Vestales sur le Forum* elles étaient choisies par le Grand Pontife*, entre 6 et 10 ans, parmi les jeunes filles patriciennes. Attachées à cette fonction religieuse pendant 30 ans, elles étaient contraintes à la chasteté et celles qui violaient leur vœu pouvaient être enterrées vives. Elles bénéficiaient d'un grand prestige, prenaient part à beaucoup de manifestations religieuses et avaient le pouvoir de gracier les condamnés qu'elles rencontraient. Elles se reconnaissaient à leur habillement : une tunique de toile blanche et grise recouverte d'un manteau pourpre. Les 30 ans accomplis, les vestales quittaient le temple et pouvaient même se marier. Le collège des Vestales fut supprimé par l'empereur Théodose* en 389 ap. J.-C. Voir Religion romaine, Patricien.

VETO SUSPENSIF. Possibilité pour une autorité de suspendre, pendant un temps déterminé, l'application d'un loi. La Constitution* de 1791 accorda à Louis XVI* le veto suspensif contre l'avis en particulier de Mirabeau* qui, pour limiter les pouvoirs de l'Assemblée unique, aurait souhaité le veto absolu.

« VETO » (Monsieur, Madame). Nom donné lors de la Révolution* française à Louis XVI* et sa femme Marie-Antoinette* par les révolutionnaires après que la Constitution de 1791 eut accordé au roi le veto* suspensif.

VÉZELAY. Ville de France, dans l'Yonne. Au IXe siècle y fut fondé un monastère bénédictin* qui aurait renfermé les reliques de sainte Marie-Madeleine. Étape sur la route menant à Saint-Jacques-de-Compostelle*, elle devint aussi au XIe siècle l'un des grands centres de pèlerinage de la Chrétienté* (saint Bernard y prêcha la deuxième croisade). Du XIe au XIIIe siècle, y fut construite une basilique mêlant art roman* et art gothique*. Les sculptures romanes du célèbre portail sont un chef-d'œuvre de la sculpture romane en France. L'abbaye fut ruinée par la guerre de Cent* Ans.

VICHY (Gouvernement de, juillet 1940-août 1944). Nom donné au gouvernement établi à Vichy, en zone libre, sous la direction du maréchal Pétain* et qui constitua le régime de la France pendant l'occupation allemande. Après le désastre militaire et la signature de l'armistice (Rethondes*, 22 juin 1940), une majorité des parlementaires vota les pleins pouvoirs au maréchal Pétain (10 juillet* 1940), lequel

devint chef de l'État français. S'appuyant sur la paysannerie et les couches moyennes artisanales et commerçantes, assuré le plus souvent du soutien de l'Église, Pétain s'entoura d'hommes venus de toutes les droites, y compris les plus extrêmes (Action* française, ligues d'anciens combattants), des transfuges de la gauche (Doriot*, Déat*), des hommes de confiance du grand patronat (P. Pucheu*) et de « techniciens » issus de la haute administration. Pour l'équipe au pouvoir, la défaite fut l'occasion d'une réorganisation d'ensemble de la société française : la « Révolution nationale », avec pour devise « Travail, Famille, Patrie » et pour emblème la francisque, instaura un régime autoritaire et hiérarchique, corporatiste, antisémite et anticommuniste. Le suffrage universel disparut, les partis politiques furent dissous, les maires des villes nommés et le pouvoir des préfets renforcé. Des catégories entières de Français furent exclues de la communauté nationale et furent l'objet d'une législation spécifique. Un statut spécial pour les juifs* français fut décrété dès octobre 1940. Une Cour suprême de justice jugea plusieurs personnalités politiques et militaires de la Troisième République* (procès de Riom*), des Sections spéciales furent instituées pour réprimer les activités jugées hostiles au régime et des camps d'internement furent créés. Parallèlement, un nouvel ordre moral, économique et social se mit en place : retour aux valeurs traditionnelles (la famille, la terre) et collaboration de classe (dissolution des syndicats, organisation des professions sur une base corporative). Le régime enfin s'efforça d'embrigader la jeunesse par la suppression de la législation scolaire républicaine (suppression des écoles normales) et par l'organisation des Chantiers de jeunesse (30 juillet 1940). La collaboration avec l'Allemagne commença par l'entrevue de Montoire* entre Pétain et Hitler* (24 octobre 1940) et fut une initiative vichyste répondant à l'espoir que la France serait à la seconde place dans l'Europe nouvelle. Elle fut pratiquée par le gouvernement de Pierre Laval* (juillet-décembre 1940), de Darlan* (février 1941-avril 1942) et intensifiée avec le retour de Laval au pouvoir (avril 1942) et l'occupation de la zone Sud de la France après le débarquement* allié en Afrique du Nord (novembre 1942). Dès juillet 1941, fut créée la Légion* des volontaires français, approuvée par Pétain, et destinée à lutter, aux côtés des troupes allemandes, contre le bolchevisme. Contre les opposants, les gouvernements participèrent à l'établissement de listes d'otages, à l'arrestation des suspects et aux grandes rafles de juifs (rafles du Vélodrome d'Hiver, juillet 1942). La Collaboration conduisit aussi au départ forcé de travailleurs français en Allemagne dans les usines du Reich (Service* du travail obligatoire ou STO*). Plus tard fut constituée, contre la Résistance*, la Milice* de Darnand*. L'établissement d'un véritable État policier invalide la thèse selon laquelle le gouvernement de Vichy aurait servi de « bouclier » aux Français. Le régime procéda, dès sa fondation, à des choix qui le mèneront à une fascisation de plus en plus poussée, devenant, dès la fin de 1943, un satellite de l'Allemagne. Après l'effondrement de la Wehrmacht, le gouvernement suivit les Allemands dans leur retraite, à Belfort puis à Sigmaringen.

VICO, Giambattista (Naples, 1668-*id.*, 1744). Historien et philosophe italien. Il est considéré comme le précurseur de la philosophie de l'histoire. Son ouvrage, *Principes de la philosophie de l'histoire* (1725), traduit en français par Michelet* (1835), présente une conception cyclique de l'histoire, chaque peuple passant par trois phases successives : l'âge divin, caractérisé par la théocratie, l'âge héroïque à gouvernement aristocratique et l'âge humain de la liberté et de la raison. Cette étude repose sur les principes d'une histoire totale qui se veut une résurrection intégrale du passé englobant l'histoire des peuples, leurs mythes et légendes, leurs systèmes politiques et culturels.

VICTOR-EMMANUEL II (Turin, 1820-Rome, 1878). Roi de Sardaigne (1849-1861), puis d'Italie (1861-1878). Il fut avec son ministre Cavour* le créateur de l'unité italienne. Il succéda à son père, Charles-Albert, qui avait abdiqué en sa faveur après la défaite de Novare contre l'Autriche. Sa décision de maintenir la Constitution libérale octroyée par son père fit de lui le champion de l'unité italienne, et lui valut le surnom de *re galantuomo* (« roi gentilhomme »). Bien que les relations avec son Premier ministre Cavour aient été souvent difficiles, il conduisit, avec ce dernier, l'Italie à l'unification. Grâce à l'appui de la France de Napoléon III* à laquelle il dut néanmoins céder Nice et la Savoie (1860), Victor-Emmanuel fut proclamé roi d'Italie (mars 1861) et réunit sous son autorité tous les États italiens, à l'exception de la Vénétie (acquise en 1866) et de Rome (rattachée en 1870). Voir Garibaldi (Giuseppe).

VICTOR-EMMANUEL III (Naples, 1869-Alexandrie, Égypte, 1947). Roi d'Italie (1900-1946). Fils d'Humbert Ier*, il facilita l'arrivée au pouvoir de Mussolini*. En 1922, dans un contexte de grave crise économique et politique, il refusa, lors de la marche* sur Rome, de signer l'état de siège, afin d'« éviter l'effusion de sang » et fit appel à Mussolini pour former un nouveau gouvernement. Sous le régime fasciste, il ne joua plus aucun rôle politique mais reçut les titres d'empereur d'Éthiopie (1936) et de roi d'Albanie (1939). Face aux revers militaires de l'Italie, alliée de l'Allemagne, il décida, avec l'accord du Grand Conseil fasciste, d'arrêter Mussolini (25 juillet 1943). Cependant, devant l'intervention allemande, il dut se mettre sous la protection des Alliés (septembre 1943). Pour tenter de sauver la monarchie discréditée, il abdiqua en faveur de son fils Humbert II (9 mai 1946) et s'exila. Il ne put cependant empêcher la proclamation de la République en juin 1946. Voir Badoglio (Pietro), Ciano (Galeazzo), De Gasperi (Alcide).

VICTORIA Ire (Londres, 1819-Osborne, île de Wight, 1901). Reine de Grande-Bretagne et d'Irlande (1837-1901) et impératrice des Indes (1876-1901). Énergique et autoritaire, Victoria restaura le prestige de la monarchie anglaise et son long règne (l'ère victorienne) coïncida avec l'apogée de la puissance mondiale de la Grande-Bretagne, également marqué par une intense activité culturelle et intellectuelle. Petite-fille de George III*, elle monta sur le trône à 18 ans lorsque son oncle, Guillaume IV, mourut sans héritier. Son avènement mit fin à l'union personnelle entre la Grande-Bretagne et le Hanovre, ce pays interdisant aux femmes de régner. Victoria épousa, malgré l'avis de sa mère, son cousin Albert de Saxe-Cobourg-Gotha (1840) élevé par la reine à la dignité de prince consort (1857) et dont elle eut 9 enfants. Victoria, tout en respectant les règles du régime parlementaire, tenta de faire prévaloir ses vues dans la composition des ministères, mais aussi en politique étrangère. Elle soutint les Premiers ministres Melbourne*, Peel* et Disraeli* – son favori qui la fit proclamer en 1876 impératrice des Indes –, tandis que Palmerston* et surtout Gladstone* eurent à souffrir de son hostilité. Son jubilé de diamant (1897) fut un véritable triomphe, l'Angleterre orgueilleuse et puritaine s'étant largement reconnue en elle. Son fils Édouard VII* lui succéda en 1901. Voir Boers (Guerre des), Brontë (Emily), Carroll (Lewis), Darwin (Charles), Dickens (Charles).

VIENNE (Traité de, 1738). Voir Succession de Pologne (Guerre de).

VIENNE (Traité de, 14 octobre 1809). Traité (appelé aussi paix de Schönbrunn),

signé entre la France et l'Autriche après la victoire remportée par Napoléon Ier* à Wagram* (juillet 1809). L'Autriche dut céder la plus grande partie de ses possessions polonaises au grand-duché de Varsovie* et à la Russie, quelques provinces à la Bavière, enfin la Carniole et les ports de Trieste et de Fiume à la France. Ces dernières régions, jointes à l'Istrie et à la Dalmatie enlevées par Napoléon en 1805, formèrent les Provinces illyriennes, rattachées à la France. L'Autriche, qui perdait ainsi tout accès à la mer, était en outre contrainte d'adhérer au Blocus* continental contre l'Angleterre.

VIENNE (Congrès de, septembre 1814-juin 1815). Congrès international réuni à Vienne afin de régler le sort des territoires libérés de la domination napoléonienne et d'établir une paix durable en Europe. Le Congrès – dominé par quatre grandes puissances : Angleterre, Prusse*, Russie et Autriche – ne tint aucun compte, dans les remaniements territoriaux, des aspirations des peuples désormais mis en tutelle par le système dit de la Sainte-Alliance*. Organisé au milieu de fêtes dont le faste resta célèbre, le congrès réunit une quinzaine de souverains, venus en personne (François Ier d'Autriche, le tsar Alexandre Ier*, le roi de Prusse Frédéric-Guillaume III*) et les meilleurs diplomates de l'époque (Castlereagh* et Wellington* pour l'Angleterre, Metternich* pour l'Autriche, Hardenberg* et von Humboldt pour la Prusse, Nesselrode pour la Russie et Talleyrand* pour la France de Louis XVIII*). L'ensemble des décisions prises par le congrès fut réuni dans un document, l'Acte final du congrès de Vienne (9 juin 1815), puis présenté à l'acceptation des petits États. Afin de maintenir un équilibre européen, la Prusse et la Russie obtinrent des avantages territoriaux importants, l'influence de l'Autriche s'étendant sur la quasi-totalité de l'Italie. La Russie recevait une grande partie de la Pologne prus-

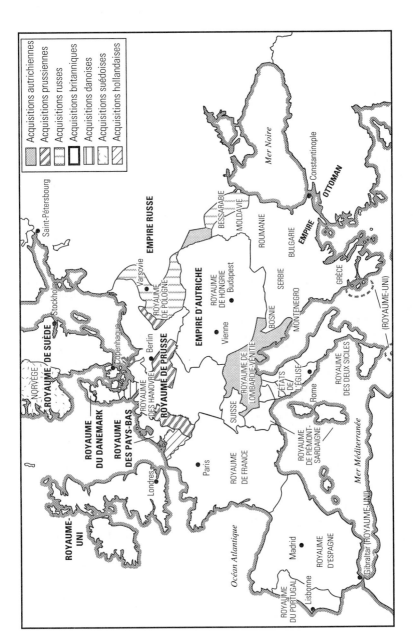

L'Europe au lendemain du Congrès de Vienne (1815)

Légende :
- Acquisitions autrichiennes
- Acquisitions prussiennes
- Acquisitions russes
- Acquisitions britanniques
- Acquisitions danoises
- Acquisitions suédoises
- Acquisitions hollandaises

Océan Atlantique

ROYAUME-UNI

Londres

ROYAUME DE FRANCE

Paris

ROYAUME DU PORTUGAL

Lisbonne

ROYAUME D'ESPAGNE

Madrid

Gibraltar (ROYAUME-UNI)

Mer Méditerranée

ROYAUME DE PIÉMONT-SARDAIGNE

SUISSE

ROYAUME DES PAYS-BAS

ROYAUME DU DANEMARK

ROYAUME DE SUÈDE

NORVÈGE

Stockholm

Saint-Pétersbourg

Copenhague

ROYAUME DE HANOVRE

ROYAUME DE PRUSSE

Berlin

EMPIRE RUSSE

Varsovie

ROYAUME DE POLOGNE

EMPIRE D'AUTRICHE

Vienne

ROYAUME DE HONGRIE

Budapest

ROYAUME DE LOMBARDIE-VÉNITIE

ÉTATS DE L'ÉGLISE

Rome

ROYAUME DES DEUX SICILES

BESSARABIE

MOLDAVIE

ROUMANIE

SERBIE

BOSNIE

MONTENEGRO

BULGARIE

GRÈCE

(ROYAUME-UNI)

EMPIRE OTTOMAN

Constantinople

Mer Noire

sienne, conservant la Finlande et la Bessarabie. En Europe centrale, la Prusse et l'Autriche se firent équilibre, la première acquérant la Poméranie suédoise, le nord de la Saxe, une grande partie de la Westphalie et la rive gauche du Rhin, touchant désormais la frontière de la France. La seconde renonçait aux Pays-Bas, mais devenait la grande puissance de l'Adriatique et surtout de l'Italie. Quant à l'Allemagne, elle restait, selon les vœux de Metternich, morcelée et formait une Confédération* germanique, union très lâche de 38 États sous la présidence de l'Autriche. L'Angleterre renforçait sa maîtrise des mers, conservant ou acquérant des bases navales et commerciales dans le monde. Elle gardait en Europe Héligoland, Malte et les îles Ioniennes qui, jointes à Gibraltar, lui donnaient la suprématie en Méditerranée. Elle conservait hors d'Europe, outre les deux Antilles et l'île de France (île Maurice), une Antille espagnole (la Trinité) et trois territoires conquis sur la Hollande : la Guyane, puis Le Cap et Ceylan sur la route des Indes. Le congrès de Vienne créa aussi des États secondaires sans tenir compte des aspirations nationales. Parmi ces États, on trouvait les royaumes des Pays-Bas (Belgique et Hollande), de Piémont-Sardaigne, de Lombardie-Vénétie sous domination autrichienne, de Pologne sous domination russe et de Suède-Norvège. Les anciens souverains d'Espagne et du Portugal furent rétablis et la Suisse devint une confédération neutre de 22 cantons. Si le congrès de Vienne apporta à l'Europe 40 ans de paix relative, ses décisions ne résistèrent pas aux mouvements des nationalités qui se multiplièrent au XIXe siècle. Voir Paris (Second traité de).

VIÊT-CONG. Nom donné par le gouvernement de Saigon pendant la guerre du Viêt-nam* aux communistes et à leurs alliés (bouddhistes, progressistes) qui se regroupèrent en 1960 dans le Front national de libération du Viêt-nam* du Sud. Voir Viêt*-minh.

VIÊT-MINH (Front de l'indépendance du Viêt-nam). Organisation politique vietnamienne fondée en 1941 par Hô* Chi Minh et issue de la réunion du Parti communiste indochinois et de nationalistes. Revendiquant l'indépendance, le Viêt-minh dirigea le premier gouvernement de Hanoi en 1945, et traita en 1946 avec la France. Face au refus de celle-ci d'accorder la pleine indépendance aux Vietnamiens, le Viêt-minh prit la tête de la lutte armée contre les forces françaises et leurs alliés vietnamiens pendant la guerre d'Indochine*. Voir Pham Van Dông, Viêt-nam (Guerre du).

VIÊT-NAM (Guerre du, 1954-1975). Conflit qui opposa le Viêt-nam* du Nord au Viêt-nam* du Sud et aux États-Unis. Événement majeur de la scène internationale pendant plus de 10 ans, il mobilisa les plus grandes puissances et modifia profondément l'équilibre mondial. La guerre du Viêt-nam s'engagea dès 1954 sur les cendres de la guerre d'Indochine*. Le refus du gouvernement sud-vietnamien d'appliquer les accords de Genève* (1954), prévoyant la réunification du pays, suscita de multiples oppositions, favorisées par le régime dictatorial de Diem*, soutenu par les États-Unis. À partir de 1957, le Front national de libération (Viêt-cong*) engagea au sud des opérations de guérilla soutenues, en hommes et en matériel, par le Viêt-nam du Nord, communiste, de Hô* Chi Minh. Convaincus que la chute du Viêt-nam du Sud conduirait à l'établissement du communisme* dans l'ensemble de l'Asie du Sud-Est (« théorie des dominos » formulée par le secrétaire d'État américain John Foster Dulles*), les États-Unis décidèrent d'apporter leur soutien à Saigon*. À partir de 1961, Kennedy* acceptait d'accroître le nombre de « conseillers » militaires au Sud Viêt-nam, son successeur, Johnson* décidant, à partir de 1964, l'intervention militaire directe. Malgré l'« escalade américaine » au Viêt-nam, avec l'intensification des bombardements sur le nord, et l'accroissement considérable des effectifs (500 000 Américains engagés en 1967), les États-Unis n'obtinrent aucun résultat décisif face à la résistance du Front national de libération et de Hanoi, soutenus par l'URSS et la Chine populaire. L'offensive du Têt (janvier 1968) contre les grandes villes du sud confirma les États-Unis dans l'idée qu'une victoire ne pourrait être obtenue qu'au prix d'une guerre totale très coûteuse. Johnson*, poussé par l'opinion publique américaine de plus en plus hostile à cette guerre longue et meurtrière, décida, en mars 1968, l'engagement de négociations avec le Front national de libération et le gouvernement de Hanoi, et l'arrêt des bombardements sur le Nord Viêt-nam. À partir de 1969, Nixon*, soucieux de lever l'obstacle essentiel à la politique de détente avec l'URSS, entama un désengagement progressif des forces américaines, tout en aidant à la constitution d'une puissante armée sud-vietnamienne (« vietnamisation » du conflit). Après le bombardement de la piste Hô Chi Minh – qui, du Viêt-nam du Nord, à travers le Laos et le Cambodge, approvisionnait les maquis du sud – et la reprise des raids aériens dans le nord (1972), la conférence de Paris finit par aboutir en 1973 à un cessez-le feu au Viêt-nam et au Laos, suivi par le retrait des forces américaines. En 1975, tandis que les Khmers* rouges l'emportaient au Cambodge, les troupes du Viêt-nam* du Nord entraient à Saigon (avril 1975). Le Viêt-nam, officiellement réunifié en juillet 1976, devint une République socialiste que des milliers d'opposants tentèrent de fuir (*boat people*) tandis que des camps de « rééducation » étaient organisés. Voir Nguyên Van Thiêu, Norodom Sihanouk, Pham Van Dông, Souphanouvong, Vô Nguyên Giap.

VIÊT-NAM DU NORD. Nom donné à la République démocratique du Viêt-nam entre janvier 1960 et juillet 1976, avec Hanoi pour capitale. Depuis la fin de la guerre du Viêt-nam*, le pays est réunifié et porte le nom officiel de République socialiste du Viêt-nam. Voir Indochine (Guerre d'), Viêt-nam du Sud.

VIÊT-NAM DU SUD. Nom donné à la République du Viêt-nam entre 1955 et juillet 1976, dont la capitale était Saigon* (aujourd'hui Hô Chi Minh Ville). Le pays, réunifié depuis 1976, porte le nom de République socialiste du Viêt-Nam. Voir Indochine (Guerre d'), Viêt-nam (Guerre du), Viêt-nam du Nord.

VIKINGS. Signifie rois ou guerriers de la mer. Nom donné aux navigateurs scandinaves (Suédois, Norvégiens et Danois) connus aussi sous le nom de Normands* au sud, de Varègues* à l'est.

VILLA, Doroteo Arango, dit **Francisco Villa** et surnommé **Pancho** (San Juan del Río, 1878-Parral, 1923) Général et révolutionnaire mexicain. Paysan pauvre, hors-la-loi dès l'âge de 16 ans, il fut l'une des principales figures de la révolution mexicaine. Il lutta à partir de 1910 contre la dictature de Diaz établie dans le Nord, puis créa une armée révolutionnaire qui contrôla en 1914 une grande partie du pays. Villa finit par se soumettre au gouvernement légal qui lui accorda une vaste propriété. Devenu trop puissant, il fut assassiné trois ans plus tard. Voir Zapata (Émiliano).

VILLAFRANCA (Préliminaires de, 12 juillet 1859). Préliminaires de paix demandés par Napoléon III* à l'Autriche vaincue et signés à Villafranca (ville d'Italie du Nord), malgré les victoires francosardes de Magenta* et de Solférino*. Ces préliminaires qui aboutirent à la paix de Zurich* (novembre 1859) déçurent profondément les Italiens et Cavour*, qui démissionna. La décision de Napoléon III se justifia par l'ampleur des pertes et la crainte, face aux troubles républicains en Italie centrale, de voir se réaliser l'unité italienne aux dépens du pape. Les préliminaires de Villafranca signés entre la France et l'Autriche stipulaient la formation d'une confédération italienne sous la présidence du pape, la Vénétie qui restait possession autrichienne, y étant attachée. L'Autriche cédait la Lombardie* à Napoléon III qui la remettrait au roi de Piémont-Sardaigne. Les ducs de Parme, de Modène et de Toscane étaient enfin rétablis dans leurs duchés. Voir François-Joseph, *Risorgimento*.

VILLEHARDOUIN, Geoffroy de (v. 1150-en Thrace, v. 1213). Chroniqueur français. Maréchal* de Champagne, il fut chargé en 1200 de négocier avec les Vénitiens les conditions de transport en Orient des troupes de la quatrième croisade* dont il devint l'un des chefs. La croisade, partie pour délivrer Jérusalem*, devait aboutir à la prise de Constantinople* et à la fondation de l'Empire* latin de Constantinople. Son *Histoire de la conquête de Constantinople* est une histoire de la croisade et des établissements latins. Voir Joinville (Jean).

VILLÈLE, Jean-Baptiste Guillaume Joseph, comte de (Toulouse, 1773-*id.*, 1854). Homme politique français, il fut un des chefs des ultras* royalistes sous la Restauration*. De petite noblesse toulousaine, Villèle passa la plus grande partie de la Révolution* à l'île Maurice, puis à l'île de la Réunion, où il épousa une créole et fit fortune. Élu député en 1815, il devint l'un des chefs de la Chambre ultra, la Chambre* introuvable (1815-1816), opposée aux ministères de Richelieu* et de Decazes*. Ministre sans portefeuille dans le second ministère Richelieu (1820), il démissionna en 1821 puis revint au pouvoir comme ministre des Finances (décembre 1821), puis président du Conseil (1822). Sous la pression de la Chambre dite retrouvée (triomphe électoral des ultras en 1824), Villèle décida une série de lois

réactionnaires (loi dite du milliard* des émigrés*), mais échoua lorsqu'il proposa le rétablissement du droit d'aînesse et une limitation de la liberté de la presse. La victoire de l'opposition libérale après la dissolution de la Chambre retrouvée contraignit Villèle à démissionner (janvier 1828). Promu pair de France par Charles X*, il se retira définitivement de la vie politique après 1830. Voir Chateaubriand (François René de), Doctrinaires, Martignac (Jean-Baptiste Sylvère Gay, comte de).

VILLENEUVE, Pierre Charles de (Valensole, 1763-Rennes, 1806). Amiral français, il engagea sur ordre de Napoléon Ier* la bataille de Trafalgar* qui fut un désastre pour la France, et se suicida peu après. Préparant l'invasion de l'Angleterre, Napoléon chargea Villeneuve d'attirer la flotte de Nelson* vers les Antilles puis de revenir aussitôt et en force, accompagné de navires espagnols, vers la Manche. Suivi par Nelson après avoir appareillé de la Martinique en juin 1805, Villeneuve se réfugia à Cadix pour protéger sa flotte alors que Napoléon lui avait ordonné de rejoindre Brest. L'amiral, sortant de Cadix, se heurta aux Anglais au large du cap Trafalgar, et perdit la bataille. Emprisonné par les Anglais, il fut rapidement libéré.

VILLERS-COTTERÊTS (Ordonnance de, 1539). Édictée par François Ier*, elle réorganisait la justice et imposait le français et non plus le latin dans tous les actes judiciaires et notariés. Cet édit contribua à l'unité de la France par l'extension de la langue nationale.

VILLON, François (Paris, 1431-apr. 1463). Poète français. Personnage de légende par son existence tourmentée, il fut l'un des grands poètes lyriques français. Issu d'une famille modeste, confié très jeune au chapelain de Saint-Benoît, maître Guillaume de Villon dont il prit plus tard le nom, François de Montcorbier finit ses études en 1452 puis mena une vie tumultueuse. Accusé de meurtre puis de vols, plusieurs fois emprisonné, il fut sauvé de la potence par la protection de grands seigneurs et des rois Charles VII* et Louis XI*. Ses poèmes les plus célèbres sont le *Testament* (1461), légué à ses amis dans un langage codé, le *Laïs* (1456) et surtout la *Ballade des pendus* (1463), vision saisissante du gibet où les suppliciés implorent la pitié de leurs « frères humains ».

VIMINAL. Nom donné à l'une des sept collines de Rome*, au nord-est de la ville. On y trouvait les thermes* de l'empereur Dioclétien*.

VINCENT DE PAUL, saint (Pouy, auj. Saint-Vincent-de-Paul, 1581-Paris, 1660). Prêtre français. Fondateur des Lazaristes et des Filles de la Charité, il fut une figure marquante du renouveau catholique* du XVIIᵉ siècle français. Originaire d'une famille paysanne des Landes, il fit ses études à Toulouse et fut ordonné prêtre (1600). Captif des corsaires barbaresques en Tunisie durant deux ans, il devint, après sa fuite, aumônier de la reine Marguerite* de Valois (1610), curé de Clichy (1612), puis précepteur des enfants d'Emmanuel de Gondi, général des galères. Bientôt aumônier des galériens et prêtre de campagne sur la terre des Gondi, frappé par la misère matérielle et morale des campagnes, il fonda la Société des prêtres de la Mission destinée à l'évangélisation des populations pauvres des campagnes et installée en 1632 au prieuré de Saint-Lazare (d'où le nom de lazaristes). En 1633, les Filles de la Charité, communauté religieuse de sœurs servant les pauvres, furent fondées avec le concours de Louise de Marillac. Vincent de Paul multiplia enfin les institutions charitables (Charité de l'Hôtel-Dieu, 1634 ; Œuvre des Enfants trouvés, 1638). Parallèlement, il œuvra pour la réforme intellectuelle et spirituelle du clergé, en ouvrant des retraites sacerdotales. Nommé par la régente Anne* d'Autriche, membre et président du Conseil de conscience (1643-1652), il influa notam-

ment sur le choix des évêques*. Vincent de Paul fut canonisé en 1737.

VINGTIÈME. Impôt direct créé en France en 1749 par le contrôleur* général des Finances Machault* d'Arnouville. Destiné au remboursement de la dette de l'État, il frappait de 5 % tous les revenus, privilégiés ou non. Le vingtième souleva l'opposition des privilégiés, menée par le clergé, et Louis XV* dut le suspendre pour les propriétés ecclésiastiques. Cet impôt fut supprimé en 1786.

VIRGILE (Andes, auj. Pietole, 70-Brindes, 19 av. J.-C.). Dévoué à l'empereur Auguste* et ami de Mécène*, il fut le plus grand poète épique romain. Dans les *Bucoliques* (39 av. J.-C.) et les *Géorgiques* (29 av. J.-C.), il exalta la vie à la campagne, répondant ainsi aux vœux d'Auguste qui souhaitait redonner aux Romains le goût de l'agriculture. Mais c'est l'*Énéide* (29-19 av. J.-C.), une grande épopée nationale exaltant la grandeur romaine, qui fit sa célébrité. Inspiré de l'*Iliade** et de l'*Odysée* d'Homère*, l'*Énéide* raconte l'installation des Troyens en Italie, préparant ainsi la fondation de Rome*. Ce long poème inachevé à la mort de Virgile, fut publié, sur ordre d'Auguste, par ses amis alors que l'estimant imparfait, il avait souhaité sa destruction. Voir Mécène, Varron.

VISCONTI. Célèbre famille gibeline – c'est-à-dire partisane du pouvoir de l'empereur en Italie – qui régna sur Milan* du XIIIᵉ au XVᵉ siècle et prétendant descendre de Didier, roi des Lombards*. Elle possédait d'immenses domaines dans la région de Côme. Voir Guelfes et Gibelins, Hohenstaufen, Sforza, Visconti (Gian Galeazzo).

VISCONTI, Gian Galeazzo (1351-Melegnano, 1402). Grand prince de la Renaissance* et administrateur remarquable, il fut le plus illustre des Visconti. Héritier du domaine familial en 1378, il mena une politique de conquêtes, servi par les meilleurs *condottieri** de son temps. Pise*, Pérouse* et Gênes* furent occupés (1400) et il porta les titres de duc héréditaire de Milan et duc de Lombardie* après les avoir achetés à l'empereur Venceslas. Mais il mourut de la peste au moment où il espérait transformer son duché en un royaume d'Italie. Gian Galeazzo avait marié sa fille Valentine à Louis d'Orléans, frère de Charles VI*. Ce fut de ce mariage que Louis XII* tira plus tard ses droits sur le Milanais.

VISCONTI, Luchino (Milan, 1906-Rome, 1976). Cinéaste italien. Assistant de Jean Renoir* de 1936 à 1940, il fut l'un des initiateurs du néo-réalisme puis fit des films de critique sociale, au style baroque et raffiné. Il réalisa notamment *Ossessione* (1943), *Rocco et ses frères* (1960), *Le Guépard* (1963), *Mort à Venise* (1971).

VISHNU, VISNU ou **VISHNOU**. Dieu de l'Inde*, il est la deuxième grande divinité de la triade brahmanique (avec Brahma* et Çiva*) et aujourd'hui, l'une des plus grandes divinités de l'indouisme*. Vishnu est le conservateur du monde, Dieu bienfaisant qui aide les hommes, révélateur de toute vérité. Lorsque le mal devient trop grand sur terre, il vient rétablir l'ordre, la paix et la justice en s'incarnant sous une forme animale ou humaine, les plus importants aux yeux des Indiens étant Rama* ou Krishna*. On le représente généralement avec quatre bras portant un disque, une conque (coquillage qui émet des sons divins), un lotus et une massue. Voir *Mahābhārata*.

VITRUVE (Ier s. av. J.-C.). Architecte romain. Ingénieur militaire sous César*, il est surtout célèbre pour son *De architectura* (*De l'architecture*). Ce livre représente la seule approche théorique de l'architecture antique. Il fut largement utilisé et interprété par les architectes de la Renaissance*.

VITTORIO VENETO (Bataille de, 24 octobre 1918). Lors de la Première* Guerre mondiale, victoire décisive de l'armée italienne de Diaz à Vittorio Veneto, en Vénétie, sur les armées austro-hongroises. Elle conduisit à la signature de l'armistice de Villa Giusti.

VIVALDI, Antonio (Venise, 1678-Vienne, 1741). Compositeur italien. Virtuose du violon selon ses contemporains, il peut être considéré comme le plus grand maître du concerto italien. Fils d'un violoniste réputé de Venise*, ordonné prêtre en 1703, il fut nommé maître de violon au séminaire musical de l'Ospedale della Pietà à Venise, qui accueillait de jeunes orphelines déshéritées (1703-1740). Bien que devenu célèbre à travers toute l'Europe, celui que ses contemporains surnommèrent le « Prêtre roux » quitta en 1740, pour des raisons encore inconnues, Venise pour Vienne, pour mourir dans la solitude et la pauvreté l'année suivante. Tombé longtemps dans l'oubli, il fut redécouvert au début du XXe siècle. Auteur d'opéras, de sonates et de musique religieuse (*Gloria* en ré majeur), Vivaldi se révéla comme un véritable créateur dans le genre du concerto (importance accrue donnée au soliste) et comme précurseur dans celui de la symphonie (classique). Parmi les 400 concertos pour un ou plusieurs solistes, on peut citer le plus connu, *Les Quatre Saisons*, pour violon et cordes (1725).

VIVIANI, René (Sidi-bel-Abbès, 1863-Le Plessis-Robinson, 1925). Homme politique français. Socialiste indépendant, il présida le gouvernement du début de la Première Guerre* mondiale. Avocat, député socialiste de Paris (1893-1902), puis député socialiste indépendant (1906-1922), il fut le premier à détenir le poste de ministre du Travail (1906-1910) et fonda ensuite le Parti républicain socialiste. Appelé par Clemenceau*, il fut à la présidence du Conseil de juin 1914 à octobre 1915 et décréta la mobilisation générale (1er août 1914). Après les premières défaites, il forma un cabinet d'Union sacrée, ouvert aux socialistes. Après la guerre, il représenta la France à la Société* des Nations (SDN).

VIX. Localité située près de Châtillon-sur-Seine (Côte-d'Or). En 1953, une sépulture, enfouie sous un tumulus et datant de l'âge du Fer* (VIᵉ siècle av. J.-C.), fut découverte près de l'oppidum* du mont Lassois (proche des sources de la Seine). Elle renfermait les restes d'une princesse celte, la tête ceinte d'un diadème d'or, dont le corps avait été déposé sur un char à quatre roues. Elle était entourée d'un mobilier funéraire dont le célèbre cratère de Vix, le plus grand vase antique de bronze* connu (1,64 m de hauteur, 208 kg). Sur son col, des reliefs en frise font alterner chars de guerre et hoplites* (fantassins grecs). Ce vase, probablement sorti des ateliers de Grande-Grèce* (Italie du Sud), témoigne des courants d'échanges qui, dès le VIᵉ siècle av. J.-C., se sont établis entre le monde celtique et le monde méditerranéen. Voir Celtes.

VIZILLE (Assemblée de, 21 juillet 1788). Assemblée réunie au château de Vizille, situé au sud-ouest de Grenoble, qui réclama, en juillet 1788 le rétablissement du parlement et la convocation des États* généraux. Cette assemblée fut suscitée par l'opposition des parlementaires de l'assemblée provinciale du Dauphiné, face à la réforme judiciaire de Lamoignon* retirant aux parlements l'enregistrement des édits* royaux. Cette résistance avait déjà provoqué en juin 1788 la journée des Tuiles*. Composée des représentants des trois ordres, l'assemblée se prononça pour la double représentation du Tiers* État et le vote par tête et non par ordre* aux États généraux dont elle exigea la convocation immédiate, invitant tous les Français à refuser le paiement des impôts jusqu'à ce que le roi eût cédé. Acculé à la banqueroute, Louis XVI* capitula en annonçant que les États généraux seraient convoqués pour le 1ᵉʳ mai 1789. Voir Loménie de Brienne.

VIZIR. Nom donné au ministre d'un prince musulman*. Sous la dynastie des Abbassides* de Damas*, le vizir devint le premier ministre du calife* et empiétait souvent sur son autorité. Sous les Ottomans*, les grands vizirs s'accordèrent de grands pouvoirs et amassèrent d'immenses fortunes.

VLASSOV, Andreï Andreïévitch (Lomakino, province de Nijni-Novgorod, 1901-Moscou, 1946). Général soviétique. Membre du Parti communiste, il se distingua d'abord dans l'armée Rouge lors de la Seconde Guerre* mondiale, participant à la défense de Kiev et à la bataille de Moscou. Prisonnier des Allemands en août 1942, il passa au service du Reich* et leva une armée dite de la libération russe. Capturé puis livré par les Américains aux Soviétiques, il fut pendu en 1946. Voir Antonescu (Ion), Collaboration, Horthy (Miklos), Pavelic (Ante), Tiso (Jozef).

VÔ NGUYÊN GIAP (An Xa, Viêt-nam du Nord, 1912-). Général vietnamien. Membre du Parti communiste clandestin, associé à Hô* Chi Minh, il lutta contre les Français pendant la guerre d'Indochine* (1946-1954), et fut le vainqueur de Diên* Biên Phu. Ministre de la Défense du Viêt-nam* du Nord à partir de 1960, il dirigea l'effort de guerre contre les troupes sud-vietnamiennes et leurs alliés américains et devint ministre de la Défense du Viêt-nam réunifié (1976-1980), puis vice-Premier ministre (1981-1991). Ses adversaires reconnurent ses remarquables capacités d'organisateur et de stratège. Voir Viêt-nam (Guerre du).

VOIES ROMAINES. Routes pavées construites par les Romains en Italie et dans tout l'Empire. Construites avec solidité, assez étroites (3,50 m, sauf aux abords de Rome* où elles pouvaient atteindre 9 m), ces routes permirent à Rome une communication rapide avec tout l'Empire. Le réseau italien fut presque entièrement l'œuvre de la République*, les réseaux provinciaux furent construits par les empereurs (en Gaule*, réseau de Marcus Aggripa centré sur la ville de Lyon*). Dès le IIᵉ siècle ap. J.-C., les voies romaines couvraient toutes les provinces d'Espagne, des Balkans*, d'Afrique, d'Asie et la longueur des routes principales dépassait 50 000 km.

VOLSQUES. Peuple de l'Italie ancienne installé au sud-est du Latium*. Toujours alliés aux Èques*, ils menacèrent dangereusement Rome* qui finit par les soumettre vers 310 av. J.-C.

VOLTA, Alessandro, comte (Côme, 1745-*id.*, 1825). Physicien italien. Parmi ses découvertes en électricité, la plus célèbre fut la pile qui porte son nom (1800). On lui doit aussi l'eudiomètre avec lequel il réalisa, par étincelles, la synthèse de l'eau. Napoléon* Bonaparte le nomma comte et sénateur du royaume d'Italie.

VOLTAIRE, François Marie AROUET, dit (Paris, 1694-*id.*, 1778). Écrivain français, auteur d'un nombre considérable d'ouvrages dans les domaines les plus variés, Voltaire, déiste et champion de la tolérance et de la liberté, fut l'idole de la bourgeoisie libérale. Issu de la bourgeoisie parisienne, il fit ses études chez les jésuites* du collège de Clermont (auj. lycée Louis-le-Grand). Négligeant ses études de droit, il préféra fréquenter les milieux littéraires parisiens et s'essaya à la poésie : des vers jugés impertinents à l'égard du Régent le conduisirent à la Bastille* (1717). Devenu poète à la mode après le succès de sa première tragédie (*Œdipe*, 1718), prenant désormais le nom de Voltaire (anagramme probable de Arouet le jeune), il dut s'exiler en Angleterre (1726-1728) après une querelle avec le chevalier de Rohan-Chabot. À Londres, où il rencontra des philosophes (John Locke*), Voltaire entreprit la rédaction de l'*Histoire de Charles XII* (1731) et composa des tragédies. La publication à Paris de ses *Lettres philosophiques* (1734), dans lesquelles il exprimait son admiration pour le régime libéral anglais, l'obligea à se réfugier chez Mme du Châtelet à Cirey (en Champagne) où il resta dix ans (1734-1744), composant de nombreux ouvrages aux genres variés. De nouveau en grâce auprès de Louis XV* (1744), élu à l'Académie* française (1746), Voltaire retrouva l'incertitude des faveurs mondaines qui inspirèrent son conte (*Zadig ou La destinée*, 1747). Invité par le roi de Prusse* Frédéric II* au château de Sans-Souci à Potsdam (1750-1753), Voltaire composa son grand ouvrage historique, *Le Siècle de Louis XIV* (1751) et son conte philosophique *Micromégas* (1752). Déçu par son protecteur, brouillé avec le monde, il trouva refuge dans sa propriété des Délices, près de Genève*, où il publia notamment l'*Essai sur les mœurs et l'esprit des nations* (1756), *Candide ou l'Optimisme* (1759), et s'engagea, par des pamphlets et des satires, aux côtés des encyclopédistes. Réfugié ensuite à Ferney (1760-1778), accueillant d'innombrables visiteurs, il consacra l'essentiel de son activité à diffuser ses idées philosophiques dans ses contes (*L'Ingénu*, 1767) et son *Dictionnaire philosophique* (1764), se faisant le champion de la tolérance (*Traité sur la tolérance*, 1763) et intervenant dans différentes affaires judiciaires (Calas*, Sirven, La Barre, Lally-Tollendal*). En 1778, revenu à Paris pour assister à la représentation de sa dernière tragédie (*Irène*), il reçut un accueil triomphal. Voir Régence.

VOROCHILOV, Kliment Iefremovitch (Verkhneïe, Ukraine, 1881-Moscou, 1969). Maréchal* soviétique. Ouvrier métallurgiste, membre du parti bolchevique dès 1903, il prit une part active à la révolution d'Octobre 1917 et fut, pendant la guerre civile, le défenseur de Tsaritsyne en Ukraine (auj. Volgograd) contre les Russes blancs. Commissaire du peuple à la Défense (1925-1940), il devint maréchal en 1935. Lors de la Seconde Guerre* mondiale, il défendit contre l'armée allemande la ville de Stalingrad* comme commandant du front du nord (juin-septembre 1941) et n'exerça plus d'autre commandement pendant la Seconde Guerre mondiale. Vice-président du Conseil des ministres (1946-1953), il occupa, après la mort de Staline*, le poste de président du présidium du Soviet suprême (1953-1960).

VOTE (Loi du double, 12 juin 1820). Loi votée en France, lors de la Restauration*, elle marqua le triomphe des conservateurs, particulièrement des ultras* royalistes après l'assassinat du duc de Berry* (février 1820). Cette loi permettait aux électeurs les plus imposés de voter dans deux collèges différents.

VOUILLÉ (Bataille de). Victoire remportée, près de Poitiers, par Clovis* sur Alaric II* (507) mettant fin à la domination des Wisigoths* sur l'Aquitaine*.

VOÛTE D'ARÊTES. Voûte formée par le croisement de deux voûtes en berceau qui se coupent à angle droit en dessinant deux arêtes à leur intersection. La voûte d'arêtes fut une solution adoptée par les architectes romans pour rendre les voûtes plus solides et moins lourdes. La voûte d'arêtes avait l'avantage de diriger la poussée sur les quatre piliers qui soutenaient les arêtes. Voit Arc-boutant, Roman (Art), Voûte sur croisée d'ogives.

VOÛTE EN BERCEAU. Voûte demi-cylindrique constituée par une série d'arcs continus dont elle peut reprendre les tracés, arcs en plein cintre – c'est-à-dire en forme de demi-circonférence – ou arcs brisés. La voûte en berceau fut la première solution adoptée par les architectes de l'art roman* pour résoudre le problème de la construction de la voûte. Cependant, la voûte en berceau étant très pesante, elle fut soutenue de place en place par des arcs-doubleaux* (qui doublent la voûte). Elle tendait ainsi à écarter les murs qui furent, pour éviter les poussées latérales, très épais, avec peu d'ouvertures et renforcés à l'extérieur par des piliers engagés dans le mur, les contreforts. Voir Arc-boutant, Voûte d'arêtes, Voûte sur croisée d'ogives.

VOÛTE SUR CROISÉE D'OGIVES. Voûte formée de deux arcs d'ogives qui se croisent en diagonale. Créée en Angleterre dès 1100, puis en Île-de-France à partir de 1125 environ, la voûte sur croisée d'ogives, caractéristique de l'art gothique*, permettait de neutraliser les poussées qui étaient canalisées, par le moyen des ogives, sur les quatre piliers et ainsi, d'élever les voûtes à de grandes hauteurs et d'élargir les ouvertures.

VULCAIN. Dieu romain assimilé à l'Héphaïstos* des Grecs. Fils de Jupiter* et de Junon*, il est le dieu du feu et des arts métallurgiques. Voir Dieux romains, Religion romaine.

W

WADDINGTON, William Henry (Saint-Rémy-sur-Avre, 1826-Paris, 1894). Homme politique et archéologue français, né de parents anglais. Député républicain (1871), sénateur (1876-1894), il fut ministre des Affaires étrangères entre 1877 et 1879. Ce fut à ce poste qu'il représenta la France au congrès de Berlin* (1878) où il obtint de l'Allemagne et de l'Angleterre la liberté d'action de la France en Tunisie. Il fut aussi ambassadeur à Londres (1883-1893) après avoir assumé quelques mois la présidence du Conseil (février-décembre 1879). Numismate célèbre, sa collection entra au cabinet des Médailles de la Bibliothèque nationale de France.

WAFD. Parti nationaliste égyptien fondé en 1918-1923 par Zaghlul* Pacha (ou S'ad Zarhlül). Il tira son nom d'un mot arabe signifiant « délégation », rappelant la délégation qui demanda à la Grande-Bretagne, à la fin de la Première Guerre* mondiale, la libération de l'Égypte de la domination britannique. Le Wafd revendiquait l'indépendance complète de l'Égypte et l'abolition de la monarchie. Conduit par Zaghlul Pacha, il triompha aux élections de 1924. En conflit permanent avec les souverains, notamment Fu'ad (ou Fouad) Ier (1917-1936) et Farouk*, le Wafd se rallia à la politique d'entente avec Londres (traité anglo-égyptien de 1936) et soutint la politique alliée lors de la Seconde Guerre* mondiale. Après le coup d'État des « officiers libres » dirigé par Nasser*

et l'abdication du roi Farouk* (juillet 1952), le Wafd fut interdit (1953). Reconstitué en 1977, il fut légalisé en 1983 sous la présidence de Hosni Moubarak*. Voir Nasser (Gamal).

WAGNER, Richard (Leipzig, 1813-Venise, 1883). Compositeur allemand et grande figure du romantisme* allemand, dont on célèbre encore le génie à Bayreuth. Issu d'une famille de la petite bourgeoisie, passionné par le théâtre et la poésie, il découvrit avec passion Mozart* et surtout Beethoven* qui décidèrent de sa vocation musicale. Élève à Dresde, il poursuivit à Leipzig des études de philosophie et d'esthétique, tout en composant, en autodidacte, ses premières œuvres. Chef d'orchestre sans succès à Magdebourg (1834-1836) puis à Riga (1837-1839), il connut après son mariage malheureux avec la chanteuse Minna Planer, une vie d'errance et de gêne financière. Après Londres, il se fixa à Paris où il rencontra Heine*, Liszt* et Berlioz*, puis s'installa à Dresde (1838) où ses opéras connurent peu de succès et qu'il dut quitter après avoir participé aux journées révolutionnaires (1849). Installé à Zurich (1849-1859), il y conçut presque la totalité de son œuvre dramatique future sans pour autant renoncer à effectuer des voyages à l'étranger. L'intervention de Louis II de Bavière, qui vouait au musicien révolutionnaire et romantique un culte passionné, le sauva de son inextricable situation financière. Appelé à Munich

(1864) où il fit jouer *Tristan* à l'opéra royal, il dut quitter la ville sous la pression de ses ennemis politiques et s'installa à Triebschen, sur le lac de Lucerne (1866-1872), séjour qui fut remarquablement fécond. Époux de Cosima Liszt depuis 1870, il trouva la consécration à Bayreuth où fut construit à partir de 1872 le Festspielhaus spécialement conçu pour la représentation de sa *Tétralogie* qui fut un triomphe. Wagner, très controversé à son époque, a révolutionné l'art lyrique et considéré l'opéra avant tout comme un drame, texte et musique fondus dans un « art total » enraciné dans la culture germanique. Il fut le compositeur du *Vaisseau fantôme* (1841), *Tannhäuser* (1845), *Lohengrin* (1850), *Tristan et Isolde* (1865), *Les Maîtres chanteurs de Nuremberg* (1868), *L'Anneau du Nibelung* (la *Tétralogie*, 1852-1876) et de *Parsifal* (1876-1882) dont la dimension religieuse provoqua sa rupture avec Friedrich Nietzsche*.

WAGRAM (Bataille de, 5-6 juillet 1809). Victoire remportée par Napoléon Ier* sur les troupes autrichiennes à Wagram, village au nord-est de Vienne. Cette bataille, qui opposa plus de 300 000 hommes, fut l'une des plus dures que Napoléon eut à livrer. Après la bataille d'Essling*, l'Empereur n'ayant pu prendre pied sur la rive gauche du Danube, concentra en quatre mois, sur l'île de Lobau, plus de 180 000 hommes. Après le passage du fleuve dans la nuit du 4 au 5 juillet, une gigantesque bataille s'engagea sur le plateau de Wagram, au bord du Danube, où l'artillerie française emporta la victoire. Les Autrichiens perdirent 50 000 hommes, les Français 34 000. Voir Bernadotte, Coalition (Cinquième).

WAHHABITES. Nom donné aux membres du mouvement musulman* puritain fondé par un juriste du Najd (centre de l'Arabie), Muhammad Ibn Abd el-Wahhab (1703-1792), et destiné à restaurer l'is-

lam* dans sa pureté primitive. La théorie des Wahhabites devint doctrine d'État lorsque Abd* el-Aziz fonda le royaume d'Arabie Saoudite (1932), État qui fonctionne encore aujourd'hui selon les principes de la loi religieuse. Sunnites*, les Wahhabites fondent leur foi et leurs pratiques sur la stricte observance du Coran*.

WALDECK-ROUSSEAU, Pierre (Nantes, 1846-Corbeil, 1904). Homme politique français. Son nom reste attaché à la loi de 1901 sur les associations. Issu d'une famille bourgeoise de Nantes, devenu un grand avocat d'affaires, il siégea à la Chambre des députés avec l'Union républicaine (1879-1889) puis fut deux fois ministre de l'Intérieur dans les cabinets de Gambetta* (1881-1882) et de Jules Ferry* (1883-1885). Ce fut à ce dernier poste qu'il fit voter la loi sur les association professionnelles qui favorisa le développement du mouvement syndical. Revenu à sa profession d'avocat, il plaida dans la plupart des grands procès financiers, défendant notamment Gustave Eiffel* lors du scandale de Panamá*. Appelé à former un gouvernement lors de l'affaire Dreyfus* (1899), Waldeck-Rousseau forma un ministère de « défense républicaine » (1899-1902) dans lequel entra pour la première fois un ministre socialiste. Il fit gracier Dreyfus, et adopter, notamment contre les ingérences des congrégations dans les affaires de l'État, la loi sur les associations de 1901 qui devait aboutir à la séparation* des Églises et de l'État (1905). Voir Delcassé (Théophile), Millerand (Alexandre), Pie X.

WALESA, Lech (Popowo, Pologne, 1943-). Homme d'État polonais. Dirigeant du syndicat Solidarité*, il fut à l'origine de la fin du régime communiste en Pologne. Élève dans une école catholique*, électronicien de profession, Walesa entra aux chantiers Lénine* de Gdansk en 1967 et milita dans le syndicalisme. En 1970, après la décision prise par le gouvernement d'augmenter le prix de la viande, il fut élu président du comité de grève des chantiers navals. En 1976, Walesa, qui avait monté une section du syndicat libre Solidarnosc, fut licencié et emprisonné. En 1978, il participa à la création des commissions ouvrières clandestines des ports de la Baltique puis, devenu président du comité de grève formé après la hausse des prix alimentaires, il dirigea la délégation ouvrière lors des négociations qui aboutirent aux accords de Gdansk (1980). Le syndicat libre et autogéré Solidarnosc fut reconnu et Walesa en devint le président en 1981. Après l'arrivée au pouvoir du général Jaruzelski* (décembre 1981), Solidarnosc fut à nouveau interdit et ses dirigeants arrêtés. Libéré en 1982, Walesa reçut, par l'intermédiaire de sa femme, le prix Nobel* de la paix (1983). Le délabrement de l'économie polonaise, les nouvelles orientations politiques décidées en URSS par Gorbatchev* et surtout la pression populaire amenèrent le gouvernement à démocratiser le régime. La Pologne devint en 1989 une démocratie pluraliste et Lech Walesa fut élu en 1990 chef de l'État.

WALEWSKI, Alexandre Joseph Colonna, comte (Walewice, Pologne, 1810-Strasbourg, 1868). Homme politique français d'origine polonaise. Fils naturel de Napoléon Ier* et de Marie, comtesse Walewska, il fut chargé de diverses missions diplomatiques sous la monarchie de Juillet*, la Deuxième République* et le Second Empire*. Nommé ministre des Affaires étrangères par Napoléon III* (1855-1860), il présida le congrès de Paris (1856) qui mit fin à la guerre de Crimée* (1854-1856). Voir Paris (Traité de, 1856).

WALLENSTEIN ou VALDSTEIN, Albrecht von, duc de Friedland (Hermanic, 1583-Eger, auj. Cheb, 1634). Homme de guerre allemand. Personnalité complexe, condottiere* de Ferdinand II* de Habsbourg, il joua un rôle de premier plan lors de la guerre de Trente* Ans. Noble tchèque de famille protestante*, il se convertit au catholicisme* et prit, malgré ses origines, le parti des Habsbourg* dans la révolte de Bohême. Un premier mariage lui ayant laissé une immense fortune, il offrit à Ferdinand II une armée recrutée à ses propres frais. Pour avoir combattu contre le prince protestant Gabriel Bethlen, Ferdinand II le récompensa en lui offrant d'immenses domaines confisqués à des nobles protestants au nord de la Bohême. Prince d'Empire en 1623 puis duc de Friedland (1624), il entreprit la conquête de l'Allemagne du Nord, refoulant Christian IV de Danemark venu au secours des protestants en lui imposant le traité de Lübeck (1629). Considéré comme le sauveur des Habsbourg, Ferdinand II lui céda une principauté en Silésie avec le titre d'amiral de la mer Océane et Baltique. Cette ascension sans précédent d'un modeste seigneur tchèque suscita la jalousie des princes de la Ligue catholique et Ferdinand le renvoya. Les victoires de Gustave II* Adolphe de Suède le contraignirent cependant à le rappeler et à accepter ses conditions exorbitantes. Après sa défaite de Lützen (1632), Wallenstein entama des négociations avec l'ennemi pour des raisons encore non élucidées, soit pour s'opposer à la politique de l'empereur, soit pour obtenir la couronne de Bohême. Accusé de haute trahison, il fut assassiné sur ordre de Ferdinand II. Schiller* a fait de lui le héros de sa trilogie dramatique : *Wallenstein* (1798).

WALLON, Henri Alexandre (Valenciennes, 1812-Paris, 1904). Historien et homme politique français. Il fut rendu célèbre par l'amendement qu'il fit voter en 1875 et qui fonda définitivement le régime républicain. Professeur d'histoire à la Sorbonne* où il succéda à Guizot*, il fut député à l'Assemblée nationale (1871). Catholique* libéral et ancien orléaniste*, il déposa devant l'Assemblée, lors de la discussion sur la Constitution, le célèbre amendement stipulant que « le président de la République est élu à la majorité absolue des suffrages par le Sénat et la Chambre des députés réunis en Assemblée nationale. Il est nommé pour sept ans ; il est rééligible ». Le texte, voté à une voix de majorité, est considéré comme l'acte fondateur de la Troisième République*. Voir Constitution de 1875.

WALPOLE, Robert, 1er comte d'Oxford (Houghton, Norfolk, 1676-Londres, 1745). Homme politique anglais. Fidèle au parti whig*, il domina la vie politique anglaise entre 1721 et 1742. Issu de la gentry du Norfolk, il fit ses études à Eton et Cambridge*, et commença sa carrière comme député whig aux Communes* (1701). Lors du retour des tories*, il fut entraîné dans la chute de Marlborough* et enfermé quelque temps à la Tour de Londres*. Rappelé au pouvoir à l'avènement de la dynastie de Hanovre (1714), sous George Ier*, il devint premier lord et chancelier* de l'Échiquier* (1715-1717), charges qu'il retrouva en 1721 et garda jusqu'en 1742. Favorisé par le jacobitisme (hostilité à la dynastie de Hanovre) des tories et le désintérêt de George Ier et de George II* à l'égard des affaires anglaises, Walpole établit les bases du régime parlementaire britannique en faisant du Premier ministre le responsable devant le Parlement*. Défendant ainsi les acquis de la révolution de 1688, il pensa assurer la prospérité économique du pays par une politique extérieure de paix et de réconciliation avec la France, vues d'ailleurs partagées par le cardinal de Fleury*. Cependant, le parti belliciste, conduit notamment par le Premier Pitt*, le contraignit à déclarer la guerre à l'Espagne, riche en colonies (guerre de Succession* d'Autriche, 1740-1748). Malgré le soutien de George II, Walpole démissionna. Voir Révolution d'Angleterre (Seconde).

WANG ANSHI (province de Jiangxi, 1021-1086). Homme politique et poète

chinois, il fut l'un des grands réformateurs (1069-1085) de la dynastie des Song* du Nord.

WASHINGTON, George (comté de Westmoreland, 1732-Mount Vernon, 1799). Général et homme politique américain. Personnage de légende aux États-Unis, il fut le plus illustre des pères fondateurs de la démocratie américaine, le premier président des États-Unis (1789-1797). Fils de planteurs aisés, ingénieur arpenteur, il fut nommé en 1752 « adjudant » d'un district militaire de la Virginie. Officier de l'armée britannique lors de la guerre contre la France (guerre de Sept* Ans), il s'opposa aux forces françaises retranchées au fort Duquesne (future Pittsburgh). Après un premier échec en 1755, il obtint la reddition du fort trois ans plus tard puis, la guerre finie, revint dans sa plantation de Mount Vernon, sur les rives du Potomac. Membre du Parlement de Virginie (1759-1774), il devint bientôt le chef de l'opposition à la politique coloniale britannique, s'engageant dans la guerre d'Indépendance* (1775-1782) comme commandant en chef de la nouvelle armée continentale (1775). Il s'illustra à la tête des *Insurgents*, volontaires inexpérimentés et mal armés, moins par ses qualités de stratège que par son extraordinaire courage et sa ténacité. Après avoir chassé les Anglais de Boston (1776), il dut abandonner New York (1776) et, après quelques brèves victoires (1776-1777), dut subir de graves revers jusqu'à l'arrivée du corps expéditionnaire français commandé par Rochambeau*. Leurs efforts conjugués permirent la capitulation des forces britanniques de Cornwallis* à Yorktown* (1781). La paix signée en 1783, Washington, considéré comme le héros de la guerre d'Indépendance, abandonna son commandement militaire, se retirant à Mount Vernon pour reprendre la direction de la plantation. Cependant, son immense prestige lui fit

ccepter la présidence de la Convention de
hiladelphie (1787) et il signa la Consti-
ution des États-Unis. Deux ans plus tard
1789), il fut élu par un vote unanime
ontre John Adams*, premier président
es États-Unis, réélu en 1792, restant ainsi
uit ans au pouvoir. Durant son premier
nandat, Washington dut arbitrer le conflit
ntre deux tendances divergentes concer-
ant l'interprétation de la Constitution, les
édéralistes (Hamilton*), partisans du ren-
orcement du pouvoir fédéral, et les répu-
licains (futurs démocrates) représentés
ar Jefferson*. Plutôt favorable aux preniers, il soutint la politique nationale et
onservatrice de Hamilton, ce qui lui
liéna le soutien des partisans de Jefferson
ont l'opposition devint encore plus viru-
nte lors de son second mandat lorsqu'il
narqua ses préférences pour l'Angleterre
n guerre contre la France révolutionnaire.
)éçu de la vie politique, Washington reusa un troisième mandat. Dans son « mes-
age d'adieu » (1796), il recommanda aux
méricains de se tenir en dehors des quelles européennes. Immortalisé par la caitale du nouvel État et par de nombreuses
utres localités, places, boulevards qui
ortent son nom, il est considéré aux États-
Jnis comme le père de l'anticolonialisme,
 fondateur d'une démocratie modèle et
archétype du grand homme d'État. Voir
édéraliste (Parti).

VASHINGTON (Accords de, 13 septem-
re 1993). Accords signés à Washington
près la reconnaissance réciproque d'Is-
aël* et de l'OLP*. Ils prévoyaient l'éta-
lissement de l'autonomie de la Cisjorda-
ie* et de Gaza, avec un gouvernement
alestinien. La première étape devait être
 retrait de l'administration et de l'armée
sraéliennes de Jéricho et de Gaza. Voir
rafat (Yasser), Clinton (Bill), Peres (Shi-
non), Rabin (Yitzhak).

VASHINGTON (Conférence de, 12 no-
embre 1921-6 février 1922). Conférence
éunie à Washington à l'initiative du pré-

sident Harding* et destinée à examiner les
questions d'Extrême-Orient et le problème
de la limitation des armements navals. Elle
réunit, outre les États-Unis, La Grande-
Bretagne, le Japon, la France, l'Italie, la
Belgique, les Pays-Bas, le Portugal et la
Chine. Dominée par les États-Unis et la
Grande-Bretagne, la conférence réussit à
imposer une limitation des forces navales
afin de maintenir, contre les ambitions japonaises, les positions acquises dans le Pacifique. Elle aboutit ainsi à une série de
traités. L'Angleterre acceptait la parité navale avec les États-Unis et renonçait à son
alliance signée en 1902 avec le Japon, alliance conclue pour barrer la route à l'expansion russe en Extrême-Orient. Les
deux nations anglo-saxonnes s'accordèrent aussi pour maintenir la flotte de la
France dans un état d'infériorité. Irritée, la
délégation française fit échouer une proposition britannique d'interdiction totale
des sous-marins. D'autres traités garanti-
rent l'indépendance chinoise.

WASSY (Massacre de, 1562). Massacre
de la population protestante à Wassy (en
Champagne) déclenché par les partisans
du duc de Guise*. Il provoqua une trentaine de morts et plus de cent blessés, et
marqua le début des guerres de Religion*.
Voir Janvier 1562 (Édit de).

WATERGATE (Affaire du). Nom donné
au scandale politique américain qui provoqua la démission du président Nixon*. En
juin 1972, cinq contrôleurs furent arrêtés
alors qu'ils posaient des micros dans l'immeuble Watergate à Washington, quartier
général du Parti démocrate*. Longtemps,
Nixon nia que lui-même et la Maison-
Blanche fussent impliqués dans le délit.
Cependant, les enquêtes du *Washington
Post* mais aussi les aveux de collaborateurs
du président, ainsi que les bandes magnétiques sur lesquelles il avait fait enregistrer
ses conversations l'acculèrent à la démission le 8 août 1974. Cette affaire manifesta
l'efficacité de la séparation des pouvoirs

aux États-Unis (indépendance du pouvoir judiciaire qui exigea la communication des bandes magnétiques, mais aussi du Sénat, à majorité démocrate, qui créa une commission d'enquête) et la puissance du « quatrième pouvoir » (la presse). Voir Ford (Gerald).

WATERLOO (Bataille de, 18 juin 1815). Grave défaite de Napoléon Ier* à Waterloo, petite localité belge au sud de Bruxelles, contre les armées anglaise et prussienne, qui provoqua sa chute et sa seconde abdication. L'Empereur, mis au « ban de l'Europe » après son retour au pouvoir (les Cent-Jours*), décida de prendre l'offensive contre les alliés dont les troupes avaient été concentrées en Belgique – Wellington* disposant de 100 000 soldats anglais et Blücher* de 125 000 Prussiens. Tentant de les anéantir l'un après l'autre, Napoléon refoula d'abord les Prussiens à Ligny (16 juin), non loin de Fleurus*, mais ne put les battre, laissant au général Grouchy le soin de les contenir pour se retourner contre les Anglais. Le combat s'engagea le 18 juin sur un sol détrempé par les orages de la veille, contre l'armée de Wellington, solidement retranchée près du village de Waterloo, sur le plateau du Mont-Saint-Jean. La bataille, l'une des plus violentes de l'Empire, fit rage jusque vers 9 heures du soir. L'infanterie anglaise, appuyée par une excellente artillerie, résista à toutes les attaques de la cavalerie de Ney* et de Kellermann*. Bientôt cerné par l'arrivée des troupes prussiennes, Napoléon engagea la Vieille Garde commandée par Cambronne* qui, formée en carré, assura la retraite de l'armée française vers la capitale. Cette bataille inspira des pages célèbres à de nombreux écrivains, notamment Stendhal* et Victor Hugo*. Voir Garde impériale.

WATT, James (Greenock, Écosse, 1736-Heathfield, près de Birmingham, 1819). Ingénieur écossais. Il améliora considérablement le fonctionnement de la machine à vapeur qu'il fit breveter en 1769, et a donné son nom à l'unité de mesure de puissance mécanique ou électrique.

WATTEAU, Antoine (Valenciennes, 1684-Nogent-sur-Marne, 1721). Peintre et dessinateur français, créateur d'un nouveau genre pictural, les « Fêtes galantes ». Empreinte de lyrisme mélancolique tout comme de grâce et de légèreté, son œuvre apporta un nouveau répertoire iconographique et stylistique, tout comme la peinture d'expressions et de sentiments intimes, peu perceptibles, méconnus voire inconnus avant lui. Il marqua ainsi un tournant important dans la peinture européenne. Installé à Paris en 1702, Watteau se forma à partir de 1704 dans l'atelier de Claude Gillot qui lui donna le goût des scènes de genre mais aussi de la comédie italienne avec ses acteurs et ses costumes. Influencé par le coloris brillant de Rubens* et les maîtres vénitiens du XVIe siècle, il rompit avec l'académisme du XVIIe siècle diffusé par Charles Le Brun*. Entré à l'Académie en 1717 où il présenta comme morceau de réception *L'Embarquement pour Cythère* (Paris, Louvre), il fut consacré comme auteur de *Fêtes galantes*, qui assurèrent sa célébrité. Génie du dessin et coloriste de premier ordre, il est l'auteur notamment de *L'Indifférent* et du *Gilles* (Paris, Louvre), des *Champs Élysées*, et des *Charmes de la vie* (collection Wallace Londres), ainsi que de *L'Enseigne de Gersaint* (Berlin).

WEBER, Max (Erfurt, 1864-Munich, 1920). Économiste, sociologue et historien allemand. Il fut l'un des grands fondateurs de la sociologie et ses ouvrages sont encore aujourd'hui l'objet d'études et de controverses fécondes. Professeur à Fribourg-en-Brisgau (1894), puis à Heidelberg (1897-1903), il publia en 1901 sa célèbre étude sur *L'Éthique protestante et l'esprit du capitalisme* où il mettait en évidence la relation entre la rationalisation du ystème capitaliste et l'éthique puritaine es premiers entrepreneurs qui voyaient ans leur réussite. matérielle un signe 'élection religieuse. Dans un ouvrage osthume, *Économie et société* (1922), il : fit le promoteur d'une sociologie « compréhensive » en analysant la rationalisaon de la vie politique et économique. 'oir Durkheim (Émile).

WEIMAR (République de) Régime polique de l'Allemagne de 1919 à 1933, la épublique de Weimar fut d'abord onfrontée à de graves difficultés éconoiques, sociales et diplomatiques. Après ne brève période de relative stabilité potique et de prospérité économique 924-1929), les effets de la crise moniale de 1929 précipitèrent sa chute et l'arvée au pouvoir de Hitler*. La Républiue fut proclamée le 9 novembre 1918 dès annonce de l'abdication de Guilume II* après la défaite militaire de 918. Dominée par les sociaux-démocras et les modérés, une Assemblée constiante, réunie à Weimar, élut Ebert* président de la République et promulgua, rès avoir réprimé violemment la révoluon spartakiste (communiste), une Constiation démocratique qui créa une fédéraon de 17 États autonomes. Confrontés x sévères dispositions du traité de Verilles*, les débuts du régime furent marués par une situation économique et potique difficile : gigantesque inflation qui lmina en 1923 avec l'occupation francoelge de la Ruhr*, opposition communiste, gitation des mouvements nationalistes 'extrême droite nés du refus du « diktat » ₂ Versailles. La création d'une nouvelle onnaie, les facilités apportées pour le iement des réparations* par le plan Daes* et la détente internationale amorcènt en Allemagne un retour à la stabilité : la prospérité vite balayées par les conséences de la crise* de 1929. La Républiue plongea alors dans une nouvelle crise vorisant l'essor des mouvements extré-

mistes dont profita particulièrement le national-socialisme* (nazi). Le 30 janvier 1933, le second président de la République, Hindenburg*, appela Hitler* au poste de chancelier : ce fut la fin de la démocratie. Voir Schacht (Hjalmar), SPD, Stresemann (Gustav), Kapp (Wolfgang), Rathenau (Walther), Young (Plan).

WEIZMANN, Chaïm (Motyl, Biélorussie, 1874-Rehovot, 1952). Homme politique israélien. Il fut le premier président de l'État d'Israël* (1949-1952) créé en mai 1948. Voir Israélo-arabe (Première Guerre), Palestine.

WELLES, Orson (Kenosha, Wisconsin, 1915-Los Angeles, 1985). Cinéaste et acteur américain. D'une personnalité puissante et singulière, il fut l'un des maîtres du cinéma américain. Il débuta par un film révolutionnaire dans sa technique, *Citizen Kane* (1941), portrait impitoyable du magnat américain qui évoquait le milliardaire Hearst, puis réalisa notamment *La Splendeur des Amberson* (1942), *La Dame de Shanghai* (1948), *Le Procès* (1962), *Vérités et mensonges* (1975).

WELLESLEY, Richard Colley WESLEY ou **WELLESLEY, 1er marquis** (château de Dangan, 1760-Londres, 1842). Homme politique et administrateur colonial britannique. Gouverneur général de l'Inde (1797-1805), il agrandit l'étendue des possessions de la Compagnie anglaise des Indes*. Frère du duc de Wellington* et ami de Pitt*, il imposa à toute l'Inde du sud (Deccan) et la vallée du Gange la suzeraineté anglaise, puis mena la guerre contre les Mahrates* (1802-1804). Cependant, l'argent dépensé et l'esprit d'indépendance du gouverneur inquiétèrent les directeurs de la Compagnie et il dut démissionner (1805). Devenu lord-lieutenant en Irlande (1821-1828 et 1833-1834), il défendit vigoureusement les catholiques* irlandais.

WELLINGTON, Arthur Wellesley, 1er duc de (Dublin, 1769-Walmer Castle,

1852). Général et homme politique britannique, frère de Richard Wellesley*, il fut rendu particulièrement célèbre par sa victoire sur Napoléon Ier* à Waterloo*. Entré dans l'armée en 1787, il partit pour l'Inde (1796) où il combattit les Mahrates* (1803), puis revint en Angleterre. Député au Parlement* (1806), secrétaire pour l'Irlande (1807), il fut nommé lieutenant général et envoyé au Portugal pour y chasser les Français. Devenu commandant en chef des forces britanniques, il revint au Portugal où il renforça ses positions en faisant construire des lignes fortifiées à Torres Vedras qui arrêtèrent les attaques françaises dirigées par Masséna* (1810). Reprenant l'offensive, il réussit à chasser d'Espagne les troupes de Joseph Bonaparte* et termina sa campagne par la bataille de Toulouse sur le maréchal Soult* (avril 1814). Fait marquis de Douro et duc de Wellington, il fut nommé ambassadeur en France après le premier traité de Paris* puis remplaça Castlereagh* au congrès de Vienne*. Commandant des armées alliées aux Pays-Bas lors du retour de Napoléon, il fut le principal artisan de la bataille de Waterloo (18 juin 1815). Commandant des troupes d'occupation en France, il appuya le retour des Bourbons*. Chef du Parti conservateur*, nommé Premier ministre (1828-1830) par George IV*, sa politique réactionnaire le fit surnommer « *Iron Duke* » (le « Duc de fer »). Voir Cent-Jours, France (Campagne de), Jourdan (Jean-Baptiste).

WESLEY, John (Epworth, 1703-Londres, 1791). Réformateur religieux anglais, fondateur du méthodisme*. Prêtre anglican, il groupa autour de lui à Oxford* le « Holy Club » (club saint) dont les membres reçurent le surnom de méthodistes en raison des exercices spirituels auxquels ils se livraient. Ce fut à Londres en 1738 que s'opéra sa « conversion » par un retour aux sources de la Réforme*. Il organisa alors la prédication à travers l'Angleterre, par-

ticulièrement auprès des ouvriers. Le méthodisme provoqua un important renouveau religieux dans le monde anglo-saxon, la doctrine reposant notamment sur la liberté humaine (contre la prédestination calviniste) la conviction intérieure comme signe suffisant du Salut et le sacerdoce universel admettant le ministère des laïcs.

WESTMINSTER (Statut de, 11 décembre 1931). Acte du Parlement* britannique reconnaissant aux dominions* leur totale souveraineté, ne maintenant entre eux qu'« une allégeance à la couronne britannique » au sein du Commonwealth*.

WESTPHALIE (Royaume de). Royaume créé en 1807 après le démembrement de la Prusse* (traités de Tilsit*) par Napoléon Ier* qui mit à sa tête son frère, Jérôme Bonaparte*. Intégré à la Confédération* du Rhin, le royaume fut organisé selon les principes issus de la Révolution* française, son organisation interne et son administration étant calquées sur celles de la France. En réalité, les habitants subirent, comme les autres États dépendants, les impôts et la conscription. Cet État fut un des premiers à se libérer de la domination française. Il disparut en 1813 et la majeure partie de la Westphalie passa à la Prusse*. Voir Varsovie (Grand-duché de), Vienne (Congrès de).

WESTPHALIE (Traités de, 1648). Nom donné aux deux traités qui mirent fin à la guerre de Trente* Ans (1618-1648). Ils consacrèrent le recul de la puissance des Habsbourg* dans l'Empire germanique, la division religieuse, l'émiettement politique de ce pays et le rôle prépondérant que jouera désormais la France en Europe. Le premier traité fut signé à Osnabrück entre l'empereur Ferdinand III*, la Suède et les puissances occidentales, le second à Münster, entre l'empereur et la France. La Suède et la France en furent les principaux bénéficiaires. La Suède recevait une partie de la Poméranie, ce qui lui permettait de contrôler les embouchures des trois grands leuves allemands (Weser, Elbe, Oder). La France conservait les Trois-Évêchés Metz, Toul et Verdun) et obtenait en ou-re Brisach et la plus grande partie de l'Alace sans Strasbourg. Ferdinand III devait iccepter comme un fait irrévocable la di-vision religieuse de l'Allemagne. Le prin-ipe « *cujus regio, ejus religio* » fut ratifié, e bénéfice s'étendant aussi aux calvinistes illemands. Les pouvoirs des princes ayant té renforcés et la France et la Suède s'ins-aurant les protectrices des « libertés ger-naniques », l'empereur vit son pouvoir 'affaiblir en Allemagne. Le Brandebourg 'agrandit, la Confédération helvétique et es Provinces-Unies gagnèrent leur indé-endance. Voir Calvinisme.

VEYGAND, Maxime (Bruxelles, 867-Paris, 1965). Général français. Chef l'état-major et conseiller de Foch* 1914-1923), il fut envoyé comme conseil-er militaire en Pologne lors de la guerre oolono-soviétique en 1920, puis remplaça Gouraud comme haut-commissaire de France en Syrie* (1923). Membre du Conseil supérieur de la guerre (1924), puis hef d'état-major de l'armée (1930), il fut ippelé en mai 1940 par Paul Reynaud*, ors de la débâcle consécutive à la percée llemande dans les Ardennes, afin de rem-olacer Gamelin* comme commandant en hef des forces alliées. Ne pouvant rétablir a situation, il recommanda au pouvoir po-itique l'armistice. Ministre de la Défense lationale de Pétain* (juin-septembre 940), délégué général du gouvernement le Vichy* en Afrique du Nord (1940), il igna avec les Américains des accords 1941) qui permirent plus tard le débar-uement* allié de 1942. Rappelé en France ur ordre de Hitler* (novembre 1941), il ut arrêté et déporté en Allemagne (1942). Libéré en 1945, il fut traduit par le gou-'ernement du général de Gaulle* devant la Haute Cour de justice, mais obtint un non-ieu sur tous les chefs d'accusation (1948). Voir France (Campagne de).

WHIGS et TORIES. Termes introduits dans la vie politique anglaise lors de l'ex-clusion de la succession au trône de Jac-ques II*, catholique*. Ils furent surtout uti-lisés au XVIIIe siècle pour désigner deux partis adverses. Les whigs (mot gaélique s'appliquant aux rebelles écossais), anti-absolutistes et protestants*, furent les artisans de la révolution de 1688 (seconde révolution* d'Angleterre) qui établit la dy-nastie des Hanovre sur le trône d'Angle-terre. Recrutés dans quelques riches et in-fluentes familles de l'aristocratie et chez les *dissenters* (ou protestants dissidents), les whigs dominèrent la vie politique an-glaise de 1714 à 1760 (Walpole*). Les to-ries (mot irlandais désignant les rebelles catholiques), légitimistes, favorables aux Stuarts*, se recrutaient dans la noblesse terrienne (*landed men*) et le clergé angli-can. L'avènement de George III* mais sur-tout la personnalité exceptionnelle du Se-cond Pitt* amenèrent la formation d'un nouveau parti tory qui mena énergique-ment la lutte contre la Révolution* fran-çaise alors que les whigs radicaux, étaient favorables aux idées nouvelles (Fox*). Jusqu'en 1830, le parti tory (appelé « con-servateur ») domina la vie politique (Cast-lereagh*, Peel*, Wellington*) puis les whigs (appelés *liberals*) revinrent au pou-voir avec lord Grey* et Russell*. Voir An-glicanisme, Jacobites, Libéral (Parti), Conservateur (Parti).

WILBERFORCE, William (Hull, Yorkshire, 1759-Londres, 1833). Homme politique anglais. Membre des Commu-nes* depuis 1780, il fut l'avocat tenace de l'abolition de l'esclavage. Il obtint en 1807 l'abolition de la traite* des Noirs, mais le Parlement* n'abolit l'esclavage dans les colonies britanniques qu'en 1834. Voir Schœlcher (Victor).

WILDE, Oscar Fiengal O'Flahertie Wills (Dublin, 1854-Paris, 1900). Écrivain britannique d'origine irlandaise. Favori de la haute société anglaise, célèbre autant pour son personnage que par son œuvre, il enrichit la littérature britannique de quelques grands chefs-d'œuvre. Fils d'un chirurgien irlandais, il fit ses études à Oxford* (1878) puis devint, par l'esthétisme raffiné de ses ouvrages, l'écrivain le plus adulé de toute l'Angleterre. La dénonciation publique de ses mœurs homosexuelles marqua pour Wilde la fin de sa célébrité et le début de sa déchéance. Condamné à deux ans de travaux forcés (1895), il s'exila ensuite en France et, malgré l'attention de quelques écrivains célèbres dont André Gide*, il finit ses jours dans la solitude. Wilde fut l'auteur de contes et nouvelles fantastiques (*Le Crime de lord Arthur Savile*), de pièces de théâtre (*L'Éventail de lady Windermere*, 1892, *L'Importance d'être constant*, 1895) et d'un roman (*Le Portrait de Dorian Gray*, 1891).

WILKES, John (Londres, 1725-*id.*, 1797). Homme politique anglais. Il incarna sous le règne de George III* la défense des libertés traditionnelles contre l'autoritarisme royal. Membre des Communes* depuis 1757, il fonda en 1762 l'hebdomadaire *The North Briton* où il publia de violentes attaques contre George III et son gouvernement. Emprisonné plusieurs fois, il devint bientôt très populaire en Angleterre et fut triomphalement réélu en 1768. Nommé lord-maire de Londres en 1774, il contraignit les Communes* à reconnaître à la presse le droit de publier les comptes rendus de leurs débats.

WILSON, sir Harold (Huddersfield, 1916-1995). Homme politique britannique. Leader du Parti travailliste*, il fut Premier ministre (1964-1970 et 1974-1976). Professeur d'économie politique, député aux Communes* dès 1945, il fut chargé de former le gouvernement après la victoire électorale, acquise de justesse par son parti en octobre 1964. Après avoir considérablement élargi sa majorité aux élections de mars 1966, il se trouva

aux prises avec de nombreuses difficultés intérieures et extérieures. Face à la plus grave crise économique et financière que la Grande-Bretagne ait connue depuis 1945, il dut imposer une sévère austérité et procéder à une dévaluation de la livre en 1967. Il ne put empêcher à l'extérieur le gouvernement de Rhodésie* du Sud de proclamer unilatéralement son indépendance et se vit opposer le veto du général de Gaulle* à l'entrée de la Grande-Bretagne dans le Marché commun. La baisse de popularité des travaillistes conduisit Wilson à procéder à de nouvelles élections, mais elles aboutirent à la victoire du conservateur Edward Heath* qui, profitant du départ du général de Gaulle*, fit accepter l'entrée de la Grande-Bretagne dans la CEE*. De nouveau Premier ministre (février 1974), avec une majorité très étroite, il mena à bien les difficiles négociations du traité d'adhésion de la Grande-Bretagne au Marché commun, qu'il fit ratifier par référendum en 1975 (67 % de oui). Démissionnaire en 1976, il fut remplacé par James Callaghan*. Voir Conservateur (Parti).

WILSON, Thomas Woodrow (Staunton, Virginie, 1856-Washington, 1924). Homme politique américain. Président démocrate des États-Unis (1912-1920), il rompit avec l'isolationnisme* après sa réélection en 1916 et fut l'instigateur de la Société* des Nations après la Première Guerre* mondiale. Fils d'un pasteur presbytérien, Wilson devint avocat en 1882 puis professeur de science politique à l'université Princeton (1890-1902) dont il devint ensuite président. Gouverneur démocrate du New Jersey (1911), il devint vite une figure nationale grâce à ses réformes progressistes, ce qui lui valut d'être désigné comme candidat démocrate à la présidence et élu en 1912 contre Theodore Roosevelt*. Placée sous le slogan de la « Nouvelle Liberté » (*New Freedom*), son administration fut marquée par de nomreuses réformes démocratiques (élection directe des sénateurs au suffrage universel, vote des femmes, renforcement des lois antitrust) et une extension du pouvoir féderal. À l'extérieur, Wilson poursuivit en mérique latine une politique impérialiste, faisant occuper Haïti en 1915 et organisant une expédition au Mexique en 1916. L'intervention américaine dans la Première Guerre mondiale fut néanmoins l'événement majeur de sa politique étrangère. Tout en se réservant une possibilité d'arbitrage, Wilson, soutenu par une opinion isolationniste, entendit d'abord garder une stricte neutralité. Cependant, la décision allemande de mener une guerre sous-marine à outrance et la publication du télégramme Zimmerman dévoilant les menées allemandes au Mexique entraînèrent la déclaration de guerre à l'Allemagne votée par le Congrès (avril 1917). Tout en menant une guerre très énergique en Europe, Wilson définit, lors d'un message au Congrès, les termes d'une nouvelle diplomatie nécessaire au maintien de la paix (les célèbres Quatorze* Points). Lors de la Conférence de la paix (1919), il imposa la création d'une Société des Nations et le principe du « droit des peuples à disposer d'eux-mêmes ». Mais il fut désavoué par le Sénat qui refusa la ratification du pacte de la SDN et du traité de Versailles* par crainte de l'engagement américain dans un nouveau conflit. Frappé de paralysie depuis 1919, Wilson vit son candidat battu aux élections présidentielles de 1920 par le républicain Harding*. Il avait reçu le prix Nobel* de la paix en 1919.

WINDSOR (Château de). Situé à 40 km de Londres, il est l'une des résidences favorites de la famille royale. Construit au XIᵉ siècle sur l'ordre du roi Henri II*, il fut édifié autour d'un donjon construit par Guillaume Iᵉʳ* le Conquérant au XIᵉ siècle, puis fut remanié jusqu'au XIXᵉ siècle. La chapelle St. George, de style gothique, est une des plus belles d'Angleterre. Le châ-

teau a été en partie détruit par un incendie en 1992. Voir Gothique (Art).

WISIGOTHS ou **Goths de l'Ouest**. Nom donné à des Germains* appartenant à l'une des deux branches des Goths*, l'autre étant les Ostrogoths*. Ils fondèrent, après les grandes invasions* (fin du Vᵉ siècle ap. J.-C.), un puissant royaume en Espagne, conquis au début du VIIIᵉ siècle par les Arabes*. Établis au début du IVᵉ siècle en Europe centrale (entre le Dniepr et le Danube), puis poussés par les Huns*, ils s'installèrent en Thrace (376) et de là pillèrent la Grèce sous la direction de leur roi Alaric Iᵉʳ* et prirent Rome* (410). Après avoir fondé en 476, avec l'accord de Rome, un royaume en Aquitaine* (reconquis par Clovis* en 507), ils firent la conquête de l'Espagne (476). Ariens convertis au catholicisme* à la fin du VIᵉ siècle, les Wisigoths s'allièrent au clergé espagnol, et la monarchie wisigothique connut au VIIᵉ siècle ap. J.-C. un remarquable épanouissement artistique et littéraire. Mais le royaume, affaibli au VIIIᵉ siècle par une crise économique et une dure persécution contre les juifs*, fut conquis par les Arabes (711-714). Voir Arianisme.

WISSEMBOURG (Bataille de, 4 août 1870). Première victoire de la Prusse* sur l'armée française commandée par MacMahon*, au début de la guerre franco-allemande* de 1870-1871. Elle fut suivie de celle de Frœschwiller* qui permit à la Prusse d'occuper l'Alsace. Voir Sedan (Bataille de).

WITT, Johann ou **Jan Di**, en fr. **Jean de** (Dordrecht, 1625-La Haye, 1672). Homme politique néerlandais. Issu de la riche bourgeoisie hollandaise, il devint conseiller-pensionnaire de Hollande (1653), charge qu'il conserva presque jusqu'à sa mort. Afin de protéger la Hollande de l'ambition de Guillaume III* d'Orange, il prononça contre la maison d'Orange l'Acte d'exclusion (1667), mais la rivalité commerciale devenant de plus en plus âpre avec l'Angleterre, il engagea son pays à nouveau dans la guerre et signa une paix de compromis (Breda, 1667). Inquiet de la politique de conquêtes de Louis XIV*, il engagea la Hollande alliée à l'Angleterre et à la Suède dans la guerre de Dévolution* (1667-1668). Cependant, l'invasion de la Hollande par la France (guerre de Hollande*, 1672-1678), provoqua sa démission (1672) et Guillaume* d'Orange devint stadhouder de Hollande. Jean de Witt et son frère – accusé d'avoir voulu assassiné le stadhouder – furent massacrés par la population lors d'une émeute à La Haye déclenchée par les orangistes. Voir Jacques II.

WITTE, Sergueï Ioulievitch, comte (Tiflis, 1849-Petrograd, 1915). Homme politique russe. Ministre des Finances du tsar Nicolas II* de 1892 à 1903, il favorisa l'industrialisation de l'empire, financée par les emprunts extérieurs, notamment français. Il développa le réseau ferroviaire, en particulier la construction du Transsibérien* (1891-1916). Rappelé par le tsar lors de la révolution* de 1905, il réprima la mutinerie des marins de Kronstadt* mais inspira la création de la douma* d'État. Witte fut cependant disgracié lorsque l'ordre fut rétabli en 1906.

WOLFE, James (Westerham, 1727-Québec, 1759). Général anglais. Envoyé par Pitt* au Canada lors de la guerre de Sept* Ans, il mit le siège devant Québec (1759), défendu brillamment par le Français Montcalm*. Blessé mortellement ainsi que son adversaire, sa victoire donna à l'Angleterre Québec et la Nouvelle-France.

WOLSEY, Thomas (Ipswich, v. 1475-Leicester, 1530). Cardinal et homme politique anglais, il joua un rôle important sous le règne d'Henri VIII*. Brillant universitaire d'Oxford*, ami des lettres et des arts, il fut chapelain d'Henri VII*, puis garda la faveur du roi Henri VIII. Archevêque d'York (1514), cardinal et lord-chancelier (1515), il influença près de quinze ans la

politique extérieure anglaise en tentant de maintenir l'équilibre entre la France et Charles* Quint sur le continent. Mais il ne put obtenir du pape Clément VII le divorce du roi et de Catherine d'Aragon, ce qui provoqua sa disgrâce (1529). Thomas More* lui succéda. Voir Cranmer (Thomas).

WORDSWORTH, William (Cockermouth, 1770-Rydal Mount, 1850). Poète britannique. Son œuvre, qui exalta la nature dans le pittoresque de la langue quotidienne, fut l'une des premières manifestations du romantisme* anglais. Après avoir terminé des études à Cambridge*, il voyagea en Italie puis en France (1790) où il adhéra aux principes de la Révolution* Il écrivit, avec son ami Samuel Coleridge des *Ballades lyriques* (1798) qui constituèrent le véritable manifeste du romantisme anglais. Devenu hostile à la Révolution après la Terreur*, Wordsworth s'en expliqua dans un long poème autobiographique en 14 livres (*Le Prélude*, posthume, 1850)

WORKHOUSES. En Angleterre et au pays de Galles, nom donné aux « maisons de travail », établissements officiels créés au XVIe siècle et qui hébergeaient et faisaient travailler les pauvres et les vagabonds. Ces *workhouses* devinrent, dès la fin du XVIIIe siècle, des asiles surpeuplés où se côtoyaient vieillards, pauvres, vagabonds, enfants et aliénés. Selon le « système de Speenhamland » (1795), l'entrée obligatoire dans les *workhouses* fut supprimée et un système d'assistance à domicile, financé par les contribuables, accorda aux plus pauvres une sorte de complément de salaire. Ce système très coûteux fut réformé en 1834 par la *New Poor Law*. Voir *Poor Laws*.

WORMS (Concordat de, 1122). Traité signé entre le pape Calixte II et l'empereur Henri V* ; il mettait fin à la querelle des Investitures*. L'investiture spirituelle par la crosse et l'anneau était conférée par le pape. L'empereur gardait l'investiture temporelle par le sceptre, c'est-à-dire l'investiture des bénéfices* (fiefs*) liés à la charge ecclésiastique.

WORMS (Diète de, 1521). Diète tenue par Charles* Quint qui marqua une étape importante dans l'histoire de la Réforme*. Luther*, déjà condamné par la bulle pontificale *Exsurge Domine* (1520), parut devant la Diète et refusa de se rétracter. Il sortit libre, mais l'édit de Worms le mit au ban de l'Empire.

WOU TI (140-87 av. J.-C.). Grand empereur de la dynastie chinoise des Han*, contemporain des Romains Marius* et Sylla*. À l'intérieur, il s'appuya pour gouverner sur les Lettrés* confucéens, ruinant ainsi l'autorité de la noblesse féodale à laquelle il imposa le partage des fiefs entre tous les enfants. À l'extérieur, il mena la conquête de l'Asie centrale en luttant particulièrement contre les tribus nomades des Xiongnu* et étendit son autorité en Chine du Sud et sur une partie de la péninsule coréenne. Voir Confucianisme.

WRANGEL ou **VRANGEL, Petr Nikolaïévitch, baron** (Novo-Aleksandrovsk, 1878-Bruxelles, 1928) Général russe. Il commanda après Denikine* l'Armée blanche d'Ukraine contre les bolcheviks*. Après s'être illustré à la tête d'une division de Cosaques* pendant la Première* Guerre mondiale, il se réfugia en Crimée après la révolution d'Octobre 1917. Rallié à Denikine, il lui succéda à la tête de l'armée de volontaires et organisa un gouvernement éphémère reconnu par la France en 1920. Contraint de se retirer en Crimée face à la contre-offensive de l'armée Rouge, Wrangel réussit néanmoins, soutenu par les Alliés, à évacuer ses troupes à Gallipoli puis en Yougoslavie. Il s'exila en Belgique. Voir Koltchak (Aleksandr), Révolutions russes de 1917, Trotski (Léon).

WYCLIF ou **WYCLIFFE, John** (North Riding of Yorkshire, v. 1330-Lutterworth, Leicestershire, 1384). Théologien et réformateur anglais. Son œuvre en fait le précurseur de la Réforme* du xviᵉ siècle. Après des études de théologie à Oxford*, il prêcha la réforme de l'Église et devint le chef d'un mouvement hostile à l'autorité spirituelle du pape, envoyant ses disciples, les lollards*, prêcher à travers le pays. Ses idées révolutionnaires (refus de la transsubstantiation, des indulgences*, du culte des saints et de la plupart des sacrements*, autorité de la Bible* seule) le firent expulser de l'université d'Oxford en 1381. Sa doctrine contribua à la pensée du réformateur tchèque Jan Hus*. Wyclif fut condamné au concile de Constance* (1415).

WYSZYNSKI, Stefan (Zuzela, Mazovie, 1901-Varsovie, 1981). Prélat polonais. Archevêque de Varsovie, primat de Pologne (1948) puis cardinal (1953), il s'opposa au gouvernement communiste et fut contraint à résidence forcée jusqu'en octobre 1956. Libéré et rétabli dans ses fonctions par Gomulka* (1956), il fut à nouveau surveillé et ne put s'exiler à Rome qu'en 1969.

X

XÉNOPHON D'ATHÈNES (Erkhia, Attique, v. 430-v. 555 av. J.-C.). Écrivain athénien. Disciple de Socrate*, il s'engagea dans l'armée des Dix Mille mercenaires grecs de Cyrus* le Jeune en guerre contre son frère Artaxerxès*. Après l'assassinat de leurs chefs, il joua un rôle décisif dans la retraite de l'armée, expédition qu'il raconta dans *L'Anabase*. Banni d'Athènes* pour s'être allié à Sparte*, Xénophon battit ses compatriotes à Coronée (394). Installé à Sallonte, près d'Olympie*, il y composa l'essentiel de son œuvre (*Les Mémorables* ; *L'Apologie de Socrate* ; *Les Helléniques* ; *L'Économique* ; la *Constitution des Lacédémoniens* ; *La Cyropédie*). Vers 365, Athènes avait levé le décret d'exil qui l'avait frappé.

XERXÈS Iᵉʳ (v. 519-Suze, 465 av. J.-C.). Roi des Perses, il succéda à son père Darius Iᵉʳ* en 486 av. J.-C. Après avoir réprimé avec sévérité des révoltes en Babylonie et en Égypte*, il décida de poursuivre la politique de conquêtes de son père en menant, à partir de 483 av. J.-C., une grande expédition contre les Grecs. Parties de Sardes* en 480 av. J.-C., arrêtées quelque temps aux Thermopyles* par Léonidas* de Sparte*, ses armées dévastèrent la Béotie et l'Attique* (Athè-nes*, abandonnée par ses habitants, fut incendiée). Mais les victoires grecques de Salamine* (480 av. J.-C.) et de Platées* (479 av. J.-C.) obligèrent les Perses à se retirer du pays. Xerxès, après ces défaites, séjourna dans ses capitales de Suse* et de Persépolis*. Il fut assassiné par un de ses ministres en 465 av. J.-C. Voir Babyloniens, Médiques (Guerres), Persépolis.

XIONGNU. Nom donné à un peuple de pasteurs nomades, longtemps confondus avec les Huns*, qui menacèrent longtemps la Chine et contre lesquels fut entreprise à partir du IIIᵉ siècle av. J.-C. la construction de la Grande* Muraille. Ils dominèrent, grâce à leurs archés montés très mobiles, une grande partie de l'Asie centrale, depuis la Mandchourie* jusqu'à la Sibérie occidentale. La lutte contre les Xiongnu occupa tous les empereurs de la dynastie des Han* (206 av. J.-C.-220 ap. J.-C.). Leur puissance ne fut définitivement brisée qu'à la fin du Iᵉʳ siècle ap. J.-C.

XOANON. Statue archaïque, en bois, mal dégrossie. Le plus célèbre exemple en est celui d'Athéna*, en bois d'olivier, qui était conservé dans l'Érechthéion* et auquel était destiné le péplos tissé par les arréphores. Voir Panathénées (Frise des).

XUOMINTANG. Voir Guomindang.

Y

YAHVÉ ou **YAVEH**. Nom donné au Dieu unique de la religion juive. Il est considéré comme le créateur et le maître de l'univers, mais c'est aussi un dieu, protecteur d'un peuple élu, le peuple juif*. Yahvé signifie « Celui qui est ». Il est interdit de le représenter sous aucune forme. Voir Judaïsme.

YALTA (Conférence de, 4-11 février 1945). Conférence tenue à Yalta, en Crimée, et qui réunit Roosevelt*, Churchill* et Staline*, afin de régler les problèmes posés par la proche défaite de l'Allemagne. Roosevelt avait besoin à cette époque de la collaboration soviétique dans sa lutte contre le Japon et de la mise en place d'un système de sécurité collective, Churchill souhaitant, pour sa part, éviter un accroissement trop important de la puissance soviétique en Europe centrale. En février 1945, l'armée soviétique, partout victorieuse, occupait de fait une grande partie de l'Europe centrale et orientale. Elle était en outre à 90 km de Berlin, les Alliés étant bloqués sur le Rhin et encore engagés dans la guerre du Pacifique* qui s'éternisait. Plusieurs décisions particulièrement importantes furent issues de ce contexte : 1) l'URSS approuva la session fondatrice de l'ONU (Organisation* des Nations unies) qui devait se tenir à San Francisco* d'avril à juin 1945 ; 2) l'Allemagne vaincue devait être entièrement occupée, administrée par les Alliés et divisée en trois puis quatre zones d'occupation, une zone ayant été at-

tribuée à la France sur l'insistance de Churchill. Elle devait en outre être dénazifiée et les criminels de guerre jugés ; 3) l'URSS s'engageait à entrer en guerre contre le Japon trois mois après la capitulation de l'Allemagne, à condition de retrouver ses droits particuliers sur les ports et les chemins de fer de Mandchourie* et de recevoir les îles Kouriles et la partie sud de Sakhaline (territoires perdus lors de la guerre russo-japonaise* de 1904-1905) ; 4) les trois grands prévoyaient la formation de gouvernements démocratiques dans l'Europe libérée ; 5) l'URSS fit admettre que sa frontière orientale soit reportée sur la « ligne Curzon* », la Pologne pouvant obtenir son agrandissement à l'ouest, jusqu'à la ligne Oder-Neisse*, au détriment de l'Allemagne. Staline fit aussi accepter que le Comité prosoviétique, installé à Lublin, puis à Varsovie, constitue le noyau du futur gouvernement provisoire avec seulement quelques personnalités du gouvernement polonais exilé à Londres. Cette conférence, bien accueillie à l'époque, souleva plus tard des débats passionnés, notamment en France, exclue de cette réunion : à Yalta aurait été décidé le « partage du monde » entre les trois grands, notamment au bénéfice de Staline. Voir Lublin (Comité de), Potsdam, San Francisco, Téhéran (Conférences de).

YEDO. Voir Edo.

YOGA. Mot sanskrit* qui signifie « jonction ». Technique hindoue visant à libérer l'esprit des contraintes du corps destiné à la réalisation d'un état mystique. Considérant que le principal obstacle à cette réalisation est l'activité mentale, le yoga se propose de la faire cesser progressivement par une sévère discipline du corps et de l'esprit conduisant à une parfaite maîtrise de soi. Il y a plusieurs genres de yoga. Le plus spectaculaire se ramène à une culture physique capable d'assurer le contrôle des organes du corps, au point que le yogi (celui qui pratique le yoga) peut ralentir sa respiration et les battements de son cœur. Voir Hindouisme.

YOM KIPPOUR. Voir Fêtes juives.

YORK (Dynastie d'). Famille noble anglaise, branche de la maison royale des Plantagenêts*, fondée par le fils d'Édouard III*, Edmond de Langley (1341-1402). La famille d'York disputa le trône aux Lancastre* dans la guerre des Deux-Roses* et donna trois rois à l'Angleterre : Édouard IV* (1461-1483), Édouard V* (1483) et Richard III* (1483-1485), détrôné par Henri VII* Tudor. Depuis le XVIe siècle, le titre de duc d'York est porté par le second fils du souverain d'Angleterre.

YORKTOWN. Village des États-Unis, en Virginie où eut lieu une grande victoire lors de la guerre d'Indépendance* américaine. En 1781, le général anglais Cornwallis* dut capituler, assiégé par les troupes terrestres de Washington* et de Rochambeau* et par l'escadre de l'amiral de Grasse. Voir Lexington (Bataille de).

YOSHIHITO. Voir Taisho Tenno.

YOUNG (Plan, 7 juin 1929). Plan concernant le paiement par l'Allemagne des réparations* exigées par le traité de Versailles* (1919). Succédant au plan Dawes* (1924), le plan, signé à Paris par les Alliés, fut établi par une commission d'experts présidée par O. D. Young, expert financier américain. La dette allemande fut réduite à 38 milliards de marks or et payable en 59 annuités, jusqu'en 1988. La crise éco-

nomique de 1929 empêcha l'Allemagne de faire face à ses obligations. Le moratoire Hoover* (1931) puis l'accord de Lausanne (1932) mirent fin au paiement des réparations.

YPRES. Ville de Belgique, elle fut au XIIIe siècle une grande cité commerçante grâce à son industrie drapière. Voir Anvers, Bruges, Gand.

YPRES (Batailles d', 1914-1918). En saillant sur le front allié, Ypres, ville de Belgique, en Flandre* occidentale, fut l'objet de très violentes attaques allemandes lors de la Première Guerre* mondiale. Voir Course à la mer.

YSER (Bataille de l', 18-27 octobre 1914) Lors de la Première Guerre* mondiale, violente bataille dans la vallée de l'Yser au cours de laquelle les troupes belges et françaises arrêtèrent les troupes allemandes engagées dans la Course* à la mer.

YUAN (Dynastie). Nom donné à la dynastie mongole qui, fondée par Kubilay*, régna à Pékin de 1279 à 1368. La chute de la dynastie des Yuan en 1368 fut provoquée par la révolte populaire des Turbans rouges à laquelle s'associèrent les classes privilégiées. Cette insurrection populaire, due à la misère des classes paysannes, aboutit à la fondation de la nouvelle dynastie des Ming*. Voir Marco Polo, Song (Dynastie).

YUAN SHIKAI ou **YUAN CHE-K'AI** (Xiangcheng, Henan, 1859-Pékin, 1916). Général et homme politique chinois. Après la mort de l'impératrice Cixi* (ou Tseu-hi) dont il avait été l'homme de confiance, il combattit l'insurrection républicaine de 1911 puis, nommé Premier ministre, succéda à Sun* Yat-sen en 1912 comme président de la République chinoise (1913-1916). Rompant avec son prédécesseur, il établit une dictature et tenta, sans succès, de restaurer l'empire à son profit (1915-1916). Redevenu président de la République, il mourut dans des circonstances obscures en 1916, laissant la Chine en pleine guerre civile. Voir Guomindang.

Z

ZAGHLUL PACHA, ou **SA'D ZA-RHLÜL** (Gharbièh, Basse-Égypte, 1860-Le Caire, 1927). Homme politique et patriote égyptien. Avocat, il fonda le parti nationaliste Wafd*, revendiquant l'indépendance de l'Égypte dominée par la Grande-Bretagne. Déporté (1921), puis libéré (1923), il fut Premier ministre (1924) – l'Angleterre s'étant réservé la charge de la Défense, l'entretien des troupes et les Affaires étrangères – puis président de la Chambre (1926).

ZAMA (Bataille de, 202 av. J.-C.). Bataille qui mit fin à la deuxième guerre Punique*. Elle fut livrée en Numidie* et gagnée par Scipion* l'Africain contre Hannibal*.

ZAPATA, Émiliano (Anenecuilco, Morelos, v. 1879-hacienda de Chinameca, Morelos, 1919). Révolutionnaire mexicain. Paysan métis, il prit la tête du soulèvement des péons (1910) dans le sud du pays avec pour objectif essentiel la réforme agraire (« restituer la terre à ses anciens possesseurs »). Après avoir occupé Mexico (1914), il s'empara du sud du pays Vénéré comme un héros par les Indiens déshérités ralliés au « zapatisme », il fut assassiné. Voir Villa (Pancho).

ZARATHOUSTRA. Voir Zoroastre.

ZAY, Jean (Orléans, 1904-Molles, 1944). Homme politique français. Ministre radical-socialiste de l'Éducation nationale (1936-1939), il développa et démocratisa l'instruction publique sous le gouvernement du Front* populaire (multiplication des bourses pour les élèves de l'école primaire, recul de l'âge scolaire portée à 14 ans). Partisan de la Résistance*, il fut arrêté au Maroc sur ordre du gouvernement de Vichy* et emprisonné (1940). Il mourut, abattu par des miliciens français. Voir Milice française.

ZEMSTVO. Nom donné à l'assemblée territoriale des gouvernements de la Russie d'Europe créée en 1864 dans le cadre des grandes réformes du tsar Alexandre II*. L'administration locale, jusque-là entre les mains de la noblesse, passa aux *zemstvos* où furent représentés propriétaires fonciers, citadins et paysans. Les députés, investis de larges pouvoirs au niveau local, s'occupaient particulièrement des problèmes économiques et sociaux (ponts et chaussés, agriculture, instruction primaire, hygiène). Jusqu'à la révolution* de 1905, les *zemstvos* furent le principal organe de la bourgeoisie libérale russe. Ils disparurent lors de la création des soviets* (1917).

ZÉNOBIE (?-274 ap. J.-C.). Reine de la ville de Palmyre* en Syrie*, elle régna entre 267 et 272, conduisant le royaume à son apogée. Intelligente, autoritaire et cultivée, elle refusa la tutelle de Rome*, contrôla l'Égypte* et l'Asie* Mineure imposant sa domination sur tout l'Orient. Sentant la menace de cette nouvelle puissance, l'empereur romain Aurélien* assiégea Palmyre qui capitula en 273. La reine Zénobie, chargée de chaînes d'or, dut paraître au triomphe* du vainqueur mais finit sa vie dans un domaine que lui donna généreusement Aurélien.

ZÉNON D'ÉLÉE (v. 490-après 445 av. J.-C.). Philosophe grec, originaire d'Élée en Italie du Sud. Il tenta de nier l'existence du mouvement par une série d'affirmations restées célèbres. La plus connue est celle de la flèche lancée qui ne peut jamais parvenir à son but. Ses textes, perdus, sont notamment connus à travers Aristote*. Voir Grande-Grèce.

ZÉNON DE KITION (Kition, v. 335-v. 264 av. J.-C.). Philosophe grec, très admiré des Athéniens. Il est le fondateur d'une doctrine philosophique appelée stoïcisme*. Aucune de ses œuvres ne nous est parvenue.

ZEPPELIN, Ferdinand, comte von (Constance, 1838-Berlin, 1917). Officier puis industriel allemand. Il construisit, à partir de 1890, les grands dirigeables rigides auxquels son nom est resté attaché. Après avoir servi aux bombardements de plusieurs villes lors de la Première Guerre* mondiale, les zeppelins furent, à partir de 1930, exploités commercialement. Cependant, l'opinion mondiale fut profondément frappée par la catastrophe du L. Z 129 *Hindenburg* qui brûla lors de son atterrissage en 1937 à Lake-Hurst (États-Unis). Sa fabrication cessa en 1939.

ZEUS. Roi des dieux dans la mythologie* grecque. Fils de Cronos* et de Rhéa*, il gouverne les phénomènes naturels (pluie, foudre, etc.), est l'arbitre supérieur de la justice et a vocation de dieu universel, présidant à toute destinée. Ses attributs sont l'aigle et la foudre. Voir Jupiter.

ZHAO ZIYANG ou **TCHAO TSEU-YANG** (distr. de Huaxian, Henan, 1919-). Homme politique chinois. Premier ministre de Chine populaire (1980-1987), secrétaire général du parti en janvier 1987, il fut limogé en juin 1989 lors du « printemps de Pékin » réprimé par l'armée. Voir Hu Yaobang, Hua Guofeng, Li Peng, PPC.

ZHOU ENLAI ou **CHOU EN-LAI** (Huai'an, Jiangsu, 1898-Pékin, 1976). Homme politique chinois. Rallié à Mao* Zedong en 1934, il domina la politique extérieure de la Chine populaire et fut l'initiateur du rapprochement sino-américain en 1972. Né dans une famille aisée de Lettrés*, Zhou Enlai fit ses études en Chine et en France et participa à la fondation du Parti communiste* chinois (1921). De retour en Chine, il devint à Canton commissaire politique de l'Académie militaire du Guomindang*, alors allié aux communistes. À partir de 1926, lorsque Tchang* Kaï-chek (Jiang Jieshi) rompit avec les communistes, Zhou Enlai, élu membre du bureau politique du parti, organisa des révoltes ouvrières contre le Guomindang et mit en place l'armée Rouge de la première République soviétique chinoise (1931). Rallié à Mao Zedong, il participa à la Longue* Marche (1934-1935) puis négocia un front uni avec le Guomindang de Tchang Kaï-chek contre l'agression japonaise (1936). Devenu le principal responsable de la politique étrangère de Mao Zedong, il noua, durant la Seconde Guerre* mondiale, ses premiers contacts avec les diplomates et la presse des pays d'Europe. Après la guerre civile et la proclamation de la République populaire de Chine (1949), Zhou Enlai devint Premier ministre et ministre des Affaires étrangères. Il fut le signataire du traité d'alliance avec Moscou, ce qui rapprocha la Chine de l'URSS au moment de la guerre de Corée* (1950-1953). Il participa en 1954 à la conférence de Genève* et domina, avec Nehru*, la conférence des pays afro-asiatiques à Bandung* (1955). Premier ministre à partir de 1958, il continua à dominer la politique extérieure chinoise. La rupture Moscou-Pékin consommée en 1960 et le différend avec l'Amérique concernant la question de Taiwan* l'amenèrent à voyager dans le monde pour nouer des alliances en Asie et en Occident. Pragmatique, il joua un rôle modérateur lors de la Révolution* culturelle (1966-1976), fit échouer les tentatives de complot de Lin* Biao (1971) et couronna son œuvre diplomatique en œuvrant au rapprochement avec Washington (visite de Nixon* à Pékin en 1972).

ZIGGOURAT. Édifice typique de l'architecture religieuse en Mésopotamie*. La ziggourat était une immense tour de briques, composée généralement de sept plates-formes de dimensions décroissantes, la dernière supportant un temple. Cette construction représentait le lien symbolique entre la Terre et le Ciel, image de la montagne où les dieux jadis étaient honorés. Elle permettait à la divinité de descendre dans le temple et d'y séjourner, mais ne semble pas avoir servi, comme le prétendait Diodore de Sicile, d'observatoire astronomique. Quelques vestiges de ziggourats ont été retrouvés en Mésopotamie, la plus célèbre étant celle du grand temple de Mardouk* à Babylone* (la fameuse tour de Babel*). On ne reconnaît aujourd'hui que son emplacement. Les ziggourats les mieux conservées se trouvent en Iran (Tchoga Zandil) et en Irak (Gur, Barsippa, Dour-Kourigalzou). Voir Sumériens.

ZINJANTHROPE. Nom donné à un australopithèque* robuste découvert en 1959, dans la région de Zing (en Tanzanie, Afrique de l'Est), par Louis Leakey*. La face et la mandibule sont extraordinairement fortes, surtout comparées à la capacité crânienne. Sur celle-ci s'élève une crête médiane où venaient s'insérer de puissants muscles masticateurs. Le zinjanthrope a vécu il y a 1 750 000 ans. Voir Paléolithique inférieur.

ZINOVIEV, Grigori Ievseïévitch RADOMYSLSKI, dit (Ielizavetgrad, auj. Kirovograd, 1883- ?, 1936) Homme politique russe. Bolchevik* de la première heure, il fut condamné à mort comme opposant au régime de Staline*. Proche collaborateur de Lénine* depuis 1902-1903, il joua un rôle important dans l'organisation du parti bolchevique (communiste) après la révolution* de 1905. Exilé avec Lénine jusqu'en avril 1917, il aurait souhaité, comme Kamenev*, un gouvernement de coalition avec les mencheviks* et les socialistes-révolutionnaires* et fut ainsi hostile à l'insurrection armée décidée par Lénine en octobre 1917. Membre du bureau politique du parti (1917-1926), il dirigea le comité exécutif de la Troisième Internationale* (communiste) de 1919 à 1926. Il fit partie, avec Trotski* et Kamenev, de la « troïka des purs », partisan de l'abandon de la NEP* et défenseur de la thèse de la révolution mondiale. Après avoir contribué à l'éviction de Trotski puis s'en être rapproché (1926), il fut exclu du parti en 1934, accusé de complicité dans l'assassinat de Kirov*. Jugé lors des procès de Moscou* (1936-1938), il fut condamné à mort et exécuté. Il a été réhabilité en 1988 par Mikhaïl Gorbatchev*.

ZOLA, Émile (Paris, 1840-*id.*, 1902). Écrivain français. Il fut le chef de file des écrivains naturalistes et laissa une œuvre colossale, l'histoire des *Rougon-Macquart*. Tôt orphelin de son père d'origine italienne, Zola vécut une grande partie de sa jeunesse à Aix-en-Provence où il connut Paul Cézanne*. Après des études secondaires à Paris, il pratiqua différents métiers, fut employé à la Librairie Hachette et débuta dans le journalisme littéraire et politique (1862-1866). D'abord fervent défenseur du romantisme* et critique d'art (*Édouard Manet*, 1867), il s'orienta vers le naturalisme, fortement influencé par les théories de Claude Bernard (*Introduction à l'étude de la médecine expérimentale*), qu'il définit d'abord dans la préface de *Thérèse Raquin* (1867) et plus complètement dans *Le Roman expérimental* (1880). Décidé à fonder la vérité du roman sur l'observation scrupuleuse de la réalité et sur l'expérimentation, il entreprit, entre

1871 et 1893, sa grande œuvre cyclique, *Les Rougon-Macquart, histoire naturelle et sociale d'une famille sous le Second Empire*, qu'il fit paraître en 20 volumes, enquêtant sur le terrain et s'appuyant sur des théories scientifiques (par exemple, les lois de l'hérédité) afin d'imaginer et d'expliquer les comportements de ses personnages (*La Fortune des Rougon*, 1871 ; *La Faute de l'abbé Mouret*, 1875 ; *L'Assommoir*, 1877 ; *Nana*, 1880 ; *Pot-Bouille*, 1882 ; *Au Bonheur des dames*, 1883 ; *Germinal*, 1885 ; *L'Œuvre*, 1886 ; *La Terre*, 1887). Converti aux idées socialistes puis, évoluant vers une vision messianique de l'avenir humain (*Les Quatre Évangiles*, 1899-1903), Zola, en pleine gloire, dénonça les irrégularités du procès de Dreyfus* en faisant paraître dans *L'Aurore*, le journal où Georges Clemenceau* était journaliste, sa célèbre lettre « J'accuse » adressée à Félix Faure* (janvier 1898). Poursuivi en justice et condamné, il se réfugia en Angleterre jusqu'au second procès Dreyfus (1899). Mort en 1902 d'asphyxie, ses obsèques eurent lieu au milieu d'une foule immense. En 1908, ses cendres étaient déposées au Panthéon.

ZOLLVEREIN (DEUTSCHER), ou Union douanière allemande. Elle engloba, sous la conduite de la Prusse*, l'ensemble des États allemands de 1834 à 1871. Le *Zollverein*, qui groupait, dès 1842, 25 États, fit l'union douanière mais aussi économique de l'Allemagne (en particulier par l'unification des chemins de fer). Le *Zollverein* permit à l'Allemagne de se hisser au rang de grande puissance industrielle et contribua à l'unification politique. Voir Bismark (Otto von).

ZOROASTRE (v. 660-583 av. J.-C.). Prophète et réformateur religieux de la Perse qui vécut probablement à l'époque des Achéménides* (vi^e-ive siècle av. J.-C.). Son enseignement reposait sur l'opposition entre le dieu du Bien, Ahura-Mazda* et le dieu du Mal, Ahriman (ou Ahra Mai-

nyu). L'homme, par la pureté de sa vie, de ses pensées, de ses paroles et de ses actes, devait se détourner des puissances du Mal et mériter ainsi le bonheur après la mort. Cette religion dualiste, appelée aussi mazdéisme, fut la religion officielle de l'Empire perse des Arsacides* et des Sassanides* avant qu'il fût islamisé par la conquête arabe. Aujourd'hui, les Parsis en Inde – chassés par les musulmans* au viiie siècle –, et les Guèbres – restés en Iran malgré les persécutions arabes – sont zoroastriens. Leur livre sacré est l'*Avesta*. Ils rejettent la réincarnation et l'incinération des cadavres – péché majeur comme violation de la pureté des éléments – qu'ils exposent sur les tours du Silence pour être dévorés par les vautours. Le personnage de Zoroastre influença au xixe siècle le philosophe allemand Nietzsche* dans son livre, *Ainsi parlait Zarathoustra*. Voir Mazdéisme, Mithra, Perses.

ZOUAVES. Nom donné aux soldats d'un corps d'infanterie français créé en Algérie en 1830 et dissous en 1962, et également à un corps de gardes pontificaux.

ZOULOUS ou **ZULUS.** Population bantoue d'Afrique du Sud installée sur la côte orientale du Natal*. L'empire des Zoulous, organisé militairement sous la direction de Chaka (1818-1828), fut détruit, malgré une résistance opiniâtre, par les Boers* (1837) et les Britanniques (1879). En 1887, ces derniers imposèrent leur protectorat au Zoulouland puis le rattachèrent au Natal* et au Transvaal* (1897). Les Zoulous, aujourd'hui (environ 4 millions) vivent dans les bantoustans* de la République d'Afrique du Sud. Ils travaillent dans les plantations du Natal et forment une partie du prolétariat des grandes villes. Voir Union Sud-africaine.

ZURICH (Paix de, 10 novembre 1859). Nom donné aux traités signés à Zurich (Suisse) entre la France, l'Autriche et le royaume de Sardaigne, et qui mettaient fin à la campagne d'Italie* de 1859. L'Autriche vaincue cédait la Lombardie* au Royaume de Piémont-Sardaigne mais conservait la Vénétie, à la grande déception des Italiens. L'empereur Napoléon III* n'avait pas tenu sa promesse de rendre l'Italie « libre jusqu'à l'Adriatique ». Voir Cavour (Camillo Benso, comte de), Villafranca (Préliminaires de).

ZWINGLI, Ulrich ou **Huldrych** (Wildhaus, 1484-Kappel, 1531). Humaniste et réformateur religieux suisse. Après de solides études à Vienne et à Bâle où il reçut une formation d'humaniste et fut en relation avec Érasme*, Zwingli fut nommé curé de Glaris mais, pacifiste, dut quitter sa cure pour ses sermons contre le mercenariat. Chapelain à l'abbaye d'Einsiedeln puis prédicateur à la collégiale de Zurich, il poursuivit ses attaques contre la corruption de l'Église catholique* et l'autorité pontificale et glissa progressivement vers la Réforme* (1519). Il publia en 1523 son *Commentaire des 67 thèses* – reconnaissance de la Bible* comme seul fondement de la foi et rejet de l'autorité pontificale – auquel s'ajouta un traité *De la vraie et fausse religion* (1525), qui s'opposait sur certains points à la doctrine de Luther*, Zwingli ne voyant par exemple dans le baptême* et l'Eucharistie* que des cérémonies symboliques alors que Luther* les considérait comme des sacrements*. Gagnée à la réforme zwinglienne, la ville de Zurich fit séculariser les couvents, supprima la messe, les processions et les pèlerinages, et retira des riches églises images et statues. Souhaitant l'association étroite entre l'État et la nouvelle Église (doctrine théocratique), Zwingli voulut imposer la Réforme à l'ensemble de la Suisse et entreprit deux campagnes contre les cantons catholiques alliés à Ferdinand Ier de Habsbourg. Il trouva la mort lors de la bataille de Kappel où les Zurichois furent vaincus. Cette défaite devait fixer la frontière confessionnelle de la Suisse pour plus de trois siècles. Voir Bucer (Martin), Calvin (Jean).

LIVRES D'HISTOIRE
PUBLIÉS
PAR LA LIBRAIRIE
ARTHÈME FAYARD
(*extrait du catalogue*)

AGULHON, Maurice, *Pénitents et francs-maçons dans l'ancienne Provence.*

ALATRI, Paolo, *Gabriele D'Annunzio.* Traduit de l'italien par Alain Sarrabayrouse.

ALGAZY, Joseph, *La tentation néo-fasciste en France de 1944 à 1965.*

ANDRE, Jean-Marie, et BASLEZ, Marie-Françoise, *Voyager dans l'Antiquité.*

ANDREW, Christopher et GORDIEVSKY, Oleg, *Le KGB dans le monde (1917-1990).* Traduit de l'anglais par Ania Ciechanowska, Herbert Draï, Patrick Michel, Francine Siéty.

ANTOINE, Michel, *Louis XV.*

ANTONETTI, Guy, *Louis-Philippe.*

AOULI, Smaïl, REDJALA, Ramdane et ZOUMMEROFF, Philippe, *Abd el-Kader.*

ARDANT, Gabriel, *Histoire de l'impôt.* T. I : *De l'Antiquité au XVIIᵉ siècle* ; t. II : *Du XVIIIᵉ au XXᵉ siècle.*

ARON, Jean-Paul (sous la direction de), *Misérable et glorieuse, la femme au XIXᵉ siècle.*

ARON, Raymond, *La révolution introuvable. Réflexions sur les événements de Mai.*

ARON, Robert, *Histoire de l'épuration.* T. I : *De l'indulgence aux massacres (novembre 1942-septembre 1944).* T. II : *Des prisons clandestines aux tribunaux d'exception (septembre 1944-juin 1949).* T. III, *1ʳᵉ partie : Le monde des affaires (1944-1953).* T. III, 2ᵉ partie : *Le monde de la presse, des arts, des lettres... (1944-1953).*

ARONSON, Nicole, *Mademoiselle de Scudéry, ou le Voyage au Pays du Tendre. – Madame de Rambouillet ou la magicienne de la Chambre bleue.*

ASHLEY, Maurice, *Le Grand Siècle. L'Europe de 1598 à 1715.* Traduit de l'anglais par Claire Poole.

ATTALI, Jacques, *Histoire du temps. – Un homme d'influence. Sir Siegmund G. Warburg (1902-1982). Au propre et au figuré. Une histoire de la propriété. – 1492. – Verbatim. Chronique des années 1981-1986.*

AUBÉ, Pierre, *Godefroy de Bouillon. – Thomas Becket.*

AUBERT, C., CHEVRIER, Y., CHANG-MING, H., DOMENACH, J.-L. Lew, R. et ZAFANOLLI, W., *La société chinoise après Mao. Entre autorité et modernité.*

AUDIN, Amable, *Lyon, miroir de Rome.*

AUTIN, Jean, *L'impératrice Eugénie ou l'empire d'une femme.*

AUTRAND, Françoise, *Charles V. – Charles VI.*

AZÉMA, Jean-Pierre et BÉDARIDA, François (sous la direction de), *Le régime de Vichy et les Français.*

BABELON, Jean-Pierre, *Henri IV.*

BADINTER, Élisabeth et Robert, *Condorcet. Un intellectuel en politique.*

BALDWIN, John, *Philippe Auguste.* Préface de Jacques Le Goff. Traduit de l'anglais par Béatrice Bonne.

BARBEY, Jean, *Être roi. Le roi et son gouvernement en France de Clovis à Louis XVI.*

BASLEZ, Marie-Françoise, *Saint Paul.*

BARDET, Jean-Pierre, BOURDELAIS, Patrice, GUILLAUME, Pierre, LEBRUN, François et QUÉTEL, Claude (sous la direction de), *Peurs et terreurs face à la contagion.*

BARTHÉLEMY, Dominique, *La société dans le comté de Vendôme, de l'an mil au XIVᵉ siècle.*

BAR-ZOHAR, Michel, *Histoire secrète de la guerre des Six-Jours ; – Ben Gourion.* Traduit de l'anglais par Claude Dovaz.

BECHTEL, Guy, *Gutenberg.*

BÉDARIDA, François, *Will Thorne. La voie anglaise du socialisme.*

BÉDARIDA, François et RIOUX, Jean-Pierre (sous la direction de), *Pierre Mendès France et le mendésisme*.

BEECHER, Jonathan, *Fourier*. Traduit de l'américain par Pierre-Yves Pétillon et Hélène Perrin.

BÉHAR, Henri et CARASSOU, Michel, *Dada. Histoire d'une subersion*.

BÉLY, Lucien, *Espions et ambassadeurs au temps de Louis XIV*.

BENNIGSEN, Alexandre et LEMERCIER-QUELQUEJAY, Chantal, *Sultan Galiev. Le père de la révolution tiers-mondiste*.

BERCÉ, Yves-Marie, *Le roi caché. Sauveurs et imposteurs. Mythes politiques populaires dans l'Europe moderne*.

BÉRENGER, Jean, *Turenne. – Histoire de l'empire des Habsbourg (1273-1918)*.

BERGÈRE, Marie-Claire, *Sun Yat-sen*.

BERGÈRE, Marie-Claire, BIANCO, Lucien et DOMES, Jürgen (sous la direction de), *La Chine au XXᵉ siècle. T. I : D'une révolution à l'autre (1895-1949)*. T. II : *La Chine populaire depuis 1949*.

BERGIER, Jean-François, *Guillaume Tell*.

BERGOUNIOUX, Alain et GRUNBERG, Gérard, *Le long remords du pouvoir. Le Parti socialiste français (1905-1992)*.

BERNAND, André, *Sorciers grecs. – Leçon de civilisation*.

BERNAND, Carmen et GRUZINSKI, Serge, *Histoire du nouveau monde*. T. I : *De la découverte à la conquête*. T. II : *Les métissages*.

BERNARD, Jean-Alphonse, *L'Inde. Le pouvoir et la puissance*.

BERTIER DE SAUVIGNY, Guillaume de, *Metternich*.

BETHENCOURT, Francisco, *Les inquisitions modernes en Espagne, au Portugal et en Italie, 1478-1834*.

BIRNBAUM, *Un mythe politique : la « République juive », de Léon Blum à Pierre Mendès France. – Les fous de la République. Histoire politique des juifs d'État, de Gambetta à Vichy*.

BLANC, Pierre-Louis, *De Gaulle au soir de sa vie*.

BLED, Jean-Paul, *François-Joseph. – Rodolphe et Mayerling – Les Lys en exil ou la seconde mort de l'Ancien Régime*.

BLOCH-LAINÉ, François et BOUVIER, Jean (présentés et annotés par), *La France restaurée (1944-1954). Dialogues sur les choix d'une modernisation*.

BLOMAC, Nicole de, *La gloire et le jeu. Des hommes et des chevaux 1766-1866*.

BLUCHE, François, *Louis XIV. – (sous la direction de), Dictionnaire du Grand Siècle (1589-1715)*.

BLUCHE, Frédéric et RIALS, Stéphane (sous la direction de), *Les révolutions françaises*.

BOEGNER, Philippe (présentés et annotés par), *Carnets du pasteur Boegner (1940-1945)*.

BOIS, Guy, *La mutation de l'an mil. Lournand, village mâconnais de l'Antiquité au féodalisme*.

BOIS, Jean-Pierre, *Les vieux. De Montaigne aux premières retraites. – Maurice de Saxe*.

BONNAUD, Robert, *Le système de l'histoire*.

BONNECARRÈRE, Paul, *Par le sang versé. La légion étrangère en Indochine. – Qui ose vaincra. Les parachutistes de la France libre. – La guerre cruelle. Légionnaire en Algérie*.

BOÜARD, Michel de, *Guillaume le Conquérant*.

BOUCHE, Denise, *Histoire de la colonisation française*. T. II : *Flux et reflux (1815-1962)*.

BOWRA, Cecil Maurice, *L'expérience grecque*. Traduit de l'anglais par Georges et Françoise Chevassus.

BREDIN, Jean-Denis, *L'Affaire*.

BRENNER, Jacques, *Histoire de la littérature française de 1940 à nos jours*.

BRISSON, Jean-Paul, *Carthage ou Rome*.

BROSSOLLET, Jacqueline et MOLLARET, Henri, *Alexandre Yersin ou le vainqueur de la peste*.

BROSZAT, Martin, *L'État hitlérien. L'origine et l'évolution des structures du Troisième Reich*. Traduit de l'allemand par Pierre Moreau.

BROUÉ, Pierre, *Trotsky. – Staline et la Révolution. Le cas espagnol*.

BRUNEL, Georges, *Tiepolo*.

BRUNTERC'H, Jean-Pierre, *Archives de la France* (sous la direction de Jean Favier). T. I : *Le Moyen Âge (Vᵉ-XIᵉ siècle)*.

BUFFET, Cyril, *Berlin*.

CABANTOUS, Alain, *Le ciel dans la mer. Christianisme et civilisation maritime (XVIᵉ-XIXᵉ siècle). – Les côtes barbares. Pilleurs d'épaves et sociétés littorales en France, 1680-1830*.

CABOURDIN, Guy, *Quand Stanislas régnait en Lorraine.*
CALLEBAT, Louis, *Pierre de Coubertin.*
CANAVAGGIO, Jean, *Cervantès.* – (sous la direction de), *Histoire de la littérature espagnole.*
T. I : *Moyen Âge. XVIᵉ siècle. XVIIᵉ siècle.*
CARLIER, Pierre, *Démosthène.*
CARMEL, Hesi et DEROGY, Jacques, *Bonaparte en Terre sainte.* – *Le siècle d'Israël. Les secrets d'une épopée (1895-1995).*
CARMONA, Michel, *Marie de Médicis.* – *Richelieu. L'ambition et le pouvoir.* – *La France de Richelieu.* – *Les diables de Loudun. Sorcellerie et politique sous Richelieu.*
CAROLI, Flavio et ZUFFI, Stephano, *Titien.* Traduit de l'italien par Béatrice Vierne.
CARON, François, *La France des patriotes (1851-1918).* T. V de l'*Histoire de France* (sous la direction de Jean Favier).
CARRÉ, Olivier, *Le nationalisme arabe.*
CARRÈRE D'ENCAUSSE, Hélène, *Le malheur russe. Essai sur le meurtre politique.* – *La gloire des nations ou la fin de l'Empire soviétique.*
CASSIRER, Ernst, *La philosophie des Lumières.* Traduit de l'allemand et présenté par Pierre Quillet.
CASTELLAN, Georges, *Histoire des Balkans, XIVᵉ-XXᵉ siècle.* – *Histoire des peuples d'Europe centrale.*
CAYEUX, Jean de (avec la collaboration de Catherine Boulot), *Hubert Robert.*
CHADEAU, Emmanuel, *De Blériot à Dassault. L'industrie aéronautique française (1900-1950).*
CHADWICK, Nora K. et DILLON, Myles, *Les royaumes celtiques.* Éd. augmentée de *La Gaule dans le monde celtique* par J. Guyonvarc'h et François Le Roux. Traduit de l'anglais par J. Guyonvarc'h.
CHALIAND, Gérard et RAGEAU, Jean-Pierre, *Atlas de la découverte du monde.*
CHANDERNAGOR, André, *Les maires en France, XIXᵉ-XXᵉ siècle.*
CHARLE, Christophe, *Les élites de la République (1880-1900).*
CHARLOT, Jean, *Le gaullisme d'opposition (1946-1958). Histoire politique du gaullisme.* Préface de Georgette Elgey.
CHARTIER, Roger (sous la direction de), *La correspondance. Les usages de la lettre au XIXᵉ siècle.*
CHARTIER, Roger et MARTIN, Henri-Jean (sous la direction de), *Histoire de l'édition française.*
T. I : *Le livre conquérant. Du Moyen Âge au milieu du XVIIIᵉ siècle.* T. II : *Le livre triomphant (1660-1830).* T. III : *Le temps des éditeurs (1830-1900).* T. IV : *Le livre concurrencé (1900-1950).*
CHASTEL, André, *Louis d'Aragon. Un voyageur princier de la Renaissance.*
CHAUNU, Pierre, *Le temps des réformes. La crise de la chrétienté, l'éclatement (1250-1550).* – *La mort à Paris (XVIᵉ, XVIIᵉ, XVIIIᵉ siècle).*
CHÉLINI, Jean, *L'Église sous Pie XII.* T. I : *1939-1945.* T. II : *L'après-guerre, 1945-1958.*
CHEVALIER, Louis, *Histoires de la nuit parisienne (1940-1960).* – *Les relais de mer. Un village de la côte vendéenne de la veille de la guerre de 14 aux lendemains de la Deuxième Guerre mondiale.*
CHEVALLIER, Pierre, *Histoire de la franc-maçonnerie française.* T. I : *La maçonnerie, école de l'égalité (1725-1789).* T. II : *La maçonnerie, missionnaire du libéralisme (1800-1877).* T. III : *La maçonnerie, Église de la République (1877-1944).* – *Henri III.* – *Louis XIII.*
CHUVIN, Pierre, *Chronique des derniers païens.* – *La mythologie grecque. Du premier homme à l'apothéose d'Héraclès.*
CIZEK, Eugen, *Néron.* – *Mentalités et institutions politiques de la Rome antique.*
CLARK, Ronald W., *Benjamin Franklin.* Traduit de l'anglais par Éric Diacon.
CLOT, André, *Haroun al-Rachid et le temps des Mille et Une Nuits.* – *Soliman le Magnifique.*
CLOULAS, Annie, *Greco.*
CLOULAS, Ivan, *Catherine de Médicis.* – *Laurent le Magnifique.* – *Henri II.* – *Les Borgia.* – (sous la direction de), *L'Italie de la Renaissance. Un monde en mutation (1378-1495).* – *Jules II.* – *Philippe II.* – *Savonarole.*
COINTET, Jean-Paul, *Pierre Laval.*
COMTE, Bernard, *Une utopie combattante. L'école des cadres d'Uriage, 1940-1942.*
CONAN, Éric et ROUSSO, Henry, *Vichy, un passé qui ne passe pas.*
CONDORCET et Mme SUARD, *Correspondance inédite.* Présentée et annotée par Élisabeth Badinter.

COPPENS, Yves, *Le singe, l'Afrique et l'homme.*

COQUARD, Olivier, *Marat.*

CORVISIER, André, *Louvois.*

CORVOL, Andrée, *L'homme au bois. Histoire des relations de l'homme et de la forêt, XVIIᵉ-XXᵉ siècle.*

COTTRET, Bernard, *Cromwell.*

COURBAGE, Youssef et FARGUES, Philippe, *Chrétiens et Juifs dans l'Islam arabe et turc.*

COURRIÈRE, Yves, *La guerre d'Algérie.* T. I : *Les fils de la Toussaint.* Préface de Joseph Kessel. T. II : *Le temps des léopards.* T. III : *L'heure des colonels.* T. IV : *Les feux du désespoir.*

COURTOIS, Stéphane, PESCHANSKI, Denis et RAYSKI, Adam, *Le sang de l'étranger. Les immigrés de la MOI dans la Résistance.*

COUTAU-BÉGARIE, Hervé et HUAN, Claude, *Darlan.*

CRÉTÉ, Liliane, *Coligny.*

CROUZET, Denis, *La nuit de la Saint-Barthélemy.*

CROUZET, François, *La grande inflation.*

DAIX, Pierre, *La vie de peintre d'Édouard Manet.*

DALAÏ-LAMA, *Au loin la liberté. Mémoires.* Traduit de l'anglais par Éric Diacon.

DANIÉLOU, Alain, *Histoire de l'Inde.*

DANIEL-ROPS, *Histoire sainte. Le peuple de la Bible.*

DARRAGON, Éric, *Manet.*

DAVID, Claude, *Franz Kafka.*

DAVIES, Norman, *Histoire de la Pologne.* Traduit de l'américain par Denise Meunier.

DÉJEAN, Jean-Luc, *Marguerite de Navarre. – Les comtes de Toulouse (1050-1250). – Clément Marot.*

DELARUE, Jacques, *Histoire de la Gestapo. – Trafics et crimes sous l'Occupation. – L'OAS contre de Gaulle.*

DELPERRIÉ DE BAYAC, Jacques, *Les Brigades internationales. – Histoire du Front populaire. – La guerre des ombres. – Histoire de la Milice.*

DELUMEAU, Jean, *La peur en Occident. – Un chemin d'histoire. Chrétienté et christianisation. – Le péché et la peur. La culpabilisation en Occident (XIIIᵉ-XVIIIᵉ siècle). – Rassurer et protéger. Le sentiment de sécurité dans l'Occident d'autrefois. – L'aveu et le pardon. Les difficultés de la confession (XIIIᵉ-XVIIIᵉ siècle). – Une histoire du paradis. Le jardin des délices.*

DEMERSON, Guy, *François Rabelais.*

DEROGY, Jacques, *La loi du retour. La secrète et véritable histoire de l'Exodus. – Opération Némésis. Les vengeurs arméniens.*

DESANTI, Dominique, *Les staliniens. Une expérience politique (1944-1956).*

DESGRAVES, Louis, *Montesquieu.*

DESSERT, Daniel, *Argent, pouvoir et société au Grand Siècle. – Fouquet.*

DEVIOSSE, Jean, *Jean le Bon.*

DJILAS, Milovan, *Tito, mon ami, mon ennemi.* Traduit de l'allemand par C. Lecoanet, R. Teman et M.-F. Thivot.

DOMENACH, Jean-Luc, *Chine, l'archipel oublié.*

DOTTI, Ugo, *Pétrarque.* Traduit de l'italien par Jérôme Nicolas.

DOYON, Jacques, *Les soldats blancs de Hô Chi Minh.*

DREYFUS, Paul, *Histoires extraordinaires de la Résistance. – Jean XXIII. – Histoires extraordinaires de la Résistance en Europe.*

DUBCEK, Alexandre, *C'est l'espoir qui meurt en dernier. Autobiographie.* Éditée par Jiri Hochman et traduite de l'anglais par Denise Meunier.

DUBY, Georges, *Guillaume le Maréchal ou le meilleur chevalier du monde.*

DUCHEIN, Michel, *Marie Stuart. – Élisabeth Iʳᵉ d'Angleterre. Le pouvoir et la séduction.*

DUCHÊNE, Jacqueline, *Françoise de Grignan ou le mal d'amour. – Bussy-Rabutin.*

DUCHÊNE, Roger, *Madame de Sévigné ou la chance d'être femme. – Ninon de Lenclos. La courtisane du siècle. – Histoire de Provence-Alpes-Côte d'Azur. – Madame de La Fayette. – Jean de La Fontaine.*

DUMONT, Georges-Henri, *Marie de Bourgogne. – (avec la collaboration de Myriam Dauven), Élisabeth de Belgique ou les défis d'une reine. – Léopold II.*

DUPÂQUIER, Jacques et KESSLER, Denis, *La société française au XIXᵉ siècle. Tradition, transition, transformations.*

DUQUESNE, Jacques, *Saint Éloi.*

Du Réau, Élisabeth, *Édouard Daladier (1884-1970)*.

Duroselle, Jean-Baptiste, *Clemenceau*.

Eisenmann, Robert et Wise, Michael, *Les manuscrits de la mer Morte révélés*. Traduit de l'américain par J.-Chr. Attias.

Elgey, Georgette, *Histoire de la IVᵉ République*. T. I : *La République des illusions (1945-1951)*. T. II : *La République des contradictions (1951-1954)*. T. III : *La République des tourmentes (1954-1959)*.

Elisseeff, Danielle, *Hideyoshi, bâtisseur du Japon moderne*.

Elleinstein, Jean, *Marx. Sa vie, son œuvre*.

Enden, Michel de, *Raspoutine*.

Erlande-Brandenburg, Alain, *La cathédrale*.

Etkind, E., Nivat, G., Serman, I. et Strada, V., *Histoire de la littérature russe, des origines aux Lumières. – Le xxᵉ siècle*. T. I : *L'âge d'argent*. T. II : *La révolution et les années vingt*. T. III : *Gels et dégels*.

Faure, Paul, *Ulysse le Crétois. – Alexandre. – Parfums et aromates dans l'Antiquité*.

Fauvet, Jacques (en collaboration avec Alain Duhamel), *Histoire du Parti communiste français (1920-1976)*.

Favier, Jean, *François Villon. – Philippe le Bel. – La France médiévale. – Le temps des principautés. De l'an mil à 1515*. (t. II. *De l'histoire de France* sous la direction de Jean Favier). *– De l'or et des épices. Naissance de l'homme d'affaires au Moyen Âge. – Dictionnaire de la France médiévale. – Les grandes découvertes, d'Alexandre à Magellan*.

Ferro, Marc, *Pétain*.

Fiechter, Jean-Jacques, *Un diplomate sous la Terreur. Les années européennes de Gouverneur Morris (1789-1798)*.

Fine, Agnès, *Parrains et marraines. La parenté spirituelle en Europe*.

Fogel, Michèle, *Les cérémonies de l'information dans la France du xvIᵉ au xvIIIᵉ siècle*.

Fontaine, André, *Histoire de la guerre froide*. T. I : *De la révolution d'Octobre à la guerre de Corée (1917-1950)*. T. II : *De la guerre de Corée à la crise des alliances (1950-1971). – La Guerre civile froide. – Le dernier quart du siècle. – La France au bois dormant. – Un seul lit pour deux rêves. Histoire de la détente (1962-1981). – L'un sans l'autre*.

Foucher, Michel, *Fronts et frontières. Un tour du monde géopolitique. –* (sous la direction de), *Fragments d'Europe. Atlas de l'Europe médiane et orientale*.

Fourastié, Jean, *Les Trente Glorieuses ou la révolution invisible de 1946 à 1975*.

Fourastié, Jacqueline et Jean, *D'une France à une autre. Avant et après les Trente Glorieuses*.

Frain, Irène, *Quand les Bretons peuplaient les mers*.

Frémontier, Jacques, *La forteresse ouvrière : Renault*.

Fridenson, Patrick et Strauss, André (sous la direction de), *Le capitalisme français (xIXᵉ-xxᵉ siècle). Blocages et dynamismes d'une croissance*.

Frossard, André, *La maison des otages. Montluc 1944*.

Furet, François et Richet, Denis, *La Révolution française*.

Gaillard, Jean-Michel, *Jules Ferry*.

Gall, Lothar, *Bismarck*. Traduit de l'allemand par J.-M. Gaillard-Paquet et O. Demange.

Gallet, Danielle, *Madame de Pompadour ou le pouvoir féminin*.

Gallo, Max, *Garibaldi*.

Gallois, Pierre, *La guerre de cent secondes. Les États-Unis, l'Europe et la guerre des étoiles*.

Janier-Raymond, Philippe, *L'affiche rouge*.

Garde, Paul, *Vie et mort de la Yougoslavie*.

Garin, Eugenio, *L'éducation de l'homme moderne (1400-1600)*. Traduit de l'italien par Jacqueline Humbert.

Garrisson, Janine, *Les protestants au xvIᵉ siècle. – Marguerite de Valois*.

Gaxotte, Pierre, *La Révolution française*.

Gélis, Jacques, *L'arbre et le fruit. La naissance dans l'Occident moderne (xvIᵉ-xIXᵉ siècle). – La sage-femme et le médecin. Une nouvelle conception de la vie*.

Giblin-Delvallet, Béatrice, *La région, territoires politiques. Le Nord Pas-de-Calais*.

Girard, Louis, *Napoléon III*.

Girard, Roger, *Quand les Auvergnats partaient conquérir Paris. – Journal d'un Auvergnat de Paris. Les fondations (1882-1907)*.

Giroud, Françoise, *Une femme honorable, Marie Curie*.

GJIDARA, Marc, GRMEK, Mirko et SIMAC, Neven (présenté, annoté et traduit par), *Le nettoyage ethnique. Documents historiques sur une idéologie serbe.*

GODECHOT, Jacques, *Le comte d'Antraigues. Un espion dans l'Europe des émigrés.*

GOLDMANN, Nahum, *Autobiographie.* Traduit de l'allemand par Michel Dernet.

GOLDSCHMIDT, Bertrand. *Le complexe atomique. Histoire politique de l'énergie nucléaire.*

GOODRICH, Norma Lorre, *Le roi Arthur.* Traduit de l'anglais par Geneviève Grimal.

GOUBERT, Pierre, *Mazarin. – Louis XIV et vingt millions de Français.*

GOUROU, Pierre, *Riz et civilisation.*

GRAULICH, Michel, *Montezuma.*

GRAVES, Robert, *Les mythes grecs.* Traduit de l'anglais par Mounir Hafez.

GRAVES, Robert et PATAÏ, Raphaël, *Les mythes hébreux. Le livre de la Genèse.* Traduit de l'anglais par Jean-Paul Landais.

GREEN, Nancy, *Les travailleurs immigrés juifs à la Belle Époque. Le « Pletzl » de Paris.* Traduit de l'anglais par Michel Courtois-Fourcy.

GREGG, Pauline, *Charles Ier*. Traduit de l'anglais par Philippe Delamare.

GREILSAMER, Laurent et SCHNEIDERMANN, Daniel, *Un certain monsieur Paul. L'affaire Touvier.*

GRÉMION, Catherine et LEVILLAIN, Philipppe, *Les lieutenants de Dieu. Les évêques de France et la République.*

GRIMAL, Nicolas, *Histoire de l'Égypte ancienne.*

GRIMAL, Pierre, *Les jardins romains. – Cicéron. – Tacite. – Sénèque. La conscience de l'Empire. – Marc Aurèle.*

GROSSER, Alfred, *Dix leçons sur le nazisme. – L'Allemagne en Occident. La République fédérale quarante ans après.*

GRUNFELD, Frederic V., *Rodin.* Traduit de l'américain par Denise Meunier.

GRUZINSKI, Serge, *La guerre des images, de Christophe Colomb à « Blade Runner » (1492-2019). –* avec C. BERNAND, *Histoire du Nouveau Monde,* T. I : *De la découverte à la conquête,* T. II : *Les métissages.*

GUERDAN, René, *La Sérénissime. Histoire de la République de Venise.*

GUIRAL, Pierre, *Adolphe Thiers.*

GUISNEL, Jean, *Charles Hernu ou la République au cœur.*

GUYOTJEANNIN, Olivier, *Archives de l'Occident (sous la direction de Jean Favier).* T. I : *Le Moyen Âge (V^e-XVe siècle).*

HADAS-LEBEL, Mireille, *Flavius Josèphe. Le Juif de Rome.*

HADOT, Pierre, *La citadelle intérieure. Introduction aux Pensées de Marc Aurèle.*

HALKIN, Léon, *Érasme.*

HAMANN, Brigitte, *Élisabeth d'Autriche.* Traduit de l'allemand par Jean-Baptiste Grasset.

HAMOUMOU, Mohand, *Et ils sont devenus harkis.* Préface de Dominique Schnapper.

HANOVRE, Sophie de, *Mémoires et lettres de voyage.* Présentés et annotés par Dirk Van der Cruysse.

HARMAND, Jacques, *Vercingétorix.*

HARDY, René, *Derniers Mots. Mémoires.*

HARSGOR, Michael, *Un très petit nombre. Des oligarchies dans l'histoire de l'Occident.*

HAZARD, Paul, *La crise de la conscience européenne (1680-1715). – La pensée européenne au XVIIIe siècle. De Montesquieu à Lessing.*

HEERS, Jacques, *Esclaves et domestiques au Moyen Âge dans le monde méditerranéen. – Fêtes des fous et carnavals. – Marco Polo. – Machiavel. – La ville au Moyen Âge.*

HENRI IV, *Lettres d'amour et écrits politiques.* Présentés et annotés par Jean-Pierre Babelon.

HERM, Gerhard, *Les Phéniciens. L'antique royaume de la pourpre.* Traduit de l'allemand par Denise Meunier.

HERMET, Guy, *Le désenchantement de la liberté. La sortie des dictatures dans les années 90.*

HÉROARD, Jean, médecin de Louis XIII, *Journal* sous la direction de Madeleine Foisil. Préface de Pierre Chaunu.

HILBERG, Raul, *La destruction des Juifs d'Europe.* Traduit de l'américain par Marie-France de Paloméra et André Charpentier.

HILLEL, Marc (en collaboration avec Clarissa Henry), *Au nom de la race.*

HINARD, François, *Sylla.*

HIRSCHMAN, Albert O., *Deux siècles de rhétorique réactionnaire. Effets pervers, inanité et inopérance.* Traduit de l'anglais par Pierre Andler.

HOÀNG, Michel, *Gengis Khan.*

HOBSBAWM, Eric J., *Les primitifs de la révolte dans l'Europe moderne.* Traduit de l'anglais par Réginald Laars. Présentation de Jacques Le Goff. – *L'ère des révolutions (1789-1848).* Traduit de l'anglais par F. Braudel et J.-C. Pineau. – *L'ère du capital (1848-1875).* Traduit de l'anglais par Éric Diacon. – *L'ère des empires (1875-1914).* Traduit de l'anglais par Jacqueline Lahana et Jacqueline Carnaud.

HOLLIS, Christopher, *Histoire des jésuites.* Traduit de l'anglais par Claire Poole.

HOLMES, Richard, *Percy Bysshe Shelley.* Traduit de l'anglais par Robert Davreu.

HORST, Eberhard, *César.* Traduit de l'allemand par Denise Meunier.

HOWARD, Michael, *La guerre dans l'histoire de l'Occident.* Traduit de l'anglais par Didier Sénécal.

HYMAN, Paula, *De Dreyfus à Vichy. L'évolution de la communauté juive en France (1906-1939).* Traduit de l'anglais par Sabine Boulongne.

ISRAËL, Gérard, *Cyrus le Grand, fondateur de l'Empire perse.*

JACQUART, Jean, *Bayard. – François Ier.*

JAUME, Lucien, *Le discours jacobin et la démocratie.*

JEANNENEY, Jean-Noël, *L'argent caché. Milieux d'affaires et pouvoirs politiques dans la France du XXe siècle.*

JOUANNA, Arlette, *Le devoir de révolte. La noblesse française et la gestation de l'État moderne (1559-1661).*

JOUANNA, Jacques, *Hippocrate.*

JOUHAUD, Edmond, *La vie est un combat. Souvenirs (1924-1944).*

JOUVENEL, Bertrand de, *La civilisation de puissance.*

JUDT, Tony, *Un passé imparfait. Les intellectuels en France (1944-1956).* Traduit de l'anglais par Pierre-Emmanuel Dauzat.

KAPLAN, Steven, *Adieu 89.* Traduit de l'américain par André Charpentier et Remi Lambrecht.

KARL, Frederick R., *Joseph Conrad.* Traduit de l'anglais par Philippe Mikriammos.

KASPI, André, *Franklin Roosevelt.*

KATO, Shuichi, *Histoire de la littérature japonaise.* Traduit du japonais par E. Dale Saunders. T. I : *Des origines au théâtre No.* T. II : *L'isolement du XVIIe au XIXe siècle.* Préface d'Étiemble. T. III : *L'époque moderne.*

KAUFFER, Remi, *OAS. Histoire d'une organisation secrète.*

KELLER, Werner, *Les Étrusques.* Traduit de l'allemand par Guy Ballangé.

KENDALL, Paul Murray, *Louis XI.* Traduit de l'anglais par Éric Diacon. – *Richard III.* Traduit de l'anglais par Éric Diacon. – *Warwick, le faiseur de rois.* Traduit de l'anglais par Éric Diacon. – *L'Angleterre au temps de la guerre des Deux-Roses.* Traduit de l'anglais par Éric Diacon.

KIENER, Michel et PEYRONNET, Jean-Claude, *Quand Turgot régnait en Limousin.*

KISSINGER, Henry, *À la Maison-Blanche, 1968-1973.* Traduit de l'américain par l'Agence française de traduction.

KLARSFELD, Serge, *Vichy-Auschwitz. Le rôle de Vichy dans la solution finale de la question juive.* T. I : *1942.* T. II : *1943-1944.*

KLEIN, Charles, *Le diocèse des barbelés (1940-1944).* Préface de Mgr Jean Rodhain.

KLEINMAN, Ruth, *Anne d'Autriche.* Traduit de l'anglais par Ania Ciechanowska.

KORINMAN, Michel, *Quand l'Allemagne pensait le monde. Grandeur et décadence d'une géopolitique.*

KUHN, Thomas S., *La révolution copernicienne.* Traduit de l'anglais par Avram Hayli.

KURON, Jacek, *La foi et la faute. À la rencontre et hors du communisme.* Traduction de Jean-Yves Erhel.

LABAL, Paul et LAFONT, Robert, *Les Cathares en Occitanie.*

LABANDE-MAILFERT, Yvonne, *Charles VIII.*

LACHIVER, Marcel, *Vins, vignes et vignerons. Histoire du vignoble français.*

LACOSTE, Yves (sous la direction de), *Géopolitique des régions françaises.* T. I : *La France septentrionale.* T. II : *La façade occidentale.* T. III : *La France du Sud-Est.*

LACOUR-GAYET, Robert, *Histoire de l'Afrique du Sud. – Histoire de l'Australie. – Histoire du Canada.* Complété depuis 1967 par Claude Fohlen. – *Histoire des États-Unis.* T. I : *Des origines jusqu'à la fin de la guerre civile.* T. II : *De la fin de la guerre civile à Pearl Harbor.* T. III : *De Pearl Harbor à Kennedy.* T. IV : *L'Amérique contemporaine, de Kennedy à Reagan.*

LAGRÉE, Michel, *Religion et cultures en Bretagne (1850-1950)*.

LALOUETTE, Claire, *L'empire des Ramsès*. – *Thèbes ou la naissance d'un empire*. – *Au royaume d'Égypte*. *Le temps des rois-dieux*. – *L'art et la vie dans l'Égypte pharaonique*. *Peintures et sculptures*.

LAMBERT, Raymond-Raoul, *Carnet d'un témoin (1940-1943)*. Présenté et annoté par Richard Cohen.

LANCEL, Serge, *Carthage*.

LANGBEIN, Hermann, *Hommes et femmes à Auschwitz*. Traduit de l'allemand par Denise Meunier. – *La résistance dans les camps de concentration nationaux-socialistes (1938-1945)*. Traduit de l'allemand par Denise Meunier.

LANZMANN, Claude, *Shoah*. Préface de Simone de Beauvoir.

LAPLACE, Roselyne, *Mademoiselle George ou un demi-siècle de théâtre*.

LAURENT, Éric, *La corde pour les pendre*. *Relations entre milieux d'affaires occidentaux et régimes communistes de 1917 à nos jours*.

LAVAU, Georges, *A quoi sert le PCF ?*

LAZARD, Madeleine, *Michel de Montaigne*.

LECAT, Jean-Philippe, *Quand flamboyait la Toison d'or*.

LEGENDRE, Pierre, *Trésor historique de l'État en France*. *L'Administration classique*.

LEMAITRE, Nicole, *Saint Pie V*.

LEONTOVITCH, Victor, *Histoire du libéralisme en Russie*. Traduit de l'allemand par Ole Hansen-Love. Préface d'Alexandre Soljénitsyne.

LEPSIUS, Johannes (recueillies et présentées par), *Archives du génocide des Arméniens*. Préface d'Alfred Grosser.

LE RÉVÉREND, André, *Lyautey*.

LEROI-GOURHAN, André, *Le fil du temps*. *Ethnologie et préhistoire (1935-1970)*.

LEVER, Évelyne, *Louis XVI*. – *Louis XVIII*. – *Marie-Antoinette*.

LEVER, Maurice, *Le sceptre et la marotte*. *Histoire des fous de cour*. – *Donatien, Alphonse, François, marquis de Sade*. – *Les bûchers de Sodome*. – *Canards sanglants*. *Naissance du fait divers*.

LEVILLAIN, Philippe (sous la direction de), *Dictionnaire historique de la papauté*.

LEWIS, Bernard, *Sémites et antisémites*. Traduit de l'anglais par Jacqueline Carnaud et Jacqueline Lahana.

LICHTENTHAELER, Charles, *Histoire de la médecine*. Traduit de l'allemand par Denise Meunier.

LIDDELL HART, Sir Basil H., *Mémoires*. Traduit de l'anglais par Jean-Paul Constantin.

LOEW, Jacques et MESLIN, Michel, *Histoires de l'Église par elle-même*.

LOYRETTE, Henri, *Degas*.

MACEK, Joseph, *Histoire de la Bohême*. *Des origines à 1918*. Préface de Robert Mandrou.

MADARIAGA, Isabel de, *La Russie au temps de la Grande Catherine*. Traduit de l'anglais par Denise Meunier.

MAHÉ, Nathalie (textes inédits rassemblés par), *Possession et sorcellerie au XVIᵉ siècle*. – *Le mythe de Bacchus*.

MAITRON, Jean, *Paul Delesalle*. *Un anarchiste de la Belle Époque*.

MANAC'H, Étienne, *Mémoires d'Extrême Asie*. T. I : *La face cachée du monde*. T. II : *La Chine*. T. III : *Une terre traversée de puissances invisibles*. *Chine-Indochine (1972-1973)*.

MANDROU, Robert, *L'Europe absolutiste*. *Raison et raison d'État (1649-1775)*.

MANDRUZZATO, Enzo, *Foscolo*. Traduit de l'italien par Michel Orcel.

MANENT, Pierre, *Tocqueville et la nature de la démocratie*.

MANTRAN, Robert (sous la direction de), *Histoire de l'Empire ottoman*.

MARKOVITS, Claude (sous la direction de), *Histoire de l'Inde moderne (1480-1950)*.

MARTIN-FUGIER, Anne, *La vie élégante ou la formation du Tout-Paris (1815-1848)*.

MARX, Roland, *Histoire de l'Angleterre*.

MASSIE, Robert K., *Pierre le Grand*. Traduit de l'anglais par Denise Meunier.

MASSIN, Brigitte et Jean (sous la direction de), *Histoire de la musique occidentale*.

MAZEL, Jacques, *Socrate*.

MÉCHOULAN, Henry, *Le sang de l'Autre, ou l'honneur de Dieu*. *Indiens, Juifs et Morisques dans l'Espagne du Siècle d'or*.

MEHL, Jean-Michel, *Les jeux au royaume de France du XIIIᵉ au début du XVIᵉ siècle*.

MENDÈS FRANCE, Pierre, *Liberté, liberté chérie (1940-1942)*.

MÉNY, Yves, *La corruption de la République*.

MEULEAU, Marc, *Des pionniers en Extrême-Orient. Histoire de la Banque de l'Indochine.*
MEYER, Jean, *La France moderne (1515-1789).* T. III de l'*Histoire de France* sous la direction de Jean Favier.
MIALET, Jean, *Le déporté. La haine et le pardon.*
MICHAUD, Claude, *L'Église et l'argent sous l'Ancien Régime. Les receveurs généraux du clergé de France aux XVIᵉ-XVIIᵉ siècles.* Préface de Pierre Goubert.
MICHEL, Marc, *Gallieni.*
MICHEL, Patrick, *La société retrouvée. Politique et religion dans l'Europe soviétisée.*
MICHEL, Patrick et MINK, Georges, *Mort d'un prêtre. L'affaire Popieluszko.*
MICHELOT, Jean-Claude, *La guillotine sèche. Histoire du bagne de Guyane.*
MILOSZ, Czeslaw, *Histoire de la littérature polonaise.* Traduit de l'anglais par André Kozimor.
MINOIS, Georges, *Histoire de la vieillesse en Occident. De l'Antiquité à la Renaissance.* Préface de Jean Delumeau. *– Le confesseur du roi. Les directeurs de conscience sous la monarchie française. – L'Église et la science. Histoire d'un malentendu.* T. I : *De saint Augustin à Galilée.* T. II : *De Galilée à Jean Paul II. – Histoire des enfers. – Henri VIII. – Du Guesclin. – L'Église et la guerre.*
MIQUEL, André, *Ousâma. Un prince syrien face aux croisés.*
MIQUEL, Maryvonne, *Quand le bon roi René régnait en Provence.*
MIQUEL, Pierre, *Histoire de la France. – Les guerres de Religion. – La Grande Guerre. – Poincaré. – La Seconde Guerre mondiale. – Histoires vécues de la Seconde Guerre mondiale. – La Troisième République. – Histoire du monde contemporain. – La guerre d'Algérie.*
MOLLIER, Jean-Yves, *L'argent et les lettres. Le capitalisme d'édition (1880-1920). – Le scandale de Panama.*
MOLLIER, Jean-Yves et GEORGE, Jocelyne, *La plus longue des républiques (1870-1940).*
MONNET, François, *Refaire la République. André Tardieu, une dérive réactionnaire (1876-1945).*
MONNET, Jean, *Mémoires.*
MORNER, Magnus, *Le métissage dans l'histoire de l'Amérique latine.* Traduit de l'américain et préfacé par Henri Favre.
MUCHEMBLED, Robert, *L'invention de l'homme moderne. Sensibilités, mœurs et comportements collectifs sous l'Ancien Régime.*
MURAT, Inès, *Napoléon et le rêve américain. – Colbert. – La Deuxième République. – Gabrielle d'Estrées.*
NGUYEN, Victor, *Aux origines de l'Action française. Intelligence et politique à l'aube du XXᵉ siècle.*
NICOLET, Claude, *L'inventaire du monde. Géographie et politique aux origines de l'Empire romain.*
NONY, Daniel, *Caligula.*
OATES, Stephen B., *Lincoln.* Traduit de l'américain par Philippe Delamare.
OLIVIER, Daria, *Alexandre Iᵉʳ, prince des illusions.*
OURSEL, Raymond, *Les pèlerins du Moyen Âge. Les hommes, les chemins, les sanctuaires.*
PACAUT, Marcel, *Frédéric Barberousse. – L'ordre de Cluny. – Les moines blancs. Histoire de l'ordre de Cîteaux.*
MADAME PALATINE, *Lettres françaises.* Présentées et annotées par Dirk Van der Cruysse.
PAZ, Maurice, *Un révolutionnaire professionnel, Auguste Blanqui.*
PÉAN, Pierre, *Le mystérieux docteur Martin (1865-1969). – Une jeunesse française. François Mitterrand 1934-1947.*
PÉDRON, François, *Louise Labé.*
PÉLASSY, Dominique, *Le signe nazi. L'univers symbolique d'une dictature.*
PÉREZ, Joseph, *Isabelle et Ferdinand, Rois Catholiques d'Espagne.*
PERNOUD, Régine, *Les hommes de la croisade. – Richard Cœur de lion.*
PERNOUD, Régine et CLIN, Marie-Véronique, *Jeanne d'Arc.*
PERRAULT, Gilles. *Le Secret du Roi. – L'ombre de la Bastille.*
PÉTILLON, Pierre-Yves, *Histoire de la littérature américaine. Notre demi-siècle (1939-1989).*
PETIT, Jacques-Guy, *Ces peines obscures. La prison pénale en France (1780-1875).*
PETITFILS, Jean-Christian, *Le Régent. – Madame de Montespan.*
PÉTRIAT, Jean-Louis, *Les années FNAC, de 1954 à après-demain.*

PEYREFITTE, Alain, *Un choc de cultures*. T. I : *La vision des Chinois*. T. II : *Le regard des Anglais.* – *C'était de Gaulle* (t. I).

PFIMLIN, Pierre, *Mémoires d'un Européen. De la IVe à la Ve République.*

PIERRARD, Pierre, *Les papes et la France. Vingt siècles d'histoire commune.*

PIETTRE, André, *Les trois âges de l'économie. Essai sur les relations de l'économie et de la civilisation de l'Antiquité à nos jours.* Préface de Gabriel Le Bras.

PINEAU, Christian et RIMBAUD, Christiane, *Le Grand Pari. Histoire de la construction européenne.*

PITTE, Jean-Robert, *Terres de Castanide. Hommes et paysages du châtaignier de l'Antiquité à nos jours.* – *Gastronomie française. Histoire et géographique d'une passion.*

PLANCHON, Michel, *Quand la Normandie était aux Vikings. De Rollon à Guillaume le Conquérant.*

PLANHOL, Xavier de, *Les nations du Prophète. Manuel géographique de politique musulmane.*

PLANHOL, Xavier de (avec la collaboration de Paul Claval), *Géographie historique de la France.*

PLUCHON, Pierre, *Histoire de la colonisation française.* T. I : *L'Ancien Régime.* – *Toussaint Louverture.*

PLUMYÈNE, Jean, *Histoire du nationalisme. Les nations romantiques (le XIXe siècle).*

POISSON, Georges, *Monsieur de Saint-Simon.*

POLIAKOV, Léon, *Les totalitarismes du XXe siècle.*

POPEREN, Jean, *La gauche française. Le nouvel âge (1958-1965).* – *L'unité de la gauche (1965-1973).*

PORCH, Douglas, *La Légion étrangère.* Traduit de l'américain par Pierre Chambes.

POTTECHER, Frédéric, *Les grands procès de l'histoire* ; 3 vol. – *Le procès de la défaite. Riom, février-avril 1942.*

POUGET, Jean, *Un certain capitaine de Gaulle.*

POULAIN, Claude, *Jacques Cœur.*

PROCACCI, Giuliano, *Histoire des Italiens.* Traduit de l'italien par Claudine Bourdet.

QUILLIET, Bernard, *Le paysage retrouvé.* – *Louis XII.* – *Guillaume le Taciturne.*

QUILLOT, Roger, *La SFIO et l'exercice du pouvoir (1944-1958).*

RANCIÈRE, Jacques, *La nuit des prolétaires. Archives du rêve ouvrier.*

RAUFER, Xavier, *La nébuleuse. Le terrorisme du Moyen-Orient.*

RAYMOND, André, *Le Caire.*

REINBOLD, Anne, *Georges de La Tour.*

RÉMOND, René, *L'anticléricalisme en France. De 1815 à nos jours.* – *Notre siècle (1919-1992).* T. VI de l'*Histoire de France* sous la direction de Jean Favier.

RENAULT, François, *Le cardinal Lavigerie. L'Église, l'Afrique et la France (1825-1892).*

REYNES, Geneviève, *Couvents de femmes. La vie des religieuses cloîtrées dans la France des XVIIe et XVIIIe siècles.*

RICHARD, Jean, *Saint Louis.*

RICHARD, Yann, *L'Islam chi'ite. Croyances et idéologies.*

RICHÉ, Pierre, *Gerbert d'Aurillac. Le pape de l'an mil.*

RIGOULOT, Pierre (avec la collaboration de Geoffroi Crunelle), *Des Français au goulag (1917-1984).*

RIST, Charles, *Une saison gâtée. Journal de guerre et de l'Occupation (1939-1943).* Établi, présenté et annoté par J.-N. Jeanneney.

RITTER, Raymond, *L'architecture militaire du Moyen Âge.*

ROBRIEUX, Philippe, *Maurice Thorez. Vie secrète et vie politique.* – *Histoire intérieure du Parti communiste.* T. I : *1921-1945.* T. II : *1945-1972. De la Libération à l'avènement de Georges Marchais.* T. III : *1972-1982. Du programme commun à l'échec historique de Georges Marchais.* T. IV : *1920-1982. Biographie, chronologie, bibliographie.*

ROCHE, Daniel, *Les républicains des lettres. Gens de culture et Lumières au XVIIIe siècle.* – *La culture des apparences. Une histoire du vêtement (XVIIe-XVIIIe siècle).* – *La France des Lumières.*

RODINSON, Maxime, *Islam : politique et croyance.* – *De Pythagore à Lénine. Des activismes idéologiques.*

ROGER, Jacques, *Buffon.*

ROSANVALLON, Pierre, *La monarchie impossible. Les chartes de 1814 et 1830.*

ROTH, François, *La guerre de 70.*

ROUDINESCO, Élisabeth, *Jacques Lacan. Esquisse d'une vie, histoire d'un système de pensée.*
ROUSSEL, Éric, *Jean Monnet.*
ROUSSELLE, Aline, *Croire et guérir. La foi en Gaule dans l'Antiquité tardive.*
ROUX, Jean-Paul, *Les explorateurs au Moyen Âge. – Babur. Histoire des Grands Moghols. – Tamerlan. – Histoire de l'Empire mongol. – Jésus.*
SADATE, Anouar el-, *À la recherche d'une identité. Histoire de ma vie.* Traduit de l'anglais par Paul Alexandre.
SAINT-CLAIR, Simone, *Ravensbrück. L'enfer des femmes.*
SALAMÉ, Ghassan (sous la direction de), *Démocraties sans démocrates. Politiques d'ouverture dans le monde arabe et islamique.*
SANSOM, George, *Histoire du Japon. Des origines au début du Japon moderne.* Traduit de l'anglais par Éric Diacon.
SASSIER, Philippe, *Du bon usage des pauvres. Histoire d'un thème politique (xvₑ-xxₑ siècle).*
SASSIER, Yves, *Hugues Capet. – Louis VII.*
SCHMIDT, Nelly, *Victor Scholcher.*
SCHNEIDER, Marcel, *Histoire de la littérature fantastique en France.*
SCHWARZFUCHS, Simon, *Du Juif à l'israélite. Histoire d'une mutation (1770-1870).*
SCHWEITZER, Sylvie, *André Citroën (1878-1935).*
SÉDILLOT, René, *Histoire de l'or.*
SERMAN, William, *La Commune de Paris.*
SÉRULLAZ, Maurice, *Delacroix.*
SILVER, Daniel Jeremy, *Moïse. Images et reflets.* Traduit de l'américain par Denise Meunier.
SIMONIN, Michel, *Pierre de Ronsard.*
SIRINELLI, Jean, *Les enfants d'Alexandre. La littérature et la pensée grecques (334 av. J.-C.-519 ap. J.-C.).*
SIRINELLI, Jean-François, *Génération intellectuelle. Khâgneux et normaliens dans l'entre-deux-guerres. – Intellectuels et passions françaises. Manifestes et pétitions au xxₑ siècle.*
SIVÉRY, Gérard, *Marguerite de Provence. Une reine au temps des cathédrales. – Blanche de Castille. – Louis VIII.*
SOLNON, Jean-François, *Quand la Franche-Comté était espagnole. – La Cour de France. – Les Ormesson, au plaisir de l'État.*
SOURNIA, Jean-Charles, *Blaise de Monluc. Soldat et écrivain (1500-1577).*
SOUSTELLE, Jacques, *La longue marche d'Israël.*
SOUTOU, Georges-Henri, *L'or et le sang. Les buts de guerre économiques de la Première Guerre mondiale.*
STEINERT, Marlis, *Hitler.*
STERN, Fritz, *L'or et le fer. Bismarck, Bleichröder et la construction de l'Empire allemand.* Traduit de l'américain par Odile Demange.
STERNHELL, Zeev, SZNAJDER, Mario et ASHERI, Maia, *Naissance de l'idéologie fasciste.*
STORA, Benjamin, *Ils venaient d'Algérie. L'immigration algérienne en France.*
TAILLEMITE, Étienne, *La Fayette.*
TAPIÉ, Victor-Lucien, *Monarchies et peuples du Danube. – L'Europe de Marie-Thérèse. Du baroque aux Lumières.*
TARN, Jean-Frédéric, *Le marquis de Custine ou les malheurs de l'exactitude.*
THALMAN, Rita, *La mise au pas. Idéologie et stratégie sécuritaire dans la France occupée (1940-1944).*
THEIS, Laurent, *Dagobert.*
THUILLIER, Jacques, *Nicolas Poussin.*
TILLON, Charles, *Le laboureur et la République. Michel Gérard, député et paysan sous la Révolution.*
TILLY, Charles, *La Vendée. Révolution et contre-révolution.* Traduit de l'anglais par Pierre Martory.
TOURAINE, Alain, WIEVIORKA, Michel et DUBET, François, *Le mouvement ouvrier.*
TOURAINE, Alain, DUBET, François, WEIVIORKA, Michel et STRZELECKI, Jan, *Solidarité. Analyse d'un mouvement social. Pologne 1980-1982.*
TOUSSAINT, François, *Histoire du Japon.*
TRIGANO, Shmuel (sous la direction de), *La société juive à travers l'histoire.* T. I : *La fabrique du peuple.* T. II : *Les liens de l'Alliance.* T. III : *Le passage d'Israël.* T. IV : *Le peuple-monde.*

Tuchman, Barbara W., *Un lointain miroir. Le xiv siècle de calamités*. Traduit de l'américain par Denise Meunier.

Tulard, Jean, *Joseph Fiévée. Conseiller secret de Napoléon. – Les révolutions (1789-1851)*. T. IV *de l'Histoire de France sous la direction de Jean Favier. – Napoléon ou le mythe du sauveur. – Napoléon II. –* (sous la direction de), *Dictionnaire Napoléon. – Dictionnaire du Second Empire*.

Ulam, Adam B., *Les bolcheviks*. Traduit de l'américain par Éric Diacon.

Vaksberg, Arkadi, *Hôtel Lux. Les partis frères au service de l'Internationale communiste*. Traduit du russe par Olivier Simon.

Van der Cruysse, Dirk, *Madame Palatine. – Louis XIV et le Siam*.

Vanney, Jean-René, *Histoire des mers australes*.

Vaux de Foletier, François de, *Mille ans d'histoire des Tziganes*.

Velay-Vallantin, Catherine. *L'Histoire des contes*.

Verdès-Leroux, Jeanine, *Au service du Parti. Le Parti communiste, les intellectuels et la culture (1944-1956). – Le réveil des somnanbules. Le Parti communiste, les intellectuels et la culture (1956-1985)*.

Verlet, Pierre, *Le château de Versailles*.

Viansson-Ponté, Pierre, *Histoire de la République gaullienne*. T. I : *La fin d'une époque (mai 1958-juillet 1962)*. T. II : *Le temps des orphelins (août 1962-avril 1969)*.

Vigié, Marc, *Les galériens du roi (1661-1715). – Dupleix*.

Vigié, Marc et Muriel, *L'herbe à Nicot. Amateurs de tabac, fermiers généraux et contrebandiers sous l'Ancien Régime*.

Vinot, Bernard, *Saint-Just*.

Vodoff, Vladimir, *Naissance de la chrétienté russe*.

Wacquet, Jean-Claude, *De la corruption. Morale et pouvoir à Florence aux xvii et xviii siècles*.

Weart, Spencer, *La grande aventure des atomistes. Les savants au pouvoir*. Traduit de l'américain par Denise Meunier. Préface de Pierre Auger. Postface de Bertrand Goldschmidt.

Weber, Eugen, *La fin des terroirs. La modernisation de la France rurale (1870-1914)*. Traduit de l'anglais par A. Berman et G. Geniès. – *Fin de siècle. La France à la fin du xix siècle*. Traduit de l'anglais par Ph. Delamare et D. Guibert. – *Une histoire de l'Europe* ; 2 vol. Traduit de l'anglais par Ph. Delamare et D. Guibert. – *Ma France. – Les années trente*. Traduit de l'américain par P.E. Dauzat.

Werner, Karl Ferdinand, *Les origines. Avant l'an mil*. T. I de l'*Histoire de France sous la direction de Jean Favier*.

Wicquefort, Abraham de, *Chronique discontinue de la Fronde (1648-1652)*. Présentation par Robert Mandrou.

Wieviorka, Michel, *Sociétés et terrorisme*.

Wolf, Dieter, *Doriot. Du communisme à la collaboration*. Traduit de l'allemand par Georgette Châtenet.

Wormser, Georges, *Le septennat de Poincaré*.

Yerushalmi, Josef Hayim, *De la Cour d'Espagne au ghetto italien. Isaac Cardoso et le marranisme au xvii siècle*. Traduit de l'anglais par Alexis Nouss.

Impression réalisée sur CAMERON par BRODARD ET TAUPIN La Flèche
Edition exclusivement réservée aux adhérents du Club
Le Grand Livre du Mois
15 rue des Sablons
75116 PARIS
réalisée avec l'autorisation des Éditions Fayard
Imprimé en France
Dépôt légal : mai 1998 – N° d'impression : 1612U-5
ISBN : 2.7028.0869.7